2011

中国电力年鉴

《中国电力年鉴》编辑委员会

中国电力出版社
CHINA ELECTRIC POWER PRESS

本年鉴连续三届荣获中央级年鉴
评比一等奖

图书在版编目（CIP）数据

2011中国电力年鉴/《中国电力年鉴》编辑委员会编. －北京：中国电力出版社，2011.11
ISBN 978-7-5123-2307-0

Ⅰ.①2… Ⅱ.①中… Ⅲ.①电力工业－中国－2011－年鉴 Ⅳ.①F426.61-54

中国版本图书馆CIP数据核字(2011)第226395号

中国电力出版社出版、发行
（北京市东城区北京站西街19号 100005 http://www.cepp.sgcc.com.cn）
北京盛通印刷股份有限公司印刷
各地新华书店经售
*
2011年12月第一版 2011年12月北京第一次印刷
787毫米×1092毫米 16 开本 52.75印张 1750千字 14 插页
印数 0001—3000 册 定价 180.00 元

2010年2月14日，国家主席胡锦涛（右一）在国网公司总经理刘振亚（左二）的陪同下到福建厦门电业局亲切慰问节日期间坚守岗位的电网员工。

2010年9月4~6日，国家主席胡锦涛（左一）在中广核集团董事长贺禹（右二）的陪同下到中广核集团大亚湾核电基地考察。

（中广核集团　提供）

2010年9月27日，在国家主席胡锦涛（后排左三）和俄罗斯总统梅德韦杰夫（后排左二）的见证下，华电集团总经理云公民（前排左二）与俄罗斯第二地区电力公司董事长科罗廖夫（前排左一）、中国工商银行董事长姜建清（前排左四）在人民大会堂共同签署了《华电捷宁斯卡娅燃机项目合作备忘录》。

（华电集团 提供）

2010年11月4日，在全国人大常委会委员长吴邦国（前排左三）和柬埔寨王国总理洪森（前排左四）的共同见证下，华电集团与柬埔寨工业矿能源部共同签署了《柬埔寨斯雷波三级、四级项目可行性研究合作备忘录》。

（华电集团 提供）

2010年11月4日，在全国人大常委会委员长吴邦国（后排左一）和柬埔寨首相洪森（后排左二）的见证下，国电集团总经理朱永芃(前排左一)在柬埔寨首都金边总理府与柬埔寨工业、矿产和能源部部长瑞赛(前排左二)签署了柬埔寨柴阿润和松博两个水电项目的谅解备忘录，取得了两个水电项目共270.8万kW装机容量的开发权。

（国电集团 提供）

2010年8月4日，国务院总理温家宝（左三）在国网公司总经理刘振亚（左五）的陪同下到吉林省丰满水电厂考察指导防汛抗洪工作。

（东北公司 提供）

2010年8月22日，国务院总理温家宝（右一）亲临甘肃舟曲抢险一线看望慰问水电官兵。

(王长山　摄影)

2010年9月13日，全国政协主席贾庆林（右一）到浙江新安江水电厂考察。

（华东电网公司　提供）

2010年11月11日，全国政协主席贾庆林（后排左三）与哈萨克斯坦总理马西莫夫（后排左四）在哈萨克斯坦首都阿斯塔纳举行会谈，并共同出席了中哈相关企业合作文件签字仪式。图为大唐集团董事长刘顺达（前排左二）与哈萨克斯坦萨姆鲁克卡兹纳国家财富基金股份公司管委会主席克里姆别托夫（前排左三）签署《可再生能源领域合作备忘录》。

（大唐集团 提供）

2010年6月16日，在国家副主席习近平（前排左二）和老挝副主席本扬·沃拉吉（前排左三）的见证下，南网公司董事长赵建国（前排左一）与老挝计划投资部部长辛拉翁（前排左四）签署《南方电网公司投资建设老挝国家电网项目谅解备忘录》和《老挝南诺河湾水电站项目开发协议》。

(南网公司 提供)

2010年9月26日，国家副主席习近平（右二）在上海调研时参观智能电网展区。

2010年1月14日，国务院副总理李克强（左二）到电监会和国网公司考察。（电监会 提供）

2010年5月21日，在国务院副总理李克强（后排左三）和瑞典国王卡尔十六世·古斯塔夫（后排左二）的见证下，华电集团与瑞典碳资产管理公司签署了《清洁发展机制全面战略合作框架协议》。

(华电集团 提供)

2010年11月19日，全国政协副主席王刚（左三）在中电投集团总经理陆启洲（左二）的陪同下视察中电投集团总部，对中电投集团在发展改革等方面取得的成绩给予充分肯定。

（中电投集团 提供）

2010年5月21日，国务院副总理张德江（左二）到宁夏大唐国际大坝发电有限责任公司考察调研。大唐集团董事长刘顺达（右一）陪同考察调研。

（大唐集团 提供）

2010年7月1日，国务院副总理张德江（右二）到国电集团调研，并在国电集团总经理朱永芃（左一）的陪同下参观了国电集团展厅。

（国电集团 提供）

2010年6月29日，全国人大常委会副委员长陈至立（左二）到大唐灞桥热电厂视察工作。大唐集团公司副总经理邹嘉华（左一）陪同考察。

（大唐集团 提供）

2010年3月12日，中电投集团总经理陆启洲（右）拜会重庆市委书记薄熙来（左），围绕中电投集团积极参与重庆市经济建设、促进重庆市发展等问题进行了会晤。

（中电投集团 提供）

2010年12月26日，电监会主席王旭东（左二）到华电集团新疆公司所属乌鲁木齐热电厂调研。

（华电集团 提供）

2010年12月20日，中电联第五届理事会第二次常务理事会议在北京召开。

（中电联 提供）

2010年1月13～16日，国网公司一届五次职工代表大会暨2010年工作会议在北京召开。

（高志星 摄影）

2010年1月27～29日，南网公司2010年工作会议暨一届三次职工代表大会在广东珠海召开。

（南网公司 提供）

2010年1月20~21日，华能集团2010年工作会议在北京召开。

（华能集团 提供）

2010年1月18~19日，大唐集团2010年工作会议在北京召开。

（大唐集团 提供）

2010年1月26~27日，华电集团2010年工作会议在北京召开。

（华电集团 提供）

2010年1月20～22日，国电集团一届二次职代会暨2010年工作会议在天津召开。

（国电集团 提供）

2010年1月27～28日，中电投集团2010年工作会议在北京召开。

（中电投集团 提供）

2010年5月28日，由电监会和中电联联合举办的2010年电力可靠性指标发布会在北京召开。

（中电联 提供）

2010年6月23日，由中电联主办的中国北京国际清洁能源博览会暨清洁能源大会和第七届亚洲风能大会暨国际风能设备展览会在北京开幕。

（中电联 提供）

2010年8月17日，国网公司总经理刘振亚与湖北省委书记罗清泉、省长李鸿忠等领导举行工作会谈。

（湖北公司 提供）

2010年8月27日，国网公司总经理刘振亚与新疆自治区主席努尔·白克力会谈。

（新疆公司 提供）

2010年12月27日，广东省人民政府、贵州省人民政府和南网公司在广州举行“十二五”西电东送框架协议签字仪式。

（南网公司 提供）

2010年4月2日，电监会在京举行华电集团贵州公司与贵州电网公司历史争议电费调解协议签字仪式。

（华电集团 提供）

2010年8月26日，中国水电100年纪念大会在昆明召开。

（华电集团 提供）

2010年7月23日，水电建设集团荣获中央企业“管理进步特别奖”，集团总经理范集湘（右一）作为代表领奖。

（水电建设集团 提供）

2010年9月26日，山西电网开展首次“黑启动”试验。

（山西公司 提供）

2010年5月6日，内蒙古自治区经信委主任牙萨宁（右）和华北电监局蒋晓华（左）为内蒙古电力交易中心揭牌。

（内蒙古公司 提供）

2010年1月，新疆塔城、阿勒泰出现强降雪天气，新疆公司所属两地电力公司迅速组织人员进行故障排查，及时清除设备积雪和覆冰，确保风雪冰冻灾区用电。

（新疆公司 提供）

2010年9月20日，南网公司副总经理王久玲在广州会见中美清洁能源论坛总裁薄锐思。

（南网公司 提供）

2010年4月6日，国电集团党组书记乔保平在北京会见了老挝常务副总理宋沙瓦·凌沙瓦，双方就国电集团在老挝开展水电、煤电的投资建设进行了交流。

（国电集团 提供）

2010年4月21日，国电集团总经理朱永芃在集团本部会见了到访的美国加州能源委员会副主席杰姆斯·鲍德。双方就美国加州50万kW太阳能发电园政府合作项目及在清洁能源方面的合作进行了广泛交流。

（国电集团 提供）

2010年11月4日，厄瓜多尔总统拉斐尔·科雷亚考察了股份公司承建的科卡科多—辛克雷水电站项目现场，并听取项目进展汇报。

（水电建设集团 提供）

2010年11月12日,国家核电技术公司与美国西屋电气公司在北京签署多项合作协议。

苏丹麦洛维水电站工程（总装机125万kW）荣获2010年度中国建设工程鲁班奖。

（水电建设集团 提供）

2010年12月28日，华电集团投资建设的柬埔寨额勒赛下游水电项目成功实现大江截流。

（华电集团 提供）

大唐信阳公司2×660MW超超临界机组工程荣获2010年度中国建设工程鲁班奖。

（大唐集团 提供）

2010年12月28日，全球首台百万千瓦超超临界空冷发电机组——华电宁夏灵武发电有限公司二期工程3号机组投产。

（华电集团 提供）

2010年5月21日，国电集团继续落实“上大压小”措施，加大淘汰落后产能力度，对朝阳电厂2台共40万kW机组实施爆破。

（国电集团 提供）

2010年9月27日，湖北省首台单机容量100万kW机组——国电汉川电厂三期（2×1000MW）扩建工程第一台机组正式开工。

（国电集团 提供）

上海世博会配套重大工程——上海漕泾发电厂2×100万kW超超临界机组工程于2010年投产。

（中电投集团 提供）

神华浙江国华宁海发电厂二期扩建工程荣获2010年度中国建设工程鲁班奖。

（神华集团 提供）

“全国水电装机突破2亿kW标志性机组揭牌仪式”在华能小湾水电站举行。国家能源局副局长刘琦(左一)，云南省省委常委、常务副省长罗正富(左二)，中电联党组书记、常务副理事长孙玉才(右一)，华能集团总经理曹培玺(右二)出席揭牌仪式，并共同为全国水电装机突破2亿kW标志性机组——华能小湾水电站4号机组揭牌。

（华能集团 提供）

华能海门电厂一期（2×100万kW）工程荣获2010年度国家优质工程金质奖，是全国电力系统唯一一个“国家优质工程全过程质量控制示范工程”。

（华能集团 提供）

2010年12月26日，瀑布沟水电站(6×600MW)1号机组投产发电，标志着中国国电集团水电装机总容量突破1000万kW。

（国电集团 提供）

2010年11月30日，班多水电站首台机组正式并网发电。

（韩国宏 摄影）

水电建设集团承建的黄河小浪底水利枢纽工程荣获2010年度中国建设工程鲁班奖。

（水电建设集团 提供）

水电建设集团承建的新疆乌鲁瓦提水利枢纽工程荣获2010年度中国建设工程鲁班奖。

（水电建设集团 提供）

水电建设集团承建的江苏宜兴抽水蓄能电站工程荣获2010年度中国建设工程鲁班奖。

（水电建设集团 提供）

2010年5月29日，黄河羊曲水电站前期工程开工仪式举行。

（黄河水电公司 提供）

2010年11月9日，积石峡水电站1号机组正式并网发电。

（黄河水电公司 提供）

发电·新能源发电

2010年10月18日，南网公司董事长赵建国出席东盟博览会并参加了新能源汽车示范运营发车仪式。

（南网公司 提供）

2010年4月，华能石林光伏电站一期10MW工程投产。

（华能集团 提供）

2010年3月20日，国内首座生态电厂华电国际莱州电厂一期2×1000MW级机组工程开工。

（华电集团 提供）

2010年9月28日，国电集团龙源电力所属江苏如东30MW潮间带试验风电场全部建成并投产发电，标志着龙源电力建成了国内乃至世界第一个潮间带风电场。

（国电集团 提供）

2010年10月16日，国电集团光伏（江苏）有限公司组件车间正式投产，标志着国电集团具备了太阳能电站的科研、设计、建设、系统集成和EPC总承包的能力。

（国电集团 提供）

2010年8月30日，中电投集团进军西藏首个电源项目——中电投桑日10MW光伏电站开工建设。

（中电投集团 提供）

山西省电建二公司承建的右玉太阳能电站。

（赵志年 摄影）

2010年6月9日，新疆公司投资建设的新疆首台标准化电动汽车充电桩在乌鲁木齐建成。

（新疆公司 提供）

2010年7月3日，国家能源太阳能发电研发（实验）中心在南京获国家能源局授牌，并正式投入运营。

（国网电科院 提供）

输 变 电 工 程

2010年8月9日，宁东—山东±660kV直流输电示范工程银川东换流站施工现场，参建人员挑灯夜战，紧张地进行极Ⅱ换流变压器及防火墙底板基础大体积混凝土浇筑工作。

（乔瑞玲 摄影）

2010年9月28日，呼伦贝尔—辽宁±500kV直流联网工程投产仪式举行。图为穆家换流站现场。

（冷柏 刘子健 摄影）

2010年9月29日，四川北川110kV智能变电站建成投运。

（卢忠东 摄影）

2010年11月3日，西北—新疆750kV联网工程投运仪式现场（新疆）。

（李易峰 摄影）

2010年5月5日，在220kV昌下线路，输电检修作业人员自主开发的一套带电更换220kV大截面导线耐张杆塔绝缘子工具，得以首次试验该线路的导线与绝缘子的连接方式为四方形联办连接。

（王闯 摄影）

2010年12月17日，国网电科院牵头成功研制国内首台特高压升压变压器，达到国际同类设备制造最高水平。

（国网电科院 提供）

精神文明建设

2010年5月4日，新疆公司与在疆各发电公司共同举办"和谐发展，共创辉煌"大型文艺演出活动。

（新疆公司 提供）

2010年4月23日，南网公司组织党员支援玉树地震灾区捐赠特殊党费。

（南网公司 提供）

2010年3月2日，华能集团、大唐集团、华电集团、中电投集团、国电集团五家发电集团在国电集团本部联合举办庆"三八"100周年讲座，著名学者于丹教授作了题为《构建和谐心灵》的讲座。图为于丹教授为五大发电集团优秀女职工代表赠书。

（国电集团 提供）

2010年11月12～27日，第16届亚运会在广州举行，南方电网公司圆满完成了亚运会保电任务。

（南网公司 提供）

《中国电力年鉴》编委会

《中国电力年鉴（2011）》

《中国电力年鉴》编辑部

特 约 撰 稿 人（按姓氏笔画排列）

刁　宏　于　荣　马大庆　王　历　王华锋　王　庆　王红亮
王怡萍　王思敏　王振清　王　聪　王　巍　尹兰英　叶爱民
石　磊　卢宏亮　包丹阳　冯有维　朱　锋　朱任翔　乔仁贵
刘志坦　刘抒彦　刘前卫　刘富长　安华云　安晓滨　许为宁
许　旻　孙占奎　孙剑炜　孙　铮　苏发亮　杨文春　杨　龙
杨吉深　杨　倞　杨德邦　李　龙　李　帅　李　艳　李创军
李连存　邴凤山　肖兴立　肖克勤　旷路明　邱晓伟　但　刚
余　芸　张文俊　张立先　张永华　张永军　张庆伟　张志伟
张国伟　张　建　张建扬　陆远兴　陈　云　陈　玮　国建军
易建山　竺　琳　岳　赢　金成生　孟继东　赵大青　郝晓文
胡宏伟　胡耀斌　钟建华　修　建　侯　勇　侯　毅　姚建国
姚惠玲　娜日斯　贺金照　原增光　顾　典　党亚利　徐桂红
钱永兵　徐剑荣　高一萍　郭贤珊　郭泉辉　黄龙春　戚大安
梁　建　葛　俊　董是烈　韩　冰　程军生　程彦韬　谢兴发
蔡靖波　管廷福　廖业明　戴宗宝

编　辑　说　明

1.《中国电力年鉴》（简称《年鉴》）于1993年创刊，已连续出版17期，是一本融史实性、资料性为一体的专业年鉴，也是一本全面实用，文、图、表并茂的综合性大型年刊。其主要服务对象为从事电力生产、建设、经营管理、科研技术的有关人员，以及与电力相关的政府和企事业单位的有关人员。

2. 本《年鉴》的编纂指导思想为：围绕电力工业改革与发展的主线，全面记载电力工业改革与发展、生产与经营、科技与进步、国际交流与合作等各方面的成就和内容。

3. 本《年鉴》是在国家电力监管委员会和中国电力企业联合会的指导下，由国家电网公司、中国南方电网有限责任公司、中国华能集团公司、中国大唐集团公司、中国华电集团公司、中国国电集团公司、中国电力投资集团公司共同组织编写的。《年鉴》编委会由国家电力监管委员会、中国电力企业联合会、国家电网公司、中国南方电网有限责任公司、五大发电集团公司、中国长江三峡开发总公司和四大辅业集团公司的主要负责人及有关单位的负责同志为委员组成，并作为《年鉴》的领导机构，决定《年鉴》编辑出版的指导思想和主要内容。

4. 根据《年鉴》编委会对本期《年鉴》编纂指导思想的确定，2011年《年鉴》的特色如下：首先，在"电力发展"篇目中增设了2009年电煤供需状况分析、中国水电100年，以及"十一五"电力行业发展成就和节能减排概况等内容；其次，对"重点工程""电力工业论坛""科技发展与创新""国际合作与交流"等篇目的内容进行了丰富与完善；第三，在继续压缩文件、法规等的篇幅的基础上，加强了文献的二次加工，从而增加本《年鉴》的资料性和可读性。

5. 本期《年鉴》主要收录了2010年我国电力工业各方面所取得的成绩，重点反映了2010年电力工业发展和电力生产的内容。本期《年鉴》的框架结构由篇目、栏目、类目、条目4个层次和近百幅彩图组成。

特载：通过党和国家领导人关注电力、能源·政策、体制改革来反映2010年中国电力工业的大事、要事。

电力发展：主要介绍2010年全国电力工业综述、全国电力供需与经济运行形势分析预测报告（2010～2011年度）和2009年电煤供需状况分析、中国水电100年、"十一五"电力行业发展成就和节能减排概况，以及电力装机规模取得突破的内容。

重点工程：收录了2010年度电力工程获奖项目，并反映了2010年度电力行业重大工程项目。

电力工作报告：包括工作会议报告和专题报告。通过2011年电力主要工作会议的会议报告来反映电力工业生产和发展的重大脉络，包括国家电力监管委员会、中国电力企业联合会的工作会议报告，以及国家电网公司、中国南方电网有限责任公司、中国华能集团公司、中国大唐集团公司、中国华电集团公司、中国国电集团公司、中国电力投资集团公司的工作会议报告，增加了中国投资协会地方电力投资专业委员会年会报告和地方电力企业工作报告。专题报告收录了2010年重要电力专题报告。

电力工业论坛：包括专题论坛和专家论坛，集中反映了2010年电力领域专业会议的概况和多位专家对电力发展的观点与畅想。

电力监管：按照国务院授权，国家电力监管委员会行使行政执法职能，依照法律、法规统一履行全国电力监管职责。负责全国电力监管工作，建立统一的电力监管体系，对国家电力监管委员会的派出机构实行垂直领导。

行业管理：全面介绍了中国电力企业联合会的行业管理和服务工作，并介绍了中电联分会和电力行业协会的年度工作情况。

科技发展与创新、国际合作与交流：随着国民经济持续快速发展，近年来电力科学技术有了长足的发展，国际合作与交流丰富多彩，这两个篇目的设置正是为了及时跟踪和记录电网技术、发电技术以及电力设备制造技术的进步，全面介绍各电力企业国际合作与交流的情况。

学术团体：通过中国电机工程学会和中国水力发电工程学会两大学术团体的活动，介绍了电力专业的国际合作、外事管理、国际会议、国际展览、学术会议和学术交流方面的情况。

电力企业、各地区电力：全面反映了2010年度全国电力工业生产和建设所取得的巨大成就。

科研、教育与新闻出版：反映了2010年电力科研院所、教育培训和新闻出版单位的工作情况。

大事记：收录了2010年中国电力企业的主要事件，包括国家电力监管委员会、中国电力企业联合会、国家电网公司、中国南方电网有限责任公司、中国华能集团公司、中国大唐集团公司、中国华电集团公司、中国国电集团公司、中国电力投资集团公司的主要事件。

重要文献：收录了国务院、国务院国有资产监督管理委员会、国务院安全生产委员会、财政部、国家发展和改革委员会、国家能源局和国家电力监管委员会有关电力的主要文件。

统计资料：收录了电力行业的统计资料。统计资料的数据未包括我国台湾省和澳门特别行政区。

企业风采：中国电力工业经过改革开放以来的巨大发展，通过城乡电网改造、电力技术进步和管理水平的加强，整个电力工业水平有了很明显的提高，这与电力设备制造企业提供的技术先进的产品密不可分。本篇通过展示电力设备制造企业的实力，可以更好地推进电力工业的技术进步。

附录：收录了2010年发布的电力国家标准和电力行业标准。

索引：本期《年鉴》在保留英文目录和主题内容索引的基础上，扩大了索引的范围，索引范围包括条目的部分内容。大事记、重要文献、统计资料、附录未作索引。

6. 本《年鉴》实行文责自负。条目内容、数据、彩图等均由撰稿单位校核及审定。

篇　　目

目　　录

编辑说明

特　　载

电　力　发　展

重　点　工　程

电 力 工 作 报 告

电力工业论坛

电力监管

行业管理

科技发展与创新

国际合作与交流

学　术　团　体

电　力　企　业

各地区电力

科研、教育与新闻出版

大　事　记

重　要　文　献

统　计　资　料

企　业　风　采

附　　录

索　　引

Contents

From Editor

Special Contributions

Development of Electric Power

Key Projects

Working Conference Reports of Electric Power

Electric Power Forum

Electricity Regulation

Electricity Industry Management

Science & Technology Developments and Innovations

International Cooperation and Exchanges

Academic Organization

Electric Power Enterprises

Regional Electric Power Industry

Scientific Research, Education and Publishing Company

Major Events

Important Documents

National Development and Reform Commission Documents

National Energy Administration Documents

State Electricity Regulatory Commission Documents

Statistics

Enterprises

Appendix

Index

彩 图 目 录

党和国家领导人关注电力

2010年2月14日，国家主席胡锦涛（右一）在国网公司总经理刘振亚（左二）的陪同下到福建厦门电业局亲切慰问节日期间坚守岗位的电网员工。

2010年9月4～6日，国家主席胡锦涛（左一）在中广核集团董事长贺禹（右二）的陪同下到中广核集团大亚湾核电基地考察。

（中广核集团 提供）

2010年9月27日，在国家主席胡锦涛（后排左三）和俄罗斯总统梅德韦杰夫（后排左二）的见证下，华电集团总经理云公民（前排左二）与俄罗斯第二地区电力公司董事长科罗廖夫（前排左一）、中国工商银行董事长姜建清（前排左四）在人民大会堂共同签署了《华电捷宁斯卡娅燃机项目合作备忘录》。

（华电集团 提供）

2010年11月4日，在全国人大常委会委员长吴邦国（前排左三）和柬埔寨王国总理洪森（前排左四）的共同见证下，华电集团与柬埔寨工业矿能源部共同签署了《柬埔寨斯雷波三级、四级项目可行性研究合作备忘录》。

（华电集团 提供）

2010年11月4日，在全国人大常委会委员长吴邦国（后排左一）和柬埔寨首相洪森（后排左二）的见证下，国电集团总经理朱永芃（前排左一）在柬埔寨首都金边总理府与柬埔寨工业、矿产和能源部部长瑞赛（前排左二）签署了柬埔寨柴阿润和松博两个水电项目的谅解备忘录，取得了两个水电项目共270.8万kW装机容量的开发权。

（国电集团 提供）

2010年8月4日，国务院总理温家宝（左三）在国网公司总经理刘振亚（左五）的陪同下到吉林省丰满水电厂考察指导防汛抗洪工作。

（东北公司 提供）

2010年8月22日，国务院总理温家宝（右一）亲临甘肃舟曲抢险一线看望慰问水电官兵。

（王长山 摄影）

2010年9月13日，全国政协主席贾庆林（右一）到浙江新安江水电厂考察。

（华东电网公司 提供）

2010年11月11日，全国政协主席贾庆林（后排左三）与哈萨克斯坦总理马西莫夫（后排左四）在哈萨克斯坦首都阿斯塔纳举行会谈，并共同出席了中哈相关企业合作文件签字仪式。图为大唐集团董事长刘顺达（前排左二）与哈萨克斯坦萨姆鲁克卡兹纳国家财富基金股份公司管委会主席克里姆别托夫（前排左三）签署《可再生能源领域合作备忘录》。

（大唐集团 提供）

2010年6月16日，在国家副主席习近平（前排左二）和老挝副主席本扬·沃拉吉（前排左三）的见证下，南网公司董事长赵建国（前排左一）与老挝计划投资部部长辛拉翁（前排左四）签署《南方电网公司投资建设老挝国家电网项目谅解备忘录》和《老挝南诺河湾水电站项目开发协议》。

（南网公司 提供）

2010年9月26日，国家副主席习近平（右二）在上海调研时参观智能电网展区。

2010年1月14日，国务院副总理李克强（左二）到电监会和国网公司考察。

（电监会 提供）

2010年5月21日，在国务院副总理李克强（后排左三）和瑞典国王卡尔十六世·古斯塔夫（后排左二）的见证下，华电集团与瑞典碳资产管理公司签署了《清洁发展机制全面战略合作框架协议》。

（华电集团 提供）

2010年11月19日，全国政协副主席王刚（左三）在中电投集团总经理陆启洲（左二）的陪同下视察中电投集团总部，对中电投集团在发展改革等方面取得的成绩给予充分肯定。

（中电投集团 提供）

2010年5月21日，国务院副总理张德江（左二）到宁夏大唐国际大坝发电有限责任公司考察调研。大唐集团董事长刘顺达（右一）陪同考察调研。

（大唐集团 提供）

2010年7月1日，国务院副总理张德江（右二）到国电集团调研，并在国电集团总经理朱永芃（左一）的陪同下参观了国电集团展厅。

（国电集团 提供）

2010年6月29日，全国人大常委会副委员长陈至立（左二）到大唐灞桥热电厂视察工作。大唐集团公司副总经理邹嘉华（左一）陪同考察。

（大唐集团 提供）

2010年3月12日，中电投集团总经理陆启洲（右）拜会重庆市委书记薄熙来（左），围绕中电投集团积极参与重庆市经济建设、促进重庆市发展等问题进行了会晤。

（中电投集团　提供）

2010年12月26日，电监会主席王旭东（左二）到华电集团新疆公司所属乌鲁木齐热电厂调研。

（华电集团　提供）

重要电力事件

2010年12月20日，中电联第五届理事会第二次常务理事会议在北京召开。

（中电联　提供）

2010年1月13～16日，国网公司一届五次职工代表大会暨2010年工作会议在北京召开。

（高志星　摄影）

2010年1月27～29日，南网公司2010年工作会议暨一届三次职工代表大会在广东珠海召开。

（南网公司　提供）

2010年1月20～21日，华能集团2010年工作会议在北京召开。

（华能集团　提供）

2010年1月18～19日，大唐集团2010年工作会议在北京召开。

（大唐集团　提供）

2010年1月26～27日，华电集团2010年工作会议在北京召开。

（华电集团　提供）

2010年1月20～22日，国电集团一届二次职代会暨2010年工作会议在天津召开。

（国电集团　提供）

2010年1月27～28日，中电投集团2010年工作会议在北京召开。

（中电投集团　提供）

2010年5月28日，由电监会和中电联联合举办的2010年电力可靠性指标发布会在北京召开。

（中电联　提供）

2010年6月23日，由中电联主办的中国北京国际清洁能源博览会暨清洁能源大会和第七届亚洲风能大会暨国际风能设备展览会在北京开幕。

（中电联　提供）

2010年8月17日，国网公司总经理刘振亚与湖北省委书记罗清泉、省长李鸿忠等领导举行工作会谈。

（湖北公司　提供）

2010年8月27日，国网公司总经理刘振亚与新疆自治区主席努尔·白克力会谈。

（新疆公司　提供）

2010年12月27日，广东省人民政府、贵州省人民政府和南网公司在广州举行“十二五”西电东送框架协议签字仪式。

（南网公司　提供）

2010年4月2日，电监会在京举行华电集团贵州公司与贵州电网公司历史争议电费调解协议签字仪式。

（华电集团　提供）

2010年8月26日，中国水电100年纪念大会在昆明召开。

（华电集团　提供）

2010年7月23日，水电建设集团荣获中央企业“管理进步特别奖”，集团总经理范集湘（右一）作为代表领奖。

（水电建设集团　提供）

2010年9月26日，山西电网开展首次“黑启动”试验。

（山西公司　提供）

2010年5月6日，内蒙古自治区经信委主任牙萨宁（右）和华北电监局蒋晓华（左）为内蒙古电力交易中心揭牌。

（内蒙古公司　提供）

2010年1月，新疆塔城、阿勒泰出现强降雪天气，新疆公司所属两地电力公司迅速组织人员进行故障排查，及时清除设备积雪和覆冰，确保风雪冰冻灾区用电。

（新疆公司　提供）

国际交流与合作

2010年9月20日，南网公司副总经理王久玲在广州会见中美清洁能源论坛总裁薄锐思。

（南网公司　提供）

2010年4月6日，国电集团党组书记乔保平在北京会见了老挝常务副总理宋沙瓦·凌沙瓦，双方就国电集团在老挝开展水电、煤电的投资建设进行了交流。

（国电集团　提供）

2010年4月21日，国电集团总经理朱永芃在集团本部会见了到访的美国加州能源委员会副主席杰姆斯·鲍德。双方就美国加州50万kW太阳能发电园政府合作项目及在清洁能源方面的合作进行了广泛交流。

（国电集团　提供）

2010年11月4日，厄瓜多尔总统拉斐尔·科雷亚考察了股份公司承建的科卡科多—辛克雷水电站项目现场，并听取项目进展汇报。

（水电建设集团　提供）

2010年11月12日，国家核电技术公司与美国西屋电气公司在北京签署多项合作协议。

苏丹麦洛维水电站工程（总装机125万kW）荣获2010年度中国建设工程鲁班奖。

（水电建设集团　提供）

2010年12月28日，华电集团投资建设的柬埔寨额勒赛下游水电项目成功实现大江截流。

（华电集团　提供）

发电·火力发电

大唐信阳公司2×660MW超超临界机组工程荣获2010年度中国建设工程鲁班奖。

（大唐集团　提供）

2010年12月28日，全球首台百万千瓦超超临界空冷发电机组——华电宁夏灵武发电有限公司二期工程3号机组投产。

（华电集团　提供）

2010年5月21日，国电集团继续落实“上大压小”措施，加大淘汰落后产能力度，对朝阳电厂2台共40万kW机组实施爆破。

（国电集团　提供）

2010年9月27日，湖北省首台单机容量100万kW机组——国电汉川电厂三期（2×1000MW）扩建工程第一台机组正式开工。

（国电集团　提供）

上海世博会配套重大工程——上海漕泾发电厂2×100万kW超超临界机组工程于2010年投产。

（中电投集团　提供）

神华浙江国华宁海发电厂二期扩建工程荣获2010年度中国建设工程鲁班奖。

（神华集团　提供）

发电·水力发电

“全国水电装机突破2亿kW标志性机组揭牌仪式”在华能小湾水电站举行。国家能源局副局长刘琦（左一），云南省省委常委、常务副省长罗正富（左二），中电联党组书记、常务副理事长孙玉才（右一），华能集团总经理曹培玺（右二）出席揭牌仪式，并共同为全国水电装机突破2亿kW标志性机组——华能小湾水电站4号机组揭牌。

（华能集团　提供）

华能海门电厂一期（2×100万kW）工程荣获2010年度国家优质工程金质奖，是全国电力系统唯一一个“国家优质工程全过程质量控制示范工程”。

（华能集团　提供）

2010年12月26日，瀑布沟水电站（6×600MW）1号机组投产发电，标志着中国国电集团水电装机总容量突破1000万kW。

（国电集团　提供）

2010年11月30日，班多水电站首台机组正式并网发电。

（韩国宏　摄影）

水电建设集团承建的黄河小浪底水利枢纽工程荣获2010年度中国建设工程鲁班奖。

（水电建设集团　提供）

水电建设集团承建的新疆乌鲁瓦提水利枢纽工程荣获2010年度中国建设工程鲁班奖。

（水电建设集团　提供）

水电建设集团承建的江苏宜兴抽水蓄能电站工程荣获2010年度中国建设工程鲁班奖。

（水电建设集团　提供）

2010年5月29日，黄河羊曲水电站前期工程开工仪式举行。

（黄河水电公司　提供）

2010年11月9日，积石峡水电站1号机组正式并网发电。

（黄河水电公司　提供）

发电·新能源发电

2010年10月18日，南网公司董事长赵建国出席东盟博览会并参加了新能源汽车示范运营发车仪式。

（南网公司　提供）

2010年4月，华能石林光伏电站一期10MW工程投产。

（华能集团　提供）

2010年3月20日，国内首座生态电厂华电国际莱州电厂一期2×1000MW级机组工程开工。

（华电集团　提供）

2010年9月28日，国电集团龙源电力所属江苏如东30MW潮间带试验风电场全部建成并投产发电，标志着龙源电力建成了国内乃至世界第一个潮间带风电场。

（国电集团　提供）

2010年10月16日，国电集团光伏（江苏）有限公司组件车间正式投产，标志着国电集团具备了太阳能电站的科研、设计、建设、系统集成和EPC总承包的能力。

（国电集团　提供）

2010年8月30日，中电投集团进军西藏首个电源项目——中电投桑日10MW光伏电站开工建设。

（中电投集团　提供）

山西省电建二公司承建的右玉太阳能电站。

（赵志年　摄影）

2010年6月9日，新疆公司投资建设的新疆首台标准化电动汽车充电桩在乌鲁木齐建成。

（新疆公司　提供）

2010年7月3日，国家能源太阳能发电研发（实验）中心在南京获国家能源局授牌，并正式投入运营。

（国网电科院　提供）

输变电工程

2010年8月9日，宁东—山东±660kV直流输电示范工程银川东换流站施工现场，参建人员挑灯夜战，紧张地进行极Ⅱ换流变压器及防火墙底板基础大体积混凝土浇筑工作。

（乔瑞玲　摄影）

2010年9月28日，呼伦贝尔—辽宁±500kV直流联网工程投产仪式举行。图为穆家换流站现场。

（冷柏　刘子健　摄影）

2010年9月29日，四川北川110kV智能变电站建成投运。

（卢忠东　摄影）

2010年11月3日，西北—新疆750kV联网工程投运仪式现场（新疆）。

（李易峰　摄影）

2010年5月5日，在220kV昌下线路，输电检修作业人员自主开发的一套带电更换220kV大截面导线耐张杆塔绝缘子工具，得以首次试验该线路的导线与绝缘子的连接方式为四方形联办连接。

（王闯　摄影）

2010年12月17日，国网电科院牵头成功研制国内首台特高压升压变压器，达到国际同类设备制造最高水平。

（国网电科院　提供）

精神文明建设

2010年5月4日，新疆公司与在疆各发电公司共同举办“和谐发展，共创辉煌”大型文艺演出活动。

（新疆公司　提供）

2010年4月23日，南网公司组织党员支援玉树地震灾区捐赠特殊党费。

（南网公司　提供）

2010年3月2日，华能集团、大唐集团、华电集团、中电投集团、国电集团五家发电集团在国电集团本部联合举办庆“三八”100周年讲座，著名学者于丹教授作了题为《构建和谐心灵》的讲座。图为于丹教授为五大发电集团优秀女职工代表赠书。

（国电集团　提供）

2010年11月12～27日，第16届亚运会在广州举行，南方电网公司圆满完成了亚运会保电任务。

（南网公司　提供）

特　　载

党和国家领导人关注电力

胡锦涛考察福建厦门电业局

2010年2月14日，中共中央总书记、国家主席、中央军委主席胡锦涛来到国家电网公司福建省电力有限公司厦门电业局考察，并亲切慰问节日期间坚守岗位的电网员工。胡锦涛对电网员工的辛勤工作给予充分肯定，希望大家加强值守、科学调度，保障供电系统畅通，为千家万户送去光明和温暖，让广大群众过一个欢乐、祥和、亮堂的春节。中共中央书记处书记、中央办公厅主任令计划，中共中央书记处书记、中央政策研究室主任王沪宁一同参加慰问。国家电网公司总经理刘振亚等陪同慰问。

胡锦涛考察中广核大亚湾核电基地

2010年9月4～6日，中共中央总书记、国家主席、中央军委主席胡锦涛到广东深圳考察工作。胡锦涛对我国核电工业发展十分重视，在前往深圳的专机上专门听取有关部门负责人的汇报，就推动我国核电工业进一步发展作出重要指示。到深圳后，总书记专程来到中国广东核电集团有限公司大亚湾核电基地考察。

中国广东核电集团有限公司是我国核电工业的摇篮，在大亚湾核电基地所建的大亚湾核电站和岭澳核电站，现在每天向粤港地区输送电力9500多万kWh。胡锦涛登上基地平台，俯瞰位于海湾边的基地全貌，详细了解基地内两个核电站的建设、运营状况。在公司的展厅，胡锦涛一边观看各种图表、模型和实物，一边询问有关技术原理、生产应用、安全保障情况。对中广核公司在建核电站整体国产化率已达85%，胡锦涛给予肯定。在岭澳核电站二期工程即将投入商业运行的1号机组主控室，胡锦涛同核电专家和企业员工亲切交谈，叮嘱他们以高度负责、严谨细致的态度做好工作，确保机组安全运行。

胡锦涛强调，核电是当今世界公认的清洁能源。积极发展核电是优化我国能源结构、减少温室气体排放的一项重要举措。我们国家核电工业起步较晚，但目前发展很快、形势很好。胡锦涛殷切希望中国广东核电集团有限公司把握有利时机，依靠科技创新，加快发展步伐，尤其要把安全放在首位，为促进我国经济社会可持续发展作出新的更大贡献。

温家宝到丰满水电站考察防汛抗洪工作

2010年8月4日，中共中央政治局常委、国务院总理温家宝在吉林省考察防汛抗洪工作。温家宝来到位于第二松花江干流上的丰满水库大坝，走过1000多m长的坝顶察看水情，询问库容、调峰以及大坝安全情况。在听取丰满水电站负责人介绍后，温家宝指出，丰满水库大坝为调控洪水发挥了重要作用，面对即将来临的更大洪水，要科学合理错峰削峰，保证上下游安全。同时要求要科学规划，把丰满大坝建设得更加牢固安全。国家电网公司总经理刘振亚陪同考察。

贾庆林考察浙江新安江水电站

2010年9月13日，中共中央政治局常委、全国政协主席贾庆林在浙江省委书记赵洪祝、省长吕祖善等陪同下，来到华东电网有限公司新安江水电站，深入发电厂房、坝顶和电站水库等生产一线调研。贾庆林对特高压电网大范围、远距离配置能源的作用给予高度评价，称赞特高压电网是“煤从空中走，电送全中国”。贾庆林要求转达对电网公司广大干部员工的亲切慰问。国家电网公司副总经理王敏等陪同考察。

习近平参观上海智能电网展区

2010年9月26日，中共中央政治局常委、中央书记处书记、国家副主席、中央军委副主席习近平在中共中央政治局委员、上海市委书记俞正声等同志的陪同下在上海调研。在上海高新技术产业化展厅，习近平参观了智能电网展区，听取了关于上海智能电网建设工作的汇报，询问了特高压工程建设情况，对国家电网公司特高压及智能电网建设工作表示满意。

李克强考察电监会和国家电网公司

2010年1月13日，中共中央政治局常委、国务院副总理李克强来到国家电力监管委员会和国家电网公司，考察冬季电力生产供应情况，主持召开加强煤电油气运保障工作会议。

李克强走进电监会和国家电网公司应急指挥中心，听取了电力监管和应急工作汇报，通过视频与正在高井电厂调查发电供热实况的人员通了话，详细询问电力安全、电煤库存状况，叮嘱有关部门负责人帮助基层解决实际问题，缓解部分地区出现的电力供需矛盾。他指出，一段时间以来，全国大范围降雪降温，煤电气运需求快速增加，冬季用能高峰压力持续加大。必须强化应急管理，千方百计克服困难，继续做好迎峰度冬、保障电力正常供应工作。

在随后召开的加强煤电油气运保障工作会议上，李克强作了讲话。他说，能源供应是关系国计民生的大事，对保持经济平稳较快发展与社会和谐稳定十分重要。要切实加强煤电油气运调节工作，保障2010年各项事业开好局、起好步，保障广大群众过一个祥和的春节。

李克强强调，当前要针对突出矛盾，完善应急机制和应急预案，采取综合性应对措施，在确保安全生产的前提下，着力增强煤电油气运供给能力。一是增加煤炭生产供应。妥善安排煤炭安全生产，严格履行购销合同，增加煤炭进口。做好产运需衔接，春运前集中力量多抢运一些电煤，充实电厂合理库存。二是优化电力生产调度。保证发电机组稳发满发，搞好跨省区输电，加强相互支援，最大限度减少拉闸限电。三是做好油气供应工作。挖掘天然气生产能力，科学调用储气资源，扩大天然气进口，保持成品油供应稳定。四是组织好能源运输。合理配置运力，兼顾春运、电煤和其他重要物资运输，加强电网、油气管网运行维护，确保能源运输安全畅通。

李克强还指出，在能源供应偏紧的情况下，要进一步加强需求侧管理。停止违规建设项目和淘汰类企业用电，压缩产能过剩行业和高耗能高排放企业用电，推进节能增效，抑制不合理需求。始终把居民生活需要放在第一位，确保公共设施等重点用能需求，做到有序供应。

李克强还看望慰问了电监会和国家电网公司工作人员，充分肯定电力系统干部职工为安全可靠供电做出的成绩，要求有关方面继续深化电力体制改革、进一步加强电力监管工作，希望大家再接再厉，为保供电保发展保民生作出新的贡献。

张德江到国电集团调研

2010年7月1日上午，中共中央政治局委员、国务院副总理张德江来到国电集团后，与国电集团总经理、党组副书记朱永芃，党组书记、副总经理乔保平，副总经理、党组成员杨海滨，于崇德，张成杰，米树华亲切握手，听取了公司工作汇报，并参观了公司展厅。朱永芃汇报了国电集团改革发展的基本情况，重点介绍了公司推进结构调整、节能减排方面的工作，以及2010年上半年经营情况。

张德江观看了国电集团展板，参观了生产现场实时监控视频、大渡河流域水电梯级开发规划示意图、高新技术及新能源等展区，并仔细询问了电煤供应、煤电联动和企业效益等情况。张德江充分肯定了国电集团在转变发展方式、推进结构调整和节能减排，内部挖潜解决企业经营困难，高新技术“走出去”等方面取得的初步成绩，并提出殷切期望。

张德江指出，中央企业要深入贯彻落实科学发展观，加快转变经济发展方式，坚持深化改革不动摇，坚持促进发展不松劲，大力推进国有经济结构调整，大力推进企业内部资源整合，切实提高国有经济发展质量和效益，努力促进国民经济平稳较快发展。

张德江强调，要全面分析和正确把握国内外经济形势的新变化、新趋势，增强中央企业的应对能力和决策能力，着力解决生产经营中的突出问题，继续保持良好发展势头。要加快推进国有经济结构调整，加快重组、调整步伐，深化企业内部管理，优化资源配置，突出主业，做强主业，培育和发展战略性新兴产业。要着力提高自主创新能力，加大科技投入，加强人才培养，完善体制机制，突破核心关键技术，形成更多具有自主知识产权的关键技术和知名品牌。要抓住机遇，坚定不移地贯彻落实“走出去”战略，积极开拓国际市场。要大力推进节能减排，带头落实节能减排责任制，加大节能减排攻坚力度，确保完成“十一五”节能减排任务。要狠抓安全生产，切实落实安全生产责任制，加强安全基础工作，不断提高安全保障水平，坚决遏制重特大安全生产事故发生。

能源·政策

国务院动员和部署节能减排工作

2010年5月5日，国务院召开全国节能减排工作电视电话会议，动员和部署加强节能减排工作。国务院副总理李克强主持会议。国务院总理温家宝作了重要讲话。国务院副总理回良玉、张德江、王岐山，国务委员刘延东、梁光烈、马凯、孟建柱出席会议。

温家宝指出，坚持资源节约和环境保护的基本国策，事关人民群众切身利益和中华民族生存发展。国务院先后作出了一系列重大部署，各地区、各部门开展了卓有成效的工作，“十一五”前4年全国单位国内生产总值能耗累计下降14.38%，但完成“十一五”降低20%左右的目标仍然十分艰巨。特别是2010年一季度，电力、钢铁、有色金属、建材、石油化工、化工等6大高耗能行业加快增长，全国单位国内生产总值能耗上升3.2%，大大增加了后三个季度的工作压力。确保实现“十一五”节能减排目标，是各级政府必须向人民兑现的庄严承诺，是落实科学发展观、转变经济发展方式的紧迫任务，是我国应对全球气候变化的实际行动，无论面临多大的困难，我们的承诺不能改变，决心不能动摇，工作不能减弱。

温家宝强调，要坚持节能与发展相促进，开发与节约相协调，政府调控和市场机制相结合，综合运用经济、法律、技术和必要的行政手段，抓好节能减排工作，确保实现“十一五”节能减排目标。

（1）严控高耗能、高排放行业过快增长，加大淘汰落后产能力度。必须严格控制“两高”和产能过剩行业新上项目，严把项目审核管理关、项目审批程序关、“两高”产品出口关。采取铁的手腕淘汰落后产能，2010年要关停小火电机组1000万kW，淘汰落后炼铁产能2500万t、炼钢600万t、水泥5000万t、电解铝33万t、平板玻璃600万重箱、造纸53万t，2010年5月底前要把任务落实到各地区和企业。

（2）加快实施重点节能工程，抓好重点领域节能减排。安排中央预算内投资333亿元、中央财政节能减排专项资金500亿元，支持十大重点节能工程、重点行业烟气脱硫、节能环保能力建设等，确保形成年节能能力8000万t标准煤，新增城镇污水日处理能力1500万t、垃圾日处理能力6万t。继续着力抓好工业、建筑、交通三大重点领域节能，公共机构能耗指标比2009年降低5%。

（3）大力推广高效节能产品，积极推行合同能源管理。加快实施“节能产品惠民工程”，继续做好高效节能空调推广工作，加大汽车、家电以旧换新力度，推广节能灯1.5亿只以上。鼓励企业加强节能技术改造和关键技术攻关。发布节能环保技术和产品目录。扩大能效标识和节能产品认证制度实施范围。全面实行政府优先和强制采购节能产品制度。认真落实推行合同能源管理，促进节能服务产业发展的政策措施。

（4）切实加强用能管理，大幅度提高能源利用效率。突出抓好钢铁、有色金属、电力、建材、石油石化、化工等重点耗能行业和年耗能5000t标准煤以上企业节能监管，千家企业节能行动要确保形成2000万t标准煤的节能能力。大力推进节能发电调度，优先调度可再生能源和大容量、高效率的燃煤火电机组发电上网。进一步加强电力需求侧管理，制订和实施用电高峰期供电方案，重点保证居民合理用电需求。坚决压缩高耗能、高排放企业用电，对超过国家和地方规定的单位产品能耗限额的单位，收取惩罚性电价。

（5）严格执行节能减排法规标准，坚决查处违法违规行为。尽快出台固定资产投资项目节能评估和审查办法，推进高效节能电机、变频调速技术、先进发电设备等标准的制定、修订工作，完善主要用能产品能耗限额标准。严肃查处违规乱上项目、对高耗能企业实行电价优惠、严重浪费能源资源和严重污染环境等问题。

（6）深化改革，健全和完善节能减排长效机制。推进资源性产品价格改革，推行居民用电阶梯价格，落实煤层气发电、余热余压发电上网和价格政策。积极落实国家支持节能减排的所得税、增值税等优惠政策，加快实施资源税改革。完善生态补偿机制。

（7）深入开展节能减排全民行动，发挥舆论监督作用，继续在全社会倡导绿色消费。新闻媒体要定期公布各地方节能减排进展和能耗情况，报道先进经验，曝光反面典型，弘扬节约光荣、浪费可耻的社会风尚。

温家宝要求，各地区各部门要把思想统一到中央的决策部署上来，加强组织领导，形成一级抓一级、层层抓落实的工作格局。地方各级政府主要领导、企业主要负责人要切实负起对本地区、本企业节能减排工作第一责任人的责任。要强化行政问责，对各地区节能目标完成好的要给予奖励，未完成的要追究主要领导和相关领导责任，根据情节给予相应处分，直至撤职。要严防弄虚作假，对任何地方和企业，一经发现数据造假、做表面文章，都要坚决严肃处理，确保单位国内生产总值能耗数据的真实性、准确性和一致性。要加大资金投入，建立政府引导、企业为主、金融机构贷款和社会资金积极参与的节能减排投入机制。要深化重大问题研究，有关部门和各地区要做好月度、季度单位国内生产总值能耗降低情况的分析和预测预警，抓紧研究“十二五”节能减排目标、实现途径、保障措施、政策体制等问题。

国家发展改革委、财政部安排20亿元支持推行合同能源管理

为加快推行合同能源管理，促进节能服务产业发展，中央财政于2010年6月9日决定2010年安排20亿元，用于支持节能服务公司采取合同能源管理方式对工业、建筑、交通等领域以及公共机构实行节能改造。

为规范和加强财政奖励资金管理，提高资金使用效益，国家发展改革委、财政部日前联合出台《关于印发合同能源管理财政奖励资金管理暂行办法的通知》(简称《通知》)。

《通知》规定，对节能服务公司以节能效益分享型合同能源管理方式实施的，年节能量在500t标准煤以上（含)、10 000t标准煤以下的工业节能改造项目给予奖励，其他节能改造项目的节能量下限放宽到100t标准煤以上（含)。奖励资金由中央财政和省级财政共同负担。中央财政奖励标准为每吨标准煤240元，省级财政奖励标准不低于每吨标准煤60元。

《通知》明确，对符合支持条件的节能服务公司实行审核备案、动态管理制度。国家发展改革委、财政部将公告符合条件的节能服务公司名单及业务范围，鼓励其在全国范围内开展合同能源管理。

《通知》指出，省级财政、节能主管部门是合同能源管理的实施主体，负责审核申报项目和合同，确认项目年节能量，并对合同能源管理项目实施、合同执行以及节能效果进行监督检查。

中国低碳指数诞生

2010年6月5日，“中国低碳指数”在北京诞生，这是全球首个反映中国低碳产业发展和证券化程度的指数，也是第一个以人民币计价的低碳指数。

该指数由北京环境交易所与全球领先的清洁技术投资基金 Vantage Point Partner 在北京地坛论坛共同推出，并在北京环境交易所和 Vantage Point Partner 双方网站同时发布。该指数覆盖四大主题下的九项内容，如太阳能、风能、核能、水电、清洁煤、智能电网、电池、能效（包括 LED)、水处理和垃圾处理等。

中国低碳指数将成为中国低碳产业发展现状和趋势的指针，有利于促进中国低碳产业定价机制完善，架设产业资本和金融资本的桥梁，促进资金技术资源向低碳领域汇聚，有力支持所属领域上市企业的长远发展，成为中国低碳产业发展和企业投融资的风向标。

中国低碳指数成分公司的筛选对象主要是在中国内地运营的企业。上市地包括中国内地、香港或美国等地。其中，有些公司50%以上的收入来自于低碳产业，有些公司低碳产业业务达到35亿元人民币以上，充分说明中国低碳企业的高速成长性和证券化程度的提高，与此同时，中国本土资本市场在引导资金向低碳领域汇聚的能力也在增强。指数日常运营维护将由专业团队负责。

《中国资源综合利用技术政策大纲》发布

2010年7月23日，国家发展改革委、科技部、工业和信息化部、国土资源部、住房城乡建设部和商务部联合发布了《中国资源综合利用技术政策大纲》(2010年第14号，简称《大纲》)公告。《大纲》强调大力推广先进适用技术，积极推进成熟技术的产业化发展，鼓励前沿技术的研发创新。

一、《大纲》为企业技术开发指明方向

资源综合利用产业作为发展循环经济的重要载体和有效支撑，是战略性新兴产业的重要组成部分，具有广阔的发展前景，不仅是扩内需、保增长、调结构、惠民生的重要方面，更是从根本上缓解资源和环境约束的重要措施。《大纲》的制定，对提升我国资

源综合利用技术水平，保障资源的高效、合理利用，促进我国经济“高消耗、高排放、低效率”的粗放发展方式转变，引导和推动各地开展资源综合利用，使全社会从认识资源综合利用的重要意义变成实际行动将起到积极的推动作用。

《大纲》将在以下几个方面起到引导作用：一是引导关键、共性重点综合利用技术的研发，如鼓励研发农作物秸秆的生物酶转化技术，提升农作物秸秆利用水平；二是引导推进高新技术产业化，如稀土冶炼分离清洁生产工艺技术的产业化；三是引导成熟的、先进的综合利用技术与工艺的推广应用，如利用脱硫石膏生产建材等；四是引导推动淘汰落后的生产技术、工艺和装备。

二、多个能源领域技术受国家重视

《大纲》阐明了近期综合利用技术发展的方向，解决了共性、关键技术的研发、推广难问题。

《大纲》涉及的范围包括石油天然气矿产资源综合利用技术、煤炭资源综合利用技术、煤炭工业“三废”综合利用技术、电力工业“三废”综合利用技术、石油天然气工业“三废”综合利用技术等多个能源领域。如能源矿产资源综合利用技术中提到，推广在油田开发建设中，采用适用技术，对伴生天然气进行回收利用；推广从石油和天然气中回收硫资源生产硫磺技术；推广柴油机余热利用技术；推进页岩气勘探开发技术；推广无煤柱开采技术，推广采用不稳定或难采煤层开采技术、边角煤残采技术；推广煤系高岭土超细、增白、改性技术；推进煤炭地下气化（UCG）技术的产业化，特别是加快具有井下无人、无设备，集建井、采煤、气化三大工艺于一体，适用于煤矿大量的煤柱、建筑物下压煤等呆滞煤量回收利用技术的研发等。

《大纲》中对工业“三废”综合利用技术推广更翔实。例如，煤矸石发电技术中提出，推广适合燃烧煤矸石的大型循环流化床锅炉，在有条件的地区推广热、电、冷联产技术和热、电、煤气联供技术；推广炉内石灰脱硫和静电除尘技术；研发煤矸石等低热值燃料电厂锅炉高效除尘、脱硫、灰渣干法输送、存储及利用技术。石油天然气工业“三废”综合利用技术将推广对油气采炼过程中产生的各类油砂、污泥、残渣、钻屑采用固化等无害化综合处理技术，并用于筑路、制造建筑材料、调剖堵水剂等；推广石油焦乳化焦浆/油（EGC）代油节能技术；推广炼油企业含氢尾气膜法回收技术；研发石油化工高浓度、难降解的有机废水处理技术以及油田废水替代清水技术等。

三、优惠政策区别对待

《大纲》汇总摘编了现行综合利用增值税、所得税优惠政策。对掺兑废渣生产的特定建材产品免征增值税，对一些综合利用产品实行即征即退或先征后退等不同优惠政策。以垃圾为燃料生产的电力或热力（其中垃圾用量占发电燃料的比重不低于80%；垃圾是指城市生活垃圾、农作物秸秆、树皮废渣、污泥、医疗垃圾）；以煤炭开采过程中伴生的舍弃物油母页岩为原料生产的页岩油等资源综合利用及其他产品增值税政策最优惠，采取即征即退政策。对以废弃的动物油和植物油为原料生产的柴油（废弃的动物油和植物油用量占生产原料的比重不低于70%），采取先征后退政策。

对燃煤发电厂及各类工业企业产生的烟气、高硫天然气进行脱硫生产的副产品（副产品是指石膏、硫酸、硫酸铵和硫磺），以煤矸石、煤泥、石煤、油母页岩为燃料生产的电力和热力（煤矸石、煤泥、石煤、油母页岩用量占发电燃料的比重不低于60%）等增值税政策，采取即征即退50%政策。

国务院办公厅转发发展改革委等部门关于加快推行合同能源管理促进节能服务产业发展的意见

2010年4月2日，国务院办公厅下发了《国务院办公厅转发发展改革委等部门关于加快推行合同能源管理促进节能服务产业发展意见的通知》（国办发[2010] 25号，简称《意见》），加快推行合同能源管理是促进节能服务产业发展的要求。

合同能源管理是发达国家普遍推行的、运用市场手段促进节能的服务机制。具体是指节能服务公司与用户签订能源管理合同，为用能单位提供节能诊断、融资、改造等服务，并通过分享节能效益方式回收投资和获得合理利润。采取合同能源管理方式实施节能改造，用能单位不仅不需要投入和承担风险，而且在合同期内与节能服务公司分享节能收益，合同实施结束后，则独享全部节能收益。实行合同能源管理，可以大大降低用能单位节能改造的资金和技术风险，充分调动用能单位节能改造的积极性，国内外的实践证明，是行之有效的节能措施。加快推行合同能源管理，积极发展节能服务产业，是利用市场机制促进节能减排、减缓温室气体排放的有力措施，是培育战略性新兴产业、形成新的经济增长点的迫切要求，是建设资源节约型、环境友好型社会的客观需要。

1998年，在世界银行、全球环境基金的支持下，国家发展改革委实施了“中国节能促进项目”，并分别在北京、山东、辽宁成立了三个示范性的节能服务公司，将合同能源管理机制引入我国。10年来，采用合同能源管理机制的节能服务公司不断发展，特别是“十一五”以来，随着国家出台一系列推动节能的政策措施，节能服务产业得到了较快发展。合同能源管理作为市场化节能新机制，其投资、技术和节能效果等优势正逐步显现，被越来越多用户所接受。2009年，全国节能服务公司约502家，共实施节能项目4000多个，总投资280亿元，完成总产值580多亿元，形成年节能能力1350万t标准煤。节能服务产业从业人员由2008年底的6.5万人增加到11.3万人，增幅达74%。虽然我国节能服务产业得到较快发展，但从总体上看，产业规模还比较小、发展水平也较低，难以适应当前推进节能工作的需要。存在的主要问题有：

（1）融资困难。节能服务公司实施合同能源管理项目，需要先垫付资金，随着实施项目的增多，资金压力不断加大，如果没有融资支持，节能服务公司发展就会难以为继。同时，节能服务公司发展初期通常规模较小，自有资产不足，往往因为缺乏抵押物、担保物而得不到银行贷款。

（2）税收政策有待完善。节能服务公司实施合同能源管理项目既涉及增值税应税货物，又涉及营业税应税劳务，其中，应税劳务既有设计、咨询等适用服务产业5%税率的劳务，又有建筑安装、交通运输等适用3%税率的劳务。在实际执行中税务机关按照规定对不易划分的劳务一般采用从高适用税率的办法征收营业税，客观上造成企业营业税负担过重的问题；同时，节能服务公司在合同期满后，将节能设备等资产无偿转让给用能单位，仍视同销售，须缴纳增值税，这样不利于节能服务产业发展。

（3）缺乏政策支持。现行利用中央预算内投资、中央财政资金支持节能项目的引导资金，主要针对的是用能单位，对节能服务公司还没有明确的国家优惠政策。

（4）预算支出科目不明确，会计实务处理不统一。由于合同能源管理是近年发展起来的新生事物，在现行预算及财务管理制度下，公共机构支付的节能服务费用在现有公共财政管理体系中还没有明确的支出科目；实施合同能源管理项目形成的资产转移给用能单位时会计处理不统一。

《意见》对相关节能服务企业推行了扶持政策：

（1）将合同能源管理项目纳入中央预算内投资和中央节能减排专项资金支持范围，给予资金补助或奖励。

（2）实行税收优惠政策。对节能服务公司实施合同能源管理项目取得的营业税应税收入，暂免征收营业税；对其无偿转让给用能单位的因实施合同能源管理项目形成的资产，免征增值税；节能服务公司实施合同能源管理项目，符合税收法律法规有关规定条件的，自项目取得第一笔生产经营收入所属纳税年度起，第一年至第三年免征企业所得税，第四年至第六年减半征收企业所得税；与节能服务公司签订符合条件的能源管理合同的用能企业，按照能源管理合同实际交付给节能服务公司的有关合理的支出，均可以在计算当期应纳税所得额时扣除，不再区分服务费用和资产价款进行税务处理；合同期满，节能服务公司提供给用能单位的因实施合同能源管理项目形成的资产，按折旧或摊销期满的资产进行税务处理。

（3）完善会计处理制度。政府机构采用合同能源管理方式实施节能改造，按照合同支付给节能服务公司的支出视同能源费用进行列支；事业单位采用合同能源管理方式实施节能改造，按照合同支付给节能服务公司的支出计入相关支出；企业采用合同能源管理方式实施节能改造，如购建资产和接受服务能合理区分单独计量的，按照国家统一的会计准则制度处理；如不能合理区分或虽能区分但不能单独计量的，企业实际支付给节能服务公司的支出作为费用列支，能源管理合同期满，用能单位取得相关资产作为接受捐赠处理，节能服务公司作为赠予处理。

（4）进一步改善金融服务，鼓励银行等金融机构根据节能服务公司的融资需求特点，创新信贷产品，拓宽担保品范围，简化申请和审批手续，为节能服务公司提供项目融资、保理等金融服务。节能服务公司实施合同能源管理项目投入的固定资产可按有关规定向银行申请抵押贷款等。积极利用国外的优惠贷款和赠款加大对合同能源管理项目的支持。

《意见》对加强节能服务产业发展起到了指导和服务。

（1）鼓励支持节能服务公司做大做强。节能服务公司要加强服务创新，加强人才培养，加强技术研发，加强品牌建设，不断提高综合实力和市场竞争力。鼓励节能服务公司通过兼并、联合、重组等方式，实行规模化、品牌化、网络化经营，形成一批拥有知名品牌，具有较强竞争力的大型服务企业。鼓励大型重点用能单位利用自己的技术优势和管理经验，组建专业化节能服务公司，为本行业其他用能单位提供节能服务。

（2）充分发挥行业组织的服务和自律作用。节能服务行业组织要大力开展业务培训，加快建设信息交流平台，及时总结推广成功经验，积极开展节能咨询服务。要制定节能服务行业公约，建立健全行业自律机制。

（3）营造节能服务产业发展的良好环境。地方各级人民政府要将推行合同能源管理、发展节能服务产业纳入重要议事日程，加强领导，精心组织，务求取得实效。政府机构要带头用合同能源管理方式实施节能改造，发挥模范表率作用。要采取多种形式，广泛宣传。要加强用能计量管理，督促用能单位按国家有关规定配备能源计量器具，为节能服务公司实施合同能源管理项目提供基础条件。要组织实施合同能源管理示范项目，加强对节能服务产业发展规律的研究，积极借鉴国外的先进经验和有益做法，协调解决产业发展中的困难和问题，推进产业持续健康发展。

国家发展改革委、国家电监会、国家能源局印发《关于清理对高耗能企业优惠电价等问题的通知》

2010年5月12日，为了抑制高耗能企业盲目发展，促进经济发展方式转变和经济结构调整，根据国务院《关于进一步加大工作力度确保实现“十一五”节能减排目标的通知》（国发［2010］12号）精神，国家发展改革委、国家电监会、国家能源局以发改价格［2010］978号文发出《关于清理对高耗能企业优惠电价等问题的通知》（简称《通知》），决定取消对高耗能企业的优惠电价措施。《通知》的主要内容有：

一、取消对高耗能企业的用电价格优惠

国家颁布的目录电价表中，铁合金、氯碱、电石等高耗能企业用电价格低于大工业电价10%以上的，暂时调整到比大工业电价低10%的水平。其中，两者价差在每千瓦时5分钱以内的，自2010年6月1日起调整到位；价差大于5分钱的，自2010年6月1日起，每年取消5分钱优惠，直至达到比大工业电价低10%的水平。上述高耗能企业用电价格低于大工业电价不足10%的，维持现行电价不变。

取消上述电价优惠后电网企业增加的电费收入，用于疏导电价矛盾和电力需求侧管理。

二、坚决制止各地自行出台的优惠电价措施

各省（区、市）价格主管部门要会同电力监管等部门对国家电价政策执行情况进行自查自纠。凡是自行对高耗能企业（包括多晶硅）实行电价优惠，或未经批准以电力用户与发电企业直接交易、双边交易等名义变相对高耗能企业实行优惠电价的，要立即停止执行。各地要将自查自纠情况于2010年6月10日前上报国家发展改革委、国家电监会和国家能源局。

符合国家规定条件的大型工业企业，可以按国家电监会、国家发展改革委、国家能源局联合下发的《关于完善电力用户与发电企业直接交易试点工作有关问题的通知》（电监市场［2009］20号）规定，申请与发电企业进行直接交易试点，但要按规定程序履行审批手续，并且遵循自愿原则，当地政府及其有关部门不得强制规定交易对象、电量和电价。

三、加大差别电价政策实施力度

继续对电解铝、铁合金、电石、烧碱、水泥、钢铁、黄磷、锌冶炼8个行业实行差别电价政策，并进一步提高差别电价加价标准，自2010年6月1日起，将限制类企业执行的电价加价标准由现行每千瓦时0.05元提高到0.10元，淘汰类企业执行的电价加价标准由现行每千瓦时0.20元提高到0.30元。在此基础上，各地可根据需要，进一步提高对淘汰类和限制类企业的加价标准。各地要严格执行差别电价政策，并加强对高耗能企业的动态甄别工作，及时更新执行差别电价的企业名单，确保差别电价政策全面落实到位。

四、对超能耗产品实行惩罚性电价

对能源消耗超过国家和地方规定的单位产品能耗（电耗）限额标准的，实行惩罚性电价。超过限额标准1倍以上的，比照淘汰类电价加价标准执行；超过限额标准1倍以内的，由省级价格主管部门会同电力监管机构制定加价标准。省级节能主管部门要会同有关单位在2010年6月底以前提出超能耗（电耗）企业和产品名单，省级价格主管部门会同电力监管机构按企业和产品名单落实惩罚性电价政策。

五、整顿电价秩序

各级价格主管部门、电力管理部门和电网企业要严格执行国家电价政策，不得擅自改变国家规定的上网电价和销售电价标准；不得违反规定对发电企业规定电量基数，降低基数外电量上网电价；不得强制规定电力直接交易的对象和电价标准；不得自行改变峰谷电价、丰枯电价的时段和电价标准，不得假借大用户与发电企业直接交易等名义对高耗能企业实行优惠电价。电网企业不得以跨省、跨区域电能交易名义，强迫发电企业降低上网电价；不得违反规定相互进行没有电能物理流量的虚假交易和接力送电；不得执行地方政府违反国家规定自行出台的优惠电价措施。省级价格主管部门和电力监管机构要加强对跨省、跨区域交易情况的监管，将电网企业购外省电价低于本省平均购电价的部分，用于疏导电价矛盾。

六、加强监督检查

省级价格主管部门要尽快向省级人民政府汇报，并会同有关部门按照以上要求进行自查自纠，立即停止执行自行出台的优惠电价措施；国家电网公司、南方电网公司要督促所属电网企业严格执行国家电价政策，自觉抵制各种违规出台的优惠电价措施。国家发展改革委、国家电监会和国家能源局将会同有关部门组成工作组，对各地执行差别电价情况和对自行出台优惠电价的自查自纠情况进行督查，并将督查情况报告国务院。对继续保留电价优惠或变相优惠的，不按国家规定对高耗能企业严格执行差别电价政策的，以及继续以各种名目降低发电企业上网电价的，将严肃查处；情节严重的，将追究有关责任人责任。

国家发展改革委发出《关于完善农林生物质发电价格政策的通知》

2010 年 7 月 18 日，国家发展改革委以发改价格［2010］1579 号文，发出《关于完善农林生物质发电价格政策的通知》（简称《通知》)。《通知》内容如下：

一、对农林生物质发电项目实行标杆上网电价政策。未采用招标确定投资人的新建农林生物质发电项目，统一执行标杆上网电价每千瓦时 0.75 元（含税，下同)。通过招标确定投资人的，上网电价按中标确定的价格执行，但不得高于全国农林生物质发电标杆上网电价。

二、已核准的农林生物质发电项目（招标项目除外)，上网电价低于上述标准的，上调至每千瓦时 0.75 元；高于上述标准的国家核准的生物质发电项目，仍执行原电价标准。

三、农林生物质发电上网电价在当地脱硫燃煤机组标杆上网电价以内的部分，由当地省级电网企业负担；高出部分，通过全国征收的可再生能源电价附加分摊解决。脱硫燃煤机组标杆上网电价调整后，农林生物质发电价格中由当地电网企业负担的部分要相应调整。

四、农林生物质发电企业和电网企业要真实、完整地记载和保存项目上网交易电量、价格和补贴金额等资料，接受有关部门监督检查。各级价格主管部门要加强对农林生物质上网电价执行情况和电价附加补贴结算情况的监管，确保电价政策执行到位。

五、上述规定自 2010 年 7 月 1 日起实行。

国家发展改革委印发《关于生物质发电项目建设管理的通知》

2010 年 8 月 10 日，国家发展改革委以发改能源［2010］1803 号文，印发了《国家发展改革委关于生物质发电项目建设管理的通知》（简称《通知》)。

《通知》指出，生物质发电是生物质能利用的重要形式。近年来，我国生物质发电取得了一定发展，装机容量逐年增加，已培育形成了较完整的设备制造能力和产业服务体系，对促进农村发展、实现节能减排起到了很好的作用。但由于缺乏管理经验、规划等前期论证工作深度不够，目前生物质发电还面临燃料供应不足、价格上涨压力大、发电成本难以控制等问题，影响了生物质发电的推广。

一、重视生物质发电规划工作

生物质资源是生物质发电的原料基础。由于农村生物质资源用途广泛，为确保生物质发电的有序发展，必须做好生物质发电规划工作，科学分析各种生物质资源量，统筹协调生物质资源的合理利用，在充分考虑生物质资源其他用途的基础上，根据剩余资源的分布特点，合理制定生物质发电目标和建设布局，切不可盲目建设。原则上，生物质发电厂应布置在粮食主产区秸秆丰富的地区，且每个县或 100km 半径范围内不得重复布置生物质发电厂。

二、合理确定生物质电站建设场址和规模

生物质资源种类多，包括农林生产剩余物、粮食加工和木材加工剩余物、生活垃圾、畜禽养殖场粪便及污水处理淤泥等。为充分有效利用各类生物质资源，生物质发电锅炉应具有燃烧各类生物质资源的能力，场址选择除满足安全、环境条件外，应统筹考虑各类资源的分布特点，结合城市供暖或工业园区用热需要，优先建设生物质热电联产发电厂。生物质电站建设规模以可保证供应的资源量为基础确定，一般安装 2 台机组，装机容量应与资源量匹配，考虑到生物质燃料的运输半径，一般不超过 30MW。

三、落实生物质资源条件和保障措施

生物质电站建设的核心条件是生物质资源，必须把落实生物质资源作为生物质电站建设的前提条件。任何生物质电站建设，都要开展详细的资源分析评价，全面掌握各类生物质资源的分布和特点，并制定切实可行的生物质资源收集、运输、储存体系，明确生物质资源收集、运输、储存等的技术要求和管理制度，确保生物质资源的安全可靠供应。

四、严格生物质发电项目的核准管理

为促进生物质发电的健康发展，必须加强生物质发电项目的核准管理工作，制定严格的项目核准条件，防止盲目建设，除认真落实工程建设方案、土地利用和环境保护等建设条件外，特别要把生物质发电规划制定、生物质资源落实作为项目核准的重要条件。未纳入生物质发电规划、未落实生物质资源的项目，不得核准建设。

《通知》指出，各省（区、市）发展改革委、能源局要按照上述要求，对各地生物质发电情况进行全面总结。已建项目存在问题较多的地方，要暂缓核准生物质发电项目，集中力量把已建项目运行好、管理好。对拟建的生物质发电项目，要制订年度工作计划，报国家能源局审核同意后核准建设。对自行核准的项目，将不予纳入国家可再生能源基金补贴范围。

国务院发布关于加快培育和发展战略性新兴产业的决定

2010年10月18日，中国政府网全文发布《国务院关于加快培育和发展战略性新兴产业的决定》（简称《决定》）。《决定》提出，“十二五”期间我国将重点培育和发展节能环保、新能源、新能源汽车等七大产业，到2015年，战略性新兴产业增加值占国内生产总值的比重力争达到8%左右；到2020年，这一比重将力争达到15%左右；再经过10年左右的努力，战略性新兴产业的整体创新能力和产业发展水平达到世界先进水平，为经济社会可持续发展提供强有力的支撑。

《决定》指出，节能环保、新一代信息技术、生物、高端装备制造产业成为国民经济的支柱产业，新能源、新材料、新能源汽车产业成为国民经济的先导产业。其中与能源行业直接相关的分别是节能环保、新能源、新能源汽车产业；涉及能源领域的产业有两个，分别是与建设智能电网和超导电网密切相关的新一代信息技术和新材料产业。

《决定》提出，将加快建立有利于战略性新兴产业发展的行业标准和重要产品技术标准体系，优化市场准入的审批管理程序，包括完善新能源汽车的项目和产品准入标准、严格执行节能环保法规标准等。此外，将健全财税金融政策支持体系，引导和鼓励社会资金投入，鼓励金融机构加大信贷支持，发挥多层次资本市场的融资功能。如通过政府引导和支持，加快推广应用高效节能产品、环境标志产品和资源循环利用产品等。

《决定》还强调要深化能源领域改革。这包括建立健全新能源、资源性产品的价格机制和税制，实施新能源配额制并落实新能源发电全额保障性收购制度，主要污染物和碳排放交易制度和电力体制改革等。

根据目前我国战略新兴产业发展遇到的一系列问题，《决定》指出要强化科技创新，提升产业核心竞争力；积极培育市场，营造良好市场环境；深化国际合作，提高国际化发展水平；加大财税金融政策扶持力度，引导和鼓励社会投入；推进体制机制创新，加强组织领导。对此，专家强调发展战略新兴产业应加大企业自主创新力度，尽快突破体制和机制障碍，以保证产业的有序合理发展。

财政部等4部门就加强金太阳示范工程和太阳能光电建筑应用示范工程建设管理发出通知

2010年9月21日，财政部、科技部、住房和城乡建设部、国家能源局以财建［2010］662号文，联合印发了《关于加强金太阳示范工程和太阳能光电建筑应用示范工程建设管理的通知》（简称《通知》）。

《通知》指出，金太阳示范工程和太阳能光电建筑应用示范工程（简称示范工程）实施以来，各地财政、科技、建设、能源部门高度重视，认真组织实施，取得了一定进展。为加强示范工程建设管理，进一步扩大国内光伏发电应用规模，降低光伏发电成本，促进战略性新兴产业发展，《通知》对《财政部科技部国家能源局关于实施金太阳示范工程的通知》（财建［2009］397号）和《财政部关于印发太阳能光电建筑应用财政补助资金管理暂行办法的通知》（财建［2009］129号）中有关政策内容进行相应调整，具体内容如下：

一、关于关键设备招标

（一）示范工程采用的晶体硅光伏组件、并网逆变器以及储能铅酸蓄电池等关键设备由财政部会同有关部门统一招标确定。财政部、科技部、住房和城乡建设部和国家能源局共同制订招标方案并委托招标代理机构组织招标，确定中标企业、中标产品及其中标协议供货价格。

（二）项目业主单位与中标企业以招标确定的设

备型号、协议供货价格、质量和性能等为基础签订商业合同，中标企业必须按照招标文件规定的技术条件、服务条款供货和提供售后服务。

（三）光伏组件生产企业作为项目业主单位的，采用的关键设备性能不低于国家统一招标规定的条件，价格不高于国家统一招标确定的中标协议供货价格。

二、关于示范项目选择和调整

（一）示范工程重点支持大型工矿、商业企业以及公益性事业单位利用既有建筑等条件建设的用户侧光伏发电项目和在偏远无电地区建设的独立光伏发电项目。大型并网光伏电站原则上通过特许权招标等方式给予支持。

（二）已纳入示范工程名单但尚未实施的项目，应按本通知要求选用关键设备。确实无法实施的项目，应申请取消，并可相应增加符合条件的项目。

（三）选择部分可利用建筑面积充裕、电网接入条件较好、电力负荷较大的经济技术开发区、高新技术产业开发区、工业园区、产业园区等，进行用户侧光伏发电项目集中连片建设试点，统筹规划，整体推进，规划装机总容量原则上不低于20MW，一期装机容量不低于10MW。各省（区、市）可结合本地条件选择1～2个开发区、园区进行示范，抓紧编制切实可行的实施方案，省级能源主管部门负责督促电网企业落实电网接入等建设条件。财政部、科技部、住房和城乡建设部、国家能源局共同组织进行论证，确定示范区域和示范项目。

（四）建材型、构件型等太阳能光电建筑一体化项目由各省（区、市）财政、建设部门组织论证并单独上报，具体要求由财政部、住房和城乡建设部另行制定。

（五）在偏远地区建设的独立光伏发电项目要以县（及以上）为单位编制整体实施方案，其中独立户用系统的实施地区重点为青海、西藏、新疆三省（区）。

三、关于补贴标准

（一）中央财政对示范项目建设所用关键设备，按中标协议供货价格的一定比例给予补贴。其中，2010年用户侧光伏发电项目补贴比例暂定为50%，偏远无电地区的独立光伏发电项目为70%。车用动力电池（不含铅酸电池）回收用于示范项目储能设施的，参照储能铅酸蓄电池补贴标准给予支持。

（二）示范项目建设的其他费用采取定额补贴。2010年补贴标准暂定为：用户侧光伏发电项目4元/W（其中建材型和构件型光电建筑一体化项目为6元/W），偏远无电地区独立光伏发电项目10元/W（其中户用独立系统为6元/W）。

四、关于资金申请和下达

（一）省级财政、科技、建设、能源主管部门负责组织示范项目补贴资金的申请工作。

（二）项目业主单位与中标企业签订合同后，由项目业主单位统一申请补贴资金。财政部核定补贴金额，并将关键设备补贴资金和项目建设其他费用补贴分别下达给中标企业和项目业主单位，地方财政部门按照国库管理制度等有关规定进行拨付。

五、关于项目监督管理

（一）示范项目建设周期原则上不超过1年，地方财政、科技、建设、能源主管部门要建立沟通协调机制，加强监督管理，督促示范项目加快实施。项目完工后，要及时按规定进行竣工验收。对建设周期超过1年的项目，要查找原因，及时上报。

（二）利用新建建筑实施光电建筑一体化的项目，建筑施工、验收要与项目建设同步进行。

（三）地方能源主管部门按项目投资管理有关规定，负责示范项目审批、核准或备案，并会同财政、科技、建设部门，加强对项目设计、施工、验收等环节的监督检查和指导。并网发电项目申请审批时，须提供电网企业出具的接入意见，制订数据采集和实时监控系统配置方案，建立项目评估和跟踪机制，确保项目长期稳定运行。

（四）财政部、科技部、住房和城乡建设部、国家能源局组织开展专项检查。对项目进度快、示范效果好的地区，在示范规模上给予支持；对实施进度缓慢的地区，将暂停该地区项目申报。

六、关于示范项目并网

（一）电网企业要积极支持示范项目在用户侧并网，进一步规范和简化并网程序，完善相关技术标准和管理制度，为项目单位提供便利的并网条件。

（二）用户侧光伏发电项目所发电量原则上自发自用，富余电量按国家核定的当地脱硫燃煤机组标杆上网电价全额收购。

（三）结合开发区、园区等集中连片建设的示范工程，支持智能电网示范建设，以及微电网建设和运行管理试点。鼓励业主单位利用储能技术平抑电压波动，提高电网对光伏发电的接纳能力。

国家发展改革委就开展农村电网改造升级工程规划有关要求发出通知

2010年9月7日，国家发展改革委办公厅以发改办能源［2010］2177号文，印发了《关于开展农村电网改造升级工程规划有关要求的通知》（简称《通知》）。

《通知》指出，为贯彻落实《中共中央国务院关于加大统筹城乡发展力度进一步夯实农业农村发展基础的若干意见》（中发［2010］1号）精神，适应农村用电需求快速增长的趋势和统筹城乡发展的要求，做好新一轮农村电网改造升级工程实施工作，提升农网供电可靠性和供电能力，促进社会主义新农村建设和全面建设小康社会奋斗目标的实现，现将开展农村电网改造升级工程规划的有关要求通知如下：

一、编制农网改造升级总体规划。各省（区、市）发展改革委、能源局，新疆生产建设兵团发展改革委，以及国家电网公司、南方电网公司，要全面总结1998年以来农村电网建设与改造以及农网完善的成效和经验，认真分析目前存在的突出问题以及面临的新形势、新任务，结合本地区、本系统的实际，研究提出新一轮农网改造升级（包括农网改造和升级、农电体制改革和城乡用电同价）的工作思路，包括指导思想、基本原则、工作目标，主要任务、工作重点以及投资需求和资金来源等，提出相关政策建议，制定新一轮农网改造升级总体规划。

二、制定农网改造升级三年规划（2010～2012年）。根据新一轮农网改造升级的工作思路和总体要求，按照“统筹协调、因地制宜、突出重点、经济合理”的原则，结合各地实际，明确三年（2010～2012年）农网改造升级工作目标（包括农网改造与升级、农电管理体制和同网同价具体目标）、工作任务、建设重点、建设方案以及投资需求，制定农网改造升级工程三年规划和分年度建设方案。2010～2012年农网改造升级工程的目标和建设重点为：

（一）对未改造的农村电网全部进行改造。在理顺管理体制的基础上，对尚未改造地区（包括农场、林场及其他体制不顺的地区）的农村电网全部进行改造。

（二）适应“家电下乡”和农村经济快速发展引起的农村用电需求快速增长的要求，对已改造的农村电网实施改造升级，满足农民生活用电需要。

（三）解决农业生产用电突出问题，解决粮食主产区急需的农田灌溉设施及带动作用强的农业生产设施（如大棚）用电问题。

（四）理顺农村电力管理体制，取消县级供电企业“代管”体制，解决“厂网不分”、“交叉供电”等问题。

（五）在改造农村电网、理顺农电管理体制的基础上，以省为单位逐步实现城乡各类用电同网同价。

三、有关政策。中西部农网改造升级工程继续执行中西部农网完善工程国家资本金和还贷资金等有关政策。为增加建设规模，加快解决农村电力发展面临的突出问题，项目法人可自筹资金作为项目资本金，开展农村电网改造升级，并享受相同的还贷政策。东部地区农网改造升级工程的资本金由项目法人自筹解决，享受相同的还贷政策。各省要加强对2分钱农网还贷资金的管理，确保专款专用于农网还贷。

各省（区、市）按照上述要求，提出近年来农网改造升级规划和投资需求，其中，中西部地区要按照资本金全部由国家安排，以及国家安排不超过2009年（含2008年四季度）安排的数额，其余由各项目法人自筹两种情况；东部地区按照全部资本金均由项目法人自筹，提出筹资方案及相应还贷政策，特别是在充分考虑现有2分钱农网还贷资金的基础上，对电价的影响及有关政策建议。

国家发展改革委、国家电监会等6部委联合印发《电力需求侧管理办法》

为进一步加强电力需求侧管理工作，深入贯彻落实国家节能减排战略，国家发展改革委、国家电监会等6部委以发改运行［2010］2643号文件联合印发了《电力需求侧管理办法》。这是继2004年国家发展改革委联合电监会印发《加强电力需求侧管理指导意见》后，我国在电力需求侧管理工作方面又一个重要的指导性文件。本办法自2011年1月1日起实施。其全文如下：

本办法共有4章计27条，包括总则、管理措施、激励措施、附则等内容。本办法在附则中说明各省级电力运行主管部门可会同有关部门结合本省、自治区、直辖市实际情况，制定相关实施细则。

体 制 改 革

国务院批转国家发展改革委《关于2010年深化经济体制改革重点工作的意见》

2010年5月31日，国务院办公厅以国发[2010] 15号文批转了国家发展改革委《关于2010年深化经济体制改革重点工作的意见》。

2010年是继续应对国际金融危机、保持经济平稳较快发展的关键一年。国际国内经济深度调整和深刻变化，迫切要求加大改革力度，进一步破除制约经济结构调整和经济发展方式转变的体制机制障碍，切实推动科学发展。结合当前改革发展形势，现就2010年深化经济体制改革重点工作提出以下意见（摘要）：

（一）指导思想和总体要求

（1）指导思想。高举中国特色社会主义伟大旗帜，全面贯彻党的十七大，十七届三中、四中全会和中央经济工作会议精神，深入贯彻落实科学发展观，围绕转变经济发展方式、保障和改善民生深化改革，着力增强发展的内在动力和可持续发展能力，为夺取应对国际金融危机冲击全面胜利和“十二五”规划顺利实施奠定坚实的体制基础。

（2）总体要求。把保持经济增长与调整经济结构结合起来，着力完善促进经济发展方式转变的体制机制；把完善政府调控与充分发挥市场作用结合起来，着力激发经济发展内在动力与活力；把推进社会建设与创新公共服务体制结合起来，着力健全改善民生的保障机制；把提高经济效益与促进社会公平结合起来，着力形成促进社会和谐稳定的体制机制；把加快国内发展与提升开放水平结合起来，着力形成国际合作与竞争新优势。

（二）鼓励支持和引导非公有制经济发展

（1）落实鼓励和引导民间投资健康发展的政策措施，进一步消除制约民间投资的制度性障碍，支持民间资本投向基础产业和基础设施、公用事业、社会事业、金融服务等领域，有效激发市场投资活力。

（2）推动国有资本从一般竞争性领域适当退出，切实把国有资本投资重点放在关系国家安全和国民经济命脉的重要行业和关键领域，拓宽非公有制经济发展的市场空间。

（3）继续完善对小企业的支持政策，健全小企业信用担保体系，开展支持小企业融资的金融产品创新试点，研究制定促进小企业发展的政府采购政策。

（三）深化国有企业和垄断性行业改革

（1）以推进广电和电信业务双向进入为重点，制订三网融合试点方案并开展试点，探索建立保障三网融合规范有序开展的政策体系和体制机制。

（2）推进电力体制改革，完成电网企业主辅分离改革，出台输配电体制改革试点工作意见，研究制订农电体制改革方案并开展试点。

（3）推进盐业管理体制改革，出台盐业管理体制改革意见及相关配套措施，推动形成新型食盐供给体制和盐业管理体制。

（4）加快推进大型国有企业特别是中央企业母公司层面的公司制股份制改革。

（四）深化资源性产品价格和环保收费改革

（1）出台关于调整销售电价分类结构的实施办法，简化电价分类结构，推行居民用电阶梯价格制度，健全可再生能源发电定价和费用分摊机制。

（2）稳步推进水价改革，在有条件的地方实行居民用水阶梯价格制度，推进农业节水与农业水价综合改革。

（3）全面推行城市污水、垃圾及医疗废物等处理收费制度，研究建立危险废物处理保证金制度，制定出台推进排污权交易试点的指导意见并扩大试点范围，完善排污费征收使用管理制度。

（五）深化财税体制改革

（1）出台资源税改革方案，统一内外资企业和个人城建税、教育费附加制度，逐步推进房产税改革，研究实施个人所得税制度改革，完善消费税制度，研究开征环境税的方案。

（2）全面编制中央和地方政府性基金预算，试编社会保险基金预算，完善国有资本经营预算，加快形成覆盖政府所有收支、完整统一、有机衔接的公共预算体系。推进预算公开透明，健全监督机制。

（3）建立行政事业单位国有资产统计报告和收入管理制度。完善中央企业国有资本经营收益上缴和使用管理制度。

（六）深化金融体制改革

（1）借鉴国际监管标准的改革，完善金融监管体制。建立宏观审慎管理框架，强化资本和流动性要求，确立系统性金融风险防范制度。建立健全部门间协调配合、信息共享机制和国际合作机制。完善跨境资本流动监管机制。探索规范地方金融管理体制。

（2）修订出台《贷款通则》，积极引导民间融资健康发展，加快发展多层次信贷市场。尽快出台存款保险制度实施方案，制定出台存款保险条例。

（3）加快股权投资基金制度建设，出台股权投资基金管理办法，完善新兴产业创业投资管理机制。健全创业板市场相关制度，推进场外交易市场建设，推动形成相互补充、相互促进、协调发展的多层次资本市场体系。

（4）深化金融机构改革，加快推进政策性金融机构改革，开展资产管理公司商业化转型试点，深化国有控股商业银行改革。

（5）完善农村金融体系，全面深化农村信用社改革，引导社会资金投资设立适应“三农”需要的新型农村金融组织，研究制定偏远山区新设农村金融机构费用补贴等办法，研究制定农村抵押担保条例，充分发挥商业性金融、政策性金融和合作金融在支持“三农”中的作用。

（七）协调推进城乡改革

（1）深化土地管理制度改革，研究制定农村集体建设用地管理条例，逐步建立城乡统一的建设用地市场。提出规范农村土地整治的指导意见。

（2）深化户籍制度改革，加快落实放宽中小城市、小城镇特别是县城和中心镇落户条件的政策。进一步完善暂住人口登记制度，逐步在全国范围内实行居住证制度。

（3）做好新形势下农村改革试验工作。制订出台进一步加快农垦改革发展的意见，推进国有农场与当地经济社会发展融合。

（八）深化民生保障体制改革

（1）研究调整和优化国民收入分配格局、提高居民收入比重的思路，提出改革的目标、重点和措施。积极稳妥实施事业单位绩效工资制度，推进企业职工工资集体协商和支付保障制度建设，改革国有企业特别是垄断行业工资总额管理制度，完善国有企业、金融机构高管人员薪酬分配和监管制度。

（2）完善城乡养老保险制度，全面实施城镇企业职工基本养老保险关系转移接续制度，研究解决城镇集体企业职工、退休人员及城市无收入老年居民养老保险问题，继续推进事业单位养老保险制度改革试点，完善新型农村社会养老保险相关配套政策并扩大试点范围。

（3）建立健全保障性住房规划建设管理体制，加快廉租住房、公共租赁住房和经济适用住房建设，推进城市和工矿区棚户区改造，出台关于促进房地产市场长远健康发展的综合性政策。

（九）深化社会领域改革

（1）出台并实施国家中长期教育改革和发展规划纲要，以促进公平和提高质量为重点，推进人才培养体制、考试招生制度、现代学校制度和办学体制等改革，并启动相关试点工作。

（2）围绕“保基本、强基层、建机制”，全面推进医药卫生体制改革，扎实做好推进基本医疗保障制度建设、初步建立国家基本药物制度、健全基层医疗卫生服务体系、促进基本公共卫生服务逐步均等化、推进公立医院改革试点等五项重点改革。

（3）加快国有文艺院团体制改革，推进非时政类报刊改革，制订出台公益性新闻出版单位改革意见，基本完成中央各部门各单位经营性出版社转制任务。

（4）探索完善社会主义市场经济条件下科技创新举国体制，全面推进国家创新体系建设。

（十）深化涉外经济体制改革

（1）研究制订关于加快转变外贸发展方式的指导意见，促进对外贸易协调可持续发展。

（2）研究修订外商投资相关法律法规，进一步简化和规范外资审批程序，建立外资并购安全审查制度。制订出台境外投资条例，加快完善境外投资促进政策和服务体系。

（十一）深化行政管理体制改革

（1）按照政事分开、事企分开和管办分离的原则，制订出台分类推进事业单位改革的总体文件及相关配套文件。

（2）深化投资体制改革，出台政府投资条例，加快制定企业投资项目核准和备案管理条例，制定中央政府投资项目决策责任追究指导意见和代建制管理办法，建立重大项目专家评议制度。

（3）研究推进中央国家机关公务用车制度改革。研究提出深化政府机关后勤服务社会化改革的意见。

（十二）积极推进综合配套改革试点

上海浦东新区、天津滨海新区等国家综合配套改革试验区，要围绕转变经济发展方式、提升开放水平、统筹城乡发展、建设资源节约型和环境友好型社会等战略任务深化改革，率先突破，形成有推广价值的改革经验。

我国将全面取消农网县级“代管体制”

2010年7月12～13日，国家发展改革委在北京召开全国农村电网改造升级工作会议，提出用3年时间完成新一轮农网改造，全面取消县级代管体制，理顺农村电力管理体制。国家发展改革委副主任、国家能源局局长张国宝，国家电网公司副总经理杨庆，南方电网公司副总经理贺锡强出席会议。

全国农村电网改造升级工作会议是贯彻落实党中央、国务院关于实施新一轮农村电网改造升级战略部署的重要措施。张国宝在会上做了“统一思想，明确目标，认真做好农村电网改造升级工作”的讲话，全面总结了1998年以来农村电网“两改一同价”工作，系统分析了当前农村电力发展面临的新形势和新任务，提出了实施新一轮农村电网改造升级工程的思路和要求。

会议提出，要通过3年左右时间的农网改造升级工程建设，使没有改造过的农村电网基本改造到位，并解决新的农村电网供电能力不足问题，农村居民生活用电得到较好保障，农业生产设施用电问题得到基本解决；全面取消县级供电企业“代管体制”，理顺农村电力管理体制；以省为单位实现城乡各类用电同价目标；基本建成安全可靠、节能环保、技术先进、管理规范的新型农村电网。

会议提出，农网改造升级工程实施重点，一是对未改造地区全部改造到位，特别是西部偏远地区和少数民族地区；二是对已改造过的，因电力需求增长又出现供电能力不足的电网实施升级改造，更好地满足农村需要；三是基本解决农田灌溉、农业大棚、烟草和茶叶加工等农业生产用电突出问题；四是理顺农村电力管理体制，取消代管制；五是尽快实现城乡各类用电同价目标，进一步减轻农民负担，为农村经济发展创造良好的条件。

会议要求，各地方主管部门及有关企业要组织好本地区农网改造升级工程建设，认真做好农网改造升级规划和3年（2010～2012年）规划的编制工作，强化规划的指导作用。加强农网改造升级项目管理和技术管理，确保工程质量，提高工程效益和中央资金使用效益。加强项目建设管理，严格执行基本建设程序和各项管理制度，加强资金管理、施工管理、安全质量管理，努力把农网改造升级工程建成精品工程，做到群众满意、政府放心。

2011 中国电力年鉴

电 力 发 展

概　　况

2010年全国电力工业综述

（周小谦　单葆国）

2010年，在极为复杂的国内外经济环境和严峻的各类自然灾害的挑战中，我国加强和改善宏观调控，国民经济运行态势总体良好，电力需求较快增长，电力供应能力稳步上升，电力运行管理水平明显提高。

2010年，我国国内生产总值（GDP）实现40.1万亿元，比2009年增长10.4%，经济总量位居世界第二位。全社会固定资产投资完成27.8万亿元，比2009年增长23.8%；社会消费品零售总额15.7万亿元，比2009年增长18.3%；货物进出口总值完成29 740亿美元。居民消费价格比2009年上涨3.3%，工业出厂价格比2009年上涨5.5%。

2010年，我国能源消费总量为32.5亿t标准煤，比2009年增长约6%。我国能源消费总量已超过美国，成为世界第一。其中，煤炭消费33.86亿t，比2009年增长2.4%；石油消费4.39亿t，比2009年增长12.5%；天然气消费1100亿m^3，比2009年增长19.6%。全国万元国内生产总值能耗下降4.02%。

2010年，我国全社会用电量达到41 999亿kWh，比2009年增长14.8%；全国统调最高负荷58 823万kW，比2009年增长15.7%；全国发电量达到42 278亿kWh，比2009年增长14.9%。全国新增6000kW及以上装机容量9124万kW；新增110kV及以上输电线路回路长度76 574km，变电设备容量35 335万kVA。截至2010年底，全国发电装机容量达到9.66亿kW；35kV及以上输电线路回路长度133.7万km，变电设备容量36.2亿kVA。2010年，我国发电装机规模位列世界第二，全国联网装机总规模达9.62亿kW，仅次于北美联合电网（12.7亿kW），为欧洲大陆电网（6.7亿kW）的1.44倍。

2010年，全国水电装机容量突破2亿kW，达到21 605.7万kW，占总装机容量的22.4%，水电装机规模已居世界第一。火电机组容量为70 967.2万kW，占总装机容量的73.4%，其中在运行的超超临界百万千瓦机组31台，居世界第一。核电机组容量为1082.4万kW，占总装机容量的1.1%；核电在建规模3097万kW，占世界在建规模的40%。风电机组规模达到4473万kW，已超过美国位居世界第一，上网容量2957.6万kW，占电力总装机容量的3.1%。到2010年底，我国已关停小火电7210万kW；6000kW及以上电厂平均供电煤耗333g/kWh，为世界先进水平。

2010年，世界直流电压最高的云南—广东、四川向家坝—上海两个±800kV特高压输电工程投产，晋东南—荆门1000kV特高压交流试验示范工程通过国家验收，青海—西藏750kV/±400kV交直流联网工程顺利开工，新疆与西北750kV联网等一批跨区跨省重点工程建成投运，《智能电网关键设备（系统）研制规划》与《智能电网技术标准体系规划》出台，全国联网网架结构进一步加强，标志着2010年中国电网已成为世界上交直流运行电压等级最高、互联电网容量和输电网规模最大、技术先进的电网。

一、2010年经济与能源形势

（一）2010年宏观经济形势

2010年，从总体趋势上看，由于宏观政策主动调控及2009年基数因素影响，经济增速由偏快转为趋稳，固定资产投资增速持续回落，国内需求稳健增长，出口有所改善。

工业增加值增长呈“前高后低”的走势。全国工业增加值实现160 867亿元，比2009年增长12.2%；其中规模以上工业增加值增长15.7%。分地区看，东部地区增长14.9%，中部地区增长18.4%，西部地区增长15.5%，中西部地区经济增长快于东部地区，经济区域布局继续优化。

轻工业运行平稳，重工业增速快速回落。轻工业增加值增长13.6%；受节能减排等宏观调控政策影响，重工业增加值增速从第二季度开始放缓，全年增长16.5%。

固定资产投资增速有所回落。2010年，全国社会固定资产投资完成278 122亿元，比2009年增长

23.8%，增速比2009年回落6.2个百分点；扣除价格因素，实际增长19.5%。其中，城镇固定资产投资完成241 431亿元，增长24.5%；农村固定资产投资完成36 691亿元，增长19.6%。

消费平稳较快增长。2010年，社会消费品零售总额实现156 998亿元，比2009年增长18.3%；扣除价格因素，实际增长14.8%。从全年来看，由于我国经济增长保持良好态势，市场消费比较活跃，金银珠宝、住房、汽车和家用电脑等高档电子设备成为主要消费点。在13种大类限额以上批发和零售贸易商品零售中，消费增速超过30%的有6种，其中金银珠宝类增长46.0%；除化妆品消费增长速度为16.6%外，其余增速均超过20%。

居民消费价格指数维持高位。2010年，居民消费价格指数（CPI）上涨3.3%，1～4季度分别上涨2.2%、2.9%、3.5%和4.7%。其中，城市上涨3.2%，农村上涨3.6%。从全年来看，CPI增速呈现逐月上升态势，尤其是在下半年，CPI增速全部超过3%。全年工业产品出厂价格上涨5.5%，保持较高的水平。

进出口强劲增长。2010年，我国货物外贸进出口总值完成29 740亿美元，比2009年增长34.7%。其中货物出口15 778亿美元，增长31.3%；货物进口13 962亿美元，增长38.8%；贸易顺差1815亿美元，比2009年减少7.2%。外贸顺差与进出口总值比例由2008年的11.6%降至2009年的8.9%，2010年进一步降低至6.1%。

货币信贷增速从2009年高位逐步回落，人民币汇率弹性增强。2010年全年加息2次，每次提高0.25个百分点；提高存款准备金率6次，每次提高0.5个百分点。2010年末，广义货币供应量M2余额72.6万亿元，比2009年增长19.7%；狭义货币供应量M1余额为26.7万元，比2009年增长21.2%；人民币贷款余额比2009年增长19.9%，增速比2009年低11.8个百分点。人民币对美元汇率中间价为6.6227元，比2009年末升值3%。

在国家“扩内需、调结构、促转变”等一系列政策措施的作用下，我国主要工业产品产量增长态势总体良好。原油产量达2.03亿t，比2009年增长7.1%，创近年最大增幅。由于基建项目和保障性住房的建设，全年粗钢、水泥产量实现较快增长。全年粗钢产量达6.37亿t，比2009年增长11.4%；水泥产量达18.8亿t，比2009年增长14.5%。全年汽车产量达1827万辆，比2009年增长32.4%。

（二）2010年能源供需情况

2010年，受宏观经济拉动，能源消费不断增长，供应保障能力进一步增强，全年能源运行总体保持平稳。2010年，全国一次能源生产总量29.7亿t标准煤，比2009年增长8.1%。其中原煤32.4亿t，比2009年增长8.8%；原油2.03亿t，比2009年增长7.1%；天然气948.5亿m^3，比2009年增长11.2%。能源消费总量32.5亿t标准煤，比2009年增长6%；人均消费2.38t标准煤。能源消费量约占世界能源消费量的20%，但GDP不足世界总量的10%；人均能源消费量与世界平均水平相当，而人均GDP约为世界平均水平的50%。

1. 煤炭产销两旺，价格波动中调整

2010年，全国煤炭产量32.4亿t，进口1.64亿t，出口0.19亿t，全国煤炭消费量33.86亿t。铁路运煤干线加快扩能改造，煤炭调运能力显著增强，全年煤炭运量累计完成20亿t，比2009年增长14.2%；主要中转港口煤炭发运量5.6亿t，比2009年增长21.5%。全国电力工业用煤（包括发电与供热）17.5亿t，占煤炭产量的54%。年末全国重点发电企业煤炭库存5607万t，可用天数15天，基本处于正常水平。

国际煤炭市场需求相对疲软、价格走低，东南沿海电厂加大海外采购力度，带动全国煤炭进口大幅增长，全年累计净进口煤炭1.45亿t，比2009年增长40.9%。

全国煤炭价格呈W形走势。年初极端低温天气带动取暖负荷大幅上升，加之枯水期水电减发，煤炭需求旺盛，价格处于较高水平，秦皇岛港23 100J煤炭价格805元/t左右。春节过后气温回升，煤炭需求和价格逐渐回落，3月下旬降至年内最低675元/t左右，5月秦皇岛港23 100J煤价又升至760元/t。10月下旬以来，受国际能源价格上涨和我国冬储煤在即等因素影响，国内煤炭价格快速上涨，11月底达到807元/t，12月底回落至775元/t。

2. 石油对外依存度继续升高，石油储备基地陆续建成，四大能源国际通道初步形成

2010年，我国石油消费量4.39亿t，其中自产2.03亿t，进口2.39亿t，出口0.03亿t，石油对外依存度达到53.7%，比2009年提高2.4个百分点。

我国原油产量稳步增长，首次突破2亿t，比2009年增长6.9%，为近年来最高增速。原油进口2.39亿t，比2009年增长17.5%；原油加工量达4.23亿t，比2009年增长13.4%，均创10年来最高增速。国家石油储备一期工程顺利完成收储，二期项目启动实施，一批商业石油储备基地陆续建成投运，2010年底库容达到2650万m^3。

中缅油气管道已开工建设，中俄原油管线全线开工，中国陆上西北、东北、西南和海上四大能源国际通道已初步形成。

国际油价振荡上扬，前三季度基本在70～85美元/桶间波动，11月以后，国际油价强势上扬，年末达到92美元/桶，创26个月以来新高。国内成品油价格三次调升、一次调降，成品油消费持续回暖。

3. 天然气消费快速增长，市场规模不断扩张

2010年，全国天然气产量达到948.5亿m^3，比2009年增长11.2%。进口LNG 934万t，比2009年增长75%；首次进口管道气44亿m^3。非常规天然气开发取得积极进展，煤层气抽取量88亿m^3，利用量36亿m^3，比2009年增长42.3%。页岩气试验探采工程启动。

天然气市场规模快速扩张。全年天然气表观消费量约1100亿m^3，比2009年增长20.4%。全年建成大港等3个储气库群，总工作气量13.9亿m^3；启动华北油田、辽河油田等10个储气库建设，总库容244亿m^3。江苏等5个LNG接收站加快建设，一期规模1550万t/年。涩宁兰复线、川气东送、陕京三线、榆济线、西气东输二线东段工程中卫—黄陂段等一批天然气骨干管道工程相继投运。天然气管道长度达4万km。

4. 非化石能源供应量快速增长

2010年，水电发电量6867亿kWh，折合标准煤2.28亿t；核能发电量747亿kWh，折合标准煤248万t；风力发电494亿kWh，折合标准煤1645万t。水电、核电及风力发电合计约2.68亿t标准煤，占当年能源生产量29.7亿t标准煤的9%。

我国能源消费结构中，煤炭占68%，石油占19%，天然气占4.4%，非化石能源占8.6%，非化石能源所占比重比2009年提高0.8个百分点。

二、2010年电力生产运行形势

（一）电力生产供应

2010年，全国新增6000kW及以上装机容量9124万kW，其中水电1643万kW，占18.0%；火电5831万kW，占63.9%；核电174万kW，占1.9%；风电1457万kW，占16.0%；其他19.6万kW，占0.2%。

考虑退役及机组关停，2010年底全国发电装机容量达到9.66亿kW，比2009年增长10.6%。其中水电装机21 606万kW，占22.4%；火电装机70 967万kW，占73.4%；核电装机1082万kW，占1.1%；风电装机2958万kW，占3.1%。电源结构中，非化石能源发电装机25 674万kW，比重为26.57%，较2009年提高1.06个百分点。

全国百万千瓦及以上的电厂有305座，共计5.01亿kW，其中水电40座，约8813万kW；火电259座，约40 236万kW；核电6座，约1051万kW。全国百万千瓦的超超临界火电机组31个，全国火电平均单机容量达10.88万kW，电力的供应能力与效率大幅提高。

全国发电量达到42 278亿kWh，比2009年增长14.9%。其中，水电、风电发电量分别为6867亿、494亿kWh，分别增长20.1%、78.9%；火电、核电发电量分别为34 166亿、747亿kWh，分别增长13.5%、6.7%，火电发电量比重由2009年的81.8%降至80.8%。

全国6000kW及以上电厂发电设备平均利用小时数为4650h，比2009年上升104h，处于比较合理的利用范围内。其中，水电设备平均利用小时数3404h，比2009年上升76h；火电设备利用小时数5031h，比2009年上升166h；核电设备利用小时数为7840h，比2009年上升124h；风电设备利用小时数为2047h，比2009年下降30h。

分省来看，全国有15个省（区、市）火电设备利用小时数高于全国平均水平。其中宁夏最高，为6214h，最低的是西藏，仅有2337h，其他各省（区、市）火电设备利用小时数均在4000h以上。

全国全社会用电量为41 999亿kWh，比2009年增长14.76%；全国供电量达到40 320亿kWh，比2009年增长15.27%。广东、江苏和山东的供电量超过3000亿kWh，超过2000亿kWh的地区有浙江、河北、河南。青海、内蒙古、四川、宁夏、云南、新疆、江苏的供电量增长速度都高于全国平均水平。

全国电力供需总体平衡，但部分地区、部分时段电力供需紧张。其中华北、华中、华东和南方电网电力供需偏紧，东北、西北电网电力供需平衡有余。通过加大跨区跨省电力电量交易，有效缓解电力供需矛盾，确保有序供电。国家电网公司经营区域内，1月因缺煤、少气、枯水等原因，有13个电网电力供需紧张，最大电力缺口1879万kW；第三季度受天气影响，华北、华中电网局部地区电力供需紧张。第四季度，山东、陕西及华中大部分地区因电煤供应不足而出现电力供需紧张。南方电网1～5月受西南特大旱灾影响，广东、云南、贵州电网均有错峰限电。此外，为完成“十一五”节能减排任务，全国不少省份在年末均出现拉闸限电现象。

（二）电网运营与电力输送

2010年，云南—广东以及宜宾向家坝—上海±800kV特高压直流输电工程建成投运，成为世界上输电电压最高的特高压直流工程。±500kV呼伦贝尔—辽宁直流输电工程、±660kV宁东—山东直流极Ⅰ系统等工程建成投运。到2010年底，全国在建高压直流线路13条，输送能力3797.4万kW，直流输电线路长度22317km。新疆与西北750kV联网等一

批跨区跨省重点工程的建设和多座500kV变电站正式投运；10月西藏电网电压等级由110kV升到220kV。国家电网公司完成提高电网输送能力的145项工程和12项重点环网解环项目，提高了输电能力1698万kW，使公司经营区五大区域电网主网架均满足$N-1$标准，重要电源送出通道和同杆并架工程均有防范$N-2$故障等能力，提升了电网在更大范围内优化配置能源资源的能力，提高了电网安全稳定运行水平。

截至2010年底，全国电网220kV及以上输电线路回路长度达44.27万km，公用变压器设备容量为19.74亿kVA；其中500kV等级线路回路长度、公用变压器设备容量分别占29.8%、35.4%。

全国跨区送出电量1491.77亿kWh，比2009年增长21.71%。其中华北电网送出电量237.83亿kWh，比2009年增长7.25%；东北电网送出电量88.67亿kWh，比2009年增长26.64%；华东电网送出电量8.45亿kWh，比2009年下降4.09%；华中电网送出电量753.04亿kWh，比2009年增长13.77%；西北电网送出电量161.08亿kWh，比2009年增长2.36倍；南方电网送出电量242.50亿kWh，比2009年增长12.71%。三峡电厂送出电量834.26亿kWh，比2009年增长5.51%。

全国跨省送出电量5879.02亿kWh，比2009年增长12.06%。南方电网西电东送电量1116.57亿kWh，比2009年下降3.35%。进出口电量249.04亿kWh，比2009年增长3.21%。其中，进口电量53.13亿kWh，比2009年下降13.08%；出口电量195.91亿kWh，比2009年增长8.73%。

全年电网运行表明，国家电网公司系统有29个重要断面保持重载，潮流水平达到稳定极限的95%以上，主要集中在三峡近区和跨区、跨省联络线，为华北蒙西外送断面，华中川渝省间，华东负荷中心的主干通道，东北辽吉省间、吉黑省间，西北电网陕甘断面、甘宁断面、甘肃河西断面等，使电网运行处于比较紧张状态，安全稳定运行压力较大。

风电对电网安全稳定运行影响不断增大。全年全国风电并网运行容量2955万kW，其中国家电网公司经营区有2825万kW，比2009年增加67.3%，电量增加84.5%。2010年，国家电网公司经营区风电最大电力1233万kW，最小为64.4万kW。风电出力的大幅波动给电网调峰带来困难，对电网安全稳定运行影响不断增大。

（三）电力消费

2010年，全年全社会用电量达到41 999亿kWh，比2009年增长14.8%，增幅比2009年提高8.3个百分点。

分产业看，第一产业用电量976.5亿kWh，比2009年增长3.9%；第二产业用电量31 450亿kWh，增长15.9%；第三产业用电量4478.4亿kWh，比2009年增长13.6%；城乡居民生活用电量5094亿kWh，比2009年增长11.3%。

工业用电量30 967亿kWh，比2009年增长15.7%。其中，轻、重工业用电量分别为5336、25 630.5亿kWh，分别增长15.1%和15.9%；轻重工业用电比重由2009年的17.3∶82.7变化为2010年的17.2∶82.8。

分地区看，全国各省份全社会用电量全部实现正增长。其中西部地区的青海（37.94%）、内蒙古（18.82%）、新疆（18.22%）、宁夏（18.15%）、海南（18.14%）、重庆（17.18%）、四川（17.03%）等省（区、市）增幅较大。

（四）电力负荷

2010年，全国统调最高负荷58 823万kW，比2009年增长15.74%。其中华北、华东、华中、东北、西北、南方、西藏电网的统调最高负荷分别为14 729万、16 606万、11 118万、4318万、4055万、104 36万、31万kW，分别比2009年增长15.1%、15.4%、17.5%、10.5%、8.4%、8.8%、6.9%。全国统调用电量比2009年增长17.16%，统调最高负荷增速低于电量增速。

国家电网公司经营区的97%、95%和90%最大负荷持续时间分别为11、81、422h。华北、华东、华中、东北、西北电网的97%最大负荷持续时间分别为8、39、27、21、100h；95%最大负荷持续时间分别为37、84、59、66、273h；90%最大负荷持续时间分别为288、217、192、355、1318h。

电网最大峰谷差不断增大。华北电网最大峰谷差4446.1万kW，最大峰谷差率为33.3%；华东电网为4561万kW和38.3%；华中电网为3183.4万kW和39.63%；东北电网为1144.8万kW和29.32%；西北电网为750.2万kW和23.24%；南方电网为3747万kW和35.91%。

（五）技术经济指标

2010年，全国发电消耗原煤15.9亿t，比2009年增长13.8%，折合标准煤10.2亿t，比2009年增长11.5%。6000kW及以上电厂发电煤耗为312g/kWh，比2009年下降8g/kWh；供电煤耗为333g/kWh，比2009年下降7g/kWh，达到世界先进水平。供电煤耗最低的公司是申能（集团）公司，为300g/kWh；供电煤耗最低的电厂是上海外高桥第三发电厂，为279.39g/kWh（含脱硫脱硝），创火电最低煤耗的世界纪录。

2010年，全国6000kW及以上火电厂每千瓦时发电量耗水量为2.45kg，比2009年降低0.25kg。

全国6000kW及以上电厂厂用电率为5.43%，比2009年下降0.32个百分点，其中水电厂厂用电率为0.33%，比2009年下降0.07个百分点；火电厂厂用电率为6.33%，比2009年下降0.29个百分点。

电网线损电量2485.4亿kWh，比2009年增长13.45%；线损率为6.53%，比2009年下降0.19个百分点。

电网频率与电压质量进一步提高。华北、华东、华中和东北电网频率合格率达到100%，西北电网为99.999 93%。华北、华东、华中、东北电网的电压合格率均达到100%。

（六）电力可靠性指标

2010年，全国220kV及以上电压等级架空线路可用系数99.600%，比2009年提高0.307个百分点；非计划停运率0.254次/(百千米·年)，比2009年提高0.016次/(百千米·年)；强迫停运率为0.233次/(百千米·年)。

全国220kV及以上电压等级变压器可用系数99.673%，比2009年提高0.028个百分点；非计划停运率0.724次/(百台·年)，下降1.155次/(百台·年)；强迫停运率由0.409次/(百台·年)，下降0.312次/(百台·年)。

全国220kV及以上电压等级断路器可用系数99.904%，比2009年提高0.034个百分点；非计划停运率0.703次/(百台·年)，下降0.0822次/(百台·年)；强迫停运率0.398次/(百台·年)，下降0.361次/(百台·年)。

全国城市10(6、20)kV供电系统用户供电可靠率(RS-1)99.923%，比2009年提高0.027个百分点；用户年平均停电时间6.722h，比2009年减少2.409h。全国农村用户供电可靠率(RS-1)和(RS-3)分别为99.714%和99.729%，分别比2009年提高0.02和0.031个百分点，用户停电时间分别为25.06h和23.75h。

全国10万kW及以上火电机组等效可用系数为92.81%，比2009年略有下降；台年平均非计划停运次数为0.65次/(台·年)，与2009年基本持平；台年平均非计划停运时间50.85h/(台·年)，比2009年提高13.9h/(台·年)。

全国4万kW及以上水电机组等效可用系数由2009年的92.48%升高到92.70%，提高了0.22个百分点；台年平均非计划停运次数0.64次/(台·年)，比2009年提高0.1次/(台·年)；台年平均非计划停运时间为10.73h/(台·年)，比2009年下降9.14h/(台·年)。

（七）电力安全生产情况

2010年，全国共发生电力人身伤亡责任事故32起，死亡54人。其中，电力生产人身伤亡责任事故25起，死亡33人；电力建设施工人身伤亡责任事故7起，死亡21人。

全国共发生电网事故19起，比2009年增加1起；发生设备事故145起，比2009年减少18起。2010年国家电网公司统计，220kV及以上厂（站）事故发生14起，220kV及以上母线停电27起，局部电网事故4起，主要为自然灾害与设备故障引起。

三、电力企业经营管理

（一）电力企业经营情况

截至2010年11月底，全国规模以上电力企业5520家，其中电网企业1627家，发电企业3893家；国有及国有控股电力企业3312家，占电力企业总数的60%；国有及国有控股电网企业1509家，占电网企业总数的92.75%；国有及国有控股发电企业1803家，占发电企业总数的46.31%。全国电力企业平均从业人数为229.49万人，其中电网企业127.5万人，占行业总数的55.56%；发电企业101.99万人，占行业总数的44.44%。

截至2010年11月底，全国电力企业资产总额70 312亿元，同比增长8.57%；电力企业占全国工业企业资产总额的12.37%，同比下降1.27个百分点。在电力企业资产中，国有及国有控股占89.46%，同比提高0.82个百分点，外商控股占1.57%，集体控股占1.43%，私人控股占4.63%。电网企业32 012亿元，同比增长13.16%；发电企业资产总额38 300亿元，同比增长5%。

2010年1～11月，电力行业利润总额1419亿元，同比增长71.2%。其中，电网企业实现利润总额592亿元，同比增长561亿元；水电企业实现利润371亿元，同比增长78.3%；火电企业利润总额280亿元，同比下降38.7%。核电企业利润总额111亿元，同比增长14.3%；其他能源发电企业（主要为风能、生物质能发电）利润总额65亿元，同比增长79.8%。

截至2010年11月底，电力企业亏损面达到21.94%。其中电网企业亏损面为12.91%；发电企业亏损面为25.71%，其中火电企业亏损达43.18%。

截至2010年11月底，全国电力企业资产负债率为66.8%，同比提高1.9个百分点；其中电网企业资产负债率为60.4%，同比提高0.5个百分点；水电企业负债率为69.2%，同比提高6.5个百分点；火电企业负债率为74.3%，同比提高2.4个百分点；核电企业负债率为70.8%，同比下降4.3个百分点。

2010年，我国电力企业进入“财富”世界500

强企业有5个。国家电网公司位列第8名，南方电网公司位列第156名，华能电力集团公司位列第313名，大唐电力集团公司位列第412名，国电电力集团公司位列第477名。

2010年底，在沪、深两市上市的电力公司有56家，比2009年增加1家。其中，火电38家，总市值占电力板块市值的66.8%；水电企业8家，总市值占27.3%；电网企业10家，总市值占5.9%。以2010年12月31日收盘价计算，电力板块总市值为6837.2亿元，比2009年减少11.6%；占全市场的2.3%，比2009年降低0.4个百分点。

（二）电力企业

1. 国家电网公司

到2010年底，国家电网公司总资产21 192亿元，比2009年底增加15.1%，负债率为62.5%，净资产为7947亿元。2010年，公司售电量26 891亿kWh，营业收入15 285亿元，比2009年增加22.6%；实现利润450.9亿元，比2009年增长880.4%。

国家电网公司经营区域覆盖国土面积的88%，覆盖26个省（市、区），供电服务人口超过10亿人。全公司管理员工超过150万人。公司全员劳动生产率为40.3万元/(人·年)，比2009年提高35.9%。

2010年完成投资2905亿元，建设投产110（66）kV及以上交流线路5.1万km，变电容量2.5亿kVA，直流线路6040km，换流容量2580万kW。2010年完成技术改造4457项，投资153亿元，改造输电线1.23万km，变电容量2277万kVA。

2010年，由电力市场完成的交易电量3585亿kWh，比2009年增加21.77%。公司范围内实现跨区、跨省交易电量4841亿kWh，比2009年增加16.17%。实现发电权交易1414.57亿kWh，折合节约标准煤1265.9万t。国网收购风电472亿kWh，并网风电2826万kW。

在开拓国际电力市场方面，2010年国家电网公司成功收购巴西7家输电特许权公司，国家电网巴西控股公司开始运营。2010年在建境外工程技术服务累计合同额近189亿美元。继续推进与蒙古国的电力合作，就首期合作项目开展商务谈判。在中俄两国能源合作机制下，积极推进电力合作，建设第一阶段输变电工程，积极参与俄罗斯电网现代化改造，探讨在输电技术、输变电设备和能源电力领域的合作，恢复和扩大电力跨境贸易，2010年实现跨境电力贸易9.83亿kWh。

国家电网公司业绩考核连续6年两个任期获得A级。

国家电网公司2010年12月公布了我国企业首份“绿色发展白皮书”，阐述了绿色发展就是坚定走能源资源的可持续利用和生产、生活环境友好，应对气候变化、增进生态文明的可持续发展道路。

2. 中国南方电网有限责任公司

截至2010年底，南网公司资产总额4925亿元，比2009年底增加11.8%，负债率为67.4%，净资产1606亿元。全年售电量6027亿kWh，营业收入3678亿元，比2009年增加18.3%。2010年实现利润88亿元，比2009年增长238.5%。员工30万人，全员劳动生产率为20.1万元/(人·年)，比2009年下降了2.3万元。

2010年完成电网建设投资833亿元，其中农网改造投资230亿元。投产了世界上第一条±800kV云广特高压直流输电工程，开展了20kV配电网建设试点。

截至2010年底，110kV及以上变电容量5.8亿kVA、输电线路总长度15.2万km。目前西电东送最大输电能力达到2415万kW，全年西电东送达1117亿kWh。经营范围为5个省市区，发电装机容量1.7亿kW，供电总人口2.3亿人。

南网公司树立“以客户为中心”的理念，把缩短客户停电时间作为刚性要求。2010年，城市供电可靠率为99.924%，比2009年上升0.052个百分点；农村供电可靠率99.830%，比2009年上升0.089个百分点。

2010年，南网公司向香港购电18.01亿kWh，向澳门送电27.86亿kWh，占澳门全社会用电量的73%。向越南送电56.38亿kWh，比2009年增长36%；和缅甸签署孟东水电站项目开发谅解备忘录，与国内多家公司共同推进该项目开发；和老挝签署《南方电网公司投资建设老挝国家电网项目谅解备忘录》和《老挝南塔河1号水电站项目开发协议》，中国勐腊至老挝那磨115kV联网，输电6027万kWh。

3. 中国华能集团公司

2010年，华能集团公司总资产6624亿元，位列2010年“财富”世界500强第313位。2010年新开工电力1300万kW，新增投产装机1020万kW，到2010年底，公司拥有境内外全资及控股电力装机容量11 343万kW（其中，火电9776万kW，水电1082万kW，风电500万kW），比2009年增长8.7%。公司国内装机容量约占全国装机容量的11.9%。另外，公司还经营煤炭生产。截至2010年底，煤炭总产能为6412万t/年，2010年新开工煤矿1220万t，新增煤炭产能1545万t/年，控制煤炭资源400亿t。华能第一个大型煤化工项目——华亭中煦煤化工年产60万t煤制甲醇项目已生产出合格产品。

全年完成发电量5376亿kWh，比2009年增长

27.98%，发电设备利用小时为5007h。全年完成供电煤耗323g/kWh。生产煤炭4886万t，比2009年增加10.9%。累计关停小机组162万kW。在火电机组中，60万kW及以上机组占43.8%，具有脱硫装置容量8651万kW，占火电装机容量的93.8%。

公司实现销售收入2270亿元，比2009年增加27.7%；合并利润77.8亿元，比2009年增加9亿元。

在经营战略上，公司积极推进国际化战略。截至2010年底，华能集团公司合计拥有境外全资和控股机组容量376万kW。在新加坡的业务进一步拓展，投资20亿新币的大士能源登布苏多联产项目在裕廊岛正式开工；与印度有关企业签署了美国国际电力公司50%股权买卖协议；与缅甸签署了仰光火电项目谅解备忘录和瑞丽江二级水电项目协议备忘录。业务范围扩展至英国、墨西哥、荷兰和菲律宾等国。

4. 中国大唐集团公司

2010年，公司新增发电机组805万kW，到年底拥有境内外全资及控股电力装机容量10 588万kW（其中，火电8551万kW，水电1531万kW），比2009年增长5.71%。新增煤炭产能为300万t/年，年底煤炭总产能为1300万t/年。另外，公司十分重视发展循环经济产业，世界上甲醛制丙烯（MTP）技术首例大型工业化应用项目——多伦煤基烯烃项目正在建设中；在“煤—电—灰—铝”和铝硅钛项目生产基地以及在煤制气领域，大唐集团正在建设我国第一个大型煤制天然气示范工程，规模为年产气43.8亿m^3，同时还在阜新建煤制天然气项目。

2010年，全年公司完成发电量4726亿kWh，比2009年增长21.2%，发电设备利用小时为4585h。全年完成供电煤耗325g/kWh。生产煤炭1135万t，比2009年增加140%。

2010年，公司实现销售收入1771.4亿元，比2009年增加20.8%。在火电机组中，具有脱硫装置容量8196万kW，占火电装机容量的97.9%。

2010年首次进入财富世界500强，排名412位。

5. 中国国电集团公司

2010年，公司资产总额5358亿元，比2009年增长22.1%，净资产969亿元。新投产发电装机1260万kW，到年底拥有境内外全资及控股电力装机容量9532万kW（其中，火电7622万kW，水电1011万kW），比2009年增长16.2%。公司积极发展新能源发电，到2010年底风电装机895万kW，为全国最大风电公司，还有在宁夏平罗光伏发电1万kW，西藏羊八井1000kW新型地热发电也于2010年投产。另外还积极发展煤炭生产和交通运输，到2010年底公司已控制煤炭资源140亿t，煤炭总产能为8228万t/年，2010年新增煤炭产能为1172万t/年。此外，国电英力特宁东煤基多联产基地正式开工。国电内蒙公司正在建设林白铁路，解决平西白音华1号露天煤矿运输问题，公司化工、运输、发电、煤加工战略布局正在加快实施中。

2010年，全年公司完成发电量4199亿kWh，比2009年增长18.9%，发电设备利用小时为4950h。全年完成供电煤耗326g/kWh。生产煤炭4700万t，比2009年增加34.3%。

2010年，公司实现销售收入1654亿元，比2009年增加35.5%，实现利润60.9亿元。在火电机组中，具有脱硫装置容量7009万kW，占火电装机容量的92.1%。

6. 中国华电集团公司

2010年，公司新增发电装机964万kW，到年底拥有境内外全资及控股电力装机容量8817万kW（其中，火电7075万kW，水电1538万kW），比2009年增长16.8%。2010年新增煤炭产能为165万t/年，截至年底煤炭总产能为1315万t/年。

全年完成发电量3595亿kWh，比2009年增长18.7%，发电设备利用小时为4489h。全年完成供电煤耗328g/kWh。生产煤炭931万t。

2010年，公司实现销售收入1304.3亿元，比2009年增加23.3%。累计关停小机组618.5万kW。在火电机组中，具有脱硫装置容量6022万kW，占火电装机容量的90.8%。

在走出去方面，华电工程（集团）有限公司承包建设越南海阳2×60万kW燃煤机组，在柬埔寨总承包建设额勒赛水电站，电厂规模33.8万kW，2010年截流。2010年3月，华电香港公司与俄罗斯签署了燃气—蒸汽联合循环热电联产项目合作备忘录。

7. 中国电力投资集团公司

2010年，公司新增发电装机1329万kW，到年底拥有境内外全资及控股电力装机容量7073万kW（其中，火电5134万kW，水电1774万kW），比2009年增长20.2%。2010年新增煤炭产能为1960万t/年，截至年底煤炭总产能为7275万t/年。此外还加快蒙煤南运大通道建设，锦州港煤码头一期工程已开工建设。同时在华东、华中和华南地区建设港口和大型储煤中心工程。除经营煤炭外，还利用黄河上游水电优势，打造“水电铝”模式，在蒙东形成煤电铝产业模式。

2010年，公司全年完成发电量2940亿kWh，比2009年增长16.9%，发电设备利用小时为4608h。全年完成供电煤耗332g/kWh。生产煤炭5410万t，比2009年增加25.9%，电解铝产能208万t，产铝173万t。

2010年，公司实现销售收入1268.4亿元，比2009年增加26.0%。在火电机组中，具有脱硫装置容量4501万kW，占火电装机容量的91%。

8. 其他电力公司

（1）中国长江三峡集团公司。2010年公司总资产达到2855亿元，比2009年增长1.6%。主营业务收入220亿元，增长7.3%。综合利润141亿元，增长10.2%。装机容量2129万kW，比2009年增加21万kW。发电量1008亿kWh，比2009年增长3.9%。全员劳动生产率155.15万元/（人·年），比2009年下降0.12%。

（2）华润电力控股有限公司。2010年底公司总资产为1217亿元，比2009年增长16.2%。主营业务收入263亿元，比2009年下降28.3%。实现综合利润7亿元，比2009年下降12.5%。全年装机容量2173万kW，发电量1210亿kWh，比2009年增长22.8%。

（3）北京国华电力有限责任公司。2010年公司总资产1181亿元，实现销售收入522亿元，综合利润78亿元。全年可控装机容量2828万kW，发电量1424亿kWh，比2009年增长33%。

（4）中国广东核电集团有限公司。2010年公司总资产2002亿元，比2009年增长41%。主营业务收入139亿元，比2009年增长13%。实现综合利润56亿元，比2009年增长14.3%。装机容量784万kW，比2009年增长277万kW。发电量418亿kWh，比2009年增长21.5%。全员劳动生产率88.26万元/（人·年），比2009年提高27.73%。

（5）广东粤电集团有限公司。2010年公司总资产1166亿元，比2009年增长10.2%。主营业务收入397亿元，比2009年增长3.4%。装机容量达2119万kW，比2009年增加140万kW。发电量1046亿kWh，比2009年增长16.9%。全员劳动生产率336.20万元/（人·年），比2009年提高2.19%。

（6）浙江省能源集团有限公司。2010年公司总资产1072亿元，比2009年增长7%。主营业务收入355亿元，比2009年增长8.9%。实现综合利润53亿元，比2009年下降5.4%。装机容量1941万kW，比2009年增加94万kW。发电量988亿kWh，增长11.5%。全员劳动生产率363.57万元/（人·年），比2009年提高10.87%。

（三）电力价格

2010年，全国平均上网电价为374.10元/MWh，上网电价比2009年提高了1.77%。其中华能、大唐、华电、国电、中电投平均上网电价分别为379.00、372.10、380.53、378.85、353.46元/MWh，较2009年变化幅度分别为1.77%、−0.45%、2.51%、19.5%、1.58%、4.33%。电网企业平均输配电价（不含线路损耗）为160.91元/MWh，占销售电价的28.15%。全国主要电网销售电价（不含基金及附加）平均为532.4元/MWh。

2010年，全国主要电网企业平均购电价383.89元/MWh，比2009年增长0.05%；平均销售电价（不含政策性基金和附加）为571.44元/MWh，比2009年增长6.95%；政策性基金和附加36.85元/MWh，比2009年增长35.44%。主要电网企业输配电成本合计4222.4亿元，比2009年增长20.92%。其中，国家电网公司3294.47亿元，增长22.84%；南方电网公司927.92亿元，增长14.58%。

四、电力基本建设

（一）概况

2010年，全国电力投资完成7417亿元，比2009年下降3.69%，但仍保持较大规模，占2009年GDP的1.86%。其中，电源投资完成3969亿元，占整个电力基建投资的53.5%；电网基建投资完成3448亿元，占电力基建投资的46.5%。在电源投资中，水电投资819.2亿元，比重为20.6%；火电投资1426亿元，比重为35.9%；核电投资647.6亿元，占16.3%；风电投资1037.6亿元，占26.1%。“十一五”期间共完成电力投资2.24万亿元，其中电源投资1.76万亿元，占54.35%，电网投资1.48万亿元，占45.65%。

2010年，全国电力基建新增装机容量9124万kW，其中水电1643万kW，火电5831万kW，核电174万kW，风电1457万kW。关停小火电1172万kW。2010年末，全国发电装机容量96 641万kW，其中，水电21 606万kW，占22.4%；火电70 967万kW，占73.4%；核电1082.4万kW，占1.1%；风电2957.6万kW，占3.1%。太阳能发电25.62万kW。全国水电、核电和风电等非化石能源装机容量比重由2009年的25.4%提升至26.5%。

2010年，全国电力基建新开工规模为6640万kW，其中水电750万kW，火电3541万kW，核电939万kW，风电1396万kW，光伏13.98万kW。

2010年底，全国电源项目在建规模18 339万kW，与2009年基本持平。其中，水电6551万kW，比2009年减少174万kW；火电7400万kW，比2009年减少349万kW；核电3097万kW；风电967万kW；太阳能光伏发电26万kW。水电在建项目中，单机60万kW及以上水电机组58台、4046万kW，其中金沙江溪洛渡工程总装机容量1386万kW（18台77万kW机组）。火电在建项目中，单机60万kW级以上火电机组63台、4499万kW，其中百万千瓦机组 14 台；核电在建项目 12 个，共 3097 万 kW，在建规模居世界首位。

2010 年，全年新增直流工程换流容量 2830 万 kW，76 574万 km 直流线路，建成交流 110（含66）～750kV 变电站35 335万 kVA、线路70 143km。另外，建成县供电网（农网）0.4～220kV 电网线路 38.9 万 km，变电容量 13 790 万 kVA。

（二）电源建设

1. 火电建设

2010 年，全国新增火电装机容量 5831 万 kW，占全部新增装机容量的 63.9%；其中燃煤机组 5426 万 kW，燃气机组 123.5 万 kW，煤矸石机组 130.1 万 kW，生物质能 43.1 万 kW，垃圾发电 14 万 kW，余温余压余热发电 81.8 万 kW。

火电建设继续向着大容量、高参数、环保型方向发展，全年新投产单机容量 60 万 kW 及以上火电机组 47 台、3387 万 kW，占新投产火电机组容量的 58.09%，比 2009 年提高 4.13 个百分点。其中新增百万千瓦超超临界机组 11 台，全国在运百万千瓦超超临界机组 31 台。全球首台百万千瓦级超超临界空冷机组——华电宁夏灵武发电有限公司二期工程 3 号机组正式投产，对解决我国富煤、缺水地区电力工业的可持续发展具有示范意义。电厂建设规模也不断增大，全国超过百万千瓦电厂有 305 座，其中火电 259 座，约 4.02 亿 kW。2010 年浙江北仑港 7 号 100 万 kW 机组投产后，全厂容量达到 500 万 kW，为全国最大的电厂；河南鲁山电厂规划建设 6 台 100 万 kW 机组，1 号机组 100 万 kW 于 2010 年投产；广东惠州平海电厂规划容量也为 600 万 kW，2010 年投产了 1 号 100 万 kW 机组。

2010 年，不同容量等级燃煤发电新建工程造价水平基本保持平稳。其中，设备购置费下降 3%～6.5%，建筑工程费上涨 4.5%～7%，装置性材料费和安装工程费变化不大。2×30 万 kW 亚临界、2×35 万 kW 超临界、2×60 万 kW 超临界、2×66 万 kW 超临界和 2×100 万 kW 超超临界机组的单位造价分别为 4443、4168、3665、3405、3540 元/kW。电站建设周期不断缩短，神华绥中电厂 3、4 号 2 台 100 万 kW 机组从 2007 年 8 月开工，到 2010 年 3 月 2 台全部投产，历时共 33 个月。

2010 年，电厂建设质量与水平不断提高。华能国际华能海门电厂一期 1、2 号 2×100 万 kW 工程获“2010 年度中国电力优质工程”奖，为国家优质工程全过程质量控制示范工程，同获 2010 年优质工程奖的还有浙江国华宁海电厂二期 2×100 万 kW，国电北仑港三期 2×100 万 kW 等 13 个电厂工程。

2010 年关停小火电 1172 万 kW。截至 2010 年底，全国 6000kW 及以上火电厂设备容量 64 660.4 万 kW，占全部装机容量的 66.9%，其中煤电、油电、气电机组容量分别占 91.86%、1.25% 和 3.75%。截至 2010 年底，全国在建火电机组 7400 万 kW，比 2009 年下降 4.5%。

2. 水电建设

2010 年是中国水电建设 100 年，8 月在云南小湾水电站举行隆重庆祝大会，同时也庆祝我国水电装机突破 2 亿达到 2.16 亿 kW，稳居世界水电第一。

2010 年，全国新增水电装机容量 1643 万 kW，云南小湾、青海拉西瓦、四川大渡河瀑布沟等大型水电站先后投产。12 月 28 日，随着黄河上游梯级电站群收尾电站——积石峡水电站 2 号机组并网发电，黄河上游 6 个大型水电开发全部建成，装机容量突破 1000 万 kW，达到 1052.4 万 kW，成为我国水电建设史上的里程碑。2010 年 7 月 21 日，三峡水电站 26 台机组全部达到设计满出力运行，并持续运行 460h；2010 年 10 月 26 日，三峡水电站坝前水位首次达到设计水位 175m。

2010 年，我国第一个民营投资建设的大型水电站——金沙江金安桥水电站首台 60 万 kW 机组于 12 月投产。电站总规模为 4×60 万 kW，2002 年 4 月开展前期工作，2004 年完成可行性研究，2006 年 1 月大江截流。

截至 2010 年底，全国在建水电装机容量 6551 万 kW，比 2009 年下降 2.58%。西藏藏木水电站以及金沙江中下游等地的水电工程陆续核准开工，为“十二五”时期水电生产能力的进一步提高奠定了基础。

3. 核电建设

2010 年，广东岭澳核电站二期工程 1 号机组 109 万 kW、浙江秦山核电二期扩建工程 3 号机组 65 万 kW 正式投产，全国在运核电装机突破 1000 万 kW，达到 1082 万 kW。

2010 年新开工核电 8 台、795 万 kW，年末已经国家核准 32 台、3486 万 kW，已开工建设的项目共 12 个，共 3097 万 kW，在建规模居世界首位。主要建设项目有：红沿河核电一期工程，容量 4×108 万 kW；秦山二期扩建工程，65 万 kW；秦山一期扩建工程，2×108 万 kW；三门核电一期工程，2×125 万 kW；宁德核电一期工程，2×108 万 kW；福清核电项目一期工程 2×108 万 kW；福清核电项目二期工程，2×108 万 kW；海阳核电项目 2×125 万 kW；台山核电项目 2×175 万 kW；阳江核电站项目，6×108 万 kW；岭澳核电站二期项目 109 万 kW；昌江核电厂 2×65 万 kW。

4. 风力、太阳能和生物质能源发电

（1）风电。2010 年，风力发电继续较大规模增长，全年新增风电并网容量1457万kW，全国并网风电达到2958万kW，吊装容量4182万kW，超过1000万kW吊装风机尚未并网发电。截至2010年底，我国已有24个省市建设了风场，有不少规模达到数百万千瓦的风电基地。其中，蒙西、蒙东、冀北和辽宁4个电网的风电并网容量均超过300万kW；吉林、黑龙江、甘肃、山东、江苏和新疆6个电网的风电并网容量均超过100万kW。

2010年11月3日，甘肃酒泉千万千瓦级风电基地一期工程投产。一期工程规划风电装机容量516万kW，实际建成536万kW，主要集中在酒泉辖区内的玉门市和瓜州县，预计年发电量可以达到123亿kWh。

2010年6月8日，上海东大桥海上风电场34台3MW风机全部投产，开启了我国海上风电的建设。2010年1月，能源局下发了海上风电开发建设管理办法，2月4日又向辽宁、河北等沿海11个省市下发通知，要求申报海上风场特许权招标项目，4月23日首轮海上风电招标开始，规模为两个30万kW的近海风场和两个20万kW的潮间带风场共100万kW。大唐新能源、中电投联合体、山东鲁能、龙源电力等中标，中标价格为0.737～0.623元/kWh。

2010年，全国投运风力发电相应的并网输电线路回路为2.32万km，风电并网及送出的变电投资达418亿元，汇集变电站（开关站）25个，变电容量3770万kVA，规模巨大。

（2）太阳能发电。2010年，全国基建新增并网光伏发电容量19.49万kW。其中，江苏新增7.08万kW，宁夏新增5.80万kW。2010年底全国太阳能光伏发电容量50万kW。

2010年大容量光伏电站开始进入并网发电阶段。1月，国家能源局通知要求蒙、陕、宁、甘、青、云、藏、新8省区上报光伏电站项目，单个项目规模在1万～5万kW，各省总规模在10万kW以内，就近接入电网。要求所在地平均太阳能辐射量大于5000GJ/m^2。6月启动了28万kW光伏特许权招标，涉及西部6省13个项目，8月开始招标，招标均价在1元/kWh以内，标志光伏发电进入每千瓦时1元钱时期。

2010年11月，国家发展改革委已批准鄂尔多斯200万kW光伏电站的前期工作，工程从2010年到2019年分四期，一期、二期、三期、四期分别为30、100、870、1000MW。2010年12月，财政部等四部委发布将北京、上海、天津等13个省市开发区确定为中国首批光伏建筑一体化集中示范区，力争2012年后每年规模不低于100万kW，并予电价补贴50%，国家的这些政策有力地促进了我国光伏产业的快速发展。2010年，除江苏、宁夏较快发展外，还有山东济宁投运了国内最大的非晶硅薄膜光伏电站1.75万kW，以35kV接入电网；内蒙古阿拉善1万kW光伏并网，该电站规模10万kW，其中一期为1万kW。上海高铁虹桥站投运了单体建筑面积世界最大的6.1万m^{2}的光伏电站，其总装机为6688kW。此外，由云南省和华能投资建设的昆明石林光伏电站，设计规模为16.6万kW，首期2万kW，已于5月建成，接入110kV系统，由于该项目未经发展改革委批准，其电价问题尚未解决而没有正式投入运行。

另外，我国首个蝶式太阳能热发电1000kW，已于8月在北京延庆投入运行，12月大唐天威1万kW的光热发电试验示范工程在甘肃开工建设，还有国内规模最大的内蒙古鄂尔多斯5万kW槽式太阳能热发电项目已于7月开始首轮招标，该工程拟采用熔盐技术储热。

（3）生物质能发电。2010年全国新增生物质能装机容量43.11万kW，年底6000kW及以上生物质能发电装机容量达到170.45万kW。

（三）电网建设

1. 投资完成情况

2010年，全国电网建设投资完成3448亿元，比2009年下降11.55%，电网工程建设投资占电力建设总投资的比重为46.5%。

电网投资按电网类型来分，直流工程完成投资283.54亿元，其中±800kV工程完成投资116.05亿元，±600kV工程完成投资71.4亿元，±500kV工程完成投资81.46亿元，±400kV工程完成投资14.62亿元；交流工程完成投资3054.92亿元，其中1000kV工程完成投资1.97亿元，750kV工程投资173.85亿元，500kV工程投资444.13亿元，330kV工程投资37.25亿元，220kV工程投资1083.16亿元，110kV及以下配电网工程投资共计1314.55亿元。此外，包括小型基建在内的其他电网类投资共计109.65亿元。

按公司分，国家电网公司完成投资2564亿元，占全国电网投资的74.3%，中国南方电网有限责任公司完成投资831亿元，占全国电网投资的24.1%。国家电网公司投资按区域分，华北433.9亿元，东北225.8亿元，华东725.5亿元，华中566.1亿元，西北372.3亿元。

2. 电网建设规模

2010年，新增110kV及以上输电线路回路长度76 574km,变电设备容量35 335万kVA。其中，±800kV线路回路长度1907km，变电设备容量1530万kVA；±600kV线路回路长度1335km，变电设备容量 400 万 kVA；750kV 线路回路长度 4491km，变电设备容量 1920 万 kVA；500kV 线路回路长度 10 793km，变电设备容量 10 395 万 kVA；330kV 线路回路长度 1699km，变电设备容量 960 万 kVA；220kV 线路回路长度 24 499km，变电设备容量 13 438万 kVA；110 kV 线路回路长度 31 850km，变电设备容量 9522 万 kVA。

截至 2010 年，我国 35kV 及以上输电线路回路长度 133.7 万 km，变电设备容量 36.2 亿 kVA。其中 1000kV 线路回路长度 1006km，变电设备容量 600 万 kVA；750kV 线路回路长度 6685km，变电设备容量 3870 万 kVA；500kV 线路回路长度 135 180km，变电设备容量 69 843 万 kVA；330kV 线路回路长度 20 338km，变电设备容量 6457 万 kVA；220kV 线路回路长度277 988km，变电设备容量118 247万 kVA；110 kV 线路回路长度 458 477km，变电设备容量 125 224万 kVA。

代表当今世界直流输电技术最高水平的云南楚雄至广东穗东、四川宜宾向家坝—上海奉贤±800kV 特高压直流输电工程分别顺利投产，晋东南—荆门 1000kV 特高压交流试验示范工程通过国家验收。呼伦贝尔—辽宁±500kV 直流输电工程、宁夏—山东±660kV 直流极Ⅰ系统以及新疆与西北 750kV 联网等一批跨区跨省重点工程建成投运。青藏电网联网工程开工建设。智能电网试点项目取得重要进展，建成一批智能变电站、智能用电小区和电动汽车充换电站。

3. 全国联网网架建设

6 月 18 日，世界首个±800kV 直流输电工程——云广特高压直流输电工程±800kV/5000MW/1374km 双极竣工投产，这是迄今为止世界电压等级最高的直流输电项目，为实施国家“西电东送”战略、促进节能减排，发展低碳作出了贡献。

7 月 8 日，向家坝—上海±800kV 特高压直流输电示范工程±800kV/6400MW/1891km 投入运行。该工程起于四川宜宾复龙换流站，止于上海奉贤换流站，途经 8 省（直辖市），四次跨越长江。这是世界上电压等级最高、输送容量最大、送电距离最远的直流输电工程。该工程由我国自主研发、自主设计和自主建设，在世界上首次实现了直流输电电压和电流的双提升，输电容量和送电距离的双突破，是当今世界高压直流输电技术的最高水平。

7 月 29 日，青海—西藏 750kV/±400kV 交直流联网工程正式开工。这是我国深入实施西部大开发战略，加强西部地区电网基础设施建设，我国大陆国土上全国联网的标志性工程。青藏联网工程由西宁—日月山—乌兰—格尔木 750kV736.2km 交流输变电工程、格尔木—拉萨±400kV60 万 kW1038km 直流输电工程及有关配套工程组成，总投资 162.86 亿元，计划于 2012 年建成投产。

8 月 12 日，1000kV 晋东南—南阳—荆门特高压交流试验示范工程通过国家验收。晋东南—南阳—荆门特高压交流试验示范工程是我国首条特高压输电线路，也是世界上运行电压最高、技术水平最先进的交流输变电工程。起于山西晋东南（长治）变电站，经河南南阳开关站，止于湖北荆门变电站，全长 640km。

2010 年上述特高压交直流工程的投产标志着我国电网开启了特高压交直流混合运行时代。

9 月 28 日，联结内蒙古呼伦贝尔煤电基地和辽宁负荷中心的能源大动脉——呼伦贝尔—辽宁±500kV 直流输电工程正式竣工投运。该工程从内蒙古伊敏换流站到辽宁穆家换流站，换流容量 300 万 kW，直流线路 908km，是我国首个采用直流输电技术将煤炭基地电力外送的工程。工程总投资 76.45 亿元，其中，直流工程和受端交流部分工程动态投资 64.51 亿元。11 月 3 日，新疆与西北 750kV 联网以及甘肃千万千瓦级风电一期送出工程按期投产，为实现全国联网、大范围消纳风电及新疆电力外送打下了基础。新疆与西北联网工程从新疆 750kV 乌北变电站到甘肃 750kV 永登变电站，沿线建有 7 个变电站和 12 条线路，双回线路长 1780km。该工程是西北电网发展历史上工程规模最大、线路最长、环境最复杂的一项输变电工程。

11 月 28 日，宁东—山东±660kV 直流输电示范工程极Ⅰ系统正式向山东输电。从银川东到青岛，线路长 1333km，是我国西电东送三大通道规划中北通道内的一条重要输电通道。该直流工程输电容量 400 万 kW，动态总投资 103.85 亿元。

此外，北京门头沟、湖北军山、辽宁瓦房店等一批 500kV 输变电工程项目建成投产，区域和省级主网架进一步加强，供电能力和供电可靠性明显提高。

4. 智能变电站

2010 年，智能电网建设的重点是编制智能电网规划与制定标准。2010 年 6 月，国家电网公司提出了智能电网关键设备（系统）研制规划和智能电网技术标准体系规划，启动建设一批试点示范工程，将智能变电站、智能调度与电动汽车充电站及可再生能源入网建设作为切入点。

2010 年，国家电网公司开启 21 类 228 项智能电网试点项目建设，包括新能源接入、调度自动化、智能变电站、电动汽车充电站、配电自动化、智能园区、电力光纤入户等。4 月 16 日，上海 500kV 静安（世博）输变电工程举行竣工仪式，标志着国内首座超大容量、多电压等级、全地下、全数字、智能化变电站——500kV 静安变电站正式投运。上海 500kV 静安（世博）输变电工程包括 500kV 静安（世博）全地下变电站本体和 500kV 世博电力隧道全地下电缆，是上海世博会重点配套的电力工程之一。

11 月 26 日，国家电网首批智能变电站建设试点项目——金华 500kV 芝堰变电站智能化改造试点工程投运，这是国内 500kV 变电站直接从数字化向智能化升级改造的首次尝试，也是目前国内首座 500kV 智能变电站。芝堰数字化变电站于 2009 年 7 月投入运行，是国家电网公司启动的首批 9 座智能化变电站试点工程之一，也是目前国内数字化技术应用程度最深、实施范围最广、保护数字化程度最高的 500kV 数字化变电站。该站通过两回 500kV 线路与浙江兰溪大型燃煤电厂相连，是浙江中西部电网的枢纽变电站。

2010 年 6 月，国家电网公司投资建设国内最大的电动汽车充电站（山东临沂）。2010 年，国家电网公司一共建成 87 座电动汽车充电站，7061 个充电桩；南方电网公司建成 10 座充电站和 350 个充电桩。

5. 农村和重点城市电网建设

2010 年 2 月，中央“1 号文件”明确提出要抓紧实施新一轮农村电网改造升级工程，提升农网供电可靠性和供电能力；7 月 12 日，国家发展改革委在全国农村电网改造升级工作会议上指出，中国将启动新一轮农村电网改造升级建设；9 月 30 日，国家发展改革委发布《开展农村电网改造升级工程规划的有关要求》的通知，明确了用三年时间完成新一轮农网改造，理顺农电管理体制，基本建成安全可靠、节能环保、技术先进、管理规范的新型农村电网。国家电网公司相应提出构建城乡一体化农电发展模式，形成新时期的“三新”农电服务发展战略体系，重点实施农网改造升级工程、新农村电气化建设工程、农电管理创新工程、农电队伍职业化建设工程、供电服务品牌化建设等五大工程，计划用 3 年时间对农网进行全面改造，解决供电能力不足问题，并于年内下达改造投资 450.6 亿元，其中中央预算投资 89.7 亿元。2010 年国家安排财政资金用于农网改造的一共为 120 亿元。

五、电力科技进步与标准化建设

（一）电网技术

向家坝—上海±800kV 特高压直流输电示范工程于 2010 年 7 月 8 日投入运行。该工程是我国自主研发、自主设计和自主建设的，世界上电压等级最高、输送容量最大、送电距离最远、技术水平最先进的直流输电工程。工程的成功建设与及时投运，标志着我国在直流工程系统研究、工程咨询设计、设备研制以及施工调试等已全面的处于世界领先水平。

晋东南—南阳—荆门 1000kV 特高压交流试验示范工程顺利建成，稳定运行，达到设计的主要参数指标，并于 2010 年 8 月 12 日通过国家验收，这标志着我国已全面掌握了特高压交流的系统研究、工程设计、设备制造与调试运行等技术，标志着我国在特高压交流技术方面已居于世界前列。通过该工程建设在世界上首次研究提出了 7 大类 77 项标准构成的特高压交流输电技术标准体系，已修订国家标准 1 项，发布 15 项国家标准和 73 项企业标准，已获受理专利 431 项（已获授权 237 项），从而也确立了我国在特高压输电技术研究、装备制造、工程设计、建设和运行领域的国际领先地位。同时为适应工程研究、设计、建设、设备制造等的需要，我国还建成了世界一流的特高压试验研究体系。2010 年 8 月，中国电科院成功研制世界上首台±800kV/4750A 特高压直流换流阀，换流阀的通流能力和电压等级均为世界之最，成为世界上继 ABB、西门子后第三个掌握和拥有其核心设计制造技术和试验技术的企业。

2010 年 11 月 28 日，宁东—山东±660kV 直流输电工程极Ⅰ系统正式投运，输电容量 200 万 kW。该工程是世界上第一个±660kV 电压等级直流输电工程。通过该工程建设形成了我国高压直流输电的标准体系，即 500kV/300 万 kW、660kV/400 万 kW、800kV/720 万 kW，为直流设备与建设的标准化作出了贡献。由于采用±660kV/400 万 kW 序列系统，使换流变压器与换流站容量增大，增加了制造与运输、安装的难度，从而也推动其技术水平的提高。

此外，柔性直流输电方面，中国电科院与上海电力公司合作，在上海南汇风电厂送出工程中建设示范工程，直流电压为±30kV，功率为 20MW，工程于 2010 年建成进入调试。

在智能电网建设方面，国家调度中心智能电网调度技术支持系统基础平台开发成功，2010 年 7 月首先在华中电网投入运行。平台采用国际先进体系构架，技术水平国际领先。另外，自主研发的“基于安全约束的机组组合、经济调度软件”在江苏和福建省调投入应用，填补了国内技术空白。

2010 年 2 月，国家电网公司的集中式信息系统容灾中心投入运行，到年末已有 8 家网省公司信息系统的数据实时输入容灾中心，当信息系统在不可抗外力导致数据丢失时，具有迅速恢复数据和业务连续处理功能。

2010 年 2 月，国家电网公司在上海徐汇区漕溪建成了国内首个电动汽车充电站。4 月，我国首个电动汽车充电设备实验室在中国电科院建成，相应建设了国网计量中心和电池特性实验室，并开展电动汽车与电网双向能量转换等研究。

（二）火电技术

1. 超临界及超超临界技术

2010年，全国在运百万千瓦超超临界机组达到31台，运行情况良好。据15台机组统计分析，其等效可用系数达92.1%。全年新增百万千瓦超超临界机组11台，节能、环保、高效的超临界和超超临界机组已成为我国目前火电机组的技术主流。

2010年7月，我国正式组建和启动了国家700℃超超临界燃煤发电技术创新联盟，旨在“十二五”期间通过对综合设计、材料应用技术、高温材料和大型铸锻件开发、锅炉关键技术、汽轮机关键技术、部件验证等研究，掌握700℃超超临界燃煤发电技术机组设计、制造技术，适时开展示范电厂建设。

2010年12月，全球首台百万千瓦级超超临界空冷机组在华电宁夏灵武电厂正式投产，节水率高达80.6%，对于建设宁夏“西电东送”火电基地具有重要意义。作为我国百万千瓦机组空冷技术装备自主国产化示范项目，该机组锅炉、汽轮机、发电机等三大主机设备由东方电气公司自主设计制造，试运行各项指标达到或超过设计值，改写了我国空冷机组技术设备依赖进口的历史。

2010年11月，我国首次出口的超临界600MW火力发电机组，在土耳其艾仑（EREN）电厂成功实现一次并网发电，我国在高端机电EPC项目出口上实现了新的突破。2010年，我国首台燃褐煤的60万kW超超临界机组在辽宁清河电厂投产。

2. 循环流化床技术

世界上首台60万kW超临界循环流化床锅炉在四川白马电厂安装建设。该工程是目前世界上最大容量、最高参数的循环流化床机组工程，具有完全自主知识产权，总投资30.85亿元。

3. 热电联产技术

热电联产作为节约能源、提高能源利用效率的重要技术，在电力发展中一直得到高度重视；近年还不断向大容量、高参数热电联产以及热电冷多联产技术发展。

2010年4月，华能长春热电厂2号机组投入商业运营，该机组是全国首座350MW超临界供热发电机，燃料用高水分褐煤，使用城市中水作为电厂水源，并在厂内设中水深度处理站，同步建设脱硫、脱硝工程，是标准的环保型燃煤发电厂。

南方电网公司投运了我国首个兆瓦级冷电联供的示范工程。

4. 煤层气发电技术

2010年我国煤层气发电技术得到了推广应用。世界上单机功率最大、总装机容量为35MW的山西兰花大宁发电公司煤层气发电项目在晋城建成投产。项目总投资达2.76亿元，投产后每年可消化大宁煤矿5400万m^3矿井瓦斯。

新疆阜康煤层气发电项目利用高瓦斯矿井抽放出的煤矿瓦斯作为燃料，总装机容量33MW，利用进口的燃气内燃机组发电，是新疆第一个瓦斯发电上网项目，年消耗瓦斯气约4350万m^3。新疆煤层气资源量丰富，预测达9.5万亿m^3，约占全国煤层气预测资源量26%。内蒙古阿拉善盟古兰山煤业松树滩煤矿也利用煤层气抽放发电，一期工程已建成投产。

在煤层气发电设备制造方面，已逐步打破全部依靠进口的局面。浙江义乌发电设备公司研制了我国首台3200kW煤层气发电机组，2010年还生产了秸秆气发电机组，其热值为2789kJ。

5. 清洁煤技术

发展清洁煤技术是实现低碳和减排的重要途径，是燃煤电站重点发展的技术。

中国首座IGCC示范工程——华能天津IGCC电站的建设2010年全面展开，将于2011年年底投产。这一示范工程具有自主知识产权，代表了世界清洁煤发电技术前沿水平。2010年11月，气化炉已正式吊装就位，该装置为工程的核心设备，具有完全自主知识产权。气化炉重560t，起吊高度100m，使用1600T-M吊车，其成功吊装也创造了火电设备大件起吊新纪录。

华能上海石洞口第二电厂的二氧化碳捕集项目建成投产，年捕集能力为每年12万t二氧化碳，是全球火电行业目前最大的二氧化碳捕集装置，将为我国燃煤电站开展二氧化碳规模化捕集和生产研究提供重要的依据。

此外，2010年中国电工设备总公司和澳大利亚签订协议，联手在澳维多利亚州建设一座60万kW的双气源IDGCC（集成干燥气化联合循环发电技术）示范发电厂项目。这将是全球规模最大的褐煤低排放项目，也是中澳两国在低排放领域规模最大的合作项目，并将创下中国向澳大利亚出口电站设备单笔合同的最高纪录。

（三）水力发电技术

中国水电建设已有无数个世界第一。三峡工程建设规模世界第一，技术水平和社会环境之复杂同样世界第一。小湾水电坝高292m为世界之最，已建成使用；水布垭电站的面板堆石坝坝高233m，亦为世界第一；龙滩为最高的碾压混泥土坝，坝高192m；在建的锦屏一级双曲拱坝高303m，全球第一，引水洞洞长4×17km，都为世界之最。还有在建的向家坝水电站水轮发电机组单机容量80万kW，同样为世界上最大的，由哈尔滨电机厂自行生产；2010年投产的惠州抽水蓄能电站一次建成240万kW（3×80万kW）同样举世无双。中国的水电建设技术引领着世界前进。

中国水电走出国门，走向全世界。2010年1月18日，中电投集团控股投资建设、装机容量600万kW的缅甸依洛瓦底江密松水电站获得国家发展改革委核准。4月1日，柬埔寨迄今为止最大水电项目、华电集团公司境外投资开发装机规模最大水电项目——33.8万kW的额勒赛下游水电项目正式开工建设。4月8日，由中国水电建设集团公司和中国水电对外公司组成的CCMD联营体承建大坝主体工程的苏丹麦洛维水电站，第九、第十台机组正式并网发电，标志着被誉为苏丹“三峡工程”、世界最长大坝的麦洛维水电站全面竣工。12月22日，中电投集团投资建设、装机容量340万kW的缅甸依洛瓦底江其培水电站正式开工建设。

（四）核电技术

1. 第二代改进型核电技术

岭澳核电站二期第一台机组（岭澳3号机组）于2010年9月20日投入商业运行，采用中国改进型压水堆核电技术CPR1000机组，是我国在成功建设运营大亚湾核电站、岭澳核电站一期的基础上形成的百万千瓦级压水堆核电技术，是国家核电自主化依托项目之一。单台机组发电功率为108万kW，国产化比例超过64%。

秦山核电二期扩建工程两台65万kW压水堆核电机组，在1、2号机组“自主设计、自主建造、自主管理、自主运营”的基础上，按照“翻版加改进”的原则坚持自主设计和持续改进，扩建工程设备国产化率达到70%以上。3号机组在2010年10月建成并投入商业运营，同样标志着我国具备了二代核电站设计自主化和设备制造国产化的能力。

在核电关键设备制造上，2010年也取得了重大进展。2010年12月，中国一重为红沿河一号机组制造的反应堆压力容器加工完成发往现场。2010年4月中国二重生产的我国第一台110万kW核电半速转子已通过联合检查，打破了日本的垄断。

2. 第三代核电技术引进

依托世界先进的第三代核电技术AP1000建设的全球首台机组——浙江三门核电站，2010年8月1日正式进入设备安装阶段。山东海阳二号于2010年6月完成核岛第一罐浇筑，AP1000依托项目4台全部进入工程建设阶段，并陆续进入设备安装，按计划实现关键里程碑节点目标，并正按照100%保证AP1000技术上的转让，100%实现AP1000关键设备的国产化要求，2010年在主管道、压力容器、蒸汽发生器、主泵等关键设备国产化上有了突破性的进展。

2010年我国四代先进核电系统技术有了重大进展，实验快堆（CEFR）于2010年7月21日首次达到临界状况，该实验堆为国家863计划的重大项目，堆功率65MW，电功率为20MW。

另外，在核堆乏燃料后处理方面，我国自主设计、研制、建造的第一座后处理中间试验工厂——中核集团404中试工程于2010年热调试成功，实现了核燃料闭式循环的目标。

2010年12月，我国首台自主研发设计的百万千瓦级核电站全范围模拟机在福建宁德核电站正式投入使用。

（五）可再生能源发电技术

1. 风电

在风电设备制造方面，2010年10月，国内首台5MW风电机组正式出厂，该机组由华锐风电科技（集团）股份有限公司自主研发，采用湘潭电机厂的永磁直驱电机，拥有自主知识产权。2010年1月由中国电科院与国能风力发电公司研制的兆瓦级垂直轴风机在北京下线。

2010年5月，我国首次风电机组低电压穿越能力试验在吉林进行，由中国电科院与吉林电力公司联合进行，测试结果表明我国低电压现场测试已达到国际一流水平。另外，我国首台风电厂远程集控中心由京能新能源内蒙公司研制，并通过验收，该系统集控了近百万千瓦风机及变电站系统，并可对7个风场未来48h负荷进行预测。同时甘肃大型集群风力有功智能控制也取得了突破，开发了风电智能控制系统，首次在系统中实现了电网接纳风电能力评估，目前9个风场和2个火电厂已接入系统正式投运，实现了集群风电与电网的互动闭环控制。

2. 太阳能发电

2010年，光伏发电进入大容量并网投产、规模建设阶段。我国已基本掌握从多晶硅原料、切片、光伏电池的生产到组件的设计生产等全过程的关键技术，而且生产规模巨大，2010年我国光伏电池产量约800万kW，占全球产量的一半。2010年，无锡尚德电池组件出售量达150万kW，超过美国第一大太阳能公司，成为全球最大的电池与组件生产公司。我国光伏发电的主要问题在于两头在外，即主要市场和硅料关键技术在外，产业链上小下大，生产耗能高，污染大，亟待加强技术的开发与标准、质量体系建设。

2010年8月在北京怀柔投入运行的“太阳能碟式热发电”项目是国家863计划的科研攻关项目。系统主要由能自动跟踪太阳的聚光镜、高性能太阳能管列式集热器等组成。通过该试验，初步掌握了蝶式太阳热发电技术。2010年7月，国网电科院建成了太阳能发电研发（实验）中心，主要从事太阳能发电技术研究，光伏系统并网试验控制和并网光伏电站移动控制三方面工作，为我国光伏发电快速高水平发展提供了技术支持。

3. 生物质能

2010年3月26日，亚洲最大的生物质能发电项目在广东湛江遂溪县开工建设，规划总投资达25亿元人民币。项目分两期建设，一期工程装机2×50MW直燃生物质发电机组。该项目由广东粤电集团投资建设，主要开发利用湛江周边地区的秸秆、树枝、林业加工边角料等农林废弃物进行直接燃烧，通过生物质能转换技术实现发电。

（六）标准化

2010年电力标准化计划立项278项，其中国家标准委下达电力国家标准29项，住房和城乡建设部下达的国家标准17项，国家能源局下达232项。上述标准中包括“光伏发电站并网运行控制规范”、“风电场安全规程”、“风力发电场设计技术规程”等。

2010年国家有关部门批准发布的电力标准共248项，其中包括1000kV特高压国家标准2项、行业标准12项、±800kV特高压行业标准7项等。截至2010年底，电力标准共1774项，其中电力国家标准278项，电力行业标准1496项。

2010年在国家质检总局和国家标准委组织的“中国标准创新贡献奖”评选中，国家电网公司编制的《1000kV交流输电系统过电压和绝缘配合导则》等73项特高压交流系列标准荣获一等奖。

六、电力行业节能减排

2010年及“十一五”期间，电力行业对节能减排方面十分重视，按照国家统一部署，加大了关停小火电机组力度，加大了SO_2治理和节能减排工作的强度，着力于提高电力管理水平，加大电厂与电网的技术改造，调整电网结构，促进非化石燃料发电利用，全面完成和超额完成了国家规划目标和规定的任务。

“十一五”规划中，电力节能减排目标是：到2010年供电煤耗达到355g/kWh，实际达到333g/kWh，比计划降低22g/kWh；电网线损规划目标为7%，2010年实际为6.53%，比计划低0.17个百分点；发电水耗规划目标为2.8kg/kWh，2010年实际达到2.45kg/kWh；电力行业SO_2排放量目标为951.7万t，实际值为926万t；脱硫机组容量目标为3.55亿kW，2010年实际已达到5.6亿kW，约占煤电机组的86%，比美国2009年的水平高了6个百分点。另外，还有工业固体废物综合利用率规划目标为60%，电力的煤灰综合利用率已达68%，脱硫石膏综合利用率69%，均超计划提前达到目标。

此外，2010年发电厂厂用电率5.43%，比2009年下降0.33个百分点，其中火电厂为6.33%，比2009年下降0.29个百分点。在氮氧化物减排方面，全国已投运的烟气脱硝机组达到9000万kW，约占煤电机组的14%。

在应对气候变化方面，电力行业的CO_2排放总量呈上升趋势，但排放强度不断下降。据中电联分析，电力行业通过发展非化石能源发电，提高化石燃料电厂效率，降低供电煤耗，改善电网结构与加强调度管理，降低线损等，以2005年为基础，“十一五”期间电力行业累计减排CO_2 17.4亿t；其中通过降低煤耗减排CO_2约9亿t，占51%；通过加快水电等发展累计减排6.5亿t，占37%；核电、风电其减排贡献率约9%，线损下降贡献率为3%。

七、电力法规与体制改革和监管

（一）电力体制改革

2010年，按照国务院《关于“十一五”深化电力体制改革实施意见》（国办发［2007］19号）和《关于2010年深化经济体制改革重点工作意见》（国发［2010］15号）文件要求，在电力体制改革工作小组各成员单位的共同努力和推动下，电力体制改革取得一定进展。

电网主辅分离改革和积极开展农村电力体制改革工作取得实质进展。为尽快完成电网主辅分离改革工作，成立了由国家发展改革委、财政部、国资委、电监会及相关企业参加的电网主辅分离专项工作组，广泛听取有关方面的意见，共同研究制定了电网主辅分离改革及电力设计、施工企业一体化重组方案，已报经国务院批准。电网主辅分离改革工作正在有序推进。按照2010年中央1号文件和国务院领导同志批示精神，国家发展改革委会同电监会等相关部门组织开展了农电体制专题调研，研究起草了《关于推进农村电力体制改革的意见》。与此同时，新一轮农村电网改造升级工程正式启动。

继续开展电力改革有关重大问题研究。按照电力体制改革工作小组的部署，针对输配电体制改革等重大问题，继续开展课题研究及方案设计工作。通过课题研讨、座谈会等形式，就“十一五”和“十二五”电力体制改革问题，分别听取了政府部门、专家学者和相关企业的意见。认真梳理和总结了2002年以来电力体制改革的进展、成效及存在问题，形成了“十二五”继续深化电力体制改革的意见和建议。

进一步完善大用户与发电企业直接交易试点规划，规范和推进试点工作，福建省电力公司交易试点正式启动实施，成为全国继安徽省之后又一个试点省份。浙江、江苏、重庆三省（市）电力用户与发电企业直接交易试点输配电价获国家发展改革委正式批复。内蒙古电力多边交易市场正式运行。另外，华东跨省集中竞价交易、东北送华北电量交易、南方跨省（区）火电临时交易、华中跨省（区）电能交易等都实现了制度化规范化运行。

（二）电力监管

1. 安全监督管理

2010年，电力安全监管工作围绕“三杜绝、三防止、一维护和两确保”（杜绝重大以上电力生产人身伤亡、电网大面积停电以及电厂垮坝事故的发生，防止重大以上环境污染、主设备严重损坏以及对社会造成重大影响事故的发生，维护电力系统安全稳定运行，确保上海世博会、第十六届广州亚运会安全可靠供电）的总体目标，坚持近期与长远、治标与治本、预防与查处相结合的原则，以预防为主、加强监管、落实责任为工作重点，深入开展“安全生产年”活动，圆满完成上海世博保电、广州亚运会保电任务，积极应对青海玉树地震、甘肃舟曲特大泥石流等自然灾害，确保了全国电力系统安全稳定运行和电力可靠供应。

2. 市场监管

为切实履行许可监管职能，在全国范围内开展了发电、输电、供电、承装（修、试）和电工进网作业等方面的许可专项检查。从检查情况看，电力企业和社会公众对电力许可制度的认知度普遍提高，绝大多数电力企业实现了依法持证经营，市场行为进一步规范，违反许可证管理规定的行为明显减少，进网作业电工持证上岗意识增强，许可证的功效得到进一步发挥。

为进一步加强电力交易监管，维护公平的交易秩序，电监会组织约谈约访了全部省级及以上电网企业（含规模较大的地方电网企业）、容量排名前30位的大型发电企业和所有电力上市公司，掌握电力交易与市场秩序的实际情况；国家电监会对报送数据进行了汇总分析，对于反映的突出问题进行调查核实，发布了《2009年度全国电力交易与市场秩序情况监管报告》。从检查情况看，自《2008年度全国电力“三公”调度交易及网厂电费结算情况通报》发布以来，国家电网公司、南方电网公司、内蒙古电力集团公司及各省级以上电网企业针对通报中提出的问题做了大量整改工作，取得了较好的成效。有关发电企业也积极开展问题整改，基本按要求落实了整改工作。

（三）行业管理

2010年，中电联和国家能源局加大了行业规则、法规、标准制定修订工作力度，加快推进产业结构优化升级，着手提升发展的质量和效益，加强能源保障和民生能源建设，致力于维护电力市场秩序，依法保护电力投资者、经营者、使用者的合法权益和社会公共利益，保障电力系统安全稳定运行；在信息统计、企业运行监管、国际合作以及辅助政策制定等方面作出应有的贡献。

八、电力国际合作

2010年，在政府间、行业间、企业间的电力国际合作日趋活跃，并在国际工程承包、对外投资、设备和技术进出口以及收购经营等多个领域取得了显著成绩。

加强与国际电工委员会（IEC）及美国电气电子工程师协会（IEEE）等国际标准组织的联系，积极促成国际电工委员会将其秘书处设在中国。组织国内发电厂与日本煤炭能源中心等合作，利用日本的资金与技术，对国内20万～30万kW老旧燃煤火电机组进行节能诊断与提效改造，2010年项目改造方案已经完成。

2010年中俄电力边贸实现供电量9.8亿kWh，国家电网公司作为中方实施主体与俄方就俄罗斯电网现代化改造签订合作协议。南方电网公司向越南出口电量56.4亿kWh，并继续参与和推动大湄公河次区域（GMS）电力合作。

华润电力（锦州）有限公司检修公司致力于国外电力工程运行和检修项目的开发，2010年10月承担了孟加拉吉大港电站1号机组的大修项目，另外在印尼、土耳其等有电厂运行的合同。

2010年电力企业对外签署的合作协议及备忘录共计45项，内容包括战略框架合作、工程承包项目、对外投资、技术引进与技术合作、人员培训、海外资源开发等，涉及火电、水电、核电和可再生能源领域。2010年6月16日南方电网公司与老挝签署老挝南塔河1号水电站开发协议和老挝国家电网项目谅解备忘录；2010年11月华能澜沧江公司与缅甸签订瑞丽江二级水电项目协议备忘录；2010年1月大唐集团公司与缅甸签订联合开发缅甸莱谬、南邦、南办帕、育瓦迪水电项目合作协议；2010年9月华电集团、中国工商银行与俄罗斯签订华电捷宁斯卡娅燃机项目合作备忘录；2010年11月国电电力集团公司与柬埔寨签订紫阿润和松博水电项目谅解备忘录；2010年11月中电投公司与法国签订煤制烯烃技术合作开发框架协议；2010年3月中国核工业集团公司与俄罗斯签订在中国合作制造BN－800型示范快堆核电站2台机组的谅解备忘录，以及田湾核电站扩建工程3号、4号机组框架合同等。

电力国际工程承包仍然是电力企业“走出去”的重要形式之一。2010年，中国水利水电建设集团公司在56个国家有265个海外在建项目，合同总额220.35亿美元；实现国际业务收入262.62亿元，实现利润22亿元，新签订国际项目合同额550.9亿元，合同存量1017.9亿元。2010年末，该公司海外资产规模达282亿元，从业人员14 253人，雇用当地人员2.8万人，在中国外经企业中合同额排名第二位，营业额排名第三位。中国葛洲坝集团公司2010年度在建项目共49个，新签订对外承包项目22个。国家电网公司下属公司、南方电网公司下属公司、华电集团、国电集团、中电投、长江三峡集团公司等都分别在印度、越南、缅甸、柬埔寨、巴基斯坦、印尼、孟加拉、非洲、南美洲等都有大量承包工程、技术服务咨询、勘测设计等。

在对外投资并购方面，2010年5月国家电网公司与巴西7家输变电公司签署股权购买协议，涉及16条500kV线路、6座500kV变电站，输电线路总长约3200km，对于这些资产国家电网公司具有30年的经营特许权。南方电网公司投资大湄公司河次区域（GMS）国家的电源电网项目，中电投集团公司控股开发缅甸的伊洛瓦底江上游水电项目，以BOT方式与缅甸合作，开发总规模达2150万kW，年均发电量约1000亿kWh，2010年中缅双方签订了其中两个电站的开发、运营和移交合资协议。其他还有大唐集团公司在缅甸、华电集团公司在印尼、长江三峡集团公司在老挝等投资建设水电、火电项目。电力工业走出去已是大势所趋。

全国电力供需与经济运行形势分析预测报告（2010～2011年度）（摘要）

一、2010年宏观经济运行情况

经国家统计局初步测算，2010年，全国国内生产总值397 983亿元，按可比价格计算，比2009年增长10.3%，增速比2009年加快1.1个百分点。分季度看，一季度同比增长11.9%，二季度增长10.3%，三季度增长9.6%，四季度增长9.8%。分产业看，第一产业增加值40 497亿元，增长4.3%；第二产业增加值186 481亿元，增长12.2%；第三产业增加值171 005亿元，增长9.5%。

（一）工业生产平稳增长，企业效益大幅提高

2010年，全国规模以上工业增加值比2009年增长15.7%，增速比2009年加快4.7个百分点。分季度看，一季度同比增长19.6%，二季度增长15.9%，三季度增长13.5%，四季度增长13.3%。分轻重工业看，重工业增长16.5%，轻工业增长13.6%。分行业看，在39个大类行业中，38个行业实现比2009年增长。分地区看，东部地区增长14.9%，中部地区增长18.4%，西部地区增长15.5%。工业产销衔接状况良好，全年规模以上工业企业产销率达到97.9%，比2009年提高0.2个百分点。

1～11月，全国规模以上工业企业实现利润38 828亿元，同比增长49.4%，比2009年同期加快41.6个百分点。在39个大类行业中，38个行业利润同比增长。

（二）投资保持较快增长，投资结构继续改善

2010年，全社会固定资产投资278 140亿元，比2009年增长23.8%，增速比2009年回落6.2个百分点，扣除价格因素，实际增长19.5%。其中，城镇241 415亿元，增长24.5%，回落5.9个百分点；农村36 725亿元，增长19.7%，回落7.6个百分点。在城镇投资中，第一产业投资增长18.2%，第二产业投资增长23.2%，第三产业投资增长25.6%。分地区看，东部地区投资增长22.8%，中部地区增长26.9%，西部地区增长26.2%。全年房地产开发投资48 267亿元，增长33.2%。

（三）消费平稳较快增长，热点商品销售旺盛

2010年，社会消费品零售总额154 554亿元，比2009年增长18.4%；扣除价格因素，实际增长14.8%。其中，城镇133 689亿元，增长18.8%；乡村20 865亿元，增长16.1%。按消费形态分，餐饮收入17 636亿元，增长18.0%；商品零售136 918亿元，增长18.5%。热点消费快速增长。其中，金银珠宝类增长46.0%，家具类增长37.2%，汽车类增长34.8%，家用电器和音像器材类增长27.7%。

（四）市场物价同比上涨，食品价格涨幅较大

2010年，居民消费价格同比上涨3.3%。其中，城市上涨3.2%，农村上涨3.6%。分类别看，食品上涨7.2%，烟酒及用品上涨1.6%，医疗保健和个人用品上涨3.2%，娱乐教育文化用品及服务上涨0.6%，居住上涨4.5%，衣着下降1.0%，交通和通信下降0.4%，家庭设备用品及维修服务持平。12月居民消费价格同比上涨4.6%，环比上涨0.5%。

全年工业品出厂价格同比上涨5.5%，12月上涨5.9%，环比上涨0.7%。全年原材料、燃料、动力购进价格同比上涨9.6%，12月上涨9.5%，环比上涨1.1%。

（五）进出口总额较快增长，贸易顺差有所减少

2010年，进出口总额29 728亿美元，比2009年

增长 34.7%。其中，出口 15 779 亿美元，增长 31.3%；进口 13 948 亿美元，增长 38.7%。进出口相抵，顺差 1831 亿美元，比 2009 年下降 6.4%。

（六）货币供应量稳定增长，人民币存贷款增量减少

2010 年 12 月末，广义货币（M2）余额 72.6 万亿元，比 2009 年末增长 19.7%，增幅同比回落 8.0 个百分点；狭义货币（M1）26.7 万亿元，增长 21.2%，回落 11.2 个百分点；流通中货币（M0）4.5 万亿元，增长 16.7%，加快 4.9 个百分点。金融机构人民币各项贷款余额 47.9 万亿元，比年初增加 7.9 万亿元，比 2009 年少增 1.6 万亿元；各项存款余额 71.8 万亿元，比年初增加 12.0 万亿元，比 2009 年少增 1.1 万亿元。

二、2010 年全国电力供需与经济运行形势分析

（一）电力消费情况

1. 全社会用电量继续增长，但各月增速持续回落

根据全国电力工业统计快报（2010 年）统计，2010 年，全国全社会用电量 41 923 亿 kWh，“十一五”期间年均增长 11.09%，电力消费总体保持旺盛。分析原因，一是经济增长好于预期；二是年初冬春季的严寒低温、夏季的高温极端天气带动了供热、制冷用电负荷的较高增长；三是 2009 年第四季度起的重工业用电迅猛增长态势一直延续到 8 月，9 月开始回落；四是 2009 年基数整体偏低。

分月来看，各月用电量增速自二季度开始总体呈下降的趋势。1～4 月，用电市场延续了 2009 年四季度的旺盛态势，增速高于 20%；迎峰度夏期间稳定增长，极端高温气温等原因导致用电量和用电负荷屡创新高。9 月以后节能减排力度加大，用电量总体保持稳定，增速继续回落。

2009～2010 年分月全社会用电量及其增速统计见图 1。

2010 年各季度，全社会用电量分别为 9695 亿、10 399 亿、11 348 亿、10 481 亿 kWh，分别增长 24.19%、19.22%、12.09%、5.42%，四季度增速显著回落。

2. 第二产业用电量增速下滑带动全社会用电量增速快速回落，第三产业和城乡居民生活用电受天气影响明显

根据全国电力工业统计快报（2010 年）统计，2010 年，第一产业用电量 984 亿 kWh，总体比较稳定，“十一五”期间年均增速 5.44%。2010 年前三季度，第一产业各月用电量及其增长比较稳定，四季度有所下降。“十一五”期间，第一产业用电量占全社会用电量的比重从 2005 年的 3.05%持续下降到 2010 年的 2.35%。

2010 年，第二产业用电量 31 318 亿 kWh，占全社会用电量的 74.70%。第二产业用电增长的波动对全社会用电量的影响最为显著，也是受国家宏观调控政策影响最为明显的行业。上半年，第二产业用电延续了 2009 年下半年的快速回暖势头，保持较高增速；6～8 月增速逐步回落趋稳；9 月以后大幅下降。“十一五”期间，第二产业用电量年均增长 10.91%，第二产业用电量占全社会用电量的比重从 2005 年的 75.36%上升到 2007 年的 76.49%后又下降到 2010 年的 74.70%。

2009～2010 年分月第二产业用电量及其增速统计见图 2。

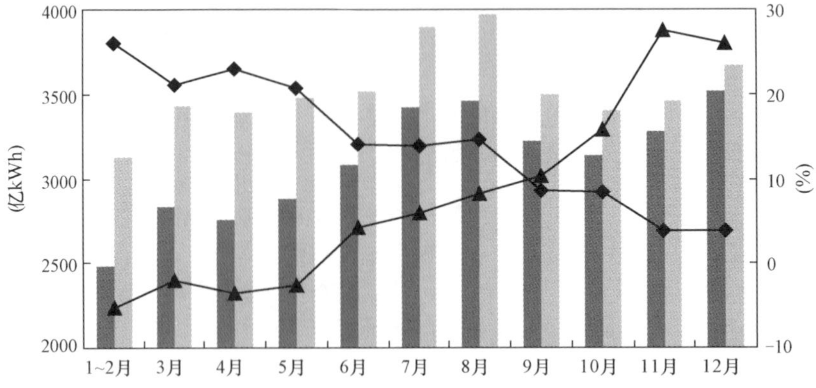

图 1 2009～2010 年分月全社会用电量及其增速统计图

注：出现在图中的 12 月用电量数据（包括分产业、行业的用电量）均来源于 12 月全国电力工业统计月报，下同。

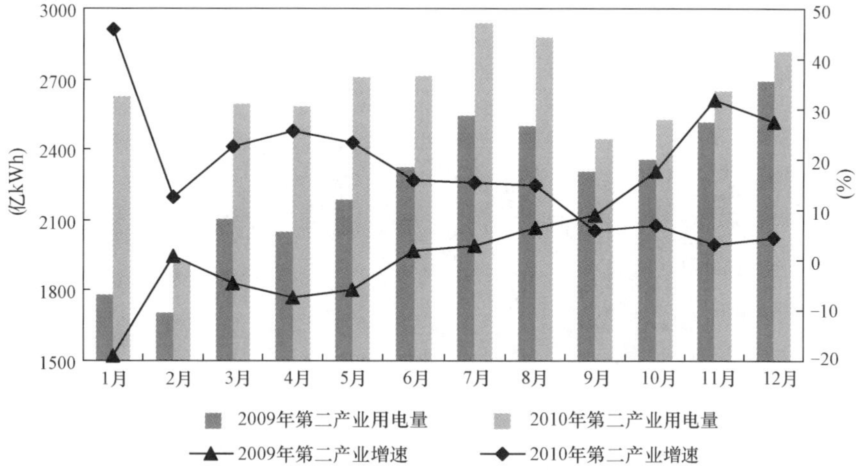

图 2　2009～2010 年分月第二产业用电量及其增速统计图

2010 年，第三产业用电量为 4497 亿 kWh，用电增速总体稳定。从用电量规模上看，2010 年初、年底以及迎峰度夏期间极端天气使第三产业用电量保持较高水平；从用电量增速上看，第三产业用电增速总体稳定，四季度受同期基数影响增速略微放缓。“十一五”期间，第三产业用电量年均增长 12.25%，高于第二产业用电量年均增速 1.3 个百分点；第三产业用电量占全社会用电量的比重从 2005 年的 10.19%下降至 2007 年的 9.78%后上升至 2010 年的 10.73%。

2009～2010 年分月第三产业用电量及其增速统计见图 3。

2010 年，全国城乡居民生活用电量 5125 亿 kWh，占全社会用电量的比重总体呈同比上升趋势。各月城乡居民生活用电量保持较高水平，四季度增速放缓。

2009～2010 年分月城乡居民生活用电量及其增速统计见图 4。

“十一五”期间，城乡居民生活用电量年均增长 12.65%，高于各产业“十一五”期间年均增速；城乡居民生活用电量占全社会用电量的比重从 2005 年的 11.4%持续上升至 2010 年的 12.22%，总体呈上升趋势。

2005～2010 年第三产业及城乡居民生活用电量占全社会用电量比重见图 5。

3. 重工业用电量回落快于轻工业，全年制造业用电量增长较快

根据全国电力工业统计快报（2010 年）统计，2010 年，全国工业用电量 30 887 亿 kWh，总体保持较大规模。分月来看，上半年保持较高增速；6～8 月，增速逐步回落趋稳；9 月，工业用电量及其增速大幅下降；四季度，工业用电量规模持续回升，但增速受同期基数影响继续维持较低水平。2010 年，工业用电量占全社会用电量的 73.67%，“十一五”期间年均增长 10.87%，略低于全社会用电增速，主要原因是 2009 年国际金融危机导致工业用电增长放缓明显。

2009～2010 年分月工业用电量及其增速统计见图 6。

分轻、重工业来看，2010 年，全国轻、重工业用电量分别为 5187 亿 kWh 和 25 699 亿 kWh。分月来看，

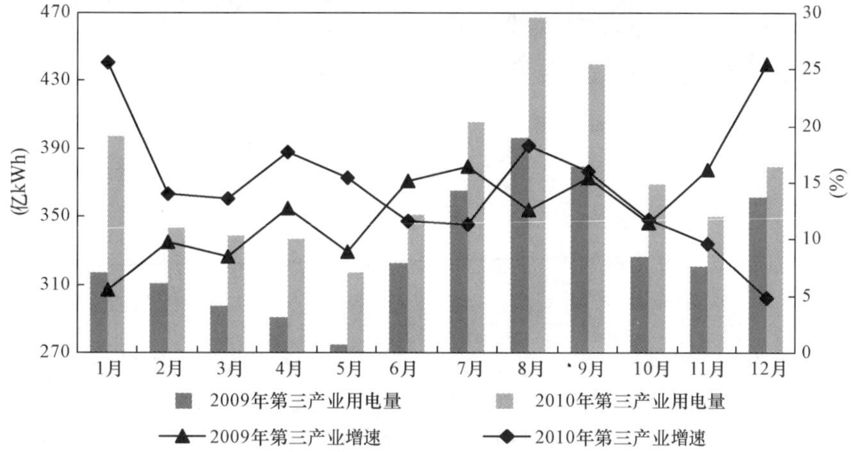

图 3　2009～2010 年分月第三产业用电量及其增速统计图

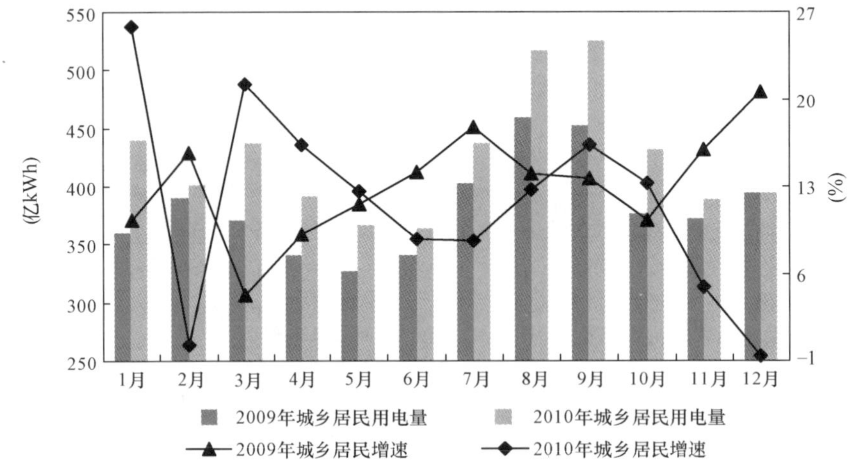

图 4 2009～2010 年分月城乡居民生活用电量及其增速统计图

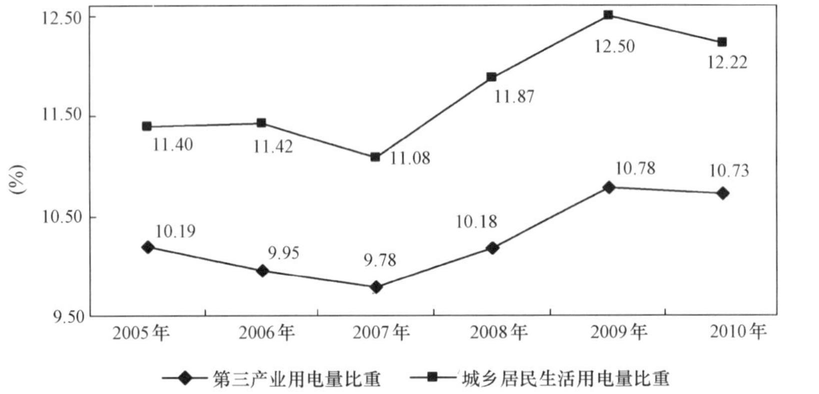

图 5 2005～2010 年第三产业及城乡居民生活用电量占全社会用电量比重

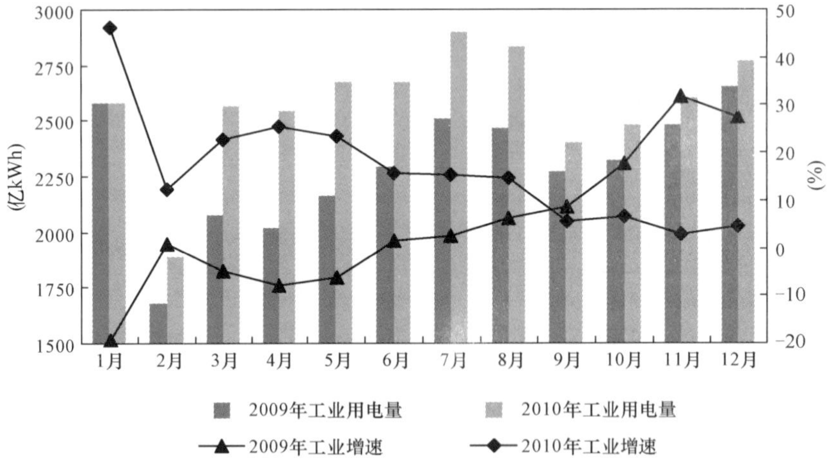

图 6 2009～2010 年分月工业用电量及其增速统计图

轻、重工业用电增速总体处于下降趋势，其中，轻工业用电增长相对平稳，重工业回落明显，9 月重工业用电量增速自 2009 年 6 月以来首次低于轻工业用电量增速（2010 年 2 月受春节因素影响除外），并在四季度持续这种态势。“十一五”期间，轻、重工业用电量年均分别增长 7.01%和 11.77%，轻工业用电增长明显低于重工业用电增长，轻工业用电量占工业用电量的比重从 2005 年的 20.05%持续下降到 2010 年的 16.80%，重工业用电量占工业用电量的比重从 2005 年的 79.95%持续上升到 2010 年的 83.20%。

2009～2010 年分月轻重工业用电量增速统计见图 7。

制造业直接反映工业行业中的生产情况。受投资、消费和出口贸易拉动，我国制造业用电量增长较快。自 2009 年第四季度以来月度增速最高达到

35.9%，月度用电量规模屡创历史最高水平；2010年4月以来，连续6个月日均用电量稳定在64亿kWh以上，占全社会用电量的比重在57%左右，已经高于国际金融危机前的日均用电量和比重；季节性因素和国内外宏观经济环境交织，用电增速已经显现出缓慢回落的苗头，四季度回落加速，12月日均用电量是2010年5月以来的最低水平。

4. 四大行业月度用电量增速持续下降，对全社会用电量增长的拉动作用明显减弱

根据12月全国电力工业统计月报统计，2010年，化工、建材、钢铁冶炼、有色金属冶炼四大行业用电量受节能减排等政策影响明显，各月增速呈持续下降的趋势。从年初增速近30%持续下降至11、12月的负增长，导致11、12月用电量对全社会用电量增长的贡献率连续两个月为负，对全社会用电量增长的带动作用大大减弱；四大行业合计用电量占全社会用电量的比重呈波动下降趋势，从2010年2月的35.45%下降到12月的29.20%。

2010年，化工行业用电量3134亿kWh，占全社会用电量的比重为7.46%，比2009年降低0.19个百分点。上半年各月化工行业用电量规模相对较大，受国家宏观政策调控抑制作用，下半年各月用电量规模逐月减少；全年各月用电量增速持续下降，且下降幅度较大。2010年，建材行业用电量2495亿kWh，占全社会用电量的5.94%，比2009年提高0.13个百分点。建材行业各月用电增速总体呈平稳下降的趋势，增速减缓幅度相对偏小。2010年，黑色金属冶炼行业用电量4692亿kWh，占全社会用电量的11.18%，各月用电量规模及增速总体呈下降的趋势，11、12月当月用电量规模均低于2009年同期。2010年，有色金属冶炼行业用电量3165亿kWh，占全社会用电量的7.54%，比2009年提高0.50个百分点；有色金属冶炼行业上半年用电规模比2009年同期增加较多，增速保持高水平；9月开始月度用电量规模大幅下降，回落最为明显。

2009～2010年分月日均制造业用电量统计见图8。

图7　2009～2010年分月轻重工业用电量增速统计图

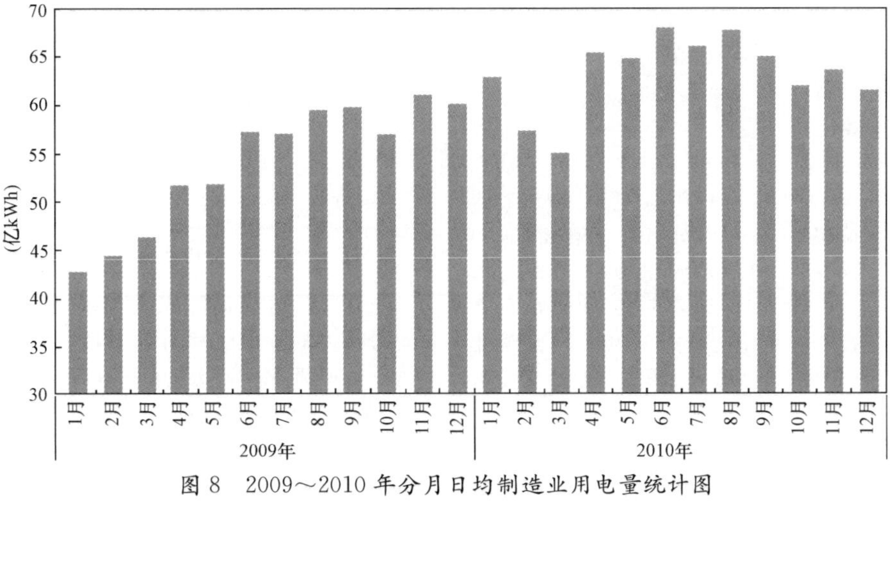

图8　2009～2010年分月日均制造业用电量统计图

5. “十一五”期间西部地区用电量年均增速较高，东北地区年均增速相对偏低

根据全国电力工业统计快报（2010年）统计，分省份看，2010年，全社会用电量较多的省份主要有广东（4060亿kWh）、江苏（3856亿kWh）、山东（3300亿kWh）、浙江（2825亿kWh）、河北（2692亿kWh）、河南（2355亿kWh）；用电量较少的省份主要有海南（158亿kWh）、青海（465亿kWh）、宁夏（547亿kWh）、吉林（572亿kWh）。

“十一五”期间，全社会用电量年均增速超过15%的省份（西藏除外）主要有内蒙古（18.04%）、青海（17.63%）、新疆（15.87%），均属于西部资源省份。西部地区的年均增速达到12.99%，居各地区之首，反映出西部地区在“十一五”期间发展速度最快，带动西部地区用电量占全国用电量的比重持续上升。此外，广西、海南、安徽的年均增速超过13%。“十一五”期间用电量年均增速低于10%的省份主要有黑龙江（5.90%）、上海（6.95%）、北京（6.99%）、吉林（8.62%）、广东（8.71%）、山西（8.91%）、辽宁（9.11%），主要分布在东北等老工业基地以及经济发展水平领先的东部省份。“十一五”期间，东北地区用电量年均增速8.18%，相对偏低；东部及中部地区用电量年均增速分别为10.63%和11.28%。

（二）电力供应情况

1. 水电装机突破2亿kW，全国电力供应能力充足

非化石能源新增装机比重继续上升。根据全国电力工业统计快报（2010年）统计，2010年，全国基建新增发电生产能力9127万kW，比2009年减少540万kW，但依然保持较高规模。其中，水电1661万kW（其中抽水蓄能电站270万kW），比2009年减少445万kW，占全部新投产机组容量的18.19%，比重比2009年降低3.59个百分点；火电5872万kW（其中燃煤发电5534万kW、燃气发电124万kW、余温余压发电83万kW、垃圾发电17万kW、秸秆发电40万kW、技改增容72万kW、沼气发电0.2万kW），比2009年减少713万kW，占全部新投产机组容量的64.34%，比重比2009年降低3.79个百分点；新增核电174万kW，占全部新投产机组容量的1.91%；新增并网风电1399万kW，比2009年多投产426万kW，占全部新投产机组容量的15.33%，比重比2009年提高5.26个百分点；新增太阳能光伏发电21.2万kW。

“十一五”是我国电源发展最快的时期，连续五年新增装机容量超过9000万kW，累计新增装机48 610万kW，超过2010年底全国发电装机总容量的一半；水电、核电、风电等非火电发电装机发展迅速，累计新增装机12 030万kW，是2010年底同类型能源发电装机容量的47.07%，火电新增装机所占比重从2005年的81.00%下降到2010年的64.34%。

新增大容量火电机组比重进一步提高。2010年，全国新投产单机容量30万kW及以上火电机组106台、5322万kW，占全部新投产火电机组容量的90.63%。其中，新投产单机容量60万kW及以上火电机组48台、3475万kW，占新投产火电机组总容量的59.18%，新增百万千瓦超超临界机组12台、1200万kW，新增大容量火电机组比重进一步提高，带动火电机组结构进一步优化。

分区域新增装机情况。2010年，华北区域新增装机2027万kW，占全国的22.21%，其中并网风电装机容量较多（占全国的54.75%）；受“上大压小”大容量机组投产作用，华东区域新增装机容量占全国比重也超过20%，其新增装机中火电机组比重最高，达到91.01%；南方区域新增水电装机709万kW，占全国新增水电装机容量的42.71%，其新增装机中火电比重最低，仅为39.83%。

2010年分区域新增装机容量见表1。

表1 2010年分区域新增装机容量统计表

区 域	新增装机容量（万kW）			新增总装机容量占全国的比重（%）
	合计	水电	风电	
全 国	9127	1661	1399	100
华 北	2027	23	766	22.21
东 北	1077	9	236	11.81
华 东	1833	9	80	20.09
华 中	1346	603	19	14.74
西 北	1385	307	239	15.18
南 方	1459	709	60	15.98

注 东北区域包含蒙东地区；华北区域包含蒙西地区。

分省新增装机情况。2010年，新增发电生产能力较多的省份主要有内蒙古（978万kW，其中风电400万kW）、江苏（898万kW）、广东（660万kW，其中核电108万kW）、辽宁（570万kW，其中风电114万kW）、云南（454万kW，其中水电369万kW）、甘肃（409万kW，其中风电169

万 kW)、宁夏（396 万 kW)、四川（380 万 kW，全部为水电)、吉林（373 万 kW，其中风电 70 万 kW)、河北（371 万 kW，其中风电 200 万 kW)。其中，四川、青海、湖南、云南、贵州新增水电装机比重超过 70%，河北、甘肃、内蒙古新增并网风电装机比重超过 40%，其他省份以火电机组为主。西藏、北京、海南、重庆、广西新增装机容量低于 30 万 kW。

全国重点电源建设项目进展顺利。“十五”期间西部大开发、西电东送开工的水电工程建设取得重要阶段性成果。2010 年，华能云南小湾水电站、中电投拉西瓦水电站、国电大渡河瀑布沟水电站实现机组全部投产，其中，云南小湾水电站 4 号机组是全国水电装机突破 2 亿 kW 的标志性机组；其他新投产大中型水电机组主要还有贵州乌江构皮滩水电站 2 台机组（共 120 万 kW)、青海积石峡水电站 1 台机组（34 万 kW)、贵州北盘江董箐 2 台机组（共 44 万 kW）等以及广东、湖南、湖北合计 270 万 kW 抽水蓄能电站。另外，全国水电开发步伐加快，西藏藏木水电站以及金沙江中下游一批水电工程陆续核准开工，为“十二五”水电发展奠定坚实的基础。

火电建设继续向着大容量、高参数、环保型方向发展。全年新增单机容量超过 60 万 kW 的火电机组合计 48 台，其中，百万千瓦超超临界机组共 12 台，年底全国在运百万千瓦超超临界机组达到 33 台。其中，宁夏灵武电厂二期工程投产的百万千瓦机组项目是国际上首个百万千瓦超超临界空气冷却发电机组项目，对解决我国富煤、贫水地区电力工业的可持续发展具有标志性意义。

核电发展继续加速。岭澳核电站二期工程 1 号机组建成投产，是我国发电装机容量突破 9 亿 kW 的标志性机组，全国在运核电装机容量突破 1000 万 kW；秦山核电二期扩建工程 3 号机组也正式投产。此外，全年共有海南昌江核电站、广西防城港核电站，福建福清核电站以及广东台山核电一期的机组正式开工建设，年底核电在建施工规模扩大到 26 台、2914 万 kW，居全球首位。

风力发电继续保持较大规模增长，全年新增风电并网容量 1399 万 kW。海上风电取得新突破，上海东海大桥海上风电场 34 台风机全部正式并网，成为亚洲首个大型海上风电并网发电项目。风电规模化发展效果显现，已开工建设的甘肃酒泉风电基地一期工程全年并网容量超 150 万 kW。

大容量光伏发电进入并网投产阶段，全年新增并网光伏发电容量 21.2 万 kW。国家启动“金太阳”工程特许权招标制度，年底全国首个特许权招标示范项目——中广核敦煌 10MW 光伏电站正式投产。

全国发电设备容量。根据全国电力工业统计快报（2010 年）统计，2010 年底，全国发电设备容量 96 219万 kW，比 2009 年增长 10.08%。其中，水电 21 340万 kW（含抽水蓄能 1525 万 kW)，比 2009 年增长 8.72%，约占总容量的 22.18%；火电70 663万 kW，比 2009 年增长 8.53%，约占总容量 73.44%；核电 1082 万 kW，比 2009 年增长 19.23%，约占总容量的 1.12%；并网风电 3107 万 kW，比 2009 年增长 76.56%，约占总容量的 3.23%；并网光伏发电 24 万 kW。

“十一五”期间，全国电力装机连续跨越 6 亿、7 亿、8 亿、9 亿 kW 大关，年均增长 13.22%，快速扭转了“十五”期间全国电力大范围缺电局面，基本实现了新中国成立以来最长时间的电力供应充足保障，满足了经济发展对电力的强劲需求。在此期间，电源结构调整效果明显，火电（其中煤电比重为 92%）装机容量增速逐年下降，所占比重也从 2005 年的 75.67%下降到 2010 年的 73.44%；风电装机容量年均增长 96.68%，水电、核电、风电等非化石能源装机所占比重从 2005 年的 24.23%提高到 2010 年的 26.53%。

分省发电设备容量。2010 年，各省发电设备容量增长较快，设备容量均迈上新台阶。2010 年底，广东发电设备容量突破 7000 万 kW；江苏、内蒙古、山东突破 6000 万 kW；浙江、河南突破 5000 万 kW；湖北、山西、四川、河北突破 4000 万 kW；宁夏突破 1000 万 kW。装机规模低于 1000 万 kW 的省份（西藏除外）仅有北京和海南，发电设备容量分别为 631 万 kW 和 386 万 kW。水电装机容量方面，湖北突破 3000 万 kW，占本省总装机容量的 62.88%；四川、云南突破 2000 万 kW，分别占本省总装机容量的 70.15%、67.97%；贵州、广西、湖南、广东、福建、青海也均超过 1000 万 kW。风电并网容量方面，内蒙古超过 1000 万 kW（占内蒙古总装机容量的 15.69%)，河北、辽宁超过 300 万 kW，吉林、甘肃超过 200 万 kW，黑龙江、山东、江苏、新疆超过 100 万 kW。

从各省份“十一五”期间发电设备容量年均增速来看，年均增速较高（超过 15%）的省份主要有内蒙古（年均增长 26.14%，其中火电 22.50%，风电 116.78%)、云南（年均增长 23.18%，其中水电 25.17%，火电 18.85%)、宁夏（年均增长 20.03%，新增全部为火电)、新疆（年均增长 19.70%，其中水电、火电均超 17%)、安徽（年均增长 19.08%，其中水电、火电均超 18%)、广西（年均增长 17.95%，其中水电 19.61%)、青海（年均增长

17.17%，其中水电、火电均超16.8%)、甘肃（年均增长16.93%，其中火电18.31%)、重庆（年均增长15.28%，其中水电19.80%)、陕西（年均增长15.12%，其中火电17.26%)，均为中西部资源比较丰富的省份，直接带动中西部省份装机在全国的比重持续提高。

“十一五”期间，发电设备容量年均增速低于10%的省份主要有北京（年均增长5.15%)、西藏(6.40%)、上海（6.81%)、广东（8.07%)、江苏(8.66%)、浙江（8.67%)、黑龙江（9.52%，但其风电年均增速105.34%)。这些省份年均增速较低的原因：一是“十一五”前发展较快，基数较大；二是关停小火电机组力度大，如广东、江苏、浙江关停容量分别超过900万、800万、600万kW；三是部分直辖市环保要求提高，新增装机较少。

2010年分省全口径发电设备容量见“统计资料”篇。

2. 全国发电市场总体旺盛，火电发电量比重同比明显下降

全国发电生产情况。根据全国电力工业统计快报(2010年）统计，2010年，全国全口径发电量42 280亿kWh。其中，水电6863亿kWh，占全口径发电量的16.23%；火电34 145亿kWh，占全口径发电量的80.76%；核电768亿kWh，占全口径发电量的1.82%；风电501亿kWh，“十一五”期间年均增长98.10%，占全口径发电量的1.18%。“十一五”期间，火电发电量所占比重从2005年的81.83%上升到2007年的83.34%后下降到2010年的80.76%；风电发电量所占比重从2005年的0.07%上升到2010年的1.18%，带动水电、核电和风电等清洁能源发电量比重明显提升。

2010年全国电力生产基本情况见表2。

表2 2010年全国电力生产基本情况统计表

发电类别	发电量(亿kWh)	“十一五”年均增长率(%)	比重	
			2010年所占比重(%)	比重与2009年比较(个百分点)
合计	42280	11.10	100	—
水电	6863	11.60	16.23	提高0.70
火电	34 145	10.81	80.76	回落1.05
核电	768	7.67	1.82	回落0.09
风电	501	98.10	1.18	提高0.43

2010年，全国规模以上电厂月度发电量增速自二季度开始总体处于下降趋势。受2009年上半年基数较低以及2010年高位运行影响，2010年前5个月发电量增速较高；在迎峰度夏的6～8月用电高峰期，全国发电量当月增速基本稳定在12%左右；9月后月度发电量增速开始低于10%，处于低位运行状态。

2009～2010年分月发电量及其增速统计见图9。

各省发电生产情况。2010年，全口径发电量超过3000亿kWh的省份有江苏（3499亿kWh)、广东(3162亿kWh)、山东（3091亿kWh)；超过2000亿kWh的省份有内蒙古（2605亿kWh)、浙江（2567亿kWh)、河南（2284亿kWh)、山西（2151亿kWh)、河北（2063亿kWh)、湖北（2017亿kWh)；发电量低于500亿kWh的省份有海南（160亿kWh)、北京（270亿kWh)、青海（472亿kWh)、重庆（493亿kWh)。

“十一五”期间，发电量年均增速超过15%的省份有内蒙古（19.69%)、广西（18.28%)、安徽

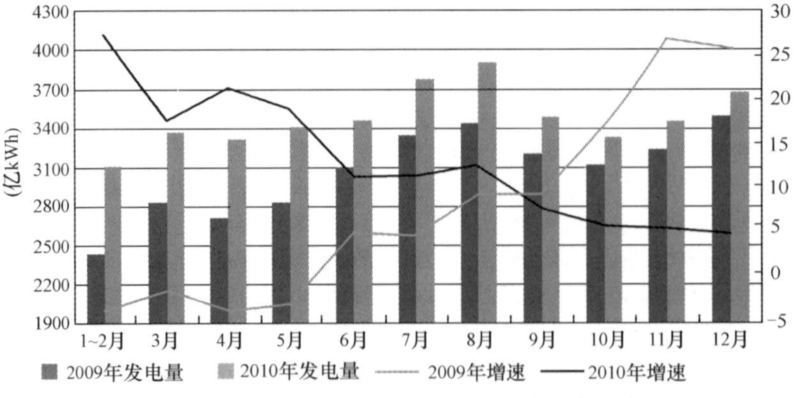

图9 2009～2010年分月发电量及其增速统计图

注：1～2月显示的是1～2月合计发电量的单月平均数据；数据为国家统计局规模以上电厂发电量数据。

(17.66%)、云南(17.63%)、青海(16.24%)、新疆(15.87%),均为中西部资源大省,与装机增长趋势完全一致;年均增速低于8%的省份有北京(4.77%)、上海(4.94%)、黑龙江(5.44%)、广东(6.77%),除本省用电需求增长相对较慢外,跨省电力输入增加较多也是年均增速较慢的一个主要原因。

水力发电情况。根据全国电力工业统计快报(2010年)统计,2010年,全国全口径水电发电量6863亿kWh,占全口径发电量的16.23%,比2009年提高0.70个百分点。月度水电发电量增速总体呈现持续恢复上升的趋势。一季度,受全国大部分流域来水偏枯、大部分地区出现罕见干旱影响,全国水电出力大幅下降,水电发电量出现负增长;5月以后来水情况明显好转,水电发电量增速均保持较高水平。

2010年,湖北、四川等11个水电生产大省的全口径水电发电量合计为5997亿kWh,占全国水电发电量的87.38%,其增长对全国水电发电量增长及全国跨区电力供需平衡的影响非常显著。水电大省中,大部分省份的水电发电量所占比重比2009年均有不同程度的提高。

火力发电情况。根据全国电力工业统计快报(2010年)统计,2010年,全国全口径火电发电量34 145亿kWh,占全口径发电量的80.76%,比2009年下降1.05个百分点,电力增长对火电的需求强度有所降低。分月来看,2010年月度火电发电量增速自二季度起呈现持续下降的趋势。一季度,受需求增加和水电出力大幅减少影响,火电发电量保持较高增速,7、8月全国规模以上电厂火电发电量连续2月超2800亿kWh,6~8月增速稳定在8%左右,进入9月,受需求下降和节能减排实施力度加大影响,增速明显下滑;12月全国规模以上电厂火电发电量再次超过3000亿kWh。

2010年,全口径火电发电量较多的省份有江苏(3305亿kWh)、山东(3064亿kWh)、广东(2514亿kWh)、内蒙古(2411亿kWh)、河南(2198亿kWh)、山西(2108亿kWh)、浙江(2082亿kWh)、河北(1998亿kWh),均为火电生产大省;火电发电量较少(低于500亿kWh)的省份有青海(109亿kWh)、海南(138亿kWh)、北京(263亿kWh)、重庆(341亿kWh)。

最高发电负荷。2010年上半年,经济保持高速增长,再加上夏季全国大部分地区气温偏高,造成全国发用电量屡创新高;迎峰度冬期间,部分地区受寒潮低温天气影响,发电电力再创新高,大部分地区统调最高发电电力和统调发电量增速保持较高水平。根据国家电力调度通信中心统计,2010年,全国统调最高发电电力5.84亿kW,同比增长7.51%;统调发电量39 046亿kWh,同比增长17.39%,统调最高发电电力增速比统调发电量增速低9.88个百分点。

2010年主要电网最高发电电力及统调发电量情况见表3。

表3　2010年主要电网最高发电电力及统调发电量情况统计表

地　区	最高发电电力		累计发电量	
	2010年(万kW)	同比增长(%)	2010年(亿kWh)	日均同比增长(%)
国调直调	2397	4.29	1196.25	8.08
华北	14 138	10.76	9252.43	17.38
东北	4607	11.26	3160.82	15.70
华东	15 636	14.73	9325.43	17.67
华中	12 523	22.56	6659.22	17.56
南方	10 006	9.26	6376.45	14.97
西北	4642	19.68	3056.21	28.95
全国合计	58 358	7.51	39 045.69	17.39

注　摘自国家电力调度通信中心旬报。

3. 月度发电设备利用小时数总体呈现缓慢减少的趋势,但全年发电设备利用小时数同比有所提高

全国总体情况。根据全国电力工业统计快报(2010年)统计,2010年,全年6000kW及以上电厂发电设备累计平均利用小时数为4660h,比2009年增加114h,是自2004年发电设备利用小时数持续下降后的首次回升。其中,水电3429h,比2009年提高101h;火电5031h,比2009年提高166h;核电7924h,比2009年提高208h;风电2097h,比2009年提高20h。

分省发电设备平均利用小时数。根据全国电力工业统计快报(2010年)统计,2010年,发电设备平均利用小时数高于5000h的省份主要有宁夏(5842h)、江苏(5573h)、天津(5237h)、河北(5091h)、安徽(5085h)、山西(5060h)、山东(5041h),基本都是火电比重较高的省份;发电设备平均利用小时数较低(低于4200h)的省份主要有吉林(3776h)、湖南(3972h)、黑龙江(4086h)、江西(4129h)、贵州(4133h)、广西(4168h)、云南(4197h),除东北三省外,其中大部分省份属于水电比重较大的省份。

水电设备平均利用小时数。根据全国电力工业统计快报(2010年)统计,2010年,全国水电设备平

均利用小时数3429h，比2009年提高101h，总体好于2009年，也高于2008年。一季度，全国大部分地区出现罕见干旱，西南水电大省更加明显，导致全国水电出力大幅下降，全国水电设备利用小时数较常年明显偏低，仅有499h；二季度来水情况有所好转，利用小时数逐月提高；三季度来水情况继续恢复，各月利用小时数均高于2009年同期，接近于2008年同期水平；四季度各流域来水季节性回落，但月度利用小时数仍高于2009年同期水平。

2010年，在水电发电量超过100亿kWh的省份中，甘肃水电设备平均利用小时数最高，达到4376h，其他超过4000h的省份有青海、湖北、四川、福建。大部分省份的水电设备利用小时数比2009年均有不同程度的提高，其中，福建、吉林分别比2009年大幅提高1576、1170h，江西、浙江、新疆、青海、云南分别比2009年提高867、625、393、364、336h；但是，受上半年水电大幅度下降、当地电力需求受限、新增水电装机较多等因素综合作用，贵州、四川分别比2009年大幅下降814h和649h，重庆、广西分别比2009年下降436h和192h。

火电设备平均利用小时数。根据全国电力工业统计快报（2010年）统计，2010年，全国火电设备平均利用小时数5031h，比2009年提高166h，也是2004年以来火电设备利用小时数的首次回升。随着水电逐步恢复以及需求增长趋缓，各月火电利用小时数总体呈现减少的趋势，四季度出现季节性增加。

各省份中，火电设备平均利用小时数较高（高于5300h）的省份有宁夏（6214h）、江苏（5647h）、青海（5615h）、贵州（5560h）、河北（5462h）、广西（5347h）、新疆（5326h）。其中，宁夏、江苏、河北、青海、新疆是受需求较快增长的带动作用；贵州主要是水电出力下降较多因素作用；广西是上述两种因素叠加作用。

火电设备平均利用小时数偏低（低于4600h）的省份有福建（4352h）、黑龙江（4385h）、江西（4392h）、四川（4506h）、湖北（4507h）、吉林（4514h）、内蒙古（4559h）、湖南（4577h）。其中，内蒙古、吉林主要是由于火电、风电新增装机较多；福建、江西、湖北、湖南主要是水电机组比重较高，且水电出力较好。

火电设备平均利用小时数相比2009年有较大幅度提高（超过400h）的省份有广西（增加1426h）、海南（增加1002h）、宁夏（增加947h）、重庆（增加828h）、陕西（增加549h）、河南（增加489h）、四川（增加458h）。分析原因，或者是水电出力下降后其火电支撑作用增强，或者是用电需求强劲回升，或者是2009年基数很低（如海南2009年火电设备利用小时数为3668h，是各省份中除西藏外火电利用小时数最低的省份）。火电设备平均利用小时数比2009年下降较多（超过300h）的省份有福建（下降667h）、云南（下降511h）、吉林（下降503h）、辽宁（下降457h）、新疆（下降374h），主要是由于水电出力增加或者新增装机增加较多。

2001～2010年全国发电设备利用小时数情况见图10。

4. 全国火电厂燃料供应总体平衡，一、四季度供需平衡偏紧，电煤价格同比上升且高位波动

一季度，由于水电减发与迎峰度冬高峰用电负荷重合，火电发电量增长较快，全国重点电厂日耗煤量持续在历史高点。二季度，由于水电出力逐步增加，导致火电发电量略有减少，月耗煤总量逐月减少。7、8月迎峰度夏期间，全国极端高温天气导致全国用电量环比增加、火电出力加大，增加了电厂耗煤量。四季度，水电进入枯水期，电煤消耗环比增加，12月，日均耗煤达到369.2万t/天，同比增长7.6%。2010年，全国重点发电企业累计供煤120 054万t，同比增加2.4亿t，同比增长25.5%；耗煤118 403万t，同比增加2.00亿t，同比增长20.3%。

电煤库存总体保持较高，四季度库存高位回落。1月，由于消耗增加，电煤价格持续上涨，导致电厂

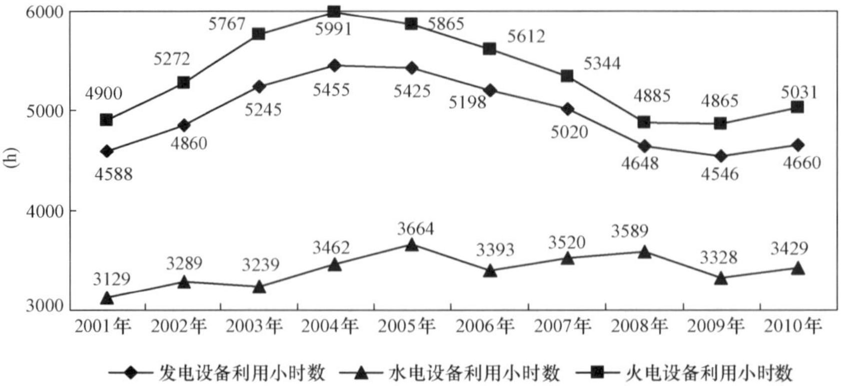

图10 2001～2010年全国发电设备利用小时数情况

电煤库存延续了2009年冬季以来持续下降的趋势。1月中旬，全国重点电厂库存降到最低值，华中部分地区电煤供应异常紧张，经过国家组织的电煤集中抢运，到2月下旬煤炭库存回升到5037万kW，3月又有所下降，4月中旬全国统调电厂库存为4182万kW，可用12天，总体仍然处于正常范围内。在二季度各月，电厂库存持续回升。三季度各月，全国重点电厂总体处于高位，基本稳定在6000万t左右。四季度，全国电煤供应整体缓和，受季节性以及部分地区电煤供应受限等因素影响，局部区域出现供应偏紧现象；12月底，全国重点电厂存煤5607万t，可用15天，仍然处于比较高的水平。

全国重点电厂月耗煤及库存情况见图11，2009～2010年分月全国重点电厂电煤库存情况见图12。

电煤价格同比上升且高位波动。2009年冬季，随着国内电煤需求大增、电煤市场价格也大幅上涨，秦皇岛23 023J/kg山西优混煤价达到800元/t以上的高位。上半年，国内动力煤市场价格随市场供需关系波动变化、大幅振荡。一季度，全国多数地区煤炭市场偏紧，价格出现短暂大幅上扬，秦皇岛港市场煤交易价格一度达到2008年四季度以来的最高值；随后市场供应逐渐宽松，价格出现快速、大幅回落。二季度，煤炭价格再次出现上涨，此后煤炭价格以稳为主。三季度，市场电煤价格缓慢降低。9月下旬，受冷冬预期以及国际煤炭市场价格上涨影响，市场电煤价格再次出现上涨；12月，在经历2个月持续上涨后，市场电煤价格开始回落。总体来说，2010年以来秦皇岛市场电煤价格在700～820元/t之间波动，除12月与2009年同期基本持平外，前11个月价格均同比上涨超过100元/t。截至2011年1月4日，山优23 023J/kg秦皇岛港价格775～785元/t，同比上涨5元/t。各大发电集团公司煤价上涨幅度仍然很大，2010年，五大发电集团到厂标准煤单价同比上涨均超过90元/t，同比增幅均超过10%，到厂煤价过快上涨是火电企业亏损和集团公司经营形式异常严峻的首要因素。

秦皇岛港23 023J/kg山西优混动力煤月平均价格及其同比、环比变化情况见图13。

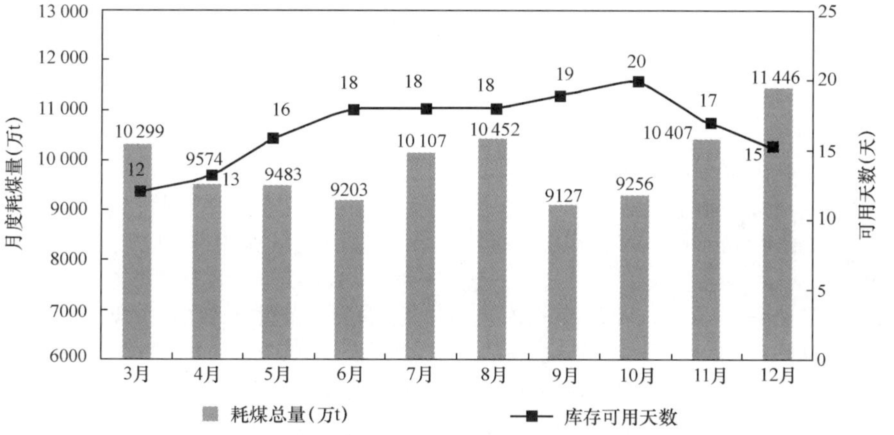

图11　全国重点电厂月耗煤及库存情况统计

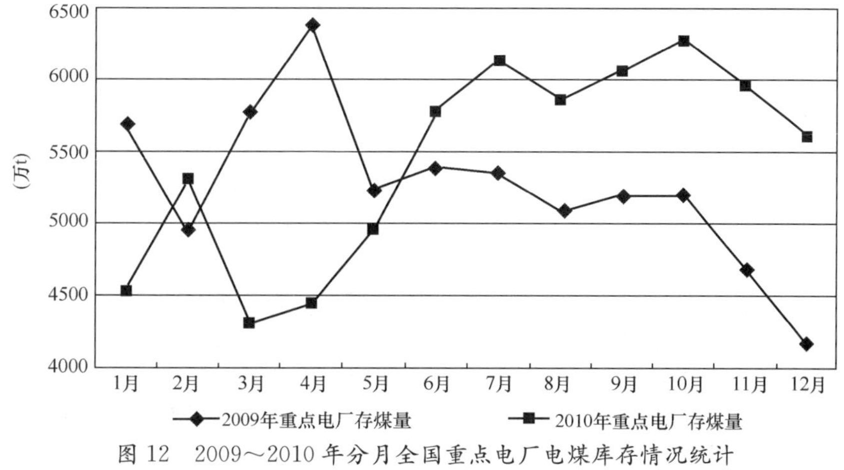

图12　2009～2010年分月全国重点电厂电煤库存情况统计

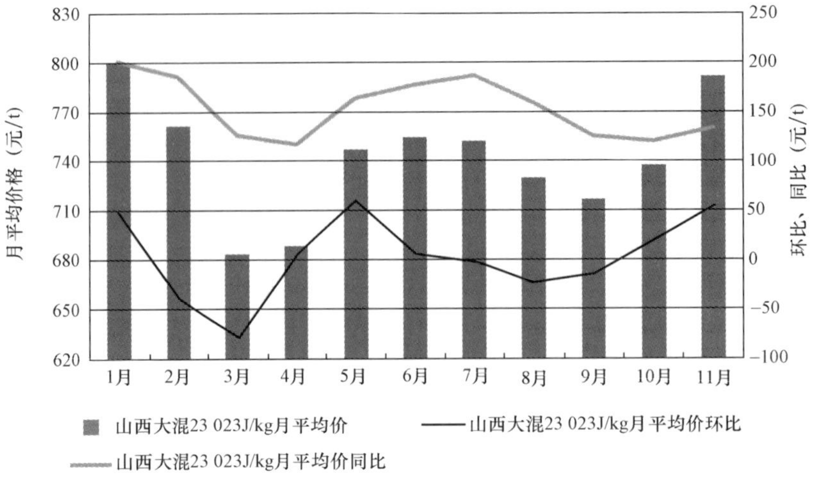

图13　秦皇岛港23 023J/kg 山西优混动力煤月平均价格及其同比、环比变化情况

（三）电网输送情况

1. 电网建设成果显著，特高压直流输电工程获重大发展

根据全国电力工业统计快报（2010 年）统计，2010 年，全国基建新增 220kV 及以上交、直流输电线路分别为 37 140km 和 6084km，新增 220kV 及以上变电设备容量 2.58 亿 kVA。“十一五”期间，特高压交、直流以及 750kV 等级线路获得重大发展，全国累计新增 220kV 及以上输电线路、变电设备容量分别为 20.23 万 km 和 11.06 亿 kVA，规模上相当于再造了一个电网。

根据全国电力工业统计快报（2010 年）统计，截至 2010 年底，全国电网 220kV 及以上输电线路回路长度、公用变压器设备容量分别为 44.27 万 km、19.74 亿 kVA，分别比 2005 年底增加 18.90 万 km、11.31 亿 kVA，实现了变配电能力的翻倍增长。其中，500kV 等级线路回路长度、公用变压器设备容量分别为 13.20 万 km、6.98 亿 kVA，“十一五”期间分别增长 1.10 倍和 1.83 倍；750kV 等级线路回路长度、公用变设备容量分别为 7493km、3660 万 kVA，“十一五”期间分别增长 52.14 倍和 11.20 倍；“十一五”期间全国电网增加±800kV 特高压直流以及 1000kV 特高压交流电压等级，年底线路长度分别为 3282、640km。

2010 年，全国电网建设重大成果继续显现。云南—广东以及向家坝—上海±800kV 特高压直流输电工程顺利投产，代表了当今世界高压直流输电技术的最高水平，将我国直流输电技术提升到新台阶；±500kV呼伦贝尔—辽宁直流输电工程、±660kV 宁东—山东直流极Ⅰ系统以及新疆与西北 750kV 联网等一批跨区跨省重点工程建成投运，进一步提升了电网对能源资源大范围优化配置的能力。青藏电网联网工程开工建设，将彻底解决西藏缺电问题；西藏农村“户户通电”工程全部竣工，解决了西藏主网覆盖的全部 32 个县（市、区）17.2 万户、约 76.3 万人的用电问题；智能电网试点项目取得重要进展，建成了一批智能变电站、智能小区和电动汽车充换电站。启动了新一轮农村电网改造。

2. 月度跨区送电持续保持平稳较快增长

2010 年，全国跨区送电完成 1492 亿 kWh，同比增长 21.71%。除 4 月外，各月跨区送电均保持平稳较快增长。增长较快的主要原因有：一是新增的输变电线路贡献突出，如向家坝—上海直流、宝鸡—德阳直流和宁东—山东直流分别累计送电 63.6 亿 kWh、63.1 亿 kWh 和 19.8 亿 kWh；二是大范围电网资源优化配置，缓解华中水电外送的作用较大，如上半年通过山西晋东南—湖北荆门的“长南一线”特高压输电线路完成华北送华中 51 亿 kWh，极大地缓解了枯水期华中地区紧张的供电形势。汛期以后，水电进入丰水期，华中电网电力外送逐步增加，华中跨区外送电量增速由 1～6 月的下降 7.0%提高到全年增长 13.77%，外送电量达到 753 亿 kWh。其中，送华东电网 410 亿 kWh，比 2009 年增长 9.28%，下半年华中送华东各月增速均超过 21%；华中送南方电量为 281 亿 kWh，比 2009 年增长 10.79%，其中，10、11 月增速达到 31.71%、42.53%。

2010 年，三峡电厂送出 834 亿 kWh，同比增长 5.51 %。其中，从 2009 年 9 月～2010 年 5 月连续 9 个月同比下降，6 月开始恢复同比增长（8 月同比下降 1.2%），7～9 月各月送出始终保持夏季较高送出水平。

3. 南方电网区域“西电东送”负增长，京津唐电网输入输出电量保持平稳增长

2010年，南方电网“西电东送”完成1117亿kWh，比2009年降低3.35%，累计送电持续负增长。主要原因：一是上半年西部特大干旱，云南、贵州等西部省份以及天生桥、龙滩水电站送出电量均大幅减少；二是下半年贵州省内节能减排压力大，火电发电严重受限，送出西电有所调减。其中，西电送广东1028亿kWh，比2009年减少1.58%；西电送广西89亿kWh，同比降低19.99%，主要受水电送出减少影响，自2009年7月～2010年7月持续负增长。

2010年，京津唐电网共受入电量378亿kWh，比2009年增长10.99%；其中，从山西电网和内蒙古电网分别受入89亿kWh和271亿kWh，分别下降1.84%和增长8.31%，此外从陕西锦界输入电量18亿kWh。累计向山东电网输出电量186亿kWh，比2009年增长162.68%，山东电网已由独立电网转为电能受入省份，与华北电网联系更加紧密。

2009～2010年分月跨区送电量及其增速统计见图14。

4. 跨省输出电量平稳增长

2010年，全国跨省输出电量5877亿kWh，同比增长11.96%。在主要输出省份中，内蒙古输出电量1064亿kWh，成为全国输出电量最多的省份，同比增长10.07%，主要是向华北、东北送电，6月以后内蒙古外送通道送电能力已经基本达到饱和，输出电量增速开始放缓；山西、河南分别输出电量736亿kWh和46亿kWh，分别比2009年增长16.8%和降低24.68%，其中上半年分别有51亿kWh和33亿kWh电量输送到电力比较紧张的华中地区；安徽输出电量387亿kWh，比2009年增长2.53%，主要送往江苏和浙江；吉林输出电量244亿kWh，比2009年增长19.86%；黑龙江190亿kWh，比2009年增长11.46%，电量大部分通过吉林输送到辽宁。水电大省中，湖北输出862亿kWh，比2009年增长2.19%；贵州、广西受水电出力降低影响，输出电量分别完成406亿kWh和86亿kWh，分别比2009年降低14.03%和25.04%；5月以后云南外送恢复明显，全年累计输出382亿kWh，比2009年增长26.67%；四川输出电量222亿kWh，比2009年增长73.65%；湖南、福建分别输出123亿kWh和43亿kWh，分别比2009年增长8.78%和13.87%。西北电网加大对华中电网输送力度，陕西输出150亿kWh，同比增长196.21%，其中，输送华中电网66亿kWh，比2009年增长102.89%，新增送四川德阳63亿kWh；甘肃、宁夏分别送出189亿kWh和87亿kWh，同比分别增长130.17%和182.64%，主要输送到陕西电网，并通过陕西电网输送到华中电网。

5. 进口电量比2009年明显下降，出口电量比2009年增加

2010年，全国进口电量53亿kWh，比2009年下降13.08%，主要是购香港、缅甸电量，分别比2009年降低30.07%和增长12.53%。2010年，出口电量196亿kWh，比2009年增长8.73%，主要是广东送香港、广东送澳门和云南送越南，分别送电110亿、28亿、55亿kWh，比2009年分别降低4.74%和增长25.14%、34.90%。

（四）全国及各地区供需形势

2010年，全国电力供需总体平衡。其中，东北、西北电网电力供需平衡有余，华北、华中、华东和南方电网受电煤供应不足和气温变化影响，部分地区部分时段电力供需偏紧，煤炭供应成为电力供需紧张的主要原因。通过加大跨区跨省电力交易，有效缓解了电力供需矛盾，确保了电力有序供应。

1. 国家电网公司经营区域

1月，受缺煤、少气、枯水及机组非计划停运等因素影响，国家电网公司经营区域内有13个电网电

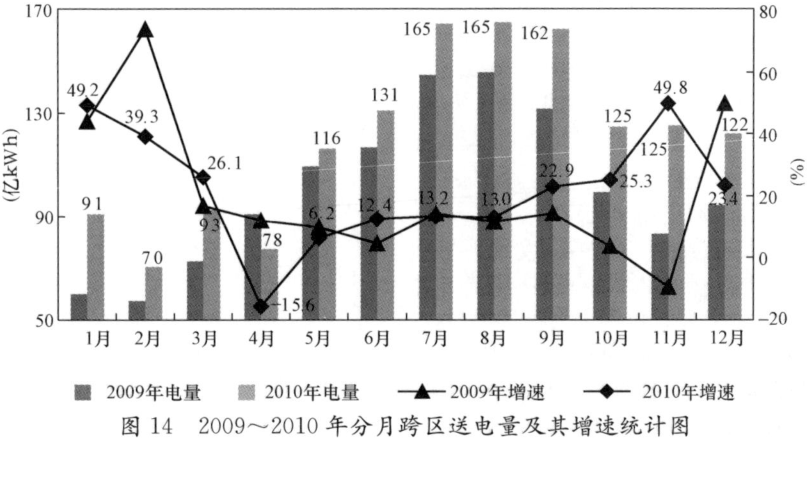

图14　2009～2010年分月跨区送电量及其增速统计图

力供需紧张，最大电力缺口 1879 万 kW，采取了有序用电和拉限电措施。尤其是河北、山西、山东、河南、湖北、重庆、辽宁 7 个电网缺口较大，通过加大特高压等跨区跨省送电和电力需求侧管理，有力缓解了电力供需紧张局面。2 月以后，除西藏电网持续紧张外，其他电网电力供需总体平衡。二季度，局部地区出现电力供需紧张情况。三季度，受高温天气影响，华北、华东地区电力供需紧张，其他地区供需平衡。迎峰度冬以来，随着气温降低和来水偏枯，山东、陕西以及华中大部分省份因电煤供应不足，出现电力供需偏紧情况。

2. 南方电网公司经营区域

2010 年，南方电网电力供需“前紧后缓”。1～5 月受西部特大旱灾影响，全网电力电量双缺，广东、云南、贵州均有错峰限电，西电东送大幅调减；迎峰度夏期间，随着水电出力逐步增加，西部电力供需趋于平衡，广东电力供需基本平衡，仅有局部地区因网络受限错峰；8 月底开始，用电增长明显回落；至 2010 年末，除云南因节能减排仍错峰外，其余四省区电力供需基本平衡。

（五）电力投资完成情况

电力投资保持较大规模，电源电网投资均有所下降。根据全国电力工业统计快报（2010 年）统计，2010 年，全国电力工程建设累计完成投资 7051 亿元，比 2009 年降低 8.45%，总体仍然保持较大规模。其中，电源工程建设完成投资 3641 亿元，比 2009 年降低 4.26%；电网工程建设完成投资 3410 亿元，比 2009 年降低 12.53%。

“十一五”期间，全国电力工程建设累计完成投资 32 020 亿元，投资规模远超各时期。其中，电源、电网投资结构开始明显优化，电网年均投资 2949 亿元，累计完成投资所占比重提高到 46.05%。

2010 年全国电力投资完成情况见表 4。

表 4　2010 年全国电力投资完成情况统计表

分类		投资完成额（亿元）	占当年电力投资额的比例（%）	所占比例比 2009 年提高（个百分点）	比 2009 年增长（%）
电力工程投资建设		7051	100.00		−8.45
其中	电源工程投资	3641	51.64	2.26	−4.26
	电网工程投资	3410	48.36	−2.26	−12.53

非化石能源发电投资比重继续提高。2010 年，在电源工程建设投资中，水电投资 791 亿元，比 2009 年减少 8.79%；火电 1311 亿元，比 2009 年下降 15.06%；核电 629 亿元，比 2009 年增长 7.68%；风电 891 亿元，比 2009 年增长 13.97%。

“十一五”期间，电源工程建设投资向非化石能源发电领域倾斜，水电、核电、风电等能源发电投资占电源投资的比重从 2005 年的 29%持续提高到 2010 年的 64%，火电投资完成额由 2005 年的 2271 亿元快速减少到 2010 年的 1311 亿元。

2010 年电源工程建设投资情况见表 5。

表 5　2010 年电源工程建设投资统计表

项目	数量（亿元）	增速（%）	比重（%）
电源工程建设投资完成合计	3641	−4.26	100
其中：水电	791	−8.79	21.72
火电	1311	−15.06	36.01
核电	629	7.68	17.27
风电	891	13.97	24.47
其他（主要是光伏发电）	19	171.43	0.52

（六）电力行业总体经济效益情况

1. 电力行业整体利润继续增加，但火电企业经营异常困难

行业利润总体情况。根据国家统计局统计，2010 年 1～11 月，电力行业利润总额 1419 亿元，同比增长 71.2%。其中，电力供应业利润总额 592 亿元，同比增加 561 亿元；由于第二季度以后出力较好，水电企业利润总额从 2010 年 1～2 月的亏损 9 亿元转为 2010 年 1～11 月的盈利 371 亿元，同比增长 78.3%；受同期煤价增幅较大影响，火电企业利润总额 280 亿元，同比下降 38.7%；核电企业利润总额 111 亿元，同比增长 14.3%；其他能源发电企业（主要是风电、生物质能发电等）利润总额 65 亿元，同比增长 79.8%。

行业亏损总体情况。2010 年 1～11 月，电力亏损企业亏损额 380 亿元，同比降低 28.9%。其中，水电亏损企业亏损额 23 亿元，比 2009 年同期减少 9 亿元；火电亏损企业亏损额 329 亿元，比 2009 年同期增加 105 亿元，主要原因是火电企业的主营业务成本同比增长 23.0%，超过主营业务收入增速 6.9 个百分点，增加较多的费用主要是燃料方面，表明因燃料上涨导致火电企业刚性成本支出增加较快；电力供应业亏损企业亏损额从 2009 年的 272 亿元减少到 21 亿元。

2. 电力行业利润分布极不均衡，中部、东北地区各省火电企业继续亏损严重

水电利润分省情况。2010 年 1～11 月，在分省

水电企业中，湖北水电企业实现利润总额128亿元，占全国水电企业利润总额的34.5%，比2009年同期增加58亿元；此外，四川、云南、福建的水电企业利润总额也均超过25亿元，四省水电企业利润总额占全国的71.4%。广西、山东、海南、湖南的水电企业利润总额比2009年同期略有减少。

火电利润分省情况。2010年1～11月，火电企业利润主要集中在东部地区，其中广东、江苏、浙江三省火电企业利润总额合计达到286亿元，超过全国火电企业利润总额。其中，广东为136亿元，占全国火电企业利润总额的48.6%；由于上网电价偏低、煤价上涨幅度较大，山东火电企业亏损28亿元(2009年同期为盈利24亿元)。1～11月，中部地区六省份火电企业亏损总额98亿元。其中，河南火电企业亏损额为全国最高，达到33亿元；山西亏损32亿元；安徽略有亏损。中部地区火电企业亏损状况继续恶化的原因，主要是河南、山西、安徽等火电生产大省历来上网电价偏低，近年来电煤市场化以及外运煤炭较多导致本地电煤价格上涨幅度较大。此外，资产负债率升高、财务费用加重也是一个主要原因，如河南、山西、江西火电企业的财务费用分别为46亿、35亿、11亿元，江西同比增长36.8%。受惠于2009年底电价调整影响，西部省份火电企业经营情况比中部省份略好，但各省间的盈亏很不均衡；其中，内蒙古火电企业实现利润总额43亿元，甘肃、青海亏损额比2010年1～8月有所增加，四川、云南2010年首次出现亏损。由于煤价同比上升较快，东北三省火电企业继续全部亏损。2010年1～11月火电利润分省份情况见图15。

电力供应业利润分省情况。2010年1～11月，电力供应业实现利润总额592亿元。利润最多的几个省份均分布在东部。其中，北京174亿元，广东109亿元，北京、广东合计利润总额占全国电力供应业利润总额的47.8%；山东也实现利润总额44亿元。全国仅有黑龙江的电力供应业亏损，但比2009年同期减少亏损17.6亿元。

3. 电力行业销售利润率整体偏低，火电企业销售利润率继续下挫

2010年1～11月，全国电力企业销售利润率为4.2%，比2009年同期提高1.3个百分点；但与全国工业企业6.2%的销售利润率相比，仍明显偏低。

分类型看，2010年1～11月，全国水电企业销售利润率22.7%，比2009年同期提高6.8个百分点。全国火电企业销售利润率为2.9%，明显偏低，东部及西部地区相对较好。核电企业销售利润率较高，达到46.2%，比2009年同期提高4.8个百分点。其他类型能源发电企业销售利润率为16.5%，比2009年同期提高2.9个百分点。电力供应业企业销售利润率在电力各子行业中最低，仅为2.7%。

4. 电力企业资产负债率同比提高，火电企业尤为明显

2010年1～11月，全国电力企业资产负债率为66.8%，比2009年同期提高1.9个百分点，整体处于较高水平。

分类型看，2010年1～11月，全国水电企业资产负债率69.2%，比2009年同期提高6.5个百分点，西部地区水电企业资产负债率相对较高，贵州、青海水电企业资产负债率均超过80%。全国火电企业资产负债率为74.3%，比2009年同期提高2.4个百分点，中部、西部火电企业资产负债率较高；青海、山东、海南火电企业资产负债率均超90%。核电企业资产负债率为70.8%，比2009年同期下降4.3个百

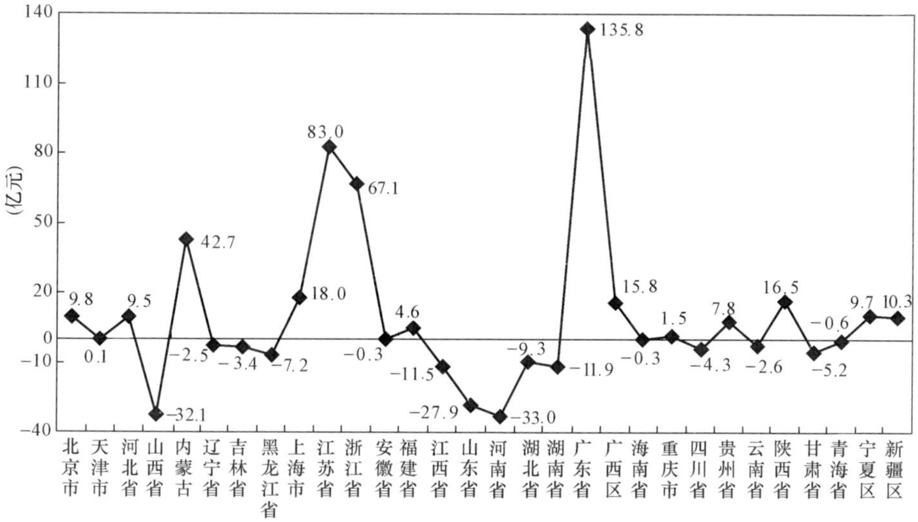

图15　2010年1～11月火电利润分省份情况统计图

分点。其他类型能源发电企业资产负债率为65.9%，比2009年同期下降1.4个百分点。分省份看，风电大省内蒙古、辽宁、吉林其他类型能源发电企业资产负债率均低于全国平均水平，且同比2009年均有一定提高。全国电力供应企业资产负债率为60.4%，比2009年同期提高0.5个百分点，与2010年1～8月持平。

（七）电力行业节能降耗工作继续推进，成效继续显现

2010年，通过结构优化、技术改造及加强管理等综合措施，电力行业能耗水平继续提高，指标继续下降。根据全国电力工业统计快报（2010年）统计，2010年，全国供电标准煤耗335g/kWh，比2009年下降5g/kWh，“十一五”累计下降超过35g/kWh；全国电网输电线路损失率6.49%，比2009年下降0.23个百分点，“十一五”累计下降0.72个百分点。

根据2010年11月全国电力工业统计月报统计，全国6000kW以上电厂累计厂用电率5.53%，比2009年同期下降0.24个百分点；其中水电0.36%，火电6.42%。

三、2011年全国电力供需形势分析预测

（一）宏观经济及市场环境分析

2010年四季度经济走势为2011年开局奠定了较好的基础。在国际经济环境仍不明朗甚至可能会继续走低、国内宏观调控力度加大的情况下，国内经济实现了平稳增长，2010年四季度增速比三季度还有所提高，反映出我国经济增长正处于增长动力转换的关键时期。

2011年，我国经济和电力发展面临的国内外形势仍然比较复杂。国际上看，世界经济总体有望延续复苏态势，但国际金融危机的深层次影响还没有完全消除，世界经济还没有进入稳定增长的良性循环。世界以及主要国家经济将面临诸多的不稳定因素，复苏的复杂性、曲折性将进一步显现和放大，预计世界经济在底部徘徊的时间将延长。多数机构预测，2011年世界经济增速将低于2010年。

国内来看，我国经济保持平稳较快发展具有不少有利条件。2011年是“十二五”规划的开局之年，一大批“十二五”规划重点建设项目集中开工，加上这两年大规模开工的项目投资增长惯性，政府加大保障性住房建设的力度仍然较大，加上国家批准的区域发展规划以及战略性新兴产业发展等国家重大政策，都将确保2011年工业投资和生产保持在一个相对较高的水平上。近年来就业形势和工资水平的进一步改善为扩大国内消费增强了后劲，社会保障制度建设有助于减轻居民消费的后顾之忧，储蓄消费型增长模式使我国消费有较强稳定性，消费需求仍将保持平稳增长。发达国家高失业率、贸易保护主义抬头以及贸易摩擦增加、人民币升值将给我国对外贸易带来很大的不确定性，但是我国产业结构升级、进一步开发新兴国家市场将使得我国对外贸易保持一定的增长。但是，国家加大实施稳健的货币政策、地方政府投资需求与融资能力的矛盾可能将影响投资保持较快增长。

综合判断，我国经济增长将更加积极稳妥地处理好保持经济平稳较快发展、调整经济结构、管理通胀预期的关系，加快推进经济结构战略性调整，把稳定价格总水平放在更加突出的位置，切实增强经济发展的协调性、可持续性和内生动力。2011年，我国经济将在2010年基础上略有回落，预计2011年我国国内生产总值GDP同比增长9.5%左右。

（二）电力需求预测

2011年，我国工业化和城镇化进程将继续推进，保障性住房建设、大规模基础设施等投资将带动重点行业用电保持较快增长；农村供电条件改善以及居民收入增加也确保居民生活用电持续稳定增长，阶梯电价实施可能对居民用电产生一定的调整作用；而金融、物流等现代服务业的兴起和旅游、餐饮等传统服务业的壮大，第三产业用电有望继续保持较快增长。综合判断，2011年，我国电力需求将继续增加，但增速将比2010年有所回落，预计2011年全国全社会用电量达到4.7万亿kWh左右，同比增长12%左右，较2010年有所回落。产业发展、节能措施及电价政策等实施程度及效果将对用电增长及用电结构产生比较大的影响。

分地区来看，在世界经济尚未明显回暖、新兴产业发展还没有形成规模性进展的情况下，华东、南方地区外向型经济比重较大的经济发达省份的用电增长将低于全国平均水平，这将有利于产业结构调整和用电结构优化；西北、华中将承接东部地区的产业转移，用电增长将高于全国平均水平。华北区域增长仍然较快，但是分化比较明显。东北地区用电增长仍将低于全国平均水平，但增速将有所加快。

（三）电力供应能力分析及预测

1. 电力在建规模继续扩大，结构更趋优化

据中电联行业统计，2010年11月底，全国发电设备在建施工规模1.81亿kW，比2009年底增加700万kW；其中，水电6500万kW，比2009年底减少200万kW左右；火电7700万kW，比2009年底减少700万kW左右；核电2700万kW，比2009年底增加近500万kW。2011年，国家拟开工火电8000万kW，核电机组9台左右，水电开工2000万kW，还有甘肃酒泉二期等大型风电在建规模超过1000万

kW。总体来看，目前我国在建施工规模仍然较大，而且结构更趋优化，未来3～5年我国经济发展对电力供应能力的需求基本可以得到保证，电力供应结构也将更加优化。

2. 投资规模继续扩大

2011年，电力投资将继续保持较大规模，特别是新能源发电、跨区电网建设及农村电网改造将进一步带动电力投资，预计全年电力工程建设投资完成额7500亿元左右，其中电源工程建设投资4000亿元左右，电网工程建设投资3500亿kW左右。

3. 基建新增继续保持很高水平，全国装机突破10亿kW

根据统计和调研分析情况看，2011年，全国基建新增装机9000万kW左右。其中，水电新增1500万kW，火电新增6000万kW，核电新增108万kW，风电新增1400万kW，太阳能光伏新增40万kW左右。“上大压小”工作继续推进，全年退役及关停小火电机组超过500万kW。

考虑基建新增和“关小”因素后，2011年底，全国全口径发电装机容量将超过10.4亿kW，其中，水电2.3亿kW，火电7.55亿kW，核电1190万kW，并网风电4300万kW。

（四）电力保障能力及风险因素的分析预测

1. 电煤价格高位运行，局部地区、局部时段供应偏紧局面再现

局部地区、局部时段电煤供需平衡偏紧。2011年，全国煤炭产能将继续释放，煤炭供给能力增加。但是在2011年需求总体保持旺盛的情况下，电煤生产与市场之间的区域分布不均衡将在很大程度上影响电煤市场平衡，电煤供需将由煤炭的产量、质量、运力、价格以及来水、天气等因素共同决定，任何环节的波动都将影响电煤供需平衡。另外，煤炭资源整合、安全整顿都将抑制供给能力，造成局部时段、局部地区的电力供需紧张；在煤炭资源紧张的环境下，部分煤炭生产省份限制煤炭出省，也限制了煤炭市场正常运行，造成周边省份煤炭供应紧张，这些都将影响电煤供需平衡。2011年1月，受来水偏枯和电煤供应不足等因素影响，在华中、西南、西北等地区已经出现电力供应紧张局面，初步判断这种紧张局面至少将持续到3月底。这种电煤供需偏紧的情况将在局部地区、局部时段反复出现，并在一定程度上影响到电力供需平衡。预计2011年全国电厂发电、供热生产合计消耗电煤18亿～19亿t左右。

市场电煤价格将维持高位运行。虽然国家要求2011年重点电煤合同价格保持2010年价格水平不变，在一定程度上减轻了火电企业的经营压力。但是，2011年电煤市场价格仍不容乐观，在目前电煤供需市场的供方议价能力较强的情况下，这一价格维持不变或者保持按量供给的难度很大。而且占电煤总量2/3左右的市场煤价波动可能更加剧烈，通胀预期以及国际输入型通胀都可能会拉高市场煤价，增加火电企业生产成本。因此，预计2011年煤价总体将维持高位运行，进一步上涨的风险很大。

2. 气候进入剧烈变动时期，来水总体平衡略枯

近几年，全球气候受厄尔尼诺现象影响，夏季高温、冬季低温等极端气候出现的频率大大增加，给能源安全保障造成非常大的压力。2010年冬我国气候比较异常，预计2011年我国大部分地区出现极端气温的概率仍然很大，部分时段电力保障能力将承受巨大考验。

2010年，全国主要水库水位有所回升，处于正常调控水平，三峡水库蓄水也达到计划水位，给2011年春季水电生产奠定良好基础。初步预计2011年来水总体为平偏枯，但是来水的区域和时段不均衡可能进一步加剧，给电力供应和蓄水安排带来一定难度。

（五）电力供需形势预测

2011年，预计全年发电设备利用小时数将在4650h左右，与2010年基本持平；火电设备利用小时数在5200h左右，比2010年提高150h。

1. 国家电网公司经营区域

（1）华北电网：电力供需平衡偏紧，电煤供需极大影响电力平衡。京津唐电网全年电力供需平衡偏紧，存在一定缺口；河北南网除春节及四季度外，均存在一定缺口；山西电网夏季电力供应有一定富余，冬季电力供需偏紧；山东电网电力供需总体紧张；内蒙古西部电网电力供应充足，电力富余较多，风电消纳压力较大。

（2）华东电网：电力供需平衡偏紧。上海电网供需基本平衡；江苏、浙江电网电力供需平衡偏紧；安徽电网夏季平衡，其他季节有一定富余；福建电网电力供需平衡有余。

（3）华中电网：电力供需总体平衡，冬季枯水期电煤问题比较突出，电力供需偏紧。河南电网在夏、冬季大负荷期间电力供应偏紧；湖北、湖南、江西、四川枯水期有一定电力缺口；重庆电网电力供需平衡偏紧。

（4）东北电网：电力供需平衡有余。辽宁、吉林、黑龙江电网电力供需均平衡有余；蒙东电网电力供应充足。

（5）西北电网：如果不考虑电煤因素，电力供需总体平衡有余。陕西电网电力供需平衡；甘肃、宁夏电网电力存在一定富余；青海电网电力供需总体基本平衡，冬季存在一定电量缺口；新疆电网电力供需基

本平衡。

2. 南方电网公司经营区域

2011年南方电网装机增长低于需求增长，全网电力供需形势紧张，其中广东在西电东送通道容量没有增加情况下，全年呈电源性缺电局面；贵州电网电力装机不足，电煤供应制约严重；云南、广西季节性缺电，“丰松枯紧”；海南电网电力供应平衡偏紧，高峰时段略有缺口。4、5月总体供需最为困难；气候变化、电煤供应以及国家节能减排政策将是影响电力供需形势的主要因素。

四、当前电力供需需要关注的几个问题

（一）加大电煤等要素协调，做好电力供应保障工作

目前，全国已建立了煤电油气运部级协调机制，随时对重大问题进行协商，采取措施，保证运转正常。从总体上来看，煤电油气运保障比较平稳，但由于铁路、公路运输的压力和紧张局面客观存在，特别是在气候异常时电煤供应尤为紧张。预计先后将有一部分省份因电煤瓶颈出现电力供应紧张情况，华中、西北更为明显，这一状况将可能会反复出现持续到3月底。因此，必须完善电煤供应应急预案，加大煤电运等要素协调，全力做好电力供应保障工作。

建议加快电网重点工程建设和投运，提高电网整体供电能力，特别是跨省跨区支援能力；加强设备巡检，确保设备正常运转；针对寒潮、冰冻等天气和突发事件，及时建立完善的预警机制，以提高应对突发事件的处置能力；建议政府有关部门牵头协调做好电煤储备及其相应的运力调配等准备工作，保证电煤供应，缓解电力供需紧张局面。优化水电运行方式，充分运用大型水库调节能力，提高水能利用效率。完善省间送电协议及违约约束机制，强化合同及协议制定的严肃性。

（二）加快电网建设，在全国范围内实现资源优化配置

经过多年的发展，我国电源电网发展都已经取得很大的成就，电源、电网规模分别跃居世界第二和第一位，从总量上看已经基本可以满足国民经济发展的需求。但是我国能源资源分布与需求存在逆向分布以及能源结构性的矛盾，造成“三北”地区风电消纳矛盾突出，西南水电比重较大的地区电力供应“丰松枯紧”，水电外送季节性压力较大，由此增加了电煤铁路运输以及电网运输的压力，也造成各区域发电装机能力有效利用率下降，发电装机总量与最高用电负荷差距加大，迫切需要大范围、错时段进行煤电、水电、风电的调度配置。

因此，必须根据我国国情，采取多种措施从全国范围内解决资源的平衡与优化配置问题。一是要充分利用好现有跨省跨区电网，扩大跨省跨区电量支援调配，最大限度地利用各区域电力结构特点，错峰缓解各省电力紧张局面；二是进一步完善区域500kV和750kV主干网架，进一步扩大区域平衡能力；三是要充分肯定西电东送战略对大范围资源优化配置的重要贡献，根据全国资源优化配置的新形势，加快推进特高压电网建设，根本解决全国资源优化配置和电力电量平衡的问题，实现电网资源配置能力更强、范围更广、经济运行效率更高、安全水平更高、科技水平和智能化水平全面提升。

（三）尽快落实煤电联动政策，进一步疏导电价

近年来，“市场煤、计划电”的体制性矛盾依然突出，电力企业已难以承受煤价频繁上涨和电价调整滞后造成的刚性成本增加，火电行业严重亏损。煤炭价格是火电企业成本的主要因素，已占到70%左右，自2003年以来，我国煤炭价格持续上涨，秦皇岛23 023J/kg煤炭价格累计上涨超过150%，而销售电价涨幅仅上涨32%。自2004年国家发展改革委颁布煤电价格联动机制以来，国家共实行了四次煤电价格联动，但还有较大缺口。由于持续亏损，发电企业偿债能力削弱，融资难度不断加大，资金链断裂的风险显著增加，保障电力、热力供应的能力大为下降。

建议采取切实可行的措施抑制煤价、疏导电价。一是充分发挥政策监管与导向作用，抑制到厂电煤价格上升的各种跟风、炒作因素。二是在合理的电价机制形成过程中，继续坚持煤电联动的原则和机制，同时解决热电价格长期倒挂的问题。三是加大需求侧管理力度，发挥价格对需求的引导调节作用；理顺各种终端能源之间的比价关系，引导用户合理消费各种能源。四是加快资源性产品价格机制改革步伐，尽快研究符合市场规律、适应我国国情的科学合理的电价形成机制。

（四）科学制定“十二五”电力发展规划

随着“十二五”期间我国经济社会快速发展，电力需求将持续增长，预计2015年全社会用电量将达到6.27万亿kWh左右，“十二五”年均增长8.5%左右，需要充分保障电力供应。同时，落实我国政府“2020年我国非化石能源在一次能源消费中比重达到15%左右和单位GDP二氧化碳排放量比2005年下降40%～45%”的两项承诺，需要电力工业加快开发绿色能源，改善能源结构。

为构建安全、经济、绿色、和谐的现代电力工业体系，满足经济社会科学发展的有效电力需求，需要科学制定“十二五”电力发展规划。建议一是强化电力工业统一规划，建立科学的电力规划管理机制。建立健全政府电力规划管理体系，建立规划依法上报、

审批和公布制度，完善电力规划研究协作体系和滚动调整机制。二是积极改善生态环境，促进绿色电源发展。尽快批准建设一批大中型水电项目，开放核电投资市场，加快核电建设，扶持推进风电、太阳能等可再生能源产业化，积极推进煤电一体化。三是加快推进智能电网建设。把智能电网正式纳入国家发展战略并给以政策和资金扶持，加快研究制定新能源、特高压电网、智能电网等技术标准。四是采取切实有效措施，积极促进节能减排。适当提高电价水平，用经济调节手段促进节能减排；制定严格的节能减排标准，培育节能减排商业模式，促进节能减排技术创新和推广。

2009年电煤供需状况分析

一、2009年电煤供需状况

2009年，直供电厂累计供煤6.8234亿t，同比减少2233万t，下降3.17%；累计耗煤7.0559亿t，同比增加2062万t，增长3.01%；年底库存2147万t，同比减少2185万t，同比2007年减少123万t，可耗用8天，同比下降15天，比2007年下降1天（见图1）。

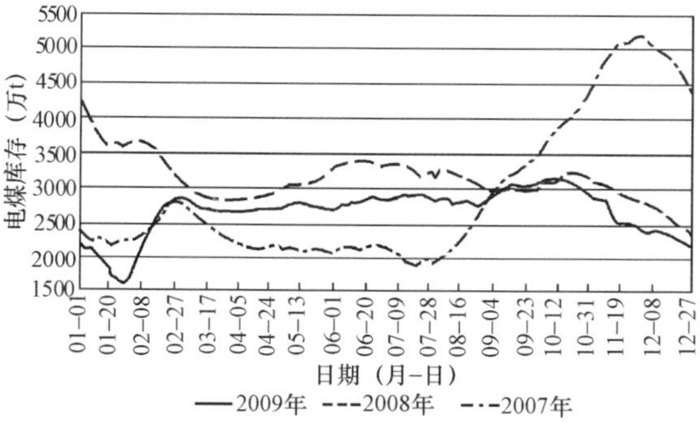

图1　2007～2009年直供电厂电煤库存变化情况

总体看来，2009年的电煤供需呈前松后紧态势，且变化十分明显。

（一）前10个月电煤供需比较平稳

（1）电煤耗用水平较低。受经济增长缓慢影响，2009年以来我国火电生产一直低于2008年同期水平，火电回升速度滞后于整个电力回升速度，从2009年9月开始火电生产（累计）同比增幅才由负转正。火电增长缓慢，使电煤消耗水平偏低，加之2009年电煤煤质改善、燃煤机组煤耗下降，2009年1～10月直供电厂日均耗煤184.8万t，同比下降2.85%。

（2）电煤有效供给增加。2009年1～10月，全国煤炭产量累计完成23.46亿t，同比增长7.12%，即便扣除统计口径等因素影响，国内煤炭产量总量仍有一定增长。国际方面，受全球金融危机影响，国际能源需求不旺，石油、煤炭等能源价格大幅降低，与国内煤价相比，进口煤炭价格优势明显。据海关总署统计，2009年1～10月，全国进口煤炭9768万t，同比增长172%；出口煤炭1890万t，同比下降50.6%；净进口煤炭7878万t。进口资源成为国内煤炭供给的有益补充。

（3）电煤库存高位运行。2009年一季度，受冬季耗煤高峰和年初电煤订货会价格之争影响，电煤库存持续回落，但仍远高于历史同期水平；二季度，电力消费进入传统淡季，加之来水较好，电煤耗用水平显著下降，电煤库存回升；三季度，即便在夏季用电高峰、耗煤水平很高情况下，直供库存也一直在2700万t以上，平均可用天数始终在15天以上。

（二）后期电煤供需矛盾突出

（1）电煤耗用快速增长。自2009年11月后，受需求强劲拉动，电煤耗用快速增长。2009年11月，直供电厂日均耗煤224.51万t，同比增长40.93%，环比增长15.63%；12月，直供电厂日均耗煤246.53万t，同比增长34.20%，环比增长9.81%，较夏季高峰8月增长18.96%；12月30日电煤耗用量达256万t，创历史新高，超夏季最高值26万t。

（2）电煤库存急速下降。受煤炭产销和进口量继续快速增长及煤炭发运不断回升等影响，电煤供应水平也稳步增长。2009年11～12月直供电厂日均供煤分别达到207.1万t和237.11万t，但仍难以跟上需求增长的步伐，供煤缺口较大，电煤库存快速下滑。短短2个月直供电厂电煤库存减少724万t，其中11月库存减少了491万t，12月库存减少了233万t。2009年末，库存总体偏低，且分布不均，仅西北电网维持在合理水平。分省看，有10个省级电网库存低于全国平均水平。

（3）局部地区电煤供需矛盾逐渐显现。2009年11月以来，受雨雪低温天气、水电减发及电煤运输结构矛盾的影响，华北、华东及华中的局部地区出现用煤告急。尤其是进入12月，京津唐、湖北、江西、湖南、河南及重庆等地陆续出现缺煤停机，单日（12月22日）缺煤停机容量最大达708万kW。华中地区受缺煤停机及机组非计划停机的影响，部分地区出现电力缺口。2009年12月12日起湖北电网开始采取“以煤定电”运行方式，最大限电电力284万kW；12月17日江西电网最大限电48万kW。

二、电煤供应存在的主要问题

（一）资源整合对电煤有效供给影响巨大

据初步测算，2009年，新增煤炭消耗2亿t左右，其中电力新增耗煤0.8亿t，钢铁新增耗煤0.5亿t，化工新增耗煤0.1亿t，建材新增耗煤0.4亿t，其他行业新增耗煤0.2亿t。而2009年我国煤炭增产3.3亿t，净进口煤炭约1亿t，考虑2009年末社会库存较2008年末下降2000万t左右，平衡缺口大致在2亿t。2009年在山西等资源大省大力推进煤炭资源整合，使许多中小煤矿关停，而其中相当数量的煤矿其产量是以前没有统计的，数量十分可观，已接近2亿t。2009年我国煤炭实际增产约1.3亿t，同比增长4.6%，增速远远低于各耗煤行业产量增长，供需失衡是造成电煤供应紧张的根本原因。

（二）电煤供应受交通运力制约明显

2009年，山西煤炭减产，而内蒙古、陕西却大幅度增产，但由于铁路运输瓶颈，一方面不能有效补充大秦线资源，2009年大秦线运量与运能比仅为82.5%；另一方面由于华中、华东等地区铁路直达的煤炭运能已饱和，西北外送通道也存在运输瓶颈，无法对陕西、宁夏等西部地区的资源进行有效补充。有运力无资源、有资源无运力的矛盾十分突出。

（三）恶劣天气对电煤运输影响十分突出

2009年冬季以来，我国大部分地区出现了几十年不遇的低温寒潮天气，干扰了公路煤炭运输，增加了铁路煤炭运输压力。而重点产煤的山西、陕西和蒙西的三西地区的电厂主要依靠公路运输，所以也出现了电煤供应短缺问题。入冬以来北方沿海地区大风、大雾、海水冰冻等恶劣天气频发，经常造成秦皇岛港等主要煤炭中转港口封港、封航，严重影响下水煤（即通过港口海运到华东、华南地区的煤炭）周转效率。

（四）形势变化迅速致使冬储煤极缺

受整个宏观经济运行影响，2009年前3个季度煤炭市场持续低迷，迎峰度夏的电力、电煤供应环境较往年有明显改善，未发生电力、电煤短缺情况，因而也对四季度尤其是冬季的电力需求预测相对保守，未预料到后期需求会激增；另一方面，由于各地煤炭企业为年度订货做准备，从2009年9月开始涨价惜售（即一种营销手段，通过囤货来换取价格上涨），神华、中煤等煤炭企业纷纷提高市场煤价格，动力煤价格上涨较快，也影响了发电企业购煤的积极性。基于以上原因，9、10月属市场淡季，电煤供应没有明显回升，至10月31日，直供电厂库存仅为2871万t，较备冬储煤目标（3200万t）差了329万t，同比2008年减少1531万t，同比2007年减少256万t。

（五）深层次的体制机制问题依然存在

从定价机制上看，煤炭进行市场化改革后，受市场供求关系影响，煤炭价格波动较大，并随生产、运输流通等环节的成本变化进行相应调整。而与煤炭行业关联度相当强的电力行业，无论上网电价还是终端销售电价均受国家严格管制。“市场煤”与“计划电”之间的内在矛盾，使得煤炭价格变化难以有效传导到电力消费市场。2009年电煤产运需衔接过程中，虽然煤炭市场已明显供大于求，但煤炭企业在限产保价的同时，仍提出较大幅度的涨价要求；而发电企业由于2008年已全面亏损，基于对市场的预期，坚持电煤不降不签，致使煤电之争长期悬而未解，对电煤稳定供应造成较大影响。

从能源综合运输体制上看，煤炭运输方式单一，无法发挥综合协调优势，主要产煤省煤炭90%以上是通过铁路或公路送出，运输压力大且持续紧张。此外，北煤南运距离远、链条长、中转环节多，不仅造成管理协调困难、应对突发事件的能力差，而且有效监管不足，中间流通环节的投机行为较多，严重扰乱了市场交易秩序。

三、2010年电煤供需形势预测

2010年，经济回升向好势必继续带动电力及电煤需求快速增长。由于电煤供应的不确定因素依然较多，加之受煤炭资源整合力度加大、铁路局部地区运力不足及恶劣天气等因素影响，还不排除中东部部分地区在特殊时期（冬夏用电高峰、自然灾害等）出现电煤供需紧张的情况，时段性、局部性电煤供需紧张将不可避免。具体体现在以下几个方面。

（1）电煤需求继续快速增长。近期国民经济回升向好趋势进一步确立和巩固，经济增长的动力强劲，2010年国民经济和用电增速将进一步加快。预计2010年全社会用电量将达到4000TWh，同比增长8.0%～10.0%，电力行业消耗原煤将接近17亿t，同比增长1.2亿～1.5亿t。

（2）煤炭生产有所增长，但地区差异较大且分布不均。根据山西、内蒙古、河南、陕西、安徽、黑龙江、山东、贵州8省区2010年煤炭生产计划安排，产量增长将超过2亿t。虽然总体产量有较大幅度增长，但地区差异较大，受煤矿安全生产、资源整合影响，山西、黑龙江产量将增长缓慢，河南产量还会有所下降，将由调出省变为净调入省，直接影响到华中地区的煤炭供应；受资源条件限制，山东产量也将负增长；内蒙古、安徽、贵州、陕西的产量会有所增长。

（3）铁路运力有所提高，但结构性矛盾依然突出。铁路部门预计2010年跨省区电煤运力将提高到7.2亿t，较2009年新增5000万t左右，主要集中在大秦线、石太线、蒙东及安徽等主要干线上。从新增运力分布上看，对华东、华南、东北地区的电煤运输有所改善，但其他地区基本没有新增运力，华中地区电煤运输瓶颈问题依旧十分突出。

四、结语

(1) 2009年12月，国家发展改革委下发了《关于2010年煤炭产运需衔接的指导意见》，提出2010年取消以往集中召开产运需衔接会的形式，不再召开任何形式合同汇总会（包括视频会），明确要继续坚持煤炭市场化改革方向不变。虽然提出要加强宏观调控，但没有具体可操作性的办法。可以预见，在煤电双方地位完全不对等、市场环境还不健全的情况下，随着经济企稳回升、需求快速增长，价格上涨将再次成为2010年的焦点。受通膨预期加大、2009年底电价刚刚调整的影响，2010年电价调整的空间十分有限，发电行业将面临巨大的经营压力。

(2) 目前，坚持煤炭市场化改革方向是正确的，但首要任务是培养一个健康、有序的市场环境，建立严格的市场准入机制，有效监管价格，使其合理反映运行成本，打击操纵价格的市场力行为，减少交易中间环节。同时进一步进行资源价格改革，理顺上下游产业价值链，电价要合理反映燃料成本变化。

(3) 从长远看，必须转变电力发展方式，一方面大力发展水能、核能、风能、太阳能等清洁能源，优化能源利用，通过结构调整减少煤炭需求；另一方面在优化电源布局、大力发展输电的基础上，实现输煤输电并举，彻底解决电煤产运需衔接的运输瓶颈问题。

中国水电100年

1910年，中国第一座水电站——云南石龙坝水电站开工建设。2004年和2005年，我国水电装机容量和年发电量跃居世界第一位。2008年底，三峡水电站全部26台机组投产发电。到2009年底，全国水电装机容量达到了19 629万kW，年发电量5717亿kWh。

在世界前十大水电站中，我国占有4席，在面板堆石坝、混凝土双曲拱坝、碾压混凝土重力坝等几种坝型方面占据了多项世界第一。

一、光辉的历程

1910年，抱着“实业救国”理想的爱国人士众志成城，在螳螂川修建中国第一座水电站——石龙坝水电站，为昆明市民送来了第一缕现代工业之光。虽然起步不算太晚（1878年法国建成世界第一座水电站），但是旧中国的水电开发速度远不及欧美等强国。新中国成立时，旧中国水电总装机容量只有36万kW。

新中国成立后，主权和资源都回到人民手中，水电发展展开新的局面。此后，新中国“自主设计、自制设备、自己建设”了新中国成立后第一座大型水电站——新安江水电站。“一五”过后，中国水电总装机容量便达到101.9万kW。

1975年，新中国水电建设史上首座百万级水电站刘家峡电站（135万kW）建成。此后，中国水电建设者又陆续建成白山（150万kW）、乌江渡（121万kW）、龙羊峡（128万kW）葛洲坝（271.5万kW）等一批百万千瓦级的水电站。至“五五”结束时，中国水电装机容量已达2031.8万kW。

改革开放后，中国水电开发进入较快的发展时期。20世纪80年代，名噪一时的“五朵金花”——水口（140万kW）、隔河岩（120万kW）、岩滩（121万kW）、漫湾（125万kW）、广州抽水蓄能电站（240万kW）开工建设。进入20世纪90年代后，中国水电开发又迎来了一个小阳春：五强溪（120万kW）、李家峡（160万kW）、天荒坪抽水蓄能（180万kW）等水电站开工建设并投产。世纪之交，更有万家寨（108万kW）、二滩（330万kW）、小浪底（180万kW）、天生桥一级、天生桥二级（共252万kW）、大朝山（135万kW）等一批大型水电站建成投产。到2000年，中国水电总容量达7700万kW，超过加拿大，位居世界第二。

进入21世纪，三板溪（100万kW）、公伯峡（120万kW）等大型水电站相继开工并建成。2004年，以公伯峡1号30万kW机组投产为标志，中国水电装机容量突破1亿kW，超过美国，成为世界水电第一大国。

迈过1亿kW大关后，电力体制改革后的中国水电开发乘势而上，强音迭起。龙滩（630万kW）、小湾（420万kW）、水布垭（160万kW）、构皮滩（300万kW）等超大型水电站即将投产；堪称巨型水电站的锦屏一级、锦屏二级、溪洛渡、向家坝、瀑布沟、拉西瓦等水电站相继开工。

特别是三峡工程的开工建设，举世瞩目，成为100年来最具影响力的大事之一。

三峡工程包括大坝、水电站厂房、通航建筑物和茅坪溪防护大坝等建筑物，正常蓄水位175m，汛期防洪限制水平145m，枯季消落最低水位155m。电站总装机容量2250万kW，年发电量约1000亿kWh。工程建成后，防洪方面可将荆江河段的防洪标准由原来的约10年一遇提高到100年一遇，遭遇大于100年一遇特大洪水时，辅以分洪措施可防止发生毁灭性灾害。

三峡大坝为混凝土重力坝，坝顶长度2309.5m，坝顶高程185m，最大坝高181m。

三峡电站厂房为坝后式厂房，由上游副厂房、主厂房、下游副厂房及尾水渠等建筑物组成；在左岸电站厂房安装14台、右岸电站厂房安装12台和地下厂房安装6台单机容量70万kW的水轮发电机组，厂用电为2台装机容量5万kW的机组。船闸为双线平行布置的五级连续船闸，主体结构段总长1607m，闸室有效长度为280m、宽34m，过闸船队为万吨级，年单向通过能力为5000万t。升船机为单线一线垂直升船机，最大过船吨位3000t级客货轮，单向年通过能力350万t。

三峡工程计划总工期17年（包括施工准备工期），第一批机组发电工期11年，即1993年开始施工准备，1997年11月8日大江截流，2003年6月水库蓄水至135m，双线五级船闸通航，2003年10月左岸电站首批机组发电，2009年工程竣工。三峡电站年发电量1000亿kWh，总装机容量22 503kW，年替代标准煤3298.2万t，年减排CO_2 7256.07万t，年减排SO_2 64.97万t。

到2010年，中国不仅是世界水电装机第一大国，也是世界上水电在建规模最大、发展速度最快的国家。截至2010年，中国水电装机容量已达2亿kW，连续多年位居世界第一。

二、辉煌的成就

100年来，特别是新中国成立以后，在党中央、国务院的正确领导下，我国水力发电事业日新月异，成绩斐然。

1. 水电开发规模不断迈上新台阶

水电作为清洁可再生能源，在世界能源布局中占有极其重要的地位，新中国成立以来，党和国家就十分关心和重视水电的规划建设，但由于种种历史原因以及新中国成立初期生产力水平比较落后，改革开放前我国的水电建设发展相对较慢。党的十一届三中全会后，国家重新调整了水电资源开发战略，不断加大水电基本建设力度，一项项国家重点工程相继开工建设，一座座大中型和巨型电站大坝耸立在大江大河之上，为如火如荼的社会主义经济大发展源源不断地贡献着清洁能源。

改革开放后，我国水电建设步伐明显加快，平均年投产量逐年上升，特别是1993年后，年投产量均超过300万kW，至1999年底我国水电总装机容量已达7297万kW。进入21世纪，水电建设也进入新的发展阶段，在继续加大开发力度的同时，中国水电人坚持在党中央、国务院的方针政策的指导下，实现水电健康有序开发。2003年以后，每年新增装机容量超过1000万kW，2009年更是达到2419万kW的历史最高水平。中国水电人只用了短短10年时间，就实现了水电总装机容量比新中国成立50年的总和翻一番的超越，水电能源开发利用率也从改革开放前的技术可开发量不足10%提高到27%，水电事业的快速发展为国民经济和社会发展作出了重要的贡献。

2. 水电坝工技术进入国际先进行列

科学技术是第一生产力。100年来，特别是新中国成立以后，我国水电科技工作以科学技术为引领，以电力建设为主战场，以国家重大工程为依托，以科技成果工程化为基点，掀起了水电建设的热潮和高潮，走出了技术、资金和环保的约束困境，在坝工技术上全面突破。

（1）200m级特高碾压混凝土重力坝筑坝技术。从1986年在福建坑口建成的世界第一座高碾压混凝土重力坝（75m）到现在，我国已建成高碾压混凝土重力坝66座，在建35座，其中龙滩电站最大坝高216.5m，是当今世界最大最高的重力坝。

（2）200m级特高混凝土面板堆石坝技术。目前我国已建成高于30m及以上的混凝土面板堆石坝160座，高于200m及以上的有40余座，其中水布垭电站大坝高达233m，属世界最高的混凝土面板堆石坝。

（3）300m级特高拱坝及100m级特高碾压混凝土拱坝技术。设计理论和施工技术均达世界最高水平，如二滩240m、小湾292m和锦屏一级305m等电站的拱坝建设，把我国高拱坝建设技术推向到世界坝工的巅峰。

（4）坝工基础工程技术。随着水电工程规模不断扩大和高坝、大库、大电站的相继出现，对地基处理的技术要求也越来越高，特别是水力资源富集的西南水电基地的建设遇到世界少有的复杂和不良地质条件，对地基处理提出了一系列挑战性技术难题，需要一一解决。当前在复杂特殊地质条件下，我国已掌握深度达150m的防渗墙基础处理技术，灌浆基础处理技术的灌浆孔最大深度已达206m，高边坡开挖、加固技术已达到700m级。

（5）高速水流的消能工技术创新。在我国水电建设中，大流量、高水头、大功率的泄洪、消能防冲、防空化、空蚀、工程抗震等众多工程技术难题摆在水电建设者面前，经过不断地经验积累和自主创新，我国在水工建筑物枢纽布置开展消能工形式和结构的系统研究上取得了特色的创新成果，保障了水电工程的运行安全。

（6）氧化镁微膨胀混凝土筑坝技术。这是具有我国自主知识产权的首创技术，此技术用于混凝土大坝建设上，可以有效防止裂缝，简化施工工序，加快建设速度，效益显著，被誉为国际筑坝技术重大创新和突破。

正是这些顶尖的坝工技术，把我国的水力发电事业跃升到现代科学技术成就的最高峰，我国的坝工建设水平在数量规模、技术难度和技术创新等方面都已进入世界最前列，为我国电力科技作出了卓越的贡献。

3. 水力发电设备国产化水平显著提高

从1927年纪延洪制成第一台水轮机算起，中国水电设备工业整整走过了80年的路程。按其发展情况，大致可以分为萌芽阶段、初创阶段、起步发展阶段、独立开发曲折前进阶段、繁荣发展阶段、面向世界自主创新阶段6个阶段。

新中国成立前，中国没有专业的水电设备厂，水电设备产量很低，生产的水电机组容量小，技术经济性也差。新中国成立到改革开放前，是中国水电设备工业由小到大、蓬勃发展的时期。在此期间，我国自主生产了混流式、转桨式、冲击式水轮发电机组，基本上满足了国民经济发展的需要。改革开放以后，我国的科技事业蓬勃发展，科技实力持续增强，创新型国家建设进展良好，自主创新能力稳步提高，取得了一系列举世瞩目的科研成果，有力地推进了高技术产业的发展和国际竞争力的提高。我国水电机电装备有了显著的进步，前后经历了刘家峡、龙羊峡、岩滩、广州抽水蓄能等一批单机容量30万kW级型机组投入运行后，单机容量40万kW的李家峡，单机容量55万kW的二滩，特别是30多台单机容量70万kW的三峡、龙滩机组顺利投产；正在建设中的溪洛渡、向家坝、拉西瓦、白鹤滩、乌东德等电站，单机容量从70万kW向着80万kW乃至100万kW发展，在遵循自主创新的战略方针下，我国大型水电机组的制造能力和水平正逐步达到世界先进水平。三峡工程左右岸共26台发电机组中，有8台是拥有自主知识产权的全国产化机组，正是通过“技术转让、消化吸收、自主创新”这三步，通过三峡工程建设，我国大型水电机电装备制造业仅用了短短7年的时间，实现了30年的大跨越，标志着我国自主设计、制造、安装特大型水轮发电机组的时代开始到来。目前，我国已建单机容量50万kW及以上机组数量均居世界前列。

经过多年的努力，我国大型混流式、轴流式和冲击式水轮机关键技术开发和国产化进程，已经取得了单机最大容量840MVA、推力轴承负荷达55 000kN、转轮直径10.6m的三峡混流式机组；最大水头109.2m、单机最大出力61万kW、空冷每极容量达14.57MVA、转轮直径6.247m的二滩混流机组；最大水头57.8m、单机容量20万kW、转轮直径8m、推力负荷41 000kN，世界最大、水头最高的水口轴流机组；最大水头637.2m、额定容量12万kW、转轮直径2.6m的冶勒冲击式机组；采用具有我国自主知识产权蒸发冷却方式、单机容量40万kW的李家峡机组等水电机组国产化的巨大成就。在贯流灯泡水电机组的国产化开发方面，达到了水头3～16m、单机容量4万～6万kW的制造水平。

我国抽水蓄能电站起步于20世纪60年代末，改革开放后的20世纪80年代末开始进入大规模建设阶段，至2010年已建成抽水蓄能电站19座，装机容量1134.5万kW，在建12座，装机容量2760万kW。已建成投产的广州抽水蓄能一、二期共240万kW装机容量、设计水头535m，为世界第一抽水蓄能电站，在建的西龙池抽水蓄能总装机容量120万kW、额定水头640m，惠州抽水蓄能总装机容量240万kW、额定水头517.4m，我国抽水蓄能电站建设已进入大容量、高水头、高扬程的时代。国家有关部门对抽水蓄能机组国产化问题给予了高度重视，决定走“三峡大机组国产化模式”，依托宝泉、惠州、白莲河3座电站16台30万kW可逆水泵水轮机组捆绑一起引进、合作设计和制造，通过专利转让来实现我国机组的国产化。为了巩固技术和促进创新潜力的发挥，国家还以蒲石河、桓仁、深圳、呼和浩特、仙游和黑麋峰6个抽水蓄能电站为装备国产化机组的后续依托工程，以保障大型抽水蓄能机组和主辅机设备国产化任务的顺利完成。

4. 大型水电站的建设推动大容量、远距离、高电压输电技术屡攀新高峰

新中国成立以后，随着国民经济的不断发展，为满足大容量、长距离的送电需求，我国电网系统运行电压等级也在不断提高。国家步入改革开放新时代后，进一步促进了我国重工业的飞速发展，电网建设很快步入超高压输电时代。30年来，高坝、大库、大电站的建设促进了大电网和高电压的蓬勃发展，诸如丰满电站220kV、刘家峡电站330kV、葛洲坝电站500kV、公伯峡电站750kV以及向家坝电站800kV等大电网相继建成投产，推动我国电网建设技术达到了世界领先水平。为了确保三峡电力外送，推动以三峡电站为中心的全国联网，围绕着三峡输变电工程全面展开，从1997年长寿至万县第一回500kV输变电工程开工，到2007年湖北荆州换流站扩建完成，历时10年已有44项线路工程、55项变电工程以及3项大容量远距离、超高压直流输电工程全部建成，创造了多项世界之最，实施了150余项重大技术改造和20余项重大技术创新，有力地促进了全国联网和实现能源资源的优化配置。目前，为了实现西部大开发和西电东送，满足我国西部水电开发输电需要，国家已启动建设的1000kV

交流和±800kV直流输电示范工程顺利进行，作为国家电网的骨干网架，跨接各大区域电网，是实现跨大区跨流域输电、水火电互济调解和全国能源资源优化配置的主要能源通道。

5. 水电开发给国民经济和社会发展带来了巨大的综合效益

100年来，特别是1949年新中国成立后，党中央、国务院团结带领全国各族人民，坚定不移地推进体制改革，毫不动摇地促进对外开放，取得了社会主义现代化建设的巨大辉煌成就，国民经济蓬勃发展，综合国力和国际影响力由弱变强，人民生活水平由温饱不足向总体小康迈进，社会主义事业空前繁荣。秉承改革开放的春风，我国水力发电事业也结出了累累硕果，除发电带来巨大的直接经济效益外，其在建设社会主义新农村、发展区域经济、改善大气环境、减少河道泥沙淤积、改善水质、保障电网安全经济运行，以及灌溉、供水、防洪、交通、旅游、养殖等方面的综合效益同样不可估量。

（1）发电和环保效益。2009年底，我国水电总装机容量达到1.96亿kW，年发电量5717亿kWh，发出的电量可替代2.87亿t原煤的火力发电，向大气少排放5.75亿t的CO_2。由此可见，水电的发电和环保效益相当显著。

（2）防洪效益。以三峡工程为例，三峡巨大的水库可以有效调控长江上游洪水，使中游荆江河段防洪标准由10年一遇提高到100年一遇，大大降低了洪灾对人民生命财产的威胁，让江汉平原和洞庭湖区1500万人口得到安全保护。

（3）交通效益。三峡蓄水后，库区航行条件得到极大改善，2007年三峡的航运量由历史最高的1800万t激增到6000多万t。水路交通的改善大大降低了水路货运业成本，水上交通大动脉的形成迎来了航运的黄金时代。

（4）移民效益。作为水电移民典型，乌江开发公司按照“政府负责、投资包干、业主参与、移民监理”的水电工程移民管理体制，积极配合电站设计单位和地方政府编制移民安置规划和补偿投资概算，对移民的损失进行科学判断和合理计算移民补偿，正确处理局部利益和全局利益的关系，尽可能调动和发挥地方政府和移民群众的积极性，确保移民安置工作“移得出、稳得住、逐步能致富”和库区长治久安目标的全面实现。截至2006年底，乌江公司建设的洪家渡、索风营、构皮滩、思林、大花水电站共搬迁移民68 785人，拨付移民资金24.38亿元，移民搬迁安置工作进展顺利，保证了各电站按计划正常施工。

（5）减少河道泥沙淤积，改善水质。如三峡水库的巨大的调蓄作用，使得下泄水流含沙量明显减少，大坝下游泥沙冲刷距离加长，冲刷量加大，减少了泥沙淤积，改善了水质。

（6）保障电网安全经济运行。水电具有启动迅速、调峰调频、运行经济、紧急事故急用和黑启动（抽水蓄能）等特点，对优化电源结构、保证供电质量，促进资源节约、实现绿色环保，保障电力系统安全、提高电力系统运行的经济性，达到电力系统总体节能降耗、提高总体经济效益等方面发挥着巨大的作用。

（7）推进社会主义新农村建设。大力发展水电事业，推动水电产业发展，对促进地方经济发展、推进工业化和城镇化、促进经济结构调整，加快农村脱贫步伐、促进民族团结、维护社会稳定，具有不可替代的作用。目前我国小水电装机容量已达5500万kW左右，通过大力发展农村小水电，以电代柴，不仅可以改善广大农村的生态环境，快速实现村村通电的发展目标，而且可以增强电网的覆盖面积，降低广大农民群众的生产生活成本，提高经济收入水平，加快社会主义新农村建设步伐。

我国的水能理论蕴藏量达到6万多亿kWh，居世界首位，可采率高、保证率高、开发风险小，资源集中，开发条件优越，富有基地型和河段型开发的特点和规律。根据目前的勘测设计水平，就有2.47万亿kWh的技术可开发量。如果开发充分，至少每年可以提供相当于10亿～13亿t原煤的能源。21世纪的水电建设将会得到更加健康、有序的发展，加快开发利用水电，从根本上改善我国的能源结构，实现国民经济社会的可持续发展。

"十一五"电力工业

电力行业"十一五"发展成就

电力工业是国民经济的基础产业。"十一五"以来，我国经济保持较快发展，电力工业在电价机制调整不到位、行业亏损的情况下，取得了巨大的发展成就，电力发展规模、能力、装备水平均已居世界先进行列，一些技术领域已处于国际领先水平，有力支撑了我国经济社会发展。

全国电力工业"十一五"发展情况见表1。

表1　全国电力工业"十一五"发展情况

指标名称	单位	2010年	2005年	5年年均增长（%、百分点）
全口径发电装机容量	万kW	96 219	51 718	13.22
水电	万kW	21 340	11 739	12.70
火电	万kW	70 663	39 138	12.54
核电	万kW	1082	685	9.59
风电	万kW	3107	106	96.67
全口径发电量	亿kWh	42 280	24 975	11.10
水电	亿kWh	6863	3964	11.60
火电	亿kWh	34 145	20 437	10.81
核电	亿kWh	768	531	7.67
风电	亿kWh	501	16	98.10
全社会用电量	亿kWh	41 923	24 781	11.09
第一产业	亿kWh	984	756	5.43
第二产业	亿kWh	31 318	18 676	10.89
工业	亿kWh	30 887	18 441	10.87
其中：轻工业	亿kWh	5187	3697	7.01
重工业	亿kWh	25 699	14 745	11.75
第三产业	亿kWh	4497	2524	12.24
城乡居民生活用电合计	亿kWh	5125	2825	12.65
220kV及以上输电线路回路长度	km	442 654	253 683	11.78
其中：直流部分	km	20 757		
±800kV	km	3282		

续表

指标名称	单位	2010年	2005年	5年年均增长（%、百分点）
±660kV	km	1335		
±500kV	km	16 140		
其中：交流部分	km	421 897		
1000kV	km	640		
750kV	km	7493	141	121.35
500kV	km	115 899	62 866	13.01
330kV	km	20 856	130 59	9.82
220kV	km	277 009	177 617	9.30
220kV及以上公用变压器设备容量	万kVA	197 424	84 333	18.54
1000kV	万kVA	600		
750kV	万kVA	3660	300	64.92
500kV	万kVA	69 834	24 665	23.14
330kV	万kVA	6592	2557	20.85
220kV	万kVA	116 738	56 811	15.49
6000kW及以上供电标准煤耗	g/kWh	335	370	−7
6000kW及以上发电消耗原煤量	亿t	15.83	10.09	9.42
6000kW及以上电厂发电设备利用小时数	h	4660	5425	−153
水电	h	3429	3664	−47
火电	h	5031	5865	−167

一、电力工业支撑经济社会发展能力显著增强

（一）电力投资进一步加大

2010年全国电力投资达到7051亿元。“十一五”累计投资达到32 020亿元，其中，电网投资14 747亿元，电源投资17 274亿元。其中，电网投资占电力投资比重为46.05%；水电、核电和风电等清洁发电投资为8507亿元，占电源投资的49.25%。

（二）发电装机持续快速增长

“十一五”期间我国装机累计增长86%，年均增速超过13.22%，从2005年末的5.2亿kW发展到2010年的9.6亿kW，年新增装机超过9000万kW，其中2006、2007年新投产装机均超过1亿kW，与“十五”末比较、“十一五”装机规模接近翻番。

（三）电网网架快速发展

“十一五”期间，我国220kV及以上输电线路增长74.5%，公用变设备容量增长134%，分别从2005年末的25.4万km、8.43亿kVA发展到2010年的44.3万km、19.74亿kVA。

（四）用电水平明显提高

“十一五”期间，我国全社会用电量从2005年的2.48万亿kWh增长到2010年的4.19万亿kWh，年均增长11%。人均用电量从2005年的1632kWh/(人·年)，提升到2009年的2742kWh/(人·年)。

（五）电力供需紧张局面基本缓解

目前，除局部地区受电煤供应紧张、水库来水偏枯等随机性因素影响，出现个别时段电力供应偏紧外，全国电力供需总体平衡、个别省区略有富余。

二、结构调整取得重要进展

（一）清洁能源发电比重进一步提高

2010年底，水电装机容量2.1亿kW，占全国电力总装机的22%。核电装机容量1082万kW，在建施工规模（26台2914万kW）居世界第一，风电装机容量连年翻倍增长，并网装机容量3107万kW。

水电、核电、风电、太阳能发电等清洁能源发电装机比重由2005年的24.2%，上升到目前的26.5%。

（二）火电结构不断优化

2010年关停小火电1100万kW，"十一五"累计关停7210万kW，提前超额完成关停任务。截至2009年底，全国在役火电机组中，30万kW及以上机组比重由2005年的不到一半，提升到目前的70%以上。60万kW及以上清洁机组占火电机组比重达到34%，其中在运百万千瓦超超临界机组已经达到33台，我国成为世界上拥有超超临界机组最多的国家。

（三）电源布局调整步伐加快

西部和北部能源基地建设进一步加快，东部沿海地区发电装机增速下降。"十一五"期间，能源资源丰富的西北、华中、华北地区的装机容量分别增长119.5%、84.4%、99.6%，华东地区仅增长64%，电源地区布局逐步得到优化。

（四）电网优化配置资源能力显著提升

特高压、跨大区电网、区域和省级电网主网架、城乡电网建设统筹推进，电网结构得到改善，电网资源配置能力不足和"卡脖子"问题得到缓解，电网的安全性、可靠性和经济性不断提高。

特高压交、直流示范工程投入运行，750kV成为西北电网主网架，500kV成为各省级电网主网架，直流输电线路总长度和输送容量跃居世界第一，电网大范围、大规模、高效率优化资源配置的能力大幅提升。2010年全国跨区跨省交易电量达到5000亿kWh左右，比"十五"提高近90%。

三、绿色发展能力进一步增强

（一）供电煤耗率进一步下降

2010年全国平均供电煤耗335g/kWh，低于2006年的美国（356g/kWh）、澳大利亚（360g/kWh），较2005年下降35g/kWh，达到世界先进水平。

（二）电网线损率进一步下降

2010年全国电网线损率6.49%，低于2007年的英国（7.4%）、澳大利亚（7.5%）、俄罗斯（11.85%），接近美国（6.38%）水平，比2005年下降了0.72个百分点，居同等供电负荷密度条件国家先进水平。

（三）主要污染物排放量或排放绩效大幅降低

2010年，全国电力二氧化硫排放926万t，比2005年降低约29%，提前一年完成国家"十一五"电力二氧化硫减排目标（951.7万t）；单位火电发电量二氧化硫排放2.7g/kWh，实现了国家"十一五"规划目标，比美国2009年低0.7g/kWh。

（四）绿色能源替代成效显著

"十一五"前4年新增绿色能源发电量5337亿kWh，相应减少煤炭消耗1.85亿t标准煤，减少二氧化碳排放4.59亿t，减少二氧化硫排放396万t。

四、电力技术装备水平和自主创新能力显著提升

（一）发电技术取得巨大进步和突破

发电机组容量、参数、效率、环保性能、节水等技术指标不断突破和提高，超超临界机组推广应用，大型空冷、循环流化床、脱硫脱硝等先进技术逐步推广。宁夏灵武电厂二期工程百万千瓦机组建成投产，成为世界上首个百万千瓦超超临界空气冷却发电机组项目。核电技术装备自主化不断实现重大突破，在世界上率先建设第三代核电机组。70万kW级水电机组实现国产化，大坝施工、大型水电机组的设计、制造、安装和运行等技术走在了世界前列。风电、太阳能等其他可再生能源发电技术通过引进和吸收得到进一步提高。2010年上海东海大桥海上风电场34台风机全部正式并网，成为亚洲首个大型海上风电并网发电项目。

（二）输电技术实现重大突破

电网企业自主创新能力显著增强，取得了一大批国际国内领先的创新成果。特高压技术在系统分析、工程设计、施工调试、主设备研制等多项关键技术和设备制造上取得重大突破并实际应用，处于世界领先水平。以先进电力电子技术为基础的直流输电、灵活交流输电技术装备实现国产化，并达到国际先进水平。同塔双回、紧凑型线路、大截面耐热导线、大容量变压器、钢管塔等新技术、新成果得到广泛应用。2010年，云南—广东以及向家坝—上海±800kV特高压直流输电工程建成投运，为世界特高压直流输电技术的最高水平，将我国电网技术提升到新台阶。我国特高压技术在世界电网科技领域实现了"中国创造"和"中国引领"。智能电网工程试点项目取得积极进展，确立了我国在智能电网领域的国际领先地位。

五、企业积极承担社会责任，综合实力迈上新台阶

自2005年起，电力企业陆续发布企业社会责任报告，努力将企业社会责任和可持续发展理念根植于企业的日常运营之中。在南方抗冰抢险，四川汶川、青海玉树抗震救灾，北京奥运会、残奥会、世博会、亚运会等保电等重大任务中，圆满完成了电力保障任

务，为我国夺取抗灾胜利、经济稳定发展和树立良好的国际形象作出了突出贡献。长期支持西部开发建设，圆满完成援藏、援疆、援青任务。

面对我国煤炭价格快速上涨的局面，电力企业服从国家大局，克服煤炭价格上涨造成企业严重亏损的困难，坚持生产和供应，保证了经济社会发展的用电需求。

电力企业响应国家发展清洁能源的号召，认真贯彻《可再生能源法》，积极开展风电、太阳能等绿色电力的建设、消纳工作，成为促进我国新能源发展的主力军。具有防洪、航运等功能的水电站取得显著社会效益。积极实施“新农村、新电力、新服务”战略，推动农村电力发展，自2006年以来，累计解决了167万无电户的用电问题，改善了农村生产生活条件。

各电力企业苦练“内功”，管理效率效益大幅提高，企业素质和核心竞争力不断增强，国家电网公司和南方电网公司在世界500强中的排名持续上升，华能、大唐、国电进入世界500强，并实现装机容量超过1亿kW。其他发电集团的装机容量也比2005年翻了两番。在大力发展电力产业的同时，发电集团向产业上游延伸进入煤炭生产和交通运输领域，向产业下游延伸进入电解铝产业，向相关领域延伸进入煤化工，向外进行国际投资经营，实现了多元化、国际化发展。

六、体制和机制创新取得进展，管理水平不断提高

电力管理体制进一步理顺。成立了国家能源局，统筹电力发展的规划、政策管理。电力市场化改革稳步推进，提出了农村电力体制改革试点工作意见，开展了大用户直购电交易试点工作，推进了电网企业主辅分离改革工作。

电力行业管理水平不断提高。电力企业重组和上下游一体化经营取得突破，相关发电企业积极拓展业务，煤电联营取得重大进展。各企业充分发挥集团整体优势，优化配置内部资源，创新管理模式，积极推进电力发展方式的转变，通过压缩管理费用、控制非生产性投资、规范用工管理等措施，在物价明显上涨的情况下，有效控制了电力工程造价。辅业企业市场意识和竞争能力进一步增强。

“十一五”节能减排概况

“十一五”期间，电力行业认真贯彻落实科学发展观，不断增强社会责任意识，充分认识到节能减排对减少资源消耗、保护环境、应对气候变化以及实现社会经济可持续发展的重要作用。在电力快速发展的同时，按照国家统一要求与部署，积极推进“上大压小”，优化电源结构，加强电网建设，加大二氧化硫治理和节能减排管理力度，燃煤机组平均供电煤耗、线损率、单位火电发电量二氧化硫排放量等指标已达到或接近世界先进水平，提前完成“十一五”节能减排规划目标，为全国节能减排目标的实现作出了重要贡献。电力行业“十一五”节能减排目标完成情况见表1。

表1 电力行业“十一五”节能减排目标完成情况

指标内容	“十一五”规划目标	实际完成值	完成规划目标的情况	与规划目标相比
关停小火电机组	原定“十一五”期间关停5000万kW； 后又提出2010年前三季度，再关停1000万kW	2006～2009年累计关停6006万kW，提前一年完成“十一五”期间关停5000万kW的目标； 2010年1月1日～7月15日，关停1071万kW，提前完成2010年前三季度再关停1000万kW的目标； 综上，“十一五”期间累计关停7077万kW	提前完成规划目标	超额1077万kW
供电煤耗	到2010年，实现355g/kWh	2010年，实现335g/kWh	提前2年实现规划目标	比规划目标低25g/kWh
输电线损率	到2010年，实现7%	2010年，实现6.49%	提前1年实现规划目标	比规划目标低0.51个百分点
二氧化硫排放量	到2010年，排放951.7万t	2010年，排放926万t	提前1年实现规划目标	比规划目标少25.7万t

（一）关停小火电机组任务提前完成

“十一五”前4年，全国累计关停水火电机组6006万kW，超额完成国务院确定的“十一五”关停5000万kW目标。2010年，电力行业继续加大淘汰落后产能力度，1月1日～7月15日，共关停小火电机组468台、1071万kW，提前实现2010年三季度前关停1000万kW小火电机组的目标。2006年1月～2010年7月，电力行业已累计关停小火电机组7077万kW，节能减排成效显著。

（二）燃煤机组供电煤耗进入世界先进行列

在2008年提前两年实现“十一五”末供电煤耗目标（355g/kWh）的基础上，2010年全国6000kW及以上火电厂供电标准煤耗继续下降至335g/kWh，低于美国（2006年356g/kWh）、澳大利亚（2006年360g/kWh），达到世界先进水平。“十一五”期间，供电煤耗累计下降35g/kWh，节能降耗成效显著。

1978～2010年我国火电机组平均供电标准煤耗变化情况见图1。

（三）线损率明显下降

2010年，全国电网线损率继续下降至6.49%，比“十一五”确定的7%的目标值低0.51个百分点，2007年就已经实现了“十一五”确定的目标值（2007年为6.97%）。目前我国电网线损率低于2007年的英国（7.4%）、澳大利亚（7.5%）、俄罗斯（11.95%），接近2007年美国（6.38%）水平，居同等供电负荷密度条件国家的先进水平。“十一五”期间，线损率累计下降0.72个百分点，节能降耗成效果明显。

1978～2010年全国电网线损率变化情况见图2。

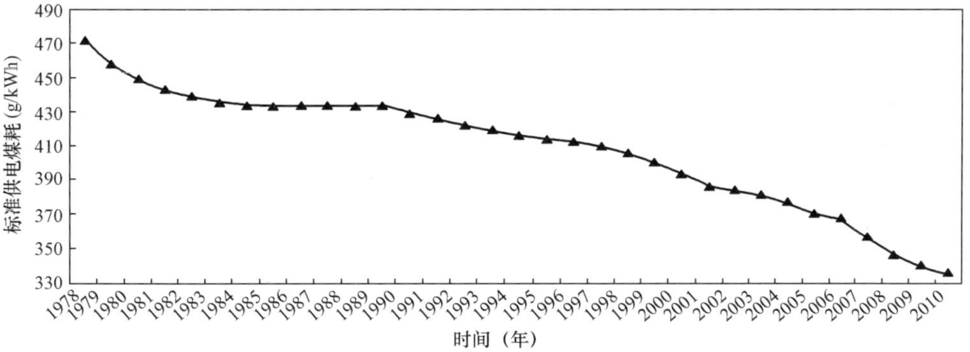

图1 1978～2010年火电机组平均供电标准煤耗变化情况

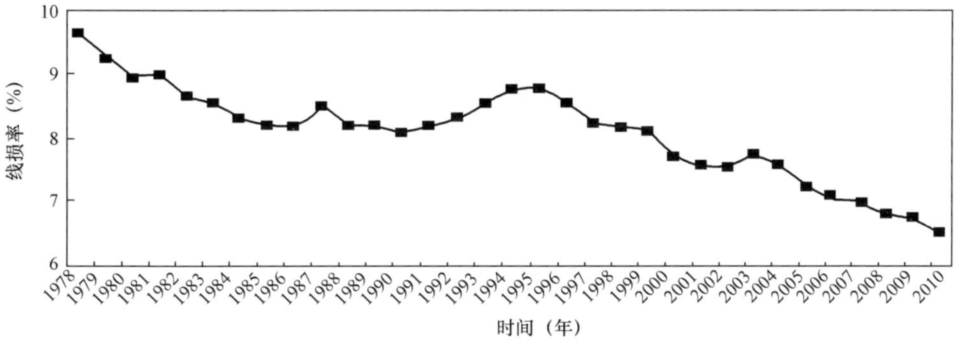

图2 1978～2010年电网线损率变化情况

（四）电力二氧化硫排放得到有效控制

截至2010年底，全国已投运烟气脱硫机组超过5.3亿kW，约占全国煤电机组容量的82%，比美国2009年高32个百分点。“十一五”期间新增燃煤机组脱硫装置约4.8亿kW，占燃煤机组的比重比2005年提高65个百分点以上。2001～2010年全国及电力二氧化硫排放情况见图3。

（五）烟尘控制水平逐年提高

改革开放以来，尽管我国火电装机增长了近17倍，但电力年烟尘排放仍然维持在300万t左右，单位火电发电量烟尘排放绩效大幅下降，从1980年的16.5g/kWh下降至2009年的1.0g/kWh，下降了15.5g/kWh。

2001～2009年全国火力发电厂烟尘排放情况见图4。

（六）氮氧化物控制力度不断加强

随着我国节能减排、“上大压小”等政策的实施，环保审批中新建项目基本上都要求上脱硝装置，氮氧

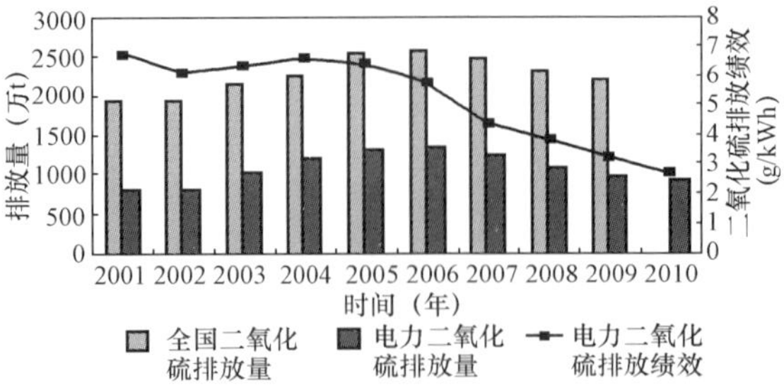

图 3 2001～2010 年全国及电力二氧化硫排放情况

注：全国二氧化硫排放量来源于全国环境状况公报，电力二氧化硫排放量来源于电力行业统计分析。

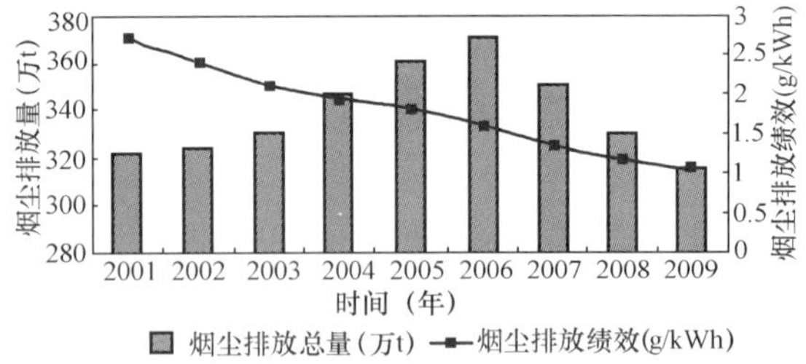

图 4 2001～2009 年全国火力发电厂烟尘排放情况

化物的控制力度不断加强，电力氮氧化物排放量增长趋势明显放缓。根据中电联统计，截至 2009 年底，全国已投运烟气脱硝机组容量接近 5000 万 kW，约占煤电机组容量的 8%，见图 5。已投运的烟气脱硝机组以新建机组为主，且 95%以上采用选择性催化还原法（SCR）工艺技术。但由于目前尚未出台脱硝电价政策，企业难以自行消化较高的脱硝成本，脱硝装置投运率不高。

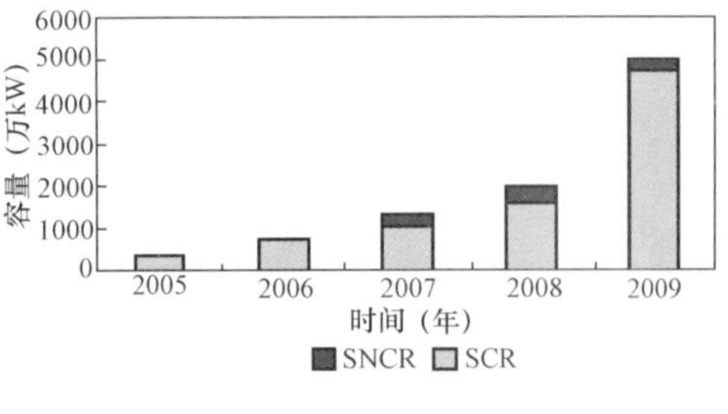

图 5 近年火电厂氮氧化物脱硝机组建设发展情况

注：SNCR 为选择性非催化还原法脱硝技术。

全国电力装机容量突破 9 亿 kW

2010 年中期，我国电力装机容量突破了 9 亿 kW，并确定以中国广东核电集团有限公司岭澳核电站二期工程 1 号机组为突破 9 亿 kW 标志性机组，中国电力工业特别是清洁能源及其相适应的电网建设发展又翻开了光辉的一页。

2010 年 9 月 20 日上午，岭澳核电站二期工程 1 号机组投产庆祝大会暨核电发展高层论坛在北京人民大会堂举行。20 日下午，中国电力企业联合会召开“全国电力装机容量突破 9 亿 kW 暨第十三届国际电力设备及技术展览会”新闻通气会。

我国发电装机突破 9 亿 kW，是中国电力发展史上的一个重要里程碑，标志着我国电力工业发展实现了新跨越，是我国综合国力不断增强的集中体现。我国发电装机容量已连续 14 年位居世界第二位。电力工业的稳步发展，为我国国民经济持续、快速增长和人民生活水平的不断提高提供了强有力的能源支撑。

在电力装机稳步发展的同时，电网建设也取得了巨大成就。目前，我国电网规模已超过美国，跃居世界首位。特别是随着晋东南—南阳—荆门 1000kV 特高压交流试验示范工程正式投产，±800kV 向家坝—上海特高压直流示范工程投入运行，±800kV 云南—广东特高压直流工程投产运行，使我国直流、交流最高电压等级分别由±500kV 和 750kV 提高到±800kV 和 1000kV，远距离大容量输电能力增强，为全国资源优化配置提供了更高等级的网络平台。2010 年 7 月青藏联网工程全线开工以及新疆与西北电网联网工程拟于 11 月投运，标志着我国深入实施西部大开发战略、加强西部地区电网基础设施建设，加大“西电东送”通道规模又迈出重要的一步。

“十一五”规划以来，我国电力工业在坚持科学发展观、建设节约型社会的总体要求下，在高效、环保、安全、节能、经济、可持续发展的道路上取得了可喜的成绩。电源结构持续优化，清洁能源发电比例持续提高。火电机组继续向大容量、高参数、环保型方向发展。截至 2010 年 8 月底，全国已投运百万千瓦超超临界机组 27 台；30 万 kW 及以上火电机组占全部火电机组的比重已经从 2000 年的 38.86%提高到 2009 年的 69.43%。2010 年全国水电装机容量已突破 2 亿 kW，我国已成为世界上水电装机规模最大的国家。2009 年底，全国核电装机容量 908 万 kW，位列世界第九位，核电在建施工规模 2192 万 kW，在建施工规模居世界首位。截至 2010 年 8 月底，全国并网风电装机容量 2294 万 kW，并网风电装机和发电量连续 4 年翻倍增长。非化石能源发电装机容量所占比重逐年提高。

此次核电机组成为 9 亿 kW 的标志性机组，其重要意义在于表明我国清洁可再生能源呈健康发展态势，体现出电力全行业落实科学发展观的积极性和巨大成就。

全国水电装机容量突破2亿kW

2010年8月25日，国家能源局、中国电力企业联合会、云南省政府主办，中国华能集团公司、云南省发展改革委和云南省能源局承办的“全国水电装机容量突破2亿kW标志性机组揭牌仪式”在华能小湾水电站举行。来自国家有关部委、云南省人民政府，中国电力行业协会以及相关企业单位的近300位嘉宾与华能小湾电站的数百名建设者参加了仪式，共同见证了中国水电发展史上这一光辉的时刻。

国家能源局副局长刘琦、云南省省委常委、常备副省长罗正富、中国电力企业联合会党组书记、常务副理事长孙玉才、华能集团公司总经理曹培玺出席揭牌仪式，并共同为华能小湾电站4号机组成为全国水电装机容量突破2亿kW标志性机组揭牌。

改革开放以来，我国能源供应为经济高速平稳增长提供了重要保障和支撑。但是，长期以来，我国能源供应主要以化石能源为主。经济转型升级需要低碳发展，需要清洁能源，而发展水电正顺应了这一历史趋势。2004年我国水电装机总量突破1亿kW大关，持续位居世界第一。

刘琦指出，中国水电从无到有，从小到大，由弱到强。水电装机容量突破2亿kW，不仅是数字上简单增加，更是水电发展质的飞跃，反映了中国水电建设水平的全面提升，标志着中国电力工业全面、协调、可持续发展迈上了一个新台阶，也标志着我国在可再生能源的利用方面又迈上了一个新水平。

罗正富说，云南是中国水电的开拓地和水电装机容量2亿kW的标志地，也已经成为全国水电建设和“西电东送”战略实施的主战场。云南将以全国水电装机容量突破2亿kW为新的契机，按照“建一座电站、富一方百姓、保一片生态、促一地平安”的目标，有序推进全省水电开发，努力装云南建成国家重要的清洁能源基地和电力调配枢纽，为国家能源产业结构调整和节能减排作出新的更大贡献。

孙玉才表示，我国水电装机容量突破2亿kW，表明我国水电开发程度已达到可开发容量的37%左右，加大水电开发力度并优先开发水电，是保障我国能源安全供应的正确选择，也是落实加快西部大开发战略的重要举措。

曹培玺说，华能小湾水电站是国家实施西部大开发和“西电东送”战略的重要工程，是澜沧江流域水电开发中的关键项目，也是华能水电的窗口工程。经过建设者11年的艰苦努力，克服了世界最高的300m级混凝土双曲拱坝设计和施工等一系列困难，创造了11个月建成投产6台70万kW机组的水电建设新纪录，6台机组全部一次性通过72h试运行，达到了世界水电建设领先水平；投资7000多万元实施“百千万工程”，促进了移民区域新农村建设；高度重视环保，实现水电开发与生态环境协调发展；每年将向国家和地方上缴税费近12亿元。他表示，小湾4号机组投产成为我国水电装机容量突破2亿kW这一里程碑事件的标志，华能将以此为契机，加快发展方式转变，加大水电开发力度，为我国积极应对全球气候变化，建设资源节能型、环境友好型社会作出更大贡献。

华能小湾水电站是国家重点工程和云南省实施国家西部大开发、“西电东送”战略的标志性工程，也是云南省有史以来单项投资最大的工程项目，年保证发电量190亿kWh，总库容149亿m^3，以发电为主，兼有防洪、灌溉、拦沙及航运等综合利用效益，是澜沧江中下游河段的龙头电站，极大改善云南水电站群的调节性能，大大扭转子云南电力系统长期以来存在的“丰弃、枯紧”的被动局面。

中国风电建设规模2009年跃居世界第二

我国国内风能建设已成为继水能之外最具规模的零排放、可再生的能源。2009年中国风力发电总装机容量可超2600万kW，比2008年翻番，并有望从世界第四跃居第二。

目前，我国主力能源形式依然是煤炭，在能源结构中的比重达70%，并制造了8成左右的温室气体排放。但据测算，至2050年，煤炭能源比重将“砍掉”一半，可再生能源异军突起，比重接近三成，成为我国主流能源。在可再生能源六大形式——水能、风能、太阳能、生物质能、潮汐能、地热能中，非水可再生能源增长最快的风能独领风骚。

中国已连续三年成为世界上最活跃的风电市场。2008年，全国新增风电装机容量630万kW，总量达到1220万kW，超越印度，仅次于美国、德国、西班牙。而2009年总容量预计可达2630万kW增长215%，将领先于德国、西班牙，并达到美国2008年2520万kW的水平。

中国已提出“风电三峡”宏伟蓝图，建设六大1000万kW级风电基地，包括甘肃酒泉、新疆哈密、内蒙古东部、内蒙古西部、河北北部及江苏沿海，其中最大一处基地的装机容量就达2000万kW。此外，还将建设一批百万千瓦级风电基地。在连接上海本土与洋山岛的东海大桥东侧，一大片海上风电场正加紧建设，先期由30多座3000kW级别的风电机组构成，现已建成约1/4。在上海临近海岸线的各区县，也分布了多处小型风电场。

“十二五”规划研究

电力工业“十二五”发展思路及目标

一、未来我国电力工业需求预测

考虑国民经济及其发展阶段、经济结构和经济布局调整、一次能源需求、重点行业发展、居民生活用电、需求侧管理与节能等影响因素，采用多种电力需求预测方法，经综合分析，预计：

2010年全国全社会用电量将达到4.19万亿kWh、“十一五”期间年均增长11%，最大负荷达到6.58亿kW、“十一五”期间年均增长11.2%。

2015年全社会用电量将达到5.99万亿～6.57万亿kWh，“十二五”期间年均增长7.5%～9.5%，基准方案推荐为6.27万亿kWh、年均增长8.5%；最大负荷达到9.94亿～10.90亿kW、“十二五”期间年均增长8.6%～10.6%，基准方案推荐为10.4亿kW、年均增长9.6%。

2020年全社会用电量将达到7.85万亿～8.56万亿kWh，“十三五”期间年均增长4.6%～6.4%，基准方案推荐为8.20万亿kWh、年均增长5.5%；最大负荷达到13.17亿～14.36亿kW，“十三五”年均增速为4.8%～6.7%，基准方案推荐为13.77亿kW，年均增长5.8%。

电力弹性系数“十二五”期间为0.99，“十三五”为0.80左右。西部地区电力需求增速高于东部地区。

二、我国电力工业发展的指导思想

1. 指导思想

“十二五”期间，我国电力工业发展的指导思想是：高举中国特色社会主义伟大旗帜，以邓小平理论和“三个代表”重要思想为指导，深入贯彻落实科学发展观，以科学发展为主题，以加快转变电力发展方式为主线，以保障安全、优化结构、节能减排、促进和谐为重点，着力提高电力供应安全，着力推进电力结构优化，着力推进资源优化配置，着力推进电力产业升级，着力推进电力和谐发展，努力构建安全、经济、绿色、和谐的现代电力工业体系，满足经济社会科学发展的有效电力需求，为实现2020年我国非化石能源在一次能源消费中比重达到15%左右和单位GDP二氧化碳排放量比2005年下降40%～45%的目标作出应有贡献。

2. 基本原则

电力工业发展的基本原则：坚持统筹协调、节约优先、结构优化、科技驱动、绿色和谐、市场导向的原则。

3. 发展方针

电力工业发展的发展方针：以科技创新为动力，以转变电力发展方式为主线，坚持节约优先，优先开发水电，优化发展煤电，大力发展核电，积极推进新能源发电，适度发展天然气集中发电，因地制宜发展分布式发电，加快推进坚强智能电网建设，带动装备工业发展，促进绿色和谐发展。

三、规划目标

1. 2015年规划目标

全国发电装机容量达到14.37亿kW左右，年均增长8.5%。其中，水电2.84亿kW，抽水蓄能4100万kW，煤电9.33亿kW，核电4300万kW，气电3000万kW，风电1亿kW，太阳能发电200万kW，生物质能发电及其他300万kW。全国110kV及以上线路达到133万km，变电容量56亿kVA。非化石能源发电装机总规模将达到4.74亿kW，占总装机的33%，比2010年提高6.3个百分点；非化石能源发电量1.52万亿kWh左右，占总发电量的24.1%，比2010年提高3个百分点左右；非化石能源发电可替代化石能源5亿t标准煤，占一次能源消费的11.9%左右。

2. 2020年规划目标

全国发电装机容量达到18.85亿kW左右，年均增长5.6%。其中，水电3.3亿kW，抽水蓄能6000万kW，煤电11.6亿kW，核电9000万kW，气电4000万kW，风电1.8亿kW，太阳能发电2000万kW，生物质、潮汐、地热等500万kW。全国110kV及以上线路达到176万km，变电容量79亿kVA。非化石能源发电装机总规模将达到6.85亿kW，占总装机的36.3%，比2015年提高3.3个百分点；非化石能源发电量2.2万亿kWh左右，占总发电量的26.9%，比2015年提高2.8个百分点左右；非化石能源发电可替代化石能源7亿t标准煤左右，占一次能源消费的14.1%左右。

四、大力优化电源结构与布局

综合考虑多种因素，经测算分析，我国煤电基地煤电机组发电成本最低；核电发电成本其次，略低于负荷中心煤电机组发电成本；目前水电发电成本较低，考虑水电保护生态环境、安置移民等方面投资增加及输电费用提高等因素，水电成本接近或略高于负荷中心煤电成本；风电、太阳能、生物质能、天然气等发电成本远高于煤电、核电和水电。统筹未来十年和长远发展战略，电源发展要坚持优先开发水电、优化发展煤电、大力发展核电、积极推进新能源发电、适度发展天然气集中发电、因地制宜发展分布式发电的方针。

1. 优先开发水电

优先开发水电要实行大中小开发相结合，推进水电流域梯级综合开发；促进绿色和谐开发，充分体现以人为本的发展理念，使地方经济和人民群众真正从水电开发中受益；扩大资源配置范围，积极推动周边国家水电资源开发和向我国送电；加快抽水蓄能电站发展，提高电力系统运行的经济性和灵活性，促进可再生能源发电的合理消纳。

继续加快开发、尽早开发完毕开发程度较高的长江上游、乌江、南盘江红水河、黄河中上游及其北干流、湘西、闽浙赣和东北等7个水电基地，重点布局开发金沙江、雅砻江、大渡河、澜沧江、怒江、黄河上游干流、雅鲁藏布江等水电基地。重视境外水电资源开发利用，重点开发缅甸伊江上游水电基地。

到2015年全国常规水电装机预计达到2.84亿kW左右，水电开发程度达到71%左右（按经济可开发容量计算，下同），其中东部和中部水电基本开发完毕，西部水电开发程度在54%左右。到2020年全国水电装机预计达到3.3亿kW左右，全国水电开发程度为82%，其中西部水电开发程度达到67%。抽水蓄能电站2015年规划装机4100万kW左右，2020年达到6000万kW左右。

2. 优化发展煤电

优化发展煤电要推行煤电一体化开发，加快建设大型煤电基地；鼓励发展热电联产；推进煤电绿色开发。以开发煤电基地为中心，重点建设山西（晋东南、晋中、晋北）、陕北、宁东、准格尔、鄂尔多斯、锡盟、呼盟、霍林河、宝清、哈密、准东、伊犁、淮南、彬长、陇东、贵州等16个大型煤电基地。

规划2015年煤电装机达到9.33亿kW。“十二五”期间开工3亿kW，其中煤电基地占66%；投产2.9亿kW，其中煤电基地占52%。规划2020年煤电装机达到11.6亿kW。“十三五”期间开工2.6亿kW，其中煤电基地占62.7%；投资2.5亿kW，其中煤电基地占54.6%。

3. 大力发展核电

大力发展核电要高度重视核电安全，强化核安全文化理念；坚持以我为主，明晰技术发展路线；统一技术标准体系，加快实现核电设备制造国产化；理顺核电发展体制，加快推进市场化、专业化进程；建立立足国内、面向国际的核燃料循环体系。

规划2015年我国核电装机4294万kW，主要布局在沿海地区，2011年开工建设我国首个内陆核电，力争2015年投产首台机组；2020年达到9000万kW，力争达到1亿kW。

4. 积极发展风电等可再生能源发电

非水可再生能源开发要在充分考虑经济社会的电价承受能力和保持国内经济的国际竞争力的条件下积极推进。

风电开发要实现大中小、分散与集中、陆地与海上开发相结合，通过风电开发和建设，促进风电技术进步和产业发展，实现风电设备制造自主化，尽快使风电具有市场竞争力，力争2020年我国风电技术处于世界领先水平。在“三北”（西北、华北北部和东北）地区发挥其资源优势，建设大型和特大型风电场，要同步开展开发、外送、消纳研究，统一规划。规划2015年和2020年风电装机分别为1亿kW和1.8亿kW。

促进发展太阳能发电，规划发电装机容量2015年达到200万kW左右，2020年达到2000万kW左右，确保2030年我国太阳能发电技术处于世界领先水平。

因地制宜发展生物质能及其他可再生能源发电，2015年和2020年生物质发电装机容量分别达到300万kW和500万kW。2015年和2020年地热和海洋能发电装机分别达到1万kW和5万kW。

5. 适度发展天然气集中发电

天然气（包括煤层气等）发电要实行大中小相结合；结合引进国外管道天然气和液化天然气在受端地区规划建设大型燃气机组，主要解决核电、风电、水电季节性电能对电网的调峰压力。在气源地规划建设燃气机组解决当地用电问题。2015年和2020年大型天然气发电规划容量分别为3000万kW和4000万kW。

6. 因地制宜发展分布式发电

结合城乡天然气管道布局规划建设分布式冷热电多联供机组2015年和2020年天然气分布式发电装机分别达到100万kW左右和300万kW左右。在电网延伸供电不经济的地区，发挥当地资源优势，建设分布式发电系统。推动分布式发电和储能设施结合的分布式能源供应系统发展

五、加快推进坚强智能电网建设

1. 建设大型电源基地外送通道，构建坚强网架

“十二五”期间，在特高压交流试验示范工程的基础上，结合加快建设西部、北部大型煤电基地，西南水电基地，酒泉、蒙西、张北等大型风电基地以及未来大核电基地的接入系统，重点加快华北、华东、华中特高压交流同步电网建设。2015年，华北、华东、华中特高压电网形成“三纵三横”主网架，锡盟、蒙西、张北、陕北能源基地通过三个纵向特高压交流通道向华北、华东、华中地区送电，北部煤电、西南水电通过三个横向特高压交流通道向华北、华中和长三角特高压环网送电。配合西南水电、西北、华北煤电和风电基地开发，建设锦屏—江苏、溪洛度—浙江、哈密—河南、宁东—浙江、宝清—唐山、内蒙古—天津、呼盟—山东、酒泉—潮南、锡盟—南京、准东—重庆、彬长—山东、内蒙古西—江苏、陇东—江西等直流输电工程。建成青藏直流联网工程，满足西藏供电，实现西藏电网与西北主网联网。经模拟计算分析，“十二五”规划特高压骨干网架满足电网安全稳定导则要求，能够保证电网可靠运行。

2020年，将建成以华北、华东、华中特高压同步电网为中心，东北特高压电网、西北750kV电网为送端，联结各大煤电基地、大水电基地、大核电基地、大可再生能源基地，各级电网协调发展的坚强智能电网。华北、华东、华中特高压同步电网形成“五纵六横”主网架。晋陕蒙宁煤电和四川水电通过特高压交流通道向华北、华东、华中电网送电；新疆、呼盟、锡盟、蒙西、宁东、彬长、陇东能源基地电力和金沙江、锦屏、西藏水电通过特高压直流向华北、华中、华东送电；俄罗斯、蒙古、哈萨克斯坦电力通过特高压直流分别送入东北、华北、华中电网。在受端建设一定容量的支撑电源，淮南、皖南、徐州坑口电站和沿海核电接入特高压电网。

西北电网作为重要的送端电网，通过多方向、多通道、多落点的直流实现与华北、华东、华中特高压电网紧密相联。“十二五”期间，在已有的750kV电网结构基础上，合理加强省区间联系，提高电网交换能力和抵御严重故障能力，保障风电等可再生能源的接入和消纳。

南方电网在“十二五”期间，规划建设糯扎渡电站送电广东±800kV特高压直流工程、溪洛渡电站送电广东同塔双回±500kV直流工程和金沙江中游梨园、阿海电站送电广西直流工程。

2015年西电东送主网架在2010年“五直八交”的基础上形成“九直八交”送电通道，各省（区）形成坚强的500kV骨干网架。配合海南核电，建设海南与广东联网二期工程，实现海南与南方主网500kV双回路联网。支持港澳特区绿色发展，结合香港调整优化电源结构、逐步关停燃煤火电，加强与港澳特区联网，保障港澳电力供应。

加强省级500(330)kV电网建议，建设坚强协调的省网主网架。

2. 促进城乡电网协调发展

进一步加强各电压等级配电网建议，做到网架结构合理，运行灵活，电压层次简化，供电安全可靠。大部分城市形成220(或110)kV双环网架，500(或330)kV变电站深入城市负荷中心并形成500(或330)kV环网结构，实现500/220(或330/110)kV间电磁环网解环运行，中低压配电网络具备“手拉手”环路供电或双电源供电。初步建成220kV电压等级为中心枢纽，110(66/35)kV电压等级为主网架的坚强农村配电网，县城中压配电网实现环网供电，电网整体供电能力、技术装备水平和可靠性进一步提高，满足农村地区经济社会发展和新农村建设用电需要。城乡配电网容载比满足导则要求，推广小型化、无油化、绝缘化、少（免）维护、节能型、智能型设备，配电网智能化水平显著提高。

到2015年，全国城市用户供电可靠率达到99.935%以上，农村用户供电可靠率达到99.765%以上。2020年城市用户供电可靠率达到99.955%以上，农网用户供电可靠率达到99.810%以上。

3. 推进电网智能化

我国电网智能化发展将以坚强网架为基础，以通信信息平台为支撑，以智能调控为手段，包括电力系统的发电、输电、变电、配电、用电和调度六大环节，覆盖所有电压等级，实现“电力流、信息流、业务流”的高度一体化。

“十二五”期间，重点加强技术创新和试点应用，

在系统总结和评价智能电网试点工程的基础上，加快修订完善相关标准，全面推进智能电网建设，实现各环节的协调有序快速推进。到“十二五”末，我国智能电网技术和关键设备实现重大突破，智能化标准体系基本完善，电网智能化达到较高水平。

“十三五”期间，我国智能电网技术和设备性能进一步提升，力争主要技术指标位居世界前列，智能化水平国际领先。

六、加快推进科技创新

要坚持自主开发与引进消化吸收相结合，完善产学研用机制，注重具有自主知识产权技术的开发及产业化，实现电力产业的技术提升和跨越式发展。到2015年，努力使我国发电技术整体接近和部分达到世界先进水平，前沿技术的研究与发达国家同步；特高压、大电网和自动化等电网技术保持国际领先水平，占领世界新能源发电及接入技术制高点，引领世界智能电网技术发展方向。到2020年，努力使我国发电技术整体位于世界先进水平，部分技术领域处于国际领先水平，继续保持电网技术整体引领世界发展。

七、促进电力工业绿色和谐发展

通过发展非化石能源、降低供电煤耗和线损等途径，与2010年相比，2015年电力工业每年节约标准煤2.64亿t，减排二氧化碳6.55亿t，减排二氧化硫565万t，减排氮氧化物248万t；与2015年相比，2020年电力工业每年节约标准煤2.73亿t，减排二氧化碳6.76亿t，减排二氧化硫584万t，减排氮氧化物256万t。

电力工业在“十二五”期间将带动社会总产出年均增加2.8万亿元左右，每年提供就业岗位270万个左右；在“十三五”期间将带动社会总产出年均增加3.0万亿元左右，每年提供就业岗位300万个左右。

八、保障措施和政策建议

1. 强化电力工业统一规划，建立科学的电力规划管理机制

建立健全政府电力规划管理体系，建立规划依法上报、审批和公布制度。完善电力规划研究协作体系和滚动调整机制。

2. 改革与完善电力项目前期管理机制

规范前期工作程序，推行项目业主市场招标制和项目备案制。

3. 积极改善生态环境，促进绿色电源发展

尽快批准建设一批大中型水电项目，开放核电投资市场，加快核电建设，扶持推进风电、太阳能等可再生能源产业化，积极推进煤电一体化。

4. 加快推进电力系统智能化建设

把智能电网正式纳入国家发展战略并给以政策和资金扶持，加快研究制定新能源、特高压电网、智能电力系统等技术标准。

5. 采取切实有效措施，积极促进节能减排

适当提高电价水平，用经济调节手段促进节能减排。制定科学的节能减排标准，培育节能减排商业模式，促进节能减排技术创新和推广。

6. 加强技术创新能力建设，促进电力装备和产业技术升级

注重行业科技资源整合和有效利用。出台重大装备示范工程（首台套）鼓励政策。高度重视并积极扶持电力装备基础研究。

7. 深化电力体制改革，加强电力市场体系建设

完善法律法规体系。加强电力市场体系建设。深化电价体制改革。深化农电体制改革。

九、我国特高压电网发展现状和“十二五”发展规划

2009年1月晋东南—荆门1000kV特高压交流试验示范工程投入商业运行，安全运行超过1周年，目前已通过国家验收。世界上电压等级最高的云南—广东±800kV特高压直流工程和向家坝—上海±800kV特高压直流输电示范工程分别于2010年6月和7月竣工投产。

“十二五”期间，在特高压交流试验示范工程的基础上，结合大水电、大煤电、大风电基地外送工程以及未来大核电基地的接入系统，重点加快华北、华东、华中特高压交流同步电网建设。2015年华北、华东、华中特高压电网形成“三纵三横”主网架，锡盟、蒙西、张北、陕北能源基地通过三个纵向特高压交流通道向华北、华东、华中地区送电，北部煤电、西南水电通过三个横向特高压交流通道向华北、华中和长三角特高压环网送电。

三纵：锡盟—北京东—天津南—济南—徐州—南京、张北—北京西—石家庄—豫北—驻马店—武汉—南昌、蒙西（陕北）—晋中—晋东南—南阳—荆门—长沙。

三横：蒙西—晋北—石家庄—济南—潍坊、晋中—豫北—徐州、雅安—乐山—重庆—长寿—万县—荆门—武汉—皖南。

“十二五”期间，配合西南水电、西北、华北煤电和风电基地开发，建设锦屏—江苏、溪洛渡—浙江、哈密—河南、宁东—浙江、宝清—唐山、内蒙古—天津、呼盟—山东、酒泉—湖南、锡盟—南京、准东—重庆、彬长—山东、蒙西—江苏、陇东—江西等直流输电工程。建成青藏直流联网工程，满足西藏供电，实现西藏电网与西北主网联网。

电力工业“十二五”规划研究报告（摘要）

一、“十一五”电力工业发展成就

“十一五”期间，在党中央、国务院的正确领导下，电力企业以国家大局为重，克服电价调整不到位、行业亏损的困难，积极落实国家能源战略，加快调整优化能源结构，实现了电力工业持续快速发展，每年新增装机均在1亿kW左右，建成了1000kV特高压交流试验示范工程和±800kV特高压直流示范工程。为保障我国“十一五”时期经济社会的高速发展，加快推动资源节约型、环境友好型社会建设作出了重大贡献。我国电力工业正从大机组、超高压、西电东送、全国联网的发展阶段，向绿色发电、特高压、智能电网的发展新阶段转变。

1. 电力工业支撑经济社会发展的能力显著增强

目前，我国电网规模已经超过美国跃居世界第一位、发电装机容量继续位列世界第二。

发电装机容量快速增长。2009年底我国发电装机容量达到8.74亿kW，预计2010年底将达到9.5亿kW左右，其中水电2.1亿kW（含抽水蓄能），火电7亿kW，核电1081万kW，风电等其他电源3000万kW左右。“十一五”期间年均增长速度达到12.9%，“十一五”时期新增装机容量是“十五”时期新增装机容量的2.19倍。

电网发展实现重大突破。电网电压等级不断提升，特高压从无到有，750kV基本成网，各级电网发展协调推进。2009年底全国110（66）kV及以上输电线路长度达到82万km、变电容量达到28.9亿kVA，预计2010年底，全国110（66）kV及以上线路将达到87万km，变电容量达到31亿kVA，“十一五”期间输电线路长度和变电容量年均增长速度分别达到8.1%和14.6%，“十一五”时期新增输电线路长度是“十五”时期新增输电线路长度的1.21倍，“十一五”时期新增变电容量是“十五”时期新增变电容量的1.95倍。

用电水平明显提高。2009年全国全社会用电量3.66万亿kWh，预计2010年全国全社会用电量将达到4.17万亿kWh左右，“十一五”期间年均增长速度达到11.0%左右。［人均用电量从2005年的1894kWh/（人·年），提升到2010年的3100kWh/（人·年）左右。］

2. 电源结构和布局进一步优化

积极发展水电、核电、风电等绿色发电，加大小火电机组关停力度，加快水电、煤电等大型电源基地的开发建设，电源结构和布局得到进一步优化。

绿色发电比重进一步提高。在2010年全国发电装机容量9.5亿kW中，煤电占总容量的比重由2005年的72.8%，下降到2010年的68%，风电装机容量连续五年翻倍增长，水电装机容量、核电在建规模均居世界第一位，包括水电、核电以及风电、太阳能发电等新能源在内的绿色发电装机容量所占比重由2005年的24.2%，上升到2010年的26.7%。2010年绿色能源发电量将达到8800亿kWh，比2005年4600亿kWh增加91%，绿色能源发电量占总发电量比重由2005年的18.5%上升到2010年的21.1%。

火电机组平均单机容量稳步提高。落实国家“上大压小”政策，加快小火电机组关停，“十一五”期间累计关停小火电机组超过7000万kW，提前一年半完成国家“十一五”关停小火电机组5000万kW任务。2009年底，全国30万kW及以上火电机组比重达到65.2%，建成投产百万kW级超超临界机组21台，成为世界拥有超超临界机组最多的国家，火电平均单机容量由2005年的5.68万kW提高到2010年的10.5万kW。

地区布局进一步优化。西部和北部能源基地建设进一步加快，东部沿海地区发电装机增速下降。“十一五”前四年，能源资源丰富的西北、华中、华北地区的装机容量分别增长了63%、45%、42%，华东地区仅增长24%，电源地区布局得到进一步优化。

3. 电网优化配置资源能力明显提高

跨大区资源优化配置能力明显提高。“十一五”期间，建设和投产了西北华中直流背靠背联网、东北华北直流背靠背联网、（四川）德阳—（陕西）宝鸡±500kV直流、宁（夏）东（部）—山东±660kV直流、（内蒙古）呼盟—辽宁±500kV直流、新疆与西北750kV联网等一批跨区电网工程。特高压交直流输电取得重大突破，晋东南—（湖北）荆门特高压交流试验示范工程顺利投产，并保持安全稳定运行超过一年，云（南）广（东）、（四川）向（家坝）上（海）特高压直流工程建成投产，（四川）锦屏—（江苏）苏南特高压直流工程全面开工建设。2009年底，全国跨区电力交换能力超过2500万kW，全年跨区交易电量1213亿kWh，比2005年增长51.1%。

各网省主网架结构得到加强与完善。华北、华东、华中、东北电网500、220kV电网协调发展。西北电网750kV主网架初步形成。南方电网建成贵广第二回±500kV直流、（贵州）施秉—（广东）贤令山500kV交流等跨省电网工程，建成海南—广东500kV交流海底电缆，实现海南与主网联网。“十一五”前四年，我国新增220kV及以上输电线路累计达到15.91万km，新增220kV及以上变电容量8.52亿kVA。2009年底，全国500kV线路长度达到12.19万km，变电容量6.4亿kVA；220kV线路长度25.36万km，变电容量10.35亿kVA。华北、华中、华东和东北区域电网以及南方电网500kV线路规模分别达到2.70万、3.17万、2.24万、1.15万、1.59万km，西北电网330kV及750kV线路规模达到2.19万km。

4. 绿色发展能力进一步增强

积极发展绿色电力，加快小火电机组关停，采用先进适用技术加大污染防治力度，极大减轻了电力建设、生产和供应活动对环境的影响，能源节约效果显著。“十一五”前四年，依靠电源结构调整和能效提高，累计节约3.91亿t标准煤，减少二氧化碳排放9.69亿t，减少二氧化硫排放837万t。

绿色能源替代效果显著。“十一五”前四年我国新增绿色能源发电量累计达到5337亿kWh，相应减少煤炭消耗1.85亿t标准煤，减少二氧化碳排放4.59亿t，减少二氧化硫排放396万t。（“十一五”前四年因全国供电煤耗下降累计节约标准煤1.92亿t，减排二氧化碳4.76亿t，减排二氧化硫411万t。）

供电煤耗进一步下降。预计2010年平均供电煤耗较2005年下降32g/kWh，达到338g/kWh，低于美国（356g/kWh）、澳大利亚（360g/kWh），达到世界先进水平。

电网线损显著下降。电网发展质量不断提升，线路损失明显下降，2009年全国电网线损率6.72%，低于英国（8.11%）、加拿大（8.1%）、澳大利亚（6.22%），高于美国（6.52%）、日本（4.81%）、韩国（3.78%），比2005年下降了0.49个百分点，累计节约电量399亿kWh，相应节约标准煤1384万t，减排二氧化碳3432万t，减排二氧化硫30万t。

污染物排放大幅降低。电力行业严格按照国家排放标准，实现污染物达标排放，2009年各项环保指标均提前超额完成国家“十一五”计划目标要求，为全国实现“十一五”减排目标作出了突出贡献。与2005年相比，2009年排放总量和单位发电量排放量均显著下降，二氧化硫排放总量948万t、下降27.1%，单位发电量排放量3.2g/kWh、下降50%；氮氧化物排放总量860万t、增加17.7%，单位发电量排放量2.88g/kWh、下降19.5%；烟尘排放量315万t、下降12.5%，单位发电量排放量1.0g/kWh、下降44.4%。(2009年脱硫机组装机容量达到4.7亿kW，占全部煤电机组的比例达到76%，较2005年提高59个百分点；在容量增加66.6%、发电量增加46.3%的情况下，行业排放量占全国排放总量的比例却下降到42.8%，降低了8.2个百分点。)

5. 电力技术装备水平和自主创新能力显著提高

“十一五”以来，我国发电技术取得了巨大进步和突破，在机组容量、参数、效率、环保性能、节水等技术指标上不断突破和提高。超超临界机组推广应用，大型空冷、循环流化床、脱硫脱硝等先进技术逐步推广。核电技术装备自主化不断实现重大突破，第三代核电站已开工建设。70万kW级水电机组实现国产化，大坝施工、大型水电机组的设计、制造、安装和运行等技术走在了世界前列。风电、太阳能等其他可再生能源发电技术通过引进和吸收得到进一步提高。

特高压技术在系统分析、工程设计、施工调试、主设备研制等多项关键技术和设备制造上取得重大突破并实际应用，处于世界领先水平。以先进电力电子技术为基础的直流输电、灵活交流输电技术装备实现国产化，并达到国际先进水平。同塔双回、紧凑型线路、大截面耐热导线、大容量变压器、钢管塔等新技术、新成果得到广泛应用。

6. 体制和机制创新取得进展 管理水平不断提高

电力管理体制进一步理顺，成立了国家能源局，统筹电力发展的规划、政策管理。电力市场化改革稳步推进，提出了农村电力体制改革试点工作意见，开展了大用户直购电交易试点工作，推进了电网企业主辅分离改革工作。

电力企业重组和上下游一体化经营取得突破，相关发电企业积极拓展业务，煤电联营取得重大进展。

电力行业管理水平不断提高，各企业充分发挥集团整体优势，优化配置内部资源，创新管理模式，积极推进电力发展方式的转变，通过压缩管理费用、控制非生产性投资、规范用工管理等措施，在物价明显上涨的情况下，有效控制了电力工程造价。辅业企业市场意识和竞争能力进一步增强。

7. 电力企业积极承担社会责任

自2005年起，电力企业陆续发布企业社会责任报告，努力将企业社会责任和可持续发展理念根植于企业的日常运营之中。

电力企业响应国家发展清洁能源的号召，认真贯彻《可再生能源法》，积极开展风电、太阳能等绿色电力的建设、消纳工作，成为促进我国新能源发展的主力军。具有防洪、航运等功能的水电站取得显著社会效益。

积极实施“新农村、新电力、新服务”战略，推动农村电力发展，自2006年以来，累计解决了167万无电户的用电问题，改善了农村生产生活条件。

在南方抗冰抢险，四川汶川、青海玉树抗震救灾，北京奥运会、残奥会和世博会保电等重大任务中，电力企业圆满完成了电力保障任务，为我国夺取抗灾胜利、经济稳定发展和树立良好的国际形象做出了突出贡献。长期支持西部开发建设，圆满完成援藏、援疆、援青任务。

8. 国际合作取得积极成效

电力企业充分利用国内、国际两种资源、两个市场，国际合作领域进一步拓展。加强与周边国家电力合作，实现能源资源优势互补，跨国电力交易进一步增加，2009 年我国从周边国家输入电力达到 23.8 亿 kWh，向周边国家输出电力达到 41.7 亿 kWh。电力企业实施"走出去"战略，在推进扩大国外电力项目施工、建设监理的基础上，竞标运营菲律宾国家输电网，投资建设或并购包括部分发达国家在内的煤矿和电力项目。

二、"十二五"电力规划

（一）电源

"十二五"电力工业发展规划研究中，按照安全、经济、绿色、和谐的规划原则，统筹未来十年和长远发展战略以及各种电源结构的经济性，提出了优先开发水电、优化发展煤电、大力发展核电、积极推进新能源发电、适度发展天然气集中发电、因地制宜发展分布式发电的方针。

（1）优先开发水电。我国水力资源理论蕴藏年发电量为 6.08 万亿 kWh，平均功率 6.94 亿 kW；技术可开发装机容量 5.42 亿 kW，年发电量 2.47 万亿 kWh；经济可开发装机容量 4.02 亿 kW，年发电量 1.75 万亿 kWh。在地域分布上极不平衡，西部多，东部少，相对集中于西南。开发程度在地区间差异也很大，2009 年底我国水电开发程度为 45.7%，其中东部地区水电基本开发完毕，中部地区开发程度达到 73%，而西部地区开发程度较低，仅为 23%，特别是西南地区仅为 17%。

水电的基本发展思路是：实行大中小开发相结合，推进水电流域梯级综合开发。加快水电流域规划和勘测设计，保证水电基地连续滚动开发。继续加快开发 13 个水电基地，重点开发四川、云南和青海境内的大型水电基地电站，积极开展西藏境内河流水电流域规划、前期工作，适时开工建设。积极开发中小型水电站，促进能源供应结构优化，促进水电资源在更大范围内优化配置。

促进绿色和谐开发。在河流规划、勘探设计、施工建设和投产运行全过程落实和强化生态环境保护，做到同步规划、同步建设和同步运行。结合区域、河流的生态环境和移民实际，进一步优化调整河流开发规划方案，适度控制高坝大库容水电站布局。成立国家级移民管理机构，统筹全国水电移民管理协调工作，负责装机容量在 1000 万 kW 以上的水电基地、100 万 kW 以上水电站以及跨省水电站移民的协调管理工作。逐步推广移民先行政策，体现以人为本的发展理念，使地方经济和人民群众真正从水电开发中受益。

扩大资源配置范围。重视水电基地消纳市场研究，在满足本地区电力需求的基础上，合理地将水电输送到市场需求空间大、电价承受能力高的东中部地区消纳。重视西南地区水电季节性电能消纳研究，依靠价格和市场机制，扩大消纳范围，最大限度减少弃水。加强水电输电规划研究，加快输电通道建设，促进电源电网协调发展。加强水电开发管理，合理开放水电投资市场，鼓励市场竞争，促进水电基地加快开发。实施走出去战略，积极推动周边国家水电资源开发和向我国送电。

加快抽水蓄能电站发展。把抽水蓄能电站纳入电力系统进行统筹优化和规划布局，研究制定促进抽水蓄能电站健康有序发展的投资模式和定价机制，加大抽水蓄能开发力度，提高电力系统运行的经济性和灵活性，促进可再生能源发电的合理消纳。

水电开发重点及目标是：继续加快开发、尽早开发完毕开发程度较高的长江上游、乌江、南盘江红水河、黄河中上游及其北干流、湘西、闽浙赣和东北等 7 个水电基地，重点布局开发金沙江、雅砻江、大渡河、澜沧江、怒江、黄河上游干流等 6 个规划装机容量合计超过 2 亿 kW、开发率仅为 11%的水电基地。

在"十二五"期间，6 个大型水电基地可投产大型干流电站主要有溪洛渡、向家坝、锦屏梯级、糯扎渡等，预计可投产容量 5200 万 kW 左右；其他省区市以及四川、云南两省的非干流水电可投产容量 3550 万 kW 左右，全国水电投产规模 8750 万 kW 左右。到 2015 年，全国常规水电装机预计达到 2.84 亿 kW 左右，水电开发程度达到 71%左右（按经济可开发容量计算，下同），其中东部和中部水电基本开发完毕，西部水电开发程度在 54%左右。

此外，要重视境外水电资源开发利用。重点开发缅甸伊江上游水电基地，在"十二五"开工 1460 万 kW，在"十三五"开工 680 万 kW、投产 1460 万 kW 左右，全部送入国内，主要在南方电网消纳。

预计 2030 年全国水电装机容量 4.5 亿 kW，超过经济可开发容量，除西藏外，全国水电基本开发完毕。

（2）优化发展煤电。我国煤炭资源丰富，2000m 以浅的预测煤炭资源量为 5.6 万亿 t，能源剩余可采总储量中原煤占 58.8%，决定我国以煤炭为主的能源利用格局将长期存在。截至2007年底，全国查明煤炭资源量1.2万亿t。我国煤炭分布不均衡，在煤炭探明保有储量中，华北和西北地区煤炭储量所占比例高，其中山西、内蒙古、陕西和新疆四省区集中了全国近76%的煤炭储量，开发潜力巨大。东北、华东和中南地区煤炭储量所占比例低，经济最发达的十省市（北京、辽宁、天津、河北、山东、江苏、上海、浙江、福建、广东）保有储量仅占全国的5%，且资源探明率较高，煤炭产量极为有限。

截至2009年底，东北地区辽吉、华北地区京津冀鲁、华东地区沪苏浙闽、华中地区豫鄂湘赣渝、南方地区两广和海南等主要受端地区的煤电装机占全国燃煤机组总量的66%左右。煤电基地跨区跨省送电容量5188万kW，占煤电装机总量的8.6%左右，其中内蒙古送出1960万kW，山西送出1298万kW，陕西送出360万kW，安徽送出720万kW，贵州送出850万kW，与输煤相比，输电比重偏低。

优化发展煤电的基本发展思路是：推行煤电一体化开发，加快建设大型煤电基地。贯彻落实国家西部大开发战略，加快山西、陕西、内蒙古、宁夏、新疆等煤炭资源丰富地区的大型煤电基地建设，合理控制东部地区煤电装机规模，坚持输煤输电并举。在煤电基地推广煤电一体化开发，在矿区因地制宜发展煤矸石综合利用项目。

鼓励发展热电联产。统筹燃煤、燃气多种方式，结合城市热网、工业园区建设、小锅炉替代等，统一规划高参数、环保型机组、符合国家政策的热电联产项目。企业自备电源建设应该与周边区域电源、热源和电网发展统筹规划。

推进煤电绿色开发。大力推行洁净煤发电技术。西部和北部地区主要布局建设大容量、空冷、超临界燃煤机组，东中部受端地区适量布局建设负荷支撑的大容量超超临界燃煤机组。加快现有机组节能减排改造，因地制宜改造、关停淘汰煤耗高、污染重的小火电。

煤电开发重点和发展目标是：以开发煤电基地为中心，重点建设16个大型煤电基地，包括：山西（晋东南、晋中、晋北）、陕北、宁东、准格尔、鄂尔多斯、锡盟、呼盟、霍林河、宝清、哈密、准东、伊犁、淮南、彬长、陇东、贵州。综合考虑煤炭和水资源等外部条件，上述煤电基地可开发总规模超过6亿kW，正在开展前期工作的装机规模4亿kW左右。

"十二五"期间，全国规划煤电开工规模3亿kW，其中煤电基地开工1.97亿kW，占66%；投产规模2.9亿kW，其中煤电基地投产1.5亿kW，占52%，东中部受端地区投产8500万kW，占28%。2015年我国煤电装机预计达到9.33亿kW。

（3）大力发展核电。截至2009年底，我国已建核电装机容量为908万kW，其中，江苏省212万kW，浙江省301万kW，广东省395万kW。

已核准在建容量超过3400万kW，其中2台机组采用EPR三代技术路线，4台机组采用AP1000三代技术路线，其余均采用二代改进型技术路线。已开工建设和通过可研审查的厂址资源，已超过7000万kW。考虑备选厂址后，我国现有厂址资源可支撑核电装机1.6亿kW以上。通过进一步选址勘察，我国核电厂址资源可满足3亿～4亿kW的核电装机。

大力发展核电方针的基本发展思路是：高度重视核电安全，强化核安全文化理念。坚持在确保安全的基础上高效发展核电。加快制定颁布核电安全技术标准，明确核电准入门槛，健全核电安全机制。优先采用先进安全核电技术，在核电站设计、制造、建设、运行、退役的全过程中，建立高标准质保体系和核安全文化体系。

核电发展重点和目标是：在辽宁、山东、江苏、浙江、福建、广东、广西、海南等沿海省区加快发展核电；积极推进江西、湖南、湖北、安徽、吉林、重庆、河南等中部省份内陆核电项目，形成"东中部核电带"。

规划2015年我国核电装机4294万kW，主要布局在沿海地区，2011年开工建设我国首个内陆核电，力争2015年投产首台机组。2020年规划核电装机规模达到9000万kW、力争达到1亿kW。

（4）积极发展风电等可再生能源发电。非水可再生能源开发要在充分考虑经济社会的电价承受能力和保持国内经济的国际竞争力的条件下积极推进。要积极推进技术较成熟、开发潜力大的风电、太阳能发电和生物质发电等可再生能源发展；加快分布式可再生能源发电建设，解决偏远农村地区用电问题；促进可再生能源技术和产业发展，提高可再生能源技术研发能力和产业化水平，力争2020年我国风电技术处于世界领先水平，2030年我国太阳能技术处于世界领先水平。

1）积极发展风电。截至2009年底，我国风电装机1760万kW，其中"三北"地区风电装机1418万kW，沿海地区风电装机315万kW。

根据中国气象局普查成果，全国陆地离地面10m高度的风能资源总储量为43.5亿kW，技术可开发量约为3亿kW，海上可开发利用的风能约7.5亿kW。我国风能资源丰富的地区主要分布在"三北"（华北北部、东北、西北）及东南沿海地区。其中，"三北"地区是我国最大的成片风能资源丰富带，包括东北三省、河北、内蒙古、甘肃、宁夏、新疆等省区近200km宽的地带，具有建设大型风电基地的资源条件；东部沿海风能资源丰富带主要包括山东、江苏、上海、浙江、福建、广东、广西、海南等省（区、市）沿海近10km宽的地带；此外，在我国内陆如河南、湖北、湖南、重庆、江西、云南、贵州等省份的一些河谷、山区、湖区存在一些孤岛式分布的风能资源丰富区域，适合建设零星小型风电场。风电开发要实现大中小、分散与集中、陆地与海上开发相结合，通过风电开发和建设，促进风电技术进步和产业发展，实现风电设备制造自主化，尽快使风电具有市场竞争力。在“三北”（西北、华北北部和东北）地区发挥其资源优势，建设大型和特大型风电场，要同步开展开发、外送、消纳研究，统一规划。

2）促进发展太阳能发电。我国幅员广阔，太阳能资源十分丰富。从全国太阳年辐射总量的分布来看，西藏、青海、新疆、内蒙古中部和西部、甘肃、宁夏、四川西部、山西、陕西北部、河北、山东、辽宁、吉林西部、云南中部和西南部、广东东南部、福建东南部、海南岛东部和西部等广大地区的太阳辐射总量大。截至2009年底，我国太阳能发电容量为30万kW，主要分布在北京、上海、广东、内蒙古等地区。

发挥太阳能光伏发电适宜分散供电的优势，在偏远地区推广使用户用光伏发电系统或建设小型光伏电站，解决无电人口的供电问题，重点地区是西藏、青海、内蒙古、新疆、宁夏、甘肃、云南等省（区、市）。在城市的建筑物和公共设施配套安装太阳能光伏发电装置，扩大城市可再生能源的利用量，并为太阳能光伏发电提供必要的市场规模，重点在北京、上海、江苏、广东、山东等地区开展城市建筑屋顶光伏发电。为促进我国太阳能发电技术的发展，做好太阳能技术的战略储备，在甘肃敦煌、青海柴达木盆地和西藏拉萨（或阿里）建设大型并网型太阳能光伏电站示范项目，在内蒙古、甘肃、青海、新疆等地选择荒漠、戈壁、荒滩等空闲土地，建设太阳能热发电示范项目。

太阳能发电具有出力不稳定和间歇性的特点，与风电类似，在发展中需要重视研究大型太阳能发电并网问题。

“十二五”期间，重点在经济发达和西北太阳能资源丰富地区发展太阳能电站，2015年太阳能发电规划容量达到200万kW左右。2020年太阳能发电规划容量达到2000万kW左右。

3）因地制宜发展生物质能及其他可再生能源发电。生物质发电包括农林生物质发电、垃圾发电和沼气发电。我国每年农作物秸秆产量约7亿t，薪材年产量约2亿t，相当于5亿t标准煤，据初步测算，约有1亿多t秸秆和薪材可用于生物质能发电。在粮食主产区建设以秸秆为燃料的生物质发电厂，或将已有燃煤小火电机组改造为燃用秸秆的生物质发电机组。在大中型农产品加工企业、部分林区和灌木集中分布区、木材加工厂，建设以稻壳、灌木林和木材加工剩余物为原料的生物质发电厂。在规模化畜禽养殖场、工业有机废水处理和城市污水处理厂建设沼气工程，合理配套安装沼气发电设施。2015年和2020年生物质发电规划容量分别达到300万kW和500万kW。

（5）适度发展天然气集中发电。我国天然气资源有限。天然气探明储量2.46万亿m^3（2008年数据），主要分布在塔里木、四川、鄂尔多斯、柴达木、松辽、东海、琼东南、莺歌海和渤海湾九大盆地，其中塔里木、四川、鄂尔多斯三大盆地天然气资源丰富，超过总资源量的50%。截至2009年底，我国天然气发电装机容量约为2400万kW，主要分布在京津唐、长三角和珠三角地区。

天然气是清洁的化石能源，未来主要依靠进口增加供应，同时天然气价格较高，发电成本远高于水电、核电和燃煤发电。综合分析，天然气应主要满足民用、交通、工业用气等城乡居民生活和非电行业的快速增长的需要，可供发电用气量较为有限。天然气发电机组运行灵活，启动快且启停方便，在电网中主要承担调峰任务。

天然气（包括煤层气等）发电要实行大中小相结合；结合引进国外管道天然气和液化天然气在受端地区规划建设大型燃气机组，主要解决核电、风电、水电季节性电能对电网的调峰压力。在气源地规划建设燃气机组解决当地用电问题。

（6）因地制宜发展分布式发电。结合城乡天然气管道布局规划建设分布式冷热电多联供机组，提高能源利用效率。2015年和2020年天然气分布式发电规划容量分别达到100万kW左右和300万kW左右。

在电网延伸供电不经济的地区，发挥当地资源优势，在小水电资源丰富地区，优先开发建设小水电站，根据风、光和地热资源发展小型风力发电、太阳能发电和地热发电等，解决广大农村居民生活用能问题，改善农村生产和生活条件。

（二）电网

“十二五”期间，为满足持续增长的能源电力需求，我国将重点建设西部、北部大型煤电基地，西南水电基地，酒泉、蒙西、张北等大型风电基地，并向负荷中心送电，跨区跨省输电容量较“十一五”大幅增长。

1. 建设大型水电基地外送通道

规划到2015年，大型水电基地送出容量达到6690万kW，“十二五”期间增加4490万kW；大型煤电基地跨区跨省送电容量为17 050万kW，“十二五”期间增加11 400万kW；风电跨省跨区输送规模约3000万kW。

“十二五”期间，重点建设溪洛渡—浙西±800kV直流和溪洛渡—广东±500kV同塔双回直流，将金沙江下游电站的电能送到华中、华东和南方地区，建设梨园阿海电站—广西±500kV直流输电工程，将金沙江中游部分电站的电能送到广西，建设锦屏—苏南±800kV特高压直流，将雅砻江锦屏一二级和官地水电站的部分电能送到华东，建设雅安—乐山—重庆—长寿—万县—荆门特高压交流通道，将大渡河等四川富裕水电东送，建设糯扎渡—广东±800kV直流，将澜沧江中下游梯级电站的部分电能送到广东。

2. 建设大型煤电基地外送通道

“十二五”期间，建设晋北—石家庄—济南—潍坊、晋中—晋东南—南阳—荆门—长沙、晋中—豫北—徐州三个特高压交流外送通道，满足山西煤电基地外送需要，并通过陕北—晋中、蒙西—晋北、蒙西—晋中特高压交流通道兼顾陕北和蒙西煤电基地电力外送；建设宁东—浙江绍兴±800kV直流工程，满足宁东基地电力外送；建设蒙西—江苏溧阳±800kV特高压直流通道，满足准格尔基地电力外送；建设锡盟—北京东—济南—徐州—南京特高压交流通道和锡盟—苏南±800kV直流通道，满足锡盟基地电力外送；建设呼盟—山东±800kV特高压直流通道，满足呼伦贝尔电力外送；建设宝清—唐山±800kV直流，满足宝清基地电力外送；建设淮南—皖南—浙北—上海特高压交流通道向上海、浙江送电；建设哈密—河南±1100kV直流工程，将哈密煤电和风电打捆外送；建设准东—重庆±1100kV直流，彬长—山东±660kV直流，陇东—江西±800kV直流，满足煤电基地电力外送。

3. 建设大型风电基地外送通道

“十二五”期间，建设酒泉—长沙±800kV特高压直流，将甘肃酒泉基地风电风火打捆送电华中负荷中心；建设哈密—河南±1100kV特高压直流，将新疆哈密基地风电风火打捆送电华中负荷中心送电；建设张北—北京西—石家庄—武汉—南昌、乌兰察布—北京西特高压交流通道，使张北、蒙西基地风电通过特高压交流在更大范围消纳。吉林风电除通过500kV交流接入东北主网消纳外，部分电站接入220kV及以下电压等级就地消纳。蒙东风电主要通过500kV交流接入东北主网在东北负荷中心消纳。江苏风电主要集中在盐城地区及如东、启东的潮间带地区，就近接入江苏电网消纳。

4. 建设跨国输电通道

“十二五”期间，重点建设蒙古—天津±660kV直流输电工程、中俄直流背靠背工程以及中缅送电工程，将蒙古、俄罗斯和缅甸电力送至国内。

5. 构建坚强特高压网架

“十二五”期间，在特高压交流试验示范工程的基础上，结合大水电、大煤电、大风电基地外送工程以及未来大核电基地的接入系统，重点加快华北、华东、华中特高压交流同步电网建设。2015年华北、华东、华中特高压电网形成“三纵三横”主网架，锡盟、蒙西、张北、陕北能源基地通过三个纵向特高压交流通道向华北、华东、华中地区送电，北部煤电、西南水电通过三个横向特高压交流通道向华北、华中和长三角特高压环网送电。

2020年，建成以华北、华东、华中特高压同步电网为中心，东北特高压电网、西北750kV电网为送端，联结各大煤电基地、大水电基地、大核电基地、大可再生能源基地，各级电网协调发展的坚强智能电网。华北、华东、华中特高压同步电网形成“五纵六横”主网架。

6. 促进城乡电网协调发展

发展目标：“十二五”期间，进一步加强各电压等级配电网建设，做到网架结构合理，运行灵活，电压层次简化，供电安全可靠。大部分城市形成220（或110）kV双环网架，500（或330）kV变电站深入城市负荷中心并形成500（或330）kV环网结构，实现500/220（或330/110）kV间电磁环网解环运行，中低压配电网络具备“手拉手”环路供电或双电源供电。初步建成220kV电压等级为中心枢纽，110kV（66/35kV）电压等级为主网架的坚强农村配电网，县城中压配电网实现环网供电，电网整体供电能力、技术装备水平和可靠性进一步提高，满足农村地区经济社会发展和新农村建设用电需要。城乡配电网容载比满足导则要求，推广小型化、无油化、绝缘化、少（免）维护、节能型、智能型设备，配电网智能化水平显著提高。

到2015年，全国城市用户供电可靠率达到99.935%以上，农村用户供电可靠率达到99.765%以上。2020年城市用户供电可靠率达到99.955%以上，农网用户供电可靠率达到99.810%以上。

发展重点：加强重点城市电网的建设。加强各级电网建设，做到网架结构合理，运行灵活，安全可靠。提高供电可靠性，特别要提高中心城区的供电可靠性。加强与市政规划的衔接与沟通，确保输变电工程的顺利建设。认真做好新一轮农网改造升级工程建设。优化配电网无功配置。推广应用节能技术。

7. 推进电网智能化

智能电网内涵和发展目标：智能电网是将现代先

进的传感测量技术、通信技术、信息技术和控制技术等深度应用于电网，形成先进技术与物理电网高度集成的现代化电网，实现电力行业的大变革。

我国智能电网发展将以坚强网架为基础，以通信信息平台为支撑，以智能调控为手段，包含电力系统的发电、输电、变电、配电、用电和调度六大环节，覆盖所有电压等级，实现“电力流、信息流、业务流”的高度一体化。

“十二五”期间，重点加强智能电网技术创新和试点应用，在系统总结和评价智能电网试点工程的基础上，加快修订完善相关标准，各环节的协调有序快速推进。“十三五”期间，智能电网技术和设备性能进一步提升，力争主要技术指标位居世界前列，智能化水平国际领先。

智能电网发展重点：

发电智能化。研究先进的发电厂控制、监测、状态诊断和优化运行控制技术，强化厂网协调和机网协调，提高电力系统安全经济运行水平，开展“数字化电厂”技术研究与示范，加快专家管理系统应用，全面提升发电厂的运行管理水平。加快清洁能源发电及其并网运行控制技术研究，开展风光储输联合示范工程，为清洁能源大规模并网运行提供技术保障；推动大容量储能技术研究，适应间歇性电源快速发展需要。

输电智能化。在各级电网协调发展的坚强电网基础上，逐步实现输电环节勘测数字化、设计模块化、运行状态化、信息标准化和应用网络化，全面实施输电线路状态检修和全寿命周期管理，建设输电设备状态监测系统，广泛采用柔性交流输电技术。

变电智能化。变电环节逐步实现全站信息数字化、通信平台网络化、信息共享标准化、高级应用互动化，电网运行数据全面采集和实时共享，支撑电网实时控制、智能调节和各类高级应用，贯彻全寿命周期管理理念，加快对枢纽及中心变电站进行智能化改造。

配电智能化。采用先进的计算机技术、电力电子技术、数字系统控制技术、灵活高效的通信技术和传感器技术，实现配电网电力流、信息流、业务流的双向运作与高度整合，构建具备集成、互动、自愈、兼容、优化等特征的智能配电系统，提高配电网灵活重构、潮流优化和接纳可再生能源的能力。加快微网技术示范推广，满足分布式发电接入要求，提高配电网可靠性。

用电智能化。构建智能用电服务体系，实现营销管理的现代化运行和营销业务的智能化应用；开展基于分时电价等的双向互动用电服务，实现电网与用户的双向互动，提升用户服务质量，满足用户多元化需求。推动智能家电、智能用电小区和电动汽车等领域的技术创新和应用，改善终端用户用能模式，提升用电效率，提高电能在终端能源消费中的比重。到2015年，全国建成电动汽车充换电站1000座以上，充电桩50万个以上。

调度智能化。适应智能电力系统运行安全可靠、灵活协调、优质高效、经济环保的要求，构建涵盖电网年月方式分析、日前计划校核、实时调度运行等三大环节的调度安全防线，实现数据传输网络化、运行监视全景化、安全评估动态化、调度决策精细化、运行控制自动化、网厂协调最优化，研发建设具有国际领先水平、自主创新的一体化智能调度技术支持系统，形成一体化的智能调度体系。

8. 信息通信支撑平台

建设以光纤化、网络化、智能化为特征，安全可靠、结构合理、覆盖面全的大容量、高速通信网络；优化网络结构、加大资源整合力度，建设和完善骨干光传输网络；加快配电和用电环节通信网建设，实现电力光纤到户，建立用户与智能电网之间实时、互动、开放、灵活的通信网络，满足智能电力系统对通信信息平台的要求。“十二五”期间，力争城区新增居民用户100%光纤到户，覆盖用户超过2800万户。

（三）科技创新

（1）基本思路。科技创新要以实现电力工业科学发展为中心，强化科技创新，提升技术装备自主化水平，依靠科技进步，促进快速和可持续发展。注重绿色电力技术的开发应用，以重大项目和示范工程为依托，重点推进全国联网，特高压、智能电网、西电东送，高效洁净燃煤发电、可再生能源发电、电力环保和节能降耗技术及其设备的开发应用。以增强电力科技自主创新能力为重点，加强战略性、前沿性、基础性重大技术的研发。坚持自主开发与引进消化吸收相结合，加强产学研用的结合，注重具有自主知识产权技术的开发及产业化，实现电力产业的技术提升和跨越式发展。

（2）总体目标。

1）2015年，努力使我国发电技术整体接近和部分达到世界先进水平，前沿技术的研究与发达国家同步。特高压、大电网和自动化等电网技术保持国际领先水平，占领世界新能源发电及接入技术制高点，引领世界智能电网技术发展方向。

2）2020年，努力使我国发电技术整体位于世界先进水平，部分技术领域处于国际领先水平。继续保持电网技术整体引领世界发展。

（3）发展重点。

1）水电技术。攻克复杂地质条件下超高混凝土拱坝、超高心墙堆石坝、超大型地下洞室群开挖与支护技术等关键技术难题；结合我国西南水电工程建设，针对大直径、深埋长隧洞、高水头大容量机组、高地震区水工建筑物，高山峡谷交通困难地区水电站的快速施工开展相关研究。

2）火电技术。研发具有自主知识产权的超超临界60万kW等级和100万kW等级各系列机组设计、制造和运行技术；掌握600℃超超临界发电机组高温材料技术。逐步开展120～150万kW等级的超超临界机组的研究。加快具有自主知识产权的锅炉和电站用耐热合金钢管及耐热合金钢大型锻件的研制，积极进行630℃及以上高温材料，特别是700℃高温材料开发研究，跟踪国际上700℃超超临界发电研究计划项目发展动态，研究700℃超超临界发电技术可行性和技术路线，掌握其关键技术。

3）核电技术。研究开发大型先进压水堆核电站技术，消化吸收AP1000核电站技术，重点开展CAP1400技术研发和压水堆重大共性技术研究，形成自主知识产权的CAP1400核电站技术品牌，并开展CAP1700技术预研，提高二代加核电站安全性和经济性。开展自主化核电软件开发领域的应用研究。开展20万kW高温气冷堆技术，以及制氢、超临界发电、氦透平发电等研究；开展实验快堆运行及相关试验验证和示范快堆技术研究。

4）可再生能源发电技术。在风力发电方面：研发具有自主知识产权的大型陆上及海上风力发电关键技术。开展适合国情的大型风电场资源评估和风电场规划设计技术以及监控技术研究；掌握具有完全自主知识产权的5MW风电机组整机及关键部件的设计制造技术，掌握海上风电场建设、电力传输、远程监控及应对极端情况的关键技术，实现产业化应用。开展大型风电场安全并网技术研究工作，特别是千万kW风电基地输送和消纳相关技术研究。重点安排如下示范工程建设：甘肃酒泉千万kW风电基地（输送和消纳）示范项目；海上风电工程示范。

在太阳能发电方面：研究低成本、低污染、高效率的太阳能电池技术，开展大规模太阳光伏系统技术研究，掌握不同类型光伏发电系统设计集成、运行控制及保护技术。发展光伏发电系统规模化应用技术；建设10万kW级光伏电站，掌握其系统集成及装备技术。研究太阳能热发电热电转换材料和核心部件及大规模储热技术。开展大规模太阳能热发电技术研究，掌握5MW单塔的多塔并联技术，完成5万kW槽式太阳能热发电系统及关键部件的设计与优化。发展10万kW级太阳能热发电技术，实现具有自主知识产权的太阳能热发电技术。开展多塔超临界太阳能热发电技术的研究，实现30万kW超临界太阳能热发电的商业应用。重点安排大规模太阳能热发电示范工程、大规模并网光伏发电系统示范工程建设。

其他新能源方面：地热发电、潮汐发电技术取得新的进展。基本掌握燃料电池发电技术，建成试验电站。开发储能和多能源互补系统的关键技术，实现可再生能源稳定运行。开展多种类型分布式发电示范工程。

5）电网技术。以智能电网为导向的提高电力系统整体效率和安全性的关键技术及节能、节电技术。重点安排如下示范工程建设：±1100kV级直流输电示范工程；大规模间歇式电源并网输变电示范工程；区域智能电网示范工程；与大电网并网的风/光/储互补示范工程；超导输配电技术工程示范等。

6）电力环保技术。开展大型烟气干法、半干法和氨法脱硫技术的工程应用研究；掌握烟气脱硝装置及脱硝催化剂核心技术；开展活性焦脱硫、超低NO_x燃烧和低温脱硝技术，废水零排放等技术研究；掌握高效除尘技术（包括电除尘、布袋除尘和电袋复合除尘）；开展火电机组低能耗CO_2捕集技术和资源化利用研究；沿海火电环保循环利用技术研究。开展多污染物协同控制技术研究。开展水电开发流域和库区生态保护、风力发电、太阳能等相关环境保护工作研究。重点安排示范工程：高效节能环保节水型燃煤发电示范工程，火电厂海水循环冷却、海水淡化、制盐化工、海水养殖等循环经济示范工程。

（4）超前开展前沿技术攻关。超前部署和开展前沿技术攻关。包括：海洋能发电技术；新概念太阳电池技术；第四代核电技术，新型燃料反应堆技术，核聚变技术；天然气水合物开发与利用技术；氢能利用技术等。开展烟气重金属、超细粉尘控制及其他污染物排放治理技术研究。

（四）促进绿色和谐发展

1. 电力工业绿色和谐发展思路

坚持科学发展观，以提高能源利用效率、保护生态环境、促进经济社会和谐为核心，以转变发展方式、强化节能管理、控制环境污染、加快技术进步、保障和带动经济社会发展为主要途径，完善措施，创新机制，健全体系，实现电力工业的健康可持续性发展。

在规划全过程牢固树立绿色和谐理念。设计过程中，充分采用有利于资源节约、环境友好以及能够带来社会福利的先进技术和装备；生产过程中，注重提高能源的转换效率，减少能源资源消耗，减少污染物及废物的产生，控制污染物的排放，促进废物资源化等；输送过程中，注重提高输送效率，减少输送成本及占地，减轻电场、磁场及电磁场的影响等；供应过程中，保障经济社会发展所需电力的合理可靠供应，充分发挥电力工业发展对经济社会发展的带动作用；

消费过程中，注重引导合理消费和推广节能产品。

2. 电力工业绿色和谐发展的主要目标

总体目标是，通过发展非化石能源、降低供电煤耗和线损等途径，实现2015年比2010年节约标准煤2.64亿t，减排二氧化碳6.55亿t，减排二氧化硫565万t，减排氮氧化物248万t；实现2020年比2015年节约标准煤2.73亿t，减排二氧化碳6.76亿t，减排二氧化硫584万t，减排氮氧化物256万t。其中：

2015年比2010年新增非化石能源发电装机2.2亿kW，相应每年节约标准煤2.27亿t，减排二氧化碳5.63亿t，减排二氧化硫486万t，减排氮氧化物213万t。2020年比2015年新增非化石能源发电装机2.1亿kW，相应节约标准煤2.16亿t，减排二氧化碳5.63亿t，减排二氧化硫486万t，减排氮氧化物213万t。

2015年火电平均供电煤耗控制在330g/kWh，比2010年降低8g/kWh。通过火电煤耗下降而节约标准煤3523万t，减排二氧化碳8700万t，减排二氧化硫75万t，减排氮氧化物33万t。2020年火电平均供电煤耗控制在320g/kWh，比2015年降低10g/kWh。通过火电煤耗下降而节约标煤5452万t，减排二氧化碳1.35亿t，减排二氧化硫117万t，减排氮氧化物51万t。

2015年线路损耗下降到6.6%，比2010年降低0.1个百分点。通过线损下降而节约标准煤187万t，减排二氧化碳464万t，减排二氧化硫4万t，减排氮氧化物2万t。2020年线路损耗下降到6.5%，比2015年降低0.1个百分点。通过线损下降而节约标煤236万t，减排二氧化碳586万t，减排二氧化硫5万t，减排氮氧化物2万t。

2015年电力行业二氧化碳排放强度控制在569g/kWh，二氧化硫排放强度控制在1.35g/kWh，氮氧化物排放强度控制在1.27g/kWh，烟尘排放强度控制在0.51g/kWh。2020年电力行业二氧化碳排放强度控制在529g/kWh，二氧化硫排放强度控制在1.06g/kWh，氮氧化物排放强度控制在0.89g/kWh，烟尘排放强度控制在0.42g/kWh。

2015年火电行业二氧化碳排放强度控制在769g/kWh、比2010年下降2.4%，二氧化硫排放强度控制在1.83g/kWh、比2010年下降34.6%，氮氧化物排放强度控制在1.72g/kWh、比2010年下降34.5%，烟尘排放强度控制在0.69g/kWh、比2010年下降25.0%。2020年火电行业二氧化碳排放强度控制在746g/kWh、比2015年下降3.0%，二氧化硫排放强度控制在1.49g/kWh、比2015年下降18.5%，氮氧化物排放强度控制在1.25g/kWh、比2015年下降27.0%，烟尘排放强度控制在0.59g/kWh、比2015年下降15.0%。

3. 促进绿色发展的主要措施

（1）着力转变经济发展方式，优化电源结构和布局，提高电网资源优化配置能力。

积极推进水电、核电、风电、太阳能等非化石能源开发，提高非化石能源比重，并将水电和核电作为重点。根据规划，“十二五”期间，新增非化石能源2.2亿kW，2015年比2010年非化石能源发电量增加约0.69万亿kWh，可节约标煤2.27亿t，减排二氧化碳5.63亿t，二氧化硫486万t，氮氧化物213万t。“十三五”期间，新增非化石能源2.1亿kW，2020年比2015年非化石能源发电量增加约0.67万亿kWh，节约标准煤2.27亿t，减排二氧化碳5.35亿t，二氧化硫462万t，氮氧化物203万t。

加快大型煤电基地规模化发展，有效控制东部地区煤电装机规模，优化安排新建电源布局。根据规划，“十二五”期间大型煤电基地新增装机1.47亿kW，占“十二五”新增煤电装机的50.6%；东中部受端地区新增煤电装机8500万kW，占29%。“十三五”期间大型煤电基地新增装机1.36亿kW，占“十三五”新增煤电装机的54.6%；东中部受端地区新增煤电装机6200万kW，占24.6%。

推动煤电继续向大容量、高参数、环保型方向发展。“十二五”“十三五”期间，60万kW以上的煤电装机的比重进一步加大。

电网实现更大范围的资源优化配置，将增强对风电、太阳能等新能源的消纳能力。根据规划，2015年电网跨区配置能源资源的能力超过2.4亿kW，比2010年增加1.6亿kW，主要煤炭产区向中东部负荷中心送电规模约达1.7亿kW，可减少煤炭运输约4.1亿t。2020年电网跨区跨国配置能源资源的能力将达到3.6亿kW。

推动电动汽车等环保型设备发展，提高电能在终端能源消耗中的比重，降低我国石油的对外依存度，提高能源效率。电动汽车的能源利用效率在32%～47%，较燃油汽车提高1～2倍以上，2015年100万辆电动汽车每年可以实现减排二氧化碳95万t，减少汽油消耗约60万t，折合原油200万t，降低我国石油对外依存度0.4个百分点。

加大周边国家的能源利用，促进国际能源合作。将周边国家富裕的煤炭、水能等能源资源转化为电力，直接传输至我国的华北、东北和南方负荷中心，有效缓解我国能源供应和环境保护的压力。

（2）着力提高电力系统效率，促进节能减排和综合利用。

优化机组运行方式。从机组运行经济性分析、设备质量以及燃料管理等多个方面入手，降低供电煤耗。根据规划，2015年火电平均供电煤耗降为330g/kWh，比2010年下降8g。2015年，系统因火电煤耗下降而节约标准煤3523万t，减排二氧化碳0.87亿t，减排二氧化硫75万t，减排氮氧化物33万t。2020年火电平均供电煤耗降为320g/kWh，比2015年下降10g。2020年，系统因火电煤耗下降而节约标准煤5452万t，减排二氧化碳1.35亿t，减排二氧化硫117万t，减排氮氧化物51万t。

优化电网运行方式。协调安排发、输、变电设备检修计划，改善主网潮流，优化无功配置。根据规划，2015年电网线损率下降至6.6%，比2010年下降0.1个百分点。2015年，系统因线损下降而节约标准煤187万t，减排二氧化碳464万t，减排二氧化硫4万t，减排氮氧化物2万t。2020年电网线损率下降至6.5%，比2015年下降0.1个百分点。2020年，系统因线损下降而节约标准煤236万t，减排二氧化碳586万t，减排二氧化硫5万t，减排氮氧化物2万t。

(3) 着力控制污染物排放，保护生态环境。制定严格的节能减排标准，设立绿色门槛，新用电设施严格按照标准执行，老用电设施限期改造达标。加快淘汰落后工艺和设备，提高新建、改扩建工程的电耗准入标准。

积极采取环保措施，实现与自然环境的协调发展，加大污染防治、显著降低单位发电量的污染物排放量，减轻电力建设、生产供应对环境的影响。根据规划，"十二五"期间环保总投资将达到1605亿元，2015年我国脱硫机组将达到100%，低氮燃烧技术(LNB)应用比例将达到100%，烟气脱硝机组将达到50%以上。与2010年相比，"十二五"末在燃煤装机增加40.5%的情况下，二氧化碳排放增加37.2%，排放强度降低2.4%；二氧化硫排放总量降低8.1%，排放强度下降约34.6%；氮氧化物排放总量降低7.9%，排放强度下降约34.5%；烟尘排放总量增加约5.4%，排放强度下降约25.0%。

(4) 着力加强需求侧管理，推广节能技术，实施节能工程。加强需求侧管理，采取有效的激励措施，用经济手段引导电能消费者改变用电方式，推动电能的科学、高效使用。采用财政补贴等多种方式，推广节能、节电技术，鼓励引导用户和消费者采用高效节电型产品。实施能效电厂工程；实施建筑节能工程；实施绿色照明工程；实施合同能源管理；实施政府机构节能工程。

4. 促进和谐发展的主要措施

(1) 加快电力发展，保障电力需求和电力普遍服务。

(2) 加快西北部能源基地开发，促进区域经济协调发展。

(3) 带动经济增长，促进就业。

(五) 规划经济性分析

1. "十二五"电力工业投资估算

按照规划基准方案，"十二五"期间，全国电力工业投资规模达到5.3万亿元，其中电源投资2.75万亿元、占全部投资的52%，电网投资2.55万亿元、占48%。

电源投资结构得到优化。绿色发电投资为1.82万亿元，占电源总投资的66%，较"十一五"上升15个百分点；煤电投资8900亿元，占33%左右，下降16个百分点。

电源投资向西部倾斜。西北地区投资占全国电源投资的比重从"十一五"期间的8%上升到19%，增加11个百分点；东北地区投资比重上升5个百分点；西藏地区投资比重提升0.5个百分点；南方比重基本维持不变。华东地区投资规模低于"十一五"，投资比重下降8个百分点。华北和华中地区投资比重分别下降3和4个百分点。

电网投资向主网架和配电网倾斜。1000kV和750kV工程投资3100亿元左右，占12.4%；110kV及以下配电网投资9400亿元左右，占37.6%。

"十三五"电力工业投资。在"十三五"期间，全国电力工业投资规模预计达到5.8万亿元，其中电源投资2.95万亿元、占全部投资的51%，电网投资2.85万亿元、占49%。电源投资结构进一步优化，绿色发电投资2万亿元，占全部电源投资的67%，比"十二五"时期上升1个百分点。

2. 销售电价水平分析

按照销售电价改革的方向，销售电价由上网电价、线损电价、输配电价顺加形成，其中输配电价要按照成本加收益的方式进行确定。由于上网电价和输配电价"十二五"期间都呈上涨趋势，因此销售电价在"十二五"期间内也呈上涨的趋势。

按照规划基准方案，在考虑煤价上涨、弥补历史欠账和电力企业净资产收益率8%的条件下，2015年销售电价应为710.0元/MWh（含线损电价34.2元/MWh)，比2010年上涨142.7元/MWh，增长25.2%、年均增长4.6%；2020年销售电价应为802.2元/MWh（含线损电价38.4元/MWh)，比2015年增加92.3元/MWh，增长13.0%、年均增长2.5%。

3. 经济性分析

(1) 电力投资经济效益分析。按照上述合理的上网电价、输配电价和销售电价水平能够到位的情况，电力企业净资产收益率平均可以达到8%，电力行业

"十二五"期间可累计实现利润1万亿元，年均2000亿元左右，到2015年行业电力资产负债率约78%。"十三五"可累计实现利润1.08万亿元，年均超过2000亿元，到2020年行业电力资产负债率约71%。

(2) 销售电价变化对其他行业产品价格的影响。根据我国2007年投入产出表，当年电价上涨4.6%，各行业产品价格上涨均在1%以下，对我国主要行业产品价格的影响非常小。影响相对较大的行业为水的生产和加工业（0.82%）、纺织业（0.75%）、燃气生产和供应业（0.70%）、金属冶炼和压延加工业（0.66%）。

(3) 销售电价变化对宏观经济指标的影响。运用投入产出法，当年电价上涨4.6%，对当年宏观经济主要指标的影响：CPI上涨0.39个百分点，PPI上涨0.68个百分点，固定资产投资价格指数上涨0.41个百分点，材料燃料动力购进价格指数上涨0.64个百分点。电价上涨4.6%，我国整体经济具有一定的承受能力。

4. 非化石能源发电规模敏感性分析

在2020年电源规划方案优化比较中，对电源结构特别是非化石能源发电比重进行了多方案技术经济性分析，并结合电网投资测算出平均上网电价和销售电价水平。

总体看，电源结构中非化石能源发电比重越大，电力系统平均发电成本和输配电成本就越大，将相应推动平均上网电价和销售电价水平提高。在同等非化石能源发电比重条件下，常规水电及核电规模越大，风电、太阳能及生物质能发电规模越低，平均上网电价和销售电价相对较低，更有利于保持国内经济的国际竞争力。需要从国内经济承受力、国际竞争力和全国能源总体结构等大局出发，进一步统筹优化和提出非化石能源发电比重及其非化石能源发电中常规水电和核电的开发规模。

可再生能源"十二五"规划拟推十大重点工程

我国可再生能源"十二五"规划已形成初稿，并初步与科技部、海洋局等部门交换了意见，但尚未全面征求意见。规划将提出"十大可再生能源重点工程"，"十二五"期间的可再生能源产业发展将重点围绕十大工程展开。

入选十大可再生能源重点工程的包括重大水电基地工程、千万千瓦级风电工程、可再生能源示范城市等。其中，重大水电基地工程将推动金沙江、怒江流域的水电开发；对于我国此前规划的七大千万千瓦级风电工程，其中将有五大工程计划在"十二五"期间建成；对于可再生能源示范城市，"十二五"期间将从"发展可再生能源"和"节能环保"两方面进行双重标准考核。

可再生能源"十二五"规划初步确定了主要可再生能源行业"十二五"期末的发展目标，其中，光伏发电装机目标为500万kW，风电装机目标为9000万kW。

可再生能源"十二五"规划的基本思路是，力促水电发挥可再生能源的主体作用，将风电作为可再生能源的重要新生力量，将太阳能作为后续潜力最大的可再生能源产业，同时推动生物质能多元化发展。

"十二五"期间对可再生能源的支持政策方面，除了开展十大可再生能源重点工程之外，继续推进可再生能源配额制，并将纳入企业考核体系外；还将大力落实电网接入政策，加快电网配套设施建设进程，以满足可再生能源产业高速发展对电网的需求。我国可再生能源"十二五"规划将力求与电网"十二五"规划进行衔接，在"十二五"期间重点解决大型风电基地等可再生能源并网瓶颈问题。

拟推重点工程之一：重大水电基地工程

可再生能源"十二五"规划在拟推重大水电基地工程方面提出，坚持工程建设、移民安置和环境保护工作并重的方针，加强水库移民规划和水电前期工作，在保护生态基础上有序开发水电，促进人与自然的和谐发展和经济与社会的可持续发展。重点是加快西部地区水电开发步伐，提高水电开发利用率，扩大"西电东送"规模；在以火电为主和风电开发规模大的电网以及远距离送电的受端电网，合理布局建设抽水蓄能电站。各地区按照上述原则提出水电开发的项目建议。依据是已经通过的流域开发规划，已开展的环评、移民规划的工作深度，提出可投产项目和具备开工条件的项目。

拟推重点工程之二：大型风电基地

可再生能源"十二五"规划在拟推大型风电基地方面提出，以风电场的规模化建设带动风电产业化发展，风电开发与配套电网和电力系统协调发展。平均每年新增风电装机1200万kW。东北（黑、吉、辽、蒙东）、华北（蒙西、河北、山西）、西北（甘肃、新疆、宁夏）为陆地风电开发的重点地区，重点建设若干个百万千瓦级风电基地，在江苏、山东、河北沿海建设海上风电基地。建设蒙东、吉林、蒙西、河北、甘肃、新疆、江苏、山东等千万千瓦级风电基地。山西、湖南、江西等风能资源较为丰富的中部地区，可根据风能资源和电网接入条件加快风电发展。在其他风能资源量较小的地区，根据风能资源条件因地制宜建设风电场。大型风电基地在国家能源局统一组织的风电接入电网和市场消纳研究基础上，合理确定开发规模和年度开发计划。国家电网公司等要按照开发项目布局和市场消纳方案，配套建设输电线路，合理配置调节性电源。风电开发重点地区依据市场消纳方案和输电规划，确定重点开发的区域和规模；一般地区根据风能资源条件提出拟建项目规模和布局。

拟推重点工程之三：可再生能源示范城市

可再生能源“十二五”规划在拟推可再生能源示范城市方面提出，各地区可以县、地级市区域为单位，根据当地可再生能源资源优势、产业基础和发展需要，研究提出具有一定特色的可再生能源示范区建设思路和初步方案。例如，在具备大规模沼气利用条件的地区，建设城市沼气管网供应生活燃气；在太阳能及地热能资源优良地区，建设可再生能源采暖示范工程；利用电力系统低谷时段的可再生能源富余发电量开展电采暖示范；综合采用太阳能、生物质能等，建设新能源城市或示范区。

拟推重点工程之四：太阳能光伏电站

可再生能源“十二五”规划在拟推太阳能光伏电站方面提出，在西部太阳能资源优良、荒漠化土地资源丰富地区，按照“适度规模、就近接入、当地消纳”的原则，建设若干座太阳能光伏电站。有关地区应制订建设规划，按照建设条件推荐光伏电站场址，单个项目的规模为1万～5万kW。

拟推重点工程之五：太阳能热利用

可再生能源“十二五”规划在拟推太阳能热利用方面提出，采取示范项目的方式引导太阳能在城市的应用。各地区根据太阳能资源条件、经济发展水平和对清洁能源发展的要求，选择若干条件好的城市，采取统一规划、规范设计、有序建设的方式，提出太阳能城市的建设方案。建设方案应说明典型应用场所、主要的技术方案、投资经营方式等，应用技术可包括太阳能热水工程、光伏发电、太阳房等。

拟推重点工程之六：商业化波浪能示范电站

可再生能源“十二五”规划在拟推商业化波浪能示范电站方面提出，因地制宜发展地热能、海洋能等其他可再生能源。地热能利用以热利用为主，应在严格保护地下水资源条件下合理利用，以地热供暖面积和地热水供热量为指标说明开发利用量。海洋能包括潮汐能和波浪能，在岸线资源允许和规划协调的前提下，适当建设潮汐能发电站，建设商业化波浪能示范电站项目，可结合海上风电场建设。

拟推重点工程之七：农林生物发电项目

可再生能源“十二五”规划在拟推农林生物发电项目方面提出，科学评价秸秆、林木剩余物资源量及分布，针对资源量大且其他用途经济性差的情况，合理布局农林生物质发电厂。原则上在一个地级市范围内只能有一个生物质发电厂，或者只能授权一个企业利用生物质资源发电。单个生物质发电厂的合理规模不大于3万kW。

拟推重点工程之八：生物质成型燃料示范项目

可再生能源“十二五”规划在拟推生物质成型燃料示范项目方面提出，总结当地生物质成型燃料生产和应用的经验，以市场为导向推进成型燃料的产业化，各地区根据当地条件提出若干示范项目。可根据当地实际关注两个主要市场：一是农村居民采暖和炊事，二是城市锅炉燃料，要具备建立起生物质成型燃料供应体系的条件，有适宜的投资经营主体。

拟推重点工程之九：畜禽养殖场沼气工程

可再生能源“十二五”规划在拟推畜禽养殖场沼气工程方面提出，调查统计大型畜禽养殖场的分布和规模，定量评价可利用的粪便资源量，合理选择适宜的沼气处理工艺、以及沼气利用方式。对沼气发电利用，要论证发电装机规模、企业自身用电量和接入电网的条件。按照国家支持大型沼气工程建设和生物质发电的有关政策，按“从大到小”原则提出大型沼气工程及能源利用的方案。

拟推重点工程之十：绿色能源示范县建设

可再生能源“十二五”规划在拟推绿色能源示范县建设方面提出，在可再生能源资源丰富地区，支持开展绿色能源县建设。绿色能源县的基本要求是：可再生能源利用量在生活能源消费总量中高于50%，废弃生物质能资源基本得到合理利用。绿色能源县应有完整的可再生能源开发利用规划，特别是在农村普及可再生能源利用，建立完整的可再生能源利用技术服务体系。到2015年，全国建成200个绿色能源示范县。

重 点 工 程

2010年度中国建设工程鲁班奖电力行业工程项目

序号	工程名称	施工单位
1	500kV静安（世博）输变电工程	上海市第二建筑有限公司 上海送变电工程公司 上海市机械施工有限公司 上海市安装工程有限公司
2	东北电网电力调度交易中心大楼	南通四建集团有限公司 南通四建装饰工程有限公司 沈阳远大铝业工程有限公司 上海延华智能科技股份有限公司 中国建筑装饰工程有限公司
3	乌鲁瓦提水利枢纽工程	中国水电建设集团十五工程局有限公司 葛洲坝新疆工程局（有限公司） 新疆江河水利水电工程技术施工总队 新疆汇通水利电力工程建设有限公司
4	神华浙江国华宁海发电厂二期扩建工程（2×1000MW）	浙江省火电建设公司 天津电力建设公司 浙江省建工集团有限责任公司 浙江省工业设备安装集团有限公司 中交第三航务工程局有限公司
5	大唐信阳发电有限责任公司2×660MW超超临界机组工程	河南六建建筑集团有限公司 河南第一火电建设公司 中建二局第二建筑工程有限公司 浙江省火电建设公司 河南省第二建设集团有限公司 北京博奇电力科技有限公司
6	江苏宜兴抽水蓄能电站	葛洲坝集团第二工程有限公司 中国水利水电第六工程局有限公司 中国水利水电第五工程局有限公司 葛洲坝集团机电建设有限公司
7	500kV桂山变电站	广东省输变电工程公司
8	河南郑州东500kV变电站	河南送变电建设公司 河南省第二建设集团有限公司
9	黄河小浪底水利枢纽工程	中国水利水电第十四工程局有限公司 中国水利水电第七工程局有限公司 中国水利水电第六工程局有限公司 中国水电基础局有限公司 中国水利水电第十一工程局有限公司 中国水电建设集团十五工程局有限公司 小浪底水利水电工程有限公司

2010年度国家优质工程奖电力行业工程项目

金奖

序号	工程名称	施工单位
1	1000kV晋东南—南阳—荆门特高压交流试验示范工程	东北电业管理局送变电工程公司
		山东送变电工程公司
		湖南省送变电建设公司
		江西省送变电建设公司
		山西省电力公司电力科学研究院
		湖北省输变电工程公司
		河北省送变电公司
		江苏省送变电公司
		山西省电力公司供电工程承装公司
		安徽送变电工程公司
		华东送变电工程公司
		河南送变电建设公司
		吉林省送变电工程公司
		甘肃送变电工程公司
		黑龙江省送变电工程公司
		陕西送变电工程公司
		中国电力科学研究院
		北京送变电公司
		上海送变电工程公司
		国网电力科学研究院
		湖北省电力试验研究院
		山西省电力公司电力建设四公司
		河南三建建设集团有限公司
		浙江省送变电工程公司
		河南电力试验研究院
		中国人民武装警察部队水电第二总队
		山西省电力公司送变电工程公司
2	国电北仑电厂三期2×1000MW超超临界燃煤发电机组工程	浙江省建工集团有限责任公司
		浙江省火电建设公司
		河北省电力建设第一工程公司
		上海市基础工程有限公司
		北京国电龙源环保工程有限公司
		北京博奇电力科技有限公司
		浙江天地环保工程有限公司
		浙江省电力建设有限公司
		杭州意能电力技术有限公司

续表

序号	工程名称	施工单位
3	华能海门电厂一期1、2号机组新建工程	浙江省火电建设公司
		广东火电工程总公司
		浙江省二建建设集团有限公司
		江西省水电工程局
		上海电力建筑工程公司
		湖北省电力建设第二工程公司
		广东省电力第一工程局
		河北建设勘察研究有限公司
		中铁十八局集团第二工程有限公司
		中交第二航务工程局有限公司
		广东金东海集团有限公司
		中海工程建设总局
		北京龙源环保工程有限公司

银奖

序号	工程名称	施工单位
1	云南省李仙江戈兰滩水电站工程	中国水利水电第十六工程局有限公司
		中国水利水电第十一工程局有限公司
		中国水利水电第十四工程局有限公司
2	大唐七台河发电有限责任公司二期扩建（2×600MW）工程	黑龙江省火电第三工程公司
		黑龙江省火电第一工程公司
		北京电力建设公司
		黑龙江省建筑工程集团公司
		东北电业管理局烟塔工程公司
		北京朗新明环保科技股份有限公司
		黑龙江科苑电力调试有限责任公司
3	浙江华能玉环电厂二期工程	天津电力建设公司
		浙江省火电建设公司
		浙江省二建建设集团有限公司
		中国交通股份有限公司第二航务工程局
		上海市基础工程公司
		上海电力建筑工程公司
		西安热工研究院有限公司
		杭州意能电力技术有限公司

续表

序号	工程名称	施工单位
4	华能日照电厂二期扩建工程	山东电力建设第三工程公司
		甘肃第一建设集团有限责任公司
		湖北电力建设第二工程公司
		青岛海防工程局
5	大唐淮南洛河发电厂三期（2×600MW）工程	安徽电力建设第一工程公司
		浙江省火电建设公司
		安徽新力电业科技咨询有限责任公司
6	华能瑞金电厂新建（2×350MW）超临界机组工程	江西省水电工程局
		北京电力建设公司
		重庆电力建设总公司
		江西省火电建设公司
7	国电蚌埠电厂一期2×600MW机组工程	安徽电力建设第二工程公司
		安徽新力电业科技咨询有限责任公司
		安徽电力建设第一工程公司
		江苏电力建设第一工程公司
		山东电力建设第一工程公司
		中国十五冶金建设有限公司
8	开封火电厂2×600MW机组扩建工程	河南第二火电建设公司
		中国十五冶金建设有限公司
		山东电力建设第一工程公司
		中国葛洲坝集团股份有限公司
		北京博奇电力科技有限公司
9	广东河源电厂一期（2×600MW）工程	山东电力建设第一工程公司
10	华能巢湖发电有限责任公司一期工程	东北电业管理局第四工程公司
		安徽电力建设第二工程公司
		中国建筑第二工程局（沪）
		中国水利水电第八工程局有限公司
		浙江省二建建设集团有限公司
11	望亭发电厂改建工程3号机组	江苏省电力建设第一工程公司
		福建龙净环保股份有限公司
		中国华电工程（集团）有限公司
		上海电力建设有限责任公司
12	华能港灯大理大风坝风电场（48MW）	云南第一公路桥梁工程有限公司
		大理道路桥梁工程公司
		大理云雄建筑工程有限公司
		黑龙江省水电检修安装总公司
		云南省火电建设公司

续表

序号	工程名称	施工单位
13	华电内蒙古辉腾锡勒120MW风电场工程	内蒙古送变电有限责任公司
		江苏省建工集团有限公司
		呼和浩特市建筑工程有限责任公司
		内蒙古乌兰察布电力工程有限责任公司
		中国核工业中原建设公司
		中国第二冶金建设公司
14	华能镇赉马力风电厂一期(49.5MW)工程	吉林东煤建筑基础工程公司
		白城城原电力工程有限责任公司
		吉林省一建工程股份有限公司
		华锐风电科技有限公司
15	华能洮北风电场二期扩建工程	长春建工集团有限公司
		吉林省电力建设总公司
		吉林建工集团有限公司
		辽源电力安装工程有限公司
		白城市路友公路工程有限公司
		上海电气风电设备有限公司
16	华电宁夏宁东风电有限公司一期45MW工程	宁夏电力建设工程公司
17	华能通辽宝龙山风电场(148.5MW)工程	北京城建三集团有限公司
		阜新鼎兴电力安装（集团）有限公司
		中铁十八局集团第二工程有限公司
		中铁十四局集团有限公司
		江西中电安装有限公司
18	华能寿光风力发电项目工程（一期）	中铁十四局集团有限公司
		中交一航局第二工程有限公司
		中铁十五局集团有限公司
		山东五洲电气股份有限公司
		烟台通源电力工程有限公司
19	寿莱烟台站500kV输电线路工程	山东电力超高压公司
		山东送变电工程公司
20	广东省500kV坪石B电厂至曲江站线路工程	广东省输变电工程公司
		广东省电力第一工程局
		广东火电工程总公司
21	云南省500kV德宏输变电工程（500kV德宏变、500kV大德线）	云南省火电建设公司
22	500kV金州变电站工程	贵州电力建设第一工程公司
		贵州送变电工程公司
23	500kV肥东（众兴）变电站工程	安徽送变电工程公司
24	500kV兰溪变电所工程	浙江省送变电工程公司
		华丰建设股份有限公司
25	银川东750kV变电站工程	宁夏电力建设工程公司
26	500kV泰州北变电站	江苏省送变电公司
		南京市第六建筑安装工程有限公司
27	河北张家口南500kV变电站工程	河北省电力勘测设计研究院
		北京华联电力工程监理公司
		北京送变电公司
		华北电力科学研究院有限责任公司
		北京送变电公司
28	福建南平（陈田）500kV变电站工程	福建省第二电力建设公司
29	湖北武东（光谷）500kV变电站工程	湖北省输变电工程公司
30	丹东北500kV变电站工程	东北电业管理局送变电工程公司

2010年度中国电力优质工程奖项目

序号	工程名称	施工单位
1	1000kV晋东南—南阳—荆门特高压交流试验示范工程	山西省电力公司电力建设四公司
		湖南省送变电建设公司
		安徽送变电工程公司
		河南送变电建设公司
		山东送变电工程公司
		湖北省输变电工程公司
		东北电业管理局送变电工程公司
		山西省电力公司供电工程承装公司
		山西省电力公司送变电工程公司
		上海送变电工程公司
		吉林省送变电工程公司
		黑龙江省送变电工程公司
		江苏省送变电工程公司
		山东送变电工程公司
		陕西送变电工程公司
		河北省送变电公司
		河南送变电建设公司
		湖南省送变电建设公司
		安徽送变电工程公司
		浙江省送变电工程公司
		江西省送变电建设公司
		北京送变电公司
		湖北省输变电工程公司
		甘肃送变电工程公司
		华东送变电工程公司
2	河南郑州东500kV变电站工程	河南送变电建设公司
		河南省第二建筑工程有限责任公司
3	江苏泰北500kV变电站工程	江苏省送变电公司
		南京市第六建筑安装工程有限公司
4	500kV肥东变电站工程	安徽送变电工程公司
5	河北张家口南500kV变电站工程	北京送变电公司
6	福建南平（陈田）500kV变电站工程	福建省第二电力建设公司
7	丹东北500kV变电站工程	东北电业管理局送变电工程公司
8	湖北武东（光谷）500kV变电站工程	湖北省输变电工程公司
9	500kV兰溪变电所工程	浙江省送变电工程公司
		华丰建设股份有限公司
10	山东寿光站—莱州站—烟台站500kV输电线路工程	山东送变电工程公司
11	四川彭州（丹景）500kV变电站工程	四川电力送变电建设公司
12	江西抚州500kV变电站新建工程	江西省送变电建设公司
13	广东桂山500kV变电站工程	广东省输变电工程公司
14	滇南外送通道500kV输变电工程	贵州送变电工程公司
		湖北省输变电工程公司
		广西建宁输变电工程有限公司
		山东送变电工程公司
		广西送变电建设公司

续表

序号	工程名称	施工单位
14	滇南外送通道500kV输变电工程	浙江省送变电工程公司
		新疆维吾尔自治区送变电工程公司
		葛洲坝集团电力有限责任公司
		内蒙古送变电有限责任公司
		青海送变电工程公司
		北京电力工程公司
		重庆电力建设总公司
15	广东500kV坪曲线输电工程	广东省输变电工程公司
		广东省电力第一工程局
		广东火电工程总公司
16	贵州500kV金州变电站工程	贵州送变电工程公司
		贵州电力建设第一工程公司
17	500kV德宏输变电工程	云南省火电建设公司
18	防城港电厂至邕州变电站500kV线路工程	广西送变电建设公司
19	江苏宜兴抽水蓄能电站（4×250MW）工程	葛洲坝集团第二工程有限公司
		中国水利水电第六工程局有限公司
		中国水利水电第五工程局有限公司
		北京国电水利电力工程有限公司
		葛洲坝集团机电建设有限公司
20	云南省李仙江戈兰滩水电站（2×120MW）工程	中国水利水电第十六工程局有限公司
		中国水利水电第十一工程局有限公司
		中国水利水电第十四工程局有限公司
21	贵州清水河大花水电站（2×100MW）工程	中国水利水电第八工程局有限公司
		江南水利水电工程公司
		中国水利水电第九工程局有限公司
		中铁十七局集团有限公司
		中国水利水电第六工程局有限公司
22	华能通辽宝龙山风电场（148.5MW）工程	北京城建三集团公司
		中铁十八局二公司
		中铁十四局集团公司
		阜新鼎兴电力安装集团有限公司
		江西中电安装有限公司
23	华电内蒙古辉腾锡勒120MW风电场工程	内蒙古送变电有限责任公司
		江苏省建工集团有限公司
		中国第二冶金建设有限责任公司
		呼和浩特市建筑工程有限责任公司
		内蒙古乌兰察布电力工程有限责任公司
		中国核工业中原建设公司

续表

序号	工程名称	施工单位
24	吉林龙源通榆风电场三期（49.3MW）工程	吉林送变电工程公司
		白城城原电力工程有限责任公司
		吉林省百强电力工程有限责任公司
25	华能镇赉马力风电场一期（49.5MW）工程	吉林东煤建筑基础工程公司
		吉林省一建工程股份有限公司
		白城城原电力工程有限责任公司
		镇赉寰宇路桥有限责任公司
26	华能洮北风电场二期扩建（49.5MW）工程	长春建工集团有限公司
		吉林省电力建设总公司
		辽源电力安装工程有限公司
		白城市路友公路工程有限公司
		吉林建工集团有限公司
27	桦南龙源横岱山西风电场新建（45.05MW）工程	绥化远大电力建设有限责任公司
		绥化龙源建筑工程有限责任公司
		海林通源电力安装有限公司
		富锦市电业局安装公司
		伊春兴安岭风力发电设备安装有限公司
		佳木斯华为电力（集团）有限公司
28	云南省大理市华能港灯大理大风坝风电场（48MW）工程	云南第一公路桥梁工程有限公司
		大理云雄建筑工程有限公司
		大理道路桥梁工程公司
		黑龙江省水电检修安装总公司
		云南省火电建设公司
29	华能寿光风力发电项目一期（49.5MW）工程	中铁十四局集团有限公司
		中交一航局第二工程有限公司
		中铁十五局集团有限公司
		山东五洲电气股份有限公司
		烟台通源电力工程有限公司
30	华电宁夏宁东风电有限公司一期（30×1.5MW）风电场工程	宁夏电力建设工程公司
31	华能吉林通榆风电特许权项目二期100.5MW工程	吉林省送变电工程公司
		长春市政建设（集团）有限公司
		广东力特工程机械有限公司
		吉林吉化华强建设有限责任公司
		吉林省六合通信网络工程有限公司
		中国水利水电第二工程局有限公司
		吉林东煤建筑基础工程公司
		中铁十三局有限公司

续表

序号	工程名称	施工单位
32	国电龙源内蒙古包头巴音风电场 201MW 风电特许权项目	新疆鑫风安装工程有限公司
		内蒙古第三电力建设工程有限责任公司
		内蒙古第二电力建设工程有限责任公司
		巴彦淖尔市康立电力安装有限公司
33	华能海门电厂一期（2×1000MW）工程	浙江省火电建设公司
		广东火电工程总公司
		江西省水电工程局
		上海电力建筑工程公司
		浙江省二建建设集团有限公司
		广东省电力第一工程局
		河北建设勘察研究有限公司
		中交第二航务工程局
34	浙江国华宁海电厂二期扩建（2×1000MW）工程	浙江省火电建设公司
		天津电力建设公司
35	国电北仑电厂三期（2×1000MW）超超临界燃煤机组工程	浙江省建工集团有限责任公司
		浙江省火电建设公司
		河北省电力建设第一工程公司
		上海市基础工程有限公司
		北京国电龙源环保工程有限公司
		中国二十冶金结分公司
		北京博奇电力科技有限公司
		浙江天地环保工程有限公司
36	大唐信阳发电有限责任公司（2×660MW）超超临界机组工程	浙江省火电建设公司
		河南第一火电建设公司
		河南六建建筑集团有限公司
		中建二局第二建筑工程有限公司
37	广东河源电厂一期（2×600MW）工程	山东电力建设第一工程公司
		广东省电力第一工程局
38	中国华电集团公司望亭发电厂（1×660MW）改建工程	上海电力建设有限责任公司
		江苏省电力建设第一工程公司
		福建龙净环保股份有限公司
		中国华电工程（集团）有限公司
39	华能日照电厂二期（2×680MW）工程	山东电力建设第三工程公司
		湖北电力建设第二工程公司
		甘肃第一建设集团有限责任公司
		青岛海防工程局
		北京国电龙源环保工程有限公司
		山东电力建设第二工程公司

续表

序号	工程名称	主要的施工单位
40	大唐淮南洛河发电厂三期（2×600MW）工程	安徽电力建设第一工程公司
		浙江省火电建设公司
41	国电蚌埠电厂（2×600MW）工程	安徽电力建设第二工程公司
		山东电力建设第一工程公司
		安徽电力建设第一工程公司
		江苏省电力建设第一工程公司
42	华能瑞金电厂新建（2×350MW）超临界机组工程	重庆电力建设总公司
		江西省水电工程局
		北京电力建设公司
		江西省火电建设公司
43	大唐七台河发电有限责任公司二期扩建（2×600MW）工程	黑龙江省火电第三工程公司
		黑龙江省火电第一工程公司
		北京电力建设公司
		黑龙江省建筑工程集团公司
		东北电业管理局烟塔工程公司
		北京朗新明环保科技股份有限公司
44	开封火电厂扩建（2×600MW）工程	河南第二火电建设公司
		山东电力建设第一工程公司
		北京博奇电力科技有限公司
		中国十五冶金建设有限公司
		中国葛洲坝集团股份有限公司
45	华电新疆发电有限公司乌鲁木齐热电厂一期（2×330MW）工程	山东电力建设第二工程公司
		新疆电力建设公司
		新疆苇湖梁发电厂华源电力安装公司
		南通四建集团有限公司

西北—华中（四川）±500kV 直流联网工程

一、工程概况

西北—华中（四川）±500kV直流联网工程是国家跨区电网建设重点工程，也是西北电网“十一五”期间规划建设的重点区外送电工程。起点为陕西宝鸡换流站，落点为四川德阳换流站，全长约534km，途经陕西（244km）、甘肃（50km）、四川（240km）三省。工程直流额定电压±500kV，直流额定容量300万kW。

1. 宝鸡换流站规模

直流输送功率3000MW；额定直流电压±500kV；直流电流3000A；交流母线额定电压330kV；双极每极12脉动换流器一套：额定电压±500kV，额定功率3000MW；换流变压器（单相双绕组）14台（其中2台备用相），每台容量约297.6MVA；换流站容性无功补偿总容量1800Mvar，按3大组、15小组配置，每小组容量120Mvar；换流站工程无交流出线，交流出线均在同址合建的750kV变电站内。

2. 德阳换流站规模

直流输送功率3000MW；额定直流电压±500kV；直流电流3000A；交流母线额定电压500kV；双极每极12脉动换流器一套：额定电压±500kV，额定功率3000MW；换流变压器（单相双绕组）14台（其中备用2台），每台容量为297.5MVA；换流站容性无功补偿总容量1860Mvar，按3大组、12小组配置，每小组容量 155Mvar；本期 500kV 交流出线 2 回，至谭家湾 500kV 变电站，最终出线 4 回。

二、设计方案

1. 换流站

宝鸡换流站 330kV 交流采用 1 个半断路器接线，330kV 交流配电装置采用 AIS 设备，本期换流站的交流配电装置部分为 3 个完整串（其中含交流变电站 1 回 330kV 出线）。德阳换流站 500kV 交流采用 1 个半断路器接线，500kV 交流配电装置采用 AIS 设备，本期 5 串（其中 2 个为不完整串）。断路器三列式布置、悬吊管型母线。500kV 直流均采用典型的双极直流极线带接地极回路接线，每极一个 12 脉冲阀组。换流变压器均采用单相双绕组型式，每极安装 Y0y12 及 Y0d11 各 1 组，冷却方式均为 OFAF。换流阀都采用空气绝缘水冷四重阀组，悬吊式安装，晶闸管为 5in 元件，采用光触发方式触发。平波电抗器均采用油浸式，强油风冷，电感值 290mH。直流控制保护采用完全双重化设计，控制保护设备配置满足直流系统安全稳定运行的要求。

2. 直流输电线路

西北—华中（四川）±500kV 直流联网工程线路工程全长 534km，共有铁塔 1092 基。基础采用斜柱式基础、掏挖式基础、挖孔柱基础等型式。铁塔采用 GA10、GA20、GA30、GA40、GA50、GA60、JTA1、JTA2、JTA3 等型式自立塔。导线型号为 4×ACSR-720/50 型钢芯铝绞线（大跨越采用 4×AAC-SR/EST-450/200 型），地线左侧一根采用 OPGW-120 光缆，右侧一根采用 GJ-100 镀锌钢绞线。

三、工程进度安排和实施情况

工程于 2008 年 3 月经国家发改委以《国家发展改革委关于西北至华中（四川）直流联网工程项目核准的批复》（发改能源［2008］695 号）核准，2008 年 5 月开工建设，原计划 2010 年 4 月双极投运，“5·12”汶川特大地震后，公司将西北—华中（四川）±500kV 直流联网工程确定为抗震救灾、促进四川省社会经济发展的重点工程，工程的投产日期提前到 2009 年 12 月单极投运、2010 年 3 月双极投运。

1. 设备供应商情况

宝鸡换流站换流变压器由西安西电变压器有限责任公司提供，德阳换流站换流变压器由重庆 ABB 公司提供，平波电抗器由西安西电变压器有限责任公司提供，换流阀由西安西电电力整流器有限责任公司提供，直流控制保护由南瑞继保公司提供。

2. 设计、施工及监理单位

线路设计单位：西北电力设计院、西南电力设计院等 4 家单位。线路施工单位：四川省送变电公司、陕西省送变电公司等 9 家施工单位。线路监理单位：四川电力工程建设监理有限责任公司、湖北环宇建设工程监理有限公司 4 家监理单位。换流站设计单位：西北电力设计院和西南电力设计院等 3 家单位。换流站监理单位：江西诚达工程咨询监理有限公司、黑龙江电力建设监理有限责任公司。换流站施工单位：湖南省送变电公司、湖北省输变电公司等 8 个单位。

3. 工程开工

德阳换流站和宝鸡换流站分别于 2008 年 8 月和 2008 年 9 月主体正式开工，直流输电线路于 2008 年 10 月正式开工。

4. 工程投产

2009 年 12 月 28 日，西北—华中（四川）±500kV 直流联网工程极Ⅰ投产。2010 年 4 月 11 日，西北—华中（四川）±500kV 直流联网工程双极投产。本工程从土建主体开工到工程极Ⅰ系统投运，仅用了 17 个月，创下了直流建设工期最短纪录。

四、工程特点

（1）本工程实现了世界上首次 750kV 交流变电站与±500kV 直流换流站同址合建，为交直流站合建情况下的一次设备布置、二次系统集成积累了成功经验。

（2）本工程是我国第一个自主设计、自主成套、设备完全国产化的常规±500kV 直流输电工程。

（3）工程的建设将充分发挥电网配置能源资源的作用，提高电网水火互济、跨流域互济能力，促进西部水电、火电、风电资源的优化开发和高效利用。

呼伦贝尔—辽宁±500kV 直流输电工程

呼伦贝尔—辽宁±500kV 直流输电工程（简称呼辽工程）是满足呼伦贝尔煤电基地外送、实现东北电网资源优化配置的关键性工程。工程的建设将大大满足东北尤其是辽宁省电网的电力需求，同时采用直流输电技术将有效提高环境保护水平，具有很大的社会意义和经济效益。

一、工程概况

呼辽工程额定输送容量为 3000MW，工程包括内蒙古伊敏换流站工程、辽宁穆家换流站工程，接地极和接地极线路工程，直流输电线路工程，受端交流输电线路工程，二次系统及通信工程组成。

1. 伊敏换流站

伊敏换流站容量 3000MW，直流额定电压 ±500kV，是呼辽工程的送端换流站，位于呼伦贝尔鄂温克自治旗境内中部地区，东邻伊敏电厂，站址总用地面积 14.36hm^2，围墙内用地面积 11.11hm^2。

2. 穆家换流站

穆家换流站容量 3000MW，直流额定电压 ±500kV，是呼辽工程的受端换流站，位于辽宁省辽阳市穆家镇境内，辽阳市的西南方向，站址总用地面积 11.39hm^2，围墙内用地面积 10.53hm^2。

3. 直流输电线路

呼辽工程起于内蒙古自治区呼伦贝尔盟的伊敏换流站，止于辽宁省境内的穆家换流站，总长度 908km。

4. 接地极及接地极线路工程

伊敏换流站接地极极址为哈尔干极址，换流站至接地极线路约 73km；穆家换流站接地极极址为韭菜台极址，穆家换流站至接地极线路约 36km。

二、设计方案

1. 换流站

伊敏换流站容量为 3000MW，直流额定电压为 ±500kV；500kV 直流采用双极直流接线，每极一个 12 脉冲阀组；换流变压器（单相双绕组）14 台（2 台备用），每台容量 297.6MVA；交流滤波器采用 3 大组 11 小组，总容量 1348.6Mvar（11×122.6Mvar）。1 回±500kV 高压直流输电线路，1 回接地极线路。交流出线本期 4 回，远景 6 回。

穆家换流站容量为 3000MW，直流额定电压为 ±500kV；500kV 直流采用双极直流接线，每极一个 12 脉冲阀组；换流变压器（单相双绕组）14 台（2 台备用），每台容量 285.2MVA；交流滤波器采用 3 大组 12 小组，总容量 1830Mvar（6×135Mvar+6×170Mvar）。1 回±500kV 高压直流输电线路，1 回接地极线路。交流出线本期 2 回，远景 4 回。

2. 直流输电线路

呼辽工程起于内蒙古自治区呼伦贝尔盟的伊敏换流站，止于辽宁省境内的穆家换流站，总长度 908km，线路途经内蒙古自治区的呼伦贝尔盟、兴安盟、通辽市和辽宁省的阜新市、辽阳市，其中高山大岭占 6.3%，一般山地占 27.2%，丘陵占 18.9%，平地占 41.7%，河网、泥沼占 5.9%；与 220kV 线路交叉 8 次，与 500kV 线路交叉 4 次，跨越等级公路（含高速公路）16 次，铁路 13 次，较大河流 14 次。线路杆塔总数 2112 基，其中耐张转角塔 54 基（含终端塔），直线塔 413 基。

本工程导线采用 ACSR—720/50 型钢芯铝绞线。每极采用 4 分裂结构，分裂间距为 500mm，子导线成正方形排列，用间隔棒固定。

3. 接地极及接地极线路工程

（1）伊敏换流站接地极及接地极线路工程：

1）伊敏换流站接地极工程：接地极型式采用同心双圆环，大环半径 $R=460$m，均分为 4 段，分离间距为 1m；小环半径为 $r=350$m，均分为 2 段，分离间距为 1m。环长 5084m，埋深 4m，填充材料为煅烧石油焦炭。

2）伊敏换流站接地极线路工程：路径全长约 73.42km，铁塔 224 基。线路位于呼伦贝尔市鄂温克旗境内。平地占 38.6%，丘陵占 54.3%，山地占 7.1%。

（2）穆家换流站接地极及接地极线路工程：

1）穆家换流站接地极工程：韭菜台极址采用双圆环布置，外环半径 300m，内环半径 210m；外环焦炭截面为 0.55m×0.55m，内环焦炭截面为 0.45m×0.45m；外环馈电棒采用直径为 60mm 的圆钢，内环馈电棒采用直径为 55mm 的圆钢，埋深 3m。内环分为较均匀的 2 段，外环分为较均匀的 4 段。

2）穆家换流站接地极线路工程：线路长度 35.886km，杆塔总数 109 基，其中耐张转角塔 22 基（含终端塔），直线塔 87 基。

线路地形条件：平地占 64.6%，河网、泥沼占 35.4%；与 220kV 线路交叉 2 次，与 500kV 线路交叉 2 次，跨越等级公路 1 次，较大河流 3 次。

三、工程进度安排和实施情况

1. 工程开工及建设情况

工程于 2008 年 3 月经国家发展改革委以《国家发展改革委关于呼伦贝尔至辽宁直流输电工程项目核准的批复》（发改能源［2008］703 号）核准，2008 年 5 月正式开工，工程总体进展顺利，2010 年 9 月竣工投产运行。

2. 工程参建单位

（1）伊敏换流站。

建设管理单位：国网直流建设分公司。

设计单位：东北电力设计院。

监理单位：江西诚达工程咨询监理有限公司。

施工单位：黑龙江省送变电工程公司（场平）、吉林省电力建设总公司（土建 A 包）、黑龙江省送变电工程公司（土建 B 包）、黑龙江省送变电工程公司（安装 A 包）、北京送变电公司（安装 B

包）。

（2）穆家换流站。

建设管理单位：国网直流建设分公司。

设 计 单 位：中南电力设计院。

监 理 单 位：江苏省宏源电力建设监理有限公司。

施 工 单 位：辽宁两锦大洋电力建设集团有限公司（场平）、江西省水电工程局（桩基）、贵州送变电工程公司（土建A包）、东北电业管理局送变电工程公司（土建B包）、东北电业管理局送变电工程公司（安装A包）、江西省送变电建设公司（安装B包）。

（3）直流输电线路。

建设管理单位：国网直流建设分公司（内蒙段）、辽宁电力公司（辽宁段）。

设 计 单 位：内蒙古电力勘测设计院（呼伦贝尔段）、东北电力设计院（兴安盟段）、西北电力设计院（通辽段）、河北省勘测设计研究院（辽宁段）。

监 理 单 位：黑龙江电力建设监理公司（A标）、长春国电建设监理有限公司（B标）、吉林省吉能电力建设监理有限责任公司（C标）、达华集团北京中达联咨询有限公司（D标）、东北电力建设监理有限公司（E标）。

施 工 单 位：江苏省送变电公司（A1）、新疆维吾尔自治区送变电工程公司（A2）、河南送变电建设公司（B1）、黑龙江省送变电工程公司（B2）、山西省电力公司送变电工程公司（B3）、山西省电力公司供电工程承装公司（C1）、内蒙古送变电有限责任公司（C2）、北京送变电公司（D1）、东北电业管理局送变电工程公司（D2）、安徽送变电公司（E1）、吉林省送变电公司（E2）、江西省送变电建设公司（E3）。

3. 设备招标及供应商情况

换流站主要设备承包商有特变电工沈阳变压器集团公司（换流变压器）、中国西电电气股份有限公司（平波电抗器）、西安西电电力整流器有限公司（换流阀）、南京南瑞继保电气有限公司（控制保护装置）、许继集团公司（直流场设备）。

四、工程特点

呼辽工程充分发挥呼伦贝尔地区丰富的煤电资源优势，每年可输送电量超过180亿kWh，减少原煤运输超过1000万t，为辽宁省经济社会发展提供充足可靠电力供应，对于缓解煤炭运输压力、实现节能减排和环境保护具有十分重要意义，将对推动内蒙古经济社会建设和振兴辽宁老工业基地发挥重要作用。

呼辽工程的系统研究、成套设计、设备制造和工程施工调试全部由国内企业承担，交直流设备实现100%国产化。

呼辽工程处于内蒙古北部及大兴安岭等严寒地带，有效施工工期短，施工组织难度大；线路经过高山大岭、泥沼等各种地形地质情况，施工难度大；线路长距离通过林区、草原，工程防火要求高；线路途经通辽沙漠地区，水土保持要求较高，部分沙化基础需采取固沙护基措施；线路经过少数民族聚居区，需要妥善处理好民族关系。

呼辽工程是蒙东地区第一个火电电源基地送出工程，建成后形成区域电网内的交直流混合电网，其安全稳定控制、孤岛运行方式对东北电网风电并网调度提出了更高的要求，对后续大型电源送出工程有很强的借鉴意义。

宁东—山东±660kV直流输电示范工程

宁东—山东±660kV直流输电工程作为西北与华北电网联网、将西北黄河上游水电和宁夏火电打捆送往山东、实现资源优化配置的重大输电工程，于2008年12月8日作为“±660kV直流输电示范工程”获得了国家发改委核准，工程于2010年12月28日单极投运，2011年2月28日双极投运。

一、工程概况

该工程起于宁夏回族自治区灵武市境内的银川东换流站，止于山东省胶州市境内青岛换流站。路径长度1335km，含3.5km黄河大跨越，曲折系数1.11。线路途经宁夏、陕西、山西、河北、山东五省，额定输电功率4000MW。

1. 银川东换流站

新建银川东换流站与已投产的银川东750kV变电站同址建设。具体建设规模：

（1）直流部分：直流额定容量4000MW，直流额定电压±660kV，阀组接线采用双极，每极1个12脉动阀组。±660kV直流出线1回，接地极出线1回。

（2）换流变压器部分：单台容量40万kVA，本期共14台，其中2台备用。

（3）交流部分：换流变压器交流侧直接在站内接入银川东750kV变电站330kV配电装置。

（4）无功补偿：无功补偿总容量2100MW，分3大组14小组，每小组容量15万kvar。

2. 青岛换流站

青岛换流站与青岛500kV变电站同址建设，具体建设规模：

（1）直流部分：直流额定容量400MW，直流额定电压±660kV，阀组接线采用双极，每极1个12脉动阀组。±660kV直流出线1回，接地极出线1回。

（2）换流变压器部分：单台容量39.3万kVA，本期共14台，其中2台备用。

（3）交流部分：换流变压器交流侧直接接入青岛500kV变电站500kV配电装置。

（4）无功补偿：无功补偿总容量254.7万kvar，分3大组14小组，每小组容量18万kW。

3. 直流输电线路

直流输电线路总长1335km，导线采用4×JL/G3A-1000/45钢芯铝绞线，地线采用LBGJ-150-20AC铝包钢绞线，全线架设OPGW复合光缆。设计基准风速取27、30m/s两种。设计覆冰有10、15mm两种冰区。

二、工程进度安排和实施情况

1. 工程建设管理

工程由国家电网公司建设部统一进行建设管理，委托国网直流建设分公司负责换流站主体工程建设管理；委托宁夏、山东公司负责换流站“四通一平”；委托宁夏、陕西、山西、河北、山东公司负责沿线直流输电线路建设管理。

银川东换流站主要参建单位：西北电力设计院、宁夏电建工程公司、湖北电建工程公司、黑龙江省送变电工程公司。

青岛换流站主要参建单位：中南电力设计院、国核电力设计院、天津电力建设公司、江西水电工程局、北京送变电工程公司、山东省送变电工程公司。

线路各标段主要施工单位：宁夏送变电工程公司、武警水电二总队、陕西送变电工程公司、东电送变电工程公司、山西供电工程承装公司、上海送变电工程公司、黑龙江省送变电工程公司、山西省送变电工程公司、河北省送变电工程公司、青海省送变电工程公司、四川省送变电工程公司、山东省送变电工程公司、湖南省送变电工程公司、新疆送变电工程公司。

2. 工程设计进度

2008年11月完成可研报告、审查，2009年4月完成初设审查和收口，5月开始施工图设计，2010年3月完成土建施工图设计，5月完成电气安装施工图交付。

3. 工程施工进度

本工程于2008年12月15日举行开工仪式。银川东换流站于2009年5月完成场平、主体工程，6月正式开工；青岛换流站于4月完成场平、主体工程，7月正式开工。工程于2010年12月28日单极投运。

4. 设备招标及供应商情况

2009年经过公开招标和竞争性谈判等方式陆续确定了工程主设备厂商：换流阀设备由中国电力科学研究院供货；换流变压器设备分别由西电集团公司和特变电工沈阳变压器集团有限公司与ABB公司联合生产；平波电抗器设备由北京电力设备总厂供货；直流控制保护设备由许继集团公司提供；直流场设备由西电集团公司集成供货。

三、工程建设特点

（1）换流变压器首次采用三柱式结构布置技术，容量400MVA，重340t，操作过电压耐受水平1550kV。

（2）由于银川东站地震烈度高达8度，工程首次在阀厅内采用滑动管母连接技术解决换流阀位移偏移大的难题。

（3）由于银川东换流站周围火电、化工项目较多，属重污秽地区，工程首次采取了平波电抗器分置、户内直流场技术解决送端换流站严重污秽闪络问题。

（4）工程首次应用西门子技术的控制保护软、硬件平台触控基于AREVA技术路线换流阀设备。

（5）工程首次采用“1+3”的直流干式平波电抗器布置方案。

（6）工程首次全面应用4×1000mm^{2}大截面导线技术。

（7）工程首次探索复合杆塔技术的应用。

葛沪直流综合改造（三沪Ⅱ回直流）工程

葛沪直流综合改造工程线路利用原葛洲坝—南桥

直流输电线路通道改造新建同塔双回直流输电线路，同时新建±500kV荆门、枫泾换流站，是保证三峡地下电站电力送到华东电网的重要通道。工程的建成将有利于三峡地下电站电能的充分消纳，有利于提高华中与华东电网之间的联网规模，实现能源资源的优化配置，同时也将进一步推进直流设备和技术的国产化进程，具有显著的社会意义和经济效益。

一、工程概况

葛沪直流综合改造工程线路途经湖北、安徽、浙江、江苏和上海4省1市，新建荆门换流站、枫泾换流站，额定输送容量3000MW。工程主要由葛洲坝—南桥、荆门—枫泾同塔双回直流输电线路工程，荆门、枫泾换流站工程，接地极及接地极线路工程，二次系统及通信工程四部分组成。

1. 荆门换流站（送端）规模

额定直流电压±500kV；额定直流电流3000A；额定交流母线电压500kV；双极每极12脉动换流器一套，功率为3000MW；14台（其中2台备用相）换流变压器（单相双绕组），每台容量297.6MVA；换流站容性无功补偿总容量1900Mvar，按3大组、10小组配置，每小组容量190Mvar；500kV交流出线共6回，其中三峡地下电站3回，荆门特高压站500kV侧3回，本期一次建成；装设3组500kV高压电抗器，本期全部上齐，其中2组150Mvar高压电抗器分别装设在至三峡地下电站的2回出线上，第3组180Mvar高压电抗器接入母线。

2. 枫泾换流站（受端）规模

额定直流电压±500kV；额定直流电流3000A；额定交流母线电压500kV；双极每极12脉动换流器一套，额定功率为3000MW；14台（其中备用2台）换流变压器（单相双绕组），每台容量为280.8MVA；换流站容性无功补偿总容量1818Mvar，按3大组、9小组配置，每小组容量202Mvar；500kV交流出线2回，接至练塘500kV变电站。

3. 直流输电线路工程

葛沪直流综合改造工程新建线路全长1936.065km，包括荆门换流站—枫泾换流站线路（荆枫线）及上海南桥换流站—枫泾换流站线路。其中，荆枫线从荆门换流站至庙岭段线路60km为单回路（含沙洋汉江大跨越2.41km），庙岭至枫泾换流站段1835km为同塔双回改造线路（含吉阳长江大跨越2.33km）；上海南桥—枫泾段为单回共接地极线路，长度为40.377km。

4. 接地极及接地极线路工程

荆门换流站与龙泉换流站共用龙泉接地极，自荆门换流站出线后至龙泉接地极，接地极线路长33km；枫泾换流站与南桥换流站共用南桥接地极，接地极线路长度79km，自枫泾换流站出线后与新建直流输电线路同塔架设41km至南桥换流站，再单回路架设3km后与南桥换流站接地极线路同塔架设35km至南桥接地极。

二、设计方案

1. 换流站

两端换流站500kV交流均采用1个半断路器接线。500kV交流配电装置采用HGIS设备，荆门换流站本期6串（其中1个为不完整串）；枫泾换流站本期4串。断路器三列式布置、悬吊管型母线。交流滤波器采用大组接入1个半断路器配电装置串中。

500kV直流均采用典型的双极直流极线带接地极回路接线，每极一个12脉冲阀组。

换流变压器均采用单相双绕组型式，每极安装Y0y12及Y0d11各1组，荆门换流站每组换流变压器由3台297.6MVA单相双绕组换流变压器组成，阻抗16%，枫泾换流站每组换流变压器由3台282MVA单相双绕组换流变压器组成，阻抗16%，冷却方式均为OFAF。每站两极共设12+2台，其中2台为备用相。

换流阀都采用空气绝缘水冷二重阀组，悬吊式安装，晶闸管为5in元件，采用电触发方式触发。

平波电抗器均采用油浸式、强油风冷，电感值290mH，每站设2+1台，其中1台备用。

交流滤波器及并联电容器均采用常规无源交流滤波器，荆门换流站分3大组、10小组，枫泾换流站分3大组、9小组。

直流控制保护采用完全双重化设计，控制保护设备配置满足直流系统安全稳定运行的要求。

2. 直流输电线路

全线一般线路导线采用4×ACSR-720/50；地线采用2根GJ-100；汉江大跨越导线采用AACSR/EST-450/200加强型耐热铝合金绞线，地线采用JLB14-210铝包钢绞线；吉阳长江大跨越导线采用2分裂KTACSR/EST-630/360特强钢芯高强耐热铝合金绞线，地线采用JLB14-230铝包钢绞线。

全线共有5、10、15mm覆冰，27、30、32m/s风区的风冰组合；悬垂串使用V串160、210、300kN合成绝缘子；耐张串采用2×400kN盘形悬式绝缘子、长棒式磁绝缘子；采用原状土掏挖基础、板式基础和灌注桩基础，地脚螺栓采用Q235B、Q345B、35号钢、45号钢；根据地形使用平腿和全方位高低腿自立式铁塔。线路普通段导线采用4×ACSR-720/50钢芯铝绞线，地线采用GJ-100镀锌钢绞线；吉阳大跨越导线采用AACSR/EST-630/360特强钢芯高强耐热铝合金绞线，地线采用JLB14-230铝包钢绞线；汉江大跨越导线采用AACSR/EST-450/200特强钢芯高强铝合金绞线，地线采用JLB14-210铝包钢绞线。

三、工程进度安排和实施情况

（一）设计进度

2008年8月完成了可研报告、审查及前期评估，上报国家发改委核准。2008年12月8日经国家发展改革委以《国家发展改革委关于葛沪直流综合改造工程核准的批复》（发改能源［2008］3381号）核准。2009年3月，国务院三峡办与国家电网公司共同组织完成初步设计收口审查。6～11月，各设计院按计划并配合工程施工进度完成了施工图设计工作。

（二）工程开工及建设情况

2008年12月30日，开工仪式分别在上海枫泾、湖北荆门同时举行；2009年2月，线路正式进场开工；2009年10月12日，老葛南线路退役，开始老线路拆旧新建工作。

截至2010年3月，直流输电线路工程已完成基础浇制和铁塔组立，架线工程已完成超过90%。葛沪线路工程于2010年4月投产，满足上海世博会用电需要。

（三）工程参建单位

1．换流站

建设管理单位：国家电网直流建设分公司。

设 计 单 位：华东电力设计院、中南电力设计院。

监 理 单 位：中国超高压输变电建设公司、山东诚信工程建设监理有限公司。

施 工 单 位：湖北省输变电工程公司、上海送变电工程公司、浙江省二建建设集团有限公司、河南省送变电建设公司、上海电力建筑工程公司、安徽电力建设第一工程公司、华东送变电工程公司。

2．直流输电线路

建设管理单位：湖北省电力公司、安徽省电力公司、浙江省电力公司、上海市电力公司、江苏省电力公司。

设 计 单 位：中南电力设计院、华东电力设计院、湖南省电力设计院、湖北省电力设计院、浙江省电力设计院、江苏省电力设计院。

监 理 单 位：中国超高压输变电建设公司、安徽省电力工程监理有限责任公司、黑龙江电力建设监理有限责任公司、长春国电建设监理有限公司、东北电力建设监理有限公司、中国超高压输变电建设公司、浙江电力建设监理公司。

施 工 单 位：黑龙江省送变电工程公司、湖南省送变电建设公司、河北省送变电公司、葛洲坝电力集团有限责任公司、中国人民武装警察部队水电第二总队、湖北省输变电工程公司、宁夏电力建设工程公司、四川电力送变电建设公司、湖南电网建设公司、青海省送变电工程公司、重庆渝能送变电有限公司、山东省送变电工程公司、甘肃省送变电工程公司、安徽省送变电工程公司、华东送变电工程公司、广东省输变电工程公司、浙江省送变电工程公司、江苏省送变电工程公司、上海送变电工程公司、武汉安泰结构加固有限公司。

（四）设备招标及供应商情况

2009年1月，通过公开招标确定了直流主设备厂家：换流变压器由保定天威保变电气股份有限公司提供，换流阀由中国电力科学研究院提供，直流控制保护由许继集团提供，平波电抗器由特变电工沈变公司生产。2009年4月完成铁塔招标工作，6月完成导地线、绝缘子等的招标工作。

四、工程特点

葛沪直流综合改造工程的实施，将进一步增强三峡电力外送能力，实现资源优势转化为经济优势，有力推动中西部地区经济发展，同时为上海这个特大城市经济发展提供坚实的能源支持，促进跨区域能源资源优化配置。

葛沪直流综合改造工程建成后，将使上海从外区受电的能力得到进一步增强，较好地缓解华东交流网架的运行压力，提高华东电网供电充裕度水平。工程还将充分发挥水火互补优势，促进华中、华东等大区电网间“水火互济”运行，增强电网调峰能力和事故支援能力，有效提高华东电网安全稳定运行水平。

葛沪直流综合改造工程首次采用了同塔双回直流输电技术，充分利用葛南直流工程现有线路通道，减少宝贵的土地资源占用，该输电通道输送容量在葛南直流系统120万kW的基础上提高到600万kW，通道使用率在原有基础上提高5倍，是“资源节约型、环境友好型”电网建设的具体体现。

葛沪直流综合改造工程实现了直流关键设备的100%国产化，是三峡直流工程从引进技术到消化吸收最后完全实现国产化的标志性工程，充分证明我国已完全掌握了±500kV直流输电设备的系统设计方法、制造技术、工艺要求和试验标准，为我国今后不断提高直流输电技术奠定了重要基础。

荆门换流站与龙泉换流站共用已建的青台接地极，枫泾换流站与南桥换流站共用已建的星火农场接地极，减少了占地，节约了投资，有利于接地极建设、维护等问题，具有明显的经济效益。

青海—西藏±400kV直流联网工程

青藏联网工程是国家电网公司贯彻科学发展观、落实国家西部大开发战略的重点项目，是满足柴达木循环经济试验区用电需求、服务青海经济社会发展的骨干工程，是从根本上解决西藏缺电问题、服务西藏跨越式发展和长治久安的关键工程，通过该工程，还将实现西藏电网与西北电网的互联，首次实现国家电网公司经营区域内所有省区的联网，进一步提高大电网的资源优化配置能力，促进西部地区将资源优势转化为经济优势，实现更好更快发展。工程于2010年6月19日获得了国家发改委核准，计划于2011年11月中旬单极投运，力争2011年12月双极投运。

一、工程概况

青海—西藏±400kV直流联网工程起于距离格尔木市约24km的±400kV格尔木换流站，止于西藏林周县以西3km处的郎塘换流站，沿线途经青海省的海西藏族蒙古族自治州、玉树藏族自治州，西藏自治区的那曲市、拉萨市。路径长度约1038km，西藏段长约427km，青海段长约611km，航空距离约865km，线路曲折系数1.2。青海段海拔在2880～5290m之间，西藏段海拔在3780～5270m之间。额定输电功率1200MW。

二、设计方案

1. 格尔木换流站

格尔木±400kV换流站与柴达木750kV变电站同址合建，两站通过330kV母线连接。建设规模具体为：

（1）换流站容量：远期额定容量1200MW，本期额定容量600MW。远期单相三绕组换流变压器12台，备用1台；本期装设单相三绕组换流变压器6台，备用1台。单台容量117.7MVA。

（2）阀组：本期按双极、每极1个12脉动阀组考虑，远期按在本期基础上每极再并联1个12脉动阀组，最终构成每极两个12脉动阀组并联的接线方式。

（3）±400kV直流出线1回，接地极出线1回。

（4）330kV出线规模：本期建设2组换流变压器和2组滤波器组的进线间隔至格尔木750kV变电站330kV母线。

（5）交流滤波器：直流送电600MW时，容性无功补偿按配置3大组15小组电容器/滤波器组，每小组容量暂按24Mvar考虑；本期容性无功补偿装置按双极送电300MW原则设计，配置2大组8小组电容器/滤波器，每小组容量24Mvar。

（6）低压并联电抗器：本期安装1组60Mvar低压并联电抗器。

2. 拉萨换流站

拉萨换流站新建工程的建设规模具体为：

（1）换流站容量：远期额定容量1200MW，本期额定容量600MW。远期单相三绕组换流变压器12台，备用1台；本期装设单相三绕组换流变压器6台，备用1台，单台容量117.7MVA。

（2）阀组：本期按双极、每极1个12脉动阀组考虑，远期暂按在本期基础上每极再并联1个12脉动阀组，最终构成每极两个12脉动阀组并联的接线方式。

（3）±400kV直流出线1回，接地极出线1回。

（4）220kV出线规模：送电规模600MW时出线6回，至夺底220kV变电站2回，墨竹工卡220kV变电站2回，至旁多水电站2回，远期不堵死扩建可能；本期出线2回，至夺底220kV变电站。

（5）拉萨换流站按装设1组60Mvar静止无功补偿装置（SVC）考虑，并设1组备用晶闸管控制电抗器（TCR）。

（6）低压电抗器：送电规模600MW时按配置6组考虑，远期不堵死扩建可能。本期装设4×10Mvar电抗器。

（7）交流滤波器：直流送电规模600MW时，容性无功配置暂按3大组12小组电容器/滤波器组（其中8组25Mvar、4组45Mvar）考虑。本期容性无功配置按直流双极送电300MW原则设计，配置2大组8小组电容器/滤波器组，每小组容量25Mvar。

3. 直流输电线路

直流输电线路总长1038km，导线采用4×JL/G1A—400/35—48/7钢芯铝绞线，地线采用1×19—13.0—1270—B镀锌钢绞线，全线架设OPGW复合光缆。设计基准风速取27、31.5、34m/s三种。设计覆冰有5、10mm两种冰区。

4. 接地极线路

(1) 格尔木换流站接地极线路。全线在格尔木市境内走线，全线长 20km。导线采用 2×2×JL/G1A—300/40—24/7 钢芯铝绞线，地线采用 1×19—11.5—1270—B 镀锌钢绞线。设计基准风速取26m/s。设计覆冰 5mm。

(2) 拉萨换流站接地极线路。全线在拉萨市林周县境内走线，长度 12.5km。导线采用 2×2×JL/G1A—300/40—24/7 钢芯铝绞线，地线采用 1×19—11.5—1270—B 镀锌钢绞线。设计基准风速取26m/s。设计覆冰 5mm。

三、工程进度安排和实施情况

(一) 工程设计进度

2007 年 5 月完成预可研，预可研确定电压等级为±380kV；2007 年 8 月可行性研究启动，启动会议明确电压等级为±400kV，2007 年 12 月完成±400kV可行性研究工作；2008 年 2 月根据国家电网公司《关于调整青藏直流联网工程电压等级和建设规模的意见》的函，电压等级调整为±500kV，2008 年 3 月完成 ±500kV 补充可行性研究工作；2008 年 4 月完成 ±500kV 预初步设计；2008 年 5 月±500kV 可行性研究收口；2008 年 10 月±500kV 初步设计审查；2009 年 1 月中国国际工程咨询公司对青藏直流工程进行了评估；2010 年 3 月，国家电网公司明确电压等级改为±400kV；2010 年 5 月，进行了±400kV可研评审；2010 年 6 月，±400kV 初步设计审查；2010 年 8 月 3 日，±400kV 初步设计收口；2010 年 6 月开始施工图设计，2010 年 7 月完成土建施工图设计。

(二) 工程开工及建设情况

2010 年 7 月 29 日开工仪式在格尔木和拉萨两地同时举行。

1. 格尔木换流站

格尔木换流站于 2009 年 5 月完成场平，主体工程 2010 年 7 月 29 日正式开工，于 10 月 28 日提前 2 个多月完成 2010 年底“两厅一楼基础出零米”（极Ⅰ阀厅、极Ⅱ阀厅以及控制楼）的建设计划。

2. 拉萨换流站

拉萨换流站于 2009 年 9 月完成场平，主体工程 2010 年 9 月 2 日正式开工，于 12 月 9 日提前 1 个月完成 2010 年年底“两厅一楼基础出零米”（极Ⅰ阀厅、极Ⅱ阀厅以及控制楼）的建设计划。

3. 直流输电线路

直流输电线路工程 2010 年 8 月 9 日首基基础浇注仪式在格尔木以南 79km 处的 1225 号进行，2010 年 10 月 1 日，首基装配式基础在 5 标 3901 号吊装装配。

(三) 工程参建单位

1. 格尔木换流站

建设管理单位：青藏交直流联网工程建设总指挥部。

设 计 单 位：西北电力设计院。

监 理 单 位：湖北环宇监理公司。

施 工 单 位：天津电力建设公司、青海省送变电工程公司、黑龙江省送变电工程公司。

2. 拉萨换流站

建设管理单位：青藏交直流联网工程建设总指挥部、国家电网直流建设分公司。

设 计 单 位：西南电力设计院。

监 理 单 位：四川电力工程建设监理公司。

施 工 单 位：中国人民武装警察水电第二总队、青海火电工程公司、湖北省输变电工程公司、山东省送变电工程公司。

3. 直流输电线路

建设管理单位：青藏交直流联网工程建设总指挥部、青海省省电力公司、国家电网直流建设分公司。

设 计 单 位：西北电力设计院、西南电力设计院、中南电力设计院、青海省电力设计院、陕西省电力设计院。

监 理 单 位：甘肃光明电力工程监理公司、青海智鑫电力建设监理有限公司、四川电力工程监理公司、青海迪康监理有限公司。

施 工 单 位：青海省送变电工程公司、甘肃省送变电工程公司、四川电力送变电建设公司、青海火电工程公司、西藏自治区电力建设总公司、武警水电二总队、贵州省送变电工程公司。

(四) 设备招标及供应商情况

2010 年经过公开招标和竞争性谈判等方式陆续确定了换流站主设备厂商。

格尔木换流站：换流阀设备由西安西电电力整流器有限责任公司供货；换流变压器西安西电变压器有限责任公司供货；直流场设备由西安西电电力系统有限公司集成供货；平抗设备由北京电力设备总厂供货；直流控制保护设备由南京南瑞继保电气有限公司提供。

拉萨换流站：换流阀设备由许继柔性输电系统公

司供货；换流变压器由特变电工沈阳变压器集团有限公司供货；直流场设备由西安西电电力系统有限公司集成供货；油抗设备由特变电工沈阳变压器集团有限公司供货；直流控制保护设备由南京南瑞继保电气有限公司提供。

2010 年 10 月完成铁塔招标工作，2011 年 1 月完成导地线、绝缘子、金具等的招标工作。

四、工程建设特点

1. 换流站

（1）格尔木±400kV 换流站与柴达木 750kV 变电站同址合建，节约占地及工程投资。

（2）本期阀组接线采用每极 1 个 12 脉动阀组的接线，远期扩建换流阀组接线同样采用每极 12 脉动换流阀组，远期扩建换流阀组与本期阀组采用并联接线方式。

（3）格尔木换流站采用户内直流场，并采用干式平波电抗器。

（4）拉萨换流站采用户外直流场，并采用油浸式平波电抗器，为世界最高海拔直流场。

（5）为提高西藏侧交流电压恢复能力，拉萨换流站安装了 SVC 动态无功设备。

（6）两换流站阀外冷采用风冷型式，节约水资源。

（7）结合地形特点，两换流站站区竖向布置采用平坡式。

（8）格尔木换流站地基采用加填料（碎石）的振冲置换桩，即振冲碎石桩进行处理。

2. 直流输电线路

（1）是世界上海拔最高的直流输电线路。

（2）首次在高海拔多年冻土地区建设的直流输电线路工程。

（3）首次研究设计了适合于高海拔多年冻土地区的预制装配式基础。

（4）首次在高海拔多年冻土区（试验）进行了锥柱基础和管桩基础的真型试验。

（5）首次逐塔进行了环境保护与水土保持方案施工图设计。

（6）首次对海拔高达 5300m 的直流输电线路进行了高海拔过电压与绝缘配合研究。

西北—新疆 750kV 联网工程

西北—新疆 750kV 联网工程是 2010 年国家确定的西部大开发 23 项重点工程之一，于 2010 年 11 月 3 日建成投运。工程起自新疆乌鲁木齐，沿古丝绸之路，经河西走廊，至甘肃永登与西北 750kV 主网架相联。该工程的建成投运，使新疆电网结束了孤网运行的历史，实现了从 220kV 到 750kV 的跨越，对促进新疆能源资源开发、实现疆电东送、助力西部大开发具有重要意义，同时为甘肃千万千瓦级风电基地提供了能源外送大通道，有利于在更大范围内消纳风电绿色能源。该工程是国家电网公司落实国家西部大开发战略和中央新疆工作会议精神，服务新疆、甘肃地方经济社会可持续发展的重要工程，是推进全国电网联网的重要里程碑。

联网工程由 7 座 750kV 变电站和 12 条 750kV 线路组成，变电总容量 1290 万 kVA，安装 750kV 变压器 7 组（24 台）、电抗器 28 组（89 台），双回线路全长 2×1780km。

（1）乌鲁木齐北变电站。位于新疆乌鲁木齐市米东新区。本期建设 750kV 主变压器 1 组，150 万 kVA，750kV 出线 3 回，220kV 出线 8 回。建设业主：西北电网公司，设计单位：西北电力设计院，施工单位：新疆送变电工程公司，监理单位：山东诚信监理公司。

（2）吐鲁番变电站。位于新疆吐鲁番市葡萄沟乡。本期建设 750kV 主变压器 1 组，150 万 kVA，750kV 出线 5 回，220kV 出线 9 回。建设业主：新疆电力公司，设计单位：西北电力设计院，施工单位：新疆送变电工程公司，监理单位：湖北鄂电监理公司。

（3）哈密变电站。位于新疆哈密市陶家宫乡。本期建设 750kV 主变压器 1 组，150 万 kVA，750kV 出线 4 回，220kV 出线 7 回。建设业主：新疆电力公司，设计单位：西北电力设计院，施工单位：甘肃送变电工程公司，监理单位：新疆新能监理公司。

（4）安西变电站。位于甘肃酒泉市安西县。本期建设 750kV 主变压器 2 组，420 万 kVA，750kV 出线 4 回，330kV 出线 8 回。建设业主：甘肃省电力公司，设计单位：甘肃省电力设计院，施工单位：甘肃送变电工程公司，监理单位：青海智鑫监理公司。

（5）酒泉变电站。位于甘肃酒泉市肃州区。本期建设 750kV 主变压器 1 组，210 万 kVA，750kV 出线 4 回，330kV 出线 4 回。建设业主：甘肃公司，设计单位：西北电力设计院，施工单位：甘肃省送变电工程公司，监理单位：陕西银河监理公司。

（6）金昌变电站。位于甘肃金昌市河西堡镇。本期建设 750kV 主变压器 1 组，210 万 kVA，750kV 出线 4 回，330kV 出线 8 回。建设业主：甘肃省电力公司，设计单位：甘肃省电力设计院，施工单位：湖北输变电工程公司，监理单位：甘肃光明监理公司。

（7）永登变电站。位于甘肃永登县武胜驿镇，为已建运行站。本期扩建750kV出线2回。建设业主：甘肃省电力公司，设计单位：西北电力设计院，施工单位：甘肃送变电工程公司，监理单位：山东诚信监理公司。

（8）乌北—吐鲁番—哈密线路。全长1116km，其中单回线段长2×535km，同塔双回线段长46km；铁塔2313基。建设业主：新疆电力公司，设计单位：西北电力设计院，施工单位：新疆、青海、陕西、湖北、湖南、河南、山东、黑龙江、吉林送变电工程公司，新疆、宁夏电力建设公司，葛洲坝集团电力有限责任公司，监理单位：新疆新能、青海智鑫、陕西银河、西北电建、河南立新监理公司。

（9）永登—金昌—酒泉—安西线路。双回线全长2×841km，铁塔2900基。建设业主：甘肃省电力公司，设计单位：甘肃省电力设计院，施工单位：甘肃、新疆、陕西、湖北、湖南、山东、山西、安徽、华东送变电工程公司，监理单位：甘肃光明、青海智鑫、宁夏恒安、陕西银河、安徽电力、湖北环宇监理公司，中国电力建设工程咨询公司。

（10）哈密—安西线路。双回全长2×352km，全线采用同塔双回常规型铁塔752基。建设业主：西北电网公司，设计单位：西北电力设计院，施工单位：新疆、甘肃、安徽、湖南、山东、吉林送变电工程公司，武警水电二总队，监理单位：甘肃光明、青海智鑫监理公司。

北川110kV智能变电站工程

北川110kV智能变电站是公司系统按统一规范建成投运的首座智能变电站。变电站位于新北川县城，属于“5·12”地震灾后重建工程。工程于7月14日开工，9月29日投运。

一、工程概况

变电站安装50MVA有载调压变压器2台，110kV出线2回，10kV无功补偿4Mvar并联电容器4组，本期一次建成；10kV出线本期18回，远景24回。110kV设备采用户外GIS组合电器，主变压器户外布置，为户外GIS变电站，围墙内占地面积3.057亩。

二、工程参建单位

业主单位：四川省电力公司。
建设管理单位：绵阳电业局。
设计单位：四川电力设计咨询有限责任公司。
监理单位：四川电力建设监理有限公司。
施工单位：绵阳启明星集团有限公司。
调试单位：四川电力科学研究院。

三、技术特点

（1）采用集成智能组件的主变压器，配置主变压器油色谱在线监测装置。

（2）110kV GIS电子式互感器、在线监测、监控元件采用一体化设计，配置SF_6气体密度、微水在线监测装置。

（3）全站选用基于罗科夫斯基线圈的电子式互感器。输出数字量采样值，通过光缆传送至二次设备。

（4）全站采用一体化站用电源系统。对站用电源进行全面整合，将站用交流电源、直流电源、UPS电源、通信电源统一设计。

（5）全站采用统一后台的全站在线监测系统。通过对监测数据分析、综合专家系统软件，对主变压器与110kV GIS设备状态做出状态预判和检修决策建议。

（6）布置优化，全站围墙内面积3.057亩，较同规模常规变电站方案减少约10%。

（7）节能环保。主控通信楼正南北向布置，外墙采用无机不燃外保温系统，屋面采用挤塑板保温，墙体采用加气混凝土填充，卫生洁具采用节能和节水型，变电站照明采用LED灯高光效光源和太阳能高效率节能绿色照明灯具，路灯采用太阳能LED路灯，体现智能变电站绿色环保的特点。

西泾220kV智能变电站工程

西泾220kV智能变电站是公司系统按统一规范建成投运的首座220kV智能变电站。采用大量新技术、新设备、新材料，可自动完成一键式顺序控制、一次设备在线监测、辅助系统智能联动及变电站自动化系统高级应用等功能。

变电站位于江苏省无锡市惠山区前洲镇，工程于7月开工建设，12月建成投运。

一、工程概况

变电站本期安装180MVA有载调压自耦变压器2台，远景3台；220kV出线4回，远景8回；110kV出线8回，远景12回；10kV出线24回，远景36回；10kV无功补偿6Mvar并联电容器12组，远景18组。变电站220、110kV设备均采用全户内GIS组合电器，两栋楼布置，主变压器户外布置，为半户内GIS变电站。围墙内占地面积10亩，建筑面积约4788m^2。

二、工程参建单位

业主单位：江苏省电力公司。

建设管理单位：无锡供电公司。

设计单位：江苏省电力设计院。

监理单位：江苏宏源电力建设监理公司。

土建施工单位：江苏精亨裕建工有限公司。

电气、线路施工单位：江苏省送变电公司。

调试施工单位：江苏省电力试验研究院。

智能监测及辅助控制系统施工单位：无锡物联网产业研究院。

三、技术特点

(1) 智能一次设备采用“一次设备本体+传感器+智能组件”方案实现一次设备就地测量、控制、保护、状态监测等智能化功能。传感器与一次设备本体一体化设计安装，运行可靠、外形美观。智能组件就地布置于智能控制柜，结构紧凑，回路简化，控制直接。

(2) 设置主变压器油中溶解气体/微水/油温/气压、GIS局部放电/SF_6气体/断路器工作特性、避雷器泄漏电流/放电次数的在线监测，国内首次实现大规模、多参量在线监测系统后台整合，利于一次设备状态检修，减少停电次数，提高使用效率和寿命。在线监测后台系统与主站及变电站自动化系统实现信息互动。

(3) 国内首次大规模应用全光纤型电子式电流互感器。

(4) 全站各电压等级采用保护测控一体化装置，大大节省测控装置数量；双重化测控采用逻辑机制保证信息上传、控制下行、防误闭锁的正确性和完整性。

(5) 全站采用IEC 61850标准实现二次装置信息交互数字化、标准化，利用光纤实现二次装置互联互通，大量节省了控制电缆。

(6) 国内首次建立数字式计量系统与常规计量系统对比验证系统，在实际工况中验证两者长期运行中各种外部条件下的精度偏差，为电子式互感器的计量应用提供指导数据。

(7) 根据运行需求定制自动化系统高级功能，实现一键式顺序控制、智能告警与故障诊断、状态估计、取代功能等高级应用。

(8) 物联网技术实现辅助设备智能化。国内首次在变电站利用物联网技术建立传感测控网络，实现图像监视、安全警卫、火灾报警、主变压器消防、采暖通风、给排水、SF_6泄漏监测、运行温度监测等辅助系统的集成应用和联动控制。

(9) 针对具体场所配置相应的LED节能灯具，降低能耗。

(10) 二次设备就地化布置。各间隔保护测控、合并单元、智能终端、在线监测IED等二次设备均下放布置于配电装置现场的智能控制柜，节省二次设备室44%的屏位和全站30%的缆材。

华能小湾水电站工程

华能小湾水电站于2002年1月正式开工，规划装机容量420万kW，安装6台70万kW水轮发电机组，全部机组投产后，预计年发电190亿kWh。

华能小湾水电站建设创下了多项世界第一，即世界最高的双曲拱坝、最高的边坡、水头最高的机组等。电站建设攻克了300m级双曲拱堤坝浇筑、超大地下洞室群和世界最高边坡开挖、4600kW泄洪消能、水头最高机组安装等世界级设计和施工难题，刷新多项世界纪录。特别是成功解决了300m级坝体混凝土温控浇筑的世界级难题，为全国乃至世界高坝建设提供了借鉴。

华能小湾水电站工程以发电为主，兼有防洪、灌溉、拦沙及航运等综合利用效益。水库库容近150亿m^3，每年调节水量近100亿m^3，具有良好的多年调节性能。主要表现在：①除保证自身发电外，还可使下游的3个梯级电站的保证出力增加110万kW，发电量增加25.75亿kWh，且全部是枯水期电量，并可将15.65亿kWh的汛期电量转化为枯期电量。②通过实施系统流域联合优化调度，可使云南全省水电站群保证电量占全年电量的比例由52.8%达到86%，提高了62.8%，从而扭转云南电力系统长期难以解决的“丰弃枯紧”的被动局面。③大大增强了云南电网系统调峰能力和电能质量，水能利用率由88.5%达到98.7%，提高了12.16%，使云南电网系统有效电量每年净增约62亿kWh，带来巨大的经济效益。

2009年9月25日，首台机组投产运行，同年11月15日和12月15日，2号、3号机组分别投入商业运行，其中3号机组被命名为华能集团装机过亿标志性机组。2010年5月9日，4号机组顺利投产，成为我国水电装机2亿kW标志性机组；8月22日，最后一台机组投产发电。

华能海门电厂

华能海门电厂规划建设6台国产百万千瓦超超临界燃煤发电机组。一期工程建设2台100万kW超超临界机组，于2006年12月开工建设，2009年9月全部投产。

2010年12月，华能海门电厂一期（2×100万kW）工程荣获国家优质工程金奖，是全国电力系统唯一一个“国家优质工程全过程质量控制示范工程”。

该工程突出了节能环保的理念。三大主机采用国产先进设备，单机容量为103.6万kW，是目前全国单机容量最大的机组。机组热效率高，为45.32%，煤耗低，各项经济指标和技术性能均处于国内领先，国际先进水平。可大大提高燃煤效率，有效节约煤炭资源。工程是全国首批脱硫（海水脱硫）、脱硝工程与主体工程同步建设、同步投运的百万千瓦机组建设项目，污水处理率达100%，有效减少了污染物的排放。

华能援藏过渡电源项目

2010年，华能援藏过渡电源项目全部建成投产并顺利移交。

为解决西藏长期以来的缺电困难，给西藏各族同胞送去光和温暖，华能集团公司以服务国家、勇挑重担的精神，主动请缨，积极承担了援藏过渡电源项目的建设任务。2009年8月，华能投资3.6亿元，以援建方式分别在拉萨和阿里建设10万kW和1万kW应急过渡电源。经过全体参建人员艰苦卓绝的顽强拼搏，2010年1月29日和8月27日，华能援建的拉萨项目10万kW、阿里项目1万kW共13台柴油发电机组先后建成投产，并于2010年9月25日全部移交给西藏自治区和西藏电力公司，有效缓解了拉萨和阿里地区严重缺电局面，为促进西藏经济发展和民族地区繁荣稳定发挥了重要的作用。

拉萨过渡电源项目提前一个月全面建成，已成为西藏目前最大的火力发电厂，占藏中电网装机容量约20%。西藏阿里过渡电源项目在海拔4500m处，仅用110天就实现了首台机组并网发电，建成中国海拔最高火电厂。

大唐国际吕四港发电厂工程

大唐国际吕四港电厂位于江苏省南通启东吕四港镇东部，地处“长三角”负荷中心，厂址东临黄海，沿海堤纵向深入大海3.4km，南距上海市（崇明）约50km，西距南通市约70km，是名副其实的海上电厂。本项目一期工程建设4台660MW超超临界燃煤机组，总装机容量2640MW，同步建设两个3.5万t级（水工结构5万t）泊位的运煤码头，项目动态总投资112.7亿元。2009年12月29日，国家发展改革委以发改能源［2009］3305号文，核准大唐吕四港电厂4×660MW“上大压小”新建工程。

2010年3月6、14、31日，6月6日，4台机组先后顺利通过168h试运行，创造了电力建设史上“一月三投”和“一季四投”的辉煌业绩。电厂煤码头工程的投运，实现了南通地区海港码头零的突破，结束了南通长久以来“有海无港”的历史。

吕四港电厂年发电量约150亿kWh。该工程采用国际上最先进的超超临界技术，安装燃料智能管理系统，同步建设除尘、脱硫系统，并能有效降低发电煤耗。“上大压小”关停的小火电机组平均供电煤耗约445g/kWh，按江苏地区目前的电煤供应指标折算，每千瓦时电量可节约煤耗154g，每台机组一年可节约近5万t标准煤；烟尘年排放量减少约9844t；二氧化硫年排放量减少2880t；氮氧化物年排放量减少5990t，社会效益和经济效益突出。

作为吕四港港口开发的开港项目，该工程不仅能够满足南通地区的电力需要，还可向“长三角”其他地区提供电力，带动了吕四港区和南通沿海大型临港产业项目的开发建设速度，对改善华东地区电源布局，促进“长三角”地区经济发展将发挥重要的作用。

大唐吉林向阳风电工程

大唐吉林向阳风电一期40.05万kW工程位于吉林省洮南市向阳乡和二龙乡，是国家2008年12月19日一次性核准最大的风电项目，是中国—丹麦政府风能示范项目，是吉林省风机制造本地化支撑项目，担负着“研究总结适应我国大型风电场开发技术准则和指导意见”的国家责任。工程使用的267台1500kW风力发电机组及其配套设施为中国具有完全知识产权的国产设备。工程计划工期36个月，可研概算44.7亿元。

2010年9月18日，作为世界第二大、中国第一大的向阳CDM项目在联合国注册成功，为每年取得7000万元碳减排收益打下坚实基础的同时，刷新了联合国CDM注册效率记录。向阳风电整合工程链上下游企业，主动与大专院校、科研院所建立产学研体系，取得了风机在网率98.88%的好成绩，显著带动了产业科技管理进步和区域经济低碳发展。

截至2010年12月31日，向阳风电在基建安全、生产安全和经营安全的前提下，用时21个月完成主体工程建设并投产25万kW，累计实现降低工程造价 8.4 亿元；年上网电量突破 2 亿 kWh，实现利润 6054 万元，较计划增发电量 10 230.92kWh，多赢利 2916 万元。

按工期计划，大唐向阳风电将于 2011 年实现全部风机并网发电。

该风电场建成后，每年可提供 9.16 亿 kWh 的清洁电力，同比节约标准煤 33 万 t，减排二氧化碳 88 万 t。

大唐缅甸太平江一期水电站工程

大唐缅甸太平江水电站位于缅甸东北克钦邦境内、紧邻中缅边境的太平江上，该项目规划总装机容量 40 万 kW，分两期建设。一期建设 4 台 6 万 kW 机组，设计年发电量 10.7 亿 kWh，预计总投资约 17 亿元，90%以上的电量回送中国南方电网。2009 年 12 月 20 日，在国家副主席习近平和缅甸联邦和平与发展委员会副主席貌埃的见证下，在缅甸首都内比都签署了合资协议。根据合资协议：项目特许经营期限为“35+5”年，特许经营期满后全部移交给缅甸联邦政府。

缅甸太平江水电站由中国大唐集团海外投资有限公司控股的大唐（云南）水电联合开发有限责任公司具体负责开发、运行和管理。工程主要节点为：2007 年 12 月主体工程开工；2008 年 11 月 28 日实现截流；2010 年 5 月 31 日首台机组并网发电；2010 年 12 月 31 日 11 时 05 分，第 4 台机组也是最后一台机组正式结束 72h 试运行，并立即转入商业运营。不仅圆满实现了“一年四投”的工程建设目标，同时也实现了“即投产，即运行，即稳定，即盈利”。

缅甸太平江一级电站为中国大唐集团公司第一个境外水电项目，它的投产发电标志着集团公司实施国际化战略迈出了实质性步伐，不仅实现了集团公司境外在役机组“零”的突破，也积累了海外项目开发经验、培养了人才，为境外业务的发展奠定了良好的基础。

该项目的建成缓解了缅甸东北部电力紧张局面，造福了当地百姓，对促进中缅双方实现互利共赢、推动中缅睦邻友好关系向前发展起到了积极作用。

大唐南京发电厂工程

大唐南京发电厂工程项目位于南京市栖霞区靖安街道。其前身——金陵电灯官厂 1910 年在南京西华门外建成发电。2009 年 3 月 13 日，大唐南京发电厂新建 2 台 60 万 kW 级超超临界燃煤发电机组项目获国家发展改革委核准，批复工程动态总投资 51.2 亿元，配套新建 1 个 3.5 万 t 级煤炭接卸泊位（水工结构按 5 万 t 级设计）和 1 个 2000t 级综合泊位。工程优化设计，选用节能设备，同步安装高效静电除尘、脱硫、脱硝设施和在线连续检测装置，国内同类型机组首个取消了脱硫系统旁路挡板门，在送出、土地、码头、圆煤仓等多方面留有二期扩建条件。

工程建设过程中，按照“缜密策划是核心、组织实施是保证、复制推广是关键、机制体制是保障”的总体思路，紧密围绕大唐集团“指标先进、环境和谐、大唐特色”和“机制优化、队伍精良、管理一流”的要求，注重工程策划，突出特色管理，优化系统和设备选型，强化细节和过程控制，以“50 类样板点”为抓手，全面提升工程外在品位和内在质量。两台机组分别于 2010 年 8 月 4 日和 12 月 14 日投产运行以来，运行稳定，技术经济指标优异，各项主要性能指标均达到设计值，部分指标达到或优于同类机组先进值，主要技术、经济、节能、环保等指标达到或优于同类机组先进水平，供电煤耗为大唐集团同类型电厂最低，并创造哈尔滨锅炉厂超超临界机组锅炉无爆管最高纪录。工程荣获大唐集团第一个火电“示范电厂工程”称号。

华电宁夏灵武发电有限公司二期（2×1000MW）空冷机组工程

该工程建设安装具有我国独立知识产权的两台全球首台（套）百万千瓦超超临界空冷机组，不仅是国家百万千瓦机组空冷技术装备自主国产化示范项目，也是国家重点开发区宁东煤电化基地开工建设的“一号工程”。工程动态投资约 76 亿元。同步建设烟气脱硫装置和烟气脱硝装置，具有节水环保、高效节能等显著特点，燃煤含硫量按 1%计算，每年可减少二氧化硫排放 7.2 万 t；与传统湿冷发电机组相比，节水可达 80%，年节水量达 2600 万 t，相当于近 80 万人 1 年的用水量，属世界先进之列。

工程于 2008 年 12 月 9 日获得国家发展改革委核准并正式开工建设，2010 年 12 月 28 日实现 3 号机组投产发电，创造了国产化程度最高、整体质量最优、节能环保性能最好、工程建设时间最短等多个国内第一，并彻底改变了我国空冷机组技术、设备依赖进口的历史，对于推动我国富煤、贫水地区电力工业发展，提升我国大型空冷系统技术创新能力和自主知识产权技术水平具有里程碑式的意义。

华电国际莱州发电厂一期（2×1000MW）工程

华电国际莱州项目是山东省和山东电网“十一五”规划建设的重点电源项目，总规划容量8×1000MW，一期建设两台1000MW级机组，年发电量可达110亿kWh，同时配套建设2×3.5万t级莱州港区通用泊位码头。该项目于2010年1月29日获得国家发改委核准，计划2012年上半年全部投入运行。该项目具有节能、节水、节地、环保等特点，设计发电煤耗268.5g/kWh，低于全国火电平均水平近70g/kWh，是国内首家设计煤耗低于270kg/kWh的发电企业。该项目采用全三维立体化工程设计，电厂建设在海边滩涂盐碱地，灰场利用废弃的露天金矿矿坑，不占用基本农田，并采用海水淡化技术供水，厂内污水和废水经处理回用，可实现污水“零排放”。项目建成后，将为环渤海经济圈和黄河三角洲高效生态经济区的发展提供重要的电源支撑。莱州公司一期工程被中国施工企业管理协会、中国电力建设企业协会联合确定为2010年“国家重大工程全过程质量控制试点工程”。

华电四川珙县电厂一期（2×600MW）工程

该工程为世界首台超临界W火焰炉燃煤发电机组，是四川省2008年50个重大项目之一，也是中国华电集团公司第一个“上大压小”项目，更是“5·12”汶川地震后国家发展改革委核准的四川第一个重大项目。珙县电厂位于四川省宜宾市珙县孝儿镇天堂坝，工程动态投资48亿元，新建两台60万kW超临界燃煤发电机组，采用低氮燃烧技术，同步安装烟气脱硫脱硝装置。工程建设中，采用产学研相结合的方法解决西南区域燃用无烟煤的超临界W火焰炉的结焦和燃尽、燃用高硫煤锅炉的高温防腐、节能点火以及高效、低氮燃烧器研制等问题。自2008年6月26日开工建设以来，工程建设稳步进展，2010年12月28日，1号机组点火一次成功，机组安装工作基本结束，顺利进入酸洗、吹管、整套试运和投产发电的冲刺阶段。

华电内蒙古北清河风电场300MW风电项目

华电内蒙古开鲁风电有限公司北清河风电场300MW风电项目是国家第五批特许权项目，建设安装华锐196台1500kW的风电机组和2台3000kW风电机组。该工程于2008年10月18日开工，2009年6月第一基风机基础浇注，134台风机于2010年1月27日并网发电投产，后续64台风机于2010年12月18日全部并网发电投产。该工程自开工以来创出国内风机建设最短工期，先期134台风机基础浇筑用时3个月26天，后续64台风机基础浇筑用时3个月，整个198台风机累计仅用7个月时间完成了全部浇筑工作，134台风机吊装完成仅用时4个月6天，整个300MW风电工程从第一台风机基础浇注到全部投产发电仅用一年半时间。并首次在东北及蒙东地区安装两台3MW陆上风机，对优化陆地风场风机选型及布点积累了经验起到了示范作用。

国电大岗山水电站工程

大岗山水电站坝址位于四川省石棉县境内，库区跨雅安市石棉县和甘孜州泸定县两县，为大渡河水电基地干流规划3库22级方案的第14梯级电站。坝址距下游石棉县城约40km，距上游泸定县城约75km，控制流域面积62 727km^2，占大渡河总流域面积81%，坝址处多年平均流量1010m^3/s，年径流量318.50亿m^3。

大岗山水电站是一座以发电为主的特大型水电工程。电站混凝土双曲拱坝最大坝高210m，水库正常蓄水位1130.00m，死水位1120.00m，汛期排沙运行水位1123.00m，总库容7.77亿m^3，调节库容1.17亿m^3，具有日调节能力。电站装机4台，单机容量650MW，总装机容量2600MW，保证出力636MW，多年平均年发电量114.5亿kWh。大岗山水电站枢纽建筑物由混凝土双曲拱坝、水垫塘、二道坝、右岸泄洪洞、左岸引水发电建筑物等组成。

大岗山水电站工程于2003年1月开始前期勘测设计，2005年1月通过预可行性研究报告审查，2006年6月通过可行性研究报告审查，2007年3月通过项目申请报告评估，2010年12月工程获得国家核准。工程建设于2005年9月筹建动工，2008年1月完成河道分流，可行性研究报告计划2014年7月发电，现调整为2014年12月发电，2015年7月全部机组发电。

国电龙源瓜州300MW自主化示范项目

龙源瓜州300MW自主化示范项目是龙源电力集团股份有限公司目前单个投产容量最大的项目，于

2010 年 11 月 29 日投产发电。

龙源瓜州 300MW 自主化示范项目风电场建设地点位于甘肃省瓜州县城东北约 40km 双塔农场北面 5km 的北戈壁中，场址区的海拔在 1306～1378m 之间，占地面积约 55km^2。

该项目安装金风 82/1500kW 永磁直驱型风力发电机组 200 台。项目全部建成投产后，年上网电量约为 67 087 万 kWh。每年可节约能源：标准煤约 23.82 万 t；水资源约 224 万 t。每年可减少污染排放量：烟尘排放量约 413.5t；二氧化硫排放量约 3260.8t；氮氧化物排放量约 2162.2t；一氧化碳排放量约 44.3t；二氧化碳排放量约 55.9 万 t；废水排放量约 34.45 万 t；灰渣排放量约 4.25 万 t。为地方经济建设和保护生态环境作出了重大贡献。

国电谏壁发电厂 1×1000MW 机组扩建项目

国电谏壁发电厂“上大压小”1×1000MW 机组扩建项目于 2009 年 4 月 14 日获国家发展改革委核准批复，动态总投资 41.11 亿元，由中国国电集团公司投资建设。2009 年 5 月 28 日正式开工。

本工程建设一台 1000MW 超超临界燃煤发电机组，同时配套建设烟气脱硫设施和脱硝装置，三大主机设备通过公开招标确定，均采用上海电气集团引进的超超临界参数产品，其中锅炉为螺旋管圈水冷壁直流炉，单炉膛、一次中间再热、采用四角切圆燃烧方式、平衡通风、固态排渣、全钢悬吊结构、塔式、露天布置燃煤锅炉。汽轮机为一次中间再热、凝汽式、单轴、四缸四排汽汽轮机。发电机为水氢氢冷却、静态励磁汽轮发电机。电厂出线为 500kV 电压等级。

工程于 2011 年 5 月 21 日通过了 168h 满负荷试运行，投入商业运行，实现了与脱硫、脱硝等环保设施“三同时”的投产目标。

中电投海阳核电工程

中国电力投资集团公司控股建设的山东海阳核电工程，是国家第三代核电技术自主化依托项目，采用美国西屋公司 AP1000 核电技术路线。AP1000 技术特有的非能动安全系统和模块化设计，是目前世界上公认的最安全、最先进的核电技术。山东海阳核电工程于 2009 年 9 月获得发展改革委核准并正式开工建设，一期建设 2 台 125 万 kW AP1000 核电机组。2010 年 12 月 21 日 2 号核岛 CA20 模块成功吊装就位，顺利完成 2010 年的最后一个工程节点。至此，海阳核电工程 2010 年度计划安排的 11 个重大里程碑节点全部完成，全面实现了年度工程目标。

中电投平顶山第二发电厂“上大压小”工程

平顶山第二发电厂项目是中电投豫南煤电基地核心项目，规划总建设规模 6×100 万 kW。其中，一期工程建设 2×100 万 kW 超超临界国产燃煤发电机组。该工程筹建工作于 2003 年启动，2008 年 3 月 4 日获得国家发展改革委核准，2008 年 5 月正式开工建设。该工程是中电投和华中地区第一个获国家核准建设的单机百万千瓦级火电项目、全国第一个以“上大压小”方式核准的单机百万千瓦机组项目，同时也是河南省“十一五”重点项目。该工程位于平顶山矿区边缘，地处昭平台水库下游，煤、水资源丰富。采用世界最先进的超超临界燃煤发电技术，具有高效、节能、环保等特点。平顶山第二发电厂“上大压小”工程一期工程 2 台机组分别于 2010 年 11 月、12 月顺利投产。

2011 中国电力年鉴

电力工作报告

工 作 会 议 报 告

国家电力监管委员会2011年工作会议报告（摘要）

一、2010年工作回顾

2010年是实施“十一五”规划的最后一年。面对复杂多变的国内外经济环境及来自国内外和自然界的严峻挑战，党中央、国务院总揽全局，科学决策，团结带领全国各族人民，有效巩固和扩大了应对国际金融危机冲击成果，全面完成了“十一五”规划确定的目标任务。一年来，电监会系统认真贯彻落实党中央、国务院各项决策部署，坚持“以人为本，监管为民”，全面落实监管职责，着力保障电力安全、推进市场建设、深化市场监管、强化行政执法、加强自身建设，各项工作扎实推进，电力监管的力度、广度和深度不断拓展，为电力安全保供和国民经济平稳较快发展作出了应有的贡献。

（一）安全监管成效显著，全国电力安全生产形势总体稳定

举办上海世博会和广州亚运会是2010年全国的大事。电监会把保证上海世博会和广州亚运会电力安全作为全年安全监管工作的重点，加强对保电工作的组织领导和协调指导，建立应急机制，多次对保电工作情况进行检查督导，督促企业深入开展隐患排查治理，全面落实保电措施，圆满完成了保电任务，实现了保电工作万无一失。

青海玉树强烈地震和甘肃舟曲特大山洪泥石流灾害发生后，电监会系统迅速反应，快速行动，加强应急值守，领导同志靠前指导协调，全力以赴做好救灾保电和灾后恢复重建工作，取得了玉树抗震救灾保电和舟曲抢险救灾保电工作的胜利。面对多地发生的严重干旱、洪涝、台风等严重自然灾害，提前部署，严密防范，深入一线，加强指导，确保了灾害期间电力可靠供应。

深入开展电力行业“安全生产年”活动。结合迎峰度夏、防风防汛、上海世博会和亚运会保电、电力工程建设项目安全管理等工作，组织开展安全生产督查，确保“安全生产年”活动各项措施落到实处。强化电网安全监管，出台了《重大活动电力安全保障工作规定》，开展电力行业二次系统安全防护工作检查和调研，研究制定涉网电力二次系统安全管理规定等规范性文件，电力系统安全风险和脆弱性分析评估研究取得阶段性成果。扎实推进工程建设领域突出问题专项治理工作，对部分重点电力工程项目专项治理工作进行了集中抽查，督促落实整改措施。强化水电站安全监管，对部分省份水电站开展了专项检查和调研，继续做好电力系统水电站大坝注册、定检、信息化建设和培训等工作，理顺小水电安全监管职责分工。着力加强安全监管基础工作，召开可靠性指标发布会，表彰了金牌机组和金牌企业，开展了发电机组并网安全性评价和风力发电场并网安全性评价试点工作，编制发布了《2009年电力安全监管报告》。强化电力行业应急体系建设，完善电监会应急指挥平台，积极配合做好《电力安全事故应急处置和调查处理条例》制定工作，推动河北、内蒙古、广东等省（区）开展应急联合演练。积极开展电力行业网络与信息安全监管工作，圆满完成了上海世博会和广州亚运会网络与信息安全保障任务，稳步开展电力行业网络与信息安全水平评价工作，电力行业信息安全等级保护测评体系建设试点工作取得进展，正在着手筹建测评实验室，初步完成了等级保护规范的起草工作。加强电力行业信息安全重大课题研究，电监会申报的《SCADA系统信息安全标准建设及示范应用》已获批复，正式纳入国家信息安全专项项目。大力推进安全文化建设，精心组织“安全生产月”巡回演讲活动，在全行业营造促进安全生产的良好氛围。

经过电力系统全体干部职工的共同努力，杜绝了重大以上电力生产人身伤亡、电网大面积停电以及电厂垮坝事故的发生，防止了重大以上环境污染、主设备严重损坏以及对社会造成重大影响事故的发生，维护了电力系统安全稳定运行，保持了全国电力安全生产形势总体平稳的态势。

（二）积极推进电力改革和电力市场建设，电力交易市场化程度提高

服从国家节能减排的工作大局，进一步完善大用

户与发电企业直接交易试点规则，规范和推进试点工作。5月，福建省电力直接交易试点正式启动实施，成为全国继安徽之后又一个试点省份。在国家发展改革委正式批复输配电价的基础上，积极协调推动浙江、江苏、重庆三省（市）试点方案的制定和上报工作，重庆的试点方案目前已经正式上报。与内蒙古自治区政府共同启动了内蒙古电力多边交易市场，这是我国正式运行的第一个电力多边交易市场。

区域电力市场建设取得新进展。华东跨省集中竞价交易、东北送华北电量交易、南方跨省（区）水电临时交易、华中跨省（区）电能交易等都实现了制度化、规范化运行。南方区域跨省（区）电能交易监管办法批准施行。目前交易量虽然还不大，但难在突破，重在突破，贵在突破。各区域发电权交易、各种灵活交易也都取得了新进展，东北、华中、华东跨省发电权交易规则已经出台实施。深化"两个细则"实施工作，辅助服务市场化程度提高，全国绝大部分地区按"两个细则"进入试运行。

积极推进电力体制改革。电网主辅分离改革工作取得阶段性成果，参与研究制定的《电网主辅分离改革及电力设计、施工企业一体化重组方案》已获国务院批准。推动农电体制改革工作，积极参与有关专题调研活动，就农电改革和农网改造升级提出意见建议，农网改造必须与农电体制改革同步进行的建议已经写入2010年中央1号文件。继续开展电力改革重大问题研究，召开座谈会，广泛听取意见，研究起草了《关于开展输配电体制改革试点工作的意见》和《"十二五"继续深化电力体制改革的意见和建议》。

（三）市场监管更加深入，市场秩序进一步规范

进一步加强监管法规制度建设。按照国务院要求，完成了电力监管规章和规范性文件的清理工作。制定颁布了《国家电力监管委员会行政复议办法》。开展了《供电监管办法》、《承装（修、试）许可证管理办法》、《供电企业信息公开实施办法（试行）》的宣贯工作。起草制定了《电能交易管理办法》、《电力调度监管办法》、《电力调度机构信息报送和披露监管办法》、《输配电成本监管办法》、《电价监督检查暂行规定》等规章和文件。《输配电成本监管办法》、《电能交易管理办法》、《电力争议调解办法》已上网公开征求意见。《供电服务规范》、《发电机组并网安全性评价标准》、《输电网运营评价标准》等电力监管标准的制定工作取得了阶段性成果。

深入开展监督检查。组织开展了供电检查整改落实、供电服务、新能源发电并网接入、《强制性条文》执行、电价政策执行与厂网电费结算、节能减排电力价格、五项许可制度执行等专项检查活动。在检查工作中，还引入了交叉检查等方式，提高了检查效果。

编制和发布了一批监管报告。在检查活动的基础上，认真做好监管报告编制发布工作，面向社会公开发布了《2009年全国电力交易与市场秩序情况监管报告》、《2010年供电检查监管报告》、《2010年电力许可制度执行情况监管报告》等8份监管报告和4份监管通报，通报了一批违规企业，收到了良好效果。派出机构也结合监管工作开展情况发布了一批监管报告。

认真做好日常监管工作。加强电力监管统计信息报送，完善电力监管统计制度，编发电力监管统计报告。加强电力供需及电煤供应监测预警和电力企业生产经营状况分析，定期编发信息，每个季度专题研究电力发展形势并向国务院上报分析报告，重要情况及时报告，2010年中央领导同志对我会的报告批示共32条。继续完善和落实厂网界面五项监管制度，强化了厂网联席会议制度的议事、决策职能。加强电网运营监管，组织开展了750～220kV电网运营情况调研和智能电网发展调研，建立了电力系统年度运行方式汇报制度。总结推广四川、浙江、湖南等派出机构工作经验，积极推动供电监管方式创新。认真履行电价监管职能，开展跨区域输电线路实地调研和跨省跨区电能交易价格情况调研，做好跨区域输电价格审核工作，我国第一条特高压试验示范工程输电价格经发展改革委核准，业已批复实施。加强电网企业输配电成本监管，按季度汇总分析电网企业输配电成本并提出政策建议。认真做好许可证日常变更和后续管理工作，全国供电企业基本实现了普及持证，绝大多数省份的发电企业也都实现了普及持证。继续开展发电企业持证经营和输、供电企业新建设施预期报备监督管理试点工作，电力业务许可监管有序推进。组织开展了"十二五"能源规划、"十二五"电力规划、新能源（风能）、智能电网等专题研究，向国务院报送了"十二五"电力发展基本思路建议，国务院领导同志做出重要批示，要求有关部门在编制"十二五"规划纲要时认真研究。

（四）行政执法力度加大，两个专项治理活动取得积极成效

针对电力用户和电力企业反映的突出问题，统筹工作力量，突出工作重点，在全国范围内集中开展了新建发电机组进入商业运营差额资金分配专项治理和供电企业用户受电工程"三指定"专项治理。新建发电机组进入商业运营差额资金分配专项治理经集中排查，确认差额资金共计44.01亿元，截至2010年8月，各网省电力公司均按要求出台了差额资金分配方案，向发电企业分配差额资金10.02亿元，较专项治理前增加分配8.46亿元。供电企业用户受电工程"三指定"专项治理开展以来，电力监管机构共发现

“三指定”方面的案件线索60余起。根据线索，对供电企业进行了重点抽查，对抽查发现的问题，下发责令改正通知书，限期进行整改，情节严重的，依法作出行政处罚。两个专项治理活动的开展，在电力系统产生了很大反响，进一步树立了电力监管机构“以人为本、监管为民”的形象，对于巩固厂网分开的改革成果，规范电力企业市场行为，维护公平公正的市场秩序，保护电力用户合法权益起到了积极作用。

畅通投诉举报渠道，认真受理电力监管投诉举报，进一步加大违法违规案件查办力度。完善投诉举报事项受理工作机制，定期向社会公布12398投诉举报处理情况。建立日常监管与稽查工作的衔接联动机制，积极主动地从投诉举报、日常监管、专项检查中寻找案件线索。全年共立案查处违法违规案件57起，并根据违法违规行为的情节给予了相应处理，罚款及没收违法所得共计373万元。电监会直接对贵州腾元电力发展股份有限公司违规供电等三起违法违规案件进行了查处。会同环保、公安、工信、质检等部门联合开展电力行业有关行政执法工作。

积极开展争议调解，妥善解决矛盾纠纷。通过协调、调解的手段，妥善处理了华电贵州公司与贵州电网公司等多起电力争议，其中电费结算争议涉及金额17.48亿元。各派出机构在争议调解方面做了大量工作，得到了当事人的肯定和表扬。

实践证明，加大行政执法力度是履行监管职责的需要，是坚持以人为本、监管为民，服务党和国家工作大局的需要，是维护公平公正市场秩序，建设和谐社会的需要。

（五）服务国家工作大局，节能减排监管扎实推进

2010年节能减排任务十分艰巨。年初，国务院召开全国节能减排工作电视电话会议，全面部署节能减排工作 。我们认真贯彻落实国务院决策部署，成立了节能减排和淘汰落后产能监管领导小组，明确了工作任务，落实了工作责任，加大了工作力度。在3月开展电力企业节能减排专项检查的基础上，对河北、山东等10个重点省份的电力企业节能减排情况进行了督查。会同中央有关部委联合组织开展了全国节能减排电力价格大检查，向国务院报告了有关检查情况。会同有关部门编制发布了《2009年电力企业节能减排情况通报》。

把节能减排工作和日常监管工作结合起来。将促进燃煤电厂二氧化硫治理作为办理发电业务许可证的重要条件和电力业务许可监督检查的重要内容。发挥市场优化配置资源作用，推动开展发电权交易。加强可再生能源电力监管，开展了新能源发电并网接入检查，完善可再生能源电量收购的制度规定。监管供电企业落实对高耗能、高污染企业的停电、限电措施，为国家“十一五”节能减排目标的实现作出了贡献。

（六）夯实基础工作，自身建设不断加强

创先争优活动开局良好，进展顺利。按照中央统一部署，在电监会系统广泛开展创先争优活动，紧紧围绕推动科学发展、促进社会和谐、服务人民群众、加强基层组织的总要求，加强对创先争优活动的组织领导，精心设计活动载体，将创先争优活动与建立学习型组织紧密结合，与开展向先进人物学习紧密结合，与党的组织建设紧密结合，与党风廉政建设紧密结合，与电力监管业务工作紧密结合，推动了电力监管事业的开展。

党风廉政建设取得新成效。认真贯彻中央反腐倡廉工作部署，深入开展电力行业治理商业贿赂专项工作，在查处商业贿赂案件的同时，注重加强电力市场诚信体系建设。配合有关部门开展工程建设领域突出问题专项治理工作，组织了突出问题排查整改。参与了深化投资体制改革工作。开展“小金库”治理“回头看”工作，对群众来信反映的问题进行了立案调查，追回资金34.81万元，提出了对有关责任人的处理意见。进一步做好厉行节约工作，对公款出国（境）团组数量、规模和公务用车配备使用管理、公务接待费用支出和一般性支出等提出了明确要求，压缩“三项经费开支”，实现“四个零增长”。加强党内监督，贯彻实施《廉政准则》和《关于实行党风廉政建设责任制的规定》，认真落实党员领导干部报告个人有关事项的规定。

加强电力监管组织体系建设和队伍建设。全面落实中央编办关于电监会派出机构和编制调整的批复，完成了新疆办筹备组建工作，分配落实了新增事业编制，进一步完善区域电监局和省电监办职责，规范内设机构调整。加强领导班子和干部队伍建设，强化干部日常管理。认真开展教育培训工作，有计划地组织年轻干部到基层进行实践锻炼，增强干部综合素质。

加强机关运行规范化、制度化建设。积极推动电力监管实时信息系统建设，进一步做好软件正版化工作，深入推进电子政务系统建设，监管信息化水平持续提高。全面推进信息公开和政务公开，中国电力信息公开网荣获中国政府网站信息公开领先奖。积极开展“五五”普法活动。进一步做好新闻宣传工作，策划开展了吕清森先进事迹宣传学习活动。不断完善外事管理，国际交流取得新成效。财务管理不断加强，后勤服务工作进一步改善。

2010年是国务院扶贫办明确电监会对甘肃省通渭县开展定点扶贫工作的第一年。电监会认真落实中央要求，加强对定点扶贫工作的组织领导，明确工作思路，选派干部赴扶贫县挂职，积极落实、扎实推进

扶贫项目，定点扶贫工作初见成效。甘肃电监办特别是挂职干部为此付出了辛勤努力。

中电联和电力报社工作也取得了新成绩。中电联在新一届理事会领导下，着力打造政策研究、统计信息、专业服务和沟通协调四个平台，大力加强内部管理，服务能力显著提高，行业影响力不断增强。电力报社围绕电力行业改革发展大局，坚持正确舆论导向，策划实施了一系列大型宣传报道活动，舆论引导能力进一步增强，社会影响力进一步扩大，体制改革工作取得重要进展。

回顾这几年来的电力监管工作，电监会围绕大局抓服务，毫不放松抓安全，积极履责抓监管，加大力度抓执法，坚定不移推改革，保持了电力安全生产总体平稳态势，各项工作在前几年的基础上，都有了新进展，在一些方面取得了突破。一是监管定位更加清晰。经过几年的实践和探索，特别是通过开展学习实践科学发展观活动，对电力工业发展规律、电力市场规律和电力监管规律的认识日益深化，在监管定位等重大问题上形成了统一认识，为坚持电力监管工作的正确方向，保证电力监管事业的健康发展奠定了思想基础。二是监管力量进一步充实。在中央的高度重视和中央有关部门的大力支持下，经过不懈努力，中央编办批复了电监会派出机构和编制调整的申请。各区域局结合这次调整在未设立省电监办的省份设立了电力监管业务办公室，电力监管机构基本覆盖了除西藏以外的全国所有省（区、市），监管组织体系进一步健全，队伍力量不断加强，工作关系逐步理顺。三是电力市场建设有了较大进展。电力市场是电力监管的立身之本。电监会抓住时机，大力推进电力市场建设。目前，六个区域电力市场都形成了建设方案，电力多边交易市场、直接交易试点取得突破。发电权交易、辅助服务市场化蓬勃发展，电力交易品种更加丰富，电力市场在资源配置中的基础性作用不断增强。四是行政执法不断加强。坚持一手抓立法，一手抓执法，根据监管工作需要，加快监管法规制度建设，电力监管法规体系更加完善。开设了罚没收入账户，解决了多年来制约电力监管行政执法工作的一大难题。在派出机构全部设立了稽查处，执法力量不断充实。不断加大执法力度，组织开展专项治理，严肃查处违法违规典型案件，有效维护了电力市场秩序，树立了电力监管权威。五是监管方式不断创新。服务党和国家大局，主动发挥监管作用，积极开展节能减排监管，把电力供需形势监测预警作为市场监管的重要内容。进一步完善监管报告制度，监管报告数量和质量都有提高。积极运用现代科技手段，开发建设在线监控系统、实时监管信息系统和信息化监管业务平台。在安全监管、供电监管等领域探索应用激励性监管方式，收到了良好效果。引入监管约谈、监管谈话、电力监管社会监督员制度，实施定点监管、实时监管，推动监管创新。

二、当前的形势

2010年是“十一五”的最后一年。全国电力工业运行平稳，电力供需总体平衡，发用电增长呈现前高后低的走势。上半年，由于国家应对国际金融危机的一揽子计划效果显现，经济企稳回升，加之2009年基数较低等因素，全社会用电量持续保持两位数增长，特别是前5个月的月度同比增速连续超过20%以上。进入下半年之后，随着国家宏观调控政策特别是节能减排各项政策措施力度不断加大，用电量增速开始回落并逐渐趋稳，特别是高耗能行业用电增速及占全社会用电量的比重显著下降。进入11月，受完成节能减排约束性指标压力及电煤供应等因素影响，个别地区出限拉闸限电现象。根据统计快报，2010年，全社会用电量达到41 923亿kWh，同比增长14.56%；全国全口径发电量达到42 280亿kWh，同比增长14.85%。

2011年是实施“十二五”规划的开局之年，电力工业发展站在新的历史起点上。经过“十一五”时期的持续快速发展，我国电力工业取得巨大成就：新增装机超过4.3亿kW，全国总装机容量达到9.62亿kW，发电装机容量和年发电量连续16年位居世界第二位，供需紧张矛盾基本解决；电网规模跃居世界第一，全国220kV及以上输电线路总长度达到44.3万km，变电容量19.7亿kVA，基本实现了新疆、海南在内的全国联网，超高压输电网技术得到推广应用，电网输供电能力明显增强，供电可靠性提高；电源结构进一步优化，水电累计投产9000万kW，水电装机达到2.13亿kW，核电在运机组达到1082万kW，在建核电机组28台、3097万kW，风电连续5年翻番增长，风电并网装机容量累计达到3107万kW，大容量、高参数、环保型发电机组比例快速增长，在役火电机组中30万kW及以上机组比重由2005年的不到一半提升到目前的70%以上；电力节能减排工作取得成效，累计关停小火电机组超过7200万kW，供电标准煤耗从370g/kWh下降到335g/kWh，全国电网输电线路损失率下降到6.49%。“十一五”时期电力工业发展取得的成就，为2011年和“十二五”时期电力发展奠定了坚实基础。

2011年，随着我国经济增长势头更加稳定及经济结构调整、节能减排等各项政策措施进一步见效，初步预计全年全社会用电量在4.6万亿kWh左右，同比增长10%，除个别地区、个别时段存在缺口外，全国电力供需总体平衡。随着新一轮农村电网改造升级工程的实施，农村电网质量将明显改善，农村供电可靠性将进一步提高。同时，由于煤电价格形成机制没有完全理顺，煤电矛盾以及电力工业发展中的一些深层次问题没有根本解决，电煤供应、运输、煤价、来水、天气等多种因素相互影响，加之应对气候变化和保护环境的压力越来越大以及大电网运行的安全风险等，电力发展体制性矛盾与结构性矛盾交织、资源约束与环境约束并存、自然灾害风险与企业经营风险叠加，2011年电力供需仍然存在不确定性，发电设备平均利用小时数可能继续下降。尤其是当前电煤价格仍在高位运行，电煤供应依然紧张，部分地区发电用煤库存告急，燃煤发电企业经营困难增加，亏损面扩大，直接影响电力正常可靠供应，必须引起高度重视。

针对2011年电力发展的新形势和新情况，我们要在工作中把握好以下几点：一是要更加注重服务大局，为加快转变经济发展方式作贡献。认真贯彻落实中央关于加快转变经济发展方式的部署和要求，采取有效措施，促进电力结构调整，推进电力节能减排，防止重复建设，以监管促转变。二是要更加注重安全监管，确保电力安全稳定可靠运行。随着电力工业规模日益庞大，技术日益复杂以及自然灾害、极端天气、外力破坏等因素日益增多，电力安全生产形势依然严峻，安全监管时刻不能放松。三是要更加注重市场建设，坚定不移推进电力改革。“十二五”规划的实施、电力供需形势的进一步缓和为推进电力市场化改革提供了难得的机遇。必须抓住机遇，乘势而为，大力推进电力改革，充分发挥市场优化配置资源的基础性作用，运用市场化手段解决电力工业发展中的矛盾和问题。四是要更加注重公平、公正，维护市场秩序和市场主体各方合法权益。2011年随着电力供需形势进一步缓和，发电侧的竞争态势将更为明显，协调厂网矛盾，协调电源之间矛盾，维护市场公平、公正的任务将更加繁重。五是要更加注重监管能力建设，为电力监管事业持续发展提供保证。电力监管面临的新形势给电力监管工作提出了新任务，也给监管队伍提出新要求，必须进一步加强监管能力建设，建设一支政治素质硬、业务能力强的电力监管队伍。

三、2011年工作安排

2011年是中国共产党成立90周年，也是“十二五”时期开局之年。履行监管职责、做好各项工作具有十分重要的意义。2011年电力监管工作的总体要求是：全面贯彻党的十七大、十七届五中全会和中央经济工作会议精神，以邓小平理论和“三个代表”重要思想为指导，深入贯彻落实科学发展观，坚持服务党和国家工作大局，促进电力发展方式转变和结构调整，坚持以人为本、监管为民的理念，保障市场主体和广大用户的合法权益，坚持依法监管，切实维护公平公正的电力市场秩序，坚持推进电力体制改革，进一步发挥市场在资源配置中的基础性作用，坚持加强监管能力和体系建设，不断提高监管效能。

按照这个总体要求，2011年要重点抓好以下七个方面的工作：

（一）加强电力安全监管和应急管理，保障电力安全可靠运行

2011年保证电力安全稳定运行的任务仍然十分繁重，要总结发扬世博会、亚运会保电的好经验、好做法、好作风，扎实做好安全监管各项工作。

加强电力安全监管法规建设，继续推动《电力安全事故应急处置和调查处理条例》出台，做好配套规章的制修订工作。推动电力安全生产风险管理和标准化体系建设，出台发电企业安全生产标准化规范和电力建设工程安全生产标准化规范。加强电力可靠性管理工作，启动风力发电机组、环保辅助设备可靠性信息管理工作。深化电网安全监管，深入开展电力二次系统安全防护工作，提高电力系统安全风险管控和监管水平。落实《重大活动电力安全保障工作规定（试行）》，做好重大活动期间安全保电工作。制定发电机组并网安全性评价监管标准，强化发电安全监管。加大水电站监督检查力度，强化水电站机电设备安全管理，继续开展水电站大坝安全注册、定期检查和安全信息化建设。进一步加强电力应急管理，继续做好电力监管应急平台体系建设，推进省级电网大面积停电事件联合应急演练。强化电力行业网络与信息安全工作，出台电力行业信息安全等级保护规范，推进电力行业信息系统安全建设整改和等级测评工作，组织开展电力行业信息安全水平评价，做好电力行业网络与信息安全信息通报和应急处置工作。

（二）加强市场监管，切实维护市场秩序

总结推广一线监管的成功经验和做法，综合运用各种监管手段，全面履行市场监管职责，切实维护电力市场公平、公正和用户合法权益，为电力发展营造良好的市场环境。

加强电力监测预警。继续做好电力供需形势分析、电煤供应监测预警工作，完善电力企业财务经营状况监测预警机制，加强统计分析，及时发布分析报告，预警异常情况，为党和政府决策提供参考。

加强市场准入监管。创新许可监管模式，推进电力业务许可常态化监管工作，充分发挥许可证功效。继续做好许可证日常颁发和许可变更、管理工作。推进许可信息共享系统平台的建设及试点，促进许可信息共享。

加强输电网与调度监管。完善系统运行方式汇报

制度，制订输电网运营评价标准及加强电力调度监管的相关规定，因地、因网制宜开展电力调度监管。完成750～220kV电网运营情况调研。稳妥推进电网规划和投资行为监管，研究开展“十一五”期间电网重大投资项目情况调查。深化开展电力工程造价监管，建立电力工程造价监管指标体系。做好电力工程项目造价信息发布工作。

加强厂网界面监管及电力交易监管。深化和完善厂网联席会议制度。优化发电厂与电网企业之间合同电量的形成机制。进一步推行并完善发电厂并网运行管理考核及辅助服务补偿机制。加强对企业自备电厂等非竞争性电厂的监管力度。加大电力交易信息披露力度，完善电能交易监管规则，进一步规范跨省跨区交易和发电权交易，研究制定网损分摊标准。

加强供电市场监管。继续宣贯《供电监管办法》。编制供电服务规范国家标准。深入开展供电检查工作，积极推动开展供电优质服务示范单位创建活动。完善用电检查管理制度，研究起草供用电合同示范文本，启动合同监管模式，探索推行常态监管机制。

加强价格财务监管。加强对电网输配电成本的监管，逐步建立不同电压等级跨区输电工程财务、成本数据系统，做好向家坝至上海等跨区输电工程价格审核工作。出台输配电成本监管办法，开展专项检查。落实《电价监督检查暂行规定》，加强和规范电价监督检查工作。完善节能调度经济补偿机制。加强厂网电费结算监管。研究制定跨区跨省输电损耗监管办法。

（三）推进电力体制改革，健全电力市场体系

认真贯彻落实中央经济工作会议精神，抓住时机，坚定不移地推进电力市场建设，推动电力体制改革。

一是继续推进大用户直接交易试点。扩大已批复省份的直接交易范围，完善交易制度。指导已经批复输配电价的省份完善试点方案，尽快付诸实施。督促有关省份抓紧测算出台输配电价标准，指导各地研究制定大用户直接交易试点方案。完善大用户直购电交易及多边交易机制，推动具备条件的地区开展电力多边交易试点。

二是继续推进区域电力市场建设。选择具备条件的地区和省份，推进竞争性电力交易市场建设，促进跨省跨区电能交易。研究扩大发电权交易的规模和范围，探索跨省跨区开展水火替代等各类发电权交易实现形式。研究跨省跨区辅助服务补偿机制，推进辅助服务市场化。

三是努力培育用户受电工程市场。积极推进用户受电工程市场建设。充分利用网络信息技术，建设电力用户受电工程信息发布和管理平台。

四是继续推进电网主辅分离和农电体制改革工作。完成“920”、“647”专项的有关收尾工作。配合有关部门推动电网主辅分离改革的组织落实，做好深化农电体制改革的文件制定工作。继续开展电力体制改革有关重大问题研究，完善输配电体制改革试点方案，推动实施相关试点。深入调查研究，积极推进新疆、西藏及四省藏区电力发展。

（四）完善执法机制，加大对违法违规行为的查处力度

在2010年工作基础上，进一步加大行政执法和违法违规案件查处力度，巩固和扩大专项治理成果。

深入开展专项治理工作。一是继续开展用户受电工程“三指定”专项治理，巩固和扩大已有成果，集中力量查处一批扰乱供电市场秩序的典型案件。适时开展发电行业专项治理工作。二是深化工程建设领域突出问题专项治理。按照中央统一部署，继续加大治理工作力度，配合有关部门抓好排查整改工作，探索建立长效机制。继续推进信息公开和市场诚信体系建设。

做好电力争议调解工作。完善电力争议调解办法，理顺电力争议调解程序，健全电力争议调解工作机制，努力通过调解化解各种争议纠纷，积极运用裁决手段处理电力并网互联等争议。

加强稽查能力建设。整合稽查执法资源，完善稽查工作机制，提升执法效能。加强12398投诉举报热线及短信平台建设，及时处理投诉举报事项，做好投诉举报信息统计发布工作。建立稽查工作与检查、监管报告等的联动机制。加强联合执法，会同有关部门开展联合行政执法工作。

2011年，还要进一步加强非现场检查工作。探索非现场检查适用领域，建立非现场监管标准。加大各类信息披露与报送数据的专业分析，挖掘问题线索，建立非现场检查和现场检查的衔接机制。

（五）加强节能减排监管，促进发展方式转变

服务党和国家大局，充分发挥监管职责和市场优化配置资源作用，积极做好电力行业节能减排监管工作。

加大节能减排监管工作力度。开展电力企业节能减排情况的重点督查。继续加大差别电价、脱硫电价、可再生能源电价政策执行情况的监督检查力度。做好电力企业节能降耗、二氧化硫减排情况的监测与统计分析工作。继续做好通过许可证颁发管理促进燃煤电厂二氧化硫治理工作。开展节能减排经验交流，发布电力企业节能减排通报。落实《电力需求侧管理办法》，制定相关的配套监管文件。制定电力企业节能降耗主要指标监管评价标准。

加强可再生能源电力监管。研究修订《电网企业

全额收购可再生能源电量监管办法》，切实加强可再生能源全额保障性收购监管。推进适合风电企业和光伏发电企业的购售电合同和并网调度协议示范文本制定工作。加强国家可再生能源政策的监督落实。

（六）加强监管基础建设，不断提升监管能力

监管基础建设是保证电力监管事业持续发展的基础性、战略性工作。要从战略和全局的高度，高度重视并全面加强监管基础建设。

推进电力监管法制建设。加强监管立法工作，规范派出机构规范性文件制定和备案工作。继续做好起草、修改“两法三条例”的有关工作。组织开展电力监管机构执法情况调研，推进依法监管。做好行政复议和行政应诉工作。研究制定“六五”普法规划，组织开展普法活动。加快电力监管标准化体系建设，推进电力监管标准的制订，开展电力企业标准化良好行为试点和确认工作。

加强电力监管信息化工作。推进电力监管信息系统一期工程建设，完善网络基础设施，搭建和完善电力应急指挥平台、电力调度交易信息平台和电力行业节能减排信息平台。加强电力监管信息系统建设标准化工作，促进互联互通和资源共享。做好电力监管统计分析，制定电力监管统计考核制度，开展统计执法检查。

加大政务公开、信息公开和信息新闻工作力度。进一步完善政务公开和信息公开制度，加强电监会门户网站和中国电力信息公开网的建设。进一步做好信息报送工作，及时上报电力改革、发展和电力监管工作的大事要情。进一步加强电力监管工作宣传力度，做好电力报社转企改制工作。

加强调查研究工作。加强对电力体制改革、电力发展方式转变、电力监管体系建设等重大问题研究。配合做好“十二五”电力专项规划工作。继续做好电力行业应对气候变化研究。

加强对外交流与合作。巩固和扩大对外交流合作成果，促进政府间合作项目的落实。深化与重点国家、国际组织的合作机制，继续做好国际比较研究。深入贯彻落实《关于坚决制止公款出国（境）旅游的通知》精神，加强电监会系统因公出国（境）管理。

加强财务管理和机关内部管理。加强财务制度建设，加强预算执行和财务监督，开展内部审计工作。健全机关服务工作制度，规范工作程序，加强监督、检查和考评。继续做好机关运行各项日常工作，提高工作效率，保证正常运转。切实关心干部职工生活，进一步做好后勤服务保障工作。

继续做好定点扶贫工作。在2010年工作基础上，积极争取有关部门和单位的大力支持，协调落实有关扶贫项目，推进扶贫工作不断深入，取得实效。

2011年，还要进一步做好电力监管报告编制发布工作。进一步完善监管报告制度，处理好监管报告与检查活动的关系，建立监管报告披露问题督促整改与稽查处罚的工作机制，改进监管报告发布方式，提高监管报告的质量和时效，扩大监管报告的发布范围和影响力。

（七）加强组织建设与反腐倡廉工作，为电力监管工作提供保证

加强机关党的建设。继续推进机关学习型党组织建设。抓好机关党委换届工作，进一步完善机关党的民主制度。按照中央总体部署，继续开展创先争优活动。加强机关文化建设，着力解决干部职工关心的实际问题，努力营造“想干事、能干事、干成事”的环境。围绕迎接建党90周年，开展形式多样的庆祝活动，提高队伍凝聚力。扎实做好党务公开工作。

深化干部人事制度改革。认真贯彻落实《2010—2020年深化干部人事制度改革规划纲要》，积极推行竞争性选拔干部方式，2011年在会机关率先实行。进一步推进干部交流，加大交流力度。完善干部考核机制，探索建立干部日常考核与年终考核相结合的考核评价机制，形成有效的激励约束机制。全面落实全国人才工作会议精神，做好人才工作。

加强领导班子和干部队伍建设。全面正确地执行党的干部路线和干部政策，坚持德才兼备、以德为先，坚持正确的用人导向。在注重思想政治素质的基础上，进一步改善领导班子的结构，将领导班子建成整体素质优良、成员优势互补的坚强集体。加大政治理论培训和业务知识培训的力度，不断提高干部队伍素质。全面落实中央编办有关批复精神，进一步完善电力监管组织体系。

加强党风廉政建设。前不久，十七届中央纪委召开了第六次全会，贺国强同志作了工作报告，胡锦涛总书记发表了重要讲话，明确提出了今年党风廉政建设和反腐败工作的主要任务，深刻阐述了切实把以人为本、执政为民贯彻落实到党风廉政建设和反腐败斗争之中的重要性、紧迫性以及总体要求、工作重点。会党组认真传达学习了胡锦涛总书记的重要讲话和贺国强同志的工作报告，研究提出了贯彻落实意见。电监会系统要深入学习贯彻胡锦涛同志的讲话和中央纪委六次全会精神，切实把以人为本、执政为民的理念落实到党风廉政建设和反腐败斗争之中，把实现好、维护好、发展好最广大人民根本利益作为电力监管工作的出发点和落脚点。坚持把维护党的政治纪律摆在首位，坚决维护党的集中统一。坚持以人为本、监管为民，扎实推进监管队伍作风建设。加强对领导干部的教育和监督，加大查办违纪违法案件工作力度，坚

决纠正损害群众利益的不正之风。深化工程建设领域突出问题和“小金库”专项治理，开展庆典、研讨会、论坛过多过滥和公务用车问题专项治理。贯彻实施《廉政准则》，适时开展专项检查。全面落实《关于领导干部报告个人有关事项的规定》和《关于对配偶子女均已移居国（境）外的国家工作人员加强管理的暂行规定》，坚决纠正领导干部违规收受礼金问题，巩固机关厉行节约、制止奢侈浪费成果。严肃组织人事纪律，加强对《党政领导干部选拔任用工作责任追究办法（试行）》等四项监督制度落实情况的监督检查，防止和纠正“带病上岗”、“带病提拔”等问题。推进实施各项公开制度，将各种公开形式有机结合。各部门、各单位要认真落实党风廉政建设责任制，进一步形成抓党风廉政建设和反腐败工作的合力。为切实做好今年党风廉政建设各项工作，会党组印发了《关于认真贯彻中央纪委六次全会精神做好2011年反腐倡廉工作的意见》，希望大家认真贯彻执行。

最后，就做好2011年工作，提几点要求。一是要坚定信心。充分认识电力监管事业这几年发展取得的成绩，正确看待发展过程中遇到的困难和问题，时刻牢记肩负的使命与责任，不动摇、不松懈、不折腾。二是要真抓实干。勇于担当，敢于负责，真正把心思用在干事上，把精力放到工作上，踏踏实实做好本职工作。三是要创新工作方式方法。适应新形势、新任务和新要求，努力探索适合中国国情的行之有效的监管方式方法，走出一条有中国特色的电力监管道路。四是要增强服务意识。会机关要加强对派出机构、直属单位工作的指导和服务，提高服务的主动性、自觉性，形成上下一致、协调联动的工作机制。同时要依法做好对企业的服务。五是要加强协调配合。会内部门之间、会机关与派出机构之间、区域局与专员办之间、派出机构之间以及内部处室之间都要讲大局，讲团结，形成监管合力，共同推进监管事业发展。

中国电力企业联合会 2011年工作会议报告（摘要）

一、2010年工作回顾

（一）重点工作取得重要进展

一是电力工业“十二五”发展规划研究取得重要成果。按照“大市场、大目标、大规划”的思路，突出大基地、大结构、大电网，以及经济性和政策性，形成了以14个专项规划、6项专题研究报告为支撑的《电力工业“十二五”规划研究报告》。研究报告已报送相关政府部门和领导，并提交常务理事单位，一些观点和建议向社会做了沟通和说明，引起了政府部门的重视。报告在行业内外引发良好反响，对于统一行业发展思路，促进电力发展方式转变具有重要意义。

二是深入开展行业文化建设，凝聚行业共识。按照五届理事会提出的“诚信、负责、合作、创新”的基本要求，提出了《关于加强电力行业文化建设的指导意见》，面向全行业和社会全面开展“电力行业核心价值理念有奖征集活动”，发表署名文章，阐述了电力行业文化建设的必要性和建议措施。在广大电力企业积极参与的基础上完成了《电力行业文化核心价值体系》、《全国电力行业公约》和《全国电力行业员工行为准则》等文件的征求意见稿。这些工作都为深入开展行业文化建设奠定了较好基础。

三是积极推动节能减排和应对气候变化工作。协助国家发展改革委、环保部、工信部、电监会、能源局等政府部门和各集团公司开展节能减排的规划标准制定、调研、技术推进、核查等工作，形成了《电力行业应对气候变化行动框架》，组建了电力行业应对气候变化协调委员会，建立了专家委员会，在广泛征求意见的基础上完成了《电力行业应对气候变化指导意见》（报审稿）。积极参与政府有关部门关于应对气候变化的控制目标、实施方法及配套政策等相关问题讨论与研究，争取电力行业在应对气候变化工作上的话语权和主动权。

（二）基础性服务工作质量不断提高

统计信息工作质量稳步提升，影响进一步扩大。中国电力年度发展报告在内容上更加精细，也更加全面，发布时间提前，统计报表制度进一步调整，指标进一步充实；颁布了《中电联统计数据管理办法》，规范了各类统计及数据发布行为；完善了各月份电力工业运行情况简要分析报告，以及按季度发布的全国电力供需与经济运行形势分析预测报告会商机制和发布方式；对中电联管理的数十种刊物进行了清理整顿，突出了中心工作和重点刊物。信息服务工作质量提高，速度加快，服务深化。为企业、政府的生产经营、经济运行、节能减排提供了重要支撑，在受到政府及社会各界重视的同时，成为了中电联服务的重要支撑性品牌。

行业标准制修订加快推进，进展顺利。确定了以特高压、智能电网和新能源发电为重点的电力行业标准制修订计划。根据国家能源局批复，成立了能源行业电动汽车充电设施标准化技术委员会和电力行业节能标准化技术委员会，主任委员单位和秘书处均挂靠在中电联本部。

可靠性管理越来越受到政府和企业的重视。与国家电监会联合发布了2009年电力可靠性数据的统计分析，以及全国火力发电机组和供电企业可靠性评价结果。开展了全国电力可靠性管理工作专项检查，对电力安全稳定运行起到了积极的作用。

技能鉴定和教育培训有了新突破。经教育部批准成立了全国电力职业教育教学指导委员会；成功举办第七届全国电力行业职业技能竞赛活动；完成第十届中华技能大奖、全国技术能手人选和国家技能人才培育突出贡献奖单位及个人推荐工作，并有5名个人、1个单位获奖。

积极推动企业管理创新。召开全国电力行业企业管理创新成果现场交流与评审会，对50多项成果进行发布交流。继续组织开展电力行业优秀企业、优秀企业家评选工作，评选并公布了99家优秀企业和98名优秀企业家。

新组建的电力工程造价与定额管理总站，完成了2010年版电力建设工程概、预算定额初稿的编制和电力工程量清单计价规范的编写工作。出版发行电网技术改造工程和检修工程预算编制与计算标准。完成2010年度电力工程造价专业资格认证工作等。

促进电力工程建设质量奖获得大丰收。开展电力优质工程奖评审，国家优质工程奖、鲁班奖的推荐与现场复查工作。2010年度共有54家建设单位申报中国电力优质工程奖，经现场检查和评选，其中45项工程获得2010年度中国电力优质工程奖；3项工程获国家优质工程金奖，30项工程获银奖，6项工程获鲁班奖。

技术经济咨询、设计审查、造价监理、产品鉴定与认证、科技交流、质量管理、信息资讯服务等基础服务不断深入开展，行业信用建设工作也取得积极成效。

（三）加强政策研究，积极反映企业诉求

积极向政府部门建言献策，发挥行业协会的桥梁纽带作用。针对我国局部地区出现的电力供应紧张、电力企业经营困难等情况，向国务院副总理李克强报送了《关于当前电力供应紧张与电煤情况的报告》；向国务院办公厅、国家发展改革委、国家电监会、国家能源局等政府部门报送了《关于尽快疏导煤电矛盾缓解电力企业经营困难的报告》；向国家发展改革委汇报了《当前电力行业经济运行总体情况及若干问题建议》，向全国人大常委会副委员长华建敏和财经委汇报了电力行业落实《节约能源法》的情况，得到了政府部门和有关领导的高度重视。

承担了为国家发展改革委、能源局、环保部、商务部、工信部、科技部等政府部门以及世界银行等国际组织提供关于电力行业问题的咨询服务工作，全年复函各类委托咨询、征求意见、政策建议等100多条，有力地维护了行业利益。

积极参与事关行业发展的产业政策、课题研究等工作，发挥了较好的作用。一年来，承接政府和企业委托的大课题共35项，已结题和基本结题31项。内容涉及清洁能源发电、智能电网、节能减排、规划评价指标、电动汽车发展、电价机制、企业经营等关系行业发展的重大问题。其中，承担撰写任务的国资委国有企业监事会关于电力行业共性问题的研究课题，得到李克强、张德江两位副总理的批示。

2010年是开展重大课题研究较多的一年，反映了政府和企业对宏观性、政策性问题的重视。在研究成果中，中电联客观反映了企业诉求，赢得了会员单位的支持；提交了较高水平的报告，赢得了政府部门的信任。

（四）举办了一系列重要活动，社会影响力不断提升

与国家能源局、云南省政府共同主办了“水电装机容量突破2亿kW标志性机组揭牌仪式活动”，参与主办了全国电力装机突破9亿kW标志性机组授牌仪式。与电监会联合举办了2009年度电力可靠性指标发布会。与中国能源化学工会联合开展了全国火电60万kW级机组能效对标活动。联合中欧有关机构主办了“2010中欧智能电网技术与标准化论坛”，促进了智能电网技术交流和标准体系的建立。2010年共举办5次国际、国内大型展览会，特别是参与组织了亚太电协和海峡两岸电力工业展览，与台湾电力公司共同主持召开了海峡两岸电力工业高阶主管论坛，促进行业内外的交流，提升了行业形象。

成功召开2010年经济形势与电力发展分析预测会，积极参与组织将特高压工程项目建设列入第二届中国工业大奖的评审工作。受中国工业经济联合会委托，组织召开国家电网公司1000kV晋东南—南阳—荆门特高压交流试验示范工程专家评审会和现场考察工作，提升了特高压工程项目的信誉度和影响力。

完善中电联新闻发布制度，规范开展了新闻发言工作，加强与会员单位、媒体和行业外的外联工作协调机制。对重要活动以及重要课题、重要会议等进行宣传策划，提升了中电联工作的影响力。

（五）加强中电联本部建设

一是完成机构调整，广大员工工作积极性不断提高。中电联本部进行了力度较大的机构调整，更好地理清了部门职责，理顺了工作关系，优化了资源配置，并按照集团化管理、集约化经营的原则对经营性公司进行了重组。处级干部公开竞聘上岗工作顺利完成，一批年轻骨干脱颖而出，较好地调动了干部职工的积极性。企业派驻机制取得重要进展，各大电力企业共派驻交流17名同志到中电联本部工作，对于提

升中电联本部的服务能力与水平起到了积极的促进作用。

二是加强制度建设。根据章程，调整完善了决策和执行机制，全年召开三次理事长办公会议、两次理事长会议、两次常务理事会议、十三次本部理事长办公会议。制定和修订有关党建工作、机构调整、干部管理、交流派驻、薪酬管理、财务与资产管理等20多项本部工作制度和管理办法。

三是加强对分会和代管学协会的管理。通过调研沟通，出台制度，加强对代管学协会的管理。完善形成调整设立中电联分支机构的方案，经五届二次常务理事会议通过。

四是规范服务职能。分类梳理中电联目前开展的近百项服务项目，编制印发《中电联服务导引》。

根据上级安排，进行“小金库”清理工作，机关党委和工会顺利换届，财务制度建设不断加强，内部独立核算单位和分会的财务实现统一管理。根据国家电监会的安排，认真开展向吕清森同志学习活动、读书征文活动等，通过创先争优活动加强学习型部室的建设，各部门学习能力和业务水平得到一定提升。

二、2011年工作思路

2011年，中电联将全面落实五届二次常务理事会议精神，以重点工作为龙头，加快促进电力发展方式转变，使中电联本部重点工作要上新水平；基础性服务工作要有新思路；重要活动要有新突破；本部建设要有新提高。

（一）重点工作要上新水平

一是深入学习贯彻五中全会精神，正确认识和把握关系行业科学发展的重要问题，准确把握“十二五”时期的发展主题，以电力规划研究和推进智能电网发展为主线，以开展重大规划课题研究为重点，推进电力发展规划的年度滚动优化。重点研究“十二五”期间关系电力发展的特高压及智能电网发展、煤电矛盾、节能减排、应对气候变化、电力协调发展、电价机制改革等重大问题，并促进相关法律法规的修订完善，进一步提高建言献策的能力和水平。

二是行业文化建设工作要更加扎实、具体。进一步营造行业文化共识，拓展行业文化建设的广度和深度，进一步研究电力企业、电力职工共同遵循的行为准则，创新和丰富载体，吸收行业内外文化建设最新成果，抓好理论研究，深入回答行业文化建设中的重大理论问题和实际问题，切实使行业文化理念深入人心、转为自觉、化为行动，推进行业的内质外形建设。要开展中国电力职工思想政治工作研究会的恢复重建工作，尽快打造一个全新的思想政治工作平台，服务于行业文化建设。

三是节能减排、应对气候变化工作要找准工作的切入点。积极配合国家关于节能减排的总体规划和部署安排，提出电力行业节能减排的目标原则、技术标准、行动路线，服务重点企业节能降耗；落实应对气候变化行动框架方案；进一步研究新能源发展的技术、经济、政策问题，引导新能源发电事业健康有序发展。

（二）基础性服务工作要有新思路

中电联的基础性服务是行业正常运转的必要保证，要进一步加强对基础性服务工作的研究，不断改进工作方式方法，提高服务水平。

围绕国家、行业的中心工作和重点工作，充分发挥中电联的行业管理和服务作用；组建统计信息工作专家咨询队伍，进一步提高各类统计分析报告以及《中国电力行业年度发展报告》的专业性、权威性、前瞻性以及对政策的影响力；进一步加快清洁能源发电、智能电网、电动汽车充电设施、特高压以及相关技术领域标准制定工作；加快电力可靠性监督管理体系和制度建设；要加强与国际电力组织和各国电力行业组织的联系，通过共同开展活动和参与活动，扩大国际合作的力度和广度；定额工作应不断寻找突破口，打造电力定额品牌新形象。技能鉴定和教育培训、技经、定额、科技服务、新闻宣传、电力建设、信用评价等常规服务要持续改进，精益求精，着重效率和质量。

（三）重要活动要有新突破

中电联主办或承办的重要活动是展示电力行业形象的重要载体，是增强电力行业影响力的重要途径。2011年是建党90周年，要提前策划电力行业相关庆祝和纪念活动，举办经济形势预测分析会，做好中国电力论坛工作；举办好国内外各类大型展会活动。

作为行业协会，中电联要加强对各项重要活动的重视程度，要精心策划，要以活动为载体大力宣传电力行业的新成就。新闻宣传工作要加强与各理事单位联动，积极形成舆情信息沟通交流机制；就开展行业统一宣传工作制定规划，分步实施，讲求实效，扩大影响，争取全社会对电力发展更多的理解和支持；加强舆情监测工作，结合国内外经济形势反映问题，从建设性的角度促进社会加强对电力行业的理解与支持，为行业科学发展创造良好氛围。

（四）本部建设要有新提高

要巩固改革成果，进一步健全体制机制，完善各部门职能，落实岗位责任；各分支机构应紧密围绕会员企业的专业需求，进一步规范制度，形成工作重点，开展更多有影响的活动；各经营性公司和内部独立核算单位要以服务为核心开展工作，提高服务质量；加大激励机制的建设，加大机关文化建设力度，充分调动职工的工作积极性和创造性；在派驻制取得积极成效的同时，也要探索派出本部员工到企业锻炼的机制，打造适应行业发展需要的员工队伍，进一步提升中电联本部的服务能力。

国家电网公司2011年工作会议报告（摘要）

一、2010年及“十一五”工作回顾

2010年是全面完成“十一五”目标任务的关键一年。公司上下坚决贯彻党中央、国务院的决策和部署，全面落实一届五次职代会暨2010年工作会议各项要求，深入推进“两个转变”，各方面工作取得显著成效。开工110（66）kV及以上交流输电线路4.7万km、变电容量2.1亿kVA，直流输电线路1038km、换流容量120万kW；投产110（66）kV及以上交流输电线路5.1万km、变电容量2.5亿kVA，直流输电线路6040km、换流容量2580万kW。完成售电量2.7万亿kWh，同比增长18.0%。

一是安全供电水平持续提高。以确保大电网安全为重点，狠抓责任制落实，扎实开展安全大检查和隐患排查治理，全面实施状态检修，安全基础进一步夯实，电网和设备事故同比减少80%和26%。特高压交流试验示范工程投运两年来保持安全稳定运行，累计输送电量206.5亿kWh。充分发挥特高压和大电网优势，缓解了华中地区用电紧张局面，有力支援了南方地区抗旱和亚运会供电。加强组织领导，发挥集团优势，圆满完成了上海世博会保电任务。积极应对玉树地震、舟曲和映秀特大山洪泥石流等自然灾害，保证了电网安全和可靠供电。

二是电网发展实现重大突破。自主建设的向家坝—上海±800kV特高压直流示范工程成功投运，特高压发展再次取得具有里程碑意义的重大创新成果。特高压交流试验示范工程通过国家验收并荣获“国家优质工程金质奖”。德宝直流、呼辽直流、宁东直流极Ⅰ系统和新疆与西北联网、甘肃千万千瓦级风电一期送出等重点工程建成投运，区域和省级电网主网架进一步加强。被誉为“电力天路”的青藏联网工程开工建设，基础施工提前完成。智能电网试点项目取得重要进展，建成了一批智能变电站、智能小区和电动汽车充换电站。基本实现经营区内“户户通电”，启动了新一轮农网改造工程。高质量完成“十二五”公司和电网发展规划编制工作。

三是企业经营管理继续加强。强化综合计划和全面预算管理，严格全过程成本控制。初步形成人财物核心资源一体化管理格局，大型供电企业全部达到定员标准，资金归集度达到99%，10kV及以上主要设备、材料实现总部统一组织招标，公司内部资源配置能力和业务协同程度不断提高。组建金融控股集团，建立了金融统一运作平台。加大直属产业整合力度，推进煤电、新能源以及电工装备制造产业资产重组。支持战略性新兴产业发展，与经营区域全部地市政府签订电动汽车充电设施建设合作协议。国家电网计量中心获得国家质检总局授权。稳健运营菲律宾国家电网；成功收购巴西7家输电特许权公司，国家电网巴西控股公司开始运营。扎实开展“三指定”自查整改、“小金库”和工程建设领域专项治理，依法治企取得新进展。网省公司层面主多分开基本完成，集体企业管理进一步加强。

四是科技和人才建设取得新成果。“交直流特高压输电系统电磁与绝缘特性的基础问题研究”等项目获得国家重点基础研究发展计划（973计划）立项，风光储输示范工程、新型柔性交流电力控制技术列入国家科技支撑计划。具有自主知识产权的特高压升压变压器、串补装置和直流换流阀等关键设备研制取得突破。获得国家科学技术奖4项、中国标准创新贡献奖2项、中国专利奖6项。SG186信息系统进一步完善，应用水平明显提升。落实中央关于“千人计划”的部署，引进6名海外高层次人才。面向社会公开招聘15名金融紧缺人才。建成国家电网管理学院，完善了培训体系。加强全员教育培训，全员培训率达到92%，完成1.2万名员工转岗培训。

五是创先争优活动成效显著。认真贯彻中央部署和要求，将创先争优活动、建设学习型党组织与公司工作紧密结合，不断加强“三个建设”。认真落实中央《关于进一步推进国有企业贯彻落实“三重一大”决策制度的意见》，制定实施办法。积极创建“四好”领导班子，各级领导班子的领导力和执行力进一步提高。深入开展电网先锋党支部创建、劳动竞赛和建功立业活动，大力宣传吕清森等先进典型，广大员工呈现出敬业奉献的良好精神风貌。各省公司在公共服务行业行风测评中取得优异成绩。以上海世博会为契机，成功建设和运营国家电网馆，全面展示电网发展成就和“创新、绿色、低碳”发展理念，“国家电网”品牌影响力进一步提升。

“十一五”期间，公司累计完成电网投资超过新中国成立56年电网投入的总和；投产110kV及以上输电线路25.4万km、变电容量12.7亿kVA，分别增长60%和118%；售电量从1.5万亿kWh增加到2.7万亿kWh，增长83.6%；国家电力市场交易电量达到3585亿kWh，增长3.6倍。公司业绩考核连续六年两个任期获得A级，世界企业500强排名由

2005年的第40位上升至2010年的第8位。

五年来，公司认真履行经济责任、政治责任和社会责任，为经济社会发展作出了重要贡献。深入研究能源和电力发展规律，大力推进“一特四大”战略。坚持“四个服务”宗旨，与各级党委政府建立战略合作机制。加强电网规划，加快电网建设，满足了国民经济年均10%以上快速发展对电力的需求，在国家能源结构调整和布局优化中发挥了重要作用。确保电网安全稳定运行，保障了奥运会、世博会、新中国成立60周年庆典等重大活动的安全可靠供电。认真落实节能减排政策，发挥电网的能源配置平台作用，累计节约标准煤超过8000万t、减排二氧化碳超过2亿t。实施“新农村、新电力、新服务”战略，积极服务“三农”、改善民生，解决了边远落后地区134万无电户509万人口的用电问题。在电网经受特大自然灾害、设施大量损毁的情况下，全力保障抢险救灾用电，用最短时间完成电网抢修任务。促进和谐社会建设，持续开展电力扶贫、援疆、援藏，“十一五”期间爱心捐助超过15亿元。

五年来，公司坚定不移推进电网发展方式转变，打造了一个新型的国家电网。特高压电网建设取得历史性重大突破，交直流示范工程相继建成投运，标志着我国全面掌握了特高压输电核心技术和全套设备制造能力，带动了民族电工装备制造业创新发展，在世界电网科技领域实现了“中国创造”和“中国引领”。结合世界能源变革的新趋势，提出坚强智能电网发展战略，制定发展规划，系统开展工程试点，确立了我国在智能电网领域的国际领先地位。西北750kV电网主网架基本形成，三峡输变电工程全面建成，省级电网和城乡电网建设取得重大进展。实施电网输送能力提高工程，新增输送能力1.4亿kW。公司运行的直流输电线路总长度和输送容量跃居世界第一，跨区跨省输电能力翻了一番，电网大规模、远距离、高效率优化能源配置能力显著增强，国家电网发展迈上了一个大台阶。

五年来，公司坚定不移推进发展方式转变，塑造了一个崭新的国家电网公司。全面开展以集团化运作为核心的“四化”工作，强化“公转”、减少“自转”，深入推进人财物集约化管理，不断加强关键环节管控，推动建立科学高效的现代企业管理体系，公司管理初步实现了由松散粗放到集约高效的重大转变。总部“四个中心”作用日益突出，集团管控能力和执行力明显增强，公司管理水平、资源配置效率和整体实力大幅提升。坚持依法治企、严格管理，妥善解决了大量历史遗留问题，抵御风险能力显著增强。金融、直属产业发展的集约化水平不断提高，对公司利润贡献度达到四分之一，初步形成了界面明晰、布局优化的产业集群和一体化的金融平台。以菲律宾、巴西电网项目为标志，国际化经营取得历史性突破并保持良好发展态势，标志着中国电网技术和管理走向世界，公司的国际形象、国际地位明显提升。

五年来，公司勇攀高峰全力推动自主创新，核心竞争力和发展能力显著增强。解放思想，更新观念，大力推进理论创新、管理创新和科技创新，探索出一条具有中国特色的电网企业创新发展道路。加快创新型企业建设，构建以直属科研单位为核心、产学研相结合、协同高效的创新体系。形成了功能齐全、世界领先的特高压和大电网综合实验研究体系。持续加大科技投入，攻克了特高压核心技术研发和关键设备研制的难关，取得一大批具有自主知识产权、占据世界电网科技制高点的创新成果。获得国家科学技术奖22项（其中一等奖4项）、中国标准创新贡献奖11项、中国专利奖10项。在特高压领域申报专利711项，已获授权457项；编制国际标准4项，已发布国家标准16项、行业标准10项、企业标准130项。实施SG186工程，建成了世界上规模最大的一体化企业级信息系统，信息化整体水平进入国内领先、国际先进行列。公司成为全国首批“创新型企业”。

五年来，公司持之以恒加强“三个建设”，为公司可持续发展提供了坚强保障。始终坚持党的领导，深入学习实践科学发展观，认真开展创先争优活动，各级党组织的政治核心作用、党支部的战斗堡垒作用和共产党员的先锋模范作用得到充分发挥。深化“四好”领导班子建设，各级干部的领导能力明显增强。加强党风廉政建设，建立了具有国家电网特色的“三化三有”惩防体系。健全人才培养和教育培训体系，广大员工的职业素养、业务技能显著提高。在央企中率先建立职工代表大会制度，第一届职工代表大会738项提案全部落实，促进了科学决策和民主决策。确立了以“诚信、责任、创新、奉献”为核心的企业价值体系，培育出彰显时代精神的优秀企业文化。“努力超越、追求卓越”的企业精神被评为“新中国60年最具影响力十大企业精神”。推进全面社会责任管理，发布了我国第一份企业社会责任报告和企业履行社会责任指南，发挥了央企的表率作用。公司软实力显著提升，“国家电网”品牌跻身世界百强品牌，公司入选“共和国60年最具影响力品牌60强”企业。

五年来，公司战胜了前所未有的困难，经受了严峻考验，在攻坚克难中奋力前进。“十一五”初期，公司面临电力体制改革后如何实现科学发展的重大挑战，深化改革、创新管理的任务非常艰巨；发展特高压没有现成的技术和经验可以借鉴，更需要突破传统观念和思维方式的束缚，面临从理论研究到工程应用的重重难关和务期必成的重大考验。“十一五”期间，各种极端自然灾害接踵而来，煤电运紧张矛盾反复出现，不仅承担着与日俱增的安全稳定压力，而且承受了国际金融危机的严重冲击。这些矛盾和困难错综复杂、相互交织，对公司的决策能力、指挥能力、应急能力和广大员工的意志品质都是巨大的挑战。面对困难和考验，我们始终以对党和国家事业高度负责的态度，不争论、也不怕争论，团结一心、迎难而上，实现了公司和电网的持续快速健康发展，在实践中培养出一大批优秀人才，打造出一支特别顾大局、特别负责任、特别能战斗、特别能吃苦、特别能奉献的员工队伍。

二、加快“两个转变”，全力推动公司“十二五”科学发展

“十一五”到“十三五”的15年是国家电网加快发展的重要战略机遇期。经过“十一五”的发展，我们站在了一个新的历史起点上。展望“十二五”，机遇大于挑战，发展前景广阔。我们必须紧紧把握战略机遇期，牢牢把握发展主动权，在建设“一强三优”现代公司的道路上取得新的更大突破。

从现在起的五年是加快建设坚强智能电网的关键期。“十二五”期间，我国工业化、城镇化深入推进，国民经济平稳较快发展将带动电力需求持续增长，全国发电装机容量预计增加近5亿kW，全社会用电量增加2万亿kWh。加快转变经济发展方式，必须加快转变能源发展方式，着力解决过度依赖输煤的能源配置方式；转变能源发展方式，必须加快转变电力发展方式，着力解决就地平衡的电力发展方式；转变电力发展方式，必须加快转变电网发展方式，着力实施“一特四大”战略，加快建设坚强智能电网，尽快形成交直流协调发展、结构布局合理的特高压骨干网架，适应大型能源基地建设和大量清洁能源外送消纳的要求，满足经济社会发展和人民群众生活的用电需求，解决煤电运紧张矛盾，保障能源与经济社会协调发展。

从现在起的五年是公司体制机制创新的攻坚期。随着特高压工程的建设和坚强智能电网的发展，国家电网已成为世界上电压等级最高、系统规模最大、资源配置能力最强的交直流混合电网，电网功能、形态和结构正在发生深刻变化。公司现行管理体制和运行机制与电网发展要求不适应的矛盾日益凸显，管理层级多，运转效率、集约化程度不高等问题亟待解决。创新管理体制和运行机制，是转变公司发展方式的一场深刻变革，不仅带来广大员工思想观念、工作方式、行为习惯的重大调整，而且变革过程中电网安全、队伍稳定、优质服务等方面也面临新的考验，对公司工作提出了很高的要求。

从现在起的五年是把公司全面建成国际化企业的机遇期。国家加快实施“走出去”战略，强调发挥我国在国际经济分工中的比较优势，坚持出口和进口并重、吸收外资和对外投资并重，支持各类有条件的企业开展国际并购。国资委对培育具有国际竞争力的世界一流企业提出了明确要求。经过“十一五”发展，公司国际竞争力和影响力大幅提升，利用国际资源加快发展的空间得到很大拓展。我们要抢抓机遇，在国际电网运行管理、资源并购、工程总包、招标采购、标准制定等方面取得重大突破，加快建设具有海外电力投资、建设、运营、服务等综合业务能力的国际化公司。

从现在起的五年是金融和直属产业发展能力的提升期。国家支持培育和发展节能环保、高端装备制造、新能源等战略性新兴产业，同时深化金融体制改革、健全多层次的资本市场体系，金融和直属产业发展面临有利的环境。公司坚强智能电网的加快建设、国际业务的快速推进等，迫切需要进一步提升金融和直属产业支撑发展的能力。公司金融和直属产业已经具备加快发展的基础，“十二五”将迎来大发展的新时期。

面对新形势、新格局、新挑战，公司“十二五”工作总的指导思想是：深入贯彻落实科学发展观，坚持“两个转变”不动摇，坚持“三个建设”不放松，以全面建设坚强智能电网、加快建设“三集五大”体系为战略重点，推动公司和电网创新发展、集约发展、安全发展，到2015年基本建成“一强三优”现代公司，初步建成世界一流电网、国际一流企业，为经济社会发展作出新的更大贡献。

“十二五”发展的目标是：把国家电网公司建成以电网业务为核心，金融、直属产业和国际业务全面发展的世界一流能源集团，建成核心竞争力强、可持续发展能力强、服务保障能力强、软实力强的现代公司，建成员工和企业共同成长、企业与社会共同发展的具有更高文明素质的和谐企业。到2015年，110kV及以上线路长度超过100万km、变电容量超过40亿kVA，年均分别增长8.4%和12.5%；售电量达到3.8万亿kWh，比2010年增长42%；国家电网跨区资源配置能力达到2.5亿kW，增长5倍以上。

实现“十二五”发展目标，关键要在公司和电网发展方式转变上取得根本性突破，在提升队伍素质和企业素质上取得重大进展，形成推动公司和电网科学发展的强大动力。

（一）深入推进电网发展方式转变

“十二五”期间，要以安全、优质、经济、清洁、高效为目标，加快建设以特高压电网为骨干网架、各级电网协调发展，具有信息化、自动化、互动化特征

的坚强智能电网，初步建成世界一流电网。

发展特高压是“十二五”电网发展的重中之重。规划建设连接大型能源基地与主要负荷中心的“三纵三横”（东纵：锡盟—南京，中纵：张北—南昌，西纵：蒙西—长沙；北横：陕北—潍坊，中横：靖边—连云港，南横：雅安—上海）特高压骨干网架和13项直流输电工程（其中特高压直流10项），形成大规模“西电东送”、“北电南送”的能源配置格局。同时推进各区域、省级电网主网架建设，实施城市、农村电网升级改造工程；在试点示范基础上，统筹开展发电、输电、变电、配电、用电和调度等各环节的智能化建设与改造。到2015年，基本建成坚强智能电网，形成“三华”（华北、华中、华东）、西北、东北三大同步电网，使国家电网的资源配置能力、经济运行效率、安全水平、科技水平和智能化水平得到全面提升。

要以国家电网规划引领各级电网发展，用规划指导计划，逐年分解落实规划目标，切实增强规划的严肃性和计划的约束性；更加注重提高发展质量，落实资产全寿命周期管理要求，严格投资管控，优化投资结构，推行统一标准，应用先进技术，提高投入产出效率，切实降低电网建设成本；更加注重电力行业发展的协同性，促进电网与电源协调发展、电网与能源基地协调发展以及煤电运协调发展；更加注重有效沟通和协调，营造有利于电网发展的社会环境。

（二）深入推进公司发展方式转变

“十二五”期间，要以“三集五大”（即深化人、财、物集约化管理，建设大规划、大建设、大运行、大检修、大营销体系）管理体系建设为重点，建立适应现代公司发展要求的管理体系、运营机制，推动产融结合，加快国际化步伐，全面提升运营效率和效益，初步建成国际一流企业。

建设“三集五大”管理体系是深入贯彻落实科学发展观、服务经济发展方式转变的重要实践，是适应电网发展方式转变、加快建设坚强智能电网的迫切需要，是深化公司发展方式转变、建设国际一流企业的必由之路。“三集”和“五大”是公司管理体系的有机组成部分，两者相辅相成、相互促进。深化“三集”工作总的要求是：不断推进人财物集约化管理向纵深发展，提高人财物对“五大”体系的支持能力，实现公司核心资源配置的最优化。建设“五大”体系总的思路是：以集约化、扁平化、专业化为方向，以统一信息平台、统一管理标准、统一支撑服务为保障，按照效率优先、目标导向、实事求是、安全稳定的原则，变革组织架构、创新管理模式、优化业务流程，建立健全核心业务的科学管理体系，全面提升公司运营效率和发展能力。建设大规划体系的重点是，实施全公司规划和计划统一编制、统一管理，建立包含各专业、贯穿各层级、涵盖各电压等级的统一规划体系。建设大建设体系的重点是，统一管理流程、技术规范和建设标准，建立由省建设公司、地（市）建设公司按电压等级承担项目建设任务的建设管理体系。建设大运行体系的重点是，实现国调网调运行业务一体化运作，建立各级变电设备运行集中监控业务与电网调度业务高度融合的一体化调控体系。建设大检修体系的重点是，实施运维、检修一体化管理，建立由省检修公司、地（市）检修公司按电压等级承担输变电设备运维和检修任务的一体化运作体系。建设大营销体系的重点是，以客户和市场为导向，建立95598电话服务和计量检定配送业务向省级集中、业扩报装实施属地化管理的营销管理体系和24小时面向客户的营销服务系统。

创新发展金融、直属产业和国际业务，是转变公司发展方式、建设国际一流企业的迫切需要。推进金融企业创新发展，要遵循金融行业规律，致力于做专做精做优核心业务，积极开拓市场，提升盈利能力，强化对金融企业的集约化管理，全面加强风险管控，提高资本运作水平，增强市场竞争力，建设国内一流金融控股集团。推进直属产业创新发展，要适应全球化市场竞争的新格局，面向国际国内“两个市场”，坚持集约化方向，大力推进体制创新和管理变革，努力“做大做强做优做孤”，打造具有国际竞争力的产业集团。推进国际业务创新发展，要科学规划国际业务战略布局，充分利用公司品牌优势和人才、技术、资本等资源优势，以点带面、整体推进。加大南美市场拓展力度，加快推进与俄罗斯等欧洲国家的资源和技术合作，加强与美国电力企业的战略合作，寻求在非洲的业务发展，推动特高压技术在世界电力领域的应用，形成国际化经营新格局。

（三）全面提升队伍素质和企业素质

建设“一强三优”现代公司的过程，本质上就是提升企业素质的过程。企业素质是队伍素质、管理水平和技术水平的综合反映，是企业文明程度和社会价值的集中体现。提升企业素质，必须以“三个建设”为保证，统筹公司发展、电网发展和员工发展，着力建设坚强的党组织、优秀的企业文化和一流的员工队伍，切实增强各级领导班子带队伍、干事业、谋发展的能力，为深化“两个转变”提供坚强保障。

提升企业素质，归根结底要靠提升队伍素质。要增强政治素质，加强政治学习，坚定理想信念，树立正确的世界观、人生观、价值观，强化大局观念，增强责任意识。要增强技术素质，培育职业素养，强化业务学习，提高业务技能，履行岗位职责，创造性地解决实际问题。要增强文明素质，把对企业、对社会、对国家的贡献作为人生价值追求，遵守社会公德，恪守职业道德，崇尚家庭美德，全面提高品德修养。要培养优良作风，坚持求真务实，敢于坚持原则，发扬“三吃一担”（吃苦、吃亏、吃气，勇担责任）精神，提倡艰苦奋斗，不贪图安逸、不攀比享受，做到廉洁自律，干事干净。

持续增强创新能力是提升企业素质的关键。要推进战略创新，发挥战略的统领指导作用，在探索发展规律、把握发展方向、适应环境变化、超前防范风险等方面，做到未雨绸缪、运筹帷幄，始终引领公司和电网科学发展。要推进管理创新，发挥管理的价值创造作用，在转变管理理念、完善管理制度、改进管理方式、提升管理绩效等方面，勇于变革，建立高效的现代公司管理体系。要推进技术创新，发挥技术的支撑引领作用，全面提升信息化水平，尽快突破制约电网发展的关键技术，在基础理论研究、核心技术研发、关键设备研制等方面，做到应用一批、储备一批、研发一批，切实提升公司核心竞争力。要推进文化创新，大力弘扬公司核心价值观和企业精神，发挥文化的驱动作用，不断统一思想、鼓舞斗志、激发潜力，为全面提升企业素质提供不竭动力。

三、2011 年重点工作

2011 年是实施“十二五”规划的第一年。国家加强和改善宏观调控，保持经济平稳健康运行，给公司发展创造了有利条件。但也要看到，公司发展形势依然复杂，电网安全风险始终存在，公司经营面临巨大压力，电网发展任务十分艰巨，深化改革面临重大考验。2011 年公司工作总的要求是：深入贯彻落实科学发展观，以实施“十二五”发展规划为主线，以安全稳定为基础，以变革创新为动力，以建设坚强智能电网和“三集五大”体系为重点，深入推进“两个转变”，加快建设“一强三优”现代公司，实现“十二五”发展良好开局。

主要发展和经营目标：开工 110（66）kV 及以上交流输电线路 5.6 万 km、变电容量 2.8 亿 kVA，直流输电线路 4105km、换流容量 3890 万 kW；投产 110（66）kV 及以上交流输电线路 5.4 万 km、变电容量 2.5 亿 kVA，直流输电线路 1038km、换流容量 1120 万 kW。售电量 2.97 万亿 kWh，增长 9.5%；国家电力市场交易电量 3980 亿 kWh，增长 11.0%。

重点做好八个方面的工作：一是提升安全供电和优质服务水平；二是进一步加快电网建设；三是积极推进体制机制创新；四是全面加强企业经营管理；五是加快金融、直属产业和国际业务发展；六是加快科技创新步伐；七是大力实施人才强企战略；八是加强公司党的建设和精神文明建设。

中国南方电网公司 2011 年工作会议报告（摘要）

一、2010 年工作回顾

在过去的一年里，面对经济环境复杂多变、自然灾害多发的严峻挑战，中国南方电网公司（简称公司）认真贯彻党中央、国务院的决策部署，深入落实科学发展观，系统谋划未来中长期发展战略，着力提高集团管控能力，推进一体化管理，紧紧抓住“保安全、优电网、添绿色、强基础、重和谐”五个关键推进各项工作，夺取了抗灾保电和亚运保供电的全面胜利，全面完成了国资委下达的年度经营业绩考核目标和“十一五”各项目标任务。

电网保持了安全稳定，主要生产运行指标优于 2009 年。完成售电量 6027 亿 kWh，同比增长 15.1%；西电东送电量 1117 亿 kWh，减少 3.4%。营业收入 3696 亿元，增长 17%；利润总额 100.8 亿元，增加 65 亿元；经济增加值（EVA）12 亿元，增加 48 亿元。完成固定资产投资 993 亿元。截至 2010 年底，公司资产总额 4925 亿元，资产负债率控制在 67.4%。公司在世界 500 强企业的排名大幅上升了 29 位，列第 156 位。

（一）坚持“大灾当前、责任在先”的理念，增强员工社会责任感

2010 年初西部省区发生特大干旱，公司把抗旱救灾、保民生、保农业生产用电作为重要政治任务，做到“哪里有水源，哪里就有电源”。统一调配全网电力电量，旱灾期间累计调减云南、贵州外送电量 60 亿 kWh，并在春节安排广东倒送云南电量 3.2 亿 kWh，千方百计保证各地用电需求。全力支援各地抗旱救灾，累计投入抗旱保电资金 11 442 万元，员工捐款 4293 万元，在云南、贵州、广西建造了 40 口“南网井”、28 个“南网蓄水柜”和 5 条“南网引水渠”，解决村民长期饮水问题。在汛期抗击广东“凡亚比”台风和海南特大暴雨等严重灾害中，全网统筹调集应急发电车等各类抢险物资，广东、海南电网公司分别投入抢险人员 15 772、37 320 人·次，迅速恢复了受灾地区的正常供电，做到了“水退、人到、旗到、电通”。青海玉树地震发生后，公司第一时间组织向灾区运送 110 台柴油发电机，全系统累计捐款捐物 2776 万元，其中缴纳特殊党费 1029 万元。在抗灾过程中，公司的安全生产工作经受住了考验，员工的社会责任感得到了很大的提升。公司抗灾保电工作得到了上级领导、各级地方党委政府和社会各界的充分肯定。

(二) 举全网之力打赢亚运保供电攻坚战，提升南方电网的社会形象

面对公司成立以来时间最长、任务最重、范围最广的保供电任务，公司统筹谋划、科学安排、有序推进整个保供电工作。成立了保供电领导小组和五个专项工作组，明确了“全网保广东，广东保涉亚城市”的原则，制订保供电总体方案，充分发挥网、省、地市三级应急指挥平台的作用，构建了“统一指挥、统一协调”的立体保供电体系。按期建成了涉亚的17项主网工程和555项配网工程，完成了137座变电站、368回110kV及以上线路、810个配电房的设备预试、定检工作。开展了近11万套次设备维护与隐患排查工作，对1307个变电站、线路和配电房进行了状态评估，发现并消除了842项重大及以上缺陷。深入开展“和谐南网迎亚运　优质服务树品牌”主题活动，为420个重要客户逐一制定了供电保障手册。细致做好亚运信访、安保、维稳、保密等工作。特别是，公司主动承担社会责任，调集全网39个供电局1880名专业技术人员，按照“一局保一馆”的原则，全方位援助广州地区49座比赛场馆和3处重要场所的电力保障工作。在亚运会举办期间，全网6万多名供电保障人员昼夜坚守一线，既保电力供应，又保用电服务，做到了“零事故”、“零差错”、“零投诉”，彰显了“万家灯火、南网情深”的品牌形象，铸就了“众志成城、勇担责任、追求卓越”的亚运保供电精神。

(三) 系统推进电网规划建设，加大城农网建设改造力度

完成了南方电网“十二五”电力工业发展规划，研究成果纳入国家“十二五”电力工业发展规划。启动了南方电网主网架和五省区电网的“十二五”系统设计和二次系统规划。完成“十二五”西电东送规划研究，协调有关省区签订了“十二五”西电东送框架协议，巩固了政府主导、企业参与的区域电力交换合作模式。完成了国家能源局委托的输煤输电比较研究等7项专题研究报告。加强了国际合作交流，越南永兴项目克服困难，取得阶段性进展；与老挝政府签订投资建设老挝国家电网的谅解备忘录；与三峡集团、中国水电组成中方联合体，合作开发缅甸孟东水电项目。

加强基建和物资管理，按期投产15项重点工程。开展了业主项目部规范化建设工作，着力解决业主缺位问题。修订变电站、输电线路和配网工程的标准设计和典型造价，按照实际投资较计划降低10%的目标，提出并落实造价控制的9项措施。开展基建管理不规范行为整治工作，规范招投标管理和设计、施工、监理市场。加强中央预算内投资工程建设管理，开展了4次联合督导。加大基建安全管理力度，将外包队伍人身伤亡事故纳入考核，下半年人身伤亡事故得到有效控制。开展工程质量评比交流活动，促进了全系统质量管理提升。完成了全网物资的清查和清仓利库工作，查明总库存物资61亿元，盘活8.6亿元闲置物资。组建了公司评标专家库，完成了全网首批一级物资集中招标采购，总体上价格下降了10%。

积极落实国家强农惠农政策，大力推进农村电网改造升级工作。完成县级电网建设投资230亿元，解决了22个行政村、3万户无电人口的用电问题。农村用电量同比增长19.8%。

(四) 深化“绿色行动”，节能减排成效显著

自2008年开展节能发电调度试点工作以来，全网火电机组脱硫信息全部接入公司调度自动化系统，通过优化水火电调度，累计节约标准煤700万t。2009年12月27日启动了全网节能发电调度运行。深化线损精细化管理，64个地市供电局实现线损“四分”省级达标，其中29个地市供电局实现网级达标。完成3518台高损配电变压器更换改造，全网综合线损率6.28%。加入中央企业电动汽车产业联盟，与广东、广西、贵州省区政府签订了电动汽车充电设施建设合作框架协议，在深圳、广州、南宁、昆明等地建成充电站10座，充电桩350个。为企业用电大户开展节能诊断1.76万次，节约电量22.4亿kWh。

制定了发展智能电网的战略规划，确定了22个技术领域、320个标准的体系框架。完成了广州中新知识城智能配网示范项目专项规划。投运了我国首个兆瓦级冷电联供的国家863计划示范工程，组织开展了10MW级电池储能站关键技术研究及示范工程建设。全面完成“十一五”国家科技支撑计划“特高压输变电系统开发与示范”项目，自主解决关键技术问题，“±800kV油浸式换流变压器技术参数和要求”等8项国家标准获得国家标准化管理委员会批准颁布。自主完成了云广直流孤岛运行方式系统稳定特性的研究，解决了一系列技术难题。全年公司新增专利申请112项、专利授权91项，分别完成年度计划的147%和198%。

(五) 以提高集团管控能力为核心，加强企业内部管理

公司制定了中长期发展战略及配套的11个职能子战略，初步构建了战略体系框架。经过三年多的探索，创先工作有了质的飞跃，由试点突破转为全面推广。明确“集团化管理模式、一体化管理制度”的管理定位，全面启动七个业务领域的一体化管理。对公司总部机构进行了优化和调整，增强了总部的管控能力。制定了分子公司组织机构一体化实施方案及指导意见。佛山顺德供电局以业务指导书和作业表单落实一体化管理，有效实现了管理到位和基层班组减负。

制定公司“十二五”信息化规划，明确了3大类18项重点建设任务，完成了数据中心一期建设。首次完成了公司全方位的制度清理工作，精简冗余制度9000多份。完善了总部部门和分子公司考核办法，首次开展总部部门述职。制定了公司绩效管理的指导意见，初步建立了一体化的、有效的考核体系。规章制度、经济合同和重要决策的法律审核把关率达到100%；成功解决广东揭阳路源电厂购售电合同纠纷和广西来宾电厂协议争议两个历史遗留的重大法律纠纷案件，挽回经济损失2.88亿元。

以国家审计署对公司的经济责任审计工作为契机，全面梳理各类风险点及内控薄弱环节，边迎审、边整改。完成了财务业务流程和关键风险点梳理，探索建立覆盖全部业务循环的内部风险控制矩阵。启动职工持股企业清理整顿工作，规范关联交易。强化薪酬调控，规范内部分配秩序，缩小分配差距。坚持全面审计，发挥内审为管理提供增值服务的职能，纠正违规金额3.6亿元，促进增收节支2.5亿元。

（六）全面加强财务集约化和营销管理，提升经营效益

建立EVA价值创造传导机制，在系统内全面推行EVA考核，实现了EVA“转正”。实施资金集中管理，清理冗余银行账户1422个，对全网3111个账户进出资金实现了实时监控；推行省公司对所属单位资金零余额管理，全网资金集中率同比提高13个百分点。推行“自上而下”预算编制流程，强化总部预算管控职能，公司预算首次引入专家审查。争取到电网建设财政资金27亿元以及国债转拨款4.3亿元，在投资规模连续2年超千亿的基础上，资产负债率控制在预算内。公司被中国银行间交易商协会认定为首批超3A企业。开展延伸结算，财务公司月均存、贷款分别比年初增加33、20亿元。建成全网统一、省公司集中的财务信息系统，会计信息质量在中央企业中处于前列。清理非主业、小额、低效无效投资94项；清理对外担保4亿元和470笔委托理财、股票、债券等高风险投资，产权级次压缩到5级。稳步推进海南电网公司股份制改造。

各单位继续挖掘潜力增供扩销，努力克服各种不利因素的影响。完善信用评价、欠费预警、重大电费事件报告制度，当年电费回收率99.86%，陈欠回收率33.28%，客户欠费同比减少1.7亿元。统一全网常态化稽查工作流程，加大打击窃电工作力度，减少营销差错，增收1.2亿元。

（七）深化干部人事制度改革，下大气力加强员工队伍建设

建立了以《领导人员管理规定》为基础，《综合考核评价办法》为导向，《公开选拔、竞争上岗管理办法》等10个相互配套、具有南网特色的“1＋1＋10”干部管理制度体系。加强县级供电企业党政正职队伍建设，制定了选拔培养、管理使用、监督考核等12条措施。面向全系统开展了总部43个处级岗位、86个主管岗位的公开竞聘选聘。在中组部、国资委开展的选人用人工作检查中，民主评议三项评价指标平均满意率和基本满意率达到98.4%。

制定了公司贯彻落实《国家中长期人才发展规划纲要（2010～2020年）》的实施意见，引进了2名海外高层次人才，其中1人入选国家“千人计划”。整合共享培训资源，成立了公司党校和干部学院。全年共举办培训班24 004期，培训员工75万人·次，班组长培训覆盖率达到100%。

（八）以改革创新精神加强党的建设，营造和谐的氛围

按照中央的统一部署，公司把创先争优活动与企业创先工作紧密结合，提出“创先争优促‘三好’”的活动主题，以艰苦奋斗作风教育月活动作为切入点，去除浮躁的心态，激发干事创业的热情；各级党组织围绕中心工作认真履行职责，广大党员在本职岗位上努力做得比以前更好、做得比普通群众更好。把公开承诺作为活动的重点来抓，组织召开了创先争优活动座谈会和经验交流会，采取随机抽查和表单化的方式进行了专项检查。制定了《党员先进性测评办法》，加强了对党员的量化考核评价；推行《关于预防人为责任事故做好思想政治保障工作的指导意见》，将党建工作与安全生产紧密结合。轮训基层党支部书记，开展党支部书记公推直选试点工作。公司党建管理信息系统通过鉴定验收。认真贯彻落实中央纪委五次全会精神，组织全系统党员干部学习《廉政准则》和《若干规定》，开展了一系列廉洁从业教育活动，以完善制度为重点深入推进廉洁风险防控机制建设。加强效能监察，挽回经济损失3.1亿元，节约资金1.2亿元。

开展员工辅导计划试点工作，开通了精神家园网站和员工论坛。推进团组织全覆盖，开展了争创青年安全生产示范岗活动。加强民主管理，维护职工权益，广泛开展劳动竞赛和文体活动。公司系统涌现出一大批先进典型，其中，全国“五一”劳动奖状奖章等国家级集体荣誉30个、个人荣誉16个，省部级集体荣誉206个、个人荣誉285个。

二、2011年工作安排

（一）生产经营形势

从电力供需来看，预计全网统调最高负荷1.17亿kW，增长10.8%；全社会用电需求7800亿kWh，增长10.3%；全网新增装机1419万kW，增长8.4%。供需

形势总体上平衡偏紧，最大电力缺口约500万kW。云南、贵州、广西的电煤供应和来水情况是影响供需形势的主要因素。广东、贵州呈现电源性缺电局面，云南、广西季节性缺电，海南平衡偏紧。全网枯水期电力电量双缺，丰水期广东高峰电力不足。

从经营形势来看，国资委推行EVA考核，强调集团控制力，公司资源优化配置能力还有待提高。国家推行输配电价改革试点、大用户直购电等改革措施，输配电定价成本监审“从严从紧”，公司盈利空间可能受挤压。大部分省区电网公司资产负债率过高，全网年财务费用已经达到96亿元，影响后续的创利能力和发展空间。

（二）工作思路和目标

2011年是中国共产党成立90周年，是“十二五”时期开局之年，也是公司发展战略实施的第一年，做好各项工作具有十分重要的意义。落实“十二五”公司改革发展总体思路，2011年公司工作思路是：深入贯彻十七届五中全会精神、中央经济工作会议、中央企业负责人会议精神，以发展战略为统领，以创先争优活动为动力，以企业创先工作为载体，以提高集团管控能力为重点，系统地规范各项管理，构建和谐企业，在加快转变经济发展方式、促进经济长期平稳较快发展和社会和谐稳定中发挥电网企业应有的作用。

工作目标如下：

安全生产：不发生对社会和公司造成重大不良影响的生产安全事故。杜绝较大及以上人身事故；杜绝重大及以上电网、设备事故；不发生生产人员死亡事故；不发生有人员责任的较大电网、设备事故；不发生恶性误操作事故。电网频率合格率≥99.998%，综合电压合格率≥99.27%，城市供电可靠率≥99.88%，220kV及以上保护正确动作率≥99.63%，直流能量可用率≥91%，500kV交流输电线路可用系数≥97.3%，220kV及以上故障快速切除率≥99.8%。

基本建设：固定资产投资953亿元，其中电网建设投资741亿元，电源投资23.5亿元，小型基建投资48亿元，技改投资114.5亿元。投产220kV及以上输电线路7149km、变电容量3007万kVA。

电力营销：售电量6668亿kWh，同比增长10.6%。西电东送电量1189亿kWh，增长6.5%。电费回收率99.8%。

经营业绩：营业收入4067亿元，利润总额110亿元，EVA20亿元；资产总额5382亿元，资产负债率69%。

党的建设：全面落实“四好”班子建设、党风廉政建设和党建工作责任制目标。

（三）重点工作安排

1. 着力增强安全风险管控能力，巩固提升安全生产管理水平

一是严格落实安全生产责任制和各项制度。贯彻落实全国安全生产电视电话会议精神，不折不扣遵守《中央企业安全生产禁令》，切实落实各级安全生产责任。充分运用过去三年风险体系建设的成果，把制度、流程、标准真正落到班组、落到实际工作中，加强监督和考核。发挥公司三级应急指挥平台的作用，提高应急反应能力和电网综合防灾能力。二是深入研究交直流混合电网的安全运行应对措施。针对2010年系统运行中发生的问题，深入查究原因和机理，有针对性地制定对策，这要作为2011年的一项重要课题来抓。积极稳妥推进云广直流孤岛调试，制定并落实迎峰度夏期间孤岛运行方式下的大负荷送电措施。尽快全面完成海南联网工程海底电缆防护工作，确保长期安全可靠运行。三是全面加强设备管理。规范设备的入网审核、试运行和总结推广工作。加强大修技改资源的集约管理、项目实施过程管控与后评估。在全网推广110kV及以上变压器与断路器的状态检修。建设南方电网技术监督中心。四是着力抓好农电安全管理。在县级供电企业全面推行“三体系、一机制”建设，与生产管理体系做好衔接。加大对新接管县级供电企业的安全管理，提升人员素质和技能水平。加大农电安全考核力度，严肃查处习惯性违章行为，防范人身伤亡事故的发生。五是确保深圳大运会安全可靠供电。把亚运保供电的实战经验固化为制度流程，形成重大事件保供电长效机制，更加规范、有序地做好深圳大运会保供电工作，确保万无一失。

2. 着力优化电网规划，科学规范地组织工程建设

一是把电网规划进一步做深做细做系统。电网规划要做到“七个结合”：电网发展与电源发展相结合，输送能力与安全生产、客户需求相结合，各省发展与区域发展相结合，主网发展和配网发展相结合，城网发展与农网发展相结合，境内与境外两个市场建设相结合，近期建设与远期规划相结合。年内要全面完成南方电网“十二五”系统设计、二次系统规划和中长期网架结构规划。优化调峰调频电源“十二五”建设规划。开展新能源发展规划研究。二是加快推进项目前期工作。加强主配网工程可研评审，配网工程要全部开展可研。争取金沙江中游电站送电广西直流工程、海南蓄能电站项目获得核准开工建设，推进梅州、阳江蓄能电站前期工作。全力推进溪洛渡、糯扎渡电站送电广东直流工程，2011年换流站开始土建工程施工，线路工程全线开工。三是全面加强工程建设管理。严控工程造价，抓好施工图预算审批，深化

招投标管理，降低成本，提高投资效益。加强业主项目部建设，规范工程项目管理，进一步提升工程质量和安全管理水平。全年投产13项重点工程。5月底前16项大运会主网配套项目要全部投产，特别是6月底前确保500kV祯宝线投产。四是切实做好新一轮农村电网改造升级。推动中央投资中西部农网项目的建设，加快新一轮农村电网改造升级和无电地区电力建设，切实解决农村“用电难”的问题。全年完成县级电网建设投资232亿元。云南电网要实现全省范围内行政村的“村村通电”。五是加快“走出去”项目进度。积极争取越南永兴项目早日开工建设，同时进一步拓展越南电力市场；完成中越500kV联网项目初步可研；稳步推进投资老挝国家电网相关规划和项目前期工作；完成缅甸水电输电规划研究和向香港送电前期研究报告。

3. 着力推进集团化、一体化，进一步加强企业管理

一是实施战略管理。抓好公司中长期发展战略的宣贯、培训与实施，推进职能子战略的完善，启动分子公司二级战略的编制，构建公司完整的战略体系。以创先和一体化管理为战略实施的途径，建立战略闭环管理机制。二是有步骤地推进一体化管理。抓紧完成公司组织架构一体化工作，年底前要建立七个业务领域的一体化体系。进一步加大制度清理力度，精简数量、提高质量。两年内实现公司的一体化管理，推动公司管理由粗放型向精益化方向转变。三是深化财务集约化管理。加强资金集中管理，构建统一的资金收支两条线模式，完善资金调度与监控系统，提高资金的使用效益和效率。加强投资的统筹规划和融资的有效管控，优化融资结构，降低融资成本。突出价值创造的资源配置导向，提高全面预算管理的精细化、科学化水平，实行月度现金流预算，做实项目预算，提高执行刚性。推行会计主体的撤并整合，减少会计核算层级，提升会计信息的决策支持功能。全面开展资产运行效益和管理状况摸底，加强内部资源整合，缩短投资链条。继续推进海南电网公司股份制改造。四是加快信息化建设步伐。依据公司“十二五”信息化规划，优化整合全网资源，建设统一的六大企业级应用系统、统一的企业分析决策系统、统一的综合技术平台，以及标准、管控、信息安全三个保障体系，力争2012年达到中央企业信息化A级水平。五是深化农电体制改革。继续推进县级代管供电企业改制工作；完成广东直供直管范围内的农电体制改革工作。全面实行“子公司体制、分公司管理”；启动农电企业理顺用工关系和分配关系的试点。构建城乡电网一体化发展和专业业务一体化管理新模式，增强对县级供电企业的管控能力；要全面落实网、省、地市农电管理职责，健全各层级管理组织体系。强化基础管理达标工作，力争20%的县级供电企业达到优秀标准。六是健全法律工作体系。加强法律风险防范机制建设，重点防范供用电及购售电合同法律风险，协调处理好历史遗留的重大法律纠纷案件。

4. 着力做好有序有效的电力供应，服务社会节能减排

一是统筹配置网内外资源保障供电。密切关注经济走势，动态跟踪分析电力供需形势，超前做好电力供应预案。充分利用省区间资源互补特性，加大省间调剂力度，执行好西电东送计划。二是提升客户服务水平。完善公司第三方满意度测评管理办法，按照统一标准在五省区全面开展第三方客户满意度评价和发布。组织开展客户资料清理，建立常态化的客户信息更新机制。认真总结试点经验，积极推进营配信息一体化建设。三是认真开展全网的节能发电调度运行。深化水火电及流域梯级水电优化调度，做好西部富余水电的送出与消纳。统筹考虑电网安全、省内排序及省间优化、水火电优化等多目标的调度规则，推进技术支持系统建设。四是充分发挥电价对节能减排的引导作用。继续严格执行差别电价和惩罚性电价政策。配合做好居民阶梯电价政策落实工作，超前开展输配电定价成本规则及相关政策研究。加强峰谷电价、丰枯电价政策研究，促进客户科学用电、合理用电。五是大力拓展面向上下游企业的节能服务。积极推进合同能源管理，推广应用节能新技术、新产品，完成国家要求的“节电量不低于售电营业区上年售电量的0.3%、最大用电负荷的0.3%”的目标。

5. 着力开展南方电网核心技术攻关，提高科技创新水平

一是积极开展智能电网课题研究和示范工程建设。目前研究的重点是新能源灵活接入、智能配电与用电技术的集成应用以及支撑电动汽车发展的电网技术。2011年要建成投产10MW级储能站示范工程，推进广州中新知识城综合能源规划与新技术应用规划，加快珠海横琴岛智能电网示范区的建设。二是围绕电网主营业务开展科技研发。在电网安全稳定与控制技术、电网经济运行技术、设备集成应用技术等方面加大攻关力度，2011年要重点开展南方电网受端系统交直流相互影响及应对措施、线路防灾综合措施和同塔多回输电线路风险评估、低频振荡的综合监测及阻尼控制技术、高压电气设备的在线监测与状态评估等研究工作。三是整合优化公司系统科技资源。公司统一做好科技发展方向和关键研究领域的规划，明确科技创新发展的技术路线图；统筹安排全网科技项目立项，加强技术审核把关；统筹安排科研经费，加大投入，重点向重大科研项目倾斜。

6. 着力加强队伍建设，为公司发展提供组织人才保障

一是做好干部的选拔和培养。制定《2011～2020年公司所属单位领导班子及干部队伍建设规划纲要》。提高竞争性选拔干部的层次。建立符合实际的领导力模型和科学有效的干部教育培训体系。选拔100名30岁左右的优秀年轻干部开展为期一年的集中培训和挂职锻炼。推进干部选拔任用全过程监督，开展领导班子和领导人员的综合考核评价。二是实施好公司人才发展“六大工程”。加快引进和培养关键紧缺型人才。建立竞争择优的总部人员选聘机制。全面开展技术专家选聘工作。加快公司重点培训基地的建设和改造工作。推进“5+1”模式人才评价体系建设，科学开展各类人才测评工作。三是规范岗位和薪酬福利管理。加强劳动用工管理，统一规范公司系统岗位体系，实现全员岗位管理。全面开展全员业绩考核，建立和完善薪酬分配机制，构建和谐的分配关系；建立统一规范的福利制度，构建物质和非物质相结合的激励机制。

7. 着力开展审计整改，进一步加强内审工作

一是切实抓好去年经济责任审计发现问题的整改。建立审计整改的常态化、监督考核机制，举一反三，不留后患。公司已经成立职工持股企业清理整顿办公室，下一步要按照中央有关部委关于规范职工持股企业的文件精神，深入调查，分析情况，稳妥推进。强化工程建设的全过程管理监督，开展重大工程管理和竣工决算审计。扎实推进“小金库”专项治理工作，对发现问题进行认真整改。二是发挥好内部审计的“免疫系统”和“质量检验”功能。树立“大审计”观念，继续加大管理审计、审计调查的力度，积极探索在线审计。加大对以前审计发现问题的复查力度，严肃查处屡审屡犯问题。扩大审计监督与服务的范围，资金运用到哪里，审计就要跟进到哪里。

8. 着力推进创先争优活动，持续提升党建工作科学化水平

一是创先争优活动要出成效、出经验。结合学习贯彻十七届五中全会精神，围绕纪念建党90周年，以加强党支部建设为重点开展创先争优活动。要落实公开承诺，开展多种形式的岗位奉献、岗位创新、岗位创效活动；结合党员先进性测评，开展自我讲评、领导点评、群众评议等工作。大张旗鼓地进行“七一”先进党组织、优秀党员的评选表彰。组织“身边人、身边事”作品征集活动，以多种形式大力宣传先进和优秀，以榜样的力量促进创先争优活动的深入开展，营造浓厚活动氛围，以实际行动向建党90周年献礼。加强基层党组织建设，深入开展党支部书记公推直选，做好支部书记培训。扩大党建管理信息系统使用的覆盖面，以党建信息化推进党建工作规范化。二是党建要带工建、带团建。开展创建先进组织，争当优秀员工、优秀团员、巾帼英雄等活动。积极探索新时期全心全意依靠工人阶级的有效途径，维护职工权益。继续开展共青团“三好三比”主题创先争优活动，引导团员青年岗位成才、岗位建功。全面推广员工辅导计划，做好人文关怀和心理疏导，开展建设“幸福南网”有关工作。三是毫不放松地抓好党风廉政建设。贯彻落实中央纪委六次全会精神，加强惩防体系建设，全面落实党风廉政建设责任制。抓好“三重一大”决策制度的贯彻落实，强化重点领域和关键环节的全过程监督，加强巡视工作。春节后将集中时间对各单位主要领导干部进行纪律教育。继续加强各级单位特别是县级供电企业的反腐倡廉机制建设。

中国华能集团公司
2011年工作会议报告（摘要）

一、2010年工作回顾

（一）2010年主要指标完成情况

1. 安全绩效

公司安全形势总体平稳。未发生较大及以上事故，生产、经营、政治和形象安全得到有效保障。

2. 经营绩效

完成发电量5376亿kWh，同比增长28%；完成煤炭产量4886万t，同比增长10.8%。

实现营业总收入2279.94亿元，同比增长28.27%。

完成供电煤耗322.72g/kWh，同比下降4.98g/kWh；完成厂用电率5.22%，同比下降0.39个百分点。

3. 发展绩效

全年投产新机1020万kW，2010年底公司拥有境内外全资及控股装机容量11343万kW，同比增长8.7%。

新增煤炭产能1545万t/年，煤炭生产能力达到6412万t/年，同比增长34.4%。

新开工电力项目1300万kW；新开工煤矿项目1220万t/年。

4. 党建绩效

党和国家的方针政策在公司得到全面贯彻落实；领导班子和干部队伍建设、基层党组织和党员队伍建设进一步加强；未发生企业领导人员违法、违纪案件；职工队伍保持稳定。

（二）2010年主要工作情况

(1) 安全生产形势总体平稳。公司扎实推进安全

生产管理体系建设，全面开展安全性评价工作，深入开展“安全生产年”和“外包工程安全管理年”活动，狠抓现场行为性违章和装置性违章，加强安全生产大检查和隐患排查治理，做好应急预案演练，健全事故通报、奖惩机制，设备可靠性水平大幅提高，确保了生产安全。威海、景洪等70家电厂实现全年无非停。上海、广东及周边地区各电厂机组安全稳定运行，为世博会、亚运会保电作出了重要贡献。华东分公司、石洞口一厂和二厂荣获“世博保电先进单位”称号。煤矿安全生产形势总体稳定，百万吨死亡率低于全国平均水平。伊敏露天矿荣获“全国煤矿班组安全建设先进集体”称号。

（2）经营情况保持稳定。公司努力克服电煤价格高位运行、煤电联动未到位、资金供应紧张等困难，抓对标、抓重点、抓督导，增产增收，降本增效，努力提高经济效益。营销工作得到加强。超额完成年度发电量奋斗目标。燃料供应成效明显。全面开展“燃料管理年”活动，提高重点合同兑现率，煤炭供应结构进一步优化。资本运营和资金保障工作取得重要进展。股份公司克服资本市场低迷等诸多困难，完成国内电力上市公司最大单笔再融资，A股和H股增发合计募集资金103.8亿元。

在公司上下的共同努力下，各产业均实现盈利。水电、风电产业实现利润占利润总额的比重，比2009年分别提高23.8个百分点和7.3个百分点，金融、煤炭产业为提高公司经济效益发挥了重要作用。股份、澜沧江、资本、四川等公司EVA值完成较好；新能源、呼伦贝尔、宁夏等公司超额完成年度利润考核指标；玉环、海门、上都等电厂以及华亭煤业、京张高速等单位实现较好盈利。大士能源公司实现了电量、利润大幅超过预算的良好业绩。综合产业公司全面完成了年度资产清理任务。

（3）调整优化积极推进。公司着力转变发展方式，实施《绿色发展行动计划》，加大结构调整力度，努力提高发展质量和效益。战略规划、投资管理和战略合作进一步深化。编制完成了产业发展战略及“十二五”规划，加强了项目可行性论证和财务评价，开展了固定资产投资项目后评价试点，与12个省（区、市）以及企业签署了战略合作协议。

低碳清洁能源开发取得新成绩。全年新投低碳清洁能源装机占投产容量的42%；到2010年底公司低碳清洁能源装机规模突破2000万kW，比重达到17.7%，同比提高2.7个百分点。澜沧江、雅鲁藏布江、大渡河等流域大中型水电开发取得新进展，小湾水电站提前一年建成投产，4号机组成为我国水电装机2亿kW标志性机组；藏木水电项目获得核准并开工建设；完成收购云南、湖北等地小水电项目。新能源公司风电核准规模突破300万kW，通辽、阜新等基地型、效益型风电形成规模。石林大型并网光伏试验示范电站一期工程竣工投产，格尔木并网光伏电站项目开工建设。石岛湾等核电厂址资源稳步开发。参股的海南核电项目开工建设。火电结构继续优化。60万kW等级及以上火电机组容量占火电装机的比重达到45%，同比提高4.8个百分点。煤电一体化项目开发取得进展，伊敏三期6号机组克服高寒地区施工等困难，在较短时间内建成投产，上都三期等项目获得核准。北京燃机项目开工建设。海门一期工程获得国家优质工程金奖，瑞金等9个项目获得银奖。“走出去”工作取得新成果。与印度有关企业签署了美国国际电力公司50%股权买卖协议，与缅甸签署了仰光火电项目谅解备忘录和瑞丽江二级水电项目协议备忘录。

（4）产业协同进一步深入。煤炭开发稳步推进。蒙东、陇东、新疆、“三西”等煤炭基地生产建设取得进展，大同焦煤矿一期改扩建、高头窑、核桃峪煤矿项目获得核准，宁正、沙井子和准东石钱滩大井矿区总体规划获得批准，灵东煤矿、伊敏露天煤矿三期、铧尖露天煤矿等项目投入联合试运转，扎煤公司煤炭年产量突破1000万t。甘肃中煦60万t/年煤制甲醇项目生产出合格精甲醇，新疆准东煤制气项目前期工作有序开展。煤炭生产保持稳定。明确了煤炭产业二级管理主体以及各层级的管理关系，管理制度进一步完善。煤炭自供能力逐步提高。天辰、罗源湾等港口码头，西平、天平、蒙冀等铁路项目建设有序推进，太仓港项目获得核准，曹妃甸煤炭专用码头、海门港前期工作取得进展。煤炭运输得到加强。时代、瑞宁航运公司为公司系统运输煤炭2605万t，占下水煤的41%。金融产业为公司系统提供了信贷、保险、信托、投行等方面的金融服务，协同效应进一步显现。加强碳资产管理，成立了碳资产经营公司。科技产业对电力的支撑作用得到发挥，西安热工院积极为公司系统提供技术服务，全年承担的横向合同达到644项，同比增加68项。

（5）节能减排取得突出成效。深入开展能耗指标创优活动，加大节能技改力度，加强机组优化运行和检修质量管理，狠抓主力机型节能降耗工作。对43台共1798万kW的高能耗机组开展节能诊断分析，落实整改措施。60万kW超临界湿冷、空冷，以及35万、30万kW湿冷，30万kW空冷等类型机组能耗指标，达到行业领先水平。福州3、4号、平凉5、6号、铜川1、2号等机组的能耗指标在国内同类型机组中位于前列；13家电厂的供电煤耗同比下降超过10g/kW；15家电厂的厂用电率同比下降超过0.5个百分点。强化新建机组环保“三同时”和脱硫设施运行维护管理，对16台机组的脱硫设施进行了增容提效改造。完成“十一五”创建节约环保型企业规划目标，单机容量10万kW及以上机组的火电企业全部建成节约环保型燃煤发电厂。单位发电量二氧化碳排放量持续下降。

到2010年底，公司超额完成了国家“十一五”节能减排责任书目标，列入“千家企业节能行动”的19家发电企业，完成“十一五”节能量目标的353%；国家规定应安装脱硫设施的机组全部实现脱硫，完成“十一五”环保责任书目标的169%；“十一五”累计关停小火电机组671万kW，完成国家规定任务的267%。

(6)技术创新工作扎实开展。编制完成了“十二五”重点科技项目规划。煤基清洁能源国家重点实验室、国家能源煤炭清洁低碳发电技术研发中心建设工作有序推进，北京人才创新创业基地建设取得进展，清洁能源技术研究院完成组建。天津IGCC示范项目建设稳步推进，项目的关键设备——2000t/天两段式干煤粉加压气化炉完成制造并成功吊装；石岛湾高温气冷堆核电站示范工程前期工作基本完成，即将开工建设。北京热电厂和上海石洞口二厂二氧化碳捕集系统运行稳定，完成关键技术升级试验和测试，通过国家能源局鉴定，达到了国际领先水平。基于IGCC的二氧化碳捕集和利用等项目被列入国家“十二五”“863”计划和支撑计划；参加国家700℃超超临界燃煤发电技术创新联盟，牵头开展项目研发。西安热工院主持完成的8项科研成果通过中国电力科学技术奖的评审，获得国家授权专利47项，其中发明专利15项。

(7)企业管理水平进一步提高。三级管理体系建设深入推进，成立了煤炭部、新闻中心，组建了燃料公司，调整和组建了7家区域分公司，完成了北京产业公司与新升物业公司，综合产业公司、大厦公司与集团事务部的资产重组和管理整合，进一步明确了集团公司与开发公司、股份公司等在规划发展、燃料采购、受托管理等方面的职责划分和管理关系。绩效管理机制逐步完善，对标常态工作机制基本形成，区域公司（产业公司）企业负责人年薪制全面实行。加强制度建设，公司总部制定、修订制度85项。加强全面风险管理，发布了风险管理报告和风险分类总表。内部审计工作深入开展，公司系统全年共完成审计项目1076项，提出整改建议1968项，完成整改1628项，设备检修、更新改造专项审计调查、基建工程审计等取得积极成效。法律事务管理体制、机制和体系建设进一步完善，法制工作三年目标得到进一步推动和落实，“五五”普法工作取得丰硕成果。信息化管理水平得到提升，人力资源管理系统推广工作全面完成，资产财务一体化系统开始试点，电力生产实时监管系统投入运行，无纸化办公全面推进。宣传、外事、后勤保障以及离退休人员工作得到加强。

(8)党的建设、队伍建设和反腐倡廉建设进一步加强。深入贯彻落实全国国有企业党建工作会议部署和要求，召开了公司第一次党建工作会议，明确了“五个一”的总体工作部署。加强领导班子建设，完善企业领导班子及领导人员常态化考核内容，严格落实干部选拔任用四项监督制度，开展领导干部任期和任中经济责任审计。建设学习型领导班子，坚持党组中心组学习制度，发挥华能党校培训功能，努力提高领导干部素质。深入开展创先争优活动，做到了与“学习实践活动、生产经营中心工作、学习型党组织建设、党建创新工作”相结合，建立了“组织推动、干部带动、党员行动、党政互动、党群联动”的工作机制，形成了“全体党员动起来、整体工作带起来、各项工作联起来”的生动局面。大力加强企业文化建设，进一步丰富完善“三色文化”理念体系，公司企业文化被中电联评为“全国电力行业企业文化建设成果”特等奖。扎实推进精神文明创建活动，认定、评选文明单位44个。

认真贯彻落实十七届中央纪委五次全会和中央企业纪检监察工作会议精神，深入抓好《廉政准则》和《若干规定》的贯彻执行，加强对干部的管理和监督。开展招投标和燃料管理效能监察，抓好工程建设领域突出问题和“小金库”专项治理，党风建设和反腐倡廉工作取得新的成效。

(9)积极履行社会责任。公司参与社会主义新农村、新牧区建设，大力支持抗灾救灾、关心弱势群体、爱心捐助等社会公益事业，认真做好定点扶贫、援疆、援藏、援青工作，为西南旱灾、新疆雪灾、玉树地震和舟曲泥石流灾害，以及江西、福建、广西、湖南、海南、吉林洪灾等捐款，累计达1.2亿元。呼伦贝尔、黑龙江等公司确保了高寒地区冬季安全优质供热。珞璜、福州和阳逻电厂援建的西藏拉萨、阿里地区过渡电源项目，全部建成投运并移交当地政府。

二、“十一五”时期的主要成就

（一）综合实力迈上了新台阶

一是电力装机大幅增加。公司在国内率先突破1亿kW装机容量，在电力公司中位列亚洲第一、世界第二。2010年底，公司装机容量是2005年的2.6倍，年均增长21.3%。五年新增装机7022万kW，其中新增基建装机6418万kW。2010年发电量是2005年的2.1倍，年均增长16%。二是资产规模显著扩大。公司在中国发电企业中率先进入世界企业500强，2010年排名由2009年的第425位上升至第

313位。2010年底，公司总资产超过6500亿元，是2005年的2.9倍，年均增长23.6%；2010年实现合并营业收入是2005年的3.1倍，年均增长25.3%。三是经营业绩持续优良。圆满完成了国资委年度和任期业绩考核指标，分别荣获2006、2007、2009年度经营业绩考核A级，荣获第一任期（2004～2006年）、第二任期（2007～2009年）经营业绩考核A级，荣获第一任期、第二任期“业绩优秀企业”称号，以及第二任期“科技创新特别奖”和“节能减排特别奖”。四是积极向国家上缴利税。“十一五”期间，公司累计实现利润283亿元，累计向国家上缴税金736亿元。

（二）竞争能力不断增强

一是市场份额和区域分布持续扩大。2010年国内装机份额达到11.9%，比2005年提高了3.6个百分点。2010年底国内在役在建装机分布在全国30个省（区、市），比2005年增加7个，在澳大利亚、新加坡和缅甸拥有发电装机376万kW。二是主要能耗指标保持行业领先。2010年公司平均供电煤耗比2005年下降了23.03g/kWh；厂用电率比2005年降低0.57个百分点。三是持续引领我国发电行业技术进步。“十一五”期间，公司开发出了具有国际先进水平的大型循环流化床锅炉、两段式干煤粉加压气化炉、现场总线控制系统、火电厂信息监控系统等具有自主知识产权的能源核心技术。在小湾水电站建成了世界首座300m级双曲拱坝；在玉环电厂投产了国产首台百万千瓦超超临界燃煤机组；在北京热电厂投运了我国第一个二氧化碳捕集能力为3000t/年的试验示范装置；在上海石洞口二厂投运了全球最大的捕集能力为12万t/年的燃煤电厂二氧化碳捕集项目；在天津开工建设了具有我国自主知识产权的绿色煤电工程IGCC电站示范项目；在石岛湾开展了国家重大科技专项依托项目、具有我国自主知识产权的高温气冷堆核电站示范项目的前期工作。

（三）抗风险能力不断提高

一是电源结构持续优化。2010年底，公司低碳清洁能源装机是2005年的6.4倍，装机比重比2005年提高10.5个百分点，水电装机容量突破1000万kW，风电装机容量接近500万kW。百万千瓦超超临界机组占全国的25%；60万kW等级及以上火电机组容量占火电装机的比重，比2005年提高28.3个百分点；火电机组的平均单机容量比2005年增加13.7万kW。二是产业协同逐步加强。2010年底，公司煤炭生产能力是2005年的10.7倍，原煤产量是2005年的6.4倍，控股的航运自有运力接近230万载重吨，控股经营的港口码头设计吞吐能力超过3500万t/年，煤炭协同率达到54%，电煤自供率达到9.4%。低碳清洁能源、金融等产业功能逐步完善，对公司经济效益的贡献度明显提高。三是管理体系不断完善。集团公司—区域公司（产业公司）—基层企业建设得到加强，各层级的基本定位和主要权责更加明确，指标、考核和薪酬三位一体的绩效管理体系基本确立，以风险防范为重点的内部控制体系更加健全，公司的决策力、执行力和控制力进一步提高。四是应对突发事件的能力不断增强。公司沉着应对雨雪冰冻灾害、汶川特大地震、国际金融危机等重大挑战，圆满完成了各种急难险重任务，发挥了中央企业的骨干作用。

（四）“走出去”工作取得新成绩

一是积极探索国际化经营的途径和模式。认真贯彻落实党中央关于实施“走出去”战略的精神，稳步开展“走出去”工作，努力利用“两种资源、两个市场”，积累了经验，培养了人才。二是成功竞购境外电力资产并取得良好投资回报。在2003年成功竞购澳洲电力公司50%股权的基础上，2008年又成功竞购了新加坡大士能源公司的全部股权，拥有新加坡25%的电力市场份额。通过对项目加强管理，电厂生产管理水平和经济效益不断提高。三是建成投产缅甸最大的水电站。2009年，澜沧江公司以BOT方式建成了缅甸瑞丽江一级电站，为中国电力企业“走出去”进行资源开发树立了成功典范。四是自主研发技术首次进入发达国家市场。2009年，西安热工院与美国未来燃料公司，签署了宾夕法尼亚州15万kW IGCC项目煤气化技术使用许可协议，实现了两段式干煤粉加压气化技术出口美国。五是积极开展国际交流合作。公司与美国、欧洲、澳大利亚等国家和地区，在科技、环保、管理、人才队伍等方面积极开展合作，启动了与美国杜克能源公司核电人才的培训合作，实现了优势互补，扩大了公司的国际影响力。

（五）队伍建设成效明显

一是深化干部人事制度改革。制定了干部选任、考评、交流、培训、激励制度，建立了分层选拔、分类任用、分级管理的体系。积极开展干部公开竞聘、挂职锻炼等工作，加强干部选拔、培养和任用。二是加强领导班子和干部队伍建设。实行领导班子常态化考核和后备干部动态化管理，对420名领导干部开展任期经济责任审计，对147名领导班子成员进行了考核，遴选了95名后备干部。深入开展“四好”领导班子创建活动，珞璜电厂被评为全国国有企业创建“四好”班子先进集体，股份公司等83个单位被评为公司创建“四好”班子先进集体，四川公司被评为公司2008年度“四好”班子。优化调整班子结构，加大干部交流和从基层选拔干部的力度，积极推进干部年轻化、专业化，各级领导干部本科及以上学历占

55%，平均年龄46.8岁。华能党校培训各级干部1500多人。三是加强专业人才队伍建设。大力实施“人才强企”战略，中高级专业人才占专业人才队伍的比例提高至45.4%；国家级专业人才已达117人；积极引进海外高层次人才，已遴选出12名“千人计划”候选人，有3人进入国家“千人计划”引进人才名单。四是推进技能人才队伍建设。完善技能鉴定体系，拓展技能人才发展通道，建立考评、使用、待遇一体化机制，高技能型人才不断增加。公司高技能人才占全部技能人员的比例达到21%，拥有全国技术能手10人、中央企业技术能手23人、电力行业技术能手38人。

（六）党的建设开创新局面

一是加强思想政治建设。深入开展学习“三个代表”重要思想、保持共产党员先进性教育、学习实践科学发展观和“创先争优”等主题教育活动，党组织的创造力、凝聚力、战斗力显著增强。深入推进精神文明创建活动，有28个单位被授予“全国文明单位”和“全国精神文明建设先进单位”荣誉称号。二是加强组织建设。创新党组织设置模式，5个单位实现了党建工作区域化统一集中管理；在党员人数少且流动性较大的金融企业，采取多种方式组建基层党组织，覆盖率达到100%。大力开展党建创新试点工作，加强党员教育管理，基层党组织和党员队伍的作用得到有效发挥。三是加强作风建设。各级党组织和党员领导干部牢记党的优良作风，在完成各项工作任务中当先锋、做表率，发挥了示范带头作用。四是健全完善党建工作机制。探索党建工作融入中心、进入管理、服务大局的有效途径，推进“双向进入、交叉任职”的领导体制，抓好党建工作责任制建设，完善党建绩效考核体系，党组织的政治核心作用、党支部的战斗堡垒作用和党员的先锋模范作用得到充分发挥。五是加强反腐倡廉建设。认真贯彻落实党中央惩治和预防腐败体系建设《实施纲要》和《工作规划》，严格执行党风廉政建设责任制，反腐倡廉建设教育、制度、监督、改革、纠风、惩处等工作全面推进，保障了公司的健康发展。

三、公司面临的形势与“十二五”规划目标和发展思路

（一）关于公司面临的形势和存在的问题

近年来，特别是国际金融危机爆发以来，国际国内形势发生了许多新的变化。当前，世界经济继续缓慢复苏，我国仍处于重要战略机遇期，经济发展长期向好的趋势没有改变。党的十七届五中全会明确了“十二五”发展的主题和主线，提出了新的目标和任务，公司发展有许多有利条件，面临着许多新的机遇。

一是经营发展的机遇。我国工业化、信息化、城镇化、市场化、国际化深入发展，国内市场潜力巨大。随着世界经济逐步复苏，我国经济延续平稳回升的良好势头，用电需求继续较快增长，这将有利于公司进一步做好经营发展工作。

二是结构调整的机遇。加快转变发展方式，推进经济结构调整，加快新能源开发，推进传统能源清洁高效利用，发展智能电网，这将有利于公司调整优化产业结构、电源结构和区域布局，提高可持续发展能力。

三是做强做优做大的机遇。国家鼓励和引导企业兼并重组，提高产业集中度，加快实施“走出去”战略，发展拥有国际知名品牌和核心竞争力的大中型企业，为我们更好地利用“两种资源、两个市场”提供了良好的政策环境，有利于公司加快建设具有国际竞争力的世界一流企业。

四是科技创新的机遇。实施科技强企和人才强企战略，发展战略性新兴产业，推广低碳技术，加快实施国家科技重大专项，加快低碳技术研发应用，这些有利于公司发展科技产业，提高自主创新能力，提升科技产业化水平。

五是深化改革的机遇。坚持改革开放，构建有利于科学发展的体制机制，保障和改善民生，为我们营造了良好的外部环境，有利于公司进一步深化改革，推进管理创新，提高管理水平。

在看到有利条件和机遇的同时，我们也要清醒地看到，公司发展还面临着新的风险和挑战。

一是经济发展波动的风险。国际金融危机影响深远，世界经济复苏内生动力不足，贸易保护主义抬头，主要货币汇率持续较大波动和金融市场动荡，大宗商品价格高位震荡，使我国在保持经济平稳较快发展、管理通胀预期、调整经济结构等方面面临着新的挑战。这些不稳定、不确定因素，将对电力持续较快增长带来影响，进而影响公司的经营发展。

二是燃料保障的风险。受国际煤价上涨、国内煤炭市场需求旺盛，以及极端天气、运输瓶颈制约等因素影响，煤价仍将维持高位运行，个别时段、局部地区煤炭供应偏紧的可能性依然存在，给公司燃料稳定供应、控制燃料成本、提高煤电效益带来新的困难。

三是资金供应的风险。我国货币政策从适度宽松转向稳健，资金供应收紧，资金管控加强，贷款利率持续提高，这些不仅对全社会固定资产投资和用电需求增长带来影响，而且对公司保障资金供应、降低资金成本提出了新的挑战。

从公司自身看，当前我们在发展中还存在一些突出问题和不足，主要体现在：

一是保持安全稳定的难度增大。二是推进结构调整和节能减排的任务比较艰巨。三是可持续发展能力还不强。四是工作中存在不协调和不平衡。应当看到，这些问题是公司在建设具有国际竞争力综合能源集团的过程中遇到的问题，也是公司在新的发展阶段遇到的问题。面对机遇和挑战，我们要保持清醒头脑，坚定发展信心，准确研判形势，采取有效措施，既要牢牢抓住发展机遇，充分利用有利条件，又要积极应对风险挑战，努力克服不利因素，加快转变发展方式，着力解决公司面临的突出问题，实现又好又快发展，开创公司科学发展新局面。

（二）“十二五”发展指导思想、规划目标和发展思路

根据党的十七届五中全会和中央企业负责人会议精神，“十二五”及今后一个时期产业发展的指导思想是：高举中国特色社会主义伟大旗帜，以邓小平理论和“三个代表”重要思想为指导，以科学发展为主题，以加快转变发展方式为主线，以国家能源战略为主导，秉承“三色公司”的企业使命，坚持“电为核心、煤为基础、金融支持、科技引领、产业协同，把华能建设成为具有国际竞争力的世界一流企业”的战略定位，转方式、调结构、提效益，促发展、强素质、创一流，推进公司做强做优做大，领先进入具有国际竞争力的世界一流企业行列，为全面建设小康社会作出新的更大的贡献。

“十二五”产业发展规划目标是：初步建立以电力为核心，煤炭、交通、金融、科技协同高效的产业体系，力争领先进入具有国际竞争力的世界一流企业行列。到 2015 年，公司合并营业收入超过 3000 亿元；可控发电装机容量突破 1.5 亿 kW，低碳清洁能源比重超过 25%；可控煤炭产能突破 1 亿 t/年，电煤自供率提高到 25%以上；境外控股装机容量比重达到 5%以上；供电煤耗降至 317g/kWh；单位发电量二氧化碳排放降至 600g/kWh。

“十二五”及今后一个时期产业发展的基本思路是：

一是着力调整结构和优化布局。调整结构和优化布局是公司加快转变发展方式的主攻方向。优化调整产业结构，加强产业协同，围绕电力核心产业，积极开发煤炭资源，以提升煤炭协同率和电煤自供率为目标，统筹发展以煤炭物流为主的交通运输产业。加强产融结合，发挥金融支持作用；加快科技等新兴产业的培育，构建协同高效的产业体系。优化电源结构，推进绿色、低碳发展，加大低碳清洁能源开发力度，进一步提高装机比重；加强传统能源高效清洁利用，加快淘汰落后产能，实施节能减排，提高大容量高参数机组装机比重。按照国家能源资源发展重心转移的部署，优化调整区域布局，加快西部、巩固东部、稳定中部、提升东北，加快形成区域布局新优势。

二是着力提升发展质量和效益。提升发展质量和效益是公司加快转变发展方式的根本出发点和落脚点。坚持战略统领、效益为先，产业发展要服从经济效益、服从发展战略、服从资本预算，项目开发要坚持“多点、优选、精建、严管”，做到发展能力与财务状况相协调、前期工作与基建进度相协调、配套工程与主体工程相协调，实现速度、规模与结构、质量、效益相统一，实现有效、有度、有序发展。

三是着力推进科技进步和创新。推进科技进步和创新是公司加快转变发展方式的重要支撑。深入实施科技强企战略，建立健全科技创新投入、研发、转化、应用机制，加大研发投入，建设创新型企业；推进科技资源优化配置，加快技术创新和产业化步伐；建设代表未来发电技术发展方向、服务国家能源发展战略的示范工程。要努力提高科技产业对生产经营的服务能力、对前沿技术的研发能力、对做强做优做大的贡献能力，为促进企业技术进步、保持行业技术领先、引领前沿发电技术发展和实现科技产业化提供支撑。

四是着力提高国际化经营水平。提高国际化经营水平是公司建设具有国际竞争力的世界一流企业的必然选择。积极实施“走出去”战略，坚持开发与收购并重方针，按照效益优先原则，积极开发利用境外低碳清洁发电资源和煤炭资源；发挥公司自身优势，努力扩大能源技术、产品和工程服务出口；积极培育国际化经营主体，加强境外投资项目管理，努力防范国际化经营风险，提高国际化经营管理水平。稳步提高境外发电装机和煤炭产能比例，持续增加境外营业收入，实现合理投资回报。

五是着力推进做强做优做大。做强做优做大是公司建设具有国际竞争力的世界一流企业的根本途径。坚持把做强、做优贯穿于做大的全过程，既要做大，又要做优，更要做强，实现“三大三强”与创建国际一流企业的有机统一。进一步规范公司治理，优化资源配置，追求运营卓越，提高经营业绩，综合指标达到国际同行业先进水平，打造国际知名品牌。进一步提升综合素质，加强党的建设和人才队伍建设，更好地发挥公司在经济社会发展中的骨干中坚作用，成为能够在国际能源领域与世界一流同行同台竞争的优秀企业。

四、2011 年的主要工作

2011 年的主要任务是：全面完成年度绩效目标并获得国资委业绩考核 A 级。

2011 年的主要绩效目标是：

1. 安全绩效目标

确保不发生较大及以上安全事故，确保不发生对企业形象造成不利影响的事件。

2. 经营绩效目标

完成发电量6000亿kWh；完成煤炭产量6000万t。

完成营业收入2600亿元。

完成利润80亿元；ΔEVA为正值。

完成供电煤耗321g/kWh。

3. 发展绩效目标

核准电源项目1200万kW，核准煤矿项目800万t/年。

投产装机容量980万kW，新增煤矿产能1970万t/年。

4. 党建绩效目标

确保党和国家的各项方针政策在公司得到全面贯彻落实；进一步加强领导班子和干部队伍建设、基层党组织和党员队伍建设，促进公司党建工作再上新水平；确保不发生企业领导和经营管理人员违法、违纪案件；确保职工队伍稳定。

为了实现2011年的各项目标，我们要重点做好以下工作：

（一）加强安全管理，进一步提高本质安全水平

深入推进安全生产管理体系建设，严格落实全员、全过程、全方位的安全生产责任制，加大安全绩效考核和责任追究力度，不断提升安全保障能力。加强安全生产标准化、制度化建设，提高安全工作的执行力，做到凡事有章可循、有据可查、有人监督、有人负责。坚持预防为主、关口前移，深入推进安全性评价、隐患排查治理、反违章专项整治、外包工程安全管理等安全生产长效机制建设，加强生产、基建现场的安全监督和过程控制，加大技能培训和安全教育力度，以零违章保人身安全。加强设备生产运行、检修、技改管理，不断提高设备健康水平，努力减少非计划停运，以零缺陷保设备安全。完善应急管理体制机制，不断提高安全风险防范和应急处置能力。健全完善煤矿和煤化工安全生产管理体系，加大安全投入，确保生产安全。

（二）加强经营工作，进一步提高经济效益

一是加强对经营工作的组织领导。要深入研判宏观政策走向和市场走势，动态调整经营策略，保持生产经营健康运行。二是加强经济运行过程控制。要全方位开展运营对标，发挥经营预算动态监控作用，强化对重要指标、重点单位和重要工作的督导指导，切实解决经营工作中的突出问题。三是加大市场开拓力度。电力企业要千方百计提高设备利用小时，抓好电量结构优化和电量替代，努力多发效益电；积极落实电、热价格政策，提高结算水平。其他企业要结合各自实际，努力扩大市场份额，加强经营管理，不断提高盈利水平。四是严格控制成本费用支出。要充分发挥燃料公司的作用，做好集中采购和整体调配，努力提高重点合同订货量和兑现率；积极开拓采购渠道，进一步优化供煤结构；加强产、运、销各环节的有机衔接，不断提高煤炭协同率和电煤自供率；加强燃料闭环管理，有效降低燃料成本。要深入挖掘潜力，节约资本支出，用好技改资金，加强可控费用管理，努力降低运营成本。五是做好资金保障工作。要加强资金集中管理，创新融资方式，开拓资金来源；优化负债结构，减少利息支出；加强负债管理，防范资金风险，确保资产负债率稳中有降。六是努力提高价值创造能力。要切实加强EVA管理，增强盈利能力，提升盈利水平，所有子企业EVA同比改善值要达到正值。

要进一步提高对做好资本运营工作重要性的认识，牢固树立集团“一盘棋”思想，上下联动、落实责任，像抓生产经营一样抓好资本运营工作。要积极盘活存量资产，继续做好新能源公司的上市工作，发挥好上市公司的融资作用，积极开拓资本金来源。

（三）加强结构调整，进一步提高发展质量

要坚持战略统领、效益为先，围绕主题和主线，优化结构布局，做到“三个协调”，实现“三有”发展。要坚持量力而行、尽力而为，加强资本预算管理，确保资本预算可控、在控。要加强投资管理，严格履行投资决策程序；做好项目后评价工作，实现投资项目闭环管理。要坚持“多点、优选”，加强项目可行性论证，拓展资源，优选项目，做好衔接，妥善处理好与地方政府的关系。要坚持“安、快、好、省、廉”的基建方针，优化工程设计，降低工程造价，提高投产质量。

要大力发展清洁能源，继续加快水电、风电等可再生能源的开发步伐，积极开发核电及其他清洁能源。加快建设藏木等水电，通辽、哈密等风电以及格尔木光伏等项目；投产功果桥等水电，开鲁建华、阜新彰北等风电项目；积极推进糯扎渡、龙开口、里底、苗尾、黄登等水电项目前期工作；做好澜沧江西藏段、雅鲁藏布江、大渡河水电开发前期工作。积极推进石岛湾核电基地开发，努力争取核电开发取得新进展。积极稳妥开展高温气冷堆核电站的商业推广和安徽、福建等核电项目的前期工作。要优化发展火电，积极开发煤电基地、煤电一体化和煤电联营项目，优先建设外送电项目，推进魏家峁、上都、伊敏、扎赉诺尔、巴彦宝力格、环县、段寨等项目开发；积极在东部沿海等经济发达地区发展效益型燃煤燃气发电项目，推动南通、长兴等煤电，金陵、青浦及苏州等燃气项目开发；推进新疆煤制气和山西低碳

工业园的前期工作。抓好中煦煤制甲醇项目管理运营。要继续实施“走出去”战略，管好现有境外项目，提高投资回报；继续开展境外能源资源开发，提高开发利用水平；适应公司国际化发展的需要，努力提高国际化经营管理能力。

（四）加强产业协同，进一步发挥煤电运等产业的协同作用

要稳步推进煤炭项目开发，在公司电厂分布区域、煤炭资源富集区域和规划发展区域优选煤矿项目，加快辛庄、准东和哈密等煤炭项目前期工作。要抓好现有煤炭项目的生产建设管理，学习借鉴国内大型煤炭企业和电力企业关于煤炭产业管理的好经验、好做法，构建既符合煤炭行业特点、又适合华能实际的煤炭管理体系。要继续做好蒙西、蒙东、陇东等地煤炭的内部供应保障，推进西平、天平、蒙冀等合作铁路项目建设，不断提高煤炭自供能力。要优化港口布局，科学确定各港口的功能定位，充分发挥各港口在煤电运和港口之间的协同作用，形成科学的管理体系，提高运营效率。推动曹妃甸煤炭专用码头前期工作，加快海门等中转码头建设，充分发挥时代、瑞宁航运公司的内部运力。金融产业要做强做优各金融平台，提升竞争能力和盈利能力，更好地发挥功能支撑和业绩支撑作用。

（五）加强科技创新，进一步提高自主创新能力

要完善技术创新体系，整合内部资源，发挥公司整体优势，充分调动各方面做好科技工作的积极性，为科技产业发展营造良好环境。要健全发展科技产业的体制机制，完善项目研发、成果转化、人员使用等方面的配套制度和措施。要加强科技资金管理，管好、用好资金。要加强科技人才队伍建设，吸引人才、培养人才、留住人才，充分发挥科技人才的积极性和创造性。要主动承担国家重要科研项目，积极争取国家政策支持。要加强科技创新平台建设，推进人才创新创业基地的建设进程，建设好煤基清洁能源国家重点实验室和国家能源煤炭清洁低碳发电技术研发中心。要做好公司系统内部技术服务支持，推进前沿发电技术的研究和应用，加快科技成果产业化速度。继续建设好天津IGCC示范项目工程。稳步开工建设石岛湾高温气冷堆核电站示范工程，按计划推进项目建设。做好煤基高效低碳发电与转化关键技术研发和示范，推进可再生能源技术研发和工程应用。

（六）加强节能减排，进一步提高节约环保型企业创建水平

要深入挖掘现役机组的节能潜力，加强新投产机组的设备整治和稳定优化运行工作，继续做好新投产机组的节能诊断分析，认真落实各项节能措施，加大节能技术改造力度。继续深入开展能耗指标创优活动，加强节能对标，实施节能降耗精细化管理，优化现役机组运行，确保各类运行小指标达到优秀水平，公司供电煤耗、厂用电率以及主力机型能耗指标达到并保持行业领先。做好新建项目环保“三同时”工作，加强入炉煤质量控制和环保设施检修运行管理，加大脱硫增容提效改造力度，提高环保设施可靠性水平，确保二氧化硫达标排放。开展烟气脱硝技术改造，控制氮氧化物排放总量。配合环保部稳步开展脱汞试点工作。积极探索碳排放的控制和管理。

（七）加强企业改革，进一步增强公司发展的动力和活力

继续完善三级管理体系，不断加强公司总部、区域公司（产业公司）和基层企业建设，积极推进内部改革重组。围绕创建世界一流企业的目标，抓紧建立国际对标管理体系。完善绩效管理机制，推进薪酬分配制度改革，扩大企业负责人年薪制。要强化预算管理，发挥预算的龙头作用，增强预算的刚性，确保经营活动各要素围绕经营预算目标，投资活动各环节服从资本预算安排。加强标准化管理，建立完善技术标准、管理标准和工作标准。加强集约化管理，进一步抓好人力流、资金流、物流和信息流建设。加强风险管理，强化以风险防范为重点的内控机制建设，有效防范财务风险、管理风险和法律风险。积极推进审计体制创新，全面深入开展内部审计，强化审计整改和审计成果运用。全面实现国资委法制工作三年目标，制订“六五”普法规划、计划，开展法制宣传教育活动，深入推进企业法律顾问制度建设。加大信息化建设力度，完善人力资源信息平台，推进资产财务一体化项目建设，建立信息化运行维护体系。继续做好战略咨询工作，为公司科学发展提供决策支持。

（八）加强党的建设、队伍建设和反腐倡廉建设，为公司经营发展提供有力保障

加强领导班子、干部和人才队伍建设。深入推进“四好”领导班子创建活动，完善“两化管理”。

加强党风廉政建设。

加强思想政治工作和企业文化建设。制定公司“十二五”企业文化建设规划，统一、规范华能品牌形象，推进企业文化宣贯和深度融合。做好信访和维稳工作，开展专项培训，完善信访维稳工作网络，确保职工队伍稳定。

加强职工群众工作。完善工会组织，推进职代会制度建设，深入开展厂务公开民主管理工作。支持工会、共青团组织发挥桥梁纽带作用，广泛开展群众性文体活动。做好离退休人员服务管理工作。

（九）认真履行社会责任，为构建社会主义和谐社会作出新贡献

加强公司履行社会责任项目管理，扎实做好定点扶贫和援疆、援藏、援青工作，积极参与社会主义新农村建设和社会公益事业，认真做好“百千万工程”、“哺农惠民工程”、“新牧区建设”、“金秋助学”、“绿色防护工程”等工作。加强公共关系和应急管理，促进宣传工作有效开展，进一步做好《可持续发展报告》发布工作，确保公司形象安全。

中国大唐集团公司2011年工作会议报告（摘要）

一、2010年工作回顾

（一）“双增双节、盈利攻坚”活动深入开展，全年经营目标超额完成

面对严峻的经营形势和巨大的经营压力，集团公司开展了“双增双节、盈利攻坚”和“大干四个月，确保完成全年任务目标”活动。总部各部门、系统各企业自我加压，迎难而上，把责任落实到位，把压力传递到位，把各项部署贯彻落实到位，抢发电量、配煤掺烧、电费回收、争取电价等重点工作取得突破。发电量和营业收入快速增长，完成发电量4725.75亿kWh，同比增长21.22%，实现营业收入1771亿元，同比增长20.84%；配煤掺烧工作取得显著成效，累计掺烧各类经济煤种4094万t，降低燃料成本14.96亿元；由于电价规范执行，火电平均上网电价382.68元/MWh，同比上升11.63元/MWh，电热费回收周期平均为35.68天。集团公司在综合标准煤单价高达675.19元/t，同比上升89.3元/t，增加燃料成本116.22亿元，但煤电联动没有启动的情况下，实现利润15.16亿元，超出国资委考核指标3.16亿元。

（二）新能源公司成功上市，资本运作全面推进

新能源公司上市工作历时294天，举全集团之力，通过目标管理和矩阵管理，克服重重困难，特别是在国际、国内资本市场低迷，已有11家公司搁置上市的情况下，于12月17日在香港联交所成功上市，创造了我国上市史上的奇迹，融资52亿港元，打造了集团公司全新的融资平台，也为集团公司降低资产负债率约0.7个百分点。新能源公司成功上市过程中，积累了很多宝贵经验，要认真总结，发扬光大。分两次完成了大唐国际H股增持工作，节省资金支出8.96亿元；完成了A股定向增发工作，募集资金33亿元。利用太原二热3×20万kW机组关停指标与中煤平朔公司进行合作，实现煤电联合，预计2011年太原二热有望整体扭亏，闯出了扭亏增盈的新路子。通过加强银企合作，降低资金成本，节约了财务费用。

（三）发展工作取得突破，工程建设超额完成投产目标

全年核准电源项目62个共1321.5万kW，超出计划471万kW。特别是针对4个共512万kW容量的投产未核准项目，系统上下充分发挥“大唐智慧”，加大力度，协力攻坚，使这些遗留项目全部得到国家核准，不仅为实现全年经营目标作出了突出贡献，也为今后的盈利奠定了基础。积极开展核电前期工作，目前集团公司已拥有核电厂址13个，可建容量5000万kW。集团公司还与新疆、西藏、天津、山西、山东等省区市签署了合作协议，成立了大唐西藏分公司。集团公司全年投产容量达到811.935万kW，新能源和可再生能源投产容量创历史最高水平；60万kW等级及以上火电机组投产7台共456万kW，总台数达到70台，机组台数和所占比重均居五大发电集团首位。吕四港电厂“一季四投”，当年盈利2.68亿元；首个海外项目缅甸太平江水电站实现“年内四投”，实现了海外项目的突破；风电装机容量突破500万kW，国内首个海上风电项目上海东大桥风电项目全部投产发电，新能源东山风电场成为国内首家“电网友好型”风电场。

（四）安全生产保持平稳态势，本质安全型企业建设快速推进

全面推进安全生产标准化、精细化管理，深入开展班组安全管理“三讲一落实”活动。自主创建了本质安全型企业管理体系，并通过严格评审命名了首家本质安全型企业。积极应对西南特大干旱、舟曲泥石流等自然灾害，确保了上海世博会、广州亚运会等重大活动的电力供应，乌沙山发电公司等四个基层企业被国家电监会授予保电先进单位。在大量配煤掺烧的情况下，保证了机组的安全稳定运行。全年未发生人身伤亡事故，未发生重大及以上设备事故，发生一般设备事故5次，同比减少5次。设备可靠性指标继续保持国内领先水平。有3台机组获得“金牌机组”称号，占全部获奖机组的15%。

（五）大力推进节能减排，继续保持先进水平

“两型企业”建设取得新的成绩，62.3%的火电企业达到“两型企业”标准。完成供电煤耗324.83g/kWh，同比下降3.58g/kWh。主要污染物实现达标排放，二氧化硫排放总量超额完成了年度及“十一五”减排任务。全国火电60万kW等级机组能效对标有10台机组获奖，占获奖机组的19.23%；30万kW等级机组能效对标有20台机组获奖，占获奖机组的26%。20家签订节能责任状企业“十一五”完成节能量392.86万t

标准煤，为确定节能总量的194%。

（六）统筹兼顾，非电产业发展取得积极进展

目前，多伦煤化工项目核心技术获得重大突破，MTP界区引入甲醇生产丙烯获得一次投料成功，生产出合格组分的丙烯烃产品。粉煤灰提炼氧化铝项目已经打通全部工艺流程并生产出合格产品。克旗煤制气项目目前正按照时间节点快速推进。阜新煤制气项目于2010年3月29日正式开工。胜利东二号矿煤炭产能已达到1000万t/年，胜利东二号矿二期、龙王沟煤矿正在履行核准程序；谢尔塔拉煤矿已经取得“路条”。金融平台、物流平台、科技平台建设积极推进，资金集中度达到92.3%，贷款覆盖率比年初增加了49.02%；招标代理、设备成套供应、现场物资管理等方面的专业服务得到加强；CDM注册工作取得重大进展，全年注册项目数量超过了历年总和；科技环保市场开拓力度加大，全年新签及中标待签合同额达到125.9亿元，同比增幅达到78.8%。

（七）“两全”工作全面启动，人才强企机制不断健全

按照国资委提出的“工作有标准、管理全覆盖、考核无盲区、奖惩有依据”的要求，集团公司创造性地建立了业绩考核结果与员工职业发展、岗位晋升、薪酬收入有机结合的“两全双挂”考核体系，制定了配套措施，在部分单位进行了试点，基本完成了“两个体系、两个机制、一个信息”平台建设任务，为各项任务目标的实现提供了更为有效的机制保障。制定了加强和改进干部选拔任用工作、强化干部监督、提高选人用人满意度的具体措施，进一步规范了干部选拔任用工作。加快海外高层次人才创新创业基地建设，完成了人才基地的申报工作。

（八）依法治企，规范运作水平不断提高

国家审计署历时9个月，实施了对集团公司原党组书记、总经理翟若愚同志的任期经济责任审计。系统上下高度重视，将其视为对集团公司经营发展成果和依法规范运作水平的一次全面检验，密切配合，通力合作，圆满完成了迎审任务，审计报告对集团公司经营发展成果及遵纪守法情况给予了充分肯定。建立规范董事会准备工作稳步推进，深入研究新体制下的议事规则、决策程序、权责划分等重大问题，开展了相关规章制度的制定和修订工作。开展了“小金库”专项治理工作，完善了防治“小金库”的长效机制。加大了债务风险防控力度，健全了法律风险防控体系，实现了风险可控在控。

（九）围绕中心，创先争优活动取得显著成效

坚持与正在做的工作紧密结合，以“求真务实铸精品、同心跨越尽人才、创新发展出效益”为主题，深入开展创先争优活动。认真执行创先争优党员领导干部联系点制度，实行公开承诺和领导点评。通过创先争优活动，进一步增强了各级党组织的凝聚力、战斗力和创造力，增强了广大党员的责任感和使命感，有效营造了“学先进、向先进看齐”的浓厚氛围，为各项工作的开展提供了坚强的政治保障和强大的精神动力。

积极开展学习型党组织和学习型企业创建活动，努力使学习成为提高创新能力和发展能力的源泉。加强纪检监察制度建设和廉洁文化建设，强化监督检查，维护了企业利益，确保了各级领导人员廉洁从业和行为安全。加强宣传报道、企业文化建设和品牌建设，为经营发展营造了和谐的环境和积极的氛围。

二、“十二五”发展的总体要求和主要目标

2011年，是我国经济社会发展进入“十二五”时期的开局年，也是集团公司进入发展战略第三阶段的起步年。

截至2010年底，集团公司发电装机容量达到10 589.59万kW，是组建时的5.08倍；水电、风电等新能源和可再生能源装机达到19.25%，比组建时提高了7.88个百分点；60万kW及以上等级火电机组由组建时的两台增加到70台；消耗性指标和排放指标持续大幅度优化，供电煤耗达到324.83g/kWh，比组建时下降了46.35g/kWh，达到国际先进水平，污染物全部实现达标排放；上市公司增加到4家，拓展了融资平台；海外市场发展取得突破，煤炭开发初具规模，煤化工项目稳步推进，金融、物流、科技等非电产业增收盈利能力稳步提高。

集团公司“十二五”期间发展的总体要求是：认真贯彻落实党的十七届五中全会精神，以科学发展为主题，以经济效益为中心，以转变发展方式为主线，以调整优化结构为主攻方向，以创新体制机制为保障，以队伍建设为支撑，按照“电为基础、多元经营，七大板块、协调发展”的方针，着力创新发展思路和发展模式，着力推进管理与技术创新，着力加强节能减排，着力提升盈利能力、防控风险能力和可持续发展能力，为实现发展战略第三阶段第一步目标——成为国内一流综合能源集团而努力奋斗。

贯彻落实这一总体要求，前提是紧扣科学发展主题；核心是转方式、调结构、强机制、增效益；关键是把握“电为基础、多元经营，七大板块、协调发展”的十六字方针，实现电力、煤炭、煤化工、金

融、科技、物流、国际业务等七大板块协调发展；重点是调整“四大结构”；目标是提升“三个能力”，成为国内一流综合能源集团。

贯彻落实这一总体要求，要“坚持五个原则，处理好五个关系”。

一是坚持战略引领的原则，正确处理转方式与调结构的关系。转方式、调结构是提升发展质量、效益的必由之路，是当前和今后一个时期最为紧迫的重点任务，必须坚持全集团一盘棋，以集团战略为行动纲领，以集团效益最大化为准则，科学设计，有序推进。转方式既是调结构的前提，又是调结构的结果。调结构就是坚持有进有退，加快发展布局优、效益高的项目，优化存量资产结构，对高风险企业进行重组，提升盈利能力及防控风险能力，为转方式提供保障。二是坚持结构优化的原则，正确处理速度与质量的关系。集团公司做强做优做大，首先要发展，保持合理的发展速度，但在发展中必须更加注重质量，更加注重“四大结构”统筹兼顾、持续优化，做到全面协调可持续。在当前经营形势下，尤其要突出发展质量，把有限的资源、资金、人力投入到质量好、效益高的项目上去。三是坚持效益优先的原则，正确处理规模与效益的关系。集团公司资产负债率居高不下，风险还在加剧，被国资委列为重点监控企业，影响了集团公司的形象和信誉，制约了企业可持续发展。必须坚持效益优先，规模服从效益，凡是预期效益不理想，特别是不能增加母公司利润的项目坚决不上，杜绝不顾效益的盲目投资。四是坚持统筹兼顾的原则，正确处理发电产业与其他板块的关系。要统筹兼顾整体利益和局部利益，既要统筹集团公司整体结构、质量和效益最优化，又要兼顾各企业持续健康发展；既要突出发电主业结构调整，更要注重七大板块协同推进。要统筹兼顾当前利益与长远利益，既要着力解决当前突出问题和主要矛盾，更要注重战略性区域、战略性资源、战略性产业、战略性技术的布局，积聚发展后劲。五是坚持风险可控的原则，正确处理较快发展与防控风险的关系。保持较快发展与防控风险相辅相成，两者必须统筹兼顾。不发展就要落后，本身就是风险。一味发展而无视风险，发展不可持续，生存可能难以为继，更危险。必须进一步强化全面风险管理，健全体制机制，完善防控体系，提升管控能力，做到决策科学、执行有力、监督有效、风险可控，确保经营安全，发展可持续。

为谋划好“十二五”期间发展工作，集团公司已经完成了“十二五”发展规划草案的编制工作。根据这一草案，集团公司“十二五”期间的主要发展目标和主要任务是：

一是做强做优做大发电产业。要加快发电产业结构布局调整，优化发展煤电，大力发展水电，积极发展风电，创新发展核电，适度推进其他新能源建设。要在煤炭富集地区，按照煤电一体化模式加快推进大型煤电基地项目；在负荷中心和大电网送出走廊，通过“上大压小”和消化海外煤炭布局一批大型火电项目；在北方采暖城市以及电、热负荷集中的园区，建设一批热电联产项目，谋划一批热电冷联供、洁净煤公用岛多联供项目；在经济发达和项目效益好的负荷中心地区，依托通道管网、储气设施适度发展燃气电站。要大力开发水电，重点关注西南地区开发程度较低的大型水电基地开发；积极发展风电，着力打造蒙东、蒙西、吉林、甘肃、新疆、江苏、山东等7个百万千瓦级风电基地，加快布局中西部及沿海地区优势风能资源；要在积极参股核电的基础上，加强自身能力建设，努力争取核电控股开发资质，加强核电厂址开发和项目储备工作，并积极参与核电建设及检修服务；适度推进太阳能发电，因地制宜发展生物质及其他新兴能源。到2015年，集团公司总装机容量达到1.5亿kW，其中火电装机突破1亿kW，水电装机超过2500万kW，风电装机达到1500万kW，可再生能源装机比重达到27%。

二是加快发展煤炭产业。充分利用国家能源产业政策，灵活运用收购、兼并、整合等方式，以加大电煤资源比重为核心，以蒙东、蒙西、陕北、山西、新疆五大产区为重点，大力布局锡盟、呼盟、鄂尔多斯、榆林、吐哈、伊犁和准东七大基地，同时向河南、陇东、宁东、海外等富煤区域或电煤供应紧张区域辐射布局，持续增加煤炭资源储备，提高优质动力煤资源产能、产量及贸易量，尽快提高煤炭自供率，确保集团公司电煤安全、稳定供应。2015年，集团公司煤炭产能达到8200万～1亿t，电煤自供率超过15%，其中，国内电煤产能4000万t，境外电煤产能2000万t。

三是稳步发展煤化工产业。以多伦煤化工和克旗、阜新煤制气项目达标投产并掌握核心技术为重点，稳步有序推进内蒙、新疆、陕西等煤炭资源富集地区的煤化工项目开发，加强项目可行论证，优化项目设计，严格控制造价，提高产品市场竞争力，初步形成产品生产与资源控制相互协调、合理布局、有序发展的煤电化综合生产企业。

四是加快拓展金融产业。围绕集团公司金融需求，以推进产融紧密结合和降低整体财务费用为出发点，以防范金融风险为前提，进一步完善金融平台的信息功能、融资功能、资金集中管理功能、金融创新功能、金融风险控制功能，着力提升服务能力和水平，在做大做强财务公司的基础上，进入其他金融领域，以最优的金融产品和服务，打造产融结合的核心产业，助力企业发展并获取投资收益，创造更多价值。到2015年，金融资产规模要达到1000亿元以上，实现利润40亿元。

五是加快推进科技环保产业。围绕集团发展战略和产业上下游，立足前沿性科技，以节能环保、新能源、煤炭循环综合利用、现代能源服务、电力信息技术五大领域重点推进科技产业化。健全科技产业组织体系，加大研发投入和政策扶持，高度重视高端科技人才的引进、培养、使用和储备，加强对战略性前瞻性课题的研究，强化科技成果产业化应用，不断提高集团公司的盈利能力和核心竞争力。到“十二五”末，科技产业达到行业领先水平，五大科技领域部分核心技术达到国际先进水平，销售收入达到145亿元，利润突破17亿元。

六是大力发展商贸物流产业。以提高物流效率和降低物流成本为核心，以信息化、网络化、标准化、专业化为手段，打造集采购、仓储、销售、配送于一体的大物流平台，形成完整高效、国际一流的物流服务供应链体系，打造具有大唐集团特色的电力行业物流品牌。物资集中招标率、阳光采购率达到国内一流国际先进水平，2015年商贸物流主营业务利润突破5亿元。

七是加快拓展国际业务。充分利用国际国内两个市场两种资源，发挥各级主体积极性，围绕海外项目开发和国际贸易两大核心业务，积极占据和开发煤炭、矿产、水电和风电等资源，在加快拓展国际市场的同时，严格防控各类风险；着力打造产、供、运、销一体化的国际煤炭贸易服务体系，为我国沿海地区发展煤电项目提供煤源保障。2015年力争实现海外公司境外上市，集团公司海外清洁能源比重超过60%，境外煤炭产能达到2000万t，国际煤炭年贸易量突破3000万t。

为确保集团公司“十二五”发展规划有序推进，落到实处，要进一步健全组织机构，完善管理制度，保证资金供给，加强资本运作，推进技术研发，强化人才配置，加强风险防范，形成七大板块协调发展的管理体制和运行机制、保障机制，实现集团公司又好又快发展。

三、2011年工作部署

2011年的奋斗目标是：

安全生产：杜绝重特大事故，杜绝人身伤亡事故，杜绝人员责任的设备损坏事故，杜绝全厂停电、停热事故，杜绝性质恶劣可能造成不良社会影响的各类事件。

发电量：确保完成5100亿kWh，力争完成5200亿kWh。

营业收入：1950亿元，其中，电、热营业收入1580亿元；其他板块营业收入370亿元。

利润总额：16亿元。

资产负债率：控制在87.68%之内。

投产规模：519万kW。

开工规模：1272万kW。

新核准规模：836.95万kW。

电源结构：水电装机容量达到1625万kW，风电装机容量达到683万kW；新能源和可再生能源比例达到20%以上。

供电煤耗：322g/kWh。

综合厂用电率：6.23%。

排放指标：二氧化硫排放总量85万t，氮氧化物排放总量105万t，烟尘和废水达标排放；

劳动生产率：达到41万元/(人·年)。

为实现全年奋斗目标，必须努力做好以下重点工作：

（一）继续深化“双增双节、盈利攻坚”活动，不断增强盈利能力

一是要进一步强化市场营销工作。要千方百计争取计划电量，努力增发有边际效益的电量，充分发挥大机组优势，积极开展代发电量和电量置换工作；巩固电价大检查成果，加大电价落实和电费回收力度，全力争取电热价政策，确保增收10亿元，力争25亿元。二是要进一步加强燃料管理工作。加强电煤市场分析，准确把握市场走势，优化储存结构；加大与政府、煤炭、铁路、港航、电网等部门的协调力度，构筑稳定的燃料供应链；加快完善燃料经营体系，提升燃料经营的盈利能力，争取年内实现经营利润8亿元；理顺燃料管理体制，对燃料“收、存、耗”和“采、制、化”各环节进行优化配置，形成多头参与、分段控制、相互平衡制约的管理格局，严防企业利益流失；强化同类对标，对标到厂，降低燃料管理流程中的各种损耗，千方百计把燃料成本降下来；进一步推进配煤掺烧工作规范化、科学化管理，在保证安全和达标排放的前提下，加大掺烧力度，发挥平抑煤价、提高效益的重要作用。三是要继续深化全面预算管理，进一步压缩可控费用，严格控制各项成本支出；全面预算管理体系要与“两全双挂”考核体系全面对接，形成闭环管理；强化成本控制，加强预算目标的动态监控，确保完成集团公司全年经营目标。四是要进一步加强资金集中管理，积极开拓信托、基金、保险经纪等新的金融工具，努力培育新的利润增长点。五是要加强政策研究，紧密跟踪和分析研究国家各项政策，积极争取国家财政优惠政策补贴，努力提高政策性收益；要通过多种途径继续向国家有关部门反映煤电价格严重倒挂的问题，争取七省电价调整

方案顺利执行。

（二）大力调整结构，形成七大板块协调发展新格局

集团公司要在规模上继续保持优势地位，在发展质量和效益上实现新的突破，必须以优化产业结构、电源结构、区域结构、股权结构为抓手，真正形成以电为基础，七大板块协调发展的新格局。电力板块要在煤炭资源富集区、特高压经济走廊大力推进煤电一体化开发，积极推进蔚县煤电一体化、三门峡三期扩建等项目建设；做好广东百万千瓦超超临界项目及山东滨州、胶州、辽宁沈东等沿海项目前期工作；加大非化石能源开发力度，全力推进四川、云南、广西等地区的水电项目开发建设，水电争取全年核准301.5万kW，新开工506.25万kW；争取全年开工建设风电项目200万kW；创新开发核电，2011年要战略投资或参股核电项目3～4个，使集团核电权益容量达到800万kW，积极开拓核电服务市场，确保年产值达到5000万元。煤炭板块积极开发蒙东、蒙西、陕北、山西、新疆等大型煤炭基地，大幅提高优质煤炭控制储量，2011年要确保龙王沟、谢尔塔拉煤矿、胜利东二号矿二期核准开工，加快推进孔兑沟、铁列克等煤矿前期工作。加快构建煤炭“大开发”体系，通过与煤企战略合作，以股权换资源等方式，大力发展生产、中转、运输项目，实现完善的电煤跨区配送体系，提高燃料供应保障能力。积极开展国际煤炭贸易。煤化工板块多伦煤制烯烃项目今年要生产出合格产品，尽快投入商业运营，克旗、阜新煤制天然气项目要加快进度，2011年8月克旗煤制气要实现气化炉点火。金融板块要进一步加强资金集中管理，积极开拓信托、基金、保险经纪等新的金融工具，努力培育新的利润增长点。科技板块要抓住国家大力发展战略性新兴产业的机会，在节能环保、新能源、煤炭循环综合利用等领域积极寻找机会，寻求突破，打造自己的拳头产品。物流板块要强化管理标准化，推进物流平台建设取得实质性进展，加快建立物流管理信息系统和配送中心，全面提升综合管理水平。国际业务板块柬埔寨电站建设要按期推进，电网项目要按期投产，争取缅甸太平江二期项目在年内具备开工条件，继续加强项目前期工作和收购工作，积极拓展新的项目。

（三）强化组织协调，确保全年投产目标

工程建设要抓关键早谋划，强化外部协调和现场组织，确保全年电源项目投产519万kW，其中风电超过200万kW，并实现即投产、即稳定、即盈利、即达到设计值目标。特别是风电项目要加快核准进度，落实送出条件，力争早开工、早投产、早形成产能。一是要强化过程控制，加强设计优化，严格控制工程造价，确保项目工程安全、质量、造价、工期等指标达到同时期、同地区、同类型项目先进水平。二是要落实创优规划，强化精品意识，打造精品工程，龙滩水电、江苏吕四港、内蒙古风电等5个项目要实现争创国家级优质工程目标。

（四）加大资本运营力度，努力降低资产负债率

要改变集团公司当前资产负债率偏高的状况，必须下大力气研究创新资本运作手段，积极拓展低成本债务融资渠道，有效改善资本结构、债务结构，实现资本快速增值、保障企业运营安全。一是对于长期严重亏损、资不抵债的企业，进行专题研究，形成资本运作方案，盘活存量资产。二是继续做好上市公司融资工作。桂冠电力、华银电力要认真研究发展思路，尽快提交资本运作实施方案，继续推进再融资工作，努力扩大股本融资规模；大唐国际要抓住有利的时间窗口，确保2011年上半年完成非公开定向增发以及30亿元的债券融资工作，同时通过海外公司继续增持大唐国际H股；新能源公司要继续完善上市后续工作，重点做好投资者关系管理和市值管理工作，及时完成国内和香港公司债券的审批发行工作；大唐海外和大唐国际的香港公司研究并争取在港发行人民币债券。三是要以财务公司为主体，稳妥做好信托、证券等金融机构的收购工作。四是充分利用国家能源产业政策，以资本运作为手段，积极做好煤炭资源的收购和重组工作，年内完成1～2个“短平快”项目的开发建设。

（五）努力创建本质安全型企业，巩固安全生产稳定局面

始终坚持“安全第一，预防为主，综合治理”的方针，认真贯彻落实《国务院关于进一步加强企业安全生产工作的通知》和国资委“中央企业安全生产禁令”，强化企业安全生产主体责任，切实维护安全生产稳定局面。一是要全力打造本质安全型企业，深入开展“三讲一落实”、“文明生产上水平”等活动，实现“人员无伤害、系统无缺陷、管理无漏洞、设备无障碍、风险可控制、人机环境和谐统一”，确保50%以上的企业本质安全达标。二是要加强应急管理，深化现场处置方案，提高应急演练的针对性，全面提升应对突发事件的能力。三是要不断完善非电产业安全生产体制机制，高度重视煤矿安全生产工作，切实防范煤化工试车安全风险。四是要加强分子公司安全生产管控能力建设，保证安全生产基本投入，加强重大危险源管控、反事故措施落实，严格现场管理，确保安全生产局面稳定。

（六）大力推进节能减排工作，促进“两型企业”建设

“十二五”期间，国家对节能减排工作提出了更高要求。我们要以“两型企业”建设为抓手，进一步加大节能减排的技术改造力度，提高节能减排管理水平，继续保持节能减排行业领先地位。一是要继续强化节能工作，在开展经济性评价、能效对标的基础上，完善实时耗差分析，切实加强指标管理，2011年力求全部火电机组达到目标确认值，20%以上机组达到行业能效对标先进值，打造一批标杆机组。二是要继续加强减排工作，加大改造治理力度，提高运行维护质量，确保完成总量控制目标，打造“信得过、叫得响”的达标排放企业，进一步提高资源综合利用率和清洁生产水平。三是要高度关注国家“十二五”期间节能减排的政策动向，大力推动合同能源管理，密切跟踪国内外碳减排以及清洁发电等技术发展趋势，确定攻关和课题研究项目，推动集团公司技术管理水平和技术攻关能力的进一步提高。

（七）加强全面风险管理，不断增强风险防控能力

当前集团公司资金供求矛盾日益突出，资产负债率不断攀升，经营和发展风险不断加大。要保持安全稳定的经营局面和平稳较快的发展态势，必须进一步加强全面风险管理。一是要进一步完善风险管理体制机制，加快推进全面风险管理。建立分级预警机制，加强对高风险企业的分类监管、特别监管、重点监管，完善监管措施和手段，坚持现金流预算管控，防止出现资金链断裂风险。二是要加强风险动态监控。认真落实债务风险控制方案，做好债务风险防控监控工作，加强负债率控制目标的动态管控；强化投资并购风险管理，强化事前研究和事中控制；加强还本付息管理，重视续贷和展期，维护企业信用。三是要进一步强化资金管理，加大资金调度和集中管理力度，优化资金配置，做实资金预算管理、实时监控、集约运作，全面提高资金的安全性、流动性和效益性，把有限的资金优先投向经济效益好的项目。四是进一步加强对金融形势和金融产品的研究，加强与银行的合作，稳固现有银行融资的基础。在保发电、保投产的前提下，按需、从紧安排融资，尽可能压缩融资规模，降低资产负债率。五是全面贯彻中央企业内部审计工作会议精神，积极开展审计派出制试点，逐步实行总审计师制度，加快构建远程在线监控审计系统，不断创新审计管理模式和运行机制；加强效能监察和专项监督工作，促进企业建立有效的内控机制和风险管理体系。

（八）全面推进“两全”考核工作，不断增强创新活力

要充分调动全体员工干事创业的积极性、主动性和创造性，必须全面落实国资委有关要求，全面推进“两全”考核工作，形成体系基本完善、机制基本健全、信息平台联网运行的工作格局。一是要建立目标责任体系。指标设计要充分体现先进性和导向性，坚持“对标一流、同类可比”的原则，开展对标，切实找准企业定位，明确努力方向；要进一步突出关键指标，与国资委的经营业绩考核指标相衔接，确保完成国资委下达的考核目标。二是要完善“双挂”激励机制。更加注重“两全”考核结果运用，建立岗位能上能下、人员能进能出、收入能升能降的有效激励约束机制。

（九）推进体制机制创新，打造创新型企业

体制机制是提高企业核心竞争力的关键因素。我们要在体制、机制、人才、技术、管理等方面加大创新力度，形成充满活力、富有效率的体制机制。一是要完善法人治理结构。以建立规范董事会制度为契机，健全决策制度及相关规则，着力构建科学决策机制和规范运作机制。要严格按照《公司法》和有关法规，找准定位，不缺位，不越位，按职责、按程序做好每一项工作。二是要推进集团管控体系建设。按照统一战略规划、统一重大决策、统一预算管理、统一重要采购、统一考核标准和统一运作平台的核心要求，进一步深化“六大平台”的建设和应用，不断加大集中管控力度。特别是要加强信息化建设，为强化集中管控奠定基础、提供支撑。推进集团管控的关键是加强总部建设，要努力打造一个学习型、创新性、服务型、效能型总部，把总部建成战略规划中心、资本运营中心、重大决策中心、利润管理中心、资源配置中心和支持服务中心。三是要强化科技创新。健全完善技术创新体系，增强自主创新能力，在新能源、分布式能源、高效清洁燃煤发电、煤电产业链、煤化工及循环综合利用等技术创新方面实现突破，抢占未来经济科技竞争制高点。四是要创新人才开发工作机制。以实施海外高层次人才创新创业基地建设项目为契机，加快科技创新人才培养；重点抓好领军人才、与企业盈利水平密切相关的专门人才的培养，统筹抓好七大产业板块所需的各类人才的培养；完成“双十大杰出人才”第二次遴选和“112人才”第四次遴选工作。五是要建立企业和谐发展机制。自觉履行社会责任，建立与社会和员工的和谐沟通机制；高度重视职工队伍稳定工作，及时解决职工群众的合理诉求；努力改善职工生产生活条件，保证职工收入随着企业效益增长同步提高。

（十）深入开展创先争优活动，提升党建科学化水平

各级党组织要继续组织实施和深化提升创先争优活动，积极探索科学发展上水平与创先争优常态化有机融合的新模式，切实把活动成果转化为提升盈利能

力、推动科学发展、促进企业和谐的强大力量。各级领导干部要按照联系点制度和“一岗双责”的要求，围绕中心任务和全年奋斗目标，深入基层指导工作，组织引导广大党员、全体员工在转方式、调结构、强机制、增效益中创先进、争优秀。

进一步加强党的建设，深入开展“四强”党组织、“四好”领导班子、“四优”共产党员创建活动，使党建工作更加制度化、规范化和科学化，把央企独特的政治优势转化为推动集团公司科学发展的强大力量。抓好职代会制度建设，推进企业民主管理，积极组织开展形式多样的文体活动，进一步发挥群团组织的合力作用，团结动员全体干部职工为完成集团公司全年工作任务作出积极贡献，以优异成绩向建党 90 周年献礼。

切实落实党风廉政建设责任制，突出抓好阳光文化建设、廉洁风险防控、效能监察、查办案件等工作的落实，充分发挥纪检监察、审计、业务部门等各种监督主体的合力，加大源头防腐的治本力度，切实提高反腐倡廉工作成效，为集团公司可持续发展提供坚强保障。

中国华电集团公司 2011 年工作会议报告（摘要）

一、2010 年工作回顾

（一）结构调整取得实质性进展

以发展纲要为统领，按照“一调整、两优化”的发展思路，坚持建并结合，抢抓发展机遇，突出战略重点，集中力量攻坚，一批大型电源、煤炭项目实现重要突破，公司结构调整取得明显成效。产业结构调整步伐加快，非电板块效益贡献度大幅提升。加大煤炭开发力度，不连沟、金通、兴边、显王等控股煤矿生产稳定，隆德、白芦、下梨园等煤矿正式开工建设，小纪汗、西黑山等大型煤炭项目获得“路条”。积极参与煤炭资源整合，控股收购天顺、招贤、石泉等大中型煤矿。工程技术板块发展迅速，华电工程、国电南自利润同比大幅提高。金融板块创效水平不断提升，管理资产规模和利润均创历史最好水平。电源结构持续优化，全年新增清洁高效能源占到新投装机的 72%。水电开发迎来重要转机，金沙江中游、上游等流域水电开发取得积极进展，沙沱、阿海等水电项目获得核准。风电发展明显提速，分布式能源加快推进。宁东、东台太阳能电站装机规模均突破 1 万 kW，成功获得北京首个 2 万 kW 大型光伏发电示范项目“路条”。火电结构进一步优化，世界首台百万千瓦超超临界空冷机组——灵武 3 号机组实现高水平投产，莱州、桐梓、铁岭等一批高效火电项目获得核准，对调整结构具有战略意义的句容、榆横等项目取得“路条”。核电项目前期工作扎实推进。区域布局实现新的拓展，公司在经济发达、资源富集区域市场份额有所增加。加快实施沿海发展战略，成功收购山东百年电力、广东坪石等电源项目，部分港电一体和沿海风电项目取得重要进展。稳步实施“走出去”战略，印尼阿萨汉一级水电站投入运行，柬埔寨最大水电项目额勒赛下游水电和印尼巴淡项目开工建设。在中俄两国元首共同见证下，俄罗斯捷宁斯卡娅燃机项目签署合作备忘录。华电工程、运营公司等单位大力开拓海外工程承包、发电运营和技术服务市场，“走出去”步伐更加坚实。

（二）经营水平明显提升

面对严峻经营形势，公司上下强化细化经营管理，狠抓扭亏增盈，提高效益水平，强化市场营销。积极争取电量计划，落实关停机组电量补偿，优化发电结构。实施水电流域联合优化调度，全年实现节水增发电量 6.8 亿 kWh。清理陈欠电费取得突破。严控经营成本。优化进煤结构，加大跨区域调运和掺配掺烧力度，最大限度平抑煤价。华电煤业跨区域调运同比增加 13.4%，华电能源、蒙能公司、云南公司等所属电厂通过掺配掺烧，有效控制了燃料成本。深入推进“达标、创优、建示范”活动，扎实开展火电企业燃煤管理效能监察。加强成本控制和资金管理，优化债务结构，降低融资成本。积极争取政策。围绕公司难点、热点问题，加强政策研究，有效服务决策，努力向政策要效益，取得较好成效。

（三）管理创新活动扎实推进

围绕提升执企能力和盈利能力，学习借鉴华润等先进企业经验，召开管理创新推进会，全方位实施一系列创新举措，调动了公司上下创新创效的积极性。经济技术指标得到优化。深化对标管理，扎实推进星级企业创建，完善指标体系，提高创建质量，促进指标优化，公司供电煤耗、厂用电率等经济技术指标进一步改善。望亭、可门、包头、莱城、百年电力等单位煤耗指标成为公司系统同类型机组标杆。邹县等 8 家单位成为首批五星级企业，四星级企业达到 19 家。管理体制更加健全。全面构建三级管控体系，进一步理顺管理关系，完善集团总部机构和职责，管控效能进一步提升。基本完成二级单位的管理授权，“四定”工作扎实推进，陕西、内蒙古等 6 家单位顺利完成改制，自主经营发展能力进一步增强。紧密接轨市场，对金融板块进行“1+3”改革，调整优化煤炭、工程技术板块内部运作方式，非电产业发展活力显著增强。管理机制逐步完善。优化投资决策机制，修订完善投资管理办法和配套制度，明确各级决策责任，建立起分级分类决策机制。推动用人制度改革，首次面向社会公开选聘金融机构和区域能源公司总经理、副总经理。深化劳动用工改革，非电板块和部分区域市场化招聘取得良好成效。创新绩效管理机制，出台一系列管理制度，进一步加大激励约束力度。管理方式方法不断改进。加强经营过程管理，建成覆盖公司系统的日经济利润分析系统。推进全面预算管理，实现中长期规划和中长期预算的紧密对接，强化年度预算中的燃料采购预算，使成本控制关口前移。实施财会基础工作评价，财务管理水平得到提升。加强信息化建设，编制信息化规划，大力推进燃料管理、人资管理等信息系统开发应用。强化基建工程管理，推行基建投资“工程量清单”招标，发挥集团招标规模优势，招标结果较概算投资下降20%，望亭改建和辉腾锡勒、宁东风电等项目荣获国家优质工程银质奖，乌鲁木齐热电、大花水电站荣获电力行业优质工程奖。

（四）安全生产保持平稳局面

认真贯彻落实国家关于安全生产工作的一系列重要部署，深入开展“安全生产年”活动，不断强化安全生产管理，圆满完成了全国“两会”、世博会、亚运会等重大活动和抗灾保电任务。全面落实安全生产责任，进一步健全制度标准，加大反违章治理力度，扎实开展季节性安全大检查和隐患排查活动，加强了重点部位、关键领域以及薄弱环节的专项检查治理，举一反三落实整改，长周期安全运行企业进一步增加。把煤矿安全作为管理重点，完善制度体系，加强安监队伍建设，严格执行领导干部下井带班制度，严厉处置各种违章行为，实现了百万吨煤炭生产死亡率“零”目标。加强应急管理，完善应急体系，突出灾害预警，举办各类应急演练1400余次。加强设备可靠性管理，强化技术监督，机组等效可用系数达到93%，潍坊4号、灵武1号和莱城4号机组被授予“全国火电金牌机组”称号。

（五）科技环保工作取得新的进展

加大科技攻关和创新力度，筹备成立华电技术研究总院，加快构建公司系统科技研发体系。重点推进国家“863”计划和科技支撑计划项目研究，百万千瓦级超超临界空冷技术项目成功申报国家科技支撑计划。公司系统新增专利授权80多项，华电工程获得“国家认定企业技术中心”资质。加大节能技术研究及应用力度，深入推进变频改造、汽轮机及热力系统优化改造，节能降耗效果明显。深入贯彻落实国家节能减排要求，提前1年完成“十一五”减排目标，少排放二氧化硫5.6万t。全年关停小火电机组58万kW。持续加大环保投入，扎实推进脱硫增容技改，新建火电项目全部同步建成脱硫设施，公司脱硫装机占煤电装机比重达93%，二氧化硫年减排能力达221万t；超前开展机组脱硝，累计投运脱硝机组530万kW。大力推进清洁发展机制项目，半山燃机、格里桥水电、北清河风电等12项CDM项目成功在联合国注册，累计完成注册21项。

（六）资本运作和风险防控得到强化

围绕满足资金需求和防范经营风险，加大资本资金运作力度，推进全面风险管理体系建设，保证公司持续健康发展。加强投资管理。按照公司战略规划和回报率要求，调整资金投向，加大对煤炭、金融板块增资力度，严格火电开工要求，科学调控建设节奏，防范投资风险，推进资本运作，加大上市公司再融资力度，完成国电南自、黔源电力非公开定向增发；成功引入股权信托资金；华电煤业确定引入战略投资首批资金到位；成立福新能源公司，引入战略投资，加快了清洁能源上市步伐。加大资金监管力度，抓好成本对标和结构优化，提高了资金归集水平和使用效率。科学有效处理闲置资产、参股股权，推进内部资产整合，取得了良好成效。抓好经营困难企业的资金接续，确保正常运转。加强内控机制建设。设立6个区域审计机构，加大“上审下”监督力度。加强合同管理，集中清理公司系统各类合同特别是担保类合同，有效防范了合同纠纷和隐患。加强法律支持，在18家重要子企业配备了总法律顾问。认真落实国家审计署整改要求，积极配合监事会做好监督检查，严格按照中央及有关部委规定，开展“小金库”、工程建设领域专项治理和税务稽查，针对内外部审计监督发现的问题进行督促整改，提高了依法治企水平。

（七）党建和队伍建设不断加强

按照中央统一部署，深入开展“创先争优、科学发展”活动，扎实推进学习型党组织建设。通过开展“五个一”活动、设立党员示范岗和党员技术攻关等工作，各级党组织和广大党员作用得到充分发挥，受到了中组部、国资委党委的充分肯定。召开公司党的建设工作会议，健全完善一系列党建工作机制和制度，以改革创新精神加强和改进公司系统党建工作，党建科学化水平有效提升。抓好干部队伍建设，制订“四好”领导班子创建规划，按照干部标准和业绩导向对183家企业领导班子进行了调整。完善干部管理机制，修订出台干部选拔任用、任期监督、责任追究等制度，形成了全过程干部管理体系。加大人才开发力度，不断强化教育培训，全年轮训企业领导人员、后备干部311人·次；盘活内部人力资源，完成跨区域优化配置235人。开展价值思维宣教活动，推动新建及并购单位的文化融合，有效促进了文化创新和协同，公司文化成果获全国电力行业特等奖。深入践行“大纪检”，健全完善各级纪检监察机构，开展关停机组资产处置效能监察和区域巡视，纪检监察工作得到进一步加强。及时掌握员工思想动态，切实解决群众的现实问题，员工队伍保持了和谐稳定。大力实施员工素质工程，发挥工会组织作用，举办财会、继电保护、法律等技能大赛，组织开展了“凝聚智慧、献策华电”合理化建议征集活动，积极引导员工学习知识，献计献策。加强团青工作，3个团组织被命名为中央企业五四红旗团委。积极履行社会责任，大力支持企业所在地新农村建设，促进地方经济社会发展。深入开展多种形式的对口援助，向玉树地震灾区、西南旱区以及新疆、西藏等地捐款5950万元。在短短64天时间内，建成新疆喀什、和田两个应急电站，有效缓解了南疆三地州用电紧张局面，为维护边疆社会稳定、民族团结作出了积极贡献。与社科院联合成立全国首家社会责任研究基地，发布第三份社会责任报告，获得“全球契约中国企业‘典范实践奖’”。

二、公司**2011**年工作安排

2011年是“十二五”开局之年，是落实五年发展纲要承前启后的一年，是管理创新活动迈上新台阶的一年，也将是公司发展开始转折向好的一年，做好全年工作意义重大。

2011年工作的总体要求是：以科学发展观为统领，深入贯彻党的十七届五中全会、中央经济工作会议和中央企业负责人会议精神，全面落实创造可持续价值的理念，全面落实“转方式、调结构、推创新、提效益”的工作思路，全面落实“抓班子、带队伍、推发展、促和谐”的党建工作总体要求，着力抓发展方式转变，在价值创造上见成效；着力抓结构调整优化，在战略转型上见成效；着力抓管理创新推进，在指标提升上见成效；着力抓企业扭亏增盈，在质量效益上见成效，确保完成年度目标任务，全力实施五年发展纲要，努力推进公司做强做优。

2011年的重点工作是：

（一）准确把握内外部形势，抢抓机遇狠抓落实

宏观经济形势喜忧参半。一方面，世界经济将继续缓慢复苏，我国仍处于重要战略机遇期，国民经济继续朝着宏观调控的预期方向发展。从电力市场看，经济平稳较快增长，对电力的需求仍然旺盛，预计全年装机增长略低于电量增长，设备利用小时数有望继续回升。从煤炭市场看，国家高度重视电煤市场运行，明确提出要理顺煤电价格关系，稳定重点电煤合同价格水平，预计全年煤炭产量增长略高于需求增速，煤炭供需基本保持平衡。从产业政策看，“十二五”期间，国家将大幅提高新能源、可再生能源装机规模，鼓励煤电一体化发展，大力扶持高端装备制造产业，并在“走出去”方面赋予企业更大的境外投资自主权，为公司加快转方式、调结构提供了难得机遇。中央企业是国民经济骨干，是经济社会发展顶梁柱，国资委提出“十二五”期间中央企业要围绕“做强做优、培育具有国际竞争力的世界一流企业”的目标，实施转型升级、科技创新、国际化经营、人才强企、和谐发展“五大战略”，加强动力、体制和组织“三大保障”，为公司改革发展指明了方向。另一方面，公司主要面临三个方面的压力：一是成本压力。在资源品价格上涨、资源税出台的背景下，煤炭价格仍然高位运行，公司目前的火电比重仍然较高，受结构性、政策性矛盾制约，火电企业面临的成本压力仍然很大。二是资金压力。国家将货币政策由适度宽松转向稳健，连续上调准备金率，利率步入加息通道，进一步控制信贷投放，压缩信贷总量，企业融资难度、融资成本进一步加大。外部信贷环境的收紧，对公司效益的影响非常大。目前，公司控制负债率的任务十分艰巨。三是环保压力。2011年，国家要求单位国内生产总值能耗和二氧化碳排放强度均要比2010年下降3.5%左右，主要污染物总量控制种类由两项增加到四项，排放量均减少1.5%，并启动燃煤电厂脱硝工作，节能减排的要求愈加严格。

公司发展趋势转折向好。经过近几年来的不懈努力，公司在结构调整、经营管理、改革创新等方面开始见到成效，后发优势初步显现，整体趋势将逐渐转折向好。一是产业集成性不断提高。目前，公司已经形成了四大产业板块发展格局，非电板块的互补性、成长性和贡献度逐步提高。公司煤炭项目在规模布局、煤质和运输条件、现代化程度等方面的竞争优势初步显现，新建、并购的一批煤炭项目陆续投产或达产，今后五年年均产能增长迅猛，煤炭自给率逐年提升，平抑市场煤价的能力将不断增强。金融和工程技术板块发展势头良好，后期增长的潜力很大。二是电源结构布局将明显优化。受益于“十二五”期间水电大开发的政策，公司水电项目将迎来新一轮发展契机，未来一个时期将是公司水电大发展、上规模的黄金阶段。福新能源公司将搭建起公司新能源发展平台，今后五年公司年均新增风电装机将达到200万kW。公司在沿海地区、资源富集地区规划的一批集群项目将在今后几年逐步建成，成为重要的效益增长点。三是改革发展活力将进一步增强。公司加大管理创新力度，优化管控模式，创新体制机制，理顺管理关系，管控效能得到明显提高。随着价值思维理念深入人心，干部员工队伍素质能力和经营意识、市场意识、效益意识明显增强，公司执企能力和盈利能力进一步提升。

工作着力点要抓落实、见成效。经过“十一五”时期特别是近三年来发展思路、管控模式的调整，公

司各项重点工作的指导思想、基本要求、目标任务都已经明确，今后的主要任务就是抓好落实。2011年是落实五年发展纲要的第三年，要通过“转方式、调结构”，着力在价值创造上见成效，切实将发展方式从规模带动型转变到质量效益型上来，不断提升四大产业板块的价值创造能力；着力在战略转型上见成效，大力推进产业集约化、电源清洁化、非电板块市场化发展。2011年是开展管理创新活动的第三年，是管理创新十大目标“上台阶”的一年，要通过狠抓落实，着力在指标提升上见成效，力争到年底使公司主要经济技术指标达到行业中游以上水平，各单位要达到本区域同类型机组先进水平；创新体制机制，再造管理流程，基本构建“经营管理精益化、基础管理规范化、人资管理市场化、文化管理人本化”的特色管理体系。公司进入到以创造可持续价值为重点的新阶段，要着力在质量效益上见成效，优选精建做强增量，扭亏增盈做优存量，全力提升资产盈利能力。总之，公司正处于战略发展的机遇期、结构调整的攻坚期、经营向好的转折期，公司上下要准确研判形势，全面把握一系列新政策、新特点、新要求，提高思想认识，拓宽经营视野，牢固确立创造可持续价值理念，进一步增强忧患意识、市场意识、责任意识和大局意识，科学摆布全年工作，在解放思想、抢抓机遇、攻坚破难、狠抓落实上下功夫，全力开创公司科学发展新局面。

（二）紧紧围绕主题主线，科学谋划“十二五”发展

今后五年，是公司完成战略转型，从根本上解决制约公司科学发展深层矛盾和问题，最终走向良性循环至关重要的五年。公司上下要抓住和用好这一战略机遇期，在实施五年发展纲要的基础上，谋划好“十二五”时期的发展。转变发展方式是今后五年华电发展进程中的一场深刻变革，必须贯穿于“十二五”发展的全过程和各个方面，基本要求是：转变发展方式要把科学发展观作为指导思想，把创造可持续价值作为主体思维理念，把大力落实发展纲要作为重要着力点，把调整产业结构作为主攻方向，把扩大国际合作作为一项重要内容，把深化改革作为强大动力，把科技创新作为重要支撑，把提高企业贡献度和职工幸福指数作为根本出发点和落脚点，全面推进，快速落实，见到成效。

“十二五”要把创造可持续价值贯彻始终，坚持走低碳、集约、绿色发展的道路，集中精力调整优化结构布局，努力建设“四强四优”企业。“四强”就是创造可持续价值能力强、优化配置内外部资源能力强、风险管控能力强、人才队伍整体素质强；“四优”就是经营业绩优、公司治理优、布局结构优、社会形象优。“十二五”期间的发展思路是，在五年发展纲要的基础上，进一步打造以发电为主体、煤炭为基础，金融、工程技术四大产业板块协同发展，规模效益兼备、煤电路港运配套的能源产业体系。

按照国家能源规划和公司战略部署，重点关注国家特高压、铁路通道、核电布局等带来的影响，超前谋划，趋利避害，科学布局，完善和实施公司“十二五”规划，做好与五年发展纲要的有机衔接与延伸。各单位要贯彻落实好公司总体规划，进一步编制好区域分规划和专业子规划，注重与地方发展规划进行对接，确保规划的科学性和项目竞争力。

（三）加快结构调整步伐，全力推进公司战略转型

加快调整结构是解决公司深层次问题的根本所在。从横向比较来看，目前公司转型的速度仍然不够快，调整的步子仍然不够大，控股煤炭产能、风电装机，在发达地区的资产份额偏少，非电板块综合实力不够强。要根据国家政策导向、产业发展趋势和公司战略规划，进一步优化投资结构，保证重点项目资金需求，确保结构调整尽快见到成效。

调整优化电源结构。优化发展火电，积极利用“上大压小”，加大小火电关停力度，统筹推进系统20万kW以下机组的关停，将关小容量集中用于经济发达地区、资源富集地区，重点建设一批机组容量大、规模效益好、集约优势强的高效环保机组。加大水电开发力度，重点推进金沙江中游和上游、怒江流域水电开发。加快新能源发展，确保重点风电项目的核准。在气源充足、价格承受能力强的大中城市，适度发展燃机项目。重点建设一批国家级分布式能源示范工程，努力把分布式能源打造成为公司的亮点工程。着力培育核电控股建设能力，扎实推进核电项目前期工作。在项目的选点布局上，一定要落实好煤炭供应、气源保障、送出工程等配套条件，确保项目投产就能创造效益。

加快煤炭开发步伐。进一步加大优质资源的开发力度，高度重视市场与通道建设，科学合理布局，确保新上煤炭项目投产即盈利，快速提高煤炭产能，着力增强煤炭产业竞争力。抓好铁路、码头、航运等配套产业建设，形成物流顺畅的运销体系。积极参与地方煤炭资源整合，区域公司要通过收购、资源整合等路径，控股取得具有明显竞争力的煤矿项目。

大力推进工程技术板块发展。当前，公司工程技术产业与同类企业相比，在技术含量、销售利润率、资本运作能力等方面还有一定差距。要加大工程技术板块的发展力度，增加资金、人才、政策等方面的投入，抢抓历史机遇，注重科技创新，创造优势品牌，形成优势产业主导下的相关集成，进一步提升产品附加值，构建以技术为核心的质量效益型增长模式，占

据行业高端市场。华电工程要重点在绿色采矿装备、水处理、太阳能发电、电厂节能技术等方面加大投入和研发力度，加强内部资源整合，提高产业集中度。国电南自要重点打造优势科技产业，在保持智能变电站等领先地位的同时，布局形成智能电网产业链，占领新能源、智能电网自动化技术的制高点。

大力推进金融板块发展。各机构要从集团整体利益出发，大力开拓创新，完善经营机制，强化风险意识，丰富金融产品，着力构建与集团发展需求相适应的金融平台。资本控股要积极拓展新的金融领域，开展产融结合产品的开发、应用和创新，加大力度引入低成本资金。财务公司要扩大信贷规模，推进票据增值、债券承销、金融租赁、财务顾问等方面的业务创新，提高资金融通能力。华鑫信托要加大市场化运作力度，扎实推进实施一批经济效益好、市场影响大的信托项目。加大集团扶持力度，推进票据统筹、财产统保、账户集中等资源整合，不断提升集团统筹和配置金融资源的能力，支持金融板块迅速成长。

扎实推进“走出去”战略。按照“严控风险、建并结合、效益优先”的原则，通过境外项目投资、海外工程承包、对外技术服务和国际贸易业务“四轮驱动”，不断拓展国际发展空间，强化境外资本运作和国际合作交流。加强境外投资协调，巩固和拓展东南亚市场，以电力为主攻方向，逐步向煤炭、其他电力相关产业和资源行业发展。抓好“走出去”相关制度建设，规范涉外人员管理。各区域、基层企业也要结合自身实际，通过承揽检修业务等方式，开拓“走出去”创效的新路子。

（四）大力深化管理创新，提升执企能力和盈利能力

按照管理创新推进会统一部署，进一步加大推进力度，继续深化体制机制创新，狠抓对标管理，夯实管理基础，优化主要指标，实现公司管理水平再上新台阶。

着力提升经济技术指标水平。深入推进星级企业创建，强化倒逼机制，在保证质量的前提下，2011年系统三星级及以上企业比例要达到在运企业的60%。深化对标管理，抓好项目选点、建设期间的对标，突出设备利用小时数、进煤价格、边际贡献等关键指标，以各区域同类型机组指标先进值为基准，逐个区域、逐个企业、逐台机组对标改进，查错纠弊，不断超越，力争创建出一批代表国内先进水平的不同等级的标杆机组。加强项目管理，做好前期、基建过程中的动态优化，牢固树立基建生产一体化思想，通过统一设备选型、推行集中采购、开展优化设计等方式，千方百计降低工程造价，为投产后指标提升奠定基础。继续完善日经济利润分析系统，推进全面预算管理，与日常管理有机衔接，抓好电煤采购、人工成本、基建投资、现金流量等薄弱环节，更好地优化配置资源。强化基础管理，重点抓好制度建设和流程优化，按照精益化管理思想，消除不能创造价值的管理环节，提高管理效率。加强班组建设，以“五型班组”为抓手，不断提升班组长素质和班组管理水平。

深化管理体制创新。加强集团战略管控，建立规划、预算、反馈、监督、评价、考核六位一体的战略管理体系，落实战略规划，强化战略协同，优化资源配置，确保战略落地。全面落实三级管控模式，进一步理顺管理关系，明晰管理责任，形成总部、二级单位和基层企业三个层面权责明确、各司其职、畅通高效的管理格局。适应产业延伸要求，公司将设立专门的煤炭管理部门，进一步强化煤炭开发与管理。创新非电板块管理，遵循行业规律，紧密接轨市场，打造管理优势，逐步扩大自主管理范围。优化新收购企业管理，巩固和承接原有好的做法，实现管理优势互补，提升管理水平。坚持并完善“两权分离”管理模式，根据区域不同特点，通过探索运用合同契约、项目参股等方式，实现区域公司和专业公司的利益联动，充分调动各方积极性。继续推进专业化改革，不断深化燃料、检修、物资体制改革。

推进管理机制创新。按照公司新的投资管理要求，进一步完善决策机制，提高决策水平，尤其要落实好各二级单位对项目发展的第一责任。抓好投资决策后的评价及绩效考核，将投资收益结果纳入业绩考核评价体系，出现重大投资失误，将严肃追究相关人员责任。创新体现市场化特点的干部选任机制，使公开选拔成为选人用人的重要方式。积极推行市场化劳动用工，建立完善员工能进能出、岗位能上能下的管理机制。优化绩效考核，推行以净资产收益率和EVA为主要衡量指标的考核评价机制，积极推进全员绩效考核，坚持刚性考核和重奖重罚。深化薪酬分配改革，创新非电板块分配模式，建立符合企业特点的分配机制。大力实施“人才强企”战略，落实国家“千人计划”和公司人才队伍建设规划纲要，建立经营管理、专业技术和操作技能三类职业通道，开展“百名青年人才”培养，积极通过市场化途径引进和培养高素质人才。

（五）加大扭亏增盈和资本运营力度，提升经营管理水平

坚持把提升盈利能力作为各项工作的重中之重，把握经营要素，拓宽经营途径，狠抓扭亏重点，争取全系统火电实现整体扭亏。狠抓亏损大户减亏扭亏。重点加强亏损大户的经营督导，逐个企业分析研究解决。围绕扭亏增盈，各区域要拓宽经营思路，分析亏损原因，综合运用争取政策、挖潜增效等措施，积极寻求扭亏脱困之道。鼓励二级单位和基层企业结合自

身实际，在抓好安全生产的基础上，在上下游产业推进多元经营，开辟新的利润增长点。突出抓好燃料管理。加强各方协调，采取有效措施，最大程度控制燃料成本。加强对煤炭市场的分析预测，摆布好煤炭采购与设备检修、电量负荷以及季节差、地区差、结构差之间的关系，科学把握进煤时机，优化存储策略，平抑采购价格。加大经济煤种的掺配掺烧力度，扩大掺配掺烧区域，优化燃煤结构，降低燃料成本。完善煤炭采购决策机制，缩短审批时限，提高反应速度，增强采购灵活性。基层电厂要高度重视和主动做好电煤采购，积极开拓进煤渠道。加强资源和运力的衔接，提高重点合同兑现率，加大蒙煤入坞鲁、疆煤入青、黔煤入桂等跨区域调运力度，探索从国际市场采购电煤的新路子。加强厂内燃料管理，杜绝煤场亏煤。加大市场营销力度。坚持以市场为导向，树立“大经营”理念，建立起精益化的经营管理体系，加快向经营型企业转变。加人计划电量和市场电量争取力度，保证利用小时不低于“三同”水平。强化运营协调，坚持统筹优选，把握发电时机，优化电量结构。完善供热营销体系，开拓供热市场。超前谋划和建立煤炭销售体系，加大金融、工程技术板块外部市场开拓力度。继续抓好政策争取。深入研究政策，探索建立内外互补、上下协同的互动机制，不断增强研究的广度和深度。因企制宜争取国家、地方相关财税、补贴政策。加强资本运作和风险管理。公司上下要以降低负债率为目标，加大股本融资、引进战略投资者、盘活存量资产力度，抓好少数股东资金到位工作，有效降低负债率。加快资本运作步伐，加快企业上市和股份制改造。发挥上市公司平台作用，提升股本融资能力。有效利用短期融资券、保险资金、票据等融资方式，筹集低成本资金。加强控制负债率任务的分解和考核，系统各单位都要深入研究控制和降低负债率的具体措施，强化责任和压力，统筹经营和发展，提升盈利能力。抓好全面风险管理，推进内部控制试点，加强金融风险监管，全面推进总法律顾问制度建设，强化在基建程序、合同管理、物资采购等方面的审计检查，促进公司健康发展。全力配合监事会工作，加强汇报沟通，对监事会等外部机构检查提出的问题和建议，要彻底整改落实，确保依法经营。

（六）强化安全生产管理，保持安全稳定良好局面

随着公司煤炭产能的扩大、工程技术板块和海外项目的发展，安全管理的链条进一步延伸，难度进一步加大。要严格落实中央企业安全生产九条禁令，不断完善工作机制、技术标准和管理流程，努力构筑覆盖产业链的安全管理体系。强化责任落实。严格落实企业安全生产主体责任，不断健全规程制度，完善安全生产保证体系和监督体系，从决策、指挥、监督、操作四个层面，抓好各级安全生产责任制落实，形成“凡事有章可循，凡事有据可查，凡事有人负责，凡事有人监督”的良性机制。突出管理重点。要把煤矿安全放到重要位置来抓，建立健全二级单位、基层煤矿管理机构，配齐专业技术管理人员，着力抓好煤矿瓦斯、水害、火灾等隐患的排查治理，落实好煤矿领导带班下井制度，加强井下安全避险“六大系统”建设，确保煤炭产业安全。着力加强外包工程、基本建设和煤化工项目安全生产。夯实安全基础。继续深化反违章、安全性评价、隐患排查和季节性安全检查，规范应急管理，抓好特殊时期的安全工作。深入推进安全生产标准化建设，规范安全生产管理。加强安全培训，实施“万名班组长安全培训工程”，年内对班组长全部轮训一遍。加强设备运行维护管理，推进设备精密点检与远程诊断试点，新建发电企业均要按照点检定修管理模式组织生产准备。

（七）大力推进科技环保，全面提升节能减排水平

当前，公司科技创新水平还不是很高，在一些关键领域的科技成果不多，尤其是拥有自主知识产权的成果较少。国家大力推进节能减排对公司的要求越来越高，要深入推进科技进步，不断提升技术装备水平和节能减排水平，争创国家级创新型企业。大力推进科技创新。优化科技资源，建立完善以华电技术研究总院为主导、二级单位研究机构为基础、系统内外科技资源相结合的科技支撑体系。积极推动百万千瓦空冷、分布式能源等国家级重点课题研究，加快太阳能发电、褐煤提质、余热利用等关键技术产业化的应用。加大研发投入，建立完善科研经费提取和使用机制。加大节能减排力度。狠抓节能技改，大力推广成熟节能技术，固化30万kW机组整体优化内容，全面推广实施。建立污染减排指标优先的考核制度，推动“十二五”现役电厂脱硫增容和脱硝技改。健全环保管理体系，推动水电生态保护，大力推进水电、煤矿及大型火电项目的环评、水保审批。抓好CDM开发，争取更多项目成功注册。加强信息化建设。进一步明确信息化路线图，统一规划和建设，完善管理机制，搭建信息平台。按照新的信息化规划，扩容建设安全可靠的广域网和先进的移动3G网络，全面推进ERP平台建设和应用，为公司管理创新和流程再造提供支撑。制定核心业务系统绩效考核制度，确保信息化发挥实效。

（八）加强党建和队伍建设，为公司发展提供政治保证

以改革创新精神加强和改进党的建设，为集团公司发展提供坚强的思想保证、政治保证和组织保证。加强党的建设。紧密结合中心工作，深入推进“创先争优、

科学发展”活动，确保取得实效。以理论武装为前提，以组织建设为基础，以增强创新能力为目的，扎实推进学习型党组织建设，提升公司党建科学化水平。开展好建党90周年纪念活动，增强凝聚力和向心力。认真贯彻十七届中央纪委六次全会和中央企业反腐倡廉工作会议精神，全面落实廉政责任制，加快推进惩防体系建设，强化执行力监督检查，加大违纪违法案件查办力度，深入开展工程建设领域突出问题整改、“小金库”专项治理、燃料管理效能监察和招标监督等工作，提升规范化管理水平。深入开展巡视工作，分期分批对有关单位进行监督巡视。加强干部队伍建设。持续推进“四好”领导班子创建工作，开展“能力素质提升年”活动，把各级领导干部的教育培养和实践锻炼作为着力点，强化干部执行力，进一步提升各级领导干部把握形势、驾驭市场、经营管理和攻坚克难的能力。抓好干部培养，加强公司上下以及区域之间的人员交流，推行职业经理人模式，继续推进企业领导人员三年轮训计划和千名后备干部培养计划，加快培养企业领军人才。加强和谐企业建设。深入推进以“创造可持续价值”为核心、以《华电宪章》为主导的企业文化建设，大力提升公司软实力。加强企业品牌建设，传播华电理念，树立华电品牌，提升华电形象。充分发挥工会和共青团的作用，以“集聚力量，建功华电”为主题，大力开展各种劳动竞赛、技能大赛和员工喜闻乐见的文体活动。加强形势任务教育，引导员工正确认识和对待改革发展中的利益关系调整，建立和谐劳动关系，保持企业和谐稳定。关心和改善员工工作、生活条件，提升员工幸福指数。

中国国电集团公司2011年工作会议报告（摘要）

一、2010年工作和近三年来工作回顾

集团公司综合实力明显增强，可控装机9531万kW，同比增长16.2%，占全国的10%。资产总额5224亿元，同比增长23.3%。净资产969亿元，同比增长26.4%。控股煤炭资源140亿t，同比增加8亿t。资产负债率81.46%，同比降低0.45个百分点。集团公司提前一年挺进世界企业500强。荣获国务院国资委考核“双A级”和“业绩优秀企业”称号。

完成发电量4199亿kWh，同比增长18.9%。供热量11 170万GJ，同比增长24.6%。控股煤炭产量4700万t，同比增加34%。营业收入1654亿元，同比增加433亿元。在燃料成本上涨影响利润117.5亿元的情况下，实现利润总额60.9亿元，净利润37.5亿元。成本费用利润率3.73%，仍保持较好水平。

产业布局更加合理，煤炭、科技环保、金融、物资物流、煤化工、电厂资源综合利用等相关产业快速发展，营业收入增幅51%，利润增幅100%。电源结构更加优化，火电30万kW及以上机组占85.9%，同比提高1.8个百分点。水电装机突破1000万kW，新能源和可再生能源装机容量占20%，同比提高5.7个百分点。

主要技术经济指标保持了先进水平。完成供电煤耗326.3g/kWh，同比降低5.5g/kWh。发电厂用电率5.46%，同比降低0.35个百分点。加强资金管理和资本运作，完成股权融资170亿元，引入各类低成本资金826亿元，2010年使用1521亿元。

安全稳定形势总体平稳，圆满完成了上海世博会、广州亚运会等重大保电任务，超额完成了“十一五”节能减排目标。党建思想政治工作和反腐倡廉建设进一步加强，保持了团结和谐稳定的发展局面，树立了负责任央企的良好形象。

（一）综合性电力集团建设取得重要进展

1. 发电产业结构更加优化

大力推动发展方式转变，突出“加快发展，提高效益”，新能源和可再生能源投资占电源总投资的54.5%，清洁环保火电机组和水电、风电等可再生能源装机已占总容量的56.3%。火电发展项目基本为超临界、超超临界和热电联产机组，初步完成遍布全国，特别是在资源富集区、负荷中心区和特高压沿线的战略布局。“十一五”累计淘汰落后产能712.6万kW，超过关停目标207.6万kW。2010年关停朝阳、小龙潭等电厂小机组共139.7万kW，其中内部关停54万kW。四川公司调出42万kW关停容量，支持了其他省区大机组发展。水电开发形成了以大渡河流域为龙头，大中小并举的格局。瀑布沟水电站全部机组投产，大渡河公司装机达527万kW，拥有流域水电资源1752.5万kW，各站点开发工作全面展开。全年并购水电项目166万kW，其中已投产67万kW。华中分公司并购29.5万kW，增效3500万元；甘肃公司并购8万kW，突破了单一电源结构。风电投产容量、发电量和效益均稳居全国首位，装机已达895万kW。龙源电力建成国内首个海上潮间带风电场，完成在全国六大风电基地布局，十大技术服务系统逐步完善，装机年增长66%，增速居全球风电企业之首。各分子公司加快发展风电，国电电力风电装机已达135.6万kW，华北公司全年投产风电40万kW，陕西公司投产省内首个风电项目。积极开发其他新能源项目，宁夏分公司平罗光伏电站1期工程、

西藏羊八井1万kW光伏电站及1000kW新型地热项目投产发电。

2. 煤炭产业快速崛起

控、参股煤炭资源和产能稳步增长，原煤产量相当于所属火电企业用煤量的四分之一，煤炭收益成为集团公司重要利润增长点。内蒙古、新疆等大型整装煤田初具规模，鄂尔多斯察哈素煤矿、玻璃沟煤矿取得路条，平煤集团和蒙电锡林河公司挖掘潜力，产能、效益均大幅提升。靠近电厂的煤矿和煤电一体化项目进展顺利，西北公司陕西永寿项目控股煤炭资源3.6亿t，开工建设碾子沟一期工程；河南公司首家取得省内煤炭资源整合资质。下水煤体系基本形成，燃料公司已拥有海运船舶22艘，港口码头中转储配基地5个、储配煤场4个，海运能力3200万t，2010全年降低下水煤电厂燃料成本7亿多元。配套铁路项目和煤化工项目稳步推进，蒙能公司建设的林白铁路正式开工，英力特宁东煤基多联产基地正式开工，新疆公司完成准东煤电及煤基化纤原料工业园项目规划。

3. 高新技术产业优势突出

形成新能源、节能、环保、信息化四大科技产业集群，拥有20多项自主知识产权的核心技术，一批高新技术企业国内领先、国际知名。风机制造业形成规模，联合动力建成三大整机制造基地，并形成总装、发电机、叶片、齿轮箱、控制系统等研发、设计、制造产业链，年产能2000台，自主研发的产品涵盖3、2MW直驱式，1.5MW高海拔低风速风机和电网友好型风机，销量进入全国前三，运行技术参数国内最优。太阳能产业快速发展，宁夏太阳能公司多晶硅一期项目高标准投产；国电光伏江苏有限公司产业基地试生产，已具备光伏电站的可研、设计、系统集成和EPC总承包能力。节能环保产业继续保持领先地位，龙源环保脱硫特许经营技术水平、装机容量居行业首位，资源回收型有机胺法烟气脱硫工艺成功应用；龙源技术等离子点火技术应用装机2.39亿kW，已建成5个无燃油电厂，累计节油700万t；龙源冷却拥有直接、间接空冷设备制造能力960万kW，技术水平保持国内领先。节能环保技术及产品相继走出国门，至今已有15个境外项目，遍布10个国家和地区。

4. 其他相关产业加速布局

充分发挥集团公司整体优势，围绕发电主业快速拓展相关领域，金融、物资等产业协同发展，初具规模。资本控股公司成功并购瑞泰人寿，相对控股石嘴山银行，发起设立长江保险公司，稳健投资瑞银证券，积极推进信托、基金公司的设立重组，实现金融业务多项突破，初步形成企业财务、银行、保险、信托为主的多元化金融平台。物资集团深入开展集中招标，继续推进集采配送和钢材、电机集中经营，服务范围拓展到煤化工、多晶硅等领域，物资精细化服务水平持续提高，集约化优势进一步显现。兴业公司加快闲置土地综合开发，有序推进新能源技术研究院建设。各省公司积极推进转型，江苏公司拓展煤炭经营，开发供热市场，首创国内大机组远距离供汽；东北公司抢占水务市场，收购5家大型污水处理厂，取得沈阳中水和污泥市场控制权；江西公司深度利用粉煤灰，与建材企业合作开发了高附加值产品。

（二）综合盈利能力较大提高

1. 新能源及相关产业效益突出

集团公司整体效益保持较好水平。水电、风电和相关产业利润贡献率不断提高，利润总额增加142%。龙源电力克服风电限电压力，利润同比增加64%，是集团公司第一利润大户。各相关产业公司不断挖掘潜力，积极开拓外部市场，超额完成年度利润目标。平煤集团、蒙电锡林河公司利润同比增加71%和6.5倍，为集团公司总体效益增长作出了贡献。燃料公司抢占市场先机，扩大煤炭经营和海运业务；科环集团积极创新商业模式，拓展营销策略，加大业务整合；资本控股公司、物资集团充分发挥自身优势，积极培育新的经济增长点。四家公司利润总额同比增长80%。

2. 治亏工作成效显著

建立重点亏损企业对口联系制度，发挥集团公司管理、技术和资源优势，标本兼治开展治亏活动。8家重点亏损企业大幅减亏，同比条件下减亏18.7亿元。蒙能投公司全方位开展减亏增盈活动，在重组后第一个完整经营年度减亏3.6亿元。太一公司全面落实400余条治亏措施，强化设备治理、深挖经营潜力，推进三项制度改革，同比条件下减亏1.5亿元。益阳公司针对电煤供应、电量计划两个制约因素，通过错峰储煤、反季节储煤，节约燃料成本3680万元，增发电量11亿kWh。宝二公司打响三年治亏攻坚战，在原煤单价上涨32元/t，利用小时数减少350h的情况下，亏损额仅为2009年的一半。

3. 管理创新增效明显

深入推进“双学”活动，大力实施管理创新，有效提升企业效益。积极开展商业储煤，储煤能力达到2367万t，比设计能力增加760万t，降低燃料成本支出约5亿元。江苏公司建成煤场储备体系，实现了高库容、低成本储煤，牢牢锁定全年标准煤单价，创造了商业储煤新经验；福建公司加大海外煤进口力度，节约燃料成本3亿元。全面推行配煤掺烧，掺烧经济煤种4000万t，累计节约燃料支出30亿元。长源荆门电厂创新掺烧流程，节约燃料成本3300万元。

大力开拓电力市场，全年完成基数外电量394亿kWh，占售电量的10%以上，有效补充了电量计划的不足。20多家发电企业参与直售电交易，获得边际收益5.83亿元；东北公司开创了跨省发电权交易的先例，双辽公司、双鸭山公司争取跨省交易电量13.56亿kWh；山东公司争取储煤奖励电量16.06亿kWh，替代电量12.35亿kWh；四川公司积极优化电量结构，结算电价高于标杆水平；贵州公司加大电费回收力度，实现陈欠电费全额回收。“两项规范”工作取得新进展，万安电厂等58家单位多经企业中的主业业务基本回归，比规范前增加主业效益8亿元。

（三）发展速度和质量创历史新高

1. 前期工作卓有成效

抓住机遇加快发展，加大前期工作力度，全年核准1384万kW，开工2420万kW，核准和开工容量均再创历史新高。火电项目前期储备充足，已取得“路条”项目7个共510万kW，完成可研项目50个共6070万kW。水电项目前期工作有序推进，大渡河大岗山水电站获得国务院核准，猴子岩水电站列入国家西部大开发重点项目。深入开展新能源和可再生能源项目前期工作，拥有在建、前期风电项目超过9200万kW，太阳能资源超过200万kW。新疆公司以火电、水电和煤炭、煤化工为重点，建设综合性能源企业成效显著。山西分公司形成了火电、风电、煤炭稳健发展态势。广西分公司加快开发境外水电项目，取得柬埔寨270.8万kW水电项目的开发权。西藏分公司在易贡藏布和雅鲁藏布流域两个水电项目前期工作获自治区批复，“战略进军西藏”取得阶段性成果。黑龙江公司、青海公司、海南代表处加强与地方政府联系，努力争取项目资源，取得了积极进展。

2. 工程质量全面提高

推广“绿色工程”理念，加强管理和技术创新，全年电源项目基建总规模4425万kW，实现了规模、质量同步提高。设计优化纳入常态化管理，51个项目通过优化累计降低工程造价28.6亿元。集中招标收效明显，完成了42批次超过378亿元的招标采购，累计节约成本38亿元。不断推进技术创新，火电项目采用烟气余热回收、低氮燃烧等先进技术，加强洁净化安装和精细化调试管理，投产水平不断提高。北仑三期2台百万千瓦机组荣获“国家优质工程金奖”。宝二60万kW机组成功运用全国唯一的三塔合一空冷技术，168h试运平均供电煤耗达312g/kWh。南方公司开展了肇庆项目16项绿色电站示范专题研究。水电以猴子岩项目为示范，引入“绿色工程”建设经验，已开展4项方案优化，降低工程造价5500万元。充分利用清洁发展机制，累计开发CDM项目140个，增收2500万欧元。

（四）抗风险能力明显增强

1. 资本运作亮点纷呈

充分利用资本市场的融资功能，实现滚动交替直接融资，全年引入股权资金170亿元，降低资产负债率3.31个百分点，负债率稳步进入下降通道。积极推进“多点上市”，初步形成了常规发电、新能源、煤炭和科技环保等上市板块。国电电力成功实现再融资95.7亿元，创A股市场最大规模电力再融资纪录。龙源技术IPO融资11.66亿元，是央企控股的首家创业板上市公司。科环集团整体上市和英力特、平煤再融资工作正加快推进。集团公司债券余额316亿元，成为国内债券占净资产比重最高的企业之一，引入第三期信托股权资金75亿元，发行龙源电力债券融资56亿元。

2. 资金管理成绩突出

加大低成本资金引进力度，创新管理手段，强化集中管理，资金综合成本同行业最低。全年引进低成本资金826亿元，开展票据化结算400亿元，节约利息支出约13亿元。银行授信额度达到5601亿元，同比提高40.6%。江西公司积极调整贷款结构，资金成本保持全省发电企业最低水平。加大对重点单位的资金保障力度，为企业治亏、项目并购、债务重组、高息贷款置换提供资金支持630亿元。积极探索融资租赁、应收账款保理、低碳信托理财等金融创新产品。争取财税优惠政策，有效增加非经常性收益。华中分公司争取财政补贴和关停、征地补偿3.2亿元；云南公司落实省外煤电价、节能减排等相关政策性补贴2459万元。积极盘活存量资产，安徽公司推动力源公司股权重组，减少投资项目权益亏损6098万元。

3. 经营风险可控在控

完善全面风险管控体系，推行精确化预算管理，建立利润预测和监控模型，实行经营活动的超前预测、及时分析、实时监控和跟踪落实。开展基建财务内部控制体系建设，有效规避了基建管理风险。建立健全符合现代企业制度的内部管控体系，形成了涵盖五大板块17个类别的管控制度。坚持重大事项法律审核把关制度，审核合同金额近千亿元。全面加强内部审计工作，强化领导人员经济责任审计、重大建设项目投资审计，避免损失1.9亿元，有效防范了经营风险。

（五）安全环保水平稳步提高

1. 安全生产基础更加牢固

深入开展“安全生产年”活动，建设本质安全型企业，汉新、吉林台、新疆天风、吉林热电等73家发电企业实现连续安全生产1000天以上。逐步完善与综合性电力集团相适应的安全管理体系，相关产业实现安全生产无事故。煤炭企业落实领导带班下井制度，完善井下安全避险“六大系统”，加强现场安全监管，实现零死亡。突出预防为主，强化隐患治理，消除各类安全隐患3698项，切实提高了设备健康水平。坚持开展安全性评价，鸭溪电厂等40家企业通过评价和复查。加强重点监管，强化违章整治，开展了“两票三制”执行情况和特种人员持证上岗情况专项检查。完善应急机制和应急预案，提高了应对突发事件的能力。新疆开都河公司由于监测准确、转移及时，成功避免了一起特大安全事故。

2. 节能降耗水平明显提升

多措并举推进节能环保型电厂建设，主要经济技术指标更加优化，企业清洁生产水平明显提高。脱硫机组占燃煤机组比例达到92%，供电煤耗与先进水平差距缩小1.9g/kWh。北仑100万kW 6号机组、庄河60万kW 2号机组均达到国内同类机组领先水平。坚持开展星级企业创建活动，谏壁、龚嘴等11家单位被评为集团公司四星级发电企业。加大技术改造力度，全年技改投入41亿元，同比提高26%。创新技改投资体制，签订30个共2.3亿元的合同能源管理项目，脱硫特许经营协议容量已达2280万kW。通过以上措施，全年减少二氧化硫排放7.1万t，减少二氧化碳排放446万t。

（六）创新型企业建设加快推进

1. 三级管理体制逐步形成

不断完善体制机制，创新管理模式、经营模式和商业模式，提升了管理水平和运营效率。继续推进“三级法人，省为实体”的管理体制改革，进一步明确分子公司职责，完善配套规章制度，明晰三级管理界面和权责划分。重庆、吉林、浙江、河北等8个分子公司和筹备组完成组建工作，集团公司已拥有22个省级公司，三级管理体系基本形成。华东公司率先完成省为实体工作，实现了管理理念、管理方式、管理重点的转变。总部和分子公司机关推进创新型、智慧型管理，预测、分析、研究能力得到加强。不断完善法人治理结构，实现“三会”业务闭环管理，控参股公司重大决策得到有效监督。

2. 激励约束机制不断完善

逐步建立了适应企业转型要求的激励约束机制，针对不同类别企业实行“三类五级”考核，引入EVA考核理念，实现了与国资委考核指标全面接轨。加强考核目标的监测预警和跟踪调整，激励企业跟踪市场变化调整经营策略，确保了年度任务超额完成。华北公司推行年度、月度与进度考核相结合的绩效考核体系，实现了业绩与奖惩实时挂钩。充分发挥总经理奖励基金的激励和导向作用，重点向战略发展、提高效益、科技创新、安全生产等方面倾斜，国电电力、燃料公司、平煤集团获特等奖。

3. 选人用人工作更加规范

完善公开选拔、公推比选、挂职交流、业绩评价的干部管理机制，形成了涵盖领导人员职数任期、选拔任用、考核评价等全过程的管理制度体系，得到中组部高度评价。深化“四好”领导班子创建活动，进一步优化了领导班子结构，提升了整体功能。创新干部培养交流方式，选派东部和中西部23家企业的68名干部双向挂职，创集团公司干部交流新纪录。采取多种形式加强员工培训，全年共培训各级领导人员1300多人·次，专业技术和生产技能人员30多万人·次。加大海外高层次人才引进力度，3人进入国家“千人计划”。加快引进相关产业急需人才，引入煤炭、化工、金融等相关专业紧缺人才200多名。

4. 科技创新体系逐步健全

建立了产学研用横向联合、协同创新的科技工作机制，科技创新支撑作用更加明显。新能源技术研究院边建设边研发，启动科研项目38项。能源研究院完成专项课题研究83项，项目评估论证281个，为集团公司决策提供了科学依据。科学技术研究院强化生产服务体系，研发节能减排、污染控制及资源化关键技术，提高了火电企业生产效率。联合动力“风电设备及控制国家重点实验室”、龙源电力“国家能源风电运营中心”、电科院“国家能源节能减排与污染控制研发（实验）中心”以及龙源技术“国家认定企业技术中心”等4个国家级研发平台获得批准。等离子体点火及稳燃技术荣获国家能源局科技进步一等奖。2010全年获得国家科技资金5200万元，获得授权专利100项。

（七）党建和精神文明建设全面加强

1.“创先争优”活动成效显著（略）

2. 学习型党组织建设扎实开展

创新学习载体，开展“赠书促学”活动，产生了广泛积极影响。加强重大课题和政治理论研究，形成企业转型和挖潜增效应用成果十余项，政研成果150余项。其中《集团公司光伏产业发展战略研究》等重大课题研究成果和《“三着力、四步骤”推进学习型党组织建设》等政研成果以较高的理论水平和实践价值，得到充分肯定。

3. 反腐倡廉工作取得实效

全面落实党风廉政建设责任制，修订完善相关制度，基本实现了惩防体系建设阶段性目标。积极开展反腐倡廉宣传教育活动，增强了广大干部员工廉洁从业意识。围绕经营管理目标开展效能监察，加强了对工程建设、燃料管理、财务管理和招标等关键环节、关键部位的监督检查。认真开展工程建设领域突出问题专项治理和“小金库”专项治理，得到国资委重点检查组的肯定。继续落实“三重一大”事项和党内监督各项规定，营造了民主决策、风清气正的干事创业氛围。

4. 和谐企业建设不断推进

坚持以保障和改善民生为出发点，建立长效机制，深入实施“惠民工程”。华蓥山、永福、福州等单位落实惠民承诺和措施，改善生产、生活条件，丰富了员工文化生活。完善职工代表大会制度，一届二次职代会提案满意率达到100%，集团公司荣获“全国厂务公开民主管理先进单位”。加强班组建设，扎实开展劳动技能竞赛，兰州热电公司陈兴斌等14名员工荣获全国和中央企业“技术能手”称号，石横电厂运行部甲二班等2个班组被授予“中央企业红旗班组标杆”称号，河北围场风电公司王怀国等10人被评为“全国劳动模范”。吉林热电厂、九江电厂、安顺电厂等单位共青团认真开展主题实践活动，服务青年成长成才、服务企业生产经营。进一步丰富和完善企业文化理念体系，菏泽电厂、靖远公司入选央企企业文化建设优秀案例。积极履行社会责任，公开发布了年度社会责任报告，累计向青海玉树和甘肃舟曲灾区捐款1600万元。华东公司积极参与上海世博会，成功举办“国电日”等多项活动。集团公司加强新闻宣传策划，注重舆论引导，展现了良好形象。

2010年取得的成绩，为“十一五”画上了圆满的句号。“十一五”特别是三年来的实践，丰富了新时期集团公司的发展理论，形成了具有国电特色的宝贵经验：一是深化了对电力企业发展规律和能源变革趋势的认识，逐步形成了以大力发展新能源为引领，以建设创新型企业为保障，建设一流综合性电力集团的战略体系。二是深化了对加快转变能源发展方式的认识，逐步形成了以新能源和战略性新兴产业为核心竞争力，规模和质量并重的发展模式。三是深化了对新的市场形势和经营环境的认识，逐步形成了以经济效益为中心，坚持眼睛向内、深入挖潜，注重内涵式增长的经营模式。四是深化了对综合性电力集团管控方式的认识，逐步形成了以整体上市为目标、“三级法人、省为实体”的管理模式。五是深化了对央企重大使命的认识，逐步形成了保障能源供应、推动节能减排、参与公益事业、构建和谐环境的责任践行模式。

二、“十二五”面临的形势和奋斗目标

（一）准确把握集团公司面临的形势

宏观经济运行面临复杂形势。世界经济将继续缓慢复苏，但不稳定不确定因素仍然较多，复苏进程艰难曲折。我国仍处于大有可为的重要战略机遇期，经济发展长期向好的趋势没有改变，各种有利条件依然存在，但也面临诸多矛盾和问题。

电力工业面临难得的历史机遇。世界能源变革为电力加快转型创造了有利条件。国际金融危机正在催生新的产业革命，以新能源为标志的能源产业变革已成为不可逆转的历史潮流，电力工业内涵发生了深刻变化。我国把节能环保、新能源、信息化等战略性新兴产业加快培育成为国民经济的先导产业和支柱产业，加快构建安全、稳定、经济、清洁的现代能源产业体系，加大制度、融资、投资、政策等方面的支持力度。我国经济长期平稳较快发展为电力发展带来较大空间。预计“十二五”期间，我国国民经济将保持8%～9%的增速，电力需求仍比较旺盛。预计到“十二五”末，电力装机13.7亿kW，年均增长8400万kW。2011年我国经济增长预期目标8%，预计全社会用电需求4.6万亿kWh，增长9.5%左右。

电力工业同时也面临诸多压力和挑战。从电力市场看，受经济结构调整和节能减排影响，高耗能行业增速回落，全社会用电量增速趋于放缓。2011年全国电力供需总体平衡有余，全口径发电设备利用小时预计将维持在4750h左右。当前通胀预期较高的情况下，上网电价调整形势不容乐观。从煤炭市场看，国际金融危机导致全球流动性过剩，持续推高石油、煤炭等资源性产品价格，我国煤炭供需总体呈紧平衡状态，煤炭价格上涨的动力十分强劲，部分区域煤炭供应依然紧张。从货币政策和资本市场看，2011年我国宏观调控的基本取向是积极稳健、审慎灵活，货币政策由适度宽松调整为稳健，2010年以来央行已经两次加息、连续七次上调存款准备金率。资本市场走势不明朗，融资难度加大。保障资金供应和降低资金成本将面临更大挑战。从节能减排看，“十二五”期间，国家将把大幅降低能源消耗和二氧化碳排放作为重要的约束性指标，进一步强化节能减排目标责任考核，预计单位GDP能耗下降目标为15%～17%，单位GDP二氧化碳排放强度下降20%左右，对电力行业节能减排提出了更高要求。从发展环境看，电力工业体制方面的矛盾和问题较多，发电行业面临的市场环境仍不规范，在各地发展中遇到的困难和阻力明显增大，在生产经营、项目发展等方面付出的成本越来越高。

（二）“十二五”时期的指导思想和奋斗目标

“十二五”时期集团公司工作的指导思想是：高举中国特色社会主义伟大旗帜，以邓小平理论和“三个代表”重要思想为指导，深入贯彻落实科学发展观，顺应宏观经济形势变化和能源变革趋势，以科学发展为主题，以加快企业转型为主线，以体制、机制、科技和管理创新为动力，全面提升集团公司整体素质和发展质量，建成一流综合性电力集团，为我国

经济发展和社会和谐稳定作出更大贡献。

“十二五”总体目标为：企业转型基本完成，综合实力明显增强，产业结构更加合理，抵御风险能力大幅提升，整体改制取得重大进展，节能环保成效显著，员工生活持续改善，实现建设一流综合性电力集团的目标。

经营和风险防范目标：确保利润水平稳步增长，各项财务指标良好，负债率力争降到80%以下，国资委年度考核保持A级。在世界企业500强排名逐步提升。

电源发展目标：总装机容量达到1.5亿kW，其中新能源和可再生能源占总装机容量的30%，火电装机中30万kW及以上机组占95%，超临界、超超临界机组占50%以上，超额完成国家下达的节能环保指标。

企业转型目标：相关产业营业收入达到1500亿元。煤炭“三片一线”战略布局基本完成，控参股煤炭产量1亿t/年，控制煤炭资源200亿t，商业储煤达到较高水平。金融、物资物流、工程运营等现代服务业稳步发展。

科技创新和科技产业发展目标：科技产业营业收入和利润年均增长30%，以新能源为核心的技术和产品处于国际先进水平，建成国际一流的高新技术产业集团。到2015年，科技研发投入是2010年的2.8倍，年均增长56%。拥有10个以上国家级研发平台，重大自主核心技术超过30项，授权专利数600项以上。把新能源技术研究院建成国内一流、国际知名的科研院所。

人才发展目标：实施“引才十百千工程”、“员工发展工程”和“员工素质提升工程”。引进进入国家“千人计划”的海外高端人才10～20名，紧缺高端人才100～200名，各类高素质人才1000名。全员培训率达到80%以上，建设风电、水电和煤炭人才培养基地，打造一支结构优化、专业配套、素质优良的人才队伍。

党建和精神文明建设目标：建立健全具有国电特色的党建工作机制，建成惩治和预防腐败体系基本框架。“四好”领导班子达到50%以上，培育一批有较强影响力的“四强”党组织、特色党建活动品牌，形成独具特色的企业文化体系。公司系统80%单位建成市级以上文明单位，培育百名省部级以上先进集体和先进个人，新命名省部级以上青年文明号60个。实现企业发展与员工收入同步增长，企业民主管理处于中央企业领先水平。

三、2011年工作目标和重点任务

2011年工作的总体要求是：

（1）安全目标：不发生人身死亡事故，不发生全厂停电或电厂引发的电网稳定破坏事故，不发生电厂垮坝事故，不发生重大及以上设备损坏事故；不发生环境污染事故、重大交通和火灾事故；不发生煤矿一般及以上事故。

（2）生产经营目标：发电量完成4770亿kWh。供电煤耗完成323.5g/kWh，厂用电率完成5.3%，二氧化硫排放量控制在86.3万t以内。

（3）财务指标：营业收入2021亿元，利润总额、经济增加值（EVA）、流动资产周转率和负债率等主要指标完成国资委考核值。

（4）产业发展目标：基建新增发电装机1400万kW，总装机容量力争达到1.08亿kW，30万kW及以上火电机组比重超过86.9%，水电、风电等新能源和可再生能源比重达到21.5%。控股煤炭产量超过5500万t。

（5）党建和精神文明建设目标：党建及党风廉政建设责任制落实率100%，党员民主评议合格率100%。不发生对企业形象和稳定造成不利影响的事件。

重点抓好以下工作：

（一）高度重视安全稳定工作，筑牢企业发展基础

发展是硬道理，是第一要务。安全稳定是硬任务，是第一责任，关系到企业转型的大局，关系到广大员工的人身安全和各级干部的政治安全。要全面落实各级安全生产和维护稳定责任制，明确各单位行政一把手是安全第一责任人，党委书记是维稳第一责任人。要坚持“安全第一、预防为主、综合治理”的方针，认真贯彻落实《国务院关于进一步加强企业安全生产工作的通知》精神，健全完善与综合性电力集团相适应的安全管理体系。发电企业要坚持继承与创新相结合，严格执行“两票三制”等规章制度，坚决杜绝因麻痹松懈、责任不落实造成的人身、重大设备和全厂停电事故。要特别重视供热电厂安全生产，确保稳定供热。煤矿企业要加快建设井下安全避险“六大系统”，强化对新并购及中小煤矿管理，严防水、火、瓦斯、煤尘、顶板等各类事故发生。基建工程要进一步加强现场监管，坚决杜绝大型机械设备损坏，高边坡、地下洞室坍塌，化工污染等严重事故的发生。要加大安全投入，加强安全教育培训，增强全员安全意识，提高安全技能。要充分认识新形势下维稳工作的新情况新特点，坚持以人为本，完善工作机制，创新工作方法，保证干部员工队伍和谐稳定。要理解基层工作的困难，体谅基层干部的艰辛，做到政治上关心、工作上支持、生活上照顾、精神上激励。要牢固树立群众观点，真诚倾听员工呼声，真实反映员工愿

望，切实解决实际困难。要高度重视信访工作，及时排查各种不稳定因素，认真落实防范措施，把矛盾化解在基层、解决在萌芽状态。

（二）大力发展新能源和相关产业，加快企业转型步伐

把加快推进企业转型作为集团公司转变发展方式的着力点，更加注重发展新能源，调整优化电源结构；更加注重发展相关产业，推动形成新的产业格局。一是积极发展高效清洁火电。适当压缩燃煤电厂投资和投产规模，重点在经济发达地区、资源富集区域、特高压外送电基地建设火电厂。大力发展超临界、超超临界大容量机组和热电联产机组，力争列入重点计划的天生港和肇庆、北塘、廊坊等一批60万kW以上大机组和供热机组获得路条或核准，力争取得谏壁、泰州、广东清远、福建南埔二期路条。加大“上大压小”力度，创新管理模式，争取替代容量跨省调度，全年力争关停150万kW。二是加快发展以风电为主的新能源。巩固和扩大风电产业优势，2011全年核准风电项目400万kW，投产350万kW。坚持多元化投资、专业化管理，各分子公司要加大风电开发、建设力度，重点建设包头巴音项目、江苏大丰潮间带特许权项目和河北围场五乡梁项目。稳妥推进近海风电厂建设，探索开发西藏高海拔试验风电场。要充分发挥龙源电力专业化管理优势，风电从测风、设计到施工等均应委托龙源电力实施。稳步推进太阳能发电，核准开工太阳能等其他新能源10万kW，重点建设巴彦淖尔、阿拉善盟光伏电站特许权项目。积极在太阳能资源富集区获取资源。努力推进核电前期工作，积极参股大型核电项目，大力储备核电厂址资源，全力争取核电开发资质。三是多措并举推进水电开发。充分调动各省区公司积极性，加快重点流域水电开发，尽快扭转水电短缺的局面。推进大型水电项目，重点确保大渡河猴子岩、枕头坝一级、沙坪二级，四川绰斯甲、东义河益地，西藏尼洋河多布等大中型水电项目获得核准。积极争取金沙江、怒江、雅鲁藏布江、黄河北干流等水电资源的开发权。同时，积极寻找资源，继续加大优质水电并购力度。四是加大煤炭产业开发力度。按照“三片一线”战略布局，加快整装煤田开发，推进生产煤矿的技术改造和扩能改造，加大煤炭资源的重组并购。重点加快察哈素煤矿建设，争取玻璃沟煤矿早日开工，推进锡盟胜利西二、贺斯格乌拉煤矿项目核准，力争鄂尔多斯黑岱沟、刘三疙旦、陕西彬东等项目前期工作取得突破，启动蒙东元宝山、白音华一号等扩能改造工程。晋北国兴、国强煤矿完成扩能改造，投入生产。加快建立煤炭储配运输服务体系，港口码头和重点区域储煤基地储煤能力达到500万t，海运船队运输能力达到3900万t。加快褐煤提质研究和工业性试验，落实配套铁路和港口，提高蒙东褐煤南运下水量，提高集团公司电厂煤炭自供率。稳健发展煤化工产业，扎实做好宁东煤基多联产一期项目，蒙能煤化工（煤制尿素/合成氨）项目力争年内投产，有序推进新疆准东煤基多联产和尼勒克煤化工项目。五是加快以高新技术为龙头的相关产业发展。积极培育新的经济增长点，深化商业模式改革，确保相关产业持续快速发展。加大对科技产业支持力度，保持新能源制造、节能环保和自动化产业国内领先。重点确保风机产能达到2500台，6MW风机下线，市场业绩进入国内前两名。电池组件产能达到1GW，高效率聚光电池研发成功并产业化，建成国内首个聚光太阳能示范电站。加快财务公司、商业银行、保险、信托和产业基金业务发展，研究拓展证券、期货、担保、融资租赁等业务，做大做强金融产业。建立完善的物资交易市场和以物联网为核心的电子商务平台，加快建设国内一流物资、物流产业集团。大力支持知识密集型、高附加值现代服务业发展。拓宽现代服务业领域，组建并壮大风电技术咨询服务、海上风电施工、合同能源管理、特许权经营、煤化工施工总承包等专业化公司。六是继续实施“走出去”战略。以新能源、资源类项目和高新技术为重点，积极开展国际技术、投资、人员培训等方面的合作与交流，推动境外项目开发。继续密切关注国际碳减排市场动态，做好风电、水电等CDM项目开发，积极开发CDM单边项目。加强“走出去”的组织保障，在有条件的国家和地区设立办事机构或营销公司，积极探索新的国际合作模式。

（三）创新运营管理模式，加快建设“三型”电厂

电厂要转变单一发电的经营方式，以机组安全经济环保性为基础，充分利用各种资源，建设综合经营型、节能环保型、安全和谐型电厂。要深化“双学”活动，在做好发电主业的同时，有效挖掘和整合内部各种资源，火电厂积极开展电、煤、水、灰、汽、土地等资源的经营和综合利用，水电和其他电源项目也要发挥自身优势开展综合经营，提高对主业的利润贡献。做好闲置土地综合利用，提高土地利用效益。深入开展煤炭经营，发挥沿江沿海、深水或涉外码头、大储煤场等优势，开展煤炭采购销售、分选加工，提升煤炭综合收益。做好以高级建材为主的灰渣和脱硫石膏的综合利用，提高产品附加值。积极开拓热力、水务及城市环保市场，最大限度地控制资源。整合区域检修资源，积极承担电厂设备检修和运行维护任务。结合电厂转型，继续规范辅业和多经企业管理，力争年内完成“两项规范”工作。电厂要因地制宜制订转型规划和实施方案，力争尽快取得实效。深入开

展节能评价和环保评价，不断提高经济清洁生产水平。进一步推广和规范合同能源管理和特许权经营，组建专业公司争取政策，提高经营管理水平。积极引进新技术、新设备和新工艺，扩大技术改造的深度和范围，研究推广二氧化硫、氮氧化物减排技术和热泵改造等节能提效新技术，保持行业节能减排水平领先。加强与地方政府的沟通联系，构建有利于企业发展的内外部环境。

（四）全方位开展精细化管理，进一步挖潜增效

一是实现前期管理精细化。改革项目投资管理体制，总部要加大项目审批管理力度，严格审批程序。落实分子公司投资管理责任，做到投资与效益挂钩。积极引进“外资”，提高控股项目少数股东股比。落实重点项目前期责任制，加大前期工作力度，严格执行进度计划，限期拿到路条或获得审批。坚持新建和并购相结合，跟踪研究并购项目信息，抢抓机遇快速获取资源，优化结构布局，加快发展步伐。加强投资项目风险管控，充分做好重大项目评估论证，合理确定建设方案和投资规模。做好并购项目的清产核资工作，确保项目合法合规有序推进。二是推行建设管理精细化。从发电业务链源头做起，建设“绿色工程”、“效益工程”，确保投产达标，力争投产即盈利。火电工程要严格执行“洁净化安装”等指导意见，精心组织、精细安装、精细调试，提高机组投产水平。大型水电工程要主动协调地方关系，做好移民工作，落实建设条件，确保工程建设顺利推进。中小水电开发要把好质量、安全关，加快建设，尽早投产。煤矿等综合产业工程要不断加强规范化管理，确保安全施工。要提前落实工程项目开工和投产条件，合理安排投产时序，确保实现全年投产计划目标。加快投产工程结算，落实电价和税收政策，力争上半年落实瀑布沟水电站上网电价。加强业主能力建设，优化基建人力资源配置，推行工程建设专业化管理，提高基建管理水平。三是深化经营管理精细化。采取综合治理措施加大治亏力度，推广重点企业治亏经验，最大限度地减亏增效。深入开展对标管理，持续改善供电煤耗、厂用电率等主要经济技术指标，力争 30 万 kW 及以上机组指标达到国内领先水平。深入开展创星级发电企业活动，完善考评体系，严格考核奖励，推动管理创新。加强燃料管理，积极开拓供煤渠道，优化采购结构，提高重点合同兑现率，加大海外低价煤采购力度，努力降低标煤单价。进一步加大配煤掺烧力度，大幅提高经济煤种掺烧比例，有效控制燃料成本。科学开展商业储煤，完善煤炭价格监测体系，建设中转储配基地，开展煤场扩建，提高煤炭储备能力，有效平抑煤价。加强厂内煤炭管理，严格执行电煤合同，保证煤质煤价，规范燃料成本核算。加大市场营销力度，重点做好发电权交易工作，在更大的范围内实施更多电量置换，突破跨省、跨区域置换界限，推行同厂、同省“大代小”电量置换，研究水火、风火电量置换，不断优化量价结构，实现整体效益最大化。加快推进信息化建设，建立关键业务指标管理体系，提升管理现代化水平。坚持勤俭办企业，严格控制各项费用支出，确保行政经费零增长。

（五）防范经营风险，增强资金保障能力

以控制资产负债率为核心，以防范和化解经营风险为重点，创新财务管理，强化资本运作，为加快转型提供资金保障。一是扩大直接融资规模。加强资本运作，滚动交替融资，每年实现股本融资百亿元左右，确保资产负债率可控在控。大力支持国电电力发展，制订可转债发行方案。加快科环集团整体上市，按计划完成 IPO 发行工作。做好龙源电力融资准备，完善上市后首次资产注入方案。发挥平煤、英力特融资平台作用，为发展煤炭、煤基化工提供资金保障。研究长源电力定位，规范公司治理结构。继续做好多渠道多层次引入股权资金工作。抓住香港建设“人民币离岸中心”契机，加快赴港发行人民币债券。利用银行间交易平台，进一步争取短期融资券、企业债券、私募基金等。二是调整完善财务战略。准确把握国家财政政策和货币政策变化，科学安排年度筹资、投资、经营、收益分配等计划，推动发展战略和经营目标落实。逐步建立完善精确测算、实时调整、可靠分析预测的财务预算体系，不断优化总部利润预测模型。将非经常性损益纳入预算管理，实现预算管理动态化和精准化。注重财务风险分析和预测，严控对外担保，做好基建财务内控试点工作。强化内部审计，优化内部控制流程，建立健全企业法律风险防范机制。三是加强资金管理。进一步推进资金集约化管理，各单位资金归集率要达到 100%。大力推广票据化结算并实施总部集中管理，建立统一的“票据池”，推行“支付融资”模式，实现结算单位全覆盖、业务范围全覆盖。动态调整融资策略，进一步提高子公司的资金保障和资金平衡能力，实现自我滚动良性发展。充分运用国家财政、税收、金融等政策手段，积极争取资金支持，努力增收增效。

（六）全面深化改革，强化体制机制创新

深入开展创新型企业建设，着力解决影响制约企业转型的突出问题，力争在一些重点领域和关键环节取得新突破，为发展注入新的活力和动力。一是深入推进整体改制。根据国资委最新精神，坚持“一个平台、多点推进、择机整合、整体上市”，研究调整集团公司整体上市战略计划，实现“十二五”整体上市。进一步建立现代企业制度，完善法人治理结构，

规范“三会”管理，加大对分子公司重大决策的管控。二是深化管理体制改革。完善三级管理体制，基本完成省区级公司的组建，进一步明确和落实区域公司和省公司的管理定位，分清权责。深入研究相关产业管控模式，形成适应企业转型、有利竞争的市场化专业化管理方式。加快建设“创新型机关”，推行研究型、智慧型管理，提高管理的科学性、前瞻性、控制力。省区公司要加强对省内企业归口管理，理顺同一省内不同投资主体企业的管理关系，探索省级公司燃料、物资、检修集约管理模式。三是深化干部人事制度改革。坚持德才兼备、以德为先、择优选用的选人用人标准，加大竞争性选拔干部力度，继续推行公推比选、任前公示制度，竞争性选拔产生的领导人员比例要达到20%。推行领导人员任期制和试用期制，进一步完善综合考核评价体系，加强选人用人工作监督。拓宽干部交流渠道，继续选派优秀干部进行上下、东西部双向挂职交流。加大高层次、创新型人才引进力度，推行市场化选人用人机制，形成育才、引才、聚才、用才的良好环境。拓展员工专业技术、专业技能职业发展通道，试行管理岗位和技术岗位双轨制，满足各类人员的成长期待。启动“员工素质提升工程”，构建三级教育培训网络体系，大力实施全员培训。四是深化激励约束机制改革。建立“强激励、硬约束、重业绩”的考核体系，深化经济增加值考核和全员业绩考核。厘清产权关系和管理关系，明确经营责任，充分调动各方面积极性，确保集团效益最大化。深化工资制度改革，建立工资预算管理与工效挂钩相结合的工资总量决定方式，推广工资与绩效实时联动，适当提高骨干收入。相关产业要探索实行以按劳分配为主，知识、技术、技能等多种要素相结合的分配方式，逐步与市场接轨。着重研究引进高端人才的薪酬激励制度，探索中长期激励、EVA奖励池等激励方式，从机制上吸引人才、留住人才。五是深化科技创新体系建设。加强新能源技术研究院、能源研究院、电科院建设，创新科研院所管理体制机制，坚持产学研用相结合的发展道路。开展大容量海上风机、富氧燃烧、高效太阳能电池等重大科技项目研究，力争“十二五”推广应用，产生效益。逐步提高科技研发投入，设立科技创新基金，建立科技指标考核体系，推进科技产业发展。加强与科研院所合作，开展重大科技项目联合攻关。

（七）加强和改进党的建设，构建和谐企业

一是加强和改进党的建设。深入推进创先争优活动，扎实开展“三保一促”、“党员示范岗”等活动，培育特色党建品牌。深入推进学习型党组织建设，以创建学习型党组织带动创新型企业建设。加强基层党组织和党员队伍建设，做好基层党委换届和党代会常任制工作。二是加强各级领导班子建设。不断深化“四好”领导班子创建活动，加强企业领导班子组织建设、作风建设和思想政治建设，优化班子结构，提高综合素质，增强整体功能。全面开展企业领导班子和领导人员综合考核评价工作，强化综合考评结果运用。三是加强宣传思想工作。大力推进思想政治工作和精神文明建设，加大先进典型、先进经验和先进人物选树和宣传力度。深入推进企业文化建设，实现文化力向生产力的转变。创新政研会工作，围绕热点、难点扎实开展重点课题理论研究。健全新闻宣传工作体系，加强舆论引导，树立集团公司品牌形象。四是加强反腐倡廉建设。全面贯彻落实十七届中纪委六次全会精神，紧密结合工作实际，统筹兼顾，抓好党风建设和反腐败斗争各项长期性、基础性工作。严明党的政治纪律，加强监督检查，保证重大决策部署的贯彻落实。以保持党同人民群众血肉联系为重点，扎实推进党的作风建设。以完善惩治和预防腐败体系为重点，不断提升反腐倡廉科学化水平。高度重视发挥内部审计的重要作用，一把手要关心和支持审计工作。加大对招投标、项目投资、燃料管理等关键领域、重要岗位的审计监察力度，全面开展企业领导人员经济责任审计工作。要运用好审计成果，推动企业规范管理，进一步加强完善审计、监察和燃料管理队伍建设。全力支持配合监事会监督检查工作，进一步完善工作机制，重大事项及时向监事会报告。高度重视监事会等上级机关检查提出的问题和建议，严肃认真地抓好整改落实。五是加强工会和共青团工作。支持工会和共青团组织依照章程独立开展工作。健全完善职代会制度，深化厂务公开，强化民主管理。构建和谐劳动关系，完善平等协商、集体合同及专项集体协议。加强班组建设，广泛开展劳动技能竞赛。深入实施惠民工程、干部关怀工程和困难帮扶工程，建立保障和改善民生的长效机制。共青团组织要积极开展好主题活动，更好地发挥团结、引导、服务和教育青年的作用。

中国电力投资集团公司 2011年工作会议报告（摘要）

一、2010年工作回顾

2010年以来，面对复杂的外部环境和严峻挑战，集团公司党组带领广大干部职工，深入贯彻落实科学发展观，继续应对金融危机和电煤价格的大幅上涨，努力实现保发展目标、抓利润增长、促战略转型“三大任务”，各项工作取得新成绩。到2010年底，集团公司实现电力装机容量7072万kW，煤炭产能7275万t，电解铝产能208万t；资产总额4403亿元；全年完成发电量2940亿kWh、煤炭产量5410万t、电解铝产量173万t，分别增长16%、25%和58%；营业收入1268亿元，增长26%；利润总额50.18亿元，是集团公司组建以来最高的一年，增幅达到35%。与五大发电集团相比，集团公司总资产、装机容量、销售收入、平均上网电价最低，但归属于母公司的净资产达到306亿元，列五大发电集团第一位，归属于母公司净利润13.3亿元，超过其他四大发电集团的总和，净资产收益率居五大发电集团第一位，EVA在五大发电集团中是唯一正值，利润总额居第三位。利润总额、EVA、三项费用占主营业务收入比重、流动资产周转率均超额完成国资委考核目标。完成资产负债率控制目标。完成安全稳定、节能减排、精神文明和党风廉政建设各项目标，全年没有发生较大及以上人身和设备事故。

一年来，集团公司重点开展以下工作并取得成效：

（一）加快推进发展战略，促进结构调整和战略转型

全力保证发展目标。累计新增装机容量1373万kW，完成计划的136%，再创历史新高，其中基建投产容量1329万kW，并购容量33万kW。计划投产项目实现预期目标，积石峡、平顶山、芜湖、景德镇、甘井子、乌苏等一批争投项目实现跨年提前投产，超计划投产382万kW。积石峡、平顶山、甘井子均实现一年三投或双投，百万千瓦机组实现一年四投。煤炭新增产能2260万t，蒙东扎哈淖尔露天矿、白音华2号露天矿顺利通过国家验收，贵州林华煤矿投产。扎哈淖尔、黄河鑫业二期形成产能，电解铝新增规模32万t。一年来，工程建设领域广大干部职工克服重重困难，取得前所未有的优异成绩，为完成全年投产任务作出突出贡献。

加快重大项目实施。海阳核电、红沿河核电安全高质量建设，彭泽核电具备负挖条件。海阳二期、红沿河二期、吉林、广西、湖南、重庆核电项目前期稳步推进。宁夏红墩子煤矿建设顺利进行，新疆、蒙西煤化工项目前期取得进展。青海多晶硅项目完成联合调试，生产出电子级产品。伊江上游水电项目进入全面实施阶段，并获得国家优惠政策支持。几内亚项目完成资源勘探及港口、工业园区、矿山首采区选址各项工作。

扎实推进战略转型。加快电源结构、产业结构调整步伐，蒙东、青海、贵州、宁夏、新疆产业集群加快发展，产业链和跨区域煤电联营的一些关键项目取得突破。蒙东褐煤提质示范项目、锦赤铁路、锦州港口建设继续实施，赤大白铁路运量573万t，集团整体电煤自给率达到30%，大东北区域自给率达到77%。电源结构继续向低碳清洁方向发展，清洁能源比例保持30%。九龙电力实现了以环保产业为核心的战略转型。经过努力，取得了7个太阳能光伏发电和江苏海上风电项目特许权，西藏山南、江苏大丰太阳能光伏电站建成并网，新能源发展迈出新步伐。

（二）挖掘市场和管理潜力，提高效益增长水平

抓住宏观经济回升向好机遇，加大市场开拓力度。在单机容量与五大发电集团平均水平有较大差距的情况下，火电利用小时数达5092h，高于五大发电集团平均水平17h。发挥水电和高效燃煤机组优势，优化电量结构，增发效益电量，积极开展发电权交易，争取新机调试差额资金返还，增加利润18亿元。开展税收筹划和低成本融资，争取政策资金，取得积极成效。煤炭板块合理调整煤价，协调运力，释放产能，扩大市场覆盖范围，实现规模与效益同步增长。铝业板块积极应对复杂的市场变化，提高市场反应能力，增强销售工作的灵活性。

抓住影响效益的关键环节，火电控亏减亏成效显著。在煤价大幅上涨的严峻形势下，不等、不要、不靠，坚持眼睛向内，有所作为，一些电厂亏损势头得到有效遏制，部分单位实现扭亏为盈。2010年由于煤价上涨增加成本高达75亿元，通过落实国家电价调整政策，实施各项控亏减亏措施，累计消纳成本48亿元，取得控亏减亏工作新成效。

发挥产业集群利润支撑作用，提高优势企业和优势板块利润水平。蒙东、青海、贵州、宁夏产业集群利润总额占全部盈利单位利润总额的74%。水电、铝业、煤炭、核电板块大幅增利，金融、电站服务业实现预期增长。蒙东能源、黄河公司、财务公司、中电核、中电国际、金元集团、上海电力、东北公司、宁夏能源铝业利润水平位居前列。

（三）加强和改进管理工作，夯实企业发展基础

全面加强安全管理。建立完善符合产业结构要求的安全管理体制机制，并发挥重要作用。非电产业纳入集团公司整体安全管理格局，管理水平显著提高。安全生产制度建设、机构设置、人员配备全面加强，基础工作不断巩固。加强重大隐患过程监督，安全隐患排查治理工作卓有成效。

标准化和对标管理成效继续显现。主要成本指标持续降低，发电单位材料费降低8.67%，单位千瓦修理费降低4.28%，单位千瓦其他费用降低6.94%，合计节约三项可控成本支出3.71亿元。生产管理水

平显著提高，17台机组大修后连续运行超过100天，常熟4号机组连续运行达341天。在全国大机组竞赛中，田集1号机组获得60万kW等级一等奖，常熟1号、贵溪5号机组获得30万kW等级一等奖。工程建设“四大控制”水平不断进步，河南公司开封项目获2010年国家优质工程银奖，平顶山项目造价创行业标杆，江西分公司景德镇项目、东北公司甘井子项目工期再创行业标杆。

扎实推进价值管理体系建设。制订实施《价值管理体系建设实施方案》，试点工作有序推进，促进了各级领导观念的转变，提高了决策的科学性和基础管理水平。通过完善企业体制、优化管理模式，归属于母公司净利润管理取得明显成效，黄河公司、蒙东能源、中电核、财务公司、中电国际、金元集团、东北公司、成套公司、宁夏能源铝业、南方分公司位居前列。集团公司价值管理体系建设扎实有效，得到国资委、财政部充分肯定。

内控和风险管理扎实开展。有效提升审计内控的“免疫系统”和“三道防线”作用，通过审计促进增收节支7.9亿元，其中核减工程款4.5亿元，维护了企业利益，改进和规范了管理。认真开展“小金库”专项治理“回头看”，取得积极成效。集团公司风险内控体系建设得到国资委、财政部、审计署充分肯定，《风险管理及内部控制标准》作为典范在中央企业推广。

（四）坚持深化企业改革，加强干部职工队伍建设

深入推进体制机制改革。按照“七统一”原则，明确了思路、目标和任务，正式启动管控一体化工作。积极推进人事制度改革。引入竞争性选拔领导人员方式，选择相关二级单位开展了领导班子补充人员的公开选聘。探索完善二级单位主要领导岗位配备模式，在5家董事长与总经理分设的二级单位实行总经理为法定代表人的设置方式。继续推进组织结构调整，完善总部职能设置，新组建6家区域分公司和专业公司，清理九龙电力和宁夏能源铝业所属7家四五级公司。全面开展工资制度改革。新的工资体系更加突出岗位价值、突出绩效导向、突出结构统一，体现了行业对标的基本原则，增强了薪酬的激励功能。完善综合绩效考核，将EVA、资产负债率纳入考核内容。扎实稳妥推进辅业改革，开展了大量调研工作，广泛听取意见，顺利启动试点工作。

加强干部职工队伍建设。坚持高端引领、整体开发，领导人员队伍、专业技术人员队伍和技能人员队伍结构不断优化，素质明显提升。加强急需和紧缺人才的培养引进，重点加大核电人才引进力度。通过联合培养、公开招聘等方式，构建了统一的急需人才培养引进平台。积极开展培训工作，荣获第十届国家技能人才培育突出贡献奖，集团公司党校被授予中央党校分校办学先进单位。

（五）大力开展科技创新，推进节能环保和信息化建设

继续完善技术支撑体系，开展重点技术攻关。围绕煤化工、煤提质、IGCC、海上风电、铝业自动化等重大技术，积极开展科研攻关并取得成效。以节水、节能、低碳、环保为研发主题，实施重点科技项目，“60万kW火电机组空冷系统研发与工程示范”项目获2010年度中国电力科学技术一等奖。黄河鑫业二期、中青迈二期采用了先进成熟的400kA电解技术。与高校、企业、科研单位联合，共同组建了“中国烟气脱硝产业技术创新战略联盟”，积极涉足核环保技术领域，加快“产学研用”相结合。

高度重视节能环保工作。供电煤耗降低11.48g/kWh，较大幅度地缩小了与其他发电集团的差距，节约标准煤242万t，超过国家千家企业节能2000万t标准煤目标的1/10，相当于节约燃料成本15亿元。完成小火电关停201万kW，占国家关停1000万kW目标的1/5。万元工业增加值能耗降低8%。

信息化建设积极推进。中电国际、金元集团ERP试点工作全面启动。推进应用系统建设，84%的装机容量纳入实时生产信息监控系统，同比增加40%。环保监管信息系统完成试点，进入推广实施阶段。企业信息门户系统和新OA系统上线运行。开展网络隔离与信息安全综合防护，保证了系统稳定运行和安全保密。

（六）加强企业党的建设，认真履行企业社会责任

深入开展创先争优活动，作为学习实践活动的继续和延伸，紧密结合实际，突出自身特色，围绕科学发展中心任务扎实推进，形成组织创先进、党员争优秀、企业上水平、职工提素质的良好局面。加强党的基层组织建设，完善党建工作体制机制，积极构建学习型党组织，持续推动“四好”领导班子建设，党建工作整体水平进一步提升。围绕党组确定的“三大任务”，广泛开展“保目标、降成本、增效益”活动，共青团组织开展“团旗飘扬工程”创先争优主题实践活动，形成统一思想、凝心聚力的良好氛围。党风廉政建设扎实开展，惩防体系建设全面推进，反腐倡廉体制机制建设更加健全，制度体系不断完善，党员领导干部廉洁从业意识进一步增强，形成了党政齐抓共管的责任体系，发挥了积极的监督保障作用。工程建设领域突出问题专项治理扎实开展，廉洁从业风险防范管理试点工作取得成效。

发挥中央企业表率作用，自觉履行社会责任。在保障国家重大活动、抗击严重自然灾害中，各级党组织落实集团公司党组部署，广大党员干部和职工不畏艰险，冲锋在前，形成战胜困难、共克时艰的强大合力。上海电力、中电国际圆满完成世博保电任务。黄河公司在青海玉树抗震救灾中表现出色，被中共中央、国务院、中央军委授予“全国抗震救灾英雄集体”称号。金元集团、南方分公司、云南国际为南方抗旱抗洪、亚运会和亚残会保电作出重要贡献，涌现出一批先进党组织和优秀共产党员，集团公司和系统干部职工踊跃为灾区人民捐款捐物，赢得各方面高度评价。积极开展援藏、援青工作，通过映山红助学网帮扶贫困学生。努力构建社会责任体系，社会责任报告被联合国全球契约组织评为典范报告。

推进和谐企业建设，营造和谐稳定的发展环境。积极开展民主管理，完善职代会和厂务公开制度，建立和谐稳定的劳动关系。解决了“上大压小”涉及的2302名职工分流安置问题。加强和改进信访工作，落实信访稳定排查化解制度，建立动态管理机制。大力实施“送温暖”工程，救助特重病和困难职工。全年没有发生影响稳定的重大事件，维护了发展的大好局面。不断加强对外宣传，大大提升了公关危机防范能力，扩大了集团公司知名度和美誉度。

二、“三步走”战略实施以来的发展成果和基本经验

集团整体实力大幅提升。产业规模快速增长，电力装机容量增长64%，煤炭产能翻了一番，电解铝产能增长4.9倍。经济效益明显提升，营业收入提前一年突破千亿元大关，在煤电联动严重不到位，电煤成本比2007年上涨140亿元，而电价收入仅增加87亿元的情况下，利润水平创历史新高。盈利能力显著增强，培育出一批背靠资源、面向市场、资产优良、优势突出的骨干企业和利润中心，成为集团公司发展的重要支撑。电力在国内市场占有率稳步提高，煤炭产能居涉煤央企第三位，电解铝产能全国第二、世界第五。金融产业资产规模、利润水平各项指标均跃居五大发电集团首位，全国100家财务公司前10位。

综合能源发展格局基本形成。区域发展模式发生质的变化，一体化协同发展正在逐步取代单一产业发展，产业集群基本形成。产业发展呈现鲜明特色，水电、煤炭基地在基础资源配置中发挥重要作用，核电成为国家三大控股建设运营主体之一，掌握了一批优质核电项目资源，牢牢奠定了行业发展的结构性优势地位。在中央能源企业中第二家控股开发铁路和港口，以现代物流体系为依托的跨区域资源配置将成为新的煤电联营发展模式。“走出去”发展进入新阶段。伊江上游水电项目、几内亚项目锁定了资源开发权，成为集团公司清洁发展、可持续发展的重要支撑。与澳大利亚签署长期优质动力煤购销协议，将进一步提高集团公司电煤供应的保障能力。经过三年的不懈努力，集团公司区域、产业、海外协调发展的格局初步形成，企业面貌发生了深刻变化。

电源结构调整取得显著成就。水电装机容量1774万kW，连续两年保持五大发电集团第一位。在装机规模大幅增长的情况下，清洁能源比重提高3.62个百分点，火电资产比重从61%下降到49%，以水电和核电、风电等新能源为代表的清洁发展、低碳发展优势地位得到确立。火电产业升级步伐加快，三年累计关停600万kW小机组，占全国同期关停容量的12.5%，集中投产一批60万kW和百万千瓦机组，占火电投产总容量的79%，高效、节能、环保的大容量、高参数机组逐渐成为主力。电力装备水平今非昔比，和五大发电集团一起步入国际先进行列。

资本运营取得重大突破。围绕发展战略积极实施资本运作，先后重组了金元集团、青铝集团、渝能集团、先融期货、百瑞信托等企业，累计增加装机容量720万kW、煤炭产能270万t、电解铝产能64万t。成功实施中电国际与五凌电力资产重组，提升了海外上市公司形象。通过并购重组，集团公司吸纳了一批优秀企业和一大批优秀人才，优化了在经济发达的东部地区和国家重点发展的中西部地区布局，提升了发展水平，壮大了发展实力，促进了产融结合，推动了电力核心产业快速发展。三年中，重组企业累计创造利润24亿元，为集团公司应对金融危机和保持平稳较快增长发挥了重要作用。

管理科学化水平显著提高。落实三级管理体制，全面推进集约化、标准化、专业化、信息化管理，扎实开展管理对标，管理成效充分显现。一些历史原因形成的、长期落后的生产指标与先进企业差距迅速缩小，一些影响效益的主要成本费用指标显著改善，工程建设领域重要指标达到行业一流水平。三年集中招标累计中标金额611亿元，较概算降低11%。在投资强度不断加大的情况下，资金管理扎实有效，始终保持稳健的财务结构。企业运营效率、安全生产水平都得到明显提升。深入推进体制机制创新，带动了管理思想的不断解放。

节能减排跨上新台阶。主要污染物排放大幅减少，圆满完成国家下达的节能减排任务。供电煤耗三年累计降低25.95g/kWh，节约标准煤767万t。在经营困难的情况下，三年累计投入脱硫改造资金33亿元，保证了节能减排投入不减少，标准不降低。把

环保设备作为主设备管理，全国首台取消烟气旁路的60万kW机组在江西投入运行。脱硫机组容量比重从53%提高到95%，除拟关停机组外全部实现脱硫。把环保要求贯穿项目整个生命周期，使节能减排理念深入人心。

三、“三步走”第二阶段发展总体部署

（一）科学把控面临的机遇和挑战

纵观集团公司发展环境的新变化，我们有很多重要、宝贵的发展机遇。从国家层面看，尽管还面临诸多矛盾和问题，但发展的有利条件、内在优势和长期向好的趋势没有改变，宏观经济在较长时期内仍将处在上升周期，为各行各业提供了稳定增长的根本保障。从能源行业层面看，尽管竞争不断加剧，但随着国家工业化、信息化、城镇化、市场化、国际化深入发展，对电、煤、铝等基础能源必将产生刚性需求，行业发展潜力巨大。从集团公司自身看，尽管与其他集团相比装机和资产规模小，火电布局不合理，先天优势不足，但近几年我们把握了战略转型先机，随着国家实施“走出去”战略和西部大开发战略，鼓励煤电联营，加大节能减排力度，加快产业转移，积极发展水电、核电，风电及太阳能等新能源逐步实现规模化、产业化，集团公司结构调整、布局调整的优势将得到充分发挥。

在看到发展机遇的同时，更要保持清醒的头脑，冷静分析面临的困难和挑战。一是燃料价格持续上涨，受制于通胀压力，煤电价格体系短期内难以理顺，电力体制改革停滞不前，火电亏损仍将是我们在较长时期内面临的重大问题。二是由于国家对项目的核准制和企业自身资产负债率较高，使得电源结构、布局结构和产业结构调整难度增大。三是随着结构调整的不断深化，发展进入新领域和核电、煤炭、化工等我们原来不熟悉的产业，投资管理、经营管理、安全生产的复杂性、风险性明显增大。四是国家对节能减排和环境保护要求越来越高，完成节能减排的任务更加艰巨繁重。五是随着集团公司进入新的产业和海外项目的实施，集团公司的竞争对手正在从国内的发电企业转向其他行业的优秀企业、国际一流企业、优秀民营企业，管理模式、管理意识、管理水平、市场反应能力、人才保障能力明显不足，急需改变。六是国有企业不良资产退出机制与职工队伍安置、稳定矛盾更加突出。

同时，也要看到自身存在的一些不容忽视的问题。一是随着集团公司战略的深入发展，组织结构和人才结构调整明显滞后于电源结构和产业结构调整，集团化管控能力和人才支撑能力亟待提升。二是资本市场融资渠道没有完全打通，上市公司资源没有很好地整合，融资平台作用没有充分发挥，可持续发展的资金保障能力亟待提升。三是产业链总体上还处在初级的产品供应链阶段，没有形成能够创造高附加值的价值链，一体化发展的协同能力亟待提升。四是增长质量总体上还不高，经济效益增长与资产规模增长不匹配，价值创造能力亟待提升。五是个别单位暴露出严重的管理问题，存在严重的管理漏洞，管理制度和监督、检查、制衡机制形同虚设，给企业造成不应有的损失，尤其是二级单位对三级单位的管控能力亟待提升。这些问题必须引起我们高度警醒，着力解决。

（二）“三步走”第二阶段发展的总体思路和目标

面对新形势、新机遇、新挑战，“三步走”第二阶段工作总体思路是：以科学发展为主题，以加快转变发展方式为主线，以做强做优为目标，更加注重结构调整，更加注重质量效益，更加注重改革创新，更加注重安全生产，更加注重企业文化，更加注重依靠群众，全面提升整体素质和发展质量，为建设国际一流能源集团打下具有决定性意义的基础。

“三步走”第二阶段发展目标是：到2015年，形成发电装机容量1亿kW，其中水电2210万kW，核电520万kW，风电、太阳能发电1100万kW，气电、IGCC等440万kW，清洁能源比重提高到40%；形成煤炭产能1亿t，电煤自给能力达到40%；电解铝产能300万t，产业链全部打通并形成价值链；资产总额9000亿元，营业收入2000亿元，实现利润总额180亿元。

到2015年，集团公司要基本完成战略转型，五大产业集群和跨区域煤电联营全面形成，实现首个控股核电站投产运营，海外项目初步形成规模，价值创造能力明显提升，主要指标位居行业和中央企业前列。集团公司要成为结构更合理、各板块更强更优、协同效益更显著、资源配置更高效的综合能源集团，成为具有较强综合实力、行业影响力、创新能力、市场竞争能力、价值创造能力和抵御风险能力的中央企业，成为清洁能源比重大、能源资源消耗少、污染物排放低的资源节约型和环境友好型企业，成为主营业务突出、公司治理良好、人才保障充足、体制机制完备、价值理念深入人心的现代企业，以更加雄厚的发展基础和更加昂扬的发展态势，冲刺国际一流能源集团目标。

“三步走”第二阶段目标极具挑战性。要实现这一目标，必须紧密结合集团公司实际，把着力点放在提升主业核心竞争力和企业综合素质上，始终做到“六个更加注重”：

第一，更加注重战略性结构调整，努力加快发展

方式转变。今后5年，产业结构调整的基本方向，就是要在煤炭、煤化工、煤提质、微网、氧化铝、铁路和港口码头等关系全局的重大项目上下功夫，着力打通产业链、实现跨区域煤电联营。电源结构调整的基本方向，就是要加快发展水电、核电、风电、太阳能发电，不断提高清洁能源比例，实现低碳清洁发展。核电要按照有所为、有所不为的原则，优化管理模式，延伸产业链，加快在沿海寻找新的核电厂址，储备资源。水电重点开发伊江上游和黄河中上游水资源，积极争取其他流域大型水电项目，经济有序开发中小水电。风电重点推进大型风电基地建设，并积极推进风电铝联营，努力增加资源储备，加快技术进步，降低开发成本。同时大力开展对优质中小水电和风电的并购重组，扩大水电和风电规模。太阳能发电也要把增加资源储备作为重点，加快产业链垂直一体化建设，力争在较短时间内体现与其他清洁能源的成本竞争优势。优化发展火电，重点发展符合国家电力规划、有资源保障、有较高预期收益、有节能减排贡献以及产业链必需环节上的火电机组，严格控制不具备资源条件地区、高煤价低电价地区火电投资规模，继续淘汰落后产能。煤炭要进一步发挥基础保障作用，结合跨区域煤电联营，优化结构和布局，扩大优质煤炭资源储备，不断提高电煤自给率，推进深度、清洁使用。铝业要加快形成铝土矿—氧化铝—电解铝的全产业链，大力加强国际间合作，向高端铝深加工方向延伸。

第二，更加注重效益增长与发展相协调，努力实现平稳健康发展。企业发展、结构调整，必须有平稳较快的利润增长作支撑。要继续保持较快的增长速度，使营业收入、利润年度增长目标与规划要求相适应。要把提高电力核心业务盈利能力作为主攻方向，发挥好清洁能源优势，打好火电控亏减亏持久战、攻坚战，充分利用这一时期核电项目投产、产业集群协同效益发挥和跨区域煤电联营局面基本形成的有利条件，实现盈利能力质的飞跃。要把优化资源配置作为拉动增长的重要支撑，大幅提高产业集群、煤炭基地、物流贸易对利润增长的贡献率。要把提高质量作为利润增长的重要内容，用投入产出理念、价值管理理念改造企业，使投资增长与效益增长相匹配，占有资源与价值创造相匹配，着力改善净资产收益率，大幅提高归属于母公司的净利润和EVA水平。要把防范风险放在突出重要的位置，增强风险的预见性，把握风险的规律性，提高风险的可控性，始终与风险作斗争，保持稳健的财务结构，推进集团公司平稳健康发展。

第三，更加注重改革创新，努力解决发展的深层次、结构性问题。深化改革，要不断解放思想，转变观念。在集团公司发展的新形势下，必须使思想观念真正从过去单一发电集团、单一常规电、单一国内发展的传统思维方式、管理理念、管理模式中解放出来，坚决革除制约发展的体制机制弊端，在改革中谋发展，在创新中求进步。深化企业改革，要明确目标，有的放矢。在全面推进的基础上，把管控一体化作为当前重点，调整资本结构和管理关系，形成有利于提高整体控制力、发挥整体合力的体制机制。深化干部人事改革是企业发展的必然要求，要真正建立干部选拔任用的竞争机制和能上能下机制，建立内部调配、培养与市场化引进相结合的人才机制，加快各类人才聚集。贯彻中央“人才资源优先开发、人才结构优先调整、人才投资优先保证、人才制度优先创新”要求，推进人才政策创新。针对发展急需的人才，组织实施重点人才工程。科学合理的分配机制对企业和谐发展至关重要，要在不断提高发展质量和效益的前提下，深化工资制度改革，建立完善工资正常增长机制，稳步提高职工收入水平，充分调动广大职工群众的积极性和创造性，让全体职工共同分享发展成果。加快建立适应战略转型要求的薪酬体系与激励机制，引进急需的高端人才、专业人才，积极推动海外项目、核电产业和非电产业快速健康发展。深化改革，要积极稳妥，循序渐进。要处理好改革与发展、稳定的关系，把握好改革的力度、发展的速度和干部职工可以承受的程度，通过改革的持续深化，不断为企业注入生机和活力。

第四，更加注重提高安全管理水平，努力实现安全生产的长治久安。在集团公司发展的新形势下，要深入研究安全工作面临的新情况、新挑战，把握安全工作的新特点、新规律，研究安全工作的新方法、新途径。要切实提高对安全工作的认识。随着结构调整的逐步深入，集团公司已经进入安全管理更复杂、标准要求更高的领域，与以往相比，安全工作风险更大、难度更大、责任更大。要不断加大对重点领域的安全管理力度。高度重视和抓好高瓦斯矿井、化工等安全高风险领域安全工作。确保核电建设运营安全万无一失。提高对大容量、高参数机组安全掌控能力。研究制定海外风险评估与防范体系，保证海外项目安全可控在控。要进一步强化工程建设安全管理。处理好安全与效益增长、产能扩张、工期加快、质量提高的关系，把发展建立在安全基础之上。要突出加强对安全工作的领导。全面落实安全监督保证体制，提高各级安全监督机构权威，把“安全第一”思想真正贯彻到各项工作中。认真吸取以往事故教训，完善管理制度，强化责任追究，把安全基础工作做深、做细、做实。

第五，更加注重塑造企业文化，努力提升企业凝聚力和向心力。企业文化是推动企业发展的持久动力，是全体干部职工共同的行为导向和价值追求。电为核心、煤为基础、产业一体化协同发展是当前和今后一个时期集团公司发展的基本特征，要把文化整合放在与资产、业务、人员整合同等重要的位置，坚持不懈地用统一的奋斗目标和价值理念鼓舞斗志，凝聚力量。企业文化建设要与企业使命紧密结合，围绕建设综合能源集团的战略目标，在各产业、各单位个性文化基础上，总结、提炼、固化共性文化，建设电为核心、多产业文化相融合的综合能源企业文化。企业文化建设要与战略实施紧密结合，随着兼并重组的深入开展，努力实现文化的平稳对接和优势互补，推动重组企业创新发展，丰富集团公司企业文化内涵。企业文化建设要与精神文明建设紧密结合，大力选树、宣传先进典型和模范人物，营造团结进取、健康向上的文化氛围。企业文化建设要与树立企业良好社会形象紧密结合，高度重视新闻宣传工作，展示集团公司改革发展稳定的经验成果，提高企业知名度、扩大企业影响力。要切实转变观念，善待媒体，善用媒体，主动加强与媒体的联系沟通，正确引导舆论，提高应对突发事件和危机公关能力。

第六，更加注重依靠职工群众，努力战胜前进中的一切困难。“三步走”战略目标，既鼓舞人心，催人奋进，又极其艰巨，充满挑战，必须紧紧依靠职工群众，才能战胜一切困难，实现宏伟的发展目标。依靠职工群众，关键要发挥好干部的模范带头作用，为职工群众作出示范、作出表率。我们要清醒地看到，当前在实际工作尤其是基层工作和干部队伍中仍存在一些群众反映强烈的突出问题，有的干部群众观念淡薄，不尊重、不关心群众，损害职工合法权益，居高临下，发号施令，引起群众反感，影响群众积极性；有的干部决策脱离实际，不顾群众意愿，不顾党组决策，盲目铺摊子、上项目，私自调整计划，影响集团公司整体发展布局；有的干部作风不扎实，见困难就缩，见问题就推，见矛盾就躲，对群众提出的诉求敷衍了事，对群众疾苦不闻不问，对群众反映的问题久拖不决、放任不管，甚至不负责任地向上推诿。这些问题严重损害群众利益，影响党员领导干部在群众中的形象，必须下大力气解决。我们必须牢记，群众是真正的英雄，是企业的力量源泉和胜利之本，任何力量都不能代替群众的力量，任何时候群众观点、立场、方法都不能丢弃。要着力在实现好、维护好、发展好职工群众根本利益上下功夫，在转变干部作风、提高干部素质上下功夫，在解决群众反映强烈的突出问题上下功夫，在加强党风廉政建设和反腐败上下功夫。要切实把以人为本贯彻落实到各项工作中，在涉及群众利益的重大决策中，广泛听取群众意见和呼声，换位思考，慎之又慎，使我们的决策既符合党组要求，又符合群众期待，把广大职工群众更加紧密地团结在党组周围，共同开创集团公司又好又快发展新局面。

四、2011 年工作安排

2011 年工作指导思想是：认真贯彻党的十七届五中全会、中央经济工作会议和中央企业负责人会议精神，深入落实科学发展观，准确把握“三步走”第二阶段工作总体要求和目标任务，适应形势新变化，巩固和扩大生产经营平稳向好态势，着力在推进管控一体化和打通资本市场融资通道方面实现“两个重大突破”，做好结构调整、深化改革、安全生产、节能减排、创先争优等各项工作，实现“三步走”第二阶段的良好开局。

2011 年工作目标是：

生产经营方面：发电量 3305 亿 kWh；煤炭产量 6000 万 t；电解铝产量 200 万 t；营业收入 1547 亿元；同口径实现利润增长、EVA 改善；资产负债率控制在 85%以内。

基本建设方面：电力新开工 712 万 kW，投产和争取投产 1073 万 kW；煤炭新增产能 75 万 t，电解铝新增产能 52 万 t。

安全生产方面：做到“五不发生”，即：不发生较大及以上人身伤亡事故；不发生重大及以上火灾事故；不发生重大及以上设备事故；不发生水库、灰库和尾矿库垮坝事故；不发生较大及以上铁路交通事故。

节能环保方面：小火电关停 100 万 kW；完成供电煤耗 326.75g/kWh，下降 5g/kWh；二氧化硫减排 2.2 万 t；万元工业增加值能耗控制在 10.43t 标准煤以内；不发生重大环境污染事故。

精神文明、党风廉政建设及稳定工作方面：全面完成国资委考核目标；各级领导班子、领导干部不发生违法违纪案件；不发生影响稳定的重大事件。

重点做好以下七个方面工作：

（一）加快推进战略实施，努力实现又好又快发展

做好项目建设接续，有序启动新建项目。芜湖、福溪、燕山湖等在建火电项目投产，常熟扩建、田集二期、平圩三期等项目力争取得路条或核准。在保证安全质量前提下，加快海阳核电一期建设，力争实现二期主体工程负挖。彭泽核电一期力争获得国家核准，1 号核岛年内开工。继续推进红沿河核电一期建设，争取二期工程年内开工。跟踪国家核电中长期发展规划调整，推进吉林靖宇、广西桂东、湖南小墨山、重庆涪陵项目前期。开工建设内蒙古四子王旗、

达茂旗、江苏大丰风电项目、国家光伏发电特许权中标项目，西藏桑日、青海乌兰光伏项目投产，青海格尔木太阳能聚热发电项目开工。积极推进新疆煤制天然气项目、鄂尔多斯煤制烯烃项目、巴其北项目，落实新疆哈密煤田矿权，完成宁夏红墩子矿区总体规划审批和红一矿核准。加快锦赤铁路、锦州港、滨海港煤码头、煤提质项目进程。推进蒙东循环经济示范工程，尽快释放扎哈淖尔铝项目闲置产能。遵义铝土矿和氧化铝项目开工，黄河鑫业二期、中青迈二期一系列投产，形成预期产能。伊江上游水电项目施工电源电站全面投产，密松电站主体工程开工建设，有序开展其培电站施工准备，整体推进流域开发前期工作。推进几内亚项目特许权协议谈判，完成矿山、氧化铝厂及工业园区可行性研究。

（二）加强生产经营管理，巩固和扩大平稳向好态势

科学组织生产，大力开展市场营销。水电统一组织制定优化运行评价标准，黄河公司、五凌电力加快完善梯级控制中心功能，实现梯级优化运行和集中远方控制。火电要确保发电利用小时数不低于当地同等级机组平均水平，二级单位边际收益不低于集团公司标准。风电弃风损失电量比例不大于当地电网平均水平。煤炭板块重点抓好蒙东五矿统筹工作，利用铁路优势，有效释放新增产能，降低生产成本，提高利润水平。铝业板块重点抓好原料采购和销售资源的优化配置，发挥铝业贸易平台和金融平台作用，做好氧化铝集中采购，扩大铝产品统一销售规模，提高期货套期保值成效。继续保持和扩大金融、核电、服务业利润水平。

强化内部管理，抓好火电控亏减亏。全面清理非生产用能，治理关停企业辅业多经关联交易。加强对供电煤耗、厂用电率、油耗、水耗等指标的达设计值考核，提高机组经济运行水平。加强机组检修全过程管理，严格控制检修费用。努力控制燃料采购成本，抓好重点合同兑现，落实铁路运力，保障燃料供应。按边际收益优化电量结构，高度关注节能发电调度，增发效益电量。主要亏损单位要制定控亏减亏目标，落实具体措施，确保取得成效。

进一步加强和改善经营管理，做好增收节支。通过调整管理体制、理顺产权关系、优化利润模式、改革二级分公司本部管理费拨付机制和资本金筹集模式等综合措施，强化净利润管理，提高归属于母公司净利润。稳步推进价值管理体系建设，为全面实施夯实基础。统筹全年投资安排，加强对各单位负债率监控，严格控制资产负债率增长。大力压缩一般性支出，开展公务车问题专项治理，压降差旅费、接待费等费用支出，清理规范各种福利补贴，精简会议，努力降低管理成本。

（三）全力推进管控一体化，深化企业各项改革

管控一体化工作是2011年改革工作的重中之重。管控一体化重点就是调整组织结构和人才结构，适应和满足电源结构调整和产业结构调整的要求。我们必须看到，与其他企业相比，集团公司产业关联度更高，资产关系更复杂，专业板块更多，区域之间、产业之间发展更不平衡，因此推进管控一体化难度也更大，而且没有成型的经验可借鉴。但如果不积极推进管控一体化，集团公司整体管理效率就不能得到有效提高，规模效益、协同效应就不能得到充分发挥，发展的深层次问题就不能得到有效解决，集团公司就不能更强、更优，发展就不能更健康、更持久。必须下定决心，坚决推进。

管控一体化要在总部层面率先取得突破。按照实施方案，2011年7月底前完成总部机构调整和部门职能修订、补充、完善工作。系统层面重点推进并深化集约化、标准化、规范化管理。加快推进“七统一”，着力在人力资源统一管理、财务统一管理、集中招标管理、燃料管理，以及物资装备、金融服务、工程服务和铝业贸易平台建设等方面取得突破。重点完善对分公司收支两条线管理，深化管理对标和指标对标，二级单位对三级单位的管理行为要更加规范有效、更加严格具体、更加深入细致，尤其要强化对三级单位财务和资金的集中管控。管控一体化要在具备条件和急需领域加快实施。核电板块年内将核电资产全部纳入中电核公司，实现核电板块一体化管理。以集团公司为主导、二级单位为主体，完成燃料管理体制机制的完善工作。扩大集中招标采购范围，探索基建大宗物资材料采购管理模式，具备条件的实行集中采购和统一配送。切实发挥铝业贸易平台规模优势，将涉铝二级单位现货、期货业务逐步纳入铝业贸易公司统一运作。组建集团公司人才交流中心，探索和推动海外项目、核电产业、非电产业高端人才和专业人才的市场化引进。要进一步加强对管控一体化工作的领导。在党组统一领导下，由集团公司体改办组织实施，作为各部门、各单位的一把手工程，务必取得实质性进展。

继续深化其他各项改革。积极深化人事制度改革，构建三级人力资源规划体系，加大从基层一线选拔干部力度。努力推进用工制度改革，严格按照定员标准控制用工总量，超定员单位不得使用劳务人员，职工人数必须实现同口径负增长，控制非生产企业职工人数增长。继续完善工资制度改革，健全相关配套制度，选择试点单位试行股权激励制度，积极探索协议工资制度。争取地方政府支持，力争完成遵义公司

与金元集团重组和黄河公司分公司改制。整合铁路、港口等跨区域煤电联营资产，成立物流贸易公司。推进解决蒙东能源、河南公司、九龙电力代管资产问题。推进南方分公司、江西分公司、河北分公司的子公司改制。全面完成四五级公司清理工作。完成辅业改革试点工作，全面启动系统辅业改革。进一步强化依法治企，推进二级单位总法律顾问制度，重要子企业70%建立独立法律工作机构，100%设立总法律顾问或首席法律顾问。

（四）整合集团公司内部资源，做好资本市场融资

由于发展和结构调整对资金的巨额需求，要求我们必须打通境内外资本市场融资通道，充分利用资本市场做好筹融资工作。基本思路是：统筹兼顾做好债务和股权融资，用好用足政策，加大股权融资力度和股权的动态管理，推进区域资产、产业集群或专业板块资产整体上市，为最终实现集团公司整体上市、实现产业发展与资本市场的对接创造条件。要通过资产置换、注资、股权融资等多种资本运作手段，积极筹集发展所需资本金，实现整体资产规模、产能、效能的快速增长和产业链战略布局的优化配置，提高集团所属上市公司在资本市场的地位，提升上市公司市值，扩大集团公司在境内外资本市场影响力。

（五）完善监督保证体系，加强和改进安全管理

认真贯彻落实国务院安全生产电视电话会议精神，抓好安全生产工作。进一步完善安全生产体制机制，促进安全监督保证体系健康、协调运作。对涉及矿山、危险化学品等高危行业的二三级单位，以及从业人员超过300人的三级生产经营单位，全部建立独立的安全生产监督机构。把安全生产过程监督和管理作为重点，全面加强安全风险预控管理，制定集团公司重大隐患目录，跟踪重大隐患监控治理。进一步落实安全生产责任制，制定实施企业主要负责人和领导班子成员现场带班制度以及重大事项领导到场管理规定，切实落实安全生产主体责任。强化对事故、事件的调查、分析和处理，狠抓电力生产典型违章界定与处理办法的执行落实，完善非电产业违章界定及处理制度。扎实开展安全生产标准化工作，继续做好火电、水电安全评价，积极推进其他产业安全评价工作，提高本质安全水平。推进煤矿安全质量标准化管理，所有煤矿达到省级标准化最低以上等级，全面推进井工矿“六大系统”建设。抓住安全生产关键环节，做好隐患排查治理。强化核电安全管理体系和质量保证体系实施，加强现场管理，确保安全和质量。开展铝业供电整流安全专项治理，提高关键设备健康运行水平。强化境外机构和人员安全管理，建立完善安全制度及应急体系，确保境外项目施工安全。

（六）加大科技创新和节能环保力度，加快信息化建设

大力开展科技创新。优化科技投入方式，以项目企业为依托，实现“产研”结合。着手组建新能源技术中心、核电技术中心、煤炭及煤化工技术中心。集中力量开展煤提质、煤气化、微网、太阳能发电等技术攻关。深入推进节能减排。出台集团公司环保管理考核办法，完成2～3台火电机组整体改造，继续对超标机组进行脱硫改造，对部分敏感地区机组进行脱硝改造，实现达标排放。开展火电企业能耗诊断评估试点，抓好新投机组性能试验，提高火电机组性能。积极推进信息化建设。完成中电国际、金元集团ERP系统试点，启动云南国际、山东核电试点工作，同步开展集团公司电子商务系统建设。完成环保设施在线运行监测系统建设。进一步推广统一信息平台，完善信息门户系统。在全集团实施与互联网物理隔离的商密网建设，切实做好信息化形势下的保密工作。

（七）加强企业党的建设，推动创先争优活动深入开展

以开展创先争优活动为重点，推动企业党建工作。坚持把学习贯彻党的十七届五中全会精神贯穿活动始终，紧扣“三步走”第二阶段总体要求和目标任务，牢牢把握创先争优活动的丰富内涵和实践特色。要以加强基层党的组织建设为重点，以“四强”党组织、“四优”共产党员创建活动为抓手，结合纪念建党90周年，创新活动内容、方式和载体，坚持党群共建创先争优，把活动扎实引向深入。进一步加强各级党组织和领导班子建设，不断深化“四好”领导班子创建活动，建立创先争优长效机制。加强思想政治工作，深入推进学习型党组织建设，大力推进精神文明和企业文化建设，进一步加强工会和共青团工作。深入开展反腐倡廉工作，全面推进惩防体系建设。认真落实党风廉政建设责任制，完善反腐倡廉的体制机制，推进反腐倡廉理念、思路、方法和内容创新，努力提高反腐倡廉建设的科学化水平。要深入开展廉洁从业风险防范管理工作，加强对“三重一大”决策制度、廉洁从业有关规定、党组重大决策部署执行情况的监督检查，深入开展工程建设领域突出问题专项治理，深化效能监察工作。扎实开展民主管理，推进二三级单位职代会制度、厂务公开制度、平等协商和集体合同制度建设，落实职工维权机制。做好信访工作，活跃职工文化生活，促进企业更加和谐稳定和充满活力。

中国投资协会地方电力投资专业委员会2011年年会报告（摘要）

一、“十一五”期间电力发展回顾

（一）电力工业再上新台阶，发展成就巨大

发展规模跃居世界前列。五年来，我国发电装机从5.2亿kW增加到9.6亿kW，增长84.6%，居世界第二；水电投产容量和风电投产容量均居世界第一；电网规模总体翻番，跃居世界第一；全社会用电量从2.47万亿kWh增加到4.2万亿kWh，增长了70%。

电源结构不断优化，清洁能源快速发展。水电装机突破2亿kW，从1.17亿kW增加到2.13亿kW，增长82%；风电装机达到4183万kW，连续五年实现翻番；太阳能发电装机增长8倍，达到60万kW；核电装机1082万kW。电源结构明显改善，单机容量30万kW及以上火电机组占全部火电机组容量的比重超过70%，比“十五”末提高了24个百分点；投产百万千瓦级大机组33台，成为世界上拥有超超临界机组最多的国家。

电网优化资源配置能力不断增强。全国电网互联格局基本形成，2010年全国跨区跨省交易电量达到5000亿kWh，比“十五”末提高近90%。

技术装备水平显著提高。超超临界机组、大型空冷、循环流化床、脱硫脱硝等先进技术得到广泛应用。核电技术装备自主化不断实现重大突破，在世界上率先建设第三代核电机组。大坝施工、大型水电机组的设计、制造、安装和运行技术走在了世界前列。

节能减排取得显著成效。“十一五”期间共关停小火电机组7210万kW。新增安装脱硫装置燃煤机组约4.8亿kW，占燃煤机组的比例较2005年提高65个百分点。二氧化硫、氮氧化物、烟尘排放量较“十五”末分别下降50%、20%和45%。

管理水平得到大幅度提升。2010年供电煤耗335g/kWh，比2005年降低39g/kWh；输电线损率6.49%，比2005年降低0.69个百分点。为“十一五”期间单位国内生产总值能耗下降19.1%作出了重要贡献。

在看到显著成绩的同时，也要看到我国能源和电力发展依然面临着一些深层次问题。一是能源输送方式不合理；二是电力结构性矛盾突出；三是统一规划和协调发展机制需要完善；四是合理的电价机制尚未形成；五是企业可持续发展能力不足。特别是受煤炭价格持续上涨等因素影响，电力企业经济效益明显下滑，加之融资渠道和融资能力问题，严重影响了电力企业的可持续发展。

（二）地方电力发展迅速，成效显著

“十一五”时期是我国经济发展最快的时期，也是地方电力发展最为迅速的时期，从总体看，电委会会员单位取得了骄人的业绩。

始终坚持发展不动摇，抢抓机遇，快速发展，电力规模和实力实现新跨越，进一步强化了地方电力的主力军地位。截至2010年底，地方电力投资公司权益装机总容量已达1.69亿kW，控制容量已达1.14亿kW，比“十五”末分别增长了102%、122%；总资产达到15 971亿元，净资产达到6358亿元，比“十五”末分别增长了145%、157%。

坚持结构调整不动摇，产业结构和电源结构都得到进一步优化。五年来，地方电力投资公司始终坚持“能源为主，适度多元，产融结合，协同发展”的发展战略，形成了电力能源主业和其他投资板块协同发展的良好态势。能源产业链涉及煤炭、天然气、发电、输配电、热力供应等；其他板块涉及城市基础设施、房地产、金融证券保险、港口交通、园区建设、建材、药业等领域。这种适度多元化的投资结构，提高了应对经营风险的能力。在2008年金融危机、电煤价格高涨、火电全行业亏损的形势下，会员单位依靠合理的投资结构，依然实现了近200亿元的净利润。五年来，会员单位加大电源结构调整力度，积极发展清洁能源，取得了显著成效，清洁能源比重得到进一步提升。据统计，有16家会员单位参与风电投资建设，有8家会员单位参与核电投资建设，少数单位还参与了太阳能项目建设。

坚持节能减排不动摇，加大清洁能源投资力度，抓住“上大压小”契机，节能减排降耗取得新突破。五年来，会员单位根据国家能源政策要求，认真贯彻落实节能减排措施，一方面继续加大清洁能源投资开发力度，累计投产风电312万kW，天然气发电和水电装机达到2310万kW。另一方面，关停小火电，建设大容量、高参数超超临界火电机组，目前已投产单机100万kW机组7台，占全国百万千瓦机组台数的21%。据中电联数据显示，国投电力公司、上海申能集团、江苏国信集团、北京能源集团和广州发展集团五家会员单位供电煤耗水平处于全国领先。同时，会员单位积极承担地方政府节能减排考核指标，加大脱硫、脱硝改造力度，克服脱硫电价未完全到位和脱硝电价未出台的困难，为节能减排作出了积极贡献。

坚持管理创新不动摇，以对标管理为抓手，形成了一些具有电力行业特色的管理模式，比如“集团

化、专业化、精细化”和“集约化、标准化、信息化”管理等。五年来，会员单位不断提高对企业管理工作的认识，“决策就是效益”、“成本就是效益”、“安全就是效益”、“管理就是效益”等理念不断得到深化。在坚持行业共性的基础上，紧密结合地方电力特点，在项目前期、基本建设、生产经营、安全管理等环节不断探索管理新模式和新手段，取得了显著成绩。申能集团控股的外高桥三发电荣获国家优质工程“金质奖”，甘肃电投集团等五家会员单位的电力项目荣获国家“鲁班奖”。会员单位安全生产保持了长期平稳态势，经济效益保持持续增长，五年累计实现利润1220多亿元。

始终坚持产融结合和区域合作不动摇，形成了地方电力投资公司资本经营和资产经营双轮驱动的发展模式。五年来，会员单位始终坚持走产融结合发展之路，实现了资本运作和资产管理双轮驱动、协同发展的局面。我们的会员单位遍布全国各地，由于各地区经济发展情况不同，资源禀赋条件各异，所以加强合作，发挥资源优势、市场优势、资金优势，互利共赢，逐渐成为会员单位的普遍共识。五年来，会员单位以项目合作为平台，合作开发煤炭资源、电力资源、市场资源，坚持以市场换资源，合作开发了一批项目。2009年，国投委又在部分会员单位中成功发起设立了协力基金，为会员合作打开了新的局面。有些会员单位还积极推进“走出去”战略，在缅甸、越南、印度等国投资开发水电、煤炭和天然气资源。

坚持深化改革不动摇，积极参与国有资产管理体制改革，打造了一批在行业内具有较强实力和影响力的地方能源投资集团。五年来，会员单位积极贯彻国家电力改革和国资管理体制改革部署，成为拥护改革、参与改革的重要力量。以培育“具有较强竞争力的大公司和大企业集团”为目标，通过兼并重组、股权收购、股权置换、相互持股等多种方式，积极实施大集团、大能源战略。截至目前，会员单位中实施集团化改制的达到35家，占会员单位总数的74%。涌现出一批资产实力强、主营业务突出的地方能源集团。目前总资产超过1000亿元的已有4家，超过500亿元的已有12家；权益装机容量超过1000万kW的已有6家，超过500万kW的已有12家；控制装机容量超过200万kW的已有12家。

回顾过去的五年，虽然取得了快速的发展和可喜成绩，但存在问题也不容忽视。具体表现是：地方电力发展后劲总体不足，一次能源资源掌控不足，对电力主业依存度普遍较高；发展方式、经营模式和机制体制不能适应快速发展的需要；能源结构还比较单一，电源结构还有待进一步优化；经营管理水平还有待提高，持续盈利能力还不强；特别是会员单位发展还不平衡。同时，随着国内外形势的变化，特别是资源约束和环境约束强化，竞争愈加激烈，发展环境和发展空间面临更大挑战。

二、“十二五”电力能源发展趋势及特点

（一）宏观经济形势趋稳向好，能源需求继续保持较快增长

“十二五”期间，我国经济社会发展将呈现新的阶段性特征，既面临难得的历史机遇，也面对诸多可以预见和难以预见的风险挑战。从国际上看，世界经济发展仍处于调整和重构的艰难复苏期，全球经济继续复苏，但基础依然不巩固，复苏的动力还不强。从国内来看，价格压力继续加大，消费增速和出口增长有所放缓，结构性矛盾突出，节能环保任务艰巨，突发性事件增多，可能对我国经济会产生比较大的影响。但总的趋势是国民经济继续保持平稳较快发展，年均增速将保持在7%左右。经济增长对能源的需求继续保持在较高水平，能源安全在国民经济和社会发展中显得愈加重要。

（二）能源发展原则坚持节约优先，立足国内，多元发展，保护环境

国家“十二五”规划指出，未来五年能源发展要坚持节约优先、立足国内、多元发展、保护环境的原则，加强国际互利合作，调整优化能源结构，构建安全、稳定、经济、清洁的现代能源产业体系。继续推进能源多元清洁发展，发展安全高效煤矿，推进煤炭资源整合和煤矿企业兼并重组，发展大型煤炭企业集团。有序开展煤制天然气、煤制液体燃料和煤基多联产研发示范。加大石油、天然气资源勘探开发力度，推进煤层气、页岩气等非常规油气资源开发利用。发展清洁高效、大容量燃煤机组，优先发展大中城市、工业园区热电联产机组以及大型坑口燃煤电站和煤矸石等综合利用电站。在做好生态保护和移民安置的前提下积极发展水电，重点推进西南地区大型水电站建设，因地制宜开发中小河流水能资源，科学规划建设抽水蓄能电站。在确保安全的基础上高效发展核电。加强并网配套工程建设，有效发展风电。积极发展太阳能、生物质能、地热能等其他新能源。促进分布式能源系统的推广应用。

（三）能源开发坚持统筹规划、优化布局原则，加大能源输送通道建设

“十二五”期间将进一步优化能源开发布局，统筹规划全国能源开发和建设重点，建设山西、鄂尔多斯盆地、内蒙古东部地区、西南地区和新疆五大国家综合能源基地，重点在东部沿海和中部部分地区发展核电。提高能源就地加工转化水平，减少一次能源大规模长距离输送压力。合理规划建设能源储备设施，

完善石油储备体系，加强天然气和煤炭储备与调峰应急能力建设。

同时进一步加强能源输送通道建设，加快西北、东北、西南和海上进口油气战略通道建设，完善国内油气主干管网。统筹天然气进口管道、液化天然气接收站、跨区域骨干输气网和配气管网建设，初步形成天然气、煤层气、煤制气协调发展的供气格局。适应大规模跨区输电和新能源发电并网的要求，加快现代电网体系建设，进一步扩大西电东送规模，完善区域主干电网，发展特高压等大容量、高效率、远距离先进输电技术，依托信息、控制和储能等先进技术，推进智能电网建设，切实加强城乡电网建设与改造，增强电网优化配置资源能力和供电可靠性。

(四) 电力发展空间很大，但资源环境刚性约束不断加大

“十二五”期间，我国电力需求仍将保持较快增长。目前国家能源局正抓紧制定“十二五”能源发展规划。据专家预测，到2015年末，全国电力装机容量将达到14.4亿kW，预计新开工建设的火电规模为2.6亿～2.7亿kW，水电1.2亿kW，风电7000万kW，太阳能500万kW，年均新增装机9000万kW左右；全社会用电量将达到6万亿kWh，年均增长8.5%左右。当前世界范围内正以发展清洁能源和智能电网为契机，推动新一轮能源变革，能源发展呈现开发规模化、结构多元化、消费电气化、技术智能化的重要特征。因此，“十二五”期间，我国电力行业必将深入贯彻落实科学发展观，加快转变电力发展方式，推动能源生产和利用方式变革。全面优化电源布局和结构，把确保电力安全作为发展的基本前提，以科技创新支撑和引领发展方式转变，实现电力行业发展质量、发展能力和经济效益的全面提升。

“十二五”时期，化石能源资源供应趋紧与全球能源需求增长的矛盾将进一步扩大，廉价一次能源时代已经一去不复返，二次能源供求矛盾虽然缓和，但电力竞争逐渐加剧并进入微利时代，气候变化和环境保护将对我国经济社会发展和能源发展产生重大而深远的影响。

三、“十二五”时期加快地方电力发展需要注意的问题

“十二五”时期是我国经济社会发展可以大有作为的重要战略机遇期，也是地方电力投资公司实现新一轮跨越发展的关键阶段。要按照党中央、国务院总体部署，以科学发展为主题，以加快转变发展方式为主线，以经济效益为中心，认清形势，坚定信心，深刻把握时代发展特征和行业发展规律，更加注重发展战略，更加注重结构调整，更加注重创新管理，更加注重区位优势，更加注重区域合作，实现地方电力投资公司的又好又快发展。

(一) 认真总结发展经验，为实施“十二五”发展规划开好局、起好步

前车之鉴，后事之师。“十一五”时期是地方电力发展最快最好的时期之一，为地方电力今后健康发展打下了良好的基础。会员单位要认真总结发展经验，反思存在的不足，特别是要认真分析在发展过程中解放思想、开拓思路、抢抓机遇方面存在的失误和遗憾。结合这些发展经验和存在问题，为完善和实施企业的“十二五”发展规划提供借鉴。

国家“十二五”规划是指导今后五年我国经济社会发展的纲领性文件，国务院还将出台一系列区域发展规划，有关部门正在编制国家专项规划。具体到各省区，由于基础不同、速度不同、环境不同，情况会有很大的差别。我们在制定和实施本企业“十二五”规划时，必须充分依据宏观经济趋势和能源发展阶段，必须考虑本地区的具体情况。从总体上看，电力发展仍有很大空间，要把握发展机遇，确保前期项目进入政府及行业规划，坚持适应形势，适度超前，及时推进。综合考虑，建议会员单位遵循如下原则：

第一，要坚持短期发展目标和长期发展目标相结合。在确定目标上，要坚持适度超前原则。在指标上要具有一定的弹性，可以考虑约束性指标和指导性指标相结合。约束性指标是发展底线，经过努力是要确保完成的；指导性指标是努力的方向，是通过努力很有可能完成的。

第二，尽量满足主观愿望的发展需要，也要遵循客观发展规律。要坚持开门搞规划，特别是要与行业、所在地区经济社会发展紧密结合起来，要与本企业发展阶段紧密结合起来。今后五年电网发展有两个趋势要引起注意。一是以特高压为骨架的、智能化的大电网系统；另一个是符合地区资源特点的分布式能源系统。电力项目布局要与电网发展规划紧密结合，协调发展。

第三，既要坚持电力能源主业地位，又要兼顾其他板块协同发展。经过多年发展，地方电力投资公司已从单一的电力为主，发展到有限多元的主业格局，这是我们的特点，也是我们的优势。在应对国际金融危机时期，这种互补的业务格局优势更加显现出来。所以，既要考虑电力能源项目，也要发现和培育新的效益增长点。

(二) 转变电力发展方式，继续加大结构调整力度

“十二五”期间，我国电力结构将面临重大调整。总的趋势是仍将以火电为主，但比重会有所下降；水电、新能源等都会有较快的发展，比重会有所增加。核电受日本大地震引发的核电危机影响，发展速度会

有所放缓，这也给我们发展其他电源提供了难得的机会。地方电力投资公司要结合国家能源发展规划，并根据地区经济社会发展规划、电力市场需求、所在地区资源禀赋条件等因素，统筹考虑，妥善安排。第一，稳定优化火电，积极发展热电联产，稳步推进大型煤电基地建设。总体看，“十二五”期间，火电比重将会有所下降，但仍会保持适度发展。要提高大容量、高参数火电机组比例，加大热电联产机组建设和改造，加大煤炭清洁发电技术开发，提高清洁发电机组比例。继续“上大压小”，淘汰落后、低效机组，集中发展超临界和超超临界机组，提高煤炭转换效率，追求规模效益。地方电力投资公司具有很强的区位优势，要将热电联产作为重点进行关注，力争有所突破。同时，以煤电基地建设作为到区外、省外发展战略的突破口，扩大发展空间。第二，大力开发水电。目前我国水电开发程度仅为40%，远低于发达国家70%左右的开发率，仍有2亿kW水力资源可开发。在水电发展上，我们的态度是，有水电资源的地区，特别是西南省区，要做好流域开发规划，挖掘潜力，大力抢占资源，积极主导或参与水电开发。要转变水电开发思路，注重流域总体效益和工程综合效益的发挥。第三，有效发展风电，促进风电规模化发展。预计到2015年，风电装机容量将达到1亿kW以上。国家将在七个省区打造形成8个千万千瓦级风电基地，沿海十一个省市也在加快开发沿海风电资源的步伐。目前，制约风电装机增长的主要因素是配套电网的建设，配合风电基地建设的输电网也将加快建设步伐。第四，积极参与核电建设。认真吸取国外核电危机教训，加大核电安全管理，坚持大比例参股核电建设，优化电源结构。第五，在降低成本、效益可以接受的前提下，稳步开发太阳能发电；积极开发城市垃圾发电以及生物质能发电。第六，根据天然气资源条件，在特大城市和大城市等负荷中心，适度布局和有序开工建设一批燃气热电或调峰机组，改善空气质量；同时积极参与分布式能源开发与建设。

（三）坚持依靠技术升级，继续加大节能减排力度

我国已向国际社会承诺，到2020年我国单位国内生产总值二氧化碳排放比2005年下降40%～45%，非化石能源占一次能源消费的比重达到15%左右。所以“十二五”期间，我国经济将向低碳经济转型，低碳产业和低碳技术备受关注，技术节能将成为主导方式和关键。要注意引进、消化、吸收国内外先进技术，加速新技术、新装备、新材料的推广和应用，以信息化建设为手段，促进能源的有效利用和节能减排目标的实现。会员单位要结合所在地区节能环保总体要求以及本企业发展阶段，依托节能环保产业政策，大力发展合同能源管理等能源服务业，打造节能环保产业平台，力争在新型环保建材、脱硫脱硝、污水处理、噪声治理、海水淡化、中水利用、二氧化碳捕集、余热利用等方面获得一席之地。

（四）实施两个“走出去”战略，不断探索合作模式，共同打造地方电力优秀品牌

“十二五”时期电力行业发展趋势是高效化、清洁化、低碳化、规模化、专业化和市场化，电力发展将进入拼实力、比优势、拼成本、比管理、重效益的全面竞争阶段。在竞争中必将出现优胜劣汰，整合重组，兼并收购。过去几年，会员单位坚持因地制宜，跨区合作，充分发挥区位优势，形成了具有地方电力特色的合作局面，促进了跨省区投资开发建设能源项目的进程。“十二五”期间我们要继续探索会员单位之间多领域、多渠道、多层次的合作模式，推动地方电力形成战略联盟，在竞争中更好地发挥地方电力品牌的群体优势。同时，要把眼界放得更宽，在充分论证、风险可控的基础上，在“十二五”期间主动出击，实施走出国门战略，加大在国外开发电力能源项目的力度，实现新的发展，逐步提升地方电力投资公司在国际上的竞争力和影响力。

（五）全面完成今年各项任务，实现“十二五”发展良好开局

2011年是“十二五”的开局之年，对地方电力投资公司来说，是继续应对挑战保效益，继续抢抓机遇求发展的关键一年。2011年初召开的电委会四届四次常务理事会上，根据2011年形势，确定了2011年工作的指导思想是：认真贯彻落实党的十七大和十七届五中全会以及中央经济工作会议精神，深刻把握时代发展特征和行业发展规律，以科学发展为主题，依托优势，突出特色，完善发展战略，优化调整结构，创新管理方式，创新发展方式，发挥地方区位优势，加强区域合作，坚持联合办会，服务会员单位，不断提高电委会影响力和凝聚力，为开创我国电力能源行业和地区经济社会健康发展新局面而努力奋斗。各会员单位也召开了年度工作会议，认真总结了“十一五”发展经验，全面部署了2011年工作。针对今年总体形势，特别是目前出现的用电紧张状况和煤电矛盾进一步加剧的情况，我们建议会员单位重点抓好以下几项工作：

第一，强化管理，提高效益，全面完成国资委考核指标。坚持以经济效益为中心，加强“集团化、专业化、精细化”管理，利用全面预算管理等手段，强化对各项成本费用指标的控制，通过目标责任书分解经营指标，层层抓好落实，关键在于落实。发电业务要积极争取电量，开拓下游市场，加强对电价改革、双边交易、替代发电、节能调度的研究，积极争取电

价、热价等调整政策，争取各项政策补贴，加强燃料管理和煤耗管理，坚持眼睛向内向外并重，苦练内功，挖掘潜力，不断增收节支，完成全年各项指标。

第二，高度重视安全生产，提升企业本质安全。要始终保持清醒头脑，以贯彻国务院安全工作精神为主线，以“本质安全”为工作核心，扎实做好安全生产基础工作。一是认真总结安全工作的做法和经验，建立安全生产长效机制；二是不断健全常态化基础管理，层层落实安全生产责任；三是针对气候变化，认真完成冬、夏高峰发电机组设备的维护与检修；四是加强安全宣传，积极开展“安全月”、“安康杯”等群众性活动，通过加强宣传、安全培训等方式，提升员工安全意识和素质。

第三，继续应对各种复杂情况的挑战，着力做好结构调整和转变发展方式两篇大文章。要从内部业务结构、电源结构、所在区域结构、产业链和价值链结构、项目储备、核准、建设和运营以及新能源开发、节能减排等各方面，综合考虑结构调整问题。用更新理念，更远眼光，在更大区域范围谋划结构调整方案。大力转变发展方式，在指导思想上，明确转变发展方式就是要坚持在科学发展观指导下求发展，目的是实现健康可持续发展，要在清晰明确的公司发展战略和规划指导下求发展。要有合理的业务结构作支撑，这个业务结构既符合国家产业政策、国家结构调整方向，符合地区经济社会发展，又与本公司发展战略规划相匹配、有利于资源优化配置和公司整体优势的发挥。更加注重走内涵、质量和效益发展之路。核心是追求实实在在的效益，重点是增强盈利能力．不片面追求规模。

第四，继续提升集团化管控能力，着力提高发展质量和经营效益。2011 年尽管外部大环境继续向好，但形势依然复杂，挑战依然严峻，切不可掉以轻心。要继续下大力气加强集团化管理不动摇。在经营工作中，要进一步构筑科学有效的管控平台，提高科学管理水平。要进一步构建和完善与集团发展阶段相适应的母子公司管控体系，注重发挥集团层面的战略规划、投资决策、人力资源配置、资金调配、资本运营平台的核心作用，加强集团化、专业化、精细化管理，向管理要效益，靠管理求发展。要进一步压缩管理层级，实现扁平化管理；采取有效措施，防范各种经营风险，完善应急预案。坚持对标管理，向行业一流企业看齐，要把加强经营管理的措施落到实处，落实到自然人头上，切实提高企业的活力和动力，切实提高企业盈利能力。

第五，继续坚持产融结合，实现资本运作和资产管理双轮驱动，协同发展。要进一步探索实现资本运作的有效实现途径，不断完善资产管理的手段和方法。近一时期，受金融危机冲击和国家产业政策影响，一些企业正在退出水电、煤炭、房地产等领域，会员单位要抓住并购重组的机遇，通过资本运作等手段，实现跨越式发展。

申能（集团）有限公司 2011 年工作报告（摘要）

一、2010 年经营工作总结

（一）2010 年和“十一五”主要目标完成情况

1. 年度主要指标完成情况

2010 年申能公司累计完成全口径发电量 580 亿 kWh，权益发电量 262 亿 kWh，分别完成计划的 127%和 128%，同比增长 26%和 23%。天然气供应量 44.9 亿 m^3，完成计划的 101%，同比增长 35%。公司年末总资产 1047 亿元，归属于母公司所有者权益 510 亿元，营业收入 253 亿元，全年实现净利润 26.57 亿元，归属于母公司净利润 14.97 亿元，同比增长 14.3%。在国资委监管的 44 家企业中，2010 年公司资产总额和利润总额均排在第 6 位。这些成绩的取得，为公司下一步发展奠定了坚实基础。

2. “十一五”规划目标和任务完成情况

截至 2010 年底，公司电力权益装机容量达到 622 万 kW，是 2005 年的 2 倍；天然气供应量是 2005 年的 2.4 倍，城市天然气化任务完成过半。公司总资产、净资产和营业收入分别约为 2005 年的 3、2.5 倍和 2 倍。“十一五”年均利润总额达 28.5 亿元，归属于母公司年均净利润 12.3 亿元，大幅超过年均 7 亿元的规划目标。建成外高桥电厂三期、液化天然气一期、天然气主干管网一期、二期等一批重大能源项目，为全市能源安全保障供应作出了积极贡献。完成“一参一控”，成为东方证券第一大股东和太保集团第二大股东，建立新能源产业基金，接收燃气集团全部股权，久联集团进入申能，有力地增强了主业实力。积极发展新能源和能源服务产业，投资内蒙古中天合创上游资源项目，推进上海石油交易所创新发展等，丰富了公司主业内涵。“十一五”期间系统科技资金投入总量突破 35 亿元，获得各类专利 40 多项。2010 年控股电厂供电煤耗 300g/kWh，比 2005 年下降 19g/kWh。集团战略控股型管理模式基本成型，系统企业基础管理、安全生产、风险控制等水平明显提升。

（二）2010 年主要工作

1. 全力以赴，出色完成保世博各项任务

公司从大局出发，积极履行世博会高级赞助商职责，将“保世博”作为年度的工作重心和首要任务，积极采取措施全力确保世博会电、气安全保障供应。集团定期召开安委会会议，建立了世博专题会议制度和世博安保信息周报制度；加强世博园区和34处重点目标的安全保障，动态排查和及时整改相关隐患460项；完善应急响应机制，针对性开展专项应急演练220余次；党政领导多次赴世博园区各保障点巡查，发现问题、及时解决。作为世博园区主要供能单位，浦东销售、大众燃气按时完成园区燃气配套建设，在浦东、浦西园区分别成立燃气世博保障中心，累计向园区及世博村供气1626万m^3，世博期间每日对园区300多处管线调压设备进行巡检。新能源公司全力确保世博太阳能发电项目正常运行，世博会期间累计发电241万kWh。系统发电企业严格细化落实世博期间的保电措施，做好发电设备消缺维护和应急预案管理，确保机组安全可靠运行。申能物业认真履职，扎实工作，出色完成了世博局行政中心和世博非洲馆的物业管理工作；集团共接待世博园参观团45批·次，525人·次，服务周到，获得好评。

2. 精心组织，圆满完成冬、夏“双高峰”电、气保障供应任务

2010年冬季时间长，超过35℃的高温天夏季有30天，上海电力负荷和天然气日供应量分别达到2621万kW和1907万m^3的新高，面对频发的极端气候现象，公司精心组织，多方联动，千方百计确保电、气安全稳定供应。系统电力企业高质量完成发电机组的检修和维护，保证高峰时刻满发、稳发；积极争取发电量，年度合同利用小时较计划增加约750h；大力推动发电量置换方案优化，统筹开展电能交易和发电权交易。申能燃料公司积极落实江阴中转堆场试行储煤，拓展煤炭采购渠道，增加煤炭运力，保障煤质、煤价稳定和电煤供应不断不乱、“迎峰度夏”期间控股电厂平均存煤量大于10天。系统燃气企业克服西气供应困难等不利局面，积极主动配置气源，落实川气增量，增加四船LNG现货，不断优化主干网多气源安全运行。强化管网运行监控，加强气电联调，强化调度机制建设，做好下游用户用气计划管理，确保了高峰期间全市天然气的安全平稳供应。

3. 多管齐下，安全生产总体平稳受控

公司始终把安全生产放在工作首位，不断完善系统企业安全生产的保障体系、监督体系和应急体系建设。全年系统电力、燃气企业安全生产总体情况良好，未发生有重大社会影响事件以及人身伤亡事故。一是持续强化“三防”建设。系统企业全年累计技防、物防投入超过4000万元，监控、报警、应急调度等先进技术得到全面应用，在世博期间发挥了良好作用。二是认真开展动态、常态化的隐患排查整治，不断提升应急处置能力。全年共排查一般隐患1156项，整改1153项，整改率达99.7%；对53项总体应急预案和259项专案进行了实时修订；安全生产管理信息系统建设有序推进。“11·15”事故发生时，燃气企业第一时间完成火场燃气安全应急处置与抢险工作，实战能力得以检验。三是深化基础管理特别是承发包队伍的安全管理。要求系统企业从严把好承发包队伍的资质、人员、设备审查关，严格落实工程承发包安全管理的有关制度和要求。四是结合专项活动，提高全员安全意识。认真开展“平安世博双百日”、“安全生产年”、“安全月”、“安康杯”、“反三违”等活动，广泛宣传安全生产理念，营造安全生产氛围，确保各项措施落实有成效。

4. 攻坚克难，能源项目建设和产业链拓展取得实质性推进

（1）电力和燃气项目。临港燃气电厂1号机组于2010年12月初顺利并网；公司参股的大漕泾项目和秦山二期扩建工程3号机组正式投运。天然气主干管网二期全线获项目核准批复，上海石化专线建成投运，顺利接收川气东送天然气；石洞口燃气生产和能源储备项目码头扩建工程引桥全线贯通，码头主体结构基本完成。石油天然气公司PH11井钻探获得重要油气发现。

（2）新能源和能源服务项目。世博中国馆和主题馆太阳能电站于2010年初并网发电，临港风电和启东风电二期实现并网发电，长兴风电完成建设。公司首个合同能源管理项目——鑫达大厦锅炉改造项目顺利投运，与瑞金医院、浦东医院等七家医院签订了热电联产项目投资协议，参股虹桥CBD（一期）区域供能项目并组建项目公司。

（3）产业链拓展。上海石油交易所于2010年12月成功推出LNG和LPG现货交易品种。投资成立了上海嘉禾航运有限公司；参股上海液化天然气海运有限公司，第一艘LNG运输船按计划顺利下水。申能能源中心于2010年12月18日竣工，五角场商办楼一期销售累计达到98%，浦江5号地块于2010年11月开工。

（4）规划项目。内蒙古达茂旗风电项目一期获得核准。崇明燃气电厂“路条”批文正在办理，安徽平山煤电项目前期工作加快推进。青草沙风电控详细方案已获得市规土局同意。中天合创项目取得国家环保部批复。崇明天然气主干网项目进行规划选线选址工作；五号沟LNG再扩建项目完成预可研报告。

5. 创新思路，金融投资和资本运作进展顺利

一是申能股份于2010年10月完成增发，募集资金约22亿元，有力支撑了电力能源项目拓展。二是组建上海诚毅投资管理公司，管理团队基本形成，发

展规划编制完成。三是在国资委支持下，创新工作思路，明确证券公司“一参一控”方案，退出国泰君安和申银万国股权，公司对东方证券的持股比例上升到近40%，公司金融股权布局进一步优化。四是集团成功发行20亿元短期融资券，申能股份发行两期共30亿元短期融资券，及时解决资金需求。五是出资15.5亿元完成东方证券次级债认购，参与“上海医药”重组，完成申能财务公司、太保寿险和太保财险增资，配合光大银行完成IPO上市。六是财务公司存款规模稳步增长，2010年存款日均额达到65亿元，同比增长17%，系统内资金归集率明显提高，系统企业降低融资成本约3500万元。

6. 依托创新，科技成果和节能减排成效明显

（1）科技创新。不断完善科技创新和节能减排的体制机制，加大资金投入和政策激励，推动科技成果的转化与应用。2010年系统科技资金投入达到6亿元。《1000MW超超临界机组系统综合优化和节能减排关键技术研究及应用》和《东海平湖油气田薄油层开发技术研究及应用》荣获2010年上海市科技进步一等奖。《世博中国馆、主题馆光伏建筑一体化关键应用技术研究》课题完成并通过了国家科技部验收。上海申能能源科技有限公司组建成立。外高桥三发电和石油天然气公司被评为上海市高新技术企业。

（2）节能减排。控股电厂供电煤耗全年累计300g/kWh，低于计划8g/kWh，同比下降1g/kWh，其中外三供电煤耗279g/kWh。系统发电企业脱硫综合效率均在90%以上，全年减排二氧化硫7万余t。吴二脱硝示范工程开工，项目投运后预计每年减少氮氧化合物排放约3500t。申能股份被中华环保联合会评为首届“低碳经济发展突出贡献奖企业”。公司天然气购销差率5.47%，同比下降0.8个百分点。人工煤气产销差率9.7%，同比下降3.3个百分点。

7. 谋划长远，“十二五”发展目标和任务规划确定

公司“十二五”规划编制历时一年多，在董事会的组织领导下，充分吸取系统23个课题研究成果和申能股份、燃气集团等二级公司的规划成果，通过召开党委中心组学习会、专家报告会、专题会、座谈会，走访上海市国资委、发展改革委和兄弟单位等多种形式，积极开拓思路，广泛征求意见，并主动与市能源规划相衔接，在此基础上形成了公司“十二五”规划。中央十七届五中全会和市委九届十三次全会召开以后，又及时对规划内容进行调整完善，使其更符合宏观总体要求。规划深入分析了公司“十二五”期间面临的发展环境，基本明确了未来五年公司发展的总体战略、主要指标和重大任务，确定了电力产业、燃气产业、金融产业、主业延伸产业的目标、思路和任务，并针对资本运作与国资国企改革、公司管理等重要问题提出了努力方向。整个规划的形成是公司上下集思广益、共同探讨的结果，也是统一思想、凝聚共识的结果。

8. 夯实基础，集团化管理水平稳步提升

作为国资系统第二批董事会试点企业，2010年成立了新一届董事会，增设外部董事，公司法人治理结构进一步完善。加强多部门联合，去年推进了重大项目及工资薪酬等专项审计，开展了土地房产梳理、财务资金管理、小金库清理等工作，有力提升了企业风险管控水平。完善和健全内部管理制度，新颁布资产评估、效能监察、内部审计、金融投资等15项制度办法。完成信息化三年专项规划，成立信息化工作小组。顺利实施非居民燃气价格联动。吴淞制气等企业向销售服务转型取得初步成效，2010年新增转岗职工近70人。扎实开展非主业调整工作，全年关闭和股权转让企业9家。积极推进厂务公开、民主管理和工资集体协商制度，系统5家企业已试行运作。开展“青年文明号与世博同行”、“青年岗位能手”评比，打造能源青年团建品牌，集团团委被授予“上海青工系统先进团组织”。继续协办网球“大师赛”，赞助第14届国际泳联世界锦标赛，展示集团良好形象。

二、2011年经营工作安排

（一）经营工作的总体要求和主要指标

2011年我国经济继续保持平稳较快发展，中央“十二五”规划提出了科学发展的主题和加快转变发展方式的主线，上海强调“创新驱动，转型发展”的总体要求。今后几年上海国企改革力度将进一步加大，总体要求是以调整布局结构为主线，以市场化为目标，进一步突出“改革与创新”，继续做好开放性市场化重组、完善法人治理结构等重点工作，这些为公司进一步发展指明了方向，提供了机遇。

2011年公司发展也面临不少挑战：外部不确定因素增多，资源价格进一步上涨，电力企业保持良好业绩难度较大，天然气平衡供应矛盾突出；安全生产形势仍然十分严峻，实现安全受控目标的任务相当艰巨；人工煤气转型进入实施阶段，职工安置分流任务繁重。面对困难和挑战，更需要我们团结一心，保持清醒头脑，扎实推进工作，2011年才会取得新的成绩。

2011年集团经营工作的总体要求：以十七届五中全会和中央、市经济工作会议等精神为指导，紧扣全市“十二五”创新驱动、转型发展的总体要求，按照公司党代会和“十二五”规划确定的目标任务，把握机遇，应对挑战，以“保安全、促发展、求创新、强管理”为年度工作重点，以改革创新的精神，扎实做好安全生产和电、气保障供应，项目建设，产业链

延伸，科技创新和节能减排等各项工作，不断提升集团化管理水平，继续保持良好经营业绩，为公司“十二五”发展开好局、起好步。

主要生产经营指标安排：

（1）生产指标。全口径发电量620亿kWh；权益发电量282亿kWh。天然气供应量50.5亿m^3，人工煤气供应量11亿m^3，液化气供应量9.1万t。原油产量8万t，天然气产量3亿m^3。

（2）经营指标。2011年末总资产1097亿元，归属于母公司的所有者权益535亿元；全年实现营业收入271亿元，实现净利润22.9亿元，归属于母公司净利润12.5亿元。公司项目投资总额约88.6亿元，权益投资额约61.8亿元。

（3）节能指标。公司综合能耗70.5万t标准煤，控股电厂平均供电标准煤耗303g/kWh。天然气购销差小于5.5%，人工煤气产销差小于10%。

（4）安全指标。不突破市安委会下达的责任分考核指标。

（二）2011年公司经营的重点工作

1. 高度重视安全生产管理，提升企业本质安全

始终保持清醒头脑，以贯彻国务院23号文件和市政府35号文件精神为工作主线，以“本质安全”为工作核心，扎实做好安全生产基础工作。一是全面总结世博会成功做法和经验，建立安全生产长效机制。围绕安全保供、巡检督查、应急处置、安保防范等重点，建立科学安全制度和管理标准；完善各类应急预案，定期开展各种演练；巩固和深化系统横向应急联动机制。二是不断健全常态化基础管理。尽快完成安全生产管理信息系统上线运行；层层落实安全生产责任；进一步健全工程承发包管理；加强重要区域、危险源、危险品等的安全监控、隐患排查与整改；进一步加大对闲置厂房、仓库出租的管理，逐步实现管理的集中化、专业化；强化安全专业队伍建设，充实安全督察管理力量。三是针对气候变化，认真完成冬、夏高峰发电机组设备的维护与检修；加强各类燃气输送设施的巡检、维护。四是加强安全宣传，积极开展“安全月”、“安康杯”等群众性活动，通过信息报道、安全培训等方式，提升员工整体安全保卫意识和素质。

2. 围绕城市安全运行，全力以赴保障本市电、气稳定供应

公司要坚持服务大局，全力做好能源保障工作。针对2011年可能出现的气候异常，以及“夏冬高峰”调峰难度不断加大的形势，科学组织、合理安排好机组检修工作。努力做好发电机组设备维护，优化低负荷情况下的经济运行方式，提高机组稳定性。发挥公司高效节能机组优势，积极争取电量。提早做好燃料统筹协调工作，提高计划煤合同的兑现率，拓宽燃煤采购渠道，加强低价煤掺烧，做好吴二燃煤供应衔接工作。积极发挥集团天然气平衡调度作用，加强用气预测，做好供气预案，落实天然气上游气源和LNG船期安排；认真做好主干管网安全运行和五号沟LNG事故备用站等设备保障工作，完善应急预案和气、电联调，确保全年天然气平衡供应。

3. 大力推进重大项目建设与规划落地，增强企业发展后劲

根据“十二五”发展规划中重大项目的进度安排，集中精力抓好推进落实。加大“走出去”步伐，利用上海援疆契机，积极探索与新疆当地企业在煤炭、电力等能源项目的合作机会。继续大力推进在建项目的投资开发。临港燃气电厂一期1号机组于2011年1月完成168h运行，年内四台机组投入商业运行；石洞口燃气生产和能源储备项目一期工程年内建成投运；天然气主干管网二期工程年内完成全线建设；南通至崇明过江管——崇明岛域管线力争上半年规划落地，早日开工建设；长兴岛岛西LNG卫星站一期工程2011年10月前建成投运。推进规划项目落地，尽最大努力突破重点项目。力争崇明燃气电厂一期工程获得路条，于2011年下半年项目核准并开工建设；争取安徽平山电厂项目获得路条；抓紧开展崇明天然气主干管网工程、吴泾九期燃气电厂等项目前期工作；做好五号沟LNG事故备用站扩建工程二期规划落地；启动开展上海LNG项目扩建工程前期研究。

4. 积极拓展天然气市场，着力推进上海城市燃气天然气化

围绕“十二五”基本实现上海城市燃气天然气化的目标，年内重点工作：一是继续优化多气源供应格局，大力拓展天然气上游资源，做好西气东输二线的接收准备工作；建立科学高效的调度机制，完善“一张网”建设，积极推进长三角管网互通。二是加快拓展天然气市场。全力推进燃煤（油）锅炉的天然气替代；扩大政企合作广度和深度，在新项目开发、功能区建设和产业区调整中争取实施天然气项目；大力拓展郊区新兴市场，全力做好崇明和金山等新城新镇的公用管线配套，扩大LNG现货供应的渠道和范围；转变营销体制机制，进一步加强市场细分和营销队伍建设，建立适合市场发展要求的激励机制。三是科学制订人工煤气关停计划，围绕能源服务领域，探索推进人工煤气发展转型，拓展职工转岗渠道，确保安全有序退出。

5. 聚焦清洁能源和产业链拓展，加快公司发展方式转变

努力争取新能源、能源服务、能源贸易等创新业

务发展取得实质突破。大力拓展新能源和能源服务业：全力推进青草沙、内蒙古达茂旗以及上海市陆上和近海的风电项目建设，做大风电规模；积极推进能源服务项目，开工建设瑞金医院、东方医院等分布式供能项目，完成虹桥商务核心区（一期）供能项目的土建和管道施工。积极拓展能源上游资源：加大平湖油气田挖潜和周边勘探力度，推进 PH11 井开发工作；做好内蒙古中天合创等煤炭项目的投资建设。积极开展能源贸易：推进上海石油交易所 LNG 和 LPG 现货交易品种的试运行，力争实现 LNG 年交易量 20 万 t、LPG 年交易量 10 万 t。做好“退二进三”地块开发和经济适用房项目，成山路、东沟、祁连山等项目年内开工，五角场项目 2011 年 12 月争取竣工。

6. 积极稳妥开展金融投资与资本运作，加大开放性、市场化重组力度

进一步优化金融投资布局，完成好证券公司“参一控一”后续工作。做好东方证券配股，积极推进东方证券上市进程，适度加大对其管控力度。积极寻找金融股权投资机会，为金融产业进一步壮大做好项目储备。稳妥开展金融投资管理业务，在风险可控前提下，探索开展金融资产的动态市值管理，丰富管理方式，实现保值增值。积极推动新能源创投基金发展，加强团队建设、项目开拓和渠道建设，2011 年投资 2～3个项目。在做好前期研究和风险评估前提下，围绕主业开展相关合资合作和收购兼并。探索推进企业开放性、市场化重组工作，开展燃气经营性资产证券化研究。充分发挥财务公司作为系统综合金融服务平台的作用，优化服务手段，提升集团资金归集率和使用效率，大力支持公司重大能源项目建设与运营。根据资金需求情况，适时发行短期融资券。

7. 继续加大科技创新与节能减排，推进科技成果转化利用

把科技创新和节能减排作为能源主业发展的重要支撑，积极构建企业核心竞争力。科技创新方面，进一步加强系统科技创新与节能减排的管理体系与制度建设，完善考核和激励机制。围绕基建、生产和经营管理等环节，加大科技创新力度，开展“上海天然气安全输配关键技术研究和示范”等重点课题研究；做好系统第三批科技创新项目的后续研究、验收工作；积极申请承担国家和市级重大科研课题。节能减排方面，克服本地机组负荷率下降困难，保持供电煤耗、综合厂用电率等指标继续处在优良水平；强化燃气购销差管理，坚持“增量少增差”目标，加强区域计量分析比对、“零度表”排查、在用表专项梳理与评价等，开展各类购销差管理手段和成效的评估工作。外高桥二发电启动机组节能改造，吴二节能改造年内形成初步方案，争取项目实施后机组供电煤耗明显下降。吴二脱硝示范工程上半年完成建设。充分发挥申欣环保优势，积极开拓系统外电厂的脱硫脱硝项目。

8. 完善科学管理体系，构建和谐文明企业

继续完善战略控股型的集团化管理模式，形成战略规划、资源统筹、风险控制、重大投资决策和资本运营为核心的五大战略管控职能。积极配合并切实执行好董事会的决策，形成良好互动。做好公司“十二五”规划宣导工作，并编制好三年行动规划。建设集团资金信息系统和财务预警系统，加强工程承发包、资金管理等专项审计工作，提升风险管控水平。加强成本控制，推进系统企业资源统筹与管理整合。推动系统企业治理结构建设，做好相关企业换届工作。全力争取居民用户燃气调价方案年内早日出台，努力构建适应燃气市场化运营的价格体系，逐步形成燃气产业盈利机制。继续推进非主业调整工作。积极做好人才储备、交流和培养，优化人才结构，探索建立与公司发展相适应的人才激励和干部交流机制。继续坚持和完善厂务公开，落实工资集体协商制度；加强民生保障，切实关心困难职工生活，营造良好和谐的企业氛围。坚持“制度加科技”，推进企业廉政建设。通过开展“号、手、队”创建、青工技能比武等活动，充分发挥团组织凝聚青年的积极作用。

附件：

申能(集团)有限公司 2011 年主要生产经营计划指标

类别	指　　标	2011 年计划
生产指标	全口径发电量(亿 kWh)	620
	权益发电量(亿 kWh)	282
	天然气供应量(亿 m^3)	50.5
	人工煤气供应量(亿 m^3)	11
	液化气供应量(万 t)	9.1
	原油产量(万 t)	8
	天然气产量(亿 m^3)	3
经营指标	总资产(亿元)	1097
	归属于母公司所有者权益(亿元)	535
	营业收入(亿元)	271
	净利润(亿元)	22.9
	归属于母公司的净利润(亿元)	12.5
	项目总投资(亿元)	88.6
	项目权益投资(亿元)	61.8

续表

类别	指标	2011年计划
节能指标	综合能耗(万t标准煤)	70.5
	供电煤耗(g/kWh)	303
	天然气购销差(%)	<5.5
	人工煤气产销差(%)	<10

河南投资集团 2011年工作报告(摘要)

一、2010年主要经营情况

(1)整体效益持续增长。2010年，国家信贷政策紧缩，煤炭等原材料价格大幅上涨，水泥、造纸、金融、VC等行业市场竞争加剧，在这种严峻的形势下，集团上下紧紧抓住生产经营的关键环节，采取各种措施，化解矛盾，解决问题，全年实现营业收入240亿元，上交税金22亿元，在电力企业出现较大政策性亏损的情况下，集团整体经济效益大幅提升，实现利润7.5亿元，超额完成年度利润目标。集团加强资金统一调度，努力降低各类成本，在承担铁路融资利息的情况下，实现盈利。中原证券、中原信托、开封商行等金融企业保持了良好的发展态势，完成利润7.3亿元；高速公路企业收入大幅增长，完成利润1.5亿元；水泥企业克服市场竞争压力，完成利润1.77亿元；安彩高科光伏玻璃项目投产见效，扭亏为盈；拓洋实业内控成本、外拓市场，产量和效益稳步增长。

(2)融资规模不断扩大。为保证项目建设和生产经营资金需要，集团努力开拓融资渠道，利用各种融资方式筹措资金106亿元。铁投公司53.3亿元资本金全部到位，技术产权交易所遗留问题逐步解决，为政府办大事、难事的能力进一步提高。加强与交易商协会的联系沟通，在利率水平较低时，续发短期融资券14亿元，新发中期票据5亿元，节约财务成本3000多万元。密切跟踪信贷政策走势，加强与金融机构沟通，落实建设项目贷款14亿元、流动资金贷款23亿元、信托贷款11亿元、转授信贷款1亿元。强化债权管理，盘活存量，回收债权28亿元；加强集团系统资金管理，网银归集资金增加6.1亿元；研究利用国家优惠争取各类政策性资金9.2亿元，尤其是郑新公司向政府争取困难补贴8300万元；同力股份重组，融资能力增强，取得银行授信28亿元；造纸企业利用资产和存货抵押等自身信用取得银行授信6.2亿元；林长高速、白云二期、安彩高科、春都工业园和大河林业等建设项目贷款已经落实。

(3)项目建设进展顺利。集团建设项目投资总规模达到1200亿元，完成投资440亿元。省政府高度关注的铁路建设项目完成投资380亿元，石武客专项目开始全线铺轨；安彩高科光伏一期建成投产，经济效益较好；黄河水泥二期于2010年11月点火试车，豫龙水泥二期设备于2010年11月点火试车；春都肉类深加工项目、白云纸业二期分别在2010年1月、4月投料试车；林长高速进展顺利。安彩高科镀膜及低辐射玻璃项目开工建设，光伏玻璃二期具备开工条件；内黄森林公园项目开始启动；伊川60万机组拿到国家路条。各控股企业共实施技改项目137个，完成投资1.6亿元，多数项目开始发挥效益。

(4)资产结构和质量不断优化。在完成清产核资，消化不良资产14亿元的基础上，集团资产总规模比成立时增长了20%。金融资产在集团总资产中的比重稳步提高，发展后劲增强。中原证券上升为A类券商，8单投行业务获得证监会批准；中原信托主业更加突出，省外业务加快拓展；开封商行通过了三级行评审，在郑州设立了分支机构，体制机制改革创新初见成效；创投实现了投资项目在深圳中小板上市；担保公司、产业基金组建工作全面展开；新中益、天力、万和机组关停，伊川60万机组项目获批；水泥板块新项目建成投产，重组并购进展顺利，区域市场竞争力增强；安彩高科产业转型初见成效，上市公司盈利能力提升；制约拓洋发展的环保瓶颈基本解决。集团资产质量的提高，为集团下一步发展奠定了基础。

(5)管理水平不断提高。集团继续强化以制度管人、管事的经营理念，结合集团实际，修订制度99项，新制定14项，特别是控股企业考核、招投标管理等一批涉及全局的重点热点制度进一步完善。集团本部完成了“三标体系”认证。风险理念不断加强，风险排查、风险预警、风险化解能力提升，发出5期风险评估报告，三分之二企业排查出风险点。内部审计加强，发现问题得到及时整改。豫能保壳、拓洋环保、首阳山电厂改制，重要原材料采购等复杂问题的处理能力不断提高。完成了主要产业板块集团化管理，水泥板块事业部管理不断完善，电力板块事业部管理初见成效，造纸板块事业部正式起步。有4家控股企业建立了国家或省级技术中心，创新能力提升。对标管理向更高水平看齐，电力企业供电煤耗等技术指标持续改善，达到省内同类型机组先进水平；水泥企业多数生产技术指标达到国内领先水平，其中豫龙窑系统运转率连续两年达到了95%以上；安彩高科光伏玻璃原片良品率保持在70%左右，高出设计水平15个百分点，在同行业保持领先；拓洋实业异VC

钠平均收率达到65%以上，同比提高3个百分点；龙丰纸业年产达到30万t，超过设计产能5万t。

（6）集团凝聚力不断增强。集团各级领导班子充分调动方方面面积极性，集团上下团结协作，扎实工作，化解了经营中的诸多难题。在干事创业的良好氛围当中，基层党组织的战斗堡垒作用、党员的先锋模范作用，共青团的青年突击队作用、工会妇女组织的纽带作用得到充分发挥。广大干部职工顾大局、识大体、议大事、谋发展，企业凝聚力、创造力、战斗力明显增强。集团本部荣获省“五一”劳动奖状，被省委评为创先争优活动优秀单位，集团系统30家企业被评为文明单位，其中省级文明单位14家，共有5名同志荣获省“五一”劳动奖章，8名同志荣获省“三八”红旗手荣誉称号，4名同志荣获省直青年岗位能手称号。

二、2011年重点工作

2011年集团各项工作头绪多、任务重、难度大，我们要不断提高驾驭市场、克服困难的能力，真抓实干，创新思路，围绕经济效益，提升投融资能力，提高管理水平。要突出抓好的几项重点工作：

（一）抓好经济效益，提高盈利能力

确保2011年利润目标的完成，对集团持续快速发展，对集团投融资能力的提升，对广大干部职工的切身利益，都至关重要。完成全年任务目标，各企业要重点做好以下工作：

（1）向提高原材料采购运作水平要效益。随着价格不断上涨，资源原材料对企业成本、效益的影响越来越大，而且随着经济形势的变化、季节的变化，价格波动很大，直接影响企业效益。目前，多数控股企业仍然是按照生产进度采购原材料，还是简单的采购。要改变这种采购理念，在保证正常生产的基础上，根据市场的变化、价格的变化，运作原材料，努力降低采购成本，增加企业的利润空间。比如，集团每年要采购标准煤1000万t左右，利用季节价差搞好储备，如果运作的好，每吨降低10元，就能增加效益1个亿。过去，有些企业通过原材料运作，取得了不错的效益，龙丰纸业2009年抓住金融危机时进口浆价格较低的有利时机，采购4.8万t浆，节约成本1700万元，天益去年准确判断煤炭价格走势，10月底以较低价格从省内外采购9万多t，节约成本520万元。2011年，各企业都要在原材料采购运作上下功夫，向原材料运作要效益。特别是电力企业、浆纸企业要加强集中采购，整合好资源，加大统一运作力度。具备条件的林场要做好麦草和木片的采购加工，为浆纸企业提供质量好、价格低的原料。当然，原材料运作难度很大，也有一定风险，这就要求我们提高对市场的研判，提高决策水平。

（2）向市场开拓要效益。面对激烈的市场竞争，2010年，各企业在市场开拓上下了很大功夫。比如，电力企业售电量同比增长20%，浆纸企业化机浆和纸的销量同比分别增长72%和27%，水泥企业熟料和水泥销量同比分别增长2.27%和9.21%，金融、安彩、拓洋等企业都结合自身实际，采取了有针对性的营销策略，取得了一定成效。2011年，拓展市场仍然是提高效益的关键环节。各企业要加强销售网络建设，优化市场开拓激励机制，建立稳定的客户群，提高市场占有率；要根据市场形势变化，灵活调整营销策略，搞好价格运作。要充分发挥集团化营销的作用，电力板块、水泥板块在这方面已经有了一些好的做法，收到了一定效果，要继续加强，浆纸企业的集团化营销刚刚起步，要加快工作进度，确保2011年5月开始区域试点，条件成熟后全面铺开。金融企业要进一步提高信息化水平，完善网点布局，积极争取各类新业务资格；金融企业之间要加强产品、渠道和客户资源的共享，金融企业和产业企业之间要加大产融结合力度，整合资源，加强协同，实现共赢。许平南要高度关注通行费拆分，加大与相关部门的沟通，确保应分尽分。各林场要解放思想，增加市场意识，加大林地确权力度，利用自身资源，开展木材加工、苗圃花卉、种植养殖等多种经营，增加收入。

（3）向设备管理要效益。这几年，集团各方面在加强设备管理方面成效显著，设备运行水平不断提高，大修周期延长，消耗指标普遍下降，但设备管理上还存在不少问题，提高设备管理水平还有空间可挖。60万kW电力机组减少停机一天，就能增加收入400万元，5000t水泥生产线减少停机一天，就可以增加产值130万元。各企业都要进一步提高设备管理水平，积极推行状态检修，争取长周期安全运行，延长大修周期，特别是产品有市场的企业，要向设备要产量，向设备要质量，向设备要效益。设备管理要高标准，严要求，2011年，电力机组“非停”次数全年不能超过1次，水泥企业回转窑运转率同比要提高1个百分点，安彩高科光伏玻璃的良品率、拓洋实业异VC的收率都要继续提高，高速公路企业要研究延长大修周期的风险保证金办法，最大限度地节约养护费用，提高养护质量。电力检修公司已经成立，设备管理有了好的条件，电力企业和检修公司要协同配合，对设备检修质量齐抓共管，电厂和设备公司要研究怎样把长周期运行搞好，研究如何对检修质量和效果进行双向考核。

（4）向费用控制要效益。集团不断发展，规模不断扩大，经营成本也在不断增加，据统计，集团系统2010年三项费用总计达到32亿元，关键是费用的增

长和效益的增长不同步，费用的增长超过了效益的增长，这里面既有合理的因素，也有不合理的因素。2011年集团本部和各控股企业的经营压力都很大，要加强研究，提高运作水平，挖掘潜力，严格控制各项费用。一是争取减少财务费用。集团系统每年现金流量约1400亿元，网银结算量超过800亿元，每年发放网银贷款45亿元，日均归集控股企业资金8.2亿元，银行借款近200亿元，每年的财务费用超过10亿元，如何把这些资金运作好，对集团的整体效益影响较大。集团要组织力量，根据本部和各企业的资金收支特点，加强融资和资金的统一调度，将资金余额控制在最佳范围内。各控股企业要认真研究信贷形势变化，把握好提款节奏，做好存货、应收账款和预付款的管理。豫能、同力网银系统已经建立并投入运转，要继续完善功能，加大归集力度，与集团的资金平台做好衔接，在资金暂时闲置时，通过运作提高资金收益，节约财务成本。二是努力降低销售费用。目前来看，个别企业的销售费用比较高，怎样在搞好销售的同时降低费用，是各家企业都要认真研究的课题。各企业都要研究探索合理的销售费用，建立科学的销售激励机制，销售提成不仅要和销售收入挂钩，还要和销售利润挂钩。三是加强管理费用控制。个别企业的管理费用不断提高，存在大手大脚的现象。2011年，各企业在保证职工收入的前提下，要厉行节约，把该花的钱花好，不该花的钱坚决不花，严格控制招待、办公、会议等费用，避免铺张浪费。

(5) 向技术创新要效益。2010年，安彩高科自行开发生产压延辊，压延机使用寿命从2～3天延长到120天；拓洋实业优化生产工艺，VC废水排放达到直接排放标准，通过了高新技术企业认定，效果非常好。各企业要进一步加大技术创新力度，建立鼓励技术创新的体制机制，推动节能减排，推行各类小改进、小创新，降低各项消耗，增加企业效益。电力企业要研究运用新材料、新技术提高机组经济运行水平；水泥企业要研究加大工业废弃物合理掺和力度，争取使用生活垃圾减少煤炭消耗；龙丰纸业要研究如何优化生产工艺，提高纸机车速，增加产量；安彩高科要在压延辊的花型上做文章，开发能够增加透光率和有自主知识产权的花型，增强光伏玻璃竞争力；拓洋实业要重点解决D—核糖和VC发酵工艺优化及菌种改良问题，争取有大的突破等。

(6) 向安全、环保要效益。没有安全生产、达不到环保要求，效益就无从谈起。各企业要充分认识安全环保的重要性和紧迫性，时时刻刻绷紧安全、环保这两根弦，落实责任制，实行一票否决。"一把手"要切实承担第一责任，层层抓落实，这两年安全生产搞得不错，没有发生大的安全事故，但是千万不能放松。要搞好安全环保大检查，发现和消除各类隐患，坚决避免重大事故的发生。

效益是集团各项工作的核心，如何提高效益，涉及方方面面，有很多工作需要做，集团各部门、各企业一定要认真研究，找出影响效益的关键环节，千方百计确保完成2011年效益目标。特别是电力企业，连续三年亏损，对集团效益影响很大，豫能对证监会还有利润承诺，一定要想尽一切办法，减亏增盈。要统筹处理好经济效益与社会效益、短期效益与长期效益的关系，努力实现又好又快健康发展。

(二) 抓好项目管理，加快项目建设

集团成立以来，认真贯彻省委、省政府意图，在省内重点领域，谋划、建设了一些符合产业政策、经济效益好的项目，投资总规模达到1400亿元，这些项目有力提升了集团资产质量，增强了发展后劲。特别铁路项目是省政府的重点项目，是关系到全省发展的项目，集团要高度重视，凡是有利于铁路发展的集团都要积极配合好。2011年，有5个项目要竣工投产，有6个项目要开工建设，集团建设任务很重，要确保高质量完成。要进一步完善项目建设责任制。2010年几个新开工项目签了目标责任书，发挥了较好作用，继续按既定目标考核。2011年，新项目开工，要提前研究，认真组织，科学确定质量、进度、造价等关键指标，争取尽快签订。各项目单位要层层落实责任制，把任务、责任分解到各个环节，落实到每个人。即将投产的黄河、豫龙二期、春都工业园、白云二期等项目，要对项目的各个关键环节再进行一次盘点，争取早一天投产见效，要压缩试车周期，早日达产。林长高速、安彩镀膜及低辐射玻璃等项目，要抓好施工现场管理，加强质量、进度、造价等控制，不能留有任何弱项和短板。大河林业项目前期组织不到位，进度滞后，2011年要采取措施补回来，确保年底前具备联动试车条件；伊川电力、瑞丰二期、安彩光伏二期、黄河水泥垃圾焚烧等项目，要加快开工前的准备，落实资金，落实优惠政策，尽快开工建设。内黄森林公园、王屋山、五龙口景区等旅游项目，要从经营角度，进一步设计规划，使之更科学。天地置业要加快转换机制，加快市场化开发，研究土地储备，尽快形成投资的良性循环。要继续选择储备一批具有重大支撑作用的优势项目，积极推进。要加强技改项目的管理。这两年，集团各企业累计投入技改资金3亿元，效果较好。今年的项目，大多数企业经认真论证、研究，已基本确定，要选择时机，抓紧开工，早日见效。要进一步加强项目的协调、监督和检查。各方面要及时跟踪项目进展，帮助企业解决项目建设中的实际问题，搞好服务。对项目管理中的好经验、好做法、好典型要进行宣传推广。要加强工程建设的过程审计，对设计变更、工程结算等关键环节进行监督，实现关口前移。要搞好项目的竣工验收和后评价，按照责任制进行考核，不能走过场，真正做到奖罚分明。通过考核，修改完善责任制。

要进一步提高招标管理水平。集团新的招标管理办法运行了一年，有一定效果。2010 年集团系统各项招标资金额约 65 亿元，通过规范招标节约资金近 7 亿元。做好招标管理，不仅能够节约成本，提高效益，而且对廉政建设也非常重要。2011 年要继续修改完善招标管理办法。要进一步优化评分细则，要尽可能减少人为因素，加快最低价中标办法的研究，尽快实施。要进一步提高招标的透明度，把好投标人的入围、评标、合同签订等关键环节，真正做到公开、公平、公正。要加强招标的监督，目前的监督环节还比较薄弱，业务水平、责任意识、机制运转、各方合作都有差距。集团纪检监察部门要牵头，组织力量，尽快提高素质，理顺机制，使监督管理尽快适应集团招标管理的需要，使招标工作再上一个新台阶，使集团项目建设、原材料采购等方方面面的招标既能降低成本，提高设备、材料、服务质量，又能实现廉政目标。为使招标进一步实现“三公”，最大限度减少人为因素，提高工作效率，集团经过多方调研和反复修改，开发了电子招标平台，已投入使用，从几个项目试用情况看，基本能达到预期目标。集团企划部要牵头把各企业请过来，对招标平台进行修改、完善和培训，让各方面既能理解，又会操作，2011 年要在集团全面推广，下半年所有招标项目原则上都要进平台。

（三）抓好资金平衡，拓宽融资渠道

2011 年集团承担的建设项目比较多，各企业的资金需求也比较大，集团整体资金平衡缺口约 50 亿元，当前融资环境日益趋紧，需要提前做好应对。一是要落实好银行贷款。要进一步加强与银行的合作和沟通，把握好信贷投放节奏，既要保证资金需要，又要减少资金沉淀。融资能力较强的许平南、林长、同力、天益、丰鹤等企业，要积极争取扩大授信规模，充分发挥资金蓄水池作用。有一定融资能力的浆纸、安彩等企业，目前授信规模不足，要积极主动，争取银行支持，减少对集团的依赖。拓洋要加快中原制药厂资产过户，夯实资产基础，提高融资能力。安彩要加大历史债权的回收力度，盘活闲置资产，保证项目资金需要，对资金暂时没有到位，项目又确需开工的，集团要搭好桥。郑新、同力、龙丰等电力企业负债率较高，要千方百计做好银行贷款的续贷，要积极争取政府支持银行发放的电力企业封闭、质押、保理等贷款，确保企业正常资金需要。要发挥集团整体优势，通过集团授信、板块授信等，拧成拳头，形成合力，以强带弱，提高与银行的合作能力。二是要拓宽直接融资的渠道。要继续做好 14 亿元短券续发和 10 亿元中期票据增发。要研究私募债、超短融等新的融资工具，争取扩大发债规模。同力等三家上市公司要加快再融资工作进度，争取实现新的突破。三是要加大债权回收力度。继续采取诉讼、打捆等各种有效措施，加大信达包的回收，化解许平南对开封 3 亿元委托贷款潜在风险，确保全年回收任务完成。集团各个方面要理解收贷的难处，积极主动配合收贷部门，促进债权回收。四是加大项目退出力度。集团已经确定的福赛特、开封碳素等 7 个项目，2011 年要采取措施，争取有新的突破，早日完成退出任务。五是要落实、争取国家政策性资金。要建立责任制，把具体任务分解落实到单位和个人。新中益、天力、万和等机组的关停补偿，2011 年要落实，争取资金尽快到位，机组的处置既要加快，又要尽可能通过政策允许的设备转让等办法增加收入。水泥、造纸、安彩等企业要创造条件，大力争取资源综合利用、节能减排、科技创新等专项补贴资金。林场、景区要加大向各级政府的汇报力度，集团各个方面都要关心支持帮助他们，更多地争取国家的政策资金。郑新、龙丰等供热电厂，要加强与当地政府的汇报，争取热价或补贴，努力减少亏损。还有技术产权交易所的补贴资金等，都要加大争取力度，尽快落实。

（四）抓好重点难点制度研究，提升管理水平

集团的制度体系目前已基本形成，以制度管人、管事的理念不断加强，但是关系集团发展全局的重点难点制度还有待进一步研究完善。比如，考核制度，既涉及到集团发展目标导向，又关系到企业经营业绩的正确评价，还关系到个人业务能力、综合素质的评价和个人薪酬利益，是集团的核心制度，制度设计的好，可以调动方方面面的积极性，反之则可能影响积极性。制度设计很复杂，希望大家积极参与，认真探索，对集团考核制度进一步修改完善，最大限度调动方方面面的积极性。参照国家有关办法，借鉴其他企业经验，2011 年开始采用 EVA 考核办法，对开封商行、创投、北科投等企业进行考核。对其他条件成熟的企业，也要逐步推广。对新加入企业，要按照“一厂一策”要求，尽快完善考核办法。在 2011 年考核中，有几个需要调整的地方，提出来供大家讨论研究。为了进一步落实目标责任，各部门重点工作原则上用“负责完成”表述，不再用“监督、督促、配合”表述。企业和部门共同完成的重点工作，实行双向考核，既考核企业，又考核部门。部门监督作用怎么发挥，要能够考核，监督任务是否完成，要以工作是否完成为目标，不能仅仅满足监督。为进一步体现

企业和部门重点工作完成质量，不再以“提出意见”、“提出方案”为目标来考核，而是以集团最后决策通过来考核。对企业经营指标以外的，但又对企业重要的重点工作，要加大考核力度，比如拓洋的中原制药厂资产过户、开封商行的重组协议落实、万和的安全稳定等，这些工作很难、任务很大，如果不下大力气很难完成，要加大考核权重，加大日常监督督促力度。

（五）抓好风险管理，提高风险化解能力

有效化解风险，是企业稳健经营、健康发展的重要任务，各方面都要高度重视风险管理。一个企业搞经营不可能没风险，有风险是很正常的，关键是能否化解风险，这是经营管理的重要任务。一是做好风险动态管理。各企业要在2010年风险排查的基础上，进一步加大排查力度，把企业的风险点找准，2010年有三分之二的企业排查风险点，有的企业找的准有的则不准，2011年各企业要找准风险点。2011年各部门也要根据自身业务特点，排查出集团本部和分管业务的风险点，重大风险要制订出防范预案，由负责集团风险综合管理的法律部汇总整理，提出集团整体风险防范方案，持续跟踪，根据形势变化及时调整，出现新的风险要加入，形成风险的滚动管理。二是要落实风险管理责任制。各企业、各部门都要明确风险管理的责任领导和责任人，一级抓一级，层层抓落实，集团法律部要加大风险管理的责任追究力度，要组织力量，对企业和部门风险管理工作进行抽查。凡是对风险管理不重视、管理不到位、风险不能及时化解的，要进行通报批评，好的要进行通报表扬，年底纳入考核系统。三是要强化内部审计。以降本增效、防控风险为重点，深入开展内部控制审计，总结推广经验，发现问题及时纠正。

（六）抓人才队伍建设，打造一流经营团队

集团一直高度重视人才的选拔和培养，集团系统聚集了一批优秀的经营管理和专业技术人才，但仍不能满足集团快速发展的需要，特别是集团急需的财务、金融、投资、项目管理等能够独当一面、综合素质较高的高级管理人才，还比较短缺，比如集团要成立担保公司、财务公司、产业基金管理公司，还有新建的重点项目，都需要高级管理人才。集团要加强人才队伍建设，加快人才培养，使员工尽快具备承担重要任务的素质和能力。要下大力气狠抓培训。2010年集团在人才培训方面进行了探索和创新，通过厦大总裁班、专题讲座、岗位技能测试、拓展训练等方式，使培训工作逐步规范化、常态化。要继续探索人才培养的有效途径，集团中层以上及控股企业高管，要邀请专家对急需提高的投资管理、资本运作、企业管理、风险管理等方面进行专题培训，提高驾驭全局的能力。对于集团本部员工，要加大力度组织岗位培训，抓好岗位技能考核、测试。各控股企业要根据自身特点，组织各种形式的培训。各级领导要发挥传、帮、带作用，对员工要多指导、多帮助，使他们尽快增长知识和才干，尽快成长。更重要的是员工的自学能力，个人能力的提高关键在自己本身，为什么有的同志进步快，有的进步慢，关键是对自身素质、业务能力、工作标准的要求不同，希望大家对自己高标准、严要求，努力提高自身素质。有些同志不会学，不知道怎么学，不知道从哪儿学，有的不愿学，有的上班挂在网上，对自己要求标准不高；更关键的是领导同志要求不高，不布置工作，不教不管，放任自流，其实不利于下属成长；所以要会学，更要愿意学，集团很多东西要学，很多问题要研究，自学非常重要。要营造人才发展环境。选拔招聘人才要公开、公平、公正，真正把那些想干事、能干事、踏踏实实干成事的同志选拔到重要岗位。要帮助作出突出贡献的同志、重要岗位的同志及时解决工作生活中的困难，让潜能真正得到发挥。继续加大岗位交流，让大家有机会多岗位锻炼，多方位培养，尽快成为高素质、复合型人才。要进一步研究人才战略布局。要制订集团“十二五”人力资源规划，真正把人才队伍建设提升到战略高度来抓。要根据集团发展需要，不断完善招聘、培养、选拔机制。要储备一批集团需要的专业人才，做到按照需要，随时到位。

（七）抓工作效率，推进重点工作

近年来，集团规模不断扩大，业务不断增多，对工作效率提出了更高的要求。为了适应这种要求，集团采取了很多措施，做了很多工作，工作效率在不断提高，从各方反映来看，还比较满意。但要以更高的标准来要求，还有很多不尽如人意的地方，这里面既有管理程序问题，又有责任心问题，也有工作作风和运作能力问题等。还要继续下大力气抓工作效率，提高管理水平。要进一步优化程序。经过几年的改进，整个工作流程已基本理清，但同志们反映个别地方程序过多，影响了一些重大事情的运转效率。要继续按照“制衡有序，高效运转”的原则去修改完善相关程序。集团要组织力量搞好调研，多听方方面面的意见，能简化的尽量简化。希望大家多研究、多讨论，尽快把建议反映上来。要进一步强化责任意识。从大家的反映来看，有些重大事情办理效率不高，和责任心有直接关系。有的部门和企业对重大事情研究不深、不透，讲工作抓不住重点，拉拉杂杂，领导把关不严，应付差事，既影响工作效率，又耽误大家时间。有的虽然问题研究清楚了，但不是积极沟通衔接，直到解决问题为止，而是一报了之，坐等结果。有的矛盾上交，遇到难事互相推诿，互相扯皮。有的重大事情推一推动一动，不推不动。有的工作推得慢，关键是责任心问题，要有对工作的执着精神，不能老埋怨工作程序。这些现象，都严重影响工作效率，2011年要采取措施，坚决纠正。今后，凡是工作说不清，研究问题浮在表面的，遇到事情矛盾上交的，工作拖拖拉拉的都要进行通报。对重点工作的考核，改变过去仅提出意见就算完成的做法，要注重质量，以集团会议研究通过为标准。要加强通报力度，好的表扬差的批评。要提高重大事情运作能力。卢展工书记来到河南后，一直在讲“重在运作”，运作能力体现了一个企业、一个部门的工作水平，体现了一个人的综合素质。每件事情在同等条件下，进展的快慢，成功与否，很大程度上决定于运作能力、运作水平。集团有些事情，大家反映进度慢，埋怨程序多，实际是运作水平低造成的。事情进展的快慢，不在程序本身，关键是思想能否统一，认识是否一致。只要思想统一，程序是很简单的事情。所以，大家要把统一思想、加强沟通、提前沟通放在重要位置。对外的一些重大事情，更需要运作，煤炭采购需要运作，争取政府的政策需要运作，重大项目的投资需要运作，各个方面都要高度重视运作，特别是重大事情的运作，不断提高运作能力，提高运作水平。要转变工作作风。作风问题也是影响工作效率的关键因素之一，现在有的部门和企业仅仅关注本部门、本企业的利益，考虑集团的利益太少，斤斤计较自己的利益得失；有的工作浮在表面，注重形式，一知半解，工作质量要求不高；有的工作时间上网聊天闲逛，混日子，事业心不强；有的遇到矛盾绕着走，既缺乏解决问题的能力，更缺乏解决问题的勇气；有的不敢开展批评和自我批评，害怕得罪人，等等。这些现象既影响我们的工作效率，又影响我们的工作质量。广大职工要不断提升业务素质，改进工作方法，抓住关键，高标准、严格要求自己，转变工作作风，提高工作效率。要进一步发挥集团通报制度作用，加大事情的落实力度。集团通报制度建立以来，对提高工作效率，促进工作落实，表扬先进，鞭策落后发挥了重要作用。2011年，要进一步加大通报力度，提高通报水平，带动集团整个管理水平的提高。各资产管理部要对所管企业经营管理水平的高低、重点工作的进度、事情运作的快慢等，分门别类的进行点评通报；各个综合部门都要从自己专业角度出发，对各个企业的运营情况进行点评通报，比如：财务部要对各个企业财务管理水平高低、计划部要对资金运作等情况进行点评通报，总经办要对各个部门的通报情况进行点评通报。这个工作很难，不研究不分析不下功夫，很难做好。通过点评通报，分出各个方面的管理优劣、好坏，表扬先进，鞭策落后。要加强信息化建设。要利用现代信息技术，搜集、整理、汇总、分析各方面重要信息，为集团发展服务。要提高控股企业信息透明度，建立畅通的信息沟通渠道，减少信息封闭、信息阻隔，这有技术水平问题也有操作问题。有条件的企业，要根据集团整体规划，有计划、有步骤建设现代化信息系统，提升管理水平，提高工作效率，使集团管理再上一个新台阶。

（八）抓好政治思想和企业文化建设，营造和谐企业

近年来，集团党委、纪委、工会、群团组织在营造积极向上的企业文化，提升集团整体士气，提高职工凝聚力，构建和谐企业方面发挥了重大作用。但构建和谐企业是个长期工作，要常抓不懈。要继续发挥各级党组织的政治核心作用和战斗堡垒作用，发挥老干部作用，坚持正确的思想导向，增强党组织的号召力、向心力和凝聚力。特别是困难企业的党组织，要引导广大职工了解政策，顾全大局，相互理解，相互支持，与企业共渡难关。要紧紧围绕经营管理抓纪检，深入反腐倡廉。要发挥团组织青年突击队的作用，激发广大青年职工爱岗敬业、奋勇争先的热情和干劲。要发挥工会、妇联组织的作用，当好桥梁和纽带，及时了解职工思想动向，积极化解矛盾。要积极开展群众性娱乐活动，丰富职工业余文化生活。要通过各种形式，让广大职工享受到企业改革发展的成果，努力构建和谐企业。

甘肃省电力投资集团公司 2011年工作报告（摘要）

一、2010年工作总结

（一）经营业绩考核指标超额完成，创历史最好水平

（1）实现售电量107.6亿kWh，完成考核目标的143%；

（2）实现营业收入24.3亿元，完成考核目标的122%；

（3）实现利润总额5206万元，完成考核目标的237%；

（4）净资产收益率0.31%，完成考核目标的238%；

（5）完成基建项目投资61.3亿元，完成考核目标的123%。

（二）项目工作取得显著成绩，各产业协调发展

加快项目建设，电力、煤炭、会展及房地产、铁

路等重点项目均完成年初既定的各节点目标，为扩大投资、拉动内需、推动全省经济社会平稳较快发展作出了突出贡献。

（1）电力项目进展良好。全年新投产机组147台，新增发电装机容量40.9万kW；橙子沟等一批在建项目施工进展顺利；白银热电联产等一批前期工作有序推进，国家发展改革委批复同意金昌热电联产项目开展前期工作；积极开展黑山峡河段多级开发的论证，我省提出的多级开发方案，已得到大多数专家的支持，得到国家各部委的重视，形势由被动转为主动。

（2）会展及房地产项目取得重大进展。展览中心提前建成开馆，为十六届兰洽会提供了场馆保障和服务工作，并举办了车博会等一系列重要展会和活动；大剧院兼会议中心实现外围结构全封闭。

（3）煤炭项目有了历史性突破。宁中煤田详查完成，报告已报有关部门审查；省政府授权由集团公司牵头并控股，与靖煤、华能、庆阳市政府合资组建甘肃省能源集团公司的工作进展顺利；控股的首个煤炭项目——山丹马场煤矿（改扩建）开工。

（4）铁路项目扎实推进。认真抓好项目资金筹措，累计支付项目资本金52亿元，推进项目建设，成兰、兰州至中川城际铁路开工，兰渝、兰新、天平、西平等项目建设顺利进行，宝兰客专、兰临、敦格、干武等四个项目前期工作有序展开。

（三）管理更加精细，经营效益进一步提高

加强全面预算管理、日常监管和绩效考核，强化了对安全、资金、成本、效益等目标的管控，进一步提高了集团公司的盈利能力，确保了各项经营目标的完成。全年集团公司控股企业发电量首次突破100亿kWh，达到114亿kWh；成功发行8亿元短期融资券，启动30亿元中期票据发行计划，第一期15亿元有望在一季度发行成功；开展了“借壳”上市和“陇能股份”首发上市的准备工作，增持华龙证券股权比例达到8.55%，入股兰州银行和读者传媒，联合国家开发投资公司等专业机构发起设立国投协力股权投资基金等，积极实践产融结合模式。

2010年7～9月，接受了省审计厅对集团公司总经理的任中审计，对审计发现的问题进行整改落实，全面、真实、准确地反映了集团公司的经营情况和财务状况，得到了相关部门的充分肯定。

（四）党建和员工队伍建设进一步加强，集团公司和谐发展

深入开展创先争优活动，强化舆论带动、机制带动、活动带动、典型带动、督查带动，全面开展集中核查、公开承诺、领导点评、群众评议创先争优“四项”工作；一年来，提拔、任用、交流干部16人，促进了干部选聘工作的民主化、科学化和制度化；报请省总工会、团省委批准同意设立集团公司工会和团委；党员干部带头加班加点，立足边远电站、现场无私奉献，充分发挥了先锋模范作用，保持了队伍的和谐稳定；开工建设文县临江乡沙湾小学等三个援建项目，援建资金达到1400多万元，为玉树地震、舟曲泥石流灾害灾区捐款249万元，向节水节能大赛、残疾人基金会、贫困农村捐助资金和书籍等，体现了国有企业的社会责任；集团公司荣获“甘肃省思想政治工作先进集体”称号，大容、鼎新等公司荣获县（区）级“文明单位”荣誉，河西公司获得“省级精神文明建设先进单位”。

二、“十一五”期间的主要成就

“十一五”是集团公司发展速度最快、发展质量最好的五年，项目建设和经营管理刷新了一个又一个纪录，始终保持了又好又快发展。五年的发展，有力地发挥了国有投资控股公司引导投资方向的独特作用，呈现出五个方面的重大变化：

（1）建立了集团化管控模式。坚持管理抓创新，依法治理和专业化管理企业，建立健全集团化运作机制，形成了“以发展战略为指导，日常运营为主线，财务预算为工具，业绩考核为驱动力”的“四位一体”运营机制和“三个一”（选好一个总经理，确定一个考核目标，用一个好的激励约束机制）的目标责任管控模式，较好地激发了控参股企业的积极性、创造性。

（2）实现了规模化资本扩张。坚持抓项目促发展，五年累计完成投资179亿元，开发项目26个，资产规模连续突破“100、200、300”三个整数关口，提前、超额完成了“十一五”规划目标，创造了“电投速度”。截止到2010年底，集团公司资产总额达到301亿元，比“十五”末增长374%，年均增长75%；净资产达到145亿元，比“十五”末增长407%，年均增长81%；累计实现生产总值90多亿元，比“十五”期间增长350%，年均增长70%；累计实现利税23.4亿元，社会贡献总额达到60多亿元；资产保值增值率持续增长，五年增长了421%，创历史最好水平。“十一五”期间，集团公司扩大融资规模，拉动和引导项目投资1300多亿元，充分体现了政府投资主体在扩大投资、拉动内需、推动全省经济平稳运行中的“引擎”作用。

（3）形成了多元化产业格局。坚持效益优先，在加快发展中优化结构，由单一的电力主业向多元化发展，形成了以电力项目投资及电力资产运营为主导产业，以甘肃会展中心建筑群项目和房地产开发为主的房地产板块，以兰渝、西平等铁路为主的铁路板块，以陇东煤电基地为主的煤炭板块的四大业务板块；经济效益不断提升，利润构成实现了以控股企业为主导

的重大转变，连续6年超额完成了省国资委下达的经营业绩考核指标并被评为业绩A级单位，获得省属企业2007～2009年任期经营业绩考核一等奖；电源投资结构不断优化，水电、风电等清洁能源投资比重明显上升，从2005年的33%上升到2010年的55%；关停永昌7台共29.9万kW小火电机组，节能减排成效突出，为全省经济社会发展作出了突出贡献。

（4）打造了特色化“电投”文化。积极培育“甘肃电投”文化，形成了“为出资人负责、为社会负责、为员工负责”的企业宗旨，“做电投人——热爱电投、情系电投、忠诚电投、奉献电投”的共同价值观，“主动、热情、忠诚、奉献、廉洁、一流”的行为规范等，深入开展“增强责任心”主题教育等活动，培育了一支业务精湛、富有经验的经营管理人才和爱岗敬业、作风过硬的员工队伍；建立了科学的薪酬激励机制，为员工建立了多层次的社会保障体系，建成了一批花园式厂区、生活区，在各项目点建设员工餐厅、活动室、健身中心，做到了在企业效益增长的情况下，员工收入不断增长，文化兴企的成效显著。荣获了全国文明单位、甘肃省思想政治工作先进集体、省属企业先进党组织等一系列重要荣誉，成为“全国劳动模范”所在单位，“甘肃电投”的品牌影响力日益增强。

（5）提升了现代化管理水平。坚持现代化管理方式，经历了精细化起步、标准化夯实、对标管理超越的三个阶段，集团公司形成了精细化、标准化，对标管理同步推进、相互促进的良好局面，有效提升了盈利能力和核心竞争力。

三、“十二五”的战略构想和目标

（一）集团公司“十二五”发展总体思路

以科学发展观统领全局，以效益为中心，立足做精做实做强，坚持“五化”推进（集团化管控、规模化扩张、多元化产业、特色化文化、现代化管理），实施“四轮”驱动（电力项目和非电项目结合，实业投资和资本运营结合），构建“四大产业体系”（能源性产业、资源性产业、基础性产业、金融性产业）又好又快发展的业务模式，打造“国内领先、省内一流”的投资控股集团公司。

（二）集团公司“十二五”的发展重点

（1）能源性产业方面。优先发展水电，规模开发风电，优化发展火电，推行热电联产，适度开发太阳能等新能源。

（2）资源性产业方面。以控股组建甘肃省能源集团公司为契机，抓好省内其他优质矿产资源项目和土地资源。

（3）基础性产业方面。承担好政府安排的兰渝、西平等铁路项目的筹资及建设任务，积极探索实践会展、大剧院的盈利模式，发挥好政府投资主体承担公益性项目的作用。

（4）金融性产业方面。积极推进“陇能股份”上市；坚持阶段性持股，进一步加大优质金融类项目的投资力度，培育、整合和壮大集团公司的金融资产，强化对参股企业股权的管理，探索“资产资本化、资本证券化”的新路子。

（三）“十二五”发展目标

主要指标概括为“111588”，即煤炭年产能1000万t；房地产开发面积达到100万m^2；累计实现工业增加值100亿元，累计实现利税50亿元，电力权益装机容量达到800万kW，资产总额达到800亿元。

四、2011年的主要目标和任务

（一）2011年工作的指导思想

以科学发展观为指导，以效益为中心，立足做精做实做强，加快项目工作步伐，加快上市工作进程，加快产业体系建设，抓好企业管理，抓好结构调整，抓好市场营销，强化党的建设、文化建设和队伍建设，确保完成年度任务目标，确保“十二五”开好局、起好步。

2011年省国资委对集团公司的经营业绩考核目标是：基建投资69亿元，工业总产值26.5亿元，利润总额6000万元，净资产收益率0.25%，劳动生产率23万元/人。

（二）2011年主要工作安排

1. 进一步强化项目工作

（1）抓好电力项目。抓好在建项目的管控，确保河口、吉利水电站及凉州、金塔10MW光伏项目建成投运，新增发电能力7.7万kW；主动出击，继续做好黑山峡河段开发的前期论证和成果汇报沟通工作，择机进行五佛水电站可研审查和小观音水电站的预可研审查，适时开展“三通一平”等前期工作；加大力度做好大河家二级、神树水电站的前期工作，力争开工建设；积极争取西汉水流域李家坝水电站的项目开发权，抓紧黄河玛曲段水电规划的协调沟通；积极推进酒泉风电二期项目前期工作，抓好白银热电联产、常乐电厂、张掖电厂二期、宁县坑口电厂等项目前期工作。

（2）抓好会展建筑群及房地产项目。要加快大剧院兼会议中心的建设步伐，确保6月完工投入使用；市民广场竣工；兰州皇冠假日酒店年内主体封顶，内装饰完成30%，安装完成70%。

（3）抓好煤炭项目。抓紧组建甘肃省能源集团公司，认真做好宁中煤炭资源开发和煤电联营相关工作；抓好山丹煤矿改扩建项目，年底具备试生产条件；继续调研和争取新疆煤炭资源开发项目和省内有色金属矿产资源项目。

（4）抓好铁路项目。加强协调沟通，及早筹措资金，确保兰渝、兰新第二双线、西平、天平等重点铁路建设；推动宝兰客专、敦格、包兰、兰一临一合等铁路项目前期工作，加强和完善项目公司的法人治理结构，探索部省合作建设铁路的新模式。

2. 进一步加强集团化管控

完善集团公司“十二五”发展战略与规划，编制完善各项子战略，指导集团公司发展；强化基础管理，推动安全保障型企业建设，确保全年“零事故”；进一步完善制度建设，梳理关键管理流程和业务流程，加强项目、财务、经营管理的基础工作；建立和完善集团公司的项目库，建立健全项目后评价制度和机制，并开展部分项目的后评价工作；健全和强化激励约束机制，坚持月度检查、季度经营分析会等有效的日常监管措施，加大考核力度，强化考核的导向作用，把全体员工的积极性、主动性和创造性引导到提高效益和增强盈利能力上来；制定集团公司的风险管理工作规范，进一步完善内控管理体系，筑牢风险防范墙，推进集团公司系统企业依法经营，有效规避风险；搭建集团公司数据专网，推动信息资源的有效集成和高效利用。

3. 全面加强市场营销工作

尽最大努力多争取电量计划，确保计划内电量不低于省内平均水平。要继续积极争取大用户直供、外送电量指标，尽可能提高机组利用小时数；力争把核批的电价执行到位，及时疏导矛盾，最大限度维护集团公司利益；强化会展、大剧院、酒店等运营模式的研究，扩大盈利空间；继续做好兰洽会的场馆保障和服务，培育品牌展会，树立良好形象。

4. 有效提升整体盈利能力

构建高效的资金管理体系，完善内部资金市场，加大资金内部调剂力度，控制举债规模，降低资金成本，减少财务费用；进一步强化全面预算管理，大力实施“成本工程”，实施全员成本管理，纵深推进精益生产和精益管理，节能降耗，提高机组发电效益，全面优化企业运营指标；加大对标管理工作的推进力度，采取以点带面的方式，开展部门、班组、岗位的自主创标活动，促进对标管理工作的规范化。

5. 大力开展资本运营

努力做好企业上市的各项工作，今年努力实现借“壳”上市的目标；优化陇能股份公司资产结构，准备在2012～2013年首发上市；丰富资本运作手段和渠道，重点关注和参与优质资源类企业增资扩股、基金设立发起、企业上市、重组改制等股权投资的工作；研究出台对参股企业的管理办法，要梳理现有项目，对不符合产业政策、不符合集团战略、长期亏损、丧失流动性的项目，认真研究退出，规避和化解风险。

6. 积极培养可持续发展需要的人才队伍

强化“外引”，通过向高校招聘毕业生和向社会单位引进成熟人才，满足集团公司发展的需要；强化“内培”，引导员工树立不断学习、终身学习的思想，培育经营管理、专业技术和生产技能“三支”队伍；深化人事、分配、薪酬三项制度改革，坚持德才兼备，选贤任能，多方面吸引人才，多渠道选用人才。

7. 切实推进企业文化建设

提出集团公司企业文化体系建设实施方案；征集提炼集团公司企业文化核心理念体系和企业文化内涵，进一步规范员工行为，形成较为完善的集团公司企业文化体系；认真落实集团公司加强和改进思想政治工作的要求，充分利用“两刊一网一台”，引导和教育广大员工自觉维护企业发展大局，增强各级人员的责任心，提高执行力；密切与主管部门、相关省市、兄弟单位、同行的沟通与交流，为企业发展营造良好的环境。

8. 进一步加强党的建设

坚持“善待职工、严管干部、转变作风”的政治要求，切实加强各级干部作风建设，发挥好带头表率作用；深入开展创先争优活动，在建党90周年之际争创并命名表彰一批“四强五好”党组织、“五好”领导班子、“七好”样板支部、“四优五带头”党员以及“功勋党员”，在集团公司各层面、各方面都树立学习的榜样；广泛组织纪念建党90周年活动，开展好“五个一”活动，即召开一个庆祝总结表彰大会，举办一台文艺汇演，组织一次红色教育活动，举行一次员工运动会，编辑一本员工书画摄影集；以基本组织、基本队伍、基本活动、基本制度、基本保障“五基”建设为重点，不断提高党建工作的规范化水平；制定实施“双培养”工作规划，建立健全教育、管理、服务党员长效机制和党内激励、关怀、帮扶机制；落实党风廉政建设责任制，广泛开展廉洁文化宣传活动，规范领导干部经营管理行为，确保集团公司健康发展；尽快完成集团公司工会、共青团组织的机构设置和人员配备，强化基础工作，充分发挥群团组织作用，凝聚广大员工在推进企业发展中建功立业。

陕西省投资集团（有限）公司 2011年工作报告（摘要）

一、2010年的工作总结

2010年，陕西省投资集团（有限）公司（简称陕投集团）全面超额完成了年初工作会议确定的目标任务，安全生产保持稳定，资产重组取得重要突破，重点项目建设进展顺利，经营管理基础继续夯实，整体经济效益稳步提高，创先争优活动取得显著成效，集团保持了稳步发展的良好态势。

全年累计实现营业收入 143.6 亿元，较 2009 年增长 12.9%；

实现利润总额 13.2 亿元，较 2009 年增长 3%；

全年固定资产投资累计完成 75.7 亿元，较 2009 年增长 22.9%；

顺利完成 15 亿企业债券的发行。

全年安全生产形势保持稳定，未发生重大责任性安全生产事故，陕投集团被省政府评为 2010 年度安全生产先进企业。

截至 2010 年底，陕投集团资产总额 408.7 亿元，资产负债率 67.8%。

省国资委对陕投集团上年度综合绩效评价结果为 A^+—优，其中：财务效益状况处于良好水平，资产经营状况处于良好水平，偿债能力处于良好水平，发展能力状况处于优秀水平。

回顾 2010 年，主要做了以下工作：

（一）编制完成了陕投集团“十二五”发展规划纲要

陕投集团在总结过去二十年改革和发展的经验基础上，从基本建设投资、资产经营和资本运作、产融结合、财务管理、人力资源管理、企业文化建设等六个方面规划了陕投集团“十二五”期间的宏伟发展蓝图，对一些重大愿景规划还展望到了 2020 年。

（二）资源先行战略取得了阶段性成果

资源先行是打通陕投集团“资源资产化、资产资本化、资本证券化”经营路径的首要环节。2010 年，陕投集团上下在资源争取方面做了大量的工作，并取得了实效。

（1）陕投集团拥有的煤矿井田储量达到 34.2 亿 t。

（2）陕投集团获批在西安沣渭新区建设节能环保产业园区。

（3）省天然气公司与中石油西气东输管道（销售）公司签定了 5 亿 m^3 供用气协议。

（4）金泰恒业房地产公司全年土地储备及预储备达 106.27hm^2。

（5）金泰氯碱公司获得了省国土资源厅颁发的岩盐采矿许可证，成为我省第二家拥有岩盐采矿许可证的企业。

（三）资产重组工作取得新的突破

陕投集团积极贯彻省政府与神华集团签署的战略合作框架协议精神，向神华集团转让神木化工、咸阳化工、凉水井煤矿股权工作取得了实质性突破。

陕投集团持股与陕煤集团正式签订了《清水川电厂冯家塔煤矿合并重组框架协议》，煤电一体化实施方案正在积极进行中。

陕投集团与延长石油集团签署了《陕西宾馆投资转让协议》，已收回投资转让款 2.43 亿元。

陕投集团与阿根廷火地岛电力化工公司合作组建了大河发电有限责任公司。

（四）工程项目建设进展顺利

2010 年，陕投集团固定资产投资与 2009 年同比增加了 11.3 亿元，这是在“十一五”期间重大建设项目相继投产、新开工项目不足的形势下，取得的历史最好水平。

（五）西部证券公司上市工作争取到新的机遇

2010 年，陕投集团通过强化投行业务，改善业务结构，为西部证券公司上市工作奠定了坚实的基础。

（六）安全生产形势保持稳定

通过采取有效措施，陕投集团全年安全生产总体形势保持稳定，监管的 17 家企业未发生较大以上各类安全事故和环保事故，未发生责任性 A 级一般事故，陕投集团及控股企业全面完成了年度安全生产控制目标。全集团荣获“陕西省安全生产先进企业”称号。

（七）基础管理水平得到提高

2010 年，陕投集团继续强化管理工作，夯实发展的基础，主要做了以下工作：一是在全系统内开展全面预算管理工作。通过完善制度、形成机制、加强培训、有序开展等环节，使全面预算管理成为确定经营目标的依据，并逐步反映到管理的各个方面。二是加强法律风险控制。全年陕投集团重新修订、审核并正式颁布了 98 项规章制度，编制完成了《基本规章制度手册》，陕投集团对各类经济合同的法律审核把关率达到了 100%。同时，对成立至今的法律和经济遗留问题进行了梳理，加强与司法机关、政府有关部门的沟通，全年共处理各类法律纠纷、遗留问题 9 起，避免或挽回经济损失 1.57 亿元。三是加强基本建设管理。严格按照年初颁布实施的八项基本建设管理制度要求，结合工程建设领域突出问题专项治理活动的开展，进一步规范各项目公司管理行为，理顺基本建设项目的管理程序，强化项目评审制，加大招标过程监督，确保了基本建设项目管理程序的合规。四是加强经营管理。按照省国资委的考核要求，分解细化各类指标，积极落实经营目标责任制，重新修改和完善了《资产经营目标责任制考核管理办法》并颁布实施，进一步规范各控股公司经营行为，加强对控股公司的监督和服务。五是加强内部审计监督工作。集团公司2009年内部审计发现的问题，受到被审计单位的重视，按整改要求完善了制度，规范了管理，并且挽回经济损失500万元，节约工程造价1384万元，内部审计成果得到巩固。六是加强人力资源管理。进一步完善激励约束机制，调整了控股公司负责人薪酬方案，基本实现了与国内同规模、同类型的企业接轨，建立了人力资源专业报表体系，重新完善了机关考核管理办法，组织陕投集团后备干部开展了任前培训，成立了陕投集团工程系列中级技术任职资格评审委员会，全年申请评定职称232人。七是加强档案和信息化建设。陕投集团去年开展了档案目标管理认证，目前机关本部、二郎坝公司、省天然气公司、金泰恒业公司已通过省档案局AAA认证。为进一步提高信息管理水平，陕投集团建立规范信息的采集、审核、发布机制，对门户网站进行了升级改版，并对应用系统进行了功能整合。

（八）党建和精神文明建设取得新的成果

2010年，陕投集团党委认真学习贯彻党的十七届五中全会精神，充分发挥党组织的政治核心和组织保障作用，有力地促进了陕投集团的中心工作。

（1）创先争优活动成效显著。围绕陕投集团中心工作，党委以典型带动的方式，深入开展创先争优活动和学习型党组织建设。各控股公司党组织结合实际，普遍开展了“党员示范岗”、“党员身边无事故”等主题实践活动，特别是在抗洪救灾中，党员干部发挥了模范带头作用。

（2）领导班子建设成绩突出。党委始终把各级领导班子建设放在重要位置，通过加强理论中心组学习、举办领导干部培训班、认真召开廉洁从业专题民主生活会、强化“四好”班子考核等措施，加强领导班子和干部队伍建设。陕投集团领导班子荣获了省委组织部、省国资委授予的全省国有企业“四好”领导班子荣誉称号。

（3）扎实推进反腐倡廉工作。突出“三重一大”制度建设，加强制度执行过程的监督检查。深入开展工程建设领域突出问题和“小金库”专项治理工作，解决了一些存在的问题，规范了工程项目招标工作程序，有效防止了腐败问题的滋生。同时，加大效能监察力度，促进陕投集团重大决策部署的进一步落实，严肃查处违规违纪案件，开展警示教育和提醒、诫勉谈话活动，保持了党风廉政建设和反腐败工作的良好态势。

（4）开展多种形式的劳动竞赛。去年陕投集团各级工会围绕安全生产、节能降耗、项目建设等中心工作，大力开展劳动竞赛，工会和安监部组织的“安康杯”、金泰氯碱公司的职业培训、秦龙公司的经济技术创新都取得了良好的效果。省天然气公司李波被评为全省“五一”巾帼标兵。通过劳动竞赛，充分调动了广大职工的积极性和创造性、推动了企业发展。

（5）深化企业民主管理工作。一年来，陕投集团高度重视工会和职代会制度建设，集团系统工会和职代会建制率达100%，并且以推动厂务公开为抓手，以构建和谐劳动关系为出发点，促进陕投集团民主管理。

（6）积极开展职工喜闻乐见的活动。陕投集团以满足职工精神文化需求为导向，不断丰富职工群众文化体育活动，组织开展了城墙越野赛、登山邀请赛，并与省体育馆签订了友好合作协议，借助外部资源满足职工文体活动的需求。陕投集团组织代表团参加了省十四届运动会并取得了历次参赛的最好成绩，充分展示了集团公司员工良好的精神面貌。陕投集团被评为全国2010年全民健身活动先进单位。

二、2011年工作安排

（一）全面启动陕投集团“十二五”发展规划，分解目标，细化落实

陕投集团“十二五”发展战略规划将为陕投集团的发展掀开新的篇章，认真落实战略发展规划是今后一个时期的中心工作和主要任务。要把发展规划落实好，一是要加强对发展规划的深入学习和思考。要准确把握战略发展规划确定的新理念、新观点、新举措的实质内涵。各单位要把思想认识统一到发展规划上来，增强贯彻落实的自觉性。二是要进一步制订发展规划实施的详细方案，要制定分阶段、分层次的工作目标，做到思想落实、任务落实、项目落实、保障落实。三是坚持“集团主导、点面结合”的原则。集团主导就是要充分发挥陕投集团的战略规划中心的作用，并且由陕投集团建立发展规划实施情况的监测、评估、考核和督促检查的工作机构，形成规划发展的长效机制。“点面结合”就是要选好突破口，以点带面，率先实施共识程度高、条件成熟的规划内容和项目，充分发挥子公司的能动性，形成协调发展的局面。四是要增强落实发展规划的创新意识。各单位、各部门要作积极地倡导者和务实的行动者，开阔视野，要在推进发展规划整体水平的全局性、长远性的工作中勇于承担责任，力求实效。

（二）全力推进西部证券公司上市，积极开展资本运作

西部证券公司上市是其实现跨越式发展的重要机遇，对陕投集团做好做强金融业务板块具有极为重要的意义。经过2010年的努力，西部证券公司的业务结构得到改善，投行业务取得新的进展，2011年要把上市工作作为重中之重，要周密规划，加强与相关机构的协调，集中一切资源为西部证券公司的上市创造条件，实现上市公开发行的突破。

在做好募集资金管理的同时，要继续探索陕投集团中长期债务融资以及其他创新融资方式。

要在全面客观的基础上，分析目前实业板块中的企业在中长期实现上市的可行性和合理途径。清水川电厂要以实施煤电一体化为契机，组建股份有限公司；金泰氯碱、西部信托要结合增资扩股，完成股份制的改造。

（三）加快重点项目建设步伐

在项目建设上，一是要积极为项目创造良好的外部环境，沟通协调好审批、设计、设备供应等各方面关系。二是要加强施工现场的指导和管理，及时解决问题，保证工程进度和工程质量。三是要严把质量关，提高项目移交生产的水平，力争做到即投产即稳定即盈利。四是强化工程造价管理，加大优化设计和考核力度，严格控制建设标准和成本，确保工程不超执行概算。过去有些建设项目超概算严重，给管理和经营造成了很大的困难，教训深刻。我们要加强对建设资金使用的控制，要制定和完善项目建设资金使用管理办法，不能等到工程竣工后再算账，各建设单位也要加强内部管理、稽核工作，把有限的资金用实、用好。

（四）做好做强金融企业，形成产融结合的机制优势

继续推进实业与金融业并举的两轮驱动战略，避免单一产业结构因宏观经济变化或自身经营周期导致的经营低谷，使集团能够发挥不同产业的周期特点，形成协同互补效应与整体经营优势。要继续对金融企业加强管理，支持业务领域拓展，不断提升金融资产板块的盈利能力与核心竞争力。大力推进金融企业积极发挥专业优势，与实业企业在投资并购、资产重组、改制上市、发行债券、财务顾问等方面进行更好地合作。西部证券公司和西部信托公司要认真研究与集团公司实业板块在不同经济周期下产融协同机制的形成问题，积极寻求与实业发展的业务结合点，提高集团公司整体实力和抗风险能力。

（五）进一步夯实安全生产基础，确保安全形势的稳定

安全生产是企业各项工作的基础，也是陕投集团发展和效益的前提。要按照国务院和我省关于加强安全生产的要求，进一步巩固“安全生产管理年”的成果，努力夯实安全生产基础。一是继续深入推进安全生产“标准化、规范化、精细化”管理，加强对高危企业的管理，尤其是对重大危险源的管理，完善防控措施和应急预案，确保不发生群体性伤亡事故和重大设备损坏事故。二是要从加强教育、增强安全意识入手，进一步促进安全生产责任制的落实，要对重点企业进一步提高管理标准，积极开展安全生产评价工作，坚决杜绝各种违章行为。三是要加强在建项目安全环保“三同时”管理，明确各级安全环保职责，规范安全生产程序。四是继续坚持安全生产定期检查和煤炭企业的专项整治活动。要通过检查、排查和消除各类安全隐患和事故苗头，探索煤炭企业安全管理的有效方式，推进煤矿安全设施的完善和提升。五是加大对安全生产的投入，严格实施各项安全生产措施计划，保证安全生产技术改造项目的顺利实施。六是完善安全生产应急管理，包括应急预案的制定、组织体系的建设，安全重点企业要有计划地开展应急演练，提高事故应急管理效能。七是继续加强安全生产的培训和教育，严格执行岗前培训和持证上岗制度。八是不断完善安全管理体系建设，深入研究确保安全生产的长效机制，为保持安全生产的稳定局面提供体制和机制上的保证。

（六）切实加强基础管理工作

(1) 加强内部控制体系建设。在陕投集团做大做强的过程中，系统、有力的内部控制是提高运营效率、保障依法经营和会计信息真实可靠、促进企业实现战略目标的根本要求。为了促进企业建立、实施和评价内部控制，国家财政部等五部委制定了《企业内部控制规范》及内部控制配套指引。2011 年，陕投集团要求已经上市的省天然气公司提前进行试点，积累经验。各子公司要抓紧安排学习、培训，对内部控制的有效性进行测评，切实做好执行前的各项准备工作。

(2) 加强全面预算管理。推行全面预算管理是根据国资委的统一要求，提升集团整体管理和经营水平的重要举措。经过 2010 年的试行，在全面预算管理中暴露出了不少问题，要加强研究解决和改进的方法，进一步完善全面预算管理制度，广泛借鉴成功经验，力求陕投集团全面预算管理取得实效。

(3) 加强财务管理。要以资金管理为中心，合理安排、调配资金，提高资金的使用效率，要加强集团资金的集中管理，逐步建立资金集中结算体系；要进一步提升融资能力，增强集团授信，要做好委贷本息、投资收益的足额收回；要建立起有效的财务监控体系，加强本部及控股公司的财务监督，完善内控制度建设；要进一步改善负债结构，处理好历史遗留的投资关系，有效降低集团公司的财务风险。

(4) 加强经营管理。各单位、各部门要进一步按照“资源资产化、资产资本化、资本证券化”的经营路径，以资本的证券化为目标，不断提高资产的质量，以国内一流企业为追求，开展对标管理，认真落实国资监管的各项要求。特别是实施 EVA（经济增加值）管理后，应认真研究企业运营模式的变化，牢固树立精细化管理理念；要认真分解落实陕投集团与

省国资委签订的年度与任期经营业绩考核目标，指标分解要与各单位的责任制目标和机关的考核结合起来，要将年薪制的兑现和员工收入挂钩，确保目标任务的完成；要在控股公司建立生产消耗指标监控体系，建立量化考核机制；要加强市场营销工作，减少营销环节，降低销售成本；要关注价格走势和政策变化，强化市场意识；要合理安排技术改造，注重节能降耗，提高企业综合效益和社会效益；要积极推行对标管理，按照创建一流的要求，培育行业标杆企业；要建立科学的绩效评价机制，强化激励和约束。通过加强经营管理，提升企业的质量，提高经济效益。

（5）加强依法治企。坚持完善“事前防范、事中控制为主、事后补救为辅”的法律工作制度，法律部门要积极介入陕投集团的各项业务，严把关口；要继续加大法律纠纷案件和遗留经济问题的处置力度；要加强控股公司的法制建设，逐步形成全系统的法律工作网络；要加快法律风险防范机制建设，完善有关制度、工作机制和工作体系的建设；继续做好法制教育宣传培训工作，进一步提高控股公司法律风险防范的能力。

（6）加强审计监督。针对目前控股公司中存在的制度缺失、有章不循、违规决策等问题，今后将加大内部审计力度，重点是在内部控制、全面预算、财务收支、经济责任等方面加强审计工作。同时，要进一步加强监督检查、跟踪整改，促进各单位完善现代企业制度，加强内部监督和风险控制，规范经营行为，提高经营管理水平，促进企业健康发展。陕投集团各全资、控股单位必须按照国家有关法律法规，建立和完善内部审计机构，配备具有专业素质的审计人员，切实发挥内部审计机构作用。凡企业资产规模达到4亿元或销售收入达到1.5亿元的大型企业，必须建立内审机构，未达到该规模的企业必须设立内审专责，履行内部审计职责。

（7）加强人力资源管理。要做好人力资源的合理配置，建立根据经营需要配置人力资源的工作机制；完善陕投集团的薪酬管理模式，加大薪酬管理的指导和督促检查力度，今年要适时调整年度控股公司负责人基本年薪标准，出台绩效年薪兑现办法，实施工资总额预算与绩效考核管理相结合的机制；继续加强社保工作，完善各控股公司企业的年金管理；组织集团系统职称评定工作，开展其他系列职称的组织申报；进一步规范劳动用工的管理和监督，完善劳动合同的签订；加强干部职工的培训，推动陕投集团人力资源工作协调发展。

（七）加强党的建设和精神文明建设，促进陕投集团和谐发展

2011年，陕投集团各级党组织要认真学习贯彻党的十七届五中全会和省委十一届七次全会精神，紧扣发展的总体目标，围绕“十二五”发展规划，着力推进党建工作再上新台阶。

（1）全面深化创先争优活动。要以促进中心工作完成、推动企业发展为出发点，紧密结合生产经营工作开展活动，结合创建四好领导班子，积极开展党员承诺制活动，组织引导广大党员积极承诺、兑现承诺，争做敬业奉献的带头人。要继续推进学习型党组织的建设，开展学习型党支部，学习型党员创建活动，树立先进典型，形成学习先进、崇尚先进、争当先进的风气。

（2）开展纪念建党90周年和庆祝公司成立20周年的活动。要围绕纪念和庆祝的主题，积极策划活动，总结经验，展望未来，激发干部职工爱党、爱国、爱企的热情和为集团公司发展做贡献的积极性。

（3）继续加大党风廉政建设的工作力度。以中纪委十七届六次全会精神为指导，强力推进党风廉政建设和反腐败工作。注重反腐倡廉宣传教育实效，不断推进企业廉洁文化建设。严格执行中央关于落实党风廉政建设责任制的规定，推进集团系统党风廉政责任制的落实。突出预防重点，开展岗位廉政风险点排查工作，制订预案，加强监督，堵塞漏洞，防止违规违纪问题的发生。进一步完善制度，强化制度的学习培训，着力提升反腐倡廉制度的执行力。继续抓好专项治理工作，加大效能监督力度，确保集团公司重大决策部署的全面落实。

（4）大力开展劳动竞赛活动。重点在电力、天然气、化工等生产企业中开展节能降耗，安全生产和经济技术创新等形式多样的劳动竞赛，组织开展系统劳模评比活动。

（5）深入推进企业民主管理。加强工会组织建设，完善职代会制度，深化厂务公开，推行集体合同制度，切实维护职工群众合法权益。

（6）切实关心职工生活。积极创造条件，改善职工工作、生活环境，努力提高职工收入，实现职工收入与企业发展同步。

（7）积极开展群众性文体活动。广泛开展积极向上、文明健康的文体活动，丰富职工的精神文化生活，促进职工身心健康，增强集团公司凝聚力。

广西投资集团有限公司
2011年工作报告（摘要）

2010年，广西投资集团所做的工作，所取得的成绩，可以概括为“创出三个新高”、“取得六大进步”：

（一）“创出三个新高”

营业收入、利税总额和投资总额均创历史新高，增速均超两位数。

2010年完成营业收入221.17亿元，首次突破200亿元大关，同比增长29.53%，完成自治区国资委考核目标175亿元的126.38%；完成利税总额32.72亿元，同比增长17.91%；完成投资总额52.5亿元，同比增长15.64%。

2010年实现利润总额15.16亿元，同比增长10.13%，完成自治区国资委考核目标10亿元的151.57%。

与此同时，集团也较好地完成了各项财务指标。2010年集团资产总额422.69亿元（不含国海证券的客户资金存款），较年初增长0.20%；负债总额281.27亿元，较年初下降3.63%；所有者权益总额141.42亿元，较年初增长8.78%；资产负债率66.54%；总资产报酬率6.71%。

2010年，集团主要产品产量完成情况良好：完成上网电量132亿kWh，计划完成率111%；生产氧化铝180万t，计划完成率100%；生产原铝40万t，计划完成率90%；自产化肥52万t，计划完成率92%；生产焦炭72万t、中泥煤101万t、煤气1.6亿m^3，计划完成率分别为111%、126%、109%；生产水泥176万t，计划完成率78%。

总体而言，2010年集团公司以非常办法、非常措施、非常力度，化压力为动力，化挑战为机遇，化危机为转机，生产经营保持平稳态势，总体效益持续增长，集团公司发展取得了好于预期的成绩，跨上了一个新台阶。

（二）“取得六大进步”

广西投资集团在转方式调结构、生产经营、节能减排、创新工作、集中管控、“走出去”六个方面都取得了重要进步。

1. 转方式调结构成效显著

坚持把调整产业结构作为集团公司加快转变经济发展方式的主攻方向，统筹发展铝业、电力、金融三大主业，注重转变投资发展模式，多方合作，以小投资、轻资产带来了大产出、高效益。

在铝产业方面，广西投资集团抓住经济结构调整和东部产业转移的契机，继续完善铝产业链，与民营资本携手合作共同投资，成为广西铝工业的主力军，为自治区打造千亿元铝产业作出了突出贡献，开拓了一条国有资本引领、带动社会资本实现企业做大做强的发展之路，并且大力探索一种“小投入—大产出、轻资产—高效益”的新的发展方式。

2010年扩建氧化铝项目1个，引进铝材加工项目1个，参股铝用碳素企业1个，规划建设铝产业园区1个。华银铝业公司技改提质项目如期建成投产，氧化铝产能从160万t/年提高到200万t/年，使广西投资集团氧化铝产能提高到占广西总产能的31%。

广西投资集团与广东广亚铝业合作成立的广银铝业公司，是国有资本“小投入”带动民营资本投资，以获取“大产出”的典型案例。第一个合作项目年产10万t铝型材项目已正式投产，使得集团的铝材加工能力从15万t提高到25万t，占广西总产能36%。广西投资集团还入股强强碳素公司，占股34%，既保障了集团铝用碳素资源的供应，也使我们掌握了国内甚至世界领先的碳素技术，占据了科技制高点。这两项与民营企业的合作，不仅使集团公司延长了铝产业链，提升了产业竞争力，更重要的是开拓了一条发挥国企优势引领、带动民营资本投资，聚力扩张、聚智发展的企业做大做强新路子。

牵头组织编制和实施百色市新山生态铝产业示范园区总体规划，以铝加工为切入点，围绕铝产业打造“煤电热铝”循环经济产业链。示范园项目总投资约100亿元，预计每年可实现销售收入200亿元，利税25亿元。集团还积极招商引资，联络广东铝加工企业入园，目前，一期工程对外招商工作全部完成，已有15企业确定入驻。

广西投资集团投资的柳州银海铝业公司30万t宽幅铝板带项目已进行场地平整。此项目建成后，将打破国外对我国高端铝材加工设备的技术垄断，掌握宽幅铝板带热连轧加工技术的自主知识产权。

在电力产业方面，2010年首次成功进入核电领域，拓展了集团能源开发领域。自治区一号工程防城港核电项目获得国家批准于7月30日正式开工，目前两个核岛的基础已经完成，签订设备采购合同近100亿元，整个土建工程已经完成30%以上。在存量火电方面，集团响应国家产业政策，淘汰落后产能，主动关停了4台共65万kW火电机组，利用“上大压小”指标，分别在贵州盘县和柳州鹿寨建设高效、节能、环保的66万kW火电机组和35万kW热电联产机组。积极推动单一发电模式向热电联产模式转变，提高资源利用率，降低能耗水平。来宾电厂机组供热改造已完成，已开始向汇元锰业公司和来宾华胜纸业公司集中供汽；柳电公司利用节能减排双机全停时机进行热电联产改造，目前也已顺利完成，预计不久即可集中向柳钢集团、柳化集团供汽。

在金融产业方面，广西投资集团也取得了较大的进展。集团公司除了控股国海证券，现已成功进入银行、投资基金、产权交易所等新的金融服务领域。2010年集团公司参与发起国投创新基金，该基金投资的常州星宇车灯股份有限公司将在上海证券交易所实现首次公开发行股票。同时，大力推进国海证券上市，推动参股柳州银行和桂林商业银行。目前国海证券上市工作已完成向证监会主办部门补充申报材料，正等待并购重组委员会审议。国海证券去年还完成5亿元次级债发行工作，充实了净资本规模；成功设立2只集合资产管理计划，管理资产净值总计9.11亿元，比2009年末提高37%；其经纪业务在区内市场份额继续稳定在50%以上；全年共完成股票、债券主承销项目11家，实现收入1.92亿元，创历史最好成绩。整体而言，金融已经成为集团公司的主导产业，资产量占总资产的29.42%，与电力、铝业构成“三足鼎立”协调发展的产业格局。

经过调整优化，集团公司的整体产业结构获得了改善，经济效益进一步增长，发展后劲进一步增强。2009年，集团完成利润13.76亿元，其中证券利润占大头，占74.17%，利润来源单一；2010年经过产业结构调整，我集团15.2亿元的利润中，铝业盈利4.6亿元，占30.38%；电力盈利2.46亿元，占16.25%；金融业盈利6.74亿元，占44.46%。集团公司形成了三大主业“齐头并进”的良好发展局面。

2. 生产经营业绩来之不易

2010年，广西投资集团的生产经营面临着诸多考验：市场波动大，形势变化莫测，前有旱灾涝灾，后有节能减排，然而集团各企业在复杂的市场环境下，克服了困难，经受了考验，全年生产经营保持了良好发展态势，实现了营业收入和利润总额超额完成目标任务的经营佳绩。

火电企业通过强化应急措施，加强设备维护改造和生产管理，确保电力生产正常，取得了良好的生产经营业绩。黔桂公司、来宾电厂、柳电公司、银海发电公司全年发电利用小时分别同比递增13.37%、35.24%、24.48%、32.6%。其中黔桂公司在关停两台20万kW机组的情况下，营业收入基本保持不下降，全年完成31.4亿元。这得益于他们抢先发展了循环经济，开拓了煤化工、水泥等相关产业，保证了发展速度不受影响。来宾电厂在进行热电联产改造后，扭转了连续五年亏损的局面，实现了盈利，其中单是供热收入就达1000多万元。柳电公司虽然年末受节能减排政策影响双机全停，但他们年初预判形势，抓住丰水期调峰停机的机会，合理安排检修计划，保证了枯水期机组出力，有效提高了机组利用小时，打了一个漂亮的扭亏增盈翻身仗，全年实现盈利3858万元。银海发电公司以实施节能技改项目为突破口，以优化运行方式为抓手，充分发挥运行人员的积极性、主动性，实现盈利45万元。

桥巩水电站克服特大干旱对水情的影响，通过发电机组运行方式调整最大限度优化水库调度，着力提高水能利用效率，提前37天完成全年发电计划，生产经营业绩超预期。

银海实业公司预判市场形势，抢在价格上涨前，签订了10万t低价阳极碳块买断合同，实际买断执行均价3465元/t，远低于购买时的市场均价，仅此一项就为生产企业节约成本5000万元（含税）。

华银铝业公司通过持续优化生产组织，内部挖潜，消除关键设备隐患等措施，全年实现利润总额7.06亿元，大幅实现扭亏增盈。

来宾银海铝业做好防洪预案，及时修造防洪排涝工程，确保在雨季前正常投入使用。2010年夏天，来宾市遭遇54年来最大一场降雨，降雨量达430毫米。防洪排涝工程在暴雨来临时发挥了重大作用，保证了企业正常生产，防止了重大灾害的发生。

鹿寨化肥公司根据铁矿价格大幅上涨的趋势，将硫铁矿渣从副产品提升到主产品的位置进行生产，并且调整操作工艺，将硫铁矿渣的含铁量提高至60%以上，从而使硫酸生产的投入产出比发生了根本的改变，全年产生效益超过3000万元。鹿化公司2010年成功实现经营利润537万元。

3. 节能减排任务全面完成

2010年，广西投资集团切身感受到节能减排政策强制执行的巨大压力。国家为完成“十一五”节能减排目标，出台的各种政策和要求可以用“史无前例”来形容。这次为完成节能减排任务，广西投资集团不得不对电解铝和火电企业实行限产50%以上的临时措施，造成集团原铝产量减少6.7万多吨，产值减少10.8亿元以上，而且电解槽等生产设备损坏不得不提前大修，原材料消耗大幅增加，并产生巨额重复启动费用，直接经济损失3亿多元；集团火电企业因限产减少了上网电量合计约10.3亿kWh，造成营业收入损失约4.17亿元。

虽然节能减排政策给广西投资集团带来了巨大损失，但我们认识到这是承担社会责任，实现经济又好又快发展的正确道路。集团认真按照要求，加强领导，健全机构，采取非常措施、非常力度，全面完成了节能减排任务。

广西投资集团成立了安全环保管理部（节能减排办公室），强化集团公司节能减排和安全环保管理工作。按照自治区节能减排工作要求，电解铝企业限产达到53%，其中百色银海铝停槽183台，来宾银海铝停槽140台，由此我们减少标准煤消耗12.5万t。火电机组限制出力到50%，也减少了标准煤消耗27万t。同时我们不惜成本代价，采购低硫煤30万t，减少电厂生产过程二氧化硫排放1.2万t。据不完全统计，2010年，集团直属企业累计完成节能量

45 万 t标准煤；累计排放二氧化硫 3.42 万 t，控制在限额内；其他污染物也都能达标排放，使广西投资集团在全面完成“十一五”节能减排目标任务的攻坚战中取得了决定性胜利。

4. 创新工作成果丰硕

为推动集团转方式、调结构，也为了集团的长远发展，我们加大了创新工作的力度。2010 年 5 月，提出并实施了以“创新、创效、创优”为主题的“创新年”活动，下发了创新活动方案，出台了创新管理办法、科技进步管理办法，对促进集团创新工作顺利开展提供了制度保证。

2010 年，集团各企业开展创新工作成绩斐然。百色银海铝与东北大学共同研究完成的“新型阴极结构铝电解槽高效节能技术项目”获得中国有色金属工业协会颁发的 2010 年度中国有色金属工业科学技术一等奖，该技术达到国际先进水平，可使每吨铝生产电耗降低 800kWh，生产成本下降 400 元左右。集团参股的强强碳素公司自主研发了“新型节能铝电解用阴极石墨化阻流块”技术，从目前的试验效果看，每吨铝生产可节电 1000kWh 左右、电流效率达到 94%以上。这两项技术已应用到集团电解铝企业因节能减排而停产的 323 台电解槽上，按这些停产电解槽恢复 22 万 t/a 产能计算，每年将可节约生产成本约 1.2 亿元。

此外，强强碳素公司自主研发的另一项新技术——“新型铝电解开槽碳阳极”技术，也有很好的节能效果。从目前试用情况看，所用阳极碳块每块比原来减少 10～20kg，经测算，单台电解槽每天能节约阳极碳块约 29kg，全面推广使用后，每年能节约碳块 7000 多 t，节约生产成本 3000 多万元。这些先进技术的成功应用，取得了良好的节能降耗效果和显著的经济效益。

2010 年，桥巩水电站与专业研究机构合作的两项科研项目，一项荣获广西科学技术进步奖三等奖，一项荣获国家实用新型专利。维科特公司荣获两项国家发明专利，确保了 20 年技术独占权。

集团与百色市、东北大学合作建立的“广西铝加工工程技术研究中心”获自治区科技厅正式认定，这是广西第一家自治区级铝工业技术研究中心。强强碳素还拥有“铝研发中心”、“广西碳素技术研发中心”两个研究中心。这些技术研发中心将进一步提升集团在铝工业方面的技术实力，促进人才培养、技术创新和成果转化，推进广西铝工业的发展。

5. 集中管控效益凸显

2010 年广西投资集团加强集中管控力度，发挥集团统一资源管理的优势，在提高集团总部管控水平、降低采购成本、提高专业化管理效率等方面取得了进展。

依据“大战略、大资产、大财务、大人事、大风险监控”的管理原则，集团加大管控力度，共制定、修订了 70 多项管理规章制度。各部门不断改进工作，深入基层服务企业，提升管理水平和办事效率，取得了很好的管理成效。

战略投资部在战略管理、投资管理等方面做了大量工作，组织编制了集团“十二五”发展战略及规划，为集团未来发展提供了指导依据，并大力推进了一批重大项目的前期工作；经营管理部积极抓好企业生产经营管理工作，及时到企业调研，帮助企业解困，分析研究数据，为集团加强企业管理提供了决策支持；资产管理部扎实开展资产并购、资本运作和管理外派人员、派出董监事等各项工作，推动集团兼并重组工作的顺利完成；财务管理部加强预算管理，发挥资金集中中心作用，提高预算编制效率和资金使用效率；人力资源部在发挥大人事管理方面凸显人才集中调配、畅通人才发展渠道的作用；法律事务部继续维护企业的合法权益和服务集团发展大局，有效防范法律风险；审计监察部发挥内部审计的评价和控制职能，注重服务与监督，促进企业依法经营和规范运作；安全环保部对集团全面完成节能减排任务和保持安全生产局面起了重要作用；办公室在做好协调沟通、服务保障、业务督查的同时，在推动集团企业文化和信息化建设方面也作出了重要贡献。

集团通过集中采购、整合资源，有效降低了采购和运营成本，提高了专业化经营水平。火电厂燃煤全部集中采购后，效益开始显现。开燃公司在 2010 年九、十月间超前抢购了 69 万 t 低价煤，如以 12 月中旬三家电厂的市场最高价格点计算，共计为电厂节约成本 1.07 亿元。开燃公司还为银海发电公司供应本地煤近 66.7 万 t，由于供应量大，有 6 个月符合退税条件，银海发电公司获得了近 650 万元的税款返还，也是其投产以来获得退税最多的一年。方元电力检修公司成立后，发挥人员搭配灵活、器材调配方便的优势，连续作战，奋勇拼搏，提高了检修人力资源利用率，缩短了检修时间，为电厂抢发电打下了良好基础。检修公司自身也迅速成长，获得了当年成立当年盈利的好成绩。建设实业公司虽成立不久，其负责建造的防城港核电生活基地、防城港西湾环海大道、来宾职工生活基地等项目都已经破土动工，另有多项基建项目也已开展前期工作。

6. “走出去”战略加快推进

广西投资集团成立了东盟业务部，负责开拓东盟国家的市场和资源。在组织上我们有了新的建制，在成绩上我们也取得了新的进展。我们为了利用东盟国家和国内北方煤炭资源，解决长期困扰集团电、铝行业资源短缺问题，在北海铁山港区建设北海能源基地，打造新型沿海工业项目。这是贯彻落实自治区意图，保障集团乃至广西能源安全的重大举措。北海能源基地项目将配套建设4个10万t码头、2000万t/a的配煤中心、热电联产、煤炭深加工及铝产业等项目。

在第七届中国—东盟博览会上，集团与印尼达尼多煤炭集团签署了《煤炭合作框架协议》，双方同意自2011年起以50万t煤炭贸易量起步，每年逐步提高，为北海能源基地提供了资源保证，标志着集团公司掌握煤炭资源的努力取得了成效。集团还与越南安南集团达成初步协议，合作开发越南铝土矿资源。

2010年广西投资集团在关心职工、丰富职工生活方面也做了不少工作，工会在其中发挥了重要的作用。目前来宾职工生活基地已经开工建设，为来宾片集团职工安居乐业提供了有利条件。集团主办、柳电公司承办的羽毛球、气排球赛和桥巩水电站举办的"桥电杯"足球、气排球邀请赛胜利举行，凝聚了职工，提振了士气。集团还成立了总部职工食堂，解决在邕企业职工就餐难问题。

广西投资集团积极主动承担社会责任，共捐赠抗旱救灾款物192万元，为灾区减灾重建作出了贡献。集团连续七届成为东盟博览会战略合作伙伴，累计支持资金2300万元。

2010年集团公司再次入选广西企业100强；入选中国企业500强，排名343名，比上一年上升60位；荣获广西十佳企业、广西西部开发先进集体、全区"安全生产月"活动先进单位等称号。

广州发展集团2011年工作报告（摘要）

2010年是"亚运年"，又是从"十一五"迈向"十二五"承前启后的关键一年。这一年，发展集团全体干部员工上下一心，以"在发展中促转变，在转变中谋发展"为主线，坚持调整结构，转变发展方式，全面落实各项经营管理工作，全力推进新一轮创业和发展。经过努力，不仅成功完成亚运期间电力、煤炭和燃气的安全供应及"涉亚"保障任务，而且实现生产经营平稳增长，主要经营指标超额完成预算目标，经营业绩创历史最好水平，为"十二五"和今后发展打下了良好基础。

一、2010年经营工作回顾

（一）积极打造综合能源产业体系，经营效益创新高

2010年，发展集团围绕建设面向珠三角大型综合能源供应商的战略定位，拓展以电力、煤炭和天然气为核心的综合能源业务，其他业务也保持良好经营势头。发展集团全年实现主营收入113亿元，同比增长11.7%；净利润6.5亿元，同比增长8.2%。主营收入和净利润指标均创历史新高。同时，资产负债结构得到进一步优化，实现国有资产保值增值率107%，资产负债率进一步下降至46.7%。核心业务结构进一步完善，煤炭及油气业务收入比重上升，由上年的25%和16%上升为30%和19%。盈利结构也发生显著变化，煤炭及油气业务利润贡献增加，主营业务利润比重由上年的8%和20%上升为11%和31%。

1. 电力业务克服诸多困难，总体电量完成预算指标

2010年，受经济增长影响，用电需求增加，全国社会用电增长14.56%，广东省和广州市用电需求大幅增长，全社会用电量全省和全市分别同比约上升14%和11%。尽管如此，但发展集团电力业务仍面临较大挑战——各燃煤电厂全面实施脱硫脱硝改造和环境综合整治工程，导致机组启停次数和停运时间增加、厂用电率上升，下半年亚运安保限电力度也超过年初预期。面对困难，发展集团和各电厂积极应对，主动加强与电力相关部门沟通，做好电量预测和电量分解，优化运行方式，"度电必争"。集团各电厂去年累计实现上网电量115.3亿kWh，完成年度预算的101.1%。

2. 煤炭业务持续扩大，煤炭一体化产业优势凸现

2010年，面对珠三角产业转移、亚运环保等因素导致需求萎缩的不利市场环境，珠江燃料公司坚持以市场为导向，采取"采购前移、合理库存、快速周转、开拓大客户"等积极、灵活的经营策略，准确预判市场波动行情，加强货源组织和调度，努力提高主渠道兑现率，有效保证集团电厂电煤供应。煤炭经营规模进一步扩大，突破千万t，达到1018万t，同比增长9.7%。其中，市场煤达到564万t，同比增长15.2%。珠江燃料公司在珠三角的市场占有率达到20.38%，继续保持领先者地位。珠江燃料公司的定价已在珠三角市场形成煤价新标杆，"到珠电买煤放心"的品牌效应进一步彰显。

在历经1年8个月的建造周期后，"广州发展1号"和"广州发展5号"散货船分别于2010年2月2日和2010年1月31日顺利交船并投入运营，"广州发展2号"和"广州发展3号"也先后于5月和9月投入运营，标志着发展集团在打造煤炭资源、运输、中转、销售一体化产业链方面取得历史性突破。

3. 天然气业务全面快速发展，效益显著提高

燃气集团经过整体改制与大规模的资产整合，激

发新的发展动力。2010 年，燃气集团大力推进燃气管网建设，拓展燃气市场，优化供用气结构，提升服务标准，全年实现管道天然气销量 5.6 亿 m^3，同比增长 52%。工商业用户售气比重由 2009 年的 32%提高到报告期的 36%。市场开发取得重大发展，新签约非居民户气量达 35.2 万 m^3/天，同比增长 2.6 倍，其中，工业和商业新签约气量同比分别增长 4 倍和 3.6 倍，用户结构优化使燃气集团的经营效益显著提升，继 2009 年成功实现扭亏为盈后，2010 年实现净利润翻番，超过 1 亿元。

（二）积极推进综合能源项目建设，加快产业升级步伐

2010 年，一批重点项目取得进展，为发展集团中长期发展打下了基础。

（1）电力业务方面。恒益电厂精心组织项目建设，目前集控楼已交安，主厂房、煤仓间、烟囱已到顶，1 号厂用电受电已完成。中电荔新全面开展主厂房、汽机基础、冷却塔区域桩基等施工。都匀电厂 1、2 号汽轮机底板浇筑完成，锅炉钢架开始吊装，烟囱已浇筑至 165m。汕尾电厂 3、4 号机组项目建设有序推进，3 号机组已于 10 月 29 日首次并网成功。珠江百万机组项目已列入《实施〈珠江三角洲地区改革发展规划纲要（2008～2020）〉实现“四年大发展”工作方案》，并已完成初设预审查收口、详勘等前期工作。阳春热电项目列入阳江市“十二五”发展规划。西村热电冷三联供综合能源站项目获得省发展改革委“路条”，正加紧项目可研、环评和用地规划等申请核准的前期工作。珠江 LNG 二期、南沙能源站等一批能源站项目正在规划和筹备中。

（2）煤炭业务方面。东周窑煤矿项目合资公司已注册成立，项目建设按计划推进，全年累计进尺 7924m，工程累计进尺 13 060m，计划在今年 6 月投入试生产。珠江电厂 7 万 t 煤码头扩建项目已上报国家发展改革委申请核准。发展 4 号及中发公司“富恒山”轮建造工作按计划推进，计划于 2011 年初交船。

（3）天然气和油品业务方面。天然气高压一期工程金市路阀室—东门站段正在开展通球试压工作，标志着该工程历时 5 年多的艰难建设，即将划上圆满的句号。二期涉亚工程如期投用，为广州亚运会、亚残运会的顺利召开提供了供气保障。用于接驳西气东输二线的天然气高压三期项目获得市发展改革委核准，在 10 月全面开工，计划在 2011 年上半年建成。珠海 LNG 接收站项目已获得国家发展改革委核准，目前正进行储罐 EPC 和接收站设计招标工作。油库二期项目已完成立项批准，完成设计招标工作，现正进行项目初步设计和施工图设计。

（4）新能源业务方面。湛江特呈岛太阳能光伏发电项目取得省发展改革委核准，惠东风电项目获得省发展改革委“路条”，阳山、广宁生物质发电项目已向省发展改革委申请“路条”，惠州、阳江海上风电项目与当地政府签订了优先开发权协议。

（三）环保治理和节能减排工作取得成效，为提高广州市及珠三角环境质量作出重大贡献

发展集团积极响应社会节能减排的要求，主动承担社会责任。属下所有燃煤电厂克服各种困难，按照节能减排目标及亚运环境治理要求，均在 2010 年 9 月底按计划如期圆满完成烟气排放脱硫和脱硝技改工作。其中，珠江电厂通过对脱硫 GGH 进行升级改造，脱硫设施投运率达到 99.67%、脱硫效率达 93.33%，比 2009 年有较大提高，3 月 31 日完成 1、2 号机组脱硝系统 168h 试运行，6 月 12 日、29 日完成 3、4 号机组脱硝系统 168h 试运行。旺隆热电厂在 1 月 20 日完成脱硫系统 168h 试运行，9 月 7 日完成脱硝系统 168h 试运行。广州发电厂脱硫和脱硝系统改造于 9 月底完成 168h 试运行。发展集团属下管理的燃煤发电机组全部完成烟气脱硫、脱硝治理，是国内目前唯一一家完成现役机组脱硝改造的集团型公司。所有生产性企业按“零”排放标准对污水进行全面整治，基本实现生产用水循环使用，生活污水接入市政管道，煤场废水经过回收处理后用于清洗和绿化用水。珠江电厂、天然气发电公司、发展碧辟公司、南沙燃气公司先后获得广东省及广州市“清洁生产优秀企业”称号。通过几年坚持不懈地环保整治，相比“十一五”初，发展集团实现消减 SO_x（硫氧化物）4.6 万 t/年、NO_x（氮氧化物）削减 2 万 t/年，企业内部工业废水循环使用率达 100%，生活污水处理率达 100%，工业固体废物综合利用或按规范处置率 100%，年处理工业污水 2000 多万 t，削减新塘工业园区化学需氧量达到 2.3t/年，生物需氧量 5177t/年。发展集团整体的环保水平上了新台阶。

（四）加大资产结构调整力度，资产质量进一步提高

发展集团积极利用市“退二进三”和“三旧改造”政策机遇，调整优化资产结构。燃气集团新设液化气子公司，实现液化气业务专业化管理。电力集团参与穗恒运 A 的股改，以所持恒运 C 厂 44%、恒运 D 厂 34%的股权参与穗恒运 A 定向增发，实现电力集团对恒运投资的证券化，提升了这部分资产的流动性和价值。广州控股成功引入中海发展作为发展航运公司的合资股东，充分利用中海在航运管理中的经验，实现双方的优势互补。通过上述举措，公司主营业务更加突出，资产结构得到进一步优化。

公司圆满结束对燃料集团、矿业总公司托管工作，上述企业于 10 月 8 日移交市国资委。在 8 年的托管期

间，在公司的精心组织下，燃料集团完成了清理重组工作，实现了扭亏为盈，经营走上正轨。矿业总公司属下大部分企业已改制或退出，人员安置等历史遗留问题基本得到解决，为实施整体关闭创造了条件。

（五）加强安健环管理，圆满完成亚运保障任务

2010年，发展集团坚决贯彻落实国家及各级政府行政部门安全生产方针政策，牢固树立安全发展理念，坚持预防为主，强化安全生产基础建设，全面完成了亚运保障工作任务。属下各经营企业通过责任书签订、规程执行、安全生产责任目标考核等措施，进一步理顺安全管理职责，使安全管理重心进一步下沉、安全风险控制关口进一步前移，安全生产责任制得到全方位落实。属下生产经营企业，以安健环“三标一体”系统思想方法及精细化管理的理念，完善规程修订，全面补充并完善了脱硫脱硝、污水处理设施运行维护规程，进一步夯实了安全生产基础。发展集团还根据亚运保障需要的安全生产目标任务，制订了亚运保障工作计划，依据计划统筹安排了涉亚设施建设、涉亚设施检修及隐患整治等方面的工作，有效保障亚运期间电力、煤炭、燃气和油品的稳定供应。亚运及亚残运期间，发展集团作为燃气保障工作组的牵头负责单位，以高度的社会责任感和政治责任感，认真组织开展安全保障工作。燃气集团各级员工以缜密细致的作风、奋发拼搏的精神，周密有序地实施各项燃气安全保障措施，圆满完成了亚运燃气保障任务，得到市委、市政府和亚运总指挥部的高度评价和肯定。

（六）加强内部管理，不断提升企业的营运管理水平

发展集团持续推进精细化管理。广州控股全面推进内控建设和信用管理工作。通过业务流程梳理和风险评估，及时发现和确定控制点，有针对性地对流程进行优化改进。经营性公司严格执行内控流程和信用管理制度，对客户进行持续的动态跟踪，应收账款得到有效控制，资金安全性和使用效率得到提高。珠江电厂和天然气发电公司进一步深化7S管理。天然气发电公司实施《按照世界级标准建设和经营企业实施方案》，认真做好南方电监局“两个细则”考核工作。

广州控股首次编制发布了《2009年可持续发展报告》，成为中国大陆企业中较早采用GRI《可持续发展报告指南》编制和发布报告的公司之一，得到监管部门、投资者和其他利益相关方广泛的认可和好评，并获得“电力、煤气业最佳社会责任报告奖”。电力集团深化一体化管理，通过提高核心制度的执行效率和规范性、建立和完善绩效考核机制、调整属下企业财务监督管理、整合内部检修资源等有效措施，工作流程得到进一步规范，管理效率得到提高。燃气集团为全面提升管理水平和服务质量，开展三个月的服务质量专项整顿工作，建立健全了较完善的服务制度文件，搭建了服务标准化平台及快速反应和解决问题机制，公司标准化服务体系初具雏形。

二、2011年经营工作安排

2011年是“十二五”期间的开局之年，是发展集团实现新一轮创业和发展的关键一年。公司将充分认识当前的形势和未来的发展趋势，全面实施“十二五”发展规划，紧紧围绕珠三角加快发展方式转变和产业升级，大力建设高效、清洁的大型发电机组，完善煤电、天然气产业链，加快新能源开发，推进传统能源清洁高效利用，打造珠三角持续领先的大型综合能源供应商。到“十二五”期末，要实现主营业务收入、净利润“翻番”，电力装机容量、煤炭经营规模也要“翻番”，天然气销售规模达到18亿m^3以上。

作为“十二五”的开局年，2011年将重点做好以下工作：

（1）严抓科学管理，确保机组安全、经济、稳定、环保运行。属下电厂要加强机组检修工作，确保设备可靠性，严控非计划停运考核目标。要合理安排检修时间，加强与相关部门协调，争取多发电，完成或超额完成发电任务。珠江电厂要积极推进制粉系统改造，以及燃煤掺烧全程动态优化系统的开发和应用，切实降低发电煤耗。电力集团要积极探索供电供热最佳配比，加大热力和水务市场的拓展，争取效益最大化。建材公司要控制好加气块销售节奏，及时调整销售策略，做好重点客户维护工作。

（2）充分发挥煤炭产业链一体化的优势，降低煤炭采购成本，巩固珠三角地区市场煤炭份额的领先地位。珠江燃料公司及各电厂的采购部门要通力合作，协调好煤炭供应商，提高主渠道煤炭兑现率，降低采购成本。同时，要积极寻求稳定的补充渠道，落实一手进口煤资源。珠江燃料公司和航运公司要积极应对上下游的供需变动，做好采购销计划与船运计划的衔接，提高自有货船的运营效率，减少船舶滞期。要坚持差异化的营销策略，进一步提升“珠电煤”的市场竞争力，巩固珠三角地区市场煤炭份额的领先地位。

（3）做好天然气市场拓展、管网建设、气源保障。燃气集团要紧紧围绕三年实现广州市区“管道天然气气化率90%”和公司“收入翻番”目标，精心组织和加快实施市区已建成房屋天然气管道安装，大力开拓市场，发展用户，尤其是工商用户。全面推进天然气高压工程建设，顺利接收“西气”，确保实现一期、二期（部分）和三期天然气高压工程贯通，建设LNG应急调峰站，形成多气源、多方向气源供应保障体系。全力进入增城燃气市场，积极拓展花都市

场，妥善承接广钢片区管网，推动中心城区管网向周边地区发展，实现广佛乃至广肇燃气管网连接。加大高危管网改造力度，全面提高管网安全等级。研究拓展燃气空调、小型分布式能源站、汽车加气等新型领域，推广使用天然气。

（4）积极寻找储备货源，实现租赁业务的平稳增长。油品和码头公司要加大市场开拓力度，积极寻找储备货源，采取有力措施以应对中石化包罐业务退出影响，保持轻油经营业务的稳定和甲醇集散中心的地位。加快成品油批发权证的审批，探索成品油批发业务和甲醇业务。

（5）集中力量推进重点项目建设，促进产业升级。加强项目管理，确保三水恒益、东周窑项目、汕尾二期按计划投产，发展4号和“富恒山”轮按期投运。精心组织中电荔新、都匀电厂、珠海LNG接收站、南沙油库二期、山西同发甲醇等项目建设，加快百万机组、珠电7万t级煤码头扩建工程和配套圆形料场项目、环保建材新生产线前期工作，在年内开工建设。加快建设一批分布式综合能源站项目。积极争取肇电项目、LNG二期、阳江热电联产等项目纳入省“十二五”规划，加快开发太阳能、生物质能等新能源项目，为“十二五”中后期发展提供充足储备。

（6）进一步做好安健环管理和节能减排工作。各属下企业要不断强化安全生产基础建设，抓好安全生产责任制落实，加强生产设施检修及缺陷整治，进一步完善应急管理体系及应急管理制度，严格执行劳动职业卫生保护措施，加大安全生产、环境保护、后亚运保障等宣传教育，做到执行规程过程中落实安全生产法律法规、落实安全生产责任。各属下企业要加强环保设施运行维护管理，确保环保指标、设施投运率/效率、污染物排放浓度和总量符合监管要求。属下燃煤电厂着手研究电袋除尘、减碳等技改项目，同时全力推进电厂整体节能降耗和数字化建设。新塘水务要加快实施污水厂二期项目建设，积极推进污泥综合利用项目，打造新型环保产业园。各生产性企业要进一步完善清洁生产，未获得省市“清洁生产优秀企业”称号的要积极创造条件申报。南沙产业园区和新塘环保工业园区要做好景观和绿化整治工作。

（7）进一步推进资产整合。积极落实“退二进三”交地补偿，推进存量地块“退二”工作。充分协调热用户，加快西村能源站建设。精心策划、积极推进，完成液化气业务的重组。

（8）强化企业内部管理，全面推进实现精细化管理目标。坚持按照世界级企业标准建设和经营核心企业，全面推广7S管理，完善内控体系建设，继续推进企业信息化和数字电厂建设。核心生产企业要按照打造世界级企业标准实施方案继续落实完善有关工作。燃气集团要通过“三标一体”贯标，进一步提升内部管理水平，建立面向市场和客户的、快速反应的一体化服务体系，同时，要在燃气工程设计、施工、开户、点火、计量和维护等方面不断挖掘创新，努力提高单位效益，建立信用管理体系，提高风险控制水平。电力集团要建立与发展分布式能源业务相适应的组织结构，加强人员培训和一体化管理，推动分布式能源业务发展。

专题（会议）报告

电力监管年度报告（2009）（摘要）

第一部分　引　　言

一、电力监管对象

电力监管对象主要包括发电、输电、供电企业，以及电力承装（修、试）企业、进网作业电工和参与直购电交易的电力大用户。

（一）发电企业

截至2009年底，全国有6000kW及以上各类发电厂4600家左右。发电环节继续呈现多元化竞争格局。中央直属五大发电集团（中国华能集团公司、中国大唐集团公司、中国华电集团公司、中国国电集团公司、中国电力投资集团公司）年末总装机容量41 704万kW，约占全国全口径装机容量的47.70%；其他6家中央直属发电集团（神华集团有限责任公司、中国长江三峡集团公司、华润电力控股有限责任公司、国家开发投资公司、中国核电集团公司、中国广东核电集团有限责任公司）年末总装机容量9115万kW，约占全国全口径装机容量的10.43%；19家规模较大的地方国有发电企业年末总装机容量10 763万kW，约占全国全口径装机容量的12.30%。上述30家大型发电企业装机容量约占全国总装机容量的70.43%，同比提高2.15个百分点。私营和外资发电企业占全国总装机容量的4.82%（见图1）。

全国获得监管机构颁发的发电类电力业务许可证的企业累计15 094家。

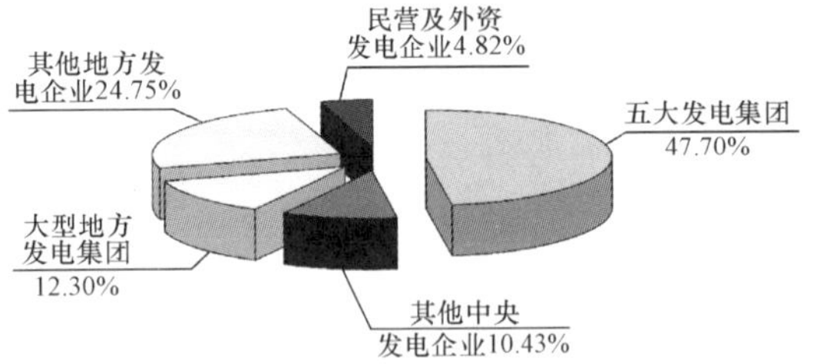

图1 2009年各类发电企业装机容量占全国总装机容量比例

（二）输电企业

输电环节具有自然垄断性质。目前，全国从事省级及以上输电业务的企业共计38家，其中省级输电企业31家。

按照规模划分：国家电网公司为跨区域超大型输电企业，业务范围覆盖26个省（自治区、直辖市），是世界上规模最大的输电企业；中国南方电网有限责任公司（以下简称南方电网公司）为跨省的区域性输电企业，业务范围覆盖5个省（自治区）；内蒙古电力集团有限责任公司（以下简称内蒙古电力公司）等多家省级输电企业，在一省（自治区）内独立经营。

所有输电企业均获得了监管机构颁发的输电类电力业务许可证。

（三）供电企业

供电企业是指在一个特定的区域内从事配电和售电业务的企业。这类企业数量众多，类型和层次也较为复杂。目前，全国地（市）、县两级供电企业共计3171家，其中地（市）级供电企业431家、县级供电企业2740家（见表1）。

表1 全国供电企业数量统计 家

供电企业	地市级	县级	合计
国家电网公司	316	1924	2240
南方电网公司	63	338	401
新疆生产建设兵团	—	30	30
地方水电	—	231	231
内蒙古电力公司	10	73	83
陕西地方电力集团公司	1	66	67
山西国际电力集团公司	2	12	14
广西水利电力集团	—	43	43
其他	39	23	62
合计	431	2740	3171

注 国家电网公司和南方电网公司统计数据中含其代管的县级供电企业，原西藏电力公司统计数据并入国家电网公司。

企业经营形态多样，按所有制划分涵括中央国有、地方国有、私营、股份制等多种类型；按经营管理形式可划分为直管、代管、独主经营等类型，同时还存在“自发自供”以及“转供电”等特殊业务类型。

全国获得监管机构颁发的供电类电力业务许可证的企业累计2929家，超过应持证企业总数的九成，除部分偏远地区及少数供电营业区存有争议的企业外，基本实现了持证经营。

（四）其他监管对象

1. 电力承装（修、试）企业

全国获得监管机构许可的电力承装（修、试）企业8630家。

2. 进网作业电工

全国获得监管机构许可的进网作业电工1 320 567名。

3. 电力大用户

全国各类电力用户超过2.30亿户，其中变电容量在315kVA及以上且接入电压等级为10kV以上的大用户近200万户。但参与电力用户与发电企业直接交易的大用户数量有限，目前只有吉林碳素、广东台山、抚顺铝厂、铜陵有色等。

二、电力监管机构（略）

第二部分 电力工业运行情况

一、供需形势

（一）电力供应

电力供应量继续增长，增速小幅恢复。全国全口径发电量35 874亿kWh，同比增长7.00%，比2008年提高1.28个百分点。其中，水电发电量4961亿kWh，同比增长4.40%；火电发电量29 901亿kWh，同比增长7.10%；核电发电量701亿kWh，同比增长1.20%；风电发电量288亿kWh，同比增长111.50%。

（二）电力需求

全社会用电量为36 587亿kWh，同比增长

6.44%，比2008年提高1.21个百分点。

分地区看，除山西省(−3.56%)外，全国其他省份全社会累计用电量全部实现正增长。其中，新疆(13.69%)、贵州(12.46%)、河北(11.90%)、西藏(11.53%)、江西(11.42%)、安徽(10.88%)、湖南(10.18%)等省(自治区)增幅较大。

分产业看，第一、第三产业和城乡居民生活用电需求持续增长，第二产业在下半年成为拉动电力增长的主要动力。其中，第一产业用电948亿kWh(占全社会用电量的2.59%)，同比增长7.99%；第二产业用电27 125亿kWh(占全社会用电量的74.14%)，同比增长4.54%；第三产业用电3946亿kWh(占全社会用电量的10.79%)，同比增长12.58%；城乡居民生活用电4568亿kWh(占全社会用电量的12.49%)，同比增长11.90%。

（三）发电设备利用

全国6000kW及以上电厂累计平均设备利用小时数为4537h，同比降低129h。其中，水电设备利用小时数为3257h，同比降低333h；火电设备利用小时数为4860h，同比降低40h；核电设备利用小时数为7917h，同比提高89h；风电设备利用小时数为1861h，同比降低185h(见表2)。

表2 1999～2009年发电设备利用情况 h

年份	1999	2000	2001	2002	2003	2004	2005	2006	2007	2008	2009
平均发电设备利用小时数	4393	4517	4588	4860	5245	5455	5425	5198	5020	4666	4537
水电设备利用小时数	3198	3258	3129	3289	3239	3462	3664	3393	3532	3590	3257
火电设备利用小时数	4719	4848	4900	5272	5767	5991	5865	5612	5316	4900	4860

二、电力投资、建设以及工程造价

（一）电力投资

全国电力建设投资完成7558.4亿元，同比增长19.93%，增幅比2008年提高8.92个百分点。其中，电源投资额为3711.3亿元，占总投资额的49.10%，同比下降8.91%；电网投资额为3847.1亿元，占总投资额的50.90%，同比增长32.89%。

（二）电力建设

全国新增220kV及以上输电线路回路长度4.03万km，新增220kV及以上变电设备容量2.72亿kVA。截至2009年底，我国电网220kV及以上输电线路回路长度达到39.97万km，同比增长11.38%；220kV及以上变电设备容量达到16.51亿kVA，同比增长17.09%。

全国基建新增发电装机容量8970万kW，其中，水电19 98万kW，火电6076万kW，风电（并网）897万kW。截至2009年底，全国发电设备容量达87 407万kW，同比增长10.23%。其中，水电19 679万kW，同比增长14.01%；火电65 205万kW，同比增长8.16%；风电并网总容量1613万kW，同比增长92.26%。

（三）电力工程造价

1. 火电工程单位造价

根据电监会近年来开展的投产电力工程项目造价统计，2001～2008年，我国火电工程造价总体呈下降趋势，工程概算造价从5141元/kW下降到4039元/kW，决算造价从4808元/kW下降到3708元/kW，降幅分别为21.44%与22.88%。

2. 110kV送变电工程单位造价

2001～2008年，我国110kV送变电工程造价总体呈上升趋势。其中，交流送电工程概算造价从33.95万元/km提高到58.06万元/km，决算造价从37.27万元/km提高到54.40万元/km，提高幅度分别为71.02%与45.96%；变电工程概算造价从315.95元/kVA提高到362.81元/kVA，决算造价从295.03元/kVA提高到328.98元/kVA，提高幅度分别为14.83%与11.51%。

3. 220kV送变电工程单位造价

2001～2008年，我国220kV送电工程造价显著上升，而变电工程造价基本持平。其中，交流送电工程概算造价从75.27万元/km提高到111.56万元/km，决算造价从72.16万元/km提高到104.19万元/km，提高幅度分别为48.21%与44.39%；变电工程概算造价从279.18元/kVA提高到300.76元/kVA，决算造价从256.05元/kVA提高到273.35元/kVA，提高幅度分别为7.73%与6.76%。

4. 500kV送变电工程单位造价

2001～2008年，我国500kV送电工程造价呈上升趋势，但变电工程造价呈下降趋势。其中，交流送电工程概算造价从168.12万元/km提高到200.84万元/km，决算造价从150.33万元/km提高到191.35万元/km，提高幅度分别为19.46%与27.29%；变电工程概算造价从309.90元/kVA下降到190.83元/kVA，决算造价从260.16元/kVA下降到182.80元/kVA，降幅分别为38.42%与29.74%。

三、电力安全

（一）基本情况

全国电力安全生产形势保持了总体平稳态势。2009年全年没有发生10人以上电力人身伤亡责任事故，没有发生重大及以上电网事故，没有发生特大设备事故，没有发生电力系统水电站大坝垮坝、漫坝以及对社会造成重大影响的事故。2007～2009年电力安全事故统计见表3。

表3　2007～2009年电力安全事故统计

类型		事故状况	2009年	2008年	2007年
人身伤亡事故	电力生产	事故起数	17	17	16
		死亡人数	23	22	17
	电力建设	事故起数	14	12	23
		死亡人数	34	27	62
电网事故		事故起数	18	31	37
设备事故		事故起数	163	172	170

（二）电力可靠性

1. 发电机组可靠性

全国10万kW及以上火电机组等效可用系数为92.90%，同比上升0.87%；台年平均非计划停运次数和时间分别为0.66次和37.36h，均低于2008年相应全国台年平均值。

全国4万kW及以上水电机组等效可用系数为92.48%，同比下降0.23%；台年平均非计划停运次数和时间分别为0.54次和19.87h（见表4），其中非计划停运次数与2008年相比略有下降，非计划停运时间则明显高于2008年。

表4　2009年全国10万kW及以上火电机组、4万kW及以上水电机组可靠性指标

类别	等效可用系数（%）	非计划停运次数[次/（台·年）]	非计划停运时间[h/（台·年）]
火电机组	92.90	0.66	37.36
水电机组	92.48	0.54	19.87

2. 输变电设施可靠性

全国220kV及以上电压等级架空线路可用系数为99.293%，同比增加0.663个百分点，强迫停运率为0.200次/（百公里·年），同比降低0.237次/（百公里·年）。全国220kV及以上电压等级变压器可用系数为99.645%，同比增加0.075个百分点，强迫停运率为0.721次/(百台·年)，同比降低0.739次/(百台·年)。全国220kV及以上电压等级断路器可用系数为99.870%，同比增加0.038个百分点，强迫停运率为0.759次/(百台·年)，同比降低0.525次/(百台·年)(见表5)。

表5　2009年全国220kV及以上电压等级主要输变电设施可靠性指标

类别	可用系数	非计划停运率	强迫停运率
架空线路	99.293%	0.238次/（百公里·年）	0.200次/（百公里·年）
变压器	99.645%	1.879次/（百台·年）	0.721次/(百台·年)
断路器	99.870%	1.525次/（百台·年）	0.759次/(百台·年)

3. 直流输电系统可靠性

在运的9个直流输电系统运行情况基本稳定。9个系统2009年发生2次双极强迫停运，停运次数与2008年持平，停运时间同比增加7.12h。2009年完成第一个完整自然年度运行任务的高岭背靠背直流输电系统能量可用率为96.86%，达到2009年全国最好水平。2009年各直流输电系统可靠性指标见表6。

表6　2009年各直流输电系统可靠性指标

直流输电系统	能量可用率（%）	强迫能量不可用率（%）	能量利用率（%）	系统总输送电量（亿kWh）
葛南	66.36	0.31	59.36	62.40
龙政	94.47	0.13	59.56	156.52
江城	89.38	0.21	56.45	148.34
宜华	92.95	0.01	58.93	154.87
天广	89.90	0.003	36.10	56.92
高肇	96.32	0.02	68.40	179.76
兴安	96.50	0.19	63.62	167.19
灵宝	88.11	0.04	85.87	27.08
高岭	96.86	0.22	53.61	70.45

4. 供电可靠性

全国城市10(6、20)kV供电系统用户供电可靠率(RS—1)为99.896%，同比提高0.033个百分点；用户年平均停电时间为9.111h，同比减少2.960h(见表7)。其中用户平均故障停电时间为1.897h/户，用户平均预安排停电时间为7.214h/户。

表7　2009年各区域电网10（6、20）kV供电系统用户供电可靠性指标

区域	供电可靠率（%）	平均停电时间（h/户）
华北电网	99.937	5.481
东北电网	99.910	7.857
西北电网	99.833	14.592
华东电网	99.937	5.507
华中电网	99.900	8.736
南方电网	99.872	11.222

四、电价情况与电力企业财务经营状况

（一）电价水平

1. 上网电价

主要电网统调发电量为30 607亿kWh，同比增长3.40%。其中，五大发电集团上网电量为15 701.84亿kWh，比2008年增长14.39%，平均上网电价为367.61元/MWh，比2008年提高5.84%（见表8）。

表8 2009年五大发电集团上网电量与上网电价

项目	华能	大唐	华电	国电	中电投	总计
上网电量（亿kWh）	3684.10	3576.97	2867.70	3296.56	2276.51	15 701.84
上网电价（元/MWh）	380.73	362.99	373.24	372.96	338.78	367.61

2. 输配电价

主要电网企业平均输配环节（不含线损）电价为125.28元/MWh，占销售电价的23.45%（见表9）。

表9 2009年全国输配环节电价 元/MWh

电网企业	销售电价（不含基金及附加）	输配环节电价（不含线损）	输配环节电价占销售电价的比例（%）
华北电网公司	526.53	139.09	26.42
东北电网公司	548.68	150.56	27.44
西北电网公司	400.47	123.56	30.85
华东电网公司	598.00	130.57	21.84
华中电网公司	504.43	124.54	24.69
国家电网公司	533.69	127.76	23.94
南方电网公司	569.76	139.84	24.54
内蒙古电力公司	360.42	76.39	21.19

3. 销售电价

全国主要电网企业总售电量为29 073.53亿kWh，同比增长7.65%；平均购电价为383.69元/MWh，同比增长5.26%；平均销售电价（不含政府性基金及附加）为534.29元/MWh，同比增长2.07%（见表10）。

分省平均销售电价以及分省居民生活电价详见附录7（略）。

表10 2009年电网公司平均销售电价与平均购电价 元/MWh

电网企业	国家电网公司	南方电网公司	内蒙古电力公司	总计
购电价	381.08	416.14	271.39	383.69
销售电价	533.69	569.76	360.42	534.29
售电量（亿kWh）	22 741.36	5324.94	1007.23	29 073.53
政府性基金及附加	27.19	27.30	26.88	27.20

注 平均销售电价不含政府性基金及附加。

（二）电价政策调整情况

2009年11月，为疏导电价矛盾，完善电价结构，促进可再生能源发展，国家对电价水平进行了适当调整。

销售电价调整。全国销售电价平均每千瓦时提高2.8分。其中，疏导2008年上网电价提高对销售电价的影响每千瓦时1.81分，占63.9%；提高可再生能源电价附加标准和预留“一户一表”改造资金共计0.4分，占13.9%；解决现有电厂烟气脱硫成本增支0.21分，占7.5%；解决无电地区通电工程投资还本付息0.05分，占1.6%；提高低价老水电企业和部分燃气机组电价0.22分，占7.9%；其他因素0.14分，占5.2%。

各电网销售电价平均每千瓦时提高标准分别为：华北3.25分，东北2.72分，西北2.22分，华中3.01分，华东3.09分，南方2.05分。各省（自治区、直辖市）销售电价调整情况见附录8（略）。

标杆电价调整。陕西、甘肃、青海、山西、江西、四川、重庆、云南、贵州、海南等10个省（直辖市），燃煤机组标杆上网电价每千瓦时上调0.20～1.50分；浙江、福建、江苏、上海、辽宁、河南、广东等7个省（直辖市），燃煤机组标杆上网电价每千瓦时下调0.30～0.90分。在原脱硫加价标准上，根据煤炭含硫率不同，黑龙江、吉林、内蒙古东部脱硫加价标准每千瓦时下调0.20分；重庆和贵州脱硫加价标准每千瓦时分别上调0.50分和0.20分。

提高可再生能源电价附加标准。为促进可再生能源发展，弥补可再生能源电价补贴资金缺口，将可再生能源电价附加标准提高至每千瓦时0.40分。

配套推进销售电价结构改革。工商业用电同价的省份由15个增加到19个；城乡各类用电同价的省份由19个增加到20个；全国35kV以下各电压等级价差扩大了0.50分左右，两部制电价用户基本电费比重有所增加。

（三）电力企业财务经营状况

1. 主要电力企业财务状况

主要电力企业资产规模继续扩大，电网固定资产投资持续增长，发电企业负债规模增长较快，资产负债率继续走高（见表11）。

表11 主要电力企业资产—负债统计 亿元

项目	两大电网公司	五大发电集团
资产	23 024.83	22 034.21
较年初增长（%）	13.09	26.41
负债	15 092.43	18 813.13
较年初增长（%）	15.78	27.52
固定资产投资	3879.07	2636.66
较年初增长（%）	21.99	−1.17
资产负债率（%）	65.55	85.38
较年初增长百分点	提高1.52个百分点	提高0.74个百分点

主要电力企业主营业务收入与成本同步增加，整体扭亏为盈（见表12）。其中，国家电网公司、南方电网公司受电价政策影响利润大幅下降，同比减少近六成；华能、大唐、华电、国电及中电投五大发电集团主营业务收入显著增加，同时成本增幅得到控制，逐步实现盈利。

表12 主要电力企业收入—利润统计 亿元

项目	两大电网公司	五大发电集团
收入	15 795.76	6597.30
同比增长（%）	10.43	30.34
成本	15 130.52	5743.18
同比增长（%）	12.68	19.59
利润	81.11	195.96
同比增长	−112.06	524.49

2. 主要电网企业输配电成本

主要电网企业输配电成本合计3479.53亿元，较2008年同期增长13.18%。其中，国家电网公司2681.14亿元，增长12.88%；南方电网公司798.39亿元，增长14.16%。

主要电网企业输配电成本构成中，折旧、职工薪酬以及其他费用所占比例最大，分别为44.76%、18.35%和25.31%。成本变动最显著的是折旧，同比增长18.34%，在输配电成本中的比重较2008年提高5.54个百分点。

五、可再生能源发展及能耗

（一）可再生能源发展

近年来，我国电源结构出现积极变化，2009年全年关停小火电机组容量2617万kW，“十一五”关停小火电任务提前完成。新增发电装机中，火电装机比重有所下降。

2007～2009年，火电机组在新增发电设备中的比重从82.04%下降到67.73%，下降约15个百分点；水电机组的比重从12.83%上升到20%以上；风电机组的比重显著上升，从2.98%提高到10.00%。

从投资结构看，非化石能源投资已经超过新增投资的一半。2005～2009年，火电投资占当年电源投资比重从70.3%下降到40.2%，核电投资比重从1.0%提高到15.5%，风电投资比重从1.4%提高到20.4%。2005～2009年，火电投资年度平均增速只有3.76%，而且从2006年开始连续4年负增长；核电投资年度平均增速为82.65%，其中，2006年、2008年均超过100%，风电投资年度平均增速为142.76%，其中，2005年、2008年均超过200%。

表13 各类电源投资同比增速 %

项目 \ 年份	2005	2006	2007	2008	2009
合计	−1.73	−1.01	0.97	5.61	8.92
水电	55.58	−9.07	9.60	−1.18	33
火电	58.06	−1.82	−10.08	−16.26	−11.10
核电	−16.14	179.21	73.89	101.38	74.91
风电	250.31	37.76	173.54	208.27	43.92
其他发电	325.88	56.26	9.88	−99.80	12 650.27

（二）供电煤耗

全国发电生产耗用原煤量13.99亿t，同比增长6.08%；全国燃煤电厂平均供电标准煤耗为339g/kWh，比2008年降低7g/kWh。1997～2009年，我国供电煤耗逐年降低，从408g/kWh下降到339g/kWh。

（三）厂用电率

全国发电厂用电率为5.69%，同比下降0.12个百分点。其中，水电为0.58%，火电为6.51%。1997～2009年，我国厂用电率总体呈下降态势，从6.80%下降到5.69%。

（四）线损率

全国电网输电线路损失率（简称线损率）为6.39%，比2008年提高0.02个百分点。1997～2009年，我国电网输电线路损失率总体呈下降态势，从8.20%下降到6.39%。

第三部分 电力监管职责履行

一、保障电力安全

2009年，电监会认真履行安全监管职责，进一步强化电力安全监督管理，按照国务院部署，扎实开展电力行业“安全生产年”活动，有效落实安全生产各项责任，督促指导电力企业完成庆祝新中国成立60周年等重大安全保电任务，保持了全国电力安全生产形势的总体稳定，基本实现“三杜绝、三防止、一维护”的安全生产目标。

（一）完善安全监管法规标准

进一步建立并完善电力安全监管法规和标准，配合国务院法制办修改完善《电力安全事故应急救援和调查处理条例》，组织编制《发电机组并网安全条件及评价》和《风电场并网安全条件及评价》等技术规范，印发了《供电企业可靠性评价实施办法（试行）》、《火力发电机组可靠性评价实施办法》等规范性文件。

（二）积极落实电力安全责任

1. 推进电力行业“安全生产年”活动

认真落实国务院部署，积极推进电力行业“安全生产年”活动，组织召开了全国电力安全生产委员会第十次（扩大）会议，印发了《电力行业深入开展“安全生产年”活动　保证电力安全生产持续稳定的意见》等文件，对电力行业安全生产执法、治理、宣传教育“三项行动”以及安全生产法制体制机制、保障能力、队伍“三项建设”进行了具体部署。

2. 督促完成重大保电任务

为保障庆祝新中国成立60周年庆典活动期间电力可靠供应，电监会加大安全保电指导协调和监督检查工作力度，印发了保电安全工作方案，对保电工作作出具体部署，督促电力企业圆满完成庆祝新中国成立60周年安全保电任务。

3. 加强电力安全监督检查

针对电力建设重大人身伤亡事故连续发生的严峻形势，电监会分别在7月、11月检查了四川、云南、广东等地区的大型电源和500kV变电站建设项目，向国务院上报了《关于进一步做好电力建设施工安全监管工作的报告》，起草了《关于进一步加强电力建设安全工作的意见》，要求有关单位强化电力建设施工安全生产和安全管理，防止和遏制重特大人身伤亡事故的发生。

为切实落实安全责任，电监会部署电力企业全面开展“查三违、防事故”活动，共查出违章指挥、违章作业、违反劳动纪律行为3133起，对其中的1788起进行了处理。

加大安全隐患治理，对1400余家电力企业开展隐患排查，共查出一般隐患15万余项、重大隐患1900余项，累计落实治理资金22.8亿元。

（三）加强事故调查处理

继续做好电力生产事故调查处理工作，对重大以上事故和对社会有重大影响的安全事件，均能迅速赶赴现场，及时、准确地掌握事故信息，组织或参与事故调查。

（四）推进电力应急管理

完善电力应急体系建设。按照国务院应急办要求，组织修订了《国家处置电网大面积停电事件应急预案》，起草了《关于加强电力应急体系建设的指导意见》。针对台风、暴雪、山火等各种影响电力系统安全稳定运行的不利情况，印发了180多份通知文件，指导各地开展应急工作。

推进电力应急平台体系建设。按照国家电力应急平台体系建设规划，编制了《国家电力监管委员会应急平台总体建设方案》，完成电监会综合应急指挥中心的建设。

规范应急预案管理。制定了《电力企业应急预案管理办法》，印发了《电力企业综合应急预案编制导则》、《电力企业专项应急预案编制导则》、《电力企业现场处置方案编制导则》，指导有关单位完成了《省级处置电网大面积停电事件应急预案》的编制和评审，保证了各级各类预案的衔接，提高了预案的有效性。

推动应急演练。印发了《电力突发事件应急演练导则》，指导有关单位完成了重庆、山西、内蒙古、甘肃、福建等地处置电网大面积停电事件应急联合演练。

（五）加强大坝和可靠性监管

1. 推进大坝安全监管工作

2009年，在大坝中心进行注册的水电站大坝205座，注册水库库容占全国的35%，装机容量占电力系统水电装机总容量的65%。第三轮水电站大坝定检工作开展了134座（占定检规划的94%），已有105座大坝完成了网络报送接入，51座大坝完成了邮件报送，进一步推进了大坝安全信息化建设。

2. 推动电力可靠性监管工作深入开展

修订了《火力发电机组可靠性评价实施办法》，印发了《供电企业可靠性评价实施办法（试行）》，对全国6个区域的部分电力企业可靠性管理工作进行了专项检查，向社会发布了电力可靠性指标，表彰了全国火力发电可靠性金牌机组。

（六）加强网络与信息安全监管

1. 部署开展国庆60周年电力行业网络与信息安全保障工作

印发了《关于切实做好2009年国庆期间信息安全和保密工作的通知》，严格落实信息安全责任制，切实增强信息安全防范措施，充分做好信息安全应急工作，加强督促检查和责任追究。

2. 组织开展电网企业信息安全大检查

组织工信部、公安部等有关单位的专家，对国家电网公司、南方电网公司及内蒙古电力公司所属电网企业进行了二次系统安全防护及网络信息安全工作专项检查，共检查了6个区域、13个省（自治区、直辖市）、34个地市共54家电网企业，编制了电网企业信息安全检查情况报告。

3. 加强电力行业网络与信息安全基础工作

加强主动防御，开展监测预警。印发了《关于主机安全隐患和整改的紧急通知》，组织南方电网公司、中国华能集团公司进行了计算机软件病毒的应急处置工作。

指导开展地方电力企业信息安全等级保护定级工作。

稳步推进等级保护测评体系建设试点工作。组织开展了对内蒙古电力公司、国电河南分公司等单位的等级测评和风险评估工作。

开展电力行业网络与信息安全培训，培训了400余人·次。

加强电力行业网络与信息安全信息通报及统计分析工作，共接收电力企业网络与信息安全信息通报720份，汇总上报40份。

（七）加强电力安全基础与文化建设

积极推进大电网安全风险基础研究，开展了“输电系统串联补偿设备与发电机组关联影响与应对”和“电力系统安全风险和脆弱性评估”专题调查研究。针对新能源等影响电网安全的新问题，赴内蒙古、甘肃、新疆、江苏等地进行调研，提出了加强风电规划建设及运行管理的意见和建议。

加强电力安全培训，组织了电力二次系统安全防护、电力应急管理、电力建设施工安全管理培训活动，共培训电力监管人员和电力职工近千人次。

举办了以“关爱生命、安全发展”为主题的征文活动，收到征文8000余篇，营造了人人“关注安全、关爱生命”的良好文化氛围。

举办了“中国国际电力安全发展暨电力应急管理论坛”和“中国国际电力安全与应急技术装备展览会”，国务院领导同志作出批示或发来贺信，扩大了电力安全和应急管理领域的国际交流和合作，进一步促进了电力安全文化建设。

二、维护市场秩序

（一）完善市场规则

进一步完善电力市场规则，颁布了《供电监管办法》等多部部门规章和规范性文件。

为进一步依法规范供电市场行为，维护供电市场秩序，颁布了《供电监管办法》（电监会27号令），对供电服务监管的目的、对象和原则，监管内容、监管措施以及处罚办法等作了明确规定。

为规范电力施工市场秩序，加强承装（修、试）电力设施许可管理，修订颁布《承装（修、试）电力设施许可证管理办法》（电监会28号令），明确了电力企业和承装（修、试）电力设施单位的责任和义务，进一步强化了承装（修、试）电力设施许可监督核查措施。

发布了《跨省（区）电能交易监管办法（试行）》、《电力用户与发电企业直接交易基本规则（试行）》、《供电服务规范》等规范性文件。

印发了《大用户与发电企业直接交易购售电合同（示范文本）（试行）》、《大用户与发电企业直接交易输配电服务合同（示范文本）（试行）》、《供电企业信息公开实施办法》、《水电站大坝安全监测工作管理办法》、《电力企业应急预案管理办法》等20余件规范性文件。

积极参与《能源法》、《可再生能源法》、《电力法》及其配套规章等法律法规制修订工作。

（二）加强市场监测和信息发布

1. 加强电力市场监测预警

继续完善监测预警工作机制，进一步加强电力供需运行、电力企业财务经营状况的监测预警工作，为中央及地方政府决策提供有效参考。

密切关注全国电力供需形势变化，定期编制电力监管统计及供需形势分析报告，开展电力运行情况分析预测工作，服务国家宏观调控。

加强企业财务经营状况监测预警，定期分析汇总全国电力企业财务及经营状况，为电价调整及有关政策制定提供参考依据。

2. 加强电煤监测预警

进一步完善电煤供应监测预警机制以及全国电煤监测预警信息系统，加强日常监测，编制电煤供应监测预警信息，及时为决策部门提供电煤库存、缺煤停机等监测预警信息。

3. 加强监管信息统计

积极推进电力监管实时信息系统建设。组织编制了《电力监管实时信息系统总体建设方案》、《电力调度实时信息接入系统实施方案》。

建成电力监管统计数据库。组织完成新版电力监管统计分析系统的开发、部署，实现全国范围上线运行。“电力监管统计分析系统”在中国电子政务优秀应用成果推选活动中荣获“十佳电子政务效能管理优秀应用案例（部委级）”称号。

加强电力监管统计培训。全年共组织培训班16期，培训人员计1756人·次，提高了电力监管统计报表的准确性、及时性。

4. 积极发布电力监管信息

颁布《国家电力监管委员会政府信息公开暂行办

法》，向社会发布涉及三公调度、供电检查、电价执行、安全监管、工程造价、许可管理、监管统计等重点、热点领域的监管报告或通报 8 个。各派出机构也向社会发布了各类监管报告或通报数十个。

（三）加强准入监管

1. 加快电力业务许可证颁发

颁发发电类电力业务许可证 8928 个，供电类电力业务许可证 96 个。截至 2009 年底，87％的 6000kW 及以上应持证发电企业、100％的应持证输电企业和 98％的应持证供电企业实现了持证经营。

颁发承装（修、试）电力设施许可证 1476 个，新发和换发电工进网作业许可证 210 282 个，初步满足了市场需求（见表 14）。

表 14 各类许可证颁发情况 个

年份	发电类电力业务许可证	输电类电力业务许可证	供电类电力业务许可证	承装（修、试）许可证	电工进网作业许可证（万个）
2009	8928	—	96	1476	21
2008	2977	—	1678	1617	20
2007	2274	—	1131	2700	52
2006	859	38	—	3834	36
总计	15 038	38	2905	9627	129

2. 加强许可证后续管理

修订的《承装（修、试）电力设施许可证管理办法》（电监会 28 号令），规定了等级标准。

规范开展发电类电力业务许可证变更工作，严格新建机组许可准入，全年共变更发电类电力业务许可证 505 个。开展以新建输供电设施获得许可为主要内容的电力业务许可证变更工作，对 16 家输电企业的电力业务许可证进行了变更，对 1681 家供电企业的电力业务许可证进行了变更。

开展发电企业持证经营监督管理试点工作。指导试点单位建立了发电企业年度自检自查制度，以及发电机组新建、退役、关停、安全事故和企业股权变动等重大事项报告制度，开展了持证企业许可条件保持情况、许可证备注事项落实情况以及电网企业执行许可制度情况的检查，加强了新建机组准入和存量发电企业持证经营监管。

开展输、供电企业新建设施预期报备试点工作。制定了《新扩建、改建输供电设施许可预期报备管理实施办法（试行）》。在全国选择了 4 个省（区域）电网进行试点，对 368 项输供电设施项目进行报备批复，对 20 项不合格的输供电项目进行了缓批，并提出了整改要求，严格了新建输供电设施准入管理。

3. 开展许可制度执行情况专项检查

围绕承装（修、试）电力设施企业持证经营、输供电企业工程招投标和电工用人单位用工上岗持证三项内容，开展了承装（修、试）电力设施及电工进网作业许可制度执行情况的监督检查，涉及单位13 156 家。其中，输供电企业 2992 家，承装（修、试）电力设施企业 5478 家，电工用人单位 4686 家。检查共查出存在违规问题的单位 565 家，占检查总数的 4.29％。截至 2009 年底，558 家企业或单位进行了整改，7 家正在处理中。对严重违规的 55 家企业或单位，已依法做出处理。

（四）加强成本价格监管

1. 组织跨区输电价格审核

对国家电网公司山西晋东南—湖北荆门特高压示范工程输电价格进行审核。完成上报材料初审工作，赴山西、河南、湖北进行实地考察调研，听取送受端电力企业、地方政府以及专家等各方意见。审核方案已报国家有关部门。

2. 开展输配电成本监管

开展输配电成本标准研究，研究起草了《跨区跨省输电损耗监管暂行规定》。

加强输配电成本监管规则建设，组织起草了《输配电成本监管办法》，规范电网企业成本行为。

做好输配电成本分析工作，定期编制《两大电网公司输配电成本分析简报》，提出相关监管建议。

3. 加强电力价格监督管理

编制发布《2008 年度电价执行情况监管报告》，客观反映全国（区域、省）电价水平、电价政策调整情况及可再生能源电价政策执行情况，披露了检查中发现的价格违法违规问题。

开展清理优惠电价等政策执行情况检查。会同国家发展改革委、国家能源局下发《关于清理优惠电价有关问题的通知》及《关于对清理优惠电价等情况进行督查的通知》，组织联合检查组对甘肃、河南、宁夏、陕西、四川、广西、云南、内蒙古、青海等九个省份清理优惠电价及电力用户与发电企业直接交易等政策落实情况进行检查和调研，有效地维护了国家电价政策的严肃性。

会同国家发展改革委发布了《关于规范电能交易价格管理有关问题的通知》，并对部分地区的电能交易价格进行了监督检查。

4. 加强电费结算监管

进一步规范发电企业与电网企业之间电费结算行为，加强电费结算信息报送工作，开展实地检查，确保电费结算数据的真实性和准确性。

发布《2008 年全国电力“三公”调度交易及网厂电费结算情况监管报告》，严格督促有关方面对披露问题进行整改。

定期编制《发电企业与电网企业电费结算情况简报》，分析存在的问题，协调争议纠纷，提出政策建议。

5. 积极提出调整电价政策建议

配合国家发展改革委开展全国电价调整测算工作，对测算方案提出建议。

6. 加强工程造价信息发布

编制发布了《2007、2008年投产电力工程项目造价情况通报》，对全国2007年、2008年投产的约5400多个电力工程项目造价资料进行了汇总，为控制电力工程造价和投资成本提供了重要依据。

组织起草《电力工程造价发布办法》，初步建立了电力工程造价信息发布长效机制。

（五）加强发输电监管

1. 规范新建机组转商业运营行为，及时纠正违法违规行为

加大了对新建机组转商业运营的监管力度，及时处理了一批违规行为，维护了电力企业的合法权益。

2. 推进辅助服务市场化

印发《并网发电厂辅助服务管理暂行办法》、《发电厂并网运行管理规定》及各区域实施细则后，正式启动了京津唐地区、西北、东北、南方等地区辅助服务补偿及并网运行考核细则试运行工作。部分派出机构积极尝试建立发电机组辅助服务补偿交易新机制，取得了较好的效果。

3. 加强"三公"调度交易监管

创新调度监管方式，出台相关规则，初步建立电力系统年度运行方式汇报制度。建立电力交易与厂网秩序监管约谈约访制度，在全国范围内与中央、地方300多家电力企业进行"背靠背"式的约谈，及时掌握并处理了一批问题。

完善合同、协议备案制度，厂网联席会议制度，电力调度交易信息报告制度等"三项制度"建设。在坚持厂网联席会议制度的基础上，研究起草了电能交易合同管理办法，立项建设电能交易数据统计分析系统，完善了全口径合同备案制度。各派出机构强化"三公"调度日常监管，引导发电企业和社会公众对电力调度机构开展"三公"调度情况进行监督，南方电监局会同昆明、贵阳电监办建立了发电厂（发电机组）等效负荷率填报及定期发布制度，要求省及以上电力调度机构及有关发电企业按月填报南网总调直调、省调度中心统调发电机组（企业）的等效负荷率情况。

积极推行调度交易信息公开。组织发布了《2008年度全国电力"三公"调度交易及网厂电费结算情况监管报告》，加强了电力交易与市场秩序监管。

4. 加强跨区跨省电能交易监管

会同国家能源局开展了2007年度和2008年度跨区跨省电能交易检查，联合发布了《跨区跨省电能交易检查情况通报》，披露了存在的主要问题，要求相关电力企业全面开展自查清理与整改工作，促进了跨区跨省电能交易健康发展。

为加强跨区跨省电能交易监管，印发了《跨省（区）电能交易监管办法（试行）》，鼓励并规范跨区跨省电能交易。

（六）加强电力稽查

1. 完善电力稽查工作机制

不断完善电力稽查工作机制，设立了电力监管机构罚没收入账户，使行政处罚相关工作机制基本健全。

2. 查处违法违规行为

进一步加大对违法违规案件的查处力度。全年共立案查处违法违规案件74起。其中，电监会直接立案查处违法违规案件5起，对葛洲坝集团机电建设公司等企业的违规行为进行了处罚和处理，保障了市场主体的合法权益。

3. 积极开展联合行政执法

与国家有关部委积极协作，开展联合行政执法行动，维护了市场秩序。

会同环保部等八部门共同印发《关于2009年深入开展整治违法排污企业保障群众健康环保专项行动的通知》，联合召开了2009年专项行动电视电话会议，并进行督导检查。

会同公安部等九部门共同印发《2009年全国打击盗窃破坏电力电信广播电视设施犯罪专项斗争工作方案》，联合召开电视电话会议，对辽宁、吉林2009年"三电"专项斗争开展情况进行了督导检查。

会同国家质检总局等九部门共同印发《关于深入开展2009年全国建材市场专项整治工作的通知》，组成联合督查组，对有关地方相关问题整治情况进行了督查。

（七）深入开展治理商业贿赂专项工作

按照十七届中央纪委第三、四次全会的部署和中央治理商业贿赂领导小组第七次会议的要求，继续深入开展电力行业治理商业贿赂专项工作。加大查办违纪违法案件工作力度，全年共查结商业贿赂案件67件，涉案金额5205.18万元，142人受到处理。从查处情况看，电力工程建设和物资采购是商业贿赂案件易发多发领域，占案件总数的86.5%。

积极推动电力市场诚信体系建设迈上新台阶。修改完善了信用评价指标体系，评价质量得到提升；建立电力行业诚信信息管理系统，开通了电力行业诚信

网（www.ceccr.cn）；加大信用评价师培训工作力度，设立专家库；稳步推进信用企业评价工作，全年评出AAA级信用企业64家，AA级信用企业5家。

（八）积极开展工程建设领域突出问题专项治理

按照中央部署，为加强对专项治理工作的领导，成立了专项治理工作领导小组，明确了《电监会专项治理工作领导小组职责和工作制度》。

召开了专项治理工作领导小组三次专题会议，印发了《电监会开展工程建设领域突出问题专项治理工作方案》和《电监会开展工程建设领域突出问题排查工作方案》。

按照中央工程治理领导小组的要求，全力配合有关部委做好"规范工程建设项目决策行为"和"加强工程建设实施和工程质量的管理"两项专项治理任务。

结合电力监管工作实际，认真开展电力建设项目在承装（修、试）许可证管理、工程造价与定额、国家工程建设强制性条文执行情况、安全生产和应急管理、新建机组并网安全性评价等方面存在的突出问题的专项治理，取得了阶段性成效。

三、维护电力用户合法权益

依法保护电力投资者、经营者、使用者的合法权益和社会公共利益，是电力监管的一项重要任务。电力监管机构按照"以人为本，监管为民"的理念，围绕维护广大电力用户的合法权益，开展了大量工作，取得了明显成效。

（一）加强供电检查

供电检查是规范供电市场行为，维护电力消费者合法权益，促进供电企业提高供电质量、改善供电服务的重要手段。2009年，进一步加大了供电监督检查的工作力度。

一季度，组织开展了2008年供电整改检查，对《2008年供电监管报告》中披露问题的整改落实情况进行了复查，还对部分2008年未被检查的供电企业"对照检查，逐条梳理，自查自纠"的情况进行了抽查，发布了《2008年供电检查整改情况通报》。

7～9月，陆续在全国29个省（自治区、直辖市）开展供电检查，在以往属地检查的基础上，选择部分区域开展了区域内交叉检查。从全国3171家供电企业中，抽样选取259家，对其相关业务机构、变电站及基层营业（服务）网点进行了现场检查，受检供电企业占全国供电企业总数的8.17%。其中，省供电企业35家，地（市）供电企业97家，县供电企业127家。累计形成检查原始笔录及事实确认书826份，走访用户及召开座谈会132次，发放调查问卷1049份，电话访谈498次。

供电检查发现了涉及供电质量、供电服务、供电市场行为三个方面问题共172例，涉及受检供电企业105家，占总受检供电企业的40.54%。上述问题全部通过《2009年供电监管报告》新闻发布会的形式向全社会公开曝光。

（二）丰富监管手段

引入第三方调查。委托广东省省情调查研究中心在无锡和东莞两市，对居民和非居民供电用户进行了供电用户满意度问卷调查，形成《用户满意度调查报告》。

开展联合执法。联合国家质检总局对广东省中山市和河南省南阳市各600块在用电能表计量性能进行抽样检测，掌握了关于在用电能表运行误差情况的第一手数据。

完善社会监督体系。郑州电监办召开两次供电社会监督员工作会，为所有监督员印制发放了工作证，发放供电服务社会监督调查问卷600份，并在门户网站上发布问卷，公开征集社会和网民对供电服务工作的意见建议。

（三）处理消费者投诉举报

1. 加强12398热线建设

加强12398热线系统的维护和管理，及时解决系统运行存在的问题，保证系统稳定运行。进一步加强对热线接听人员的管理，在国家重要活动和节假日期间安排好人员值班，确保热线畅通。

统一12398热线电话宣传模板，督促供电企业在供电营业场所的显著位置进行公示。组织开展12398热线覆盖面普查，充分发挥12398热线在监管机构与监管对象及社会用户之间沟通的桥梁作用。

为扩大电力监管投诉举报工作的社会影响力，建立了投诉举报受理情况定期公布制度，在监管机构门户网站和《中国电力报》等行业媒体上按季度对12398热线接到的投诉举报事项的分布、分类、受理及结案情况进行公布，加大曝光力度，接受社会监督，人民群众和社会各界反映良好。

2. 积极畅通投诉举报渠道

不断加强自身建设，扩展投诉举报渠道，除12398热线电话以外，还利用信件、传真、短信、邮件等多种形式，鼓励并方便广大电力用户向监管机构反映问题，维护自身权益。

2009年，全国12398电力监管投诉举报热线系统共收到有效信息10 381件。其中，投诉3488件，占33.60%；举报356件，占3.43%；求助、建议、咨询等其他方面6537件，占62.97%。投诉举报反映的主要问题包括：供电服务5572件，占53.67%；电价执行和收费805件，占7.75%；电力安全545

件，占 5.25%；业务许可 481 件，占 4.63%；电力市场纠纷 144 件，占 1.39%；其他事项 2834 件，占 27.30%。

3. 加强投诉举报处理

认真受理电力用户的投诉举报事项，并严格按规定进行办理，切实解决了一批实际问题，维护了电力用户的合法权益。

在收到的有效信息中，依据《电力监管机构举报处理规定》和《电力监管机构投诉处理规定》，决定受理 2492 件，占有效信息总量的 24.01%，当年办结了 2116 件，占受理总量的 84.91%。

（四）积极解决争议纠纷

充分发挥争议调解友好简便、迅捷高效的特点和优势，积极开展电力争议调解，不断完善调解组织机构、工作机制，努力通过调解手段解决争议，化解矛盾纠纷。全年共调解电力争议纠纷案件 79 起，灵活运用电话沟通、书面答复、协调、调解庭正式调解等方式给予解决。

四、促进电力科学发展

（一）深化电力体制改革

按照国务院《关于“十一五”深化电力体制改革的实施意见》，继续做好电力体制改革工作。积极协调沟通国家有关部门，进一步完善市场建设，推动电价改革工作，印发了《关于完善电力用户与发电企业直接交易试点工作有关问题的通知》等政策性文件。积极推进电网企业主辅分离改革和农村电力体制改革工作，推动有关部门成立主辅分离改革专项工作组，电网企业主辅分离改革工作再次启动；编制《关于开展农村电力体制改革试点工作的意见（征求意见稿）》，完成了试点前期准备工作。

积极开展深化电力体制改革关键环节调研工作，完成了输配电体制改革、调度交易机构设置、输配电价改革、输配电业务分开核算、农电体制改革等方面的重大课题研究，基本理清了输配电体制改革的总体思路和方法路径。

（二）推进电力用户与发电企业直接交易试点

研究提出以市场建设为平台、以电价改革为核心、以电力用户与发电企业直接交易为突破口的电力市场建设工作思路。

落实国务院应对国际金融危机、拉动内需的有关精神，联合工信部、发展改革委、国家能源局等部门印发了《关于工业企业参与大用户直购电试点有关问题的通知》和《关于开展电解铝企业直购电试点工作的通知》，研究确定了 15 家符合国家产业政策的电解铝企业开展电力用户直购电试点工作。

会同发展改革委、国家能源局联合印发《关于完善电力用户与发电企业直接交易试点工作有关问题的通知》，规范和推进电力用户与发电企业直接交易试点工作。

会同国家工商总局联合印发了电力用户与发电企业直接交易购售电合同和输配电服务合同两个范本。

制定《电力用户与发电企业直接交易基本规则（试行）》，进一步细化了交易规则。

积极参与和促进部分省（自治区、直辖市）电力用户直购电输配电价制定工作，各派出机构积极与地方政府沟通协调，共同做好试点工作的申报、组织工作。

（三）构建电力市场平台（略）

（四）促进电力节能减排

1. 加强可再生能源发电上网监管

积极参与《可再生能源法》修订工作，提出意见和建议。

积极完善《可再生上网监管规则》。组织编制了风电、光伏发电《购售电合同》和《并网调度协议》示范文本草案，指导规范可再生能源发电并网与电量收购。与发展改革委、国家能源局联合下发《关于节能发电调度试点经济补偿有关问题的通知》，推动节能发电调度经济补偿办法的出台。

配合发展改革委制定可再生能源电价附加与配额交易方案，共同制定发布了 2008 年 7～12 月和 2009 年 1～6 月可再生能源电价附加补贴和配额交易方案。

积极推动完善小水电管理地方法规，协调解决小水电电量收购涉及的各类争议纠纷，推动小水电上网。

积极推动风电上网电量全额收购。为增加电网接纳风电能力，东北电监局开展了火电厂最小运行方式核定工作，积极挖掘电网潜力，取得较好效果。

积极落实可再生能源全额收购和电价政策，协调解决可再生能源上网中存在的其他问题。福州电监办对个别水电站存在的送出工程投资承担及公用输电线路线损分摊问题及时进行协调，妥善解决争议矛盾。

2. 加强二氧化硫治理后续监管

根据国务院节能减排综合性工作方案，进一步加强了对持证燃煤电厂二氧化硫治理情况的后续监管。在许可证标注治理时限以及持有《限期临时运营证明》的 277 家发电企业中，193 家已经完成二氧化硫治理，28 家相关机组已经关停，对 25 家尚未到达治理时限的企业督促其加快治理进度，对 31 家已经到达治理时限但尚未完成治理的企业提出处理建议，责令整改。

3. 加强燃煤机组脱硫设施监管

继续开展燃煤机组脱硫设施监管，推动燃煤发电机组污染物排放实时在线监测系统建设，督促火电企业提高脱硫设施运行维护水平，脱硫设施的投运率和脱硫效率进一步提高。

4. 促进发电权交易

2009年，首次实现了发电权交易的跨省运作。全国累计完成发电权交易电量约1450亿kWh，实现节约标煤约1250万t，减少二氧化硫排放约35万t，减少二氧化碳排放约3200万t。

5. 积极发布节能减排监管信息

按照《国务院办公厅关于印发2009年节能减排工作安排的通知》（国办发［2009］48号）要求，及时总结2008年电力企业节能降耗、二氧化硫减排工作开展情况以及取得的成效和存在的问题，会同发展改革委、国家能源局、环保部向社会发布了《2008年电力企业节能减排情况通报》，有效促进了电力企业节能减排工作的开展。

（五）推进监管标准建设

1. 积极开展电力监管标准制修订工作

进一步完善全国电力监管标准化技术委员会的有关制度规范，《供电服务规范》等7项监管标准纳入国标委2009年国标计划。

2. 认真做好电力企业标准化良好行为试点及确认工作

按照《电力企业标准化良好行为试点及确认工作实施细则》的有关要求，正式成立了电力企业标准化良好行为试点及确认工作办公室、省级确认工作联合办公室。试点和确认工作进入实际操作阶段，开展了第一批电力企业标准化良好行为企业试点单位申报和征集专家库成员等工作。“电力企业标准化良好行为试点及确认工作信息系统”顺利通过评审验收，进入试运行及相关培训阶段。

3. 切实推动电力工程项目建设有关标准制修订工作

完成《电力工程项目建设用地指标》制修订工作，分别组织完成了火电厂、核电站、变电站、换流站部分和风电场部分的验收和审查工作。继续推进《核电站工程项目建设标准》和《风电场工程项目建设标准》编制工作。完成了恶劣气象条件下电力标准适用性和电网工程电磁环境影响分析专题研究。

（六）加强国际交流与合作

1. 加强国际合作，促进电力科学发展

促进政府间电力合作。配合国家外交大局，继续做好大湄公河次区域、中亚、中蒙、中俄等有关政府间电力合作项目工作，编制完成《大湄公河次区域电力合作情况报告》。

参加丹麦政府举办的丹—中电力能效论坛，交流电力行业节能减排新技术和先进经验，宣传我国在电力行业节能减排和可再生能源发展方面取得的成绩和面临的挑战，促进政府间节能减排工作交流与合作。

参与全球环境基金（GEF）中国火电效率项目，启动了节能发电调度经济补偿机制、节能发电调度试点信息披露、节能发电调度和电力市场的结合问题等三项子课题研究工作，配合财政部关停山东、山西低效燃煤小火电机组、提高示范电厂效率，促进广东电网公司实施节能发电调度试点项目。

2. 深化电力监管国际比较研究，探索交流改革与监管经验

出席第四届世界能源监管论坛，就能源安全与可靠性、应对气候变化、竞争性能源市场以及能源监管机构的作用等热点议题与各国代表进行交流和研讨。

参与环境保护部关于美国火电厂排放检测和控制的考察与研究工作，提出我国电力企业二氧化硫排放及监管建议。

配合世界银行“中国输配电体制改革研究”项目，深入开展巴西、阿根廷、俄罗斯和捷克等国输配电体制改革专题考察与交流，并举办了俄罗斯电力体制改革专题座谈会和输配电体制改革高层研讨会。

重点考察研究了日本和美国输配电成本监管制度和做法，组织翻译了日本《电力法》、《电力行业会计规则》、《电力行业会计规则使用要领》、《一般电力企业电力过网费用计算规则》以及美国《公用电力事业统一会计制度》等重要外文资料。

2010年供电监管报告（摘要）

一、基本情况

2010年，电监会把开展调查研究、解决热点、难点问题和推动监管工作结合起来，积极探索，完善措施，力求取得实效。

2009年11月26日，电监会颁布《供电监管办法》（简称《办法》），于2010年1月1日起施行。

2010年供电检查是《办法》施行以来的首次检查，在总结以往检查经验的基础上，采用区域内交叉检查和区域间交叉检查相结合的模式，从全国3171家供电企业中选取206家，对其相关业务机构和基层营业网点进行现场检查，受检供电企业占7.4%。其中，省级供电企业34家，地（市）级供电企业86家，县级供电企业86家。检查中，共制作原始笔录及事实确认书1008份，发放调查问卷609份，电话访谈405次。

从检查情况来看，大部分供电企业能够结合本地区、本单位实际，采取多种形式，利用各种载体，广泛深入开展《办法》的学习宣传，其中部分供电企业还对照电监会历年供电监管报告中披露的问题，举一反三，对供电质量管理制度、供电服务运行机制和供电市场行为等进行了全面梳理和摸底排查，对自查发现的主要问题和薄弱环节及时加以整改，并通过加大电网投入、创新服务方式，有效促进了供电工作的进一步提高。

各供电企业服从党和国家工作大局，积极履行重大事件保供电和抢险救灾、突发事件紧急供电职责，加强电网设备运行维护管理，建立健全各级应急保供电组织体系，胜利完成世博会、亚运会、全运会、玉树地震抗灾、西南抗旱等重大应急保供电任务。

国家电网公司为推动供电工作，服务民生，贴近百姓，深入开展“塑文化、强队伍、铸品质”供电服务提升工程，推进“电力服务进社区”活动。南方电网公司积极配合电力监管机构开展定点监管工作，对于发现的不足和差距，积极落实相关整改措施，有效提高了供电质量和供电服务水平。

但是，部分供电企业还存在一些亟需整改的问题。主要表现在配网薄弱，供电能力不足，供电质量存在一定差距；停、限电信息未按规定公告；故障抢修不及时；业扩报装办理不规范等方面。特别是部分供电企业在执行国家电价、收费、供电成本、行政许可政策及供用电合同签订履行、公平、无歧视开放供电市场等方面存在违规行为，损害了电力消费者的合法权益。

据统计，本次检查共发现各类问题460例，涉及供电企业128家。其中比较严重的问题78例，涉及供电企业50家，占受检供电企业总数的24.3%。

二、监管评价

（一）供电能力

部分受检供电企业为满足不断增长的用电需求，通过加大电网投入和建设改造力度、完善电网结构，逐步解决电网供电能力不足等问题，供电能力有所提高。

四川省电力公司重点实施“连片扶贫开发”电网改造工程，对藏区开展太阳能发电工程建设，满足藏区用电需求，并开展了对藏区居民的用电常识、电力法律法规及电力安全的宣传工作。

山西忻州定襄供电支公司实施新农村亮化、电气化示范工程，更换高损耗变压器和低压载波电能表，使农网供电能力不断提高。

（二）供电质量

大部分受检供电企业加大电压运行管理和低电压改造力度，建立了电压合格率监测及统计管理制度，按照《办法》规定设置电压监测点；深化可靠性专业管理，建立供电可靠率监测及统计管理制度，统筹安排停电、检修计划，有效地减少了停电时间、提高了供电可靠性。供电可靠率和用户受电端电压合格率基本达到《办法》要求。

（三）供电服务

（1）大部分供电企业能够认真履行电力社会普遍服务义务，主动承担社会责任，积极帮助和扶持少数民族地区、边远地区和贫困地区发展电力事业。

云南昆明供电局积极投入资金，采取电网延伸和太阳能发电方式，解决了36个乡镇、132个自然村、1751户共7013人的用电问题，实现无电人口全部通电。

（2）大部分供电企业能够按照有关规定为用户办理新装用电、临时用电、增加用电容量、变更用电和终止用电等用电业务。对于供电质量有特殊要求的用户，能够积极与用户进行协商沟通，并根据必要性和电网的情况，提供相应的电力。

（3）大部分供电企业通过优化业扩报装流程、严格办理时限考核，缩短用电业务办理时间。向用户提供供电方案、审核用户受电工程设计文件和有关资料，以及对用户受电工程启动中间检查和竣工检验，装表接电等用电业务各环节时限基本符合《办法》规定。

（4）部分供电企业能够对用户受电工程建设提供必要的业务和技术标准咨询，并按照国家有关标准进行中间检查和竣工检验；能够定期开展用户受电设施安全检查，发现用户受电设施存在故障隐患时，及时书面告知用户并指导其予以消除。

（5）大部分供电企业加强停、限电管理，合理安排停电检修，规范停电信息公告，严格执行政府批准的有序用电方案，停、限电公告的内容和时限基本符合《办法》要求。

辽宁丹东供电公司通过营业厅、社区联动、“马上就办”政风行风热线等多种渠道，对12398电力监管投诉举报电话和95598供电服务电话进行宣传。

（6）大部分供电企业对于用户反映的各类问题，通过分层管理、分类处理、分析整改并回访用户的投诉闭环处理机制，能够在接到投诉之日起10个工作日内提出处理意见，答复用户。

（7）大部分供电企业能够建立应急管理机制，制订应急预案，定期开展演练，有效提高了突发事故应急处理能力。

青海省电力公司在玉树抗震救灾中，迅速启动应急机制，积极采取有效应对措施，圆满完成救灾抢修保电任务。

（四）供电市场行为

（1）大部分供电企业能够认真执行国家有关电力

行政许可规定，在用户受电工程中间检查和竣工检验等环节，对施工单位是否持有电力监管机构颁发的承装（修、试）电力设施许可证进行查验，并通过各种渠道积极向用户宣传电工进网作业许可管理的规定。

（2）部分供电企业逐步加大用户受电工程市场开放力度，规范供电市场行为，用户自主选择权有所体现。

浙江省电力公司积极配合电力监管机构开展电力用户受电工程市场规范化建设工作，在用户受电工程信息服务系统中，公开符合国家规定的设计、施工、设备材料供应单位和产品，由用户自主选择。

福建福州电业局推行用户自主选择权益告知书、建立用户受电工程自购自建通道、搭建市场信息平台，促进用户受电工程市场开放。

（3）大部分供电企业能够认真执行政府价格部门核定的各项电价政策和其他收费标准，并按照供用电合同有关约定，采用计量检定机构依法认可的用电计量装置记录向用户计收电费；检查中没有发现擅自变更电价、擅自在电费中加收或代收其他费用的行为。

（4）供电企业基本能够按照国家有关规定，遵循平等自愿、协商一致、诚实守信的原则，在送电前与用户、趸购转售电单位签订供用电合同，并按照合同约定履行供电义务。

（5）大部分供电企业能够按照国家信息公开有关规定，通过中国电力信息网等多种便于用户获取的方式公布供电信息；将12398电力监管投诉举报电话标识固定在营业场所显著位置，接受社会监督。

（6）大部分供电企业贯彻执行国家有关节能减排政策和环境保护政策，加强电网线损管理，努力减少电能输送和供应环节的损失和浪费；对政府甄别的高耗能企业按有关规定执行差别电价，依法对违反国家节能减排政策和环境违法企业采取停、限电措施。

浙江海盐供电局积极响应国家节能减排政策，实施小容量太阳能、风力发电接入家庭项目，为用户提供清洁绿色能源。

（五）供电成本

大部分供电企业能够加强成本管理，按照国家有关会计法律规范规定的方法和标准进行成本核算。计入成本的各项支出与电能的传输和经营过程相关，基本属于生产经营活动的正常需要。

三、存在问题

（一）供电能力

检查发现，供电能力方面问题3例，占问题总数的0.7％；涉及供电企业3家，占受检供电企业总数的2.4％。主要表现为：部分地区电网存在结构性矛盾，电网投入不足，配网改造滞后，特别是边远地区、农村电网较为薄弱，电网发展不能满足日益增长的用电需求。

（二）供电质量

检查发现，供电质量方面问题141例，占问题总数的30.6％；涉及供电企业84家，占受检供电企业总数的41％。主要表现为：

（1）部分供电企业电压合格率不符合《办法》要求。

（2）部分供电企业电压监测统计数据不真实，监测点设置不符合规定要求，不能真实反映用户受电端电压的情况。

（3）部分供电企业供电可靠性录入数据不准确，统计数据不真实。

（三）供电服务

检查发现，供电服务方面问题145例，占问题总数的31.5％；涉及供电企业82家，占受检供电企业的39.8％。主要表现为：

（1）用电业务办理不规范、超时限，资料不完整，内容不真实。

（2）部分供电企业未按规定程序实施停电。

（3）部分供电企业故障抢修超时限。

（4）部分供电企业为用户受电工程提供服务不规范，对用户受电工程质量把关不严。

（四）供电市场行为

检查发现，供电市场行为方面问题159例，占问题总数的34.6％；涉及供电企业81家，占受检供电企业的39.3％。主要表现为：

（1）违反市场公平竞争原则，设置市场壁垒。

（2）部分供电企业存在用户受电工程“三指定”行为。

（3）供电信息公开不规范、不准确和不全面。

（4）部分供电企业违反国家电力行政许可有关规定。

（5）部分供电企业未严格执行国家电价政策。

（6）部分供电企业自立收费项目，自定收费标准。

（7）部分供电企业供用电合同中存在违规条款，少数供电企业存在侵害用户合法权益情况。

（五）供电成本

检查发现，供电成本方面问题12例，占问题总数的2.3％；涉及供电企业7家，占受检供电企业的3.4％。问题主要表现为：

（1）成本核算不规范、不真实：①超范围列支成本，虚增供电成本；②成本费用收支不规范。

（2）电力工程建设成本资料不完整，影响成本真实性核查。

（3）虚列企业成本费用。

四、整改要求

（一）加强电网规划和建设，全面增强供电能力

加大电网投入，加强电网规划和建设改造力度，优化电网结构，加快各电压等级电源点建设，全面增强供电能力，满足日益增长的用电需求。在城市高负荷密度区域优化配网结构，加大接入电源点和配网网架建设，并重点关注城乡结合部、农村和边远地区用电负荷需求，加大电网建设资金投入，拓宽电网覆盖面。

（二）加强供电质量管理，逐步提高供电质量

一是要加强可靠性基础数据管理，认真做好停电事件记录校核，确保基础数据完整、准确；二是加强供电可靠性指标分析和评价，推广综合检修和状态检修，拓展带电作业项目，强化应急抢修管理，提高配电可靠性管理水平；三是重点关注城乡结合部、学校、大型企业附近的供电台区负荷变化，及时解决配电变压器超载、负荷不平衡等原因引起的电压质量问题；四是进一步规范电压监测点的布点工作，加强动态跟踪，及时调整、增补电压监测点，强化运行管理、注重运行分析；五是做好电压检测仪的周期校验工作，确保电压监测数据真实、准确。

（三）强化管理，进一步提升供电服务水平

一是要坚持保民生、促发展，认真履行普遍服务义务，确保电力用户的基本用电需求；二是要理顺业扩流程，规范时限管理，完善业扩工程档案；三是要依法发布停电公告，保障用户知情权；四是要进一步梳理和细化管理制度，健全监督约束机制，提高员工责任意识，自觉接受社会监督。

（四）强化依法经营意识，切实规范供电市场行为

1. 牢固树立市场意识，规范供电市场行为，切实保障用户自主选择权

一是进一步理清主业和关联企业的业务界面，杜绝混业经营行为；二是进一步梳理用户受电工程业务流程，消除技术和服务方面的市场壁垒；三是严格杜绝“三指定”行为，全面开放用户受电工程市场。

2. 依法公开供电信息，充分保障用户知情权

供电企业应按照有关规定公开信息，梳理完善信息公开内容项目和渠道，确保信息公开及时、完整和准确。

3. 强化责任意识，认真贯彻实施电力行政许可规定

一是要依法执行电力行政许可规定，及时办理有关许可证登记事项和变更手续；二是要在报装接电各环节和日常的用电检查工作中，严格查验用户受电工程安装、检修、试验单位的许可类别和等级范围，认真核验用电单位从事电气安装、试验、检修、运行等作业人员的持证上岗情况；三是对未经许可或者超越许可范围承接用户工程的施工企业，不得进行中间检查和竣工检验；对未取得电工进网作业许可证或者电工进网作业许可证未注册的人员，要责令其停止作业，并及时向电力监管机构报告。

4. 进一步规范供用电合同的签订和履行

一是要规范供用电合同内容，杜绝违规条款，充分体现平等自愿、协商一致、诚实信用原则；二是要根据实际供电情况，及时修正供用电合同中的有关条款，确保合同条款与实际情况相符；三是要在供用电合同中明确与交易有关数据的计算依据、方法及相关参数；四是要规范供用电合同的签订程序，严格履行合同约定，切实保障供用电双方合法权益。

5. 严格执行国家电价政策，依法规范业务收费

一是要严格执行国家的电价电费政策和收费标准，纠正不规范的收费行为，对于检查中发现的电费电价执行错误、“乱收费”、改变收费范围和条件等问题，要及时进行清理和纠正，经核实后，违规所得应及时退还用户；二是要加强对国家有关政策法规的学习，制定合法合理的收费标准，切实保障电力消费者的合法权益；三是要按照有关规定和标准，对所有同类用户按照同一标准进行计收；四是要进一步规范关联企业的收费行为，坚决杜绝辅业乱收费现象；五是要认真梳理价格管理部门出台的收费政策，对于应取消的和部分收费标准不符合实际情况的收费项目，要及时反馈情况，积极配合有关部门调整收费项目和收费标准。

6. 杜绝不正当关联交易

一是要依法经营、规范经营，划清主营业务与关联企业的界限，杜绝相互间的不正当交易；二是要规范关联企业的经营行为，杜绝关联企业利用主业在供电市场中的支配地位垄断市场的违法行为。

（五）规范供电成本核算，合规列支成本

针对成本列支和收入核算不合规问题，要按照国家有关规定，对成本费用列支范围和收入业务调整进行规范核算。

五、监管建议

（一）统筹规划，大力推进城乡配电网建设和改造

为使部分城镇及农村地区供电质量得到根本改善，应在国家“十二五”规划中，进一步加大城乡配

电网建设和改造力度，落实相关资金，有效提高供电能力，满足不断发展的城乡配电网用电需求。

（二）完善立法，着力解决供电企业现存诸多问题

要按照电力体制改革总体要求，加快电力行业法律法规修订进程，制定完善相关政策法规，着力解决供电企业在产权界面、主多混营等多方面问题，为供电企业更好地发展提供有力保障。

（三）多措并举，努力实现全社会节能减排总目标

根据国家有关节能减排政策，制定和完善需求侧管理政策法规，加大执行力度，引导全社会合理用电、节约用电。大力发展电力替代能源产业，积极扶持电力替代能源项目，有效利用资源，切实保护环境。

（四）要进一步深化改革，积极推进电网企业“三产”、多经剥离工作

要划清供电企业与关联企业的业务界限，加快电网企业“三产”、多经剥离工作，杜绝主业超范围经营活动及主业与关联企业间的不正当交易，维护公开、公平、公正的供电市场秩序。

2009 年度电力可靠性指标（摘要）

2010 年 5 月 28 日，国家电监会和中国电力企业联合会在北京联合召开 2009 年度电力可靠性指标发布会。

会议发布，2009 年电力系统及电力设备基本安全可靠，运行稳定。全国 10 万 kW 以上火电机组等效可用系数达到 92.89%，4 万 kW 以上水电机组等效可用系数为 92.48%；全国 220kV 以上电压等级架空线路、变压器、断路器可用系数分别为 99.293%、99.645%、99.870%，同比分别上升了 0.663%、0.075%、0.038%；全国城市 10kV 供电系统用户供电可靠率为 99.896%，同比提高了 0.033 个百分点，用户年平均停电时间为 9.111h，同比减少 2.960h。

会议揭晓，浙江浙能乐清发电有限责任公司 2 号机组等 20 台机组为 2009 年度全国火力发电可靠性金牌机组；上海市电力公司等 20 家供电企业为 2009 年度全国供电可靠性金牌企业。

2009 年我国电力工业继续保持平稳较快发展，电力供需整体平衡。发电装机容量达到 8.74 亿 kW，全国发电量达到 3.66 万亿 kWh，已连续 15 年位居世界第二位；电网 220kV 及以上输电线路回路长度达到 39.97 万 km，变电设备容量为 16.51 亿 kVA，电网总规模已占世界首位。

2010 年电力许可制度执行情况监管报告（摘要）

一、基本情况

目前，电监会在行政许可方面主要开展了电力业务许可证（发电类、输电类、供电类）、承装（修、试）电力设施许可证和电工进网作业许可证的颁发与管理工作。截至 2010 年 8 月底，全国共有17 201家发电企业取得了许可证，其中，6000kW 以上持证发电企业 4403 家；全国 38 家输电企业全部取得许可证；2940 家供电企业取得许可证；9404 家企业取得承装（修、试）电力设施许可证；145 万多人取得电工进网作业许可证。

2010 年 4 月，电监会印发了《关于开展 2010 年许可准入制度执行情况检查工作的通知》（办资质［2010］20 号），要求 4～8 月在全国范围内开展电力业务许可制度、承装（修、试）电力设施许可制度以及电工进网作业许可制度的执行情况检查。此次检查对象为发电企业、输电企业、供电企业、承装（修、试）电力设施企业和用电单位，检查采取企业自查和现场抽查两种方式，共检查企业或单位17 311家，现场抽查 2427 家，现场抽查占检查总数的 14%。其中，检查发电企业 3156 家，现场抽查 343 家，占检查数 11%；检查输电企业 32 家，现场抽查 22 家，占检查数的 69%；检查供电企业 2206 家，现场抽查 304 家，占检查数的 14%；检查承装（修、试）电力设施企业 6216 家，现场抽查企业 634 家，占检查数的 10%；检查用电单位 5701 家，现场抽查 1142 家，占检查数的 20%。

在检查中，监管机构共查出存在各类违规问题的企业或单位 301 家，占检查总数的 1.7%。其中发电企业 110 家，占检查总数的 3.4%；输供电企业 47 家，占检查总数的 2%；承装（修、试）电力设施企业 91 家，占检查总数的 1.5%；用电单位 53 家，占检查总数的 0.9%。总的来看，违规比例比往年明显减少。此次检查发现的违规行为主要是：部分电力企业未按要求取得许可证，未按规定办理许可变更手续，未建立健全工程招投标制度，将工程发包给无证或超越许可范围的企业承担；少数承装（修、试）电力设施企业伪造、涂改许可证，无证或超越许可范围施工，转包或违法分包，实际资质条件与法定要求不符；一些用电单位安排未取得许可证的人员进网作业，电工未按要求及时续期注册等。

为了切实落实国家节能减排政策，检查将燃煤电

厂二氧化硫治理和小火电机组关停作为发电企业执行许可制度的重点检查内容。在工作中，监管机构以许可证备注管理、撤销等手段，有力推进了节能减排工作。截至2010年8月底，全国共有108台小火电关停机组的电力业务许可被撤销，未按期完成二氧化硫治理的49家燃煤电厂没有获得许可。

针对检查中发现的问题，监管机构已责成有关企业或单位限期整改。目前，违规企业或单位正在按照监管机构的要求进行整改；需要进一步立案调查的，监管机构将按照相关程序进行立案调查。

二、监管评价

从检查情况看，电力企业和社会公众对电力许可制度的认知度普遍提高，绝大多数电力企业实现了依法持证经营，市场行为进一步规范，违反许可证管理规定的行为明显减少，进网作业电工持证上岗意识增强，许可证的功效得到进一步发挥。

（一）发电企业基本实现依法持证经营，市场准入功效得到进一步发挥

发电企业依法持证经营理念已经确立，目前全国装机容量6000kW以上符合许可条件的发电企业基本实现依法持证经营，许可制度执行力不断提升；一些未取得许可的发电企业也通过积极努力，逐步完善相关许可条件；大部分发电企业在发生许可变更后，能够按照相关规定及时办理变更手续。大多数燃煤电厂按照许可制度的要求，认真贯彻落实节能减排政策，按期完成二氧化硫治理工作；按照计划，多数小火电关停机组的许可证被撤销，退出电力市场。大多数发电企业按照要求，将涉网工程交由持有承装（修、试）电力设施许可证的企业承担。

（二）输供电企业执行许可制度情况良好，市场行为进一步规范

全国输供电企业依法持证经营意识明显增强，能够认真贯彻落实电力业务许可制度，积极申领许可证，按要求及时办理变更手续。大多数输供电企业严格执行监管机构关于存量发电企业依法持证经营和新建机组转入商业运行的有关规定，对新建机组转商业运营前是否持有许可证进行严格查验。输供电企业在工程招标、业扩报装、施工、中间检查和竣工检验等环节，基本落实承装（修、试）电力设施许可和电工进网作业许可制度，在经营场所公示施工企业名单，并在工程招投标文件中将持有承装（修、试）电力设施许可证作为必备条件，特别是在中期检查和项目竣工等环节，加强了对许可证的检查。

（三）承装（修、试）电力设施企业认真贯彻落实电监会28号令，做到依法持证规范经营

全国承装（修、试）电力设施许可证基本普及，许可证等级涵盖不同所有制企业，施工市场开放程度进一步扩大。自2010年3月电监会28号令颁布实施以来，相关企业认真贯彻落实28号令；大多数承装（修、试）电力设施企业都能够结合自身实际情况，及时向监管机构提出许可申请和变更，并严格规范自身经营行为，按照许可等级和范围从事电力设施安装、维修、试验工作。

（四）电工进网作业许可证普及程度不断提高，电工持证上岗意识增强

电工用人单位对电工持证上岗重要性的认识不断提高，绝大多数重要电力用户、电力施工企业和农电企业中从事相关工作的进网电工，已基本实现持证作业并在许可证规定范围内从业，电工许可证有效期满后基本能够按时参加续期注册，电工进网作业许可证的准入功效已得到进一步发挥。

三、存在问题

（一）发电企业存在的问题

检查发现，110家发电企业存在违规行为，占发现问题家数的37%，主要集中在以下几个方面：少数企业未按规定申领电力业务许可证，未按规定办理登记或许可事项变更；部分燃煤电厂未完成二氧化硫治理，关停机组未办理注销手续，以及将涉网工程交由无证或超越许可范围的企业承担等。

16家企业未按规定申请发电类电力业务许可证。8家发电企业未按规定办理许可事项变更。49家燃煤发电企业未完成二氧化硫治理。37家发电企业机组关停后未配合监管机构办理注销手续。

少数发电企业没有严格执行承装（修、试）电力设施许可制度，将涉网工程交由无证或超越许可范围企业承担。

（二）输供电企业存在的问题

输供电企业在落实许可制度方面存在问题，主要集中在以下几个方面：少数企业未持证经营，一些企业查验许可证不严，部分企业未建立健全承装（修、试）电力设施工程持证施工制度等。

部分企业在落实输供电业务许可制度方面存在问题。23家供电企业由于自身条件达不到许可要求，未能实现持证经营，其中7家供电企业因财务能力达不到要求未能取得许可证；一些输供电企业输供电设施或者名称、住所、法定代表人等发生变化后，未能按照《电力业务许可证管理规定》的要求，及时申请变更。

少数企业在落实发电业务许可制度方面存在问题。部分输供电企业执行监管机构制定的电力市场交易制度不严格，在并网调度协议、购售电合同签订以及电费结算等环节，未按要求核对发电类电力业务许

可证及其变更登记的机组情况。

24家企业在落实承装（修、试）电力设施许可制度方面存在问题。一些输供电企业在审验施工企业资质时不严格，将工程交给无许可证或超越许可范围甚至交由伪造许可证的企业承担，并准予竣工验收；少数供电企业未在客服中心公示承装（修、试）电力设施许可制度。

（三）承装（修、试）电力设施企业存在的问题

91家承装（修、试）电力设施企业违法违规，占发现问题家数的30%，主要集中在以下几个方面：伪造、涂改许可证，无证或超越许可范围施工，转包或违规分包，实际资质条件与法定要求不符，以及安排无证电工进网作业等。

6家企业伪造、涂改许可证。18家企业无证施工或超越许可范围施工。15家企业转包或违法分包。33家企业因实际资质条件发生变化与法定要求不符。9家企业未按规定申请许可变更。10家企业安排无证电工进网作业。

（四）用电单位存在的问题

53家用电单位违规，占发现问题家数的18%。主要集中在安排无证人员进网作业和持证电工未按规定续期注册等方面。

50家单位安排无证人员进网作业。3家单位持证电工未按规定进行续期注册。

四、整改要求

（一）发电企业要依法持证经营，并认真做好节能减排工作

发电企业要不断增强依法持证经营意识，切实做好许可证申领、变更及注销工作；要认真落实国家节能减排政策，积极完成二氧化硫治理及小火电机组关停相关工作；要严格执行涉网工程持证施工制度，明确将承装（修、试）电力设施许可证作为涉网工程施工的前置条件。

针对检查中发现的问题，提出以下整改要求：一是16家未按要求申领许可证的企业，应当在监管机构规定的时限内提交申请材料，逾期仍不提交的，将按照规定进行相应处理，情节严重的将予以强制解网；二是8家未按时办理许可事项变更的企业，应立即向监管机构提出相应申请，其中新建机组未按要求及时办理变更手续的，不得并网运行；三是49家未完成二氧化硫治理的企业，应按要求尽快完成治理工作，并及时向监管机构提交验收报告；四是37家机组关停后未办理注销手续的企业，应立即到监管机构办理注销手续，逾期不办的，监管机构将以公告形式撤销其许可；五是未落实涉网工程持证施工制度的发电企业，要规范涉网工程管理，正在施工的工程要立即停止施工，交由持证企业承担。

（二）输供电企业要严格落实许可制度，切实做到依法持证规范经营

输供电企业要认真落实输供电业务许可制度，实现依法持证经营，并按照监管机构要求做好许可变更等工作；要认真落实发电业务许可制度，严格执行有关规定，未取得许可证的新建机组，不得使其转入商业运营；要建立健全电力工程招投标制度，加强对总承包单位的施工过程管理，建议所有外包工程严格采用招投标程序选取施工单位，禁止无证企业承揽工程；要积极开放施工市场，不得以任何方式和理由限制施工市场公平竞争；要按照监管机构要求加强对用户单位持证电工的管理，确保用户单位进网作业电工依法持证上岗。

针对检查中发现的问题，提出以下整改要求：一是23家供电企业要认真落实许可制度，尽快做到依法持证经营，其中21家提出许可申请但尚不具备取证条件的供电企业，应积极创造条件，限期达到许可条件；2家未按要求申领许可证的企业，应当在监管机构规定的时限内提交申请材料，逾期仍未提交的，将按照规定给予相应处理。未变更许可证的输供电企业，应按规定及时变更许可证。二是未严格落实发电业务许可制度的输供电企业，应要求发电企业并网前出示许可证，否则不得允许其投入商业运营。三是24家未落实承装（修、试）电力设施许可制度的企业，要限期健全相关施工管理和用户业扩报装管理制度，并在工程发包和用户工程管理环节严格把关，严禁无证或者超越许可范围的企业承揽工程；不得允许企业违法分包，一旦发现有以上违法行为企业的施工项目，应当立即向监管机构报告，并一律不得进行竣工验收。

（三）承装（修、试）电力设施企业要认真落实电监会28号令，不断规范市场经营行为

承装（修、试）电力设施企业要全面贯彻落实电监会28号令及其配套文件，依法持证并在规定的许可范围内开展业务，不得骗取、涂改、倒卖和出租许可证；当企业名称、住所或者法定代表人发生变化时，要及时申请许可变更；要对照28号令，不断提升和完善资质条件，不得以任何理由削减资质等级所要求的机具设备与人员配置等；不得违规转包或分包工程，不得安排无证或未续期注册电工进网作业。

针对检查中发现的问题，提出以下整改要求：一是6家涂改、伪造许可证的企业，要立即停止违法违规行为，监管机构将按规定收缴其许可证并处以相应罚款。二是18家无证或超越许可范围施工的企业，要立即停止相关的经营活动，监管机构将按规定处以

相应罚款，并没收违法所得和从事无证经营的工具设备等。三是15家转包或违法分包的企业，要立即停止转包或违法分包活动，并要认真整改，切实禁止转包行为，依法规范分包活动。四是33家实际资质条件与法定要求不符的企业，要对照电监会28号令许可申请条件规定的标准，限期整改。承装（修、试）电力设施单位的人员、资产、设备等情况发生重大变化，已不符合相应许可证条件、标准的，监管机构将根据其实际具有的条件，重新核定其许可证的类别和等级。五是9家未按规定申请许可变更的施工企业，要立即申请许可变更，逾期未办理许可证登记事项变更手续的，将按规定予以相应处理。六是10家安排无证电工进网作业的施工企业，要立即停止相关人员作业活动，监管机构将按照作出相应处理；施工企业要督促无证作业人员尽快取证，并在今后的施工管理中严格落实持证上岗制度，确保进网作业电工持证上岗。

（四）用电单位要增强许可管理意识，进网作业电工必须依法持证上岗

用电单位要增强进网作业电工持证上岗意识，尤其是高危行业和重要用户要严格执行电工进网作业许可管理制度，不断强化进网作业电工管理，切实保障企业安全生产和电网设备安全稳定运行。电工用人单位要落实电工进网作业许可制度，配备相应的进网作业电工，禁止无证电工进网作业，督促持证电工及时办理进网作业续期注册。电网企业要加强对承揽单位和分包单位的电工进入工程现场从事进网作业行为的过程监督管理，避免安排未持证电工违规进网作业。

针对检查中发现的问题，提出以下整改要求：53家用电单位，应立即停止无证人员进网作业，积极组织相关人员申领电工进网作业许可证；对未及时续期注册的电工，用电单位应抓紧督促其按照规定进行续期注册，保证电工进网作业符合法规要求；对于安排无证或者许可证未注册的人员从事进网作业的单位，监管机构将按照规定作出相应处理。

五、监管建议

（一）加快相关电力法律法规建设

建议加快相关电力法律法规的立法进程，积极推动《电力法》、《电力供应与使用条例》、《电网调度条例》等相关法律法规的修订工作，进一步明确各级政府部门管理职责，切实发挥监管机构职能，共同促进电力工业持续健康发展。

（二）继续推进电网企业主辅分离、多经剥离工作

建议有关部门将电网企业主辅分离的相关政策尽快落实到位，并积极推进多经剥离改革进程，从而使电网企业的主业与所属多经企业尽快实现资产、业务、人员、管理、利益五分开，真正做到企业自主经营、自负盈亏，不断提高电力市场开放度。

（三）尽快研究解决历史遗留的违规发电项目问题

历史遗留的违规发电项目是需要有关部门共同解决的一个重要问题。目前，全国6000kW以上的违规发电企业约有400多家，涉及发电项目约490多个，总装机容量约5100多万kW，约占全国总装机容量的6%。建议相关部门积极研究，妥善处理。

（四）加强非供电企业自供区和转供电市场的规范管理

检查发现，少数大型国有工矿企业、自备电厂和小水电企业由于历史原因形成了自供区与转供电市场，建议政府部门研究制定相关政策，加强对自供区和转供电市场的管理，进一步规范供电市场秩序，维护经营者和消费者的合法权益。

电力工业论坛

专 题 论 坛

第二轮中美战略与经济对话

2010年5月25日，第二轮中美战略与经济对话在北京落下帷幕。这次对话规模之大、层次之高、气氛之热烈令全球政经人士瞩目。中美双方在能源、贸易、融资、公共投资等多个领域签署了8项合作协议，共达成26项具体成果。其中涉及能源、气候方面的合作多达13项，内容涵盖核电、页岩气、生物燃料、应对气候变化等方方面面。能源合作，特别是清洁能源合作成为本轮对话的一大亮点，也是这次对话的主导性议题。

美方此行对中美两国能源气候方面的合作有不少期待。美国国务卿希拉里·克林顿在出席本轮对话前夕，还特别撰写《美中两国取得的成就超越世博会》一文。文章指出，美国和中国是全世界两个最大的能源消费国和温室气体排放国，因此两国肩负着特别的责任，需要共同主导应对气候变化的努力，塑造清洁能源的未来。

一、中美能源合作收获堪称“空前”

美国此行大打清洁能源牌，早在5月16日，美国就派出商务部长骆家辉率领的由24家美国企业组成的能源代表团访问中国。骆家辉此行被媒体视作美国为本轮对话派出的“先遣部队”，重点推进中美清洁能源合作。

从本次双方在能源方面所取得的成果来看，收获颇丰，堪称“空前”。中美双方签署了《中国国家核安全局和美国核管制委员会关于进一步加强西屋AP1000核反应堆核安全合作备忘录》、《中国国家能源局与美国国务院中美页岩气资源工作组工作计划》、《中国国家发展改革委与美国国务院关于绿色合作伙伴计划框架实施的谅解备忘录》；同意加强在气候变化、能源、环境等领域的务实合作；同意在《中美能源和环境十年合作框架》下继续致力于开展清洁水、清洁大气、清洁高效电力、清洁高效交通、保护区和湿地保护、能效六大优先领域的具体合作；同意加强在阻止、打击核及其他相关放射性材料非法运输方面的合作；同意于2010年下半年举行“电动汽车论坛”、“第五次中美能源政策对话”和“第十次中美油气工业论坛”；同意于2010年5月26～27日举行首届“中美可再生能源论坛”、“中美先进生物燃料论坛”，并启动“中美可再生能源伙伴关系”相关工作；发表了《中美能源安全合作联合声明》；重申了“中美油气工业论坛”对推动两国发展页岩气资源的作用；宣布美贸易与开发署将资助中美两国企业和机构共同开展热电联产、航空生物燃料、智能电网标准的合作；重申将加强两国在AP1000项目上的合作；重申对《哥本哈根协议》的支持。

二、三大领域点亮能源合作

与2009年11月中美双方签订的《中美联合声明》中所涉及的能源气候内容相比，本轮对话将两国生物燃料合作提上议程，两国于5月25～27日在北京举行了首届“中美可再生能源论坛”、“中美先进生物燃料论坛”。发展改革委副主任、国家能源局局长张国宝在会上表示，能源合作是中美战略与经济对话的一项内容。尽管中美两国国情不同、发展阶段不同，但是在发展可再生能源和先进生物燃料方面有着相同的意愿，也各具优势。此次论坛的召开是落实双方所达成成果的一个良好体现。

另外，从上述成果来看，中美之间的核电及页岩气开发合作被多次提及。中国国家核安全局和美国核管制委员会就AP1000的合作问题签署了两个重要协议。国内一位核电资深人士表示，双方此次就核电签订的合作协议对推进中美核电发展将起到积极作用，这能更好地促进两个机构的信息交流并有利于加快项目的审批进程。

中美双方就页岩气的合作开发问题在2009年的《中美联合声明》中就曾提到，此次签订的相关协议将进一步推进双方具体工作的开展。事实上，2010年3月18日，美国国务院国际能源问题协调员戴维·戈尔德温就曾来华提议在页岩气的开发上进行合作。当时，他表示，中国在页岩气开发上有很大的潜力，美方希望与中国合作开发资源，同时吸引美国和其他跨国投资者和服务商进入。

三、市场与技术期待更好结合

美国在核电及页岩气等清洁能源上都拥有雄厚的技术，近年来中国清洁能源市场的发展令人惊叹。据美国皮尤慈善信托基金会（Pew Charitable Trusts）2010年3月发布的报告显示，中国2009年以346亿美元的投资额成为全球第一大清洁能源投资国，而美国则以186亿美元退居第二。

骆家辉在2010年5月22日访问天津时表示，如果美国国会不通过新能源立法，美国可能会在清洁能源技术领域落后中国等国家。美国在清洁能源上有忧患意识，希望加大出口，并视中国为最大的潜在市场（美国商务部曾预计，到2020年，中国清洁能源市场将达到1000亿美元），然而中国在进一步拓展市场的同时，如何扩大在技术上的优势将影响未来中国在国际清洁能源市场上的竞争力。对于骆家辉此行反复强调的美国将修改出口管制体系一事，清洁能源是否将成为美国放宽对华高科技出口限制的突破口，业内人士对此观点不一。此次双方签订的能源协议或将成为中美能源合作的风向标，而这种合作更应趋向常态化。此外，中美两国在清洁能源合作上如何将市场与技术更好地结合，也将成为未来关注的焦点。

2010中欧智能电网技术与标准化论坛

2010年5月20日，由中国电力企业联合会会同国内中国电器工业协会、中国节能协会、联合欧洲电气电子行业办事处、欧洲工程协会、德国电气电子制造商协会、德国国家电工标准化委员会，共同举办的“2010中欧智能电网技术与标准化论坛”在京成功召开。

中国电力企业联合会专职副理事长魏昭峰致大会开幕词，标准化管理中心许松林主任主持开幕式。国家标准化管理委员会副主任石保全，国家能源局能源节约和科技装备司处长修炳林，国际电工委员会德国理事、德国菲尼克斯公司执行副总裁BENT，德国国家电工委员会董事总经理、国际电工委员会标准化董事局德国董事Thies，德国电气电子行业协会技术法规部门经理huhle，中国节能协会荣誉理事长、前水利部部长杨振怀，中国电器工业协会副会长兼秘书长杨启明先生，欧洲电气电子行业办事处总经理王旭等来自国内外的320余名有关专家、学者出席了会议。与会的专家学者围绕中国、欧洲在智能电网方面规划、建设和标准化的经验，以及未来发展前景和技术解决方案等专题进行深入交流和研讨，共同致力于促进新能源应用和低碳技术的发展。

魏昭峰在致辞中指出：“当今世界，能源环境和能源格局正在发生深刻变化，电力发展面临严峻形势和重大挑战，发展智能电网显得异常重要。美国、欧盟已经开始建设智能电网，我国也启动了智能电网试点，在上海世博园里，智能电网已经得到示范应用。国际电工委员会也批准成立了智能电网战略工作组，中国也委派专家参与工作，智能电网标准化工作已经正式启动。今天，我会和中方有关协会一道，联合欧洲相关协会共同举办的此次研讨会，将为大家提供一次难得的交流学习机会。我们期待着与各方全面开展广泛交流合作，互相学习，取长补短，共同发展。”

本次论坛上，来自国家电网公司、中国南方电网有限公司、中国电力科学研究院等5名中方专家介绍了我国智能电网发展的规划与试点工作，智能电网标准体系的研究、智能测量在中国展望以及智能电网设备标准化等专题演讲。欧洲6名专家针对国际上智能电网领域活动的战略计划发展，以及相关智能电网和智能测量的标准与标准化工作进行了综合阐述，并介绍了德国电子能源（E-ENERGY）项目、德国国家电动汽车项目以及智能楼宇、智能家庭的接入等智能电网关键领域的技术发展状况。

通过本次论坛的交流研讨，中欧双方不仅加强了相互了解，在智能电网技术发展和标准化工作等方面达成共识，也为今后进一步开展合作打下了坚实的基础。双方有关人员表示，将共同推动智能电网技术进步和标准体系的建立。

中国能源战略与“十二五”能源发展论坛

2010年6月19日，由中国能源研究会主办，国家能源局、中国工程院支持的中国能源战略与“十二五”能源发展论坛在北京召开，论坛下设电力、煤炭、石油和天然气、节能环保与新能源四个分论坛。与会代表从战略高度全面分析我国当前能源形势，就中国能源战略和“十二五”规划建言献策。

原中共中央政治局委员、国务院副总理曾培炎出席论坛。全国政协常委、经济委副主任、中国能源研究会理事长柴松岳，国家能源局副局长吴吟，中国电力企业联合会理事长、国家电网公司总经理刘振亚出席会议并讲话。原电力工业部部长史大桢，中国长江三峡集团原总经理陆佑楣出席论坛。

柴松岳在致辞中说，我国能源发展取得了重大成绩，但在开发和利用能源方面还存在着诸多挑战，比如能源的生产量不能满足能源消费需求的增长，能源供应的可持续发展压力越来越大，能源总量的平衡问题越来越突出，确保我国能源安全的任务越来越重，能源消费结构不合理，能源管理体制改革还需要进一步推进，能源科技创新动力仍然不足，能源利用效率还不高，发展新能源和可再生能源的认识还不完全统一。这些问题还需要高度关注、深入思考，希望与会代表切实提出建设性的意见，给政府及相关决策部门提供参考。

吴吟在题为《中国能源战略思考与“十二五”能源发展要点》的报告中指出，当前，世界能源形势孕育着重大变革，发展可再生能源、减少温室气体排放受到空前关注。当前中国能源战略的重点是要抓实节能减排，依靠科技创新，促进煤炭的绿色开采和清洁利用，建设以电力为核心的智慧能源网络。“十二五”时期，必须优化发展煤炭产业，加快天然气开发，加大水电、核电建设，大力发展可再生能源，为实现2020年能源结构调整和温室气体减排目标打下坚实基础。

刘振亚在讲话中表示，改革开放以来，我国电力工业发展迅猛，但也暴露出一些深层次的矛盾和问题。目前，电源结构需要优化，电网发展滞后，能源资源配置方式过度依赖输煤，电力企业可持续发展能力不足。要实现电力行业的健康持续发展，必须贯彻科学发展观，认真落实中央关于转变经济增长方式的部署，加快推进电力发展方式转变。“十二五”期间，需要着力优化电源结构和布局，推进坚强智能电网建设，提高电能在终端能源消费中的比重，推动电力科技创新。当前形势下，制定科学统一的“十二五”电力发展规划，加快建立健全涵盖整个电力产业链的技术标准体系，继续深化电价改革尤为重要。

国务院参事、国家能源专家咨询委员会主任、中国能源研究会副理事长徐锭明，国家能源专家咨询委员会副主任、中国能源研究会常务副理事长周大地出席会议并讲话。出席论坛的还有南方电网公司副总经理、中国能源研究会常务理事王久玲，华能集团总经理曹培玺，大唐集团董事长刘顺达、副总经理杨庆，华电集团党组书记、副总经理李庆奎，国电集团副总经理米树华，中电投集团总经理陆启洲，中国电力工程顾问集团总经理汪建平，中国水电工程顾问集团副总经理王民浩，中国长江三峡集团董事长曹广晶、总经理陈飞、副总经理毕亚雄，大唐集团原总经理、中国能源研究会副理事长翟若愚，中电联秘书长王志轩，神华集团总经理、中国能源研究会副理事长张玉卓，中国科学院副院长李静海，中国工程院副院长旭日干等。

论坛由中国能源研究会主办，国家能源局、中国工程院支持。政府有关主管部门和相关机构领导，主要电力、煤炭、油气企业领导和科研学术机构专家等300余名代表出席了论坛。

2010太阳能热发电技术三亚国际论坛

2010太阳能热发电技术三亚国际论坛于2010年8月17～19日在海南省三亚市阳光大酒店隆重召开。本次论坛由中国可再生能源学会、中国工程热物理学会、韩国太阳能学会主办，中国科学院电工研究所、科技部太阳能光热产业技术创新战略联盟承办，海南省可再生能源协会、皇明太阳能股份有限公司协办。

大会主席由中国工程热物理学会理事长、中国科学院院士、中国科学院工程热物理研究所徐建中研究员担任。中国科学院电工研究所党委书记马淑坤主持了论坛开幕式。国家科技部高新技术发展及产业化司能源与交通处处长郑方能，国务院参事、可再生能源协会理事长石定寰，大会主席中国工程热物理学会理事长徐建中院士，国际能源署太阳能热发电和热化学组织执委、韩国太阳能学会主席姜龙赫博士分别在开幕式上致辞。出席本届论坛的还有：中国科学院院士、中国科学技术协会副主席赵忠贤，国际能源署太阳能发电和热化学组织执委、国家科技部高新司能源与交通处项目主管孙鸿航，国家科技部计划司攻关处副处长高峰，中国科学技术信息研究所研究员封颖，国家973计划能源领域专家咨询组研究员陈霖新，国际能源署太阳能热发电和热化学组织执委、国家科技部太阳能光热产业技术创新战略联盟理事长王志峰，国际能源署太阳能热发电和热化学组织执委韩国仁荷大学教授TBSeo。

来自中国大陆和台湾、韩国、西班牙、美国、德国、意大利等国家和地区的政府部门，投资公司和科研院所，企事业单位的300多位专家学者、企业代表、投资商和政府官员出席了本次论坛。开幕式当天上午的院士专家主题报告会由联盟理事长王志峰主持，徐建中院士，姜龙赫博士，科技部973太阳能热发电项目首席科学家黄湘研究员分别作主题报告发言。

会议发言采用了主题发言与自由发言结合、中外代表交叉发言等多种形式。与会的国内外专家、学者、企业家围绕国际太阳能热发电技术的商业化现状、商业化面临的重大科学问题、材料技术、储能技术、聚光技术、系统设计、电站选址和国家政策机制等主题，分别进行了40余场报告交流。本次大会同时举行了对所有与会代表开放的太阳能热发电项目973专题报告会和太阳能光热产业战略联盟会议，使得参会代表可以清楚地看到我国在太阳能热发电基础研究、高技术与产业化结合方面的发展现状。

太阳能热发电技术三亚国际论坛每年举行一次。本论坛志在为国内外诸多专家、学者、企事业单位、投资商及个人之间的交流与合作提供一个交流的平台，共同探讨我国太阳能热发电技术的产业发展模式，为促进我国经济可持续发展，构建环境和谐、资源友好型社会作出积极贡献。

刘振亚出席世界能源大会发表主旨演讲

加拿大东部时间 2010 年 9 月 15 日，国家电网公司总经理刘振亚应邀出席在蒙特利尔召开的世界能源大会。本次会议的主题是“迅速应对全球挑战”，并以能源应具有的便捷、适用、经济和可靠四个特性为分主题，就能源变革有关问题进行讨论。刘振亚在全体大会上发表了以“建设坚强智能电网，推动 21 世纪能源发展新变革”为题的主旨演讲。

刘振亚指出，进入 21 世纪以来，世界能源供应、能源安全、能源效率、能源环境等问题日益凸显。为了应对这些挑战，实现能源可持续发展，满足经济、社会、环境协调发展的需要，以发展清洁能源和智能电网为重要标志，在世界范围内正在推动一轮新的能源变革。这场能源变革呈现出能源结构多元化、能源发展规模化、能源消费电气化和能源发展智能化四个特征。国家电网公司结合中国能源资源的禀赋特点和经济社会持续快速发展的实际情况，提出了发展“坚强智能电网”的战略目标，强调了三个方面的内涵：第一，坚强智能电网是坚强网架与智能化有机融合的电网；第二，坚强智能电网是协同高效的综合互联系统；第三，坚强智能电网是现代社会新型的公共服务平台。刘振亚说，经过不断的创新发展，国家电网的总体规模、资源配置能力、技术水平、管理水平都上了一个新台阶，到 2020 年，将形成以特高压同步电网为中心、交直流和各级电网协调发展，具备大范围、大规模、高效率的能源优化配置能力和高安全性、高可靠性、高互动性的坚强智能电网，电网在经济社会发展、能源结构调整、应对气候变化中将发挥越来越重要的作用。

刘振亚的讲话引起强烈反响，与会代表提出了有关坚强智能电网、特高压输电、新能源和电动汽车发展等问题，会场讨论交流气氛十分热烈。

会议期间，刘振亚还会见了世界能源理事会主席、加拿大魁北克经济贸易部长以及有关企业高层代表。

第十八届亚太电协大会暨海峡两岸电力高层论坛

2010 年 10 月 25 日两年一次的东亚及西太平洋电力事业协会电力产业大会暨海峡两岸电力高层论坛在中国台北举行。中国电力企业联合会理事长、国家电网公司总经理刘振亚出席开幕式并发表了主旨演讲。来自东亚及西太平洋地区的 124 个会员单位，共 1000 多人参加了大会。本次会议的主题是：在不确定时代下电力面临的挑战与机遇。

刘振亚在主旨演讲中指出，中国大陆改革开放 30 多年来，伴随着经济的快速发展，电力工业在发展质量、速度、规模和技术等方面都达到了前所未有的新高度、新水平，取得了巨大成就。未来 10 年乃至更长一个时期内，中国电力将进入一个以科技创新为主导、不断加速发展的新阶段，将呈现电力发展集约化、电源开发清洁化、电网发展智能化的三大特征。刘振亚的主旨演讲受到与会嘉宾和代表的高度关注。

10 月 29 日，国家电网公司总经理助理、华东电网公司董事长帅军庆代表公司在海峡两岸电力高层论坛上发表演讲，介绍了公司坚强智能电网的背景，智能化发展战略以及坚强智能电网规划与实践。

帅军庆说，国家电网公司从电网实际出发，积极研究探索，提出了建设“坚强智能电网”的发展战略，即以特高压电网为骨干网架、各级电网协调发展，以通信信息平台为支撑，具有信息化、自动化、互动化特征的现代电网。“坚强”与“智能”是现代电网的两个基本发展要求。“坚强”是基础，“智能”是关键。坚强网架与电网智能化的高度融合，是以整体性、系统性的方法来客观描述现代电网发展的基本特征。坚强智能电网的基本内涵是：坚强可靠、经济高效、清洁环保、透明开放、友好互动。

帅军庆表示，到 2020 年，国家电网公司将基本建成国际领先的现代电网。在研究和建设过程中，公司将积极推动海峡两岸电力工业的合作与交流，加强与国际组织、企业、高校等各界的互动沟通，探索建立国际标准及规范，引导并支持能源及相关产业技术和装备升级，共同推动智能电网建设。

为展示国家电网公司的发展成就和未来发展前景，国家电网公司组织参加了亚太电协暨海峡两岸电力工业展览。展台吸引了众多参观者，并引起了业内人士浓厚的兴趣，特别是国家电网公司特高压技术和坚强智能电网发展规划引起了同业的高度关注。

2011
中国电力年鉴

专家论坛

中美欧智能电网比较

李振峰[1]

中国智能电网起步较晚，但发展速度很快。本文集中讨论中国智能电网的发展概况，并与美国及欧洲的情况比较，进而探索中国智能电网发展的前景。

一、坚强智能电网

2009年5月，国家电网公司宣布了“坚强智能电网”计划。计划分为三个阶段：2009～2010年，规划试点阶段，重点开展“坚强智能电网”发展计划，制定技术和管理标准，开展关键技术研发和设备研制，开展各环节试点；2011～2015年，全面建设阶段，将加快特高压电网和城乡配电网建设，初步形成智能电网运行控制和互动服务体系，关键技术和装备实现重大突破和广泛应用；2016～2020年，引领提升阶段，将全面建成坚强智能电网，技术和设备达到国际先进水平。可以说，此项计划是非常进取的。

虽然计划的进一步细节尚未公布，但由于中国配电端相对原始，近几年特高压输电发展迅速，以及中国电网独特的资产拥有权和管理结构，可以预期的是，中国智能电网框架将会与欧美国家有所不同。

在一次中国媒体的采访中，美国国家标准技术研究院（NIST）的George Arnold指出：虽然美国、欧洲和中国的智能电网名称不同，但实质内容是一样的，智能电网的定义是全球性的。从操作层面来看，George Arnold的评论无疑是正确的，但各国在实际推进智能电网计划时，会根据当地的特殊性进行调整。因而，中国与美国、欧洲发展智能电网的轨迹必将有所不同。

二、中、美、欧智能电网比较

就美国的智能电网发展计划而言，他们对客户端分析相当详细，但对输电侧的讨论就比较欠缺。一种可能的解释是，美国的电力系统相对成熟，设计时更多考虑到使用者和服务的一体化（智能电表、可再生能源接入、电动汽车等）；另一种可能的解释是，美国电网是由许多独立单位组成的，所以很难执行统一的变革。

但在中国，无论是发展重点、资产结构还是管理模式，都有别于美国，因此，智能电网的设计在不少层面上也会有所不同。中国能源资源和用电中心严重不匹配，因此，对中国而言，用户层面上的互动性和服务整合固然重要，但当务之急则是建立一个可以有效协调特高压传输的智能电网系统。

再者，中国的终端用户和配电网络没有发达国家的那么成熟，目前可再生能源项目也以大型项目为主，小规模的家用可再生能源普及率很低，所以并不能急于发展终端用户系统。故此，中国智能电网计划发展初期，将首先集中于有效控制电能传送，其次再发展终端用户及服务一体化。换言之，开始时以输电侧及联网控制为主，其后逐步在配电和终端用户加入离散控制及服务的能力。

综上所述，与美国的“统一智能电网”相比，中国智能电网的部署计划和技术路线图都将有所不同。

欧洲的智能电网发展受多种因素影响，有些因素是普遍的，有些却是欧洲特有的。例如，欧洲高压电网建造年代久，过时的设计和老化问题使得这些电网已不能满足当今对能源的需求。此外，为解决气候变化问题，欧盟对减少碳排放已做出重大承诺，欧洲议会建议欧盟的减排目标是2020年减30%，2050年减60%～80%。要达到此目标，意味着欧洲到2050年几乎要100%以可再生能源发电，故此欧洲电力系统需要全面改造。另一项重要因素是能源安全问题。事实上，欧洲的传统化石能源非常缺乏，很大程度上依赖进口。俄罗斯是其最重要的供应国，中东和非洲国家也提供不同程度的供应。一旦政治冲突和不稳定因素出现，欧洲的能源供应将受到严重威胁。为了减少

---

[1] 亚洲能源平台轮任主席。此文刊载于《中国电力企业管理》（2010.2）。

风险，欧洲非常需要发展其他的能源供应，这也解释了为什么欧洲在新能源开发方面全球领先。

为了回应对能源安全的忧虑，欧盟推出了一个名为 ENCOURAGED（Energy Corridor Optimization for European Markets of Gas，Electricity and Hydrogen）的项目，即稳定欧洲的天然气、电力和氢气供应，并已于 2005 年开始推行。在电力方面，此项目计划目的一是为加强互联互通，增加欧洲跨境的传输容量，二是为与邻国/地区建立紧密联系，包括土耳其、塞浦路斯和北非等地区。不管从长远发展还是从风险管理的角度看，这项计划都是非常有益的。首先，良好的互联能够减少突发事件对能源供应的影响。此外，可以有效利用欧洲一些大型可再生能源设施。有研究机构建议，欧洲—北非这条线路到 2030 年传输能力需达到 500 万 kW。这种高度互联和集中大规模传输概念在欧洲当地被称为“超级电网”。而有些学者则认为，“超级电网”的概念可以和那些小规模分散的智能电网互为补充，因而将欧洲的电网发展目标命名为“超级智能电网”。

有趣的是，欧洲的智能电网发展计划和中国有许多类似的地方：大容量、高度互联骨干作为可靠的载体，加入离散的互动接口，对用户提供方便的服务。但由于历史发展的不同，推进次序也就不同。时至今日，欧洲已经安装了大容量的可再生能源，而中国正从推进特高压交流和特高压直流电网着手。尽管历程不同，但共同关心的领域却非常多，包括技术开发、系统工程、优化实际操作等。

三、中国智能电网建设路向何方

全球发展智能电网的趋势是电力工业史上的里程碑，虽然智能电网的概念框架是普遍一致的，但由于独特的区域问题和优先事项存在差异，不同地区实施起来将会有所不同。而这些差异又带来了互相借鉴不同经验和成果的机会，最终令智能电网技术在全球得到优化。

例如，2009 年 7 月美国能源部长朱棣文和商务部长骆家辉访华，便与国家电网公司就特高压电网发展和智能电网合作等问题交换了意见。同样，由于欧洲和中国存在上述的相似性，因而具备了更大的合作潜能。如果中国和欧洲可以联手推进高压、特高压输电技术和经验，将会更快带来技术突破从而达到相应经济规模，令亚洲、欧洲甚至全球各地电网互联程度提高。

当然，除了经济及技术因素外，大规模采用新技术尚要跨越一些障碍。例如，欧盟成员国之间仍未对整体的欧洲能源政策达成共识，而且还受到电网资产拥有权及管理等各种因素的制约。

不过，即便如此，中国、欧洲和美国致力加强电力系统的可持续性研究，还是为节能及应对气候变化翻开了新的一页。毫无疑问，要使这个大胆的变革取得成功，国际间必须保持通力合作。

四、如何引入外资成关键

现时，中国智能电网发展的一个瓶颈是外资参与，中国政府目前的财政实力毋庸置疑，但涉及数以万亿元计的长期投资，加上涉及众多先进技术，引入外资参与是必然。然而根据中国的法律规定，电网属于不对外资开放的敏感行业，如何合法合理地突破这个重大障碍，是中国智能电网发展的重点。

据道琼斯通讯社 2009 年 12 月援引两位知情人士的话报道，杜克能源（Duke Energy Corp.）正与国家电网公司就成立合资企业展开谈判，内容可能包括在美国架设输电线。国家电网公司一位管理人士证实了谈判的消息，指出杜克能源非常看好国家电网公司的电力传输技术。另据知情人士透露，国家电网公司还希望将杜克能源的智能电网技术引进中国。杜克能源发言人 Tom Williams 也表示，有意与中方企业合作，共同在美国开发输电线项目。如果报道属实，国家电网公司对于引入外资迈进了一步，但如何适应中国的法规及作出突破，仍待进一步观察。

值得注意的是，中国与美国在智能电网方面合作的进展较快，美国的高层对于合作态度更为积极。然而正如上文所言，中国的智能电网发展模式其实与欧洲更接近，中欧合作的协同效应可能更佳。欧洲的高层及欧洲公司在这方面能否也“后发先至”，正是我们所期待的。

神女应无恙　当惊世界殊（摘要）

张国宝❶

100 年前的 8 月 21 日，农历七月十七日，由云南民间资本集资兴建的中国第一座水电站——石龙坝水电站，在昆明市郊滇池出口螳螂川上动工建设，开创了中国人自己建设水电站的历史。此后，从 20 世纪初小型的石龙坝电站，到 21 世纪初雄伟壮观的长江三峡工程，中国水电走过了光辉灿烂的 100 年历程，建成了大、中、小型水电站 45 000 余座，总装

❶ 国家发展改革委副主任、国家能源局局长。此文刊载于《中国电力报》(2010. 8. 27)。

机容量突破2亿kW，已雄踞世界第一。

一、辉煌的成就

世界水电看中国，中国水电冠全球。我国水电事业日新月异，成就斐然，令世人所瞩目。

查清了水力资源状况。新中国成立后，燃料工业部、水利电力部分别于1955年、1958年和1977～1980年组织了三次全国水力资源的普查与核查，基本摸清了中国水力资源的状况。2000～2003年间，国家发展改革委组织全国1000多名工程技术人员，历时3年，查清了大陆水力资源理论蕴藏量、技术可开发装机容量和经济可开发装机容量。2006年，水电水利规划设计总院的50多名科技人员第一次翔实记录了雅鲁藏布江大拐弯的水力资源情况。水力资源复查成果，为我国开发利用水能资源提供了重要的基础。

水电开发规模不断迈向新台阶。2004年9月，我国水电总装机突破了1亿kW大关，2010年达到2亿kW，一跃成为世界上最大的水力发电国家。我们用10年左右的时间，实现了水电装机容量比新中国成立50年时的总和翻了将近两番的超越，水电能源开发利用率也从改革开放前的技术可开发量不足10%提高到34%。

水电坝工技术进入国际先进水平。我国水电科技工作一直坚持以科学技术为引领，不断推进水电建设和科技进步。到目前为止，包括200m级特高碾压混凝土重力坝技术、高速水流的消能工技术创新等在内的重大关键技术得到全面突破。这些顶尖的坝工技术使我国的水电事业跃升到现代科学技术成就的最高峰，为我国电力科技作出了卓著的贡献。

水力发电设备国产化水平显著提高。从1927年研制成功第一台水轮机算起，中国水电设备工业已经走过了80多年的历程。改革开放以后，我国水电装备水平不断迈向新高度，通过三峡等工程“技术转让、消化吸收、自主创新”的实践，我国大型水电装备制造业仅用了短短7年时间，进入自主设计、制造、安装特大型水轮发电机组的时代。目前，我国已建单机容量50万kW及以上机组32台，在建109台，在建、已建总装机容量达9075万kW，已建、在建数量均居世界前列。

大型水电站的建设推动大容量、远距离、高电压输电技术屡攀新高峰。步入改革开放新时代后，高坝、大库、大电站的建设促进了大电网和高电压的蓬勃发展，丰满电站220kV、刘家峡电站330kV、葛洲坝电站500kV、公伯峡电站750kV以及向家坝电站±800kV直流等高压输电线路相继建成投产，推动我国电网建设技术不断提高，达到了世界交直流输电技术的领先水平。

水电开发给国民经济和社会发展带来了巨大的综合效益。我国水电建设在为经济社会发展提供优质电力的同时，在水资源综合利用，推进节能减排、改善大气环境，促进西部大开发，发展区域经济，建设社会主义新农村，以及防洪、航运、灌溉、供水、养殖等方面都发挥了重要作用。100年来，我国水电累计发电量72 990亿kWh，相当于替代了27亿t标准煤，减少二氧化碳排放约70亿t，节能和环保效益显著。

二、成功的经验

高峡出平湖，当惊世界殊。100年来，几代中国水电人奋发有为，大胆创新，推动我国水电开发取得了举世公认的卓著成就，总结中国水电的成功经验是留给世人的巨大的精神财富。

一是与时俱进，水电开发遵循了国家能源战略发展方向。我国电力工业发展的政策方针变化中，水电始终作为国家能源战略的一个重要组成部分。在应对气候变化的新形势下，在保护生态、妥善解决移民问题的条件下，大力发展水电成为国家能源发展的重要方针。从2000年至2009年短短10年间，水电装机容量由7935万kW增加到1.97亿kW。在国家能源战略发展思想指导下，水电发展与国民经济同步发展，为加快全面建设小康社会进程作出了重要贡献。

二是推进改革，水电开发呈现了多元化发展格局。在国家改革开放的总方针和以市场经济为取向的改革思路指引下，我国的水电体制改革在20世纪70年代末开始启动，经过不断完善，如今，中国水电开发早已由单一形式走向了多元化发展格局，为水电开发注入了活力。

三是科学规划，促进了水电开发的可持续发展。通过科学规划和布局，优先发展大江大河水电建设，我国已逐步形成了金沙江、雅砻江、大渡河、乌江、长江上游、南盘江红水河、澜沧江、黄河下游、黄河中游、湘西、怒江、东北、闽浙赣等十三大水电基地规划，有序推进了我国水力资源的合理开发和利用。

四是重视环保和移民，实现了水电开发人与自然和谐共处。多年来，水电开发移民举措也在不断调整完善。移民方针由过去的安置性移民向开发性移民调整，实现移民工作“移得出、稳得住、逐步能致富”的目标，同时将移民的开发性安置与社会主义新农村建设有机结合起来。水电工作者不断强化提升环境保护的理念，努力做到“在保护环境的基础上，有序开发水电”，实现在开发中保护，在保护中开发，真正达到水电开发的人与自然和谐共处的境界。

五是坚持改革开放，不搞固步自封，善于吸收前人和他人的经验和智慧。在改革开放的新形势下，我们引进国外的先进技术和设备，迅速缩小了与国外的差距。包括石龙坝在内，我国吸收和学习西方的文明技术才开创了中国的水电事业。强调自力更生、自主创新绝不是闭关自守、固步自封。

六是大力推行科技自主创新，推动坝工技术进步和加速装备国产化进程。经过多年的实践、总结和坚决贯彻自主创新，我国的水电坝工技术、设备制造技术和建设施工装备现代化水平突飞猛进，达到了国际先进水平。水电建设周期大大缩短，水电建设质量大幅提高。

三、形势与展望

2009年我国政府向国际社会作出了“争取到2020年非化石能源占一次能源消费比重达到15%左右，单位国内生产总值二氧化碳排放比2005年下降40%～45%”的庄严承诺。水电是我国仅次于煤炭的第二大常规能源资源，更是目前可再生和非化石能源中资源最明确、技术最成熟、最清洁和最经济的能源，水电对我国降低二氧化碳排放、发展低碳经济的作用和效果将愈加显现。

我国水能资源世界第一，技术可开发量5.42亿kW，以目前的1.85亿kW（常规水电）计算水电开发利用率也还只有34%左右，仍远低于发达国家60%～70%的平均水平。根据最新规划，到实现2020年节能减排目标，届时水电装机容量须达到3.8亿kW，其中常规水电3.3亿kW，抽水蓄能5000万kW。我们只有下决心有序开发利用水电，才能进一步改善我国的能源结构，实现2020年节能减排和非化石能源发展目标的承诺，推进国民经济社会的可持续发展。

进入21世纪，安全、可靠、清洁的能源资源供给已成为经济平稳、长期健康发展的重要保障。站在可再生能源和新能源发展的历史新起点，需要广大水电工作者认清形势，既看到水电发展面临的历史机遇，也要充分认识当前水电发展面临的环保、移民等突出问题带来的严峻挑战，努力把水电开发打造成为生态工程、民生工程、文明工程、和谐工程，造福人类社会，惠泽子孙后代。

一是贯彻落实科学发展观，以水电和谐维护社会和谐。二是贯彻建设生态文明理念，构建水电开发的生态工程。三是做好移民和稳定工作，构建水电开发的民生工程。四是加大水电舆论宣传力度，为水电开发营造良好的社会环境。五是深入推进流域梯级开发与统一调度，实现水电开发综合效益。六是不断完善水电建设体制机制，促进水电建设持续健康发展。

全面实现电力工业科学发展

刘振亚[1]

当前，全球范围内的以发展清洁能源为中心的“能源革命”正蓬勃展开，我国电力工业已迈上新的台阶，进入到了一个新的发展时期。面对新的形势和任务，电力发展既获得重要的战略机遇，也面临巨大挑战。中电联和各电力企业，有很多重大问题需要研究，需要进一步统一思想、统一认识。

一、电力工业取得巨大成就，助推国民经济又好又快发展

我国电力工业规模居世界前列，发电装机容量和发电量已连续15年位居世界第二位，电网总规模跃居世界第一位，电力资源优化配置能力明显提升。

近年来，我国电力工业发展速度世界罕见，规模居世界前列。电力供应能力显著增强，电力结构进一步优化，装备水平明显提升，节能降耗成效显著，科技创新能力以及企业管理水平大幅提高，企业素质和核心竞争力不断增强，为我国经济社会又好又快发展提供了安全可靠的电力保障、作出了重要贡献。

电力工业高速发展，满足了经济社会对电力的需求。我国发电装机容量和发电量已连续15年位居世界第二位。特别是近几年，我国电力发展速度更是突飞猛进。2000～2009年，发电装机年均增长11.8%，新投产各类电源超过6亿kW，到2009年底全国发电总装机容量达到8.7亿kW。电网建设也在不断加快，截至2009年底，全国35kV及以上输电线路长度达到137万km，变电容量达到32亿kVA，电网总规模已超过美国，跃居世界第一位。电力工业的持续快速发展，改变了严重缺电的局面，实现了电力供需的总体平衡，供电可靠性、安全性、电能质量和服务水平也得到了显著提升，电力企业在保障国民经济快速发展中发挥了重要作用。

电力结构不断优化，发展质量显著提高。截至2009年底，我国水电装机容量达到1.97亿kW，占总装机容量的22.5%。核电装机容量908万kW，列世界第九位，在建规模约2300万kW，居世界第一位。风电装机容量实现连续4年翻番，截至2010年3月底，已超过2000万kW，列世界第二位。水电、核电、风电、太阳能发电等清洁能源总装机容量合计

---

[1] 中国电力企业联合会理事长。此文刊载于《中国电力企业管理》（2010.5）。

为2.24亿kW，占世界清洁能源装机总量的15%。500kV电网结构进一步优化和完善，西北基本形成了750kV主网架，特高压从无到有，1000kV交流特高压、±800kV直流特高压输电工程相继建成，电力资源优化配置能力明显提升。

创新能力不断增强，装备水平明显提升。超超临界机组广泛应用，大型冷、循环流化床、大型脱硫脱硝等先进技术逐步推广。核电技术装备自主化不断实现重大突破，已具备建设第三代核电站的技术条件。大坝施工，大型水电机组的设计、制造、安装和运行方面的技术走在了世界前列。特高压技术取得重大突破并实际应用。以先进电力电子技术为基础的直流输电、灵活交流输电技术装备实现国产化，并达到国际先进水平。

企业实力不断壮大，竞争力得到增强。各电力企业在企业素质、队伍素质和综合管理水平等方面不断提高。在加快发展的过程中，各电力企业在管理上进行了积极探索，积累了很多宝贵的经验。国家电网公司全面加快坚强智能电网建设，努力推进电网发展方式和公司发展方式"两个转变"；南方电网公司积极开展"绿色行动"，打造服务经济社会科学发展的"绿色平台"；华能集团公司实施"电为核心、煤为基础、金融支持、科技引领、产业协调"战略，建设具有国际竞争力的综合能源集团；大唐集团公司加快电源结构调整步伐，加大火电机组优化力度，加快热电联产机组的布局，在发展中调整优化结构；华电集团公司加快转变发展方式，加大管理创新力度，全力推进实施五年发展纲要；国电集团公司以新能源引领企业转型，大力发展新能源和建设创新型企业；中电投集团公司围绕"保发展目标、抓利润增长、促战略转型"目标，"三步走"战略全面进入新的阶段；三峡集团公司紧紧围绕"建设三峡、开发长江"的历史使命，集中力量发展水电优势产业，不断增强核心盈利能力和市场竞争力；神华集团依托集团整体的煤炭、电力、运输一体化资源优势，建设科技创新型、环境友好型和国内领先、国际先进的现代大型电力公司；中国核工业集团公司充分发挥国家核能发展主力军作用，大力推进核电项目建设；国家核电技术公司积极引进消化吸收和再创新第三代核电技术，加快推进核电自主化发展；中广核集团大力推进核电产业发展，打造中国自主核电品牌；广东粤电集团和浙能集团在服务地方经济发展的同时，不断做大做强，逐步向以电为主，相关多元化产业协调发展的综合能源集团迈进。电力企业各具特色的发展模式和管理思路，必将整体推动我国电力工业更好更快地发展。

二、行业面临六大问题，制约电力工业科学发展

行业发展缺乏协调，规划机制不完善，统筹发展能力较弱。

火电总规模仍将不断扩大，节能减排形势严峻。

终端销售电价与全社会成本变化没有形成联动，电煤价格变动未能及时与销售电价联动，输配电价机制尚未落实。

近年来，电力工业形势发生了新的变化。从能源发展看，我国能源布局和结构调整步伐明显加快，能源开发呈现集约化、规模化、清洁化的特征，能源开发的重心逐步西移和北移，要求我们科学开发清洁能源，并加强电网建设，适应能源在全国范围优化、高效配置的需要。从行业自身看，受煤价持续上涨、销售电价水平低的影响，电力行业整体利润水平远低于石化、电信等行业，如果煤价继续上涨，电力企业生产经营将更加困难。虽然近年来各电力企业积极调整发展思路，开拓创新，取得了很大成绩，但是目前整个行业在发展方式、结构布局、价格机制、发展质量等方面仍然存在一些问题，影响和制约着电力工业的科学发展，主要表现在以下六个方面：

一是电源电网发展不够协调。主要原因是缺乏统一的发展规划。电力体制改革后，行业发展缺乏协调，规划机制不完善，统筹发展能力较弱，电力建设项目在一定程度上存在重审批、轻规划现象，没有建立起良性的开发秩序和市场运行机制，造成项目核准开工不同步、投产时序不合理、电源电网不协调、投资效益难以保证等一系列问题。电网发展滞后，电网投资比重长期偏低。进入新世纪以来，电网投资力度不断加大。2001～2009年，电网累计投资1.8万亿元，电源累计投资2.2万亿元，电网投资占45%，有了很大提高，但仍低于国际上电网与电源投资的一般水平。特别是，骨干网架与配电网"两头薄弱"，跨区资源优化配置能力严重不足，城市、农村配电网装备水平低，建设与改造的任务十分繁重而紧迫。

二是清洁能源发展任务艰巨。我国能源结构以煤为主，使得加快开发清洁能源具有更为重要的意义，必须大力发展清洁能源，这也是保障国家能源安全的客观要求。但是，当前清洁能源发展中仍面临一系列的挑战。例如，水电开发受到生态环境和移民等问题严重制约；核电建设存在市场机制不健全、专业化和开放程度偏低等问题；风电发展缺少统一规划、统一标准，尤其是目前风电投资主体多，建设周期短、投产快，导致风电发展与调峰电源建设不配套，与电网工程建设不协调，并网、送出、消纳以及运行控制等问题越来越突出；随着太阳能发电的加快发展，类似

的问题也将会出现。

三是节能减排的压力巨大。电力行业是节能减排最大的贡献者。2006～2009年间，全国累计关停小火电机组6000万kW，投运脱硫机组容量超过4.7亿kW；共减排二氧化硫352万t，是全国二氧化硫减排量的1.05倍，是全国二氧化硫总量减排的主力；供电煤耗及线损率已接近世界先进水平。虽然电力行业在节能减排上已取得了巨大成就，但电力行业温室气体排放接近全国温室气体排放总量50%，在实现我国节能减排目标中起着决定性的作用，必须责无旁贷地成为节能减排的主力军。而我国"富煤、少油、缺气"的资源条件，决定了煤电仍然占主导地位，随着经济发展和用电负荷增长，火电总规模仍将不断扩大，使得电力行业高碳能源禀赋与低碳发展要求的矛盾日益突出，节能减排形势严峻。

四是企业可持续发展能力不足。近年来，电力企业经济效益明显下降，资产负债率逐年上升，严重影响着电力行业的可持续发展能力。2009年电力企业销售利润率仅为2.0%，其中五大发电集团和两家电网公司的销售利润率仅有1.2%，远低于央企平均销售利润率6.3%。在中央企业资产负债率最高的前10家工业企业中，电力行业就占了5家。5大发电集团资产负债率均高于80%，国家电网、南方电网的资产负债水平也在65%左右。而在未来较长时期内，电力还将保持快速发展，预计到2020年，我国用电需求将达到7.67万亿kWh，发电装机将达到16.5亿kW，分别是2009年的2.1倍和1.9倍。提高电力行业盈利水平和可持续发展能力显得尤为重要和迫切。

五是电价矛盾十分突出。目前我国的电价总体水平偏低。近年来，电价涨幅远低于其他能源品种和下游产品。2003～2009年，国家七次调整电价，销售电价累计提高每千瓦时13.79分，涨幅为32%。而同期，国内电煤价格上涨1倍以上，汽油价格上涨80%；主要耗电工业产品中，铝锭、普通线材、热轧薄板、冷轧薄板年度均价最高分别上涨232%、95%、90%、65%，均远高于电价涨幅。终端销售电价与全社会成本变化没有形成联动，煤电价格变动未能及时与销售电价联动，输配电价机制尚未落实。

六是科技创新能力亟待提高。在我国电力发展中，科技进步发挥了重要作用。近年来，正是由于我们在自主创新方面取得了重大突破，才推动电力工业实现快速发展。但是，我们行业很多技术经济指标与国际先进水平仍有一定差距，能耗水平、排放水平仍然较高，重大装备核心技术自主化程度较低，科技和人才储备不足，企业的创新基础不牢固、创新能力不强、创新成果不能满足发展的需要。电力企业之间、研究机构之间缺乏成果共享的机制，先进的技术和成果不能在更大范围内得到应用和推广。

三、凝聚行业力量，加快转变电力发展方式

推动电力布局由注重就地平衡向全国乃至更大范围统筹平衡转变。

推动电源结构由过度依赖煤电向提高非化石能源比重转变。

中电联要凝聚全行业力量，抓好"全局发展观、电力发展规划、行业标准体系建设、新能源发展、节能减排、科技创新和成果共享、行业文化建设"七项重点工作。

电力行业作为国民经济重要的基础性行业，转变电力发展方式是转变经济发展方式的重要内容，事关经济社会发展的全局。当前电力行业存在的很多问题，实质上就是发展方式不科学造成的。转变电力发展方式是我国电力工业科学发展的客观要求。

当前和今后一个时期，转变电力发展方式必须推动电力布局由注重就地平衡向全国乃至更大范围统筹平衡转变，加快西北部煤炭资源丰富地区的大型煤炭基地的集约化开发，有效控制东部地区煤电装机规模，实现由过度依赖输煤向输煤输电并举、加快发展输电转变，从根本上解决煤电运紧张反复出现等问题，保障国家能源安全和经济社会发展需要。电源结构由过度依赖煤电向提高非化石能源比重转变，不断提高清洁能源比重，在高效开发好我国水能资源的同时，加快发展核电和非水可再生能源发电。同时，进一步发展超超临界、循环流化床、热电联产等高效火电机组，不断提高高参数、高效率、低消耗的火电机组比重，缓解日益突出的节能减排压力。电网功能由单一性输电载体向综合性资源配置平台转变，大力实施发电、输电、变电、配电、用电、调度等各环节的智能化建设与改造，不断提高电力系统的运行效率、供电质量、互动服务能力和抵御风险能力，突出加强以特高压电网为骨干网架、各级电网协调发展，具有信息化、自动化、互动化特征的坚强智能电网建设，不断提高电网的安全性、可控性、适应性和互动性，满足可再生能源发展和社会对供电服务的多样化、个性化及互动化需求。

在新形势下，作为电力行业的全国性组织，中电联既有责任也有能力在我国电力工业科学发展过程中起到更加重要的作用。当前，中电联应凝聚全行业力量，重点做好以下七个方面的工作。

一是树立全局发展观。中电联要以科学发展观为指导，将电力行业的发展、电力企业的发展纳入经济社会发展特别是能源工业发展的大局。从我国的能源资源禀赋状况和特点出发，将电力行业的发展、电力

企业的发展纳入可持续发展的全局，坚持走大煤电、大水电、大核电、大型可再生能源基地的集约化开发、电力远距离大容量输送、资源大范围优化配置的道路，这是我国的基本国情所决定的。遵循电力工业发展规律，将电力企业的发展纳入整个行业发展的全局。电力系统由发电、输电、变电、配电、用电、调度等环节构成，是一个相互联系的有机整体，这一点不会因为体制的变化而变化，只有各个环节相互协调、同步发展，才能真正推动电力工业的科学发展。

二是开展科学的电力发展规划。中电联正在组织开展“十二五”电力发展规划的研究工作，要高质量完成方案，向政府部门提出代表全行业的建议和意见。电力发展规划是引领我国电力工业科学发展的纲领，是全行业的共同发展目标和行动指南。科学的电力规划必须服务于国家发展战略，服务于能源战略，符合我国的基本国情。电力统一规划是实现电力工业科学发展的前提。特别是今后较长时期内，我国的电力工业仍将处于快速发展阶段，对加强电力统一规划工作提出了更高、更紧迫的要求，要尽快完善电力行业统一规划机制，统筹考虑电源与电网、发展与环境、煤电运的协调发展，提高投资效益和发展质量，并将电力行业规划纳入国民经济发展规划，努力实现行业发展目标与国家政策的协调统一，促进电力与经济、社会、生态环境的和谐发展。

三是加强行业标准体系建设。中电联要加大工作力度，大力推进行业标准体系建设，组织电力企业参与行业相关标准的制定、修订工作，打造共同的标准平台，以促进电力工业持续健康发展，并要力争使更多的行业标准上升为国家标准，甚至国际标准，增强电力企业在标准制定、修订过程中的话语权。目前出现了部分领域标准不统一的问题，影响到了行业的科学发展。特别是行业在很多方面还缺乏统一的行业标准和技术规范，如有关清洁能源和可再生能源发展的标准等，中电联要组织专门力量做好此项工作。

四是提高新能源发展的应对能力。中电联应该整合全行业资源，加强对新能源发展的全面研究，为国家有关部门制定与《可再生能源法》配套的相关法规和实施细则提供建议，争取政策支持，维护行业利益，促进新能源的健康发展。大力发展新能源，是我国实现“到2020年单位国内生产总值二氧化碳排放比2005年下降40％～45％，非化石能源占一次能源消费比重达到15％左右”战略目标的重要保证，对转变经济发展方式具有十分重要的意义。但风能、太阳能发电具有随机性和间歇性的特点，而且我国的新能源发电规模大、分布集中，又远离负荷中心，给电力系统的运行带来一系列的技术、安全、管理等问题，需要解决并网、外送、消纳、投资回收等诸多困难，很多相关的政策、法规需要制定或完善，许多问题还有待我们进一步深入研究。

五是建立节能减排长效机制。中电联应组织全行业资源，紧紧依靠科技创新，加快推广低排放、低污染的高效节能设备和电力装备，加大技术改造力度，进一步降低能耗，形成节能减排长效机制。要不断提高清洁能源比重，优先开发水电，优化发展煤电，大力发展核电，积极推进新能源发电。要加快建设坚强智能电网，发挥资源优化配置平台的作用，全面推动我国能源开发、输送和利用的“绿色化”进程，最大限度地消纳清洁能源，以最小的资源消耗和环境代价满足经济社会发展对能源的需求，实现经济、社会、生态环境综合价值的最大化。同时，要服务重点行业的节能降耗，不断提高电能在终端能源消耗中的比重，降低单位产值能耗，提高电能利用效率，减少排放与污染，促进全社会节能减排。

六是促进科技创新和成果共享。中电联要建立健全相关机制，积极营造激励企业创新、有利于企业创新的良好环境，推进企业加快建立健全科技创新体系，整合行业资源，加强交流合作，加强成果共享，提高整个行业的创新能力。推进电力发展方式转变，没有健全的创新体系和强大的创新能力是无法实现的。要抓住世界能源格局调整和新技术革命的机遇，加快自主创新，在电力装备、关键技术、清洁燃料燃烧、可再生能源发电、第三代核电技术、特高压与智能电网等领域实现新突破。

七是加强行业文化建设。中电联要开展形式多样的行业文化创建活动，促进形成优秀的行业文化，进一步提高电力行业的整体素质，增强向心力、凝聚力和影响力，树立良好的行业形象，推动全行业健康协调发展。要继承和发扬电力行业的优良传统和作风，加快培育形成“诚信、负责、合作、创新”的价值理念，并融入电力建设生产和经营服务的全过程，转化为企业、职工的自觉行动，推进行业的内质外形建设。在座的各理事长、副理事长单位，是电力行业文化建设的中坚力量，要建立会商机制，统一行动，共同建设具有电力行业特色的先进文化，使电力工业成为“政府放心、社会称赞、人民满意、职工幸福”的国民经济发展“先行者”，为经济发展、社会和谐作出更大的贡献。

中电联成立20多年来，在我国电力工业发展过程中发挥了重要作用。下一步，中电联要坚持以科学发展观为指导，以服务企业、服务行业、服务政府、服务社会“四个服务”为宗旨，努力构建电力行业政策研究、统计信息、专业服务、沟通协调“四个平台”；围绕企业诉求开展工作，推动解决影响和制约电力工业科学发展的突出问题；加强对外联络和新闻宣传力度，扩大和提升电力行业的社会影响；进一步增强服务意识，规范服务内容，创新工作方式，夯实管理基础，提高服务能力和水平，不断提高工作水平和工作质量，促进电力工业的持续健康发展。

坚持科学发展 创建国际先进电网企业（摘要）

赵建国❶

一、“十一五”期间公司融合发展取得的成效

“十一五”时期是我国发展史上极不平凡的五年，也是中国南方电网公司（简称公司）历尽艰难、百折不挠、经受考验的五年。公司广大干部员工认真贯彻落实党中央、国务院的决策部署，深入实践科学发展观，主动承担社会责任，在一系列重大自然灾害、金融危机、亚运保供电等重大活动面前发挥了中央企业顶梁柱的作用；南方电网资产、规模迅速壮大，西电东送总量翻番，经营业绩稳步增长，整体盈利能力逐年提高，抵御风险和可持续发展的能力不断增强，连续四年取得国资委经营业绩考核A级，在世界500强企业中的排名逐年上升；全系统的融合促进了公司的又快又好发展。主要工作成果是：

（1）建立了有效应对复杂情况的保供电模式。公司始终牢牢把握电网安全稳定这条生命线，全面实施安全生产风险管理体系和生产管理规范化建设。在系统日趋复杂的情况下，保证了电网的安全可靠运行，没有发生较大及以上事故。特别是通过抗击冰灾、台风、洪涝、地震等自然灾害以及应对国际金融危机冲击，通过圆满完成奥运会、亚运会等重大活动保供电任务，公司在探索市场预测分析、资源协调配置、需求侧管理、客户优质服务、完善应急指挥系统等方面积累了经验，逐步建立起了有效应对复杂情况的保供电模式。最近的抗冰保电实践证明，2008年冰灾后我们采取的措施是正确有效的。

（2）形成了五省区统一、联结港澳及东南亚的电网。全网着力加大城农网建设改造力度，推进主网、配网、农网快速发展，累计完成电网建设投资3023亿元，为“十五”时期的2.3倍。投产了±800kV云广特高压直流工程等一批重点项目，形成“八交五直”西电东送大通道，输送能力超过2300万kW；实现海南电网与主网联网，在物理联结上形成了“一张网”；与越南、老挝、缅甸等周边国家和港澳地区的电力交易稳步开展。完成农网建设改造投资691亿元，解决了206个行政村、43.8万户无电人口用电问题，实现绝大部分电网覆盖范围内“户户通电”。承担责任，接收了218家县级供电企业。应用可控串补、多直流协调控制、基于广域系统的网络保护等世界先进技术，电网保障能力、运行水平得到提高。

（3）探索了具有南网特色的企业创先之路。自2007年以来，公司以供电局试点为起步，按照“大胆创新—总结提炼—全面推广”的总体部署，稳步开展了创建先进电网企业工作，并以此为载体全面加强了企业管理。明确了“全球视野定标杆、结合实际寻路径、持之以恒求实效、持续改进上台阶”的指导方针和“服务好、管理好、形象好”的检验标准。坚持“一体化、规范化”的工作主基调，经过不懈努力，初步探索出一条符合公司实际、具有鲜明南网特色的管理创新之路。

（4）搭建了服务社会节能减排的绿色平台。公司积极响应并落实国家节能减排、发展低碳经济的决策部署，开展并逐年深化南方电网“绿色行动”，倡导科学用电、节能减排。在发电环节，2008年1月在全国率先开展节能发电调度试点，累计节约标准煤700万t，减少二氧化碳排放1834万t、二氧化硫排放13.5万t，2010年底在全国率先全面启动节能发电调度运行。配合政府关停小火电机组1582万kW，超额完成“十一五”关停任务。在输配电环节，所有地市供电局开展了线损“四分”管理，投运非晶合金变压器1223台、更换改造高损配电变压器22 473台，2010年综合线损率6.28%，比“十五”期末下降1.1个百分点。在用电环节，配合政府严格执行国家关于淘汰落后产能的政策，促进产业优化升级，全网执行差别电价的高耗能企业关停并转了70%。为企业用电大户提供节能诊断2.8万次，建成节能示范项目170个、合同能源管理项目72项，累计节约电量46.4亿kWh。

（5）塑造了“万家灯火、南网情深”的品牌形象。全系统从营销开始，逐步树立“以客户为中心”的理念，提出“以提高供电可靠率为总抓手”，“缺电不缺服务、限电不限真情”，实现了从“设备管理”向“市场管理”，从“设备停电”向“客户停电”等重大理念转变。从技术、管理、文化、体制、机制、服务等方面开展了以客户为中心的流程再造。大力开展“万家灯火、南网情深”、“优质服务年”等主题活动。颁布实施了一系列规章制度，把营销理念和实践经验加以固化。“十一五”期末，城市客户年平均停电时间减少到9h。公司系统在各地公共服务行业的

---

❶ 中国南方电网有限责任公司党组书记、董事长。

满意度调查中名列前茅，其中在广东省社情民意调查中连续四年保持综合满意度第一。公司的品牌形象深入人心，无形资产价值大幅提升。

（6）发挥了党组织的政治核心作用、党支部的战斗堡垒作用和党员的先锋模范作用。公司党的建设与生产经营管理有机结合，融入中心做工作、进入管理起作用。深入开展学习实践科学发展观和创先争优活动，全面加强党组织的建设和党员的教育管理，在各种急难险重任务面前，各级党组织和广大党员不畏艰难、冲锋在前，充分体现了党组织和党员的先进性。建立了干部管理制度体系，开展了全员培训，提高了干部员工素质。形成了以南网方略为核心内容的特色企业文化，对促进公司重组融合、安全生产、协调工作步伐发挥了重要作用。

五年来取得的成绩来之不易，积累的经验弥足珍贵，有以下六个方面值得认真总结和长期坚持：

第一，坚持将公司工作摆在党和国家的工作大局中来谋划，把“对中央负责、为五省区服务”落到实处。始终把握社会主义办企方向，时刻牢记央企使命，充分发挥基础产业的支撑作用，依法稳健经营，模范履行社会责任。

第二，坚持“安全第一、预防为主”的生产方针不动摇，任何时候必须确保电网安全稳定。电力生产的特点决定了必须坚持“安全第一、预防为主”，这是公司一切工作的基础，也是为经济社会发展服务、为客户服务的前提。在各项工作中首先要考虑到安全，妥善处理好安全与效益、安全与效率、安全与质量的关系。

第三，坚持以客户为中心，用优质服务赢得社会的信赖。从公司作为特殊服务行业的定位出发，围绕减少客户停电时间，坚定不移做强做优主业，不断提高电网保障能力、服务水平。

第四，坚持与国际先进电网企业对标，不断深化集团化运作、一体化管理。把创先作为企业发展方式转变的平台和战略实现的载体，推进改革创新，推进管理创新，优化主要业务流程，实现公司整体效率和效益最优。

第五，坚持以人为本，致力于员工和企业共同成长。着力建设“四好”班子，以好的班子带出好的队伍，加强全员培训，提高全员素质，优化人才结构，为公司可持续发展提供坚强的人才保障。

第六，坚持党的领导，发挥国有企业的独特政治优势。坚持“提高供电可靠率、科学发展上水平”，倡导在本职岗位创先争优，在促进企业中心工作中发挥党组织的中流砥柱作用，体现党员的先进性。全心全意依靠职工办企业，党政工团共同推进公司和谐发展。

二、“十二五”期间公司发展面临的形势

国际国内形势正在发生新的复杂变化，今后一段时期，我国发展仍处于可以大有作为的重要战略机遇期，但国内外影响和制约发展的深层次矛盾仍然存在。十七届五中全会、中央经济工作会议和中央企业负责人会议深刻分析了形势，提出了科学发展的主题和加快转变经济发展方式的主线。综合来看，公司发展所面临的形势最突出的特征和关键词就是“转型”。

国际国内经济发展模式面临转型。人类社会不断增长的需求，导致化石能源等资源过度消耗，对经济社会发展形成严重制约，给生态环境带来巨大的影响。因此，建立适应可持续发展要求的生产方式和消费方式，已经成为全人类和国际社会的共识，最为关键的是优化能源结构，推进产业升级，发展低碳经济。当今世界各主要国家纷纷把发展新能源、新材料、信息网络、节能环保、低碳技术、绿色经济作为新一轮发展的重点。我国经过新中国成立 60 年、改革开放 30 年的发展，在经济社会建设取得巨大成就的同时，传统的高投入、高消耗、高污染、低产出以及主要靠投资、出口导向型的经济发展方式已经难以为继，走到了一个新的历史转折点上。中央提出到 2020 年单位 GDP 二氧化碳排放要比 2005 年下降 40%～45%，非化石能源占一次能源消费比重达到 15%，“十二五”期间将把大幅度降低能源消耗强度和二氧化碳排放强度作为约束性指标，发展转型的任务异常艰巨。

电网发展面临转型。低碳经济模式下，电源结构将发生显著改变，除了大规模、高稳定的火电、水电、核电之外，太阳能、风能、潮汐等新能源发电以及分布式能源将不断涌现，新能源的间歇性和不稳定性将给电网运行带来新的挑战。与此同时，用户要求供电更安全、稳定、可靠，电力乃至能源服务更加多样化、个性化，使得电力的潮流从单向变为多向，信息流也由单向变为多向和互动。这就要求电网从两个方面实现转型，一方面要更加稳定可靠，必须优化主网结构，强化受端系统，提高供电可靠性；另一方面要从技术上和管理上提高信息化水平，研究增强与客户的互动性，使电网更加智能化。

公司自身发展面临转型。南方电网公司成立八年来，在 GDP 增长的拉动下，电网投资巨大，规模扩张很快，但主要是投资拉动的外延式增长，公司内部管理比较薄弱，发展战略不够明确、清晰，随着规模的增长已经凸显出不少管理短板、漏洞以及经营风险。此外，公司管理上的一些基本模块也有不少缺失或不完善，这与公司新一轮发展是不相适应的。中央企业负责人会议强调，要培育具有国际竞争力的世界

一流企业，着力加强企业总部建设和内部管理体制调整，压缩管理层级，建立健全集团化运作体系。客观地说，公司的集团管控能力距离国资委的上述要求还有相当差距，公司的集约化程度还不高，创新能力还不强，企业管理水平、国际化经营能力亟待全面提升。公司干部员工对电网企业的服务型特性尚未完全理解和认识到位，“以客户为中心”的核心理念尚未贯穿在公司整体流程设计和价值链全过程之中。因此，公司在管理上面临着重大的战略转型和管理变革。

三、“十二五”期间公司的发展思路

为了应对内外环境变化，抓住历史机遇，应对挑战，在承前启后的2010年，公司党组通过深入调研、认真务虚，逐步理清了思路，系统地谋划了公司中长期发展战略，明确了今后5～10年公司的战略定位、发展方向、核心理念、组织框架、经营目标以及主要任务等一系列重大问题；提出公司自身的发展模式必须要由单一的外延式发展向外延与内涵并重转变，由建设驱动型向建设推动、精益管理并重转变。这是公司与国际先进接轨，全面提升管理水平的一次重要管理创新和战略转型。

根据公司中长期发展战略，“十二五”期间公司改革发展的总体思路是：贯彻落实党中央、国务院的决策部署，坚持科学发展、绿色发展、和谐发展，围绕“一个目标”，促进“两个转变”，落实“三步走”，遵循“四个战略取向”，建设“五个核心能力”，全面提升企业整体素质和发展质量，着力把公司做强做优，为经济社会发展作出更大贡献。

一个目标：成为服务好、管理好、形象好的国际先进电网企业。服务好、管理好、形象好是公司与国际先进企业对标所确立的努力方向，是践行企业使命的内在需要，也是公司“以客户为中心”核心理念的体现。

两个转变：电网发展向更加智能、高效、可靠、绿色方向转变，企业管理向精益化方向转变。电网是“硬件”，智能、高效、可靠、绿色是我们紧密把握世界发展趋势、电力行业特征和我国电网企业特点，提出的电网发展方向。企业管理是“软件”，我们把精益化管理作为努力方向，靠管理控成本、向管理要效益。这“两个转变”符合公司成为国际先进电网企业的目标，符合科学发展的要求。

三步走：第一步：2011～2012年，公司全面推进一体化、规范化管理；广州、深圳供电局向国际先进靠拢，广东电网公司以及南宁、昆明、贵阳、海口供电局达到国内先进。第二步：2013～2015年，全面完成“十二五”各项目标任务，公司整体达到国内领先，其中广州、深圳供电局率先达到国际先进，珠三角地区主要城市供电局基本达到国际先进，广东电网公司、其他主要城市供电局达到国内领先、向国际先进靠拢。第三步：2016～2020年，公司综合实力持续提升，国际知名度和影响力不断提高，在安全、可靠、客户满意和绿色环保等方面达到国际先进；广州、深圳供电局达到国际领先，广东电网公司、13个主要城市供电局达到国际先进，其他四省区电网公司达到国内领先，向国际先进靠拢。

四个战略取向：服务型定位、经营型管控、集团化运作、一体化管理。服务型定位体现了我们对当前电网企业地位和作用的深刻理解和把握，电网企业作为基础产业和公用事业，为经济社会发展做好电力服务是我们的根本责任。经营型管控符合公司主营业务在五省区高度一致的实际，也是国际先进电网企业的普遍做法。集团化运作是国资委对中央企业的要求，也是公司实现外延式发展与内涵式发展并重，以管理促效益，提升发展层次和质量的重要举措。一体化管理是提炼创先经验，实现公司战略落地的主要途径和载体。

五个核心能力：客户服务能力、电网运营能力、电网发展能力、价值创造能力、发展支持能力。其中，客户服务、电网运营、电网发展是电网企业的核心业务，提高这三方面的能力是公司做强做优主业的根本体现。公司作为市场经营主体和国有资产保值增值责任主体，必须具有较强的价值创造能力，注重资本的使用效率，强化投资决策管理，优化配置企业资源，突出风险管控，提高企业整体效益。这里重点讲一下发展支持能力，前四个核心能力是公司的硬实力，而发展支持能力涵盖了人才支持、技术支撑、财务支撑、政策影响、公共关系、品牌及文化影响等，是公司的软实力，是公司整体实力的重要组成部分。因此，必须下大气力打造与硬实力相匹配、与公司发展相适应、与世界500强企业地位相符合的软实力。

四、“十二五”期间公司的重点任务

1．突出保证安全可靠供电，提高对大电网的驾驭能力

保证安全可靠供电是公司的职责所在，也是企业生存和发展的重要基础。一是要规划建设一个安全可靠的现代化大电网。“十二五”期间五省区社会经济对电力需求稳定增长，预计年均增长率超过8%，五年需要新增电力供应6000万kW；五年西电东送新增1730万kW，2015年西电东送总规模将达到4300万kW。为此公司将进一步加大电网发展投入，“十二五”期间南方电网固定资产投资将超过5000亿元。在规划建设过程中，要坚持电网和电源统筹规划、合

理布局、协调发展的原则，以电力需求为导向，规划建设结构合理的南方电网主网架和各省区负荷中心受端骨干网架，确保主电网安全高效。进一步优化网架结构，加强配网建设，切实提高供电质量和可靠性，“十二五”期末城市客户年平均停电时间不超过5h。提高电网利用效率、降低电网损耗，“十二五”期末电网综合线损率降低至6.12%，比“十一五”期末下降0.16个百分点。加强电网综合防灾能力建设，从规划源头提高电网防冰、防台风水平。二是要提高驾驭复杂大电网的能力。完善系统运行分析与策划技术平台，准确把握大电网运行特性，强化监控、预警和处置能力，优化落实安全保障措施，确保不发生大面积停电事故。全面提高安全风险管理体系建设质量，实现安全生产管理规范化、精细化，更好地保障电网、设备、人身安全。完善灾情监测手段、风险评估方法和抗灾技术措施，切实提高抗灾应急能力。加强安全文化建设，培育安全发展理念和刚性执行制度的行为习惯。

2. 突出以客户为中心，持续提高客户满意度

要引导全体员工牢固树立“以客户为中心”的理念，并贯穿落实到各项工作中。一是全面深化客户满意度管理。充分应用政府主导的社情民意调查结果，建立第三方客户满意度的定期测评、分析和发布机制，以及以客户满意度、客户停电时间为主体的综合评价内部反馈和改进机制，制订整改措施，推动客户服务持续改进。二是加强客户停电时间管理。全面实现所有专用变压器客户、公用变压器台区停电时间的自动采集和统计；全面实现客户停电时间统计工作网级达标，强化停电时间分析，推动完善跨专业的停电管理协调机制。建立全口径的农村客户停电时间统计和考核办法。三是全面实现营配信息集成应用。建设营配信息集成应用平台，建立基于地理信息系统的配电网服务模型；建立面向客户的多部门协同作业机制，实现客户需求从营销向配网规划、建设、生产等专业的快速传递，对客户需求做到快速响应。四是打造客户导向的服务体系。整合服务资源，建立统一的客户服务平台。建立覆盖营销业务全过程的服务质量评价考核指标和统一的监控平台，实现指标的自动统计和服务质量的常态化评价，对公司服务链中各环节工作品质与时限进行集中监控管理。五是逐步理顺与客户的资产界面。各省区要努力争取政策支持，确定符合实际的投资界面。重视依法规范供用电合同的管理。

3. 突出服务经济发展方式转变，打造绿色电网

倡导绿色发展理念，促进经济增长方式、能源生产方式及用能方式转变。大力推动西南水电开发利用，积极支持广东、广西、海南核电建设。支持清洁能源和新能源发展，做好新能源发展规划，加快解决新能源、可再生能源、分布式综合供能系统有效接入电网问题，重点推动海上风电的开发利用，进一步降低区域内碳排放水平。“十二五”期末，南方电网非化石能源装机比重将达到48.4%，发电量占43.3%，占一次能源消费的比重达到21.9%，比“十一五”期末提高5个百分点。深化节能发电调度，积极消纳西部季节性水电。大力加强绿色用电管理，积极配合国家引导产业结构调整。充分利用南网能源公司这个平台，建设多元化的节能服务队伍，提供综合能源利用解决方案。开展客户节能服务，至“十二五”期末对大客户的节能诊断比例达到70%。积极引导电动汽车发展方向，引进先进技术和商业模式，培育电动汽车供电综合服务市场，“十二五”期末电动汽车供电基础设施满足五省区各主要地市电动汽车发展需要，并形成支撑电动汽车产业化的综合服务体系。

4. 突出运用信息化手段，全面提升创新能力

用信息化改造提升传统产业，是国家的一项重大部署。信息化是全面提升企业核心竞争力、提升管理效率的重要手段，也是企业先进的重要标志。必须高度重视和发挥信息化在促进公司新一轮发展中的重要基础作用和技术支撑作用，用信息化推动智能电网建设，推动管理创新。一是围绕核心技术，大力运用现代信息技术加快传统电网的升级改造。南方电网的核心技术主要体现在电网安全稳定与控制技术、电网经济运行技术、设备集成应用技术三个方面。在电网安全稳定与控制技术领域，要重点开展交直流系统相互影响、低频振荡机理及抑制措施、变电站驾驶舱、一体化电网运行智能系统、二次系统一体化、基于广域信息的大电网闭环以及开环控制等方面的研究。在电网经济运行技术领域，要重点开展节能降耗新技术应用，以及大规模新能源与常规能源发电联合优化节能调度技术研究，推行高压电气设备的动态监测与状态评估，逐步将设备的计划检修转向状态检修。在设备集成应用技术领域，要重点开展风光储集成、电动汽车与电网互动、特高压直流、信息化集成应用与安全防护等方面的研究。公司将进一步加大科技投入，力争在“十二五”期末科技研发主要指标和创新能力达到国内先进水平，形成南方电网的技术品牌。二是充分发挥信息化在管理创新中的基础和支撑作用。要以战略为导向，以创先为载体，以信息技术为手段，融入资产全生命周期、客户全方位服务、资源集约化三个管理理念，推动公司管理创新。优化业务流程，搭建“集成、共享、协同”的一体化信息平台，全面实现“管理制度化、制度流程化、流程表单化、表单信息化”，支撑公司一体化流程固化和成果落地，促进

规划、建设、生产、调度、管理、决策全过程业务链的高效运作与协同。三是全面提升公司信息化建设水平。按照“以我为主，自主开发”的建设思路，打造以企业为主体、具有自主知识产权、产学研结合的信息化开发体系，推动信息化建设“由业务驱动型向战略驱动型、由分散建设向集中建设、由部门级应用向企业级应用”三个转变。“十二五”期间公司信息化达到央企 A 级上游水平。

5. 突出抓好农电发展，完成新一轮农网改造升级任务

要坚决贯彻国务院关于加快新一轮农电发展和体制改革的精神，高度重视、突出抓好农电建设和管理，完成好国家赋予的这一重大历史使命。一是建设新型农村电网。国家上一轮农网改造主要是解决农村客户“有电用”的问题，这一轮改造升级主要是满足农村经济发展和农民生活改善的用电需求。公司将按照“十二五”期间基本建成安全可靠、节能环保、技术先进、管理规范的新型农村电网这一目标，因地制宜、突出重点，五年安排农网建设改造投资 1116 亿元，占电网总投资的 27.9%。严格执行国家农网改造升级和公司配电网工程建设标准，切实降低单位造价，提高农村电网供电能力，全面解决供电“卡脖子”问题、供电质量问题。重视普遍服务，实现电网覆盖范围内的“户户通电”，实现城乡各类用电同网同价。二是深化农电体制改革。按照国家推进农电体制改革的有关要求，继续理顺县级供电企业代管关系，开展规范县级供电企业劳动用工及岗位薪酬改革工作。推进“城乡电网统筹发展，专业业务一体化管理”管控模式，县级供电企业全面推行“七个一体化”管理，理清农电管理定位、归口管理与专业管理的关系，加快专业管理向县级供电企业的延伸。以地市供电局为农电管理的直接责任主体，对县级子公司实行“子公司体制、分公司管理”，为农电发展营造良好环境和空间，为农电长远发展打好基础。

6. 突出加快“走出去”步伐，着力拓展国际化业务

公司要按照“立足主业、立足周边”的原则，充分发挥作为大湄公河次区域电力合作中方执行单位的作用，利用南方电网独特的地缘和区位优势，统筹国际国内两种资源、两个市场，既保证国家能源安全，又拓展南方电网发展空间。牵头做好次区域骨干电网规划，积极参与次区域水电资源开发。利用公司的技术优势，引导国内设备、技术和管理的输出业务。研究跨境经营的商业模式，整合全网的国际业务资源，搭建统一的国际化战略实施平台，对外一个形象、一个声音。加大对实体项目的投资力度，到“十二五”期末，在次区域和港澳地区的电力业务快速发展，设备、技术、管理的输出业务达到一定规模，全面推进越南永兴、老挝国家电网等周边国家的相关项目。

7. 突出整合资源、规范管理，确保战略落地

经过艰苦努力，公司制订出了中长期发展战略，这是推进新一轮发展的纲领性文件，全体干部员工必须坚决贯彻落实。要通过推进一体化管理，提升资源集约化水平，提升集团管控能力，提升公司整体效益，确保战略落地。要抓好三个管理流向：一是自下而上，按照经营型管控要求，实现对人力、财务、物资等企业关键要素的集中控制；人的方面，以能力建设为核心，以完善体系为重点，打造一支与公司发展相适应的员工队伍；财的方面，全面推进财务集约化管理，加强资金集中管理，构建收支两条线管理模式，优化资本配置，防控经营风险，“十二五”期末货币资金存量控制到 140 亿元以内。物的方面，构建公司供应链管理体系，用两年时间将公司一级集中采购金额比例提高到 80%，之后进一步提高采购集中度。二是自上而下，规范安全生产、电网规划建设、市场营销等主要业务领域，继续按照“管理制度化、制度流程化、流程表单化、表单信息化”的思路，实现管理落地和简捷高效。三是横向贯通，加快推进资产全生命周期、营配一体化、综合计划、全面预算等管理模式，以统一的企业级信息化平台为支撑，打破部门间壁垒、加强部门间协作，实现公司管理由条块分割向协同高效的根本性转变。各业务领域要注意选取适合推广的管理范本，统一管理模式，避免重复投入和浪费。各创先试点单位要继续先行先试，持续改进，为全面创先提供先进的管理范本，带动公司整体有步骤地达到国内、国际先进水平。

8. 突出深化党建和队伍建设，构建和谐劳动关系

一是通过创先争优活动加强和改进党的建设、带好队伍。发挥国有企业的优势，坚持党要管党，通过创建先进党组织、争当优秀共产党员，发挥党组织的政治核心作用、党支部的战斗堡垒作用和党员的先锋模范作用，凝聚和带领全系统员工提升素质、提高能力，做好本职工作。二是把反腐倡廉建设贯穿于公司改革发展的全过程。坚决贯彻落实中央的各项规定，坚持标本兼治、综合治理、惩防并举、注重预防的方针，认真执行党风廉政建设责任制，加强以完善惩治和预防腐败体系为重点的反腐倡廉建设，着力解决突出问题；加强作风建设，弘扬清风正气。三是着力加强领导班子和人才建设。要按照“坚定、团结、务实、廉洁”的要求，把各级领导班子建设成为善于领导科学发展的坚强集体。坚持民主集中制，进一步完善班子依法决策、民主决策、科学决策机制。加强干

部教育管理，教育我们的每一位党员干部要做到“政治上清醒坚定、工作上恪尽职守、事业上为国家作贡献”。要着眼培养和造就一支适应公司发展战略需要的人才队伍，大力实施人才发展“六大工程”。整合培训资源，系统地做好全员培训，特别要高度重视技能人员的培训。四是着力构建和谐的劳动关系。在注重效率和效益的前提下，更加注重公平，优化工资分配结构，缩小分配差距。收入分配向关键岗位和一线岗位倾斜，在同一责任主体内，逐步建立“同岗同工同酬”的分配机制。加强员工业绩考核，收入分配更加注重员工的累积贡献，实现岗位能升能降、收入能高能低、人员能进能出的动态管理机制。将身份管理逐步转变为岗位管理，让每一位员工都享有公平竞争、择优上岗的权利，给大家提供平等的干事创业的舞台。更加关心低收入、离退休人员的生活。五是进一步发展和弘扬南网特色企业文化。要按照公司战略，完善和丰富南网方略，构建具有时代特征、符合南网实际、代表南网先进文化发展方向的核心价值体系。着力抓好企业文化的基础工程、载体工程和转化工程，实现员工良好习惯持续养成，文化贡献率持续提升。实施员工辅导计划，做好人文关怀，提升幸福指数，建设“幸福南网”。

中外电力工业发展比较（摘要）

王志轩[1]

一、从我国电力消费数据分析我国经济发展阶段

电力消费数据是国民经济的“晴雨表”。我国当前的电力消费形势真切地反映了我国经济发展处于工业化中期后段的特征。

人均用电量是评判各国发展阶段可比性较强的指标之一。

人均 GDP 和人均用电量是衡量一个国家经济发展阶段的重要指标。但是由于汇率、经济结构、国家体制、生活方式等多种因素，用人均 GDP 指标分析经济发展阶段具有较大的不可比性，而作为实物量的人均电力消费指标却能很好地反映一个国家经济和人民生活的实际水平。从各国一般的发展态势看，发达国家在工业化完成时，其人均用电量 4500～5000kWh、人均装机 1kW 左右、人均生活用电量 900kWh 左右，第二产业用电比重低于 65%，第三产业用电比重高于 18%。

人均用电量从 2000kWh 到 5000kWh 的变化过程正是一个国家电力高速发展的过程，这一时间大致需要 15 年左右，且越晚进入工业化的国家，所经历的时间越短。

2000 年以来，我国工业化发展加速，2001～2009 年工业用电年均增长 12.4%，人均用电量从 2006 年起超过 2000kWh，2009 年达到 2729kWh。工业用电增速高于全社会用电量年均增速 6.7%，从发达国家的经历看，我国当前的人均用电量水平，属于重化工业加速发展阶段的工业化中期后段。

考虑到一方面我国具有后发优势的特点，而另一方面我国幅员辽阔、经济基础较差、各地发展水平参差不齐、重工业用电比重更大等特点，预计在 2020 年前可达到人均消费 5000kWh 的水平。但是我国人均生活用电量比重提高和第三产业用电比重提高的任务非常艰巨，如不加快转变发展方式，很难实现真正的工业化。

从人均用电量增长态势来看，各国在工业化阶段都经历了较快增长过程，工业化后期或完成工业化之后增速大幅降低，总体呈现增长率波动下降或相对稳定的趋势。

未来 10 年我国电力消费弹性系数的 10 年均值在 1 左右，应防止对弹性系数过低估计的倾向。

与工业化国家相比，我国电力消费弹性系数不宜估计过低。2008 年金融危机以来，耗电强度较大的重工业受冲击最严重，电力消费弹性系数自 2000 年开始连续 7 年大于 1 后，到 2008 年变为小于 1。与发达国家相比，我国 2000 年以来略大于 1 的弹性系数相对于我国当前的发展阶段来说，并不算高。对此我们应当有清醒的认识，不宜过低估计未来我国电力消费弹性系数。

二、我国电力工业可持续发展能力的国际比较

安全发展、清洁发展、节约发展、经济发展构成了电力工业的可持续发展能力的重要内容。总体来说，我国电力工业的发展已达到世界先进水平，但是由于发展仍然是首要任务，我国以煤炭为主的资源禀赋，使电力发展受到多重因素制约：既有现实的煤电矛盾、电价机制问题，也有长期的应对气候变化的压力、能源安全压力、节能减排压力等，这些矛盾和压力都需要在发展进程中加以解决。

（一）电力安全发展能力比较

电力发展的首要目标就是安全可靠供电，要努力向用户提供安全、可靠、不间断的电能服务。其中首先是保证合理的装机规模以提供充足的电能，而装机

[1] 中国电力企业联合会秘书长。此文刊载于《中国电力企业管理》(2010.5)。

规模要适应我国国情的能源结构及其电力结构。

1. 电力装机快速增长为电力安全提供了可靠保障

我国是20世纪90年代以来发电装机增长最快的国家，尤其是进入21世纪增长更快，2000～2009年，我国装机容量从31 932万kW增加到87 407万kW，年均增长高达11.4%。我国现有发电装机容量的63.5%都是在2000年以后投产的，2006年、2007年每年投产1亿kW更是世界电力发展史上的奇迹，年投产的装机容量相当于加拿大、法国、意大利、英国中任意一国的总装机容量。我国装机容量与美国装机容量的差距迅速缩小，预计2010年底，我国发电装机容量将超过9.5亿kW，美国装机容量接近11亿kW。按此速度，我国装机将在未来两年内超过美国并达到世界首位。

2. 我国人均装机容量仍然不足，发展仍然是主要任务

2009年我国人均装机容量0.655kW，与美、日、欧等发达国家人均2kW及以上水平存在很大差距，相当于美国1951年、日本1969年、韩国1993年、英国1957年的水平。我国仍处于工业化、城镇化加速发展的阶段，电量几乎全部由国内供应，从电力安全角度和能源自身特性考虑，电量增长趋势很难也不能改变，因此装机容量和人均装机容量较快增长是一个不可逆转的必然趋势。预计在2020年前，装机容量快速增长的趋势将持续，考虑到非化石能源发电快速增长的特点，到2020年人均装机可能会超过1.2kW。我们必须坚持电力工业适度超前发展的原则，否则就有可能重蹈装机容量不足、电力短缺的覆辙。

3. 电力结构没有最合理，只有更合理

各国电源结构千差万别，并没有普遍认同的最合理的装机结构。如美国是资源大国，煤炭、石油、天然气产量都很高，因此形成了以气电、煤电为主的火电装机结构，2007年火电装机比重为78.66%，发电量比重为70.6%，煤电发电量长期以来占50%左右。澳大利亚煤电比重也较高，火电发电量占90%左右，煤电发电量占76%左右。而日本主要靠进口能源，所以在电源结构上选择了煤电比例最高的均衡发展道路。法国的煤、油、气等资源都比较匮乏，在充分开发水能资源的情况下，选择了发展核电，其核能占一次能源总产量比重高达84.1%。如果从可再生能源发电来看，我国水电及并网风电占发电量比重为16.4%，而美国水电、风电及可再生能源发电的总和不到10%。

我国能源资源特点是富煤、缺油、少气，储采比分别是41年、11年、32年，均远低于世界平均水平，其中煤炭是开采技术最成熟、储采比最高的一次能源，因此，我国煤炭产量占一次能源总产量的72.3%，石油和天然气产量较低，从而形成了以煤为主的电力装机结构。我国火电（95%以上是煤电）装机比重20世纪90年代初为75%，2005年前后甚至达到过78%，近两年新能源发展加快后比重略有下降，但是火电发电量所占比重一直保持在82%左右，2006年达到历史最高值83.3%。过去的几十年中，我们一直在致力于优化调整电源结构和煤电结构，降低煤电比例，提高高效机组比重，虽然使煤电的内涵发生了重大变化，但单从煤电比重上来说，成效不明显。

电力装机结构的调整必须根据资源禀赋特征，以能源供给安全和电力安全为前提。我国以煤电为主的电力结构是客观规律支配，不以人的意志为转移的，这一结构在未来相当长一段时期内难以根本改变。

（二）电力节约发展能力比较

我国电力行业通过结构调整、技术改造、经济运行、优化调度等措施，提高了能源转化和电力输送效率，在节能方面已经取得了巨大进步。

1. 我国供电煤耗持续降低，已达到世界先进水平

由于燃料特性和发电方式不同，气电、油电的发电效率要比煤电高，如日本气电、油电发电量占火电比例为34.5%，2006年供电煤耗仅312g/kWh，意大利气电、油电合计发电量占火电比重达到64%，供电煤耗仅283g/kWh，是各主要国家中最低的。而煤电为主的国家，供电煤耗要高得多。2002年南非煤电发电量比重95%，供电煤耗455g/kWh，与此相对应波兰煤电比重92%，供电煤耗372g/kWh，澳大利亚2006年煤电比重76.2%，供电煤耗360g/kWh，美国的燃煤发电供电煤耗大约在370g/kWh。2009年我国煤电比重接近82%，供电煤耗342g/kWh，与1978年相比每千瓦时降低了129g。根据日本海外协会的统计分析来看，中国发供电生产水平仅次于日本，是电力工业热效率很高的国家。这充分说明了我国煤电效率不断提高，从总体上已经达到世界先进水平。要进一步降低煤耗，必须通过进一步加大采用高参数、大容量机组比重，加大热电联产比重，提高负荷率，加强技术改造来实现。

2. 我国线损不断降低，总体达到或接近世界先进水平

电网的线损由多种因素决定，包括经济发展水平、电网完善程度、技术水平、负荷密度、电力分布特点和电力输送距离以及管理水平等。因此，要根据综合因素分析线损水平，不能简单地与各国直接

比较。

在美、英、法等发达国家中，英、法两国国土面积小、负荷密度高、电源地区布局相对均衡，美国国土面积与中国相当，负荷密度比中国大，基本没有远距离输电，我国与这三个国家线损基本相当。与俄罗斯、巴西等国家相比，相似条件很多，但我国线损率明显低于这几个国家。因此，从总体上判断，我国的线损水平总体达到或接近国际先进水平。未来几年，由于跨区跨省交易增加，特别是西部大水电、火电基地建设使得远距离高压送电比重更大，虽然管理和技术手段可以有效降低线损，但我国线损下降幅度也会有所放缓。

（三）电力清洁发展能力比较

电力是最清洁的二次能源，但是在一次能源转换为二次能源的过程中，电力行业也是大气污染物排放最大的行业之一。电力行业节能减排对全社会节能减排举足轻重，从一定意义上讲，电力行业是全社会污染物减排的主力军，而智能电网将是低碳技术应用的支撑平台。

1. 中国燃煤电厂大气污染物控制不断加强，烟尘、二氧化硫控制水平接近世界先进水平

“十一五”期间，电力行业通过积极推进“上大压小”，不断优化火电结构，加大可再生能源开发力度等结构调整措施和烟气脱硫、高效除尘、空冷等工程技术措施，以及资源节约、环境保护等管理措施，取得了显著的成绩，提前一年乃至一年半实现了电力“十一五”节能减排的主要指标。燃煤电厂烟尘、二氧化硫排放控制已接近世界先进水平。2009 年底，我国烟气脱硫机组占燃烧机组总容量的 74％以上，美国 2008 年为 42％；每千瓦时二氧化硫排放量为 3.2g，美国 2008 年为 3.9g；排放总量较 2005 年下降了 27％，提前一年完成了减排目标。但是在氮氧化物的控制方面，我们与发达国家还有一定差距，如每千瓦时氮氧化物排放量是美国的 1.78 倍。我国火电厂脱硝设施的建设将在“十二五”期间加大建设力度，大气污染物正从单项治理向综合治理、协同控制、可资源化方向发展。

2. 电力行业应对气候变化任重道远

从 1950 年到 2002 年，中国二氧化碳累计排放量仅占世界同期的 9.33％；2004 年中国二氧化碳排放量为 50.7 亿 t，人均排放 3.65t；据有关资料估算，中国二氧化碳年排放量已超过美国，成为年排放二氧化碳最多的国家，但是累积排放总量、人均排放量、人均累积排放量均远低于美国，也远低于发达国家的平均值，我国目前年人均排放量大约是美国的 1/4。这充分说明了在温室气体控制上，我们必须坚持共同但有区别的责任。

我国政府已向全世界承诺：到 2020 年单位 GDP 的二氧化碳排放比 2005 年下降 40％～45％，到 2020 年非化石能源占一次能源消费的比重达到 15％左右。电力行业是我国温室气体排放大户，接近全国温室气体排放总量的 50％。电力行业也是实现提高非化石能源比例的关键部门，在实现我国应对气候变化的目标中起着决定性作用。

电力行业在应对气候变化中面临着长期的严峻挑战：一是我国资源条件决定了煤电仍然占主导地位，高碳能源禀赋与低碳发展的要求形成尖锐矛盾。二是我国电力行业的节能减排空间逐步缩小，二氧化碳排放总量仍将继续增长，二氧化碳强度减排空间有限。三是二氧化碳减排的主力军——水电建设受多方面因素影响，推进艰难；风电、太阳能等可再生能源虽然大力发展，但在总量上难挑大梁，且可再生能源与火电协调、与电网协调仍然需要付出很大努力。四是具有绝对量减排的低碳煤电发展技术（如 CCS），由于受经济、技术及客观条件制约，进入大规模实用化阶段的道路还很长，且核心技术大部分掌握在发达国家手中，绝对量减排面临巨大的技术障碍和经济代价。

电力行业在应对气候方面，应立足当前、着眼未来，超前谋划，立足国情，确立目标，制订计划，有序开展。

（四）电力经济发展能力比较

经济发展是新型工业化发展的重要内涵之一，是“又好又快”的基本要求。对于电力工业而言，经济发展的指标包括工程造价和发、供电成本等，最终体现在电力产品的真实价格上。但经济发展的核心不应以名义电价的高低来衡量，因为低电价往往是通过其他补贴的方式形成的，也可能是通过过度消耗设备寿命形成的，扭曲的电价最终必然造成全社会的负担，而应当主要体现在按市场规律办事。在电力投资建设方面，我国已完全进入市场化，通过市场竞争有效降低了建设成本，使单位千瓦造价基本稳定，也促进了技术进步，建设发展能力显著提高。电煤供应方面也已进入市场化。但电力产品的定价机制虽然初步建立并实行了一些符合市场规律的机制，如煤电联动等，但总体来说仍然受政府行政控制。电煤矛盾仍然十分尖锐，对电力的经济发展形成了严重制约。

国外发达国家的电煤价格与电价变化趋势和波动幅度基本保持高度一致。美、德两国的煤电发展较早、价格市场相对完善，美、德两国生活电价远高于工业电价，这与我国工业电价承担着交叉补贴和居民用电价格补贴的机制完全不同。更重要的是，这两国电煤价格和电价的变动趋势高度一致和波动幅度基本相当，在煤炭市场、电力市场、用户之间具有完善的

价格传导机制，这既有利于有效调节供需、促进平衡，更有利于节约不必要的投资，有利于企业避免不可控的经营风险，实现科学发展。

同时，世界上一些能源丰富的国家存在着将低电价作为一种普遍性福利的情况，或者通过巨额财政补贴来维持电力营运的情况，但这种情况往往与能源资源的浪费、电力短缺等现象紧密联系在一起。

在我国改革开放以来的三个经济发展阶段中，同为国家能源基础性产业的煤炭、石油、电力市场化发展进程很不一致，导致其价格变化呈现出明显不同的发展轨迹。

在第一个经济周期即1982～1990年间，煤炭、石油、电力的价格还未放开，均由国家管制，这期间煤炭价格指数由100上升到131，石油由100上升到134，电力由100上升到122，三者与GDP价格指数上涨基本保持一致，反映出在这个阶段能源市场化程度均还没有发育。

从第二个经济周期开始，煤炭、电力出厂价格继续受国家管制，价格指数上涨幅度较小，二者的上涨趋势继续基本保持一致。煤炭价格指数由1991年的148上升到1997年的401，1999年又下降到367，电力价格指数由1991年的142上升到1999年的442。这期间，煤电发展比较均衡。

进入第三个经济周期后，电力出厂价格仍然受国家管制，上涨幅度较炼炭、石油低很多，煤炭价格指数与电力价格指数形成很大差距。煤炭由于价格快速上涨，使煤炭企业盈利能力持续提高，为目前地方政府关停小煤矿、实施煤炭企业整合、扩大国家对煤炭资源的控制力提供了有力保障。电力企业由于价格传导受阻，面对高涨的煤价、无序的运价以及调整不到位的电价无能为力，2008年甚至出现了全行业亏损的局面，五大发电集团负债率都超过了80%，并殃及电网企业陷入亏损的困局。未来石油、煤炭价格仍将保持上涨趋势，这将对以火电为主的我国电力工业发展造成极大的制约影响，电力企业承受的经营压力将越来越大，调整现行电力价格机制势在必行。必须改变扭曲的电价机制，按照资源国际化、市场化发展的规律，使煤炭和电力协调发展，保障我国能源供应的安全，并促进资源节约型、环境友好型社会的建设。

低碳电力战略的路径选择

孙耀唯❶

2010年，既是结束“十一五”与走进“十二五”的接转年，也是总结前10年与展望后10年的开启年，更是贯彻落实科学发展观，加快转变电力发展方式的关键年。在这样一个重要时点，我们确有必要对能源和电力的长远发展多做一些战略思考与谋划，以利于推进电源和电网结构的战略性调整。

2009年9月，胡锦涛总书记在联合国气候变化峰会上郑重宣布，中国从对本国人民和世界人民负责任的高度，充分认识到应对气候变化的重要性和紧迫性。坚持节约资源和保护环境的基本国策，坚持走可持续发展道路。大力发展绿色经济，积极发展低碳经济和循环经济。争取到2020年非化石能源占一次能源消费比重达到15%左右。2009年11月，国务院常务会议决定，到2020年我国单位国内生产总值二氧化碳排放比2005年下降40%～45%，作为约束性指标纳入国民经济和社会发展中长期规划。温家宝总理在2010年的政府工作报告中再次提出，我们要加快转变经济发展方式，调整优化经济结构，积极发展循环经济和节能环保产业。大力开发低碳技术，推广高效节能技术，积极发展新能源和可再生能源，加强智能电网建设。

总之，发展低碳经济，不仅是应对气候变化的举措，也是转变经济发展方式、降低能源资源消耗、提高我国国民经济可持续发展的必然要求，是抢占新能源、新材料、新技术制高点，建立国际市场竞争优势的战略抉择。

一、发展清洁能源，实现节能减排

2002年以来，伴随着我国进入工业化和城镇化快速发展阶段，全社会用电需求不断增长，电力工业也实现了跨越式发展。截至2009年底，发电装机规模8.74亿kW，220kV及以上输电线路39.97万km，分别比2002年增长了2.4倍和2.1倍，发电装机规模和输电线路长度已与美国不相上下，进入了世界电力大国的行列。

随着电力建设步伐加快，电力工业不仅在数量上满足了经济社会快速发展和群众生活的电力需求，也在发展质量上取得了实质性进步，尤其是国际金融危机以来，在电力供求关系相对宽松的情况下，进一步加大了结构调整和节能减排方面的工作力度，并取得明显成效。一是电源结构调整明显加快，2009年，核电、风电和水电基本建设投资完成额分别同比增长74.91%、43.90%和2.33%，火电基本建设投资完成额同比下降11.11%。二是电网建设速度加速推进，2009年，全国电力建设完成投资7558亿元，同比增长19.93%。其中，电源投资仅占全部电力投资

❶ 国家电力监管委员会政策法规部。此文刊载于《中国电力企业管理》(2010.5)。

的49.10%，同比增长8.92%，电网投资占全部电力投资的50.90%，比2008年增长32.89%，连续两年超过电源投资。三是电力生产及输送环节能源利用效率继续提高，2009年，全国供电标准煤耗342g/kWh，累计比2002年下降41g。线路损失率6.55%，累计比2002年下降0.97个百分点。截至2009年7月，提前完成了“十一五”关停小机组5000万kW计划，新建火电厂除尘效率99%以上，脱硫机组60%左右，废水重复利用率70%以上。四是技术装备水平不断增强，近年来我国大力发展了60万kW及以上超超临界机组，推广利用洁净煤发电技术，启动了以IGCC为代表的绿色煤电计划，在缺水地区采用空冷技术，鼓励热电联产和热电冷三联产技术，切实提高了能源利用效率，减少了二氧化硫、二氧化氮、二氧化碳和粉尘排放。目前，单机容量30万kW及以上火电机组占全部火电机组容量的比重从2000年的10.5%提高到2009年底的64.5%。电网1000kV特高压交流试验示范工程、±800kV特高压直流输电工程，标志着我国输电电压等级、交直流输电技术、装备制造以及电网建设上升到了一个新的高度和水平。

但是，面对全球气候变化和绿色经济的提出，我国电力工业走低碳之路，仍将面临巨大压力和严峻挑战。正如温家宝总理在2009年哥本哈根会议上指出，中国有13亿人口，人均国内生产总值刚刚超过3000美元，按照联合国标准，还有1.5亿人生活在贫困线以下，发展经济、改善民生的任务十分艰巨。中国正处在工业化、城镇化快速发展的关键阶段，能源结构以煤为主，降低排放存在特殊困难。这就是说，与世界其他国家不同，我们有两个不容回避的客观现实：

一是资源禀赋不同，我们在较长时期内都无法摆脱以煤为主的高碳格局。2009年底，发电装机规模8.74亿kW，其中火电装机容量已超过6.5亿kW，占74.6%，水电1.97亿kW，占22.5%，核电、风电和太阳能仅占3%左右。世界上很少有国家像中国这样，煤电比例如此之高。同时我国2/3以上的经济可开发水能资源和煤炭资源（包括拟将规模开发的风能资源），主要分布在西部和北部地区，东部地区可开发水能资源和煤炭资源仅占全国的4.8%和3.3%，但用电量和GDP却分别占全国的55%和59%。电力需求的快速增长，不仅直接挑战我国的煤炭资源和环境极限，也直接涉及煤炭运输、远距离送电，以及上下游相关产业协调发展等诸多问题。

二是我国正处于一个高碳经济的发展阶段。进入新世纪以来，随着人均GDP相继超过1000、2000、3000美元，工业化和城镇化进程明显加快。发达国家可以是低碳经济，因为他们的基础设施建设、城市化已经完成，而中国正处于重化工业发展的高峰期。一方面表现为国民经济的持续较快增长，另一方面表现为单位GDP的能源消费强度大。在未来若干年内，电力工业的首要任务，还是要满足不断增长的电力需求。而解决电力短缺的最简单、最迅速、最经济的手段就是发展煤电。回顾2003年以来的电力短缺和煤电装机的快速增长就不难解释这一现象。

2010年1～3月，全社会用电量达9695亿kWh，同比增长24.19%，3月单月用电增速21.04%，较2月提高10个百分点，尤其是宁夏、青海、内蒙古、广西等高耗能产区，电力需求增长分别达到了57.92%、55.45%、41.14%、36.6%。这就是说，如果产业结构没有大的调整，全社会的电力需求仍将十分强劲。

有关方面预测，到2020年，我国用电需求将达到7.67万亿kWh，发电装机将达到16.5亿kW以上，分别是2009年的2.1倍和1.9倍。从目前预测和规划的数字上看，考虑2020年非化石能源消费量占15%的要求等因素，若能实现新增水电装机1.23亿kW，核电7700万kW，风电、太阳能等新能源发电1.5亿kW，火电装机尚需达到13亿kW，如果燃气发电不能有较大规模的发展，那将对煤炭资源和生态环境造成多么大的压力！

总之，我国正处于资源、环境约束最为严重的时期，工业化、城市化、现代化进程远没有完成，发展经济、改善民生任务十分艰巨，因此，我们现在比任何时候都迫切需要发展清洁能源和实现节能减排。

二、构建“创新高效”的制度安排实现电力发展方式的转变

2010年2月3日，胡锦涛总书记在省部级领导干部专题研讨班的讲话中强调，转变经济发展方式已刻不容缓，必须紧紧抓住历史机遇，承担起历史使命，毫不动摇地加快经济发展方式转变。2010年的中央经济会议和总理政府工作报告也反复强调这一问题的重要性和紧迫性，要求着力加快经济发展方式转变和经济结构调整，大力推动经济进入创新驱动、内生增长的发展轨道。促进经济增长由主要依靠投资、出口拉动向依靠消费、投资、出口协调拉动转变，由主要依靠第二产业带动向依靠第一、第二、第三产业协同带动转变，由主要依靠增加物质资源消耗向主要依靠科技进步、劳动者素质提高、管理创新转变。这既是适应全球需求结构重大变化、增强我国经济抵御国际市场风险能力的必然要求，也是全面建设小康社会、提高我国可持续发展能力的必然要求。

2007年，哈佛大学教授尼尔·弗格森曾宣称：美国和中国之间存在一种共生关系，一个储蓄一个消

费，一个出口一个进口，一个提供产品一个提供服务，一个储蓄外汇一个印制美元。这看似一个双方互利的联姻，但却是一个高碳的联姻。在前所未有的资源和环境压力面前，这种增长模式是难以为继的。

近30年来，我国年均增速高达10%的发展创造了一场经济奇迹，但我们始终没有摆脱“高投入、高消耗、高污染、低效益”这种粗放型的发展方式。以2006年为例，中国的经济总量占世界的5.5%，但能源消耗24.6亿t标准煤，占世界的15%。目前，我国的一次能源消费相当于美国的60%，但经济总量比例还不到美国的15%。这就是说，在经济快速发展的同时，我们也付出了巨大的资源和环境代价。

电力工业作为国民经济重要的基础产业，既要向全社会提供安全稳定电力供应和优质服务，也需要大量的资金投入和资源、能源消耗。因此发展低碳电力，就要放弃传统的电力发展模式，通过能源高效利用、清洁能源开发、减少污染排放以及产业结构调整和体制机制创新，实现电力工业的清洁、高效和可持续发展。从我国电力发展的实际情况看，实现电力发展方式的转变，要着力完成以下任务：

一要充分考虑资源环境约束，更加注重煤碳资源的有效开发和清洁利用。煤炭是最重要的基础能源，且碳密度最高，电源结构无论如何调整，我国煤电比例都不会低于50%。因此，越是强调低碳经济，越是要重视煤炭的生产、运输和发电等诸多环节的清洁与高效。

二要充分考虑生态、移民等多种因素，更加注重水电资源的统筹规划和综合开发。水电资源是最清洁、最经济的可再生资源，越是尽早开发，越是可以减少资源的消耗和污染的排放。无需说明更多的理由，一定要把水电摆在电源开发的最优先位置。

三要充分考虑自主创新能力和规模化生产，更加注重核电在电源结构调整和能源布局中的战略地位与作用。核电开发的意义不仅是常规能源的替代，更有利于能源科技创新和电源建设的空间布局，核电比重如能够达到世界平均水平，意义非同小可。

四要充分考虑技术、经济和政策资源的有效整合，更加注重风电、太阳能等可再生能源的有序开发和健康发展。风能和太阳能的利用，不仅要解决发电技术和成本问题，也要采取多种形式加快解决电网规模接入这一瓶颈问题，两者齐头并进，其前景一定会是风光无限。

五要充分考虑我国能源产业的总体布局、电力安全和资源的优化配置，更加注重电网建设的科学规划与合理运行。一个结构合理、安全稳定的坚强电网，既要促进西电东送和区域资源优化，也要保证配电环节有足够投入，切实做到技术先进、经济合理、智能高效和服务优质。

六要充分考虑我国工业化、城镇化和新农村建设的迫切需要，更加注重农村能源的综合开发与城乡电网的协调发展。在加大资金投入、创新体制机制的同时，要像重视“风电三峡”一样，重视农村小水电、风能和太阳能等清洁可再生能源的开发利用，其政治意义和社会效益不可小视。

七要充分考虑电力相关产业的协调发展，更加注重“资源节约”和“环境友好”。运用行政、经济和法律手段，一定要处理好煤电运和高耗能企业的关系，加强能效管理，促进经济结构调整和发展方式的转变，切实提高能源利用的有效性。

八要充分考虑“两个资源”和“两个市场”，更加注重实施“走出去”发展战略。比照日本、韩国和新加坡等，我们有理由在东部沿海发展好燃气电站；比照欧美等发达国家，我们有条件在境外实现煤电铝联营，以此成就更多的具有国际竞争力的大型能源企业。

九要充分考虑智能电网、储能技术、超导、电动汽车等科技研发的新动向，更加注重有可能产生的新一轮的技术或能源革命。如果我们能够及时抓住历史机遇，与发达国家站在同一起跑线上，就一定能够实现历史性的跨越，从经济大国走进经济强国行列。

改革是发展的基础，也是发展的动力。实现发展方式的根本转型，关键在于能否真正推进改革。转变发展方式既是当前的迫切任务，也是极其复杂的过程，正如胡锦涛总书记所指出：“只有以更大的勇气推进改革，扫清阻碍科学发展的体制障碍，才能推动中国经济真正实现可持续的发展。”适应上述电力工业发展面临的新任务和新要求，必须坚定不移地推进电力市场化改革，努力在重要领域和关键环节实现改革的新突破，着力构建充满活力、富有效率、有利于加快发展方式转变的制度安排，才能为转变发展方式提供强大动力，实现电力工业的健康、协调和可持续发展。

能源企业实现低碳清洁发展的思考

陆启洲❶

加快经济发展方式转变，是我国实现经济社会可持续发展的根本举措。作为国民经济的基础产业，发电行业必须深入贯彻落实科学发展观，加快推进发展方式转

❶ 中国电力投资集团公司党组书记、总经理。此文刊载于《中国电力报》(2010.6.7)。

变，努力实现低碳发展、清洁发展，切实保障国家能源和经济安全，促进我国经济社会可持续发展。

一、加快电源结构调整，推进低碳发展、清洁发展

我国明确提出，到2020年，非化石能源占一次能源消费的比重达到15%。在一次能源中，能够大规模开发利用的非化石能源主要是水能、核能、风能、生物质能和太阳能，而这些非化石能源大多要转化为电能才能有效使用。因此，实现到2020年非化石能源占一次能源消费的比重达到15%的目标，尤其需要发电行业转变发展方式，加快水电、核电、风电、太阳能等低碳清洁能源的发展。

加快发展水电。发达国家的实践和我国的资源禀赋都表明，发展水电是克服资源和环境约束的最佳选择。我国水电资源丰富，但到2009年开发程度仅为36%。按照测算，实现到2020年非化石能源占一次能源消费的比重达到15%的目标，需要我国水电在目前的基础上再增加1.23亿kW，达到3.2亿kW。显然，加快发展水电潜力大、任务紧。中国电力投资集团公司（以下简称中电投集团）高度重视水电资源的开发利用。以黄河上游流域为例，按照国家“流域、梯级、滚动、综合”的开发方针，中电投集团黄河上游流域水电装机容量即将突破1000万kW。截至2009年底，中电投集团水电装机容量已达1463万kW，占全部装机容量的比例达25%，居五大发电集团公司第一位。水电开发产生了良好的环保效益。黄河上游陆续建成的大坝形成了较大的人工湖泊，增加了湿地面积，改善了水库周边地区的生态气候，有利于调节和统配整个黄河流域的水资源。

积极发展核电。核电不产生二氧化碳、二氧化硫和烟尘等污染物，也不存在大运量、长距离的燃料运输问题，是安全、清洁、可靠、高效的低碳清洁能源。目前，我国核电装机容量仅有908万kW，核电装机容量占我国发电装机容量的比重仅为1%，而全球有核电国家平均水平为17%左右。按照测算，实现到2020年非化石能源占一次能源消费的比重达到15%的目标，要求我国核电装机容量达到8600万kW。中电投集团是国内三家核电建设运营商之一，目前正在控股开发建设山东海阳核电一期两台125万kW核电机组。该电站规划容量6×125万kW级核电机组，是国家第三代核电技术（AP1000）依托项目。同时，等比例控股的辽宁红沿河核电项目一期4台100万kW机组建设也正在顺利推进。

大力开发风电。我国风能资源丰富，开发利用前景广阔。陆上距地面50m高度3级以上风能资源的潜在开发量约23.8亿kW，5～25m水深线以内近海区域海平面以上50m高度可装机容量约2亿kW。实现到2020年非化石能源占一次能源消费的比重达到15%的目标，要求我国风电装机容量达到1.5亿kW；但到2009年底，我国风电装机容量只有1758万kW，需要新增1.32亿kW。近年来，中电投集团依托国家制定的江苏、甘肃、内蒙古等千万千瓦级风电基地以及吉林、辽宁等百万千瓦级风电基地建设规划，积极推进风电大规模开发。

探索开发太阳能、生物质能等新能源发电。我国陆地每年接收的太阳能理论值为1.7万亿t标准煤，太阳能发电在我国未来能源格局中将居于重要地位。但目前我国太阳能发电容量只有23万kW，发展尚处于起步阶段。实现到2020年非化石能源占一次能源消费的比重达到15%的目标，需要新增太阳能发电装机2000万kW。中电投集团已启动青海、甘肃等地的太阳能发电示范项目建设。生物质能源是以生物质为载体的能量，具有数量大、分布广泛、可再生、低污染和无二氧化碳净排放的特点。到2020年，我国生物质能发电要达到3000万kW的装机容量。中电投集团将积极参与生物质能发电建设。

二、实行产业一体化发展，推进资源节约集约利用

经济发展方式转变的一个重点是加快推进产业结构调整。发电企业作为能源转换行业，与上下游产业关联度大，应在积极推进电源结构调整的同时，结合企业实际情况和区域资源环境状况，按照国家产业政策，积极推进产业一体化发展，即通过促进关联度大的上下游相关产业协同发展，着力提高企业的盈利能力和价值增值能力，不断增强企业核心竞争力，实现资源节约集约利用和循环利用。

推进煤电铝产业一体化发展。内蒙古东部有丰富的煤炭资源，但以褐煤为主，发热量较低，不适合外运，堆积又容易发生自燃，浪费资源，污染环境。中电投集团通过建设坑口电厂，实现了这部分劣质煤的合理利用和就地转化。中电投集团通过推进“煤电铝”产业一体化发展，不仅使电解铝具有明显的成本优势，而且使低热质煤炭资源得到了充分利用，褐煤回采率达到近100%，远高于国内平均水平。煤电铝产业一体化发展有力地促进了电力核心产业做大做强。

大力发展水电铝产业。水电铝是电解铝产业发展的最佳模式，也是世界通行的发展模式。黄河上游水电资源丰富但送出困难，平均上网电价每千瓦时仅0.18元。发展电解铝产业，不仅能够消纳黄河上游的富余电量、增加水电企业的收益，而且能够使电解铝获得成本优势和比较优势，从而形成水电和电解铝相互支撑、相互促进的产业格局。同时，利用可再生

能源发展高能耗产业，有利于资源节约和环境保护，符合国家有色金属产业振兴规划的要求。

实施跨区域煤电联营。我国煤炭资源主要分布在山西、陕西、内蒙古等地，而煤炭需求量较大的华东、华南等地资源短缺，北煤南运、西煤东运的任务很重。近年来，我国煤炭价格一直呈较快上涨的态势，火电企业成本压力增大。推进煤电联营，特别是推进跨区域的煤电联营，能够稳定火电企业成本，有效提升发电企业资源保障能力。煤电一体化联营模式还可以在更大范围优化资源配置，具有很强的抗风险能力和优势互补性，有利于保障国家能源安全和经济安全。内蒙古东部是我国规划重点建设的 13 个大型煤炭基地之一。中电投集团依托内蒙古东部丰富的煤炭资源，积极推进跨区域煤电联营，在满足东北市场需求的基础上，还外送至华东、华中、华南等缺煤地区。为了打破跨区域煤电联营的运力瓶颈，中电投集团加快蒙煤南运大通道建设，积极发展物流业。目前，赤大白铁路（赤峰—大板—白音华）已建成通车，锦赤铁路（锦州—赤峰）正在加紧建设，锦州港码头项目已获核准，在华东、华中和华南地区控股建设的港口和大型储配煤中心前期工程也已启动。

三、加快电源结构和产业结构调整需要处理好三个关系

企业发展与经济社会发展的关系。没有我国经济的持续快速发展，就不可能有我国电力工业的长足发展；同时，电力工业是国民经济的基础产业，我国经济社会发展也离不开电力的有力支撑，两者相辅相成、互相促进。近年来，中电投集团以科学发展观为指导，在电源结构调整和产业结构调整中统筹兼顾企业发展与经济社会发展的关系，充分考虑区域能源资源特点和环境承载能力，大力推进企业与地方经济社会协调发展，取得了明显成效。

规模与结构的关系。一个企业仅仅有规模是不够的，还必须注重发展质量，不断优化结构。只有这样，才能不断增强企业竞争力。中电投集团装机容量和资产总量在五大发电集团中虽然不是最大的，但清洁能源的比例达到了 30%，这使得企业抗风险能力、可持续发展能力和盈利能力都比较强。按照“三步走”发展规划，到 2020 年，中电投集团水电、核电、风电装机容量将分别达到 4000 万、1400 万和 2100 万 kW，低碳能源、清洁能源的比例将达到 50%以上，在国内综合能源集团中结构优势将更加明显。

主营业务与产业一体化发展的关系。目前，我国企业大规模联合重组比较活跃，但很多企业严重偏离主业谋求发展，没有形成产业优势，制约了其竞争力的提高和可持续发展。中电投集团坚持“电为核心，煤为基础，产业一体化协同发展”，电、煤、铝都是中电投集团的主营业务。在产业结构调整过程中，中电投集团始终注意处理好发电主营业务与产业一体化发展的关系，坚持不偏离电这个核心。

我国核电发展的形势、问题和建议

周小谦[1]

一、核电发展形势

据 IEA 统计，到 2010 年上半年全球在建核电已有 59 台 6000 万 kW，我国 2009 年底在建核电为 28 台 2980 万 kW，接近世界在建核电规模的一半，这也印证了国际能源署报告所说，中国核电的发展引领核电事业在 21 世纪的全面复苏的论断，也预示着美国洛克菲大学预言 22 世纪是核能世纪的现实性。理由很简单，核电是“零碳电力”，而且从能源密度即单位能源产出来看，是其他可再生能源等不可比拟的，因此其对环境与社会的影响是最小的。

2010 年 6 月国际能源机构和经济合作组织预测，从现在起到 2050 年，全球 1/4 的电力将由核电所提供，因此建议首先在政治上对核电的发展给予明确而坚定的支持，将其视为能源战略中不可或缺的一部分，二要争取民众的广泛支持，三要进一步加强监管体系，确保安全。这些建议已得到广泛的认同与支持。

我国核电发展顺乎世界核电发展之大势，合乎世界能源发展之规律，核电发展形势很好，其主要标志为：

1. 在政治上，中国国务院坚定而明确的支持

对于在我国发展核电的必要性、重要性与紧迫性，在认识上高度一致。2006 年，温家宝总理在国务院常务会议上明确提出“积极推进核电建设是重要的能源战略”；2009 年 12 月，李克强副总理代表中国政府在全球核能合作伙伴会议上指出：“核能是一种优质、高效的清洁能源，和平利用核能是人类可持续发展的重要课题。我国发展核能与新能源，不仅是提高能源保障水平，满足经济、社会、人民生活需要，而且有利于生态环境，推动能源与环境协调发展”。思想上对于发展核电重要性认识高度的统一，这是政治一对发展核电坚定支持的坚实基础。

[1] 中国电机工程学会热（核）电专委会主任。

2."十一五"以来我国核电发展迅速

我国核电发展在第十个五年计划期间基本处于停顿状态，直到"十五"最后一年2005年12月25日，岭澳二期3108万kW才批准正式开工，秦山二期扩建365万kW2006年4月才获准正式开工。到了"十一五"，为应对全球气候变暖，温室气体减排等问题的挑战，我国核电才开始以较快速度发展，2006年开工2台173万kW，2007年再开工2台216万kW，到了2008年，为了应对金融危机拉动内需，支撑经济发展，2008年当年开工7台108万kW机组，2009年我国核电乘势而上，当年再开工8台共982万kW，开创了我国核电建设历史上新纪录。这些机组包括红沿河4号1×108万，福清1、2号2×108万，方家山2号1×108万，三门1、2号2×125万，海阳1号1×125万，台山1号1×175万kW机组。在投资上，2009年全国电力基建投资完成7658亿元，其中电源投资3711亿元，电源中核电投资完成576.3亿元，占电源投资的18.5%，比2008年核电投资增加了74.8%。而2010年核电新开工建设规模基本上保持了2009年的势头，到7月，新开工核电已有5台514万kW，包括海阳2号125万，海南昌江1号65万，广西防城港1号108万，辽宁红沿河5、6号2×108万kW机组。使全国核电建设规模达到23台2706万kW，预计2010年底全国核电在运行的为13台1082万kW，在建的达28台3047万kW，约占世界在建核电规模的40%，中国核电规模化建设时期已经来临了。

3.对于我国"十二五"到2020年的核电发展规模基本取得共识

为履行我国政府对外宣布到2020年非化石能源要占到能源消费的15%，其中通过电力转化的清洁能源要占13%左右。经过多个部门与研究单位的测算，要使清洁能源达15%目标，核电必须要达8000万kW左右，约占清洁能源的29%，而相应水电约3亿kW，加上抽水蓄能共3.5亿kW左右，在清洁能源发电中占55%的份额；风电1.5亿kW/太阳能发电2000万kW、生物质能发电3000万kW，合起来共占15.7%，不到16%。大体上说，到2020年要实现清洁能源占15%，除了直接利用外，通过电力转换的清洁能源一半以上要靠水电，约1/3要靠核电，约1/6靠风电、太阳能、生物质能发电，足见核电在实现能源清洁供应中的重要性地位。

再从长远安排来看，2020年要达到8000万kW投产，到2030年达到2亿kW，而若要2020年达到8000万kW，在前期工作安排上，要求2015年前就要全部开工，也即在2010～2015年6年开工5000万kW左右，平均每年开工820万kW以上，相当于每年开工约8台百万千瓦级机组，这从前期工作情况来看是能适应的。即使对于2030年核电达到2亿kW这一规划目标，从当前核电工程选址可研情况来看，也可基本适应。初步统计目前各省市区已开展选址并完成初步可行性研究报告的有43个厂址2亿kW左右。

4.核电设计、制造、研究的力量大大加强

我国核电从20世纪90年代开始，经过20多年的努力，特别是"十一五"以来我国核电在设计建造与装备技术引进消化，自主开发取得了重要的进展，至今我国已基本掌握了第二代核电技术的设计，实现了二代改进型设计建设自主化与设备制造供应的国产化。2010年7月15日岭澳3号CPR1000首次并网发电成功，8月26日达满功率108万kW，标志着我国已全面掌握二代改进型百万千瓦核电技术。其堆心设计全部由国内设计完成，设计软件、首次装载的控制棒数目，燃料组件机械性能等都进行了改进，二代改进型设备供应的国产化率达到80%以上。除了核岛主泵、核安全一级阀门、主蒸汽隔离阀等外，基本上形成自主品牌核电站，实现了设计自主化、设备制造国产化，为我国大规模核电建设打下了重要基础。到2009年12月，德阳东方阿海珐核电泵有限公司也已成功生产了我国百万千瓦核电主泵，标志着核电主要部件的国产化又迈进了重要的一步。

此外，在核电装备系统研发和建设管理上，2009年以来也有重要的进展。2009年中广核建成了世界上最大的LOCA鉴定试验台，百万千瓦核电站的DCS系统自主化获得重大进展，我国首台百万千瓦电站数字化数据采集和集中处理系统改进项目通过鉴定。2009年国家能源局批准成立三个国家级核电研发（实验）中心，2个在中广核公司，即国家能源核电站数字化仪控系统研发中心和核电设备研发中心，另1个在中核总公司的国家核动力研发基地。2010年8月，中科华核电技术研究院在获得国家能源局核电站核级设备研发中心基础上，又增加了国家能源先进核燃料元件研究（实验）中心（与中核集团共有）和国家能源核电站寿命评价与管理技术研发（实验）中心。2010年国家能源局正式在中广核又成立国家能源核电工程建设技术研究中心，设有人因工程实验室、调试技术研究实验室、自动焊接实验室、金属实验室、数字化仪控综合验证实验室、数字化核电工程虚拟仿真实验室与协作平台等6个专业实验室。

另外，2009年中核集团公司与法国原子能委员会签署了"和平利用核能研究合作协议"，加快在核反应堆（包括快堆）、核燃料循环后端、核设施退役、聚变以及教育培训领域合作。

5.三代、四代核电建设全面展开

自2006年11月，我国决定从美国西屋公司引进先进的AP1000核电技术和合作建造4台AP1000机组，以实现我国第三代核电自主化发展战略后，国家十分重视此项工作，抓得很紧，组建了国家核电技术公司抓落实，自主化建设的第一台机组——浙江三门核电1号机组AP1000 125万kW工程于2009年4月正式开工，到了2010年6月山东海阳2号AP1000核电机组也正式开工，标志着我国三代核电自主化建设工程已全面进入工程建设实施阶段，与此同时还形成了AP1000沿海和内陆核电标准化建设以及在形成批量建设能力方面做了大量准备工作并取得重要进展。目前AP1000内陆核电标准设计到初步设计和初步安全分析报告已完成。另外引进法国玚马通的世界上单机容量最大的三代核电机组EPR1750也于2009年在广东台山开工。

在AP1000设备制造国产化方面也取得多方面的进展，2010年6月上海电气承制的首台三门核电一号机组安注箱已成功制造发货，标志着我国第三代核电技术设备国产化实现了零的突破。8月能源局在哈尔滨召开了AP1000核电技术装备自主化第二次工作会议。国核技工程公司与10家关键设备供应企业达成一致意见，统一了行动，AP1000核电设备国产化已进入关键时期。

国家大型先进压水堆重大专项示范工程CAP1400和后续CAP1700也有了重大进展，2009年12月国家核电技术公司已与华能集团公司签署了合作协议，并选定山东威海石岛湾厂址共同开发建设，国核示范电站有限公司也同时挂牌成立。

四代核电山东威海石岛湾20万kW高温气冷堆示范工程到目前已具备正式开工条件，预计年内可以正式开工。电功率20MW实验快堆已于2010年7月首次达到临界，标志着我国四代先进核电系统技术的重大突破。同时于2009年10月中国原子能院原子能公司与俄罗斯核电出口公司签署了示范快堆项目合作协议，2010年3月中国核电集团公司与俄罗斯签订了在我国建造BW—800型示范快堆核电站2台机组的谅解备忘录。

在热核聚变方面，我国也取得重要研究成果，并积极参与国际合作。

二、问题与建议

当前我国核电发展形势大好，但我国核电规模化发展是否可持续的发展，仍然有不少问题、疑虑与担忧，其中包括诸如核电的建设投资体制问题、核电技术装备供应及其体制问题，还有人才匮乏，巨大资金的供应、安全的保障，核电经济性与竞争力，铀燃料的供应，放射性废料的处理，核扩散的防止以及核心技术的掌握与自主创新、开发的能力培养等问题，都需要在核电发展过程中逐步解决与尽快明确，要在发展中解决，在解决中发展。发展是第一位的，但关键问题的及时解决，却是加快核电健康发展所必须的。相信所存在的问题是可以解决的，也是能够解决的，到2020年我国核电达到8000万kW左右目标是能够达到的。因为核电发展的历史早已证明，10年建成投产7000万kW或者8000万kW是可以做到的，而且在三四十年前就可以做到的。我国在1978年电力科技发展十年规划中就提出下大力量发展核电，到2000年达5000万kW的目标，后调整为3000万kW，结果连1000万kW也不到。这并非规划指标毫无根据，而是由于我国自身的诸多问题而使规划目标成为泡影，而美国1970～1982年这12年间核电量从218亿kW增加到8000亿kW，平均每年增加1200万kW；法国1973～1993年20年间建设核电5000万kW。说明十年建设7000万kW不会有太大问题，特别对于巨大执政力和动员组织力量的中国政府要办成这件事应当不存在不可克服的困难。再从世界范围来说，核电在电力中的比重由1%增长率加到16%也只用了26年时间，即1960年的1%到1986年的16%，而按我国到2020年达到8000万kW，核电量由1.2%（约2000年）到2020年约7.5%，与世界26年达到16%相差一半以上。总而言之，2020年8000万kW并非高标准、高水平、高不可攀。当然需要付出巨大的努力，特别要科学发展，确保安全，及时解决一些影响核电健康可持续发展的问题。

那么我国今后核电发展及实现8000万kW目标的关键是什么呢？上面讨论了一系列问题，认识、体制、供应、人才、装备、铀燃料，安全、后处理等都存在不少问题，哪个解决不好都能成为核电发展的阻力，影响目标的如期达到。但上述这些问题中，在对核电的认识做出了一致政治决策之后，重要的就是体制问题，建设投资体制与核电装备的技术供应体制问题。归根结底是核电发展走市场道路，还是走计划经济性质的垄断道路的问题，这个问题不解决，各方面的发展核电的积极性和创造性就无法释放，各方面的人力、物力、财力就难以聚集共同来支持核电大发展的需要。

第一，是关于核电发展的体制问题。

当前我国核电建设由三家垄断，而电力集团公司往往处于只出钱不出力也无法出力的十分无奈局面。由于这种垄断，使核电投资造价成本降不下来，核电建设也未随着规模化的建设而降低成本，而是不降反升，因为核电企业没有内生动力来降低成本：核电的专业化也未向市场化发展，目前5家核电专业公司（中核集团的中核工程公司、中国核工业建设集团公司、国家核电技术公司的国核工程公司、中广核的中广核工程公司、中电投的中电投工程公司），看似竞争激烈，实际上壁垒分明、互相割据，难以统一组织力量，在一个平台上进行竞争。有些公司都是集团公司独资子公司，只为总公司服务，专业化而没有走向市场化。核电行业这种封闭的管理运行体制不仅造成实际上的垄断，也导致技术进步缓慢，造价的居高不下，且造成社会资源的浪费，影响专业化水平的提高。这种所谓不扩散是为核电安全着想的观点是错误的，恰恰相反，这都是安全隐患的藏身地。

核电项目与其他电力项目一样，只有纳入市场化模式，才能得到健康而迅速的发展。为此业主（投资主体）、主设备供应商和AE公司成为核电市场的三大要素，多个业主、若干个供应商和独立的AE公司与运行公司构成核电市场竞争的主要因素，这是确保核电健康快速发展的必要条件与重要前提。

目前集团公司在建设与运行领域分别成立了专业化公司，为后续规模化建设奠定了重要基础，也为由专业化迈向市场化做好了准备。但这种历史性的转变，不能完全靠集团公司的“自觉”革命，因为在强大经济利益驱使下这些集团公司难以做到自觉，而须由政府起主导推动作用。核电建设投资体制和管理体制改革已迫在眉睫了。

第二，关于核电装备供应体制问题。

其中特别重要的是核蒸气供应系统的体制问题。核蒸气系统研究、设计、制造供应能力是核电企业最核心的竞争力。是核电产业安全质量保证的基础，既是核电产业创新的主体，也是推进核电市场化的重要因素和必要条件。必须要统一规划，集聚力量，按市场与效率原则打破部门与行业分割，有效组合，形成完整的产业链，提高竞争力。

我国虽然两次引进国外技术，但没有同时引入国外先进的产业结构和管理体系，至今核蒸气供应系统（NSSS）及其主要设备系统的研究设计仍与制造厂分离，核电制造的设计和研究是“两张皮”。在现有体制下，虽然各单位都十分努力做了大量的工作，但制造厂只停留在来图加工水平，一个核电项目，主要设备从国内外分散采购，现场集成，既影响效率，质量控制成本高，安全也受严重影响，这种状况是无法承担我国核电大发展的历史使命的。其出路也在改革，尽快在我国组建几个中国核蒸气供应系统集团公司，把现有制造中核电部分与独立出来的设计院、研究院以产权为纽带，以股份形式重新组合，使之真正成为具有独立法人地位的核电设备系统的供应商。这样也将涉及现有体制下的集团公司既得利益，因此也将会碰到各种阻力，这同样也不能完全靠企业的自我改革，而要政府在这方面有作为。

第三，其他问题。

核安全问题，这是第一位重要的问题，更多单位部门参与核电发展事业，意味着更多单位与部门来关注核电发展中的安全问题，有更多的人力、物力投入核电安全监督管理中。我国核电安全水平与国际水平是接轨的，我国核电所采用的二代改进型和即将推广应用的三代AP1000都是符合核电安全标准的。虽然核电厂建设运行管理水平与国际先进水平尚存在差距，但总体评价我国核电运行安全情况良好，没有发生过2级以上运行事件与事故，即没有发生任何放射性后果的运行事件。核安全面临的严重挑战是国家核安全监管机构中监管技术能力和监管技术力量和投入的不足，而且随着核电建设规模的扩大，这一问题越来越突出。特别监管力量严重不足，我国现有技术管理队伍约只有300人，不到美国核监管委员会人力资源的十分之一，另外投入也严重不足，难以开展相关标准、课题研究，这是要更充分重视并亟待解决的问题。此外，核蒸气供应系统的设计制造质量及其安全标准是核安全重要源头之一，随着核电设备设计制造国产化、自主化程度的不断提高，系统设备制造的严格质量标准及其切实的实施也就愈显得重要。

关于核燃料供应问题。铀燃料能否适应我国大规模建设核电的需要，这是一个问题。但总的来说，只要加强国内铀资源的勘探开发与及早重视并布局国际合作，依靠自己开发与国际市场，这个问题是可以解决的。虽然我国现已探明铀资源并不丰富，但国内铀资源勘探潜力仍然很大，而相应的勘探投入仍显不足，需更加大。从国际市场看铀资源是充足的，只要未雨绸缪坚持两个市场，我国核电铀燃料是可以解决的。近些年来，我国在铀资源开发的国际合作方面已取得了不少实质性的进展。中核总与中广核都积极参与纳米比亚、尼日尔、蒙古、约旦、哈萨克斯坦、乌兹别克斯坦、澳大利亚、加拿大等多个国家的铀资源合作开采项目。中核总已在海外获得20万t以上开采权，并可通过各种贸易每年进口铀资源6000～8000t；中核国际公司发布已获得尼日利亚铀矿37.2%的权益；中广核集团也同样已与哈萨克斯坦签订合作开发铀资源协议，并成立中广核铀业发展有限公司，同时与乌兹别克斯坦、澳大利亚、加拿大等国进行合作开发。可以相信在我国统一的核电发展战略指导下，加强统一规划，坚持国内国外两个市场并重，我国核电发展铀资源的供应问题是可以解决的。

其他诸如人才问题、资金问题等，随着体制问题的解决，市场竞争机制的建立，这些问题均可迎刃而解。另外，核燃料循环系统及其乏燃料的处理正在抓紧研究与规划中，关于核能基本法、核安全规划也在抓紧制订中，争取尽快出台。以法律形式规范核电开发管理部门、职能划分、许可证颁发、核材料使用、核设施开发与研究、核电站安全管理与风险控制、核损害的赔偿等一系列问题，从而使我国核电发展走上更加安全、经济、可持续的发展道路，让核能在我国能源供应体系中起到重要的支柱作用。

电 力 监 管

综述

2010年是实施“十一五”规划的最后一年。一年来，电监会系统认真贯彻落实党中央、国务院各项决策部署，坚持“以人为本，监管为民”，全面落实监管职责，着力保障电力安全、推进市场建设、深化市场监管、强化行政执法、加强自身建设，各项工作扎实推进，电力监管的力度、广度和深度不断拓展，为电力安全保供和国民经济平稳较快发展作出了应有的贡献。

一、安全监管

安全监管成效显著，全国电力安全生产形势总体稳定。把保证上海世博会和广州亚运会电力安全作为全年安全监管工作的重点，加强对保电工作的组织领导和协调指导，建立应急机制，多次对保电工作情况进行检查督导，督促企业深入开展隐患排查治理，全面落实保电措施，圆满完成了保电任务，实现了保电工作万无一失。

青海玉树强烈地震和甘肃舟曲特大山洪泥石流灾害发生后，电监会系统迅速反应，快速行动，加强应急值守，领导同志靠前指导协调，全力以赴做好救灾保电和灾后恢复重建工作，取得了玉树抗震救灾保电和舟曲抢险救灾保电工作的胜利。面对多地发生的严重干旱、洪涝、台风等严重自然灾害，提前部署，严密防范，深入一线，加强指导，确保了灾害期间的电力可靠供应。

深入开展电力行业“安全生产年”活动。结合迎峰度夏、防风防汛、上海世博会和亚运会保电、电力工程建设项目安全管理等工作，组织开展安全生产督查，确保“安全生产年”活动各项措施落到实处。强化电网安全监管，出台了《重大活动电力安全保障工作规定》，开展电力行业二次系统安全防护工作检查和调研，研究制定涉网电力二次系统安全管理规定等规范性文件，电力系统安全风险和脆弱性分析评估研究取得阶段性成果。扎实推进工程建设领域突出问题专项治理工作，对部分重点电力工程项目专项治理工作进行了集中抽查，督促落实整改措施。强化水电站安全监管，对部分省份水电站开展了专项检查和调研，继续做好电力系统水电站大坝注册、定检、信息化建设和培训等工作，理顺小水电安全监管职责分工。着力加强安全监管基础工作，召开可靠性指标发布会，表彰金牌机组和金牌企业，开展发电机组并网安全性评价和风力发电场并网安全性评价试点工作，编制发布《2009年电力安全监管报告》。强化电力行业应急体系建设，完善电监会应急指挥平台，积极配合做好《电力安全事故应急处置和调查处理条例》制定工作，推动河北、内蒙古、广东等省（区）开展应急联合演练。积极开展电力行业网络与信息安全监管工作，圆满完成了上海世博会和广州亚运会网络与信息安全保障任务；稳步开展电力行业网络与信息安全水平评价工作，电力行业信息安全等级保护测评体系建设试点工作取得进展；着手筹建测评实验室，初步完成了等级保护规范的起草工作。加强电力行业信息安全重大课题研究，申报的《SCADA系统信息安全标准建设及示范应用》已获批复，正式纳入国家信息安全专项项目。大力推进安全文化建设，精心组织“安全生产月”巡回演讲活动，在全行业营造促进安全生产的良好氛围。

经过电力系统全体干部职工的共同努力，杜绝了重大以上电力生产人身伤亡、电网大面积停电以及电厂垮坝事故的发生，防止了重大以上环境污染、主设备严重损坏以及对社会造成重大影响事故的发生，维护了电力系统安全稳定运行，保持了全国电力安全生产形势总体平稳的态势。

二、电力改革和电力市场建设

积极推进电力改革和电力市场建设，电力交易市场化程度提高。服从国家节能减排的工作大局，进一步完善大用户与发电企业直接交易试点规则，规范和推进试点工作。2010年5月，福建省电力直接交易试点正式启动实施，成为全国继安徽之后又一个试点省份。在国家发展改革委正式批复输配电价的基础上，积极协调推动浙江、江苏、重庆三省（市）试点方案的制订和上报工作。与内蒙古自治区政府共同启动了内蒙古电力多边交易市场，这是我国正式运行的第一个电力多边交易市场。

区域电力市场建设取得新进展。华东跨省集中竞价交易、东北送华北电量交易、南方跨省（区）水电临时交易、华中跨省（区）电能交易等都实现了制度化、规范化运行。南方区域跨省（区）电能交易监管办法批准施行。各区域发电权交易、各种灵活交易也都取得了新进展，东北、华中、华东跨省发电权交易规则已经出台实施。深化“两个细则”实施工作，辅助服务市场化程度提高，全国绝大部分地区按“两个细则”进入试运行。

积极推进电力体制改革。电网主辅分离改革工作取得阶段性成果，参与研究制订的《电网主辅分离改革及电力设计、施工企业一体化重组方案》已获国务院批准。推动农电体制改革工作，积极参与有关专题调研活动，就农电改革和农网改造升级提出意见建议，农网改造必须与农电体制改革同步进行的建议已经写入2010年中央1号文件。继续开展电力改革重大问题研究，召开座谈会，广泛听取意见，研究起草了《关于开展输配电体制改革试点工作的意见》和《“十二五”继续深化电力体制改革的意见和建议》。

三、市场监管

市场监管更加深入，市场秩序进一步规范。进一步加强监管法规制度建设。按照国务院要求，完成了电力监管规章和规范性文件的清理工作。制定颁布了《国家电力监管委员会行政复议办法》。开展了《供电监管办法》、《承装（修、试）许可证管理办法》、《供电企业信息公开实施办法（试行）》的宣贯工作。起草制定了《电能交易管理办法》、《电力调度监管办法》、《电力调度机构信息报送和披露监管办法》、《输配电成本监管办法》、《电价监督检查暂行规定》等规章和文件。《输配电成本监管办法》、《电能交易管理办法》、《电力争议调解办法》已上网公开征求意见。《供电服务规范》、《发电机组并网安全性评价标准》、《输电网运营评价标准》等电力监管标准的制定工作取得了阶段性成果。

深入开展监督检查。组织开展供电检查整改落实、供电服务、新能源发电并网接入、《强制性条文》执行、电价政策执行与厂网电费结算、节能减排电力价格、五项许可制度执行等专项检查活动。在检查工作中，引入了交叉检查等方式，提高了检查效果。

编制和发布了一批监管报告。面向社会公开发布了《2009年全国电力交易与市场秩序情况监管报告》、《2010年供电检查监管报告》、《2010年电力许可制度执行情况监管报告》等8份监管报告和4份监管通报，通报了一批违规企业。派出机构结合监管工作开展情况也发布了一批监管报告。

认真做好日常监管工作。加强电力监管统计信息报送，完善电力监管统计制度，编发电力监管统计报告。加强电力供需及电煤供应监测预警和电力企业生产经营状况分析，定期编发信息，每个季度专题研究电力发展形势并向国务院上报分析报告，重要情况及时报告，2010年中央领导同志对电监会的报告批示共32条。继续完善和落实厂网界面五项监管制度，强化了厂网联席会议制度的议事、决策职能。加强电网运营监管，组织开展了750～220kV电网运营情况调研和智能电网发展调研，建立了电力系统年度运行方式汇报制度。总结推广四川、浙江、湖南等派出机构的工作经验，积极推动供电监管方式创新。认真履行电价监管职能，开展跨区域输电线路实地调研和跨省、跨区电能交易价格情况调研，做好跨区域输电价格审核工作，我国第一条特高压试验示范工程输电价格经发改委核准，业已批复实施。加强电网企业输配电成本监管，按季度汇总分析电网企业输配电成本并提出政策建议。认真做好许可证日常变更和后续管理工作，全国供电企业基本实现了普及持证，绝大多数省份的发电企业也都实现了普及持证。继续开展发电企业持证经营和输、供电企业新建设施预期报备监督管理试点工作，电力业务许可监管有序推进。组织开展了“十二五”能源规划、“十二五”电力规划、新能源（风能）、智能电网等专题研究，向国务院报送了“十二五”电力发展基本思路建议，国务院领导同志作出重要批示。

四、行政执法

行政执法力度加大，两个专项治理活动取得积极成效。在全国范围内集中开展了新建发电机组进入商业运营差额资金分配专项治理和供电企业用户受电工程“三指定”专项治理。新建发电机组进入商业运营差额资金分配专项治理经集中排查，确认差额资金共计44.01亿元。截至8月，各网省电力公司均按要求出台了差额资金分配方案，向发电企业分配差额资金10.02亿元，较专项治理前增加分配8.46亿元。供电企业用户受电工程“三指定”专项治理开展以来，电力监管机构共发现“三指定”方面的案件线索60余起。根据线索，对供电企业进行了重点抽查，对抽查发现的问题，下发责令改正通知书，限期进行整改，情节严重的，依法作出行政处罚。

畅通投诉举报渠道，认真受理电力监管投诉举报，进一步加大违法违规案件查办力度。完善投诉举报事项受理工作机制，定期向社会公布12398投诉举报处理情况。建立日常监管与稽查工作的衔接联动机制，积极主动地从投诉举报、日常监管、专项检查中寻找案件线索。全年共立案查处违法违规案件57起，并根据违法违规行为的情节给予了相应处理，罚款及没收违法所得共计373万元。电监会直接对贵州腾元电力发展股份有限公司违规供电等三起违法违规案件进行了查处。会同环保、公安、工信、质检等部门联合开展电力行业有关行政执法工作。

积极开展争议调解，妥善解决矛盾纠纷。通过协调、调解的手段，妥善处理了华电贵州公司与贵州电网公司等多起电力争议，其中电费结算争议涉及金额17.48亿元。各派出机构在争议调解方面做了大量工作。

五、节能减排

服务国家工作大局，节能减排监管扎实推进。认真贯彻落实国务院决策部署，成立了节能减排和淘汰落后产能监管领导小组，明确了工作任务，落实了工作责任，加大了工作力度。在3月开展电力企业节能减排专项检查的基础上，对河北、山东等10个重点省份的电力企业节能减排情况进行了督查。会同中央有关部委联合组织开展了全国节能减排电力价格大检查，向国务院报告了有关检查情况。会同有关部门编制发布了《2009年电力企业节能减排情况通报》。

把节能减排工作和日常监管工作结合起来。将促进燃煤电厂二氧化硫治理作为办理发电业务许可证的重要条件和电力业务许可监督检查的重要内容。发挥市场优化配置资源作用，推动开展发电权交易。加强可再生能源电力监管，开展了新能源发电并网接入检查，完善可再生能源电量收购的制度规定。监管供电企业落实对高耗能、高污染企业的停电、限电措施。

六、基础工作

夯实基础工作，自身建设不断加强。按照中央统一部署，在电监会系统广泛开展创先争优活动。深入开展电力行业治理商业贿赂专项工作，在查处商业贿赂案件的同时，注重加强电力市场诚信体系建设。配合有关部门开展工程建设领域突出问题专项治理工作，组织了突出问题排查整改。参与深化投资体制改革工作。开展“小金库”治理“回头看”工作，对群众来信反映的问题进行了立案调查。进一步做好厉行节约工作，压缩“三项经费开支”，实现“四个零增长”。加强党内监督，认真落实党员领导干部报告个人有关事项的规定。全面落实中央编办关于电监会派出机构和编制调整的批复，完成了新疆办的筹备组建工作，分配落实了新增事业编制，进一步完善区域电监局和省电监办职责，规范内设机构调整。积极推动电力监管实时信息系统建设，进一步做好软件正版化工作，深入推进电子政务系统建设，全面推进信息公开和政务公开，中国电力信息公开网荣获中国政府网站信息公开领先奖。积极开展“五五”普法活动。认真落实对甘肃省通渭县开展定点扶贫工作。

电监会职责

中华人民共和国国家电力监管委员会（简称电监会）根据国务院授权，行使行政执法职能，依照法律、法规统一履行全国电力监管职责。主要职责是：

（1）负责全国电力监管工作，建立统一的电力监管体系，对国家电力监管委员会的派出机构实行垂直领导。

（2）研究提出电力监管法律法规的制定或修改建议，制定电力监管规章，制定电力市场运行规则。

（3）参与国家电力发展规划的制定，拟定电力市场发展规划和区域电力市场设置方案，审定电力市场运营模式和电力调度交易机构设立方案。

（4）监管电力市场运行，规范电力市场秩序，维护公平竞争；监管输电、供电和非竞争性发电业务。

（5）参与电力技术、安全、定额和质量标准的制定并监督检查，颁发和管理电力业务许可证，协同环保部门对电力行业执行环保政策、法规和标准进行监督检查。

（6）根据市场情况，向政府价格主管部门提出调整电价建议；监督检查有关电价；监管各项辅助服务收费标准。

（7）具体负责电力安全监督管理工作。制订重大电力生产安全事故处置预案，建立重大电力生产安全事故应急处置制度。

（8）依法对电力市场、电力企业违法违规行为进行调查，处理电力市场纠纷。

（9）负责监督电力社会普遍服务政策的实施，研究提出调整电力社会普遍服务政策的建议；负责电力市场统计和信息发布。

（10）按照国务院的部署，组织实施电力体制改革方案，提出深化改革的建议。

（11）承办国务院交办的其他事项。

电监会领导

党组书记、主席：王旭东
党组成员、副主席：史玉波
党组成员、副主席：王禹民
党组成员、副主席：王野平
党组成员、纪检组长：江　岩

机构设置

一、内设机构

1. 办公厅（国际合作部）
2. 政策法规部（电改办）
3. 市场监管部
4. 输电监管部
5. 供电监管部
6. 价格与财务监管部（稽查局）
7. 人事培训部（机关党委）
8. 党组纪检组（监察局）
9. 安全监管局

二、直属事业单位

1. 信息中心

2. 电力业务资质管理中心
3. 中国电力报社
4. 机关服务中心
5. 大坝安全监察中心
6. 电力可靠性管理中心

三、派出机构

（一）区域电监局
1. 华北电监局
2. 东北电监局
3. 西北电监局
4. 华东电监局
5. 华中电监局
6. 南方电监局
（二）省（自治区）电监办
1. 山西电监办
2. 山东电监办
3. 甘肃电监办
4. 浙江电监办
5. 江苏电监办
6. 福建电监办
7. 河南电监办
8. 湖南电监办
9. 四川电监办
10. 云南电监办
11. 贵州电监办
12. 新疆电监办

四、主管的社会团体

中国电力企业联合会

政 策 法 规

完善政策法规相关工作。印发了《国家电力监管委员会2010年立法工作计划》。配合国务院法制办进一步修改《电力安全事故应急处置和调查处理条例》。研究制定了《国家电力监管委员会行政复议办法》并发布。对《电力争议调解暂行办法》、《输配电成本监管办法（征求意见稿）》、《电能交易管理办法（征求意见稿）》、《电力调度监管办法（征求意见稿）》等规章和规范性文件，研究提出意见。

完成电监会成立以来制订和发布的规章、规范性文件的清理工作。参与组织实施“两个专项治理”的有关工作；审查行政处罚案件；参与国务院反垄断委员会的有关工作。组织开展“五五”普法检查验收；组织参加全国百家网站法律知识竞赛、法制好新闻等专题活动；开展电力监管机构法制工作培训研讨。协调南方电网公司所属企业购电合同纠纷案件；处理电工证与特种作业证关系等涉法事务。

电 力 体 制 改 革

电网主辅分离改革取得实质进展，成立了由国家发展改革委、财政部、国资委、电监会及相关企业参加的电网主辅分离专项工作组，广泛听取有关方面的意见，共同研究制定了电网主辅分离改革及电力设计、施工企业一体化重组方案，已报经国务院批准。

积极开展农村电力体制改革工作，参与国家发展改革委会等相关部门组织开展的农电体制专题调研，研究起草了《关于推进农村电力体制改革的意见》。

继续开展电力改革有关重大问题研究，针对输配电体制改革等重大问题，继续开展课题研究及方案设计工作，形成了“十二五”继续深化电力体制改革的意见和建议。

市 场 监 管

推进大用户直购电试点。会同国家发展改革委、国家能源局印发了《关于规范电力用户与发电企业直接交易试点方案报送工作有关问题的通知》，对试点方案应涵盖的内容及试点工作程序做了具体规定。积极创新大用户与发电企业直接交易机制，支持内蒙古自治区政府正式启动了内蒙古电力多边交易市场。协调推进大用户与发电企业直接交易试点方案批复和组织实施工作，会同国家发展改革委、国家能源局批复了福建省大用户直接交易试点方案，同时，指导已批复试点方案的省份开展实施工作。在国家发展改革委正式批复甘肃、浙江、江苏、重庆等省（市）大用户直接交易试点的输配电价后，协调推进这些省（市）试点方案的制订和上报工作。

继续推进区域市场建设。先后批复了华东跨省集中竞价交易、东北送华北电量交易、南方跨省（区）水电临时交易、华中跨省（区）电能交易等规则或办法，推动各类跨省区电能交易制度化、规范化运作。协调和推动南方区域“西电东送”交易市场化机制的建立和完善，批准施行南方区域跨省（区）电能交易监管办法，促进“西电东送”协议的落实。开展跨省发电权交易理论和实践问题研究，指导各区域组织开展跨省发电权交易，其中东北区域跨省发电权交易暂行办法、华中区域跨省（市）发电权交易办法、华东跨省发电权交易规则均已印发，促进节能减排和更大范围资源优化配置。

加强市场秩序监管。推进辅助服务补偿和并网运行管理考核机制的建立，组织开展重点问题的专项研究，召开工作座谈会，全面总结发电厂辅助服务补偿和并网运行管理考核“两个细则”试运行情况。完善厂网交易合同备案制度、调度交易信息披露制度、厂网联席会议制度、监管约谈约访制度、监管报告发布制度（简称“五项制度”），对全国省级及以上电网企业（含规模较大的地方电网企业）、规模排名前30位的大型发电企业和所有电力上市公司进行了监管约谈约访。发布《2009年度全国电力交易与市场秩序监管报告》，全面深入地对全国电力交易与市场秩序情况进行总结和分析，披露存在的问题，提出监管意见并督促电力企业整改落实。

其他专项和基础性工作。开展全国电力供需及电煤供应监测预警工作，定期发布监测预警信息。组织编制发布《2009年度发电业务情况通报》。组织研究编写了《电力企业节能降耗主要指标监管评价标准》。编写完成《电力市场交易及监管规范性文件选编》。组织研究编制“电力市场监管信息系统功能与技术规范”标准。开展GEF全球环境基金“中国火电效率”项目研究。

输 电 监 管

首次开展750～220kV电网运营情况调研工作。为全面掌握我国输电网运营情况，会同国家能源局，首次开展全国750～220kV电网运营情况调研，全面了解2005～2009年国家电网公司及下属各区域、省（自治区、直辖市）电力公司，中国南方电网公司及下属各省（自治区）电力公司，内蒙古电力（集团）公司所属750、500、330、220kV电网“十一五”期间的建设和运营情况。分析2005～2009年网架结构、电磁环网情况；电源结构、发电出力情况；电网运行负荷率、变压器容载、电网峰谷差、拉闸限电等指标情况；跨区、跨省、省内电网断面稳定极限水平；电网短路电流水平；关键地区负荷密度变化情况等，分析目前750～220kV电网运营存在的主要问题，研究提出提高电网运营安全、效率和效益水平，促进电网可持续发展的意见与建议。

开展新能源发电并网接入情况调查。为促进新能源健康可持续发展，全面掌握风电、光伏发电等新能源发电并网接入情况，在全国范围内开展新能源发电并网接入情况调查工作。在各派出机构完成企业自查材料汇总整理上报及实地调研考察工作的基础上，组织编写了《风电、光伏发电情况监管报告》对外发布，并将有关情况报国务院。

开展电力工程建设标准强制性条文执行情况检查。联合住房和城乡建设部在电力行业组织开展了电力工程建设标准强制性条文执行情况的专项检查工作。抽选了包括两大电网公司和五大发电集团等在内的大型中央电力企业的10个项目，组织勘察设计、施工、标准等领域专家，分别成立火电工程、水电工程、风电工程、输变电工程4个检查组，赴有关省区进行了实地检查。电监会各派出机构会同地方住房与城乡建设行政主管部门，组建39个检查组，对辖区内共计81个电力工程建设项目进行了现场抽查。组织编写了《电力工程建设标准强制性条文执行情况监管报告》并对外发布。

首次组织召开电力系统年度运行方式通气会。国家电网公司、南方电网公司向各区域电监局、各有关发电企业通报了2009年度运行方式总结及2010年运行方式安排计划。

印发第一批电力企业“标准化良好行为企业”试点工作通知，并开展培训工作。与国家标准化管理委员会联合印发《电力企业标准化良好行为试点及确认工作实施细则》和《关于成立电力企业标准化良好行为试点及确认工作办公室、省级确认工作联合办公室的通知》，组织对各省级确认联合办公室上报的试点企业和专家申请材料进行整理、汇总并审核，联合国标委印发了第一批试点企业名单；组织开展了专家及试点企业标准化工作负责人培训工作。

首次开展智能电网调研工作。组织召开智能电网专家座谈会、电力企业座谈会、院士专家座谈会；赴上海、江苏省南京市、扬州市和广东省广州市、深圳市、佛山市、中山市等地区实地调研智能电网相关工作，全面了解和掌握有关地区智能电网发展实际情况和各级地方政府、各级电网企业、智能电网相关行业企业对于发展智能电网的看法及工作思路。

供 电 监 管

宣传贯彻《供电监管办法》。组织召开贯彻实施《供电监管办法》电视电话会议，组织召开《供电监管办法》第一期培训会议，对各派出机构供电监管业务相关负责人和国家电网公司、南方电网公司有关负责人进行培训。出版发行了《〈供电监管办法〉释义》。

开展2009年供电整改检查，发布《2009年供电检查整改通报》。开展了2010年供电检查工作。

新增供电能力和供电成本等12项内容，细化了“三指定”及供电企业公平、无歧视开放市场等内容，明确了监管措施和处罚规定；首次采用区域内和区域间交叉检查相结合的模式。发布了《2010年供电监管报告》。

及时总结交流各地监管工作中好的经验和做法。召开“三水会议”，总结南方电监局供电定点监管的做法。召开“义乌会议”，推广浙江电监办规范用电工程市场秩序的做法。召开“成都会议”，总结四川电监办充分利用网络技术开展常态监管的做法。

初步建立专家库。为加强供电监管工作，便于开展供电检查，供电监管部本着专家知识结构合理性，人员来源代表性的原则在各每个派出机构推荐的基础上对各位备选专家进行资格认定。资格认定完成后保留专家总人数近200名，包括供电质量、供电服务、供电市场行为、电费电价以及供电成本等方面的专家。专家库的管理实行每三年更新制。

《供电服务规范》国家标准通过国家监管标准委组织的初审。《供电服务规范》从供电质量、用电业务办理、抄表及电费收缴、供电故障处理、停电、限电或者中止供电用电、安全服务、信息公开和披露、用户投诉处理、服务渠道等方面，对供电企业服务行为进行规范，基本涵盖了供电企业所有服务内容，并于2010年6月通过了国家电力监管技术标委会组织的初步审查。

联合发展改革委等有关部门，印发《电力需求侧管理办法》。办法提出的十六项措施中，既包含定性的措施，也包括部分定量措施，如规定各省（自治区、直辖市）电网企业的年度电力电量节约指标以及电网企业的电力负荷监测能力等。这些量化指标的规定增加了可操作性，将大大推进电力需求侧管理工作的顺利开展。

起草《居民供用电合同范本》。为规范供用电双方的权利和义务，保护用户合法权益，维护正常的供用电秩序，在市场经济环境中体现电力监管的理念和作用，依据《中华人民共和国合同法》、《电力法》、《电力监管条例》、《电力供应与使用条例》等有关法律、法规，完成了制定《居民供用电合同》（示范文本）相关工作，待适时印发。

开展电力扶贫工作。会同甘肃电监办积极协调有关部门，确定电监会扶贫点甘肃省通渭县为甘肃省“农网升级改造示范县”。争取捐赠了500套卫星电视接收装置，拓宽了群众信息获取渠道。组织首批22名乡镇干部赴山东为期10天的学习考察，为切实提升通渭县可持续发展能力，提高电监会扶贫效果起到积极作用。

价格与财务监管

加强制度建设，为依法监管奠定基础。研究制定了《电价监督检查暂行规定》、《输配电成本监管办法》，修订了《输配电成本核算办法》。积极推动节能调度补偿机制和细则的研究制定，会同发展改革委、能源局联合印发了《关于节能发电调度试点经济补偿有关问题的通知》。结合广东省节能发电调度试点工作，在全球环境基金GEF和世界银行援助下，开展了《节能发电调度经济补偿机制研究》课题研究。在广州组织召开了节能发电调度试点经济补偿问题座谈会，5个试点省派出机构参加了会议，交流了工作经验，分析探讨了有关问题并提出了意见和建议。

履行监管职责，充分发挥监管作用。编制发布了《2009年度电价执行与电费结算监管报告》。对河南、湖南、江苏、吉林、甘肃、广西、云南、内蒙古等8个省（区）开展了电价政策执行与电费结算情况重点检查。联合国家发展改革委、监察部、工信部、环保部、能源局等部委组织开展了节能减排电力价格大检查。认真开展跨区域输电价格审核工作。开展了跨省跨区电能交易价格情况调研。按季度对电网企业输配电成本进行汇总分析，并提出政策建议，按季度编发信息简报，印送会领导、相关业务部门和派出机构进行工作交流。加强电费结算监管，按季度编制《发电企业与电网企业电费结算情况简报》，分析存在的问题，提出政策建议。

加强电力企业财务状况监测预警，为国务院和宏观经济管理部门提供信息。在对两大电网公司、五大发电集团财务会计信息汇总分析的基础上，按季度形成主要电力企业财务情况分析简报，对电力企业财务及经营总体情况进行了深入分析，提出政策建议。完成《2010年一季度主要电力企业财务经营情况分析及对二季度和上半年经济形势的预测》和《2010年上半年主要电力企业财务经营和节能减排情况分析及对全年经济走势的预测》。

加强协作，共同推进监管工作。积极参与成渝经济区区域规划调研，研究提出能源建设重点和布局，并起草专题调研报告，交由联合检查组汇总形成成渝经济区调研情况总体报告。积极参与电价改革相关工作。为推进市场建设及开展大用户直接交易试点工作，与发展改革委价格司密切沟通，开展相关工作。积极配合发展改革委价格司，做好规范跨区域跨省电能交易价格机制研究、居民阶梯电价实施方案研究以及疏导电价矛盾等方案的研究制定工作，做好可再生能源附加补贴和配额交易方案，参与农电价格改革调研等工作，发挥主动性，认真研究思考电价改革有关问题，对深化电价改革提出意见和建议。

电 力 稽 查

加强节能减排监管。印发了《关于印发〈电监会节能减排和淘汰落后产能监管工作领导小组工作制度〉的通知》、《关于印发电监会节能减排工作任务及分工的通知》、《关于印发〈电监会节能减排和淘汰落后产能监管工作领导小组成员单位职责分工〉的通知》、《关于印发〈电监会2010年节能减排和淘汰落后产能工作计划〉的通知》、《关于进一步加强电力行业节能减排监管工作的通知》，进一步做好节能减排相关工作。印发了《关于印发〈2010年电力企业节能减排督查工作方案〉的通知》，成立10个督查组，对河北、山东等10个重点省份的电网企业和投运1年及以上且总装机容量在百万千瓦及以上的燃煤电厂的能耗、排放等七个方面内容进行全面细致的督查，针对发现的典型问题，分别向电网企业和发电企业下达了整改通知。会同发展改革委、环保部、能源局发布了《2009年电力企业节能减排情况通报》。

开展了新建发电机组进入商业运营调试差额资金分配专项治理工作。集中排查确认并网新建机组差额资金共计44.01亿元。督促各网省电力公司按要求出台并落实分配方案，向发电企业分配的差额资金由专项治理前的1.56亿元上升为10.02亿元（含电网企业退付延长发电企业调试期、调试零电价等资金），增加分配8.46亿元。

组织开展了供电企业用户受电工程“三指定”专项治理。共收到“三指定”方面的案件线索60余起，对每起案件进行了认真梳理和研究，并分别由电监会和各派出机构成立抽查组进行重点抽查。对抽查发现的问题，各抽查组现场反馈了意见，要求相关企业认真整改。同时，综合全国的情况，针对相关问题下发责令改正通知书，限期进行整改，并由各派出机构进行跟踪检查。

严肃查处违法违规案件。对审计署移送的贵州腾元电力发展股份有限公司违规供电一案依法作出责令其停止违规供电行为并处以没收违法所得255.28万元的行政处罚，并在电力行业内进行了通报。对山西省长治森晟化工有限公司反应的在其用户受电工程中受到欺诈和勒索的问题进行了查处，责令施工单位长治市鼎成电力工程有限公司退还多收森晟化工有限公司工程款138万元。

加强电力争议调解工作。对华电贵州公司和贵州电网公司因历史遗留问题产生陈欠电费7.5亿元进行现场调查调解，贵州电力公司同意在2012年6月前分三次向华电贵州公司支付3.19亿元。对中电投所属黄河公司与青海省电力公司由于地方政府有关部门出台优惠电价政策产生争议电费5.89亿元开展了现场调查和多次协商沟通，下发了《关于对青海省有关部门自行出台优惠电价等问题进行清理的意见》，要求相关部门立即取消自行出台的优惠电价措施，督促企业认真执行国家电价政策。会同内蒙古发展改革委协调解决了华能所属北方公司与内蒙古电力公司争议电费4.09亿元。针对黑龙江大庆电业局与黑龙江龙凤玉米开发有限公司、金安热电有限公司的供电争议问题进行了现场调查、协调，促使地方政府、供电企业、发电企业和用户之间就金安热电有限公司的并网方式、并网时间等问题达成一致意见。推动解决了齐齐哈尔市富拉尔基区人民政府利用华电集团所属富拉尔基发电有限公司排放循环水发展温水稻田中存在的有关问题，促进了政企关系的和谐发展。

加大信息公开力度。继续健全和完善了电力稽查工作信息台账管理制度，做好投诉举报信息统计、分析工作，对部分案件进行督办、回访，提高投诉举报案件的办结率和满意率。按季度正式在《中国电力报》、电监会门户网站上刊登《国家电力监管委员会12398投诉举报受理情况通报》，对投诉举报事项的地域分布、分类、受理及结案情况进行公布。按照政务公开的有关规定，及时在电力信息公开网站上刊登稽查相关的工作信息。

会同环保部门开展整治违法排污保障群众健康环保专项行动。联合环保部等九部门向国务院上报了《关于2009年整治违法排污保障群众健康环保专项行动的总结报告》、共同印发了《关于2010年深入开展整治违法排污企业保障群众健康环保专项行动的通知》、联合召开2009年全国整治违法排污企业保障群众健康环保专项行动电视电话会议。对浙江省2010年环保专项行动开展情况进行了督导检查。

会同公安部门开展打击盗窃破坏电力电信广播电视设施犯罪专项斗争。公安部等部门联合印发了《2010年全国电力电信广播电视设施安全保护工作要点》，向国务院领导提交《2009年全国打击盗窃破坏电力电信广播电视设施违法犯罪专项斗争工作总结》。会同公安部等部门组成联合督查组，对湖北省、湖南省2010年“三电”专项斗争开展情况进行了督导检查。

会同质检部门开展建材市场专项整治工作。会同国家质检总局等九部门共同印发了《关于印发〈2010年全国建材市场秩序专项整治工作要点〉的通知》，对2010年建材市场专项整治工作进行了具体部署。会同质检总局等部门组成联合督查组，对贵州、重庆等地查处“地条钢”案件情况、区域性建材产品质量问题整治情况等进行了调研和督查。

安 全 监 管

周密部署，“安全生产年”活动的各项措施有效落实。贯彻落实国务院办公厅《关于继续深入开展“安全生产年”活动的若干意见》要求，制定了《电力行业继续深入开展“安全生产年”活动的实施意见》，组织召开了全国电力安全生产电视电话会议，对电力行业全年安全生产工作和继续深入开展“安全生产年”活动进行全面部署。结合电力行业迎峰度夏、防风防汛、上海世博会和广州亚运会保电、电力工程建设项目安全管理等工作，组织开展了安全生产督查。

明确任务，圆满完成上海世博会和广州亚运会电力安全保电工作。成立了保证上海世博会、广州亚运会电力安全工作领导小组，制订印发了保证上海世博会、保证广州亚运会电力安全工作方案，召开了上海世博会电力安全工作会议、广州亚运会电力安全工作领导小组会议、广州亚运供电安全保障工作会议。组织开展专项安全生产检查督导和隐患排查治理，督促企业落实各项保电措施要求；强化区域合作，完善厂网协调，全力保障重要地区电力可靠供应；加强与公安、武警等部门的工作联系，建立电力安保工作机制，共同做好安全保卫工作；积极开展电力应急平台建设，加强应急值守和信息报送，提高应急处置能力，上海世博会和广东亚运会保电工作达到了预期工作目标和效果。

快速反应，积极应对自然灾害和恶劣天气影响。4·14 玉树地震发生后，迅速成立了玉树地震电力应急工作组，全力协调指导抗震救灾工作；及时汇总、报送抗震救灾信息 50 余次，为领导决策提供依据；协调国家电网公司、中电投公司等单位支援灾区，修复受损电力设施，尽快恢复灾区供电。印发了《关于切实做好汛期电力安全生产工作的通知》、《关于防范山火影响电力系统安全运行的通知》、《关于做好强降雪降温天气应对工作的紧急通知》等文件，要求电力企业超前防范，完善预案，落实防洪防汛、防冰雪、防泥石流等各项措施，确保灾害期间电力可靠供应。在东北、江西、福建部分地区遭受洪涝灾害期间，组织工作组及时赶赴受灾一线，协调指导应急抢险保电工作，保证水电站大坝安全度汛和受灾地区电力快速恢复。

加强研究，提高电网安全监管能力。开展《电力系统安全风险和脆弱性分析评估》课题研究并取得阶段性成果。认真总结有关电力企业历年来重大政治活动保电工作经验，编写了《重大活动电力安全保障工作规定》，建立重大活动电力安全保障长效机制。开展电力行业二次系统安全防护工作检查和调研，制定《电力负荷控制管理系统安全防护补充技术规定》、《中长期电力交易系统安全防护技术规定》、《电力二次系统信息安全评估规范》等规范性文件。开展涉网二次系统安全管理工作情况以及民用运输机场供用电安全管理情况专题调研。

吸取教训，强化水电站安全监管工作。加强水电站机电设备安全监督管理工作，制定印发《关于吸取俄罗斯萨扬水电站事故教训，进一步加强水电站安全监督管理的意见》，对进一步加强水电站安全生产工作提出明确要求。对部分省份水电站开展了专项检查和调研工作。组织开展电力系统水电站大坝注册、定检、信息化建设和培训等工作。制定《水电站大坝除险、加固管理办法》，进一步完善水电站大坝安全监督法规体系。

突出重点环节，进一步加强电力建设安全监管工作。制定《关于进一步加强电力建设安全生产工作的意见》，对电力建设施工安全管理制度建立、安全责任制落实、安全费用提取和使用、安全生产风险预控等方面工作提出了明确要求，有效地防止重大人身伤亡事故发生。扎实推进电力建设工程治理工作，制订了开展工程建设领域突出问题治理排查工作方案，组织 6 个联合督查组对 14 个省（自治区、直辖市）的 30 个重点电力工程项目专项治理工作进行了集中抽查，并针对抽查中发现的问题，督促落实整改措施。召开了工程治理工作座谈会议，制定了 2010 年工程治理工作要点，深入推进专项治理的各项工作。

加强应急管理，不断提高电力应急处置能力。督促落实《关于加强电力应急体系建设的指导意见》和《电力企业应急预案管理办法》的贯彻实施，指导国家电网公司、五大发电集团公司完成了综合预案和部分专项预案的评审工作，协同有关派出机构和地方政府开展了内蒙古、河北两省（区）电网大面积停电演练以及广东省 2010 年亚运保电应急联合演练，保证了各级各类预案的科学衔接和有效实施。进一步完善了电监会系统应急指挥平台建设。积极配合国务院法制办继续做好《电力安全事故应急救援和调查处理条例》的编制完善工作。

精心组织，举办丰富多彩的“安全生产月”活动。精心组织了“安全生产月”巡回演讲活动，全国 6 个区域 12 个省（自治区）22 个城市的电力企业生产一线近 2 万名干部职工参加了活动。加大安全生产宣传力度，在《中国电力报》、中电新闻网开设了安全活动专栏，编制出版了《安全生产大家谈》图书和

《电力御灾启示录》光盘。

夯实基础工作，有序开展日常安全监管工作。编制《2009年电力安全监管报告》。印发《火力发电机组可靠性评价实施办法》、《供电企业可靠性评价实施办法（试行）》，召开可靠性指标发布会，表彰2009年度全国火力发电可靠性金牌机组和供电可靠性金牌企业。发布《发电机组并网安全条件及评价（试行）》和《风力发电场并网安全条件及评价（试行）》，开展发电机组并网安全性评价和风力发电场并网安全性评价试点工作。认真做好《国务院办公厅关于进一步加强企业安全生产工作的通知》以及电力应急管理、电力系统安全运行和二次安全防护、电力建设施工等方面的安全培训工作。

治理商业贿赂

注重市场诚信体系建设。把市场诚信体系建设作为从源头上防治商业贿赂的重要举措，重点抓好三个环节：一是开展企业信用评价工作。中电联组成专家组，对参评企业进行现场访谈和核查，30家电力建设企业通过了信用评价（其中AAA级25家，AA级4家，A级1家）。为了确保信用评价工作质量，每年举办一期信用评价师培训班，2010年培训工作骨干30余名。二是健全诚信记录信息库。电力行业建立了诚信记录信息库应用系统，采集和分析电力企业的诚信数据。目前，国内大型电力企业诚信数据采集已基本完成，五大发电集团所属上市公司的诚信数据采集已全部完成。三是搞好信用等级的运用。在市场准入、资质认定等环节查看电力企业的信用等级及信用等级报告，使信用等级高的企业得到更多的市场机会。定期或不定期披露企业不良行为信息，对年度复查结果不合格的企业给予降低或撤销信用等级的处罚。

完成电力行业查处商业贿赂案件统计工作。2010年，电力行业查办商业贿赂案件14件（其中工程建设领域2件，物资采购领域8件，其他领域4件），涉案金额174.435万元，14人受到刑事或党政纪处理。目前还有17件正在查处中。

将治理商业贿赂专项工作与工程建设领域突出问题专项治理工作有机结合。工程建设领域突出问题专项治理与治理商业贿赂专项工作密切相关，二者有机结合，才能相互促进。电监会对2008年以来立项、在建和竣工的电力项目进行了全面排查，共检查电网建设项目97个，电源建设项目78个，对14个省（区、市）的30个重点电力工程项目进行了督查。对检查中发现的问题，提出了整改建议。目前，已有80%以上问题完成整改。

华北电监局

国家电力监管委员会华北监管局（简称华北电监局）是国家电监会在华北区域的派出机构，设于北京市，负责北京、天津、内蒙古（西部）、河北等省市区的电力监管工作，于2005年2月28日开始筹建，同年9月30日正式挂牌成立。华北电监局现任领导，党组书记、局长蒋晓华；党组成员、副局长：梁建勇、戴俊良、张学先。华北电监局内设办公室、市场监管处、价格财务处、安全处、稽查处和资质处（对外称资质中心）6个部门。为加强省级一线的监管力量，为地方政府、电力企业和电力用户提供更便利的服务，2007年5月18日华北电监局在内蒙古自治区设立了电力监管业务办公室。

1. 安全监管

确保重大活动电力系统安全稳定运行。在4月召开的2010年度华北区域电力安全生产工作会议上，按照华北电监局党组的统一部署和局2010年工作要点安排，对2010年华北区域电力安全生产工作进行了全面部署。把确保电力系统安全稳定运行和首都安全可靠供电作为安全监管工作的重中之重。在认真总结奥运会、国庆60周年保电工作经验的基础上，扎实做好2010年全国“两会”、天津达沃斯论坛、嫦娥二号卫星测控、首届世界武搏运动会、十七届五中全会等重大活动保电安全监管工作，开展了多次有针对性的专项监督检查。针对2010年“两会”保电新形势和新特点，督促北京市电力公司加强调度管理，确保北京电网安全可靠运行。同时，还承担了电监会《重大活动电力安全保障工作规定》的研究制定任务，并印发试行。

做好事前防范，强化区域电力应急监管。2010年初，华北电监局会同河北省有关部门研究制定了演练总体方案。6月18日，由河北省人民政府、国家电力监管委员会、国家电网公司联合主办的2010年河北省电力突发公共事件应急联合演练顺利举行。电监会主席王旭东、副主席史玉波等领导现场观摩了演习，对演习组织工作给予充分肯定。7月，华北电网经历了二次大负荷考验，11次创出历史新高。华北电监局及时跟进，针对天气变化和负荷剧增的情况，对相关单位提出明确要求，实现了特殊状况下的快速反应，并建立了应对突发电力公共事件的应急预案。

积极组织电力工程建设专项治理工作。制定了《华北电监局2010年工程建设领域突出问题专项治理工作方案》，并成立检查组，对31个重点电力工程建设项目进行了督导、检查，对照电监会确定的6项检查内容，各方面细化检查条目，印发了《华北区域电力工程建设领域突出问题专项治理排查工作情况通报》。配合电监会督查组，对内蒙古、河北的5个电力建设项目进行了抽查，对北京市35个市属电力工程进行了全面督查。

深入开展"安全生产年"活动。认真组织和开展华北区域电力行业"安全生产年"活动，制订了具体实施方案，并及早开展华北区域电力安全生产大检查工作，及时将安全生产大检查情况向电监会作专题报告。同时，逐月统计区域电力企业安全隐患排查治理情况，定期向电监会报告隐患排查工作总结。组织开展2010年"安全生产月"活动，按计划完成内蒙古站电力安全巡回演讲活动。

组织开展发电机组并网安全性评价。加强对发电机组并网安全性的前期自查和查评后整改工作的监督，查出并落实整改问题近千项。同时，结合华北区域电厂实际情况，对管理制度、评价标准等进行了全面修订。及时督促新建发电厂、自备电厂开展可靠性管理工作，按时报送可靠性数据，并对部分电力企业可靠性管理工作情况进行了专项监督检查。

此外，还进一步加强区域水电站大坝和风电的安全监管工作；参与电监会对重要民用机场供用电安全调研工作；在召开的《全国电力安全生产电视电话会议》中，做好了华北区域各分会场工作；及时、妥善处理内蒙古锡林浩特电力职工"8·4"特大交通事故并向电监会专题汇报；做好区域电力安全生产信息的收集、报送工作并按月发布华北区域电力安全生产信息，通报区域电力安全生产情况。

2. 市场监管

经过4年多的艰辛探索，2010年5月6日正式启动内蒙古多边交易市场。多边交易市场严格执行国家产业政策和环保政策，通过建立大用户与发电企业间直接交易市场化平台，构建多买多卖的市场格局，充分发挥市场在资源配置中的基础性作用，对于利用市场机制促进节能降耗、优化产业结构、提高资源配置效率，实现经济平稳较快发展有着重要的探索意义。

深入开展"两个细则"工作。在内蒙古多边交易市场正式启动的同时，京津唐电网"两个细则"实施工作有序深入。北京、天津调度权获得独立后，华北电监局积极组织北京、天津市电力公司做好系统平台的开发、验收等工作，协调华北电网公司做好系统的衔接工作。2010年5月，北京、天津"两个细则"独立开展试运行，期间，会同有关单位重新修订个别条款，于2011年起实施新的规定。为下一步辅助服务市场化打下了坚实的基础。

有序推进区域交易平台建设工作。积极开展华北区域跨省跨区电能交易研究工作，会同有关单位深入开展区域基本规则研究工作，目前区域电能交易基本规则已初步成型；进一步规范发电权交易，研究通过了《2010年京津唐电网替代发电网损测算办法》，确保京津唐电网内各单位严格贯彻落实国家"上大压小、节能减排"精神。

积极依法协调厂网间关系。按照华北电监局"四项制度"（合同协议备案制度、三公报告制度、信息披露制度、厂网联席会议制度）的规定，进一步规范各电力企业合同协议的规范签订和及时备案，加强每季度报送的三公调度报告的核查力度，提高各调度交易机构的信息披露质量，及时召开厂网联席会议，深入了解厂网间存在的各种问题。同时，对区域内存在差额资金的网省工作开展核实、督促工作。4月初，组织华北电网公司、北京市电力公司、天津市电力公司河北省电力公司等召开专项会议，原则同意电力企业按照分配方案开展下一步工作。

加强电煤监管工作。年初及时向电监会报告华北区域电煤供应紧张的有关情况，在李克强副总理赴电监会调研时，蒋晓华局长通过电煤监测信息系统向李克强做了京津唐电网电煤供应情况的专题汇报。进一步完善电煤监测信息点，要求各企业将责任落实到人。

开展华北区域强制性条文检查工作。根据国家电监会办公厅、住建部办公厅联合下发的《关于开展电力工程建设标准强制性条文执行情况检查的通知》的有关要求，华北电监局组织了联合检查组，于7月对河北省、天津市、内蒙古自治区内的9个在建项目进行了电力工程建设标准强制性条文执行情况专项检查。

开展市场调研对一批规范性文件进行研究。通过调研掌握了辖区内新能源接入工程的基本情况、投资运行情况以及存在的主要问题，初步掌握了区域内主干输电网络的建设、运营等情况，完成了《华北区域电力市场内蒙古电力多边交易市场评估体系研究》和《华北区域大用户直购电试点推进和实施方案》课题研究，做好了《输电网运营评价》标准的起草工作和电力调度检查办法研究工作。通过赴南方电监局开展电力调度监管情况实地调研，提出了在华北区域内开展调度定点监管的工作思路。还开展了电力调度监管研究工作，并就华北区域实际提出初步实施方案。

同时，继续做好华北区域电力供需形势分析工作，下发了《关于做好华北区域电力供需形势分析工作的通知》。开展华北区域电网运行方式汇报工作，使得电网企业与监管机构之间的交流更加深入。积极协调企业困难，切实维护市场秩序，妥善解决滦河电厂"两个细则"实施有关问题，协调国华定州、沧东电厂限产问题和天津津源热电电量替代问题，取得了较好社会效果。

“三指定”专项治理工作取得实效。2010年上半年，分别在所辖的网省公司召开了专项治理电视电话会议。此后，部署各供电企业开展了为期3个月的自查自纠工作。在重点抽查阶段，分别对区域内4个网省公司的4个地级供电公司、6个县级供电公司进行了“三指定”重点抽查，抽查严格按照稽查工作程序进行并注重获取证据，对抽查发现的问题，向各电网企业进行了治理通告，并形成了核查报告报电监会。

内蒙古办工作扎实推进，重大管理关系正逐渐理顺。2009年底，华北电监局与东北电监局签订了协议书，规范了蒙东、蒙西电力监管机构的管理模式，内蒙古办与东北电监局的关系正在建立，并且开始发挥重要作用。内蒙古办克服了工作人员少、资金少、联系不方便等各种因素，在工作上取得了很大成绩，得到了电监会和内蒙古政府的肯定。

3. 节能减排监管

加强可再生能源电价补贴结算执行监管工作，核实不同时段区域可再生能源电价附加补贴分配方案，并跟踪监管执行情况。年初，着重督促企业完成2009年1～6月的补贴分配方案，截至2010年2月，华北区域各可再生能源项目的补偿资金已全部到位。5月初又对2009年7～12月附加补贴分配方案的各项数据与电网公司进行校核并汇总数据报电监会。10月，积极跟踪落实2009年7～12月可再生能源电价补贴分配方案的执行工作，督促协调区域内电网公司及时完成补贴结算工作。

周密组织部署电力价格检查工作，落实电力价格大检查通知精神。5月，与济南电监办共同对云南省5家供电企业、6家发电企业2009年1月～2010年3月底执行国家出台的相关电价政策情况以及厂网电费结算情况进行了重点检查，并及时向电监会书面报告了检查情况、存在的问题与建议。在六部委《关于立即组织开展全国电力价格大检查的通知》下发后，立即全力组织北京、天津、河北和内蒙古四省（市、区）落实检查工作，会同区域内价格、环保部门对各地越权出台并实施优惠电价的问题，以及所有高耗能企业的电价执行情况进行全面排查，对所有火力发电企业脱硫电价、上网电价执行情况进行拉网式检查，督促企业对国家电价政策和相关节能减排政策的落实，对企业在电价执行过程中存在的问题认真督促和跟踪监督整改，初步形成了对电价执行全过程的“闭环”监管。

加大节能减排工作力度，确保国家政策落到实处。成立了华北电监局节能减排和淘汰落后产能工作小组，明确其职责，提出了2010年节能减排工作计划。加强与环保部门合作，对污染严重的电力企业在区域内实施“倒排”公告制度。会同北京市环保局联合印发了2010年环保专项行动通知，会同河北省环保厅等印发《河北省燃煤发电机组脱硫电价及脱硫设施运行管理暂行办法》。赴陕西省参加了2010年电力行业节能减排情况督查，对山西省7家发电企业和包括西北电网公司、陕西省电力公司及下属3家供电公司进行了现场督查，并形成督查报告上报电监会。对内蒙古、河北省的部分发电企业和供电企业节能减排开展情况进行调研，为电监会制定有关政策提供有益的建议。

东北电监局

国家电力监管委员会东北监管局（简称东北电监局）成立于2004年5月，是国家电力监管委员会在东北区域的派出机构，代表国家电力监管委员会对东北区域电力市场依法行使监管职能。现任领导班子成员：党组书记、局长韩水；党组成员、副局长王恩志；党组成员、副局长赵海华；党组成员、副局长杨子江；党组成员吴大明。

1. 安全监管

开展电力安全大检查和强制性标准执行情况检查。2010年共计检查发电企业10家，供电企业（含超高压供电局）14家，电力建设项目（含火电、水电、风电、核电和抽水蓄能电站及输配电项目）22个。及时发现了电力建设项目执行国家相关安全施工法律法规和工程建设标准强制条文中存在的问题，提出了纠正和整改电力建设项目中存在问题对策措施建议。

开展电力行业隐患排查治理工作，积极构建隐患排查治理的长效机制。2010年，东北区域电力企业共排查出一般隐患9274项，整改8826项，整改率为95.17%，累计落实整改资金40 975万元。重大隐患3项，均已列入整改计划。

开展并网安全性评价和火电厂贮灰场安全现状评价，实现安全监管基础工作规范化。2010年，东北电监局在编制评价标准，明确评价程序的基础上，完成170家发电企业的2252台机组的评价任务。

做好电力安全监管信息报送和电力安全生产事故的调查与处理工作。2010年夏季，东北地区局部突降暴雨，部分地区引发洪水，东北电监局紧急启动应急机制，并及时将汛情情况向上级部门进行报告。并赶赴灾害现场，查看灾情，指导抗洪抢险和抢修电力设施工作，完成了东北地区的抗洪保电任务。

认真做好电力运行监测预警。继续深化供需、电煤以及电力企业经营预警。在监测中发现黑龙江省部分电厂因电煤短缺停机，立即向各有关部门进行预警。在各方面积极努力下，电煤短缺情况得到了有效控制，未发生限电情况。

2. 市场监管

市场建设方面取得新突破。建立全国首个跨省调峰辅助服务交易市场，2010 年 9 月正式出台《东北区域跨省调峰辅助服务交易及补偿监管办法（试行）》。建立东北区域省间电能交易市场。进一步丰富东北送华北电量市场交易模式，开展送华北电量月度交易。2010 年 9 月首次组织开展东北送华北电量月度交易，实现成交电量 3 亿 kWh；11 月月度交易实现成交电量 2 亿 kWh。

继续推进发电企业和电力用户直接交易试点。抚铝直购电试点、吉林炭素厂直购电交易成绩显著，赴呼伦贝尔、赤峰和通辽市调研发电企业与电力用户直接交易工作，编写内蒙古东部地区电力用户与发电企业直接交易实施方案，会同自治区政府有关部门共同上报方案。

组织对东北区域火电企业进行了第二次最小运行方式现场核查工作。使东北区域火电厂最小运行方式核定工作步入常态化。2010 年东北电网火电厂最小运行方式核定结果对指导今冬电网、电厂的运行方式，保障冬季居民采暖供热及电网的安全稳定运行起到重要作用。

修订完善“两个细则”。《东北区域发电厂并网运行管理实施细则（试行）》、《东北区域并网发电厂辅助服务管理办法实施细则（试行）》的修订，为解决电网实际困难、提高电力运行水平发挥了重要作用。

开展新建机组差额资金专项治理。为有关发电企业追溯补偿结算差额资金 1.56 亿元，占 2007 年 7 月～2009 年 9 月期间全部差额资金总额的 34.29%。

3. 供电以及价格财务监管

加强供电服务和质量监管。对辽宁省、吉林省、黑龙江省、内蒙古东部电力有限公司直管和代管的 7 个市级供电公司及 14 个区（县）供电分公司（农电局）在供电质量、供电服务、工程管理、供电成本和价格收费等方面开展检查。全面开展《供电监管办法》和《供电企业信息公开实施办法（试行）》宣贯和培训，在此基础上，创新监管手段，对供电企业不按规定信息发布实施行政处罚，开创全国第一家对供电企业实施行政处罚先河。

加强价格执行情况监管。与各省物价主管部门联合对区域内电力企业进行了电价执行情况检查，形成《东北区域 2009 年电价执行情况报告》。按季度对区域内电力企业电费结算情况进行汇总、分析，发布《东北区域 2009 年厂网电费结算监管报告》。加强成本监管特别是输配电成本监管，按时高质量完成电网企业输配电成本分析及报送工作。加强电力企业经营监管，按季度发布、报送东北区域电力企业财务经营情况分析报告。

4. 电力稽查

重视投诉举报处理、加大行政执法力度。东北电监局对属于监管职责范围内的投诉举报，做到了及时处理和及时结案。重点对“小区转供电”引发的投诉进行调查处理和协调。成功调解吉林地方水电有限公司与长白县小水电协会上网电费结算纠纷，都赢得了广泛好评。

创新稽查监管方式。积极开展监管约谈工作。定期对全区“95598”接通率及通话率进行测试，进一步督促供电企业服务意识定期组织法律专家针对投诉举报的典型案件进行分析、研讨、论证，以准确处理意见，进一步明确公平、公正、公开的原则；建立转办案件的回访制度，进一步明确了供电企业认真落实转办案件的责任。

5. 电力许可监管

继续加大发证力度。到 2010 年 11 月底，共计颁发发电业务许可证（含豁免）131 家，供电类许可变更 101 家，核发承装（修、试）电力设施许可证 216 家，电工进网作业许可证 24667 个。

加大许可证颁发和后续管理力度。分别从许可证管理、许可流程、考试站监管、监督检查四个方面进行了明确规定，涵盖了电工进网作业许可的各个环节。对东北区域总装机容量 6000kW 及以上发电企业开展许可制度执行情况的专项检查。对东北区域的高危及重要用户进行了专项抽查，结合承装（修、试）电力设施许可检查，促进电工进网作业许可证的检查普及工作。

加大对持证企业监管力度。加强发电许可监管，推进许可证监督管理试点工作，新建机组按照《东北区域新建发电机组进入商业运营管理办法实施细则（试行）》，发电企业应在新建发电机组调试运行前 60 天向东北电监局提出调试运行申请（第十条），并同时提供工商营业执照、审批文件、环评批复火力发电企业向电力监管机构申请调试运行。目前，以发电许可管理为平台的综合监管模式已初步建立，2010 年批复并网调试新增发电项目 129 个。

开展发电许可自查和现场检查，积极做好发电许可证监督管理试点工作。组织开展对辽、吉、黑三省装机 6000kW（含）以上发电企业的发电许可证监管试点工作。明确步骤，组织开展发电许可年度自查自检，共有 300 家发电企业参加了自检自查 。推动承装（修、试）电力设施许可证年检工作。开展承装（修、试）电力设施许可和进网作业电工许可制度执行情况检查。

6. 节能减排监管

启动烟气脱硫在线监测。系统建设初，印发了关于进一步加强燃煤电厂脱硫设施运行监管的通知，对脱硫在线监测系统建设和管理提出了新要求。对东北区域直调火电机组脱硫改造及享受脱硫电价情况进行普查。继续开展对火力发电企业能耗和污染物排放在线统计和监管。

夯实行业节能减排监管基础。落实《电网企业全额收购可再生能源电量监管办法》，监督电网企业履行可再生能源发电电量全额收购义务。考虑辽宁省经济发展、能源结构和电网特点，从完成节能减排指标和建立长效机制目标出发，编写了《关于建议通过增加从省外受入电量促进辽宁省节能减排工作的报告》，向辽宁省人民政府提出了通过增加从省外受入电量促进辽宁省节能减排工作的建议以及具体实现路径，推动了辽宁省节能减排，取得了实效，得到省政府的充分肯定。

完善跨省发电权交易模式，探索跨省发电权双边交易机制。东北区域2010年跨省发电权交易于2010年8月18～25日在东北区域电力市场交易平台顺利开展。本次交易成交电量21.93亿kWh，实现节约标煤6.83万t，减排二氧化碳17.76万t，减排二氧化硫1168.28t。

7. 监管基础建设

进一步加强机关党风廉政建设。组织签订“党风廉政建设责任状”。组织了全局副处级以上领导干部填报“党员领导干部个人有关事项报告表”，组织开展“修身养性筑防线，勤廉为民树新风”主题征文活动，推荐上报征文获辽宁省直机关主题征文一等奖。

建设监管指标评价体系，提高科学监管水平。完成了东北区域电力监管指标评价与预警体系的调研工作，评价体系共分七大类业务类型，1级指标37个，2级指标104个，三级指标145个，并进入软件开发阶段。

西北电监局

1. 基本情况

国家电力监管委员会西北监管局（简称西北电监局）成立于2005年1月10日，是国家电监会在西北区域的派出机构，依据国家电监会的授权履行西北区域电力行政执法职能。西北电监局现设有办公室、市场与价格财务监管处、输供电监管处、稽查处、安全监管处、资质管理处及综合监察室等7个处室，另设有宁夏、青海2个业务办。西北电监局现任领导：党组书记、局长王天才；党组成员、副局长雷金娥、薛浒、仇毓宏。

2. 安全监管

发现薄弱环节，夯实安全生产基础。及时贯彻电监会相关安全生产指示和要求，依据西北区域季节气候特点、主要活动的具体情况、电力安全生产特点或薄弱环节等，及时发出通知，提前部署，要求企业做好相关工作。规范开展发电机组并网安全性评价工作，修订完善了一系列标准，制定了《西北区域电力技术监督监管办法》和《西北区域电力技术监督信息报送办法》，督促电力企业强化电力企业生产技术管理，防范设备重大事故。认真开展电力安全生产信息统计、分析工作，编发月报，发布电力安全监管报告。

深抓日常监管，全面做好安全检查。积极配合政府认真组织或配合开展电力安全大检查。结合迎峰度夏、迎峰度冬、重大活动和节日保电、电力工程建设项目安全管理等，组织开展了多次安全生产督查。研究制定涉网电力二次系统安全管理规定等规范性文件，开展了电力行业二次系统安全防护工作检查。扎实推进工程建设领域突出问题专项治理工作，成立专门工作组对部分重点电力工程项目专项治理工作进行集中抽查，督促落实整改措施。大力推进安全文化建设，完成了电监会安全巡回讲演在西北的组织工作，在行业内营造促进安全生产的良好氛围。

强化应急管理，保障电力可靠供应。4月，青海玉树强烈地震发生后，西北电监管局迅速反应、快速行动、加强应急值守、畅通信息渠道。领导同志靠前指挥，多次深入灾区指导救灾保电和灾后恢复重建工作，代表电监会向救灾电力企业和人员进行了慰问并捐赠8万元药品。5月和9月，先后两次开展了灾区用电安全专项检查，取得了玉树抗震救灾保电和舟曲抢险救灾保电工作的胜利。西北电监局被授予“国家电监会2010年重大保电先进集体”称号，4位同志荣获先进个人称号。积极与西北各省（区）政府的沟通，协商推动开展省级处置电网大面积停电综合演练工作。目前，陕西、甘肃、青海均已开展了省级处置电网大面积停电联合演练。加强对电力企业应急工作的指导，组织专家对西北部分电力企业的突发事件综合应急预案等9个典型预案，进行了集中评审。

开展事故调查，加强典型事件监管。华电蒲城发电公司“3·16”、黄河公司积石峡水电站“10·23”、渭河电厂供热管网“11·13”等较大人身伤亡事故发生后，西北电监局派员第一时间赶赴事故现场，指导事故救援工作。结合重点、典型安全事件，针对事故暴露出的问题，组织专家认真分析原因和教训，及时下发事故通报，指导电力企业吸取事故教训，杜绝类似事故发生。

3. 市场监管

完善交易规则，推进市场建设。西北电力市场建设方案不断完善。服从国家节能减排的工作大局，积极组织推进直接交易。制定了《西北区域跨区送端电能交易监管办法（试行）》、《西北区域跨省（区）电能交易规则》；修订了《西北区域发电权交易监管实施细则（暂行）》，起草了《西北区域水火发电权交易规则》，从制度上规范了电能交易工作。按照《西北区域电力市场交易管理暂行办法》规定，规范了宁夏、青海外送电交易行为；批复西北电网公司、陕西、宁夏、青海电力公司9次交易申请；对西北送华中集中竞价交易进行了现场监督。2010年二季度进行的2010年送华中电量集中竞价交易中，陕西、甘肃、宁夏27家发电企业参与了交易，其中11家发电企业最终竞得电量10亿kWh，19家发电企业得到了备用补偿费。全年共完成跨区外送电量148.6亿kWh，跨区外购电量16.4亿kWh，跨省交易电量52.0亿kWh，均创历史最高水平。

加大监督检查，维护市场秩序。深入开展市场监管工作，结合突出问题组织开展供电检查整改落实、供电服务、新能源发电并网接入、强制性条文执行、电价政策执行与厂网电费结算、节能减排电力价格、五项许可制度执行等专项执法检查活动。在检查工作中，初次引入了交叉检查等方式，对提高检查效果起到了很好作用。2010年供电检查中，共检查发现西北区域7家供电企业在供电质量、供电服务、市场行为方面存在的问题235例，有效解决了居民用电难的问题。

深入调查研究，全面把握信息。认真开展电力企业"三公"调度信息披露情况的调查工作，结合电网企业对系统负荷情况、跨区（省）交易、辅助服务等相关信息披露不够及时、透明等问题，西北电监局及时披露，并就电力企业做好"三公"调度信息披露工作提出了具体要求。同时还对西北区域750～220kV电网运营情况进行了调研，掌握了2005年以来西北区域电网的建设和运营情况，调研报告得到了电监会的充分肯定。

完善协调机制，及时解决纠纷。按季组织召开的西北电网和各省（区）厂网联席会议得到了电力企业的积极响应和广泛认可，使厂网联席会议真正成为了电力行业公开信息、相互交流、发现问题、解决问题的平台。同时，利用厂网联席会议，宣贯政府文件及行业相关政策，并结合经济发展形势，在分析和指导电力企业及时调整生产经营方向，积极转变发展方式等方面发挥了积极作用。

加强市场监测，做好预警工作。编制并发布了西北区域电力生产运行情况和电力供需形势分析报告，及时对企业生产经营活动进行指导，并向有关部门提出建议；编制了《西北电力运行信息》周报、月报，向政府和企业通报西北电力系统调度运行、安全生产、电价执行、电力供需等有关情况，及时跟踪主要产业用电趋势。

发布报告通报，沟通监管信息。在检查活动的基础上，认真做好监管报告编制发布工作，面向社会公开发布《西北区域年度电力监管报告》和安全、市场预测分析、电价执行与电费结算、电力企业经营状况等方面的专业报告8份，得到了政府和电力企业的认同。

价格成本监管取得新的突破。首次将电价执行监管情况和厂网电费结算监管情况联合向社会公开。同时，首次印发《西北区域厂网电费结算情况通报》、《西北区域电网企业输配电成本情况通报》和《西北区域和各省（区）电力企业经营情况分析报告》，并建立起了季度或双季发布制度，产生了较大的影响。

行政许可后续管理取得实质进展。积极推进陕西、宁夏两省（区）工矿企业进网作业电工依法持证上岗工作。加强小水电豁免管理，完善许可证豁免流程，从政策层面积极引导小水电企业开展取证和豁免工作，积极采取多项措施提高小水电企业取证的积极性和主动性。全年共颁发发电类电力业务许可证58张，豁免许可25张，许可证变更35张；辖区内5家输电企业输电类电力业务许可证变更工作全面完成；颁发供电类电力业务许可证1张，变更许可证88张；全年共颁发承装（修、试）电力设施许可证104张，许可事项变更43张；核发各类电工进网作业许可证7975张。

4. 行政执法

开展专项治理，维护各主体合法权益。针对电力用户和电力企业反映的突出问题，开展了新建发电机组进入商业运营差额资金分配和供电企业用户受电工程"三指定"专项治理工作，通过检查，各省（区）电网企业按要求支付发电企业差额资金6339.61万元。完成了西北区域用户受电工程"三指定"专项治理的重点调查工作，并积极配合电监会专项治理检查组完成了对陕西、浙江等重点地区的用户受电工程"三指定"检查工作。

完善处理机制，依法依规查办案件。完善了12398电力监管投诉举报热线与宁夏、青海、新疆电力企业客户服务热线的联动机制。建立健全行政处罚机制，修订和完善行政处罚工作机制及相关法律文书10余个，行政处罚委员会日常工作正常有序进行。积极主动地从投诉举报、日常监管、专项检查中寻找案件线索。根据相关规定，全年依法依规立案3起，共计罚款2.905万元；受理投诉举报事项63件，已办结62件，正在办理1件，已办结事项的办结时限均符合规定要求，平均办结时间26.05天。会同环保、公安、工信、质检等部门联合开展电力行业有关行政执法工作。同时积极开展争议调解，妥善解决矛盾纠纷。通过协调、调解的手段，妥善处理了多起电力争议。

5. 节能减排监管

明确责任，积极推动节能减排工作开展。认真贯彻落实国务院决策部署，成立了节能减排和淘汰落后产能监管领导小组，明确了工作任务，落实了工作责任，加大了工作力度。对8家电力企业开展了电力企业节能减排专项检查。

服务大局，将节能减排和监管工作相结合。将促进燃煤电厂二氧化硫治理作为办理发电业务许可证的重要条件和电力业务许可监督检查的重要内容。发挥市场优化配置资源作用，推动开展发电权交易。加强可再生能源电力监管，开展了新能源发电并网接入检查，完善可再生能源电量收购的制度规定。针对历年可再生能源检查及小水电企业投诉情况，联合陕西省水利厅对陕西省小水电发展现状及阻碍小水电健康发展的规划、接入工程建设、电量消纳、结算、无功考核等问题进行了分析研究，促成陕西省政府编制了《陕西省小水电建设管理办法》等新规定。监管供电企业落实对高耗能、高污染企业的停电、限电措施。

华东电监局

国家电力监管委员会华东监管局（简称华东电监局）是国家电力监管委员会派出机构，组建于2004年7月，负责上海、江苏、浙江、安徽、福建五省市的电力监管工作。东北电监局现任领导：党组书记、局长丘智健；党组成员、副局长何昌群、邱水录、徐文强；党组成员、办公室主任杨梦云。

1. 安全监管

2010年，华东电监局围绕上海世博会保电工作这一中心任务开展安全监管，华东区域没有发生电力生产人身事故，没有发生重、特大电网及设备事故，世博会保电工作取得圆满成功。

保电系统安排。编制了《保证上海世博会电力安全工作方案》和《华东区域保证2010年上海世博会电力安全工作意见》，确定皖电东送的6家电厂、苏嘉杭地区主要发电厂、华东区域500kV重要变电站和跨省区输电线路运营单位为保电“护城河”体系的责任主体，落实分解工作任务，形成了梯级保电工作体系。

保电工作专项督察。深入电力企业生产一线，对重要保电变电站、在沪主要发电厂和皖电东送电厂开展了世博会保电专项检查，提出152条督查整改意见，督促电力企业限期整改。全面加强隐患排查治理，先后完成了市级督办项目吴泾热电厂老厂烟囱倾斜和锅炉频繁爆管两大隐患的整治工作；世博会之前组织开展了保电重要变电站安全风险评估、世博园区用户变电站安全性评价以及电力设施安保反恐、电力网络信息安全等方面的专项检查，共排查整治各类安全隐患近2000条。

电力应急管理。加快推进综合应急平台建设工作，平台包含值班管理、应急指挥、监测预警等功能模块，并提供了应急信息获取、汇总分析、应急资源信息管理和非现场应急指挥服务，有效提高监测预警能力和电力突发事件的应急处置效率。引导和推动电力企业开展应急预案编制工作，对各重点企业预案进行严格评审。会同政府部门针对世博会供电的主要风险组织开展了世博园区电力应急联合演练，有效提升了重要用户应急处置和相关单位的配合联动能力。建立了12398电力监管热线与95598电力抢修热线的联动机制，严格执行信息“零报告”制度。

重要用户安全用电管理。会同上海市有关部门明确了世博会期间供用电安全保障工作责任和要求。对284家世博会重要电力用户进行了全面检查整改，查出存在电工进网作业许可管理方面问题的有22家，其中一级重要电力用户有1家。及时组织重要电力用户及其上级主管部门召开了安全隐患排查会议，确保整改到位。组织对东方电视台、世博园区管理处等涉博重要用户的电工培训，对安全用电保障方法进行了指导，就常见用户电力事故及处理等做了认真的讲解，提高了世博会保电重要用户电工的安全意识和应急处理的技能。

信息报送工作。认真执行《华东电监局世博会保电值班工作规定》，做好安全值班和信息报送工作。向区域内电力行业印发了《关于做好上海世博会展会期间电力安全信息报送工作的通知》，对一级安保等级日和平常时段每日信息报告和即时信息报告分别明确了报送要求。值班人员每天汇集梳理华东区域31家电力企业安全稳定日报信息上报国家电监会。

2. 市场监管

监测预警。按日、周、月、季度、年度汇总分析华东区域电力生产和供需形势分析，发布华东区域电力市场运行信息。修订电力企业经营及电煤预警监测指标体系。加强对灾害和极端恶劣天气情况下的预警预测和防范。

区域市场监管。召开2010年华东区域电力市场监管工作会议，发布《2009年华东区域电力交易和市场秩序监管报告》等重要报告。下发关于启动《华东区域发电厂辅助服务及并网运行管理实施细则》试运行通知，在华东区域六个考核区启动“两个细则”试运行。

厂网协调。按季度组织召开上海、安徽厂网联席会议，通报、协调事宜 15 项。备案并网调度协议和购售电合同 199 份，并对合同的内容进行分析。监管约谈单位 21 家，获取监管信息 178 条。

电力企业标准化良好行为试点工作。会同上海、安徽技术监督部门和行业协会成立上海市、安徽省电力企业标准化良好行为试点及确认工作联合办公室，确定上海、安徽专家候选人和第一批申请试点企业名单。

3. 供电监管

电网运行监管。建立电网运行方式上报备案制度，定期听取电网公司汇报，探索电网运行方式监管的重点。赴华东、上海、安徽电网公司和相关发电企业就 750～220kV 电网运行情况进行调查。

强制性条文执行情况检查。会同上海市、安徽省政府有关部门对电力工程建设标准强制性条文执行情况进行检查，抽查了华东区域内 4 个工程项目。

法律法规宣贯。对上海 11 个供电企业，安徽 17 个地市供电企业进行专场培训 28 场，5000 余名基层工作人员参加。组织《办法》网上有奖答题活动，累计 1696 名社会人员参与答题。通过召开用户座谈会，走访或电话联系等形式，向 1000 余名电力用户直接宣贯了《办法》监管内容和用户依法享有权利。将监管法律法规汇编成册，发放到上海市、安徽省 4000 余名一线供电业务人员手中。

供电常态监管工作。开展现场抽查 4 次，召开用户座谈会 2 次 38 户，发现各类问题 22 例。对新申请的 315kVA 以上电力用户逐个电话回访，掌握供电业务办理实际情况。全年电话回访用户 1200 余家，及时纠正企业违规行为。

4. 价格财务监管

电力交易。开展华东跨省电能集中竞价交易，7 次交易累计电量 31.5 亿 kWh。联合上海市发展改革委完成上海市电力用户与发电企业直接交易专题研究。督促安徽省相关单位按批复文件要求做好直接交易试点工作。收集整理区域内机组年度发电计划和调整计划，掌握电力电量平衡情况并实施电力“三公”调度监管。指导电力交易机构和电力试验单位进行市场主体的参数校核。研究制定跨省发电权交易办法。

电价电费。开展电价及电费结算、节能减排电价等各类电价政策执行情况监督检查，规范电力企业电价政策执行。加强成本调研剖析，推进试点企业的输配电成本监管。加强财务信息对比分析，加大电价成本等信息披露力度。

5. 电力稽查

全年“12398”共接到上海、安徽投诉举报有效信息 976 个，同比增长 123%，受理案件 55 起，直接办理 15 起。

两项专项治理工作。查实 2007 年 7 月～2009 年 9 月区域新建发电机组进入商业运营差额资金数额 111 301 万元，督促各电网公司分配发电企业资金数额 14 327 万元。开展重点企业“三指定”现场复核，发现突出问题 16 个，督促企业梳理完善用户受电工程的工作流程、管理制度。

专项检查。组织区域内交叉供电检查，发现华东区域四省市供电企业各类问题 156 项。对上海和安徽的发、输、供电企业、承装（修、试）电力设施企业、电力用户开展许可制度执行情况检查，查出各类违规问题 55 项，对所涉及的 63 家单位发放了整改通知书，对 2 家企业进行了通报、警告，对 1 家承装（修、试）企业进行了撤销许可。

行政执法。对将工程发包给无证施工企业的上海浦城热电能源有限公司实施了首例对违规发包企业的处罚；处罚了在“三指定”抽查工作中发现的超越许可范围施工的安庆电力工程公司；全年实施行政处罚 5 起，金额合计 6.5 万元。对安徽省“小产权房”供电等问题进行了调查处理；对上海某物资储运公司的两次投诉进行了有效调解；对安徽合肥用户反映的欠费问题开展了专项督察并及时解决问题；针对居民用户对高压线安全距离反映强烈的问题，主动反映和请示，明确了法律界面；针对受电工程收费及相关问题，对上海某供电公司及关联施工企业开展调查，并督促其完善工作机制。

6. 电力业务许可管理

截至 2010 年 10 月底，共新办理供电业务许可证 2 本，变更 97 本，所有供电企业均完成了供电业务许可变更；新办理发电业务许可证 10 本，变更 21 本；新办理承装（修、试）业务许可 81 本，变更 18 本；新颁发电工进网作业许可证 9571 本，续期注册 32 250 本。

后续监管。出台《华东电监局电工进网作业许可监督管理若干规定》，明确了上海市及安徽省行政区域内的电力用户进网作业电工（变配电站运行值班人员）基本配置。做好 28 号令的宣传贯彻工作，共计培训供电企业 101 家，承装（修、试）企业 656 家。

电工进网作业许可证培训考试管理。实现教考分离，加大对考试违纪情况处理力度。加强师资队伍建设，实施教师上岗证制度。完善视频监考系统，严肃考场纪律。规范电工档案管理，完善许可档案管理制度。

7. 节能减排监管

现场检查上海、安徽、贵州等地的 4 家电网企业和 19 家发电企业执行国家节能减排政策、污染物排放情况，提出监管建议并督促整改。与地方政府有关部门相互配合开展燃煤机组在线监测、小火电关停、排放总量控制、污染物排放核查、不可降解污染物的防治等工作。与上海市政府有关部门联合下发上海市节能发电调度办法，并加强对节能发电调度执行情况的监管。组织开展华东、上海、安徽新能源发电并网接入情况的调研工作，对新能源规划、接入系统建设、上网电价、电量全额收购、电费结算等情况进行全面了解。

华中电监局

国家电力监管委员会华中监管局（简称华中电监局）是国家电监会在华中区域的派出机构，接受国家电监会的垂直领导，依据国家电监会的授权履行区域电力行政执法职能。华中电监局于 2004 年 7 月正式组建成立。华中电监局设于武汉市，负责湖北、湖南、河南、江西、四川、重庆 5 省 1 市的电力监管工作。

华中电监局内设办公室等 7 个职能处（室）和江西、重庆电力监管业务办公室。华中电监局现任领导：党组书记、局长何兆成；党组成员、副局长罗毅芳、葛才胜、王笃奎。

1. 安全监管

2010 年，始终围绕“安全生产年”活动这条主线，着力构建电力安全隐患排查治理长效机制，加强隐患排查日常管理。其中，湖北、江西、重庆三省市电力企业排查隐患 6541 项，整改率 96.1%；重大隐患 107 项，整改率 94.4%，落实整改资金 1.38 亿元。先后组织了“上海世博会”和“广州亚运会”保电工作督查，深入重点企业了解保电措施落实情况，现场查看重点厂站、重点线路安保情况，及时指出存在的薄弱环节，并进一步督促整改。

组织开展“电力建设工程安全管理优秀项目”评选，从项目、监理、施工、大型施工机具安全管理和科技兴安等方面进行现场查评、综合评审，评选出 22 个电力建设项目。开展对 24 家重要电力用户供电电源及自备应急电源配置的专项安全检查，查出各类隐患和问题 176 项，针对较大隐患和问题下达《责令改正指令书》8 份。组织召开发电机组并网安全性评价工作通报会。2010 年，共完成机组并网安全性评价 82 台，总装机容量达 1799 万 kW。

加强电力应急管理。通过专项检查、综合检查、宣传教育培训等方式，督促指导电力企业结合实际建立应急管理组织体系。督导电力企业按照规定加强预案管理，开展内外部评审，全程参与了湖北省电力公司、重庆市电力公司的应急预案评审，提出了改进意见。同时，积极推进湖北、江西省电网大面积停电事件的应急演练工作，多次与湖北、江西省政府和有关电网企业磋商，与政府部门达成了开展应急演练的共识，已牵头制订了两省应急联合演练工作的初步方案，为两省开展应急演练工作打下了基础。

加强电力信息报送工作，参与事故调查处理。制定了《华中区域电力生产安全事件信息报告规定（暂行）》。迎峰度夏期间，江西等地出现强降雨灾害，局相关领导及有关处室负责人多次赶往灾情发生地，布置和协调电力企业进行抢险救灾，并对信息报送等一系列相关工作进行周密部署和安排，保证了电力可靠供应和安全信息通畅。对江西乐平赣东北新星实业总公司“8·19”较大人身伤亡事故等进行了通报，相关负责人到华中电监局说明情况；全程参加了十堰市工业园区 10kV 线路迁移工程“9·20”人身伤亡事故处理。进一步完善了电力可靠性管理信息系统，加强对电力企业可靠性管理工作的指导。宣贯安全法规，组织开展了 4 期培训班，培训电力企业安全管理人员 237 名。

2. 市场监管

规范跨区跨省（市）电能交易，大力推动区域电力市场建设，先后制定《华中区域跨省（区）电能交易市场准入管理方法》、《华中区域跨区跨省（市）电能交易办法（试行)》、《华中区域跨省（市）发电权交易办法（试行)》、《华中区域跨区跨省电能交易监管办法》，进一步修改、完善《华中区域水电减弃增发应急交易暂行办法》。华中区域平台交易取得了明显成效，2010 年完成水电应急交易电量 8.5 亿 kWh。启动华中区域跨省交易，并作为一种常态工作运转。

加大市场秩序监管力度。启动“两个细则”试运行工作，华中电网、湖北、湖南、四川省和重庆市“两个细则”于 2011 年 7 月 1 日集中转入试运行阶段。听取年度运行方式汇报、定期听取交易计划汇报，及时掌握电网运行方式安排、电网运行中存在的主要问题和困难，提出了相关建议。落实电力交易和市场秩序定期报告制度，进一步完善厂网联席会议制度。进一步规范购售电合同和并网调度协议签订和备案管理工作，2010 年，华中区域应签合同 381 份，实签 381 份，签订率 100%；全区域应新（改）签协议 291 份，实签 291 份，签订率 100%。

认真做好新版监管统计报表的宣贯培训及报送督导工作。截至 2010 年底，华中区域电力监管统计共有 268 家电力企业定期向监管机构报送统计报表。监管统计范围内发电企业装机容量 14 147 万 kW，其中，火电机组 5822 万 kW，水电机组 8325 万 kW。

督促辖区内电网企业和发电企业认真做好电力供需日报和电煤日报的信息报送工作。在迎峰度夏、迎峰度冬等关键时期，及时跟踪、分析电网运行情况，突出电网运行监管重点，确保电力的可靠供应。

3. 价格财务监管

加强电力价格及输配电成本监管。完成《2009年度鄂赣渝三省市电价执行情况报告》，每季形成《华中区域输配电成本情况报告》上报，在局门户网站公布相关信息，供社会各界查询。建立了发电企业经营预警机制，通过对发电企业财务经营情况的定期分析，形成《华中区域发电企业经营情况分析报告》。

开展常态化实施电费结算监管将三省市电费结算监管工作纳入制度化，每半年对电网企业开展一次详细的现场监管。安排了对湖北省电力公司、华中电网公司等4家省级企业电费结算情况检查。2010年，电网企业电费支付率均为100%，电网公司向发电企业支付的承兑汇票比例分别为华中电网公司15%、河南10%、湖北16.57%、湖南12%、江西12.4%、四川0%、重庆12.76%。

4. 供电监管

多措并举做好《供电监管办法》宣传贯彻工作，结合历年供电检查披露的各类违法违规行为，通过专题会议、讲座培训等多种方式，帮助供电企业准确理解《供电监管办法》每一条规定的内涵实质，提高依法经营意识和管理服务水平。

采取交叉检查的方式深入开展年度供电检查。2010年6月，在供电企业开展自查自纠工作的基础上，华中电监局从供电质量、供电服务和供电市场行为3个方面，分别对湖北省的武汉市和黄石市，江西省的南昌市和赣西地区，四川省的成都市和资阳市等24家供电企业的供电情况进行了现场检查。另外，还通过复查与抽查相结合，确保检查整改落到实处，2010年3～4月，华中电监局在湖北、江西和重庆三省（市）开展了供电整改检查。检查组除对2009年受检供电企业的整改落实情况进行复查外，还对部分2009年未被检查供电企业“对照披露问题、积极查找不足”的情况进行了抽查。

5. 电力稽查

2010年，华中电监局12398电力监管投诉举报热线共接到各类信息40 878件。华中电监局共受理湖北、江西、重庆三省（市）投诉举报145件。其中，湖北地区投诉举报94件、占64.8%，江西地区投诉举报37件、占25.5%，重庆地区投诉举报14件、占9.7%。累计办结投诉举报事项162件（含2009年结转17件），占受理事项的100%。

充分利用12398投诉举报信息，总结分析一定时期内存在的突出问题并予以通报。督促湖北省电力公司对投诉举报总量突出和配网低电压问题进行了针对性整治。督促江西省电力公司对农村基层供电所低压报装收费混乱等问题进行了重点整改，取得了比较好的监管效果。

“三指定”专项治理重点抽查工作落到实处，在“三指定”专项治理重点抽查中，查实了湖北省电力公司下属单位在用户受电工程中涉嫌“三指定”的违规行为，揭穿了一些供电企业在“三不指定”问题上的隐蔽违规行为，对存在问题的供电企业下达了责令改正通知书，要求限期整改，确保治理工作取得实效。

6. 节能减排监管

将节能减排成效作为市场准入门槛，促进节能减排工作。在华中区域跨省（区）电能交易实行市场准入和市场注册制度，将环保设施验收证明、环保部门出具的烟气在线监控装置联网运行及脱硫效率和投运率证明等作为准入的必要条件。

进一步落实可再生能源电价政策执行，开展了新能源发电并网接入检查，完善可再生能源电量收购的制度规定执行检查。监管供电企业落实对高耗能、高污染企业的停电、限电措施。开展了农林生物质能发电项目专题调研，全面深入地了解了湖北、江西、重庆三省（市）目前生物质能发电项目建设、总体经营状况以及电费结算等情况，就生物质能发电农副产品进项增值税优惠、生物质能发电项目规划审批、缩短可再生能源附加补贴结算审核周期和加强对生物质能发电企业的监管等方面研究提出了建议和意见。

7. 电力业务行政许可

2010年，共计对107家承装（修、试）企业、3家发电企业和1家供电企业进行了现场核查；对289场电工理论和实操考试进行了考场巡查，对1家发生考试集体舞弊的考点进行了严肃查处，取消了该考点资格。高度重视各项许可制度建设，将制度建设作为推进证后监管重要内容来抓。2010年，先后颁布了《承装（修、试）电力设施单位跨区作业报告管理办法》、《华中电监局发电业务许可证现场核查管理规定》、《华中电监局特种类进网作业电工许可考试定点单位认证标准》等各项规章制度。

深入推进五项许可检查工作。对湖北、江西和重庆三省市27家企业许可准入制度执行情况进行了现场抽查。查出问题51项，下发整改通知书19份。对检查中发现的有关情况和问题，局分别对三省（市）电力公司发布了《2010年许可准入制度执行情况检查通报》，要求省级电力公司督促有关单位、人员限期整改。

电监会28号令自2010年颁布实施以来，华中电监局采取召开宣贯工作会议、对承装（修、试）电力设施企业和供电企业下发通知、加大检查力度等多种方式推动28号令实施。

南方电监局

国家电力监管委员会南方监管局（简称南方电监局）是国家电力监管委员会的派出机构，2004年12月正式成立，具体负责广东、广西、海南三省（区）的电力监管工作，统筹协调涉及南方区域电力市场建设和跨省电力监管业务。现任领导：党组书记、局长郭智；党组成员、副局长赵忠平、张良。

1. 安全监管

亚运保电。建立局保电工作机构，督促各电力企业落实保电主体责任，制订完善亚运期间电网运行方案、亚运保电工作方案和应急预案，落实各项风险控制措施。督导电力企业做好保电重要变电站、重要线路分级分类，编制安全指导手册和保电工作手册，各环节做到“方案、人员、措施”三落实。结合“安全生产年”活动，组织开展南方区域亚运保供电专项检查、安全生产隐患排查、亚运保电专项督查、网络信息安全检查等行动。在整改完善阶段，组织了多轮覆盖电网、发电企业、亚运场馆、涉亚用户的检查。与亚组委等政府部门建立了协调和督办机制，协调解决工程建设存在的问题。协助电力企业落实300多名公安武警进驻重点保供电场所，8000多名社会安保力量充实到亚运保电队伍。健全区域电力供需、发电存煤信息监测机制，保证区域统一调度，协同保电。建成了南方电力应急指挥中心，指导广东电网公司建成了涵盖涉亚城市的应急指挥平台。与部队、公安、气象、三防等部门建立了应急沟通协作机制，与电力企业建立了响应流程和救灾行动机制。联合亚组委组织举行了广东省亚运保电应急联合演练。组织开展了“百人千场”电力应急知识巡回宣讲和以亚运保电为主题的电工技能大赛。成功应对10多起强降雨洪涝灾害和台风灾害，启动应急响应24次。

“安全生产年”活动。下发了《继续深入开展“安全生产年”活动实施意见》，督促各电力企业认真开展隐患排查和治理工作，督促落实云广特高压工程风险控制及反事故措施。组织开展春季、防汛暨迎峰度夏安全保电督查和电力安全生产大检查，完成了“两会”、海南博鳌亚洲论坛和广西东盟博览会等重大活动及节日保供电任务。继续对广西水利电业集团公司开展定点安全监管和督查。组织修编南方区域发电厂并网安评管理办法、标准。下发了《进一步加强电力建设安全生产工作意见》，组织召开电力建设经验交流会。参与华能海门电厂人身伤亡事故和惠州“7·19”一般电网事故调查，并进行事故通报。

2. 市场监管

“西电东送”交易机制。成立了领导小组和工作机构，制定实施《南方区域跨省区电能交易监管办法》，第一次以规范性文件形式明确南方区域以“政府间框架协议主导的长期合约为主、临时交易为辅、辅助服务补偿及合约电量交换为补充”的跨省（区）电能交易模式。

跨省区水电临时交易。对《南方区域跨省（区）水电临时交易方案（试行）》进行完善，组织制定《南方区域发电权交易指导意见》，指导、规范南方区域发电权交易行为。

试行发电厂辅助服务补偿机制。2010年，南方电监局审核和发放补偿金额1.5亿元，初步解决发电厂长期以来辅助服务均等化问题的困扰和争议。

大用户直购电。台山大用户直购电试点运行、交易结算等各方面情况正常。指导和参与广西、云南、贵州、广东制订大用户直购电方案。

新建发电机组调试差额资金分配专项治理。对2007年7月以来新建机组调试差额资金使用情况开展专项稽查，确认南方五省（区）应列入分配范围差额资金5.8亿元，并按厂网协商原则，督促落实差额资金分配方案。

3. 供电监管

供电质量。对部分供电企业开展了供电质量专项稽查，督促供电企业严格执行《供电监管办法》、国家及电力行业标准，改善供电质量和信息统计发布工作。发布专项稽查通报，对部分供电企业疏于供电质量管理，未按规定提供合格电能服务的行为依法进行查处，共责令5家企业限期整改，对3家企业作出行政处罚。

常态监管。开展了《供电监管办法》和《供电企业信息公开实施办法》宣贯培训，229家供电企业超过8000人·次参加了培训。开展了第二批供电企业定点监管。组织开展南方区域供电专项检查和区域间的交叉检查，并跟进督促整改。对广西和海南定安电力调度中心进行年度定点监管。组织开展广东、广西、海南电力工程建设标准强制性条文执行情况检查、750～220kV电网运营情况调研和新能源发电并网接入情况调查工作。

4. 价格财务监管

开展电价执行和电费结算情况的专项检查，重点对电力企业在2009年电价调整、执行情况和执行《发电企业与电网企业电费结算暂行办法》的情况进行了监督检查。对2009年及2010年前三季度区域电网企业及统调发电企业电费结算情况、电网企业输配电成本情况、电力企业财务报表进行汇总核对分析。对企业的财务经营情况进行监控。对南方五省（区）电网企业与发电厂的电价执行情况进行对比分析，了解电价执行存在的问题，及时跟踪电价执行情况及电价政策变动对企业的影响，确保国家电价政策的落实。针对2010年上半年普遍反映煤价高企造成燃煤电厂经营困难，组织开展了专题研究，并形成专报报电监会价财部。

5. 电力稽查

2010年，共受理投诉举报183件，办结181件。依法查处案件16件，责令1867家企业（包括小水电）限期整改，对7家企业作出行政处罚。调解了广东信宜供电局与当地270多家小水电站电费结算的争议，结清了由于历史原因造成的1.5亿元陈欠电费，规范了当地小水电收购中计费计量点和线损分摊行为；调解了广西南宁供电局武鸣供电公司拖欠水电站上网电费争议，责成该公司支付拖欠水电站的欠费及利息共计253万元；调解了广东输变电工程有限公司与湖南华润电力鲤鱼江有限公司工程款结算争议问题，涉及金额2838万元；调解了广东连州市小水电收购过程中由于小水电丰水期压负荷运转引发的水电站与供电企业之间的纠纷；调解了珠江钢铁厂、珠江气体公司与广州供电局用电纠纷。通过电力争议调解，推进了和谐电力建设。

组织召开南方区域供电企业用户受电工程“三指定”专项治理电视电话会议，全面动员部署专项治理工作。对重点地区以及涉及有关违法违规线索的企业，开展深入细致的重点抽查，查实了一批用户受电工程中存在的问题，责令6家企业限期整改，立案查处涉嫌“三指定”的案件，对1家企业作出行政处罚。

6. 电力业务许可管理

完善行政许可电子政务审批平台，修订了南方区域实施细则和监督检查管理办法。2010年，审批颁发发电业务许可证1646张，受理并核准承装（修、试）电力设施企业75家，颁发电工进网作业许可证12 778张，完成电工进网作业许可证续期注册7777人。推进新建设施输、供电报备试点工作，批复输、供电报备30项。加强持证企业的后续监管，建立了承装修试技术管理专家库，借助社会力量参与现场检查。与环保、水利部门建立小火电关停和小水电企业颁证通报机制，注销了1家违规小火电和2家小水电企业发电业务许可证。开展用电企业电工持证上岗大检查，对检查发现问题的2385家企业发出了整改通知书，限期整改。加强了对进网作业电工考点的监督管理，在实时视频监控基础上，加强对派驻考点工作人员的管理、考点检查和巡考，严肃考纪考风，杜绝作弊行为。

7. 节能减排监管

配合环保部门开展广东省亚运会期间大气污染治理工作，督促涉亚城市部分燃煤电厂开展降氮脱硝治理。继续推进燃煤机组烟气脱硫在线监测数据运用工作，并向有关政府部门提出燃煤电厂烟气在线监测数据认定与运用工作建议。会同云南电监办对华东电网、上海电力公司以及上海7家发电企业开展了节能减排专项现场督查。加强小火电机组关停监管，2010年南方区域共关停小火电117.4万kW。定期在网站发布并网发电机组等效负荷率、辅助服务补偿考评情况和烟气脱硫在线监测信息。

山西电监办

1. 基本情况

国家电力监管委员会山西省电力监管专员办公室（原国家电力监管委员会华北监管局太原监管办公室，2010年8月改为现名）于2005年12月开始筹建，2006年5月正式挂牌成立。根据中编办《关于电监会派出机构设置和编制调整的批复》（中央编办复字[2010] 175号）和国家电监会《关于电监会派出机构设置和人员编制调整的通知》（电监人函[2010] 56号）要求，2010年8月更名为“国家电力监管委员会山西省电力监管专员办公室”，简称“山西电监办”。山西电监办的主要工作职责是：依据国家电监会的授权，在山西省范围内履行电力监管和行政执法职能。山西电监办内设综合处、输供电监管处、安全监管处、市场与价财监管处、资质管理处、稽查处六个职能处室。山西电监办现任领导：山西电监办党组书记、监管专员李廷勇；山西电监办党组成员、专员助理宋晋冀；山西电监办党组成员、综合处处长赵乃方。

2. 安全监管

组织召开2010年全省电力安委会联络员会议和2010年山西省电力安委会工作会议。3月17日，与省煤炭厅人员就如何进一步加强煤矿安全供电监管和双电源建设等有关事宜进行磋商。3月28日，山西省临汾市王家岭矿北翼盘区101回风顺槽发生透水事故，有关人员赶赴现场开展协调救援工作。山西电监办主要负责同志带队对大同等重点产煤地区的煤矿安全供电工作进行检查。4月6日，下发《关于“3·28”王家岭透水事故抢险应急保电工作的通报》。4月23日，举行山西电力安全生产工作目标责任制签订仪式。5月10日，山西电力应急信息平台（山西电力应急指挥中心）进入试运行。5月17日，成立安全性评价监督管理评审委员会。5月31日，印发通知，要求各电力企业结合深入开展安全生产年的重点任务，切实做好“安全生产月”各项工作。6月7

～10日，抽调3名电力和水电系统专家对黄河山西段万家寨、龙口、天桥3座水电站进行安全生产专项整治和防洪防汛督查。6月13日，组织省级电力企业参加省城“安全生产月”咨询日活动。7月6～9日，与省安监局组成联合检查组对大同等地有关电力生产企业应急管理工作进行检查。7月21日，召开2010年上半年山西省电力安委会联络员会议。8月5日，“保电网，促和谐”吕梁西部电网迎峰度夏联合应急演练在吕梁举行。8月12日，召开专题会议传达《国务院关于进一步加强企业安全生产工作的通知》精神。9月7～10日，配合国家电监会对全省电力行业继续深入开展“安全生产年”活动情况进行督查。9月26日，山西电网成功举行首次“黑启动”试验。10月8日～11月5日，就电力企业实施“安全生产年”活动暨电力安全生产专项整治情况对太原等四个地区306家电力企业进行督查。11月26日，国家电监会办公厅、安全监管局相关负责人莅临指导山西电力应急信息平台建设工作。12月6～10日，对省内9大集团公司和部分主力发电力企业2010年安全生产目标责任进行考核。12月22～23日，召开2010年度山西省电力安委会联络员会议。

3. 市场监管

1月5日，下发《关于转发国家电监会〈电力交易与市场秩序报表内容及格式〉的通知》。1月26日，全办人员在太原分会场参加贯彻实施《供电监管办法》电视电话会议。2月25日，协助国家电监会输电部在我省召开电力市场交易秩序座谈会。3月30日，在临汾市举办《供电企业信息公开实施办法（试行）》培训班。4月2日，下发《关于对2009年电力监管综合检查整改情况检查的通报》。4月7～9日，在晋中、忻州等地进行2009年度供电综合整改检查。4月16日，下发《关于深入开展〈供电监管办法〉宣贯工作的通知》。4月27日，下发《关于报送煤矿电力用户供电方式的函》。5月4日，下发《关于2009年电力监管综合检查整改督察情况的通报》。5月4日，下发《关于转发国家电监会开展2010年供电检查的通知》。5月13日，下发《关于进一步规范电力交易与市场秩序的通知》。5月31日，下发《关于进一步加强供电常态监管工作的通知》。6月6～14日，由华北电监局和兰州电监办组成的供电检查组来我省进行2010年度供电交叉检查。6月18日，下发《关于进一步加强供电企业信息公开工作的通知》。6月21～23日，山西电监办人员赴河北进行2010年度供电交叉检查。7月6～8日，协助国家电监会输电部在我省召开《电力调度监管办法》研讨会。8月19日，下发《关于开展山西省电力监管统计检查工作的通知》。8月25～27日，召集省电力公司所属5个供电分公司就山西省违规机组并网有关情况进行监管约谈。8月31日，下发《关于做好2010年供电检查整改工作的通知》。9月13日，向国家电监会供电部报送《关于山西省2010年供电检查第二阶段检查报告》。9月25日，向武乡和信发电有限公司等5家企业下发《关于开展第一批电力企业“标准化良好行为企业”试点工作的通知》。9月27日，向国家电监会市场部报送《关于对〈2009年度电力交易与市场秩序情况监管报告（征求意见稿）〉的回复意见》。10月9日，下发《关于进一步加强发电厂辅助服务管理及并网运行管理工作的通知》。10月15日，下发《关于召开“两个细则”技术培训及试运行启动会的通知》。10月下旬，决定在山西推行电力用户工程监管系统，下发《加快推进山西省用户工程与监管信息系统建设工作的通知》，成立了由办主要负责同志担任组长的领导组及项目推进小组。11月3日，下发《关于印发〈电力监管统计报表制度〉的通知》。11月25日，下发《关于确保居民生活用电和正常发用电秩序的紧急通知》。12月1日，向国家电监会输电部报送《关于报送〈山西500～220kV电网运营情况调研报告〉的函》。12月6日，下发《关于开展电力监管统计数据上报工作的函》。12月21日，下发《关于进一步加强供电检查整改工作的通知》。

4. 资质管理

全年召开12次许可评审会，累计颁发发电证38家、承装（修、试）许可证43家、电工证24 670个。2月21日，下发《关于报送2010年度并网发电机组情况的通知》。3月17日，印发《关于实施国家电监会〈承装（修、试）电力设施许可证管理办法〉有关培训监管工作的通知》。3月23日，印发《关于承装（修、试）电力设施许可证监督检查相关工作的通知》。3月24日，印发《关于印发〈承装（修、试）电力设施许可证管理办法山西省实施细则〉的通知》。3月25日，制定《2010年山西省发电类电力业务许可证监督管理试点工作实施方案》。4月6日，印发《关于承装（修、试）电力设施许可证2009年度定期检查情况通报》，通报2009年度定期检查情况。4月14日，制定《山西省2010年许可准入制度执行情况检查工作方案》。4月15日，下发《关于重申发电机组持证并网运行的有关监管要求的通知》。4月19～20日，在忻州举办《承装（修、试）电力设施许可证管理办法》宣贯培训会议。5月，向全省各电校下发《关于做好电力专业技术学校应届毕业生考取电工进网作业许可证的通知》。5月10日，下发《关于开展全省2010年许可准入制度执行情况检查的通知》，在全省范围内开展五项许可制度执行情况的专项检查。5月27日，对324家被许可电力企业主要负责人资质情况进行摸底汇总，形成《不具备资质条件的人员情况汇总表》。6月21日，下发《关于开展全省2010年许可准入制度执行情况现场检查的通知》，对我省五项许可准入制度执行情况进行了全面检查。6月30日，召开《电力业务许可证监督管理办法（发电类）》征求意见座谈会。7月，在临汾电力高级技工学校开展电工机考试点工作。8月16日，向国家电监会资质中心报送《山西省2010年许可准入制度执行情况检查报告》。8月27日，召开承装（修、试）电力设施许可2009年度定期检查未整改企业座谈会，督促企业完善自身的资质条件，提高生产经营和安全管理水平。10月，在全省12家电工考点推广电工机考。12月24日，向国家电监会资质管理中心报送《电力业务许可证（发电类）监督管理办法（试行）》建议修改意见。

5. 价财稽查

3月28～30日，配合国家电监会稽查局对长治某用户反映的受电工程“三指定”情况进行现场调查。4月初，出台《关于进一步加强稽查工作的实施意见》和《关于成立山西电力行业行政处罚审查委员会的通知》两个文件，完善稽查工作机制。4月14日，向国家电监会上报《关于山西省2009年电价执行情况的汇报》。4月19日，组织召开山西省用户受电工程“三指定”和差额资金分配治理活动启动会，安排部署专项治理工作。4月19～28日，山西电监办人员参加国家电监会节能减排第三督查组对陕西电力企业的督查。4月27日，下发《关于加强电价收费政策执行及电费结算行为监管的通知》。5月，调查处理群众举报长治武乡供电支公司未全额收取韩北乡四通煤业公司等三家企业基本电费一案。5月，调查处理忻州市北曹村村民刘云实名投诉省电力公司超高压输变电分公司砍伐其祖坟大树而不予赔偿一案。5月6日，下发《关于开展电力企业节能减排检查工作的通知》。5月17～28日，山西电监办人员参加国家电监会第一检查组对内蒙古电力企业电价政策执行及厂网电费结算的检查。6月7日，转发《关于立即组织开展全国电力价格大检查的通知》，对山西省电价检查工作进行安排部署。6月9日，下发《关于对山西省新建机组调试差额资金分配结果等相关事项的批复》，对新机调试差额资金分配结果进行确认批复。6月18日，转发《关于清理对高耗能企业优惠电价等问题的通知》。7月3～15日，山西电监办人员参加国家电监会电价检查第二督导组对广东等四省开展的节能减排电力价格督查。8月25日，联合省经信委等部门公布我省第一批超耗能限额标准的产品名单，对超产品能耗限额企业的产品用电实行惩罚性电价。9～10月，历时2个月，组织开展对山西省电力公司和地方电力股份公司所属8个分公司及10个支公司的电力价财与稽查行政执法检查，对电价政策执行及厂网电费结算情况、“三指定”自查自纠情况等四个方面进行了检查，共查出6大类21个问题，涉及违纪金额1.37亿元；随后我办组织召开执法检查情况通报及后续处置意见座谈会，并下发监管意见书，要求被检单位限期整改落实。10月10～21日，山西电监办人员参加国家电监会稽查局全国范围内开展的用户受电工程“三指定”重点抽查工作。10月14日，公布我省第二批超耗能限额标准的产品名单。11月7～9日，配合国家电监会价格与财务监管部对山西省部分发电企业财务经营情况进行调研。11月17日，调查古交市群众举报某洗煤厂私接电源的举报事项。11月19日，就长治市平顺水电站线路改造有关问题投诉事项约谈长治供电分公司和平顺供电支公司主管人员。11月22日，对山西地方电力股份有限公司朔州分公司涉嫌将电力设施业务发包给无证企业山西鹏跃送变电工程有限公司一案予以正式立案。12月25日，调查处理忻州市静乐县某小区用户反映物业停电的投诉事项。12月30日，调查处理太原市小店区柏林风情小区用户反映物业停电的投诉事项。

山 东 电 监 办

1. 基本情况

国家电力监管委员会山东电力监管专员办公室（原国家电力监管委员会华北监管局济南监管办公室，2010年8月改为现名，简称山东电监办）于2005年12月开始筹建，2006年3月17日正式挂牌成立，依据国家电监会的授权，履行山东省内的电力监管职责，内设综合处、安全监管处、输供电监管处、市场价财处、资质管理处、稽查处。山东电监办现任领导：山东电监办党组书记、专员郑玉平；山东电监办党组成员、专员助理付海波；山东电监办党组成员、综合处处长孙永成。

2. 安全监管

进一步强化电力安全基层基础工作。以“安全生产基层基础年”活动为主线，结合全省电力安全生产实际，相继开展了以“两节两会”保电、安全生产培训教育、夏季防汛防灾、冬季安全专项整治为重点的四次安全生产集中行动，累计对127家重要电力枢纽变电站、电厂和供电企业进行了“拉网式”安全大检查，共发现问题2600余项，发布监管检查通报5份，督促企业针对问题逐一落实整改措施，及时堵塞安全漏洞。结合“安全月”活动，组织全省发、供电企业分别在山东电力集团公司、邹县电厂举办了安全生产巡回演讲活动，增强了安全集中行动的实效和职工的安全责任意识。

深入开展电力安全隐患排查治理。针对企业安全责任落实、隐患治理、安全管理措施等内容，开展专项检查和专家诊断评价，共查出各类隐患1800多项，下发整改通知书89份，责令企业限期整改。督促企业建立健全安全隐患分级管理和监控机制，实现隐患排查治理工作的制度化、经常化。加大隐患治理工作督办力度，建立事故隐患月报制度，定期调度和分析企业隐患排查治理情况，同时对重大事故隐患实行挂牌督办。在全省统调电厂首次举办了《电站锅炉安全阀应用导则》宣贯暨检修和在线校验培训班，提升了全省电站锅炉安全阀校验工作水平。

积极推进电力应急管理工作。按照省政府的统一部署，推荐山东电力集团公司、各大发电公司等13家应急管理基础工作比较扎实的单位作为全省电力行业应急管理示范点的参评单位。会同山东电力集团公司积极开展演练的前期筹备工作，制定了全省大面积停电应急联合演练工作方案，编制了演练脚本，改造了演练系统。以山东省电力应急领导小组办公室的名义，要求各市、县建立健全了电力应急指挥体系，目前，省、市、县三级电力应急指挥体系已初步形成。督促各电力企业严格按照国家电监会预案编制导则，对现有的各类预案进行修订完善，全省电力企业修订完善各类预案2470个，预案演练次数近600次。

加强电力建设施工安全管理。从3月下旬开始，对全省2008年以来立项、在建和竣工的298项重点电力工程建设项目进行了全面排查，发现各类问题74项，并跟踪整改落实到位。2010年6～7月，联合省住建厅开展了强制性条文执行情况的监督检查，督促企业落实整改问题78项，营造了良好的电力工程建设施工氛围。

建立安全标准化动态考评机制。联合省安监局对已达标企业实行了动态管理，对标准降低、安全管理水平下降或发生安全事故的企业实行降级或摘牌处理。对3家二级标准化供电企业和5家二级标准化发电企业进行了复查，对复查中发现的420多项问题督促企业进行了全面整改。

健全并网安全性评价工作机制。组织召开了山东省发电机组并网安全性评价座谈会，对全年并网安评工作进行全面部署，并结合电力企业实际扎实推进。目前，已组织完成了23台、870万kW统调火电机组并网安全性评价。组织制定了《山东省风力发电场并网安全条件及评价标准》，启动了风电并网安全评价工作。对莱州、文登、寿光等7个风电场257台、34.6万kW风电机组进行了并网安全性评价。

3. 供电监管

加强供电能力监管。把加强供电能力监管作为供电监管的首要任务，认真开展电力供需形势分析和电煤监测预警，每日跟踪调度全省电煤库存情况，适时发布经营形势预警。对全省220kV以上电网运营情况及风电、光伏发电等新能源并网接入情况进行了全面调研，针对电网特别是配网建设相对滞后的问题，加大了对供电能力和供电可靠性的监管力度，督促电力企业加大资金投入，建设坚强电网，持续提高供电能力，满足全省日益增长的用电需求。同时，重点加强了“外电入鲁”、有序用电的监管，维护了全省电力供应秩序。

认真开展供电检查。以《供电监管办法》的贯彻实施为主线，认真制定了宣贯实施方案，积极开展宣传贯彻和培训工作，并对《供电监管办法》贯彻落实情况进行了监督检查。5月启动了全省供电专项检查，组织了全省17家市级供电企业和98家县级供电企业进行自查；配合电监会检查组完成了对济南、烟台、威海和龙口市供电公司的检查；9月还组织了以受电工程“三指定”为重点的供电专项检查，现场检查了12个市、县供电企业，查出各类问题110多项。

不断推进常态机制建设。从供电信息公开入手，9月组织全省供电企业参加了《供电监管办法》暨供电企业信息公开培训，截止到10月底，全省所有市、县供电企业的供电信息已按要求在中国电力信息公开网上公开，接受社会监督。在此基础上，建立了用户受电工程信息反馈制度，要求新增容量的大用户受电工程办理情况直接向山东电监办反馈，形成了用电业务办理的监督机制。今年，还开展了多种形式的供电服务评价活动，在门户网站上进行供电服务评价，并向山东电力集团公司作了通报。

加大农村供电监管工作力度。把供电普遍服务监管作为服务“三农”的切入点，强化对农村供电工作的监管，要求各县级供电企业加大对农村低压配电网改造力度，根据农村用电特点，保证农灌、防汛等季节性用电需求。把农村用电收费和故障抢修作为每次供电检查的重点，及时处理了临沂兰山、潍坊坊子、菏泽郓城、聊城临清等地区农村用电举报投诉案件。

4. 价格财务监管

强化“三公调度”监管，营造公开透明的市场环境。2010年以来，由于电煤价格持续上升，发电企业经营困难，山东电监办加强了以发电量计划和替代发电为重点的“三公调度”监管，加强信息披露，督促《购售电合同》和《并网调度协议》按时签订和备案，合同协议备案率均保持了100%。根据电监会的统一部署，正式建立了山东省电力系统年度运行方式汇报制度，于4月首次听取了山东电力集团公司年度运行方式汇报。

加快推动“两个细则”实施。根据电监会的统一部署，推动《华北区域发电厂并网运行管理实施细则》和《华北区域并网发电厂辅助服务管理实施细则》的实施工作，完善调度运行监管和考核机制。山东省“两个细则”技术支持系统已于2010年8月启动模拟运行，12月正式转入试运行，全省各统调发电企业全部按照“两个细则”要求结算。

加强脱硫设施运行情况监管。与省环保厅、物价局建立了联合执法机制，每年开展两次电力环保脱硫专项执法检查。完善了全省脱硫设施运行管理信息系统。对全省425家燃煤电厂的装机容量、脱硫设施建设时间、脱硫设施投运率、脱硫效率、在线监测系统安装情况等及时进行了数据更新，实现了燃煤电厂脱硫设施建设及运行情况的动态管理。

积极开展清理高耗能企业优惠电价工作。印发了《关于清理高耗能企业优惠电价的通知》，对实行优惠电价的企业进行了摸底调查，责令电网企业自2010年6月10日起全面停止了大用户直购电试点，优惠电价得到了有效清理。联合省物价局印发了《关于明确超能耗产品惩罚性电价政策的通知》，规定了实行惩罚性电价的范围和加价标准。详细列出了实行超能耗惩罚性电价和差别电价企业名单，公布了实行惩罚性电价企业17家，差别电价企业19家。

积极开展“三指定”专项治理工作。结合山东业扩工程市场实际，对“三指定”专项治理实施工作方案进行了细化，拓宽了治理范围，增强了治理工作的针对性和实效性。对全省10家市、县供电企业“三指定”专项治理情况进行了重点抽查，共发现问题48项，督促供电企业认真进行了整改。

积极开展新建机组调试差额资金分配专项治理工作。印发了《新建机组调试差额资金分配专项治理工作方案》，对新建机组调试差额资金分配专项治理工作进行了全面部署。组织对电网企业新机调试差额资金分配情况进行了检查。对新建发电机组调试差额资金情况、调试差额资金分配协商情况、调试差额资金分配比例情况、调试差额资金实际分配情况有关资料进行了全面检查，纠正了存在的问题，促进了调试差额资金的公平合理分配。全省2007～2009年新机调试差额资金1.07亿元已进行了分配兑现。

加强电力监管统计分析，为政府决策提供数据支持。完善信息监测预警机制，加强对全省电力运行情况的监测分析。积极开展好电力供需形势分析和电煤监测预警，坚持每日跟踪调度全省电煤库存情况，每月分析全省电力供需形势，编写电力供需形势分析报告，共编写电力监管信息40期，电力供需形势分析报告12期。加强电力企业经营情况分析预警，每月分析电力企业经营情况、资产负债情况，监测电煤价格走势，适时发布经营形势预警。完善输配电成本信息报送机制，认真开展输配电成本信息的汇总分析。

5. 电力业务许可

扎实推进各类电力业务许可工作。截至2010年12月底，颁发发电业务证30个、承装（修、试）电力设施许可证101个，登记变更各类许可证114个。新增设电工进网作业考试点5个；新考试电工11 612人，比去年同期增长112%。同时，对378家承装（修、试）电力设施企业进行了年检。

深入开展许可准入制度执行情况大检查。5月开展了以企业持证经营及进网作业电工持证情况为重点的许可准入制度执行情况检查，现场检查了22个市（县）、42家发输供电企业和20家电力用户，查出各类问题235项，发布了专项检查通报，向9家企业下发了限期整改通知书，督促企业认真整改落实存在的问题。

突出做好电工续期注册工作。针对山东省2007年换发进网作业电工证比较集中、导致今年持证电工续期注册出现“井喷”的实际情况，开展了“电工空中续期注册”的试点工作，报经电监会资质中心批准，延长了电工证的有效期限，并出台了《关于进一步做好电工续期注册工作的通知》。今年以来，共完成电工续期注册22 089人，实现了年初确定的任务目标。

加大农电工持证工作力度。把加大农电工持证工作力度作为扩大电工普及持证工作的突破口，目前，全省已有5500名农电工完成了续期注册，1150名通过了新申请考试，农电工持证工作得到了稳步推进。

加快做好新能源发电的许可工作。认真贯彻落实省政府《关于扶持光伏发电加快发展的意见》和电监会9号令的要求，以电力许可为突破口，加大工作力度，全力扶持风电、光伏电站等新能源发电加快发展。印发了《关于加快光伏发电许可工作的通知》等一系列文件，简化程序，优化服务，12月初，颁发了全国第一张光伏电站发电业务许可证。积极推动风电机组的发电业务许可，全省90%以上的风电机组实现了持证运行。

6. 电力稽查

健全完善稽查工作机制，进一步提高稽查工作效能。进一步完善了案件跟踪督办、回访工作机制，建立了转办案件抽查制度，按季度公布投诉举报受理和办理情况。进一步充实了稽查工作力量，单独设立稽查处，理顺工作关系，并加强与环保、物价、质监等部门的沟通联络，建立了在涉电收费、电厂污染排放、违法生产地条钢等方面联合办案的协调配合机制。对12398投诉举报热线公示内容和格式进行了规范，并对热线公示情况进行了检查，全省所有供电营业场所均按规定进行了公示。

及时调查处理各项投诉举报案件，严肃查处电力违法违规行为。2010年度，12398投诉举报热线共登录电话18 490个，接到有效电话1056个，传真6个，电子邮件42封，信函3封，办结率达到100%。根据投诉举报，对15个典型投诉举报案件进行了调查处理。

甘肃电监办

1. 基本情况

国家电力监管委员会甘肃省电力监管专员办公室（原国家电力监管委员会西北区域局兰州监管专员办公室，2010年8月改为现名，简称甘肃电监办）是电监会派驻甘肃省、对电力行业实施统一的专业化监管的正局级管理机构，依据电监会授权，在全省范围内履行电力监管、行政执法的职能。

甘肃电监办下设综合处、市场与价财监管处、输供电监管处、稽查处、安全监管处和资质管理处等六个职能部门；现有工作人员21人，其中国家在编人员15人。2009年12月，经甘肃省编办批复组建甘肃电力咨询服务中心，隶属甘肃电监办管理，现有工作人员7人。甘肃电监办现任领导：

甘肃电监办党组书记、专员康安东

甘肃电监办党组成员、专员助理顾平安

甘肃电监办党组成员、综合处处长谢康

2. 安全监管

2010年，在电力负荷屡创新高、电力建设规模不断扩大、极端天气和自然灾害频发的情况下，甘肃电监办继续以“安全生产年”活动为主线，安全整治的范围覆盖全省，甘肃电力安全生产形势保持了总体平稳的态势，完成了“三杜绝、三防止、一维护”的电力安全生产目标。

“8·8”舟曲特大泥石流灾害应急工作和“8·12”陇南特大暴洪电力应急抢险工作。

2010年8月8日凌晨，甘肃省舟曲县因强降雨引发滑坡泥石流，堵塞嘉陵江上游支流白龙江，形成堰塞湖，造成重大人员伤亡，电力、交通、通信中断。8月12日凌晨，陇南市武都区、文县、成县等地暴洪灾害，共造成5条110kV线路、30条35kV线路、107条10kV线路、3175个配电台区、137 100个用户停电，部分通信中断，灾害共损失负荷5.3万kW。

灾情发生后，甘肃电监办会同西北电监局第一时间成立应急领导小组，向电力企业传达了王旭东主席、史玉波副主席指示精神，了解掌握舟曲县遭受灾害电力设施受损情况，立即组织协调电力企业全力抢修受损电力设施，千方百计为抢险救灾和群众生活提供电力保障；在白龙江堰塞湖抢险处置的关键期，密切跟踪舟曲堰塞湖及陇南、天水暴雨情况，了解掌握电力设施受损、影响供电等情况，协助排险处置稳妥有序进行；及时向甘肃省抗旱防汛指挥部提供了白龙江沿岸水电站防洪特征等基本资料，密切监测分析洪水对下游水电站等设施的影响，切实防止次生灾害的发生。灾后恢复重建阶段，作为“甘肃省舟曲特大山洪泥石流灾害损失评估工作领导小组”成员单位，按照省政府要求，配合民政部国家减灾中心对舟曲特大山洪泥石流地质灾害损失情况进行全面评估；针对灾区天气转凉，居民临时生活安置用电需求明显增加的实际情况，积极稳妥地贯彻落实舟曲等灾区电力保障和用电安全管理。

在舟曲抗洪救灾保电的关键时期，累计向电监会、甘肃省委省政府等部门报送舟曲、陇南抗洪救灾保电《快报信息》22期，荣获电监会系统2010年重大保电工作“先进集体”荣誉称号。

电煤监测预警。2010年末，甘肃省部分火力发电企业受电煤价格攀升和铁路运力不足等因素影响，电煤库存持续下降，电力供需平衡日趋紧张，电网安全、居民供热、有序用电受到影响。针对此情况，甘肃电监办启动电煤监测预警，向省政府紧急上报《甘肃电力供需平衡日趋紧张的报告》，积极采取措施：一是积极与省调联系，要求调度部门根据电力供需形势和发电企业电煤库存实际，及时启动电网电煤应急处理预案，调整电网运行方式、火电机组开机方式和用电负荷水平，防止因缺煤造成电厂机组全停；二是要求发电企业做好电煤的采购、运输、储备、调配工作，一旦出现电煤供应不足，甚至导致缺煤停机的事件时，及时向电力监管部门报送信息。

电力可靠性监管。7月下旬，甘肃电监办发布了《2009年甘肃省电力可靠性管理年报》，通报了2009年全省发电主机、主要辅机、输变电设施运行可靠性指标和全省供电可靠性指标，对计划停运、非计划停运情况进行了分析，并与同期全国同类设施可靠性指标平均值进行了比较，并对历年全省发电主机、辅机、输变电设施、供电可靠性主要指标进行了对比分析，目前这项工作已经形成了常态监管模式。

安全生产警示教育。紧扣“安全发展、预防为主、综合治理”的主题，圆满完成了重大节会保电任务和第九个“安全生产月”安全主题巡回演讲活动；通过电力工程建设项目突出问题抽查和电力工程建设项目标准强制性条文执行情况检查，加大电力建设工程执行国家质量安全法律法规和强制性标准的监督力度，保障工程质量和安全；对白银银珠电力（集团）

有限责任公司一起责任性一般事故、兰铝自备电厂"非停"事件进行通报，调查事故原因并提出整改要求；针对冬季火灾易发、高发特点，要求企业加强消防管理，坚决遏制重特大火灾事故，促进全省电力安全生产警示宣传教育和培训的广泛开展。

安全整治联合执法。制定了《甘肃电力系统安全监管联席会议制度（试行）》，建立完善隐患排查统计制度，按月、季、年度分析隐患排查数据，跟踪电力企业整改落实情况；选择具有代表性的电力企业，开展安全现场大检查，督促企业落实安全生产责任制，重视隐患排查治理和重大危险源评估，提高员工的安全技术水平和素质；会同政府有关部门联合开展了全省小水电站安全监管检查、电力工程建设标准强制性条文执行情况检查、建材市场秩序专项整治、打击盗窃破坏电力设施安全保护等工作，形成齐抓共管、联合工作的局面。

3. 大用户直购电试点

甘肃省大用户直购电试点工作启动以来，甘肃电监办会同政府有关部门，在市场准入、方案制订、发输用三方交易协议、合同材料上报、输配电价批复和执行等环节，均按照国家有关程序积极牵头、规范操作，并经省政府同意于 2010 年 1 月 1 日起开始试运行。2010 年 1～5 月，中铝连城铝业公司、华鹭铝业公司与四家发电企业直购电试点计划交易电量 18.68 亿 kWh，实际交易电量 18.44 亿 kWh，到户电价比原执行电价低 0.035 元/kWh 左右；相关发电企业利用小时数和节能减排效率得到提高，多方受益和共赢的良好局面初步形成；参与试点的企业均能按照合同正确履约，未发生合同违约现象。

根据国家发展改革委、电监会、能源局《关于清理对高耗能企业优惠电价等问题的通知》要求，从 6 月开始，暂停两家电解铝企业大用户直购电试点试运行。

4. 市场监管

市场准入监管。目前，甘肃省依法持证经营局面已经形成，许可证在维护市场秩序、促进国家节能减排政策等方面的作用得到发挥。"三大证"颁发管理进入日常管理阶段，"两小证"颁发管理向纵深推进；通过加强日常监督和现场检查，促进许可监管由普及颁发向综合管理转型。继续完善发电企业持证经营监督管理试点规则，做好电监会资质中心下放的中央发电企业电力业务许可证管理工作，许可证周期检定已深入至县级调度；宣贯《承装（修、试）电力设施许可证管理办法》，对甘肃省（输、供）电力业务许可证和 6000kW 以上发电业务许可证、承装（修、试）电力设施许可证和电工进网作业许可证等五项许可制度执行情况进行了专项检查，对违反电力业务许可变更申请规定、涉嫌无证承装电力设施的企业，用责令整改、通报批评和行政处罚等方式，纠正企业错误行为，维护市场秩序；认真落实国家节能减排有关政策，按照甘肃省"十一五"关停小火电机组计划，开展了燃煤项目的二氧化硫治理和小火电机组退出工作。

市场运营监管。继续发挥好厂网联席会议、三公调度和市场交易等五项制度的作用，做好调度信息披露，协调维护厂网界面利益。修订印发了《甘肃省发电机组并网安全性评价管理实施细则》及评价标准，审定试行了《甘肃省小水电并网调度管理办法》等三项制度，进一步补充完善了市场监管制度。组织企业认真学习贯彻《供电监管办法》，通过"供电监管宣传月"、供电监管知识竞赛、信息公开系统操作培训等方式，深化供电服务内涵，增强全员供电服务意识；组织全省 120 家供电企业信息公开培训，发挥供电企业信息公开对人民群众生产生活和经济社会活动的服务作用，保障广大电力用户的知情权、参与权、监督权。贯彻国家清理对高耗能企业优惠电价等问题的意见，认真落实国家政策，并结合我省特殊工业结构实际开展自查自纠，整顿电价秩序，执行差别电价和惩罚性电价，加强监督检查，关注疏导电价矛盾。

节能减排监管。继续参与开展整治违法排污企业保障群众健康环保专项行动，配合环保部门核查 2009 年、2010 年及"十一五"主要污染物总量减排完成情况；从 2010 年 3 月开始，按月核查省内火电企业综合脱硫效率及脱硫设施投运率，于 9 月底前全部完成火电企业脱硫设施旁路烟道挡板铅封工作；甘肃省火电企业已将脱硫设施纳入主设备管理，确保了脱硫设施的正常稳定运行，全省电力行业已经超额完成"十一五"减排任务。加强厂网电费结算信息报送，规范了企业价格行为及厂网电费结算行为。继续发挥电力监管统计信息系统作用，逐步开展统计数据分析，按照《甘肃省电力监管统计考评管理办法（试行）》表彰了首批统计优秀企业和个人。年底，举办了甘肃省火电系统余热利用提高能效报告会。

开展调查研究。实地调研了省内主要电力企业，着重分析了当前制约甘肃电力发展的主要问题，形成了《2009 年电价调整对发电企业、电网企业影响的调研报告》、《关于甘肃电力行业发展现状及相关政策建议的报告》。配合全国政协风电调研组实地考察甘肃河西走廊风电基地，配合电监会价财部、市场部等开展专题调研，向省政府政研室专题汇报电力行业新能源发展情况。

5. 供电监管

供电监管工作开展以来，以"切实维护电力消费者合法权益"为中心，围绕供电质量、供电服务和供电市场行为，开展供电检查工作，监管手段不断丰富，社会影响力逐步提高，各级供电企业高度重视检查，针对存在的问题加大投入、强化管理，供电质量不断提高，供电服务水平稳步提升，供电市场行为逐步改善，电力消费者合法权益基本得到保障。

供电监管发现，甘肃省供电工作中存在一些具有普遍性和典型性的问题仍然不容忽视。一是供电企业损害消费者权益的问题在一定范围内依然存在；二是部分地区供电质量还有待于进一步提高；三是部分供电从业人员服务意识有待于进一步增强；四是用户受电工程市场不够开放，一些地方还存在市场垄断或隐形垄断的问题，“三指定”现象已经成为当前社会反映供电服务最为强烈的问题。

6. 电力稽查

12398电力监管热线塑造窗口形象。结合电力纠风活动，将12398、95598、电力用户三方联系机制推广到全省各市（州）；打造12398窗口形象，加强12398举报投诉热线及举报短信平台建设，重视信访接待，及时处理投诉举报事项，完善案件跟踪督办、回访工作机制，定期公布投诉举报受理和办理情况确保受理的事项件件有着落，事事有回音；全年累计登录“12398”热线10 997人·次，受理的89件有效信息已全部按期办结；此外还正式立案查处了2起电力违法违规案件。

正式组建电力监管社会监督员队伍。制定了《电力监管社会监督员工作及管理规定（试行）》，组建了电力监管社会监督员队伍，第一批监督员由来自政府部门、社群团体、新闻媒体、大专院校、电力企业、社区的17名代表组成。

“三指定”专项治理工作取得阶段性成果。召开甘肃省2010年供电监管暨用户受电工程“三指定”专项治理工作动员会议，邀请新闻媒体、社会监督员广泛参与，通报电监会查处的典型案例，集中开展供电企业用户受电工程“三指定”专项治理和新建发电机组进入商业运营调试差额资金分配专项治理。“三指定”专项治理自查自纠阶段，督导企业排查梳理了2008年以来5131项涉及用户受电工程的业扩报装业务；重点抽查阶段，选择了2家市级供电公司和2家县级供电公司，对重点环节、重点项目开展专项治理工作情况进行检查，通过查现场、查资料、查行为、访用户等方式，进一步规范了业扩报装行为，提高了用户受电工程服务水平。

7. 定点扶贫

电监会帮扶通渭县工作启动以来，按照电监会领导指示，甘肃电监办立即与省扶贫办、省电力公司进行了研究磋商，初步掌握了通渭县的经济社会发展情况，上报扶贫的基本工作思路和方案。2010年，电监会定点扶贫工作领导小组成立后，立即派出挂职干部开展调研，充分发挥电力监管的专业优势，以电力扶贫为突破口，尽力而为，量力而行，明确了扶贫工作思路。积极筹备信息扶贫、智力扶贫和电力扶贫，援助的项目逐步得到落实。500套地面卫星电视接收设施已完成安装调试和检查验收，运行效果良好；追加的500套地面卫星电视接收设施正在加班加点安装调试，保证春节时当地农村群众能够正常收看到广播电视节目；在山东电监办的大力支持下，组织通渭县18个乡镇的负责人赴山东考察学习；经多方协调沟通，通渭县被确定为甘肃省三个“农网改造升级示范县”之一；正式启动的电监会帮扶通渭县农网升级改造电力扶贫工程，在838万元的批复投资基础上，又争取了1517万元的升级改造投资，工程总投资累计达到2355万元，项目完成后，将极大地提高当地农网供电能力和供电可靠性。

浙 江 电 监 办

国家电力监管委员会浙江省电力监管专员办公室（原国家电力监管委员会华东监管局杭州监管办公室，2010年8月改为现名，简称浙江电监办）是国家电力监管委员会的派出机构，组建于2005年4月，负责浙江省的电力监管工作。现任领导：党组书记、专员谢国兴，党组成员、专员助理周志明，党组成员、综合处处长郭昌林。

1. 安全监管

基础工作。制定《关于进一步加强浙江电力安全生产工作的意见》，成立浙江电力安全生产委员会。印发《浙江省电力技术监督监管办法》，建立了浙江电网统调发输变电设备故障周报制度，电力安全生产信息报送制度，汛期水电站汛情、水库水位日报制度和电力监管12398短信平台突发事件预警制度，基本建立全省电力企业安全生产情况跟踪监管制度体系。出台《浙江省电力企业安全生产考评办法》，建立了电力企业安全生产考评体系。

世博保电。成立浙江省保证上海世博会电力安全工作领导小组，制定《浙江省保证2010年上海世博会电力安全工作实施意见》，对涉及世博保电的重要电厂、变电站、电力线路及电力设施监测指挥中心等重要环节进行现场检查和重点抽查。

“安全生产年”活动。组织“安全生产月”宣传教育活动，开展了全省电力安全大检查、水电站防汛检查、可靠性现场核查、工程建设领域突出问题排查、电力工程建设标准强制性条文执行情况检查、涉网设备安全检查、电力安全隐患排查治理。

应急管理。与省经信委联合制定了《浙江省电力用户电源及自备应急电源配置监督管理办法》，启动浙江省电力系统应急预案评审和备案工作，规范了电力企业应急预案管理和编制行为。组织完成47台发电机组并网安全性评价，对5家企业进行应急预案审查。进一步推动地市级开展电力应急联合演练，全省11个地级市全部完成大面积停电事件应急联合演练。

2. 市场监管

大用户直购电试点。组织召开大用户直购电试点有关政策培训会、电力企业和大用户直购电交易洽谈会，制定大用户直购电直接交易合同和输配电服务合同范本，并组织交易双方签订了交易合同。

发电权替代交易。丰富市场交易品种，形成了小火电关停机组替代交易、天然气机组替代交易、以大代小燃煤机组替代交易等多品种替代交易。

规范电力市场交易行为。按期召开厂网联席会议，协调厂网关系。督促省电力公司及时、完整地披露电力信息。及时通报电力交易监管结果。加强对《并网调度协议》、《购售电合同》的签订和备案监管，加强了对替代交易协议、替代补充购售电合同、跨省跨区市场交易合同的签订和备案工作的监管。

“两个细则”。开展华东区域《发电厂并网运行管理实施细则》和《并网发电厂辅助服务管理实施细则》以及相关技术支持系统的培训工作，调整和完善考核系统和参数，率先在华东区域正式开展了考核和补偿结果的结算工作。

3. 供电监管

供电常态监管。开发了浙江省用户受电工程市场信息与监管系统，制定了《浙江省电力用户受电工程市场行为监管办法（试行）》。召开全省电力用户受电工程市场规范化建设现场会，全面总结和推广用户受电工程规范化建设工作。

供电企业信息公开。制定了《浙江省供电企业信息公开考核办法（试行）》，开展了供电企业信息公开的培训工作，督促供电企业公开有关信息。

4. 价格财务监管

电价和电费结算监管。积极参与电价执行情况和电费结算监管办法的制定和修改工作，以及电价执行情况的监督检查。制定了《浙江省发电企业与电网企业电费结算监管实施办法（试行）》，明确了电费结算中的有关问题，规范了市、县厂网电费结算行为，并举办了电力企业电费结算工作人员政策培训专题会议。重视加强监管手段的协同配合，在电费结算过程中注重借助资质管理和购售电合同签订等监管机制。

5. 电力稽查

投诉举报处理。对12398热线系统进行升级和软件更新，提高接听服务的质量。修订了办理投诉举报的内部工作流程。全年共受理并办结投诉举报事项39件。对宁波仁力电力工程有限公司6人未取得许可证非法从事进网作业一案，依法进行了查处。

6. 电力业务许可管理

许可证管理。开发和完善承装（修、试）电力设施企业许可管理信息系统，全年共审核发放承装（修、试）电力设施许可证17家。完善电工进网作业制度规范，对考点人员进行岗位培训，全年核发许可证新证8380本，续期注册22 030本。

制度组织建设。建立了新设承装（修、试）电力设施单位从业工商登记前预许可制度和外省企业省内从业报告管理流程，并与省建设管理部门协商，开展了电力设施许可管理与建筑业企业资质管理衔接的有关工作。探索建立电力业务许可证（发电类）预许可制度。成立浙江省承装修、试电力设施企业协会。

7. 节能减排监管

监督检查电网企业全额收购可再生能源电量和电价执行情况，确保可再生能源电量全额上网收购。督促省调继续开展统调机组有序调停工作。对高耗能企业优惠电价政策进行清理，对差别电价、优惠电价和脱硫电价执行情况开展重点检查。

推进小火电关停机组计划电量替代工作，推进常规燃煤机组以大代小替代交易，督促省电力公司按月披露替代电量落实情况。

推动“发电厂节能调度系统”试点建设，以厂站调度替代机组调度促进节能减排。

江 苏 电 监 办

国家电力监管委员会江苏省电力监管专员办公室（原国家电力监管委员会华东监管局南京监管办公室，2010年8月改为现名，简称江苏电监办）是国家电力监管委员会的派出机构，2006年12月正式成立，负责江苏省电力监管工作。现任领导：党组书记、专员顾瑜芳，党组成员、专员助理郑逸萌，党组成员、综合处处长宋宏坤。

1. 安全监管

“安全生产年”活动。组织电力企业排查安全隐患7121项，其中一般隐患7117项，督促整改6831项，整改率96%；排查重大隐患4项，投入重大隐患治理资金8528万元，全部整改。组织电力企业开展“安全生产月”宣传教育活动。

世博保电。督促电力企业全面落实安全生产责任制，强化设备运行管理，优化电网运行方式，提高安全生产管理水平。“世博会”期间江苏电网500kV送沪通道、500kV变电站、发电厂全接线、全保护运行，各电力企业系统安全稳定。

工程建设领域突出问题专项治理。对全省电力企业专项治理及排查整改阶段工作进行部署，并对220kV南徐输变电工程等在建重点电力工程项目进行了督查。

电力企业应急管理。组织电力企业贯彻落实《电力企业应急预案编制导则》、《电力突发事件应急演练导则》，充实完善应急管理组织机构和工作机制，做好应急预案编制和应急演练，加强电力系统应急减灾能力建设，提高全员应对突发事件的能力。指导省电力公司开展了“护博—2010”防恐排爆应急实战演练、苏北电网黑启动试验等一系列应急演练。指导南京“7·28”爆燃事故电力设施抢修工作。

2. 市场监管

大用户直购电试点。广泛征求电网企业、发电企业和电力用户意见，编制了《江苏省电力用户与发电企业直接交易试点实施细则》，首批15家电力用户与12家发电企业共洽谈签订18笔直购电合同，拟交易电量32亿kWh。

两个专项治理工作。组织供电企业开展自查，梳理发现问题2733个，落实整改2674个，完成整改率97.8%，梳理修改业扩制度73个，新发布文件7个。开展新建发电机组进入商业运营调试差额资金分配专项治理，发电企业分享差额资金2500万元。

3. 供电监管

加强供电监管。要求供电企业优化报装业务、停限电、故障报修流程，严格考核办理时限，落实信息公告制度。指导供电企业建立健全供电质量管理体系，建立电压合格率监测及统计管理制度，加强可靠性监管。督促供电企业完善“业扩管理规定”，依法办理业扩报装相关业务，扩大用户内部受电工程的设计、施工、材料供应市场开放度，保障设计、施工单位自主选择权。2010年江苏供电系统关联设计、施工单位承揽的高压用户受电工程市场占有率同比分别下降5.3%、18.8%。

贯彻落实供电监管法规。组织供电企业参加《供电企业信息公开实施办法》专题培训，督促供电企业公开办理用电业务信息。截至2010年底，全省供电企业共在中国电力信息公开网公开信息1876条。组织《供电监管办法》“宣传月”活动，以发放宣传资料、悬挂宣传标语、开展知识竞赛等形式开展培训宣传活动，培训面达到100%，扩大了《供电监管办法》的社会知晓度和普及面。

4. 价格财务监管

差别电价政策。会同省物价局等部门加大差别电价政策实施力度，对25家能源消耗超定额的企业实施惩罚性电价政策。

可再生能源。加强电力企业全额收购可再生能源电量监管和“三公”调度交易监管工作，规范企业收购可再生能源电量和可再生能源电价附加补贴。2010年，江苏已建成投产的可再生能源发电企业共计50家，总装机容量196.5万kW，同比分别增长43.6%和26.6%。

5. 电力稽查

以发电企业脱硫设施运行、供电企业市场行为和资质管理为重点，加大现场稽查和行政执法力度，对天津电力建设公司将电力安装工程分包给无承装（修、试）电力设施许可证企业、个别发电企业上传脱硫数据不真实等违规行为作出行政处罚，并对部分电力企业违规行为进行通报批评。各电力企业根据监管意见书，进行了整改落实。2010年12398电力监管投诉举报热线共收到有效件945件，其中咨询896件，投诉举报49件，按时办结48件。

6. 电力业务许可管理

2010年共颁发发电许可证30个，承装（修、试）电力设施许可证39个，电工进网作业许可证1.8万个；注销发电许可证17个、供电许可证7个、承装（修、试）电力设施许可证10个；62家发电企业、183家电力承装（修、试）企业完成许可证变更，3.1万名进网作业电工完成续期注册。

7. 节能减排监管

燃煤机组脱硝监控工作。会同省经信委印发《关于加强燃煤机组脱硝设施运行监管的通知》，在全国率先开展燃煤机组脱硝在线监控试点工作，南京热电厂、彭城电厂等共计1276万kW机组纳入脱硝在线监控。

脱硫在线监控系统。2010年全省新投产发电机组全部接入在线监控系统，125MW以上监控机组装机容量达到4318万kW，脱硫设施投运率、脱硫效率和排放浓度分别达到97.9%、93.4%、129.97mg/m^3。建立了脱硫数据信息公开通报制度，各发电企业脱硫运行指标的排名通过江苏电监办脱硫监控网站向社会公布。对2009年部分脱硫未达标的发电企业扣减脱硫电价补贴3909万元。

发电权交易。与省经信委联合下发《关于印发2010年江苏电网节能发电调度工作指导意见的通知》，2010年全省共完成发电权交易电量302亿kWh，节约标准煤约160万t，减少二氧化硫排放3.2万t，节约燃煤成本约14.7亿元。

福 建 电 监 办

国家电力监管委员会福建省电力监管专员办公室

（原国家电力监管委员会华东监管局福州监管办公室，2010年8月改为现名，简称福建电监办）是国家电力监管委员会的派出机构，2007年4月成立，负责福建省电力监管工作。现任领导：党组书记、专员郑宝强，党组成员、专员助理张建平，党组成员、综合处处长朱文毅。

1. 安全监管

完善制度建设。商省安监局制定了《福建省电力企业安全生产考核评比管理办法》，制定了《电力企业外包项目安全生产管理规定》。

日常安全监管工作。开展了灾后重大隐患排查治理、打击电力行业非法生产建设行为、电力工程建设强制性条文执行情况等专项检查；加强督促和指导福建省水电站大坝安全注册工作，目前监管范围除1家不具备注册条件的水电站未注册外，其余37家水电站均已申请或完成注册；首次发布电力可靠性监管工作报告，成立了电力可靠性专委会；对9起电力设施和人身安全事故开展调查并进行通报。

应急管理。联合省经贸委、省电力公司制定关于进一步完善电力应急体系建设的工作意见，推动电力应急演练常态化；强降雨、强台风来临前后深入灾情最严重的基层指导工作，跟踪、督促受损电力设施重建工作；世博会保电期间开展专项抽查，落实24小时值班和零报告制度；首次联合省经贸委、水利厅开展水电站防汛抗洪方案审查和督查工作。

安全生产文化建设。参加电监会组织的电力安全巡回演讲，与省安监局联合举办5期共900多人参加的安全教育培训。

2. 市场监管

电力直接交易试点。2010年完成了6家电力用户与6家发电企业共9对、总电量达22.9亿kWh的交易，交易电量至2010年5月起正式结算。福建省的首次大用户直接交易试点是全国目前最具有市场化特征，多买多卖、双侧竞争的直接交易模式，减少了电力大用户成本，参加试点的电网企业、发电企业因增加售、发电量也增加了收入。

用户业扩工程市场化建设。指导和参与了省级标准《10kV及以下电力用户业扩工程技术规范》的制定和实施，填补了省内空白；制定了《福建省用户受电工程监管暂行办法》，协调省电力公司参与用户业扩市场监管电子信息平台的建设。

厂网协调和调度交易监管。将厂网联席会议制度和调度交易监管工作向地、县级推进，督促落实地县厂网联席会议制度并派员参加；分别完成省和地、县电力交易及市场秩序情况分析报告，向省电力公司通报并要求整改；推动福建省两个"实施细则"的试运行；协调解决了LNG机组运行方式、新建机组商转调试差额资金分配、厦门腾龙热电厂电费结算、购售电合同签订的矛盾等。

3. 价格财务监管

开展输配电成本合规性监管，细化输配电成本核算项目，分别对省级电网与县级电网、不同输电量等级之间、同地区各趸售县公司以及与上年度相关指标和输配电成本变动情况的比较分析，提出监管评价及建议；完成福建省2009年度输配电成本分析报告；落实并进一步完善厂网电费结算信息定期报送制度，规范厂网电费结算报送工作，形成"按季报送，按月考核"的工作机制；完成福建省2009年度电费结算情况分析报告；规范发电企业与电网企业之间的电费结算行为，协调省电力公司拟定规范地、县《购售电合同》有关电费结算条款文本，对2009年地县电网厂网电费结算行为进行调研核实，对存在的问题要求各单位切实整改；完成2009年度电价执行情况分析报告，对福建省《关于清理高耗能企业优惠电价等问题的紧急报告》研究提出修改意见及建议，会同省有关部门将福建省优惠电价自查自纠情况上报国家三部委。

4. 电力稽查

开展了供电、许可准入制度、电价执行情况的检查和电力建设领域突出问题、用户受电工程"三指定"和新建机组商转差额资金分配专项治理工作；首次在厦门开展专项治理和专项检查相结合的综合检查；召开供电监管工作暨供电检查动员会，在省电力公司举行"两项检查"和"两项治理"工作通报会；通报电力建设投诉举报案件调查情况，由省电力公司对相关责任单位和个人进行处理；在全国供电监管报告上披露了两例比较突出的问题；2010年受理投诉举报等有效信息758件，其中投诉举报55件、受理各类咨询703件，办结率100%；按季度公布稽查典型案件，对监管对象采取约谈、下发电力监管稽查意见书等新的监管办法，首次对无证电工违法行为进行处罚。

5. 电力业务许可管理

2010年共完成1255家发电企业、16家承装（修、试）电力设施企业的许可证核发；进网作业电工考前培训12 368人、参加考试13 559人、合格率80.4%，续期注册7139人；完善发电、供电、承装（修、试）电力设施许可基本情况查询系统，开发并启用电工进网作业、承装（修、试）电力设施许可审批电子政务系统，实现电工进网作业证、承装（修、试）电力设施许可证及电力业务许可证网上审批，全程监控；首次开展施工企业安装工长培训工作，推行电工"空中续期培训"。

6. 节能减排监管

调整福建电监办节能减排监管工作领导小组，进一步明确职责分工；会同省有关部门发文下达对省内17家超能耗企业执行惩罚性电价；做好水电站下泄流量在线监控装置安装协调及考核工作；会同省环保厅开展燃煤电厂环保治理情况调查，要求有关电厂进行整改，并向省领导报送调查报告。

河南电监办

国家电力监管委员会河南省电力监管专员办公室（原国家电力监管委员会华中监管局郑州监管办公室，2010年8月改为现名，简称河南电监办）是国家电监会派驻河南的正厅（局）级监管机构，于2005年12月开始筹建，2006年3月28日正式揭牌。现任领导：党组书记、专员匡宝珠；党组成员、专员助理阎俊超；党组成员、综合处处长刘建华。

1. 安全监管

继续深入开展电力“安全生产年”活动。切实加强电力应急管理，督促电力行业编制完善应急预案，做好灾害天气的预防应对工作，制定《河南省重要电力用户供用电监督管理办法》，加强应急常态监管。扎实开展安全生产隐患排查治理工作，并督促认真整改。组织开展电力安全生产检查，全年开展三次集中性电力安全生产大检查。积极组织开展机组并网运行安全性评价。加强电力基建安全监管。加强网络信息安全和电力二次系统安全防护监督管理。加强电力可靠性管理和电力标准化工作。完善电力安全信息报送制度。积极履行省政府安委会成员单位职责，配合做好各项安全督导、督察工作。河南省全年未发生对社会造成影响的大面积停电事故，未发生电网稳定破坏事故，未发生重大及以上设备事故，未发生重大及以上生产火灾事故，维护了电力安全稳定局面。

2. 市场监管

电力市场建设取得积极进展。积极宣传大用户直购电政策，协调和督促省发展改革委测算直购电的输配电价，了解掌握发电企业和大用户情况，指导协商谈判，做好了大用户直购电实施的各项准备工作。与相关部门配合开展河南农电管理体制改革情况调研，积极参与河南农村电网改造工作，推动河南农电管理体制改革。

做好电力宏观预测预警工作。加强电力供需形势分析，跟踪电煤库存情况变化，分析全省电力企业经营情况，加强电力监管信息统计工作，为政府和电力企业提供决策参考。

加强调度监管。定期听取电力公司电力系统年度运行方式汇报，督促调度部门科学经济调度，协调解决发电机组峰谷平电量调度问题，按时启动“两个细则”模拟运行。

加强电力交易监管。加大情况通报力度，沟通协商厂网之间在电力交易中存在的问题，加强外送电交易现场监管，进一步规范电力市场交易行为。

3. 供电监管

认真开展供电大检查，深入宣贯《供电监管办法》。加大明察暗访力度，完善供电常态监管机制，扩充供电监管专家库，调整充实社会监督员队伍，完善供电社会监督员制度。

4. 价格财务监管

督促协调价格主管部门从政策层面取消优惠电价，配合上级部门做好各种电价调研，加强电网输配电成本分析，协调解决厂网电费结算中存在的问题，密切关注电力企业财务经营情况，完善县级供电企业财务成本监管制度。

一年来，积极配合相关部门促进河南取消了对部分高耗能企业的优惠电价，停止了上网侧峰谷分时电价，减少了电价种类，提高了结算电价水平。2010年电厂实际结算电价水平达到了每千瓦时0.380 5元，比2009年的0.368 5元提高了0.012元。

5. 电力稽查

电力企业和用户合法权益得到有效维护。认真开展新建机组进入商业运营调试差额资金分配专项治理，受到了发电企业的好评。开展了用户受电工程“三指定”专项治理活动，进一步规范了用户受电工程市场。认真开展了电力行业工程建设领域突出问题专项治理和治理商业贿赂专项工作。积极协调发电企业反映的，诸如电价执行、电费结算、科学调度、电力交易等方面的问题。加强与供电部门协调，促使群众投诉举报反映的问题尽快得到解决。

加大行政处罚力度，对7家企业实施了简易处罚，对22家企业进行了立案调查，对其中的18家实施了行政处罚。督促所有供电企业在营业场所的显著位置公示12398热线电话，完善投诉举报处理程序，认真解答群众的咨询事项，有效维护了电力用户的合法权益。

6. 市场准入监管

加大办证力度，全年批复承装（修、试）企业60家，组织新进电工进网作业考试10 484人。认真开展许可制度执行情况专项检查，大力宣贯《承装（修、试）电力设施管理办法》。全面加强电力业务许可管理，完善电力业务许可证颁发、年度审验、变更或注销手续等。加强进网作业电工考试点管理，理顺工作机制，规范工作流程及管理制度，进网作业电工考试工作更加规范。成立了河南省电力承装（修、试）企业协会，加强了行业自律。

7. 节能减排监管

加强与环保等部门的协调合作，联合开展检查，促进燃煤电厂脱硫、差别电价、关停小火电等节能减排政策的贯彻落实。加强对环保手续的审核，对不符合环保要求的机组，不予颁发发电业务许可证。督促供电企业认真落实对列入环保“黑名单”的企业和其他不符合节能减排政策企业的停限电措施。履行节能减排工作领导小组办公室成员单位职责，做好各种节能减排督导工作。加强可再生能源发电监管，督促电网企业及时足额结算可再生能源电价补贴，严格执行国家下发的可再生能源配额交易方案。2010年河南省电力行业节能减排效果明显，全省关停小火电机组87万kW，超额完成关停82万kW的目标；累计线损率5.36%，同比下降0.05%，比全国累计线损率低1.13个百分点；发电机组发电煤耗324g/kWh，同比下降10g/kWh，比全国平均水平低11g/kWh；全省44家电厂95台并网机组脱硫设施投运效率达到96.38%；可再生能源上网电量798 847.83万kWh，可节约标准煤258.8万t。

湖南电监办

国家电力监管委员会湖南省电力监管专员办公室（原国家电力监管委员会华中监管局长沙监管办公室，2010年8月改为现名，简称湖南电监办）是国家电监会派驻湖南的正局级监管机构。湖南电监办于2005年12月开始筹建，2006年4月26日正式揭牌。

现任领导：党组书记、专员陈建长，党组成员、专员助理张渝，党组成员兼输供电处处长尚佳。

1. 安全监管

开展安全检查，加大隐患治理力度。全省共排查一般隐患7216项，完成整改7122项，整改到位率98.7%；重大隐患31项，已整改27项，整改率87.1%；其他隐患也在控制监测和整改落实之中。

开展安全性评价。全年共组织中介机构完成16个电厂40台机组的安全性评价工作，装机容量达488.7万kW。

积极开展应急管理工作，提高应急处置能力。积极筹备应急指挥和可靠性平台建设，组织开展应急演练周活动，指导电网企业开展迎峰度夏应急演练，完善优化应急预案，全省电力应急处置能力进一步提升。

完善安全监管机制。出台了《湖南省电力安全及事故信息报送实施细则》《湖南省发电机组并网安全性评价管理实施细则》《湖南省发电机组发电运行能力评价规定（试行）》，拓展安全监管领域，提升了电力系统安全运行水平。

抓好特殊时期和重大活动的电力供应保障。积极服务大局，组织全省电力系统完成了保电任务，有力保障了湖南省“两节两会”、国庆节、上海世博会、广州亚运会等重要活动和防汛抗灾、迎峰度夏（冬）等特殊时期的电力供应。

2010年，湖南省电力安全监管实现了“三杜绝、三防止、一维护”的目标，湖南电网创下安全稳定运行29年8个月的新纪录，为社会繁荣稳定和经济快速发展提供了安全保障。

2. 市场监管

继续强化了市场交易监管。组织实施了两个细则试运行，取得了较好的实践经验；组织市场主体及时签订备案《购售电合同》和《并网调度协议》；加强“三公”调度监管和跨省跨区电能交易监管，及时向市场相关方披露调度信息和交易信息；按季度召开厂网协调会，定期向各市场主体通报情况，披露信息，调解争议纠纷，协调厂网关系，促进了沟通交流与和谐发展。

完善工作机制，加强电力监测预警。对电力供需、电煤供应和财务经营状况等三个监测预警机制多方面的监测数据进行综合分析，使监测更科学全面，预警更准确有效，为迎峰度夏度冬、汛期抗灾和上级部门决策提供了系统全面、准确可靠的依据。

扎实开展差额资金专项治理行动。在深入调查、核实数据的基础上，湖南电监办组织发电企业和电网企业多次召开会议，通过协商达成了按3∶7在厂网之间分配的一致意见，全省33家统调电厂共计获得1370万元差额资金。差额资金专项治理行动公平公正地处理了历史遗留问题，维护了发电企业的合法权益，消除了厂网隔阂，化解了厂网矛盾，促进了厂网关系健康发展。

3. 供电及价格财务监管

开展供电现场检查。现场督促有关电力企业完成了2009年供电检查整改工作；有力推进了2010年供电专项检查，同时多渠道多形式全方位地宣贯了《供电监管办法》，积极探索常态监管的实现形式，营造了良好监管环境，巩固了供电监管基础。

深入推进价格财务监管。编制上报了《2009年度湖南省电价执行及厂网电费结算监管报告》。

4. 电力稽查

开展“行政执法年”主题活动。理顺内部机制，全年共受理投诉、举报事项230件，其中投诉203件，举报27件；截止到2010年底，已处理完毕199件，另有31件还处于调查处理阶段。通过专项检查、专项治理行动和12398投诉举报，全年共查实存在问题300余个，牵涉单位70多家，整改落实或查处到位280余个问题，有3个案件进入行政处罚程序，正在调查处理之中。

积极开展电力争议调解。成功调解了株洲金鹰华府房地产项目配电工程问题，解决了用户的实际困难。电力稽查工作通过实实在在的监管作为，赢得了广泛好评。

推进用户受电工程“三指定”专项治理行动。深入调查了检查过程中发现的“三指定”行为和群众投诉举报的有关“三指定”方面的问题以及关联企业基本情况，并对部分用户工程项目的合同、预决算和财务资料，特别是对工程造价定额、取费标准进行了深度审计。通过检查，发现有关“三指定”的问题40余项，通过归类汇总形成10大问题。

持续推进电力工程建设领域突出问题专项治理行动。把开展专项排查、重点抽查和工作督察作为专项治理工作的重要手段。截止到2010年底，从118个政府投资和使用国有资金的电力工程建设项目中发现各种问题共724个，其中已有617个问题完成整改，另有107个问题正在整改和准备整改。在整改落实的同时，注意查找管理漏洞与制度缺陷，有针对性地建立长效机制。

5. 电力许可监管

进一步加大市场准入力度。规范许可流程，创新工作方法，加快了发电类电力业务许可证的审发，受理申请822家，颁发许可证332个，豁免435个，基本实现1000kW以上发电企业持证经营；启动了输供电类许可证变更工作，1家输电企业已基本完成变更，其他企业正在申报资料或进入资料审查阶段；做好承装（修、试）电力设施许可，共有40家企业获得许可，37家企业完成许可或登记事项变更；加强了考试点联系点的管理，完成电工进网作业许可证的颁发10 500个，部署了续期注册管理相关工作，着力推动持证电工按期注册，续期注册许可证5126个。

加强颁证后续管理工作。组织宣贯了新颁发的《承装（修、试）电力设施许可管理办法》，认真开展了五项许可制度执行情况检查。总体上来看，较好地完成了业务许可工作任务，积极推进了由单纯发证向发证与管理并重转型。

6. 节能减排监管

强化远程在线监测，实时掌控火电厂脱硫脱硝情况。与环保部门建立了工作联系机制，首次引入实时监测系统，通过技术手段加强火电厂脱硫监管，打击停运脱硫装置等方式的偷排行为。发现了湖南创元电厂、华润涟源电厂违规排放行为，提出了整改要求，并督促其全面落实到位。

积极运用了市场机制对于节能减排的推动力量。鼓励发电权交易，推动“以大代小”；支持省电力公司参与区域电力市场，通过跨省跨区外购电力电量，减少省内火电排放，在更大的范围内优化资源配置。

大力支持发展可再生能源和新能源。严格执行《可再生能源法》，要求电网企业全额收购可再生能源发电量，按规定为其提供系统接入；同时为余热发电项目并网及许可办证优先服务，简化办事手续，开通绿色通道；联合研讨了《湖南电网水电减弃增发应急交易暂行办法》，为丰水期电量寻找出路，减少弃水电量。

7. 监管基础建设

整合监管资源。注意协调电力企业尤其是调度交易机构的关系，使之为我所用。在各市（州）建立了考试培训联系点，并形成了良好的工作机制，为开展电力业务许可办证服务及开展电工培训考试作了大量有益的工作。先后建立供电、安全性评价、节能减排、资质评审、企业标准化等专家库，聘请调解员，形成了专业能力较强、相对稳定可靠、乐于服务电力监管的外部队伍。

积极探索正面引导型监管模式。开展了供电企业优质服务示范点建设。在综合调研的基础上，组织制定了《湖南省创建供电优质服务示范单位实施意见》和《供电优质服务示范单位评分细则》，召开了供电监管示范单位创建启动大会。创建工作顺利展开，示范带动效应正在形成并扩大。供电监管示范单位创建的实践证明，“栽花”也是一种监管模式，既能在示范点上使之整改不足，也能在面上促进整改共性问题；既能创建典型样板，也能全面带动提升整体水平。

加大新闻宣传力度。2010年，及时组织召开了首次新闻发布会，发布了《湖南省2009年度供电监管报告》和《湖南省2009年度电力业务资质监管报告》，掀起了一波宣传浪潮，扩大了电力监管影响，树立了监管形象，促进了整改落实。在查处衡阳电业局下属单位农网改造乱收费的过程中，运用了新闻媒体的影响，使案件查处进程很快取得实质性进展。

2010年，湖南电监办新闻信息工作得到省委、省政府的充分肯定，机关党委被省直工委评为“信息报送先进单位”，综合处及相关工作人员分别被省政府办公厅评为信息工作先进单位和先进个人。

四川电监办

国家电力监管委员会四川省电力监管专员办公室（原国家电力监管委员会华中监管局成都监管办公室，2010年8月改为现名，简称四川电监办）是国家电力监管委员会派驻四川的监管机构，于2004年6月筹建，2004年12月30日正式挂牌，是全国首家省级监管机构。四川电监办现任领导：党组书记、专员张健，党组成员、专员助理马军杰，党组成员、综合处处长高晓楠。四川电监办内设机构：综合处、市场与价财监管处、输供电监管处、稽查处、安全监管处、资质管理处。

1. 灾后恢复重建工作

2010年，四川电监办加大电力灾后恢复重建进度的督导力度，加大工程质量安全的监管力度，促进了电力灾后恢复重建工作的顺利推进。据统计，全省电力行业共完成电网建设项目、电源建设项目、辅助生产设施、灾民安置及永久性住房建设配套供电设施的灾后恢复重建项目718个，完成投资161.3亿元。全省电力装机，四川电网220kV及以上变电容量、220kV及以上输电线路比地震前大幅增加，四川地震灾区的供电能力已恢复到震前水平，多数地区的电网结构、电力设施超过震前水平。

2. 安全监管

开展电力行业工程建设领域突出问题专项治理和工程建设强制性条文执行督查。召开全省电力行业工程建设领域突出问题专项治理工作会议，贯彻落实中央、电监会、省政府工程建设突出问题专项治理工作部署。对2008年以来立项、在建和竣工政府投资和使用国有资金的总投资在5000万元以上的452个电力工程建设项目进行了抽查，发现突出问题29个。对2家企业执行简易处罚，对33家企业发出了整改通知书，对3起伪造许可证行为，进行立案查处。8月，会同省住建厅邀请有关专家组成检查组，对部分输变电、水电、火电工程项目强制性条文执行情况进行了现场检查，听取工程业主、设计、施工、监理单位关于工程项目建设强制性条文执行情况汇报，查阅相关资料并赴现场对工程建设情况进行实地考察。

加强电力行业安全检查和指导。组织指导企业在国务院《关于进一步加强企业安全生产工作的通知》学习贯彻电力企业安全生产及防汛抗洪等工作开展、企业贯彻执行安全生产法律法规及落实安全生产责任制、地质灾害隐患排查治理、重要用户的用电安全、火电厂灰坝安全管理、电力基建安全技术措施制定和落实、电力企业应急机制建立和应急预案的编制和演练等八个方面开展自查。建立网络与信息安全事故报送制度和工作机制，组织电力企业参加网络与信息安全培训，发布信息安全事件信息，安排部署亚运保电信息安全工作。8月中旬，对广安电业局、眉山公司、内江电业局和广安发电厂进行了安全管理专项督查。组织开展“春安”、“安全月警示”、“防汛”等专项活动。组织安排16家电力企业的260名员工参加2010年6月8～9日，电监会“安全生产月”电力巡回演讲团在乐山和成都两个分会场的演讲。

开展地质灾害隐患排查治理工作。针对四川水电建设项目多、战线长，以及受地震后地质结构变化，暴雨、滑坡、泥石流等自然灾害频发的情况，以在建工程施工场地为重点，突出临时工棚、开挖边坡场地、办公场所和施工人员聚集区等重点部位，开展了电力行业地质灾害隐患排查治理工作、防范地质灾害隐患排查及安全风险评估专项工作。

突出重要用户供用电安全。配合电监会和民航总局，对四川境内的10个民用机场的外部供电电源基本情况、机场供用电服务和安全管理、电力应急管理工作开展进行督察和调研。对部分供电企业和煤矿、化工、医院、铁路、气矿行业部分重要用户安全供用电情况进行了督查。

加大处置电力突发事件工作督导力度。督促电力企业制定各类应急管理预案、开展桌面演练、分部演练和联合反事故演习，适时开展专项检查，筹备开展四川省电力应急联合演练。配合电监会对省电力公司应急指挥中心和电力应急培训基地进行调研。

3. 市场监管

加强预警监测和分析。加强全省电力供需形势分析，按月编制全省电力供需及电煤供应监测预警信息，按季编制电力供需监测报告。利用网络信息报送加强对发电企业统计人员培训和审核发电企业上报数据。会同省能源局组织开展四川电网220～750kV电网运营情况调研，在电力企业自查的基础上，调研组进行现场重点调研，深入了解和掌握电网建设和电网运营情况，全面掌握、分析电网运营情况，形成电网发展规划的合理化建议。

积极促进电力市场建设。督促省电力公司落实跨区跨省电能交易合同备案制度，加强跨区跨省电能交易监管，规范跨省电能交易行为。配合省级有关部门开展争取大用户直购电试点政策的批复工作。组织召开新建机组进入商业运营突出问题整改工作座谈会，并对有关情况进行梳理，下发整改意见书，督促电力企业严格执行新建机组进入商业运营管理办法。

稳步推动“两个细则”试运行。组织完成并网电厂运行管理考核和辅助服务补偿技术支持系统验收，并在进行半年模拟运行的基础上，修订有关规则，5月开始试运行全省并网电厂运行管理考核和辅助服务实施细则。

加强电力调度监管。组织听取省电力调度中心2010年运行方式汇报，要求省电力调度中心通过厂网联席会进行披露。开展节能发电调度执行情况督查。建立电力调度运行信息月度披露新机制，搭建调度运行协调工作平台，按月组织召开工作会议。

稳步推进标准化工作。组织开展电力企业标准化良好行为试点及确认的宣贯和培训，完成电力企业申报试点以及征集和推荐专家库成员，指导和帮助国家批准的第一批6家试点单位开展标准化工作。

4. 供电监管

现场督查指导四川抗旱保电工作。针对2009年入秋以来四川省中部和南部出现的旱情，成立抗旱保电督察组赶赴抗旱形势严峻的攀枝花市和凉山州，了解当地供用电形势和抗旱保电工作情况，慰问奋战在一线的电力职工和当地村民，指导当地供电企业及时分析处理抗旱保电工作中存在的问题和困难。

四川供电常态化监管试点工作顺利开展。依据《供电监管办法》有关规定，于2010年6月4日印发了《四川省供电常态化监管实施办法（试行）》，对信息披露、信息报送、用电业务流程、监管法规培训、日常检查整改等方面的工作作出规定。2010年8月5日，选取具有代表性的供电企业启动供电常态监管现场试点工作。2010年12月，邀请电监会有关部门负责同志和专家对四川省供电常态化监管系统进行了评审。

积极开展《供电监管办法》的宣传贯彻工作。召开四川县级以上供电企业现场会宣贯《供电监管办法》，对供电企业领导干部进行培训。分解细化《供电监管办法》，初步分析、梳理出近百条考评项目，建立供电行为评价体系，用于供电企业学习和自查自评。

认真做好年度供电检查和社会综合治理工作。组织四川省供电企业认真开展2010年供电检查自查和迎检工作，对自查中发现的问题立即进行整改。6～7月，对河南安阳、濮阴供电公司和郑州中牟电业局、浙江海盐供电局、福建漳州电业局进行了现场检查。组织省有关部门完成对凉山州社会治安综合治理情况以及电力设施保护情况的暗访，并对当地政府综合治理的相关工作进行了检查。

初步完成四川无电村调研报告。会同省、地电力局对四川省无电地区进行调研，研究讨论解决方案，初步形成四川省无电村调研报告。

5. 价格财务监管

建立电力企业财务经营状况监测预警机制。对全省124家统调发电企业2009年度财务经营状况进行统计、整理，编制《2009年度四川省统调发电企业财务经营状况分析报告》。针对发电企业经营中面临的困难和存在的问题提出了需要政府有关部门研究的8项政策性建议，省政府两位副省长在报告上作出重要批示，电监会进行了专题调研。

积极开展调试差额资金分配专项治理。督促省电力公司核实调试差额资金情况并开展自查自纠，组织召开电网企业、发电企业参加的新建机组进入商业运营调试差额资金分配座谈会，研究四川省2007年7～12月、2009年1～9月的新建统调发电企业差额资金的分配方案，在公示后会同省物价部门进行了批复，将差额资金按照电网企业和发电企业各占50%的比例进行分配。

组织开展电价政策执行及电费结算情况检查，编制监管报告。组织对全省2009年电价执行情况进行检查，形成四川省2009年电价政策执行及电费结算行为监管报告。

6. 电力稽查

2010年，登录四川电监办12398电力监管投诉举报热线共48 656人·次，同比减少9%，其中有效投诉举报信息964件，同比增加29%，符合受理条件的投诉111件，同比增加16%，举报8件，同比减少20%。

监管措施。一是加强信息分析。进一步完善投诉举报具体问题分类，深入分析违法违规信息查找线索，严肃查处违法违规行为。二是提高投诉举报办理质量。进一步完善稽查处牵头下各业务处配合的两级把关工作机制，切实维护人民群众合法权益。三是加大案件回访及信息披露力度。每季度发布投诉举报办理情况通报，披露投诉举报的地区分布、性质分类以及涉及的主要问题。

行政处罚。查处违法违规行为2起，行政罚款3.1万元。其中，简易程序处罚1起，一般程序立案调查1起。

7. 电力行政许可

截至2010年底，累计核发发电类电力业务许可证2728家，其中豁免总装机1000kW以下小水电许可证1464家，全面实现发电许可的普及。累计核发供电类电力业务许可证230家。累计核发承装（修、试）电力设施许可证360家。

许可档案库基本建立。通过办理各项许可，进一步摸清了监管对象的基本情况，确保了收集档案数据的准确性，建立了发、输、供电企业，承装（修、试）电力设施企业，进网作业电工许可档案库。

监管与服务并重。简化办事流程，主动深入基层调研，上门为企业服务，采取当面培训指导、现场办理小水电豁免等形式，共帮助80余家企业完善了手续。在许可专项检查中，服务与检查相结合，帮助企业查找、分析问题、提出解决问题的建议。

严格执法和整改督导。加大处罚力度，根据检查发现的问题，对55家企业发出整改通知书，对5家企业进行降级处理，对1家企业现场罚款，促进企业规范经营。

8. 节能减排监管

加强小火电关停监管。切实加强对常规燃煤机组发电许可证的规范管理，对列入2010年关停计划的机组，在许可证特别事项中作备注；核查过程中增加必要的环保指标，对达不到要求的机组，不予发放。四川省“十一五”期间已关停小火电机组49台，容量188万kW，完成关停任务的139%。

积极推进节能减排。参加电力行业节能减排第一督察组和第九督察组、国家节能减排电力价格四川检查组对四川、湖北节能减排电力价格的检查，会同省发展改革委对节能减排电力价格工作开展情况进行督察，并牵头对成都市、资阳市、内江市、阿坝州的节能减排电力价格工作进行督导。落实火电企业节能减排信息报送制度，发布四川省电力行业2009年节能减排监管信息通报、四川省火电企业2010年度上半年节能减排监管信息通报。

云南电监办

国家电力监管委员会云南省电力监管专员办公室(原国家电力监管委员会南方监管局昆明监管办公室，2010年8月改为现名，简称云南电监办）是国家电力监管委员会的派出机构，2005年12月正式成立，负责云南省电力监管工作。现任领导：党组书记、专员李现武，党组成员、专员助理周光灿，党组成员、综合处处长杨新红。

1. 安全监管

基础工作。加强对220kV及以上电压等级骨干电网、总装机容量100万kW及以上电厂、重要电力用户、新并入统调电网县级电力公司的安全监管。牵头调查“2·18”华坪电网、“3·14”丽江电网瓦解事故，提出整改措施并督促落实。组织对全省十六个州市供电企业、电力工程基建工地、发电企业的安全生产抽查工作。修订电力安全生产信息报送制度，把电力承装（修、试）企业纳入信息报送主体范围。

旱灾汛期安全指导。针对百年不遇的持续旱灾，局部地区久旱后频繁单点暴雨造成部分电力设施损毁严重、局部电网事故频发，密切关注电网运行动态，加强电厂机组运行及存煤蓄水情况监测，预警和督导电力企业应对极端天气和各种自然灾害。

2. 市场监管

厂网界面监管。利用厂网联席会议平台化解“两个细则”实施进程中的矛盾。坚持年度运行方式汇报制度，做好每季度云南省电力交易与市场秩序报告相关数据收集上报工作。

直接交易试点。牵头制定《云南省电力用户与发电企业直接交易试点工作指导意见》，办理云南省人大《关于将大理州纳入全省直购电试点地州的建议》。会同省发展改革委调研临沧市地方小水电丰水期大用户与发电企业直接交易试点方案，并按规定批复。

专项治理。督促云南电网公司分配上年度新建发电机组进入商业运营调试差额资金。组织召开云南省供电企业用户受电工程“三指定”专项治理工作视频会议，开展重点核查工作。对全省水电富余地区可再生能源上网情况进行检查，督促整改并协调相关部门对并网工程等问题进行研究。

3. 供电监管

供电常态监管。组织对普洱供电局及下属思茅、景谷、墨江三个县级供电企业的专项检查，就检查中发现的问题与受检单位交换意见并下发整改通知书，督促整改完善。组织检查组对云南电网公司2009年供电检查整改完成情况现场复查，督促整改完善。

贯彻落实《供电监管办法》和《供电企业信息公开实施办法》。组织曲靖等八个州市、县级以上供电企业学习《供电监管办法》，召开全省供电企业信息公开实施办法宣贯培训会。在昆明、玉溪供电局（含所辖县级供电公司）进行“电力用户受电工程信息反馈”试点，监督检查用户工程是否存在“三指定”行为，业扩报装流程时限是否符合规定，收集用户对设计、施工和供电企业意见和建议。

农村供电。组织完成云南省农村地区供电可靠率和农村居民用户受电端电压合格率分类指标基础资料的收集、整理、分析工作，对电压监测点的设置情况进行了调查。重点督办了普洱市无电户通电工程，全省全年完成4万户无电户通电任务。

4. 价格财务监管

电价电费。配合电监会督查组对云南省电价执行情况和厂网电费结算情况的重点抽查，报送云南统调电网2009年度厂网电费结算和电价执行情况报告。组织对云南电网公司和昆明、玉溪供电局等单位执行电价政策和厂网电费结算情况的核查，参与电监会检查组对云南电网公司、国电云南分公司、华电云南公司、丽江黑白水电力公司等单位的重点检查。联合省发改革、省工信委发布清理高耗能企业优惠电价通知。

企业生产经营。汇总分析云南省主要电力企业财务经营情况，建立电力企业经营情况监测预警机制，先后上报云南省主要电力企业2009年财务情况年度报告和云南省主要电力企业2010年财务情况分季度报告。

5. 电力稽查

规范投诉举报事项登记、办理的相关文书和程序，完善案件跟踪督办、回访机制，提高投诉举报案件办结率和满意率。探索多方联合调查等工作方式，完善电力行政处罚机制，依法查处电力违法违规案件。开展电力争议调解和裁决，化解电力纠纷。组织开展了2009年投诉举报案件办理情况抽查。

6. 电力业务许可管理

全省123家输供电企业、737家发电企业的1200多座电站实现依法持证经营，163家施工企业取得承装（修、试）电力设施许可证，发电、供电和承装（修、试）市场主体取证工作基本完成。

加强承装（修、试）电力设施许可证管理。制定《云南省承装（修、试）电力设施施工机具设备基本要求》，培育合格市场主体。维护市场秩序，鼓励民营资本进入电力施工市场。加强施工现场进网作业电工持证上岗检查，有序组织电工进网作业许可证考试。完成2010年度续期注册工作。

后续监管。审查通过全省251家发电企业、134家承装（修、试）电力施工企业年度自查报告。对13家发电企业、4家输供电单位、27家承装（修、试）电力企业和5家电力用户进行年度专项执法检查，督促整改并复查。对74家省外在滇承揽电力工程企业备案登记，开展资质条件、经营行为动态监管。统计发电类电力业务许可证持证企业负责人专业职称情况，做好开展不达标人员岗位培训准备工作。

7. 节能减排监管

向全省电力企业传达国务院、电监会节能减排工作要求。配合省环保厅牵头组织节能减排专项检查治理，配合编制全省“十二五”主要污染物总量控制规划。配合水利厅等部门做好水资源综合利用专项调查研究，参与编制云南省大中型水电站综合利用效益专项规划报告。

贵州电监办

国家电力监管委员会贵州省电力监管专员办公室（原国家电力监管委员会南方监管局贵阳监管办公室，2010年8月改为现名，简称贵州电监办）是国家电力监管委员会的派出机构，2005年12月成立，负责贵州省电力监管工作。现任领导：巡视员黄泽修（主持工作），党组成员、综合处处长潘军。

1. 安全监管

保电工作。与省公安厅、省发展改革委、省工商局协调，确保“西电东送”和省内电力设施安全，严格24小时值班制度，保证广州亚运会及重要节假日电力可靠供应。

应急管理。总结抗冰保电经验，完善应急管理机制。青海玉树发生7.1级地震后，紧急协调省政府应急办、贵州民航监管局、南航贵州公司，将全省电力系统捐赠灾区物资送达灾区。省政府启动Ⅰ级抗旱应急响应应对有气象资料记录以来最为严重的干旱后，作为应急指挥部成员单位，紧急部署电力行业抗旱救灾保电工作，确保电煤采购、机组出力。协调解决电力企业发展重大问题，推动应急管理向事前防范拓展，指导220kV金鸭双回线路停电迁改和华电贵州公司在乌江渡发电厂应急演练、洪家渡发电厂防汛联合演练等。

水电站安全监管。建立汛期水情日报和周报制度，开展度汛工作专项检查，试行听取贵州电网公司和电力调度机构专题汇报电力防洪度汛运行方式的新形式，商省水利厅、省安监局联合行文明确贵州小水电站的安全管理界面。组织贵州中大型水电站观看俄罗斯萨扬水电站事故警示片，开展水电站类似隐患排查工作。配合大坝中心做好大坝注册定检工作。

建立隐患排查治理长效机制。印发《贵州电力行业安全生产年工作实施细则》，建立排查—治理—再排查—再治理工作机制，实施重大隐患挂牌督办制度。参加贵州省安委会“全国安全生产月”宣传咨询日活动，分发资料15 000余份，并现场解答有关咨询。组织了电监会“安全生产月”电力巡回演讲团在遵义、安顺两地的演讲活动。

2. 市场监管

维护电力市场秩序。落实两个“文本”的签订和报备制度，《购售电合同》、《并网调度协议》签订率100%。对违法违规供电局及相关企业10余家进行约谈，进行批评教育和立案调查。持续巩固可再生能源全额收购工作成果，处理和解决小水电企业和业主反映比较强烈的问题，关注上网电价水平较低问题。纠正上网电价执行不到位，执行功率因数考核等问题。责成凯里供电局解决黄平武岳水电站反映的协商购售电合同条款不合理问题。

“两个专项治理”工作。贵州省由于调试电价差额小（火电降2分、水电降5分），2007年7月～2009年9月差额资金为2243.34万元。对贵州电网公司“二八开”方案（20%分配给发电企业，作为参与新机调试服务费，80%留电网，作为电网为新机调试的服务费），在专项治理中进行协调，形成并落实“三七开”方案。组织对贵阳、松桃、遵义、毕节、凯里、都匀等供电局开展了“三指定”重点检查，要求贵州电网公司系统组织“回头看”活动。

3. 供电监管

探索建立供电常态监管机制，选定安顺供电局、仁怀供电局开展定点监管工作试点。按照电监会安排，组织了对云南电网公司昆明供电局、大理供电局、文山电力股份有限公司3家地市级供电企业，以及晋宁供电有限责任公司、文山电力股份有限公司文山分公司2家县级供电企业供电检查工作。根据检查情况，编写了监管报告。

4. 价格财务监管

强化网厂电费结算监管。解决了贵州网厂电费不能按时结算的问题，并要求贵州电网公司公平收支及分配承兑汇票比例。协调国电贵州电力有限公司与贵州电网公司签订《资产财务及劳资保险移交协议》，解决了搁置8年多的国电历史陈欠电费问题。除涉及跨省的黔桂发电公司，省内所有历史陈欠电费2.88亿元得到解决。

5. 电力稽查

加大自主办案力度，对事关稳定、事关民生的投诉，在责成电力企业调查处理同时，注意跟进，适时到现场了解情况。拓宽线索来源，妥善解决群众反映的热点难点问题。日常监管与行政执法有机结合，调查处理综合检查中发现的四川华水、凯里鸿达、陕西安康公司等无证承揽电网工程案件，共处罚款8万元。

6. 电力业务许可管理

全省装机容量6MW以上的发电企业147家，已取证136家，其余发电企业因无审批文件或环保验收不合格未颁证。全省93家供电企业，已取证89家，其余供电企业因产权关系、体制问题未颁证。

依法对贵州省境内的发电、输电、供电、承装（修、试）电力设施施工企业及电工进网作业许可证开展许可准入制度执行情况的检查，少部分法治意识淡薄，施工现场管理不够规范，存在安全漏洞的承装（修、试）电力企业按要求进行了整改。

7. 节能减排监管

会同电监会节能减排第六督查组对纳雍电厂、盘南电厂、鸭溪电厂、大方电厂、发耳电厂、黔北电厂、黔西电厂、安顺电厂等火力发电企业的脱硫设施建设运行、二氧化硫排放等情况进行现场督查。会同省经信委、省环保厅重新调整下达各机组脱硫技改增容计划，建立月度调度会制度，加强协调调度和督查。与省物价局联合下发执行惩罚性电价的通知，对32家能耗超标企业执行惩罚性电价，收取惩罚性电价1027.5万元。指导完成23台火电机组脱硫增容改造。通过节能发电调度节约标准煤162.3万t，全网监测脱硫机组减少SO_2排放量179.89万t，全网平均脱硫效率96.1%。

信 息 中 心

1. 基本概况

国家电力监管委员会信息中心是国家电力监管委员会的直属事业单位，成立于2003年9月27日，主要为电监会履行电力监管职责提供信息技术保障和信息服务。

信息中心现任领导：主任倪吉祥，副主任鲁由明、胡红升。内设四个处室：办公室、系统技术处、统计分析处、网络与信息安全处。

2. 2010年工作综述

认真做好上海世博会、广州亚运会等重要时期的电力行业网络与信息安全保障工作。印发了《关于切实做好上海世博会期间电力行业信息安全工作的通知》和《保证广州亚运会亚残运会电力行业网络与信息安全专项工作方案》，从落实信息安全责任制、加强信息安全综合防范措施、做好信息安全应急等方面具体部署了世博会、广州亚运会期间的电力行业信息安全保障工作。组织电力行业等级测评队伍对重要电力企业开展亚运会信息安全等级测评工作，并督促相关企业及时进行了整改。组织专业技术力量对重要网络和信息系统开展实时监测和应急处置，加强信息通报和分析预警工作，电力网络和重要信息系统运行稳定，无重大及以上信息安全事件发生，圆满完成了上海世博会、广州亚运会的电力信息安全保障任务。

深入落实国家信息安全等级保护制度。2010年，公安部明确电监会信息中心作为全国首批信息安全等级保护测评体系建设试点单位，要求组建行业测评机构。年初，公安部正式批复同意成立电力行业信息安全等级保护测评中心。中心着手筹建测评实验室，组织专业技术人员参加公安部信息安全等级测评师培训。在此基础上，中心通过了公安部信息安全等级保护评估中心组织的现场评估和能力认证。国家信息安全等级保护工作协调小组办公室正式发文公布电力行业信息安全等级保护测评中心为第一批全国性等级保护测评推荐机构。组织开展电力行业信息安全等级保护测评中心制度建设工作，制定了《电力行业信息安全等级保护测评中心暂行管理办法》、《测评中心质量管理要求》、《测评中心保密管理规定》等文件，指导测评实验室开展实验室质量控制制度建设工作。

加强电力行业网络与信息安全监管。积极履行监管职责，加强电力行业网络与信息安全日常监管。2010年4月，会同办公厅组织对上海世博会一线保电单位华东电监局的信息安全保密工作检查；6月，组织对广州亚运会一线保电单位南方电监局保密及信息安全工作检查。印发了《关于江西电力市场交易信息网站存在安全隐患的情况通报》、《关于快客邮件系统存在安全漏洞的情况通报》等文件，及时通报存在的安全隐患和漏洞，并责成有关单位排查整改，及时消除了安全隐患。2010年10月初，组织电力行业各单位排查“震网”病毒。

稳步开展电力行业网络与信息安全水平评价工作。起草了《电力行业信息安全水平评价工作管理办法》(征求意见稿)，修订了电力行业信息安全水平评价工作指标。开展电力行业网络与信息安全信息通报日常通报工作。

大力推进电力监管实时信息系统建设。完成了《电力监管实时信息系统需求分析报告》和《电力监管实时信息系统可行性研究报告》初稿，组织发展改革委专家进行了评审。根据电监会领导要求，组织力量编制了《电力监管实时信息系统项目建议书》。起草了《关于报送〈电力监管实时信息系统需求分析报告〉和〈电力监管实时信息系统项目建议书〉的函》(电监信息［2010］36 号)，报国家发展改革委申请立项。按照《国家发展改革委办公厅关于开展国家重大信息化工程建设规划（2011～2015 年）编制工作的通知》，组织力量编制完成《电力监管信息系统项目建议》。

积极推进火电机组脱硫在线监测系统建设与联网工作。组织力量编制了《节能减排实时监管信息系统建设项目建设方案》，完成了《节能减排实时监管信息系统项目建议书》。组织开展电力调度实时信息接入系统试点工作，积极与电网公司沟通协调，选定了 15 类 80 项实时信息指标，合理确定了采集频度。对电网公司的网络架构进行了详细调查研究，编制了电力调度信息接入技术方案，并着手试点实施工作。

加强电力监管统计分析。按照国家统计局统计报表制度两年一修订的原则，组织完成了《电力监管统计报表制度》的修订工作。2010 年 10 月，国家统计局批复，新版报表制度将于 2011 年 1 月 1 日开始实施，有效期两年。此次报表修订共删除 7 张报表，新增 5 张报表，合并 8 张报表，拆分 2 张报表，涉及增减及调整的指标超过 500 个。完成电力监管统计报告 12 期，电力监管统计分析报告 4 期。对电监会内各业务监管部门开通了电力监管统计信息查询功能，并对使用人员进行了培训。完成了《2009 年度电力监管统计年报》的编制工作。

资质管理中心

1. 基本概况

国家电力监管委员会电力业务资质管理中心，成立于 2003 年 11 月，是电监会参照公务员法管理的直属事业单位。资质管理中心是电监会从事电力业务许可管理的专门机构，统一负责全国电力业务许可证颁发管理的具体事务。

资质管理中心现任领导：主任张燕敏（女），副主任张洪波、刘丽松（女）。

2. 2010 年工作综述

电力业务许可证基本普及。2010 年，全国颁发发电业务许可证为 3247 家，发电类电力业务许可证豁免证 2739 家，颁发供电类电力业务许可证 13 家，颁发承装（修、试）电力设施许可证 1346 家，颁发电工进网作业许可证240 414个。2010 年，全国变更发电类许可证共计 990 家，变更供电类电力业务许可证 1450 家，变更输电类电力业务许可证 24 家。

自开始颁发至 2010 年 12 月底，全国累计颁发发电类电力业务许可证18 345家，颁发发电类电力业务许可证豁免证明 7197 家，颁发供电类电力业务许可证 2945 家，颁发输电类电力业务许可证 38 家，累计颁发承装（修、试）电力设施许可证 9950 家，累计换发和新发电工进网作业许可证1 560 914个。

自开始变更至 2010 年 12 月底，全国累计变更发电类许可证 1510 家，累计变更供电类电力业务许可证 2945 家，累计变更输电类电力业务许可证 38 家。

2010 年，中心强化了对派出机构许可审发工作的督促指导。重点抓了 1000kW 以上发电企业许可证的审发工作和供电许可证扫尾工作，截止到 2010 年底，6000kW 以上发电企业符合条件的已基本普及持证，输、供电企业基本实现了普及持证。

许可监管报告编制完成并及时发布。2010 年，根据发电、输电、供电、承装（修、试）和电工进网作业五项许可制度执行情况专项检查工作，中心组织编制了许可监管报告，配合办公厅正式发布了《2010 年电力许可制度执行情况监管报告》。五项许可检查和 2010 年许可制度执行情况监管报告工作细、质量高，反映出了资质管理工作年年有新的推进。

许可常态监管的探索迈出重要一步。2010 年，为积极推进常态监管，中心在深化发电企业持证经营和输、供电企业新建设施许可预期报备管理试点工作的基础上，着手研究制定《电力业务许可证（发电类）监督管理办法（试行）》、《电力业务许可证（输电类、供电类）监督管理办法（试行）》和《承装（修、试）电力设施许可证监督管理办法（试行）》。其中，《电力业务许可证（发电类）监督管理办法（试行）》和《电力业务许可证（输电类、供电类）监督管理办法（试行）》已颁发，《承装（修、试）电力设施许可证监督管理办法（试行）》即将颁布实施。

许可变更和许可预期报备工作进一步规范开展。2010 年，对发生登记事项和许可事项变更的发电企业，及时开展了许可变更工作；对于完成二氧化硫治理的发电企业，及时取消了许可备注；对于关停的小火电机组，及时撤销了相关许可。2010年，输供电企业许可变更数量较大，中心加大工作力度，组织各派出机构督促输电企业、供电企业积极配合监管机构开展许可变更工作。2010年，继续指导试点单位积极开展输、供电设施许可预期报备管理工作，全年累计完成输电设施预期报备项目44项，批复41项；完成供电设施预期报备项目353项，批复329项，不予批复24项。

承装（修、试）及电工许可管理工作有序推进。进一步强化了28号令相关配套制度的建设，认真开展了28号令的宣贯工作；积极组织开展电工考试日常管理工作，加快提高电工许可证普及率；加强了对电工进网作业许可证续期注册的管理力度。

不具备许可条件发电项目的许可管理问题得到进一步研究解决。对不具备许可条件发电项目进行许可管理，一直是我们要研究解决的重要问题。2010年，中心组织各派出机构对6000kW以上不具备许可条件的发电企业进行了系统统计，按项目存在的问题分成违规建设违规审批问题、环保问题以及其他问题三类，形成了解决方案，其中，对建设项目违规审批（核准）问题，电监会已将解决建议上报国务院领导，国务院领导已批转国家发改委、能源局研究。

以许可管理促节能减排工作成效明显。为认真落实国务院节能减排政策，在五项许可检查工作中，中心将燃煤电厂二氧化硫治理、小火电关停情况纳入许可检查范围，对未完成治理的49家企业进行了督促和通报。同时，对存在环保问题的项目解决方案正在与国家环保局研究解决。

许可信息共享试点工作顺利启动。许可信息共享平台建设是“十二五”许可常态化管理的一项重要基础工作。2010年，中心进行了广泛的调查研究和系统分析，形成了工作方案，明确近期工作目标将以中心端加客户端模式的系统框架，实现许可证重要信息在试点单位范围内动态共享，确定了信息共享平台系统的结构、功能和共享信息内容、格式，以华北局、杭州办、东北局为突破口启动了试点应用工作。

大坝安全监察中心

1. 基本情况

由钱正英、潘家铮等老一辈水电领导提议，水利电力部于1985年10月批准成立水利电力部大坝安全监察中心。大坝中心不同时期曾分别隶属于水利电力部、能源部、电力工业部和国家电力公司。2004年6月，中编办将“国家电力公司大坝安全监察中心”划归电监会管理，并更名为“国家电力监管委员会大坝安全监察中心”（简称大坝中心）。

大坝中心现任领导：主任张为民，副主任何海源，总工程师张秀丽。

2. 工作综述

加强预警监控，为抗灾提供技术支持。2010年，全国部分省市主要河流发生大洪水、特大洪水，长江流域频频报警。面对汛情，大坝中心密切跟踪监视注册大坝所在地的雨情、水情，强化注册大坝超汛限水位水库的预警监测机制，及时掌握各水库的水位涨落情况，诊断大坝性态，为企业调度洪水、保障大坝运行安全提供技术支持。先后在“6月18日福建沙溪口大坝遭到挖沙船撞击并发生阻碍三孔溢洪道泄洪的险情”“6月22日江西抚州发生溃堤险情”“7月底、8月初第二松花江洪水期间丰满大坝5号坝段下游险情”“8月8日，甘肃舟曲因强降雨引发特大滑坡泥石流灾害后，舟曲堰塞湖下游白龙江流域，尤其是碧口水电站的应急准备”“‘8·14’汶川发生特大泥石流导致岷江改道后有关电厂的应急处置”等工作中发挥了重要作用。

继续认真开展大坝安全注册。2010年全年共完成了17座大坝的换证注册检查，根据申请初始注册的37座大坝的情况，共开展了34座大坝的初始注册工作。办理了9座大坝的变更注册。共对53座大坝进行了注册等级评审，并上报电监会批复。全年共发放大坝安全注册证书74份。截至2010年底，在大坝中心注册的水电站大坝共有218座，注册大坝水电站装机容量约占全国水电装机总容量的31%，约占全国电力系统水电总装机容量的57%，水库库容占全国所有水库总库容的35%。在办理注册过程中，大坝中心加强对管理薄弱单位的督促力度，对安徽毛尖山水电站、湖南沙田水电站、甘肃柴家峡水电站、贵州鱼塘水电站进行了督促整改。

加强大坝安全定期检查。2010年，启动了35座大坝的定检。全年共完成了浙江新安江，云南鲁布革等44座大坝的专家组工作；完成了新安江、鲁布革等32座大坝安全定期检查报告审查意见的编制，其中有新安江等25座大坝已经完成审查意见审核并上报电监会备案。截至2010年底，第三轮共启动了182座大坝的定检工作，尚有丰满、狮子滩、东风、漫湾等43座大坝未完成专家组工作。在完成三轮定检的大坝中，除广西浮石大坝因防洪能力偏低定为病坝外，其余均为正常坝，没有险坝。

强化大坝安全监测管理。2010年，受理并批复了李家峡、龙羊峡、宜兴、三板溪等大坝的监测项目封存停测或改变监测频次的申请，参加了李家峡、龙羊峡等水电站大坝安全监测系统或监测自动化系统设计方案的审查，大花桥水电站大坝施工期监测管理中心方案评审，平班大坝监测自动化的设计验收和李仙江流域大坝安全监测自动化系统投标文件评审，承担了乐滩水电站大坝安全监测系统的实用化验收。

推进大坝安全信息化建设。开发、建设了水电站大坝安全远程管理系统（全国水电站大坝安全信息管理主系统），已注册的水电站大坝都已通过互联网或专用网接入该系统，初步实现了注册大坝安全信息的实时监控和管理，并正在实现与电力安全实时监管系统的连接。图档中心拥有所有注册大坝齐全、完整的工程档案资料，并根据工作进展不断更新、扩充，为大坝安全管理工作提供第一手的技术资料。截止到2010年底，已有188座大坝接入大坝安全主系统，其中网络报送134座，邮件报送54座。2010年大坝中心继续安排人力开展四川地震灾区的大坝安全信息化系统恢复重建工作，经过近三年的努力，地震灾区信息化系统恢复重建项目已经基本完成，为灾区水电站大坝安全监控和管理提供了新的技术手段。

全面开展大坝安全管理各项基础性工作。按照电监会“隐患治理年”督查专项行动方案的要求，指导、帮助企业开展大坝安全隐患排查治理活动，先后参加了浙江百丈祭水电站坝顶公路修复工程、湖南东江大坝放空设施、福建安砂水力发电厂抗震设防标准、广西浮石大坝的病坝治理等有关治理工作。加强技术监督，规范现场安全管理，2010年开展了大唐国际彭水水电站和李仙江流域水电开发公司的6座运行水电站的水工技术监督工作。积极开展水电站工程蓄水安全鉴定和工程竣工安全鉴定，完成了多家在建水电站的工程蓄水安全鉴定和工程竣工安全鉴定。受有关业主单位的委托，为其新投运或收购的水电站开展质量鉴定、安全评估。

强化大坝安全运行管理人员业务培训。继续坚持将水电站运行单位大坝安全管理人员的培训作为一项公益性活动和基础性工作。组织或参加了国网新源公司组织的水工管理研讨班、大坝安全高层培训班。对监测人员上岗培训需求和改进学习方式进行了调研，调整了课程设置、课时安排以及师资力量，与河海大学联合举办了第14期“大坝安全监测人员上岗培训”。

加强舆论引导、宣传，完善大坝安全工作的信息平台。组织力量对大坝中心网站的所有水电站资料进行了校对、审核，保证资料的准确性，同时及时发布有关政策文件，报道行业内水电站大坝运行管理的重大事项，有效实现大坝安全管理信息的上传下达。针对有关媒体关于水电站大坝的不实报道，及时进行了更正声明。《大坝与安全》期刊稳步发展，2010年完成6期的纸质和电子出版任务。每月编写《水电站大坝安全监控月报》，及时掌握各注册大坝的运行情况。编写了《2009年全国注册水电站大坝安全监测工作报告》。积极响应“国际大坝委员会第79届年会论文征集”活动，征集筛选了运行管理领域多篇有代表性的论文，提交国际大坝委员会第79届年会“变化挑战下的水库与大坝”专题交流。

完善技术标准体系。2010年编制完成了《大坝安全监测自动化系统实用化要求及验收规程》《水工技术监督标准编写大纲》和《水工技术监督标准》初稿，组织开展了《水电站大坝安全评价导则》的编制工作；完成了第三届电力行业大坝安全标准化技术委员会换届工作和《钢弦式锚索测力计》、《钢弦式位移计》等的审查工作。

配合监管机构开展安全监管工作。多次派员参加了电监会及其派出机构的安全检查。回复了富春江船闸扩建项目的人大提案意见。年内配合电监会安监局完成了《水电站大坝除险加固治理管理办法》和《水电站大坝安全第四轮定期检查规划》的编制、颁布工作，进一步健全了水电站大坝安全监管法规体系，完善了大坝安全定期检查工作机制。根据电监会的部署开展未注册运行水电站大坝的统计摸底工作，基本完成了全国装机容量50MW以上176座未注册运行水电站大坝的统计、分类工作，并协同部分监管派出机构与当地政府主管部门明确了大坝的监管分工。

行 业 管 理

中国电力企业联合会

综 述

（一）重点工作取得重要进展

电力工业“十二五”发展规划研究取得重要成果。按照“大市场、大目标、大规划”的思路，突出大基地、大结构、大电网及经济性和政策性，形成了以14个专项规划、6项专题研究报告为支撑的《电力工业“十二五”规划研究报告》。研究报告已报送相关政府部门和领导，并提交常务理事单位，一些观点和建议向社会做了沟通和说明，引起了政府部门的重视。报告在行业内外引发良好反响，对于统一行业发展思路，促进电力发展方式转变具有重要意义。

深入开展行业文化建设，凝聚行业共识。按照五届理事会提出的“诚信、负责、合作、创新”的核心价值理念，提出了《关于加强电力行业文化建设的指导意见》，面向全行业和社会全面开展“电力行业核心价值理念有奖征集活动”，发表署名文章，阐述了电力行业文化建设的必要性和建议措施。在广大电力企业积极参与下完成了《电力行业文化核心价值体系》、《全国电力行业公约》和《全国电力行业员工行为准则》等文件的征求意见稿，为深入开展行业文化建设奠定了较好基础。

积极推动节能减排和应对气候变化工作。协助国家发改委、环保部、工信部、电监会、能源局等政府部门和各集团公司开展了节能减排规划标准制定、调研、技术推进、核查等工作，形成了《电力行业应对气候变化行动框架》，组建了电力行业应对气候变化协调委员会和专家委员会，在广泛征求意见的基础上完成了《电力行业应对气候变化指导意见》。积极参与政府有关部门关于应对气候变化控制目标、实施方法，配套政策等相关问题讨论与研究，争取电力行业在应对气候变化工作的话语权和主动权。

（二）基础性服务工作质量不断提高

（1）统计信息工作质量稳步提升，影响进一步扩大。中国电力年度发展报告在内容上更加精细，也更加全面，发布时间提前；统计报表制度进一步调整，指标进一步充实；颁布了《中电联统计数据管理办法》，规范了各类统计及数据发布行为；完善了各月电力工业运行情况简要分析报告以及按季度发布的全国电力供需与经济运行形势分析预测报告会商机制和发布方式。

（2）对中电联管理的数十种刊物进行了清理整顿，信息服务工作质量提高，速度加快，服务深化，突出了中心工作和重点刊物，为企业、政府的生产经营、经济运行、节能减排提供了重要支撑，受到政府及社会各界重视，成为中电联支撑性服务品牌。

（3）行业标准制修定加快推进，进展顺利。确定了以特高压、智能电网和新能源发电为重点的电力行业标准制修订计划。根据国家能源局批复，成立了能源行业电动汽车充电设施标准化技术委员会和电力行业节能标准化技术委员会，主任委员单位和秘书处均挂靠在中电联本部。

（4）可靠性管理越来越受到政府和企业的重视。与国家电监会联合发布了2009年电力可靠性数据的统计分析，以及全国火力发电机组和供电企业可靠性评价结果。开展了全国电力可靠性管理工作专项检查，对电力安全稳定运行起到了积极的作用。

（5）技能鉴定和教育培训有了新突破。经教育部批准，中国电力企业联合会成立了全国电力职业教育教学指导委员会；成功举办第七届全国电力行业职业技能竞赛活动；完成第十届中华技能大奖、全国技术能手人选和国家技能人才培育突出贡献奖单位及个人推荐工作，中国电力企业联合会推荐的5名个人、1个单位获奖。

（6）积极推动企业管理创新。召开全国电力行业企业管理创新成果现场交流与评审会，对50多项成果进行发布交流。继续组织开展了电力行业优秀企业、优秀企业家评选工作，评选并发布了99家优秀企业和98名优秀企业家。

电力工程造价与定额管理总站完成了2010年版电力建设工程概、预算定额初稿的编制和电力工程量清单计价规范的编写工作。出版发行了电网技术改造工程和检修工程预算编制与计算标准。完成了2010年度电力工程造价专业资格认证工作等。

电力工程建设质量奖评审工作，电力优质工程奖评审，国家优质工程奖、鲁班奖的推荐与现场复查工作取得良好成绩。2010 年度全行业共有 54 家建设单位申报中国电力优质工程奖，经现场检查和评选，其中 45 项工程获得 2010 年度中国电力优质工程奖；3 项工程获得国家优质工程金奖，30 项工程获银奖、6 项工程获鲁班奖。

技术经济咨询、设计审查、造价监理、产品鉴定与认证、科技交流、质量管理、信息资讯服务等基础服务不断深入开展，行业信用建设工作也取得积极成效。

（三）加强政策研究，积极反映企业诉求

积极向政府部门建言献策，发挥行业协会的桥梁纽带作用。2010 年，针对我国局部地区出现的电力供应紧张、电力企业经营困难等情况，向李克强副总理报送了《关于当前电力供应紧张与电煤情况的报告》；向国务院办公厅、国家发改委、国家电监会、国家能源局等政府部门报送了《关于尽快疏导煤电矛盾　缓解电力企业经营困难的报告》；向国家发改委张平主任汇报了《当前电力行业经济运行总体情况及若干问题建议》，向全国人大常委会副委员长华建敏和财经委汇报了电力行业落实《节约能源法》的情况，得到了政府部门和有关领导的高度重视。

承担了为国家发改委、能源局、环保部、商务部、工信部、科技部等政府部门以及世界银行等国际组织关于电力行业问题的咨询服务工作，全年复函各类委托咨询、征求意见、政策建议等百余条，有力地维护了行业利益。

积极参与事关行业发展的产业政策、课题研究等工作，发挥了较好的作用。一年来，承接政府和企业委托大的课题共 35 项，已结题和基本结题的有 31 项。内容涉及清洁能源发电、智能电网、节能减排、规划评价指标、电动汽车发展、电价机制、企业经营等关系行业发展的重大问题。其中，承担撰写任务的国资委国有企业监事会关于电力行业共性问题研究课题，得到李克强、张德江两位副总理的批示。

2010 年是开展重大课题研究较多的一年，反映了政府和企业对宏观性、政策性问题的重视。在研究成果中，中国电力企业联合会客观反映了企业诉求，赢得了会员单位的支持；提交了较高水平的报告，赢得了政府部门的信任。同时，在工作实践中，很多同志的课题研究能力和水平都得到了锻炼和提高。

（四）举办了一系列重要活动，社会影响力不断提升

与国家能源局、云南省政府共同主办了“水电装机容量突破 2 亿 kW 标志性机组揭牌仪式活动”，与能源局、中广核集团共同主办了全国电力装机突破 9 亿 kW 标志性机组授牌仪式。与电监会联合举办了 2009 年度电力可靠性指标发布会。与中国能源化学工会联合开展了全国火电 60 万 kW 级机组能效对标活动。联合中欧有关机构主办了“2010 中欧智能电网技术与标准化论坛”，促进了智能电网技术交流和标准体系的建立。一年来共举办 5 次国际、国内大型展览会，特别是参与组织了亚太电协和海峡两岸电力工业展览，与台湾电力公司共同主持召开了海峡两岸电力工业高阶主管论坛，促进行业内外的交流，提升了行业形象。

成功召开了 2010 年经济形势与电力发展分析预测会，积极参与第二届中国工业大奖推荐评审工作，受中国工业经济联合会委托，组织召开了国家电网公司 1000kV 晋东南—南阳—荆门特高压交流试验示范工程专家评审会和现场考察工作，我会组织推选的特高压试验示范工程项目荣获大奖，提升了特高压工程项目的信誉度和影响力。

完善了中电联新闻发布制度，规范开展了新闻发言工作，加强了与会员单位、媒体和行业外的外联工作协调机制。对重要活动以及重要课题、重要会议等进行了宣传策划，提升了中电联工作的影响力。

（五）加强中电联本部建设

（1）进行机构调整，更好地清晰了部门职责，理顺了工作关系，优化了资源配置，并按照集团化管理、集约化经营的原则对经营性公司进行了重组。处级干部公开竞聘上岗工作顺利完成，一批年轻骨干脱颖而出，较好地调动了干部职工的积极性。企业派驻机制取得重要进展。截至目前，各大电力企业已经派驻交流了 17 名同志到中电联本部工作，对于提升中电联本部的服务能力与水平，起到了积极的促进作用。

（2）加强制度建设规范办会。根据章程，调整完善了决策和执行机制，全年召开三次理事长办公会议、两次理事长会议、两次常务理事会议、十三次本部理事长办公会议。制订和修订有关党建工作、机构调整、干部管理、交流派驻、薪酬管理、财务与资产管理等 20 多项本部工作制度和管理办法。

（3）加强对分会和代管学协会的管理。通过调研沟通，完善制度，加强了对代管学协会的管理。中电联分支机构调整设立方案经五届二次常务理事会议通过。

（4）规范服务职能。分类梳理了中电联目前开展的近百项服务项目，编制印发了《中电联服务导引》。

中电联组织机构

（一）中电联本部机构设置及人员变动情况

（1）中电联本部现设置 16 个职能部门，其中 4

个部门为内部独立核算单位；直管3个经营性公司。16个职能部门为：理事会办公厅、行业发展规划部、研究室、国际合作部、人力资源部（机关党委）、财务与资产管理部、对外联络部（新闻宣传中心）、统计信息部、行业与企业文化部、环保与资源节约部（电力行业应对气候变化中心、内部独立核算单位）、标准化管理中心、可靠性管理中心（国家电力监管委员会电力可靠性管理中心）、技能鉴定与教育培训中心（电力行业职业技能鉴定指导中心）、电力工程造价与定额管理总站（内部独立核算单位）、电力工程质量监督管理总站（内部独立核算单位）、电力会展中心（中国电力企业联合会司法鉴定中心、内部独立核算单位）。直管的3个经营性公司为：中电联兴业投资发展有限公司（中国电力企业联合会电力建设技术经济咨询中心）、中电联（北京）科技发展有限公司（中国电力企业联合会科技开发服务中心）、华凯投资集团有限公司。

经国家事业单位登记管理局批准，中国电力企业联合会电力技术经济咨询中心、电力工程造价与定额管理总站、北京电力培训中心、中国电力企业联合会科技服务开发中心、国家电力监管委员会电力可靠性管理中心5个单位取得事业单位登记。

（2）人员变动情况：中电联本部2010年底实有职工总数183人（含长期聘用人员28人，企业派驻、借调人员15人，不含内退人员），其中，接收安置军转干部1人，增加长期聘用9人，增加企业派驻交流16人，调入4人，退休3人，调出2人、在职死亡1人 。

（二）干部配置

（1）中电联第五届理事会领导成员：

理事长：刘振亚

常务副理事长：孙玉才

专职副理事长：魏昭峰

兼职副理事长（按姓氏笔画排序）：云公民、王炳华、刘顺达、孙勤、朱永芃、吴国潮、张喜武、陆启洲、赵建国、钱智民、曹广晶、曹培玺、潘力

秘书长：王志轩

副秘书长：孙永安、沈维春、欧阳昌裕

（2）中电联第五届理事会顾问（按姓氏笔画排序）：

王文泽、叶荣泗、刘宏、宋密、李永安、周大兵、祝新民、贺恭、赵希正、袁懋振、翟若愚

（3）中电联第五届理事会专职顾问：

谢振华、王永干

（4）中电联第五届理事会专家（按姓氏笔画排序）：

王信茂、付元初、冉莹、张安乐、周小谦、姜绍俊、胡兆光、黄其励、黄金凯、曾鸣、霍继安、魏光耀

（5）2010年度部门（中心、公司）领导干部：

理事会办公厅主任：米建华

理事会办公厅副主任：王利

理事会办公厅副主任：田卫东

行业发展规划部主任（兼职）：欧阳昌裕

行业发展规划部副主任：刘向东

行业发展规划部副主任：高绍峰

行业发展规划部副主任：游敏

行业发展规划部副主任：余文奇

研究室主任（兼职）：欧阳昌裕

研究室副主任（兼职）：刘向东

国际合作部主任（兼职）：米建华

人力资源部（机关党委）主任：赵天荣

人力资源部（机关党委）副主任：李晓霞

财务与资产管理部主任：崔照胜

对外联络部（新闻宣传中心）副主任：张海洋

对外联络部（新闻宣传中心）副主任：张海涛

对外联络部（新闻宣传中心）副主任：张晓京

统计信息部主任：薛静

行业与企业文化部主任（兼职）：孙永安

行业与企业文化部副主任：徐耀强

环保与资源节约部（电力行业应对气候变化中心）副主任（主持工作）：潘荔

标准化管理中心主任：许松林

标准化管理中心副主任：刘永东

可靠性管理中心（国家电力监管委员会电力可靠性管理中心）

主任：胡小正

可靠性管理中心副主任：陈丽娟

技能鉴定与教育培训中心（电力行业职业技能鉴定指导中心）

主任：徐玉华

技能鉴定与教育培训中心副主任：张志峰

电力工程造价与定额管理总站副站长（主持工作）：郭玮

电力工程造价与定额管理总站总工程师：张天文

电力会展中心（中国电力企业联合会司法鉴定中心）主任：齐志强

中电联兴业投资发展有限公司（中国电力企业联合会电力建设技术经济咨询中心）董事长（兼职）：沈维春

中电联兴业投资发展有限公司副总经理：黄成刚

中电联兴业投资发展有限公司副总经理：朱二苗

中电联兴业投资发展有限公司副总经理：左晓文

中电联兴业投资发展有限公司副总经理：刘学良

中电联兴业投资发展有限公司总工程师：褚农

中电联（北京）科技发展有限公司（中国电力企业联合会科技开发服务中心）董事长：李斌

中电联（北京）科技发展有限公司总经理：江宇峰

中电联（北京）科技发展有限公司副总经理：王琪

中电联（北京）科技发展有限公司副总经理：罗勇

华凯投资集团有限公司董事长：蒋晓华

（三）组织机构

中电联本部常设办事机构

(1) 理事会办公厅：综合处、秘书处、会员处、机关服务处。

(2) 行业发展规划部：综合处、规划一处、规划二处。

(3) 研究室：研究一处、研究二处。

(4) 国际合作部：综合处、外事处。

(5) 人力资源部（机关党委）：综合处、人事处。

(6) 财务与资产管理部：综合处、资产管理处、会计处、会计核算中心。

(7) 对外联络部（新闻宣传中心）：新闻宣传处、网站管理处、杂志管理处。中国电力企业管理杂志社挂靠新闻宣传中心。

(8) 统计信息部：综合分析处、统计处。

(9) 行业与企业文化部：综合处、文化建设处。

(10) 环保与资源节约部（电力行业应对气候变化中心）：环保资源节约处、应对气候变化处。环保与资源节约部和恒功公司经调整重组，形成新的自收自支部门，采取两块牌子、协调运作的方式，按照内部独立核算单位的模式来管理。

(11) 标准化管理中心：综合计划处、标准管理处。

(12) 可靠性管理中心（国家电力监管委员会电力可靠性管理中心）：综合计划处、信息管理处。

(13) 技能鉴定与教育培训中心（电力行业职业技能鉴定指导中心）：技能鉴定处、教育培训处。

(14) 电力工程造价与定额管理总站：综合处、定额处、造价处。

(15) 电力会展中心（中国电力企业联合会司法鉴定中心）：综合处、展览处。

党群工作

（一）加强基层组织建设

1. 加强基层党组织建设

2010年6月28日，中电联机关党委按照章程要求，进行了换届工作，产生了中共中电联第五届机关委员会，委员会由7人组成，魏昭峰同志任机关党委书记，赵天荣同志任机关党委副书记。根据工作需要，分别设立了1个党总支（直属4个党支部）和18个党支部，并对支委会进行了选举，保障了党组织的规范性和完整性。

2010年7月9日，召开中共中电联第五届机关委员会第一次扩大会议，新一届机关党委委员和各党总支、党支部书记出席了会议。按照国家电监会直属机关党委和中电联党组对中电联机关党委的工作要求，研究如何进一步加强中电联机关党的建设，对学习型党组织建设和开展创先争优活动进行具体部署。

2. 加强工会组织建设，完成机关工会换届选举

2010年11月2日，中电联召开工会会员代表会议，进行机关工会换届工作，选举产生了新一届机关工会委员会和经费审查委员会，机关工会委员会由13人组成，田卫东同志任机关工会主席、白俊文同志任机关工会副主席，经费审查委员会由5人组成，崔照胜同志任经费审查委员会主任。

2010年11月，建立健全2个分工会、16个工会小组，完善了相关工作制度。

（二）开展创先争优活动

(1) 贯彻落实上级党委关于学习创先争优活动有关会议精神，联系本单位实际，制定并印发了《中电联机关党委关于深入开展创先争优活动的意见》，成立了以机关党委书记魏昭峰为组长的创先争优活动领导小组。

(2) 实施《中电联机关党委关于深入开展创先争优活动的意见》，机关党委组织了学习优秀共产党员先进事迹教育活动，创先争优经验交流活动。2011年1月27日，2月21日，中电联机关党委召开创先争优活动点评会。

（三）开展思想建设和党风廉政建设教育活动

(1) 组织反腐倡廉学习教育活动，学习《中国共产党党员领导干部廉洁从政若干准则》。组织关于《社会团体“小金库”专项治理实施办法》等相关文件和有关会议精神的学习，增强干部的法纪意识。突出重点，有针对性地进行深入细致的思想教育工作或诫勉谈话，严明组织纪律，加强对干部思想作风表现情况的监督。

(2) 组织读书征文活动，并评选优秀作品、进行讲评、表彰，弘扬学习光荣、读书光荣的好风气。

(3) 结合加强基层党组织建设，针对年度党组织建设的新特点，组织学习《中国共产党党和国家机关基层组织工作条例》、《新编党支部书记培训教程》、

《发展党员工作规程与方法》、党务工作规章制度和党务工作业务知识。

电力行业发展规划管理与服务

1. 电力工业“十二五”规划研究报告编制

2010年，按照中电联第五届理事会的部署，在理事长、副理事长和常务理事单位的大力支持、配合下，中电联组织编制完成《电力工业“十二五”规划研究报告》，总结分析了“十一五”电力发展的成绩和问题，提出了“十二五”电力发展的思路、目标、结构、布局、质量和政策措施建议。研究报告得到了政府相关部门的高度重视，并在行业内产生了较大影响。

2. 建立电力规划研究工作体系

机关本部成立行业发展规划部，负责电力行业规划研究和重大问题调研工作，两大电网公司、五大发电集团和电力顾问集团分别派驻中电联开展电力规划研究工作。

成立了以孙玉才常务副理事长为组长的规划研究编制领导小组，中电联本部各部门有关人员为工作小组成员；

成立了以国务院研究室唐元司长为组长，部分理事长单位分管领导为副组长的行业规划研究编制专家组。

初步建立以两家电网公司、五家发电公司、三家核电公司、三峡集团、神华集团以及电力顾问集团、水电顾问集团等单位专项研究为基础，电力顾问集团、中国电科院、国网能源研究院、国电环境保护研究院、国网经研院等单位专题研究为支撑的电力工业规划研究体系。

3. 服务电力行业发展

开展电力行业共性问题研究。2010年，配合国资委监事会开展了电力行业共性问题研究课题，承担了研究工作方案、研究大纲制定，以及《当前电力行业共性问题及建议》研究报告的起草工作。

电力节能规划研究。根据国家能源局要求，编制完成了《电力工业“十二五”节能规划》（草稿）报告，按时上报国家能源局。

受国家能源局电力司委托，组织完成了《行业规划评价指标（电网与火电部分）》研究工作，确定了反映电力工业先进性、安全性、可靠性、经济性、环境保护、服务能力的规划评价指标。

完成国家能源局电力工业“十二五”规划课题《中外电力行业模式与政府管理体制比较研究》的研究工作。

受国家能源局新能源司委托，完成《风电预测及系统协调运行管理办法》起草工作。

受国家能源局新能源司委托，完成《风电并网检测管理办法》起草工作。

受工信部委托，完成《我国智能电网发展的相关对策研究》课题，提出了我国智能电网发展的总体思路、政策建议和保障措施。

受电监会委托，完成《太阳能发电发展机制及政策研究》，提出了我国太阳能发电的发展方向、需要的配套政策。

受电监会委托，完成《输配电价形成机制研究》，提出了我国输配电价的形成机制和测算原则。

电力外事管理与服务

1. 加强与政府部门、会员企业的联系

2010年6月在京组织召开了电力行业国际合作工作座谈会。会议代表就外事管理，对外经济技术交流合作，“走出去”战略实施情况进行了介绍；对电力行业国际合作工作经验及发展思路进行讨论。

2. 保持和扩大与国际能源电力机构的沟通交流

中电联继续与相关国际能源电力组织、电力行业协会和电力企业保持密切的交流与合作关系。

继续承担亚太电协日常事务性工作。中电联作为亚太电协理事会成员，2010年继续承担了大陆地区会员资料更新、年度会费收缴、亚太电协会刊资料编辑、亚太电协章程修改建议、推荐代表参加亚太电协大会、代表中国电力行业参加理事会会议等工作。

接待相关国际组织、机构的来访。全年我会共接待了来自国际能源电力组织、驻华使馆、各国电力公司、协会等20个代表团共60余人来访；协助有关政府部门完成了与国际能源署的项目洽谈和签约工作；接待了到访的巴西、比利时、澳大利亚等国驻华使馆人员并详细介绍了我国电力行业总体发展情况、节能减排以及技术发展情况。与墨西哥能源部新能源司、大韩电气协会、日本煤炭能源中心等机构开展了项目合作；与德国MSM咨询公司完成了风电咨询项目；多次接待了台湾代表团的访问，促进了海峡两岸电力领域的交流。

2010年中电联参加了文莱驻华使馆举办的国庆活动、美国驻华使馆举办的美商务部长来访活动、阿尔斯通清洁能源论坛、国际能源署《世界能源展望》发布会、欧盟驻华代表处举办的可再生能源论坛等多项活动，积极参与能源电力国际交流，宣传电力行业发展成就。

3. 组织参加重要国际电力会议

组织参加2010年亚太电协大会。2010年10月25日，由东亚及西太平洋电力协会（亚太电协）和台湾电力公司共同主办的第十八届亚太电协大会在台北召开。中电联刘振亚理事长出席大会开幕式并致辞，孙玉才常务副理事长出席了会议，本届亚太电协大会通过9场专题研讨与52场技术研讨会，来自18个国家和地区的约1200名与会代表就绿色能源、智能电网、低碳电力、电厂提效、信息技术、前沿核电多个领域的54个议题展开了讨论。

组织召开海峡两岸电力工业高阶论坛。2010年10月29日，由中电联与台湾电力公司共同主办的海峡两岸电力工业高阶论坛在台北召开，来自两岸电力企业高层领导及有关人员约120人参加了会议。论坛由中电联常务副理事长孙玉才和台湾电力公司董事长陈贵明共同主持。孙玉才在论坛上做了题为“携手交流合作、促进电力发展”的主题发言。

4. 构建电力行业国际信息交流平台

中电联国际合作部对部门电子刊物《能源参考》进行了更名和改版，改版后的《电力国际信息参考》更加注重国际电力行业信息发布，全年共出版9期。

5. 完成相关课题研究

完成了《电力工业“走出去”课题研究报告》、《电力行业2010年GPA谈判预案研究报告》及《电力行业政府采购信息数据库项目研究报告》。以上课题研究报告均通过专家评审，为电力企业“走出去”、政府部门进行电力行业GPA谈判等做出了积极努力。

电力行业发展研究

1. 开展行业发展重大问题调研，反映行业企业诉求

起草《关于当前电力供应紧张与电煤情况的报告》，报送李克强副总理；起草《关于尽快疏导煤电矛盾缓解电力企业经营困难的报告》，报送国务院办公厅、国家发展改革委、国家电监会、国家能源局等政府部门。两份报告反映了全国电煤的供应情况，分析了电煤供应紧张的原因，提出了应对电煤问题和缓解煤电矛盾的政策建议，得到有关方面积极关注。

2. 组织开展行业热点难点问题研究，服务行业企业健康发展

完成重点课题《煤电一体化问题研究》，课题研究报告中对我国煤电一体化发展的总体分析、产业风险分析和相关政策建议，为有关政府部门、企业推进煤电一体化健康发展提供了有益的参考。组织研究发表《中国海上风电元年》、《EVA的双重考验》、《可视化管理：改善创造价值》、《走向泛网融合时代》、《电力工程造价管理的问题及对策》等专业研究文章，对促进新能源发展、国企业绩考核、电网管理、电力工程建设管理等工作具有参考价值。

3. 拓展服务行业企业工作内容，增强服务能力

组织编写《中电联服务导引》，将中电联当前提供的100多项服务项目做了梳理，对每个服务项目的委托机构、承担部门及项目内容都做了说明。

6月11日，组织召开电力行业政策研究交流会，中电联有关领导、副理事长单位的有关部门代表参会。会议围绕各单位政策研究基本情况和近期研究成果、当前应重点关注的电力行业重要课题、电力行业优秀软课题研究成果评选工作等议题进行了交流研讨。

对外宣传与服务

1. 建立工作机制

建立对外联络工作联动机制。为了加强会员单位的联络工作，外联部制订了《中国电力企业联合会常务理事单位对外联络工作常态联系办法（试行）》。建立中电联常务理事单位常态联系工作渠道，建立中电联对外联络网络和信息数据库。每季度组织召开中电联部分常务理事单位对外联络工作联席会。以周、月为周期，与部分常务理事单位保持信息交流与工作联系，及时了解行业动态。

建立行业新闻宣传联动机制。制订《中国电力企业联合会新闻宣传信息报送工作管理办法》，组建联络员队伍，明确了中电联本部新闻宣传和电力行业新闻宣传队伍建设、信息报送等管理规范。

组建本部新闻宣传信息通讯员队伍，明确各自的宣传职责及信息报送流程。对重大电力专题，由中电联外联部牵头，组织新闻宣传活动。

建立行业新闻舆情联动机制。制订《中国电力企业联合会新闻舆情应对机制工作方案》，明确舆情监测的责任划分、监控平台，确定了新闻舆情应对工作的基本原则和处置流程等。

2. 规范“三个平台”

规范出版物平台。对中电联主管、主办的23种刊物的管理提出了建议，修订《中国电力企业联合会出版物管理办法》，开展自查工作。

撤销了《中国电力企业管理》“文学艺术版”、“信息化版”、“网络版”，推出了一系列专题报道。

规范中电联门户网站。修订《中国电力企业联合会网站管理办法》，明确了网站宗旨、职责分工、网站管理等内容。密切关注行业内外的重要信息，网站

信息量数倍增加，信息更新速度明显提升，社会点击率大幅度攀升。

规范新闻发布平台。修订《中国电力企业联合会新闻信息发布办法》。及时发布新闻信息。每遇行业重要事件、重要信息，及时组织新闻发布工作，全年共举办了8场新闻发布会。

3. 突出“三个加强”

加强与媒体的联络沟通。保持与重要媒体及英大传媒集团、中国电力报等行业媒体的有效沟通，主动联络，共同谋划电力行业新闻宣传和舆情信息工作。

加强行业新闻热点的重点宣传。制订《中国电力企业联合会关于加强电力行业新闻宣传和舆情信息工作的意见》(2010～2012)。确定了新闻宣传和舆情信息工作的指导思想、总体目标、重点内容及主要措施。

加强新闻舆情监控。做好有关行业敏感话题的调研工作，形成调研报告。针对媒体刊登的有关行业的报道和信息，组织专门力量，对可能产生负面影响的新闻报道进行密切关注和追踪监测，就重大舆情，第一时间报送有关领导。

编辑出版内部期刊《舆情特供》和《电力舆情动态》。

积极做好向国家发改委、工信部、电监会的信息报送工作。

4. 促进三种能力提升

促进中电联内质外形得到提升。推进全新改版中电联门户网站。

牵头和配合组织了重大活动，如：新闻发布会；全国水电装机突破2亿kW揭牌仪式、全国电力装机突破9亿kW仪式；策划电力行业“十二五”规划宣传等。

促进媒体联络沟通水平提升。加强与中央主流媒体和行业媒体的日常联系，共同协商重大宣传主题，交流工作经验，策划具体宣传方案，形成全方位、多角度的整体宣传效果。向媒体通报电力行业、企业重大信息，反映行业诉求及困境。

促进与会员单位协同合作程度提升。通过走访部分常务理事单位，加强与中电联会员单位的沟通联络。积极征询各会员单位宣传需求及企业亮点新闻，提供工作平台便利，为会员单位开展自身宣传提供服务。

电力统计信息管理与服务

1. 数据分析与预测工作

(1) 完成各类分析报告提高统计分析预测的权威性。分别完成并发布2009～2010年度、2010年第一季度、2010年上半年、2010年前三季度全国电力供需和经济运行形势预测报告，提出相关政策建议，为政府和企业经济决策提供参考依据。编撰完成《中国电力工业统计数据分析(2010)》。

(2) 完成国家发改委能源所委托“2010年发电CDMA基准线研究”、工业和信息化部委托的“高耗能产品信息采集平台开发”和“煤电油气运监测旬报”、国家能源局委托的“电力经济运行形势分析研究”、国家电监会委托的“全国发电业务监管报告”和“新能源接入系统监管报告”、中电联“中外电力比较研究”、中电投委托的“中电投集团闭环考核方法研究及应用系统开发”和“2010年国民经济及电力市场研究”、中广核集团委托“2010年电力市场格局研究”等课题的研究工作。

(3) 与政府部门和电力企业紧密联系、建立信息沟通渠道和机制。参加财政部、国家发展改革委、国家能源局、工业和信息化部、国家电监会等政府部门召开的月度、季度经济运行态势分析预测座谈会，汇报电力经济运行走势，反映电力行业企业当前面临的主要问题，提出相关意见和建议。组织电力企业计划和市场分析人员，召开季度电力供需形势分析研讨会，搭建中电联理事长单位间电力经济运行信息交流平台。

2. 行业统计工作

(1) 完成月度、年度统计数据，满足政府部门、企业的应急需求。完成全国电力工业统计月度快报、月报以及2009年电力工业统计快报，并及时发送至政府有关部门和中电联理事长、各副理事长单位。提前完成《2009年电力工业统计资料汇编》和《2009年电力工业统计资料提要》的编制并发布全年年报数据。报送2011年电力以及新能源发电生产指标。

(2) 沟通解决统计报送中遇到的问题，完善电力行业统计体系。组织召开云南省电力行业发电与电源投资统计工作座谈会，研究、协商解决云南省电力行业统计存在的问题，就云南省电力行业发电生产、电源投资统计体系的建设达成初步共识。向中电联会员单位及电力行业统计职能单位印发了《电力行业统计报表制度》。为保证中电联对外公布数据的准确性和唯一性，印发《中电联本部统计数据归口管理办法》。

(3) 完成标志性机组的认定工作。结合2009年全国电力工业统计年报、2010年月报数据，经核算、分析和遴选，报送国家能源局核准后，分别确认中国华能集团公司云南小湾水电站4号机组为全国水电装机容量突破2亿kW时点标志性机组，中国广东核电集团有限公司岭澳核电站二期工程1号机组为全国发电装机突破9亿kW标志性机组。中电联紧密联系、配合国家能源局，组织筹备了标志性机组的授牌仪式。

3. 编撰完成《中国电力行业年度发展报告2010》

提出《中国电力行业年度发展报告 2011》的提纲框架、结构，以及报告的编撰流程、编撰规范等意见。

电力行业文化建设与企业管理

（一）文化建设工作

（1）主要成果：

1）初步形成了电力行业核心价值理念体系。以行业使命、行业宗旨、行业精神、行业愿景以及行业发展理念作为电力行业最重要的核心价值理念，制订《全国电力行业信条》。

2）初步形成了电力行业与企业行为规范体系。根据行业协会的特点，组织起草《全国电力行业公约》。公约共十条对电力行业企业行为进行了“约定”。

3）初步形成了电力行业员工行为规范体系。制订《全国电力行业员工行为准则》，对电力行业员工的行为进行了规范。

4）初步形成了电力行业文化建设制度体系。制订《中电联关于加强电力行业文化建设的指导意见》，成为指导当前和今后一个时期电力行业文化建设的纲领性文件。

（2）主要措施：

在开展行业文化建设中通过营造舆论、专家指导、开展调研、小组攻关、广泛参与、培训骨干、开展活动等方式推动企业文化建设创造了一个有利的工作环境，明确了电力行业文化建设的工作方向和要求。

（二）企业管理工作

1月20日，组织举办了华电国际邹县发电厂荣获首家“资源节约型、环境友好型一流发电厂”称号的发布会。中电联常务副理事长孙玉才、华电集团公司副总经理任书辉为邹县电厂颁发了牌匾。

1月21日，在京组织召开了企业管理座谈会，有20位电力行业的专家出席，会上对创新成果、企业文化、质量管理和信用评价工作的现状和下一步的工作思路进行了探讨。

筹备了“两型一流”火力发电厂标准（试行）及水力发电厂标准（试行）制订工作，并于5月27日召开了专家研讨会，形成了标准的初稿。

3月下旬，组织召开了“2010年经济形势与企业改革分析预测会”，邀请国家能源局、国家电网公司、国家发改委能源研究所、财政部财政科学研究所、国务院发展研究中心、国家核电技术有限公司等政府部门以及企业领导、专家学者做专题报告，并发布2010年全国电力供需情况及发展趋势分析报告。

配合中国工业经济联合会“第二届中国工业大奖”，启动电力行业的申报工作。并组织专家对电力行业申报的奖项进行了初评和推荐工作。

管理创新成果的评审与交流。9月，在浙江杭州召开全国电力行业企业管理创新成果现场交流与评审会。经评审委员会审定，共评出创新成果452项，其中一等奖75项，二等奖168项，三等奖209项。对获奖成果进行了表彰，并授予全国电力行业企业管理创新成果证书。

优秀企业、优秀企业家评选工作。11月18～20日，召开了“2010年全国电力行业优秀企业、优秀企业家评审会”，有99家企业、98位企业家最终通过了评审委员会的审定。

咨询服务工作。根据企业的需求，开展了“全国电力行业质量奖”、“全国电力行业企业管理创新成果奖”的咨询服务工作。

电力环保与资源节约管理与服务

1. 加强电力行业应对气候变化中心建设，推动电力行业应对气候变化工作开展

（1）提出了《电力行业应对气候变化行动框架》，并在框架的指导下，提出了《电力行业应对气候变化工作指导意见》。该指导意见重点分析了电力行业应对气候变化面临的形势，明确了指导思想、主要任务、工作原则和机制保障等，对推进电力行业应对气候变化工作有序开展起到了规范和指导作用。

（2）组建了电力行业应对气候变化协调委员会和专家委员会。协调委员会由中电联理事长、副理事长单位及2家顾问集团公司主管领导组成，中电联理事长任主任；专家委员会专家委员由人大环资委、电监会、发展改革委、两院院士及电力企业和相关研究机构的15名专家组成。

（3）参与政府有关部门关于应对气候变化控制目标、实施方法，配套政策等相关问题讨论与研究，争取电力行业在应对气候变化工作的话语权和主动权。

（4）组织开展了燃煤电厂二氧化碳统计、监测指标体系及方法研究的前期工作。

2. 成立电力行业节能标准化技术委员会，建立健全行业节能标准体系

组织制定、修订、宣传、贯彻电力行业节能领域

技术标准，成立了电力行业节能标准化技术委员会。电力行业节能技术标准开始进入系统、全面的标准制修订阶段。标委会秘书处挂靠中电联环保与资源节约部。

3. 履行行业管理服务职能，反映行业建议和企业诉求

(1) 参与了《大气法》修订；组织国网、华能、大唐、华电、国电、中电投、浙能、华润、河北建投等发电集团公司讨论研究了《大气法》修订草案送审稿，提出27条修改意见，报送国务院法制办。

(2) 总结并反映了《节约能源法》实施情况。起草了电力行业实施《节约能源法》情况汇报材料。全国人大常委会听取了中国电力企业联合会等多家行业协会对《节约能源法》实施情况的意见。

(3) 完成了发展改革委委托的《现有燃煤电厂氮氧化物治理"十二五"规划研究》，为保障实现氮氧化物治理"十二五"目标提供指导。

(4) 完成了发展改革委委托的《火电厂烟气脱硝经济政策研究》，为政府出台脱硝电价提供参考。

(5) 完成了发展改革委委托的《脱硫石膏综合利用实施方案》，从政策和技术层面推动脱硫石膏综合利用。

(6) 起草完成了环保部委托的《加强火电厂大气污染物排放控制的指导意见》，指导电力行业科学有效开展污染物减排工作。

(7) 完成了环保部委托的《2009年度典型行业环境污染治理投资报告》，为实现电力行业环境污染治理经济效益与环境效益最大化提供参考。

(8) 完成了能源局委托的《能源发展主要约束性因素研究》，为"十二五"能源发展规划制订提供依据和基础。

(9) 完成了能源局委托的《电力工业节能潜力研究》，为做好电力"十二五"规划提供必要的技术支持。

(10) 完成了能源局委托的《火电行业污染物排放现状及对策研究》，提出降低火电行业污染物排放水平的可操作方案和政策建议，供政府部门决策参考。

(11) 完成了电监会委托的《2009年电力企业节能减排情况通报》。该《通报》已由电监会、发展改革委、能源局、环境保护部联合发布。

(12) 完成了电监会委托的《电力行业应对气候变化策略研究》，为政府部门制定相关方针政策和决策提供技术依据和重要参考。

(13) 完成了工信部委托的《我国风电设备制造业结构调整和技术升级政策研究》，为政府部门制定风电产业政策提供参考。

(14) 完成了工信部委托的《国外脱硫石膏综合利用技术设备研究》，为政府出台有利于促进脱硫石膏综合利用政策提供参考。

(15) 组织发电企业及专家对国家环境保护标准《火电厂烟气脱硫工程技术规范 氨法》(征求意见稿)进行研究讨论，提出13条修改意见，报送环境保护部。

(16) 组织完成国家标准《节水型企业 火力发电行业》制订工作，报送国家标准化管理委员会。

(17) 组织完成《取水定额 第1部分 火力发电》修订工作，报送国家标准化管理委员会。

(18) 组织编制完成行业标准《燃煤电厂清洁生产审核指南》(送审稿)。

(19) 组织编制完成行业标准《燃煤电厂清洁生产审核评价导则》(征求意见稿)。

4. 按年度开展环保与资源节约统计与分析工作，有效发挥统计信息平台的作用

(1) 完成了2009年火电厂环境统计年报数据汇总整理，并编制完成分析报告。

(2) 完成了电力行业统计报表制度环境保护部分的修订工作，统计局以《国家统计局关于同意制发电力行业统计报表制度的函》(国统制［2010］148号)批复。

(3) 按照发展改革委、能源局、电监会、环保部等要求，完成电力行业节能减排月度、季度、年度总结报告。

5. 紧密围绕政府和企业需求开展服务，充分发挥专业服务平台的作用

(1) 受发展改革委委托，继续按年度组织开展火电厂烟气脱硫产业信息统计分析。对40余家脱硫脱硝企业业绩开展了调查，总结了2009年火电厂烟气脱硫工程合同容量、投运容量、脱硫公司业绩排序等产业信息，报送发展改革委。

(2) 组织完成了发展改革委委托的6家电厂、540万kW装机容量的烟气脱硫工程现场后评估工作，编制完成了12个电厂的烟气脱硫脱硝后评估报告并报送发展改革委。

(3) 组织召开了火电厂烟气脱硫特许经营试点工作座谈会，对脱硫特许经营试点工作进行总结。听取相关单位对特许经营试点工作的意见和建议，研究制定火电厂烟气脱硫特许经营办法。

(4) 组织专家对华电昌吉热电厂、哈密分公司、吐鲁番发电公司烟气脱硫特许经营试点项目实施方案进行了评估，并向发展改革委报送了评估意见。

(5) 组织召开了2010年全国燃煤电厂氮氧化物控制技术研讨会和2010年全国燃煤电厂布袋除尘、电袋除尘暨多污染物协同控制研讨会，为电力企业、

科研机构和环保企业搭建了交流平台。

(6) 开展了电力行业相关技术的调查和筛选工作，向环境保护部报送了2010年电力行业先进污染防治示范技术和鼓励发展的环境保护技术。

(7) 组织召开氮氧化物控制技术、除尘技术研讨会，环保标准宣贯会、洁净煤发电技术的国际最佳实践经验和国内案例交流会等。

6. 合理反映企业诉求，积极发挥沟通协调平台的作用

(1) 向发展改革委、环保部报送了《关于申请解决火电厂烟气脱硫特许经营试点项目税收问题的函》，为企业争取税收优惠政策。

(2) 调研火电厂烟气脱硝运营成本问题，向政府有关部门反映电力企业诉求，推动脱硝成本进入电价的政策出台。

电力标准管理与服务

1. 标准发布及项目计划情况

2010年经有关部门批准发布的电力标准共248项。其中，国家标准34项、行业标准214项。

中电联在申请并获得国家能源局批复后，组建了能源行业电动汽车充电设施标准化技术委员会。标委会制定的《电动汽车非车载传导式充电机技术条件》(NB/T 33001—2010)、《电动汽车交流充电桩技术条件》(NB/T 33002—2010) 和《电动汽车非车载充电机监控单元与电池管理系统通信协议》 (NB/T 33003—2010) 三项标准已经国家能源局批准发布。

发布了1000kV特高压国家标准2项、行业标准12项，±800kV特高压行业标准7项，完善了特高压交直流标准体系。

2010年电力标准计划立项278项：国家标准化管理委员会下达电力国家标准计划项目29项，住房和城乡建设部下达电力工程建设国家标准计划项目17项，国家能源局下达电力行业标准项目232项。

在完成GB/T 25125—2010《智能照明节电装置》的基础上，《智能变电站测控单元技术规范》等2项国家标准、《智能电能表功能规范》等12项行业标准被列入年度标准制订计划。

2. 标准化重点工作

完成压水堆核电厂常规岛及BOP标准体系编制。国家能源局委托中国电力企业联合会和中国电力工程顾问集团公司牵头，开展有关核电常规岛、BOP部分的标准体系建设工作。2010年8月23日，国家能源局发布了《压水堆核电厂常规岛及BOP标准体系项目表》。

智能电网标准化工作。会同中国电器工业协会、中国节能协会，联合欧洲电气电子行业办事处等机构共同举办了“2010中欧智能电网技术与标准化论坛”。

3. 标准化组织机构建设情况

组建成立能源行业电动汽车充电设施标准化技术委员（NEA/TC3）并承担秘书处工作。该标委会主要负责电动汽车充电设施标准的体系建设、标准制修订以及储能装置在电动汽车上的应用等标准化工作。

对电力行业水电站自动化标准化技术委员会、电力行业过电压与绝缘配合标准化技术委员会、电力行业水电施工标准化技术委员会等7家电力行业标准化技术委员会进行了换届。对电力行业高压试验技术标准化技术委员会、电力行业电力变压器标准化技术委员会、电力行业信息标准化技术委员会的部分委员进行了调整。

4. 开展电力标准化先进集体、先进个人表彰工作

电力行业电力变压器标准化技术委员会等10家单位获得“电力标准化先进集体”称号，常建伟等60人获得“电力标准化工作先进个人”荣誉号。

电力可靠性管理与服务

1. 完成2009年度、2010年上半年可靠性数据的采集、分析和发布工作

4月，完成了对2009年全国电力可靠性数据的采集、汇总和分析等工作，发电、输变电、供电及直流输电系统等可靠性分析报告相继完成；5月，中心编辑出版各类可靠性年报、简报、汇编及手册共计9份；8月，完成了2010年上半年全国电力可靠性数据的采集、汇总和分析等工作。

2. 召开2010年电力可靠性指标发布会

5月28日，由中电联和电监会共同举办的2010年电力可靠性指标发布会在京召开。会议发布了2009年度电力可靠性指标，表彰了2009年度全国发电可靠性金牌机组和供电可靠性金牌企业。电监会史玉波副主席、中电联孙玉才常务副理事长和电力行业可靠性管理委员会有关领导为2009年度全国发电可靠性金牌机组和供电可靠性金牌企业颁发奖牌并作了讲话。

3. 完成2009年度电力可靠性评价工作

上半年，可靠性中心在全国范围内组织开展了2009年度火力发电机组和供电企业可靠性评价工作，评价产生2009年度300MW级、600MW级火力发电可靠性金牌机组各10台，2009年度供电可靠性金牌

企业（A级）5个，供电可靠性金牌企业（B级）15个。

4. 开展电力可靠性管理工作专项检查

分别开展了对西北、华中、华东区域部分发电企业以及东北辽宁省电力公司、华北山西省电力公司、南方广西电网的可靠性管理工作专项检查。

5. 积极开展电力可靠性技术标准的制修订工作

11月9日，可靠性中心在湖北宜昌召开了“电力行业可靠性管理标准化技术委员会2010年工作会议”，会议完成了电力行业可靠性管理标准化技术委员会换届事宜，听取了《电力行业可靠性管理标准化技术委员会近几年工作总结及“十二五”工作规划》的工作报告。

6. 召开全国供电可靠性管理工作研讨会和技术研讨会

2月，可靠性中心在云南召开全国供电可靠性管理工作研讨会，对《供电企业可靠性评价实施办法（试行）》进行了宣贯。并就《供电系统用户供电可靠性评价规程》、《2009年度供电可靠性评价工作方案》和《供电系统用户供电可靠性信息系统（升级版）》的试用情况进行了研讨。

7. 召开2010年风电可靠性管理工作研讨会

8月，可靠性中心在大连召开2010年风电可靠性管理工作研讨会，宣贯《电力可靠性监督管理办法》，学习《电力可靠性监督管理工作规范》和《风电可靠性评价规程（试用）》，研讨“发电可靠性管理信息系统软件（风电部分）”的应用及实际操作。

8. 积极推动电力可靠性管理信息系统的完善工作

6月，由可靠性中心组织、科技服务中心配合，《发电设备可靠性Web查询系统》顺利通过验收。

9. 启动火力发电机组的脱硫、电除尘系统可靠性的统计评价工作

7月，可靠性中心启动火力发电机组的脱硫、电除尘系统可靠性的统计评价工作，正式将火力发电厂主要辅助设备脱硫系统、除尘设备正式纳入发电辅机可靠性管理统计评价范围。

10. 开展修订增补电力可靠性管理代码工作

补充收录近6年新增电厂和新投机组以及部分新能源设备的代码。

11. 开展电力可靠性监督管理工作调研

可靠性中心先后对襄樊、秦皇岛、延吉、安庆供电公司和东北电监局开展调研，了解各单位电力可靠性监督管理工作机制建设情况，以及各派出机构所辖区域电力企业的可靠性信息报送情况，听取派出机构在开展电力可靠性监督管理工作中遇到的问难和问题，以及对可靠性监督管理工作的意见和建议。

12. 完成相关行业年度报告

可靠性中心完成了《国家电力监管委员会电力监管2009年度报告》、《2009电力行业发展报告》和《2009年电力安全监管报告》中电力可靠性部分有关内容，公布了2009年电力可靠性监督管理工作开展情况和电力可靠性指标完成情况。

电力行业职业技能鉴定与教育培训管理与服务

（1）4月14～15日，在福建省厦门市召开了2010年电力行业职业技能鉴定工作会。国家电网公司人力资源部、中国南方电网有限责任公司人事部、五大发电集团公司、47家网省电力公司及有关电力企业职业技能鉴定负责人，共计120余人参加会议。中电联秘书长王志轩出席会议并做了重要讲话。会议总结了电力职业技能鉴定2009年的工作，安排布置了2010年工作。并对优秀工作者进行了表彰。

（2）8～10月，举办了第七届全国电力行业职业技能竞赛系列活动（600MW火力发电机组集控值班员竞赛、坝工模板工竞赛、电网调度自动化厂站端调试检修员竞赛）。

（3）3月23～26日，在贵州省贵阳市召开了2009年度高级技师评审会议，申报人数3703人，通过2745人。

（4）开展评选全国电力行业技术能手工作。有37个单位的169人参加评选，166人荣获全国电力行业技术能手称号。

（5）提高电力行业职业技能鉴定质量加强技能鉴定管理。向人力资源和社会保障部职业技能鉴定中心按季度上报电力行业职业技能鉴定统计数据，及时申领和核发国家职业资格证书。2010年参加职业技能鉴定204 467人，取得职业资格证书136 973人。

（6）开展电力行业仿真培训工作。

1）5月12～15日，在郑州组织专家对《电力行业仿真培训教材》（变电类）进行了初审，确定了修改方案，12月，完成了修改工作。

2）5月15～25日，在华北电力大学（保定）组织进行了电力行业仿真培训指导教师的培训考试认证工作，共有255人通过了考试认证。

组织召开了两次电力仿真培训协作网常委会议。调整了电力仿真协作网主任及副主任单位和人员，审订了《电力行业仿真培训指导教师考试试题库》，修改了《电力行业仿真培训基地管理办法》。

(7) 推进电力行业专业技术人才知识更新工程（“653工程”）。11月9～14日，中国电力企业联合会与人力资源和社会保障部在西安联合举办了“汽轮发电机组振动故障诊断及处理技术高级研修班”。高研班由西安热工研究院承办，共有61名电力企业专业技术人员和管理人员参加了培训。

(8) 电力行业中澳合作办学项目。

1) 1月10～22日，在上海市举办了中澳合作办学项目专业教师的澳大利亚四级证书培训班，共19名教师参加了培训。

2) 4月21～24日，在西安电力高等专科学校组织召开了中澳合作办学项目电气专业组会议，与澳方协商确定了2010级教学计划，解决了专业教学中的问题，讨论、明确了电气专业组后续工作，确定了第三届学生技能比赛方案。

3) 5月25～29日，在南昌市组织召开了中澳合作办学项目管理委员会第七次会议暨项目工作组会议，中方各院校内部及中澳双方沟通、协调和解决了项目实施过程中的问题，落实了项目2010年工作计划。

4) 6月18～19日，在保定电力职业技术学院举办了第六届中澳合作办学项目学生英语演讲比赛，共有十所院校的30名学生参加了比赛。有4人获一等奖，10人获二等奖，16人获三等奖。

5) 7月12～30日，在成都举办了中澳合作办学项目英语教师和专业教师培训班，共有十一所院校42名教师参加了培训。

6) 9月25～30日，在郑州电力高等专科学校举办了第三届中澳合作办学项目学生技能比赛，共有9所院校18名学生参加了比赛，有3人获一等奖，6人获二等奖，9人获三等奖。

7) 11月24～26日，在成都组织召开了电力行业中澳合作办学项目中方管委会会议暨项目工作组会议，讨论确定了合作办学项目平台新的合作模式。

(9) 做好电力行业职业技能鉴定及教育培训统计工作。完成了2010年的职业技能鉴定统计工作；2009年度电力行业职工教育培训统计；中国电力行业年度发展报告2010—人力资源篇编制工作。

电力工程造价与定额管理

1. 电力工程定额及费用计算规定编制工作

(1) 电网工程技术改造工程和检修工程计价依据体系。编制完成了《电网检修工程预算定额及费用计算标准》和《电网技术改造工程预算定额及费用计算标准》，于2010年8月颁布试行。为配合两套标准的推广实施，编制了《电网技术改造工程预算定额使用指南》、《电网拆除工程预算定额使用指南》、《电网检修工程预算定额使用指南》，于2010年11月出版发行。

(2) 电力工程费用计算规定。完成2010年版《电网工程建设预算编制与计算标准》和《火力发电工程建设预算与计算标准》的编制、校核、测算、征求意见等工作，于2010年12月通过专家审查。

(3) 电力建设工程概预算定额。完成2010年版《电力建设工程概预算定额》的编制工作。其中，概算定额5册，预算定额7册。

(4) 电力建设工程工程量清单计价规范。完成2010年版《电力建设工程工程量清单计价规范》的修编工作，包括《火力发电工程》、《变电工程》、《输电线路工程》三套共7册，2010年11月通过专家审查。

2. 电力建设工程造价管理工作

(1) 建立和完善电力建设工程造价指数模型系统。收集典型建设工程，完成主要设备、材料价格信息数据的积累与软件编制工作，实现指数编制与发布的常态化、信息化。

(2) 构建电力工程造价管理标准体系。完成电力工程造价管理标准体系的框架搭建和具体实施方案的编写工作，其内容主要包括：电力工程造价管理的基础标准、计价依据与计算标准、业务管理流程与规范、操作性指导规程、质量管理与业务考核标准、信息管理规范。

(3) 发布电力建设工程定额的材机价格水平调整系数。完成2009年度发电工程、主网工程、20kV及以下配电网工程定额的材机价格水平调整系数的收集、整理和发布工作，规范全国电力建设工程定额价格，反映各地区价格水平差异。

(4) 编制完成2010年度《电力建设工程装置性材料预算价格》、《电力建设工程装置性材料综合预算价格》。

(5) 出版发行《20kV及以下配电网工程设备材料价格信息》。分别于2010年1月、7月完成2009年下半年和2010年上半年的20kV及以下配电网工程设备材料价格信息的出版发行工作。

3. 协助政府做好宏观管理工作

(1) 完成编写《电力建设投资价格指数测算报告》，于2010年5月上报国家能源局。报告通过研究、测算、编制和发布电力建设工程造价指数，为政府进行宏观调控和科学确定投资决策服务。

(2) 完成国家能源局、国家开发银行委托的国家“十二五”能源规划前期重大问题研究系列课题之一《新兴能源发展基础设施及配套体系研究》。围绕风电、太阳能应用、新能源汽车和生物燃料等重点领域，分析了我国新兴能源发展基础设施及其配套体系建设制约因素，提出了相关的建设方案，对我国“十二五”期间实现新兴能源产业化发展具有重要意义。成果包括《总报告》、《风能分册》、《太阳能分册》、《新能源汽车分册》四部分，于2010年12月通过专家评审。

4. 做好行业管理和服务工作

（1）完成电力工程造价专业2010年资格认证工作。在有关单位配合下，完成全国电力工程造价专业资格认证考试工作。共计6922人通过资格审查获得考试资格，4517人通过考试，获得电力行业造价员执业证书。

（2）完成年度电力工程造价专业执业资格证的日常管理工作。包括完成电力行业注册造价工程师初始注册、变更、继续注册等管理工作及2010年注册造价工程师继续教育工作。

（3）4～6月，完成四川省电力公司、海南省电力公司、南方电网公司等企业《20kV及以下配电网工程建设定额和费用计算标准》的宣贯工作。并通过网络及电话等多种方式，对现行计价标准及时地进行解释、答疑、修改、勘误等工作。

参与国家电力监管委员会“工程建设领域突出问题专项检查”活动，并完成阶段性总结报告。受中价协的委托，完成并提交《中价协成立20周年庆典活动主旨报告》编写。完成《建设项目预算编制规程》。

5. 面向企业提供个性化服务工作

受国家电网公司委托，完成《〈输变电工程应用海拉瓦技术内容深度规定〉费用标准》报告，2010年7月通过专家审查，于2010年9月开始在国家电网公司管理范围内的相关工程中试行。

受江苏省电力公司委托，开展“电网建设工程造价控制体系”的研究，经过三个多月的充分调研和收资，2010年9月完成研究报告的撰写与专家评审工作。

完成《国家电网公司输变电工程监理费概算编制办法》、《国家电网公司输变电工程设计施工监理激励办法》、《国家电网公司输变电网工程量管理规范》的编制工作。

电力会展管理与服务

1. 举办北京国际清洁能源博览会暨清洁能源大会

6月23～25日，中国电力企业联合会会同有关单位在京举办北京国际清洁能源博览会。展示了国内外风力发电、太阳能发电、新能源发电并网技术等。共有22个国家和地区的400余家企业参展。同期还召开了中国清洁能源大会及亚洲风能大会。展会期间，还举办了10余场展商技术交流会。

2. 举办了第十三届国际电力设备及技术展览会、第五届全国电能计量设备与用电管理系统智能化展览会

10月19～21日，中电联在京举办了第十三届国际电力设备及技术展览会和第五届全国电能计量及用电管理系统智能化展览会。展览共有来自20多个国家和地区500多家企业参展，展会期间，还举办了输配电技术、智能电表、绿色能源、电力自动化技术及节能自动化技术等内容的一系列电力工业技术研讨会及讲座。

3. 举办了第七届中国—东盟博览会电力展及中国—东盟电力经贸合作洽谈会

10月20～24日，中电联和中国贸促会电力行业委员会在广西南宁举办了中国—东盟博览会电力展及中国—东盟电力经贸合作洽谈会。国内120多家企业参展。会议以中国—东盟经济一体化背景下的电力经贸合作共赢为主题展开研讨。共有100多位代表参加了洽谈会。

4. 举办了中国—印尼电力设备及技术展览会

5月26～29日，由中电联和中国贸促会电力行业委员会在印尼举办了中国—印尼电力设备及技术展览会。国内14家电力企业参加了展览。

5. 举办了2010年中国—越南国际电力工业技术及设备展览会

8月26～28日，中电联、中国贸促会电力行业委员会与越南国家电力集团和越南国家电力工业协会在越南举办了2010年中国—越南国际电力工业技术及设备展览会。展览会共有来自越南、中国、日本等100多家企业参展。

6. 举办了海峡两岸电力工业展览及两岸电力工业高阶论坛

10月25～29日，中电联和台湾电力公司在台北举办了海峡两岸电力工业展览会及海峡两岸电力工业高阶论坛。中电联理事长刘振亚、台湾电力公司董事长陈贵明等为展览会开幕仪式剪彩。中电联常务副理事长孙玉才和大陆各大电力企业的主要领导出席了开幕典礼并巡馆参观展览。

中电联分会

中电联火力发电分会

(1) 3月19日，火电分会五届二次会长办公会暨秘书处工作会议在昆明召开。来自分会会长、副会长单位的25名代表参加了会议，会议传达学习贯彻了中电联刘理事长和孙理事长讲话精神及新一年指导思想和重点工作，讨论确定了2010年分会重点工作。

(2) 4月24日，火电分会五届二次联络员会议在西安召开。会议传达了五届二次会长暨秘书长办公会精神，听取了分会秘书处工作报告，各课题负责单位就调研课题进展情况进行了通报，会议还表彰了先进会员单位和优秀联络员。

(3) 6月19日，中电联火电分会五届二次信息工作会议在银川市召开。会议研究讨论了分会2010年信息上报和网站管理发展工作。

(4) 9月14～16日，火电分会成立20周年纪念大会暨2010年年会在乌鲁木齐市召开。中电联理事会办公厅主任米建华参加会议并讲话，60家会员单位70余名代表出席会议。会议在庆祝火电分会成立20周年的氛围中，总结了2010年火电分会的各项工作，开展了企业管理创新经验交流，表彰了优秀成果和课题，进行了创新成果发布，讨论并明确了2011年分会工作思路和重点工作。

(5) 2月4日，火电分会五届三次会长及秘书长办公会在山东滕州召开。11家副会长单位的副会长、秘书长、副秘书长参加了会议。会议通报了火电分会2010年主要工作，提出了2011年工作思路，确定了2011年重点工作及调研课题。

(6) 8月13日，火电分会在浙江嘉兴召开了“电力企业能效对标调研”课题研讨会。

(7) 8月下旬，火电分会《湿法脱硫烟囱防腐研究》课题组召开研讨会，对目前火电厂脱硫烟囱所常用的13种防腐方案、湿法脱硫烟囱防腐的方法以及对各种方案的优缺点进行了分析，找出了烟囱防腐出现问题的原因，提出了烟囱防腐的建议。

(8) 8月，专家评委对报送的“2009年度企业管理创新成果”进行了集中评审，共评出了14个获奖成果。

(9) 分会组织电力技术专家对河南中孚电力公司点检定修、设备管理无渗漏治理进行了咨询；培训了点检员的工作职责、工作内容及程序，帮助中孚公司编制了《点检标准》。

(10) 开展了“两型一流”(或星级)评价体系建设。并确定在腾州电厂进行试行。

中电联供电分会

(1) 5月18日，中电联理事会办公厅有关领导和会员处来分会工作调研，听取供电分会近年来工作情况及下一步工作设想的汇报。调研组充分肯定了供电分会的工作成绩和在会员中发挥的作用，并希望供电分会对中电联的工作提出更多更好的意见和建议，继续发挥桥梁作用，更好的为会员提供有效服务。

(2) 2010年，分会先后为广州、深圳、南京、郑州、西安等会员单位在比较主要经济技术指标和标准化建设方面提供咨询和帮助；为广州局亚运会安全供电提供帮助。组织会员单位参加中电联举办的经济形势预测分析会。全年出版发行《供电企业管理》6期，《供电行业信息》12期。

中电联电站装备及输变电设备分会

(1) 分会先后组织了对电力机具、电站起重机械、牵张设备、电站高压管道等专业的课题调研；为有关会员单位提供了电力行业电站起重机械、输变电铁塔等专业的行业发展情况报告。

(2) 分会组织编写的《起重机械安全管理实用指南》一书，并正式出版发行。该书全面描述了起重机械安全管理全过程的基本内容。

(3) 2010年，分会共向会员单位提供《电源建设简报》12期、《输变电行业信息》12期及有关电力行业年度发展报告、经济形势与企业改革分析预测报告等有关内容和信息。

（4）根据中电联“小金库”治理工作的安排，分会进行了相应的自查和工作整顿，并根据要求进行了汇报。

中电联水力发电分会

（1）组织了“水电站设备状态检修咨询”工作，成立课题组编写了《水电站设备状态检修管理实施标准（初稿）》。

（2）全年共编发《水电厂信息》24 期，编发 4170 条信息。编发《中国水电站》4 期。专为新安江水力发电厂建厂五十周年出刊一期技术论文专辑，发行11 200册。

（3）组织会员单位完成了《电力行业水力发电企业一流考评标准（试行）》修改（初稿）工作。

（4）9 月，组织召开了全国水电厂大型技术改造经验交流研讨会。

中电联农电分会

（1）5 月，分会在上海召开了年度秘书长工作会议。研究部署了分会工作，表彰了 2009 年度学会优秀联络员。

（2）10 月，分会在江西南昌召开了会员代表会议，以“建设农村智能电网”为主题，围绕县级供电企业科技建设进行了交流。

（3）2010 年，分会围绕新农村电气化建设、企业文化建设、标准化建设等内容开展了主题征文活动，组织县级供电企业进行经验交流；充分发挥桥梁纽带作用，为国家电网公司、南方电网公司所辖县级供电企业搭建横向交流平台，促进企业间的交流与合作。

中电联后勤分会

（1）4 月 19～23 日、5 月 10～14 日、7 月 4～8 日，分会分别在贵阳、宁波、银川同国家住房与城乡建设部全国城建培训中心联合举办了三期“全国电力物业服务企业经理继续教育培训班”。

（2）7 月 23 日～8 月 3 日、8 月 13 日～24 日、10 月 11～15 日，分会分别在哈尔滨、西宁、西安为参加 2010 年物业管理师资格考试的同志举办了三期“四科连读辅导班”。

中电联电力物资流通分会

（1）1 月 8 日，分会与重庆大学、湖北万山特种车辆有限公司战略合作框架协议签字仪式在北京举行。通过合作，为会员企业采购物美价廉、经济实用、配件齐全、售后服务满意的运输装备提供了有效的平台。目前，会员单位采购的液压平板车超过 100 轴线；重庆大学研发的大件物流信息服务系统已经试用。

（2）5 月 20～21 日，分会在北京举办了航天万山 2010 中国大件吊运之路高层论坛。国家发改委、工信部、相关行业协会有关领导，以及来自电力大件运输企业的 200 多位代表参加了论坛大会。论坛紧紧围绕“新机遇　新思考　新战略　新局面”的主题进行交流演讲。中国物流与采购联合会副会长兼秘书长崔忠付就《我国物流业发展状况及趋势》，中国电力企业联合会前秘书长、顾问王永干就《我国电力行业现状与发展趋势》，重庆大学工业工程系主任杨育教授就《大件吊装运输企业信息化建设愿景》，物流分会副会长兼秘书长郭丙年就《电力大件吊装运输现状与发展趋势》分别作了专题报告。20 个大件吊运企业的领导围绕着 18 个课题进行了充分论证和演讲。

（3）6 月 22 日～7 月 5 日，分会组织了大件物流高级管理人员赴德研修班一行 23 人，赴德国进行了考察学习。研修班人员先后走访了波恩等 8 个城市，听取了德国继续教育与发展协会对德国物流业及大件运输发展情况的介绍，拜访了联邦货物运输局、德国重型设备搬运和起重机提供者协会，参观访问了不来梅哈芬港、TUEV Süd 南德意志集团、索埃勒拖车运输公司、哥德浩夫集团、MAN 商用车股份公司等。与 BIGMOVE 联盟成员单位就大件运输联盟合作的发展问题作了交流，听取了德莱奇起重吊索具有限公司关于大件货物负载保护的专题讲座。

（4）8 月、10 月，分会分别下发了“关于电力物流、大件运输企业开展分类评估的通知”和“关于电力物流、大件运输企业开展企业信用评级的通知”。共有 35 个单位参加了物流企业分类评估。其中 5A 级 6 个，4A 级 7 个，3A 级 18 个，2A 级 3 个。

（5）分会全年出版发送 6 期杂志，发送 24 期《会员通讯》，并举办了《物流业调整与发展规划》讲座等。

中电联电力职业安全卫生分会

（1）4 月上旬，分会组织职业卫生专家 4 人赴吉林长春参加国家电网公司科研项目《电网企业职业卫生现状调查》课题的框架讨论。

(2) 4月16～17日，分会在江西婺源召开了赣浙皖地区职业安全防护工作交流研讨会议。会议主题是电力行业职业安全职业防护情况介绍、防护装备的研究进展，同时研讨和交流防护工作经验。分会专家对职业安全防护作了专题讲座。

(3) 5月29日，分会在北京召开了电力行业标准送审稿的审定会。与会专家审查了由国家电网公司职业病防治院制定的《电力行业职业健康监护技术规范》和山东电力研究院修订的DL/T 799《电力行业劳动环境监测技术规范》两项行业标准。两项标准获得通过，报国家能源局审批发布。

(4) 10月28～29日，分会二届理事会四次会议在吉林省长春市召开，42家会员单位的54名代表参加了本次会议。会议对分会2010年的工作情况进行了总结，审议通过了分会2011年度工作要点，对行业职业安全卫生工作进行了探讨和交流。会议邀请了国家电监会安监局应急处处长王伟和中国疾病预防控制中心职业卫生与中毒控制所政策信息室主任张敏分别作了《中国电力企业安全生产工作状况》和《基本职业卫生服务的国际视角与相关工具包》的专题报告。

中电联电力试验研究分会

(1) 3月底，分会召开了会长办公会议，确定了2010年度工作计划。

(2) 6月初，分会在上海召开了二届四次理事大会。全国32个电力试研院（所）共计94名代表参加了会议。会议听取了分会2009年度财务报告，通过了中电联关于电力试研分会领导变更的批复，通过了新任理事、名誉理事名单及接收新申请加入分会的单位报告。

(3) 9月，分会召开了信息网大会。26个网员单位的40名代表参加了本次会议。

(4) 9月初，分会举办了理事单位联络员工作会议。31家电力试研院（所）67名代表参加了会议。会议对试研院（所）面临的外部形势和如何更好地发挥技术中心作用等议题进行了讨论。

(5) 9月底，分会在乌鲁木齐召开了生产工作会议。会议交流并讨论了目前电科院（所）生产管理工作方面的经验和特点，提出了面对的问题和面临的困难以及应对办法。

(6) 9月底，分会在太原召开了全国电力试研院（所）经营工作会议。会议交流了院（所）经营工作中的经验，并研讨了共同面对的课题。

中电联文艺体育分会

(1) 8月1日，中国电力文艺体育协会理事长扩大会议暨中国电力桥牌协会换届会议于宜昌召开。中国电力文体协会理事长谢振华，中国长江三峡集团公司副总经理毕亚雄，中电联副秘书长、行业与企业文化部主任孙永安等有关领导出席了会议。会议的主要议题是：总结协会2009年的工作；探讨如何让职工文体工作在行业文化建设中发挥更大作用；完成中国电力桥牌协会的换届工作，审议通过《中国电力桥牌协会章程》，选举产生中国电力桥牌协会新一届理事会领导成员名单。中国长江三峡集团公司为中国电力桥牌协会挂靠单位和会长单位。会议同意推选中国长江三峡集团公司党组成员、副总经理毕亚雄同志担任中国电力桥牌协会会长。会议期间，谢振华、毕亚雄、于文星、孙永安等领导为长江三峡集团公司“全国职工体育示范单位”牌匾揭幕。

(2) 5月8日，协会主办的电力单位网球联谊赛在北京举行。来自6家在京电力单位的近50位选手参加了比赛。来自长江三峡总公司的选手获得A、B组两个项目的冠军，来自华电集团公司的选手获得A、B组两个项目的亚军。

(3) 6月26日，由国家体育总局主办、中国航天体协承办的第三届全国行业体协在京单位领导干部乒乓球比赛在北京举行。来自16家行业体协的130多名局级领导和行业体协专职干部参加了比赛。中电联专职副理事长魏昭峰同志率领电力体协代表队参加了比赛。电力体协代表队的运动员夺得两项冠军和一项第六名的优异成绩。

(4) 8月1～6日，协会主办的2010年全国电力行业桥牌锦标赛在湖北宜昌举行。来自全国电力行业的18支代表队120多名运动员参加了这次比赛。中国电力文体协会理事长谢振华，中国长江三峡集团公司副总经理毕亚雄，中电联副秘书长孙永安等领导出席开幕式。长江三峡集团公司荣获冠军，浙江能源代表队获得了亚军，国家电网代表队获得第三名。

(5) 11月20日，在京电力单位职工羽毛球友谊赛在北京举行。8支代表队近百名羽毛球爱好者参加了友谊赛。中国电力文体协会理事长谢振华参加了开幕式并讲了话。中国国电集团代表队获冠军，中国华能集团公司代表队和国家电网公司代表队分获亚军和第三名。

(6) 9月12～18日，协会与中国电力摄影协会在四川举办了2010年全国电力摄影创作采风活动。来自全国电力行业的36名工会负责人、摄影骨干及摄影爱好者参加了此次活动。

电 力 行 业 协 会

中国电力规划设计协会

(1) 4月7～8日，协会在合肥组织召开了协会第六届常务理事会第五次会议和第六届理事会第四次会议。会议审议并通过了李爱民理事长所做的2010年协会工作报告和协会2009年度财务收支情况报告，研究了2010年协会重点工作，明确了2010年协会的工作思路。

(2) 编辑出版了《工程勘察设计行业改革发展文件资料汇编》(2008.01～2010.06)。

(3) 6月，协会派出专家配合中咨协会对2010年申请"咨询资质"的单位进行了终审，共有80个申请第一专业为"火电"单位。

(4) 协会指导了第二批行业内从事压力管道设计单位进行取证工作，完成了5个设计单位的现场评审和取证工作，2个单位资格申请、行政许可受理工作。

(5) 5月，协会在北京组织行业内125名专家，对会员单位申报的2009年度电力行业311个"四优"项目进行了初评。6月，在北京进行了终评。共评出获奖项目201个，其中一等奖39个，二等奖82个，三等奖100个。

(6) 6月，协会在京组织专家对14家单位上报的18个工程总承包报优资料进行了初评并上报评审结果。

(7) 6月，协会在北京对2009年全国注册电气工程师考试试题进行了终审。9月18日至19日，进行了2009年度注册电气工程师的执业资格考试。共有1076人通过了考试，其中发输变电专业317人，供配电专业760人。

(8) 8月，协会在北京组织行业的59名专家，对会员单位申报的2010年度205个电力行业咨询成果项目进行了评审。共计评出获奖项目116个，其中一等奖24个，二等奖38个，三等奖54个。

(9) 协会组织召开了"北京同业协会工程勘察设计行业专题调研工作会"。编写完成了《电力设计行业节能减排专题调研报告》。

(10) 协会共组织完成了15项标准的审查，其中送审稿11项，大纲8项；共参加中电联标准化中心组织的6项国家标准的送审稿审查；共完成了17项标准的报批。

(11) 组织电力设计行业质量奖的申报。共有东北电力设计院等5个设计院申报并顺利通过；参加了对华北电力设计院等5个单位的质量奖的评审工作。

(12) 12月，协会在南京召开了"电力工程测量专业经验交流会"。来自45个单位的90名代表参加了会议，会议共提交论文110篇，评选出优秀论文21篇。

(13) 协会组织会员单位申报2010年度全国优秀工程咨询成果奖，上报41个项目，其中，一等奖6项，二等奖10项，三等奖17项。

(14) 协会组织档案专委会编写了《电力勘测设计行业数字档案馆建设指导意见》以及《电力勘测设计行业数字档案馆试点工作评估办法》，确定了全国电力勘测设计行业数字档案馆初步试点单位。

(15) 2010年，共出版了8期（增刊2期）《电力勘测设计》26 600册。

中国电力发展促进会

2010年中国电力发展促进会（简称电促会）本着理事会确定的宗旨组织专家开展了课题研究工作、《中国电力年鉴》（简称《年鉴》）及其他工具书的编辑出版工作和中国电力网站运行等方面工作。

1. 主要课题研究工作

(1) 受海南电网公司委托开展《海南用电特性调查》课题咨询。

(2) 中国工程院组织开展的《新疆可持续发展中有关水资源的战略研究》课题中，电促会负责《能源和化工用水与可持续发展研究》专题的研究报告。

(3) 受广东电网公司委托开展《负荷曲线研究》课题咨询。

(4) 受中国南方电网有限公司委托开展《同步电网研究》课题咨询。

（5）受国电电力集团公司委托开展《煤电规划研究》课题咨询。

2.《中国电力年鉴》编辑工作

《2010中国电力年鉴》于2010年12月出版发行。根据《年鉴》编委会对本期《年鉴》编纂指导思想的确定，2010年《年鉴》的框架结构又进一步做了调整。首先，在“电力发展”篇目中增设“中国电力发展60年60事”条目，以此来梳理中华人民共和国成立60周年以来电力工业的发展脉络；其次，对“重点工程”、“电力工业论坛”、“科技发展与创新”、“国际交流与合作”等篇目的内容进行了丰富与完善；第三，在继续压缩文件、法规等的篇幅的基础上，加强文献的二次加工，从而增加本《年鉴》的资料性和可读性。

本期《年鉴》主要收录了2009年我国电力工业各方面所取得的成绩，重点反映了2009年电力工业发展和电力生产的内容。本期《年鉴》的框架结构由篇目、栏目、类目、条目4个层次和100多幅彩图组成。

2010年11月4～7日，《中国电力年鉴》工作会议在云南省昆明市召开，参加会议的有40个单位，共54名代表。会议由年鉴编辑部副主编姜绍俊主持；主编周小谦作了重要讲话；编辑部主任肖兰就2010年版《年鉴》的编辑工作作了回顾和总结，对2011年《年鉴》编辑工作提出要求；年鉴主管部门国家电力监管委员会、中国电力企业联合会有关领导到会并讲话。

3. 中国电力网站工作

中国电力网（www.chinapower.com.cn）作为电力行业门户网站之一，网站访问量指标继续保持向上势头，全球排名继续攀升，进入全球前20 000名。在保持网站广告和会员服务外，在图书和会议方面加速拓展。

（1）图书方面。组织《智能电网投资建设指南》的出版工作，预计于2011年年中与读者见面。

（2）会议方面。2010年3月13～14日在北京举办了“2010中国智能电网发展高层论坛”，两大电网公司、五大发电集团的领导及相关人员参加了会议，参会人员达180余人。参会人员分布以北方地区为主，包括辽宁、吉林、河北、内蒙古、山西、天津、北京、山东等；2010年5月29～30日在北京举办了“2010信息技术与智能电网建设峰会”；2010年6月26～27日在北京举办了“2010中国智能电网建设助推低碳经济发展峰会”；2010年9月18～19日在北京举办了“2010中国电力IT建设与网络运维峰会”；2010年12月11～12日在北京举办了“2010中国电网调度智能化峰会”；2010年12月18～19日在北京举办了“2010全国火电企业燃料管理暨信息化经验交流峰会”。

中国电力建设企业协会

1. 全过程质量控制、达标投产复检、创优咨询的现场培训服务工作

39项工程被列为电力建设全过程质量控制示范工程；经推荐，华电莱州、中电投朝阳燕山湖等6项工程被列为中施企协的全国重大工程建设全过程质量控制示范工程；组织电力建设专家开展了99次示范工程的现场咨询、40项工程的创优咨询、18项工程的达标投产复检工作。

2. 电力优质工程奖评审，国家优质工程奖、鲁班奖的推荐与现场复查工作

54家建设单位申报中国电力优质工程奖，经现场检查和评选，其中45项工程获得2010年度中国电力优质工程奖。经推荐、复查和评选，3项工程获得国家优质工程金奖，30家工程获得国家优质工程银奖、6项工程获得鲁班奖。

3. 电力建设标准的编制与宣贯培训工作

完成了《火电工程项目质量管理规程》等七项行业标准送审稿审查工作；《电力建设施工质量及评价规程》等七项行业标准初稿审查工作；《循环流化床锅炉施工及质量验收规范》等二项国家标准的初稿编制工作；举办了《火力发电建设工程启动试运及验收规程》等七项新颁标准的宣贯活动，共有260人参加了活动。此外，编制出版了《电力建设低碳技术》书籍。

4. 建设行业的信用体系建设工作

完成了第二批38家电力建设企业信用等级评价工作；举办了第二期电力建设行业信用评估师培训班，共有88名企业信用骨干参加了培训；完善了电力建设行业信用体系建设、信用企业评价、信用信息和信用专家库等制度性文件；建立了行业信用信息管理网站平台。

5. 业务培训工作

（1）组织举办了十五期电力监理从业人员岗位培训班，培训人数1530人；七期国家注册监理工程师继续教育培训班，培训人数821人。

（2）组织举办了一期电力行业中国工程建设职业经理人培训班，培训高级职业经理人57人、中级职业经理人63人。并按要求报送中施企协备案。

（3）组织举办了两期电力建设工程质量评价师、高级质评师培训班，共有579人参加了培训。

（4）组织开展了QC质量培训工作，共有111人参加了培训，其中106人通过培训获得诊断师证书。

6．企业资质与人员资格的评（复）审工作

（1）完成了年度电力工程监理从业人员岗位资格的培训评审工作，共有240人取得了总监理工程师岗位资格，1203人取得了监理工程师岗位资格，390人取得了监理员岗位资格。

（2）组织开展了电力行业工程建设职业经理人资格年审工作，约200名资格证书期满三年的职业经理人参加了年审。

（3）为进一步加强电力工程监理从业人员的管理工作，根据新修订的管理办法，组织开展了监理从业人员岗位资格证书复审换证的工作。

7．建设科技成果、QC成果、工法的评选工作

2010年度共受理168项科技成果申报材料，经评审，其中156项获中国电力建设科学技术成果奖，经推荐，其中30项获中施企协科技成果奖；受理200项QC成果奖申报材料，经评审，其中169项获电力建设QC成果奖，经推荐，31项获中施企协QC成果奖、5项获中质协QC成果奖、10项获中建协QC成果奖；完成了218项中国电力建设工法的评审工作。

8．先进集体和优秀个人的评选工作

组织开展了年度先进集体和优秀个人的评选活动，共评选出24家全国电力建设优秀施工企业，18家全国电力建设优秀监理企业，经推荐，其中16家被中施企协评为全国优秀施工企业，4家被评为全国先进工程监理企业；99名全国电力建设优秀项目经理，经推荐，其中31名被中施企协评为全国工程建设优秀项目经理，9名全国建筑业企业优秀项目经理；54名高级、33名中级电力建设优秀职业经理人，经推荐，其中31名高级、15名中级被中施企协评为全国工程建设优秀职业经理人；42名优秀总监理工程师、81名优秀监理工程师。经推荐，其中4名被评为全国优秀总监理工程师、6名被评为全国优秀监理工程师。

9．拓宽业务的沟通工作，以及有关主管部门交办的工作

（1）受电监会安监局委托，组织有关单位和专家进行《电力建设安全教育培训教材》的编写工作，目前已完成了送审稿的审查工作。

（2）受电监会安监局委托，组织有关单位和专家进行《电力施工企业安全生产标准化实施规范》编写工作，已完成了初稿的审查工作。

全国电力技术市场协会

（1）2010年，协会向高技术司提供了国资委所属主要电力集团企业的经营状况及科技研发现状的书面材料，提交了电力行业申报国家认定企业技术中心技术领域的建议，参与了2010年度国家中心认定的评审工作。

（2）6月，协会开展了全国及发电领域CO_2排放状况的研究，在杭州承办了APEC化石能源组主办的二氧化碳收集与储存（CCS）国际培训班。

（3）协会主持起草《发电集团公司科技统计管理办法》和《发电集团公司科技统计指标体系》。

（4）协会参与针对机组铭牌功率定义的专题研究，向国家发改委运行局和能源局提供了现役火电机组有关可调能力的资料。

（5）协会与中国动力工程学会合作，开展了针对制造厂家660MW、1000MW锅炉几种产品鉴定进行鉴定前的技术咨询和资料的准备工作。

（6）协助电网公司和发电集团开展了有关科技规划、重点科技成果的综合和分析、公司科技体系框架等技术咨询工作。

（7）协助国家有关咨询公司和大型国有企业针对国家在海外贷款或投资工程项目电站部分的技术咨询工作。

中国电力教育协会

（1）12月22日，协会召开理事长会议，常务副理事长徐玉华汇报了协会、电力教育基金管委会工作情况和《中国电力教育》期刊的运行情况，提出了明年的工作计划。会议还讨论了协会的换届方案，通过了《中国电力教育协会2010年工作总结和2011年工作计划》。

（2）协会成立了以常务副理事长、协会法人徐玉华为组长，各分支机构、办事机构主要负责人为成员的中国电力教育协会治理“小金库”工作领导小组。

（3）10月，协会在北京召开了2010年度电力教育培训新星奖评审会议。狄尔维等10名同志获特等奖；杨华等30名同志获一等奖；李建辉等48名同志获二等奖。

（4）6月，协会组织开展了第三届电力职业技术教育教学成果奖评审。高职组征集参评成果58件，初评推荐一等奖4项、二等奖12项、三等奖17项；中职组征集参评成果40件，初评推荐一等奖2项、

二等奖7项、三等奖14项；终评组评审确定，高职组获奖成果一等奖4项、二等奖12项、三等奖17项；中职组获奖成果一等奖2项、二等奖6项、三等奖12项。

（5）协会开展了精品教材评选活动。共评选出精品教材156种，其中，本科72种，高职高专80种，中职4种。

（6）协会协助中电联组织专家对电力行业仿真培训信息管理系统的研制进行论证。参与了《电力行业仿真培训基地管理办法》的修订工作。

（7）2010年，协会编辑出版了《中国电力教育》36期，增发了两期专刊。

中国水利电力质量管理协会

（1）印发了《电力行业顾客满意度测评办法（2009年修订）》、《全国电力行业质量奖管理办法（2010年版）》以及《卓越绩效模式结果电力行业评价指标》。

（2）完成了QC质量管理小组活动成果材料评审及发布工作。评审全国电力行业优秀QC小组428个，全国电力行业质量信得过班组58个，全国电力行业QC小组活动优秀企业64个，全国电力行业QC小组活动卓越领导者72名，全国电力行业QC小组活动优秀推进者75名。选定89个小组参了全国电力行业QC小组成果发布会。向中国质量协会成功推荐26个小组为全国优秀质量管理小组、10个全国优秀质量信得过班组、1家全国QC小组活动优秀企业、1名全国QC小组活动卓越领导者。

（3）完成了全国电力行业实施卓越绩效模式先进企业及“四满意”奖项的评审。评出实施卓越模式先进企业30家，满意企业37家，满意服务24项，满意建筑工程3项，满意产品6项。

（4）3月，质协在北京举办了全国电力行业《卓越绩效评价准》评审员培训班，共有50位学员参加培训，考试全部合格并颁发证书。

（5）9月，质协在青岛市举办了诊断师培训班及高级诊断师培训班，全体学员考评合格并获得证书。

科技发展与创新

重大科技奖项

2010年度国家科学技术进步奖

序号	项目名称	主要完成人	主要完成单位	等级
1	三峡输电系统工程		国家电网公司、中国西电电气股份有限公司、中国电力科学研究院、中国电力工程顾问集团公司、北京网联直流工程技术有限公司、西安西电电力整流器有限责任公司、国网电力科学研究院、国网信息通信有限公司、特变电工沈阳变压器集团有限公司、湖北省输变电工程公司、中国超高压输变电建设公司、中国电力工程顾问集团中南电力设计院、许继集团有限公司、中国电力工程顾问集团华东电力设计院、北京洛斯达数字遥感技术有限公司、河南送变电建设公司、南京电气（集团）有限责任公司、黑龙江省送变电工程公司、西安高压电器研究院有限责任公司、山东诚信工程建设监理有限公司、中国电力工程顾问集团西北电力设计院、江苏省送变电公司、河南省电力勘测设计院、安徽送变电工程公司、东北电业管理局送变电工程公司、湖南省送变电建设公司、新东北电气（锦州）电力电容器有限公司、江苏省电力设计院、上海送变电工程公司、浙江省电力设计院	一等
2	基于高效率低成本光伏发电技术的创新平台建设		无锡尚德太阳能电力有限公司	二等
3	复杂配电系统综合技术评价方法研究、系统开发及工程应用	王成山、肖峻、路志英、刘洪、罗凤章、葛少云、贾宏杰、王守相、申刚、刘中胜	天津大学、天津天大求实电力新技术股份有限公司	二等
4	城市电网电灾防治关键技术与应用	程浩忠、阮前途、王伟、江秀臣、谢伟、刘东、钱维忠、靳希、诸纪新、宋敏强	上海市电力公司、上海交通大学、华东电力试验研究院有限公司、上海电力学院、上海闸电燃汽轮机发电厂、上海久隆电力科技有限公司	二等
5	7500kVA 大功率 IGCT 交直交变频系统	李崇坚、李耀华、葛琼璇、朱春毅、王成胜、王晓新、赵如凡、周亚宁、兰志明、李凡	冶金自动化研究设计院、中国科学院电工研究所、北京金自天正智能控制股份有限公司	二等
6	面向节能的复杂配电网监测控制与故障诊断关键技术研发及应用	张化光、杨东升、孙秋野、王占山、赵庆杞、宋轩、梁志珊、杨珺、刘金海、王英男	东北大学、辽宁省电力有限公司沈阳供电公司、东北电力大学、中国石油大学（北京）	二等
7	复杂水电能源系统优化运行关键技术研究及应用	周建中、马光文、蒋传文、张勇传、王金文、邓志华、吴世勇、常黎、袁晓辉、孙新德	华中科技大学、四川大学、上海交通大学、五凌电力有限公司、二滩水电开发有限责任公司、华中电力调度通信中心	二等

续表

序号	项目名称	主要完成人	主要完成单位	等级
8	200m级高碾压混凝土重力坝关键技术	冯树荣、戴波、吴旭、肖峰、张国新、朱岳明、周建平、周宜红、龙先进、金峰	龙滩水电开发有限公司、中国水电顾问集团中南勘测设计研究院、中国水利水电第七工程局有限公司、中国水利水电科学研究院、河海大学、中国水利水电第八工程局有限公司、中国葛洲坝集团股份有限公司	二等
9	高混凝土坝整体稳定安全控制新理论及工程应用	常晓林、杨强、张林、周伟、刘耀儒、邵国建、冯树荣、任青文、王小毛、赖国伟	武汉大学、清华大学、四川大学、河海大学、中国水电顾问集团中南勘测设计研究院、长江水利委员会长江勘测规划设计研究院	二等
10	高原高山峡谷区大型梯级开发的环境效应及生态安全调控	何大明、晏志勇、刘恒、张宗亮、康斌、顾洪宾、张平、顾颖、冯彦、黄海涛	云南大学、水电水利规划设计总院、水利部交通部国家能源局南京水利科学研究院、中国水电顾问集团昆明勘测设计研究院	二等
11	超超临界1000MW火电重大装备研制与产业化	于龙、王为民、张素心、严宏强、袁建华、何维、杨其国、杨启明、高子瑜、王国海	哈尔滨动力设备股份有限公司、中国东方电气集团有限公司、上海电气电站设备有限公司、上海发电设备成套设计研究院、上海锅炉厂有限公司、机械工业北京电工技术经济研究所、无锡透平叶片有限公司	二等
12	兆瓦级变速恒频风电机组	姚兴佳、王凤翔、杨树人、王建录、陈长征、邓英、刘颖明、邢作霞、王晓东、王士荣	沈阳工业大学、沈阳华创风能有限公司、东方电气集团东方汽轮机有限公司	二等

2009年度中国电力科学技术奖

序号	等级	获奖项目	受 奖 单 位
1	一等	碳纤维复合芯导线的自主研发及应用	华北电网有限公司、华北电力科学研究院有限责任公司、山东大学、河北硅谷化工有限公司、北京送变电公司、华北电网有限公司北京超高压公司
2	一等	中华人民共和国水力资源复查成果（2003年）	水电水利规划设计总院、水利部水利水电规划设计总院、中国水电顾问集团成都勘测设计研究院、长江水利委员会长江勘测规划设计研究院、中国水电顾问集团昆明勘测设计研究院、黄河勘测规划设计有限公司、中国水电顾问集团西北勘测设计研究院、中国水电顾问集团贵阳勘测设计研究院、中水珠江规划勘测设计有限公司、水利部太湖流域管理局、中国水电顾问集团北京勘测设计研究院、中水东北勘测设计研究有限责任公司、湖北省水利水电勘测设计院、中国水电顾问集团中南勘测设计研究院、青海省水利水电勘测设计研究院、中国水电顾问集团华东勘测设计研究院、陕西省水利电力勘测设计研究院
3	一等	燃煤电厂3000吨/年二氧化碳捕集装置自主研发及工程示范	中国华能集团公司、西安热工研究院有限公司、华能北京热电有限责任公司、北京国电华北电力工程有限公司
4	一等	采用附加励磁阻尼控制和扭振保护抑制次同步谐振的研究及工程应用	北方联合电力有限责任公司、四方电气（集团）有限公司、清华大学、华北电网有限公司、华北电力大学
5	一等	特大型集团企业信息化工程关键技术研究、系统集成与推广应用	国家电网公司、国网信息通信有限公司、中国电力科学研究院、国网电力科学研究院、上海市电力公司、浙江省电力公司、华东电网有限公司、华北电网有限公司、江苏省电力公司、中国电力财务有限公司、福建省电力有限公司、陕西省电力公司、河南省电力公司、北京市电力公司、西北电网有限公司、宁夏回族自治区电力公司
6	一等	特大型人工砂石系统研究与应用	中国水利水电第八工程局有限公司

续表

序号	等级	获奖项目	受 奖 单 位
7	一等	1.25万 t/天低温多效海水淡化装置研发及在火电厂的应用	中国神华能源股份有限公司国华电力分公司、神华国华（北京）电力研究院有限公司、河北国华沧东发电有限责任公司、北京国电华北电力工程有限公司、上海电气电站设备有限公司上海电站辅机厂、浙江融智能源科技有限公司
8	一等	跨区电网动态稳定监测预警系统研究与实施	国家电力调度通信中心、中国电力科学研究院、国网电力科学研究院、天津大学、北京四方继保自动化股份有限公司、清华大学
9	二等	基于广域信息的网络保护系统的研究与实施	中国南方电网有限责任公司、中国南方电网有限责任公司电力调度通信中心、广东电网公司广州供电局、北京四方继保自动化股份有限公司
10	二等	500kV 限流串联电抗器成套装置研制与工程应用	华东电网有限公司、华东电力试验研究院有限公司、上海 MWB 互感器有限公司
11	二等	直流工程阀厅设计关键技术研究及工程应用	国网直流工程建设有限公司
12	二等	交直流互联电网故障特征变异及其对继电保护影响的研究	广东省电力调度中心、华南理工大学、南京南瑞继保电气有限公司
13	二等	考虑机网耦合影响的动态安全评估研究	江西省电力科学研究院、华北电力大学
14	二等	华东电网高级调度中心关键技术研究和应用	华东电网有限公司、国网电力科学研究院、华东电力试验研究院有限公司、上海东云信息技术发展有限公司
15	二等	地磁感应电流对 750kV 变压器及保护影响的研究	华北电力大学、西北电网有限公司、吉林大学
16	二等	NS3000 数字化变电站自动化系统	国网电力科学研究院、国电南瑞科技股份有限公司
17	二等	高压测试仪器系列标准装置的研制	国网电力科学研究院、江苏省电力试验研究院有限公司
18	二等	重大活动（奥运）供电保障体系研究和建设	北京市电力公司、中国电力科学研究院
19	二等	新农村供电模式与关键技术研究及应用	中国电力科学研究院、国网电力科学研究院、中国农业大学、山东电力集团公司、陕西省电力公司、安徽省电力公司、浙江省电力公司、华北电网有限公司、临朐县供电公司、西安供电局户县供电分局、宝鸡供电局凤县供电分局、安徽电力肥西供电有限责任公司、海宁市供电局、华北电网有限公司承德供电滦平分公司、华北电网有限公司承德供电宽城分公司、胶州市供电公司
20	二等	广东电网安全防御系统建设	广东省电力调度中心、国网电力科学研究院、中国电力科学研究院、国电南瑞科技股份有限公司
21	二等	电网安全稳定运行及控制技术研究	中国电力科学研究院
22	二等	华北电网稳态、动态、暂态三位一体安全防御及全过程发电控制系统	华北电网有限公司、国电南瑞科技股份有限公司、中国电力科学研究院
23	二等	输电线路节约环保新技术集成应用研究	国家电网公司、浙江省电力公司、浙江省电力设计院、华东电网有限公司、福建省电力有限公司、四川电力设计咨询有限责任公司、中国电力工程顾问集团华东电力设计院
24	二等	唐家山堰塞湖应急除险工程技术研究及实践	中国水电顾问集团成都勘测设计研究院、中国水电工程顾问集团公司
25	二等	水布垭高面板堆石坝施工关键技术研究与实践	中国葛洲坝集团股份有限公司、葛洲坝建设工程有限公司、葛洲坝集团第五工程有限公司、武汉大学
26	二等	糯扎渡水电站截流和高土石围堰快速施工技术研究和应用	中国人民武装警察部队水电第一总队

续表

序号	等级	获奖项目	受奖单位
27	二等	水电站厂房和机电系统三维可视化协同设计研究与工程应用	中国水电顾问集团华东勘测设计研究院
28	二等	巨型水轮机转轮工地制造	龙滩水电开发有限公司、上海福伊特西门子水电设备有限公司
29	二等	双曲薄拱坝快速施工技术研究与实践	葛洲坝集团第五工程有限公司、湖北省水利水电勘测设计院、湖北宣恩洞坪水电有限责任公司
30	二等	核电站先进控制室设计验证平台开发与应用研究	中广核工程有限公司
31	二等	利用高铝粉煤灰生产氧化铝联产活性硅酸钙关键技术研究	内蒙古大唐国际再生资源开发有限公司、同方环境股份有限公司
32	二等	DSB低 NO_x 旋流煤粉燃烧器研制与工程应用	西安热工研究院有限公司、华能国际电力股份有限公司南京电厂
33	二等	超临界直接空冷机组凝结水精处理技术研究	西安热工研究院有限公司、中国电力工程顾问集团西北电力设计院、中国电力工程顾问集团公司
34	二等	1000MW超超临界机组FCB（孤岛运行）技术研究及实施	上海外高桥第三发电有限责任公司、华东电力试验研究院有限公司、上海电力建设启动调整试验所
35	二等	节能发电调度研究及在贵州电网的实践	贵州电力调度通信局、大连理工大学、西安热工研究院有限公司、重庆大学、贵州电力试验研究院
36	二等	核电厂热力系统冷端优化关键技术研究与应用	中广核工程有限公司
37	二等	中国动力用煤数据库的建立	中国华能集团公司技术中心、西安热工研究院有限公司、西安工业大学
38	二等	P91蒸汽管道寿命监督试验研究	神华国华（北京）电力研究院有限公司、西安热工研究院有限公司、浙江国华浙能发电有限公司、西安理工大学
39	二等	宝钢产T91钢管在火电厂应用的性能评价及其异种钢焊接工艺优化试验研究	宝山钢铁股份有限公司、苏州热工研究院有限公司
40	三等	电力供需研究实验室的开发与建设	国网能源研究院
41	三等	同塔四回路检修作业方式研究	江苏省电力公司无锡供电公司、国网电力科学研究院、江苏省电力试验研究院有限公司
42	三等	变电站网络化二次系统研究及应用	河南省电力公司、许继集团有限公司、河南省电力公司洛阳供电公司
43	三等	输配电压序列优化及在中压配电网中的示范应用研究	江苏省电力公司、国网北京经济技术研究院、中国电力科学研究院、江苏省电力试验研究院有限公司
44	三等	配电管理系统（DMS）研究开发与应用	浙江省电力公司、杭州市电力局、宁波电业局
45	三等	以世界卫生组织全面风险评估为基础的电磁场标准研究	华东电力试验研究院有限公司
46	三等	750kV扩径导线工程应用研究	西北电网有限公司、上海电缆研究所、中国电力工程顾问集团西北电力设计院、陕西送变电工程公司、特变电工股份有限公司新疆线缆厂
47	三等	光伏发电技术集成及并网示范研究	云南电力试验研究院（集团）有限公司电力研究院、云南电网公司北京能源新技术研究发展中心、云南电网公司昆明供电局
48	三等	城市电网规划评估指标体系及基于GIS的评价软件	上海交通大学、上海市电力公司市东供电公司、上海电力学院
49	三等	统筹安全、经济与节能目标的实时调度决策系统	福建电力调度通信中心、清华大学、北京清大科越科技有限公司

续表

序号	等级	获奖项目	受 奖 单 位
50	三等	广东省节能发电调度发电侧技术支持与信息管理系统	广东省电力调度中心、清华大学、北京清软创新科技有限公司
51	三等	京津冀地区火电厂烟气污染排放管理系统	华北电网有限公司、华北电力科学研究院有限责任公司、河北省电力公司、天津市电力公司
52	三等	IEC61850 标准体系在变电站自动化系统中应用与研究	广东省电力工业局试验研究所、北京四方继保自动化股份有限公司
53	三等	天广直流不同类型线路故障在直流控制保护中的响应研究	中国南方电网有限责任公司超高压输电公司天生桥局、华南理工大学、南方电网技术研究中心、山东理工大学
54	三等	500kV 交流输电线路用带串联间隙复合外套金属氧化物避雷器的研制及应用	中能电力科技开发有限公司
55	三等	直流输电自主化控制保护系统试验的关键技术研究	中国南方电网有限责任公司电网技术研究中心、中国南方电网有限责任公司超高压输电公司
56	三等	超高压送电线路铁塔基础优化设计关键技术的研究及应用	广东省电力设计研究院
57	三等	售电市场管理与分析预测系统及应用	天津市电力公司、清华大学、北京清软创新科技有限公司
58	三等	电力工程电缆设计规范	中国电力工程顾问集团西南电力设计院、中国电力工程顾问集团东北电力设计院、喜利得（中国）商贸有限公司北京分公司
59	三等	互联电网第三道安全防线的优化配置技术	国网电力科学研究院
60	三等	大受端电网稳定分析和安全控制策略研究	华东电网有限公司、国网电力科学研究院、华东电力试验研究院有限公司、东南大学、山东大学
61	三等	750kV 线路带电作业实用技术及工具设备研制	西北电网有限公司、国网电力科学研究院、汉中群峰机械制造有限公司
62	三等	电力互感器现场检定试验技术与装置研究	国网电力科学研究院、西北电网有限公司
63	三等	NSR600T 系列电铁保护测控装置	国网电力科学研究院、国电南瑞科技股份有限公司
64	三等	300kW 太阳能光伏并网电站示范工程；接入城市供电网百千瓦级屋顶太阳能光伏并网电站试验平台研究与实施	浙江省电力公司、浙江省电力试验研究院、杭州市电力局、浙江省送变电工程公司、上海和衡能源科技发展有限公司
65	三等	小电流接地电网单相接地故障离线定位方法的研究	华北电力大学、北京丹华昊博电力科技有限公司、辽宁省电力有限公司丹东供电公司
66	三等	换流站电磁兼容技术研究	南方电网技术研究中心、华北电力大学、中国南方电网有限责任公司超高压输电公司
67	三等	高原直流输电线路环境保护、电磁环境研究	国网电力科学研究院、中国科学院西北高原生物研究所、华北电力大学
68	三等	绝缘油中腐蚀性硫导致变压器故障的研究及预防	广东省电力工业局试验研究所、武汉大学
69	三等	电网规划设计的技术经济方法研究和应用	国网北京经济技术研究院、国网能源研究院
70	三等	河北南部电网在线电压无功优化协调控制系统	河北电力调度中心、清华大学、河北省电力研究院、河北省电力公司超高压输变电分公司、衡水供电公司
71	三等	上海电网 AEMS 与混成自动控制理论研究与实践	上海市电力公司、清华大学、华东电力试验研究院有限公司
72	三等	500kV 线路工程数字沙盘开发研究及应用	华北电网有限公司、北京洛斯达科技发展有限公司、华北电力物资总公司

续表

序号	等级	获奖项目	受奖单位
73	三等	500kV无人值班变电站技术研究	华东电网有限公司、华东电力试验研究院有限公司、江苏省电力公司、江苏省电力设计院、江苏省电力公司苏州供电公司
74	三等	宁夏750kV超高压电网关键技术研究及应用	宁夏回族自治区电力公司、宁夏电力公司电网建设分公司、宁夏电力科技教育工程院、宁夏电力建设工程公司送变电分公司、宁夏回族自治区电力设计院
75	三等	受端电网500kV电网结构及220kV电网解环深化研究	中国电力工程顾问集团东北电力设计院
76	三等	基于LIDAR的电网生产管理(GPMS)高级应用功能研发	福建省电力有限公司、厦门亿力吉奥信息科技有限公司
77	三等	EMS系统的CIM(公共信息模型)互操作性测试系统开发与研究	广东省电力工业局试验研究所
78	三等	PS6000+变电站自动化系统	国电南京自动化股份有限公司
79	三等	长波头长间隙放电试验研究	华北电网有限公司华北电力技术院、华北电力科学研究院有限责任公司
80	三等	水利水电与电网气象综合监测系统	国网电力科学研究院、南京南瑞集团公司
81	三等	河南电网安全可靠运行四级梯度预警预控系统	河南电力调度通信中心、国网电力科学研究院、清华大学
82	三等	中国南方电网有限责任公司CNGI驻地网建设项目	中国南方电网有限责任公司、中国南方电网有限责任公司电力调度通信中心、广东电网公司、广东省电力设计研究院、广东电网公司广州供电局
83	三等	基于信息共享的数字化变电站关键技术研究及示范应用	中国电力科学研究院、辽宁省电力有限公司
84	三等	大荷载、高扬程固定卷扬式启闭机研制	中国葛洲坝集团机械船舶有限公司
85	三等	变顶高尾水隧洞施工技术研究	中国水利水电第十四工程局有限公司
86	三等	沅水流域梯级水库调度系统开发与应用研究	五凌电力有限公司、南京南瑞集团公司
87	三等	《碾压式土石坝设计规范》(DL/T 5395—2007)	中国水电顾问集团西北勘测设计研究院、武汉大学
88	三等	大花水狭窄河谷高碾压混凝土拱坝筑坝技术研究	中国水电顾问集团贵阳勘测设计研究院
89	三等	钢筋混凝土面板堆石坝坝身溢洪道关键技术研究及应用	中国水电顾问集团华东勘测设计研究院
90	三等	大坝安全实时监测和预警系统	中国水利水电第八工程局有限公司、河海大学
91	三等	陡倾角薄层灰岩及大规模蚀变岩支护技术在地下洞室群中的研究应用	中国水电顾问集团北京勘测设计研究院
92	三等	水轮发电机组励磁大功率整流自冷散热应用系统	葛洲坝湖北南河水电开发有限公司
93	三等	瀑布沟电站砾石土心墙料筛分输送系统的应用研究	葛洲坝集团项目管理有限公司
94	三等	龙滩电站大法坪砂石系统关键技术研究与应用	葛洲坝集团第五工程有限公司
95	三等	新老混凝土结合界面密合剂	葛洲坝集团试验检测有限公司

续表

序号	等级	获奖项目	受 奖 单 位
96	三等	高黏结高渗进性在役混凝土复合增强材料的研究	中国水利水电第十一工程局有限公司
97	三等	碾压式沥青混凝土面板防渗技术研究	中国水电顾问集团北京勘测设计研究院、河北张河湾蓄能发电有限责任公司
98	三等	岩石与水耦合理论及其应用	三峡大学
99	三等	57MW超大型灯泡贯流式水轮发电机组安装技术研究	中国水利水电第七工程局有限公司、河海大学
100	三等	大型渠道混凝土快速衬砌施工技术研究	中国水利水电第十一工程局有限公司
101	三等	基于节能的水电厂监控软件	国网电力科学研究院、南京南瑞集团公司
102	三等	水电水利工程环境保护设计规范（DL/T 5402—2007）	中国水电顾问集团成都勘测设计研究院
103	三等	风电场生产运营监测和诊断系统	中能电力科技开发有限公司
104	三等	大型商用核电站运行十年环境影响技术研究	苏州热工研究院有限公司
105	三等	Siemens型百万千瓦等级汽机基础设计技术研究	中国电力工程顾问集团华东电力设计院、青岛科而泰环境控制技术有限公司
106	三等	热控系统状态评估及可靠性控制措施研究	浙江省电力试验研究院、浙江省能源集团有限公司
107	三等	S109FA燃气—蒸汽联合循环控制系统研究和优化	江苏华电戚墅堰发电有限公司、西安热工研究院有限公司
108	三等	发电机内冷水微碱化处理成套技术	武汉大学、神华国华（北京）电力研究院有限公司、三峡水力发电厂、湖北能源集团鄂州发电有限公司
109	三等	换热器管泄漏的超声导波检测工艺研究	河北省电力研究院
110	三等	折返式双车翻车机对C80型煤车自动翻卸的实现	河北大唐国际王滩发电有限责任公司
111	三等	超（超）临界机组复合有机酸清洗配方及工艺的研究与应用	西安热工研究院有限公司、绥中发电有限责任公司、神华国华（北京）电力研究院有限公司
112	三等	含缺陷阀壳高温结构完整性评定技术研究	西安热工研究院有限公司
113	三等	表面式凝汽器运行性能试验规程制定	西安热工研究院有限公司
114	三等	大功率蓄电池组综合测试系统	华北电力大学
115	三等	基于节能理论分析的大型火电机组综合节能研究及应用	中国华电集团公司、华北电力大学、中国华电集团公司动力技术研究中心、内蒙古华电包头发电有限公司、中国华电集团贵港发电有限公司
116	三等	EBC型高效荷电分级袋式除尘器在600MW级发电机组上的研究应用	华电国际电力股份有限公司、华电新乡发电有限公司、江苏新中环保股份有限公司
117	三等	大型发电机组轴系快速全息诊断及动平衡方法研究	广东省电力工业局试验研究所、西安交通大学、广州粤能电力科技开发有限公司
118	三等	核电站主给水泵升降速过程中异常振动的原因分析和处理	大亚湾核电运营管理有限责任公司
119	三等	发电企业生产经营量化管理的研究与应用	广东省粤电集团有限公司珠海发电厂、南京朗坤软件有限公司

续表

序号	等级	获奖项目	受奖单位
120	三等	钢丝绳预防性无损试验系统	浙江省电力公司、浙江电力职业技术学院、浙江省电力安全工器具质量监督检测中心
121	三等	国华电力600MW机组重大设备应用综合评价技术	神华国华（北京）电力研究院有限公司、西安热工研究院有限公司
122	三等	HW澄清技术在电厂中水回用领域的应用研究	中国华电工程（集团）有限公司
123	三等	630MW超临界机组给水工况技术研究与实践	国华太仓发电有限公司、华东电力试验研究院有限公司、西安热工研究院有限公司、神华国华（北京）电力研究院有限公司
124	三等	火力发电厂岩土工程勘测技术规程	北京国电华北电力工程有限公司、中国电力工程顾问集团东北电力设计院、中国电力工程顾问集团西南电力设计院、中国电力工程顾问集团华东电力设计院、中国电力工程顾问集团西北电力设计院
125	三等	电厂标识系统编码规定	中国电力工程顾问集团公司、中国电力工程顾问集团东北电力设计院、北京国电华北电力工程有限公司、中国电力工程顾问集团西北电力设计院、中国电力工程顾问集团西南电力设计院
126	三等	基于广义预测模型的火电机组运行优化系统	华北电力大学、国网能源开发有限公司天津大港发电厂
127	三等	国华600MW机组GGH堵塞综合治理研究与应用	中国神华能源股份有限公司国华电力分公司、神华国华（北京）电力研究院有限公司、华北电力大学、西安热工研究院有限公司
128	三等	600MW亚临界燃煤机组低负荷运行优化技术研究	广东国华粤电台山发电有限公司、广东省电力工业局试验研究所
129	三等	首例600MW亚临界机组供热创新成果	大唐七台河发电有限责任公司、哈尔滨汽轮机厂有限责任公司

重点科技项目

国家电网公司特高压输电技术

交流方面重点开展了1000kV输电线路绝缘子串长优化的电气性能校核、交流特高压GIS中的VFTO试验研究、特高压电晕笼与试验线段电晕特性试验等效性研究、交流同塔双回输电线路电晕损失研究、可控并联电抗器研制、特高压串联补偿装置研究。直流方面重点开展了±800kV/4750A特高压直流换流阀研制、基于电晕笼的直流输电线路可听噪声试验研究、全尺寸设计条件下特高压直流输电工程设备外绝缘的污闪特性及海拔校正研究、特高压直流输电线路对地磁台和无线电台站影响及防护研究。全面突破了特高压串补关键技术，研制成功了世界上容量最大的单柱特高压并联电抗器，特高压交流63kA断路器、升压变压器和1000MVA双柱变压器通过型式试验，特高压GIS设备快速暂态过电压（VFTO）测试研究取得重要进展，有力支撑了特高压交流试验示范扩建工程。成功研制了世界上通流能力最大、电压等级最高的±800kV/4750A特高压直流换流阀。创造性地提出了级联多端特高压直流输电技术方案。±1000kV特高压直流关键技术研究进展顺利，在直流外绝缘、电磁环境及海拔修正等技术研究取得一系列创新性成果，为±1100kV直流技术的研究与应用奠定了坚实基础。

国家电网公司大电网安全稳定控制技术

重点开展大型互联电网旋转备用优化布局原则及

实施方案、电力系统仿真结果的可信度及检验准则、次同步振荡（SSO）/次同步谐振（SSR）机理及抑制措施、小扰动与大扰动稳定性的统一理论和算法、基于多代理技术的低频低压减负荷技术、数字化变电站环境下的电网安全稳定控制技术等方面研究。研究提出了基于灵敏度分析的旋转备用容量优化决策方法、区域联络线输电断面备用容量决策与评价方法、考虑暂态频率偏移的一次调频旋转备用优化方法、基于状态空间分割法的大型互联电网旋转备用风险评估方法；建成具有抑制 SSR/SSO 功能的 TCSC 控制保护装置控制器样机；开发了振荡模式的量化分析算法软件，实现非自治非线性振荡模式的量化分析；构建了电网安全备用充裕度的预防控制和事故后控制的协调优化决策模型；提出了综合电压频率动态交互影响的新型低频低压减负荷技术，基于多代理技术开发了新型低频低压减负荷控制装置实验室样机。

国家电网公司新能源发电并网关键技术

全国范围水平分辨率 5km 的数值天气预报系统研制完成，自主开发的基于物理和统计混合方法预测模型的风电功率预测系统，已成功应用于新疆、甘肃、西北、江苏、内蒙古、吉林、辽宁、黑龙江、张家口等 11 省区电力调度中心，预测风电装机容量超过 1700 万 kW，居世界第一。单个风电场预测均方根误差为 9%～19%，省级电网风电总功率预测均方根误差为 8%～13%，达到国际同类系统的先进水平。完成了光伏发电功率预测系统研发并在上海世博园、宁夏、青海成功应用。成功开发了大型集群风电智能控制系统、风电接入稳控系统、风电调度计划系统。

大唐龙滩水电站 200m 级碾压混凝土重力坝关键技术

大唐龙滩水电站 200m 级碾压混凝土重力坝关键技术研究的自主创新，突破了 200m 级高碾压混凝土重力坝体型结构优化设计技术、碾压混凝土自防渗技术、夏季高温多雨气候环境下碾压混凝土全年连续施工技术和碾压混凝土快速施工技术等关键技术，系统解决了 200m 级碾压混凝土重力坝的关键技术问题，形成了设计和施工的成套技术，将我国碾压混凝土筑坝技术水平从 100m 跃升至 200m 级，筑坝高度、建设速度均有重大突破，在碾压混凝土坝体断面、防渗结构、温控防裂和质量控制等方面有实质性创新，项目总体技术指标达到国际领先水平。在 2007 年 11 月国际大坝委员会上被评为“碾压混凝土国际性里程碑工程”。

该项目技术已全面应用于龙滩水电站大坝，同时在光照等 7 座水电站高碾压混凝土重力坝中应用。大幅减少了水泥消耗，节约了能源，保护了环境；成功突破了碾压混凝土夏季施工的瓶颈，缩短了建设工期；产生了重大的社会、经济和环境效益。该项目技术适应性强，推广应用前景广泛。同时，形成项目制、修订行业规范 2 部，获专利 2 项，形成国家一级工法 1 项，出版专著 2 部，修编设计手册 1 卷，发表论文 60 余篇，显著推进了行业和区域科技进步，促进了国际碾压混凝土技术的发展。该项目获得 2010 年度国家科学技术进步二等奖。

大唐“电网友好型”风电场

2010 年 11 月 4 日，大唐新能源公司赤峰公司东山风电场被授牌命名为“电网友好型”风电场。

“电网友好型”风电场能够结合电力系统稳定要求和潮流分布，及时进行状态和参数调整，实现风电可控、在控。风电场具备以下三个方面特点：一是风机具有有功无功调节和低电压穿越能力，确保电网发生波动时风机不解列；二是风场拥有风功率预测系统，能够完成风电场 48h 内的短期功率预测和 15min～4h 的超短期功率预测；三是集中优化配置了有功功率和无功功率控制系统，实现了风机的远程调节控制。

该技术是中国大唐集团新能源赤峰公司按照《风电场接入电网技术规定》要求，与中国电力科学研究院、东北电网公司等单位紧密协作，不断优化风机性能，提高风电场对电网的适应能力，先后完成了东山风电场风功率预测系统、风电场实时信息上传、自动化系统完善、风机低电压穿越能力改造等工作，满足了《风电场接入电网技术规定》中的各项指标，成为国内首家完全符合电网接入标准的“电网友好型”风电场。

中国华电分布式供能技术研究

中国华电集团公司在广州大学城能源站开展了分布式供能技术研究，通过对发电设备的余热特性与典型冷热负荷特点的研究，开展全工况系统集成，通过采用抽汽补汽式汽轮机、蓄能等方法实现了能源的梯级利用。研究技术的成功使用，可使广州大学城能源站增加上网电量3250万kWh，每小时可以得到290t左右的生活热水，每年可减排$CO_2$8万～12万t、NO_x1500～2000t。采用集成技术设计的分布式供能系统，在设计工况下一次能源利用率大于75%，年均一次能源利用效率大于63%。广州大学城能源站项目是目前国内最大的分布式能源冷、热、电联产项目，项目荣获2010年“中国分布式能源十年”杰出项目奖，项目成果技术达到国际先进水平，居国内领先地位，对发展我国分布式供能系统具有重要的指导意义。

中国华电太阳能热发电技术研究

中国华电集团公司通过对太阳能槽式和塔式热发电主要关键技术的研究，开发出一系列具有自主知识产权的太阳能热发电技术、设备和工艺。包括直通式真空集热管研制、热系统热工模拟与试验方案设计、反射镜自动跟踪太阳轨迹自动控制装置研究、槽式太阳能发电系统集成技术及塔式热发电蓄热器、蒸发器设计、蓄热系统工艺包设计等技术。并在廊坊建立了200kW电站示范实验基地，完成了槽式集热器系统安装、调试及性能测试，试验产生了300℃高温导热油，掌握槽式太阳能热发电系统集成技术、自动跟踪控制技术等技术。在北京延庆建成了我国第一个1MW级塔式太阳能热电站，完成了1MW级太阳能塔式热发电站总体设计、定日镜的定位设计及场地建设和全厂DCS控制系统设计等。主要研究技术指标均已达到了标准要求，其中自动跟踪精度小于0.1度，与目前国际上投入商业运行的太阳能热发电技术参数相当，研究成果获得4项发明专利和多项实用新型专利。

中国华电煤粉炉掺烧污泥发电技术研究

中国华电集团公司结合火电厂自身燃烧条件，进行了煤粉炉掺烧污泥相关技术的研究。获取了煤粉炉掺烧污泥的相关试验数据和运行参数，掌握了机组掺烧污泥运行的相关技术，完成了国内首台污泥焚烧发电系统，创新了国内城市污泥处理方式的新思路、新途径，为推进实现城市污泥“减量化、无害化”处置与处理起到了带动和示范作用，并为掺烧污泥在同行业中的推广积累了经验。研究形成了一整套具有企业自主知识产权的成果，并已申请国家发明专利。

中国华电1000kV特高压电力系统继电保护技术研究

项目依托1000kV特高压输变电工程，分析了1000kV电力系统继电保护设备可能出现的运行特点，结合数字式继电保护在我国750kV和500kV电力系统上多年来的应用经验和电力系统保护与控制技术国内外发展现状，研发了1000kV电力系统输电线路保护、变压器保护、母线保护和电抗器保护等装置，完成了特高压继电保护样机开发，并参加了1000kV特高压交流试验示范工程继电保护装置的二次动模试验。完全满足1000kV特高压示范工程二次设备技术条件，和特高压电网安全稳定运行的要求。项目研究开发的1000kV特高压电力系统继电保护装置是世界上首批1000kV特高压商业运行的继电保护设备，研究成果获得国家颁发的13项发明专利。

中国华电节能型长距离带式输送机及势能发电综合利用技术研究

节能型长距离带式输送机及势能发电综合利用技术，针对在山区复杂地形、复杂条件下普通输送机运输石灰石难度大的问题，通过研究改进输送机，采用60°深槽角托辊和发电制动与液压盘式制动相结合的方法，解决了大倾角下运输物料的下滑问题以及输送机的“飞车”问题，并通过采用势能反馈发电技术，将物料势能转化为电能，实现了下运带式输送机技术上的突破。通过利用下运胶带机的高势能大容量反馈发电技术，有效地利用了能源，节约了电力，实现了零电耗输送，研究收集和分析的长距离胶带机的理论计算值和实际测量值，为大惯性胶带机的理论研究提供强有力的工程试验的数据库，扩大了长距离曲线胶带机的应用领域。

国电大型燃煤电站锅炉海水烟气脱硫技术及成套设备

完成单位：北京龙源环保工程有限公司。

研发了自主知识产权的烟气海水脱硫核心技术，并实现了关键设备的国产化。示范工程秦皇岛电厂1～3号机组烟气海水脱硫工程的各项性能指标均达到或优于外方技术，达到国际先进水平。该成果突破了海水脱硫核心技术的国外垄断，已成功应用于舟山朗熹电厂（1×300MW）、华能海门电厂3～4号机组(2×1036MW)，并已成功开拓了海外市场（菲律宾Mariveles电厂等），其中华能海门电厂项目是目前世界上单台机组容量最大的海水脱硫装置。

国电1.5MW高海拔风力发电机组

完成单位：国电联合动力技术有限公司。

适用于海拔超过1000m以上高原地区的高海拔风力发电机组现已完成了所有的技术研发工作，并已进入样机试制阶段。同时根据客户需求不同，对产品进行差异化、系列化开发，按照海拔高度分为1000～2000m高海拔机型、2000～3000m高海拔机型、3000～4000m高海拔机型。使其能够在高原环境条件下安全、稳定的运行，并且发挥机组的最大效率。

国电水电站计算机监控系统的研发与应用

完成单位：北京国电智深控制技术有限公司。

本项目开发出的计算机监控系统实现了对水电厂生产过程的监视、数据采集、控制和调节，实现对电气设备及全厂辅机的操作、监控和保护功能。能实现各级远方调度和控制；并具有AGC/AVC及语音报警和ON CALL功能。并已成功应用于深溪沟水电监控系统，整个监控系统利用以太网络，通过EIO通信方式组成一个有机整体。机组运行稳定，各项性能均达到设计规范要求。

国电等离子体无燃油燃煤电厂技术

获奖：2010年度中国国电集团公司科技进步奖一等奖。

完成单位：烟台龙源电力技术股份有限公司、国电康平发电有限公司、国电内蒙古东胜热电有限公司、国电黄金埠发电有限公司。

常规燃煤发电厂锅炉在启停和低负荷运行时，需要投入大量燃油。为此，电厂需要投入几千万元的燃油系统建设费用和运行维护费用。众所周知，燃油系统会给电厂带来火灾安全隐患，同时锅炉油煤混烧期间除尘器无法投入还会造成冒黑烟等环保问题。

为解决上述问题，2004年，项目单位在世界上首次提出了建设无燃油燃煤电厂的设计理念，并立项对建设无燃油燃煤电厂的关键技术进行攻关。通过该项目的研发，项目单位获得了一批具有自主知识产权的核心技术，并实现多个无燃油燃煤电厂的建设和安全运行。该项目的主要技术创新点包括：(1) 无燃油燃煤电厂整体设计和调试运行技术；(2) 长寿命等离子体发生器技术；(3) 内燃式燃烧器技术；(4) 大功率开关电源技术；(5) 锅炉冷炉制粉技术和无燃油点火系统控制技术。等离子体无燃油燃煤电厂技术主要应用于燃煤电厂，可彻底取消常规燃煤电厂的燃油系统，节约上千万元的基建投资和几千万元的调试燃油费用，电厂建成后以煤为单一燃料运行，每年可节约上千万元的燃油及设备维护费用，给电厂创造显著的经济效益。该技术可使机组实现燃油的稳燃功能，且更加经济灵活。该技术还彻底消除了电厂燃油系统这一重大的火灾隐患，避免了锅炉油煤混烧期间冒黑烟等环保问题，显著提高了电厂的安全和环保水平。截至2010年底，国内在建和已建成无燃油燃煤电厂22座，其中7座已正式投产。随着无燃油燃煤电厂的陆续成功投产，建设无燃油电厂将成为新建机组的首选配置，而该技术也在经济、环保和安全等各方面为电厂及社会产生巨大的效益。它的成功创立了燃煤电厂的新模式，促进了我国电力行业科技进步及技术升级，必将在电力行业得到广泛的推广应用。

国电节能提效型电除尘器高频电源的研制与应用

获奖名称：2010年度中国电力科学技术奖二等奖。

完成单位：国电科学技术研究院。

本项目攻克了变压器铁芯加工工艺设计、变压器结构设计、大功率高频逆变器设计、高频电源结构设计、高频电源控制模式等多项技术难题。取得了具有自主知识产权的成果，主要技术达到了国际先进、国内领先的水平，于2009年6月通过了中国电机工程学会主持的项目技术鉴定。本项目的主要技术创新点包括：①开发了超微晶材料退火工艺，开发了拥有自主知识产权变压器铁芯固化成型工艺和拥有自主知识产权的铁芯切割工艺。②研究并设计了合理的线圈绕制的方法和性能良好的变压器散热结构，研制成功抗冲击、体积小、重量轻、转换效率高的高频高压变压器。③研制了高频逆变器电路，设计了新型的串并联谐振式的逆变拓扑结构，降低了变换电路的功率损耗，提高了可靠性与灵敏度、抗冲击性及抗干扰能力，变换电路具有吸收—缓冲释放功能与完善的保护功能，研制出体积小、散热效果好的新型散热系统。

④设计了多种控制模式，适用于各种场合和各种电除尘工况，提高了电除尘器的除尘效率，大幅度降低了电除尘器的运行电耗。该产品于2008年12月投入工业运行，截至2010年12月，已在25个燃煤电厂38台机组电除尘器上使用，机组容量300～1000MW，除尘效率显著提高，烟尘排放量和排放浓度降低40%～70%，电除尘器电耗减少50%～80%。平均每台机组每年节电400万kWh。该项成果在南京国电环保设备有限公司实现了产业化。节能提效型电除尘器高频电源的研制成功，标志着我国电除尘器技术水平上了一个新台阶，成为一项治理烟尘和工业粉尘大气污染的最佳实用技术。成果主要用于大型燃煤机组的烟气除尘，也可用化工、冶金、水泥等行业的烟尘与工业粉尘的污染控制，具有十分广阔的应用情景。

国电火电机组状态及性能全息诊断系统

获奖名称：2010年度中国电力科学技术奖二等奖。

获奖单位：国电科学技术研究院、国电石嘴山发电公司、威信尔（北京）科技发展有限公司、清华大学。

火电机组状态及性能全息诊断系统，通过改善内部生产组织方式，最大限度地适应外部条件变化，逐步解决煤耗大幅度偏离历史最优值的问题，最终实现机组总体经济水平的提高。全息诊断系统建立了实现火电机组向历史最优工况“压缩、靠近、降低”的状态空间分析方法和完整的“实控要素—导引因素—控制目标”三个层次定量关联模型，进行火电机组经济指标的计算、节能潜力的评估及影响因素的确定，识别需要调整的操作变量及其调整幅度，以煤种信息和环境温度作为边界条件，确定历史最优工况，实现发电机组在煤质波动和外部条件不利情况下始终保持良好经济性的目标。本项目的主要技术创新点包括：①率先采用以相同边界条件为准则确定可比历史最优工况，在煤种、负荷和环境温度变化条件下优化电厂运行。②利用发电厂热力系统状态空间分析模型，形成了由边界条件及运行参数推演机组全息信息的完整算法体系。③建立完整的“实控要素—导引因素—控制目标”定量关联模型，依据操作因素影响幅度大小安排操作顺序的运行优化技术，以性能渐变特性为依据预测设备剩余运行时间的状态检修，确定优化滑压运行曲线以及最佳真空的优化试验方法。④首次开发出以“压缩、靠近、降低”为实现策略、能够持续改善发电厂运行经济性的火电机组状态及性能全息诊断系统。火电机组状态及性能全息诊断系统具有齐全的运行优化指导、状态检修和节能考核管理等功能，通过逐步改善机组的应用性能，实现节能降耗。截至2010年6月，已在10余家发电企业的44台总计15 000MW机组上得到了应用，机组供电标煤耗平均降低1.5～3.5g/kWh。该技术对燃煤电厂优化管理、节能挖潜具有重要的指导意义和推广应用价值。

国电Whear脱硫技术及其关键设备研究与应用

获奖名称：2010年度中国电力科学技术奖二等奖、2009年度宁夏回族自治区科学技术进步一等奖。

获奖单位：国电科学技术研究院。

针对湿法脱硫引进技术在我国商业应用工程中出现的技术问题，围绕提高脱硫性能和节能降耗两个主题，在执行863、973等国家重大科技攻关项目及取得成果的基础上，开展高性能、高适用性、高流速和优化节能的综合性研究与再创新，包括理论研究、试验研究、技术创新、工程研究及工程应用，形成拥有自主知识产权的WHear脱硫技术。本项目的主要技术创新点包括：①发明了以凸凹式孔板环为特征的气液分配提效技术为核心的WH-e湿式高性能脱硫技术，解决了吸收塔内SO_2逃逸和吸收浆液的挂壁现象，实现了脱硫装置提效和节能降耗的双重功能。②通过集成创新开发了多炉一塔为核心的WH-a湿式高适用性脱硫技术。③研发出以提高脱硫塔内流速为核心的WH-r湿式高流速脱硫技术。④通过流场模拟、性能测试等，研制出适合高流速、高烟尘等复杂工程的系列脱硫除雾器。⑤通过物料分配装置的优化设计、设备改造和研制，提高了脱硫副产物的脱水性能。该技术有效解决了脱硫工程中存在的问题，使脱硫技术更适合中国国情，在燃煤电厂脱硫提效、升级、优化节能降耗改造中，具有很强的竞争力，推广应用前景广阔。已成功在国电石嘴山第一发电有限公司、国电天津第一热电有限公司、国电阳宗海发电有限公司等商用脱硫工程中进行示范。多年的商业运行表明：WH-e（湿式高性能）、WH-a（湿式高适用性）、WH—r（湿式高流速）自有技术及关键设备均取得了成功，实现了预期的目标。截至2010年6月，WHear湿法脱硫技术已成功应用于5000MW燃煤脱硫机组。

2011 中国电力年鉴

国际合作与交流

国家电网公司签署15亿美元印度火电站总包合同

2010年4月，国家电网公司所属山东电力基建总公司与印度沃丹特集团在印度签订了贾苏古达3×66万kW电站项目EPC总承包合同，合同金额15亿美元。该项目从设计、设备采购、施工安装、调试全过程由山东电建负责，所有锅炉、汽轮机、发电机主设备和绝大部分（约90%）机电辅助设备均从国内采购，可带动机电设备出口70亿元人民币，在国内火力发电市场建设逐渐饱和的情况下，为拉动国内机电设备生产、出口带来了积极影响。

近年来，国家电网公司山东电力基建总公司大力实施“走出去”战略，先后在亚洲、非洲、南美等10多个国家和地区中标电力工程项目27个，累计合同额达167亿美元，连续6年入选美国《工程新闻记录》“全球最大225家国际承包商”，实现了从单纯工程施工承包到工程EPC总承包的跨越，已发展成为国内最具国际拓展力、最大的电力工程EPC总承包企业。

大唐集团缅甸太平江水电站首台机组投产发电

2010年8月29日，缅甸太平江水电站首台机组通过72h试运行，投产发电。这是中国大唐集团海外投资有限公司组建以来投产的首台机组，标志着大唐集团公司境外在役机组实现了“零”的突破。

缅甸太平江水电站位于缅甸东北克钦邦境内、紧邻中缅边境的太平江上，该项目规划总装机容量40万kW，分两期建设。本期开工建4台6万kW机组，设计年发电量10.7kWh，预计总投资约17亿元，90%以上的电量回送中国南方电网。2009年12月20日，在国家副主席习近平和缅甸联邦和平与发展委员会副主席貌埃的见证下，在缅甸首都内比都签署了合资协议。根据合资协议：项目特许经营期限为“35+5”年，特许经营期满后全部移交给缅甸联邦政府。

缅甸太平江水电站是大唐集团公司首个对外投资的BOT（建设－运营－移交）项目，由大唐海外投资有限公司控股的大唐（云南）水电联合开发有限责任公司具体负责开发、运行和管理。自2007年12月主体工程开工以来，由于受缅甸地方武装势力威胁、地质塌方以及地震灾害、高温多雨导致洪水上涨等因素影响，施工进度一度严重滞后。面对困难，海外公司以精品工程为目标，以实现集团公司国际化战略为己任，运用系统化、规范化、目标化、精细化、闭环化的管理手段，优化设计、科学建设，在保证质量和安全的前提下，稳定推进了工程建设，在缅甸树立了“中国大唐”的良好口碑。

中国大唐集团公司与老挝政府合作开发北本和萨拉康水电项目

2010年12月27日，中国大唐集团公司与老挝人民民主共和国《关于湄公河萨拉康和北本水电项目开发协议（PDA）》签字仪式在老挝万象举行，标志着中国大唐集团公司正式取得两个项目的实质性开发权。

萨拉康水电项目位于老挝沙耶武里省根涛县文康村湄公河干流上，装机容量66万kW，年发电量约36.97亿kWh，机组年利用小时数5602h，所发电力除部分在当地消纳外，主要向泰国送电，项目总投资118亿元人民币。项目建成后送电至泰国，在解决泰国能源短缺的同时，可促进老挝国民经济社会发展。

北本水电项目位于老挝乌多姆赛省北本县境内的湄公河干流上，装机容量85.5万kW，机组年利用小时数5236h，动态投资140亿元人民币。

目前，两个项目可行性研究报告已通过水利部水利水电规划设计总院组织的审查并获得老挝政府批准。

中国华电投资柬埔寨额勒赛水电项目开工

2010年4月1日，由中国华电集团公司投资建设的柬埔寨戈公省额勒赛下游水电项目开工仪式在金边举行。柬埔寨副首相兼经济和财政大臣吉春，中国驻柬埔寨大使馆参赞贺乐平，华电集团总经理云公民、副总经理程念高等200多人出席仪式。开工仪式前的3月31日，柬埔寨首相洪森在首都金边会见了中国华电集团公司总经理云公民。

洪森欢迎中国华电集团在柬埔寨能源领域投资发展，并表示，中国政府为柬埔寨国家建设和发展尤其柬埔寨基础设施建设提供了大量宝贵支持和援助，相信作为实力雄厚的中国国有企业华电集团一定能够确保额勒赛水电开发项目取得圆满成功。云公民表示，中国华电集团公司高度重视境外市场拓展，愿意参与柬埔寨的基础产业投资建设，期望以额勒赛项目为起点，进一步扩大双方合作领域。华电集团将充分发挥自身优势，积极推进额勒赛水电站工程建设，确保项目如期竣工，为柬埔寨国家建设贡献力量。

吉春在开工仪式上发表讲话说，电力建设是柬埔寨政府优先发展的领域。额勒赛下游水电项目的成功开发必将增加柬埔寨的供电能力和供电安全，为柬社会和经济全面发展作出重要贡献。他表示相信，在柬中双方密切合作和共同努力下，这一水电开发项目一定能够取得圆满成功。

云公民在开工仪式上说，中国华电高度重视境外市场开拓，积极实施“走出去”战略，加强国际交流与合作，努力实现共赢发展。额勒赛下游水电项目是公司在柬埔寨投资兴建的第一个电源项目，也是柬目前建设规模最大的水电项目之一。中国华电将充分发挥资金、技术、人才和管理等方面的优势，确保该建设项目始期竣工。

额勒赛水电站为BOT（建设、运营、转让）项目。由上下游两个梯级电站组成，总装机容量为33.8万kW，其中上游电站装机容量为20.6万kW，下游电站装机容量为13.2万kW，年总发电量约为10.2kWh。电站总投资约为5.8亿美元，将于2014年建成发电，特许运营期为30年。

中国华电投资开发俄罗斯捷宁斯卡娅燃机项目

2010年9月27日，在中国国家主席胡锦涛和俄罗斯总统梅德韦杰夫的共同见证下，中国华电集团公司与俄罗斯第二地区电力公司、中国工商银行在人民大会堂共同签署了《华电捷宁斯卡娅燃机项目合作备忘录》。该项目已在2010年8月22日中俄两国总理定期会晤委员会经贸合作分委会第十三次会议上，签署了《联合开发协议》。该项目是中国华电集团公司在俄罗斯投资、建设、运营的第一个热电联产项目，位于俄罗斯联邦雅罗斯拉夫尔市，装机48.3万kW，包括安装2台燃气轮机、2台余热锅炉和1台蒸汽轮机，项目动态总投资约5.7亿美元，中国华电香港有限公司、俄罗斯第二地区电力公司将按照51%、49%的出资比例共同建设。目前项目已完成初步可行性研究，正在有序推进，计划于2011年开工，2013年底建成投产。

中国华电投资开发柬埔寨斯雷波水电项目

2010年11月4日，在中共中央政治局常委、全国人大常委会委员长吴邦国和柬埔寨王国总理洪森的共同见证下，中国华电集团公司党组成员、副总经理程念高与柬埔寨工业矿产能源部部长瑞赛在柬埔寨总理府共同签署了《柬埔寨斯雷波三级、四级项目可行性研究合作备忘录》。斯雷波河为湄公河三级支流，将实行梯级流域开发，其中装机容量为30万kW、22万kW的3号水电站、4号水电站位于柬埔寨王国境内。根据备忘录，这两个水电站将由中国华电开发建设。

中国华电与瑞典碳资产管理公司深化合作减排项目

2010年5月21日，在中共中央政治局常委、国务院副总理李克强，瑞典国王卡尔十六世·古斯塔夫（Carl XVI Gustaf）的共同见证下，中国华电集团公司党组成员、副总经理邓建玲与瑞典碳资产管理公司首席执行官尼尔斯·瑞伯格（Niels von Zweigbergk）分别代表双方签署了《清洁发展机制全面战略合作框架协议》。根据协议，中国华电集团公司与瑞典碳资产管理公司将发挥各自优势，共同推进双方在技改与能效提高、可再生能源领域的减排项目合作，积极推动CDM项目技术转移，全面提升双方合作潜力。中国华电集团公司已与瑞典碳资产管理有限公司在华电小草湖二期风电场等9个可再生能源项目上进行了碳减排交易合作，该批项目在2010年前预计产生核证减排量约600万t，目前已有三个项目在联合国成功注册。

中国华电投资开发的印度尼西亚阿萨汉一级水电站建成投产

2010年8月30日，由中国华电集团公司控股投资兴建的印度尼西亚第二大水电站——阿萨汉一级水电站正式投入运营。阿萨汉一级水电站位于印尼北苏门答腊省阿萨汉河上游河段，是阿萨汉河上游河段水电规划三级开发方案的第一级电站。电站上游是印尼最大内陆湖多巴湖。电站厂房内设两台单机容量为90MW的水轮发电机组，总装机180MW。该项目是华电集团在海外同时承担投资、建设、运营维护任务的第一个项目，于2006年12月18日开工建设，2009年12月项目引水隧洞系统工程主体工程全部完工，2010年5月两台机组成功并网发电，全部工程仅耗时41个月。该项目的总投资为2.47亿美元。

中国国电集团柬埔寨柴阿润和松博水电项目

柴阿润水电项目位于柬埔寨王国首都金边西南部的国公省柴阿润河上，为立轴混流式水电站，规划装机容量10.8万kW，项目预计总投资约19.7亿元。

松博水电项目位于柬埔寨王国东北部的桔井省松博县松博镇的湄公河上，为径流式水电站，规划装机容量260万kW，项目预计总投资约280亿元。

2010年11月4日，在中国全国人大常委会委员长吴邦国和柬埔寨首相洪森的见证下，国电集团总经理朱永芃与柬埔寨工业、矿产和能源部部长瑞赛签署了柬埔寨柴阿润和松博两个水电项目的谅解备忘录，取得了两个水电项目共270.8万kW装机容量的开发权，目前正在开展项目前期准备工作。

中国国电集团南非风电项目

国电集团南非风电项目2009年初启动，从5个风电项目中筛选了3个项目开展了测风，目前3个风电项目（共计19.8万kW）正在办理土地租赁、环评许可和测风等工作。

拟开发的南非风电项目由龙源集团与南非穆力洛公司、中非基金三家合资，雄亚投资有限公司作为南非项目的主投资方。在拟开发风场，已经安装测风塔11座，项目投标第一阶段所需文件基本编制完毕。

中国国电集团加拿大风电项目

国电集团积极开展加拿大风电并购项目。该项目位于加拿大安大略省梅兰克森郡，与多伦多市相距120km，风电装机容量为10万kW。该项目原由一家加拿大公司拥有，已于2010年4月与安大略省电力公司签署了有效期为20年的售电协议。

该风电项目年平均风速为7.34m/s，投资回收期10年。国电集团所属龙源公司拟成立加拿大可再生能源公司开展项目前期工作，正在与外方商谈合作事宜。

中国国电集团缅甸克莱瓦地区煤电一体化项目

国电集团与缅甸Tun Thwin矿业有限公司合作，依托缅甸实皆省克莱瓦地区的煤矿资源，投资、开发、建设、生产经营坑口火电项目。5月27日，国电集团在缅甸首都内比都与缅甸联邦电力1部正式签署项目谅解备忘录（MOU）。

按MOU要求，开展了现场踏勘并在18个月内提出预可行性规划研究成果报告。拟规划方案一：一期规划装机2×13.5万kW；二期规划装机2×13.5万kW。拟规划方案二：一期规划装机1×20万kW；二期规划装机1×20万kW。上述拟规划方案，待设计院现场详细踏勘后，比选确定。

中国水电集团中标西非电力网330kV沿海输变电骨干网工程和巴基斯坦达瓦特大坝项目

2010年2月8日，中国水电建设集团西非办事处成功获得西非电力网330kV沿海输变电骨干网工程P7项目标，标志着股份公司在加纳市场进入深度开发。

西非电力网330kV沿海输变电骨干网工程P7项目由世界银行出资，工程主要是对加纳的最大水电站——阿科松博水电站的厂房、进水口、溢洪道的门机、启闭机、压力钢管进行修复和除锈防腐，为电站提供一台全地形50t汽车吊及相应的配件和培训服务。

2月15日，中国水电建设集团所属水电十三局有限公司中标巴基斯坦达瓦特大坝EPC/交钥匙项目。

巴基斯坦是中国水电集团的传统海外市场之一，中国水电建设集团公司在该国享有良好的品牌形象和信誉。此次签约的达瓦特大坝位于巴基斯坦信德省，距卡拉奇约120km。合同内容主要包括混凝土重力坝、溢洪道、主渠及支渠的设计、采购、土建施工与金结构安装等，总合同工期36个月。

中国水电集团中标马来西亚胡鲁登嘉楼水电站主体工程

2010年3月18日，中国水电建设集团以2.5亿美元中标马来西亚胡鲁登嘉楼水电站土建主体工程。

胡鲁登嘉楼水电站位于马来西亚胡鲁登嘉楼州西部肯叶尔湖上游的普额河上，总装机25万kW（2×12.5万kW）。该项目于2009年6月公开招标，经过技术和商务评选，中国水电集团国际公司与当地伙伴Loh&Loh建筑工程公司组成的联营体，以诸多优势击败了众多竞争对手，拿到了这个极具挑战性的工程。

该工程是中国水利水电建设股份有限公司继承建马来西亚“三峡工程”——巴贡水电站后，在该国建筑市场取得的新进展，对股份公司发展优势产业、开拓国际水电市场，提升公司国际品牌具有重要意义。

中国水电集团签约柬埔寨斯登沃代水电站主体工程

2010年4月27日，中国水电集团承建的柬埔寨王国斯登沃代水电站主体工程施工合同签字仪式在北京举行。

斯登沃代水电站位于柬埔寨王国西部菩萨省列文县欧桑乡，是柬埔寨工业矿产能源部在额勒赛河流域规划兴建的电站之一，由中国大唐集团公司控股的云南东南亚经济技术投资实业有限公司投资建设。电站位于在额勒赛河上游支流—沃代河上，将分两级开发，总装机容量12万kW，首台机组发电日期约定为2012年10月31日。电站建成后，其所发电力拟通过同期建设的输变电工程向柬埔寨国家主电网提供电力，取代燃油发电机组，降低电价，促进柬埔寨国家经济的发展。

目前，中国水电集团首批设备和建设者已进场施工。

中国水电集团签约莫桑比克利跨瑞供水工程

2010年7月16日，中国水电集团成功中标桑比克赞比西亚省利跨瑞15km输水干线设计和施工工程。

该输水干线工程位于莫桑比克赞比西亚省省会克里马内市（Quelimane）北50km处的利跨瑞（Licuari）和尼克达拉（Nicoadala）两镇之间。此次设计施工的管线将与尼克达拉主管线连接，管子采用DN500球墨铸铁管，替代原来的旧管线，由世界银行投资。

该供水项目的中标，是在中国水电集团公司近几年连续承揽和实施同一业主所属的克里马内新井群及输水干线工程、利跨瑞水处理设施工程、克里马内市供水管网复建工程、楠普拉市供水管网扩建工程和彭巴市供水管网扩建工程并取得良好信誉的基础上取得的第六个项目，对进一步密切业主关系、扩大供水市场有一定的促进作用。

中国水电集团签约尼泊尔最大水电工程

2010年8月1日，中国水电集团与尼泊尔电力局正式签定上塔马克西水电站土建标施工合同，总合同额约12.06亿元人民币，工期1656天。

上塔马克西水电站位于中尼边界，是尼泊尔迄今为止装机容量最大的水电站，被称为尼泊尔国家的“三峡”。

该电站采用高水头冲击式水轮发电机组，分两期开发，总装机容量45万kW。土建工程主要包括塔马克西河挡水坝、取水口，百色河取水口，引水涵洞，沉沙池，压力管道竖井，调压井，地下厂房和尾水洞等建筑物。

中国水电十一局和水电六局联合承担工程建设任务。

中国水电集团签订加拿大麦卡水电站金结制造合同

2010年9月，中国水电建设集团所属夹江有限公司收到加拿大麦卡水电站金结项目中标通知及采购合同。该合同项目是由加拿大BC Hydro公司实行网上公开全球招标，夹江有限公司独立参与投标，凭借制造实力和水平签订了该项目中标合同。

合同签订前，BC公司经过了严格公正的评标后，组织BC公司代表及香港柏诚质量评估公司品质监控工程师到夹江有限公司进行了考察，在考察中对制造质量、工艺进行了审核，并对夹江有限公司制造业绩、产品质量和制造技术、工艺等给予了好评。希望夹江有限公司应加大对BC公司在加拿大水利工程项目的了解和投入，进一步保持合作、增强发展。

麦卡水电站金结合同是中国水电夹江有限公司继智利闸门项目后公司独立承接的第二个国际项目，同时也是在北美发达国家市场签订的第一个水电项目合同。

葛洲坝集团签订柬埔寨达岱河水电站总承包合同

2010年2月，柬埔寨达岱河水电站项目TATPJ-CⅠ、CⅡ、CⅢ、CⅣ标段施工承包合同签约仪式在中国葛洲坝集团国际公司北京会议室举行。

达岱河水电站位于柬埔寨国公省东北约40km处的莫邦区，距柬埔寨首都金边约300km，距柬埔寨最大海港——西哈努克港约243km，装机容量246MW，计划安装3台82MW的混流式水轮发电机组，年发电量8.49亿kWh，葛洲坝集团一公司此次中标的达岱河水电站主体工程主要施工项目包括首部枢纽主坝和副坝、引水隧洞、发电厂房等部位，工程施工总工期48个月，计划于2013年11月30日完工。合同金额18.05亿元人民币。

葛洲坝集团中标承建苏丹48.54亿元水电工程

2010年6月，中国葛洲坝集团股份有限公司中标苏丹谢里克水电站项目，这是葛洲坝集团近年来海外市场拓展取得的又一重要成果。

谢里克水电站项目距苏丹港700km，距首都喀土穆约650km。电站总装机容量为42万kW，由6台单机容量为7万kW的KA-PLAN水轮发电机组组成。该项目分为三个标段，其中第一标段为土建和金结工程，第二标段为机组设备和安装工程，第三标段为输变电线路和变电站工程。

葛洲坝集团此次中标的苏丹谢里克水电站第一标段项目合同金额为7.11亿美元，折合人民币48.54亿元。其开工日以业主正式发布开工令为准，合同规定开工后1751天内完工。

法国核电公司与中国企业签订10年期铀供应合同

2010年11月5日，法国阿海珐集团宣布，同两家中国的战略合作伙伴中国广东核电集团公司和中国核工业集团总公司签署了10年期铀供应合同、设立合资公司等一系列重要协议。

根据协议，阿海珐集团将在10年内向中广核提供两万t铀，该合同价值约35亿美元。阿海珐还与中核集团签署了关于在乏燃料后处理与再循环领域合作的产业协议。该协议是通向签署商务合同的最后一步，中法两国政府曾于2009年12月共同宣布授权中核集团和阿海珐集团就此事展开详细谈判。

此外，阿海珐集团和中核集团已发起成立一家合资公司，双方各占50%股份，公司名称为CAST合资公司（即中核阿海珐上海锆管有限公司）。合资公司将生产和销售制造燃料组件所需的锆管，地点位于上海市，工厂将于2012年底开工。

阿海珐是全球最著名的核电企业之一。中广核和中核集团是我国最重要的核电企业。

国家核电与美国西屋签署系列合作协议

2010年11月12日上午，国家核电技术公司（简称“国家核电”）与美国西屋电气公司（简称“西屋公司”）在北京签署了大型非能动核电站（LPP）业务开发、技术咨询服务以及AP1000后续项目仪控合作等共5个协议。

西屋公司总裁兼首席执行官康睿世博士作了题为“构建共赢，面向未来”的主旨演讲；国家核电党组书记、董事长王炳华作了总结讲话。

签字仪式由国家核电党组成员、副总经理马璐主持。国家核电董事兼专家委主任陈肇博，党组成员、副总经理曲大庄、孙汉虹，党组成员、纪检组长李立金，总工程师王俊，总经济师盖其庆；西屋公司亚洲区总裁艾伦，高级副总裁栾幕杰、安东尼、厉博儒、恺瑟琳、郝达巍、野田哲也，副总裁刘信刚、鲍睿等出席了签字仪式。

2007年7月24日，国家核电与西屋联队签署了AP1000自主化依托项目核岛设计及部分主设备采购合同和AP1000技术转让合同。这是中美两国政府间迄今最大的能源技术合作项目。在以国家核电为牵头方的中方团队与西屋联队的共同努力下，AP1000三代核电自主化依托项目正在稳步推进。工程建设在确保质量的前提下，按计划实现了全部关键里程碑节点目标，核岛设备安装高峰即将到来，双方正全力以赴确保世界首台AP1000机组、即三门1号机组在2013年11月保质按期投入商业运营。

本次相关协议的签署标志着双方在三年来积极、深入的全方位战略合作的基础上，在后续项目的仪控业务领域与大型非能动核电站领域取得了重大进展，将拓宽双方合作领域、加大合作深度，为双方互利共赢的战略合作注入新活力。

中国华电工程（集团）有限公司投资建设印尼巴淡岛燃煤电厂

2010年8月，国家发展改革委以发改能源［2010］1902号文，核准批复了华电集团公司上报的《关于中国华电工程（集团）有限公司投资建设印尼巴淡岛（BATAM）TJK2×6.5万kW燃煤电厂项目的请示》（中国华电规［2010］683号）。批复相关内容如下：

一、同意中国华电工程（集团）有限公司（简称“华电工程”）投资建设印度尼西亚巴淡岛电厂项目，本期建设 2×6.5 万 kW 燃煤发电机组。

二、该项目总投资 19 579 万美元。其中，项目资本金 4895 万美元，由华电工程、贝拉乌古圣杰拉尔有限公司和印尼国家电力（巴淡）公司分别按照 54%、36%和 10%的比例出资；资本金以外的14 684 万美元资金申请银行外汇贷款解决。具体外汇出资事宜由外汇管理部门审核。

三、本项目核准文件自印发之日起两年内有效。请据此向商务、外汇管理等有关部门申办相关手续。请项目单位依照有关法律法规，做好项目建设运营工作，注意防范风险。项目实施中重大问题及时报告。

学 术 团 体

中国电机工程学会

一、概况

中国电机工程学会是全国电机工程科学技术工作者自愿组成并依法登记成立的非营利性的学术性法人社会团体。1934年10月14日创建于上海，原名为中国电机工程师学会，1958年改名为中国电机工程学会，同年加入中国科协，办事机构设在北京。

中国电机工程学会先后召开了九届全国会员代表大会，第一届1958年，刘澜波任理事长；第二届1963年，程明陞任理事长；第三届1980年、第四届1984年，毛鹤年任理事长；第五届1988年、第六届1994年，张凤祥任理事长；第七届1999年、第八届2004年、第九届2009年，陆延昌任理事长。

中国电机工程学会下设组织、学术、科普、外事、编辑、咨询、青年和教育、名词术语8个工作委员会，有覆盖电机工程各个专业的33个专委会，33个省、直辖市、自治区均有地方电机学会组织。学会拥有个人会员12万余人。其中高级会员4447名，荣誉会员208名，团体会员1805个。

二、第九届理事会

理　事　长：陆延昌
常务副理事长：陈　峰
副　理　事　长：舒印彪　王良友　那希志
刘顺达　任书辉　于崇德
田　勇　秦定国　郑健超
宋永华　蔡惟慈
秘　书　长：李若梅
刊物及主编：《中国电机工程学报》主编　郑健超
《农村电气化》　主编　蒋连海
《农电管理》　主编　蒋连海
《ELECTRICITY》　主编　宋永华

三、2010年工作情况

1. 组织建设

2010年学会重点推动学会专委会、办事机构、工作委员会的改革，明确职能，促进协作，加强指导，在统筹规划的前提下充分激发分支机构的能动性。2010年度，学会办事机构直接发展单位会员13家，个人高级会员183人，普通会员和学生会员共382人。

11月24日，在海南召开第九届第三次常务理事会，审议通过了理事、常务理事和副理事长变更，杰出青年工程师奖奖励，会士遴选与管理等报告。

11月24日，召开了组织工作委员会会议，讨论通过《2010年会员发展与服务报告》、《第九届理事会组织工作委员会名单调整事宜》、《会士遴选与管理办法（讨论稿）》、高级会员、单位会员接纳与管理的实施细则以及2010年高级会员入选名单。

11月24日，召开学术工作委员会第二次会议，主要讨论了电机工程学会2011年的学术活动，总会发展方向以及专委会的调整问题。

12月9日，召开咨询工作委员会会议审议通过了《中国电机工程学会第九届理事会咨询工作委员会成员》报告，原则通过《中国电机工程学会咨询工作委员会工作办法（审议稿）》，主要讨论了咨询工作委员会职责定位、工作开展机制，以及学会开展咨询工作方向和项目选题等问题。

2. 学术交流

2010年的学术交流活动围绕低碳电力、节能减排和发展智能电网组织了一系列富有影响的国内、国际学术活动。办事机构和专委会共计组织学术会议85次，参加人数达11024人·次，交流学术论文3869篇。其中国际学术会议11次，高端前沿学术会议（论坛）20次。

形成较大影响力的学术会议包括：6月2日，学会和ABB中国公司联合组织了储能技术在可再生与分布式能源发电中的应用研讨会；6月9～10日，学会和美国机械工程师学会（ASME）联合组织了“超（超）临界机组用P91/P92钢技术研讨会”；7月8～10日，学会联合中国城市燃气协会、中国可再生能源协会、中国企业投资协会和中国能源网，在上海共同举办“2010中国分布式能源研讨会”；9月12～16日学会在南京召开以“发展更加智能的供电系统”为主题的第四届中国国际供电会议（CICED2010）；10月24～28日，学会与IEEE PES联合主办以“技术创新，推动电网智能化”为主题的电力系统技术国际会议（POWERCON2010）；10月19～20日，在浙江宁波召开以“清洁高效发电与低碳发展之路”为主题的清洁高效燃煤发电技术协作网2010年会；11月1～3日，中国电机工程学会、中国通信学会和中国电机工程学会（台湾地区）联合承办第十二届中国科协年会第28分会场“信息通信技术（ICT）与智能电网研讨会”；11月11～13日，学会主办、清华大学承办的第十一届青年学术会议在北京召开；11月25日学会召开以“低碳时代的电力发展”为主题的2010年年会。

3. 国际交流与合作

2010年度，学会办事机构及分支机构组团参加在境外举办的学术会议40次，办事机构接待境外来访40余次，与ASMI和IEEE PES两个国际组织签订合作协议。学会还承担了CIGRE和CIRED两个全球性国际组织和ICEE区域国际组织的国家委员会秘书处工作。

3月，陈峰常务副理事长率团参加日本电气学会（IEEJ）年会并在开幕式讲话。7月，陆延昌理事长率团参加在韩国举办的ICEE2010会议。8月，陆延昌理事长率团赴英国参加“中英智能电网战略论坛”，中国电机工程学会（CSEE）为主办方之一。8月，陈峰常务副理事长率团参加每两年一次的CIGRE巴黎大会。10月，李若梅作为WFEO能源委员会委员，参加了在阿根廷举办的世界工程师周和工程师论坛活动，并参加WEC2011筹备组会议。

2010年中国的CIGRE会员总数已经成为亚洲第一，成为CIGRE指导委员会的固定成员。在巴黎大会期间举行的亚太地区CIGRE理事会（AORC）会议上，中国成为AORC轮值主席国，李若梅任主席，任期2年。由中国电机工程学会、中国电工技术学会、中国可再生能源学会共同发起组建国际供电会议组织（CIRED）中国国家委员会，9月12日在南京召开国家委员会成立大会及第一次全体会议。会议讨论并通过了国家委员会章程，选举产生了国家委员会组织机构。陆延昌当选为国家委员会主席及指导委员会主席。

5月24日，学会与美国机械工程师学会（ASME）共同签署了《中国电机工程学会和美国机械工程师学会合作备忘录》，旨在推进双方在信息交流、合格评定、技术人员发展、国际会议组织、职业培训和认证、技术评估以及动力设备及其新材料等技术标准的制定、验证及推广等领域的合作。10月27日，中国电机工程学会理事长陆延昌，常务副理事长陈峰、秘书长李若梅与IEEE PES主席A. C. Rotz、秘书长Patrick Ryan会谈。双方以2002年合作协议为基础，修改完善了有关条款，重新签订了新的合作协议。

4. 科学普及

2010年，学会共组织主题科普活动30次，组织科普讲座66次，科普展览52次，其中主题科普活动的受众达33190人·次。同时组织科普读物编写，切实推动科普资源的共建共享。

学会组织参加了主题为“坚持科学发展，走近低碳生活”的2010年全国科普日北京主会场活动。中国电机工程学会联合中科院组织了“新能源新技术模型展示区”共12个沙盘模型展出，受到包括中央领导人在内的参观者的关注与好评。

学会于11月组织赴广西壮族自治区东兰县的电力科普下乡回访活动，以捐赠科普图书、节能用品活动等形式宣传普及电力科学技术知识。

此外，学会还出版了《假如没有电》（上、下册）等科普读物，组织编写《风吹电来》科普图书。

5. 决策咨询

2010年学会完成决策咨询报告20份，举办决策咨询专家论坛4次，在智能电网、可再生能源等领域发挥学会的智力资源优势，通过各种渠道积极申报科技咨询项目，承担了中国科协和国家电网公司、神华集团等单位的重要咨询工作。

承担国家电网公司委托的“国家电网2030技术路线图”科技项目，已经形成了总报告和七个专题报告。

积极推进神华集团委托的“发电企业本质安全管理体系研究”项目，开展了调研工作，形成了《发电企业本质安全管理体系框架》、《发电企业本质安全管理体系考核评价标准》、《发电企业本质安全管理体系研究报告》。

完成中国科协委托的“我国大规模风电的科学发展的战略研究”报告。

作为中国科协的创新试点学会，2010年学会积极开展安全评价咨询服务项目，为神华集团（国华电力）、中电投、国投电力、华润电力等集团（公司）的39个发电企业分别进行安全会诊、安全评价与安全培训。还受委托在制定与完善安全评价标准方面做了大量工作，组织完成《发电机组并网安全条件及评价（试行）》标准的试点项目应用，并组织编写《电力企业安全生产标准化规范》。

6. 承接政府职能转移

2010年学会承接政府转移职能14项，承接的职能集中在科技奖励、技术咨询、科技人员评价、科技成果登记、科技成果查新等方面。

2010年度中国电力科学技术奖共受理来自21个推荐单位的推荐项目约400项。

2010年度推荐的国家科技奖项目中，获得国家科学技术进步奖特等奖1项、二等奖1项。

学会受国家能源局委托，承担电力专业组、新能源和可再生能源专业组的材料受理和专业组初审工作。

7. 人才奖励和推荐

2010年表彰科技工作者348人·次，表彰科技集体16个，宣传优秀科技工作者51人·次。本年度学会加大了对青年科技工作者的奖励，获奖科技工作者中有258人·次为40岁以下的科技工作者，占总数的76%。

2010年，学会与IEEE PES共同设立“顾毓琇电机工程奖”，纪念中国电机工程学会的创始人之一顾毓琇博士。旨在表彰在电气、电机、电力系统工程和/或相关领域取得杰出成就的专业人士。天津大学贺家李教授由于在我国电力系统故障分析与继电保护学科的开拓性成就获此荣誉。10月25日在杭州举行了隆重的颁奖典礼。

2007年建立的电力青年科技创新项目资助，对于青年的科技创新给予资金支持，每个项目不超过5万元。三年来，已经先后资助79个项目，资助金额190余万元，资助对象以高校青年教师为主，对鼓励青年创新起到了积极的推动作用。2009年资助23项，资金总额54万元。

学会向中国科协推荐的全国优秀科技工作者人选中，一位获得“十佳全国优秀科技工作者提名奖”，四位获得“全国优秀科技工作者”称号。

8. 出版工作

2010年，学会主办的期刊数量为18种，期刊印发数量为2 464 850册。面临传统期刊受到冲击的局面，学会积极创新，通过提升现有刊物和创立电子刊物等方式，发挥出版物新的价值。

《中国电机工程学报》连续7年被评为中国百种杰出学术期刊，在1868种中国科技核心期刊中，《中国电机工程学报》总被引用频次位居第1位，影响因子排名第28位，并先后被7家国际著名检索机构收录为来源期刊。

第三届电力名词审定委员会被全国科学技术名词审定委员会评为优秀分委员会，陆延昌理事长当选全国科技名词委第六届全国委员会委员。

承担中国科协“动力与电气工程学科发展研究”项目。于2010年1月完成了《动力与电气工程学科发展报告》，由中国科协审核后出版。

（刘雁斌）

中国水力发电工程学会

一、概述

2010年是国家保持国民经济平稳较快发展，推进“十一五”规划顺利收官、有序谋划“十二五”规划的重要之年，也是中国水电事业走过百年光辉历程、水电装机容量突破2亿kW、水电综合发展水平迈向新跨越的里程碑之年。在中国科协和挂靠单位中国水电工程顾问集团公司的关心指导下，在各省（区、直辖市）学会和学会各专业委员会的大力支持配合与共同协作努力下，中国水力发电工程学会（简称水电学会）根据年初制定和六届四次理事会部署的重点工作，积极开展各项工作和任务，取得了一定的成绩，较好地完成了全年工作计划，保持了学会整体机构系统的正常运作和健康发展。

二、2010年工作情况

（一）组织建设

水电学会秘书处根据六届四次理事会的工作部署，在李菊根常务副理事长兼秘书长的带领下，认真落实科学发展观，积极践行中国科协有关文件精神，一心服务水电事业发展大局，团结一致，尽职尽责，严谨务实，开拓创新，不断提高工作能力，实实在在开展各项工作，努力搭建好和维护好学会的全国水电行业综合服务的平台。

2010年初召开了学会专业委员会秘书长工作会议，就各专委会2009年度工作总结和2010年工作思路进行了探讨和交流，充分肯定各专委会一年来所取得的成绩，进一步明确了专委会工作要突出几个方面：一是为水电建设提供技术支撑；二是提高水电经济性、安全性、运行效率和综合效益提供智力支持；三是要真诚地为政府、社会、行业和广大民众服好务；四是要创新工作思路，改革工作模式，加强相互间的联络交流，探索联合办会、充分整合资源新方式，实现各专委会之间的平衡发展。

一年一度的水电新春联谊会是全国各水电有关单位和新老水电工作者最重要的联络交流平台。水电学会与中国华能集团公司联合成功举办了2010年中国水电新春联谊会，国家电力行业的领导和嘉宾以及来自全国各地的新老水电界同仁近300人出席了大会。作为中国水电界一年一次的重要盛会，水电新春联谊会已经连续召开了16年。

组织召开了六届四次理事会和六届五次（通讯）、六次、七次（通讯）、八次（通讯）常务理事会，审议并通过了《大力推进水电开发服务低碳经济发展以能源和谐发展全面推动构建和谐社会进程》的理事会工作报告；通报了2009年度学会财务报告；通过投票表决的方式调整和变更了理事会常务理事和理事。

根据中国科协的要求，向科协人才库选送了近300名专家，并推荐了科协表彰的全国优秀科技工作者。

组织召开了水电学会成立30周年座谈会，喜迎学会30年华诞。周大兵理事长作了《同心耕耘三十载盛世共勉谱新篇》的重要讲话，全面总结了学会30年的发展成就，共同展望水电事业光明的未来。与会60余名领导、院士和专家满怀胜利的喜悦，回顾历史，肯定成绩，总结经验；秉承为国为民的宗旨，思考未来，谋划蓝图，再图发展。

认真落实中国科协关于专业委员会有关工作要求，完成了水电监理等10余个专委员的变更报批材料和换证工作。完成了学会年度年检和学会期刊年检等一系列报批工作。

2010年适逢广西、河南、陕西、甘肃等省学会换届，秘书处派员参加了换届会，加强了与省学会的联系，也学习了各省学会换届工作的经验，对于水电学会做好2010年10月大学会换届工作具有一定意义。

（二）学术交流

水电学会紧紧围绕水电建设与科技进步的重点、热点和难点问题，积极构建学术交流和技术传播平台，激发广大水电科技工作者积极参与学术交流和研讨活动，不断提高行业学术交流和推广的活跃度，努力促进我国水电事业的科技创新与进步。同时提出了应大力优化整合各方资源、办会要少而精、提高会议规模规格、各相近专业联合办会的设想，在节省大家时间和会议成本的同时，可以更好地促进各专业间的互动交流，提高学术交流层次和水平。

组织召开了全国水电厂安全高效运行技术研讨会，科学总结和分析了中国水电100年来在运行管理等方面的经验和不足，对全面提升水电厂安全高效运行管理水平具有重要的现实意义。来自国家有关部门、电力企业、勘测设计企业、流域开发公司、设备制造企业、科学研究机构、发电厂、生产运行企业、投资企业、高等院校、新闻媒体、水力发电学会系统等100余家单位220多名领导、专家和代表出席了大会。

为适应当前水电站运行控制管理的新形势，研究探讨流域水电站经济、高效控制调度模式和运行管理模式，水电学会主办召开了流域水电站梯级经济优化集控研讨会。大会就流域水电站梯级经济优化集控的目标、研究方向、系统架构、功能规划以及智能化建设等方面进行了广泛探讨与交流。参加会议的有来自电力集团公司、勘测设计、大型流域水电开发公司、大型水力发电厂、科研院所、高等院校等33个单位的90余名领导、专家和代表。与会代表一致认为，为规范我国流域梯级电站集中控制调度的规划、设计、建设和运行管理工作，提高我国流域梯级水电站设计和运行管理水平，急需组织编制流域梯级电站集中控制调度的规程规范或技术标准，以有利于我国水电事业的可持续发展。为落实扬州会议精神，水电学会向国家电力监管委员会提出了《将流域梯级水电集控中心纳入现行电力调度体系的建议》，并组织有关领导和专家就该建议方案进行了座谈，呼吁国家电监会在政策上给予重视和明确，将流域集控中心纳入现行电网调度体系，明确流域集控中心为电网调度对象，进一步优化梯级水电站运行方式，合理化解水与电之间的矛盾，有效提高水资源利用率。

积极开展海峡两岸和国际间的水电科技交流往来，特别是大力开展与周边及发展中国家的水电科技交流和合作，全力服务国家外交大局。积极协助挂靠单位水电顾问集团和水电监理专业委员会组织、联系水电专家团组赴台开展水电科技和学术交流及考察活动，增进了对台湾水资源和水电开发建设的认识和了解，增进了海峡两岸水电同行的友谊。根据国家外交部、国家能源局的总体规划和具体指示，学会国际河流水电开发生态环境研究工作委员会积极配合国家政府在本地区开展外交行动和区域合作计划。稳妥有针对性地开展了与湄公司河委员会等组织的交流对话与合作，参加湄公河流域开发合作方面的国际研究会、对话会等6次，安排和接待了湄公河委员会代表团和日本外务省代表团考察我国澜沧江干流的景洪和小湾两座水电站。

（三）水电宣传

水电学会始终坚持把开展水电科普宣传和舆论宣传摆在工作突出位置，以传播水电科技知识和营造良好舆论环境为己任，致力于推动我国水电开发实现人与自然和谐发展。

针对当前影响水电发展的突出问题，为进一步做好水电宣传工作，增强宣传水电的正面声音，促进我国水电健康可持续发展，水电学会分别于2010年5月和8月组织召开了全国水电宣传工作座谈会和全国水电宣传工作会议，会议得到了国家能源局及各电力企业单位的重视和支持，与会代表就下一步如何做好中国水电宣传工作发表了很好的意见和建议，制定了《中国水电“十二五”宣传纲要》，全面拉开了大力推进水电宣传工作的序幕，通过组织和发动广大水电企业、中介机构、水电工作者和与行业相关的主流新闻媒体的新闻工作者，团结一心，形成合力，不断扩大水电宣传的广度和深度，实现舆论引导和科普宣传相结合，努力提高水电开发在社会各界中的形象，为水电发展营造良好的舆论环境和社会环境，以水电的健康可持续发展支撑我国经济社会可持续发展。

在2010年全国两会召开的前夕，水电学会与中国大坝协会和中国互联网协会共同举办了以节能减排及气候变化形势下的新要求为主题的水库大坝与生态环境保护论坛，与会领导和代表一致认为，在当前全球变暖导致的气候异常情况下，温室气体排放和气候变化导致的极端气候将加剧水资源的紧张是大家的共识，积极开展水库大坝建设和加速水电开发对促进减排温室气体具有十分重要的现实意义。6月又共同组织召开了以水库大坝与区域经济发展为主题的“绿色能源、水库大坝与环境保护论坛”，交流总结了水库大坝建设对国民经济的巨大推动作用，呼吁进一步加大宣传力度，让社会公众更加客观、理性、公正地认识水电、水库和大坝。

在世界水日中国水周期间，学会组织有关专家与中国网合作进行了关于西南大旱的访谈，严正回答了社会上把西南大旱归罪于水电开发的种种疑问，并用国内外的各种事例说明，西南大旱使得我国遭受巨大损失的根本原因是我国水利水电建设滞后，水库蓄水能力严重不足，进而警醒我们必须加速水利水电的开发建设。在世界环境日期间邀请国际大坝委员会主席贾金生在中国网进行访谈，向社会公众介绍全球水电开发情况，以全球水电越开发的国家和地区生态环境越好的现实，生动说明了水电开发对经济社会和生态环境的重要促进作用。与国资委主管的《能源》杂志社共同组织启动了“中国绿色水电行”大型实地参访考察和宣传报道活动，将在适当的时机组织有关单位领导、专家和有关媒体记者分批次实地考察三峡工程和大渡河、金沙江、澜沧江、雅砻江、黄河上游等有关流域的水电项目，充分发挥各方面的参与作用，通过媒体的客观宣传报道，努力构建健康良好的舆论环境，助推中国水电事业的可持续发展。继续巩固水电学会网站中国水电网的宣传主阵地作用，努力做到行业相关新闻事件及时动态更新、学会系统新闻及时发布、重要会议及国内水电行业有关的重大活动进行直播报道或专题全程报道，一方面持之以恒地开展水电宣传工作，另一方面也为广大水电工作者提供了丰富全面的行业信息资源阅读和提取平台。

积极协助配合国家能源局和云南省人民政府成功举办了“中国水电百年纪念暨水电装机2亿kW庆典活动”，组织编写出版了《中国水电100年》文集和画册各一本。以水电百年为契机，组织安排知名水电领导和专家在《人民日报》登载专版文章，进一步扩大水电的知名度和影响力。

（四）科研咨询

水电学会始终注重持续更新完善服务理论、丰富服务内容、提升服务水平，努力为政府、行业、企业和会员提供服务。充分利用行业影响力和专家群体优势，不断加强与各大电力集团、流域开发公司和水电企业的交流与合作，深入开展科研课题、技术咨询服务，将学会的技术专家优势转化成为企业的产业优势，有力地推动了水电事业健康有序发展。

组织开展《红水河梯级水电站联合优化调度研究》课题，大力推进落实国家节能调度政策，充分利用红水河水资源，协调流域发电、防洪及综合利用关系，保障电网安全经济运行和珠三角及澳门地区供水安全。组织开展《黑水河、松林河和九龙河梯级水电站优化调度研究》课题，不断将近两年学会重点开展的流域梯级联合优化调度研究、实践和推广应用引向深入。继续加强与四川大学能源研究中心的合作力度，签署了《四川大学项目咨询》协议，进一步巩固长期合作意向，优化整合双方资源，相互促进，互惠共赢。组织20余位中国工程院院士和专家，开展国家“十一五”科技支撑重点项目“特大型梯级水利水电工程安全及高效运行若干关键技术问题研究”咨询课题年中评审工作，通过对该项目完成的质量、进度等进行技术咨询和评审，严格把脉三峡工程的各项重大技术攻关，为项目提供技术支撑和决策支持。“乌江梯级水电站优化调度效益评价体系研究及软件开发”课题、“大渡河瀑布沟电站下游（龚嘴—铜街子段）泥沙研究和治理”课题顺利进入结题阶段，继续推进履行好新疆伊犁喀什河吉林台一级水电站技术咨询服务课题。受挂靠单位水电顾问集团委托，组织开展《水电风电信息汇编》的管理、编写、汇总、编辑和印刷出版工作，确保按期、高质高量地完成了一年两期的合同任务。

（五）科技创新激励和人才培养

潘家铮水电科技基金进入良性运作阶段。基金自2008年成立以来，每年组织召开一次基金理事会和基金秘书长工作会议，探索完善基金章程和各项实施办法，不断寻求基金在保障本金安全基础上的良性运作，保证了基金每年的合理收益，能够支撑几个奖项的有效运作。2010年12月在武汉大学隆重召开了“第二届潘家铮水电奖学金”颁奖典礼。

2010年是“潘家铮奖”首次评奖，学会秘书处高度重视有关工作，于5月份开始组织申报，奖励活动得到了业内的积极响应，共收到28位候选人的推荐材料，奖励评审委员会坚持科学、严谨、公平、公正、公开的原则，按照《潘家铮奖奖励办法》规定的程序，通过形式审查、通信评审、奖励委员会审定，层层把关，最终选出3位首届潘家铮奖获奖人，在“中国水电网”进行公示，接受社会监督。公示期满后，已经正式向社会公布首届潘家铮奖获奖人名单，并将于2011年1月12日在中国水电新春联谊会上隆重举行颁奖仪式，弘扬先进，激励后人，不断扩大潘家铮水电科技基金及相关奖项的影响力。

圆满完成了首届“水力发电科学技术奖”评审工作。该奖项于2009年8月获得国家科学技术奖励办公室审批通过，设立了我国水电行业第一个社会力量奖项（等同于省部级奖），以鼓励自主创新和应用推广先进科学技术成果，推动水力发电科学技术不断向前发展。2010年4月召开了水力发电科学技术奖励委员会第一次工作会议，讨论并批准了水力发电奖励工作办公室年度工作计划，确定了“不断提升水力发电科学技术奖在社会的认可度和影响力，努力打造成为品牌奖项”的目标方向。首届奖励活动得到了业内各企业单位的积极响应，共收到全国水力发电勘测设计、制造、施工、生产运行、科研等单位推荐的120余个项目，按照规定程序经过严格评审、在中国水电网公示后，正式向社会公布了首届水力发电科学技术奖获奖项目，共评出特等奖1项，一等奖4项，二等奖9项，三等奖25项，并奖于2011年水电新春联谊会上隆重颁奖。

按照“张光斗优秀青年科技奖”评审办法，受张光斗科技教育基金管理委员会委托，水电学会组织开展了“张光斗优秀青年科技奖”评审推荐工作，组织专家召开评审会议，评定出2010年度“张光斗优秀青年科技奖”候选人3名，经“中国水电网”公示后，正式报送清华大学。组织推荐了2010年度候选创新研究群体（天津大学），并最终获准。根据中国科协文件精神，完成了科协高层次人才入库人选推荐工作，以及“全国优秀科技工作者”人选推荐工作。组织开展“全国优秀工程咨询成果奖”申报等工作，组织专家进行初评并编写评审报告，在电力组评审时进行答疑，经过努力，2010年水电行业共获得3项一等奖、6项二等奖、9项三等奖。组织对国家电力监管委员会制定的《水电站大坝除险加固管理办法（征求意见稿）》进行了讨论，提出了若干修改建议。协助中国工程咨询协会修订国家发展和改革委制定的《产业结构调整指导目录》。

（六）技术管理和刊物出版建设

水电学会组织有关专家，历时半年多时间编纂完成了《和谐治水与绿色水电》一书，以典型的大型骨干水电工程为实例，从水电在防洪、供水、发电、环保、移民、河道和泥沙治理、推进社会主义新农村建设、保障能源安全、维护社会稳定等方面，全面反映新中国成立以来水电在国民经济社会发展中的重要地位和所作出的巨大贡献。通过本书科学、客观、系统的介绍，更进一步提高读者对水电的客观全面的认识和了解，正确引导公众理性辨识和科学对待各种社会舆论，扩大水电影响，促进我国水电事业又好又快发展。受国家能源局委托，以纪念第一座水电站——石龙坝水电站开工兴建100年和水电装机达到2亿kW为契机，学会负责编纂出版了《中国水电100年文集》和《中国水电100年画册》文集系统全面地总结了我国水电事业在各方面所取得的卓著成就，有力地见证了我国水电事业所走过的光辉足迹；画册通过选取典型的或具有代表性的电站图片，辅以简短文字说明，全景展示了我国水电百年来的辉煌成就和喜人风貌。

在年鉴编委会全体专家的努力下，继续顺利完成了《中国水力发电年鉴》一年一卷的编撰出版工作。

（郦凤山）

电 力 企 业

2011
中国电力年鉴

电网公司

国家电网公司

公司概况

国家电网公司成立于2002年12月29日，作为关系国家能源安全和国民经济命脉的国有重要骨干企业，以建设和运营电网为核心业务，承担着保障更安全、更经济、更清洁、可持续的电力供应的基本使命。公司实行总经理负责制，按集团公司模式运作，注册资金2000亿元，总经理为公司法定代表人，经营区域覆盖26个省、自治区、直辖市，覆盖国土面积的88%以上，供电人口超过10亿人。

截至2010年底，公司共拥有58个全资、控股公司及单位，管理员工超过150万人，资产总额21 192亿元，拥有110（66）kV及以上输电线路61.88万km、变电容量21.32亿kVA，在2010年《财富》全球500强企业中排名第8位。

2010年，公司坚决贯彻党中央、国务院各项决策部署，认真落实科学发展观，积极实施国家能源发展战略，履行“四个服务”（服务党和国家工作大局、服务电力客户、服务发电企业、服务经济社会发展）的宗旨，坚持以“四化”（集团化运作、集约化发展、精益化管理、标准化建设）工作推进“两个转变”（转变电网发展方式、转变公司发展方式），围绕建设“一强三优”（电网坚强、资产优良、服务优质、业绩优秀）现代公司发展战略目标，贯彻“三抓一创”（抓发展、抓管理、抓队伍、创一流）工作思路，把握机遇，应对挑战，协调推进改革发展稳定各项工作，电网发展进入了以特高压为重要特征的新阶段，公司发展进入了以集团化为重要特征的新时期。

安全供电水平持续提高。以确保大电网安全为重点，狠抓责任制落实，扎实开展安全大检查和隐患排查治理，全面实施状态检修，安全基础进一步夯实，电网和设备事故同比减少80%和26%。特高压交流试验示范工程投运两年来保持安全稳定运行，累计输送电量206.5亿kWh。充分发挥特高压和大电网优势，缓解了华中地区用电紧张局面，有力支援了南方地区抗旱和亚运会供电。加强组织领导，发挥集团优势，圆满完成了上海世博会保电任务。积极应对玉树地震、舟曲和映秀特大山洪泥石流等自然灾害，保证了电网安全和可靠供电。

电网发展实现重大突破。自主建设的向家坝—上海±800kV特高压直流示范工程成功投运，特高压发展再次取得具有里程碑意义的重大创新成果。特高压交流试验示范工程通过国家验收并荣获“国家优质工程金质奖”。德宝直流、呼辽直流、宁东直流极Ⅰ系统和新疆与西北联网、甘肃千万千瓦级风电一期送出等重点工程建成投运，区域和省级电网主网架进一步加强。被誉为“电力天路”的青藏联网工程开工建设，基础施工提前完成。智能电网试点项目取得重要进展，建成了一批智能变电站、智能小区和电动汽车充换电站。基本实现经营区内“户户通电”，启动了新一轮农网改造工程。高质量完成“十二五”公司和电网发展规划编制工作。

企业经营管理继续加强。强化综合计划和全面预算管理，严格全过程成本控制。初步形成人财物核心资源一体化管理格局，大型供电企业全部达到定员标准，资金归集度达到99%，10kV及以上主要设备、材料实现总部统一组织招标，公司内部资源配置能力和业务协同程度不断提高。组建金融控股集团，建立了金融统一运作平台。加大直属产业整合力度，推进煤电、新能源以及电工装备制造产业资产重组。支持战略性新兴产业发展，与经营区域全部地市政府签订电动汽车充电设施建设合作协议。国家电网计量中心获得国家质检总局授权。稳健运营菲律宾国家电网；成功收购巴西7家输电特许权公司，国家电网巴西控股公司开始运营。扎实开展“三指定”自查整改、“小金库”和工程建设领域专项治理，依法治企取得新进展。网省公司层面主多分开基本完成，集体企业管理进一步加强。

科技和人才建设取得新成果。“交直流特高压输电系统电磁与绝缘特性的基础问题研究”等项目获得国家重点基础研究发展计划（973计划）立项，风光储输示范工程、新型柔性交流电力控制技术列入国家科技支撑计划。具有自主知识产权的特高压升压变压器、串联补偿装置和直流换流阀等关键设备研制取得突破。获得国家科学技术奖4项、中国标准创新贡献奖2项、中国专利奖6项。SG186信息系统进一步完善，应用水平明显提升。落实中央关于“千人计划”的部署，引进6名海外高层次人才。面向社会公开招聘15名金融紧缺人才。建成国家电网管理学院，完善了培训体系。加强全员教育培训，全员培训率达到92%，完成1.2万名员工转岗培训。

创先争优活动成效显著。认真贯彻中央部署和要求，将创先争优活动、建设学习型党组织与公司工作紧密结合，不断加强“三个建设”（党的建设、企业文化建设、队伍建设）。认真落实中央《关于进一步推进国有企业贯彻落实“三重一大”决策制度的意见》，制定实施办法。积极创建“四好”领导班子，各级领导班子的领导力和执行力进一步提高。深入开展电网先锋党支部创建、劳动竞赛和建功立业活动。

2010年，公司电网规模继续保持快速发展，资源优化配置力度进一步增强。±800kV特高压复奉直流双极、德宝直流极Ⅱ、±660kV银东直流极Ⅰ等输电工程顺利投产，“三华电网”形成特高压交直流混联运行格局，与西北电网联系进一步加强。华北电网500kV驿桥双回线投产，华北电网“七横三纵”格局完全形成；大房Ⅲ线投产，山西与华北主网联络加强至9回500kV线路，山西电网外送能力进一步提高，北京形成扩大双环网结构，内蒙古电网形成西部500kV大环网，电网受电能力和西电东送能力提高。华东电网上海远东—亭卫—南桥通道投产，南外半环形成，上海电网供电可靠性得到提高。华中电网四川成德500kV双环网正式形成，川西负荷中心主网架结构进一步加强。东北电网伊穆直流双极投产，形成国家电网第一个大容量远距离输电的交直流混联系统；实施了吉林、黑龙江省间电磁环网解环。西北电网与新疆电网750kV联网工程投产，结束了新疆电网孤网运行，形成了覆盖国土面积约1/3的西北五省区同步交流电网。

截至2010年底，国家电网公司系统主要电网统调装机容量706 096.9MW，同比增长12.32%，其中水电107 836.2MW，火电550 976.9MW，核电5737.6MW，风电28 257.6MW。统调220kV及以上降压变压器变电容量1 577 789.58MVA，其中1000kV降压变压器2台，变电容量6000MVA；750kV降压变压器21台，变电容量38 700MVA；500kV降压变压器685台，变电容量557 878MVA；330kV降压变压器300台，变电容量67 968MVA，220kV降压变压器6136台，变电容量907 243.6MVA。统调220kV及以上输电线路长度356 498.781km，其中1000kV线路2条，长640km；750kV线路47条，长7497.57km；500kV线路1172条，长98 916.25km；330kV线路383条，长20 411.77km，220kV线路8693条，长229 033.2km。直流输电系统（含直流背靠背系统）9个，800kV直流输电线路1935km，660kV直流输电线路1335km，500kV直流输电线路4441.2km。

截至2010年底，公司系统内各类型电厂及机组最大容量分别为：总装机最大火电厂为华北电网托克托电厂（全厂装机8×60万kW）；总装机最大水电厂为三峡电厂（全厂装机26×70万kW）；总装机最大核电厂为华东电网田湾核电厂（全厂装机2×106万kW）；火电最大单机为华东电网玉环电厂、外高桥三厂、北仑三期、高港电厂、上电漕泾电厂、金陵电厂、彭城电厂和华北电网北疆电厂、邹县电厂，均为100万kW；水电最大单机为三峡电厂70万kW；核电最大单机为华东电网田湾核电厂106万kW。

领 导 班 子

总经理、党组书记：刘振亚

副总经理、党组成员：郑宝森

副总经理、党组成员：陈月明（女）

副总经理、党组成员：杨　庆

副总经理、党组成员：舒印彪

副总经理、党组成员：曹志安

副总经理、党组成员：栾　军

总会计师、党组成员：李汝革

中央纪委驻国家电网公司

纪检组组长、党组成员：潘晓军

副总经理、党组成员、工会主席：王　敏

副总经理、党组成员：帅军庆

组 织 机 构

截至2009年底，公司共拥有58个全资、控股公司及单位，具体如下：

网省公司：华北电网有限公司、北京市电力公司、天津市电力公司、河北省电力公司、山西省电力公司、山东电力集团公司、华东电网有限公司、上海市电力公司、江苏省电力公司、浙江省电力公司、安徽省电力公司、福建省电力有限公司、华中电网有限公司、湖北省电力公司、湖南省电力公司、河南省电力公司、江西省电力公司、四川省电力公司、重庆市电力公司、东北电网有限公司、辽宁省电力有限公司、吉林省电力有限公司、黑龙江省电力有限公司、内蒙古东部电力有限公司、西北电网有限公司、陕西省电力公司、甘肃省电力公司、青海省电力公司、宁夏电力公司、新疆电力公司、西藏电力有限公司。

公司直属单位：国家电网国际发展有限公司、国家电网公司驻菲律宾办事处、国家电网巴西控股公司、国家电网公司驻深圳经济发展联络处、山东鲁能集团有限公司、国家电网公司运行分公司、国家电网公司直流建设分公司、国家电网公司交流建设分公司、国网新源控股有限公司、国网能源开发有限公司、国网信息通信有限公司、中国电力技术装备有限公司、中国电力科学研究院、国网电力科学研究院（国家高电压计量站）、国网北京经济技术研究院、国网能源研究院（国电动力经济咨询有限公司）、英大国际控股集团有限公司、中国电力财务有限公司、英大泰和财产保险股份有限公司、英大泰和人寿保险股份有限公司、英大长安保险经纪有限公司、英大国际信托有限责任公司、英大证券有限责任公司、英大期货有限公司、英大传媒投资集团有限公司、中兴电力实业发展有限公司（国网物流服务中心）、中共国家电网公司党校（国家电网管理学院）、国家电网公司高级培训中心、国网技术学院（山东电力高等专科学校）、国家电网公司团校、中国安能建设总公司、中国电机工程学会、中朝水力发电公司。

公 司 治 理

公司认真贯彻落实现代企业制度要求，健全法人治理结构，建立了依法决策、科学决策和民主决策的决策机制，提高利益相关方满意度，追求经济、社会和环境的综合价值最大化，协调推进公司与社会可持续发展。

公司实行总经理负责制，重大决策集体研究决定。按照公司规章成立的领导小组和专业委员会负责审议专项工作制度，拟订重大事项建议方案，各部门、各单位参与公司决策并负责具体实施。公司按照《国有企业财产监督管理条例》接受国务院派驻监事会的监督。公司充分发挥职工代表大会的民主管理和民主监督的积极作用，重大战略决策按照规章接受职工代表大会审议。

公司健全完善利益相关方参与机制，经营决策充分考虑利益相关方的期望和可持续发展要求，广泛听取利益相关方的建议与意见。

公司对所属或管理的单位履行出资人职责，委派或任免董事、监事和管理层，按照财务年度和经营任期实施经济、社会和环境的综合业绩考核和内部审计。

实施《国家电网公司履行社会责任指南》，把“安全、高效、绿色、和谐”的履责要求融入建设和运营电网的全过程和管理体系，落实到各部门、各单位、各岗位，全面、全员、全过程、全方位履行社会责任。

电 网 发 展

一、“一特四大”能源发展战略

2010年，国家电网公司积极推动将发展特高压纳入国家发展战略，全面开展能源和电力重大问题研究，加强大型能源基地输电规划，深入推进“一特四大”战略。

公司积极参与国家能源战略、能源发展“十二五”规划和能源中长期规划纲要（2011～2030年）编制工作。主动向国家有关部门沟通汇报，努力推动将加快特高压电网建设纳入国民经济和社会发展第十二个五年规划纲要，以及国家能源和电力发展总体规划，以电网发展方式转变带动电力发展方式转变，促进能源发展方式转变，服务经济发展方式的转变。发展特高压已被纳入我国《国民经济和社会发展第十二个五年规划纲要》，标志着特高压电网建设纳入了国家发展战略。7月9日，公司召开“十二五”能源电力规划工作会，推动相关省（自治区、直辖市）将特高压及跨区直流工程纳入省级“十二五”能源电力规划，列为“十二五”规划重点建设项目。

16个省（自治区、直辖市）为适应经济发展需要，要求加快发展特高压电网，加大跨区电力输送，为加快实施“一特四大”战略营造了良好的外部环境。

二、“十一五”公司发展取得的成就

“十一五”以来，公司深入贯彻落实科学发展观，在建设“一强三优”现代公司战略目标的指引下，积极实施“两个转变”，大力推进以集团化运作

为核心的公司发展方式转变，公司盈利能力、创新能力、发展能力显著提高，综合实力、核心竞争力和社会影响力全面提升；大力推进以特高压电网为骨干网架、各级电网协调发展的电网发展方式转变，资源优化配置能力、安全保障能力明显提高，建设水平、技术水平、管理水平显著提升。公司连续六年两个任期被评为中央企业业绩考核A级，2010年在《财富》世界企业500强中排名第8位，比2005年上升32位，初步实现了由传统企业向现代企业的战略转型。

三、“十二五”公司规划

“十二五”是我国全面建设小康社会的关键时期，也是公司和电网发展的重要战略机遇期，科学编制好“十二五”公司发展规划，对于贯彻落实科学发展观，深入推进“两个转变”，实现“一强三优”现代公司战略目标具有十分重要的指导意义。

1.“十二五”公司发展规划的指导思想

深入贯彻落实科学发展观，以公司发展战略为指引，以“三个建设”为保障，以科技创新和管理创新为动力，坚持集团化运作、集约化发展、精益化管理、标准化建设，坚持发展速度、质量和效率协调统一，深入推进“两个转变”，突出核心业务，优化业务布局，完善体制机制，提高经济效益，确保国有资产保值增值，履行社会责任，不断提高供电保障能力和服务水平，加快“一强三优”现代公司建设，为促进经济发展方式转变、服务经济社会又好又快发展作出新的贡献。

2.“十二五”公司发展总体目标

到2015年，基本建成坚强智能电网，使国家电网的安全保障能力、资源配置能力、绿色环保指标全面达到国际先进水平，建立科学的“三集五大”体系和较为完善的现代企业运行机制，实现管理方式战略转型，使公司的企业管理水平、持续创新水平、金融运作水平、产业发展水平、优质服务水平和国际运营水平得到全面提升，企业软实力、社会影响力和国际竞争力显著增强，基本建成“一强三优”现代公司，初步建成世界一流电网、国际一流企业。到2020年，全面建成“一强三优”现代公司，建成世界一流电网、国际一流企业。

实现“十二五”规划目标，公司要落实八项重大任务：一是加快坚强智能电网建设。二是构建“三集五大”体系。三是提升大电网运行管理能力。四是实现电网关键技术创新。五是推进金融和产业健康发展。六是积极深化改革促进公司发展。七是进一步开拓国际业务。八是全面加强“三个建设”。

四、“十二五”电网规划

“十二五”是我国电网发展的重要战略机遇期，国民经济较快发展，能源和电力需求持续增长，迫切要求加快坚强智能电网建设，转变能源和电力发展方式，调整能源结构，优化能源布局，保障电力可靠供应。公司全面总结“十一五”电网发展，根据国家能源发展战略，在大量专题研究和科学论证的基础上，集全公司之力，历时1年，编制完成《国家电网公司“十二五”电网发展规划》。

1.“十二五”电网发展目标

到2015年，基本建成以特高压电网为骨干网架，各级电网协调发展，具有信息化、自动化、互动化特征，安全可靠、经济高效、清洁环保、透明开放、友好互动的坚强智能电网。国家电网公司经营范围内围绕中东部负荷中心，形成以“三华”为受端、以西北750kV、东北500kV电网为坚强送端的三大同步电网，着力解决特高压和配电网“两头薄弱”问题，加大电网投入，提高电网发展的质量和效率，全面提升电网智能化水平。

2.“十二五”电网发展重点

在特高压交流试验示范工程成功投运的基础上，加快建设坚强的“三华”特高压电网，形成“三纵三横”主网架。建设13回跨区直流工程，构建交直流协调发展的特高压电网，满足大型能源基地电力外送。加快西北750kV电网建设，加强省间联络，提高交换能力，满足西北经济社会发展和新疆跨越式发展需要，为特高压直流外送提供坚强支撑。实现500kV电网与特高压电网合理衔接，220、110kV实现分层分区运行。统筹城乡电网发展，完善配电网结构，加强县域电网与主网联络，实施农村电网改造升级工程，增强城乡配电网供电能力，提高供电可靠性，扭转配电网发展滞后局面。加强通信网建设，构建以骨干通信电路、跨区联网通信电路为主，各级通信网协调发展的电力专用通信网。积极推进电网智能化，通过发电、输电、变电、配电、用电、调度6个环节和通信信息平台建设，全面提升电网信息化、自动化、互动化水平，关键技术和装备实现重大突破。

五、农村电网改造升级规划

7月12～13日，国家发展改革委、国家能源局召开了全国农村电网改造升级工作会议，全面部署了新一轮农村电网改造升级工作。公司高度重视农村电网改造升级工作，按照全国农村电网改造升级工作会议要求，结合公司实际制定了工作方案，组织27个网省公司和国网北京经济技术研究院、中国电力科学研究院开展了规划编制工作；在此基础上形成了《国家电网公司农村电网改造升级工程规划》，11 月 26 日，正式报送国家发展改革委。

（一）规划的依据

（1）《国家发展改革委办公厅关于开展农村电网改造升级工程规划有关要求的通知》（发改办［2010］2177 号），2010 年 9 月。

（2）《国家发展改革委办公厅关于印发〈农村电网改造升级项目管理办法〉的通知》（发改办能源［2010］2520 号），2010 年 10 月。

（3）《国家能源局关于印发〈农村电网改造升级技术原则〉的通知》（国能新能［2010］306 号），2010 年 9 月。

（二）规划的原则、目标、规划期和范围

1. 规划原则

遵循“统筹规划、分步实施、突出重点、因地制宜、经济合理”的原则。坚持基建与技改相结合，规划范围实现全覆盖；处理好改造与升级的关系，注重分阶段的结合和电网项目的逐年有序实施；重点提高农村电网的供电能力和可靠性水平，解决农民生活和农业生产设施用电面临的突出问题；根据东、中、西部地区经济社会发展的水平，结合城镇与农村用电的不同需求，制定差异化的设备选型和建设标准；优化项目规划方案，严格控制工程造价，采用先进适用技术和成熟设备，满足农村经济中长期发展要求。

2. 规划目标

建成“结构合理、供电可靠、节能环保、坚强智能”的新型农村供电网络。力争到 2015 年公司农村电网供电可靠率达到 99.73%，农村电网综合电压合格率达到 98.45%，综合线损率在 6.5%以下。

3. 规划期和范围

规划期为 2010～2015 年，分为两个阶段：第一阶段（2010～2012 年）着重解决农村电网面临的突出问题；第二阶段（2013～2015 年）侧重于满足农村经济社会的中长期发展需要。

规划范围为公司经营区县域 110kV 及以下电网设施（含新疆地区部分 220kV 电网），包括直供直管、控股和代管县供电企业。

（三）规划的建设与改造重点

一是对偏远和边疆等少量未改造的农村电网进行全面改造；二是通过电网延伸等方式，解决西藏、新疆、蒙东、四川、黑龙江因体制变化等新增的无电户用电问题；三是解决已改造农村电网新的不适应问题，着重解决设备老化、过负荷、变电站布点不足、线径过细等问题；四是解决县级电网与主网联结薄弱问题，有效提高农村电网抵御自然灾害能力；五是解决农村低电压问题，进一步落实“家电下乡”政策，提高农村电网供电质量；六是解决农业生产用电突出问题；七是积极推进农电管理体制改革和城乡分类用电同价工作。

（四）规划的建设规模

两个阶段的建设规模如下：

（1）2010～2012 年，规划建设和改造 220kV 变电站 4 座，变电容量 63 万 kVA，线路 849km；110（66）kV 变电站 2975 座，变电容量 1.41 亿 kVA，线路 5.6 万 km；35kV 变电站 3567 座，变电容量 3306 万 kVA，线路 5.1 万 km；10kV 配变电容量 7685 万 kVA，线路 44.6 万 km；0.4kV 线路 60.4 万 km，户表 3058 万户。

（2）2013～2015 年，规划建设和改造 220kV 变电站 3 座，变电容量 54 万 kVA，线路 1020km；110（66）kV 变电站 2674 座，变电容量 1.35 亿 kVA，线路 4.9 万 km；35kV 变电站 2066 座，变电容量 2101 万 kVA，线路 3.4 万 km；10kV 配变电容量 7732 万 kVA，线路 42.0 万 km；0.4kV 线路 55.3 万 km，户表 1992 万户。

（五）规划的预期效果

通过实施改造升级工程，农网将得到明显改善。一是农村电网供电能力满足用电快速增长的需求，110（35）kV 变电容载比全部达到技术导则要求；二是农村电网结构更趋完善，县域电网至少有两路电源与主网联系，10kV 电网转供能力显著提高；三是供电质量大幅度提升；四是基本解决西藏、新疆、四川等 44.8 万户无电户用电问题；五是实现 24 万眼机井通电，农业生产设施供电条件显著改善。

安 全 生 产

2010 年，公司上下认真贯彻国家电网公司一届五次职代会暨 2010 年工作会议精神、2010 年年中工作会议精神，全面落实《国家电网公司 2010 年安全工作意见》，组织开展春检百日安全活动、迎峰度夏专项检查、秋季安全生产检查调研、冬季安全大检查活动，推进安全管理标准化建设，修订完善安全规程标准，加强安全监督考核和过程管控，深化隐患排查治理，推进应急体系建设，积极应对夏季高温大负荷、罕见自然灾害和冬季电煤供应短缺影响，圆满完成上海世博会、广州亚运会、迎峰度夏（冬）等重要保电任务，确保了电网安全稳定运行。公司全年没有发生重大安全事故，电力生产、基建、农电共发生 6 起人身伤亡事故，8 人死亡；外包单位发生 4 起人身伤亡事故，4 人死亡、3 人重伤；发生电网事故 2 起，同比减少 8 起；发生设备事故 20 起，同比减少

7起。

1. 加强安全工作组织部署

深化对安全生产规律的认识和把握，制定印发《国家电网公司2010年安全工作意见》，明确全年安全工作思路、目标和任务。贯彻国务院安委会和国资委工作要求，部署开展安全大检查活动，深入推进“三个不发生”（不发生大面积停电事故，不发生人身死亡和恶性误操作事故，不发生重特大设备损坏事故）百日安全活动、“抓基础、控风险、防事故”基建安全主题活动，强化春（秋）季检修预试、迎峰度夏（冬）和国庆节、世博会、亚运会保电等重点措施。贯彻《国务院关于进一步加强企业安全生产工作的通知》精神，制定具体实施意见，严格落实企业安全生产主体责任。贯彻中宣部、安监总局等七部委部署，组织开展国家电网公司2010年“安全生产月”活动。围绕“三查四防”（查责任到位、查隐患整治、查措施落实；防大面积停电事故、防重特大火灾事故、防群伤群亡事故、防重要用户停电事故），在全公司开展安全大检查，全面排查各类事故隐患，保持了全年安全工作平稳。召开公司安全生产电视电话会议、迎峰度夏总结电视电话会议、安全生产季度分析会议等，及时通报安全生产情况、分析形势，对各阶段安全工作作出安排部署。

2. 加强安全管理机制建设

认真总结公司安全工作实践，研究制定安全风险流程管控工作规范，积极推进安全管理标准化建设。专题召开安全管理标准化建设研讨会，成立组织机构，开展安全管理标准化工作规范编写工作。组织制（修）订了《生产作业风险管控工作规范（试行）》、《安全风险管理工作基本规范（试行）》、《输电网安全性评价》、《城市电网安全性评价》、《反违章工作管理办法》和《安全生产典型违章100条》。

3. 开展百日安全活动

针对春检安全生产特点，部署开展“三个不发生”百日安全活动，制定领导干部到岗到位标准，出台重点措施十二条。加强百日安全活动督查，深入基层一线，推动活动深入开展。在关键节点和事故易发期，及时组织案例学习，强化警示教育。加强百日安全活动交流，印发活动简报，开办网站专栏，积极营造活动氛围。各单位以百日安全活动为抓手，加强春检计划管理，推行综合检修、状态检修，开展安全承载力分析，严格到岗到位规定，加强现场一线设防，实现春检安全生产有序可控，设备停运率同比下降30%以上。

4. 落实安全隐患排查治理

全面梳理电网安全隐患，对831项影响较大隐患，逐一落实治理措施。制订隐患排查治理考核细则，建立事故隐患数据库，鼓励“多发现、多整改”隐患。组织审核上海世博会保电方案，开展上海输电网安全性评价、供电事故隐患排查。开展基建安全事故“回头看”，加强施工现场安全检查，组织发电企业、煤矿企业安全互查。开展10kV开关柜、应急管理专项隐患排查治理和营销业扩报装“六查一整改”（查安全责任制落实、查安全制度完善与执行、查业扩报装流程、查现场危险点、查习惯性违章、查安全培训；对排查出的危险点和隐患制订针对性措施进行彻底整改）活动。

5. 做好应急管理和抗灾抢险工作

不断夯实应急管理基础，积极推进应急体系建设各项工作。组织开展新一轮应急预案体系梳理完善，编制应急体系建设“十二五”规划和2010～2012三年滚动规划，举办应急预案编制培训班，举行“国家电网公司2010年迎峰度夏联合反事故演习”，协调做好应急指挥中心建设、电网备用调度系统、应急物资储备系统、应急电源系统、应急通信系统、直升机作业、应急队伍建设与管理、突发事件信息报告和新闻发布制度建设等应急体系建设八项重点工作。青海玉树“4·14”地震发生后，公司立即成立抗震救灾工作组，先后调集抢修队伍946人、车辆208辆，组织3405kW应急电源支援灾区，全力保障抗震救灾应急供电。度夏期间，公司经营区域内14个省部分地区遭受严重洪涝灾害，对汉水、第二松花江等多流域特大洪水，甘肃舟曲、四川映秀等特大山洪泥石流，东部沿海强台风等自然灾害，各有关单位全力组织抗灾救灾，累计组织49 500名员工，派出5900余台车辆，修复35kV及以上变电站116座、线路287条、10kV配电线路6398条，快速抢修恢复供电，彰显了企业形象。

6. 做好电网迎峰度夏（冬）工作

召开公司深入开展创先争优活动暨迎峰度夏动员部署电视电话会议，分析迎峰度夏安全生产形势，安排部署迎峰度夏和世博保电工作，提出迎峰度夏总体要求。加强迎峰度夏和主设备专项安全检查，排查治理直流输电系统安全隐患，开展750kV设备安全质量评估，强化跨区、跨省主干输电通道特巡检查，完成特高压直流调试投产任务。发挥特高压和跨区电网资源调配功能，加强水库发电调度，合理安排运行方式，动态调整稳定控制策略，落实调压调峰措施，保证电网安全裕度。开展三峡近区电网安全稳定专题研究，实施安控装置改造，保障三峡电站长周期满发可靠送出。度夏期间电力负荷屡创新高，电网持续高位运行，4个区域电网和22个省级电网负荷创历史新高，各级电网经受住了长周期、大负荷考验，保持了安全稳定运行。各单位认真做好迎峰度冬工作，密切跟踪电煤供应情况，应对冬季大负荷影响，落实有序用电方案，强化寒潮冰冻灾害防御措施，有效缓解华中地区电力供应紧张局面，确保电网安全运行和可靠供电。

7. 完成世博会供电保障任务

发挥集团化优势，建立总部、网省公司和世博场馆三级保证体系和责任体系。发布国家电网公司1号令，提出十项重点要求，明确供电保障总体目标和指导原则。上海、华东等涉博单位精诚协作，按期完成1199项保电项目，累计出动443 000多人·次，圆满完成了533家重要用户、169个国家馆日、47位国家元首访沪，以及开（闭）幕式、开园仪式、中国国家馆日、世博高峰论坛等重要时段保电任务，实现了世博会供电保障万无一失的目标。加强跨区电网运行管理，支援南方电网完成第十六届亚运（残）会保电工作。

8. 推进质量管理工作

加强可靠性基础管理，开展可靠性基础台账信息和运行信息梳理，加强可靠性指标预测分析和过程管控能力，组织修订公司可靠性管理办法。推进资产全寿命周期管理，组织制定公司统一的《资产全寿命周期管理企业标准》，开发完成资产全寿命周期管理评估决策系统，在上海公司上线运行，在河北、江苏、吉林公司推广试点。

经 营 管 理

1. 生产指标

新开工110（66）kV及以上交流输电线路4.7万km、变电容量2.1亿kVA，直流输电线路1038km、换流容量120万kW；投产110（66）kV及以上交流输电线路5.1万km、变电容量2.5亿kVA，直流输电线路6040km、换流容量2580万kW。城市供电可靠率（RS1）99.906%，同比提高0.003个百分点，与计划持平；城市综合供电电压合格率99.498%，同比提高0.051个百分点，比计划高0.047个百分点；农网供电可靠率（RS1）99.636%，同比提高0.021个百分点，比计划高0.006个百分点；农网综合供电电压合格率97.477%，同比提高0.227个百分点，比计划高0.027个百分点；售电量完成26 891亿kWh，同比增长18%，完成年计划的100.7%；国家电力市场交易电量完成3585亿kWh，同比增长21.8%，完成年计划的104.1%；线损率完成5.98%，低于年计划0.14个百分点。

2. 固定资产投资

在未考虑新增中央投资的情况下，年初安排2010年固定资产投资计划2641亿元。2010年国家启动了新一轮农网改造升级工程，于10月下达了中央投资计划。年底结合计划执行情况、农网改造升级工程完成进度和内外部环境变化，将全年投资计划调整为2895亿元（开工、投产规模也相应调整）。全年固定资产投资完成2905亿元，同比下降6.8%，完成年计划的100.3%。

3. 电网开工规模

2010年，计划开工110（66）kV及以上交流输电线路4.6万km、变电容量2.04亿kVA。全年开工线路110（66）kV及以上交流输电线路4.7万km、变电容量2.1亿kVA，完成年计划的101.4%和104.2%。

分电压看，开工750kV线路1693km、变电容量420万kVA；500kV线路4310km、变电容量5705万kVA；330kV线路1379km、变电容量693万kVA；220kV线路1.81万km、变电容量8863万kVA；110（66）kV线路2.16万km、变电容量5593万kVA。另外，开工直流输电线路1038km、换流容量2×60万kW。

4. 电网投产规模

2010年计划投产110（66）kV及以上交流输电线路5万km、变电容量2.35亿kVA。全年实际投产110（66）kV及以上交流输电线路5.1万km、变电容量2.5亿kVA，分别完成年计划的103.6%和104.4%。

分电压看，投产750kV交流输电线路4746km、变电容量1920万kVA；500kV交流输电线路5676km、变电容量7045万kVA；330kV交流输电线路1699km、变电容量960万kVA；220kV交流输电线路1.78万km、变电容量9195万kVA；110（66）kV交流输电线路2.14万km、变电容量5419万kVA。另外，投产直流输电线路6040km、换流容量2×1290万kW。

2010年，电网建设取得巨大成绩。一是我国自主建设的世界上电压等级最高、输送容量最大、送电距离最远、技术水平最先进的向家坝—上海特高压直流输电示范工程于2010年7月8日成功投运。二是宁东—山东±660kV直流输电工程极Ⅰ系统投运，该工程是联结西北与华北电网、将西北黄河上游水电和宁东火电打捆送往山东、实现资源优化配置的重大输电工程。该工程作为我国第一个±660kV电压等级的直流输电工程，是山东省“外电入鲁”的首个重点工程，对解决山东电力紧张局面将发挥重要作用。三是新疆与西北联网、甘肃千万千瓦级风电一期送出、呼辽直流等重点工程建成投运，区域和省级电网主网架进一步加强，输电能力大幅提高，资源优化配置能力进一步增强。

电网运行与电力市场

2010年，全社会用电呈现恢复性快速增长态势。全国全社会用电量41 999亿kWh，同比增长14.8%，增幅同比提高8.3个百分点。其中，国家电网公司经营区域全社会用电量实现33 619亿kWh，同比增长14.9%，增幅同比提高8.2个百分点。装机容量继续快速增加，全国新增装机容量9124万kW，同比减少543万kW。其中，水电1643万kW，同比减少463万kW；火电5831万kW，同比减少755万kW；核电174万kW；风电1457万kW，同比增加484万kW。

2010年，全国电力供需总体平衡。其中，东北、西北电网电力供需平衡有余，华北、华中、华东和南方电网受电煤供应不足、来水、气候等因素影响，部分时段电力供需偏紧。通过加大跨区跨省电力交易，有效缓解了电力供需矛盾，确保了电力有序供应。

2010年，公司电网主网、跨区跨省输电工程投产集中，特高压复奉直流、德宝直流、银东直流、呼辽直流、西北750kV主网架和新疆与西北联网“六大工程”相继投运，公司电网跨区输电能力增加，强交强直混联格局初步形成。各级调度机构面向调度工作实际，强化安全机制建设；面向电网运行实际，强化电网运行管理；面向电源结构新变化，强化清洁能源调度；面向智能电网建设，强化试点项目组织；面向公司“四化”要求，强化调度专业建设；面向标准化新进展，强化调度同质化管理；面向公司通信需求，强化网络发展和运维体系建设；面向“大运行”体系需要，强化调度能力建设；克服极端天气和煤电运矛盾影响，保障了电网安全运行和电力有序供应，推进了智能电网调度建设“大运行”体系研究和风电调度管理等重点工作，完成了世博会、亚运会、迎峰度夏等特殊时期保电任务，确保了特高压电网和各级电网稳定运行，完成了全年各项工作任务。

2010年，公司以“十一五”技改规划为指导，根据各区域电网实际情况，从仿真技术、控制技术、输电技术、加强管理和设备改造五方面入手，对电网存在的输送能力受限问题进行深入分析，组织各网省公司开展提高电网输送能力第七期工程。各网省公司按照公司要求，积极实施提高输送能力工程，取得良好效果。

提高电网输送能力工程于2005年正式启动，截至2010年底，各电压等级累计完成提高电网输送能力项目3455项，提高电网输送能力18 777万kW。

2010年，全国发电量增幅呈现前高后低的趋势。一季度至年中，随着国家各项刺激经济增长措施的稳步实施，用电负荷快速增长，全国月发电量同比始终保持高幅度增长；年末，受国家经济政策及节能减排影响，电力需求增速放缓，全国月发电量同比增幅有所下降。2010年，全国发电量完成42 575.71亿kWh（旬报口径，下同），同比增长17.41%，比2009年（7.11%）增幅增长10.30个百分点。其中，公司经营区域内调度口径发电量32 669.23亿kWh，同比增长17.90%，增幅较2009年（6.95%）增长10.95个百分点。全国最高日发电量139.58亿kWh，同比增长14.38%。各区域电网中，华北、华东、华中、东北电网最大用电负荷同比增幅均超过10%，西北电网最大用电负荷同比增幅9.6%。

国家电网公司坚持市场化改革方向，不断健全交易机制，推进交易合同规范管理，成功注册配电变压器提前更换CDM（清洁发展机制）项目，继续探索构建符合国情、开放有序的电力市场体系，电力市场建设稳步推进。

为解决风电快速发展后的消纳问题，组织对华北、东北、西北地区清洁能源发展和消纳进行调研，形成《清洁能源交易机制》研究报告；华北、西北等公司组织开展了跨区跨省交易协商机制、风电发展与消纳、燃煤机组烟气排放监测、新能源交易等66项课题研究，为相关电力交易工作的开展奠定了坚实基础。

在全面梳理合同管理工作现状和问题的基础上，以统调电厂购售电合同管理为重点，结合国家电监会、国家工商总局联合下发的购售电合同（示范文本），出台了《规范与统调电厂购售电合同管理的通知》，对合同内容的完整性、合同电量的约定和分解以及平等约定各方责任义务等方面提出了规范要求。同时研究制订了跨区跨省电能交易合同、抽水蓄能电站购售电合同的统一文本，对购售电合同、交易合同的文本内容进行了规范。2010年，公司系统与统调电厂实签购售电合同1250份，签订率99.68%，备案率100%。

人才队伍建设

2010年是公司全面完成“十一五”目标任务的关键一年，公司创新人才培育模式，完善人才培养选拔机制，进一步加快了特高压、智能电网等高层次紧缺人才培养，不断改善人才队伍结构，有力支撑了公司各项工作的顺利开展。

一、大力开展特高压等高层次紧缺人才培养

为适应公司各项业务快速发展对人才队伍提出的更高要求，公司加大了特高压及智能电网等高层次紧缺人才的培养。公司与清华大学、武汉大学联合开展特高压交流、直流输电技术及智能电网高层次人才培训项目，脱产半年时间，以高电压专业硕士研究生主干学位课程及智能电网知识为主要培训内容，培养特高压及智能电网领域研究生层次高端人才134名。为适应公司建设坚强智能电网的需要，2010年公司层面组织开展32期特高压、智能电网专项人才培训班，培训特高压运行维护及设备安装调试人员、智能电网规划、调度、变电、配电及用电人员共3000人；网省公司（直属单位）层面共实施特高压及智能电网培训项目203个，培养相关紧缺人才7700余人；地市公司层面实施特高压及智能电网培训项目472个，培养相关紧缺人才1.9万人，为公司特高压电网和智能电网的建设提供人才支持。根据国际化人才培养需要，公司各单位共实施国际化人才及外语人才培训项目240个，培养7500名外语及国际化人才；根据金融业务发展需要，共实施金融保险人才培训项目52个，培训1500名金融保险人才。“十一五”期间，公司各单位共开展特高压及智能电网专项人才培训9.3万人·次，外语及国际化专项人才培训3.4万人·次，金融保险专项人才培训2万余人·次，较好地满足公司业务发展对各类高层次紧缺人才的需求。

二、加大西部电力企业人才帮扶培养力度

2010年，进一步完善西部人才帮扶培养机制，完成60名西部五省和西藏电力公司优秀青年骨干赴东部网省电力公司为期半年的实践锻炼培养工作，组织实施处级干部、绩效管理、继电保护和变电运行4个西藏公司人才帮扶培训项目，为西藏电力公司培训190名专业人才，提升西部网省公司的专业管理水平。“十一五”期间，在公司统一组织安排和部署下，西部五省（区）电力公司及西藏电力公司5年共派出5批、275名青年管理和技术骨干，赴东部电力企业进行为期半年的实践锻炼；实施18个援藏帮扶培训项目，培养专业人才1400余名。通过建立跨区域的青年人才交流培养机制，利用先进网省公司的优质资源，推进企业间的工作交流，加大西部人才培养工作力度，缓解西部电力企业人才紧缺的局面，提升专业管理水平。

三、大力开展管理人才经营管理能力培育

按照“十一五”教育培训规划，公司继续深化实施高级经营能力培训。2010年，公司层面开展了1期共60名处级干部参加的经营管理能力培训班，各网省公司共开展经营管理能力培训项目950个，培训经营管理人员6.7万人·次，培训内容涵盖领导素养与领导力、经营管理、工作专题等模块。截至2010年底，按照公司统一部署和《国家电网公司“经营管理能力培训”指导性大纲》要求，公司系统已完成了两轮副处级以上管理人员及县供电公司领导班子的能力培训。

根据深入推进电网发展方式和公司发展方式转变的需要，为统一公司总部和网省公司本部专业人员思想，提升执行力，公司利用管理、技术学院及各单位优质培训资源，发挥总部各专业部门作用，继续统筹开展总部和网省公司本部专业人员职业能力培训。2010年，公司总部层面实施了120余个、200多期专业培训项目，培训各专业人员1.5万人·次；组织网省公司和直属单位共培训各类专业人员121万人·次。“十一五”期间，公司共开展专业人员培训426万人·次，宣贯公司各项专业管理政策和要求，普及新理论、新技术、新知识，提升专业管理和技术管理水平。

四、加大高技能人才培养工作力度

依托国家电网技术学院和6个高技能人才培训基地，统筹开展高技能人才培训工作，重点开展新知识、新技术、新员工培训。2010年，公司层面共培训高技能人才660名，新增高级技师2329名、技师10 917名。“十一五”期间，通过“五年2万新技师培养计划”的实施，加大了高技能人才培养工作力度，共新增技师、高级技师6.8万名，技能人才队伍结构明显改善。截至2010年底，高技能人才比例达到71%，比2005年提高23个百分点；生产技能人员中高级技师、技师所占比例分别达到1.47%、11.99%，分别为2005年的3.2、2.2倍。公司生产一线员工的能力和素质得到全面提升，保证了公司安全生产运营。

五、广泛开展竞赛和调考选拔优秀人才

2010年，公司共有855人·次参加了国家、省、部（行业）级的各类竞赛，有250人·次获奖；公司统一组织了法律顾问诉讼专业知识竞赛和调度系统运行方式专业调考、《电力安全工作规程》调考、农电员工安全知识调考、财务调考4个调考活动，公司各单位共有1175人·次参加，77人·次获奖；网省公司及地市公司共举办各类竞赛、调考5294项，参赛35.3万人·次，表彰2.7万人·次。通过广泛开展竞赛和调考活动，培养了一批优秀技能人才，2010

年共有1人获得“中华技能大奖”，10人获得“全国技术能手”称号，112人获得“全国电力行业技术能手”称号，22人获得省级“技术能手”称号，66人获得省级“青年岗位能手”称号，74人获得网省公司“技术能手”称号。

“十一五”期间，公司积极组织开展各个专业的竞赛、调考活动，组队参加国家有关部门、行业内部组织的技能大赛，在岗位比武练兵中不断选拔发现优秀技术、技能人才，充分调动广大一线员工的积极性和创造性，营造尊重劳动、尊重知识、尊重人才、尊重创造的良好氛围。五年来，公司共新增“中华技能大奖”获得者2人、全国技术能手34人、全国青年岗位能手10人、中央企业技术能手24人、全国电力行业技术能手245人、省级技术能手317人。

六、完善专家人才培养选拔机制

2010年，加大优秀人才的培养选拔力度，补充完善公司专家人才库及后备人才库，加强对各级优秀人才的统一管理。按照“1551优秀人才培养计划”，继续组织开展优秀专家人才遴选工作，遴选产生471名公司级优秀专家人才，其中专业管理专家135人，工程技术专家174人，生产技能专家162人。加强优秀专家人才考核管理，组织各单位开展2007年、2008年遴选产生的809名优秀专家人才年度考核工作，考核结果为优秀的有434人，称职的有283人，基本称职的有7人，因岗位变动取消津贴、保留称号的共有75人，因考核不称职而取消津贴和称号的有4人、因调离系统及退休而取消津贴和称号的共有6人。根据国家人力资源和社会保障部下发的《关于开展2010年享受政府特殊津贴人员选拔工作的通知》（人社部函[2010] 33号）的要求，组织开展了2010年享受政府特殊津贴专家候选人选拔推荐工作，选拔产生了13名享受政府特殊津贴的专家候选人。截至2010年底，公司共有两院院士6人（其中双院士1人），突出贡献的中青年科学、技术专家10人，享受国务院政府特殊津贴的科学、技术专家113人，新世纪“百千万人才工程”国家级人选21人。公司共拥有国家级、省部（行业）级、公司级、网省公司级、地市公司级优秀人才264、1307、1452、8074、15 466人，分别是2005年的1.5、3.2、4.3、2.3、7.1倍。

“十一五”期间，公司共新增新世纪“百千万人才工程”国家级人选9名、享受国务院政府特殊津贴专家30名，分3批遴选产生公司级优秀专家人才1280人。公司系统各单位优秀人才选拔制度已基本建立，国家电网公司、网省公司和地市公司三级优秀专家人才选拔培养体系进一步完善，极大地调动了各类人才参与技术、管理创新的积极性，有效促进了优秀人才的梯队建设。

履行社会责任

1. 积极履行科学发展责任

公司立足我国国情和世界能源发展规律，努力把国家电网建设成为强大的、绿色的能源配置平台，促进能源资源优化配置，保障更安全、更经济、更清洁、可持续的能源供应，促使发展更加健康、社会更加和谐、生活更加美好。2010年，我国自主研发、设计和建设的当前世界上电压等级最高、输送容量最大、送电距离最远、技术水平最先进的向家坝—上海±800kV特高压直流输电示范工程投运；1000kV晋东南—南阳—荆门特高压交流试验示范工程安全运行超过两年；智能电网建设取得重要突破，各级电网协调发展；电网的资源配置能力不断增强，市场配置电力的基础性作用充分发挥。

2. 积极履行安全供电责任

2010年，公司继续保持了安全供电的良好局面，应急管理水平和应急能力全面提升，圆满完成上海世博会供电保障任务，以及亚运会期间向南方电网供电任务，积极做好西南地区特大旱灾、青海玉树地震、多流域洪涝灾害、甘肃舟曲特大泥石流灾害等重大灾害的抢险保供电工作，主动参与王家岭矿难、大连输油管道事件、南京化工厂事件等社会突发事件处置。

3. 积极履行科技创新责任

公司坚持“自主创新、重点跨越、支撑发展、引领未来”和服务创新型国家建设的方针，为加快建设“世界一流电网、国际一流企业”，保障更安全、更经济、更清洁、可持续的能源供应，提供坚强的科技支撑。2010年，公司建成投运上海世博园智能电网综合示范工程、第一批电力光纤到户智能小区试点工程，加紧建设天津中新生态城智能电网综合示范工程，公司获得国家科技进步奖4项、中国电力科学技术奖61项、标准创新奖2项、中国专利奖6项，申请专利3992项，授权专利2826项。

4. 积极履行沟通合作责任

公司坚持透明开放运营，加强与利益相关方的沟通与交流，建立相互信任，形成电网科学发展和电网企业运营规律共识，凝聚发展合力，以最低的经济、社会和环境代价，共同保障更安全、更经济、更清洁、可持续的能源供应。公司与经营区域内省级政府建立定期会谈制度、向各级政府部门信息报送实现制度化、就能源发展向各级政府积极建言献策，与各类媒体的日常沟通常态化，围绕品牌建设提升公司软实力。2010年，公司发布我国企业首个绿色发展白皮书。

5. 积极履行优质服务责任

全力推进“塑文化、强队伍、铸品质”供电服务提升工程，客户投诉回访率和业扩报装回访率均达到100%，客户侧安全隐患排查率、督导率和备案率达到100%；关注客户供用电安全，各类重大活动的保电成功率达到100%；认真开展“三指定”专项治理，制定印发《业扩报装工作管理规定》、《业扩供电方案编制导则》等多项制度规定，统一规范业扩报装各环节；保证计量公平公正，成立国家电网公司计量中心，编制完成《计量用低压电力互感器技术规范》等技术标准；加强有序用电管理，按时编制年度有序用电方案，落实限电负荷7763万kW，保障社会用电秩序，促进经济社会的平稳发展。

6. 积极履行服务“三农”责任

公司经营区域全部实现“户户通电”，累计为134万户无电户、509万无电人口解决了通电问题；圆满完成“十一五”新农村电气化建设目标，公司经营区域约25.3%的县和19.1%的乡镇、17.7%的村达到新农村电气化建设标准，累计建成新农村电气化县407个、新农村电气化乡镇4991个、新农村电气化村90 053个；大力加强农村供电基础设施建设，农村电网综合电压合格率、供电可靠率分别提高至2010年的97.477%、99.636%；培养高素质农电工队伍，农电工100%持证上岗。

7. 积极履行环保节约责任

制定实施绿色发展战略，探索实施全面绿色管理，部署落实战略举措，最大限度消纳清洁能源，积极配合各级政府全面加强可再生能源发展规划，加强可再生能源的关键技术研究、政策研究和标准研究，保障可再生能源发电并网，继续大力开展发电权交易，大力推动电动汽车发展，继续积极实施电力需求侧管理，继续全面加强电网节能降损，积极推行绿色采购和节能技术攻关，健全完善公司环境管理制度，坚持公司运营的资源节约和环境友好，积极应对气候变化，减少二氧化碳排放。

党建和精神文明建设

2010年，国家电网公司党建工作坚持围绕中心，服务大局，以深入开展创先争优活动为契机，以学习型党组织建设为主要内容，以加强总部建设为重点，深入推进“两个转变”，各项工作扎实推进，取得了显著成效。

公司切实把中央提出的“五个好”、“五带头”的总要求和中组部、国资委党委提出的“四强四优”的基本要求，落实到“电网先锋党支部”的创建中，着力打造具有国家电网特色的党建工作品牌。公司党组印发了《“电网先锋党支部”创建工作管理办法》（国家电网党［2010］14号）。编发《创先争优，电网先锋——国家电网公司“电网先锋党支部”典型事迹选编》，刘振亚总经理亲自作序，大力宣传“电网先锋党支部”的先进事迹。

直属机关党委以深入开展创先争优活动为契机，不断深化“电网先锋党支部”创建和总部“四比”（比学习、比创新、比业绩、比贡献）活动，着力提升总部的领导力、管控力和影响力，推动在京直属单位又好又快发展。印发《关于进一步加强总部建设的意见》（网直党［2010］14号），“七一”期间组织开展“弘扬伟大革命精神，建设坚强智能电网”主题党日活动，举办《深入开展创先争优活动，切实加强公司总部建设》专题展，评选表彰公司总部6个先进部门、30个先进处室和111名先进个人，及124名优秀共产党员、90名优秀党务工作者和39个先进基层党组织，充分展示总部建设成效和员工良好的精神风貌。

公司党风廉政建设工作按照中央关于惩防体系建设的要求，坚持“标本兼治、综合治理、惩防并举、注重预防”的方针，认真落实党风廉政建设责任制，按照公司党组的决策部署，着力推动“三化三有”（企业化、责任化、业务化，预防有方、监督有效、惩治有力）国家电网特色惩防体系建设，落实“三严一常”（建立严密规章、发扬严细作风、实施严格管理，做到常抓不懈）根本措施，强化廉政教育，健全制度机制，加强监督检查，为企业改革发展和稳定发挥了促进和保障作用。

国家电网公司开展精神文明创建活动，提升公司文明水平。印发《关于印发国家电网公司开展“迎世博迎亚运讲文明树新风·文明服务央企先行”活动实施方案的通知》（国家电网政工［2010］728号），组织公司与上海世博会联系密切的窗口单位以“文明服务 央企先行”为主题，以“规范服务、优质服务、诚信服务、满意服务”为主要内容，以“满意百分百”创建活动为载体，深入开展“迎世博迎亚运讲文明树新风·文明服务央企先行”活动，全面提升员工文明素质、供电服务水平和公司良好形象。

国家电网公司企业文化建设工作全面贯彻落实公司一届五次职代会暨2010年工作会议精神，按照公司党组关于加强“三个建设”的总体部署，从服务党和国家工作大局、建设“一强三优”现代公司的战略高度出发，以强化企业文化管理为突破口，以推行公司统一的基本价值理念体系为核心，以实施“三大工程”（精品工程、落地工程、评价工程）为抓手，加快建设以“四统一”（统一的核心价值观、统一的发展目标、统一的品牌战略、统一的管理标准）为基础的优秀企业文化，为促进公司实现科学发展提供了强大的精神动力。

贯彻落实团中央和公司党组工作部署，紧紧围绕中心工作，结合学习型团组织创建、青春建功行动、青年志愿服务等活动，深入开展“争创‘五强’先进团组织、争当‘五优’优秀团员和‘五模范’优秀团干部”创先争优活动（“五强”：工作领导力强、政治引领力强、推动发展力强、改革创新力强、凝聚战斗力强；“五优”：政治素质优、岗位技能优、工作业绩优、遵纪守法优、群众评价优；“五模范”：忠诚履职的模范、学习创新的模范、爱岗敬业的模范、团结协作的模范、弘扬正气的模范），积极引导基层团组织履职尽责创先进，凝聚带领广大团员青年立足岗位争一流。公司成立首家中央企业团校——中国共产主义青年团国家电网公司团校。公司团校是公司党组领导下的青年人才培养机构，是对团干部和团员青年进行思想政治教育和党团理论知识、技能培训的基地，是加强团的组织建设的重要阵地，是传承企业文化、弘扬企业精神、培育公司核心价值观的有效载体。业务上接受国家电网公司团委的指导。

中国南方电网有限责任公司

公 司 概 况

2010年面对经济环境复杂多变、自然灾害多发的严峻挑战，中国南方电网有限责任公司（简称公司）认真贯彻党中央、国务院的决策部署，深入落实科学发展观，系统谋划未来中长期发展战略，着力提高集团管控能力，推进一体化管理，紧紧抓住“保安全、优电网、添绿色、强基础、重和谐”五个关键推进各项工作，夺取了抗灾保电和亚运保供电的全面胜利，全面完成了国资委下达的年度经营业绩考核目标和“十一五”各项目标任务。

电网保持了安全稳定，主要生产运行指标优于2009年。完成售电量6027亿kWh，同比增长15.1%；西电东送电量1117亿kWh，同比减少3.4%。实现营业收入3696亿元，增长17%；利润总额100.8亿元，增加65亿元；经济增加值（EVA）12亿元，增加48亿元。完成固定资产投资993亿元。截至2010年底，公司资产总额4925亿元，资产负债率控制在67.4%。公司在世界500强企业的排名大幅上升29位，列第156位。

领 导 班 子

公司党组书记、董事长：赵建国

公司党组成员、董事、总经理：钟俊

公司党组成员、董事、副总经理：肖鹏、王久玲、祁达才

党组成员、党组纪检组组长：孙晓毅

公司党组成员、副总经理：王良友、张晓东、贺锡强

公司总会计师：李文中

组 织 机 构

公司总部设有20个部局，以及南方电网电力调度控制中心（与系统运行部合署）和招标服务中心。下设超高压输电公司、调峰调频发电公司2个分公司，广东、广西、云南、贵州、海南电网公司和南方电网国际有限责任公司6个全资子公司，控股南方电网科学研究院有限责任公司、南方电网综合能源有限公司、南方电网财务有限公司、南方电网传媒有限公司和鼎和财产保险股份有限公司。

电 力 供 应

举全网之力打赢亚运保供电攻坚战，提升了南方电网的社会形象。面对公司成立以来时间最长、任务最重、范围最广的保供电任务，公司统筹谋划、科学安排、有序推进整个保供电工作。成立了保供电领导小组和五个专项工作组，明确了“全网保广东，广东保涉亚城市”的原则，制订保供电总体方案，充分发挥网、省、地市三级应急指挥平台的作用，构建了“统一指挥、统一协调”的立体保供电体系。按期建成了涉亚运的17项主网工程和555项配网工程，完成了137座变电站、368回110kV及以上线路、810个配电房的设备预试、定检工作。开展了近11万套次设备维护与隐患排查工作，对1307个变电站、线路和配电房进行了状态评估，发现并消除了842项重大及以上缺陷。深入开展“和谐南网迎亚运 优质服务树品牌”主题活动，为420个重要客户逐一制定了供电保障手册。细致做好亚运信访、安保、维稳、保

密等工作。公司调集全网39个供电局1880名专业技术人员，按照“一局保一馆”的原则，全方位援助广州地区49座比赛场馆和3处重要场所的电力保障工作。在亚运会举办期间，全网6万多名供电保障人员昼夜坚守一线，既保电力供应，又保用电服务，做到了“零事故”、“零差错”、“零投诉”，彰显了“万家灯火、南网情深”的品牌形象，铸就了“众志成城、勇担责任、追求卓越”的亚运保供电精神。

电 网 建 设

系统推进电网规划建设，加大了城农网建设改造力度。完成了南方电网“十二五”电力工业发展规划，研究成果纳入国家“十二五”电力工业发展规划。启动了南方电网主网架和五省区电网的“十二五”系统设计和二次系统规划。完成“十二五”西电东送规划研究，协调有关省区签订“十二五”西电东送框架协议，巩固了政府主导、企业参与的区域电力交换合作模式。完成国家能源局委托的输煤输电比较研究等7项专题研究报告。加强国际合作交流，越南永兴项目克服困难，取得阶段性进展；与老挝政府签订投资建设老挝国家电网的谅解备忘录；与三峡集团、中国水电集团组成中方联合体，合作开发缅甸孟东水电项目。

加强基建和物资管理，按期投产15项重点工程。开展业主项目部规范化建设工作，着力解决业主缺位问题。修订变电站、输电线路和配网工程的标准设计和典型造价，按照实际投资较计划降低10%的目标，提出并落实造价控制的9项措施。开展基建管理不规范行为整治工作，规范招投标管理和设计、施工、监理市场。加强中央预算内投资工程建设管理，开展了4次联合督导。加大基建安全管理力度，将外包队伍人身伤亡事故纳入考核，下半年人身伤亡事故得到有效控制。开展工程质量评比交流活动，促进了全系统质量管理提升。完成了全网物资的清查和清仓利库工作，查明总库存物资61亿元，盘活了8.6亿元闲置物资。组建了公司评标专家库，完成了全网首批一级物资集中招标采购，总体上价格下降10%。

积极落实国家强农惠农政策，大力推进农村电网改造升级工作。完成县级电网建设投资230亿元，解决了22个行政村、3万户无电人口的用电问题。农村用电量同比增长19.8%。

节 能 减 排

自2008年开展节能发电调度试点工作以来，全网火电机组脱硫信息全部接入公司调度自动化系统，通过优化水、火电调度，累计节约标准煤700万t。2010年12月27日启动了全网节能发电调度运行。深化线损精细化管理，64个地市供电局实现线损“四分”省级达标，其中29个地市供电局实现网级达标。完成3518台高损耗配电变压器更换改造，全网综合线损率达6.28%。加入中央企业电动汽车产业联盟，与广东、广西、贵州省区政府签订了电动汽车充电设施建设合作框架协议，在深圳、广州、南宁、昆明等地建成充电站10座，充电桩350个。为企业用电大户开展节能诊断1.76万次，节约电量22.4亿kWh。

重 大 创 新

制定了发展智能电网的战略规划，确定了22个技术领域、320个标准的体系框架。完成了广州中新知识城智能配网示范项目专项规划。投运了我国首个兆瓦级冷电联供的国家863计划示范工程，组织开展了10MW级电池储能站关键技术研究及示范工程建设。全面完成“十一五”国家科技支撑计划“特高压输变电系统开发与示范”项目，自主解决关键技术问题，“±800kV油浸式换流变压器技术参数和要求”等8项国家标准获得国家标准化管理委员会批准颁布。自主完成了云广直流孤岛运行方式系统稳定特性的研究，解决了一系列技术难题。2010全年公司新增专利申请112项、专利授权91项，分别完成年度计划的147%和198%。

内 部 管 理

公司制定了中长期发展战略及配套的11个职能子战略，初步构建了战略体系框架。经过3年多的探索，创先工作有了质的飞跃，由试点突破转为全面推广。明确“集团化管理模式、一体化管理制度”的管理定位，全面启动七个业务领域的一体化管理。对公司总部机构进行了优化和调整，增强了总部的管控能力。制订分子公司组织机构一体化实施方案及指导意见。佛山顺德供电局以业务指导书和作业表单落实一体化管理，有效实现了管理到位和基层班组减负。首次完成公司全方位的制度清理工作，精简冗余制度9000多份。完善总部部门和分子公司考核办法，首次开展总部部门述职。制定公司绩效管理的指导意见，初步建立了一体化的、有效的考核体系。规章制度、经济合同和重要决策的法律审核把关率达到100%；成功解决广东揭阳路源电厂购售电合同纠纷和广西来宾电厂协议争议两个历史遗留的重大法律纠纷案件，挽回经济损失2.88亿元。

以国家审计署对公司的经济责任审计工作为契机，全面梳理各类风险点及内控薄弱环节，边迎审、边整改。完成了财务业务流程和关键风险点梳理，探索建立覆盖全部业务循环的内部风险控制矩阵。启动职工持股企业清理整顿工作，规范关联交易。强化薪酬调控，规范内部分配秩序，缩小分配差距。坚持全面审计，发挥内审为管理提供增值服务的职能，纠正违规金额3.6亿元，促进增收节支2.5亿元。

财　务　管　理

全面加强财务集约化和营销管理，提升经营效益。建立EVA价值创造传导机制，在系统内全面推行EVA考核，实现了EVA“转正”。实施资金集中管理，清理冗余银行账户1422个，对全网3111个账户进出资金实现了实时监控；推行省公司对所属单位资金零余额管理，全网资金集中率同比提高13个百分点。推行“自上而下”预算编制流程，强化总部预算管控职能，公司预算首次引入专家审查。争取到电网建设财政资金27亿元以及国债转拨款4.3亿元，在投资规模连续两年超千亿的基础上，资产负债率控制在预算内。公司被中国银行间交易商协会认定为首批超3A企业。开展延伸结算，财务公司月均存、贷款分别比年初增加33亿、20亿元。建成全网统一、省公司集中的财务信息系统，会计信息质量在中央企业中处于前列。清理非主业、小额、低效无效投资94项；清理对外担保4亿元和委托理财、股票、债券等高风险投资470笔，产权级次压缩到5级。稳步推进海南电网公司股份制改造。

各单位继续挖掘潜力增供扩销，努力克服各种不利因素的影响。完善信用评价、欠费预警、重大电费事件报告制度，当年电费回收率达99.86%，陈欠回收率达33.28%，客户欠费同比减少1.7亿元。统一全网常态化营销稽查工作流程，加大打击窃电工作力度，减少营销差错，增收1.2亿元。

人力资源管理

深化干部人事制度改革，下大气力加强员工队伍建设。建立了以《领导人员管理规定》为基础、《综合考核评价办法》为导向，《公开选拔、竞争上岗管理办法》等10个相互配套、具有南网特色的“1+1+10”的干部管理制度体系。加强县级供电企业党政正职队伍建设，制定了选拔培养、管理使用、监督考核等12条措施。面向全系统开展总部43个处级岗位、86个主管岗位的公开竞聘选聘。在中组部、国资委开展的选人用人工作检查中，民主评议三项评价指标平均满意率和基本满意率达到98.4%。

制定公司贯彻落实《国家中长期人才发展规划纲要（2010～2020年）》的实施意见，引进了2名海外高层次人才，其中1人入选国家“千人计划”。整合共享培训资源，成立了公司党校和干部学院。全年共举办培训班24 004期，培训员工75万人次，班组长培训覆盖率达到100%。

信息化建设

完成信息化职能战略和“十二五”信息化规划编制，明确公司信息化中长期发展目标。调整完善信息化组织管理体系，纵向梳理公司总部、分省公司和基层单位的信息化建设与管理关系，横向理清与各专业的管理分工界面。公司总部以信息中心为基础成立了信息部，承担职能管理和信息系统运行维护的职责。推进信息化领域七个一体化管理，推进核心业务信息系统建设，促进公司管理水平提升，全年共完成信息化资金投入21.4亿元，预算完成率达95%。加强IT运行维护的统一管理，打造信息安全保障“进不来、拿不走、打不开”三道防线，建立立体化防御的信息安全技术保障，实现亚运网络信息安全零事故目标。建立了业务信息系统评估管理办法，首次将信息化水平评价考核纳入公司年度责任制考核，通过评估考核，充分调动全网积极性，推动信息化水平达到更高目标，公司信息化水平评估达到了国资委B+要求。推进门户网站改造和软件正版化工作，维护公司的良好形象。

履行社会责任

2010年初西部省区发生特大干旱，公司把抗旱救灾、保民生、保农业生产用电作为重要政治任务，做到“哪里有水源，哪里就有电源”。统一调配全网电力电量，旱灾期间累计调减云南、贵州外送电量60亿kWh，并在春节期间安排广东倒送云南电量3.2亿kWh，千方百计保证各地用电需求。全力支援各地抗旱救灾，累计投入抗旱保电资金11 442万元，员工捐款4293万元在云南、贵州、广西建造了40口“南网井”、28个“南网蓄水柜”和5条“南网引水渠”，解决百姓长期饮水难问题。在汛期抗击广东“凡亚比”台风和海南特大暴雨等严重灾害中，全网统筹调集应急发电车等各类抢险物资，广东、海南电网公司分别投入抢险人员 15 772、37 320 人·次，迅速恢复了受灾地区的正常供电，做到了“水退、人到、旗到、电通”。青海玉树地震发生后，公司第一时间组织向灾区运送 110 台柴油发电机，全系统累计捐款捐物 2776 万元，其中缴纳特殊党费 1029 万元。在抗灾过程中，公司的安全生产工作经受住了考验，员工的社会责任感得到了很大提升。公司抗灾保电工作得到了上级领导、各级地方党委政府和社会各界的充分肯定。

党建工作

按照中央的统一部署，公司把创先争优活动与企业创先工作紧密结合，提出“创先争优促‘三好’”的活动主题，以艰苦奋斗作风教育月活动为切入点，去除浮躁的心态，激发干事创业的热情。各级党组织围绕中心工作认真履行职责，广大党员在本职岗位上努力做得比以前更好、做得比普通群众更好。把公开承诺作为活动的重点来抓，组织召开了创先争优活动座谈会和经验交流会，采取随机抽查和表单化的方式进行专项检查。制定《党员先进性测评办法》，加强了对党员的量化考核评价；推行《关于预防人为责任事故做好思想政治保障工作的指导意见》，将党建工作与安全生产紧密结合。轮训基层党支部书记，开展党支部书记公推直选试点工作。公司党建管理信息系统通过鉴定验收。认真贯彻落实中央纪委五次全会精神，组织全系统党员干部学习《廉政准则》和《若干规定》，开展了一系列廉洁从业教育活动，以完善制度为重点深入推进廉洁风险防控机制建设。加强效能监察，挽回经济损失 3.1 亿元，节约资金 1.2 亿元。

开展员工辅导计划试点工作，开通了精神家园网站和员工论坛。推进团组织全覆盖，开展了争创青年安全生产示范岗活动。加强民主管理，维护职工权益，广泛开展劳动竞赛和文体活动。公司系统涌现出一大批先进典型，其中，全国“五一”劳动奖状奖章等国家级集体荣誉 30 个、个人荣誉 16 个，省部级集体荣誉 206 个、个人荣誉 285 个。

（中国南方电网有限责任公司办公厅）

发 电 公 司

中国华能集团公司

公司概况

中国华能集团公司（简称华能集团公司）是经国务院批准成立的国有重要骨干企业。

华能集团公司注册资本 200 亿元人民币，主营业务为电源开发、投资、建设、经营和管理，电力（热力）生产和销售，金融、煤炭、交通运输、新能源、环保相关产业及产品的开发、投资、建设、生产、销售，实业投资经营及管理。

华能集团公司从 1985 年创立至今，在 20 多年的发展历程中，为电力工业的改革、发展和技术进步提供了丰富经验；为电力企业提高管理水平、提高经济效益发挥了示范作用；为满足经济与社会发展的用电需求、实现国有资产的保值增值作出了重大贡献。公司坚持方向明确、科学发展，不断创新、保持领先，多方合作、互利共赢，逐步形成了“为中国特色社会主义服务的红色公司；注重科技、保护环境的绿色公司；坚持与时俱进、学习创新、面向世界的蓝色公司”的企业使命和“坚持诚信、注重合作，不断创新、积极进取，创造业绩、服务国家”的核心价值观等具有华能特色的企业价值理念。

华能集团公司致力于建设具有国际竞争力的大企业集团。截至2010年底，公司在全国30个省、市、自治区及海外拥有全资及控股装机容量11 343万kW，为电力主业发展服务的煤炭、金融、科技研发、交通运输等产业初具规模，公司在中国发电企业中率先进入世界企业500强，2010年排名由2009年的第425位上升至第313位。

“十二五”时期是华能集团公司建设具有国际竞争力世界一流企业的重要时期，公司将继续高举中国特色社会主义伟大旗帜，以邓小平理论和“三个代表”重要思想为指导，以科学发展为主题，以加快转变发展方式为主线，以国家能源战略为主导，秉承“三色公司”的企业使命，坚持“电为核心、煤为基础、金融支持、科技引领、产业协同，把华能建设成为具有国际竞争力的世界一流企业”的战略定位，转方式、调结构、提效益，促发展、强素质、创一流，推进公司做强做优做大，领先进入具有国际竞争力的世界一流企业行列，为全面建设小康社会作出新的更大的贡献。

领导班子

总经理、党组副书记：曹培玺
党组书记、副总经理：黄永达
副总经理、党组成员：张廷克　那希志　黄龙
　　　　　　　　　　胡建民　寇　伟
总会计师、党组成员：郭珺明
党组成员、纪检组组长：马　晶

组织机构

1. 集团公司职能部门

办公厅
新闻中心
规划发展部
预算与综合计划部
企业管理与法律事务中心
运营协调部
财务部
资本运营与股权管理部
安全监督与节能环保部
基本建设部
煤炭部
国际合作部
人力资源部
　离退休人员办公室
监察部
审计部
思想政治工作部
　扶贫办公室
工会工作委员会
科技环保部

2. 集团公司直属机构

中共中央党校中国华能集团公司党校（教育培训中心）
华能技术经济研究院
信息中心

3. 产业公司

华能国际电力开发公司
华能国际电力股份有限公司
华能新能源产业控股有限公司
华能核电开发有限公司
绿色煤电有限公司
华能能源交通产业控股有限公司
华能资本服务有限公司
华能集团技术创新中心
华能综合产业公司
北京华能大厦建设管理有限责任公司
中国华能集团公司清洁能源技术经济研究院
中国华能集团燃料有限公司

4. 区域分公司

中国华能集团公司东北分公司
中国华能集团公司华东分公司
中国华能集团公司华中分公司
中国华能集团公司南方分公司
中国华能集团公司河北分公司
中国华能集团公司山西分公司
中国华能集团公司江苏分公司
中国华能集团公司浙江分公司
中国华能集团公司安徽分公司
中国华能集团公司福建分公司
中国华能集团公司江西分公司
中国华能集团公司河南分公司
中国华能集团公司湖南分公司
中国华能集团公司重庆分公司
中国华能集团公司青海分公司
中国华能集团公司广西分公司筹建组
中国华能集团公司贵州分公司筹建组

5. 区域子公司

北方联合电力有限责任公司
华能澜沧江水电有限公司

华能呼伦贝尔能源开发有限公司
华能山东发电有限公司
华能四川水电有限公司
华能吉林发电有限公司
华能黑龙江发电有限公司
华能海南发电股份有限公司
华能陕西发电有限公司
华能宁夏能源有限公司
华能甘肃能源开发有限公司
华能西藏发电有限公司
华能新疆能源开发有限公司
中国华能集团香港有限公司
西安热工研究院有限公司

6. 直管单位
华能山东石岛湾核电有限公司
华能海南实业有限公司

生 产 经 营

2010年，中国华能集团公司圆满完成国资委业绩考核指标、年度各项目标任务和“十一五”规划目标，综合实力继续保持行业领先。

安全绩效。安全形势总体平稳。未发生较大及以上事故，生产、经营、政治和形象安全得到有效保障。

经营绩效。完成发电量5376亿kWh，同比增长28%；完成煤炭产量4886万t，同比增长10.8%。实现营业总收入2279.94亿元，同比增长28.27%。完成供电煤耗322.72g/kWh，同比下降4.98g/kWh；完成厂用电率5.22%，同比下降0.39个百分点。

发展绩效。全年投产新机1020万kW，2010年底，拥有境内外全资及控股装机容量11 343万kW，同比增长8.7%。新增煤炭产能1545万t/年，煤炭生产能力达到6412万t/年，同比增长34.4%。新开工电力项目1300万kW；新开工煤矿项目1220万t/年。

党建绩效。党和国家的方针政策得到全面贯彻落实；领导班子和干部队伍建设、基层党组织和党员队伍建设进一步加强；未发生企业领导人员违法、违纪案件；职工队伍保持稳定。

改 革 发 展

调整优化积极推进。着力转变发展方式，实施《绿色发展行动计划》，加大结构调整力度，努力提高发展质量和效益。战略规划、投资管理和战略合作进一步深化。编制完成了产业发展战略及“十二五”规划，加强了项目可行性论证和财务评价，开展了固定资产投资项目后评价试点，与12个省（区、市）以及企业签署了战略合作协议。

低碳清洁能源开发取得新成绩。全年新投低碳清洁能源装机占投产容量的42%。2010年底，公司低碳清洁能源装机规模突破2000万kW，比重达到17.7%，同比提高2.7个百分点。通辽、阜新等基地型、效益型风电形成规模。石林大型并网光伏试验示范电站一期工程竣工投产，格尔木并网光伏电站项目开工建设。石岛湾等核电厂址资源稳步开发。参股的海南核电项目开工建设。火电结构继续优化。60万kW等级及以上火电机组容量占火电装机的比重达到45%，同比提高4.8个百分点。

产业协同进一步深入。煤炭开发稳步推进，煤炭生产保持稳定。管理制度进一步完善。煤炭自供能力逐步提高。港口码头、铁路项目建设有序推进，煤炭运输得到加强。金融产业为公司系统提供了信贷、保险、信托、投行等方面的金融服务，协同效应进一步显现。加强碳资产管理，成立了碳资产经营公司。科技产业对电力的支撑作用得到发挥，西安热工院积极为公司系统提供技术服务，全年承担的横向合同达到644项，同比增加68项。

节能减排取得突出成效。截至2010年底，超额完成了国家“十一五”节能减排责任书目标，列入“千家企业节能行动”的19家发电企业，完成“十一五”节能量目标的353%；国家规定应安装脱硫设施的机组全部实现脱硫，完成“十一五”环保责任书目标的169%；“十一五”累计关停小火电机组671万kW，完成国家规定任务的267%。

重 大 项 目

大中型水电开发取得新进展，小湾水电站提前一年建成投产，4号机组成为我国水电装机2亿kW标志性机组。海门一期工程获得国家优质工程金奖，瑞金等9个项目获得银奖。上海、广东及周边地区各电厂机组安全稳定运行，为世博会、亚运会保电作出了重要贡献。华东分公司、石洞口一厂和二厂荣获“世博保电先进单位”称号。

走 向 海 外

“走出去”工作取得新成果。广泛开展国际合作，境外业务进一步扩展和提升。与印度有关企业签署了美国国际电力公司50%股权买卖协议；与缅甸签署了仰光火电项目谅解备忘录和瑞丽江二级水电项目协议备忘录。大士能源公司电量、利润大幅超过预算，取得较好经济效益。

技 术 创 新

编制完成了“十二五”重点科技项目规划。煤基清洁能源国家重点实验室、国家能源煤炭清洁低碳发电技术研发中心建设工作有序推进，北京人才创新创业基地建设取得进展，清洁能源技术研究院完成组建。天津IGCC示范项目建设稳步推进，项目的关键设备——2000t/天两段式干煤粉加压气化炉完成制造并成功吊装；石岛湾高温气冷堆核电站示范工程前期工作基本完成，即将开工建设。北京热电厂和上海石洞口二厂二氧化碳捕集系统运行稳定，完成关键技术升级试验和测试，通过国家能源局鉴定，达到了国际领先水平。基于IGCC的二氧化碳捕集和利用等项目被列入国家“十二五”863计划和支撑计划；参加国家700℃超超临界燃煤发电技术创新联盟，牵头开展项目研发。西安热工院主持完成的8项科研成果通过中国电力科学技术奖的评审，获得国家授权专利47项，其中发明专利15项。

参加西藏电源建设

2010年，华能援藏过渡电源项目全部建成投产并顺利移交。

为解决西藏长期以来的缺电困难，给西藏各族同胞送去光和温暖，华能集团公司以服务国家、勇挑重担的精神，主动请缨，积极承担了援藏过渡电源项目的建设任务。2009年8月，华能投资3.6亿元，以援建方式分别在拉萨和阿里建设10万kW和1万kW应急过渡电源。经过全体参建人员艰苦卓绝的顽强拼搏，2010年1月29日和8月27日，华能援建的拉萨项目10万kW、阿里项目1万kW共13台柴油发电机组先后建成投产，并于2010年9月25日全部移交给西藏自治区和西藏电力公司，有效缓解了拉萨和阿里地区严重缺电局面，为促进西藏经济发展和民族地区繁荣稳定发挥了重要的作用。

拉萨过渡电源项目提前1个月全面建成，已成为西藏目前最大的火力发电厂，占藏中电网装机容量约20%。西藏阿里过渡电源项目在海拔4500m处，仅用110天就实现了首台机组并网发电，建成中国海拔最高火电厂项目。

履行社会责任

积极参与社会主义新农村、新牧区建设，大力支持抗灾救灾、关心弱势群体、爱心捐助等社会公益事业，认真做好定点扶贫、援疆、援藏、援青工作。为西南旱灾、新疆雪灾、玉树地震和舟曲泥石流灾害，以及江西、福建、广西、湖南、海南、吉林洪灾等捐款，累计达1.2亿元。呼伦贝尔、黑龙江等公司确保了高寒地区冬季安全优质供热。珞璜、福州和阳逻电厂援建的西藏拉萨、阿里地区过渡电源项目，全部建成投运并移交当地政府，得到了国家有关部门、地方党委、政府的高度评价和充分肯定。中国华能集团公司荣获中华慈善总会“最具爱心内资企业”、金蜜蜂企业社会责任中国榜“领袖型企业”和中国社会责任排行榜特别大奖等称号。

党 建 工 作

深入贯彻落实全国国有企业党建工作会议部署和要求，加强领导班子建设，完善企业领导班子及领导人员常态化考核内容，严格落实干部选拔任用四项监督制度，开展领导干部任期和任中经济责任审计。建设学习型领导班子，坚持党组中心组学习制度，发挥华能党校培训功能，努力提高领导干部素质。深入开展创先争优活动，做到了与“学习实践活动、生产经营中心工作、学习型党组织建设、党建创新工作”相结合，建立了“组织推动、干部带动、党员行动、党政互动、党群联动”的工作机制，形成了“全体党员动起来、整体工作带起来、各项工作联起来”的生动局面。大力加强企业文化建设，进一步丰富完善“三色文化”理念体系，公司企业文化被中电联评为全国电力行业企业文化建设成果“特等奖”。扎实推进精神文明创建活动，认定、评选文明单位44个。

推进干部人事制度改革，加强公司总部与所属企业之间，区域公司与产业公司之间干部挂职任职交流，开展了集团公司总部处级干部和一般员工竞聘上岗工作。加大技能人才队伍建设力度，积极实施海外引才和“走出去”人才开发计划。在中组部、国资委选人用人工作检查中，选人用人工作满意度达到

97.3%，在发电企业中名列前茅。

认真贯彻落实十七届中央纪委五次全会和中央企业纪检监察工作会议精神，积极探索风险防范与企业内控机制的有效结合，惩防体系建设迈出新的步伐。严格执行党风廉政建设责任制，深入抓好《廉政准则》和《若干规定》的贯彻执行，加强对干部的管理和监督。开展招投标和燃料管理效能监察，抓好工程建设领域突出问题和“小金库”专项治理，推进廉洁文化建设，扎实做好巡视和查办案件工作，加强和改进纪检监察组织建设，党风建设和反腐倡廉工作取得新的成效。

信息化建设

管理水平得到提升，人力资源管理系统推广工作全面完成，资产财务一体化系统开始试点，电力生产实时监管系统投入运行，无纸化办公全面推进。

（车丹军）

中国大唐集团公司

公司概况

中国大唐集团公司（简称集团公司）是2002年12月29日在原国家电力公司部分企事业单位基础上组建而成的特大型发电企业集团，是中央直接管理的国有独资公司，是国务院批准的国家授权投资的机构和国家控股公司试点。注册资本金为人民币153.9亿元。居世界500强第374位。

中国大唐集团公司主要经营业务为电源开发、投资、建设、经营和管理；电力、热力生产和销售；金融、煤炭、交通运输、新能源、环保相关产业及产品的开发、投资、建设、生产和销售；实业投资经营及管理。

2010年，中国大唐集团公司在电煤价格高位运行并多次上涨，火电企业连年亏损，水电企业遭遇百年不遇特大干旱，外部环境极端不利的情况下，面对严峻的经营形势和巨大的经营压力，集团公司新一届领导班子团结一心，毫不动摇地坚持以科学发展观统领全局，坚定不移地贯彻执行党中央国务院的部署，围绕2010年工作会议确定的工作思路和“盈利年”的总体要求，率领系统10万员工勇敢应对挑战，积极抢抓机遇，以经济效益为中心，以创先争优为动力，求真务实，着力化解影响可持续发展的主要矛盾，继续保持了平稳较快的发展态势；把握重点，着力解决影响经营安全的突出问题，各类风险得到了有效控制；突出关键，着力优化制约盈利能力的绩效指标，较好地完成了国资委下达的考核指标。

截至2010年底，中国大唐集团公司发电装机容量达到10 589.59万kW，是组建时的5.08倍；水电、风电等新能源和可再生能源装机比重达到19.25%，比组建时提高了7.88个百分点；60万kW及以上等级火电机组由组建时的2台增加到70台；消耗性指标和排放指标持续大幅度优化，供电煤耗达到324.83g/kWh，比组建时下降了46.35g/kWh，达到国际先进水平，污染物全部实现达标排放；上市公司增加到4家，拓展了融资平台；海外市场发展取得突破，煤炭开发初具规模，煤化工项目稳步推进，金融、物流、科技等非电产业增收盈利能力稳步提高。

2010年，中国大唐集团公司超额完成经营目标。发电量和营业收入快速增长，完成发电量4725.75亿kWh，同比增长21.22%。

领导班子

董事长、党组书记：刘顺达

董事、总经理、党组成员：陈进行

党组成员、副总经理：王　琳　蔡哲夫　邹嘉华
王　森

党组成员、总会计师：胡绳木

党组成员、纪检组长：熊　皓

党组成员：曹景山

副总经理：金耀华

组织机构

截至2010年底，中国大唐集团公司拥有二级企业27家，三级企业355家。见组织机构图。

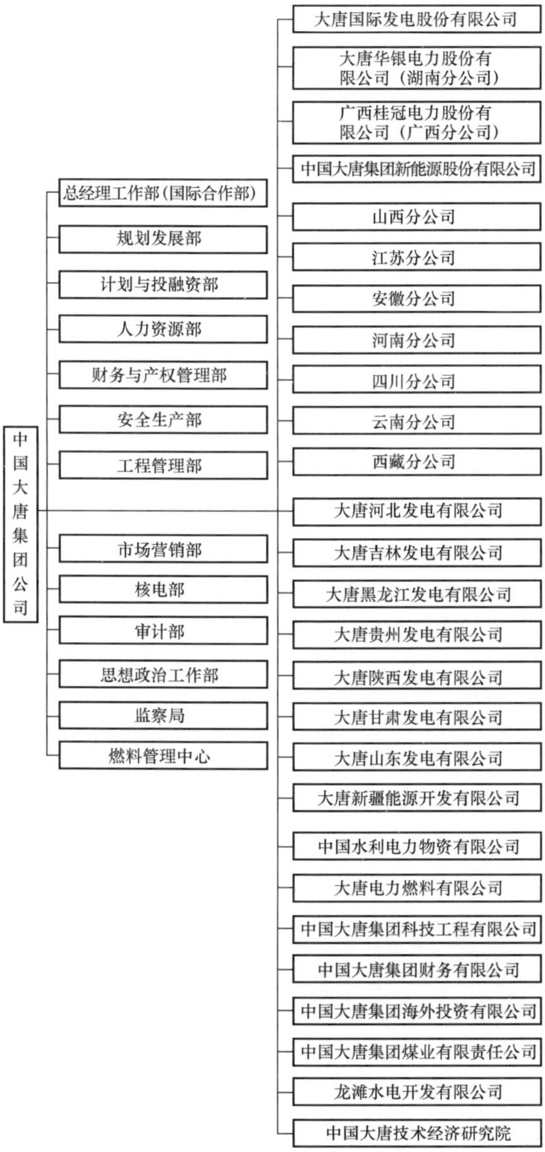

电 源 发 展

2010年，中国大唐集团公司全年投产容量达到811.935万kW，新能源和可再生能源投产容量创历史最高水平；60万kW等级及以上火电机组投产7台共456万kW，总台数达到70台，机组台数和所占比重均居五大发电集团之首。

全年核准电源项目62个共1321.5万kW，风电装机容量突破500万kW，国内首个海上风电项目上海东大桥风电项目全部投产发电，新能源东山风电场成为国内首家“电网友好型”风电场。同时，积极开展核电前期工作，拥有核电厂址13个，可建容量7000万kW。

重 大 项 目

2010年，在国际、国内资本市场低迷的情况下，中国大唐集团公司举全集团之力，克服重重困难，逆市闯关，中国大唐集团新能源股份有限公司于12月17日在香港联交所成功上市，融资52亿港元，打造了全新的融资平台。

2010年，分两次完成了大唐国际发电股份有限公司H股增持工作，节省资金支出8.96亿元，完成了A股定向增发工作，募集资金33亿元。

利用大唐太原第二热电厂3×20万kW机组关停指标与中煤平朔公司进行合作，实现煤电联合，扭亏增盈初见成效；多伦煤化工项目核心技术获得重大突破，MTP界区引入甲醇生产丙烯获得一次投料成功，生产出合格组分的丙烯烃产品，粉煤灰提炼氧化铝项目已经打通全部工艺流程，生产出了合格产品；胜利东二号矿煤炭产能已达到1000万t/年，胜利东二号矿二期、龙王沟煤矿正在履行核准程序；谢尔塔拉煤矿已经取得“路条”。金融平台、物流平台、科技平台建设积极推进，资金集中度达到92.3%，贷款覆盖率比年初增加了49.02%；招标代理、设备成套供应、现场物资管理等方面的专业服务得到加强；CDM注册工作取得重大进展，全年注册项目数量超过了历年总和；科技环保市场开拓力度加大，全年新签及中标待签合同额达到125.9亿元，同比增幅达到78.8%。

走 向 海 外

2010年12月31日，缅甸太平江一级电站1号机组正式完成72h试运行，并立即转入商业运营。以此为标志，中国大唐集团海外投资公司在缅甸太平江一级电站“一年四投”的目标圆满实现，同时也实现了“即投产，即运行，即稳定，即盈利”的目标。

缅甸太平江一级水电站2007年12月19日开工，仅用时3年便全部建设完成。电站共有4台机组，总装机容量为24万kW，多年平均发电量为10.65亿kWh。该项目是中国大唐集团公司组建以来在境外投资的第一个项目，是中缅两国能源合作的新成果，是中缅友谊的新见证，将进一步促进中缅两国在水电领域的合作和地方经济的发展。

节 能 减 排

2010年，集团公司完成供电煤耗324.83g/kWh，达到国际先进水平，比组建时累计下降58.17g/kWh，降低了12.49%；发电厂用电率为5.21%，比组建时累计下降1.22个百分点，降低了19%。脱硫、脱硝基本从零起步，2010年底脱硫装备率达到100%，脱硝装备率达到13%。

科 技 创 新

2010年，中国大唐集团公司不断加大投入，加强对新技术、新工艺、新材料的研究和应用，推动科技强企战略的实施，科技成果、知识产权和专利不断涌现。

龙滩水电开发有限公司《200m级高碾压混凝土重力坝关键技术》被评为国家科技进步二等奖。宁夏大唐国际大坝发电有限责任公司《国内首例两缸两排汽600MW空冷汽轮机组重大发电工程》被评为中国电力科学技术二等奖。大唐华银股份有限公司金竹山火力发电分公司《世界首台600MW机组超临界"W"火焰锅炉工程技术与应用开发》被评为中国电力科学技术二等奖。龙滩水电开发有限公司《巨型水电站国产化计算机监控系统在龙滩水电站的研制应用》被评为中国电力科学技术三等奖。内蒙古大唐国际托克托发电有限责任公司《采用多种提效技术集成扩展电除尘器适应范围大幅度降低粉尘排放的研究》被评为中国电力科学技术三等奖。大唐国际发电股份有限公司《汽轮发电机组配汽特性及全过程滑压优化研究与应用》被评为中国电力科学技术三等奖。中国大唐集团公司、湖南大唐先一科技有限公司《基于全生命周期投资管理的建设项目经济评价系统》被评为中国电力科学技术三等奖。

2010年中国大唐集团公司获得授权专利13项，其中发明专利5项。截至2010年底累计拥有有效专利48项，其中发明专利24项。发表论文383篇，其中EI收录15篇，SCI收录2篇。奖励中国大唐集团公司系统科技成果74项。授予《世界首台600MW机组超临界"W"火焰锅炉工程技术与应用开发》等9项科技成果为中国大唐集团公司科学技术奖一等奖，授予《张家口发电厂外排废水零排放工程实施》等25项科技成果为中国大唐集团公司科学技术奖二等奖，授予《快速查找绝缘故障新方法首次在大型发电机事故处理中的应用》等40项科技成果为中国大唐集团公司科学技术奖三等奖。

履行社会责任

2010年，是形势严峻、挑战巨大的一年。集团公司坚持以科学发展观统领全局，自觉履行社会责任，协调推进企业的优化发展、安全发展、清洁发展、节约发展和各利益相关方的共同发展。致力于提高经济效益，深入开展了"双增双节、盈利攻坚"和"大干4个月，确保完成全年任务目标"等活动，在燃料成本同比增支116.22亿元的情况下，仍然超额完成了国资委考核指标；致力于调整优化产业结构、布局结构、机组结构和股权结构，电源项目投产容量达到811.935万kW，风电装机容量突破500万kW，新能源和可再生能源投产容量创历史最高水平；致力于本质安全型企业建设，全面推进安全生产标准化、精细化管理，深入开展班组"三讲一落实"活动，自主创建了本质安全型企业管理体系，保障了安全稳定供电供热；致力于资源节约型和环境友好型企业建设，积极兑现节能减排承诺，供电煤耗大幅下降，主要污染物实现达标排放，62.3%的火电企业达到"两型企业"标准，继续保持着节能减排的先进水平；致力于和谐企业建设，建立了业绩考核结果与员工职业发展、岗位晋升、薪酬收入有机结合的"两全双挂"考核体系，通过扩大就业、社会公益、扶贫救灾等方式全方位回馈社会，全年公益捐赠2717.6万元，积极促进地方积极社会经济发展，实现了与利益相关方的共建共享、共同发展。

到2010年，中国大唐集团公司已经连续4个年度发布社会责任报告。2010年，被中华慈善总会、中国企业报社等机构联合授予"企业社会责任特别大奖"。在中国社会科学院发布的中国100强企业社会责任发展指数中，2009年、2010年连续两年作为"领先者"居第四位，居发电企业第一名。中国大唐集团公司社会责任报告已连续两年被评为全球契约中国网络"典范报告"，中国大唐集团公司已连续两年被《中国新闻周刊》评选为"最具责任感企业"。

党 的 建 设

2010年，中国大唐集团公司按照党中央、国资委党委的统一部署，按照"顶层设计、理清思路、有序推进、务求实效"的原则，围绕"转方式、调结构、强机制、练内功、增效益"的总体思路，全面启动"求真务实铸精品、同心跨越尽人才、创新发展出效益"创先争优主题实践活动，积极推进"阳光、绿色、快乐”三大工程，全面落实“三宽、彼岸、跨越”三大行动计划，坚持“把支部建在项目上，把项目建成精品”，制定实施《基层党组织创先争优活动考评办法》和《党员星级考评办法》，在中央企业率先建立展示网上精神家园，发挥宣传作用，实施文化落地，深化党群共建，借力“两全”机制，强化领导责任，立足本职岗位，争创一流业绩，出精品、出人才、出效益，实现科学发展上水平与创先争优常态化的有机融合，推进中国大唐集团公司向“做强做优、世界一流”的目标迈进。

发展战略及企业文化

发展战略：把集团公司建设成为经营型、控股型，市场化、集团化、现代化、国际化，具有较强可持续发展能力、盈利能力和国际竞争能力的国际知名能源公司。简称“两型、四化、三个能力”。

企业使命：提供清洁电力，点亮美好生活。

核心价值观：人为本，和为贵，效为先。

企业愿景：国际一流能源企业。

企业精神：务实和谐，同心跨越。

管理理念：权责对等，高效协同。

经营理念：资源最优化，效益最大化。

人才理念：大唐大舞台，尽责尽人才。

安全理念：生命至上，安全第一。

环保理念：清洁生产　绿色生活。

（刘建军　王亚军）

中国华电集团公司

公司概况

中国华电集团公司（简称中国华电）成立于2002年12月29日，是国家实施电力体制改革组建的五家全国性国有独资发电企业集团之一，是国务院批准的国家授权投资机构和国家控股试点单位，属国务院国资委监管的特大型中央企业。注册资本120亿元人民币。主营业务为：电力生产、热力生产和供应；与电力相关的煤炭等一次能源开发；相关专业技术服务。

截至2010年底，中国华电资产总额4400亿元。电力装机容量9019万kW，占全国电力装机容量的9.3%，其中，水电、燃气发电、风电等清洁能源占公司装机容量的四分之一，60万kW及以上火电机组占公司火电装机比重的37%，拥有全球首台百万千瓦超超临界空冷机组和国内单机容量最大、国产化程度最高的百万千瓦超超临界湿冷机组，国内首批60万kW级脱硝机组，单机容量最大的39.5万kW天然气发电机组。年发电量超过3500亿kWh，占全国发电量比重的8.6%。控股煤炭产能1315万t/年，港口吞吐能力1800万t/年，海运船舶总能力20.8万载重吨。金融业务涵盖财务公司、商业银行、信托等领域，管理资产规模达到424亿元。工程技术板块的两大核心企业中国华电工程（集团）有限公司和国电南京自动化股份有限公司在重工装备、电力自动化、信息安防、环保水务、新能源技术、能源技术研究与服务等领域具有很强的市场竞争能力。

中国华电资产分布在全国29个省（市、区）和印度尼西亚、柬埔寨等国家，控股华电国际电力股份有限公司、华电能源股份有限公司、贵州黔源电力股份公司、国电南京自动化股份有限公司、沈阳金山能源股份有限公司等上市公司。

领导班子

总经理、党组副书记：云公民

党组书记、副总经理：李庆奎

党组成员、副总经理：陈飞虎　程念高　任书辉　辛保安　邓建玲

党组成员、华电国际电力股份有限公司总经理：陈建华

党组成员、总会计师：王怀书

党组成员、纪检组组长：蒋亮平

价值理念

公司使命：创造更大的经济、社会、人文价值

公司愿景：建设以电为主的国内一流能源集团

公司精神：自强求变　厚德求进

核心价值：诚信　求真　和谐　创新

经营理念：管理最优化　价值最大化

员工守则：忠诚企业，勇于追求，共建华电家园；

关爱社会，乐于奉献，共担华电责任；

严以律己，敏于执行，共守华电规章；

勤勉敬业，敢于创新，共兴华电伟业；

诚实守信，善于合作，共铸华电品牌。

发 展 战 略

根据国民经济发展规划、国家产业政策以及市场需求，中国华电的发展战略是：以创造经济社会价值为使命，以做强做大为方向，坚持电为主体、煤为基础、产业协同，坚持优化结构、建并结合、内外拓展，坚持改革创新、内强素质、外树形象，努力把公司建设成为以电为主的国内一流能源集团。

组 织 机 构

见组织机构图。

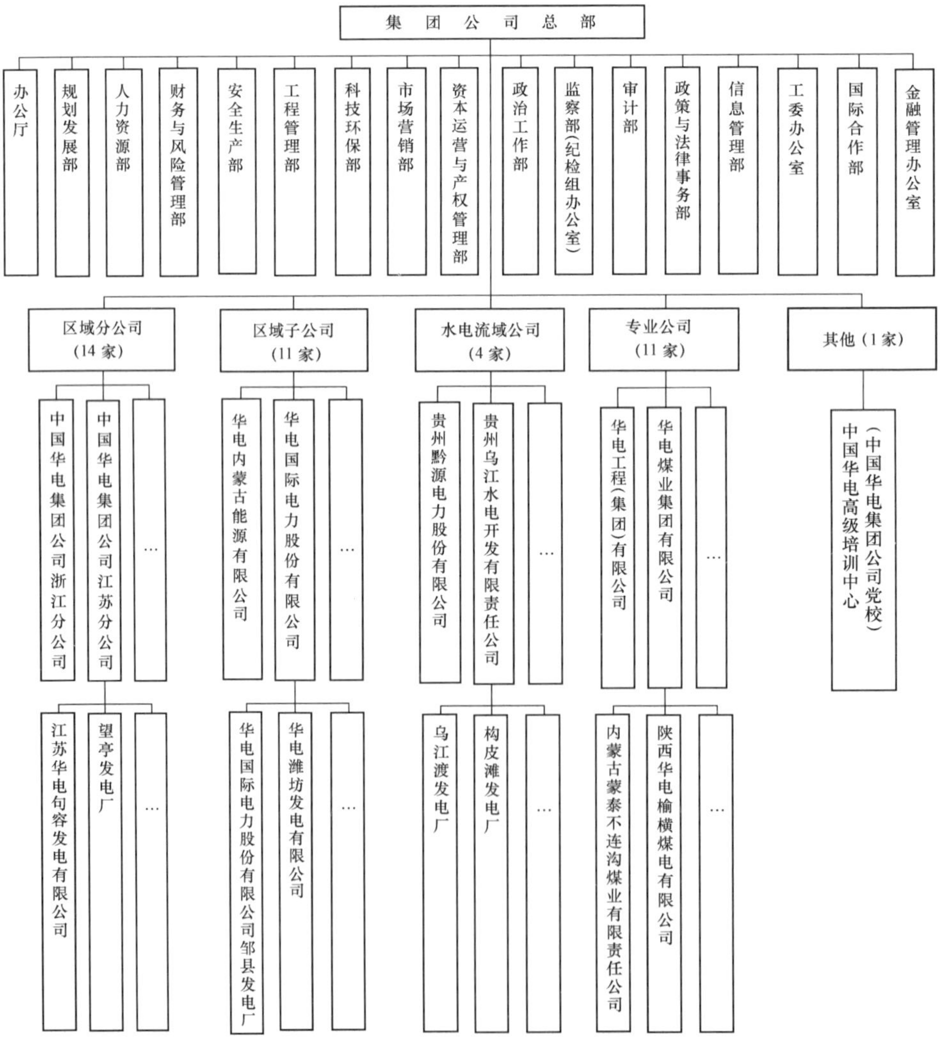

中国华电集团公司 2010 年组织结构图

治 理 结 构

作为国有独资特大型企业集团，中国华电在国家宏观调控和行业监管下，按照现代企业制度要求，完善“科学有效、责权明确、指挥有序、运转顺畅”的管控体系，改进决策监督机制，坚持依法经营，照章纳税，履行责任，建立了科学规范、有效制衡的公司治理结构，为维护国家利益、履行社会责任奠定了坚实的基础。

中国华电按照《中华人民共和国全民所有制工业企业法》注册，国务院向中国华电派驻国有重点大型企业监事会，国务院国资委代表国务院履行出资人职责。

中国华电实行总分公司、母子公司并存的复合型管理体制，对分支机构实行授权管理，对所属企业实行分级管理，形成集团公司总部、二级机构（分公司、区域子公司、专业公司）、基层企业三级管控模式。

中国华电建立了部门研究、专家咨询和领导决策相结合的决策机制，严格的、可追溯的决策责任追究制度，实行科学决策、民主决策和依法决策。公司的发展战略、经营计划、财务预算、投融资计划、企业管理和改革的政策措施、重大投资项目和重大资本运营项目等重大决策，由总经理办公会集体研究决定后实施。

年 度 业 绩

2010年，中国华电集团公司在党中央、国务院的坚强领导下，深入贯彻落实科学发展观，牢固树立价值思维理念，按照“转方式、调结构、推创新、提效益”的工作思路和“抓班子、带队伍、推发展、促和谐”的党建工作总体要求，积极应对形势复杂多变、煤价大幅上涨、自然灾害频发等严峻挑战，加快转变发展方式，加大结构调整力度，深入推进管理创新，狠抓企业扭亏增盈，做了大量扎实细致的工作，全面完成了国资委年度业绩考核指标，各项工作取得积极成效。

公司系统没有发生较大以上安全事故，没有发生对公司稳定造成不利影响的事件。完成发电量3589亿kWh，同比增长18.5%；控股煤炭产量931万t。实现销售收入1287亿元。投产装机964万kW，并购413万kW，公司电力装机容量达到9019万kW；控股煤炭产能达1315万t/年。完成供电煤耗328.2g/kWh，同比下降3.5g/kWh；二氧化硫排放绩效3.03g/kWh，同比下降7.3%；二氧化硫排放总量87万t，同比下降2.3%。

结 构 调 整

以发展纲要为统领，按照“一调整、两优化”的发展思路，坚持建并结合，抢抓发展机遇，突出战略重点，集中力量攻坚，一批大型电源、煤炭项目实现重要突破，公司结构调整取得明显成效。一是产业结构调整步伐加快，非电板块效益贡献度大幅提升。加大煤炭开发力度，不连沟、金通、兴边、显王等控股煤矿生产稳定，隆德、白芦、下梨园等煤矿正式开工建设，小纪汗、西黑山等大型煤炭项目获得“路条”。积极参与煤炭资源整合，控股收购天顺、招贤、石泉等大中型煤矿。工程技术板块发展迅速，华电工程、国电南自利润同比大幅提高。金融板块创效水平不断提升，管理资产规模达到424亿元。二是电源结构持续优化，全年新增清洁高效能源占到新投装机的72%。水电开发迎来重要转机，金沙江中游、上游等流域水电开发取得积极进展，沙沱、阿海等水电项目共312万kW装机获得核准。风电发展明显提速，全年核准风电119万kW，新投产108万kW，公司风电装机达到232万kW。分布式能源加快推进，上海、天津、九江、南宁等项目取得“路条”。宁东、东台太阳能电站装机规模均突破1万kW，成功获得北京首个2万kW大型光伏发电示范项目“路条”。火电结构进一步优化，世界首台百万千瓦超超临界空冷机组——灵武3号机组实现高水平投产，莱州、桐梓、铁岭等一批高效火电项目获得核准，对调整结构具有战略意义的句容、榆横等项目取得“路条”。福清二期、龙岩、沧州等核电项目前期工作扎实推进。三是区域布局实现新的拓展，公司在经济发达、资源富集区域市场份额有所增加。加快实施沿海发展战略，成功收购山东百年电力、广东坪石等电源项目，部分港电一体和沿海风电项目取得重要进展。稳步实施“走出去”战略，印尼阿萨汉一级水电站投入运行，柬埔寨最大水电项目额勒赛下游水电和印尼巴淡项目开工建设。在中俄两国元首共同见证下，俄罗斯捷宁斯卡娅燃机项目签署合作备忘录。华电工程、运营公司等单位大力开拓海外工程承包、发电运营和技术服务市场，“走出去”步伐更加坚实。

生 产 经 营

面对严峻经营形势，公司上下强化细化经营管理，狠抓扭亏增盈，提高效益水平。各级领导带队深入亏损企业督导经营情况，帮助制定扭亏脱困措施，有效解决了一批长期困扰企业经营发展的重点难点问题。8月公司实现整体扭亏，贵州、福建、华电煤业、新疆、江苏等二级单位盈利突破5亿元，邹县、棉花滩、乌江渡、包头、广安、贵港、红雁池等13家基层企业盈利均在2亿元以上。一是强化市场营销。积极争取电量计划，落实关停机组电量补偿，优化发电结构，公司煤机利用小时同比上升383h。实施水电流域联合优化调度，全年实现节水增发电量6.8亿kWh。清理陈欠电费取得突破，回收陈欠电费1.9亿元。二是严控经营成本。认真研判形势，优化进煤结构，加大跨区域调运和掺配掺烧力度，最大限度平抑煤价。华电煤业跨区域调运同比增加13.4%，华电能源、蒙能公司、云南公司等所属电厂通过掺配掺烧，有效控制了燃料成本。深入推进“达标、创优、建示范”活动，扎实开展火电企业燃煤管理效能监察，厂内燃料管理规范化水平进一步提升。加强成本控制，可控费用同比降低16亿元。加强资金管理，优化债务结构，降低融资成本，全年减少利息支出10亿元。三是积极争取政策。围绕公司难点、热点问题，加强政策研究，有效服务决策，努力向政策要效益。四川公司通过争取峰谷、丰枯电价，有效缓解了火电经营困难；浙江、江苏、上海等单位争取到气电联动，疏导上涨气价；董菁水电站争取到较好电价水平；北京、淄博、青岛等企业争取到热价调增和供热补贴。华电国际、贵州、新能源等单位通过争取所得税返还、基建财政贴息、耕地占用税减免以及电煤补贴等政策，取得较好成效。

管 理 创 新

围绕提升执企能力和盈利能力，学习借鉴华润等先进企业经验，召开管理创新推进会，全方位实施一系列创新举措，调动了公司上下创新创效的积极性。一是经济技术指标得到优化。深化对标管理，扎实推进星级企业创建，完善指标体系，提高创建质量，促进指标优化，公司供电煤耗、厂用电率等经济技术指标进一步改善。望亭、可门、包头、莱城、百年电力等单位煤耗指标成为公司系统同类型机组标杆。邹县等8家单位成为首批五星级企业，四星级企业达到19家。二是管理体制更加健全。全面构建三级管控体系，进一步理顺管理关系，完善集团总部机构和职责，管控效能进一步提升。基本完成二级单位的管理授权，“四定”工作扎实推进，陕西、内蒙古等6家单位顺利完成改制，自主经营发展能力进一步增强。紧密接轨市场，对金融板块进行“1+3”改革，调整优化煤炭、工程技术板块内部运作方式，非电产业发展活力显著增强。三是管理机制逐步完善。优化投资决策机制，修订完善投资管理办法和配套制度，明确各级决策责任，建立起分级分类决策机制。推动用人制度改革，首次面向社会公开选聘金融机构和区域能源公司总经理、副总经理，全年通过竞争性选拔聘用干部占新提任干部的15%。深化劳动用工改革，非电板块和部分区域市场化招聘取得良好成效。创新绩效管理机制，出台一系列管理制度，设立等效净资产收益率“门槛”、企业领导人员行为“红线”、业绩超额奖励和总经理奖励基金，进一步加大了激励约束力度。四是管理方式方法不断改进。加强经营过程管理，建成覆盖公司系统的日经济利润分析系统。推进全面预算管理，实现中长期规划和中长期预算的紧密对接，强化年度预算中的燃料采购预算，使成本控制关口前移。实施财会基础工作评价，财务管理水平得到提升。加强信息化建设，编制信息化规划，大力推进燃料管理、人资管理等信息系统开发应用。强化基建工程管理，推行基建投资“工程量清单”招标，发挥集团招标规模优势，招标结果较概算投资下降20%，望亭改建和辉腾锡勒、宁东风电等项目荣获国家优质工程银质奖，乌鲁木齐热电、大花水电站荣获电力行业优质工程奖。

安 全 生 产

认真贯彻落实国家关于安全生产工作的一系列重要部署，深入开展“安全生产年”活动，不断强化安全生产管理，圆满完成了全国“两会”、“世博会”、“亚运会”等重大活动和抗灾保电任务。全面落实安全生产责任，进一步健全制度标准，加大反违章治理力度，扎实开展季节性安全大检查和隐患排查活动，加强了重点部位、关键领域以及薄弱环节的专项检查治理，举一反三落实整改，长周期安全运行企业进一步增加。把煤矿安全作为管理重点，完善制度体系，加强安监队伍建设，严格执行领导干部下井带班制度，严厉处置各种违章行为，实现了百万吨煤炭生产死亡率“零”目标。加强应急管理，完善应急体系，突出灾害预警，举办各类应急演练1400余次。加强设备可靠性管理，强化技术监督，机组等效可用系数达到93%，潍坊4号、灵武1号和莱城4号机组被授予全国火电金牌机组。

科 技 环 保

加大科技攻关和创新力度，筹备成立华电技术研究总院，加快构建公司系统科技研发体系。重点推进国家“863”计划和科技支撑计划项目研究，百万千瓦级超超临界空冷技术项目成功申报国家科技支撑计划。公司系统新增专利授权80多项，华电工程获得“国家认定企业技术中心”资质。加大节能技术研究及应用力度，深入推进变频改造、汽轮机及热力系统优化改造，节能降耗效果明显。深入贯彻落实国家节能减排要求，提前一年完成“十一五”减排目标，少排放二氧化硫5.6万t。全年关停小火电机组58万kW。持续加大环保投入，扎实推进脱硫增容技改，新建火电项目全部同步建成脱硫设施，公司脱硫装机占煤电装机比重达93%，二氧化硫年减排能力达221万t；超前开展机组脱硝，累计投运脱硝机组530万kW。大力推进清洁发展机制项目，半山燃机、格里桥水电、北清河风电等12项CDM项目成功在联合国注册，累计完成注册21项，碳收益达2.4亿元。

资本运作和风险防控

围绕满足资金需求和防范经营风险，加大资本资金运作力度，推进全面风险管理体系建设，保证公司持续健康发展。一是加强投资管理。按照公司战略规划和回报率要求，调整资金投向，加大对煤炭、金融板块增资力度，严格火电开工要求，科学调控建设节奏，防范投资风险。二是推进资本运作。加大上市公司再融资力度，完成国电南自、黔源电力非公开定向增发，成功引入股权信托资金，华电煤业、福新能源公司引入战略投资，有效降低集团资产负债率1.2个百分点。加大资金监管力度，抓好成本对标和结构优化，提高了资金归集水平和使用效率，资金归集率达到83%。科学有效处理闲置资产、参股股权，推进内部资产整合，取得了良好成效。抓好经营困难企业的资金接续，确保正常运转。三是加强内控机制建设。设立6个区域审计机构，加大“上审下”监督力度。加强合同管理，集中清理公司系统各类合同特别是担保类合同，有效防范了合同纠纷和隐患。加强法律支持，在18家重要子企业配备了总法律顾问。认真落实国家审计署整改要求，积极配合监事会做好监督检查，严格按照中央及有关部委规定，开展“小金库”、工程建设领域专项治理和税务稽查，针对内外部审计监督发现的问题进行了督促整改，提高了依法治企水平。

党建和队伍建设

按照中央统一部署，深入开展“创先争优、科学发展”活动，扎实推进学习型党组织建设。通过开展“五个一”活动、设立党员示范岗和党员技术攻关等工作，各级党组织和广大党员作用得到充分发挥，受到了中组部、国资委党委的充分肯定。召开公司党的建设工作会议，健全完善一系列党建工作机制和制度，以改革创新精神加强和改进公司系统党建工作，党建科学化水平有效提升。抓好干部队伍建设，制订“四好”领导班子创建规划，按照干部标准和业绩导向对183家企业领导班子进行了调整。完善干部管理机制，修订出台干部选拔任用、任期监督、责任追究等制度，形成了全过程干部管理体系。加大人才开发力度，不断强化教育培训，全年轮训企业领导人员、后备干部311人次；盘活内部人力资源，完成跨区域优化配置235人。开展价值思维宣教活动，推动新建及并购单位的文化融合，有效促进了文化创新和协同，公司文化成果获全国电力行业特等奖。深入践行“大纪检”，健全完善各级纪检监察机构，开展关停机组资产处置效能监察和区域巡视，纪检监察工作得到进一步加强。及时掌握员工思想动态，切实解决群众的现实问题，员工队伍保持了和谐稳定。大力实施员工素质工程，发挥工会组织作用，举办财会、继电保护、法律等技能大赛，组织开展了“凝聚智慧、献策华电”合理化建议征集活动，积极引导员工学习知识，献计献策。加强团青工作，3个团组织被命名为中央企业五四红旗团委。积极履行社会责任，大力支持企业所在地新农村建设，促进地方经济社会发展。深入开展多种形式的对口援助，向玉树地震灾区、西南旱区以及新疆、西藏等地捐款5950万元。在短短64天时间内，建成新疆喀什、和田两个应急电站，有效缓解了南疆三地州用电紧张局面，为维护边疆社会稳定、民族团结作出了积极贡献。与社科院联合成立全国首家社会责任研究基地，发布第三份社会责任报告，获得“全球契约中国企业‘典范实践奖’”。

（周 广）

中国国电集团公司

公司概况

中国国电集团公司（简称国电集团）是经国务院批准，于2002年12月29日成立的以发电为主的综合性电力集团，主要从事电源的开发、投资、建设、经营和管理，组织电力（热力）生产和销售；从事煤炭、发电设施、新能源、交通、高新技术、环保产业、技术服务、信息咨询等电力业务相关的投资、建设、经营和管理；从事国内外投融资业务，自主开展外贸流通经营、国际合作、对外工程承包和对外劳务合作等业务。2010年，国电集团入选世界500强企业。

2008年以来，国电集团深入贯彻落实科学发展观，确立了“以大力发展新能源引领企业转型，建设一流综合性电力集团”的战略目标，结构调整初见成效，企业规模不断壮大，综合实力明显增强，初步形成了以电为主，煤炭、高科技、物流、金融等相关产业协同发展的格局，以优异成绩获得国资委2009年度和2007～2009年第二任期考核“双A级”，并荣获“业绩优秀企业”称号。

截至2010年12月底，国电集团可控装机容量9531万kW，资产总额5224亿元，产业遍布全国31个省、市、自治区。控制煤炭资源量140亿t，年煤炭产量4700万t。新能源发展独具特色，风电装机亚洲第一、世界第二。以节能环保及装备制造为主的高科技产业在发电行业处于领先地位，拥有4个国家级实验室，3家科研院所，7个技术研发中心，承担国家“863”项目和重大科技专项21项，其中“等离子体无燃油点火及稳燃技术”荣获国家能源局科技进步一等奖。

领导班子

2010年底国电集团领导班子成员：

总经理、党组副书记：朱永芃

党组书记、副总经理：乔保平

副总经理、党组成员：杨海滨

副总经理、党组成员：于崇德

总会计师、党组成员：张国厚

副总经理、党组成员：高　嵩

副总经理、党组成员：张成杰

党组成员、纪检组长：郭瑞廷

副总经理、党组成员：米树华

组织机构

1. 集团公司本部

办公厅

计划发展部

人力资源部

财务管理部

安全生产部

市场营销部

工程建设部

企业管理与法律事务部

资本运营与产权管理部

科技与综合产业部

审计部

监察部（纪检办）

工会工作委员会

政治工作部

国际合作与海外业务部

燃料管理部

2. 分子公司

国电电力发展股份有限公司

龙源电力集团股份有限公司

国电华北电力有限公司

国电东北电力有限公司

国电华东分公司

国电华中分公司

国电西北分公司（国电陕西电力有限公司）

国电南方分公司

国电大渡河流域水电开发有限公司

国电科技环保集团有限公司

国电长源电力股份有限公司

国电山东电力有限公司

国电江苏电力有限公司

国电四川发电有限公司

国电资本控股有限公司

国电燃料有限公司

国电物资集团有限公司

国电内蒙古电力有限公司

国电内蒙古能源有限公司

内蒙古平庄煤业（集团）有限责任公司

国电新疆电力有限公司
国电河南电力有限公司
国电江西电力有限公司
内蒙古国电能源投资有限公司
国电山西分公司
国电云南电力有限公司
国电贵州电力有限公司
国电新能源技术研究院
国电能源研究院
国电科学技术研究院
国电广西分公司
国电宁夏分公司
国电黑龙江分公司
国电兴业有限公司
国电甘肃电力有限公司
国电重庆分公司
国电青海分公司
国电西藏分公司
国电福建电力有限公司
国电海南代表处
国电浙江分公司
国电吉林分公司
国电安徽电力有限公司
国电河北分公司（筹备组）

结 构 调 整

发电产业结构更加优化。大力推动发展方式转变，突出“加快发展，提高效益”，新能源和可再生能源投资占电源总投资的54.5%，清洁环保火电机组和水电、风电等可再生能源装机已占总容量的56.3%。火电发展项目基本为超临界、超超临界和热电联产机组，初步完成遍布全国，特别是在资源富集区、负荷中心区和特高压沿线的战略布局。“十一五”累计淘汰落后产能712.6万kW，超过关停目标207.6万kW。2010年关停朝阳、小龙潭等电厂小机组共139.7万kW，其中内部关停54万kW。四川公司调出42万kW关停容量，支持了其他省区大机组发展。水电开发形成了以大渡河流域为龙头，大中小并举的格局。瀑布沟水电站全部机组投产；大渡河公司装机达527万kW；拥有流域水电资源1752.5万kW，各站点开发工作全面展开。全年并购水电项目166万kW，其中已投产67万kW。华中分公司并购29.5万kW，增效3500万元；甘肃公司并购8万kW，突破了单一电源结构。风电投产容量、发电量和效益均稳居全国首位，装机容量已达895万kW。龙源电力建成国内首个海上潮间带风电场，完成在全国六大风电基地布局，十大技术服务系统逐步完善，装机容量年增长66%，增速居全球风电企业之首。各分子公司加快发展风电，国电电力风电装机容量已达135.6万kW，华北公司全年投产风电40万kW，陕西公司投产省内首个风电项目。积极开发其他新能源项目，宁夏分公司平罗光伏电站1期工程、西藏羊八井1万kW光伏电站及1000kW新型地热项目投产发电。

煤炭产业快速崛起。控、参股煤炭资源和产能稳步增长，原煤产量相当于所属火电企业用煤量的1/4，煤炭收益成为集团公司重要利润增长点。内蒙古、新疆等大型整装煤田初具规模，鄂尔多斯察哈素煤矿、玻璃沟煤矿取得路条，平煤集团和蒙电锡林河公司挖掘潜力，产能、效益均大幅提升。靠近电厂的煤矿和煤电一体化项目进展顺利，西北公司陕西永寿项目控股煤炭资源3.6亿t，开工建设碾子沟一期工程；河南公司首家取得省内煤炭资源整合资质。下水煤体系基本形成，燃料公司已拥有海运船舶22艘，港口码头中转储配基地5个、储配煤场4个，海运能力3200万t，全年降低下水煤电厂燃料成本7亿多元。配套铁路项目和煤化工项目稳步推进，蒙能公司建设的林白铁路正式开工，英力特宁东煤基多联产基地正式开工，新疆公司完成准东煤电及煤基化纤原料工业园项目规划。

高新技术产业优势突出。形成新能源、节能、环保、信息化四大科技产业集群，拥有20多项自主知识产权的核心技术，一批高新技术企业国内领先、国际知名。风机制造业形成规模，联合动力建成三大整机制造基地，并形成总装、发电机、叶片、齿轮箱、控制系统等研发、设计、制造产业链，年产能2000台，自主研发的产品涵盖3、2MW直驱式，1.5MW高海拔低风速风机和电网友好型风机，销量进入全国前三，运行技术参数国内最优。太阳能产业快速发展，宁夏太阳能公司多晶硅一期项目高标准投产；国电光伏江苏有限公司产业基地试生产，已具备光伏电站的可研、设计、系统集成和EPC总承包能力。节能环保产业继续保持领先地位，龙源环保脱硫特许经营技术水平、装机容量居行业首位，资源回收型有机胺法烟气脱硫工艺成功应用；龙源技术等离子点火技术应用装机2.39亿kW，已建成5个无燃油电厂，累计节油700万t；龙源冷却拥有直接、间接空冷设备制造能力960万kW，技术水平保持国内领先。节能环保技术及产品相继走出国门，至今已有15个境外项目，遍布10个国家和地区。

其他相关产业加速布局。充分发挥集团公司整体优势，围绕发电主业快速拓展相关领域，金融、物资等产业协同发展，初具规模。资本控股公司成功并购瑞泰人寿，相对控股石嘴山银行，发起设立“长江保险”公司，稳健投资瑞银证券，积极推进信托、基金公司的设立重组，实现金融业务多项突破，初步形成企业财务、银行、保险、信托为主的多元化金融平台。物资集团深入开展集中招标，继续推进集采配送和钢材、电机集中经营，服务范围拓展到煤化工、多晶硅等领域，物资精细化服务水平持续提高，集约化优势进一步显现。兴业公司加快闲置土地综合开发，有序推进新能源技术研究院建设。各省公司积极推进转型，江苏公司拓展煤炭经营，开发供热市场，首创国内大机组远距离供汽；东北公司抢占水务市场，收购5家大型污水处理厂，取得沈阳中水和污泥市场控制权；江西公司深度利用粉煤灰，与建材企业合作开发了高附加值产品。

治亏增效

建立重点亏损企业对口联系制度，发挥集团公司管理、技术和资源优势，标本兼治开展治亏活动。8家重点亏损企业大幅减亏，可比条件下减亏18.7亿元。蒙能投公司全方位开展减亏增盈活动，在重组后第一个完整经营年度减亏3.6亿元。太一公司全面落实400余条治亏措施，强化设备治理、深挖经营潜力，推进三项制度改革，可比条件下减亏1.5亿元。益阳公司针对电煤供应、电量计划两个制约因素，通过错峰储煤、反季节储煤，节约燃料成本3680万元，增发电量11亿kWh。宝二公司打响三年治亏攻坚战，在原煤单价上涨32元/t，利用小时数减少350h的情况下，亏损额仅为2009年的一半。

深入推进“双学”活动，大力实施管理创新，有效提升了企业效益。积极开展商业储煤，储煤能力达到2367万t，比设计能力增加760万t，降低燃料成本支出约5亿元。江苏公司建成煤场储备体系，实现了高库容、低成本储煤，牢牢锁定全年标煤单价，创造了商业储煤新经验；福建公司加大海外煤进口力度，节约燃料成本3亿元。全面推行配煤掺烧，掺烧经济煤种4000万t，累计节约燃料支出30亿元。长源荆门电厂创新掺烧流程，节约燃料成本3300万元。大力开拓电力市场，全年完成基数外电量394亿kWh，占售电量的10%以上，有效补充了电量计划的不足。20多家发电企业参与直售电交易，获得边际收益5.83亿元；东北公司开创了跨省发电权交易的先例，双辽公司、双鸭山公司争取跨省交易电量13.56亿kWh；山东公司争取储煤奖励电量16.06亿kWh，替代电量12.35亿kWh；四川公司积极优化电量结构，结算电价高于标杆水平；贵州公司加大电费回收力度，实现陈欠电费全额回收。“两项规范”工作取得新进展，万安电厂等58家单位多经企业中的主业业务基本回归，比规范前增加主业效益8亿元。

安全生产和节能降耗

深入开展“安全生产年”活动，建设本质安全型企业，汉新、吉林台、新疆天风、吉林热电等73家发电企业实现连续安全生产1000天以上。逐步完善与综合性电力集团相适应的安全管理体系，相关产业实现安全生产无事故。煤炭企业落实领导带班下井制度，完善井下安全避险“六大系统”，加强现场安全监管，实现零死亡。突出预防为主，强化隐患治理，消除各类安全隐患3698项，切实提高了设备健康水平。坚持开展安全性评价，鸭溪电厂等40家企业通过评价和复查。加强重点监管，强化违章整治，开展了“两票三制”执行情况和特种人员持证上岗情况专项检查。完善应急机制和应急预案，提高了应对突发事件的能力。新疆开都河公司由于监测准确、转移及时，成功避免了一起特大安全事故。

多措并举推进节能环保型电厂建设，主要经济技术指标更加优化，企业清洁生产水平明显提高。脱硫机组占燃煤机组比例达到92%，供电煤耗与先进水平差距缩小1.9g/kWh。北仑100万kW 6号机组、庄河60万kW 2号机组均达到国内同类机组领先水平。坚持开展星级企业创建活动，谏壁、龚嘴等11家单位被评为集团公司四星级发电企业。加大技术改造力度，全年技改投入41亿元，同比提高26%。创新技改投资体制，签订30个共2.3亿元的合同能源管理项目，脱硫特许经营协议容量已达2280万kW。通过以上措施，全年减少二氧化硫排放7.1万t，减少二氧化碳排放446万t。

创新型企业建设

三级管理体制逐步形成。不断完善体制机制，创新管理模式、经营模式和商业模式，提升了管理水平和运营效率。继续推进“三级法人，省为实体”的管理体制改革，进一步明确分子公司职责，完善配套规章制度，明晰三级管理界面和权责划分。重庆、吉林、浙江、河北等8个分子公司和筹备组完成组建工作，集团公司已拥有22个省级公司，三级管理体系基本形成。华东公司率先完成省为实体工作，实现了管理理念、管理方式、管理重点的转变。总部和分子公司机关推进创新型、智慧型管理，预测、分析、研究能力得到加强。不断完善法人治理结构，实现“三会”业务闭环管理，控参股公司重大决策得到有效监督。

激励约束机制不断完善。逐步建立了适应企业转型要求的激励约束机制，针对不同类别企业实行“三类五级”考核，引入EVA考核理念，实现了与国资委考核指标全面接轨。加强考核目标的监测预警和跟踪调整，激励企业跟踪市场变化调整经营策略，确保了年度任务超额完成。华北公司推行年度、月度与进度考核相结合的绩效考核体系，实现了业绩与奖惩实时挂钩。充分发挥总经理奖励基金的激励和导向作用，重点向战略发展、提高效益、科技创新、安全生产等方面倾斜，国电电力、燃料公司、平煤集团获特等奖。

选人用人工作更加规范。完善公开选拔、公推比选、挂职交流、业绩评价的干部管理机制，形成了涵盖领导人员职数任期、选拔任用、考核评价等全过程的管理制度体系，得到中组部高度评价。深化“四好”领导班子创建活动，进一步优化了领导班子结构，提升了整体功能。创新干部培养交流方式，选派东部和中西部23家企业的68名干部双向挂职，创集团公司干部交流新纪录。采取多种形式加强员工培训，全年共培训各级领导人员1300多人·次，专业技术和生产技能人员30多万人·次。加大海外高层次人才引进力度，3人进入国家“千人计划”。加快引进相关产业急需人才，引入煤炭、化工、金融等相关专业紧缺人才200多名。

科技创新体系逐步健全。建立了产学研用横向联合、协同创新的科技工作机制，科技创新支撑作用更加明显。新能源技术研究院边建设边研发，启动科研项目38项。能源研究院完成专项课题研究83项，项目评估论证281个，为集团公司决策提供了科学依据。科学技术研究院强化生产服务体系，研发节能减排、污染控制及资源化关键技术，提高了火电企业生产效率。联合动力“风电设备及控制国家重点实验室”、龙源电力“国家能源风电运营中心”、电科院“国家能源节能减排与污染控制研发（实验）中心”以及龙源技术“国家认定企业技术中心”等4个国家级研发平台获得批准。等离子体点火及稳燃技术荣获国家能源局科技进步一等奖。全年获得国家科技资金5200万元，获得授权专利100项。

党建和精神文明建设

“创先争优”活动成效显著。以“两加快、两提升、一确保”为主题，以破解企业改革发展稳定难题为重点，扎实推进创先争优活动。衡丰公司明确了157项创先争优目标，党支部的战斗堡垒作用和党员的先锋模范作用得到充分发挥。基层党组织建设不断加强，聊城电厂等单位荣获中央企业先进基层党组织。泰州公司唐正华等3人荣获中央企业优秀共产党员、优秀党务工作者称号。

学习型党组织建设扎实开展。以加强党员干部思想政治建设和能力建设，增强党组织的创新力、凝聚力和党员的战斗力为重点，努力建设学习型党组织。创新学习载体，开展“赠书促学”活动，产生了广泛积极影响。加强重大课题和政治理论研究，形成企业转型和挖潜增效应用成果十余项，政研成果150余项。其中《集团公司光伏产业发展战略研究》等重大课题研究成果和《“三着力、四步骤”推进学习型党组织建设》等政研成果以较高的理论水平和实践价值，在国电集团内外产生较大反响。在中央召开的建设学习型党组织工作座谈会上，国电集团代表中央企业交流了经验，得到充分肯定。

反腐倡廉工作取得实效。全面落实党风廉政建设责任制，修订完善相关制度，基本实现了惩防体系建设阶段性目标。积极开展反腐倡廉宣传教育活动，增强了广大干部员工廉洁从业意识。围绕经营管理目标开展效能监察，加强了对工程建设、燃料管理、财务管理和招标等关键环节、关键部位的监督检查。认真开展工程建设领域突出问题专项治理和“小金库”专项治理，得到国资委重点检查组的肯定。继续落实“三重一大”事项和党内监督各项规定，营造了民主决策、风清气正的干事创业氛围。

和谐企业建设不断推进。坚持以保障和改善民生为出发点，建立长效机制，深入实施“惠民工程”。华蓥山、永福、福州等单位落实惠民承诺和措施，改善生产、生活条件，丰富了员工文化生活。完善职工代表大会制度，一届二次职代会提案满意率达到100%，国电集团荣获“全国厂务公开民主管理先进单位”。加强班组建设，扎实开展劳动技能竞赛，兰州热电公司陈兴斌等14名员工荣获全国和中央企业“技术能手”称号，石横电厂运行部甲二班等2个班组被授予“中央企业红旗班组标杆”，河北围场风电公司王怀国等10人被评为“全国劳动模范”。吉林热电厂、九江电厂、安顺电厂等单位共青团认真开展主题实践活动，服务青年成长成才、服务企业生产经营。进一步丰富和完善企业文化理念体系，菏泽电厂、靖远公司入选央企企业文化建设优秀案例。积极履行社会责任，公开发布了年度社会责任报告，累计向青海玉树和甘肃舟曲灾区捐款1600万元。华东公司积极参与上海世博会，成功举办“国电日”等多项活动。集团公司加强新闻宣传策划，注重舆论引导，展现了良好形象。

（朱　锋）

中国电力投资集团公司

公 司 概 况

中国电力投资集团公司（简称中电投集团）是国内五大发电集团之一，是集电力、煤炭、铝业、铁路、港口各产业于一体的综合性能源集团，在全国唯一同时拥有水电、火电、核电、新能源资产，是国家三大核电开发建设运营商之一。

2010年，集团公司在党中央、国务院的正确领导下，深入贯彻落实科学发展观，加快推进发展方式转变，围绕“保发展目标、抓利润增长、促战略转型”三大任务，全面完成了2010年工作任务及集团公司“三步走”第一阶段目标。

截至2010年底，公司拥有电力装机容量7072万kW，其中水电装机容量1774万kW，居五大发电集团第一位，在全部装机容量中清洁能源比重30%，居五大发电集团第一位。公司拥有煤炭产能7275万t，居国内涉煤央企第三位，电解铝产能208万t，居全国第二位，世界第五位。公司资产总额4403亿元，其中归属于母公司净资产306亿元，居五大发电集团第一位，拥有6家上市公司，员工总数11.68万人。

2010年，集团公司全年新增装机容量1373万kW，完成计划的136%，创历史新高。全年完成发电量2940亿kWh、煤炭产量5410万t、电解铝产量173万t，分别增长16%、25%和58%；营业收入1268亿元，增长26%；利润总额50.18亿元，是集团公司组建以来最高的一年，增幅达到35%。积石峡、平顶山、芜湖、景德镇、甘井子、乌苏等一批火电项目实现跨年提前投产，超计划投产382万kW。海阳核电、红沿河核电安全高质量建设，彭泽核电具备负挖条件。海阳二期、红沿河二期、吉林、广西、湖南、重庆核电项目前期稳步推进。伊江上游水电项目进入全面实施阶段，并获得国家优惠政策支持。煤炭新增产能2260万t，蒙东扎哈淖尔露天矿、白音华2号露天矿顺利通过国家验收，贵州林华煤矿投产。宁夏红墩子煤矿建设顺利进行，新疆、蒙西煤化工项目前期取得进展。几内亚项目完成资源勘探及港口、工业园区、矿山首采区选址各项工作。青海多晶硅项目完成联合调试，生产出电子级产品。

领 导 班 子

党组书记、总经理：陆启洲

党组成员、副总经理：孟振平　张晓鲁　李小琳　余德辉　田　勇　苏　力

党组成员、党组纪检组组长：王先文

党组成员：俞培根

副总经理：邹正平

组 织 机 构

见组织机构图。

上海世博会配套重大工程上海漕泾发电厂2×100万kW超超临界机组工程和集团公司西藏桑日光伏电站项目于2010年投产。

结 构 调 整

2010年，中电投集团继续加快电源结构、产业结构调整步伐，清洁能源比重超过30%。集团公司火电投产987万kW，投产4台100万、6台60万kW等级火电机组，占新投产火电总容量的81.2%，集团公司火电装机容量达5134.16万kW，煤电平均单机容量由2009年的23.79万kW增长到2010年的28.43万kW。水电装机容量1774万kW，连续两年保持五大发电集团第一位。核电项目形成参股运行、控股建设、待批储备的战略格局，奠定了行业地位。2010年，集团公司风电新投产容量75.492万kW、太阳能发电0.2万kW。风电装机容量达到164.03万kW，同比增长85.26%。取得7个太阳能光伏发电和江苏海上风电项目特许权，目前，青海、甘肃、宁夏、内蒙古、云南等地的太阳能发电示范项目已全面启动。蒙东、青海、贵州、宁夏、新疆产业集群加快发展，产业链和跨区域煤电联营的一些关键项目取得突破。蒙东褐煤提质示范项目、锦赤铁路、锦州港口建设继续实施，赤大白铁路运量573万t，煤炭60%以上产量实现自销，集团整体电煤自给率达到30%，大东北区域自给率达到77%。产业集群利润总额占全部盈利单位利润总额的74%。

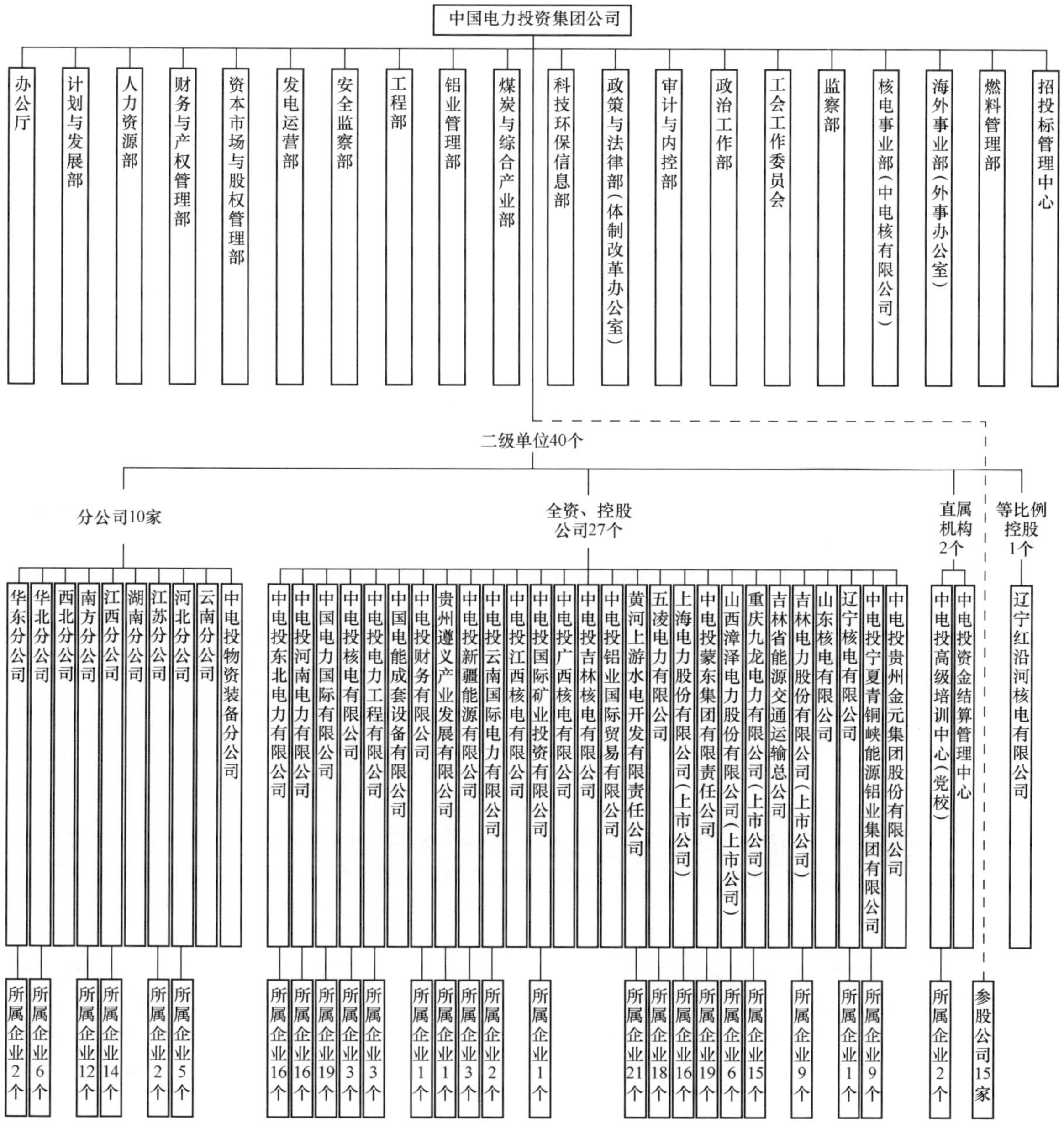

说明:本公司组织结构为三级，除公司总部外，二级单位40家［其中分公司 10家、全资控股子公司27家、直属机构2家，集团公司等比例控股的二级单位1家（辽宁红沿河核电有限公司）］;三级单位222家。另有参股单位15家。

中国电力投资集团公司组织机构图

核 电 建 设

集团公司是国家确定的三大核电控股建设运营商之一，持有除秦山一期外国内所有在运核电站的股份，权益容量共 150 万 kW，参股在建权益容量 175 万 kW。截至 2010 年底，中电投集团控股和等比例控股在建核电容量 450 万 kW，进入开工准备阶段的核电容量 600 万 kW。目前，山东海阳核电项目作为国家第三代核电技术引进依托项目之一，已完成 1、2 号核岛和常规岛 FCD、CA20 模块吊装等 12 个里程碑节点；等比例控股的辽宁红沿河核电一期工程 4 台机组已全部开工，成为当前国内和全世界在建规模最大的核电项目，二期工程已开始核岛负挖；江西彭泽核电现场“四通一平”已全面完成；吉林、广西、湖南、重庆、辽宁、广东等核电项目的前期准备工作也在积极推进。

经 营 管 理

2010年，中电投集团围绕“以电为核心，煤为基础，产业一体化协同发展”的战略定位和“建设国际一流能源企业集团”的战略目标，以实现重要资源要素“七统一”为核心，积极推进管控一体化工作，深化企业改革，标准化和对标管理成效继续显现，主要成本指标持续降低，发电单位材料费降低8.67%，单位千瓦修理费降低4.28%，单位千瓦其他费用降低6.94%，合计节约三项可控成本支出3.71亿元。生产管理水平显著提高，17台机组大修后连续运行超过100天，常熟4号机组连续运行达341天。工程建设“四大控制”水平不断进步，河南公司开封项目获2010年国家优质工程银奖；平顶山项目造价创行业标杆；江西分公司景德镇项目、东北公司甘井子项目工期再创行业标杆。2010年，公司内控和风险管理扎实开展，有效提升审计与内控的“免疫系统”和风险管理“三道防线”作用。通过审计促进增收节支7.9亿元，其中核减工程款4.5亿元。

安 全 生 产

中电投集团秉承“任何风险都可以控制，任何违章都可以预防，任何事故都可以避免”的安全理念，进一步完善安全管理保证体系和监督体系，推进安全生产标准化管理，各项安全生产运营工作取得显著成果。2010年，集团公司未发生责任性较大及以上人身和设备事故，未发生垮坝和重大防汛事故，未发生重大火灾事故和交通事故。应急管理体系建设初见成效，修订完善《突发事件综合应急预案》及3个专项应急预案，并向国家应急救援指挥中心备案。全年开展应急演练1000余次，参加人员14 000余人·次，有效提升集团公司整体事故救援能力。成功处置9次突发事件，成功抵御系列自然灾害。

节 能 减 排

2010年，中电投集团供电煤耗同比降低11.48g/kWh，是成立以来降幅最大一年，节约标准煤242万t，超过国家千家企业节能2000万t标准煤目标的1/10，相当于节约燃料成本15亿元。完成小火电关停201万kW，占国家关停1000万kW目标的20%。万元工业增加值能耗降低8%。投入技改资金10亿元，加大在役煤电机组脱硫、除尘、废水等环保设施技术改造，完成脱硫、除尘装置增容改造20台，10万kW以上火电机组全部安装脱硫设施，实现除计划关停小火电机组外脱硫装置安装率100%。

科 技 创 新

继续完善技术支撑体系，开展重点技术攻关。围绕煤化工、煤提质、IGCC、海上风电、铝业自动化等重大技术，积极开展科研攻关并取得成效。以节水、节能、低碳、环保为研发主题，实施重点科技项目，“60万kW火电机组空冷系统研发与工程示范”项目获2010年度中国电力科学技术一等奖。黄河鑫业二期、中青迈二期采用了先进成熟的400kA电解技术。与高校、企业、科研单位联合，共同组建了“中国烟气脱硝产业技术创新战略联盟”，积极涉足核环保技术领域，加快“产学研用”相结合。

党 建 工 作

深入开展创先争优活动，作为学习实践活动的继续和延伸，紧密结合实际，突出自身特色，围绕科学发展中心任务扎实推进，形成组织创先进、党员争优秀、企业上水平、职工提素质的良好局面。加强党的基层组织建设，完善党建工作体制机制，积极构建学习型党组织，持续推动“四好”领导班子建设，党建工作整体水平进一步提升。围绕党组确定的“三大任务”，广泛开展“保目标、降成本、增效益”活动，共青团组织开展“团旗飘扬工程”创先争优主题实践活动，形成统一思想、凝心聚力的良好氛围。党风廉政建设扎实开展，惩防体系建设全面推进，反腐倡廉体制机制建设更加健全，制度体系不断完善，党员领导干部廉洁从业意识进一步增强，形成了党政齐抓共管的责任体系，发挥了积极的监督保障作用。工程建设领域突出问题专项治理扎实开展，廉洁从业风险防范管理试点工作取得成效。

履 行 社 会 责 任

充分发挥企业党组织的政治核心作用和战斗堡垒作

用，以关爱员工、维护稳定为重点，努力构建和谐企业。全年解决了“上大压小”涉及的2302名职工分流安置问题，没有发生影响稳定的重大事件。2010年，集团公司积极参与社会公益事业，扶贫帮困，进一步树立企业诚信品牌和良好社会公众形象，各单位职工积极向贫困、受灾地区捐款1081.96万元，捐物10 852件。

（王 聪）

其 他 公 司

中国长江三峡集团公司

概况

2010年，中国长江三峡集团公司（简称中国三峡集团）认真贯彻落实党中央、国务院的决策部署，精心组织工程建设和电力生产。三峡工程首次实现175m蓄水目标，并经受“7·20”洪水检验，金沙江下游水电开发取得突破性进展，新能源开发和海外业务迈出新步伐，建设国际一流清洁能源集团战略目标更加明确。

2010年，中国三峡集团全面完成国务院国有资产监督和管理委员会下达的年度经营业绩考核指标，发电量、营业收入、利润均创历史新高。全年发电量1023.81亿kWh，同比增长5.33%。其中，三峡电站843.70亿kWh，葛洲坝电站162.41亿kWh，风电5.12亿kWh。主营业务收入290.33亿元，同比增长13.32%。利润总额140.55亿元，同比增长9.86%。其中，主营业务利润98.00亿元，同比增长12.97%。税前利润位居央企第15位，归属母公司净利润位居央企第11位。

三峡工程综合效益全面提升

三峡工程实现175m蓄水目标后，监测数据表明枢纽建筑物及库区水质、环境、泥沙、地震和库岸正常，三峡工程开始全面发挥综合功能。

防洪抗旱作用得到充分发挥。三峡工程经受70 000m^3/s洪峰的考验，最大削减洪峰30 000m^3/s，累计拦蓄洪水266亿m^3，有效缓解长江中下游防洪压力。全年向下游补水120亿m^3，平均增加航道水深约0.8m，有效改善长江中下游生产、生活、生态用水和通航条件。

电力生产水平迈上新台阶。通过不断优化水库调度和运行方式，电站安全性和发电能力不断提升。三峡电站1830万kW满负荷连续运行累计达到1233h，葛洲坝电站实现零非停。三峡和葛洲坝电站全年共发电1006亿kWh，其中通过优化中小洪水调度，增发电量43.18亿kWh。

三峡船闸通过能力持续提升。全年通过三峡枢纽货运量8794万t，同比增长18.4%。其中，通过三峡船闸货物7880万t，同比增长29.4%。

三峡尾工项目进展顺利。地下电站6台机组完成土建转向机电安装工程，3台机组本体安装全面展开。升船机塔柱混凝土浇筑顺利，主体设备制造、安装和联合调试合同签订，首批齿条、螺母柱二期埋件顺利吊装完成。工程建设连续三年实现“零质量事故、零安全事故”目标。

三峡坝区规划项目全面实施，坝区面貌焕然一新，生态环境日益改善。三峡大坝景区全年接待游客145万人·次，同比增长26%，创历史新高。

金沙江水电

2010年9月27日，中国三峡集团在成都召开金沙江下游水电开发工作会议，有力推动金沙江下游水电开发各项工作。

工程建设有序推进。向家坝和溪洛渡大坝施工均实现快速上升，共浇筑混凝土687万m^3，工程总体形象超过年度计划目标。向家坝地下电站主厂房、关键线路工期有所提前，机组进入本体安装阶段。溪洛渡电站完成13台机组座环和蜗壳安装，年度机电安装工程总量创造世界纪录。

向家坝、溪洛渡电力生产筹建全面展开。金沙江下游梯级电站已被纳入国家西南水电送出滚动规划范围，电力消纳原则基本确定。

移民工作取得实质性进展。调整、充实移民局力量，与国家能源局、云南省、四川省以及昭通、宜宾、凉山等市（州）政府部门建立多层次沟通协调机制。

向家坝和溪洛渡库区移民实物指标复核工作基本完成，农村移民安置规划设计工作全面展开。屏山、绥江新县城和库区集镇建设全面启动，150万m^2移民安置房开工建设，首批农村移民启动搬迁。由中国三峡集团代建的“五路三桥”移民专项工程有序推进。

白鹤滩、乌东德前期工作取得突破。国家发展改革委批准同意两个电站开展前期工作，四川、云南两省下达两电站封库令。“先移民、后建设”试点方案编制取得初步成果。

风力发电开发

2010年，中国三峡集团风力发电新增投产装机容量39.9万kW，累计投产59.25万kW；发电量5.12亿kWh。

陆上风电开发步伐加快。完成内蒙古化德二～四期工程、辽宁调兵山二期工程、河北尚义一期工程等6个风电场建设。与内蒙古风电配套的呼蓄电站四大主体工程全面复工。

海上风电开发稳步推进。响水近海和潮间带试验风机具备并网发电条件，响水20万kW海上示范风电场通过可行性研究审查，杭州湾20万kW海上示范风电场预可行性研究报告具备审查条件。

2010年，中国三峡集团分别与内蒙古、新疆、山东、浙江等省（自治区）签署战略合作协议，为后续风电开发奠定了基础。

国际化战略

中国三峡集团利用三峡品牌，加强重大项目跟踪和市场开拓，海外业务发展势头良好。

海外承包业务稳健发展。在28个国家和地区承建的74个海外项目进展良好。与苏丹政府签署的上阿特巴拉项目总承包合同总额8.38亿美元，是中国公司在海外获得的第二大单项水利工程合同。以EPC方式承建的马来西亚沐若水电站成功截流。

海外投资项目前期工作成效明显。中国三峡集团作为中方联合体牵头方，签署缅甸孟东水电项目（装机630万～700万kW）开发谅解备忘录。首个海外投资项目老挝南立1－2水电站投产发电。

企业管理和改革

坚持科学决策。对于中国三峡集团重大事项，在深入论证的基础上，召开专题会、总经理办公会、党组会研究决策，规范决策程序，防范决策风险。加强投资管理，编制完成向家坝、溪洛渡工程执行概算，明确工程建设成本控制目标和责任主体。

加强财务管理。进一步加强资金集中管理，资金集中度由年初的88%提高到96%。发挥集团融资优势和长江电力、财务公司的融资平台作用，加大中国三峡集团债务管理力度，全年减少财务费用5.68亿元。

加强审计监督和内部风险管控。开展建设项目合同完工结算审计和工程管理审计，积极探索海外项目建设过程跟踪审计。全年完成合同审计项目54项，合同金额51.98亿元，审减金额2096.73万元。

推进信息化建设。信息技术全面融入工程建设和电力生产等核心业务，工程管理信息系统在沐若、白鹤滩、呼蓄等新项目中得到广泛应用。国家审计署选定溪洛渡作为国家重点建设项目联网审计试点。中国三峡集团网站在中央企业网站绩效评估中排第5名。

加快建立现代企业制度，不断深化人事、劳动、分配制度改革，建立健全激励约束机制，为企业发展增添活力和动力。

健全干部管理制度。出台中国三峡集团《2011～2015年人力资源发展纲要》，修订《干部管理办法》和《所属单位领导班子综合考核评价方案》，对深化干部人事制度改革做出部署。

完善职工薪酬福利体系。建立职工薪酬正常增长机制，2010年人均工资同比增长11%。开展住房公积金扩面工作，覆盖面由83%提高到97%。推进中国三峡集团医疗体制改革，多层次医疗保障体制的各项准备工作已经完成。

党建工作

中国三峡集团以创先争优活动为抓手，以文化建设为载体，以廉政建设为保障，积极探索和完善思想建设、组织建设、作风建设、制度建设和反腐倡廉建设“五位一体”的党建工作模式。

精心组织创先争优活动。确定“抢抓机遇、转变作风、增强紧迫感、实现新跨越”的活动主题，初步形成“组织创先进、党员争优秀、企业上水平、职工提素质”的生动局面。在深入学习实践科学发展观活动中，整改方案所列的23个近期重点整改项目基本完成，17项中长期整改项目全部启动。中国三峡集团和二级单位都建立职代会制度，积极推进企业民主管理。

持续抓好反腐倡廉工作。强化反腐倡廉制度建设，出台《纪检监察组织建设若干规定》；充实基层纪检监察机构和干部队伍；认真开展小金库专项治理自查自纠和效能监察工作；扎实抓好工程建设领域突出问题专项治理，从源头上预防腐败行为的发生。

培育三峡特色的企业文化。注重总结和提炼工程建设、生产、经营管理理念，传承和丰富三峡文化，宣传三峡文化。抓好重组、参股公司与中国三峡集团之间的文化融合，增强企业凝聚力。加强新闻宣传，为三峡工程建设运行和金沙江水电开发营造良好的舆论环境。

履行社会责任

中国三峡集团坚持把履行社会责任融入水电开发和生产经营全过程。在三峡工程调度运行中，坚持把防洪抗旱放在首位，严格执行国家防洪调度指令，确保长江中下游防洪安全，充分发挥航运和补水效益，体现出中央企业强烈的政治责任感和社会责任感。

在水电开发中更加注重地方经济发展，更加注重移民安稳致富，更加注重生态环境保护。积极参与支持地方经济建设，认真落实节能减排与环境保护措施，加大三峡库区和金沙江库区对口支援力度。全年共投入定点扶贫、对口支援、企地共建资金 5340.54 万元，完成基础设施建设、改善移民民生、促进移民就业等项目 52 个。

积极参与社会公益事业，共捐助 4070.91 万元支援青海玉树地震灾区、云南及四川旱区、甘肃舟曲泥石流灾区等。捐资 5000 万元响应“绿化长江重庆行动”。认真做好世博保电、亚运保电工作。长江电力被电监会评为世博会、亚运会保供电先进单位。枯水期加大机组出力，为保障湖北和重庆春节期间用电作出积极贡献。

水利工程建设与运行

1. 三峡工程建设与运行

2010 年三峡工程投资计划 79.62 亿元，实际完成投资 53.59 亿元，占年度计划的 67.3%。其中：建筑安装工程完成投资29 282.29万元，比计划投资(37 000.94万元）减少 7718.66 万元；设备费完成投资 6181.54 万元，比计划投资（7136.69 万元）减少 955.15 万元；其他费用完成投资11 140.38万元，比计划投资(18 889万元）减少 7748.62 万元；水库移民费完成投资 45 亿元，比计划投资（69 亿元）减少 24 亿元。

2010 年三峡地下电站投资计划 16.62 亿元，实际完成投资 13.33 亿元，占年度计划的 80.2%。其中：设备费完成投资83 945.28万元，比计划投资(125 852万元）减少41 906.72万元。

截至 2010 年底，三峡工程累计完成投资 1645.98 亿元。其中：枢纽工程静态投资完成 482.3 亿元，占枢纽工程概算（500.9 亿元）的 96.29%；库区移民完成静态投资 521.32 亿元，占库区移民静态投资（530 亿元）的 98.36%；价差 491.04 亿元；贷款利息 151.3 亿元。静态、动态投资均控制在国家批准的概算及预测的投资范围内。

2010 年三峡工程固定资产投资完成情况见表 1。

表 1　2010 年三峡工程固定资产投资完成情况汇总表　万元

项目	2010 年计划	2010 年完成	占年计划(%)	自开工累计完成
三峡工程投资	796 227	535 869.44	67.30	16 459 817.53
建安工程	37 001	29 282.29	79.14	3 165 079.59
机电设备费	2079	2028.57	97.57	940 744.00
金结设备费	5058	4152.97	82.11	197 245.09
其他费用	16 803	9471.74	56.37	438 368.09
基本预备费	2086	1668.64	80.00	81 515.50
水库淹没处理补偿费	250 221	163 187.87	65.22	5 213 229.48
价差预备费	482 979	326 077.37	67.51	4 910 361.20
贷款利息				1 513 274.61

2010 年，三峡主体工程土建与金结安装工程单元质量评定完成 1046 个，合格率 100%，优良率 93.6%。实现全年无质量事故管理目标。

2010 年，三峡—葛洲坝梯级电站全年发电 1006.1 亿 kWh，占年度计划 986 亿 kWh 的 102.03%，其中三峡电站发电量 843.7 亿 kWh，占年度计划 825 亿 kWh 的 102.27%。7 月 21 日～9 月 25 日，三峡电站实现 1820 万 kW 满出力稳定运行累计 1233h。

2010 年，三峡水利枢纽工程通过货物 8794 万 t，较 2009 年（7426 万 t）增长 18.42%。船闸通航率 95.88%，全部设备完好率 98.39%；船闸停机故障率 0.29%，较 2009 年（0.75%）下降 61.33%。实现“安全、高效、畅通”的通航目标。

主要工程形象进度：

(1) 升船机续建工程。船厢室段 1～4 号塔柱混凝土浇筑分别至高程 122.65、126.15、129.65、126.15m；剪力墙最高浇筑至高程 94.5m；上闸首排架柱最高浇筑至高程198.9m；下闸首边墙、下游引航道护坡混凝土浇筑完成。平衡重导轨二期混凝土浇筑至高程63.9～67.8m。平衡重导轨安装至高程71.7～75.6m。

（2）地下电站工程。32～27号机组分别于6、6、7、8、11、12月完成发电机层土建向机电安装交面。主厂房高程46.5m廊道接力器、集水井二期混凝土浇筑完成。32号机组完成转轮及导水机构、水发大轴、调速系统油压装置安装；完成定子安装及转子吊装，开始机组总装。31号机组完成转轮、导叶及顶盖吊装，调速系统压油装置完成安装。30号机组完成底环组装、定子磁化试验、转子支架完成组焊、下机架中心体及支臂挂装。29号机组完成基础环锪平。28号机组完成基坑测定、定子机座进场及组圆。32～29号机组引水洞完成上弯段混凝土浇筑完成。尾水围堰于10月开挖，12月8日地下电站尾水基坑进水。500kV升压站主变压器楼8月土建完成。

（3）坝区规划项目。枢纽管理区规划项目2010年完工和在建项目包括建筑类9项、水保绿化类18项、交通类7项、市政类3项、电力类6项，共计43项。完成柳树湾生态停车场工程及生态停车场第二标段绿化、望家坝区域水保绿化及大树移植、高程84m混凝土系统绿化、陈家冲渣场西园、武警特勤营地绿化、高程185m平台至古树岭区工程绿化、乐天溪污水处理厂、对外交通专用公路路面修复、枢纽核心区封闭围墙。左右岸坝面清理与保护工程完成21.4万m^2。

2010年三峡工程主要工程量完成情况见表2。

表2　　2010年三峡工程主要工程量完成情况汇总表

项目	单位	2010年计划	2010年完成	占年计划（%）	自开工累计完成
土石方开挖	万m^3		8.49		14 026.21
土石方填筑	万m^3		2.80		5352.17
混凝土浇筑	万m^3	6.68	7.07	105.90	2840.37
钢筋制安	万t	0.66	0.85	129.10	60.52
锚杆	万根		0.39		57.39
机电安装	万t				19.06
金结安装	万t	0.04	0.13	307.14	22.17

2. 溪洛渡水电站工程建设

2010年，溪洛渡水电站工程计划投资57.87亿元，实际完成投资53.55亿元，占计划的92.53%。其中：建筑安装工程完成投资246 905.38万元，比计划投资(242 412万元)增加4493.45万元；设备费完成投资69 684.35万元，比计划投资(101 217万元)减少31 532万元。

截至2010年底，溪洛渡水电站工程累计完成投资266.67亿元，其中：建安工程完成投资149.86亿元，永久设备完成投资20.9亿元，建设征地及移民安置费完成投资38.84亿元，其他费用完成投资46.45亿元，贷款利息10.63亿元。

截至2010年11月底，溪洛渡主体工程共评定单元工程4260个，合格4260个，优良4083个，优良率95.8%。

主要工程形象进度：

（1）大坝工程。大坝主体6～24号坝段混凝土平均浇筑至高程424.8m，最高浇筑至高程454m。

（2）水垫塘及二道坝工程。二道坝混凝土平均浇筑至高程385m。水垫塘底板混凝土浇筑完成437仓。

（3）地下厂房工程。主厂房1～18号机组第一次向机电安装标交面全部完成；1～18号机组混凝土平均浇筑至高程358.43m；副安装间混凝土浇筑完成。1、4～15、18号机组蜗壳制造完成。主变压器室1～9号机组混凝土最高浇筑至高程390m，最低浇筑至高程380.3m；10～18号机组混凝土最高浇筑至高程403m，最低浇筑至高程376.1m，其中主变压器室14号机组混凝土浇筑完成。1号出线竖井上段、4号竖井下段、3号竖井上下段混凝土浇筑完成。1～6号尾水调压室流道底板及边墙混凝土浇筑完成，1、3、7、8号机组阻抗板混凝土高程354m以下浇筑完成。调压室边墙滑模混凝土最高浇筑至高程385m。1、6号尾水洞出口闸室整体达到高程410.5m，出口启闭机排架柱混凝土浇筑完成。1～4号泄洪洞洞挖全部完成，中闸室混凝土分别浇筑至高程537、538.5、540、540m。1、2号泄洪洞进水塔混凝土分别浇筑至高程560、554m，3、4号泄洪洞进水塔混凝土浇筑完成。

2010年溪洛渡水电站固定资产投资完成情况及主要工程量完成情况分别见表3和表4。

表3　　2010年溪洛渡水电站固定资产投资完成情况汇总表　　万元

项　目	2010年计划	2010年完成	占年计划(%)	自开工累计完成
溪洛渡水电站投资	578 740	535 509.04	92.53	2 666 669.21
枢纽工程	343 629	316 589.73	92.13	1 707 543.18
建安工程	242 412	246 905.38	101.85	1 498 567.37

续表

项　目	2010年计划	2010年完成	占年计划(%)	自开工累计完成
建筑工程	242 412	234 107.11	96.57	1 476 353.45
施工辅助工程	29 774	28 017.17	94.10	487 096.95
建筑工程	209 442	203 358.86	97.10	956 015.74
环保工程	3196	2731.08	85.45	33 240.76
安装工程		12 798.27		22 213.92
永久设备	101 217	69 684.35	68.85	208 975.81
机电设备费	81 827	59 110.35	72.24	189 468.53
金结设备费	19 390	10 574.00	54.53	19 507.28
征地和移民安置费	93 140	93 965.00	100.89	388 350.00
独立费用	54 735	45 507.03	83.14	264 532.04
基本预备费				
价差预备费	57 236	46 109.29	80.56	199 920.53
贷款利息	30 000	33 337.99	111.13	106 323.46

表4　2010年溪洛渡水电站主要工程量完成情况汇总表

项目	单位	2010年计划	2010年完成	占年计划(%)	自开工累计完成
土石方明挖	万m^3	32.17	120.57	374.79	5580.32
石方洞挖	万m^3	25.15	63.97	254.35	2034.74
混凝土浇筑	万m^3	302.38	315.98	104.50	811.84
锚杆(锚筋)	万根	12.25	28.20	230.20	232.12

3. 向家坝水电站工程建设

2010年，向家坝水电站计划投资86.88亿元，实际完成投资77.05亿元，占全年计划投资88.69%。其中：建筑安装工程完成投资255 628.09万元，比计划投资(286 157万元)减少30 529万元；设备费完成投资47 175.8万元，比计划投资(93 112万元)减少45 936万元。独立费用完成投资41 349.02万元，比计划投资(63 696万元)减少22 347.46万元。

截至2010年底，向家坝水电站累计完成投资224.04亿元。其中：建筑安装工程完成投资85.47亿元；设备费完成投资12.51亿元；建设征地和移民安置费完成投资91.82亿元；基本预备费用完成投资1.9亿元；其他费用完成投资26.82亿元；贷款利息5.52亿元。

2010年，向家坝主体工程共评定单元工程2739个，合格率100%，优良率92.81%。

主要工程形象进度：

(1) 左岸主体工程。帷幕灌浆完成5700m，累计完成4.55万m。

(2) 二期主体工程。泄洪坝段混凝土浇筑最高至高程274.3m，厂房坝段混凝土浇筑最高至高程276m，升船机坝段甲乙丙块混凝土浇至高程264.5m，船厢室段混凝土浇筑最高至高程255m。

(3) 右岸地下电站。主厂房1号机组浇筑到母线层高程271.24m。2号机组蜗壳浇筑到高程261.5m。3号机组完成蜗壳安装。4号机组完成蜗壳安装70%。主变压器室完成电缆沟槽和底板混凝土浇筑。1～3号母线洞2层楼板基本浇完，4号母线洞1层楼板基本浇完。1～4号进水塔混凝土浇筑分别至高程373～382.7m。引水系统1～4号洞下弯段全部浇筑完成。尾水洞1、2号主洞开挖完成，尾水塔分别浇筑到高程250、242m。1～4号尾扩底板和边墙混凝土施工正在进行开挖支护。尾水渠开挖全部完成，完成混凝土浇筑7.83万m^3。进水口1～4号塔分别浇到高程373、379、384、382.7m。连接塔浇筑至高程367m。1、2号排沙塔分别浇筑至高程367m和376m。

2010年向家坝水电站固定资产投资完成情况和主要工程量完成情况分别见表5和表6。

表5　2010年向家坝水电站固定资产投资完成情况汇总表　万元

项目	2010年计划	2010年完成	占年计划(%)	自开工累计完成
向家坝水电站投资	868 818	770 489.05	88.68	2 240 408.18
枢纽工程	379 269	302 803.89	79.84	979 792.72
建安工程	286 157	255 628.09	89.33	854 706.15
建筑工程	286 157	248 743.10	86.93	842 214.47
施工辅助工程	45 076	43 371.61	96.22	340 101.08
建筑工程	237 985	202 685.85	85.17	483 466.64
环保工程	3096	2685.64	86.75	18 646.75
安装工程		6885.00		12 491.68
永久设备	93 112	47 175.80	50.67	125 086.57
机电设备	74 775	33 596.84	44.93	107 379.58
金结设备	18 337	13 578.96	74.05	17 706.99
建设征地和移民安置费	362 776	379 086.00	104.50	918 224.00
独立费用	63 696	41 349.02	64.92	190 799.12
基本预备费	4867	866.22	17.80	19 017.02
价差预备费	32 210	21 115.17	65.56	77 372.08
贷款利息	26 000	25 268.76	97.19	55 203.24

表6　2010年向家坝水电站主要工程量完成情况汇总表

项目	单位	2010年计划	2010年完成	占年计划(%)	自开工累计完成
土石方明挖	万 m^3	219.00	458.35	209.29	5021.00
石方洞挖	万 m^3	17.50	33.86	193.49	324.75
混凝土浇筑	万 m^3	407.03	397.34	97.62	878.57
固结灌浆	万 m	35.89	37.62	104.82	57.11
帷幕灌浆	万 m	9.50	5.23	55.05	28.27
钢筋	万 t		4.36		17.50
锚杆(锚筋)	万根		8.22		92.56

（乔仁贵）

中国电力工程顾问集团公司

概况

中国电力工程顾问集团公司(以下简称集团公司)是2002年底依据《国务院关于印发电力体制改革方案的通知》(国发[2002]5号)和《国务院关于组建中国电力工程顾问集团公司有关问题的批复》(国函[2003]26号)，在原国家电力公司所属中国电力工程顾问(集团)有限公司基础上组建的，由国务院国资委管理的全民所有制企业。集团公司下设东北电力设计院(简称东北院)、华东电力设计院(简称华东院)、中南电力设计院(简称中南院)、西北电力设计院(简称西北院)、西南电力设计院(简称西南院)、华北电力设计院工程有限公司（简称华北院）、中国电力建设工程咨询公司（简称咨询公司）、科技开发有限公司（简称科技开发公司）、北京洛斯达科技发展有限公司（简称洛斯达公司）共9家子企业和电力规划设计总院（简称电规院）1家事业单位。

集团公司是面向国内外市场，为政府部门、金融机构、投资方、发展商和项目法人提供电力工程建设综合服务的中介机构。集团公司总部主要从事集团管理、电力发展规划研究、电力工程评审等。集团公司所属各设计院主要从事电力工程勘察设计、工程咨询、工程监理和工程总承包等。咨询公司主要从事工程监理和工程总承包。与传统生产领域企业不同，集团公司及所属企事业单位拥有的技术和智力资源以及勘察、设计、咨询、总承包等资质构成集团最重要的生产要素。

截至2010年底，集团公司在职人员8428人，其中"百千万人才"3人，勘察设计大师14人，历年享受政府特殊津贴的专家131人，高、中、初级专业技术人员6663人，取得各类注册执业资格的注册师1931人·次。集团公司技术力量雄厚，专业配套齐全，具有坚实的综合管理能力和丰富的工程实践经验，拥有先进的技术装备和大量专有的信息资源。

集团公司凭借良好的经营业绩和资产状况，从2003年首次参加并入选ENR排名以来，已连续八年进入美国工程新闻记录（ENR）"世界200强设计公司"和"全球150强设计公司"排名，2010年分别名列第77位和42位。首次入选中国企业联合会、中国企业家协会"中国企业500强"排名并荣列第481名。连续五年荣列中国企业联合会、中国企业家协会"中国服务业企业500强"排名，2010年名列第140名。自2003年中国勘察设计协会首次开展工程项目管理和工程总承包排序以来，已连续八年进入工程项目管理和工程总承包排序百名行列。在2010年公布的工程项目管理营业收入排序中，名列第17位。在2010年公布的工程总承包企业完成合同额排序中，名列第10位。

公司领导

总经理、党组书记：汪建平

副总经理、党组成员：赵洁、姚强、吴春利、于刚

党组成员、纪检组长、工会主席：王保国

总工程师：孙锐

总会计师：陈关中

总工程师：吴云

总经济师、总法律顾问：迟宝德

总信息师：王聪生

机构设置

内部主要设有总经理工作部（国际合作部）、人力资源部、财务与产权管理部、计划发展部、科技信息管理部、监察审计部、党群工作部、规划研究中心、发电工程分公司、电网工程分公司、技术经济中心、资金结算中心和体制改革办公室。七个研究中心分别是研发中心、核电技术中心、IGCC技术中心、空冷技术中心、高压直流技术中心、智能电网技术中心、冷却塔技术中心。

主要经营指标

2010年，集团公司实现营业收入123亿元，同比增长7%；实现利润总额12亿元，同比增长16%；上交税金6.5亿元，同比增长2%；经济增加值（EVA）8.7亿元，同比增长16%；成本费用总额占主营业务收入比重90%，同比下降0.8个百分点；技术投入比率6%，同比基本持平。2010年末，集团公司资产总额150亿元，同比增长3.8%；所有者权益45亿元，同比增长36%。

生产经营

2010年，在国内外经济环境极其复杂，国内电力建设速度明显放缓，电力市场竞争更趋激烈的形势下，集团公司坚持"一心一意谋发展，全心全意抓经营"，经营业绩依然创下历史最好水平。签订合同总额275.14亿元，同比增长73.8%。其中，总承包业务合同198.5亿元，同比增长148.74%，占合同总额的72.15%；勘察设计业务合同70.07亿元，占合同总额的25.47%；境外业务合同16.78亿元；新能源业务合同30.52亿元。

在经营工作中，集团公司积极发挥规划研究和高端咨询对经营工作的带动作用，充分发挥政策研究对经营工作的引导作用，积极应对发展方式转变对经营工作的影响，不断加大市场开发力度，不断扩大经营业务范围，不断加强品牌建设，促进了各项经营工作。西南院中标波黑项目，首次进入欧盟国家市场，同时协助业主实施设备采购、整机调试和项目管理，提高了经营效益。华北院总承包合同额突破70亿元，在澳大利亚承接了世界上规模最大的褐煤干燥气化发电项目。中南院签订了合同额达46亿元的中泰化学两个自备电厂总承包合同。西北院承担的沙特燃油电站工程，是中国公司首次进入沙特电力市场的项目。咨询公司继续扩大总承包优势，再获马鞍山电厂扩建工程EPC项目。

科技创新

2010年，围绕集团公司科技发展规划，积极开展火电、核电、特高压、智能电网和清洁能源等新技术领域的研发工作。全年新立科技项目70项，取得科技成果55项；编制6项国家标准和18项行业标准，发布44项企业技术标准；申请专利89项，被授予专利115项，其中发明专利9项。获得国家、省部级及行业各类奖项279项，其中，国家科技进步二等奖1项，能源科技进步二等奖1项，中国电力科学技术一等奖2项，全国优秀工程咨询成果一等奖4项，国家优质工程金质奖2项，电力行业“四优”一等奖15项。在取得的科研成果中，“高效、节能、节水、环保型电厂设计技术研究”项目技术指标达到国际先进水平；“超大型冷却塔设计研究”项目标志着集团公司在冷却塔设计研究方面迈上了新的台阶；“燃煤电厂CO_2捕集及相关技术研究”使集团公司在碳捕集技术领域处于领先地位；“智能变电站应用技术研究”推动了智能电网设计技术应用和创新。集团公司依靠电力前沿技术和研发优势，积极承担《全国电力工业“十二五”规划》、《国家能源科技“十二五”规划》等报告的研究工作。

在科技创新工作中，加强科研管理，开展了科技发展规划执行情况评估和科技成果评价，通过规范管理、量化内容、建设信息化平台，对项目执行情况实施动态管理。扩大技术中心建设，新成立电站冷却塔技术中心和智能电网技术中心。加强与科研院所的科技合作，实现优势互补。加强设计总结和成果转化，加大科研成果在工程中的推广应用。加大专有技术和专利技术的研发投入和申报保护工作。积极参与燃气轮机与IGCC国家工程研究中心、国家700℃超超临界燃煤发电技术创新联盟、太阳能光热产业技术创新战略联盟的组建工作。华东院及时总结近几年核电、大容量火电机组设计研究成果，开展了代表当今世界最先进水平的130万kW级超大火电机组的设计技术攻关，以及被誉为“中国核电第一塔”的桃花江核电项目技术研究。华北院积极参与国家、地方科技项目研究，承担的科技部863计划子课题《100万kW超超临界褐煤锅炉制粉系统优化设计研究》顺利通过验收。科技开发公司在参与亚洲首台兆瓦级太阳能热发电实验电站设计研究的同时，积极研究代表世界领先水平的高聚光光伏发电应用技术。

标准化工作取得突破。受国家能源局委托，组建了能源行业电力系统规划设计、发电设计、电网设计、火电和电网工程技术经济专业四个标委会。编制了《火力发电厂设计规范》等国家标准、《电力系统设计内容深度规定》等行业标准和《1000千伏架空输电线路设计技术导则》等企业标准。

企业管理

2010年，集团公司主动适应向工程公司转型的要求，不断深化体制改革，积极参与电力主辅分离改革和中央企业重组，完成了华北院与北京国电的整合工作，完成了科技开发公司、洛斯达公司股权调整。不断加强战略管理，提出了集团公司“十二五”发展战略与规划，明确了“十二五”发展指导思想和总体目标。不断加强项目管理体系建设，制定了《关于进一步建立和完善适应工程公司发展要求的设计运行体系的指导意见》。不断加强人力资源管理，编制人力资源发展和教育培训三年规划，修订子企业领导人员管理办法、子企业经营业绩考核办法，制定子企业领导班子和领导人员综合考核评价办法、集团公司绩效考核指导意见等制度。提出集团公司企业年金方案并获批。加大全员教育培训力度，全年教育培训投入2635万元，同比增长34.5%。全年共有110人·次获得各类注册资质证书。陈仁杰被评为“全国工程勘察设计大师”。不断加强财务管理，编制财务工作三年规划，统一会计核算工作标准、财务报告内部控制标准，开展设计项目明细核算试点工作，制定资金收支月份预算管理制度，建立子企业财务工作考核评价机制。不断加强内控管理，深入开展工程建设领域突出问题专项治理和“小金库”专项治理工作。全面开展效能监察工作，全年立项28项，节约资金825.6万元。加强了审计监督工作，全年完成审计项目985项，节约资金301万元。

党建工作

2010年，集团公司认真贯彻党的十七届四中、五中全会精神，全面落实科学发展观，紧紧围绕企业发展，不断加强和改进党建工作，促进了企业和谐稳定发展。各级党委结合企业发展实际，开展了以“抓经营、谋发展、强能力、促和谐”为主题，以争创“四强”党组织和“四优”共产党员为主要内容的“创先争优”活动，开展了“党员公开承诺”、“党员品牌工程”、“党员先锋岗”等活动，进一步发挥了党组织的政治核心作用、党支部的战斗堡垒作用和广大党员的先锋模范作用，先后涌现出一批先进人物和先进集体。西北院玉树项目部荣获集团公司“十佳创新之星”称号。

各级领导班子积极推进反腐倡廉建设，认真执行《国有企业领导人员廉洁从业若干规定》，开展了领导人员廉洁承诺活动，有效落实了党风廉政建设责任制，全年没有发生重大责任追究事项。

工会、共青团工作有序开展。职代会建设不断加强，职工之家建设不断深化。共青团“青年文明号、青年岗位能手”创建活动取得实效。同时，认真履行社会责任，首次公布社会责任报告。组织了向云南旱灾、青海玉树震灾、舟曲特大泥石流灾害及贫困地区捐助，共捐款 503 万元，提供扶贫帮困资金 124 万元。

主要事件

1 月 15～16 日，集团公司在京召开了 2010 年工作会暨一届二次职代会。会议回顾了 2009 年集团公司各项工作取得的成绩，分析了 2010 年企业发展所面临的形势，确定了集团公司 2010 年工作总体要求，明确提出了 2010 年的六项重点工作。

3 月 16 日，集团公司所属的中国电力建设工程咨询公司和中南电力设计院联合体与皖能集团在京签署了马鞍山电厂“上大压小”2×66 万 kW 机组扩建工程 EPC 总承包合同。

3 月 19 日，集团公司与中科院电工所联合成立的太阳能热发电工程设计研究中心揭牌仪式在总部举行。该中心将承担太阳能热发电科研标准编制、技术成果应用推广、工程项目技术支持、技术信息交流培训等多项任务。

4 月 9 日，集团公司与荷兰 KEMA 公司在京隆重举行合作协议签署仪式。合作协议的签订，将实现双方在技术、人才、市场方面的优势互补和强强联合。

4 月 16 日，集团公司与美国贸易发展署在北京签署了 IGCC 研究赠款协议。根据协议，美国贸易发展署向集团公司赠款，支持集团公司开展采用 GE 技术的 80 万 kW 整体煤气化联合循环电厂典型方案研究，推动 IGCC 的工程应用。

4 月 20 日，集团公司参加了《情系玉树　大爱无疆——抗震救灾大型募捐活动特别节目》，并现场捐款 200 万元。在地震发生的第一时间，西北电力设计院就成立了抗震救灾小组赶赴青海灾区开展灾后电网规划和建设工作。

4 月 26 日，中国电力工程顾问集团公司与中国华电集团公司在京举行战略合作框架协议签字仪式。按照协议，中国华电将委托集团公司开展研究设计、评审及相关咨询服务。携手开展在低碳技术领域的科研攻关和技术合作；加强海外项目拓展方面的合作；在新能源开发方面开展资本合作等。

5 月 13 日，中国电力工程顾问集团公司与中国核工业集团公司在京举行长期战略合作协议签字仪式。按照协议，双方将在资本性战略投资、核电工程建设、大型商用快中子堆核电示范工程、核能发电、核应用技术的技术升级、新技术研发和推广应用等多领域展开合作。

5 月，中国水利电力质量管理协会电力分会公布了 2010 年度“全国电力行业实施卓越绩效模式先进企业”获奖名单。华东电力设计院获“全国电力行业实施卓越绩效模式先进企业特别奖”；集团公司及 3 家子企业获“全国电力行业实施卓越绩效模式先进企业”。

7 月 23 日，国家能源局在人民大会堂组织举行 2009 年度国家能源局科技进步奖颁奖仪式。集团公司“600MW 火电机组空冷系统研发和工程示范”获得二等奖。

7 月，集团公司获得了由国务院国资委颁发的 2007—2009 年任期考核“管理进步特别奖”。

8 月 12～13 日，集团公司各单位主要负责人会议在京召开。会议分析了集团公司生产经营面临的形势，总结了上半年工作，研究部署了 2010 年下半年和今后一段时期的主要工作。

9 月 21 日，集团公司发布了 2009 年集团公司社会责任报告，正式向社会报告集团公司 2009 年度履行社会责任的情况，以及建设资源节约型、环境友好型企业的实践与努力。这是集团公司首次向社会公开发布社会责任报告。

9 月 29 日，集团公司西北电力设计院总承包的青海玉树灾后重建燃油发电工程投产仪式在北京举行。西北电力设计院应急燃油机组工程现场项目部克服困难，全力推进工程建设，提前 10 天完成了＃1 柴油发电机组发电的建设目标。

9 月，中国企业联合会、中国企业家协会联合发布了“2010 中国企业 500 强”、“2010 中国服务业企业 500 强”名单。集团公司首次入选“中国企业 500 强”并荣列第 481 名。集团公司连续 6 年入围“中国服务业企业 500 强”，位列第 140 名。

同月，中国电力企业联合会发布《关于表彰全国电力行业管理创新成果的决定》。集团公司 17 个项目获奖，其中一等奖 2 项，二等奖 3 项，三等奖 12 项。

同月，中国电力规划设计协会公布了 2010 年度电力行业优秀工程咨询成果奖评选结果。集团公司总部 4 项成果获奖，3 项成果获一等奖；1 项成果获三等奖。

11 月，中国电力企业联合会和中国水利电力质量管理协会联合对荣获 2010 年全国电力行业质量奖的企业进行了表彰。集团公司东北电力设计院和华北电力设计院工程有限公司获“全国电力行业质量奖”称号。西北电力设计院荣获“全国电力行业质量特别奖”称号。

12 月 8～11 日，2010 年 ENR/建筑时报“中国承包商和工程设计企业双 60 强”颁奖典礼在哈尔滨举行。集团公司再次名列前茅，获“工程设计企业60强”第四名、“总承包营业收入排名”第三名。

12月，中国电力规划设计协会发布《关于公布2010年电力勘测设计企业信用评价结果的通知》公布评价结果。集团公司及东北、华东、中南、西北、西南电力设计院，华北电力设计院工程有限公司，中国电力建设工程咨询公司均获得电力勘测设计企业AAA级信用企业称号，其中集团公司位列信用等级名单榜首。

同月，国家工程建设质量奖审定委员会公布了2010年度国家优质工程奖。集团公司设计和监理的10项电力工程获奖，其中2项工程获得金质奖，8项工程获得银质奖。

中国水电工程顾问集团公司

企业基本情况

1. 概况

历史沿革：中国水电工程顾问集团公司的前身为1953年成立的水电管理局，隶属于当时的燃料工业部，后经多次撤销、合并，于1958年以后先后划归电力工业部、水利电力部，1989年成立了由能源部和水利部共管的水利水电规划设计总院（简称规划总院），负责对全国水利水电勘测设计工作进行归口管理，并代表两部管理所属的北京、华东、西北、中南、成都、贵阳、昆明、上海8个勘测设计研究院。1994年8月，电力工业部和水利部协商决定，将规划总院分为电力工业部水电水利规划设计总院和水利部水利水电规划设计总院。1995年2月，经电力工业部批准，成立电力工业部水电水利规划设计管理局和电力工业部水电水利规划设计总院（简称水电总院），实行两块牌子一套人马，负责对全国水电水利勘测设计及新能源的前期工作进行归口管理，并代表电力工业部管理北京、华东、西北、中南、成都、贵阳、昆明7个勘测设计研究院（简称7个设计院）和中国水利水电建设工程咨询公司（简称咨询公司）。1998年电力工业部撤销后，水电总院更名为国家电力公司水电水利规划设计总院。

根据国家电力体制改革的总体部署，1998年3月，经原电力工业部批准成立中国水电水利及新能源发电工程顾问有限公司（后更名为中国水电顾问有限公司，简称水电顾问有限公司），并保留水电水利规划设计总院。水电顾问有限公司是国家电力公司出资设立的全资子公司，并与7个设计院和咨询公司建立了资本纽带关系，依法经营和管理由国家电力公司界定的国有资产，负保值增值责任。随着国家电力体制的进一步深化改革，2002年底，经国务院批准，在原水电顾问有限公司的基础上组建成立现中国水电工程顾问集团公司（简称水电顾问），归国资委管理，业务由国家发展改革委指导，财务在财政部计划单列。

目前，水电顾问成员单位包括：

11个全资子公司：中国水电顾问集团北京勘测设计研究院、中国水电顾问集团华东勘测设计研究院、中国水电顾问集团西北勘测设计研究院、中国水电顾问集团中南勘测设计研究院、中国水电顾问集团成都勘测设计研究院、中国水电顾问集团贵阳勘测设计研究院、中国水电顾问集团昆明勘测设计研究院、中国水电顾问集团投资有限公司、中国水电顾问集团国际工程有限公司、中国水利水电建设工程咨询公司、《水力发电》杂志社有限公司。

1个事业单位：水电水利规划设计总院。

1个控股公司：四川美姑河水电开发有限公司。

1个挂靠单位：中国水力发电工程学会。

现有全国工程勘察设计大师8人，享受国务院政府特殊津贴人员134人，有突出贡献的中青年科技、管理专家5人，新世纪百千万人才工程国家级人选2人，国家直管专家1人，教授级高级工程师1368人，高级工程师2745人，工程师2882人。

水电顾问是国内唯一一家从事水电和风电规划、勘测设计、科研、咨询、审查、评估、安全鉴定、工程验收、工程总承包(EPC)、电站投资的国有大型企业集团。主要从事：依法经营水电顾问及有关企事业单位中由国家投资形成并由水电顾问拥有的全部国有资产；从事水电和新能源等发电项目的勘测设计、咨询、监理、施工、项目管理、总承包及相关技术、中介业务以及河流（河段）水电规划；从事水电、风电及水务产业的开发、投资、经营和管理；相关的信息、软件等新技术开发利用、服务和转让，材料与设备销售，房地产开发；从事工业与民用建筑、水利、电力、环保、交通、桥梁、市政等工程的勘测设计、咨询、监理、施工、项目管理、总承包及相关中介业务，以及岩土工程；根据国家有关规定，经有关部门批准从事国内外投融资业务；经国家主管部门批准，自主开展外贸流通经营、国际合作、对外工程承包和对外劳务合作等业务；经营国家允许或委托的其他业务。经过几十年艰苦不懈努力，形成了很好的技术、管理优势和负责任的工作作风，受国家有关部委的委托，水电顾问肩负着越来越多的水电风电管理职能，如国家水电、风电发展规划及有关政策法规的研究和编制，水电、风电项目勘测设计报告及建设项目重大设计变更审查，水电项目核准（审批）评估，水电、风电、潮汐发电等可再生能源工程定额和造价管理，水电工程蓄水验收、枢纽工程专项验收、竣工验收及相关管理，水电工程竣工决算审计和决算验收，水电风电建设工程的安全设施竣工验收，管理国家水能风能研究中心、国家风电信息管理中心、可再生能源(水电、风电、潮汐发电)定额站。

50余年来，水电顾问完成长江水系、黄河水系、淮河水系、珠江水系及其他内陆水系和边境河流的流域水电规划，规划装机总容量约4亿kW。自1980年以来，水电顾问承担了全国80%的大中型水电项目前期规划、勘测和设计工作，完成或正在进行前期规划、勘测和设计工作的水电装机容量约3.5亿kW。承担并完成80余个水电建设项目的安全鉴定工作，约占经安全鉴定全部项目的75%(以装机容量计算)。

水电顾问是中国水电和风电建设技术标准和规程规范的主要编制修订单位。承担了水电建设工程等级、勘测、规划、水库、环保、水工、施工、造价、机电、安全监测、运行管理等相关的国家及行业规程规范的编制和风电开发的规划、勘测、设计和运行管理等标准的编制工作。至2010年底，水电顾问编制完成了191项水电和风电的国家及行业技术标准，这些技术标准对规范中国水电和风电工程建设起到了重要作用，有力地保证了工程建设的科学性、经济性和安全性。

多年来，水电顾问共获得：国家级勘测设计及软件金奖28项、银奖31项、铜奖24项；省、部级“工程四优奖”131项。获国家级科技进步一等奖11项、二等奖25项、三等奖21项；获省部级科技进步奖355项。获得全国优秀工程咨询成果奖50多项，拥有218项授权专利(其中发明专利33项)、11项软件著作权。

水电顾问成立8年来，在国家有关部门和社会各界的大力支持和关怀下，外拓市场，积极参与市场竞争，内强筋骨，建立健全管理制度狠抓管理，积极推进改革，实现了由单一的水电风电工程勘测设计向市政工程、环境工程、建筑工程、水务工程、交通工程等延伸，并开展了各类工程总承包(EPC)、设备成套和水电风电投资等业务，取得了快速发展。2010年，实现主营业务收入105.1亿元，利润总额18.1亿元。资产总额达到191.9亿元，所有者权益(不含少数股东权益)44亿元，技术投入10.8亿元。经济实力显著增强。

2. 组织机构

见组织机构图。

3. 法人治理结构

水电顾问是按企业法注册的国有独资企业。

水电顾问实行总经理负责制，总经理是水电顾问的法定代表人，领导水电顾问的全面工作，行使水电顾问章程规定和上级主管部门赋予的职权。副总经理、总会计师、总经理助理和总工程师协助总经理工作。

水电顾问领导班子的主要职责是：研究上报国家有关部门的重要请示、报告；研究确定水电顾问发展战略和中长期发展规划；研究确定水电顾问年度生产经营计划及工作目标，系统年度经营目标和考核指标，财务预算方案、决算方案和利润分配方案；审议批准水电顾问及子公司投融资计划和重大资产重组方案，监察、审计、投融资、信贷担保和200万元及以上的资金使用等；贯彻落实水电顾问党组会议决议；研究决定水电顾问重大生产质量管理问题；研究决定水电顾问重大安全生产管理事项；研究制定和实施水电顾问改革方案，内部机构设置，审批所属单位的改革方案；研究确定水电顾问职工切身利益的重大问题；研究水电顾问离退休职工的有关工作；研究决定水电顾问及系统特别重大经济问题的处理；研究确定水电顾问及系统的重大管理制度和办法；研究确定水电顾问人才培养、管理等问题；研究决定水电顾问及系统党组所管理干部的分配制度改革和奖惩；其他需要研究的问题。

国资委考核任命的水电顾问领导成员：

总经理：晏志勇

副总经理：董成银　王民浩　王　斌　兰春杰

总会计师：王首丽

水电顾问考核聘任的领导成员：

总工程师：彭　程　周建平

4. 二级企业(公司)基本情况

水电顾问二级全资子公司共有10个，控股公司1个，事业单位1个。具体情况见2010年水电顾问二级子企业(公司)基本情况表。

5. 水电顾问主要业务构成情况

(1) 全国水电、风电及抽水蓄能电站发展规划，河流(河段)水电规划，水电和新能源等发电项目的勘测设计、咨询、监理、施工、项目管理、总承包、劳动安全预评价、水文和环境评价、水电和风电设备安全验收、评估、水电站安全鉴定及竣工验收。

(2) 水电、风电和水务及相关产业的开发、投资、经营和管理。

(3) 相关的信息、软件等新技术开发利用、服务和转让，材料与设备销售，房地产开发。

(4) 工业与民用建筑、水利、电力、环保、交通、桥梁、市政等工程的勘测设计、咨询、监理、施工、项目管理、总承包及相关中介业务，以及岩土工程。

(5) 外贸流通经营、国际合作、对外工程承包和对外劳务合作等业务。

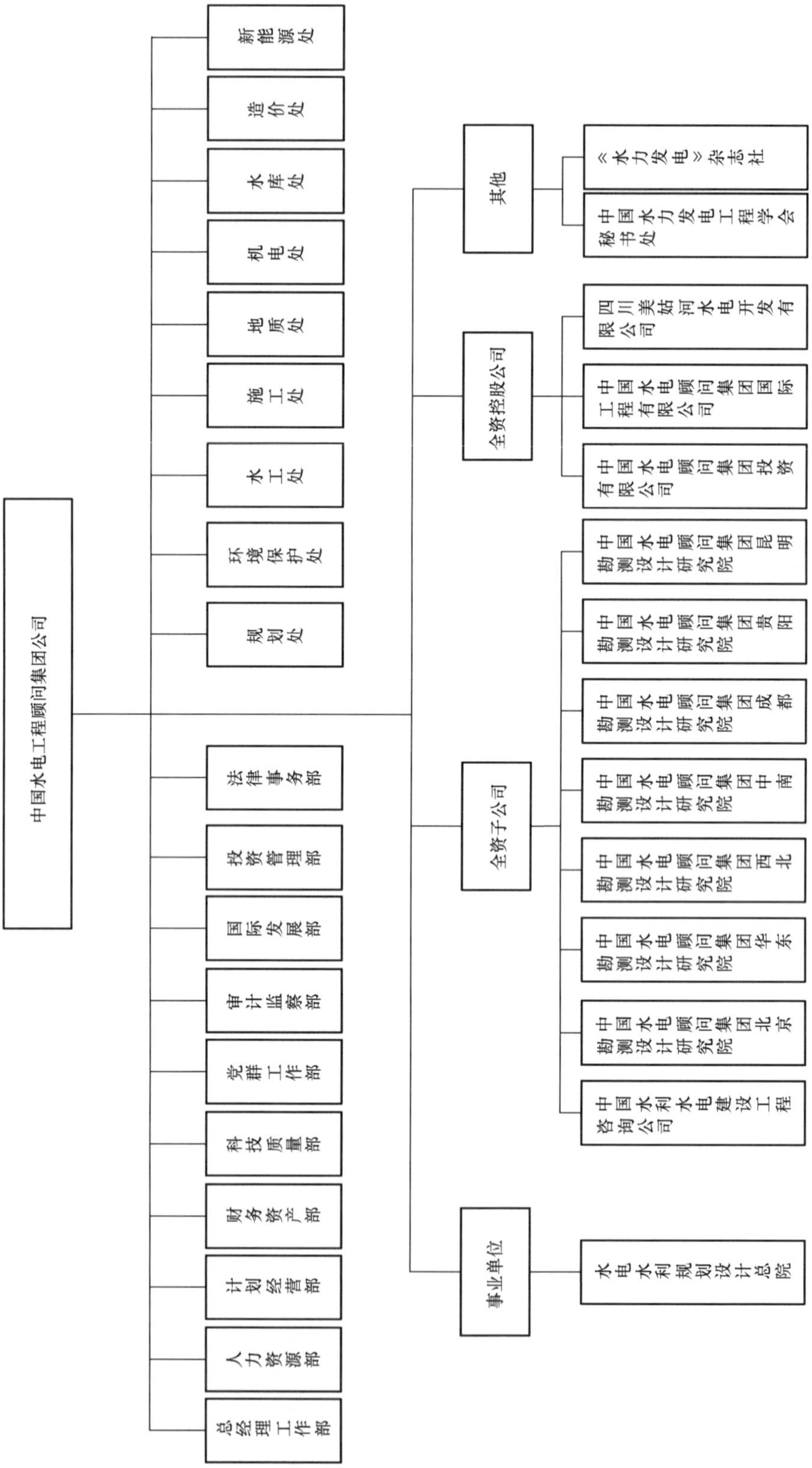

中国水电工程顾问集团公司组织机构图

2010年水电顾问二级子企业(公司)基本情况表

企业(公司)名称	产权状况		是否上市公司	资产总额(万元)	净资产(万元)	国有资产权益(万元)	在职职工人数(人)	所在国家或地区(省、市)
	属性	比重(%)						
北京勘测设计研究院	全资	100	否	44 960.67	16 235.74	16 235.74	1072	北京市
西北勘测设计研究院	全资	100	否	146 977.7	62 962.15	62 962.15	2767	陕西西安
华东勘测设计研究院	全资	100	否	124 491.78	18 374.14	18 374.14	1601	浙江杭州
中南勘测设计研究院	全资	100	否	173 161.46	52 656.47	52 656.47	2698	湖南长沙
成都勘测设计研究院	全资	100	否	554 342.13	83 907.52	83 907.52	2182	四川成都
贵阳勘测设计研究院	全资	100	否	99 213.23	19 351.36	19 351.36	1356	贵州贵阳
昆明勘测设计研究院	全资	100	否	314 672.01	94 640.32	94 640.32	1988	云南昆明
中国水利水电建设工程咨询公司	全资	100	否	42 968.4	14 119.59	14 119.59	152	北京市
中国水电顾问集团投资有限公司	全资	100	否	330 341.02	78 497.24	78 497.24	95	北京市
中国水电顾问集团国际工程有限公司	全资	100	否	13 013.44	9879.35	9879.35	40	北京市
四川美姑河水电开发公司	控股	51	否	233 085.9	46 174.97	46 174.97	88	四川成都
水电水利规划设计总院	全资	100	否	19 570.28	3264.49	3264.49	67	北京市
《水力发电》杂志社有限公司	全资	100	否	106.17	100.51	100.51	3	北京市
总计				1 919 144.7	439 630.09	439 630.09	14 165	

6. 其他情况

从2003年开始，水电顾问先后投资控股开发四川美姑河流域水电站、四川白水江流域水电站、云南南盘江凤凰谷、糯租和坪头水电站、张北风电、瓜州北大桥风电等。顺利组建中国水电顾问集团风电张北有限公司，风电投资开始大规模起步。截至2010年底，水电顾问已拥有的权益总容量（含已建设、在建、已获开发权的前期及预备项目）约335万kW（其中控股124万kW，参股211万kW）。控股或参股拥有的水电已建成项目权益容量46万kW；控股或参股拥有的水电在建项目权益容量166万kW。2006年8月，水电顾问开始涉足水务产业，采用BOT特许经营模式建成的污水处理厂日污水处理能力10万t，完成污水处理量达3077.9万t。2010年完成股权（产权）投资33.43亿元，资本运营成效卓著。

2010年工作基本情况

2010年，水电顾问在国资委的正确领导和监事会的有效监督指导下，在国家有关部门和社会各界的关心支持下，认真贯彻落实党中央、国务院各项方针政策和国资委各项工作部署，按照科学发展观的要求，不断提高能力，积极把握机遇，沉着应对挑战，推进“集团化管理、多元化经营、国际化发展”三大战略实施，不断加强精细经营、协调经营、开拓经营，通过广大干部职工不懈努力，各方面都取得了较好的成绩，继续保持了平稳较快的发展势头。

1. 把握机遇，精细经营，企业经营业绩再创历史新高

2010年，水电顾问较好地把握住了国家水电发展形势逐步转好、风电继续保持快速发展态势和国际经济整体复苏、发展中国家不断加强基础设施建设的机遇，认真落实“精细经营、协调经营、开拓经营”的经营思想，通过广大干部职工的不懈努力，在国内，继续巩固和扩大传统主业市场，努力开拓新业务市场；在国际，继续实施“高端切入、规划先行、技术领先、融资推动、服务优良、风险可控、效益明显”的国际发展思路，发挥技术优势，取得了国际经营取得实质性突破；企业经营效益大幅提高，资产规模大幅增长。

新签合同大幅增长，多元化经营取得实效。2010年，集团公司新签合同177亿元，比2009年增长

21.2%，为历史最高值。在新签合同中，勘测设计合同为86.4亿元、占新签合同总额48.8%，非勘测设计合同为90.6亿元（其中工程总承包和设备成套合同60.1亿元）、占新签合同总额51.2%；水电行业合同为127.3亿元、占新签合同总额71.9%，非水电行业合同为49.7亿元、占新签合同总额28.1%，水电顾问巩固和扩大传统主业市场，努力开拓新业务市场，实施多元化经营取得实效。还应该特别指出，水电顾问和有关设计院在国家水电发展低迷、抽水蓄能电站发展更困难的情况下，凭着对我国能源与电力发展的准确判断，坚持多年锲而不舍统筹运作，克服重重困难，采取包括上层推动、规划先行、协调关系、垫资投入等战略性措施，把握住了抽水蓄能电站勘测设计有史以来的最大机遇，凭借积聚的优势参加公开招标并成功中标。2010年底，北京院、华东院、西北院、中南院与国网新源公司一次性共签订了20个抽水蓄能电站、总装机近2500万kW的勘测设计合同。

国际化发展取得实质性突破，国际经营业务结构趋好。首个采用中国技术标准和设备的风电EPC国际项目——埃塞阿达玛（ADAMA）风电场合同正式生效，首个由商务部批准利用中国援助资金进行埃塞俄比亚风电和太阳能规划项目合同的签订，还受商务部委托承担了塞拉利昂小水电和朝鲜风电等援外项目的工作，在亚洲、非洲多个国家签订了多项水电风电勘测设计等技术服务合同和数项EPC及设备供货合同，另有多个项目进入商务谈判，水电顾问国际化发展取得实质性突破。2010年新签国际经营合同39.5亿元，较2009年增长158%，占水电顾问新签总合同额的22.3%，占比较2009年增加11.1个百分点。更为重要的是，新签合同总额较2009年大幅增长，是由多个国家多个项目多种业务组成，结构趋好，可以大大减轻原来的一个国家一个项目独大的风险压力。此外，由国际公司和昆明院出资设立了中水顾问云南国际投资有限公司，负责推进缅甸曼栋、瑙帕两水电站的BOT项目。

投资业务稳步发展，投资收益大幅增长。2010年，水电顾问共完成了水电、风电、水务项目固定资产投资33.43亿元，投入资本金共8.46亿元，控股资本金7.47亿元，参股资本金0.99亿元。张北坝头风电场一期工程（100MW）年内全部机组投产，全年发电1.2亿kWh；瓜州北大桥第一风电场（200MW）完成全部风机吊装并作为国家首个千万千瓦级风电基地的三个第一批发电项目，于12月31日实现首批机组并网发电；洼垴水电站实现全部机组并网发电；湖南郴州市第三污水处理厂BOT项目建成并投入运行；美姑河坪头水电站等水电项目、风电项目和水务项目建设顺利。2010年，集团公司控股水电、风电、水务投资项目完成发电量21.04亿kWh，完成污水处理量3077.9万t。控股项目实现销售收入52 559万元、较2009年增长40%，实现利润7154万元（权益部分）、较2009年增长48.1%，参股项目实现投资收益3127.4万元、较2009年增长12.4%。

企业经营效益再创新高，资产规模增长快速健康。2010年，水电顾问实现营业收入105.1亿元，较2009年增长18%；实现利润总额18.1亿元，较2009年增长58.2%；实现净利润15.3亿元，较2009年增长51.5%；实现经济增加值14.6亿元，较2009年增长52.37%；净资产收益率40.4%，与2009年持平；总资产报酬率11.3%，同比提高了2个百分点，各项经营指标均创历史新高。到2010年12月底，水电顾问资产总额达到191.9亿元，较2009年增长30%；资产负债率74.7%，比2009年降低了3.3个百分点；净资产48.6亿元，较2009年增长49.6%；归属于母公司所有者权益44亿元，较2009年增长50.9%，企业资产规模健康快速增长。

2010年，水电顾问在取得上述经营业绩的同时，也全面超额完成了与国资委签订的经营业绩考核目标，其中，实现利润总额完成目标值的148.8%，经济增加值完成目标值的163.3%，成本费用总额占主营业务收入比重比目标值多下降6.3个百分点，技术投入比率超目标值0.6个百分点。

2. 克服困难，努力工作，为国家水电风电发展作出了新贡献

2010年，我国水电迎来百年华诞，全年新投产水电装机1661万kW，我国水电总装机容量突破了2亿kW，稳居世界第一。新投产风电装机容量1333万kW，并网总装机容量3100万kW，仅次于美国，首居世界第二。水电顾问广大干部职工努力工作，克服困难，认真履职，科学规划，精心设计，优质服务，按计划完成了各项生产任务，为国家水电风电的发展继续作出了重要贡献。

水电风电规划再获新成果。完成了澜沧江上游西藏段水电规划，雅鲁藏布江中游、金沙江上游和怒江上游水电规划按计划推进，雅鲁藏布江下游水电规划终获国家发展改革委批准立项正式开展，完成了福建、广东、安徽等8省区的抽水蓄能电站选点规划，新完成4个千万千瓦级、3个百万千瓦级风电能源基地规划，开展了首批2个海上千万千瓦级风电能源基地规划工作，为国家水电风电发展战略的顺利实施打下了必备的重要基础。

国家有关部门委托的管理职责很好履行。完成水电和抽水蓄能工程各阶段勘测设计报告及专项报告审查223项，完成小湾、拉西瓦等41项水电工程的验

收，完成三峡地下电站、金安桥等25项水电工程的安全鉴定；完成风电和光伏发电工程各阶段勘测设计报告及专项报告审查89项；完成都江堰灌区毗河供水一期工程等3项重大水利工程的项目评估工作。这些工作的完成为国家水电、风电、抽水蓄能电站、光伏发电和水利的发展发挥了重要作用。

勘测设计和总承包项目按计划顺利推进。水电顾问承担水电工程规划、勘察设计任务及总承包284项，其中：规划阶段28项，预可研阶段63项，可研阶段56项，施工图设计阶段79项，总承包18项，境外勘察设计任务40项；承担风电场工程规划、勘察设计任务及总承包195项，其中：规划阶段19项，预可研阶段14项，可研阶段93项，施工图设计阶段50项，总承包15项，境外勘察设计任务2项；承担光伏发电工程规划、勘察设计任务及总承包33项，其中：规划阶段6项，预可研阶段2项，可研阶段15项，施工图设计阶段9项，总承包1项。所承担的勘测设计和总承包项目基本上按计划和要求完成了各项工作，保障了前期项目积极推进、在建项目按计划建设。

3. 完善方略，强化管理，企业管理水平进一步提高

制定了水电顾问新的发展战略。为了全面贯彻落实党中央、国务院和国资委对中央企业改革发展的部署和要求，科学把握发展机遇，有效应对各种挑战，推进企业做强做优，实现可持续发展，水电顾问历时一年，通过广泛的调查研究，在认真总结发展历程，对标国际国内先进企业，系统分析发展环境和自身能力的基础上，研究制定《中国水电工程顾问集团公司发展战略（2010年版）》，明确了集团公司新一轮的发展战略——实施“集团化管理、多元化经营、国际化发展”三大战略，用10年左右的时间，把水电顾问建设成为“以技术和管理为核心竞争力的国际型工程公司”。

进一步完善了企业的组织机构。结合水电顾问新的发展战略实施的需要，水电顾问总部设立法律事务部和投资管理部，健全了管理部门下设机构，完成了专业技术部门组织机构的完善；子公司也结合自身实际对所属机构进行了进一步的调整健全。

进一步健全了水电顾问全员考核体系。根据国资委《关于进一步加强中央企业全员业绩考核工作的指导意见》（国资发综合［2009］300号）精神和要求，为了进一步加强水电顾问的全员考核工作，成立了水电顾问绩效考核委员会，制定了《关于进一步加强集团公司全员绩效考核工作的指导意见》、《子公司负责人经营业绩考核暂行办法》、《子公司领导班子和领导班子成员综合考核评价暂行办法》、《子公司全员绩效考核情况核查计分办法（暂行）》等，进一步健全了考核体系。同时，进一步理顺了水电顾问的岗位设置，规范了岗位工资管理。

进一步加强了集团化经营管理。明确了有关要求，加强了水电顾问内部协调经营工作，加强了子公司在同一领域投标的协调管理，防止子公司以低价进行恶性竞争。通过集团总部和各子公司的齐心协力、不懈努力，“02收费标准”的执行取得了较大的突破，常规水电项目以及抽水蓄能项目合同谈判基本以“02收费标准”为基础进行谈判，并取得了较好的成效。对于重大的战略性经营项目，做到了水电顾问统一策划、子公司按要求执行。以完善水电顾问经营报表系统、编制月度经营快报等措施，加强了经营信息沟通，促进精细经营。

进一步建立健全了国际发展管理体系。加强制度建设，颁发了国际经营管理、驻外机构管理、外经外事服务管理等制度，编制完成《境外业务安全生产管理规定》等6项制度；结合埃塞阿达玛（ADAMA）风电场EPC项目的实施，组织开展国际项目物流、劳务、风险管理业务交流；开发并正式运行了境外业务信息系统，进一步加强了国际经营信息管理和集团公司品牌宣传。国际经营秩序明显改善，经营能力、管理水平得到有效提高。

进一步加强了投资管理。进一步研究加强和规范管理的方法、措施，修订投资管理有关规定，完善投资管理工作流程、前置分析评价程序、审批程序；严格控制投资规模，对需整合的投资提出整改要求，控制低效投资行为；加强对新增投资项目立项尽责调查和立项审批的可行性研究，特别关注对参股项目立项审批和管理；加强已实施参股项目的股权管理，推进有效行使股东权利；投资支出严格按照有关规定履行申报、审批手续，加大了对所有投资项目跟踪、监督和管理的力度。

进一步强化了资金管理。按照国资委的统一部署，认真开展了“小金库”专项治理工作，通过自查自纠和重点检查，共新查出存在“小金库”问题的二级子企业5户，涉及“小金库”资金685.81万元，按照有关规定进行了处理。结合开展了“小金库”专项治理工作，水电顾问和子公司对发现的问题进行了认真分析，并着力于制度的全面检查，及时修订健全有关制度，加强制度执行力，进一步强化了资金管理。同时，加大了资金集中管理力度，盘活了存量资金，减少内部沉淀资金成本，提高了水电顾问的信用度，融洽了银企关系，降低了资金使用成本。

进一步健全了企业内部监督。确立了“以防范风险为导向，以健全内控为核心，全面审计、突出重点，效能监察、源头控制”的企业内部监督工作方

针，制定和执行统一的审计工作规范与标准，实施对有关单位落实监督意见与要求情况的跟踪检查和动态管理。水电顾问总部建立了内部监督联系制，审计监察部门开展监督工作前，及时与有关职能部门沟通协调，听取有关方面的意见。全年组织开展审计项目105项，其中完成了99项，审计出的各类问题所涉及金额7636.1万元，累计提出审计意见和建议388条，已经整改落实287条；效能监察立项48项，提出监察意见和建议94条，完善制度7项。

进一步强化质量管理工作。针对水电顾问存在或潜在的一些质量问题，特别是个别单位不能正确对待质量问题，经过大半年的调查研究准备，水电顾问召开了质量工作会议。这次会议着力于客观分析自我，认真剖析所发生的一些质量问题，侧重于从主观方面分析原因、查找问题与不足，研究制定有效的整改措施，促进全集团进一步统一思想，提高认识，勇于面对，从本质上重视并强化质量管理、确保产品质量。

进一步强化了安全生产管理基础。深入开展“安全生产年”各项工作，认真组织开展安全生产“三项行动”大检查，着力强化制度的执行力，抓好生产一线及重点岗位、重点部位的从严管理。加强了各个层次的安全生产培训，不断提高干部职工安全生产意识和技能。加强了安全生产管理信息化建设，水电顾问“安全生产在线管理系统”正式上线，日常安全管理逐步规范化、流程化、信息化。2010年水电顾问安全生产情况总体趋好，成都院锦屏移民项目部被国资委作为10个中央企业安全文明班组推荐给国务院安委会，但是，成都院科研所在12月30日做水工模型试验时，发生了导致1人死亡的事故。

建立了法律事务管理体系。水电顾问和子公司建立了总法律顾问制度，设立总法律顾问，健全了法律事务管理部门；发布《加强法律工作意见》等法律管理制度，建立法律事务管理体系，明确了法律事务管理的职责和工作要求与流程。

4. 结合实际，突出重点，科技创新取得新成绩

水电风电的重大课题研究取得新进展。针对我国水电风电发展面临的需要，水电顾问立题或受国家有关部门委托，积极开展有关重大课题的研究，完成了《水电价格形成机制改革课题研究》、《我国西南水电群与境外水电开发消纳有关问题研究》、《水电开发对国民经济和社会发展影响分析研究》、《三峡工程后续工作总体规划实施管理体制研究》、《风电与电力系统协同发展研究》和雅鲁藏布江下游基础地质系列研究等课题，开展了《风电接入电网和市场消纳研究》、《金沙江干流下游河段水电梯级开发环境影响及对策研究》以及金沙江界河电站移民安置与补偿政策有关问题研究、风电场技术标准专题研究、水工建筑物抗震设计专题研究等课题研究。这些重大课题的研究成果将为我国水电风电可持续开发提供重要支撑，受到了国家有关部门和单位的高度重视。

科研成果获奖和专利获得授权取得新成绩。“200m级碾压混凝土重力坝建设关键技术研究与应用”、“高原高山峡谷区大型梯级开发的环境效应及生态安全调控”、“高混凝土坝整体稳定安全控制新理论及工程应用”、“水布垭超高面板堆石坝工程筑坝关键技术及应用”等4项荣获2010年度国家科技进步二等奖，另有25项科研成果获得省部级科技进步奖；新获授权专利92项，其中发明专利14项，截至2010年底，集团公司拥有专利218项，其中：发明专利33项。2010年，水电顾问科研成果获奖和专利获得授权，取得近十年的最好成绩。此外，晏志勇、宋胜武、范福平同志获得“全国优秀科技工作者”荣誉称号，周建平同志获首届“潘家铮奖”。

信息化水平取得新进步。全面贯彻国资委第三次中央企业信息化工作会议精神，结合集团公司的实际情况，认真落实和调整登高计划，积极推进“两化融合”，做好信息化建设与市场开拓、经营生产、管理增效的结合。基本完成了“中国数字水电”一期开发，“水电工程枢纽布置三维可视化设计研究”等4项三维设计研究成果。针对信息化建设存在的弱项和不足，进行了全面梳理和分析，逐项落实，确保集团公司信息化由C上升到B级水平，全面提升集团信息化总体水平。

5. 创先争优，注重实效，党的建设进一步加强

创先争优活动全面开展。按照中央、国资委党委和中央企业创先争优小组的统一部署和要求，集团公司党组认真组织开展了创先争优活动，制定了《中国水电工程顾问集团公司党组深入开展创先争优活动实施意见》，对集团公司创先争优活动进行周密安排，明确以“促进国家水电风电发展，推进集团公司国际型工程公司建设”为活动载体；强调紧密结合实际，突出实践特色，创新创先争优活动方式，努力做到“五个紧密结合”；带动工会、共青团开展创先争优活动；着力推进学习实践活动整改落实的后续工作全面完成，重点解决集团公司改革发展存在的突出问题，全面提升集团公司党建工作的科学化水平。

创先争优活动取得初步成果。通过开展近8个月的创先争优活动，水电顾问子公司都取得了较好的初步成果：学习实践活动整改落实的后续工作按计划有效推进，研究完成了水电顾问新一轮发展战略，企业管理水平得到了进一步提高，企业经营业绩再创历史

新高，科技创新取得新成绩；持续开展“四好”领导班子建设，进一步加强了对领导班子和成员的综合考核，领导班子的整体素质得到了进一步提高；认真开展党员集中教育培训工作，进一步加强了基层党组织和党员队伍建设，形成了组织创先进、党员争优秀的良好局面，涌现出一批先进典型，水电顾问党组表彰16个先进基层党组织、23名优秀共产党员、16名优秀党务工作者，其中，中南院宜昌设计院党委、成都院西藏项目部经理王泽溪同志还分别被国资委党委评选为中央企业先进基层党组织、优秀共产党员。

党风廉政建设得到进一步加强。加强了对党风廉政建设责任制落实情况检查，对所有设计院进行了检查考核；采取“请上来讲”和“走下去听”相结合的方式，组织集团10家子公司纪委书记进行工作述职，对3家设计院进行了抽查考核，总结经验，查找问题，推动了工作的深入开展。积极探讨运用风险管理理论和经验，推进惩治和预防腐败体系建设。研究制定了《关于加强和改进纪检监察组织建设的实施意见》，进一步加强纪检监察的组织建设。组织开展党纪条规学习月活动，深入开展廉洁文化建设，加强党风党纪宣传教育，营造廉洁从业的良好氛围。

以党建带工建、带团建取得进步。建立水电顾问职代会制度，选举产生水电顾问第一届工会委员会、工会经费审查委员会，制定了《集团公司职工代表大会条例》、《集团公司工会工作条例》，组建了水电顾问工会、职代会各专门委员会和工作小组，加强企业民主管理，维护职工合法权益。成立水电顾问第一届共青团委员会，水电顾问党组研究制定了《关于加强和改进中国水电工程顾问集团公司共青团工作的意见》，水电顾问团委与各子公司团委和直属团委签订了“组织全覆盖目标责任书”，进一步加强了水电顾问各级团组织和团员青年的工作。于12月在北京举行首届青年管理论坛，发动团员青年为水电顾问改革发展献计献策。

6. 履行责任，回报社会，保持良好的中央企业形象

面对重大自然灾害，勇于担当，积极主动履行中央企业的社会责任。在玉树地区发生大地震后，根据国家能源局的要求，水电顾问及时组织西北院派出专家组，急赴灾区，检查震区水电工程震损情况，并组织西北院的专家在最短的时间内，研究编制完成了震区电力工程复建规划，为抗震救灾作出了贡献，受到了国家能源局领导的表扬。在舟曲发生特大泥石流灾害后，水电顾问及时与国家防总和水利部联系、请战，指派西北院组织专家组奔赴舟曲现场，发挥熟悉白龙江、掌握有关基本情况和资料的技术优势，积极主动参与有关工作，为战胜舟曲特大泥石流灾害作出了贡献，受到了国家防总和水利部领导的表扬。

扶贫赈灾，支持民族地区教育事业。继续按照国务院扶贫办的要求，组织开展云南剑川县的定点扶贫，在2010年初西南地区发生严重旱灾后，水电顾问及时向剑川县增加捐赠20万元，支持抗旱救灾，云南省委、省人民政府于2009年授予了水电顾问“云南省社会扶贫工作先进集体”称号。玉树地区发生大地震后，水电顾问和子公司在以企业方式捐款700余万元的同时，还积极组织广大干部职工开展捐款活动，支援灾区人民抗震救灾，共捐款194.36万元。为了支持西藏自治区教育事业，水电顾问向西藏阴法唐教育基金会捐款100万元，用于帮助贫困学生、奖励优秀教师和学生等，受到了国家民委和西藏自治区领导赞扬。

“十一五”时期改革发展总体情况

“十一五”时期，得益于党中央、国务院和国资委的正确领导，得益于国家经济社会的可持续发展，得益于国家有关部门和社会各界的大力支持，得益于老领导、老专家、老同志的关心帮助，通过广大干部职工把握机遇、应对挑战、努力拼搏，水电顾问得到了持续平稳较快的发展，在全面实现水电顾问“十一五”规划目标的同时，也为国家在“十一五”时期的发展作出了贡献。

1. 全面贯彻落实科学发展观，研究制定并开始实施了水电顾问新的发展战略

面对国际金融危机的深刻影响，面对我国水电发展持续低迷的困局，面对水电顾问改革发展的新环境、新要求、新问题，水电顾问全面贯彻落实科学发展观，对标先进企业，正确分析认识自己，经过一系列研究和探索，制定并开始实施了新一轮发展战略：实施“集团化管理、多元化经营、国际化发展”三大战略，争取用10年左右时间，实现把水电顾问建设成为以技术和管理为核心竞争力的国际型工程公司的战略目标。

2. 推行“精细经营、协调经营、开拓经营”，实现了水电顾问持续平稳较快发展

经营业绩和效益大幅提高：年新签合同从2005年106亿元增长到2010年新签合同177亿元，年均增幅10.8%；年实现营业收入从2005年41.4亿元增长到2010年的105.1亿元，年均增幅20.5%；年利润总额从2005年的2亿元增长到2010年的18.1亿元，年均增幅55.4%；年净利润由2005年的1.54亿元增长到2010年的15.3亿元，年均增幅58.3%；资产总额由2005年的58.3亿元增长到2010年的192.2亿元，增加了133.9亿元，年均增幅26.95%；净资产由2005年的8.3亿元增长到2010年48.6亿元，

增加了40.3亿元，年均增幅42.4%。多元化经营初具规模：非勘测设计业务和非水电行业新签合同额保持了持续稳定增长，累计新签非勘测设计业务合同309.1亿元，占总合同的47.2%，累计新签非水电行业合同177.2亿元，占总合同的27%；完成水电、风电投资94.62亿元，已建、在建装机容量达到284.24万kW，累计实现发电收入16.13亿元；2007年起，集团涉足水务领域污水处理和供水投资业务，目前已投入资金3.88亿元，拥有水务运行和在建规模27.1万t/d，实现收入0.54亿元。国际化发展取得新突破：2005年集团新签国际业务合同仅2.5亿元，仅占当年合同额的2.3%，2010年集团国际业务合同达到39.5亿元，占总合同额的比例上升到22.3%，五年累计签订国际业务合同总额134.9亿元，业务涉及多行业，项目遍布亚非拉数十个国家。

3. 不断建立健全管理体制机制，提高了集团公司管理水平

进一步完善公司法人治理结构，按现代企业要求健全企业各项规章制度；基本完成了中层及以上干部个人投资和持股清退、历史遗留的土地、房产变更登记及取证、资产的清理及经营与非经营资产的界定等基础工作；完善组织机构，加强集团化管理，集团总部调整了管理部门机构设置，完善了专业技术部门，从子公司调入干部充实总部高管人员，整合集团国际经营和投资业务力量，组建国际工程公司和投资公司；持续改进领导班子和干部队伍建设，通过交流任职、公开招聘、组织推荐等多种方式，不断改进领导人员选拔任用方式；进一步加强专业技术人才队伍建设，不断加强人力资源管理制度建设，加强人才培养和实践锻炼，新增全国工程勘察设计大师3名，获国务院享受政府特殊津贴专家4名；进一步加强和完善财务管理，不断提高财务管理水平，健全财务预算管理工作体系，加强资金集中管理，成立集团资金结算中心，建成覆盖子公司的资金在线监控系统；加强国际经营管理和投资管理，不断建立健全国际经营管理和投资管理体系；不断改进和完善质量管理体系和质量管理工作，通过内部技术评审及外部咨询与审查，提高设计水平和产品质量；持续加强安全生产管理，不断完善安全生产管理体系，建立安全生产长效机制，加大安全生产投入，加强隐患排查治理，严格责任追究力度，全面落实各项安全生产措施；加强企业内部控制和风险管理，坚持深入开展内部审计和效能监察，建立总法律顾问制度，成立法律事务部，防范法律风险；不断提升民主管理水平，成立水电顾问工会，建立职代会制度，切实加强民主管理，搞好民主监督。

4. 加强科技创新，增强了水电顾问核心竞争力

坚定不移地把科技进步和技术创新作为集团可持续发展的重要推动力，围绕集团的三大战略，加大科技投入、完善创新体系、培育创新人才、提高创新效果、增强核心能力。集团公司科技投入累计达到35.68亿元，占主营业务收入比重达9.4%。共获得国家科技进步奖11项，是“十五”的3.7倍，仅2010年就有4项。共组织113项水电技术标准的制修订，完成51项；风电技术标准完成20多项；标准英文版编译全面启动，完成标准编译54项。知识产权专利技术年申请数量从27项增至118项，年授权数量从15项增至92项，共获得专利授权173项，是“十五”末累计拥有45项的3.8倍。共建立3个博士后科研工作站，1个研究生培养基地以及多个区域性、专业性工程技术中心。

5. 坚持发挥技术优势努力工作，保障了国家水电风电的健康发展

“十一五”时期，我国水电投产规模9000万kW，占全国投产水电总装机容量的43%；风电并网装机容量从2005年的126万kW发展到2010年的3100万kW，跃居世界第二。这些令人骄傲的成就中，水电顾问总部承担着工程的审查、咨询、安鉴、验收等任务，各子公司承担了大部分工程的规划、勘测、设计工作，通过集团公司上下的共同努力，我们克服了种种困难，科学组织、严格管理、精心设计、努力工作，从规划、勘测、设计、咨询、审查、监理、安全鉴定、验收等方面有效地保证了在建项目的顺利建设、前期项目论证的积极推进，为国家水电风电的快速发展和技术水平提高作出了十分重要的贡献。

6. 认真履行社会责任，树立了水电顾问良好的中央企业形象

“5·12”汶川特大地震，水电顾问在第一时间派出专家组深入重灾区，发挥技术优势，主动负责地承担起了水电工程和唐家山等堰塞湖的排险除难等重要工作，为国家全面夺取抗震救灾胜利发挥了重要作用、作出了重要贡献。玉树大地震和舟曲特大泥石流灾害发生后，水电顾问也在第一时间做出反应，主动请战，及时派出专家组奔赴灾区，投入抗灾救灾工作，作出了贡献。同时，水电顾问和广大干部职工为汶川震区和玉树灾区累计捐款达2396万元，从经济方面进一步支援灾区人民抗震救灾。按照国务院扶贫办、国资委的要求，积极开展扶贫济困和社会捐助工作，水电顾问为定点扶贫县——云南省剑川县捐助建设了4所希望小学，捐助资金300万元。关心支持民族地区教育事业，向阴法唐西藏教育基金会捐赠100万元，用于帮助贫困学生、奖励优秀教师和学生等。

7. 持续加强党的建设和反腐倡廉建设，保障企业和干部职工健康发展

按照中央和国资委党委的部署和要求，紧密结合实际，认真开展保持共产党员先进性教育活动、深入学习实践科学发展观活动和创先争优活动，不断加强各级党组织和党员队伍思想作风建设，加强“四好”领导班子建设，充分发挥党组织在企业改革发展中的政治核心作用；不断加强企业思想政治工作和企业文化建设，健全职工代表大会制度，推进职工民主管理；不断加强反腐倡廉建设，建立健全惩防体系，提高广大干部职工廉洁从业的意识，落实党风廉政建设责任制和“三重一大”决策制度，为企业和干部职工健康发展提供有力的保障。

（张　建）

中国水利水电建设集团公司

企业概况

中国水利水电建设集团公司（Sinohydro Corporation）（简称中国水电集团）是中央管理、跨国经营的综合性大型企业，是中国规模最大、科技水平领先、最具实力、行业品牌影响力最强的水利水电建设企业。具有国家施工总承包特级企业资质、对外工程承包经营权、进出口贸易权、AAA级信用等级，被商务部列为重点支持发展的大型外经企业。2010年，中国水电集团在全球最大225家国际工程承包商中以总营业额排名第26位，在“中国企业500强”中排名第78位，进入中国建筑业企业前五强行列。

自20世纪50年代以来，中国水电集团承担了国内70%以上的大中型水利水电工程建设任务，参建了长江三峡等上百座世界瞩目的大型水电站，总装机容量突破1.3亿kW，约占全国水电装机总容量的70%，为中国常规水电装机容量、水电在建规模跃居世界第一作出了突出贡献。

中国水电集团主营业务为：建筑工程；相关工程技术研究、勘察、设计、服务与专用设备制造；水电投资建设与经营；房地产开发经营。具备年完成土石方开挖5亿m^3、混凝土浇筑5000万m^3、水轮发电机组安装3000万kW、水工金属结构制作安装80万t以上的综合施工能力。

凭借勇于创新的科学精神，中国水电集团在施工中攻克了一系列世界级技术难题，承建的多项水利水电工程获得了国家及地方政府颁发的鲁班奖、金质奖、银质奖、优秀工程奖，同时在交通、市政、工业与民用建筑、水务等非水电建筑领域也取得了显著业绩。2008年中标京沪高速铁路工程对中国水电集团全面开拓非水电建筑市场产生了深远影响，在世界建筑市场进一步彰显了“中国水电”品牌。

中国水电集团认真贯彻落实中央“走出去”的发展战略，优先发展国际业务，规模由小到大，国别由少到多，模式由低到高，逐步实现了从“量”到“质”的跨越。截至2010年底，中国水电集团在世界53个国家设有69个驻外机构，在亚洲、非洲、中东、大洋洲、南美洲等地区承建了210多个项目，经营范围涉及水电站、水利设施、机场、城市基础设施建设、大型场馆、高速公路及矿业开发等领域。在全球拥有约50%的水电建筑市场份额，“中国水电”已成为国际上水利水电建设的第一品牌和行业代表。

中国水电集团积极稳健地开展投融资业务，投资建设了水电、煤电、风电等一批优质能源项目、BOT高速公路项目，并积极进行房地产开发。投资80亿元承建的天津武清BT项目创造了集团公司资本实力和承包能力、投资能力和施工能力有机结合的“武清模式”。

秉承“自强不息，勇于超越”的企业精神，通过坚韧、创新的实际行动，中国水电集团建筑总承包业务已形成国内水电、国内非水电、国际业务“三足鼎立”的格局，由过去单一的水利水电施工企业初步发展成为集工程承包、水电和风电能源投资开发、国际经营及房地产开发协调发展的综合性大型跨国企业集团。由于经营业绩突出，集团公司2007年获得了国资委授予的“绩效进步特别奖”荣誉称号，2010年获得国资委授予的“管理进步特别奖”荣誉称号。

中国水电集团与中国水电工程顾问集团公司共同发起创立了中国水利水电建设股份有限公司，并于2009年11月27日成功召开了股份公司创立大会，2010年1月29日国务院国有企业监事会主席高怀忠与中国水电集团公司总经理、股份公司董事长、党委书记范集湘共同为中国水利水电建设股份有限公司揭牌。股份公司的创立为集团公司科学可持续发展打造了新的体制平台。

截至2010年，中国水电集团拥有19个全资子公司，9个控股公司，2个参股公司。伴随着国家的经济发展，早在2005年中国水电集团就制定出“十一五”发展规划，确立了“全面建设行业领先，管理一流，品牌影响力明显，具有持续成长性和较强国际竞争力的质量效益型跨国企业集团”的发展目标和“四大主业协同发展，建筑工程承包、资产经营两条主线稳健延伸，国际、国内两大市场双向拓展、良性发展”的战略发展模式，并积极实践落实。“十一五”期间，中国水电集团生产经营连续五年保持快速增长，累计实现营业收入3283.93亿元，期末资产总额达1209.93亿元，跨入资产规模、营业收入双超千亿元的中央企业行列。

主要经济技术指标

1. 生产经营连续五年保持快速增长，跨入资产规模、营业收入双超千亿的中央企业行列

“十一五”期间，中国水电集团累计实现营业收入3283.93亿元，年均增长25.71%；累计实现利润111.73亿元，年均增长57.36%，利润指标增长高于央企建筑业平均值。期末资产总额1209.93亿元，所有者权益为135.87亿元。2010年与2005年相比，营业收入增长了3.14倍、利润增长了9.65倍、资产总额增长了3.52倍。新签合同年均增长23.98%，年末合同存量增长了2.5倍。营业收入、新签合同额、资产规模均超过千亿元。“十一五”期间在岗职工人均收入从2005年末的19 242元/（人·年），提高到2010年的45 606元/（人·年），年均增长达到22.83%。

由于经营业绩突出，中国水电集团2007年获得了国资委授予的“绩效进步特别奖”荣誉称号，2010年又获得了国资委授予的“管理进步特别奖”荣誉称号。2010年，中国水电集团在全球最大225家国际工程承包商中以总营业额排名第26位，在“中国企业500强”中排名第78位，分别比2005年上升23位、21位，进入中国建筑业企业前五强行列。

2010年，中国水电集团实现营业收入1007.13亿元，同比增长33.33%。其中：国内水电建筑业务营业收入412.38亿元，占营业收入的40.95%，同比增长22.89%；国际业务收入262.62亿元，占营业收入的26.08%，同比增长35.95%；国内非水电建筑业务营业收入259.32亿元，占营业收入的25.75%，同比增长24.28%；电力生产等其他业务营业收入72.81亿元，占总营业收入的7.23%，其中发电营业收入22.74亿元，占总营业收入的2.26%，房地产营业收入18.91亿元，占总收入的1.88%。

2010年，新签合同总额1347.6亿元，同比增长44.9%。其中：国内水电建筑业务490.7亿元，占新签合同总额的36.4%，同比增长41.5%。国内非水电建筑业务306.1亿元，占新签合同总额的22.7%，同比增长47.4%；国际业务550.9亿元，占新签合同总额的40.9%，同比增长46.7%。合同额存量为2127.5亿元，同比增长19%。其中：国内水电建筑业务合同额存量820.2亿元，占合同额存量的38.6%，同比增长19.1%；国内非水电建筑业务合同额存量289.3亿元，占合同额存量的13.6%；国际业务合同额存量1017.9亿元，占合同额存量的47.8%，同比增长37.5%。国际合同额存量首次超过1000亿元。

2010年中国水电集团实现利润总额37.95亿元，同比增长17.17%；营业收入利润率为3.77%。成本费用利润率3.91%；净资产收益率（不包含少数股东权益）16.25%；国有资产保值增值率112.3%。全员劳动生产率77.2万元/（人·年），同比增长31.9%，在岗员工人均工资45 606元/（人·年），同比增长12.3%。

从以上数据可以看出：第一，建筑业务结构调整成效突出。五年前公司营业收入的90%以上来自水利水电施工，对单一业务的依赖度极高，目前这一状况得到扭转。第二，市场结构调整进展良好，国际经营业绩卓越，比重大幅度增加，实现了跨越式发展。第三，产业结构调整初见成效。房地产、发电营业收入占比4.06%，而利润占比18%，投融资业务对公司利润的贡献显著。

2. 经营结构发生了重大变化，国际业务、非水电建筑业务、投资业务得到长足发展

“十一五”期间，中国水电集团始终坚持巩固水电建筑业务的核心主业地位，实现了营业收入、新签合同额、利润的稳步增长，中国水电集团在水电建筑行业的排头兵地位进一步巩固。同时，以“自强不息、顺势而变”的精神，变革几十年形成的水电一元型单一产业结构，实施“大集团、大土木、大市场、大品牌”战略，加快结构调整优化，加快战略转型升级，大力实施国际业务优先发展战略，大力拓展非水电建筑业务，积极稳健投资开发有持续盈利能力的相关经营性产业，中国水电集团的市场结构、业务结构和产业结构发生了重大变化。市场从国内市场为主调整到国内、国际两个市场齐头并进，主业从单一水电建筑调整到四大主业共同发展，产业结构由单一建筑业调整到建筑业、投融资业、房地产业等多产业协同齐驱，形成了国内水电、国际业务、国内非水电、投融资业务协调发展的经营格局。建筑承包业务已基本形成国内水电、国际业务、国内非水电“三足鼎立”的格局。中国水电集团已由单一的水利水电施工企业初步发展成为集国内外建筑工程承包，能源、房地产、基础设施、矿产等投资业务协调发展的具有较强国际竞争力的综合型跨国公司。

五年来，国际业务实现了快速发展，已成为中国水电集团持续发展的重要支柱。规模从小到大，国别由少到多，经营范围由窄到宽，业务链由低到高，逐步实现了从“量”到“质”的跨越。2010年末，国际业务合同存量超过1000亿元，营业收入和新签合同额增长率均大幅超过我国对外承包业务的总体增长率。在全球最大225家国际承包商中，中国水电集团以国外营业额排名第41位，比2005年上升了40位。

2010年，在中国外经企业排名中，中国水电集团新签合同额排名第二、营业额排名第三。“中国水电”已成为国际工程建设领域的知名品牌，已成为中国水电产业“走出去”的行业代表。海外事业部/国际公司在引领、组织、服务国际业务优先发展战略的实践中，作出了显著的重大贡献，各子公司卓有成效的国际经营业绩强有力地支撑了中国水电集团国际业务的跨越式发展。

2010年，中国水电集团进一步调整优化国际市场结构，国际经营战略引领作用进一步发挥，管理制度体系和支持保障体系进一步完善，经营管控、管理水平进一步提升，产业结构进一步升级。市场空间不断拓展，新开辟8个国别市场，成功进入西亚市场。水电十三局整体能力强、国际化程度高、自主营销业绩出色；水电八局在火力发电新领域业绩突出；水电七局、五局岁塞雷斯联营体狠抓项目精细化管理，出色地整合、利用当地社会资源，创造了大坝月填筑强度超过110万m^3的新纪录，受到业主书面表扬；卡塔尔区域业务总部在路赛项目的变更索赔中，直接与欧美咨询公司和世界一流承包商同台竞技，合同索赔和新增合同额大幅增加，使区域合同总额接近30亿美元，取得良好效益和品牌效应。

五年来，国内非水电建筑业务持续增长，发展潜力巨大。公司已全方位进入公路、铁路、地铁、市政、港航疏浚及其他基础设施领域，实现了经营规模、经营领域的快速扩张，占公司收入的比重大幅提高，经营质量和利润率逐步提升。“十一五”期间，中国水电集团一举跨入铁路建设领域，承建了举世瞩目的京沪高铁三标项目，并率先完成了轨道铺通任务，以优良的业绩得到了铁道部的充分肯定，奠定了“中国水电铁建”坚实的品牌基础。京沪高铁三标项目部领导班子和广大员工，科学管理，真抓实干，绩效显著，深受业主好评。

2010年，中国水电集团继续大力推进非水电建筑业务发展战略，进一步采取有效措施，推动子公司大力开拓铁路、公路等非水电主业市场，并在核电、军工等建筑市场取得了突破，使非水电项目签约额持续大幅增长。路桥公司、水电三局、水电七局、水电十四局在公路、铁路市场开发中成绩显著。全年公司非水电建筑业务收入、市场营销额都超过“十一五”规划目标值一倍以上，营业收入比2006年增长了7.16倍。

五年来，中国水电集团稳步推进投资业务发展，调整优化产业结构初见成效。中国水电集团投资业务从小到大，增强了中国水电集团持续盈利能力和防御建筑业系统性风险的能力，已成为中国水电集团战略发展的重要业务，投资开发了相关经营性产业，包括水电、火电、风电等能源项目，房地产项目，高速公路等基础设施项目，矿产项目等。“十一五”末，中国水电集团投资项目形成的资产总量约400亿元，约占资产总额的33%。中国水电集团控股开发项目共计93个，其中电力项目总装机达1352万kW，权益装机约1020万kW，已投产运营装机395万kW。房地产业务以6亿元资金起步，创造了近80亿元的资产规模，累计开工面积186万m^2，累计销售面积113万m^2，累计获得项目用地178万m^2，其中2010年新增项目用地125万m^2，销售面积44.7万m^2，营业收入、土地储备和利润同比都大幅增长，房地产公司经营业绩、经营管理能力提升明显。

2010年，共完成投资195.3亿元，其中电力占43%、房地产占35%、基础设施占21%。主要投资项目营业收入、利润同比均有较大幅度增长，其中四川电力开发公司作出了突出贡献。2010年电力项目共完成投资83.1亿元，新增装机容量406万kW，其中崇信电厂两台60万kW燃煤机组顺利投产发电，崇信发电公司工作卓有成效。由基础事业部/路桥公司组织实施的邛名、武邵两个BOT公路项目按期建成通车运营，培育提升了中国水电集团非水电基础设施投资、建设能力和资质水平，扩大了“中国水电”品牌在基础设施投资领域的影响。

3. 确立了公司战略发展目标，集团化建设取得显著成效

“十一五”期间，中国水电集团以增强核心竞争力、提高经营质量效益为重点，确立了“行业领先，管理一流，品牌影响力明显，具有持续成长性和较强自主创新能力、可持续发展能力和国际竞争力的质量效益型跨国企业集团”的战略目标，形成了由公司总体战略、各经营单元战略、各职能战略之间统筹协调、上下联动、较为完整的发展战略体系。建立了公司国内、国际经营的战略管控模式，不断健全了战略管控措施。中国水电集团的战略管控力、经营控制力、风险防控力不断提高，子公司的大局意识、整体意识大为增强。中国水电集团的发展战略和有效的集团管控，保证了集团的持续快速发展，得到了国务院国资委的充分肯定。

2010年，中国水电集团各项管理和管控工作进一步加强，企业风险总体受控。广泛开展“管理创效年”活动并取得预期成效。进一步落实安全生产责任制和长效管理机制，安全生产形势持续稳定，年内没有发生较大及以上安全生产责任事故。继续强化工程质量管理，工程质量合格率和优良率稳步提升。继续发挥经营业绩考核导向作用，加强EVA考核制度建设，推行分类考核、分类指导，健全了考核机制。加强了财务、资金、资产、担保管理及风险管控，财务

管控力进一步增强，财务会计核算连续五年受到财政部表扬。资金预算、监管和融资管控进一步强化，集约化管理效益提升，两次企业债券的发行创下同期限品种发行利率最低的纪录，大大降低了融资成本。加强了经济责任审计评价工作和对项目的审计监督、效能监察工作，增强了审计与监察效果。设备物资管理进一步强化，设备物资集团化采购与管理进一步规范。中国水电集团全面风险管理与内部控制体系建设工作全面启动，相关工作有序推进。法制工作三年规划目标初步实现，“五五普法”各项任务全面完成，两级法律风险防范机制基本建立并有效运行。

4. 企业改革取得重大进展，构建了现代企业制度的新体制新机制

“十一五“期间，中国水电集团以建立现代企业制度为目标，大力推进主辅分离辅业改制，圆满完成了各子企业的公司制改建，实现了中国水电集团整体改制，成立了股份有限公司。建立了规范的股份有限公司治理结构和管理体制，推进了规范的董事会建设，制定完善了各项议事规则和基本制度，明确了决策、执行、监督等方面的职责权限，形成了有效的运作、监督、管理机制并规范运作，进一步提升了中国水电集团治理水平，增强了发展的动力和活力，中国水电集团实现了从传统企业制度到现代企业制度的体制变革。2010 年 3 月中国水电集团如期向证监会报送了首发上市申请材料，千方百计克服房地产业有史以来最严厉的宏观调控政策对公司上市审核带来的重重困难，积极创造条件推进首发上市工作。

进行了管理体制的构建创新。整合集团内的优势资源和力量，构建了适应结构调整优化的组织结构和业务架构。组建了专业化公司和投资性公司，打造了非水电工程承包、国际业务和投资业务专业化队伍。构建了 4 个事业部和 3 个国际业务区域总部及海西区域总部。调整明确了子公司主业结构。加强了两级总部建设，总部的管理和管控能力有很大提高。开展了内部管理体制改革工作，理顺了子企业内部各级次之间的管理关系，在经营规模不断扩大的情况下，公司总体的管理层级基本控制在三级以内。

推进了管理机制的变革创新。全面推行了以质量效益、安全生产、廉洁从业为主要指标的业绩考核制度。不断调整和强化了内部激励、约束、监督机制。不断调整强化市场开发的管理运作机制，中国水电集团应对市场变化的能力和开拓市场的能力不断提高。建立健全了安全生产长效管理机制，实现了安全生产形势的稳步好转，扭转了“十一五”初期安全生产的被动局面。加强管理创新工作，6 项管理创新成果被评为全国企业管理现代化创新成果，28 项管理创新成果被评为电力行业管理现代化创新成果。

5. 自主创新能力持续提升，科技水平在我国水电建设行业处于领先地位

中国水电集团大力实施建设行业科技领先型企业战略，加强技术创新体系建设，科技资源配置得到优化，科技创新投入逐年加大，自主创新能力不断增强，攻克了建造各类特大型水利水电枢纽工程的一系列世界级技术难题，取得了一批先进科技成果，形成了一批优势明显的技术品牌，开发了一批具有自主知识产权的独有技术，系统掌握了铁路、公路、电力、市政等基础设施相关行业的关键技术。“十一五”期间，公司荣获“鲁班奖”15 项（其中国际工程两项）、国家优质工程金银奖共 16 项、国家科技进步奖 4 项，获得专利 200 余项、国家级工法 55 项，成立了国家级企业技术中心，中国水电集团在水电施工标准化工作的龙头地位得到强化。节能减排工作体系不断健全，工作扎实有效，全面实现了国资委要求的节能减排考核目标。推进了信息化建设，建立了办公自动化、视频会议、网站系统，逐步构建了多项管理系统，信息化管理和信息化运用水平逐步提高。

6. 经受特大地震等自然灾害和国际金融危机的重大考验，取得了抗震救灾恢复重建和防范金融危机风险的胜利

中国水电集团是在“5·12”汶川特大地震中受灾最严重的中央企业之一，也是遭受 2010 年洪灾损失的央企之一。面对灾难，公司上下全力以赴抗震救灾，大力开展灾后恢复重建工作，使受灾职工及家属及时得到妥善安置，受灾企业尽快恢复了生产，减轻了损失。同时，我们积极履行中央企业的社会责任，在汶川地震和玉树地震发生后，大力支援地方救灾和重建工作，得到了灾区地方政府和人民的赞誉。中国水电集团被住房与城乡建设部授予“抗震救灾先进集体”荣誉称号。

2008 年以来，面对国际金融危机的严峻形势，中国水电集团及时提出了“三控三强一确保”的工作方针，建立健全了全面风险管理体系，加强了内部控制工作，在财务、资金、项目、投资、法律等各方面，采取有力有效的管控措施，控制成本，挖潜增效，严控风险，抢抓机遇，开拓市场，确保增长，使中国水电集团在国际金融危机形势下实现了稳步快速发展，规避了系统性的经营风险，圆满实现了国资委对公司第二任期的考核目标。

7. 充分发挥党组织的政治核心作用和保证监督作用，党的建设、精神文明建设和企业文化建设成效显著

“十一五”期间，中国水电集团成立了党委，建

立了党建工作新机制，建立了公司治理结构与党组织职责明确、有机融合、运转协调的运作机制。积极开展了深入学习实践科学发展观活动并取得良好效果，有力地推动了中国水电集团战略转型升级上水平。各级党委积极参与重大问题的决策，围绕生产经营中心和改革发展大局开展党建工作，为实现各项发展目标提供了坚强的思想保证和组织保障。深入开展“四好”领导班子创建活动，各级班子的思想建设和能力建设不断增强。积极探索党管干部原则和市场化选聘人才相结合的有效方式，建立健全了适应市场经济要求的选人用人新机制。采取公开竞聘、竞争上岗的办法，加大竞争性选拔领导人员和重要岗位人员的工作力度，公开竞聘已经成为中国水电集团领导人员选拔的主要方式之一。2010 年，进一步健全完善了党建工作责任制度，做到党建工作制度化、程序化、规范化。健全了党委议事规则和“三重一大”民主决策制度，发挥党委在企业重大问题决策中的重要作用，提高了决策的民主性、科学性。深入开展了“创先争优”活动，加强了基层党组织建设和党员教育管理工作。在玉树地震恢复重建项目开展了党群共建创先争优工作，有力地促进了工程建设，树立了良好的企业形象。

“十一五”期间，中国水电集团各级党组织全面推进党风廉政和反腐倡廉建设，加强了惩防体系建设。围绕“加快发展、增创效益、促进转型升级上水平”的中心任务，坚持标本兼治、综合治理、惩防并举、注重预防的反腐倡廉工作方针，以全面推进惩防体系建设为主线，突出抓好领导人员廉洁从业、查办案件、专项检查、制度建设和组织建设等重点工作，在防范企业经营风险、加强国资监管、确保国有资产保值增值等方面发挥纪检监察工作的重要作用。制定了中国水电集团关于“三重一大”决策制度的实施办法，积极开展“三重一大”自查自纠，促进企业领导人员廉洁从业、规范决策行为、提高决策水平、防范决策风险。

以“三创建”活动为内容的精神文明建设深入开展，建立并发布了集团文化体系。品牌形象建设效果明显，彰显了“中国水电”的品牌影响力。维稳工作不断加强，解决了重大历史遗留问题，进一步改善和提高了离退休职工和下岗职工的生活，减轻了企业负担，促进了企业和谐稳定。企业民主管理得到进一步加强，股份公司建立了职代会制度，各级工会组织的作用充分发挥。各级工会在京沪高铁三标、南水北调等工程项目开展劳动竞赛活动，组织技能大赛活动，促进了生产经营工作。各级团组织深入开展青年突击队、岗位能手等活动，激励青年员工为企业的持续科学发展作出了突出贡献。史志年鉴编纂工作取得了阶段性成果，扩大了“中国水电”品牌影响力。

集团（股份）公司组织机构

1. 集团公司组织机构

集团公司整体改制成立中国水利水电建设股份有限公司后，集团公司的绝大部分业务、资产和人员进入股份公司，集团公司作为国务院国资委授权投资机构，对股份公司行使国有股权管理职能，并对未纳入股份公司的存续业务和资产进行管理。集团公司设立总经理工作部、党委工作部、财务产权管理部三个职能部门，负责集团公司日常运营和存续资产的管理，其他各职能部门、事业部撤销。具体组织机构见集团公司组织机构图。

集团公司主要成员企业如下：

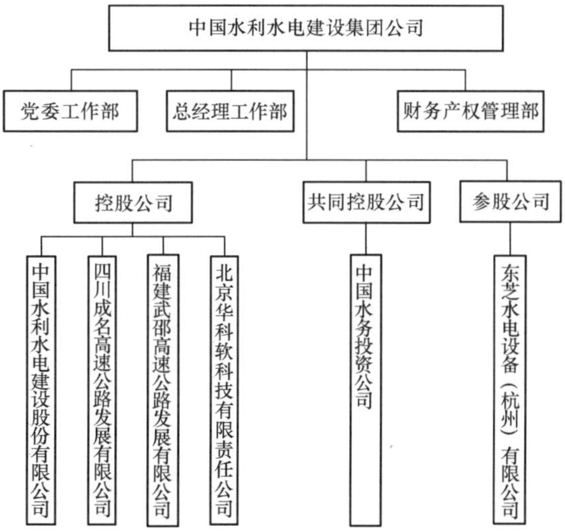

中国水利水电建设集团公司组织机构图（截至 2010 年底）

控股公司：中国水利水电建设股份有限公司、四川成名高速公路发展有限公司、福建武邵高速公路发展有限公司、北京华科软科技有限责任公司。

共同控股公司：中国水务投资公司。

参股公司：东芝水电设备（杭州）有限公司。

2. 股份公司组织机构

中国水利水电建设集团公司已整体改制成立中国水利水电建设股份有限公司，经中国水利水电建设股份有限公司党委常委会、股份有限公司总经理办公会研究，并提交股份有限公司一届二次董事会审议，对股份有限公司总部职能部门及行政组织设置如下：

（1）股份有限公司职能部门设置基本上保持集团公司原有架构。由集团公司的职能部门下移到股份公司，工作职责不变。

（2）为满足公司制企业运作需要，设立董事会办公室、监事会办公室。

（3）股份有限公司总部职能部门构成如下：总经理工作部、党委工作部（含新闻中心及报社）、人力资源部、财务产权部、工程科技部、投资部、市场经营部、企业发展部、安全生产监督管理部、资金管理部、设备物资部（设备物资采购中心）、审计部、监察部、法律事务部、信息中心、海外事业部、基础设施事业部、房地产事业部、铁路事业部、史志办公室。

（4）股份有限公司成员企业如下：

全资公司：中国水利水电第一工程局有限公司、中国水利水电第二工程局有限公司、中国水利水电第三工程局有限公司、中国水利水电第四工程局有限公司、中国水利水电第五工程局有限公司、中国水利水电第六工程局有限公司、中国水利水电第七工程局有限公司、中国水利水电第八工程局有限公司、中国水利水电第九工程局有限公司、中国水利水电第十工程局有限公司、中国水利水电第十一工程局有限公司、中国水利水电第十二工程局有限公司、中国水利水电第十三工程局有限公司、中国水利水电第十四工程局有限公司、中国水电建设集团十五工程局有限公司、中国水利水电第十六工程局有限公司、中国水电基础局有限公司、中国水电建设集团夹江水工机械有限公司、中国水电建设集团辽宁工程局有限公司。

控股公司：中国水电建设集团国际工程有限公司、中国水电建设集团路桥工程有限公司、中国水电建设集团四川电力开发有限公司、中国水电建设集团房地产有限公司、中国水电建设集团新能源开发有限责任公司、中国水电建设集团租赁控股有限公司、中国水电建设集团港航建设有限公司、中国水电建设集团华亭发电有限责任公司、中国水电建设集团崇信发电有限责任公司、中国水电建设集团铁路建设有限公司。

股份公司组织机构见组织机构图。

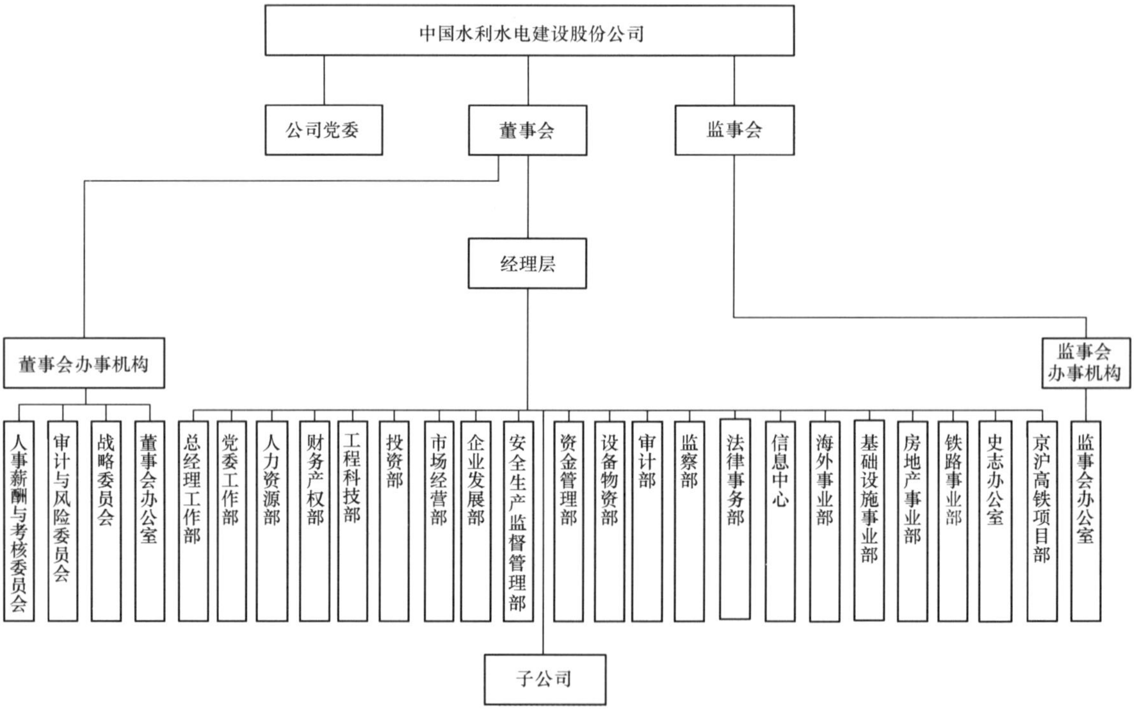

中国水利水电建设股份有限公司组织机构图（截至2010年底）

集团（股份）公司领导班子

集团公司领导班子

集团公司总经理、党委副书记：范集湘（法定代表人）

集团公司党委书记：刘起涛（2010年11月调出）

集团公司党委常委：袁柏松　孙洪水　王彤宙　李跃平　黄保东

集团公司党委常委、总会计师：孙璀

集团公司党委副书记、纪委书记：陈永录（2010

年1月26日，国资党任字［2010］7号）

股份公司领导班子

股份公司董事长、党委书记：范集湘（法定代表人）

股份公司董事、总经理、党委副书记、党委常委：刘起涛（2010年11月调出）

股份公司副总经理、党委常委：袁柏松　孙洪水　王彤宙　李跃平　黄保东

股份公司党委常委、纪委书记、监事会主席：唐苏军（2010年1月调出）

股份公司党委常委、总会计师：孙璀

股份公司党委副书记、纪委书记、监事会主席：陈永录（2010年2月23日，国资党委干二［2010］27号）

2010年国际经营情况

1. 概述

中国水利水电建设股份有限公司（Sinohydro Group Ltd.）是中央管理的中国水利水电建设集团公司整体改制并控股创立的股份公司。2010年，中国水电建设股份有限公司面对国内物价上涨、国际货币市场人民币升值的巨大经济压力，以科学发展观为统领，坚持“四个统一”原则，大力实施国际业务优先发展战略，不断开拓新的国际市场，进军新的领域，开拓创新、锐意进取，从容应对国内外复杂多变的经济形势，同时不断加强内部改革，国际业务持续快速健康发展。

国际业务营业收入比上年同期增长33.06%，占中国水电集团总营业收入的26.35%；实现利润占集团公司利润总额的58.02%；新签约国际项目合同额约550.9亿元，新签约合同额占股份公司新签约合同总额的40.9%。

从2010年中国水电建设集团公司的国际业务的发展态势分析，呈现如下特点：

(1) 国际市场实现不断优化。至2010年底，中国水利水电建设股份有限公司在海外56个国家承担265个在建项目，合同总额超过220亿美元。驻外机构从2010年初的57个增加到69个，驻外机构所在国从45个增加至53个。同时，中国水电建设股份公司新开辟了格鲁吉亚、摩尔多瓦、白俄罗斯、菲律宾、毛里塔尼亚、委内瑞拉、巴布亚新几内亚、加拿大、智利、哥斯达黎加等10个国别市场，形成了东南亚、北非、东非、中非、西非、中东等区域化的相对稳定市场，安哥拉、卡塔尔、利比亚、苏丹、老挝、印尼、博茨瓦纳和委内瑞拉等项目群国别市场，正在建设的约20亿美元的厄瓜多尔科卡科多—辛克雷水电站、约16亿美元的委内瑞拉应急电站等标志着公司在拉美市场取得了质的突破，哈萨克斯坦和格鲁吉亚、摩尔多瓦市场的成功进入标志着公司在西亚、东欧市场也取得初步进展。

(2) 业务多元化发展趋势明显。中国水电建设股份公司在重点发展水利水电建设核心业务、增强在国际承包市场竞争力的同时，积极抓住机遇拓展其他业务领域。2010年底，公司国际业务逐步拓展至火电、机场、路桥、市政基础设施、矿山、房建与房地产基础设施、疏浚吹填与港航、矿业、咨询服务、建材等方面，并进一步向农业、生态园综合发展等领域推进。国际业务主业结构基本形成了以水电建设为核心的“大土木、大建筑”格局。目前，水利水电工程形成的营业收入、合同存量占中国水电建设股份公司海外总营业收入、合同存量总额的30%～40%，非水利水电类工程形成的营业收入、合同存量占60%～70%。

(3) 产业结构向高端经营模式迈进。在产业结构升级调整方面，中国水电建设股份公司紧跟国家经济外交政策，努力实施国家资源战略和能源战略，积极开展境外水电和矿业投资开发业务：一方面，海外投资行业和领域开始向水利水电及相关产业链上游延展；另一方面，投资市场开始由传统市场东南亚向非洲市场延伸。至2010年底，中国水电建设股份公司成功拓展了在电力、矿产、水泥等基础行业和领域的投资业务，其中，已投产项目1个，即老挝甘蒙塔克水泥厂。2010年底该项目运行情况良好，实现销售收入3063万美元，同比增长11%。在建项目7个，包括柬埔寨甘再水电站项目、老挝南俄5水电站项目、老挝万象平原钾盐矿一期年产12万t钾盐项目、尼泊尔上马相迪水电站项目、刚果（金）铜钴矿开发项目、莫桑比克水泥厂项目、中老铁路项目。另外，海外事业部/国际公司正在前期运作或跟踪的海外投资项目近11个，涉及水电、风电、矿产、农业等多个领域。

(4) 组织结构进一步优化。2010年，中国水电建设股份公司继续根据市场特点、各子公司业务专长、历史状况、资源和国际业务发展阶段，不断完善系统资源在全球的配置，以相对稳定的划分市场区域，防止内部资源冲突、重复和浪费。主要措施包括：制定各子公司市场中长期统筹布局方案，并形成相对竞争机制；充分利用本土资源，进一步加快区域业务总部建设的步伐；制定区域业务总部管理实施细则，并监督各区域业务总部相应制定内部管理制度，初步形成国际化格局；继续强有力地推行《国际业务管理指导手册》，统一模式，实现模块化管理；编制并宣贯股份公司质量、环境和职业健康安全三标一体化管理体系海外业务子体系，引

进国际先进管理工具和国际标准，推广国际工程管理优秀案例，逐步形成海外业务标准化的管理流程和管理规则，实现管理创新。

（5）风险有效规避、化解，国际业务运行稳健。在不断强化国际市场营销的同时，中国水电建设股份公司十分重视项目风险控制环节，严格执行项目投标过程中的各级评审管理制度，从源头上规避风险。在2010年“管理创效年”活动中，中国水电建设股份公司对海外在建项目管理环节所面临的突出问题，如业主拖欠工程款、境外项目劳动用工、境外项目税收策划等六个方面的问题进行了专题研究，制定并实施了具有针对性的应对措施。

2010年，中国水电建设股份公司还被评为“履行社会责任金奖企业”、“感动非洲十大企业”之一，股份公司承建的苏丹麦洛维水电站荣获中国建筑最高奖项——鲁班奖，这是公司第二次获得境外鲁班奖。“中国水电”正以成熟、稳重、负责任的企业形象备受各东道国赞誉。

2. 海外主要电力工程承包项目进展情况

（1）马来西亚巴贡水电站项目。巴贡水电站是马来西亚迄今规模最大的水电项目，项目合同额约4.7亿美元，水库设计容量高达440亿m^3，设计总装机规模240万kW。项目于2002年10月开工，至2010年底，项目主体工程已完成约99.5%，下闸蓄水已于2010年10月开始，计划2011年5月第一台水力发电机组充水试运转。

（2）加纳布维水电站项目。布维水电站是加纳共和国的第二大水电站，合同额约6亿美元，设计装机容量40万kW。2007年8月24日，加纳布维水电站举行开工仪式。2008年12月2日，集团公司承建加纳布维水电站提前合同工期一年实现截流。2009年12月18日，加纳布维水电站大坝首仓碾压混凝土开盘浇筑，正式进入混凝土“大浇筑”施工阶段。至2010年底，各项混凝土及灌浆施工有序开展，机组肘管吊装、调整完成，下游永久桥桥面工程完成并通车，工程完成总量的约45%。

（3）厄瓜多尔科卡科多—辛克雷EPC项目。科卡科多—辛克雷水电站项目，合同额约20亿美元，总装机规模150万kW，年发电88亿kWh，是厄瓜多尔历史上外资投入额最大、规模最大的水电站项目，同时也是目前中国对外承建的投资最大的水电站工程。2009年10月5日，中国水利水电建设集团公司与科卡科多—辛克雷公司在厄瓜多尔总统府正式签署科卡科多—辛克雷水电站EPC总承包合同。2009年11月16日，中国水电集团按照合同要求，分别提交了合同价格10%的履约保函，以及合同价格15%的预付款保函。于2009年12月底，完成了EPC合同下的设计分包商招标。由中国黄河勘测规划设计有限公司和意大利吉奥达塔（GEODATA）组成设计联营体开始前期基本设计工作。2010年7月28日，项目正式开工。至2010年底，项目各项临建施工正在按计划有序开展。

（4）委内瑞拉紧急火电站项目。2010年3月25日，股份公司与业主委内瑞拉石油公司（PDVSA）就紧急电站项目一期工程签订EPC总承包合同。委内瑞拉紧急电站项目第一期工程合同总造价为13.5亿美元，工期为9个月。一期工程共建两个电厂：一是位于马拉凯市的“卡布雷拉电厂”，装机20万kW，总造价为3.15亿美元；另一个位于卡贝略港附近的“新中心电厂”，装机77.2万kW，总造价为10.38亿美元。至2010年底，6套主机已抵达现场，总平面布置、厂区道路及护坡施工和主机区域布桩等设计已获业主审批。场区清基、开挖、回填、平整、钢筋绑扎、混凝土浇筑、安装等施工正按计划进行，工程完成总量的约40%。

（5）孟加拉石卡巴哈燃气电站项目。孟加拉石卡巴哈（Shikal baha）燃气电站项目位于孟加拉国东南部港口城市吉大港，为燃气电站EPC项目，机组容量为150MW。石卡巴哈燃气电站是中国水电集团承建的首个海外燃气电站。2008年2月20日，中国水电集团与项目业主孟加拉电力发展委员会（BPDB）签约承建该项目，合同额8383万美元，工期18个月。2009年11月，设计工作步入正轨。2010年1月11日，燃机就位，安装调试开始。6月29日，燃机点火一次成功，燃机安装调试到点火发电仅用5个多月，突破了西门子公司主机4个月安装、3个月调试的安装调试工期。7月25日，全部设备顺利完成168h试运行工作，具备移交条件。2010年9月8日，工程顺利竣工。

3. 海外主要电力投资项目进展情况

（1）柬埔寨甘再水电站BOT项目。由中国水电集团投资建设的柬埔寨甘再水电站是中国在国外第一个使用项目融资方式开展的BOT水电工程。甘再水电站项目总投资2.805亿美元，总装机19.32万kW，建设期4年，特许经营期40年。2007年8月主体工程开始施工，2009年12月7日，甘再水电站项目首台机组投产发电。截止到2010年底，甘再BOT项目累计完成工程量超过项目全部工程量的2/3。

（2）老挝南俄5水电站BOT项目。老挝南俄5水电站项目由集团公司与老挝国家电力公司组成南俄5发电有限公司共同进行开发，其中集团国际公司持股85%，老挝国家电力公司持股15%。南俄5水电站项目总投资1.99亿美元，总装机12万kW，年发电量5.07亿kWh，建设期4年，特许经营期

25年。2010年12月24日，南俄5项目融资工作正式结束。

2008年10月1日，主体工程正式开工。2009年10月16日，南俄5水电站提前1个月圆满完成大坝截流。截至2010年底，大坝已浇筑至EL.1058高程，引水隧道完成83%，压力管道全线开挖贯通，压力钢管安装完成22%，其他各项主体工程基本完成。目前，已委托中国水电工程顾问集团昆明勘测设计院承担南俄5水电站进水口塔体与边坡整体稳定分析、厂房和尾水闸门井筒整体稳定性分析工作，进行南俄5水电站整体复核的准备，为2011年下闸蓄水做好充分准备。

(3) 尼泊尔上马相迪水电站BOT项目。尼泊尔上马相迪BOT水电站工程坐落于尼泊尔西部马相迪河上，项目所在地距首都加德满都180km，距离下游中马相迪水电站约30km。电站采用混凝土闸坝，总装机容量2×25MW，年平均发电量达3.31亿kWh。该项目为目前尼泊尔最大的外资能源投资项目，也是中国企业在尼泊尔投资最大的项目，电站特许经营期35年（含施工期4年），总投资额约1.659亿美元。2010年3月11日，尼泊尔上马相迪项目公司在尼泊尔正式注册成立。2010年12月29日下午，中国水利水电建设股份有限公司与尼泊尔国家电力局在尼泊尔首都加德满都正式签署《购电协议》。根据协议，中国水电集团国际公司控股，占有项目90%的股份，尼泊尔当地合作伙伴萨格玛萨电力公司参股10%，全部电量将售给尼泊尔国家电力局。至2010年底，项目开发协议的谈判工作正在有序开展，补勘补测招标工作也在顺利推进。

4. 股份公司驻外机构情况

见下表。

序号	机构名称	国　家	序号	机构名称	国　家
1	中国水电尼泊尔代表处	尼泊尔	20	中国水电也门代表处	也门
2	中国水电马来西亚代表处	马来西亚	21	中国水电约旦代表处	约旦
3	中国水电巴基斯坦代表处	巴基斯坦	22	中国水电安哥拉代表处	安哥拉
4	中国水电孟加拉代表处	孟加拉	23	中国水电坦桑尼亚代表处	坦桑尼亚
5	中国水电乌兹别克斯坦代表处	乌兹别克斯坦	24	中国水电阿富汗代表处	阿富汗
6	中国水电津巴布韦代表处	津巴布韦	25	中国水电斯里兰卡代表处	斯里兰卡
7	中国水电泰国代表处	泰国	26	中国水电卡塔尔代表处	卡塔尔
8	中国水电印度尼西亚代表处	印度尼西亚	27	老挝水泥工业有限责任公司	老挝
9	中国水电缅甸代表处	缅甸	28	中国水电蒙古国代表处	蒙古国
10	中国水电伊朗代表处	伊朗	29	中国水电柬埔寨代表处	柬埔寨
11	中国水电吉尔吉斯斯坦代表处	吉尔吉斯斯坦	30	中国水电塔吉克斯坦代表处	塔吉克斯坦
12	中国水电老挝代表处	老挝	31	中国水电菲律宾代表处	菲律宾
13	中国水电埃塞俄比亚代表处	埃塞俄比亚	32	中国水电刚果民主共和国代表处	刚果（金）
14	中国水电伯里兹代表处	伯里兹	33	中国水电刚果共和国代表处	刚果（布）
15	中国水电（马来西亚）有限公司	马来西亚	34	中国水电越南代表处	越南
16	中国水电阿尔及利亚代表处	阿尔及利亚	35	中国水电赤道几内亚代表处	赤道几内亚
17	中国水电苏丹代表处	苏丹	36	中国水电甘再项目公司	柬埔寨
18	中国水电印度代表处	印度	37	中国水电南非有限责任公司	南非
19	中国水电利比亚代表处	利比亚	38	中国水电（阿联酋）分公司	阿联酋

续表

序号	机构名称	国 家	序号	机构名称	国 家
39	中国水电（利比亚）分公司	利比亚	55	中国水电哥伦比亚代表处	哥伦比亚
40	中国水电（安哥拉）有限责任公司	安哥拉	56	中国水电（卡塔尔）国际工程有限责任公司	卡塔尔
41	中国水电（博茨瓦纳）有限责任公司	博茨瓦纳	57	中国水电哥斯达黎加代表处	哥斯达黎加
			58	中国水电马里代表处	马里
42	中国水电矿业（老挝）钾盐有限公司	老挝	59	RISH 有限责任公司	卡塔尔
			60	中国水电毛里求斯代表处	毛里求斯
43	中国水电加纳代表处	加纳	61	中国水电（委内瑞拉）有限公司	委内瑞拉
44	中国水电（俄罗斯）有限责任公司	俄罗斯			
			62	中国水电（摩洛哥）分公司	摩洛哥
45	南俄 5 发电有限公司	老挝	63	中国水电格鲁吉亚代表处	格鲁吉亚
46	中国水电（泰国）有限公司	泰国	64	中国水电沙特阿拉伯代表处	沙特阿拉伯
47	中国水电斐济代表处	斐济	65	中国水电波兰代表处	波兰
48	华刚矿业股份有限公司	刚果（金）	66	中国水电（沙特阿拉伯）分公司	沙特阿拉伯
49	中国水电（厄瓜多尔）分公司	厄瓜多尔			
50	中国水电（赞比亚）有限公司	赞比亚	67	中国水电（乌兹别克斯坦）分公司	乌兹别克斯坦
51	中国水电（阿布扎比）分公司	阿联酋			
52	中国水电（乌干达）有限公司	乌干达	68	中国水电（哈萨克斯坦）分公司	哈萨克斯坦
53	中国水电委内瑞拉代表处	委内瑞拉			
54	中国水电厄瓜多尔代表处	厄瓜多尔	69	中国水电喀麦隆代表处	喀麦隆

主要事件

1月14日，福建省委书记孙春兰在福建省委常委、省委秘书长杨岳等领导的陪同下，到中国水利水电建设集团公司投资建设的福建武邵高速公路检查工作，并察看了武邵项目建设情况；同日，国务院国有企业监事会主席高怀忠、监事会10办主任王永庆，在集团公司副总经理袁柏松、总会计师孙琟的陪同下，到中国水利水电第二工程局有限公司检查指导工作。

1月22日上午，国务院南水北调办公室主任张基尧、副主任张野、河北省副省长张和等到中国水利水电建设集团十六局承建的南水北调中线天津干线保定市1段TJ2—4标段考察指导工作。

1月29～31日，中国水利水电建设集团公司、中国水电建设股份有限公司2010年工作会议暨一届一次职工代表大会在京召开。国务院国有企业监事会主席高怀忠出席会议并作重要讲话，集团公司总经理、股份公司董事长、党委书记范集湘作了题为《坚持科学创新精神，努力提升公司治理水平，加快转型升级步伐，确保公司更好更快发展》的报告；集团公司党委书记、股份公司总经理、党委副书记刘起涛作了题为《深入贯彻落实科学发展观，立足主业增实力，抢抓机遇保发展》的报告。

2月1日，中国水利水电建设集团公司、中国水利水电建设股份有限公司2010年纪检监察工作会议在京召开。集团公司总经理、股份公司董事长、党委书记范集湘作了题为《着力提升纪检监察工作水平 推动公司更好更快发展》的报告，集团公司党委书记、股份公司总经理、党委副书记刘起涛出席会议并作重要讲话。

2月1～2日，中国水利水电建设股份有限公司国际经营工作会议在京召开。集团公司总经理、股份公司董事长、党委书记范集湘，集团公司党委书记、股份公司总经理、党委副书记刘起涛出席会议并作重要讲话。

2月8日，经国务院国资委和辽宁省人民政府批准，辽宁省水利水电工程局整体无偿划转给中国水利水电建设集团公司并更名为中国水电建设集团辽宁工程局，成为集团公司全资子公司。

2月9日，由中国水利水电建设集团公司投资建设的沙湾电站最后一台机组经过72h试运行，正式投产发电。至此，沙湾电站4台机组，总装机容量48万kW，全部投产发电。

2月27日上午，股份公司副总经理黄保东在钓鱼台国宾馆拜会了正在我国进行国事访问的赞比亚总统班达一行。

3月8～11日，国务院国有企业监事会主席高怀忠一行，在股份公司副总经理孙洪水等陪同下，到水电十四局有限公司检查指导工作。

3月25日，由水电五局有限公司承建的南水北调东线穿黄隧洞工程顺利实现贯通。该工程是南水北调东线的控制性工程，为南水北调东线全线通水，缓解山东、河北、天津等华北地区的干旱，促进当地经济发展，改善沿途生态环境创造了可行条件。

同日，中国水电集团国际公司与委内瑞拉石油公司就紧急电站项目一期工程签订EPC总承包合同，将在9个月内为业主提供900MW装机的燃油燃气电站，合同总价约13.5亿美元。

4月6日，中国水利水电建设股份有限公司与交通银行股份有限公司本着“长期合作、共谋发展”的原则，在自愿、平等和诚信的基础上，签署了战略合作协议。股份公司董事长范集湘、交通银行股份有限公司行长牛锡明出席签字仪式，股份公司总会计师孙璀和交通银行副行长兼北京管理部总裁王滨代表双方单位签约。

4月8日，中国水电CCMD JV联营体承建的苏丹麦洛维水电站第10台机组并网发电，标志着整个工程圆满竣工。苏丹总统巴希尔、中苏高级官员和建设者参加了当天的庆典。麦洛维水电站位于苏丹首都喀土穆以北约350km处，大坝全长9.8km，是尼罗河干流的第二大水电项目，也是世界上最长的大坝。电站总装机125万kW，相当于苏丹全国现有装机容量的2倍以上。其上游人工水库库容达124亿m^3，灌溉面积达66 667多万m^2，惠及400多万苏丹人民。

4月14日，青海玉树县发生7.1级地震，造成重大人员伤亡和财产损失。灾害发生当天，水电四局有限公司立即派出抗震救灾救援队赶赴现场，展开救援。在随后的几天里，集团公司和各子公司迅速行动，向玉树灾区捐款。

4月20日晚，中央电视台举行大型募捐活动特别直播节目，集团公司总经济师、工会主席王宗敏代表集团向玉树灾区人民送上了1120万元的善款，并现场接受了央视主持人的采访。

4月24日，受国务院副总理回良玉的委托，国家住房和城乡建设部部长姜伟新在青海省建设厅领导陪同下，来到玉树抗震救灾一线亲切看望慰问中国水电抗震救灾队伍。

同日，中央电视台新闻频道记者来到青海玉树扎西宾馆、玉树第一完全小学废墟清理现场，深入报道了水电四局救援队在玉树抗震救灾中的突出事迹。

5月1日，中国水电集团党委书记、股份公司总经理刘起涛拜会了前来上海参加世博会开幕式的加蓬共和国总统阿里·邦戈，双方进行了亲切友好的交谈。

6月3日，正在肯尼亚访问的中共中央政治局委员、全国政协副主席王刚在内罗毕接见了中国水电集团总经理，股份公司董事长、党委书记范集湘一行。

6月17日，中国水电集团总经理、股份公司董事长范集湘在钓鱼台国宾馆拜会了正在我国访问的莫桑比克总理艾雷斯·阿里一行。

6月30日，住房和城乡建设部部长姜伟新到中国水电承建的刚果（金）金沙萨中心医院项目考察。

7月3日，经柬埔寨国家电力公司的同意及批准，中国水电柬埔寨甘再项目公司PH2电站提前正式向柬贡不省提供不间断24h电力供应，并开始计量收费。甘再PH2电站正式向当地电网供电为甘再BOT项目正式商业运行奠定了良好的基础，也将为加快柬埔寨当地经济发展、提高人民生活水平发挥重要作用。

7月7日，中国水电集团党委书记、股份公司总经理刘起涛应邀在钓鱼台国宾馆拜会了来华访问的巴基斯坦总统扎尔达里，双方进行了亲切友好的交谈。

7月13日，在中共中央总书记、国家主席胡锦涛和阿根廷总统克里斯蒂娜见证下，中国水利水电建设股份有限公司副总经理、国际公司董事长黄保东与阿根廷能源公司总裁艾斯比诺萨在北京人民大会堂签署了合作备忘录。

7月23日，在国务院国资委在京召开的中央企业负责人会议上，中国水利水电建设集团公司以近年业绩突出被授予中央企业2007～2009年任期业绩考核“管理进步特别奖”。

7月23～25日，国务委员戴秉国访问刚果（金）期间，专程考察了股份公司承建的中刚互惠合作项下基建项目——刚果（金）金沙萨中心医院和刚果（金）人民宫广场1标。

8月13～14日，中共中央总书记、国家主席、中央军委主席胡锦涛，中共中央政治局常委、国务院总理温家宝在北京亲切会见了出席全国援外工作会议的全体与会代表。集团公司总经理、股份公司董事长、党委书记范集湘，作为实施援外项目的中央企业代表参加会议，受到胡锦涛、温家宝亲切会见。

8月17日，黄河干流规模最大的电站——拉西瓦水电站1号机组（70万kW）顺利完成72h试运行，成功并网发电，标志该电站首批5台机组全部投产。

8月20日，中国水利水电建设股份有限公司与上海浦东发展银行在上海签署了战略合作协议。中国水利水电建设集团公司总经理、股份公司董事长、党委书记范集湘以及上海浦东发展银行董事长吉晓辉出席签字仪式并致辞，股份公司总会计师孙璀和上海浦东发展银行行长傅建华代表双方签约。

8月25日，由中国水利水电第十四工程局有限公司承担安装的小湾水电站4号机组（70万kW）建成投产，这标志着全国水电装机突破2亿kW。

8月30日，美国《工程新闻记录》（ENR）发布了2010年度国际承包商和全球承包商前225强排行榜。在以海外业务收入排名的全球最大225家国际承包商榜单中，集团公司位列全球最大225家国际承包商第41位，较2009年度的第56位上升了15位，位列上榜54家中国公司的第7位。在以总营业收入排名的225家最大全球承包商榜单中，集团公司位列225家最大全球承包商第26位，较2009年度的第31位上升了5位，在上榜的中国37家公司中位列第6位。

9月2日，刚果民主共和国（简称刚果金）总统约瑟夫·卡比拉出席了由中国水电承建的五十年庆大桥竣工典礼。

9月13日，中国水电集团总经理、股份公司董事长、党委书记范集湘在公司总部会见了来华访问的摩尔多瓦总理弗拉迪米尔·菲拉特政府代表团一行。

9月22日，来华访问的几内亚比绍总理卡洛斯·戈梅斯一行到股份公司总部访问，股份公司副总经理、国际公司董事长黄保东与戈梅斯总理进行了友好交谈。

9月29日，中国水利水电建设股份公司与伊朗赞江省水利厅正式签署穆山帕大坝项目合同，合同额约100.35亿人民币。穆山帕大坝项目总装机容量10.8万kW，工期60个月，主要工程包括高101m、长410m的堆石坝和调节坝，导流系统，两座厂房，4.02万hm^2灌溉网及供水系统等。

10月8日，中共中央政治局常委、国务院副总理、国务院南水北调工程建设委员会主任李克强，到水电十一局承建的南水北调中线陶岔渠首枢纽工程视察，看望广大施工建设人员。国务院南水北调办公室主任鄂竟平、副主任张野，环境保护部部长周生贤，水利部部长陈雷，河南省省委书记卢展工、省长郭庚茂等陪同视察。

10月16日，中国水电集团承建的缅甸耶瓦水电站（4×19.75万kW）3台机组投产发电庆典仪式在电站厂房内举行。缅甸国家总理登盛出席庆典。

10月16～17日，国家能源局副局长刘琦一行在结束对马来西亚吉隆坡正式官方访问活动后，在中国水电有关领导陪同下，专程飞抵东马沙捞越州民都鲁，考察股份公司参建的马来西亚巴贡水电站项目。

10月20日，湖南省委副书记、省长徐守盛在长沙会见了集团公司总经理、股份公司董事长、党委书记范集湘一行。

10月26日，集团公司总经理、股份公司董事长、党委书记范集湘在北京拜会了来华访问的格鲁吉亚总理吉拉乌里，双方就进一步加强合作进行了交流。

10月28日，股份公司中标苏丹卡及巴尔水电站项目，中标额约7.05亿美元。

10月29日，由中国水电集团承建的京沪高铁三标单线全长232km（济南—徐州）的铺轨任务已全面完成，标志着中国水电集团在京沪高速铁路的决战之年取得了决定性的胜利。中央电视台到现场采访，并于当日17时新闻频道播发。

10月31日，世界上第一条载重万吨列车、客货共线铁路包（头）—西（安）铁路内蒙古段全线开通，这是中国水利水电建设股份有限公司跨入铁路市场实现通车的第二个铁路项目。

11月1～3日，国务院国有企业监事会主席李志群在集团公司总经理、股份公司董事长、党委书记范集湘陪同下到四川公司调研灾后重建工作。

11月4日，厄瓜多尔总统拉斐尔·科雷亚，考察了中国水利水电建设股份有限公司承建的科卡科多—辛克雷水电站项目现场并听取项目进展情况汇报。

11月9日，黄河积石峡水电站首台机组（34万kW）顺利通过72h试运行，并网发电。

同日，四川省首条以BOT方式建成的邛崃至名山高速公路BOT项目通车仪式在邛崃西收费站广场举行，标志着中国水电集团投资建设的国道318线成都邛崃至雅安名山高速公路（简称邛名高速）全线通车。

11月15日，中共中央政治局委员、北京市委书记刘淇在北京市委相关领导、丰台区委书记和北京市水务局领导的陪同下来到中国水电二局正在建设的永定河晓月湖工程，了解工程进展情况，并慰问工程建设者。

同日，由中国水电集团控股投资建设的福建省首条以BOT方式建成的武夷山至邵武高速公路通车庆典仪式在武邵高速公路起点——武夷山下坝互通隆重举行，至此由中国水电集团控股投资建设的武邵高速公路全线通车。

11月18日，经辽宁省工商行政管理局核准登记，中国水电建设集团辽宁工程局有限公司的股东由集团公司变更为股份公司。至此，集团辽宁工程局正式成为股份公司全资子公司。

11月20日，国家副主席习近平来到罗安达省基兰巴基阿希市，与驻安哥拉中资企业代表座谈。

习近平副主席对中国水电集团在安所取得的成绩给予充分肯定。股份公司副总经理、国际公司董事长黄保东代表集团参加座谈会并作工作汇报。

同日，由中国水电七局承建的彭水电站500t级垂直升船机首次试通航圆满完成，乌江彭水航道断航六年后再次通航。

12月13日，国务院总理温家宝在人民大会堂同柬埔寨王国首相洪森举行会谈后，共同出席了中柬双边合作文件的签署仪式。在国务院总理温家宝和柬埔寨首相洪森的见证下，集团公司总经理、股份公司董事长、党委书记范集湘代表公司与柬埔寨水资源和气象部部长林建河在人民大会堂北大厅签署了柬埔寨北部农田灌溉开发项目之《斯伦流域水利开发项目（一期）总承包协议》。

12月17日，中国建筑业协会发出《关于2010～2011年中国建设工程鲁班奖（国家优质工程）第一批入选工程的通知》，由中国水利水电建设股份有限公司成员企业承建的黄河小浪底水利枢纽工程、江苏宜兴抽水蓄能电站工程、新疆乌鲁瓦提水利枢纽工程入选。至此，股份公司鲁班奖增至24个。

（冯有维）

中国核工业集团公司

综述

中国核工业集团公司（简称中核集团）于1999年7月1日经国务院批准组建，是中央直接管理和国资委直接监管的特大型国有独资企业，其前身是中国核工业总公司、核工业部、第二机械工业部。

中核集团是国家核科技工业发展的主力军，国家战略核威慑力量的核心，国家核能发展的中坚，国家核技术应用的骨干。中核集团拥有完整的核科技工业体系，主要承担核动力、核材料、核电、核燃料、乏燃料和放射性废物的处理与处置，铀矿勘查采冶，核仪器设备，同位素，核技术应用等核能及其相关领域的科研开发、建设与生产经营，对外经济合作和进出口业务。与世界上40多个国家和地区有科技经济往来。

中核集团公司现有企事业成员单位100余家，现有职工约10万人，其中专业技术人才达3.6万人，拥有在职中国科学院和中国工程院院士18名。

中核集团在新的历史阶段将传承核工业半个多世纪以来举世瞩目的“两弹一艇”和实现中国大陆核电“零的突破”的辉煌历程，秉持开放、包容、合作、共赢的经营理念，积极推进我国核电事业发展，不断提高核科技工业的整体水平和国际竞争力。努力实现核工业又好又快安全发展。

2010年核电发展概况

2010年，中核集团多层次推进核安全文化及评估体系建设，推广防人因失误工具，强化工程建设与运行经验的内外部反馈，确保安全与质量受控。全年核电安全稳定运行，三道安全屏障完整，未发生超标排放事件和INES 2级及2级以上事件，秦山二期3号机组提前商运。中核集团全年发电411.34亿kWh，7台机组平均负荷因子达88.77%。

2010年，秦山二期扩建工程、福建福清核电一期工程、方家山核电工程、三门核电工程、海南昌江核电工程和福建福清核电二期工程等六个工程共计10台机组同时在建。海南核电1、2号机组及福清核电3号机组相继开工建设；10月21日，秦山二期扩建工程3号机组正式投入商业运行，创下了总工期53.2个月的最好成绩。同时，田湾核电3～6号机组、福清核电5、6号机组、湖南桃花江、三门核电二期工程、辽宁徐大堡、福建三明、河南南阳等项目正积极开展前期相关工作。

核电站安全稳定运行

截至2010年12月，中核集团8台运行核电机组总装机容量达到5790MW，运行核电厂始终保持安全稳定运行，全面实现2010年安全生产目标。中核集团8台机组全年发电量411.34亿kWh，提前10天完成386.5亿kWh的发电登高计划目标。2010年7台机组平均负荷因子达88.77%，在完成年度计划目标的同时再创历史新高，运行核电机组总体业绩呈持续上升趋势。

2010年，中核集团运行核电机组未发生INES 2级及2级以上运行事件、未发生较大及以上安全生产事件、环境事件、辐射污染事件；未发生重大及以上火灾爆炸事故和交通责任事故、未发生职业病危害事故。

2010年，中核集团积极坚持“安全第一、质量第一”的方针，坚持科技创新和技术改进，除继续关注核安全文化建设、专业人才队伍培养、人因管理外，加大了运行核电机组安全管理力度，以设备可靠性管理、大修优化管理、经验反馈管理、人员绩效管理、专项重点领域评估、电厂业绩指标管理和高标准对标管理等重要工作为切入点，加强对核电厂安全业绩的考评，并通过专业化重组与资源整合、推进信息成果共享，积极探索降低核电生产成本的有效方法；通过实施压水堆机组技术改进项目研究，不断提升机组的安全运行业绩。

积极推动核电新项目

2010 年中核集团继续抓好在建工程四大控制，积极推进核电项目前期工作，6 个核电在建项目工程进展顺利，安全、质量、进度、投资、技术、环保受控。中核集团通过标准建设、工程管理平台建设、AP1000 工程技术应用推动、总承包合同管理与协调、联合质保监察、监督及核电工程同行评估等重点工作不断深入探索和总结经验，有力地促进了核电工程建设质量和管理水平的持续提升。

1. 在建核电项目进展顺利

2010 年中核集团 6 个核电在建项目工程进展顺利，各在建项目自开工以来，安全、质量、进度、投资、技术、环保均得到有效控制。

秦山二期扩建项目 3 号机组已经投入商业运行，4 号机组汽轮机扣缸完成；福清核电项目 1 号机组反应堆穹顶吊装完成，2 号机组土建稳步推进，积极为穹顶吊装准备；方家山核电项目 1 号机组反应堆穹顶吊装完成，2 号机组土建稳步推进；三门核电项目 1 号机组 CV4 环吊装就位，2 号机组 CA01 模块吊装成功；海南核电项目 1、2 号机组相继开工，福清核电 3 号机组于 12 月 31 日正式开工。

2. 核电前期项目稳步推进

福清 4 号机组反应堆厂房廊道施工已启动，常规岛及 3、4 号机组联合泵房的开挖正按计划进行，积极为 2011 年 4 号机组 FCD 做准备；5、6 号机组土石方正挖工程接近尾声。

桃花江核电项目积极跟踪首堆 AP1000 项目进展，许可证申领、初步设计施工图设计、模块设计、设备设计等设计工作整体进展顺利，设计进度计划整体按期完成情况良好。进厂道路、土石方工程、生产临建、CA/CV 拼装场地等子项相继按期竣工。

田湾核电扩建项目（3、4 号机组）是与俄方的合作建设项目，正在积极申请“路条”。2010 年，江苏核电有限公司与工程公司进行了 3、4 号机组 FCD 前工程总承包框架协议的会谈并签署相关协议。10～11 月，与俄方 ASE 进行了总合同谈判，新拟订的总合同安全与环保条款，并与俄方协商达成一致，明确双方责任与权利，同时确定双方需签署“安全责任书”作为总合同的附件，设置安全管理目标、明确奖励与处罚。

田湾核电扩建项目（5、6 号机组）在 2009 年 6 月获得国家发展改革委同意开展前期工作的批示后，各项工作稳步推进，核准收口于 2010 年完成。

辽宁徐大堡核电项目正在积极申请“路条”，2010 年度完成了项目申请、厂址阶段核安全执照申领、政府支持性文件获取、前期准备工程、长周期设备采购和专项设计等工程关键节点准备工作。

3. 搭建中核核电工程建设管理体系

核安全是核工业的生命线，有效、完善的管理体系是促进核电高效发展的坚实基础。为进一步规范中核集团各成员公司核电工程建设项目管理，以实现“安全、质量、进度、投资”四大控制目标，本年度完成了核电工程建设管理 20 个领域共 30 份管理制度的发布实施工作。搭建起中核集团核电工程建设管理体系，迈出了工程建设规范化的第一步。

4. 有效加强工程建设标准化管理

中核集团始终坚持“安全第一，质量第一”的原则，在工程建设方面，大力推进标准化、精益化管理模式，在安全、质量、进度和投资管理等方面开展了一系列有益实践。

开展了核电工程建设职业健康、安全与环境（HSE）管理体系建设，在吸收国内相关具体实践和经验的基础上，组织完成了《核电工程安全文明施工标准化图册》的编写、审核和出版工作。

开展了 M310 机组标准一级进度计划编制工作，并将在后续工作中逐步推进包括 AP1000 机组在内的进度计划标准化相关工作。

建立在建核电项目投资管理数据库，规范了核电建设年度投资计划管理，重点编制了中核核电投资控制领域五年规划，部署了投资领域相关十大任务。

持续跟踪核电机组的设计改进，重点关注集团内部运行核电厂变更和改造经验的利用情况，以及国内在建核电工程所采纳的最新设计改进在中核集团新建核电项目中的采纳情况。对核电机组的设计改进情况进行专题调研与交流，并将建立合适的沟通渠道，研究策划信息共享平台，形成长效机制。

5. 积极推进项目平台建设

工程经验反馈平台：为加强在建核电工程领域的经验交流，成立了在建核电厂经验反馈工作小组，通过《中核集团核电工程建设经验交流体系管理办法》和《中核集团核电工程建设经验交流体系实施规则》作为制度保障，定期组织召开专题研讨会，促进了各单位经验反馈工作的制度化、常态化、信息化。同时，借助“核电在线”的专业平台，开展工程指标管理。

6. 继续开展核电工程监督检查和专项同行评估

为切实贯彻集团公司安全、质量要求，确保核电工程建设进度和投资控制，中核集团建立了核电工程建设监督检查制度，并编制了相应的管理办法。2010 年 7 月组织对秦山核电二期扩建工程和福清核电工程施工单位进行了安全、质量专项检查，重点检查了安全、质量体系策划，项目组织策划、接口，核安全文化的贯彻，工程现场及过程的控制、安全文明施工，管理评审、趋势分析以及经验反馈等。针对监督检查发现的问题，被检查单位进行了认真的落实和整改。

同时，借鉴国际通行的同行评估方式，组织开展了成员公司和工程承包单位核电工程建设专项同行评估活动，以协助被评估方改善和提高业绩水平，加强沟通和交流。2010 年 5 月、8 月和 11 月分别组织了工程总承包模式下核电厂设备监造专项评估、福清核电工程建设安全管理专项评估和核电工程建设工程监理专项评估。这些评估进一步提高了中核集团工程建设管理水平。

以福清核电为试点开展的安全管理专项评估是国内首次在核电工程建设领域开展的安全专项评估活动。作为本次评估的重要附加成果，中核核电组织编制并发布了国内首份《核电工程建设安全管理评估标准与准则》，并将评估产生的强项和改进建议在集团公司各核电项目进行了宣贯，达到了加强安全管理对标、促进管理水平共同提升的目的。

7. 不断提升专业化调试及技术服务能力

集团化运作，专业化经营是中核集团的一个重大战略方向，2010 年，中核集团积极推进调试中心和技术服务公司组建工作。作为完善核电工程建设总承包模式的关键步骤之一，中核集团年初开始调试中心组建工作，6 月确定了现阶段管理模式。11 月工程公司调试中心暨福清 1、2 号、方家山核电工程联合调试队正式成立，调试中心承担着了工程公司总承包范围内的全部调试任务。作为工程公司的一支专业化的调试队伍，它的成立对提升工程公司项目总承包能力，健全调试专业化队伍，提升业主的生产运行能力具有重要意义。

作为核电产业化发展与改革的主要内容之一，新组建的核电技术服务公司将集团的技术服务资源进行配置、平衡与协调，形成布局合理、资源共享、技术先进、服务周到的专业化、高水平的核电技术服务公司。

（竺　琳）

中国葛洲坝集团公司

概况

中国葛洲坝集团公司（简称葛洲坝集团）是 2002 年 12 月 29 日经国务院批准，在中国葛洲坝水利水电工程集团有限公司及原国家电力公司部分企业基础上组建的国有大型企业。葛洲坝集团前身是国家 1970 年为兴建长江葛洲坝水利水电枢纽工程而组建的“三三〇工程指挥部”，1974 年更名为“三三〇工程局”，1982 年更名为“长江葛洲坝工程局”。1994 年，经国务院批准，改制组建葛洲坝集团，是国家首批 56 家试点企业集团之一，实行国家计划单列，享有对外经贸权、外事审批权和国际招标业务权，并被确定为国家 512 户重点企业。2001 年实施债转股，改组为中国葛洲坝水利水电工程集团有限公司。2002 年底，在国家电力体制改革后，新组建中国葛洲坝集团公司并划归中央企业工委管理，2003 年初划归国务院国资委管理，2007 年 9 月实现主业资产整体上市。其控股上市公司——中国葛洲坝集团股份有限公司入选“2009 年中国最具竞争力上市公司 20 强”，排名第 7，股票葛洲坝（600068）先后入选沪深 300 指数样本股、上市公司治理指数样本股、上市央企 50 指数样本股、中证中央企业综合指数样本股、中证中央企业 100 指数样本股和上证 180 指数样本股。

葛洲坝集团下辖中国葛洲坝集团股份有限公司、上海葛洲坝国际旅游有限公司、上海葛洲坝阳明置业有限公司、中国葛洲坝集团新闻文化传播有限公司 4 家子公司，其中，中国葛洲坝集团股份有限公司有子公司 22 家；新疆总部筹备办公室、北京办事处、驻上海办事处、伊朗办事处 4 个办事处；城区管理建设局、技术中心（科技管理部）、信息中心、离退休人员管理办公室 4 个经营管理服务单位；总经理办公室（党委办公室）、战略投资部、财务部、法律事务部、人力资源部（外事办公室）、生产经营部、机电物资部、安全质量环保部、审计部、纪委（监察部）、企业文化部（组织部、宣传部、团委）、工会 12 个机关职能部室。

国务院国资委核定葛洲坝集团的三大主业是：建筑工程及相关工程技术研究勘察设计及服务、水电投资建设与经营、房地产开发经营。围绕三大主业，集团公司形成集工程承包、水电开发运营、高速公路运营、房地产开发、水泥制造、民用爆破、煤炭开采、金融投资等八大板块为一体的综合性特大型企业。

葛洲坝集团拥有包括水利水电工程施工总承包特级在内的各类高等级资质 70 余个，在职员工36 822 人，其中各类专业技术人员13 944人，各类施工设备 4 万余台（套）；具有年土石方挖填 2.5 亿 m^3、混凝土浇筑 1500 万 m^3、金属结构制造安装 16 万 t、装机总容量 900 万 kW、工业炸药生产 17.5 万 t、水泥生产 2000 万 t 等综合能力。

葛洲坝集团是国家创新型试点企业，拥有国家级企业技术中心和博士后科研工作站，取得包括国家科技进步特等奖在内的重大科技成果 900 多项，多次荣获国家优质工程金质奖。葛洲坝集团水电施工技术水平居同行业领先地位，“葛洲坝”已经成为大江大河截流、筑坝、水电机组与大型金属结构制作安装方面的国内顶尖品牌。在三峡工程建设中，葛洲坝集团承担了65%的施工任务。葛洲坝集团在东南亚、南亚、中东、非洲等17个国家和地区承建了40多个工程项目。2010年，葛洲坝集团名列“全球最大225家国际承包商”第84名，较2009年排名上升15位。名列“中国企业500强”第230位，比2009年提升了49位。同时，葛洲坝集团在2010中国企业效益200佳中排名第185位，这是葛洲坝集团自中国企业联合会2006年发布该排名以来首次入榜。

主要指标

2010年，葛洲坝集团年末资产总额首次突破500亿元，与年初相比增长20.4%，高于央企年平均增幅；新签合同首次突破500亿元，同比增长32%；完成企业总产值同比增长37.5%，高于中央建筑施工企业的平均增幅；全年全员劳动生产率同比增长37%；全年实现利润总额同比增长23%；年末合同储备总额同比增长26.09%。职工人均年收入同比增长15%，其中，一线职工、关键技术岗位职工同比增长18%。

2010年初，葛洲坝集团股份公司发行的认股权证行权取得圆满成功，行权比例创造了中国证券市场权证交易品种设立以来的最高纪录。

投资兴建的高速公路总里程达500km，在同行业企业中名列前茅；新型干法水泥生产线产能达2000万t，进入全国特大型水泥生产企业行列；民用爆破产能达17.5万t，是全国同行业龙头企业；建成和规划建设电力装机达300多万kW；开发了一批大型、优质房地产项目，“葛洲坝地产”品牌影响力不断提升。2010年，非建筑业务形成的资产、营业额、利润额和从业职工数分别占企业总额的60%、30%、50%和30%以上。

葛洲坝集团拥有上市公司和财务公司，内外部、直接间接融资渠道畅通。2010年银行授信额度达1300亿元。

安全生产监控指标稳中有降，亿元产值事故率降至历史最低水平，各项指标均在年度控制范围内。

改革发展

加快子公司重组整合步伐，五公司合并项目管理公司；为加快推进投资兴业，成立了葛洲坝电力投资有限公司、葛洲坝新疆投资控股有限公司；主辅分离与辅业改制工作全面完成；采取大力引进有实力的战略投资者和对外兼并重组等措施，增强化解风险的能力，有效降低了企业经营风险；继续深化收入分配制度改革，全面建立了以岗位绩效工资制为主体的基本工资制度，建立了职工工资晋升通道和职业发展通道，建立了覆盖全员的绩效管理体系，坚持工资分配向一线职工和关键岗位倾斜，提高了广大职工的积极性。

重大项目

葛洲坝集团在建承包工程规模快速扩张，817个承包施工项目分布在全国31个省市自治区和世界28个国家、地区，履约和管理任务繁重。一年来，葛洲坝集团优化资源配置，全面提升“现代化、多元化、国际化”管理水平，增强总部控制力，加大项目巡查力度，加强经济责任制考核，项目履约情况总体良好。全年共完成单元工程130 803个，合格率100%，优良率94.56%。

全年共获得13项省、部（行业）级及以上优质工程奖。其中二公司承建、机电建设公司参建的江苏宜兴抽水蓄能电站、新疆工程局承建的新疆乌鲁瓦提水利枢纽工程获得“鲁班奖”。

走向海外

坚定不移地实施国际业务优先发展战略，国际化程度不断提高，66个项目遍布世界28个国家、地区。全年国际项目完成签约、产值、利润，分别占集团公司总额的40.54%、16.2%、23.33%。各子（分）公司更加重视国际市场开拓，已有14家走向国际。目前，葛洲坝集团国际板块从业人员15 168人，其中，国内管理人员1046人，外籍管理人员260人，外籍劳务10 249人，国内劳务3613人，国际工程管理人员国际化和劳务属地化程度进一步提高，国际经营管理水平进一步提升。

重大创新

稳步推进投资兴业，加快在建投资项目建设，全年完成投资同比增长2.16%。水泥、炸药年产能均居全国前列。两个水泥余热发电项目并网发电。房地产业拓展至北京、新疆、海南等地，形成了新的战略布局。武汉、宜昌楼盘项目建设进展顺利，收益良好。斯木塔斯水电站成功截流，巩乃斯河水电开发项目奠基，眉山青神电航项目协议签订，全年新增水电开发权近70万kW。投资形成的产业全年完成产值占企业总产值的16.2%。

葛洲坝集团参与的“水布垭超高面板堆石坝工程筑坝关键技术及应用”、“200m级高碾压混凝土重力坝关键技术”获得国家科技进步二等奖，“800kV气体绝缘输电线路（GIL）工程设计专题研究”获得青海省科技进步一等奖。

全年共获得省部级以上科技奖励17项。专利申请受理143项，获得专利授权137项，均创企业历史之最。完成3项电力行业标准、2项电力行业英文标准报批。21项工法被评为省部级工法。

全年共获得国家和省部级管理创新成果奖励15

项。其中，2 项成果获全国企业管理现代化创新成果二等奖，9 项成果获得湖北省企业管理创新成果奖，4 项成果获得全国电力行业管理创新成果奖。

党建工作

2010 年，葛洲坝集团举办了企业成立 40 周年系列庆祝活动，全体葛洲坝人的自豪感、荣誉感和归属感进一步提升；扎实开展“四好”班子建设、“四强”党组织和“四优”共产党员创建活动，领导人员的模范带头作用、各级党组织的战斗堡垒作用、全体党员的先锋模范作用得到进一步发挥；召开党建工作研讨会，促进了党建工作良性发展；深入开展“丰碑”文化宣贯活动，加大企业文化的渗透与融合；大力开展文明创建活动，继续保持了“省级最佳文明单位”称号，并已有 28 家单位获得委级以上文明单位称号；葛洲坝集团获得 2007～2009 年度“湖北省思想政治工作优秀单位”称号。葛洲坝集团政研会被湖北省政研会、湖北省企业文化促进会授予“2007～2009 年度湖北省思想政治工作研究会建设突出贡献奖”；深入推进党风廉政建设工作和反腐倡廉工作，为企业持续健康发展提供了良好的政治环境和纪律保障。

2010 年，群团组织作用进一步发挥，劳动竞赛、降本增效和技术创新深入推进，建功立业活动成效显著；劳动关系协调机制、困难帮扶机制、民主管理机制、劳动争议与调处机制得到进一步完善和落实，班组建设取得新进展，单身青年职工婚恋工作、服务青年成长成才工作取得新成绩。组织实施生育保险，建立了职工基本医疗保险大额医疗费二次报销制度，提高了 70 周岁及以上退休人员医疗保险个人账户划入比例。长期待岗职工重新上岗 1099 人，安排特困户和工亡职工子女就业 120 人。葛洲坝商业街综合整治和樵湖一路、夷陵大道道路黑化改造完成，城区更加亮化、绿化和美化，面貌焕然一新。全面兑现了年初承诺的十件实事好事，职工分享到了企业又好又快发展的成果，企业更加和谐稳定。

信息化建设

加强了信息系统集成力度，信息化业务协同能力进一步增强。目前，葛洲坝集团财务管理系统达到行业先进水平，办公门户系统、综合项目管理系统、设备物资管理系统、OA 系统、档案管理系统、人力资源系统、社保系统、知识管理系统和全面风险管理系统基本建设完成，正式上线运行。易普力公司、水泥分公司信息化程度达到全国先进水平，信息化触角已经延伸到成本管理、物资采购等生产经营的各个角落。

履行社会责任

葛洲坝集团在保持快速发展的同时，勇于担当社会责任，积极支持社会公益事业，在抗灾救灾、对口支援、城乡共建、社区建设等多方面，为构建和谐社会作出积极贡献。集团公司参与了西南干旱、舟曲泥石流、玉树地震、布仑口泥石流抗灾救灾，向灾区捐款捐物 1000 余万元。援建新疆维吾尔自治区第二批“富民兴牧”水利工程之一那拉提灌区工程。新疆雪灾发生后，葛洲坝集团捐款 20 万元。继续定点帮扶宁夏西吉县，投资 50 万元援建完成了“葛洲坝中湾骨干坝”项目，改善了 260 头家畜和 700 多只羊的饮水条件，解决了当地群众的交通困难问题。与湖北省五峰县香东村开展了城乡共建活动，葛洲坝集团出资 16 万元援建的五峰土家族自治县五峰镇香东村办公楼 11 月落成，出资 13.5 万元整修的万马桥至阳晒坡 4.7 公里水泥路正式投入使用。定点帮扶湖北省当阳市草埠湖镇金龙村，投入扶持资金 20 万元，用于该村绿化及井水改造工程。出资 50 万元与湖北保康县乡镇公路管理所共同修建寺坪镇至寺坪电站坝区混凝土道路项目，有效解决水电站库区 12 个行政村、上千户群众的雨、雪天出行难的问题。开展“农民工维权月”活动，督促项目部建立工程款结算与农民工工资支付挂钩制度，举办农民工夜校，将困难农民工子女纳入“金秋助学”范围，为农民工送健康、送清凉、送助学、送技能、送文化。完成葛洲坝基地公用项目建设 33 项，总投资 7 千余万元，工程数量和投资额均创历史新高。积极参与国际工程项目所在国公益事业，无私援助当地人民，繁荣当地经济，提供就业机会，在海外共为东道国提供了10 309多个外籍管理人员和劳务人员就业岗位，多次向东道国灾区、贫苦人口、公益项目捐款，为项目所在国修建公路、供水设施、水井等公益设施。

2010 年，葛洲坝集团在中非友好协会和中国国际广播电台组织的“感动非洲的十大中国企业”评选中位列第二，并获“中非友好贡献奖”。葛洲坝集团连续三年入选由中华全国总工会、全国工商联和南方周末报社等联合发布的“国有上市企业社会责任榜”百强，2010 年较上年度排名提升 41 位，位列第 52 位。

（肖　泉）

中国长江电力股份有限公司

概况

2010 年度，三峡—葛洲坝区段长江来水总量累计为4066.6亿m^3，年平均流量为12 900m^3/s，相应来水频率81.2%，较多年均值（14 300m^3/s）偏枯9.8%。三峡水库于10月26日试验性蓄水至175m，至12月31日8时三峡水库水位仍维持174.7m，三峡水库在本年度维持高水位运行66天。

2010年度，中国长江电力股份有限公司（简称长江电力）全面实现了公司“十一五”发展规划的目标。电力生产创造了发电量、安全生产的新纪录；资本运作实现了重大战略投资目标，迈出了海外业务的重要步伐；重大重组后续工作完成，对专业化公司全面履职并平稳过渡；经营管理成效显著，全面完成了年度生产经营的各项指标。

长江电力运营管辖的三峡—葛洲坝梯级水电站总共完成发电量1006.101 8亿kWh，完成年计划的103.51%，同比增加45亿kWh，增比达4.7%。其中，三峡水电站843.695 2亿kWh，同比增加45亿kWh，接近设计多年平均发电量，其左岸电站为441.66亿kWh，右岸电站为396.75亿kWh，电源电站为5.28亿kWh；葛洲坝水电站162.406 6亿kWh，与2009年持平，其大江电站为96.67亿kWh，二江电站为64.45亿kWh，自备电站为1.29亿kWh。通过科学调度，三峡电站全年实现1820万kW满出力稳定运行1233h。8月2日，三峡电站发电量突破4.389亿kWh，创投产以来单日发电量最高纪录；三峡电站7月发电总量为128.03亿kWh，创投产以来单月发电量最高纪录。

安全生产创造出历史最好水平，全年安全生产实现“双零目标”，没有发生设备事故和人身死亡事故。年底长江电力连续安全生产天数达680天、其三峡电厂1597天、葛洲坝电厂2836天，梯调通信中心2922天、检修厂680天。三峡电厂设备可用小时为8082.37h、利用小时达4613.82h、等效可用系数93.93%；葛洲坝电厂设备可用小时为8206.66h、利用小时达5934.50h、等效可用系数93.68%；设备运行状况良好，为安全生产奠定了基础。

汛期，三峡水库先后进行了7次防洪运用，累计拦蓄洪水264.3亿m^3，最大削峰30 000m^3每秒，有效地减轻了长江中下游的防洪压力。枯水季节，三峡水库对下游实施航运补水调度，累计补水总量120.8亿m^3，平均增加下游航道水深约0.8m。三峡工程防洪和生态补水效益显著。

2010年，三峡—葛洲坝梯级电站增发电量52.3亿kWh，水能利用提高率为5.5%。其中，三峡电站节水增发电量为47.8亿kWh，水能利用提高率为5.09%；葛洲坝电站节水增发电量为11.5亿kWh，水能利用提高率为7.66%。大大提高了电站的发电效益。

长江电力2010年度实现营业收入218.80亿元，比上年增加98.64%；利润总额108.86亿元，比上年增加81.50%；营业利润87.83亿元，比上年增加74.66%；净利润82.26亿元，比上年增加78.14%；每股收益0.498 5元，同比上升59.37%。经济增加值（EVA）46.74亿元。圆满完成了本年电费回收任务，电费回收率100%，陈欠电费减少2000万元，清欠率49.88%。

2010年度，长江电力资产总额达1574.61亿元，同比减少2.72%；归属上市公司股东所有者权益661.60亿元，同比上升6.95%。

2010年，长江电力新增对外股权投资额11.55亿元。截至2010年12月31日，长江电力累计完成股权原始投资总额104.4亿元，其中，累计收到投资收入54亿元，剩余股权原始投资91.1亿元；持有上市公司股权市值168.5亿元，非上市公司股权权益账面净资产31.7亿元。长江电力股权投资已投产权益装机268万kW，在建权益装机24.8万kW。

长江电力在“十一五”期间，其装机规模由2005年底的692万kW增长至2010年底的2107.70万kW，营业收入由72.59亿元增长至218.80亿元，净利润由33.39亿元增长至82.26亿元，共发电量4355亿kWh，为华中、华东和广东地区经济社会发展和节能减排作出了巨大贡献。

2010年，长江电力先后荣获“上海世博保电先进单位”、“中国证券市场20年20家最富社会责任感上市公司奖”、“中国企业文化管理创新十佳单位”、“2009中国品牌文化建设贡献奖”、“中国企业文化建设十大杰出贡献单位”、“2010中国主板上市公司最佳董事会”、“2010中国上市公司最佳社会责任董事会”、“2010中国上市公司十佳法律风险管理奖”、“2010湖北企业100强”位列15名、“金蜜蜂2010优秀企业社会责任报告环境类专项奖”、“年度投资者关系管理百强”、“2010年度董事会奖”等荣誉称号。董事长曹广晶荣获“中国最佳创富创新奖”，总经理、党委书记张诚荣获第九届“全国优秀企业家”称号。

长江电力董事会、监事会完成换届

2010年6月26日，长江电力召开2009年度股东大会，选举曹广晶、陈飞、杨清、林初学、毕亚雄、孙又奇为公司第三届董事会董事，李菊根、曹兴和、刘章民、毛振华为独立董事；选举杨亚、周晖、王跃峰、张崇久为公司第三届监事会监事。同日，长江电力分别召开第三届董事会、第三届监事会第一次会议，曹广晶当选董事长，陈飞当选副董事长；杨亚当选监事会主席；董事会聘任张诚为总经理，张定明、马振波为副总经理，白勇为财务总监，楼坚为董事会秘书。2010年8月25日，长江电力第一届职工代表大会第一次会议选举艾友忠、晏新华为长江电力第三届监事会职工监事。

三峡水库首次蓄水成功至175m

2010年10月26日9时，中国长江三峡集团公司董事长、党组书记、长江电力董事长曹广晶在三峡大坝坝顶宣布：“三峡工程试验性蓄水成功到达175m!”。175m是三峡工程正常运行水位，标志着三峡水利枢纽工程的防洪、发电、通航等功能达到设计要求，三峡枢纽及水库将接受高水位的全面检验，其综合效益可得到充分发挥。

三峡工程采用“一级开发、一次建成、分期蓄水、连续移民”建设方针，枢纽运行水位分别为135m、156m、175m高程，分为围堰发电期、初期运行期和正常运行期。2003年和2006年，三峡工程分别实现了蓄水135m和156m目标。2008年三峡工程启动175m试验性蓄水，由于各方面原因，2008年和2009年分别只蓄至172.8m和171.43m。

从2010年9月10日零时，三峡工程启动了第三次175m试验性蓄水。蓄水按照国务院确定的“安全、科学、稳妥、渐进”的原则，充分兼顾上、下游用水需求，较好处理了防洪、发电、航运和补水之间的关系。三峡集团公司和长江电力、国家有关部门和库区省市在实践中不断探索三峡工程175m试验性蓄水的规律，做到了充分准备、提前启动、科学调度、加强沟通，得到了相关部门和地方政府的大力支持。

试验性蓄水过程中的三峡枢纽建筑物变形、渗流、应力、应变等均符合规律，三峡水库坡岸地质状况整体稳定，入库泥沙趋势性减少，长江干、支流水质保持总体稳定，长江流域防洪形势平稳，三峡电站运行正常高效，航运态势持续向好。

长江电力投资俄罗斯水力发电项目

2010年9月27日，长江电力与俄罗斯EuroSibEnergo签订了合作框架协议。在此基础上，11月25日，双方签订了《配售协议》和《关于共同开发俄罗斯发电项目并向中国及俄罗斯送电的合作协议》。根据协议，长江电力拟作为基石投资者，投资1.68亿美元认购俄罗斯EuroSibEnergo有限公司在香港首次公开发行的股票；双方拟联合开发俄罗斯西伯利亚、远东地区电力资源并向中国送电；拟设立合资公司，注册资本为600万美元，主要用于项目前期可研和预可研费用，双方持股比例各占50%，合资公司作为双方共同开发、建设和运营合作项目的唯一合作平台。

长江电力开拓融资新局面

2010年内，长江电力通过提前偿还银团贷款、集团公司委贷、新增发行205亿元短期融资券、对子公司闲置资金集中协同管理等措施，本年公司财务费用控制成果显著，全年财务费用比年初预算节省3.8亿元，债务融资综合成本低于同期一年期贷款基准利率，为2006年以来的最低水平，进一步优化了债务结构，资金精细化管理水平进一步提升。

自2006年发行首期融资券至今，长江电力已先后完成十一期融资券发行，募集资金累计305亿元，与同期银行贷款利率相比，节约财务费用超过6.53亿元。

2010年是长江电力在债券融资方面取得较大突破的一年，长江电力秉承进取创新的工作作风，以重大资产重组为契机，努力优化资本债务结构，在银行间市场交易商协会等主管部门的支持下，及时、高效地完成205亿元融资券的注册及后续各期融资券发行工作，为提升长江电力证券融资规模和融资能力、进一步降低财务费用、匹配公司资金需求创造了条件，同时通过多期滚动发行可提高融资效率，缩短发行筹备时间，使融资管理水平进一步加强，开拓了融资工作新局面。

长江电力为上海世博会保电受表彰

2010年度，在上海世界博览会保电、广州亚洲运动会保电工作中，长江电力严格落实国家电监会关于保障世博供电的要求，提前谋划、及早部署，认真编制专项发供电工作方案，组织落实各项保电措施，强化发电设备管理和运行方式管理，进一步完善电力网络与信息安全措施，实行24h零事故报告244天，顺利完成保电任务，被国家电监会评为世博保电、亚运保电工作先进单位。

世博会期间，受极端高温天气影响，上海市用电负荷曾达到2621.2万kW的历史新高。在上海世博会供电最为紧张的时刻，长江电力作为世博保电的重要发电企业，精心组织各项生产措施，力保世博供电和迎峰度夏期间三峡－葛洲坝梯级电站安全稳定运行。根据汛期电力生产特点，进一步深化“诊断运行”管理，加大巡检和安全隐患排查治理力度，确保高水位条件下机组运行健康；严密监视水情，加强气象预报与来水趋势预测会商，加大与电网公司沟通与协调的力度，科学调度；实行24h值班制，启动了加密观测，及时清漂降压差，开启葛洲坝大江冲砂闸和二江泄水闸泄洪。同时积极完善应急预案，开展各项应急演练工作，分别组织开展了三峡—葛洲坝梯级电站防汛应急演练，三峡电厂二次安防事故预案演习，葛洲坝电厂反事故演习和葛洲坝枢纽坝面交通专项治理。长江电力还组织开展了“为世博保电措施荐一言”活动，广大员工从多角度、多层面为世博保电建言献策，活动中共有1581人参加，收到合理化建议1583条，充分激发了员工主动参与世博保电积极性。世博期间运行维护人员加强现场巡检频次，通过巡检共发现缺陷1837个，消除缺陷1797，缺陷消除及时率达97.8%，对需要停机和停电处理的缺陷采取了相应控制措施，受控率达100%。

从2010年5月1日世博会开园到2010年7月31日，三峡—葛洲坝梯级电站向上海送电45.44亿kWh，经受住了三峡大坝建成后遇到的最大洪水考验，拦洪150多亿m^3洪水，并在7月份创下总出力、单日发电量和单月发电量三项历史新高，全面发挥了三峡—葛洲坝梯级枢纽综合功能，为保障世博供电和迎峰度夏期间安全发电作出了突出贡献。

三峡—葛洲坝梯级电站创总出力、单日发电量、单月发电量三项历史最高纪录

2010年7月31日12时，三峡—葛洲坝梯级电站总出力突破2100万kW；7月31日，三峡—葛洲坝梯级电站单日发电量突破5亿kWh，高达5.02亿kWh；7月份，三峡—葛洲坝梯级电站单月发电量达146.28亿kWh，分别创下三峡—葛洲坝梯级电站全部机组投产以来总出力、单日发电量、单月发电量三项最高历史纪录。

2010年7月，是三峡—葛洲坝梯级电站防洪、航运、发电的巨大综合效益得以完美体现的一个月，先后成功迎战70 000m^3/s、56 000m^3/s的两次洪峰后，库水位抬升，水头效益显著。7月9日，三峡电站累计发电突破4000亿kWh；7月16日24时，葛洲坝电站发电量累计达4000.04亿kWh；7月28日21时，三峡电站实现了1820万kW满出力连续运行168h目标，三峡电站7月发电128.03亿kWh，为投产以来月发电量最高纪录。这些都为三峡—葛洲坝梯级电站全部机组投产以来总出力、单日发电量、单月发电量三项最高历史纪录奠定了坚实基础。

成功战胜每秒7万m^3/s流量洪水

2010年7月20日上午8时，三峡工程遭遇建库以来长江上最大洪峰7万m^3/s流量的洪水。

本次洪水起源于四川岷江出现了2003年以来的最大洪水，嘉陵江出现1984年以来的最大洪水，寸滩站出现了1987年以来的最大洪水。三峡入库流量从7月17日的27 000m^3/s开始起涨，18日12时～19日12时加速上涨，20日8时涨至洪峰流量70 000m^3/s，流量涨幅43 000m^3/s，是三峡建库以来的最大洪水；入库流量连续24h涨幅达到了32 000m^3/s，2小时最大涨幅达到了4500m^3/s；本次洪水超过45 000m^3/s、50 000m^3/s、60 000m^3/s的持续时间分别为87h、78h、51h。

此次洪峰峰值虽大，但仍在工程设计范围内，不属于超标准洪水，三峡工程可从容应对。上午9时许，三峡大坝开始泄洪，23个泄洪孔洞没有全部开启，仅开启了9个，为下游拦蓄每秒3万m^3左右的洪峰流量，如果没有三峡工程的拦蓄，7万m^3/s的洪水冲向下游，将对下游尤其是荆江河段的防汛造成严重威胁，三峡大坝此次充分发挥了防洪效益。洪水到达时，三峡水利枢纽工程各项指标均在规定范围之内，库区沿岸地质未见异常，枢纽工程运行安全正常。洪水对三峡工程是一次考验，也是一次机遇，三峡工程可借助此次洪水过境，进行平时无法进行的部分项目的观测，收集数据信息。三峡工程在此次洪水过程中共拦蓄洪水24亿m^3，在本次滞洪调度期间，三峡工程拦蓄洪水76亿m^3，相当于1.5个荆江分洪区蓄洪量，大大缓解长江中下游的防洪压力。截至20日上午11时，三峡水库水位达到150.28m，较之19日上午11时上涨3.05m。三峡左右岸电站厂房内的26台发电机组仍然全部开启运行，电能源源不断送往全国各地。

长江电力海外业务取得重要进展

2010年度，长江电力在立足国内电力投资的基础上，积极寻找海外电力主业扩展的投资机会。在中俄两国全面深化战略协作伙伴关系的宏观环境下，深入研究了俄罗斯电力资源、市场运行、国家政策、投资并购可行性等相关情况，与其政府和主要电力企业进行了深入沟通交流。与俄罗斯EN＋公司签订了合作协议，双方将共同合作开发俄罗斯水力发电产业，同时公司作为基石投资者以1.68亿美元参与EN＋公司香港IPO上市。积极参与三峡集团与俄罗斯水电集团的合作，为与未来俄罗斯水电的多方面合作做了安排，将积极开展水电行业技术经验及项目合作等方面的交流与合作。与俄罗斯大型能源企业的合作，标志着公司迈出了海外投资并购的坚实一步，是落实公司“十二五”发展战略的重要举措，有利于增强公司国内外电力市场竞争力和影响力。

长江电力还在香港注册成立中国长电国际（香港）有限公司，将其作为公司境外资本运作平台，进一步积极拓展海外业务。

成功实施三峡电站设备重大缺陷处理与技术改造

2010年度，长江电力注重培育流域化检修力量，

尤其在三峡电站设备检修工作中，检修工作人员认真研究、周密策划、精心实施，成功实施了4台机组VGS定子改接线工作，通过不断总结改进，优化调整工序，4台机组改造工期分别提前9天、4天、23天和31天，改造后机组启动试验全部一次成功，有效消除机组100Hz振动现象。此外，顺利完成了5F机组推力瓦缺陷处理与瓦温调整，精心组织了8台ALSTOM机组单向阀改造。这些重要缺陷处理和技术改造项目的实施，消除了机组运行重大安全隐患，提高了三峡电站设备健康水平，为今后开展同类型工作提供了科学依据，积累了宝贵经验。编写的《三峡电站700MW机组检修技术》对于规范检修工作、保证检修质量、解决检修过程中遇到的疑难问题和提高检修效率具有重要指导意义。

金沙江电力生产筹备全面展开

自2009年4月30日长江电力正式成立溪洛渡、向家坝水力发电厂筹建处和成都梯级调度分中心以来，3个筹建处按照公司高质量、高标准、高要求做好筹建工作的指示精神，深入开展电力生产准备工作，全面参与工程建设，切实践行"建管结合、无缝交接"管理理念，努力促进电力生产准备与打造精品工程和谐共进，各项工作稳步推进，为顺利接管和运行向家坝电站设备设施打下了坚实基础。

截至2010年底，金沙江电力生产筹备工作已经全面展开，电站"调控一体化"方案编制完成。已经完成了溪洛渡、向家坝电厂筹建处机构设置，调整补充金沙江电力生产人员，累计到岗185人。金沙江溪洛渡、向家坝电能消纳方案研究取得阶段性成果，"十二五"三峡电能消纳（含地下电站）方案初步形成，三峡电站"十二五"购售电长期合同谈判基本达成共识。

在筹建工作中，金沙江电力生产人员一方面注重学习、消化、吸收三峡和葛洲坝电站管理经验，结合溪洛渡、向家坝电站技术特点，开展筹建工作。深入开展生产技术管理体系设计研究，启动了机加工、大坝观测、仪表检验、油务处理、设备大修等管理项目的相关研究工作，以适应全电站责任管理的要求。编写完成了"调控一体化"实施方案，为调控一体化后续工作和梯级电站的安全、经济、稳定运行打下了基础。另一方面坚持并优化"建管结合、无缝交接"管理理念，以追求电站本质安全和系统最优化为目标，改进工作方式和方法。增派人员参与工程项目管理和机电安装监理，积极参与设备设计、招评标和合同执行工作，与相关方建立了良好的合作关系，从源头上有效控制了设备设计、制造、安装的质量。全年先后派出20多名员工直接参与工程建设项目管理和机电设备安装监理，100多人·次参加各类技术交流、设备设计审查和设计联络、设备招评标及合同谈判、设备出厂验收等工作，共提出了600余项设计优化完善建议，其中96%被工程设计单位和设备制造厂家采纳。

主要事件

1月15日，总结长江电力成立以来党建创新工作的62项成果并作宣传。

2月10日，《三峡梯级水库优化调度系统的研究与开发项目》获得国家科学技术进步奖二等奖。

3月28日，荣获"中国品牌文化建设贡献奖"及"中国企业文化建设十大杰出贡献单位"、"中国企业文化管理创新十佳单位"荣誉称号。

4月20日，长江电力向青海玉树地震灾区捐款500万元、200套小型太阳能电源装置，员工个人捐款合计50万元。

5月29日，荣获"中国证券市场20年20家最富社会责任感上市公司奖"、"金蜜蜂2010优秀企业社会责任报告环境类专项奖"。

6月2日，金沙江溪洛渡、向家坝电能消纳方案研究取得阶段性成果，"十二五"三峡电能消纳（含地下电站）方案初步形成，三峡电站"十二五"购售电长期合同谈判基本达成共识。

同日，全面开展创先争优活动，各级党组织和广大党员结合实际创先进、立足岗位争优秀。

6月25日，长江电力及所属党支部积极设计并开展了以服务安全生产为目标的主题党日活动。

6月26日，顺利完成董事会、监事会换届工作，曹广晶任董事长，陈飞任副董事长，优化了公司治理结构。

6月30日，认真推进学习实践活动各项整改工作，取得良好的效果。

7月5日，组织132名应届大学毕业生到建设管理单位和电力生产单位进行交叉轮岗锻炼，加快新员工岗位成才。

7月9日，新出台管理制度8项，长江电力运行的制度合计为132项。

7月15日，编制下发了长江电力《内部控制体系建设规划（2010～2015）》，内控体系运行良好。

7月19日，首次以资本公积金向全体股东每10股转增5股，公司总股本增至165亿股。

7月21日，三峡电站26台机组满出力1830万kW连续运行达到51天。

7月25日，初步编制完成长江电力《"十二五"发展规划》。

7月31日，三峡—葛洲坝梯级电站日最高发电量突破5亿kWh，梯级电站7月份累计发电146.28亿kWh，创单日、单月发电量最高纪录。

8月18日，发起设立了湖北新能源投资管理有限公司。发起设立北京绿色产业基金公司，布局节能环保新兴产业。

8月25日，成立长江电力职工代表大会，提升了民主管理水平。

9月9日，实施7次防洪调度，蓄洪总量266.3亿m^3；化解三峡建库以来每秒70 000m^3最大洪峰对下游的威胁，拦蓄洪水25亿m^3。

9月11～12日，适应公司国际化战略发展需要，组织近800名青年员工参加全国公共英语等级考试达标活动，引导并促进中青年员工加强英语学习。

9月13日，编制并实施了5家辅助生产专业化公司管理方案，实现了平稳过渡，各专业化公司全部完成年度任务。

9月20日，荣获"中国主板上市公司最佳董事会"、"中国上市公司最佳社会责任董事会"、"年度董事会奖"等荣誉称号。

9月27日，加大直接融资比例，本年度累计低成本发行短期融资券205亿元。（此表述不对，205亿元为累计数）

同日，签订投资俄罗斯电力公司EuroSibEnergo有限公司协议，迈出海外业务步伐。

9月30日，《加强与地方企业并购重组谋求合作共赢新途径》和《大型水电上市公司资本运营及财务战略管理系统的构建与实施》分别荣获全国电力行业管理创新成果一等奖和二等奖。

9月，组织1400名一线电力生产人员参加岗位技能达标培训活动，全面提升长江电力生产作业人员业务技能水平。

9月30日，合理利用中小洪水增发电量43.18亿kWh，全年节水增发电量52.27亿kWh。

10月26日，三峡工程首次成功蓄水至175m，水库、枢纽工程运行正常，防洪、发电、通航等各项功能达到设计要求，三峡枢纽开始在正常蓄水位下全面发挥综合效益。

10月28日，组织研究了《长江电力社会责任体系构建实践》和《基于利益相关者理论的和谐企业构建》课题，搭建了公司社会责任框架体系。

11月2日，人力资源社会保障部授予三峡电厂高级技师凌伟华第十届全国技术能手称号。

11月9日，三峡电厂运行部运行五值荣获国资委"中央企业红旗班组"光荣称号。

11月10日，落实《中国长江电力股份有限公司党务公开实施细则》，扩大党内民主，加强党内监督。

11月15日，荣获"中国上市公司十佳法律风险管理奖"。

11月16日，《国有控股上市公司党建工作模式研究》课题研究获国资委初步认可。

11月17日，与巴西巴纳纳州电力公司开展电站检修、流域调控技术交流。

11月22日，与加拿大蒙特利尔高级商学院（HEC）联合开办境外电站管理培训班，培养和储备国际化人才。

11月24日，"万里长江第一坝"——葛洲坝水力发电厂迎来建厂30周岁生日。葛洲坝电站自投产以来累计发电4080.9亿kWh。

同日，对俄罗斯水电公司开展股权和项目合作研究，配合集团公司与其签署战略合作协议并推进落实。

11月25日，深入推进班组文化建设，"五型"班组（本质安全型、和谐友好型、学习进取型、创新创效型、奉献社会型）建设取得初步成效。

11月28日，公开招聘87名电力生产技能人员，并完成了电力生产强化实训，壮大了技能员工队伍。

12月1日，作为基石投资者参股大唐新能源。

12月2日，蝉联"年度投资者关系管理百强"奖。

12月3日，金沙江电力生产筹备全面展开，电站"调控一体化"方案编制完成。

同日，捐资建设的葛洲坝上坝公路改造工程完成设计正式开工。

12月6日，搭建海外平台，注册成立了中国长电国际（香港）有限公司。

12月21日，国家电力监管委员授予长江电力"上海世博保电先进单位"和"亚运保电先进单位"荣誉称号。

12月22日，完成溪洛渡、向家坝电厂筹建处机构设置，调整补充金沙江电力生产人员，累计到岗185人。

12月23日，不断探索人力资源开发新模式，创新实施"三峡班"定向培育、专科技能人才引进、挂职锻炼及岗位代理等人才开发措施。优化薪酬和绩效管理，推行岗位动态管理、宽带薪酬激励、人才成长"双跑道"。

同日，重大投资项目湖北能源成功上市，圆满实现了"投资入股—重组改制—整体上市"三步走战略构想。

同日，继重庆大学之后，又在三峡大学设立"长江电力奖学金"，用于资助、奖励优秀在校学生。在部分高校设立"长江电力溪洛渡—向家坝工程移民助学金"，资助溪洛渡、向家坝工程移民子女水电专业高校学生。

12 月 24 日，荣获“最受投资者欢迎上市公司网站”和“最佳信息披露上市公司网站”、“最佳互动平台上市公司网站”奖项。

12 月 27 日，为秭归葛洲坝电厂希望小学援建“阳光电教室”，为三斗坪镇中心小学捐建“亲情视频室”。向三峡坝区东岳庙村捐赠办公设施，建立阅览室。

12 月 28 日，印发《关于推进长江电力学习型党组织建设的实施方案》，加强团队建设，推动公司科学发展优势。

12 月 31 日，三峡—葛洲坝梯级枢纽年度发电 1006.7 亿 kWh，突破千亿 kWh 大关，三峡电站自投产以来累计发电 4527.4 亿 kWh。生态调度三峡工程，全年抗旱、生态补水 121.9 亿 m^3。

同日，经营业绩持续稳定增长，实现全年销售电量 999.25 亿 kWh，销售收入 250.83 亿元，利润总额 111.2 亿元，总资产 1579.1 亿元，净资产 665.68 亿元，基本每股收益0.498 5元。加强资金管理，优化债务结构，全年财务费用比年初预算节省 3.8 亿元，资产负债率下降 3.93 个百分点。全年电费回收率达到 100%。全年向国家和地方政府缴纳税款 63.28 亿元。

同日，实现全年无人员和设备事故的“双零”目标，安全生产创历史最好水平。

同日，圆满完成年度各项工作任务，在集团公司年度业绩考核中被评为 A 级。全年经济增加值(EVA) 46.74 亿元。顺利实现了“十一五”发展规划提出的各项目标，公司规模和业绩持续快速增长。

（谢兴发）

国投华靖电力控股股份有限公司

企业概况

国投华靖电力控股股份有限公司是国家开发投资公司电力业务的资产经营与资本运作平台。

国家开发投资公司是国务院批准设立的国家投资控股公司和中央直接管理的国有重要骨干企业之一。国投公司注册资本 194.7 亿元，资产总额 2373 亿元（截至 2010 年底），2010 年实现经营收入 646 亿元人民币，利润 68 亿元人民币。在国务院国资委年度业绩考核中，连续 7 年获得 A 级，并在连续两个任期考核中成为“业绩优秀企业”。

国投华靖电力控股股份有限公司（简称国投华靖）于 2002 年由湖北兴化与国家开发投资公司（简称国投公司）进行资产置换后变更登记设立。公司主要投资建设、经营管理以电力生产为主的能源项目；开发及经营新能源项目、高新技术、环保产业；开发和经营电力配套产品及信息、咨询服务。

截至 2010 年底，国投华靖总股本1 995 101 102股，其中，国家开发投资公司持股1 407 281 129股，占国投华靖总股本的 70.54%，社会公众股股东持股占国投华靖总股本的 29.46%。国投华靖资产总额达到 1005.8 亿元，2010 年国投华靖实现发电量 860 亿 kWh，营业收入 159 亿元，利润 13.8 亿元。

截至 2010 年底，国投华靖投产总装机容量 2939.7 万 kW，控股装机容量 1726 万 kW（含受国投公司委托管理的项目，下同）。国投华靖水电总装机 778.7 万 kW，控股 532 万 kW；火电总装机 2057 万 kW，控股 1090 万 kW；风电总装机 24.4 万 kW；燃气总装机 78 万 kW。核准在建 1363 万 kW。国投华靖拥有 20 家控股企业，4 家参股企业，投资企业分布在华北、华东、西南、西北、华南等 11 个省区。

国投华靖电源结构合理，水、火、风、光电并济。以控股装机容量计，国投华靖已成为国内 A 股市场第二大水电上市公司，有效抵御了煤炭价格波动和供应风险，增强国投华靖抗风险能力。

国投华靖资源储备丰富，未来业绩增长明确，有良好的发展空间。国投华靖控股企业二滩水电负责雅砻江全流域开发，2012～2015 年，二滩水电装机规模年复合增长率超过 40%；2025 年，雅砻江流域开发全面完成，发电装机约3000万 kW，迈入国际一流大型独立发电企业行列。

面向未来，国投华靖将本着清洁、高效、经济、环保的原则，加快开发水电，优化发展火电，高效稳妥发展可再生能源，努力建成管理规范、治理完善的绩优蓝筹上市公司。

组织结构

国投华靖设有综合部、人力资源部、证券部、监审部、计财部、业务发展部、基建管理部、生产经营部等 8 个职能部门，拥有全资和控股企业 20 家。国投华靖电力控股股份有限公司全资和控股企业包括：

二滩水电开发有限责任公司
北京三吉利能源股份公司（代管）
天津国投津能发电有限公司
国投云南大朝山水电有限公司
靖远第二发电有限公司
国投钦州发电有限公司（代管）
厦门华夏国际电力发展有限公司
国投曲靖发电有限公司
甘肃小三峡水电有限公司

国投北部湾发电有限公司
国投宣城发电有限责任公司
国投白银风电有限公司
国投张家口风电有限公司
国投盘江发电有限公司
国投酒泉第一风电公司
国投酒泉第二风电公司
国投伊犁能源开发有限公司
国投格尔木光伏发电有限公司
国投敦煌光伏发电有限公司
国投石嘴山光伏发电有限公司

经营管理

2010年，国投华靖公司深入挖潜、降本增效，全方位提升管理水平。紧紧抓住影响指标优化和效益提升的关键环节，从严管理，将对标管理做全做实。

在安全生产工作中，通过安全大检查、防台防汛、迎峰度夏、建立健全应急预案等一系列措施，夯实安全生产基础，巩固安全生产责任制和安全生产目标管理，完善安全生产管理体系。在安全标准化建设方面，截至2010年底，已有二滩、靖远二电、国投北部湾、国投小三峡小峡电站获得NOSA五星评审；华夏、大朝山、钦州、大峡、乌金峡、宣城等通过四星评审。国投华靖安全生产态势总体平稳，全年未发生一般及以上人身伤亡事故或设备事故。

2010年，国投华靖节能减排工作围绕“存量机组能耗水平稳步下降，力争增量机组达到预期目标，不发生环境污染事件”为宗旨开展工作。组织召开了“十二五”节能减排宣贯会，明确“十二五”节能减排目标与方向，提前布局，早做筹划。全年完成供电煤耗324.5g/kWh，低于全国平均水平，全面提升了企业生产经营的核心竞争力。

全年国投华靖投资企业未发生环境污染事件，环保工作得到主管部门的认可。靖远二电、国投曲靖脱硫系统获得国家节能减排资本金注入；国投宣城发电荣获安徽省污染减排目标超额完成奖；国投小三峡公司被授予“大型生产建设项目水土保持先进单位”。

国投华靖加强对电厂技改工作指导，有效改善了机组能效水平。二滩水电荣获国家科学技术进步二等奖；国投曲靖、国投钦州、华夏电力获得国家技改奖励。

基建管理

2010年国投华靖基建项目建设有序进行，里程碑节点按计划顺利推进，项目单元工程质量按计划顺利推进，各项目单元工程质量合格率达100%。国投华靖加大了项目设计审查与优化设计，严控工程概算，为建立以专业化基建经营机制打下良好基础。2010年，国投华靖投资企业二滩水电的官地、桐子林水电站获得核准，同时开工建设；北疆、乌金峡完成达标投产验收，其中北疆一、二号机得分率分别获得92.45%和93.25%的优异成绩，一次性通过了现场复查，为打造国家级优质工程奠定了良好基础。全年电力板块在建项目6个，工程质量验收优良率均为良好。

党风廉政建设工作

2010年，在国投集团直属党委的领导下，国投华靖坚持党组织的政治核心和战斗堡垒作用，深入开展创先争优活动，以党建带动员工齐心协力共发展。

全年，国投华靖及投资企业荣膺多项殊荣：国投华靖被国资委授予“中央企业职工技能竞赛先进单位”；二滩获得“中央企业先进基层党组织”、“中央企业红旗班组”；靖远二电获得“2010年全国电力行业优秀QC小组”；国投北部湾荣获全国安康杯竞赛优胜企业；国投钦州团委被授予“全国红旗团委创建单位”。

各企业在做好生产经营的同时，不断强化社会责任意识，积极承担社会责任，在向玉树、舟曲、西南旱区等灾区的捐款活动中，踊跃奉献爱心，支援抗灾，将“三为”理念落实在具体行动中。

中国安能建设总公司（武警水电指挥部）

企业概况

中国安能建设总公司（简称总公司）于1988年成立，是经原能源部、对外经济贸易部核准，在国家工商行政管理局登记注册的国有大型施工企业。总公司具有独立法人资格，享有对外派遣劳务、承包工程权。具有水利水电工程施工总承包特级、市政公用工程施工总承包壹级、民航场道总承包壹级、房屋建筑工程施工总承包贰级、公路工程施工总承包三级资质。通过质量、环境、职业健康安全综合管理三体系认证并运行良好。电力体制改革后，成为国家电网公司全资子公司。

根据国务院、中央军委［1999］国发6号文件精神，总公司与武警水电指挥部实行一个机构，两块牌子，主要承担国家重大能源有关项目建设，大江大河治理等水利基础设施和急工险段、重点部位防洪抢险任务。在完成国家指定工程任务之外，可暂时利用其装备、技术优势参与国家其他工程项目建设投标；承担依法执行国家赋予的维护社会稳定和处置突发事件任务。

总公司具有年开挖5000万m^3土石方、浇筑400万m^3混凝土、安装100万kW以上水轮发电机组、制作安装20 000t大中型金属结构、工业与民用建筑30万m^2、进行特殊基础处理和承担大型发电厂运行管理能力；具有地下工程施工、碾压混凝土筑坝、混凝土面板堆石坝筑坝、基岩保护层爆破、高边坡治理、滑模施工、不良地质基础的化学灌浆、大型船闸人字门安装、大型水力发电机组及抽水蓄能机组的安装等技术和工艺，多次创造世界工程记录，多次荣获国家科技进步奖，多个项目获鲁班奖和詹天佑奖。

领导班子

总 经 理 （主任）：李光强（12月退休）
第一政委：陈雷（1月任，水利部部长兼）
党委书记 （政治委员）：韦秀锁
总工程师：冉贤厚（土家族，5月退休）
　　　　　周光奉（5月任职）
总经济师：周光奉（5月调离）
　　　　　林友汉（5月任职）
总会计师：彭文武

机构设置

根据中国安能建设总公司与武警水电指挥部实行一个机构两块牌子的原则，在武警水电指挥部机关现有机构设置基础上以中国安能建设总公司的名义设置：总经理办公室、工程技术部、质量安全部、招投标办公室、国际合作部、劳资管理部、干部管理部、政策与法律事务部、财务与资产经营部、机电物资部、企业管理部、国际贸易部、审计室等。各部负责人由总公司党委研究后，由总经理聘任。

总公司下辖四个子公司，分别为江南水利水电工程公司（武警水电第一总队）、江夏水电工程公司（武警水电第二总队）、安蓉建设总公司（武警水电第三总队）、湖北安联建设工程公司（武警水电三峡工程指挥部）。江南水利水电工程公司位于广西壮族自治区南宁市金州路23号；江夏水电工程公司位于江西省南昌市高新区昌东大道艾溪湖3路1号；安蓉建设总公司位于四川省成都市金牛区安蓉路4号；宜昌安联水利水电有限责任公司位于湖北省武汉市东湖新技术开发区企业西路9号。

公司动态

2010年，总公司坚持以科学发展观为指导，紧紧围绕指挥部党委“转变观念、拓宽思维、提高标准、加快发展”的总体思路，团结一心，开拓进取，各项工作和全面建设取得新的成绩和进步。

中心任务圆满完成。坚持“三为主”原则，紧盯重点，拓展领域，全年中标71项，合同金额150.7亿元，完成年计划60亿元的251%。特别是梨园、观音岩、旁多大坝、苗尾等大项目顺利中标，提高项目含金量，优化任务结构。深入开展施工生产规范化管理活动，加大重点项目管控力度，集中对23个管理型项目进行专项检查，保证了施工进度质量安全，完成总产值91.84亿元，占年计划65亿元的141%。加强成本控制，加大工程结算、变更索赔和债权清收力度，提高了经营管理水平，实现年利润8541万元，无亏损支队。积极推进应急力量建设，坚持党委统揽，大事大抓，指挥部召开工作会专题部署，各单位认真制定各类方案，及时进行资源调配，加大跟地方政府协调力度，应急力量调整部署、指挥中心和训练征地等重点工作进展顺利，部队使命意识和救援能力进一步增强，先后出色完成13次重大应急抢险任务。特别是在青海玉树抗震救灾、江西抚州唱凯堤决口封堵、甘肃舟曲特大泥石流抢险中，各级领导靠前指挥、身先士卒，广大官兵勇上一线、敢打头阵，经受住了严峻考验，部队地位作用和社会影响力明显提升。二总队五支队二中队、七支队二中队被武警部队授予“唱凯堤决口封堵抢险英雄中队”荣誉称号；三总队十一支队六中队被武警部队授予“抗击泥石流灾害英雄中队”荣誉称号。

基层建设水平得到提高。坚持以建强项目部为重点，以提高基层干部能力为关键，以促进经常性工作落实为抓手，扎实推进基层全面建设。围绕“大练六项基本功”，采取课堂教学、模拟演练、观摩交流等形式，对所有项目部、中队主官和经营管理骨干进行集中培训，基层干部能抓善管、会干会算的能力有所增强。坚持分析式检查、帮带式指导，在任务和建设的关键期，及时派出工作组，深入基层面对面帮扶，有效促进工作落实。紧密结合实际，研究制定《关于进一步加强项目部建设的意见》，通过健全组织、明确职责、规范内容，较好发挥项目部“一线指挥部”功能。逐步加大基层建设投入，广大官兵的工作、学习和生活条件有较好改善。

综合保障效益不断增强。积极适应形势任务变化，转变保障思路，拓宽保障渠道，为促进加快发展提供有力保障。协调银行增加授信额度10亿元，及时办理各类保函和资信证明，满足了投标工作需要。扎实推进财务结算中心建设，实现资金统收统管。认真开展小金库、银行账户清理和财务工作大检查，有效防范经济风险。严格落实大宗物资集中招标采购制度，投入资金2.29亿元，购置装备563台（套），装备成新率、完好率、利用率得到提高。主动争取财政部支持，落实年度军费补助和抢险专项经费3.9亿元，缓解了部队资金压力。加大官兵生活保障力度，按时足额发放工资津贴，一、二总队落实驻地生活补贴342万元，官兵医疗保障全部纳入内卫部队体系。加大基础设施建设力度，一、三总队指挥中心，二总队、三峡工程指挥部训练基地筹划报批工作进展顺利。

思想政治建设

着眼提高领导科学化水平，带领部队实现加快发展，大力加强党委班子建设。认真抓好总队、支队班子调整配备，两级班子结构得到优化，组织基础进一步牢固。利用宣布命令、检查考核等时机，加强启发引导和考察帮建，各级抓建设谋发展的思路进一步理清。认真落实民主集中制原则，修订完善《党委议事规则》，规范议事决策的范围、原则和程序，各级议事决策质量进一步提高。集中开展“建设学习型党委机关，争做学习型领导干部”和“公心为部队，用心强素质，尽心干事业”教育活动，制定并落实《关于创建学习型党委的决定》，各级党委和广大干部的理性思维能力进一步提高、思想作风进一步端正。积极配合武警党委巡视组开展试点工作，认真落实《党风廉政建设考评细则》，促进部队党风廉政建设。

坚持把思想政治建设摆在首位，全面打牢官兵高举旗帜、听党指挥、履行使命的思想基础。狠抓中国特色社会主义理论武装，认真落实“三调一查”学习制度，组织团以上干部网上集训，扎实抓好基层理论学习，理论武装工作不断深入。认真抓好学习实践活动整改落实，推动学习实践科学发展观向深度和广度发展。大力加强经常性思想工作，扎实开展“培育当代革命军人核心价值观”主题教育，召开纪检政法工作会议，开展法律服务到基层活动，广大官兵理想信念和法纪意识进一步增强。深入开展创先争优活动，党支部战斗堡垒和党员先锋模范作用得到较好发挥。突出加快发展主题，采取多种形式、多个回合加强教育引导，各级思想认识逐步统一。扎实做好任务中政治工作，为圆满完成任务提供可靠保证。

经营策略

认真贯彻武警党委“收缩战线、强化管理、提高效益”的指示要求，全面抓好中心任务。总的目标是：投标找任务计划完成60亿元，施工总产值计划完成65亿元，力争无亏损项目，保持无亏损支队，总队取得良好经济效益，质量安全实现“双零”。突出抓三个环节：一是围绕合理确定任务规模，抓好投标工作。坚持以水利水电项目为主，力争在地下厂房和混凝土拱坝施工领域实现突破，进一步扩大铁路、电网、管道、金结机电安装等市场份额，积极拓展风电、核电、太阳能等新能源建设领域。坚持择优投标，发挥集团优势，集中力量投大标、中主体，重点跟踪黄金坪、羊曲、桐子林、白鹤滩等58个项目。加强与水利部、铁道部、国家电网公司和有关集团公司各层面联系沟通，建立和巩固与业主单位的良好关系。抓好新特级资质的申报工作，确保申报成功。二是围绕提升自营能力，抓好在建工程。深入开展施工生产规范化活动，强化现场管理与作业规范，总公司每季度进行一次分析讲评，每半年组织一次全面检查，促使这项活动制度化常态化。加大项目管控力度，科学调配资源，建强专业化队伍，确保重要节点工期和阶段目标顺利实现。总公司主要监管糯扎渡、江坪河、泸定、溪洛渡等18个重点项目。严格控制工程分包，严把入口关，切实选择有资质、能力强、信誉好、相对稳定的队伍，防止因中间出问题给部队带来损失；合理确定分包项目和单价，坚持集体讨论决定，防止个人说了算；严格结算和支付手续，严禁超结超付，严禁提前预付，严禁以各种理由和名目向分包队伍卡拿索要。大项目分包，总队党委要研究把关，各级工程、纪检、财务、审计部门要定期专项检查，逐步精减分包队伍数量，提高自营产值比重。三是围绕提高精细化水平，抓好经营管理。从落实基本制度入手，促进管理规范化，以规范化带动精细化，以精细化谋求效益最大化。突出抓好成本管控，建立健全成本控制责任体系，细化项目评估、责任奖惩等措施办法，把成本核算渗透到生产及项目管理的全方位、全过程；加大变更索赔和债权清收力度，加强内业管理和现场签证工作，做好多方位的沟通协调，有效拓展利润空间；加强对外投资项目监管，积极参与投资项目的决策与管理，及时掌握经营状况，确保合理收益。

在建工程。紧紧围绕“强化管理、提高效益”要求，扎实抓好在建工程管控。一是提高规范化和精细化管理水平。深入推进施工生产规范化活动，从管理、技术、作业三个方面着手加强规范，组织项目部制定规范化作业指导书和示范录像片，适时总结推广先进经验。加强项目主任队伍建设，举办一期项目主任培训班，集中研究如何抓好项目管理问题。开展项目评估工作，重点抓好项目初评估、中间评估和后评价三个环节，把评估成果作为项目经营管理考核的重要依据。二是加大项目管控力度。对新开工及拟开工项目，要选准配强项目主官，健全项目机构，抓好施工前期规划、资源配置和技术准备，确保最短时间内形成施工能力。对已开工的在建项目，要抓好工程管理有关制度落实，加强施工组织和质量安全管理，加强动态过程管控。对完工及收尾项目，要抓好竣工验收和结算管理，确保不留任何问题。三是加强专业化队伍建设。坚持脱产和以工代训相结合，抓好技术培训，着重培养机械操作手、修理工、电工、电焊工等技能骨干。加大优化整合力度，依托大项目和主体工程广泛开展岗位练兵，在钻爆、挖装、浇筑、金结机电、基础处理等关键工序上形成过硬作业力量。四是加强工程分包管控。严格控制工程分包，对自己有能力干、优势突出、利润空间大的工程项目尽量不分包。落实《协作队伍管理规定》，重点管控好选用、合同签订、现场管理、计量结算及民工工资监管等环节。

应急救援力量建设。列入国家应急救援力量后，重点抓好指挥、力量、政治、保障“四个体系”建设。突出五方面工作：一是加快救援力量基本部署调整，尽快完成立项、选址和规划，有条件的启动建设工作。二是抓好15个重点分队建设。进一步搞好规划调整，实现齐装满员，快速全面形成救援能力。三是加强三级指挥中心建设。完善基础设施，落实好编制和人员，设计和规划好建设要素。四是完善应急指挥信息化建设。重点抓好“三网一系统”建设，在远程机动指挥上取得突破进展，实现应急救援现场感知、实时指挥功能和传输。五是加强针对性训练和演练。充分利用施工间隙抓好应急训练，首长机关重点突出灾情研判、科学指挥、战法运用、组织协调等内容，部（分）队重点训练堤坝加固排险、堰塞湖排险、油气管道和电力设施抢修等课目。密切关注汛情灾情险情，充分做好抢险救援准备，科学组织救援行动，确保圆满完成任务。

安全生产

深入贯彻武警部队“辽宁会议”和从严治警集训精神，紧紧围绕强化“全精新实”理念、提升建设标准，召开正规化管理工作会议，研究部署分散条件下部队建设与管理问题，修订完善基层、机关正规化管理《规定》，加大检查督导力度，指导各级老老实实从最基本入手、扎扎实实从最基础抓起，部队正规化建设水平明显提高。结合学习贯彻新条令，狠抓官兵日常养成和节假日、季节转换等重点时段的部队管理，扎实开展“治三松、严纪律、保安全”教育整顿，部队保持高度统一和安全稳定。加强安全风险管理体系建设，突出防范重大安全问题，深入开展“三个每次”、“五个过一遍”活动，及时排查和消除安全隐患，柳树沟、旁多、映秀、三湾、观音岩5个项目部成功避险。遂行重大任务累计出动兵力3.7万人（次），做到无一人伤亡。

主要事件

1月12～14日，水电指挥部在北京召开党委扩大会议。各总队、三峡工程指挥部军政主官和司政后领导、指挥部机关处室以上领导参加会议。会议传达学习武警部队党委一届七次全体（扩大）会议精神，李光强同志作题为《认清形势　统一思想　加快发展　努力在新的起点上把部队建设不断推向前进》工作报告，总结分析2009年度部队建设形势，研究部署2010年度工作。对2009年度责任制完成情况进行讲评，签订2010年度各类责任书；表彰奖励先进单位和个人；韦秀锁同志作总结讲话。

1月22日，总公司制定2010年装备更新计划。2010年计划投入采购资金1.74亿元，更新设备219台（套）。其中一总队40台6000万元；二总队56台3500万；三总队89台5500万；三峡34台2400万。

2月3日，总公司投资管理领导小组在机关召开2010年第一次投资管理工作会议；会议对股权投资工作情况进行小结，对国电阿克苏公司投资方案和可行性报告进行论证。结合水电投资形势，对阿克苏公司投资进行细致认证分析，重点对投资资金来源进行讨论分析，通过认证、比较，通过对阿克苏公司投资议案。

3月26日，三峡工程指挥部承建的日照至仪征原油管道工程在江苏省淮安市顺利开工。该项目合同金额21 667万元。

4月3日，总公司中标新疆尼勒克一级水电站渠道Ⅱ标工程，合同金额24 970万元。尼勒克一级水电站渠道Ⅱ标位于新疆尼勒克县，吉林台二级水电站下游1.7km处。电站为拦河引水发电工程，渠道Ⅱ标包含渠道工程、交通工程和砂石骨料系统三个部分。工程量包括土石方明挖287.74万m^3、基础处理32.79万m^3，混凝土浇筑14.74万m^3。27日，工程正式开工。

4月14日，青海省玉树地区发生7.1级强烈地震后，水电部队紧急抽调130名官兵、18台设备参加抗震救灾。五支队青海羊曲、班多项目部官兵14日晚连夜开进，于15日14时到达重灾区玉树结古镇展开人员搜救和道路抢修，成为最早到达灾区的部队之一。至25日，人员搜救5km^2，清理出尸体5具，帮助搬运尸体10具，转移安置群众500人；抢修道路38km，抢修电力线路41 200m；清理废墟16 950m^3，拆除危房970间；救助受伤群众4050人（次），为群众搭建帐篷20顶，派出10名战士在青海省、市联指执勤，防疫消毒20 500m^2。部队受到党中央、国务院、中央军委和武警部队党委首长充分肯定，胡锦涛主席、军委郭伯雄副主席和武警部队首长在专报上都作出重要批示。

4月18日，中共中央总书记、国家主席、中央军委主席胡锦涛亲切看望正在玉树参加抢险救灾的武警水电部队官兵。

4月27日，指挥部中标西藏旁多水利枢纽大坝工程，合同金额73 388.68万元，由十支队承建。工程地处拉萨河流域中游河段，是西藏自治区“十一五”规划重点项目，以灌溉、发电为主，兼顾防洪和供水等综合利用的大型水利枢纽工程，水库总容量11.74m^3，电站装机4台，总装机容量12万kW。

5月2日，中共中央政治局常委、国务院总理温家宝亲切看望正在玉树参加抗震救灾的武警水电部队官兵。

5月25～26日，武警水电交通部队应急救援力量建设观摩演示现场会在四川成都市温江区金马河召开。会议总结2009年水电交通部队纳入国家应急救援力量体系以来，武警部队和两个指挥部贯彻落实国务院、中央军委批复精神，抓紧推进应急救援力量建设情况，围绕打造精锐之师的要求，深入研究加强两支部队应急救援力量建设问题。三总队作为这次会议主办单位出动兵力3381人（次），车辆735台（次），承担前期设计规划，静态展示区场地平整美化、水电部队抢险装备展示、临时办公生活保障、堤坝决口封堵课目演示、展示演示综合保障、对内外协调等工作。

6月19日，西藏自治区党委副书记、常务副主席郝鹏一行莅临三总队十一支队承建的西藏果多水电站施工现场检查指导工作。

6月中下旬，江西省遭受50年一遇洪涝灾害。21日18时30分，抚州唱凯大堤溃决348m，5个乡镇14.5万人受灾、12万亩农田被淹。根据水利部提议和江西省委省政府要求，遵照温家宝总理“尽快封堵决口”的指示，水电部队以最快速度调集精兵强将和精良装备，全力以赴投入封堵决口战斗。参战官兵艰苦鏖战58h，修筑进入堵口道路2km，抛填土石料5万余方，道路保通维护12km，于27日6时15分成功封堵，比省联指确定的“决战六天、堵住决口”工作目标提前3天完成任务。受到党中央、国务院、中央军委，国家防总、水利部和地方各级党委政府、武警部队首长高度赞誉。

7月2日，武警水电部队成功封堵唱凯堤决口总结表彰大会在北京水电指挥部机关召开。武警部队司令员王建平、政治委员喻林祥出席并讲话。副司令员息中朝和政治部主任魏亮出席。王司令员传达中共中央政治局常委、中央政法委书记周永康同志的重要批示，传达中共中央政治局委员、中央军委副主席郭伯雄、徐才厚，中央军委委员、总参谋长陈炳德的有关批示。息副司令员宣读武警部队党委授予水电二总队五支队二中队和七支队二中队“唱凯堤决口封堵抢险英雄中队”荣誉称号的命令。水电指挥部主任李光强、水电二总队七支队二中队官兵代表发言，水电指挥部政治委员韦秀锁主持会议。这种规模的表彰大会是水电部队历史上是第一次，极大鼓舞了官兵斗志。

7月9～24日，青海格尔木温泉水库发生险情。根据上级指令，二总队80名官兵携带24台（套）专用设备，在副总队长许勇带领下紧急赶往格尔木温泉水库抢险。经过14天连续奋战，圆满完成水库应急溢洪道沿线石料和混凝土倒运、水库应急溢洪道进口段开挖防护及泄洪破口任务，为解除温泉水库险情作出积极贡献。青海省委书记强卫、副省长邓本泰、水利厅厅长于丛乐等领导高度赞誉：水电部队关键时刻冲得上，打了一场漂亮仗。

7月14～15日，江西浮梁县遭遇入夏以来最强降雨，造成特大洪涝灾害，根据江西省委省政府统一部署，二总队以最快的速度调集精兵强将和精良装备，第一时间赶到该县重灾区黄坛乡，251名官兵经过连续22h奋战，快速抢通水毁桥梁一座，抢修塌方路基50m，清理山体塌方1000m^3。景德镇市、浮梁县、黄坛乡三级党委政府送来“抗洪抢险当先锋、水电铁军显神威”锦旗。

7月16日，四川省甘孜州泸定县泸桥镇因山洪爆发造成山体垮塌，致使近40m水渠严重受损且被垮塌山体掩埋，山下107户村民生活和153km^2农田灌溉以及上千头牲畜用水告急。九支队泸定项目部调动15名官兵、2台设备投入抢修水渠战斗，耗用15t水泥、20m^3砂石，经7天奋战，成功抢通受损水渠并恢复供水。

7月18日，二总队官兵奉命奔赴江西九江彭泽县，紧急驰援彭泽抗洪抢险，先后担负彭泽长江干堤、芙蓉圩堤、芳湖圩堤、国有圩堤抢险任务。共处理脱坡426m，封堵管涌5处，其中特大管涌3处，开导渗槽850条共3801m，装填铺设运输碎石、黏土近9万袋，抛石护脚230m^3，回填黏土587m^3，清淤478m^3，拆除围堰10m，修筑堤顶公路700m，修整公路1000m，搭设帐篷5顶。27日，江西省委常委、宣传部部长刘上洋到彭泽县芙蓉堤公路段抗洪抢险一线看望慰问正在除险加固的官兵，并代表省委、省政府送来“风雨同舟心连心，抗洪抢险为人民”锦旗一面。

7月19日～8月6日，重庆市城口县庙坝镇1.8km处山体出现大面积滑坡，罗江河道被100万余m^3堰塞体阻断，形成库容达800万m^3的堰塞湖。迅速上涨的湖水淹没庙坝镇街道，水深近3m，连接重庆至城口县城的公路被完全阻断，近万人民群众受困。三总队奉命紧急启动应急预案，迅速投入抢险战斗。63名抢险突击队员于20日抵达现场并展开抢险，至8月6日部队撤回归建，历时18天。挖除阻挡泄流的“孤岛”一座，开挖形成一条长314m、进口宽42m、其余段宽18m的泄流槽，修建宽6m的临时公路400m，顺利排除险情。水利部专家组、重庆市水利局、城口县庙坝堰塞湖抢险救灾现场指挥部给予抢险部队高度赞誉。

7月20～21日，指挥部在京召开党委扩大会议和党委书记座谈会议。各总队、三峡工程指挥部军政主官和司政后领导、指挥部机关处室以上领导参加会议。会议深入贯彻武警部队党委一届八次全体（扩大）会议和武警部队依法从严治警集训精神，总结分析上半年部队建设形势，研究部署下半年工作。李光强主任代表指挥部党委做工作报告，韦秀锁政委就如何抓好下半年工作落实作题为《保持清醒头脑，狠抓工作落实，进一步推进部队加快发展》专题讲话。

7月28日，根据国家电网公司《关于深入开展“小金库”专项治理工作的通知》要求，贯彻落实中央部委关于国有及国有控股企业“小金库”专项治理工作部署，水电指挥部成立由指挥部主任李光强为组长，副主任刘松林、副政委程跃进和后勤部部长李贵为副组长的专项治理工作领导小组，组织各单位认真进行清理检查。通过检查整改，水电部队各项经济活动均能按照国家财经法规、企业会计准则和部队标准制定执行，未发现侵占、截留国家和单位收入，私设账户等形式的“小金库”。

7月，二总队承担的国家电网青藏直流联网工程医疗卫生保障任务正式启动。在沿线1038km线路上组建320人的专业医疗卫生保障队伍，建立覆盖全线的三级医疗保障总院、10个二级医疗站和31个一级医疗站，制定医疗救援预案和相关管理办法。全线共配备各种车辆46台，配备各医疗装备277台（套）。

8月7日，甘肃舟曲发生特大山洪泥石流灾害。按照上级指令，水电部队立即组织兵力587人，大中型设备191台（套），赶赴灾区投入抢险救灾战斗。经过23个昼夜连续奋战，累计清理土石方淤泥150余万m^3，回填土石方25万m^3，修筑道路2.2km，装运编织袋29 300个，抛填铅丝笼7160个，铺路基板1940块次，转移群众1200余人，挖出遇难者遗体16具、现金5万余元。8月10日成功消除堰塞湖溃泄险情，8月30日提前贯通白龙江淤堵河段，恢复滨江大道和313省道交通，实现河流归槽，被淹城区具备排水清淤和转入灾后重建条件，应急疏通抢险取得决定性胜利。此次抢险救灾，受到党中央、国务院、中央军委，国家防总、水利部、甘肃省委省政府和武警部队首长高度赞誉。胡锦涛总书记、温家宝总理、军委郭伯雄副主席、徐才厚副主席作重要批示；总政治部童世平副主任称赞部队“发挥了执行急难险重任务中的经验优势、装备优势和技术优势”；武警部队专门发来嘉奖令，王建平司令员称赞部队“行动快、效率高、效果好，不愧是水电铁军。”

8月9日，国务院副总理回良玉亲临甘肃舟曲泥石流抢险一线亲切看望参加抢险的水电官兵。他指出：“水电部队具有承担堰塞湖除险任务的专业技术特长，希望大家要充分发挥以往承担唐家山堰塞湖的经验优势，完成好舟曲抢险任务，为保障人民群众生命和财产安全再立新功。”水利部陈雷部长、武警部队王建平司令员陪同看望。

8月13日，四川绵竹市绵远河上游区域发生强降雨，诱发多处泥石流地质灾害。根据上级指示，三总队机关及十支队出动兵力101人、装备22台（套），先后完成被困群众救援、小岗剑堰塞湖降水、汉清公路抢通、绵远河清平乡段束水归槽、棋盘村至场镇道路抢通保通等任务，营救被困群众49人，安置、保障受灾群众200余人，医治伤病员67人，开挖土石方20.49万m^3，抢通道路15.9km。受到四川省、德阳市、绵竹市各级领导和当地群众高度赞誉，德阳市委市政府还向武警部队发出为抢险官兵的请功函。

8月14日～9月6日，三总队机关及所辖十一支队出动兵力422人、装备195台（套）参加四川映秀镇泥石流灾害抢险。成功开挖泄洪槽，修筑挡水坝，先后完成红椿沟、牛圈沟、枫香树沟、银杏乡麻柳湾、耿达6个受灾点的抢险任务，开挖填筑土石方200余万m^3，土石方运输60万m^3，石方爆破20万m^3，抢通道路800m，修整进场道路2km，最大限度地保护了映秀新城，受到国务院温总理和四川省委省政府高度赞扬。

8月22～23日，国务院总理温家宝亲临甘肃舟曲和四川汶川泥石流重灾区映秀镇抢险一线看望慰问水电部队抢险官兵。

9月10日，国电公司办公厅张国林副主任、国电物资公司李志忠书记一行4人，到指挥部机关就国电接待中心产权办理事宜进行商谈。指挥部副主任刘松林参加。双方商定，指挥部后勤部尽快向武警部队呈报相关请示，加快推进产权办理速度。双方同意如确因政策原因武警部队不能批准办理产权过户，再另行协商解决办法。

9月，指挥部成立“中国安能建设总公司青藏直流联网工程医疗卫生保障总院”机构，刻制相应印章，筹划建立与国家电网公司联网的ERP系统等。

10月19日，三总队承建的四川桐子林电站举行开工典礼。

11月9日，水电指挥部被中国地方志指导小组授予“全国地方志系统先进集体”荣誉称号。指挥部编史办主任张永军被中国地方志指导小组授予“全国地方志系统先进工作者”荣誉称号。

11月，水电指挥部编纂的《武警水电部队·汶川特大地震抗震救灾志》荣获解放军总政治部表彰的全军党史军史优秀成果三等奖。

12月3日，水电第三总队九支队被国家防汛抗旱总指挥部、人力资源和社会保障部、解放军总政治部联合授予“全国防汛抗旱先进集体”荣誉称号。

12月7日，中共中央、国务院在甘肃省兰州市隆重举行全国防汛抗旱暨舟曲抢险救灾总结表彰大会。中共中央政治局委员、国务院副总理、国家防汛抗旱总指挥部总指挥回良玉发表讲话，刘云山主持大会，徐才厚等出席。表彰大会上，九支队支队长王永平作为武警部队唯一代表作题为“在党和人民需要的时候接受检阅”的发言，多次激起全场热烈掌声。

12月9～10日，在武警部队在京召开的党史警史工作会议上。水电指挥部被武警部队表彰为党史警史工作先进单位；编史办主任张永军被表彰为党史警史工作先进个人。

（张永军　郝晓文）

神华国华电力有限责任公司

公司概况

神华国华电力有限责任公司（简称国华电力）成立于1999年3月11日，作为神华集团有限责任公司的全资下属单位，负责部分集团电力业务的经营管理。2005年2月25日，按照集团改制重组方案，将电力板块的大部分资产注入上市公司，成立中国神华能源股份有限公司国华电力分公司，对纳入上市范围的电力资产进行统一管理。

截至2010年底，神华集团国华电力公司管控全资、控股、参股企业35家，业务发展主要分布在华北、东北、西北、珠江三角洲、长江三角洲等区域，资产总额1181亿元，运营装机容量为2828万kW（含55万kW托管容量）。其中燃煤机组57台，燃气机组1台（套）和风电机组21台。

领导班子

副董事长、党委书记：秦定国

总经理、党委副书记、国华国际总裁：王树民

副总经理、党委副书记（正职级）：夏　利

副总经理、党委委员：张振香

副总经理、党委委员：罗　超

副总经理、党委委员：宋　畅

副总经理、纪委书记、工会主席、党委委员：赵世斌

副总经理、党委委员：何成江

总工程师：陈寅彪

副总经理：赵岫华

副总经理：耿　育

主要业绩

2010年，国华公司深入实践科学发展观、积极推进“六个突破”，以“建五型、创一流”为抓手，加强“专业化、信息化、集约化、扁平化”工作建设，不断提高企业价值创造力和可持续发展力，各项工作取得了长足进步。截至2010年公司完成装机容量2828万kW（含托管），同比增长18%；控制资产总额达1181亿元，增加5%；发电量达1424亿kWh，增长33%，其中生产电量1403亿kWh，试运电量14.6亿kWh，托管电量7亿kWh；煤炭产量达1448万t，增加14%，外销882万t；淡化海水产量490万t，外销54万t；销售收入522亿元，增加35%；利润总额78亿元，增加16%（除呼贝和宁东由于投入运营时间较晚外，其余16家运营电厂全部实现盈利）；权益净利润39.6亿元；经济增加值（EVA）28.7亿元，增加17.3%；机组等效可用系数90.7%，同比持平；等效强迫停运率0.44%，同比上升110%。2010年公司工作成绩主要表现在以下五个方面：

1. 深入推进安全生产，节能减排成绩突出

面对新机、大容量机组不断增多的趋势，公司全面建设本安体系，在2010年中提出了“坚持五个一、做到五个强化、落实三个深化”的安全生产管理思路，加强对重大设备缺陷、重大安全隐患、重大异常事件、共性问题（即“三重一共”）的管理，全年处理重大安全隐患49项，成功解决了“宁海DCS系统四机一控”、“锦界机组外壳振动”、“太仓超临界机组受热面改造”等重大安全问题；历时两年完成对公司所有17台600MW亚临界机组“定子铁芯松动”重大共性隐患的普查和消缺；完成包括首台百万机组（宁海6号）大修在内的主要检修任务35台次；准格尔3号机、宁海3号机、台山3号机组连续三年无非停，北京热电全厂两年无非停。

安全监察职能得到提升。深入贯彻国发23号文件精神，细化考核、落实责任，制定了《国华电力生产安全事故报告和调查处理实施细则》，对11起安全事故进行了通报和处理，严格落实问责制度。初步建

立了“一岗、一网、一中心”的三级安全监察体系。北京热电、太仓、台山在两会保电、世博和亚运保电中表现突出，获得国家电监会表彰。

环保成绩大幅提高。主要消耗性指标继续保持行业领先水平，全年实现供电煤耗 319g/kWh，同比降低 1.8g/kWh，在全国机组煤耗评比中，国华四台机组进入 600MW 亚临界机组前五名，沧东 1 号机组名列榜首。二氧化硫排放同比下降四成，在脱硝装备率提高 3%的情况下，实现综合厂用电率 6.48%，同比持平，水耗降低 12%。“十一五”期间，以累计节约标煤 45 万 t、超考核目标 70%的优异成绩，大幅超额完成“千家企业节能行动”减排任务。

电站产业化能力有所加强，继 2009 年向乌海公司提供托管服务后，今年又与宁煤集团开展了烯烃动力服务合作。对“火电厂烟气脱硝装置运行技术规范”等 5 项工程技术进行了推广应用，包括“P91 蒸汽管道寿命监督试验研究”在内的 8 项成果获得电力科学技术奖，16 项成果获电力行业管理创新奖。

2. 以市场为导向，电煤营销屡创佳绩

在电力需求相对萎缩，减排压力格外突出的复杂条件下，公司上下主动出击，积极进行市场营销，取得了连续 178 天日发电量超 4 亿度、十个月发电量超百亿度的良好表现。公司火电机组市场占有率在 104%以上，全口径利用小时数完成 5539h，其中燃煤机组达 5664h，继续保持了自 2003 年以来高出全国平均水平 600h 以上的营销业绩。准格尔完成 20 亿 kWh 的直供电量，市场占有率达 119%；锦界承接了对定洲、沧东受减排影响电量的替代；绥中、宁海开展厂内“经济调度”，徐州创造性地实现了“租赁发电”；宁海克服减排影响，成功取得全年燃煤总量指标，保障了发电计划的完成。

煤炭“大销售”成果显著。全年共计采购市场煤 988 万 t，占公司全部燃用煤量的 21%，同比增加 834 万 t，有力地支持了集团煤炭销售策略的实施。充分利用现有码头、煤场资源，在台山、宁海、惠州、太仓开展煤炭中转业务，全年累计实现中转销售 45 万 t，增加边际收益 1300 万元，有效盘活了公司资产。大力实施煤炭置换，徐州进行神华煤与淮南煤置换，实现了矿区直供、港口中转和煤炭置换三条供煤渠道，准格尔、绥中通过置换 157 万 t 地方煤炭，共计节约燃料费 7400 万元。

3. 新增装机大获丰收，结构调整效果显著

截至 2010 年，公司运营和管理的燃煤机组共 57 台，全年新增装机容量 510 万 kW（含托管和盘山扩容改造），是公司历史上第二个投产高峰年，其中集团十大重点项目之一的呼伦贝尔工程在国家 360 万 kW 煤电基地建设中率先实现双投；宁海二期工程荣获国家 2010 年建设工程鲁班奖；绥中二期以 3400 元/kW 的成绩，创下同期百万千瓦机组造价最低纪录；西来峰电厂克服建设重重困难，实现了公司首个托管项目的投产，其中 1 号机组连续运行超 100 天，处于国内循环硫化床机组运行成绩前列；国内单机容量最大的煤矸石工程——宁东项目顺利投运，有力拓展了公司在宁夏地区发展的新空间；南苏项目得到了印尼国家电网的高度评价，为中国企业赢得了荣誉。

目前公司 60 万 kW 以上机组占总容量比重达 80%，煤机平均单机容量 52.8 万 kW，随着惠州、准格尔、宁煤烯烃等厂相继供热，公司 30 万 kW 等级及以下机组已有 70%实现了热电联产，小机组能效多级利用水平增强，基本形成了“大机组低能耗、小机组多联产”的发展态势。产品体系进一步丰富，资源综合利用能力增强。沧东 2.5 万 t/日大型低温多效海水淡化中试装置试制成功，“淡化海水入京”、“浓盐水加工利用”等水产品渠道得到有效推进；热力、粉煤灰等衍生品产销两旺，分别创下 1667 万 GJ、569 万 t 的年销售纪录；碳汇收益初现成效，珠海风电、余姚燃气清洁发展机制（CDM）减排效益大幅增长。

4.“建五型、创一流”全面推进，发展方式发生深刻转变

以深入实践“六个突破”为抓手，以推进“专业化、信息化、集约化、扁平化”为主线，全面加强“建五型、创一流”建设。优化组织方式，组建了人才开发培训中心、信息管理中心、西北财务共享中心和检修管理中心，集约化能力持续提高；宁海、锦界、绥中三厂区域化协作进程显著，扁平效果显现；形成了发电生产、检修维护、安全监察、技术管理“四位一体”生产组织格局，专业化水平明显提高。

信息化管控能力不断增强。立足现有信息系统，对企业资源计划系统（ERP）的 4 大类、17 个项目进行了整合和优化，各业务系统间数据统一性、共用性大大提高，数据决策支持和业务分析能力更加强化。

对标工作全面展开，先后组织了与日本发电公司、香港中华电力、华能、华润、浙能等电力集团的 5 次对标评价，为建立“创一流”指标体系、优化管理奠定了良好基础。

资产管控品质显著改善，公司财务报表自动生成率达到 82%以上，《财务管理报告》已成为公司进行决策的重要参考依据。控制非生产性开支，七项费用同比降低 26%；修理费、备品库容比分别同比降低 8%和 13%。在国资委组织的 600MW 机组发电成本审计中，定洲、沧东分别以 213 元/MWh、235 元/

MWh的优异成绩获得前2名。

加强劳动用工管理，单位千瓦用工水平降低16%。深化分配制度改革，加大安全生产、发电量、经济增加值（EVA）等关键指标与工资总额挂钩力度，较好地处理了各层员工收入分配关系，着重提高了低岗位员工收入。

内部控制质量提升。全年完成包括11项运营电厂管理评审、7项在建评审、5项离任审计在内的28项内审工作。将基层单位的重大运营风险、重要管控事项纳入公司运营纲要范畴，强化分级管控职能。以绥中和徐州为试点，建立了对基层单位重要营运指标的风险预控机制。全面推进管控信息化进程，管控体系逐步由行政指令式推行向流程化、信息化、自主运用转变。

5. 人事制度改革不断深化，党建工作再谱新篇章

完善人才队伍有序培养、梯级滚动开发机制，在首次公开招聘高管工作中，58名经过考核和民主测评的干部纳入了一级后备人才库。调整员工岗位管理方式，实行对领导干部、高级专家述职考核和试用管理，全年调整子公司高管人员155人·次，双向挂职42人·次。“人才评价与开发系统”获得“电力企业管理成果一等奖”，研究院取得了院士专家工作站和博士后科研工作站资质。在集团第十届技能大赛中，公司包揽11个专业的前3名，并有11名选手获得“中央企业技术能手”称号。

党建工作创新取得成效。认真贯彻落实集团党组1号文件精神，从价值管理、体制机制、工作方式和组织建设等方面进行创新，切实加强和改进党建工作。以“创先争优”为抓手，持续加强学习型党组织建设，开展了受众达3000人·次的党员干部集中学习活动。创新党内民主管理机制，在三河、呼贝、盘山、宁东等单位试点推行“公推直选”，党员民主权利得到有效保障；组织召开首届工会会员代表大会，充分调动了职工参与企业管理的积极性和主动性。深入构建预防和惩治腐败体系，大力开展对工程建设领域突出问题的清查和治理，成立纪检专职机构和队伍，推行集约共享管控模式，积极开展专项效能监察工作，有效保障了企业运行秩序。强化企业文化积累与宣传，开展《神华志》国华专志编撰工作，富有成效地组织了“党员身边无事故”、“青春、责任”青年员工辩论赛等主题活动，激发了员工干事创业的热情。

主要事件

1月12日，国家发改委正式核准神华国华惠州热电一期2×300MW级机组建设项目。

1月13日，国华电力公司召开2010年度工作会议暨创一流工作启动大会。

1月19日，国华电力“基于ERP的国华SCM信息系统实施与应用”项目正式通过专家鉴定，该项目在发电企业物资和燃料供应链管理方面处于国内领先，达到世界一流水平。

2月12日11时15分，国华绥中发电公司二期工程3号机组顺利通过168h满负荷试运行。

3月19日，国家安全总局局长骆琳视察国华锦界能源公司。

3月25～26日，神华陕西国华锦界能源有限责任公司锦界煤矿一期工程项目通过竣工验收。该项目是响应国家“西部大开发”战略建设的现代化矿井，作为“西电东送”锦能煤电一体化建设的配套项目，矿井设计能力1000万t/年，一期工程年产原煤300万t。

4月16日，国华惠电1号机组顺利通过168h满负荷试运行。

4月18日，国华惠电2号机组顺利通过168h满负荷试运行，国华惠州热电一期2×330MW工程全部竣工投产。

4月20日，国华电力公司召开第一届工会会员代表大会。

5月6日，华北区域内蒙古电力多边交易市场正式启动，国家电监会主席王旭东，自治区党委副书记、自治区主席巴特尔出席启动仪式，国华电力公司应邀出席仪式。仪式上，国华准格尔发电公司与内蒙古电力公司、包头铝业正式签订《电力多边交易协议》。

5月14日，国华电力公司“次同步谐振动态稳定装置自主研发与工程应用”项目通过技术鉴定，项目总体达到国际先进水平，其中SSR－DS系统所采用的多机共享控制模式处于国际领先水平，具有推广应用价值。

5月15日，国华电力公司“独立发电企业管理模式创新”荣获2009年电力十大管理创新奖。

5月18日，国华绥电4号机组顺利通过168h试运行。国华绥电二期2×1000MW工程全面竣工投产。

5月19日，在全国600MW等级机组第十四届年会上，国华电力公司共有8台机组在600MW火电机组能效对标中获优胜机组奖，7篇论文获优秀论文奖。获奖机组和获奖论文均创历史新高。

6月11日，国华电力公司“13 000m^2海水冷却塔技术研究与应用”项目通过技术鉴定。该项目依托于国华宁海电厂二期2台百万千瓦机组，成功建成了亚洲最大的海水冷却塔，单塔冷却水量为10万m^3/

h，塔高177.2m，淋水面积13 000m²，并于2008年底投入运行。标志着我国海水冷却塔及超大型自然通风湿式冷却塔在研发、设计、施工和运行方面的水平达到一个新的高度。

8月20日，国家发展和改革委员会正式核准宁夏国华宁东煤矸石电厂一期2×330MW机组建设项目。

8月28日，国华西来峰发电厂一期2×200MW工程1号机组通过72＋24h满负荷试运，投入商业运行。

10月10日，国华沧东发电公司2.5万t/日低温多效蒸馏海水淡化中试成果通过专家评审。

11月20日，国华呼伦贝尔发电公司一期2×600MW工程1号机组顺利通过168h满负荷试运并转入商业运行。

12月1日，国华呼伦贝尔发电公司一期2×600MW工程2号机组顺利通过168h满负荷运行。国华呼伦贝尔发电公司一期工程全面竣工，成为国家呼伦贝尔360万t煤电基地中第一个顺利投产项目。

12月5日，国华西来峰发电厂一期2×200MW工程2号机组顺利通过72＋24h满负荷试运并投入商业运行。至此，西来峰发电厂一期工程顺利竣工投产。

12月10日，国华宁东发电公司一期2×330MW工程1号机组顺利通过168h满负荷试运。

12月13日，神华集团公司下发神华人［2010］584号文件委派秦定国任北京国华电力有限责任公司副董事长。

12月18日，国华宁东发电公司一期2×330MW工程2号机组顺利通过168h满负荷试运。国华宁东发电公司一期工程顺利竣工投产。

12月26日，“国华绥中1000MW汽轮发电机励磁系统国产化研制与应用”项目通过技术鉴定，该项目研究成果成功应用于绥中1000MW级超超临界机组，实现了巨型发电机励磁系统关键技术的重大突破，改变了国外在巨型机组励磁设备上的垄断格局。

12月28日，神华集团党组研究决定：王树民同志任北京国华电力有限责任公司总经理、中国神华能源股份有限公司国华电力分公司总经理，秦定国同志不再担任北京国华电力有限责任公司总经理、中国神华能源股份有限公司国华电力分公司总经理；王树民同志任北京国华电力有限责任公司党委副书记、中国神华能源股份有限公司国华电力分公司党委副书记；中国神华能源股份有限公司国华电力分公司副总经理夏利同志的职级为子分公司正职级。

12月，中国电力企业联合会下发《关于表彰全国电力行业优秀企业、优秀企业家的决定》，北京国华电力有限责任公司王树民同志、神华国华国际电力股份有限公司北京热电分公司韦文江同志、三河发电有限责任公司宿旭同志荣获“全国电力行业优秀企业家”称号。广东国华粤电台山发电有限公司、河北国华定洲发电有限责任公司荣获“全国电力行业优秀企业”称号。

同月，浙江国华宁海电厂二期2×1000MW机组工程荣获2010年度中国建设工程鲁班奖（国家优质工程）。

（石 磊 李 铮）

黄河上游水电开发有限责任公司

领导班子

董事会组成
董事长：李树雷
董　事：李树雷　谢小平　张鸿德
　　　　张　军　王振京　王　琪
　　　　赵风云　田峰巍　赵显贵
监事会成员：张大庆　曹松林　莫剑平
经营班子组成
总经理：谢小平
副总经理：聂毅涛　张俊才（兼总工程师）
　　　　　张鸿德（兼财务总监）　张　军
　　　　　吴连成　杨存龙　魏显贵
工会代主席、纪检组长：怀文明
党组成员组成
书　记：李树雷
副书记：谢小平
成　员：聂毅涛　张俊才　张鸿德　张　军
　　　　吴连成　杨存龙　魏显贵　怀文明

机构设置

公司机关本部下设：总经理工作部、生产技术部、工程项目部、征地移民办公室、计划发展部、人力资源部、商务部、综合产业部、铝业管理部、煤电产业部、财务产权部、安全监督部、政策法律部、审计内控部、政治工作部、纪检监察室、工会办公室、招投标管理中心。

公司下设二级单位：龙羊峡发电分公司、拉西瓦发电分公司、李家峡发电分公司、公伯峡发电分公司、积石峡发电分公司、陇电分公司（辖盐锅峡、八盘峡水电站）、宁电分公司、格尔木发电分公司、工程建设分公司、发电运营分公司、黄河电力检修工程有限公司、黄河电力测试科技工程有限公司、新能源分公司、黄河鑫业有限公司、中电投西安太阳能电力有限公司、煤电化项目筹建处、陕西省白水县黄河煤炭资源开发有限责任公司（与煤电化项目筹建处合署办公）、新能源发电分公司、黄河工电光能发电有限公司（与新能源发电分公司合署办公）、西藏桑日分公司（与新能源发电分公司合署办公）、青海黄河中型水电开发有限责任公司、青海大通河水电开发有限责任公司（与青海中型水电开发有限责任公司合署办公）、汉中黄河中型水电开发有限责任公司、黄河水电物资有限责任公司、青海创盈投资集团有限公司、西安增源房地产开发有限公司、四川中水能源有限公司、梯级电站集中控制管理中心、培训中心、新闻中心、档案中心。

主要指标

“三步走”第一阶段目标全面实现。截至2010年底，公司电力装机容量达到1052.5万kW，电解铝产能50万t，碳素产能30万t，多晶硅产能1250t，资产总额超过500亿元，实现年营业收入近100亿元，公司“三步走”第一阶段目标已胜利实现。

全年公司实现发电量364.08亿kWh，完成年计划的102.46%；全年上网电量361.64亿kWh，较2009年增长33.8%；电解铝产量完成27.06万t，较2009年增长389.33%。

经济指标控制良好。综合厂用电率达到0.67%，较2009年降低0.18个百分点；机组台均利用小时4023.24h，较2009年增加了167.41h；机组等效可用系数完成93.88%，较2009年减少了0.58%。各电站耗水率均在控制指标范围。

龙羊峡水库运用。年入库水量为184.78亿m^3，同比减少52.22亿m^3；年出库水量为215.73亿m^3，同比增加17.73亿m^3。年末水库水位2582.56m，同比下降8.91m；相应库容184.45亿m^3，同比少蓄水30.55亿m^3。

企业发展

围绕“三步走”战略，积极与青海、甘肃、陕西三省发改委对接，完成了公司“十二五”发展规划的编制。努力介入西藏、四川能源开发。截至2010年底，经集团公司立项、储备的电源开发项目容量1511.58万kW，其中：火电容量960万kW，水电容量443.18万kW，风电容量64.9万kW，太阳能发电43.5万kW。

发电运营

大力开展技术改造，多途径提升电站设备健康水平和自动化水平，公司机组平均开机时间达到2.23min，同比缩短0.73min。全年等效可用系数达到93.3%，高于计划值1.17个百分点。做好设备检修、技术监督工作，提高设备完好率，公司设备C、D类缺陷消除率平均达到99.63%，同比提高0.09个百分点，各水电站完成值均高于公司计划值。汛期公司所属各梯级电站连续大负荷运行90多天。

基本建设

全年实现4个水电站9台机组全部提前投产目标，投产容量达197.2万kW，成为公司历史上新投产机组台数最多的一年。太阳能光伏发电实现“零”的突破，水电铝一期第二系列25万t形成产能，电子级多晶硅完成试生产，质量达到设计值。

全力做好青海省“十一五”重点工程建设，强化“四大控制”，做好施工现场过程管理，加强重大危险源的动态管理，认真落实在建水电站度汛设计方案和超标准洪水应急预案，保证各项工程建设关键环节可控在控，圆满完成集团公司下达的投产任务。

积石峡水电站面对库区道路改建工期严重滞后，移民搬迁严重受阻等困难和问题，公司快速反应，果断决策，积极协调，在各级政府部门强有力的支持下，10月电站顺利下闸蓄水，年内如期实现三台机组投产发电目标，创造了40天投产3台34万kW水轮发电机组的中国水电建设新纪录。2号机组的投产发电，标志着公司装机容量突破1000万kW；班多电站两台机组投产，创造了国内同类型电站建设速度之最，同时也为集团公司清洁能源比例保持五大集团之首作出了贡献。

水电铝项目面对设备供应滞后、基建和生产交叉进行、安全隐患较多等不利局面，科学制定工作计划，切实加强过程管控，做到生产和基建两不误、两促进，实现了电解铝和碳素双投产和二系列工程顺利建成的目标。已投产系统设备性能优良、运行稳定、指标先进。

安全生产

截至12月31日，连续安全生产天数：龙羊峡水电站4896天，拉西瓦水电站584天，李家峡水电站3860天，公伯峡水电站950天，积石峡水电站52天，苏只水电站1827天，班多水电站31天，盐锅峡水电站3544天，八盘峡水电站4326天，宁电分公司3864天。

全年公司安全生产局面基本稳定，设备健康水平不断提高，各电站长周期安全生产记录不断刷新，发电量均超过计划值，创历史新高。

建立健全安全监督体系。成立了公司安全监督部。开展安全监督现场写实，促进现场安全管理。认真开展各项安全生产大检查、专项检查、安全生产尽职督查和隐患排查，推行安全风险预控管理。组织开展各级应急预案编制、应急培训和应急队伍试点建设，实施了拉西瓦水电站果卜岸坡塌滑应急预案综合实战、电解铝系统系列停电事故等多项应急演练。

完善安全生产保证体系。规范安全生产制度建设，组织修订了公司安全生产管理制度体系框架。深化安全生产“三项行动”和“三项建设”。加强大坝安全和防汛管理，确保梯级电站安全度汛。实施龙羊峡、李家峡、盐锅峡大坝安全监测自动化系统更新改造和水电站观测系统改造，公司7座大中型水电站大坝安全信息实现了监测数据统一管理，电站数字地震监测台网形成了“四库一网”的架构。

科技进步

落实公司“二三一”科技发展战略，全年开展科技项目22个，5项成果获集团公司科学技术进步奖。大力实施信息化“登高计划”，编制完成公司2010～2014年信息系统建设实施规划。铝板块方面组织开展了以过程分析为主的电解生产信息平台建设。公司荣获中电投集团“首届科技工作先进单位”、“信息化先进单位”荣誉称号。

经营管理

坚持每月召开两次生产经营协调会议，及时协调解决生产经营中存在的问题，适时调整生产经营策略。坚持每月发布水电生产、运营、铝业对标指标，加强对标动态管理。通过开展减少机组旋转备用、提高电站运行水位、考核综合厂用电量等工作，全年公司发电利用小时数台均达到4023.24h，同比增加167.41h，各电站发电利用小时均创历史最好水平，龙羊峡等六座梯级水电站发电量在发电用水比多年平均多4%的情况下，发电量超多年平均发电量近15%。全年公司综合厂用电率较计划值降低了19.28%，各电站耗水率均低于年度计划值，龙羊峡、李家峡水电站耗水率创历史最好水平。

开展黄河上游梯级水库群经济运行研究，努力提高水能利用率。汛初面对调度部门要求龙羊峡水库准备开启泄洪闸泄水的情况，公司基于对黄河上游产汇流特性的准确判断，多方协调，努力争取，做到了龙羊峡水库超汛限水位运行，龙羊峡水库因此多蓄水1.86亿m^3。统筹协调，充分发挥龙羊峡、刘家峡水库的协同作用，为冬季黄河上游梯级电站多发电创造了有利条件。

电解铝生产以对标工作为抓手，认真分析影响电解铝成本的主要因素，在建立健全生产经营统计计量体系的基础上，强力推行过程管理，使各项生产、经营指标落实到生产各个环节，生产过程条件和技术条件不断得到优化和规范。

多晶硅项目有序推进单机和整体投料试车，以“三查四定”为抓手，有针对性地开展设计、设备缺陷整改和尾项消缺工作，提高设备运行水平。积极克服行业规范标准缺乏等困难，切实加强生产操作规范、管理标准和成本控制标准体系研究运用，优化操作流程，严格化验检测，细化指标对比分析，力争产品质量尽快达到设计最优值。

积极运用财税金融政策，努力降低财务费用。取得拉西瓦、积石峡财政贴息和多晶硅项目设备进口贴息，获得格尔木燃气电站、大通河四座水电站CDM项目减排补偿资金。

政策研究和法律事务工作富有成效。如期完成2009年软科学政策研究课题的结题和评审工作，并扎实开展了2010年的5项重点软科学课题研究。认真做好公司重大资产并购、重组过程中的法律尽职调查，深入进行法律风险调研工作，初步建立起法律风险防范机制。完成公司商标注册工作、域名保护和8座电站老品牌保护工作。公司荣获全国电力行业“AAA”信用企业称号。“五五”普法和“十一五”依法治企工作通过了总体考核验收，受到了青海省依法治省领导小组的好评。加大对辅业改革与发展工作的指导，有力地保证了辅业公司健康可持续发展。

机制创新

坚持正确的用人导向，领导班子和领导干部管理工作取得新进展。加大对年轻干部的培养力度，扎实开展了各单位领导班子后备干部集中考察。进一步创新用人用工机制和专业技术人才激励机制，努力提高竞争性和市场化程度，实现多样化的人才选拔方式。公司各级年度培训计划全面落实，培训中心被中华全国总工会命名为“全国职工教育培训示范点”。

深入推进风险管理，积极推动审计转型。在四川、甘肃中小水电资产并购、项目投资、电解铝营销策略等重大经济决策过程中，引入风险管理机制，形成风险识别、评估、应对和管理层决策等完整的风险管理程序，合理管控经营风险。充分发挥内部审计咨询服务职能，完成了公司本部合同管理、太阳能公司工程建设管理专项审计调查，以及鑫业公司、中型公司、建设公司等经济责任审计工作，提出审计建议93条，均得到有效采纳，为保障公司增收节支、规范经营发挥了重要作用。

做好内控体系试点建设工作，深入推进标准化管理。公司作为集团公司试点单位，按计划完成《风险管理及内部控制标准》手册的编制工作，对机关本部与二级单位、本部部门之间的工作权限和界面进行了清晰界定。按照标准化建设要求，完成了公司本部所有规章制度的梳理工作，对公司制度体系框架进行了重新调整，进一步规范了规章制度管理流程。各生产单位不断完善制度体系和生产作业规程、技术标准体系，大力推行先进管理手段，公司标准化管理体系更趋完善。

履行社会责任

积极参与玉树抗震救灾。公司第一时间组织人员携带物资赶赴灾区，出色完成了灾区受损的三座主力水电站的抢险、临时电源供电保障和救援物资运送等多项“急、难、险、重”任务。公司捐助现金物资500万元，职工捐款86万元，得到了社会各界的充分肯定和高度赞誉。公司被中共中央、国务院、中央军委授予“全国抗震救灾英雄集体”荣誉称号。

响应地方政府号召为地方企业让利，共同应对金融危机。积极投身沿黄“百万亩农田整治开发”工程，拉西瓦等水电站农灌工程取水口先期垫资建设。公司荣获2010年青海省“保增长、促发展先进企业”称号。

党群工作

全面启动创先争优活动，公司争创“四强”党组织、争当“四优”共产党员的良好氛围逐步形成。加强学习型党组织建设，广泛开展“保目标、降成本、增效益”主题实践活动，不断提升各级领导班子整体工作水平。坚持党建带工建、党建带团建的工作理念，工会组织“创建先进基层工会组织、争当优秀工会工作者”和共青团组织“团旗飘扬工程”创先争优活动成效显著。

认真落实党风廉政建设责任制，切实加强对重点领域和关键环节的监督，全力推进廉洁从业风险防范管理，深入开展专项治理和效能监察工作，认真查办信访举报案件，全面完成党风廉政建设和稳定工作责任目标。

全面宣贯黄河水电文化，组织开展公司企业理念故事征集和“盘点十一五”主题宣传活动，开展“黄河杯”系列文体活动，成功举办庆祝电力装机容量超千万千瓦庆典活动和文艺演出，凝聚力量，鼓舞士气。不断加强新闻宣传的广度和深度，“黄河水电、绿色能源”的品牌效应得到进一步升华。

工会组织积极主动依法科学维权，认真推行职工代表监督员制度，深入调研，做好职工思想动态分析，推进企业民主管理；认真实施“职工素质提升工程”和女职工建功立业活动，开展各种形式的技能竞赛和岗位奉献活动，被青海省总工会评为“十一五”职工教育先进集体。

存在问题

一是安全形势仍然严峻。班多水电站库容小，受天然洪水影响较大；拉西瓦果卜错落体的威胁依然存在；积石峡水库低水位运行对安全度汛、大坝防渗面板的影响难以估计；新涉足的多晶硅、铝业等领域的风险预控管理尚在起步。二是随着产业与管理区域的扩大，生产关系已经制约了生产力的发展。三是多晶硅项目由于技术和工艺复杂，人员素质、产品产量和质量与预期目标尚存一定差距。四是随着青海电网缺电局面日益严重，铝业的安全生产、经营压力将越来越大。五是人才队伍的数量、质量、结构难以适应公司快速发展的需要。

主要事件

1月30日，国家发展改革委下发了《关于同意陕西巨亭40MW水电项目作为清洁发展机制项目的批复》(发改气候［2010］143号)。

1月，由国家能源局联合人民日报、新华社等40余家媒体及多名能源专业人士联合评选的2009中国十大能源新闻揭晓，“青海拉西瓦水电站6号机组投运，标志着我国电力装机突破8亿kW”入选。

同月，“拉西瓦水电站2号机组投产发电标志青海省电力装机容量超千万千瓦”入选2009年青海省十大新闻。

2月2日，公司以黄电司工［2010］62号文，向中电投集团公司上报《拉西瓦水电站工程果卜岸坡坍塌应急预案》。

2月7日，公司以黄电司财［2010］65号文作出决议：青海黄河水电公司执行董事由夏忠变更为李树雷。

2月8～9日，公司2010年工作会暨二届三次职代会在西宁隆重召开。

2月，公司荣获“青海省财政支柱企业”称号。这是公司连续10年获此殊荣。

3月2日，西安太阳能光伏电池项目一期工程101厂房土建工程开工仪式隆重举行。

同日，新能源分公司1250t/年多晶硅项目氢气制备及纯化装置调试，生产出5N氢气。

3月4日，在公司董事长、党组书记李树雷，党组副书记、副总经理谢小平陪同下，集团公司党组书记、总经理陆启洲，副总经理孟振平、苏力在总部会晤了青海省委书记强卫、省长骆惠宁、副省长骆玉林一行，双方就加强黄河上游水电开发和青海相关产业合作等事宜进行了友好会谈。

3月6日，西北分公司2010年工作座谈会在西安召开。

3月11日，中电投集团公司与甘肃省政府在京签署能源产业开发战略合作框架协议。甘肃省委副书记、省长徐守盛，中电投集团公司党组书记、总经理陆启洲，公司董事长、党组书记李树雷及相关人员出席签字仪式。甘肃省副省长石军与中电投集团副总经理苏力代表双方在协议书上签字。

3月12日，公司荣获中电投集团公司2009年标准化管理特别贡献奖。

3月16日，陕西省发展改革委下发《关于汉中黄河中型水电开发公司嘉陵江干流阳平水电站项目核准的批复》（陕发改新能源［2010］267号），这是公司在嘉陵江流域第二个核准的水电站项目。

3月24日，集团公司任命谢小平同志为西北分公司党组副书记。

3月25日，西安太阳能公司1000MW太阳能光伏电池项目一期工程取得中华人民共和国国有土地使用证（西航天国有［2010］第002号）。

3月29日，公司董事长、党组书记李树雷与中石油青海油田分公司总经理宗贻平签订格尔木300MW燃气电站资产转让协议。协议的签署标志着格尔木燃气电站正式移交中国石油青海油田公司。

4月11日，拉西瓦水电站主坝首块混凝土达到2460m设计高程。

4月14日，青海省玉树藏族自治州发生7.1级地震，当天公司以黄电司总［2010］174号文成立抗震救灾领导小组。

4月15日零时30分，公司第一支抗震救灾队15名专业技术人员连夜开赴玉树灾区，并于18时左右到达灾区参加抗震救灾。

同日，公司2010年股东会暨四届一次董事会、三届一次监事会在昆明召开。

同日，公司在青海海南州首个风电场项目——青海茶卡风电一期49.5MW工程项目取得青海省发展改革委的核准批复文件，标志着公司风电开发取得实质性进展。

4月16日，公司共向玉树灾区捐助现金200万元、物资300万元，两次支援抗震抢险队员181名、车辆24台、1000kW柴油发电机2台、柴油30t、帐篷50顶、矿泉水230箱、方便面80箱及上千件抗震救灾工器具。

4月20日，公司系统各单位职工共向玉树灾区捐款85万余元。

4月21～22日，公司在西宁组织召开了《黄河羊曲水电站工程施工规划设计报告》审查会。

4月25日，公司抢险队圆满完成玉树拉贡、禅古、至多三座水电站的抢修任务，为玉树抗震救灾及恢复重建工作提供了坚强的电力保障。

4月26日，公司召开干部大会，宣布集团公司关于西北分公司、黄河水电公司新一届经营班子任命决定。

4月29日，公司党组副书记、总经理谢小平赴京参加全国劳模表彰会载誉归来。

4月30日，加定水电站3号机组在72h试运行结束后投产发电。

4月，集团公司收购青海投资公司持有公司1.53%股权转让协议正式签订。

5月7日，加定水电站2号机72h试运行结束，投产发电。

5月13日，积石峡水电站拦河大坝面板混凝土浇筑比原计划提前2天完工。这标志着拦河大坝主体工程取得了阶段性成果，积石峡水电站工程又完成了一个重大的节点目标。

5月21日，中共中央政治局委员、国务院副总理张德江，在宁夏回族自治区主席王正伟和中电投集团公司党组成员、副总经理田勇及黄河水电公司党组成员、副总经理、总工程师张俊才等陪同下，视察了青铜峡水电站。

5月24日，在集团公司首届科技工作会上，公司荣获“集团公司首届科技工作先进单位”。

5月29日，黄河羊曲水电站前期工程开工仪式举行。

5月31日，加定水电站1号机组顺利完成72h试运行，标志着加定水电站机电安装工程基本结束。

5月，公司党组副书记、总经理谢小平当选为青海省第十一届人民代表大会代表；同时被任命为青海省第十一届人民代表大会法制委员会委员。

同月，公司被青海省委组织部、省总工会、省经济委员会等8部门联合授予“青海省第六届优秀企业”称号。

6月9日，经工信部审核同意，工信部电子信息产业发展基金管理办公室与青海黄河水电公司签订《电子信息产业发展基金资助项目合同书》。

6月11日，中电投集团公司党组书记、总经理陆启洲，公司董事长、党组书记李树雷参加了青海省人民政府与中央企业合作恳谈会暨签约仪式。恳谈会结束后，陆启洲代表集团公司与青海省政府签订合作协议。

6月18日，中电投景泰并网光伏电站（一期10MW）工程开工仪式在甘肃景泰县上沙沃镇工程现场举行。

6月21日，公司增源·航都绿洲项目开工奠基仪式在西安举行。

6月24日，新能源分公司1250t/年多晶硅项目1号评价炉投料试车，生产出样品硅棒。

7月16日，新能源分公司CVD还原区域21台还原炉全部安装完成，项目主装置区建设完成，1250t/年多晶硅项目正式由基建期转为试生产期。

7月20日，新能源分公司精整区拉制出第一根硅芯。

7月31日，公司黄河珍稀鱼种放流仪式在公伯峡水电站举行。公司在黄河上游水电开发中建设的鱼类增殖放流站，实现年培育花斑裸鲤苗种80万尾，增殖放流60万尾以上，对补充和恢复天然水域鱼类资源发挥了重要作用。

8月4日，中国科学院院士、研究员孙鸿烈、刘昌明、陆大道、滕吉文、王浩等21人组成的中国科学院院士专家考察组到青铜峡水电站考察。

8月17日，拉西瓦水电站1号机组完成72h试运行后正式并网发电。至此，黄河上最大的水电站——拉西瓦水电站5台机组全部并网发电。

同日，黄河青铜峡水电站1号机组拆除工作开始，标志着青铜峡水电站全面技改工作进入实施阶段。

8月19日，中共中央、国务院和中央军委在青海西宁市召开的青海省玉树州全国抗震救灾总结表彰大会上，公司被授予全国“抗震救灾英雄集体”称号，电检公司唐海忠被授予“全国抗震救灾模范”称号。

8月28日，全国政协副主席陈宗兴一行，在青海省政府、政协等单位领导的陪同下到拉西瓦水电站进行调研。

8月30日，西藏桑日10MW并网光伏电站在西藏自治区山南地区桑日县雅鲁藏布江畔举行开工仪式。该电站由公司承建并负责日后发电运营管理。

9月19日，公司在青海开发建设的第一个太阳能光伏发电项目——乌兰50MW光伏电站开工仪式在海西州乌兰县举行。

9月20日，集团公司下发中电投任［2010］78号文件决定张鸿德、张军、杨存龙、魏显贵任中电投集团西北分公司副总经理。

同日，集团公司下发中电投党任［2010］31号文件决定杨存龙、魏显贵同志任中共黄河水电公司党组成员；怀文明同志任中共黄河水电公司党组成员、党组纪检组组长，黄河水电公司工会代主席。张军同志不再担任中共黄河水电公司党组纪检组组长、黄河水电公司工会主席职务。

同日，集团公司下发中电投党任［2010］32号文决定杨存龙、魏显贵同志任中共中电投集团西北分公司党组成员；怀文明同志任中共中电投集团西北分公司党组成员、党组纪检组组长，中电投集团西北分公司工会工作委员会主任。张军同志不再担任中共中电投集团西北分公司党组纪检组组长、中电投集团西北分公司工会工作委员会主任职务。

10月14日，积石峡水电站下闸蓄水。

10月17日，集团公司党组书记、总经理陆启洲，党组成员、副总经理苏力等在集团公司总部会见了西藏自治区党委副书记、主席白玛赤林，自治区副主席兼政府秘书长宫蒲光一行。公司董事长、党组书记李树雷及公司相关部门负责人参加会见。

10月28日，公司西宁400MW光伏电池项目在西宁市东川工业园区隆重开工。

11月9日，黄河积石峡水电站1号机组完成72h试运行后正式并网发电。

11月12日，公司西宁400MW光伏电池项目获得集团公司立项批复（中电投计划［2010］503），同意开展一期50MW项目前期工作。

11月17日，嘉陵江巨亭水电站成功截流。

11月19日，集团公司以中电投科环［2010］514号文发布2010年度科学技术进步奖获奖项目，公司《超大直径压力钢管整体卷制研究》获一等奖；《黄河上游中期降水—径流预报方案研究》获二等奖。

11月26日，班多水电站1号机完成72h试运行后正式并网发电。

11月27日，积石峡水电站2号机组完成72h试运行后正式并网发电。

11月29日，在青海省精神文明建设工作表彰暨“文明青海”建设活动动员大会上，公司被青海省精神文明建设指导委员会命名为“2007～2009年度青海省文明单位”。

11月30日，班多电站首台机组完成72h试运行后正式并网发电。

12月2日，中电投西藏桑日光伏电站1号子阵1MW光伏阵列一次启动并网成功，标志着公司在新能源发电领域取得重大进展。

12月6日，公司投资建设的青海省河南县20MW光伏电站开工仪式隆重举行。

12月12日，积石峡水电站3号机组完成72h试运行后正式并网发电。至此，该站3台机组年内全部顺利投产发电。

12月14日，鑫业分公司碳素分厂2号回转窑正式投料生产，标志着黄河水电铝型材联营项目炭素系统30万t产能的正式形成。

12月15日，公司党组书记、董事长李树雷被中国电力企业联合会评为“全国电力行业优秀企业家”。

12月18日，班多水电站2号机组完成72h试运行后正式并网发电。

同日，黄河茨哈峡水电站对外交通公路交通洞Ⅰ标开始施工。

12月24日，青海茶卡风电场一期（共和切吉）49.5MW工程开工仪式在青海省海南藏族自治州共和县切吉乡举行。

12月27日，公司被中电联评选为“2010年电力行业AAA级信用企业”。

12月28日，公司电力装机容量超千万千瓦庆典在西宁隆重举行。

（许为宁 张文俊）

国网新源控股有限公司

企业概况

国网新源控股有限公司（简称新源公司）是国家电网公司投资设立的国有独资公司，于2005年3月31日注册成立。新源公司主要负责开发建设和经营管理国家电网公司经营区域内的抽水蓄能电站。截至2010年底，新源公司所属单位28家，分布在14个省（市）；已运行抽水蓄能容量1087万kW，在建抽水蓄能容量700万kW，开展可研和预可研项目容量超过3000万kW，初步形成持续发展的良性格局。

新源公司本部设置11个管理部门，分别是办公室、发展策划部、人力资源部、财务资产部、安全监察部、基建部、生产技术部、科技信息部、物资部、监察审计部、思想政治工作部。

2010年，新源公司结合形势任务制定了“三步走”发展战略，将2010～2011年确定为夯实基础、谋划发展布局阶段；2012～2015年为快速发展阶段；2016～2020年为效益提升阶段。一年来，在国家电网公司党组的坚强领导下，新源公司以“三步走”发展战略为指引，把夯实基础放在突出位置，强化安全生产，严格依法治企，加强“三个建设”，加快发展步伐，各方面工作取得显著成效，全面完成国家电网公司下达的各项指标，保持了安全健康发展的良好态势。

“十一五”期间，新源公司以“两个服务”为定位（服务国家电网发展、服务国家电网公司发展大局），按照国家电网公司战略部署，坚持安全健康发展理念，确立了“三步走”发展战略，着力建设“三优两化一核心”现代企业集团，形成了全体干部员工共同奋斗的价值追求和宏伟目标。

初步形成抽水蓄能良性发展格局。结合形势任务变化，坚持安全、质量、效益相统一，滚动修编发展规划，开展国家电网公司经营区域抽水蓄能规划选点工作，统筹推进重点项目建设。开工抽水蓄能容量610万kW，投运抽水蓄能容量765万kW。

管理水平大幅提升。坚持安全健康发展理念，把夯实基础、创新管理放在重要位置，扎实推进“四化”工作，大力加强标准化建设、信息化建设和人财物集约化管理，严格依法治企，取得了显著成效，公司集团管控能力、资源优化配置效率、管理水平和发展能力大幅提升。

服务电网能力持续增强。五年来，新源公司针对火电、抽水蓄能、风电业务特点及调整变化情况，扎实推进安全管理标准化、生产管理精益化，不断强化安全生产管控能力。新源公司机组可靠性不断提高，在北京奥运会、国庆60周年庆典、抗洪抢险等重大任务中发挥了重要作用，服务电网安全、稳定、经济运行的能力持续增强。

内质外形建设成效明显。着力创建“发展目标明、安全生产稳、经营业绩优、队伍素质高、文化特色浓、社会贡献大”的和谐新源，扎实推进党的建设、企业文化建设和队伍素质建设，大力弘扬“努力超越、追求卓越”的企业精神，深入践行“诚信、责任、创新、奉献”的核心价值观，坚持以人为本，推进民主管理，新源公司人文精神得到锤炼和升华，凝聚力、向心力、软实力不断增强，企业素质持续提升。

人力资源

截至2010年底，新源公司员工总数为1860人，其中长期合同员工1851人，短期合同员工9人。大学本科及以上学历1048人，大学专科413人。高级职称306人，中级职称409人，初级职称465人。高级技师10人，技师56人，高级工212人，中级工73人。

2010年，新源公司深入实施人才强企战略，完成国家电网公司清洁能源海外高层次人才引进工作，并成功入选中央“千人计划”。新源公司4名专业技术人员入选国家电网公司优秀专家人才。全年接收高校毕业生104名，引进国家电网公司系统内人才47名。强化全员绩效管理，较好地形成了“重能力、重业绩、重贡献”的工作导向。深化“四好”班子创建工作，开展领导干部领导力、执行力建设轮训，着力培养“专心、用心、有责任心”的优秀干部队伍。组建培训基地，开展全员培训工作，共举办各类培训项目433期，培训人员8688人·次，全员培训率达到98.6%。

安全生产

大力推进安全管理标准化，统一设置安全监督组织机构，规范安全生产规章制度和基础台账。扎实开展“三个不发生”百日安全活动、“抓基础、控风险、防事故”基建安全主题活动和安全生产专项行动，建立隐患排查治理评价考核机制，加强全过程闭环管理。严格工程建设安全策划方案审批与执行，以控制危险点和消除隐患为重点，全面推行施工现场安全生产文明设施标准化，新源公司基建安全管理在国家电网公司综合评价中处于前列。制定大坝安全、生产准备、检修作业等标准化管理制度，推进生产管理信息系统应用，固化生产运行管理业务流程。吸取各类设备事故教训，编制《抽水蓄能电站重大反事故措施》，加大“两措”管理力度。加强设备治理，完成机组检修75台·次、技改项目162项，设备健康状况进一步改善。一年来，机组运行可靠性稳步提高，服务电网能力持续提升，在迎峰度夏、世博会保电等关键时期和重大任务中发挥了重要作用。

建设发展

根据国家电网公司总战略，确定了新源公司“三步走”发展战略，编制完成“十二五”发展规划，新源公司发展定位、战略目标更加清晰。按照国家电网公司直属产业资产重组要求，平稳完成风光储输示范项目、风电资产划转移交工作。

以规划选址和优化布局为重点，加强抽水蓄能站址资源掌控力度。完成国家电网公司经营区域抽水蓄能规划选址近100座，总装机规模约1.2亿kW。完成江苏等6省区抽水蓄能选点规划报告审查。签订20个抽水蓄能项目前期勘测设计合同。组建敦化等4个项目公司，成立18个项目前期办公室，扎实推进重点项目前期工作。荒沟、丰宁项目核准申请已上报，文登、天池、敦化、桓仁项目可研工作稳步推进，绩溪、蟠龙、厦门、句容、沂蒙项目预可研工作顺利完成，初步形成了梯级开发的良性发展格局。

加强工程建设管理，严格进度计划管控，加大组织协调力度，洪屏、仙居抽水蓄能电站顺利开工，白莲河蓄能电站建成投产，在建项目总体进展顺利。全面开展质量管理专项活动，推广标准施工工艺，提升了工程质量工艺水平。全年在建工程累计完成单元工程验收4963个，合格率100%，优良率94.22%。宜兴电站荣获中国建设工程“鲁班奖”（国家优质工程）。

经营管理

加强综合计划和预算管理。完善综合计划编制、平衡、下达，调整工作流程，加强执行情况分析与监控，综合计划集约调控力不断增强。建立筹建、基建、生产等不同业务主体的标准预算管理流程，实现预算与基建、检修、技改等业务的融合，增强了预算的科学性。

“三资”管理成效明显。强化资金运作，资金归集率达到99%。统一管理各单位长、短期融资，调整筹资结构，降低了融资成本。丰富资金来源渠道，开展资产全寿命周期管理研究，初步建立新源公司资产全寿命周期管理体系框架。

营销管理扎实有效。开展投资策略、抽水蓄能电站服务电力市场和电价机制研究，组织协调电站容量消纳、机组转商运工作。加强新投产电站调试期间临时购售电合同和部分电站长期购售电合同管理，保证了新源公司经营成果。

党的建设和精神文明建设

以争创“电网先锋党支部”为载体，深入开展以“五个好”、“五带头”为主要内容的创先争优活动，认真做好公开承诺、领导点评、群众评议各项工作，增强了各级党组织的凝聚力和战斗力。新源公司系统两个先进党支部获得国家电网公司表彰。

严格执行党风廉政建设责任制，大力推进“三化三有”惩防体系建设。制定《公司领导干部廉洁从业细则（试行）》，明确廉洁从业“一百个不准”，着力构建反腐倡廉建设“反违章”长效机制。以“学制度、促廉洁、保发展”为主题，组织开展“五个一”宣传教育活动，营造“干事、干净”的良好氛围。《中国纪检监察报》对新源公司党风廉政建设工作经验进行了专题报道。

加强企业民主管理，组织开展职工代表巡视检查和总经理联络员履职督察。扎实推进标准化班组创建工作，泰山公司维护分场荣获“中央企业红旗班组”称号。组织开展“三关爱”群众性安全生产监督活动和建功立业劳动竞赛，取得了良好成效。召开新源公司首次团代会，加强基层单位团组织建设，开展“团建工作年”活动，激发了团员青年创新创效积极性。新源天荒坪公司“畲族爱心基金”被评为国家电网公司青年志愿服务十佳优秀项目，新源桐柏公司青年志愿者服务队被授予国家电网公司“志愿服务先进集体”称号。编辑企业文化读本《新源之光》、《企业文化年册》，内质外形建设取得新成果。

（韩 冰）

国网能源开发有限公司

企业概况

国网能源开发有限公司（简称能源公司）成立于2008年4月，是国家电网公司全资子公司。拥有独资、控股子公司、分公司40家。作为国家电网公司直属产业，主要负责开发建设国家煤电一体化远程能源调配基地，运营管理调峰调频火电厂，积极发展煤炭运输、仓储和配送业务，以确保电网安全经济稳定运行，为国民经济和人民生活提供安全可靠充足的能源供应与服务。

能源公司致力于开发河曲、府谷、蒙东、哈密、宁东、宝清、准东、锡盟八大煤电一体化基地，规划建设了一批大容量、高效环保机组和高产高效矿井。能源公司资产遍布全国15个省（自治区）、直辖市和境外的蒙古国，控股经营电厂15座，装机容量1006.2万kW；控股经营煤矿7对，年产能1555万t。

2010年，能源公司各方面工作取得显著成效。全年完成发电量495亿kWh，完成年度计划的109.9%；供电煤耗337.24g/kWh，较年度计划下降0.71g/kWh；完成煤炭产量1468万t，完成年度计划的94.2%；煤炭销量1408万t，完成年度计划的93.4%。

人力资源

截至2010年底，能源公司员工人数为29 415人，平均年龄38岁。大学本科及以上学历占比12.3%，中级职称及以上职称占比11.3%；其中本部大学本科及以上学历占比84.4%，中级职称及以上职称占比74.5%。引进系统内业务骨干及高校毕业生约150人。各单位岗位技能培训达3.9万人·次。

按照国家电网公司关于实施人财物集约化管理的总体部署，能源公司着力构建“一个体系”、实施“四个统一”，基本形成了以能源公司本部为人力资源调配中心、所属单位为实施主体，统一规范、动态可控、高效有序的人力资源集中管控体系，为能源公司科学发展提供了坚强组织保障和人才支持。

煤电资产重组

全面加强煤电资产重组工作安排部署。9月6日零时起正式接管山东鲁能集团煤电资产业务。及时组织召开了基层单位党政主要负责人会议，严格执行领导带班值班和信息零报告制度，顺利实现资产重组期间安全、经营和队伍“三个稳定”。11月30日承接有关债权债务、划转单位并表核算，煤电资产重组工作全面完成。

安全生产

严格落实各级安全生产责任制，大力推进安全管理标准化，扎实开展“六个不发生”等专项活动，深入开展隐患排查治理，安全生产基础进一步夯实。大力加强生产标准化管理，各发电企业严格执行“两票三制”，强化技术监督，设备健康水平进一步提升。加强应急体系建设，强化预案培训演练，突出抓好矿山救护队伍建设，完善井下安全避险六大系统（人员定位、安全监测监控、压风自救、供水施救、通信联络和紧急避险），切实提高应急救援能力。各煤矿企业优化采掘部署，加强现场调度，强化机电设备管理，采煤工作面完成8安7撤，保证了生产接续。建立完善生产准备和基建移交生产管理标准，煤电项目生产准备工作有序开展。高度重视同业对标管理，能源公司所属2台60万kW机组被中电联列为全国同类型供电煤耗标杆机组；在全国大机组竞赛中，能源公司所属4台60万kW机组以及4台30万kW机组获奖。所属3家单位实现安全生产超过3000天，11家单位实现安全生产超过1000天。圆满完成世博保电任务。

经营管理

面对发电行业大面积亏损的严峻形势，能源公司坚持增收节支、挖潜增效，强化综合计划和全面预算管理，实行全过程成本控制，大力压降三项费用，全面完成年度经营目标。各发电企业努力争取电量计划，积极开展替代发电，全部超额完成年度电量目标；发挥燃料集约化管理优势，燃料成本得到有效控制；提高机组调节品质，获得华北电监局“两个细则”奖励资金。各煤矿企业抓住煤炭外销等关键环节，实现了产销平衡。在煤价多次上涨的压力下，能源开发公司积极内部挖潜增效，仍然实现了较好的经营业绩。

深化人财物集约化管理。建立人力资源规划、计划管理体系，优化人力资源配置，管控水平不断提高；建立火电厂标准成本体系，统一会计核算科目，财务管控模块上线运行，6家单位实现了资金集中管理；建立物资网上采购电子商务平台，进一步规范物资集中招标采购。注册成立物资分公司，与鲁能集团物资分公司顺利交接，确保了技改和基建工程物资供应。发挥内部资源优势，注册成立国网能源电力检修公司。初步完成多经资产规范和处置工作。加强监察和审计工作，全年开展效能监察项目25项，开展各类审计294项，扎实开展“小金库”和工程建设领域专项治理，规范合同管理，依法治企水平不断提高。

基建管理

统筹安排各项目分类工程，明确工程节点、招投标、工程资金、设备到货、质量验收等年度实施计划，落实施工组织措施，加强单项施工组织设计的审查，优化工程序列。强化现场施工组织，实行日计划管理，做到周保月、月保季、季保年。全年共组织完成113项在建煤电项目的里程碑节点计划，完成率达到95%。及时成立启委会和试运工作组，长驻现场协调指挥，确保了鸳鸯湖电厂1号机组顺利完成168h试运行，转入商业运行。深入开展基建安全专项检查和治理，落实整改493项问题和隐患。全面推行工程项目实施大纲制度，细化工程计划，优化施工组织，严控节点进度，投产装机容量66万kW，完成矿建进尺39 000m，剥离量2400万m^3。深入开展“全面加强工程质量专项活动”，推广执行《电源工程质监点管理办法》和《煤矿单位工程验收实施方案》等规定，强化施工工艺和质量全过程管控，严把质量验收关，努力提高工程质量。健全和完善设备选型指导意见，加强工程概（预）算、结算管理，推广实施优化设计和限额设计，规范合同及资金管理程序，工程造价得到有效控制。

加强与国家有关部委、地方政府的沟通汇报，完善协调机制，加大工作力度，各煤电项目前期工作稳步推进。大南湖电厂一期项目取得核准；白马循环流化床示范工程有望近期核准；焦作电厂“上大压小”异地扩建以及大南湖一矿项目取得“路条”；伊敏河东一矿、扎尼河露天矿项目进入核准程序；准东大井矿区总体规划获得批复。完成了大南湖电厂二期、准东电厂一期、李家坝煤矿等项目的可研审查；成立了巴彦淖尔煤电公司，扎实开展了白彦花煤电基地前期工作。开展“十二五”发展规划编制工作，能源公司的煤电产业发展规划在国家电网公司直属产业规划中得到体现，积极协调重点项目列入地方和国家“十二五”发展规划。

科技环保工作

加强重点关键技术研究，“坚强智能电网刚性支撑电源体系建设”等重大课题列入国家电网公司“十二五”科技规划，白马循环流化床示范工程运行控制关键技术等国家级重点科研项目即将进入实施阶段，开展了煤矿软岩巷道支护技术与应用等研究，完成重点科技项目32项，3项企业管理创新成果获得国家电网公司表彰。加快推进人财物集约化管理的信息支撑系统建设，深化SG186系统建设和应用，国家电网公司统一的管控软件上线运行，强化信息安全保障，能源公司的信息化系统安全可靠。积极推进节能降耗工作，各发电企业平均供电煤耗同比下降2.9g/kWh。深入开展环保“三查一纠”活动，脱硫系统平均投运率达到98.5%，同比提高0.76个百分点；单位二氧化硫排放量为0.67g/kWh，达到国内同行业先进水平。

党的建设和精神文明建设

深入开展“创先争优”活动，扎实做好各级党组织和党员公开承诺活动，认真开展群众评议工作，组织班子进行活动集中点评，增强了广大党员创先争优意识。制定党建工作责任制考核办法及细则，开展试点工作，党的建设得到有效加强。深入开展“四好”班子创建活动，认真执行“三重一大”集体决策制度，各级班子的领导力和执行力进一步提高。深入开展“电网先锋党支部”创建活动，4个基层党支部获得国家电网公司首批“电网先锋党支部”称号。切实加强党风廉政建设，完善“三化三有”特色惩防体系，积极建立反腐倡廉“反违章”长效机制。加强干部队伍建设，开展了现职领导干部履职能力研修和中青年干部培训。加强全员教育培训，全年岗位技能培训达到3.9万人·次。召开能源公司首届职工代表大会，民主管理不断加强。深化“创建先进班组、争当工人先锋号”活动，班组建设进一步加强。深入开展劳动竞赛、群众性经济技术创新等活动，大力宣传吕清森等先进典型，广大员工呈现出敬业奉献的良好精神风貌。深入开展“建设统一的优秀企业文化”主题实践活动，企业凝聚力、向心力显著增强。

中国华电工程（集团）有限公司

企业概况

中国华电工程（集团）有限公司（简称华电工程，英文缩写CHEC）是中国华电集团公司（简称集团公司）所属企业，是中国华电集团工程技术产业板块重要的组成部分和发展平台。

在中国华电集团公司总体发展战略统领下，经过多年不断创新发展，华电工程已经发展成为以高新技术产品研发与制造、工程设计与总承包、能源技术研究与服务为核心业务，以安全、质量、顾客满意、经济效益为核心业绩的国有大型企业集团，业务遍及海内外。

华电工程主要从事重工装备、环保水务、新能源技术、工程总承包、能源技术研究与服务五大板块业务。产品和服务涵盖电力、化工、港口、冶金、矿业、市政、新能源等领域。

华电工程奉行“拼搏进取、追求卓越”的企业精神，坚持“务实、创新、高效、和谐 ”的核心价值观，以“努力打造中国华电工程品牌，为国家能源产业发展提供优质产品和技术服务”为使命，坚持实践科学发展，坚持走市场化、产业化、集团化、国际化的道路，努力为国家建设作出贡献。

领导班子

董事长、总经理：孙青松
党组书记：杨　勇
党组成员、副总经理：谢春旺
党组成员、副总经理：马骏彪
党组成员、副总经理兼总会计师：许建良
党组成员、副总经理：姜学寿
党组成员、副总经理：黄源红
党组成员、纪检组长：侯佳伟
总工程师：黄　湘

机构设置

中国华电工程（集团）有限公司本部共设 10 个职能部门，即总经理工作部、人力资源部、市场营销部、工程管理部、财务部、政治工作部、监察审计部、发展策划部、科技管理部、资产管理部。7 个专业分公司：华电重工装备有限公司、水处理分公司、环境保护分公司、总承包分公司、海外工程分公司、华电新能源技术开发公司、华电工程设计院。

在京内外有 6 家直属企业：华电机械设计研究院（杭州）、电力工业产品质量标准研究所（杭州）、华电郑州机械设计研究院、武汉华电武仪科贸有限公司、北京中光电力设备公司、厦门克利尔能源工程有限公司。

公司所属企业有全资及控股子公司 20 家，主要参股公司 15 家，控股及参股子公司中有 4 家中外合资企业。

人力资源

华电工程现有员工 2462 人（截至 2010 年底），具有中、高级技术职称的 645 人，占 26%，其中享受教授级及以上待遇的 24 人；具有大学本科以上学历的 1264 人，占 51%；本部 606 人（不包含重工），具有中、高级技术职称的 277 人，占 46%，其中享受教授级及以上待遇的 5 人；具有大学本科以上学历的 489 人，占 81%。

获得资质

华电工程已获得的资质证书有：高新技术企业证书、甲级工程设计证书、甲级工程咨询证书、AAA 信用等级证书、进出口资格证书、对外经济合作经营资格证书；中国钢结构制造企业特级资质、国家特种设备压力管道设计许可证等 21 项经营资质证书，8 项专业设计资质，4 项监理资质。ISO9001、ISO14001、OHSAS18000 体系证书。“CHEC”是北京市著名商标。

主要荣誉

首都文明单位
被国家认定为“企业技术中心”
中国电力企业联合会全国电力行业优秀企业
中国生产力学会 2010 年中国最佳自主创新企业
北京中关村科技园丰台园“十佳企业”
中国华电集团公司先进企业
中国华电集团公司文明单位
中国华电集团公司四好领导班子创建活动先进集体
孙青松被评为全国电力行业优秀企业家

经营情况

1. 经营范围

（1）各种装机容量的国内外火力、水力、风力、生物质、太阳能发电和冷、热、电联供系统等工程总承包及总承包技术管控、设计优化。

（2）电厂、港口、码头、粮食等散状物料输送系统，火电、水电、核电管道，供热、供水、废水管道，石化、天然气管道，工业和民用钢结构，风电钢结构，大型机械系统的设计、设备制造及工程总包。

（3）火电厂脱硫、脱硝、固碳、灰渣输送，电站水处理、工业水处理、城市污水处理、中水回用、海水淡化等系统设计、设备成套、工程总包及水务投资。

（4）电厂科学运营、技术监督，先进发电技术和安全经济运行技术的引进、合作和推广应用；电力行业相关设备的技术规范（标准）研究和制定；水利、电力工程及装备的设计、监理。

2. 主要指标完成情况

2010 年，在集团公司正确领导下，华电工程深入贯彻落实科学发展观，牢固树立价值思维理念，紧紧围绕五年发展战略目标和全年工作要求，深入推进管理创新、大力开拓市场、强化执行管理、坚持科技创新、加强党建和队伍建设，有效地克服了各种不利因素，主要经营指标超额完成了集团下达的任务，各项工作取得积极成效，被评为集团公司 2010 年度先进企业和文明单位。

华电工程系统全年没有发生生产基建较大及以上

安全事故；没有发生为用户提供不合格产品及服务等造成严重社会影响的生产事件；没有发生企业经营和领导人员违法和严重违纪案件；没有发生对公司形象和稳定造成不利影响事件。

华电工程主要经营指标全面超额完成。截至2010年12月31日，华电工程资产总额98.8亿元，比2010年初增长28.99%；所有者权益12.25亿元，比2010年初增长43%；营业收入74.64亿元，比2009年增长9%；实现利润总额4.2亿元，比集团公司下达的全年考核指标1.6亿元增长2.6亿，比2009年同期增长70%；资产负债率87.62%，比2009年同期降低2个百分点；销售利润率5.63%，比2009年提升2个百分点。

主要工作

1. 战略实施取得积极进展

华电工程结合资产管理关系重大变化的实际情况，在广泛征求意见的基础上，重新修订了华电工程发展战略，确定了新的“5218”发展目标。主营业务形成5个核心业务板块，即重工装备板块、环保水务板块、工程总承包板块、新能源技术板块、能源技术研究与服务板块，公司上下围绕新的战略目标，抢抓发展机遇，转变发展方式，取得显著成效。

一是各业务板块取得了较快的发展。华电重工理顺了管理关系，有效地促进了物料、管道、钢结构专业的进一步发展，主要经济指标创造了历史最好水平，利润总额达到了1.66亿元；环保水务率先实现了业务模式的转变，新疆两个脱硫BOT项目和滹沱河污水处理厂顺利投产为今后经营提供了新的利润增长点；总承包板块经营规模迅速扩大，2010年中标合同达到了171亿元，阿萨汉、西塞山项目的陆续投产，大幅提升了华电工程总承包专业的整体实力；新能源板块积极寻求新的经营模式，在燃机、风机合作方面取得积极成效；能源技术研究与服务板块迅速找到定位，华电电科院成为集团公司安全生产部和科技环保部的有力助手，积极为集团发电机组的稳定、高效、经济、环保运行提供技术支持，成效显著，郑州院调整班子后，呈现良好的发展势头。各大板块的快速发展为华电工程2013年总体战略发展目标的全面实现打下了良好的基础。二是公司资本运作取得了较大突破。华电工程成立了上市工作领导小组和办公室，确定了券商、律师事务所、会计师事务所等中介机构，就华电重工板块全面展开上市培育工作。制定了《华电工程资产重组和资本运作方案》，经过努力，华电重工在资产重组、新资质申办、曹妃甸土地证申办、消除同业竞争等上市工作关键环节取得实质性进展，2010年全面完成华电重工资产重组工作，为2011年股份公司的设立打下了坚实基础。三是制造基地建设稳步推进。曹妃甸制造基地克服了外部环境恶劣、基础设施及配套条件差等困难，完成了建章立制、组织保障及生产准备工作，按期进入生产阶段；天津重工三期扩能改造工程按期竣工投产，新增风电塔架产能200台·套/年；武汉和郑州两个子公司新设工作按期完成，推进了武汉钢结构、郑州金源管道加工基地新厂的搬迁和建设工作，公司装备制造能力不断增强。

2. 市场开拓取得良好业绩

2010年，面对严峻的市场环境，华电工程通过转变发展方式、完善考核机制、内抓管理、外树形象等方式，在确保做好集团内部市场的前提下，全力开拓集团外市场，尤其是海外市场，取得了突破性成绩。一是转变发展方式。经过华电工程上下的不断努力，华电工程投融资—总承包相结合（含BOT等）的业务模式得到了集团公司的认同和支持，为海外工程、环保、水务、新能源等业务规模的扩大和业务层次的提升开辟了广阔的发展空间。二是完善考核机制。华电工程将新签合同额及毛利率作为一项重要考核指标，纳入各专业公司关键业绩指标考核，对于超过指标数的专业公司给予奖励；制定了《关于鼓励员工开拓市场的奖励意见》，对为华电工程获取合同作出突出贡献的非营销员工给予一定数额的奖励。三是树立品牌形象。通过“提高工程质量，提升服务水平”，即双提活动，大力倡导“质量创优、用户至上”的理念；完善《售后服务管理办法》，开通了售后服务热线电话和电子邮箱，部分专业业主投诉率同比去年降低70%以上，树立了华电工程的良好品牌形象，为2010年良好的市场业绩奠定了坚实的基础。

通过上述措施，华电工程2010年全年中标合同额达到235亿元人民币，比2009年增加288%，新签并已经生效的合同120.6亿元，达到了华电工程历史新高。海外积极推进印尼、柬埔寨、越南等国外项目，中标合同额超过150亿元，成功获得第一个海外投资项目——印尼BATAM 2×6.5万kW燃煤电厂，并仅用32个工作日就通过了国家发展改革委海外电源项目审批流程，获得核准；总承包专业成功获得吴江2X9E燃机的总承包合同；华电重工物料在港口、冶金、煤炭方面取得重大突破，在新签的30多亿合同中，集团外项目占比达到96.7%，管道成功获得新疆天富热电2×30万kW直接空冷系统总包合同，实现空冷岛第一次完全自主设计、制造和供货的重大突破，钢结构在高端出口市场及100万kW锅炉钢结构市场取得突破；环保实现集团外项目和海外项目的突破，水务在保持国内核电常规岛水处理领先地位的基础上，在城市水务等非电领域取得了重大进展，合同额超过 7.4 亿元；新能源签订了燃机、风机合作的框架协议，甘肃金塔 5 万 kW 太阳能热发电项目取得了实质性进展，为板块后续快速发展奠定了良好的基础。

3. 项目执行能力进一步提升

2010 年是华电工程成立以来项目执行压力最大的一年，在建项目合同金额接近 180 亿元。为保证在建项目的顺利进行，树立华电工程良好的形象，华电工程深入开展“双提”活动，着力提高工程质量和服务水平，取得了较好的效果。一是确保生产安全。华电工程始终贯彻安全第一的方针，及时完善了安全生产管理制度，组织开展了春季和秋季安全大检查，推动各项目部、制造基地提高安全意识，积极消除事故隐患，确保生产安全可控、在控。二是完善体系与制度，为“双提”活动提供制度保障。对三体系文件进行改版，严格开展体系内审工作，顺利通过体系外部审核监督，取得三体系认证证书；完善了竞标管理制度等项目管理相关制度；逐步开展了工程项目概预算管理；加强了合同商务法律风险防范工作。三是通过公司质量月专题会议查找和发现质量问题，制定质量提升计划；在华电工程“两网一刊”上建立“双提”活动专栏，加大宣传力度，营造良好的活动氛围。

通过一系列有效措施，公司项目执行工作实现历史突破。华电工程第一个 60 万 kW 级电站总承包项目——西塞山项目一次顺利完成 168h 运行，彰显了华电工程的总承包实力，阿萨汉项目顺利投产得到了集团公司领导的高度评价；华电重工顺利完成了国华台山二期 2×100 万 kW 超超临界机组四大管道项目、沙特 2×66 万 kW 燃油锅炉钢结构项目、印尼 TJB2×60 万 kW 机组输煤系统项目，得到业主充分肯定；环保倡导子系统创优活动，在建项目规模虽超过往年，但工程质量明显提升，受到业主各种表彰 41 次，吐鲁番、哈密 BOT 项目顺利投运，为后续市场奠定良好基础；水务继续在核电上保持领先，岭澳 3 号机组按期进入商业运行，凝结水精处理系统的稳定运行，得到中广核业主的高度赞扬，滹沱河污水处理 BOT 项目通过环保验收，正式投运，收益良好。新能源广州大学城分布式能源站 EPC 项目得到集团公司的通报表扬，该项目被评为“中国分布式能源十年”杰出项目奖。

4. 科技创新能力不断提高

华电工程积极培育科技创新文化，主动适应市场需求，不断加强研发体系建设，加大了科技投入、技术研究和成果转化，取得较好的效果，科技创新能力不断提高，成功通过了北京市高新技术企业复审。一是加大科技创新的机制建设。修订完善了《科学技术奖励办法及实施细则》、《专利管理办法》、《研究开发费用管理办法》等规章制度，加大对公司科技创新的支持和奖励。积极引进和培养科技人才，加强公司技术专家和科技带头人队伍建设，对科技人才实行包括科研资金、工资待遇及进京户口等方面的政策倾斜，充分调动了公司科技人才的积极性和创造性。二是加大科技投入和技术储备。华电工程全年安排新产品、新技术开发项目 57 项，核定科研经费 8777 万元，确保了科研开发工作的顺利开展。全年完成科研开发项目 23 个，取得各种科研成果 19 项，获得专利授权 49 项，使公司累计拥有专利 111 项，其中发明专利 12 项，华电工程专利拥有量在国电南自分开短短一年就超过原来水平，华电工程被北京市确定为 2010 年专利试点单位。华电工程承担的“973”、“863”计划课题以及省部级科技专项研究工作稳步向前推进，由黄湘总工程师主持编制的太阳能热发电计算软件已申请软件著作权，技术处于国内领先水平。华电工程大力开展新技术研究与储备工作，目前已在全国 4 个太阳能资源丰富地区安装了测光气象站，为建设规模化太阳能电站储备技术。华电工程在燃煤电厂低氮燃烧与 SNCR 法综合脱硝、高硫煤脱除、火电厂废水零排放、绿色采矿大运量排土机等技术研究和设备研制上取得重要阶段性成果。三是加快科研成果应用转化。华电工程加大科研成果应用和转化力度，建立和完善以科研成果应用为导向，以经济效益为主要考核内容的评价方法，鼓励员工开展新产品、新技术的开发和应用。华电工程自主研发并在岭澳等核电站成功投运的“大直径柱状高流速中压水处理设备”等 6 个产品被认定为北京市自主创新产品，华电工程的核电站凝结水精处理系统形成 1 个发明 7 个实用新型专利集群，极大提升公司市场竞争能力。“SCR 法火电厂烟气脱硝国产化技术研究与应用”等 7 个项目通过科技成果鉴定、评审和验收；自主研发的圆形煤场双刮板堆取料机等设备为国内首创，综合性能达到国际先进水平；“清水混凝土施工工艺的研究与应用”等技术创新成果荣获中国电力建设科学技术成果奖。

继续加大技术服务能力建设，尤其为集团公司生产技术服务水平大幅提升。2010 年对集团公司所属 38 台汽轮机及热力系统进行优化改造，平均降低煤耗 13.6 克，每年可为集团公司节约标煤 102 万吨，为集团带来较大的经济效益。同时，在集团公司所属电厂锅炉掺烧、环保三大体系建设以及合同能源管理等方面取得了进一步突破，得到了集团公司广泛认可，并于 12 月在杭州成立了煤炭检测中心，挂靠在华电电科院管理。《华电技术》办刊质量进一步提高，蝉联 2009～2010 年度全国电力优秀科技期刊称号，接近“中文核心期刊”水平。华电工程凭借在技术创新、科技成果应用及转化等方面取得的突出成绩，荣获了“2010年中国最佳自主创新企业”称号，并被国家发展改革委、科技部等五部委授予第17批“国家认定企业技术中心”，华电工程科技自主创新实力进一步得到社会认可。

5. 基础管理工作扎实推进

华电工程不断加强基础管理工作，以管理创新年为契机，采取多种有效措施提升管理水平，千方百计提高盈利能力。一是调整管控模式。华电工程在保证风险可控的前提下，决定给予所属二级专业公司负责人高度的自主权，本着“既形成管理闭环又简化具体流程”的总体思路，全面梳理并优化了人力资源管理、项目合同管理、项目完工结算等重点工作流程，加强对二级公司运行关键指标的控制，调动了各专业公司的积极性，提高了工作效率和活力。制定发布了《职能部门岗位职责手册》，提升职能管理水平。二是加强资金管理。华电工程进一步加强了资金管理，拓宽融资渠道，积极筹措资金，加强金融机构综合授信工作，综合授信额度达到60亿元人民币。积极开展合同项目清理工作，减少坏账损失，防范经营风险。进一步加大应收账款回收工作，及时完成往来账务清理。同时严控成本费用，逐步实施工程概预算管理，严控经营成本，完善费用管理办法，降低费用，取得较好成效。三是加强信息化建设。华电工程大力推进经营管理信息系统平台建设，制定了华电工程经营管理信息系统方案，完成了一期信息采集平台的软件编制及图形制作，组织了系统的培训学习，已完成了合同信息、科技信息的数据录入工作。进一步完善了采购信息平台、行业标准及法律查询、EAS人力资源管理及公司制度查询等系统，华电工程信息化管理水平不断提高。

通过以上一系列精细管理、降本增效的措施，促使华电工程盈利能力进一步增强，华电工程较快地从资产关系调整带来的不利影响中走出来，超额完成了集团下达的利润指标要求，整体盈利能力创下历史新高。华电工程的管理创新工作也得到集团公司充分认可，被推荐在集团公司2010年管理创新推进会上发言并推广先进经验。

6. 党建和队伍建设不断加强

华电工程深入开展“创先争优、科学发展”活动，按照集团公司统一部署，紧紧围绕中心工作，通过抓好“五个一”活动、积极开展企业合理化建议、岗位实践创新、主题征文、先进典型选树活动等工作，切实发挥各级党组织和广大党员作用，得到了集团公司充分肯定。在干部人才队伍建设方面，进一步调整充实了各级领导班子，选拔任用了28名干部到各级领导岗位；加大了中层干部交流和换岗的力度，全年干部交流达23人次，推进了华电工程本部和京外直属企业干部的双向交流，各相关单位领导班子结构得到了优化；积极响应中组部和团中央的号召，选派了1名干部参加博士团赴新疆工作；积极引进高端人才，今年从电力设计院等单位引进了10余名高层次专家，不断优化各业务板块的人才结构。党风廉政建设及依法经营方面，华电工程积极部署年度纪检监察和审计工作，认真开展工程建设领域突出问题专项治理工作，同时按照集团要求，及时整改审计中发现的问题。2010年是“五五普法”验收年，华电工程顺利完成五五普法检查工作，检查验收组充分肯定了华电工程“事前防范”和“事中控制”为主、“事后补救”为辅的两级风险防控体系，以及在法律队伍建设方面取得的成绩，并作为集团互查组组长单位，参加集团公司普法验收工作。企业文化建设方面，华电工程以《华电宪章》为指导，修改完善了《华电工程文化体系》，编辑职工《企业文化手册》，积极推进价值思维宣贯工作，组织开展了以“价值思维”为主题的企业文化创新活动，荣获了2010年度全国电力行业企业文化优秀成果二等奖。华电工程编制了《华电大厦服务手册》，后勤服务水平得到进一步提升。华电工程积极利用《中国电力报》、集团网站和华电工程“两网一刊”等媒体，大力宣传公司业绩，弘扬了企业精神，塑造了公司良好的企业形象。

主要事件

1月15日，华电工程召开中层及以上干部大会。集团公司党组成员、副总经理邓建玲出席会议并作重要讲话，华电工程党组书记杨勇主持会议。

集团公司人力资源部主任徐刚宣读了集团关于华电工程班子调整的决定：根据工作需要，孙青松任华电工程董事长、总经理、党组成员；姜学寿任华电工程副总经理、党组成员。白绍桐、李亭玉、张国新不再担任在华电工程的领导职务，另有任用。

邓建玲指出，这次集团公司对华电工程部分领导班子成员的提拔或重用，充分体现了集团公司党组对华电工程工作的肯定。邓建玲高度评价了华电工程近几年取得的优异成绩，以及全体班子成员为此所作出的突出贡献。

邓建玲介绍了新任华电工程董事长兼总经理孙青松、副总经理姜学寿的基本情况。针对华电工程下一步工作，邓建玲要求：一要正确理解干部调整的重要意义；二要进一步解放思想，谋划好华电工程当前和今后的发展；三要积极推进管理创新；四要进一步加强领导班子建设。

白绍桐、孙青松、李亭玉、张国新、姜学寿作了表态发言。集团公司办公厅、人力资源部相关领导，华电工程班子成员谢春旺、马骏彪、许建良、黄湘以及中层干部80余人参加了会议。

3月15日，华电工程设计院揭牌仪式在京举行。集团公司党组成员、副总经理邓建玲，党组成员、纪检组长蒋亮平出席仪式并为设计院揭牌。华电工程党组书记杨勇主持揭牌仪式。

揭牌仪式上，邓建玲充分肯定了华电工程设计院成立的必要性，认为这是华电工程贯彻落实集团公司“转方式、调结构、推创新、提效益”工作方针的一项重要成果，并要求设计院要牢固树立服务意识，集团公司各相关单位也要重视和支持华电工程设计院的发展。公司董事长、总经理孙青松代表华电工程向集团公司领导和各有关单位对设计院成立给予的信任与支持表示感谢，并对设计院今后的发展提出了要求。华电工程党组成员、副总经理谢春旺介绍了华电工程设计院的基本情况；华电工程党组成员、副总经理马骏彪宣读了集团公司关于成立华电工程设计院的批复文件。

集团公司总部部分单位领导，部分区域公司和专业公司领导，华电工程及所属单位领导等80余人出席仪式。

3月19日，华电工程2010年股东会暨第三届第一次董事会、第三届第一次监事会在北京召开，华电工程新任董事长孙青松主持会议。

会议选举产生了华电工程第三届董事会、第三届监事会成员；选举孙青松为华电工程第三届董事会董事长、李长旭为华电工程第三届监事会主席；会议通过了华电工程高层管理人员任免的议案；会议还听取并审议通过了华电工程公司董事长、总经理孙青松所作的《2009年度总经理工作报告》等四项议案。华电工程公司经营班子成员列席了会议。

4月8日，越南海阳2×600MW燃煤电厂项目EPC合同签字仪式在越南举行，华电工程董事长、总经理孙青松与马来西亚捷硕集团首席执行官洪南坡分别代表双方签字，越南总理阮晋勇、马来西亚总理纳吉出席签字仪式。

越南财政部长、越南工业和贸易部长以及马来西亚驻越南大使、华电工程副总经理谢春旺等各方领导参加了签字仪式。

4月，华电工程负责起草的中华人民共和国电力行业标准《火电厂烟气脱硫工程施工质量验收及评定规程》（DL/T 5417—2009）颁布实施。

华电工程获得2009年度首都精神文明创建工作先进单位。

华电工程总承包分公司西塞山项目部荣获集团公司“工人先锋号”光荣称号。

5月13日，华电工程总承包建设的印尼阿萨汉一级水电站两台机组成功并网发电。

6月6日，第十届中国企业创新活动论坛在人民大会堂开幕。原全国人大副委员长、中国生产力学会名誉会长蒋正华；原中共中央委员、湖南省省委书记、中国生产力学会会长王茂林等领导出席会议并讲话。会议由中国生产力学会副会长、原国家粮食储备局局长高铁生主持。华电工程董事长、总经理孙青松应邀参加会议。

本次会议由中国生产力学会和中国企业报社主办、中央电视台财经频道协办。华电工程凭借2009年度和2010年上半年在管理创新、技术创新和新业务开拓等方面取得的优秀业绩，荣获了“2010年中国最佳自主创新企业”称号。

6月29日，越南建江2×66万kW燃煤电厂总承包合同签约仪式在京举行。集团公司副总经理邓建玲、总工程师张涛等出席了签约仪式。项目业主方越南新造集团总裁邓氏黄燕和华电工程公司董事长、总经理孙青松在工程总承包合约上签字。

合同签约仪式由华电工程公司副总经理谢春旺主持。美国谢尔曼·思特灵律师事务所、中国机电产品进出口商会、中国出口信用保险公司、标准渣打银行、中国进出口银行、中国工商银行、中国银行有关领导以及华电集团有关部门负责人等100余人参加了签约仪式。

7月28日～8月3日，华电工程董事长、总经理孙青松，副总经理谢春旺到印尼项目现场调研。

孙青松、谢春旺在雅加达会见了中国驻印尼经商处公使衔参赞房秋晨。房秋晨充分肯定了华电工程在印尼项目开拓和项目执行等方面的工作，高度评价了阿萨汉项目为华电在印尼树立了良好的形象，为后续市场打下了坚实的基础，驻印尼使馆和经商处也会继续大力支持华电在印尼有关业务的发展。

孙青松、谢春旺在棉兰出席了阿萨汉项目和拉法基项目的竣工总结会，认真听取了项目部的工作汇报，并参加了拉法基项目的移交仪式，并与拉法基业主就拉法基项目执行、后续项目合作等进行了深入探讨，并达成进一步合作意向。

孙青松一行还专程前往阿萨汉项目现场，视察了包括发电厂房、进水口、275kV变电站等区域，对项目质量和电厂的形象表示了充分肯定。

在印尼期间，孙青松、谢春旺还到巴淡项目现场调研，对项目现场的工作提出了具体要求。并与华电香港公司、华电运营公司、印尼合作方DMS公司、BDSN公司、TJK公司等有关领导会面。

华电工程海外分公司总经理李林威等陪同调研。

8月11日，集团公司总经理、党组副书记云公民，党组成员、副总经理陈飞虎、邓建玲，党组成员、总会计师王怀书到华电工程调研。

云公民一行听取了华电工程董事长兼总经理孙青松的工作汇报，充分肯定了华电工程今年年初体制改革以来的各项成绩，并提出将继续在工程项目、体制机制创新等方面给予大力支持。针对下一阶段的重点工作，云公民要求：一要秉承价值思维理念，在选人用人和薪酬分配上，要进一步与市场接轨，与绩效挂钩，不断提升经济效益。二要加强国际化人才队伍的建设，在“走出去”过程中，要切实培养一批熟练外语和业务、了解当地文化、政治、法律体系的国际化人才队伍。三要建立科技创新型企业，掌握核心技术，研发更多的自主创新产品，为企业创造可持续价值，促进企业科学发展。陈飞虎、邓建玲、王怀书就有关问题提出了具体要求。

集团公司总工程师张涛、总经理助理兼办公厅主任林正山、资产管理部主任王绪祥等领导陪同调研。

8 月 19 日，集团公司党组书记、副总经理李庆奎到华电浙江企业调研，并在浙江区域企业主要负责人座谈会上听取了华电电科院的工作汇报。

李庆奎充分肯定了华电电科院在历史上取得的成绩及通过近两年发展创新取得的良好局面，希望华电电科院制定好战略规划，用更高的技术视野不断创出新的成果。针对今后的工作，李庆奎提出了三点要求：一是首先要搞好服务，解决集团电厂生产技术难题，在解决难题的过程中推动创新；二是在科研方面，要形成自主知识产权，在涉及的专业领域，研究创新工作要走在行业的前沿；三是在创新过程中，要及时把科研成果转化为现实生产力，实现服务、创新、效益转化及再创新、再发展的良性循环。

8 月 23 日，华电工程第一个海外投资项目——印尼 BATAM 2×65MW 燃煤电厂项目正式通过了国家发展改革委的核准。

8 月 29～31 日，集团公司总经理云公民，党组成员、副总经理程念高，邓建玲在华电工程董事长、总经理孙青松陪同下，赴印尼出席华电工程印尼阿萨汉一级 2×90MW 水电站竣工典礼和巴淡岛卡桑丹绒 2×55MW 火电厂项目奠基仪式。

8 月 29 日，云公民一行在阿萨汉项目竣工典礼前会晤了中国驻印尼大使章启月、公使衔商务参赞房秋晨，双方就海外电力事业、华电集团海外项目运行模式、印尼电力行业前景等问题交换了意见。

8 月 30 日，印尼阿萨汉项目举行竣工典礼。云公民在致辞中表示，阿萨汉一级水电站项目是华电集团实施“走出去”战略、在海外承担的第一个承担投资、建设、运行维护任务的项目，是华电集团海外事业发展的重要里程碑，更是中印尼友好合作的结晶。章启月和印尼国家电力公司总经理余世甘均对阿萨汉项目建设给予了高度评价和认可。

8 月 31 日，华电工程印尼巴淡项目举行隆重的奠基仪式。云公民在奠基仪式上代表华电集团对项目奠基仪式表示热烈祝贺，同时强调华电集团将全力给予本项目的投资、承建方在技术、管理以及其他相关资源的支持。房秋晨和印尼廖岛省省长 Sani 博士分别代表中国驻印尼大使馆和印尼政府对项目奠基表示了热烈祝贺和欢迎。

印尼环保部和矿能部代表，北苏门答腊省和廖岛省代表，印尼 PLN-B 公司、TJK 公司、DMS 公司以及中国出口信用保险公司、中国进出口银行、国家开发银行、中国工商银行有关代表，集团国际合作部主任傅维雄、华电运营公司总经理金英军、华电工程副总经理谢春旺和马骏彪等有关领导分别出席了竣工仪式或奠基仪式。新华社、人民日报社、中央电视台、印尼国家电视台等多家媒体跟踪报道。

9 月 1～5 日，第九届中国国际能源装备制造业博览会暨国家能源技术装备展在辽宁沈阳举行。华电工程作为集团公司重点推介展示单位，参加了本次展会。国家发改委副主任、国家能源局局长张国宝等在集团公司副总经理任书辉的陪同下参观了集团公司展厅，并对华电工程的技术亮点进行了点评。

华电工程副总经理姜学寿出席了展会开幕式和 2010 中国（国际）能源装备产业发展高峰论坛。

9 月 2 日，华电工程总承包的唐山曹妃甸港区煤码头（二期）工程皮带机系统总包项目的合同签字仪式在京举行。

华电工程董事长、总经理孙青松代表华电工程对本项目在科学管理、质量安全、项目工期、绿色环保四个方面提出了要求。河北港口集团有限公司副总经理赵克、唐山曹妃甸煤炭港务有限公司总经理樊在秋，华电工程副总经理谢春旺、总经理助理黄源红等参加了签字仪式。

9 月 2～10 日，华电工程党组书记杨勇率团赴瑞士考察 ABB 总部。杨勇一行参观考察了 ABB 总部的研发中心和工厂，详细了解了各工部生产工艺和工厂型式试验站。双方就技术引进并加快中国 ABB 高端产品国产化进程等事宜进行了友好讨论和磋商。

ABB 集团副总裁彼特先生、华电新能源技术开发公司总经理刘显明等陪同考察。

9 月 8 日，华电工程与 GE 能源集团在京签订沼气发电项目发展合作协议，集团公司副总经理邓建玲，华电工程董事长、总经理孙青松出席签字仪式。华电工程副总经理谢春旺与 GE 能源集团颜巴赫燃气内燃机事业部全球首席执行官 Prady Iyyanki 先生分别代表双方在项目发展合作意向书上签字。

华电工程副总工程师肖克勤、GE 能源集团中国区总裁温跃忠、GE 颜巴赫燃气内燃机事业部中国区总经理殷明、华电新能源技术开发公司常务副总经理李和平等出席了仪式。

9月19日，华电工程董事长、总经理孙青松陪同集团公司党组成员、副总经理程念高在石家庄会见了河北省委常委、常务副省长赵勇。双方就后续深入合作达成进一步共识。集团公司规划发展部副主任田鸿宝、华电河北分公司总经理康金柱及河北省政府有关部门领导参加了会见。

会见后，孙青松到华电水务石家庄有限公司调研，并代表公司党组向现场人员及家人致以节日问候和良好祝愿。华电重工副总经理赵胜国、水处理分公司副总经理潘旗陪同调研。

9月，华电工程获得“2009年度丰台科技园区经济发展突出贡献企业”荣誉称号，公司党组书记杨勇被评为“丰台科技园2009年度优秀企业家”。

10月19～21日，华电工程董事长、总经理孙青松，总经理助理黄源红一行到加拿大水电项目现场调研。孙青松会晤了加拿大Hydromega公司高管，双方就加拿大KAP水电项目合作进行了友好交流和磋商，并参加了合同的签字仪式。之后，孙青松深入项目现场，详细了解了加拿大水电项目现场的施工管理和工程管理情况，对华电工程与现场施工配合和项目执行方面提出了具体要求。

10月20日，华电工程总承包建设的湖北华电西塞山发电有限公司2×600MW机组工程3号锅炉点火一次性成功。

10月21日，孙青松拜访了加拿大Reginal Power公司，双方就正在进行开发的四个水电项目的EPC总承包、W2W成套设备供货以及项目投资等进行了深入探讨，并达成了初步共识。

10月26日，华电工程召开中层及以上干部大会。集团公司党组成员、副总经理邓建玲，集团公司党组成员、纪检组组长蒋亮平出席会议并作重要讲话，华电工程董事长、总经理孙青松主持会议。

集团公司人力资源部副主任郑峰宣读了部分干部调整决定，推荐黄源红任华电工程副总经理、党组成员，侯佳伟任华电工程纪检组长、党组成员，沈明忠、李林威任华电工程副总工程师；孙青松兼任华电技术研究总院筹备组副组长，肖克勤、陈远台任华电技术研究总院筹备组副组长（集团公司部门副主任级）。

邓建玲、蒋亮平分别作了重要讲话。集团公司审计部主任李长旭、监察部副主任王江以及人力资源部企干处处长李建伟，华电工程班子成员谢春旺、马骏彪、许建良、姜学寿以及中层干部70余人参加了会议。

10月，华电工程申报的《浸没式超滤技术在电厂废水回用处理工程中的应用研究》荣获第三届中国膜工业协会科学技术奖二等奖。

华电工程申报的《华电工程总承包创新管理体系构建与实践》荣获中国建筑业协会颁发的“第五届（2009年度）全国建设工程优秀项目管理成果”二等奖。

华电工程荣获三项2010年全国电力行业管理创新成果奖。其中“总承包创新管理体系构建与实践”喜获二等奖，“华电工程网络结构再优化”与“水处理集中采购管理与实践”2个成果获得三等奖。至此，公司共有11项成果获得全国电力行业管理创新成果奖，其中一等奖1项，二等奖6项，三等奖4项。

11月16日，国家发展改革委在深圳隆重召开国家高技术产业基地、国家高技术产业化示范工程、国家认定企业技术中心授牌表彰大会，华电工程技术中心被授予第17批国家认定企业技术中心。华电工程董事长、总经理孙青松出席了授牌表彰大会并参加了战略性新兴产业发展论坛。

11月17日，斯里兰卡电力部长帕塔提·伦纳瓦卡在中国驻斯大使馆诸金富参赞及中国进出口机械总华电工程副总裁李朝阳的陪同下，视察了公司承建的斯里兰卡项目卸船机的卸煤现场。

同日，华电工程承担的“槽式太阳能热发电集热器研制及系统集成技术研究”项目，通过了集团公司组织的专家验收。中国华电集团公司、中科院电工所、国家太阳能热利用技术及光伏系统重点实验室等单位的领导和专家参加了验收会议。

该项目成功研制了国内第一套跟踪精度为0.1°的槽式太阳能集热器，开发出具有完全自主知识产权的槽式太阳能集热器的工艺和设备，建成了200kW槽式太阳能实验系统，进行了近一年的实证运行，并获得2项发明专利4项实用新型专利。

11月25日，华电工程承建的吐鲁番电厂2×135MW脱硫技改工程和新疆华电哈密发电有限公司三期2×135MW机组脱硫技改工程顺利完成了168h试运，均创下了166天最短工期纪录。

11月26日，华电工程总承包建设的西塞山项目600MW级超超临界机组（3号机组）于当天下午3时58分成功并入华中电网。

12月8日，中国华电集团公司煤炭质检计量中心揭牌仪式在华电电力科学研究院隆重举行。集团公司党组成员、副总经理任书辉，华电工程董事长、总经理孙青松，集团公司安全生产部副主任杜将武，燃料管理处处长卓山，华电国际、华电煤业、华电运营公司等集团专业公司和浙江、江苏、山东、福建、贵州等区域公司领导出席仪式，任书辉和孙青松共同为煤检中心揭牌。电科院院长应光伟主持了揭牌仪式，院党委书记彭桂云及其他领导班子成员出席了仪式。

煤检中心负责集团系统内电煤的技术监督和技术服务工作，协助集团公司燃料管理部门开展系统内燃料管理的有关工作。煤检中心挂靠在华电电力科学研究院，业务上接受集团公司安全生产部指导。

12 月 20 日，华电工程承建的新疆哈密、吐鲁番电厂脱硫 BOT 项目顺利通过新疆维吾尔自治区环保厅竣工环保验收，并收到华电新疆公司致电祝贺。

12 月 23 日，“确保国家重点工程质量创建国家优质工程”表彰大会在北京人民大会堂隆重举行，会议由中国施工企业管理协会主持，国家发展改革委副主任穆虹出席并讲话。会上，公司总承包的望亭发电厂改建工程 3 号机组 SCR 法脱硝工程摘得我国工程建设领域的国家级质量奖——“国家优质工程银质奖”。同时，该项目还荣获 2010 年度“中国电力优质工程奖”。

同日，华电工程总承包建设的湖北华电西塞山发电有限公司 2×680MW 超超临界机组工程 3 号机组一次性通过 168h 满负荷试运行，各项指标优良，圆满投产。公司副总经理马骏彪特意赶赴现场并见证了这一历史时刻。

12 月 28 日，华电工程总承包建设的柬埔寨额勒赛下游水电项目成功实现大江截流。柬埔寨王国首相洪森，中国驻柬大使潘广学，集团公司总经理云公民、副总经理邓建玲、华电工程董事长兼总经理孙青松出席截流仪式。

洪森、云公民对项目的进展表示肯定，对下一步工作提出了要求。集团公司工程管理部主任金泽华、副主任罗小黔，华电工程副总经理马骏彪，华电香港公司副总经理文端超，华电额勒赛项目公司总经理罗积满，华电工程海外分公司总经理李林威、副总经理郭劲松等领导以及柬埔寨政府有关部门负责人等参加了截流仪式。

各地区电力

华 北 地 区

华北电网有限公司

企业概况

华北电网有限公司（简称华北公司）是国家电网公司依据《中华人民共和国公司法》于2003年11月8日在北京投资设立的国有独资有限责任公司，注册资金600亿元。2010年，公司完成售电量1096亿kWh，同比增长14.8%；网间交易电量1295亿kWh，同比增长21%；综合业绩考核位居国家电网系统前列。

“十一五”期间，华北公司投产110kV及以上输电线路12 931km，比“十五”末增长75%；变电容量6736万kVA，较“十五”末增长138%。电网负荷和装机容量双双突破1.5亿kW大关，全面建成华北电网“七横三纵”骨干网架、京津唐双环网、京津冀大环网，形成西电东送、北电南送、南北互供，多通道、多方向、多落点的电力输送格局。坚持树立和落实新的电网安全观，确定新的安全管理行为准则，圆满完成国家电网公司确定的“十一五”安全生产总体目标。大力实施市场开拓增效工程，创新双边交易模式，建立辅助服务补偿与考核机制。全面实施智能电网建设发展战略，建成面向智能电网的高级计量架构技术体系（AMI），上线运行智能输电网分析管控系统和状态检修辅助决策系统，直升机航巡特高压线路等技术达到国际先进水平。华北公司获中国电力科学技术进步奖28项、国家电网公司科技进步奖32项、中国专利优秀奖1项、有效专利授权200项。建立覆盖全部管理岗位的能力素质模型，完善绩效管理体系和能力管理体系建设，被国家人力资源和社会保障部评为“国家高技能人才培养示范基地”，带电作业培训中心被国家电网公司授予“国家电网公司带电作业实训基地”称号。投运涵盖全部核心业务流程的信息化“5E”工程，形成“横向集成、纵向贯通”的企业级信息化平台。研究开发资产全寿命管理、企业经营管理和市场品质三大分析体系，为科学决策提供及时准确的数据支持和客观严谨的量化分析。分步推进全面风险管理，率先建成高绩效安全生产、党风廉政和财务三大风险管理信息系统，实现风险控制措施与日常业务流程的深度融合。打造一体化通信网络平台，光纤通信全面覆盖110kV及以上变电站。获得“国家电网公司信息化SG186工程建设示范单位”和“信息化先进单位”称号，入选“中国企业信息化500强”。先后荣获“全国五一劳动奖状”、“全国企业文化建设优秀成果奖”和“首都文明单位”称号，4个集体获得全国“工人先锋号”，6名员工获得“全国劳动模范”、全国“五一”劳动奖章称号。

电网概况

华北电网由京津唐电网、河北南部电网、山西电网、山东电网和内蒙古电网组成，承担着为华北地区经济社会发展提供可靠电力供应与服务的重要使命。截至2010年底，华北公司直属单位共运维500kV变电站17座，主变压器151台、总容量43 592MVA，开闭站1座，串补站5座，输电线路78条、总长度8052.5km；220kV变电站81座，主变压器179台、总容量30 060MVA，输电线路274条、总长度6985.3km；110kV变电站156座，主变压器496台、总容量22 122MVA，输电线路611条、总长度9491.3km。另外，委托河北、山西、内蒙古和天津公司运维500kV变电站8座，主变压器57台、容量16 605MVA；输电线路53条、长度3918.9km。截至2010年底，华北公司直属供电区域城市用户供电可靠率99.929%，综合电压合格率99.779%，农网用户供电可靠率99.71%，综合电压合格率97.54%。

人力资源

2010年，华北公司深入落实国家电网公司人力资源集约化管理要求，不断增强人力资源管理调控能力。率先开展“三集五大”探索，优化整合业务资源，全面理清管理界面，按照“战略决定功能，功能决定组织、组织决定流程”的原则，构建“资源一级配置，组织两级管控”的“两横N纵”现代电网企业管理架构和组织体系。围绕核心业务，整合再造125项关键流程，消除横向壁垒，提升整体绩效。推进“六统一”（统一计划、统一组织、统一标准、统一考试、统一招聘、统一评价）招聘管理模式向县级供电企业延伸，打造具有公司特色的责任矩阵和多元化绩效考核机制。积极引进平衡计分卡、“蝴蝶结”、风险矩阵、安全效能成本等管理工具，实现从传统粗放管理向集约精益管理的转变。建立新进毕业生生产一线锻炼机制和人才流动机制。圆满完成物资公司和廊坊供电公司员工双向选择、竞聘上岗、转岗培训，完成18家单位薪酬分配改革。截至2010年底，直属直管单位共有长期职工24 093人，经营管理人员、专业管理人员、技术管理人员、生产技能人员分别占长期合同职工的7.8%、27.4%、9.8%和44.3%。人才总量为15 155人，占比62.9%。

电网建设与发展

2010年，华北公司不断完善业务部门、规划中心、设计院“三位一体”规划体系，实现主网规划、城乡电网规划统一管理。推行“业主、施工、监理”项目部管理模式，推进220kV及以上工程项目的集中管理和全过程精益化管控。投产110kV及以上线路2082km、变电容量988万kVA。投产500kV门房Ⅱ回线路和安次输变电工程，形成北京地区双环网和北京南部扩大环网。建成唐山北500kV输变电工程，有效缓解姜家营变压器重载问题。投运沽源500kV串补工程，为张家口地区风电送出创造条件。全面启动农网改造升级工程，建成10个电气化县、56个电气化乡、1060个电气化村，完成2.8万户农村低电压综合治理。500kV张南变电站工程被评为2010年度国家优质工程银奖。全面完成国家电网公司8项智能化试点工程，投运国家电网公司首座典型设计大型充电站——唐山南湖充电站，建成国家电网公司首个标准全功能智能用电小区——廊坊新奥高尔夫花园小区，高标准编制国家风光储输示范工程技术方案和推进方案，实现智能电网建设的良好开局。截至2010年底，华北电网风电装机总容量达到1212万kW，京津唐电网风电装机容量379万kW。

经营管理

集约化管理成果丰硕。建立全口径项目储备库，做实项目预算；加强资本集中运作，进一步压缩产权层级；推进公司级资金管理平台试点，实现资金从预算、拨付到核算的闭环管理，资金集中度达到99%；财务集约化管理高分通过国家电网公司验收。建成合同履约监造管理系统和供应商门户，投产良乡自动化立体仓储中心库，扩大集中采购范围，创新采购模式，全年物资集中采购率90.6%。开展安全效能成本（SEC）管理试点，实现500kV设备运维管理隐性成本显性化，强化成本意识，夯实资产全寿命管理基础。实现冀北地区21个趸售县级供电企业平稳上划，理顺农电管理体制。扎实推进主多分开工作，成立公司层面集体企业监管委员会和集体产业管理中心。

安全生产

扎实开展“四抓三深入”安全活动，严格落实安全生产责任制，大力推广标准化作业，着力打造基建、配电网、农网安全管理长效机制。优化特高压运行方式，梳理完善事故应急预案，开发特高压近区电网自动电压控制（AVC）功能，填补国内空白，实现特高压电网全年安全稳定运行。大力实施调度“三区十岗”大值班，实现调度支持工作“后台前台化”。投运500kV集控中心和3座地区集控中心，建成500kV检修试验中心，初步实现集控一体化、运维一体化和检修专业化。着力强化应急体系建设，编制完成华北公司《应急体系建设三年规划》，完善《应急指挥中心管理办法》，建立应急工作长效机制，高绩效安全生产风险管理系统在直属直管生产单位全部上线运行。开展上海世博会保电直升机特巡，获得“国家电网世博电力保障工作先进单位”荣誉称号。

科技与信息化

投运风功率预测和风电数据挖掘两大系统，建立全网负荷预测动态分析和备用共享机制，风电运行管控能力明显提升。建成智能输电网分析管控系统，实现状态检修向所有电压等级的延伸和输变电主设备的全面覆盖。5月14日，华北公司第一条全碳纤维导线——220kV邵翟1回线路工程竣工投运，碳纤维导线具有重量轻、高强度、低线胀系数、耐高温、耐疲劳、低损耗等技术优势。8月9日，光纤复合相线（OPPC）在220kV白鹿线挂网带电运行成功，在世界电力系统史上尚属首次运用该项技术，标志着我国输电网在光纤通信导线领域走在了世界前列。

优质服务

华北公司不断适应市场用能与服务需求变化对市场拓展与服务能力提出的新要求，充分发挥“一体化”市场开拓机制作用，开展“塑文化、强队伍、铸品质”供电服务提升工程。启用市场交易管理系统，扩大跨区跨省交易规模，确定北京、天津购网电价新模式，建立网间输电市场新机制。完成95598系统升级改造，上线运行营销业务绩效考核系统和一体化管控平台，初步实现组织结构扁平化、业务处理专业化、资源配置集约化、营销管控实时化。提升服务质量，开展服务创新，编制延伸有偿服务实施方案和服务标准，完成华北公司“十二五”营销服务发展规划报告，开展营业网点标准化体系建设，深入开展“三指定”治理工作，加大高危客户隐患排查治理，推进有序用电常态管理，有效配置各项供电服务资源。加强与利益相关方沟通，制作华北公司工作专题片和形象宣传片，编制《华北电网有限公司可持续发展报告（2006～2010）》，切实提升“国家电网”品牌形象。

党的建设和精神文明建设

扎实开展创先争优活动，深化“四好”领导班子创建活动，完善规划引领、三级联创和联考综评机制。大力实施“百千万”工程，明确创争目标，建立考评体系，严控关键节点，开展群众满意度测评和党员干部公开承诺活动，各级党组织的战斗堡垒作用和党员的先锋模范作用得到切实加强。大力实施文化传播、融合、落地工程，广泛开展“文化沙龙”系列活动和“情系电网、奉献社会”主题实践活动，公司文化软实力明显提升。扎实推进惩防体系建设，开展工程建设领域和“小金库”专项治理，建成反腐倡廉教育基地，党风廉政风险管理系统在7个领域实现上线运行。创建53个标准化班组和80个学习型班组，评选100名知识型职工，10项“五小”创新创效成果获得国家专利。唐山供电公司被评为国家电网公司大型供电企业综合管理标杆单位，并荣获“全国模范劳动关系和谐企业”称号。

（张建华）

北京市电力公司

企业概况

北京市电力公司（简称北京公司）是国家电网公司所属的省级电力公司，负责北京地区1.64万km^2范围内的电网规划建设、运行管理和630余万用电客户的供电服务工作，肩负着为首都党政军机关、重大政治活动和城市运行安全供电的光荣使命。北京公司本部设置20个职能部门，公司工会以及5个具有一定管理职能的二级机构，即人才交流服务中心（社会保险中心）、超高压工程建设管理中心、新闻中心、行政管理中心、电费管理中心。下设16个供电公司，9个专业化公司，11个其他单位。

2010年，北京公司以科学发展观为指导，坚持“大局、可靠、法治、两效（效益与效率）”工作方针，推进“国内一流、国际水准”现代企业建设进程，实现了各项年度发展目标。全年最大负荷1666.1万kW，完成售电量715.84亿kWh；完成固定资产投资66.25亿元，北京公司资产总额达到677.74亿元，同比增长5.14%，当年电费回收率100%。

领导班子

总经理、党委副书记：朱长林
党委书记、副总经理：郭要斌
党委常委、副总经理、总会计师：常世平
党委常委、副总经理：郑　林
党委常委、副总经理：李百顺
党委常委、副总经理：刘润生
党委常委、副总经理：安建强（2010年11月30日任职）
党委常委、工会主席：李国华
党委常委、纪委书记：柏　磊
党委常委、副总经理：郭炬（2010年11月30日离职）
正局级调研员：张嗣兴（2010年11月19日离职）

人力资源

截至2010年底，北京公司共有全民制在职职工8638人，平均年龄42岁。具有大学专科及以上人员6096人，占总数的70.57%；副高及以上专业技术资格人员638人，占总数7.39%，中级专业技术资格人员1344人，占总数15.56%，高级工及以上人员6140人，占总数71.08%。党委管理的领导干部389人。国家电网级专家28名，华北电力技术院专家37人。人才当量密度95.63%。

2010年，北京公司选派8人到国家电网公司总部挂职，选派5人参加北大、清华EMBA委托培养。全年有80人分别获得市级、华北电网级和公司级优秀工程师或优秀青年工程师称号，9人获得国家电网公司级专家称号。开展全员培训，完成装表接电、配电线路、输电电缆和电气试验4个专业题库的开发和轮训考核工作。

整合公司检修专业资源，将北京电力试验研究院主变检修等业务调整到变电公司；成立信息中心、重要客户服务中心等单位，优化专业工作流程；成立北京华商电动车动力科技公司、北京华商能源管理公司，拓展新能源服务市场。

电网概况

北京电网是大型城市电网，以500kV电网为骨架、220kV电网为主体、110kV及以下电网覆盖全市，是京津唐电网的负荷中心。截至2010年底，北京地区电网共有统调电厂21座，机组136台，总装机容量5893.872MW。其中，火电厂（含燃气）11

座，发电机组 36 台，装机容量 4731.6MW；水电厂（含抽水蓄能）6 座，发电机组 18 台，装机容量 1013MW；风电厂 1 座，发电机组 76 台，装机容量 114MW；垃圾及沼气电厂 3 座，发电机组 6 台，装机容量 35.272MW。110kV 及以上变电站 390 座（含用户站），变压器 950 台，变电容量 88 652MVA。110kV 及以上架空线路 447 条，共 6246.4km；110kV 及以上电缆线路 708 条，共 1166.9km。

2010 年，随着 500kV 房山—门头沟第二回线路投产，房保双回线破入河北慈云站，北京 500kV 双环网规模进一步扩大，环网结构得到进一步加强。北京电网 220kV 电网分区供电格局未发生大的变化，仍保持五个相对独立的供电分区，各分区之间通过联络线互为备用。在多分区供电格局下，区域电网短路容量超标问题得到缓解，重要联络线及下送通道潮流趋于合理，发生大面积停电事故的几率降低，电网抵御风险的能力显著增强。2010 年北京电网运行平稳，地区瞬时最大负荷 16 661MW，同比增长 16.95%；220kV 网损率为 0.58%；主网电压合格率持续保持 100%。

电网建设与发展

结合首都世界城市建设和新能源、智能电网发展方向，完成“十二五”电网规划编制工作。完成 112 条重要道路架空线入地的可研和初设，取得 8 项 220kV 输变电工程规划意见书，24 项 110kV 及以上输变电工程获得核准批复。

投产输变电工程 26 项，新建 110kV 及以上变电容量 285.15 万 kVA，新建 110kV 及以上线路 202.91km。完成 220kV 八达岭扩建等 11 项度夏工程，市重点工程配套的 220kV 康宁、东坝东输变电工程按期投产。完成电力设施迁改工程 58 项。完成 1.17 万户居民“煤改电”工作。大屯、呼家楼、岳家楼、延庆充电站投产，附属设施建设全力推进，工程设计评审中心建设如期完成。500kV 海淀送电工程、220kV 莱市口变电站工程取得突破性进展，完成环境影响评价工作。

地安门等 4 项 220kV 工程顺利通过国网优质工程评审，玉泉营 220kV 输变电工程等 13 项工程获得市政基础设施竣工长城杯奖项。220kV 莱市口变电站工程创新设计模式，采取了地下变电站与地上科技馆结合的全国首例消防设计。开展通用设计推广应用工作，500kV 城南变电站等三项工程获得国家电网公司优秀设计称号。

经营管理

建成“六统一、五集中”（统一会计政策、统一会计科目、统一信息标准、统一成本标准、统一业务流程、统一组织体系；会计集中核算、资金集中管理、资本集中运作、预算集约调控、风险在线监控）的财务集约化管理框架体系，实现会计集中核算和银行一级账户管理。加大资金归集与运作力度，资金归集率近 100%。落实地区独立购电权，直接购电量由 14 亿 kWh 增至 229 亿 kWh。充实北京公司作为子公司独立运营基础，与华北电网有限公司建立公开透明、科学合理的购网电价新机制，企业扩大再生产能力进一步增强。启动北京公司财产保险业务，初步构建了北京公司财产保险组织体系。

完成公司本部机构改革，改革后的本部共设置办公室等 20 个职能部门和公司工会，下设 75 个处室，设置岗位 381 个。设立新闻中心等 5 个具备一定管理职能的二级机构，下设 15 个处室，设置岗位 71 个。本部部门及二级机构总岗位数共计 452 个。开展“本部建设年”活动，以基础建设、能力建设、作风建设为主线，分七期开展本部全员培训，2010 年举办 4 期，培训人数 189 人；开展建章立制工作，修订《规章制度编制管理办法》，梳理规章制度 500 项；开展政策研究工作，完成重大研究课题、重点工作课题等 117 项；实施本部全员绩效考核，提升员工队伍素质，强化本部战略决策、资源配置、管理调控、电网调度中心职能。

严把经济合同关口，全年对外签订经济合同 12 689份。规范开展招投标工作，全年累计完成集中规模招标 38.94 亿元。处理完成案件 43 起。完善新闻宣传和品牌传播体制机制，组织开展以“电靓京城，温暖民心”为主题的品牌传播活动，围绕迎峰度夏、智能电网建设等重大新闻题材，全年向社会召开新闻发布会 13 次，累计在各类媒体发稿 3462 篇，其中中央媒体 1464 篇。

贯彻落实国家电网公司规范集体企业管理和深入开展主多分开工作意见，加强多经企业管控和规范整合工作，成立主多分开领导小组和五个专业工作组，指导基层单位制定切实可行的工作方案并组织实施。成立集体资产监督管理委员会并设立产业管理部作为职能管理机构，建立健全产业管理制度体系，启动了涵盖企业人、财、物等方面 37 项内控制度的建设。

线损率稳步下降，2010 年按照子公司模式调整要求，北京公司线损指标统计口径调整为 500kV 及以下线损率，当年 500kV 及以下线损率完成 6.68%；220kV 及以下线损率完成 6.66%，同比下降 0.1 个百分点。

安全生产

贯彻“安全第一、预防为主、综合治理”方

针，加强安全生产管理制度建设，制定和修编技术标准35项，管理办法（标准）10项，废止制度8项。开展安全审计，落实各级安全生产责任制，完成面向各基层单位安全监督审计工作。完善风险分析和管控机制，健全风险会商及发布流程，全年分析控制三级及以上风险477项。加大安全生产过程管控力度，消除安全监督死角，实现安全管理工作从事后分析向事前控制与事中管理转变。加快公司值班和应急体系建设，完成总值班室和各供电公司值班机构调整工作。

加快推动公司调控一体化建设，截至年底共有50座220kV及以上变电站接入监控，15个地区电网调控中心组建投运。初步建立输变电设备状态检测和状态检修工作体系，有效降低设备过修（试）、停电次数和停电时间，主网停电工作安排同比降低31%，完成输变配电设备检测16 217件。配电自动化取得突破，东、西城配电自动化试点项目顺利通过国家电网公司验收，具备供电设备实时监视、远方遥控、故障检测自愈、统计分析等功能，达到国内先进水平。创新管理思路，在本部设立政治供电办公室，组建重要客户服务中心，增强政治供电和重要客户服务保障能力。落实重要客户供电设施差异化运维措施，对重要用户外电源隐患制订针对性整改方案142个。全年完成政治供电任务179项，累计保电天数295天。全面开展电网安全隐患专项梳理和以“站、线”为单元的安全隐患排查整治工作，全年主网消除输变电设备缺陷4916件，配网消除缺陷和隐患2812处，隐患整改率达到国家电网公司A段指标。

完成110kV及以上主要设备检修任务431项，电网运行维护项目1987项，大型技改工程115项。10kV配网永久性故障次数同比下降4.03%；用户平均故障停电时间同比下降19.76%；城市供电可靠率99.982%，同比提高0.000 5个百分点；城网综合电压合格率99.705，同比提高0.037个百分点。累计完成中压架空配电线路带电作业15 042次，同比增加55.9%。公司荣获“全国安全生产月活动优秀单位”、北京市安全生产月活动“优秀组织奖”及“最佳实践活动奖”等荣誉称号。

营销工作

加大市场开拓力度，开展“保热点、压结存”专项工作，累计消化热点用电需求102万kVA，增加售电量约6.11亿kWh；继续推广电能替代项目，全年建成蓄冷空调、地源热泵项目114项，累计增加电量约3.67亿kWh；实施居民“煤改电”1.17万户，采暖季增加电量约0.45亿kWh；推广应用8.7万具智能电能表。运用法律手段，回收欠费187.8万元。全面开展电价稽查工作，实施“反窃电、促降损、强管理”专项行动，全年累计查处违约用电、窃电1504起，追补电量1031万kWh。

完成国家电网公司7项智能电网试点项目，完成顺义华中园电气智能小区示范项目和左安门智能公寓建设，建成国内首个智能微网控制系统，并申报5项实用新型专利。全面启动电动汽车充电设施建设工作，全年开工建设集中式换电站3座，分布式充电站16座，延庆城南电动出租车充电站投入商业运行，航天桥大型电动环卫车换电站基本建成，配套完成RGV穿梭机、助力手加堆垛机方式充换电设备的自助研发工作。选取6700户开展电力光纤入户试点，并配套开展了智能小区和电力光纤入户商业运行模式的课题攻关。

完成国家电网SG186营销业务应用系统整体切割上线运行，系统日处理工单1.6万个，实现对所有客户的用电信息动态管理。编制用电信息采集建设（2010～2014年）5年规划，同时编制配套的现场作业指导书，修订和完善11项技术标准。

农电工作

全年完成创建新农村电气化区（县）2个，创建新农村电气化乡（镇）16个，创建新农村电气化村164个。截至2010年底，北京10个远郊区县全部成为新农村电气化区（县），累计建成新农村电气化乡（镇）106个；建成新农村电气化村1544个。

继续开展标准化供电所建设，制定《北京市电力公司标准化供电所考核标准》、《北京市电力公司标准化供电所建设工作管理办法》，统一制定了128种标准化供电所基础资料。建成标准化供电所56个，累计建成94个，供电所标准化建设率达到75%。通州西集、平谷金海湖供电所被国家电网公司命名为标准化示范供电所，通州西集、昌平十三陵供电所被评为中国最美金牌供电所。针对区县供电企业干部作风、廉洁从业、“三指定”专项治理、违规建房和出租房屋等方面问题，深入开展集中排查整治活动。推进“新农村、新电力、新服务”农电发展战略的实施，因地制宜理顺农电管理关系。重点解决农电人员混岗问题，规范供电所的各类用工管理。

2010年，北京10个远郊区（县）110kV及以下综合线损率累计完成6.24%，累计电费回收率100%。农村地区供电可靠率达99.881%，农村地区电压合格率达到99.38%。

科技与信息化

编制完成北京公司“十二五”科技发展规划和新技术推广应用规划。开展技术创新活动，全年下达公司科技项目40项，群众性技术创新项目36项。获得国家电网公司科学技术进步二等奖和三等奖各2项。全年申请国家专利69项，其中发明专利27项，授权专利59项。完成“提高主变压器利用率策略的研究”等6项专题研究。积极开展国家电网公司电力科技馆展陈设计工作。

开展以SG-ERP为架构的“十二五”信息化发展规划编制工作。全年完成信息化建设项目24个、系统维护项目42个，完成国家电网公司下达建设任务38项。新营销系统顺利投运。开展ERP、PMS、基建管控等20个系统的深化应用工作，支撑公司人财物集约化管理。落实信息安全督查工作，信息网络与信息系统总体运行状况平稳，信息安全防护情况良好。广域网网络系统的平均可用率为100%，本地网络系统平均可用率为99.991%，服务器平均可用率为99.998%，业务应用平均可用率为100%，信息安全事件数为0，外网攻击阻断率100%，病毒清除率100%。

优质服务

开展“塑文化、强队伍、铸品质”供电服务提升工程。全年完成1047个高危及重要客户的供用电安全隐患排查和评估工作。按照老旧小区三年改造计划，启动48项改造工程，惠及5.4万户居民。服务民生，2010年，北京公司23支基层服务队开展进社区、进企业、进校园电力服务活动。开展民主评议基层站所工作，并通过政风行风热线“一把手走进直播间”等活动，宣传公司服务举措。供电服务承诺兑现率100%，连续四年实现了“零责任投诉”，连续三年在北京市行风、政风测评中名列各行业第一名。

启动“三指定”（供电企业对用户受电工程指定设计单位、施工单位和设备材料供应单位）。专项治理活动，全面开展自查自纠，公司组织2轮次的检查和重点抽查，覆盖面达100%。以“管理统一规范、流程透明高效”为目标，对报装服务业务7个方面12项管理制度和技术标准进行了全面梳理和修订，建立健全客户经理（代表），五级保障协调业务支撑机制，基本建立了防范“三指定”现象发生的长效机制。

党的建设和精神文明建设

落实公司党委加强党的建设三年（2010～2012）规划，深入开展创先争优活动，实施“争创‘四强’党组织、争做‘四优’共产党员”主题活动。加强学习型党组织建设，开办大讲堂及开展“特色党课一小时”电教片征集评选活动。加强基层党组织建设和党员教育管理，开展“电网先锋党支部”创建和党支部工作创新活动，5个党支部获国家电网公司“电网先锋党支部”称号，评选出优秀党支部创新实践成果33个。加大廉政监督力度，开展“学制度、促廉洁、保发展”主题教育活动，工程建设领域突出问题和“小金库”专项治理工作取得阶段性成果。加强惩防体系建设，建立健全系统宣教、责任落实、内控监督和协同预防机制，实施纪委书记月报告制度，强化各单位经营风险管控。

落实公司党委加强企业文化和队伍建设三年（2010～2012）规划，开展“忠诚企业、服务首都”主题教育活动和精神文明创建活动，推出精神文明创建优秀创新实践成果50项。继续开展北京公司十大首都电力之星、十大优秀团队评选活动。开展职工创新工作室创建活动，确定10个公司级示范化工作室，产生成果111项，3项成果分别获得全国和北京市级科技成果奖。推进班组标准化建设，2个优秀班组获得中央企业红旗班组荣誉称号。实施企业文化重点产品建设，征集企业故事200余篇。95598服务热线荣获北京市“百姓爱心故事奖”。公司团委举办第四届“五四青年文化节”，加强青年文明号、青年诚信服务岗的建设管理，评选出优秀团建创新成果29项。北京公司全年荣获“全国劳动模范”称号1人，“北京市劳动模范”称号5人。

主要事件

3月4日，十一届全国人大代表杨建忠、孙丕恕、左延安组成考察团，参观顺义某小区公司智能电网示范工程展示项目。

3月18日，北京电力横丹爱心学校竣工暨交接仪式在甘肃文县正式举行，标志着由公司万名职工捐资450余万元、公司爱心基金拨款200万元援建的横丹爱心学校主体工程全部竣工，正式交付校方使用。

3月31日，公司启动“法制电网”依法治企专项活动，并召开了动员大会。会上发布了“法治电网”依法治企专项活动方案。

4月30日，公司下发《关于成立北京华商电动车动力科技有限公司的通知》（京电人［2010］16号）（简称《通知》）。《通知》明确指出该公司是公司开展电动汽车相关业务的单位，为北京市电力公司全资子公司，负责充电站运营、电池租赁配送、充换电设备租赁及与电动汽车相关的其他服务工作。

5月28日，公司在国家电监会组织的2009年度电力可靠性指标发布会上，被评为“全国供电可靠性A级金牌企业”。

6月25日，公司组织北京电网2010年迎峰度夏应急演习，检验各单位对公司《应对灾害天气应急预案》和《灾害天气应急预警管理办法》的掌握程度，对迎峰度夏期间北京电网薄弱环节的掌握程度及应对预案的制订落实情况，为确保2010年度夏期间电网运行平稳有序奠定基础。

7月29日11点24分，北京地区2010年夏季最高负荷1660.7MW，创历史新高。

7月29日，公司完成本部机构改革工作，并召开了“北京市电力公司本部机构改革总结会”。300余名干部和员工参加了会议。

9月28日，公司在北京电力展示厅召开“电靓京城 温暖民心”北京电力服务民生工程新闻发布会，向媒体通报“电靓京城温暖民心”北京电力服务民生工程的主要内容，介绍了轨道交通电力配套工程、老旧小区配电设施改造工程、“煤改电”工程和架空线入地工程的背景与进展情况，新华社北京分社、光明日报、中国青年报、北京日报、北京电视台，以及国家电网报、中国电力报等23家社会和行业媒体记者参会。

12月13日，公司召开干部任免宣布大会。根据工作需要，经国家电网公司党组研究并征得中共北京市人民政府国有资产监督管理委员会委员会同意，决定：安建强任北京市电力公司副总经理、中共北京市电力公司委员会委员、常委；免去郭炬北京市电力公司副总经理、中共北京市电力公司委员会常委、委员职务。

（王思敏）

天津市电力公司

企业概况

天津市电力公司（简称天津公司）隶属于国家电网公司，担负着整个天津地区的电网规划、建设和供电服务任务，供电面积1.19万km^2，供电营业户数412.9万户，供电业务人口超过1100万人。2010年，公司销售电量550.75亿kWh，员工13 000余人。公司本部设16个部室（含工会），定员320人，下辖22家直属单位，4家控股企业和1家代管单位。直属单位中供电单位12个、施工单位1个、电力设计单位1个、医院1个、其他单位7个。

2010年，天津市全社会用电量完成645.74亿kWh，同比增加17.37%。全年最大负荷1030.8万kW，同比净增156.58万kW，增幅17.91%。新增变电容量332.6万kVA、输电线路327.17km。完成售电量550.75亿kWh，同比增长16.78%，较2005年增长了73%；线损率完成5.85%，同比下降0.6%。

电网概况

2010年，天津电网与外部周边电网的联络通道有6个，是以北郊、吴庄、滨海、东丽、芦台5座500kV变电站和盘山电厂为支点，形成了单环网。220kV电网已形成了西、中东部两个双环形的网架结构。220kV电网深入中心区直接降压至35kV及以下向城市供电，市区取消了110kV电压，因为供电半径较大，110kV电压在农村仍然保留。年最高负荷达到1030.8kW，同比增长17.91%；用电量645.74亿kWh，同比增长17.37%。截至2010年，天津电网接入电厂43座，发电装机容量1095.598万kW。其中：火电厂39座，装机容量999.492万kW；水电厂1座，装机容量5万kW；新能源电厂3座，装机容量3.703万kW；其中公司直接调度的发电容量为224.57万kW（地方和企业自备电厂），其余由华北公司统一调度。天津电网已建成公用变电站414座，其中，500kW变电站5座；220、110、35kV公用变电站分别为56、98、244座；主变压器总容量4855.665万kVA，输电线路长度1056.57km，形成了500kV单环网和220kV西部和中东部两个供电分区。

人力资源

截至2010年底，在职企业员工13 096人，同比减少267人。教育培训率完成93.75%。人才当量密度0.889 7。完善干部管理制度，下发《天津市电力公司领导干部管理办法》，完成公司管理领导干部调整74人·次，完成基层单位中层干部调整审批571人·次。制定《天津市电力公司供电企业劳动定员贯标评价管理办法》，供电单位定员实现50%达标率。提出公司本部和基层单位本部的机构设置方案，统一机构设置和人员编制。调整资金管理体制，组建符合集约化要求的物资组织管理体系，优化供电生产组织方式，实行营配分开。成立电网发展中心及审计中心。开展了职业技能鉴定工作，完成15个工种的初、中、高级鉴定，共计1510人；完成12个工种技师、高级技师的鉴定，共计398人。

2010年，天津市公司专家队伍发展到73人，形成国网专家、华北院院士级、一级专家、天津院专家、天津院专家后备等不同等级梯次的专家队伍。建立了比较完整的专家管理体系，形成了培养、选拔、任用、考核、待遇相结合的系统管理模式，初步实现了引导员工走专家型成才道路的目标。出台了《天津市电力公司专家选拔实施细则》、《天津市电力公司专家考核与待遇管理办法》等管理制度，激发了专家开展科技攻关和学术研究的积极性。2010 年，由专家领衔的科技立项共 6 项；申报专利 30 项（发明专利 8 项），专利授权 39 项（发明专利 5 项）；在核心刊物发表论文 17 篇。

天津公司完成 6 项调考，4 项技能比武，获得国家电网公司农电 A 类人员个人第二、第三名；国家电网方式专业调考获得团体第九名，该成绩在 4 个直辖市中排名第一；国家电网财务专业调考获团体三等奖，个人第三、第六名；在中电联调度自动化比武中获得优秀组织奖，3 名选手分别获得“电力行业技术能手”和“电力行业优秀技能选手”称号；公司档案管理获得“全国档案事业综合评估受检先进单位”称号；法律专业在国家电网公司法律诉讼知识竞赛中获得优秀组织奖。

电网建设与发展

编制完成天津电网“十二五”规划和智能化规划并纳入天津市能源与电力规划。完成锡蒙—南京特高压工程（天津段）路径优化和全部前期手续办理。成立现场指挥部，有序推进中新天津生态城智能电网综合示范工程。建成 29 座“三遥”自动化配电站、5 座充电站和 100 个充电桩。天津首个风力发电项目——大神堂风电场一期接入天津电网。投运了板桥、军粮城、白塘口等 220kV 输变电工程，电网结构日益坚强。大力建设电网精品工程，建成天津首座全地下公用变电站，延寿里、八里铺、王稳庄 3 项 220kV 输变电工程被评为国家电网公司优质工程。项目储备库系统上线运行，在国家电网公司系统用户出垫资，率先实现内部储备项目全口径管理。全年累计争取政府、滨海新区未来 20 年规划电网项目纳入地区控制性详细规划，改善了电网发展环境。全年开工 35kV 及以上工程 38 项，完成年度计划 100%；投产 35kV 及以上工程 41 项，完成年度计划 132%，新增变电容量 284 万 kVA、线路 401.028km。4 项 220kV 输变电工程获得国家电网公司优质工程命名；110kV 及以上工程达标投产 15 项；下达 85 项输变电工程的初步设计审查意见，完成年度计划的 123%；国家电网公司下达 220kV 工程年度评审复核计划 14 项，实际完成 17 项复核和 3 项审查。

经营管理

2010 年，天津公司坚决贯彻国家电网公司的决策部署，以创一流同业对标为主线，以建设坚强智能电网和推进“三集五大”为着力点，大力加强“三个建设”，不断强化安全生产、经营管理、依法从严治企和党风廉政建设，各项工作取得显著成绩，公司资产实施“降本增效工程”，大力加强“三电”和“三资”工作。全年业扩报装受理和接电容量同比提高 51.35%和 10.07%，电费回收连续三年保持“双结零”，电费余额比重完成 0.005%；加大用电稽查力度，追收合同违约使用费 2123 万元；编制公司三年降损规划。2010 年末，10kV 线路和台区高损率分别较年初降低 7.37%和 7.4%。推动形成的购网电价机制，增强了公司可持续发展能力。全过程控制造价，工程概算比估算下降 12.44%，结算比概算下降 13.21%。深化“节约型企业”创建活动，公司管理性可控费用同比降低 5.03%，万元固定资产维护费降低 6.5%，会议费降低 5.06%，车辆使用费降低 5.08%。全面完成了国家电网公司下达的 52 项企业负责人业绩考核指标。

安全生产

天津公司大力实施“固本强基工程”，强化安全生产责任制落实，狠抓领导干部和管理人员到岗到位，坚持抓基层、抓基础、抓基本功，加强安全执行力和作风建设，进一步夯实安全基础。按照国家电网公司部署，深入开展“三个不发生”百日安全活动，严肃查处各类违章行为，全面落实各项安全措施，保障电网安全和全社会可靠供电。大力开展隐患排查治理，治理一般事故隐患 239 项。强化安全培训和考核，组织 7460 人·次参加按规考试。深入开展主设备专项检查，度夏期间紧急实施 12 片小区、143 项配电改造。举办 3 次应急联合演练，提高了突发安全事件应急处置能力。在电网快速发展、基建任务繁重、各种影响安全的因素十分复杂的情况下，天津电网经受住了 1030.8 万 kW 历史最高负荷的考验，圆满完成夏季达沃斯论坛保电任务。实现全年安全生产“零事故”，无人身伤亡事故和设备事故。

营销工作

深化营销管理思路，创新工作方法和手段，不断加快科学技术和管理新知识的应用。全年应收用户电费余额完成 11.4 亿元，比同期低 0.985 个百分点。电费回收率 100%；陈欠电费回收率完成 100%；应收用户电费余额占当年月均应收用户电费比例的平均值完成 0.034%，市场占有率完成 97.2%；换装居民智能电表 72.6 万具，智能电表运行可靠率完成 100%。营销管理信息系统覆盖率全年完成 18%，电力用户用电信息采集系统覆盖率全年完成 5.6%。结合中新天津生态城建设开展智能小区试点建设，完成中新天津生态智能营业厅主体建筑设计方案的初步审定；与天津市全部 16 个区（县）签订《充电设施建设战略框架协议》，完成 100 个交流充电桩及普济道大型充电站建设。深化营销信息化建设和集约化进程，实现 SG186 营销业务应用系统的全面上线。服务措施落实到位，服务质量得到各级政府和广大客户的认可和赞誉，客户满意率99.98%，荣膺天津市“窗口单位民生贡献”奖。

农电工作

天津公司以创一流同业对标为主线，全面提高农电综合管理水平，全力推进一流供电企业建设，强化管理基础，注重创建质量，全面落实“三新（新农村、新电力、新服务）”发展战略，突出新农村电气化建设上的天津特色。在全国成立了由副市长担任组长的建设领导小组，制定天津市“三新”农电发展战略和实施方案，加快实施农村电网建设与改造，提升新农村电气化建设标准。围绕市政府小城镇建设打造示范工程，以东丽华明镇、静海团泊洼、蓟县官庄等为代表的电气化镇村作为国家农村电气化建设典型供电模式应用案例在全国推广。在国家电网公司系统率先实现农网管理“县县一流”建设目标。2010年，天津公司采用新技术、新设备、新材料、新工艺，大力加强农网自动化、信息化建设，建成1个电气化县、11个电气化镇、220个电气化村；供电可靠率RSI累计完成99.886%，同比提高0.056%；农网综合电压合格率累计完成99.213%，D类电压合格率97.903%，同比提高0.402%和0.386%。

科技与信息化

2010年，天津公司紧密围绕电网运行、管理需要，加强重大课题研究，全年安排科技研究开发经费4841万元，下达计划两批，国家电网公司计划6项；专利申请30项，其中发明专利8项；专利授权39项，其中发明专利5项。

深入开展信息系统深化应用，实现了ERP全覆盖，并全面进入单轨运行。未发生信息系统的人为责任事故、信息安全涉密事故，信息系统可用率达到99.985%。“城市输配电网供电能力协调匹配及在天津电网的示范应用”项目被确定为国家电网公司管理项目；“电力电缆运行及检测技术实验室”被命名为国家电网公司实验室；有3个科技项目获得天津市和国家电网公司科技进步奖。天津公司被评为天津市科技成果管理先进单位。

优质服务

在“国家电网”品牌统领下，全面落实“天津电力心连心工程”年度12项优质服务举措，完成大火箭、大飞机、京沪高速铁路海河教育园区等重大项目电力配套任务。采取下发滨海供电分公司业扩报装业务受理权限，组织专业部室赴滨海新区联合办公等措施，提高服务质量和效率。高压业扩项目平均接电时间52.61天/户，同比降低21.53%。制定《天津市电力公司地区客户俱乐部管理规定》，召开座谈会进一步加强信息沟通和交流；宣贯落实《供电营业厅建设集管理标准》，建成100个供电服务社区，开展服务社区活动790次，针对特殊群体上门服务410次，建成3座24h售电营业厅，在全市427个津工超市开通售电缴费业务。完成20片小区转供电改造，3900户居民受益。组织完成两批发电权交易逾14.86亿kWh，节约标准煤15万余t，减排二氧化硫约3500t。2010年，公司推进路灯设施专项治理，累计整修灯杆6034基。

党的建设和精神文明建设

天津公司全面开展创先争优主题活动，开展党委、党支部和党小组“三级联创”，组织党组织党员公开承诺，领导集中点评，群众民主评议，深化党务公开，形成三级指导目录。深化党建创新，城南供电分公司“双培养”工程荣获国家电网公司年度精神文明建设创新一等奖。全面落实“廉政风险访控工程”，完成“九个一”载体活动，进一步筑牢反腐倡廉的思想道德、规章制度和纪律惩处防线。举行劳模先进事迹报告会，评选表彰公司首届“十大杰出青年”、“十大责任典范”。加强先进选树，获得全国劳动模范1人，国家电网公司劳动模范2人、“杰出青年岗位能手”1人、先进集体2个、“工人先锋号”3个，天津市“突出贡献技师”2个。成功举办第九届职工运动会。召开总经理联络员座谈会，广泛开展“金点子”建议征集活动，畅通职工参政议政渠道。认真落实离退休老同志的政治、生活待遇。完善两级帮扶机制，332人得到帮扶资助。加大维护稳定工作力度，在改革发展任务异常繁重的情况下，保持了队伍稳定、企业和谐。公司获得全国“五一劳动奖状”，连续两届被评为“全国文明单位”，连续四届获得天津市“文明行业标兵”荣誉称号，党务公开入选全国50个联系点，获得中国企业“金蜜蜂·和谐贡献奖”和天津市“民生贡献奖”。

（戴宗宝）

河北省电力工业

综述

2010年，河北省电力系统各电力单位积极参与在全省范围内开展的“以城镇面貌三年大变样”为主要内容的旧城区拆迁、城中村改造和新城区建设等项活动，团结带领全体干部职工，坚定信心、迎难而上，全力以赴、攻坚克难，较好地完成了各项工作任务。

截至2010年底，全省发电装机容量达到4215万kW，其中6MW及以上达到4195万kW，比2009年增长10.19%。新建500kV变电站3座，变电容量达630万kVA，500kV变电站达到了24座，共计4225万kVA；新建500kV输电线路6条，共计1021km，500kV线路总长度达到9237km；新建220kV变电站12座，变电容量531万kVA，220kV变电站达到了213座，共计7385万kVA；新建220kV输电线路54条，共计1240km，全省220kV输电线路达到15 026km，从而大大改善了河北省的电网结构，促进了工农业生产的发展。

全省完成发电量2063亿kWh，比2009年增长16.95%。6000kW及以上供热量17 428万GJ，比2009年增长839万GJ；全省完成供电量2419亿kWh，比2009年增长14.26%。完成售电量2293亿kWh，比2009年增长14.3%。

6000kW及以上全省发电煤耗完成317g/kWh，比2009年下降4g/kWh；全省供电标准煤耗完成339g/kWh，比2009年下降5g/kWh。

全省线损率完成5.21%，比2009年下降0.03个百分点。

省电力公司领导班子

总经理、党组副书记：孙正运
党组书记、副总经理：孔庆军
副总经理、党组成员：刘永奇
副总经理、党组成员：白林杰
副总经理、党组成员：范振华
总会计师、党组成员：朱晋平
党组成员、纪检组长：董双武
党组成员、工会主席：赵社宏
党组成员、石家庄供电公司总经理：王文红
副局级调研员：何永章

电源建设

1. 火电建设

(1) 马电工程10号机组汽轮机扣盖一次成功。3月12日，大唐河北马头发电有限责任公司“上大压小”供热工程10号机组汽轮机扣盖一次成功。至此，机组施工已进入关键性阶段。

大唐河北马头“上大压小”供热工程于2009年1月18日获得国家批准，是“十一五”期间邯郸市电力产业重点推进的项目之一。该项目总投资27.5亿元，设计容量为2台30万kW国产亚临界燃煤供热机组，同步安装烟气脱硫装置，配套建设热网工程。机组建成后，年发电量约为33亿kWh，可形成1200万m^2以上的采暖供热能力，并拆除供热区域内127台分散小锅炉，将作为邯郸市主城区南部区域的主要热源点。

(2) 5月3日，宣化热电公司2号机组168h试运一次成功。此项目是集团公司利用国家“上大压小”政策独资建设的大型热电联产项目，是河北省“十一五”重点能源项目，一期建设规模为2×300MW。自2010年元月1号机组投产后，宣化热电公司克服天气寒冷、施工困难等不利条件，把安全试运、确保质量放在首位，抓好工期控制，严格执行试运计划与措施，机组试运行期间，自动投入率、保护投入率均达100%，各项经济技术指标优良。其中2号锅炉水压试验中，实现全部焊口无渗水、漏水现象，高标准达到验收水平。

(3) 中电投将在河北省新增投资850亿元。12月30日，河北省政府与中国电力投资集团公司签署战略合作框架协议。省委副书记、省长陈全国，中国电力投资集团公司总经理陆启州出席签约仪式，并共同为中电投河北分公司揭牌。

根据协议约定，中国电力投资集团将新增投资850亿元，在推进城市中心区域热源点、热网建设和加快火电电源点建设的同时，积极推动河北核电事业发展，加快张北地区30万kW风电项目建设，推进生物质发电项目和综合利用项目，投资建设光伏电站并开展风光发电互补研究、示范和推广。

(4) 4月19日上午，省重点工程河北建投沙河发电有限责任公司2×600MW空冷机组项目开工。此项目于2010年2月得到国家发改委核准，项目动态投资47.4亿元，以500kV电压等级接入河北南部电网。所建机组设计为2×600MW超临界燃煤空冷发电机组，采用直接空冷发电技术，以城市中水为循环补充水源，同步配套建设烟气脱硫、脱硝装置，安装高效静电加电袋除尘器和在线监测装置，采用低氮燃烧技术，各项排放指标符合国家环保要求。按照计划，两台机组将分别于2011年四季度和2012年一季度投产。投产后每年可减少区域SO_2排放23 575.1t，减少烟尘排放4913.2t，节约标准煤15万t。

(5) 7月1日，河北建投任丘热电公司2×300MW级超临界供热机组工程举行开工仪式，省委常委、常务副省长付志方等参加了奠基仪式。

2. 风电及其他能源建设

(1) 黄骅风电场二期风电工程首台风电机组于2010年2月并网发电。该项目二期工程规模为33台1500kW风电机组，总装机容量为49.5万kW。本期工程风机全部采用国产SL1500型双馈异步风力发电机组，具有发电量大，发电品质高，结构紧凑等优点，技术处于国际领先水平。按照计划，工程全部33台风机将于3月实现全部并网发电。加之先前投产的一期33台风电机组，装机容量达到9.9万kW。

（2）2010年2月10日，华电沽源九龙泉风电场一期（100.5MW）工程67台风电机组并网发电，成为国家规划的百万kW级风电基地中首个实现全部投产发电的风电场。沽源县立足区位优势，充分利用500kV华北电网沽源串补工程，全力打造张家口百万kW风电基地的输出中心，构建“国家级绿色能源示范县”。该县风电装机和开工总量达到了90万kW，实现并网发电50万kW，2012年可并网100万kW。

（3）国电200MW太阳能发电项目落户张北。张北县与国家电力发展股份有限公司、河北新能源开发有限公司签署协议，开发建设总规模为200MW的太阳能发电项目。

张北县光照充足，年平均总辐射量可达5860MJ，年光照利用时数可达2994.7h，是发展太阳能发电的理想区域。该县引进了风光储能三位一体新能源开发项目，并争取到国家首个风光储能综合示范项目。此次该县与国电签订的太阳能发电项目，位于公会镇境内，规划占地9.25km^2，分1、2号两个太阳能发电场，开发总规模为200MW，计划总投资36亿元。

（4）5月21日，新能源公司单期容量最大、首个坝上国家特许权百万基地项目——东辛营200MW风电场项目提前成功带电，比节点计划节省了近两个月时间。

东辛营200MW特许权项目于2008年6月4日经国家发改委核准，6月15日开工建设，共安装133台1500kW风力发电机组，现完成36台，计划于年内全部投产发电。

（5）沧州将建设垃圾焚烧发电机组。沧州垃圾焚烧发电机组项目建设2条处理垃圾量400t/天焚烧线，配2台7.5MW凝汽式汽轮发电机组。建成后可形成日处理800t垃圾，全年可处理生活垃圾27万t以上，年发电量约1亿kWh。

（6）新能源公司东辛营风电场133台风机吊装完成。截至7月28日，东辛营风电场已有68台风机并网发电，22台风机通过250h试运行，累计发电约910万kWh。

电网建设

（1）500kV邢东输变电新建和黄骅站扩建工程相继开工。10月28、29日，500kV邢东输变电新建和黄骅站扩建工程相继开工建设。邢东500kV输变电工程，本期规模为1组750MVA主变压器，500kV出线2回，220kV出线7回，静态投资2.34亿元，计划于2012年5月竣工。黄骅500kV站扩建第二台主变压器工程，本期扩建1组750 MVA主变压器，静态投资0.89亿元，计划于2011年8月竣工。

（2）4月8日，河北超高压分公司500kV电网集控系统主站建设项目正式开工。该项目是在现有调度自动化主站系统基础上进行的升级改造。调度自动化主站系统投运于2008年初，采用国电南瑞科技公司OPEN—3000系统，投运以后主要完成对所辖11座500kV变电站的电网实时信息监视功能。为实现集中控制功能，本次将进行2台服务器、5台工作站及辅助设备安装，并相应扩充分区控制、数采分流、告警分层、可视化等功能软件，增加五防开票主站系统。

（3）8月8日，宁东—山东±660kV直流输电示范工程全线架通。国家电网公司高度重视河北段工作，通过举办“输变电工程安全质量管理流动红旗竞赛”等活动方式，调动了广大员工参与建设的热情，激发了劳动的积极性，营造了“比、学、赶、帮、超”的良好氛围。在业主项目部统筹安排部署之下，河北标段最终夺得“线路工程安全管理流动红旗”称号。在工程尾工建设管理阶段，河北超高压分公司作为运行维护单位适时介入竣工验收，为保证工程顺利完工打下了坚实基础。

（4）6月26日，随着220kV赵店站母联201断路器和武垣站蠡武线263断路器的打开，保沧电磁环网成功实现解环运行。

保沧电网环网由500kV清沧、集沧线和220kV蠡武、高赵线构成，属弱电磁环网结构，是河北南网西电东送的主要通道。自2009年末起，随着京津唐电网穿越河北南网向山东电网输送电力的增加，保沧电磁环网的送电压力明显加大，成为制约河北南网乃至华北电网西电东送能力的瓶颈。同时，随着电网的快速发展，保沧电磁环网两侧500kV清苑、沧西变电站的短路电流水平均超过了断路器额定遮断容量的90%，成为电网安全运行的隐患。

保沧电磁环网成功解环运行，实现了石保、衡沧分区供电，河北南网东送断面的安全稳定问题得到了根本解决，500kV清苑、沧西变电站的短路电流水平明显下降，电网运行更加经济、安全。

（5）500kV北清Ⅰ线改造工程投运。11月9日，由省送变电公司负责施工的500kV北清Ⅰ线输电线路改造工程顺利投运。此次改造工作完成后，河北南部电网可靠性将显著增强，整体抗灾害能力将明显提高，从而保证河北南部电网南北大通道的安全稳定运行。

安全生产

（1）保供连续安全生产纪录突破2000天。7月

29 日，保定供电公司连续安全生产纪录突破 2000 天，达到 2005 天，创历史最好成绩，安全天数在河北南网领先。

5 年多来，该公司没有发生人身、电网、设备和供用电安全事故，先后获得全国“安康杯”竞赛优胜企业、省电力公司和保定市政府“安全生产工作先进单位”等荣誉称号。

（2）保定热电厂 8 号锅炉创造连续运行历史最高纪录。10 月 12 日，保定热电厂 8 号锅炉连续安全运行 200 天，再次刷新历史纪录，累计发电 5.45 亿 kWh，其他各项经济指标均较好地完成计划值。

（3）电建二公司实现安全生产 6000 天。电建二公司结合在建工程分布在国内外，点多、面广，工程分散的实际，通过实施精益化管理，实现了安全生产长周期管理的可控、能控、在控。截至 11 月 17 日，该公司顺利实现安全生产 6000 天。

科技与信息化

作为国家电网公司 ERP 项目的首批推广实施单位，省电力公司于 2009 年实现了 ERP 系统全面上线运行。为切实提升 ERP 系统在管理中的重要作用，省电力公司 ERP 项目管理办公室制订了详细的实施方案，将各项准备工作任务层层细分，重点开展了系统优化完善、数据清理核查、操作规范完善及最终用户的强化培训等工作，针对各项工作中发现的问题，逐一跟踪解决，累计完成 221 项工作；建立了高效的问题解决和协调机制，每项任务安排落实到人，限制时间，共计召开 12 次专题协调会，协调解决各类问题 154 个。

4 月 1 日，省电力公司 ERP 系统全面实现单轨运行，这标志着该公司信息化应用水平达到一个新的高度。

4 月 30 日，在秦皇岛市委市政府召开的全市工业和信息化工作暨对标行动动员现场会上，秦皇岛发电公司获秦皇岛市“2009 年度信息化十强企业”荣誉称号。

在 2010 年中国电力建设科学技术成果评审中，电建二公司申报的科技成果“混凝土结构实体强度试验研究”和“SA335P92 管道埋弧自动焊新工艺研究”，分别被评为 2010 年度中国电力建设科学技术成果二等奖和三等奖。

在国家电网公司企业管理协会举办的 2009 年度企业管理创新成果评比中，省电力公司有 3 个项目获一等奖，5 个项目获二等奖，3 个项目获三等奖。

生产经营

从 7 月下旬开始，受持续高温天气影响，河北南部电网用电负荷 8 次刷新纪录，7 月 29 日达到 2294.7 万 kW。面对电力需求紧张的形势，省电力公司全力保证了电网安全稳定运行。

张北风电场积极采取多项措施，攻坚克难，促进抢发电量工作开展。截至 8 月 31 日，张北风电场月度发电量任务完成 130.26 万 kWh，超额完成上级部门下达的计划电量 40.26 万 kWh 的发电任务。

保定供电公司在所辖 22 个县（市）802 个村开展收费改革试点工作。在取得试点经验的基础上，6 月初保定农电系统电费收取模式改革全面铺开。各县供电公司与有合作意向的村民签订了《代收电费协议》，在条件具备的村设立社会化代收点，推广应用 POS 机收费，使各收费点均具备了实时收费功能，方便了广大客户缴电费。截至 10 月 1 日，保定农电系统共建设收费窗口 345 个，社会化代收网点 3246 个，全市 22 个县（市）338.76 万户全部实现了坐收电费。

7 月 3 日，经过 5 天的紧张施工，井陉矿区供电公司圆满完成了招商企业的电力增容供电工程。

该工程安装低压远抄系统 1 套、变压器 1 台、JP 柜 1 台，新架线杆 2 根、电缆 14m。

沧州公司圆满完成市区内磁卡表改造工程。

节能减排

秦皇岛发电公司通过省环保厅脱硫运行监察核定。河北省环保厅环境监察局环保检查组和市环保局监察支队，到秦皇岛发电公司监察脱硫运行和核定季度排污费工作。检查组到 1～6 号机组脱硫现场，检查脱硫实时运行情况、脱硫历史曲线、烟气连续监测系统、数据联网情况等。检查组对公司 1～4 号机组脱硫和秦热公司 5、6 号循环流化床锅炉脱硫管理表示满意，认定 1～4 号机组脱硫完全满足环保管理要求。并对公司 2010 年二季度脱硫运行情况、发电量、燃煤数据、硫份报告、档案材料等进行了详细核查，认定了 1～4 号机组脱硫达到核定标准，圆满完成排污费核定工作。

农电工作

省电力公司逐步实施以坐收电费为主的一系列改革方案，到 11 月 15 日，南部电网 1500 万户农村客户电费不再走收。完成了 3 个县 25 个乡 1120 个村的电气化建设任务，使电气化县达到 21 个，超额完成了“十一五”规划目标 20 个的任务。在农电系统加大反窃电力度，全年累计追补电量 616.26 万 kWh，追补电费和违约使用电费 1840.15 万元。2010 年综合线损率完成 6.35%，同比下降 0.19 个百分点；高压完成 4.12%，同比降低 0.13 个百分点；低压完成 7.38%，同比降低 0.34 个百分点。在农电系统积极开展一流县供电企业建设工作，2010 年鹿泉、邢台、枣强、青县分别创建国家电网公司一流县供电企业，创建数量位居全国第一。

廉政建设及优质服务

石家庄供电公司组织开展了反腐倡廉文艺巡演。本次反腐倡廉文艺巡演内容包括独唱、小品、相声等艺术形式，全部由该公司员工自编、自演。文艺节目从不同侧面歌颂了电力员工清正廉洁的崇高精神，讴歌了电力员工优质服务、无私奉献的优良传统，弘扬了“干事、干净”的廉洁理念和“真诚服务、共谋发展”的服务理念。

武安发电公司以改进文风、会风、学风“三风”建设为突破口，摒弃旧观念，创新思路，务实求效，全面促进党风廉政建设。

在改进文风方面，公司要求各部门以“能少则少、能短则短、能精则精、能简则简”为原则，尽可能开短会、讲短话、发短文，要让讲话、文件、制度、规程、文章有的放矢，体现群众意愿，让群众愿意看、看得懂，愿意听、听得进，可操作、有效率。针对公司一些文件、发言稿、理论文章中出现的“假、大、空”、“套话连篇”等现象，该公司就问题产生的根源组织广大党员和相关职能部门进行座谈。

在改进会风方面，落实能不开的会尽可能不开，没准备好的会坚决不开，能合并的会合并开，必须开的会也要能短则短，对会议的时限、数量、质量、规格等加以规范，提出明确要求。同时，结合前期办会的经验，找不足，查漏洞，编制会务定制方案，力求做到办会有标准、人员精、费用省、目标达、效果优。

在改进学风方面，该公司制定了培训管理制度，将每周四下午5点半～8点半定为公司集中培训日，每周制订不同的培训计划和内容，构建个人依兴趣学习和集体共同分享学习相结合的学习体系。并对每月的学习先进个人进行奖励，对落后的部门提出考核意见。

井陉矿区供电公司推出家庭助廉监督卡，监督卡正面印有“为了您的家庭幸福，请做好廉政监督员，把家庭建成温馨、廉政的安全港”字样，反面内容为《廉政准则》“八个禁止”。这张卡既涵盖了廉政准则主要内容，又有善意的提醒。卡片虽小，但对借助家庭助廉、加强党员干部“八小时”外监督，推进该公司党风廉政建设起到了大作用。

勘测设计研究院开办“廉政党课”助推廉政建设。通过上“廉政党课”，使全体党员干部将廉洁从政意识融入到思想和行动中，不断提高廉洁自律意识，不断增强拒腐防变能力，营造清正廉洁的良好风气。

1～11月，秦皇岛地区累计供电量111.37亿kWh，同比增长15.48%；地区出现的最大负荷为188.3万kW，比2009年同期增加17.5万kW，上升10.25%。该市电力公司通过广泛采用大会战、零点倒电、带电作业等方法，减少停电时间，最大限度减少停电对居民、企业的影响，2010年平均停电时间4.64h/户，比计划缩短0.577h/户，居民、企业对电力服务的满意度大幅提高。在大客户座谈会上，电力公司解答了百姓、电力客户对电力企业关注的问题，60多家大客户代表对电力服务提出了建议和意见。

党务工作及两个文明建设

省电力公司系统5个基层党组织荣获国家电网公司“电网先锋党支部”称号。

2010年，省电力公司深入开展创先争优活动，5个基层党组织荣获国家电网公司“电网先锋党支部”称号，电子政工平台顺利上线，标准化电子党务管理系统荣获国家电网公司精神文明建设创新成果推广奖。建立党政“双向进入、交叉任职”的领导机制，直属单位全部达到“四好”领导班子标准。扎实开展“学制度、促廉洁、保发展”主题教育活动，公司被授予省直廉政文化建设示范点称号。广泛开展全员建功立业劳动竞赛活动，张红艳等2名员工被评为全国劳动模范，石家庄供电公司等3个单位、苏张洁等3名同志分别被评为国家电网公司先进集体和劳动模范。

主要事件

1月23日，省公司交流500kV变压器有载调压装置国产化的研发与应用科技项目通过省科技厅成果鉴定。

6月18日，国家电监会主席王旭东莅临省公司调研并检查指导工作。国家电监会副主席史玉波，河北省常务副省长付志方、副省长孙瑞彬，国家电网公司总工程师张丽英等领导一同调研和检查指导工作。

9月14日，国家电网公司验收检查组正式对银东±660kV直流输电示范工程（河北段）进行复检验收，验收顺利通过。

9月20日，河北省省长陈全国在听取省电力公司总经理孙正运、党组书记孔庆军关于重点工作及支持节能减排专题汇报时，强调要以加快特高压电网建设为手段，积极推进节能减排工作。

11月24日，国务院派驻国家电网公司监事会主席刘怡到省公司调研并检查指导工作，并与省公司领导班子成员进行了座谈。省公司总经理孙正运汇报了公司全面工作，党组书记孔庆军作了补充汇报。

12月6日，国家电网公司输变电工程通用设计深化成果110/66kV标准配送式变电站的首批试点工程八特（煤化工）110kV变电站在邯郸成功投运。

12月15日，智能电网调度技术支持系统试点项目河北衡水工程顺利通过国家电网公司验收。当天，“衡水智能电网调度技术支持系统暨调控一体化管理模式验收总结会”在衡水供电公司隆重举行，省公司副总经理刘永奇和国网公司调度通信中心、国网电科院、华北电网调度通信中心有关领导作了讲话，并为“衡水电网调度控制中心”揭牌。

12 月 31 日，省公司荣获第三届“最具社会责任感企业”称号。

（刘富长）

山西省电力公司

企业概况

山西省电力公司（简称山西公司）是国家电网公司全资子公司，属国有特大型企业。主要负责山西省境内的电网规划、建设、运营和电力供应。2010 年底，山西公司职工总数 41 097 人；所属单位 45 个，县级供电企业 101 个，公司本部设 21 个职能部门。供电营业区覆盖太原、大同、朔州、忻州、吕梁、晋中、阳泉、临汾、运城、长治、晋城 11 个市，直接服务客户 782 万户。省境内有 1000kV 变电站 1 座，主变压器容量 300 万 kVA，线路 116.34km（山西段），山西电网通过 1000kV 特高压融入全国电网。山西公司拥有 110～500kV 变电容量 8449 万 kVA，线路 24 074km；统调机组容量 3154.77 万 kW。全省主干电网形成 500kV“三纵四横”、220kV 分区供电就地平衡的格局。山西电网除满足省内用电外，通过 1 回 1000kV 线路向华中送电，12 回 500kV 线路向京津冀电网和江苏送电。2010 年底，山西省外送电量 685.22 亿 kWh，其中山西公司 216.30 亿 kWh。在国家电网公司同业对标中，山西公司有 28 项指标排名第一。

“十一五”计划期间，山西公司深化电网发展方式和公司发展方式的转变，各方面工作取得显著成绩。2010 年，山西公司拥有 110kV 及以上输电线路、变电容量分别是 2005 年的 1.48 倍和 2.36 倍，相当于再造一个山西电网。特别是 1000kV 晋东南—南阳—荆门特高压交流试验示范工程建成投运，为优化能源资源配置、推动经济社会发展发挥积极作用。公司实力不断壮大，售电量、资产总额、主营业务连年增长，确保国有资产的保值增值。推进理念、管理和技术创新，把国家电网公司发展总战略细化为“三思三晋”（前三思，即居安思危、履职思成、观念思新；后三思，即化险思序、管控思效、创意思进；三晋，即晋级、晋段、晋升）工作方式和发展战略，初步形成现代企业管理体系。坚持安全第一，确保电网安全稳定运行，保障奥运会、新中国成立 60 周年庆典等重大活动电力供应；支援抗冰抢险、抗震救灾、煤矿抢险救援；认真落实节能减排政策；爱心捐助超过 7000 万元，国家电网品牌形象显著提升。坚持以人为本，加强党的建设、企业文化建设和队伍建设，人才密度及高技能人才比例分别提高 15.9%和 23.5%。完成电网电价上调、大同一电厂等单位人员资产移交华电集团公司等重要工作，进入以集团化为重要特征、全面推进精益管理新时期。

领导班子

总经理、党组副书记：张建坤
党组书记、副总经理：刘　光
党组成员、副总经理：曹福成
党组成员、副总经理：田　璐
党组成员、副总经理，太原供电分公司总经理（兼）、党委副书记：方剑秋
党组成员、副总经理：王礼田
党组成员、纪检组长：吴联梓
党组成员、工会主席：鞠冠章
总会计师：刁　金
总工程师：刘人楷
太原供电分公司党委书记、副总经理：刘予胜
副局级调研员：刘宇平
副局级调研员：韩振江

人力资源

2010 年底，山西公司职工总数 41 097 人，同比减少 2.7%。具有专科及以上文化程度的占 56.4%；中专、技校、高中文化程度的占 31.1%；获得中级及以上专业技术职称的占 21.3%，人才当量密度达 0.817 3。

2010 年，加强人力资源集约化管理，完成所属 11 个供电企业本部机构编制规范工作，各供电分公司本部职能部门由 210 个减为 156 个。对各类临时机构进行清理和规范，共精简临时机构 25 个。拟定山西公司劳动定员贯标规划，太原、晋城、朔州、超（特）高压 4 个分公司年内实现定员达标；各供电企业解决生产一线结构性缺员 1860 人。首次向省政府进行劳动用工备案。通过公开招聘、内部推荐、轮岗交流、挂岗锻炼等进行本部及直属单位空岗补员。推行生产技能岗位持证上岗制度，全年完成变电运行、输电线路、营销等 3 个专业 9056 人·次持证上岗工作。优化配置 4 所院校教学资源，建立变电运行、变电检修试验、输配电线路、农电、营销、高级管理人员等六大实训基地。首次试行打破“学历与年限”申报专业技术资格。全年完成培训项目 1478 项，共培

训13.56万人·次，全员培训率100%。修订《企业负责人年度业绩考核管理暂行办法》，增加考核项目36项。对所属单位实行企业负责人业绩考核和薪酬定期报告制度，强化业绩考核全过程监控。全面推广应用人资管控系统劳动计划、教育培训等7个模块，在国家电网公司组织的人资管控系统实用化验收中，山西公司获得A级。

健全完善领导班子“四项机制”（运行机制、选人用人机制、监督考评机制、培训教育机制），制定《中共山西省电力公司党组关于加强领导班子运行机制建设的实施意见》、《山西省电力公司领导干部选拔任用工作有关事项报告细则》，持续推进干部任免纪实工作。坚持职代会民主评议领导干部制度，基层单位干部选拔任用工作及新提任干部的群众满意度分别提升到96.3%和94.15%。推选并公示164名后备干部，创新干部“走出去”培训模式，各级领导班子的领导力和执行力进一步提高。

电网建设与发展

2010年，山西公司促成国家电网公司和新一届省委领导班子举行“加快电网发展”会谈，为电网发展营造新环境。山西省政府专报提请国务院加快特高压建设，110kV及以上电网工程全部纳入2010年山西省重点工程建设项目，省纪检监察部门协助破解多处工程受阻难题，国土资源厅推动解决142个变电站用地遗留问题。“十二五”电网发展规划编制完成。超前储备土地资源，完成阳城北、榆次北输变电工程土地预审。晋中特高压变电站取得相关协议，完成吕梁兴县等6项省内500kV输变电工程前期工作，7项220kV和110kV储备项目获得可研批复，110kV及以下农网改造升级工程可研批复全部下达。

2010年，山西公司竣工投产110～500kV输电线路1439.5km，完成年计划的121%；变电容量407万kVA，完成年计划的104%。1000kV长治（晋东南）变电站扩建工程开工建设，贯穿南北第三通道的500kV稷山—吕梁输电线路竣工投产。启动691项新一轮农网改造升级工程。智能电网试点项目全面建设，输变电设备状态监测系统等6个项目顺利完成，用电信息采集系统等8个项目正点推进，忻州五台山、太原迎西电动汽车充换电站开工建设，智能电网与山西经济社会发展研究获得国家电网公司好评。深入推进基建标准化建设，山西公司参与建设的1000kV晋东南—南阳—荆门特高压试验示范工程获国家优质工程金质奖，±660kV宁东—山东直流输电线路工程（山西段）首次夺得国家电网公司工程质量管理竞赛流动红旗，省供电承装公司西藏高海拔输变电工程施工经验在“青藏联网”工程建设中推广，110kV及以上新建输变电工程达标投产率100%，10项工程获2010年度国家电网公司输变电优质工程奖，220kV及以上优质工程率同比提高10.4个百分点，创历史新高。

经营管理

2010年，山西公司建成规划库、储备库、物资库、标准作业库、价格库“五库合一”的管理与信息平台。强化工资总额计划管理与预算管理，实行表彰奖励归口管理，以太原供电分公司为试点，推行以岗位薪点工资为基础的岗位绩效工资及全员绩效管理系统。加快财务集约化建设，财务管控系统全部覆盖公司系统402个会计主体，资金归集率99.73%，财务集约化管理体系通过国家电网公司验收。实施全面物资计划管理，规范组织招标采购，物资合同服务大厅和仓储网络基本建成，“大物资、全口径”管理模式进一步深化。220kV及以上输变电工程竣工决算完成率100%。施工、设计、修造等辅业单位加强内部管理，积极开拓市场，营业收入同比增长6.09%。

优化整合多经资源，晋能公司与华电集团煤电项目转让基本完成，三亚豪门山庄移交鲁能集团管理，晋缘网络公司回归主业，晋盛达物业公司管理进一步规范。健全省市两级集体资产管理机构，对县支公司集体企业进行集约化整合。加强内控机制建设，新建和修订规章制度61项，推行薪酬分配“双控”（控制工资总额、控制人均水平）机制，建立财务稽核、审计监督、营销稽查、纪检监察等专业联动长效机制，全面风险管理体系进一步健全。“审计案例特色务实培训机制”荣获国家电网公司和中国电力行业“企业管理创新成果”一等奖。通过电价大检查和农网扩大内需项目检查等，促进管理规范化。开展“小金库”、业扩“三指定”、工程建设领域等专项治理，实施分包工程管理等专项效能监察109项，完成“五五”普法任务，依法治企水平进一步提升。

安全生产

坚持安全第一，严格落实各级安全责任制，强化生产现场和事故现场到岗到位管理。突出“九个一”（抓住一起事故，弄透一类情况，消除一批隐患；抓住一个问题，解决一串矛盾，建立一种秩序；抓住一次机会，警醒一批人员，培训一支队伍）原则，深入开展“三个不发生”（不发生大面积停电事故、人身死亡和恶性误操作事故、重特大设备损坏事故）百日安全等专项活动，进行现场安全质量状态评价，打造继电保护专业标杆，安全管理水平稳步提高。强化调度指挥权威，开展优秀省调电厂（机组）评选，建成“山西电网和谐调度支持系统”和“山西电网安全稳定实时预警协调防御系统”，驾驭大电网能力明显提升。强化应急管理，投运智能化备用调度系统，开展“保安全、促和谐”山西电网2010年迎峰度夏联合应急演练、信息系统反事故联合应急演练和首次“黑启动”试验等，有效应对极端自然灾害。克服电煤短缺等不利影响，确保特高压和大电网安全，1000kV晋东南—荆门—南阳特高压交流试验示范工程投运两年保持安全稳定运行，累计输送电量127.84亿kWh。应用“高危及重要客户供用电安全管理信息系统”，建立应急“一户一案”，高危及重要客户供用电安全管理进入国家电网公司典型经验库。全面推行“大检修＋状态检修”，持续开展输变电标准化作业，强化“一停多用”检修计划管理，推广红外成像诊断等先进技术，全省输电线路带电作业累计6000h以上，停电时间同比减少29%，实现“两个减少”（减少电网非正常停电时间和人员现场作业时间）。开展变压器、开关柜、输电线路专项隐患排查治理，发现严重缺陷132项，消缺率100%，进一步提高设备健康水平。2010年，综合电压合格率完成99.49%，同比提高0.05个百分点。首次开展省内110kV及以上输变电工程安全质量管理流动红旗竞赛，建立施工企业分包安全管理长效机制，基建安全连续12年实现“四个零”（无人身死亡事故、无重大机械设备损坏事故、无重大火灾事故、无重大交通责任事故）目标，信息网络、交通、治安和消防安全保持平稳态势，山西公司获得“山西省安全生产先进单位”称号。

农电工作

2010年，以忻州、阳泉供电分公司为试点单位，在全国率先推行农网状态检修。全面应用“现场标准化作业辅助系统”，规范农电现场作业管理。推广配电自动化等新技术，开展县支公司营调控一体化模式试点。持续开展农网红旗站线创建活动，全年有25座35kV变电站、77条10～35kV线路通过公司红旗站线验收，创建2个（阳城、曲沃）国家电网公司一流和6个省公司一流县支公司，建设4个国家电网公司级、350个省级标准化供电所。开展农网隐患排查，消除严重缺陷166项，消缺率100%。农网综合电压合格率97.53%，同比提高0.191个百分点。对农网1846户高危客户供电安全实行隐患排查、定性、整治等闭环管理。公司农电部和财资部联合开展全省农电资产清查，建立完善农村集体电力资产、农维费形成资产台账，制定《山西省电力公司农维费成本标准（试行）》，加强对农维费的管控。培养农电工培训师，1.36万名农电工取得“电工进网作业许可证”。

实施新一轮农网改造升级工程，重点解决县域电网薄弱、农网供电设施超载、供电“低电压”等问题。制定《山西省电力公司新一轮农村电网改造升级工程管理办法》等15项管理制度，加强工程管理，规范资金使用。98个县供电支公司与当地政府签订《共同推进新一轮农网改造升级工程战略合作协议》，创建阳泉平定、吕梁汾阳、忻州代县3个示范县（市）。2010年完成投资30.05亿元，完成6.88万户“低电压”整改，建成2个电气化县（汾阳、平定）、30个电气化乡和600个电气化村。

营销工作

强化重点行业、典型用户售电市场分析，建立受限企业信息库，掌握节能减排政策对售电市场的影响。强化业扩报装全过程管理，开辟重点项目建设用电“绿色通道”。配合电力监管部门开展业扩“三指定”（为客户工程指定工程设计、施工和设备供货单位）问题专项治理，实现公司系统业扩“三指定”案例零报告。全省净增用电容量479.1万kVA，市场占有率同比升高0.60个百分点。多渠道争取电价政策，理顺山西电网与华北电网年度电能交易价格，完成山西电网新建机组调试期间差额资金分配专项整改。完善营业工作质量管理监控体系，逐月对标通报“量、价、费、损、率”等营销指标，持续提升营销管理和服务水平。2010年，公司售电量完成1080.93亿kWh，同比增长16.56%。综合线损率完成7.02%，同比升高0.12个百分点。推进多元化收费模式，开通银行实时批扣电费业务，建立电费回收高风险用户台账，对特殊重点客户驻场催收，电费回收保持“双结零”（当年和陈欠电费全部结零）。

开展“全覆盖、全采集、全费控”的用电信息采集系统工程建设，当年完成全省用户用电采集主站系统建设。完成国家电网统一标准化设计的营销管理信息系统建设，实现营销分析与辅助决策的实用化应用。推进集约化“大营销”体系建设，率先投运全国首家省级“95598”供电服务中心，实现供电服务监控和投诉举报集中受理。完成营销系统与财务应用系统对接，实现营销、财务一体化管理。“山西电网电力市场交易运营系统”实现纵向数据贯通和报表自动上传功能。按照能源利用规划，忻州五台山、太原迎西电动汽车充换电站开工建设。

2010年，山西公司服务全省经济社会发展大局，配合完成110kV及以上线路迁改359条，按期投运南同蒲铁路牵引站等供电工程。发挥大电网优势，及时回购华北电网50万kW电力。协调电煤供应，强化有序用电管理，保证全省电力可靠供应。“3·28”

乡宁县王家岭煤矿碟子沟坑口透水事故使153人被困井下，公司第一时间启动应急预案，1000余名职工参加事故抢险保电工作，为创造救援奇迹提供电力保障，受到国务院副总理张德江等领导肯定。协助政府落实节能减排目标，全额接收风电、水电42.17亿kWh，完成“以大代小”等发电权交易78.44亿kWh，节约电煤117万t，减少二氧化碳排放304万t，减少二氧化硫排放5.2万t。全面实施“塑文化、铸品质、强队伍”供电服务提升工程，启动“电暖三晋迎新春”供电服务等主题活动。编制《城市供电营业厅标准化建设手册》，规范营业窗口建设和管理。在偏关县投资260万元实施电力科技扶贫，促进新农村建设。应对电力供需紧张局面，实现保电工作“零投诉”和重要客户供用电安全“零事故”。接受社会公开监督，开展第三方客户满意度测评，客户满意度指数4年连续增长，营销服务水平进一步提升。

科技与信息化

2010年，公司编制的科技和信息化“十二五”规划提交国家电网公司审查。组建3个科技攻关团队，建成投运山西电科院试验中心，“电力冲击负荷特性研究实验室”被命名为国家电网公司实验室。制定《1000kV特高压交流非接触式验电器预防性试验规程》等4项国家电网公司技术标准，编制《1000kV交流特高压输电线路带电作业现场操作规程》等10多项省公司企业技术标准。“特高压交流输电关键技术研究、设备研制及工程应用”等5个项目获国家电网公司及以上科技进步奖，44项科技成果获得国家专利。500kV线路防冰、防风偏、差异化改造等新技术推广应用。

加快信息化建设，完成“套装软件深化应用”、“财务集约化系统升级”等19个项目建设。ERP系统在公司本部、12个分公司、104个支公司、10个直属单位实现100%全覆盖和全应用。协同办公、人资管控等5个系统通过国家电网公司实用化评价验收。规范IT运维体系，形成省市两级运维模式，并将SG186所有信息系统纳入其中。强化信息安全，实现信息管理、监督和运行三分离。编制《山西省电力公司信息系统实用化评价实施方案》，开展信息系统实用化自评价工作。组织“送教下基层”ERP实用化巡讲和调考，共培训1569人·次，提升信息系统实用化水平。

党的建设和精神文明建设

2010年，山西公司以创先争优活动为重点加强党的建设，深入推进电网先锋党支部创建、“四强四优”（政治引领力强、推动发展力强、改革创新力强、凝聚保障力强的党组织；政治素质优、岗位技能优、工作业绩优、群众评价优的共产党员）等活动，实施党员领导干部“公开承诺”和“群众评议”，充分发挥党组织的战斗堡垒作用和广大党员的先锋模范作用。完善“三化三有”（企业化、责任化、业务化；预防有方、监督有效、惩治有力）特色惩防体系建设，开展“学制度、促廉洁、保发展”主题教育、廉政风险辨识自查等活动，反腐倡廉建设取得新成效。严格落实维稳责任，认真受理员工合法诉求，信访率降至10年最低。持续加强行风建设，明察暗访440个供电营业窗口，行风投诉举报同比下降36.5%。融合右玉精神和特高压精神加强文化建设，开展“品牌传播年”、“忠诚企业、和谐建家”创建活动，举办“情系三晋 绽放活力”文体活动节，编写完成《国家电网公司行为准则》，选树范家顺等身边典型，激发广大员工敬业奉献。强化民主管理，企务公开建制率100%。山西公司所属单位全部建立平等协商集体合同制度，签约率100%。维护员工利益，实施年金市场化运作。创建学习型、安全型、节约型、创新型、和谐型班组，送教到班组1501个，4个班组荣获中央企业“红旗班组”称号。组织“金秋助学”，向玉树灾区捐款献爱心等活动。山西公司首次荣获“山西省文明和谐行业”称号，获得“山西希望工程20年贡献奖”，连续7年被评为“全省政风行风评议先进单位”；公司系统24个单位荣获“山西省文明和谐单位标兵”。

主要事件

2月1日，山西公司举行“电暖三晋迎新春”优质服务活动启动仪式。

3月17日，山西电科院建设的“电力冲击负荷特性研究实验室”被命名为国家电网公司实验室。

3月28日，山西省乡宁县王家岭煤矿发生透水事故。山西公司1000余名职工参加事故抢险保电工作。

4月7日，与太原市政府签订电动汽车充电设施建设战略合作协议，标志着山西省电动充电设施建设全面展开。

4月11日，500kV云顶山—侯村线启动送电。

6月12日，山西与朔州市政府签署《合作建设直升机巡线基地项目协议书》。

6月19日，山西电科院首次完成（同华电力轩岗电厂）66万kW超临界直接空冷机组调试。

7月14日，山西公司举行“山西电网和谐调度支持系统研究”科技成果鉴定会，经中国工程院领导和专家现场测试，认定该成果达国际先进水平。

8月5日，山西公司ERP系统实现100%全覆盖和全应用。

8月20日，国家电网公司总经理刘振亚与省委书记袁纯清、省长王君在太原举行会谈。双方就“十二五”期间山西电力发展和新型能源基地建设以及特高压建设等达成共识。

9月26日，山西公司举行山西电网首次“黑启动”试验。

10月28日，省内500kV电网南北第三通道，即500kV稷山—吕梁输电线路工程投运。

12月3日，山西公司财务集约化管理体系建设通过国家电网公司评审验收。

12月21～22日，山西电网电力市场交易运营系统通过国家电网公司实用化现场测评验收。

12月23日，由山西电科院、省电力设计院、省送变电公司、省供电承装公司和省电建四公司参建的1000kV晋东南—南阳—荆门特高压交流试验示范工程荣获2010年国家优质工程“金质奖”。

12月24日，山西电网用电负荷达1868.6万kW，创历史新高。

12月29日，山西省实现95598供电服务热线省级大集中。

（高一萍）

内蒙古电力（集团）有限责任公司

企业概况

2010年，内蒙古电力（集团）有限责任公司（简称内蒙古公司）坚持科学发展理念，积极推进电网和公司发展方式转变，沉着应对复杂的政策环境和市场形势，全力强化安全监管，加快电网建设，开拓电力市场，创新经营管理，变革体制机制，构建和谐企业，主要经营指标再创新高，圆满完成“十一五”各项奋斗目标。

2010年，内蒙古公司售电量完成1171.11亿kWh，同比增长16.3%。其中区内售电量899.95亿kWh，增长18.89%；东送华北电网电量271.1亿kWh，增长8.3%。完成线损率4.48%。实现售电收入398.59亿元，同比增长24.84%。平均销售电价完成327.18元/MWh。内蒙古公司总产值完成437.48亿元，增长25.42%，其中施工企业产值32.56亿元，多经企业产值6.83亿元，利润创历史最好水平。资产总额达371.98亿元。内蒙古公司经营绩效、资产质量和内外部环境进一步改善，逐步走上良性发展轨道。

领导班子

董事长、党委书记：刘　锦
总经理、党委副书记、董事：张福生
副总经理、党委委员、董事：张景生
党委副书记、董事：托　克（蒙古族）
副总经理、党委委员：高　野
副总经理、党委委员：于立新（蒙古族）
副总经理、党委委员：耿　白
副总经理、总经济师、党委委员：鲁当柱
副总经理、总工程师、党委委员：杨　泓
工会主席、党委委员：李　燕（女）
纪委书记、党委委员：张日成
总会计师：孙文彪

组织机构

二级单位：包头供电局、呼和浩特供电局、乌兰察布电业局、巴彦淖尔电业局、鄂尔多斯电业局、锡林郭勒电业局、薛家湾供电局、乌海电业局、内蒙古超高压供电局、阿拉善电业局；苏里格燃气发电有限责任公司、内蒙古电力物资供应公司、内蒙古电力科学研究院、内蒙古电力培训中心、内蒙古电力信息通信中心、内蒙古蒙能招标有限公司、内蒙古电力供用电稽查局、内蒙古电力公司驻京联络处；内蒙古第一电力建设工程有限责任公司、内蒙古第三电力建设工程有限责任公司、内蒙古送变电有限责任公司、内蒙古康远工程建设监理公司、内蒙古电力勘测设计院、内蒙古满都拉电力房地产公司、内蒙古电力机关事务管理局、内蒙古电力对外经济技术开发公司、内蒙古华宁热电有限公司、内蒙古满都拉资产管理公司。

机构部室：办公室、机关工作部（机关党委）、发展策划部、市场营销部、生产技术部、安全监察部、基建部、财务部、人力资源部、农电部（农电资产管理公司）、企业管理部、审计部、干部管理部（组织部）、监察部（纪律检查委员会）、离退休管理部、特高压及跨区电网工作部、电力调度通信中心、电力交易中心，党委工作部、电力工会。

挂靠单位：电力新闻中心、住房资金管理中心、质监站、电力行业协会、政研会（文协）、电机工程学会、老干部（职工）活动中心、人才中心。

电网概况

内蒙古电力（集团）有限责任公司是全国直属自治区管理的省级电网企业，负责除内蒙古自治区东部4个盟市（赤峰市、通辽市、兴安盟、呼伦贝尔市）之外其余8个盟市（呼和浩特市、包头市、鄂尔多斯市、乌海市、锡林郭勒盟、乌兰察布市、巴彦淖尔市、阿拉善盟）供电营业区的电网建设、经营、管理和农电工作，同时受自治区委托，管理自治区电力设计、科研、施工等国有企业。

内蒙古公司拥有盟（市）级供电企业10个，旗（县）级供电企业51个。供电面积69.83万km^2。截至2010年底，内蒙古电网已形成西起阿拉善、东至锡林郭勒的500kV主网架和220kV地区供电网。2010年底，内蒙古公司拥有500kV变电站15个，线路长3231.9km；220kV变电站93个，线路长9630.8km；110kV变电站218个，线路长9614.65km。

人力资源

内蒙古公司大力实施“人才强企”战略，制定完善公司人力资源发展规划，多方式、多渠道吸纳各类优秀人才，不断改善员工队伍结构。进一步健全人才引进和流动机制，创新人才选拔与招聘模式，在总部机关和挂靠单位试行考核考试、末位淘汰制度，不断优化管理人员队伍。积极推荐优秀人才参加自治区“草原英才”工程和“草原之光”硕士创业活动，为高级技术、管理人才锻炼成长提供广阔的舞台。结合生产、经营、管理岗位需求，以掌握基本专业知识为主线，以提高一线员工操作技能为重点，认真组织职工培训，培训量达328 099人·天。组织开展了内蒙古公司第十届专业技能大赛，努力营造各类人才脱颖而出、比学赶超的良好氛围。

电网建设与发展

内蒙古公司结合自治区节能减排政策落实及用电负荷变化趋势，积极与各盟市政府开展工作对接，紧紧围绕市场和负荷安排重点电网项目，科学组织施工，各参建单位克服了征地、青赔、清障等社会性矛盾阻力，全力推进各项工程顺利实施。严格执行标准，强化项目投产验收，保证电网工程“零缺陷”移交生产。全年累计完成投资53.9亿元，投产大中型电网工程37项，其中500kV项目7项、220kV项目19项、110kV项目9项，电气化铁路供电工程2项，新增变电容量725万kVA、输电线路1480km；开工在建32项，为持续优化网架结构，完善电网功能，满足机组接入、负荷落地和电力输出创造了条件。随着500kV河套变电站顺利投产，蒙西电网“三横四纵”（三横，即巴彦淖尔—包头—呼和浩特—汗海、达拉特—永圣域—丰镇、吉兰太—布日都—宁格尔；四纵，即丰镇—汗海—锡林浩特、宁格尔—永圣域—呼和浩特东、布日都—达拉特—包头、巴彦淖尔—乌海）500kV主网架结构正式形成，区域互供能力和东送能力进一步提高。加大城市配网建设改造和营销装备、信息化项目投资力度，全面推进智能化电网基础设施建设，不断提升电网科技含量和信息化、自动化水平。首次提出“上不封顶”的投资原则，加大重点城市地区城网改造、营销技改、信息化建设和生产大修投资力度，电网供电可靠性大幅提升，为建设坚强智能电网打下了良好基础。

经营管理

全面开展“精细化管理年”活动，从规范基础管理入手，抓住资本运营、市场营销、业扩报装、物资和招投标管理、工程建设等关键环节，创新机制，细化管理，增收节支，降本增效，全方位压缩成本费用和财务费用，坚决控制非生产性费用增长，全年增收节支4.57亿元。组织开展“五部会审”，力求内部审计不留死角，有效防范经营风险，确保经营安全、干部安全。继续深化“两步式”招投标管理，完成设备材料采购20.96亿元，较市场价节支2.04亿元，节支率8.85%。通过与银行协定利率、提前还贷等方法，全年节约财务费用3.84万元。截至2010年底，公司资产负债率72.4%，较年初降低9.1个百分点，资产结构和经营形势进一步步好转。

全面实施车辆改革工作，进一步规范了车辆管理，大幅压缩车辆运行费用。逐步规范公司产权投资行为，加强土地、不动产权属和资产流转管理，维护了公司合法利益。

继续深化多经企业改革，全面开展多经企业整合重组，以盟市供电局为单位，以产权为纽带，以母子公司、总分公司为模式，集中设计、施工、多经供应资源，建立完整产业链条的送变电安装板块，制造企业以民营化、股份化为方向，采取承包、重组、转让等多种形式实现整合。完成所属多经企业产权界定，15家单位基本完成整合。初步完成包头供电局满都拉电缆厂和福建南平太阳电缆股份公司合作重组。在加快华宁电厂机组易地新建和节能改造前期工作基础上，积极寻求战略合作伙伴，推动华宁电厂重组。在外经公司的基础上，注册成立“内蒙古国合电力有限公司”，全面负责内蒙古公司对蒙古国输变电施工、电力出口业务。同时，内蒙古公司正在全力协调，力争将所属电力施工企业纳入国家主辅分离改革范畴，为施工企业健康发展打下良好基础。

安全生产

紧紧围绕“安全第一、预防为主、综合治理”的方针，以“安全生产年”活动为主线，深入开展春秋查、安全生产月、创建无违章企业、安全性评价等专项活动，全方位排查治理安全隐患，强化现场安全监管，加大交通、消防安全管理考核力度，加强基建项目全过程安全督查，保证各项电网工程零缺陷移交。驾驭大电网能力不断提高，截至2010年12月31日，内蒙古电网实现4876天长周期安全纪录。在高载能负荷大量停产、发电机组出力严重不足的形势下，科学安排电网调度，优化机组运行方式，保证了用户用电需求和城市居民供热安全。全力参与骆驼山煤矿透水、斗金山隧道塌方事故抢险，得到自治区领导、抢险指挥部和社会各界的高度评价。2010年，内蒙古公司认真落实可再生能源法，积极支持风电等可再生能源上网，截至年底，内蒙古西部电网风电装机已超过630万kW；风电上网电量12月26日达到全网上网电量的20.3%；全年风电上网电量占总供电量的8.62%。风电装机规模和电网消纳比例等多项指标居全国第一位。

营销工作

2010年上半年，内蒙古公司紧紧抓住金融危机过后自治区工业经济快速发展的市场机遇，深入挖掘优质负荷，大力开发区内电力市场，稳步推进电力多边交易，不断规范自备电厂管理，实现售电量快速增长。5月6日，内蒙古电力多边交易市场正式启动。从2008年底模拟运行以来，累计完成大用户直接交易等各项市场交易电量376.39亿kWh。下半年，针对国家节能减排政策强力实施对高载能行业的冲击，努力巩固现有稳定负荷，积极协调争取东送华北电量，在高载能负荷大量退出运行的情况下，保证了供暖期供热机组正常启动。继续推进营销体制机制改革，实现营销业务各环节相互监督和有效制衡。成立供用电稽查局，通过垂直管理强化供用电稽查工作，建立起强有力的用电市场监督机制。加大营销技改力度，采用远抄集控等手段提升电能计量精细化水平，为有效降损提供了技术支持。

农电工作

农电工作紧紧围绕内蒙古公司总体部署，积极推进县城电网和农网改造工程以及新农村、新牧区电气化工程，农牧区1.3万无电户实现通电。农电系统全面推进输配变“两清理”和第二轮农电安全性评价。全力开拓农电市场，全年完成趸售电量116亿kWh，同比增长28.6%，全网综合线损率完成5.56%，同比下降0.33个百分点。进一步规范农电企业经营管理，强化预算管理和财务审计，深入开展“增收节支、降本增效”活动，所属趸售电力公司历史上首次全部盈利。巩固农电三项制度改革，规范农电管理干部考评机制，解决了旗县供电企业主要领导的主业身份，推出了农电工竞争激励选拔主业岗位的试点，进一步稳定了农电员工队伍。全面推进标准化、信息化建设，所属38个旗县电力公司全部完成农电标准化建设，农电信息一体化建设取得阶段性成果。

科技与信息化

积极推进科技创新活动，全年下达科技计划项目126项、资金5000万元，获自治区科技进步奖8项。全面启动信息化建设工程，制订并实施以“打造一个数据一体化平台、整合多个业务应用系统、构建五个保障体系”为核心的信息化建设发展规划。完成信息系统同城、异地灾备中心建设方案；扩充、优化了营销、财务、人力资源等信息应用系统；完成生产管理系统的开发建设；完成信通中心集中机房搬迁工程，并同步实现通信基础设施的升级优化。

优质服务

结合“创先争优”活动承诺、践诺等关键环节，进一步加强行风建设，以巩固文明单位创建成果为主线，全面开展“蒙电杯”规范化服务竞赛活动，构建“融通便捷”的供电服务体系。完善升级了各单位A、B、C三级客服中心的触摸屏系统。通过“95598”、“12398”、社会监督员等渠道，多方受理客户的用电需求、意见及投诉举报，加强内外部监督，规范员工服务行为。形成了从受理、处理、回访的闭环管理。完成了内蒙古公司集中的三层架构IC卡电能表售电系统的研发测试工作，目前IC卡电能表售电系统已在呼和浩特供电局正式上线运行，解决了近几年IC卡电能表客户使用量迅速增加，原有售电系统因技术瓶颈已不能满足业务需求造成的客户买电难问题。同时继续在临时用电、商业用电、新开楼盘用电客户以及电费信誉差的客户安装使用各类具备485通信接口功能并满足远抄功能的单、三相CPU型预付费电能表，有效规避电费风险，提高电费回收率。同时完成了自治区信息办、鄂尔多斯东胜区政府“一卡通”缴费系统应用功能的开发建设工作。起草下发了《关于下发内蒙古电力公司供电企业信息公开实施办法（试行）实施方案的通知》，进一步提高供电企业工作透明度。

党风建设和精神文明建设

认真学习贯彻十七届五中全会精神，深入开展“创先争优”活动，突出抓好“四好”领导班子和“三个学习型”组织建设，各级党组织的凝聚力和战斗力显著增强。不断完善干部培养、选拔、任用和监督、考核、管理工作，按照工作需要和组织程序，对公司管理领导人员进行了调整，进一步优化了所属单位领导班子和干部队伍。精心组织电力市场多边交易、西部大开发10周年、“蒙电杯”竞赛等主题宣传，成功发布了社会责任报告，向玉树地震和西南干旱灾区捐助400多万元，荣获全国、自治区劳动模范、“五一”劳动奖状、奖章的数量和比例继续位居自治区工业系统之首，“负责任、受尊敬”的“责任蒙电”形象得到进一步确立。切实为职工群众办实事、办好事，推行员工休假制度，全力帮助职工子女就业，增加困难离退休人员补贴，推进职工住宅小区建设，努力改善职工工作生活条件，和谐发展氛围日益形成。充分发挥工会、职代会的职能，职工群众参与民主决策、民主管理、民主监督的热情和作用进一步提高。深入开展“五四红旗团委”创建活动和“五强五优五模范”创优争先活动，形成具有公司特色的团青品牌。

主要事件

1月15日，内蒙古电力行业协会风力发电分会成立揭牌仪式在呼和浩特举行。

1月18日，内蒙古公司召开2010年工作会暨三届五次职代会。

2月5日，电力公司、北方联合电力公司与乌海市3家氯碱化工企业举行联合签字仪式，标志着自治区最大的电力多边交易框架协议在乌海市签订。

3月13日，在国家电力监管委员会华北监管局组织召开的2010年华北区域电力安全生产工作会上，内蒙古超高压供电局被授予安全生产先进单位荣誉称号。

3月19日，自治区党委在呼和浩特市召开全区深入学习实践科学发展观活动总结大会。内蒙古公司党委书记、董事长刘锦代表公司作了题为《在科学发展中树立责任蒙电形象》的典型发言。

3月，内蒙古公司被评为全国“安康杯”竞赛优秀组织单位；董事长刘锦荣获全国“安康企业家”荣誉称号；公司所属7个单位、5个班组、3名员工分别荣获全国“安康杯”竞赛优胜企业、优胜班组和优秀组织者称号。

同月，内蒙古电力工会被中国能源化学工会全国委员会授予2009年度“争先创优”先进单位荣誉称号。内蒙古公司被国家体育总局授予2005～2008年度全国群众体育先进单位称号，电力工会鲍建国被授予全国群众体育先进个人称号。

4月8日，自治区召开2010年政务信息工作会议，表彰2009年度政务信息工作先进集体和先进个人。内蒙古公司位列企业组第一名，连续两年受到自治区表彰。

4月21日，中国三峡集团董事长曹广晶率队来公司拜访，协商共同推进三峡公司内蒙古风电项目建设事宜。

4月23日，五年一度自治区劳动模范和先进工作者表彰大会在内蒙古人民会堂举行。电力公司工会主席、党委委员李燕，包头供电局修试管理处继保一班保护专责李智玲等25位员工被授予自治区劳动模范荣誉称号，包头供电局大用户管理处用电检查员刘世强等3名员工因在自治区职工职业技能大赛各自参赛项目中荣获第一名而被授予自治区“五一”劳动奖章，包头供电局、超高压供电局、电力科学研究院、电力物资供应公司4家单位因在自治区重点工程建设和职工经济技术创新活动中成效显著而获得自治区“五一”劳动奖状。

4月27日，2010年全国劳动模范和先进工作者表彰大会在北京人民大会堂隆重举行。公司董事长、党委书记刘锦，公司副总工程师、电力调度通信中心主任王小海被授予全国劳动模范荣誉称号。

4月，国务院研究室工贸司司长唐元在内蒙古公司就内蒙古风电、太阳能、生物质发电等可再生能源领域发展现状和未来发展思路进行座谈调研，并对内蒙古在能源方面进行有序和科学化发展提出建议。国家电网公司发展策划处人员随同调研。

5月6日，自治区政府和国家电监会共同在呼和浩特举行华北区域电力市场内蒙古电力多边交易市场运行启动仪式。国家电监会主席王旭东，副主席王禹民，内蒙古自治区党委副书记、政府主席巴特尔，党委副书记、常务副主席任亚平，副主席郭启俊等领导出席仪式。

5月10日，内蒙古电力行业协会风力发电分会会员代表大会在呼和浩特举行。公司总经理张福生当选风电分会会长，自治区经济和信息化委员会能源处处长张德以及电力行协秘书长张翼展当选副会长。

6月17日，公司党委隆重召开动员大会，全面开展争创“四强”党组织、争做“四优”共产党员主题创先争优活动。

6月21日，公司召开“蒙西电网落实节能减排工作座谈会”。

6月，中华全国总工会和国家安全生产监督管理总局表彰了一批在2009年度全国“安康杯”竞赛活动中取得优异成绩的企业、班组和个人。内蒙古公司荣获全国“安康杯”竞赛优秀组织单位，内蒙古电建三公司获示范企业荣誉称号，公司所属4个单位获竞赛优胜企业，6个班组获优胜班组，1名员工获优秀组织者。另外，自治区总工会和自治区安全生产监督管理局也对2009年度“安康杯”竞赛活动中取得优异成绩的企业、班组和个人进行了表彰。内蒙古公司荣获自治区“安康杯”竞赛优秀组织单位，公司所属6个单位荣获优胜企业，6个班组荣获优胜班组，1名员工获优秀组织者。

7月13日，自治区政府对在全区各行业作出突出贡献的100位中青年专家进行了表彰。电力公司生产技术部闫军、电力科学研究院陈世慧获此殊荣。

7月14日，设计院中标国家电网公司锡盟——南京1000kV特高压交流输电线路工程（锡盟站至河北围场县段）的勘测设计，成为国家电网公司体系之外唯一中标特高压工程的省级电力设计院。

8月19日，由自治区经济和信息化委员会、电力行业协会和电力行业协会风力发电分会共同主办的2010内蒙古风力、太阳能发电产业暨电力博览会在呼和浩特市内蒙古国际会议展览中心隆重举行。

8月，内蒙古电科院在安全评价甲级资质申办方面继2009年取得“火力发电业、风力发电业、热力生产和供应业”甲级资质的基础上，又获得非煤矿山、危化、冶金、机械、轻工等行业安全评价甲级资质，成为全国电科院所中首家获得多行业甲级安全评价资质的单位。

9月15日，内蒙古妇女第十次代表大会在呼和浩特召开。内蒙古电力工会主席李燕作为妇女代表出席本次大会，并当选执委。

9月26日，自治区职工职业技能比赛暨公司第十届员工专业技能大赛正式开赛。

9月，在2010中国企业500强评选中，内蒙古公司再次入围，以营业收入3 833 115万元排名166位，位居自治区7户入选企业之首。

10月13日，由内蒙古超高压供电局建设的河套500kV变电站一次启动成功。该站东向德岭山500kV变电站164.95km，南接磴口金牛发电厂67.76km。该站的建成投运，增强了巴彦淖尔地区供电的可靠性，解决了临河西部地区电网过负荷现象，为当地循环经济工业园区提供了双回路电源支撑，还为汇集周边大量风电上网送出提供了重要通道。同时，标志着内蒙古电网500kV“三横四纵”北通道基本贯通。

10月16日，在全国电网调度自动化厂站端调试检修员技能决赛中，公司代表队在全国25个代表队中获得了团体第16名的好成绩，超高压局张其国获优秀技能选手称号。

11月4～5日，中共内蒙古自治区八届十三次全委会议在呼和浩特举行。会议按照党章规定，递补公司党委书记、董事长刘锦等3名自治区党委候补委员为自治区党委委员。

11月12日，自治区党委常委、自治区副主席潘逸阳，自治区副主席赵双连在呼和浩特市新城宾馆会见了国家电网公司党组成员、副总经理舒印彪。双方就内蒙古电力外送及国家电网公司“十二五”电网发展规划中有关特高压通道建设与内蒙古自治区电网发展规划相衔接等事宜交换了意见并达成共识，同时进一步明确了将内蒙古自治区打造成全国送电基地等合作目标。

12月5日，国务院发展研究中心张玉台主任率调研组在电力公司进行工作调研，了解内蒙古能源及电力发展状况。

12月，在中电联组织进行的全国电力行业优秀企业、优秀企业家评审中，内蒙古电力公司董事长、党委书记刘锦获“全国电力行业优秀企业家”称号。

（娜日斯）

山东电力集团公司

企业概况

山东电力集团公司（简称山东公司）承担山东电网的规划、建设、运营，为山东国民经济和社会发展提供安全、可靠、优质的电力供应。山东公司直接服务客户超过870万户，供电人口9400万人，下属17个市供电公司和超高压公司、电力基建等35家企业和单位，以及全省98个趸售县供电企业。

2010年，山东公司坚持以科学发展观为指导，认真贯彻国家电网公司和山东省委、省政府工作部署，坚持继承、创新、争先，扎实开展“三走出”活动和“管理信息年”工作，筑基础、提质量、全面创先争优，全面超额完成年度目标任务。完成售电量2542亿kWh，同比增长26.87%；全社会用电量3298亿kWh，同比增长12.15%；线损率完成4.80%。同业对标综合管理和综合业绩考核均获国家电网公司第一名。

电网概况

山东电网是以500kV“五横两纵”为主网架，220kV变电站覆盖全省各县（内陆），网架结构合理，运行方式灵活的现代化电网。截至2010年底，山东电网拥有500kV变电站28座，容量4025万kVA、线路长度5463.5km；220kV变电站275座，变电容量8480.2万kVA、线路长度16 593.9km。全省发电装机容量6248.4万kW，其中火电装机6001.8万kW，占96.1%；风电装机138万kW，占2.2%。电网统调公用电厂装机4252.4万kW，占68.1%。全省发电量3090.9亿kWh，同比增长7.7%。全省机组平均设备利用小时数5031h。

人力资源

截至2010年底，山东公司职工50 252人。职工队伍学历构成：中专及以上学历38 583人，本科及以上学历 13 308 人。职工队伍人员类别结构：经营管理人员 11 042 人，专业技术人员 3256 人，技能操作人员 32 270 人，其他人员占职工总数的 7.33%。

进一步规范本部和直属单位机构设置及编制定员，全面加强本部队伍建设。开展“双向选择、竞聘上岗”，从基层单位选拔 58 名优秀年轻干部和业务骨干到本部和直属单位工作，选拔 9 名业务骨干到本部和直属单位挂职挂岗。

编制山东公司“十二五”教育培训规划，制定新员工跟踪培养锻炼办法、师带徒管理办法，进一步规范培训流程，形成人才培养的良性机制。认真贯彻实训基地三年建设规划，优化整合公司系统培训资源。创新新进高校毕业生集中培训的内容和形式，按照“四统一”原则，由市供电公司对县供电公司新员工进行统一集中培训。全面开展管理人员远程教育培训。全年举办特高压技术、智能电网等各类专题培训班 144 期、7298 人·次。加强人才培养，组织开展各类高层次专家人才的选拔推荐，公司系统有 1 人被评选为全国技术能手、4 人被评为全国电力行业技术能手，31 人被评选为国家电网公司优秀专家人才、3 人被授予山东省技术能手。全年组织完成各类技能鉴定考评 12 459 人·次，其中 678 人取得了相应工种的技师职业资格、90 人取得高级技师资格（2009 年度）。向山东省劳动和社会保障厅推荐“金蓝领”技师 120 人。取得全国吊装技能竞赛团体第一名的优异成绩。

电网建设与发展

认真落实国家电网公司与山东省政府战略会谈精神，加快“外电入鲁”工程建设，宁东—山东±660kV直流输电工程实现双极投运，接受外电达到 750 万 kW。山东电网全年接纳外电 207.6 亿 kWh，同比增长 195%。锡盟—济南—南京特高压输变电工程获国家批复开展前期工作，率先完成土地预审意见和规划选址书等全部省级支持性文件。全年接纳风电 158 万 kW。

电网建设进一步提速，建成投产 5 项 500kV 输变电工程，投运 35kV 及以上变电容量 1778 万 kVA、线路长度 2856km。18 项工程被评为国家电网公司优质工程，寿光—莱州—烟台 500kV 输电线路工程被评为国家优质工程。

智能电网试点项目快速推进。在国家电网公司系统率先完成 220kV 青岛午山变电站智能化改造并通过验收，山东首座济宁黄屯 110kV 智能变电站竣工投运，青岛配电自动化试点项目提前完成。在青岛、泰安建成 2 个智能用电小区。分别与全省 17 个市政府签署电动汽车充电设施建设战略合作协议，建成投运临沂焦庄等电动汽车充电站 12 座、充电桩 500 个。

经营管理

全面加强人财物集约化管理，规范组织机构与劳动用工管理，强化收入分配和全员绩效管理。9 个市公司实现定员达标。改进毕业生招聘管理模式，公开招聘硕士及以上研究生 123 人。建成统一的会计政策标准体系，初步实现报表“一键式”生成。资金自动归集比率达到 100%。调整优化产权结构，推行标准成本和项目储备制度，深化细化预算管理，财务风险防控体系初步建成。理顺物资管理体系，严格物资计划管理，强化产品质量监督和应急物资保障。建成并投运“一站式”合同服务大厅。拓展集中招标采购范围。

加强“五大”体系专题研究和试点探索，在青岛、烟台公司分别开展调控一体化和配电专业化试点，省级 95598 客服中心、营销稽查监控中心和省级计量中心潍坊基地具备运行条件。

扎实推进依法治企，《山东省电力设施和电能保护条例》获省人大常委会高票通过，于 2011 年 3 月 1 日正式施行。深入开展工程建设领域突出问题和“小金库”专项治理，加强领导干部经济责任和重点工程建设项目审计。“五五”普法工作通过国家电网公司验收。稳妥推进主多分开与规范集体企业管理工作，确保工作有序推进和队伍稳定。

深入实施“同业对标夺标晋位工程”，建立健全对标组织体系、责任体系、指标体系和评价体系，积极开展大型供电企业对标和差异化对标，加强过程管控和目标管理，提高各供电单位对标水平。2010 年，山东公司获得国家电网公司综合管理标杆单位第一名，青岛供电公司被评为 2010 年大型供电企业综合管理标杆单位。

安全生产

牢固树立安全发展理念，深入开展“三个不发生”百日安全活动，公司班子成员带队深入基层开展“地毯式”督导检查，安全管理进一步加强。强化安全风险管控和应急体系建设，实施应急能力提升工程，建成山东电网备用调度中心和省、市、县公司三级 132 个应急指挥中心。成功化解年初极端天气造成的线路舞动，避免大面积停电事故的发生。全年一类设备障碍率下降 40%。全力应对负荷连创新高、电力供应紧张形势，发挥互联大电网优势，确保全省电力有序供应，圆满完成迎峰度夏、省运会、世界太阳城大会等重大保电任务，全面完成国家电网公司安全生产目标和安全业绩考核指标。

深入开展安全隐患排查治理，建立安全隐患排查治理月度汇总、季度总结制度，制定《事故隐患排查治理工作评价考核细则》。全年累计排查安全生产事故隐患 346 项，全部完成整改。全面落实电力设施保护措施，深化警企联合，开展全省电力设施保护及反窃电百日行动，全省共侦破涉电案件 677 起，抓获犯罪嫌疑人 541 名。制定《防外力破坏工作措施》，安排变电站技防改造专项资金。开展“消防安全月”活动，提高全员消防安全“四个能力”（提高检查消除火灾隐患的能力，提高组织扑救初起火灾的能力，提高组织人员疏散逃生的能力，提高消防宣传教育培训的能力）。制定下发交通安全规章制度，确保交通安全。

营销工作

积极服务全省转方式、调结构工作大局，积极促进节能减排，联合全省四大发电公司向省政府汇报规范电力市场管理工作。推动省物价局出台规范企业自备电厂价格政策，全省 179 家（容量 799 万 kW）自备电厂转为公用方式结算，5 家企业自备电厂实行替代发电。2010 年，公司售电量完成 2542 亿 kWh，位居国家电网公司系统第二位，同比增长 26.87%；市场占有率完成 88.48%，同比提高 9.7%。

完善电费回收管理机制，修订完善《电费回收管理考核办法》，强化电费回收的过程控制，设立电费回收奖。2010 年公司电费总额 1465.4 亿元，同比增长 30.79%，回收率完成 100%。全省居民电子化缴费、大客户电费预收比例分别完成 78.33% 和 72.42%，同比分别提升 36.6%和 26.6%。

构建智能用电体系，开展用电信息采集系统建设，全年推广实施集抄 380 万户，覆盖率 40.46%，《供电企业以客户为导向的大营销体系建设》荣获 2010 年度山东省科技进步一等奖。建成客户侧供电质量评价系统，17 个市供电公司全部上线运行。

农电工作

2010 年，全省县供电企业售电量完成 1657.27 亿 kWh，同比增长 15.87%；趸售电量完成 1133.12 亿 kWh，同比增长 16.12%。农网拥有 110kV 变电站 610 座，容量 4486 万 kVA；35kV 变电站 2227 座，容量 3167 万 kVA；高压输电线路 23.02 万 km，低压线路 37.08 万 km。国家一流县供电企业 75 个，数量居国家电网公司系统首位。

加快新农村电气化建设步伐，全省累计建成新农村电气化县 54 个、电气化乡（镇）574 个、电气化村 22 522 个，居国家电网公司系统领先水平。顺利完成 30 个县公司资产划转。县供电企业一体化信息平台、安全生产管理系统通过国家电网系统的项目验收。蓬莱、昌邑供电公司率先通过国家电网公司科技进步先进（县）供电企业创建工作考评验收，济阳供电公司等 7 个单位通过农电技术进步示范单位省级验收。70%的供电所达到标准化要求，19 个供电所被国家电网公司命名为标准化示范供电所。78 个县公司完成配电（检修）专业化管理，82 个县公司完成抄表专业化管理。县供电企业应急指挥中心全部建成投运。

科技与信息化

科技创新取得新成果。“外电入鲁”及“山东特高压电网规划研究与应用”等 3 项成果荣获山东省科技进步一等奖，全年获省部级科技进步奖 19 项，其中一等奖 3 项、二等奖 4 项。全年申请专利 424 项。输变电工程环评率、环保验收率、水保验收率均达到 100%。“线路清障检测机器人”成果获首届全国电力职工技术成果一等奖，输电线路无人直升机智能巡检系统等 6 项成果达到国际领先水平。架空线路带电维护机器人项目获国家专项经费 340 万元。省科技厅在山东电力研究院设立了山东电力系统第一家院士工作站。山东公司荣获国家电网公司“十一五”科技工作先进单位、2010 年信息化先进单位、环境保护工作先进单位称号。

深入开展“管理信息年”工作，建成运行全国规模最大、覆盖全省 3400 万全部趸售客户的营销业务应用系统，ERP 高级应用、生产等信息系统正式上线，人资管控、安监、生产、协同办公、电力交易 5 个业务系统通过国家电网公司实用化评价验收，信息系统业务覆盖率 100%，公司信息系统应用指标综合排名快速上升至国家电网公司系统第一名。“两级三线”运维体系基本建成，网络及信息系统安全运行率连续多年保持在 100%。

优质服务

以“彩虹工程”实施十周年为契机，策划开展“展彩虹十年风采、创供电服务新篇”主题活动，推出优质服务十项举措，深入开展“彩虹工程”百日提升行动。统一电网检修停电公告工作流程、公告格式和内容要求。推行客户故障报修管理“一联系、两回复、一回访”制度。实施阳光业扩，规范业扩服务管理，加强时限控制。各市、县公司积极组织开展“社会看电网”、“媒体看电网”等活动，增进客户和全社会对电网企业的了解和认同。淄博供电公司创建“彩虹工作室”，济南、泰安供电公司成立“彩虹服务队”，进一步丰富“彩虹工程”内涵。山东公司荣获全国用户满意服务单位、全省民主评议政风行风公共服务类第一名。在山东省社情民意调查中，山东公司连续两年荣获全省九大公共服务行业满意度测评第一名。

党的建设和精神文明建设

积极开展“走出山东看山东电力、走出行业看山东电力、走出中国看山东电力”活动，学习先进找差距，对照标杆抓提升，树立先进的管理思想和理念，激发创新活力。坚持全员参与、全方位开展、全过程推动，实施创先争优15项系列工程，确保“外电入鲁”、同业对标、供电服务、依法治企等重点工作的顺利完成。鲁能体育实现国内所有参赛项目“大满贯”，成为全面创先争优的突出典型，受到省委、省政府和国家电网公司隆重表彰。进一步加强领导干部作风建设，解决突出问题，健全完善长效机制，提高了干部队伍管理水平。落实党员教育培训五年规划，实施“党务干部能力提升工程”，完成首轮党务干部轮训。以“三创一提高”和“五查五比”活动为载体，深化“电网先锋党支部”创建和学习型党组织建设，5个党支部荣获国家电网公司“电网先锋党支部”称号。

全面开展企业文化主题实践活动，完成《国家电网公司企业文化评价工程》重点课题研究任务。组织举办公司第八届文化体育节，扎实开展“品牌传播年”活动，以鲁能体育“大满贯”为契机，大力宣传和弘扬鲁能体育精神。荣获国家电网公司“企业文化建设卓越贡献奖”和“国家电网公司品牌建设工作先进单位”称号。创新青年人才发现、培养、管理和激励机制，在基层团组织和团员青年中开展“五强五优五模范”创先争优活动，45名个人和集体分别被授予省级及以上“青年岗位能手”、“优秀共青团员”“青年文明号”称号。加强和改进思想政治工作，深入开展精神文明系列创建活动，员工需求侧管理和“善小”活动分别荣获国家电网公司精神文明建设创新奖和推广奖。加强信访维稳工作，荣获“国家电网公司信访稳定工作先进单位”称号。

（张志伟）

东 北 地 区

东北电网有限公司

企业概况

2010年，东北电网有限公司（简称东北公司）深入实施“大东北”区域发展战略，加强“三个建设”，推进“两个转变”，完善体制机制，推动员工与企业共发展，促进效率与效益提升，安全生产形势平稳，加速推进电网建设，经营能力明显增强，发展环境持续改善，尤其在防汛度汛、接纳风电、电磁环网解环、财务集约化、智能电网建设和智能水电厂改造等工作中实现重大突破。东北电网格局也有较大变化，呼伦贝尔市除原伊敏地区以外区域和蒙西地区锡林郭勒盟东北部的白音华电厂电源先后并入东北电网；呼伦贝尔至辽宁首条直流输电工程建成投产。

2010年，东北公司资产总额298.5亿元，其中500kV输变电资产222.9亿元，水电资产69.1亿元；直属发电装机容量403.15万kW，年发电108.9亿kWh。公司所属220kV及以上输电线路回长8912.86km，其中500kV线路7353.54km，220kV线路1559.32km。公司所属500kV变电站26座，变电容量3820.4万kVA。固定资产投资27.21亿元，投产500kV输电线路528km、变电容量450万kVA，新开工500kV输电线路576.8km、变电容量450万kVA；在国家电力市场交易电量392.86亿kWh，同比增长20.5%。实现利润2.77亿元；上缴投资收益1.28亿元，同比增长52%；全员劳动生产率（增加值）完成76.45万元/（人·年），同比增长27.5%。未发生重大及以上人身、电网事故及恶性误操作事故，实现安全年目标；全面完成国家电网公司下达的业绩考核指标。

电网概况

东北电网供电区域主要包括东北三省和内蒙古东部地区，电网覆盖国土面积127.03万km^2，供电服务人口约1.21亿。在东北电网区域内，内蒙古东部送入辽宁、黑龙江省的500kV联络线已达10回（包含2条直流线路），辽吉省间500kV联络线达到4回，吉黑省间500kV联络线达到4回。

截至2010年底，东北电网全口径发电装机容量8906.91万kW。其中，水电装机700.45万kW，占全网7.86%；火电装机7145.9万kW，占80.23%；风电装机1057.87万kW，占11.88%；其他2.69万kW，占0.03%。发电装机容量按地区划分，辽宁省装机3227.51万kW，占全网36.24%；吉林省装机2034.67万kW，占22.84%；黑龙江省装机1965.21万kW，占22.06%；内蒙东部装机1559.51万kW，占17.51%，内蒙西部锡盟装机120万kW，占1.35%。

东北电网统调发电（省调及以上）装机容量7460.49万kW，其中，水电618.48万kW，占8.29%；火电6301.0万kW，占84.46%。风电装机容量541.01万kW，占7.25%。

东北电网220kV及以上输电线路回长51480.6km，其中，500kV线路回长15811.04 km，220kV线路长度回长35669.56km。220kV及以上公用变电站369座，变电容量16 293.97万kVA，其中，500kV变电站48座，变电容量7206.82万kVA，（包含换流站3座），换流容量958.92万kVA；220kV变电站321座，变电容量9087.15万kVA。

东北电网全口径发电量完成3400.35亿kWh，同比增长13.37%。其中，水电发电188.45亿kWh，同比增长74.74%；火电发电3037.08亿kWh，同比增长8.82%；风电发电173.35亿kWh，同比增长74.85%；其他发电量1.46亿kW，同比增长5.37%。

东北电网售用户电量完成2571.69亿kWh，同比增长15.67%。其中，辽宁省公司完成1381.1亿kWh，同比增长18.32%；吉林省公司完成453.18亿kWh，同比增长13.68%；黑龙江省公司完成559.34亿kWh，同比增长9.91%；蒙东完成178.07亿kWh，同比增长19.93%。

东北全区全社会用电为3322.39亿kWh，同比增长12.89%。其中，辽宁省用电1715.26亿kWh，同比增长15.26%；吉林省用电576.97亿kWh，同比增长11.98%；黑龙江省用电747.84亿kWh，同比增长8.59%；内蒙古东部用电278.31亿kWh，同比增长11.10%。

东北电网综合线损率完成7.14%，同比下降0.07个百分点。其中，辽宁省公司线损率完成6.9%，同比下降0.5个百分点；吉林省公司线损率完成6.42%，同比降低0.56个百分点；黑龙江省公司线损率完成7.79%，同比下降0.3个百分点。东北电网内省间净交换电量774.66亿kWh，同比上升26.28%。其中，蒙东净送东三省电量315.2亿kWh，同比增长14.43%；黑龙江省净送出电量4.17亿kWh，同比下降2.26%；吉林省净送出电量81.25亿kWh，同比上升152.88%；辽宁省净受入电量374.04亿kWh，同比增长27.7%。

东北电网送华北电网电量88.16亿kWh，同比增长26.25%。

领导班子

董事长、党组书记：李一凡

总经理、党组副书记：崔继纯

副总经理、党组成员：王　钢　薛建伟　董恩伏

总会计师、党组成员：耿占东

工会主席、党组成员：刘　琳

纪检组长、党组成员：金汝传

总工程师：陈兆庆

名誉总工程师：黄其励

人力资源

东北公司长期职工7515人，其中管理人员2221人，占29.6%；技术人员730人，占9.7%；技能人员3618人，占48.1%。硕士研究生及以上学历353人，占4.7%，其中博士17人；大学本科3062人，占40.7%；专科2065人，占27.5%。高级职称1316人，占17.5%，其中教授级46人；中级职称1332人，占17.7%。平均年龄41岁，其中29岁及以下1070人，30～39岁2116人，40～49岁2845人，50～54岁750人，55岁及以上389人。

认真贯彻执行国家电网公司和东北公司党组决策部署，坚持服务“两个转变”，深入创建“四好”领导班子，优化领导班子结构，加大干部培养培训力度，完善干部竞争机制，夯实干部管理基础工作。圆满完成迎接国家电网公司“四好”领导班子考核工作，实施对直属单位领导班子“学习能力、创新能力、发展能力”等10项核心能力建设考评，建立考核反馈机制。对12个直属单位领导班子进行补充调整，全年提拔变动干部141人。制定加强干部队伍建设实施意见和挂职锻炼干部管理办法并组织实施，先后选派17名干部赴华东电网公司挂职锻炼，8名直属单位干部到公司本部挂职锻炼。18名干部内部轮岗，28名干部交流培养。举办1期党委书记专项培训班，2期试用期培训班，培训169人。实行公司本部处长、副处长竞聘上岗常态化，有31人通过公开选拔和竞争走上新的工作岗位。推进干部管理信息系统与ERP接口数据对接相关工作，完善干部管理

信息。

加强职工队伍建设，创新人力资源管理模式，提升人力资源管理水平，按照人力资源集约化管理要求，编制人力资源集约化管理建设方案，完成人力资源基础信息规范化试点工作。变革劳动组织方式，组织长春超高压局实施新体制管理模式试点。开展生产单位效率效益考核工作，做到按季度考核并兑现薪酬。实施公司本部绩效管理，充分调动员工工作积极性。制定印发公司生产单位效益和效率考核办法和本部绩效管理办法，组织实施关键生产技能岗位津贴的规定。全面完成“159”人才规划目标，培养选拔国家电网公司层面优秀专家人才 13 人，公司层面 52 人，直属单位层面 95 人。加强员工队伍岗位技能培训，不断提高员工素质，严把员工入口关，重点解决员工队伍结构性矛盾，按照智能电网建设要求有效控制员工总量。

电网建设与发展

电网规划和建设步伐不断加快。完成《东北电网“十二五”发展规划》及相关专题报告编制。开展东北电网消纳风电能力滚动研究，编制《东北电网风电场接入系统工作管理办法》。朝阳、科尔沁和沙岭 3 个 500kV 变电站扩建工程获得核准。长春南和平安—包家—东丰等 4 项输变电工程上报核准。呼伦贝尔、兴安盟地区电网建设工作全面展开，乌兰浩特—白城、本溪南—渤海—北宁、海北输变电工程开工。开展“抓基础、控风险、防事故”基建安全主题活动，强化工程质量管理，有效降低工程造价。燕南变电站和吉辽四回等 6 项工程荣获国家电网公司输变电优质工程。水电建设步伐加快，双沟和石龙电站机组投运，松江河梯级电站建设工作全面完工。加快推进丰满大坝重建工作，完成对相关专题报告咨询和审查。加强中朝理事会合作交流，望江楼、临江电站和长甸扩机改造工程取得重要进展。深入推进智能电网建设和智能水电厂改造。在智能电网建设方面，500kV 长春南智能变电站试点工程进展顺利，完成了一、二次设备招标，变电站主辅建筑工程基本完成；包家变电站智能化改造工程技术方案通过国家电网公司专家评审，完成相关招标工作；长春区域集控中心建成并投入运行。以长春超高压局为试点的超高压局管理新模式开始实施。在智能水电厂改造方面，完成智能水电厂规划方案编制工作，白山和松江河智能水电厂改造工作进入实施阶段，松江河电厂初步实现水库联合经济调度。

经营管理

“三个平台”（电力调度、电力交易、董事会的平台）建设取得显著成效，经营管理水平持续提升，人财物集约化管理实现突破。发挥电力调度平台作用，开展智能调度系统建设，启动智能调度技术支持系统改造工程，开发风电采集、预测和有功功率控制等系统，推进日前安全校核和可视化系统建设，构建一体化技术支撑平台。与发电企业合作，建成国内首座“电网友好型”风电场。开展东北电网风电并网检测和评估中心建设。加强风电运行管理，积极接纳风电，风电投运突破 1000 万 kW，占全网装机总量突破 10%，日发电量突破 1 亿 kWh。发挥电力交易平台作用，创新交易品种，扩大交易电量，建立东北电网市场建设协作机制。通过区域电力市场交易平台开展跨省发电权交易、电力用户与发电企业直接交易、东北送华北电量交易和短期省间互供电量交易等，累计完成交易电量约 148 亿 kWh。发挥董事会平台作用，建立有效沟通机制，与东北四省（区）电力公司共同协商区域智能电网发展规划、呼辽直流投产对电网安全稳定影响、风电接入系统标准管理等重大问题；协调省（区）电力公司开展相关专业劳动竞赛等。

加强财务集约化建设和管理。基本建成以“六统一、五集中”为核心的财务集约化管理体系，在相关领域实现突破，成为国家电网公司系统第一家通过评审验收单位，圆满完成试点任务。稳步推进电价工作，完成平价水电执行丰枯电价、固定输电费用分摊政策的备案工作；结合新机调试运行期差额资金专项治理工作，争取到电网水电 0.34 亿元补偿；出台蒙东新增交易电量输电费分配使用办法。开展税收筹划，推行财务在线稽核，建立常态机制；解决松江河电厂改制工作中土地出让金等税费问题，节省土地出让金 6.97 亿元；水能出让金问题得到成功解决。

物资集约化取得成效。实施全面物资计划管理，物资需求计划覆盖全部资本性和成本性支出范围，启动公司系统标准化仓库建设与管理工作，强力推进 ERP 物资模块的单轨应用，物资信息化建设应用得到全面深化。

注重发挥内部审计作用。两级审计机构共完成审计项目 124 项，促进增收节支 2738 万元，实施审计项目首次全面覆盖直属单位和分公司，审计成果运用情况首次纳入企业负责人年度业绩考核，同级审计、跟踪审计、专项审计力度不断加大，扎实开展“小金库”专项治理，抵御经营风险能力进一步增强。

深入推进同业对标工作。建立东北公司和直属单位层面的三级对标管理架构和区内、区外两个对标平台，按季度进行同业对标数据报送和指标分析，不断改进和完善对标指标体系和评价方案。在安全生产、调度运行管理和电网建设等领域的相关指标都实现了突破，特别是在管理对标领域，“提升电网风电接纳能力”相关管理方法被确认为国家电网公司典型经验。

加强班组建设。开展标准化班组创建和班组建设创先争优活动，选树典型班组、组织班组互查活动。收入向一线倾斜，落实关键生产技能岗位津贴、生产人员保健津贴等。

推进管理创新，加强软科学研究，形成一批创新成果，员工创新意识增强。全面梳理规章制度和规范性文件，规章制度体系逐步完善。按照国家电网公司统一部署，稳妥推进主多分开和集体企业规范化管理工作。强化工作督办，实行闭环管理，保证公司各项决策部署落实到位。

安全生产

实现“安全年”目标。坚持“安全第一、预防为主、综合治理”的方针，全员、全过程、全方位地保证电网安全稳定运行。强化安全责任和管理，落实各项事故防范、应急和保障措施，充分发挥安全保障体系和监督体系的作用。积极开展安全管理策划，制订策划方案，加强滚动管理，按季度进行考核兑现，及时总结实施情况。全面落实“三个不发生”百日安全活动和安全大检查活动的总体部署，加强春检、秋检、汛期应急等过程监督检查与风险管控，加大隐患排查治理力度，深入开展反违章活动，实施领导挂牌督办制度。先后组织开展生产员工安全基本技能考评，关键生产技能岗位人员考评，安全管理知识培训和管理人员安规调考等工作，提高一线员工和管理人员安全素质。推行设备状态检修，设备停电时间大幅减少，检修质量和水平显著提高。分别以白山、太平湾电厂为试点，全面推行水电机组标准化检修和标准化运行。实施500kV霍通沙工程防舞治理。成功举行公司本部综合应急演习。在东北地区遭遇特大洪灾的情况下，超前部署、精心组织、取得防洪度汛工作全面胜利，实现水电大发，加大对水毁工程投入。保证呼辽直流工程顺利投产，实现交直流混合联网下电网安全稳定运行。圆满完成了包括辽吉和吉黑省间断面的年度电磁环网解环任务。省区间联络线功率交换控制性能考核标准实现升级。

科技与信息化

东北公司结合推进智能电网建设和智能水电厂改造，统筹科研力量，深入开展相关科技项目研究，在推进技术进步的同时培养科技人才。积极开发系列化电力巡检与作业机器人，切实提高工作效率，降低员工安全风险。“超高压输电线路机器人巡检与维护系统”和“800MW超临界机组自动发电控制的研究”两项科技成果获国家电网公司科技进步二等奖。充分利用社会资源，与相关单位签订了技术合作协议。信息系统有效整合和深化应用工作稳步推进，完成了第一批旁路信息系统的梳理及清理工作，建立了信息系统应用考核和通报机制。ERP第二步推进计划稳步实施，在实现全覆盖和单轨制运行的基础上，不断提升系统应用的深度和广度。通过建设“智能型信息安全防护体系”和开展信息安全检查等有效措施，确保了公司信息安全。

优质服务

东北公司始终坚持“四个服务”企业宗旨，坚决履行社会责任。从东北公司功能职责定位和“大东北”区域发展战略出发，坚决贯彻执行国家电网公司决策部署，以服务国家能源战略、促进经济社会可持续发展为目标，保障电网安全稳定运行。以更安全、更经济、更清洁、可持续的能源供应为核心，创新优质服务举措，加强“三公”调度交易工作和区域电力市场建设服务，做好服务发电企业和东北四省（区）电力公司各项工作。东北电网遭遇百年一遇特大洪水，东北电网全力以赴，科学调度，及时调整水库流量，圆满完成抗洪防汛重大任务。国务院总理温家宝，吉林、辽宁省政府主要领导，国家电网公司总经理刘振亚等先后看望慰问东北电网丰满发电厂广大干部职工。发挥东北公司董事长单位的董事会作用，建立有效沟通机制，共同研究协商解决区域电网发展建设、智能电网发展规划、呼辽直流投产对电网安全稳定影响、风电接入系统标准管理等重大问题，协调省（区）电力公司开展相关专业劳动竞赛服务等。先后制定《东北区域省间电能交易暂行办法》《东北区域省间电能交易监管办法》等4个新的市场交易办法。依据国家电网公司有关规定，努力实践推广“电网友好型风电场”理念，与发电企业合作，东山风电场建成国内首座“电网友好型”风电场。

党的建设和精神文明建设

发挥党组的领导核心作用，贯彻落实国家电网公司党组决策和部署，及时讨论决定重大问题，围绕中心工作加强党的建设。深化“四好”领导班子创建工作，开展干部轮岗和挂职锻炼；建立领导班子课题研究制度，提升领导干部综合素质。强化党风廉政建设工作，反腐倡廉领导体制和工作机制有效运转，“三化三有”惩防体系建设有序推进。认真开展工程建设领域突出问题专项治理，对安全管理策划考核工作落实情况立项进行效能监察。精心组织“学制度、促廉洁、保发展”主题教育活动，廉洁从业氛围更加浓厚。组织开展公司系统先进典型事迹巡回报告活动，发挥了典型示范带动作用。深入学习实践科学发展观，开展学习实践活动。全体员工广泛开展解放思想“大讨论”，组织形势任务教育巡回宣讲和员工思想动态调查，干部员工思想观念和精神面貌发生深刻变化。开展创先争优活动，实施党组织“创优引领工程”。“员工心理健康教育”项目获国家电网公司精神文明建设创新一等奖。成立公司团校，开展“十大杰出青年”评选活动。积极履行社会责任，服从大局，用实际行动支持地方政府抗洪救灾工作。加强品牌建设，加大新闻宣传力度，提升“国家电网”品牌价值和社会影响力。完善职工代表大会制度，维护职工合法权益。开展职工代表巡视活动，民主管理作用得到强化。落实维稳责任，做好突发事件应急处理和各类矛盾排查化解工作，保证了员工队伍和谐稳定。

主要事件

1月19日，召开东北公司四届一次职工代表大会暨2010年工作会议。董事长李一凡作题为《坚持科学发展，提升效率效益，推进东北电网的全面振兴》的报告。

2月1日，东北公司举行丰满水电站大坝全面治理工程可研设计合同签字仪式。董事长李一凡、中水东北勘测设计研究院总经理金正浩出席仪式并讲话。

2月24～25日，辽宁省遭遇20年来罕见雨雪冰冻灾害。全省境内15条500kV线路出现覆冰舞动现象，其中东北电网公司管辖的500kV科沙1、2号线及沙蒲1号线等3条线路跳闸。公司迅速启动处置雨雪冰冻灾害事件应急预案，组织人员对跳闸线路进行全面抢修，及时恢复送电。

3月11日，召开东北公司干部宣布大会。国网公司人董部主任林野，公司董事长李一凡等领导出席。林野宣读干部任免通知并讲话。崔继纯任东北电网有限公司董事、总经理、党组成员、副书记。

3月31日，望江楼水电站奠基仪式在吉林省集安市举行。公司董事长李一凡，朝鲜电力工业省副相金万寿、吉林省副省长陈伟根等领导出席开工奠基仪式。该电站位于集安市境内鸭绿江干流上，云峰发电厂下游，是以发电为主的低水头径流式电站，总装机容量40MW。

4月20日，召开东北电网公司二届五次董事会。会议通过关于聘任公司总经理决议；听取加强风电接入系统标准化管理，建设东北电力交易平台，联合开展网省（区）公司劳动竞赛等情况汇报，并就有关问题进行讨论。

4月27日，举行双沟水电站机组投产发电庆典仪式。公司董事长李一凡、总经理崔继纯，白山市委书记李伟等领导出席。该电站是松江河梯级电站中第二级电站，总蓄水量3.88亿m^3，年均发电量3.78亿kWh，1999年开工建设，电站两台单机140MW。

5月12日，召开正式启动“十二五”电网技术改造规划编制工作会议。会议宣布组建成立“十二五”电网技术改造规划编制领导小组，副总经理王钢担任组长；会议明确电网技术改造规划编制工作任务和目标。

6月12日，举行2010年国网及东北电网迎峰度夏联合反事故演习。东北网调，辽吉黑三省调，哈尔滨、长春超高压局、赤峰电业局等单位1800名员工参演。

7月23日，500kV穆鞍1、2号线（两回）正式送电。500kV呼辽直流工程（伊敏—穆家直流输电系统）设计输电容量为3000MW，长度908km，主要将呼伦贝尔地区6台600MW电源电力直接输送至辽宁负荷中心。

7月28日，公司全面启动防汛应急预案，全力支持吉林省政府抗洪抢险。董事长李一凡、总经理崔继纯在公司水库调度中心指挥。6时20分将丰满水库发电出流量由1800m^3/s降至800m^3/s，丰满水库降流错峰缓解下流地区防洪压力。

8月3日，国家电网公司总经理刘振亚到丰满电厂视察防汛工作。

同日，辽宁省省长陈政高，常务副省长许卫国、省军区司令员鲍铁印、丹东市委书记薛恒、市长赵连生等领导到水丰水库大坝检查防汛工作。陈政高肯定了太平湾发电厂防汛工作，并对防汛进行安排部署。

8月4日，中共中央政治局常委、国务院总理温家宝到丰满发电厂视察防汛工作，看望慰问抗洪一线干部员工。国网公司总经理刘振亚，公司董事长李一凡、总经理崔继纯和丰满厂长陈凯等陪同。

8月17日，公司董事长李一凡与中国电力科学研究院院长张文亮签署《建设坚强智能电网科技与交流合作备忘录》。

8月30日，东北公司董事长李一凡与国网电力科学研究院院长肖世杰签署《东北电网有限公司—国网电力科学研究院建设智能化水电厂合作框架协议》，标志双方实现深层次更广范围合作。

9月18日，东北电网成功实施赤峰与辽宁朝阳电网间电磁环网解环。之前相继完成500kV燕南变电站及其配套工程，葫芦岛与朝阳220kV联络加强工程，奎德素变电站、南票电厂2台150MW投产、220kV京宁线等工程，为解环创造条件，消除地区联络线过载问题，降低损耗，500kV联络线输送能力得到发挥。

9月28日，大连电网与营口电网间成功实施电磁环网解环。

10月27日，吉林、黑龙江省间电网和黑龙江中西部电网成功实施电磁环网解环。消除了吉黑省间和黑龙江中西部联络线过载问题，500kV联络线输送能力得到发挥，区域电网资源优化配置能力进一步提高。

10月31日，东北公司总经理崔继纯出席主持吉林敦化抽水蓄能有限公司成立揭牌仪式。该电站是吉林省首座东北地区最大的抽水蓄能电站，是吉林省“十二五”电力发展重点项目。该电站位于吉林省敦化市境内，处于东北电网“西电东送、北电南送”的中心节点，规划装机容量140万kW，安装4台35万kW立轴单级可逆混流式机组。

11月10日，东北电网风电机组装机容量成为东北电网第二大发电能源，装机容量达1008万kW，其中辽宁259.5万kW、吉林265万kW、黑龙江179万kW、蒙东304.7万kW。

11月24日，伴随500kV绥高3号线投产，东北电网成功实现绥中电厂外送输电通道500/220kV电磁环网解环运行，标志东北电网全面完成2010年电磁环网解环任务。

11月26日，公司召开2010年度党风廉政建设责任制执行情况考评会。董事长李一凡汇报党风廉政建设责任制执行情况，国网检查考核组长张伟（国网公司监察局一室副主任）讲话，总经理崔继纯主持。

12月1日，东北电网500kV长春集控中心投入试运行。至此原由网省地直接调度东北电网长春超高压局所辖东丰、合心、梨树、平安、龙嘉变电站调度关系全部转移至集控中心，实现对所辖500kV变电站运行监视和遥控操作。

12月6日，东北电网500kV丰徐1号线路检修结束送电，标志着2010年东北电网主网架秋检工作结束。秋检从9月初开始，共检查线路135条（包括36条500kV线路），500kV主变压器22台。

12月8日，举行东北电网公司与中国科学院沈阳分院科技工作全面合作框架协议签字仪式。

12月14日，正式实施东北区域跨省调峰日前交易和实时交易。每日交易最大电力10万kW，交易电量30万kWh，这是东北网调在全国率先实施跨省调峰日前交易和实时交易，实现了区域省网调峰互济，旋转备用资源互享，促进全网接纳风电。

（王 历）

辽宁省电力有限公司

企业概况

辽宁省电力有限公司（简称辽宁公司）以建设运营辽宁电网为核心业务，截至2010年底，拥有所属单位40个，其中供电公司14个、超高压分公司1个、施工企业6个，机械修造企业4个、培训中心2个、职工医院1个、电力勘测设计院1个、其他所属单位11个，本部设职能部门21个。供电营业区域14.8万km^2，供电服务人口超过4300万。

2010年，辽宁公司各项工作取得了丰硕成果。同业对标工作获得国家电网公司综合管理标杆以及“电网运行”、“电网建设”专业管理标杆；安全管理指标并列第一，营销服务、资产经营、人力资源排名大幅提升；获得东北区域综合管理标杆和安全管理、资产管理、营销服务、电网运行、人力资源、电网建设六项专业管理标杆。

截至2010年底，辽宁公司完成售电量1381.1亿kWh，综合线损率6.9%。

电网概况

辽宁电网北部经4回500kV线路与吉林电网相连；西北部经6回500kV交流输电线路、1回±500kV直流输电线路（呼辽直流）与蒙东电网相连；西南通过500kV高岭背靠背换流站与华北电网实现跨区相连。

辽宁电网内部的中部与辽南电网经4回500kV交流输电线路、2回220kV交流输电线路相连；中部与辽西电网经3回500kV交流输电线路、4回220kV交流输电线路相连。

辽宁电网是典型的受端电网。2010年，经省间联络线净受入电量398.71亿kWh（不含绥中电厂），其中，辽吉省间受入电量223.11亿kWh，由内蒙古东部的通辽、赤峰地区分别受入105.97亿kWh和90.54亿kWh，由呼辽直流受入电量25.89亿kWh，由东北公司净受入电量41.35kWh；东北电网通过辽宁向华北电网净输出电量88.16亿kWh。

截至2010年底，辽宁电网拥有（含国家电网公司总部、东北公司、辽宁省公司全资及控股资产）66kV及以上公用变电站1488座（含换流站2座、开关站6座），变压器2901组，变电容量12 798.75万kVA，换流变压器6组，换流容量701.16万kVA。其中，500kV变电站17座，变压器35组，变电容量3077万kVA；500kV开关站2座；500kV换流站2座，换流变压器6组，换流容量701.16万kVA。220kV变电站154座，变压器314组，变电容量5061.70万kVA。220kV开关站4座。66kV变电站1309座，变压器2364组，变电容量4650.51万kVA。66kV及以上线路（含电缆及直流输电线路）回长43 878.66km。其中，500kV线路回长6098.96km；220kV线路回长13 309.43km；66kV

线路回长 24 258.73km。

人力资源

截至 2010 年底，辽宁公司职工人数 58 569 人，其中经营管理类 4044 人，专业管理类 6480 人，技术管理 2971 人，大学本科及以上文化程度 17 061 人，人才密度 92.62%，高技能人才比例 75.02%；具有副高级以上职称 3529 人，中级职称 7559 人。

2010 年，辽宁公司招聘各类高校毕业生 822 人（含农电），接收复转军人 162 人（含农电）。举办各类培训班 278 期，培训 18 995 人，培训率 99.43%。

开展第四批专家遴选工作，量化考核国家电网公司专家 24 人，完成国家电网公司专家年度考核工作 26 人。修订公司专家管理办法，完善优秀人才管理考核办法激励机制。选送赴西藏帮扶人员 2 人，青海帮扶人员 1 人。申报参加专业技术资格评审 1578 人，完成供电公司技能鉴定 12 320 人。

推进主营业务专业化，组建超高压分公司，成立技术经济咨询研究中心、审计中心和物流中心。规范县级供电分公司本部机构编制管理，撤并县公司 3 个，县公司本部职能部门由 681 个减至 401 个，管理人员由 4126 人减至 1534 人。规范供电公司生产机构编制管理，14 个供电公司直属生产机构由 119 个撤并为 88 个，管理人员由 911 人减为 611 人，完成了城区供电分公司、农村供电所和生产班组设置的规范工作。

大力推行岗位竞聘，面向公司系统公开招聘专业技术人才 53 人，新进人员全部充实到生产一线缺员岗位，研究生满 3 年、本科生满 5 年，专科生和退役士兵满 8 年才允许流动，985、211 院校毕业生录用比例达到 30%。

优化企业内部收入分配关系，坚持向关键岗位、优秀人才和生产一线员工倾斜，逐步缩小收入差距。加强基础管理工作，全面清查基础数据、业务流程、标准体系、制度体系和管理死角。从严核定各供电公司定员定额，制定《供电企业劳动定员管理办法》，完善考核和责任追究机制。

加强领导班子和干部队伍建设。全年共举办各级领导干部培训班 30 期，累计培训 2290 余人·次；考核测评干部 564 人，调整交流干部 78 人，调整所属单位党政领导班子主要负责人共 29 人；公开招聘公司系统 14 名同志到本部处长、副处长岗位工作；从基层单位选拔 25 名同志到辽宁公司本部挂职培养锻炼。

电网建设与发展

2010 年，新开工 66kV 及以上输变电工程 80 项，累计送电线路 2286.86km，变电容量 1283.35kVA；投产 66kV 及以上输变电工程 114 项，累计送电线路 3770.44km，变电容量 1857.3kVA；加大前期工作力度，2011 年计划开工的 68 项 66kV 及以上电网项目全部获得核准，为有序开工奠定了坚实的基础。辽宁电网 500kV 主干网架基本形成，省间 500/220kV 电磁环网全部实现解环运行。辽宁电网进入了交直流混合运行的新时期，呼伦贝尔—辽宁±500kV 直流输电工程建成投运，呼伦贝尔地区新建的 300 万 kW 电源直送辽宁负荷中心，东北地区已形成国家电网公司系统第一个大容量、交直流混联、远距离输电系统。500kV 瓦房店输变电工程及 220kV 联网工程建成投运，进一步增强辽宁电网中南部环网运行的可靠性。220kV 奎德素工程投产，实现与蒙东地区省际断面解环运行。与全省 14 个地市政府签署征地动迁框架协议，实现由地方政府作为责任主体推动实施电网建设征地动迁工作，为辽宁公司创造良好的电网建设环境。累计下达技改工程计划 471 项，完成全部 11 座集控中心、60 个操作队、57 座 220kV 变电站和 96 座 66kV 变电站的建设与改造任务。实现了变电运行管理由“集控站”向“集（调）控中心+操作队”模式的转变，220kV 和 66kV 变电站无人值守率均达到 100%。完成省内首座 220kV 智能化变电站——大石桥变电站的改造工程，并成功投运。

500kV 丹东北输变电工程项目获全国电力行业优质工程奖和国家级优质工程银质奖 2 项大奖。8 个输变电工程项目获国家电网公司优质工程奖。

经营管理

人财物集约化管理快速推进。以结构调整为重点，以提高效益为目标，全面深化人力资源集约化管理，推进管理体制机制创新，圆满完成了机构规范、定员管理、薪酬管控等重点工作。基本建成以“六统一”、“五集中”为主线的财务集约化管理体系。稳步推进物资集约化管理项目实施，实现物资信息“一本账”。两级招标体系日趋完善，集中采购范围不断扩大，公开招标和非招标采购手段持续创新和规范。首次全面实行工程量清单施工招标。全面完成“小金库”专项治理工作，对辽宁公司主业 9 个“小金库”全部完成财务处理，并上报国家电网公司。严格清理产权级次，加强担保管理，积极稳妥推进主辅分离工作，对拟分离的 11 家辅业单位财务基础数据进行了调查和核对工作。技术经济管理实现全覆盖，对全部投资项目进行全过程造价控制。

安全生产

2010 年，辽宁公司安全生产形势稳定，未发生人身死亡事故，未发生有人员责任的重大及以上电网、设备、火灾事故。城网供电可靠率 99.932%，综合电压合格率 99.471%；农网供电可靠率 99.803%，综合电压合格率 96.661%。

认真开展事故隐患排查治理工作，深入开展春秋检、“三个不发生”百日安全活动、安全大检查活动和电力设施保护活动，加大安全体系建设，圆满完成“1·20”冰雪灾害、“2·25”冻雨灾害及 7～8 月主汛期六轮暴雨灾害等应急抢险任务，成功完成“7·16”大连输油管道爆炸起火事故关闭输油管道阀门应急电源保障任务，实现安全年目标。

加大应急保障体系建设，完善应急指挥中心功能，提高抢修能力和装备水平。进一步强化安全责任，根据人事变动，调整并明确分片包干领导的工作职责及要求。进一步强化作业全过程管理，下发《作业安全风险等级划分标准》、《各级生产领导干部、管理人员到岗到位标准》，保证安全生产处于能控、在控状态。建立事故隐患排查治理工作的常态化机制，开展专项分片督查，全年共查出隐患 166 项，治理各类事故隐患 134 项，整改率达 81.2%。成立“反违章稽查队”，开展为期三个月的反违章稽查专项活动，查处违章 659 起。加大防外力破坏工作，10 月 18 日～11 月 5 日，辽宁省经济信息委员会首次组织对全省电力设施保护工作开展检查。

营销工作

2010 年，辽宁公司完成售电量 1381.1 亿 kWh，同比增长 18.32%，当年电费回收率 100%，市场占有率 92.32%，全社会用电量 1715.26 亿 kWh，实现当年电费和陈欠电费收缴“双结零”。高压客户供用电合同累计签约率完成 99.95%，检查各类电力用户 33.11 万户，查获窃电用户 7240 户，查获违章用电 3481 户，追补电量 6500 万 kWh。出版《辽宁省电力有限公司营销安全风险防范工作手册（试行）》，制定《辽宁省电力有限公司客户电费催缴及欠费停、限电管理办法（试行）》，部署电费坏账核销工作，促进提前完成清欠工作。

完成新装、增容 61.93 万户 1200.74 万 kVA。全省公共低压台区数量为 47 659 个，低压线损率 9.7%，累计减少损失电量 8.1 亿 kWh。更新、改造计量装置 447.99 万套，计量装置合格率达到 99.98%、计量故障率降至 0.02%以下。完成用电信息采集和充电站试点工作任务，原直供区域 50kVA 及以上用户专用变压器和公用变压器采集终端安装率 100%，总安装率 45%。智能电能表检定量 300 万只。

农电工作

2010 年，辽宁公司农电系统全年未发生重、特大电网、设备、人身事故，实现农网第六个安全年。农网供电可靠率 99.715%，农网综合电压合格率 95.2%。

全面启动新一轮农网改造升级工程建设，健全农网工程管理的监督机制和问责机制，签订农网改造升级工程责任状。率先在国家电网公司系统内实现县（郊区）供电公司 ERP 系统推广应用上线运行工作，全面启动农网生产管理信息系统（PMS）建设。按计划完成 5 个县、48 个乡（镇）、587 个村的新农村电气化建设任务，新农村电气化县、乡（镇）、村比例分别达到 25%、19.2%和 17.9%。完成 2 个单位“国家电网公司一流县供电企业”创建任务及 6 个单位“省公司一流县供电企业”考评验收。完成国家电网公司下达的变电所综合自动化工程 32 套的农网科技进步项目，认真开展沈北新区新农村典型供电模式研究的试点建设工作。

科技与信息化

2010 年，完成新技术推广计划 108 项，信息化项目 29 项，承担国家电网公司智能电网试点项目 10 项。获国家科技进步二等奖 1 项，辽宁省政府科技进步一等奖 1 项、二等奖 2 项、三等奖 4 项，国家电网公司科技进步二等奖 1 项、三等奖 1 项。其中“面向节能的复杂配电网检测控制与故障诊断关键技术研发及应用”获得国家科技进步二等奖，“采用 LTT 技术的高压动态无功补偿装置（SVC）”获辽宁省政府科技进步一等奖。全年共申报专利 132 项，其中发明专利 29 项，实用新型专利 99 项，外观设计专利 4 项，全年累计专利授权 86 项，截至 2010 年底拥有已授权专利 162 项。各单位申报辽宁公司科技成果 198 项，获奖 158 项，其中一等奖 13 项、二等奖 46 项、三等奖 53 项，星火激励奖 31 项。在 SCI、EI 入选刊物上发表论文 16 篇，出版技术专著 1 部。国家级优秀 QC 成果 2 项，电力行业优秀 QC 成果 10 项，公司表彰优秀 QC 成果 180 项。牵头和参与了 4 项国家 863 课题的申报，获准承担 7 个国家电网公司重大科技项目，3 个国家电网公司新技术示范工程。单点登录集成率、信息内外网络隔离完成率、信息系统安全运行可用率均达 100%，实现信息系统零事故。以 SG—ERP 建设和应用为核心，全面推进信息系统实用化。ERP 系统单轨运行暨县级供电分公司全面上线；完成 71 家县级供电分公司的 ERP、协同办公、生产 PMS 系统的推广实施工作；营销业务应用系统、财务集约化体系和协同办公系统通过国家电网公司验收组验收。12 月，辽宁公司顺利通过国家电网公司业务系统实用化评价。

优质服务

2010年开展“塑文化、强队伍、铸品质”供电服务提升工程宣传活动。整合县区95598资源，优化流程，规范呼叫中心服务。积极推进“两所”标准化建设，完成574个营业厅环境和品牌标识改造，推行星级实行挂牌服务。

规范业扩报装工作，制定《业扩报装管理标准》。对业扩报装实行全过程监督，业扩服务回访率100%，严格履行对客户告知义务，杜绝“三指定”行为。主动服务政府和客户，完成大连新港输油管道的爆炸事故抢险，在暴风雨、洪水和泥石流等灾害面前，应急准备充分，灾后抢修迅速。在国家电网公司第三届供电“服务之星”劳动竞赛中，辽宁公司获得团体第一名，参赛选手沈阳供电公司程金雁获得国家电网公司“十佳服务之星”称号。

建立新的行风建设考评机制，主动邀请社会评议机构参与监督，增加了行业内部评议的比重，把纠风和行风建设有效融入企业生产经营管理全过程。行风建设和优质服务工作连续13年在全省72个行业公开民主测评中名列第一名，并在2010年获得免评资格。

党的建设和精神文明建设

2010年，辽宁公司各级党组织积极开展创先争优活动，成效显著。593个“共产党员工程”、1176个“党员责任区”、841个“党员先锋岗”，628个“党员安全示范岗”设立明显标识，公开接受群众监督；“创先争优专题党课——周琴事迹巡回报告团”在14个市进行了18场报告，观看报告会的党员人数达到14 410名，引起强烈反响；103支“共产党员突击队”、59个“电网先锋党支部”、6122名共产党员奋战在抗洪抢险保供电第一线。规范党校工作体制，在基层单位建立了21个党校分校，发挥组织优势和培训优势，完善了党校及分校工作机制，规范了党员教育培训管理，实现了党员培训“五统一”。辽宁公司系统27 308名在职党员参加了各级党校组织的培训，参训率达到99.9%。

全面推进优秀企业文化建设，将“企业文化建设完成率”指标纳入公司综合业绩考核体系，将“所有供电公司达到示范基地建设标准”纳入全年工作目标。组织开展“建设统一的优秀企业文化”主题实践活动，形成了一批有影响力的企业文化建设成果，打造具有鲜明电力企业的特色文化——抚顺供电公司的“雷锋”工程、营口供电公司的“感动式”服务、阜新供电公司的“亲情化”服务，促进了公司的和谐发展。

（张永华　李天一）

吉林省电力有限公司

企业概况

吉林省电力有限公司（简称吉林公司）是国家电网公司的全资子公司，以建设、运营电网为主营业务。供电营业区面积18.74万km^2，拥有供电客户1012万户，供电服务人口2739.6万人。设有供电公司9个，控股吉林省农电有限责任公司，拥有施工、修造企业5个，科研、设计单位和培训中心各1个。

“十一五”以来，吉林公司各项工作不断取得新进展，实现新突破，总体保持了安全健康科学发展的良好态势。始终把安全生产放在首要位置，扎实开展“三评”工作，强化安全责任落实，安全生产创历史最好水平，连续实现第五个安全年。各级电网发展全面加快，电网结构进一步优化，技术装备水平大幅提升，实现了骨干网架由220kV向500kV电网的升级。扭转连续两年亏损局面，经营状况明显好转，电价工作实现重大突破，“三节约”活动取得明显成效，日供电量、最大电力和年售电量屡创新高。人财物集约化管理和信息化建设扎实推进，各项管理制度和工作流程逐步完善，ERP系统全面推广上线，企业管控能力持续增强。用人机制实现重大创新，建立吉林公司本部处长及以下岗位缺员公开招聘机制，连续三年面向社会公开招聘高校毕业生，受到业内外的普遍关注和好评。行风和优质服务工作再创佳绩，吉林公司连续三年实现国家电网公司层面行风零投诉，连续第五年被省政府确定为行风内评单位。党建和精神文明建设稳步推进，学习实践活动成果显著，符合科学发展观要求的治企方略初步形成；大力弘扬“诚信、责任、创新、奉献”核心价值观，涌现出吕清森等一批先进典型，吉林公司荣获吉林省劳动模范集体称号，首次跨入全国精神文明建设工作先进单位行列。

“十一五”期间，吉林电网新增500kV变电站5座，投产66kV及以上输电线路7180.38km，变电容量1557.92万kVA，分别增长161.25%和282.5%。售电量从292.09亿kWh增加到453.18亿kWh，增长55.15%；资产总额增长21.18%。

电网概况

截至2010年末，吉林电网共有500kV变电站9座（其中东北公司6座），变电容量1305.1万kVA，500kV输电线路2451km；220kV公用变电站71座，变电容量1511.3万kVA，220kV输电线路8708.2km；66kV（含农网）变电站711座，变电容量 1467.77 万 kVA，线路长度 15 031.36km。

人力资源

截至 2010 年末，吉林公司职工人数 30 691 人，其中研究生及以上学历 507 人，大学本科学历 7043 人，大学专科学历 6780 人。初级及以上专业技术资格的员工为 12 390 人，其中正高级 32 人，副高级 2065 人，中级 3957 人。

选人用人机制不断完善。制定公开招聘领导干部办法，推行“二维对标”干部考核方式。严控所属单位中层干部职数，严格执行核准制。本部处长及以下人员、各单位中层干部全部实行公开招聘选拔。

本部建设活动扎实开展。完善本部员工管理办法，本部缺员公开招聘形成常态机制。实施本部绩效管理。开展本部职员职级序列评聘工作，进一步拓宽了本部员工发展渠道。

员工培训力度进一步加大。培训中心成为国家电网公司高技能人才培训基地。举办领导干部 IBM 管理培训班。与加拿大蒙特利尔高等商学院、香港中华电力公司开展合作交流。完成领导干部及区县公司主要负责人轮训工作。吉林公司在国家电网公司财务竞赛中获团体第二名，模拟法庭竞赛中获团体第五名。

电网建设与发展

以建设坚强智能电网为目标，坚持统一规划、统一标准、统一建设、适度超前的原则，加快各级电网建设，积极破解影响和制约电网发展的突出问题，电网发展质量和效益全面提升。

规划和前期工作继续加强。编制完成吉林公司“十二五”发展规划，电网发展规划等 16 个专项规划。与全部地市（州）政府签订“十二五”电网发展协议，促成政府设立电网发展基金，明确政府在电网前期工作中的责任主体地位。首次开展电网规划项目选址选线工作，2011 年新开工项目全部取得可研批复。

各级电网建设取得积极进展。吉林公司投资的首座 500kV 智能化变电站（延吉）上报核准，500kV 吉林东新建、松原扩建等工程顺利推进，长春正阳、吉林金珠等一批 220kV 输变电工程投入运行。全年投产 66kV 及以上输电线路 1535km、变电容量 359 万 kVA。甜水 500kV 变电站等 5 项工程被命名为国家电网公司优质工程。

智能电网试点工程加快推进。成立智能电网办公室，积极推动智能电网建设。与各地市（州）政府签订电动汽车充电设施建设合作协议，明确由吉林公司负责充电设施的建设和运营。长春高新区电动汽车充电站建成投运。完成 120 万户用电信息采集系统的建设与改造，吉林公司电力用户用电采集系统应用入选国家电网公司典型经验库。

经营管理

落实“三集五大”工作要求，建立健全依法决策、依法经营、依法管理、依法办事的制度体系和工作机制，企业管控能力不断增强，盈利能力稳步提升。

经营效益显著提高。加强综合计划执行情况月度分析，综合计划管控广度和深度稳步提升。建立预算集约调控机制，推行分月预算管理，输配电单位成本下降 6.26%。资产负债率创历史新低。整合处置 9 项股权投资，产权级次达到 3 级，产权结构得到优化。

人财物集约化管理初见成效。完成地市供电公司本部机构编制规范工作，供电公司平均减少部门 2.75 个，共减少管理人员 110 人。坚持公开考试择优招聘高校毕业生，2010 年接收退役士兵 172 人，同比减少 31 人。吉林公司财务集约化管理体系建设通过国家电网公司验收。物资集约化管理新机制平稳运行。吉林公司财务评价管理被确定为“东北区域管理标杆单位”，荣获国家电网公司财务工作先进单位、物资招标采购管理先进单位称号。

创新组建松原供电公司。按照压缩管理层级、优化资源配置的原则，实行“六部三中心”扁平化管理模式，取消二级单位，职能部门直接管理班组。实施营配合一、调控一体化和农供电统一管理，在组织架构、管理模式和业务流程上实现了重大突破，为深入推进“五大”体系建设起到了示范作用。

内控机制日臻完善。加强制度体系建设，各项工作明确标准，纳入计划，严格执行。加强招标关键环节监督管理，开标引入公证制度，评标实行技术与商务分开，实现阳光采购。开展“三指定”自查整改、“小金库”和工程建设领域专项治理，依法治企取得新进展。强化审计监督，完成审计项目 2427 项。

安全生产

以强化责任、提升素质、创新管理为主线，以确保“三个不发生”为重点，深化“三评”工作，加强标准化建设，成功应对特大洪水等自然灾害，圆满完成迎峰度夏（冬）和各项重要保电任务，连续实现第五个安全年。

“责任·素质”年活动成果显著。全面完成 128 项重点工作，探索出 30 项典型经验，有效促进了责任落实和素质提升。创新培训方法，实施培验分开，举办 221 期培训班、7 次专业调考和 6 项技能竞赛，员工岗位适应能力和业务水平进一步提高。严格岗位安全等级准入，深化“三评”工作，评估、评定5810人，127人待岗培训，150人转出生产岗位，生产员工队伍素质明显提升。“三评”工作实践成果由中国电力出版社出版发行。

安全专项活动取得实效。积极开展“三个不发生”百日安全活动。认真开展安全大检查和“回头看”工作，实行检查包保责任制，建立安全档案，跟踪督促整改，共发现问题1168项，整改1049项，进一步夯实了安全基础。与省政府9个部门联合开展平安电力创建活动，排查“三违二源”762处，消除648处，整改客户用电安全隐患264项。

安全风险管控持续加强。强化各级人员到岗到位和一线员工标准化作业，人身事故和人员责任事故得到有效控制。成功实施吉黑省间电网电磁解环，电网安全稳定水平进一步提升。加强与政府相关部门沟通汇报，科学安排电网运行方式，积极化解冬季电网调峰和供热矛盾。推进标准化建设，制定完善30个管理标准和技术规范，完成13座变电站、22条输配电线路的标准化改造。全面实施设备状态检修，计划停电次数同比降低51%。

营销工作

坚持积极、竞争、进攻态势的营销策略，围绕扭亏为盈目标，大力开拓电力市场，加大电费回收力度，推进标准化和信息化建设，营销基础不断夯实，电力市场份额进一步扩大，售电量再创历史新高。

大力开拓电力市场。制定增供扩销十项措施，全力支持长吉图开发开放先导区和重点项目建设，实行全过程跟踪代理服务。实施能源替代推广规划，推广地源热泵204万m^2、电采暖2.5万kW，增加售电量9300万kWh。科学安排检修计划，累计增加售电量1.2亿kWh。加强企业自备电厂管理，积极引导省内公用电厂替代自备电厂发电，增加售电量8000万kWh。

建立电费回收常态管控机制，全面落实电费回收工作责任制，彻底解决困扰吉林公司多年的哈大电铁跨月缴费难题。9个供电公司实现电费100%上缴。全年电费回收实现“双结零”。

制定营销业务应用系统运行维护管理办法、投诉举报业务工作规范等规章制度，不断适应营销工作快速发展和营销新型业务拓展需要。将营销业务应用系统扩展至控股农电公司，完成在6个县级农电公司推广工作。举办3期营销“两个规定”调考，开展“服务之星”和营销业务应用系统技能竞赛，营销员工遵章守纪意识明显提高。

农电工作

全面履行管理农电企业责任，坚持加快发展与加强管理并重，不断完善农电管理体系，进一步提高农电企业发展水平，增强服务新农村建设的能力，实现供电、农电协调科学同步发展。

农供电一体化管理逐步深化。按照“四统一”原则，进一步明确管理界面和职责，落实人财物集约化管理措施，形成涵盖规划、计划、执行、考核的闭环管控体系。积极稳妥推进农电股权调整，农电资产划转工作得到国家电网公司批准。双阳农电公司和延吉城郊公司被国家电网公司命名为“一流县供电企业”。

加强新农村电气化建设指导，与地方政府新农村建设紧密结合，全年完成新农村电气化县4个、乡镇17个、村259个，极大地改善了农村电网供电质量，促进了区域经济发展。拉动内需农网完善工程全面完成。

科技与信息化

深入落实“一流四大”科技发展战略，加大投入力度，全面推动生产经营技术进步，提高电网整体技术水平，为公司管理和电网发展提供了有力保障。

重大科研项目顺利推进。申请国家电网公司管理项目5个。“动态无功补偿装置应用示范”项目投入试运行。吉林公司获得专利39项、软件著作权2项、省部级以上科技进步奖6项。

科技支撑能力不断增强。研发应用全国首套风电功率预测系统，完成国内首次风电机组低电压穿越现场试验。加大差异化改造力度，完成输电线路防覆冰舞动改造任务。推进变电站无人值班改造，无人值班率达到78%。

信息化水平快速提升。开展“信息化应用年”活动，完成ERP系统高级应用等信息系统建设。资产全寿命周期管理评估决策系统成功上线。协同办公等系统通过实用化验收。

优质服务

坚持把优质服务作为电网企业生命线，全面落实“四个服务”宗旨，把优质服务要求融入电网发展和公司运营全过程，促进经济效益和社会效益同步提升。

服务举措不断改进。全面推进“塑文化、强队伍、铸品质”供电服务提升工程，开展客户工程“三指定”自查自纠，服务水平有了新的提升。出台“四个服务”40条具体举措，进一步细化与客户需求相结合的服务目标和质量标准。成立省级客户投诉举报中心，集中开展供电服务质量管控工作。开展“品牌传播年”活动，加大对外宣传力度，展示吉林公司业绩和“国家电网”品牌形象。

社会责任有效落实。积极开展节能调度，促进资源高效利用。发挥电力市场在节能减排中的重要作用，完成发电权交易电量32.41亿kWh，节约标准煤13.42万t，减排二氧化硫8455t、二氧化碳34.77万t。落实服务发电企业“十项举措”，促进网厂和谐发展。

行风建设再创佳绩。引入“第三方”行风测评新模式，构建内外结合、互为补充的立体评价机制，建立行风同业对标体系，实现行风定性评价向定量管理转变。深入开展“行风零投诉”、“满意服务先进百所”评比，“行风百日大查访”活动，吉林公司连续四年实现国家电网公司层面行风零投诉，连续第五年被省政府确定为行风内评单位。

党的建设和精神文明建设

党建工作基础不断巩固。以“四强四优争创年”、“电网先锋党支部”等活动为载体，扎实开展创先争优活动。以“四好”领导班子建设为重点，加强领导班子思想政治建设、组织作风建设、制度能力建设。启动“百千万”党员培训工程，集中培训党员1000人。健全反腐倡廉问责机制，创新推出纪检监察案件后评估办法，党风廉政建设得到进一步加强。

大力培树宣传先进典型。成立专门办公室，推动深入学习宣传吕清森先进事迹。编辑出版吕清森先进事迹集《一个人的47公里》。开展18场吕清森先进事迹巡回报告活动。吕清森被中宣部树为“时代先锋”，被推荐为“感动中国”和“感动电力行业”候选人，当选“感动吉林”十大人物，被授予中央企业先进职工标兵、国家电网公司特等劳动模范称号。

和谐发展氛围日益浓厚。开展“思想观念大检查、工作行为大检查”活动。加大对外宣传力度，在省级以上媒体发表稿件9200篇。落实维稳工作责任制，吉林公司被评为国家电网公司信访稳定工作先进单位。关心关爱职工，改善偏远地区员工生产生活条件，设立职工大病帮扶救助金300万元，为3572名高危作业职工投保人身意外伤害险。关心老干部生活，加强离退休工作。保持了和谐稳定的良好局面。

（马大庆）

黑龙江省电力有限公司

企业概况

黑龙江省电力有限公司（简称黑龙江公司）是国家电网公司的全资子公司，负责经营管理国家电网公司投入的资产和本公司所属的全资子公司、控股公司、参股公司中相应的国有法人资产。承担国有资产的保值增值责任。公司是以电网经营为主，经营售电业务，具有电力工程设计施工能力的特大型国有企业，同时对黑龙江省内电网实施调度管理。

截至2010年末，黑龙江公司直接管理的单位34个，其中直属地（市）级供电企业14个，控股一家水力发电企业，施工、修造、科研、设计、培训等单位19个，管理67个县级农电企业，代管农垦和森工供电企业64个。

“十一五”以来，黑龙江公司发展取得了重大进步。电网日益坚强，“十一五”时期投产66kV及以上线路5696km、变电容量10 870MVA，比“十五”期间分别增长283%和93%。经营指标显著提升，资产总额比2005年增长40.2%；售电量比2005年增加167.2亿kWh，增长42.6%；销售收入比2005年增长67.2%。电网管理逐步理顺，上划哈尔滨市郊、伊春、大兴安岭电网资产，统一了全省电网，市场占有率提升至88.5%；通过资产收购，理顺了对俄罗斯购电关系，对俄罗斯购电量比2005年增长547%。科技支撑更加有力，“十一五”时期，技术开发和信息化投入比“十五”期间分别增长36.5%和213.8%。

电网概况

黑龙江电网位于东北电网的北部，按地理位置分为东、中、西三个部分，东部电网与中部电网由3回500kV线路和4回220kV线路相联，中部电网与西部电网通过3回500kV线路和3回220kV线路相连。黑龙江电网通过4回500kV线路和4回220kV线路与吉林省电网相连。

截至2010年末，黑龙江电网共有500kV变电所10座，运行容量9916MVA，220kV变电站98座，运行容量20 737.5MVA；500kV线路28条，线路总长4067.47km；220kV线路238条，线路总长10 957.27km。并网运行电厂245座，总装机容量为1965.21万kW，其中火电厂152座，装机容量为1679.36万kW；水电厂59座，装机容量为94.38万kW；风电34座，装机容量为191.47万kW。大容量电厂主要分布在中、西部的负荷中心区和东部的煤矿坑口地区。

人力资源

2010年，黑龙江公司有员工32 658人，其中长期合同职工31 498人，短期合同职工1160人，职工总数较2009年同比减少355人，继续实现了人员总量负增长。公司人才当量密度0.808 6，供电企业生产一线结构性缺员解决比例0.477 0，人才引进指数0.798 5。

开展劳动组织定员标准化建设，建立科学高效的组织体系。贯彻《国家电网公司供电企业劳动定员标准》，完成14个电业局的劳动定员测算工作，制定并组织实施了《贯彻〈国家电网公司供电企业劳动定员工作三年规划〉实施方案》，规范后供电企业职能机构减少了75个，下降27%，管理人员减少了777人，下降33%，中层干部减少了362人，下降47%。

加强员工队伍建设，紧抓教育培训和人才培养。加快建设高素质员工队伍的步伐，完成了年度优秀人才选拔和考核，完成国务院及省政府特殊津贴的推荐及申报。完成公司系统员工管理人员培训，完成2010年度录用毕业生岗前集中培训。加强培训中心建设，更新改造和购置培训设施与设备85项，推动生产技能培训中心开展培训质量标准体系贯彻认证工作，组织推广培训规范和标准化培训教材，开展教育培训项目储备库建设工作。开展转岗培训工作，制定了转岗培训工作方案，哈尔滨电业局与牡丹江电力培训中心合作，组织实施了150多人的集中转岗培训。

健全激励约束机制，全面推进绩效管理工作。加大用于绩效考核的工资总额比例，进一步完善公司企业负责人年度业绩考核管理办法。完成2009年基层企业工资结算工作及2009年劳动工资计划指标完成情况考核，签订了2010年企业负责人业绩考核责任书。

继续完善人力资源信息化管理手段，持续加强人力资源基础管理。深化公司ERP人力资源软件和人力资源信息管控模块实用化建设，实现了对员工信息的在线监控，为人力资源精益化管理提供了技术支撑。认真梳理人力资源管理的规章制度，开展文件的废、改、立工作，加强了管理的科学性和时效性。

电网建设与发展

2010年，黑龙江公司组织编制了黑龙江省坚强智能电网“十二五”发展规划系列报告，主要内容包括黑龙江电网“十二五”发展规划总报告、省网主干电网规划、电网智能化规划、通信网规划、包含13个城市、66个县域及5个农垦地区的配电网规划，以及7个电网专题研究报告，明确了未来五年电网发展的指导思想和目标任务。积极开展大规划体系实践工作，形成覆盖所有电压等级的统一规划体系。黑龙江省电网“十二五”发展规划的思路和主要规划项目已经分别被纳入《黑龙江省电力工业“十二五”规划》、《黑龙江省能源发展“十二五”规划》和《黑龙江省国民经济和社会发展第十二个五年规划纲要》。统筹城乡电网发展，针对农村电网供电能力不足，供电可靠性不高，电能质量差的问题，编制了《农村电网改造升级规划》，对农村电网进行全面的升级改造，构筑经济、优质、安全的新型农村供电体系。

2010年，有41项220kV及以下电压等级电网工程项目获得省发改委核准。500kV项目中，集贤—庆云—方正输变电工程已获得国家发展改革委核准；庆云—鸡西—林海输变电工程、鹤岗输变电工程项目申请报告已经上报国家发改委待核准；前进输变电工程项目申请报告已由东北公司转报国家电网公司；冯屯—齐南—庆南—哈尔滨输变电工程已取得可研评审意见，正在办理核准支持性文件。荒沟抽水蓄能电站新建工程通过核准评估。

全年投产66kV及以上线路1954.37km、变电容量347.35万kVA，其中电网输电线路投产569.67km，拉动内需投产线路1384.7km，电网变电设备投产285.65万kVA，拉动内需投产变电容量61.7万kVA。黑龙江电网投产火电机组4台，新增容量70万kW；关停火电机组6台，关停容量60万kW；新建、扩建风电场15座，新增容量70.3万kW；新增容性无功补偿容量26.5万kvar（其中220kV变电站新增容性无功补偿容量6.5万kvar），220kV变电站投产电抗器12组，新增感性无功补偿容量10万kvar。

黑龙江公司以全面满足黑龙江省国民经济和社会发展的用电需求为宗旨，大力支持建设“八大经济区”和实施“十大工程”，加快推进坚强智能电网建设，为可再生能源发展提供接网条件，积极推进宝清—唐山±800kV特高压直流工程，实现我省东部大型能源基地的集约化开发和合理消纳。同时加快建设和改造城乡电网，实施农村电网完善化、无电村屯供电和建三江等地区灌溉用电工程，努力促进各级电网协调发展。

经营管理

2010年，黑龙江公司圆满完成国家电网公司下达的各项年度经营指标。实现财务信息化单轨运行，其应用深入有效，财务集约化工作顺利通过国家电网公司验收。伊敏电量穿越网损问题取得突破性进展。预算调控能力持续提升，精益化管理工作取得实效。努力开源节流，加强电网经济运行和经济调度，合理降低购电成本。资产产权管理再上台阶，产权级次降至4级，清理减少车辆670余台，实现废旧物资拍卖公开化。资金调控能力增强，形成三级资金池体系，清理撤并64个银行账户，实行大额资金集中支付，调整借款结构，降低资金成本支出。基建财务精益化管理水平全面提升，编制审核完成987项工程竣工决算，竣工决算完成率达到96.2%。抗风险能力得到提高，顺利通过国资委监事会、东北电监局、国家发展改革委对公司的各项检查，完善财务风险模板及案例库，形成财务风险预警体系，财务在线稽核深化应用，形成《在线稽核规则库》，完成25个流程，新增稽核规则253点。农电财务管理全面加强，完成农电企业资金“三级账户”管控工作，实现资金在线监督、在线管理、在线控制、在线投资理财。

安全生产

围绕“三个不发生”目标，积极推进安全生产管理标准化，落实安全责任，强化到岗到位，扎实开展“百日安全”活动、电网输变电设备隐患排查治理、安全大检查、基建安全主题活动。加大设备障碍分析诊断和防治力度，积极应对恶劣天气和突发事件，科学安排电网运行方式，周密制定实施保电方案，全力保障电网安全运行和重要节日、重要活动的可靠供电。圆满完成五大连池申遗电力设施拆迁工作，完成春秋检、技改大修等工作，累计完成电网技术改造项目60项，设备大修项目93项，完成计划的100%。220kV及以下变电站的综合自动化比例（除伊春、大兴安岭和哈二局3个上划局外）达到72.84%，全面推广实施变电站无人值班工作。推进状态检修，积极开展标准化作业，开展红旗化变电站、标准化线路和红旗化配电班评比活动。生产管理信息系统（PMS）通过国家电网公司实用化验收，进一步提高生产精益化管理水平。全年未发生生产人身死亡事故；未发生电网稳定破坏、电网瓦解、大面积停电及重大设备损坏事故；未发生误操作事故；发电企业没有发生重大级以上发电设备事故。截至12月31日，省网实现连续安全运行10 694天。城市供电可靠率完成99.907%，较国家电网公司下达的年度业绩考核指标提高0.012个百分点。综合电压合格率完成情况99.071%，较国家电网公司下达的年度业绩考核指标提高0.106个百分点。

营销工作

2010年，黑龙江公司售电量完成559.34亿kWh，同比增长9.91%。全口径售电平均单价完成546.65元/MWh。应收用户电费余额比重完成4.34%，比国家电网公司下达的控制指标下降3个百分点，电费回收率100%。市场占有率完成89.18%，同比增加0.69个百分点。供电服务“十项”承诺兑现率为100%。

圆满完成了电量销售指标。2010年全省带电作业2057次，增供电量近1亿kWh。减少重复停电增供电量0.46亿kWh，确保了重点工程项目及早投产、及早用电。大力推广热泵、蓄能技术和以电代煤、农业电力灌溉等能源替代技术，全年新增电量0.4亿kWh。完成300个充电桩和1座充电站建设任务。全年共受理业扩报装36.4万户、容量740.7万kVA，完成报装接电36.1万户、容量595.2万kVA，新增用户当年增加用电量16.9亿kWh。全年受理新建住宅供电工程248项，工程建筑面积1365.93万m^2，增加配电容量56.08万kVA。

进行电价清理整顿。从6月1日起取消了高耗能优惠电价，对36户企业执行了新差别电价政策。自7月1日起对3户高耗能企业执行了惩罚性电价。实现合理增收2800万元，对均价贡献0.5元/MWh。开展查标准、查管理、查流程、查数据、查制度营业基础管理“五查”活动，共梳理基础管理数据项19大类，补充完善营销基础信息52 611条，优化业务流程346个节点。

制定《黑龙江省电力公司2010年度电费回收考核办法》，对应收用户电费余额指标进行了分月控制，加大了考核力度。实行电费回收预警机制。实施客户电费风险等级评估，每月按各用户缴费情况建立电费风险预警体系动态档案，将电费收缴预警工作纳入日常电费管理，对列入各类风险等级的用电客户，根据不同情况制定有针对性的处理预案。全面推行电费回收预收机制。对电压等级35kV及以上用户，实行电费回收分次划拨。对大用户全面推行负控预购电业务，提高了预付电费比重。扩大与银行合作的范围，居民客户购电储蓄余额实现大幅增长。

营销信息化系统已经覆盖营销与服务工作的整个工作内容和业务流程，提高了营销管理水平和客户服务能力。SG186营销业务应用系统第一批通过国家电网公司验收评价。与多家银行合作开展银行窗口代收业务，极大地方便了广大客户交纳电费。建设95598短信平台，实现与客户沟通“零距离”，累计发送短信200多万条。全面推进电能采集系统建设与应用，现场安装、调试电能表45万只，系统上线运行电能表总计445万只，基本实现了全省用电客户的“全采集、全覆盖”的建设目标，月采集成功率由2009年初的97%提高到99.78%。全省15%以上高损台区由改造前的2002个下降为583个，下降70%，系统执行远程自动停送电758 448次。公司用电信息采集系统各项运行指标均居国内领先水平，先后被授予省政府科技进步一等奖和国家电网公司科技进步二等奖。

农电工作

全面完成2009年22.5亿元拉动内需工程和2.5亿元无电地区电力建设任务。全面启动新一轮农网改造升级工程。编制省、地、县三级农网改造升级工程里程碑计划，合理制定各项目单位详细施工进度，编制《2010年农网改造升级工程形象进度计划》，与19

个工程建设单位签订工程责任状，落实包保责任。开展“三个不发生”和“百日安全”活动，完善了农电安全生产管理体系，强化了全过程的安全管理与监督。组成检查组深入施工现场，检查安全、质量、物资管理和工程进度，整改发现的安全、质量问题。在应对严重风灾等自然灾害中，迅速启动应急反应机制，组织抢险救灾，恢复供电工作安全有序。完成农电高危客户供用电隐患排查治理。全年安全生产形势稳定，未发生生产考核事故。开展“塑文化、强队伍、铸品质”供电服务提升工程和“关注民生，服务发展”群众满意供电服务窗口单位评议活动，收集整理农电特色服务典型案例，积极探索农电服务新方式。推行电力故障报修制度，实现了“95598”电力客户服务的闭环管理。修订《一流县供电企业评比标准》和创建规划，制定《标准化示范供电所评价标准》，富锦县供电公司和宾县电业局成为国家电网公司一流企业，东宁县电业局被评为国家电网公司新农村电气化建设先进县，创建国家电网公司标准化示范供电所 4 个，公司一流县供电企业 4 个、标准化示范供电所 30 个。全面推广资金“三级账户”管控工作，实施全面预算管理，取得良好效果。加强了物资需求计划管理，理顺物资计划编制及申报流程，一次性采购 10 万元以上和 10kV 的物资纳入了省统一招标。认真开展居民生活用电执行梯级电价调研。编制了《2011～2013 年降损计划》，印发《黑龙江省农电系统线损管理办法》，确定了降损管理试点单位和降损目标。全年完成农网建设与改造投资 13.95 亿元。农电企业全口径完成售电量 138.59 亿 kWh，同比增长 14.97%；其中县供电企业售电量 119.57 亿 kWh，同比增长 14.57%。全口径完成趸售提成收入（税后）同比增长 13.67%；其中县供电企业同比增长 23.69%。当年电费结零，上缴率 100%，供电可靠率、综合电压合格率分别达到 99.621 2% 和 94.37%，均完成国家电网公司考核指标。资产负债率控制在目标计划内。综合线损率 9.84%，同比降低 1.02 个百分点。建成新农村电气化县 1 个、电气化乡镇 38 个、电气化村 425 个。

科技与信息化

2010 年荣获国家科技进步奖 1 项、国家电网公司科技进步奖 4 项、省政府科技进步奖 4 项、公司科技进步奖 70 项；完成申请专利 47 项，其中发明专利 14 项，获得专利授权 42 项，累计拥有专利 73 项；发表论文 116 篇；共完成 4 项电力行业和公司技术标准的制定。

新技术推广应用项目共 23 项，涉及基建、生产、调度、营销、信息等相关专业；研究推广应用 TRIZ 理论，开展了创新理论与方法的培训，加强和完善考核机制，全面促进科技工作的顺利开展。

“黑龙江省电能信息采集与管理系统推广应用研究”、“20kV 供电示范工程在龙江地区的研究与应用”、“黑龙江省电网线损综合日管理系统开发与应用”3 个重点项目已全部完成。

10 月末，完成黑龙江公司“十二五”信息化发展规划初稿编制工作。全年没有发生重大信息安全运行事故。

完成 8 家直属单位 ERP 系统的推广。如期完成全部上线单位单轨验收工作。11 月举行首届 ERP 系统深化应用竞赛，14 个电业局共计 86 名选手参加，有效提升全省 ERP 实用化水平。完善全省信息网络建设，提高网络速度和安全性，消除关键节点单点故障；不断完善一体化平台功能，实现 35 个应用系统的门户系统单点接入工作。全面完成协同办公系统在各基层单位的推广实施工作，协同办公系统在 29 家单位上线及单轨运行；完成各管控模块、营销、生产、综合管理等业务应用到控股县级单位的推广全覆盖及单轨运行工作。

顺利完成已上线单位在 ERP 系统中的 2009 年审结工作，系统的各项功能和流程通过了严格检验。建立集约化管理应用评价体系，并通过国家电网公司验收。实施开发了绩效考核管理系统，于年底完成公司本部试点实施。推进人财物集约化管理，完成 8 家直属单位人资模块与财务模块的集成工作以及公司所属 51 家单位、199 个会计核算主体的会计集中核算部署应用工作。

配合国家电网公司开展“两级数据中心，三地容灾中心”建设，并在全国首家完成数据级容灾一期建设，实现了 7 个核心业务系统数据备份到北京容灾中心；开展数据综合治理，建成了非结构化集中平台和 IAS 系统；成立公司系统首家数据恢复及销毁实验室，黑龙江公司信息化水平显著提升，部分关键技术走在国家电网前列。配合国家电网进行综合运维监管平台系统（IMS）、信息外网安全监测系统（ISS）等项目的建设工作；参与国家电网公司试点建设 SG186 呼叫中心系统、全省信息运维监控调度指挥系统，建成一体化运维系统。

优质服务

积极落实国家电网公司“塑文化、强队伍、铸品质”供电服务提升工程，供电服务质量进一步提升。推广区域客户经理制取得初步成果，形成了“每一位客户都有一个客户经理”的服务模式，提供服务者和接受服务者主体清晰，责任明确，员工服务意识、责任意识得到增强。认真检查清理“三指定”，规范客户用电工程管理。在全省开展了受电工程“三指定”专项治理自查自纠活动，共梳理工程5700项，其中用户受电工程4570项、新建住宅工程296项、临时用电工程844项，对其中存在的问题进行了整改，有效清理了客户受电工程“三指定”的行为，得到了东北电监局的好评和社会的广泛认可。95598客户服务热线及行风热线直播畅通了沟通渠道，为客户排忧解难。“53654315”投诉举报热线共受理电话814件，全部办结。全省95598供电服务热线受理电话504 864件，公司及各单位行风热线直播节目接听客户电话1250个，全部办理。客户回访满意率100%。全面开展电力客户用电安全检查工作，发现和整改用电安全隐患，查处违约和窃电行为，减少电量销售损失，创造了良好的供用电市场环境。

党的建设和精神文明建设

推进创先争优活动深入开展，举办为期1个多月的创先争优活动图片展，实地参观人数近2000人。逐步健全党建工作机制，落实党建工作长效机制。在国家电网公司党组进行的首次“电网先锋党支部”表彰中，哈尔滨电业局道里供电局党支部、绥化电业局绥化供电局党支部、黑龙江省电力科学研究院生产党支部、大庆电业局萨尔图供电局党支部、伊春电业局送电工区党支部五家单位荣获了国家电网先锋党支部荣誉称号。深入开展了“建设统一的优秀企业文化”主题实践活动，不断健全企业文化管理体系。深入开展企业文化宣传教育，开展了以统一的优秀企业文化建设为主题的读书交流活动，进一步用“诚信、责任、创新、奉献”的核心价值观统一广大员工的思想。在东北网省（区）“我是国家电网人”演讲比赛中，黑龙江公司选手获得第一名的好成绩。开展“五个一”（读一本好书，学一门新知识，练一手绝活，出一个好点子，献一份爱心）系列活动。扎实开展思想政治工作，强化党组、党委两级中心组理论学习，采取专家讲座、党校培训等多种形式，提升各级领导干部的思想政治水平。认真开展形式任务教育，全方位掌握员工关心的热点、难点和重点问题。加强“四型”（学习型、创新型、服务型、效能型）机关建设，开展“四比”（比学习、比创新、比服务、比效能）活动，强化机关目标管理考核。在窗口单位中开展了“迎世博、迎亚运讲文明树新风、文明服务央企先行”活动，进一步塑造了“国家电网品牌”。

（岳　赢）

华 东 地 区

华东电网有限公司

企业概况

华东电网有限公司（简称华东公司）是国家电网公司投资设立的国有独资有限责任公司。2010年，在国家电网公司的正确领导下，华东公司按照“深化转变、服务世博、巩固提升、创新发展”的工作基调，深入推进“两个转变”，切实加强执行力建设，扎实开展各项工作，圆满实现了确保世博会供电万无一失的目标，全面超额完成全年和“十一五”的各项工作任务和业绩指标，先后荣获国家电监会“世博保电突出贡献奖”、国家电网公司“世博电力保障功勋单位”等多项荣誉称号。

电网概况

华东电网供电范围覆盖上海市、江苏省、浙江省、安徽省和福建省，区域面积47.1万km^2，占我国国土面积的4.9%；区域人口约2.5亿，占我国人口总数的18.6%。2010年底，华东电网共有500kV线路24 328km，500kV变电容量19 573万kVA，发电装机容量20 390万kW，同比增长8.5%；全网年用电量10 377亿kWh，同比增长14.9%；全网发电量9830亿kWh，同比增长15.4%；全年累计消纳区外来电558亿kWh，同比增加6.3%；全网统调最高用电负荷达到16 605.9万kW（发生在2010年8月4日），同比增长15.4%。“十一五”时期，华东电网实现了跨越式发展，全面超越美国PJM电网，成为世界单一国家内规模最大的区域电网。

人力资源

切实加强人力资源集约化管理。围绕国家电网公司战略定位，提出“集约化管理、标准化建设、差异化培养、系统化提升”的指导思想和“升级理念、完善体系、创新机制”的途径，形成华东公司“十二五”期间人力资源工作七个重点领域。严格执行国家电网公司收入分配管理要求，印发《直管单位企业负责人年薪制薪酬管理办法》，加强员工入口管理，有序推进机构编制调整工作。华东公司“以战略为导向的全员绩效管理体系”项目顺利通过验收并达到国内领先水平，实现了直管单位全员绩效管理系统的全面上线。

深入推进“四支人才队伍”建设。健全本部领导职务序列和员工职员职级序列管理体系；完善培训体系，加快实训基地建设；加强后备干部和优秀员工培养锻炼，选派多名优秀员工赴省市公司挂职锻炼，完成对藏人才帮扶和东北公司第二批 15 名干部挂职锻炼工作；开展调度、水电运行等专业技术技能竞赛，在国家电网公司调度、运行方式等专业调考中取得好成绩。

强化新员工入职培训和职业发展管理。首次汇编《新员工手册》，汇总了企业核心价值观、行为规范、保密要求、信息安全防护、薪酬福利、绩效管理等内容；对新员工入职培训进行个性化后评估，为今后的进阶培训内容设计及教学管理提供有益参考，以进一步提高培训工作的针对性和有效性；开展生产技能人员任职资格管理系统设计，系统规划生产技能人员职业生涯发展路径，明确员工各个发展阶段的任职资格标准。

截至 2010 年底，华东公司拥有职工人数 7701 人，其中：研究生学历占 3.55%，大学本科学历占 21.58%，大学专科学历占 17.85%，中等教育学历占 20.84%，高中教育学历占 8.22%，初中及以下占 28.33%。

电网建设与发展

2010 年，华东公司积极参与国家电网公司特高压电网规划工作，配合做好锡林郭勒盟—南京特高压交流输电工程等工程前期工作，深化应用“面向智能电网的多适应性规划体系”研究成果，全面完成 500kV 输变电项目前期工作和电网工程建设任务，投运 500kV 变电容量 450 万 kVA、线路 4.6km。编制完成华东公司“十二五”电网发展规划，服务华东地区社会经济发展对电力供应的需求。

开展“十二五”电网规划若干重大课题研究。完成国家发改委能源局委托的《60 万 kW 机组接入 220kV 电压等级》、《提高华东电网 500kV 线路送电能力》等课题研究，其成果在具体工程中得到应用；完成《福建宁德核电送出及其加强工程优化方案研究》、《江苏千万级风电场送出规划研究》、《上海及江苏智能电网研究》等课题研究，其成果已列入华东电网“十二五”规划；《华东地区能源中长期发展规划研究》、《抽水蓄能电站在华东电网未来发展中作用研究》已通过专家评审。

认真开展基建保平安工作。在年度安全策划方案中分别提出“基建平安年”和“安全无事故年”的安全工作目标，通过强化安全监督和管理工作，维护基建安全稳定的良好局面。认真开展国家电网公司统一部署的“抓基础、控风险、防事故”基建安全主题活动，夯实了基础；圆满完成全面安全性评价工作，对上海电建下属 4 个施工单位进行延伸查评，促进安全责任制和安全管理体系的建设；组织召开基建安全座谈交流会议 6 次，对华东公司投资的输变电工程项目开展安全检查 9 次，对上海电建施工工程开展联合检查 19 次。

认真开展输变电设备智能化改造。承担的两项国家电网公司第二批智能化改造试点工程——“繁昌变电站智能化改造”和“输变电设备状态监测系统建设”项目均通过国家电网公司组织的专家评审。其中，繁昌变电站作为老站改造的试点，改造范围广，停电协调困难，安全生产风险大，华东公司开创性地提出了不更换已有保护及自动化设备，仅更换 CPU 插件以实现站控智能化要求，并积极尝试分布式状态估计及智能告警等高级应用，获得评审专家的高度评价。

开展廉洁工程、优质工程创建活动。认真落实国家有关部门和国家电网公司工作部署，积极开展工程建设领域突出问题的专项治理活动，以及工程建设标准强制性条文执行情况的检查，对华东公司近 3 年来的输电变工程项目管理工作进行梳理，查找管理不足，进一步提升工程建设综合管理水平。认真开展国家电网公司统一部署的全面加强工程质量管理专项活动，华东公司投资的 500kV 南汇变电站、海宁变电站、连江变电站 3 项工程获得国家电网公司“优质工程”称号，实现优质工程率 100%的目标。

经营管理

2010 年，华东公司坚持稳健经营、节约办企，加强资金集中管控，提升资金运作效益，平均融资成本较央行同期基准利率下降 15.8%。华东公司电力销售快速增长、新安江和富春江来水好于预期、融资成本相对平稳，通过计划电量安排、优化水库调度、强化预算管控等措施，经营业绩继续保持稳步增长，荣获国家电网公司“2010年度财务工作先进单位”称号。

扎实推进财务集约化管理。初步建成横向集成、纵向贯通，财务集约化管理体系，实现了“一本账”和“一个资金池”管理；梳理并制定44大类、900多项涉及各委托单位及业务部门的财务管理流程。财务集约化管理体系通过了国家电网公司的评审验收，并作为第一家单位推广实施。

电价工作取得突破。深化电价研究，稳步推进电价管理工作，输变电电度电价调整方案得到国家发改委批准。先后完成了《新安江水库水位控制与经济效益关系》、《华东电网公司短期交易课题研究》及《华东电网公司输变电价改革课题研究》等课题研究。

资金运作效益提高。对银行账户纳入资金集中管控，进一步整合和优化银行账户体系，通过借短还长保持美元借款规模，形成长短、内外、固浮结合的融资结构，华东公司平均融资成本比央行同期基准利率下降15.8%。

管理创新再上新台阶。华东公司5项成果分别获全国电力行业、国家电网公司企业管理创新成果奖，1项成果获得国家电网公司优秀调研成果表彰；资产全寿命周期管理项目通过验收，项目总体国内领先，部分成果国际先进；深化应用全面风险管理、同业对标管理、标准化管理、业绩考核管理等工作，切实提升生产经营管理水平；新安江水电厂发电机班QC小组被命名为2010年全国优秀质量管理小组；富春江水电厂二次班QC小组获得全国电力行业QC小组成果发布一等奖。

安全生产

2010年，华东公司始终坚持“安全第一、预防为主、综合治理”的方针，认真贯彻落实《国务院关于进一步加强企业安全生产工作的通知》精神和国家电网公司“三个不发生”安全工作部署，多措并举确保华东电网安全稳定运行的良好局面。

扎实推进安全生产体系建设。进一步推进区域内电网大面积停电突发事件联合演练，在浙江和福建率先完成地级市的联合演练，取得了良好效果；世博会期间，华东公司应急指挥中心投入运行，为世博会保电和迎峰度夏实现“零失误”的目标发挥重要的保障用。安委会开展突出问题专题研究，有针对性地抓好安全生产的重点工作，在全网范围内持续开展形式多样的安全大检查和隐患治理。做好向家坝—上海特高压直流调试和投运后安全稳定运行的各项工作。首次发布《电网大面积停电事件应急演练评估标准》，不断完善应急指挥中心建设和管理。开展电建公司及工程建设现场安全性评价，不断提升安全文明施工水平。

确保世博会供电保障万无一失。编制完善《华东电网世博会供电保障实施方案》，明确华东电网供电保障工作范围、工作目标和工作原则，制定涉博设备防护标准，确定9项供电保障措施和28项重点工作。世博会期间华东电网、上海电网供电有序可靠，未发生恶性电网或设备事故，胜利完成世博会供电保障工作，获得上海市政府及国家电网公司的表彰。

电网安全和电力供应保持良好局面。迎峰度夏期间，华东电网经受住了多次强台风、洪水、泥石流等自然灾害袭击，全网负荷先后8次创历史新高，统调最高负荷突破1.66亿kW，同比增长15.44%。华东公司直属的新安江、富春江水电厂联合抗击流域内洪水10余次，设备保持安全稳定运行，实现安全生产“人身零伤亡、电网和设备零事故”的三零目标。

科技与信息化

2010年，华东公司充分发挥科技与管理创新的“双轮驱动”作用，充分发挥信息化建设的重要支撑作用，加快推动“两个转变”，实现了科技进步奖获奖数量在网省公司的“五连冠”。

科技创新取得新成绩。华东公司9项科技成果获省部级科技进步奖，10项成果获国家电网公司科技进步奖，连续5年成为网省公司中获奖数最多的单位。“变电站自动化工程应用技术实验室”和“电能质量监测技术实验室”获得国家电网公司命名，拥有命名实验室数量居各网省公司第一名。公司博士后工作站获准成立，科技创新能力和后劲进一步增强。华东电力试验研究院获得“上海市创新型企业和专利工作试点企业”称号，并获得上海市高新技术产业化重点项目资助。

“智慧企业”研究探索迈出新步伐。按照“智慧企业”研究探索路线图，完成“提升公司整体学习能力”研究项目。围绕感知、洞察、共享、反思4个关键环节，精心设计组织架构和工作机制，开发配套的学习资源环境和交流工具。组建10个知识向导团队，广泛开展学习共享活动，不断提升华东公司的整体学习创新能力。

信息化工作水平再上新台阶。切实抓好信息化建设和深化应用，华东公司首批通过国家电网公司信息系统实用化验收。高质量完成国家电网公司SG—ERP试点和人财物管控、一线贯通系统建设任务。有序推进ERP系统全覆盖和信息容灾中心建设。深化企业信息架构研究，切实做好信息系统运维和信息安全工作。

优质服务

积极搭建区域协作平台。发扬团结治网的优良传统，组织召开迎峰度夏准备工作汇报会、迎峰度夏总结会、涉网发电企业联络会，搭建华东电网安全生产的平台。连续四年组织召开华东网省公司党组（党委）书记座谈会，打造“三个建设”的区域交流平台。多次组织召开华东电网世博会保电和服务工作会议，召开电网规划建设协调会议，积极服务华东地区经济社会发展。

积极推进华东电力市场建设。配合国家电监会推动跨省发电权交易工作，华东电网电力交易平台成交电量 39.98 亿 kWh，同比增长 211.9%。定期向四省一市电力公司、各涉网发电企业做好市场交易信息发布。

切实加强和谐企业建设。建立健全厂务公开、职代会、集体合同、总经理联络员制度，完善民主管理体系。组织签订女工权益保护专项集体合同，切实加强班组建设。全面落实好离退休老同志“两项”待遇。广泛开展创建“工人先锋号”活动，充分发挥劳模、先进的引领带动作用，华东公司多个集体和个人获国资委、上海市和国家电网公司劳模先进称号。

党的建设和精神文明建设

加强党的建设。按照“五个好、五带头”要求，深入开展创先争优活动，加强组织策划，营造良好氛围。大力开展“四好”班子、“四优”党员、“电网先锋党支部”、“党员世博先锋行动”等争创活动，多个集体和个人获得上级单位表彰。大力开展“争创学习型党组织、争当学习型党员”活动，建立“党员之家”，拓展党内活动阵地。与上海金山区亭北村党总支开展结对帮扶共建活动，成为上海市经信党委系统样板。

加强党风廉政建设。抓好《中共党员领导干部廉洁从政若干准则》和《国有企业领导人员廉洁从业若干规定》的学习贯彻。持续开展廉政巡视和监督检查，切实加强“三化三有”惩防体系建设。广泛开展廉政艺术作品创作活动，廉洁文化建设生动有效。认真组织开展“廉洁办世博”活动，得到上海市经信委系统的肯定。

加强企业文化建设。深入开展“建设统一的优秀企业文化”主题实践活动，积极实施“三大工程”。抓好《国家电网公司企业文化手册（2010 版）》的学习宣贯。有序推进上海市文明单位创建，通过市经信委组织的中期检查。举办第七届“欠发达地区小康行”活动，开展抗震、抗旱救灾爱心捐款活动，营造尽责、奉献的企业文化。发布华东电网服务世博会、奉献世博会纪念画册，大力弘扬世博会保电精神。公司获得“中国企业文化建设十大杰出贡献单位”称号。

（魏学好）

上海市电力公司

企业概况

上海市电力公司（简称上海公司）是从事上海地区电力输、配、售的特大型企业，统一调度上海电网，参与制定、实施上海市电网发展规划和农村电气化等工作，并对全市的安全用电、节约用电进行监督和指导。上海公司管辖的上海电网位于长江三角洲的东南前缘，北靠长江，东临东海，与江苏、浙江两省接壤，供电营业区覆盖整个上海市行政区。所属供电公司 9 家，建设类单位 2 家，运维检修类单位 3 家，营销类 2 家，发电类 1 家，教育培训类（含科研）1 家，业务支撑类 1 家，其他 5 家，代管县级供电企业 2 个。公司本部设 19 个职能部门（不含工会）。

2010 年上海公司的指导思想是：以科学发展观为指导，贯彻国家电网公司“两会”及上海市委市政府部署，聚焦世博，夯实基础，深化转变，确保世博安全供电，大力推进坚强智能电网建设；确保劳动组织综合改革深化完善，全面推进“三集五大”工作，切实加强“三个建设”，确保完成全年任务，加快建设“一强三优”现代公司。

电网概况

2010 年，上海电网迈入特高压时代，基本形成“三交四直”市外来电通道。500kV 电网已建成上海市双环主网和南外半环，通过徐行、黄渡、南桥变电站与华东主网连接，又通过宜华、葛沪 2 回±500kV 直流输电线路及 1 回复奉±800kV 直流输电线路同华中电网相连。220kV 电网是上海电网的主要供电网络，已实现杨行、徐行、亭卫、远东等 10 个分区运行。110/35kV 电网以放射状为主向 10kV 电网及直接向用户供电。2010 年，上海电网 500kV 东南外半环建成，南桥分区与亭卫分区解环运行，南桥站 220kV 短路电流超标问题得到解决；220kV 洲海—长兴 2 回电缆线路投产，崇明、长兴电网和上海主网实现 220kV 联网；上海电网安全稳定预警与控制系统（第一阶段世博配套工程）正式上线试运行，为确保大电网安全和世博会可靠供电发挥了重要作用。

上海电网拥有 35～500kV 变电站 833 座，变电容量 13 564.5 万 kVA，线路长度 16 396.4km（其中电缆 7846.9km），其中：特高压线路 106.13km；500kV 线路 656.58km，变电容量 3116.4 万 kVA；220kV 线路 3472.5km（含电缆 516.4km），变电容量 4589.5 万 kVA；110kV 线路 1665.1km（含电缆

962.5km)，变电容量 1365.1 万 kVA；35kV 线路 10 128.6km（含电缆 6336.8km），变电容量 3780.5 万 kVA。营业用户数 860 万户，运行容量 10 191.79 万 kW；电压合格率 99.814%，供电可靠性 99.983%。

2010 年，上海电网成功经受住世博保电和迎峰度夏的双重考验，战胜了上海百年一遇的持续极端高温天气考验，夏季用电最高负荷 2621.2 万 kW、日最高用电量 5.35 亿 kWh，均创历史纪录。

人力资源

截至 2010 年底，上海公司直接管理的领导干部 235 名，大专及以上文化占 99.57%，中级及以上职称占 97.02%。管辖范围内的员工期末人数为 14 721 人。

评出高级技师 30 人、技师 268 人、高级工 326 人；有 81 人、130 人分别获得高级、中级专业技术职称。公司人才当量密度 0.863 4（按新口径计算）。首次招聘 2 名博士后进入公司博士后科研工作站。获全国电力行业自动化技术技能竞赛团体三等奖，3 位参赛选手全部获“电力行业技术能手”称号。

全面应用人力资源管控系统；建立收入分配报告制度，实行工资总额、水平“双控”管理；完善任职资格体系，试点开展生产技能人员任职资格初始化认证；推进培训基地建设，启用闸殷路综合性培训基地；完成各类全员适岗、转岗、涉博培训 14 065 人·次，首批 49 人成功转岗并向供电公司分流；建立集组织绩效和员工绩效于一体的绩效管理体系；建立统一的内部人才交流平台，运用激励和约束等多种手段优化人员配置，实施内部跨单位人才交流 2000 余人，完成国家电网公司解决结构性缺员年度指标。

电网建设与发展

高质量完成“十二五”上海公司和电网发展规划编制工作。配合国家电网公司成功投运向家坝—上海 ±800kV 直流示范工程并向世博会提供清洁能源，荣获“特高压直流输电示范工程功勋集体”称号。建成 500kV 南外半环和国内首座 500kV 全地下静安（世博）变电站，并获得 2010～2011 年度中国建设工程“鲁班奖”；按时完成迎峰度夏重点工程及一大批配电网建设项目，为世博安全供电提供坚强保障。

全年 51 项基建项目顺利投产；新增线路 605.51km、变电容量 567.82 万 kVA。建成 500kV 静安（世博）输变电工程等一批重点工程；完成涉及 161 条道路共 270km 的电力架空线入地工程、新建排管近 240km；完成中环线（浦东）、京沪高铁沪宁城际线路、A15 高速公路线路、沪杭客专线路等搬迁升高工程，搬迁铁塔约 300 基，配合停电约 120 条·次；配合重大市政工程完成 110kV 及以上电缆搬迁 988km、接头 2015 套等。

加强智能电网研究与推进，配合国家电网公司与上海市政府签订智能电网建设战略合作协议；建成国内首个世博园智能电网综合示范工程；东海风电场（我国第一个海上风电场）一期 34 台 3MW 风机全部并网；建成漕溪能源转换综合展示基地和越富豪庭智能小区，完成电力光纤到户试点工程和 7 座电动汽车充电站、360 个充电桩的建设工作。

经营管理

加强流程梳理和标准化建设，进一步划清工作界面和职责。梳理公司本部核心业务流程 355 项，修订并发布新版岗位序列、工作标准、岗位说明书。公司本部质量、环境和职业健康安全管理体系通过上海质量管理体系审核中心的第三方年度监察。启动国家电网公司标准管理体系试点建设工作，修订《上海市电力公司管理标准实施细则》，制定《标准管理体系建设实施方案》，修编标准 60 余项、制度 56 个。完成公司本部与基层单位之间管理关系调整和职责、业务、绩效考核界面划分。

加强精益管理。同业对标、业绩考核创历史最好成绩，公司同业对标（综合评价达到 A 段）和业绩考核均名列国家电网公司系统第二名，上报国家电网公司典型经验 30 余项。建立公司管理咨询项目全过程管控平台，全年共获得国家电网公司、上海市和全国电力行业管理创新奖 24 个，其中《导入卓越绩效模式，实现公司发展方式转变》课题分别获得国家电网公司、上海市和全国电力行业创新管理一等奖。

积极研究建设“三集五大”管理体系。深化人财物集约化管理，实现公司核心资源的集中管控和配置最优。人力资源管理实现“六统一”，人力资源管控信息项目通过国家电网公司信息化实用评价；财务集约化管控体系建设通过国家电网公司现场评审验收，财务在线稽核试点达到领先水平；物资管理实现“六统一”，公司一级物流中心服务网络建成并运作。积极开展构建大规划、大建设、大运行、大检修、大营销体系研究与准备，实现基建项目全过程一体化管理，供电公司全部成立运维中心和调控中心，超高压公司建成首个电网监控中心。建立“一部三中心”营销组织体系。

安全生产

上海世博会供电服务保障工作取得完胜。编制并全面落实《上海市电力公司世博供电保障总体方案》，全网累计投入世博会保电人员 44.31 万人·次，处理抢修8772次，圆满完成世博会开幕式、开园仪式、中国国家馆日和闭幕式等一级保电时段值守保电任务；确保533家重要用户安全用电、“三个不发生”（不发生大面积停电事故，不发生人身死亡事故和恶性操作事故，不发生重特大设备损坏事故。）和没有发生重大社会影响事件，国家电网馆运营“成功、精彩、震撼”，实现世博会保电“零事故”、园区运行“零故障”和场馆接待“零投诉”。上海公司荣获党中央、国务院授予的“上海世博会先进集体”、国家电监会授予的“世博保电突出贡献奖”和国家电网公司授予的“世博保障工作功勋单位”称号。

全年安全生产平稳有序，未发生一般及以上电网、人身和设备事故，未发生误操作事故。电压合格率99.814%，同比提高0.001个百分点；供电可靠率99.983%，同比提高0.002个百分点。坚持“安全第一，预防为主，综合治理”方针，按照“三个百分之百”要求，健全安全责任体系，完善安全风险管控，认真开展“迎世博、查隐患、促整改”等专项活动，深化全市重要用户和世博园区隐患排查治理，共发现隐患534条，整改率100%。上海公司在国家电网公司安全专业管理同业对标中荣获第一名，荣获全国供电可靠性金牌企业第一名，在政府对企业安全生产履职考核中名列前茅，并荣获上海市治安先进集体和治安安全合格单位荣誉称号。

营销工作

2010年，上海公司完成售电量1028.04亿kWh，增长13.45%；应收电费总额766.37亿元，同比增长17.32%；电费回收率100%。营销管理在国家电网公司同业对标中进入A段。在国家电网公司系统率先通过营销系统实用化评价考核，应用基础数据可用率达到99.09%，排名第二。

线损治理取得明显成效。整体推进“技术分析、营销管理、技术防范、打击稽查和改善外部环境”等举措，全年累计查实窃电户数4.46万户，追补电量0.68亿kWh，追补电费4262万元。推进用电信息采集系统建设，新增采集用户126万户，采集覆盖率超过15%，容量超过100kVA的用户实现全覆盖。

加强与各级地方政府、电力用户的沟通工作，强化迎峰度夏各项有序用电措施，有序用电总体执行率超过95%，用电负荷管理系统临时限电总体执行率达到100%，保证了上海电网在高温期间将负荷控制在可平衡范围内。全面规范电价执行，对高耗能企业严格执行差别电价。配合居民阶梯电价政策出台，完成电价执行方案、实施细则编制和相关程序开发。贯彻落实国家节能减排政策，积极应对城市经济结构调整，大力开拓电力市场，推广利用清洁能源，进一步提高电能占终端能源的消费比重，增加热泵项目应用面积9.69万m^2，增加电蓄能技术用电容量18.56万kW，增加售电量9738万kWh。

农电工作

2010年建成电气化村56个，建成崇明电气化县1个。自2006年以来，累计建成新农村电气化县10个、电气化乡镇60个、电气化村600个，在国家电网公司系统内率先全面完成“十一五”新农村电气化工程目标任务。

农电规范管理取得实效。结合上海公司新体制，梳理明确农电管理职责界面，加强农电业务指导，进一步规范农电管理秩序；关心农电员工切身利益，完成农电员工工资水平调整测算，并将农电员工工资增长机制落到实处，确保了农电队伍稳定。

农电队伍建设扎实有效。开展农电员工技能培训，年初在编的农网配电工持证上岗率达到100%；参加国家电网公司“农电工岗位知识和技能调考、农电之星评选、农电工优秀人才评选”等活动，6名员工顺利通过国家电网公司优秀农电员工初评。

科技与信息化

2010年，公司进一步加强科技创新体系建设，“电能质量监测技术实验室”获国家电网公司命名，上海电力能源转换工程技术研究中心获上海市科委批准筹建。编制上海公司“十二五”科技规划，完善科技创新评价体系。公司博士后科研工作站成功启动，首批2名博士后正式进站开展研究工作。主持中国电机工程学会城市供电专委会和供电可靠性专委会秘书处工作，提高了公司影响力。

科研攻关取得重大成果。完成基于模块化多电平结构的柔性直流输电关键技术攻关及出厂联调，组织实施亚洲首次示范应用。建成国内首条大容量钠硫电池批量化制备中试线，试制出650Ah单体电池。完成百兆乏移动式STATCOM核心装备技术攻关。电动汽车并网及充放电技术实现“四个首先”的突破，制定了首批电动汽车充放电技术标准，研制成首台充放电机，建成首座示范站上海漕溪电动汽车示范充电站，开发应用首套全市范围充放电监控系统。成功建设上海世博会国家电网公司企业馆，同步建成首个智能电网综合示范工程，成功展示国家电网公司在智能电网领域的创新成就。完成世界最大规模多电压等级的500kV静安地下输变电工程关键技术以及配套500kV电缆隧道的数字化施工和运行管理技术研究。

2010年，上海公司首次荣获国家科学技术进步奖二等奖1项；获国家电网公司科技进步一等奖2项、二等奖1项、三等奖3项；获上海市科技进步三等奖4项；获中国电力科学技术奖二等奖1项、三等奖2项。共申请专利192项，获得专利授权145项，被授予“上海市专利工作示范企业”称号。

国家电网公司集中式信息系统上海灾备中心已全面投运，按期完成第一批华中、浙江、江苏、河南等网省公司的数据级容灾接入，并率先完成ECC监控中心大屏点亮和IMS综合信息监控系统信号接入功能。

信息化建设成效显著。以综合排名首位的成绩在国家电网公司系统内通过信息系统实用化评价验收；世博会应急指挥系统有力保障了整个世博会展区及全市重要用户的安全可靠供电；信息系统全面支撑上海公司圆满完成劳动组织综合改革。

优质服务

严格落实世博会保电方案，将整个保电工作细化为35条措施232项任务，落实到人，确保重大活动用电万无一失。建立世博园区参展场馆保电协调机制，优化故障抢修流程，实现抢修工作“快速、有效”。世博会期间，累计出动营销服务人员5199人·次，巡视场馆用户6671户·次，圆满完成世博会开闭幕式、“7·26”国家电网馆日等一级保电任务，以及140次国家馆日和37位外国国家元首访沪等重要保电任务。

以上海世博会为契机，国家电网品牌价值得到彰显。配合国家电网公司全面完成世博会全球合作伙伴履约责任。国家电网馆累计接待505万参观人·次(其中，海内外贵宾8.9万人·次，单日最高4.02万人·次)；接待媒体采访626批·次，获媒体报道772余篇，提升了国家电网馆的知名度和吸引力。成功组织“7·26”国家电网馆特别活动日系列活动，40家中央地方主流媒体、境内外市场化媒体和网络媒体进行了集中采访和广泛报道，展现智能电网的创新成果，传播“创新、绿色、低碳”的发展理念。国家电网馆获“世博文明场馆”、“世博先锋队”和“上海世博工作先进集体”称号。

深入开展“塑文化、强队伍、铸品质——供电服务提升工程”，编制《迎世博电力服务公约》，推出《2010版供电服务十项承诺》。丰富服务内涵，提高服务品质，开辟“世博人家”服务绿色通道；试点实施窗口“一柜式”服务；试点应用客户自助服务终端，完成客户诉求系统升级改造。

2010年，上海公司在2010年全市窗口行业社会公众满意度测评和市行风网上测评中均名列榜首，并获上海世博城市服务文明指数百日测评公用事业类“八连冠”。

党的建设和精神文明建设

切实加强党的建设。深入贯彻十七届四中、五中全会精神和国家电网公司党组部署，坚持科学发展观，积极开展“四好”领导班子、学习型党组织建设活动。深入开展“创先争优”工作，推进世博园区党建联建，建立57个党员责任区，实现世博园区党组织全覆盖，国家电网馆临时党总支部获中共中央组织部、中央创先争优活动领导小组命名表彰的“上海世博会创先争优先进基层党组织”荣誉称号。大力实施“廉洁办博”，排查涉博项目283项。“廉洁办博”效能监察获国家电网公司一等奖，党风廉政建设考核获得优秀。扎实开展“三指定”、“小金库”和工程建设领域专项治理。

切实加强企业文化建设。开展“建设统一的优秀企业文化”主题实践、世博光耀行动、“世博有我更精彩”主题宣传教育、“迎世博迎亚运讲文明树新风·文明服务央企先行”等专题活动，以服务世博会的新面貌展现公司形象。总结提炼世博会保电精神，《万名电力员工奋战热浪保供电》获第六届“中电传媒杯”全国电力行业优秀电视片展新闻专题类一等奖。

切实加强队伍建设。加强全员培训和高技能人才培养，稳步推进公司闸殷路、南华苑培训基地建设，生产技能培训基地完成改建并投入使用，全员培训率96.8%。深入推进员工民主管理，制定员工诉求表达机制实施办法。加强班组建设，搭建竞赛比武平台，3个班组和2名职工分别被授予“中央企业红旗班组”、“中央企业先进职工”称号。连续两年获得“全国五一劳动奖状”。

(徐建兵　李　谅)

江苏省电力公司

企业概况

江苏省电力公司（简称江苏公司）隶属于国家电网公司，主要从事江苏境内电网建设、管理，经营江苏境内电量销售业务。

2010年，江苏公司工作总的要求是：坚持以科学发展观总揽全局，全面深入落实国家电网公司和江苏省委、省政府决策部署，以建设坚强智能电网为主线，以全面推进“三集五大”为重点，以确保安全稳定和优质服务为前提，全面加强“三个建设”，深入推进“两个转变”，确保高水平完成全年目标任务，在建设“一强三优”现代公司进程中努力争先，为国家电网公司发展和建设美好江苏作出新的贡献。

2010年，江苏公司生产经营指标（国网属口径，下同）实现以下"突破"：售电量突破3000亿kWh，达到3135亿kWh，同比增长19.1%，全省全社会用电量3864亿kWh，同比增长16.6%；业扩报装申请容量突破5000万kVA，增长28.3%；统调最高用电负荷突破6000万kW，达到6034万kW，增长15.4%。当年，线损率完成6.01%，同比下降0.20个百分点。公司在国家电网公司同业对标的6个指标中，有3项（资产经营、人力资源、电网建设）排名第一，2项（营销服务、电网运行）排名第二。

2010年，江苏公司生产经营指标与"十五"计划末（2005年）相比，实现"五个翻番"：固定资产原值增长129%；售电量增长128%；业扩报装容量增长131%；110kV及以上变电容量增长116%。

电网概况

2010年末，江苏电网（统调）拥有装机容量5731.5万kW，占全省发电总装机容量6458.2万kW的88.7%。公司拥有220kV及以上变电站395座、变电容量17 246万kVA（含换流变电容量340万kVA），输电线路回路总长度28 125km，其中：500kV变电站33座、变电容量5965万kVA（含换流变电容量340万kVA），输电线路回路总长度8227km；220kV变电站362座、变电容量11 280万kVA，输电线路回路总长度19 876km。统调用电最高负荷6034万kW，最高负荷时全省错峰限电202万kW。

人力资源

加强领导班子建设，修订、出台《领导干部管理办法》等10项制度，构建较为完善的干部管理制度体系，建成8个基层"四好"领导班子；提升领导干部队伍素质，组织对处级干部、基层党政主要负责人的培训，完成青年干部的培训任务，同时实施"百人挂职锻炼"工作，加快培养年轻干部，100余名优秀年轻干部在本部与基层之间、苏南与苏北市县供电公司之间挂职锻炼。严格控制员工入口，通过提升标准、引入第三方招聘公司和规范流程，保证录用毕业生的素质水平，当年主业录用研究生达30%，供电企业电力专业本科以上毕业生达92%，农电系统录用本科毕业生达53%。规范管理各类保险，切实保障职工权益，新投保了主业和农电人员的女性安康保险，集体人员的雇主责任险，江苏公司获得"2009年度省直管企业基本养老保险业务管理先进单位"称号。继续推进人力资源规范化，完成主业单位最后一批劳动关系规范工作，出台了集体企业用工管理及薪酬管理细则，细化了管理要求和实施方法，统一公司系统科级职务及以下管理人员任职资格标准，优化奖金分配结构与发放进度，进一步缩小了不同地区、不同层面农电人员的收入差距。规范和优化市县供电公司机构组织模式，积极探索"三集五大"体系建设，在国家电网公司系统率先建成省市县三级公司"统一规范、精干高效、运转协调"的组织体系，安排近2000名管理人员充实到生产一线；推进县级区公司本部化改革，撤销7个县级区公司，成立属地营业部，其人财物统一纳入市公司管理；全面推广财务、审计、法律扁平化管理，以市公司为主体，建立预算、资金、物资、工程、核算等大集中的财务管理体系，撤销所属县公司财务机构，并在市公司层面整合审计、法律专业资源；实施"调控一体化""地县一体化"，构建"大运行"体系，将220kV及以下监控班划入电力调度中心，将县公司110kV及以上输电网调度管辖权及相关业务职能调整至地调，实现市县电网调度、监控职能整合，人员需求较定员标准减少40%；开展95598和计量业务省级集中工作，构建大营销体系，成立省级95598供电服务中心，实现业务集中受理和系统集中运行，并以高规格标准筹建省级计量中心，促进提升计量检定系统智能化水平，相关人员需求显著减少。出台以《江苏省电力公司绩效管理办法》为总领的绩效管理制度，形成组织、制度、指标、责任和应用五大体系，构建"四全"（指标分解全维度、责任落实全覆盖、绩效管理全过程、考核结果全应用）绩效管理新体系，该体系以第一名入围国家电网公司人力资源典型经验库。以能力建设为核心开展全员培训，年内以"基层两长四员"为突破，有针对性地培训农电所长1693名、主业班组长2735名、农电四大员4915名，并对调度和监控人员、95598客户服务人员进行专项培训，全年共培训16万余人·次，同时在各类竞赛、普考、调考中创新改进选拔程序和规则，引导开展全员岗位练兵，当年江苏公司竞赛、调考成绩位列国家电网公司系统第一。以业绩为标准，建设江苏公司专家队伍，发挥核心人才示范引领作用，年内选拔10名公司首席专家及63名专家；分层分级全面建设网络大学，公司网络大学正式上线运行，为五大培训中心和13个市供电公司提供了全方位培训平台。将基于工作业绩的日常能力评价纳入技能鉴定考评体系，全方位开展人才评价工作，全年共鉴定7357人，5017人通过，职称评审申报1276人，1236人通过公司初审。

电网建设与发展

2010年，全面完成江苏公司"十二五"总体规划和电网等7个专项规划的编制，"十二五"电网规划总报告及主网、配网规划报告均通过国家电网公司评审，同时完成了服务于规划的8项支持性课题研究，以及"十二五"35kV变电站升压规划、20kV电源点调整规划、20kV试点供电区规划范围优化等规划的专题研究；协助省能源局完成江苏省“十二五”能源发展思路研究工作，并接受省能源局委托开展“十二五”电力规划工作，完成电力和电网等两个专项规划文本的编制，各市供电公司将“十二五”电网规划纳入地方发展规划，为“十二五”电网发展落实了必要的土地通道资源。电网项目前期工作稳步开展，淮南—皖南—上海交流特高压项目省内支持文件齐备，并经国家电网公司上报核准；锡盟—徐州—南京北交流特高压项目获国家发改委路条，用地预审报告获省国土资源厅批复；配合完成淮南—南京北—沪西交流特高压项目可行性研究，取得路条阶段各项支持性文件；谏壁发电厂送出、岱山、盐北、扬州西、锦丰、吴江扩建等500kV重点输变电项目获得国家发改委核准，为2011年迎峰度夏提供了坚实保障。2011年220kV项目包和2010年110kV项目包获得省发改委核准；2012年220kV项目包可行性研究工作全面展开，2011年110kV项目包完成项目需求梳理。

2010年，开工建设110kV及以上变电容量1955万kVA、线路长度3643km，投产110kV及以上变电容量3128万kVA、线路长度3674km，其中：开工建设500kV变电容量350万kVA、线路长度83km，220kV变电容量1044万kVA、线路长度1767km；投产500kV变电容量650万kVA、线路长度86km，220kV变电容量1636万kVA、线路长度2109km。年内，重点工程完成了10年特高压、跨区电网建设任务，向家坝—上海±800kV特高压直流输电线路工程、葛沪±500kV直流输电线路改造工程提前完成，锦屏—苏南±800kV特高压直流输电线路工程江苏段铁塔（共94基）率先完成；500kV工程按期开工、投产，其中凤城、泰北扩建工程开工建设，江阴东、苏州东输变电工程、上党变电站1号主变压器扩建工程、泰兴变电站3号主变压器扩建工程、东善桥变电站扩建工程等均完成投产；10年29项迎峰度夏重点工程全面按期完成；西泾220kV智能变电站按期投产；江苏公司确定的25项220kV及以上2011年迎峰度夏工程全面开工；圆满完成省内电气化铁路配套供电工程的全年建设任务。凤城（泰北）500kV变电站获得国家优质工程银奖，29座220kV变电站被国家电网公司评为优质工程。以智能变电站试点工程为抓手，努力实践基建技术创新，安品街、三兴和三井220kV变电站获国家电网公司优秀设计奖，Q460多回路钢管塔研究项目通过国家电网公司验收，“增容型导线工程应用技术研究”等3个研究项目通过国家电网公司评审，其中“节能型线工程应用技术研究”课题列入国家电网公司2011年基建新技术推广应用实施目录。

经营管理

2010年，公司加强电力市场供需分析，做好分月电力平衡测算，积极争取区外来电资源，缓解夏季供电缺口；加强线损指标管控，做到稳中有降；严格按照“以热定电”原则编制热电厂购电计划，在确保节能减排的同时，有效降低购电成本。建成财务集约化管理体系，根据国家电网公司的政策和标准，制定全省统一的会计和预算科目体系、电网检修运行维护和其他运营费用标准成本；以SG—ERP建设为契机，全面清理了各级会计主体，统一全省会计信息标准，借机开展业务设计和流程再造；账务部署完成100%集中，关联交易能够跨单位协同处理；电网资金得到100%归集，50万元以上资金支付实现全省集中审核，融资预算偏差率控制在5%以内；固定资产开展全口径清查，无效低效投资得到全面清理，产权链条压缩到4级；项目储备管理机制得到建立和完善，标准成本管理开始全面推行；工程执行预算开始应用，竣工决算完成率100%；财务风险预警指标体系和财务内部控制体系得到健全和完善。推行财务扁平化管理，完全实现市、县公司财务信息同步同质；建立以市公司为导向的预算分配机制和压力传递机制，促进资源分配更加贴近生产经营和实际需求；全面统一了本市范围内的资金管理流程和标准，有效保障了资金安全。全面加强电价政策研究力度，深入开展居民阶梯电价测算，配合省物价局研究形成江苏省居民阶梯电价实施建议方案；平稳推进输配电价测算工作；配合省物价局再次向国家发改委行文请求批复江苏电气化铁路还贷政策，同时成功收回京沪电气化铁路历史欠缴还贷电费1.27亿元。以节能减排为导向，推进电力交易，年内全省发电企业结算上网电量2985亿kWh，同比增长19.5%，其中：统调公用电厂结算2836亿kWh，同比增长22%；非统调电厂结算144亿kWh，同比增长16%；自备电厂（主要是“三余”利用电厂）结算5.1亿kWh，同比增长5%。公用电厂中，普通燃煤电厂结算2444亿kWh，同比增长24.3%；天然气电厂结算114亿kWh，同比增长8%；核电结算147亿kWh，同比增长11%；热电联产电厂结算210亿kWh（其中按标杆电价结算电量6亿kWh），同比减少12.6%；可再生能源及资源综合利用电厂结算65亿kWh，同比增长25.5%。当年，江苏电网跨区跨省交易净受电量370.5亿kWh，月度以下双边交易外省净购入电量共完成31.33亿kWh，同比增长164.6%。江苏电网年内实现发电权交易电量302亿kWh，同比增长7.9%。同时，配合国家电网公司做好向家坝—上海特高压直流输电工程调试期间的电量消纳工作，完成了国家电力市场交易电量计划完成率指标。

安全生产

强化安全生产责任制，及时针对“大生产”“大运行”体系的建立，调整相关机构的安全职责，制定《生产现场领导干部和管理人员到岗到位规定》及工作标准，对发生的不安全事件及时进行调查处理。全面推行安全措施、安全督察、例行管理工作标准化，制定一系列规章制度，并对落实情况开展专项督查。加强电网设备监理验收管理，开展监理飞行检查和监理评价，严格工程竣工验收；开展触电危险源、变电站直流系统隐患、组合电器绝缘隐患、电力电缆通道隐患、线路通道隐患、地质灾害隐患及设备家族缺陷等排查治理工作，2009年遗留的设备家族缺陷全部在迎峰度夏前处理完毕，当年新出现的GIS漏气等家族性缺陷年内全部消除；针对电网运行中发现的设备缺陷开展专项治理，重点实施了线路防舞动、防鸟害治理和变压器气体继电器反事故措施等工作；实施500kV政平换流站设备带电检测和设备状态评估，完成接管该站后的第一次年度大修。推进改革检修管理创新，深化集中检修工作，有序推进检修外包，制定《输变电设备集中检修外包单位监管办法（试行）》《变电设备工厂化检修管理规定（试行）》等；全面开展设备状态评估，积极开展带电测试与在线监测，优化设备检修周期，修订《输变电设备交接和状态检修试验规程》，适应电网设备状态检修的要求。配合省有关部门制定出台了《江苏省重要电力用户供电电源和自备应急电源配置管理实施办法》，组织开展供用电安全隐患排查治理、农村10kV开关柜专项排查治理等工作。持续推进电网应急体系建设，组织编制《应急体系建设三年规划（2011～2013）》，修订公司本部应急预案体系，制定完善应急管理规章制度，增加配备了9类6700余件应急装备，开展应急队伍演练，提高抢修人员的应急能力，公司应急管理工作机制经受住了上海世博会保电和迎峰度夏的考验，并圆满完成了“7·28”南京迈皋桥附近化工管道爆燃事故和宿迁“9·7”暴雨等重大事故、灾害的应急抢修任务，得到省委省政府和社会各界的一致好评。积极试点智能电网建设工作，完善《江苏电网智能化规划》，编制落实2011年智能电网项目计划；推进试点工程建设，初步建成输变电设备状态检测系统的监控主站平台，实现了500kV变电站、重要线路和设备的在线监测，提高了变电站运行管理水平，上海世博会保电期间先进的视频监控手段发挥了巨大作用；提早介入智能变电站的生产验收和运行准备，编制了西泾220kV智能变电站的验收大纲和运行管理规范，确保省内首座智能变电站的可靠运行。累计组织各类安全培训5400多次，所有生产人员均经过培训并取得“安全教育培训证”。全面实施“大安全”管理，加强修造企业和交通安全管理，确保信息网络、消防和企业场馆的安全。当年，江苏电网频率不合格时间0s，电压合格率100%，220kV及以上继电保护正确动作率100%，负荷预测准确率99.07%；城市电压合格率99.902%，农村电压合格率99.660%，同比分别提高0.012个百分点和0.123个百分点；城市供电可靠率99.946%，农村供电可靠率99.854%，同比分别上升0.008%和0.07%。

营销工作

积极开展“大营销”体系探索与建设工作，坚持基础建设、制度建设和员工培训同步进行，12月29日省级95598中心投入试运行。同时，全面展开省级计量中心试点建设，构建省计量中心标准体系框架。全力推进智能用电项目建设，超额完成国家电网公司下达的475万户用电信息采集工程建设任务；稳步推进电动汽车充电设施建设，建成充（换）电站4座；科技项目“智能园区用电关键技术研究”可行性研究通过国家电网公司评审；光纤到户试点工程进入现场施工阶段。进一步规范电费电价管理，继续巩固并加强电费回收管理，月均预收电费比重达71.1%；推进营销、财务系统的数据集成，实现农村供电所电费现金就近解缴，适时组织电价检查，确保电价政策执行的规范性。全面加强营业业务管理，争取各地物价局出台居住区供配电工程收费标准，规范居住区供配电设施全过程管理，配合政府有关部门出台《35kV及以下客户端变电所设计图集》《高压电气装置规程》等地方标准，全面规范电力客户业扩工程管理。注重节能，扎实开展需求侧管理工作，规范自备电厂备用容量费征收；配合省物价局出台《关于进一步规范企业自备电厂电量结算管理的通知》，明确自备电厂“先上后下”的结算方案；成功切除了东方丝绸公司转供电，合计容量1万kVA；完成电力替代容量39.4万kW，同比增长13.4%；第四批下达的190个能效电厂项目全部实施，并通过验收。不断夯实营销管理基础，稳步提升营销分析软件数据上传完整准确率，逐步完善高端应用模块的开发与推广；高质量完成了统调上网关口计量装置改造，共改造87个厂站、312套电能计量装置。

农电工作

全面加强农网建设与改造，编制完成新一轮农网改造升级三年规划和“十二五”规划，实施了2010年农网改造升级低压电网项目，全年完成40 312个单项工程，农村“低电压”“卡脖子”现象得到有效解决；推进新农村电气化建设，年内建成15个电气化县、247个电气化乡镇、2186个电气化村，累计建成电气化县49个、电气化乡镇566个、电气化村6524个，南京、苏州、无锡、常州、镇江、扬州、泰州、南通、盐城9个省辖市已率先实现县县电气化。着力提高农电综合管理水平，全省1199个农村供电所全部进行标准化建设，其中670个通过考评，同时选树省级标准化示范供电所58个，有14个被命名为国家电网公司标准化示范供电所；在供电所开展标准化班组建设，制定标准化班组专业评价标准和工作手册，实现供电所专业管理规范化、标准化和流程化；建立农电同业对标和综合评价体系，加强督促考核力度；开展农电“三查三规范”专项活动，检查和规范农电服务公司、供电所用工和供电所电费电价的管理；开展农村供电所综合资产摸底调查，制定农村供电所车辆、房屋、工器具、仪器仪表、办公设备、备品备件管理制度及配置标准，建立了常态管理机制。进一步规范农村低压电网项目管理，制定电网项目储备管理办法，建立每季动态维护、滚动修改的项目储备机制；全面开展2008～2009年农电项目督查，针对发现的问题，制定《江苏省电力公司农村低压电网工程管理办法》及22个关键节点标准模板，通过层层宣贯，提高农村低压电网工程标准化、精益化管理水平；开展项目复核、项目效益分析和项目立项导则修订等工作，进一步提高项目的计划性、准确性、合理性。提高农电科技信息水平，昆山市供电公司创建国家电网公司科技进步先进县供电公司工作通过考评；成立SG—ERP农电小组，以人财物集约化管理和加强项目管理为核心，扎实推进农电ERP系统建设；按照专业管理纵向到底、综合管理横向到边的原则，开发农电综合管理信息系统并成功上线试运行，实现供电所基础管理和资料台账的标准化、规范化、信息化；完成全省供电所视频会议室建设，实现省市县公司与供电所双向收视功能，提高了管理效率和工作响应速度。提升农电队伍素质，年内全省1853名供电所所长完成一轮全面培训，同时充分应用农村供电所视频会议系统，全面完成全省供电所班组长班组管理技能培训；组织全省农电安全普考、调考，在国家电网公司农电安全调考中获得个人第一名和团体第四名；举办全省农电配电、装表接电、抄核收三个专业竞赛；加强对农电先进模范人物的培养和宣传，组织农电优秀人才评选工作。配合省政府有关部门完成全省农电体制改革调研工作，其中关于农林场圃体制改革的建议得到国家发展改革委的重视和采纳；根据国家发展改革委有关农林场圃电力体制改革的精神，提出改革建议，超前编制农林场圃电网改造计划，并纳入新一轮农村电网改造升级整体规划，积极向省政府、发展改革委汇报电网改造需求和电价测算情况；稳步推进监狱系统试点改制工作，与省监狱管理局、劳教局共同编制了改制改造实施意见。

科技与信息化

2010年，江苏公司计划执行科技项目220项，新立项目72项（国家电网公司管理项目21项、江苏公司管理项目51项），群众性创新项目93项。年内按计划应完成的148项项目全部完成，当年验收项目126项。共获中国电力科学技术奖5项，国家电网公司科学技术进步奖2项，江苏省科技进步奖2项，通过中国电机工程学会组织的技术鉴定2项。科技创新方面，加强智能电网关键技术研究，重点开展“电网安全稳定运行”和“提高电网输送能力”等两类关键技术的研究工作；申报国家高技术研究发展计划（863计划）工作通过了国家科技部组织的评审答辩；参与国家科技重大专项课题研究，加快推进物联网在电力系统应用中的科技攻关工作；推进国家电网公司实验室建设，“变电站智能设备检测技术实验室”获国家电网公司实验室授牌，并启动了“全数字式变电站闭环动态仿真与规约测试技术应用”等重点项目研究。调整知识产权工作管理思路，重点引导提高发明专利的比例。江苏公司全年共申请专利171项，授权383件（含往年授权项目），授权专利中发明专利16件、实用新型专利370件。共发表论文328篇，其中被工程信息索引（EI）源刊收录16篇，软件著作权登记4件。

2010年，江苏公司共下达信息化项目42大项，下达项目均按计划完成年度工作。7月底，信息化登高项目被国家电网公司确立为信息化SG—ERP首个综合试点工程；10月8日，信息化SG—ERP综合试点工程在公司本部和4个试点单位上线试运行；12月5日，第二批功能模块在试点单位上线运行，同时在全省供电企业启动推广实施工作。信息网络可用率和信息应用可用率均达100%，信息安全管理建立了技术督查工作机制，组织开展了信息安全反违章专项行动和信息系统安全保密检查与教育，完成国家电网公司信息外网安全监测系统的推广实施工作，并完成与国家电网公司的纵向级联，完成公司系统网络设备可信接入管理系统的建设。全年未发生三级及以上信息系统事故，未发生有人员责任的信息系统障碍，未发生任何造成不良影响的信息安全事件。

优质服务

全面实施国家电网公司“塑文化、强队伍、铸品质”供电服务提升工程和“绿色电能　创新奉献”优质服务主题活动，持续推进优质服务工作。提高全省用电情况分析的频度、精度和深度，为省委省政府决策提供可靠依据。当年夏季，全省经历了40多年来罕见的大范围持续高温天气，统调最高日用电负荷7次创历史新高，江苏电网统调负荷在国家电网公司系统首家突破6000万kW。江苏公司周密制订电网运行方式、停电检修计划、系统应急预案、错峰限电方案，编制超供电能力限电预案，主动向政府部门和上级调度汇报，到发电企业走访沟通，与兄弟省市调度加强联系，积极争取各方支持，圆满完成了迎峰度夏和上海世博会供电保障任务。对高速铁路工程建设特事特办，确保高速铁路变电站按期投运；规范了新建居住区供配电设施建设和运行维护管理，不断强化高危及重要客户管理，督促用户完成整改各类隐患1096条，完成率达77.13%。实施节能调度，执行用电调控，淘汰落后产能，江苏电网年内实现发电权交易电量302亿kWh，同比增长7.9%，其中60万kW及以上高效机组实际完成184亿kWh，共实现节约标准煤151万t、减少二氧化硫排放3.02万t，发电权交易电量、节约标煤量、减少二氧化硫排放量均创历史最高纪录。加强行风建设督查，选聘了新一届行风监督员，主动接受社会各界监督；认真落实业扩工程100%回访制度，开发利用客户回访抽查系统，抽查和分析客户反馈信息，及时纠正回访不规范行为，实现对客户投诉100%反馈，对上级转办件100%回复，客户满意率100%。江苏公司在当年省政府发布的"江苏省十大服务行业公众满意度调查报告"中获得第一名。

党的建设和精神文明建设

深入开展创先争优活动，组织实施"政治理论达标、精英团队塑造、电网先锋创建、岗位能力提升、党建工作创新"五大工程。规范实施年度公开承诺，建立各级班子成员活动联系点，对活动和承诺兑现情况进行领导点评和群众评议。按照省委要求开展党组织"四有"目标管理专项检查，党建工作被省委组织部评定为优秀。认真开展"建设统一的优秀企业文化"主题实践活动，制定企业文化建设工作考核办法。全面推进"国家电网"品牌标识标准化建设，并通过国家电网公司检查验收。建立和完善电力行业文明服务公众满意度测评指标体系，组织供电服务窗口参加省优质服务竞赛，获得"江苏省文明行业"称号，12个基层单位受到省文明委表彰，并获国家电网公司精神文明建设创新奖一项。纪检监察加强倡廉教育、制度建设、督促检查等工作，年内未发生公司系统处级及以上人员、公司本部员工违规违纪违法问题，未发生瞒案不报、压案不查或责任追究不到位的问题，影响和损害企业形象的重大行风事件。共青团和青年工作开展"亲情电力志愿服务社区行""未来之星校园行""光明使者欢乐乡村行""迎世博青春光明行"等活动，"亲情电力"志愿服务系列活动获省共青团创新创优成果一等奖。公司工会深入推进职工民主管理，大力发展和谐劳动关系。新增"全国模范职工之家"5个、"全国模范职工小家"6个，省电力工会被表彰为"江苏省推动厂务公开民主管理工作先进单位"，13个基层单位被表彰为"江苏省推动厂务公开民主管理先进单位"。涌现出7名全国劳模、4名国家电网公司劳模，有2个集体获"江苏省五一劳动奖状"，11人获"江苏省五一劳动奖章"，25个集体获江苏省"工人先锋号"称号，赴上海世博会保电用电检查分队获上海市"工人先锋号"称号，有4个班组获"中央企业红旗班组"称号、4人成为中央企业先进职工，其中南京供电公司营业一班（刘平营业厅）获"中央企业红旗班组标杆"称号。

（张建扬）

浙江省电力公司

企业概况

浙江省电力公司（简称浙江公司）拥有11家市级供电企业、3家县供电企业，1家水电厂和16家主要面向电力服务的建设、设计、试验科研、培训中心等单位，代管61家县供电企业。

"十一五"期间，浙江电网总体规模实现翻番，110kV及以上输电线路由2.4万km增加到3.7万km，变电容量由1亿kVA增加到2.2亿kVA，完成全省户户通电，全社会用电量达到2821亿kWh，年均增长11.4%；统调最高用电负荷突破4200万kW，年均增长15.7%；售电量从1307亿kWh增加到2405亿kWh，年均增长13.0%；集团化运作格局初步形成，基本建立人财物集约化管理体系。大力弘扬"努力超越、追求卓越"的企业精神，先后夺取抗击"桑美"超强台风、严重雨雪冰冻灾害的胜利。浙江公司先后荣获"全国五一劳动奖状"、"全国电力供应行业排头兵企业"、"浙企常青树"、"浙江省企业文化建设示范单位"等荣誉称号，连续三次荣登"浙江省最具社会责任感企业"榜首；公司系统15家单位获得国家级文明创建的荣誉，7人被评为全国劳模，17人获全国"五一"劳动奖章、浙江省劳模称号。

2010年是"十一五"的收官之年，浙江公司深化"两个转变"，着力"三个建设"，资产经营、营销服务、人力资源和电网建设4个专业成为国家电网公司专业管理标杆。

领导班子

总经理、党组副书记：李卫东（2010 年 11 月 4 日任职）

总经理、党组副书记：费圣英（2010 年 11 月 4 日调离）

党组书记、副总经理：姜雪明

副总经理、总会计师、党组成员（正局级）：徐伟良

副总经理、党组成员：陈安伟、石华军

副总经理、党组成员：于金镒

纪检组长、党组成员：江华东

工会主席、党组成员：王幼成

党组成员：孔繁钢

总工程师：李海翔

组织机构

浙江公司本部设置 19 个职能部门及公司工会。分别为办公室、发展策划部、财务资产部、人事董事部、人力资源部、营销部、生产技术部、安全监察部、基建部、农电工作部、科技信息部、思想政治工作部（与机关党委、团委合署办公）、监察部（与纪检组合署办公）、审计部、经济法律部、物资部（招投标管理中心）、离退休工作部、浙江电力调度通信中心、浙江电网电力交易中心、工会。

供电单位：杭州市电力局、宁波电业局、嘉兴电力局、湖州电力局、绍兴电力局、衢州电力局、金华电业局、温州电力局、台州电业局、丽水电业局、舟山电力局。

其他直属单位：浙江电力综合服务公司、浙江省电力公司物流服务中心、浙江省电力物资供应公司、浙江省电力实业总公司、浙江浙电置业有限公司、浙江浙电工程招标咨询有限公司、浙江省电力公司计量中心、紧水滩水力发电厂、浙江省火电建设公司、浙江省送变电工程公司、浙江省电力公司超高压建设分公司、浙江电力建设监理有限公司、浙江省电力试验研究院、浙江省电力设计院、浙江省电力设备总厂、浙江省电力公司培训中心、国家电网公司职业病防治院。

电网概况

浙江电网基本形成了以 500kV 为骨干、220kV 为支撑，主网架坚强、输配电统筹、城农网协调的浙江电网。截至 2010 年底，全省共有 500kV 输电线路 6362km，变电站 31 座，变电容量 6425 万 kVA；220kV 输电线路 13 196km，变电站 230 座，变电容量 8394 万 kVA。

浙江钱塘江北部电网通过安徽—富阳 2 回、安徽—瓶窑、江苏—瓶窑 2 回、汾湖—上海 2 回等 7 回 500kV 线路与周边省市电网相联；钱塘江南部电网形成梯形双环网结构，以甬台温沿海大通道和西部纵向通道为支撑，通过双龙—福建 2 回 500kV 线路与福建电网相联，形成较为坚强的 500kV 主网架，220kV 电网逐步实现了分层分区运行。2010 年底，浙江统调总装机容量 37 105MW，同比增长 3.05%，其中火电 35 140MW，占 94.7%；核电 320MW，占 0.9%；水电 1645MW，占 4.4%。非统调装机容量 7011MW，同比减少 3.65%。华东直调电厂装机容量 7623MW。

人力资源

截至 2010 年底，浙江公司职工总数 25 322 人，其中长期职工 23 817 人，临时职工 1505 人。长期职工中，经营管理类 2086 人，专业管理类 4396 人，技术管理类 2564 人，生产技能类 12 774 人；研究生及以上学历 1194 人，大学本科学历 9179 人，大学专科学历 6077 人；高级职称 1882 人，中级职称 4467 人；高级技师 1333 人，技师 7029 人，高级工 3962 人。人才当量密度为 0.966 7，同比提高 0.013 5。

深入推进人力资源集约化管理，规范省市县三级本部机构设置，建立以“控总量、保质量、调结构、防风险、强基础”为核心的人力资源管理体系。编制完成浙江公司“十二五”人力资源规划，完善出台企业负责人业绩考核及薪酬管理、补充医疗保险及基金监管、供电企业一线班组薪酬管理、员工队伍建设等管理制度和实施办法。继续推进人力资源基础信息管理、培训全过程管理、全员绩效管理、员工职业发展、人才评价、补充医疗保险等专业模块的标准化与深度应用。落实“三角六向”管理架构，探索实施生产组织方式和作业模式变革。落实国家电网公司定员标准。强化供电企业生产一线班组建设与激励，引导员工向生产一线岗位流动，缓解人力资源结构性失衡压力。根据“业务范围分开、岗位层级分开、工作职责分开”原则，基本解决农电混岗问题。实施基层单位企业负责人薪酬管理办法，完善供电企业一线班组薪酬制度，完成企业年金移交相关工作。深化“四好”领导班子创建工作，落实中央从严管理干部的有关精神，注重加强“三圈”（工作圈、生活圈、社交圈）考核及干部延伸考察，全面加强领导干部的考核和监督。加强干部队伍培训，开展领导干部脱产集中轮训和中青年干部培训，不断提升干部队伍综合素质。合理配置人选，落实部分单位领导班子、部门负责人及本部处长的调整工作。加大年轻干部培养力度，通过选派赴国家电网公司总部锻炼、赴藏帮扶、

援疆挂职等跨区交流形式，有效提高年轻干部综合素质。进一步加强县级供电企业领导班子管理，在全面总结升级13家县（区）级供电企业经验的基础上，根据企业规模，对嘉善县供电局、长兴县供电局、玉环供电局3家县级供电企业的领导班子党政正职确定为浙江公司党组管理。整合培训资源，筹建电力技师学院，强化“双师型”人才培养，探索建立首席技师制度。实施全员教育培训，浙江公司三级培训网络（包括代管单位）共计安排培训班次4063期，接受培训16.35万余人·次。人力资源模块顺利通过2010年国家电网公司信息系统实用化验收，人力资源同业对标获得国家电网公司专业管理标杆第二名。

电网建设与发展

编制完成“十二五”电网规划，并通过国家电网公司评审，强化规划统领作用。500kV及以上输变电工程项目全面实施属地化管理，实施“大建设”领域关联工程的统一协调机制，实施省市县互通的“三角六向”管理流程。积极争取政府对特高压、西部大通道和电铁配套工程的支持，超前落实规划建设用地，开创500kV输变电工程先行核准220kV开关站模式。锦屏—苏南±800kV特高压直流输电工程如期进展，500kV葛沪直流综合改造完成，220kV舟山与大陆联网工程建成投产，370m世界第一输电高塔耸立在东海之滨。

以资产全寿命管理为主线，以基建信息一体化为平台，以基建标准化建设为统领，以“科学规划、优质设计、精细管理、安全施工和完美质量”为目标，强化职能、优化流程，将已有的基建标准化建设成果纵向覆盖主网、技改、农网、配电网等各个电压等级工程，横向包含规划、可研、初设、建设、投运和生产等各业务环节，实现标准的一体化电网建设管理模式。2010年，110kV及以上输电线路开工1765km、投产1768km，变电容量开工1799万kVA、投产1728万kVA。20kV电网试点工作初见成效。

编制《浙江省中心镇电网建设与改造技术导则》，结合新一轮农村电网改造升级工程，超前谋划、实施中心镇电网建设。出台技改、配电网工程初设评审管理办法，推行初设网络评审和技改配电网集中评审，统筹建设资源分配，集中统一配置建设要素。开发完成配电网工程概预算编制软件，在全公司推广应用，加强涵盖主网、技改、配电网全范围的贯穿项目管理全过程的造价标准化建设，提高投资效益。

积极开展智能电网建设，建立完备的省市县三级智能电网工作体系，芝堰500kV变电站成为国家电网公司首座智能变电站，杭州配电自动化试点工程率先通过国家电网公司验收。丹溪—苍岩500kV输电线路获得国家电网公司输电线路工程质量管理流动红旗，兰溪500kV变电站获国家优质工程银质奖，玉环500kV变电站等8个输变电工程被评为国家电网公司优质工程，瑶溪220kV变电站等6个工程被评为浙江省优质工程，兰溪500kV变电站、拉西瓦—西宁750kV线路两项工程获国家电网公司优秀设计奖，浙江公司被授予“国家电网特高压直流输电示范工程功勋单位”称号。电网建设同业对标获得国家电网公司专业管理标杆第二名。

经营管理

促进财务与业务融合，构建财务“六统一、五集中”和“资金池”账户体系，财务集约化工作通过国家电网公司验收。健全物资管理和物流配送网络，拓展招标范围，强化物资招标采购监督。加强县供电企业专业化管理和集中管控，完善趸售电价机制，优化管理流程，不断提升县供电企业管理水平。

推进综合计划和预算的全覆盖管理，强化经营指标的动态控制，深化SAP信息系统应用，首批通过国家电网公司实用化验收，实现ERP全覆盖功能上线。大力推进财务管控系统建设，实现全省财务数据大集中。修订37项财务管理规章制度，制定并下发《浙江省电力公司财务内部控制及评价手册（2010版）》。成立全面风险管理委员会，推行全面风险管理，建立、固化风险预警体系，强化财务监督。实现售电量2085.61亿kWh，同比增长6.20%。资产经营同业对标获得国家电网公司专业管理标杆第三名。

开展“小金库”和工程建设领域专项治理，构建经营管理“反违章”机制。拓展审计领域，浙江公司层面组织70项审计，促进增收节支7670万元。完成浙江公司层面主多分开，制定市县层面主多分开方案，规范集体企业管理。

安全生产

扎实开展“三个不发生”百日安全活动，强化安全监督和风险管控，狠抓事故隐患排查治理和反违章工作。完成430项事故隐患整改，开展22.9万次现场违章稽查，全面加强基建、农电、辅业、综合产业、县级供电企业和消防安全管理，杜绝安全考核事故。新增93座220kV无人值班变电站，推进运维一体试点和专业化检修，形成国家电网公司状态检修标准18项、浙江公司标准32项，初步建立基于状态监测的状态检修体系。输电线路监测中心实现省市两级上线，在国内外首次开展500kV输电线路直升机智能巡检，500kV直流融冰技术达到国际领先水平。组建应急抢修队伍和物资储备库，建成浙江公司备用调度中心，启动24项110kV电网生命线工程建设，全面完成省市两级大面积停电事件联合应急演练，建立省市县三级电网安全与保供电应急组织指挥体系。积极应对台风和雨雪冰冻等自然灾害，迅速修复受损线路恢复供电。2010年，未发生安全责任事故，安全生产继续保持平稳局势，获浙江省人民政府安全生产优秀单位称号，国家电网同业对标安全管理指标排名A段。

营销工作

探索与实践“大营销”建设，建成浙江公司营销稽查监控中心、95598投诉受理中心，完成656个营销标准化作业指导书的编写工作。联合监管部门开展客户受电工程市场规范化建设，认真自查整改受电工程“三指定”问题。大力防控电费回收风险，持续推进分次结算，提高预付电费比例，当年电费回收率100%。加快推进用电信息采集系统建设，安装无线采集器19.96万台，覆盖低压用户282.18万户，数据采集完整率达97%以上。积极构建智能充换电服务网络，新建成杭州古翠站、西溪站、和平会展中心站，金华东关站4座充换电站，试点建设高速公路电池更换站实现城际互联，自主研发电动汽车能源供应运营和监控系统，率先实现国家电网公司倡导的“换电为主、插充为辅，集中充电、统一配送”的电能供给模式，填补了国内外空白，整体技术处于国际领先水平。加强电力供需形势分析，及时启动有序用电方案，切实落实错避峰措施，圆满完成迎峰度夏和上海世博会保电任务，浙江公司被国家电网公司评为世博电力保障工作先进单位。营销服务同业对标获得国家电网公司专业管理标杆第四名。

农电工作

编制农电工作联络图表，开展浙江省“十一五”中心镇培育工程新农村电气化建设情况调查，与省经信委、农办沟通，科学制定新农村电气化建设年度工作方案和具体措施，明确以建设“集约农网”为指导，重点完善中心镇、中心村的电力基础设施建设，加强新农村电气化建设的指导。2010年全省新增新农村电气化市1个，新农村电气化县6个，新农村电气化乡（镇）99个，新农村电气化村2987个，分别占年度计划的100%、100%、165%和199%。超额完成省委、省政府的考核目标，新农村电气化建设走在全国前列。认真总结和展示浙江省新农村电气化建设成果和经验，国家电网公司7月份在河南召开的新农村电气化建设现场会上，新昌县和嘉兴市作为新农村电气化县和新农村电气化市作典型经验交流。配合浙江省发改委开展农电体制改革调研，编制浙江省农村电力体制改革调研报告，制定《理顺农电管理关系工作实施方案》。做好一流县级供电企业的创建和动态考核工作，推进供电（营业）所标准化建设，截至2010年底，全省已有411个供电（营业）所达到标准化建设的要求，达标率为43.5%。积极主动做好有关农电重点工作的协调落实，建立农电月度例会制度，协调做好国家电网公司农网智能化科技项目研究和科技进步县的创建工作，全面开展“户户通电”回访，组织各市、县局开展农村低电压问题综合治理，全面完成县级供电企业各类“违章”行为集中排查整改。切实做好电力扶贫，扎实推进结对帮扶工作，被浙江省委、省政府评为“低收入农户奔小康工程”结对帮扶工作先进单位。

科技与信息化

积极开展科技创新和新技术推广工作。“500kV智能变电站关键技术研究”、“舟山与大陆联网海域架空输电线路大跨越的研究与实施”和“智能充换电服务网络示范工程建设”等重大研发项目成果取得国际领先水平。编制完成“十二五”科技发展规划和“十二五”新技术推广规划，组建命名14支科技创新团队，“分布式电源与微网实验室”成为首个浙江省重点实验室。获得国家电网公司及以上科技成果奖励25项，创历史新高；完成专利申请105项，其中发明专利61项，获得专利授权146项。2010年重点推广大截面导线、同塔多回输电技术、IEC 61850变电站、静止无功补偿SVC、高强钢在同杆多回应用、复合材料杆塔技术、大跨越关键技术的应用、碳纤维新型导线以及信息化等多项技术，新技术推广应用率达83%。获国家电网公司“十一五”科技工作先进单位称号，义乌供电局和海宁供电局名列国家电网公司系统11个县级供电企业科技进步先进县。

信息化建设项目按计划开工率100%、按计划上线率100%。信息系统可用率99.999%，信息系统应用率90.53%，内网终端管理率99.74%、外网终端管理率89.86%。管理岗位人员培训覆盖率100%；信息化人才密度92.15%，专职信息人员比率1.07%。同业对标指标——信息系统可用率位居国家电网公司系统第一，信息系统应用率位居前三。信息系统首批通过国家电网公司实用化评价验收，信息化水平继续处于国家电网公司系统前列。省市县一体化ERP系统上线运行，国家电网公司系统首家实现包括代管县在内的县供电企业全覆盖。浙江公司获得国家电网公司2010年实用化工作先进单位称号，绍兴电力局获得国家电网公司2010年实用化工作先进集体称号。信息化成果获得国家级奖励1项、省部级及以上奖励9项。信息安全实现了“四不发生”，获浙江省网络与信息安全信息通报工作先进单位。营销管理业务应用建设、电网信息安全等级保护纵深防御示范工程获“国网信息化建设实施优质项目”称号。

优质服务

实施“塑文化、强队伍、铸品质”供电服务提升工程，开展“浙江电力春风行动”，开展第三方客户满意度测评，供电服务承诺兑现率保持在99.99%以上。开展走进企业送技术、走进社区送服务、走进农村送知识的“三走进”活动，走进企业13 775家、社区987个、农村4365个。深化“电力社区”服务共建，建成标准化示范社区78个；深入推广大工业用户社会用电优化模式，服务大工业用户6055户，为用户节省电量4.37亿kWh，节省标准煤约14.29万t，减少二氧化碳排放37.44万t。认真落实政府节能减排要求，努力做到减排不减服务，实现节能减排与营销服务的和谐发展。推广阿斌服务队、小草服务队、红船服务队等特色服务品牌，推进国家电网公司全面社会责任试点，持续提升供电服务水平和企业形象。

党的建设和精神文明建设

深入开展创先争优活动，以“三建三提”深化“三个建设”。建成并推广“浙电政工网络平台”，组织“百名政工师进班组”、“万名共产党员网上学”、“文明单位网上行”等活动，共有1100多个基层党组织、近2万名党员积极投身创先争优活动，实践“五好”、“五带头”公开承诺，充分发挥基层党组织的战斗堡垒作用和党员的先锋模范作用。认真落实党风廉政建设责任制，完善以“一本账”为特征的惩防体系动态管理机制，滚动修订2010版《惩防体系大纲》；加强反腐倡廉教育和廉洁文化建设，认真开展廉政风险点、危险源自查自纠工作，被浙江省委、省政府确定为廉政文化“进企业”示范点。深入开展工程建设领域突出问题专项治理、“三指定”专项治理和“小金库”自查自纠等工作。开展业务培训、技术比武、岗位建功“三位一体”竞赛活动。坚持依法从严治企，完善职代会、厂务公开等民主管理制度，试行职工代表竞争性选举。评选浙江公司首届百名劳模，创建劳模工作室。完成浙江公司团委换届选举。加强信访矛盾调处和排查，保持队伍稳定。加强新闻宣传和“国家电网”品牌建设，顺利通过国家电网公司验收并被授予“国家电网公司品牌标识标准化建设达标单位”、“品牌传播年活动先进单位”、“2010年度社会责任工作先进单位”称号。评选并表彰浙江公司系统20个党建工作创新成果典型案例，形成党务管理教育案例库，建立和丰富企业文化优秀案例库。浙江公司获得“2010年浙江省思想政治工作先进集体”、公司工会被中国能源化学工会全国委员会授予2010年度“争先创优”先进单位称号，“浙电政工网络平台”获得国家电网公司2008～2009年度精神文明建设创新成果推广奖。7名员工荣获全国劳动模范称号。

主要事件

1月26日，浙江省电力试验研究院获国家电网公司“2007～2008年双年度文明单位”荣誉称号。

2月14日，浙江省省委书记赵洪祝来到浙江公司，看望慰问节日期间坚守岗位的干部员工，充分肯定省电力公司积极应对雨雪冰冻保供电工作。

2月23日，浙江省电力公司荣获浙江省人民政府颁发的2009年度“社会主义新农村建设优秀单位”、2009年度“低收入农户奔小康工程结对帮扶工作先进单位”、2009年度“减轻农民负担工作专项考核优秀单位”荣誉称号。

3月17日，国家电网公司授予浙江省电力公司“电力器材安全性能检测技术实验室”和“无功补偿应用技术实验室”为国家电网公司实验室。

3月20日，浙江公司的“浙江电网统调电厂脱硫在线监测考评系统”项目荣获国家环境保护部颁发的“环境保护科学技术二等奖”。

3月27日，金华电业局的课题《供电企业输电设备状态检修管理》在2010年第十六届全国企业管理创新大会上荣获“ 国家级企业管理现代化创新成果”一等奖。

4月13日，浙江公司被浙江省人民政府授予“浙江省2009年度节能工作先进单位”称号。

4月14日，浙江省电力试验研究院李凤瑞博士荣获浙江省青年联合会首届“浙江青年年度人物”荣誉称号。

4月28日，浙江省电力公司调通中心继电保护处荣获浙江省总工会颁发的浙江省“工人先锋号”称号。

同日，浙江省电力公司荣获国家电网公司2009年度“信息工作先进集体”称号。

4月29日，浙江公司举行表彰大会，为公司首届百名劳动模范称号获得者颁奖。省电力公司共有7名员工荣获2010年全国劳模称号。

5月11日，杭州电网调度控制中心举行启用揭牌仪式，浙江首个“调控一体”运行管理模式在杭州电网开始应用。

5月26日，杭州市电力局、嘉兴电力局荣获国家电监会颁发的2009年度“全国供电可靠性金牌企业（A级）”称号。

6 月 4 日，由浙江省送变电公司承建的 500kV 兰溪变电所工程被中国电力建设企业协会授予 2010 年度“中国电力优质工程奖”。

6 月 30 日，浙江省首座电动汽车全功能大型充换电站在杭州正式启用，这是国家电网公司系统第一座可面向社会商业化运营的全功能电动汽车充换电站。

7 月 1 日，220kV 舟山与大陆联网工程正式投运，舟山电网实现了从 110kV 电压等级向 220kV 电压等级的历史性跨越。该工程创造了中国乃至世界电网建设史上的多项纪录：两基跨越塔高 370m、重 5999t，为世界第一；大跨越耐张段长 6215m，为世界之最；最大档距 2756m，为亚洲第一。同等规模跨越采用国产导线属国内首次，特大跨越自主设计、自主加工、自主施工为国内首次，输电线路跨越塔主柱材料采用钢管混凝土技术也是国内首次。

7 月 2 日，金华电业局以“大型管母滚轮架的研制”为课题的创新型 QC 成果在第十八届中小企业优秀质量管理发布活动中被国家人力资源社会保障部评为“优秀质量管理小组一等奖”。

7 月 2 日～8 月 2 日，浙江电网统调负荷屡创历史新高，从 3882.6 万 kW 攀升至 4204.4 万 kW。

7 月 5 日，衢州电力局作为全国“安康杯”竞赛优胜企业，被中华全国总工会授予颁发全国五一劳动奖状。

7 月 18 日，浙江省火电建设公司总经理赵刚被浙江省优秀企业家评审委员会评为“浙江省第九届优秀企业家”。

8 月 19 日，浙江省电力公司获省企业联合会、省企业家协会颁发的“2009 年度浙江企业文化优秀单位”荣誉称号 。

9 月 13 日，国家电网公司党组成员、中纪委驻国家电网公司纪检组组长潘晓军到省电力公司调研指导工作。

9 月 27 日，嘉兴电力局修试工区继电保护一班、杭州市电力局调度所调度班、宁波电业局 220kV 宁慈淞集控站被国务院国资委授予“中央企业红旗班组”称号，绍兴电力局 500kV 舜江变电所所长丁可为、衢州电力局修试工区副主任琚军、庆元县供电局党委书记吴建新被授予“中央企业先进职工”称号。

10 月 12 日，富阳市供电局“‘三位一体’安全生产风险管控的创新实践”、衢州电力局“供电企业党建二维三级标杆管理”、杭州市电力局“实施配网调控一体化提高电网安全管控和可靠运行水平”获得中国电力企业联合会颁发的“企业管理创新成果一等奖”。

10 月 17 日，华东电网首个 500kV 数字化高压输电线路改造试点工程—500kV 沥富、沥阳线数字化改造线路和变电站设备安装结束。

10 月 20 日，浙江 500kV 丹溪至苍岩双回输电线路工程，被国家电网公司授予输变电工程质量管理流动红旗。

11 月 4 日，浙江省委常委、宣传部长茅临生来省电力公司调研推进学习型党组织建设工作。

11 月 13 日，浙江省电力试验研究院副总工程师李凤瑞带领的科技创新团队发明的专利“一种带中心风的微油点火旋流煤粉燃烧器”在第十二届中国专利奖颁奖大会上，被国家知识产权局和世界知识产权组织授予“中国专利优秀奖”，并获金奖提名。

11 月 23 日，浙江省电力公司被国家电网公司授予“国家电网世博电力保障工作先进单位”荣誉称号；杭州市电力局、宁波电业局、温州电力局、嘉兴电力局、湖州电力局、衢州电力局六家单位荣获“国家电网世博电力保障工作先进集体”荣誉称号；公司系统共 81 人获“国家电网世博电力保障工作先进个人”荣誉称号。

11 月 24 日，500kV 芝堰（兰溪）变智能化改造工程通过竣工验收，标志着国内首座 500kV 智能变电站投入运行。

11 月 25 日，浙江省电力公司召开干部任免宣布大会，宣布了国家电网公司党组关于浙江省电力公司领导班子调整的决定：国家电网公司经研究并征得浙江省委同意，决定李卫东任浙江省电力公司总经理、党组成员、副书记。

11 月 29 日，国家电力监管委员会主席王旭东在浙江省副省长金德水的陪同下，到浙江省电力公司调研指导工作。

11 月 30 日，国家电网公司副总经理杨庆到杭州市古翠路电动汽车充（换）电站，调研指导电动汽车充电设施建设与运营工作。

同日，浙江省电力公司被评为浙江省最具社会责任感企业。

12 月 7 日，浙江 500kV 温州瓯海变 2 号主变压器扩容项目顺利投运。

12 月 9 日，浙江省火电建设公司的国电北仑电厂三期工程（2×1000MW）和华能海门电厂一期机组新建工程（2×1000MW）荣获国家工程建设质量奖审定委员会颁发的“国家优质工程金奖”，浙江国华宁海发电厂二期扩建工程（2×1000MW）和大唐信阳超超临界机组工程（2×660MW）荣获“中国建筑工程鲁班奖”。

12 月 13 日，500kV 丹溪—苍岩输电线路工程投运，标志着我省 500kV 电网“十一五”投产任务圆满完成。

12月17日，浙江仙居抽水蓄能电站工程开工仪式隆重举行。浙江省委常委、常务副省长陈敏尔宣布工程开工。国家电网公司党组成员、副总经理郑宝森在开工仪式上致辞。

12月22日，浙江省电力公司成为首批通过国家电网信息系统实用化评价验收的单位，标志着公司信息系统实用化水平迈上新台阶。

12月24日，绍兴电力局被中国质量协会、全国用户委员会授予“全国用户满意企业”荣誉称号。

12月27日，《解析国家电网公司统一的优秀企业文化的形成机制和理论结构》获全国电力行业文化与企业文化优秀成果评审专家委员会颁发的2010年度“全国电力行业文化与企业文化优秀论文一等奖”，《努力打响“国家电网”品牌》等三个案例，获2010年度“全国电力行业文化与企业文化优秀案例二等奖”。

同日，海盐供电局被中国质量协会评为“2010年全国实施用户满意工程先进单位（企业类）”。

12月29日，义乌市供电局和海宁市供电局被国家电网公司授予“科技进步先进县供电企业”荣誉称号。

同日，浙江省电力公司被浙江省网络与信息安全信息通报中心授予“2010年度全省网络与信息安全信息通报工作先进单位”荣誉称号。

（徐剑荣　李　铭）

安徽省电力公司

企业概况

安徽省电力公司（简称安徽公司）是国家电网公司全资企业，主要建设、管理、经营安徽省域电网，具有电网建设、电力经营、电力施工、电力设计、电力科研和教育培训及电力修造等综合功能，承担促进全省电力资源优化配置的责任，为安徽经济社会发展和人民生活提供电力保障。

安徽公司本部设20个职能部室（中心）和1会（安徽省电力工会委员会），另设国网企协安徽分会1个机构。按管理体制和资本纽带关系，安徽公司下设103个单位，其中17个市级供电公司，44个全资县级供电公司，27个控股县级供电公司。截至2010年底，安徽公司所属单位长期职工总数38 931人，另有农电工30 631人，共计69 562人。

2010年，安徽省全社会发电量为1463.31亿kWh，增长10.14%；全社会用电量1077.92亿kWh，同比增长13.19%；完成省内售电量完成846.51亿kWh，增长16.46%；统调最大用电负荷达到1871万kW，同比增长17.23%；向华东电网净送电量385.40亿kWh，增长1.97%；线损率5.85%，同比降低0.14个百分点。

电网概况

安徽电网初步形成以500kV东、中、西通道为骨干网架，220kV为主网架，各电压等级协调发展的电网格局。截至2010年底，安徽电网拥有500kV变电站17座（含开关站1座），变电总容量1760万kVA，500kV交流输电线路59条，其中省际联络线7条，境内线路总长度3935km；220kV变电站143座（含牵引站），变压器251台，变电总容量为3500万kVA，线路373条，线路总长度10 581km；110kV变电站505座，变电总容量3482万kVA，线路总长度12 695km。全社会装机容量为2933万kW，统调装机容量2725.46万kW，其中省内统调机组装机1907.46万kW，皖电东送机组装机758万kW，琅琊山抽蓄电站60万kW。

人力资源

全面加强干部队伍建设，完成30家基层单位领导班子调整，重视年轻干部的培养使用，“70后”领导干部增至30人。举办各级经营管理人员培训班，完成基层党支部书记轮训。积极参加劳动竞赛活动，在国家电网公司法律知识竞赛、全国电力行业调度自动化技能竞赛以及农电员工安全知识调考中成绩优良。获得“全国‘安康杯’竞赛示范企业”称号。积极推动“劳模品牌”选树活动，1名员工获得国家电网公司特等劳动模范称号。截至2010年底，安徽公司所属单位在岗员工具有本科及以上学历10 490人，专科学历12 884人。按技术等级分，所属单位在岗员工具有专业技术职务的17 591人，高、中、初级专业技术人员比例为1∶3.2∶8.58；具有技能等级的23 217人，高级技师、技师、高级工、中技工、初级工比例为1∶6.66∶23.86∶7.19∶1.52。加强“四支”人才队伍建设，高级技能人才比例达76.69%，人才密度达91.04%，54人被评为国家电网公司优秀专家人才。

电网建设与发展

电网统一规划体系初步建立，完成安徽电网“十二五”规划和各专项规划编制。地区电网“十二五”规划对接工作有序进行。完成境内特高压工程前期工作，基建项目基本实现核准后开工。建立基建标准化管理体系，完成安徽省境内向家坝—上海±800kV特高压直流示范工程、±500kV葛沪直流改造工程建设任务，500kV楚城变电站、文都变电站、双岭变电站按期建成投运。开展全面质量管理，500kV肥东变电站获国家优质工程银质奖。启动智能电网建设，建成5个电动汽车充电站、300个充电桩，用电信息采集系统主站建成投运。完成三批农网完善工程建设，新一轮农网改造升级工程全面展开。探索实施小型基建新模式，部分改善基层生产条件的试点项目开工建设。

经营管理

人财物集约化管理任务全面完成，劳动定员和结构性缺员治理任务超额完成，财务集约化管理通过国家电网公司验收，物资集约化管理体系初步建立，农电人财物集约化管理扎实推进。探索实施生产运行集约化管理，推行综合性大班组，开展变电运行集中监控试点。通过增值税扩抵、降低融资成本等措施，大力降本增效。积极配合完成电价、节能减排等外部检查审计。内部审计工作进一步加强。依法应对法律纠纷和案件诉讼。扎实开展“小金库”、“三指定”和工程建设领域突出问题专项治理。加强行风纠建工作，深入一线明察暗访，发现并及时整改问题。加大信访直查和自办案件力度，严肃责任追究，促进干部员工法制意识提升。全面完成省公司层面主多分开任务，确定市县公司层面深化主多分开总体方案。

安全生产

圆满完成迎峰度夏和世博会保电任务，世博会保电工作受到国家电网公司和华东公司肯定和表彰。成功应对洪涝等自然灾害，快速恢复居民供电。深入开展“三个不发生”、隐患排查治理、安规培训和案例教育等安全活动，严格落实到岗到位要求，强化现场作业标准化管控，生产、基建、农电等安全管理可控在控，公司系统未发生人身伤亡事故、一般电网和设备事故。文都500kV变电站获国家电网公司安全管理流动红旗。开展安全管理标准化体系建设研究。完善应急体系建设，完成省市公司应急指挥中心和应急物资体系建设，建成20个县公司应急指挥中心，省调备调通过国家电网公司实用化验收。开展抗灾、消防等应急演练，应急管理水平得到提升。

营销工作

千方百计增供扩销，落实蓄能空调、热泵、电动汽车推广项目31个；规范自备电厂管理，累计增加售电量3.5亿kWh，省内售电量增幅提升5.68个百分点。加强电费风险预警预控，采取有效措施防范欠费风险，当年电费回收率100%。加大反窃电力度，查处案件4035件，追补电量2636万kWh，挽回经济损失6635万元。新建改建城市供电营业厅42个，新增电费代收网点849个，开通网上营业厅，为用户提供更多便利服务。持续开展高危及重要用户安全隐患排查工作，完成电网侧隐患整治工作。

农电工作

进一步理顺农电管理关系，完成22个控股县公司地方产权无偿划转工作。新建4个电气化县、73个电气化乡和971个电气化村，解决了34.6万户农户“低电压”问题。深化县公司服务质量标准化管理，深入开展县公司业绩分类考核，确定业绩优秀县公司17家，业绩良好县公司32家，业绩合格县公司21家。全省农电系统实现供电量426.51亿kWh，同比增长19.19%，占省内供电量50.39%；实现售电量395.59亿kWh，同比增长19.03%。县公司综合线损率为7.17%，同比下降0.37个百分点；农网供电电压合格率97.88%，农网供电可靠性为99.671%。全年未发生农电服务质量事故，安全生产实现“七无”目标，未发生担负同等及以上责任的农村触电伤亡事故。

科技与信息化

加大关键技术研究力度，完成两项国家电网公司重大科技创新项目，获得省部级科技奖励8项、授权专利121项、申请发明专利27项。国家级企业技术中心申报成功，成为国家电网公司系统首家获得认定单位。加快信息化建设和应用，ERP系统全面上线运行，财务与电力交易、营销集成试点，人资、生产、安监、电力交易、协同办公业务系统通过国网公司实用化评价。完成省、市公司网站标准化建设工作。强化网络与信息系统安全运行管理，信息安全管理体系不断完善。

优质服务

积极服务各级党委政府中心工作，促进经济发展和民生改善。主动承担安徽能源重大问题研究，制定皖江城市配电网发展规划。配合各级政府完成电力消费调控和首家直供电交易试点工作。建成燃煤机组脱硫监测系统和电力交易网上服务平台，完成发电权交易电量92.6亿kWh，节约标准煤约68.1万t，减少二氧化硫排放约2.28万t。认真实施“塑文化、铸品质、强队伍”供电服务提升工程，服务标准和行为更加规范。积极参与社会公益事业，向玉树、舟曲灾区捐款349万元，捐资助学55.2万元，获省总工会“帮扶工作先进单位”称号。持续加强行风建设，在全省政风行风评议活动中继续位居前列。

党的建设和精神文明建设

深入推进“创先争优”活动，各级党组织和全体党员公开承诺，创新开展“举旗帜、强堡垒、树品牌、保发展”和“亮身份、学党史、长本事、比贡献”主题活动。推进班组创先争优，安徽公司3个班组荣获“全国先进班组”、“工人先锋号”称号，4个班组荣获国家电网公司“先进班组”、“工人先锋号”称号。持续深化公司党建工作，“大党建”体系建设获国家电网公司精神文明建设创新奖。完善领导班子运行机制。深化“三化三有”惩防体系建设。完成公司本部岗位廉政风险防控体系建设。大力建设统一的优秀企业文化，获全国电力行业企业文化成果优秀案例奖6项。品牌标识标准化建设通过国家电网公司考评验收。持续开展“五个关爱”活动，发放扶贫济困资金280万元。全面落实离退休干部政治、生活待遇。切实加强信访维稳工作，公司系统保持和谐稳定局面。

（范广璐　刘小刚）

福建省电力有限公司

企业概况

福建省电力有限公司（简称福建公司）是国家电网公司的全资子公司，承担着全省9个地市、3600万人口的供电服务任务。以建设运营电网为核心业务，致力于为福建经济社会发展提供优质的电力保障。2010年，全省全社会累计用电量1315亿kWh，比增15.9%；福建公司累计完成省内售电量1015亿kWh，比增12.5%；省电网发电最高负荷为2344万kW，比增16.1%；省电网用电最高负荷为2218万kW，比增16%。

截至2010年底，福建公司拥有直管单位30个、二级单位5个，控股、参股单位59个；用工总量59 483人，其中长期职工34 054人、短期职工3098人、农电工19 170人、劳务派遣等其他用工3161人。

电网概况

“十一五”期间，福建公司110kV及以上变电容量实现翻番，相当于再造一个福建电网；提前一年建成500kV大环网，实现主干电网由220kV向500kV的历史跨越，福建电网的资源配置和抵御自然灾害能力全面提升。省内500kV电网形成沿海2～4回较为坚强的主干网架，500kV电网已成为省内南北电力交换以及福建与省外联络的主通道，同时，由宁德变电站至浙江双龙变电站的2回500kV线路并入华东电网。各地市220kV受端主网均已形成环网结构，覆盖了全省全部9个地市。截至2010年底，福建电网110kV及以上变电站613座、变电容量8826万kVA，线路24 795km，其中：500kV变电站14座、容量1955万kVA，线路总长度2840km；220kV变电站117座、容量3486万kVA，线路总长度8859km。

人力资源

强化定编定员管理。加强贯标管理，修订完善机构编制和职员职级方案；按照构建“五大体系”要求，推进公司系统组织机构和劳动方式调整，完成营配组织机构、调控一体化、检修业务、财务集约化管理，完成省级集中95598供电服务中心、水口公司集团化改革、信息运维中心、电网规划研究中心、物流服务中心等方案制定和机构设立工作。

不断优化用工配置。严格控制计划用工总量，重点录用电工类主干专业和高学历高层次毕业生，全年实际入职670人，其中博士生7人、硕士生121人、本科生452人、大专生90人，电工类主干专业占到总录用人数的78%以上。出台《用工配置管理办法》和《员工岗位动态管理办法》，加强员工全过程管理。成立省公司内部人力资源市场，指导基层成立并启动运作内部人力资源（分）市场。制定三年全面解决生产一线结构性缺员问题的工作方案和目标计划，全年解决结构性缺员问题24家，完成率32%，完成年度计划。解决全资控股供电企业生产一线结构性缺员人数2993人，占缺员总人数的55.39%，超额完成计划。

突出培训集约管理。深入推进“大培训、大练兵、大比武”活动，举办各类培训班4765期培训178 954人·次、竞赛171场4486人·次、调考169场19 086人·次，鉴定高级技师106人、技师408人、高级工1516人，举办第五届“海西·电网杯”6个工种的职业技能竞赛。实施“三带活动”，各电业局对163名县公司重点专业人员开展对口扶持培训，278名县公司管理、技术、技能骨干到所属电业局挂职锻炼，101名“首席”与199名“新人”开展结对培养工作，选送3个专业54位业务骨干到设备厂家开展现场技能培训。推进员工职业发展通道建设，聘任新一批“513”人才79名，选拔推荐上报31位国家电网公司优秀专家人才、48位国家电网公司农电工优秀人才候选人。出台《农电工职业发展通道管理办法》，评选星级农电工1199名。取得国家电网公司法律顾问诉讼专业知识竞赛团体第二名、国家电网公司农电工安全知识调考团体第四名、国家电网公司运方专业调考团体第五名、国家电网公司财会人员知识调考团体第六名、华东电网调度运行技能竞赛团体第二名等好成绩。

电网建设与发展

编制发展规划。高质量完成福建公司“十二五”发展规划和14个专项规划、“十二五”电网规划和4个专项规划的编制及其专题研究，完成新一轮农网改造升级和第一批综合改革试点小城镇电网规划。

推进前期工作。加强对外协调确保关键项目，500kV晋江—大园Ⅰ、Ⅱ回线路及Ⅰ回改接进莆田变电站、海沧变电站和陈田变电站二期扩建等6个项目取得国家发改委核准批复；完成宁德、福清核电送出工程的核准上报；完成500kV园顶输变电、燕墩输变电和仙游抽蓄送出线路等工程可研设计及审查；全年安排17个电网项目的前期工作节点132个，实际完成131个；完成规划2013年前投产220kV项目以及2012年迎峰度夏前投产110kV项目的前期工作。

推广先进适用技术。贯彻“两型”电网建设要求，全面应用“三通一标”标准成果。从可研设计入手，将设备全寿命周期管理和先进适用技术应用作为电网发展硬约束，推广应用GIS、同塔多回和窄基塔、钢管杆、大截面输电线路等技术。新建220kV变电站GIS使用率达88%，新建110kV变电站GIS使用率达62.5%，节约变电站用地近400亩。

电网架构更加坚强。建成投产110kV及以上输电线路1528km、变电容量466万kVA，开工建设110kV及以上输电线路1154km、变电容量689万kVA。其中，扩建500kV变电站1座，新投产500kV变电容量100万kVA、输电线路195km；新建220kV变电站9座，扩建220kV变电站1座，新投产220kV变电容量240万kVA、输电线路762km。500kV东通道工程全线贯通。

工程质量不断提升。工程质量A级达标率81%，同比提高12.1个百分点，优质工程指数名列国家电网公司系统第二名；220kV及以上项目优质工程率达82.4%，高出国家电网公司平均水平7.9个百分点。500kV陈田变电站工程获得“国家优质工程银奖”。

城市配电网持续完善。投产10kV线路3765km，新增配电变压器4334台。城区供电可靠性大幅提高，城、农网用户平均停电时间分别为7.16h/户、26.29h/户，同比分别下降0.23h/户、1.57h/户。解决21.6万户“低电压”问题，有效投诉同比下降54%。

智能电网快速推进。全面加快福州500kV笠里变电站、220kV先农变电站等智能变电站试点建设，泉州110kV西郊变电站智能化试点改造，顺利投产福州110kV会展变电站。顺利完成厦门配电自动化试点工程72项一次配电网架项目建设，建成集厦门市配调、监视、控制为一体的配网调控中心，实现减员52%，实现调度、配网自动化、配网继电保护、95598低压抢修指挥业务的集成化管理。建成福州、厦门电动汽车充电站以及300个交流充电桩。

经营管理

深化人财物集约化。规范电业局职能机构设置，完成永安“一县两公司”改制，32家供电企业劳动定员评价达标。建成全省统一的“资金池”，资金归集比例达99%。利用自有资金压降贷款规模。营销财务集成系统成功上线，电费数据实现同步。财务集约化体系建设高分通过验收。统一技术评分标准，组建福建公司评标组长库。强化修旧利废，再利用退役物资1.68亿元。

有效疏导电价矛盾。县公司电价调整全面出台，缩小同一行政区域价格差异，顺利解决一县两公司、互抵不结算等历史遗留问题，促进山区沿海协调发展。稳妥开展试点，合理确定大用户直购电电价水平。与福建省物价局联合研究的《福建省居民生活用电价格改革方案研究》课题成果荣获第五届“薛暮桥价格研究奖”论文奖。

持续深化依法治企。省公司层面主多分开工作顺利完成。出台《加强和规范集体企业管理的实施意见》，健全管理机构，组织集体企业清查，集体企业监管不断加强。开展县公司经营审计，组织工程内控审计评价。全面排查“小金库”。深入开展“三指定”和工程建设领域突出问题专项治理，问题整改率达99.94%。

夯实风险管理基础。构建“风险为导向，流程为纽带、控制为手段、制度为保障”的财务内部控制体系，并被评为华东区域标杆单位。逐步实现风险控制点由财务向前端业务延伸，风险监控重点由事后监督向事前预防和事中控制转移。推选参评的《实施价值驱动的标准成本全过程管理》获得全国电力行业管理创新成果一等奖。

安全生产

安全生产保持稳定。大力实施安全管理标准化，加强事故隐患排查和安全风险管控，科学组织应急处置和抢险救灾，成功防御历史罕见暴雨洪水及超强台风，圆满完成胡锦涛总书记视察慰问、世博会、省运会、“9·8”投洽会等重大保电任务，全国特奥会保电工作得到福建省黄小晶省长高度评价。截至2010年12月31日，福建电网实现连续安全运行5715天。

不断加强安全管控。开展“安全生产年”和“责任落实年”活动，公司系统80位领导讲安全课、261位管理人员讲安全规程、约9600人·次领导和管理人员参加班组安全日学习。深入开展反违章活动，实施安全标准化督查，制定35项管理工作的标准检查卡。组织37期安全生产督查，电网运行实行“月平衡、周预警、日控制”制度，按特殊运行方式、分重要线路区段，对主网185项重要检修项目实施风险预控。开展生产班组承载力分析，建立隐患排查治理“月通报、季点评”工作机制，实行隐患分级分类管理，重大隐患实行挂牌督办。联合省经贸委出台《福建省电力线路保护区内作业管理暂行规定》，建立电力设施保护区作业管控机制。

深化生产精益管理。直管供电单位全面实现“调控一体化”目标，所辖35～220kV变电站全部实行无人值班，直管供电单位输变电设备全部实现状态检修。省检修公司以及福州、泉州、三明3个区域检修中心成功挂牌运作，试点单位承接县公司检修量达30%。积极推进资产全寿命管理，组织资产清查，设备、资产对应率达97.5%。加快现场作业标准化建设，全面推广“三卡合一”，实施“大二次”管理，自动化、继电保护、通信等专业加快融合。

营销工作

深入开展“售电量超千亿”活动，完成售电量1015.0亿kWh，同比增长12.5%。积极实施能源替代，努力扩大直供营业区域，实施7.9万kW燃煤自备电厂减发电，实施能源替代推广热泵、蓄热式电锅炉、电窑炉等6.38万kW，与华电集团签订5个自供区移交框架协议，回收自供区2个，龙岩、三明、宁德供电局加快已签订回收协议供区的资产移交、客户改接等工作，增供成效明显。全年实现开拓电量22.3亿kWh，拉动售电增长2.5个百分点，市场占有率98.56%，同比提高1.71个百分点。

营销管理效益并进。营财账务全面集成，电费资金平均在途天数由7.24天下降为4.11天，在途比例由16.1%下降为2.0%。加大降损堵漏，整治异常台区5969台，线损率大于9%的台变比2009年末下降13.6个百分点，减少电量损失4590万kWh；查处窃电及违约用电2706户，追补电费及收取违约金2847万元。计量管理持续加强，省、市质监部门抽检成品表、大用户运行电能表、标准装置合格率均达100%，更换无止逆电能表4.8万架，轮换县公司到期电能表98.7万只，全面启用防伪封印。

农电工作

农电工作平稳良好发展。完成农网投资32.1亿元，县公司售电量655.37亿kWh，同比增加22.11%；综合线损率6.44%，同比降低0.21个百分点。差别趸售电价政策顺利出台，初步改变原有不合理电价机制，完成永安供电体制整合工作，为“一县两公司”改制奠定基础。未发生重大及以上电网、设备事故，未发生生产性人身死亡事故。新建成新农村电气化县11个、电气化乡镇83个、电气化村895个。云霄、新罗等13个县供电公司荣获国家电网公司新农村电气化建设先进单位称号，晋江供电公司荣获先进集体称号；福鼎供电公司抢修中心农电工卓继雄入选国家电网公司“农电之星”，48名农电工被评为国家电网公司农电工优秀人才；晋江、东山供电公司获评国家电网公司一流县公司。

农电安全管理不断深化。完善农电安全制度标准，深入推进安全监督规范化，各类安全检查和安全生产督查全面覆盖县供电公司。组织设备隐患排查治理，实行重点设备周期跟踪制度，强化农网工程安全管理；开展基建隐患排查治理和“三查一整改”活动，现场作业安全风险管控全面加强。加强应急体系建设，完善应急预案，成功应对闽西北强降雨、超强台风等重特大自然灾害，确保农网安全稳定运行和重要用户可靠供电。

农电生产管理持续加强。强化县供电公司设备管理，确保入网设备健康稳定运行。以调度运行值班准军事化管理为抓手，加强县调管理，35个县供电公司实现调控一体化，27个县供电公司通过状态检修验收。落实农网配电设备运行主人制，精细计划停电安排。建立“低电压”整治分析预警机制，福建公司在国家电网公司农村“低电压”综合治理现场会上做经验交流。积极应用农村配网带电作业绝缘平台，编制技术功能规范与作业指导书。

农网建设加快科技进步。规划重点解决县域电网与主网、乡镇电网之间联系薄弱等问题。出台农网规划设计导则，推行典型接线模式，制定差异化发展目标和技术原则。全面启动新一轮农网改造升级工程，泉州供电局、漳州供电局和安溪、德化、东山供电公司等单位开展乡镇中压配网互联、防台风等专题研究，为新一轮农网改造升级工作提供技术支持。35kV及以上农网项目实施标准化建设，通用设计、通用设备应用率达100%。编制标准化施工工艺手册，提高配电网架空线路抗灾能力。加大农电科技投入，技术开发投资比增23%，申请和授权专利22项；完成农电科技项目82个，其中5项列入国家电网公司农网智能化科技项目；全省推广配电GIS系统。

农电“三个建设”协调推进。加大县供电公司干部交流轮岗力度，建立县供电公司后备干部信息库，规范县供电公司党组织设置和农电工党员管理。严格劳动计划管控，按照岗位需要、专业对口原则录用毕业生，逐步缓解生产一线结构性缺员问题。推进绩效管理信息系统在控股县供电公司上线运行。加强实训基地建设和县公司管理、技术、技能人才培养，出台农电工职业发展通道管理办法，评选星级农电工

1199名。推进企业文化落地，开展“国家电网品牌之花开村镇”企业文化实践活动和“农电之星”主题传播。加强班组建设，8个农电班组获“福建省工人先锋号”称号。

科技与信息化

科技成果不断涌现。完成7项国家电网公司重点科技项目研发和4项技术标准制定任务；新技术应用率90%，激励指标达标19项，均大幅超过国家电网公司要求。申请专利119项，完成率为198.3%；获得专利授权93项，完成率为266%；13项科技成果获得省部级奖。

技术创新引领发展。开展输电线路状态智能监测，推广应用在线监测技术，直管供电单位输变电设备全部实现状态检修；无人直升机巡线、机器人巡视及变电站现场安全作业监控，取得阶段性成果；创新研制并推广一批实用带电作业工器具和作业方法，提高安全作业水平和供电可靠性；研究应用配电网自愈技术，显著减少配电网故障停电时间；开发应用配电网微机防误综合操作系统，有效提高配电网安全操作的可靠性。

信息化建设成绩显著。信息化同业对标成绩名列国家电网公司系统第一，荣获国家电网公司信息化深化应用先进单位，整体水平位于国家电网公司系统前列；首批高质量通过国家电网公司信息系统实用化评价；率先实现ERP系统单轨运行，完成ERP系统与各业务应用系统之间的信息集成。深化数据治理，实现设备台账、用户信息等21项数据全网共享，财务与生产、营销、交易等业务协同处理，指标数据“一键式”生成，数据综合治理工作入选国家电网公司信息化深化应用典型经验，信息安全工作经验入围国家电网公司信息化安全管理典型经验。信息化可用率达99.999%，信息系统应用率达92.3%，未发生信息安全事件。

优质服务

持续优化服务方式。率先在国家电网公司系统建成省级95598供电服务中心，首次打破营销分区运作格局，提升了应对话务高峰能力。公司领导做客福建电视台“政风行风热线”直播节目，召开大客户联谊会，全面开展“居民客户看电力”活动。发布公司供电服务提供标准，评选“微笑大使”，推广营业窗口“亲情操”，举办服务之星、“亲情操”竞赛，开展《供电监管办法》等三个办法的宣贯，窗口服务形象显著提升。

不断创新服务举措。推广抢修准军事化服务，10家直管单位通过省公司验收；推出大客户服务“八项举措”及助老、助幼、助残服务，个性化、差异化服务凸显；深化95598短信服务及能效服务，发送服务短信2620万条，发送科学用电单页31万份。投运农村信用社缴费平台、移动抄收一体机接入平台，安装自助缴费终端40台、银联POS机321台，减少走收电费310万户。建成福州智能营业厅及厦门2个、南平1个24小时自助营业厅，试点开展智能互动服务。所有供电单位多渠道公开发布供电信息，全面保障客户知情权、监督权。

党的建设和精神文明建设

党的建设持续加强。落实“三级联创”内容项目化、过程责任化、效果目标化要求，公司领导与基层单位挂钩联创，业务部门与基层单位围绕具体项目联创；党员“一带二”先锋工程获国家电网公司精神文明创新成果推广奖；组建党校讲师团，深入各电业局和县公司开展“三个建设”巡回授课；完成“三重”人员轮岗交流1210名。以“深入推进‘两个转变’、服务福建跨越发展”为主题，以争创“电网先锋党支部”等为载体，广泛开展创先争优活动，组织创先争优辅导巡查，全体党员公开承诺，各级领导定期点评；开展“创先在基层·争优在岗位”主题活动，选树先进基层党组织6个、优秀共产党员26名；国资委、福建省委专题介绍福建的公司经验做法，国家电网公司多次宣传报道。

优秀文化凝聚人心。深入开展“建设统一的优秀企业文化”主题实践活动；企业文化故事《我听到了你的微笑》入选国家电网公司企业文化手册；举办第五届企业文化节，开展“品牌传播年”和“走进国家电网”系列活动；编印《品牌传播指导手册》，品牌标识标准化建设首批通过国家电网公司验收；建立新闻发布常态机制，充分展示公司在重大活动保电、防抗暴雨台风中履职尽责的良好形象，省级及以上媒体上稿量比增25%。

群团工作共筑和谐。广泛开展以“共同的事业、共同的家园”为主题的“员工关爱年”活动；举办“弘扬劳模精神、崇尚劳动价值”主题宣传；深化学习型团组织建设，开办“福建电力青年讲坛”；热心公益事业，向青海玉树震区、西南旱区和闽西北强降雨灾区等捐款850多万元；加强信访工作，完善维稳预警研判机制，没有发生影响企业形象和稳定的重大事件。

（杨晓帆）

华 中 地 区

华中电网有限公司

企业概况

华中电网有限公司（简称华中公司）是国家电网公司投资设立的国有独资公司。主要职责是执行国家法律、法规和产业政策，在国家宏观调控和行业监管下，贯彻和实施国家电网公司发展战略，依法经营管理华中公司全部法人资产，对国家电网公司承担相应的资产保值增值责任；根据国民经济发展规划、国家产业政策、电力工业发展规划、市场需求和国家电网公司战略规划，制定并组织实施公司的发展战略、中长期发展规划、年度计划和重大生产经营决策；在国家电网公司的统一组织下，参与投资、建设和经营华中电网内的有关输变电工程和调峰、调频电源工程；依法对华中电网实施调度管理。

2010年，华中公司圆满完成上海世博会保电、广州亚运会保电等保电任务，在特高压交直流混合运行、三峡电站26台机组满发51天、夏冬两季全网用电负荷双双突破1亿kW大关的情况下，确保华中电网安全稳定运行。针对华中公司经营亏损、资产负债率高、发展基础薄弱，以及历史遗留问题解决难度大等突出问题，制定措施，狠抓落实，各方面工作取得了显著成效，全面完成全年各项任务。

2010年，华中公司投产500kV输电线路14.25km、变电容量525万kVA。完成跨区跨省交易电量436亿kWh，同比增长56.27%。

电网概况

华中电网供电范围包括鄂、豫、湘、赣、川、渝六省（市），土地面积约130万km^2，占全国国土总面积的13.5%；供电服务人口3.7亿，占全国总人口的28%。

华中电网是以湖北电网为中心，东西连江西、四川、重庆，南北接湖南、河南的辐射状跨省电网，在“西电东送、南北互供、全国联网”的战略格局中具有重要地位。1000kV晋东南—南阳—荆门特高压试验示范工程于2009年1月16日正式投运后，华中电网便步入以1000kV特高压电网为特点的新阶段。到2010年底，华中电网不仅实现了省间500kV强联系，而且也与周边区域电网实现强联系。其中通过1回±800kV特高压直流输电线路和3回±500kV直流输电线路与华东电网相联；通过1回±500kV直流输电线路与南方电网相联；通过1回1000kV及1回500kV交流输电线路与华北电网相联；通过1座直流背靠背换流站及1回±500kV直流输电线路与西北电网相联。

截至2010年底，华中地区全口径发电装机容量19 902万kW，其中水电占43%，火电占56%，其他占1%；统调发电装机容量16 900万kW（含三峡电站，下同），其中水电占40%，火电占60%。

2010年，华中地区全口径发电量8133亿kWh，其中水电占38.2%，火电占61.7%，其他占0.1%；统调发电量7145亿kWh，其中水电占35.6%，火电占64.3%。华中地区全社会用电量、统调用电量和统调年最高用电负荷分别为7730亿kWh、6696亿kWh和11 118万kW，分别较2009年同期增长15.3%、17.5%和17.5%。

截至2010年底，华中电网1000kV输电线路总长533km，500kV输电线路总长34 344km，1000kV变电容量300万kVA，500kV公用变电站变电容量14 860万kVA。

人力资源

2010年，华中公司职工总数为2539人，其中长期合同职工1980人，短期合同职工559人。

2010年，华中公司完成了本部岗位规范标准修订工作，并组织开展对所属单位机构编制规范化工作。推进多元化用工规范管理，实行全过程绩效管理，使绩效考核体现和贴近公司生产经营实际；规范和完善分配激励约束机制和加强收入分配管理，首次对所属单位实行工资预控总量、领导班子薪金总量和社会化用工工资总量分类下达的制度，对公司工资总额及人均工资水平进行“双重控制”，并建立所属单位负责人和部分典型岗位薪酬报告制度。

2010年，华中公司招聘录用25名应届大学毕业生，并向国家电网公司系统公开招聘了5名专业技术人员。完成教育培训项目88期，共培训员工10 330人·次，全员培训率96.1%。

电网建设与发展

2010年，华中公司投产500kV输电线路14.25km、变电容量525万kVA。

加强工程项目管理，完成全年投产任务。加强协调，完善业主、监理、施工三个项目部建设，确保工程建设顺利进行。6月，500kV资阳变电站投产，较原计划提前了2个月。

加强工程质量管理，实现零缺陷移交生产。开展500kV资阳和北碚变电站工程对口竞赛；推广施工工艺标准，开展工艺创新；加强工程竣工验收管理，制定电网工程竣工验收实施细则和标准表格库，并在500kV信阳、资阳和北碚变电站工程中实施，实现零缺陷移交生产。

严格执行国家电网公司工程结算管理办法，推行工程分阶段结算管理，保证结算完成率达到100%，工程总体造价控制节余3%左右。

工程技术管理不断创新。500kV鄂赣3回线工程获国家电网公司优秀设计奖。完成高压抽能并联电抗器在电力系统中应用的研究，荣获华中公司科技进步一等奖、国家电网公司科技进步二等奖。完成装配式架线施工技术研究，实现架线施工技术新突破。

经营管理

组织实施财务集约化工作。2010年，华中公司以“六统一、五集中”为主线，全面完成国家电网公司下达的财务集约化体系建设任务。12月，顺利通过国家电网公司组织的评审验收。财务集约化建设，使公司财务工作出现显著变化：① 财务集约化程度提高，其中统一会计政策210项，统一会计科目2703项，统一财务管理流程131个，能全面执行国家电网公司发布的财务主数据规范标准；②“一键式”报表初步实现；③ 三级集团账户体系得以构建。全面完成公司集团账户的开设和挂接，电费资金归集率100%，融资计划执行率100%；④ 夯实资产管理基础；⑤ 预算集约调控水平得到提高；⑥ 健全基建财务闭环管理机制，竣工决算完成率100%。

财务状况得到明显改善。华中公司落实资产优化调整和输电成本传导等各项政策，狠抓增收节支，终于扭转2009年亏损的局面，全面完成国家电网公司下达的各项资产经营考核指标。

安全生产

华中公司认真贯彻落实国务院、电监会和国家电网公司对安全生产的各项部署，在完成智能电网调度技术支持系统华中试点项目建设任务和配合完成德宝直流、向家坝—上海特高压直流等重大工程投产调试工作的基础上，圆满完成各项安全保电任务。2010年，华中电网成功应对各种自然灾害引起的电网突发事件，经受住连续5轮用电高峰的冲击，用电负荷最大11 157万kW。规范川渝电网500kV联络线的调度关系，实现川渝联络线调度权的平稳交接。2010年，华中电网未发生大面积停电事故，未发生重大及以上人身、电网和设备事故；电网按50Hz±0.1Hz频率考核，合格率100%，电压合格率100%；完成专项技改项目119项，完成技改投资26 023万元；华中电网综合线损率为5.35%，同比下降0.02个百分点。

落实责任，认真预防和排查各种隐患。华中公司先后召开3次安委会和全网安全分析会，查找薄弱环节，制定整改措施31项，并确保整改到位。每月召开安全生产分析会，每季度组织安全生产情况分析总结，加强对安全生产的领导和协调，部署电网风险防范工作。开展电网专项安全隐患的排查与治理，共发现电网专项隐患20项，整改完成19项。开展安全隐患专项治理，共排查短引线隐患42项，防误装置隐患180项并全部完成整改。开展“三个不发生”百日安全活动、安全生产月活动、“三查四防”安全大检查活动和“抓基础、控风险、防事故”基建安全主题活动等。

加强安全管理和网络建设，夯实电网稳定运行的基础。为解决电网薄弱环节和“卡脖子”问题，华中公司完成了斗江1回和2回线的设备改造，提高了线路的输送能力；完成恩施小水电上网和华能岳阳电厂3期外送卡口、孝感变电站500kV母线短路电流超标、双载波保护通道改造等工作。新建3条调度大楼出楼光缆，消除了市政施工对调度光缆的安全威胁。加强电网安全稳定“三道防线”建设，开展华中电网5大类42项稳定专项工作。开展电厂安全性评价和调度机构安全生产内控机制建设，对调度核心业务进行升级改造，增强调度系统安全保障能力。

加强设备管理和技术改造工作，提高设备健康水平。按照《国家电网公司关于华中电网部分输变电资产调整的通知》的要求，制定公司直属资产运行维护关系调整方案，协商六省(市)公司输变电资产的划转工作，指导中超公司平稳实现直属资产运维接管工作。

强化应急体系建设，提高应急处置能力。组织修订了《华中电网有限公司应急管理工作规定》，完成了“标准化应急预案模板”科研项目，并开展华中公司应急预案的修订和联合应急演练，有1100余人参加了演练。

科技与信息化

华中公司把制约电网发展的重大关键技术和生产运行急需解决的共性技术难题放在优先位置，以建设特高压为骨干的智能电网为核心，研究应用先进适用技术，加大科技成果推广应用力度，推动科技创新与电网发展高度融合。完成《华中电网有限公司“十二五”科技发展规划》和《华中电网有限公司“十二五”新技术推广应用规划》的编制工作。

一批高水平研究成果获奖，其中“复杂水电能源系统优化运行关键技术研究及应用”获得2010年度国家科技进步奖二等奖。华中公司牵头完成的“高压抽能并联电抗器在电力系统中应用的研究”和“变压器新原理保护装置研究与实施”获得国家电网公司科技进步二等奖，其中后者还获得2010年度中国电力科技三等奖。“华中电网对特高压交流试验示范工程的适应性研究”获得国家电网公司科技进步三等奖。

2010年，华中公司实际申请专利33项，其中发明专利18项；新获得授权专利13项，其中发明专利3项。公司专利效率0.584，在国家电网公司同业对标中位列区域公司第一名。

人财物集约化与ERP完善提升等信息化建设各项工作顺利完成；信息系统运行安全稳定。华中公司信息系统通过了国家电网公司总部统一组织的实用化评价，实用化水平位居国家电网公司系统先进行列。

规范各类信息化报表报送工作，信息报表报送质量显著提高。信息资源综合整治效果初显，初步实现了软硬件资源的按需分配与统一管理。开展信息数据治理工作，初步形成了数据治理与管理体系。2010年，华中公司信息安全事件数为零，信息系统可用率达99.989%。

优质服务

华中公司认真开展资源优化配置，取得显著成绩。全年累计实现跨区跨省交易电量436亿kWh，同比增加157亿kWh，增长56%。其中，跨区交易387亿kWh，同比增长114.5%；跨省交易49亿kWh，同比减少50.6%。

保证区内电力供应工作。2010年，电网电力供应形势整体偏紧，区域内多省在冬夏季节出现了电力供应紧张状况。1月，受电煤影响，全网累计限电12.6亿kWh。在国家电网公司的支持下，一季度落实区外电量支持近70亿kWh；同时还组织河南公司支援缺电省。河南公司在自身电力供应紧张的情况下外送电力85万kW。迎峰度夏期间，重庆因发电装机不足，电力供应紧张，华中公司优先安排四川水电送重庆，并组织河南、江西等省向重庆送电，同时将区外调剂资源向重庆倾斜。2010年夏季，华中电网没有发生拉闸限电的情况。在冬季用电高峰，电煤库存下降，缺煤停机较多，12月全网累计限电达22.7亿kWh。华中公司通过向地方政府汇报加大电煤协调和支持力度，做好用电需求侧管理，开展三峡电能丰枯调剂和省（市）间协调互济等措施，保障了电网覆盖区的生产生活用电和各省（市）“两会”等敏感时期的电力供应。

积极开展跨区送电，支援区外保电项目。上海世博会保电是2010年华中公司的重点保电项目。华中公司与四川公司共同做好水电的组织与输送，保证向家坝—上海±800kV直流特高压线路稳定送电的同时，随时提供100万kW的备用支援。2010年初，西南地区遭遇大旱，华中公司组织100万kW电力支援南方。10～11月亚运会、亚残会期间，在华中电网电力供应紧张的情况下，华中公司仍分别组织70万、60万kW电力支援南方，全年共向南方送电36.62亿kWh。通过特高压交流、德宝直流输电通道与华北、西北开展了低谷水电交易，特高压输电功率由90万kW提高到155万kW，德宝直流低谷由60万kW提高到100万kW。

完善创新交易机制，规范和促进电能交易。2010年初，《华中区域水电减弃增发应急交易办法》由华中电监局正式颁布，建立了水电应急交易长效机制。全年实现区域内水电交易电量8.6亿kWh，汛期川电外送通道满负荷运行。建立了发电企业直接进入区域市场进行电力外送交易的机制和平台，使交易更加公平和透明。

开展服务创新活动。倾听发电企业的呼声，开拓区外市场，加大跨区送电力度。实行新机并网“一站式”服务，为发电企业新建机组并网提供规范便捷服务。在网站上发布电力市场运行信息，建立交易联络员和问询答复制度，为发电企业提供更好的信息服务。

党的建设和精神文明建设

开展创先争优活动，将“三个建设”细化为50项重点工作并全面完成。开展“五个基本、七个体系”建设试点，组建国宾酒店、知明公司党组织，将国贸公司、物资公司、科技公司党总支改制为党委，公司基层党组织建设全面加强。组织开展2010年民主评议党员暨党内评先活动，参评党员合格率达到100%。开展“践行国家电网公司统一的优秀企业文化先进典型”宣教活动，实施企业文化“三大工程”。华中公司本部继续保持“全国精神文明建设先进单位”称号。

纪检监察工作取得新进展。中共中央、中纪委和国家电网公司有关纪检监察的会议精神得到落实，党风廉政建设责任制工作和惩治、预防腐败体系建设向纵深推进；廉洁风险防控工作开始启动；党风廉政宣教活动形式多样；干部员工廉洁从业意识不断提高；工程建设领域突出问题专项治理、“小金库”清理和个人办企业清理工作全面开展；案件查办力度进一步加大。

民主管理、班组建设工作呈现新局面。组织开展华中公司2010年职工代表巡视检查工作活动；加强班组建设，开展“创建先进班组、争当工人先锋号”活动，并制定实施班组建设考评细则，强化考核并提升班组队伍素质。组织开展2010年“安康杯”、500kV资阳和北碚变电站等对口劳动竞赛及2008～2009年度500kV线路劳动竞赛检查活动。华中公司荣获中国能源化学工会授予的年度“先进单位”称号和湖北省总工会授予的“省级模范职工之家”荣誉称号，1人当选“全国劳动模范”。

开展矛盾纠纷排查化解和健全信访稳定长效机制，稳定和谐局面得到保持。规范清埋社团组织工作取得实效，社团组织活动管理得到规范和加强，各社团组织交纳会费数额得到控制。

（戚大安）

河南省电力公司

企业概况

河南省电力公司（简称河南公司）是国家电网公司的全资子公司，国有特大型企业，下属18个市供电公司，6个设计施工修造企业，4所教育培训机构和1所医院，员工3.35万人。受政府委托，代管107个县供电企业，农电员工10.2万人。

2010年，河南公司售电量完成2030亿kWh，同比增长17.1%，主营业务收入同比增长21.9%，售电量与主营业务收入均居国家电网公司系统第四位。在国家电网公司同业对标中，河南公司成为综合管理标杆单位，安全管理、电网运行成为专业管理标杆，并蝉联华中区域综合管理标杆单位。

“十一五”期间，河南公司坚持科学发展观，各级电网协调快速发展。我国首条1000kV特高压交流试验示范工程纵贯河南全省，主网架实现由220kV向500kV的历史性跨越，500kV梯形主网架基本形成。电网输送能力显著增强，有效保障了全省经济社会发展的用电需求。全省实现“户户通电”。坚持集约化管理，综合实力持续提升。扎实开展“四化”工作，深入推进人财物集约化管理，资源配置不断优化，精益化管理水平加快提升。严格依法从严治企，规范集体和多经企业管理，有效防范了经营风险。坚持以人为本，“三个建设”成效显著。深入学习实践科学发展观，充分发挥各级党组织的政治核心作用。深化“四好”领导班子创建，各级干部的领导力、执行力、学习力明显增强。加强党风廉政建设，建立了“三化三有”惩防体系。深化企业民主管理，调动了广大员工干事创业的积极性。坚持践行“四个服务”宗旨，彰显了责任央企形象。河南公司连续四年取得全省行风评议公共服务行业第一名。圆满完成抗冰、抗震、抗洪、抗旱、奥运保电、世博保电等急难险重任务，塑造了优秀的“国网品牌”形象，受到各级政府和社会各界的广泛好评。

电网概况

河南电网位于华中、华北、西北联网枢纽位置，我国首条1000kV晋东南—南阳—荆门特高压交流试验示范工程纵贯全省。河南电网通过4回500kV线路与华中电网相联，1回500kV线路与华北电网相联，通过灵宝背靠背换流站与西北电网直流相联。河南电网500kV网架已基本形成梯形网格状结构，220kV电网基本覆盖全省各县。

截至2010年底，河南电网500kV公用变电站25座、容量3845万kVA，220kV公用变电站181座、容量5489.6万kVA。全省全社会用电量2354亿kWh，同比增长13.1%。省网最大负荷3655万kW。全省发电装机容量5057万kW，其中火电4664万kW，水电365万kW，新能源28万kW。全省统调装机容量4715万kW。全省发电量、用电量均居全国第六位。

人力资源

深化人财物集约化管理，初步建成“四统一”人力资源管控体系。全面开展大规模全员培训，基本建成两级实训基地网络，举办各类培训班3030期，培训人员12万人·次。广泛开展班组劳动竞赛、“劳模工作室”和“班组长工作室”创建活动。公司系统4个班组被国资委授予“中央企业红旗班组”，4名员工被授予“中央企业先进员工”，11个班组荣获省级“工人先锋号”称号。在国家电网公司供电服务之星劳动竞赛、农电工安全知识调考中取得优异成绩。

电网建设与发展

编制完成河南电网“十二五”发展规划、全省175个产业集聚区电网规划、农网改造升级规划。与18个地市签订了战略合作框架协议。完成209项110kV及以上项目核准。1000kV南阳站扩建“四通一平”工作进展顺利，投运500kV平顶山南、济源等一批重点工程。投产110kV及以上线路2261km、变电容量1963万kVA，新开工110kV及以上线路2039km、变电容量1080万kVA。513项配网工程实现当年开工当年投运。南水北调电力设施迁改完成686项，为6.5万移民提供了配套电力服务。完成110kV金谷园变电站智能化改造等6项工程。500kV郑州东变电站荣获中国建设工程鲁班奖，18项输变电工程被评为国家电网公司优质工程，优质工程率位居国家电网公司系统前列。

经营管理

全面开展人财物三项基础性普查，成立跨部门工作团队，制定完成河南公司三年发展规划纲要。修订发布河南公司办公手册、经营责任追究办法、“三重一大”决策实施办法等制度，初步构建公司技术、管理、工作标准框架体系。扎实开展“三指定”、“小金库”和工程建设领域突出问题专项治理活动，并取得阶段性成果。着手建立经济活动分析和审计监察联席会议制度，集中整治审计中发现的问题。发挥效能监察作用，开展南水北调电力设施迁建等效能监察。进一步清理规范社团组织。完成公司层面主多分开工作。“五五”普法通过国家电网公司验收，地方电力立法工作持续推进。

编制财务规划和滚动预算，预算集约调控能力明显提升。开展资产清查，清理对外投资，主营业务产权级次压缩到两级。搭建资金池，加强资金集中管理，开展银行账户清理和集团账户挂接，资金归集率达99%以上。降低融资成本，减少利息支出。深化人财物集约化管理，初步建成“四统一”人力资源管控体系；以“六统一、五集中”为重点的财务集约化管理体系建设通过国家电网公司验收；构建物资采购需求全面计划管理模式，推行超市化和标准仓储体系建设，实施区域协作管理，物资集约化管控效能持续提升。强化农电人财物统一管理，加快了农电规划、管控、考核、服务接轨步伐。企业综合管理水平稳步提升，同业对标在国家电网公司综合评价中名列第四，获得国家电网和华中区域综合管理“双标杆”。

安全生产

全面加强安全生产管理，认真落实各级安全生产责任制，2010年没有发生上级考核的安全责任事故，继续保持长周期安全稳定局面，基建系统创造18周年安全生产纪录。实施“两防两改”工程，完成193条防舞动、防污闪、防覆冰线路改造。探索开展设备状态检修，稳步推进220kV变电站无人值班工作。加强电网风险分析评估和预控管理，实现郑州与开商、焦新与安濮鹤的电磁环网开环。平稳实施220kV设备调度操作权调整，备用调度中心通过国家电网公司验收。107个县级供电企业应急指挥中心全面建成。积极应对电煤紧张、恶劣天气等挑战，组织大规模综合应急演练，出色完成抗冰抗洪、迎峰度夏、世博保电等任务。河南公司被评为国家电网世博电力保障工作先进单位。

营销工作

深入开展“情暖中原”供电优质服务活动，全力配合产业集聚区、富士康入豫等重点项目建设。新增用户报装37.8万户，新增容量1200万kVA，同比增长7.6%。市场占有率98.33%，同比提高1.94个百分点。完成96万户用电信息采集系统建设任务。综合线损率5.35%，同比降低0.06个百分点。跨区跨省交易电量148.9亿kWh。认真落实省政府工作部署，推动节能减排和有序用电工作。严格执行国家取消高耗能企业优惠电价政策，依法合规争取电价空间。健全电费预警预控机制，确保了电费回收可控在控。

农电工作

强化农电人财物统一管理，加快农电规划、管控、考核、服务接轨步伐。启动新一轮农网改造升级工程，科学编制农网改造升级工程三年规划。加快推进新农村电气化建设，建成淅川、确山等11个电气化县、150个电气化乡、3500个电气化村。加强一流县供电企业动态考核管理，开封县、汝州、禹州3家县供电企业被国家电网公司命名为一流县供电企业。制定公司《农村“低电压”综合治理方案》，解决了3600个“低电压”台区、44万户“低电压”用户的用电问题。完成南水北调移民新村配套电力设施建设阶段性任务，在76个移民安置点，配套建设10kV线路89km，配电台区247个，400V线路200km。积极开展标准化供电所建设，建成河南公司标准化供电所1078个、国家电网公司标准化示范供电所12个。

科技与信息化

大力实施科技创新，科研成果获得省部级科技进步奖22项。申请受理专利430项，同期获得授权专利380项，专利申请量和授权量均位居国家电网公司系统前列。“真型输电线路综合试验基地”科研项目通过国家电网公司验收。河南公司首批通过国家电网公司信息系统实用化评价验收。建成我省首座220kV数字化变电站——淇县变电站。“数字化变电站的推广应用”项目获得省科技资金支持。成功研制世界上最大牵引吨位等级的电力施工架线牵引机。我国首座Q690高强度钢管塔通过真型试验。

优质服务

扎实做好世博保电等重点工作。出台重要电力客户认定办法，开展重要客户安全隐患排查治理，编制各类安全保障及事故处理应急预案，确保了全省各地大型庆典活动、市政、新闻媒体等重要部位和场所可靠供电。圆满完成了度冬度夏、抗洪抢险和重要节日、重大活动保电任务。

不断优化业扩流程，扎实开展“企业服务年”活动，积极服务河南地方经济建设。在富士康落户河南项目中，将原需要2个月的工作压缩在10天内完成，受到省政府和客户的充分肯定。针对年初缺煤限电的紧急形势，大力开展“情暖中原”供电优质服务活动。首次在全省范围内开展供电服务应急演练，提升供电服务快速反应水平和故障排查处理能力。开展全省范围客户受电工程“三指定”自查自纠活动，严格规范供电服务行为。

党的建设和精神文明建设

扎实推进创先争优活动，河南公司系统涌现出潘国富等一批先进模范。积极推进党建工作标准化，深化“电网先锋党支部”创建活动，推动机关建设，加强“四好”领导班子建设，对省公司机关中层干部，市、县公司领导班子进行了全员轮训。完善干部管理制度，严格落实党风廉政建设责任制，稳步推进惩防体系建设。培育统一的优秀企业文化。成功举办公司系统第二届职工运动会，河南公司大型歌舞《祖国有我》在上海世博会国家电网馆日精彩亮相。

完善职代会制度，加强职工代表管理，全面推行企务公开，民主管理水平持续提升。认真落实离退休同志的政治、生活待遇。深入开展团员青年工作，团员青年建功创业热情高涨。开展“夏送清凉、冬送温暖、困有帮扶、病有看望”活动，把企业对员工的关爱落到实处。大力宣传河南公司中心工作，营造了良好舆论氛围。强化行风建设，组织开展群众满意的基层站所评创活动，提升河南公司品牌形象。加强对维稳工作的领导，建立健全省、市、县公司信访工作体系，及时排查化解各类矛盾，确保了大局稳定。

（胡宏伟）

湖北省电力工业

电网概况

2010年，全省用电需求旺盛，全社会和工业用电增速双创历史新高，单月用电量绝对值创历史纪录。随着高效大容量火电机组不断投运和小火电机组关停，湖北省发电能力大幅提升，电源结构进一步优化，电力行业节能减排成效显著。电网建设提速，布局日趋合理，结构更加坚强。面对复杂多变的电力供需形势，湖北省电力系统广大干部职工团结一致，克难奋进，确保了电网安全稳定运行和全省电力正常供应。截至年底，全省全口径装机容量4906.05万kW，同比增长7.38%，居全国第七位；全年发电量2017.02亿kWh，同比增长12.20%，居全国第九位；全社会、工业用电量分别为1330.44、963.17亿kWh，同比分别增长17.21%、20.46%。2010年湖北电网规模情况见表1。

表1　　2010年湖北电网规模一览表

指标名称	单位	2009年	2010年	增幅（%）
全口径发电设备装机容量合计	万kW	4568.88	4906.05	7.38
水电	万kW	3000.66	3085.19	2.82
火电	万kW	1558.36	1797.61	15.35
新能源	万kW	9.86	23.25	135.80
110～1000kV公用变电站合计	座	696	725	4.17
110kV	座	560	581	3.75
220kV	座	111	118	6.31
500kV	座	20	21	5.00
1000kV	座	1	1	0.00
500kV换流站	座	4	4	0.00
110～1000kV公用变压器容量合计	万kVA	10 100.57	10 542.77	4.38
110kV	万kVA	3223.97	3379.97	4.84
220kV	万kVA	3052.5	3238.5	6.09
500kV	万kVA	2306.7	2406.9	4.34
1000kV	万kVA	300.00	300	0.00
500kV换流容量	万kW	1217.4	1217.4	0.00
110～500kV输电线路回路长度合计	km	36 832.01	38 864.223	5.52
110kV	km	17 404.91	17 929.99	3.02
220kV	km	9861.04	10 680.278	8.31
500kV	km	9385.77	9591.709	2.19
1000kV	km	180.29	662.246	267.32

“十二五”时期，湖北电力工业发展面临新的机遇和挑战。湖北化石能源资源匮乏，水电已基本开发完毕，火电开发将加剧冬春季节电煤供应压力，经济发展需求与能源资源约束的矛盾日益突出。预计“十二五”期间全省用电量年均增长8.5%，2015年全省最大电力缺口900万kW，保证电力供应的压力进一步加大。电力企业在推进节能减排、服务战略性新兴产业发展、促进新能源发展、保障民生改善等方面，将承担更加繁重的任务。国家进一步加大国有企业改革力度，深化资源性产品价格和要素市场改革，加强对垄断行业的监管，电力企业依法规范管理行为、防范各类风险的要求将更加严格。

电力建设

全省发电能力大幅提升。超超临界火电机组投运和新能源开发利用提速，全省发电能力明显提高，产业结构升级优化。2010年12月，西塞山电厂1台68万kW超超临界火电机组正式投运，标志着全省火电技术装备水平又上新的台阶。截至2010年底，全省发电装机容量及构成情况详见表1，全省电源结构多元化发展格局显现。全省火电技术装备水平不断提升，30万kW级以上大型火电机组在火电总装机容量中占比达78%，同比上升2个百分点，标志着全省在发电能力大幅提升的同时，产业结构进一步升级优化。

电网建设投入加大，结构更加坚强。2010年，全省重点解决西电东送困难及主网配网卡口问题。鄂西至鄂东断面输送能力不足问题得以解决，鄂西恩施、鄂西北十堰水电外送通道彻底打通；500kV鄂东双环网络和中部环网框架的进一步优化升级，使500/220kV电磁环网逐步解环，220kV分区分片供电格局初步形成，供电可靠性大大增加。湖北电网通过14回交流500kV省间联络线与河南、湖南、江西、川渝等省（市）电网相连，通过1000kV特高压及500kV直流与华北、华东和南方电网相连，省间、网间互济能力进一步提高，湖北电网在全国联网中的枢纽地位进一步凸显。

特高压电网建设方面，主动参与鄂蒙两省区能源战略合作，配合开展特高压西纵、中纵建设方案研究，努力推动特高压和跨区电网建设。精心做好联络服务工作，国家电网公司与省委省政府两次举行工作会谈，就进一步加快湖北境内特高压电网建设等重点工作达成共识。“十二五”期间，国家电网公司规划建设联接大型能源基地与主要负荷中心的“三纵三横”特高压交流骨干网架（东纵：锡盟—南京，中纵：张北—南昌，西纵：蒙西—长沙；北横：陕北—潍坊，中横：靖边—连云港，南横：雅安—上海），形成“三华”坚强受端电网，湖北电网处于“西纵、中纵、南横”三个特高压交流通道的交叉点上，得以在更大范围内输入外部电力资源，弥补省内资源不足，为电力供应提供了根本保障。

发电

全口径发电量快速增长，发电计划执行情况良好。三峡电厂全年发电838.41亿kWh，增长5.50%，不含三峡，全省发电1178.61亿kWh，增长17.50%，其中水电407.39亿kWh，增长9.40%；火电770.53亿kWh，增长22.22%。全省发供电企业密切配合，全年发电量计划完成率99.90%，其中，水电99.06%，火电101.34%，为全省经济发展提供了坚强的电力保障。

全年来水略偏枯，水电总电量有所增长。全年水电发电量1245.80亿kWh，增长6.75%，水电电量占全部发电量的61.76%，同比下降3.16个百分点。主力水电厂中，除葛洲坝水电厂下降0.36%外，三峡、丹江、水布垭、隔河岩等均不同程度增发，非统调水电厂全年共计发电91.88亿kWh，同比增长23.24%。

火电发电量大幅增长，有力支撑全省电力供应，但煤价居高不下，火电企业大面积亏损。2010年来水不确定，火电机组保供支撑作用明显，火电全年发电770.53亿kWh，增长22.22%。全年统调火电同比多发电112.28亿kWh；机组平均利用小时数4487t，同比增加155t；火电机组平均供电煤耗332g/kWh，同比下降7g/kWh。但受2010年电煤资源紧张、价格奇高等因素影响，全省火电企业仍出现大面积亏损，累计亏损近13亿元。

供电

全省电力供应保障主要由湖北省电力公司（简称湖北公司）承担。2010年，湖北公司没有发生重特大电网、设备、火灾事故，没有发生电网大面积停电事故，没有发生生产、基建人身死亡事故，没有发生恶性误操作事故。发生农电人身事故1起、死亡1人，同比持平；事故及一类障碍80次，同比减少3次。湖北公司安全局面总体稳定，生产管理效率逐步提升，电网持续安全稳定运行28年。全年售电量1017.3亿kWh，同比增长15.84%。线损率6.65%，控制在计划值以内。城市、农网供电可靠率分别达到99.930%和99.691%，同比提高0.016和0.031个百分点；城市、农网综合电压合格率分别达到99.714%和97.269%，同比提高0.073和0.069个百分点；城市配网故障抢修平均时间同比缩短2.34小时。

在确保全省电力可靠有序供应中，湖北公司全力加强重要变电站、换流站及跨区电网线路运维和保护，圆满完成上海世博会、广州亚运会保电任务，世博保电工作受到国家电监会和国家电网公司表彰。克服年初电煤紧缺、局部雨雪冰冻天气等困难，积极寻求特高压支持，加强调度运行控制，严格实施计划用电，确保电力有序供应。经受夏季三轮高温大负荷考验，全省主网最大负荷 2205.7 万 kW、最大日用电量 4.56 亿 kWh、8 个地市用电负荷超 100 万 kW，仍确保电力正常供应。迎战长江、汉江洪水夹击和部分地区严重洪涝灾害，抢修恢复受损线路，确保抗洪抢险用电，受到省委省政府和社会各界的高度赞誉。

环保

实施节能环保调度和淘汰落后产能双向推进，全省电力行业节能减排成效显著。2010 年，全省严格落实国家节能减排政策，在电量计划的安排上优先向低能耗、低排放的大火电机组倾斜，从源头上落实减排目标；日常调度中科学调度水电机组出力，使有限水资源发挥最大经济效益；强力推进小火电机组关停工作，全面完成省政府下达的 20 万 kW 关停任务。与此同时，积极创造条件，鼓励和支持企业开展小火电机组计划电量转移代发工作，全年共安排小火电机组 22 亿 kWh 计划电量由大机组代发。通过以上措施，全年 60 万 kW 机组设备利用小时数超 30 万 kW 及以下机组 280h，仅此一项火电全年净节约标准煤约 85 万 t，净减排二氧化硫 2 万 t，电力行业为全省节能减排作出重大贡献。

社会用电

全社会用电和工业用电快速增长，增速双创新高，工业用电是拉动全省用电高速增长的绝对主力。2010 年全省全社会用电量构成情况见表 2。

表 2　2010 年全省全社会用电量构成情况表

用电量类别	单　位	2009 年	2010 年	增　幅（%）
全社会用电量	亿 kWh	1135.13	1330.4	17.21
第一产业用电量	亿 kWh	18.84	19.23	2.06
第二产业用电量	亿 kWh	809.97	977.83	20.72
第三产业用电量	亿 kWh	127.29	138.85	9.08
城乡居民生活用电	亿 kWh	179.02	194.52	8.66
其中：城市	亿 kWh	124.77	133.94	7.35
乡村	亿 kWh	54.25	60.58	11.66
人均用电量	kWh/人	1984.49	2324.31	17.12
人均生活用电	kWh/人	312.97	339.84	8.58

注　2010 年全省总人口数 5724 万人。

第一、三产业均衡发展，居民用电稳步上升，工业用电高速增长拉动作用十分显著。从各产业对全社会用电增长的贡献率来看，第一、三产业和城乡居民生活用电分别占 0.2%、5.92%、7.94%；第二产业占 85.95%，其中，工业累计多用电 163.57 亿 kWh，对全社会用电增长的贡献率达 83.75%，工业用电量占全社会用电量的占比达 72.39%，较上年提高 1.95 个百分点，是拉动全社会用电增长的主要因素。

全社会各大行业用电增速不均衡。全社会用电分类的 8 大行业中，除工业用电呈快速增长态势外，其他 7 个行业增速不均，其中交通运输业、信息产业、建筑业呈高速增长态势；商业、农林牧渔业、金融房地产业保持稳步增长；公共事业用电下降 8.58%。

工业主要制造业用电普遍增长，水泥、有色、汽车等行业用电增幅较高。从工业用电内部结构看，月均用电量超过 1 亿 kWh 的 9 个主要制造业用电普遍增长。非金属矿物制品业和交通电气电子设备制造业全年景气，行业用电持续高速增长；有色金属业 2010 年产品价格保本微利，同时因 2009 年同期基数较低，也保持较高增速。

各地区用电量格局不变，用电普遍增长，部分工业后发地市用电增幅较高。全省 13 个市（州）全社会和工业用电均不同程度增长，其中，鄂州、随州、十堰 3 市全社会累计用电增幅居全省前 3 位。各地市按用电量大小与 2009 年格局基本相同。各地全社会用电增幅与当地工业新项目投产及主要行业景气度密切相关，鄂州的鄂钢新项目、随州的专用汽车项目投产及宜昌的化工、襄樊的汽车行业较好的生产形势拉动了当地用电的增长。

农村电力

截至 2010 年底，农网售电量 424.14 亿 kWh，同比增长 9.12%，综合线损率 7.02%。建成标准变电站 126 座、标准输电线路 219 条、标准配电线路 837 条、标准台区 7107 个。全面启动农网改造升级工程，完成投资 25.5 亿元。配合仙洪新农村、鄂州城乡一体化建设，建成 3 个电气化县、24 个电气化乡、571 个电气化村。

理顺农电管理关系取得重大突破，非直管“六县一区”供电企业产权实现无偿划转，全省中东部地区县级供电企业基本实现直供直管。公司配合发改委开展农电体制改革调研工作，向各级发改委充分反映国家电网公司农电体制改革的政策建议。印发《农网迎峰度夏应急预案》，有效开展迎峰度夏工作，并圆满完成任务；全省农网因洪、涝灾害造成直接经济损失约 1.04 亿元，约 34 000 人·次参与抢修救灾，防汛救灾取得全面胜利。农村“低电压”综合治理工作初见成效，农村“低电压”投诉从2009年的9402次下降到2010年的2648次。

电网企业概况

湖北公司主要负责建设、管理、经营省内电网（除三峡输变电工程和省间联络线以外）。至2010年底，湖北公司资产总额605亿元，用工总量94650人，有直属单位35个，代管企业16个。2010年，湖北公司深入推进“两个转变”（即转变公司发展方式、转变电网发展方式），着力强化贯彻执行，积极履行社会责任，服务全省经济社会发展，各项工作取得显著成绩。湖北公司安全局面保持总体稳定，湖北电网持续安全稳定运行28周年。各级电网发展步伐加快，生产管理效率逐步提升，电力供应可靠有序，圆满完成上海世博会、广州亚运会保电任务。经营质量效益大幅提升，集约化管理取得重要进展，售电量首次突破1000亿kWh大关。依法从严治企继续加强，“三个建设”（即党的建设、企业文化建设和队伍建设）成效显著，各项改革顺利推进，非直管的“六县一区”供电企业产权实现无偿划转，全省中东部地区的县级供电企业基本实现了直供直管，理顺农电管理关系取得重大突破。至年底，公司投产110kV及以上输电线路1668.26km、变电容量506.05万kVA。完成售电量1017.3亿kWh，同比增长15.84%；全员劳动生产率35.31万元/人·年，同比增长47.57%。

公司领导班子构成。至2010年底，湖北省电力公司领导班子构成情况如下：

总经理、党委副书记：余卫国

党委书记、副总经理：梁国庆

党委委员、副总经理：曹世强

党委委员、副总经理兼武汉供电公司总经理、党委副书记：畅刚

党委委员、副总经理：周世平

党委委员、工会主席：王文桃

党委委员、纪委书记：杨光糯

总会计师：杨桂荣

总工程师：晏治喜

副局级调研员：易旺青

科技创新与信息化工作。2010年，湖北公司共获得10项省、部级科技进步奖，创“十一五”期间最好水平。湖北公司申请专利157项（发明专利34项），授权专利93项，制（修）订国家6项电网公司技术标准、3项湖北省地方标准和行业标准。“高压电气设备现场试验技术实验室”被命名为国家电网公司重点实验室，“电能计量装置现场检测技术实验室”被命名为国家电网公司实验室。编制完成“十二五”科技、信息发展规划。在一次设备智能化、配电自动化和特高压直升机带电作业等领域与国网电科院开展技术交流。开展自主创新，重点选定“鄂西地区雷电机理及防雷措施研究”等14个项目进行攻关，“湖北电网广域动态监测预警系统”研究成果达到国际领先水平，“湖北电网负荷模型深化研究及适应性分析”课题研究成果在整体上达到国际先进水平，“直升机带电检修作业及专用工器具研制”课题在国内首次实现在超高压实运线路中相上完成直升机带电作业，研究成果达到国际先进水平。推进信息系统深化应用，编制《湖北省电力公司信息化深化应用工作方案》。企业门户集成度提高，每天登录人数接近3万人，每天使用业务系统人数超过2万人。ERP和各专业管理系统通过国家电网公司实用化评价验收。开展信息安全工作，信息系统运行安全平稳，没有发生信息安全事故。

深入开展“创先争优”活动。湖北公司各级党组织和党员结合工作实际开展公开承诺。广泛开展“亮身份、强素质、当先锋”党内主题实践活动、“电网先锋党支部”创建活动。深化“四好”领导班子创建，开展中层正职干部和县市公司党政主要负责人培训。落实“三化三有”惩防体系建设要求，着力构建“大协同、大宣教、大监督”反腐倡廉格局。湖北公司“青年大学堂”主题教育活动被团中央列为青年思想引领示范工程。构建企业文化建设全方位评价体系，将文化建设纳入企业负责人年度业绩考核。实施企业文化建设“三大工程”，深入宣贯国家电网公司基本价值理念体系，积极推广“红马甲”、“红领工程”品牌，重点加强对左光满、袁道君等先进典型人物的宣传学习。加强工会工作标准化建设，健全岗位练兵、技能比武常态机制。逐级落实维稳责任，有效解决历史遗留的重点信访问题，企业和员工队伍保持稳定。

“十一五”发展成就

“十一五”时期，湖北电网发展实现新跨越。5年累计完成投资614亿元，相当于再造一个湖北电网。1000kV荆门特高压工程建成投运，开辟湖北通过特高压电网接受北方火电资源的新纪元。湖北电网在全国联网格局中的枢纽地位进一步显现，500kV省间联络线14回，并通过4回±500kV直流线路与华东、南方电网相联。省内500kV中部大框架全面建成，鄂东500kV双环网不断强化，鄂西和鄂西北水电外送通道全部打通，“一大三受”骨干网架初步形成。大部分地市构建了较为坚强的220kV网架结构，110kV及以下电网建设逐步加强，城乡配电网络不断完善。

“十一五”时期，湖北公司综合发展能力得到全面提升。企业管理制度与国家电网公司全面接轨，管理基础增强。依法从严治企形成常态，人财物集约化管理成效显著，SG186工程全面建成，ERP系统推

广应用。形成以内部概念利润为核心的经营管控体系，经受住各种不利因素考验，全面完成国家电网公司目标任务。售电量年均增幅 11.61%，市场占有率同比提高 6.72 个百分点；主营业务收入年均增长 16.18%，利税总额年均增长 18.39%；资产总额增长 58.43%。人力资源集中管控体系基本建立，管理、技术、技能三支队伍素质显著提升。人才培养、评价体系逐步完善，一批专家人才脱颖而出，湖北公司人才当量密度达到 0.84。公司共获得省部级科技成果奖 35 项。

“十一五”时期，湖北公司供电服务彰显新形象。实现全省户户通电，实施大规模低电压专项改造，完成中西部农村电网完善化工程，供电质量明显提升。客户“三难”问题全面缓解，18 种交费方式极大方便客户，电费社会化代收率超过 44%，业扩报装平均接电时间缩短 9.5 天，供电故障平均抢修时间缩短 2.5h。湖北公司连续两次荣登全省公共服务行业行风民主评议榜首。援川抗震、抗冰抢险和北京奥运、上海世博、广州亚运保电工作取得全面胜利。

主要事件

1 月 7 日，国家电网公司与湖北省政府电力工作座谈会在武汉举行。国家电网公司总经理助理时家林与副省长田承忠，就当前湖北电力供应状况进行深层次探讨，力求缓解当前电力供应紧张局面。10～12 日，经济日报、中央人民广播电台、经济参考报、凤凰卫视等多家媒体，对湖北供电形势进行集中采访。

2 月 3 日，湖北公司分别与襄阳、随州市人民政府签署《关于推进电动汽车充电设施建设战略合作协议》。至 3 月 10 日，湖北公司先后与全省 17 个地市政府签署电动汽车充电设施建设协议，标志着电动汽车充电设施建设工作在湖北全面启动。

3 月 12 日，国家电网公司总经理、党组书记刘振亚在京与湖北省委书记罗清泉、省长李鸿忠等领导举行会谈。双方就进一步加快湖北电力事业发展、大幅度提升特高压对鄂输电能力深入交换意见。8 月 17 日，刘振亚在武汉与罗清泉、李鸿忠再次举行工作会谈，双方就加快特高压电网发展、切实保障“十二五”期间乃至更长时期湖北电力需求达成共识。

4 月 8～11 日，湖北省党政代表团一行赴内蒙古自治区学习考察。活动期间，鄂蒙两省区领导表示将进一步加大在能源领域的广泛合作，并签署两省区政府经济社会发展战略合作协议（含能源战略合作）。

4 月 11 日，葛洲坝换流站综合改造工程投产送电。葛洲坝换流站建于 1989 年，是葛洲坝电力直送上海的起点站，也是担负三峡电力外送任务的 3 座 ±500kV 直流换流站之一。运行 20 年来，该站只进行过一次局部设备综合改造，部分设备老化现象严重。为确保上海世博会保电万无一失，国家电网公司投资 1.1 亿元，于 2009 年 9 月 28 日启动该站综合改造工程，主要对该站 500kV 交流、直流断路器等老化电气设备进行“翻新”改造，核心设备全部由国产设备替代。

6 月 22～30 日，湖北公司援赣应急保供电突击队圆满完成江西省政府抗洪总指挥部、江西省抚州抗洪前线指挥部、抚州市政府接待处、抚州市体育馆灾民安置点以及唱凯筑堤武警抢险指挥部等重要场所的保供电任务。

6 月，按照国家有关整顿电价秩序的统一要求，从本月起，全省停止执行了 11 年的居民分时用电和蓄能产品用电优惠促销政策。

7 月，湖北先后出现 5 轮强降雨，覆盖范围广、雨量大、强度高，全省呈现“两江夹击”、“湖泊暴涨”、“外洪内涝”的严重灾害形势，全省电力设施受损严重。至 8 月 5 日，全省 40 225 个配电台区、347 万用户因灾停电，部分变电站和营业场所被淹。湖北省电力公司迅速启动应急预案，全力进行抢险救灾和恢复供电工作。至 8 月上旬，共投入抢险救灾25 000 余人、抢修车辆 5200 余台，因灾停电的台区和用户均已恢复用电。

8 月 20 日，湖北 2010～2020 年规划建设的 183 座 220～1000kV 变电站站址全部纳入省市土地利用总体规划。

9 月 9 日，湖北正式启动农网改造升级工作。

9 月 27 日，湖北省首座单机容量 100 万 kW 机组——国电汉川电厂三期扩建工程第一台机组开工建设。该扩建工程规划建设两台 100 万 kW 超超临界燃煤火电机组，工程静态总投资 70.24 亿元，第一台机组计划 2012 年 9 月投产发电。

12 月 21 日，国家电力监管委员会在上海召开世博会保电工作总结暨表彰会议。湖北公司获得世博保电先进单位称号。

12 月，全省各供电单位积极参加全省民主评议行风工作，湖北省电力公司所属 14 个地市公司全部获得公共服务类第一名。

（杨　倞）

湖南省电力公司

企业概况

湖南省电力公司（简称湖南公司）是国家电网公

司全资企业，主营业务为湖南省电网的经营、管理和电力生产，同时兼具电力规划、勘测设计、科研、工程施工、设备安装、修造等综合功能。2010 年底，湖南公司在职职工 37 378 人。拥有水电厂 3 座，装机容量 232.77 万 kW，占全省总装机容量的 8%，年发电量 62.16 亿 kWh，占全省发电量的 5.6%。35kV 及以上变电站 1170 座，变电容量 7747 万 kVA，线路 44 769km。其中，500kV 变电站 17 座，变电容量 2000 万 kVA，线路 4503km；220kV 变电站 112 座，变电容量 2724 万 kVA，线路 11 559km。

2010 年，湖南公司有成员单位 31 家，其中供电企业 14 家，发电、施工等企业 17 家，公司本部设 21 个职能部室（中心）。公司系统实行垂直管理模式，由 14 家全资直属供电企业管理 87 家直供直管县级供电企业以及 33 家代管县级供电企业。

2010 年，湖南公司完成售电量（省内）826 亿 kWh，同比增长 14.5%；净资产收益率较考核目标提高 0.16 个百分点；资产负债率低于考核目标 0.37 个百分点；流动资产周转率超出考核目标 1.11 次/年。

“十一五”期间，湖南公司在保障电力安全可靠供应、服务经济社会发展中发挥了重要作用，完成了抗冰保网、抗震救灾、抗洪抢险等急难险重任务。“十一五”期间，大力加强安全管理，在电力需求快速增长、电网规模成倍扩大、自然灾害频繁发生的情况下，确保了电网安全稳定运行，为湖南经济社会持续快速发展提供了可靠的电力支撑。坚持加快转变电网发展方式，统筹推进主干网架和城乡配电网建设，促进了各级电网协调发展，高度重视湖南能源可持续发展，积极推进特高压、外省电能入湘，支持新能源和智能电网的发展。完善 500kV 主干网架，实施差异化规划设计和抗冰技改，加快城农网建设改造，电网结构明显改善，稳定水平和供电保障能力显著提高。“十一五”完成电网建设投资是“十五”总投资的 3.1 倍，资产总额是“十五”末的 1.85 倍。坚持加快转变公司发展方式，大力推进管理创新，增强了可持续发展的能力。积极开展体制、机制和科技创新，加强人财物集约化管理和信息化建设，运营整体效率稳步提高。在安全生产、营销服务、电网建设、经营管理、党风廉政等各个领域，强力推行严抓严管，依法从严治企的理念深入人心，各项管理明显加强。狠抓降本增效、增收节支，实行“双流双控”预算管理，财务管理不断加强。狠抓电量、电费、电价、线损和优质服务工作，营销管理水平稳步提高。加强调度、水电、电力交易工作，取得良好效益。加强农电统一管理成效明显。加大审计工作力度，加强效能监察，企业内部管理更趋规范。加强班组建设标杆单位创建工作，基层单位的管理水平逐步提高。加强同业对标工作，各项指标进步明显。“十一五”时期，湖南公司售电量年均增长 11.5%，销售收入年均增长 15.9%。

电网概况

湖南公司高度重视湖南能源可持续发展，转变电网发展方式，推进特高压、外省能源入湘，支持新能源发展和智能电网建设。2010 年，开工 110kV 及以上变电容量 351 万 kVA、线路 1060km，投产 703 万 kVA、线路 1861km。

截至 2010 年底，湖南电网拥有 500kV 变电站 17 座、变压器 25 台、主变压器容量 2000 万 kVA，输电线路 47 条 4633km（含三广直流）；220kV 变电站 114 座、变压器 194 台、主变压器总容量 2779 万 kVA，线路 342 条 11 796km；110kV 变电站 564 座、变压器 902 台、主变压器总容量 2853 万 kVA，线路 1101 条 19 269km；35kV 变电站 859 座、变压器 1359 台、主变压器总容量 667 万 kVA，线路 1724 条 21 142km。

人力资源

2010 年，湖南公司人力资源工作在深化体制改革，强化基础管理，加强人才培养等方面全力推进，取得新的成绩。

继续推进专业化、扁平化改革，修订完善《供电企业岗位目录》，岗位管理进一步规范。深入贯彻《劳动定员贯标工作三年规划》，各供电企业制定劳动定员落实方案和年度人员调配工作计划，按进度安排抓好落实。加大《国家电网公司劳动定员管理办法》和《国家电网公司劳动定员工作评价办法》宣贯力度，组织开展专项培训，完成 2010 年定员测算、核定工作。积极推进人员结构调整，制定《关于加快解决结构性缺员问题的实施意见》，提出了三年内解决结构性缺员问题的工作目标和具体措施，分解下达了结构性缺员计划。印发《关于进一步加强员工管理的意见》和《湖南省电力公司员工奖惩办法》，持续深化严抓严管。制定《人力资源管理违章惩处办法（试行）》，明确人力资源管理违章的界定和惩处规定，规范管理行为。完成 29 个代管公司员工花名册的审核工作，对拟上划改制单位人员情况进行了详细的调查核实，代管公司管理全面加强。

加强职工培训体系建设。2010 年集中投入资金用于公司层面实训基地建设以及补助市局层面实训基地建设。2010 年，公司层面已完成 3 个实训部 32 个工种实训室建设任务。出台内部兼职培训师管理办法，完成首批 500 多人的内训师聘任，缓解了培训师资不足的矛盾。完成 5 期科级干部、3 期处级干部培训和50期技能实训，培训人数达2500人·次。大力开展“春季现场培训”和“暑期现场培训”，强化一线员工安全、技能及作风培训，一线员工参培率100%。以“标准化作业、现场培训、准军事化管理”为重点，全面组织开展现场培训竞赛，取得实效。

电网建设与发展

完成湖南坚强智能电网“十二五”发展规划报告体系，完成湖南电网2010～2011年年度评估报告，完成全省14个地区电网规划和投资计划书面调研和6个地区现场调研、5个地区线损调查和2个地区现场调研、全省14个地区无功电压书面调研和2个地区现场调研。此外，还完成了湖南电网“十一五”发展总结评估、750～220kV电网运营情况调研、湖南省和湖南省电力公司农网改造升级三年规划、发电企业投资建设电厂接入系统工程调研，配合湖南省能源局起草湖南省“十二五”能源规划等多项重要工作。

完成怀化南部、湘西北部、郴州城区电网系统研究、柘溪—泉塘220kV线路退役系统专题论证。组织完成湘南电网安全性评价、负荷中心60万kW机组接入220kV电网研究等多项系统专题研究。

定期收集整理全省及各地区市场基础资料报表、报告，及时开展调研。组织完成湖南省2010年电力市场分析预测春季报告、秋季报告的编制工作；完成电力市场分析预测月度、季度报告等日常电力市场分析预测工作；组织开展全省及各地区2011～2013年电力市场分析预测工作。

根据建立“大规划”体系基本要求，加强规划管理和规划队伍建设，出台和完善了《湖南省电力公司电网规划管理办法》、《湖南省电力公司日常电力市场分析预测工作管理细则（试行）》、《湖南省电力公司电网规划评估管理细则（试行）》、《湖南省电力公司配电网规划技术原则》等一系列规章制度。出台《湖南省电力公司电网规划技术监督实施细则》、《湖南省电力公司规划技术监督检查标准》、《电网规划技术监督技术标准》等规定，夯实电网规划基础。根据国家电网公司《220kV及110（66）kV输变电可研内容深度规定》要求，完成35～220kV项目可研设计范本，进一步规范了可研设计的范围及内容深度，项目可研设计质量明显提高。

经营管理

2010年，湖南公司以实现扭亏为盈为首要任务，严格贯彻落实年初制定的各项扭亏措施，取得良好的经营成果。财务系统初步搭建起了“集中、统一、精益、高效”的集约化管理体系，财务“一体化”信息平台基本完成。建立了新型工效联运机制，以“工效联运、预算考核、完善标准”为核心完善了公司资产经营考核办法，加大了预算考核力度，强化了电网核心业务的经营考核。建立了全面集中的集团账户管控体系，推行统一结算和大额资金统一支付。在完成电网资产清查的基础上，建立了ERP系统资产与设备的联动关系。全面推进物资集约化管理，招标采购质量不断提高，合同配送管理得以加强，仓储管理和废旧物资处置不断规范。

安全生产

2010年及“十一五”期间，湖南公司系统没有发生重大及以上电网事故、重大及以上设备事故、水电厂垮坝事故、重大及以上火灾事故、交通事故、110kV及以上恶性误操作事故、对社会造成重大影响的供电事故。截至2010年12月底，电网连续安全稳定运行29周年零8个月，全面完成了年度安全生产目标，确保了电网安全稳定运行。

以“无违章年活动”为每年安全工作的主线，扎实有序地推进各项安全管理。规范“周生产例会制度”，实现生产指挥有方、调控管理有力。强化“三种人”（工作票签发人、工作负责人、工作许可人）管理，确保现场组织有序。从严落实各级各类人员岗位安全职责，严格履行岗位安全使命。结合日常安全稽查，扎实开展创“无违章企业”、“无违章集体”、“无违章班组”、“无违章现场”的活动。认真开展春、秋季安全大检查工作。严格监督工程分包安全管理。扎实开展职工安全培训教育。

营销工作

2010年，湖南公司营销主要指标明显优化，管理能力显著增强。2006～2010年，售电量从536亿kWh增加到2010年的830亿kWh，年均增长近10%。销售均价从516.87元/MWh提高到615.47元/MWh，剔除政策性调价因素后增长38.52元/MWh；电费回收从国家电网公司系统的欠费大省，到2010年当年电费回收率100%，陈欠电费结零；预购电等新型缴费方式比例达80%，电费回收风险得到有效控制。

营销管控能力显著增强。稳步推进低压集抄系统建设，低压集抄用户已达97.2万户，全部实现了自动抄表、远程集电催费和客户用电在线监控。

营销专业化管理不断完善。围绕“三大中心”建设，构建了营销专业化管理，通过全面实施标准化作业，持续开展“三大中心”年度运行管理评价。全面推进闭环管理，推广和完善异常分级响应机制、95598信息分级响应机制和计量准军事化管理机制，强化“三大中心”运行月度分析制度，调整和优化

“三大中心”业务组织模式，明确各中心功能定位，明晰职责和管理界面，理顺工作流程，强化“三大中心”专业管理向基层延伸等系列举措。

大力开展营销领域反违章工作。巩固营销服务“无违章年”活动成果，开展反违章工作评价及回头看，促进反违章工作常态化运作；开展反违章“四创”（创无违章岗位、班组、集体、企业）工作，促进反违章向无违章转变；开展班组互助互防，促进反违章与日常工作相结合；开展标准化作业和现场培训，出台《电力营销工作规程》，促进营销服务“两个固化”，实现了营销服务违章大幅减少。

农电工作

2010年突出抓好农村电网建设和农网工程管理，全面完成农网扩大内需工程，启动农网改造升级工程，开展“户户通电”回访工作，回访原无电户3353户。

在推动地方电力改革方面，完成了蓝山、麻阳等电力公司代管，永顺电力公司代管前期工作已基本完成。东安、新宁、通道等13个代管（控股）公司上划直管改革工作稳步推进，与当地政府签订了上划框架协议。规范农村小型地方电网的移交和接管，完成永州涔天河、新化田坪镇等小型供区的接管。进一步加大对代管公司的管理，不断完善代管公司制度建设，并在邵阳等电业局开展试点。

提高农电管理和服务水平。编制《2010年农电降损整治工作要点》，开展线损管理标准化线路、标准化台区建设工作，每个县局选择1条农村10kV线路、每个供电所选择1个线损管理标准化台区进行试点。积极开展农网公变台区效能监察，开展营销普查和跟班稽查，大力开展安全用电宣传和反窃电专题活动，建立用电客户“黑名单”制度，严厉打击恶意窃电等违章用电行为。

科技与信息化

2010年，湖南公司组织完成了“十二五”科技发展规划、新技术推广应用规划、信息化规划的编制工作。开展信息系统深化应用和实用化工作，信息系统全覆盖目标提前实现。实用化工作取得成效：PMS系统于11月18日在国家电网公司系统率先通过实用化验收；人资管控系统于10月15日通过实用化专业评价；电力市场交易运营系统于11月23日通过实用化现场评价；应急管理、安全监督管理于11月25日通过实用化年度评价验收；协同办公系统于11月26日通过实用化年度评价验收；电力营销管理系统于12月15日通过实用化远程评测验收。

全面完成国家电网公司安排的六项科技创新重点任务，各项指标均达到计划任务要求。在重点科技攻关方面，取得了“电网大面积长时间覆冰气象形成规律及预警研究”、“覆冰输电线路运行监测及应急处理措施研究”等一批科研成果。在新技术推广应用方面，加大了自主创新成果的深化应用，取得显著成效。岳阳电业局完成的县级电网定值计算模块在公司所辖120个县得到全面推广，应用效果十分理想；“信息技术服务电话呼叫支持系统”、“110～220kV输电线路插花绝缘子悬垂串带电更换作业方法及工具”、“非张力更换导地线带电跨越装置”等项目在全省推广应用，有效提高了服务水平以及现场施工效率和安全生产水平。

优质服务

2010年，全面实施“塑文化、强队伍、铸品质”的供电服务提升工程，在供电所服务窗口和抢修、抄表、装表等服务环节开展供电服务“满意百分百”创建活动。推行停电作业工时全额管理，优化故障抢修流程、服务网点及人员车辆的配置，减少停电时间。加强机制建设，杜绝业扩报装“三指定”问题。结合农电实际，狠抓客户服务量化考核，在履行承诺、规范行为、塑造品牌、严格考核等方面加大工作力度，在报装、缴费、咨询等方面为客户提供方便。健全农村供电服务品质评价与监督体系，开展供电服务明察暗访。2010年全省没有发生重大及以上服务事故与影响公司形象的服务事件，涌现了周呈午等一批农电服务先进人物。

深入开展“优质服务年”等系列专题活动，解决客户缴费难、业扩超时限、客户工程服务不规范、停限电信息发布不及时等问题；成立供电服务社会监督及合理化建议办公室，设立奖励基金，召开行风监督员会议，主动接受政府监管、社会监督和客户评价。建立供电服务调度管理制度，加强对供电服务的调度、指挥、协调、监督和考核，初步构建了“大服务”体系，供电服务效率和服务水平持续提升。

党的建设和精神文明建设

2010年，湖南公司党组深入开展学习实践科学发展观活动，开展党的建设和精神文明建设，为湖南公司发展提供了思想和组织保证。

深入开展创先争优活动。组织动员各级党组织和党员干部在世博保电、亚运保电、抗灾救灾、建设坚强智能电网等公司重点工作中积极创先争优。结合SG186建设，自主建设推广了“基层党建工作考核评价信息管理系统”，建立了一套涵盖党支部、党小组、党员三级的基层党建工作考核评价体系，促进党建工作的科学化、信息化水平的提升。开展党建工作责任制考核，评选表彰“电网先锋党支部”，开展落后党支部界定，打造党建工作品牌。

扎实推进学习型党组织建设。成立学习型组织建设领导小组，印发《实施意见》，推动学习型党组织建设务实深入。

切实深化各项主题活动。开展“党员承诺”、“党员示范岗”、“党员责任区”、“党员身边无违章、无违纪”等形式的主题实践活动，积极投身安全生产、优质服务、经营管理、“无违章年”和“三节约”等活动，党员队伍和员工思想素质取得新提升。制定开展“国家电网”品牌传播年活动方案，广泛开展“国家电网”品牌传播，深入推进品牌标识标准化建设，切实加强品牌专业培训，提升“国家电网”品牌的美誉度和品牌价值。开展“迎世博、迎亚运、讲文明、树新风”等央企先行活动，开展建设“央企精神家园”网上展播活动，“做文明有礼的中国人”网上签名活动。

全面加强基层团组织建设，组织开展“青春光明行”、青年文明号、青年岗位能手、青年志愿者、创新创效、“十大杰出青年”巡回报告等青年品牌活动，激发共青团工作活力。组织开展感恩教育，举行“感恩·奉献”演讲比赛。推进共青团组织标准化建设，完善团委会各项职能，积极服务新进青年员工和单身青年。继续资助电网希望小学建设，积极履行社会责任。“开展志愿服务，用青春点亮国家电网品牌”项目获国家电网公司精神文明建设创新奖。

（汤日成）

江西省电力公司

企业概况

江西省电力公司（简称江西公司）是国家电网公司全资子公司，负责江西电网的建设、管理和运营。江西公司下属单位30个，全资和控股县供电公司96个，共有员工7.1万人，服务客户1325万户。

2010年，江西公司牢牢把握鄱阳湖生态经济区建设的历史机遇，提前一年基本完成三年重点发展计划，各方面工作取得显著成效。完成售电量607.87亿kWh，同比增长19.56%，比2005年增长88.71%；综合线损率7.98%，同比降低0.65个百分点，比2005年降低2.1个百分点。

“十一五”期间，江西公司实现了江西电网跨越式发展，供电能力和优质服务水平大幅提升。一是大力加强各级电网建设。五年累计建成500kV变电站10座，形成500kV中部环网，江西主干网架实现了从220kV到500kV的重大跨越；形成3回500kV线路与华中电网相连，跨省输电能力和资源配置能力接近翻番；110kV及以上变电容量、线路长度分别为2005年的2.3倍和1.5倍。江西电网电力供应能力实现大幅提高，连续五年没有出现拉闸限电，有力地支撑了江西经济的发展。二是全力推进江西公司科学发展。售电量由322.12亿kWh增至607.87亿kWh，年均增长13.5%；主营业务收入年均增长17.7%。2010年资产总额比2005年增长54%。全面推进人财物集约化管理，建立健全人员管控系统，完成毕业生录用和复退军人安置“两项”制度改革，建立以业绩为导向的激励约束考核机制。基本建成财务集约化管理体系，实现会计集中核算“一本账”管理和会计报表“一键式”生成，全面建成统一的集团账户管控体系。健全完善物资管理体系，进一步扩大集中招标范围，全面应用物资采购标准，物资管理经历分散自采、集中规模招标和推进物资集约化管理三个发展阶段。加大信息化推进力度，初步建成SG186工程，为江西公司人、财、物的集约化管理提供技术支撑。三是积极塑造“国家电网”品牌形象。大力加强党的建设、企业文化建设和队伍建设，队伍素质和企业素质明显提升，江西公司连续两次被评为全国文明单位、连续五届被评为省级文明单位。忠实践行“四个服务”宗旨，积极履行政治、经济和社会责任，连续四年获得全省民主评议行风服务主管部门第一名，连续八年被省委省政府授予“全省工业崛起年度贡献奖”。服务社会主义新农村建设取得积极成效，累计投入87.5亿元建设和改造农村电网，实施“户户通电”工程，解决了农村边远地区17.2万户、67.3万无电人口的用电问题，累计减轻农民负担15亿元。成功抗击低温雨雪冰冻灾害，紧急驰援四川震区抢修保电，战胜了历史罕见的特大洪涝灾害，电网运营水平和抗风险能力显著增强，电网事故较“十五”期间下降85.4%，没有发生大面积停电事故，圆满完成了国庆60周年庆典、奥运会、中博会等重要保电任务，涌现出江玉新、黄快生、余文庆、朱新周、甘泉、邹吉波六位烈士和一大批先进集体、优秀个人，充分彰显了“国家电网”品牌。

电网概况

江西一次能源缺乏，电源以火电为主，水电资源开发潜力有限。截至2010年底，江西省全口径发电装机容量为1701万kW，其中水电407万kW，火电1286万kW，风电8万kW。江西电网统调发电厂28座，其中火电厂16座，水电厂12座，统调发电装机容量为1341万kW，其中水电129万kW，火电1212万kW。全省电力供需平衡日趋紧张，2010年8月5日全省统调最高负荷达1139万kW。

江西电网以南昌为中心，通过3回500kV线路与华中电网联网。全网有500kV变电站12座、开关站1座、变电容量1450万kVA、线路长度2726km；有220kV公用变电站（含开关站）89座、变电容量2046万kVA、线路7696km；有110kV公用变电站325座、变电容量1654万kVA、线路长度10 228km。

人力资源

加强人才队伍建设，制定《江西省电力公司优秀专家遴选与管理办法》，遴选出省公司级专家人才77名，推荐国家电网公司级优秀人才候选27名；新增新世纪百千万工程省级人才2名、江西省优秀高技能人才2名；新增技师762名。统一人才培养及开发，整合电力职业技术学院和技师学院“两校”资源，成立省公司培训中心，形成省市县三级培训体系；以提升岗位适应能力为目标，以操作技能为重点，大力开展转岗培训，培训员工10 890人·天。有序进行机构编制规范工作，规范市县公司本部及二级机构设置。扎实推进劳动定员管理工作，加强员工入口管理，全年减少劳动用工1968人，南昌公司等42家供电企业达到劳动定员标准。深化全员绩效管理，创新本部绩效考核方式，实现绩效考核向县公司全面延伸。

以人力资源集约化模式构建为主线，编制完成人力资源“十二五”系列规划。根据江西公司和电网发展需要，考虑技术进步因素，提出了五年专业结构、效能配置优化目标；制定员工、专家人才、千名“双师”型人才、优秀乡镇供电所长、优秀兼职培训师等多层次立体人才培养五年计划。

电网建设与发展

2010年，主动服务江西经济社会发展，与各设区市举行工作会谈，建立政企合作、共同推进电网发展的良性机制。完成江西电网“十二五”发展规划及鄱阳湖生态经济区等专项电网规划编制。完成南昌特高压变电站站址及线路走廊等协议取证工作。

开工110kV及以上线路716.2km，投产936.9km；变电351万kVA，投产455万kVA。500kV石钟山变电站、220kV前湖变电站、景德镇电厂外送等一批重点工程建成投运。建成用电信息采集系统主站和全省首个智能电网示范小区，完成81.62万户智能电表改造任务。建成2座电动汽车充电站和500根交流充电桩。电网建设质量稳步提升，500kV抚州变电站获“中国电力优质工程奖”，70%的220kV及以上工程被评为国家电网公司优质工程。

经营管理

基本实现会计集中核算“一本账”管理和会计报表“一键式”生成，全面建成统一的集团账户管控体系，撤并会计主体30家，产权链条从5级压缩至4级，资金归集率达到98.86%；开展财务在线稽核，实现财务与生产、营销、交易等系统的业务集成，财务集约化体系建设顺利通过国家电网公司评审验收。

深化物资集约化管理，进一步扩大集中招标范围，全面应用物资采购标准，组织物资集中规模招标15批·次。加快建立现代仓储体系，围绕设施和管理两个标准化，统筹规划仓储网络布局，加快各地仓库整修改造建设，创新仓储和配送思路，初步建成物资供应保障体系。

依法从严治企，探索建立警电联合防范和打击涉电违法犯罪工作机制，全年追补电量2570万kWh。严格合同审核，加强核心诉讼业务办理。强化审计工作，深化审计成果应用，审计问题得到全面整改和落实。全面完成变电站土地证办理。深入开展“小金库”和工程建设领域突出问题专项治理，抓好客户受电工程“三指定”自查整改。加快推进主多分开工作，规范集体企业管理，省公司层面主多分开全面完成。规范劳务派遣员工管理，有序解决农电工混岗问题。

安全生产

开展安全大检查、“三个不发生”百日安全活动，逐级落实安全责任，深化隐患排查治理，积极应对年初雨雪冰冻、夏季抗洪抢险的严峻考验，圆满完成了迎峰度夏（冬）、中博会、省运会等重要保电任务。全年未发生重特大电网、设备、火灾及交通事故，未发生基建人身死亡事故和恶性误操作事故，未发生本企业有责任的供电安全事故，截至12月31日，江西电网安全稳定运行9972天。

全面开展事故隐患排查治理，落实“一患一档”、“分层分级”要求，共排查事故隐患156项，整改完成142项。加强客户责任事故隐患的整改督促，实现客户隐患“服务、通知、报告、督导”到位率100%，客户责任事故隐患整改率为51.59%。针对赣东北供电公司“8·19”事故暴露出来的突出问题，重点开展“图实相符”专项隐患治理，完成96面存在事故隐患的TV柜整改工作，“图实不符”的问题得到全面整改并纳入常态化管理。加强基建、农电、供用电等专业领域的安全管理，有效防止了事故的发生。加强安全监督标准化建设，加大督查力度，全年查处违章1180起，下岗处理68人·次。

完成《应急体系建设三年规划》，修订重要客户停电应急预案，强化与政府、机场、电铁、石油化工等高危重要客户的应急联系机制。积极推动和政府、社会举行大面积停电突发事件联合应急演练工作，成功举办九江、赣州、抚州公司“抗冰雪”、“防汛防台风”、“迎峰度冬”反事故模拟演练，成功举办将重要用户纳入江西电网迎峰度夏联合反事故演习。

营销工作

江西公司实现主动开拓市场增售电量4亿kWh。落实国家节能减排政策，新增热泵12万m^3，蓄能2.5万kW，不断提高电能在终端能源消费的比重。市场占有率同比提高0.8个百分点。首次实现当年电费和陈欠电费“双结零”。

台区达标工作降损增效显著，12家地市公司和35家县公司通过B级标准验收。紧扣“量、价、费、损、优质服务”五大指标，从技术达标和管理达标两方面入手，突出管理达标，全面开展标准化台区建设，减少线损电量1.78亿kWh。

深入分析用电负荷和电力供需平衡情况，加强地市、县级电网有序用电管理工作，开展省、市、县三级电网2010年迎峰度夏度冬及防冰有序用电应急预案编制工作，修订江西电网重要客户停电应急预案，提高应对恶劣天气电力有序供应能力。强化赣州、景乐地区、萍宜仙等局部电网“卡脖子”地区电力有序供应工作。

农电工作

实施“三新”农电发展战略，大力推进农电统一管理，按照《关于促进县公司加快发展的若干意见》，建立农电归口管理与专业化管理相协调的新型农电管理机制。

强化县域电网结构，县域电网“单电源”供电问题得到解决。开展低电压综合治理，解决了24万户的低电压问题。编制农网改造升级工程规划，新一轮农网改造升级工程全面开工。

制定《标准化供电所千分评价考核标准》和《标准化供电所建设的指导意见》，将供电所标准化建设工作纳入公司班组建设内容，4个供电所被国家电网公司评为“标准化示范供电所”。推进新农村电气化建设，累计建成12个电气化县、130个电气化乡、1178个电气化村。3家县公司被国家电网公司评为一流县供电企业。

科技与信息化

编制《江西省电力公司“十二五”科技发展规划》、《江西省电力公司“十二五”新技术推广应用规划》，建立健全科技创新体系，加强科技成果转化，加强环保监督管理。获得专利授权21项，制定电力行业标准2项。“考虑机网耦合影响的动态安全评估研究”分别获中国电力科学技术奖二等奖、江西省政府科技进步二等奖；获国家电网公司、江西省政府科技进步三等奖各1项。

全面推进SG186工程建设和应用，信息化对人财物集约管控、生产管理等环节的支撑和引领作用明显增强，ERP、协同办公等核心业务系统实现全覆盖。加快农电信息化建设，SG186农电系统应用顺利通过国家电网公司验收，96个县公司（1143万户）的SG186营销系统二期（农电）全部上线运行。

优质服务

深入开展“塑文化、强队伍、铸品质”供电服务提升工程和“创业服务年”活动。提出开展“绿色电力创业服务”22项措施，深入开展“创业服务年”进园区服务；推出重要举措，采取灵活方式加快抢修速度，开辟绿色通道，缩短业扩报装时限；提供便捷多样的缴费手段，建设省级集中多渠道缴费平台，建成投运全省首家24小时自助营业厅；树立“借投诉改进工作”的理念，加大对基层单位越级投诉、重复投诉的管理。参加第三届国家电网公司供电“服务之星”劳动竞赛，取得1名“十佳服务之星”、1名“优秀服务之星”和1名“服务之星”的优异成绩。

党的建设和精神文明建设

做好学习实践科学发展观活动整改落实工作，全面开展创先争优活动，推进学习型党组织建设，江西公司荣获省直机关党的建设“特别优秀奖”，本部机关荣获省直“十佳文明机关”称号，5个基层党支部被国家电网公司评为“电网先锋党支部”。深化“四好”领导班子创建，加强后备干部集中考察和动态管理，进一步规范县公司领导干部管理。开展重点岗位廉政风险防控，强化员工思想动态分析，加大不稳定因素排查力度。开展建设“统一的优秀企业文化”主题实践活动，不断增强国家电网公司优秀企业文化的影响力和渗透力。

深化企业民主管理，组织开展职工代表巡视检查，73件职工代表提案全部办理完毕。认真落实离退休老同志“两项待遇”，不断丰富离退休人员精神生活。加强团青工作，启动“青春建功鄱阳湖”行动。加强品牌传播和舆论引导，不断优化发展环境。完善信访管理制度和措施，着力化解信访积案，维护了队伍稳定。江西公司系统3个单位被国家电网公司评为“文明单位标兵”，5个单位荣获全国“模范职工之家”称号，2名员工被评为“全国劳动模范”。

（欧阳慧泉）

四川省电力公司

企业概况

四川省电力公司（简称四川公司）是国家电网公司（简称国网公司）的全资子公司，主要负责四川境内国家电网的规划建设、运营管理和电力供应。

2010年，四川公司完成并表口径省内售电量1301.8亿kWh，其中母公司1206.16亿kWh，比2009年增长24.37%；外送电量163.21亿kWh，同比增长71.96%；外购电量35.03亿kWh，同比增长87.6%；线损率9.08%，其中母公司7.68%，同比下降0.22个百分点，低于计划0.18个百分点；完成电网投资（含特高压）212.43亿元，比2009年增长18.89%；投产110kV及以上交流线路3498km、变电容量1587万kVA，直流线路186km、换流容量640万kVA；资产总额931.95亿元，实现营业收入769.89亿元，比2009年分别增长24.52%和32.58%；公司管理机组发电量5.8亿kWh，完成计划的96.3%；应收电费、陈欠电费余额实现“双结零”。

电网概况

四川是国家电网与地方电网并存的省份之一。“十一五”期间，四川电网累计投资达703亿元，是“十五”总投资的4.26倍，500kV变电容量和线路长度分别是“十五”末的5.9倍和2.7倍，500kV电网覆盖全省各市州，多层级电网协调发展的格局基本形成。建成西部五大水电送出通道，保障了五年来超过1000万kW新增水电装机的顺利接入，特别是德阳—宝鸡±500kV直流工程和向家坝—上海±800kV直流工程的投运，使四川电网从局部电网跃升为联通西北、华中、华东、华北的区域电网、特高压交直流混联运行的枢纽电网。2010年与全国的电力交换能力达到1320万kW，初步形成跨省跨区电力交易平台。通过优化电网资源配置、解决了四川“丰余枯缺”结构性缺电矛盾。

2010年底，四川电网全口径装机容量4305.86万kW，其中水电3213.44万kW，占总容量74.63%，火电1092.42万kW，占总容量25.37%；统调总装机容量3428.82万kW，有发电厂站191个，机组503台，综合平均单机容量6.81万kW，其中水电装机共2336.4万kW，占总容量的68.14%；火电装机1092.42万kW，占31.86%。

2010年，全社会累计用电量1324.61亿kWh，增长9.46%，其中全行业用电量为1106.47亿kWh，同比增长7.98%；城乡居民用电量218.14亿kWh，同比增长17.61%。8月12日，全网用电量创历史新高，达4.25亿kWh，同比增长20.56%；12月24日，用电负荷创历史新高，达到2085万kW，同比增长11.6%；日水电最大电量4.33亿kWh；全年累计收购水电859.79亿kWh，均创历史最好成绩。全年，四川电网累计外送电量163.21亿kWh，同比增加71.96%；累计购入电量35.03亿kWh，同比增加84.26%。

截至2010年12月31日，四川电网已实现连续安全运行10 827天，继续保持全国网、省调度机构第一长周期的安全运行记录。四川电网（责任）频率合格率100%，220kV及以上系统继电保护正确动作率为100%，500kV—220kV中枢点电压累计合格率为100%，创四川主网历史最好水平。

2010年，四川继续执行节能发电调度政策，四川公司充分利用国网省三级调度协调机制，以及特高压交流、特高压直流和德宝直流三大通道，实施大规模的川电外送，同时保障了电网安全、经济和“三公调度”。全年水电装机增长24%，电量增长34%。水电上网电量859.79亿kWh（不含二滩送重庆），火电上网电量468.39亿kWh，水火比例达到1.84：1（2009年为1.53：1）。

领导班子

2010年公司领导因工作需要发生变动，班子任职情况如下：

总经理、党委副书记、党委委员、常委：王抒祥

党委书记、副总经理、党委委员、常委：林荣卫（2010.12.17免职，调国网公司物资部任职）

党委书记、副总经理、党委委员、常委：刘 勤（2010.12.17由中国电力企业联合会调公司任职）

副总经理、党委委员、常委：胡柏初（2010.12.17兼任工会主席）

副总经理、党委委员、常委：王 平

副总经理、党委委员、常委：陈修言（2010.12.17任职）

副总经理、党委委员、常委：梁 旭

副总经理，党委委员、常委、成都电业局局长、党委副书记：张福轩（兼）

纪委书记、党委委员、常委：甘和全

工会主席、党委委员、常委：崔保卫（2010.12.17免职）

总会计师、党委委员：潘贤芝（女）

总工程师、党委委员：张 伟

副局级调研员：何源森

组织机构

2010年底，四川公司有下属二级单位53个。包括供电企业21个（下辖直管县级供电企业70个，控股县级供电企业56个，代管县级供电企业48个）：成都电业局、乐山电业局、攀枝花电业局、德阳电业局、四川省电力公司眉山公司、绵阳电业局、宜宾电业局、内江电业局、广元电业局、达州电业局、自贡电业局、西昌电业局、泸州电业局、南充电业局、广安电业局、四川省电力公司资阳公司、四川省电力公司阿坝公司、四川省电力公司遂宁公司、巴中电业局、四川省电力公司雅安公司、四川省电力公司甘孜公司。发电企业1个：映秀湾水力发电总厂。施工修造企业8个：四川电力建设二公司、四川电力建设三公司、四川电力送变电建设公司、成都电力机械厂、成都铁塔厂、成都电力金具总厂、都江电力设备厂、四川启明星装备制造集团有限公司。电网规划、通信、科研、学校、医院等直属单位23个：四川省电力公司电网规划中心、四川省电力公司新闻中心、四川省电力公司通信自动化中心、四川省电力公司超（特）高压运行检修公司、四川电力试验研究院、四川电力工业调整试验所、四川电力物流集团公司、四川电力超高压建设管理公司、四川电力设计咨询有限责任公司、四川电力工程建设监理有限责任公司、四川电力职业技术学院（培训中心）、四川电力医院、四川省电力公司管理培训中心、四川电力进出口公司、四川启明星物业管理有限公司、四川省电力公司本部离退休服务中心等。

四川公司本部设有：办公室、发展策划部、财务部、生产技术部（智能电网部）、安全监察部、营销部、基建部、农电工作部、调度中心、审计部、经济法律部、人事董事部、人力资源部（体改办）、四川电网电力交易中心、物资部（招投标管理中心）、科技信息部、离退休工作部、机关工作部、思想政治工作部（与团委合署办公）、纪检监察部、公司工会（四川电力工会）、国家电网公司成都援藏办（产业管理办公室）、国家电网公司企业管理协会四川省电力公司分会、公安处（省公安厅直属二分局）、社保中心、证券资产管理中心等职能部门。

人力资源

2010年，四川公司加强制度建设，规范收入分配管理，坚持体制机制创新，为四川公司加快“两个转变”、实现公司新跨越，提供了坚强的人力资源保障。

一是完成了人力资源普查和两个规划编制工作。通过人力资源普查，摸清了四川公司人力资源现状。初步制定了《公司“十二五”人力资源规划》和《公司中长期人才发展规划》。严把员工入口关，2010年全口径新增用工总量为1048人，生产一线缺员得到一定补充，结构进一步优化。二是完成了地市供电企业本部机构编制规范工作和编制外中心的机构编制规范工作。通过实施规范管理，地市公司本部职能部门数量减少了10%，地市公司本部管理人员编制减少了12%，职能部门负责人职数减少8%，达到了压缩管理层级，规范管理机构，精简管理人员，充实生产一线的目的。三是成立了超（特）高压运检公司，组建了电网规划、管理培训和技术技能培训等中心。四是全面启动控股县公司和农电绩效管理工作，实现绩效管理工作的全覆盖。五是完成162名优秀技能人才选拔工作，四川公司有国网公司优秀人才33人，省公司优秀人才361人。六是四川公司层面举办了厂处级领导干部、中层管理干部、控股代管领导干部履职能力培训，本部员工履职能力培训，专业技术人员岗位培训，人力资源和ERP专项培训等培训班共260余期，培训15 596人。七是“521”人才援建藏区计划顺利启动。通过招收藏区优秀学生“定向招生、定向培养、定向就业”三种方式，为藏区电力事业的可持续发展提供坚强的人才保障。四川公司选派对口支援藏区电力企业的100名管理技术技能人才和藏区电力公司选送到先进单位挂职锻炼的40名骨干全部到岗。八是加强人力资源同业对标和信息化建设。实施人为资源同业对标提升计划，今年新增高级技师40人，技师687人，新增高级职称23人，中级职称122人，新进大学生546人，新进研究生及以上143人，使得人才当量密度提高0.016 9。九是电力体制改革各项任务进展顺利。完成雅电集团与三个县公司的改制重组工作。

截至2010年末，四川公司系统用工总量108 744人，其中：全资公司员工28 674人，占用工总量的29.85%，控股、代管企业员工36 066人，占用工总量的37.54%，劳务人员7566人，占7.87%，农电工23 315人，占24.27%。人才当量密度0.81，全员培训率97.74%，培训经费投入率6.67%。

电网建设与发展

2010年，四川公司完成电网投资（含特高压）212.43亿元，比2009年增长18.89%。完成电网建设投产规模：投产110kV及以上交流线路3498km、变电容量1587万kVA，直流线路186km、换流容量640万kVA。

2010年，四川公司认真开展基建安全管理方案策划、评审和动态检查，深入开展“抓基础、控风险、防事故”基建安全主题活动，将“三个不发生”

百日安全活动、安全文明施工现场交流以及安全流动红旗竞赛、防治安全通病等系列活动贯穿于基建安全质量主题活动之中，确保了基建安全稳定局面。遂宁500kV变电站新建工程和500kV乐山南天—乐山东线路新建工程分别在国网公司二季度、三季度安全管理流动红旗竞赛活动中分获第二名。500kV遂宁变电站新建工程荣获华中区域电力建设工程安全管理年度优秀项目奖。

2010年，公司大力开展“全面加强工程质量管理专项活动”和“工程质量隐患排查整改活动”，积极推动管理创新和创新成果应用，工程建设质量水平稳步提升。10个500kV和8个220kV输变电新建工程项目获得达标投产命名工程项目，达标投产率达100%，3个500kV和9个220kV输变电新建工程获得国网公司优质工程称号，优质工程率达76%，优质工程指标1.03，彭州500kV变电站工程获得2010年度“中国电力优质工程奖”，是公司电网建设史上获得的首个电力行业工程质量最高荣誉奖，创造了四川电网建设历史最好成绩。

宜宾向家坝—上海奉贤±800kV特高压直流输变电新建工程、华中与西北联网四川德阳—陕西宝鸡±500kV直流输变电新建工程等顺利建成投运，四川电网进入了特高压、交直流混联运行新阶段，电网资源配置进一步优化，有效缓解了四川“丰余枯缺”结构性矛盾。全国首座110kV智能变电站—绵阳北川110kV智能变电站于2010年9月29日顺利建成投运，使四川电网在灾前基础上抗灾能力、输配电能力和智能化水平的大大提升。建成投运的重点工程有：成都龙泉、广元、资阳、绵阳和西昌500kV输变电新建工程。瀑布沟电站—眉山东坡、瀑布沟—深溪沟眉山东坡—华阳、复龙换流站—泸州和宜宾—泸州500kV输电线路工程等。

经营管理

2010年，四川公司积极应对金融危机的影响，服务节能减排等国家政策，多措并举开拓市场，促进三州用电市场发展。扎实开展供电服务提升工程，对西博会、灾后重建和拉动内需等重大项目、抗旱用电等民生项目实施特别服务机制，富士康成都项目供电工程创造了电力工程施工速度的新纪录。省内售电量规模上升至国网公司第6位，增长率位居第4位，增速为十年来最高水平，净增电量236亿kWh，市场占有率提高到94.3%。全年跨区跨省电力交易突破200亿kWh，资源优化配置成效明显。预付电费比例由51.66%上升到65.66%。在全国率先将电费缴纳信息纳入人民银行征信系统，防范欠费风险取得突破。

2010年底，四川公司资产总额931.95亿元，实现营业收入769.89亿元，分别比2009年增长24.52%和32.58%；资产负债率67.61%；全面实现扭亏为盈；应收电费、陈欠电费余额实现“双结零”。

大力开展“平安电力、从我做起”宣传教育活动，争取到电网重要部位纳入省级治安保卫重点范围，盗窃破坏电力设施案件大幅降低。加强应急基地规划建设，备调中心通过国家电网公司验收。成功应对特大旱灾、玉树地震、特大山洪泥石流、煤矿透水以及草原大火等突发灾害。世博会、西博会、嫦娥卫星发射等重大保电任务圆满完成。

编制完成四川电网“十二五”发展规划，并纳入全省经济社会发展总体规划；加强协调配合，在川特高压工程后续项目加快推进；提前完成青藏联网工程四川施工段基础施工和监理任务；灾区电网恢复重建三年目标任务，两年基本完成；新一轮农网改造升级工程稳步推进；与全省所有市州签订智能充电站建设战略合作协议，建成4座电动汽车充电站；首座110kV智能变电站在北川投产；6大类智能电网试点项目顺利实施，完成智能电网调度支持系统试点建设和96万只智能电表推广任务；制定《四川电网装备技术标准》，为“十二五”提升电网技术装备水平奠定重要基础；深入推进信息化建设，SG186系统全面深化应用。公司获省部级科技进步奖12项，全年申请专利178项，创新指标取得历史最好水平。

与技术、管理和工作标准相配套的、覆盖各个领域的标准管理体系初步形成。建立各级领导、业务部门定点联系班组制度，修订完善公司班组管理标准，切实减轻班组负担，提升班组管理水平。深化细化线损管理，完成专变用户“全覆盖、全采集”目标，低压用户采集覆盖率达到69%。线损率同比下降0.22个百分点。

安全生产

2010年，围绕“12751”工作目标，四川公司以领导干部和管理人员到岗到位为重点，狠抓安全责任的落实、监督和考核。扎实开展安全生产大检查和隐患排查治理，全年整改电网、设备安全隐患125项。加强电网安全性评价，建成省地一体化在线安全稳定预警与控制决策系统，驾驭大电网能力进一步提升。加强应急基地规划建设，备调中心通过国网公司验收。积极应对特大旱灾、玉树地震、特大山洪泥石流、煤矿透水及草原大火等突发自然灾害。确保了电网的安全稳定运行和世博会、西博会、嫦娥卫星发射等重大活动的保电任务，全面完成了公司年初制定的安全工作目标，保持了公司发展的良好态势。

一是把“三个不发生”百日安全活动作为安全生

产的重要抓手和平台，细化活动方案，出台重点措施十六条，加大宣传力度，营造声势和浓厚氛围，有力的推动了活动的全面开展。

二是制定了领导干部和管理人员《安全责任到岗到位管理规定》和《安全责任到岗到位标准化工作卡》，全年公司各单位领导干部和管理人员到岗到位巡查15万多人·次，发现和查纠各类违章、缺陷、隐患等安全管理问题5000余个。

三是加强检修计划的逐级审核，统筹考虑各环节风险因素，确保检修计划安排合理，人员和资源配置得当，严防超承载力工作。制定了《四川省电力公司大型作业、大型操作安全组织措施书编制规范》，强化大型作业的安全生产组织协调和风险预控，深入开展反违章查纠工作，督促安全规程、“两票三制”和班前会制度的严格执行，强化安全风险辨识和防范，确保作业现场安全。

四是完善隐患排查治理三级工作机制，加强隐患排查治理过程管控，建立隐患数据库，严格隐患治理节点计划，督促各单位按期完成隐患治理，实施闭环管理。四川公司系统共梳理出各类隐患156项，已治理125项，落实重大隐患治理资金5260万元。

五是快速反应，积极应对各类自然灾害。4月14日，青海玉树发生7.1级地震，四川公司第一时间紧急调集发电车、发电机和应急物资，先后派出两批应急救援队伍千里驰援，圆满完成了救灾抢险任务。7～8月，省内16个市州多次遭遇强暴雨袭击，发生山洪、泥石流灾害，其中，汶川映秀镇，德阳绵竹清平乡、成都都江堰龙池镇受灾最为严重。四川公司立即启动应急预案，调集应急抢险力量，全力以赴投入救灾抢险，完成了电网抗灾救灾，保障了地方政府抢险救灾的电力供应。11月内江威远煤矿发生透水事故，12月5日甘孜道孚发生草原火灾，四川公司都高度重视，立即组织抢险救援队伍，火速赶赴现场，为地方政府的抢险救援提供了电力保障，得到省委省政府和社会各界的一致好评。

六是制定了《安全管理工作评价办法》，建立了科学的安全管理工作评价体系，加强安全工作目标管理和过程管控。积极拓展安全管理的内涵，牢固树立“安全生产可控、在控、能控，关键在于预控”的观念，制定了《安全管理建议书》、《安全预警通知书》和《安全处罚通知书》，强化安全管理的诊断评价功能，提升安全管理效能。

七是全面开展火灾隐患排查治理和年终安全大检查。共排查出火灾隐患825项，已治理618多项；电网、设备和管理方面隐患共排查出124项，已治理113项。未治理隐患及时落实控制措施和责任人，确保了安全生产的稳定局面。

营销工作

2010年，四川公司完成省内售电量1206亿kWh，比2009年增长24.32%。市场规模列国网公司第6位，增速列国网公司第4位。2010年，四川公司实现当年欠费和陈欠电费“双结零”历史性突破；预收电费占比64%，较上年末提高12.34个百分点。专变完成新装、增容9 364 121.4kVA，同比增长58.68%。

2010年，四川公司把握市场发展机遇，增供扩销取得显著成效。实现了增速“最快”：增长24.36%，为十年来最高水平。增量“最多”：净增电量236亿kWh，首次超200亿kWh。大工业和趸售电量分别增加128亿和84亿kWh，贡献率达到90%。

四川公司电动汽车建设实现历史性突破。全省21个地市全面完成与当地政府电动汽车充电设施战略合作协议签署。5月28日，首个电动汽车充（换）电站在成都投运。全川将建设4个充电站，410个充电桩。

四川公司在全国率先实现非居民客户缴费信息纳入人民银行征信系统。在全国率先实现预收电费取得全面政策支持，共19家单位取得支持文件，预收电费累计金额达325亿元。

农电工作

2010年，四川公司农网综合线损率9.93%，同比下降0.5个百分点，农网供电可靠率完成99.45%，农网综合供电电压合格率完成97.53%，同比分别提高0.02个和0.08个百分点，完成国网公司考核目标；拉动内需农网工程当年完成投资12.629 9亿元，完成全部计划项目的建设任务；农村配网灾后重建当年完成投资10.376 4亿元，完成年度计划的86.67%；农电大修、技改及资本金项目当年完成投资2.883 8亿元（其中低电压台区整治投资1.936 5亿元）。未发生农电生产不安全事件和其他负同等责任及以上不安全事件。

面对今年春季的严重干旱和夏季洪水泥石流灾害，一手抓抗灾救灾，一手抓农网安全生产，落实抗旱保电资金，组织抗灾救灾物资，积极开展“抗旱保供电”专项服务活动。各单位组织798支抗旱保电小分队活跃在田间地头服务群众，帮助解决了100多万人、289万亩耕地的饮水灌溉问题。在抗洪救灾斗争中，农电系统累计投入抢修人员2.08万人·次、车辆3598辆·次。

多措并举，确保安全生产总体平稳。多方位控制生产作业风险。全年农电现场标准化作业开展达到

92%。加强现场施工安全管理，严格外包单位资质审查，规范大修技改工程的施工组织，严控施工现场安全风险。通过对电业局、县级供电企业明查暗访和安全专项督查，提高监督效果，及时发现并消除安全隐患，按照“不开展标准化作业就是违章”的原则，对相关单位进行通报。

四川公司制订完善了《农网工程管理办法》等制度，严格工程管理，加强现场督查，组织协调，规范有序地推进农网工程建设，顺利完成国家有关部门对农网工程检查、审计等配合工作，有序推进新一轮农网改造升级工程。在完成农网工程项目的前期工作的基础上，2010 年农网改造升级投资达到 27.2 亿元，四川公司系统农网改造升级工程全面启动。农村配网灾后重建累计完成投资 11.656 9 亿元（2010 年完成 10.376 4 亿元），为 36.425 7 万户灾后永久性农房解决了配套供电问题。

制定了四川公司县供电企业创一流工作管理实施细则，修订了四川公司一流县供电企业评价标准，及时与国网公司标准接轨，进一步规范了一流创建管理。实现宜宾江南供电局创国网公司一流县供电企业、乐山五通桥供电局等 7 个供电局创公司一流县级供电企业目标。

科技与信息化

2010 年，四川公司研究开发费用为 7707 万元。承担国网公司项目 10 个，项目资金 2198 万元；基建、技改及其他专项工程中投入资金 16 115 万元，全年研究开发计划完成率为 100%。

信息化项目 73 个，安排资金 23 908 万元，主要用于 ERP 推广及深化应用，SG186 业务系统推广及深化应用，各地市单位局域网、城域网及广域网的升级改造以及安全防护体系建设等，项目完成率 100%。使公司系统带宽均达到 100M，到各基层单位的网络联通率达到 100%，地市公司到县公司联通率达到 100%。

2010 年，四川公司加强大电网安全稳定运行等涉及四川电网发展的相关技术研究的力度，积极与国网两院合作，认真组织首个省级电网稳定分析数据平台的建设，开展提高四川水电外送能力的研究。加强特高压线路施工技术研究，落实施工工器具研究开发规划。集中公司优势资源，充分利用外部科研资源，统筹开展重大科研攻关，围绕公司发展战略，重点攻克制约公司和电网发展的智能输变电、源网协调、大电网安全、通信技术、防灾减灾技术等一系列重大关键技术问题，尤其是针对四川电网个性问题开展研究，着力解决四川电网建设、运行的技术难题，为深化公司“两个转变”提供了坚强的技术支撑。

通过两年多的努力，在四川电科院逐步建立完善了“电力互感器运行性能实验室”，并取得国网公司实验室的命名，填补了公司无国网公司命名实验室的空白。

优质服务

着力解决服务热点难点，打造“真情川电”品牌。四川公司党委把共产党员服务队作为加强党的先进性建设的载体、加强党的先进性建设的重要举措和优质服务的重要手段，不断深化共产党员服务队工作，从关注民生、惠及民生入手，继续深化“服务进社区，惠民千万家”活动，实施“一对一”亲情服务，拓展服务内容，使广大客户得到更多的电力便民服务实惠。真诚兑现“有呼必应，有难必帮”的庄严承诺，切实履行社会责任，树立了电网企业真诚为民服务的良好形象。党员服务队被誉为“电力 110”，成为优质服务的品牌、标杆和城市党建工作的亮点。2009 年 1～12 月，四川公司系统 19 支共产党员服务队进社区 1246 个、6955 次，为老弱病残等特困户服务 3389 次，定点上门服务 6081 次，被各级媒体宣传报道 788 次，收到感谢信或锦旗 355 封（面）。在灾区，党员服务队将板房小区作为“服务进社区”活动的重点与留守学生“一对一、一对多”帮扶，开展“代理家长日”、“亲情活动日”，将“川电留守学生之家”营造成了温馨的爱心家园。

党的建设和精神文明建设

2010 年，四川公司认真落实加强“三个建设”重要部署，突出抓好党的建设、企业文化建设和员工思想建设，在推动公司科学发展中取得了新的成绩。

一是将创先争优活动与实际工作紧密结合，突出特色、突出实践、突出示范，在加快电网建设中推进创先争优，在完成急难险重任务中深化创先争优，以典型引领提升创先争优，得到省委和省国资委党委领导高度评价，人民日报、四川日报进行了专题报道。二是学习型党组织建设深入推进，5 个基层党（总）支部被授予国网公司“电网先锋党支部”。公推直选基层党组织书记试点工作受到广泛关注。三是“建设统一的优秀企业文化”主题实践活动深入开展，打造了 7 个公司企业文化示范基地，企业文化实践不断深化，2 个文化管理实践案例和 5 项实践成果被评为全国电力行业优秀案例和优秀成果。四是“爱岗爱企”教育成效显著，39 名员工荣登“爱岗爱企明星榜”。“川电留守学生之家”荣获国网公司精神文明创新奖。

2010 年，四川公司系统有离退休（养）人员 20 060 人，离退休工作机构 26 个，专兼职工作人员 182 人，通过抓好老同志各项政治和生活待遇的落实，努力为老同志办好事、办实事。荣获“2006～2009年四川省群众体育先进单位”和“全国老龄工作先进单位”。

大力支持工会、共青团开展工作。厂务公开、民主管理深入推进，职工代表和总经理联络员作用有效发挥，四川公司荣获“全国五一劳动奖状”。团青工作有声有色，“号、手、岗、队”等载体建设位于国网公司系统前列，“川电留守学生之家”广受赞誉。企业文化实践活动不断深化。成功举办四川公司第二届企业文化节。评选表彰“电网十大楷模”。率先在国网公司系统发布诚信宣言。圆满完成通江县筲箕背村结对帮扶工作，深入推进马边扶贫工作。积极组织公司员工开展献爱心活动。

主要事件

1月11日，在大渡河瀑布沟水电站投产发电表彰大会上，由四川公司建设的瀑布沟—眉山500kV布坡线送出工程，受到表彰。

1月13日，四川公司荣获国网公司“三节约”（节约一分钱，节约一张纸，节约一寸导线）活动先进单位称号。

1月21日，四川公司四届四次职代会暨2010年工作会召开。提出从2010年到2015年分“三步走”，实现四川公司“12751”的工作目标。

1月24日，乐山电业局智能卡系统售卡客户达到1200余户，预收电费15万元。乐山电业局成为全省第一家智能卡表系统投运的电业局，四川公司也成为国内首家建成同时具备阶梯电价、分时电价、丰枯电价的智能卡表系统网省公司。

1月26日，向家坝—上海±800kV特高压示范工程配套项目之一的四川500kV宜泸线Ⅰ、Ⅱ、Ⅲ回线顺利投运。线路起于±800kV宜宾复龙换流站，止于泸州500kV变电站，经过宜宾市、泸州市7个区县，三回线路分别长97km，有铁塔469基。

2月24日，四川省委副书记、省长蒋巨峰在四川日报报业集团第五期《内参汇编》刊登的《四川今冬何以不缺电》上批示：“感谢国家电网公司、铁道部的大力支持，感谢省经信委、省电力公司、成都铁路局等部门和单位卓有成效的工作”。同时指出：“确保不缺电，是多方努力、综合系列措施的结果，要总结完善，形成长效机制”。

3月10日，《四川日报》理论版头条刊发了王抒祥《提升供电水平，服务藏区发展》的署名文章。

3月12日，成都电监办主持召开的全省电力安全生产工作会上，公司及下属成都电业局等11家单位被授予“2009年度全省电力安全生产工作先进集体”称号，21名公司系统干部、员工被授予安全生产工作先进个人称号。

3月15日，四川公司全省第一个充（换）电示范站石羊站破土动工，工程动态投资1484万元。

3月18日，四川公司在西昌召开抗旱保电紧急电视电话会议，打响了抗旱保电的攻坚战。公司系统已开通抗旱绿色服务通道594个，成立保电服务小分队673支，办理抗旱保电业务494笔，开展抗旱抢修工作807次，消除农村配网缺陷509处，新建灌溉用10kV线路3.1km、380伏线路17km，新立灌溉用变压器23台，投入柴油发电机161台，灌溉耕地面积800 004km^2，帮助解决80万人的饮水问题。

3月28日，四川省科技厅组织国内电力系统及计算机界的知名专家在成都召开《四川电网实时动态监测系统（WAMS)》项目成果鉴定会，并一致通过该项目的鉴定。

4月2日，四川公司分别与乐山、宜宾、广安市人民政府就共同推动当地电动汽车充电设施建设签订了战略合作框架协议，四川公司在省内签订该协议的城市已达到五个。

4月11日，上午8时，华中电网（四川）与西北电网的首个联网工程——宝鸡—德阳±500kV直流输电工程双极经过168小时的运行测试。

4月14日，青海省玉树藏族自治州玉树县（北纬33.1度，东经96.7度）发生7.1级地震，地震波及到邻近的四川甘孜藏族自治州石渠县。四川公司迅速启动应急预案，开展抗震救灾。同时积极行动，支援玉树灾区。

4月15日，乐山地区输变电工程项目集中启动仪式在乐山市举行。集中启动的输变电工程项目共7个，计划总投资21.78亿元。

4月22日，四川公司召开第五届行风监督员聘任大会，7位来自不同行业和部门的同志聘任公司为公司第五届行风监督员。

4月26日，四川公司与成都市人民政府签订《政企合作建智能成都电网，为田园城市建设注入动力》战略合作协议。

5月5日，向家坝—上海±800kV特高压直流示范工程极Ⅰ和极Ⅱ低端大功率进行调试，最大负荷为192万kW，低端大功率调试成功，四川电网具备向上海输送大功率电压的能力。

5月21日，由公司牵头组织编纂的《四川省电力工业志（1991～2002)》在北京通过中电联组织的终审。

5月25日，中共中央政治局常委、全国人大常委会委员长吴邦国在四川乐山乐电天威硅业公司考察。

同日，四川省人民政府召集省发改委、省电力公司、省地电局、省水电集团等部门和单位，专题研究我省无电地区电力建设事宜。四川公司供区内还有无电户近11.8万户、无电人口近50万人。

5月28日，王抒祥在四川省电力行业协会第二届会员代表大会暨第二届理事会第一次会议上，当选第二届理事会理事长。

同日，国家电网四川电动汽车充电站、成都市电动公交车示范运营启动暨新能源汽车项目举行签约仪式，四川公司成都石羊电动汽车充电站正式投运。

6月4日，四川公司与绵阳市签署《关于加快推进绵阳电网建设，全力支持灾后重建，促进中国科技城发展战略合作协议》。根据协议，在2010～2012年的三年间，四川公司将在绵阳投入26.7亿元进行电网建设。

6月17日，四川公司超高压运行检修公司与直流运行分公司合并，组建公司超（特）高压运行检修公司。

6月20日，四川省委书记、省人大常委会主任刘奇葆在四川公司《电力生产信息月报》（2010年第六期）上批示："冬季特别是春节前后的供电保障工作做得很好，感谢省电力公司和抒祥同志"。省人大常委会副主任、党组书记甘道明同志也在同期报告上作出批示，对省电力公司保障全省电力供应，没有拉闸限电，为全省经济加快发展所作出的重要贡献给予充分肯定。

6月26日，向家坝—上海±800kV特高压直流输电示范工程极Ⅱ高端换流器解锁，向上线双极全压输电成功。

6月27日，四川省发电装机容量突破4000万kW。

7月5日，由四川电力超高压建设管理公司建设管理的东坡（思蒙）—资阳500kV线路工程顺利投入电网运行，结束了四川没有6分裂500kV输电线路工程的历史，同时也打通川电外送的第三条通道。

7月8日，四川向家坝—上海±800kV特高压直流输电示范工程正式投运，四川电网进入特高压交直流混合电网时代。

7月25日，四川省遭洪水袭击的国家电网供区全部恢复供电。

8月15日，四川省委书记、省人大常委会主任刘奇葆，省委副书记、省长蒋巨峰在映秀实地查看抗灾救灾时，肯定了公司抗灾抢险工作。他说："电力是灾区恢复重建的重要保障，省委省政府相信四川电力在开展生产自救的同时能够完成好此次电网抢险救灾任务，为汉旺、映秀老百姓临时安置点和政府抢险工作提供电力保障，同时叮嘱抢险人员要注意安全"。

8月18日，凌晨35分，映秀湾水力发电总厂"8.14"汶川强降雨引发特大泥石流灾难受困的47名职工、268名援建施工人员全部安全撤离，回到都江堰。

8月30日，国家电力监管委员会和中国民用航空局对成都双流国际机场供用电安全工作情况进行了联合专项调研。对机场等重要客户的调度管理制度及其执行情况等与成都电业局进行了广泛交流。

9月1日，《四川日报》理论版上发表王抒祥的署名文章《人员安全是最大的胜利　科学防灾是成功的关键》，文章介绍了四川公司在抗击特大山洪泥石流的战斗中，科学避险、防灾救灾，应对突发灾难的方法和经验。

9月7日，四川公司与中国人民银行征信中心在蓉签订《四川省非居民用电客户电费缴纳信用信息纳入人民银行征信系统合作协议》，四川省成为全国首个在省级层面，将用电客户缴费信息纳入人民银行征信系统的省份。

9月15日，四川公司电网规划中心成立。

9月29日，四川北川羌族自治县新县城永昌镇，由四川公司建设的110kV北川智能变电站正式投运。该变电站10多项创新设计、技术均为四川电网首次采用。

10月8日，"川电外送"累计外送电量达1106.3亿kWh，实现了历史性新跨越。"十一五"期间川电外送累计达到625亿kWh。

同日，宜宾电业局调度中心实现连续安全生产5010天，调度中心调度科实现安全生产11 375天，创全川地市级电力调度最高纪录。

10月25日，四川公司95598投诉举报服务中心藏语专线服务正式开通，全天24h直接受理甘孜藏族自治州地区用电客户的咨询查询、故障报修及投诉举报等业务。

10月27日，四川公司2010年省内售电量达到1000亿kWh，实现历史性突破，成为国网公司系统超千亿网省公司之一。

11月20日，人民日报以"鏖战高原建设'电力天路'为题报道了四川电力送变电建设公司承担的，青藏±400kV直流工程"电力天路"的建设情况。

11月25日，四川公司公推直选基层党组织书记工作（试点）启动会在四川南充电业局举行。

12月3日，2010年全国实施用户满意工程推进大会上，四川公司95598投诉举报服务中心"让我们的声音带着真诚的微笑"为核心服务理念的高品质服务在第三方客户满意度调查中名列前茅，荣获2010全国用户满意服务奖。

12月5日，四川甘孜道孚县发生草原火灾，四川公司紧急研究部署援助和电力抢险方案，全力保证火灾现场抢险的电力供应，及时做好当地灾后的恢复供电工作。

12 月 9 日，由四川电力超高压建设管理公司建设管理的遂宁 500kV 变电站新建工程，荣获华中电监局授予的“电力建设工程安全管理 2010 年度优胜项目”称号。

12 月 17 日，国网公司党组任免决定：刘勤任中共四川省电力公司委员会委员、常委、书记；胡柏初任四川省电力公司工会主席；陈修言任中共四川省电力公司委员会委员、常委。免去林荣卫中共四川省电力公司委员会书记、常委、委员职务；免去崔保卫中共四川省电力公司委员会常委、委员、四川省电力公司工会主席职务。刘勤、陈修言任四川省电力公司副总经理；免去林荣卫四川省电力公司副总经理职务。

同日，经国网公司党组研究并征得中共四川省委同意，李锡成任中共成都电业局委员会委员、书记、副局长，免去蓝海中共成都电业局委员会委员、书记，副局长职务。

12 月 23 日，四川省委召开经济工作会，省委书记刘奇葆在讲话中对 2010 年四川公司在加快电网建设、保障电力供应，积极抗旱保电、抗洪抢险、道孚火灾救援，推进灾后重建中作出的积极贡献表示高度肯定和感谢，强调了电网建设和电力供应在保障全省经济又好又快发展中的重要性，并表示，省委省政府将对电力生产、电网建设给予更大的支持。

12 月 28 日，成都电业局售电量突破 300 亿 kWh，达到 300.2 亿 kWh，比 2009 年增长 19.72%，创历史新高。

同日，四川公司 95598 网上营业厅正式开通。

12 月 31 日，四川公司 2010 年电费和陈欠电费全部收回，成功实现电费回收“双结零”目标。

同日，四川省全社会全年用电量 1549 亿 kWh，用电负荷 2700 万 kW；公司完成省内售电量 1206.16 亿 kWh，比 2009 年增长 24.37%；完成电网投资（含特高压）212.43 亿元，比 2009 年增长 18.89%；投产 110kV 及以上交流线路 3498km、变电容量 1587 万 kVA，直流线路 186km、换流容量 640 万 kVA；资产总额 931.95 亿元，实现营业收入 769.89 亿元，同比分别增长 24.52% 和 32.58%；资产负债率 67.61%。完成国网公司下达的各项考核指标。

2010 年，四川公司系统有离退休（养）人员 20 060 人，离退休工作机构 26 个，专兼职工作人员 182 人，通过抓好老同志各项政治和生活待遇的落实，努力为老同志办好事、办实事，荣获“2006～2009 年四川省群众体育先进单位”和“全国老龄工作先进单位”。

（程彦韬 梁 建 陆远兴）

重庆市电力公司

企业概况

重庆市电力公司（简称重庆公司）于 1997 年 6 月 6 日随重庆市直辖而成立，经营区域覆盖全市 40 个区县、服务人口约 3000 万人。截至 2010 年底，公司系统线损率 8.21%。城网综合供电电压合格率 99.389%，农网综合供电电压合格率 97.368%。城网供电可靠率 99.918 9%，农网供电可靠率 99.588 7%。重庆公司员工总数 2.8 万人，售电量 462.48 亿 kWh，名列全市工业企业 50 强第 2 位。

重庆公司在国家电网公司的坚强领导下，紧紧围绕市委、市政府提出的扩大开放、改善民生、振兴“两翼”、加快城市建设四件大事，以“基础、发展、和谐”为主题，加强“三个建设”，深化“两个转变”，统筹公司发展、电网发展和员工发展，建设国内一流电网、系统一流企业、同行标杆单位，最终实现绿色电网、和谐企业、现代公司、一流业绩，为建设“一强三优”现代公司，为统筹城乡发展的直辖市作出新的更大贡献。

电网概况

重庆电网于 1998 年 1 月 1 日独立调度，±800kV 特高压直流输电示范工程重庆段成功带电，500kV“日”字形双环网构筑起“西电东送”与全国联网的中枢通道，220kV 形成双回环网，110kV 及以下输配电网络日臻完善，全市农网改造面达到 97%，全市基本形成统一的电网格局，为重庆经济社会又好又快发展提供了坚强的电力保障。

截至 2010 年底，重庆电网直调电厂 30 个，直调装机容量为 895.225 万 kW，其中火电 591.6 万 kW，占总装机容量 66.08%；水电 296.55 万 kW，占总装机容量 33.13%；风电 4.675 万 kW，占总装机容量 0.52%；其他 2.4 万 kW，占总装机容量 0.27%。重庆电网 220kV 及以上变压器共计 146 台，变电容量 3858 万 kVA。其中 500kV 变电站 10 座（不含奉节串补站），变压器 22 台，变电容量 1800 万 kVA；220kV 变电站 66 座，变压器 124 台，变电容量 2058 万 kVA。500kV 线路 34 条，长度 2668.507km；220kV 线路 187 条，长度 5059.752km。

人力资源

2010 年，重庆公司全面加强领导班子和干部队伍建设，制定“四个班子”实施意见和考核细则，系统整合领导班子考评体系，全面推进“Z”字形干部成长通道，创新实施干部预警，深化业绩考核，持续加强干部“基础管理”工作，干部队伍综合能力不断提升。

基层单位领导干部“六个一”执行率达100%，干部作风建设进一步深化。共交流调整干部182人(次)，现职干部具有多单位经历的占55%。各基层单位不断加大干部交流力度，注重干部多岗位锻炼，新提中层干部符合“Z”字形要求的占84.5%，中层干部正职具有多岗位经历的占62.95%。

创新推行干部预警机制，通过本部部门与基层单位“双向”评价，实施自行整改、诫勉谈话、组织调整三级预警，强化日常管理的针对性和实效性。2010年，对48个基层单位和2个部门发出预警整改通知，对4个基层领导班子、10名干部进行诫勉谈话，对5个班子作出组织调整，取得了明显效果。

2010年，重庆公司获得“全国技术能手”、“全国青年岗位能手”和“电力行业技术能手”荣誉称号的有24人，18人荣获国家电网公司级优秀专家人才，公司级优秀专家人才60名、专业明星员工246名，基层优秀专家人才366名。共招聘本科及以上人员1313名，培养“双师”型人才281名。

电网建设与发展

“十一五”期间，重庆电网发展实现了规划预期目标，满足了经济社会发展需要。“十一五”重庆电网提前三年建成500kV“日”字形环网网架，重庆电网骨干网架由220kV升级为500kV，220kV主干网络基本覆盖全市，电网供应能力和安全稳定水平大幅提高。通过加大电网建设投资，不断完善电网结构，供电可靠率指标逐年提升。2010年城市10kV用户供电可靠率达到99.918 9%，同比提高了0.188个百分点，电网综合线损率达到6.49%，同比降低了0.69个百分点。

2010年，完成向上工程、锦苏工程的质监工作，被评为向上工程质监工作先进集体。3个基建工程获得了华中区域电力建设工程安全管理年度优秀项目奖：四公里220kV变电站获得了优秀奖，曙光—聚宝220kV线路和旱坪220kV变电站获得了优良奖。

经营管理

2010年,重庆公司销售收入三年平均增长率14.4%，基本与重庆市经济发展速度持平。净资产收益率2.41%,同比增长0.81个百分点。资产负债率62.5%,同比下降0.75个百分点。流动资产同比略有下降。

全面完成国家电网公司下达各项经营考核指标，财务状况总体稳健。重庆公司财务集约化体系建设顺利通过国家电网公司验收，验收结果排名国家电网公司前列，华中区域第一。重庆公司被评为“国家电网公司财务评价管理最佳实践单位”及“华中区域标杆单位”,首次被评为国家电网公司“财务工作先进单位”。

创新计划管理模式，形成了“突出全口径、全方位、全过程管理特点，严格规范统一编制、统一上报、统一下达和统一调整”的“三全”、“四统一”即“3+4”管理模式；综合计划管理荣获重庆市第十四届企业管理创新成果三等奖。

审计组织架构已经基本成型，重庆公司有21个单位建立了独立的内部审计机构；有11个单位设立了合署审计机构。

依托“SG186经济法律信息系统”为平台，实现合同管理的“规范化、信息化、高效化”。2010年，公司系统新发生诉讼案件共计150件，已结案93件，其中完全胜诉59件，部分胜诉24件，败诉10件。

安全生产

以“反违章、治隐患”为重点，进一步完善反违章及安全隐患排查治理工作长效机制，持续推进全国“安全生产年”和重庆市安全生产“基层基础突破年”活动，加强作业现场风险控制与管理，协调开展“三个不发生”百日安全活动、安全生产月和“收好官，开好局”双月安全活动以及安全隐患排查治理等主题活动，实现全年安全生产目标。

多次成功应对突发事件，确保电网安全运行，市政府授予重庆公司集体一等功。重庆公司《总体应急预案》通过重庆市政府主管部门和华中电监局的专家评审。在国家电网公司系统首家在42个基层单位配备专职应急管理人员，成立“国家电网红岩供电抢修服务队”，纳入重庆市政府“综合应急救援总队”序列，成为12支保障分队之一，承担重、特大自然灾害和事故灾难的跨区域电力抢险救援任务。制定《应急指挥分中心建设指导意见》，统一标准，规范建设，提前1个月建成投运沙坪坝、万州、永川、长寿、綦南供电局和超高压局、电网检修分公司7个应急指挥分中心，重庆公司应急管理系统顺利通过国家电网公司的实用化评价工作。

2010年，重庆公司全面完成各项可靠性指标，电网运行的设备指标综合排序位于第14位，比2009年的第16位提升了2位。

营销工作

2010年，重庆公司在认真总结竞争区域“绿色通道”工作机制运行效果的基础上，形成“3+N”竞争策略，即在万州、渝东南和涪陵三个区域形成三个总的竞争策略，成功收购龙潭工业园区用户变电站，取得恒旺锰业、建峰二化、攀华集团等大用户供电权，新增售电量5亿kWh，保持了供电营业区域的稳定和发展。组织大全多晶硅直接交易试点，专题调研巫溪工业园区大用户供电模式，积极疏导，避免不规范的直购电交易行为。客户业扩报装“路标”管理限时办结，专用变压器客户报装时间同比缩短31天，下降38.5%，客户供电方案答复及时率达到100%，全年新增容量661.15万kVA，同比上升19.75%，市场占有率达到93.66%，同比提高1.88个百分点。在全国率先通过“十二五”电动汽车充电设施建设规划，在国家电网系统率先完成全市（省）范围内的战略合作框架协议的签订，提前完成50个充电桩的建设任务，重庆首座电动汽车充电站——江北茶园充电站如期建成投运。

积极拓展缴费方式，新增400台自助缴费终端，“一卡通”成功联网，新增近900个电费代收网点，成功实现电费双结零。“防窃电新技术及措施研究科技项目”荣获中国电力行业“十一五”防治窃电管理及技术应用十大成果奖，《反窃电法律实务操作手册》被评为“十一五”防治窃电成果奖。

建立电费回收风险体系，预存电费规范管理进入常态化管理。积极开展“三指定”专项治理，对28个基层供电单位进行了“三指定”专项稽查，对5个单位进行了“回头看”检查，“三指定”专项治理取得阶段性成果，顺利通过了检查。把煤矿等高危客户安全供电体系建设纳入电网规划，开展了高危及重要客户安全隐患排查，逐户发放《客户春季安全用电检查告知书》，客户责任安全隐患整改率达到78%，供电企业责任的客户安全隐患整改率达到100%。全年没有发生因供电企业责任引发的客户安全事故，也未发生客户引发供电企业的电网事故。

在两江新区加新沁园及富抱泉竣工投运智能小区，率先建成国内首个规模超千户、技术先进的智能小区。

农电工作

重庆农村电网整体上脆弱，抵御自然灾害能力差，结构性矛盾和供需矛盾突出，加快推进农村电网建设与改造十分迫切。重庆公司与主网同步启动“十二五”农网规划编制工作，开展农网110kV单线单相变压器治理，突出解决县域电网与主网联系薄弱的问题。加快农网110、35kV变电站布点，提高农村电网供电能力和供电质量。

2010年重庆公司建成国家电网公司一流县供电企业1个（城口供电公司）、重庆市电力公司一流县供电企业2个（潼南、南川供电公司）。完成1个新农村电气化县（秀山县）建设，完成电气化乡镇16个、电气化村213个。新农村电气化建设工程实施以来，累计建成璧山、荣昌、铜梁、秀山4个电气化县，67个电气化镇，667个电气化村。

服务“家电下乡”。组织印发《“家电下乡”服务手册》，开展“家电下乡、服务找我”系列活动，组织“家电下乡”便民服务队，开辟业务“绿色通道”，实施农村供电服务整体解决方案，帮助解决新家电的用电难题。

落实重庆市政府关于“配合地方各级政府做好小水电企业自供区移交工作”的要求，全面开展小水电站自供区移交接管和同价工作。已累计与57家签订了移交协议，彻底解决了8.36万户30.3万人承担高电价的问题。

科技与信息化

2010年，创新建立“4M安全风险测评体系”、个人安全等级评级体系、疏导式安全风险体验中心，建立起以风险辨识、风险评估、风险控制为核心的VISR安全风险管理体系，率先提出电能表按质抽检方法，研制现场性能测试系统，有效提升电能表质量检测技术水平。

经国家人力资源和社会保障部批准，重庆公司成立博士后科研工作站，对智能电网建设、电网安全稳定运行、高电压技术、电网规划等领域组织重点科技攻关，解决电网建设和运营中的关键技术问题。积极构建两级实验室体系，“重庆市智能电网输配电工程技术研究中心”获得重庆市科委授牌，重庆公司省部级实验室增加至2个，并首次成为国家电网公司实验室工作协作组组长单位。“中低压设备检测实验室”、“电磁兼容实验室”建设已取得阶段性成果，“智能二次系统综合性能检测实验室”、“组合电器设备（GIS）性能评估及检测实验室”等已批准建设，重庆公司综合试验能力进一步提升。

与中国电力科学研究院、重庆大学签订“一院一校”战略合作协议，建立“重庆大学、重庆市电力公司研究生联合培养工作站”，加强人才交流培养。邀请美国电科院专家举办“可再生能源接入与智能电网技术”等技术讲座。美国国家标准学会（ANSI标准委员会）谐波工作组和计量装置测试标准工作组到公司电力科学研究院交流电能计量研究动向。

2010年，重庆公司获得省部级科技进步奖7项。“六氟化硫气体分析技术研究”项目为重庆公司首次独立获得国家电网公司科技进步奖二等奖。“10kV无重燃真空断路器”获得国家电网公司科技进步奖二等奖。获得重庆市科技进步奖三等奖5项。

承担3项国家电网公司技术标准起草工作，《红外测温仪、红外热像仪校准规范》、《钳形接地电阻测试仪检验规程》两项标准已正式发布，《六氟化硫气体中杂质含量测定方法》形成报批稿。

专利申报和授权数量大幅度增长，超额完成国家电网公司下达的创新工作任务。申请专利79项，同比增长49%，指标完成率179.5%。获得专利授权45项，同比增长125%，指标完成率150%。科技同业对标“专利效率”指标为0.56项/百万元，列国家电网公司第三名。获得软件著作权登记12项，出版论著6部，发表论文275篇。

2010年，重庆公司已建立互联所有基层单位的155M网络和10M备用网络通道，实现数据中心与国家电网公司总部数据中心的纵向数据交换；统一部署了数据交换平台，企业门户全面覆盖本部及基层单位，完成三级级联和标准化建设；完成了涵盖人力资源、财务、物资、项目、设备等紧耦合业务应用的ERP系统建设，以及营销管理、安全生产、协同办公和综合管理等业务应用建设，基本形成企业级信息系统架构。

优质服务

2010年，重庆公司深入了解发电企业市场服务需求，不断创新服务方式，进一步改进和完善了市场服务工作，提升电力市场服务水准，受到电监机构的认同和发电企业的好评。配合华中电监局，汇同重庆市经济信息委员会按季度召开厂网联席会、信息发布会议，加强与政府、电监机构及网厂沟通联络，努力保障市场服务既符合监管规范又让市场主体满意。

在“迎峰度夏”期间，120万kW外购电“按期足量”入渝。在8月及9月两次大负荷关键时期，通过应急外购电增援，最大外购电力达310万kW，同比增长29.17%，占可供能力近30%；外购电增量170万kW，占外购电力的55%，极大地缓解了电力供需的严峻形势和压力，确保“迎峰度夏”电力正常供应。

针对“三公”调度交易出现的新风险，2010年，重庆公司继续落实增强“三公风险”意识，强化“形象安全”管理，抓好“三公”调度交易规范。

2010年，重庆公司交易运营系统顺利通过了国家电网公司实用化评价。完成与财务管控系统的横向集成。在运营系统核心业务实用化的基础上，继续完善运营系统功能模块，为重庆公司购电结构优化及购电成本控制作出积极贡献。利用运营系统整合交易基础数据，规范统计内容，提高运营分析可靠性和时效性，有效地促进了电力市场运营工作。

开展“塑文化、强队伍、铸品质”三创三优供电服务提升工程，公司540个营业厅全部实行实名制服务。开展电能表现场校验等3个专业技能竞赛，共评出公司专业明星32个，“三心（放心、省心、知心）服务”文化内涵进一步丰富。《高效战高温　“三心”暖人心》、《业扩报装路标导航　服务园区品牌添光》等5篇论文被国家电网公司选编。全面推进“1330”工程，对外发布服务“五个重庆”建设三十条，践行民生责任十项行动，主动跟进25个“双百计划”重点项目、西永微电园、两江新区等招商引资项目，顺利实现宜万铁路、川维等14个110kV及以上客户专用变电站投运，沙坪坝供电局高效集成内部资源，金牌服务西永微电园赢得良好赞誉，重庆市政府记重庆市电力公司集体一等功。圆满完成“两会”、“两节”和“绿化长江重庆行动”大型公益活动等保电任务。

党的建设和精神文明建设

2010年，重庆公司有基层党委49个，巴南区、綦江县、永川市3个控股供电公司成立党总支，接受属地领导；重庆公司本部建立直属机关党委1个；代管重庆发电厂党组织关系。重庆公司系统共有18个党总支、449个党支部、13 538名党员。

切实抓好学习实践科学发展观活动整改落实，完成应整改任务158项，完成率100%。坚持领导干部参加双重组织生活制度，基层党委民主生活会召开率100%。推行“三互”党支部建设模式。大力推进“五个好”党委建设，37个基层党委申报市国资委党委“五个好”获得验收通过。开展“五个好”党支部创建活动，已建成“五个好”基层党支部295个，占支部总数的63%。指导7个基层党委成功换届选举。

组织开展“迎世博　迎亚运　讲文明　树新风　文明服务央企先行”活动。组织开展精神文明建设创新活动，沙坪坝供电局“疏导式安全保证体系”获国家电网公司精神文明建设创新奖二等奖。

出台《关于进一步加强“三个建设”　为实现目标愿景提供坚强保证的实施意见》，细化分解2010年企业文化建设任务。组织学习《国家电网公司企业文化手册》，进一步激发员工干事创业的热情。深入开展“唱红歌、读经典、讲故事、传箴言”活动，组织唱红歌60场，8000多人·次参加。订阅《读点经典》3000多册，开辟读经典专栏。征集“感动你我的故事”108个，组织讲故事比赛。发送短信箴言2000多条，传播量达10万多人·次。开展干部现代管理知识培训，组织专题讲座4次，新增网络学习8个专题。《电力企业以远程教育为主体的培训体系建设》获国家电网公司管理创新一等奖。与重庆市扶贫基金会联合开展“送电影　进乡村”大型公益活动，放映电力宣传片和优秀红色电影2100场。

推广应用“黄马甲”、“三心”服务、“疏导式（VENT）安全保证体系”等企业文化实践。完成企业文化课题调研报告——《员工发展与企业发展相关性研究》。打造“国家电网红岩供电抢修服务队”品牌，展示央企良好形象。

组织申报企业文化优秀案例、优秀论文，重庆公司系统获全国电力行业文化与企业文化优秀案例二等奖2个、三等奖2个、优秀奖3个。

（方　立）

西　北　地　区

西北电网有限公司

企业概况

西北电网包括陕、甘、青、宁、新五省（区）电网，供电面积310万km^2，服务人口9658万。西北电网有限公司（简称西北公司）主要负责西北电网规划，建设运营西北跨省（区）750kV和330kV电网，受托运行国家电网公司部分750kV电网和直流输电资产，实施西北电网统一调度运行管理，履行黄河上游水库水量统一调度职责，指导、协调、监督西北电网安全生产，组织西北跨省（区）电力电量交易等。

西北公司本部内设19个职能部门，下设11个直属单位，现有资产140亿元。受托运行直流换流站1座；运行750kV变电站7座、1290万kVA，线路14条、2756km。直属330kV变电站14座、654万kVA，线路49条（段）、3682km，按照属地化原则委托省（区）公司运行维护。

电网概况

2010年，西北五省（区）系统统调发电设备新增机组106台（座），新增发电容量12 442.75MW，同比增长19.6%。

西北五省（区）系统五级调度调管统计的总装机容量83 759.69MW，其中水电22 749.03MW，占总装机容量的27.16%；火电55 972MW，占总装机容量的66.82%；风电3478.3MW，占总装机容量的4.15%。总装机最大的火电厂为蒲城电厂（全厂装机4×330+2×660MW），总装机最大的水电站为拉西瓦水电站（全厂装机5×700MW）。

西北五省（区）系统统调装机容量75 847.43MW，其中水电20 321.25MW，占总装机容量的26.79%；火电51 605MW，占总装机容量的68.04%；风电3427.85MW，占总装机容量的4.52%。600MW及以上大容量机组16 620MW，占统调总装机容量的21.9%，较2009年底增长2.2个百分点。

直接接入750kV及以上输电网络的机组9900MW，占总装机容量的13.05%；直接接入330kV及以上输电网络的机组32 387.5MW，占总装机容量的42.70%；直接接入220kV网络的机组15 853.5MW，占总装机容量的20.90%。

西北五省（区）系统统调220kV及以上降压变压器变电容量126 327MVA，其中750kV变压器容量38 700MVA（21台），330kV降压变压器变电容量67 968MVA（300台）。西北电网220kV及以上输电线路长度39 384.2km（673条），其中750kV线路长度7497.571km（47条），330kV线路长度20 411.67km（382条）。

2010年，西北五省（区）全社会用电量3175亿kWh，同比增长19.74%；西北电网售电量2593亿kWh，同比增长24.19%；用、售电量增幅均居五大区域公司首位。综合线损率5.71%，低于计划0.16个百分点。西北公司跨区交易165.4亿kWh，同比增长3.6倍；跨省交易52.08亿kWh，同比增长18.58%。

人力资源

截至2010年末，西北公司实有职工939人（长期职工776人，短期用工163人），其中公司本部实有职工340人（含辅编人员20人）。

2010年，在公司党组的坚强领导下，按照总体部署，西北公司以实现“集约化”管理为目标，夯实基础，创新培养方式，建立机制，完善制度，通过交流挂职任职、党校培训等手段，使领导班子和干部队伍建设取得实效；调整本部部门内设机构，规范各基层单位尤其是运行公司的内设机构，使组织机构得到整合和优化，公司整体架构更加精干高效，更加适应“两个转变”要求；规范收入分配管理，合理确定直管单位负责人薪酬，收入向基层生产一线和边远艰苦地区倾斜，积极争取政策，得到国家电网公司大力支持；加强社保、企业年金管理，管理标准化、规范化水平得到提高；编制“十二五”人力资源规划、推进全员绩效管理，实施培训一体化，加强制度建设，完善人资管控信息系统，使工作计划性、科学性进一步加强。

电网建设与发展

完成新建、扩建工程共12项建设任务。宝鸡主变压器扩建工程的投运，增强了西北电网外送能力。新疆与西北联网工程的顺利投运，标志着新疆电网结束了孤网运行的历史，覆盖西北五省（区）的750kV统一电网初步建成。在建的官亭变电站及凤凰变电站工程按照里程碑计划进行。天水变电站工程“四通一平”全部完工，兰州东—天水—宝鸡和凤凰—乌苏输变电工程开工建设准备工作全面启动。哈密—安西等10项工程获得核准，兰州东—天水—宝鸡等11个项目取得“路条”。强化工程设计和安全质量管理，推行业主项目部标准化建设，750kV“三通一标”发布实施。加强设备质量控制，发布首个750kV设备质量黄皮书。统筹编制西北电网智能化规划，750kV智能化试点项目稳步推进。

青海—西藏750kV/±400kV交直流联网工程于7月29日正式开工。中共中央政治局常委、国务院副总理李克强为青藏直流联网工程发来贺信，对工程开工表示祝贺。西北公司党组书记、董事长孙佩京和总经理喻新强分别在格尔木和拉萨出席开工仪式并为工程奠基。工程建设者面对极端恶劣环境，挑战生理和心理极限，攻克四大建设难题，加快推进工程建设进度，提前完成了线路基础施工，得到国家电网公司党组充分认可和高度评价。宝德直流、宁东直流极Ⅰ系统相继投运，实现西北与华北联网，西北电力外送能力达到611万kW，最大外送功率569万kW，大规模、大范围优化配置资源能力显著提升。

经营管理

“财务管理提升年”活动成效显著，以“六统一、五集中”为主线的财务集约化管理体系基本建成，高分通过评审验收。积极争取，跟踪落实，国家电网公司4.2亿元资本金和1.7亿元中央预算内投资全部到位，优化了公司资产结构。持续推进项目预算管理，全面推行作业成本。建成“资金池”账户体系，依托统一结算平台，实现资金集中支付。强化资金管理，节约利息支出5100万元。提高凤乌工程租赁费标准，全年增收2300万元。全面加强物资计划、合同、库存和供应商管理，保证了重点工程物资供应。完成两级招标，节资率20.23%。此外，西北公司的综合计划从条块分割管理达到了“四统一”，管理不断创新、优化、完善，同业对标工作不断深化，区域平台建设取得新突破，统计基础不断夯实，电能计量工作专业管理水平大幅提升。

安全生产

以设备状态评价和隐患排查治理为主线，深入开展“三不发生”百日安全等主题活动。狠抓各级安全责任落实，强化生产过程安全控制。认真落实“大反措”计划，扎实开展750kV安全专项评估。全面推进基建和生产运行“五统一”管理。电网建设实现“零事故”，哈密—安西工程新疆段荣获国家电网公司安全管理流动红旗。成功开展750kV带电作业和设备状态检修。宝德直流工程安全运行一周年，西北公司直流运维工作得到国家电网公司肯定。积极开展风电相关问题研究，风调自动化系统加快建设。科学开展黄河梯级调度，成功应对黄河特殊水情，保证了防凌防汛安全。加强电网反事故预案编制和演练，圆满完成迎峰度夏和世博保电任务。西北电网调度安全运行4479天。积极支持青海玉树抗震、甘肃舟曲抢险救灾工作。信息系统运行监控中心投入使用，信息安全管理体系通过国家认证审核。截至2010年12月底，西北公司直属单位发生一般设备事故1起、一类障碍1起。

科技与信息化

完成西北公司“十二五”科技和信息化发展的编制工作。年初发布《创新型试点企业未来两年试点工作方案》，全面启动陕西省创新型企业试点工作。精心筹备西北公司科技信息化工作会议，建立了西北五省（区）科技交流协作平台。完成信息化“1044”工程，系统应用连续5个月排名居于国家电网公司系统前列，ERP及综合系统通过国家电网公司实用化评价。西北公司ISO 27001信息安全管理体系国际标准的认证工作，已通过国家信息安全认证中心第二次审核。信息系统运行情况良好，广域网、局域网、业务应用系统及服务器未发生三级及以上信息系统事故和一类信息系统障碍，没有发生信息泄密事故。

以信息化助推管理方式转变，努力建设创新型企业，建成投运98个信息系统，率先建成并深化应用ERP系统，成功建设国内首个高绩效资产管理系统，SG186工程首批通过验收，信息化建设步入国家电网公司先进行列。

科技创新能力明显增强。搭建网省公司科技交流协作平台，深化关键技术研究和科技创新，新疆高一级电压等级论证及新疆电网规划等 14 项成果获得省部级科技奖项，其中一等奖 4 项，名列国家电网公司前茅。全年申请专利 42 项，已获授权 16 项，超额完成计划指标。推进科技成果转化应用，机器人巡检系统、GIS 局放在线监测装置投入运行。成功开展国内首次风电场低电压穿越能力短路试验。建立两级对标体系，开展指标分析诊断，扎实推进 750kV 建设运行同业对标，两项管理经验入围国家电网公司典型经验。

优质服务

为给发电企业优质、高效、便捷的服务，西北电网公司面向发电企业开展了新机并网“一站式”服务工作。新机并网“一站式”服务旨在进一步完善公司面向发电企业的服务窗口建设，完善服务内容，优化服务流程，开展“一口对外”优质服务。制定《西北电网新机并网服务管理办法（试行）》，印制《西北电网新机并网服务指南》宣传册，并组织发电企业进行办法的宣贯和培训。

组织召开与发电企业高层峰会。针对西北装机富裕、发电利用小时数降低、四川水电消纳等情况，为消除发电企业对外送及水电消纳方面不全面的认识，6 月 30 日，组织西北四省（区）发电企业负责人及有关专家进行座谈，进一步加强网厂团结协作，推动西北电力市场健康发展。

坚持定期走访发电企业，深入了解西北电网公司开展“三公”调度交易、优质服务、西北送端电力市场交易、发电企业与电网企业之间电费结算等工作中存在的问题，了解发电企业在生产经营过程中对西北电网公司相关部门的需求，听取有益的意见和建议，在电网企业和发电企业之间构架起有效的沟通桥梁。

及时公开发布市场交易信息。西北公司通过西北电监局主办的厂网联席会议，西北电网电力市场交易信息网站、调度信息月报、西北电网电力市场交易信息月报、网络等方式向政府有关部门、西北五省（区）电力公司、各有关电力企业及时发布电力市场交易信息。同时，还针对每次开展的跨区跨省挂牌和竞价交易，事前通过传真、网站等方式向参与交易的市场主体发布交易公告，事后发布中标单位的交易电量及电价信息，为发电企业提供了良好的信息服务。

党的建设和精神文明建设

坚持党组中心组学习，举办领导干部培训班和党支部书记培训班，促进提高基层领导班子的战斗力和凝聚力。党建联动机制、“党员身边无事故”等主题活动深入开展助推新疆联网工程，实现基层党建与中心工作有效融合。“三进班组”活动深入基层、班站，编写 27 期《创先争优活动动态》，逐步将党的政治优势转化为企业核心竞争力。举办安全生产、“三个建设”知识竞赛，编写企业文化系列手册，培育 750kV 兰州东、乾县变电站建设示范点，不断增强公司软实力。保持“精神文明工作先进单位”称号，开展员工队伍思想调研，制作 9 期展板宣传，有针对性地开展思想政治工作。深化“五强五优五模范”创先争优活动，推进“青春奉献 750”主题实践活动，积极开展“青春光明行”活动，为公司发展建功立业。组织开展作家感受西北电力、职工歌手大赛、主题摄影采风等活动，发布职工文化建设成果。坚持开展 750 爱心扶贫、助教活动，启动“千企千村”扶助计划。劳动竞赛和建功立业活动广泛开展，班组建设全面加强。

西北公司先后荣获全国五一劳动奖状、全国精神文明建设工作先进单位、全国首批模范劳动关系和谐企业、全国模范职工之家、全国厂务公开民主管理先进单位、陕西省先进集体、陕西省文明单位标兵等荣誉称号。

（程军生）

陕西省电力公司

企业概况

陕西省电力公司（简称陕西公司）是国家电网公司的全资子公司，是陕西省电力建设、输送、销售的独立法人，承担着为陕西省经济社会发展和城乡广大电力客户提供安全可靠电力供应和服务的主要职责。2010 年，共有员工 35 633 人，辖直属单位 34 个，固定资产投资完成年计划的 103.78%；售电量完成 671.07 亿 kWh，同比增长 16.93%；线损率完成 6.85%，同比下降 0.05 个百分点。

电网概况

陕西电网位于西北电网最东部，是西北电网的重要组成部分，是一个水火并济以火电为主的电网，陕西电网最高电压等级为 750kV，以 750kV 和 330kV 电网为主网架，750kV 电网在关中呈“一字型”结构，330kV 电网东起华阴，西至宝鸡，北至府谷，南到安康，覆盖全省 10 个地市，在关中继续环网运行。省际间有两回 750kV 线路和四回 330kV 线路与甘肃电网相连，分别为乾县—平凉双回、宝鸡—秦安、宝鸡—天水、宝鸡—眉岘、桃曲—西峰各一回。

陕西电网已形成3个外送输电通道，即陕西关中东部罗敷（信义）—灵宝直流背靠背工程、关中西部宝鸡—德阳±500kV直流输电工程，实现与华中电网联网；陕北神木—忻州2回和庙沟门—忻州1回500kV交流输电线路，实现陕北“点对网”向华北地区送电，外送规模总计771万kW。

2010年底，全省发电总装机2137.72万kW（不含点对网外送容量），其中，水电261.13万kW，占总容量12.22%，火电1871.64万kW，占总容量87.55%，风电4.95万kW，占总容量0.23%。其中，统调电网装机1829.6万kW，占85.59%。陕西公司直属750kV送电线路9条、803km；500kV送电线路3条、271km；330kV送电线路153条、7816km；110kV线路1060条、14 542km；35kV线路642条、4352km；±660kV直流输电线路1条、308km；±500kV直流输电线路1条、294km。拥有750kV变电站3座，变电容量1050万kVA；330kV变电站46座（含开关站1座），变电容量2421.00万kVA；110kV变电站388座，变电容量2449.7万kVA；35kV变电站165座，变电容量166.385万kVA；500kV换流站1座，换流容量300万kW（变电和线路均不含榆林供电局）。

人力资源

2010年，陕西公司编制完成了2010～2012年人力资源规划、“十二五”人力资源规划，并建立起规划滚动修订的常态机制；顺利完成2010年大学毕业生招聘录用工作、复员退伍军人择优录用工作及135名银河干部员工回归安置工作。“五大”体系建设有序推进，完成大规划职责统一，实现了330kV及以下建设项目属地化建设管理。积极推进“大运行”体系试点建设。机构编制规范化成果得到巩固，设置和调整陕西电力超高压运行公司、超高压输变电设备检修中心等机构。深化劳动定员贯标，确保年内西安供电局、榆林市供电公司和陕西电力超高压运行公司率先在八大岗位达到定员标准。加强劳动用工管理，对各类用工实施有效管控，着力解决生产一线结构性缺员问题。收入分配及激励约束机制进一步完善，强化工资总额和工资水平双控力度，加强预算管理。开展领导干部岗级规范工作，统一领导干部岗位工资执行标准。制定陕西公司企业负责人薪酬管理办法，并在发供电、综合单位全面推行。统一公司系统专家能手待遇标准，修订奖励考核办法，激励功能更加突出。全员绩效管理持续深化，完善企业负责人业绩考核管理，健全公司—单位—部门—班组四级管理体系，企业负责人薪酬全部与业绩挂钩，员工绩效与月奖挂钩平均比例达50%及以上。继续实施“走出去”战略，212名干部完成赴东部交流挂职学习，111名领导干部完成延安干部学院主题轮训。483人完成科级干部、县级供电企业领导干部轮训。完成继电保护等三个专业岗位能力测评，实现测评结果与技能鉴定准入有效对接。建成5个培训基地、21个实训室，培训中心被命名“国家电网公司高技能人才培训基地”。修订陕西公司专家能手管理办法，启动“专业接班人计划”试点工作，拓宽各类人才成长渠道。规范运行机制，深入开展“四好”班子创建活动，完成31个基层单位党政“双向进入、交叉任职”职务设置调整。将县（区）级供电企业领导班子成员纳入公司党组统一管理，完成41个县级供电企业、183名干部的专项考察。人资管控系统顺利通过实用化评价验收，信息化水平不断提升。

电网建设与发展

2010年，陕西公司电网建设投资完成年计划的103.67%。建成750kV信义变电站和6条线路，陕西750kV主网架初具形态；建成330kV变电站22座，关中330kV电网得到进一步加强和优化，陕北到关中联络线增至两回，陕南到关中联络线增至六回；建成110kV变电站113座，110kV变电站基本实现双电源供电；城市配电网建设改造加快推进，大工业园区供电及时迅速。建成陕北煤电基地点对网送河北、罗灵背靠背送河南、宝德直流送四川三个外送通道，外送能力由36万kW提高到771万kW，助推了陕西资源优势向经济优势转化。电网运行效率、安全水平和建设质量得到提升，抵御突发事件和自然灾害的能力增强，城市供电可靠率99.899 7%，提高了0.34个百分点，城市综合供电电压合格率99.512%，提高了0.115个百分点，21项330kV及以上工程项目获得国家电网公司优质工程。承担国家电网公司智能电网两批13项试点工程、7项研究任务，大力推进科技创新，完成8大类23个750kV关键技术科技项目研究，一批先进实用技术得到推广，有力支撑了陕西电网快速发展。

经营管理

2010年，陕西公司实施投资计划统一管理和预算动态管控，积极推进全口径投资项目储备库建设，实现扭亏增盈。采取有效措施，防范电费回收风险；陕西公司两级计量中心获得省级电能计量检定整体授权，出台西安市新建住宅供电设施建设收费政策；严格执行差别电价、上网电价政策，通过了国家六部委、发改委、审计署等节能减排以及电价大检查工作。积极参与国家电力市场交易，完成跨省区外送电量44.72亿kWh，是2009年的3.9倍，缓解了省内发电企业经营压力；积极消纳四川、黄河水电21.45亿kWh，促进了跨省区水火互济和资源优化配置。

售电量同比增长16.93%，是“十一五”时期增速最快的一年。全年外送电量44.72亿kWh，同比增加33亿kWh，电力外送规模大幅提高。全年营业收入增长28.2%，实现扭亏为盈。以“依法治企年”活动为契机，以工程建设领域专项治理为重点，查找存在的突出问题，防范经营风险，加强人财物集约化管理，坚持“三节约”，成本费用得到有效控制，可控费用控制在计划范围之内。积极调配电网闲置、轻载资源，优化投资结构，保障发展重点，合理控制融资规模，降低融资成本，负债率得到有效控制，资产负债率比计划降低0.32个百分点。创新收费模式，防范欠费风险，电费回收情况总体良好。应收用户电费余额占月均应收用户电费的比重为2.56%，较计划低4.96个百分点。当年电费回收率达到100%。

安全生产

2010年，陕西公司落实各级安全生产责任制，狠抓作业现场安全监督与检查，突出基建、农电、消防等安全管理，年内电网最大负荷11次刷新，保持了电网安全稳定运行。开展“三个不发生”百日安全活动、全国安全生产月及春秋季安全大检查等活动，深化安全隐患排查治理，完成检修工作11 741项，排查和治理安全隐患186条。加强应急管理和防汛工作，积极应对陕南年初雨雪冰冻灾害和夏季特大洪涝灾害，迅速恢复灾区供电，得到了国家电网公司、各级政府和灾区群众的高度评价。积极应对冬季电煤紧缺形势，启动紧急用电应急预案，保证了有序用电。

组织对公司系统64个应急预案进行修编完善，组织开展“春节期间重要客户安全供电”应急演练和“西安城市电网大面积停电”应急演练。面对商洛、安康、汉中等地发生的“3·22”冰雪灾害及“7·18”、“7·22”、“8·16”等多轮洪涝灾害，迅速启动应急预案，组织员工昼夜施工，确保受损的电力设施在最短时间内全部恢复了供电，得到陕西省委省政府和各地方政府的高度评价。

营销工作

2010年，陕西公司完成售电量671.07亿kWh，同比增长16.93%；跨省区交易电量93.4亿kWh，同比增长119%。开展了“塑文化、强队伍、铸品质”供电服务提升工程，跟踪服务省市重点工程建设，加快业扩报装进度，新增容量714.39万kVA，同比增长85.46%。扎实开展“营销安全及业扩报装百日整顿”活动，营销安全及业扩报装工作基本做到了规范有序。完成中央扩大内需工程建设任务。

制定下发《营销业务应用实用化工作方案》；实现了电费账务、能效、稽查、有序用电、95598客服、客户关系、线损模块应用；开发并应用数据核查程序，建立数据核查规则150条；完成了业扩业务操作手册编制工作；举办全省集中培训班26期、1278人·次。

农电工作

2010年，陕西公司农电安全生产平稳，农电安全管理进一步加强。先后开展了春秋季安全大检查、“三个不发生”百日安全活动和“安全生产月”活动等，并取得实效。启动并实施了第二轮县供电企业安全性评价工作。印发了县供电企业安全性评价标准，并组织专家深入县供电企业实地考评，完成了10个县局的第二轮安全性评价工作。农电应急处置能力得到提升。制定《陕西省电力公司农电抢修恢复供电管理办法》、《陕西省电力公司农配网故障及突发事件应急预案》等，有效应对了商洛、安康地区、陕南关中部分地区洪灾。

全年完成扩大内需农网工程建设投资9.5亿元，农村电网改造覆盖面达到94%。快速启动了新一轮农网改造升级工作。下达11亿元农网改造升级投资计划和目标任务。积极推进国家电网公司“蒲城智能农网综合试点”工程建设，5个建设项目中已有智能配电台区、农网统一数据采集与集中监控平台和农网一体化信息管理平台3个项目成功上线运行。新农村电气化建设进一步加快，建成西安长安、铜川耀州、延安宝塔、商洛商州4个新农村电气化县（区）、34个电气化乡（镇）、573个电气化村。“科技进步先进（县）供电企业”建设持续推进，建成蒲城“科技进步先进（县）供电企业”。扎实推进国家电网公司“蓝田‘低电压’整治综合试点”，并取得5项研究成果。实现了城乡用电客户的统一管理。进行了农村客户集中抄表系统升级改造，42.56万户用电信息实现“供电所—县公司—市公司—省公司”四级查看、数据共享，以及抄表率、供售电量、电费电价、农村低压线损率、台区电压合格率、功率因数等指标的统计分析功能。

科技与信息化

2010年，全面完成“330kV及110kV输变电工程噪声控制关键技术研究”等9项国家电网公司科技项目研究工作，其中，“750kV接入后陕西电网安全稳定分析”、“接地网安全评估和综合诊断关键技术研究”、“330kV 及 110kV 输变电工程噪声控制关键技术研究”和“750kV GIS 变电站陡波前过电压测试及抑制技术研究”四个项目通过国家电网公司验收，工程接地和过电压测试技术等四个项目达到国际、国内领先水平。35kV 限流开断器的成功研制，为防止变压器低压侧短路事故的发生提供了一种解决手段；应用 SF_6 电气设备潜伏性故障监测技术研究成果多次成功发现变电站设备潜伏性故障，避免了重大事故的发生，为电网的安全生产提供了坚强的技术支撑。

2010 年获 10 项省部级科技成果奖，并首次荣获中国电力科学技术一等奖，其中，“特大型集团企业信息化工程关键技术研究、系统集成与推广应用”、“次同步谐振动态稳定装置自主研发与工程应用”、“新农村供电模式与关键技术研究及应用”及“750kV 扩径导线工程应用研究”4 项成果分别获得中国电力科学技术一、二、三等奖；“电网信息安全等级保护纵深防御示范工程”及“750kV 电力互感器现场检测装置研制及检测技术研究”成果分别获得国家电网公司成果一、三等奖；“负荷模型深化研究及适应性分析”成果获陕西省科学技术一等奖，“陕西省火电厂汽轮机 DEH 调节系统一次调频参数规范及试验研究”4 项成果获三等奖。

优质服务

2010 年，陕西公司实施全力服务陕西“西部强省”战略，加强与各级政府的战略合作，调整规划职能，统一规划电网，加快电网建设，满足陕西国民经济快速发展的用电需求。陕西电网全社会用电量由 462 亿 kWh 增至 773 亿 kWh，年均增长率 10.84%；陕西电网统调最大负荷由 741 万 kW 增至 1355 万 kW，年均增长率 12.83%。确保电网安全稳定运行，圆满完成了世博会等重大活动的保电任务。落实国家节能减排政策，服务全省产业结构调整，投资 19.22 亿元完成“上大压小”配套电网工程，配合关停小火电 154.2 万 kW，减少二氧化碳排放量 135 万 t，减少二氧化硫排放量 11 万 t。大力实施“三新”农电发展战略，陕西公司直供直管区域全部实现“户户通电”；启动新一轮农网改造工程，加快推进新农村电气化建设，实现城乡各类用电同网同价，累计减轻农民负担 19.6 亿元。在全省公共服务行业社会行风评议中实现了连续五年第一，47 个基层站所获得省级“人民群众满意基层单位标兵”。

制定下发供电服务提升工程三年实施细则和 2010 年工作安排，开展“供电监管宣传月”活动、“服务文化大家谈”征文活动和“优质服务是国家电网生命线”大讨论活动，举办了《供电监管办法》及相关法律法规培训班，组织开展了国家电网公司“供电服务之星”劳动竞赛集训；发布交流供电服务优秀论文 96 篇，完成了 10 个供电局信息公开工作。

党的建设和精神文明建设

2010 年，陕西公司圆满完成 20 个基层单位党委换届工作。开展以选树安全、宣传、贴心“三个使者”，打造“三面旗帜”为主题的创建活动。建立党支部工作点评制度。推行党支部标准化管理，编印《标准化党支部工作手册》。建立党建手机信息平台，7 月 1 日，党建工作手机信息系统正式开始运行。组织 6 期党支部书记轮训班。组织两批公司系统优秀党员和党务工作者参观上海世博会，持续开展向机关干部“每月送一文”活动。连续 13 年开展党员教育“五个一”评选活动，评选出优秀党建经验 12 篇、党课教材 10 篇，先进典型宣传材料 8 篇、先进性教育联系点 2 个。

起草陕西公司精神文明“十二五”规划。强化文明单位申报工作，2010 年共有 3 个基层单位申报省文明单位标兵，5 个单位申报省文明单位。组织公司系统广大员工参加中央文明办、国资委党委“文明观世博、热情迎亚运、和谐迎国庆——做文明有礼的中国人”网上签名寄语活动，展现了“国家电网人”的风采。扎实做好扶贫工作，2010 年开展的吴堡县张家洼村修路工程、杏子塔田间道路工程、李家沟村修桥工程三大重点扶贫项目中，李家沟村修桥工程已于 8 月 26 日竣工通车，其余两项工程将于年底完成，陕西公司连续 5 年荣获“陕西省扶贫开发工作先进单位”。

（原增光）

甘肃省电力公司

企业概况

甘肃省电力公司（简称甘肃公司）成立于 1990 年 2 月，是国家电网公司的全资子公司，担负着全省电力供应、服务与保障的重任。截至 2010 年底，甘肃公司共有员工 2.45 万人。本部设 19 个职能部门，1 个工会委员会，下设 35 个基层单位，其中发电单位 1 个、供电分公司 13 个、超高压公司 3 个，控股供电单位 1 个，施工、修造、通信、科研、设计、服务、学校及培训单位 17 个。

2010 年，甘肃公司整体工作保持了良好发展势头，多项指标创历史最好水平。2010 年，完成省内售电量 665.62 亿 kWh，同比增长 23.63%；统调最大用电负荷 1055 万 kW，同比增长 18.48%；线损率 5.61%。2010 年，甘肃公司获得了多项荣誉和奖励，其中，112 个（次）单位和集体荣获 62 项荣誉和奖励，157 人（次）获 55 项荣誉和奖励。

经过“十一五”发展，甘肃公司整体面貌发生了显著而深刻的变化，电网规模实现翻番，服务质量不断提高，经营业绩大幅攀升，综合实力明显增强，品牌形象有力彰显，全面实现了“十一五”规划目标。

电网概况

甘肃电网位于西北电网的中心，与青海、宁夏、新疆、陕西和华中四川电网联网运行，网内风光水火电并济。2010 年，随着 750kV 武胜—河西—酒泉—敦煌输变电工程的建成投产，甘肃电网 750kV 网架初步成型，甘肃电网通过 5 个交流输电通道共 10 回 750kV 线路、15 回 330kV 线路与青海、宁夏、新疆、陕西相联，甘肃电网在西北电网的枢纽作用进一步突出。

截至 2010 年底，甘肃电网发电装机容量 2151 万 kW，较 2009 年增长 19.22%，其中，水电装机 605 万 kW，占 28.12%；火电装机 1389 万 kW，占 64.58%；风电 155 万 kW，占 7.21%；光电装机 2 万 kW，占 0.09%。截至 2010 年底，甘肃电网规模为：750kV 变电站 6 座，变电容量 1140 万 kVA，750kV 开关站 1 座，750kV 线路 12 条共 3518.27km；330kV 变电站 40 座，变电容量 2000 万 kVA，330kV 线路 114 条共 6810.62km；220kV 变电站 11 座，变电容量 321 万 kVA，220kV 开关站 1 座，220kV 线路 33 条共 1040.92km；110kV 变电站 238 座，变电容量 1452.51 万 kVA，110kV 线路 565 条共 14 153.75km。

人力资源

初步完成人力资源集约化管控体系构建，制定和完善人力资源规划，统一了组织机构设置和人员编制管理，贯彻实施供电企业劳动定员标准，推动超员岗位和生产辅助岗位向生产一线缺员岗位转移，建立不同岗位、单位之间员工有序流动机制，提高人力资源信息系统建设和应用水平，绩效管理工作深入推进，工资分配管理日趋规范，完善了省公司专家、技师队伍。

截至 2010 年底，甘肃公司系统长期职工 22 218 人，其中，研究生及以上 574 人，本科 5813 人。具有初级及以上专业技术资格的人员 10 163 人，占长期职工人数的 45.74%，其中，副高及以上、中级、初级分别占长期职工人数的 5.98%、12.38% 和 27.38%。

甘肃公司代管县供电企业 75 家，共有长期职工 15 824 人，其中，研究生及以上 8 人，本科 744 人。具有初级及以上专业技术资格的人员 4153 人，占长期职工人数的 26.24%，其中，副高及以上、中级、初级分别占长期职工人数的 0.23%、4.05% 和 21.96%。

电网建设与发展

按照国家电网发展战略，结合甘肃电网特点，配合甘肃能源、电力“十二五”规划，完成“十二五”电网发展规划。酒泉—株洲、陇东—新余 ±800kV特高压直流工程建设提上议事日程。14 项 330kV 及以上项目、33 项 110（220）kV 项目获得核准，刘家峡水电站洮河口排沙洞工程核准取得关键性突破，舟曲电网灾后重建工作全面启动。开展基建管理综合评价，统筹落实安全、质量和进度要求，崇信、平凉电厂 750kV 送出，多合、兰州南、巩昌、河西风电 330kV 送出等重点工程实现有序开工、均衡投产。积极推进电网智能化建设，完成 1 个充电站、50 个充电桩、配网自动化及用电信息采集系统等建设任务。加大配网建设与改造力度，有效解决一批“卡脖子”问题。农网改造升级工程前期工作全部完成，80%工程开工建设。全年电网投资增长 42.62%；新开工 110kV 及以上线路 1987km，变电容量 569 万 kVA；投产 110kV 及以上线路 3044km，变电容量 1187 万 kVA。建成 100 个新农村电气化村、10 个新农村电气化乡（镇）、2 个新农村电气化县。

圆满完成河西 750kV 联网工程的建设并顺利投运，结束了新疆电网长期孤立运行的历史，为新疆电力外送和酒泉千万千瓦级风电的接入提供了物理通道，创造了重大工程建设“安全零事故”、“设备零缺陷”、“管理零问题”的成绩。

“十一五”期间，甘肃电网规模翻番，实现了由 330/110kV 电网向 750/330kV 电网的升级转型。累计投产 110kV 及以上线路 7413km，年均增长 7.24%，变电容量 2694 万 kVA，年均增长 17.22%。电网发展满足了 1165 万 kW 新增电源接入、415 万 kW 新增负荷和 323 亿 kWh 新增用电量的需要，有力支撑了地方经济社会快速发展。

经营管理

大力深化人财物集约化管理。人力资源集约化方面，建立员工有序流动机制，人员结构性失衡问题得到一定缓解，收入分配关系进一步理顺。财务集约化方面，建成“六统一”、“五集中”财务集约化管理体系并通过国家电网公司验收，资金归集度达到100%，基建竣工决算完成率100%。物资集约化方面，推进全面物资计划管理，完善供应商管理和产品质量监督体系，建立统一物资采购标准，物资集约化采购覆盖率达90%，实现节资率16.87%。

积极探索“大规划、大建设、大运行、大检修、大营销”体系建设。“大规划”方面，整合规划力量和资源，理顺规划管理主体，归集各种规划职能，成立电网规划中心和技术经济中心，实现了规划、前期、计划、项目管理的有机衔接。“大建设”方面，坚持推行三级管理模式，深化“三通一标”成果应用，严格招投标制，推行集中结算管理模式，确保了工程安全、进度、质量和造价。“大运行”方面，在白银供电公司等5家单位开展了调控一体化试点。“大检修”方面，在3个超高压输变电公司和14个市州供电公司推行变电运检分离、输电运检合一、输变电运检合一模式。“大营销”方面，成立大客户服务中心和地市公司客户服务中心，实现了电费全省集中稽查监管和50kVA及以上客户电能量采集系统全覆盖。

强化管理增效，出台《综合计划管理办法》，完善运营效益评价体系，建立投资效益考核机制，深化月度、季度经济活动分析；依靠政策增效，河西风电送出工程获国家资本金3.8亿元，甘南州和天祝县藏区农网建设国家资本金比例上调至50%，减轻投资压力4亿元，330kV范家坪电厂送出等5项输变电工程用户垫资7.06亿元，有效缓解甘肃公司财务压力；通过市场增效，省内售电量增长率居国家电网公司系统第5位，省外售电量同比增长3.19倍。

安全生产

扎实开展安全大检查和隐患排查治理，加强生产现场安全管控；持续深化安全文化建设，逐级开展安全教育培训，员工安全意识明显增强。深入开展输变电设备状态检修，加强750kV首台、首套设备检测，加快生产信息化建设步伐，生产精益化管理持续推进。科学安排运行方式，积极开展主网及城市大面积停电事故预想，首次开展河西750kV联网工程联合反事故演习，实行电网风险预警，电网抗风险能力显著提高。加强新能源入网验收与调度管理，在国内率先实现风电智能调度、有功智能控制和风火打捆协调控制策略。圆满完成各类重大保电任务。全年未发生人身、电网、设备和一般及以上交通事故，连续两年实现安全生产零事故。城市、农村电压合格率分别为99.422%和95.722%，同比提高0.333和0.327个百分点；城市、农村供电可靠率分别为99.873%和99.484%，同比提高0.041和0.081个百分点。安全管理指标在国家电网公司同业对标中居于A段，为西北区域安全管理标杆单位。

营销工作

市场开拓成效显著，积极开展用电形势分析，促进大负荷的快速投产，努力稳定高耗能市场，大力推广清洁能源，采用多种手段保证“少停多供”。深入开展“塑文化、强队伍、铸品质”供电服务提升工程，开展多种形式的供电服务和宣传活动。营销信息系统实用化工作取得良好成效，建立营销信息系统考核机制，营销信息化系统首批通过国家电网公司实用化评价验收，用电信息采集系统全主站全面建成，积极推动电动汽车充电设施建设。电价电费工作得到加强，配合省发改委完成居民阶梯电价方案的制定，加强用电管理，积极开展电费回收专项治理工作，推进客户缴费方式多元化。客户安全用电保障有力，建立了多层次、全方位的营销风险防范体系，高危客户安全用电隐患整治取得显著成效，深入开展反窃电活动，应对突发事件的快速反应和处理能力显著提高。全面落实“三指定”治理和供电检查工作要求，认真开展自查、整改和检查，通过了国家电监会组织的电价政策执行及厂网电费结算重点检查和甘肃电监办“三指定”治理专项检查。

2010年，实现售电量733.02亿kWh，其中省内售电量665.62亿kWh，同比增长23.63%，跨省跨区外售电量67.4亿kWh，同比增长318.6%，当年电费回收率100%。通过管理和技术手段，增售电量8.8亿kWh，增加容量9.14万kVA；查处违约用电及窃电1505户，补收电费及违约金700万元。

农电工作

积极推进农电统一管理。探索加强核心业务，不断深化专业管理，逐步规范经营工作，县供电企业管理水平显著提高，累计6家企业获得国家电网公司一流县供电企业称号，1家企业通过省级科技进步县验收。“送农户家电、促用电增长”活动成效显著，全年农电售电量增长43.79%。农电体制改革实现突破，麦积区电力局、嘉峪关农村供电所改制上划。配合省发改委完成《甘肃省农村电力体制改革调研报告》，初步确定“整体一次性全部上划”原则，为加强农电统一管理奠定坚实基础。全面推进农网建设，农网改造升级工程前期工作全部完成，80%工程开工建设，完成了2004～2007年农网完善工程和结余资金的工程结算、财务决算和审计工作。

科技与信息化

首次承接国家“863”智能电网重大研究课题；

"降损节能技术实验室"获得国家电网公司正式命名；甘肃省风电并网工程技术中心落户公司。承担6项国家电网公司重点科研项目，参与2项国家科技支撑计划项目研究。1项成果获国家电网公司科技进步三等奖，1项成果获中国电力科学技术二等奖，2项成果获甘肃省2010年度科技进步奖，21项成果获得专利授权。完成酒泉风电基地有功智能控制系统和短期风电功率预测系统的开发并投入运行。

ERP系统全面上线并投入使用。实现ERP系统国家电网公司统计口径覆盖率100%的建设目标；整合优化22个SG186业务应用系统数据库，信息系统深化应用效果明显；营销信息系统、协同办公系统、人力资源管控系统、应急与安全管理系统通过国家电网公司实用化评价验收；协同办公系统荣获国家电网公司信息化建设实施优质项目。信息系统安全运行可靠率达100%。

优质服务

全面推进"塑文化、强队伍、铸品质"供电服务提升工程，参加省政府组织的政风行风热线活动，举行形式多样的宣传活动，开展社区用电服务，推出"电力短信通"业务和非柜面缴费方式，宣传推广清洁能源，开通95598藏语服务，进行供电服务明察暗访，开展客户意见建议征集，对客户安全隐患进行通知和服务，圆满完成各项保电任务。

甘肃公司连续3年获全省行风建设免评单位，9个供电单位在当地政府组织的行风评议中名列第一。在国家电网公司举行的供电优质服务竞赛中，甘肃公司荣获多项荣誉，多人荣获"十佳服务明星"、"优秀服务明星"、"优秀服务之星"等荣誉称号。

党的建设和精神文明建设

切实加强对"三个建设"的组织领导，党的建设、企业文化建设、宣传思想工作、精神文明建设、团青等工作稳步推进。扎实开展"十百千"主题活动，工作经验获全国电力行业优秀企业文化案例一等奖。组织开展向吕清森、杜金玉等先进典型学习活动，对34个单位、1.2万名员工进行了思想动态调研，选派2人参加了甘肃省抢险救灾先进事迹报告团巡回报告活动。深化学习型党组织创建，分3期对基层200名专职党支部书记进行培训。强化干部培养，启动新一轮干部培训，选派24名青年干部和技术骨干赴国家电网公司总部、福建公司以及公司系统挂职锻炼。深入开展"建设统一的优秀企业文化"主题活动，积极推进企业文化精品工程、落地工程和评价工程。加强惩防体系建设，推进廉洁文化建设，营造"干事、干净"良好氛围。全面加强效能监察和招标监督工作。

全面完成班组建设里程碑计划，建成先进班组200个、达标班组1172个。大力实施员工技能、体能"双提升"工程，建成12个体能测试中心。深入推进厂务公开，不断深化民主管理。认真办好"十件实事"，维护员工合法权益。举办首届员工文化艺术节，丰富员工精神生活，提升员工文化品位。全面加强品牌建设，大力开展"品牌传播年"活动，河西750kV电网联网工程建设、舟曲抗洪抢险主题传播被国家电网公司推介为品牌传播亮点。政务信息工作实现突破，《"十一五"期间甘肃电网实现跨越式发展》专报信息得到省长刘伟平、副省长石军同志的重要批示。各级离退休部门用"三心"（用心、专心、细心）爱老敬老，用"三情"（用情、真情、热情）帮老助老，打开了离退休工作新局面。

（陟　晶　周建宏）

青海省电力公司

企业概况

2010年青海省电力公司（简称青海公司）统筹"安全、发展、服务"三项大局工作，贯彻"四化"工作，深入推进"两个转变"，克服各种困难和挑战，电网保持安全稳定，青海公司主要经济技术指标均创历史最高水平，各项工作呈现出"纵向超越求进步，横向追赶谋进位"的良好态势。

截止到2010年末，青海电网发电装机总容量为1250.7万kW，同比增加194.6万kW，其中水电装机容量为1068.2万kW，占总装机容量的85.4%，火电装机容量为182.5万kW，占总装机容量的14.6%。全网发电468.88亿kWh；同比增长24.9%。其中水电完成363.28亿kWh，同比增长33.12%，火电完成105.6亿kWh，同比增加3.04%；电网统调电厂平均发电设备利用小时数为4504h，同比增加283h，其中水电设备平均利用小时数为4231h，同比增加347h，火电设备平均利用小时数为5786h，同比增加296h。电网内有35kV及以上变电站215座，变电总容量2437.6（不含用户）万kVA，输电线路481条，总长14 883.5km，其中750kV变电站3座，变电容量660万kVA，线路总长853.841km，330kV变电站18座（不含用户）变电容量1065万kVA，线路总长3814.4km，110kV变电站90座（不含用户），变电容量661.4万kVA

线路总长 6408.12km，综合线损率完成 3.65%，同比降低 0.11 个百分点，2010 年完成工业总产值 49.73 亿元，实现全员劳动生产率 36.87 万元/（人·年）；同比增长 32.1%，连续 17 年荣获“青海省财政支柱企业”称号。青海公司所辖 22 个下属企业，其中供电企业 7 个、设计、施工、信息通信、科研、培训等企业（单位）15 个，共有员工 7973 人，至 2010 年末，青海公司总资产 207.23 亿元，固定资产净值 148.49 亿元。

青海电网是中国“西电东送”的重要输出通道之一。也是西北电网的重要组成部分。主要电压等级为 750/330/110/35kV，电网覆盖面积 44.1 万 km^2，占全省面积的 61%，覆盖人口 501 万，占全省人口的 91%。

领导班子

总经理、党委副书记：王怀明
党委书记、副总经理：邓永辉
党委委员、副总经理：李葛明、全生明、李生海
党委委员、纪委书记：陈永浩
党委委员、工会主席：张智民
党委委员、西宁公司总经理：董京营
总工程师：祁太元
总会计师：刘卫东

机构设置

青海公司本部设：办公室、发展部、财务部、安监部、生产部、营销部、农电部、科信部、基建部、物资部、政工部、审计部、经法部、人资部、监察部、后勤离退部、调度中心、交易中心、工会委员会。

“十一五”简要回顾

青海公司在“十一五”期间，牢固树立科学发展观，在应对挑战、抗击风险、攻坚克难中，以电网建设成绩显著、经营管理业绩优秀和关键时刻的卓越表现，向国家电网公司、省委、省政府和全省人民交上了一份满意的答卷。主要体现在：一是坚持履行责任、服务青海经济社会发展，确保了青海省经济年均 10%以上快速发展的用电需求。在抗击南方雨雪冰冻、玉树强烈地震等重大自然灾害中，不畏艰险，冲锋在前，全力保障救灾用电和恢复重建，充分彰显了责任央企的品牌形象。“十一五”共投入电力设施改造资金 45.4 亿元；实施“新农村、新电力、新服务”战略，全面完成全省农村“户户通电”工程，解决边远落后地区 4.8 万户、22.1 万农牧民的用电问题。二是电网建设全面提速。“十一五”电网建设总投资 213 亿元，是新中国成立 56 年来投资总和的 1.9 倍，新增输配电线路、变电容量均翻了一番，电网覆盖面积新增 3 万余 km^2，相当于再造了一个青海电网。目前，750kV 主干电网初步建成，东部地区 330kV 电网建成双环网，西部地区实现双回路供电；西宁和海东地区 110kV 电网基本实现了双电源供电；35kV 电网 30%以上的变电站实现双电源供电。青海电网的输送能力，资源优化配置能力和抵御事故能力显著增强。三是青海公司机制更具活力，综合实力显著增强。售电量由 2005 年 171 亿 kWh，跨入 422.2 亿 kWh，增长 2.5 倍；营业收入 437.73 亿元，较“十五”增长 132.53%，利润总额由最多亏损 4.3 亿元转为盈利 0.52 亿元。累计上缴税金 29.71 亿元；资金总额 207.23 亿元，是“十五”末的 1.43 倍，相当于再造一个青海电力公司。四是青海公司持续和谐发展。加强党的建设，各级党组织的政治核心作用、党支部的战斗堡垒作用和共产党员的先锋模范作用得到充分发挥。持续强化各级领导班子建设，形成了真抓实干、勇于负责、干事干净的良好氛围。彰显时代精神的企业文化建设全面推进；“努力超越，追求卓越”的企业精神已深入人心，公司凝聚力、执行力、创造力显著增强。坚持以人为本、全心全意依靠员工办企业、尊重员工、理解员工、关爱员工、为员工实现人生价值提供了广阔舞台。员工收入显著增加，福利得到明显改善，营造出安居乐业的良好氛围。青海省供用电条例颁布实施，使电网和谐发展的外部环境得到改善，2008 年公司荣获全国“五一劳动奖状”。2009、2010 年连续两年荣获全省“保增长、促发展、先进企业”称号。

五年取得的辉煌成就标志着青海公司在建设“一强三优”现代公司的道路上迈出了坚实的一步，基本实现了“十一五”提出的“小而强”奋斗目标。

人力资源

截止 2010 年底，青海公司有职工 7973 人，其中，长期合同职工 7456 人，占职工总数的 93.5%；短期合同职工 517 人，占职工总数的 6.5%。在岗职工 7772 人，占职工总数的 97.5%，不在岗职工 201 人（其中内退职工 61 人），占职工总数的 2.5%。

长期职工中，研究生 110 人（其中博士生 2 人），占总数的 1.5%；大学本科 2103 人，占总数的 28.2%；大学专科 2703 人，占总数的 36.2%；中等职业教育 1639 人，占总数的 22%；高中 444 人，占总数的 6%；初中以下 457 人，占总数的 6.1%。高级职称 522 人，占总数的 7%；中级职称 1152 人，占总数的 15.4%；初级职称 2629 人，占总数的 35.3%。高级技师 108 人，占总数的 1.4%；技师 495 人，占总数的 6.6%；高级工 2113 人，占总数的 28.4%；中级工 787 人，占总数的 10.6%；初级工

310人，占总数的4.2%。

长期职工人才密度为94.87%，同比提高0.66个百分点；高技能人才比例为69.68%，同比降低1.06个百分点。人才当量密度为0.866 7,同比提高0.007 7。

2010年青海公司教育培训投入总额为3651.28万元，培训28 628人·次，全员培训率94.14%。

青海公司干部管理与领导班子建设走向规范化和制度化，提任交流干部36名，平任交流64名。优化青海公司本部职能部门设置与岗位编制。成功改组计量中心、信通公司、超高压建设管理公司，组建超高压运检公司，优化三新农电公司的组织结构和业务模式。择优招录高校毕业生331名，电气专业学习比重82.5%，211以上院校学生比例明显提高，使青海公司员工总量缺员、生产一线缺员、西部企业缺员等结构性缺员矛盾得到一定程序的缓解。

持续推进薪酬分配改革，制定颁布了薪酬分配“一法两贴一则”，全面启动绩效管理体系建设，修订完善了职能部门、基层企业等两类在组织绩效考评办法和结果应用机制。

修订颁布了青海公司教育培训管理办法和鼓励获取学位、考取注册职称的制度。制定颁布了青海公司专家人才一体化管理办法，遴选、聘任了15名公司级专业管理专家、21名工程技术专家、9名生产技能专家、3名公司级首席专家、5名国网级专家已获资格。

电网建设与发展

2010年电网建设项目投资完成43.05亿元，100%完成调整计划。其中续建项目累计完成投资22.34亿，新开工项目累计完成投资9.77亿元。

青海公司高度重视并超前开展电网规划，建立了“5-3-1”电网常态滚动规划机制，编制了青海公司“十二五”坚强智能电网发展规划和专项规划。±400kV青藏直流和750kV西宁至格尔木等7项工程获得核准。省政府出台了加快青海电网建设的若干政策措施，电网建设外部环境进一步改善。健全公司、企业和园区三方共担电网建设风险机制，330kV团结湖输变电工程等5项工程用户垫资11.1亿元。电网主网架建设快速推进，330kV向阳输变电工程、日月山至鑫恒送出工程等一大批重点项目相继投产。完成141项扩需城农网项目，农村低电压问题得到逐步解决。2010年青海游牧民定居点通电工程全面完成。

青海公司全力推进青藏交直流联网工程建设，在直流线路全线率先、领先完成青海段基础施工任务，750kV日月山变电作为工程首端变电站顺利投运。青海公司承担了关键技术攻关，样板试点了装配式基础、冻土施工、热棒安装等工艺，并组织装备和技术支援西藏段建设。在高原电网建设史中首创设立环保监理，全力建设绿色环保工程。构建完备的现场医疗和生活保障体系，确保了“四零、三不”目标（零死亡、零伤残、零高原后遗症、零鼠疫传播；不发生群体性事件，不发生政治敏感事件，不发生环境破坏事件）。工程建设获得国家电网公司党组高度肯定。

经营管理

2010年青海公司售电量实现了“跨三奔四”的跨越式增长目标，售电量完成422.2亿kWh，同比增长43.36%，增速名列国网公司系统第一名。青海公司积极践行“成功的客户就是潜在、稳定的市场”、“推动客户成功就是开拓市场”等一系列新理念。深化“一站式服务”首创“契约式”服务，全年共新增报装容量273.98万kVA，新增客户2.64万户，并创造了青海宜化330kV供电工程七个月投产的历史纪录。电费回收保持“月结月清”。以优质服务感动客户，银行承兑汇票比例降为25.28%，同比降低12.83个百分点，各单位积极推广电费充值卡，自动缴费机和推行社会化代收电费等业务，有效化解高风险客户、农灌和边远牧区的电费回收风险。在营销集约化管理方面，坚定不移的推动营销集约化建设，按照“智能化仓储，自动化检定，物流化配送”的建设目标，完成了省级电能计量中心机构改组，实现了电能表、低压电流互感器及采集设备的集中检定和配送，年内顺利实现95598电话业务集中运营，成功组建省级95598供电服务中心，实现了全省110kV及以上大客户业务前期的集中运营，省级计量大楼及自动化检测线实现重大突破。作为国家电网公司用电信息采集系统建设第一批试点单位，建立项目三级管控机构，完成了采集系统主站建设，年内完成17.6万户的用电采集系统建设任务，营销系统应用，数据上传完整率和准确率在国网系统继续保持领先地位，第一批通过国网公司营销信息化实用化评价。加强与政府的沟通，与全省八个地州市政府签订了《电动汽车充电设施建设战略合作框架协议》，年内建成投运青海省首座电动汽车充电站，并完成“十二五”充电站建设网络规划。

优质服务

继续深入开展“塑文化、强队伍、铸品质”供电服务提升工程，丰富“保姆式”服务内涵，坚持把客户的设备当做自己的设备，把客户的困难当作自己的困难，主动延伸服务为客户提供应急抢修服务。首次以客户需求为中心，先后开展了两次以“我需要供电企业提供什么服务”为主题的客户意见征询活动，对不同客户的服务需求进行调研分析，集中精力编写了青海公司《客户服务提升报告》，为青海公司实施客户服务提升工程提供了重要依据。突出高原特色，丰富提炼了“高原雄鹰河卡用电服务队”“秦万璋供电营业所”和“祁萍用电服务班”三个特色品牌的内涵，并在全省推广了20个标杆班组和供电所。为方便客户缴费，在西宁各营业网点和县级营业厅推行自动缴费终端，同时新建社区服务示范点100个，累计达到300个，扩大农村牧区电费社会化代收工作，新增收费点100个，累计达到937个，主动邀请省纠风办、行风监督员共同查访营业窗口，自觉接受社会的监督，严厉查处违反行风建设事件，树立了良好的国家电网品牌形象，青海公司行风评议再获全省经营服务类第一名，实现“四连冠”各地市供电公司行风评议均获得当地经营服务类第一名。

财务工作

青海公司加大资本运作，低利率融资27亿元，节约资金成本1503万元，争取到国家电网公司注入资本金12.2亿元，青海公司资产负债率明显下降。

2010年青海公司实现营业收入净额137.48亿元，比2009年增加43.60亿元，增长46.44%，其中电力产品主营业务收入净额128.67亿元，同比增长54.47%，施工收入7.67亿元，其他业务收入1.14亿元，电力销售收入的大幅增长是青海公司营业收入增长的主要因素。省内售电量增长43.36%，使售电收入增加39.49亿元，售电单价340.57元/MWh，同比上升31.32元/MWh，省外售电收入5.49亿元，同比增加0.52亿元。

营业成本完成131.52亿元，同比增加33.54亿元，增长34.23%，营业税金及附加完成9815万元，同比增长44.89%；投资收益931万元，同比下降43.58%，管理费用完成9442万元，同比增长26.94%。

2010年全年实现利润总额5173万元，完成年计划的107.32%，年末资产总额为207.23亿元，较年初增加33.17亿元，增长18.08%，其中：流动资产余额25.80亿元，较年初增加11.57亿元，增长81.27%，非流动资产余额为181.42亿元，较年初增加20.17亿元，增长12.59%，资产负债总额为126.52亿元，较年初增加16.24亿元，增长14.73%。青海公司负责和所有者权益额达到207.23亿元，同比增长18.08%，资产负债率完成61.15%，较年度计划降低8.33个百分点，主要是由于可供出售金额资产公允值变动较预算值增加2.89亿元以及2010年国网公司注入资本12.2亿元。

电力需求与用电结构

2010年青海全社会用电量整体保持高速增长，受节能减排影响，增速呈前高后低趋势。全社会总用电量为438.19亿kWh，同比增长43.20%。产业用电：第一产业用电量为0.83亿kWh，同比下降38.52%。所占比重同比下降0.25个百分点；第二产业用电量410.64亿kWh，同比增长46.11%。所占比重同比增加1.86个百分点；第三产业用电量12.87亿kWh。同比增长16.05%，所占比重同比下降0.68个百分点；城乡居民生活用电量13.85亿kWh，同比增长10.80%，所占比重同比下降0.93个百分点。

2010年青海公司直供区域全社会用电情况表

项目	2010年		2009年		同比	
	电量（亿kWh）	所占比例（%）	电量（亿kWh）	所占比例（%）	增长率（%）	所占比例变化（%）
全社会用电总计	438.19	100.00	306.00	100.00	43.20	0.00
第一产业	0.83	0.19	1.35	0.44	−38.52	−0.25
第二产业	410.64	93.71	281.05	91.85	46.11	1.86
第三产业	12.87	2.94	11.09	3.62	16.05	−0.68
1. 农、林、牧、渔业	0.83	0.19	1.35	0.44	−38.52	−0.25
2. 工业	406.53	92.77	277.67	90.74	46.41	2.03
其中：黑色金属冶炼及加工业	120.41	27.48	83.28	27.22	44.58	0.26
有色金属冶炼及加工业	223.57	51.02	147.99	48.36	51.07	2.66
3. 建筑业	4.11	0.94	3.38	1.11	21.60	−0.17
4. 交通运输、仓储和邮政业	1.72	0.39	1.3	0.43	32.31	−0.04
5. 信息传输计算机服务和软件业	1.12	0.26	0.99	0.32	13.13	−0.06
6. 商业、住宿和餐饮业	3.42	0.78	3.04	0.99	12.50	−0.21
7. 金融房地产商务及居民服务业	2.51	0.57	1.95	0.64	28.72	−0.07
8. 公共事业及管理组织	4.09	0.93	3.81	1.24	7.35	−0.31
9. 城乡居民生活用电合计	13.85	3.16	12.5	4.09	10.80	−0.93
城镇居民	10.28	2.35	9.44	3.09	8.90	−0.74
乡村居民	3.57	0.81	3.06	1	16.67	−0.19

从行业用电情况分析看，工业用电增幅略高于全网用电增幅，且所占比重呈上升趋势。2010年工业用电量累计完成406.53亿kWh，同比增长46.41%，对全社会用电量增长的贡献率为97.48%。其中：重工业用电量累计完成403.21亿kWh，同比增长46.83%，对全社会用电量增长的贡献率为97.27%；轻工业用电量累计完成3.32亿kWh，同比增长8.27%，对全社会用电量增长的贡献率为0.21%。

2010年青海电网各月最大负荷同比均有较大幅度的增长，1～5月呈现快速上升趋势，6～12月随着新增负荷逐步减少及同期用电基数恢复，加之节能减排政策的逐步落实，用电负荷呈现下行趋势，但与同期相比仍保持较快增速。2010年年内，青海电网最大负荷596万kWh；同比增长15.06%；最大日用电量达到1.36亿kWh，同比增长12.02%，创历史新高。

安全生产

2010年青海公司深入开展“三个不发生”百日安全和安全生产大检查活动，全面推广设备状态检修和标准化作业，启动配电网供电能力评估工作，强化了各级安全生产责任制的落实。铁腕治理违章，成立了两级安全稽查专业队伍，形成反违章浓厚氛围。安全风险防控能力进一步增强，青海公司隐患治理工作网络进一步完善。随着省级应急指挥中心建成投运，青海公司应急指挥中心建成投运，青海公司应急处置能力全面提升。健全常态工作机制，深化安全排查治理，通过建立相关规章制度，建立三级隐患档案库，形成公司三级隐患排查治理工作网。2010年累计排查事故隐患449项，其中一般隐患446项；重大隐患3项。与此同时，以抓电网建设环境安全为重点，与地方政府建立了电网建设与经济项目发展相互支持机制，循化地区多年的树障问题得到有效解决。

2010年没有发生重大安全生产事故，实现“八不发生”安全目标。发生一般设备和电网事故14起，因产品质量，保护误动，外力破坏引发事故分别占总事故的28.6%、21.4%和14.2%。14起事故当中，发生人员责任事故4起，占总事故的28.6%。发生设备一类障碍67起，外力破坏、鸟害、雷击是引发设备障碍的主要原因，在11项电网运行主要指标中，7项指标同比提升，1项持平，3项同比下降。

科技与信息化

2010年青海公司的科技、信息化、智能电网工作紧紧围绕公司“安全、发展、服务”三项大局，深入贯彻“一流四大”科技发展战略，优化整合科技资源，加大重点技术领域攻关，科技工作取得新突破；信息化工作坚持信息化“四统一”原则，持续深化系统建设和应用，首批通过国家电网公司系统实用化评价，青海公司获得国网公司表彰；遵循智能化电网建设“三统一”原则，“十二五”电网智能化规划按期完成，试点工作稳步推进。

2010年青海公司科技投入计划指标为0.7988亿元，实际完成0.7988亿元，同比增长27.71%，技术开发费完成0.3566亿元，完成100%，同比增长20.72%；基建、技改及其他专项工程中有科技含量的完成0.4422亿元，完成100%，同比增长20.79%。

科技工作水平持续提升，并有新的突破和创新。高海拔超高压输变电系统安全保障技术研究及应用项目，首获青海省科技进步一等奖；“GIS技术在青海电网应用”、高海拔地区输变电设备在线监测技术及雷电监测技术研究材料，“余热发电技术研究”获国网公司科技进步三等奖；由青海省公司组织，青海省科技厅主持，对“青海省规模化光伏电站接入电网关键技术研究”，“330kV电容式电压互感器一体化智能检定装置的研制”《国家电力安全工作规程》藏文版编译等9项成果进行了鉴定，均达到国内领先水平；青海公司各部门和单位共推荐年度科技进步奖参评成果45项。36项获奖，其中一等奖4项，二等奖10项，三等奖14项，鼓励奖8项。公司整体科技研发技术含量及成果水平创历史最好成绩。在技术标准体系建设方面；进一步完善了青海省电力公司技术标准体系，共梳理技术标准2478项；同时，还完成《气体绝缘金属封闭开关设备现场试验技术导则》等四项国网公司标准的编制工作；完成《750kV架空线路技术改造原则》等28项公司年度技术标准的编制和发布；在新技术推广应用方面，首次编制了“十二五”新技术推广规划，明确了技术应用方向。依据数字化变电站，电网运行控制和安全防预系统建设及用电信息采集系统、电动汽车站等智能电网试点任务，开展重点新技术推广，加快科技成果转化，完成新技术推广应用率78%；在科技创新水平上，2010年户外移动式直流电压发生器等11项技术获得专利授权，是公司以往拥有有效专利的总和，其中，《支柱瓷绝缘子和瓷套超声波检测方法》获得发明专利；《电网GIS设备X射线透照数字成像检测方法》等16项专利申请获得受理，其中发明专利8项，质量得到显著提升。在国内核心刊物发表论文31篇，“变压器综合状态在线监测系统软件”等4项软件获得著作权。

信息化支撑能力进一步增强。一是制定下发了《信息系统应用化评价管理办法》确定了实用化考核关键指标，加强应用考核，组织开展培训，积极开展实用化，自评及整改工作，实用化水平迅速提高，首批通过了国网公司信息系统实用化评价验收。二是ERP系统的人资模块，新增人事变动与薪酬联动，人事事件批量操作等功能，开发ERP人资模块与人资管控接口，统一了组织和人员基础信息的权威数据源；开发了资产工作流项目辅助转资功能，固化了资产业务流程与审批程序，实现了资产卡片、设备台账的联动创建和会计凭证自动化触发生成，保证了资产数据的准确，资产业务处理的高效；开发项目储备库，标准作业成本，管理功能，为投资计划、年度预算以及物料需求计划的编制提供了科学依据，全面规范了物料主数据及供应商主数据的应用，建立了统一标准的物资主数据管理体系；完善提升需求计划管理、招投标管理、采购管理、库存管理、供应高评估等14项业务功能，强化了物资集约化管控能力；开发大宗物资采购管理功能，实现了办公、劳保用品、运维等物资的集中采购管理，大大缩短了采购周期；降低了采购成本，提高了采购效率。三是作为财务集约化、物资集约化、基建标准化的试点单位以及ERP与基建管控，经法系统、交易系统集成的试点，主动推进各项业务整合工作，丰富完善了信息化典型设计方案，为国网公司后续工作提供了具有推广价值的方案和成功经验。四是率先进行运维体制改革，完成信通公司组建，统一全公司信息系统的运维管理，实现人员统一管理和信息资源的统一调配，建立和完善了“两级三线”运维体系。五是完善培训机制和考核机制，开展全方位、多层次的信息应用培训42期，培训人数2280余人·次；组织信息系统技能比武大赛，22个单位760人·次参加了竞赛，巩固了培训成效，促进了各单位、各系统实用化水平不断提高。

农电工作

2010年农牧区10kV及以下电网未发生农电人身、电网和设备事故；农网供电可靠率RS-I99.539%；完成农网综合电压合格率98.03%，农网故障平均修复时间10kV 4.36h，0.4kV 0.74h，均控制在指标以内。2010年农网扩需节余投资工程项目完工率100%，工程投资3436万元；10kV及以下农牧区配网改造升级工程计划投资43 762万元，开工率100%；在农网标准化建设方面：互助县供电公司步入国网公司一流县级供电企业行列，湟源县供电公司步入国网公司一流县级供电企业行列，湟源县供电公司秦万璋供电营业所通过了国网公司标准化示范供电考评验收。

规范农电工工作界面，科学建立农电用工管理机制，促进农电队伍发展，增强农电自主发展能力，提升农网专业化水平，组建了“三新农电公司”，青海公司首次将农牧区10kV及以下配网运营业务以合同形式委托给三新公司，明确了业务范围、工作内容、质量标准、委托费用、业务监管、安全责任及指标考核等重要内容，为依法规范运营迈出了实质性一步。青海公司将农电安全工作纳入大安全体系，编制下发农电安全生产管理标准38个，建立农网安全生产信息沟通例会制度，确定农电安全生产“七不发生”“两提高”的指标管控体系，部署开展县公司“安全性评价”强化农电员工安全知识培训，在国网公司农电安全知识调考中总成绩列西北地区第一名。国网系统第13名。

党的建设与精神文明建设

围绕公司“安全、发展、服务”三项大局工作，青海公司党建工作不断加强。一是加强了领导班子建设，各级领导班子的领导力和执行力进一步提高。在玉树抗震救灾保电和电网恢复重建、青藏联网工程建设等各项工作中，各级领导干部深入一线以身作则，发挥了表率带头作用。圆满完成了玉树抗震救灾保电任务，得到了省委、省政府和国网公司党组的高度评价，公司党委被授予“抗震救灾优秀党组织”。二是落实干部选拔任用“四项监督制度”制定了青海公司现职干部、二线干部、后备干部、优秀高级经营管理者和领导班子评选办法。统一规范了处、科两级干部选拔任用程序和管理体系，并注意培养复合型干部，推动干部跨地区、跨单位、跨专业交流任职锻炼。三是构建“三纵三横”党建标准化管理体系框架，初步建立了党建工作一体化，标准化管理新机制；建立党员教育培训工作机制，推进了学习型党组织建设，在创先争优活动中，以创建电网先锋党支部为载体，实施“115”特色工程和党员“三亮三带”“两岗两区”“党旗在重点工程飘扬”等主题活动，两级党组织创先争优“四级承诺”覆盖面达100%；建立了208个党员示范岗、182个党员责任区和69个党员突击队。四是在党风廉政建设方面，强化组织领导和责任落实，推进了“三化三有”惩防体系建设，完善了反腐倡廉制度，制定了纪检监察案件查办责任制管理，干部任前廉洁从业知识考试制度。组织180名处级干部进行了廉洁承诺和述廉；对后备干部建立了廉洁档案。

深入推进青海公司企业文化建设，积极履行国家电网公司社会责任。强化对《国网公司企业文化手册》的宣贯，深化“高原阳光工程”活动，提炼打造公司服务品牌，建立健全统一、规范的制度体系和评价标准，完善企业文化建设考核指标。大力推荐、展示和交流基层单位精神文明建设典型经验形成9项成果。其中1项荣获国网公司精神文明创新成果二等奖；省公司荣获“省级文明行业”称号。青海火电工程公司、西宁供电公司、海南供电公司、湟源县供电公司荣获“省级文明单位”，西宁供电公司客户服务中心、民和县供电公司、海西供电客户服务中心荣获“省级文明窗口单位”。围绕青藏联网、玉树电网恢复重建工作和“高原阳光工程”等活动，持续开展了主题传播和大力宣传活动，反响强烈、效果明显，新闻宣传指标大幅度提升。全年在国网媒体发稿341条，对外对内分别为2485和14 645条。青海公司荣获国网公司“品牌建设先进单位”。“穿越昆仑”主体宣传活动，列入国网公司2010年四大主题之一，这些宣传报道，展示了青海电力员工新时期奋战高原、不畏艰辛、努力超越、乐于奉献的精神风貌和国网公司服务品牌崭新、丰富的企业社会责任内涵。

主要事件

1月5日，在750kV宁武Ⅱ线7522、7520断路器停电倒闸操作中，西宁750kV变电站首次实现750kVGIS隔离开关带电拉合操作。

1月，青海公司在国家电网公司系统中率先完成省公司与国家电网公司的基建管控系统的纵向贯通，3月首先启动了ERP与基建管控系统的一体化集成，5月建成公司基建管控中心，实现了对重点工程的实时监控，9月启动了青藏交直流联网工程的信息化管理工作，11月率先完成了全省基建管控模块现场系统的推广工作，基建业务信息化建设的工作受到国网基建部的高度赞扬。

3月17日，青海公司在原青海省电力公司超高压及跨区电网筹建处的基础上组建了子公司性质的青海超高压电网建设管理有限责任公司，并印发了《青海超高压电网建设管理有限责任公司组建方案》。

3月18日，在国家电网公司2010年品牌建设工作会上，青海公司荣获2009年度国家电网公司品牌建设先进单位称号。与上海电力公司、天津电力公司、华中电力公司和山东鲁能集团并列。

3月30日，在省政府的统一组织下，青海公司在省会议中心与省8个地、市、州政府及省国土资源厅、省交通厅分别签署了电动汽车充电设施建设战略合作框架协议。这标志着公司在国家电网公司的总体部署下，推进电动汽车充电设施建设迈出了实质性步伐。

4月14日，玉树县结古镇发生里氏7.1级强烈地震。公司迅速启动应急机制，成立了以总经理王怀明为组长、党委书记邓永辉、工会主席张智民、西宁公司总经理畅刚、总工程师祁太元为副组长的指挥领导小组。842名干部员工组成的抗震抢险保供电队伍第一时间迅速集结，奔赴抗震救灾一线。公司物资部组织物流中心全力组织抗震抢险物资供应。共计组织配送抗震救灾物资24批次64车，空运8个批次，配送物资品种达170余种，800余t，价值900余万元应急保电和电网抢修物资。为抗震供电和电网抢修提供了有力的物资保障。

4月15日，青海公司组织投入抢险人员518人，车辆109辆，小型发电机24台，计315kW，大型发电车7辆计1875kW，支援玉树救灾保供电。

4月19日，青海省总工会副主席常伟宁在玉树抗震救灾第一线，代表中华全国总工会授予西宁供电公司、海南供电公司抢修队“工人先锋号”光荣称号。

4月21日凌晨，青海省电力公司玉树抢修队员杜金玉突发高原肺水肿疾病经抢救无效不幸殉职。终年42岁。

4月22日，在国家电网公司召开的第二季度工作会议上，刘振亚总经理高度评价了青海电力公司支援玉树抗震救灾工作，并请参加汇报的青海省电力公司总经理王怀明转达国家电网公司党组和刘振亚本人对奋战在抗震抢险的一线全体将士的亲切慰问。

4月24日，中央政治局委员，国务院副总理回良玉、在青海省委书记强卫、省长骆惠宁等领导陪同下，实地视察玉树县第三完全小学时，对青海电力公司在抗震救灾工作突出表现给予高度赞扬，他说：“电力保障在抗震救灾工作中至关重要，国家电网公司在此项抗震救灾工作中作出了突出贡献”。

同日，中华全国总工会决定，追授杜金玉“全国五一”劳动奖章。

5月1日，温家宝总理在玉树抗震救灾总指挥部总指挥、副总理回良玉，青海省委书记强卫，省长骆惠宁的陪同下，来到青海省电力公司抢险队亲切慰问每一位保电队员。

5月18日，为恢复和建设玉树电网，公司根据国家电网公司与青海省政府会谈精神及要求，决定启动玉树电网与青海电网联网工程。

6月1日，公司认真落实国家电价政策，取消了对电解铝、铁合金、电石等高耗能企业用电价格优惠，同时将青海省淘汰类企业执行的差别电价加价标准由每千瓦时0.20元提高到0.30元。

6月5日，青海火电工程公司承担了10台3000kW燃油机组，以解决玉树重建缺电的大难题，要求在60日之内，实现首台机组发电。8月10日，首台机组并网发电。至9月10日，共有9台机组并网发电。

6月16日，玉树联网工程建设基地建成启用。

7月2日，青海公司完成的科技成果“高海拔超高压输变电系统安全保障技术研究及应用”获得青海省科学技术进步一等奖。

7月14日，青海公司组建了分公司性质的青海省电力公司超高压运行检修公司，并印发了《青海省电力公司超高压运行检修公司组建方案》。

7月29日，青海—西藏±400kV交直流联网工程正式开工。该工程由西宁—日月山—乌兰—格尔木750kV交流输电工程，格尔木—拉萨±400kV直流输电工程及有关配套工程组成，总投资162.86亿元，计划2012年建成投产。

7月30日，公司智能电网建设西宁配电自动化试点工程实施方案通过国家电网公司评审，标志着公司智能配网建设顺利起步。

7月31日，玉树电网全面进入灾后恢复重建阶段标志性工程—结古变电站开工建设，该变电站是玉树第一座110kV变电站，也是玉树电网发展的新起点。

8月13日，由青海公司信通公司首次开发运用的ERP系统运维管理监督检查工具（ARIS）项目成功上线应用。

8月19日，中共中央、国务院，中央军委在西宁隆重召开“全国抗震救灾总结表彰大会”，青海省电力公司荣获“全国抗震救灾英雄集体”，公司总工程师祁太元获“全国抗震救灾模范”，在玉树抗震救灾中牺牲的杜金玉被追授为“全国抗震救灾模范”。

9月16日，国家电网公司青藏交直流联网工程格尔木换流站土建主体工程开工建设。

9月28日，青海三新农电有限责任公司揭牌仪式在生物园区隆重举行，揭开了公司农电发展史上崭新的一页。

9月29日，在线监测系统接入及建设维护方案评审通过。为公司在线监测系统接入及建设维护提供及时、可靠、完整的采集与监控，实现在故障发生前预警，故障发生后进行原因分析判断及处理提供依据，同步实现对输电线路、变压器的运行环境，工作状态的评估提供数据支撑，有利于开展输电线路状态检修和标准化作业。

9月，西宁供电公司“秦万璋供电营业所”被国资委授予“中央企业红旗班组”称号，公司职工钱建华、乔莉被授予“中央企业先进职工”荣誉称号。

10月26日，国家电网公司正式发文批准了上海、黑龙江、青海、辽宁四个公司营销信息化系统正式通过国家电网公司专项实用化评价，标志着公司营销信息化系统首批通过了国家电网公司“SG186”建设项目中首个通过国家电网公司系统专项实用化评价的项目。

10月，青海省电力公司作为国网公司生产管理信息系统建设首批推广单位，参与了系统设计、建设和应用推广。正式上线运行，通过了公司应用验收。2010年10月根据公司实用化评价总体部署，完成自评价工作，12月公司开展实用化现场评价工作，按照国网公司信息系统实用化评价工作安排，国网公司于2010年12月3～4日对青海省电力公司生产管理信息系统进行实用化评价验收。

同月，完成了10kV及以上电压等级电网资产清查工作；核实玉树电网受灾情况，积极开展保险理赔；完成公司与黄河公司6000余万元关联资产置换的前期工作。完成超高压运检公司资产移交工作。完成青海铁塔制造有限公司的资产评估工作。完成中电财6400万股（占被投资单位股本的1.28%）股权的上划工作。妥善处理了无锡疗养基地事项。推进朝阳100亩土地置换工作，圆满解决历史遗留重大问题。

11月1日，青海省首座电动汽车充电站正式投运。该充电站5月28日开工建设，面积2734m^2，由充电压、供电营业厅、监控室、设备室4部分组成。可同时为2辆大型电动车和2辆中型电动车提供充电服务。

11月3日，青海省日月山750kV变电站工程正式带电投运，该工程于5月28日开工建设，总投资8.65亿元，是青藏交直流联网工程的起点。

11月8日，公司召开农村电网改造升级工程启动会议，标志着公司新一轮农网改造升级工程的全面启动。

11月10日，青海省首座光伏电站顺利并网发电，标志青海省光伏电站大规模接入工程拉开序幕，成为青海省新能源开发建设中的一个重要里程碑。该光伏电站位于海西州锡铁山地区，由中广核太阳能开发有限公司投资建设，本期装机容量10MW。电站并网后年累计发电量可达1800万kWh，对优化青海电源结构、推动节能减排工作、加快地方经济社会发展将起到积极的推动作用。

11月25日，青海电网电力市场交易运营系统顺利通过国家电网公司专家组实用化验收，成为西北网、省公司中首家通过此项验收的单位。

11月，公司继2009年首次被国家电网公司评为财务工作“先进单位”后，再次被国家电网公司评为财务工作“先进单位”。

12月17日，在北京人民大会堂召开的“中国地方志系统先进工作者表彰大会”上，《青海省电力工业志》史志办主任、主编尹兰英和韩刚被授予“中国地方志系统先进工作者”荣誉称号。

12月20日，青海电网继电保护在线校核系统顺利通过专家组验收，成为国内首个上线试运行项目。该系统自2010年3月正式开发建设。继电保护在线校核是继电保护向自适应方向发展的一大飞跃，对减轻整定计算人员工作负担、帮助其检查并提高保护定值的实用性、保证继电保护运行的可靠性和系统运行的安全性具有重要意义。

12月23日，青海电网运行控制与安全防御系统顺利通过专家组验收与成果鉴定。6项创新技术成果达到国内领先水平，为智能电网调度技术的发展做出了积极有益的研究与探索。经过三年建设，该系统构建了“三位一体”技术支撑平台，实现了具有可视化展示的跨业务、多维度、全视角的电网实时预警、运行分析和在线控制。系统各项应用功能高度集成，突破了以往分散系统的建设方式，达到了统筹管理、优化资源配置的建设目标。

12月25日，完成6个供电公司89座110kV变电站、100座35kV变电站无人值班建设工作，建设运维站并进行评估。西宁、海东、黄化、海北、海南、海西公司等6个供电公司正式实行调控一体化运行模式。

12月31日，青海省科技厅专家组对“青海省电力公司信息化建设”即SG186工程项目进行了科技成果鉴定，认为该成果达到国内领先水平。SG186工程项目总投资4.6亿元，覆盖了青海省电力公司财务、营销、安全生产、物资、项目、日常办公、人力资源和综合类8大应用系统及6大保障体系，构建了横向融合、纵向贯通的集约化体系。实现了发、输、变、配、用各环节的全覆盖和省、地、县、班组分级应用。信息化与公司业务发展的深度融合，为推进公司人财物集约化管理提供了有力保障。

12月，公司多措并举推动电网发展，促成省政府召开了青海省电网建设专题会议，出台了《关于加强青海省电网建设的若干政策措施》，从电网规划与地方规划衔接、电网建设资金补偿、征地拆迁标准、加快办理项目审批、加强电力设施保护等六个方面提出了具体的政策措施，为电网发展建设创造了良好的政策环境。

（尹兰英）

宁 夏 电 力 公 司

企业概况

宁夏电力公司（简称宁夏公司）下辖20个单位，其中包括6个地市级供电局（银川、石嘴山、吴忠、中卫、宁东、固原供电局），下辖26个县级供电企业，10个分公司、4个子公司。另有一家集体资产企业天净集团公司。区内各县均为直供电模式。宁夏公司系统全民职工总数10 556人，农电工3567人。

2010年，宁夏公司完成固定资产投资同比增长24.53%；售电量454.42亿kWh，同比增长24.45%；资产总额同比增长8.93%；实现利润同比增加7.18%，线损率4.05%，同比下降0.6个百分点；流动资产周转率同比增长1.87次；净资产收益率同比增长10.33个百分点；全员劳动生产率同比增长21.86%。

“十一五”期间，宁夏公司优化业务流程和组织机构，深化人财物集约化管理，统一规范所属供电企业的机构设置和人员编制，基本形成了精干高效、运转有序的组织管理体系。五年新建220kV及以上变电站17座，新增变电容量1524万kVA，线路1863km；110kV及以下电网新增变电容量657万kVA，线路7704km。750kV主网架从无到有，初步形成单回“Y”字形网架，南部330kV电网形成双回路环网，北部220kV电网形成网格状结构，110kV及以下城乡电网同步得到协调发展。先后荣获“全国五一劳动奖状”、全国模范劳动关系和谐企业、全国厂务公开先进单位，国家电网公司创建“四好”领导班子先进集体，自治区民族团结进步先进集体、自治区十大公益企业等称号，连年受到自治区政府的通报表彰，连续在自治区窗口行业行风民主测评中荣登榜首。

电网概况

宁夏公司拥有110kV及以上变电站151座，变电容量3172万kVA，线路8057km。其中，750kV变电站3座，变电容量720万kVA，线路183km；330kV变电站16座，变电容量646万kVA，线路1732km；220kV变电站26座，变电容量855万kVA，线路2045km；110kV变电站106座，变电容量951万kVA，线路4097km。宁夏公司供电区域约10万km^2（含陕西定边等地区），已基本建成比较坚强的宁夏电网，为自治区经济建设、社会发展和改善民生提供了充足、稳定、优质的电力供应，为推进西电东送工程和宁东能源化工基地建设，促进全区经济建设和社会各项事业发展作出了重要贡献。

人财物集约化管理

人财物集约化管理持续深化，集约化管控体系基本建成。规范各级机构人员编制，调整优化专业化公司建设，深化业绩考核和定员达标管理，加强员工培训，拓宽员工职业发展通道，促进了员工与企业和谐发展。构建完成一级集中核算体系，实现了“一本账”管理，财务集中部署率达到100%，资金归集率达到100%。建成国家电网公司统一物资管理信息服务平台和物资合同服务大厅，实现了物资合同签订的“一站式”窗口化服务。大力推进“民主、公开、竞争、择优”的选人、用人机制，实行干部公开竞聘，极大地激发和调动了广大干部员工的积极性、创造性。全面推行全员绩效管理，以绩效和贡献为导向的薪酬分配和激励机制建设取得突破，员工竞争意识和工作效率明显增强。

电网建设与发展

编制完成宁夏公司“十二五”总体规划，宁夏电网“十二五”发展规划通过国家电网公司评审并获好评，重要项目列入国家电网公司和自治区发展规划。建成基建项目储备库管理系统，完成 110kV 及以上输变电工程核准 63 项。促成自治区政府出台加快宁夏电网建设的意见，成立电网建设领导小组，创优电网发展外部环境取得重大突破。全年投产 110kV 及以上线路 876km，变电容量 453 万 kVA。工程达标投产率、优质工程通过率均达到 100%，750kV 银川东变电站获国家优质工程银奖，电网建设规模与水平取得重大突破。打通宁东—山东±660kV 直流外送通道；建成银川东—黄河Ⅱ回 750kV 输变电工程，使得 750kV 主网架得到进一步加强。承担国家电网公司首批四个智能电网试点项目之一的银川供电局配电自动化系统率先上线运行。建成技术先进、方式灵活的调控一体化运行维护模式，实现了 220kV 及以上电网设备的集中检修，作业流程进一步规范，资源配置进一步优化。

经营管理

完成了集体企业重组，彻底清退职工在原多经企业的持股，为集体企业轻装上阵、加快发展创造了有利条件。理顺施工企业管理关系和专业分工，企业市场竞争能力和可持续发展能力进一步增强。

以“提效、减负”为目的，以“标准化管理、标准化作业、标准化服务”为主要内容的班组标准化建设取得实效，154 个班组通过达标验收。全面开展“安康杯”劳动竞赛，2 个单位、2 个班组分别获得全国和自治区“安康杯”竞赛优胜企业和优胜班组。

把“小金库”清理与工程建设专项治理、信访案件查办等有机结合，强化基层末梢管理与风险防控，及时查处管理中存在的不规范问题，企业内控机制得到进一步完善。深化廉洁从业教育，探索完善党风廉政建设配套制度，不断创新责任制落实的方式方法，推进惩防体系建设取得成效。

安全生产

加强设备技术改造和大修工作，设备健康水平和装备水平有了新的提升。全面开展状态检修，认真开展安全大检查和隐患排查治理，大力推行标准化作业，稳步推进安全风险管理，安全生产管理水平有了新的提升。组织针对各类突发事故的联合应急演练，圆满完成了重大节日、重要活动保电任务，保障了电网安全稳定运行。

强化生产、施工、农电现场制度执行，大力推行标准化作业，现场安全管理进一步规范。加快老旧设备技术改造，加强运行维护，110kV 及以上变电主设备可用率达到 99.9%。建成备用调度中心、应急物资储备中心，完成电网大面积停电应急预演，应急体系在实战中不断完善。全面推进输变电设备状态检修，建立了基于状态评估的状态检修管理体系、技术体系和执行体系。

营销工作

积极探索电力市场交易新模式，研究完成了宁夏电网电力多边交易市场方案。以落实节能减排政策为契机，大力促进企业自备电厂转型管理，市场占有率达到 96.1%，同比提升 3.46 个百分点。在国家宏观政策调控的形势下，保持了用电市场的总体稳定，售电量突破 400 亿 kWh。

坚持负荷跟踪分析制度，抓住金融危机后经济复苏的有利时机，加快恢复停运负荷，抢抓新增负荷，累计新增用电容量 287.6 万 kVA，电网统调最大负荷达到 751 万 kW。首座电动汽车充电站和首批 50 座电动汽车充电桩正式建成。积极开展跨省电力外送，总计外送电量 58.63 亿 kWh。加强电费回收的全程监管，在执行新电价政策中未发生新的欠费，当年电费回收率 100%。

农电工作

农网主网架得到加强。农网“卡脖子”问题得到改善，供电能力进一步提高。新建和扩建 11 座 35kV 变电站，新增主变压器容量 49 450kVA，新建及改造 35kV 线路 106.2km。新建及改造农网 10kV 线路 650.348 4km，新增配电变压器布点 187 台 6421.56kVA。

农村“低电压”综合治理效果显著。在农网 10kV 线路上增加线路无功补偿 10 台 2550kvar，在 100kVA 及以上配电变压器增加随器无功补偿 46 台 1550kvar，对 232 个配电变压器台区的负荷进行了调整，在隆德县开展了全网“低电压”综合治理示范建设。农网电压合格率同比增长 0.067 个百分点，较国家电网公司平均水平高 0.231 个百分点。

完成 22 条 10kV 线路、664 台配电变压器的无功补偿设备安装，完成青铜峡市无功优化示范县建设并获得国家电网公司高度肯定；完成 50 台 10kV 有载调容配电变压器试点；完成全区农网变电站、农村供电所的光纤通信网建设；组织编写出版了《宁夏农网配电工程典型设计》；启动农网智能化关键技术研究试点（贺兰县配网自动化工程）建设；积极开展新型10kV线路调压器、永磁断路器和配电变压器低压侧三相不平衡自动监测分析仪等的应用，农网科技水平得到提升。

全区各项惠农项目的用电得到全面保障。围绕自治区政府新农村建设中“生态移民”、“塞上农民新居”、“危房危窑改造”、“设施农业”等重点工作，同步配套完成供电设施建设，共完成项目102项，新建供电线路102.07km、配电变压器145台、低压线路223.65km。

科技与信息化

加大科技投入，全年科技投入同比增长35.69%。承担国家电网公司15项科技项目、3项标准编制，以及自治区2项科技创新项目顺利推进。开发研制的节能型电网限流装置填补了国内空白。完成宁夏电力应急指挥系统开发项目，并在应急抢修及生产指挥中得到应用。2项成果分获自治区科学技术进步一、三等奖，并分获国家电网公司科学技术进步二、三等奖。组织实施的“节能型电网限流装置研制与应用”科技成果获自治区科技进步一等奖。“直流送端系统运行关键问题研究”等多项科研成果运用于生产实践，切实提高了电网的稳定运行水平。

信息化建设成果丰硕。SG186工程顺利通过国家电网公司工程验收。ERP、营销、生产、协同办公等管理系统全面推广应用，六个保障体系建设逐步完善，宁夏公司成为国家电网公司系统首家实现生产管理系统与ERP应用项目集成上线运行的单位。一体化平台初具规模，企业门户与目录服务系统实现了主要应用系统单点登录和身份认证。完成了289个乡镇供电所的网络接入，为乡镇供电所各项业务纳入公司集约化管理奠定了基础。

优质服务

建立与地方党委、政府良好的沟通协调机制，真诚服务，共谋发展。依靠技术进步，加强设备治理改造和运行管理，设备健康水平、电网安全水平、供电可靠性、供电质量得到显著提高。“三公”调度执行良好，网厂关系和谐共赢。在金融危机中大力支持区内工业企业，一年让利超过10亿元，促进了自治区经济稳步增长，开创了多方共赢的良好局面。按照“超前、主动、跟踪、高效”的原则，全力做好宁东能源化工基地等重点工程的用电服务，为现代设施农业、生态移民等农业产业化项目及时建设配套供电设施。按照“集约开发，集中上网”的原则，积极支持新能源发展。

深化供电服务内涵，实施供电服务“十项新举措”，构建多元化缴费平台，打造“十分钟缴费圈”，极大地方便了客户。在“3·15”宁夏公共服务行业消费者满意度调查中总体评价排名第一。

党的建设和精神文明建设

全面部署“三个建设”。深入开展“四好”领导班子创建活动，完成了对各基层单位创建“四好”领导班子活动年度考核工作。加强政治理论学习，组织开展“解放思想、科学发展”研讨及调研成果交流。扎实开展“红旗党支部”、“电网先锋党支部”和“基层党组织建设先进企业”创建活动，宁夏公司获自治区“基层党组织建设先进企业”称号。

举办劳模事迹巡回报告会，组织业余文艺“轻骑兵”深入生产一线慰问演出。开展国家电网品牌进景区、进社区、进重要交通枢纽的“三进”活动，加强新闻宣传和对外沟通，品牌建设和传播不断得到深化。面对同心县局部特大暴雨灾害，宁夏公司迅速启动应急预案，人员装备及时到位，圆满完成抢险任务，确保了穆斯林群众“斋月”期间的正常用电，受到自治区政府的高度评价并向国家电网公司致函感谢。

积极推进政工工作“两个转型”。“走在前、作表率”创先争优党建主题实践活动深入人心。在国家电网系统首家编制政工工作“十二五”规划，承担编制的《国家电网班组文化建设管理标准》通过评审并获首肯，1项案例获得全国电力行业企业文化优秀案例一等奖。

落实依靠职工办企业的方针，不断推进职代会、集体合同、厂务公开、总经理联络员等制度建设。全面开展“超越杯”、“六赛一创”劳动竞赛，持续推进“青春光明行”志愿服务行动。深入开展以“三个一”工程为载体的和谐文化进社区活动。认真做好离退休工作，离退休职工“两个待遇”得到切实落实。严格执行社会保险政策，落实各项保险待遇。认真落实维稳工作责任制，化解各类矛盾、解决信访问题，确保了职工队伍的和谐稳定。

（孟继东）

新疆电力公司

企业概况

新疆电力公司（简称新疆公司）是国家电网公司的全资企业，是以经营新疆电网为核心业务的国有企业。

新疆公司本部设19个职能部（室、中心）及公司工会，所属供电企业13家，所属设计、建设、科研和教育培训等单位13家。

2010年，新疆公司坚决贯彻国家电网公司和自治区党委政府的决策部署，团结进取、顽强拼搏，在攻坚克难中奋进，在奉献付出中开拓，各方面工作取得显著成效。

领导班子（2010年12月31日）

总经理、党组副书记：苏胜新

党组书记、副总经理：文　博

党组成员、副总经理：沙拉木·买买提

党组成员、副总经理兼工会主席：侯立强

党组成员、副总经理兼乌鲁木齐电业局局长、党委副书记：谭洪恩

党组成员、副总经理：施学谦　叶　军

党组成员、总会计师：张宁杰

党组成员、纪检组长：开赛江

总工程师：金炜

总经济师：许传辉

组织机构

办公室，发展策划部，人力资源部，财务资产部，安全监察部，生产技术部，基建部，营销部，农电工作部，科技信息部（科技信息中心），物资部（招投标管理中心），审计部，监察部，思想政治工作部，离退休工作部，新疆电力调度通信中心，新疆电网电力交易中心，机关工作部（机关党委、机关工会），公安处（武装部），新疆电力公司工会。

电网概况

截至2010年底，新疆公司拥有750kV线路4条1158.86km，变电所3座450万kVA；220kV线路119条8564.78km，变电所50座1148.9万kVA；110kV线路454条13 988.5km，变电所234座1141.11万kVA。公司统一调度的新疆电网已覆盖自治区全部14个地州（市）。

人力资源

截至2010年底，新疆公司用工总量31 345人，全员劳动生产率228 155元/（人·年）。

深化人力资源集约化管理。严把员工入口关，用工审查率100%。全面规范公司本部和各级供电企业的机构设置及人员编制，解决2611名农电工“混岗”问题。全员绩效管理试点工作扎实推进。投入教育培训费6215万元，全员培训率96%，与清华大学联合开展了领导人员培训，华北电力大学在新疆公司设立了研究生工作站。聘任公司专家和技术能手74人，招聘毕业生536人。进一步补强边远地州公司领导班子力量，全年安排50人进行内外部、多层次挂职锻炼，通过岗位竞聘补充了本部管理人员31人，做到了公开、公正、公平。

电网建设与发展

全面贯彻落实中央新疆工作座谈会精神。准备工作扎实，行动迅速，措施有力，积极与国家有关部委和自治区各方面主动对接，争取政府支持，制定了23项重点任务分解方案。广泛深入开展“新疆大建设、大开放、大发展，新疆电网做什么”大讨论活动，统一了思想，形成了合力。积极向自治区党委政府汇报工作，赢得了理解支持。阿克苏电力公司到位对口援疆项目配套资金374万元。

电网规划建设实现历史突破。高质量编制了新疆公司和新疆电网“十二五”发展规划，各地州电网规划全部纳入了地方经济社会发展总体规划，“十二五”期间由新疆公司投资建设的750kV主网架工程全部获得国家能源局开展前期工作的批复。220kV及以下项目滚动规划储备超过200亿元，农网改造升级规划储备项目超过100亿元。周密策划，积极推动特高压“疆电外送”工作取得重要进展。集全公司之力推进联网工程建设，经过近两年的顽强拼搏和艰苦奋战，2010年11月3日新疆电网实现与西北电网750kV联网，至此并入全国电网，结束了孤网运行的历史，实现了“煤从空中走，电送全中国”的“疆电外送”梦想。自主管理、调试、指挥的750kV吐—巴工程顺利投运。分别建成220kV23项和110kV 54项输变电工程，主网与南疆、东疆电网全部实现双通道链接，向北疆送电的第二通道正在加紧建设。累计完成扩大内需农网项目投资31.73亿元。电源配套送出、电气化铁路供电等工程有序推进。加强工程建设全过程管理，首次实现各类工程按期结算、决算、转资率100%。

经营管理

精益化管理年活动富有成效。财务全面集约化管理体系基本建成，“六统一”和“五集中”要求得到有效落实，实现会计核算“一本账”，各级会计报表“一键式”生成，资金归集率达到100%，标准成本定额在预算中全面应用。科学融资运作，通过提前归还和延迟贷款，节约利息5000万元，增值税转型抵扣税款7.3亿元，分公司增值税预征率从5%降到1%。物资集约化管理全面加强，颁布实施《物资管理办法》等11项管理制度。强化物资计划准确性、及时性、规范性管理，积极改进招标工作，实现“一站式”窗口化服务。国网公司一级集中采购比例85%，新疆公司物资集中采购率99.3%。累计招标采购总金额43.23亿元，节约资金2.73亿元，节资

率5.95%。加大全面风险防范和内控力度，开展工程建设领域突出问题拉网式检查。拓展审计工作深度和广度，完善了内部审计制度体系，首次开展了全公司范围营销审计。体改工作取得重要成果，公司层面主多分开基本完成，精心制定了地州层面主多分开实施方案。积极开展“三集五大”工作研究，理论和实践探索富有成效。同业对标指标位次前移。

安全生产

认真落实各级责任制，严抓严管安全生产，制定落实确保大电网安全的各项管理和技术措施，扎实开展安全大检查和隐患排查治理，建立完善制度体系，管理人员到位监督31 000余人·次。大力加强应急能力建设，推广应用预警执行卡，启动了集团化抢险支援和直升机救援机制，把一系列严重突发自然灾害对电网的损失降到了最低，保证了电网安全和可靠供电。深入开展大电网运行问题研究，滚动实施稳定控制策略校核，强化机网协调管理，制定供热机组、风电和水电调度运行管理办法。积极推进专业化运检，全面实现计划检修向状态检修转变，开展标准化维护操作队和运行监控中心建设，5座220kV变电站实现无人值班。全面实施供电所通光缆工程，通达率由8.6%提高到95%。突出政府在保护电力设施工作中的主导作用，成立联合执法队伍21支，73个县供电企业实现派警驻企，安防设施覆盖全疆861座变电站。

营销工作

千方百计增供扩销，挂牌督办项目累计增供电量6.6亿kWh，确保客户工程按期投运。规范自备电厂建设和运营管理，16.65万kW容量转公用，全年增供电量10亿kWh。乌鲁木齐电业局售电量突破100亿kWh。加快推动电动汽车充电设施建设，与全部地州政府签订合作协议。大力实施用电信息采集系统建设，采集率达到15%，维汉双语营销业务系统通过实用化验收。加强电费管理，首次实现电费“双结零”。严格执行各类电价标准，顺利通过三级电价检查，和田地区实现同网同价。地州供电单位全部获得计量授权。

农电工作

召开专题会议，制定了加快南疆三地州电网发展的25项工作措施。通过努力争取，国家批准全疆54个县农网升级改造和无电地区电力建设享受50%资本金政策，并在全国首次纳入了220kV项目。全面提升农电管理，40%的供电所被命名为标准化供电所。4家县公司分别实现国网和新疆公司两级创一流目标。

科技与信息化

投入研究开发费3575万元，首次获得省部级科技成果一等奖，取得专利申请受理33项，专利授权29项，科技成果实现连年增长。信息化建设稳步快速推进，SG186工程不断完善，ERP系统实现业务全覆盖，营销业务、协同办公、人资管控、安监和应急管理系统通过实用化评价，信息系统与业务的融合度和统一平台上的各类系统集成度切实增强，深化应用水平明显提升。专业化信息运维体系初步建立。

优质服务

坚持“三公”调度交易，电力交易市场建设和工作机制不断规范，主网向地州调电65.33亿kWh。跨区交易机制初步建立，疆电外送2.73亿kWh。促成发电权交易电量12.34亿kWh，同比增长127%，共节煤31万t、减排二氧化硫2500t。切实加强行风服务，全面实施“塑文化、强队伍、铸品质”供电服务提升工程，发布《营销工作奖惩规定》，明察暗访常态化，全面规范服务行为。深入扎实开展了“三指定”专项治理活动。圆满完成世博会、亚运会、嫦娥二号奔月等系列保电任务。

党的建设和精神文明建设

认真落实党组1号文件精神，深入开展“创先争优”和学习型党组织建设活动，党组织的凝聚力、战斗力切实加强，党员模范带头作用充分发挥。5个党（总）支部被国家电网公司评为首批电网先锋党支部。积极构建“三化三有”特色惩防体系，认真学习贯彻《廉政准则》和《廉洁从业规定》，坚持“三项谈话”制度，对拟任用人员进行廉政考试，出台并严格执行“小金库”治理长效机制。深化领导人员动态考核管理，加强试用期、离任交接、离任回头看考评，着力培养各级班子的进取心和攻坚意志，干部队伍带队能力、执行能力和经营管理能力进一步提高。大力建设统一的优秀企业文化，广泛开展作品征集和先进典型选树活动，通过联网工程建设实践，形成了“顽强拼搏、攻坚克难、百折不挠、勇攀高峰”的750精神。新闻宣传的层次、范围和效果显著提升，开展了“聚焦750”、“媒体看联网”等大型采访活动。评选了新疆公司第二届“十大杰出青年”。

存在的问题

安全生产面临考验。电网长距离弱联、大功率输电的基本结构没有改变，单线单变运行和老旧设备、重载设备多，过度依赖稳控装置，电网抗冲击能力不强；大规模750kV电网建设对稳定控制提出更高要求，发供电新设备调试和投产集中，电网运行方式变化频繁，增加了安全风险；突发性灾害天气和外力破坏严重影响电网安全；安全基础薄弱，现场作业管理不扎实，人员责任和重复发生的事故仍未杜绝。

电网建设任务繁重。“十二五”规划项目投资近600亿元，任务更重、责任更大、要求更高，既要全力推进特高压“疆电外送”、全面建设750kV骨干网架，又要加快补强220、110kV网架结构、大力实施农网升级改造和无电地区电力建设，各级电网发展的任务十分艰巨。

队伍建设亟待加强，随着设备资产的大量增加，生产一线结构性缺员严重，人才总量不足，区域和专业人才配置不均衡。集团化运作不充分，人财物集约化运营效益挖潜不够，重大工作中联动和协同不充分、信息不对称，缺乏过程控制和跟踪督查。信息化应用不够深入，系统集成度不高，对整体能效的提升作用发挥不充分。同业对标差距很大，反映出新疆公司整体技术能力和管理水平仍相对落后，需要明确目标、完善管理、持续改进。

主要事件

1月6日，塔城盆地开始出现强降雪天气，降雪厚度达25cm以上，造成配网线路多点跳闸。新疆公司所属塔城电力公司连夜组织人员进行故障排查，及时清除设备积雪和覆冰。同时协调驻地军警和地区公路部门派出抢险救援车和装甲车抢修故障设备，以最快速度恢复供电。

1月14日，新疆公司总经理苏胜新、新疆公司所属新疆送变电工程公司变电安装分公司二工区主任赵刚、新疆公司所属伊犁电力有限责任公司昭苏供电分公司萨尔阔布供电所所长苏里坦·马纳甫汗当选国家电网公司劳动模范。新疆公司所属昌吉电业局荣获国家电网公司2007～2008年度“文明单位标兵”称号。新疆公司所属乌鲁木齐电业局、阿克苏电力公司、阿勒泰电力公司、巴州电力公司、新疆电力建设公司、新疆电力科学研究院、和田墨玉供电公司、奎屯沙湾供电局、阿克苏库车供电公司、昌吉吉木萨尔供电局荣获国家电网公司2007～2008年度“文明单位”称号。新疆公司所属博尔塔拉电业局输变电工区检修班长艾沙江·尼扎木丁被评为国家电网公司优秀青年志愿者。乌鲁木齐电业局阳光青年服务队和阿克苏电力公司“胡杨电力”青年志愿服务队被评为国家电网公司青年志愿服务先进集体。巴州电力公司铁门关水电厂运行分厂青年工作站负责人冯梅和昌吉市供电局团支部书记陆燕飞被评为国家电网公司青年志愿服务先进个人，新疆电力公司团委被国家电网公司授予青年志愿服务活动优秀组织奖。

1月21日，新疆公司总经理苏胜新、副总经理施学谦，新疆公司党组书记文博、总工程师金炜等分赴阿勒泰、塔城市，向阿勒泰、塔城地区各捐赠30万元人民币，表达新疆公司对受强降雪降温灾害群众的深切关爱和真诚问候。同时往新疆公司所属阿勒泰、塔城电力公司看望慰问连续多日奋战在抗击风雪冰冻灾害一线的电力员工。

1月23日，自治区党委常委、自治区副主席库热西·买合苏提，自治区政府副秘书长张宏伟、自治区发展改革委副主任肖庆华、自治区经信委副主任曹继耀、自治区国资委副主任丁志干等在新疆公司总经理苏胜新的陪同下，专程走访西北电网有限公司，就加快新疆电网建设、推动“疆电东送”进行座谈。西北电网公司党组书记、董事长孙佩京，西北电网公司总经理喻新强、副总经理左玉玺、纪检组长王向红等参加了座谈会。

1月25日，新疆自治区党委常委、自治区副主席库热西·买合苏提，自治区政协副主席、政府党组成员、经信委主任王永明，新疆自治区政府副秘书长张宏伟，新疆自治区发展改革委副主任肖庆华，新疆自治区经信委副主任曹继耀和自治区国资委副主任丁志干等在公司总经理苏胜新陪同下，专程走访国家电网公司，同国家电网公司副总经理、党组成员舒印彪就加快新疆电网建设、推动“疆电东送”进行座谈。

1月29日，新疆自治区2009年城乡抗震安居和生态移民工程建成的抗震安居房35万余户全部通电。新疆公司年初明确提出确保“入住一户、通电一户”，主动与各地州政府加强沟通联系，积极筹集工程建设资金，先后投入11亿元，全面组织人力、物力，连续奋战10多个月，顺利完成了通电工程建设。

2月2日，新疆公司与吐鲁番地区行署就共同推进2010年暨“十二五”吐鲁番电网建设发展举行会谈。新疆公司党组书记文博，党组成员、副总经理叶军，总工程师金炜，吐鲁番地委委员、行署常务副专员巫文武及吐鲁番发展改革委、经贸委、财政局、国土资源局等部门负责人参加会谈。新疆公司总经理苏胜新与吐鲁番地委副书记、行署专员伊力汗·奥斯曼代表双方签订会谈纪要。根据纪要，“十二五”期间，新疆公司将投资31.2亿元用于吐鲁番电网建设，重点加快750kV骨干网架建设，计划将新建和扩建220kV变电所9座，110kV变电所17座，进一步补强网架，优化电网结构，为吐鲁番地区“强农、兴工、促旅、活水、宜居、育人”战略提供可靠的电力保障。吐鲁番地委和行署将全力支持电网建设，统筹协调解决电网建设中涉及的各类矛盾和问题。电网建设项目实行优先立项、优先落实所址、优先解决线路廊道、优先征迁土地、优先为电网建设输送相关手续的“五优先”政策，确保所有项目能够如期开工，顺利投产。2007年4月，新疆公司与吐鲁番地委、行署签定了“关于共同推进吐鲁番电网建设发展会谈纪要”，在双方共同努力下，已提前两年完成了“十一五”吐鲁番电网建设任务。新疆首个750kV乌鲁木齐北—吐鲁番—哈密输变电工程建成并降压投运。同时先后建成投产了220kV交河、小草湖风电、南山矿区、克尔碱等18项110kV以上输变电工程。截至2010年1月，吐鲁番电网已拥有220kV变电所5座，110kV变电所24座，110kV及以上输电线路增加了1172km，变电容量增加101万kVA。初步形成了以高压电网为支撑、中低压电网合理分布的坚强地区电网。会后，新疆公司投资建设的220kV阿拉沟输变电工程竣工剪彩仪式在托克逊县举行。

2月8日，中共中央政治局委员、新疆自治区党委书记王乐泉，自治区党委副书记、自治区主席努尔·白克力接见公司领导班子，对新疆公司2009年工作给予充分肯定。新疆公司总经理苏胜新代表公司感谢自治区领导对电力公司的关怀、支持和帮助，并表示在新的一年里将进一步做好工作，为自治区的稳定和发展作出更大的贡献。

2月27日，受持续暴风雪影响，伊犁天山区域发生严重雪崩。23时50分，新疆公司所属穿越天山的220kV皇林Ⅰ、Ⅱ回输电线路先后发生跳闸事故，伊犁电网与新疆主电网解列。故障发生后，新疆公司立即启动应急预案，先后发布冰雪灾害黄色和橙色预警，积极调整电网运行方式，连夜组织运行维护单位进行故障分析，集结应急抢修物资和队伍。28日0时30分，负荷切换成功，伊犁电网恢复供电，孤网运行。同时新疆公司协调的新疆军区陆航处直升机对故障线路进行巡视，因当日山区浓雾被迫返航。3月1日，直升机再次巡视，准确查找到线路故障点是皇林Ⅰ回线路发生1处C相导线断线，皇林Ⅱ回线路倾倒铁塔5基。3月17日13时44分，220kV皇林Ⅰ回输电线路经全力抢修恢复送电，伊犁电网与新疆主电网恢复联网运行。4月27日6时06分，220kV皇林Ⅱ回输电线路带电运行。

2月，新疆公司系统通过自治区文明行业届满复验，再次被自治区文明委命名为自治区文明行业。

3月5日，全国人大代表、新疆公司总经理苏胜新在参加全国人民代表大会三次会议期间，接受新疆人民广播电台《直播两会》特别节目采访。苏胜新总经理向大会提交了七条提案，主要议题是尽快启动新疆“疆电东送”特高压直流外送工程、促进新疆经济社会又好又快发展；加大新疆电网特别是偏远地州和农村电网建设国家投资力度；加大“双语”教育力度、助力新疆经济社会又好又快发展。10日，苏胜新总经理还出席了中国经济网与腾讯网联合直播的“2010两会代表委员面对面”中经在线访谈节目。同时，还接受了中国广播网、新华网、新疆日报、新疆经济报、天山网等媒体的专访。

4月6日，新疆公司召开会议，传达贯彻全国对口支援新疆工作会议精神，提出抓住机遇促进电网快速发展，积极主动做好全国对口援疆的电力服务保障工作，务必以优质的服务确保全国对口支援项目前期、施工、生活等用电需求，适度超前做好相关输配电项目前期和建设工作。

4月15日，新疆公司召开支援青海玉树抗震救灾工作会议，对相关救援工作进行了安排部署。85名应急抢修队员、2辆应急发电车、11辆工程车和越野车已集结待命，相应的抢修物资、工器具和生活后勤物资准备就绪，随时可开赴灾区参加抗震抢险保电工作。

4月18日，新疆公司与阿克苏地区行署就共同推进“十二五”阿克苏电网建设发展举行会谈。新疆公司党组书记文博，党组成员、副总经理叶军，阿克苏地委委员、行署常务副专员李刚，行署副专员马义林及新疆公司和阿克苏地区有关部门负责人参加会谈。新疆公司总经理苏胜新与阿克苏地委书记黄三平代表双方签署了会谈纪要。根据纪要，“十二五”期间，新疆公司计划投资40.3亿元用于阿克苏电网建设。将建设750kV伊犁至库车、库车至库尔勒输变电工程，开展750kV库车至阿克苏输变电工程前期工作，建设220kV沙雅、拜城等16项输变电工程，进一步补强网架建设，优化电网结构，为推进阿克苏地区“64122”工程建设，加快新型工业化进程提供可靠的电力保障。阿克苏地委和行署将全力支持电网建设，统筹协调解决阿克苏电网建设中涉及的各类矛盾和问题，将电网建设作为优先的民生项目列入浙江省对口支援规划，将配套电力基础设施建设资金列入对口援建项目资金计划，确保所有项目能够如期开工，顺利投产。2007年6月和2009年6月，新疆公司与阿克苏地委、行署分别就阿克苏电网“十一五”期间建设发展举行了两次会谈，并签署了会谈纪要。在双方共同努力下，已提前完成了“十一五”电网建设任务。“十一五”期间，新疆公司分别建成投运了220kV库尔勒—台远—龟兹、龟兹—阿克苏Ⅱ回输电线路工程、110kV库车化工园、柯坪等22项大、中型输变电工程。截至目前，阿克苏电网拥有变电所90座，输电线路3967km。其中220kV变电所2座，容量45万kVA；220kV线路5条，长度896.5km；110kV变电所15座，容量76.83万kVA；110kV线路31条，长度1380.8km。初步形成了以高压电网为支撑、中低压电网分布合理、日趋坚强的地区电网。

4月27日，新疆公司所属阿勒泰电力公司变电工区副主任姜淑华当选全国劳模，出席在北京召开的2010年全国劳模和先进工作者表彰大会。

5月14日，新疆公司与华电新疆发电有限公司、国电新疆电力有限公司、华能新疆能源开发有限公司、天富热电股份有限公司、新疆鲁能阜康能源开发有限公司在新疆人民会堂共同举办“和谐发展，共创辉煌”大型文艺演出活动。自治区党委常委、自治区副主席库热西·买合苏提及自治区发展改革委、经信委、宣传部、总工会、团委等部门领导和电力企业领导以及新闻媒体记者、各电力企业员工观看了演出。

5月27日，国家电网公司在北京召开新疆电力工作座谈会，对认真贯彻落实中央新疆工作座谈会精神作出全面部署。会议提出，要进一步加大对新疆电网的投资力度，加快新疆750kV电网建设，建成围绕天山山脉东、西段的两个750kV环网，并以环网为依托，适时向南疆三地州进一步延伸至喀什地区。加快750kV新疆—哈密—甘肃永登输变电工程建设，年底实现新疆电网和西北电网联网。完善补强220kV及以下各级电网。紧紧围绕民生和新疆稳定工作大局，加快南疆三地州和无电地区电力建设。“十二五”期间，计划投资41.7亿元，完成25.16万户、103.2万人的通电任务，其中通过电网最大限度的延伸，完成15.06万户、63.6万人通电任务；通过太阳能、风光互补等可再生能源供电方式完成10.1万户、39.6万人的通电任务。同时，进一步加大人才援疆力度，利用国网系统优质资源开展人才帮扶和培训工作。国家电网公司党组成员、副总经理舒印彪作重要讲话。国家能源局副局长吴吟，国资委群众工作局局长李学东，电监会输电管理部主任幺虹、新疆维吾尔自治区政府副秘书长张宏伟出席会议并讲话。国家电网公司有关部室和西北五省电力公司主要负责人参加会议。新疆电力公司总经理苏胜新在会上作专题发言。

5月30日，新疆公司党组召开扩大会议，深入学习领会中央新疆工作座谈会、自治区党委七届九次全委（扩大）会议和国家电网公司新疆电力工作座谈会精神，对全面贯彻落实中央新疆工作座谈会精神进行再动员、再部署。会议提出要抢抓新疆大建设、大开放、大发展的历史机遇，以高度的责任感、使命感和紧迫感，加快750kV骨干电网建设，加快南疆三地州和无电地区电力建设，以实际行动贯彻落实中央新疆工作座谈会精神。会议要求各单位、各部门要继续深入学习领会中央新疆工作座谈会精神，把思想和行动统一到中央关于加快新疆跨越式发展、长治久安的各项决策和部署上来，统一到国家电网公司党组和自治区党委、政府的各项要求上来，切实增强政治意识、忧患意识、大局意识和责任意识，按照公司的整体安排，加强组织领导，完善工作机制，以超前的工作思路、主动的工作作风、饱满的精神状态，切实将各项工作落实到位，会议提出要把贯彻落实中央新疆工作座谈会精神作为加快新疆电网建设和推动新疆公司精益化管理再上新水平的重大机遇，带动全体员工全力以赴，开拓创新，全面推动实现新疆电网优化升级新的历史性突破。

6月3日，新疆公司与哈密地区行署就共同推进“十二五”哈密电网建设发展举行会谈。自治区党委常委、自治区副主席库热西·买合苏提，自治区政协副主席、经贸委主任王永明，西北电网有限公司副总经理左玉玺，新疆电力公司党组书记文博，党组成员、副总经理沙拉木·买买提，哈密地委副书记、行署常务副专员张文全，及自治区有关厅局，哈密地委、行署及有关单位，新疆公司有关部室负责人参加会谈。公司总经理苏胜新与哈密地委副书记、行署专员古丽夏提·阿不都卡德尔代表双方签署了会谈纪要。根据纪要，“十二五”期间，新疆公司将投资43.9亿元建设坚强哈密电网，使之成为新疆电网的重要枢纽和能源外送基地，加快建设750kV风电配套送出工程及疆电外送等输变电工程，提高疆电外送能力。推进哈密220kV及以下电网建设，建成哈密市区及其周边地区220kV环网，增加110kV布点，优化电网结构，最大限度延伸，满足负荷增长需求，为地区经济社会发展提供坚强的电力保障。哈密地委和行署将全力支持电网建设，把电力发展作为哈密地区经济社会发展规划的重要部分，优先考虑，优先解决电网建设中的问题，全力配合共同落实好“十二五”哈密电力规划，为哈密大发展奠定坚实的基础。自2006年和2009年公司与哈密地区行署两次签定“关于共同推进哈密电网建设发展会谈纪要”以来，新疆公司先后投资41.7亿元建设哈密电网，建设了750kV乌吐哈输变电工程、750kV哈密—安西双回路输电工程、220kV山北输变电工程、110kV南部工业园等18项输变电工程，电网发展速度在全疆名列前茅。5年时间实现了哈密骨干网架从110kV到220kV的跨越，最高电压等级达到了750kV。2010年，新疆电力公司计划投资11.6亿元，扩建750kV哈密变电所，建成750kV哈密—安西双回输电线路，开工建设一批各电压等级的输变电工程，年内实现新疆电网与西北电网联网运行。

6月6日，新疆公司在喀什市召开南疆三地州电网建设座谈会，出台了“加快南疆三地州电网建设的意见”。决定投资120亿元加快南疆三地州电网建设，解决当地缺电问题。自治区党委常委、自治区副主席库热西·买合苏提出席会议。2010～2011年，新疆公司计划建设220kV喀什—疏附、和田—玉龙、麦盖提输变电工程，及220kV疏附—英吉沙—莎车输电线路，220kV金鹿—麦盖提—莎车、莎车—玉龙Ⅱ回输电线路，波波娜、布伦口水电站送出等工程项目，提升向南疆三地州送电能力。“十二五”期间逐步形成覆盖喀什、克孜勒苏州、兵团农三师的双回路220kV环网，建成覆盖和田地区和兵团农十四师的220kV双回路电网结构。建成750kV吐鲁番—巴州输变电工程，进一步提高对南疆三地州的供电能力。力争“十二五”期间750kV电网延伸至喀什，“十三五”期间覆盖和田电网，满足南疆三地州发展对电力的需求。在配网建设方面，新疆公司将进一步补强完善110kV及以下电网，增加110kV变电所布点，尽快在喀什市老城区、和田市、阿图什市及35kV变电所密集区增加110kV变电所布点，满足全社会的用电需要。“十二五”期间，规划新建改造35kV变电所85座，新建改造35kV线路2675km；新建改造10kV线路6121km，增换10kV配电变压器4603台48.7万kVA；新建改造低压线路7257km。

6月7日，新疆公司党组决定开展“新疆大建设、大开放、大发展，新疆电网做什么”大讨论活动。

6月9日，新疆公司投资建设的新疆首台标准化电动汽车充电桩建成，新疆公司党组书记文博，党组成员、副总经理谭洪恩与乌鲁木齐市副市长李宏斌共同揭幕。至26日，新疆公司分别同7个地州政府和30个县级政府签订了《关于电动汽车充电设施建设项目的合作框架协议》。

6月24日，新疆公司与中国电力科学研究院签订科技战略交流合作框架协议，以共同致力于培育和发展长期的电力科技战略合作关系，加快创新型企业建设，实现优势互补、合作共赢，提高新疆电网建设的技术支撑水平，促进新疆750kV主网架建设、城乡配电网改造、无电地区送电工程建设和“疆电东送”战略实施，加快推进统一坚强和谐新疆智能电网建设。新疆公司总经理苏胜新与中国电力科学研究院院长张文亮在协议书上签字。

7月12日，新疆公司与昌吉回族自治州人民政府就共同推进“十二五”昌吉电网建设发展举行会谈。新疆公司党组书记文博，党组成员、副总经理沙拉木·买买提，党组成员、副总经理施学谦，总工程师金炜，昌吉州党委书记李学军，副州长周旭勇，及自治区国资委、发展改革委、环保厅，新疆公司和昌吉州有关部门负责人参加会谈。新疆公司总经理苏胜新与昌吉州党委副书记、州长刘志勇共同签署会谈纪要。根据纪要，“十二五”期间，新疆公司将投资65.6亿元建设昌吉电网，加快建设乌北郊—奇台—五彩湾—乌北郊750kV环网线路。同时，加快220kV电网结构完善补强，打造坚强高压配电网，显著提高昌吉地区供电支撑能力。昌吉州党委、政府将一如既往地全力支持电力企业的各项工作，积极统筹协调解决电网发展建设中涉及的各种问题，共同推动和保障昌吉州电网“十二五”电网规划的顺利实施。新疆公司和昌吉州党委、政府分别于2007年、2009年两次签署“关于共同推进‘十一五’期间昌吉电网发展会谈纪要”以来，新疆公司建成投运了750kV玛纳斯凤凰至乌鲁木齐北郊、220kV五彩湾、220kV奇台、110kV明德、110kV上户沟等33项输变电工程，基本满足了昌吉州电力需求，解决了新建工业园区和工矿企业用电问题。目前昌吉电网拥有220kV变电所9座，220kV线路18条，长度1011.3km。110kV变电所29座，线路50条，长度1194.7km。初步形成了以高压电网为支撑、中低压电网分布合理、日趋坚强的地区电网，为昌吉州经济社会发展发挥了积极作用。

7月19日，《新疆电力公司生产突发事件应急响应管理办法（试行）》颁布实施。

8月7日，新疆公司新疆电力规划研究中心成立，职能主要是参与并配合国家电网公司相关规划工作，受委托负责制定和滚动修编新疆能源规划、新疆电力规划、新疆电网规划和企业发展战略规划，编制自治区大型工业园区、基地专项供电规划，编制和指导地州电网规划，制定110kV及以上大客户供电方案等。同时，开展电网规划、新能源发电接入、特高压、智能化电网（微网）、新技术应用等专题研究。受新疆公司发展策划部委托，评审110kV及以上电网建设项目可研和电厂接入系统设计，新疆公司220kV及以上电网工程项目建议书的编制。逐步开展电厂接入咨询工作。逐步延伸服务，提出新疆公司项目初设主要建设原则和标准［总平面、主接线、主建（构）筑物、塔型、基础形式、主设备选择］的审查意见。制定和修编公司规划相关技术导则。

8月27日，国家电网公司总经理、党组书记刘振亚在乌鲁木齐与自治区党委书记张春贤、自治区主席努尔·白克力等举行电网发展会谈，谋划“十二五”期间新疆电网发展大计，一致表示要进一步加快电网建设，提升保障能力，促进“疆电东送”，为新疆跨越式发展和长治久安贡献力量。自治区党委常委、党委秘书长白志杰，自治区党委常委、副主席库热西·买合苏提，自治区政协副主席、经信委主任王永明，自治区政协副主席、发展改革委主任刘晏良，自治区党委政府相关部门负责人，国家电网公司总部有关部门和西北电网公司负责人，新疆电力公司总经理苏胜新、党组书记文博参加会谈。会后，刘振亚总经理在库热西·买合苏提副主席，西北电网公司董事长、党组书记孙佩京，哈密地委书记郭连山，地委副书记、行署专员古丽夏提·阿不都卡德尔，苏胜新总经理，文博书记等陪同下，往750kV哈密变电所看望和慰问一线员工。

9月12日，新疆公司总经理苏胜新带领有关部门和乌鲁木齐电业局负责人先后走访了神华米东煤矸石电厂、山东信发集团电解铝工程项目和华能阜康热电厂，就落实国家电网公司“四个服务”宗旨，进一步提升服务质量，加强电网企业同发电厂和大客户的合作进行了沟通交流。

9月28日，新疆公司在南疆三地州边境贫困县超前建设的首批民心工程110kV阿合奇输变电工程建成投运。为加快严重缺电的32个边疆县和17个边疆贫困县电网建设，新疆公司2010年投资10.24亿元，开工建设了10项大中型电力民生工程。

10月22日，自治区党委书记张春贤，自治区党委常委、秘书长白志杰，自治区党委常委、副主席库热西·买合苏提，副主席艾尔肯·吐尼亚孜，自治区政协副主席、发展改革委主任刘晏良一行在公司党组书记文博陪同下，往750kV哈密变电所视察新疆与西北750kV联网工程的建设和调试情况。

10月，新疆2010年农网升级改造工程投资计划可行性研究报告获国家发展改革委批准。项目共计362个，涉及全疆85个县市，投资规模超过20亿。计划新建和改造35kV及以上变电所113座，新建和改造高低压输电线路5274km，预计将有400多万农牧民从中受惠。工程得到了国家大力支持，将有54个县市可以得到国家50%资本金。

11月3日，新疆与西北750kV联网工程投入运行，工程起于新疆750kV乌北变电所，止于甘肃750kV永登变电所，沿线建有7座变电所、12条输电线路，双回线路里程3560km，总投资近160亿元，是世界上规模最大、线路最长、环境最为复杂的750kV输变电工程。其中新疆段工程有4个变电所，线路全长1691km，总投资66.93亿元。自2009年3月28日开工建设以来，在国家电网公司的统一指挥协调下，新疆电力公司组织多家参建单位，数万员工冒酷暑、战风雪、斗严寒，2010年1月8日乌鲁木齐—吐鲁番—哈密段实现带电运行，10月8日实现工程“零缺陷”移交，创造了750kV电网建设的奇迹。新疆与西北电网750kV联网工程是2010年国家西部大开发重点工程之一，也是国家电网公司实现全国联网的重点工程，对于开发新疆能源资源、促进“疆电外送”，实现西北地区水、火、风电“打捆”外送，加快新疆绿色新能源开发，推动电力发展方式转变，保障国家能源安全，具有重要战略意义。同时标志着新疆电网结束了孤网运行历史，并入全国电网。投运仪式同时在北京、新疆、甘肃三地举行。

11月9日，受新疆公司党组委托，农电部负责人看望慰问了新疆公司援建的策勒县固拉哈玛乡吉格代勒克吾塔克村、买地尔肯村和亚克吾斯塘村抗震安居房农牧民，并为困难农牧民送去了现金、面粉、清油等慰问品。2006年至今，农网工程已投入1.1亿元，并通过无电地区电力建设工程，解决4845无电户的通电问题。专项扶贫资金投入1500万元，并在策勒县建设177户抗震安居房，让部分贫困户住上了新居。2010年，新疆公司对策勒县扶贫的重点是解决希望“双语”幼儿园取暖问题，为固拉哈玛乡政府建设光明科技培训中心楼。

11月21日，新疆公司投资建设的塔城地区白杨河无电区通电工程、220kV百口泉至铁厂沟输变电工程奠基。白杨河35kV输变电工程投资2528万元，规划建设35kV变电所1座，35kV线路38.7km，安装配电变压器19台，将于2011年4月底竣工。220kV百口泉至铁厂沟输变电工程投资8684万元，新建220kV线路87km，工程计划于2011年5月底竣工。工程建成后将解决5575名无电农牧民的用电问题，进一步增强塔城电网供电可靠性。奠基仪式由新疆公司党组成员、副总经理叶军主持，新疆公司总经理苏胜新，党组书记文博，塔城地委副书记、行署专员马宁·再尼勒等和牧民代表为工程培土奠基。

11月22日，新疆公司与塔城地委、行署就共同推进“十二五”期间塔城电网发展举行会谈。新疆公司党组书记文博，党组成员、副总经理叶军，总工程师金炜，塔城地委书记彭家瑞，塔城地委委员、行署常务副专员张文强，塔城地区人大工委党组书记张其州，行署副专员侯本智，塔城地区有关委办局领导，新疆公司相关部室负责人和塔城电力公司、奎屯电业局主要领导参加会谈。新疆电力公司总经理苏胜新与塔城地委副书记、行署专员马宁·再尼勒代表双方共同签署会谈纪要。根据纪要，“十二五”期间，新疆公司将投资21.5亿元用于塔城地区电网建设，建设750kV乌苏至伊犁输变电工程，建设向塔城地区供电的第二条220kV线路—百口泉至铁厂沟输变电工程，争取建设第三条220kV线路；建设和丰、乌苏等31项220kV、110kV输变电工程；增加110kV布点、优化电网结构，满足负荷需求，继续支持塔城地区风电、火电等的发展，为塔城经济社会发展提供强大动力。塔城地委、行署将一如既往、全力以赴支持新疆公司在塔城电网建设中的各项工作，认真解决公司提出的意见和建议，共同推进塔城地区电网建设工程的顺利实施。“十一五”期间，新疆公司与塔城地委、行署分别进行了两次友好会谈，共投资14.9亿元推动塔城电网发展，分别建设了220kV铁厂沟、额敏输变电工程和110kV沙吉海、黑山头等26项输变电工程。截至目前，塔城地区电网拥有变电所83座，输电线路7469km，初步形成了以220kV高压电网为支撑、中低压电网合理分布、日趋坚强的地区电网，基本满足了塔城地区的电力需求。“十一五”期间，新疆电力公司还完成了一批35kV及以下县城电网改造和农网完善、新农村电气化和扩大内需项目，提前超额完成无电地区、牧民定居、抗震安居以及移民安置通电工程，解决了8784户共23 131无电人口的用电问题。

12月8日，自治区纠风办副主任、自治区纪委纠风室主任安仓振一行对新疆电力系统窗口单位抽检情况进行意见反馈，认为公司各单位高度重视行风建设，在地方行风建设中发挥了排头兵的作用，树立了中央企业的良好形象。10～11月，自治区纠风办和新疆公司组成联合检查组，对巴音郭楞州、阿克苏、克孜勒苏州、喀什、和田等5个地州市公司系统已经创建和准备创建自治区级政风行风示范窗口的23个窗口单位进行了抽检。

12月16日，新疆公司所属新疆电网电力交易中心“一站式”服务启动，同时具备新建发电厂（机组）接入、厂站命名、并网及转商运、合同协议签订、电量结算、信息发布、市场建设等服务职能，简化了办事流程，创新了交易模式，将充分利用电力市场交易平台，为新疆发电企业提供优质、高效、便捷的服务，以全面提升市场交易的质量和水平。

12月31日，国家电网公司党组调整公司领导班子，免去文博新疆电力公司党组书记、副总经理职务，调菲律宾国家电网公司（NGCP）任职。2011年1月21日，新疆公司召开干部大会宣布了相关文件。

（旷路明）

南 方 五 省 区

广 东 电 网 公 司

企业概况

广东电网公司前身是广东省广电集团有限公司，2002年12月29日，国家电力体制实施重大改革，广东省广电集团有限公司划归中国南方电网有限责任公司。根据《国务院关于组建中国南方电网有限责任公司有关问题的批复》（国发［2002］5号）和国家发改委批准的《中国南方电网有限责任公司组建方案》规定，并经广东省人民政府同意，2005年3月31日，广东省广电集团有限公司完成工商登记注册，更名为广东电网公司，4月18日正式挂牌并运作。

广东电网公司是中国南方电网有限责任公司的全资子公司，注册资金480亿元。截至2010年底，企业资产总额2432.56亿元，资产负债率59.83%。全省共有35kV及以上输电线路（含电缆）69 647km，变电站2303座、主变压器4744台、变电容量37 027万kVA。其中：500kV线路6219km，变电站37座、主变压器84台、容量7725万kVA；220kV线路19 103km，变电站314座、主变压器735台、容量14 169万kVA；110kV线路33 274km，变电站1567座、主变压器3305台、容量14 826万kVA；35kV线路11 052km，变电站385座、主变压器620台、容量306万kVA。目前已形成以珠江三角洲地区500kV主干内环网为中心、向东西两翼及粤北辐射，与贵州、云南、广西、湖南、香港地区、澳门地区电网互联的全国最大的省级电网。

根据《广东电网公司章程》的规定，广东电网公司负责广东电网的统一规划、统一建设、统一管理。依法对所辖电网以及并网的电厂实施统一调度，负责电网的安全、稳定、经济、优质运行；经营管理广东电网，经营广东省内外和境内外的电力购销，经营电力过网和电力交易等服务业务；通过产权转让、资产收购、兼并、租赁、股份制改造等方式开展资本经营；经营电力工程的建设，包括工程总承包、设计、施工、调试、物资供应、工程监理及造价咨询等；经营依托电力通信网发展的有关信息产业的业务，电力设备、电力物资器材的修造和销售；经批准开展国内外融资、投资和国际合作业务，同时从事科研开发、技术贸易、进出口、房地产开发经营、信托、金融、证券、保险、咨询服务、培训等业务和其他第三产业经营。

至2010年底，广东电网公司直管21个地市级供电局，31个县(市、区)供电局，551个镇供电所，50个县级供电子公司，755个镇供电所。供电面积17.8万km^2。

组织机构

见广东电网公司2010年组织机构图。

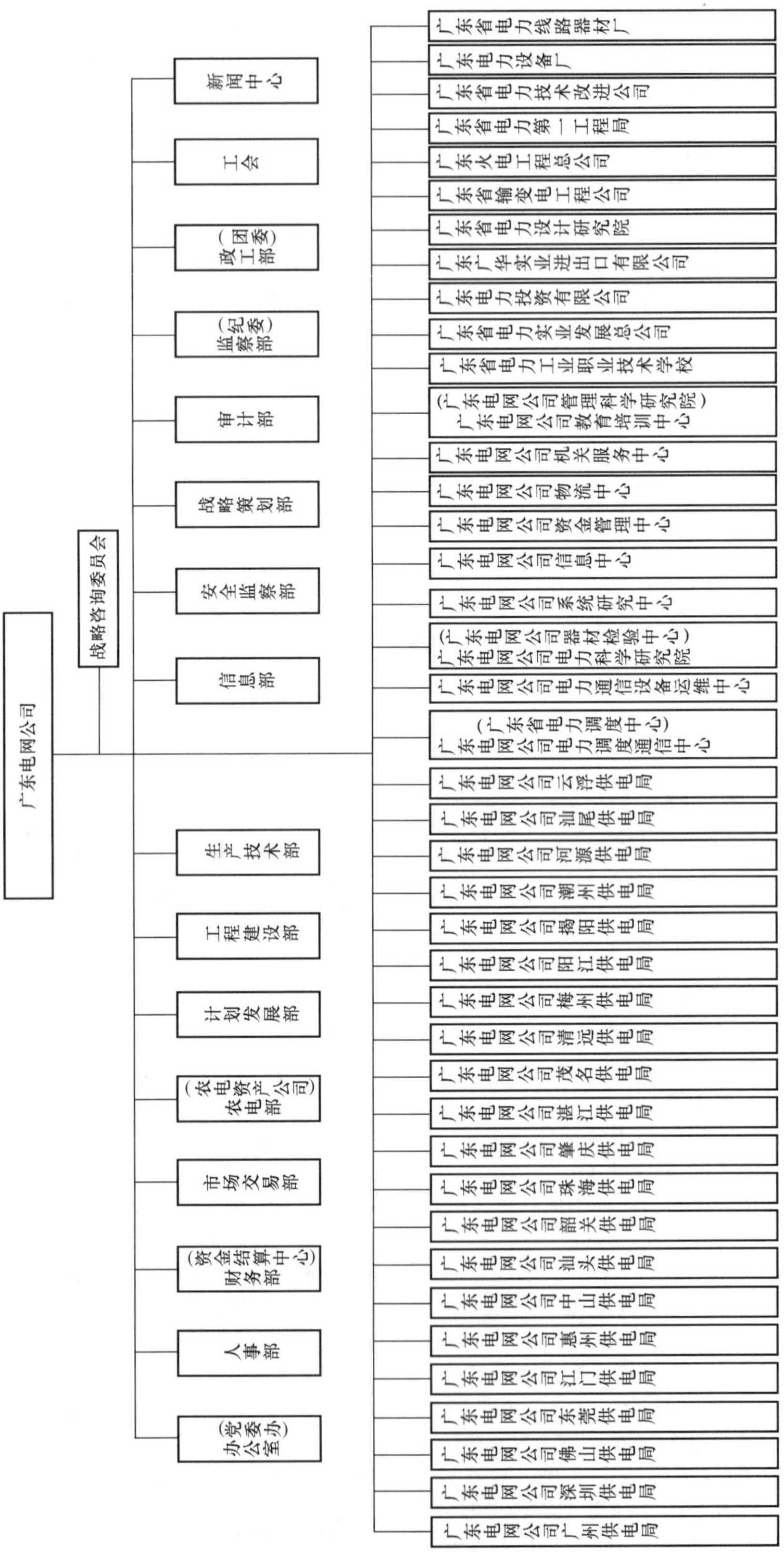

广东电网公司2010年组织机构图

广东电网公司本部设有办公室（与党委办公室合署）、新闻中心、人事部、财务部（与资金结算中心合署）、市场交易部、农电部（与农电资产管理公司合署）、计划发展部、工程建设部、生产技术部、信息部、安全监察部、战略策划部、审计部、监察部（与纪委合署）、政工部（与团委合署）、工会共16个部门，下辖广州、深圳、佛山、东莞、惠州、珠海、中山、江门、韶关、汕头、肇庆、湛江、茂名、梅州、清远、阳江、揭阳、潮州、河源、汕尾、云浮供电局21个地市供电局，以及省电力调度通信中心、电力设计研究院、电力科学研究院、教育培训中心、广东省电力工业职业技术学校、系统研究中心、电力通信设备运维中心、物流中心、信息中心、资金管理中心、输变电工程公司、火电工程总公司、电力第一工程局、广华进出口公司、电力投资公司、实业发展总公司、线路器材厂、电力设备制造厂、电力技改公司等单位。

人力资源

2010年末，广东电网公司共有职工113 541人，其中拥有博士119人、硕士2070人、本科20 440人、专科28 213人。拥有正高级职称48人、副高级职称2401人、中级职称8286人、初级职称17 747人，高级技师401人、技师3075人、高级工16 436人、中级工30 079人、初级工11 309人。

领导班子

2010年6月，根据南方电网党［2010］34号、南方电网人［2010］56号文通知，聘任罗辑同志为广东电网公司党委委员、副总经理；杨爱民、刘启宏同志任广东电网公司党委委员；免去廖建平、徐达明同志广东电网公司党委委员、副总经理职务；免去辛瀑同志广东电网公司总经济师职务。调整后，广东电网公司领导班子成员如下：

总经理、党委副书记：赖佳栋

党委书记、副总经理：廖建华

副总经理、党委委员：金基民、于俊岭、林雄、罗辑

党委委员：杨爱民、刘启宏

纪委书记、党委委员：王　江

工会主席：王　江（兼）

总会计师：陈　山

电网发展

认真完成《广东电网“十二五”系统设计》，编制完成《广东电网二次系统“十二五”规划》，提出通信、自动化、继保和安全稳定四个方面的技术发展路线和项目建设方案。

开展《佛山110kV电网结构优化专题研究》、《城市配电网电压序列专题研究》、《配电网投资与可靠性及线损率的关联性专题研究》等多项专题研究。

积极向政府沟通汇报，合力破解前期难题。与广东省发展改革委、省经信委联合发文通报了各地市2008～2009年电网建设考核情况，并与各地市政府签订《2010年加快推进电网建设目标责任书》，巩固了省、市联动推进电网建设的长效机制。促成广东省国土厅同意参照500kV线路塔基用地预审的办法来处理110kV及220kV线路塔基用地预审。促成广州市政府出台《广州市房地产开发项目配套公共服务设施建设管理办法》，广东电网公司制定了房地产项目配套变电站建设流程，在国内首次将变电站作为房地产配套项目进行建设。

2010年，获得广东省发展改革委同意广东电网公司673项110kV及以上输变电工程开展前期工作。制订《广东电网公司输变电工程前期工作考核办法》、《广东电网输变电工程上报核准工作指引》等。加强项目前期计划规范化管理，初步实现前期工作全过程监控。全年共完成9项500kV、20项220kV和90项110kV输变电工程核准工作。

2010年广东电网公司下达固定资产投资后评价项目计划共31项，其中主网投资项目10项，配网投资项目21项。

打破原有各类计划分块管理体系，建立新的大计划管理体系。按照各供电局的盈利能力，分配投资额度，其在有限的额度内自主统筹安排投资计划，按照紧急程度和投资效益准入原则优选项目，确定了基层单位在计划编制中的主体地位。

采取创新模式分批下达电网建设投资计划。按照南方电网公司“工程项目未批复可研、初设，未取得核准文件不得列入投资计划”的要求，将广东电网公司2010年电网基建投资计划细分为正式计划和开展前期工作预备项目计划。根据项目前期工作进度情况全年分批次下达了2批投资计划。严格执行投资计划准入制度，提供计划准入门槛，提高项目投资效益。完成“十二五”小型基建规划编制工作，启动小型基建月度计划和季度形象进度滚动修编工作，开展小型基建现状调查，开展广东电网公司总部新大楼和教育培训基地等重大项目的征地、立项等前期工作。

2010年建成投产500kV东莞水乡输变电工程、500kV上寨输变电工程、500kV嘉应至上寨Ⅱ回线路工程、汕头海门电厂送出输变电工程、顺广乙线改造工程、广州增城4号主变压器扩建500kV工程、亚运保供电工程、220kV广州猎德（珠城）输变电工程8项重点工程。完成亚运保供电项目投资

19.74亿元，完成主网配套项目10个，变电容量268.76万kVA，线路长度131.52km；完成配网配套项目560个，线路1608km。汕尾110kV桂竹至东洲Ⅱ回线路等一批受阻3年甚至5年的涉亚工程项目一举攻破。

共投产35kV及以上项目377项（不含仅投产配套线路项目），其中：500kV项目9项，220kV项目89项，110kV项目253项，35kV项目26项。新增35kV及以上输电线路（含电缆）6705.16m，新建35kV及以上变电站215座，新增主变压器482台、变电容量5561.54万kVA。其中：500kV线路855.75km，变电站6座、主变压器11台、容量1400万kVA；220kV线路2205.98km，变电站49座、主变压器110台、容量2376万kVA；110kV线路3290.66km，变电站151座、主变压器342台、容量1772.40万kVA；35kV线路352.77km，变电站9座、主变压器19台、容量13.14万kVA。

严把安全质量关，着力打造精品工程。500kV桂山变电站工程、500kV坪石B电厂至曲江站线路工程、500kV国安变电站工程、500kV五邑变电站工程、220kV联丰变电站工程、220kV惯平变电站工程、220kV灵芝变电站工程、220kV桑浦变电站工程、220kV陶博变电站工程获“广东省公司优质工程”称号、“广东省电力优质工程”称号。中山500kV桂山变电站工程、阳江220kV惯平变电站工程、深圳220kV灵芝变电站工程获“广东省优良样板工程”称号。500kV桂山变电站、500kV坪曲输电工程获“南网优质工程奖”、“2010年中国电力优质工程奖”。500kV坪曲输电工程获“2010年国家优质工程奖（银奖）”称号。500kV桂山变电站获2010年度中国建筑工程鲁班奖。

电网运行与安全生产

2010年，广东用电，全年大部分时期电力供应能力不足，供电形势紧张。广东电网统调负荷9次创新高，最高达6956万kW（8月5日），同比增长9.4%。中调负荷11次创新高，最高达6547万kW（8月5日），同比增长12.7%。全年最高错峰负荷达到360万kW（7月5日），同比增长2337.8%，自觉错峰率达到100%。

3月初，广东电网公司印发了安全生产、技术管理、调度运行年度重点工作计划。4月2日，广东电网公司印发了《关于认真做好2010年防风防汛工作的通知》，精心部署防风防汛工作，成功应对“凡亚比”等超强台风对电网造成的影响。2010年共启动防风防汛应急响应16次，升级6次，发布电网Ⅲ级运行风险9次、Ⅳ级风险30次，灾害损失和电网风险降到最低程度，确保了电力的安全可靠供应。

深入研究负荷特性，不断提高负荷预测水平，加强全网负荷预测考核管理，开展负荷调查。2010年日平均负荷预测准确率达97.57%，同比提高了0.4个百分点。充分利用南网大平台，积极争取西电、国网电、港电等省外电力，增购国网电力超过130万kW。充分挖掘广东省内机组潜力，实行“年度总量控制、月度灵活使用”的使用模式，增加9E机组出力达80万kW。协调香港中华电力，将转供电量与购电量的月度匹配更改为年度匹配，减少深圳地区网络受限错峰25万kW。全年外购电量1047.4亿kWh，同比减少2.4%。其中：购西电电量1027.6亿kWh，同比减少1.6%；购香港电18.0亿kWh，同比减少39.0%。西电送广东最大负荷2291万kW，同比增长10.6%；香港电送广东最大负荷153.0万kW，同比减少15.1%。

加强厂网协调，加强购售电管理。与68家发电厂签订并网调度协议80份，并网调度协议签订率达到100%。全年优化调整机组检修计划共20台，总容量682万kW，最大提高供电能力180万kW。加强电厂燃料管理，针对电厂可能出现的存煤不足现象，积极协调督促电厂加强电煤采购，保证发电需求。

在安全生产领域率先实施管理“七个统一”，即统一的组织架构和职责、统一的业务流程、统一的管理标准、统一的技术标准、统一的作业标准、统一的信息系统、统一的指标体系。风险体系应用范围进一步扩大到工程、营销、信息、后勤系统等专业，50个县级子公司全面启动风险体系建设，实现了风险体系向纵深推进。出台及完善《广东电网公司安全生产问责管理规定》等8份四级四类安全生产责任传递制度。

率先在南方电网系统建成了省、地两级“1+21”的应急指挥中心，实现省、地两级应急指挥中心的互联互通，构建可见可控的应急指挥体系。组织制订《应急预案操作手册》。编制出台广东电网公司应急管理规定，明确了应急队伍和应急物资的管理办法，组建了变电、输电、供电等各类独立应急队伍37支，共2325人，广东电网公司系统应急队伍392支，共16 463人。

首次引入第三方督查，开展分行检查及基于风险的督查，实现督查常态化。2010年以第三方督查方式对14个直属单位共47项专项重点工作进行督查和6次“飞行”检查，发现问题共405个，完成整改率是95%。建立督查情况定期通报制度，督促对发现问题及时整改。开展对电网运行风险大的5个重点工程项目检查。在全方位开展生产现场安全督查工作中，各单位共出动 153 719 人·次，发现问题 2430 个，整改完成率 93%。

完善省、地、县三个层面供电可靠性创先工作方案，制订供电可靠性规划。以“三抓好，两推进”为主要措施，抓好综合停电管理，计划停电同比减少 8779 条·次；抓好 10kV 线路转供电工作，全年实施转供电 8716 条·次，转供电率达到 100%；抓好配网故障快速复电工作，研究制订了快速复电工作机制和配网调度集约化管理工作方案，开展了试点并取得初步成效，深圳、佛山局配网故障复电时间分别同比下降 12.8%和 21.87%；推进配网带电作业，制订了配网带电作业管理规定和作业指导书，21 个直属供电局共开展作业 7556 次，减少用户停电时间 1.89h；推进配网自动化建设，制订配网自动化系统验收规范和运行管理规定，21 个直属供电局完成了配网自动化规划，广州、深圳、中山局配网自动化系统达到实用化要求。积极探索新技术，夯实可靠性基础管理。开发了营配一体化系统可靠性统计模块，实现可靠性指标的精确统计。开展可靠性指标理论计算研究，实现对供电可靠性指标科学评估和预测。2010 年全口径用户平均停电时间 16.86h，同比减少 43.5%，城市用户平均停电时间 4.66h，同比减少 39.6%。深圳局达到国际可比城市的先进水平，创先第二、第三层面供电局达到国内可比城市领先水平的预期目标。

积极开展设备远程监测、状态评价和风险评估工作。建立电力设备远程诊断中心，引进新技术，开展重要设备在线监测。建成变电站视频及环境监控系统省级主站 1 套、地区级主站 21 套及站端系统 177 套，为电网可视化监控、调度与应急指挥及远程视频巡检提供技术手段。印发了设备状态评价与风险评估管理办法和技术导则，结合亚运会保供电工作开展主设备状态评价与风险评估。完成了 28 839 台设备的状态评价工作，及时处理设备缺陷，有效控制了设备运行风险。

落实反事故措施。全面完成 1310 座变电站 110～220kV 非 GIS 出线间隔 11 229 相避雷器的安装；完成全部 289 台 500kV 变压器（电抗器）绝缘油普查工作，完成 220kV 及以上 30 台变压器（电抗器）添加钝化剂工作；完成 90 套 220kV 线路保护通道光纤化改造工作，完成通信系统 $N-1$ 安全危险点整改。

加强设备缺陷管理。定期开展设备运行分析，针对设备在运行中发生的问题，制订有效的应对措施，开展针对 GIS、主变压器、上海 MWB 公司 500kV 互感器、10kV 大电流断路器和隔离开关等设备的专项检查，及时发现和处理设备安全隐患，防止发生设备事故。开展加强缺陷管理专项工作，加强缺陷信息管理，提高缺陷处理率和处理及时率。及时消除 500kV 罗洞站 3 号主变电站、贤令山 2 号主变电站等重要设备缺陷，全年设备紧急缺陷消缺及时率达到 100%，重大缺陷消缺及时率达到 99.6%。

加大县级供电子公司设备技术改造力度。广东电网公司于 2010 年对未满足三化要求的县级供电子公司 30 座 110kV 变电站进行技术改造，各项目计划于 2011 年 6 月底前完成技改类项目的实施。

2010 年 8 月，广东电网公司在生产技术部下设立科技科，归口科技管理工作，成功举办首届广东电网技术论坛。2010 年，广东电网公司获得中国电力科技进步奖 5 项、广东省科技进步奖 5 项、南方电网公司科技进步奖 38 项，其中一等奖 2 项。自主创新能力持续提高，获得专利授权 58 项，其中发明专利 4 项。重点实验室建设取得突破性进展，电网自动化实验室成为南方电网公司两个重点实验室之一。

2010 年，广东电网公司安全生产技术指标完成情况良好，电网频率合格率 100%，中枢点电压合格率99.999 8%，城市居民端电压合格率 99.16%；城市用户平均停电时间 4.66h，城市用户平均停电次数 1.17 次，全口径用户平均停电时间 16.86h，全口径用户平均停电次数 4.56 次；500kV 架空线路可用系数 99.79%，500kV 变压器可用系数 99.861%，500kV 断路器可用系数 99.976%；220kV 架空线路可用系数 99.793%，220kV 变压器可用系数 99.948%，220kV 断路器可用系数 99.974%；220kV 及以上电压等级保护正确动作率 99.94%，500kV 保护正确动作率 99.83%；生产实时控制业务通信通道平均中断时间 1.585min。

2010 年，广东电网连续安全运行 5495 天，历史性实现了杜绝恶性误操作事故目标；未发生较大及以上人身、电网、设备事故，发生一般事故总数 41 起，同比下降 23 起，减幅达 36%；降低了外力破坏事故，外力破坏事故 11 起，同比减少 11 起，减幅达 50%；降低了配网农网事故，农电事故 4 起，同比下降 11 起，减幅达 73%；人为责任事故 3 起，同比下降 2 起，减幅达 40%。

信息化水平实现跨越式发展。全面完成 GD248 工程的建设，营销、生产等八大主营业务系统全部上线运行，应用范围覆盖省、地、县三级，主营业务支持度提升到 100%。信息化建设规模方面，已在运行服务器 4445 台，计算机终端设备 86 714 台，应用软件 1323 套；信息化应用水平方面，110kV 及以上变电站光传输网覆盖率 99.67%，220kV 及以上变电站调度数据网覆盖率100%，营业网点综合数据网覆盖率100%；人机拥有率89.46%，客户端计算机防病毒系统覆盖率为100%、客户端计算机AD域管理系统覆盖率为99%、桌面管理系统覆盖率为97%、PKI用户数字证书应用覆盖率为91%。八大主营业务系统的总数据量45.2（TB），注册用户总数99 709个；信息化运维支持方面，IT服务电话月均应答次数约为37 000次，平均处理工单约25 000张。率先在南网范围建设省级集中的企业级信息系统，建成了在国内电力行业具有示范效应的资产管理系统和营配一体化平台，完成了具有国内先进水平的企业驾驶舱、企业级数据规划、大计划大预算系统的建设，完成了电网规划系统的推广应用。

市场营销

2010年，完成购电量3894亿kWh，同比增长14.86%；售电量3682亿kWh，同比增长14.05%。母公司线损率完成5.45%，全口径线损率6.36%。平均售电单价709.37元/MWh；全口径终端用户应收电费余额5.75亿元，同比下降1.37亿元；母公司非现金缴费率92.22%，同比提高8.11个百分点；第三方客户满意度72.3分，“一站妥”服务比例84.6%；计量准确率99.97%，计量故障差错率0.22%。

全面构建了一站妥客户服务体系，“‘一站妥’客户服务体系研究与实践”研究成果获广东电网公司首届管理论坛一等奖。研究出台专项方案，努力将95598客户服务中心打造成问题解决中心，经过7个单位试点，取得了初步成效。第三方客户满意度为72.3分，客户关系状态良好，在南网公司组织的十大城市第三方满意度测评中，广州、深圳供电局分列第一、第三位。广东电网公司蝉联广东省十大公共服务行业满意度调查和广东省地方政府公共服务公众评价满意度第一，客户服务工作得到广大客户和社会各界的充分肯定。

依托信息系统，初步实现了线损管理精细化和信息化。东莞、江门和肇庆供电局实现了线损四分网级达标，县级子公司全部实现线损四分管理，子公司平均线损率同比下降1.45个百分点。深入细致开展，组织客户开展合同能源管理项目13项。各项节能服务共为客户节电约1.63亿kWh。促请广东省政府与南网公司签订了加快电动汽车充电设施建设战略合作框架协议，广东电网公司分别与广州市、深圳市政府签订了战略合作框架协议。初步完成了2010～2015年电动汽车充电设施规划编制，投资运营模式及其充电设施对电网运行的影响等相关专题研究。完成了2项国家能源部电动汽车充电技术行业标准的编制工作。在广州、深圳、珠海等市累计建成了6个充电站及190个充电桩，为促进电动汽车产业发展发挥了示范和支持作用。

新增了客户信息质量评价、95598客户服务、营配一体化工作质量等多项指标，修订了第三方客户满意度指标词典。将供电局层面超过800余项的市场营销制度、技术标准和作业标准精简到了363项。完成全部123个客户服务流程的固化，完成流程细化到岗，提炼形成全省统一的作业表单243项，管理表单324项。深度参与了南网公司市场营销战略编制及营销组织体系研究，修订了市场营销规范、班组管理手册，编制了市场营销作业指导书，为南网公司市场营销一体化管理提供了经验和参考模板。

营销系统V2.0顺利上线单轨运行，覆盖全省含子公司在内的79个县，1726个供电所的2912万客户。广东电网公司本部启动了客户服务监控中心建设。按期完成了营销技改计量装置改造投资，基本实现了厂站、专用变压器、公用变压器计量自动化系统全覆盖。县级子公司完成更换淘汰型电能表的目标，计量装备水平得到大幅提升，计量自动化系统建设继续处于全国领先水平。

21个供电局计量自动化系统通过了实用化验收，广东省公司本部主站初步实现了系统的集中监控和管理。制订了10个智能电能表系列技术标准。营配一体化推广工作按期完成。基于配网GIS，建立了覆盖20多万km10kV馈线、近50万台配电变压器、52.5万km低压线路和2157万多用户的“站—线—变—户”数字化电网模型，在直供直管范围内搭建了信息化平台，形成了工程资料电子化移交运作机制。21个供电局直供直管范围营配一体化通过实用化验收，部分县级子公司提前一年通过实用化验收。

配合广东省物价局研究制订工商业同价试点方案。合理测算广东居民阶梯电价的分档标准和提价方案，做好召开听证会的各项准备。研究国家输配电成本监审办法，开展输配电价测算，初步完成现行输配电价与合理输配电价的计算和比较分析报告。

人力资源管理

对广东电网公司本部部门和直属单位领导班子进行了调整和充实，全年调整配备干部198人，其中提拔干部111人、交流干部42人。修订和颁布14项干部管理制度，《广东电网公司领导人员管理规定》首次明确了领导人员任期、任职资格、交流轮岗和退出机制，《广东电网公司管理的领导班子和领导人员考核评价办法》将绩效管理、党建责任制考核和党风廉政建设责任考核三者紧密结合；修订完善《广东电网公司关键岗位人员交流轮岗办法》，规范权力运行，有效预防腐败。积极探索竞争性选拔干部机制，推行差额选拔、公开招聘等竞争性选拔干部方法，提高了选人用人公信度和满意度。

进一步理顺机构管理职责与界面，优化组织机构设置。制订了《广东电网公司外委业务工作界面管理规定》、《广东电网公司组织机构管理办法》、《广东电网公司直属供电企业各级组织机构负责人职务称谓与职数配置管理标准管理规定》、《岗位说明书编写规则》、《岗位说明书模板》、《岗位说明书》等制度和办法。

加强对直属供电企业劳动用工管理的指导，按照广东电网公司直供范围农电体制改革统一部署，开展直供范围农电体制改革人员情况前期调研和分析工作。

认真落实南方电网公司薪酬“降高、提低”调控要求，积极理顺内部收入分配关系，严格按照要求重点对广东电网公司系统内副处级以上干部、本部人员的薪酬水平进行管控，规范系统各类型人员收入。印发《一线班组员工精神激励工作方案》，制定星级员工管理办法和评选标准，组织开展星级员工评选试点工作。

组织开展技能人才现状调研和培训需求调研，滚动编制广东电网公司2009～2015年教育培训规划，制订并落实广东电网公司2010年员工教育培训计划。2010年，有3万多人参加电业安全工作规程同步网络考试。以能力和业绩为导向开展人才评价工作，择优选聘助理技术专家97名、助理技能专家48名。组织完成广东电网公司2009年度专业技术资格评审、考核认定和其他系列委托外系统评审工作，系统共计1379人通过考评取得高、中级专业技术资格。大力开展职业技能鉴定工作，加速培养高技能人才，培养高级技师137人、技师821人、高级工5450人。2010年广东电网公司系统共举办各类培训班11 577期，参加培训达35万人次，全员培训率99.04%、积分达标率96.7%，一线员工培训率100%、积分达标率95.18%。

经营管理

组织编写、宣贯《创先解读2010》，总结、提炼基层创先工作优秀实践，营造良好工作氛围。开展与新加坡新能源公司、东京电力、法国电力等国际先进同行的对标学习，加快与国际先进水平接轨。强化制度立项管理，将管理制度从2009年的7291项精简至2010年的2647项，并开展核心流程细化到岗位、关键节点落实到表单工作，共设计关键业务环节管理表单2343项，促进一体化管理的实施和落地。17项创先重点领域工作均取得突破性进展，12项关键战略指标达到或者优于年度分解目标。

推广实施资产全生命周期管理，全力推进企业级资产管理系统建设。系统于6月底在试点单位广州局和深圳局上线运行，广东电网公司成为国内第一家通过自主开发软件实现项目管理、物资管理、生产管理和财务管理四大业务高度融合的电网公司。组织试点单位进行主网设备资产清查，累计清理资产卡片14.36万张。创新性引入RFID实物标识技术，从源头跟踪资产生命周期全过程，试点单位初步实现主网资产的闭环管理和全生命周期成本管理。9月启动向全省推广资产全生命周期管理创先试点成果的工作，第一批10个供电局积极开展宣传培训和设备资产清查。

继续完善财务集约化管理。资本管理“一条线”方面，清理对外投资，盘活低效无效投资1221.55万元，收回资金2574.55万元；对农电体制改革方案和资产接收程序提出合理建议，组织完成直供范围18个地市供电局86家农电机构的资产清查，资产价值156亿元；提高竣工决算工作效率，全年完成110kV及以上工程竣工决算323项，同比增加89项，决算金额220亿元，同比增加76亿元。会计核算“一本账”方面，取消直供直管县（区）会计机构，实施“报账制”或“派出制”管理模式，实现地市供电局会计核算政策、银行账户开设、资金收付、会计报表编报、资产价值管理和会计档案管理的“六统一”；组织清理往来款项115万笔，合计金额达453亿元。预算管理“一盘棋”方面，落实EVA考核，设定关键分解指标；优化公司资源配置，保障重点工作资金来源，安排亚运保供电成本支出7.8亿元、县级企业电能表轮换支出8.3亿元，下达县级子公司基建技改贷款规模额度30.07亿元；建立广东电网公司资本性支出总额测算与目标分解模型，提出分解方案。资金管理“一个池”方面，建立标准化银行账户管理体系，精简后银行账户为928个，账户清理比例35%；推进分公司资金零余额管理，实现“收入资金实时归集，支出资金日间透支、当日补足”。截至2010年底，共归集子公司资金43亿元，子公司集团账户资金集中率90%，地市供电局资金统一结算率为96%。风险监管“一张网”方面，建立账户银企互查机制，完成1034个银行账户的银企互查；开展资金安全大检查，查出资金和营销电费管理问题400个，涉及金额12.66亿元；开展“小金库”专项治理工作，组织进行全面排查；制定广东电网公司统一的资金管理流程和资金支付审批权限；加强财务风险的制度化管理，梳理出51个财务风险控制的关键节点，制订风险管控措施。

全面梳理和修订广东电网公司财务制度，形成

27项财务制度、103项业务流程、42项作业标准和163项作业表单。引入国内外先进管理理念和经验，初步形成了一套适应广东电网公司创先要求的、一管到底的、一体化的财务制度体系。汇编形成《财务一体化管理手册》。

农电体制改革研究成果丰硕。直供直管范围农电体制改革实现从可行性研究到落地实操的转变。2010年广东省政府印发了《广东电网直供直管范围农电体制改革工作方案》。

县级供电企业基础管理水平再上新台阶，2010年，14个单位达到南网“优秀企业”新标准，达标率17.28%，比原年度计划10%提高了7.28个百分点。持续加大对新兴、吴川、梅县、南雄、英德5个县级子公司创标杆示范单位的指导和帮扶力度，2010年全面完成标杆单位创建工作。

开展业务风险全面梳理分析，新梳理业务风险434项。对949项重要风险事项的管控措施进行了重点改进，对7846项风险事项进行了管控自评，发现并改进内控存在的主要缺陷314项，重大缺陷100项。对广东电网公司及各单位内控体系进行整体评价，全公司内控体系整体评分为81.93分（四星）。对1619个风险事项管控措施落实情况进行检查，内控实现率达到83.5%。

加大对广东电网公司管理的重点、难点领域的审计力度。2010年系统完成各类审计项目6079项、审计调查131项，提出建议2662条，纠正违纪违规金额480.29万元，促进增收节支3225.34万元。开展电网工程建设领域专项治理活动和全过程审计监督，对全省2008年500万以上、2009年以来共26 343个工程项目开展全面自查和重点检查，涉及投资总额1199亿元。对2010年工程项目进行全过程审计监督，检查工程项目5078项；开展县级子公司经营管理审计，对14家县级供电局2009年度财务管理、工程管理、物资管理等主要经营管理情况进行全面审计，有力促进了县级子公司的规范化管理；开展经济责任审计，对直属11个单位的领导人员开展任期经济责任审计，客观评价企业负责人的工作业绩和经济责任。

印发《广东电网公司历史遗留法律案件及纠纷处理意见》。全面修订《合同管理办法》。加强法律风险防控，编制《法律风险事件库》，广东电网公司“法律风险内控体系”课题荣获第二十届广东省企业管理现代化创新成果二等奖。大力推进“五五”普法工作，广东电网公司被广东省依法治省办公室评为2010年“依法治企先进单位”。2010年，完成合同审查总数78 310份，合同总标的额约874.08亿元人民币；完成诉讼263宗，涉及标的额7.18亿元人民币，胜诉241宗，胜诉率达91.63%，挽回经济损失4.64亿元人民币。

制订了《节能减排宣传活动方案》，广东电网公司系统利用新闻媒体等多种手段展开丰富多彩的节能减排宣传，开展了节能宣传周活动，利用南方日报等主流媒体报道节能减排亮点工作，在广东卫视连续播放以“绿色电网、低碳生活”为主题的广告片，围绕企业生产经营活动开展节能征文比赛。同时，编制了《节能办公管理办法》，组织广东电科院进行SF_6气体回收项目，并首次在广东省级电网企业中完成了《“十二五”节能减排规划》的编制工作，为今后开展节能减排工作奠定了坚实的基础。

党建和精神文明建设

认真开展创先争优活动，做到“规定动作”保质量，“自选动作”讲特色。在创先争优活动第一阶段，结合艰苦奋斗作风教育月开展“六个一”活动，即读一本艰苦奋斗内容的书籍、重温一次2008年抗冰救灾纪录片、开展一次艰苦奋斗大体验活动、组织一次艰苦奋斗党课教育、召开一次艰苦奋斗作风专题民主生活会、撰写一篇艰苦奋斗心得体会。

大力加强党建基础建设，组织了基层单位无党员班组和非党员班组长情况调查并形成报告，提出了具体措施和阶段目标；开展了党员先进性测评工作和先进基层党组织、优秀共产党员标准大谈论活动；全部理顺新接管的50个县级供电子公司党组织关系；全面完成系统党支部书记轮训；直属各单位党委书记党建联系点建设达标率100%；直属各单位党建责任制考核优秀率100%。

大力加强思想政治工作研究，2010年广东电网公司系统共申报党建政研课题102项，批准立项82项。举办20余期员工辅导计划培训班，直属各单位近900人参加培训，政工干部培训率达100%。

全面贯彻落实《中国共产党党员领导干部廉洁从政若干准则》和《国有企业领导人员廉洁从业若干规定》，深入开展以“加强制度教育，构筑拒腐防线”为主题的纪律教育活动，累计5万多人·次参加了廉洁纪律教育。围绕权力运作与监督，对纪检监察业务领域的35项规章制度进行全面梳理，共修编13项制度，分业务领域编写26个业务流程模板，建立起涵盖13个一级业务和73个二级业务共计505项的制度体系。建立巡视工作机制，重点对直属单位领导班子及成员落实“三重一大”决策制度、执行《中国共产党党员领导干部廉洁从政若干准则》和《国有企业领导人员廉洁从业若干规定》、工程建设领域突出问题整改、用户工程“三指定”自查整改等重大工作部署进行巡视检查，印发巡视工作月报三期。出台《广东电网公司党风廉政建设责任制工作考核评分标准》，制订5个方面、17个大项、43个考核指标，形成党风廉政建设责任有效传递与闭环管理机制。层层签订党风廉政建设责任书3077份，召开民主生活会1873人·次，组织各级班子述职述廉769人·次。

2010年，重点从工程建设领域突出问题专项治理、各级工作制度的完善和执行情况、财务及资金风险管理三个方面开展效能监察，完成效能监察项目46项，共节约资金1.8亿元。首次将“效能监察项目优良率”纳入指标管理，开展效能监察优秀项目的评比，共评出8个效能监察优秀项目。完成招投标专项监督185项，涉及资金208.06亿元，节约资金21.69亿元。从解决涉及客户利益的突出问题入手，纠正行业不正之风。组织召开纠风工作专题会议178场，参与“行风热线”81次，召开客户座谈会1084场，开展明察暗访2876次。广东电网公司上线直播“民声热线”两期，处理供电业务范围内投诉95件，及时办结省“民声热线”网站群众投诉39宗。妥善处理信访举报，严肃查处违纪违法案件，充分发挥案件的惩处与警示作用。

结合内控体系建设，全面梳理廉洁风险点，从570项业务流程中梳理出廉洁风险178项，将风险点与具体岗位、具体流程相对应；针对具体业务风险制定业务管控措施与专项管控措施307项，搭建起覆盖广东电网公司14个主要业务领域的廉洁风险控制库。创刊并印发《广东电网纪检监察研究》三期，共收录优秀论文44篇；编制《警示与借鉴》，收集广东电网公司内部历年职务犯罪典型案例56个，并逐一进行深入剖析；出台《广东电网公司职务（岗位）禁区及预防措施》，明确严令禁止的行为。

全面完成企业文化创先10项里程碑事项。3月完成澄海和潮阳两个最后接收县级供电企业共3847人的文化宣贯工作。完成《企业文化创先解读》和《应知应会手册（文本）》编写工作。完成广东电网公司企业文化建设年度评价工作，自评得分973.63分（满分1000分）。举办“创先有我”创作大赛，共收到参赛作品1100幅，作品网络点击投票数达到87.7万人·次，在广东电网公司内外产生了积极影响。企业文化和精神文明建设成果丰硕。在南网公司2010年企业文化评价的所有15项测评指标中，每一项测评成绩均显著高于测评样本的平均水平。广州局编辑出版的《企业文化手册》、深圳局的《企业文化在班组的实践与探索》荣获中电联2010年度全国电力行业企业文化优秀成果一等奖。江门局的《供电企业员工心理援助计划的探索》获得中电联2010年全国电力行业优秀论文二等奖。深圳福田局的《问题管理孕育“四田”文化》获中央企业优秀企业文化案例奖。广东电网公司荣获“2010年度广东省优秀企业文化单位”和“2010年度全国电力行业企业文化建设十大领军企业”称号。中山局获评2010年度全国电力系统企业文化建设示范基地。电力调度控制中心连续10年获“广东省直工委文明单位”称号。佛山局、珠海局、清远局、输变电公司、设备厂5个单位分获南方电网公司2009～2010年度“文明单位”称号。

主要事件

1月19日，广东省省情调查研究中心发布了《2009年广东省地方政府公共服务公众评价调查报告》，广东电网公司供电服务以83.36分名列37项具体公共服务指标第一，是满意度超过80分的唯一公共服务项目。

2月4～5日，广东电网公司召开2010年工作会议暨一届四次职工代表大会，总结2009年工作和发展成就，部署2010年主要工作。广东省政府省长黄华华、副省长肖志恒，南方电网公司董事长袁懋振、总经理赵建国专门作出重要批示，广东省副省长黄龙云出席会议并作重要讲话。

4月28日，广东省政府召开庆祝“五一”国际劳动节暨劳动模范表彰大会，广东电网公司赖佳栋、林小平、陈建强、罗劲松、冯普俊被授予“全国劳动模范”荣誉称号，汤寿泉等7人荣获“广东省五一劳动奖章”。

5月28日，国家电监会和中国电力企业联合会在北京发布2009年全国电力可靠性指标，揭晓“全国城市供电可靠性评价金牌企业”二十强名单，广东电网公司深圳、佛山、珠海、广州供电局上榜，成为全国入选金牌企业最多的省级电网公司，也是南网系统唯一入选的省级电网公司。

6月11日，广东电网公司在广州发布2009年社会责任报告，这是广东电网公司成立以来首次向社会发布企业社会责任报告。报告首次引用第三方评价意见，全面系统地披露了企业在电力供应、经济绩效、绿色环保、社会和谐等方面主动履行社会责任的年度实践和具体绩效。

8月30日，广东首座独立全地下变电站—110kV广州中轴变电站投运。110kV中轴站是南网第一座独立的全地下变电站，在设计上采用了许多常规变电站没有采用的新技术和新工艺。实现了信息数字化、通信平台网络化、信息共享标准化，并首次安装了国际先进的高压设备局部放电在线监测系统，对主设备进行24h无间断的在线监测及实时分析。由于地下屏蔽关系，全地下变电站的电场和磁场强度小于地上常规变电站，而且噪声等对居民的干扰也大大减少。变电站的上方地面进行了绿化施工，公共绿地与周边环境融为一体，成为电力与社会和谐的美丽街景。

10月28日，广东省第一座绿色变电站—110kV佛山平西变电站正式投产。该站在绿色节能设计及建设上实现了新突破，每年可节电约42万kWh，可净化处理水源达700m³，主变压器噪声下降了20%。

11月12～27日、12月12～19日，广东电网公司胜利完成亚运会和亚残运会保供电工作。此次保供电工作时间长、范围广、规格高、难度大。整个保供电期间，广东电网公司以高度的责任感全力以赴，所有比赛场馆、重要用户"零停电"，电网及涉亚设备"零事故"，涉亚工作"零差错"，兑现了"万无一失"的承诺。

12月16日，适逢亚残运会保供电的重要时期，广东电网实现了连续安全运行15周年（5479天），广东电网发展史上再添浓厚一笔。十几年来，广东电网经受了严峻电力缺口的考验和多次自然灾害的侵袭，确保了广东全省用电安全，确保了广东经济发展的电力供应。安全运行15周年是广东电网面对供电新形势，以创先引领安全管理新征途的里程碑。

2010年，广东电网公司积极贯彻中央《关于开展工程建设领域突出问题专项治理工作的意见》和国资委、电监会、南方电网公司有关精神，将2010年定为"工程建设领域突出问题专项治理、工程建设规范管理年"，进一步规范公司工程建设管理，确保"工程安全、资金安全、人员安全"促进电网工程建设高效、安全、廉洁进行。

（钱永兵）

广西电网公司

企业概况

广西电网公司（简称广西公司）是中国南方电网公司的全资子公司，注册资金37.83亿元。截至2010年底，企业资产总额571亿元，资产负债率77.13%。拥有35kV及以上输电线路3.62万km，公用变电容量5856.7万kVA，其中35kV输电线路1.25万km，35kV公用变电站554座，容量442.7万kVA；110kV输电线路1.17万km，110kV公用变电站289座，容量2011.7万kVA；220kV输电线路1.08万km，220kV公用变电站103座，容量2652.3万kVA；500kV输电线路1222km，500kV公用变电站7座，容量750万kVA。全年公司电网建设投产110kV及以上线路3128km，同比增长17.46%；投产变电站91座（含扩建），新增变电容量1003万kVA，同比增长29.92%。

广西电网城市供电可靠率99.902%，同比提高0.001个百分点；综合电压合格率99.48%，同比提高0.09个百分点；电网责任频率合格率100%，同比持平；220kV及以上继电保护正确动作率99.90%，同比提高0.03个百分点。

2010年，广西公司完成基建投资80.36亿元，其中公司电网建设项目完成投资78.76亿元，完成年计划投资77.62亿元的101.47%；小型基建完成投资1.60亿元，完成年计划投资的100%。

组织机构

广西公司本部设办公室、计划部等15个部门、公司工会（机关工会），7个直属机构。下设19个分公司（14个供电局、1个运维局、电网建设分公司、电科院、2个培训中心），1个子公司、1个控股公司，7个挂靠单位，职工总数65 041人。

领导班子

总经理、党组副书记：黄进平（法定代表人）
党组书记、副总经理：宫宇
副总经理、党组成员：李一平
副总经理、党组成员：韦家森
副总经理、党组成员：黄家林
党组成员：揣小勇
副总经理、总会计师、党组成员：罗体承
纪检组长、工会主席、党组成员：王淼
副总经理、党组成员：何朝阳
巡视员：赖崇能

电网规划

2010年，广西公司完成《广西"十二五"电力系统设计》，为广西"十二五"及中长期电网发展提供重要的科学指导，明确了"十二五"投资建设计划。完成全区14个市"十二五"电网规划工作，为"十二五"各市构筑智能、高效、可靠、绿色的现代化电网打下坚实基础。并针对电网二次发展存在的重点难点问题，深入开展《广西电网二次系统"十二五"规划》编制工作，为电网发展向智能、绿色方向转变奠定基础。加快电网规划与地方城市总体发展规划和土地利用总体规划紧密结合、相互衔接，电网规划成为城市发展规划中的一个有机组成部分或重要专项规划，在南宁、柳州市城市总体规划中预控了电网远景发展的80座、79座变电站建设用地和线路走廊。

全年累计完成用地预审批复61项、环境评估批复110项、水土保持批复86项，完成项目核准106项。提前向国家主管部门申请开展桂林变电站扩建工程，北海、桂平输变电工程等一批500kV项目前期工作，并得到了国家主管部门的初步同意。

积极配合自治区政府做好支持14个千亿元产业电网的规划建设；做好广西电气化铁路供电方案研究；协调解决上思华润水泥、防城港金川铁合金等的供电问题，批复贺州市桂鑫钢铁有限公司三期工程、北海市鑫鑫铝业投资有限公司、广西沙钢锰业有限公司年产30万t锰硅合金扩建项目等10个项目用电申请，组织审批北海诚德镍业有限公司镍铬合金项目、广西金桂浆纸业有限公司、北海炼油异地改造石油化工项目等11项用户外部供电方案，促进广西经济发展。

电网建设

2010年，广西主电网110kV及以上项目计划投资59.82亿元，建设项目共计260项，其中：计划投产项目141项，新增主变容量9690MVA。其中500kV主变750MVA、220kV主变4680MVA、110kV主变压器4260MVA。线路长度3066km。其中500kV线路9km、220kV线路1278km、110kV线路1779km。

实际完成广西主电网110kV及以上项目投资60.42亿元，完成年计划59.82亿元的101%。新开工95项，完成年计划的100%。新开工规模主变容量5210MVA，送电线路3094.13km。实际竣工投产149项，完成年计划的102.76%。新增主变容量10 029.5MVA。其中500kV主变1台750MVA、220kV主变30台5190MVA、110kV主变82台4089.5MVA，完成年计划的103.50%。同比增长32.58%；新增送电线路3127.87km。其中：500kV线路9.19km、220kV线路1410.37km、110kV线路1708.31km，完成年计划的102.02%，同比增长17.52%。

全年广西电网建设各项安全生产指标达到南网公司安全目标考核的要求，并连续6年保持着零人身死亡事故和零恶性误操作事故的“双零”安全纪录。2010年，防城港电厂—邕州变电所500kV线路工程获2010年中国电力优质工程及南网公司电力优质工程；220kV大墩海变电站等7项工程获2010年广西优质工程。

电网运行

2010年，广西电网电力供需形势变化较大，上半年，电力需求旺盛，进入9月份以后，受广西“十一五”节能减排电力调控工作影响，平均负荷在820～940万kW左右。全年广西电网统调负荷仅出现2次新高，年最大负荷1244.4万kW，同比增长0.379%。主电网年最高日平均负荷为1088.1万kW（8月13日），同比增幅3.59%。

截至2010年底，广西电网统调装机容量（不含龙滩）1531.34万kW。2010年广西电网统调电厂机组发电利用小时4875h，增加848h，同比增长21.06%。其中水电3882h，同比降低3.28%；火电5614h，同比增长38.62%。

开展节能发电调度，实施跨省区电力资源优化配置。全年水电电量仍与2009年基本持平，继续维持全年“零”弃水电量损失，全网实现水电优化增发电量约12.9亿kWh，相当于节约标准煤40.5万t。

2010年，认真执行国家节能减排政策，积极配合自治区政府开展电力调控工作。据统计，2010年停减产影响负荷263.5万kW，少用电量72.14亿kWh，节约标准煤227.96万t，减少二氧化碳排放约501.52万t，减少二氧化硫排放约5万t。通过采取各种节能发电调度技术措施，在严重干旱和全年来水偏枯两成的情况下，广西电网实现水电优化增发电量约12.9亿kWh；广西电网发电煤耗308g/kWh，同比减少3.6g/kWh；供电煤耗329g/kWh，同比减少4.34g/kWh。

安全生产

2010年，广西公司安全生产形势总体平稳，主要的安全指标完成情况较好。全年没有发生人身伤亡事故、恶性误操作事故和大面积停电事故，安全生产考核得分98.5分，在南方电网五省区排名第一。

制定“安全管理年”活动实施方案，突出抓好人身安全事故防范和电网安全风险控制等十大重点工作和26项具体措施，有计划开展各项安全生产活动。建立了领导干部联系点和定期检查通报制度，突出抓好安全责任制落实和长效管理机制建设，制定了严厉的安全生产问责制度、惩罚制度，逐步完善激励机制和经济赔偿机制。深入开展安全文化建设和隐患排查治理工作，结合公司“安全管理年”活动，继续开展“争当查找安全隐患‘啄木鸟’、做规范操作‘机器人’”主题的安全文化活动。广西公司系统全年累计排查一般隐患1516项，整改1427项，整改率94.14%。

修订发布《广西电网公司领导、总部各部门安全生产职责规定》、《广西电网公司各级负责人安全生产责任到位标准》、《广西电网公司安全生产责任制考核办法》、《广西电网公司安全生产激励办法》、《广西电网公司各单位领导安全生产问责规定》。制定《广西电网公司基层单位安全生产责任书签订工作实施细则》。稳步推进安全生产风险管理体系建设与应用，全面推进生产管理规范化建设。建立了公司统一的管理标准 144 个，工作流程 118 个，技术标准 1946 个、作业程序文件 435 个。健全和完善公司应急管理制度，编制公司各层级的应急手册，加强应急管理培训，开展了单位级演练 537 次。

经营管理

2010 年，广西公司面对复杂的经营形势，制定《广西电网公司构建财务集约化管理体系实施细则(试行)》、《广西电网公司货币资金管理暂行办法》和《广西电网公司财务部门负责人、主管会计、出纳人员岗位职责》，修订《广西电网公司资产经营责任制考核办法》。开展全面细致的资金安全检查活动，检查公司系统所有单位，覆盖面达 100%；构建多层级的集团账户管理体系，通过与农业银行的合作，公司对 42 个县级供电企业 196 个银行账户进行了资金归集；实行标准的银行账户管理，清理撤销银行账户 414 个，银行账户由原来的 1146 个下降为 732 个。建设资金监控系统，通过与各家金融机构签订《银企互联合作协议》，开通公司与工行、农行、建行的数据直联通道，并实现与南方电网公司总部数据回流，全方位的资金监控系统建设取得初步成果。全年累计完成审计项目 2874 项，查出违纪违规问题金额 3009 万元，审减工程投资促进增收节支 9537 万元，提出并被采纳审计建议 640 条。广西公司被评为 2010 年全区内审工作先进单位。

2010 年，购电量完成 854.7 亿 kWh，同比增长 20.5%；售电量完成 810 亿 kWh，同比增长 20.6%。其中售广西区内 744 亿 kWh，同比增长 17.4%；售广东 64.4 亿 kWh，同比增长 74.7%；售越南 1.1 亿 kWh；售贵州 0.15 亿 kWh。全年广西公司主营业务收入 413 亿元，同比增长 15.3%；应收电费余额控制在考核指标以内。

客户服务

2010 年，广西公司提高供电可靠性，努力缩短客户停电时间。开展客户停电时间统计达标，强化以客户需求为导向的停电管理，南宁、钦州、河池、贵港、柳州、桂林等 6 个供电局通过南方电网公司的网级达标评定，其余 8 个供电局完成省级达标验收任务。全年新建供电营业厅 5 个，改建 15 个。南宁供电局东方明珠营业厅、柳州供电局天山营业厅、桂林供电局上海路营业厅通过南方电网公司达标评定，首批成为南网公司认定的 A 类营业厅。全年累计提供供电方案 8.53 万次，答复供电方案时限同比缩短 1.9 天，客户受电工程平均办理时间 17 天，同比下降 23%。呼叫服务工作效率继续提高，客户拨打 95598 平均等待时长 17s/次，同比下降 10%。

营销稽查

全年抽取各类营业工作样本 5.26 万个，查处营业差错 711 起，累计稽查成效 1938 万元。其中业扩报装 273 起、电费抄核收 172 起、用电检查 26 起、优质服务 33 起、处理计量故障和差错 153 起、其他差错 54 起，涉及差错和故障电量 703 万 kWh，电费 540 万元。查处违约、窃电行为 1671 起，追补电量 685 万 kWh，电费及违约使用电费 1398 万元。全年公司利用防窃电系统共发现和查处 10 万元以上的大案要案 18 件，总涉案金额 400 多万元。

严格把好计量产品检测入门关。完成 136 种型号电能表、40 套集中抄表系统招标前产品质量检测工作。完成电能计量装置订货技术规范的修编。继续组织开展对重点大客户贸易结算关口电能计量的运行跟踪监督，完成占公司总售电量 60% 的 334 户用电大客户及趸售关口电能计量装置准确性的督查，电能表合格率 100%，二次回路压降合格率为 91%。

科技创新

2010 年，广西公司科技经费预算为 1 亿元，实际安排 1.02 亿元，同比增长 17.4%。全年重点在输变电设备监测、配网自动化试点建设、智能电网计量技术、智能用电小区试点建设、解决电网建设及运行维护实际问题等方面开展研究。通过《地震对广西电网影响研究》、《广西电网防灾减灾战略防御与应急管理平台研究与开发》等项目的建设，大大增强了电网防御自然灾害的能力，进一步增强科技进步对公司发展的支撑作用。2010 年获得南网科技进步奖 5 项，专利奖 5 项；自治区科技进步奖 1 项。

2010 年，信息化资金下达总计 1.2 亿元，其中费用性资金 1 亿元，资本性资金 2000 万元，全年分 3 批信息化计划项目下达。本年度资金完成率 97.67%。四大业务（生产、营销、人事、财务）系统及其他南网公司指定的重点信息化项目按南网统一的建设计划顺利完成建设任务，资金和项目进度完成率 100%。

2010 年，广西公司城市配电网建设与改造项目 471 个，计划投资 11.30 亿元，完成计划投资率 100%。主要配网项目投资重点：配电网“卡脖子”增容、危及安全运行的项目；降低损耗、优化网架结构、提高可靠性的项目；配电设施延长寿命改造和更新换代，提高配电网自动化技术水平，减轻劳动强度或减少检修维护工作量等项目。通过配网建设与改造，进一步改善了配电网架，提高了供电能力。

农电工作

启动实施新一轮农网改造升级工程，编制农村电网“十二五”发展规划和农网改造升级（2011～2013）3年实施规划。制定《县级供电企业35kV及以下农网工程项目库管理办法》。突出抓好11个重点县（市）电网规划建设，制订实施方案，重点帮扶，发挥示范作用。全面开展线损“四分”管理，安排降损专项技改资金500多万元，完成了12个县100多套无功补偿装置安装。深入开展基础管理达标创优工作，编制完成公司2010～2013年县级供电企业达标规划，确定12家县级供电企业作为2010年达标创优单位。加快农电信息化建设步伐，初步建成生产、营销、财务、人事、办公、视频会议6大信息系统平台，县级供电企业95598服务热线开通率100%，基本实现与公司信息化接轨，农电信息化管理水平大幅提高。

突出抓好人身安全，着力推进县级供电企业生产规范化试点建设和企业安全标准对标。开展危害辨识与风险评估工作，建立作业规范清单与作业规范库，实现危害辨识成果有效落地。编制安全生产问责制、激励机制、到岗到位标准等一系列规章制度，实现安全责任层层传递，构建“四位一体”的长效机制。开展安全生产专项整治活动，重点检查整改年久失修、运行状况不良、穿越人员密集场所、跨越机动车道路的10～35kV架空线路。2010年，县级供电企业没有发生人身伤亡事故、电网设备事故和电网一类障碍。

加强财务集约化管理，持续推进农电资金管理专项活动，撤销县级供电企业银行账户413个，对42家县级供电企业196个银行账户进行了资金归集，共归集资金5.1亿元。加强年度预算管理，首次实现县级供电企业所有资本性支出集中审批。强化资金监管，完成县级供电企业会计集中核算系统建设和应用，实现会计核算数据省级集中和会计信息在线监控。完成10家县级供电企业整体上划改制工作，农电资本纽带关系进一步理顺。

继续深入开展县级供电企业“四好”班子创建活动，坚持教育培训、交流锻炼和经营责任制考核，实现了领导班子知识、专业、能力、年龄结构的优化配置；组织县级供电企业主要负责人参加公司首届领导干部管理论坛，提高了广大农电干部思考问题、文字写作和语言表达的能力。重点加强县级供电企业管理人员、专业技术人员培训，成功举办县级企业变电运行人员技能竞赛，2010年共举办农电培训11期，农电员工参培14 222人·次。

开展创优争优活动，大力弘扬艰苦奋斗的作风，激发了农电员工干事业的热情；持续深化党风廉政建设，贯彻落实党员领导干部廉洁从政若干准则、国有企业领导人员廉洁从业若干规定，“三重一大”集体决策执行到位，营造了风清气正的浓厚氛围。扎实开展定点扶贫工作，落实扶贫资金19.80万元，安排扶贫项目5个，改善了扶贫点农村生活水平。

2010年，县级供电企业完成供电量186.53亿kWh，售电量174.13亿kWh，同比增长14.00%。主营收入85.55亿元，利润2.8亿元。农电供电可靠率99.27%，电压合格率95.30%，综合线损率6.61%。2010年有3家县级供电企业获国家级先进集体，2人获得先进个人；获南方电网公司先进单位2个，先进集体8个，先进个人23人。

人力资源管理

截至2010年底，广西公司人力资源总数65 041人，其中大专及以上学历员工占员工总数41.1%，拥有专业技术等级员工占员工总数33.4%，拥有技能等级员工占员工总数35.6%。公司贯彻落实国家法律法规，与员工依法订立劳动合同（派遣），并按国家有关规定办理了社会保险。

出台《广西电网公司领导人员管理规定》、《广西电网公司所属单位领导班子和领导人员综合考核评价办法》、《广西电网公司公开选拔、竞争上岗管理办法》和《广西电网公司县级供电企业领导人员管理规定》等制度，形成了公司一体化的干部管理制度体系。2010年调整干部72人，加大了公司本部与各分子公司领导人员之间的交流力度。在选好配强各级领导班子的基础上，在中国浦东干部学院举办3期公司高级管理人员培训班。按照南方电网公司关于“集团化管理模式、一体化管理制度”的管理定位，推动县级供电企业“一体化、规范化”管理。8～9月，组织对县级供电企业担任正科级职务满3年及以上的40名干部进行了考察。

深化用工机制，推动身份管理向岗位管理转变。通过持证上岗、考核评价、岗位薪级调整等管理制度，有效推动身份管理向岗位管理转变。积极运用考核评价结果，畅通员工“进出口”通道，将考核评价结果作为员工是否胜任岗位工作的主要衡量标准。2010年，择优录用了518名评价优秀的劳务派遣员工为劳动合同制员工，与6人解除劳务派遣协议，员工“进出口”通道更加畅通。

加强县级供电企业劳动用工规范管理。对44家县级供电企业劳动用工情况进行调查，全面研究和制定了针对自聘人员的考核评价方案。2010年，统一组织对35家县级企业741名自聘人员开展考核评价，由各县级供电企业与评价合格的639人签订劳动合同，实行劳动合同制用工，有效规范了用工管理。

全年培训员工15万人·次，全员培训覆盖率为97.8%；全员培训积分达标率为93%，其中一线员工培训积分达标率为94.8%，班组长培训覆盖率达100%。广西公司荣获“第十届国家技能人才培育突出贡献奖”，是全国电网企业唯一获此殊荣的单位。

党建和精神文明建设

广西公司把创先争优活动作为统领党建工作的龙头，努力探索党建思想政治工作新方法、新途径，切实提高党建工作科学化水平，有效发挥了党组织和党员的三大作用，为公司圆满完成各项任务、实现“十一五”规划目标提供了坚强政治和思想保障。党风廉政建设、“四好”班子建设、党建工作三项考核得分为南网系统最高分。

大力推广“支部联建”、党员先进性测评和公推直选工作。开展了“结对共建、先锋同行”活动，共有171个党支部分别与社会387个党支部结对子，为联建方引进项目98个，解决生产发展难题454个。广西公司支部联建入选2010年度南方电网十大新闻。继续深入开展学习型党组织建设。制定学习型党组织建设方案和考评办法，得到了南网公司政工部的肯定与好评，并在全网推荐试行。举行了16期党支部书记培训班，完成党支部书记轮训任务。扎实推进考评体系建设。根据四强党组织和四优共产党员的要求，在修订和完善红旗党委、红旗党支部考核办法的基础上，将党员先进性测评办法纳入到考评体系当中，形成了党委、党支部和党员的三级考核评价机制。组织1万多名在职党员开展了首次先进性测评工作。按照“可量化、可考核”的要求推行“先锋承诺大行动”，实行承诺分级审核制和承诺监督制，扎实推进党组织和党员公开承诺工作。

认真落实《党风廉政建设责任制规定》，各单位与人财物等重点岗位和关键环节的员工签订党风廉政责任书8603份。继续推进廉洁文化“567工程”，下发《进一步推进廉洁文化建设“567工程”的指导意见》，完善“567工程”工作规范及标准，涌现出“海门清风”、“廉政前哨”等一批廉洁文化建设品牌。广西公司“567工程”成果参加自治区预防职务犯罪成果展示，取得良好效果。

开展企业文化与精神文明建设，坚持一年一个主题推进企业文化建设。开展了“遵守《员工守则》模范人物”评选活动，积极推进营销服务文化建设。修改和完善公司文明单位管理办法和考评细则，组织开展公司文明单位检查考评。2010年共表彰了10家公司系统文明单位，进一步巩固了精神文明建设成果。广西公司荣获2010年中央企业文化建设优秀案例、全区国有企业创先争优活动优秀示范单位。

2010年，公司系统对外发稿2959篇。其中在全国性媒体发稿272篇（人民日报7篇，经济日报7篇，新华社28篇，中央电视台14条·次，中国电力报149篇）；在省级媒体发稿1162篇（南方电网报220篇，广西日报82篇，广西日报专版7个，广西电视台105条·次）。在中央及自治区主流媒体所发表的稿件中，重要版面（重点时段）的稿件达到了136篇/（条·次），比2009年105篇/（条·次）多出31篇/（条·次）。

规范召开职代会，对公司领导进行了民主评议，测评结果全部为优秀；召开公司职代会联席会议，审议通过了公司安全生产问责规定、安全生产激励办法、基层单位安全生产责任书签订工作实施细则、公司总部各部门科级及以下员工绩效管理实施办法等。积极探索厂务公开的新形式，推动厂务公开民主管理向生产经营等各领域延伸和拓展，促进了公司整体民主管理水平的提高。2010年，公司系统有2个单位荣获全国厂务公开民主管理先进单位，8个单位获全区厂务公开工作先进单位。深入开展“劳动关系和谐单位”创建活动，加大《工会法》、《劳动合同法》等法律法规的宣贯力度，认真开展集体合同签订工作，完善劳动争议调解机制，监督企业用工行为；积极推进平等协商集体合同和工资集体协商签订工作，加强对《集体合同》、《劳动合同》的履约监督。2010年，广西公司及系统5个单位荣获自治区劳动关系和谐单位，公司系统有5人荣获“全国劳动模范”，在南方电网公司系统名列第一，18人荣获“广西劳动模范”，在全区各行业中名列第一。

共青团工作

广西公司团委紧紧围绕公司中心工作，组织扎实推进“安全生产，青年争先”主题活动、建功“电网建设、电力供应”生力军工程和加强团的基层组织建设3项重点工作。开展围绕中心建功立业，服务青年成长成才，实现团组织全覆盖，统筹兼顾，务实创新。并成功筹办青年安全生产示范岗启动仪式、第三届青年安全生产辩论赛、青年造林绿化行动、青年抗旱救灾爱心甘霖援助行动、青年志愿者服务亚运会等重大活动，继续做好青年文明号创建、青年创新创效和团干部队伍建设，各项工作都再上新台阶。公司系统青年个人和集体先后荣获全国优秀共青团员、第十三届广西青年五四奖章、广西五四红旗团委、中央企业青年文明号、中央企业“迎亚运盛会、展央企风采”优秀服务窗口青年文明号、南方电网公司五四红旗团委等38项省部级以上荣誉，充分展示了公司共青团工作的良好发展态势。

主要事件

1月1日，自治区党委书记、自治区人大常委会主任郭声琨亲临广西公司看望节日期间坚守岗位的电网员工，并对广西电网公司2010年的工作给予了高度评价。2010年以来，郭声琨书记、马飚主席也多次称赞广西公司积极配合自治区党委、政府的工作，为广西应对危机、保持经济平稳较快发展作出突出贡献。

4月1日，国家发展改革委副主任、国家能源局局长张国宝一行到公司检查指导工作，听取广西电网公司总经理黄进平关于广西电力工业、广西旱灾及广西电网公司开展抗旱保电工作情况汇报，并对南方电网公司和广西电网公司的工作给予了充分肯定。

4月21日，“南网蓄水柜”工程项目开工仪式在广西东兰县三石镇公平村举行，标志着南方电网公司首批捐献广西旱区的18座“南网蓄水柜”工程项目正式启动。截至12月底，广西电网公司完成了在广西17个县建设的30座“南网蓄水柜”，解决了桂西北群众的饮水难题，彰显了广西电网公司主动承担社会责任的形象。

5月28日，广西电网公司召开深入开展创先争优活动暨艰苦奋斗作风教育月活动动员大会，迅速按照南方电网公司的统一部署全面开展创先争优活动。一年来，广西公司紧紧围绕南方电网公司“创先争优促三好”的主题，结合广西电网公司实际，以“创先争优强堡垒，科学发展促三好”为活动主题，以“五大工程”为载体，扎实推进广西电网特色创先争优活动，并取得显著成效。全年党风廉政建设、“四好”班子建设、党建工作三项考核得分为南方电网系统最高分。

6月11日，南方电网公司与自治区人民政府在南宁签订了《加快电动汽车充电设施建设，推动广西新能源汽车产业发展战略合作框架协议》。根据协议，双方将进一步加强合作，共同规划好、建设好广西电动汽车充电设施，促进广西低碳经济的发展，推动广西新能源汽车产业快速健康发展，努力把广西发展成为我国重要的新能源汽车生产基地。10月18日，广西首座电动汽车充电站投入运行暨首批新能源汽车示范运营发车仪式在南宁竹溪立交电动汽车充电站隆重举行。这标志着广西新能源汽车产业发展开启新篇章。

6月28日，广西千亿元产业研发中心建设暨重大科技攻关工程启动仪式在公司隆重举行，自治区人民政府主席马飚与广西电网公司总经理黄进平共同为广西电力技术研发中心揭牌。根据实施计划，广西电力技术研发中心将担负起广西电力产业技术研发、推动电力产业发展的重任。

10月15日，广西电网公司举办首届领导干部管理论坛主题演讲会。通过论坛演讲平台，进一步提升领导干部能力建设，并形成广西公司比学赶超的氛围，对广西公司思想转变、队伍建设、管理创新将推进到一个崭新的高度。

12月7日，在中共中央、国务院举行的全国防汛抗旱暨舟曲抢险救灾总结表彰大会上，广西电网公司荣获“全国防汛抗旱先进集体”荣誉称号。一年来，广西电网公司全体干部员工主动承担社会责任，把防汛抗旱救灾、保民生、保供电作为重要政治任务，为广西防汛抗旱救灾工作及广西经济社会发展做出了突出贡献，得到了国家有关部门、自治区党政主要领导的充分肯定和社会各界的高度称赞。并荣获2010年全国电力行业用户满意企业；2010年全国“安全生产万里行”广西活动先进单位。荣获2010年广西优秀企业和广西十佳企业，新中国成立以来广西60最具影响力品牌称号。广西电网公司工会荣获“广西产业（系统）工会标准化建设达标单位”称号等。

12月21日，南方电网公司召开亚运保供电总结表彰大会。广西公司柳州供电局、钦州供电局和河池供电局被授予“南网亚运保电先进集体”荣誉称号。亚运会保电期间，广西电网公司共抽派了400多名技术人员，出色完成广州天河体育中心足球场、网球场等6个比赛场馆和亚运会相关重点变电站以及输电线路的保电任务，获得了各方赞誉。

12月31日，广西电网公司资产经营指标创历史新高。全年完成售电量810亿kWh，同比增长20.7%。主营业务收入413亿元，同比增长15.3%。资产总额571亿元，同比增长12.2%。全年没有发生较大及以上设备和电网事故，没有发生人身伤亡事故、恶性误操作事故，安全生产考核得分在南网五省区中排名第一。

（廖业明）

云南电网公司

公司概况

云南电网公司（简称云南公司）是中国南方电网公司的全资子公司，是云南省域电网营运和交易的主体、云南实施“西电东送”、“云电外送”和培育电力支柱产业的重要企业。2010年，完成售电量1176.35亿kWh，其中，省内售电量797.87亿kWh，西电东送电量322.59亿kWh，对越南送电55.29亿kWh，对老挝送电0.6亿kWh。全年实现营业收入491.33

亿元。完成固定资产投资122.5亿元。截至2010年底，云南公司资产总额达到704亿元，同比增长13.54%。云南电网现有500kV变电站18座，线路6894.8km；220kV变电站101座，线路12 010.6km；110kV变电站253座，线路12 503.9km，供电营业区覆盖全省16个州（市）。

领导班子

总经理、党组副书记：廖泽龙（法定代表人）

党组书记、副总经理：张慧清

党组成员、纪检组长、工会主席：江兴国

副总经理、党组成员：王文

副总经理、党组成员：杨卓

副总经理、党组成员：吴宝英

副总经理、党组成员：赵炳松

党组成员、昆明供电局局长：庞骁刚

总会计师：周正风

组织机构

云南公司本部设办公室、企业管理部、计划发展部、人事部、人力资源部、财务部、市场营销部、生产技术部、基建部、物资部、信息部、安全监察部、农电管理部、国际合作部、审计部、法律事务部、监察部（与纪检组办公室合署）、政治工作部（与机关党委、公司团委合署）、工会和系统运行部（与云南电力调度控制中心合署）等20个部门、云南电力调度控制中心、电网规划研究中心、物流服务中心、培训与评价中心、离退休管理服务中心、云南省公安厅防范和打击涉电违法犯罪中心等6个中心，下设昆明供电局等16个州（市）供电局、外经贸分公司等7个分公司，以及包括县级供电单位在内的94个全资子公司、10个控股子公司。截至2010年底，公司职工70 916人。

电网规划与建设

（一）电网规划与前期工作

完成了“十二五”西电东送曲线、桥头堡电力大通道研究，开展了老挝国家电网规划及特许权模式研究。开展全省输电通道资源、电网建设用地及城市电网等专题规划，完成了农网改造升级规划。建立项目储备机制，完成了110kV及以上项目可研141个、初设136个、核准94个。

（二）电网建设

开展了“工程投资管理年”活动，完善决策、审批程序，规范建设过程管理。施行供应商业绩考评，通过“红黄牌”制度完善诚信履约管理。推进安全文明施工管理和作业标准化建设，强化工程质量管理，52个项目实现“零缺陷”投产。500kV德宏输变电工程获得国家优质工程银奖。

（三）配网建设

完善了16州（市）110kV及以下配网规划，促进城市配电网规划与城市建设总体规划紧密衔接。全面启动了中低压配网建设及改造，集中实施解决“卡脖子”、单线单变工程，供配电能力大幅提高。开展了配网自动化试点工作，配网结构进一步优化。进一步加大城市中低压配网建设投资规模，全年投资110kV及以下配网建设57.34亿元。

（四）物资管理

成立了物流管理中心，实行“统一管理、分级操作”的物流管理模式。推广招标管理信息系统，开展了41批集中规模招标，完成了农网工程物资采购供应。开展了仓库编码及清仓利库工作，工程物资及存货控制在5亿元以内。

电网运行与安全生产

（一）亚运会保供电

成立了亚运保供电领导小组，认真落实亚运保供电方案，全力保障云电送粤主通道安全稳定运行。梳理安全保卫关键点，亚运会开、闭幕式特级保供电时段共投入11 500人进行安全保卫和巡视维护。组织了252人的专业队伍支援广州开展保供电工作，出色完成了现场保供电任务。

（二）生产规范化建设

系统辨识电网和设备运行安全风险，明确了16项电网风险防范措施和20项设备重点维护策略。深入研究强直弱交电网特性，配合南方电网公司妥善处理了楚穗直流双极闭锁事故。梳理规范安全生产制度流程和核心业务，编制了《安全生产管理手册》。建立作业风险评估及管控机制，首次开展生产作业管理评价。稳步推进状态检修工作，建立了状态检修制度和技术标准体系。发布了853本检修试验类应用作业指导书，370座110kV及以上变电站实现标准化管理。

安全生产基础管理

制定安全生产激励、问责管理、指标管理办法，建立了安全隐患举报机制。强化“安全生产责任落实年”安全检查问题整改力度，整改完成率97%。开展了547次应急演练，及时处置了特大暴雨、泥石流等自然灾害，应急响应能力和水平进一步提高。全年未发生人身死亡事故和大面积停电事故，发生一般事故39起，安全生产保持平稳。

电力供应与优质服务

（一）抗旱救灾

面对百年一遇的秋、冬、春连旱，云南公司按照大灾当前、责任当先的要求，举全公司之力保障电网安全、保障电力供应，有效化解了山火给电网运行造成的巨大危害，通过科学调配一次能源、有保有限平衡电力电量、减少电力外送等一系列措施的有效落实，在极其困难的情况下做到了错峰不减产、限电不拉路，全省未发生拉闸限电。云南公司立足于全面履行央企的社会责任，积极投身到全省抗旱救灾工作，累计投入4822万元开展“万人下乡，抗旱救灾”活动。开展了“共产党员抗旱先锋行动”、“打井取水”等一系列活动和工作，建造了33口“南网井”，彰显了“责任南网、和谐南网”的企业形象。

（二）电力供应

2010年上半年，受特大干旱影响，电力供需形势非常严峻，云南公司积极争取省委、省政府支持，做好计划用电、煤电挂钩等工作，加强一次能源优化调配，并依托南网大平台，调减西电东送电量31.5亿kWh，1～5月全省缺电率由预期的30%以上控制到了12.04%。入汛后，云南公司认真做好水电消纳工作，积极增供扩销，省内日供电量最高达2.26亿kWh，西电东送日供电量最高达1.77亿kWh。四季度，受节能减排指标限制，火电出力大幅调减，云南公司及早谋划部署，有效保障了亚运会期间西电东送和省内用电需求。红河成为继昆明、曲靖之后第三个年售电量超百亿的供电局。

（三）优质服务

以客户为中心，深入开展迎亚运优质服务系列活动，1078个供电营业厅实现规范化达标，3个营业厅被评定为A类营业厅。建设推广一体化呼叫中心平台，规范了全省“95598”供电服务工作。认真开展客户受电工程“三指定”专项治理，业扩报装进一步规范。营销业务实现全信息化管理，管理用电客户860余万户。昆明、楚雄供电局电能计量中心被认定为国家认可实验室。

企业管理

（一）创先工作

全面总结创先工作经验，扩大创先范围至所有供电局。扎实推进创先工作向纵深发展，编制了可持续发展指标体系框架。滚动修编组织绩效考核管理办法，按季度、半年、年度开展组织绩效考评。完成了供电核心业务流程优化工作，形成了由612条流程构成的供电核心业务流程架构。成功举办了公司首届“管理论坛”，促进软课题研究成果交流共享及转化应用。

（二）科技和信息化

全面落实信息化“登高计划”，建成了13个省级大集中业务系统，行政办公、电力营销、安全生产、人事、财务系统实现全覆盖。13项科技和信息化成果获得南方电网公司和云南省科学技术奖，获得专利授权19项，首次开展了知识产权运营。云南公司通过了中央企业信息化A级水平考评，被授予国家认定企业技术中心、云南省知识产权优秀示范企业。

（三）经营管理

加快推进财务集约化管理，制定了云南公司财务集约化方案实施细则，实现了128家基层单位会计数据集中核算。认真分析EVA指标的关键驱动因素，明确了提升公司EVA价值的关键举措。实现了云南公司系统所有单位资金的集中管理，母公司资金平均集中率达95%以上。强化资本集约管理，清理完成11项产权投资。认真开展“小金库”专项治理，全面排查、清理了经营管理环节的隐患。发挥联合审计优势，强化审计监督，开展整改帮扶工作，建立红、黄、绿三级预警机制抓实整改工作。

（四）农电管理

进一步加强供电局专业管理向县级供电企业延伸，深入开展25家县级供电企业基础管理达标创优活动。实施供电所标准化建设和管理，推行现场标准化作业指导书。深化农电线损“五步法”管理，86家州（市）、县级供电企业平均综合线损率同比下降0.46个百分点。稳步推进农电体制改革工作，完成了7家县级供电企业和省水利电力公司国有产权划转及申报工作，签订了丽江黑白水发电公司股改协议。

服务低碳发展

（一）绿色能源

积极促进清洁能源和新能源快速灵活接入电网，全年统调清洁能源发电596.6亿kWh，占总发电量的57.8%，水电发电量首次超过火电发电量。开展电力产业与矿产业协同发展研究，与云南铝业集团签订了战略合作框架协议，积极引导清洁载能项目向西部水电聚集地区布局。启动了节能发电调度，实施水电、火电及水火电联合优化调度，节约标煤95.7万t。

（二）节能降耗

制定了配网节能降耗技术原则，积极开展线损“四分”管理工作，大力推广设备节能改造，完成了289台高损配变的更换工作。严格执行国家丰枯峰谷电价政策和差别电价政策，认真配合政府做好淘汰落后产能的工作。将电动汽车充电设施建设纳入城市配电网专项规划，投运了昆明市盘龙电动汽车充电站和150个充电桩，为云南省低碳省试点建设作出了示范。

党的建设与队伍建设

（一）党的建设

围绕“创先争优促三好”的主题，以“四力建设”为抓手，全面开展创先争优活动，广泛创建“特色党支部”和“党员先锋岗”，云南公司党组被省创先办列为党组织创先示范点。扎实开展学习实践科学发展观“回头看”活动，整改完成率100%。推进学习型党组织建设，对党支部书记进行全面轮训。开展了党支部书记“公推直选”试点工作，公选出8名支部书记。深入开展“反腐倡廉制度完善与执行年”活动，纪检监察制度体系更加健全。推进廉洁从业风险管理体系建设，启动了试点工作。进一步强化招标过程监督管理，对评标和定标全程录音。

（二）干部建设

健全干部管理制度，持续推进学习型领导班子和“四好”领导班子建设。全面规范县级供电企业法人治理结构，推行供电局和州（市）供电公司党政交叉任职。开展干部选拔任用工作专项监督检查，云南公司干部选拔任用工作总体满意度达到85.44%。着力加强年轻干部培养，制定了《加强选拔年轻干部工作的实施意见》、《2010～2020年后备干部队伍培养规划》。扎实推进“一线工作法”，处级以上干部全年到一线工作达3700余次，撰写调研报告603篇，解决基层800余个实际问题。

（三）员工素质工程

全面推行持证上岗，一线员工持证上岗率达到100%。新建了5个国家级职业技能鉴定站点，认真开展电力特有工种职业技能鉴定。完成了供电企业岗位能力素质模型及行为评价标准试运用。深化校企合作，与浙江大学、重庆大学等高校签订了人才培养战略合作框架协议，46位“两站”博士后及研究生承接开展了38项科研项目。全年共开展培训项目367个，全员培训率达到98.03%。

（四）群团服务

积极开展企业文化建设，稳步实施员工辅导计划。加大新闻宣传力度，在省级以上主流媒体发稿1379篇。认真做好综治维稳工作，落实风险评估和应急预案机制，确保了“两会”、国庆、亚运会等敏感时段的和谐稳定。广泛开展“素质杯”系列岗位立功竞赛和群众性安全活动，创建了23个“和谐温馨变电站”。积极推进青年安全生产示范岗建设，开展青工网络技能竞赛。大力弘扬劳模精神，首次开展金牌员工和职业道德标兵评选活动。认真做好离退休服务工作，组织开展专题讲座，举办形式多样的文体活动，不断丰富老同志的生活。

主要事件

1月11日，云南公司和老挝国家电力公司在老挝115kV那磨变电站联合举办了115kV中国勐腊—老挝那磨联网送电项目竣工投产庆典仪式，实施“走出去”战略取得了新突破。

2月4日，云南省召开了2009年度电力供应暨铁路运输保障工作表彰会，省政府授予云南电网公司“云南省2009年度电力保障突出贡献奖”。

2月5日，云南公司召开了2009年城农网建设总结表彰电视电话会议，对2009年城农网建设先进集体及个人进行了表彰。

2月23～24日，南方电网公司赵建国董事长、钟俊总经理一行与云南省委、省政府领导座谈，并视察了云南电力调度中心，听取了昆明供电局电网建设工作专题汇报，对云南电网公司下一步的工作作了重要指示。

3月24日，云南电网公司召开了“万人下乡抗旱救灾”活动动员大会，对公司抗旱救灾工作进行再动员、再部署，并对“抗旱救灾共产党员先锋队”、“保电服务队”和“青年突击队”进行了授旗。

3月31日，云南省政府孔垂柱副省长在《云南电网公司抗旱救灾工作汇报》上作出重要批示，感谢云南电网公司对抗旱救灾工作的大力支持，希望在今后的抗旱救灾中，云南电网公司进一步做好电力保障工作。

4月2日，赵建国董事长到云南考察旱情，看望慰问公司一线抗旱保电员工，指导下一步抗旱保电工作。赵董事长听取云南电网公司工作汇报后，高度评价了公司抗旱救灾工作。

5月27日24时，云南公司应急指挥中心结束了应对特大旱灾的自然灾害Ⅱ级响应，历时半年的万人抗旱救灾行动取得了全面胜利，云南公司负责任的社会形象得到了进一步巩固和提升。

5月28日，云南电网公司召开动员大会，启动了创先争优暨艰苦奋斗作风教育月活动，明确了创先争优活动的分阶段目标和工作任务。

6月10日，云南公司召开2010年创先工作会，对公司两年来的创先工作进行了全面总结，全面谋划下一步创先工作，全面推动公司创先工作向纵深发展。

6月25日，曲靖马龙县突发特大暴雨灾害，云南公司在第一时间启动了县、市、省三级自然应急预案，全面展开抗洪救灾工作。6月28日21时全面恢复马龙城区供电。

7月8日，西电东送电量今年第4次创新高，达到1.55亿kWh。7月9日，云南电网系统日发电量今年连续第8次创新高，达到3.95亿kWh。

7月16日，云南电网统调日发电量突破4亿kWh，达到4.149亿kWh，比去年最高值增长了26.42%。7月30日，云南电网水电日发电量突破3亿kWh，达到3.108亿kWh，10月19日，最高达到

3.48亿kWh，比去年最高值增加58%。

7月28日，2009年云南省十大服务行业公众满意度调查结果公布，云南公司蝉联省十大服务行业公众综合满意度第一。

9月27日，省委常委、常务副省长罗正富在公司汇报材料上批示：云南公司积极支持云南地方经济社会发展，尽了最大的努力，望共同克服困难，再作奉献。

9月27日～10月20日，云南公司先后组织了247名亚运场馆保供电和输变配专业支援队伍奔赴广州，参与第十六届亚运会和第十届亚残会保供电任务。

1～10月，云南公司对越送电电量累计达到44.86亿kWh，创汇2.29亿美元。自2004年9月25日对越送电起，截至2010年10月31日，云南公司对越送电电量累计突破150亿kWh大关，达到154.34亿kWh，累计创汇7.44亿美元。

11月16～17日，云南电网公司在昆明成功举办了首届"管理论坛"，云南公司系统29个单位和部门交流了软课题研究成果，共有15个课题获奖。

12月2日，云南公司省内、省外和国外三个市场售电量之和突破了1000亿kWh大关，达到1001亿kWh，同比增长21.8%。

12月23日，云南首个纯电动汽车充电站——盘龙电动汽车充电站建成启用，这是全国第一座高海拔电动车充电站。

（杨　钦）

贵 州 电 网 公 司

基本情况

2010年，贵州电网公司（简称贵州公司）按照"集团化管理模式、一体化管理制度"的管理定位，紧紧围绕"保安全，优电网，添绿色，强基础，重和谐"五个关键，圆满完成各项工作任务。全年实现售电量1091亿kWh，增长0.66%。其中省内731亿kWh，增长13.67%；省外360亿kWh，下降18.33%；送广东电量354亿kWh，下降14.99%。

全年完成固定资产投资147亿元。其中电网建设121亿元，技术改造20亿元，信息化及其他6亿元。业务收入483亿元，增长10.62%；资产总额524亿元，增长19%；经济增加值1.9亿元；全年贵州电网公司生产系统没有发生安全目标考核事故；城市供电可靠率99.823%，提高0.147个百分点。

2010年末，在岗职工48293人，按5类职系构成划分，企业管理职系人员620人，占在岗职工人数的1.28%；职能管理职系人员4325人，占在岗职工人数的8.96%；专业技术职系人员9078人，占在岗职工人数的18.8%；技能职系人员24 047人，占在岗职工人数的49.79%；辅助职系人员9398人，占在岗职工人数的19.46%；其他825人，占在岗职工人数的1.71%。

组织机构

见贵州电网公司2010年组织机构图。

领导班子

贵州电网公司总经理（法人代表）、党组副书记：唐斯庆

党组书记、副总经理：杨晋柏

党组副书记、纪检组长、工会主席：孙兆媛

副总经理、党组成员：晁剑

副总经理、党组成员：廖新和

副总经理、党组成员：邱跃丰

电网规划与建设

促成南方电网公司与贵州省政府战略合作框架协议的签署，明确南方电网公司"十二五"在黔投资1000亿元规模。扎实做好"十二五"西电东送规划，促成"十二五"西电东送框架协议的签订。坚持"一加强三提高"电网建设发展思路，开展各地区110kV及以下配电网"十二五"规划、贵州省"十二五"煤矿供电专项规划等规划研究。抢抓新一轮农村电网升级改造的发展机遇，圆满完成《贵州省农村电网2010～2012年升级改造规划》的编制工作。探索智能电网建设思路，编制技术标准、典型设计等技术文件，积极推动数字化变电站及紧凑型变电站建设。加快推进电源项目的建设，与新建各类电厂签订并网意向协议21份，并网协议17份。

2010年全年完成基建投资共计121.3亿元，重点完成500kV醒狮（贵阳东）输变电工程，鸭溪3号主变压器扩建工程，六盘水输变电工程，金州（兴义）2号主变压器扩建变电工程等。共计投产变电容量9952.6MVA，线路32 587km。其中500kV变电容量3000MVA，线路84km；220kV变电容量2940MVA，线路753km；110kV变电容量2796MVA，线路1260km。

电网运行

2010年贵州电网统调装机达2831.85万kW，其中火电装机1719万kW，水电装机1112.85万kW（含统调小水电）。

2010年，贵州电网公司电网频率合格率100%，

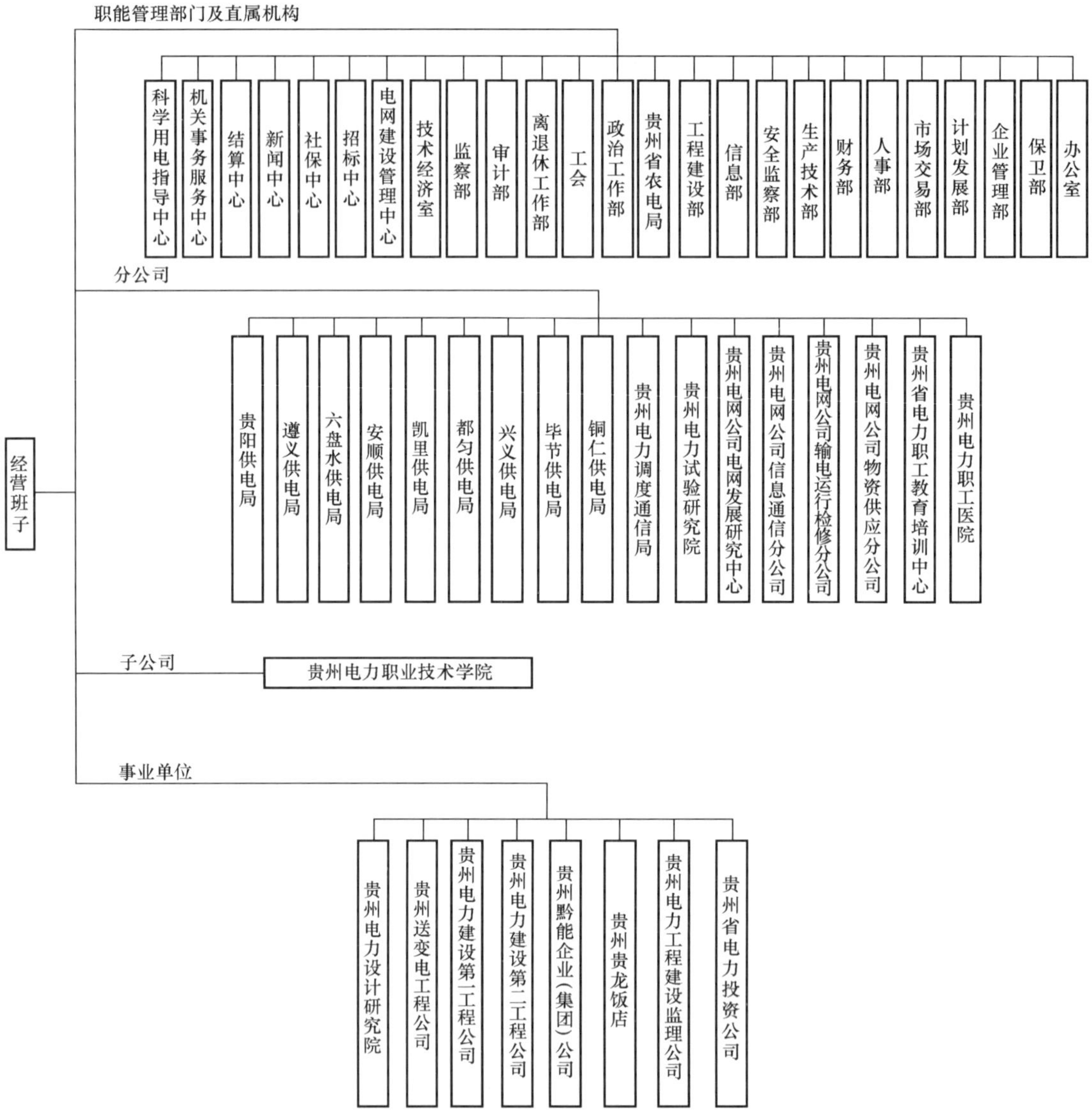

贵州电网公司2010年组织机构图

注：1. 办公室与保卫部合署办公，工程建设部与电网建设管理中心，技术经济室合署办公，新闻中心挂靠办公室，结算中心挂靠财务部，科学用电指导中心挂靠市场交易部。

2. 贵州电网农电资产管理公司（分公司性质）与贵州省农电局合署办公，不单独描绘。

3. 贵州电网公司电力工程设备监造部（子公司性质）与物资供应分公司合署办公，不单独描绘。

4. 贵州中试电力特种设备检验中心有限公司（子公司性质）挂靠贵州电力试验研究院管理，不单独描绘。

5. 另有79家子公司性质的县级供电企业，不在本图中描绘。

同比持平；城市供电可靠率99.823%，同比上升0.147个百分点；综合电压合格率99.34%，同比下降0.06个百分点；城市居民端电压合格率99.29%，同比持平；500kV变压器可用系数99.824%，同比上升0.165个百分点；500kV断路器可用系数99.909%，同比上升0.097个百分点；220kV及以上继电保护正确动作率99.95%，同比上升0.27个百分点；500kV继电保护正确动作率99.80%，同比下降0.2个百分点；220kV继电保护正确动作率99.95%，同比上升0.27个百分点；元件保护正确动作率100%。

全网共计98座集控中心，500kV变电站均为有人值守变电站；220kV变电站有46座实现无人值守，占220kV变电站总数的71%；110kV变电站有178座实现无人值守，占110kV变电站总数的58%。

全面完成南方电网公司“在2010年底前，分三年有步骤地完成变电站运行管理标准化的推广工作”的任务，全省110kV及以上变电站和纳入集控管理的35kV变电站全部实现变电运行标准化管理。

全网220kV及以上生产实时控制业务通信通道平均中断时间6.82min，优于考核指标53.28min。2010年，二级通信网络共发生通信故障24次，同比减少30次，减少55.6%。其中光缆故障12次，光传输设备故障7次，载波设备故障2次，调度数据网设备故障2次，线缆故障1次。

全面启动贵阳供电局“电压型”、遵义供电局“主站控制电流型”两种不同技术模式的配网自动化试点建设工作，分别编制贵阳和遵义《2010～2013年配电网自动化建设规划》，开展了工程设计、招标、设备自动化改造、通信网建设等基础改造工作。

安全生产

制定三类城市重大电网事故防范措施和防范贵州电网运行安全风险的22项重点工作，加强17个关键输变电设备和39个重点输变电设备的特巡特护。落实重点反措计划，实施8个方面53项一、二次输变电设备反事故措施和18条220kV及以上线路防雷综合改造，完成三年805条10kV及以上线路加固任务。

下发执行102个管理标准、109个配套流程和600余种表单。深入推进风险管理体系建设，将风险管理与控制措施融入实际生产流程，形成分层、分级、分类、分专业的风险分布图，贵州电网公司及所属各单位发布各类风险预警280次。启动第一批18家县级供电企业风险体系建设，9家供电局和运检公司风险管理体系审核均达到两钻以上水平，其中贵阳供电局、遵义供电局、安顺供电局、都匀供电局、毕节供电局达三钻水平。

2010年，贵州电网公司生产系统未发生重、特大事故；未发生生产性人身事故，同比减少1起；发生一般电网、设备事故25起，同比减少5起，下降16.7%。其中，一般电网事故3起（均为A类），同比减少1起，降幅25%；一般设备事故22起（16起A类、6起B类），同比下降4起，降幅15.4%。一类障碍145起，同比下降2起，降幅1.4%；其中电网一类障碍2起，同比持平；一类设备障碍143起，同比下降2起，降幅1.4%。

科技创新

2010年审查、下达计划项目154个，年度计划资金2.56亿元。积极按照国家鼓励科技创新的优惠政策，及时组织新产品、新技术、新工艺等开发应用项目向贵州省经贸委、省科技厅等部门申请项目确认，有1个项目得到贵州省科技厅和省经信委的支持，总计拨款10万元。

按照南方电网公司科技管理办法规定，经南网公司科学技术进步奖评审委员会评审，共有34个项目获得2010年度南网公司科技成果奖。其中“贵阳供电局电力营销监控指挥中心系统研发及应用”、“贵州无烟煤W火焰型锅炉燃烧技术研究”获得科技开发一等奖，“基于厂网协调的乌江流域梯级水电站群联合运行方式研究及应用”等8个项目获得二等奖。同时，获得南方电网科技进步二等奖1项，三等奖12项；获得贵州省优秀新技术、新产品三等奖4项；获得中国电力企业联合奖励4项。

贵州电网公司系统的专利和软件著作权进步较快，全年共新申报专利14项，获得专利授权18项。

率先在全国实现按照实测煤耗值进行发电排序，全年贵州电网统调节能调度发电节约标准煤164.1万t（折合原煤254.4万t），全网监测的脱硫机组减少二氧化硫排放量179.89万t，全网平均脱硫效率为96.1%。

加大线损“四分”管理力度。8家地区供电局线损“四分”管理网级达标，1家地区供电局和所有县级供电企业省级达标，2010年母公司口径线损率控制为3.99%，所有县级供电企业综合线损低于15%。

积极配合政府节能减排工作。贵州电网“上大压小”电网配套投资完成9091万元，累计完成60 459万元。配合政府关停133家落后产能企业，制定了经济调度方案，实施有序用电，对“两高一资”企业最大日控制电量5000万kWh，有力地保证了贵州电力有序供应和全省节能减排攻坚任务的完成。

信息化建设

信息化基础设施建设方面，贵州公司综合数据网覆盖到23家二级单位、81个县局、500kV变电站12个，220kV变电站60个，110kV变电站289个；578个35kV变电站、598个供电所通过租用通道等方式，实现网络覆盖率100%。贵州电网公司本部、地区供电局数据网设备对外链路带宽均达到1G，90%分县局带宽达到100M以上，供电所达到2M以上。

完成省、地、县三级局域网及信息机房标准化建设。建成统一设计、统一标准的局域网络104个，信息机房99个（2个A类机房、10个B类机房、87个C类机房）。全省信息机房实现了装修风格统一、布局设计统一、布线规范统一、标识标牌统一，实现了全省大集中的物理机房环境、设备、业务实时监测及告警。贵州电网公司本部信息机房于10月通过ISO 27001安全认证。

网络信息安全建设方面，开展信息系统性能测评及调优工作，建立常态的安全保障和渐进的性能优化机制。完成9869套设备及系统的加固工作，完成生产系统、人事系统、财务系统、营销系统的诊断和调优，保障了IT基础环境的稳定运行。

按照ISO 27001国际标准139个控制点要求，加强物理层、网络层、系统层、应用层、数据层设备及系统运维和安全防护，实现“基于ISO 27001的信息安全管理体系研究”的试点研究成果落地。

市场营销

2010年，电网统调发电量完成1179.63亿kWh，同比增长0.74%。其中水电发电量244.20亿kWh，同比增长17.54%；火电发电量935.42亿kWh，同比降低2.89%。本年最高日发电负荷1912.4万kW（9月9日），最大日发电量3.95亿kWh（12月9日），分别比2009年增长423.7万kW和1.03亿kWh。

全网售电量1091.07亿kWh，同比增长0.66%。其中外送电量359.89亿kWh，同比减少80.77亿kWh，同比降低18.33%。送广东电量353.97亿kWh，同比降低14.99%；送广西5.84亿kWh，同比降低66.05%（盘县电厂关停1、2机组，送广西份额减少至5.67亿kWh)。

2010年贵州省从发电侧和用电侧采取强力措施，明确全年省内GDP单位能耗下降目标为4.36%，全年规模以上工业能耗下降目标为7.26%，出台对超能耗产品实行惩罚性电价政策，关停淘汰落后生产能力企业133家，进一步优化产业结构，降低能耗。到2010年底省内执行差别电价的企业有340户，其中26户在生产，开工面8%。全省淘汰类和限制类用户的总用电量为12 268.8万kWh。其中淘汰类的用电量为11 801.4万kWh，占总用电量的96.2%；限制类的用电量为467.3万kWh，占总用电量的3.8%。

2010年累计接电445 154户，接电容量469.3万kVA。

2010年末，省内应收电费余额为5.24亿元，比年初下降0.71亿元，超额完成全年的电费回收指标。2010年当年欠费仅0.16亿元，均为中小用户欠费，当年电费回收率为99.95%，旧欠电费回收率14.76%。

认真开展电力需求侧管理工作，通过节能宣传、督促客户使用节能设备、开展无功补偿示范项目、严格执行差别电价政策和节能示范项目建设等，为客户开展节能服务，把绿色行动向纵深推进。2010年全年共发放节能宣传资料14万册，举办节能专题培训班35次，提出节电建议书102份，举办节能宣传走进校园活动185次，建立了和谐的供用电关系。

2010年，贵州电网公司高度重视政府节能减排政策，认真贯彻落实省委省政府关于节能减排的一系列措施，依法对第一、二批淘汰落后生产能力共133家企业、345台（套）生产线停止供电，并对淘汰落后产能的关停，开展了多种形式的监督检查。

针对计量装置向智能化、电子化发展趋势，贵州电网公司以完善电能计量管理标准，扩展表计客户停电记录、分时计量、分段计量、预付费、电压质量监测等功能，修订单、三相电能表3个订货与验收技术标准，并严格按照标准实施，完成124万只智能电能表采购，以及150万户“一户一表”轮换工作，及时淘汰技术落后、超期服役的电能计量设备193万只。

2010年，电能表抽检合格率99.81%。现场检验合格率99.2%。省内电能计量故障出现1191次，其中由于计量原因245次，其他原因946次，共计追补电量1694万kWh，电能计量故障差错率0.11%。

营销管理信息系统采用地区为单位集中的方式，覆盖到全省所有9个地区供电局、86个县局和598个供电所，服务范围覆盖率100%。贵州电网公司营销综合分析系统建设完成。客户服务中心95598系统已覆盖所有用电客户。营销信息化应用水平评价达到“A”级水平。

计量自动化省级关口电能量计量系统已接入457计量点，覆盖率100%；电能量计量终端已接入2435计量点，覆盖49.41%的35kV及以上变电站，低压集抄终端已接入524 544户，覆盖直供用户29.16%；负荷管理已接用户数16 946户，100kVA及以上容量专用变压器大客户覆盖率100%，可控负荷占90%；配电变压器监测已接16 193台变压器，覆盖率38.66%。

围绕客户受电工程“三指定”专项治理等核心工作，加强营销稽查力度，开展业扩专项稽查，促进营销稽查工作实现制度化、常态化、规范化管理。全年共计稽查样本23.7万件，发现有问题样本数量3177件，样本误差率1.3%，其中一般差错7起，追补金额12.64万元。累计发出整改通知单数量1757件，收回整改反馈单数量1731件，整改完成率99%。

强化用电检查力度，进一步规范用电秩序和行为。检查客户159.6万户，查处违章户919户，涉及违章电量24.9万kWh，追补违章电费160.2万元，收取违约使用电费248.7万元；查处窃电户1127户，追补窃电电量524.9万kWh，追补窃电电费288.7万元，收取违约使用电费539.9万元。

财务管理

进一步落实增值税转型政策，取得固定资产进项税抵扣7.63亿元；争取到电力供电环节增值税预征率由2%调低至1.5%的政策，减少供电环节增值税预征税额1.92亿元；协调落实农村电网维护管理费免征增值税政策，免征增值税近1亿元。取得2009～2010年西部大开发所得税优惠政策采取备案管理方式的税务文件，至2010年，除2008年冰灾亏损原因外，贵州电网公司完整享受国家2001～2010年西部开发所得税优惠政策。

贯彻落实政府相关电价政策，执行贵州省物价局《贵州省物价局关于枯水期电价的通知》（黔价格[2010] 195号）文件，从12月开始，将枯水期电价在基准电价基础上从原来的上浮15%调整到12%。根据《贵州省物价局关于计列2010年度农村电网维护管理费的复函》（黔价函[2010] 103号）文件要求，2010年在贵州电网供电区域内县级供电企业农村居民生活用电量现行电价中每千瓦时计列0.2元农村电网维护管理费用于争取免征增值税政策。

2010年，贵州电网公司资产总额524亿元，所有者权益414.56亿元；资产负债率79.07%，比预算降低0.23个百分点；实现利润5.87亿元，实现扭亏目标，比预算增加4.87亿元，主营业务收入实现433亿元，同比增长10.74%；电力销售收入433亿元，同比增长10.29%，经营呈向好趋势。

农电建设

2010年4月，国资委下达《关于织金电力公司等29家贵州地方供电企业国有产权无偿划转有关问题的批复》（国资产权[2010] 301号文），同意贵州省29家代管县级供电企业国有产权无偿划转贵州电网公司。至2010年底，贵州电网公司管理的县级供电企业86个，其中分公司6个、子公司59个、代管20个，股份公司1个。继续开展理顺剩余20家代管县级供电企业管理体制的工作，经与地方政府协商，有18家企业按照无偿上划的方式经南方电网公司审查后上报国资委。兴义供电局顺利实现普安供电局与青山地方电力公司的整合，结束“一县两公司”的历史。

86个县级供电企业全年完成售电量386.4亿kWh，同比增长16.58%，占省内售电量的52.8%，成为贵州电网公司新的电量增长点。

开展理顺农电用工管理的前期基础工作。对全省县级供电企业农电用工现状进行调查分析，结合国家政策和南网公司一体化的管理要求，提出了“将从事电力主营业务的农电工纳入公司一体化用工体系”的构想，经反复研究形成了“深化农电体制改革、理顺农电用工管理”总体工作方案，并根据国资发[2010] 157号文《关于建立国有企业改革重大事项社会稳定风险评估机制的指导意见》从合法性、合理性、可行性、可控性四个方面进行了社会稳定风险评估，周全考虑了对风险的防范和控制。

2010年全省县级电网工程完成投资642 420万元。其中，110kV工程完成投资183 079万元，35kV工程完成投资108 063万元，10kV工程完成投资351 278万元。完成新建和改造110kV变电站31座，线路1004km；35kV变电站42座，线路862km；10kV配电变压器8009台，10kV线路25 099km，低压线路13 686km。农村一户一表率90.5%，行政村电网未完全网改面由年初的33%降低到11.6%。

人力资源管理

贵州电网公司进一步完善干部管理制度，积极开展干部选拔任用工作的监督检查，提升选人用人的公信度、满意度，贵州电网公司选人用人工作5项指标的满意度平均分85分，得到广大干部员工的认可。

严格按规定开展干部选拔任用及考核考察工作，全年共考察干部人29次（含贵州电网公司本部科级干部6人），考核7人·次，新提任处级干部4人、跨单位交流干部7人，促进干部交流与班子的优化配置。加大干部培训力度，增强各级领导人员的综合管理能力。把县局党政正职轮训作为干部培养的重点之一，分4期培训县局党政正职155人，轮训完成率为100%。按照“一个主题、两种角色、三重修炼”的基本思路，积极创新培训方式，努力提升培训效果。

制定《贵州电网公司教育培训管理办法》等制度，加强培训课程建设。编制发行电网企业经营管理类教材22本；选送的《变电站运行管理多媒体网络课件》等三门课件入选为南网公司一线员工金牌课件。加强师资队伍及培训基地建设。培训兼职教师120人·次；贵阳供电局110kV变电实操室内培训基地建设完成并投入使用。

开展“在岗、转岗、岗前”三类培训，举办培训班1679期，培训员工60 660人·次，全员培训覆盖率98.9%，全员培训积分达标率96.6%。

开展软课题研究，《GSP模型框架下技术技能人才评价工作的探索与实践》等5个软课题全部入选南方电网公司首届教育培训与人才评价管理论坛并获得专题发布；顺利完成贵州电网公司技术专家选聘工作，选聘助理专家38名；在GSP模型框架下建立了技能专家的岗位胜任力模型和评价标准，形成了500kV变电运行高级作业员等117个岗位说明书、岗位培训标准、岗位胜任力评价标准，为适时开展相关岗位人才评价工作做好准备。

承办“全国电力行业高级技师评审会”，各鉴定站（所）新增电力通信等37个工种鉴定资格，启动贵州电网公司技师、高级技师鉴定考评工作，顺利完成配电运行人员和地调继电保护整定人员的培训和普考工作（配电运行及格率84.41%，继电保护整定计算及格率100%）；贵州电网公司共有12名员工被评为贵州省第二届有突出贡献的高技能人才。

薪酬管理。按照国务院国资委深化收入分配改革的总体要求，梳理贵州电网公司在劳动用工和内部收入分配方面存在的问题，提出深化劳动用工和内部收入分配制度改革的思路和措施，结合南方电网公司《关于各级领导干部薪酬水平调控决定》，认真组织了各级干部薪酬水平测算，确保调控到位；认真贯彻落实"调高、扩中、提低"的要求，全面做好2010年工资预算分配，确保工资增量落实到位。

规范劳动用工。组织完成2009年度定员测算工作，82个县局定员测算软件全部升级改版；对拟上划19家县局人员情况进行核查；完成了2009年度劳动工资年报及对各级各类人员的相关薪酬福利调查统计工作；组织选聘高校毕业生582人，充实基层员工队伍。

党建和精神文明建设

贵州公司以"筑坚强堡垒、树先锋形象，促两强三好"为主题，深入开展创先争优活动，引导各级党组织和广大党员在急难险重任务和年度日常工作中创先争优。重点开展艰苦奋斗作风教育月、党员先进性测评、寻找身边的榜样等工作，突出抓好公推直选、党组织和党员公开承诺，在7个供电局公推直选出10名党支部书记，总结提炼出"2431"公推直选模式。以"五好"创"四强"、以"六先"争"四优"，命名3个党委、40个党支部为贵州电网公司"五好"基层党组织，达标率为89.7%。贵州电网公司所属56个基层党组织、84名党员和17名党务工作者获国务院国资委党委、南方电网公司党组、省委组织部、省国资委党委和贵州电网公司直属党委表彰。

制定推进学习型党组织建设实施方案，分层、分类开展学习型党委、学习型党支部创建。贵州电网公司党组中心组充分发挥示范带头作用，丰富学习内容，拓展学习方式。扎实推进员工辅导计划试点工作，安顺供电局开展"520员工关爱行动"，遵义供电局推行"蒲公英计划"，六盘水供电局实施"阳光工程"，凯里供电局打造"温馨驿站"，形成"点、线、面"推进的工作格局。建立辅导员队伍199人，辅导员工2221人·次。从工作压力、职业发展空间、付出与回报等方面，对2173名生产一线员工开展心理和谐状况调查，准确把握一线员工的思想状况。着力抓好党建思想政治工作研究，12个课题研究成果获南方电网公司党建政研会表彰，贵州电网公司获"南方电网公司课题研究优秀组织单位"奖。

组织开展2010年度企业文化建设评价，举办覆盖86家县级供电企业的企业文化内训师培训班。

以广州亚运会等重大活动为契机，开展"青春建功展风采、和谐电网迎亚运"主题活动，强化青年思想引导。深入推进"青字号"活动，开展"迎亚会、展风采"优秀窗口青年文明号创建活动、"争当电网建设青年先锋"青年突击队立功竞赛活动等。2010年，贵州电网公司团工委获得省国资委系统企业2009年度共青团目标管理考核一等奖。1个基层团委获中央企业团工委"五四红旗团委创建单位"；1个青年文明号集体获"中央企业青年文明号"；7名青年获"贵州省青年岗位能手"称号。

主要事件

2010年初，贵州大部分地区发生百年不遇、持续干旱少雨的特大旱情，贵州电网公司主动承担社会责任，采取各种措施确保电力供应，确保了全省城乡抗旱用电。抗灾期间共投入抗旱人力43 789人·次，投入抗旱车辆11 339台·次，投入抗旱资金5500万元，抗旱应急发电机（车）605台·次，受理抗旱报装项目1524项，新装抗旱变压器516台、29 066kVA，新架抗旱35kV线路29.5km、10kV线路158km、低压线路387.5km，帮助旱区255万人解决饮水困难，33.6万亩田地得到灌溉。

5月28日，贵州电网公司全面启动深入开展创先争优活动，至年末取得了阶段性成果。在12月8日南方电网公司创先争优活动经验交流会上，董事长赵建国高度评价贵州电网公司创先争优活动成效；在贵州省国资委系统企业创先争优活动推进会上，贵州电网公司作为8个经验交流单位之一作了交流发言。

9月8日，国务院节能减排督察组对贵州电网节能发电调度体系及取得的显著成效给予肯定，认为贵州电网节能发电调度体系先进，节能减排成效显著。3年来共节约标准煤341万t，减少二氧化碳排放1063万t；获得6项国家发明专利受理号、8项国家软件著作权，获得南方电网公司2009年度科技奖一等奖。

11月2日，"直流融冰SVC装置"在220kV毕节变电站成功演练，宣告电网全面进入融冰装置预试、演练的实战阶段。至年末，全部完成10kV及以上805条线路的加固改造工作，建成覆冰预警系统共50个监测点，应急卫星系统一、二期工程，完成"一线一融冰方案"。

11月4日，贵州省委、省政府与南方电网公司签署《战略合作框架协议书》。"十二五"期间南方电网公司将在贵州投资1000亿元，重点实施贵州骨干电网、农村电网改造升级、"西电东送"电源配套送出工程及科技信息化项目。

12月19日，随着广州亚残运会闭幕式圆满落下帷幕，至此贵州电网公司历时近3个月的亚运保供电任务以零故障的完美记录宣告结束，其出色的保电工作，得到中国南方电网公司董事长、党组书记赵建国、总经理钟俊及亚组委、广州市体育局及保电场馆方的高度评价和充分肯定。

12月29日，贵州第一座紧凑型变电站110kV四方变电站建成投运。该变电站分为高压开关、主变压器、中压开关、综合自动化、中压配套设备5个功能模块进行预装建设，具有布置方式灵活、建设工期缩短、节约土地资源等特点。

贵州电网公司克服了旱灾造成的电力供应紧张和节能减排带来的电力供应下降等困难，有力支撑了省内GDP高速增长的用电需求。全年完成电力行业二氧化硫减排35.8万t的考核任务，确保了全省“十一五”节能减排任务的完成。

全面启动“123”人才强企工程，在南方电网公司“1+1+10”干部管理体系的基础上，出台《贵州电网公司领导人员管理规定》等4项制度，促进了干部选任管理规范和公信度提升。截至年末，贵州电网公司共举办培训班1679期，培训员工60 660人·次，实现全员培训覆盖率98.9%、全员培训积分达标率96.6%。

全省剩余的20家代管县级供电企业中已有19家和地方政府签署了无偿上划协议，标志着贵州农电管理体制基本实现上划直管；针对“农电工”这一改革遗留问题，贵州电网公司提出了统一规范县级供电企业组织机构和岗位薪酬体系，把农电劳动用工及薪酬管理纳入一体化管理。

（蔡靖波）

海 南 电 网 公 司

基本情况

2010年，海南电网公司在南方电网公司和海南省委省政府的正确领导下，紧紧围绕海南国际旅游岛和国际先进水平电网企业建设两个大局，紧紧抓住“保安全、优电网、添绿色、强基础、重和谐”五个关键，按照南网公司“集团化管理模式、一体化管理制度”的管理定位，深化“三基”（抓基层，强基础，苦练基本功），给力创先，圆满完成了扭亏增盈、亚运保电、抗击灾害等重大任务，各项工作取得新成效，助力敲响海南国际旅游岛建设开场锣。

截至2010年末，全省统调装机总容量340.3万kW，统调最高负荷229万kW。完成售电量121.78亿kWh，同比增长18.08%，资产总额达128.5亿元。海南电网已形成环岛220kV主网架，并通过178km500kV福港线（其中海底电缆32km）与南方电网主网联网运行，结束海南孤网运行历史。海南电网公司建成投运220kV变电站18座、容量422万kVA，220kV线路总长1983km，110kV线路总长2824.06km。35～110kV电网已覆盖全省各市县及主要乡镇。海南电网公司供电客户188万户，乡镇、行政村和自然村的通电率均已达到100%。海南电网公司在海南享有较高的企业知名度和社会美誉度。

海南电网公司本部设置14个职能部门，包括总经理工作部（党组办公室）、计划发展部、市场营销部（农电工作部）、人事部（人才评价中心）、财务部、生产技术部、安全监察部、工程建设部、企业管理部、审计部、信息部、纪检监察部、思想政治工作部（直属党委、团委）、工会。新闻中心、驻穗办、行政服务中心挂靠总经理工作部（党组办公室），质量监督站挂靠工程建设部。设置直属机构6个，包括调度通信中心、审计中心、招投标中心、技经中心（定额站）、离退休管理中心、物资管理中心、教育培训中心。

海南电网公司下辖30个二级单位，包括18个供电局（即海口、三亚、儋州、琼海、文昌、澄迈、万宁、陵水、乐东、东方、昌江、临高、定安、屯昌、保亭、琼中、白沙、五指山供电局），2个计划单列供电公司（洋浦供电公司、老城供电公司）；8个全资子公司（海南省电力物资公司、海南电力设备厂、海南送变电工程公司、海南电力设计研究院、海南电力线路器材厂、海南电力置业有限公司、海南电力通信自动化公司、海南电力物业有限公司）；1个试验研究单位（海南电力试验研究所），1个分公司性质的通信资产运维公司（海南电网信息通信公司），1个调峰调频直属发电厂（海南电网清澜电厂），1个按分公司管理的技术学校（海南省电力学校）。

2010年末，海南电网公司共有员工10 842人。其中，研究生及以上86人，大学本科1570人，大学专科2628人。海南电网公司员工中，有高级职称203人，中级职称492人，初级职称1809人；技师16人；高级工1297人，中级工1585人，初级工449人。海南电网公司离退休人员2835人。

组织机构

见海南电网公司2010年组织机构图。

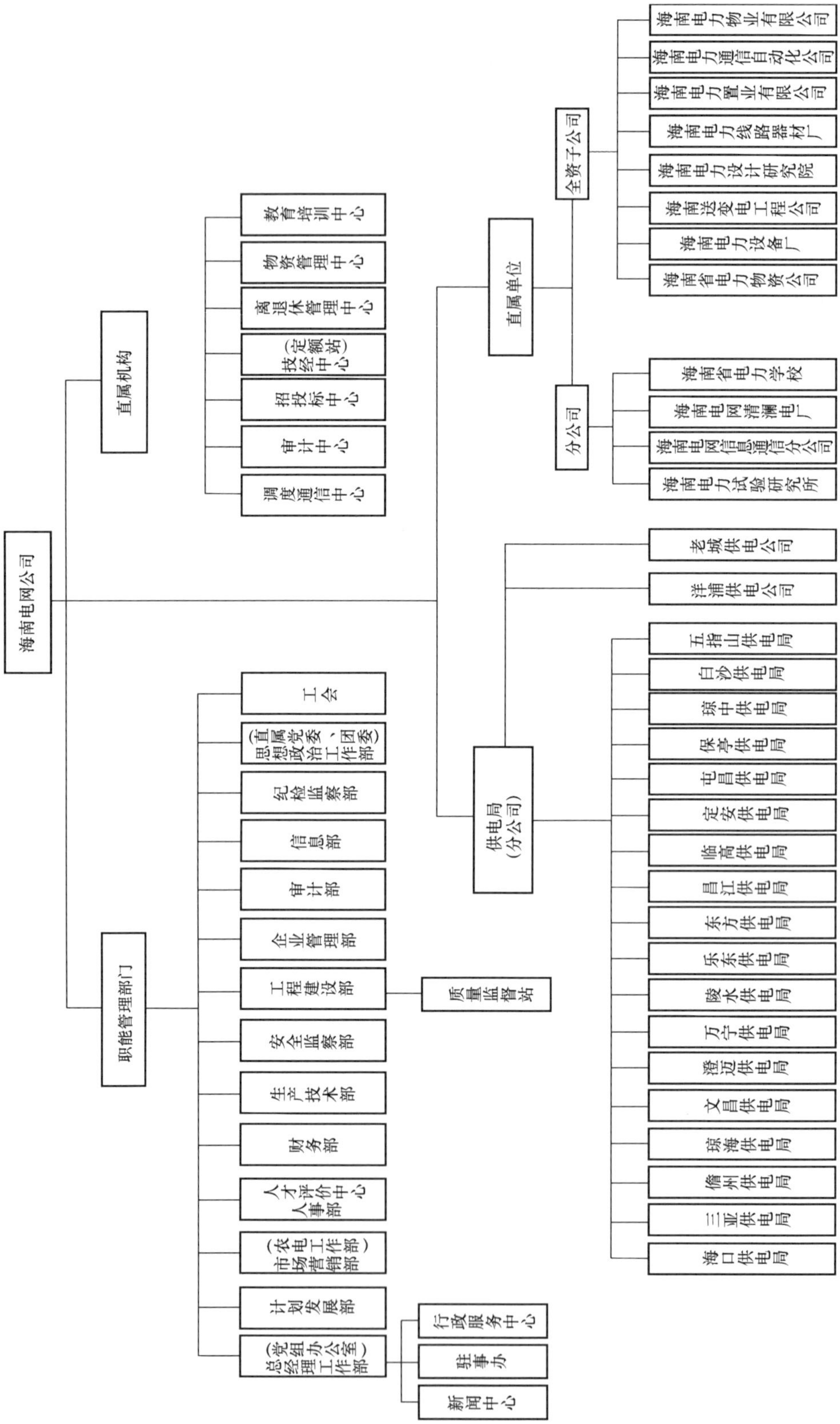

海南电网公司 2010 年组织机构图

领导班子

2010 年末海南电网公司领导班子成员：
总经理、党组副书记：尹炼
党组书记、副总经理：刘映尚
党组成员、副总经理：庞准
党组成员、副总经理：吴建宏
党组成员、纪检组长、工会主席：潘超
党组成员、副总经理：杨卓
党组成员、副总经理：李日亮
总会计师：莫锦和

电网规划与建设

2010 年，海南电网公司编制完成《海南省“十二五”电力建设规划》，并联合中国电力顾问集团公司开展了《海南国际旅游岛电力工业发展十年规划》研究。基本完成海南省农村电网改造升级三年规划编制。全面启动海南“十二五”电力系统设计工作，初步完成 2015 年主网架结构方案研究，为“十二五”各级电网建设奠定坚实基础。完成了《海南海岛特色电网建设标准研究》，并根据研究成果对《海南电网规划设计技术原则》进行修编，进一步完善了海岛电网技术标准体系，为今后科学开展电网规划建设提供了指导和依据。以配电自动化、新能源接入为智能电网建设的切入点，初步完成《海口市电动汽车充电站规划》和《海南电网配电自动化战略规划研究》、《光伏发电等新能源接入电网》等专题研究。配合南网公司全面启动联网二期工程可行性研究，顺利完成了海南调峰电源规划研究工作。

引导电源建设方面，海南电网公司积极支持清洁能源发电项目建设。开展可再生能源发电项目接纳能力分析，为清洁能源发电项目并网提供技术支撑。全面启动核电配套送出工程前期工作，配合南网公司取得了海南抽水蓄能电站建设“路条”。专门召开风电并网准备工作协调会，确保了东方四更、感城等风电如期并网发电。组织开展老城垃圾焚烧发电、文昌生活垃圾焚烧发电、华润水泥三期余热发电、临高 20MW 太阳能发电站等新能源项目接入系统设计和专题研究。

服务大客户用电方面，海南电网公司密切跟踪海南省大项目建设推进情况，主动与客户沟通了解用电需求，提供供电方案咨询服务，指导开展专用站接入系统设计工作。全年组织审定了 21 个大项目专用站接入系统设计（供电）方案，组织评审了洋浦开发区、海口保税区、乐东龙沐湾、昌江棋子湾等区域电力专项规划，优质的服务受到大项目业主的好评。

海南电网公司下达了 2010、2011 年前期工作推进计划，提前制定 2012 年前期工作推进计划，明确工作界限和时间节点，定期跟踪落实，纳入年度考核，创造了一年开展三年电网建设项目前期工作历史。争取海南省发展改革委、建设厅、国土环境资源厅等政府部门的理解和支持，电网建设规划审批取得“绿色通道”，220kV 及以下架空线路工程不再进行项目用地预审。2010～2015 年电力建设项目站址用地被纳入各市县土地利用总体规划。同时，电网建设项目核准“绿色通道”一站式审批试点工作也有序开展，形成了良好的电网建设外部环境。

2010 年，海南电网公司。按时保质完成 7 个 220kV 供电配套工程建设，保证海南头号工程“东环铁路”如期投运通车。屯昌—牛路岭 110kV 线路重建工程克服重重困难，仅用 26 天高质量完成了 40 多 km 的全线停电组塔和架线工作，创造了海南历史上线路建设最快、最好纪录。220kV 海口长流、文昌迈号等一批重点工程投运，解决了市县经济发展的电力瓶颈问题。小“目”字型标志工程——龙北—文罗 220kV 双回线路工程全面启动。福山—官塘 220kV 送电线路工程获得南方电网公司 2010 年优质工程奖。文昌迈号 220kV 输变电新建工程被列为南网公司安全优质文明样板工程。海南电力设计院获电力行业送变电工程专业甲级设计资质。

海南电网公司全面规范基建和物资管理。在海口、三亚、儋州、琼海四大供电局成立业主项目部，对主网、城网和农网项目进行专业管理。在 18 家供电局统一设置工程建设部，有效解决基层单位因专业人员缺少导致工程项目管理不到位的问题。与南网公司基建一体化流程体系对接，修编制定相应的业务流程和工作表单。大力推行标准化设计和典型造价，颁布 10kV 及低压台区配网工程标准化设计，推广设计软件自动设计，并将生成的材料需求结果与物资管理系统对接，在南网内率先实现工程与物资的一体化管理。

电网运行与安全生产

2010 年，海南电网统调最高负荷和日发电量屡创新高，高温时段最低负荷甚至高于 2009 年同期最高负荷。统调最高负荷达 229 万 kW，同比增长 21.2%；统调日最大发电量 4969 万 kWh，同比增长 32.2%。面对旺盛的用电需求和快速攀升的负荷，海南电网公司积极优化机组检修安排，协调保障电煤和天然气等一次能源的供给，加强水、气、煤电科学调度，利用联网线路快速调剂电力电量余缺，千方百计保证全省电力正常供应，全年未发生拉闸限电或错避峰用电。

2010 年堪称海南电网基建投产年，全年共有 3 座 220kV 变电站和 7 座 220kV 牵引变电站、23 回 220kV 线路、4 台 220kV 主变压器投产，基建停电次数多，新设备投运操作多，安全运行风险大。压力面前，海南电网公司各级调度迎难而上，不断深化电网运行风险辨识和评估管理，跟踪落实防范电网安全运行风险的 9 大措施 38 项重点工作，及时发布了电网运行各类安全风险预警 32 份，保证了 220kV 线路 81 条次检修停电顺利进行，基建工程如期投产。

截止到 2010 年底，海南风电总装机容量 196.5MW，约占统调总装机的 6%，而在秋冬季低谷时段的风电发电负荷占海南统调负荷比例高达 20%，即使高峰时段也占 8%，电网安全运行受到较大影响。为此，海南电网公司着重加强了风电厂统一管理，将装机总容量 50MW 级及以上的风电统一由中调调管，实现风电厂的统一调度和规范管理。组织开展了《风电场接入对海南电网安全稳定的影响》专题研究，并根据研究成果提出了应对风电影响调峰调频的措施，颁布了《海南电网风电调度运行管理规定(试行)》，为全省风电的安全运行和调度提供了科学的指导。

2010 年，海南电网公司全面推行安全风险常态化管理，发布安全生产风险报告，重点分析联网后的运行特性、大量风电场接入投运、东环铁路负荷冲击、基建任务繁重等现状，提出电网运行 10 大风险，相应落实了 49 项防范措施，全力确保了电网安全稳定运行。全面推广生产业务管理规范化建设，逐步实现了核心业务流程、管理标准、作业标准和生产管理信息系统的 4 个统一。完成海口、儋州、三亚及琼海 4 家供电局输电所标准化建设，110kV 及以上变电站和线路运行实现标准化管理。177 个变电站实现无人值班。以海口、文昌为试点，有序推进配网规范化建设。编制完成海南电网第一个技改三年规划。投入 2284 万元完成 45 条 35kV 及以上线路接地防雷和 945 个配电变压器台区标准化整治。积极开展带电监测技术应用试点工作。全力推进安全生产风险管理体系建设，100%建立 3 级 4 类安全生产责任制，儋州、万宁供电局达到安全风险管理 2 钻水平，海口、琼海、文昌供电局达到安全风险管理 1 钻水平。制作《电网安全保畅通》宣教片，广泛发动群众共同保护电力设施，盗窃、破坏电力设施案件同比下降 14.4%。

2010 年，海南电网遭受到持续 40 多天高温、“康森”等 3 个台风以及 60 年不遇持续强降雨的袭击。面对灾害，海南电网公司坚持领导、思想、责任、预案、组织、物资、人员“七个到位”，依靠多年历练形成的科学高效应急管理体系，电网抗击高温、强降雨、台风灾害取得全面胜利，赢得社会各界的高度赞誉。特别是在抗击强降雨期间，共出动抢修人员 3.73 万余人·次，抢修车辆 4770 余车·次，投入应急发电机 242 台·次，确保了主网安全以及 338 万受灾群众未发生一起人身触电伤亡次生灾害，实现“水退、人到、旗到、电通”。海南电网公司被海南省委省政府评为海南省抗洪抢险救灾先进集体。

市场营销

海南电网公司出台了《新装客户和新建电厂安装负荷终端管理办法》，安装 4389 套 200kVA 及以上专用变压器负荷管理终端，200kVA 及以上专线专用变压器客户负控终端覆盖率达 100%。三亚供电局实现所有新装客户全部安装负荷管理终端。积极推进综合停电管理，在海口、三亚供电局推行带电作业，在文昌供电局试点可靠性指标“预分配”管理制度。抓好客户停电时间统计分析和管理，超前计划五年实现客户停电时间统计全部到户，海口、三亚供电局客户停电时间统计达到南网公司标准，儋州等 13 个供电局达到省级标准。2010 年城市供电可靠率达 99.86%，用户年平均停电时间 11.4h/户，同比下降 0.61h/户。

2010 年是海南国际旅游岛建设开局之年，各种大型活动、体育赛事、政要会议多于往年，保电任务十分艰巨。海南电网公司按照保电工作常态化、专业化管理的要求，结合每项保电任务的特点，有针对性开展电网及用户设备专项检查，预案编制及措施落实等工作，出动应急发电车、UPS 电源车 152 辆·次，投入保电人员 6940 多人·次，确保了全年 138 次保电万无一失。高质量完成国际旅游论坛、博鳌亚洲论坛和习近平副主席海南调研等重大活动保电，得到了海南省委省政府的充分肯定。尤其是在广州亚运会期间，海南电网公司先后派出三支队伍 100 多人赴穗支援亚运保电，并首次将体系化、规范化、指标化管理融入到保电工作中，实现了“全力以赴，万无一失”的庄严承诺，获得了南网公司领导的高度评价。

海南电网公司提出了未来十年营销工作向国际先进电网企业发展看齐的规划和具体对策，以营销一体化建设和营销“三基”工作为载体，通过开展“1233”工程，即创建展示南网形象、客户温馨、业务一口对外的窗口，以户均停电时次数和客户满意度为衡量营销服务优劣的两个关键指标，通过努力建设“有界无域”部门服务协同保障体系、建设学习型团队服务创先落地保障制度、建设信息化与自动化营销服务技术保障系统，为客户提供优质、高效、规范、贴心的供电服务，在 2～3 年内进入南网营销服务先进企业行列，在 3～5 年进入营销服务国内电网先进企业行列，力争 2020 年进入营销服务国际电网先进企业行列。

2010年，海南电网公司完成营销管理信息系统、营销监控系统、营销综合分析系统、客户服务系统以及营销自动化系统5个省级集中模式的信息系统建设和应用，顺利通过南网公司营销信息化应用A类水平达标检查，在全国率先实现营销信息系统省级大集中和全覆盖（全省18个供电局、188万客户100%覆盖）。同时在完成五大省级集中模式营销信息系统建设应用的基础上，建成营销监控指挥中心，实现全省范围内的营销数据信息共享、业务流程统一、服务标准规范，得到了南网公司的高度评价。

海南电网公司积极开展“电费管理年”活动，以固化“电费结算中心”五统一的管理模式和提高营销信息化抄核收系统应用水平为核心，全力做好电费回收工作，完成应收电费余额1.59亿元，比2009年同期下降了11.17%，比年计划下降0.61亿元，创五年来最好成绩。重点针对三亚、保亭、文昌等供电局客户受电工程“三指定”行为开展了专项稽查，并通过网上稽查模块对各供电局开展月度常态稽查。全年追补违约使用电费和电费违约金2506万元。组织编制和颁布了《住宅小区抄表收费到户工作方案》等多个文件，多方争取政府部门的政策支持，指导基层供电局有序推进小区抄表收费到户工作的实施。

客户服务

以创建国际先进电网企业为目标，以为国际旅游岛提供优质电力服务为宗旨，在央企中率先出台了《海南国际旅游岛电力保障与服务行动纲领》，从6项行动纲领和19项行动举措落实责任，得到了海南省委省政府的高度认可。出台《海南电网公司2010～2011年优质服务活动方案》，全面实施可靠供电、安全用电、服务品质提升、服务品牌宣传4大工程，主动为中航特玻、英利太阳能、中海油LNG等重点项目做好供电服务。建立95598服务热线与12301旅游热线有效的沟通协调机制，确保了客户服务的快速响应。海口、三亚供电局两个城区营业厅达到南网A类营业厅标准。开通网上营业厅和24h客户自助缴费终端，应用移动营业厅到交通不便地区服务，得到客户广泛好评。五指山、中原、博鳌3个供电所获评“中国最美供电所”。海南电网公司在南网优质服务技能竞赛中荣获了个人一等奖和团体二等奖的优异成绩。

科技创新与节能降耗

2010年，海南电网公司加大科技及信息化投入，不断提升海南电网公司软实力。研发的4A（统一验证、统一用户、统一授权、统一审计）企业信息门户平台，达到国内同行业领先水平。全面完成“十一五”信息化规划和《信息化登高计划》任务，海南电网公司总体信息化水平由2009年的64.4分跃升为88分，达到了信息化B级上游水平。初步完成海南智能电网战略发展纲要的研究工作。围绕破解电网发展难题，开展了雷电参数分析应用及防雷措施研究，电缆头离线状态监测技术以及220kV智能输电线路故障监测平台等相关技术研究和应用，积极引导科研解决生产实际问题。《海南与南方主网联网前后安全稳定措施研究》及《调配一体化技术规范研究》两个项目获得南网科技进步三等奖。《低频减载及过切后高周加载装置》获得国家专利，成为海南电网首个自主知识产权专利。

海南电网公司积极推动节能减排工作。2010年11月，海南电网公司与海口市政府签订《加快电动汽车充电设施建设推动海口市新能源汽车产业发展战略合作框架协议》，全力支持海口三年1000辆电动汽车示范应用。支持亚龙湾全国最大冰蓄冷项目投产试运行。认真落实节能降损措施，在全省18家供电局全面推行线损“四分”管理，完成了S7型及以下782台高损配电变压器的更新改造，全年综合线损率7.60%，同比下降0.08个百分点，圆满完成“十一五”节能降损目标。建成投运并网燃煤机组脱硫在线监测系统及节能发电调度技术支持系统。通过节能发电调度，统调燃煤机组平均发电标准煤耗率306.53g/kWh，同比下降9.30g/kWh。风电发电量2.77亿kWh，同比增长3.32倍。水电上网电量17.92亿kWh，比计划增长0.76亿kWh。清洁气电超计划增发3.72亿kWh。全年节省电煤22.55万t，为海南省圆满完成“十一五”节能减排目标作出了积极贡献。

经营管理

2010年，海南电网公司以财务集约化管理为抓手，强化资金集中管控和预算集约调控能力，创立“基数预算加变动预算”分配机制，资金集中率达到98%以上，实现利润总额和EVA两项指标比预算翻番，创利润0.65亿元（比2009年增盈2.51亿元），资产负债率比预算下降2.85个百分点，进一步提高了企业价值创造能力。争取到国家政策支持，国家财政部已向国务院报告将海南电网公司农网改造贷款余额4.3亿元国债资金转为资本金。筹借低息贷款20亿元还高息贷款，最低利率比基准利率降低26%，减少资金成本0.3亿元。全面接管了长流供电所。对基层单位推行EVA考核，以“资金占用与产出效益的联动模型”机制推动各单位提高资金使用效率和效益。全力配合南网公司做好股份制改造前期工作。积极争取海南输配电价成本加收益定价机制试点，获批东环铁路电力配套投资还贷电价。

海南电网公司继续深化“审计整改年”活动，重点结合公司2009年开展的各类审计。重点做好电网建设项目审计，对各供电局固定资产投资实施情况和工程领域突出问题展开排查，全力保障了工程建设资金的安全。加快推进审计信息化建设，推广应用审计管理信息系统，实现了审计工作一体化、自动化、智能化，审计工作效率较以往有了大幅提高。

深化“三基”管理，形成“三基”工作手册、“三基”工作考评标准等5项成果，指导基层单位日常管理工作，不断夯实企业管理基础。积极推进考核管理创新，结合直属单位经营特点增设15个专项指标，建立本部员工指标库，全面实施“效果导向”、“效率支撑”和“效益约束”工程。把履行社会责任的要求全面融入发展规划，逐步建立起与现有管理体系全面融合的社会责任工作体系。积极开展软课题研究，不断推进管理创新能力，在全国电力创新成果评比中，业务流程诊断获二等奖，“三基”管理和线损“四分”管理获三等奖。

海南电网公司全面启动创先工作，先后召开了5个层面12次座谈会，凝聚智慧，统一认识，明确与国际先进电网企业对标，提出了《建设国际先进水平电网企业的意见》。与新加坡能源公司、中国台湾电力公司等先进企业开展对标学习，形成了以户均停电时间等为主要内容的指标体系，为创先工作提供专业支撑。出台海南电网公司创先总体方案，厘清了未来十年总体目标和阶段任务，谋定海南电网公司用10年时间达到国际先进水平电网企业的发展蓝图。先后在18个供电局召开创先启动宣贯会议，指导海口供电局修编职能规划，梳理三亚供电局创先纲要，启动儋州、琼海供电局创先规划，创先工作迈出了实质性步伐。

海南电网公司严格按照网公司的决策部署，有序开展了海南电力燃料公司等19家单位的非主业投资、低效投资及小额投资的清理，完成了其中5家单位的注销及清退工作。认真贯彻落实国家关于78家非房地产中央企业退出房地产业的文件精神，研究制定海南电网公司退出房地产业务工作方案，顺利完成了房地产业务退出工作。海南电力设备厂与广东东方电讯科技有限公司共同投资成立了海南椰东电网科技有限公司。

海南电网公司首次出台了《关于建立法律风险防范体系的实施意见》和《关于防范法律风险若干问题的意见》，对防范海南电网公司治理、劳动用工、电网建设、安全生产、合同签约履行、知识产权、财务管理方面的法律风险提出具体建议，为各单位积极防范和应对法律风险提供了有力的指导。积极推进《海南省电力保护条例》地方电力立法。加强合同审查，提出重大修改意见87项，有力确保了合同内容合法形式合规。积极应对各类诉讼案件，挽回经济损失719.65万元，有效维护海南电网公司的合法权益。

人力资源管理

海南电网公司结合实际修订出台《领导人员管理规定》、《公开选拔竞争上岗管理办法》、《领导班子和领导人员综合考核评价办法》和《非领导职务人员管理办法》，初步建立起规范的干部管理制度体系。按照干部“四化”标准和德才兼备、以德为先，注重实绩、群众公认的选人用人原则，认真选好配强各级班子，让想干事的有机会，会干事的有舞台，干成事的有地位，把各级班子建成了“把握大局、科学决策、求实创新、团结协作、清正廉洁”的班子集体。把民主推荐作为干部选拔必须的程序，提高选人用人工作的公信度。出台《海南电网公司基层单位后备干部培养锻炼工作意见》，首次安排基层单位后备干部到本部职能部门培养锻炼。启动各供电局之间的干部交流，首次从海口供电局交流一批优秀年轻干部到县级供电局挂职锻炼。通过多渠道、多岗位、多方式培养锻炼干部，拓宽了选人用人视野，在基层一线培养干部的机制已经初步建立。

海南电网公司在圆满完成文昌、屯昌供电局规范劳动用工制度改革试点工作的基础上，全面启动了16家基层供电局劳动用工制度改革，初步建立了以合同管理为核心、以岗位管理为基础的市场化用工机制，变身份管理为岗位管理，实现人力资源的综合配置效率和专业化管理水平的有效提高。初步建立了以劳动合同制为主、劳务派遣制用工和非全日制用工为辅，适当推行劳务外包的市场化用工机制。出台《海南电网公司员工处分暂行规定》，为加强对员工的劳动纪律管理提供制度依据。

海南电网公司教育培训工作更加注重针对性和实效性。结合实际修订出台了《新入企员工培训管理实施细则》，推广使用《培训质量管理工作指导手册》，跟踪开展培训效果评估，强化闭环管理，培训质量大幅提升。把考核退出机制引入新员工入企培训，打破以往“入企定终生”的管理模式。加快培训课程体系建设，《学习型班组创建》、《配电线路常见生产作业危险点分析预控》、《供电营业厅优质服务技能提升》、《变电设备巡视》、《内训师角色认知及技能提升》5门课件入选南网公司2010年“一线员工金牌课件”。成功引进6名高端信息技术人才和1名在英国国家电网公司工作的曼彻斯特大学博士，为企业发展储备人才。海南电网公司教育培训系统使用量突破百万人·次，日均点击率达2360人·次。全年有5899人（占员工总数的65%）参与了营销、配电运行等各类网络练兵。其中，营销网上考场获得南网公司2010年度营销服务创新成果一等奖。员工教育培训实现从“填鸭式”课堂培训到“自助式”网络培训的转型。2名员工荣获全国技术能手称号，4名员工荣获全国电力行业技术能手称号，2名员工荣获南网技术能手称号，1名员工荣获国家电力教育协会电力教育培训新星奖二等奖。

党建和精神文明建设

2010年4月，海南电网公司以“创先争优促‘三好’”为主题，从八方面扎实推进创先争优活动。①抓调查研究，用单位汇报、查看资料、党员回答提问三种方式下基层掌握第一手资料，为活动深入开展提供依据。②抓公开承诺，从三个环节（承诺一句话，体现实打实的作风；措施硬碰硬，体现过程管理理念；目标好又高，体现“跳起来摘桃子”标准）入手，做到承诺事项具体化，可操作，可评估。③抓特色活动，开展了党性党史教育、党员创新增效、党员身边“三无”、党员志愿服务、党员亮牌示范五项特色活动。④抓载体搭建，以“双创建、双连心”为母本，各单位结合实际制定了党员“一带二”、“支部赛马、党员亮剑”等丰富的主题活动载体。⑤抓典型引路，树立了琼海供电局党委“一带二”先锋工程、万泉供电所党支部和海口美兰供电所党支部3个典型。⑥抓项目管理，将创先争优活动分为3个阶段26个项目进行评定，动态跟踪，过程管理。⑦抓督导点评，采取事先不打招呼的方式，到基层党支部突击抽查，直接与基层党员对话，督导点评。⑧抓交流互动，召开1次经验交流会，举办5场现场观摩会，交流经验，推进工作。

海南电网公司大力推进廉政建设。认真贯彻落实《中国共产党党员领导干部廉洁从政若干准则》，严格执行领导干部三项谈话制度，深入开展述廉议廉工作，不断增强领导干部廉洁从业的主动性、自觉性。加强“三重一大”制度执行情况监督检查，制定《有错无为问责暂行办法》，严格责任追究。建立起与省检察院联合预防职务犯罪的监督机制，形成监督工作合力。深入开展“三查三纠”活动（查艰苦奋斗精神是否滑坡，纠不思进取，小富即安思想；查工作忧患意识是否减弱，纠消极应付，缺乏激情状态；查勤俭节约本色是否丢失，纠不按制度办事，花钱大手大脚现象），深化艰苦奋斗作风教育月活动内涵。加强廉洁文化阵地建设，廉洁文化创作作品荣获海南省国资委系统二、三等奖。

2010年，海南电网公司进一步深化厂务公开民主管理，以规范《集体合同》管理和劳动用工制度改革为主题，推动各级工会维权机制建设。充分发挥职代会民主管理的作用，审议通过了《海南国际旅游岛电力保障行动纲领》等方案。坚持企业重大改革方案经职代会审议通过，重要制度经职代会讨论同意，涉及职工切身利益的事项经职代会审议决定，并对15个达标星级职代会、10项职代会合理化建议提案人、20名民主管理建言献策先进个人进行表彰。

海南电网公司召开了第四届精神文明建设成果展示会。海口、文昌、东方供电局员工辅导计划试点工作取得初步成效。制定《“国际旅游岛、文明我先行”活动方案》，拟定员工文明公约、岗位规范、文明标准，树立起海南电网“讲文明、重礼仪、诚信友爱”的良好形象。组织广大员工先后向西南旱灾地区、青海玉树地震灾区捐款约73万元。开展庆祝海南解放60周年、“重走海南解放路，继承革命优良传统”以及“国际接轨，青年争先”等共青团系列活动。尹炼总经理荣获“全国劳动模范”荣誉称号，被评为海南省优秀企业家。琼海供电局团委荣获中央企业“五·四红旗团委创建单位”荣誉称号。95598客户服务中心、三亚供电局城区所前台、文昌供电局清澜供电所营业班荣获“中央企业青年文明号”称号。文昌、屯昌供电局获南方电网文明单位荣誉称号。

主要事件

4月27日，全国劳动模范和先进工作者表彰大会在北京人民大会堂召开，海南电网公司尹炼总经理参加会议并荣获“全国劳动模范”殊荣。

7月30日，在文昌、屯昌供电局成功进行劳动用工制度改革试点的基础上，海南电网公司召开全面推进供电局劳动用工制度改革启动会，余下的16家供电局劳动用工制度改革工作全面铺开。

同日，海南电网公司召开创建国际先进水平电网企业启动会，正式向全系统发出创先动员令，标志着海南电网公司创建国际先进水平电网企业正式扬帆起航。随后，海南电网公司向南方电网公司上报《关于建设国际先进水平电网企业的意见》，以全球视野定标杆，建立了海南电网公司创先对标框架和指标体系，为建设与国际旅游岛相适应的国际先进水平电网企业谋定了发展蓝图。

9月1日，国家知识产权局授予海南电网公司研发的“低频减载及过切后高周加载装置”实用新型专利证书正式生效。该项专利是海南电网公司首个自主知识产权的专利，实现自主知识产权领域零的突破。

11月10日，海口市政府与海南电网公司签订了加快电动汽车充电设施建设推动海口市新能源汽车产业发展战略合作框架协议。海南省政协副主席王路，海口市委副书记、市长徐唐先，海南电网公司总经理尹炼出席签字仪式，海口市委常委、副市长张磊与海南电网公司副总经理杨卓代表双方在协议上签字。

随着220kV鸭仔塘至新三亚牵引站Ⅱ线、Ⅰ线相继于11月4日和19日分别送电成功，标志着东环铁路牵引站配套220kV供电线路工程已全面竣工，为东环铁路的正式运行奠定了重要基础，真正做到电力先行。

11月30日，海南省100名支援广州亚运会保电工作人员载誉归来，海南电网公司干部职工代表在海口南港码头列队迎接。这标志着海南电网历时两个月的支援广州亚运保供电工作圆满落幕。

12月4日，海南电网公司召开干部大会。南方电网公司人事部主任江毅宣读了中共南方电网公司党组关于聘任刘映尚为海南电网公司党组书记和中国南方电网公司关于聘任刘映尚为海南电网公司副总经理的决定（王静辉同志已于6月21日不再担任海南电网公司党组书记、副总经理）。南方电网公司党组成员、副总经理张晓东出席会议并做重要讲话。海南电网公司总经理尹炼主持，海南省委组织部王有福处长、南方电网公司人事部梁传国处长出席会议。海南电网公司副总经理庞准、潘超、杨卓，总会计师莫锦和，海南电网公司总经理助理、副总师，各部室正副主任及主任助理，各基层单位党政负责人参加了会议。

12月17日，中共海南省委、海南省人民政府隆重召开抗洪抢险救灾总结表彰大会。面对持续半个多月的60年不遇强降雨，海南电网公司确保了主网安全以及338万受灾群众未发生一起人身触电伤亡次生灾害，做到“水退、人到、旗到、电通”。海南电网公司应急指挥中心被授予“海南省抗洪抢险救灾先进集体”荣誉称号；总经理尹炼被授予“海南省抗洪抢险救灾模范个人”荣誉称号；副总经理杨卓、琼海供电局局长王海鹏、文昌供电局局长邢福秋、陵水供电局局长胡昌优和万宁供电局员工冯秀明被授予“海南省抗洪抢险救灾先进个人”荣誉称号。

12月19日，海南电网公司顺利通过南方电网信息化水平评价考核，信息化水平由C级跃升至B级上游水平。

（陈　玮）

2011 中国电力年鉴

其他地区

西藏电力有限公司

公司概况

西藏电力有限公司（简称西藏公司）是由国家电网公司控股、西藏自治区人民政府参股的有限公司。西藏公司统一规划、统一建设、统一管理西藏地区地市电网，经营相关的发输配电业务；按照国家统一规划，合理有序开发西藏电力资源，投资或参与投资建设相关电源项目，促进国家规划电源基地的开发和前期工作的开发；制定并组织实施西藏公司的发展规划和重大生产经营决策；开展电力建设项目前期工作和其他工作。

截至2010年12月31日，西藏公司经营管理范围为中部（包括拉萨市、日喀则市、山南地区、那曲地区、林芝地区）、昌都、阿里狮泉河三个地市电网，公司管辖电网装机容量达到78.03万kW，是2005年34.01万kW的2.29倍；110kV及以上输电线路2503km，是2005年1660km的1.51倍；变电容量137.5万kVA，是2005年54.7万kVA的2.51倍。

2010年，西藏公司完成发电量19.36亿kWh，同比增长14.76%；售电量17.07亿kWh，同比增长15.96%。员工在职总人数达到3718人，全年未发生重大及以上电网、设备事故。

截至2010年12月31日，西藏公司本部设立17个部门，下设基层单位20个，其中分公司17个，子公司3个。

电网概况

2010年，全区地市电网总装机容量78.02万kW，较2009年增加21.7万kW，其中，水电43.67万kW，占总装机容量的55.97%；地热发电2.62万kW，占总装机容量的3.36%；火力发电29.98万kW，占总装机容量的38.43%；太阳能和其他新能源发电1.75万kW，占总装机容量的2.24%。全区地市电网发电量20.41亿kWh，较2009年增加2.71亿kWh。

西藏电网由3个独立的地市级主电网构成，形成西藏中部电网（覆盖拉萨、山南、日喀则、那曲和林芝）、昌都电网和阿里狮泉河电网“一大两小”的电网格局。主电网以外的县级及以下的小水电和太阳能光伏电站分别由自治区水利部门和自治区科委负责规划与建设，建成后移交当地县级电管机构管理，均是独立的一县一网。

“十一五”期间，西藏公司大力转变电网发展方式，电网发展取得重大突破，青藏交直流联网工程开工建设、首个220kV输变电工程建成投运、地市电网农村“户户通电”工程基本完工，形成了“一大两小”的电网格局，电网电压等级提升到220kV。西藏中部电网最高电压等级为220kV，昌都电网最高电压等级为110kV，阿里电网最高电压等级为35kV。全区地市以上电网共有220kV变电站1座，变电容量15万kVA，输电线路总长338.05km，较2009年增加338.05km；110kV变电站26座，变电容量111.53万kVA，较2009年增加6座，变电容量增加33.28万kVA，输电线路总长2424.22km，较2009年增加460.41km；35kV变电站104座，变电容量41.41万kVA，较2009年增加36座，变电容量增加8.29万kVA，输电线路总长3745.20km，较2009年增加1247.84km。

人力资源

2010年，员工入口实现有效管控。规范了毕业生招聘、复转军人接收和系统外调入的工作程序，毕业生电工类等主干专业占89%。规范劳动用工和劳动定员管理工作成效显著，开展劳动用工专项治理工作，对西藏公司系统各单位735名自主用工进行了用工形式规范。全面贯彻实施《供电企业劳动定员标准》，按照《劳动定员工作三年规划》，开展劳动定员贯标工作。建立以关键绩效指标为主的全员绩效考核体系，层层分解目标与任务，将考核结果与员工的薪酬分配、职位升迁有机结合，调动员工工作的积极性。创新薪酬激励机制，加强工资总额管控力度，规范收入分配，使薪酬分配向生产一线关键岗位倾斜。

人力资源管理信息化初显成效，人力资源集约化管控体系初步形成。“十一五”期间，西藏公司组织机构设置、劳动用工管理、工资总额管控、制度体系建设等工作取得明显成效。截至2010年底，西藏公司系统长期职工人数3754人，其中，大学本科及以上人员532人，大学专科1294人，中专（高中）748人。“十一五”期间共培训25 367人·次，全员培训率达到86.5%。

教育培训和人才培养取得新进展。2010年，举办培训班461期，培训8563人·次；开展职业技能鉴定考评工作，完成了变电站值班员等27个工种初级至高级工的技能鉴定、考评175人，鉴定合格70人。

编制完成了《西藏公司“十二五”人力资源规划》。西藏电力工业局机构改革移交工作和西藏自治区电力工业局所属水电勘测设计院、电力试验研究所机构改革移交工作顺利完成，标志着政府宏观调控，电力企业自主经营、行业协会自律管理和服务的电力管理体制新格局已形成。组织机构规范工作取得重大进展，撤销24个会计主体，新成立单位8家。建立了集中统一管理的人员信息库，实现了对西藏公司全口径员工信息的在线监控与管理，为人力资源集约化管理提供了有效的基础支撑。

电网建设与发展

2010年，西藏公司开工110kV及以上线路548km、变电容量45万kVA；投产110kV及以上线路486km、变电容量62.25万kVA。

7月29日，青藏交直流联网工程正式开工建设，这是迄今为止世界上最高海拔、高寒地区规模最大的输电工程，也是国家电网公司落实中央第五次西藏工作座谈会精神，实施西藏“十二五”电网发展规划的重点工程，总投资162.86亿元，线路全长1774km，将于2011年底实现投产。届时，将彻底解决西藏近年来日益突出的缺电问题，将实现西藏电网与西北电网的互联，首次实现国家电网公司经营区域内所有省份的联网，进一步提高大电网的资源优化配置能力，促进西部地区将资源优势转化为经济优势，实现更好更快发展。

先后建成雪卡水电站和应急电源等项目，老虎嘴水电站继续推进，全力抢建9E燃机电站送出工程，确保了燃机电站顺利安装调试和投产发电；藏中电网220kV骨干网架和主网架工程建设顺利推进，藏中五地市电网完善工程进展顺利，特别是林芝—拉萨220kV输变电工程的建成投运，实现了西藏电网从110kV到220kV电压等级的重大跨越，西藏电网网架由“十五”末的“一大三小”（藏中电网、林芝电网、昌都电网、狮泉河电网）发展为“一大二小”（藏中电网、昌都电网、狮泉河电网）。

完成了“十二五”电网规划编制工作，完成国家电网公司藏区西藏部分电网规划编制；组织完成西藏电力援藏工作总结及相关建议；起草完成《国家电网公司支持西藏电力发展和重大项目若干意见》；与中国国际工程咨询公司合作完成藏中四地市110kV及35kV输变电工程、拉萨220kV环网工程、拉萨换流站220kV接入及日喀则—拉萨主网加强工程的可行性研究报告评估工作；完成阿里并网光伏电站水保、环评、用地预审等专项审查工作并取得相关支持性文件，完成阿里并网光伏电站项目评估工作；开展羊湖补水工程相关工作，完成可研报告咨询并上报自治区发展改革委；完成农网改造升级规划报告并通过国家电网公司审查。

经营管理

2010年，紧紧围绕西藏公司发展与改革大局，以提升效益为中心，电价调整取得突破；以预算管理为龙头，全面预算管理体系初步建立；以资产清查为契机，管理基础进一步夯实；以资金安全为前提，资金运作效益明显增加；以强化内部控制建设为抓手，各项管理制度日渐完善，财务管理水平有了大幅提升。预算管理体系初步建立，成立预算管理委员会，实行预算重大事项审批制度，加强预算执行情况分析，深入开展“三节约”活动，制定成本管理办法及实施细则，逐步推行标准成本定额体系建设，保证了西藏公司系统经营目标的完成；全面开展资产清查工作，截至2010年底，注销24个二、三级公司及工程指挥部，产权级次压缩至二级，固定资产管理软件上线，基本实现了“账、卡、物”一致；资金运作效益明显，西藏公司银行账户由2007年底的123户减少到31户，账户压缩比69.92%；实行月度现金预算管理，推行账户在线管理、实施电费资金直划，与银行签订《战略合作协议》，实施安全备付额度管理，资金归集率达98.36%以上，资金管理风险得到有效控制；财务管理制度日渐完善，积极推行财务集中核算，加大稽核平台建设，内部控制管理水平不断提高；积极推进管控系统上线，核算、产权等5个模块成功上线，财务集约化工作初显成效。

安全生产

2010年，西藏公司系统没有发生重大及以上电网事故，没有发生火灾和工程建设重大质量事故，首次荣获全国安全生产月活动优秀单位荣誉称号。

安全生产规章制度进一步健全完善，制定下发《西藏电力有限公司2010年安全工作意见》，完成了开发管理咨询项目《电力企业违章心理及对策研究》的编撰和印刷工作，完成了《西藏电力有限公司检修现场安全措施现场标准》、《西藏电力有限公司生产现场领导干部和管理人员到岗到位标准》等5项安全生产制度的印发工作；细化“三个不发生”百日安全专项活动方案，组织了5次安全监督大检查活动，截至12月底，西藏公司系统累计排查事故隐患36项，实际完成整改31项，下发安全生产监督通知书19份，要求整改违章和隐患121项，及时向各单位现场反馈问题293项，深入开展作业现场安全风险管控、反违章工作；认真组织开展生产工程质量巡查和特种设备检查工作，开展施工现场安全监督检查，开展应急实战能力评估调研工作，编写《应急体系建设三年规划》，全年西藏公司系统开展大面积停电事故应急演练、消防应急演练、防洪应急演练等共计20余次，荣获全区“安全生产应急知识”竞赛活动优秀组织奖；深入开展“安全生产月”活动，认真开展安全生产大检查，加强隐患整改措施的落实，组织系统各单位领导班子及中层管理人员进行了三批安全规程考试，组织了两期SG186安全监督与管理系统和一期安全监督管理知识培训班。

营销工作

2010年，西藏公司售电量达到17.07亿kWh，同比增长15.96%；完成当年电费回收率99.60%，同比提高0.85个百分点。

修改、完善并试行《西藏电力公司营销岗位标准》、《西藏电力公司营销管理标准》，建立健全业扩报装、抄核收等管理制度，印发《抄核收工作实施细则》、《平均电价考核办法》、《业扩报装实施细则》等相关规章制度，组织开展“反窃电、促降损、强管理”专项活动，截至12月31日，共检查用户17 676户，查实窃电案件45起，追补电量100.11万kWh。查处计量装置故障、异常98起，追补电量515.94万kWh。开展专变用户基础档案资料核查、专变用户目录电价执行情况及垃圾数据清理专项工作，定期派发异常数据，限期整改、事后稽核，确保了用户信息数据的完整性；加强电费回收过程管控，落实电费回收责任制，强化电费结算协议签订工作，确保了年度营销经营指标的顺利完成。积极与政府沟通协调，于6月完成与各地市政府关于《电动汽车充电设施战略合作协议》的签订工作，12月完成了5个地区充电桩的建设任务。

农电工作

2010年，地市电网“户户通电”工程基本完工，通过采用电网合理延伸方式，到2010年底，基本完成了西藏地市电网“户户通电”工程，主电网覆盖范围内的县从“十五”末的30个县增加到32个县，用电人口从“十五”末的20多万户98万多人增加到30多万户148万人，基本实现了大电网覆盖下32个区县的“户户通电”目标，农牧民生产生活条件得到极大的改善和提高。

截至12月31日，西藏电力有限公司“户户通电”工程累计完成投资22.425亿元，完成32个县的建设任务，建设110kV变电站3座（容量32.6MVA），110kV线路136.76km，35kV变电站57座（容量103.49MVA），35kV线路1812.81km，10kV线路9951.19km，安装配电变压器3588台（容量152.49MVA），低压线路7900.81km，解决和改善10.83万户49万人的用电问题。开展“户户通电”回访及宣传工作，树立国家电网公司形象。

全面总结西藏公司开展农网工程建设以来取得的成就，对地市电网内农村电力发展过程中存在的问题，提出了下一步农网改造升级工作思路、目标、任务和建议，完成了《西藏农村电网改造升级工程规划》。

科技与信息化

2010年，西藏公司研究开发专项计划安排科技项目13项，项目基本完成，通过招标、协商等手段节约计划资金。完成了BPA电力系统分析软件和继电保护统计分析及运行管理系统的技术培训和实际应用，建设了短期负荷预测分析管理系统和继电保护及故障录波信息管理系统并实现实用化应用；完成西藏中部电网安全稳定运行研究，提高了调度业务管理水平和电网安全稳定分析计算能力；完成火电厂燃油经济性研究，确定了火电厂燃油替代方案及相关辅助设施改造方案，为提高火电厂经济效益提供了技术支持；推进35、110kV通用铁塔试验、阿里电网光伏接入系统稳定控制策略研究、短消息平台、核心业务数据流量分析等项目进度，为项目顺利实施创造了条件；完成西藏公司“十二五”通信网、信息网发展规划和“十二五”科技发展规划编制工作。

积极沟通协调，与中国电力科学研究院确定2010年和2011年援助帮扶协议内容，确定了高海拔地区电动汽车运行特性研究项目的具体实施内容和方案。西藏公司和中国电科院共同承担的“西藏高海拔试验基地建设及应用”获得国家电网公司科技进步一等奖、西藏自治区科技进步二等奖；在青藏直流联网工程换流站以及西藏中部电网110kV经开变电站、220kV曲哥变电站等新建枢纽变电站重点工程建设中，积极推广应用“两型一化”技术，在当雄—安多110kV、乃琼—曲哥220kV输电线路建设中，积极推广应用“两型三新”技术，提高基建标准化管理水平。

优质服务

加强与自治区政府沟通，制定《2010年藏中电网今冬明春有序用电方案》，组织召开大客户座谈会，落实全区节能会议精神，细化电力需求侧管理工作措施，合理控制各类用电需求，冬季未出现拉闸限电，基本实现了电力有序供应；圆满完成232次重要节日、重要活动、重要会议的供电保障服务，得到了自治区党委、政府和各地区地委、行署的肯定；加强用电信息采集系统的建设，实现了与营销业务应用系统数据同步，专变用户采集终端上线率达78%，最大监测负荷达到18万kW，最大监测电量达到128.67万kWh，完成低压居民用户智能电表安装6363户，提高了需求侧管理水平；全面启动建设95598呼叫中心，12月完成95598呼叫中心省级集中工作，统一了服务规范和标准，实现用电信息采集系统24小时“空中充值”服务，在拉萨城区部署15台无线式缴费终端，在全区7地市公司营销大厅部署电力自助服务终端，为广大电力用户提供多渠道、多种缴费方式，促进了电费回收。

帮扶（援藏）工作

2010年，国家电网公司认真贯彻落实中央第五次西藏工作座谈会精神和国家电网公司西藏工作座谈会精神，对西藏公司的人才、资金、技术帮扶力度不断加大。选派10名科处级干部到内地进行为期半年的实践锻炼培训，组织124名新进员工在江苏省进行岗前培训。国家电网公司也积极组织各业务部门开展多种方式的帮扶工作，国家电网公司选派8名优秀技术人员进藏帮扶工作，为西藏电力科学研究院的筹建做出了巨大努力；西藏公司与中国电力科学研究院签订科技战略合作框架协议，积极开展技术交流合作和帮扶援助工作，发挥中国电力科学研究院帮扶人员专业技术优势。

2010年，国家电网公司大力帮扶和支持信息化工作，SG186工程一大批成熟业务应用系统在西藏公司顺利实现上线运行。国网信通公司、电科院、南自院、江苏公司、湖北公司、福建公司、华中公司、四川公司、西北公司等多家单位累计派遣340多人·次的专家赴藏开展帮扶工作，对西藏公司各项业务系统进行帮扶，还完成对西藏公司2300余人·次的信息化培训，有力推进了西藏公司信息化建设和应用，全面实现了2010年信息帮扶工作的预期目标。

党的建设和精神文明建设

2010年，西藏公司新发展党员70名，截至12月31日，西藏公司系统共有党员1451名，占职工比例的39%。深入开展创先争优活动，建立公司党组成员及创先争优活动领导小组成员创先争优活动联系点，公司党组书记、党组成员对基层开展创先争优活动进行点评，切实加强对各单位创先争优活动的督促检查指导，作出创先争优活动承诺；开展争创“四强”党组织、争做“四优”共产党员活动，党员密切联系群众活动，认真开展科学发展观回头看工作，对学习实践活动整改落实项目进行梳理，及时向公司党组汇报整改落实项目完成情况。整改落实项目共45项，截至2010年底，已有39项得到落实。进一步完善基层党组织体系，举办了党建工作培训班。开展送温暖活动，将党内激励帮扶资金8100元、“博宥高原先锋关爱基金”37 000元，发放到困难党员、员工手中；认真做好推优工作，东嘎发电厂党委书记、厂长黄小波被授予中央企业优秀党务工作者荣誉称号，直孔发电分公司生产党支部、林芝分公司机关党支部、日喀则发电公司塘河电站党支部获国家电网公司2008～2009年度“电网先锋党支部”荣誉称号，山南分公司党委被自治区直属机关工作委员会评为“2008～2009年度区直机关党建工作先进单位”；印发《2010～2012年企业文化建设规划》，编印西藏电力有限公司《建设优秀企业文化》手册，举办了企业文化培训班；建立健全基层团组织体系，完成团委组建工作，积极开展青年创新创效工作，认真做好优秀青年、团干部和团组织评选工作。

（党亚利）

（香港）中电控股有限公司

企业概况

（香港）中电控股有限公司（简称中电）的业务涵盖从燃料采购至客户服务等电力行业的所有服务，以发电及供电为主，涉及太阳能电池板、电动汽车等技术，中电扎根香港，业务范围覆盖全球近半人口。2010年中电总盈利103.32亿港元，增长26.1%。

1. 香港

（1）自1903年起供应电力。

（2）拥有及营运电力供应业务，包括：

1）发电6908MW（包括由青山发电有限公司拥有、中华电力有限公司营运的100%发电容量）；

2）能源输送：输电及高压供电线路总长度超过13 700km；

3）客户服务：230万客户（占香港人口逾80%）；

（3）受香港政府按管制计划协议监管。

2. 澳洲

（1）自1999年起从事电力项目的开发、投资、管理、零售和营运工作。

（2）在澳洲（除西澳洲及北部地域外）经营能源业务。

（3）以TRUenergy身份，营运纵向式综合能源业务，包括：

1）发电：全资拥有合计2103MW的大型燃煤电厂和燃气电厂，以及一份966MW发电容量的长期对冲合约；

2）125万燃气及电力客户；

3）燃气储存及处理；

4）购入及投资可再生能源。

3. 中国内地

（1）自1985年起从事电力项目的开发、管理和营运工作。

（2）为中国内地电力行业中内地以外的最大投资商，所占发电资产净权益达5899MW。

（3）在广东、北京、河北、天津、山东、陕西、辽宁、内蒙古、广西、四川、吉林及云南拥有发电资产及权益，涵盖核能、抽水蓄能、燃煤、水力、风力及生物质能发电。

4. 印度

（1）自2001年起从事电力项目的开展、管理和营运工作。

（2）为印度电力市场最大的投资外商之一，在当地的电力项目拥有2461MW的净权益。

（3）为印度最大的私营风电项目投资者，拥有486MW的风电项目。

（4）正在哈里亚纳邦哈格尔兴建一座1320MW的超临界燃煤电厂。

5. 东南亚及中国台湾

（1）自1994年起从事电力项目的开发、投资、管理和营运工作。

（2）于2011年2月出售泰国EGCO股权后，目前持有中国台湾和平电力及泰国Lopburi太阳能发电项目共282MW的净权益。

（3）正在越南与伙伴合作开发两个燃煤电厂项目。

领导团队

首席执行官：包立贤
集团执行董事：谢伯荣
集团执行董事（策略）：林英伟
集团总监（企业财务及拓展）：罗柏信
常务董事（东南亚）：卓马克
集团总监（常务董事·中国香港）：蓝凌志
中华电力有限公司副主席：阮苏少湄
集团总监（常务董事·澳洲）：麦礼志
常务董事（印度）：苗瑞荣
中国区总裁：柯愈明
集团总监（营运）：李道悟
集团总监及财务总裁：高桥

2009年香港本地售电量增长1.2%，而2009年则增长1.7%。售电量增加，尤其在住宅客户和商业客户方面，主要由于经济复苏、消费情绪向好以及天气潮湿所致。基建及公共服务客户和制造业客房的售电量则只轻微增长。中电2010年售电情况见表1。

中电售予广东省的电量减少，使2010年的总售电量（包括售予广东省的电量）较2009年减少2.2%。

表2列出中电在内地的发电厂根据使用率和可用率衡量的运行情况，包括所有核电、燃煤和水力发电厂。

表1　　2010年售电情况

类别	2010年		售电量较2009年增加/（减少）（%）	2006～2010每年平均售电量变动（%）	2010年表现的背景资料
	客户数目（$\times 10^3$）	售电量（百万kWh）			
住宅	2039	8457	1.5	2.4	经济复苏、消费情绪向好以及天气潮湿
商业	187	12 642	1.2	2.0	经济复苏及消费情绪向好
基建及公共服务	96	7878	0.8	0.5	公共设施启用
制造业	25	1952	0.7	(6.5)	虽然纺织业的售电量持续减少，但本地电力需求增长稳定
本地总售电量	2347	30 929	1.2	1.0	
外销电力	—	2609	(30.1)	(10.3)	受制于更趋严格的排放上限，合约电量减少
总售电量	2347	33 538	(2.2)	(0.2)	

表2　　2010年电厂运行情况

电厂	额定值（MW）	发电量（百万kWh）		使用率（%）		可用率（%）		运行时间（h）	
		2010	2009	2010	2009	2010	2009	2010	2009
大亚湾	1968	15 015	15 662	91	95	91	96	8036	8428
广州蓄能水电厂（1期）	1200	1399	1331	13*	13*	94	92	3061*	2931*
石横1期及2期	1260	6632	6641	63	63	91	88	5526	5534
菏泽2期	600	3357	3326	64	63	93	90	5595	5544
聊城1期	1200	6665	6667	63	63	91	91	5554	5556
一热	400	2417	2326	69	67	96	96	6043	5816
三河1期及2期	1300	7489	6920	66	61	93	93	5761	5323
盘山	1030	6214	6054	69	69	94	84	6033	6054
绥中1期及2期**	3600	15 092	9408	55	67	79	83	4858	5880
准格尔2期及3期	1320	7175	5919	62	51	91	93	5436	4484
神木	220	1371	1425	71	76	95	92	6233	6627
怀集	125	443	284	40	26	92	87	3541	2267
防城港	1260	7055	5227	64	47	91	91	5599	4149
大理漾洱	50	176	71	40	46	75	98	3542	1421

* 发电及抽水模式。
** 绥中2期电厂3号和4号机组（2×1000MW）已分别于2010年2月及5月投入商业运行。

投资项目（截至2010年12月31日）

1. 中国内地投资项目总容量/所占容量（MW）

（1）广东核电合营有限公司（核电合营公司）1968/492MW。核电合营公司兴建和营运广东大亚湾核电站，共有两台各984MW的压水式反应堆，相关设备由法国及英国进口，所生产的70%电力供应香港，其余30%则售予广东省。

（2）神华国华国际电力股份有限公司（神华国华）7650/1333MW❶。神华国华拥有以下5间燃煤电厂的权益：

1）北京一热电厂（400MW）的100%权益；

2）天津盘山电厂（1030MW）的65%权益；

3）河北省三河电厂1期及2期（共1300MW）的55%权益；

4）辽宁省绥中电厂1期及2期（共3600MW）的50%权益，其中绥中2期的两台发电机组已分别于2010年2月和5月投入运行；

5）内蒙古自治区准格尔电厂2期及3期（共1320MW）的65%权益。

（3）中电国华神木发电有限公司（神木）220/108MW。神木项目拥有及营运陕西省神木电厂（220MW）。

（4）山东中华发电有限公司（山东中华）3060/900MW。山东中华在山东省拥有4间燃煤电厂，分别为石横电厂1期及2期（共1260MW）、聊城电厂1期（1200MW）和菏泽电厂2期（600MW）。

（5）中电广西防城港电力有限公司（防城港）1260/882MW。防城港项目在广西防城港拥有及营运两台各630MW的超临界燃煤发电机组。

（6）山东国华风电合营项目（山东国华风电）445/218MW。山东国华风电包括位于山东9个风电场的权益：

1）荣成1期风电场（48.8MW），已于2008年投产；

2）荣成2期风电场（49.5MW），已于2010年10月投产；

3）荣成3期风电场（49.5MW），已于2011年1月投产；

4）东营河口风电场（49.5MW），已于2009年9月投产；

5）利津1期风电场（49.5MW），已于2009年12月投产；

6）利津2期风电场（49.5MW），已于2010年10月投产；

7）沾化1期风电场（49.5MW），已于2009年10月投产；

8）沾化2期风电场（49.5MW），已于2010年12月投产；

9）海防风电场（49.5MW），预计于2012年投产。

（7）吉林大唐风电合营项目（吉林大唐风电）148/73MW。吉林大唐风电拥有3项位于吉林省的风场权益：

1）大通风场（49.5MW），已于2008年8月投产；

2）双辽1期风场（49.3MW），已于2007年4月投产；

3）双辽2期风场（49.5MW），已于2009年5月投产。

（8）山东华能风场合营项目（山东华能风电）96/43MW。山东华能风电拥有3项位于山东的风场权益：

1）长岛风场（27.2MW），已于2006年5月投产；

2）威海1期风场（19.5MW），已于2007年3月投产；

3）威海2期风场（49.5MW），已于2008年12月投产。

（9）乾安网新风电有限公司（乾安1期风电）50/50MW。乾安1期风电（49.5MW）位于吉林省，已于2010年11月投产。

（10）中水电中电风力发电有限公司（长岭2期风电）50/22MW。长岭2期风电位于吉林省，已于2009年9月投产。

（11）华电莱州风电有限公司（莱州风电）41/18MW。莱州风电位于山东省，已于2008年9月投产。

（12）CLP-CWP Wind Power Investment Limited（CLP-CWP风电）99/24MW❷。与中国风电集团各占50%权益的合营企业，现时拥有：

1）辽宁省曲家沟风场（49.5MW）的49%权益。项目已于2009年12月投产；

❶ 中电通过持有神华国华的30%权益而占1333MW的净权益，其中包括神华国华在多项发电资产（总容量7650MW）中所占的不同净权益。

❷ 中电通过持有CLP-CWP风电的50%权益而占24MW的净权益，其中包括CLP-CWP风电在多项发电资产（总容量99MW）中所占的不同净权益。

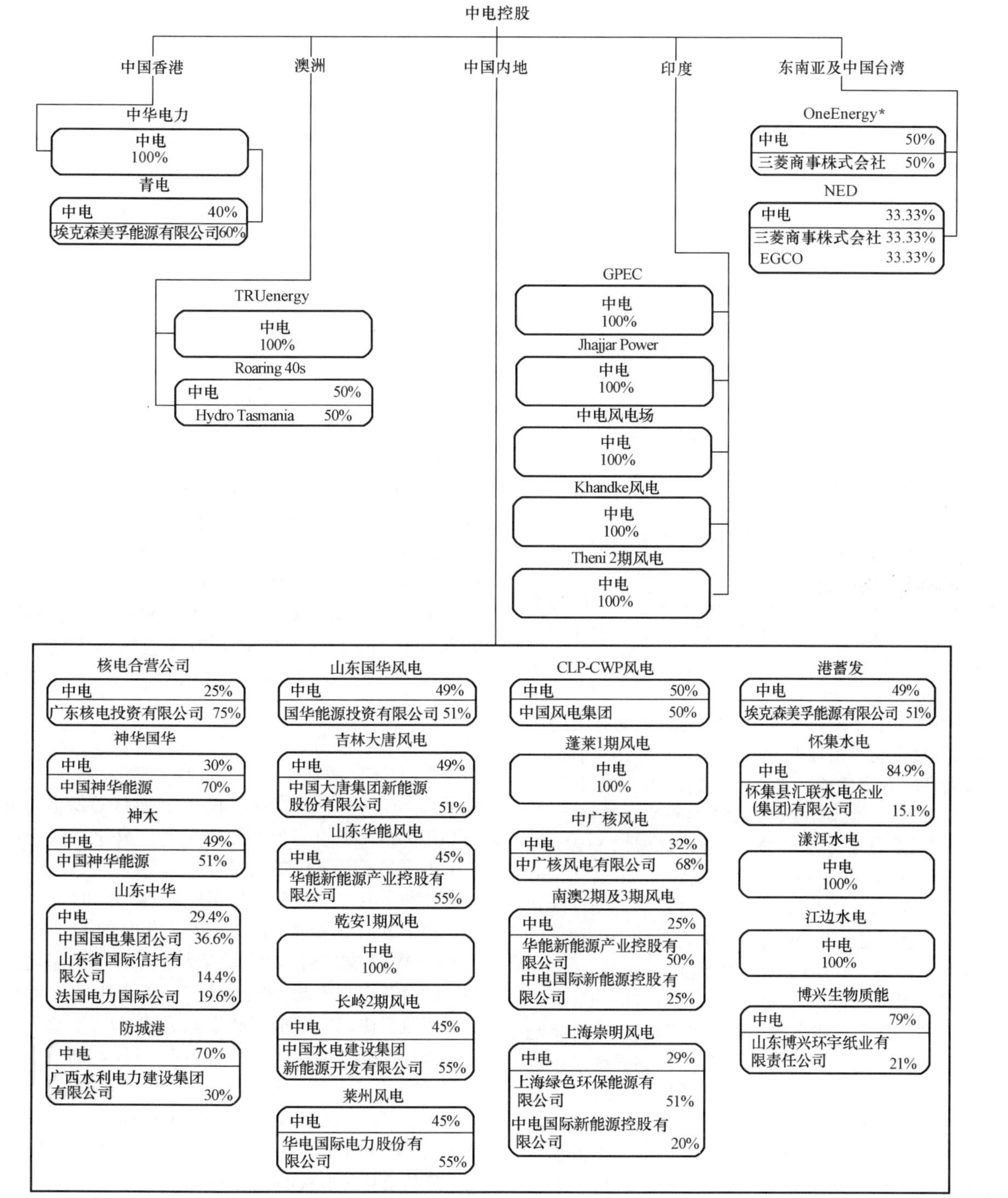

*拥有EGCO 22.42%权益及和平项目40%权益，另外中电间接拥有EGCO额外的2.15%权益。于2011年2月23日，OneEnergy成为中电的全资附属公司，而中电则出售其于EGCO的全部投资。中电于和平项目的权益则被保留，透过与三菱商事株式会社占相同股份的合营公司OneEnergy Taiwan而持有。

图1　中电集团架构及伙伴关系图

2）辽宁省马鬃山风场（49.5MW）的49%权益。项目已于2010年1月投产。

（13）中电（蓬莱）风力发电有限公司（蓬莱1期风电）48/48MW。蓬莱1期风电（48MW）位于山东省，预计于2011年第四季度投产。

（14）中广核风力发电有限公司（中广核风电）

2143/561MW❶。中广核风电于中国各地投资、开发、兴建及营运风电项目，于2010年12月底，营运中风电项目合计1342MW。

（15）华能汕头风力发电有限公司（南澳2期风电）45/11MW（南澳3期风电）15/4MW。南澳2期及3期风电位于广东省，并分别已于2007年11月及2010年9月投产。

（16）上海崇明北沿风力发电有限公司（上海崇明风电）48/14MW。上海崇明风电于2010年7月成立，项目预计于2011年底投产。

（17）香港抽水蓄能发展有限公司（港蓄发）1200/600MW。港蓄发可使用广州蓄能水电厂第1期1200MW的50%抽水蓄能发电容量，该使用权将于2034年届满。

（18）怀集水力发电厂（怀集水电）125/106MW。该项目包括在广东省怀集县和广宁县的12座小型水电厂。

（19）大理漾洱水电有限公司（漾洱水电）50/50MW。漾洱水电位于云南省大理市漾濞县。

（20）中电四川（江边）发电有限公司（江边水电）330/330MW。该项目在四川省兴建、拥有及营运设有3台各110MW机组的水力发电站，预计于2011年竣工。

（21）中电环宁（山东）生物质能热电有限公司（博兴生物质能）相等于15/12MW。位于山东省滨州市博兴县的生物质能热电项目，拥有1×75t/h燃秆锅炉及于2010年3月投产的15MW❷发电机组。

2. 印度投资项目总容量/所占容量（MW）

（1）Gujarat Paguthan Energy Corporation Private Limited（GPEC）705/705MW。GPEC于古加拉特邦拥有及营运一间655MW的燃气联合循环发电厂，以及50.4MW的Samana 1期风电项目。

（2）Jhajjar Power Limited（Jhajjar Power）1320/1320MW。Jhajjar Power现正于哈里亚纳邦哈格尔区兴建1320MW（2×660MW）超临界燃煤发电项目。首台机组预计于2012年1月投产，而第2台机组则于2012年5月投产。

（3）中电风电场336/336MW。包括位于古加拉特邦的Samana 2期风电项目（50.4MW）、位于卡纳塔克邦的Saundatti风电项目（82.4MW）和Harapanahalli风电项目（39.6MW）、位于马哈拉施特拉邦的安得拉湖风电项目（113.6MW）和位于泰米尔纳德邦的Theni 1期风电项目（49.5MW）。

（4）CLP Wind Farms（Khandke）Private Limited（Khandke风电）50/50MW。拥有马哈拉施特拉邦Khandke风电项目（50.4MW）的100%权益。

（5）CLP Wind Farms（Theni-Project II）Private Limited（Theni 2期风电）50/50MW。拥有泰米尔纳德邦Theni 2期风电项目（49.5MW）的100%权益。

3. 东南亚及中国台湾投资项目总容量/所占容量（MW）

（1）OneEnergy Limited（OneEnergy）8641/868MW❸。与日本三菱商事株式会社各占50%权益的合营企业，于12月31日拥有：

1）泰国Electricity Generating Public Company Limited（EGCO）的22.42%权益（中电亦透过直接拥有OneEnergy Thailand Ltd的8.77%权益而另外拥有EGCO的2.15%权益。该公司为OneEnergy占91.23%权益的附属公司）。EGCO拥有：①在泰国的仁郎和KEGCO燃气联合循环发电厂（2056MW）；②泰国BLCP燃煤发电厂（1434MW）的50%权益；③泰国Kaeng khoi 2期联合循环燃气涡轮发电厂（1510MW）的50%权益；④辽国Nam Theun 2期水力发电项目（1087MW）的35%权益；⑤菲律宾Quezon Power燃煤发电厂（503MW）的26%权益；⑥泰国NED太阳能发电项目（55MW）的33.33%；⑦在泰国及菲律宾多个规模较小的电力项目（总发电容量为676MW）之中的322MW。（于2011年2月23日，中电出售其于EGCO的权益）。

2）和平电力股份有限公司（和平电力）的40%权益。和平电力在台湾拥有以燃煤发电的和平电厂（1320MW）。电厂营运由另一家持股状况与和平电力相同的合营企业负责（根据于2011年2月23日签订的购买股份协议，中电于和平电力的40%权益现时为透过与三菱商事株式会社各占50%权益的项目公司拥有）。

（2）Natural Energy Development Co.，Ltd.（NED）55/21MW。由中电、三菱商事株式会社和EGCO持有均等股权的合营企业，于泰国中部拥有一座太阳能电厂，已于2010年8月初开始施工。该电厂的额定值为73MW直流电，通过变压可转化成

---

❶ 中电通过持有中广核风电的32%权益而占561MW的净权益，其中包括中广核风电在多项发电资产（总容量2143MW）中所占的不同净权益。

❷ 博兴生物质能加装一台15MW抽凝机组的第1期项目技术改造工程于2010年3月完成，额定功率因此由6MW增至15MW。

❸ 于2010年12月31日，中电通过持有OneEnergy的50%权益及于OneEnergy Thailand Ltd的8.77%直接权益而占868MW的净权益，其中包括OneEnergy及中电在多项发电资产（总容量8641MW）中间接持有的不同净权益。

55MW 交流电，售予国营电力公司泰国发电管理局（由于中电出售其于 EGCO 的权益，集团于 NED 的股权由 37.8%❶降至 33.33%，全部均为直接持有）。

4. 澳洲投资项目总容量/所占容量 MW

（1）TRUenergy 3069/3069MW。TRUenergy 在维多利亚省、南澳省、新南威尔斯省、昆士兰省及澳洲首都领地经营发电、电力及燃气零售综合业务，其中包括：

1）位于维多利亚省的 1480MW 雅洛恩燃煤发电厂及褐煤矿场；

2）位于南澳省的 203MW Hallett 燃气发电厂；

3）Ecogen 长期对冲合约（TRUenergy 可购入最多 966MW 燃气发电容量）；

4）位于新南威尔斯省的 420MW Tallawarra 燃气发电厂；

5）位于维多利亚省的 22×10^{12} kJ Iona 燃气贮存设施；

6）125 万个电力及燃气商业及住宅客户；

7）Petratherm Paralana 地热项目的 10%权益；

8）Eastern Star Gas 的 3.76%股权；

9）在昆士兰省上游燃气租用地作出的直接投资。

（2）Roaring 40s Renewable Energy Pty Ltd (Roaring 40s) 317/142MW❷。Roaring 40s 是中电与 Hydro Tasmania 各占 50%股权的合伙项目，持有：

1）塔斯曼尼亚省 Woolnorth 风场（共 140MW）和已于 2010 年 8 月投产的南澳省 Waterloo 风场（111MW）的 100%权益。

2）南澳省 Cathedral Rocks 风场（66MW）的 50%权益。

5. 香港投资项目

（1）中华电力有限公司（中华电力）❸。中华电力拥有及营运输电及供电网络，其中包括：

1)554km 的 400kV 电线、1528km 的 132kV 电线、27km 的 33kV 电线及 11 658km 的 11kV 电线；

2）运行中的 58 929MVA 变压器及 213 个总变电站和 13 208 个副变电站。

（2）青山发电有限公司（青电）❷装机发电容量为 6908MW。青电拥有而中华电力负责营运：

1）龙鼓滩发电厂（2500MW）。全球最大型燃气发电厂之一，设有 8 台联合循环发电机组，每台发电容量为 312.5MW。

2）青山发电厂（4108MW）。①装有 4 台各 350MW 及 4 台各 677MW 的燃煤发电机组；②其中两台发电容量各 677MW 的机组，可以采用天然气作为后备燃料。所有机组均可采用燃油作为后备燃料。

3）竹篙湾发电厂（300MW）。装有 3 台各 100MW 的柴油燃气涡轮发电机组。

---

❶ 37.8%权益包括中电占 NED 的直接股权及透过 OneEnergy 和 EGCO 拥有的间接股权。

❷ 中电通过持有 Roaring 40s 的 50%权益而占 142MW 的净权益，其中包括 Roaring 40s 在多项发电资产（总容量 317MW）中所占的不同净权益。

❸ 中华电力向青电、港蓄发和广东大亚湾核电站购电。综合上述发电设施，香港电力业务可享用的总装机容量为 8888MW。

2011 中国电力年鉴

科研、教育与新闻出版

中国电力科学研究院

单位概况

中国电力科学研究院（简称中国电科院）前身是燃料工业部电业管理总局中心试验所，创建于1951年，是国家电网公司直属科研单位，是中国电力行业多学科、综合性的科研机构。

中国电科院在科研方面主要从事特高压交直流输电关键技术、大电网安全稳定与控制技术、智能电网关键技术以及新能源、新材料、能源转换、信息与通信、杆塔结构及基础施工等技术研究，研究范围涵盖电力科学及其相关领域的各个方面；在产业发展方面，在电力电子、直流输电、信息化、电网自动化、智能变电站、电动汽车充换电设施、电厂与工业控制技术、智能配电、电力系统稳控系统、高压电气设备、智能芯片、新能源及能源转换、输电线路在线监测、施工设备、施工机具、电站辅机等高新技术产业领域，拥有众多自主知识产权的重大科技成果，并已经培育出一定的产业规模。

中国电科院拥有11个研究所、12个产业公司、9个部级质量检验测试中心、1个研究生部、1个博士后流动站、1个博士后工作站和1个杂志社，建有主要实验室40个，其中包括6个国家级实验室（研究中心），6个国家电网公司重点实验室，3个国家电网公司实验室，1个北京市重点实验室，1个中关村开放实验室。

人力资源

截至2010年底，中国电科院拥有在编长期员工3380人，具有高级职称员工504人（其中正高级88人），具有中级职称员工718人，研究生以上学历员工1247人（其中博士217人）。拥有中国科学院院士1人，中国工程院院士3人（其中双聘院士2人），国家级有突出贡献的中青年专家13人，“百千万人才工程”国家级人选6人，享受国务院政府特殊津贴的专家134人，中央直接联系的专家9人。2010年，中国电科院加大教育培训力度，开展教育培训131项，共计11 369人·次，培训率达96%。

经营管理

2010年，中国电科院全面完成国家电网公司下达的各项考核指标，连续四年在公司直属单位综合业绩考核中排名第一。

稳步推进人财物集约化管理。修订完善工资总额管理等9项制度。规范劳动用工管理和薪酬福利管理。制定绩效管理制度和实施方案，积极推进绩效管理工作。基本建成财务管控和ERP系统，财务集约化体系建设通过评审验收，“六统一、五集中”工作初见成效。修改和完善了《招标采购活动管理办法》等4项规章制度，梳理和明确了物资管理内容。

规范管理得到加强。认真落实中央《关于进一步推进国有企业贯彻落实“三重一大”决策制度的意见》，制定院党组会和院长办公会议事规则，全年共计召开13次党政联席会、10次党组会和8次院长办公会，通过规范执行情况确保“三重一大”决策制度在各个层面的落实。开展股权清理工作，产权级数压缩到4级。完成183项科技项目审计，完成特高压直流试验基地和特高压杆塔试验基地的审计工作。“三标”管理体系顺利通过复评认证和扩项认证，质量管理体系首次实现对所有业务单位和所有产品的完全覆盖。安全环境管理体系认证的覆盖范围由9个单位增加至18个。

科研工作

为特高压、大电网安全运行提供科技支撑。特高压串补扩建工程完成运行分析研究，关键设备研制成功并通过型式试验。±1000kV直流输电、超特高压交直流同塔多回输电关键技术研究全面完成。750kV可控高压并联电抗器项目完成动模系统设计和控制保护调试等工作。特高压可控高压并联电抗器完成整体技术方案设计，控制保护正在进行联调。依托国家电网仿真中心，开展“三华”同步电网分析研究，提出电网安全稳定的综合解决方案，成功研发中长期安全分析系统、基于实时仿真计算平台的安全沙盘推演系统，有力支撑大电网规划和安全稳定运行。

直流输电技术研究打破国外垄断。自主研发的±800kV/4750A特高压直流换流阀通过国家能源局组织的新产品技术鉴定。研发的特高压直流转换开关填补国内空白。柔性直流输电换流阀通过全部型式试验。

积极推动坚强智能电网建设。完成上海世博园智能电网综合示范工程建设和中新天津生态城智能电网综合示范工程建设方案研究。智能电网调度技术支持系统研发成功，并在国调、华中和四川等一批试点工程中推广应用。微电网监控与能量管理系统研发成功并在示范工程中投入运行。节能发电调度关键技术研究取得突破，静态安全校核通过实用化验收。500kV

光纤电流互感器研制成功。完成一次设备智能组件功能融合设计方案研究。

新能源、新材料技术研究成果得到广泛应用。张北风电试验基地顺利完成 1.5MW 风电机组低电压穿越试验，标志着国家风电技术与检测研究中心全面建成。研发的风电功率预测系统在 12 个网省调度中心和风电场应用，功率预测装机容量突破1500 万 kW，居世界第一。光伏发电功率预测系统在宁夏、上海、青海投运。新能源发电调度运行仿真平台研发成功。复合材料杆塔在北京、江苏等地投入运行。超导电力装置电流引线和超导储能系统关键技术取得阶段性成果。

科技支撑体系建设卓有成效。国家电网计量中心获得国家质检总局法定计量检定机构专项授权。电网安全与节能国家重点实验室通过国家科技部验收。国家能源智能电网研发（实验）中心和北京市大功率电力电子重点实验室获授牌。2 个实验室分获公司重点实验室和公司实验室命名。

知识产权和标准化工作扎实推进。获专利授权 222 项，出版科技专著 30 部，发表科技论文 407 篇，登记软件著作权 88 项。完成 6 个重点领域的专利布局研究。编写的 24 项国家标准、23 项行业标准、24 项公司企标发布实施。牵头编写的《智能电网技术标准体系规划》国内版和国际版发布。两项 IEC 标准提案获批立项。

科技成果连创佳绩。参与完成的“三峡输电系统工程”项目获得 2010 年度国家科技进步一等奖，这是中国电科院连续四年获得国家科技进步一等奖。2 项发明专利分获第十二届中国专利金奖和优秀奖。获省部（行业）级科技奖 25 项、国家电网公司科技进步奖 30 项，获奖数量居公司系统首位。

技术服务

为国家电网公司重大工程建设提供坚强支撑。圆满完成向家坝—上海±800kV 特高压直流输电示范工程、西北—新疆 750kV 联网工程、呼伦贝尔—辽宁±500kV 直流输电工程、宁东—山东±660kV 直流输电示范工程极Ⅰ的系统调试、设备监造、质量检验及监督等任务。完成锦屏—苏南±800kV 特高压直流输电工程相关线路质量监督检查。全面启动特高压交流试验示范工程扩建工程设备监造工作。组织完成全国大中型水电工程质量监督检查。配合公司积极开展智能电网研究院建设。

为公司决策及规划提供有力支持。配合公司开展“三集五大”方案研究，完成向国家领导人汇报材料和重大决策咨询报告的编写。配合完成公司“十二五”及中长期科技发展规划战略研究报告、“十二五”特高压电网规划和特高压交直流总结丛书、成果专辑的编写以及《智能电网技术》书籍的编写和出版。

为电网建设运行提供优质服务。组建“国家电网公司系统运行分析团队”，完成国调中心年度方式计算等工作。积极开展公司输变电设备运行分析和设备智能化改造技术支持工作。协助开展变电站自动化系统设备的技术监督工作。完成上海世博会、广州亚运会信息安全保障工作；为国家电网公司 SG—ERP 工程提供信息安全技术支持，配合完成外网安全监测系统的部署。完成公司智能电能表集中招标的设备检测工作。为大截面导线及角钢推广应用、杆塔设计优化、线路舞动治理、输电线路通用设计等提供技术服务。

产业发展

重点产业项目取得突破。完成首条±660kV 直流输电工程——宁东—山东±660kV 直流输电示范工程换流阀的供货和安装工作。完成三沪Ⅱ回直流工程所有换流阀供货和站系统调试工作。具有自主知识产权的上海南汇柔性直流输电示范工程完成单站系统调试工作。签订湖北新冶钢百兆乏静止同步补偿器项目，标志着第二代电力电子器件产品推向市场。承建的各网省公司 ERP 系统全面实现单轨运行，重庆和华北电力营销系统成功上线。自主研发的自动化控制系统在百万超超临界机组成功应用。10kV 非晶合金及常规配电变压器首次进入南方电网，干式变压器在国内冶金钢铁行业销量大幅增长。

新兴产业快速推进。完成黑龙江、江苏、浙江等网省公司的电动汽车充换电设施建设，能够提供集充换电站建设、充电设备、运营管理系统和监控系统于一体的完整解决方案。智能电能表安全芯片产能显著提升，载波系列芯片产品市场进一步扩大。完成年产 1650km 碳纤维复合芯棒的产能建设。河南用电信息采集系统主站项目通过公司验收。

国际化业务逐年增多。具有自主知识产权的 CC—2000A 产品首次进入国际市场，成功签订老挝国调项目。中标菲律宾 SVC 及并联电抗器项目。高温高压管件产品销售至印度市场。干排渣系统打入印尼、澳大利亚市场。

党的建设和精神文明建设

开展“电网先锋党支部”和“党员突击队”创建活动，组建 18 支“党员突击队”。在全院开展向吕清森等先进典型学习活动，干部员工的思想政治素质得到提高。组织开展“学制度、促廉洁、保发展”主题教育活动，修订党风廉政建设责任制考核评价办法等 4 项制度。

通过开展演讲比赛、摄影展、百题知识问答等多种形式的活动，大力开展“建设统一的优秀企业文化”主题实践活动。以7个文体协会为载体，丰富员工的业余文化生活。加强团组织建设，组织开展“十大杰出青年”评选等活动。着力落实离退休老同志“两项待遇”，建成“一键通”医疗急救呼救系统。

（吕 刚）

西安热工研究院有限公司

单位概况

2010年，西安热工研究院有限公司（简称热工院）在中国华能集团公司的正确领导和统一部署下，认真学习和贯彻落实党的十七大、十七届历次全会精神，深入贯彻落实科学发展观，积极开展“创先争优”活动，坚持“科技引领”，着力“转变发展方式，增强综合实力”。全院干部职工团结奋进，攻坚克难，开拓创新，在科研开发、技术服务、生产经营等方面均迈上新的台阶，实现经济效益稳步增长，全面完成了华能集团公司下达的安全、经营、党建等各项绩效考核目标。

领导班子和人员情况

领导班子

院长、党组副书记：赵毅

党组书记、副院长：刘伟

党组纪检组长：屈茫

副院长、党组成员：纪世东

副院长、党组成员：王月明

副院长、党组成员：汪德良

人员组成。2010年末全部在岗职工人数1340人（其中编制内长期职工782人）。硕士学历及以上人员377人，其中博士学历25人（其中博士后4人）；高级工程师及以上人员265人（其中研究员121人）。

科研工作

1. 科研奖项

获2010年度中国电力科学技术奖11项，其中：主持项目8项：①现场总线技术首次在国内大型超（超）临界火电机组上全范围系统的应用研究（二等奖）；②带有紧凑式分流回灰换热器的循环流化床锅炉开发研制及工程示范（二等奖）；③国产首台1000MW超超临界机组仿真培训系统技术开发（二等奖）；④奥氏体不锈钢管内壁氧化物检测仪的研发与应用（二等奖）；⑤300MW CFB锅炉配套流化床式冷渣器的开发与应用（三等奖）；⑥汽轮机通流部件冲蚀损伤的修复与防护技术研究开发及应用（三等奖）；⑦超（超）临界锅炉异种钢焊接接头早期蠕变损伤特征及安全评估技术研究（三等奖）；⑧水系统铁磁性氧化物强磁净化装置的研制及应用（三等奖）。参与项目3项：①600MW火电机组空冷系统研发与工程示范（一等奖）；②超超临界机组P92钢焊接接头性能评价及应用技术研究（二等奖）；③9FA燃气轮机运行及维护关键技术研究（三等奖）。

获2010年度陕西省科技进步奖2项：①中国动力用煤及电站锅炉设备数据库的建立（二等奖）；②提高空冷机组凝结水精处理运行水平及关键材料国产化的研究（二等奖）。

获2010年度中国电力建设科学技术成果奖3项：①390MW级燃气—蒸汽联合循环机组APS技术的研究及应用（二等奖）锅炉酸洗整炉酸洗液放空水冲洗工艺的研究及其应用（三等奖）；②300MW循环流化床空冷机组的启动调试技术研究及控制策略的优化应用（三等奖）。

获2010年度中国华能集团公司科学技术进步奖13项（名称略）。

2. 专利

2010年共获得授权专利47项。其中：发明专利15项：①煤粉锅炉纯氧点火及稳燃技术；②热交换器管腐蚀监测传感器的制造方法；③内凹式循环流化床锅炉二次风供风方法及其装置；④急转烟道均流装置；⑤空气流量非平衡控制的空气系统；⑥鳍片式钝体静态混合装置；⑦一种发电机内冷却水处理净化装置及方法；⑧线绕式滤元和粉末树脂性能的动态模拟试验台；⑨一种流动注射式溶解氧表检验方法及装置；⑩一种降低淮南煤煤灰熔点的助溶剂及其制备方法；⑪高温蒸汽氧化试验装置；⑫一种大面积熔融碳酸盐补盐燃料电池；⑬具有加氧调节阀压差稳定功能的锅炉自动加氧装置及方法；⑭外置床高低温回料管给煤系统；⑮一种燃煤锅炉空气预热器低温腐蚀堵灰的控制方法。实用新型专利32项（名称略）。

3. 软件著作权

2010年度取得软件著作权11项。包括：①电站锅炉管寿命管理系统软件；②电站锅炉部件寿命管理系统软件；③锅炉管氧化皮脱离在线预测系统软件；④TPRI-SIS图形组态软件；⑤TPRI-SIS图形控件软件；⑥TPRI-SIS代理服务器软件；⑦TPRI-SIS接口服务器软件；⑧TPRI-SIS门户系统软件；⑨TPRI-SIS接口客户端软件；⑩中国动力用煤与电站锅炉数据管理信息系统；⑪燃用神华煤锅炉结渣趋势分析评价系统。

4. 专著和论文

2010年，由热工院专业人员主编的《发电企业节能降耗技术》和《热力发电厂凝结水处理》2部专业著作由中国电力出版社正式出版发行；在2010年度的各类学术期刊、国内外学术会议上，热工院专业人员共发表论文120多篇，数篇论文被选为国际权威专业学术会议宣读论文。

5. 院级科技成果奖

院内评出2010年度院级科技成果奖共77项（一等奖10项，二等奖26项，三等奖41项）（名称略）。

6. 2010年资质证书

获得国家电监会颁发的承装（修、试）电力设施许可证（变电工程承试一级）；通过国家质检总局和发展改革委组织的设备监理资质升级和扩项认证评审，并换发新证（升级：火电设备监理：乙级升为甲级；扩项：风电、水电、输变电、煤化工设备监理：乙级）。另外，热工院电站材料试验室获得中西部地区理化检验联合会颁发的《能力鉴证结果证书》。

7. 纵向科研项目和横向技术服务项目

全年新签并执行纵向科研合同52项。全年在研的科研工作计划的各类重大科研项目100余项，其中：国家科技部、发展改革委项目7项，国家及行业标准制（修）订项目20余项，省市科委项目2项，华能科技项目共60余项。年内完成并通过验收的科研项目近50项，其中：国家科技部863计划项目（国际合作项目）1项，华能科技项目39项；完成5项行业标准的制（修）订并通过评审，上报了报批稿。全年新签经营服务类技术项目合同2036项，项目涉及火力发电技术领域的各个专业，以及风电、水电、核电以及石化等技术领域的有关专业；其中技术服务类1266项，技术产品和设备销售类465项，工程承包类165项，技术开发、咨询、转让类100余项。

热工院按照华能集团公司部署，进一步开展了节能减排和技术监督工作，全年共完成华能系统20家电厂43台（1798万kW）发电机组的节能诊断任务，完成华能12项技术监督标准的制定和44家电厂的技术监督动态检查，完成10多台机组的风机节能改造以及10多家电厂脱硫设施的诊断评估。

热工院负责调试的华能海门电厂一期1、2号机组新建工程荣获2010年度国家优质工程金质奖，负责调试的浙江华能玉环电厂二期工程、华能日照电厂二期扩建工程、华能瑞金电厂新建（2×350MW）超临界机组工程、广东河源电厂一期（2×600MW）工程、华能巢湖发电有限责任公司一期工程共计5项工程获得2010年度国家优质工程银质奖。

全年完成并出具A类（含纵向科研项目和院控其他项目）科研技术报告889篇，B类（主要为横向技术服务项目）专业技术报告901篇，C类（含化学、材料、燃料特性等小型试验项目）专业试验报告518篇。

其他荣誉

2010年度，热工院还获得“全国电力行业优秀企业”、“全国电力建设优秀调试企业”、“华能集团公司文明单位”、“华能集团公司先进企业”以及西安市区级“安全生产先进单位”等荣誉，院电站材料技术部及其党支部获得“华能集团公司先进集体”、“中央企业先进基层党组织”等荣誉。

另外，热工院副总工程师兼节能减排技术中心主任杨寿敏荣获“中央企业先进职工”、“华能集团公司劳动模范”称号，副总工程师兼电站调试技术部主任孟颖琪、锅炉系统及设备技术部主任白少林荣获“华能集团公司先进个人”称号，电站化学技术部化学检测技术所所长宋敬霞荣获“全国能源化学系统女职工建功立业标兵”、“华能集团公司创先争优活动标兵”称号。

三大绩效

1. 安全绩效

2010年，热工院安全形势总体平稳，生产安全、经营安全、政治安全和形象安全情况良好。

2. 经营绩效

热工院全面完成与华能集团公司签订的2010年度经营绩效考核目标。院本部及所属公司实现合并营业收入10.87亿元，完成年度目标的124.6%；全年实现利润总额1.48亿元，完成年度目标的113.9%。

3. 党建绩效

党和国家的方针政策得到全面贯彻实施，领导班子和干部队伍建设、党组织和党员队伍建设进一步加强。全院安定、团结、和谐，维稳工作成效显著；全年未发生经营和领导人员违法、违纪案件；全面完成年度党建绩效考核目标。

国际合作与交流

2010年度，热工院承担或参与执行的中德、中澳、中美、中法、中日等政府和机构间国际科技合作项目进展顺利，并取得了优秀的成果。全年接待了美国机械工程师学会（ASME）理事长等36批149人·次来院访问。

中德能源领域环境保护技术合作项目——“燃煤电厂水务管理”示范工程“华能德州电厂循环水补充

水慢速脱碳处理”项目，于2010年8月通过验收并移交德州电厂。该项目各项技术指标优良，节水效益显著，对国内多数循环冷却电厂的节水工作具有良好的示范作用。

中澳国际科技合作项目——“先进能源系统中二氧化碳捕获技术研究”于2010年6月通过国家科技部组织的项目验收。该项目的研究成果已应用在基于IGCC（整体煤气化联合循环）的CCS（碳捕获储存）实验系统中，对我国的绿色煤电技术的实施具有重要的支撑作用。

热工院应邀加入了总部设在日本的国际电力研究交流组织（IERE），成为其高级会员单位。

挂靠的学会、行业质检中心、标委会、硕士点、博士后站、专业期刊

中国电机工程学会火力发电分会按2010年工作计划举办了多次学术交流、培训及研讨会等科技活动，在行业学术工作中成绩突出：参与承办了中国电机工程学会与美国ASME学会联合举办的“超（超）临界机组用P91/P92钢技术研讨会”，组织了“清洁高效燃煤发电技术协作网”2010年年会论文评审工作（共580篇，包括初评和复评），协助承办了中国电机工程学会2010年（海南）年会，组织并提交了参加本届年会的技术论文等项工作。

电力工业热力发电设备及材料质量检验测试中心在电力树脂、电力用油、水处理药剂、水处理设备、电站金属材料、冷却塔部件填料等方面的检测工作均取得了新进展。

电力工业热工计量测试中心按计划完成了对各省、市、自治区电力系统热工标准的量值传递任务，为电力系统热工量值的准确与统一，提供了强有力的技术保障。

电站锅炉煤的清洁燃烧国家工程研究中心按照“开发煤清洁燃烧技术、形成高技术的工程化成果”的目标，进行了流化床锅炉技术、低氮燃烧技术、烟气脱硫技术、脱硝技术等的研发工作，取得了一批科研成果，并为行业和用户提供了大量技术咨询和服务。

四个国家标准化技术委员会机构（全国电气化学标委会、全国电站过程监控及信息标委会、全国环保产品标委会水处理设备分技术委员会、全国燃气轮机标委会联合循环发电工作组）和七个电力行业标准化技术委员会（电站锅炉标委会、电站汽轮机标委会、电厂化学标委会、电站金属材料标委会、电站阀门标委会、热工自动化标委会、联合循环发电标委会），均按计划组织开展了标准的制（修）订、审查和宣贯工作。

硕士学位授予点：2010年，热工院电厂热能动力工程专业硕士学位授予点研究生毕业并获硕士学位者3人，在读研究生19人。

博士后科研工作站：2010年，热工院博士后科研工作站在站1人，出站1人。

中国电机工程学会火力发电分会与西安热工院共同主办的专业期刊《热力发电》：2010年全年按计划完成编辑出版12期。2010版的工业技术类期刊高被引指数影响因子从0.333上升至0.352，呈继续上升趋势。

主要事件

1月9日，赵毅院长与来访的华能新疆公司刘新民总经理一行，就双方在两大基地（准东、哈密基地）4台100万kW新建机组、煤制天然气项目、风电、水电、太阳能光伏发电等领域开展全方位合作进行洽谈，并达成共识。

1月19日，召开2010年安全生产工作会议，纪世东副院长在会上传达了华能集团公司2010年第一次安委会扩大会议精神，总结了热工院2009年度的安全生产工作，并对2010年安全生产重点工作进行了安排和部署。

2月2日，召开2010年工作会议，赵毅院长在会上作了题为《转变发展方式　增强综合实力　努力创建国际一流科研机构》的工作报告。华能集团公司乌若思副总经理出席了会议并作了重要讲话。

3月22日，赵毅院长在北京会见了法国电力公司研发部总裁Yves Bamberger先生一行，双方续签了技术交流合作协议，并就发电技术创新方面等内容交换了意见，商谈了在碳捕集技术领域进行合作的设想。

4月13～14日，“扎赉诺尔褐煤应用于大型电站锅炉的试验研究”等27项华能科技项目在西安通过了华能国际电力股份公司组织的验收。

4月30日，与华能国际电力股份有限公司辽宁分公司在营口签订了框架合作协议。根据协议，双方决定首先在新建机组建设工程质量监督、设备监造及检验、技术监督管理支持服务、机组性能试验、机组DCS软件设计组态和仿真培训、厂级生产实时监控信息系统、机组大修期间锅检、机组节能减排等方面开展合作。

5月5日起，组织2个节能诊断专家组，分赴华能井冈山电厂和长春热电厂现场开展节能诊断工作。

5月12～14日，华能集团公司寇伟副总经理一行莅临热工院调研并指导工作，听取了赵毅院长工作情况的汇报，并对科研生产总体情况给予了充分的肯定。

6月24日，国务院国有重点大型企业监事会主席路耀华一行莅临热工院视察指导工作。赵毅院长作了工作汇报。

6月24～25日，由中国电机工程学会和美国机械工程师学会（ASME）共同主办、热工院承办的“超（超）临界火电机组P91/P92钢技术研讨会”（国际会议）在西安召开，来自美国、日本、德国以及中国国内大型知名企业、材料专业研究机构和有关高校的140多名专家与学者参加了会议。热工院赵毅院长参加会议并致辞。

6月25日，中国电机工程学会陆延昌理事长一行莅临热工院视察指导工作，听取了赵毅院长的工作汇报，肯定热工院近年来取得的科研成果与经营业绩，并对热工院今后的发展提出了建设性的指导意见。

7月13日，陕西省科技厅厅长张炜一行到热工院调研，听取了赵毅院长对科研工作情况的汇报，并希望热工院对地方科研项目给予更多的重视，为陕西本土的经济发展作出更大的贡献。双方就今后进一步加强交流与合作进行了洽谈。

7月16日，热工院第九次股东会会议及二届五次董事会、监事会会议在北京召开。会议审议通过了院长工作报告、上年度财务决算报告和利润分配方案、新办公大楼购置方案、参股碳资产公司方案以及热工院针对股东需求所列科研项目。

7月27日，热工院与西安交大在西安隆重举行了关于《交大科技园博源科技广场项目定向购买房屋协议》的签约仪式。本次定向购买办公大厦是热工院发展史上首次大规模改善办公条件，是热工院向创建国际一流发电技术研发机构迈出的标志性的一步。

8月24～25日，华能集团公司乌若思副总经理听取了热工院以及部分基层党支部开展创先争优活动的汇报并进行了深入交流，对热工院开展创先争优活动取得的成效给予充分肯定，并强调要把开展创先争优活动与年度工作任务相结合，与长远发展结合起来，加快发展方式转变，多出成果，多出人才。

8月27日，中德节水示范工程“循环水补充水慢速脱碳处理项目”移交仪式在华能德州电厂举行。该项目是中德“能源领域环境保护”技术合作打捆项目“燃煤电厂水务管理”子项目的示范工程，由热工院和德国技术合作公司分别代表中德双方具体执行，项目采用德国先进的慢速脱碳池型，对华能德州电厂1～4号机组循环水补充水进行处理。项目投运后节水效益显著，对国内多数循环冷却电厂的节水工作具有良好的示范作用。

9月30日，由热工院开发设计、具有自主知识产权的我国首台2000t/天干煤粉加压气化炉在上海电气集团上海锅炉厂有限公司制造完成，发运仪式在上海隆重举行。2000t/天干煤粉加压气化炉是华能天津“绿色煤电”IGCC示范电站项目的关键设备。此举标志着热工院开发的两段式干煤粉加压气化技术在大规模工业化的道路上迈出了重要的一步。

10月8～9日，中国质量认证中心西北评审中心对热工院ISO 9001质量管理体系进行了监督审核和ISO 9001：2008换版审核，审核组通过体系文件符合性审核、现场抽样见证、查阅资料等方式，对热工院质量管理体系认证范围所涉及的科技开发、技术服务、工程承揽和产品生产的全过程，以及职能管理部门的质量管理工作等进行了全面的审核，给出了“质量管理体系运行正常有效，具有满足顾客要求的能力，且具有持续改进的能力和自我完善机制”的肯定意见。

10月20～22日，热工院承担的“华能现役机组节能降耗研究”等11项华能科技项目在西安通过了华能集团公司组织的项目验收。

11月2日，党组中心组召开学习座谈会，认真学习党的十七届五中全会精神，提出了贯彻落实措施。

11月18～19日，华能集团公司胡建民副总经理到热工院调研，听取了赵毅院长做的工作汇报，并提出了华能集团公司发展科技产业工作的思路和热工院继续做好科技产业化的意见。

11月23日，召开了述廉议廉专题民主生活会。院领导班子成员对照《党员领导干部廉政从业若干准则》和《国有企业领导人员廉洁从业若干规定》，进行了全面客观、实事求是的述廉报告，开展了批评与自我批评，提出了今后努力的方向；会上还重点讨论了通过多种途径征求的群众意见和建议，针对性地逐条提出了具体的整改措施。

11月26日，华能集团公司党组纪检组长马晶到热工院调研，并听取王月明副院长的汇报。

11月底，完成的巴西坎迪奥塔（Candiota）电厂锅炉补给水除盐水系统项目和凝结水精处理系统项目经过2年多的安装、调试，全部投入运行；经检测，系统出水水质全面达标。这是迄今以来完成的最大的国外电厂水处理系统项目。

12月8日，华能集团公司胡建民副总经理一行到热工院苏州分公司调研，在听取了分公司工作汇报后，胡总对分公司的各项工作尤其是具有特色的烟气脱硝技术服务、流场优化设计技术、运行优化软件技术等业务领域的相关工作给予了充分肯定。胡总一行还前往苏州华能热电厂实地考察，对热工院拟在该电厂内建设“SCR催化剂性能检测实验室”表示支持。

12月10日，由五大发电集团等共同倡议发起的

"发电集团生产技术与科技创新联席会议"第四次会议在北京召开。会议以"混煤掺烧与节能降耗"为主题，由国电集团和热工院共同主办，各大集团和有关科研院所的领导和专家共30余名代表参会，交流了相关技术和运营经验，并就深入开展科技交流与合作、提高发电企业运营水平进行了探讨。

12月27日，陕西省科技厅邱义路副厅长一行莅临热工院调研，听取了赵毅院长关于热工院科技创新工作的介绍、刘伟书记关于院自主研发的现场总线控制技术（FCS165）及其在华能陕西秦岭发电厂的工程应用情况。双方就热工院拓展在陕西地区的科技创新工作进行了深入交流。

国网电力科学研究院

单位概况

国网电力科学研究院（简称国网电科院）是国家电网公司直属综合性科研单位，主要从事电力系统自动化、交直流高电压技术、水利水电工程测控、通信与信息工程、一次设备及其智能化、电力电子、轨道交通及工业控制技术的研究、开发和应用，是国家科技部设立的"国家电力自动化工程技术研究中心"、国家发展改革委设立的"电力系统自动化一系统控制和经济运行国家工程研究中心"、国家质检总局设立的"国家高电压计量站"、国家能源局批准设立的"国家能源太阳能发电研发（实验）中心"和"国家电网公司特高压交流试验基地"的依托单位，设有"电力工业电气设备质量检测中心"、"电力工业电力系统自动化设备质量检测中心"和"电力工业通信设备质量检测中心"。

南瑞集团公司是国网电科院的主要经营实体，与国网电科院实行一体化运行和管理，具有计算机信息系统集成一级资质，是第二批国家创新型企业。注册商标"南瑞"是中国驰名商标，"南瑞"牌产品是中国名牌产品。由南瑞集团公司发起设立的"国电南瑞科技股份有限公司"在上交所上市（股票代码：600406）。

国网电科院实行院长负责制，目前下设14个职能部门、9个研究单位、16个产业公司，设有研究生部及博士后科研工作站。在南京、武汉、合肥、北京、上海、深圳、徐州、淮安、无锡、泰州等地建立了科研和产业基地，形成了电网监控、继电保护、水电自动化、信息通信、高压电器和智能一次设备等优势明显、主营业务突出的产业群。

国网电科院自2008年5月由国网南京自动化研究院和国网武汉高压研究院重组整合成立以来，坚持支撑服务国家电网公司发展大局，提出了具有完全自主知识产权的1000kV交流输变电系列技术标准、大电网安全稳定量化分析与优化决策理论，攻克了特高压关键技术研究和关键设备研制难关；在风电、太阳能发电并网运行控制和检测技术研究，以及关键设备研制上取得突破；广泛开展智能电网技术交流，系统制订研究框架，积极组建攻关团队，深入开展关键技术研究和设备研制，深度参与试点工程建设。承担"SG186"工程及ERP建设，实现了从试点到全面推广、深化应用、高级应用的全过程服务；承担电网设备生产运行信息系统建设，信息综合监管系统推广应用，资产全寿命周期管理评估决策系统在试点单位成功部署。

国网电科院重组整合成立以来，不断优化科研布局，深入实施专业重组及学科整合，巩固完善传统优势专业和学科，大力拓展发电侧及用电侧新兴专业和学科，加快一、二次技术融合，实现了由专业性科研院所向综合性研究机构的根本转变。不断优化产业布局，实施股权清理整合，院管控经营的产业公司由19家减少至11家，产权级次由6级压缩至4级，基本形成了二次设备产业为主体、中低压一次设备和新兴产业为两翼的产业格局。不断优化检测试验布局，巩固提升电力一、二次设备检测及计量检定业务的传统优势，实验验证中心全面建成投运，成功争取国家电网公司（常州）电气设备检测中心、国家能源太阳能发电研发（实验）中心、国家电网公司智能用电研究检测中心、国家能源智能电网技术研发（实验）中心（智能用电、定制电力、微电网三个分中心）落户国网电科院，加快软件质量评测中心建设，初步形成涵盖发电到用电各环节、高压到低压各电压等级、硬件到软件的检测试验体系。加快科研产业基地布局，特高压交流试验基地全面建成，综合试验能力国际领先；国家电网公司智能电网科研产业基地、电力智能输变电一次设备及状态检修基地、智能一次设备（电缆）产业基地、继远软件园二期等科研生产设施开工建设，夯实了企业跨越发展基础。

国网电科院重组整合成立以来，积极探索企业战略转型，着力推进科研发展方式由应用型和试验型科研向核心技术研发转变，构建了以研究中心为统领、研究所为骨干、产业公司研发中心为基础、外部力量为协同的研发体系，成为国家第二批创新型企业。新增国家级奖励4项、国家电网公司及省部级奖励128项，获奖等级和数量大幅提升；新增专利授权331项，超过重组整合前三十多年的总和。着力推进产业发展方式由内涵式增长向内涵与外延相结合的方式转变，电网自动化、水电自动化、信息通信、工业控制等传统产业持续保持竞争优势和快速发展，以新能源接入和监控、智能配用电、电动汽车充放电设施为代表的新兴产业迅速崛起，电力一次设备产业快速发展；中标苏丹国调、菲律宾国调、沙特高速铁路等一批海外工程，国际化发展取得新突破。着力推进运行管理方式由分散型向集约型转变，制订战略规划，确立管理标准，完善规章制度，规范业务流程，创新体制机制，全面推进人财物集约化管理和ERP建设，资源配置能力大幅提高，管理水平和综合实力迅速提升。

国网电科院重组整合成立以来，深入开展学习实践科学发展观活动，解决了一批影响和制约企业科学发展的突出问题。加强党的组织建设，新组建党组织32个，配备专职书记19名。加强党员队伍建设，强化党员教育管理，发展党员167名。加强党风廉政建设，构建了“三化三有”特色惩防体系。全面开展国家电网公司统一的优秀企业文化建设，大力实施精品工程、落地工程、评价工程，推进管理、文化融合。加强精神文明建设，获“2007～2009年度江苏省文明单位”称号。广泛开展群众性文体活动，获“全国群众体育先进单位”称号。

2010年，国网电科院再次获省、市“重合同守信用企业”称号；南瑞集团名列“2010年中国软件业收入前百家企业”（第12位）和“2010年中国自主品牌软件产品前十家企业”（第2位），连续九届进入中国软件企业百强，连续四届成为中国自主品牌软件产品十强，连续五届成为中国十大创新软件企业。

人力资源

截至2010年底，国网电科院及其全资、控股子公司共有员工7476人，其中科技人才4917人，高级及以上职称540人。拥有中国工程院院士4人（含外聘院士2名），国家级有突出贡献中青年专家2人，“新世纪百千万人才工程”国家级人选5人，享受国务院政府特殊津贴专家26人，江苏省“333高层次人才培养工程”专家人才44人，国家电网公司优秀专家人才26人，博士生导师5人、硕士生导师116人。

创新员工入口及收入分配管理，构建管理岗位职级序列及员工职业发展通道，试点全员绩效管理，建立补充医疗保险与企业年金。率先在国家电网公司直属单位实施全面、规范的干部集中考察考核，完成院属37家单位“四好”领导班子考核、195名院管干部民主测评、后备干部民主推荐。实施全员教育培训39 544人·次，同比增长67%，“南瑞学堂”在线学习、系列讲座、抽调轮训等创新形式不断涌现。

经营管理

2010年，国网电科院合并报表口径新签合同额146.58亿元，较2009年增长39.6%；实现营业收入106.15亿元，较2009年增长32.47%；资产总额150.01亿元，较2009年增长49.4%；实现EVA13.25亿元，全员劳动生产率33.02万元/（人·年），超额完成国家电网公司下达的业绩责任目标任务。

完成院“十二五”规划编制，初步建立以规划为统领的全面计划管理体系。制定实施规章制度81项、院企业标准73项，首次获电力行业及公司企业管理创新成果一等奖。切实开展科研、基建、产业经营、二级单位负责人任期经济责任等专项审计，初步建立产业公司业务风险评价体系，顺利通过依法治企验收。

院财务集约化体系高分通过公司验收，“六统一”、“五集中”为主线的财务集约化管理体系基本建成。统一全院物料主数据编码和分类标准，组织集中招标和竞争性谈判采购156次，节约预算资金7627万元。ERP试点建设成功上线。

统筹行政办公资源集约管理，物业管理达到国家二级资质标准。“三网两报一电视”内宣体系初步构建。协同办公系统实用化应用水平和信息报送工作在国家电网公司直属单位排名第一。完善月度例会制度，建立督察督办体系，实施首问负责制及限时办理制。加强安全质量管理，完成“四标合一”整合型管理体系建设，安全生产保持良好局面。

重点工作

1. 重大科技项目攻关

特高压同塔多回输电、油气套管研究试制、电磁环境影响等关键技术研究取得重大突破，牵头研制国内首台特高压升压变压器获得成功。世界容量最大的光伏并网逆变器测试平台、光伏电站移动检测平台及低电压穿越现场测试检测平台、大型集群风电智能控制系统和风电接入稳控系统、风光储输示范工程光伏预测系统研发完成。

智能电网调度技术支持系统、智能变电站系统、智能配网管理系统、智能用电信息采集系统及系列终端、电动汽车充电站系列成套装置、全光学电流电压互感器、无源光网络设备、系列化工业以太网交换机等一批智能电网关键设备研发成功并推广应用。成功研发具有国际领先水平的ARP-300系列新一代（超、特）高压继电保护产品。

全年获科技奖励70项，增长37.3%，其中国家科技进步二等奖2项，中国电力科学技术奖19项，国家电网公司科技进步奖24项；获专利授权183项，增长105.6%，2项专利获中国专利优秀奖；获软件著作权78项；制定国家标准、行业标准及公司企业标准68项；出版学术专著3部，发表学术论文726篇，其中核心期刊论文306篇，同比增长193.6%。6个科研团队获国家电网公司科技攻关团队命名，新增2个国家电网公司重点实验室。国家电力自动化工程技术研究中心再获“十一五”国家科技计划执行优秀团队奖。

2. 产业发展

完成全院布局规划，顺利推进武汉GE、福建南瑞天利等投资项目。承接±800kV向—上直流稳控系统、上海电网调度自动化、东北电网智能化水电厂等重大项目。中标北京、西安、重庆等地铁综合监控系统项目，签订合同10.93亿元，同比增长118%。

率先为国家电网公司电动汽车充电站提供全套设计、核心装备和咨询服务，占领50%以上的国内市场。750kV、500kV钢芯铝绞线和110kV电缆附件、GIS组合电器等设备多次中标国家电网公司集中采购项目。菲律宾、沙特办事处挂牌运营，中标海外合同2.96亿元，同比增长三倍以上。

牵头成立江苏省和南京市智能电网产业联盟。第一代国产大型实时数据库软件顺利投放市场。完成国电南瑞非公开增发，募集资金7.6亿元。

3. 检测试验

国家能源太阳能发电研发（实验）中心、国家电网公司智能用电研究检测中心、实验验证中心等建成投运，国家能源智能电网技术研发（实验）中心获国家能源局授牌。软件质量评测中心成为国家电网公司唯一获国家级认可的第三方软件测评机构。实验验证中心通过实验室国家认可计量认证监督评审，检测业务扩大到9大类135项。国家高电压计量站再获全国计量诚信评定最高等级荣誉。

完成电气设备检测中心电缆预鉴定试验能力技改项目，试验能力大幅提升。拓展新兴检测业务，承担延安750kV智能变电站系统级测试服务及安徽省政府公共平台软硬件选型测试业务。与荷兰KEMA开展联合试验及互证互认。出具检测报告2805份，试验报告2796份，计量检定校准报告3084份。

4. 技术服务

全面参与国家电网公司“十二五”科技、产业、智能电网规划制订工作。积极参与特高压电网咨询与规划、智能电网标准制定、信息化建设与运维、输变电设备状态检修与在线监测等工作。主持编写智能电网关键设备研制规划、智能电网知识读本及特高压交流试验示范工程总结丛书。全力支撑全国“两会”、世博保电任务，实现设备零故障、运行零差错。承办5期国家电网公司特高压及智能电网技术培训。全年完成技术服务工作量76 656人·天，同比增长14.7%。

与5家网省电力公司新签战略合作协议，承担各类方案设计、ERP技术咨询、信息安全评估和测评等服务项目，为网省电力公司电网规划、设计、建设、生产运行提供了坚强支撑。

5. 基础设施建设

全院新开工项目16个，完工9个，完成基建投资5.69亿元，完工项目建筑面积10.14万m^2；在建项目8个，投资规模37.71亿元，占地面积135.55万m^2，建筑面积41.34万m^2。

国家电网公司智能电网（南京）科研产业基地建设扎实推进，完成规划设计方案、项目立项、土地购置、施工图设计，建筑基础工程有序推进，桩基工程施工全面展开。国家电网公司（常州）电气设备检测中心项目全面开工，实现土地无偿划拨，完成一期设计初步方案及主要设备招标。院科研楼、会议中心、江宁9号园区、院区环境综合改造等项目顺利完成，科研生产基础能力显著增强，员工工作生活环境明显改善。

党的建设和精神文明建设

健全和完善基层党组织建设，实现党组织关系的全覆盖。加强“四好”领导班子和党员队伍建设，开展学习型党组织建设和党组织书记“六个一”活动。深入开展创先争优活动，围绕中心工作，完善活动载体，丰富活动内容，切实加强党的基层组织建设。两个党支部获国家电网公司“电网先锋党支部”称号，方勇杰同志被授予“江苏省优秀基层党组织书记”称号。坚持教育、制度、监督并重，党风廉政建设责任制落实情况得到国家电网公司充分肯定。

深入开展“建设统一的优秀企业文化”主题实践活动，大力开展精神文明创建活动。荣获“全国厂务公开民主管理先进单位”称号。“大电网安全稳定协调防御攻关班组”获国家电网公司先进班组称号。成功举办第十一届职工运动会。全面落实离退休同志政治、生活待遇。

（苏发亮）

国网北京经济技术研究院

单位概况

国网北京经济技术研究院（简称经研院）是支撑

公司电网发展的规划设计咨询机构和公司的直属科研单位，承担电力、电网规划和工程设计咨询技术归口职能，拥有“工程设计电力行业专业甲级资质”证书和“工程咨询甲级资格”证书。

2010年是经研院重组后的第一年，一年来，经研院紧紧围绕公司发展和电网发展的战略布局，按照“技术领先、服务优质”的发展理念，承担电网规划、工程设计、项目评审、技术经济、标准制定及其相关研究工作，形成了与公司发展和电网发展相适应的业务模式，发挥技术归口、技术支撑和技术服务职能，确立了在电网规划设计咨询领域的地位，支撑和服务公司电网发展的能力不断增强，在较短的时间内走过打基础阶段，步入创新发展的新时期。

人力资源

经研院重组以来，落实公司关于吸纳和储备电网规划与勘测设计人才的要求，通过多种形式和渠道，有针对性地引进专家人才和技术骨干，不断优化人才结构，增加高层次人才数量，为加快发展和提升核心技术实力提供了人才保障。

截至2010年底，经研院在编员工227人，其中院本部员工153人，徐州勘测设计中心员工66人，子公司8人。其中，各类专业人员183人，占全院人数的80.6%；研究生学历89人，占全院人数的39.2%，其中博士15人、硕士74人；本科以上学历207人，占全院人数的91.2%；高级职称103人；各类注册师47人。

认真组织开展全员培训，创新培训方式，采取工程项目锻炼、集中授课、经验交流、师傅带徒弟等方式切实加大人才培养力度。全年组织各类培训33项，2200人·次，全员培训率超过92%，全面完成公司下达的教育培训计划。

经营管理

2010年，经研院全面完成了公司下达的年度经营业绩考核指标，党风廉政建设、安全生产和稳定工作保持良好局面。

经营管理工作全面加强。强化项目管理，研究制定《项目管理暂行办法》、《项目产值核定及项目直接成本核算暂行办法》，统筹开展项目合同签订、合同履行、到款催收等工作，细化项目全过程控制流程。联合装备公司等单位开展EPC工程总承包项目。开展与南非TAP公司合作准备，完成公司参与俄罗斯电网改造合作问题的实施模式研究。基础管理进一步加强，全年清理修订各类管理制度109项，构建适应经研院新的职能定位要求的管理制度体系。梳理和优化各项业务工作流程，顺利通过“三标”管理体系认证。成立配网研究中心筹备组，组建电网工程数据中心。

集约化管控能力不断提升。全面开展财务集约化体系建设，开发ERP系统项目管理等功能模块，实现财务管理与项目管理、人力资源等业务的集成并提前上线运行，围绕财务管理“六统一、五集中”的目标认真开展工作，顺利通过公司财务集约化体系建设评审验收。不断加强预算管理力度，建立预算考核体系，实现预算管理可控、在控。强化招投标管理，规范采购流程。建成标准、规范的档案管理系统，具备多种类型档案数字化归档、全文双层检索和电子化展示功能，在公司系统处于领先地位。

重点工作

2010年，初步确立了在电网规划设计咨询领域的优势地位，各方面工作取得了显著成绩。

牵头圆满完成国家电网公司“十二五”电网规划，规划业务能力显著提升。强化规划工作的技术归口职能，全面深入分析和研究公司电网发展中的重大问题，高质量完成总报告、主网架规划设计报告、配电网专项规划报告以及相关专题报告，指导开展省级“十二五”电网规划编制。系统开展“十一五”电网发展总结评估，全面理清公司电网发展现状及需求。开展哈密、准东、酒泉、锡盟、陕北能源基地和7个千万千瓦级风电基地输电系统规划设计，支撑大型能源基地集约开发。配合公司开展了省级“十二五”电网规划评审。密切跟踪电网发展的重点难点问题，主动开展重大技术方案编制和规划设计技术攻关，完成《特高压电网规划（2009年版）》，深入研究电网规划量化评估技术和方法，开展“大规划”体系相关研究工作，配合公司开展220～750kV电网运营情况调研。电网规划研究平台完成一期开发任务，开发完成数据分析、网架结构分析和电网发展指标评估等功能模块，在公司“十二五”电网规划工作中发挥了重要作用。落实配电网规划职能，编制省公司和地市公司“十二五”配电网规划报告标准模板及项目清册，组织完成公司“十二五”配电网规划编制工作，开展省公司“十二五”配电网规划报告评审、配电自动化试点工程实施方案审查等工作。参与国家能源局农村电网改造升级技术原则修订，组织编制公司农村电网改造升级工程规划，开展配电网规划管理和配电网合作共建模式有关情况调研。开展智能电网试点项目评价指标体系与评价方法研究，编制完成《智能电网试点项目评价管理办法（试行）》。完成上海世博园智能电网综合示范工程等5项试点工程的评价工作，开展坚强智能电网国际发展战略专题研究。

开展特高压设计牵头工作，为公司重大工程建设提供技术支撑。开展宁东—浙西、酒泉—株洲、哈密—郑州、准东—重庆直流工程预可研。组织完成锡盟—南京、淮南—南京—上海可研设计，在初步设计阶段开展设计牵头和监理牵头工作，依据系统方案优化成果将原锡盟—上海西工程优化为新建5站1线1串补，静态投资由755亿元核减为382.4亿元，根据特高压工程深化研究成果在可研基础上再核减投资61.64亿元。完成皖电东送工程可研设计优化，作为副组长单位开展特高压交流试验示范工程扩建工程设计监理牵头。开展青藏交直流联网工程技术服务，组建由地质、环保、线路、技经专业组成的现场工作组，在工程设计标准、冻土施工工艺、环保水保实施细则、冻土监测及稳定性研究、工程结算等方面为工程建设提供专业技术支撑。组织完成宁东—山东±660kV直流输电工程三维数字化移交，全面负责三维数字化设计和移交平台的全过程管理等工作。完成公司《新建输电线路防舞设计技术要求》、《输变电工程初步设计内容深度规定》、《输变电工程初步设计评审管理办法》等6项公司标准编制和修订工作。牵头有关单位完成公司《110（66）～500kV变电站通用设计》编制。深入开展特高压标准化设计，牵头1000kV设备标准化图集、设备支架及基础、线路接地装置标准图等模块编制。完成750kV变电站通用设备规范、农网10kV及以下配电工程通用设计、风电场典型设计的编制和修订。

全面推进工程设计评审平台建设，项目评审工作不断加强。承担工程设计评审平台总体策划、方案设计、组织协调等工作，一期工程建成总部及福建、江西、甘肃3个试点省公司评审中心，开发了电子化评审、工程电子档案、电网全息数字地图3个模块，于2010年8月31日正式试运行。继续推进平台建设二期共21个省公司评审中心建设。积极探索建立电网设计评审工作的新模式，评审项目数量和投资额较2009年大幅提升，全年完成评审380项。完成的可研评审投资额占公司全年的68%。通过严格贯彻公司电网建设政策、应用标准化成果、优化技术方案、推广新技术、统一取费标准等措施，核减投资104.9亿元，较评审前核减4.9%。

建成技术经济实验室，工程造价研究不断深化。搭建了开放式、数字化的研究实验平台，为公司投资决策、造价全过程控制、技术经济标准研究、技术经济专业理论研究及相关管理工作提供灵活、实用的支撑平台。截至2010年底，技术经济实验室收集了9000多个工程近500万条数据，开展了预规、定额、通用造价等多个企业标准的研究，已经在实际工作中发挥了重要作用。编制完成《750kV输变电工程通用造价（2010年版）》。创新分析方法，完成公司《输变电工程造价分析报告（2010年版）》。完成《110～500kV输变电工程通用造价》等8项公司标准编制和修订。开展《输变电工程造价指数研究》等15项技术经济专题研究工作，参与起草公司《基建管理规定》等多项专业管理办法，有关成果成为公司造价管理决策的重要参考依据。后评价工作范围由输变电工程拓展至配电网领域，从独立后评价报告编写拓展至业主自评价工作咨询。组织开展吉林通化500kV输变电工程、吉林乾安220kV输变电工程等后评价工作6项。开展公司工程结算备案工作，全年备案220kV及以上输变电工程638项。做好公司定额站日常管理，得到公司充分肯定。

科研工作

科技创新取得显著成效。作为牵头或参与单位，共有7项科技成果获公司2010年度科学技术进步奖。其中，《国家电网总体规划设计（2008年版）》获公司科技进步特别奖，《提高输电线路导线悬挂高度关键技术研究》获公司科技进步一等奖。《电网发展评估方法与模型研究》、《特/超高压电网协调发展原则研究》、《输变电工程抗震标准设计研究》等获公司科技进步奖项。“电网工程技术经济实验室”和“电网规划量化评估技术科技攻关团队”获公司命名。“高强度混压输电钢塔”成果专利申请通过国家专利局审核，被授予专利权。“电网规划研究平台应用系统”、“电网设计地理信息系统”、“输变电工程造价分析”等5项软件取得软件著作权。

科技创新能力不断加强。发挥联系理论研究与工程实践的纽带作用，围绕电网安全、新能源接入、输变电工程防灾减灾设计研究、输变电工程遥感测量技术应用等领域，深入开展规划设计技术理论研究，在电网规划设计研究领域对公司电网发展形成高水平、全方位专业支撑。完成了《电网规划及安全分析准则研究》、《特高压电网建设时序研究》、《城市电网规划风险评价及规避方法研究》、《无人机航空遥感测量应用技术研究》等科研课题。全年发表学术论文55篇，其中EI索引论文5篇，2篇论文在亚太电协电力产业大会上宣读。成为《电力建设》杂志的主办单位。

党的建设和精神文明建设

2010年，经研院党的建设和精神文明建设全面加强。以创建“电网先锋党支部”为载体，深入开展创先争优活动，加快推进学习型党组织建设，通过举办系列党建教育和主题党日活动，引导党员干部不断增强政治意识、大局意识、责任意识，充分发挥先锋模范作用，立足岗位，勇创一流业绩。2010 年，经研院 2 名同志被评为公司优秀共产党员，1 名同志被评为公司优秀党务工作者，规划中心党支部被公司党组授予“电网先锋党支部”称号，徐州勘测设计中心党支部被授予“公司先进党支部”称号。坚持党建带团建，积极筹建院团委，探索符合青年特点、富有时代特征的团青工作新思路、新方法。

以践行“诚信、责任、创新、奉献”核心价值观为统领，开展公司直属单位及网省公司企业文化调研，通过开展文化讲座、新春联谊、乒乓球赛等丰富多彩的企业文化实践活动，构建多元沟通平台，培育创新文化氛围，使文化和管理有机融合，增强员工认同感和忠诚度，为院建设“技术领先、服务优质”国际一流的电网规划咨询总院提供强有力的文化保障。

中国水利水电科学研究院

单位概况

中国水利水电科学研究院（简称中国水科院）是以水利水电公益型研究和应用技术科学研究为主，面向全国的专业齐全的综合性科研机构，是全国水利水电科学技术研究的中心。它着重解决水利、水电建设中的重大关键技术问题，承担行业基础和应用基础研究及新技术、新成果的推广。

主要研究领域包括水资源、水环境、防洪减灾、高效节水灌溉、牧区水利、河流水库泥沙、高坝水力学、高坝结构、新型建筑材料、岩土工程及地基加固、工程抗震、遥感、高效水轮机及水泵、电站计算机监控和水情测报自动化系统、电站通信及自动化设备、火电核电站冷却水及环境、试验仪器及水利史研究等方面。同时还进行水利水电工程经济、环境问题的咨询及评估、工程安全监测及缺陷处理、工程安全鉴定、工程监理等。

中国水科院是国家“水利工程”一级重点学科单位，设有 8 个硕士、8 个博士学科授予点，并设有 2 个一级学科博士后流动站。设有国家节水灌溉工程技术中心、部防洪抗旱减灾工程技术中心、水工程建设与安全重点实验室、水沙科学与江河治理重点实验室和工程环境评价中心。

中国水科院具有国家核准的安全评价机构资质证书、工程咨询资格甲级证书、水文、水资源调查评价甲级、建设项目环境影响评价甲级、编制开发建设项目水土保持方案资格甲级、建设工程地震安全性评价许可甲级、监理队伍资质甲级、设计乙级、施工贰级资质证书，以及通过国家质量监督检验检疫总局的计量认证。

目前在职人数 1341 人，其中中国科学院、中国工程院院士 7 人，高工 441 人（含教授 125 人）。具有博士、硕士学位 300 余人。固定资产 6 亿元，具有国内外先进水平的大型试验设备有：三维六自由度震动试验台、450gt 土工离心试验机、大型减压厢、高精度水力机械试验台等大型设备 120 台（套），水力学、冷却水、泥沙、岩土、结构与材料、抗震、水利、水力机械、计算机监控、水情测报、调速器等综合试验室 32 座，科研设备总值近 1 亿元。

中国水科院与国外著名科研机构、高等院校以及国际上重要的学术团体有广泛的交流与合作。国际泥沙研究培训中心、中国大坝委员会秘书处、中国灌排委员会秘书处、国际水利工程和研究协会中国会员联络组、世界泥沙研究学会等均设（挂靠）在中国水科院。

科学技术面向经济建设是中国水科院的宗旨，中国水科院竭诚为国内外水利水电、火电、核电建设以及其他领域的科学技术研究与发展提供优质服务。

领导班子

党委书记、院长：匡尚富
党委副书记、纪委书记：陈祥建
副院长：贾金生　杨晓东　刘之平　胡春宏　汪小刚

2010 年的主要工作

1.“十一五”工作总结

“十一五”期间，中国水科院以科学发展观为指导，以国家和行业重大需求为导向，以贯彻落实可持续发展治水新思路为主线，在科研、人才队伍建设、党建和精神文明建设等方面，全面完成了“十一五”各项发展目标。

（1）面向需求、着力创新，科学研究事业不断壮大。一是科研项目与合同取得新突破。承担了“973”项目“海河流域水循环演变机理与水资源高效利用”、国家“863”计划“现代节水农业技术与产品”、国家重大科技专项“水体污染控制与治理”1 个项目与 5 个课题、国家“十一五”支撑计划涉水领域近一半的项目等一批国家级重大科研项目；获得了国家自然科学基金的创新群体基金“流域水循环模拟与控制”、国家杰出青年科学基金“江河水沙资源优化配置与维护河流健康的调控措施”、国家重大自然基金等一批基金资助；获得了水利部公益类行业专项、基建前期、修缮购置、948 引进等一系列项目的持续有力的支持等。承担了南水北调、三峡、小湾、锦屏、向家坝、景洪、溪洛渡等国内几乎所有重大工程项目的科研任务，内容涉及工程论证、规划、设计、施工、运行管理以及生态环境保护等重要技术环节；不断拓展国际市场，在积极争取境外项目上取得了重大突破，承担国外技术咨询和工程建设任务56项，项目覆盖亚洲、非洲及欧美等20余个国家和地区。五年实现全院科研合同阶梯型跨越式增长，由2006年5.18亿元增长至2010年9.15亿元。二是科研成果数量与质量取得双丰收。“十一五”期间，累计提出科研报告2686份、发表论文3207篇、出版专著189部、取得国家专利111项；获得国家科技进步奖12项，省部级奖励94项。与“十五”相比，科研成果数量与获奖数量均呈现成倍增长的态势，全面超过了预定的科研报告2500份、发表论文1500篇、出版专著150部、申请专利50项、获国家奖5项、省部奖50项的目标。三是科技创新取得新进展。在水文水资源领域，创建了流域水资源二元循环和合理配置理论，建立了现代水资源评价方法、流域二元水资源演变动态模拟技术、流域水资源优化配置技术等；在防洪抗旱减灾领域，发展了洪水管理的理论体系与技术方法体系，研发了城市洪涝灾害仿真和损失评估系统、水库汛限水位动态控制分析方法、全国洪水风险图编制方法、水旱灾害应急管理技术；在水环境和水生态领域，发展完善了流域水环境模型技术、水资源保护与水污染控制管理技术、河湖生态评价方法与生态修复技术、水利水电工程生态效应与优化调度技术，研发了新的标准物质等；在农村水利领域，提出了地面灌溉过程控制方法和田间节水灌溉新技术、新产品、新设备，提出了解决村镇饮水安全的新技术、新产品等；在大江大河治理领域，发展了河道和水库泥沙模拟技术，提出了江河水沙资源优化配置与维护河流健康的调控技术，引进开发了河口海岸数学模拟技术、草地水土流失生态系统观测成套技术、地下找水技术，提出了水土保持、草场生态综合整治新技术等；在水工水力学领域：发展了高水头大流量泄洪洞水力学关键技术、现代调水工程水力控制技术、火（核）电厂取排水口优化设计等；在岩土工程领域：发展了高边坡稳定性分析与加固技术、高土石坝长期变形特性及控制技术与安全管理技术等；在水工结构材料领域：发展了高拱坝真实工作性态仿真与设计方法，建立了特高拱坝“数字模型”系统，研发了水工新材料与施工新技术等；在工程抗震领域：提出了一整套新的高拱坝—地基系统地震响应分析方法、大型渡槽地震响应分析技术与减震技术等；在机电领域：发展了水力机械性能测试方法、形成了机电设备成套技术等；在自动化领域：研发了计算机自动化监控系统、发展了水情测报与水库调度技术等；在工程监测与检测领域：提出了工程安全监测自动控制新技术、水工结构安全检测与评估及修补加固新技术等；在可再生能源领域：提出了独立风电海水淡化技术、水电可持续评估方法等；在涉水灾害应急遥感监测技术方面，建立了一套实用化涉水灾害应急遥感监测技术及流程；在水文化领域，建立了水利类文化遗产价值评估体系。四是科技支撑和保障更加有力。全程参与了全国水资源综合规划、全国防洪规划等全国重大规划的编制工作，参与了大江大河治理与保护工作中的重要科技咨询等工作；牵头组织承担了《全国洪水风险图编制》、《病险水库除险加固关键技术研究》，参与了水利部病险水库现场查勘、复核和除险加固，节水灌区改造、农村人蓄饮水安全保障等重要工作。承担了全国县级山洪灾害防治非工程措施建设项目、全国水土保持科技园区评估、全国河湖健康评估与报告等重要事务工作，承担了《中国水资源公报》、《中国水旱灾害公报》、《中国河流泥沙公报》等行业公报的编辑工作，承担了农业节水灌溉产品认证、水利计量认证等管理性工作。

（2）落实战略、造就人才，科技队伍整体素质不断提高。一是人才制度体系不断完善。新制定了人才引进招聘、选拔任用、业绩考评、激励约束等一系列管理规章20余项，形成了较为健全的人才工作制度体系。二是人才队伍结构不断优化。加强人才招聘和人才引进，“十一五”职工总数缓慢平稳增长，由1360人发展到1432人，职工平均年龄42岁，队伍结构不断优化，专业技术人才队伍所占比例从不足70%发展到现在的78%，研究生占职工总数的比例从26%提高到目前的42%。三是人才培养不断加强。全方位加强研究生招生、教育、培养、就业等全过程管理与指导，与清华大学、河海大学等建立研究生联合培养机制，通过加强管理、强强联合等，确保研究生培养质量不断提高。四是优秀人才不断涌现。新增全国杰出专业技术人才1人、新世纪百千万人才工程国家级人选3人、享受国务院政府特殊津贴专家5人、中国青年科技奖1人、水利部青年科技英才3人，新增水利部“5151”人才工程部级人选3人，达到了规划目标，还有一批优秀人才获得了一系列全国性专项人才奖励等。

（3）突出优势、加快发展，科技创新能力不断增强。一是学科体系不断健全。明确了巩固优势学科、突出重点学科、发展新兴学科、加强交叉学科的学科发展思路，加强了水生态、水土保持、水文化、新能源、应对气候变化等研究领域，增设了“水利史研究所”、“水电可持续发展研究中心”、原“防洪减灾研究所”更名为“防洪抗旱减灾研究所”，加快了优势学科与社会、经济等学科的交叉与融合，已发展形成了由水文水资源、水环境与生态、防洪抗旱与减灾、水土保持与江湖治理、农村与牧区水利、水力学、岩土工程、水工结构与材料、工程抗震、机电、自动化、工程监测与检测、风能等可再生能源、信息化及遥感技术、水文化等15个专业领域的学科体系，成为我国水利水电领域学科门类最为齐全的科研机构。二是科研平台不断拓展。新组建了国家水电可持续发展中心，新成立了2个部级重点实验室“水利部水沙科学与江河治理重点实验室”、“水利部水工程建设与安全重点实验室”；新成立了2个部级工程中心“水利部水土保持生态工程技术研究中心”和“水利部水资源与水生态工程技术研究中心”。积极申报国家重点实验室等也取得了显著的进展。我院已形成了由3个国家级中心、7个部级中心为群体的综合性创新平台。三是科研资质不断增加。新增了水利部水文水资源调查评价甲级资质、水利部水利工程质量检测甲级单位资质等11项业务资质；获得了高新技术企业证书，双软认证，拥有了几十项软件著作权等。利用资质为相关业务取得市场准入、带来经济效益的同时，还带动了相关专业的发展。

(4) 增进交流、深化合作，国内外影响不断扩大。一是对外交流不断广泛。搭建了百家讲坛、院士论坛、名家讲坛等高层次学术交流平台，邀请国内外200余位著名专家前来我院学术讲座，其中一半的专家是来自世界各国和地区的水利水电知名人士。利用挂靠在中国水科院的24个国内学术组织秘书处和6个国际组织中国委员会秘书处，每年积极承办了一系列全国性学术会议和国际学术会议，其中大型国际会议近20余次，还针对全国、面向国际举办了一系列专业技术培训班等，对促进国内外交流、提升学术水平影响深远。二是对外合作不断深化。与国内外大学、科研单位、企业、政府机构、学术组织等签订了长期合作协议30余份，建立了固定的高层交流互访机制，在人才培养、科学研究、基地建设等领域全面加强了合作。聘请国内外著名专家67人担任中国水科院科技委委员，其中包括5名国际组织主席，聘任了6名国际水利水电领域知名专家担任名誉教授，不断加强高层次智力指导，提升学术水平。

(5) 健全体系、落实举措，科研管理水平不断提升。一是管理制度的体系化得到加强。从层面加强了管理工作的深入梳理，开展系统设计与分类制定，不断推进管理制度体系化建设，五年新制（修）订管理办法81项、废止了不适应的管理规章16项。二是管理过程的精细化不断深入。2006年通过了ISO 9001质量管理体系认证，建立了与管理制度体系相配套的质量管理手册与程序控制文件，每年开展内部审核、管理评审和第三方认证审核等，有力地促进了管理工作按照精细化要求全面进行，确保各项工作有人管、有人抓、有据可查。

(6) 加强党建、丰富文化，政治核心作用不断凸显。一是党建创新特色突出，服务中心保障有力。建立了党委书记抓全面、副书记抓常务、党委常委分工负责、党委工作部门和基层党组织齐心协力抓落实的工作机制。每年召开党的工作会议并对《党支部工作手册》进行讲评，下拨一定比例党费支持基层党支部开展有意义活动，以及基层党组织坚持“三会一课”、“四个一”制度，试行“党员发展公示制”、“党支部工作考核制度”等，强化了基层组织履行党建工作的职责，基层组织充满活力。二是廉政建设常抓不懈、保证安全成效显著。每年签订党风廉政建设责任书，明确工作任务，落实领导责任，认真开展执行情况检查考核，接受群众监督；构建具有中国水科院特点的教育、制度、监督并重的惩治和预防腐败体系；保证了工程安全、资金安全、干部安全和生产安全。三是舆论宣传氛围浓厚、创新文化凝心聚力。形成了内部刊物《水科之声》、专题网页“党建与精神文明”、展示文明成果的“宣传橱窗”等三大宣传阵地。五年来，向中央国家机关、水利部等网站投稿200余篇，配合《人民日报》等各大媒体发布有关中国水科院的新闻报道100余篇。以开展先进性教育、院庆50周年庆典、创先争优活动为契机，积极发掘凝练院所精神，初步形成了水科文化体系。

2.2010年工作亮点

(1) 创先争优初见成效。扎实开展创先争优活动，着力抓好“动员部署、学习型组织建设、公开承诺、示范载体、领导点评”等环节，创先争优活动取得了蓬勃发展的良好局面。

(2) 科研成果与科研合同创新高。一是科研成果丰硕创历史新高。全院累计新提交科研报告749份、发表论文774篇、出版专著52部、取得专利32项，获省部级以上奖28项。二是科研项目筹划成效显著，新签合同9.15亿，同比增长6.86%。

(3) 条件平台持续改善。流域水循环与调控国家重点实验室申报工作进展显著，相关材料已上报至科技部。

(4) 科研资质持续提升。新获得了水利部全国水利工程质量检测单位（量测类）甲级资质、北京市发展改革委政府固定资产投资项目工程咨询评估资质，获得文物保护工程勘察设计甲级资质。

(5) 学术交流活动丰富多彩。新开设院士论坛、名家讲坛等邀请国内外著名专家讲座15期；成功承办湄公河流域各国防洪减灾管理技术培训班、水电可持续发展专题国际研讨会、第14届海峡两岸水利科技交流研讨会等，举办了院第二届科技委第一次全体会议、院第十届青年学术交流会议等，泥沙中心主办了第十一次河流泥沙国际学术讨论会等。

（6）科技企业竞争实力增强。中水科工程总公司获得AAA级资信证书、“跨境贸易人民币结算企业”资质，评为“2008～2009年度全国优秀水利企业”；中水科技公司被北京中关村企业信用促进会评为“2009～2010年最具影响力企业”和“2009～2010年优秀会员”。中水科信公司获得参与水利信息化项目建设的市场准入资质。

（7）国内外合作不断深化。与新疆水利厅等新签订长期合作协议、与华北电力大学共建“能源与环境联合研究中心”、与水利部水电局签订合作协议，与国际水电协会、美国斯坦福大学、意大利米兰理工大学、加拿大魁北克水电公司等新签订合作协议；应巴基斯坦总理特别助理邀请，中国水科院组织专家团赴巴基斯坦进行洪水灾害评估，提供紧急技术支持。

主要事件

1月18日，中国工程院党组副书记周济院士一行莅临中国水科院。水利部副部长刘宁出席会议。院党委书记、院长匡尚富，党委副书记陈祥建，副院长贾金生、杨晓东、刘之平、胡春宏、汪小刚及陈厚群院士、韩其为院士、王浩院士出席会议。

2月27日，中国大坝协会、中国水力发电工程学会、中国互联网协会网络科普联盟、光华科普教育基金联合在中国水科院举办“水库大坝与环境保护论坛”。论坛主题是“节能减排及气候变化形势下的新要求”。人大财经委副主任、水利部原部长、中国大坝协会理事长汪恕诚莅临会议并作了重要讲话。中国水科院副院长胡春宏主持会议，中国工程院院士陈祖煜作总结发言。

3月3日上午，全国人大财经委副主任、全球水伙伴中国委员会主席、中国大坝协会理事长、水利部原部长汪恕诚先生莅临中国水科院，作题为“气候变化与能源战略”的报告，作为中国水科院2010年“名家讲坛”系列学术活动的开坛第一讲。院长匡尚富主持会议并致辞，副院长杨晓东、刘之平、汪小刚及原院长高季章出席会议。有关专家、研究生近150人参加了报告会。

3月22日上午，中国水科院隆重举办“院士论坛”开坛仪式，特邀国内外著名的水利水电工程专家、两院院士潘家铮教授和著名的水利水电工程抗震专家陈厚群院士分别作题为“水电要为减排做更多贡献”和“西部高拱坝抗震安全前沿性基础科学问题研究”学术报告。会议由胡春宏副院长主持，匡尚富院长致辞，副院长杨晓东、汪小刚出席会议。有关专家、科技人员和院内外研究生近180人参加了报告会。

4月8日，由全球水伙伴中国委员会（GWP China）和瑞士发展与合作署（SDC）共同主办，中国水科院协办的“全球气候变化与中国水安全高级圆桌会议”在北京举行。受匡尚富院长委托，副院长贾金生出席会议。全国政协副主席张梅颖女士出席大会并致辞。会议由全国人大财经委副主任委员、全球水伙伴中国委员会主席汪恕诚先生主持。水利部部长陈雷出席会议并发表主旨演讲。

5月6日，中国水科院第二届科学技术委员会第一次全体会议在京隆重召开。此次会议对中国水科院宏观发展规划、学科建设、科研管理、条件平台建设、科技人才培养等重大问题进行了咨询与评议，为中国水科院科技发展献计献策。作为中国水科院科技委名誉主任出席会议的领导有：水利部原部长、全国人大财经委副主任汪恕诚，水利部原部长杨振怀，中国长江三峡工程开发总公司原总经理、中国工程院院士陆佑楣。水利部副部长胡四一，水利部原副部长翟浩辉，中国水力发电工程学会理事长周大兵，水利部原副部长何璟等作为院科技委顾问参加会议。水利部有关司局、流域机构、水电行业等相关单位的科技委委员70余位代表莅临会议，水利水电业界领导、院士、专家和科技人员近100人参加了论坛的交流与讨论。

5月13日，国际水电协会（IHA）董事会执行主任理查德·泰勒（Richard Malcolm Taylor）先生、业务主管迈克尔·芬克（Michael Fink）先生和项目负责人约耳·戈登范（Joel Avruch Goldenfum）先生一行来中国水科院访问。院长匡尚富主持会见，副院长贾金生、杨晓东出席会议。

5月23～26日，国际大坝委员会第78届年会在越南河内召开。国际大坝委员会主席、中国大坝协会副理事长兼秘书长、中国水科院副院长贾金生率团参会。中国代表团由来自中国长江三峡集团公司、中国国电集团公司、淮河水利委员会、中国水利水电科学研究院、南京水利科学研究院、长江委长江勘测规划设计研究院、昆明勘测设计研究院、贵阳勘测设计研究院、小浪底水利枢纽建设管理局、龙滩水电开发有限公司、大唐岩滩水力发电公司、四川阿坝水电力开发公司、中水珠江设计公司、清江公司、中国大坝协会等单位的60余名代表组成。

5月24日，由国际大坝委员会主办的“促进非洲水电发展圆桌会议”在越南河内国际会展中心召开，来自国际大坝委员会各成员国的代表、相关国际组织、政府机构的代表出席了圆桌会议。国际大坝委员会主席、中国水科院副院长贾金生主持圆桌会议并致辞。

5月25日，国际水电协会（IHA）主席瑞法特·阿布戴勒-马莱克（Refaat Abdel-Malek）博士应邀来访中国水科院，院长匡尚富会见了外宾并主持会谈，副院长杨晓东、刘之平、汪小刚出席会见，国际合作处和水电可持续发展研究中心的领导和专家参加了会谈。

6月8日，公共咨询国际基金会（Public Advice International Foundation）秘书长、国际生态安全合作组织副总干事里约·普拉宁（Rio D Praaning Prawira Adiningrat）先生、荷兰著名水资源管理专家、乌特勒支大学地球科学学院教授鲁道夫·斯克汀（Rudolf Johannes Schotting）先生、联合国环境规划署俄罗斯国家促进委员会亚太和中亚地区项目协调官根纳吉·施拉普诺夫（Shlapunov Gennady）先生一行来访中国水科院并参观该院大兴试验基地。受院长匡尚富委托，副院长贾金生会见了来访的中外嘉宾。

7月6日，受匡尚富院长委托，汪小刚副院长会见来访的巴基斯坦总理特别助理卡玛尔·玛吉杜拉（Kamal Majidulla）及巴基斯坦水与电力开发署主席沙克尔·杜拉尼（Shakil Durrani）一行。陪同来访的外宾还有巴基斯坦驻华大使哈里尔·艾哈迈德（Khalil Ahmad）和科技参赞赛义德·阿里·达雷（Syed Ali Tallae）。

8月6日，中科院地理科学与资源研究所研究员、原中科院常务副院长孙鸿烈院士在中国水科院牧区水利科学研究所考察。

8月27日，中国水科院与华北电力大学共建“能源与环境联合研究中心”的合作协议在华北电力大学正式签署生效。院党委书记、院长匡尚富在协议上签字并发表讲话。出席签字仪式的还有汪小刚副院长以及有关部门负责人。

9月3日，中央国家机关工委委员、组织部部长吴汉圣、副部长胡秀仁和周涛同志一行深入联系点中国水科院对创先争优活动开展情况进行调研。水利部直属机关党委副书记、纪委书记徐开濯等陪同调研。院党委书记、院长匡尚富主持汇报会。院党委副书记陈祥建，党委常委、副院长杨晓东、刘之平、汪小刚出席。

9月13日，水利部党组成员、副部长周英深入创先争优活动联系点中国水科院水资源研究所调研指导创先争优活动。院党委书记、院长匡尚富主持汇报座谈。水利部直属机关党委常务副书记刘学钊等陪同调研。院党委副书记陈祥建，党委常委、副院长贾金生、杨晓东、胡春宏、汪小刚，水资源所所长王浩院士等出席座谈。

10月8日，国际水电协会（IHA）董事会执行主任理查德·泰勒先生（Richard Malcolm Taylor）访问中国水科院。院党委书记、院长匡尚富会见了泰勒先生。副院长贾金生、汪小刚出席会见，有关部门负责人及相关专家参加会见。

10月9日，由中国水科院水电可持续发展研究中心和中国大坝协会联合组织的“水电可持续发展”专题国际研讨会在京召开。

10月29日，中国水科院水电中心王建华教授作为中央国家机关首届“五四”青年奖章获得者代表应邀出席中国2010年上海世博会青年高峰论坛。

11月2日，“水库大坝与水电可持续发展”圆桌会议在中国水科院召开。这是继2010年5月在越南河内、2010年10月在葡萄牙里斯本之后，召开的第三次旨在促进非洲水库大坝建设和水电可持续发展的圆桌会议。会议由国际大坝委员会主席、中国水科院副院长贾金生主持。

12月10日，第一届全国水利水电移民工程学术研讨会在北京隆重召开。中国水科院副院长贾金生出席开幕式。国家水电可持续发展研究中心常务副主任廖文根主持开幕式。该研讨会由中国水科院、河海大学、中国长江三峡集团公司、中国华能集团公司以及中国华电集团公司共同主办。

12月22日，水利部副部长周英深入中国水科院水资源所点评创先争优工作，听取汇报并座谈。院党委书记、院长匡尚富主持会议，党委副书记陈祥建、院党委常委、副院长贾金生、刘之平、胡春宏、汪小刚，水资源所所长王浩院士等出席。

国网信息通信有限公司

单位概况

国网信息通信有限公司（简称信通公司）是国家电网公司的全资子公司。信通公司坚持“立足电网，面向社会”的战略定位，面向“三个层面”、建设“四个中心”、发展“五大业务板块”，打造具有电力系统特色的信息通信产业链。面向“三个层面”：面向国家电网公司、面向电力行业、面向社会提供优质的信息通信服务。建设“四个中心”：建设国家电网公司信息通信系统的运行中心、工程中心、云计算及资源中心、技术与研发中心，为信息通信安全生产和信息化建设提供支持与保障。发展“五大业务板块”：发展壮大运行维护与服务、规划设计、工程集成、研发推广、智能电网产品与服务五大板块业务，助推产业发展上规模、上水平。

信通公司承担着国家电网公司一级骨干通信网和信息网的建设运营和经营管理任务；承担着智能电网信息通信和智能配用电技术研发与产业化任务。依托国家电网公司丰富的信息通信资源，利用多年在电力、信息、通信行业积累的丰富经验与技术优势，面向国家电网公司提供信息通信保障服务；面向电力企业提供信息通信综合应用服务；面向社会提供电信增值业务、工程集成、技术支持、信息资源等多种服务。承担并完成特高压直流示范工程系统通信工程、国家电网公司应急指挥中心等通信工程建设；参与国家电网公司信息化SG186工程建设实施；建设并运维国家电网北京地区数据中心；承担智能用电小区试点、无锡国家电网公司物联网展区、上海世博会国家电网馆智能用电展示项目建设。信通公司拥有信息网络实验室、信息资源实验室、电力线通信应用技术实验室、通信传输技术实验室、电力云仿真实验室等技术先进、覆盖全面、功能完善、对外开放的综合性实验室。

信通公司通过ISO 9001质量管理体系认证、ISO 20000信息技术服务管理体系认证和ISO 27001信息安全管理体系认证，为高新技术企业。截至2010年末，信通公司设有8个职能部门、7个业务中心，下属6家直属单位（其中4家全资公司，2家控股公司）和2家参股公司。

人力资源

截至2010年底，信通公司现有员工2260人，其中博士研究生20人，硕士研究生286人，学士1364人。信息类专业人员约占60%，通信类专业人员约占10%，电力系统及其自动化专业人员约占5%，经济管理专业人员约占13%，其他专业人员占12%。

信通公司坚持以人为本，持续开展管理创新，注重员工职业发展，加强人才队伍和企业文化建设，深入开展“成长的员工　成长的信通”主题活动。于2010年组织实施的教育培训共197项，参加培训共计3891人·次，人员培训率达到100%，培训计划全部完成。充分利用国家电网公司统一开发的网上教育平台，开展远程培训，下达了网上教育培训计划，并将培训列入绩效考核范围。上海世博会期间，共组织300多名员工分5批·次进行参观培训。12月10日，信通公司举行了与北京邮电大学联合培养博士后签字和博士后科研工作站揭牌仪式，信通公司博士后科研工作站获准设立，加快吸引和培养高层次科研人才，逐步提高科研攻关和技术创新能力。

安全生产

信通公司负责运行管理的国家电网公司一级骨干通信网光缆长度14 320km，电路总长度32 696km，传输容量从以2.5Gbps/622Mbps为主提升到10Gbps/2.5Gbps；信息网骨干网实现了与全部网省公司和直属单位的安全、可靠、高效互联。

2010年，国家电网公司一级骨干通信网、信息网骨干网及信息系统运行安全稳定，一级骨干通信电路平均运行率99.999%，国调直调范围内保护、安控通道可用率99.999%，国调调度数据通信业务通道可用率100%；总部业务应用平均运行率99.996%，总部本地网系统正常运行率100%，信息网骨干网运行率99.997%，总部计算机应用维护服务满意率98.93%，各项生产运行指标均优于考核指标。

2010年，信通公司圆满完成上海世博会保电、青藏交直流联网工程的通信保障系统的建设及保障任务。世博会期间，按照国家电网公司总部启动世博保电一级响应应急联动机制的要求，启动了7×24小时现场值班制度，累计安排现场值班219人·次，对京沪等重要线路的通信站开展巡检和重要电路现场特巡工作。青藏交直流联网工程通信保障系统建设中，从建立电视电话会议系统，优化移动通信网络，建立卫星电话系统，建立总指挥部信息通信系统四个层次开展通信保障体系建设工作，确保了工程指挥部的信息通信系统畅通便利。开展3次大范围信息保密安全检查，有效拦截国内外网络攻击160余万次。实施完成了信息通信机房、应急通信系统、内外网安全隔离等基础设施和安全应急手段的建设改造，通信应急能力、信息安全防护能力显著提升。

经营管理

全面推进人财物集约化管理，ERP项目一期试点成功上线，信通公司从部门式管理向企业级流程化管理逐渐转变，信息化建设取得新突破。软件企业、互联网增值服务（ISP）等资质和ISO 20000、ISO 27001等标准认证顺利通过年审，成效逐步显现。全面完成普法、“小金库”专项治理和内部审计等依法治企工作计划。积极推进直属公司股权重组工作进程，完成对国电通、汇通金财的增资，优化调整直属公司的业务布局，各直属公司的业务主线更为明确，信息通信规划设计、运行维护、工程集成、研发推广和智能电网产品与服务等业务的协同运作能力进一步增强。信通公司业务范围、经营能力得到有效扩展，营业收入较成立之初增长292%，资产规模增长121%，利润总额增长252%。

科技与信息化

信通公司紧紧抓住智能电网发展的历史机遇，积极主动开展智能用电、物联网、云计算等前沿领域的技术攻关和试验试点工作。“智能用电小区关键技术研究”项目顺利通过验收，项目成果总体达到国内领先、国际先进水平；积极开展电力光纤到户组网、商业模式等相关研究工作，成功组织国家电网公司电力光纤到户试点设备材料集采工作，大幅降低了工程造价；完成第三代智能交互终端等智能用电关键产品研发。按计划完成上海世博会智能电网综合示范工程以及华北、北京、上海、重庆等地智能小区试点项目；承担14个网省公司23个城市的电力光纤到户试点建设，累计完成2.3万户。各级领导、专家、同行上万人·次到公司试点小区视察、参观，数百万观众参观了上海世博会国家电网馆智能用电展区。开展“物联网发展战略规划研究”等课题研究，完成中国工程院重大咨询项目“物联网在各行业中的应用”，深入探索智能电网与物联网产业的互动和发展。自主研发的基于物联网的电动汽车辅助管理系统在厦门投运。在无锡设立物联网技术中心，在“无锡—感知中国”博览园建成国内首个智能电网物联网展示系统，中共中央政治局常委、中央纪律检查委员会书记贺国强等领导先后视察参观并给予高度评价。深入开展“云计算”技术研究，在国家电网公司系统内率先建成电力云仿真实验室，重点开发了电力云计算资源租赁管理、电力云搜索等8项关键应用，有力推进“电力云”的试点应用建设和研究工作。

“三峡输电系统工程”获国家科学技术进步奖一等奖；“电力GIS应用研究与实践”获省部级地理信息科技进步奖二等奖；“基于融合通信的智能用电双向交互关键技术研究及应用”等4个项目获中国电力科学技术奖；“国家电网公司应急通信系统”等5个项目获国网公司科技进步奖；“基于信息通信业务融合的战略转型”获全国电力企业管理创新成果二等奖。申请专利22项。

党的建设和精神文明建设

加强党风廉政建设，认真落实党风廉政建设责任制，努力构建惩治和预防腐败体系工作格局，深入开展“学制度、促廉洁、保发展”主题教育活动，落实“三重一大”实施细则，规范决策程序。深入贯彻《国有企业领导人员廉洁从业若干规定》，进一步营造“干事、干净”的良好氛围。健全效能监察制度体系，开展工程建设领域突出问题专项治理，全面完成党风廉政建设责任制考核指标。结合“四好”班子和党员队伍建设，深入开展创先争优活动，不断增强基层党组织的创造力、凝聚力和战斗力。加强企业文化建设，以弘扬企业精神和核心价值观为主线，深入开展“建设统一的优秀企业文化”实践活动。以“机遇、责任、挑战”为主题，持续开展“成长的员工 成长的信通”活动，举办专题讲座十余场。深入开展“口述历史”青年志愿活动，活动主要是以“尊重历史 思考未来”为主题，已组织了近百名青年志愿者和20多位老同志参与其中，整理了近10多万字的文稿。大力开展品牌传播活动，提升公司品牌价值。加强队伍建设，重视青年人才培养，鼓励青年员工在艰苦环境和急难险重任务中锻炼成才。努力搭建青年成长平台，深入开展青年学术论坛等各类活动。深入开展“创建先进班组、争当工人先锋号”活动。

南方电网科学研究院有限责任公司

企业概况

南方电网科学研究院有限责任公司（简称科研院）是中国南方电网公司控股子公司，是南方电网公司党组按照“集团化管理模式、一体化管理制度”的总体要求，在南网研究中心的基础上组建而成的，2010年8月6日正式成立。

科研院负责为南方电网发展规划、工程建设、安全、经济、优质运行和信息化建设提供全方位、全过程的技术支持与技术服务，开展电网基础性、共性、前瞻性核心技术研发，承担国家级、省部级、行业及学术组织和南方电网公司系统重大课题的研究与实施。承担电网安全稳定评估、系统安全运行评估与仿真分析、电网规划设计和技术咨询服务、交直流输电工程的系统集成及科研示范工程项目建设等业务。

主要经营范围包括电网科学研究、技术开发、产品研发、设备制造、技术转让、技术监督、技术培训、技术咨询、技术服务、技术标准（规程、规定）编制、电网规划设计、科技项目评审、设备监造、调试及系统集成以及国际国内技术交流与合作等。

自2004年以来，共承担800多项科技项目，其中国家级科技项目22项，累计申请专利113项，获国家科学技术进步奖二等奖1项，中国电力科技一等奖2项，省部级奖励近60项。截至2010年底，拥有1支由2名中国工程院院士、1名新世纪百千万人才、1名千人计划人才、2名享受国务院政府特殊津贴专家等组成的高素质科研团队。硕士及以上学历员工占全部员工的72%，被授予“国家认定企业技术中心”称号，建成了国家能源大电网技术研发（实验）中心和昆明特高压国家工程实验室。

组织机构

见南方电网科学研究院2010年组织机构图。

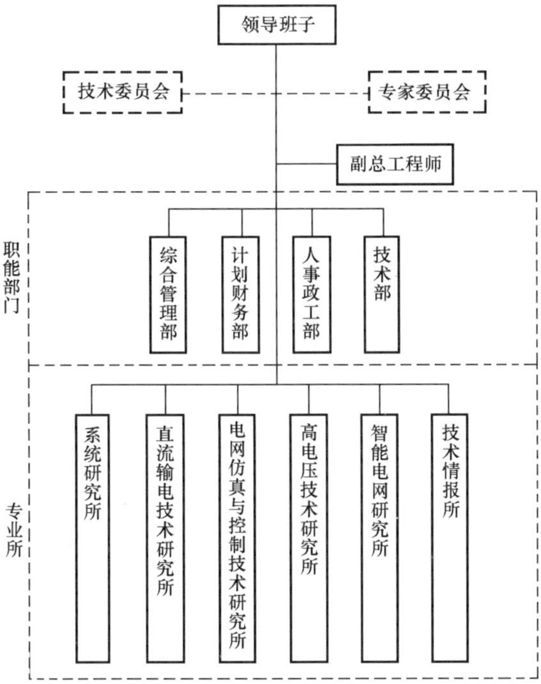

南方电网科学研究院 2010 年组织机构图

科研院内设四部六所，综合管理部、计划财务部、人事政工部、技术部、系统研究所、直流输电技术研究所、电网仿真与控制技术研究所、高电压技术研究所、智能电网研究所、技术情报所。

领导班子

科研院领导班子成员组成如下：

董事长、院长：余建国

党组书记、副董事长：魏善淇

副院长：饶　宏

副院长：刘智宏

总工程师：曾勇刚

电网安全运行技术支持与服务

自主完成楚穗孤岛运行方式研究。首次提出并实现±800kV 特高压直流孤岛运行方式，开展了潮流稳定计算、过电压计算及控制保护仿真分析，在稳定机理、稳控措施、过电压特性等方面的研究取得了突破，制订了孤岛运行方式安全稳定控制策略，提出了孤岛运行方式安排、站用电方式优化、交直流保护协调等要求和措施，完成了楚穗孤岛运行方式调试。通过实际调试深入掌握了楚穗直流工程孤岛方式的运行特性、孤岛系统的过电压特性以及发电机组励磁技术，为后续直流工程运行提供了宝贵经验。

依靠自身力量解决生产运行突发问题。开展了500kV 百永线、永南线、岩平线等过电压计算和分析，提出线路全换位等应对措施和建议，有效解决了工程的工频谐振过电压问题。完成了天广直流线路多次雷击故障、马百线串补装置避雷器故障等仿真计算和分析，提出了相应的改进措施，为确保设备安全及系统稳定运行提供技术支持。

组织楚穗直流“8·19”双极相继闭锁事故专题分析，对一次设备、二次测量系统的参数和逻辑进行了深入研究，查清双极闭锁原因，提出了改造直流测量回路、升级线路保护软件、更换直流滤波器的电磁式电流互感器为复合光电互感器的措施建议，研究成果已在工程中应用。

组织“11·7”500kV 交流线路引发 5 回直流换相失败的故障分析，提出了初步分析报告，完成2011 年南方电网丰大极限运行方式系统的动态等值研究，为 2011 年电网运行方式计算提供了技术支持。

利用仿真系统为电网运行提供有力支持。完成楚穗直流特定运行方式下的系统稳定、控制保护技术功能和性能、广东电网 STATCOM 控制保护、广西平班电厂励磁及 PSS 控制器、直流典型事故等仿真试验，编制了 10 期仿真试验简报。开展南方电网主网 RTDS 建模工作，完成海南电网 110kV 及以上系统的仿真建模及分析报告。制订了仿真系统为电网运行提供技术支持的工作方案，更好地为电网生产运行服务。

电网规划与建设技术服务

确保了楚穗直流工程顺利投产。组织开展楚穗直流三阀组联网及孤岛方式、四阀组的调试工作，完成楚穗直流安稳装置、换流变压器保护、楚雄换流站SVC 控制保护仿真试验。完成换流变压器监造工作，审核了国产高端换流变压器试验方案。优化调试方案，明确调试项目和试验方法，攻克了特高压直流调试一系列技术难题。密切跟踪直流调试和运行情况，及时协调解决楚雄站高端换流变压器缺陷、穗东站平抗过热、穗东站失谐保护告警等问题，修正楚穗直流无功控制策略，确保了楚穗直流工程双极按期投运。进一步提升了直流系统研究和成套设计的自主化水平，培养和锻炼了一支掌握特高压直流工程研究和设计核心技术的队伍。

圆满完成天广直流改造。完成了天广直流过电压与一次设备参数校核计算、孤岛方式、交流滤波器校核计算等项目研究，明确了关键技术参数和设备接口，完成 32 个站系统调试和 79 个系统调试，确保了改造项目全部按期投产。通过开展项目研究和调试，实现不同技术路线的一次设备和直流控制保护设备的融合，在南方电网直流系统首次实现了不同技术路线的集成，为“两渡”等后续工程建设提供了新的思路。

“两渡”工程系统研究及成套设计按期推进。编制糯扎渡工程总体技术方案，完成工程系统研究、主回路参数及交直流滤波器、过电压和绝缘配合、站设计以及工程线路电磁环境等专题研究，完成了第一批15本系统研究报告和全部78本设备规范书。彻底摆脱外方技术支持，开展溪洛渡工程系统研究和成套设计，编制溪洛渡工程总体技术方案，独立完成交直流滤波器主回路设计及过电压计算等15项专题分析，完成了第一批14本系统研究报告和8本设备规范书。

积极参与“十二五”电网规划专题研究。承担国家发展改革委“十二五”能源规划相关专题研究，完成了《我国交流同步电网最优规模研究》专题研究报告。组织编制了南方电网直流规模基本方案。

科技创新

国家级科技项目进展顺利。按期完成了“特高压输变电系统开发与示范”项目全部课题，及时总结科研成果，编制了5项±800kV直流输电系统设计企业标准，累计发布了《±800kV直流输电用油浸式换流变压器技术参数和要求》等8项国家标准，形成世界首套特高压直流关键设备、设计标准体系。按计划推进“电网抵御极端天气灾害关键技术及装置开发与应用”项目，完成了开题报告。顺利完成“输电线路故障在线预警与处置的原理及关键技术”项目第一阶段工作，在输电线路故障监测、前端传感器研制、监测系统标准制定、监测预警专家系统等方面取得了丰富的研究成果。完成国家863“高效节能与分布式供能”项目分布式供电燃机、微网课题验收，投运了我国首个兆瓦级冷电联供的示范工程。

智能电网研究取得新突破。编制完成《南方电网发展智能电网的战略与规划研究》，明确了南网公司智能电网中长期发展目标、规划思路、定位和分阶段目标。编制完成南网公司智能电网技术标准体系总体架构，包括智能调度等7大环节、22大技术领域。组织制定电动汽车、电池储能、输电线路在线监测系列的智能电网技术标准30项。完成了国家质量监督检验检疫总局《电动汽车大规模充电对电网安全影响相关标准研究项目》的申报工作。完成南网公司10MW电池储能站关键技术研究及试点项目可行性论证、试点工程关键设备研发与控制策略研究以及储能站监控系统方案设计。组织完成国家863智能电网关键技术专项第一批14项课题的申报以及答辩工作，其中5个课题得分名列第一。

南网公司重大科技项目研究稳步推进。公司48项科技项目总体完成情况良好，22项已全部完成，占全部项目的45.8%。年度科技项目平均完成率达95%，比考核目标提高了5.2个百分点。其中“南方电网新型无功补偿装置核心技术实时仿真研究与应用”项目在国际上首次利用RTDS实时闭环试验系统，对国内最大容量SVC以及首个特高压直流SVC的控制保护装置进行实时仿真试验，发现并消除了SVC控制保护功能和设计的多项缺陷，确保了SVC可靠投运。“高海拔特高压直流电晕特性及其电磁环境影响研究”项目自主研发了适用于高海拔环境下的电晕和电磁环境试验仪器，在国际上首次开展了2000m以上高海拔特高压直流输电线路的电晕特性和电磁环境试验研究，归纳总结出了一整套线路电晕和电磁环境影响的关系曲线和经验公式，为今后特高压直流输电工程研究和设计提供了重要参考。

科技基础平台建设

覆冰在线监测系统和融冰装置及时发挥重要作用。加强覆冰预警系统的检查维护，在冰情出现前及时消除了缺陷。在南方区域出现低温雨雪冰冻天气时，及时启动南方电网覆冰预警系统，安排专人值班，对覆冰情况实时监控，统一收集整理150个监控终端的覆冰预警信息，每天发布“南方电网输电线路灾害（覆冰）预警系统运行分析日报”，及时提供决策支持。派出技术专家赶赴现场，为贵州、云南电网公司提供运行方式安排和直流融冰技术支持和服务，确保融冰装置及时发挥作用，有效消除了线路覆冰。覆冰在线监测系统和融冰装置在抗冰工作中发挥了重要作用，充分体现了科技成果转化的价值。

南方电网雷电定位系统联网运行。编制南方电网雷电定位系统设计探测站优化布点方案，将全网84个探测站数据接入中心站，10月上旬完成系统中心站建设以及五省区系统接入联调工作，实现了南方电网范围内雷电实时活动显示、雷击故障快速查询、雷电参数统计、雷害风险评估等功能。利用南方电网雷电定位系统，开展典型雷击故障查询、故障定位等分析工作，为“8·3”防城港开关击穿事故、“8·19”楚穗直流线路双极闭锁雷击故障分析提供了强有力的技术分析工具。

仿真实验室建设和管理上新台阶。通过了国家能源局组织的国家能源大电网技术研发（实验）中心项目评审。开展了南方电网仿真实验室“十二五”建设发展规划编制工作。完成仿真实验室的搬迁和恢复启用，新增4个RTDS机箱、南方电网典型安全稳定装置和楚雄SVC控制保护设备，完成重大技术攻关—电磁/机电混合实时仿真技术开发的实验室安装调试和项目评审验收，仿真实验室功能得到不断扩展，仿真和建模能力不断提升，成为南方电网技术分析不可或缺的实验平台。

特高压工程实验基地作用进一步显现。颁布46项管理规章制度，积极探索提高实验室利用率、落实开放交流政策等国家工程实验室运行管理机制。开展了10项前瞻性科技项目研究以及“交流500kV复合绝缘子断裂缺陷分析”、“楚穗线路电磁环境参数测试”等11项电网技术服务工作，在高海拔外绝缘和电磁环境技术研究方面取得技术突破。“特高压工程技术昆明国家工程实验室建设关键技术研究”项目获得2010年南方电网公司科技进步一等奖。完成了广州国家工程实验室主设备招标、监造以及施工设计工作。

《南方电网技术》办刊质量进一步提升。经过多项学术指标综合评定及同行专家评议推荐，《南方电网技术》被中国科学技术信息研究所列入中国科技核心期刊，影响力进一步扩大。

内部规范化管理

科研院人员进一步充实。积极引进高级技术人才。落实南网公司关于贯彻国家中长期人才发展规划纲要（2010～2020年）实施意见，制订和实施引才计划，从南网公司系统相关单位以及社会引进了一批技术人才，分别在智能电网、电网安全稳定领域引进了2名海外高层次人才。2名博士后课题进展顺利，已具备课题答辩条件。

加大科技人员培养和培训力度。高度重视对现有科技人员的培养，续聘了3名技术专家。发挥技术专家作用，为全院技术人员开展直流运行、控制保护等水平高、实用性强的专业培训，累计完成各类技术培训60次。邀请了国内外知名专家开展电网仿真、智能电网、电动汽车接入电网、新能源开发利用、储能示范工程建设等方面的技术交流。组织科技人员参加国际学术交流，分别做了智能电网、交直流电网安全稳定、电动汽车等专题报告。充分尊重员工对科技项目的自主选择权，核心成员与项目合作单位共同参与研发，促进人才快速成长。通过技术交流和培训，科技人员进一步了解电网技术最新发展动态，拓宽视野，提升了专业技术水平。

党建工作

全面提升领导班子建设与党建工作水平。科研院成立后，及时明确了领导班子职责分工，班子成员密切配合，全面推进四好领导班子建设和党的建设。制订并下发了《中共南方电网科学研究院有限责任公司党组关于加强党建工作的意见》，提出了领导班子建设与党建工作的目标、重点任务和措施。启动了党建、综合、计划财务、人力资源、科技等管理制度梳理与编制，不断健全党组织政治核心作用的机制。深入细致地做好思想政治工作，确保改革期间员工队伍稳定和工作顺利开展。以学习型领导班子、学习型党支部建设为契机，进一步抓好领导班子与党员干部的思想政治建设和能力建设。深入开展创先争优活动，形成广大党员长期受教育、永葆先进性的长效机制。自觉遵守《中国共产党党员领导干部廉洁从政若干准则》和《国有企业领导人员廉洁从业若干规定》，完善“三重一大”集体决策制度，建立了较为完善的“四好”班子建设与党建工作领导体制。

融入中心，深入开展创先争优活动。坚持服务中心，贴近实际，以正在干的事情为中心，创新活动载体，以“艰苦奋斗作风教育月”活动为切入点，以“五个一”活动为载体，深入开展了创先争优活动。“五个一”活动不仅充分发挥了党支部战斗堡垒作用和党员先锋模范作用，还丰富与创新了党组织生活的内容与形式，推动了南网科研院各项工作任务的顺利开展。9月，南网科研院直属党委被选为南网公司“党的组织生活创新”试点单位，并报送广东省委组织部参加“党的组织生活创新先进单位”评选。

（刘抒彦）

中共国家电网公司党校（国家电网管理学院、国家电网公司高级培训中心）

单位概况

国家电网公司党校、管理学院、高级培训中心（简称党校、管理学院、高培中心）是国家电网公司直属的教育培训单位，担负着公司领导干部教育培训和高级经营管理人才培养的重任；是学习、研究和宣传马克思列宁主义、毛泽东思想和中国特色社会主义理论体系的重要阵地，是领导干部加强党性锻炼的熔炉；是培养领导人才、弘扬企业文化、积淀组织智慧、传播最佳实践、展示公司形象的重要平台；是公司高素质、复合型、国际化高级管理人才培养基地和管理思想的策源地。

中共国家电网公司党校的前身是成立于1980年10月的中央党校中央国家机关分校电力部班。1994年12月，正式成立中共电力工业部党校。1998年9月，更名为中共国家电力公司党校。国家电网公司高级培训中心的前身是成立于2000年5月的国家电力公司高级培训中心。2002年12月，随着国家电网公司的组建，中共国家电力公司党校更名为中共国家电网公司党校，国家电力公司高级培训中心更名为国家电网公司高级培训中心。国家电网管理学院于2009年12月正式成立，2010年8月揭牌开学。

党校、管理学院、高培中心实行一体化管理，一套人马、三块牌子，两个院区。管理学院主要承担高层研修和高端培训，位于风景秀丽的北京市昌平蟒山，占地164.2亩，建筑面积近3万m^2。党校主要承担党员领导干部培训、青年干部培训和党的政治理论培训。高培中心主要承担专业管理培训。党校和高培中心位于北京市海淀区，毗邻中央党校、北京大学、清华大学等知名高等学府和上地信息产业开发区，占地86亩，建筑面积7.5万m^2。

党校、管理学院、高培中心下设7个职能管理部门：综合管理处、教务管理处、教学研究处、教学培训处、思想政治处、财务资产处和后勤保障处。

人力资源

截至2010年底，党校、管理学院、高培中心共有员工395人，其中，长期合同员工53人，短期合同职工342人。长期合同员工中，高级职称27人，中级职称8人；博士6人，硕士20人，大学本科学历17人，大学专科学历3人。

党校、管理学院、高培中心充分利用地处首都的地理和人才优势，有效整合师资资源，建立了一支由中央国家机关高层领导、国内外研究机构专家、著名高校教授、知名企业家、企业高管以及公司系统内部优秀管理专家、技术专家等组成的，具有较高专业理论造诣以及丰富教学和实战经验的师资队伍，确保培训业务的拓展和培训质量的提高。

经营管理

党校、管理学院、高培中心围绕公司发展大局，以培养适应“两个转变”和“四化”工作要求的高素质干部队伍和经营管理人才为宗旨，整合内部资源，优化业务流程，深化专业管理培训，构建“大研究”格局，坚持“两手抓”（一手抓培训、一手抓后勤），开展“三个能力”（中层干部能力、班主任能力、后勤班组长能力）建设，教育培训水平和服务支撑能力不断提升，实现了平稳较快发展。

党校、管理学院、高培中心始终坚持“从严治校、从严施教、从严管理”，深化局级领导人员高层研修，抓好青年干部理论教育和党性教育，强化总部全员轮训，开展产业板块和金融板块系列培训，拓展网省公司和直属单位各类培训。紧密结合公司重点工作，特别是配合公司人财物集约化管理、特高压和智能电网建设、国际化业务开展，组织实施了特高压、物资管理、电网规划、国际化经营等高层次、紧缺性专项人才培训。全年共完成培训项目215个，培训量102 961人·天，同比增长51.5%。培训质量满意率98.9%，综合服务满意率98.1%，培训师资及教学资源配备满意率97.7%。超额完成公司下达的各项指标任务。

主要工作

（1）管理学院正式开学。在公司党组的正确领导与亲切关怀下，经过精心筹备，8月13日，管理学院揭牌开学。按照国家电网公司赋予的功能定位，管理学院围绕公司发展战略，秉持以研立学、教学相长、开放办学的模式，以提升公司干部队伍能力素质为主线，以开展高端研修为重点，加快构建具有国家电网特色的培训体系，积极推进研修工作站、博士后工作站建设和管理思想库、案例库建设工作，努力建设成为师资雄厚、设施先进、管理一流的高级管理人才培训基地。

（2）积极推进体制机制创新。统一培训计划管理，优化培训资源配置，强化培训教学研究，创新培训管理模式，改进后勤保障服务，减少后勤管理层级，初步实现了由分散粗放到集约高效的转变，建立了与党校、管理学院、高培中心“三位一体”运行相适应的组织管理体系。坚持苦练内功，加强制度建设，构建覆盖全部业务流程的制度体系；完善人力资源管理基础，优化人员配置；强化综合计划和预算管理，增强财务管控能力；加大物资集中招标力度，加强供应商管理；持续推进后勤精益化管理和标准化建设，服务支撑能力显著增强，人财物集约化管理水平进一步提高。

（3）深化培训教学改革。科学设置培训内容，把党的理论创新最新成果、公司发展的最新动态、系统内外的最佳实践，及时转化为培训内容。丰富培训形式，在坚持和完善讲授式教学的基础上，针对不同对象、不同专题和不同内容，采取灵活有效的培训方式，引进行动学习，进一步提高学员参与度，增强培训针对性。加强实践教学，加大现场教学开展力度，将实践中的好经验、好做法转化为干部教育培训的生动教材，开拓一大批相对稳定、满足不同培训需求的现场教学资源。

（4）加强培训教学研究。着眼长远，启动“大研究”格局建设，紧密围绕公司发展战略及重点工作、领导人才培养和专业管理培训，确定8个研究课题15个研究方向。鼓励全员参与，组建跨部门研究团队，28人参与大研究，占长期职工人数的53%。“国家电网公司高级经营管理人员培训课程体系建设研究”被列为公司科研课题，并顺利通过评审验收。参与公司物资管理培训教材编写。与南京大学合作开发领导力素质模型，加快构建领导力和执行力培训体系。

（5）提升后勤精益化服务水平。① 不断提升餐饮品质。进行餐厅改造和扩建，提升接待能力，改善就餐环境；增设明档，增加现场制作品种，加大地域化、差异化配餐力度，学员对餐饮服务的满意度不断提升。② 加强招标采购管理，提高招标规范化水平。在管理学院和党校教学楼工程的设备物资采购过程中，加大调研力度，掌握市场动态，规范物资采购流程，全面开展统一集中招标，把好物品采购关口，有效降低了采购成本，确保物资采购安全和物品质量优质。③ 强化安全管理。组织开展全方位、全过程安全大检查，强化安全意识，严格安全管理，建立安全隐患排查治理长效机制，加强校园安全巡视，确保校园安全。

（6）加强基础设施建设和信息化建设。清河院区完善服务功能，改善办学条件，新建教学楼和学员公寓楼，新增各类教室近 40 个、学员宿舍 260 多间，培训资源紧张的局面得到一定缓解；昌平院区建成投运，凸显人文底蕴和公司文化内涵，为公司高层次人才培养提供了良好的学习和生活环境，基本满足了大规模培训、轮训干部的需要。SG186 工程顺利建成并通过公司验收。加快建设数字化校园，搭建信息平台，实现两个院区资源共享，为学员开放式学习、改进教学组织形式、提高整体管理和服务水平，奠定良好的基础。

（7）积极宣传公司发展战略和企业文化。充分发挥培训平台作用，面对来自政府部门、科研机构、知名高校的专家学者，积极宣传公司认真履行经济责任、政治责任和社会责任取得的巨大成就和重要贡献，全面展示公司责任央企的形象。充分发挥教育培训的主渠道和主阵地作用，在举办的各类培训班中，开设公司工作专题，邀请公司领导和总部相关部门负责人授课，及时把公司发展取得的最新成果转化为培训内容，不断增强公司战略的穿透力，提升受训学员对公司决策部署的理解力和执行力。

（8）开展“三个能力”建设。加强中层干部能力建设，开展理论学习和公司专题学习，增强党性修养，提升对公司战略和重点工作的理解；采用“压担子”等方式，加强实践锻炼，加快干部成长步伐，提升执行力和管理能力。开展班主任能力提升培训，讲解电网基础知识，交流培训经验，开展行动学习，培养写作能力，增强对公司业务的理解，提升了课程设计能力和组织实施能力。加强后勤班组长能力培训，拓展视野，强化服务理念，提高岗位技能和综合素质，打造专业化、职业化的后勤服务队伍。

党的建设和精神文明建设

围绕重点工作抓党的建设，把党组织的政治优势和组织优势转化为科学发展优势。重点抓好领导班子建设，打造学习型组织。深入开展创先争优活动，将创先争优活动与夯实管理基础、深化教学改革等重点工作紧密结合，开展“三学三比”活动和“三公开”承诺活动，突出领导点评环节，对党支部、党员做到“四个必点”。认真组织学习吕清森同志先进事迹和鲁能体育精神。

严格落实“三严一常”根本措施，加快推进“三化三有”特色惩防体系建设，扎实推进反腐倡廉“反违章”、“小金库”专项治理和效能监察工作。深入开展廉洁文化教育，营造“干事、干净”的浓厚氛围。顺利通过国家电网公司 2010 年党风廉政建设责任制考核。

（张庆伟）

英大传媒投资集团有限公司

单位概况

英大传媒投资集团有限公司（简称传媒集团）是国家电网公司的全资子公司，于 2008 年 8 月 7 日正式成立。传媒集团以新闻、出版为核心业务，具有优良的图书出版资质和较强的品牌策划、渠道营销、广告经营能力；旗下拥有《国家电网报》、《亮报》、《国家电网》杂志、《企业软实力》杂志、《能源评论》杂志、国家电网电视频道（SGTV）、英大网（www.indaa.com.cn）、电网新闻网（内网 news.sgcc.com.cn）、电力设备网（www.cenee.com）、《国家电网报》手机报等媒体；年出版发行电力、电子、教材、经管、建筑、机械、外语、少儿等领域各类图书 2000 多种；同时开展会议展览、品牌策划、广告营销、软件开发、装帧设计、投资与资产管理及相关咨询、培训业务。传媒集团是我国首家企业传媒集团，是国内仅有的几家传媒产业种类齐全的传媒集团之一，是新闻出版总署新闻出版领域体制改革重点联系单位。

传媒集团设总经理工作部、发展策划部、人力资源部、财务资产部、思想政治工作部（监察审计部）、总编室、出版管理部 7 个职能部门，《国家电网报》编辑中心、《国家电网》杂志编辑中心、《能源评论》杂志编辑中心、广告中心、设计制作中心、图书营销中心、选题规划中心、电网图书一中心、电网图书二中心、发电图书中心、用电图书中心、建筑机械图书中心、教材中心、财经图书中心、网络信息中心、数字媒体中心、影视中心（中国电力音像电子出版社）17个业务中心，《国家电网报》社有限公司、中国电力出版社有限公司、《亮报》社有限公司（筹）、国网卓越传媒广告（北京）有限公司4个全资子公司，参股北京世纪东方科技发展有限公司；在国家电网公司所属网省公司及相关单位建立了34个记者站。

人力资源

截至2010年底，传媒集团共有在岗员工462人，其中：博士研究生4人，硕士研究生131人，大学本科237人；正高级19人，副高级51人，中级61人。

2010年，传媒集团全面深化人力资源集约化管理，实现人力资源集约化管理由“夯实基础、规范管理”阶段向“改革创新、提升效率”阶段的全面深化，推进组织架构变革，构建集约高效的管理体系，探索建立“层级扁平、纵向贯通、界面清晰、管控有力”的管理体系。进一步加强员工队伍建设，科学规划整合内部组织机构，合理配置人力资源。建立干部能上能下、人员能进能出的用人机制，探索全员竞聘制度，拓宽人才选拔渠道，进一步优化人员结构。加强劳动用工管理，在人员退出机制上实现了有效突破，建立劳动关系预警机制。加强和改进绩效管理，分板块完善绩效管理指标体系，增强各业务中心考核的针对性；通过深化全员绩效管理，进一步完善了责任落实和压力传递机制，激励广大干部员工共同努力提升绩效水平。SAP人力资源管理系统的上线运行，人力资源管控系统日臻完善。

创新教育培训方式方法，加强培训管理和人才培养，在举办各类人员培训的同时，举办知识竞赛，以竞赛促进培训，以竞赛检验培训，取得良好的效果。2010年，传媒集团统筹各类专业人才培养和新员工集中培训工作，共完成各类人员培训92次，参与员工达3892人·次，人均培训88学时，全员培训率97.95%以上，其中经营管理人员培训率100%，初步建立起多层次、全方位的教育培训体系。

经营管理

2010年，传媒集团认真贯彻落实公司各项工作部署，围绕树立创新发展、市场经营、做大做强做优做孤“三种意识”，积极推进传媒产业项目、管理方式与运作机制、员工队伍建设、企业文化建设“四个突破”，全力打造公司新闻宣传、企业文化服务、内外部交流沟通“三个平台”，加快管理方式、业务发展方式“两个转变”，努力提升市场化运作水平，不断增强服务公司发展的能力，各方面工作取得了新的进展。

体制机制创新取得良好成效。以集约化、扁平化、专业化为方向，加快体制机制创新，提升综合协调管理工作能力和效率，增强执行力；作为直属单位对外对标试点单位，加强同业对标，夯实发展基础。制定传媒集团“十二五”发展规划和人力资源、财务、信息化等专业子规划，增强规划引领业务发展的作用。开展软课题研究，一批成果实现转化。实施财务管控系统、SAP—ERP系统并顺利通过验收，深化应用协同办公等信息系统。招投标和物资管理工作进一步规范。实现集中办公，提高了管理规范化水平。

项目发展取得新突破。以拓展业务领域、壮大发展实力为出发点，积极推进投资入股人民网、与美国梦工厂开展动漫电影图书版权合作等项目，加大品牌策划、媒体发行、广告经营力度，大幅拓展了业务发展空间。建设全媒体技术平台，深化全媒体联动运作和资源共享。建成国家电网音像档案资料库，取得2项发明专利和2项实用新型专利，并获得科技部、中国广播电视设备工业协会颁发的科技创新奖，国家电网电视台建设稳步推进。面向市场的广告代理工作实现新突破。

2010年，营业收入同比增长14.7%；净资产收益率16.53%，同比增长8.37个百分点；流动资产周转率1.05次，同比增加0.1次；资产总额同比增长14.45%；净资产同比增长17.9%；经济增加值（EVA）同比增长323.08%。

服务公司发展

新闻宣传亮点纷呈，全媒体运作取得良好效果。各媒体始终坚持正确舆论导向，持续提升办报办刊水平，加强上海世博会、智能电网、西藏“户户通电”工程、“三集五大”、鲁能体育等公司重点工作和重大事件报道的策划，形成全媒体、全方位立体报道格局，有效提高了新闻宣传的权威性和影响力，得到公司内外的一致认可，中宣部《新闻阅评》等对传媒集团工作成效进行宣传推广。完善新闻应急机制，建立覆盖记者站的新闻应急体系，进一步提升新闻宣传应急能力和水平，在温家宝总理视察丰满电站、青海玉树抗震救灾、甘肃舟曲泥石流抗灾保电等重大事件和突发事件中，传媒集团及时启动应急机制，派记者第一时间赶赴现场进行采访，新闻应急机制作用得到有效发挥，宣传效果好。加强媒体品牌建设，《国家电网报》被评为“2001～2010中国报业（专业报）十大领军品牌”；《国家电网》杂志荣获“2010中国十佳最具影响力企业报刊品牌”称号；《能源评论》杂志被评为“2010中国最具成长性媒体”。共有38篇

2009年度作品在2010年分别获得各类全国性新闻奖项。

图书出版资源进一步优化，综合实力明显增强。通过优化调整图书板块部门职责和人员，电力主专业图书出版得到加强，增强服务公司和电力行业的能力，做好《中国电气工程大典》、《智能电网技术》、《智能电网知识问答》等一大批重点图书出版工作。建立书盘结合经营模式，拓展音像电子选题策划内容，巩固和扩大了电力图书和音像电子产品的市场占有率，取得了良好的社会效益和经济效益。提升图书市场化发展能力和品牌建设能力，积极进入管理、财经图书市场，巩固教材、电工电子、建筑机械、外语、少儿等图书出版领域，加强外部作者队伍建设和优质选题资源开发，图书出版业务领域不断拓展。积极搭建营销服务平台，已建成高培中心等15个营销服务平台；深化新华书店系统渠道建设；建立网上销售平台。图书和音像电子产品广获各界认可，《国家电网公司安全生产典型违章100条多媒体软件》荣获“第三届中华优秀电子出版物提名奖”，一批图书分获多项奖项。

品牌策划能力显著增强。主动服务公司软实力建设，创办《企业软实力》杂志，进一步丰富品牌传播渠道。积极开展文学创作活动，组织公司内外作家队伍走进国家电网，持续推进电网题材影视剧创作，促进企业文化建设。联合中国诗歌学会组织开展“光明颂”诗歌创作活动，承办公司2010年庆“五一”弘扬劳模精神诗歌朗诵会。出色完成公司“两会”诗歌朗诵节目《而今迈步从头越》的创作、演出工作。组织开展公司最美工装、农电之星评选等主题活动。加强展览展示等专项品牌策划活动，承办海峡两岸电力展、国家能源技术装备展等公司展区工作。配合开展公司品牌口号征集和评选活动。积极开展与各单位的战略合作或专项合作，实现优势互补。

媒体和图书质量安全活动取得明显成效。2010年10～12月开展媒体和图书质量安全活动，通过组织电力基础知识、语言文字规范、图书编校质量等专题培训，开展质量评比、业务知识竞赛、优秀科技图书评奖等活动，提高了员工的综合素质和专业能力，增强了全体编校人员的质量意识、责任意识和精品意识，营造了全员重视质量安全的良好氛围。健全各项业务规章制度，完善和优化质量管理流程，建立质量安全管理的常态机制，提升质量安全管理水平。

党的建设和精神文明建设

深入开展创先争优活动，将开展好创先争优活动与推动业务发展紧密结合，形成良好的活动氛围；做好各级党组织和党员的公开承诺。做好党支部书记培训和组织发展工作。以党支部为单位，组织开展主题党日活动。认真落实“三重一大”各项制度，坚持民主决策。开展“学制度、促廉洁、保发展”主题教育活动，做好廉洁文化作品征集评选和读书教育活动。

建立健全传媒集团企业文化建设领导机制，深入推进“建设统一的优秀企业文化”主题实践活动，组织开展《企业文化手册》学习和“我是国家电网人”主题征文、演讲比赛，推动“四统一”优秀企业文化落地。组织开展办公大楼装修改造，规范办公场所标识和开展品牌标识设计制作。组织开展“绿色公益月”系列活动、春季植树活动、秋季登山比赛，组织各文体兴趣小组开展活动，有效推动了传媒集团统一企业文化建设工作。2010年，传媒集团荣获“国家电网特高压直流输电示范工程先进单位”称号，传媒集团直属临时党委被公司直属党委评为先进党委，《国家电网报》社荣获“国家电网公司2010年度先进集体”称号，影视中心荣获“国家电网公司向上直流工程建设先进集体”称号，传媒集团第七党支部被公司党组授予“电网先锋党支部”称号，传媒集团第四党支部和第十一党支部被公司直属党委评为先进党支部。

中国电力报社

单位概况

中国电力报社成立于1982年1月1日，是国家电监会直属事业单位，拥有《中国电力报》、《网络导报》、《中国电业》、《中国发电》、《中国电业》技术版、《中国电力新闻网》、《中国电力网络电视台》，以及内部发行的《电力决策参考》、《电力快讯》、《新闻工作动态》等媒体，同时拥有中电传媒股份有限公司、中电报音像出版社。公司主要从事广告代理、发行印刷、影视制作、网络传播、信息咨询、展览展示、书籍及电子音像出版、计算机应用、酒店管理等经营业务。

组织机构

中国电力报社实行总编辑负责制。

编委会成员：总编辑白俭成，副总编辑张敬元、郝兴国、韩健、方彬。

党委会成员：党委书记张敬元，副书记白俭成，党委委员郝兴国、韩健、方彬。

报社各所属各部门：采编中心、农电部、专题部、记者部、财务部、审计部、人力资源部、党委办公室、办公室。

中电传媒公司所属各部门：期刊中心、周刊中心、展览制作中心、信息中心、影视中心、文化艺术中心、图书音像中心、置业中心、网络导报编辑部、人力资源部、财务部、审计部、董事会办公室、行政部、上海中电大厦有限责任公司、北京瑞驰大酒店。

重点工作

2010 年，围绕“第二步”发展战略的实施，在电监会党组的领导下，报社及公司全体职工围绕党和国家工作大局，围绕行业改革发展和电力监管中心工作，认真落实史玉波副主席代表党组提出的“坚持行业特点，发挥自身优势，坚持改革创新，提高竞争实力”的精神，上下一心，克服困难，认真分析整体形势，准确把握发展方向，锐意改革，扎实推进，经受住了行业内外一系列挑战与考验，准确地把握战略发展机遇，圆满地完成了全年的各项工作任务。

（1）按照国家对文化体制改革工作的最新部署，以转企改制为重心的深化改革工作深入推进，《中国电力报社转企改制方案》获得会党组及新闻出版总署批准。这是中国电力报社历史上一件具有里程碑意义的大事，它的全面实施，将为中国电力传媒事业的发展打开一扇机会之门、未来之窗。

（2）以“传媒、文化、实业”三大业务为支柱的集团化布局初步确立，在传媒业务得到巩固加强的同时，文化项目布局工作不断提速；实业投资项目开始启动，产业化发展初具规模。

（3）报刊质量得到提升，媒体影响力进一步扩大。以改扩版为契机，《中国电力报》在电力传媒领域的龙头地位进一步巩固；经过 2009 年第四季度的认真筹备，报纸已经由 32 版扩版为日报形式的 48 版，新推出的《新能源导刊》、《电力监管》、《电力财经》、《管理学苑》获得了初步好评；报纸发行量在零售价格增长 50％的情况下，不降反升，历史性地突破 18 万份。《中国电业》、《中国发电》、《中国电力新闻网》、《中国电力网络电视》、《电力决策参考》、《电力快讯》等媒体质量得到提高，《电力技术》面世。

（4）经济实力持续增强，经济效益得到增长。报社及公司 2010 年全年总体收入超过 1 亿 6 千万元，中电传媒股份有限公司实现净利润达到 2158 万元，较 2009 年度增长了 35％。

（5）管理体系不断完善，科学管理水平有了提升。以全媒体技术平台建设带动采编与管理信息化水平提高，制度体系得到强化，管理结构进一步完善。学习型组织建设系统推进，员工队伍素质不断提高，班子与干部队伍驾驭现代企业的能力明显增强，以外部引进和岗位培养相结合，一支年轻的高学历的复合型人才队伍正在形成。

（一）新闻质量明显提高，媒体影响力进一步扩大。

2010 年以来，报社各媒体以《新闻质量建设纲要》和“新闻工作五个加强”要求为指引，坚持正确舆论导向不放松，从提升质量和加快创新两方面入手，完善制度措施，打造品牌栏目，强化目标落实，围绕行业、企业需要，围绕重大活动及有关重大突发事件，开展了大量卓有成效的新闻报道工作。

（1）以改扩版工作为契机，《中国电力报》新闻质量稳步提升，行业报龙头地位进一步加强。

2010 年是《中国电力报》质量与影响力迅速提升的一年。从第四季度开始，报纸进行试改版，为 2011 年 1 月 1 日正式实施日报化改扩版、提高发行零售价格作准备。这是在电力行业媒体竞争日趋激烈，纸制媒体前景不被看好，整个采编队伍扩大组建不到半年、其中一半是近一两年刚毕业的年轻大学生的情况下，报社下决心进行的一次战略性布局，也是中国电力报社历史上采编业务发展的一次大的挑战。

（2）总编室和采访中心认真制定《新闻报道要点》和《新闻质量建设纲要细化方案》，明确各媒体目标责任，部署全年工作，推进《新闻质量建设纲要》落实；牵头完成了改扩版方案制订；通过进一步加强采访策划与报道组织，提高选题策划会、编前会质量；加强业务学习，重视发挥评比工作的激励作用，以版面、稿件和采编队伍专业素质的提升实现了新闻质量的不断提高。

启动年度大型采访报道活动“2010 感动电力年度人物团队”评选，先后报道吕清森等行业先进人物、团队 100 余个，有力地展现了电力职工风貌，弘扬了行业与时代精神，拉近了与行业广大干部职工的距离；创新“两会”、“世博”和“亚运”报道，取得良好效果；推出“辉煌十一五，电力大发展”、“中国水电 100 年”系列报道，很好地总结了我国电力建设和水电建设成就；2010 年我国重大自然灾害频发，在突发事件发生后，能够迅速组织采访报道，派出记者深入重灾区，将电力企业抗灾保电、与灾民共渡难关等事迹，及时地呈现在读者面前，出色地履行了媒体的社会责任。

（3）农电供电部继续发挥密切联系基层的传统，并整合力量推出年度策划——“中国最美供电所”评选活动，产生了很好的效果。“光明有约”、“中国电力服务品牌展示”等多组系列报道访谈，加强了对农电供电领域热点问题的关注；结合电监会工作重点及时推出《供电监管办法》实施等系列报道，《2009 农电体制改革观察与思考》等重点文章，引起好评。在做好基层企业报道的同时，继续加强基层通讯站的建设，成为报纸联系一线电力企业与职工的坚韧纽带。

（4）专题部在新人多、队伍建设任务重的前提下，克服困难，进一步加强作者队伍与报道领域拓展工作，关注社会、基层与电力人，内容受到读者关注，获全国副刊评比多类奖项；继续强化《电力决策参考》的舆论监督力度，关注改革发展敏感问题，刊发的多篇文章引起重视。2010 年第四季度起，承担了较重的改版任务与电力监管通讯员队伍建设工作，他们通过努力，出色地完成了《电力财经》、《电力监管》、《管理学苑》三个新周刊的方案设计与试刊工作。

（5）为及时占领新能源传媒制高点，2010 年第四季度报社成立《新能源导刊》编辑部，推出定位于中国首份新兴能源产业专业报道的《新能源导刊》，扩大对能源领域影响力；编辑部成立后，在队伍刚刚组建、稿源渠道不畅等一系列困难面前，部门干部职工坚定信心、努力开拓，以饱满的热情积极投身创刊工作，按照独立子报的模式运行，成为这次改版工作中的一个新的亮点。

（6）周刊中心继续发挥商务周刊拉动经营工作的作用；2010 年 8 月，具体策划组织了与天津滨海高新区联合主办的“中国电动汽车产业高峰论坛”，为提升报社在这一领域的影响力发挥了积极作用。

在报纸全体采编人员的共同努力下，全年各项重大新闻报道工作圆满完成。其中有三位在采编岗位工作的年轻同志获得电监会表彰。

（7）期刊中心在巩固《中国电业》、《中国发电》、《电力快讯》等杂志质量的基础上，于 2010 年 10 月推出《电业技术》杂志，实现了《中国电业》杂志旬刊化，标志着报社期刊媒体群实力的进一步增强；通过细分定位，更加广泛地对接行业各领域，关注行业大事、大势，及时、全面地反映行业重点工作；继续加强新闻策划，推出一系列重点专题报道、重大课题剖析，为企业树立典型、促进主营工作开展，发挥了积极作用。

（8）《中国电力新闻网》结合网站新媒体特点，加强“网报互动、网企合作”，完善网站新闻采编业务质量规范等制度，推动原创新闻数量和质量进一步提高。平均日发布新闻 100 条、10 万字左右，其中原创、独家比例达 80%。此外，经过网站信息深加工建设成的经济数据库，影响力不断扩大。

（9）《中国电力网络电视》作为行业新兴媒体，以《网络电视台发展规划书》的制订统筹发展工作，不断加强栏目创新与报道策划力度，相继推出了《中电观察》等访谈栏目，在新闻质量、影响力和媒体互动方面取得了进步；技术力量不断加强，成功开发出解决上传电视节目技术难题的《互联网传输视频节目软件》。

经过多年的耕耘、发展，“报社年度好新闻评选”、“‘中国电力杯’新闻摄影比赛”、“‘中电传媒杯’全国电力行业优秀电视片展评”三大评比活动，已经成长为行业内级别最高、影响力最大的新闻专业类评选奖项，赢得了行业新闻工作者的广泛认可，有力地促进了行业龙头媒体地位与品牌影响力的巩固和提升。2010 年，报社还荣获了由中国报协行业报委员会和中国报协电子技术工作委员会共同设立的“首届中国现代行业传媒创新奖”，标志着中国电力报社在新媒体业务发展中已走到了行业报的前列。

（二）完善产业布局，夯实发展基础，经营工作得到突破。

2010 年报社面临的经营压力十分沉重，电力行业整体经营状况不佳对报社影响非常明显，行业媒体的竞争日益加剧。到 2010 年 5 月底，报社整体经营还处于亏损状态，这也是近几年少见的情况。面对挑战，报社以全面建设现代新闻文化传媒集团目标为指引，着手确立集团化布局，加速推进战略实施，充分挖潜，迎难而上，在进一步巩固和提高传统业务的同时，积极展开多元化探索，新兴业务不断打开局面，再次取得了经营工作和企业规模发展的优异成绩。

（1）在 2011 年报纸扩版提价、发行难度增加的情况下，通过报社、公司上下的共同努力，取得了报纸发行的优异成绩，为 2011 年工作目标的全面实现，打好了开局关键一仗。

（2）周刊中心从加强队伍建设入手，进一步提升业务管理和市场开发水平；正式引入广告信息管理系统，充分发挥其规范经营秩序、整合经营资源作用；广告管理与营销的数字化水平不断提升，超额完成了全年利润指标。

（3）展览制作中心在维持原有业务稳定外，充分利用自身优势，积极开拓客户资源和布展业务市场，加强业务合作与新项目跟踪；成功完成印尼展粤电展区布展、国际电力设备及技术展览会武汉银泰展位布展工作，并参与南方电网参展广州亚运会项目，超额完成了全年利润指标。

（4）期刊中心全体员工群策群力，《中国电业》、《中国发电》发行工作取得较大突破；依托杂志进行经营性业务拓展，以《中国电业》创刊 60 周年为龙头，加强活动策划；以新客户加入和老客户广告产品形式的拓宽为标志，广告工作稳步提升，超额完成了全年利润指标。

（5）信息中心不断加强与基层企业和通讯员的联系，加大网站网员入网、《网中刊》、广告销售等业务的工作力度，联网费等传统项目发展势头良好；通过召开全国网络新闻宣传工作会议，进一步增强网站影响力与凝聚力；地方频道的技术研发和市场推广工作进展顺利，实现了传统项目与新项目齐头并进、新闻采编与经营工作协调发展，超额完成了全年利润指标。

（6）影视中心通过不断探索，逐步形成“网员发展、经营选题、光盘制作与销售和专题片制作”四类电视产品经营项目；网员发展业务进步显著，IPTV专题片经营及栏目光盘销售实现突破；出色地完成了电监会安监局、工会及国电集团等单位的宣传片制作任务；在内部管理中，加强管理考核与成本控制，完善激励机制，加强业务培训与团队建设，推动经营工作取得突出进步，超额完成了全年利润指标。

（7）广东分公司积极把握亚运契机，从筹备阶段起，即配合采编中心制订整体计划，全程跟进，注意沟通，圆满完成亚运保电报道；与农电部配合，顺利完成《深圳供电报》出刊等工作，受到客户肯定；不断提高对广东电力企业服务水平，与企业建立良好关系，超额完成了全年利润指标。

（8）吉林分公司从自身优势出发，积极为报社引进新的经营项目，并对新项目进行全程跟踪，保证了项目的顺利实施，顺利完成了全年的经营任务。

（9）文化艺术中心调整组建后，不断创新书画院、书协活动形式，策划组织电力书画家走进基层活动，反响良好；对与有关媒体合作出版《1025 动·生活》月刊等项目进行积极探索；此外，积极与社会各种力量合作，在公司没有投入的前提下，完成了有关电影与电视剧的立项工作。

（10）内蒙古京电传媒公司继续发挥依托记者站优势，不断加强与当地电力企业的联系，扩大了报社在当地传媒企业与电力企业的影响。

在巩固传统经营业务的同时，报社 2010 年按照集团化发展目标，积极开展多元化探索，不断拓展新兴业务，完善产业布局，充实强化整体力量。

（1）作为网报结合的新锐媒体，一年来，《网络导报》在办报方向与经营模式等多方面进行积极探索；通过不断调整，报纸内容更加贴近市场。2010 年完成了 15 个省发行代理渠道建设工作；通过推行网报互动，建设网站平台，发展地方频道代理商，较好地完成了全年经营任务。

（2）为进一步扩大中电传媒影响力和完善战略布局，2010 年报社组建了舆情研究中心。2010 年下半年起，通过承办《中共中央党校全国干部学习网舆情频道》，与中央党校有关方面展开深入合作，获得了舆情领域极具权威的媒体平台，并开始出版《党政干部舆情参考》。由中电传媒投资研发的《中电网络监控舆情软件》已完成，获得了国家知识产权认证，进入销售阶段。此外，还与中央党校有关单位合作，成功举办了“网络舆情与政府作为理论研讨会”，中电传媒的社会影响力不断增强。

（3）作为公司在图书出版和电子音像出版领域的战略布局，图书音像中心在明确工作计划、确立发展目标的基础上，积极着手业务开拓，搭建网络平台；与三峡出版社等机构合作出版《汪德方纪念文集》、《安全生产大家谈》书籍，与电监会资质中心合作出版“电监会 28 号令”宣讲光盘；自主策划、制作的“智能电网系列讲座”光盘完成第一集内容出版。

2010 年以来，报社采用组建合资公司、获取成熟的地方电视等媒体广告代理运营业务等方式，积极开拓电视、楼体及风景区户外广告等媒介资源及市场，为推动实现媒体做大做强目标发挥了积极作用。

（1）黑龙江中电传媒有限公司于 2010 年 7 月完成组建。其后，通过业务重组，获得了黑龙江省电视台法制频道、文艺频道广告经营代理权及合作方的客户资源，并积极拓展脑白金、鸿茅药酒等新客户及黑龙江广播电台等新的广告媒体资源；建立了严格的公司财务及人力资源管理制度；经营工作进展顺利，超额完成了全年利润 500 万、营业收入 7000 万元的指标。

（2）吉林中电传媒有限公司于 2010 年 12 月完成组建，已经取得了 2011 年长春娱乐频道、长春商业频道、长影影视频道的广告代理权。

经过一年努力，实业发展的局面已经初步打开：瑞驰酒店的专业管理有了很大提升，并为报社创造了较好的经济收益；上海中电酒店平稳运营。负责酒类经销的中电润泽商贸公司已与洋河、张裕、泸州老窖等国内多家知名厂家结成战略合作伙伴关系，着力于品牌运营，业务拓展顺利，圆满完成了利润指标。承包运营的黔南州煤炭经销公司克服煤价不断上涨的压力，积极开拓市场，圆满地完成了利润指标。中电信泰置业公司组建后，积极着手房地产等项目的落实；2010 年底组建的内蒙古中电草原生态建设股份有限公司和呼伦贝尔中电房地产公司负责的草原生态项目和房地产项目已经开始启动。

资本运营有了很好的起步。为了解决集团公司今后发展的资金瓶颈，2010 年报社还在资本运营上投入较大精力。与有关银行、信托公司、私募基金、券商等进行了广泛接触与有关调研工作，为 2011 年引进有关战略投资者打下良好基础。

（三）科学管理得到推进，队伍建设得到加强。

2010 年以来，报社从战略管理和职能管理两个层次，加强学习型组织与学习型报社建设，深入开展创先争优活动，在各领域推进管理工作的科学化，推进干部与人才队伍建设，增强企业发展后劲。同时，以明晰职能为目标，对管理部门结构进行调整完善，进一步发挥管理部门“管理、协调、服务”作用，并根据集团化的发展要求，对以新版《报社、传媒公司制度手册》为核心的制度体系进行完善补充，探索推进集团化管理模式的形成。

（1）通过开办培训课程、组织读书学习活动等多种形式，推动班子成员与全体干部学习掌握现代传媒企业管理知识，掌握所在领域专业知识，领导力与执行力均有较大提升，班子与干部队伍驾驭集团化企业的能力进一步增强，成为报社与公司在困难情况下取得优异成绩的重要保证。

（2）结合“第二步”发展战略布局，通过岗位培养与外部引进相结合，积极着手新闻采编、经营管理、项目策划、资本运作等领域干部与人才队伍的建设，后备干部培养和人才储备工作有所突破，为实现集团化发展目标提供了强有力的人才与组织保障。

（3）以全媒体技术平台的建设带动采编与管理信息化水平提高。按照《信息化建设纲要》要求，为实现媒体内容采集与生产、广告经营、人事管理等各业务环节的数字化，提高管理信息化水平，报社着手全媒体技术平台建设。平台的投入使用将为全面实现“采编流程再造”和组织再造提供良好的技术基础。与平台相配合的应用软件开发工作取得突破，完成了“固定资产管理软件”、“人力资源系统管理软件”的自主研发以及“舆情监测软件”的合作开发。

（4）2010年，是报社以集团发展战略为目标，开展调研项目最多的一年。为保证科学决策，组建了由财务、审计、董办、实业、律师等相关部门专业人员组成的项目调研团队，积极配合经营与传媒业务部门，开展各类新项目的调研分析工作，在防范规避经营风险的同时，有力地推动了报社、公司新业务的开拓发展。

（5）董事会办公室作为转企改制工作的任务落实部门，认真完成了《中国电力报社转企改制方案》、《中国电力传媒集团有限公司引进电力行业战略投资者计划书》等核心文件的起草、报批和协调落实工作；此外，着力做好改制政策、规划、新项目等与公司发展相关的战略与专项研究，为报社、公司重大决策提供依据；加强与相关职能部门及券商、律师等的协调沟通；强化服务职能，做好会议、文秘及《媒体要情》编辑工作。

（6）人力资源部不断加强人力资源制度建设，注重管理的科学化和规范化，实行目标管理，完善绩效考核和管理，建立员工岗位培训机制；开发人力资源管理系统，提升人资管理信息化水平；合理招聘、选拔、引进、调配人才，不断优化人员结构，加强对分公司、子公司人员聘用的指导和监督，促进提升员工整体素质。同时，增强法律意识，加强员工管理与社会保障工作，人力资源管理水平有了提高。

（7）财务部通过建立健全科学的财务决策机制、坚持以预算管理为核心，进行精细化管理，对经营工作中问题及时发现反馈，按照《企业会计准则》和上市公司要求核算并通过审计，财务管理水平不断提升。通过成立理财工作组，设计投资理财方案以及落实公司年度企业所得税免税事宜，在资金不宽松的情况下有效布局安排，创造效益的同时，为未来形成投资管理板块积蓄力量。

（8）审计部组织配合外审工作，并做好工作建议的督促落实；起到事前把关作用；以预算为起点，从合同管理抓起，审计关口前移，实现全过程审计；以经营责任制执行为突破口，完成五项内审及离任审计，客观评价有关部门及主任工作；进一步加强较大合同审核工作，形成合同会审制度，为降低经营风险发挥了作用。

（9）行政部作为行政管理部门，认真履行职责，扎实做好报社及公司的固定资产管理、机房改造等工作；认真做好对上级主管部门服务和内部协调配合等行政保障工作；积极完成物业服务关系协调、基地办公楼管理等诸多办公区后勤保障工作。此外，还较好地完成了全媒体技术平台的建设工作。

（10）记者部继续着力提升记者站的建设、管理与考核力度；加强考评工作，评选表彰优秀记者站、记者、通讯站和通讯员，及时调整和补充记者站人员，积极发挥对记者通讯队伍的管理职能，记者通联工作不断提高。完成了电力报刊协会领导机构的换届及备案工作；并通过举办年度好新闻及优秀新闻工作者评选等方式，进一步加强对报刊协会分会的管理，强化了协会影响力。

（四）深化体制改革，推进体制创新，转企改制打造集团平台。

在电监会党组的关怀和支持下，报社明确将转企改制工作作为2010年工作的重中之重。

在由史玉波副主席挂帅的“电监会报社改制工作领导小组”的领导下，报社积极组织力量进行包括改制政策、未来发展规划、集团组织架构和业务布局等方面内容的研究，反复征询中央文化体制改革领导小组办公室、国家新闻出版总署有关部门的意见并接受指导，充分学习调研有关新闻出版单位转企改制的做法与经验，形成了《中国电力报社转企改制方案》、《中国电力传媒集团有限公司引进电力行业战略投资者计划书》等一系列核心文件。

按照会党组批准的报社转企改制方案，中国电力报社严格按照中央有关新闻文化出版单位深化改革的精神，在会党组和“电监会报社改制工作领导小组”

的具体领导下，转企改制为“中国电力传媒集团公司”，适时引进电力企业集团作为战略投资者。

主要事件

1月5日，报社召开中层干部扩大会议，学习传达了史玉波副主席、谭荣尧总监2009年12月22日在报社视察工作时的重要讲话。

1月26～27日，召开报社、公司2010年工作会暨二次二届职代会，电监会史玉波副主席出席会议并作重要讲话。

3月15日，《中国电力报》2010年发行实现在2009年基础上增长10%的目标。

4月初，“中国最美供电所”评选活动启动；《2010“感动电力”年度人物·团队评选活动》启动。

4月19～20日，中国行业报年会在北京举行，中国电力报社荣获“首届中国现代行业传媒创新奖”。

4月26日，中国电力报刊协会发电专委会成立。

5月，团委决定授予付裕、汤馥铭、李嘉、叶子轩、冯义军5名同志“2009～2010年度优秀共青团员”光荣称号。

5月，电监会党组原则同意中国电力报社转企改制方案。

6月1日，由电监会主办、中国电力报社承办的“安全生产月”电力巡回演讲活动在浙江宁波顺利举行首场演讲。

7月1日，报社党委授予第四党支部“2009～2010年度先进党支部”称号；授予樊於通、田增海、赵栋、蒋学林、陈学婧、赵冉、杨娜、魏俊芝等8名同志“2009～2010年度优秀共产党员”称号。

7月起，《中国电业》由半月刊变更为旬刊，新增旬刊为《中国电业》技术版。

8月3日，召开报社、公司2010年年中工作会议。

9月2日，报社召开领导班子会议，原则通过了报纸改版方案，10月18日起进行试改版。

9月27～29日，报社在河南召开2010年度记者工作会。

9月，成立《新能源导刊》编辑部。

10月8日，新闻出版总署批复中国电力报社转企改制方案。

中国大唐技术经济研究院

单位概况

中国大唐集团技术经济研究院（简称研究院）是中国大唐集团公司（简称集团公司）投资设立的全资子公司和直接管理的技术经济研究机构，与中共中国大唐集团公司党校、中国大唐集团干部培训学院实行“三位一体”管理。主要承担政策与战略研究、技术咨询与服务、技术情报收集与研究、干部培训及管辖资产的运营及管理、项目投资与服务等。经国家工商总局批准同意于2009年3月4日正式登记成立，注册资本5000万元，管理资产10个亿。

研究院以“成为能源行业一流技术经济研究院”为愿景，认真把握“酒店经营、教育培训、技术经济研究”三大功能定位，坚持“经营型、服务型、市场化、产业化”的发展模式，发扬“务实和谐，同心跨越”的企业精神，全心全意服务集团公司发展。

面对新的形势、新的使命和新的要求，研究院将按照集团公司建院决定的指示精神和赋予的主要职能，坚持以科学发展观为统领，认清使命，把准定位，明确方向，发挥优势，积极创新，努力发展成为能源行业一流技术经济研究院。

机构设置

研究院实行院长负责制，设有综合管理部、人力资源部、财务资产部、党建研究部、技术经济开发部、培训教务部、项目管理部、北京唐韵山庄酒店有限责任公司、北京唐韵园林有限责任公司、北京唐韵旅行社有限责任公司。

酒店及相关业务经营

按照国资委有关非主营酒店业务中央企业进行酒店重组文件精神和集团公司的要求，北京唐韵山庄酒店资产和经营在委托管理到期后实现了顺利移交。酒店自主经营以来，按照集团公司三级企业管理体制和现代公司制度要求，进一步夯实管理基础，加强市场营销，接待服务水平显著提高。北京唐韵园林公司园林绿化业务和北京唐韵旅游公司境内旅游、车辆租赁、票务代理业务已开展起来，拉长了研究院经营服务链条。

干部培训

作为集团公司党校、干部培训学院以及中共中央党校教学基地，积极争取集团公司内培训项目，并进行了对外培训尝试。2010年共举办培训班16期（含系统外3期），培训人员1148人·次，编写培训教材和资料汇编各1部。尤其是集团公司党校第二期中青年干部培训班的成功举办，为在中共中央党校以及国资委党校教学体系内开展集团公司系统领导干部培训积累了经验。

技术经济研发及咨询服务

完成了大唐武安 2×300MWCFB 机组燃用煤矸石项目、呼图壁 2×300MW 热电项目、株洲攸县 2×600MW 上大压小项目、淮北虎山 2×600MW 上大压小项目，八〇三电厂 2×300MW、略阳 1×300MW 技改项目，大唐滨州、胶州、临清 2×300MW 热电项目等 9 个项目前期初设原则审查，以及基建二、三级项目公司工作标准的编制工作。开展了辽宁大唐国际锦州热电、宁夏大唐国际大坝电厂三期扩建工程项目后评价和大唐彬长发电公司、太原二热可研优化审查工作。参加了集团公司"十二五"发展规划和火电前期项目标准化评价体系编制、"973"科技攻关课题和信息化 MIS 系统研发工作。特别是集团公司已明确由研究院负责集团公司集成创新组织协调工作，标志着研究院技术经济研究迈出实质性步伐。已经协助集团公司组织召开了集团公司集成创新工作协调会、城镇化及新农村综合能源生态化建设研讨会，开展了集团公司管理创新理论课题的研究。

人才队伍建设

我们从打造能源行业一流技术经济研究院目标出发，遵循"大唐大舞台、尽责尽人才"人才理念，通过人才引进和岗位技能培训，为持续发展提供有力的智力支撑。目前，院系统共 411 名职工中，博士后 1 人，硕士 12 人，大学学历 33 人，大专学历 102 人，中专学历 169 人。集团公司"112 人才"4 人，2 人在 2010 年还分别被评为集团公司优秀党员和集团公司青年岗位能手。

创先争优与党风廉政建设

成立了院直属党委、酒店党总支部，院党群组织建设得到加强。结合研究院实际，按照"五确认、一兑现"、"四个凡事"的要求，精心设计创先争优活动方案和"阳光、绿色、快乐"三大工程行动计划，认真执行领导干部基层联系点、领导干部点评创先争优制度和创新争优公开承诺制度。全体党员努力做到"树旗帜、立榜样，有热情、讲责任，提能力、创一流"，为推动各项工作顺利完成发挥了先锋模范作用。开展了全员业绩考评和全员民主评议工作，干部职工能力和作风建设水平有了新的提高。

组织开展了党风廉政建设宣传教育月系列活动，进行了燃油采购、培训业务专项效能监察，党风廉政建设责任目标较好完成。努力办好研究院"精神家园"，开办了"蓝光"电影放映室、举办了一系列文化体育活动，丰富了职工文化生活，突出了"唐韵特色"，"同心文化"较好融入经营管理工作中，成为全院职工的共识和自觉行动。

主要事件

1 月 8 日，研究院与北京计科能源新技术开发公司、中青融基（北京）投资管理公司合作洽谈会暨合作签约仪式在研究院举行。

4 月 25 日，集团公司第四期董事监事培训班开班。

5 月 12 日，集团公司第五期高级管理人员履职能力提升研修班开班。

5 月 15 日，北京唐韵山庄酒店有限责任公司与天伦国际酒店管理集团正式解除全权委托管理协议，实行自主经营管理。

5 月 24 日，集团公司党校第一期中青年干部培训班第二阶段培训开班。6 月 18 日，举行毕业典礼，集团董事长、党组书记、党校校长刘顺达，副总经理、党校副校长王琳，副总经理、党校副校长邹嘉华出席毕业典礼。

5 月 27 日，集团公司第六期高级管理人员履职能力提升研修班开班。

6 月 7 日，集团公司党校第一期青干班举行结业座谈，集团公司总经理陈进行出席了学员座谈会，并发表重要讲话。

6 月 21 日，集团公司 2010 年第一期工程技经管理岗位资格认定培训班开班。

6 月 22 日，集团公司 2010 年基建质量管理员培训班开班。

7 月 15 日，研究院参加集团公司 10 个火电项目后评价招标工作，中标锦州热电和宁夏大坝三期两个项目。

8 月 2 日，集团公司 2010 年度全国企业法律顾问执业资格考试培训班开班。

8 月 4 日，中共中国大唐集团技术经济研究院直属委员会成立大会召开。

8 月 17 日，集团公司工程项目管理工作标准编制第一次工作组会议召开。

同日，北京建筑设计院 2010 年度中层领导干部《领导与执行力》培训班开班。

8 月 30 日，集团公司 2010 年厂长（经理）岗位培训班开班。

9 月 2 日，研究院召开贯彻落实"集团公司实施公开承诺制度、推进三大行动计划视频会议"精神动员大会。

9 月 14 日，集团公司党校第二期青年干部培训班开班，集团公司董事长、党组书记、党校校长刘顺达出席了开班典礼。11 月 27 日，集团公司党校第二期青年干部培训班毕业典礼召开，集团公司董事长、党组书记、党校校长刘顺达出席毕业典礼并讲话，集团公司党组成员、副总经理、党校副校长王琳出席了毕业典礼。

同日，集团公司低碳发展与煤炭洁净发电技术应用与研究培训班开班。

同日，集团公司2010年度大中型基本建设项目后评价工作启动会议召开。

10月17日，集团公司纪检监察业务培训班开班。

11月11日，集团公司信息员培训班暨2009年度信息工作表彰会议召开。

11月28日，召开“能源与生态项目建设座谈会”，集团公司董事长、党组书记刘顺达，集团公司副总经理金耀华，大唐新能源公司总经理胡永生、副总经理张勋奎，研究院院长吴大庆、副院长王海忠、林静等参加了会议。会议明确由研究院具体承担集团公司集成创新组织协调工作。

大 事 记

2010电力十大新闻

1. 电力行业成功完成重大活动保电任务

2010年，上海世博会、广州亚运会两项盛会先后召开，电力行业在盛会期间，圆满完成了电力供应保障任务。12月21日，国家电监会在上海召开上海世博会保电工作总结座谈会暨表彰会议，总结上海世博会保电工作经验，表彰先进。同日，南方电网公司召开亚运保电总结表彰大会，宣布广州亚运会期间，所有比赛场馆、重要用户“零停电”，电网及涉亚设备“零事故”，涉亚工作“零差错”，圆满完成了亚运会亚残运会保供电任务，兑现了“万无一失”的承诺。

2. 电力系统胜利完成抗灾救灾保电工作

2010年，我国地震、泥石流、干旱、洪涝等自然灾害频发。在4月14日玉树地震和8月7日舟曲泥石流两次特大自然灾害发生后，全国电力系统都迅速组织力量投入抢修工作，确保了抗灾保电任务的顺利完成，同时全力以赴支援灾区电网灾后恢复重建，在抢险救灾战役中发挥了重要作用。玉树抗震救灾时，国家电网系统员工杜金玉不幸牺牲在工作岗位上，被追授为“全国抗震救灾模范”。

3. 电力行业节能减排成绩显著

2011年11月，国家发展改革委有关负责人宣布，“十一五”减排目标已经提前完成，节能目标也将如期实现。“十一五”前4年，全国累计关停小火电机组6006万kW，提前完成“十一五”关停5000万kW的目标。2010年，电力行业继续上大压小，前7个月关停小火电超过1100万kW。减排方面，2009年，全国电力二氧化硫排放约939.3万t，比2005年下降了29.3%，提前一年完成“十一五”二氧化硫排放951.7万t的目标。

4. 智能电网首次写入政府工作报告

2010年3月，在全国“两会”上发布的政府工作报告中，首次出现了智能电网建设问题，至此，智能电网建设上升为国家战略。此后，各地政府纷纷出台发展规划，扶持智能电网建设。2010年，国家电网智能电网首批试点工程取得初步成果，第二批试点项目相继开展。在上海世博会上，我国首个智能电网综合示范项目——世博园智能电网综合示范工程投入使用。按照规划，2011年将进入我国智能电网的全面建设时期。

5. 新一轮农村电网改造升级启动

从2009年底的中央经济工作会议开始，新一轮农网改造工程在2010年中央一号文件和政府工作报告中被反复提及。7月中旬，国家发展改革委召开全国农村电网改造升级会议，提出用3年时间完成新一轮农网改造，全面取消县级代管体制，理顺农村电力管理体制。这次农网改造升级要彻底解决目前遗留的农网未改造问题，要逐步使农村电网和城市电网具有同样的供电可靠性，保障农业生产用电。

6. 创先争优活动进一步深入

2010年，电力系统深入开展了创先争优活动。吉林省电力有限公司吉林供电公司桦甸供电分公司送电站职工吕清森守护输电线路31年，走过了环绕地球近两圈的里程，发现输电线路大小缺陷数千处。此外，挂职青海省玉树藏族自治州副州长、原南方电监局安监处处长童光毅，“全国职工十大科技创新成果奖”获得者、江苏省泰州供电公司信息中心主任许杏桃也在各自的岗位做出了不平凡的成绩。而因公殉职的河南省西平县电业局职工潘国富，为青海玉树抗震保电献出生命的青海火电工程公司员工杜金玉，为抗洪救灾英勇捐躯的江西省电力公司员工余文庆、邹吉波、甘泉、朱新周等人的事迹更是感动了电力行业和全社会。

7. 核电在建规模世界第一

2010年，我国终于再次迎来了新核电机组建成投产：广东岭澳核电站二期工程1号机组、秦山核电二期工程3号机组相继投入商业运行。7月30日，我国西部地区和少数民族地区首个核电站——广西防城港核电站一期工程正式开工建设。截至2010年底，我国已投运核电机组13台，总装机1080万千瓦；已核准项目12个，共32台机组，装机3486万千瓦。其中，已开工建设26台机组，共计2871万千瓦，占世界在建核电机组总数的40%——我国目前核电建设规模居世界第一位。

8. 水电装机突破2亿kW

2010年8月25日，华能集团云南澜沧江小湾水电站4号机组建成投产，全国水电装机容量突破2亿kW。而多年以来几乎进入休眠状态的大中型水电项目的审批，也被悄然激活。包括总装机240万kW的金沙江金安桥水电站、四川雅砻江官地水电站项目，以及西藏藏木水电站等多个大型水电项目已经相继获批。2010年8月，也是我国水电开发百年生日。100年来，我国已建成大中小型水电站4.5万余座，总装机容量到年底已突破2.1亿kW，水能资源、水电规模和在建规模均居世界第一。

9. 我国进入“特高压交直流混合电网”时代

2010年，我国特高压工程建设实现诸多突破，引领我国电网发展达到了世界巅峰。1月，晋东南—南阳—荆门特高压交流试验示范工程安全运行一周年；8月，该工程通过国家验收。6月18日，±800kV特高压直流输电工程——云南—广东特高压直流输电工程正式竣工投产。7月8日，向家坝—上海±800kV特高压直流输电示范工程竣工投产。这些特高压工程的竣工投运，标志我国正式进入了“特高压交直流混合电网”运行时代。

10. 电网建设助力西部大开发

2010年7月29日，世界海拔最高、规模最大的输电工程——青海—西藏750/±400kV交直流联网工程在青海格尔木和西藏拉萨同时开工。这条全长1774km的电力大通道计划于2012年底建成，将首次实现西北（青海）电网和西藏电网的互联。11月3日，新疆与西北750kV联网工程、甘肃千万千瓦级风电一期外送工程建成投运，自此，新疆电网结束孤网运行历史，甘肃千万千瓦级风电外送通道得以打通，使西北地区水、火、风电“打捆”东送成为现实。

国家电力监管委员会主要事件

1月13日　中共中央政治局常委、国务院副总理李克强来到国家电力监管委员会考察，充分肯定电力系统干部职工为安全可靠供电做出的成绩，要求继续深化电力体制改革，进一步加强电力监管工作，为保供电保发展保民生作出新的贡献。

1月15日　电监会、国家能源局联合发布《2007年、2008年跨区跨省电能交易检查情况通报》。

1月18～19日　2010年电力监管工作会议在京召开。

1月26日　电监会在北京召开贯彻实施《供电监管办法》电视电话会议。

1月28日　电监会在北京召开2007、2008年投产电力工程项目造价情况发布会。

3月11日　电监会副主席王野平在北京会见了甘肃省省长助理夏红民一行，双方就电监会对甘肃省通渭县开展定点扶贫有关工作充分交换了意见。

3月15日　电监会信息公开领导小组办公室在广州举办派出机构《供电企业信息公开实施办法（试行）》培训会。

3月22日　电监会在京召开上海世博会电力安全生产工作会议。国家电网公司、华能、大唐、华电、国电、中电投、三峡公司、中核集团有关领导出席会议并发言。

4月1～2日　电监会在北京召开2010年价格财务监管与稽查业务工作座谈会，决定于本月启动两个专项治理工作，即对供电企业用户受电工程“三指定”专项治理和对新建发电机组进入商业运营调试差额资金分配情况的专项治理。

4月2日　在电监会主持下，华电集团贵州公司与贵州电网公司历史争议电费调解协议签字仪式在北京举行。

4月4日　电监会发出《关于立即组织开展全国电力安全大检查的通知》，紧急部署开展全国电力安全生产大检查工作。

4月13日　电监会在北京召开两个专项治理和节能减排督查工作启动培训会。

4月14日　青海玉树地震发生后，电监会即召开会议，传达党中央、国务院领导同志指示精神和要求，迅速成立地震电力应急工作组，启动应急机制，全力落实震区救灾保电任务，派出有关负责人赶赴青海，要求迅速了解灾区电力设施受损情况，协调指导电力企业组织抢修受损电力设施，尽快恢复供电。

4月16日　电监会在郑州召开工程建设领域突出问题专项治理工作座谈会。

同日　电监会在京召开首次电力系统年度运行方式通气会。

4月29日　电监会印发《关于开展2010年供电检查的通知》。

5月6日　电监会和内蒙古自治区政府共同在呼和浩特市举行华北区域电力市场内蒙古电力多边交易市场启动仪式。电监会主席王旭东、副主席王禹民，内蒙古自治区党委副书记、政府主席巴特尔，党委副书记、常务副主席任亚平，副主席郭启俊等领导出席仪式。

5月10日　电监会在北京召开电价政策执行及厂网电费结算重点检查培训启动会。

5月14日　电监会在北京发布《电力监管年度报告（2009）》。

5月24日　国家发展改革委、工业和信息化部、监察部、环境保护部、国家电监会、国家能源局等六部门联合印发《关于立即组织开展全国电力价格大检查的通知》，决定从6月1日开始在全国范围内开展节能减排电力价格大检查。

5月28日　电监会和中国电力企业联合会在北京联合召开2009年度电力可靠性指标发布会。

5月31日　国家电监会印发通知，于6月在全国电力行业启动安全生产月活动。本次活动主题为“安全发展、预防为主”，与此相关的安全生产宣传咨询日及电力应急预案演练周活动将在6月相继展开。

6月1日　由国家电监会主办的“安全生产月”巡回演讲活动在浙江宁波举办首场演讲。

6月18日　河北省电力突发公共事件应急联合演练在河北省会石家庄举行。

7月1日　电监会召开吕清森先进事迹宣传学习

活动工作会议，部署在电力系统宣传学习吕清森同志活动。

7月2日 “安全生产月”电力巡回演讲完成在吉林省吉林市举办的最后一场演讲，至此，由国家电监会主办、中国电力报社承办，为期1个月的“安全生产月”巡回演讲活动圆满结束。

7月19日 电监会在京召开2010年年中工作会议。

7月26日 电监会主席王旭东会见泰国能源监督委员会主席拉万斯理一行。电监会副主席史玉波与拉万斯理一行进行了会谈。

8月6日 电监会在义乌召开电力用户受电工程市场常态化监管试点现场会，进一步总结推广义乌试点工作经验，完善电力用户受电工程常态化监管机制。

8月7日 甘肃省甘南州舟曲县发生特大山洪泥石流灾害，供电设施遭到严重破坏。灾情发生后，王旭东主席、史玉波副主席第一时间作出重要指示，要求与会机关有关部门、派出机构立即行动，加强协调，全力以赴投入救灾工作，确保尽快恢复供电。

8月30日 电监会印发《关于开展供电企业用户受电工程“三指定”专项治理重点抽查阶段工作的通知》。

9月10日 电监会发布《2009年度电价执行及电费结算监管报告》。

9月13日 广州亚运会安保工作协调小组和国家电监会在广州联合召开广州亚运供电安全保障工作会议。

10月13日 电监会主席王旭东会见了巴西电监会主席内尔逊·霍伯纳一行。

10月27日 电监会在杭州召开电力系统水电站安全生产工作会议。

同日 电监会帮扶甘肃省通渭县农网改造升级电力扶贫工程正式启动。

11月4日 国家发展改革委、工业和信息化部、财政部、国资委、电监会、能源局等六部门印发《电力需求侧管理办法》。

11月22～23日 电监会、美国电力监管援助计划在北京共同组织召开能效监管研讨会。

12月13日 电监会发布《2010年供电监管报告》。

12月21日 电监会在上海召开上海世博会保电工作总结座谈会暨表彰会议。

12月27日 电监会新疆电力监管专员办公室在乌鲁木齐市举行揭牌仪式。国家电监会党组书记、主席王旭东，自治区党委书记张春贤和自治区党委副书记、自治区主席努尔·白克力出席揭牌仪式。王旭东与努尔·白克力共同为新疆电监办揭牌。

中国电力企业联合会主要事件

1月19日 中电联召开2010年全体职工大会。刘振亚出席会议并讲话，孙玉才作2009年工作报告，魏昭峰主持会议，王志轩宣读了电监会王禹民副主席的书面讲话及先进集体、优秀职工的表彰决定。会议主要任务是：认真贯彻中央经济工作会议、全国能源工作会议和中电联五届理事会一次会议精神，总结2009年工作，安排部署2010年工作；表彰2009年度先进集体和优秀职工。

1月26日 中电联在京召开2009～2010年度全国电力供需与经济运行形势新闻通气会。王志轩宣读了《全国电力供需与经济运行形势分析预测报告（2009～2010年度）》。《报告》对2009年全国电力供需和经济运行形势做了分析总结，对2010年进行了分析预测。

1月28日 国家电监会党组宣布了中电联党组成员名单。孙玉才同志任党组书记，魏昭峰、王志轩同志任党组成员。免去谢振华同志党组书记、王永干同志党组成员。

3月4日 刘振亚主持召开2010年第一次理事长办公会议。孙玉才、魏昭峰、王志轩出席会议。会议审议通过《中电联本部工作规则》、《法定代表人授权管理办法》、重要会议及活动计划等事项。

3月24～25日 中电联召开“2010年全国电力企业信息化大会”。大会主题为：规划“十二五”信息化，迎接电力智能时代。各电力集团公司、发电企业、供电企业、电力科研院所等单位的信息化负责人参加了会议。

3月27～28日 中电联在京召开2010年经济形势与电力发展分析预测会。孙玉才致开幕词，魏昭峰主持会议，王志轩、国家电监会总监谭荣尧、国资委综合局局长刘南昌、国家能源局电力司副司长郝卫平、中国长江三峡集团有限公司董事长曹广晶、国家电网公司副总经理郑宝森等出席会议并围绕贯彻两会精神、转变发展方式、应对气候变化，推动电力工业科学发展、创新发展、和谐发展为主题作了专题报告。来自电力企业、资深专家及新闻媒体等500余人参加会议。

4月14日 孙玉才会见来访的日本煤炭能源中心理事长并木辙一行。双方对过去的合作表示了肯定，对今后的合作提出建议和希望。

4月14～15日 中电联召开2010年全国电力行业职业技能鉴定工作会议。王志轩出席会议并讲话。

会议总结了电力职业技能鉴定2009年的工作，安排部署了2010年重点工作；表彰了2009年度全国电力行业职业技能鉴定先进单位、先进鉴定站和优秀工作者。

4月25日　中电联第五届理事会第一次理事长会议在上海召开。国家电监会副主席王禹民出席会议并讲话，刘振亚作总结讲话，孙玉才、魏昭峰、王志轩分别作专题汇报。会议主要任务是：贯彻中央经济工作会议和两会精神，研究中电联在推进电力转变发展方式、开展电力“十二五”规划研究、应对气候变化工作和推进行业文化建设的思路、方法及行动框架。会议审议通过了有关议案。中电联副秘书长以上领导出席会议。

4月28日　中电联第五届理事会第一次理事长会议成果暨2010年一季度电力供需与经济形势分析新闻发布会在京召开。王志轩发布了第五届理事会第一次理事长会议成果及2010年第一季度全国电力供需与经济运行形势分析预测报告。中电联有关部门负责人和多家媒体记者参加会议。

5月20日　中电联会同国内外相关协会在京共同举办“2010中欧智能电网技术与标准化论坛”。魏昭峰致开幕词。与会的专家学者围绕中国、欧洲在智能电网方面规划、建设和标准化的经验，以及未来发展前景和技术解决方案等专题进行交流和研讨，共同致力于促进新能源应用和低碳技术的发展。来自国内外300余名有关专家、学者出席会议。

5月28日　国家电监会和中电联在京举办“2010年度电力可靠性指标发布会”。会上发布了2010年度电力可靠性指标，表彰了2009年度全国发电可靠性金牌机组和供电可靠性金牌企业。国家电监会副主席史玉波、中电联常务副理事长孙玉才、电力行业可靠性管理委员会主任委员刘顺达等到会并讲话。300余名代表出席会议。

6月1日　魏昭峰率团赴马来西亚进行访问，在吉隆坡拜会马来西亚电业公会主席胡永雄等，双方就加强两会交流和电力企业合作进行了友好会谈。

6月23日　中电联在京主办中国北京国际清洁能源博览会暨清洁能源大会和第七届（2010）亚洲风能大会暨国际风能设备展览会。王志轩主持开幕式，魏昭峰致开幕词。来自国内外政府部门、企业单位的领导出席开幕式，博览会共有来自22个国家和地区的400余家企业参展，全面展示了清洁能源领域的最新技术和产品。清洁能源大会及亚洲风能大会开设了清洁能源政策与市场探讨、清洁能源投资与融资、清洁能源与电力并网、风电、节能与资源综合利用等主题论坛。

7月6日　孙玉才参加了国家发展改革委在京召开全国部分行业协会经济运行分析座谈会。此次会议的主要议题是分析当前重点行业发展形势。并就全国电力工业运行情况分析和若干建议作了汇报发言。

7月10日　中电联编撰的《中国电力行业年度发展报告2010》已出版发行。《报告》涵盖了2009年电力工业在法规政策、电力改革与监管服务、基本建设等方面的情况。展现了2009年我国电力工业改革发展全貌。

7月12日　刘振亚主持召开中电联2010年第二次理事长办公会议。孙玉才、魏昭峰、王志轩出席会议。会议总结了上半年工作，明确下半年工作重点，研究讨论了有关重大问题。刘振亚理事长就进一步解放思想、更新观念，努力打造一流行业协会，全力做好电力工业“十二五”规划等工作提出了要求。

7月14日　中电联2010年年中工作会议在京召开。孙玉才针对下半年的各项重要工作发表了讲话，魏昭峰主持会议，王志轩传达了2010年中电联第二次理事长办公会议精神。各部门、中心，分会主要负责人分别汇报了本部门上半年的工作完成情况和下半年工作思路。专职顾问、副秘书长出席会议。

7月21日　第一届能源行业电动汽车充电设施标准化技术委员会成立会议在京召开。标准化技术委员会秘书处设在中电联标准化管理中心。魏昭峰任主任委员。

8月11日　电力行业节能标准化技术委员会成立暨一届一次会议在京召开。节能标委会秘书处挂靠在中电联环保与资源节约部。王志轩任主任委员。

8月25日　国家能源局、中电联、云南省政府在云南共同举办全国水电装机突破2亿kW揭牌仪式。云南小湾水电站4号机组作为全国水电装机2亿kW标志性机组。标志着我国水电装机容量站上新起点。

9月16日　孙玉才在本部会见了来访的法国电力公司执行副总裁兼亚太区总裁马识路一行。双方就专业培训、能效管理等议题进行交流，并表示保持密切联络，继续推动双方实质性合作的进展。

9月17日　孙玉才带队到北京能源投资（集团）有限公司就“十二五”电力发展和当前电力生产经营情况进行工作调研，并与公司有关负责人进行了座谈。

9月20日　中电联召开“全国电力装机容量突破9亿kW”新闻通气会。王志轩通报了中国广东核电集团有限公司岭澳核电站二期工程一号机组为突破9亿kW标志性机组。标志着我国电力工业发展实现了新跨越，是中国电力发展史上的重要里程碑。

9月27日　魏昭峰出席国资委监事会在乌鲁木齐主办电力行业共性问题研究（风电）座谈会并发言。

10月11日 孙玉才出席国家发展改革委在京召开部分重点行业协会和企业座谈并发言。

10月17日 中电联在京召开全国电力行业质量奖审定会。山东电力集团公司青岛供电公司等6家企业被授予“全国电力行业质量奖”称号。

10月19日 中电联举办第十三届国际电力设备及技术展览会、第五届全国电能计量及用电管理系统智能化展览会和2010国际电力自动化设备及技术展览会。刘振亚等领导为开幕式剪彩，孙玉才致开幕词，王志轩主持展会开幕式，中电联理事长、副理事长单位领导及有关电力企业代表出席开幕式。来自20多个国家和地区的500家企业参展。

10月20日 孙玉才在中国电力报上刊登署名文章《文化建设支撑行业软实力提升》。文章探讨了电力行业文化建设工作的重要性，并提出加强电力行业文化建设，需从增强自觉性、科学性和有效性三个方面入手。

10月21日 王志轩在本部会见了来访的墨西哥能源部新能源司司长胡里奥一行。双方就新能源等有关问题进行了交流。

10月22日 中电联统计信息部在京召开全国电力供需与经济运行形势分析预测研讨会。与会代表就电价机制、电力发展特别是火电发展、节能减排与成本补偿等方面展开讨论。中电联理事长、副理事长单位等有关人员参加会议。

10月25～29日 中电联和台湾电力公司在台北共同举办了海峡两岸电力工业展览会及海峡两岸电力工业高阶论坛。刘振亚为开幕式剪彩。大陆各大电力企业的主要领导出席开幕式并巡展。孙玉才在论坛上作了题为《携手交流合作、促进电力发展》的主题发言。两大电网公司、五大发电集团公司、中国长江三峡集团公司以及台湾电力公司主要领导参加了论坛并分别就智能电网及清洁能源发展等内容进行专题发言。论坛为促进两岸电力企业间的交流，加强合作，共谋发展，起到了推动作用。

10月27日 魏昭峰出席国资委监事会在云南主办电力行业共性问题研究（水电）座谈会并作了《优先开发水电、促进电源结构调整》的主旨发言。

11月6日 王志轩应邀出席由气候组织主持的“碳路未来—中国企业碳战略”项目在京举行启动仪并致词。

11月12日 中电联第五届理事会第二次理事长会议在京召开。刘振亚出席会议并讲话，孙玉才、魏昭峰、王志轩作了专题汇报。会议总结了近期中电联工作，听取了电力工业“十二五”规划研究情况，及中电联第五届理事会第二次常务理事会筹备策划方案的汇报；审议通过了专项服务合同调整议案；部署下阶段重点工作。中电联副秘书长以上领导出席会议。

11月22日 中电联在京召开常务理事单位规划汇报会，专题汇报《电力工业“十二五”规划研究报告》，会后征求书面意见。中电联专职副理事长魏昭峰出席会议并讲话。

12月20日 中电联第五届理事会第二次常务理事会在京召开。国家电监会副主席王禹民出席会议并讲话，刘振亚主持会议并讲话，大会听取了孙玉才作《2010年工作报告》、魏昭峰关于电力工业“十二五”规划研究工作完成情况的汇报、王志轩《关于中电联2010年度预算执行情况和2011年度预算草案的报告》。审议通过了《关于调整设立中电联分支机构的议案》、《关于发展中国电力企业联合会会员的议案》、《关于增补中国电力企业联合会第五届理事会理事、常务理事的议案》。68家常务理事或理事代表出席会议。

国家电网公司主要事件

1月6日 我国自主研发、设计建设，具有自主知识产权的特高压交流输变电工程——1000kV晋东南—南阳—荆门特高压交流试验示范工程，实现安全稳定运行一周年。

1月11日 国家科学技术奖励大会在北京召开。“电力系统全数字实时仿真关键技术研究、装置研制和应用”项目获2009年度国家科技进步奖一等奖。这是国家电网公司自2007年起连续第三次获国家科技进步奖一等奖。同时，公司还有5个项目获二等奖。

1月13日 中共中央政治局常委、国务院副总理李克强到国家电网公司考察冬季电力生产供应情况，并主持召开加强煤电油气运保障工作会议。

1月13～16日 国家电网公司召开一届五次职工代表大会暨2010年工作会议。中共中央政治局委员、国务院副总理张德江作出重要批示，充分肯定了2009年公司各项工作，希望公司在新的一年里，为我国经济建设和社会发展作出新的更大贡献。刘振亚总经理作了题为《坚定不移推进“两个转变” 加快建设“一强三优”现代公司》的工作报告。

1月27日 召开国家电网公司《2009社会责任报告》发布会。国家电网公司成为首个连续5年发布社会责任报告的中国企业。

经中央国家机关考核评比，在1月27日由国务院机关事务管理局、中央国家机关人民防空委员会组织召开的会议上，国家电网公司荣获了“2009年中央国家机关人防目标管理与责任制评议考核先进单位”称号，这是从中央国家机关近300个部级单位中评选出的45个先进单位之一，也是国家电网公司连续第三次荣获的人防先进单位称号。

2月10日　中共中央政治局常委、中央政法委书记周永康，中共中央政治局委员、国务院副总理张德江一行视察国家电网公司总部。

2月14日　中共中央总书记、国家主席、中央军委主席胡锦涛到福建厦门电业局调度控制中心和95598呼叫中心慰问节日期间坚守岗位的电网员工，国家电网公司总经理刘振亚陪同参加。

4月9日　由民政部主办的2009年度“中华慈善奖”颁奖典礼在京举行，国家电网公司继2006年和2008年之后，第三次获得中华慈善奖奖项。

4月14日7时49分　青海省玉树藏族自治州玉树县发生7.1级地震。地震发生后，国家电网公司立即开展玉树地方电网抢险救援支援工作，成立抢险领导小组，迅速启动救援抢险应急预案，并在第一时间组织人力、物力赶赴受灾现场。

4月15日　2010年上海世博会中央企业馆试运营启动仪式在上海浦西世博园区举行，同日，国家电网世博企业馆进入试运营，国资委主任李荣融、上海市市长韩正、国资委副主任黄淑和、上海市常务副市长杨雄、上海市副市长艾宝俊出席启动仪式。刘振亚总经理、曹志安副总经理与其他11家中央企业负责人共同出席启动仪式。

4月19日　国家电网公司举行《国家电网公司绿色发展白皮书》发布会。

4月20日　国家电网公司参加了由中宣部、民政部、国家广电总局、中国红十字会、中华慈善总会等单位主办，中央电视台承办的“情系玉树　大爱无疆——抗震救灾大型募捐活动特别节目”大型晚会并现场将2000万元捐款通过晚会向中国红十字会捐赠给青海玉树地震灾区。截至当日，公司累计向灾区捐赠现金和物资3500万元，其中此前已投入1400万元支援地震抗震救灾和灾区电力供应恢复工作，公司所属青海省电力公司员工向灾区捐款100万元。

4月23～24日　国家电网公司在上海召开2010年第二季度工作会议。刘振亚总经理作题为“把握形势　强化执行　全面落实‘两个转变’工作部署”的报告。

4月27日　2010年全国劳动模范和先进工作者表彰大会在北京人民大会堂隆重举行。国家电网公司系统共有76名员工荣获“全国劳动模范”称号。

5月4日　第14届“中国青年五四奖章”暨2009年度“全国优秀共青团员”、“全国优秀共青团干部”、“全国五四红旗团委（团支部）”表彰仪式在北京人民大会堂举行。国家电网公司系统吴楠、张维、韩锐、李占海等4名同志被授予“全国优秀共青团员（团干部）”称号、华北电网唐山供电公司修试所团支部等9个团组织被授予“全国五四红旗团委（团支部）”称号。

6月中旬　1000kV晋东南—南阳—荆门特高压交流试验示范工程分别被中国电力建设企业协会、中国电力规划设计协会评为2010年度中国电力优质工程奖和2009年度电力行业优秀工程设计一等奖。

6月28日　由世界品牌实验室组织的2010年中国500最具价值品牌发布会在北京召开，国家电网公司以1263.28亿元的品牌价值，再次名列中国500最具价值品牌排行榜第二名，品牌价值与2009年相比提升了69.63亿元，品牌价值连续4年持续攀升。

截至7月5日12时　南方部分地区持续强降雨和洪涝灾害造成的国家电网公司经营区域内（江西、福建、湖南、浙江、重庆等）受损电网设施已全部抢修恢复完毕，因灾影响供电的329.63万用户全部恢复供电。

7月8日　向家坝—上海±800kV特高压直流输电示范工程投入运行，这是世界上输送容量最大、送电距离最远、技术水平最先进、电压等级最高的直流输电工程。该工程由我国自主研发、自主设计和自主建设，是我国能源领域取得的世界级创新成果，代表了当今世界高压直流输电技术的最高水平。

同日　国家电网公司在总部及上海奉贤换流站和四川复龙换流站举行工程投运仪式。国家发展改革委副主任、能源局局长张国宝，国资委副主任黄丹华等出席主会场仪式并讲话，先后有18个省级党委、政府和38个国际组织、科研院所、电力企业、设备厂商向公司发来贺信。

7月9日　美国《财富》杂志发布2010年全球财富500强企业排名，国家电网公司在总排名中列第8位，比2009年上升了7位，在亚洲企业中排名第4位，在全球公用事业行业中继续排名第1位。本次中国（包括港台地区）共有54家企业进入500强，比2009年增加11家，国家电网公司在中国上榜企业中列第2位。

7月16～17日　国家电网公司在山东青岛召开2010年年中工作会议，刘振亚总经理作题为“筑牢基础　提高质量　深入扎实推进两个转变”的讲话。

7月16日　中共中央政治局委员、国务院副总理张德江，国务院国资委主任李荣融，上海市委副书记、市长韩正参观了上海世博会国家电网馆。

7月21日　国资委公布了中央企业负责人2009年度及第二任期（2007～2009）经营业绩考核结果名单，国家电网公司超额完成了上年度及第二任期考核目标，考核结果均为A级。同时，国家电网公司获得了国资委授予的“节能减排优秀企业”奖、“业绩优秀企业”奖和“科技创新特别”奖。

7月23日　人力资源和社会保障部、国家发展改革委联合印发《关于表彰国家西部大开发突出贡献集体和突出贡献个人的决定》，授予国家电网公司“国家西部大开发突出贡献集体”荣誉称号。

7月28～30日　国家电网公司举行青藏交直流联网工程开工仪式，中共中央政治局常委、国务院副总理李克强发来贺信，对工程开工表示祝贺。国家发展改革委主任张平，青海省省长骆惠宁，国家能源局副局长钱智民，国家电监会副主席王野平等在格尔木出席，国家发展改革委副主任、国家能源局局长张国宝，西藏自治区党委书记张庆黎，西藏自治区政府主席白玛赤林等在拉萨出席。

7月31日　国家电网公司举行青海玉树电网灾后重建暨结古110kV变电站工程开工仪式，并再次为玉树捐款1000万元。国家发展改革委主任张平，青海省省长骆惠宁，国家能源局副局长钱智民，国家电监会副主席王野平，青海省委常委、常务副省长徐福顺等出席。

8月3～4日　中共中央政治局常委、国务院总理温家宝在吉林省考察指导防汛抗洪工作，并视察丰满水库大坝，刘振亚总经理陪同参加。

8月7日　甘肃甘南藏族自治州舟曲县城发生强降雨，暴雨导致特大泥石流并形成堰塞湖，县城被淹，灾情十分严重，泥石流灾害造成172个配电台区1.1万用户停电。8～11日，栾军副总经理代表国家电网公司赴甘肃舟曲组织协调特大泥石流灾害后的电网抢修工作。8月15日，经抢修，受灾用户已基本恢复供电。

8月12日　国家电网公司召开特高压交直流示范工程总结表彰大会。党中央、国务院高度重视特高压工作，吴邦国、温家宝、贾庆林、李克强、贺国强、周永康、张德江等中央领导同志都作出重要批示。会上宣读了张德江副总理的重要批示。科学技术部党组书记、副部长李学勇，国务院国资委副主任黄丹华，国家电监会副主席王野平，国家能源局副局长钱智民，上海市副市长艾宝俊，四川省副省长陈文华，中国长江三峡集团公司董事长、党组书记曹广晶出席会议并讲话。

8月19日　中共中央、国务院和中央军委在青海西宁举行全国抗震救灾总结表彰大会。青海火电工程公司送电工程处线路班班长杜金玉烈士，以及青海省电力公司总工程师祁太元、武警水电第2总队8支队1大队政治教导员易道勇获得“全国抗震救灾模范”称号，青海省电力公司、武警水电第2总队5支队6中队获得“全国抗震救灾英雄集体”称号。

8月21日　由人民网主办的首届“低碳中国创新论坛”在北京隆重举行，论坛同时揭晓了2010低碳中国奖。国家电网公司特高压输电技术当选2010年度“低碳中国·十大创新技术产品奖”。

9月4日　中国企业联合会发布中国企业500强名单，国家电网公司以逾1.26万亿元的营业收入位列第二名。

9月9日　中共中央政治局委员、国务院副总理张德江到青海玉树考察灾后恢复重建工作，杨庆副总经理陪同参加。

9月13日　中共中央政治局常委、全国政协主席贾庆林视察浙江新安江电厂，王敏副总经理陪同参加。

9月25日　原中共中央总书记、国家主席、中央军委主席江泽民偕夫人王冶坪，在曾培炎、由喜贵等陪同下到国家电网公司总部视察调研并题词“建设坚强智能电网　服务经济社会发展”，公司党组成员陪同参加。

9月26日　中共中央政治局常委、中央书记处书记、国家副主席、中央军委副主席习近平参观上海高新技术产业化展览智能电网展区。

10月8日　在全国绿化委员会、国家林业局、国务院三峡办、中国绿化基金会、重庆市人民政府联合主办的“绿化长江重庆行动”启动仪式上，国家电网公司捐款2000万元，并造林绿化8500亩。

10月16日　向家坝—上海±800kV特高压直流输电示范工程已安全稳定运行100天，每天输送电力约200万kW，在电网迎峰度夏和在更大范围内优化配置能源资源发挥了显著作用。

10月20～21日　国家电网公司召开2010年第四季度工作会议，刘振亚总经理作题为“认真学习贯彻十七届五中全会精神　进一步推动公司科学发展”的报告。

截至10月31日　上海世博会国家电网馆成功接待参观者505万余人·次，接待VIP 8.8万余人。期间，中共中央政治局委员、国务院副总理张德江、全国人大常委会副委员长华建敏、科技部副部长杜占元等参观了国家电网馆。

11月2日　世界可持续发展工商理事会2010年度全体理事大会在上海举行，公司受邀正式加入世界可持续发展工商理事会。

11月3日　国家电网公司召开新疆—西北750kV电网联网工程、甘肃千万千瓦级风电一期外送工程投运仪式，中共中央政治局委员、国务院副总理张德江对工程作出重要批示。国家发展改革委副主任、国家能源局局长张国宝，甘肃省委书记、省人大常委会主任陆浩，国资委副主任黄丹华，国家电监会副主席王野平，新疆自治区党委常委、自治区副主席库热西·买合苏提等在京出席仪式。新疆维吾尔自治区党委副书记、自治区主席努尔·白克力，甘肃省委副书记、代省长刘伟平等分别在乌鲁木齐及酒泉出席仪式。

12 月 22 日 由世界品牌实验室独家编制的 2010 年度《世界品牌 500 强》排行榜在美国纽约揭晓，国家电网公司居第 86 位，较 2009 年第 95 位排名上升了 9 位。

12 月 23 日 国家电网公司 1000kV 晋东南—南阳—荆门特高压交流试验示范工程荣获 2010 年国家优质工程金奖，国家优质工程奖是 1981 年经国务院批准设立的我国工程建设质量方面的最高荣誉奖励。

12 月 27 日 中国 2010 年上海世界博览会总结表彰大会在人民大会堂举行。党和国家领导人胡锦涛、吴邦国、温家宝、贾庆林、李长春、习近平、李克强、贺国强、周永康出席大会。上海市电力公司等 5 个集体荣获“上海世博会先进集体”称号；上海市电力公司世博办秘书长车申刚等 3 位同志荣获“上海世博会先进个人”称号。

中国南方电网有限责任公司主要事件

1 月 11 日 南方电网与老挝北部电网 115kV 联网及 EPC（工程总承包）工程竣工投产，中老两国首次实现大规模电网互联。

1 月 19 日 广东省省情调查研究中心对外发布了《广东省地方政府公共服务公众评价调研报告》。报告显示：供电服务满意度高达 83.36 分，位居全省 37 项公共服务测评指标第一位，得到了广大居民的充分认可和普遍赞誉，也是唯一超过 80 分的公共服务项目。此前，广东电网公司已经连续 4 年蝉联广东十大服务行业居民满意度第一。

1 月 27～28 日 南方电网公司 2010 年工作会议暨一届三次职工代表大会在广州召开。国家发展改革委副主任、国家能源局局长张国宝，广东省委副书记、省长黄华华，国有企业监事会主席熊志军，国家电监会总监谭荣尧，国务院国资委研究局局长彭华岗，中电联专职副理事长魏昭峰出席会议并作重要讲话。

2 月 1 日 南方电网公司召开干部大会宣布了党中央、国务院关于公司主要领导变动的决定：袁懋振同志不再担任中国南方电网有限责任公司董事长、党组书记；赵建国同志任中国南方电网有限责任公司董事长、党组书记，免去赵建国同志的中国南方电网有限责任公司董事、总经理职务；交流钟俊同志任中国南方电网有限责任公司董事、总经理、党组成员。

4 月 8 日 南方电网公司副总经理王良友代表公司参加国务院国资委在京举行“中央企业支援云南、贵州、广西抗旱救灾第二批捐赠仪式”。公司作为中央企业第一批企业已直接向灾区捐款 1372 万元。截至 4 月 5 日，公司系统捐款 2147 万元。其中，员工个人捐款 1400 万元，企业及工会捐款 747 万元。

4 月 15 日 南方电网公司通过中国红十字基金会向青海玉树灾区捐款 500 万元，同时捐赠 110 台应急柴油发电设备，总容量 1543kW，总价值约 715 万元。

5 月 21 日 南方电网公司在广州发布 2009 年社会责任报告。经过中国社会科学院经济学部企业社会责任研究中心组成的评级小组评价，报告为中央企业中首份四星半报告，是目前国内评级最高的社会责任报告。

5 月 28 日 南方电网公司召开深入开展创先争优活动暨艰苦奋斗作风教育月活动动员大会，认真学习贯彻中央关于创先争优活动的部署要求，对公司系统深入开展创先争优活动进行动员和部署。

同日 在国家电监会组织的 2009 年度电力可靠性指标发布会上，深圳供电局被评为“全国供电可靠性 A 级金牌企业”。

6 月 16 日 在国家副主席习近平和老挝副主席本扬·沃拉吉的共同见证下，公司董事长、党组书记赵建国与老挝计划投资部部长辛拉翁·库派敦签署了《南方电网公司投资建设老挝国家电网项目谅解备忘录》和《老挝南塔河 1 号水电站项目开发协议》。

6 月 18 日 云广特高压直流输电工程启动送电成功，南方电网公司董事长、党组书记赵建国正式宣布云南至广东±800kV 特高压直流输电工程竣工投产。国家发展改革委副主任、国家能源局局长张国宝发来贺信。

同日 国资委同意贺锡强为南方电网公司副总经理人选。

6 月 30 日 南方电网公司出席“广东扶贫济困日”启动仪式，认捐 1500 万元，其中员工捐款 340.4 万元。

7 月 6 日 南方电网统调负荷首次突破 1 亿 kW 大关，达 1.013 亿 kW。

7 月 8 日 美国《财富》杂志公布 2010 年全球 500 强企业排行榜。南方电网公司排名第 156 位，较 2009 年上升 29 位。

7 月 21 日 国务院国资委公布了 2009 年度和 2007～2009 年任期经营业绩考核结果，南方电网公司被评为年度经营业绩考核 A 级，并获得 2007～

2009 年任期“业绩优秀企业奖”。

7 月 23 日 首届国家能源科技进步奖颁奖仪式在人民大会堂举行。南方电网公司《高压直流输电工程系统研究成套设计自主化技术开发与工程实践》获国家能源科技进步奖三等奖，这也是本次评选中电网领域唯一获奖项目。

8 月 6 日 南方电网公司召开南方电网科学研究院干部大会，正式宣布成立南方电网科学研究院。

8 月 13 日 南方电网公司召开南方电网传媒有限公司干部大会，正式宣布成立南方电网传媒有限公司。

8 月 18 日 中央企业电动车产业联盟成立，南方电网公司成为中央企业电动车产业联盟充电与服务专业委员会的重要成员。

9 月 14 日 南方电网公司召开电视电话会议，正式全面启动一体化管理推进工作。

9 月 25 日 孙晓毅任南方电网公司党组成员、党组纪检组组长。

9 月 26 日 经南方电网 4400 多人持续 7 天的全力抗击，台风“凡亚比”所有重灾区实现全面复电，灯火重新温暖 28.4 万户人家。

10 月 1～15 日 强降雨天气带来洪涝灾害，共造成海南电网 2100 多个台区停电，受灾用户约 340 000家。经过公司全力抢险，10 月 15 日海南 16 个受灾县市全部恢复供电。

11 月 1 日 广州亚运会保电实施阶段启动仪式举行，标志着广州亚运保供电工作全面进入实施阶段。

11 月 4 日 贵州省委、省政府与南方电网公司在贵阳签署《战略合作框架协议书》。

12 月 19 日 随着第十六届广州亚运会和第十届亚残运圆满闭幕，南方电网公司经受了组建以来规格最高、难度最大、介入最深、投入人员最多的保电任务的严峻考验，确保了各项涉亚活动的安全可靠供电，兑现了“举全网之力确保广州亚运会供电万无一失”的庄严承诺，获得社会各界的充分肯定和高度赞扬。

12 月 20 日 南方电网综合能源有限公司在广州举行挂牌成立仪式。

12 月 27 日 国家能源局在广州召开南方电网节能发电调度运行启动会议，宣布南方电网五省区节能发电调度全面启动，标志着南方电网节能发电调度已经走在了全国前列。

12 月 27 日 国家能源局组织广东、贵州、云南省政府和南方电网公司举行“十二五”西电东送框架协议签字仪式，“十二五”期间南方电网西电东送规模将达 4300 万 kW，比目前新增 1790 万 kW，累计送电量 7910 亿 kWh。

中国华能集团公司主要事件

1 月 5 日 中国华能集团公司召开发电装机 1 亿千瓦标志性机组授牌仪式暨绿色发展行动计划启动大会。会议宣读了公司“绿色发展行动计划”和集团公司 9000 万 kW 和 1 亿 kW 标志性机组的授牌决定、关于表彰 2009 年度前期工作先进单位和基建投产先进单位的决定，并为受表彰单位颁发奖牌。

1 月 9 日 中国华能集团公司援建的藏中电网过渡应急电源首批 4 台机组投产暨移交生产仪式在拉萨市举行，标志着应急电源工程提前完成投产计划，每天可发电 60 万 kWh 以上，有力地缓解了拉萨地区冬季严重缺电局面。

1 月 12～18 日 中共中央政治局常委、国务院副总理李克强，中共中央政治局委员、国务院副总理张德江分别对华能集团 2009 年工作做出重要批示。李克强同志的批示是：华能集团 2009 年工作成绩显著，谨表祝贺。新的一年，望继续奋发图强，拼搏进取，在科学发展上再迈新步伐。张德江同志的批示是：2009 年，中国华能集团公司攻坚克难、锐意进取，安全生产总体平稳，经济效益稳步提升，节能减排成效显著，技术创新取得进展，对公司取得的成绩表示热烈的祝贺！希望中国华能集团公司在新的一年里，深入贯彻落实科学发展观，继续深化改革，加强安全生产，加大结构调整力度，提高发展质量效益，增强综合实力，努力完成全年各项目标任务，为促进国民经济平稳较快发展和维护社会和谐稳定作出新的贡献。

1 月 20～21 日 中国华能集团公司在京召开 2010 年工作会议。会议总结了 2009 年工作，部署了 2010 年任务。

1 月 22 日 中国华能集团公司在京召开党的建设工作会议。会议深入学习贯彻党的十七届四中全会、全国国有企业党的建设工作会议精神，总结和回顾了公司十六大以来党建工作取得的成绩和经验，全面部署公司党建工作各项任务，动员公司系统广大党员干部以改革创新精神加强和改进党的建设，为建设具有国际竞争力的综合能源集团提供坚强保证。

1 月 28 日 华能集团援建藏中电网拉萨过渡电源项目最后一台机组顺利通过 72h 试运行并移交西藏自治区政府、西藏电力公司，至此，拉萨过渡电源项目提前一个月全面建成。

2 月 8 日 中国华能集团公司与黑龙江省政府签署深化能源领域战略合作协议。双方同意在黑龙江省境内投资开发煤电一体化项目，共同加快推进鹤岗电厂、新华电厂等扩建项目和伊春等热电联产项目的前期工作，进一步加大风电、水电等清洁能源的开发力度，扩大在黑龙江风电、核电、火电等能源领域的投资。

3月6日 中国华能集团公司和辽宁省政府签署《关于加快核电项目开发建议的会商纪要》。根据纪要，双方将进一步深化在能源领域的合作，共同加快核电项目开发建设。

3月30日 中国华能集团公司和中国船舶重工集团公司签署战略合作协议。根据协议，集团公司将与中船重工在火电、水电、新能源、煤炭开发，交通及物流系统建设和金融服务等领域开展全方位合作，不断加快我国能源结构调整优化步伐和能源装备制造业的国产化进程。

4月1日 中国华能集团公司与安徽省签署《加强能源领域战略合作框架协议》。根据协议，集团公司将在安徽省进行相关项目的投资开发和建设运营。

4月17日 华能长春热电厂2号机组通过168h试运行，投入商业运营，标志着全国首座国产35万kW超临界燃煤供热机组电厂、吉林省第一个“上大压小”火电项目两台机组全部建成投产。

4月22日 中国华能集团公司与重庆市人民政府签署《关于加强能源战略合作的协议》。根据协议，中国华能集团公司将积极参与重庆市中长期能源保障体系和煤电基地建设，加大清洁能源和可再生能源投资力度，积极应对气候变化，建设“宜居重庆”，携手转变重庆市能源发展方式。

4月23日 华能伊敏煤电公司露天矿“数字化露天矿建设”项目荣获2009年全国煤炭企业管理现代化创新成果一等奖。

4月25日 由华能集团和中国核工业集团公司共同出资建造的海南昌江核电工程正式开工。海南昌江核电工程采用“二代改进型”核电技术，一期建设两台65万kW核电机组，总投资近190亿元，集团公司在海南昌江核电持股比例为49%。

4月30日 亚洲最大的太阳能光伏试验示范电站——华能石林并网光伏电站一期10MW工程全部建成并顺利并网发电。电站建设规模为100MW，分四期建设，总投资约50亿元。

5月14日 深圳证券交易所将新能泰山公司股票简称由“*ST能山”变更为“ST能山”。

5月20日 国内首台实施脱硝改造的百万千瓦超超临界机组——华能玉环电厂2号机组烟气脱硝改造系统顺利通过168h试运行，移交生产。在7天的试运行中烟气脱硝系统平均脱硝效率为82.53%，大于设计值80%，各项指标均符合设计要求。

5月24日 中国华能集团公司在京和6家国内主要风电机组设备制造商签署了总价806 037万元、装机规模近180万kW的风电机组设备集中招标采购总体框架协议。根据协议，中国东方电气集团有限公司、上海电气集团总公司、中国船舶重工集团公司、浙江省机电集团公司、华锐风电科技（集团）有限公司、广东阳明风电产业集团有限公司分别向华能集团公司提供29.7万、30万、30万、29.7万、29.7万、29.7万kW的风力发电机组设备，用于华能在东北、蒙西、西北和东南沿海等地风电场的建设运营。

5月28日 天津IGCC电站示范工程利用亚洲开发银行贷款和赠款签约仪式在京举行。国家财政部和亚洲开发银行签署了贷款协议和赠款协议；亚洲开发银行与中国进出口银行、华能集团公司、绿色煤电有限公司、华能（天津）煤气化发电有限公司签署了贷款项目协议和赠款项目协议。根据协议，亚行将向天津IGCC项目提供1.35亿美元贷款，期限26年，宽限期6年，同时提供500万美元赠款。

6月7日 中国华能集团公司与新疆维吾尔自治区人民政府签署加快实施能源领域战略合作协议。根据协议，未来10年，集团公司将在疆投资1000亿元以上，立足准东、吐哈“两大能源基地”，尽快启动准东能源基地建设、加快吐哈能源基地建设、大力发展热电联产项目、稳步开发流域梯级水电、积极发展其他清洁能源、继续加大对口援疆和扶贫力度。

6月8日 “华能新疆准东能源开发有限公司揭牌暨华能准东40亿标准m^3/年煤制天然气项目奠基仪式”在华能新疆准东能源产业基地举行。华能准东煤制天然气项目依托准东大井煤矿，一期建设规模为40亿标准m^3/年，2010年开工建设，2013年建成投产；二期建设规模20亿标准m^3/年，计划于2012年开工建设，2016年建成投产。

6月11日 中国华能集团公司与青海省政府签署了《电源建设投资合作协议》。根据协议，集团公司将在青海省西宁、民和、格尔木三地开发建设热电联产、火电及并网光伏电站项目。

6月17日 中国华能集团公司与中国南车集团公司在京签署战略合作框架协议。根据协议，双方将共同致力发展新能源产业，通过资本、技术、设备、市场等方面的合作，加强在风力发电、光伏、燃气发电等产业领域的全面合作。

6月24日 中国华能集团公司援建阿勒泰阿克达拉水库扩建工程举行开工奠基仪式。阿克达拉水库总库容5400万立方米，扩建工程计划总投资3897.39万元。工程建成后可通过灌区节水，增加灌区调节能力，为农牧民增产增收创造条件。工程可控制灌溉面积47.5万亩，对推动当地经济发展、改善民生具有重要意义。

7月7日 中国华能集团公司机组日发电量突破16亿，达到16.12亿kWh，约占全国当日发电量的12.3%，创造了国内发电集团日发电历史新纪录。

7月8日 《财富》杂志官方网站发布了2010年《财富》世界企业500强排行榜，中国华能集团公司再入榜单，排名313位，比2009年上升了112位。

7月23日 国资委公布中央企业2009年度及2007～2009年中央企业负责人第二任期经营业绩考核结果，中国华能集团公司均获A级，被授予“业绩优秀企业”称号，同时还被授予“科技创新特别奖”和“节能减排特别奖”。

8月16日 华能援建西藏阿里过渡电源项目首台3号机组顺利通过72h试运行，移交阿里电力公司，投入商业运行。

8月22日 华能小湾水电站6号机组顺利通过72h试运行，正式并网发电。至此，华能小湾水电站6台共420万kW机组全部投产。

同日 由中国华能集团公司牵头组织的国家科技部“十二五”支撑计划重大项目“在役大型燃煤电站运行优化及污染物控制关键技术与示范”可行性报告通过专家审查。

8月25日 “全国水电装机突破2亿kW标志性机组揭牌仪式”在华能小湾水电站举行。会议命名华能小湾电站4号机组为全国水电装机突破2亿kW标志性机组。

9月14日 中国华能集团公司与中国航天科技集团公司签署战略补充协议。根据协议，双方将在火力发电环保、煤的高效清洁利用、采煤机械、信息技术、人力资源等领域进行广泛而深入的合作，进一步推动共同发展，不断提升我国企业在相关领域的科技竞争力。

9月16日 中国华能集团公司与山西省政府、太原市政府在太原分别签署了关于进一步加强低碳煤电技术及经济发展领域合作的框架协议。

9月25日 中国华能集团公司在拉萨与西藏自治区政府签订了《进一步加强能源经济领域战略合作补充协议》。

9月27日 西藏“十一五”规划的重点项目、西藏第一座大型水电站——华能藏木水电站正式开工建设。藏木水电站是中国华能集团公司和西藏自治区政府加强能源经济领域合作、携手开发西藏清洁能源的第一个大型水电项目。设计安装6台8.5万kW水电机组，总装机容量51万kW，以发电为主，兼有下游防洪和灌溉等综合开发任务。

10月13日 由华能集团公司所属西安热工院开发研制的我国具有自主知识产权的首台2000t/d（2000吨/天）干煤粉加压气化炉成功制造完成。此举标志着我国自主知识产权的两段式干煤粉加压气化技术在大规模工业化的道路上又迈出了重要一步。也标志着我国自主知识产权的、代表世界清洁煤技术前沿水平的“绿色煤电”计划取得重要进展。

11月10日 由中国华能集团公司完成的“燃煤电厂12万t/年二氧化碳捕集装置研制及工程示范”项目在上海通过了由国家能源局组织的技术成果鉴定。鉴定委员会一致认为，该项目取得的成果达到了同类二氧化碳捕集技术国际领先水平。

11月24日 华能澜沧江水电有限公司与缅甸亚洲世界公司、缅甸电力一部水电规划司在缅甸首都内比都共同签署了瑞丽江二级水电项目协议备忘录（MOA）。瑞丽江二级水电站装机52万kW，由中缅双方按BOT方式投资开发。该项目是澜沧江公司实施“走出去”战略在缅甸瑞丽江流域规划建设的第二个水电项目。此举标志着双方在电力开发与能源合作上再一次取得突破。

12月18日 中国华能集团公司所属华能国际电力股份有限公司在由上海证券交易所、国资委及经济合作与发展组织（OECD）联合举办的“第九届中国公司治理论坛”荣获“2010年度董事会奖”，这是迄今为止国内证券监管机构在公司治理领域给予上市公司的最高荣誉。

12月23日 国家优质工程表彰大会在人民大会堂举行。会议通报表彰了5项国优工程金奖和139项银质奖。华能海门电厂一期（2×100万kW）工程荣获金质奖，是全国电力系统唯一一个“国家优质工程全过程质量控制示范工程”，同时也实现了该奖项从1981年设立以来广东省电力项目“国优金奖”零的突破。华能日照电厂二期（2×68万kW）工程、华能瑞金电厂新建（2×35万kW）超临界机组工程、华能巢湖发电有限责任公司一期工程、浙江华能玉环电厂二期工程、华能通辽宝龙山风电场（14.85万kW）工程、华能镇赉马力风电场一期（4.95万kW）工程、华能洮北风电场二期扩建（4.95万kW）工程、云南省大理市华能大风坝风电场（4.95万kW）工程、华能寿光风力发电项目一期（4.95万kW）工程等9个建设项目获得银奖。

中国大唐集团公司主要事件

1月14日 中共中央政治局委员、国务院副总理张德江对中国大唐集团公司作出重要批示：祝贺中国大唐集团公司提前一年实现集团公司发展战略第二阶段目标。希望中国大唐集团公司在新的一年里，深入贯彻落实科学发展观，大力推进发展方式转变，加快电源结构调整步伐，努力提高发展质量和效益，坚持管理创新，坚持安全生产，切实做好保障电力稳定供应，为圆满完成公司发展战略第三阶段目标而努力奋斗！

1月22日 在北京举行的以“开启中国式责任”为主题的第五届中国·企业社会责任国际论坛暨2009最具责任感企业颁奖典礼上，中国大唐集团公司被授予“2009最具责任感企业”荣誉称号。

1月25日 中国大唐集团公司党组书记、总经理，大唐国际发电股份有限公司董事长翟若愚在北京会见伦敦证券交易所首席执行官罗列特，双方就大唐国际发电股份有限公司的发展以及进一步加强在资本市场上的合作等问题进行了广泛而深入的会谈，并达成一致共识。

1月28日 中国共产党中央委员会下发《关于赵建国等3名同志职务任免的通知》，钟俊同志任中国南方电网有限责任公司总经理。

同日 中国共产党中央委员会下发《关于刘顺达等3名同志职务任免的通知》，刘顺达同志任中国大唐集团公司董事长，陈进行同志任中国大唐集团公司总经理；免去翟若愚同志的中国大唐集团公司总经理职务。

同日 中国共产党中央委员会下发《关于刘顺达、翟若愚同志职务任免的通知》（中委［2010］34号），刘顺达同志任中国大唐集团公司党组书记，免去翟若愚同志的中国大唐集团公司党组书记职务。

2月1日 中国大唐集团公司领导班子调整宣布大会在北京召开。中共中央组织部干部五局局长高选民在会上宣布关于集团公司领导班子调整的决定并作重要讲话。根据中国大唐集团公司改革发展的需要和领导班子建设的实际，经中央同意，中国大唐集团公司设立董事会。

2月6日 大唐国际发电股份有限公司与北京市燃气集团有限责任公司《北京地区燃气热电联产项目天然气供应合作框架协议》签字仪式在北京举行。国家发展和改革委员会副主任、国家能源局局长张国宝，北京市委常委、市人民政府常务副市长吉林，中国大唐集团公司董事长、党组书记刘顺达，董事、总经理、党组成员陈进行出席签字仪式。

按照该协议，双方将以大唐国际发电股份有限公司北京高井热电厂扩建燃气热电项目为龙头，共同开发新的燃气热电项目，积极为优化北京能源结构和城市发展提供清洁高效的集中热源。

2月7日 国务院下发《关于刘顺达任职的通知》，任命刘顺达为中国大唐集团公司董事长。

同日 国务院下发《关于同意陈进行、翟若愚职务调整的通知》，同意陈进行为中国大唐集团公司总经理人选；翟若愚不再担任中国大唐集团公司总经理职务。

同日 中共国务院国有资产监督管理委员会委员会下发《关于陈进行、钟俊同志职务任免的通知》，陈进行同志任中国大唐集团公司党组成员；免去钟俊同志的中国大唐集团公司党组成员职务。

3月3日 中国大唐集团公司与中国海运（集团）总公司签署《战略合作框架协议》。

3月5日 国家发展改革委核准辽宁阜新大唐国际煤制天然气项目。项目建设地点为辽宁省阜新市新邱区长营子镇。项目建设规模为年产40亿标准m^3煤制天然气，副产焦油50.9万t、石脑油10.1万t、粗酚5.8万t、硫磺11.4万t、硫氨18.8万t，年耗煤2022万t，年耗水2629万t。配套建设厂区至沈阳主干线、沈阳至本溪支线、沈阳至铁岭支线、铁岭至抚顺支线的天然气管道输出工程，输气管线全长334km。

3月29日 辽宁大唐国际阜新煤制天然气及输气管线工程开工仪式在辽宁省阜新市举行。辽宁省委书记王珉，国家发展改革委副主任、国家能源局局长张国宝，辽宁省人民政府省长陈政高出席开工仪式。

3月30日 在中央企业团工委、中央企业青联、国家科学技术奖励工作办公室和中国企业联合会召开的“神华杯”第二届中央企业青年创新奖表彰大会上，中国大唐集团公司有4项青年创新成果受到表彰，其中银奖1项、铜奖1项、优秀奖2项。

4月26日 中国大唐集团公司河南分公司、汉江水利（集团）有限责任公司、湖北汉江现代水利有限责任公司《合作开发湖北汉江碾盘山水利水电枢纽工程协议》签字仪式举行。

4月27日 2010年全国劳动模范和先进工作者表彰大会在北京人民大会堂召开。中国大唐集团公司安全生产部主任高智溥，大唐黑龙江发电有限公司党组书记、总经理张春雷，龙滩水电开发有限公司党组成员、副总经理龙先进，阳城国际发电有限责任公司仪电设备管理部计算机班系统管理员李红荣获“全国劳动模范”称号。

5月20～22日 在中国能源化学工会全国委员会、中国电力企业联合会联合举办的全国火电60万kW级机组能效对标及竞赛第十四届年会上，中国大唐集团公司有10台机组获奖。其中，韩城第二发电公司1号机组、天津大唐国际盘山发电公司4号机组获得一等奖；淮南洛河发电厂6号机组、河北大唐国际王滩发电公司1号和2号机组获得二等奖；广东大唐国际潮州发电公司1号和2号机组、韩城第二发电公司2号机组、浙江大唐国际乌沙山发电公司1号和2号机组获得三等奖。

5月21日 中共中央政治局委员、国务院副总理张德江到宁夏大唐国际大坝发电有限责任公司考察调研。

5月27～30日 在国务院国资委主办的2010北京“嘉克杯”国际焊接技能大赛上，中国大唐集团公司4名参赛选手总成绩名列此次比赛中央企前列。其中，淮北发电厂张浩获得“手工钨极氩弧焊”第二名、洛阳首阳山发电厂申俊宽获得“氧—乙炔气焊”第三名、田家庵发电厂杨昆获得“手工焊条电弧焊”第六名、洛阳首阳山发电厂获得“手工二氧化碳气体保护焊”第七名。

5月28日 在国家电力监管委员会电力可靠性管理中心举办的2010年电力可靠性指标发布会上，发布了30万kW级、60万kW级火力发电机组可靠性“金牌机组”名单。中国大唐集团公司有3台机组获得“金牌机组”称号，分别是：天津大唐国际盘山发电公司4号机组、淮南田家庵发电厂6号机组、阳城国际发电公司2号机组。

6月10日 中国大唐集团公司召开全面责任管理全员业绩考核工作动员大会，贯彻落实国资委《关于进一步加强全员业绩考核工作指导意见》，部署集团公司推进全面责任管理、全员业绩考核工作。

6月18日 中共国务院国有资产监督管理委员会委员会下发《关于杨庆同志免职的通知》，免去杨庆同志中国大唐集团公司党组成员职务。

6月28～29日 中国大唐集团公司党建、人才、思想政治工作会议暨创先争优活动动员大会召开。本次会议既是集团公司例行召开的第四次党建、人才、思想政治工作会议，也是专门部署创先争优活动的动员大会。

6月29日 全国人大常委会副委员长陈至立到大唐灞桥热电厂视察工作。

7月1日 中国大唐集团新能源股份有限公司创立大会暨第一次临时股东大会、第一届董事会第一次会议、第一届监事会第一次会议在集团公司总部召开。

7月2日 中共国务院国有资产监督管理委员会委员会发文通知，任命王森同志为中国大唐集团公司党组成员。国务院国有资产监督管理委员会发文通知，任命王森为中国大唐集团公司副总经理。

7月6日 东海大桥10万kW级海上风电示范项目并网发电仪式在上海举行。该风电场是我国首个大型海上风电示范项目，也是我国自行设计、建造的第一个商业化运营的海上风电项目。

7月8日 《财富》杂志发布2010年度世界500强企业最新排名，集团公司首次入选世界500强企业，以214.60亿美元的营业收入位居412位。

7月12日 内蒙古自治区党委书记、自治区人大常委会主任胡春华考察大唐能源化工公司克什克腾煤制气项目。

7月15日 中国大唐集团新能源股份有限公司成立大会召开。中国大唐集团公司董事长、党组书记刘顺达与国资委产权管理局副局长谢军共同为中国大唐集团新能源股份有限公司揭牌。中国大唐集团公司董事、总经理、党组成员陈进行出席成立大会并讲话。

7月31日 中国大唐集团公司印发《关于开展“求真务实铸精品，同心跨越尽人才，创新发展出效益”创先争优主题实践活动的实施意见》，对开展创先争优活动的重要意义、总体要求、活动主题、基本原则、活动目标、主要内容、方法步骤、加强组织领导等方面进行了阐述，对实施“阳光工程”、“绿色工程”、“快乐工程”作出部署。

8月6日 中国大唐集团公司召开总部全体员工大会。会议旨在认真贯彻国资委中央企业负责人会议精神，进一步落实集团公司今年各项重大会议的工作部署，深刻分析当前面临的新形势、新任务，强化集团公司总部“四个中心”职能定位，并以加强集团公司总部建设为抓手，着力增强集团管控能力，着力提升“三个能力”，进一步明确下阶段发展的新思路、新举措，为实现集团公司的科学发展奠定坚实基础。

8月12日 中国大唐集团公司与新疆维吾尔自治区人民政府在乌鲁木齐市签署了加快实施能源领域战略合作框架协议。集团公司董事长、党组书记刘顺达，新疆维吾尔自治区党委副书记、自治区主席努尔·白克力出席签字仪式。集团公司董事、总经理、党组成员陈进行与新疆自治区党委常委、自治区副主席库热西·买合苏提代表双方在协议上签字。

8月14日 中国大唐集团公司与中国中煤能源集团有限公司签署《战略合作框架协议》。

8月20日 大唐国际发电股份有限公司召开第七届一次董事会。会议选举中国大唐集团公司董事长、党组书记刘顺达为大唐国际发电公司董事长，大唐国际发电公司党组书记、总经理曹景山为副董事长。

8月31日 中国大唐集团公司与兵器装备集团公司签署战略合作协议。根据协议，双方将在光电、风电等新能源产业开发、电力装备制造与交流、海外能源项目开发等方面共同合作。

9月8日 中国大唐集团公司与西藏自治区人民政府在拉萨签署了《关于进一步加强西藏能源项目合

作的补充协议》。此项协议是集团公司与西藏自治区人民政府在2003年签订《投资开发西藏境内怒江水电资源合作意向书》的基础上，结合西藏“十二五”能源发展规划制定的西藏能源项目合作补充协议。

9月15日 中国大唐集团公司与山西省人民政府签署关于进一步加强能源领域合作的框架协议。

9月17日 中国大唐集团公司董事长、党组书记刘顺达在北京会见日本住友商事株式会社社长加藤进，双方就如何加深新能源领域合作等问题进行了广泛而深入的会议，并达成一致共识。

9月19～21日 由中共中央宣传部主办的第七届中国公民道德论坛在济南举行。中国大唐集团公司董事长、党组书记刘顺达作为央企唯一代表，应邀出席了第七届中国公民道德论坛，并做了《践行社会主义核心价值体系，建设阳光、绿色、快乐的中国大唐》的典型发言。

9月27日 大唐华银株洲攸县煤电一体化项目开工仪式在湖南省攸县举行。

9月29日 中国大唐集团公司与天津市人民政府签署《能源项目开发和建设合作协议》、《天津经济技术开发区（南港开发区）公用工程岛项目合作开发协议》。根据协议，大唐集团公司将天津作为重点战略发展区域，在科技、环保、循环经济等方面，挑选技术领先且适合当地情况的项目，加大投资力度，加快项目开发建设，积极支持天津市新能源产业基地的发展建设。

10月12日 国家发展改革委副主任刘铁男到内蒙古大唐国际托克托发电有限责任公司调研迎峰度冬工作，并到内蒙古大唐国际再生资源开发有限公司考察。

10月18日 国务院安全生产委员会授予中国大唐集团公司“2010年全国安全生产月活动优秀单位”荣誉称号。

11月4日 中国大唐集团公司与山东省人民政府《能源战略合作框架协议》。根据协议要求，双方将在百万千瓦级火力发电、热电联产项目、煤电一体化等综合利用项目的电源建设；海、陆风电，太阳能光伏，生物质和垃圾发电等清洁能源项目的电源建设；在以电源开发、科研、营销为一体的基地、海水淡化生产研发和设备制造基地等方面展开全面合作。

11月11日 全国政协主席贾庆林与哈萨克斯坦总理马西莫夫在哈萨克斯坦首都阿斯塔纳举行会谈并共同出席了中哈相关企业合作文件签字仪式。在两国领导人见证下，中国大唐集团公司董事长、党组书记刘顺达与哈萨克斯坦萨姆鲁克卡兹纳国家财富基金股份公司签署了《可再生能源领域合作备忘录》。

11月23日 “央企精神家园网上展播”活动系列访谈首场“打造央企精神家园——对话中国大唐集团公司”举行。中国大唐集团公司董事长、党组书记刘顺达接受中国文明网专访，就大唐集团精神文明建设等问题与网民进行了在线交流。

12月6日 中共中央政治局委员、广东省委书记汪洋到广东大唐国际潮州发电有限责任公司考察。

同日 大唐信阳公司2×660MW超超临界机组工程荣获中国建设工程质量最高奖——鲁班奖。

12月17日 大唐新能源股份有限公司在香港联交所主板成功挂牌上市，成为本年度国内唯一在香港上市的纯可再生能源公司。

12月27日 中国大唐集团海外投资有限公司与老挝人民民主共和国政府签署能源项目开发协议。

中国华电集团公司主要事件

1月15日 中国华电集团公司与中国船舶重工集团公司战略合作协议签字仪式在北京中国华电大厦举行。国务院国资委副主任邵宁出席仪式并讲话。

1月20日 中国电力企业联合会在北京人民大会堂召开发布会，华电国际邹县发电厂荣获全国首家“资源节约型、环境友好型一流发电厂”称号。

1月26～27日 中国华电集团公司2010年工作会议在京召开。中共中央政治局常委、国务院副总理李克强，中共中央政治局委员、国务院副总理张德江作出重要指示，充分肯定了华电集团2009年各项工作，并提出下一步工作要求。国家发展改革委主任张平，国务院国资委主任李荣融，国家电监会主席王旭东，国家发展改革委副主任、国家能源局局长张国宝分别作出批示。集团公司总经理云公民作了题为《加快转变发展方式，加大管理创新力度，全力推进实施五年发展纲要》的工作报告，党组书记李庆奎作了总结讲话。

3月7日 乌江清水河格里桥水电站2号发电机组顺利通过72h试运行，正式投入商业运营。至此，贵州乌江水电开发有限责任公司（中国华电集团公司贵州公司）发电装机容量达到1004.5万kW，成为贵州省装机规模最大的发电企业。

3月20日 华电国际莱州电厂一期2×1000MW级机组工程开工仪式举行。集团公司总经理、党组副书记云公民出席仪式并讲话，公司党组书记、副总经理李庆奎主持开工仪式，山东省委副书记、省长姜大明宣布工程开工令。该电厂为国内首座生态电厂。

3月31日 中国华电集团公司总经理、党组副书记云公民在柬埔寨首都金边会见了柬埔寨首相洪森。洪森欢迎华电集团在柬埔寨能源领域投资发展。

4月1日　由中国华电集团公司投资建设的柬埔寨额勒赛下游水电项目开工仪式在金边举行，标志着额勒赛下游水电站工程建设拉开了序幕。柬埔寨副首相兼经济和财政大臣吉春、柬埔寨工矿能源部部长瑞赛、中国驻柬埔寨大使馆参赞贺乐平、集团公司总经理、党组副书记云公民出席仪式并为项目奠基碑揭幕。

4月2日　国家电监会在京举行华电贵州公司与贵州电网公司历史争议电费调解协议签字仪式。国家电监会党组书记、主席王旭东，党组成员、副主席王禹民，集团公司党组书记、副总经理李庆奎，公司党组成员、副总经理任书辉，南方电网公司党组成员、总经理钟俊出席签字仪式。国家电监会总监谭荣尧主持仪式。

4月9日　中国华电集团公司2009年社会责任报告发布会暨“中国企业社会责任研究基地”揭牌仪式在集团总部举行。集团公司总经理、党组副书记云公民致辞，公司党组书记、副总经理李庆奎主持会议。

4月27～28日　中国华电集团公司党的建设工作会议在京召开。会议印发了《关于以改革创新精神加强和改进公司系统党的建设工作的意见》等5个文件。

4月28～29日　中国华电集团公司在山东烟台举行的山东百年电力发展股份有限公司84.31%股权及管理交接仪式。

5月13日　中国华电集团公司海外投资、自主建设、自主运行维护的第一个电源项目——印尼阿萨汉一级水电站两台机组成功并网发电。印尼阿萨汉一级水电站位于印度尼西亚的北苏门答腊岛，建设两台9万kW水电机组，设计年发电量11.75亿kWh，总投资2.47亿美元。

5月21日　瑞典驻华使馆、中国科学技术部和国务院发展研究中心共同主办了“中瑞创新论坛”。在中共中央政治局常委、国务院副总理李克强，瑞典国王卡尔十六世·古斯塔夫（Carl XVI Gustaf）的共同见证下，集团公司党组成员、副总经理邓建玲与瑞典碳资产管理公司首席执行官尼尔斯·瑞伯格（Niels von Zweigbergk）分别代表双方签署了《清洁发展机制全面战略合作框架协议》。

同日　广东韶关市坪石发电厂有限公司（B厂）100%股权及管理交接仪式在广东韶关市举行，坪石发电厂正式成为华电国际的控股子公司。

6月1日　华电新疆乌鲁木齐热电厂热电联产工程暨新疆首台33万kW机组投产发电剪彩仪式举行。

6月3日　中国华电集团公司与通用电气（中国）有限公司战略合作谅解备忘录签字仪式在华电大厦举行。

6月23日　新疆维吾尔自治区人民政府与华电集团能源经济领域战略合作签字协议在乌鲁木齐市举行。

6月28日　贵州华电桐梓发电有限公司举行2×600MW机组工程开工奠基仪式。

7月2～3日　中国华电集团公司2010年中工作会议在京召开。集团公司总经理、党组副书记云公民作了题为《真抓实干，攻坚克难，全力确保完成年度目标任务》的工作报告。集团公司党组书记、副总经理李庆奎作总结讲话。

7月10日　国家发展改革委副主任、国家能源局局长张国宝到广州大学城华电新能源有限公司考察。

8月26日　中国水电100年纪念大会及中国第一座水电站揭牌仪式、石龙坝水电博物馆授牌仪式在云南昆明举行。中共中央政治局常委、国务院副总理李克强发来贺信。中国华电集团公司石龙坝水电站被授予“中国第一座水电站”和“石龙坝水电博物馆”称号。

8月30日　中国华电集团控股开发建设的印尼巴淡岛丹绒卡桑2×55MW火力发电站项目举行奠基仪式。

9月27日　在国家主席胡锦涛和俄罗斯总统梅德韦杰夫的共同见证下，中国华电集团公司总经理、党组副书记云公民与俄罗斯第二地区电力公司董事长科罗廖夫、中国工商银行董事长姜建清在人民大会堂共同签署了《华电捷宁斯卡娅燃机项目合作备忘录》。

9月30日　中国华电集团公司与陕西省榆林市人民政府在北京举行陕西榆林天然气化工有限公司重组合作框架协议签字仪式。

10月20日　中国华电集团公司与贵州省人民政府在贵阳签署战略合作框架协议。

10月22日　中国华电集团公司在京召开管理创新推进会议。总经理、党组副书记云公民作了题为《深化管理创新，加快战略转型，全力创造可持续价值》的重要讲话，党组书记、副总经理李庆奎作了总结讲话。

11月3日　华电福新能源有限公司揭牌仪式在京举行。福新能源公司是中国华电集团公司全力打造的清洁能源业务发展平台。

11月4日　在中共中央政治局常委、全国人大常委会委员长吴邦国和柬埔寨王国总理洪森的共同见证下，集团公司党组成员、副总经理程念高与柬埔寨工业矿产能源部部长瑞赛在柬埔寨总理府共同签署了《柬埔寨斯雷波三级、四级项目可行性研究合作备忘录》。

11月16日 中国华电集团公司与世富（天津）股权投资基金管理公司关于《华电煤业集团有限公司增资协议书》签约仪式在集团总部举行。

11月18日 内蒙古蒙泰不连沟煤业有限责任公司铁路专用线及煤炭物流配送中心项目正式开工。集团公司党组书记、副总经理李庆奎，集团公司党组成员、副总经理程念高出席开工典礼并剪彩。

12月26日 国家电力监管委员会党组书记、主席王旭东到华电新疆公司所属乌鲁木齐热电厂调研。

12月28日 中国华电集团公司投资建设的柬埔寨额勒赛下游水电项目成功实现大江截流。柬埔寨王国首相洪森，中国驻柬大使潘广学，集团公司总经理、党组副书记云公民，集团公司党组成员、副总经理邓建玲出席截流仪式。

同日 全球首台百万千瓦超超临界空冷发电机组——华电宁夏灵武发电有限公司二期工程3号机组通过168h满负荷试运行。

中国国电集团公司主要事件

1月6日 中国国电集团公司举行龙源电力集团股份有限公司成功上市表彰大会。会议总结了龙源电力香港上市的成功经验，表彰了在上市工作中作出突出贡献的单位和个人。

1月11日 中国国电集团公司在成都举行大渡河瀑布沟水电站投产发电表彰大会。集团公司总经理、党组副书记朱永芃，党组书记、副总经理乔保平，中共四川省委常委、省总工会主席李登菊，集团公司副总经理、党组成员陈飞，副总经理高嵩出席表彰大会并讲话。

1月12日 中国国电集团公司总经理、党组副书记朱永芃，党组书记、副总经理乔保平在波兰驻华使馆会见了波兰驻华大使塔德乌什·霍米斯基（Tadeusz Chomicki），双方就加强双边能源领域的合作进行了交流。

1月20～22日 中国国电集团公司一届二次职代会暨2010年工作会议在天津召开，中共中央政治局常委、国务院副总理李克强，中共中央政治局委员、国务院副总理张德江，国家电力监管委员会主席王旭东均作出重要批示。

1月26日 中国国电集团公司总经理、党组副书记朱永芃在集团本部会见了到访的俄罗斯联邦议会上议员列别捷夫（Lebedev Leonid）先生一行，双方就加强在能源领域的合作以及在中俄边境共同开发水电项目交换了意见。

1月29日 中国国电集团公司总经理、党组副书记朱永芃的署名文章《以大力发展新能源引领企业转型》在《人民日报》上刊登。文章中，朱永芃深入探讨了中国发电企业的发展方向，提出中央发电企业完全有责任和条件发挥更大作用，以大力发展新能源引领企业转型。

同日 中国国电集团公司与甘肃省政府在兰州签署了《甘肃省人民政府与中国国电集团公司战略合作框架协议》。

1月30日 国电甘肃电力有限公司揭牌仪式在兰州举行，集团公司总经理、党组副书记朱永芃，副总经理高嵩，甘肃省常务副省长冯健身出席仪式。

2月1～2日 中国国电集团公司总经理、党组副书记朱永芃，副总经理高嵩赴国电大渡河公司调研慰问，出席了集团公司装机突破8000万kW标志性机组授牌仪式；朱永芃为瀑布沟水电站5号机组授牌。

2月5日 中国国电集团公司与中国石油化工集团公司在北京签署战略合作协议。集团公司总经理、党组副书记朱永芃，党组书记、副总经理乔保平，副总经理高嵩，中国石油化工集团公司总经理、股份公司董事长苏树林，副总经理李春光出席签字仪式。

2月26日 中国国电集团公司与辽宁省政府在沈阳市签署《关于加强能源等领域战略合作框架协议》，集团公司总经理、党组副书记朱永芃，党组书记、副总经理乔保平，辽宁省委书记、省人大常委会主任王珉，省长陈政高，省委常委、省委秘书长周忠轩，副省长刘国强等出席签字仪式。

3月3日 中国国电集团公司召开2010年党建思想政治工作暨纪检监察工作会议，中央纪委一室副局级纪检监察员杨晓京，国资委纪委副书记夏忠仁，国资委党建局局长刘汉滨应邀出席会议并讲话。

3月4日 中国国电集团公司与中电控股有限公司在集团本部签署中华电力（中国）安顺有限公司股权转让协议。集团公司总经理、党组副书记朱永芃，副总经理高嵩，中电控股有限公司执行董事、集团执行委员会副主席谢伯荣，中电控股有限公司中国区总裁柯愈明出席签字仪式。

3月27日 中央电视台《新闻联播》播出了中国国电集团公司抗旱保电的综合消息。中央电视台记者到集团红枫电站进行了采访，对集团在贵州发电企业一方面保障灌溉，另一方面保抗旱用电，承担社会责任的实际行动给予了充分报道。

3月28日 中央电视台新闻频道《共同关注》栏目以《创新节能 火力发电只用煤不用油》为题，对中国国电集团公司等离子点火技术进行了专题报道。

4月1日 中国国电集团公司与中国科学院在集团本部签署《全面战略合作协议书》，全国人大常委会副委员长、中国科学院院长路甬祥，副院长李静海、丁仲礼等出席签字仪式。

4月8日 中国国电集团公司召开党组会议，国资委企业干部一局局长刘强出席会议并宣布了国资委党委关于郭瑞廷同志的任职决定：任命郭瑞廷为中国国电集团公司党组成员、纪检组长。

4月14日 中国国电集团公司总经理、党组副书记朱永芃在江苏谏壁发电厂接受中宣部、国资委组织的中央媒体“加快经济发展方式转变访谈录”采访，并赴江阴苏龙发电有限公司调研。

4月16日 中国国电集团公司向玉树地震灾区捐款1376.99万元，其中集团公司本部捐款500万元，中国国电集团公司系统各单位员工捐款876.99万元。

4月27日 2010全国劳模和先进工作者表彰大会在北京举行，表彰大会上，中国国电集团公司10名员工被授予“全国劳动模范”称号。

5月11日 中国国电集团公司与上海市政府《关于共同推进新能源发展战略合作框架协议》签约仪式在上海举行，积极推进在IGCC示范工程、风电和太阳能等项目以及新能源关键装备研发和产业化建设等领域开展合作。

同日 多家中央媒体集中刊播对中国国电集团公司总经理、党组副书记朱永芃的访谈，报道集团公司以大力发展新能源引领企业转型、自主创新、挖潜增效、履行央企责任等方面的思路、措施与业绩。

5月13～26日 中国国电集团公司总经理、党组副书记朱永芃率代表团访问印尼、阿联酋、南非三国，同三国政府有关部门负责人和电力企业高层就开发新能源、推进节能减排和共同关心的能源与电力问题进行友好会谈，与印尼Adaro公司、Bumi公司、阿联酋马斯达尔电力公司、南非电力公司等企业进行深入交流。

5月27日 中国国电集团公司与缅甸Tun Thwin矿业有限公司及缅甸联邦电力在缅甸联邦首都内比都举行了水电和火电项目开发权谅解备忘录（MOU）签字仪式。集团公司副总经理、党组成员米树华，中国驻缅甸大使馆经济商务参赞金洪根和缅甸联邦电力一部部长佐敏出席了签字仪式。

6月1日 中国国电集团公司组队参加由国资委主办的2010北京“嘉克杯”国际焊接技能大赛并取得优异成绩。集团公司选派的四名选手全部获得由国务院国资委授予的“中央企业技术能手”和“中央企业青年岗位能手”称号。

6月3日 中国国电集团公司与福建省合作框架协议签署暨国电福建电力有限公司成立揭牌仪式在福州市举行，集团公司总经理、党组副书记朱永芃，党组书记、副总经理乔保平，副总经理、党组成员米树华，福建省委书记、省人大常委会主任孙春兰，省委副书记、省长黄小晶，省委常委、福州市委书记袁荣祥，省委常委、省委秘书长杨岳，副省长苏增添、张志南等出席仪式。

6月7日 中国国电集团公司党组印发《关于深入开展创先争优活动的指导意见》，对公司系统开展创先争优活动进行全面部署。

6月11日 中国国电集团公司副总经理、党组成员米树华代表集团公司与青海省政府副省长骆玉林签订了《青海省人民政府、中国国电集团公司项目合作协议》，并出席了青海省省委书记、省人大常委会主任强卫的会见会。

6月17～18日 中国国电集团公司与新疆生产建设兵团《投资建设电力能源项目战略合作协议》签字仪式在乌鲁木齐举行。集团公司总经理、党组副书记朱永芃，党组书记、副总经理乔保平，副总经理、党组成员高嵩，副总经理、党组成员米树华，新疆维吾尔自治区党委副书记、新疆生产建设兵团政委车俊，兵团副司令员刘新齐，兵团副政委雪克来提·扎克尔出席签约仪式。

6月24日 中国证监会以《关于核准国电电力发展股份有限公司非公开发行股票的批复》（证监许可［2010］857号），正式批准了集团公司将江苏公司80%股权注资国电电力。

7月1日 中共中央政治局委员、国务院副总理张德江到国电集团本部调研，国务院国资委主任李荣融，国务院副秘书长肖亚庆陪同调研。集团公司总经理、党组副书记朱永芃汇报了集团公司改革发展的基本情况，介绍了集团公司推进结构调整、节能减排方面的工作以及2010年上半年经营情况。

同日 中国国电集团公司与中国核工业集团公司在本部举行了新能源合作协议签字仪式，正式确立双方在新能源领域的合作伙伴关系。

7月2日 国电资本控股有限公司与石嘴山银行在银川举行了股份认购及战略合作签约仪式。自此，国电资本控股有限公司成为石嘴山银行增资扩股后的第一大法人股东，持股比例为19.8%。

7月8～9日 中共中央政治局委员、国务院副总理张德江和国务院有关部门负责同志，在甘肃省委书记陆浩、集团公司总经理朱永芃等陪同下，实地考察了中国国电龙源甘肃玉门风电场，亲切慰问风电场员工。

7月8日 美国《财富》杂志公布了2010年度世界500强企业最新排名，中国国电集团公司首次上榜，以178.71亿美元的营业收入位列第477位。

7月9日 中国国电集团公司发布《2009年社会责任报告》，全面披露集团公司履行社会责任的相关内容。联合国全球契约理事会理事陈英对集团公司2009年社会责任报告给予了积极评价。

7月13～15日 中国国电集团公司召开2010年生产工作会议暨年中务虚会，集团公司总经理、党组副书记朱永芃作重要讲话，党组书记、副总经理乔保平主持会议并作总结讲话。国务院派驻国有重点大型企业监事会第23办事处副主任李惠敏应邀出席会议。

7月19～30日 中国国电集团公司党组书记、副总经理乔保平率团访问了俄罗斯、波黑、塞尔维亚，就电力和能源领域的合作进行了深入交流探讨。

7月22日 中国国电集团公司与吉林省政府在长春市举行关于加强能源等领域战略合作协议签约暨国电吉林分公司成立揭牌、国电联合动力长春基地奠基仪式。集团公司总经理、党组副书记朱永芃，副总经理、党组成员米树华，吉林省委书记孙政才，省长王儒林，常务副省长竺延风等出席仪式。

7月23日 国务院国资委举行的中央企业负责人会议，中国国电集团公司荣获2009年度经营业绩考核A级和2007～2009年第二任期考核A级，同时被授予“业绩优秀企业”称号。

同日 中共中央政治局常委、国务院副总理李克强在中南海紫光阁接见了能源科技进步获奖代表，中国国电集团公司所属国电烟台龙源公司董事长王雨蓬和国电科学技术研究院院长刘建民受到亲切接见。

8月4日 全国人大常委会副委员长华建敏在集团公司党组书记、副总经理乔保平，张家口市市委书记许宁，市长郑雪碧等陪同下到国电怀安热电有限公司考察指导工作。

8月5日 中国国电集团公司与北京市昌平区政府签署战略合作框架协议。集团公司党组书记、副总经理乔保平，副总经理、党组成员张成杰，昌平区委书记侯君舒，区长金树东，常务副区长朱光彤等出席签字仪式。

8月10日 “行业特有工种职业技能鉴定站暨国电龙源风力发电国家职业技能鉴定站”正式成立，这是我国首家风电行业国家职业技能鉴定站，业务归口中国国电集团公司职业技能鉴定中心。

8月11日 中国国电集团公司与中国航天科技集团公司在本部签署战略合作协议，集团公司总经理、党组副书记朱永芃，党组书记、副总经理乔保平，副总经理、党组成员米树华，航天科技党组书记、总经理马兴瑞，党组成员、副总经理芮晓武出席仪式。

8月16日 “中国国电集团公司向甘肃舟曲灾区同胞捐款仪式”在本部举行，集团公司领导现场带头捐款，公司本部、在京单位员工积极响应，共筹集捐款48.079万元。

8月17日 中国国电集团公司与陕西省政府在西安市举行关于加强电力能源战略合作框架协议签约暨国电陕西电力有限公司成立揭牌仪式，集团公司总经理、党组副书记朱永芃，副总经理、党组成员高嵩，陕西省委副书记、代省长赵正永，常务副省长洪峰出席仪式。

8月18日 国电新能源技术研究院在北京市昌平区国家“未来科技城”宣布成立并正式开工建设。

8月19日 在唐山举办的第七届全国电力行业职业技能竞赛集控值班员（600MW）决赛中，集团公司参赛选手取得了一项个人成绩第一名、一项团体二等奖、一项团体三等奖、多名选手被授予荣誉称号的好成绩。

8月20日 中国国电集团公司与香港电灯有限公司南丫电厂脱硫工程竣工庆典在香港举行，标志着国电集团环保事业向境外市场迈出了重要一步。集团公司党组书记、副总经理乔保平，党组成员、副总经理高嵩出席了庆典仪式。

同日 烟台龙源电力技术股份有限公司（简称“龙源技术”，股份代号300105）在深圳交易所创业板正式上市，这是我国电力央企节能环保板块首次成功登陆创业板。集团公司总经理、党组副书记朱永芃，总会计师、党组成员张国厚，副总经理、党组成员米树华出席了在深圳交易所举行的上市仪式。

8月25日 中国国电集团公司总经理、党组副书记朱永芃，副总经理、党组成员米树华在集团本部会见了来访的南非共和国经济发展部部长帕特尔、能源部长彼得斯一行，双方就开展能源领域互利共赢合作展开友好会谈。

9月9日 由国务院国有资产管理委员会研究中心、香港文汇报、中国企业报等机构联合举办的第五届亚洲品牌盛典在香港举行。龙源电力荣获“亚洲品牌500强”大奖，排名从2008年度的第300位跃升至第89位，并且是前100强中唯一一家新能源企业。

9月15～16日 中国国电集团公司与山西省在太原市签署《关于进一步加强能源领域合作的框架协议》。集团公司党组书记、副总经理乔保平，副总经理、党组成员米树华，山西省省长王君，常务副省长李小鹏，副省长牛仁亮、陈川平出席签字仪式。

9月17日 国电宁夏太阳能公司年产5000t多晶硅项目一期投产仪式在宁夏石嘴山市举行，集团公司总经理、党组副书记朱永芃，副总经理、党组成员高嵩，宁夏回族自治区政府常务副主席齐同生，石嘴山市委书记李文章出席仪式。

9月27日 国电汉川电厂三期扩建工程（2台100万kW）第一台机组正式开工建设，集团公司党组书记、副总经理乔保平，副总经理、党组成员高嵩，湖北省副省长段轮一，湖北省政协副主席李宗柏出席开工仪式。

9月28日 龙源电力股份有限公司所属江苏如东30MW潮间带试验风电场全部建成并投产发电，标志着龙源电力建成了国内乃至世界第一个潮间带风电场。

10月18日 中国国电集团公司与江西省政府在本部签署战略合作协议，集团公司总经理、党组副书记朱永芃，党组书记、副总经理乔保平，副总经理、党组成员米树华，江西省委书记苏荣，省委副书记、省长吴新雄出席签字仪式。

10月20日 中国国电集团公司党组书记、副总经理乔保平在本部会见了内蒙古电力（集团）有限责任公司总经理张福生一行，双方就深化合作进行了广泛交流，并共同出席了随后举行的内蒙古电力与国电华北公司战略合作框架协议签字仪式。

10月21日 中国国电集团公司与非洲国家减贫与可持续发展官员研修班座谈会在本部举行。集团公司党组书记、副总经理乔保平，介绍了中国国电有关情况，非洲马里共和国妇女儿童和家庭促进部副部长德哈·乌斯曼代表来自非洲19个国家的46位官员研修班学员在座谈会上发言。

10月25～29日 第十八届东亚及西太平洋电力事业协会电力产业大会暨2010年海峡两岸电力工业会议在中国台北举行，中国国电集团公司党组书记、副总经理乔保平出席会议并围绕推进新能源发展、促进两岸合作发表了演讲。

11月4日 在中国全国人大常委会委员长吴邦国和柬埔寨首相洪森的见证下，中国国电集团公司总经理、党组副书记朱永芃在柬埔寨首都金边总理府与柬埔寨工业、矿产和能源部部长瑞赛签署了柬埔寨柴阿润和松博两个水电项目的谅解备忘录，取得了两个水电项目共270.8万kW装机容量的开发权。

11月11日 中国国电集团公司召开国资委“小金库”专项治理重点检查组进驻集团公司见面视频会。集团公司总经理、党组副书记朱永芃，党组书记、副总经理乔保平，副总经理、党组成员高嵩，党组成员、纪检组长郭瑞廷，国资委“小金库”专项治理国电集团重点检查组组长、国资委监事会主席杨坚，副组长、国资委监事会20办主任时欢在主会场出席会议。

11月15日 中国国电集团公司与海南省政府在海口市签署《电力能源项目合作框架协议》。集团公司总经理、党组副书记朱永芃，副总经理、党组成员米树华，海南省委副书记、省长罗保铭，副省长姜斯宪出席签字仪式。

11月19日 中国国电集团公司党组书记、副总经理乔保平参加中央学习型党组织建设工作座谈会，并代表集团公司党组作题为《提高学习能力和实践能力助推中国国电战略转型和科学发展》的发言。

11月22～23日 中国国电集团公司总经理、党组副书记朱永芃，副总经理、党组成员米树华在太原市会见了山西省委书记袁纯清，山西省委常委、常务副省长李小鹏，并出席了集团公司与山西省政府《关于进一步加强能源领域合作框架协议》推进会。

11月30日～12月1日 中国国电集团公司2010年务虚会在北京召开，集团公司总经理、党组副书记朱永芃在会上作重要讲话，党组书记、副总经理乔保平主持会议并作总结讲话。国务院派驻集团公司监事会主席武保忠，第23办副主任李惠敏应邀出席会议。

12月3日 部分中央企业负责人座谈会在集团公司召开。国务院国资委主任、党委书记王勇主持会议并作重要讲话，集团公司总经理、党组副书记朱永芃，集团公司党组书记、副总经理乔保平出席会议。

12月5日 中国国电集团公司与安徽省战略合作协议签字暨国电安徽电力有限公司揭牌仪式在合肥举行。集团公司总经理、党组副书记朱永芃，党组书记、副总经理乔保平，副总经理、党组成员米树华，安徽省省委副书记、省长王三运，省委常委、常务副省长孙志刚出席签字仪式。

12月11日 中国国电集团公司总经理、党组副书记朱永芃，副总经理、党组成员米树华在集团本部会见了来访的云南省委书记、人大常委会主任白恩培，省委副书记、省长秦光荣，双方就推动云南省“十二五”电力发展等问题广泛交流了意见。

12月17日 中国国电集团公司2010年新闻媒体座谈会在京召开。集团公司总经理、党组副书记朱永芃出席座谈会，与新闻媒体相关负责人和记者进行了友好座谈。国务院国资委副秘书长杜渊泉、宣传局副局长卢卫东，国务院新闻办网络新闻协调局副局长方楠应邀出席座谈会。

12月22日 国电电力发展股份有限公司（股票代码600795）成功增发30亿A股，共募集资金95.7亿元，这是国内A股市场最大规模的电力股再融资项目。

12月26日 国电大渡河瀑布沟水电站最后一台机组投入商业运行，至此，历时9年建设、装机容量360万kW的四川省目前最大水电站全面投产。随着国电大渡河瀑布沟水电站全面投产，集团公司水电装机总容量突破 1000 万 kW。

中国电力投资集团公司主要事件

1 月 27～28 日 中国电力投资集团公司 2010 年工作会议在京隆重召开。李克强、张德江等党和国家领导人及有关部委负责同志专门做出重要批示。陆启洲在会上作题为《保发展目标 抓利润增长 促战略转型把“三步走”发展战略全面推向新阶段》的工作报告。

3 月 12 日 中电投集团党组书记、总经理陆启洲拜会中央政治局委员、重庆市委书记薄熙来。围绕中电投集团积极参与重庆市经济建设、促进重庆市发展等问题进行了会晤。

3 月 16 日 中电投铝业国际贸易有限公司揭牌成立，标志着中电投集团铝业事业迈出坚实的一步，将有力提升集团公司铝业的专业化、市场化、集约化经营水平。

6 月 3 日 在中共中央政治局常委、国务院总理温家宝和缅甸总理登盛的共同见证下，中电投集团总经理陆启洲与缅甸第一电力部代表签署伊江上游水电项目其培、腊撒电站合资协议。

6 月 12 日 锦州港煤炭码头一期工程开工奠基仪式在辽宁省锦州市举行。项目的建设，对实施“辽宁沿海经济带”国家战略，推动东北和蒙东区域经济一体化发展具有重要的促进作用。

8 月 30 日 中电投集团进军西藏首个电源项目——中电投桑日 1 万 kW 光伏电站开工建设。

10 月 8 日 中共中央政治局委员、国务院副总理回良玉亲切会见出席“绿化长江行动”启动仪式的中电投集团公司党组书记、总经理陆启洲。

10 月 22 日 原中共中央政治局委员、国务院副总理曾培炎视察中电投山东海阳核电项目，对中电投集团在核电领域取得的成绩给予充分肯定。

11 月 1 日 中电投江苏分公司揭牌仪式在南京举行，标志着中电投集团在江苏的发展迈入新阶段。

11 月 4 日 中电投集团总经理陆启洲、副总经理余德辉一行赴法国访问，并在爱丽舍宫出席由中共中央总书记、国家主席胡锦涛和法国总统萨科齐见证的中法企业合作文件签字仪式。

11 月 19 日 中共中央政治局委员、全国政协副主席王刚视察中电投集团公司总部，对中电投集团公司在发展改革等方面取得的成绩给予充分肯定。

11 月 26 日 中电投集团物资装备分公司在总部揭牌成立。物资装备分公司的成立，对加快推进集团公司“管控一体化”具有重要意义。

同日 中电投集团物资装备分公司在总部揭牌成立。物资装备分公司的成立，对加快推进集团公司“管控一体化”具有重要意义。

安徽芜湖电厂五期 2×660MW 机组工程首台机组 2010 年投产，成为中电投集团发电装机突破 7000 万 kW 的标志性机组，同时 17.9 个月的投产工期也达到行业先进水平。

重 要 文 献

国务院文件

国务院关于开展第一次全国水利普查的通知

（国发［2010］4号）

各省、自治区、直辖市人民政府，国务院各部委、各直属机构：

为贯彻落实科学发展观，全面了解水利发展状况，提高水利服务经济社会发展能力，实现水资源可持续开发、利用和保护，国务院决定于2010～2012年开展第一次全国水利普查。现就有关事项通知如下：

一、普查的目的和意义

水利普查是一项重大的国情国力调查，是国家资源环境调查的重要组成部分。开展全国水利普查是为了查清我国江河湖泊基本情况，掌握水资源开发、利用和保护现状，摸清经济社会发展对水资源的需求，了解水利行业能力建设状况，建立国家基础水信息平台，为国家经济社会发展提供可靠的基础水信息支撑和保障。搞好全国水利普查，有利于谋划水利长远发展思路，科学制定国家经济社会可持续发展战略；有利于实行最严格的水资源管理制度，推进水资源合理配置和高效利用；有利于深化水利管理体制改革，增强水利公共服务能力；有利于提高全社会水患意识和水资源节约保护意识，推进资源节约型、环境友好型社会建设。

二、普查的对象和内容

普查对象：我国境内的所有江河湖泊、水利工程、水利机构以及重点社会经济取用水户。

普查内容：一是河流湖泊基本情况，包括数量、分布、自然和水文特征等；二是水利工程基本情况，包括数量、分布、工程特性和效益等；三是经济社会用水情况，包括分流域人口、耕地、灌溉面积以及城乡居民生活和各行业用水量、水费等；四是河流湖泊治理和保护情况，包括治理达标状况、水源地和取水口监管、入河湖排污口及废污水排放量等；五是水土保持情况，包括水土流失、治理情况及其动态变化等；六是水利行业能力建设情况，包括各类水利机构的性质、从业人员、资产、财务和信息化状况等。

三、普查的时间和安排

普查的标准时点为2011年12月31日，时期资料为2011年度。2010年，开展普查方案设计、试点、培训和宣传动员等工作。2011年，开展清查登记、台账建设和现场调查等工作。2012年1～6月，填表上报、数据处理和审核验收。2012年7～12月，普查成果验收、汇总发布和资料开发。

四、普查的组织和实施

全国水利普查涉及范围广、参与部门多、调查任务重、技术要求高、工作难度大。各地区、各部门要按照“全国统一领导、部门分工协作、地方分级负责、各方共同参与”的原则，认真做好普查的宣传动员和组织实施工作。对普查工作中遇到的各种困难和问题，要及时采取措施，切实予以解决。

为加强对此项工作的领导，国务院决定成立第一次全国水利普查领导小组，负责普查的组织和实施工作。普查领导小组办公室设在水利部，承担领导小组日常工作，具体负责普查工作的业务指导和督促检查。领导小组各成员单位要各司其职、各负其责、通力协作、密切配合，共同做好普查工作。

县级以上地方各级人民政府要设立相应的普查领导小组及其办公室，结合当地实际，制订具体实施方案，认真做好本地区普查工作。要充分利用报刊、广播、电视和互联网等媒体，广泛深入宣传水利普查的重要意义和要求，为普查工作顺利实施创造良好舆论环境。

五、普查的经费

全国水利普查所需经费由中央和地方各级人民政府共同负担，分别列入相应年度的财政预算，按时拨付，确保到位。中央财政对中西部地区特别是贫困地区给予适当补助。

六、工作要求

凡在我国境内水利普查范围内的单位，都必须严格按照《中华人民共和国统计法》的有关规定和此次普查的具体要求，如实填写、按时报送普查数据，确保基础数据真实可靠。任何地方、部门、单位和个人都不得虚报、瞒报、拒报、迟报，不得伪造、篡改普查资料。

各级普查机构及其工作人员，对在普查中所获得的涉密资料和数据，必须严格履行保密义务。

附件：国务院第一次全国水利普查领导小组人员名单（略）

国务院
2010年1月11日

国务院关于进一步加强淘汰落后产能工作的通知

（国发［2010］7号）

各省、自治区、直辖市人民政府，国务院各部委、各直属机构：

为深入贯彻落实科学发展观，加快转变经济发展方式，促进产业结构调整和优化升级，推进节能减排，现就进一步加强淘汰落后产能工作通知如下：

一、深刻认识淘汰落后产能的重要意义

加快淘汰落后产能是转变经济发展方式、调整经济结构、提高经济增长质量和效益的重大举措，是加快节能减排、积极应对全球气候变化的迫切需要，是走中国特色新型工业化道路、实现工业由大变强的必然要求。近年来，随着加快产能过剩行业结构调整、抑制重复建设、促进节能减排政策措施的实施，淘汰落后产能工作在部分领域取得了明显成效。但是，由于长期积累的结构性矛盾比较突出，落后产能退出的政策措施不够完善，激励和约束作用不够强，部分地区对淘汰落后产能工作认识存在偏差、责任不够落实，当前我国一些行业落后产能比重大的问题仍然比较严重，已经成为提高工业整体水平、落实应对气候变化举措、完成节能减排任务、实现经济社会可持续发展的严重制约。必须充分发挥市场的作用，采取更加有力的措施，综合运用法律、经济、技术及必要的行政手段，进一步建立健全淘汰落后产能的长效机制，确保按期实现淘汰落后产能的各项目标。各地区、各部门要切实把淘汰落后产能作为全面贯彻落实科学发展观，应对国际金融危机影响，保持经济平稳较快发展的一项重要任务，进一步增强责任感和紧迫感，充分调动一切积极因素，抓住关键环节，突破重点难点，加快淘汰落后产能，大力推进产业结构调整和优化升级。

二、总体要求和目标任务

（一）总体要求

1. 发挥市场作用。充分发挥市场配置资源的基础性作用，调整和理顺资源性产品价格形成机制，强化税收杠杆调节，努力营造有利于落后产能退出的市场环境。

2. 坚持依法行政。充分发挥法律法规的约束作用和技术标准的门槛作用，严格执行环境保护、节约能源、清洁生产、安全生产、产品质量、职业健康等方面的法律法规和技术标准，依法淘汰落后产能。

3. 落实目标责任。分解淘汰落后产能的目标任务，明确国务院有关部门、地方各级人民政府和企业的责任，加强指导、督促和检查，确保工作落到实处。

4. 优化政策环境。强化政策约束和政策激励，统筹淘汰落后产能与产业升级、经济发展、社会稳定的关系，建立健全促进落后产能退出的政策体系。

5. 加强协调配合。建立主管部门牵头，相关部门各负其责、密切配合、联合行动的工作机制，加强组织领导和协调配合，形成工作合力。

（二）目标任务

以电力、煤炭、钢铁、水泥、有色金属、焦炭、造纸、制革、印染等行业为重点，按照《国务院关于发布实施〈促进产业结构调整暂行规定〉的决定》（国发［2005］40号）、《国务院关于印发节能减排综合性工作方案的通知》（国发［2007］15号）、《国务院批转发展改革委等部门关于抑制部分行业产能过剩和重复建设引导产业健康发展若干意见的通知》（国发［2009］38号）、《产业结构调整指导目录》以及国务院制订的钢铁、有色金属、轻工、纺织等产业调整和振兴规划等文件规定的淘汰落后产能的范围和要求，按期淘汰落后产能。各地区可根据当地产业发展实际，制定范围更宽、标准更高的淘汰落后产能目标任务。

近期重点行业淘汰落后产能的具体目标任务是：

电力行业：2010年底前淘汰小火电机组5000万kW以上。

煤炭行业：2010年底前关闭不具备安全生产条件、不符合产业政策、浪费资源、污染环境的小煤矿8000处，淘汰产能2亿t。

焦炭行业：2010年底前淘汰炭化室高度4.3m以下的小机焦（3.2m及以上捣固焦炉除外）。

铁合金行业：2010年底前淘汰6300kVA以下矿热炉。

电石行业：2010年底前淘汰6300kVA以下矿

热炉。

钢铁行业：2011年底前，淘汰400m³及以下炼铁高炉，淘汰30t及以下炼钢转炉、电炉。

有色金属行业：2011年底前，淘汰100kA及以下电解铝小预焙槽；淘汰密闭鼓风炉、电炉、反射炉炼铜工艺及设备；淘汰采用烧结锅、烧结盘、简易高炉等落后方式炼铅工艺及设备，淘汰未配套建设制酸及尾气吸收系统的烧结机炼铅工艺；淘汰采用马弗炉、马槽炉、横罐、小竖罐（单日单罐产量8t以下）等进行焙烧、采用简易冷凝设施进行收尘等落后方式炼锌或生产氧化锌制品的生产工艺及设备。

建材行业：2012年底前，淘汰窑径3.0m以下水泥机械化立窑生产线、窑径2.5m以下水泥干法中空窑（生产高铝水泥的除外）、水泥湿法窑生产线（主要用于处理污泥、电石渣等的除外）、直径3.0m以下的水泥磨机（生产特种水泥的除外）以及水泥土（蛋）窑、普通立窑等落后水泥产能；淘汰平拉工艺平板玻璃生产线（含格法）等落后平板玻璃产能。

轻工业：2011年底前，淘汰年产3.4万t以下草浆生产装置、年产1.7万t以下化学制浆生产线，淘汰以废纸为原料、年产1万t以下的造纸生产线；淘汰落后酒精生产工艺及年产3万t以下的酒精生产企业（废糖蜜制酒精除外）；淘汰年产3万t以下味精生产装置；淘汰环保不达标的柠檬酸生产装置；淘汰年加工3万标张以下的制革生产线。

纺织行业：2011年底前，淘汰74型染整生产线、使用年限超过15年的前处理设备、浴比大于1∶10的间歇式染色设备，淘汰落后型号的印花机、热熔染色机、热风布铗拉幅机、定形机，淘汰高能耗、高水耗的落后生产工艺设备；淘汰R531型酸性老式粘胶纺丝机、年产2万t以下粘胶生产线、湿法及DMF溶剂法氨纶生产工艺、DMF溶剂法腈纶生产工艺、涤纶长丝锭轴长900mm以下的半自动卷绕设备、间歇法聚酯设备等落后化纤产能。

三、分解落实目标责任

（一）工业和信息化部、能源局要根据当前和今后一个时期经济发展形势以及国务院确定的淘汰落后产能阶段性目标任务，结合产业升级要求及各地区实际，商有关部门提出分行业的淘汰落后产能年度目标任务和实施方案，并将年度目标任务分解落实到各省、自治区、直辖市。各有关部门要充分发挥职能作用，抓紧制定限制落后产能企业生产、激励落后产能退出、促进落后产能改造等方面的配套政策措施，指导和督促各地区认真贯彻执行。

（二）各省、自治区、直辖市人民政府要根据工业和信息化部、能源局下达的淘汰落后产能目标任务，认真制订实施方案，将目标任务分解到市、县，落实到具体企业，及时将计划淘汰落后产能企业名单报工业和信息化部、能源局。要切实担负起本行政区域内淘汰落后产能工作的职责，严格执行相关法律、法规和各项政策措施，组织督促企业按要求淘汰落后产能、拆除落后设施装置，防止落后产能转移；对未按要求淘汰落后产能的企业，要依据有关法律法规责令停产或予以关闭。

（三）企业要切实承担起淘汰落后产能的主体责任，严格遵守安全、环保、节能、质量等法律法规，认真贯彻国家产业政策，积极履行社会责任，主动淘汰落后产能。

（四）各相关行业协会要充分发挥政府和企业间的桥梁纽带作用，认真宣传贯彻国家方针政策，加强行业自律，维护市场秩序，协助有关部门做好淘汰落后产能工作。

四、强化政策约束机制

（一）严格市场准入。强化安全、环保、能耗、物耗、质量、土地等指标的约束作用，尽快修订《产业结构调整指导目录》，制定和完善相关行业准入条件和落后产能界定标准，提高准入门槛，鼓励发展低消耗、低污染的先进产能。加强投资项目审核管理，尽快修订《政府核准的投资项目目录》，对产能过剩行业坚持新增产能与淘汰产能“等量置换”或“减量置换”的原则，严格环评、土地和安全生产审批，遏制低水平重复建设，防止新增落后产能。改善土地利用计划调控，严禁向落后产能和产能严重过剩行业建设项目提供土地。支持优势企业通过兼并、收购、重组落后产能企业，淘汰落后产能。

（二）强化经济和法律手段。充分发挥差别电价、资源性产品价格改革等价格机制在淘汰落后产能中的作用，落实和完善资源及环境保护税费制度，强化税收对节能减排的调控功能。加强环境保护监督性监测、减排核查和执法检查，加强对企业执行产品质量标准、能耗限额标准和安全生产规定的监督检查，提高落后产能企业和项目使用能源、资源、环境、土地的成本。采取综合性调控措施，抑制高消耗、高排放产品的市场需求。

（三）加大执法处罚力度。对未按期完成淘汰落后产能任务的地区，严格控制国家安排的投资项目，实行项目“区域限批”，暂停对该地区项目的环评、核准和审批。对未按规定期限淘汰落后产能的企业吊销排污许可证，银行业金融机构不得提供任何形式的新增授信支持，投资管理部门不予审批和核准新的投资项目，国土资源管理部门不予批准新增用地，相关管理部门不予办理生产许可，已颁发生产许可证、安全生产许可证的要依法撤回。对未按规定淘汰落后产能、被地方政府责令关闭或撤销的企业，限期办理工商注销登记，或者依法吊销工商营业执照。必要时，政府相关部门可要求电力供应企业依法对落后产能企业停止供电。

五、完善政策激励机制

（一）加强财政资金引导。中央财政利用现有资金渠道，统筹支持各地区开展淘汰落后产能工作。资金安排使用与各地区淘汰落后产能任务相衔接，重点支持解决淘汰落后产能有关职工安置、企业转产等问题。对经济欠发达地区淘汰落后产能工作，通过增加转移支付加大支持和奖励力度。各地区也要积极安排资金，支持企业淘汰落后产能。在资金申报、安排、使用中，要充分发挥工业、能源等行业主管部门的作用，加强协调配合，确保资金安排对淘汰落后产能产生实效。

（二）做好职工安置工作。妥善处理淘汰落后产能与职工就业的关系，认真落实和完善企业职工安置政策，依照相关法律法规和规定妥善安置职工，做好职工社会保险关系转移与接续工作，避免大规模集中失业，防止发生群体性事件。

（三）支持企业升级改造。充分发挥科技对产业升级的支撑作用，统筹安排技术改造资金，落实并完善相关税收优惠和金融支持政策，支持符合国家产业政策和规划布局的企业，运用高新技术和先进适用技术，以质量品种、节能降耗、环境保护、改善装备、安全生产等为重点，对落后产能进行改造。提高生产、技术、安全、能耗、环保、质量等国家标准和行业标准水平，做好标准间的衔接，加强标准贯彻，引导企业技术升级。对淘汰落后产能任务较重且完成较好的地区和企业，在安排技术改造资金、节能减排资金、投资项目核准备案、土地开发利用、融资支持等方面给予倾斜。对积极淘汰落后产能企业的土地开发利用，在符合国家土地管理政策的前提下，优先予以支持。

六、健全监督检查机制

（一）加强舆论和社会监督。各地区每年向社会公告本地区年度淘汰落后产能的企业名单、落后工艺设备和淘汰时限。工业和信息化部、能源局每年向社会公告淘汰落后产能企业名单、落后工艺设备、淘汰时限及总体进展情况。加强各地区、各行业淘汰落后产能工作交流，总结推广、广泛宣传淘汰落后产能工作先进地区和先进企业的有效做法，营造有利于淘汰落后产能的舆论氛围。

（二）加强监督检查。各省、自治区、直辖市人民政府有关部门要及时了解、掌握淘汰落后产能工作进展和职工安置情况，并定期向国家有关部门报告。工业和信息化部、发展改革委、财政部、能源局要组织有关部门定期对各地区淘汰落后产能工作情况进行监督检查，切实加强对重点地区淘汰落后产能工作的指导，并将进展情况报告国务院。

（三）实行问责制。将淘汰落后产能目标完成情况纳入地方政府绩效考核体系，参照《国务院批转节能减排统计监测及考核实施方案和办法的通知》（国发［2007］36号）对淘汰落后产能任务完成情况进行考核，提高淘汰落后产能任务完成情况的考核比重。对未按要求完成淘汰落后产能任务的地区进行通报，限期整改。对瞒报、谎报淘汰落后产能进展情况或整改不到位的地区，要依法依纪追究该地区有关责任人员的责任。

七、切实加强组织领导

建立淘汰落后产能工作组织协调机制，加强对淘汰落后产能工作的领导。成立由工业和信息化部牵头，发展改革委、监察部、财政部、人力资源社会保障部、国土资源部、环境保护部、农业部、商务部、人民银行、国资委、税务总局、工商总局、质检总局、安全监管总局、银监会、电监会、能源局等部门参加的淘汰落后产能工作部际协调小组，统筹协调淘汰落后产能工作，研究解决淘汰落后产能工作中的重大问题，根据“十二五”规划研究提出下一步淘汰落后产能目标并做好任务分解和组织落实工作。有关部门要认真履行职责，积极贯彻落实各项政策措施，加强沟通配合，共同做好淘汰落后产能的各项工作。地方各级人民政府要健全领导机制，明确职责分工，做到责任到位、措施到位、监管到位，确保淘汰落后产能工作取得明显成效。

附件：淘汰落后产能重点工作分工表（略）

国务院

2010年2月6日

关于进一步加大工作力度确保实现“十一五”节能减排目标的通知

（国发［2010］12号）

各省、自治区、直辖市人民政府，国务院各部委、各直属机构：

2006年以来，各地区、各部门认真贯彻落实科学发展观，把节能减排作为调整经济结构、转变发展方式的重要抓手，加大资金投入，强化责任考核，完善政策机制，加强综合协调，节能减排工作取得重要进展。全国单位国内生产总值能耗累计下降14.38%，化学需氧量排放总量下降9.66%，二氧化硫排放总量下降13.14%。但要实现“十一五”单位国内生产总值能耗降低20%左右的目标，任务还相当艰巨。为进一步加大工作力度，确保实现“十一五”节能减排目标，现就有关事项通知如下：

一、增强做好节能减排工作的紧迫感和责任感

“十一五”节能减排指标是具有法律约束力的指标，是政府向全国人民作出的庄严承诺，是衡量落实科学发展观、加快调整产业结构、转变发展方式成效的重要标志，事关经济社会可持续发展，事关人民群众切身利益，事关我国的国际形象。当前，节能减排形势十分严峻，特别是2009年第三季度以来，高耗能、高排放行业快速增长，一些被淘汰的落后产能死灰复燃，能源需求大幅增加，能耗强度、二氧化硫排放量下降速度放缓甚至由降转升，化学需氧量排放总量下降趋势明显减缓。为应对全球气候变化，我国政府承诺到2020年单位国内生产总值二氧化碳排放要比2005年下降40%～45%，节能提高能效的贡献率要达到85%以上，这也给节能减排工作带来巨大挑战。各地区、各部门要充分认识加强节能减排工作的重要性和紧迫性，切实增强使命感和责任感，下更大决心，花更大气力，果断采取强有力、见效快的政策措施，打好节能减排攻坚战，确保实现“十一五”节能减排目标。

二、强化节能减排目标责任

组织开展对省级政府2009年节能减排目标完成情况和措施落实情况及“十一五”目标完成进度的评价考核，考核结果向社会公告，落实奖惩措施，加大问责力度。及时发布2009年全国和各地区单位国内生产总值能耗、主要污染物排放量指标公报，以及2010年上半年全国单位国内生产总值能耗、主要污染物排放量指标公报。各地区要按照节能减排目标责任制的要求，一级抓一级，层层抓落实，组织开展本地区节能减排目标责任评价考核工作，对未完成目标的地区进行责任追究。到“十一五”末，要对节能减排目标完成情况算总账，实行严格的问责制，对未完成任务的地区、企业集团和行政不作为的部门，都要追究主要领导责任，根据情节给予相应处分。各地区“十二五”节能目标任务的确定要以2005年为基数。各省级政府要在5月底前，将本地区2010年节能减排目标和实施方案报国务院。

三、加大淘汰落后产能力度

2010年关停小火电机组1000万kW，淘汰落后炼铁产能2500万t、炼钢600万t、水泥5000万t、电解铝33万t、平板玻璃600万重箱、造纸53万t。各省级政府要抓紧制定本地区今年淘汰落后产能任务，将任务分解到市、县和有关企业，并于2010年5月20日前报国务院有关部门。有关部门要在5月底前下达各地区淘汰落后产能任务，公布淘汰落后产能企业名单，确保落后产能在第三季度前全部关停。加强淘汰落后产能核查，对未按期完成淘汰落后产能任务的地区，严格控制国家安排的投资项目，实行项目“区域限批”，暂停对该地区项目的环评、供地、核准和审批。对未按规定期限淘汰落后产能的企业，依法吊销排污许可证、生产许可证、安全生产许可证，投资管理部门不予审批和核准新的投资项目，国土资源管理部门不予批准新增用地，有关部门依法停止落后产能生产的供电供水。

四、严控高耗能、高排放行业过快增长

严格控制“两高”和产能过剩行业新上项目。各级投资主管部门要进一步加强项目审核管理，2010年内不再审批、核准、备案“两高”和产能过剩行业扩大产能项目。未通过环评、节能审查和土地预审的项目，一律不准开工建设。对违规在建项目，有关部门要责令停止建设，金融机构一律不得发放贷款。对违规建成的项目，要责令停止生产，金融机构一律不得发放流动资金贷款，有关部门要停止供电供水。落实限制“两高”产品出口的各项政策，控制“两高”产品出口。

五、加快实施节能减排重点工程

安排中央预算内投资333亿元、中央财政资金500亿元，重点支持十大重点节能工程建设、循环经济发展、淘汰落后产能、城镇污水垃圾处理、重点流域水污染治理，以及节能环保能力建设等，形成年节能能力8000万t标准煤，新增城镇污水日处理能力1500万t、垃圾日处理能力6万t。各地区要将节能减排指标落实到具体项目，节能减排专项资金要向能直接形成节能减排能力的项目倾斜，尽早下达资金，尽快形成节能减排能力。有关部门要在6月中旬前出台加快推行合同能源管理，促进节能服务产业发展的相关配套政策，对节能服务公司为企业实施节能改造给予支持。

六、切实加强用能管理

要加强对各地区综合能源消费量、高耗能行业用

电量、高耗能产品产量等情况的跟踪监测，对能源消费和高耗能产业增长过快的地区，合理控制能源供应，切实改变敞开口子供应能源、无节制使用能源的现象。大力推进节能发电调度，加强电力需求侧管理，制订和实施有序用电方案，在保证合理用电需求的同时，要压缩高耗能、高排放企业用电。对能源消耗超过已有国家和地方单位产品能耗（电耗）限额标准的，实行惩罚性价格政策，具体由省级政府有关部门提出意见。省级节能主管部门组织各级节能监察机构于2010年6月底前对重点用能单位上一年度和2010年上半年主要产品能源消耗情况进行专项能源监察审计，提出超能耗（电耗）限额标准的企业和产品名单，实行惩罚性电价，对超过限额标准1倍以上的，比照淘汰类电价加价标准执行。加强城市照明管理，严格控制公用设施和大型建筑物装饰性景观照明能耗。

七、强化重点耗能单位节能管理

突出抓好千家企业节能行动，公告考核结果，强化目标责任，加强用能管理，提高用能水平，确保形成2000万t标准煤的年节能能力。省级节能主管部门要加强对年耗能5000t标准煤以上重点用能单位的节能监管，落实能源利用状况报告制度，推进能效水平对标活动，开展节能管理师和能源管理体系试点。已经完成“十一五”节能任务的用能单位，要继续狠抓节能不放松，为完成本地区节能任务多做贡献；尚未完成任务的用能单位，要采取有力措施，确保完成“十一五”节能任务。中央和地方国有企业都要发挥表率作用，加大节能投入，加强管理，对完不成节能减排目标和存在严重浪费能源资源的，在经营业绩考核中实行降级降分处理，并与企业负责人绩效薪酬紧密挂钩。

八、推动重点领域节能减排

加强电力、钢铁、有色、石油石化、化工、建材等重点行业节能减排管理，加大用先进适用技术改造传统产业的力度。加强新建建筑节能监管，到2010年底，全国城镇新建建筑执行节能强制性标准的比例达到95%以上，完成北方采暖地区居住建筑供热计量及节能改造5000万m^2，确保完成“十一五”期间1.5亿m^2的改造任务。夏季空调温度设置不低于26℃。加强车辆用油定额考核，严格执行车辆燃料消耗量限值标准，对客车实载率低于70%的线路不得投放新的运力。推行公路甩挂运输，加快铁路电气化建设和运输装备改造升级，优化民航航路航线。开展节约型公共机构示范单位建设活动，2010年公共机构能源消耗指标要在2009年基础上降低5%。加强流通服务业节能减排工作。加大汽车、家电以旧换新力度。抓好“三河三湖”、松花江等重点流域水污染治理。做好重金属污染治理工作。抓好农村环境综合整治。支持军队加快实施节能减排技术改造。

九、大力推广节能技术和产品

发布国家重点节能技术推广目录（第三批）。继续实施“节能产品惠民工程”，在加大高效节能空调推广的基础上，全面推广节能汽车、节能电机等产品，继续做好新能源汽车示范推广，5月底前有关部门要出台具体的实施细则。推广节能灯1.5亿只以上，东中部地区和有条件的西部地区城市道路照明、公共场所、公共机构全部淘汰低效照明产品。扩大能效标识实施范围，发布第七批能效标识产品目录。落实政府优先和强制采购节能产品制度，完善节能产品政府采购清单动态管理。

十、完善节能减排经济政策

深化能源价格改革，调整天然气价格，推行居民用电阶梯价格，落实煤层气、天然气发电上网电价和脱硫电价政策，出台鼓励余热余压发电上网和价格政策。对电解铝、铁合金、钢铁、电石、烧碱、水泥、黄磷、锌冶炼等高耗能行业中属于产业结构调整指导目录限制类、淘汰类范围的，严格执行差别电价政策。各地可在国家规定基础上，按照规定程序加大差别电价实施力度，大幅提高差别电价加价标准。加大污水处理费征收力度，改革垃圾处理费收费方式。积极落实国家支持节能减排的所得税、增值税等优惠政策，适时推进资源税改革。尽快出台排污权有偿使用和交易指导意见。深化生态补偿试点，完善生态补偿机制。开展环境污染责任保险。金融机构要加大对节能减排项目的信贷支持。

十一、加快完善法规标准

尽快出台固定资产投资项目节能评估和审查管理办法，抓紧完成城镇排水与污水处理条例的审查修改，做好大气污染防治法（修订）、节约用水条例、生态补偿条例的研究起草工作。研究制定重点用能单位节能管理办法、能源计量监督管理办法、节能产品认证管理办法、主要污染物排放许可证管理办法等。完善单位产品能耗限额标准、用能产品能效标准、建筑能耗标准等。

十二、加大监督检查力度

在2010年第三季度，国务院组成工作组，对部分地区贯彻落实本通知精神情况进行检查。各级政府要组织开展节能减排专项督察，严肃查处违规乱上“两高”项目、淘汰落后产能进展滞后、减排设施不正常运行及严重污染环境等问题，彻底清理对高耗能企业和产能过剩行业电价优惠政策，发现一起，查处一起，对重点案件要挂牌督办，对有关责任人要严肃追究责任。要组织节能监察机构对重点用能单位开展拉网式排查，严肃查处使用国家明令淘汰的用能设备或生产工艺、单位产品能耗超限额标准用能等问题，情节严重的，依法责令停业整顿或者关闭。开展酒店、商场、办公楼等公共场所空调温度以及城市景观过度照明检查。继续深入开展整治违法排污企业保障群众健康环保专项行动。发挥职工监督作用，加强职工节能减排义务监督员队伍建设。

十三、深入开展节能减排全民行动

加强能源资源和生态环境国情宣传教育，进一步增强全民资源忧患意识、节约意识和环保意识。组织开展好2010年全国节能宣传周、世界环境日等活动。在企业、机关、学校、社区、军营等开展广泛深入的“节能减排全民行动”，普及节能环保知识和方法，推介节能新技术、新产品，倡导绿色消费、适度消费理念，加快形成有利于节约资源和保护环境的消费模式。新闻媒体要加大节能减排宣传力度，在重要栏目、重要时段、重要版面跟踪报道各地区落实本通知要求采取的行动，宣传先进经验，曝光反面典型，充分发挥舆论宣传和监督作用。

十四、实施节能减排预警调控

要做好节能减排形势分析和预警预测。各地区要在6月底前制定相关预警调控方案，在第三季度组织开展“十一五”节能减排目标完成情况预考核；对完成目标有困难的地区，要及时启动预警调控方案。

各地区、各部门要把节能减排放在更加突出的位置，切实加强组织领导。地方各级人民政府对本行政区域节能减排负总责，政府主要领导是第一责任人。发展改革委要加强节能减排综合协调，指导推动节能降耗工作，环境保护部要做好减排的协调推动工作，统计局要加强能源监测和统计。有关部门在各自的职责范围内做好节能减排工作，加强对各地区贯彻落实本通知精神的督促检查，确保实现“十一五”节能减排目标。

国务院
2010年5月4日

国务院批转发展改革委关于2010年深化经济体制改革重点工作意见的通知

（国发〔2010〕15号）

各省、自治区、直辖市人民政府，国务院各部委、各直属机构：

国务院同意发展改革委《关于2010年深化经济体制改革重点工作的意见》，现转发给你们，请认真贯彻执行。

国务院
2010年5月27日

关于2010年深化经济体制改革重点工作的意见

2010年是继续应对国际金融危机、保持经济平稳较快发展的关键一年。国际国内经济深度调整和深刻变化，迫切要求加大改革力度，进一步破除制约经济结构调整和经济发展方式转变的体制机制障碍，切实推动科学发展。结合当前改革发展形势，现就2010年深化经济体制改革重点工作提出以下意见：

一、指导思想和总体要求

（一）指导思想。高举中国特色社会主义伟大旗帜，全面贯彻党的十七大，十七届三中、四中全会和中央经济工作会议精神，深入贯彻落实科学发展观，围绕转变经济发展方式、保障和改善民生深化改革，着力增强发展的内在动力和可持续发展能力，为夺取应对国际金融危机冲击全面胜利和“十二五”规划顺利实施奠定坚实的体制基础。

（二）总体要求。把保持经济增长与调整经济结构结合起来，着力完善促进经济发展方式转变的体制机制；把完善政府调控与充分发挥市场作用结合起来，着力激发经济发展内在动力与活力；把推进社会建设与创新公共服务体制结合起来，着力健全改善民生的保障机制；把提高经济效益与促进社会公平结合起来，着力形成促进社会和谐稳定的体制机制；把加快国内发展与提升开放水平结合起来，着力形成国际合作与竞争新优势。

二、鼓励支持和引导非公有制经济发展

（一）落实鼓励和引导民间投资健康发展的政策措施，进一步消除制约民间投资的制度性障碍，支持民间资本投向基础产业和基础设施、公用事业(1868.062,5.81,0.31%)、社会事业、金融服务等领域，有效激发市场投资活力。（发展改革委牵头，各有关部门负责）

（二）推动国有资本从一般竞争性领域适当退出，切实把国有资本投资重点放在关系国家安全和国民经济命脉的重要行业和关键领域，拓宽非公有制经济发展的市场空间。（国资委、发展改革委、工业和信息化部负责）

（三）继续完善对小企业的支持政策，健全小企业信用担保体系，开展支持小企业融资的金融产品创新试点，研究制订促进小企业发展的政府采购政策。（工业和信息化部、人民银行、发展改革委、银监会、财政部负责）

三、深化国有企业和垄断性行业改革

（一）以推进广电和电信业务双向进入为重点，制订三网融合试点方案并开展试点，探索建立保障三网融合规范有序开展的政策体系和体制机制。（工业和信息化部、广电总局等负责）

（二）推进电力体制改革，完成电网企业主辅分离改革，出台输配电体制改革试点工作意见，研究制订农电体制改革方案并开展试点。（发展改革委、国资委、电监会、水利部、财政部、能源局负责）

（三）推进盐业管理体制改革，出台盐业管理体制改革意见及相关配套措施，推动形成新型食盐供给体制和盐业管理体制。（发展改革委、工业和信息化部等负责）

（四）加快推进大型国有企业特别是中央企业母公司层面的公司制股份制改革。加强国有资产监督管理，强化境外国有资产监管等基础性制度建设。（国资委牵头）

四、深化资源性产品价格和环保收费改革

（一）出台关于调整销售电价分类结构的实施办法，简化电价分类结构，推行居民用电阶梯价格制度，健全可再生能源发电定价和费用分摊机制。逐步理顺天然气与可替代能源的比价关系。继续完善成品油价格形成机制。（发展改革委、电监会、能源局负责）

（二）稳步推进水价改革，在有条件的地方实行居民用水阶梯价格制度，推进农业节水与农业水价综合改革。（发展改革委、住房城乡建设部、水利部、财政部负责）

（三）全面推行城市污水、垃圾及医疗废物等处理收费制度，研究建立危险废物处理保证金制度，制订出台推进排污权交易试点的指导意见并扩大试点范围，完善排污费征收使用管理制度。（发展改革委、住房城乡建设部、财政部、环境保护部、工业和信息化部负责）

五、深化财税体制改革

（一）出台资源税改革方案，统一内外资企业和个人城建税、教育费附加制度，逐步推进房产税改革，研究实施个人所得税制度改革，完善消费税制度，研究开征环境税的方案。（财政部、税务总局、发展改革委、国土资源部、住房城乡建设部、环境保护部负责）

（二）全面编制中央和地方政府性基金预算，试编社会保险基金预算，完善国有资本经营预算，加快形成覆盖政府所有收支、完整统一、有机衔接的公共预算体系。推进预算公开透明，健全监督机制。研究建立地方政府财政风险防控机制。（财政部、人力资源社会保障部、国资委、发展改革委负责）

（三）建立行政事业单位国有资产统计报告和收入管理制度。完善中央企业国有资本经营收益上缴和使用管理制度。（财政部、发展改革委、国资委负责）

六、深化金融体制改革

（一）借鉴国际监管标准的改革，完善金融监管体制。建立宏观审慎管理框架，强化资本和流动性要求，确立系统性金融风险防范制度。建立健全部门间协调配合、信息共享机制和国际合作机制。完善跨境资本流动监管机制。探索规范地方金融管理体制。（人民银行、银监会、证监会、保监会、财政部、发展改革委、外汇局负责）

（二）修订出台《贷款通则》，积极引导民间融资健康发展，加快发展多层次信贷市场。尽快出台存款保险制度实施方案，制定出台存款保险条例。（人民银行、银监会负责）

（三）加快股权投资基金制度建设，出台股权投资基金管理办法，完善新兴产业创业投资管理机制。健全创业板市场相关制度，推进场外交易市场建设，推动形成相互补充、相互促进、协调发展的多层次资本市场体系。（发展改革委、证监会、财政部负责）

（四）深化金融机构改革，加快推进政策性金融机构改革，开展资产管理公司商业化转型试点，深化国有控股商业银行改革。（人民银行、银监会、财政部负责）

（五）完善农村金融体系，全面深化农村信用社改革，引导社会资金投资设立适应“三农”需要的新型农村金融组织，研究制订偏远山区新设农村金融机构费用补贴等办法，研究制订农村抵押担保条例，充

分发挥商业性金融、政策性金融和合作金融在支持“三农”中的作用。（银监会、人民银行、财政部负责）

七、协调推进城乡改革

（一）深化土地管理制度改革，研究制订农村集体建设用地管理条例，逐步建立城乡统一的建设用地市场。提出规范农村土地整治的指导意见。修订国有建设用地划拨目录，深化国有建设用地有偿使用制度改革。（国土资源部牵头）

（二）深化户籍制度改革，加快落实放宽中小城市、小城镇特别是县城和中心镇落户条件的政策。进一步完善暂住人口登记制度，逐步在全国范围内实行居住证制度。（公安部、财政部、国土资源部、农业部、人力资源社会保障部负责）

（三）做好新形势下农村改革试验工作。制定出台进一步加快农垦改革发展的意见，推进国有农场与当地经济社会发展融合。制订出台重点国有林区森林资源管理体制改革总体思路，进一步推进国有林场改革试点。推进农村水利建设管理体制改革和农村小型水利设施产权制度改革。深化农村公路管理养护体制改革。（农业部、林业局、水利部、交通运输部等负责）

八、深化民生保障体制改革

（一）研究调整和优化国民收入分配格局、提高居民收入比重的思路，提出改革的目标、重点和措施。积极稳妥实施事业单位绩效工资制度，推进企业职工工资集体协商和支付保障制度建设，改革国有企业特别是垄断行业工资总额管理制度，完善国有企业、金融机构高管人员薪酬分配和监管制度。（发展改革委、人力资源社会保障部、财政部、国资委等负责）

（二）完善城乡养老保险制度，全面实施城镇企业职工基本养老保险关系转移接续制度，研究解决城镇集体企业职工、退休人员及城市无收入老年居民养老保险问题，继续推进事业单位养老保险制度改革试点，完善新型农村社会养老保险相关配套政策并扩大试点范围。（人力资源社会保障部牵头）

（三）建立健全保障性住房规划建设管理体制，加快廉租住房、公共租赁住房和经济适用住房建设，推进城市和工矿区棚户区改造，出台关于促进房地产市场长远健康发展的综合性政策。（住房城乡建设部、发展改革委负责）

九、深化社会领域改革

（一）出台并实施国家中长期教育改革和发展规划纲要，以促进公平和提高质量为重点，推进人才培养体制、考试招生制度、现代学校制度和办学体制等改革，并启动相关试点工作。（教育部牵头）

（二）围绕“保基本、强基层、建机制”，全面推进医药卫生体制改革，扎实做好推进基本医疗保障制度建设、初步建立国家基本药物制度、健全基层医疗卫生服务体系、促进基本公共卫生服务逐步均等化、推进公立医院改革试点等五项重点改革。（发展改革委、卫生部、财政部、人力资源社会保障部负责）

（三）加快国有文艺院团体制改革，推进非时政类报刊改革，制订出台公益性新闻出版单位改革意见，基本完成中央各部门各单位经营性出版社转制任务。（文化部、新闻出版总署、人力资源社会保障部负责）

（四）探索完善社会主义市场经济条件下科技创新举国体制，全面推进国家创新体系建设。（科技部牵头）

十、深化涉外经济体制改革

（一）研究制订关于加快转变外贸发展方式的指导意见，促进对外贸易协调可持续发展。（商务部牵头）

（二）研究修订外商投资相关法律法规，进一步简化和规范外资审批程序，建立外资并购安全审查制度。制订出台境外投资条例，加快完善境外投资促进政策和服务体系。（发展改革委、商务部、法制办负责）

十一、深化行政管理体制改革

（一）按照政事分开、事企分开和管办分离的原则，制订出台分类推进事业单位改革的总体文件及相关配套文件，逐步扩大改革试点范围，为全面启动改革创造条件、积累经验。（中央编办、财政部、人力资源社会保障部、发展改革委负责）

（二）深化投资体制改革，出台政府投资条例，加快制定企业投资项目核准和备案管理条例，制定中央政府投资项目决策责任追究指导意见和代建制管理办法，建立重大项目专家评议制度。（发展改革委、法制办负责）

（三）研究推进中央国家机关公务用车制度改革。研究提出深化政府机关后勤服务社会化改革的意见。（发展改革委、中央编办、财政部、人力资源社会保障部、国管局负责）

十二、积极推进综合配套改革试点

上海浦东新区、天津滨海新区等国家综合配套改革试验区，要围绕转变经济发展方式、提升开放水平、统筹城乡发展、建设资源节约型和环境友好型社会等战略任务深化改革，率先突破，形成有推广价值的改革经验。各部门要积极支持改革试点工作，将专项改革试点放到试验区先行先试。支持和指导各地区各部门开展多种形式的改革试点。（发展改革委牵头）

各地区、各部门要把改革放在更加突出的位置，加强组织领导，狠抓贯彻落实，确保2010年经济体制改革各项重点工作取得实质性突破，国务院已经确定的其他改革任务也要稳步推进。牵头负责部门要积极推动并会同相关部门科学制订改革方案，明确实施步骤和时限要求，落实工作责任；相关部门要结合自身职能，积极配合做好有关工作。发展改革委要加强对年度改革任务的指导推进和综合协调，建立健全部门间统筹协调推进改革的工作机制，督促检查各项改革进展和落实情况，及时向国务院报告；在做好年度改革工作的同时，要认真分析国内外发展的新情况、新变化，从解决制约科学发展的重大体制性问题入手，研究提出中长期改革总体思路，科学编制“十二五”时期重点领域改革规划，进一步提高统筹推进改革的能力和水平。

国务院关于进一步加强企业安全生产工作的通知

（国发［2010］23号）

各省、自治区、直辖市人民政府，国务院各部委、各直属机构：

近年来，全国生产安全事故逐年下降，安全生产状况总体稳定、趋于好转，但形势依然十分严峻，事故总量仍然很大，非法违法生产现象严重，重特大事故多发频发，给人民群众生命财产安全造成重大损失，暴露出一些企业重生产轻安全、安全管理薄弱、主体责任不落实，一些地方和部门安全监管不到位等突出问题。为进一步加强安全生产工作，全面提高企业安全生产水平，现就有关事项通知如下：

一、总体要求

1. 工作要求。深入贯彻落实科学发展观，坚持以人为本，牢固树立安全发展的理念，切实转变经济发展方式，调整产业结构，提高经济发展的质量和效益，把经济发展建立在安全生产有可靠保障的基础上；坚持“安全第一、预防为主、综合治理”的方针，全面加强企业安全管理，健全规章制度，完善安全标准，提高企业技术水平，夯实安全生产基础；坚持依法依规生产经营，切实加强安全监管，强化企业安全生产主体责任落实和责任追究，促进我国安全生产形势实现根本好转。

2. 主要任务。以煤矿、非煤矿山、交通运输、建筑施工、危险化学品、烟花爆竹、民用爆炸物品、冶金等行业（领域）为重点，全面加强企业安全生产工作。要通过更加严格的目标考核和责任追究，采取更加有效的管理手段和政策措施，集中整治非法违法生产行为，坚决遏制重特大事故发生；要尽快建成完善的国家安全生产应急救援体系，在高危行业强制推行一批安全适用的技术装备和防护设施，最大限度减少事故造成的损失；要建立更加完善的技术标准体系，促进企业安全生产技术装备全面达到国家和行业标准，实现我国安全生产技术水平的提高；要进一步调整产业结构，积极推进重点行业的企业重组和矿产资源开发整合，彻底淘汰安全性能低下、危及安全生产的落后产能；以更加有力的政策引导，形成安全生产长效机制。

二、严格企业安全管理

3. 进一步规范企业生产经营行为。企业要健全完善严格的安全生产规章制度，坚持不安全不生产。加强对生产现场监督检查，严格查处违章指挥、违规作业、违反劳动纪律的“三违”行为。凡超能力、超强度、超定员组织生产的，要责令停产停工整顿，并对企业和企业主要负责人依法给予规定上限的经济处罚。对以整合、技改名义违规组织生产，以及规定期限内未实施改造或故意拖延工期的矿井，由地方政府依法予以关闭。要加强对境外中资企业安全生产工作的指导和管理，严格落实境内投资主体和派出企业的安全生产监督责任。

4. 及时排查治理安全隐患。企业要经常性开展安全隐患排查，并切实做到整改措施、责任、资金、时限和预案“五到位”。建立以安全生产专业人员为主导的隐患整改效果评价制度，确保整改到位。对隐患整改不力造成事故的，要依法追究企业和企业相关负责人的责任。对停产整改逾期未完成的不得复产。

5. 强化生产过程管理的领导责任。企业主要负责人和领导班子成员要轮流现场带班。煤矿、非煤矿山要有矿领导带班并与工人同时下井、同时升井，对无企业负责人带班下井或该带班而未带班的，对有关责任人按擅离职守处理，同时给予规定上限的经济处罚。发生事故而没有领导现场带班的，对企业给予规定上限的经济处罚，并依法从重追究企业主要负责人的责任。

6. 强化职工安全培训。企业主要负责人和安全生产管理人员、特殊工种人员一律严格考核，按国家有关规定持职业资格证书上岗；职工必须全部经过培训合格后上岗。企业用工要严格依照劳动合同法与职工签订劳动合同。凡存在不经培训上岗、无证上岗的企业，依法停产整顿。没有对井下作业人员进行安全培训教育，或存在特种作业人员无证上岗的企业，情节严重的要依法予以关闭。

7. 全面开展安全达标。深入开展以岗位达标、专业达标和企业达标为内容的安全生产标准化建设，凡在规定时间内未实现达标的企业要依法暂扣其生产许可证、安全生产许可证，责令停产整顿；对整改逾期未达标的，地方政府要依法予以关闭。

三、建设坚实的技术保障体系

8. 加强企业生产技术管理。强化企业技术管理机构的安全职能，按规定配备安全技术人员，切实落实企业负责人安全生产技术管理负责制，强化企业主要技术负责人技术决策和指挥权。因安全生产技术问题不解决产生重大隐患的，要对企业主要负责人、主要技术负责人和有关人员给予处罚；发生事故的，依法追究责任。

9. 强制推行先进适用的技术装备。煤矿、非煤矿山要制定和实施生产技术装备标准，安装监测监控系统、井下人员定位系统、紧急避险系统、压风自救系统、供水施救系统和通信联络系统等技术装备，并于3年之内完成。逾期未安装的，依法暂扣安全生产许可证、生产许可证。运输危险化学品、烟花爆竹、民用爆炸物品的道路专用车辆，旅游包车和三类以上的班线客车要安装使用具有行驶记录功能的卫星定位装置，于2年之内全部完成；鼓励有条件的渔船安装防撞自动识别系统，在大型尾矿库安装全过程在线监控系统，大型起重机械要安装安全监控管理系统；积极推进信息化建设，努力提高企业安全防护水平。

10. 加快安全生产技术研发。企业在年度财务预算中必须确定必要的安全投入。国家鼓励企业开展安全科技研发，加快安全生产关键技术装备的换代升级。进一步落实《国家中长期科学和技术发展规划纲要（2006～2020年）》等，加大对高危行业安全技术、装备、工艺和产品研发的支持力度，引导高危行业提高机械化、自动化生产水平，合理确定生产一线用工。“十二五”期间要继续组织研发一批提升我国重点行业领域安全生产保障能力的关键技术和装备项目。

四、实施更加有力的监督管理

11. 进一步加大安全监管力度。强化安全生产监管部门对安全生产的综合监管，全面落实公安、交通、国土资源、建设、工商、质检等部门的安全生产监督管理及工业主管部门的安全生产指导职责，形成安全生产综合监管与行业监管指导相结合的工作机制，加强协作，形成合力。在各级政府统一领导下，严厉打击非法违法生产、经营、建设等影响安全生产的行为，安全生产综合监管和行业管理部门要会同司法机关联合执法，以强有力措施查处、取缔非法企业。对重大安全隐患治理实行逐级挂牌督办、公告制度，重大隐患治理由省级安全生产监管部门或行业主管部门挂牌督办，国家相关部门加强督促检查。对拒不执行监管监察指令的企业，要依法依规从重处罚。进一步加强监管力量建设，提高监管人员专业素质和技术装备水平，强化基层站点监管能力，加强对企业安全生产的现场监管和技术指导。

12. 强化企业安全生产属地管理。安全生产监管监察部门、负有安全生产监管职责的有关部门和行业管理部门要按职责分工，对当地企业包括中央、省属企业实行严格的安全生产监督检查和管理，组织对企业安全生产状况进行安全标准化分级考核评价，评价结果向社会公开，并向银行业、证券业、保险业、担保业等主管部门通报，作为企业信用评级的重要参考依据。

13. 加强建设项目安全管理。强化项目安全设施核准审批，加强建设项目的日常安全监管，严格落实审批、监管的责任。企业新建、改建、扩建工程项目的安全设施，要包括安全监控设施和防瓦斯等有害气体、防尘、排水、防火、防爆等设施，并与主体工程同时设计、同时施工、同时投入生产和使用。安全设施与建设项目主体工程未做到同时设计的一律不予审批，未做到同时施工的责令立即停止施工，未同时投入使用的不得颁发安全生产许可证，并视情节追究有关单位负责人的责任。严格落实建设、设计、施工、监理、监管等各方安全责任。对项目建设生产经营单位存在违法分包、转包等行为的，立即依法停工停产整顿，并追究项目业主、承包方等各方责任。

14. 加强社会监督和舆论监督。要充分发挥工会、共青团、妇联组织的作用，依法维护和落实企业职工对安全生产的参与权与监督权，鼓励职工监督举报各类安全隐患，对举报者予以奖励。有关部门和地方要进一步畅通安全生产的社会监督渠道，设立举报箱，公布举报电话，接受人民群众的公开监督。要发挥新闻媒体的舆论监督，对舆论反映的客观问题要深查原因，切实整改。

五、建设更加高效的应急救援体系

15. 加快国家安全生产应急救援基地建设。按行业类型和区域分布，依托大型企业，在中央预算内基建投资支持下，先期抓紧建设7个国家矿山应急救援队，配备性能可靠、机动性强的装备和设备，保障必要的运行维护费用。推进公路交通、铁路运输、水上搜救、船舶溢油、油气田、危险化学品等行业（领域）国家救援基地和队伍建设。鼓励和支持各地区、各部门、各行业依托大型企业和专业救援力量，加强服务周边的区域性应急救援能力建设。

16. 建立完善企业安全生产预警机制。企业要建立完善安全生产动态监控及预警预报体系，每月进行一次安全生产风险分析。发现事故征兆要立即发布预警信息，落实防范和应急处置措施。对重大危险源和重大隐患要报当地安全生产监管监察部门、负有安全生产监管职责的有关部门和行业管理部门备案。涉及国家秘密的，按有关规定执行。

17. 完善企业应急预案。企业应急预案要与当地政府应急预案保持衔接，并定期进行演练。赋予企业生产现场带班人员、班组长和调度人员在遇到险情时第一时间下达停产撤人命令的直接决策权和指挥权。因撤离不及时导致人身伤亡事故的，要从重追究相关人员的法律责任。

六、严格行业安全准入

18. 加快完善安全生产技术标准。各行业管理部门和负有安全生产监管职责的有关部门要根据行业技术进步和产业升级的要求，加快制定修订生产、安全技术标准，制定和实施高危行业从业人员资格标准。对实施许可证管理制度的危险性作业要制定落实专项安全技术作业规程和岗位安全操作规程。

19. 严格安全生产准入前置条件。把符合安全生产标准作为高危行业企业准入的前置条件，实行严格的安全标准核准制度。矿山建设项目和用于生产、储存危险物品的建设项目，应当分别按照国家有关规定进行安全条件论证和安全评价，严把安全生产准入关。凡不符合安全生产条件违规建设的，要立即停止建设，情节严重的由本级人民政府或主管部门实施关闭取缔。降低标准造成隐患的，要追究相关人员和负责人的责任。

20. 发挥安全生产专业服务机构的作用。依托科研院所，结合事业单位改制，推动安全生产评价、技术支持、安全培训、技术改造等服务性机构的规范发展。制定完善安全生产专业服务机构管理办法，保证专业服务机构从业行为的专业性、独立性和客观性。专业服务机构对相关评价、鉴定结论承担法律责任，对违法违规、弄虚作假的，要依法依规从严追究相关人员和机构的法律责任，并降低或取消相关资质。

七、加强政策引导

21. 制定促进安全技术装备发展的产业政策。要鼓励和引导企业研发、采用先进适用的安全技术和产品，鼓励安全生产适用技术和新装备、新工艺、新标准的推广应用。把安全检测监控、安全避险、安全保护、个人防护、灾害监控、特种安全设施及应急救援等安全生产专用设备的研发制造，作为安全产业加以培育，纳入国家振兴装备制造业的政策支持范畴。大力发展安全装备融资租赁业务，促进高危行业企业加快提升安全装备水平。

22. 加大安全专项投入。切实做好尾矿库治理、扶持煤矿安全技改建设、瓦斯防治和小煤矿整顿关闭等各类中央资金的安排使用，落实地方和企业配套资金。加强对高危行业企业安全生产费用提取和使用管理的监督检查，进一步完善高危行业企业安全生产费用财务管理制度，研究提高安全生产费用提取下限标准，适当扩大适用范围。依法加强道路交通事故社会救助基金制度建设，加快建立完善水上搜救奖励与补偿机制。高危行业企业探索实行全员安全风险抵押金制度。完善落实工伤保险制度，积极稳妥推行安全生产责任保险制度。

23. 提高工伤事故死亡职工一次性赔偿标准。从2011年1月1日起，依照《工伤保险条例》的规定，对因生产安全事故造成的职工死亡，其一次性工亡补助金标准调整为按全国上一年度城镇居民人均可支配收入的20倍计算，发放给工亡职工近亲属。同时，依法确保工亡职工一次性丧葬补助金、供养亲属抚恤金的发放。

24. 鼓励扩大专业技术和技能人才培养。进一步落实完善校企合作办学、对口单招、订单式培养等政策，鼓励高等院校、职业学校逐年扩大采矿、机电、地质、通风、安全等相关专业人才的招生培养规模，加快培养高危行业专业人才和生产一线急需技能型人才。

八、更加注重经济发展方式转变

25. 制定落实安全生产规划。各地区、各有关部门要把安全生产纳入经济社会发展的总体布局，在制定国家、地区发展规划时，要同步明确安全生产目标和专项规划。企业要把安全生产工作的各项要求落实在企业发展和日常工作之中，在制定企业发展规划和年度生产经营计划中要突出安全生产，确保安全投入和各项安全措施到位。

26. 强制淘汰落后技术产品。不符合有关安全标准、安全性能低下、职业危害严重、危及安全生产的落后技术、工艺和装备要列入国家产业结构调整指导目录，予以强制性淘汰。各省级人民政府也要制订本地区相应的目录和措施，支持有效消除重大安全隐患的技术改造和搬迁项目，遏制安全水平低、保障能力差的项目建设和延续。对存在落后技术装备、构成重大安全隐患的企业，要予以公布，责令限期整改，逾期未整改的依法予以关闭。

27. 加快产业重组步伐。要充分发挥产业政策导向和市场机制的作用，加大对相关高危行业企业重组力度，进一步整合或淘汰浪费资源、安全保障低的落后产能，提高安全基础保障能力。

九、实行更加严格的考核和责任追究

28. 严格落实安全目标考核。对各地区、各有关部门和企业完成年度生产安全事故控制指标情况进行严格考核，并建立激励约束机制。加大重特大事故的考核权重，发生特别重大生产安全事故的，要根据情节轻重，追究地市级分管领导或主要领导的责任；后果特别严重、影响特别恶劣的，要按规定追究省部级相关领导的责任。加强安全生产基础工作考核，加快推进安全生产长效机制建设，坚决遏制重特大事故的发生。

29. 加大对事故企业负责人的责任追究力度。企业发生重大生产安全责任事故，追究事故企业主要负责人责任；触犯法律的，依法追究事故企业主要负责人或企业实际控制人的法律责任。发生特别重大事故，除追究企业主要负责人和实际控制人责任外，还要追究上级企业主要负责人的责任；触犯法律的，依法追究企业主要负责人、企业实际控制人和上级企业负责人的法律责任。对重大、特别重大生产安全责任事故负有主要责任的企业，其主要负责人终身不得担任本行业企业的矿长（厂长、经理）。对非法违法生产造成人员伤亡的，以及瞒报事故、事故后逃逸等情节特别恶劣的，要依法从重处罚。

30. 加大对事故企业的处罚力度。对于发生重大、特别重大生产安全责任事故或一年内发生2次以上较大生产安全责任事故并负主要责任的企业，以及存在重大隐患整改不力的企业，由省级及以上安全监管监察部门会同有关行业主管部门向社会公告，并向投资、国土资源、建设、银行、证券等主管部门通报，一年内严格限制新增的项目核准、用地审批、证券融资等，并作为银行贷款等的重要参考依据。

31. 对打击非法生产不力的地方实行严格的责任追究。在所辖区域对群众举报、上级督办、日常检查发现的非法生产企业（单位）没有采取有效措施予以查处，致使非法生产企业（单位）存在的，对县（市、区）、乡（镇）人民政府主要领导以及相关责任人，根据情节轻重，给予降级、撤职或者开除的行政处分，涉嫌犯罪的，依法追究刑事责任。国家另有规定的，从其规定。

32. 建立事故查处督办制度。依法严格事故查处，对事故查处实行地方各级安全生产委员会层层挂牌督办，重大事故查处实行国务院安全生产委员会挂牌督办。事故查处结案后，要及时予以公告，接受社会监督。

各地区、各部门和各有关单位要做好对加强企业安全生产工作的组织实施，制订部署本地区本行业贯彻落实本通知要求的具体措施，加强监督检查和指导，及时研究、协调解决贯彻实施中出现的突出问题。国务院安全生产委员会办公室和国务院有关部门要加强工作督查，及时掌握各地区、各部门和本行业（领域）工作进展情况，确保各项规定、措施执行落实到位。省级人民政府和国务院有关部门要将加强企业安全生产工作情况及时报送国务院安全生产委员会办公室。

国务院
2010年7月19日

国务院办公厅转发发展改革委等部门关于加快推行合同能源管理促进节能服务产业发展意见的通知

（国办发［2010］25号）

各省、自治区、直辖市人民政府，国务院各部委、各直属机构：

发展改革委、财政部、人民银行、税务总局《关于加快推行合同能源管理促进节能服务产业发展的意见》已经国务院同意，现转发给你们，请认真贯彻执行。

国务院办公厅
2010年4月2日

关于加快推行合同能源管理促进节能服务产业发展的意见

发展改革委　财政部　人民银行　税务总局

根据《中华人民共和国节约能源法》和《国务院关于加强节能工作的决定》（国发［2006］28号）、《国务院关于印发节能减排综合性工作方案的通知》（国发［2007］15号）等文件精神，为加快推行合同能源管理，促进节能服务产业发展，现提出以下意见：

一、充分认识推行合同能源管理、发展节能服务产业的重要意义

合同能源管理是发达国家普遍推行的、运用市场

手段促进节能的服务机制。节能服务公司与用户签订能源管理合同，为用户提供节能诊断、融资、改造等服务，并以节能效益分享方式回收投资和获得合理利润，可以大大降低用能单位节能改造的资金和技术风险，充分调动用能单位节能改造的积极性，是行之有效的节能措施。我国20世纪90年代末引进合同能源管理机制以来，通过示范、引导和推广，节能服务产业迅速发展，专业化的节能服务公司不断增多，服务范围已扩展到工业、建筑、交通、公共机构等多个领域。2009年，全国节能服务公司达502家，完成总产值580多亿元，形成年节能能力1350万t标准煤，对推动节能改造、减少能源消耗、增加社会就业发挥了积极作用。但也要看到，我国合同能源管理还没有得到足够的重视，节能服务产业还存在财税扶持政策少、融资困难以及规模偏小、发展不规范等突出问题，难以适应节能工作形势发展的需要。加快推行合同能源管理，积极发展节能服务产业，是利用市场机制促进节能减排、减缓温室气体排放的有力措施，是培育战略性新兴产业、形成新的经济增长点的迫切要求，是建设资源节约型和环境友好型社会的客观需要。各地区、各部门要充分认识推行合同能源管理、发展节能服务产业的重要意义，采取切实有效措施，努力创造良好的政策环境，促进节能服务产业加快发展。

二、指导思想、基本原则和发展目标

（一）指导思想

高举中国特色社会主义伟大旗帜，以邓小平理论和“三个代表”重要思想为指导，深入贯彻落实科学发展观，充分发挥市场机制作用，加强政策扶持和引导，积极推行合同能源管理，加快节能新技术、新产品的推广应用，促进节能服务产业发展，不断提高能源利用效率。

（二）基本原则

一是坚持发挥市场机制作用。充分发挥市场配置资源的基础性作用，以分享节能效益为基础，建立市场化的节能服务机制，促进节能服务公司加强科技创新和服务创新，提高服务能力，改善服务质量。

二是加强政策支持引导。通过制定完善激励政策，加强行业监管，强化行业自律，营造有利于节能服务产业发展的政策环境和市场环境，引导节能服务产业健康发展。

（三）发展目标

到2012年，扶持培育一批专业化节能服务公司，发展壮大一批综合性大型节能服务公司，建立充满活力、特色鲜明、规范有序的节能服务市场。到2015年，建立比较完善的节能服务体系，专业化节能服务公司进一步壮大，服务能力进一步增强，服务领域进一步拓宽，合同能源管理成为用能单位实施节能改造的主要方式之一。

三、完善促进节能服务产业发展的政策措施

（一）加大资金支持力度

将合同能源管理项目纳入中央预算内投资和中央财政节能减排专项资金支持范围，对节能服务公司采用合同能源管理方式实施的节能改造项目，符合相关规定的，给予资金补助或奖励。有条件的地方也要安排一定资金，支持和引导节能服务产业发展。

（二）实行税收扶持政策

在加强税收征管的前提下，对节能服务产业采取适当的税收扶持政策。

一是对节能服务公司实施合同能源管理项目，取得的营业税应税收入，暂免征收营业税，对其无偿转让给用能单位的因实施合同能源管理项目形成的资产，免征增值税。

二是节能服务公司实施合同能源管理项目，符合税法有关规定的，自项目取得第一笔生产经营收入所属纳税年度起，第一～三年免征企业所得税，第四～六年减半征收企业所得税。

三是用能企业按照能源管理合同实际支付给节能服务公司的合理支出，均可以在计算当期应纳税所得额时扣除，不再区分服务费用和资产价款进行税务处理。

四是能源管理合同期满后，节能服务公司转让给用能企业的因实施合同能源管理项目形成的资产，按折旧或摊销期满的资产进行税务处理。节能服务公司与用能企业办理上述资产的权属转移时，也不再另行计入节能服务公司的收入。

上述税收政策的具体实施办法由财政部、税务总局会同发展改革委等部门另行制定。

（三）完善相关会计制度

各级政府机构采用合同能源管理方式实施节能改造，按照合同支付给节能服务公司的支出视同能源费用进行列支。事业单位采用合同能源管理方式实施节能改造，按照合同支付给节能服务公司的支出计入相关支出。企业采用合同能源管理方式实施节能改造，如购建资产和接受服务能够合理区分且单独计量的，应当分别予以核算，按照国家统一的会计准则制度处理；如不能合理区分或虽能区分但不能单独计量的，企业实际支付给节能服务公司的支出作为费用列支，能源管理合同期满，用能单位取得相关资产作为接受捐赠处理，节能服务公司作为赠与处理。

（四）进一步改善金融服务

鼓励银行等金融机构根据节能服务公司的融资需

求特点，创新信贷产品，拓宽担保品范围，简化申请和审批手续，为节能服务公司提供项目融资、保理等金融服务。节能服务公司实施合同能源管理项目投入的固定资产可按有关规定向银行申请抵押贷款。积极利用国外的优惠贷款和赠款加大对合同能源管理项目的支持。

四、加强对节能服务产业发展的指导和服务

（一）鼓励支持节能服务公司做大做强

节能服务公司要加强服务创新，加强人才培养，加强技术研发，加强品牌建设，不断提高综合实力和市场竞争力。鼓励节能服务公司通过兼并、联合、重组等方式，实行规模化、品牌化、网络化经营，形成一批拥有知名品牌，具有较强竞争力的大型服务企业。鼓励大型重点用能单位利用自己的技术优势和管理经验，组建专业化节能服务公司，为本行业其他用能单位提供节能服务。

（二）发挥行业组织的服务和自律作用

节能服务行业组织要充分发挥职能作用，大力开展业务培训，加快建设信息交流平台，及时总结推广业绩突出的节能服务公司的成功经验，积极开展节能咨询服务。要制定节能服务行业公约，建立健全行业自律机制，提高行业整体素质。

（三）营造节能服务产业发展的良好环境

地方各级人民政府要将推行合同能源管理、发展节能服务产业纳入重要议事日程，加强领导，精心组织，务求取得实效。政府机构要带头采用合同能源管理方式实施节能改造，发挥模范表率作用。各级节能主管部门要采取多种形式，广泛宣传推行合同能源管理的重要意义和明显成效，提高全社会对合同能源管理的认知度和认同感，营造推行合同能源管理的有利氛围。要加强用能计量管理，督促用能单位按规定配备能源计量器具，为节能服务公司实施合同能源管理项目提供基础条件。要组织实施合同能源管理示范项目，发挥引导和带动作用。要加强对节能服务产业发展规律的研究，积极借鉴国外的先进经验和有益做法，协调解决产业发展中的困难和问题，推进产业持续健康发展。

国务院关于促进企业兼并重组的意见

（国发［2010］27号）

各省、自治区、直辖市人民政府，国务院各部委、各直属机构：

为深入贯彻落实科学发展观，切实加快经济发展方式转变和结构调整，提高发展质量和效益，现就加快调整优化产业结构、促进企业兼并重组提出以下意见：

一、充分认识企业兼并重组的重要意义

近年来，各行业、各领域企业通过合并和股权、资产收购等多种形式积极进行整合，兼并重组步伐加快，产业组织结构不断优化，取得了明显成效。但一些行业重复建设严重、产业集中度低、自主创新能力不强、市场竞争力较弱的问题仍很突出。在资源环境约束日益严重、国际间产业竞争更加激烈、贸易保护主义明显抬头的新形势下，必须切实推进企业兼并重组，深化企业改革，促进产业结构优化升级，加快转变发展方式，提高发展质量和效益，增强抵御国际市场风险能力，实现可持续发展。各地区、各有关部门要把促进企业兼并重组作为贯彻落实科学发展观，保持经济平稳较快发展的重要任务，进一步统一思想，正确处理局部与整体、当前与长远的关系，切实抓好促进企业兼并重组各项工作部署的贯彻落实。

二、主要目标和基本原则

（一）主要目标

通过促进企业兼并重组，深化体制机制改革，完善以公有制为主体、多种所有制经济共同发展的基本经济制度。加快国有经济布局和结构的战略性调整，健全国有资本有进有退的合理流动机制，鼓励和支持民营企业参与竞争性领域国有企业改革、改制和改组，促进非公有制经济和中小企业发展。兼并重组企业要转换经营机制，完善公司治理结构，建立现代企业制度，加强和改善内部管理，加强技术改造，推进技术进步和自主创新，淘汰落后产能，压缩过剩产能，促进节能减排，提高市场竞争力。

进一步贯彻落实重点产业调整和振兴规划，做强做大优势企业。以汽车、钢铁、水泥、机械制造、电解铝、稀土等行业为重点，推动优势企业实施强强联合、跨地区兼并重组、境外并购和投资合作，提高产业集中度，促进规模化、集约化经营，加快发展具有自主知识产权和知名品牌的骨干企业，培养一批具有国际竞争力的大型企业集团，推动产业结构优化升级。

（二）基本原则

1. 发挥企业的主体作用。充分尊重企业意愿，充分调动企业积极性，通过完善相关行业规划和政策措施，引导和激励企业自愿、自主参与兼并重组。

2. 坚持市场化运作。遵循市场经济规则，充分

发挥市场机制的基础性作用，规范行政行为，由企业通过平等协商、依法合规开展兼并重组，防止“拉郎配”。

3. 促进市场有效竞争。统筹协调，分类指导，促进提高产业集中度，促进大中小企业协调发展，促进各种所有制企业公平竞争和优胜劣汰，形成结构合理、竞争有效、规范有序的市场格局。

4. 维护企业与社会和谐稳定。严格执行相关法律法规和规章制度，妥善解决企业兼并重组中资产债务处置、职工安置等问题，依法维护债权人、债务人以及企业职工等利益主体的合法权益，促进企业、社会的和谐稳定。

三、消除企业兼并重组的制度障碍

（一）清理限制跨地区兼并重组的规定。为优化产业布局、进一步破除市场分割和地区封锁，要认真清理废止各种不利于企业兼并重组和妨碍公平竞争的规定，尤其要坚决取消各地区自行出台的限制外地企业对本地企业实施兼并重组的规定。

（二）理顺地区间利益分配关系。在不违背国家有关政策规定的前提下，地区间可根据企业资产规模和盈利能力，签订企业兼并重组后的财税利益分成协议，妥善解决企业兼并重组后工业增加值等统计数据的归属问题，实现企业兼并重组成果共享。

（三）放宽民营资本的市场准入。切实向民营资本开放法律法规未禁入的行业和领域，并放宽在股权比例等方面的限制。加快垄断行业改革，鼓励民营资本通过兼并重组等方式进入垄断行业的竞争性业务领域，支持民营资本进入基础设施、公共事业、金融服务和社会事业相关领域。

四、加强对企业兼并重组的引导和政策扶持

（一）落实税收优惠政策。研究完善支持企业兼并重组的财税政策。对企业兼并重组涉及的资产评估增值、债务重组收益、土地房屋权属转移等给予税收优惠，具体按照财政部、税务总局《关于企业兼并重组业务企业所得税处理若干问题的通知》（财税［2009］59号）、《关于企业改制重组若干契税政策的通知》（财税［2008］175号）等规定执行。

（二）加强财政资金投入。在中央国有资本经营预算中设立专项资金，通过技改贴息、职工安置补助等方式，支持中央企业兼并重组。鼓励地方人民政府通过财政贴息、信贷奖励补助等方式，激励商业银行加大对企业兼并重组的信贷支持力度。有条件的地方可设立企业兼并重组专项资金，支持本地区企业兼并重组，财政资金投入要优先支持重点产业调整和振兴规划确定的企业兼并重组。

（三）加大金融支持力度。商业银行要积极稳妥开展并购贷款业务，扩大贷款规模，合理确定贷款期限。鼓励商业银行对兼并重组后的企业实行综合授信。鼓励证券公司、资产管理公司、股权投资基金以及产业投资基金等参与企业兼并重组，并向企业提供直接投资、委托贷款、过桥贷款等融资支持。积极探索设立专门的并购基金等兼并重组融资新模式，完善股权投资退出机制，吸引社会资金参与企业兼并重组。通过并购贷款、境内外银团贷款、贷款贴息等方式支持企业跨国并购。

（四）支持企业自主创新和技术进步。支持有条件的企业建立企业技术中心，提高研发水平和自主创新能力，加快科技成果向现实生产力转化。大力支持兼并重组企业技术改造和产品结构调整，优先安排技术改造资金，对符合国家产业政策的技术改造项目优先立项。鼓励和引导企业通过兼并重组淘汰落后产能，切实防止以兼并重组为名盲目扩张产能和低水平重复建设。

（五）充分发挥资本市场推动企业重组的作用。进一步推进资本市场企业并购重组的市场化改革，健全市场化定价机制，完善相关规章及配套政策，支持企业利用资本市场开展兼并重组，促进行业整合和产业升级。支持符合条件的企业通过发行股票、债券、可转换债等方式为兼并重组融资。鼓励上市公司以股权、现金及其他金融创新方式作为兼并重组的支付手段，拓宽兼并重组融资渠道，提高资本市场兼并重组效率。

（六）完善相关土地管理政策。兼并重组涉及的划拨土地符合划拨用地条件的，经所在地县级以上人民政府批准可继续以划拨方式使用；不符合划拨用地条件的，依法实行有偿使用，划拨土地使用权价格可依法作为土地使用权人的权益。重点产业调整和振兴规划确定的企业兼并重组项目涉及的原生产经营性划拨土地，经省级以上人民政府国土资源部门批准，可以国家作价出资（入股）方式处置。

（七）妥善解决债权债务和职工安置问题。兼并重组要严格依照有关法律规定和政策妥善分类处置债权债务关系，落实清偿责任，确保债权人、债务人的合法利益。研究债务重组政策措施，支持资产管理公司、创业投资企业、股权投资基金、产业投资基金等机构参与被兼并企业的债务处置。切实落实相关政策规定，积极稳妥解决职工劳动关系、社会保险关系接续、拖欠职工工资等问题。制定完善相关政策措施，继续支持国有企业实施主辅分离、辅业改制和分流安置富余人员。认真落实积极的就业政策，促进下岗失业人员再就业，所需资金从就业专项资金中列支。

（八）深化企业体制改革和管理创新。鼓励兼并重组企业进行公司制、股份制改革，建立健全规范的法人治理结构，转换企业经营机制，创新管理理念、管理机制和管理手段，加强和改善生产经营管理，促进自主创新，提高企业市场竞争力。

五、改进对兼并重组的管理和服务

（一）做好信息咨询服务。加快引进和培养熟悉企业并购业务特别是跨国并购业务的专门人才，建立促进境内外并购活动的公共服务平台，拓宽企业兼并重组信息交流渠道，加强市场信息、战略咨询、法律顾问、财务顾问、资产评估、产权交易、融资中介、独立审计和企业管理等咨询服务，推动企业兼并重组中介服务加快专业化、规范化发展。

（二）加强风险监控。督促企业严格执行兼并重组的有关法律法规和政策，规范操作程序，加强信息披露，防范道德风险，确保兼并重组操作规范、公开、透明。深入研究企业兼并重组中可能出现的各种矛盾和问题，加强风险评估，妥善制定相应的应对预案和措施，切实维护企业、社会和谐稳定。有效防范和打击内幕交易和市场操纵行为，防止恶意收购，防止以企业兼并重组之名甩包袱、偷逃税款、逃废债务，防止国有资产流失。充分发挥境内银行、证券公司等金融机构在跨国并购中的咨询服务作用，指导和帮助企业制定境外并购风险防范和应对方案，保护企业利益。

（三）维护公平竞争和国家安全。完善相关管理办法，加强和完善对重大的企业兼并重组交易的管理，对达到经营者集中法定申报标准的企业兼并重组，依法进行经营者集中审查。进一步完善外资并购管理规定，建立健全外资并购国内企业国家安全审查制度，鼓励和规范外资以参股、并购方式参与国内企业改组改造和兼并重组，维护国家安全。

六、加强对企业兼并重组工作的领导

建立健全组织协调机制，加强对企业兼并重组工作的领导。由工业和信息化部牵头，发展改革委、财政部、人力资源社会保障部、国土资源部、商务部、人民银行、国资委、税务总局、工商总局、银监会、证监会等部门参加，成立企业兼并重组工作协调小组，统筹协调企业兼并重组工作，研究解决推进企业兼并重组工作中的重大问题，细化有关政策和配套措施，落实重点产业调整和振兴规划的相关要求，协调有关地区和企业做好组织实施。各地区要努力营造企业跨地区、跨行业、跨所有制兼并重组的良好环境，指导督促企业切实做好兼并重组有关工作。

附件：促进企业兼并重组任务分工表（略）

国务院
2010年8月28日

国务院办公厅转发环境保护部等部门关于推进大气污染联防联控工作改善区域空气质量指导意见的通知

（国办发〔2010〕33号）

各省、自治区、直辖市人民政府，国务院各部委、各直属机构：

环境保护部、发展改革委、科技部、工业和信息化部、财政部、住房和城乡建设部、交通运输部、商务部、能源局《关于推进大气污染联防联控工作改善区域空气质量的指导意见》已经国务院同意，现转发给你们，请认真贯彻执行。

国务院办公厅
2010年5月11日

关于推进大气污染联防联控工作改善区域空气质量的指导意见

近年来，我国一些地区酸雨、灰霾和光化学烟雾等区域性大气污染问题日益突出，严重威胁群众健康，影响环境安全。国内外的成功经验表明，解决区域大气污染问题，必须尽早采取区域联防联控措施。为进一步加大大气污染防治工作力度，现就推进区域大气污染联防联控，改善区域空气质量工作提出以下意见。

一、指导思想、基本原则和工作目标

（一）指导思想。以科学发展观为指导，以改善空气质量为目的，以增强区域环境保护合力为主线，以全面削减大气污染物排放为手段，建立统一规划、统一监测、统一监管、统一评估、统一协调的区域大气污染联防联控工作机制，扎实做好大气污染防治工作。

（二）基本原则。坚持环境保护与经济发展相结合，促进区域环境与经济协调发展；坚持属地管理与区域联动相结合，提升区域大气污染防治整体水平；坚持先行先试与整体推进相结合，率先在重点区域取得突破。

（三）工作目标。到2015年，建立大气污染联防联控机制，形成区域大气环境管理的法规、标准和政策体系，主要大气污染物排放总量显著下降，重点企业全面达标排放，重点区域内所有城市空气质量达到或好于国家二级标准，酸雨、灰霾和光化学烟雾污染明显减少，区域空气质量大幅改善。确保2010年上海世博会和广州亚运会空气质量良好。

二、重点区域和防控重点

（四）重点区域。开展大气污染联防联控工作的重点区域是京津冀、长三角和珠三角地区；在辽宁中部、山东半岛、武汉及其周边、长株潭、成渝、台湾海峡西岸等区域，要积极推进大气污染联防联控工作；其他区域的大气污染联防联控工作，由有关地方人民政府根据实际情况组织开展。

（五）防控重点。大气污染联防联控的重点污染物是二氧化硫、氮氧化物、颗粒物、挥发性有机物等，重点行业是火电、钢铁、有色、石化、水泥、化工等，重点企业是对区域空气质量影响较大的企业，需解决的重点问题是酸雨、灰霾和光化学烟雾污染等。

三、优化区域产业结构和布局

（六）提高环境准入门槛。制定并实施重点区域内重点行业的大气污染物特别排放限值，严格控制重点区域新建、扩建除"上大压小"和热电联产以外的火电厂，在地级城市市区禁止建设除热电联产以外的火电厂。针对重点区域内重点行业的建设项目实行环境影响评价区域会商机制，具体办法由环境保护部另行制定。加强区域产业发展规划环境影响评价，严格控制钢铁、水泥、平板玻璃、传统煤化工、多晶硅、电解铝、造船等产能过剩行业扩大产能项目建设。

（七）优化区域工业布局。建立产业转移环境监管机制，加强产业转入地在承接产业转移过程中的环保监管，防止污染转移。在城市城区及其近郊禁止新建、扩建钢铁、有色、石化、水泥、化工等重污染企业，对城区内已建重污染企业要结合产业结构调整实施搬迁改造，按期完成首钢搬迁工程，组织实施好石家庄、杭州、广州等城市钢铁厂搬迁项目。

（八）推进技术进步和结构调整。完善重点行业清洁生产标准和评价指标，加强对重点企业的清洁生产审核和评估验收。加大清洁生产技术推广力度，鼓励企业使用清洁生产先进技术。加快产业结构调整步伐，确保电力、煤炭、钢铁、水泥、有色金属、焦炭、造纸、制革、印染等行业淘汰落后产能任务按期完成。

四、加大重点污染物防治力度

（九）强化二氧化硫总量控制制度。提高火电机组脱硫效率，完善火电厂脱硫设施特许经营制度。加大钢铁、石化、有色等行业二氧化硫减排工作力度，推进工业锅炉脱硫工作。完善二氧化硫排污收费制度。制定区域二氧化硫总量减排目标。

（十）加强氮氧化物污染减排。建立氮氧化物排放总量控制制度。新建、扩建、改建火电厂应根据排放标准和建设项目环境影响报告书批复要求建设烟气脱硝设施，重点区域内的火电厂应在"十二五"期间全部安装脱硝设施，其他区域的火电厂应预留烟气脱硝设施空间。推广工业锅炉低氮燃烧技术，重点开展钢铁、石化、化工等行业氮氧化物污染防治。

（十一）加大颗粒物污染防治力度。使用工业锅炉的企业以及水泥厂、火电厂应采用袋式等高效除尘技术。强化施工工地环境管理，禁止使用袋装水泥和现场搅拌混凝土、砂浆，在施工场地应采取围挡、遮盖等防尘措施。加强道路清扫保洁工作，提高城市道路清洁度。实施"黄土不露天"工程，减少城区裸露地面。

（十二）开展挥发性有机物污染防治。从事喷漆、石化、制鞋、印刷、电子、服装干洗等排放挥发性有机污染物的生产作业，应当按照有关技术规范进行污染治理。推进加油站油气污染治理，按期完成重点区域内现有油库、加油站和油罐车的油气回收改造工作，并确保达标运行；新增油库、加油站和油罐车应在安装油气回收系统后才能投入使用。严格控制城市餐饮服务业油烟排放。

五、加强能源清洁利用

（十三）严格控制燃煤污染排放。严格控制重点区域内燃煤项目建设，开展区域煤炭消费总量控制试点工作。推进低硫、低灰分配煤中心建设，提高煤炭洗选比例，重点区域内未配备脱硫设施的企业，禁止直接燃用含硫量超过0.5%的煤炭。加强高污染燃料禁燃区划定工作，逐步扩大禁燃区范围，禁止原煤散烧。建设火电机组烟气脱硫、脱硝、除尘和除汞等多污染物协同控制技术示范工程。

（十四）大力推广清洁能源。改善城市能源消费结构，加大天然气、液化石油气、煤制气、太阳能等清洁能源的推广力度，逐步提高城市清洁能源使用比重。继续推进清洁能源行动，积极开展清洁能源利用示范。推进工业、交通和建筑节能，提高能源利用效率。加快发展农村清洁能源，鼓励农作物秸秆综合利用，推广生物质成型燃料技术，大力发展农村沼气。禁止露天焚烧秸秆等农作物废弃物，确保城市周边、交通干线、机场周围空气质量。鼓励采用节能炉灶，逐步淘汰传统高污染炉灶。

（十五）积极发展城市集中供热。推进城市集中供热工程建设，加强城镇供热锅炉并网工作，不断提高城市集中供热面积。加强集中供热锅炉烟气脱硫、脱硝和高效除尘综合污染防治工作。发展洁净煤技术，加大高效洁净煤锅炉集中供热示范推广力度。在城市城区及其近郊，禁止新建效率低、污染重的燃煤小锅炉，逐步拆除已建燃煤小锅炉。

六、加强机动车污染防治

（十六）提高机动车排放水平。严格实施国家机动车排放标准，完善新生产机动车环保型式核准制度，禁止不符合国家机动车排放标准车辆的生产、销售和注册登记。继续推进汽车“以旧换新”工作，加速“黄标车”和低速载货车淘汰进程，积极发展新能源汽车。

（十七）完善机动车环境管理制度。加强机动车环保定期检验，实施机动车环保标志管理，对排放不达标车辆进行专项整治。依法加强对机动车环保检验机构的监督管理，促进其健康发展。加强机动车环保监管能力建设，建立机动车环保管理信息系统。研究有利于机动车污染防治的税费政策。

（十八）加快车用燃油清洁化进程。推进车用燃油低硫化，加快炼油设施改造步伐，增加优质车用燃油市场供应。尽快制定并实施国家第四、第五阶段车用燃油标准和车用燃油有害物质限量标准。强化车用燃油清净剂核准管理。

（十九）大力发展公共交通。完善城市交通基础设施，落实公交优先发展战略，加快建设公共汽、电车专用道（路）并设置公交优先通行信号系统。改善居民步行、自行车出行条件，鼓励居民选择绿色出行方式。

七、完善区域空气质量监管体系

（二十）加强重点区域空气质量监测。提高空气质量监测能力，优化重点区域空气质量监测点位，开展酸雨、细颗粒物、臭氧监测和城市道路两侧空气质量监测，制定大气污染事故预报、预警和应急处理预案，完善环境信息发布制度，实现重点区域监测信息共享。到2011年年底前，初步建成重点区域空气质量监测网络。

（二十一）完善空气质量评价指标体系。加快空气质量评价指标修订工作，完善臭氧和细颗粒物空气质量评价方法，增加相应评价指标。

（二十二）强化城市空气质量分级管理。空气质量未达到二级标准的城市，应当制订达标方案，确保按期实现空气质量改善目标。国家环境保护重点城市的达标方案应报环境保护部批准后实施。空气质量已达到二级标准的城市，应制订空气质量持续改善方案，防止空气质量恶化。

（二十三）加强区域环境执法监管。环境保护部要会同有关地方和部门确定并公布重点企业名单，开展区域大气环境联合执法检查，集中整治违法排污企业。各地环保部门应加强对重点企业的监督性监测，并推进其安装污染源在线监测装置。到2012年底前，重点企业应全部安装在线监测装置并与环保部门联网。

八、加强空气质量保障能力建设

（二十四）加大资金投入。各级人民政府要根据大气污染防治工作实际，加大资金投入力度，强化环境保护专项资金使用管理，着力推进重点治污项目和区域空气质量监测、监控能力建设。空气质量未达到标准的城市，应逐年加大资金投入，加快城市大气环境保护基础设施和污染治理工程建设。

（二十五）强化科技支撑。加强区域大气污染形成机理研究。开展烟气脱硝、有毒有害气体治理、洁净煤利用、挥发性有机污染物和大气汞污染治理、农村生物质能开发等技术攻关。加大细颗粒物、臭氧污染防治技术示范和推广力度。加快高新技术在环保领域的应用，推动环保产业发展。

（二十六）完善环境经济政策。继续实施高耗能、高污染行业差别电价政策。严格火电、钢铁、水泥、电解铝等行业上市公司环保核查。积极推进主要大气污染物排放指标有偿使用和排污权交易工作。完善区域生态补偿政策，研究对空气质量改善明显地区的激励机制。

九、加强组织协调

（二十七）建立区域大气污染联防联控的协调机制。在全国环境保护部际联席会议制度下，不定期召开由有关部门和相关地方人民政府参加的专题会议，协调解决区域大气污染联防联控工作中的重大问题，组织编制重点区域大气污染联防联控规划，明确重点区域空气质量改善目标、污染防治措施及重点治理项目。到2011年年底前，完成规划编制和报批工作。

（二十八）严格落实责任。地方人民政府是区域大气污染防治的责任主体，要切实加强组织领导，制订本地区大气污染联防联控工作方案，并将各项工作任务分解到责任单位和企业，强化监督考核。各有关部门应加强协调配合，制定相关配套措施和落实意见，督促和指导地方相关部门开展工作。

（二十九）完善考核制度。环境保护部要会同有关部门对大气污染联防联控工作情况进行评估检查，对区域大气污染防治重点项目完成情况和城市空气质量改善情况进行考核，并将考核结果作为城市环境综合整治定量考核的重要内容，每年向社会公布。对于未按时完成规划任务且空气质量状况严重恶化的城市，严格控制其新增大气污染物排放的建设项目，具体办法由环境保护部商有关地方和部门另行制定。

（三十）加强宣传教育。组织编写大气污染防治科普宣传和培训材料，开展多种形式的大气环境保护宣传教育，动员和引导公众参与区域大气污染联防联控工作。定期公布区域空气质量状况和大气污染防治工作进展情况，充分发挥新闻媒体的舆论引导和监督作用。

各地要在 2010 年 6 月底前，将本地区落实本意见的实施方案，报送环境保护部备案。

国务院办公厅关于确保居民生活用电和正常发用电秩序的紧急通知

（国办发〔2010〕36 号）

各省、自治区、直辖市人民政府，国务院各部委、各直属机构：

2010 年是实现“十一五”节能减排目标的最后一年，各地区、各部门认真落实国务院关于加强节能减排的重要部署，积极采取有力措施，加大工作力度，节能减排工作取得了积极成效。但近期少数地区出现了为完成节能减排任务而限制居民生活用电的情况，为此，发展改革委等部门专门下发通知，明令禁止这种做法。随着年底临近，还有少数地区为突击完成节能减排目标，仍在采取限制企业正常生产特别是居民生活用电合理需求、强制性停止火电机组发电等错误做法，干扰了正常的生产生活秩序和电网安全稳定运行，在社会上造成了严重的不良影响，必须立即纠正。目前正值冬季采暖和用电高峰期，电力正常生产供应事关人民群众切身利益，务必全力予以保证。经国务院同意，现紧急通知如下：

一、正确处理节能减排与合理发用电的关系。实现节能减排目标要通过全面贯彻落实科学发展观，加快转变经济发展方式，大力调整经济结构，不断提高能源利用效率来实现。近期少数地区采取限制企业正常生产特别是居民生活用电合理需求、强制性停止火电机组发电的做法，不仅违背了节能减排的初衷，不利于节能减排的持续深入开展，也严重损害了人民群众的切身利益，危及电网安全稳定运行，是极其错误的，必须立即予以纠正。要立即恢复受影响的居民生活等重点用户的供电，不得非法干预电网调度和发电生产，切实维护正常的电力生产供应秩序。

二、全面加强电力需求侧管理。各地区要按照国务院部署，坚持节约与开发并举、节约优先的原则，进一步完善措施，加大投入，推动新技术、新产品和新工艺的研发和推广。电力企业要充分发挥主力军的作用，加快队伍建设，建立技术支撑平台和评测体系，促进电力需求侧管理工作深入开展。当前要完善和落实好有序用电预案，切实把居民生活用电摆在首要位置，关心好、保证好，全力保障医院、学校、铁路、交通枢纽、供水供热、广播、电信、金融机构、农业生产、石油天然气生产输送等涉及公众利益和国家安全的重要用户用电需要；继续严格限制高耗能高排放企业用电，对未按规定期限淘汰的落后产能和违规建成项目，要依法、按程序停止供电；严格控制景观照明用电，杜绝“亮化”工程等浪费现象。

三、努力搞好电力生产供应。各地区要加强电力运行监测，及时协调发用电矛盾，对少数地方采取的影响重点用电需求和危及电网安全运行的错误做法，要立即制止。电网企业要坚持统一调度，严肃调度纪律，加强电网安全稳定运行的控制。发电企业要加强设备运行管理，安排好发电生产和设备检修，积极采购和储存电煤，确保发电生产和供热用煤需要。对于非法干预电网调度和发电生产的问题，要及时向各省、自治区、直辖市人民政府经济运行主管部门报告。

四、标本兼治推进节能减排。各地区既要认真做好当前有序用电工作，严格控制高耗能、高排放企业用电，切实压减不合理用电需求，更要把完成节能减排目标与加快转变发展方式、切实推进结构调整有机结合起来，充分利用资源环境约束性增强的倒逼机制，加大重点产业调整和振兴规划的实施力度，支持新兴产业和结构调整项目，坚决抑制部分行业产能过剩和重复建设，特别是控制高耗能产业盲目发展和扩张。从根本上实现节能减排工作的持续深入开展。

五、加强组织领导和协调配合。各省、自治区、直辖市人民政府当前要妥善处理节能减排与合理发用电的关系，切实加强对维护正常电力生产供应秩序的组织和领导，坚决纠正限制企业正常生产特别是居民生活等涉及公众利益用电、强制性停止火电机组发电情况的做法。发展改革委要积极推进电力需求侧管理工作，完善工作机制，依法规范有序用电工作。国务院有关部门和单位要做好资金投入、完善配套政策和依法督促检查等工作。

国务院办公厅
2010年11月23日

国务院关于稳定消费价格总水平保障群众基本生活的通知

（国发［2010］40号）

各省、自治区、直辖市人民政府，国务院各部委、各直属机构：

2010年以来，按照党中央、国务院关于处理好保持经济平稳较快发展、调整经济结构和管理通胀预期关系的要求，各地区、各部门积极采取措施，发展生产、保障供应、强化监管，保证了市场供应和价格总水平基本稳定。7月以来，受国内外多种因素影响，以农产品为主的生活必需品价格上涨较快，价格总水平逐月攀升，加大了城乡居民特别是中低收入群体的生活负担。为切实维护广大人民群众根本利益、保持社会和谐稳定，各地区、各部门要充分认识稳定市场价格的重要性和紧迫性，按照"立足当前、着眼长远，综合施策、重点治理，保障民生、稳定预期"的原则，及时采取有力措施，坚持扶持生产、保障供应与抑制不合理需求相结合，实施短期应急措施与建立长效机制相结合，理顺价格关系与保障群众基本生活相结合，维护企业正常经营活动与打击价格违法行为相结合，以经济和法律手段为主，辅之以必要的行政手段，进一步做好价格调控监管工作，稳定市场价格，切实保障群众基本生活。现就有关问题通知如下：

一、大力发展农业生产

进一步落实扶持农业生产的各项政策措施，巩固和加强农业基础地位，保持农业稳定发展。切实加强蔬菜种植基地和蔬菜大棚建设，南方省区和有关蔬菜主产区要抓好冬季蔬菜的生产，中央和地方各级财政给予必要的支持；各地尤其是城市人民政府要扩大速生蔬菜生产规模，增加越冬蔬菜供应。加强冬季粮油生产田间管理。完善糖料收购价格政策和利益共享机制，稳定榨糖企业生产。

二、稳定农副产品供应

各地区要保持地方储备粮油的投放力度，落实小包装成品粮油储备制度。有关部门要继续把握好中央储备粮、油、糖投放和轮换的节奏、力度，保障市场供应。城市人民政府要提前做好小包装成品粮油和越冬蔬菜等农副产品储备工作，加快蔬菜批发市场、社区菜店和冷链物流建设，提前做好粮食、食用油、蔬菜等应急保障预案。铁路部门要做好新疆棉花调运工作。

三、降低农副产品流通成本

完善鲜活农产品运输绿色通道政策。自2010年12月1日起，所有收费公路对整车合法装载鲜活农产品的车辆免收通行费；少量混装其他农产品以及超载幅度在合理计量误差范围内的鲜活农产品运输车辆，比照整车合法装载车辆执行；将马铃薯、甘薯、鲜玉米、鲜花生列入绿色通道品种目录。各地区要进一步规范和降低集贸市场摊位费和超市进场费。

四、保障化肥生产供应

继续实行化肥生产用电、用气和铁路运输价格优惠政策，保障化肥企业正常生产用电、用气供应，不得对化肥企业拉闸限电。控制化肥出口，调整化肥出口关税政策和淡旺季划分时段。切实落实化肥淡季储备政策和计划安排。

五、做好煤电油气运协调工作

进一步发挥煤电油气运保障工作部际协调机制作用，加强组织协调，搞好运力衔接，确保冬春季能源供应。煤炭主产区人民政府要组织好煤炭生产，尤其是安排好元旦、春节"两节"期间的生产，不得干预煤炭外运。煤电双方要衔接好2011年度电煤供需合同，煤炭行业要加强自律，保持价格稳定。石油企业要采取经济和技术手段提高生产负荷，增加柴油产量，保障市场需求。各地区要确保城乡居民生活和企业正常生产的电力供应，不得随意拉闸限电。

六、发放价格临时补贴

各地区要根据实际情况，对优抚对象、城乡低保对象、农村五保供养对象发放价格临时补贴。对财政有困难的中西部地区，由中央财政给予适当补助。按照隶属关系，增加对大中专院校家庭经济困难学生和学生食堂补贴，各大中专院校要保持学生食堂饭菜价格基本稳定。切实安排好农村寄宿制学校学生的生活。

七、建立社会救助和保障标准与物价上涨挂钩的联动机制

各地区要根据基本生活费用价格指数变动情况，尽快建立和完善最低生活保障、失业保险标准与物价上涨挂钩的联动机制。逐步提高基本养老金、失业保险金和最低工资标准。

八、继续落实规范收费的各项规定

清理和取消不合理收费项目。对各级政府批准的收费项目，根据实际情况适当降低收费标准。

九、积极稳妥推进价格改革

有关部门和地方要把握好政府管理价格的调整时机、节奏和力度，对已经确定的调价方案，要充分考虑社会承受能力，完善配套措施，审慎出台。必要时对重要的生活必需品和生产资料实行价格临时干预措施。

十、规范农产品经营和深加工秩序

整顿主要农产品收购秩序，严格粮食收购资格审核；落实经营者最高库存量的规定，加强粮食收购资金监管；取缔无证照收购加工棉花的行为。各省（区、市）人民政府要对玉米深加工企业进行全面清理，关停违规建设的玉米深加工企业。

十一、加强农产品期货和电子交易市场监管

完善农产品期货市场交易规则，严厉打击操纵市场等违法违规行为，抑制过度投机。研究制定规范农产品电子交易市场管理办法，清理整顿电子交易市场，取缔非法交易。

十二、健全价格监管法规

尽快出台《政府制定价格成本监审条例》，强化成本监管。抓紧修订《价格违法行为行政处罚规定》，将捏造、散布涨价信息的行为纳入价格监管范围，增强处罚的针对性，加大处罚力度。

十三、加强价格监督检查和反价格垄断执法

强化价格监管力量，重点打击恶意囤积、哄抬价格、变相涨价以及合谋涨价、串通涨价等违法行为，严厉查处恶性炒作事件，维护市场和价格秩序。

十四、完善价格信息发布制度

加强价格监测预警，建立健全价格新闻披露机制，及时公布市场价格情况，客观分析价格变动趋势，准确阐释价格政策，澄清不实报道，稳定社会预期。

十五、切实落实“米袋子”省长负责制和“菜篮子”市长负责制

各地区要把稳定价格工作列入重要议事日程，建立协调机制，加强监测预警，及时研究制订价格应急预案，依法完善价格调节基金管理，增强价格调控监管能力。

十六、建立市场价格调控部际联席会议制度

有关部门要加强协调、密切配合，各司其职、各负其责，确保国务院确定的稳定消费价格总水平、保障群众基本生活各项政策措施落实到位。

各地区、各部门要在2010年11月底前将贯彻落实本通知的情况报告国务院。国务院将组织督察组赴各地调查了解各项政策措施的落实和市场物价情况。

国务院

2010年11月19日

中共中央办公厅 国务院办公厅印发《关于进一步推进国有企业贯彻落实“三重一大”决策制度的意见》

为全面贯彻党的十七大和十七届四中全会精神，切实加强国有企业反腐倡廉建设，进一步促进国有企业领导人员廉洁从业，规范决策行为，提高决策水平，防范决策风险，保证国有企业科学发展，按照中央关于凡属重大决策、重要人事任免、重大项目安排和大额度资金运作（简称“三重一大”）事项必须由领导班子集体作出决定的要求，现就进一步推进国有企业贯彻落实“三重一大”决策制度提出如下意见。

一、指导思想和基本原则

（一）高举中国特色社会主义伟大旗帜，以邓小平理论和“三个代表”重要思想为指导，深入贯彻落实科学发展观，根据《建立健全惩治和预防腐败体系2008～2012年工作规划》部署，落实《国有企业领导人员廉洁从业若干规定》要求，以明确决策范围、规范决策程序、强化监督检查和责任追究为重点，进一步推进国有企业“三重一大”决策制度的贯彻落实。

（二）“三重一大”事项坚持集体决策原则。国有企业应当健全议事规则，明确“三重一大”事项的决策规则和程序，完善群众参与、专家咨询和集体决策相结合的决策机制。国有企业党委（党组）、董事会、

未设董事会的经理班子等决策机构要依据各自的职责、权限和议事规则，集体讨论决定“三重一大”事项，防止个人或少数人专断。要坚持务实高效，保证决策的科学性；充分发扬民主，广泛听取意见，保证决策的民主性；遵守国家法律法规、党内法规和有关政策，保证决策合法合规。

二、“三重一大”事项的主要范围

（三）重大决策事项，是指依照《中华人民共和国公司法》、《中华人民共和国全民所有制工业企业法》、《中华人民共和国企业国有资产法》、《中华人民共和国商业银行法》、《中华人民共和国证券法》、《中华人民共和国保险法》以及其他有关法律法规和党内法规规定的应当由股东大会（股东会）、董事会、未设董事会的经理班子、职工代表大会和党委（党组）决定的事项。主要包括企业贯彻执行党和国家的路线方针政策、法律法规和上级重要决定的重大措施，企业发展战略、破产、改制、兼并重组、资产调整、产权转让、对外投资、利益调配、机构调整等方面的重大决策，企业党的建设和安全稳定的重大决策，以及其他重大决策事项。

（四）重要人事任免事项，是指企业直接管理的领导人员以及其他经营管理人员的职务调整事项。主要包括企业中层以上经营管理人员和下属企业、单位领导班子成员的任免、聘用、解除聘用和后备人选的确定，向控股和参股企业委派股东代表，推荐董事会、监事会成员和经理、财务负责人，以及其他重要人事任免事项。

（五）重大项目安排事项，是指对企业资产规模、资本结构、盈利能力以及生产装备、技术状况等产生重要影响的项目的设立和安排。主要包括年度投资计划，融资、担保项目，期权、期货等金融衍生业务，重要设备和技术引进，采购大宗物资和购买服务，重大工程建设项目，以及其他重大项目安排事项。

（六）大额度资金运作事项，是指超过由企业或者履行国有资产出资人职责的机构所规定的企业领导人员有权调动、使用的资金限额的资金调动和使用。主要包括年度预算内大额度资金调动和使用，超预算的资金调动和使用，对外大额捐赠、赞助，以及其他大额度资金运作事项。

三、“三重一大”事项决策的基本程序

（七）“三重一大”事项提交会议集体决策前应当认真调查研究，经过必要的研究论证程序，充分吸收各方面意见。重大投资和工程建设项目，应当事先充分听取有关专家的意见。重要人事任免，应当事先征求国有企业和履行国有资产出资人职责机构的纪检监察机构的意见。研究决定企业改制以及经营管理方面的重大问题、涉及职工切身利益的重大事项、制定重要的规章制度，应当听取企业工会的意见，并通过职工代表大会或者其他形式听取职工群众的意见和建议。

（八）决策事项应当提前告知所有参与决策人员，并为所有参与决策人员提供相关材料。必要时，可事先听取反馈意见。

（九）党委（党组）、董事会、未设董事会的经理班子应当以会议的形式，对职责权限内的“三重一大”事项作出集体决策。不得以个别征求意见等方式作出决策。紧急情况下由个人或少数人临时决定的，应在事后及时向党委（党组）、董事会或未设董事会的经理班子报告；临时决定人应当对决策情况负责，党委（党组）、董事会或未设董事会的经理班子应当在事后按程序予以追认。经董事会授权，经理班子决策“三重一大”事项的，按照本意见执行。

（十）决策会议符合规定人数方可召开。与会人员要充分讨论并分别发表意见，主要负责人应当最后发表结论性意见。会议决定多个事项时，应逐项研究决定。若存在严重分歧，一般应当推迟作出决定。

（十一）会议决定的事项、过程、参与人及其意见、结论等内容，应当完整、详细记录并存档备查。

（十二）决策作出后，企业应当及时向履行国有资产出资人职责的机构报告有关决策情况；企业负责人应当按照分工组织实施，并明确落实部门和责任人。参与决策的个人对集体决策有不同意见，可以保留或者向上级反映，但在没有作出新的决策前，不得擅自变更或者拒绝执行。如遇特殊情况需对决策内容作重大调整，应当重新按规定履行决策程序。

（十三）董事会、未设董事会的经理班子研究“三重一大”事项时，应事先与党委（党组）沟通，听取党委（党组）的意见。进入董事会、未设董事会的经理班子的党委（党组）成员，应当贯彻党组织的意见或决定。企业党组织要团结带领全体党员和广大职工群众，推动决策的实施，并对实施中发现的与党和国家方针政策、法律法规不符或脱离实际的情况及时提出意见，如得不到纠正，应当向上级反映。

（十四）建立“三重一大”事项决策的回避制度；建立对决策的考核评价和后评估制度，逐步健全决策失误纠错改正机制和责任追究制度。

四、组织实施和监督检查

（十五）国有企业党委（党组）书记、董事长、

未设董事会的总经理（总裁）为本企业实施本意见的主要责任人。

（十六）国有企业应当依据本意见制定具体的实施办法，报履行国有资产出资人职责的机构审查批准。履行国有资产出资人职责的机构，在制定或审批国有企业章程时，应当根据本意见明确相关要求。

（十七）履行国有资产出资人职责的机构应当对国有企业制定的“三重一大”事项范围是否全面科学、决策程序是否严密、责任追究措施是否有效进行严格审查，予以批准的，应当在批准后监督其实施。

（十八）纪检监察机关应当督促指导履行国有资产出资人职责机构的纪检监察机构，切实加强对所管辖的国有企业贯彻落实“三重一大”决策制度情况的监督检查。

（十九）国有企业的纪检监察机构在依照《国有企业领导人员廉洁从业若干规定》的规定，结合年度考核进行监督检查，作出评估，并向企业党组织和上级纪检监察机构报告时，应当将国有企业领导人员执行“三重一大”决策制度的情况作为重点内容。

（二十）“三重一大”决策制度的执行情况，应当作为巡视、党风廉政建设责任制考核的重要内容和企业领导人员经济责任审计的重点事项；作为民主生活会、企业领导人员述职述廉的重要内容；作为厂务公开的重要内容，除按照国家法律法规和有关政策应当保密的事项外，在适当范围内公开。

（二十一）组织人事部门、履行国有资产出资人职责的机构和审计机关，应当将“三重一大”决策制度的执行情况，作为对企业领导人员考察、考核的重要内容和任免以及经济责任履行情况审计评价的重要依据。

（二十二）国有企业领导人员违反“三重一大”决策制度的，应当依照《国有企业领导人员廉洁从业若干规定》和相关法律法规给予相应的处理，违反规定获取的不正当经济利益，应当责令清退；给国有企业造成经济损失的，应当承担经济赔偿责任。

（二十三）本意见适用于国有和国有控股企业（含国有和国有控股金融机构）。

国务院国有资产监督管理委员会文件

关于切实做好防汛抗洪救灾工作的紧急通知

（国资厅发研究［2010］67号）

各中央企业：

2010年以来，我国许多地方出现重大自然灾害，玉树地震、西南部分地区干旱以及入汛以来许多地方发生的洪涝灾害，给人民群众生命财产造成重大损失，生产生活造成重大影响。在抗灾救灾过程中，中央企业认真贯彻落实党中央、国务院的一系列重大部署，紧急行动，不畏艰险，采取超常举措应对灾情，在特殊时期发挥了特殊作用。特别是中央电力、通信、运输、石油石化、建筑施工、物资储备等行业的企业，不讲条件，不计代价，全力以赴保供电、保通信、保运输、保供应，以实际行动与灾区群众共克时艰，共渡难关，作出了积极贡献。国资委、国资委党委向各级领导干部、广大职工和家属致以亲切的慰问！

当前，全国防汛抗洪进入关键阶段和紧要关头，抗灾救灾工作任务十分艰巨。中央企业要认真贯彻落实胡锦涛总书记、温家宝总理关于防汛抗洪的重要指示精神，全面落实党中央、国务院的重要部署，切实做好防汛抗洪救灾的各项工作。现将有关要求紧急通知如下：

一、落实责任，切实加强防汛抗洪救灾工作的组织领导。中央企业要按照“统一领导、分级负责、功能齐全、反应灵敏、运转高效”的要求，加强对防汛抗洪救灾工作的组织领导。要切实按照各企业应急预案的要求，有力有序有效地开展工作，细化汛期紧急情况下的各项应急措施，健全应急救援指挥机构和应急救援队伍，保证充足的汛期救险物资和抢险装备。要认真落实防汛抗洪救灾责任制，做到责任到位、工作到位、措施到位。各级领导干部要始终站在防汛抗洪救灾的第一线，认真履行职责。对因工作失职、渎职造成更大损失和人员伤亡的，要依法依纪严肃处理，坚决追究有关领导的责任。

二、全力抢修重要基础设施，全力保障灾区的物资供给。电力、通信、建筑、交通运输行业的中央企业要迅速组织力量，全力修复灾区受损的供电、通信、道路、水利等设施，尽快恢复灾区正常生产生活秩序。石油石化企业要全力保障灾区抗洪救灾用油需要。粮食企业要加强粮油食品跨省调运，切实保障灾区群众对粮油基本生活需求，保障粮油物价稳定。交通运输和涉及救灾急需物资的中央企业，要认真做好生产调度，保障灾区救灾物资及生活必需品供应。

三、保障灾区企业正常生产经营，帮助灾区职工解决生产生活实际困难。中央企业要积极采取有效措施，组织灾区企业开展抢险救灾和生产自救，努力缓解灾害带来的影响，保障企业正常生产经营。要切实做好安全生产工作，防范重特大事故和次生灾害的发生。要千方百计保护灾区职工的人身安全，全力做好受灾职工的转移和安置工作。要积极为职工排忧解难，尤其要关心战斗在防汛抗洪第一线的职工及家属，帮助他们解决生活中的实际困难。

四、积极配合地方政府和有关部门，全力做好防汛抗洪救灾工作。中央企业要坚决执行国家和地方政府关于做好防汛抗洪救灾工作的部署，从大局出发，服从统一指挥和调度。要勇挑重担，积极配合地方政府和有关部门，全力参与抢险救灾工作，提供必要的人力、物力和财力支持。要发动职工捐款捐物，积极参与抗灾救灾的各项公益活动和灾区重建工作。

五、切实发挥企业各级党组织和广大共产党员的战斗堡垒作用和先锋模范作用。中央企业各级党组织和广大共产党员要坚持人民利益高于一切，以高度的政治责任感，紧急行动起来，始终站在抗洪抢险和抗灾救灾的最前列，发扬顽强拼搏的精神，在关键时刻挺身而出、勇挑重担，团结带领广大群众全力投身到抗洪救灾工作中去，始终发挥企业各级党组织和广大共产党员的战斗堡垒作用和先锋模范作用。

国务院国有资产监督管理委员会办公厅
2010 年 8 月 10 日

国务院安全生产委员会文件

国务院安委会关于印发《重大事故查处挂牌督办办法》的通知

（安委［2010］6 号）

各省、自治区、直辖市人民政府，新疆生产建设兵团，国务院有关部门：

为认真贯彻落实《国务院关于进一步加强企业安全生产工作的通知》（国发［2010］23 号），加强重大生产安全事故的查处，严肃追究事故责任者，有效防范和坚决遏制重特大事故发生，国务院安委会制定了《重大事故查处挂牌督办办法》。现印发给你们，请遵照执行。

国务院安全生产委员会
2010 年 9 月 2 日

重大事故查处挂牌督办办法

第一条 为严肃查处重大生产安全事故（以下简称重大事故），保障人民群众生命和财产安全，依据《国务院关于进一步加强企业安全生产工作的通知》（国发［2010］23 号）的规定，制定本办法。

第二条 国务院安委会对重大事故调查处理实行挂牌督办，国务院安委会办公室具体承担挂牌督办事项。

各省级人民政府负责落实挂牌督办事项，省级人民政府安委会办公室具体承担本行政区域内重大事故挂牌督办事项的综合工作。

第三条　国务院安委会对重大事故查处挂牌督办，按照以下程序办理：

（一）国务院安委会办公室提出挂牌督办建议，报国务院安委会领导同志审定同意后，以国务院安委会名义向省级人民政府下达挂牌督办通知书；

（二）在中央主流媒体和中央政府网站、中国安全生产报、安全监管总局政府网站上公布挂牌督办信息。

第四条　挂牌督办通知书包括下列内容：

（一）事故名称；

（二）督办事项；

（三）办理期限；

（四）督办解除方式、程序。

第五条　省级人民政府接到挂牌督办通知后，应当依据有关规定，组织和督促有关职能部门按照督办通知要求办理下列事项：

（一）做好事故善后工作；

（二）查清事故原因，认定事故性质；

（三）分清事故责任，提出对责任人的处理意见；

（四）依法实施经济处罚；

（五）形成事故调查报告；

（六）监督落实事故防范和整改措施。

第六条　省级人民政府应当自接到挂牌督办通知之日起60日内完成督办事项。

第七条　在重大事故查处督办期间，省级人民政府安委会办公室应当加强与国务院安委会办公室的沟通，及时汇报有关情况。

国务院安委会办公室负责对督办事项的指导、协调和督促。

第八条　重大事故调查报告形成初稿后，省级人民政府安委会应当及时向国务院安委会办公室作出书面报告，经审核同意后，由省级人民政府作出批复决定。

第九条　重大事故查处结案后，省级人民政府安委会和国务院安委会办公室应将重大事故挂牌督办情况和事故查处结案情况，在中央主流媒体和中央政府网站、中国安全生产报、安全监管总局政府网站上予以公告，接受社会监督。

第十条　承担挂牌督办事项的省级人民政府有关职能部门对督办事项无故拖延、敷衍塞责，或者在解除挂牌督办过程中弄虚作假的，依法追究相关人员责任。

第十一条　对依据有关法律、行政法规规定由国务院有关部门或者机构组织调查处理的重大事故的挂牌督办，依照本办法的相关规定执行。

第十二条　对于重大事故以下的事故的挂牌督办，由各省级人民政府安委会参照本办法的规定另行制定。

第十三条　本办法自印发之日起施行。

国务院安委会办公室发出《关于贯彻落实国务院〈通知〉精神进一步加强安全生产应急救援体系建设的实施意见》

（安委办［2010］25号）

各省、自治区、直辖市及新疆生产建设兵团安全生产委员会，国务院安全生产委员会各有关成员单位，各中央企业：

为深入贯彻落实《国务院关于进一步加强企业安全生产工作的通知》（国发［2010］23号，以下简称《国务院通知》）精神，切实落实企业安全生产主体责任，加快建设更加高效的安全生产应急救援体系，提出以下实施意见：

一、总体要求和工作目标

（一）认真贯彻落实党中央、国务院关于加强安全生产和应急管理工作的一系列重要决策、部署、指示和《国务院通知》精神，进一步强化责任落实、工作落实、政策落实，加大投入力度，加强安全生产应急救援体系建设，不断提高安全生产应急救援的装备水平、技术水平、管理水平。从现在起到“十二五”期末，国家（区域）矿山、危险化学品应急救援队全部建成，其他重点行业（领域）应急救援队伍建设进一步加强，形成更加完善的安全生产应急救援体系；各省（区、市）、市（地、州）、重点县（市、区）安全生产应急管理（救援指挥）机构全部建立；国家、省、市三级安全生产应急平台体系建设完成，高危行业企业安全生产动态监控及预警预报预防体系普遍建立；应急救援协调联动机制更加完善；安全生产应急预案体系建立健全，质量明显提高。通过强化建设，安全生产应急管理水平和防范、应对事故灾难的能力得到明显提升。

二、进一步加强安全生产应急救援队伍体系建设

（二）大力加强矿山应急救援队伍体系建设。

1. 加快国家矿山应急救援队建设步伐。依托黑龙江鹤岗、山西大同、河北开滦、安徽淮南、河南平顶山、四川芙蓉、甘肃靖远矿山救护队，抓紧建设7个国家矿山应急救援队，力争到2011年底前全部建成。要充分利用企业现有资源和条件，按照总体规划

的要求，突出特长和特色，重点投入，配备国际国内先进的尤其是高精尖的应急救援装备，在搞好本企业、本地区事故救援的同时，满足跨地区、重特大且抢险救援复杂、难度大事故的快速高效救援工作的需要。与此同时，要全面加强基础设施建设，加强素质能力建设，加强体制机制和管理创新，真正建成世界一流的国家矿山应急救援队。

2. 加强区域矿山应急救援队建设。在争取国家支持的同时，各依托企业要参照国家矿山应急救援队的建设原则、标准和要求，在现有基础上，进一步加强建设。国家陆地搜寻与救护平顶山基地依托企业，要加快建设进度，重点提升矿山、建（构）筑物坍塌、隧道、地下空间、泥石流等灾害应急救援能力。

3. 加强省级地方骨干矿山应急救援队建设。各省（区、市）要根据本地区矿山企业分布情况和经济社会发展的需要，统筹规划，由地方和企业共同出资，依托大中型企业建设骨干矿山应急救援队，并在大型特殊救援装备配备、救援队伍运行经费等方面给予支持。

4. 加强其他地方和基层矿山应急救援队建设。矿山企业特别是煤矿较多的市（地、州）、县（区、市）、乡（镇）和其他中小矿山企业集中的地方要合理规划、整合资源、因地制宜，采取企业联合、政企联合或地方有关部门单独出资方式建设专业矿山应急救援队，或依托本行政区域综合应急救援队充实矿山应急救援技术装备和人员，以满足矿山事故应急救援工作的需要。

5. 加强矿山企业应急救援队建设。所有大中型矿山企业特别是煤矿都要依法建立专业应急救援队，并按照有关救援队伍建设标准，不断提升建设水平尤其是装备水平，进而提高应急救援能力；小型矿山企业要因企制宜建立专职或兼职救援队；没有建立专职应急救援队的矿山企业，必须与邻近的具备相应能力的专职应急救援队签订应急救援协议。

6. 加强矿山医疗救护体系建设。在国家（区域）矿山应急救援队布点区域，建设装备精良、高水准的国家（区域）矿山医疗救护队。各地要搞好规划、加强协调，将矿山医疗救护体系建设纳入安全生产应急救援体系和医疗卫生应急体系，同步规划、同步实施、同步推进，依托当地优势医疗资源建立骨干矿山医疗救护队，提高医疗救护技术和装备水平。矿山企业要发挥矿区医疗机构的作用，将矿山医疗救护点延伸到井（坑）口，形成网络。

（三）大力加强危险化学品和油气田应急救援队伍体系建设。

1. 加快推进依托大型石化、石油企业建设国家（区域）危险化学品和油气田应急救援队的步伐。要在原来规划的基础上，争取国家支持，政企共同出资，依托现有中央石化、石油企业的应急救援队，建设6个国家危险化学品应急救援队、14个区域危险化学品应急救援队、7个区域油气田应急救援队和1个危险化学品应急救援技术咨询中心。要进一步加大投入，配备危险化学品和油气田方面相应特种专业救援装备，切实提高应急救援能力。

2. 加强省级地方骨干危险化学品应急救援队建设。各省（区、市）要根据本地实际，依托有关石化企业的应急救援队，建设本地区危险化学品应急救援骨干队伍。要统筹规划，加大资金、政策支持力度，推进危险化学品地方骨干应急救援队建设。

3. 加强其他地方和基层危险化学品应急救援队建设。危险化学品企业较多的市（地、州）、县（区、市）、乡（镇）和其他小型危险化学品企业集中的地区和化工园区，要因地制宜，在合理规划、节省资源的基础上，采取企业联合、政企联合或地方有关部门单独出资组建的方式，建立专业危险化学品应急救援队；或依托本行政区域综合应急救援队，危险化学品救援装备及人员，以满足危险化学品事故应急救援工作的需要。

4. 加强企业危险化学品应急救援队建设。所有大中型危险化学品企业都要依法按照相关标准建立专业应急救援队；不具备建立专职救援队条件的其他危险化学品企业，必须建立兼职救援队；没有建立专职应急救援队的企业必须与邻近的具备相应能力的专业救援队签订应急救援协议。

（四）加强其他重点行业（领域）应急救援体系建设。各建筑（隧道）施工、军工、民用爆炸物品等重点行业（领域）企业要根据有关规定和要求，加强专兼职应急救援队的建设，提高应急救援能力。按规定不需建立或不具备建立专职应急救援队条件的企业，必须与当地具备相应能力的相关专职应急救援队签订应急救援协议。各级安全监管部门要加强综合协调，大力支持公安消防、公路交通、铁路运输、水上搜救、船舶溢油、民用航空、电力等行业（领域）专业应急救援体系建设，重点是搞好规划、合理布局、增加装备、健全队伍、提升素质，形成完善的专业应急救援体系。

（五）加快社会应急救援力量建设步伐。各地要高度重视社会安全生产或综合应急救援组织和志愿者组织建设工作，把具有相关专业知识、技能和装备的社会救援组织、志愿者组织纳入安全生产应急救援体系建设之中，加强引导、推动、扶持和管理，充分利用各种资源，调动各方面的积极性，组织和鼓励社会力量参与安全生产应急救援工作。

三、进一步加强安全生产应急管理（救援指挥）体系建设

（六）加强企业安全生产应急管理（救援指挥）机构建设。大中型企业必须建立健全安全生产应急管理（救援指挥）机构。高危行业企业要设置或指定安全生产应急工作办事机构，配备专职应急工作人员，具体负责本企业的安全生产应急工作。其他各类企业要确定机构或人员负责安全生产应急工作。

（七）加强省（区、市）、市（地、州）、重点县（市、区）安全生产应急管理（救援指挥）机构建设。

1. 各省（区、市）、市（地、州）都要按照有关规定和要求，建立健全安全生产应急管理（救援指挥）机构，发挥其综合监管和事故救援指挥、指导、协调作用。

2. 有关省级煤矿安全监察机构要按照国家安全监管总局的要求，加快组建省级煤矿安全生产应急救援机构。要结合地方和单位实际制定计划，明确工作步骤和时限，采取切实可行的措施，保证“三定”规定尽快落实到位。

3. 高危企业较集中的县（市、区）要设立或明确负责安全生产应急管理（救援指挥）机构，其他县（区、市）要落实专人负责安全生产应急工作，并逐步延伸到街道、乡镇等基层政府和组织。

此外，其他各级负有安全监管职责的有关行业主管部门也要建立专门的安全生产应急管理（救援指挥）机构，或明确相关部门、设立专人专门负责此项工作。

（八）进一步完善安全生产应急救援工作机制。

1. 企业要全面建立健全安全生产动态监控及预报预警机制，做好安全生产事故防范和预报预警工作，做到早防御、早响应、早处置。同时，要建立重大危险源管理制度，明确操作规程和应急处置措施，实施不间断的监控。要按照国家有关规定实行重大危险源和重大隐患及有关应急措施备案制度，每月至少要进行一次全面的安全生产风险分析，加强重点岗位和重点部位监控，发现事故征兆要立即发布预警信息，采取有效防范和处置措施，防止事故发生和事故损失扩大。要积极探索与当地政府相关部门和周边企业建立应急联动机制，切实提高协同应对事故灾难的能力。

2. 各级安全监管部门要在同级政府安全生产委员会框架内建立安全生产应急救援联络员会议制度，明确各成员单位安全生产应急救援工作职责分工，完善生产安全事故信息沟通机制和应急救援快速协调机制。要建立和完善区域间协同应对重特大生产安全事故的应急联动机制、安全生产应急工作机构与有关应急救援队伍之间的工作机制，并严格执行安全生产应急值守和信息报告制度，充分发挥应急平台的作用，提高应急工作效率。

3. 各级安全监管部门和有关企业要与地震、气象、海洋、国土资源等部门密切配合，建立并完善预报、预警、预防机制，加强协作，有效防范和有力应对自然灾害引发的事故灾难。

四、进一步加强安全生产应急预案体系建设

（九）要切实做到安全生产应急预案全覆盖。

企业都要有应急预案，并做到所有重大危险源和重点工作岗位都有专项应急预案或现场处置方案。应急处置程序和现场处置方案要实行牌板化管理。预案中要明确规定在遇到险情时，企业生产现场带班人员、班组长和调度人员具有第一时间下达停产撤人命令的直接决策权和指挥权。

各地要根据本地区实际情况，制定生产安全事故应急预案。各级安全监管部门和其他负有安全监管职责的有关部门要制定部门应急预案。安全生产应急工作机构要全面掌握各类应急预案、队伍和资源情况，通过应急预案审查和备案，促进相关应急预案间的衔接。

（十）切实提高安全生产应急预案质量。

企业应急预案的编制要做到全员参与，使预案的制定过程成为隐患排查治理的过程和全员应急知识培训教育的过程。与此同时，要加强应急预案管理，适时修订完善应急预案，组织专家进行评审或论证，按照有关规定将应急预案报当地政府和有关部门备案，并与当地政府和有关部门应急预案相互衔接。

各级安全监管部门和有关部门要加强对应急预案工作的监督管理，依法将应急预案作为行业准入的必要条件。矿山企业、建筑施工企业和危险化学品、烟花爆竹、民用爆炸物品生产企业没有生产安全事故应急预案或预案未通过专家评审的，或重大危险源没有检测、评估、监控措施及应急预案的，不得颁发安全生产许可证。

（十一）切实开展好安全生产应急演练和培训工作。

1. 企业要建立应急演练制度，每年都要结合本企业特点至少组织一次综合应急演练或专项应急演练；高危行业企业每半年至少组织一次综合或专项应急演练；车间（工段）、班组的应急演练要经常化。演练结束后要及时总结评估，针对发现的问题及时修订预案、完善应急措施。

2. 其他各级负有安全监管职责的有关部门每年要至少组织一次针对本行业（领域）主要特点和易发

生事故环节的专业应急演练或综合性演练。

3. 各级安全监管部门要结合本地区工作实际，会同有关部门，每年至少组织一次安全生产应急演练。

4. 在搞好预案演练的同时，加强应急培训，提高企业各级管理人员和全体员工的应急意识和应急处置、避险、逃灾、自救、互救能力。

五、进一步加强安全生产应急救援装备和保障能力建设

（十二）大力加强安全生产应急平台体系建设。

1. 企业要充分利用和整合调度指挥、监测监控、办公自动化系统等现有信息系统建立应急平台。要建立健全应急预案、重大危险源和各类应急资源的数据库，实现快速预警研判、科学决策指挥，并与地方政府和有关部门应急平台互联互通。

2. 各省（区、市）、市（地、州）和重点县（市、区）要在“十二五”前期完成安全生产应急平台建设。要结合自身实际，充分利用现有资源，开发和完善应急保障、模拟推演、监测预警、辅助决策、指挥调度等应用系统；要建立健全应急预案、重大危险源和应急资源数据库，要建立健全工作流程、操作程序、联动机制，加强人员培训。通过努力，提高应急平台应用和管理水平。

3. 尚未建设安全生产应急平台的地区、部门和单位要进一步完善规划和设计，加强与相关部门的协调配合，加大投入，加快建设步伐，并尽快向下延伸。经过努力，力争到“十二五”期末，形成国家、省（区、市）、市（地、州）、重点县（市、区）和重点企业相互连通的应急平台体系。

（十三）大力加强安全生产应急救援装备和物资储备体系建设。

1. 企业要针对本企业事故特点加大应急救援装备及物资储备力度，尤其是重点工艺流程中应急物料、应急器材、应急装备和物资的准备。

2. 各地区、各有关部门要切实加强安全生产应急物资储备工作，坚持实物储备与生产能力储备相结合，社会化储备与专业化储备相结合，针对易发事故的特点，在指定有关单位储备必要的应急装备物资和指定相关应急装备、物资生产企业储备一定的生产能力的基础上，建立专门的应急装备物资储备网点。在国家（区域）应急救援队储备一定的大型特种救援装备和相关物资。要努力形成多层次的应急救援装备和物资储备体系，确保应对各种事故，尤其是重特大且救援复杂、难度大的生产安全事故应急救援的装备和物资需要。

3. 各地区、各有关部门和单位要建立健全安全生产应急装备和物资储备与调运机制，确保储备到位、调运顺畅、及时有效、发挥作用。

（十四）大力推进安全生产应急救援技术进步。

1. 有关应急装备和物资生产企业、科研机构要搞好产学研结合，加强应急救援新技术、新材料、新装备的研发，坚持以应急救援需求为导向，自主创新和引进消化吸收相结合，形成强有力的安全生产应急救援科技原始研发、创造创新、成果转化能力和机制。

2. 各地区、各有关部门要大力支持和培育安全生产应急救援专用设备科研设计单位和制造产业，扶持在应急救援领域拥有自主知识产权和核心技术的重点单位，充分发挥他们的作用。要下大气力强制淘汰落后的应急救援技术和装备，积极推广应用先进适用的应急救援技术和装备。

3. 各地区、各有关部门和单位要根据需要，积极引进、采用先进适用的应急救援技术装备，尤其是国家（区域）矿山、危险化学品应急救援队所在单位要加大投入，引进采用高效快速救援钻机、大型排水设备、大型清障支护设备、快速灭火、堵漏、洗消设备以及人员避险、搜寻、定位等装备，提高安全保障和应急救援能力。

六、建立并落实进一步加强安全生产应急救援体系建设的保障措施

（十五）进一步加强安全生产应急工作法制建设。

1. 要在贯彻落实好《安全生产法》、《突发事件应对法》等法律、法规的同时，积极配合有关部门，推动《安全生产应急管理条例》的出台，并结合应急工作实际情况，研究制定相关规章和配套措施，进一步强化安全生产应急工作的法制保障。

2. 企业要将安全生产应急工作规章制度建设作为企业安全生产管理的重要组成部分，制定完善事故预防、预测、预警和应急值守、信息报告、现场处置、应急投入、物资保障等规章制度。

3. 地方各级安全监管部门要积极协调，促进建立健全地方性安全生产应急管理法规规章。要加强与公安、交通运输、民政等部门的配合，充分利用现有法规规定，协商解决安全生产救援车辆快速通行、事故救援中救援人员牺牲后荣誉待遇等问题。

4. 各级安全监管部门和其他负有安全监管职责的有关部门要进一步加强安全生产行政执法，将有关安全生产应急工作的内容纳入安全生产行政执法内容之中。对没有依法开展安全生产应急管理工作的，要严厉处罚，并严把市场准入和行政许可关。通过执法，推进安全生产应急工作的更好开展。

（十六）加强安全生产应急救援体系建设规划工作。

1. 企业要把安全生产应急救援队伍建设纳入企业发展战略、发展规划和总体工作部署中，与企业建

设、生产、经营、改革和发展统一规划、统一部署、统一实施。

2. 各级安全监管部门要将安全生产应急救援体系建设内容纳入安全生产“十二五”规划、纳入本地区经济社会发展“十二五”规划。要采取有效措施，督促和推动企业将安全生产应急救援队伍建设纳入企业年度和中长期发展规划。

3. 其他各级负有安全监管职责的有关部门也要按照有关要求，编制好“十二五”期间安全生产应急救援体系建设规划和实施工作方案。

（十七）研究制定并落实安全生产应急工作政策措施。

1. 企业要充分利用国家对安全生产专用设备所得税优惠、安全生产费用税前扣除等财税支持政策。在年度预算中必须保证应急救援装备、设施和演练、宣传、培训、教育等投入，提高救护队员的工资福利及其他相关待遇。

2. 要充分利用好国家在安全生产和应急救援方面的投入政策，管好用好资金，坚持建设与节约并重原则，充分发挥投资效益。

3. 各级安全监管部门要协调有关部门抓紧研究制定安全生产应急救援体系建设的财政扶持政策，将安全生产应急救援经费纳入本级财政预算，建立应急救援专项资金。要会同物价部门研究制定有偿实施应急救援服务和应急征用补偿政策，监督高危行业企业每年向签约救护队缴纳技术服务和应急救援服务费，协调事故发生地有关部门督促事故企业向救护队支付事故救援费用，企业无力承担救援费用的，由地方有关部门予以补偿；要建立并落实安全生产费用提取、安全生产全员风险抵押、安全生产责任保险等政策。要加强对企业安全生产应急投入的监督检查。

（十八）切实加强国际交流与合作。各级安全监管部门和其他各级负有安全监管职责的有关部门及各级各类安全生产应急救援队伍要不断加强国际交流与合作，积极参加各类国际救援技术竞赛和相关活动，有计划地组织到有关国家（地区）考察与培训，学习借鉴国际上特别是先进国家的应急理念、经验和技术，不断改进创新我国的安全生产应急工作。

（十九）进一步加强领导、落实责任、强力推进。各地区、各有关部门和单位要高度重视安全生产应急救援体系建设，加强领导，落实责任，结合实际认真制订本地区、本部门、本单位贯彻落实《国务院通知》精神和本实施意见的具体措施，并强力加以推进，保障各项任务、要求落实到位，推动安全生产应急救援体系建设工作不断加强，事故应急救援能力不断提高，为全国安全生产形势持续稳定好转作出贡献。同时，要不断推动各级各类安全生产应急救援队伍切实加强思想政治建设、技术业务建设和作风建设，不断提高战斗力，做到关键时候拉得出、冲得上、打得赢。

国务院安全生产委员会办公室
2010 年 11 月 9 日

2011
中国电力年鉴

财政部文件

财政部 国家税务总局 商务部 科技部 国家发展改革委关于技术先进型服务企业有关企业所得税政策问题的通知

（财税［2010］65 号）

北京、天津、大连、黑龙江、上海、江苏、浙江、安徽、厦门、江西、山东、湖北、湖南、广东、深圳、重庆、四川、陕西省（直辖市、计划单列市）财政厅（局）、国家税务局、地方税务局、商务主管部门、科技厅（委、局）、发展改革委：

根据国务院有关文件精神，现就技术先进型服务企业有关企业所得税政策问题通知如下：

一、自 2010 年 7 月 1 日起～2013 年 12 月 31 日止，在北京、天津、上海、重庆、大连、深圳、广州、武汉、哈尔滨、成都、南京、西安、济南、杭州、合肥、南昌、长沙、大庆、苏州、无锡、厦门等 21 个中国服务外包示范城市（以下简称示范城市）实行以下企业所得税优惠政策：

1. 对经认定的技术先进型服务企业，减按15%的税率征收企业所得税。

2. 经认定的技术先进型服务企业发生的职工教育经费支出，不超过工资薪金总额8%的部分，准予在计算应纳税所得额时扣除；超过部分，准予在以后纳税年度结转扣除。

二、享受本通知第一条规定的企业所得税优惠政策的技术先进型服务企业必须同时符合以下条件：

1. 从事《技术先进型服务业务认定范围（试行）》（详见附件）中的一种或多种技术先进型服务业务，采用先进技术或具备较强的研发能力；

2. 企业的注册地及生产经营地在示范城市（含所辖区、县、县级市等全部行政区划）内；

3. 企业具有法人资格，近两年在进出口业务管理、财务管理、税收管理、外汇管理、海关管理等方面无违法行为；

4. 具有大专以上学历的员工占企业职工总数的50%以上；

5. 从事《技术先进型服务业务认定范围（试行）》中的技术先进型服务业务取得的收入占企业当年总收入的50%以上。

6. 从事离岸服务外包业务取得的收入不低于企业当年总收入的50%。

从事离岸服务外包业务取得的收入，是指企业根据境外单位与其签订的委托合同，由本企业或其直接转包的企业为境外单位提供《技术先进型服务业务认定范围（试行）》中所规定的信息技术外包服务（ITO）、技术性业务流程外包服务（BPO）和技术性知识流程外包服务（KPO），而从上述境外单位取得的收入。

三、技术先进型服务企业的认定管理

1. 示范城市人民政府科技部门会同本级商务、财政、税务和发展改革部门根据本通知规定制定具体管理办法，并报科技部、商务部、财政部、国家税务总局和国家发展改革委及所在省（直辖市、计划单列市）科技、商务、财政、税务和发展改革部门备案。

示范城市所在省（直辖市、计划单列市）科技部门会同本级商务、财政、税务和发展改革部门负责指导所辖示范城市的技术先进型服务企业认定管理工作。

2. 符合条件的技术先进型服务企业应向所在示范城市人民政府科技部门提出申请，由示范城市人民政府科技部门会同本级商务、财政、税务和发展改革部门联合评审并发文认定。认定企业名单应及时报科技部、商务部、财政部、国家税务总局和国家发展改革委及所在省（直辖市、计划单列市）科技、商务、财政、税务和发展改革部门备案。

3. 经认定的技术先进型服务企业，持相关认定文件向当地主管税务机关办理享受本通知第一条规定的企业所得税优惠政策事宜。享受企业所得税优惠的技术先进型服务企业条件发生变化的，应当自发生变化之日起15日内向主管税务机关报告；不再符合享受税收优惠条件的，应当依法履行纳税义务。主管税务机关在执行税收优惠政策过程中，发现企业不具备技术先进型服务企业资格的，应暂停企业享受税收优惠，并提请认定机构复核。

4. 示范城市人民政府科技、商务、财政、税务和发展改革部门及所在省（直辖市、计划单列市）科技、商务、财政、税务和发展改革部门对经认定并享受税收优惠政策的技术先进型服务企业应做好跟踪管理，对变更经营范围、合并、分立、转业、迁移的企业，如不符合认定条件的，应及时取消其享受税收优惠政策的资格。

四、示范城市人民政府财政、税务、商务、科技和发展改革部门要认真贯彻落实本通知的各项规定，切实搞好沟通与协作。

在政策实施过程中发现的问题，要及时逐级反映上报财政部、国家税务总局、商务部、科技部和国家发展改革委。

五、《财政部　国家税务总局　商务部　科技部　国家发展改革委关于技术先进型服务企业有关税收政策问题的通知》（财税［2009］63号）自2010年7月1日起废止。

附件：技术先进型服务业务认定范围（试行）（略）

财政部　国家税务总局　商务部
科技部　国家发展改革委
2010年11月5日

财政部　国家发展改革委　国家能源局关于规范水能（水电）资源有偿开发使用管理有关问题的通知

（财综［2010］105号）

各省、自治区、直辖市财政厅（局）、发展改革委、物价局、能源局：

近几年，一些省市自行出台地方性水能（水电）资源有偿开发使用政策，以水能（水电）资源开发使用权有偿出让名义向水电企业收取出让金、补偿费等名目的费用，不仅违反了行政事业性收费和政府性基金审批管理规定，而且加重了水电企业负担，影响了水电企业正常的生产经营活动。为建立规范的水资源有偿使用制度，促进水电行业持续健康发展，现就有关问题通知如下：

一、各地停止执行自行出台的水能（水电）资源有偿开发使用政策。根据《中共中央国务院关于治理向企业乱收费、乱罚款和各种摊派等问题的决定》（中发［1997］14号）的规定，各地不得对已建、在建和新建水电项目有偿出让水能（水电）资源开发权，不得以水能（水电）资源有偿开发使用名义向水电企业或项目开发单位和个人收取水能资源使用权出让金、水能资源开发利用权有偿出让金、水电资源开发补偿费等名目的费用。

二、切实加强水资源费征收使用管理，规范水资源有偿使用制度。按照《取水许可和水资源费征收管理条例》（国务院令第460号）、《财政部国家发展改革委水利部关于印发〈水资源费征收使用管理办法〉的通知》（财综［2008］79号）和《国家发展改革委财政部水利部关于中央直属和跨省水利工程水资源费征收标准及有关问题的通知》（发改价格［2009］1779号）的规定，各地应加强水资源费征收管理，确保水资源费及时足额征收，按规定专项用于水资源节约、保护和管理，并用于水资源的合理开发，任何单位和个人不得平调、截留或挪作他用。

三、凡未经财政部、国家发展改革委同意，各地一律不得越权设立涉及水电企业的行政事业性收费项目；未经国务院或财政部批准，不得设立涉及水电企业的政府性基金项目。凡违反规定的，要予以严肃查处。

财 政 部
国家发展改革委
国 家 能 源 局
2010年11月23日

财政部 公安部 国家税务总局关于石油天然气和“三电”基础设施安全保护费用管理问题的通知

（财企［2010］291号）

各省、自治区、直辖市、计划单列市财政厅（局）、公安厅（局）、国家税务局、地方税务局，新疆生产建设兵团财务局、公安局，有关中央管理企业：

为加强石油、天然气和电力、电信、广播电视基础设施（以下统称“油气和‘三电’基础设施”）的安全保护工作，落实各方工作责任，健全安全保护经费长效保障机制，根据现行有关法律法规，现就有关问题通知如下：

一、落实油气和“三电”基础设施安全保护工作责任

（一）油气和“三电”基础设施既是企业生产经营的重要资产，也是国家重要的基础设施和社会资源，其安全保障直接影响企业生产经营，也事关国家经济运行、公共安全和人民群众的生活。企业、公安机关、基层组织共同负有保障油气和“三电”基础设施安全的责任，要在各级政府领导下，积极参与和推进分工负责、协调配合的安全防范工作机制，加强油气和“三电”基础设施安全保护工作。

（二）油气和“三电”基础设施营运企业对基础设施安全运行负有主体责任，应当在公安机关指导下加强基础设施的安全保护，健全企业内部安全保护工作机制，完善安全防范的技术措施和物理措施，并结合维护抢修需要，组织内部安全防范力量，组建专职、兼职的群防队伍，加强防范处置演练，严密防范盗抢、破坏油气和“三电”基础设施的违法犯罪活动。

（三）公安机关要加强对油气和“三电”企业基础设施安全保护工作的指导和监督、有效打击危害基础设施安全的违法犯罪活动，为企业生产经营提供良好的社会治安环境。

（四）各基层组织在当地政府领导下，加强基础设施安全保护宣传教育，组织和发动群众，健全群众参与群防群治的工作机制。

二、健全油气和“三电”基础设施安全保护经费保障机制

（一）地方政府组织开展油气和“三电”基础设施群防群治工作的，根据《中共中央　国务院关于进一步加强社会治安综合治理的意见》（中发［2001］14号）的规定，有关群防群治经费，按照“谁受益谁出资”的原则，主要由受益企业自行安排解决，政府财政适当补贴。

（二）公安机关油气和“三电”基础设施安全保护工作经费，按照“明确责任、分类负担、收支脱钩、全额保障”的政法经费保障体制和“分项目、分区域、分部门”的政法经费分类保障办法，纳入公安机关部门预算，由同级政府财政部门统筹安排解决。公安机关内部要合理安排预算，保证油气和“三电”基础设施安全保护工作的经费支出。鉴于油气和“三电”基础设施的重要性，同时考虑各地实

际情况，中央财政适当增加资金规模，在现行中央政法转移支付资金项目中统筹安排，对中西部地区给予适当补助。

（三）企业对自身油气和“三电”基础设施进行安全保护发生的各项费用，包括参加联防工作、组建兼专职群防队伍等发生的支出，由企业自行负担，按规定列入成本（费用），并按照国家税收法律、法规等规定准予税前扣除。

三、加强油气和“三电”基础设施安全保护费用的管理和监督

（一）各级财政部门要加强监督检查，督促企业建立健全油气和“三电”基础设施安全保护费用的内部制度，规范财务管理。

组成联防机制各成员单位应当严格执行《中共中央国务院关于治理向企业乱收费和各种摊派等问题的决定》（中发［1997］14号），杜绝在正常经费保障之外，对油气和“三电”基础设施营运企业的各种乱摊派、乱收费、乱集资行为。

（二）各级公安机关要建立健全内部财务管理制度，按照国家有关规定，加强油气和“三电”基础设施安全保护经费的管理，提高经费使用效益。

（三）油气和“三电”基础设施营运企业列支的安全保护费用应当按规定使用，对没有法律法规依据或者超过法律法规规定范围和标准的各种摊派、收费、集资，有权拒绝，并向财政部反映。

财政部　公安部　国家税务总局
2010年10月11日

关于加强金太阳示范工程和太阳能光电建筑应用示范工程建设管理的通知

（财建［2010］662号）

各省、自治区、直辖市、计划单列市财政厅（局）、科技厅（委、局）、建设厅（委、局）、能源主管部门，新疆生产建设兵团财务局、科技局、建设局、发展改革委，国家电网公司、南方电网公司：

金太阳示范工程和太阳能光电建筑应用示范工程（以下简称示范工程）实施以来，各地财政、科技、建设、能源部门高度重视，认真组织实施，取得了一定进展。为加强示范工程建设管理，进一步扩大国内光伏发电应用规模，降低光伏发电成本，促进战略性新兴产业发展，现决定对《财政部科技部　国家能源局关于实施金太阳示范工程的通知》（财建［2009］397号）和《财政部关于印发太阳能光电建筑应用财政补助资金管理暂行办法的通知》（财建［2009］129号）中有关政策内容进行相应调整，具体事项通知如下：

一、关于关键设备招标

（一）示范工程采用的晶体硅光伏组件、并网逆变器以及储能铅酸蓄电池等关键设备由财政部会同有关部门统一招标确定。财政部、科技部、住房城乡建设部和国家能源局共同制订招标方案并委托招标代理机构组织招标，确定中标企业、中标产品及其中标协议供货价格。

（二）项目业主单位与中标企业以招标确定的设备型号、协议供货价格、质量和性能等为基础签订商业合同，中标企业必须按照招标文件规定的技术条件、服务条款供货和提供售后服务。

（三）光伏组件生产企业作为项目业主单位的，采用的关键设备性能不低于国家统一招标规定的条件，价格不高于国家统一招标确定的中标协议供货价格。

二、关于示范项目选择和调整

（一）示范工程重点支持大型工矿、商业企业以及公益性事业单位利用既有建筑等条件建设的用户侧光伏发电项目和在偏远无电地区建设的独立光伏发电项目。大型并网光伏电站原则上通过特许权招标等方式给予支持。

（二）已纳入示范工程名单但尚未实施的项目，应按本通知要求选用关键设备。确实无法实施的项目，应申请取消，并可相应增加符合条件的项目。

（三）选择部分可利用建筑面积充裕、电网接入条件较好、电力负荷较大的经济技术开发区、高新技术产业开发区、工业园区、产业园区等，进行用户侧光伏发电项目集中连片建设试点，统筹规划，整体推进，规划装机总容量原则上不低于20MW，一期装机容量不低于10MW。各省（区、市）可结合本地条件选择1～2个开发区、园区进行示范，抓紧编制切实可行的实施方案（具体要求见附件1），省级能源主管部门负责督促电网企业落实电网接入等建设条件。财政部、科技部、住房城乡建设部、国家能源局共同组织进行论证，确定示范区域和示范项目。

（四）建材型、构件型等太阳能光电建筑一体化项目由各省（区、市）财政、建设部门组织论证并单独上报，具体要求由财政部、住房城乡建设部另行制定。

（五）在偏远地区建设的独立光伏发电项目要以县（及以上）为单位编制整体实施方案（具体要求见附件 2），其中独立户用系统的实施地区重点为青海、西藏、新疆三省（区）。

三、关于补贴标准

（一）中央财政对示范项目建设所用关键设备，按中标协议供货价格的一定比例给予补贴。其中，2010 年用户侧光伏发电项目补贴比例暂定为 50%，偏远无电地区的独立光伏发电项目为 70%。车用动力电池（不含铅酸电池）回收用于示范项目储能设施的，参照储能铅酸蓄电池补贴标准给予支持。

（二）示范项目建设的其他费用采取定额补贴。2010 年补贴标准暂定为：用户侧光伏发电项目 4 元/W（其中建材型和构件型光电建筑一体化项目为 6 元/W），偏远无电地区独立光伏发电项目 10 元/W（其中户用独立系统为 6 元/W）。

四、关于资金申请和下达

（一）省级财政、科技、建设、能源主管部门负责组织示范项目补贴资金的申请工作。

（二）项目业主单位与中标企业签订合同后，由项目业主单位统一申请补贴资金。财政部核定补贴金额，并将关键设备补贴资金和项目建设其他费用补贴分别下达给中标企业和项目业主单位，地方财政部门按照国库管理制度等有关规定进行拨付。

五、关于项目监督管理

（一）示范项目建设周期原则上不超过一年，地方财政、科技、建设、能源主管部门要建立沟通协调机制，加强监督管理，督促示范项目加快实施。项目完工后，要及时按规定进行竣工验收。对建设周期超过一年的项目，要查找原因，及时上报。

（二）利用新建建筑实施光电建筑一体化的项目，建筑施工、验收要与项目建设同步进行。

（三）地方能源主管部门按项目投资管理有关规定，负责示范项目审批、核准或备案，并会同财政、科技、建设部门，加强对项目设计、施工、验收等环节的监督检查和指导。并网发电项目申请审批时，须提供电网企业出具的接入意见，制订数据采集和实时监控系统配置方案，建立项目评估和跟踪机制，确保项目长期稳定运行。

（四）财政部、科技部、住房城乡建设部、国家能源局组织开展专项检查，对项目进度快、示范效果好的地区，在示范规模上给予支持；对实施进度缓慢的地区，将暂停该地区项目申报。

六、关于示范项目并网

（一）电网企业要积极支持示范项目在用户侧并网，进一步规范和简化并网程序，完善相关技术标准和管理制度，为项目单位提供便利的并网条件。

（二）用户侧光伏发电项目所发电量原则上自发自用，富余电量按国家核定的当地脱硫燃煤机组标杆上网电价全额收购。

（三）结合开发区、园区等集中连片建设的示范工程，支持智能电网示范建设，以及微电网建设和运行管理试点。鼓励业主单位利用储能技术平抑电压波动，提高电网对光伏发电的接纳能力。

各省财政、科技、建设、能源等主管部门要依据本通知及有关文件规定，按照职责分工，抓紧编制示范工程实施方案、示范项目调整方案以及示范项目财政补助资金申请报告，于 2010 年 10 月 30 日前报财政部、科技部、住房城乡建设部和国家能源局。同时，将已安排示范项目的建设进展情况和电网接入情况一并上报。

附件 1　用户侧光伏发电整体示范项目实施方案编制大纲（略）

附件 2　偏远无电地区独立光伏发电项目实施方案编制大纲（略）

财政部　科技部

住房和城乡建设部　国家能源局

2010 年 9 月 21 日

国家发展和改革委员会文件

国家发展改革委办公厅印发《关于做好主汛期煤电油气运及重要物资保障供应工作的紧急通知》

（发改电［2010］244号）

河南省发展改革委，福建省经贸委，上海、江苏、浙江、安徽、湖北、湖南、广东、四川、重庆、贵州、云南省（市）经信委，江西、广西省（区）工信委，海南省工信厅，工业和信息化部、财政部、交通运输部、铁道部、水利部、农业部、商务部、安全监管总局、电监会、国家能源局、中国石油天然气集团公司、中国石油化工集团公司办公厅（室），中国煤炭工业协会、国家电网公司、南方电网公司（广州市）：

当前，我国大部分地区已进入主汛期。南方地区连续出现强降雨过程，部分省份遭受较为严重的洪涝灾害，水毁断道时有发生，能源供应和正常的生产生活秩序都受到影响。据有关部门会商预测，2011年夏季长江中下游、江淮地区降雨偏多，加之台风登陆我国的时间相对集中，防汛、防台风形势十分严峻。为切实做好煤电油气运及重要物资保障供应工作，最大限度地减少自然灾害对经济发展和群众生活的影响，保持经济平稳运行，现就有关事项通知如下：

一、认真做好经济运行动态监测

各地经济运行调节部门要与气象、水利等部门建立和保持密切联系，高度关注灾害性天气的变化趋势，及时了解天气、河流水位和水库蓄水等情况。加强信息沟通，一旦出现突发性、灾害性天气症候，要及时通知与煤电油气运等运行要素保障工作相关的部门、单位和企业。同时，强化对煤电油气运供需状况的动态监测，准确掌握自然灾害对重要生产要素供应保障工作的影响，及时协调解决出现的各类矛盾和问题。

二、加强煤电油气运及重要物资的供应保障

各有关单位要督促煤炭企业在确保安全的前提下，科学组织生产，保证电煤合理需求。各地经济运行调节部门要切实做好产运需衔接和协调工作，会同电力部门督促重点火电企业积极采购和储存煤炭，并充分估计可能出现的各种极端异常情况，及时掌握用电需求和电厂存煤动态，统筹安排发电用煤方案，适当留有余地，确保高峰期和突发情况下的发电生产需要。燃气机组较多的地区要积极组织落实气源，满足顶峰发电需要。电网企业要科学安排运行方式，强化统一调度，搞好跨区、跨省输电，确保常态下的电力资源合理配置和紧急状态下的相互支援。各方面要落实好电力迎峰度夏的工作部署，确保经济平稳运行。石油天然气企业要精心组织生产，做好产销衔接调运，保障居民生活、公共设施等重点领域油气供应。铁路、交通部门要加强运输组织，加大对电煤紧张地区的运输倾斜力度，同时确保生活必需品和救灾物资的运输需求。要做好防汛、防台风工作，努力保证道路畅通。

三、进一步完善应急协调机制和各项应急预案

各地经济运行调节部门要建立并完善各有关部门、单位参加的经济运行应急协调机制，加强信息沟通和重大问题会商。充分估计可能出现的困难，未雨绸缪，细化各项应对措施，进一步完善煤电油气运生产供应等环节的应急预案，并适时启动。在保证煤电油气等重要生产要素平稳供应和救灾物资正常储备的同时，更要确保抢险抗灾关键时刻的急需，务必做到“产得出，调得动，运得到，用得上”，最大限度降低各类自然灾害和重大突发事件对煤电油气运保障工作的影响。

各有关单位要本着对人民群众高度负责的精神，加强领导，科学调度，密切配合，精心组织主汛期煤电油气运及重要物资保障供应工作，妥善处置各类问题，使各项措施落到实处。如有重要情况务必及时报告，以便及时协调处理。

国家发展改革委办公厅
2010年6月25日

国家发展改革委办公厅印发《关于组织实施2010年信息安全专项有关事项的通知》

（发改办高技［2010］549号）

教育部、工业和信息化部、公安部、安全部、国家质检总局、中科院、国家密码局、国家保密局办公厅（室），各省、自治区、直辖市、计划单列市发展改革委：

为了贯彻落实2006～2020年国家信息化发展战略和国家信息化“十一五”规划的工作部署，进一步促进我国信息安全产业的发展，提升信息安全专业化服务水平，保障国民经济和社会信息化的健康快速发展，我委决定组织实施2010年信息安全专项。现将有关事项通知如下：

一、2010年信息安全专项重点

专项按照优化产业结构，提高完善产品性能和功能，培育专业化服务，推动标准化建设，扶持骨干重点企业，提升产业竞争力，以及重要信息系统自主可控能力的指导原则，主要围绕以下三个领域展开：

（一）为国家信息化建设提供支撑的信息安全产品产业化

1. 重点支持金融、税务、民航、电力、海关、军工和电子政务等领域的专用安全操作系统、专用安全服务器、专用安全数据库、安全中间件、操作系统与数据库安全加固、数据安全存储、容灾备份软件等产品的产业化。

2. 重点支持保密移动存储介质管理、安全保密检查与评测、安全审计与追踪、电子数据取证与证据管理、涉密电子文档安全处理与管理软件、防信息泄露等安全保密类产品的产业化；重点支持网络木马监测与防治、网络反扫描、产品脆弱性扫描分析与风险评估、高速智能化入侵监测、移动和桌面终端与Web服务器安全防护、面向无线网络的安全管理、安全一体化集中管理（SOC）、等级保护综合管理，以及保障云计算安全的安全保护类产品的产业化；重点支持面向数字签名、电子印章等应用安全的数字版权保护类产品的产业化；重点支持视音频监控、网络安全态势分析与预警等监控类安全产品的产业化。

3. 重点支持高性能专用安全芯片和专用安全设备、基于自主密码技术的高性能集成应用产品的产业化。重点支持基于国产可信计算芯片的安全应用产品，基于电子身份证的网络身份认证产品的产业化；重点支持安全的RFID应用产品以及面向RFID的安全产品的产业化。

（二）为基础信息网络和重要信息系统安全运行提供技术支持的信息安全专业化服务

1. 重点支持基于介质的数据恢复服务、关键数据的容灾备份服务、网络安全应急支援服务、信息系统安全监控系统的托管服务、基于云计算的安全服务。

2. 重点支持信息安全风险评估与咨询服务、信息安全漏洞补丁与咨询服务、无线数据终端的安全检测服务、网络服务软件在线运行适用性及安全性评测服务、RFID类产品和系统安全性检测服务、密码技术产品测试服务。

3. 重点支持面向信息系统的等级保护安全方案设计咨询服务、专用信息系统安全可控性仿真与验证服务。

（三）面向国家信息安全的安全标准体系及重要信息安全产品的关键标准

重点支持信息安全相关标准的制订，以及验证环境的建设及应用，主要包括：终端安全配置、安全审计与取证鉴定、互联网应用服务安全检测、涉密信息系统防护、网络安全风险评估与应急响应、密码算法及其产品检测等安全保护类标准；安全监控与数据采集、数据灾备、统一威胁管理（UTM）、可信计算产品等安全设备类标准；安全漏洞与恶意代码、安全服务资质、安全等级保护等安全管理类标准；网络安全接入、身份管理等安全认证类标准；面向家庭信息终端、云计算、物联网、三网融合、下一代互联网、工业控制系统等新技术应用安全架构类标准。

二、申报要求

（1）请项目主管部门根据投资体制改革精神和《国家高技术产业发展项目管理暂行办法》的有关规定，结合本单位、本地区实际情况，认真做好项目组织和备案工作，组织编写项目资金申请报告并协调落实项目建设资金、环保等相关建设条件，同时汇总相关申请材料并报我委。

（2）项目主管部门应对报送的材料（如资金申请报告、银行贷款承诺、自有资金证明、销售许可证明等）进行认真核实，并负责对其真实性予以确认。

（3）为加强项目管理工作，本次专项项目采取纸质材料申报和网上申报并行的组织实施方式。请项目主管部门在报送项目纸质申报材料前，先登录国家发展改革委高技术产业发展项目管理系统 http://ndrc.jhgl.org/xxhc，履行相关网上申报手续，纸质申报材料的具体报送地点将在网上申报系统首页另行通知。

项目纸质申报材料包括：项目资金申请报告（达到可行性研究报告深度）、项目简表和项目汇总表，上述材料一式三份。项目所需备案文件和自有资金情况、投资及信贷承诺等证明资料须提交原件并单独装订。纸质材料和网上申报的项目信息原则上应保持一致（涉密及不宜通过网上申报的项目材料，可在纸质报件中予以补充），未履行网上申报手续的项目将不予受理。

（4）信息安全产品产业化类项目的承担单位原则上应为企业法人。申报项目应具备以下条件：①按规定在当地政府备案；②已落实项目建设资金；③采用的科技成果应具有我国自主知识产权，知识产权归属明晰；④项目申报单位必须具有较强的技术开发和项目实施能力，具备较好的资信等级，资产负债率在合理范围内；⑤申报产业化的产品应具有公安部门出具的销售许可证明，如果是密码类的产品应具有国家密码局出具的销售许可证明。资金申请报告的具体编制要求请详见附件一。

（5）信息安全服务类项目的承担单位可为企业法人或事业法人。申报项目应具备以下条件：①按规定在当地政府备案；②已落实项目建设资金；③具有较强的技术开发和项目实施能力，具备较好的资信等级，资产负债率在合理范围内。资金申请报告具体编制要求请详见附件二。

（6）信息安全标准类项目的承担单位可为企业法人或事业法人。申报的项目应属于国家信息安全标准化“十一五”规划的重点领域，并已列入国家信息安全标准制修订计划。资金申请报告具体编制要求请详见附件三。

（7）2010 年信息安全专项项目申报日期截至 2010 年 4 月 30 日，在经我委组织专家对申报项目进行初选后，将于 2010 年 5 月中旬组织现场答辩。具体项目答辩名单、答辩时间和地点，将在专家初选后另行通知。

国家发展和改革委员会办公厅
2010 年 3 月 12 日

国家发展改革委印发《关于规范煤制天然气产业发展有关事项的通知》

（发改能源［2010］1205 号）

各省、自治区、直辖市及计划单列市发展改革委、能源局、经贸委（经委）、大唐、中电投、华能、国开投、神华、中煤公司、中石油、中石化集团公司、中海油总公司：

近年来，国内天然气需求快速增长，激发了各地投资建设煤制天然气项目的热情，由于煤制天然气是新兴产业，国家尚未制定明确的产业政策，目前，正在进行项目示范工作。为了加强对煤制天然气产业的规范和引导，促进煤制天然气行业健康发展，根据国发［2009］38 号文件精神，对煤制天然气产业发展有关事项通知如下：

一、煤制天然气是以煤为原料，采用气化、净化和甲烷化技术制取的合成天然气。煤制天然气是资源、资金、技术密集型产业，项目建设需要的外部配套支持条件较多，不仅涉及煤炭开采与转化、水资源保障、技术的集成与优化，还需要配套建设天然气管网、培育用气市场等，是一个复杂的系统工程，必须在国家能源规划指导下统筹考虑、合理布局。

二、根据我国国情，煤制天然气产业的发展思路是：综合考虑资源承载、能源消耗、环境容量、天然气管网、区域市场容量等配套条件，合理布局煤制天然气气源点，优先安排煤炭调出区煤制天然气项目；鼓励采用自主知识产权技术和国产化设备项目；鼓励节能节水降耗新工艺、新技术的应用，贯彻循环经济理念，做好环境保护工作；发展煤、电、气、化多联产，最大限度地提高能效；与天然气管道规划衔接，落实外输通道和天然气销售市场，大力开发和推广天然气终端高效利用方式。

三、在国家出台明确的产业政策之前，煤制天然气及配套项目由国家发展改革委统一核准。各级地方政府应加强项目管理，不得擅自核准或备案煤制天然气项目。对于本通知下发前已经备案和核准的项目，各地发展改革委应进行认真筛选和清理，对不具备资源、技术、资金等条件的项目严禁开工建设，符合上述发展思路的项目上报国家发展改革委审核。

各级发展改革部门和能源主管部门要按照通知精神，认真做好规范煤制天然气产业发展的工作。

国家发展改革委
2010 年 6 月 2 日

国家发展改革委印发《关于调整三峡输电价格的通知》

（发改价格［2010］1562 号）

国家电网公司、南方电网公司，上海、江苏、浙江、安徽、河南、湖北、湖南、江西、广东、重庆（省、市）发展改革委、物价局、电力公司：

根据我委对三峡输变电工程的成本监审情况，经研究，决定适当调整三峡输变电工程输电价格。现将有关事项通知如下：

一、将三峡输变电工程输电价格由现行平均每千瓦时0.07元下调至0.064元。

二、将三峡输变电工程送华中、华东和广东三个区域的输电价格分别下调至每千瓦时0.0485元，0.0808元和0.0661元。

三、上述电价调整后，三峡电力受电地区销售电价暂维持现行标准不变，降价金额用于疏导发电企业电价矛盾。

2010年7月16日

国家发展改革委发出《关于完善农林生物质发电价格政策的通知》

（发改价格［2010］1579号）

各省、自治区、直辖市发展改革委、物价局：

为促进农林生物质发电产业健康发展，决定进一步完善农林生物质发电价格政策。现将有关事项通知如下：

一、对农林生物质发电项目实行标杆上网电价政策。未采用招标确定投资人的新建农林生物质发电项目，统一执行标杆上网电价每千瓦时0.75元（含税，下同）。通过招标确定投资人的，上网电价按中标确定的价格执行，但不得高于全国农林生物质发电标杆上网电价。

二、已核准的农林生物质发电项目（招标项目除外），上网电价低于上述标准的，上调至每千瓦时0.75元；高于上述标准的国家核准的生物质发电项目仍执行原电价标准。

三、农林生物质发电上网电价在当地脱硫燃煤机组标杆上网电价以内的部分，由当地省级电网企业负担；高出部分，通过全国征收的可再生能源电价附加分摊解决。脱硫燃煤机组标杆上网电价调整后，农林生物质发电价格中由当地电网企业负担的部分要相应调整。

四、农林生物质发电企业和电网企业要真实、完整地记载和保存项目上网交易电量、价格和补贴金额等资料，接受有关部门监督检查。各级价格主管部门要加强对农林生物质上网电价执行情况和电价附加补贴结算情况的监管，确保电价政策执行到位。

五、上述规定自2010年7月1日起实行。

国家发展改革委
2010年7月18日

国家发展改革委印发《关于开展低碳省区和低碳城市试点工作的通知》

（发改气候［2010］1587号）

各省、自治区、直辖市及计划单列市和新疆生产建设兵团发展改革委：

去年11月国务院提出我国2020年控制温室气体排放行动目标后，各地纷纷主动采取行动落实中央决策部署。不少地方提出发展低碳产业、建设低碳城市、倡导低碳生活，一些省市还向我委申请开展低碳试点工作。积极探索我国工业化城镇化快速发展阶段既发展经济、改善民生又应对气候变化、降低碳强度、推进绿色发展的做法和经验，非常必要。经国务院领导同意，我委将组织开展低碳省区和低碳城市试点工作。现将有关事项通知如下：

一、目的意义

气候变化深刻影响着人类生存和发展，是世界各国共同面临的重大挑战。积极应对气候变化，是我国经济社会发展的一项重大战略，也是加快经济发展方式转变和经济结构调整的重大机遇。我国正处在全面建设小康社会的关键时期和工业化、城镇化加快发展的重要阶段，能源需求还将继续增长，在发展经济、改善民生的同时，如何有效控制温室气体排放，妥善应对气候变化，是一项全新的课题。我们必须坚持以我为主、从实际出发的方针，立足国情、统筹兼顾、综合规划，加大改革力度、完善体制机制，依靠科技进步、加强示范推广，努力建设以低碳排放为特征的产业体系和消费模式。开展低碳省区和低碳城市的试点，有利于充分调动各方面积极性，有利于积累对不同地区和行业分类指导的工作经验，是推动落实我国控制温室气体排放行动目标的重要抓手。

二、试点范围

根据地方申报情况，统筹考虑各地方的工作基础和试点布局的代表性，经沟通和研究，我委确定首先在广东、辽宁、湖北、陕西、云南五省和天津、重庆、深圳、厦门、杭州、南昌、贵阳、保定8市开展试点工作。

三、具体任务

（一）编制低碳发展规划。试点省和试点城市要将应对气候变化工作全面纳入本地区“十二五”规划，研究制定试点省和试点城市低碳发展规划。要开展调查研究，明确试点思路，发挥规划综合引导作用，将调整产业结构、优化能源结构、节能增效、增加碳汇等工作结合起来，明确提出本地区控制温室气体排放的行动目标、重点任务和具体措施，降低碳排放强度，积极探索低碳绿色发展模式。

（二）制定支持低碳绿色发展的配套政策。试点地区要发挥应对气候变化与节能环保、新能源发展、生态建设等方面的协同效应，积极探索有利于节能减排和低碳产业发展的体制机制，实行控制温室气体排放目标责任制，探索有效的政府引导和经济激励政策，研究运用市场机制推动控制温室气体排放目标的落实。

（三）加快建立以低碳排放为特征的产业体系。试点地区要结合当地产业特色和发展战略，加快低碳技术创新，推进低碳技术研发、示范和产业化，积极运用低碳技术改造提升传统产业，加快发展低碳建筑、低碳交通，培育壮大节能环保、新能源等战略性新兴产业。同时要密切跟踪低碳领域技术进步最新进展，积极推动技术引进消化吸收再创新或与国外的联合研发。

（四）建立温室气体排放数据统计和管理体系。试点地区要加强温室气体排放统计工作，建立完整的数据收集和核算系统，加强能力建设，提供机构和人员保障。

（五）积极倡导低碳绿色生活方式和消费模式。试点地区要举办面向各级、各部门领导干部的培训活动，提高决策、执行等环节对气候变化问题的重视程度和认识水平。大力开展宣传教育普及活动，鼓励低碳生活方式和行为，推广使用低碳产品，弘扬低碳生活理念，推动全民广泛参与和自觉行动。

四、工作要求

低碳试点工作关系经济社会发展全局，需要切实加强领导，抓好落实，务求实效。试点地区要建立由主要领导负责抓总的工作机制，发展改革部门要负责做好相关组织协调工作；辖区内有试点城市的省级发展改革部门，要加强对试点城市的支持和指导，协调解决工作中的困难；试点工作要结合本地实际，突出特色，大胆探索，注重积累成功经验，坚决杜绝概念炒作和搞形象工程。试点地区要抓紧制定工作实施方案，并于 8 月 31 日前报送我委。

我委将与试点地区发展改革部门建立联系机制，加强沟通交流，定期对试点进展情况进行评估，指导开展相关国际合作，加强能力建设，做好服务工作。对于试点地区的成功经验和做法将及时总结，并加以推广示范。

特此通知。

国家发展改革委
2010 年 7 月 19 日

国家发展改革委印发《国家发展改革委关于生物质发电项目建设管理的通知》

（发改能源［2010］1803 号）

各省（区、市）发展改革委（能源局），国家电网公司，南方电网公司，中国华能集团公司、中国大唐集团公司、中国华电集团公司、中国国电集团公司、中国电力投资集团公司、中国节能投资公司、国能生物质发电集团公司：

生物质发电是生物质能利用的重要形式。近年来，我国生物质发电取得了一定发展，装机容量逐年增加，已培育形成了较完整的设备制造能力和产业服务体系，对促进农村发展、实现节能减排发挥了很好的作用。但由于缺乏管理经验、规划等前期论证工作深度不够，目前生物质发电还面临燃料供应不足、价格上涨压力大、发电成本难以控制等问题，影响了生物质发电的推广。为了促进生物质发电的健康发展，经研究，现将加强生物质发电项目建设管理的有关要求通知如下：

一、重视生物质发电规划工作

生物质资源是生物质发电的原料基础。由于农村生物质资源用途广泛，为确保生物质发电的有序发展，必须做好生物质发电规划工作，科学分析各种生物质资源量，统筹协调生物质资源的合理利用，在充分考虑生物质资源其他用途的基础上，根据剩余资源的分布特点，合理制定生物质发电目标和建设布局，切不可盲目建设。原则上，生物质发电厂应布置在粮食主产区秸秆丰富的地区，且每个县或 100km 半径范围内不得重复布置生物质发电厂。

二、合理确定生物质电站建设场址和规模

生物质资源种类多，包括农林生产剩余物、粮食加工和木材加工剩余物、生活垃圾、畜禽养殖场粪便及污水处理淤泥等。为充分有效利用各类生物质资源，生物质发电锅炉应具有燃烧各类生物质资源的能力，场址选择除满足安全、环境条件外，应统筹考虑各类资源的分布特点，结合城市供暖或工业园区用热需要，优先建设生物质热电联产发电厂。生物质电站建设规模以可保证供应的资源量为基础确定，一般安装 2 台机组，装机容量应与资源量匹配，考虑到生物质燃料的运输半径，一般不超过 3 万 kW。

三、落实生物质资源条件和保障措施

生物质电站建设的核心条件是生物质资源，必须把落实生物质资源作为生物质电站建设的前提条件。任何生物质电站建设，都要开展详细的资源分析评价，全面掌握各类生物质资源的分布和特点，并制定切实可行的生物质资源收集、运输、储存体系，明确生物质资源收集、运输、储存等的技术要求和管理制度，确保生物质资源的安全可靠供应。

四、严格生物质发电项目的核准管理

为促进生物质发电的健康发展，必须加强生物质发电项目的核准管理工作，制定严格的项目核准条件，防止盲目建设，除认真落实工程建设方案、土地利用和环境保护等建设条件外，特别要把生物质发电规划制定、生物质资源落实作为项目核准的重要条件。未纳入生物质发电规划、未落实生物质资源的项目不得核准建设。

请各省（区、市）发展改革委、能源局按照上述要求，对各地生物质发电情况进行全面总结，已建项目存在问题较多的地方要暂缓核准生物质发电项目，集中力量把已建项目运行好、管理好。对拟建的生物质发电项目，要制订年度工作计划，报国家能源局审核同意后核准建设。对自行核准的项目，将不予纳入国家可再生能源基金补贴范围。

国家发展改革委
2010 年 8 月 10 日

国家发展改革委印发《关于开展农村电网改造升级工程规划有关要求的通知》

（发改办能源［2010］2177 号）

各省（自治区、直辖市）发展改革委、能源局，新疆生产建设兵团发展改革委，国家电网公司、南方电网公司：

为贯彻落实《中共中央国务院关于加大统筹城乡发展力度进一步夯实农业农村发展基础的若干意见》（中发［2010］1 号）精神，适应农村用电需求快速增长的趋势和统筹城乡发展的要求，做好新一轮农村电网改造升级工程实施工作，提升农网供电可靠性和供电能力，促进社会主义新农村建设和全面建设小康社会奋斗目标的实现，现将开展农村电网改造升级工程规划的有关要求通知如下：

一、编制农网改造升级总体规划。各省（区、市）发展改革委、能源局，新疆生产建设兵团发展改革委，以及国家电网公司、南方电网公司，要全面总结 1998 年以来农村电网建设与改造以及农网完善的成效和经验，认真分析目前存在的突出问题以及面临的新形势、新任务，结合本地区、本系统的实际，研究提出新一轮农网改造升级（包括农网改造和升级、农电体制改革和城乡用电同价）的工作思路，包括指导思想、基本原则、工作目标、主要任务、工作重点以及投资需求和资金来源等，提出相关政策建议，制定新一轮农网改造升级总体规划。

二、制定农网改造升级三年（2010～2012 年）规划。根据新一轮农网改造升级的工作思路和总体要求，按照“统筹协调、因地制宜、突出重点、经济合理”的原则，结合各地实际，明确三年（2010～2012 年）农网改造升级工作目标（包括农网改造与升级、农电管理体制和同网同价具体目标）、工作任务、建设重点、建设方案以及投资需求，制定农网改造升级工程三年规划和分年度建设方案。2010～2012 年农网改造升级工程的目标和建设重点为：

（一）对未改造的农村电网全部进行改造。在理顺管理体制的基础上，对尚未改造地区（包括农场、林场及其他体制不顺的地区）的农村电网全部进行改造。

（二）适应“家电下乡”和农村经济快速发展引起的农村用电需求快速增长的要求，对已改造的农村电网实施改造升级，满足农民生活用电需要。

（三）解决农业生产用电突出问题，解决粮食主产区急需的农田灌溉设施及带动作用强的农业生产设施（如大棚）用电问题。

（四）理顺农村电力管理体制，取消县级供电企业“代管”体制，解决“厂网不分”、“交叉供电”等问题。

（五）在改造农村电网、理顺农电管理体制的基础上，以省为单位逐步实现城乡各类用电同网同价。

三、有关政策。中西部农网改造升级工程继续执行中西部农网完善工程国家资本金和还贷资金等有关政策，为增加建设规模，加快解决农村电力发展面临的突出问题，项目法人可自筹资金作为项目资本金，开展农村电网改造升级，并享受相同的还贷政策。东部地区农网改造升级工程的资本金由项目法人自筹解决，享受相同的还贷政策。各省要加强对2分钱农网还贷资金的管理，确保专款专用于农网还贷。

请各省（区、市）按照上述要求，提出近年来农网改造升级规划和投资需求，其中，中西部地区要按照资本金全部由国家安排，以及国家安排不超过2009年（含2008年四季度）安排的数额、其余由各项目法人自筹两种情况，东部地区按照全部资本金均由项目法人自筹，提出筹资方案及相应还贷政策，特别是在充分考虑现有2分钱农网还贷资金的基础上，对电价的影响及有关政策建议。

为确保新一轮农网改造升级工程尽快启动和顺利实施，请各有关单位按照上述要求，抓紧开展各项工作，并于10月底前上报本地区或本系统农网改造升级三年（2010～2012年）规划。

国家发展改革委办公厅
2010年9月7日

国家发展改革委印发《关于开展环渤海动力煤价格指数试运行工作的通知》

（发改办价格［2010］2399号）

各省、自治区、直辖市发展改革委、物价局，中国价格协会、中国煤炭运销协会、中能电力工业燃料公司、神华集团公司及河北港口集团有限公司：

为推进煤炭市场化改革，健全和完善煤炭市场体系，及时反映煤炭价格水平及变化趋势，今年4月，我委成立了环渤海动力煤指数研究小组，在参考国际、国内有关指数的基础上，结合我国情况及现有的煤炭价格指数，编制了环渤海动力煤价格指数，并进行了模拟运行。为进一步推进这项工作，经研究，决定开展环渤海动力煤价格指数试运行。现将有关事项通知如下：

一、环渤海动力煤价格指数的主要内容

环渤海地区是山西、内蒙古、陕西、宁夏和东北三省与东南沿海地区煤炭流通的枢纽，是全国重要的煤炭集散地。环渤海动力煤价格指数是反映环渤海地区的秦皇岛港、天津港、曹妃甸港、京唐港、国投京唐港、黄骅港六个港口动力煤离岸平仓价格水平以及价格变动情况的指数体系的总称，包括各港口动力煤价格与综合指数两个部分。

二、环渤海动力煤价格指数的编制原则

一是坚持政府引导、市场化运作。指数运行初期，由政府进行适当指导；运行一段时间后，由相关企业和协会负责指数的管理、编制，依靠市场化机制推动指数的运转和发展。二是坚持先易后难、循序渐进。随着试运行工作的开展，逐步完善指数编制方案，增加数据采集的范围和数量，增强环渤海动力煤价格指数的代表性。三是坚持客观、公正。通过优化统计算法，完善指数编制制度，建立自动数据采集和统计系统，尽可能减少人为因素的影响。

三、数据采集和发布时间

环渤海动力煤价格指数以7天为一个报告期，每周发布一次。数据采集周期为上周三到本周二的市场动力煤交易价格。对相关原始数据进行统计处理后，形成环渤海动力煤价格指数，于每周三下午15时发布价格指数。发布网站为秦皇岛海运煤炭交易市场网站和中国价格协会网站。

四、数据采集点的确定

经中国煤炭运销协会、中能电力工业燃料公司、秦皇岛海运煤炭交易市场优选，第一批共选出149家企业作为数据采集单位。其中，煤炭生产（发运）企业37家，电力等煤炭消费企业38家，煤炭经营企业74家（有关企业名单附后）。随着环渤海动力煤价格指数的运行，数据采集点还将适当调整和扩展。

五、试运行时间

环渤海动力煤价格指数自2010年10月中旬起试运行。试运行期间，暂只发布环渤海各港口18 840kJ、20 933.8kJ、23 027kJ与24 283kJ四种规格品价格，以及各港口20 933.8kJ综合平均价格。今后，可视情况择机发布与基期相比较而形成的综合指数。

六、有关要求

（一）中国价格协会、中国煤炭运销协会、中能电力工业燃料公司和秦皇岛海运煤炭交易市场要加强对环渤海动力煤价格指数的组织和协调工作，及时建立和完善指数编制制度和数据报送制度，优化数据传递和处理方式，并适时开展数据报送培训工作。秦皇岛海运煤炭交易市场还要加强数据管理，严格按照有关制度进行数据分析和处理，确保指数科学、规范、客观和有序。

（二）有关数据采集单位要高度重视数据报送工作，确定专人负责数据上报，熟练掌握数据报送软件，并按照相关制度要求，及时、准确报送交易合同约定的煤炭交易价格、数量、热值等数据。

（三）各地价格主管部门要继续加强价格监测，密切关注各区域间煤价变化的关系，并研究参考环渤海动力煤价格指数的编制，在一定区域内建立煤炭价格指数的可行性。

国家发展改革委办公厅
2010 年 9 月 29 日

国家发展改革委办公厅关于印发《农村电网改造升级项目管理办法》的通知

（发改办能源［2010］2520 号）

各省（区、市）及新疆生产建设兵团发展改革委、能源局，国家电网公司、南方电网公司：

为做好农村电网改造升级工作，加强项目管理，明确管理程序和要求，提高中央预算内资金使用效益，我委组织制定了《农村电网改造升级项目管理办法》。现印送你们，请遵照执行。

附件：农村电网改造升级项目管理办法

国家发展改革委办公厅
2010 年 10 月 16 日

附件：

农村电网改造升级项目管理办法

第一章 总 则

第一条 为加强农网改造升级项目管理，规范建设秩序，提高中央预算内资金使用效益，促进农村电力持续健康发展，根据《国务院关于投资体制改革的决定》（国发［2004］20 号）等，制定本办法。

第二条 本办法所称农村电网是指县级行政区域内，为农村生产生活提供电力服务的 110kV 及以下电网设施（含用户电表）。

本办法所称农村电网改造升级是指变电站、线路（原则上不含入地电缆）等农村电网设施的新建，以及对已运行农网设施局部或整体就地或异地建设、增容、更换设备等。

第三条 本办法适用于享受中央预算内投资支持（国家资本金）和国家农网改造贷款投资偿还政策的农网改造升级项目。

第四条 农网改造升级项目管理按照“统一管理、分级负责、强化监管、提高效益”的原则，实行各级政府主管部门指导、监督，省级电网经营企业作为项目法人全面负责的管理体制。

第五条 农网改造升级项目建设资金按照“企业为主、政府支持”的原则多渠道筹集。中西部地区项目资本金原则上由国家安排，东部地区项目资本金由项目法人自筹。银行贷款由省级项目法人统贷统还，贷款偿还按现行政策执行。

第六条 农网改造升级项目实施要严格执行基本建设程序，实行项目法人责任制、资本金制、招投标制、工程监理制和合同管理制。

第七条 农网改造升级实施重点是农村中低压配电网，兼顾农村电网各电压等级协调发展。

农网改造升级项目 35kV 以上以单个项目、35kV 及以下以县为单位统计项目个数。

第二章 规划和计划

第八条 农网改造升级按照“统一规划、分步实施、统筹协调、突出重点”的原则，统筹城乡发展，以满足农村经济社会发展和新农村建设需求为目标，制定农网改造升级规划（规划期 3～5 年）。农网改造升级项目在规划的指导下分年度实施。

第九条 各省（区、市）农网改造升级规划由省级发展改革委负责组织编制，报国家发展改革委审批。省级规划是申报投资计划和项目安排的依据，应包括以下内容：

（一）农网现状（包括历次改造的投资、已形成的工作量等）及存在问题；

（二）农村电力市场需求预测；

（三）农网改造升级的目标和主要任务；

（四）农网改造升级项目布局（落实到县域内）和建设时序；

（五）投资规模、资金来源及电价测算。

第十条 项目法人要根据农网改造升级规划要求，结合地方实际，在组织制定县级规划的基础上编制本企业规划，报省级发展改革委审查。县级规划报省级发展改革委备案。

第十一条 规划实施过程中，根据实际情况变化，省级发展改革委应及时组织调整修订，并在每年底前将调整修订情况报国家发展改革委备案。县级规划调整修订应及时报省级发展改革委备案。

第十二条 省级发展改革委要根据年度国家农网改造升级投资重点及规划任务，组织编制农网改造升级年度计划。未列入规划的项目不得列入年度计划。

第十三条 项目法人应按要求制订年度计划，年度计划应明确年度农网改造升级目标、重点、项目和投资需求，项目要落实到县域内，明确建设内容。

第三章　投资计划申报与下达

第十四条　省级发展改革委负责组织申报本地区投资计划。申报前项目法人应对年度计划中的项目进行可行性研究。35kV 以上以单个项目、35kV 及以下以县为单位编制可行性研究报告，由省级发展改革委审批并出具批准文件。

第十五条　开展可行性研究应遵循国家法律法规和行业相关规程规范，对项目建设条件进行调查和必要勘测，在可靠翔实资料的基础上，对项目建设的技术、经济、环境、节能、施工及运行管理等进行分析论证和方案比较，提出可行性研究报告。

第十六条　国家发展改革委负责确定中央预算内投资年度支持重点，省级发展改革委根据要求，上报投资计划申请报告。投资计划应包括以下内容：

（一）上年度投资计划执行情况；

（二）本年度计划实施的必要性；

（三）本年度计划实施目标，包括改造面、供电能力和可靠性等；

（四）本年度计划总投资（包括中央预算内投资、项目法人自有投资、银行贷款等），并分电压等级列明所需投资；

（五）本年度计划建设规模，分电压等级列明；

（六）项目明细表，明确项目个数、涉及的县级行政区个数，以及每个项目的投资、主要建设内容等，35kV 以上项目应明确到建设地址，35kV 及以下项目应明确到县域内；

（七）本年度计划完成时间和进度安排。

投资计划申请报告应附银行贷款承诺函和可行性研究报告批准文件。

第十七条　国家发展改革委主要从以下几个方面对各省（区、市）上报的投资计划进行审查。

（一）符合中央投资的使用方向；

（二）符合中央投资的安排原则；

（三）提交的相关文件齐备、有效；

（四）项目的主要建设条件落实；

（五）上一年度投资计划执行情况；

（六）符合国家发展改革委要求的其他条件。

第十八条　国家发展改革委审查同意后，下达农网改造升级投资计划，明确各省（区、市）及各项目法人的建设规模、投资、项目和完成时间等。

第十九条　投资计划下达后，省级发展改革委应及时分解下达给项目法人。分解计划应明确建设规模、投资和具体项目等，与投资计划一致。

第二十条　项目法人应根据计划编制项目实施方案，报省级发展改革委备案。

第二十一条　项目法人按照投资计划组织项目实施，不得变更。确有必要调整变更的，须符合相关规定，并履行相应变更程序。

第四章　项　目　实　施

第二十二条　投资计划分解下达后，项目法人应及时组织开展初步设计。35kV 以上以单个项目、35kV 及以下以县为单位编制初步设计报告，报省级发展改革委备案。

第二十三条　农网改造升级资金要专项存储、专款专用、专项核算、封闭运行，严禁挤占、挪用、截留和滞留资金。资金使用和管理应符合国家有关规定。

第二十四条　农网改造升级项目要执行招投标法及相关规定。为提高工作效率，加快工程进度，10kV 及以下项目的设计和施工可由项目法人通过竞争性谈判选择熟悉当地情况、具备相应资质的单位承担，并严格按照《20kV 及以下配电网工程建设预算编制与计算标准》收费。

农网改造升级项目要执行工程监理制。10kV 及以下单项工程监理单位的确定可采取打捆招标的方式选择，如执行工程监理制度确有困难的地方，项目法人须切实负起责任，制定并落实相应的施工质量保证措施和监督措施。

第二十五条　表箱和电能表改造投资纳入投资计划，表后线及设施由农户提供合格产品或出资改造。项目法人以及其他任何单位和组织不得违反规定向农户收费，严禁强制农户出资。

第二十六条　项目法人应建立省、市、县三级农网改造升级项目档案，从项目设计到竣工验收等各环节的文件、资料等都应按照有关规定收集、整理、归档、保管等。

第二十七条　农网改造升级投资计划和项目实施应按计划完成。实施过程中进展缓慢，以及出现影响工程实施重大情况的，项目法人应及时向省级发展改革委报告情况，说明原因，提出改进措施。

第二十八条　农网改造升级工程项目完工后，省级发展改革委应及时组织对本省级区域内农网改造升级项目进行总体竣工验收，验收报告应报国家发展改革委备案。项目法人负责单项工程的验收，验收报告报省级发展改革委备案。

第二十九条　农网改造升级项目竣工后，国家发展改革委适时进行检查总结，并组织进行后评价。

第三十条　项目法人应做好农网改造升级后的运行管理工作，降低运行维护费用，提高运行管理水平，为农村经济社会发展提供优质可靠的供电服务。

第五章 项目调整变更

第三十一条 国家下达农网改造升级投资计划后，不得随意变更项目。项目确需调整变更的，不得变更投资计划下达的本省级地区投资规模，原则上不得减少建设规模。

第三十二条 35kV及以上项目确需变更的，需重新履行审批手续。由项目法人向省级发展改革委提出调整请示，并提交新的项目可行性研究报告。省级发展改革委审查同意后进行批复，并报国家发展改革委备案。

第三十三条 10kV以下项目以县为单位，投资规模变更的，或者建设规模变更超过±5%的，需重新履行审批手续；建设规模变更不超过±5%的，由项目法人负责调整，并向省级发展改革委备案。

第六章 监督检查和法律责任

第三十四条 国家发展改革委应加强农网改造升级项目管理和投资管理，加强对农网改造计划执行和项目实施的监管，加强对农网改造升级资金和还贷资金使用管理情况的监督，确保发挥效益。

第三十五条 国家发展改革委按照有关规定对农网改造升级项目进行稽察。财政、审计、监察等部门依据职能分工进行监督检查。各级发展改革委应督促项目法人执行好投资计划，做好项目实施。

第三十六条 项目法人应积极配合中央和地方有关部门做好农网改造升级项目的稽察、检查和审计。加强对农网改造升级项目的信息公开，接受社会监督。

第三十七条 农网改造升级项目实施定期报告制度。项目法人应于年中和年终向省级发展改革委报告计划执行和项目实施情况。

投资计划执行完毕后，省级发展改革委应及时对计划执行和项目实施情况进行总结，包括完成目标、实际工作量等，形成详细的报告上报国家发展改革委。

项目法人应对其提供的数据和材料的真实性负责任。省级发展改革委应对项目法人提供的数据和材料进行必要的审查、检查和核查，对其真实性承担相应责任。

第三十八条 项目法人有下列行为之一的，国家发展改革委可根据情节轻重作出责令限期整改，通报批评，暂停项目建设，核减、收回或停止中央投资，并可视情节轻重提请或移交有关机关依法追究有关责任单位和责任人的行政或法律责任：

（一）提供虚假资料和情况，骗取中央投资的；

（二）违反程序未按要求完成项目前期工作的；

（三）挪用、截留或滞留中央投资的，以及农网改造升级资金未专项存储、专款专用、专项核算、封闭运行的；

（四）擅自调整变更投资计划和项目的，以及调整变更比较大的；

（五）无正当理由未及时建设实施或竣工完成的；

（六）其他违反国家法律法规和本办法规定的行为。

第三十九条 项目法人对工程建设疏于管理，或不执行相关法律法规规定的，设计、施工、监理单位和咨询机构等未依法依规履行职责的，按照国家有关法律法规追究有关单位和责任人的行政或法律责任。

第七章 附 则

第四十条 省级发展改革委可根据本办法制定本省（区、市）农网改造升级项目管理办法，并报国家发展改革委备案。

第四十一条 本办法由国家发展改革委负责解释。

第四十二条 本办法自发布之日起施行。

国家发展改革委、电监会等6部门联合印发《电力需求侧管理办法》

（发改运行［2010］2643号）

各省、自治区、直辖市发展改革委、物价局、经信委（工信委、经贸委、经委）、财政厅（局）、国资委、能源局，各区域电监局、城市电监办，国家电网公司、南方电网公司：

为贯彻落实国务院关于加强电力需求侧管理的要求，我们制定了《电力需求侧管理办法》，现印发给你们，请按照执行。

附件：电力需求侧管理办法

国家发展改革委
工业和信息化部
财 政 部
国 资 委
电 监 会
能 源 局
2010年11月4日

附件：

电力需求侧管理办法

第一章 总 则

第一条 为提高电能利用效率，促进电力资源优化配置，保障用电秩序，根据《中华人民共和国电力法》、《中华人民共和国节约能源法》、《电力供应与使用条例》等法律法规，制定本办法。

第二条 本办法适用于在中华人民共和国境内开展电力需求侧管理工作。

第三条 本办法所称电力需求侧管理是指为提高电力资源利用效率，改进用电方式，实现科学用电、节约用电、有序用电所开展的相关活动。

第四条 满足电力需求应坚持节约与开发并举、节约优先的原则，在增加供应的同时，统筹考虑并优先采用需求侧管理措施。

第五条 国家发展和改革委员会负责全国电力需求侧管理工作，国务院其他有关部门在各自职责范围内负责相关工作。

县级以上人民政府电力运行主管部门负责本行政区域内的电力需求侧管理工作，县级以上人民政府其他有关部门在各自职责范围内负责相关工作。

第六条 电力需求侧管理是实现节能减排目标的一项重要措施，各地区、各有关部门和单位都应积极推进电力需求侧管理工作的开展。

第七条 电网企业是电力需求侧管理的重要实施主体，应自行开展并引导用户实施电力需求侧管理，为其他各方开展相关工作提供便利条件。

第八条 电力用户是电力需求侧管理的直接参与者，国家鼓励其实施电力需求侧管理技术和措施。

第二章 管理措施

第九条 各省级电力运行主管部门会同有关部门和单位组织制定本省、自治区、直辖市电力需求侧管理规划、年度工作目标和实施方案，做好电力需求侧管理资源潜力调查、市场分析等工作。

第十条 各地区有关部门根据本地区经济发展目标和电力供需特点，将通过需求侧管理节约的电力和电量，作为一种资源纳入电力工业发展规划、能源发展规划和地区经济发展规划。

第十一条 各级价格主管部门推动并完善峰谷电价制度，鼓励低谷蓄能，在具备条件的地区实行季节电价、高可靠性电价、可中断负荷电价等电价制度，支持实施电力需求侧管理。

第十二条 各地区有关部门定期选择本省、自治区、直辖市电力需求侧管理潜力较大的用户，组织有关单位为其开展电力需求侧管理提供咨询服务，并鼓励节能服务公司积极发挥作用。

第十三条 电网企业应加强对电力用户用电信息的采集、分析，为电力用户实施电力需求侧管理提供技术支撑和信息服务。

第十四条 各省级电力运行主管部门会同有关部门和单位制定本省、自治区、直辖市电网企业的年度电力电量节约指标，并加强考核。指标原则上不低于有关电网企业售电营业区内上年售电量的0.3%、最大用电负荷的0.3%。电网企业可通过自行组织实施或购买服务实现，通过实施有序用电减少的电力电量不予计入。

第十五条 鼓励电网企业采用节能变压器，合理减少供电半径，增强无功补偿，引导用户加强无功管理，实现分电压等级统计分析线损等，稳步降低线损率。

第十六条 鼓励用户采用符合国家有关要求的高效用电设备和变频、热泵、电蓄冷、电蓄热等技术，合理配置无功补偿装置，加强无功管理，优化用电方式，配合政府主管部门和电网企业开展电力需求侧管理。

第十七条 鼓励通过第三方机构认定电力电量节约量。

第十八条 电网企业应通过电力负荷管理系统开展负荷监测和控制，负荷监测能力达到本地区最大用电负荷的70%以上，负荷控制能力达到本地区最大用电负荷的10%以上，100kVA及以上用户全部纳入负荷管理范围。

第十九条 有序用电应优先满足维护社会秩序、避免发生人身或重大设备安全事故、保障群众生命财产安全和居民生活的用电需求。

第二十条 各省级电力运行主管部门每年根据电力供需形势和国家有关政策，组织编制本省、自治区、直辖市有序用电方案，经本级人民政府同意后组织实施，并报国家发展和改革委员会备案。

第二十一条 有序用电方案实施过程中，电力运行主管部门应组织好信息发布、监督检查及相关统计工作，电网企业应做好配合，电力用户应按照有序用电方案采取相应措施。

第三章 激励措施

第二十二条 电力需求侧管理所需资金来源于电价外附加征收的城市公用事业附加、差别电价收入、其他财政预算安排等。

第二十三条 电力需求侧管理资金应主要用于电力负荷管理系统的建设、运行和维护，实施试点、示范和重点项目的补贴，实施有序用电的补贴和有关宣传、培训、评估费用。

第二十四条 电网企业开展电力需求侧管理工作合理的支出，可计入供电成本。

第四章 附 则

第二十五条 本办法中电力负荷管理系统是指用于对电力用户用电信息进行采集、分析及对电力负荷进行控制的软硬件平台和开展电力需求侧管理的信息技术辅助系统。

第二十六条 各省级电力运行主管部门可会同有关部门结合本省、自治区、直辖市实际情况，制定相关实施细则。

第二十七条 本办法自2011年1月1日起实施。

国家发展改革委等部门联合印发《大陆企业赴台湾地区投资管理办法》

（发改外资［2010］2661号）

各省、自治区、直辖市及计划单列市、新疆生产建设兵团发展改革委、商务主管部门、台办，各中央管理企业：

为推动海峡两岸投资合作，实现两岸经济互利共赢，推动两岸关系和平发展，我们联合制定了《大陆企业赴台湾地区投资管理办法》。现印发给你们，请按照执行。

附件：大陆企业赴台湾地区投资管理办法

国家发展改革委
商 务 部
国务院台办
2010年11月9日

附件：

大陆企业赴台湾地区投资管理办法

第一条 为进一步鼓励、引导和规范大陆企业赴台湾地区直接投资，实现两岸经济互利共赢，推动两岸关系和平发展，特制定本办法。

第二条 鼓励和支持大陆企业积极稳妥地赴台湾地区投资，形成互补互利的格局。大陆企业赴台湾地区投资应遵循互利共赢和市场经济原则。

第三条 大陆企业赴台湾地区投资，应主动适应两岸经济和产业发展特点，结合自身优势和企业发展战略，精心选择投资领域和项目；认真了解并遵守当地法律法规，尊重当地风俗习惯，注重环境保护，善尽必要的社会责任。

第四条 大陆投资主体赴台湾地区投资，应符合以下条件：

（一）在大陆依法注册、经营的企业法人；

（二）具备投资所申报项目的行业背景、资金、技术和管理实力；

（三）有利于两岸关系和平发展，不危害国家安全、统一。

第五条 大陆企业赴台湾地区投资项目，地方企业向所在地省级发展改革委提出申请，由省级发展改革委初审后，报国家发展改革委核准。中央企业直接向国家发展改革委申请核准。

第六条 大陆企业赴台湾地区投资设立企业或非企业法人，由商务部核准。地方企业由所在地省级商务主管部门初审后向商务部提出申请；中央企业直接向商务部提出申请。

第七条 国家发展改革委按照《境外投资项目核准暂行管理办法》（国家发展改革委令第21号）对赴台投资项目进行核准，并在审核时征求国务院台办的意见，国家发展改革委的核准文件抄送商务部、国务院台办等有关部门。

第八条 对已经国家发展改革委核准的赴台投资项目，商务部核准时不再征求国务院台办的意见。

第九条 大陆企业赴台湾地区投资设立企业或非企业法人，商务部收到申请后，征求国务院台办意见。在征得国务院台办同意后，商务部按照《境外投资管理办法》（商务部令2009年第5号）进行核准，并颁发《企业境外投资证书》或《企业境外机构证书》。

第十条 大陆企业凭相关部门的投资项目和企业设立（含机构）核准文件、《企业境外投资证书》或《企业境外机构证书》，办理相关人员赴台审批、外汇登记等相关手续。

第十一条 赴台湾地区投资设立的企业或非企业法人在当地注册后，大陆企业应于15个工作日内将有关注册文件报国家发展改革委、商务部和国务院台办备案。

第十二条 对获得核准的赴台湾地区投资，大陆企业可凭核准文件和《企业境外投资证书》或《企业境外机构证书》享受国家有关政策支持。

第十三条 大陆企业如获得服务提供者等相关认证后，可享受两岸签署的有关协议项下给予的待遇。

第十四条 国家发展改革委、商务部、国务院台办加强大陆企业赴台湾地区投资的引导和服务，通过对外投资合作信息服务系统、投资指南等渠道，为企业提供有效指导。

第十五条 国家发展改革委、商务部、国务院台办加强对大陆企业赴台湾地区投资的培训工作，特别是政策、人员和投资环境等方面的培训，提高企业赴台湾地区投资的针对性和可操作性。

第十六条 鼓励各有关协会、商会、咨询机构加强对台湾地区投资环境、市场信息和产业发展状况的研究分析，发布研究和发展报告，为大陆企业赴台湾地区投资提供参考。

第十七条 大陆企业在台湾地区的投资如变更或终止，应按照《境外投资项目核准暂行管理办法》、《境外投资管理办法》办理相关手续。

第十八条 大陆企业通过境外企业到台湾地区投资，应按规定到国家发展改革委履行核准手续，到商务部履行备案手续。

第十九条 大陆企业如违反规定在台湾地区投资，国家发展改革委、商务部将会同国务院台办按有关规定予以处罚。

第二十条 本办法自发布之日起生效。国家发展改革委和国务院台办发布的《关于大陆企业赴台湾地区投资项目管理有关规定的通知》(发改外资［2008］3503号)、商务部和国务院台办发布的《关于大陆企业赴台湾地区投资或设立非企业法人有关事项的通知》(商合发［2009］219号)同时废止。

国家发展改革委关于做好当前煤炭、电力供应保障工作的紧急通知

(特急 发改运行［2009］3294号)

各省、自治区、直辖市发展改革委、经贸委(经委、经信委、工信委、工信厅)、煤炭局(办)，交通运输部、铁道部，中国煤炭工业协会，国家电网公司、中国南方电网有限责任公司，中国神华集团公司、中国中煤能源集团公司、中国华能集团公司、中国大唐集团公司、中国华电集团公司、中国国电集团公司、中国电力投资集团公司、中国三峡集团公司、国家开发投资公司：

近期，受气温偏低、来水偏枯和一些高耗能行业生产明显扩张等因素影响，部分省区煤炭、电力需求骤升，并出现了供应持续偏紧的状况。为避免供需矛盾进一步加剧，切实保障当前特别是“两节”、“两会”期间煤炭和电力的平稳供应，维护经济企稳回升的良好局面，确保经济持续平稳较快增长与社会和谐稳定，现就有关事项紧急通知如下：

一、要高度重视保障煤炭、电力平稳供应

自10月以来，一些地区冶金、有色、建材等高耗能行业生产持续增长，加之气温偏低导致生活用能增加，全国主要流域今冬明显偏枯、水电出力大幅下降，致使煤炭、火电需求急剧上升，煤电供需形势迅速趋紧，一些地区出现电煤库存持续下降和高峰时段限电的紧张状况。目前正值岁末年初，“两节”、“两会”将至，有关地区、部门和单位要按照中央经济工作会议作出的各项部署和要求，从确保经济平稳较快发展、保持社会和谐稳定的高度，准确把握煤炭、电力供需走势，高度重视当前供应偏紧的矛盾，从增加供应和加强需求管理两方面入手，切实采取有效措施，努力化解各种矛盾，确保煤炭、电力的平稳供应，特别是要优先保证居民生活所需煤炭、电力的正常供应。

二、强化电力需求侧管理，确保重点用电需求

发电企业要加强生产运行维护，服从电网调度，全力做好发电生产组织工作；电网企业要安排好电网调度和运行方式，及时组织跨区、跨省输电，增强紧急情况下的相互支援能力；加强供电服务，做好客户用电需求和事故抢修的快速响应。

目前已经出现电煤、电力供应紧张的地区，应更加注重将保持经济平稳较快发展与结构调整结合起来，把转变发展方式放在更加突出的位置，切实提高发展的可持续性。要按照以煤定电、以电定用、节约用电、有序用电的原则，根据电厂存煤和到煤情况，合理安排电力生产和消费；进一步加强电力需求侧管理，严格实施有序用电方案，优先保障居民生活、医院、学校、铁路、交通枢纽、煤矿、供水供热、广播、电信、金融机构、农业生产、石油天然气生产输送等涉及公众利益和社会稳定等重要用电需求，特别是要把居民生活用电放在第一位予以保障；坚决停止不符合产业政策、违规建设和淘汰类企业的用电，大力压缩高耗能、高排放企业和产能过剩行业用电，严格控制不必要亮化工程的用电；连续性生产的工业企业也要在高峰时段错峰、避峰用电，减少部分用电负荷；引导电力采暖用户，进一步增强节约用电的意识，合理控制室内温度。电力供需相对平衡或宽松的地区也要严格控制不合理的电力需求，主动优化用电特性，减轻电煤供应的压力。要确保发电、用电形势的安全可控，最大限度避免电力紧张对经济发展和社会稳定和谐的负面影响。

三、采取综合措施，努力增加发电、供热煤炭的生产供应

重点产煤省区及中央重点煤炭企业，要加强煤炭产销环节的指导，正确处理解决好安全整顿、资源整合与保障供应的关系，在确保生产安全的前提下，按照市场需求，努力增加生产，扩大供应。

各地要妥善安排春节煤矿放假，督促大矿春节期间坚持正常生产和供应，积极鼓励小煤矿节日期间尽可能保持正常生产或缩短放假时间，并充分利用春节放假前这段时间多储备一部分煤炭资源，以保证春节期间装车不受影响。产煤省区要克服本位思想，在煤炭供应趋紧的情况下，要做到省内外统筹兼顾、公平对待，督促煤矿履行购销合同，一律不得限制煤炭出省，已采取限制出省措施的，要立即纠正。抓紧做好 2010 年煤炭产运需衔接工作，尽快签订年度电煤购销合同；尚未签订合同的煤矿在提报明年 1 月电煤计划时，要严格按照我委关于做好 2010 年 1 月煤炭产运需衔接工作的要求进行安排；特别是承担华中、京津唐地区电煤资源保障任务的煤矿，在编制月度计划时要优先、足额安排电煤。

各地经济运行部门和发电集团公司，要加强电煤的动态监测，组织和督促所属电厂，主动与煤矿、铁路、港口加强沟通，千方百计多采购电煤，并落实好 2010 年 1 月的电煤资源和运输。

铁路部门要进一步挖掘运输潜力，优化运能和煤炭资源配置，对电煤运输计划要加大组织协调力度，做到优先安排、优先配车、优先装车、优先放行、优先交接；在突击抢运中着重加大对库存偏低地区电厂的倾斜力度，对京津唐、华中电厂要做到有请必装，请多少装多少 。交通运输部门要督促有关港口对华东地区告急电厂的煤炭装船优先安排，同时，加强对公路运煤车辆引导，发挥公路在运送发电和供热用煤的重要作用。

四、进一步完善应急预案并适时启动，提升应急能力

各有关单位要针对冬季煤炭、电力生产供应的特点，加强气象监测预警，充分估计可能出现的各种困难，未雨绸缪，借鉴抗击低温雨雪冰冻灾害的经验，细化各项应对措施，进一步完善煤炭、电力生产供应等环节的应急预案，根据需要适时启动并做好组织实施工作，最大限度降低恶劣天气、突发事件等对煤炭、电力保障的影响。

各有关单位要全面落实中央经济工作会议的各项部署和要求，立足当前煤炭、电力等要素供需偏紧的实际，切实加强领导，精心组织，科学安排，密切配合，进一步加强对煤炭、电力生产供应走势的监测，及时协调解决各类矛盾，尤其要把居民生活需要的煤炭、电力作为保障的第一位抓紧、抓实，尽快缓解当前供应偏紧的矛盾，促进经济平稳较快发展。如有重要情况要及时报告。

中华人民共和国国家发展和改革委员会
2009 年 12 月 28 日

国家发展改革委　国家电监会 国家能源局印发《关于清理对高耗能企业优惠电价等问题的通知》

各省、自治区、直辖市发展改革委、物价局、经贸委（经委），各区域电监局、城市电监办，国家电网公司、南方电网公司：

为了抑制高耗能企业盲目发展，促进经济发展方式转变和经济结构调整，根据国务院《关于进一步加大工作力度确保实现“十一五”节能减排目标的通知》（国发［2010］12 号）精神，决定取消对高耗能企业的优惠电价措施。现将有关事项通知如下：

一、取消对高耗能企业的用电价格优惠

国家颁布的目录电价表中，铁合金、氯碱、电石等高耗能企业用电价格低于大工业电价 10%以上的，暂时调整到比大工业电价低 10%的水平。其中，两者价差在每千瓦时 5 分钱以内的，自 2010 年 6 月 1 日起调整到位；价差大于 5 分钱的，自 2010 年 6 月 1 日起，每年取消 5 分钱优惠，直至达到比大工业电价低 10%的水平。上述高耗能企业用电价格低于大工业电价不足 10%的，维持现行电价不变。

辽宁抚顺铝厂、山东铝厂、福建南平铝厂和浙江华东铝业公司电价优惠，按国家发展改革委、国家电监会《关于取消电解铝等高耗能行业电价优惠有关问题的通知》（发改价格［2007］3550 号）确定的原则取消，具体实施方案另行下达。

取消上述电价优惠后电网企业增加的电费收入，用于疏导电价矛盾和电力需求侧管理。

二、坚决制止各地自行出台的优惠电价措施

各省（区、市）价格主管部门要会同电力监管等部门对国家电价政策执行情况进行自查自纠。凡是自行对高耗能企业（包括多晶硅）实行电价优惠，或未经批准以电力用户与发电企业直接交易、双边交易等

名义变相对高耗能企业实行优惠电价的，要立即停止执行。各地要将自查自纠情况于6月10日前上报国家发展改革委、国家电监会和国家能源局。

符合国家规定条件的大型工业企业，可以按国家电监会、国家发展改革委、国家能源局联合下发的《关于完善电力用户与发电企业直接交易试点工作有关问题的通知》（电监市场［2009］20号）规定，申请与发电企业进行直接交易试点，但要按规定程序履行审批手续，并且遵循自愿原则，当地政府及其有关部门不得强制规定交易对象、电量和电价。

三、加大差别电价政策实施力度

继续对电解铝、铁合金、电石、烧碱、水泥、钢铁、黄磷、锌冶炼8个行业实行差别电价政策，并进一步提高差别电价加价标准，自2010年6月1日起，将限制类企业执行的电价加价标准由现行每千瓦时0.05元提高到0.10元，淘汰类企业执行的电价加价标准由现行每千瓦时0.20元提高到0.30元。在此基础上，各地可根据需要，进一步提高对淘汰类和限制类企业的加价标准。各地要严格执行差别电价政策，并加强对高耗能企业的动态甄别工作，及时更新执行差别电价的企业名单，确保差别电价政策全面落实到位。

四、对超能耗产品实行惩罚性电价

对能源消耗超过国家和地方规定的单位产品能耗（电耗）限额标准的，实行惩罚性电价。超过限额标准一倍以上的，比照淘汰类电价加价标准执行；超过限额标准一倍以内的，由省级价格主管部门会同电力监管机构制定加价标准。省级节能主管部门要会同有关单位在2010年6月底以前提出超能耗（电耗）企业和产品名单，省级价格主管部门会同电力监管机构按企业和产品名单落实惩罚性电价政策。

五、整顿电价秩序

各级价格主管部门、电力管理部门和电网企业要严格执行国家电价政策，不得擅自改变国家规定的上网电价和销售电价标准；不得违反规定对发电企业规定电量基数，降低基数外电量上网电价；不得强制规定电力直接交易的对象和电价标准；不得自行改变峰谷电价、丰枯电价的时段和电价标准，不得假借大用户与发电企业直接交易等名义对高耗能企业实行优惠电价。电网企业不得以跨省、跨区域电能交易名义，强迫发电企业降低上网电价；不得违反规定相互进行没有电能物理流量的虚假交易和接力送电；不得执行地方政府违反国家规定自行出台的优惠电价措施。省级价格主管部门和电力监管机构要加强对跨省、跨区域交易情况的监管，将电网企业购外省电价低于本省平均购电价的部分，用于疏导电价矛盾。

省级价格主管部门要尽快向省级人民政府汇报，并会同有关部门按照以上要求进行自查自纠，立即停止执行自行出台的优惠电价措施；国家电网公司、南方电网公司要督促所属电网企业严格执行国家电价政策，自觉抵制各种违规出台的优惠电价措施。国家发展改革委、国家电监会和国家能源局将会同有关部门组成工作组，对各地执行差别电价情况和对自行出台优惠电价的自查自纠情况进行督查，并将督查情况报告国务院。对继续保留电价优惠或变相优惠的，不按国家规定对高耗能企业严格执行差别电价政策的，以及继续以各种名目降低发电企业上网电价的，将严肃查处；情节严重的，将追究有关责任人责任。

国家发展改革委
国家电监会
国家能源局
2010年5月12日

国家发展改革委印发《关于进一步做好当前节能减排工作的紧急通知》

2010年是实现“十一五”节能减排目标的最后一年，各地区、各部门认真落实国务院节能减排工作电视电话会议和《国务院关于进一步加大工作力度确保实现“十一五”节能减排目标的通知》（国发［2010］12号）精神，采取强有力的政策措施，进一步加大工作力度，节能减排取得积极成效，扭转了一季度单位国内生产总值能耗上升的趋势。但要实现“十一五”目标，面临的形势依然严峻，任务相当艰巨。随着年底的临近，有的地区为完成目标，采取了停限居民和公共服务单位用电等错误做法，影响了人民群众正常生活；个别地区采取“一刀切”的简单做法，对生产企业轮流停电，在社会上产生了不良影响。9月7日，国家发展改革委下发通知，指出这种做法违背了节能减排的初衷，必须立即予以纠正。9月15日，国家发展改革委再次下发《关于进一步做好当前节能减排工作的紧急通知》，对当前节能减排工作提出五项要求。

一要努力打好节能减排攻坚战。“十一五”节能减排目标是具有法律约束力的指标，是检验政府执行力和公信力的重要标志。各地区、各部门要本着对国家、对人民、对历史高度负责的精神，统一思想，坚定信心，花更大气力，做更大努力，确保实现“十一五”节能减排目标。

二要正确处理节能减排与保持经济平稳较快发展的关系。节能减排是贯彻落实科学发展观、推动经济结构调整和发展方式转变的重要抓手，其目的是提高发展的质量和效益，推动经济又好又快发展。实现节能减排目标关键要靠工作和机制，不能靠短期的“突击行动”。各地区、各部门要正确处理长远利益与当前利益、全局利益与局部利益的关系，实施节能减排预警调控要科学、合理、有序，不能简单拉闸限电，更不能停限居民生活用电、采暖和公共设施用电。

三要明确工作重点，加强监督检查。要加大结构调整力度，坚定不移地推进淘汰落后产能工作，确保9月底前完成淘汰落后产能任务，严防落后产能死灰复燃。开展“两高”项目核查，对违规在建的项目，要责令停止建设；对违规建成的项目，要责令停止生产。开展重点用能单位高耗能、高排放设备（工艺）排查，对使用国家明令淘汰的用能设备或者生产工艺的，有关部门要依法责令停止使用。坚决取缔对“两高”行业不符合政策要求的各种优惠措施。

四要发挥舆论引导监督作用。组织新闻媒体加强节能减排宣传，引导新闻媒体重点报道节能减排好经验、好做法，曝光反面典型，形成人人参与、人人支持节能减排工作的局面，为打好节能减排攻坚战营造良好的舆论氛围，避免引发社会问题。

五要加强“十二五”规划研究。认真开展节能减排潜力分析、目标分解、重点工程、政策机制等方面的深入研究，努力构建节能减排长效机制。

国家发展改革委
2010年9月17日

国家能源局文件

国家能源局印发《农村电网改造升级技术原则》的通知

（国能新能〔2010〕306号）

各省（区、市）及新疆生产建设兵团发展改革委、能源局，国家电网公司、南方电网公司：

为做好农村电网改造升级工作，明确技术标准和要求，确保工程质量，提高投资效益，我局组织制定了《农村电网改造升级技术原则》。现印发你们，请遵照执行。

附件：农村电网改造升级技术原则

国家能源局
2010年9月14日

附件：

农村电网改造升级技术原则

第一章 总 则

1.1 为搞好农村电网改造升级（以下简称农网改造升级）工作，达到安全可靠、节能环保、技术先进的目的，满足农村经济社会发展和人民生活用电需求，特制定本技术原则。

1.2 农网改造升级应遵循“统一规划、分步实施、因地制宜、适度超前”的原则，变（配）电站的布局及高、中、低压配电网主干线路的建设应满足农村经济中长期发展要求，避免重复建设。

1.3 农网改造升级应按照“安全可靠、技术适用、减少维护，节能环保”的原则，采用成熟先进的新技术、新设备、新材料、新工艺，禁止使用国家明令淘汰及不合格的产品。

1.4 农网改造升级工作应严格执行国家和行业有关设计、施工、验收等技术规程和规范。

第二章　总体要求

2.1　农网改造升级应充分考虑城镇、乡村等不同类别区域负荷特点、供电可靠性要求和区域发展规划，合理优化网架结构。

2.2　农网改造升级应积极采用“三通一标”（通用设计、通用设备、通用造价、标准工艺），统一建设标准，规范工程管理，确保工程质量。

2.3　对于特殊地段、具有高危和重要用户的线路、重要联络线路，可实行差异化设计，提高农网抵御自然灾害的能力。

2.4　农网改造升级应适度推进电网智能化建设，重点开展新能源分散接入、配电自动化、智能配电台区、农村用电信息采集等试点建设。

2.5　高压电网的容载比宜控制在1.5～2.1之间，负荷增长较快地区宜取高值。

2.6　中低压线路供电半径应根据负荷密度来确定，一般中压线路供电半径：城镇不宜超过4km，乡村不宜超过15km；低压线路供电半径：城镇不宜超过250m，乡村不宜超过500m。用户特别分散地区供电半径可适当延长，但应采取适当措施，满足电压质量要求。

2.7　未经供电企业同意，架空线路杆塔上禁止搭挂与电力通信无关的广播、电话、有线电视等其他弱电线路。

第三章　高压配电网

3.1　具备条件的县域电网应逐步实现或加强与上一级电网联络。

3.2　高压线路宜采用架空线路。

3.3　线路导线截面选择应满足负荷中长期发展要求，根据规划区域内饱和负荷值，按经济电流密度一次选定。110kV架空线路导线截面不宜小于185mm^2，66kV不宜小于150mm^2，35kV不宜小于120mm^2。

3.4　35kV线路在满足设计要求前提下优先选用钢筋混凝土电杆。

3.5　新建变电站应按无人值守方式建设，现有变电站应逐步改造为无人值守变电站。

3.6　变电站站址选择应符合城乡规划、电网规划的要求，靠近负荷中心地区。

3.7　变电站宜采用半户外布置，选址困难的城镇及污染严重地区可采用户内型变电站或选用组合电器装置（GIS、HGIS）。

3.8　变电站主变台数宜按不少于两台设计，主变应采用有载调压、S11及以上节能型变压器，35kV及以上高压配电装置选用SF_6断路器或真空断路器，10kV配电装置宜采用户内布置，选用真空开关柜。

3.9　变电站建筑物应与环境协调，符合“安全、经济、美观、节约占地”的原则，宜按照最终规模一次建成。

第四章　中压配电网

4.1　中压配电网应合理布局，接线方式灵活、简洁。公用线路应分区分片供电，供电范围不应交叉重叠。

4.2　城镇中压配电网宜采用多分段适度联络接线方式，导线及设备应满足转供负荷要求。乡村中压配电网宜采用放射式接线方式，有条件的乡（镇）村也可采用双电源分段联络接线方式。

4.3　中压配电网线路主干线应根据线路长度和负荷分布情况进行分段并装设分段开关，重要分支线路宜装设分支开关。

4.4　中压配电网主干线路导线截面选择应参考供电区域饱和负荷值，按经济电流密度选取。县城电网架空主干线截面不宜小于150mm^2，乡村电网主干线不宜小于95mm^2。

4.5　中压配电网线路杆塔在城镇宜选用12m及以上杆塔，乡村一般选用10m及以上杆塔，城镇路边不宜采用预应力型混凝土电杆，防止车撞脆断。

4.6　城镇线路档距不宜超过50m，乡村线路档距不宜超过70m。

4.7　对雷害多发地区及架空绝缘线路应加强防雷击断线的措施。

4.8　中压配电线路宜采用架空方式，城镇、林区、人群密集区域宜采用架空绝缘导线。下列情况可采用电缆线路：

（1）走廊狭窄，架空线路难以通过的地区；

（2）易受热带风暴侵袭的沿海主要城镇的重要供电区域；

（3）电网结构或安全运行的特殊需要。

4.9　当变电站10kV出线数量不足或线路走廊条件受限制时，可建设开关站。开关站接线应力求简化，宜采用单母线分段接线方式。开关站应按无人值守建设，再分配容量不宜超过10 000kVA。

4.10　配电变压器应按照“小容量、密布点、短半径”的原则建设与改造。变压器应布置在负荷中心，一般采用柱上安装方式，变压器底部距地面高度不应低于2.5m。对人口密集、安全性要求高的地区可采用箱式变压器或配电站。

4.11　新装及更换配电变压器应选用S11型及以上节能配电变压器或非晶合金铁芯配电变压器。安装在高层建筑、地下室及有特殊防火要求的配电变压器应采用干式变压器。

4.12 配电变压器容量宜按近期规划负荷选择，适当考虑负荷发展。柱上配电变压器容量应不超过400kVA，单台箱式变压器容量宜小于630kVA，单台干式变压器容量宜小于1250kVA。配电站可配置双路电源，宜装设2～4台变压器，单台容量不宜超过800kVA。

4.13 以居民生活用电为主，且供电分散的地区可采用单、三相混合供电方式。单相变压器容量不宜超过20kVA。

4.14 配电变压器的进出线应采用绝缘导线或电力电缆，配电变压器的高低压接线端应安装绝缘护套。

4.15 配电变压器的高压侧应采用熔断器或开关保护，低压侧应装设刀熔开关或自动开关保护。

4.16 配电变压器低压配电装置应具有防雷、过流保护、无功补偿、剩余电流动作保护、计量、测量等功能，壳体宜采坚固防腐材质。

4.17 配电变压器低压配电装置内宜预留安装智能配变终端的位置。有条件的可开展具有状态参数监测、无功补偿本地/远程控制投切、剩余电流保护监测管理、谐波监测、三相不平衡监测、电量抄录、远程通信、变压器防盗等功能的智能配变台区建设。

4.18 箱式变（配）电站壳体应采用坚固防腐材质。配电站开关设备应采用免维护的全密封、全绝缘负荷开关（带熔丝），开关设备应具备“五防功能”，即防止误分、误合断路器，防止带负荷拉、合隔离开关，防止带电挂（合）接地线（地刀），防止带接地线（地刀）合断路器（隔离开关），防止误入带电间隔。

4.19 地处偏远地区的变压器等设施应采取必要的防盗措施。

第五章 低压配电网

5.1 低压配电网坚持分区供电原则，低压线路应有明确的供电范围。低压配电网应结构简单、安全可靠，一般采用单电源辐射接线和单电源环网接线。

5.2 低压主干线路导线截面应参考供电区域饱和负荷值，按经济电流密度选取。城镇低压主干线路导线截面不宜小于120mm²，乡村低压主干线路导线截面不宜小于50mm²。

5.3 城镇和人口密集地区、穿越林区低压架空线路应采用绝缘导线。

5.4 城镇和人口密集地区的低压架空线路宜采用10m及以上混凝土杆，其他地区宜采用8m及以上混凝土杆，稍径不小于150mm。

5.5 低压线路可与同一电源10kV配电线路同杆架设。当10kV配电线路有分段时，同杆架设的低压线路不应跨越分段区。

第六章 低压户表

6.1 低压接户线应使用绝缘导线。导线截面应根据用户负荷确定，铝芯绝缘导线截面不小于10mm²，铜芯绝缘导线截面不小于4mm²。

6.2 居民户应采用“一户一表”的计量方式。电能表应按农户用电负荷合理配置，容量一般不宜小于4kW。

6.3 有条件的地区可安装集中抄表装置，可逐步开展智能化电表应用。

6.4 低压配电网应分级装设剩余电流动作保护装置。剩余电流总保护和中级保护应能够及时切除低压配电网主干线和分支线路上因断线接地等产生较大剩余电流的故障。

6.5 电能表应安装在计量表箱内。室外计量表箱宜选用防腐非金属计量表箱。金属计量表箱应可靠接地。

第七章 自动化及通信

7.1 新建或改造自动化系统应统筹多种自动化系统的需求，统一规划设计数据采集平台。

7.2 具有15个以上变电站的县供电企业，新建或改造调度和配网自动化系统，可统一规划、分步建设，中小型县供电企业，宜优先选用调配一体化系统。

7.3 新建或改造调度自动化系统应遵循有关国家及行业标准，具备基本功能及遥控安全约束、运行设备在线状态监测等功能。

7.4 配网自动化系统应在配电网规划的基础上，统筹规划、分步实施，以配电网监视与控制（SCADA）、馈线自动化（FA）基本功能为主，具备扩展配变监测功能、配电设备管理（DMS）、地理信息系统（GIS）接口能力。

7.5 农村电网通信系统应满足电网自动化系统数据、语音、图像等综合信息传输的需要。变电站、供电所和开关站的通信主干线宜采用光纤通信方式，有条件地区可采用光纤通信环网链接方式，中低压电网分散通信点可采用载波、无线、公众通信网及卫星等通信方式。重要的无人值守变电站可采用独立的不同物理介质或不同路由的主备双通道。

7.6 有条件的地区可试点建设基于载波、无线通信方式或GPRS无线数据传输的用户用电信息采集系统。

7.7 自动化及通信系统的安全性应能满足国家有关规定。

第八章 无功优化补偿

8.1 农网无功补偿应坚持“全面规划、合理布局、全网优化、分级补偿、就地平衡”的原则。按照集中补偿与分散补偿相结合，高压补偿与低压补偿相结合，调压与降损相结合的补偿策略，确定最佳补偿方案。

8.2 农网无功优化补偿建设应从电压无功信息采集、无功优化计算、装置配置、控制与管理等方面开展。积极应用信息和自动化技术，实现电压无功综合治理和优化控制。

8.3 中压线路补偿点以一处为宜，一般不超过两处，补偿容量依据局部电网配电变压器空载损耗和无功基荷两部分来确定。以电缆为主的中压线路，其所接变电站母线电容电流较大或消弧线圈处于欠补偿状态时，应尽量避免采用线路补偿方式。

8.4 变电站及中压配电变压器无功优化补偿容量一般按变压器基本负荷所需的无功配置。变电站一般按主变容量的10%～30%配置。

8.5 100kVA及以上配电变压器无功补偿装置宜采用具有电压、无功功率、功率因数等综合控制功能的自动装置。

8.6 谐波污染较为严重的变电站和配电台区，宜选用无功补偿与滤波相结合的无功补偿装置。

国家能源局

2010年9月14日

国家电力监管委员会文件

关于吸取俄罗斯萨扬水电站事故教训 进一步加强水电站安全监督管理的意见

（电监安全［2010］2号）

各派出机构，大坝中心，国家电网公司，南方电网公司，华能、大唐、华电、国电、中电投集团公司，水电顾问、水电建设、葛洲坝集团公司，各有关单位：

2009年8月17日，俄罗斯萨扬－舒申斯克水电站（装机10×640MW）发生特别重大安全事故（以下简称“萨扬事故”），造成75人死亡，13人受伤，2号、7号、9号发电机报废，厂房结构严重破坏，经济损失约70亿卢布。从俄罗斯政府公布的“萨扬事故”原因技术调查报告披露情况看，8月17日8时13分，当2号机组降低出力进入不推荐的运行工作区域时，水轮机顶盖固定螺栓被拉断，在水压力作用下机组转动部分带着水轮机顶盖及上机架向上弹射，导致事故发生。事故发生的原因和暴露的问题是多方面的：机组运行中水轮机轴承振动幅值严重超标而未按规定“卸荷并停机”；在制造厂家文件和电站运行文件中均无保证检查紧固件状况的标准和紧固件的使用期限；在机房受淹、保护和控制回路电压消失时，导水机构不能自动关闭；中控室没有关闭进水口快速事故闸门的控制开关；应急预案、应急措施、应急演练、应急通信不能满足应急需求等。

为深刻吸取“萨扬事故”教训，进一步强化我国水电站运行安全监督管理，结合“萨扬事故”暴露的问题和我国水电站运行实际，现提出如下意见。

（一）高度重视水电站安全管理。当前，我国水电建设快速发展，投运的水电站，尤其是高水头、大容量的水电机组越来越多，保障水电站运行安全的任务十分艰巨，因此，要高度重视水电站安全管理，认真执行国家有关法律法规和规章标准，落实安全主体责任，完善各类制度规范，加强对管理人员和运行维护人员的培训教育，提高水电站安全管理水平。

（二）加强水电站风险管理。建立并完善安全生产全过程风险管控体系，将隐患排查治理工作常态化。对于已投入运行20年以上的水电站，业主单位应当立即组织专家进行全面的安全评价，并将这项工作定期化、制度化，确保水电站安全风险始终可控在控。

（三）加强水电机组调度管理。电力调度机构应加强与水电站的沟通联系，了解和掌握所调度范围水电机组随水头、出力变化的运行特性，优化水电机组的安全调度。在安排和调整水电机组运行方式时，应当考虑其运行限制条件，避免水电机组长时间在振动工况区运行，防止发生设备严重损坏事故。

（四）加强水电站应急管理。重点完善全厂停电、水淹厂房等应急预案，加快应急指挥和信息平台建设，保障应急通信可靠，建立与电力监管机构、电力调度机构和当地政府有关部门的应急协调联动机制，加强全员应急培训与教育，定期开展全员参与的应急演练，不断提高水电站应急能力。

（五）加强设备安全检查。对于单机容量50MW以上的水电机组，特别是参与电网调频、调峰运行的水电机组，应当加强水轮机和发电机等设备的紧固件、预埋件和连接件的定期检查，发现异常情况，应当及时处理。要根据安全检查的实际情况，及时修订相关规程和工作标准，落实岗位责任，保证设备安全。

（六）加强机组状态监测。大中型水电站应当安装机组在线监测装置。要重视并加强主要机电设备的运行状态监测，尤其要加强机组振动、摆度等运行参数的监测、记录和分析。对于机组振动、摆度突然增大超过标准的异常情况，应当立即停机检查，查明原因和处理合格后，方可按规定程序恢复机组运行。

（七）加强设备技术监督。结合设备消缺和检修对易产生疲劳损伤的重要设备部件（如水轮机顶盖紧固螺栓等）进行无损探伤。对已存在损伤的设备部件要加强技术监督，对已老化和不能满足安全生产要求的设备部件要及时进行更新。

（八）加强机组稳定性测试。对大中型水电站机组各种运行工况进行稳定性测试，全面掌握机组的稳定特性，并将测试结果作为机组运行控制和自动发电控制（AGC）等系统运行参数设定的依据。水电站应当将经业主单位审核的机组稳定性测试结果报相关电力调度机构备案。

对于新投产机组，应当由制造厂家根据水轮机模型试验给出初期运行工况范围和运行限制条件。

（九）完善机组安全保护和自动控制功能。应根据水电站的重要性及规模，考虑机组保护和控制装置采用“失电动作”规则的必要性，在机组的保护和控制回路电压消失时，相关保护和控制能够自动动作关闭导水机构。

水电站设计有快速事故闸门的，应当在中控室能够进行人工紧急关闭。

（十）加强自动控制设备软件管理。全面复核水电站使用的各类控制软件，确保控制指令的准确性和可靠性。在对机组的自动控制设备系统进行技术改造时，应当根据改造方案的具体情况，邀请水电站原设计单位、设备系统原设计单位参加方案审核。

（十一）加快制修订相关标准规范。设计单位应当协同相关标准制定和管理机构进一步完善现行水电机组及其引水发电系统、配套电力设备及控制设备的安全运行技术标准，编制水电站机电设备安全评价导则，修订大型水电机组、抽水蓄能机组的设计、制造和施工等相关技术标准。

（十二）规范设计回访制度。设计单位应当建立规范的设计回访制度，在水电站投运后定期回访，协助、指导水电站运行单位解决存在的问题，改善设备系统的运行状况，不断提高机组安全运行水平。

（十三）加强安全监督管理。电监会派出机构要加强水电站安全监督管理工作，加强对电力企业的监督检查和指导，继续深入开展隐患排查治理工作，督促企业落实主体责任，不断强化水电站运行安全管理。

国家电力监管委员会
2010年1月14日

关于印发《火力发电机组可靠性评价实施办法》的通知

（办安全〔2010〕2号）

各派出机构，华能、大唐、华电、国电、中电投集团公司，各有关单位：

2007年颁布的《火力发电机组可靠性评价实施办法（试行）》，对提高发电机组运行可靠性水平、保障电力系统安全稳定运行起到了积极的促进作用。根据三年来试行的工作实际以及有关单位的反馈意见，我会对《火力发电机组可靠性评价实施办法（试行）》进行了修改完善，现印发给你们，请认真组织实施。

火力发电机组可靠性评价实施办法

第一条 为了提高发电机组运行可靠性水平，保障电力系统安全稳定可靠运行，依据《电力监管条例》、《电力可靠性监督管理办法》，制定本办法。

第二条 本办法适用于我国境内300MW级（范围为300～399MW）和600MW级（范围为600～699MW）常规火电机组（以下简称机组）的可靠性评价。

第三条 机组可靠性评价工作应当坚持公正、公平、公开的原则。

第四条 机组所在单位在年度内发生较大以上责任事故的，不参与评价；机组所在单位未认真贯彻执行国家有关节能、环保政策和要求的，不参与评价。

第五条 机组可靠性评价采用机组可靠性综合评价系数（*GRCF*）作为评价指标。

第六条 机组可靠性综合评价系数是反映机组综合出力能力的指标，其公式为：

$$GRCF = EAF + B_F + B_{SI} + B_{MT} + B_R$$

式中 *EAF*——机组等效可用系数；

B_F——机组强迫停运次数影响值：$B_F = -FOT \times C_F$，式中，*FOT* 为机组强迫停运次数，C_F 为强迫停运影响系数，取值0.4%；

B_{SI}——厂内输变电设施所引起的机组停运影响值：$B_{SI} = -\left(SIOT \times C_F + \frac{SIOH}{PH} \times 100\%\right)$，式中，*SIOT* 为厂内输变电设施所引起的机组停运次数，*SIOH* 为厂内输变电设施所引起的机组停运时间，*PH* 为机组的统计期间小时；

B_{MT} 为机组最长连续运行时间影响值：

$$B_{MT} = \frac{SH_{MT} - \frac{2}{3}SH_{DA}}{\frac{2}{3}SH_{DA}} \times 1.5\%$$

式中 SH_{MT} 为最长连续运行时间（h），SH_{DA} 为机组所在电网统调大型火电机组年度平均运行小时。机组最长连续运行时间从评价年度的上一年度算起，上一年度为候选机组的，则只取评价年度的时间；若跨年度连续运行事件在评价年度内的时间不足30%的，则该事件按年度内时间比例占30%计算持续时间。最长连续运行时间大于 $\frac{2}{3}SH_{DA}$ 的，其值按 $\frac{2}{3}SH_{D}$ 计算。

B_R 为备用时间权重影响值：

$$B_R = -\max\left(RH - \frac{2}{3}RH_{DA},\ 0\right)/PH \times C_R$$

式中，max（ ）为取最大值函数，*RH* 为机组备用时间，RH_{DA} 为机组所在电网统调大型火电机组年度平均备用小时，*PH* 为机组的统计期间小时，C_R 为备用时间权重修正系数，取值10%。

年度内机组备用次数超过5次的，不参与统计评价。机组因配合电网建设、检修、试验的备用次数不计在内。

第七条 电监会电力可靠性管理中心（以下简称可靠性中心）按照机组可靠性综合评价系数对机组进行排序，初步筛选出各容量级机组的前20名作为候选机组。

第八条 候选机组所在单位应当按要求向可靠性中心提交机组运行可靠性分析报告及相关情况说明。其内容应当包括：

（一）机组年度可靠性指标情况；

（二）机组年度运行事件情况分析，包括非计划停运、计划停运、降出力等事件的情况分析；

（三）机组低谷消缺事件分析及填报情况；

（四）机组备用期间主要检修工作及其填报情况；

（五）因厂内输电设施所引起的机组停运情况及分析；

（六）机组所在单位执行国家有关节能、环保政策情况。

第九条 可靠性中心及电监会派出机构应当对候选机组的可靠性数据及信息进行核查。经核查发现机组所在单位故意漏报、瞒报可靠性数据和信息，或所报送的可靠性数据和信息不准确的，应当取消其候选机组资格。

第十条 可靠性中心应当对候选机组的各项指标及运行情况进行公示。

第十一条 可靠性中心组织成立发电机组可靠性评价专家组，对候选机组进行终审，并确定评价结果。

300MW、600MW级机组分别取前10名为年度可靠性金牌机组。

第十二条 机组可靠性评价结果由电监会发布。

第十三条 本办法自发布之日起执行。

附录：术语缩写及其中文含义对照表

术语缩写及其中文含义对照表

术语缩写	中文含义
GRCF	机组可靠性综合评价系数
EAF	等效可用系数
B_F	强迫停运次数影响值
FOT	强迫停运次数
C_F	强迫停运影响系数
B_{SI}	厂内输变电设施所引起的机组停运影响值
SIOT	厂内输变电设施所引起的机组停运次数
SIOH	厂内输变电设施所引起的机组停运时间
PH	统计期间小时
B_{MT}	最长连续运行时间影响值
SH_{MT}	最长连续运行时间（小时）
B_R	备用事件影响值
RH	备用时间
C_{RH}	备用时间权重修正系数
RH_{DA}	机组所在电网统调大型火电机组年度平均备用小时
SH_{DA}	机组所在电网统调大型火电机组年度平均运行小时

国家电力监管委员会公告

（[2010] 4号）

引 言

为了进一步加强电力交易监管，维护公平的市场秩序，电监会编制发布本报告，对2009年电力交易和市场秩序情况进行全面总结和分析，披露存在的问题，提出监管意见。

截至2010年2月10日，全国37个省级以上电网企业及各省级调度机构直调电厂均按电力监管机构要求报送了《电力交易与市场秩序情况报告》。电监会对上报材料进行了汇总分析，对涉及问题开展调查核实，并征求了有关电力企业意见，最终形成本报告。

附件：《2009年度全国电力交易与市场秩序情况监管报告》（2010年第4号）（略）

关于进一步加强电力建设安全生产工作的意见

（电监安全［2010］7号）

各派出机构，大坝中心，国家电网公司，南方电网公司，华能、大唐、华电、国电、中电投集团公司，电力顾问、水电顾问、水电建设、葛洲坝集团公司，各有关单位：

当前，电力建设工程持续保持较大规模，一批地处地质状况复杂、施工环境恶劣的水电工程项目相继开工，电力建设安全生产形势严峻，人身伤亡事故时有发生。近期，国家发改委等七部委联合下发了《关于加强重大工程安全质量保障措施的通知》（发改投资［2009］3183号，以下简称“通知”），为贯彻落实《通知》和《电力建设安全生产监督管理办法》（电监安全［2007］38号）等文件要求，进一步加强电力建设安全生产工作，有效遏制重特大事故发生，特提出如下意见。

一、落实电力建设安全生产责任

（一）建设单位要落实电力建设安全生产全面管理责任。建设单位作为项目法人，要切实履行电力建设安全生产组织、协调、监督职责，加强电力建设项目全过程安全管理，健全安全生产组织体系和工作机制，完善安全生产规章制度和项目安全文明施工总体策划方案，积极推动安全生产标准化建设，强化建设工程现场安全管理，及时研究解决建设项目安全生产重大问题。

（二）施工单位要落实施工现场安全生产责任。施工单位要严格执行安全生产法律法规，加强建设项目安全生产组织管理，完善安全生产风险管理体系，建立健全安全生产隐患排查治理机制和重点区域、重点环节、关键部位施工风险监控机制，落实针对不同施工阶段以及季节性气候变化的现场安全施工措施。要加强工程发包和承包管理，严禁工程转包和违法分包。

（三）监理单位要切实履行安全监理责任。监理单位要健全监理工作体系，制定安全监理实施细则，完善安全监理方法和手段，严格执行巡视监督、检查签证和旁站监理制度，合理配置安全监理资源。要加强施工现场安全监理，发现存在安全隐患要督促施工单位采取措施并限期整改，对不能保证安全的应责令停工整改。

（四）勘察设计单位要重视电力建设安全生产技术保障工作。勘察设计单位要充分考虑施工安全操作和防护的需要，明确工程建设实施阶段安全质量要求，特别是施工重点部位和关键环节的安全措施和防护要求，提出防范生产安全事故的指导意见。要根据项目进展情况不断优化设计方案，及时解决施工过程中发现的设计问题。

二、严格电力建设工程工期管理

（五）合理确定电力建设工程工期。建设单位要依照国家有关工程建设工期规定和项目可行性研究报告中有关施工组织设计的工期要求，根据建设项目实际情况，对工程进行充分评估、论证，科学确定项目合理工期及每个阶段所需的合理时间，并严格组织实施。

（六）严肃电力建设工程工期调整。电力建设工程确需调整工期，必须经过专业机构（原设计审查单位或安全评价机构等）审查，论证和评估其对安全生产的影响，提出并落实相应施工组织措施和安全保障措施；要保证安全生产费用投入，确保工期调整后的施工安全。

三、做好项目开工前准备工作

（七）加强前期工作风险管理。建设单位要在规划阶段认真开展安全生产风险分析和评估，优化工程选线、选址方案，合理确定施工措施；可行性研究要对涉及工程安全的重大问题进行分析和评价，特别要对施工营地选址布置方案进行风险分析和评估；工程初步设计要提出相应施工方案和相应安全防护措施。

（八）严格招投标安全审核。建设单位要加强招投标管理，明确勘察、设计、施工、物资材料和设备供应等环节招投标合同的安全约定，严格审查招投标过程中有关国家强制性安全标准的实质性响应；严格执行国家有关建设项目开工规定，禁止违规开工。要建立防范低于成本价中标机制，招标投标确定的中标价格要体现合理造价要求，防止造价过低带来安全问题。

四、严格施工方案安全技术措施审查

（九）建立健全安全技术措施审查制度。建设单位要建立健全工程项目安全生产方案编制及专家论证审查制度，特别要严格审查和评估复杂地质条件、复杂结构以及技术难度大的工程项目安全技术措施。

（十）加强“四新”项目安全措施评审。采用新技术、新设备、新材料、新工艺的电力建设工程，设计单位要对其带来的施工安全风险进行分析和评估并提出保障施工作业人员安全和预防安全生产事故的措施和建议。建设单位要对设计单位制定的“四新”项目安全措施组织审查，对工程相关人员进行必要培训。

（十一）严格专项施工安全技术措施审查。监理单位要严格审查施工单位编制的施工组织设计、作业指导书及专项施工方案，尤其是施工重要部位、关键环节、关键工序安全技术措施方案。

五、加强建设施工现场安全管理

（十二）积极开展隐患排查治理。建设、施工、监理单位要建立健全安全生产隐患排查治理长效机制，积极开展安全生产隐患排查治理，全面查找建设项目基础设施、技术装备、作业环境、现场管理等方面的缺陷和隐患，并有效整改。

（十三）强化施工现场作业管理。施工单位要进一步规范电力建设施工作业管理，完善施工工序和作业流程，严格施工现场安全措施落实，强化施工现场安全监督检查，杜绝违章指挥、违章作业、违反劳动纪律事件发生。

（十四）加强施工现场标准化建设。建设、施工单位要加强施工现场安全生产标准化建设，完善安全生产标准化体系，严格执行建设施工安全生产标准，建立安全生产标准化考评机制，提高施工现场安全设备设施、技术装备、施工环境本质安全水平，提升电力建设安全生产保障能力。

六、加强施工机械管理

（十五）严格施工机械进场准入。施工单位要严把施工机械进场准入关，未经安全检验或安全检验不合格的施工机械不得进入施工现场，存在缺陷和隐患的施工机械须在彻底消除缺陷和隐患并经验收合格后方可进入施工现场。监理单位要严格施工机械报验资料审核，建设单位要严格施工机械监督检查，防止不安全或存在较大缺陷和隐患的施工机械进入现场。

（十六）加强施工机械的安全鉴定和评估。施工单位应当加强施工机械的安全管理，定期开展施工机械安全鉴定和安全性评估工作，及时更新、淘汰不能满足安全生产要求的现场施工机械，确保施工机械设备完好。

七、保障安全生产费用投入

（十七）规范安全生产费用提取和使用。建设、施工单位要加强安全生产费用管理，建立健全安全生产费用管理制度，规范安全生产费用管理程序，保证安全生产费用按规定标准规范提取，并按规定范围安排使用，不得挤占和挪用。

（十八）确保安全生产费用支付到位。建设单位应当根据项目进展情况，及时、足额向电力建设施工单位支付安全生产费用。对于因设计变更等造成工程量增加的，建设单位应当向施工单位补充相应的安全生产费用。监理单位要认真审核施工单位安全生产费用使用计划，并对使用情况予以审查和监督。

八、加强安全生产教育培训

（十九）加强领导和管理人员安全生产教育培训。各单位安全生产负责人、项目负责人和安全监督管理人员要定期参加安全生产教育培训，保证教育培训时间和教育培训质量，并经考核合格。

（二十）加强从业人员安全生产教育培训。施工单位要完善企业安全教育培训计划，健全企业安全教育培训制度，严格安全生产教育培训考核，保证从业人员安全生产教育培训效果，尤其是要加强对新入场临时用工人员等非专业人员上岗、转岗前的教育培训。对于临时用工人员须经培训考试合格后方可从事作业。

九、建立健全安全生产应急工作体系

（二十一）建立安全事故应急工作体系。建设单位要组织设计、施工、监理单位制定重大工程安全事故应急预案，落实应急组织、程序、资源及措施，建立与国家有关部门、地方人民政府应急体系的协调联动机制，确保应急工作有效实施。施工单位要根据电力建设工程项目的特点和范围，对施工现场容易引发安全事故的危险源、危险部位、危险环节制定相应应急预案和措施，并定期组织应急演练。

（二十二）完善应对自然灾害的应急机制。建设单位要会同工程各参建单位开展自然灾害防范应对工作的研究；要结合当地实际情况，加强对台风、暴雨、雷电、泥石流等自然灾害的预测预警，制定应对措施，完善应急预案，储备应急物资，加强人员培训教育，健全应急响应机制。

《国家电力监管委员会行政复议办法》

（电监会［2010］29号）

《国家电力监管委员会行政复议办法》已经2010年5月26日国家电力监管委员会主席办公会议审议通过，现予公布，自2010年9月1日起施行。

主席　王旭东

2010年6月9日

国家电力监管委员会行政复议办法

第一条　为了防止和纠正违法或者不当的具体行政行为，保护公民、法人和其他组织的合法权益，保障电力监管依法进行，规范电力监管行政复议工作，根据《中华人民共和国行政复议法》（以下简称行政复议法）、《中华人民共和国行政复议法实施条例》（以下简称行政复议法实施条例）和《电力监管条例》，制定本办法。

第二条　公民、法人或者其他组织向国家电力监管委员会（以下简称电监会）提出行政复议申请，电监会办理行政复议案件，适用本办法。

公民、法人或者其他组织认为电监会及其派出机构（以下简称电力监管机构）的具体行政行为侵犯其合法权益，可以依照行政复议法、行政复议法实施条例和本办法向电监会申请行政复议。

第三条　电监会负责法制工作的部门（以下简称法制工作部门）是电监会行政复议机构，具体办理行政复议事项，履行行政复议法第三条、行政复议法实施条例第三条规定的职责。

第四条　有下列情形之一的，公民、法人或者其他组织可以依法向电监会申请行政复议：

（一）对电力监管机构作出的警告、罚款、没收违法所得、没收非法财物、吊销许可证等行政处罚决定不服的；

（二）对电力监管机构作出的封存文件资料等行政强制措施决定不服的；

（三）对电力监管机构作出的有关许可证等证书的变更、撤销的决定不服的；

（四）认为符合法定条件，申请电力监管机构颁发许可证等证书，或者申请电力监管机构审批、登记有关事项，电力监管机构没有依法办理的；

（五）对电力监管机构作出的发电企业在电力市场中所占份额比例的处理决定不服的；

（六）对电力监管机构作出的发电厂并网、电网互联以及发电厂与电网协调运行的处理决定不服的；

（七）对电力监管机构作出的电力市场向从事电力交易的主体公平、无歧视开放以及输电企业公平开放电网的处理决定不服的；

（八）认为电力监管机构在电力监管信息公开工作中的具体行政行为侵犯其合法权益的；

（九）对电力监管机构作出的有关电力企业信息公开的决定不服的；

（十）对电力监管机构作出的水电站大坝安全等级决定不服的；

（十一）认为电力监管机构的其他具体行政行为侵犯其合法权益的。

第五条　电力监管机构对信访事项作出的处理意见，不属于行政复议范围；信访人不服电力监管机构作出的信访处理意见的，依照《信访条例》规定的复查、复核程序办理。

公民、法人或者其他组织在信访中提出不服电力监管机构作出的具体行政行为并且有行政复议请求的，电力监管机构信访工作人员应当告知信访人可以依法申请行政复议。

第六条　公民、法人或者其他组织向电监会提出行政复议申请，应当符合行政复议法第九条和行政复议法实施条例第十五条、第十六条有关申请期限的规定。

第七条　依照行政复议法、行政复议法实施条例和本办法申请行政复议的公民、法人或者其他组织是行政复议的申请人。作出具体行政行为的电力监管机构是被申请人。

第八条　申请人申请行政复议，可以书面申请，也可以口头申请。申请人书面申请的，应当依照行政复议法实施条例第十九条规定提交行政复议申请书。申请人口头申请的，法制工作部门应当依照行政复议法实施条例第二十条规定，当场制作行政复议申请笔录并由申请人签字确认。

第九条　法制工作部门收到行政复议申请后，应当在五日内进行审查，依照法定的权限、程序和期限予以处理。

法制工作机构收到行政复议申请的日期，依照下列规定确定：

（一）申请人当面递交行政复议申请书或者口头申请行政复议的，以当面递交或者口头申请的日期为收到行政复议申请的日期；

（二）申请人采取邮寄、传真或者电子邮件等方式提出行政复议申请的，以法制工作部门签收或者接收的日期为收到行政复议申请的日期；

（三）县级地方人民政府依照行政复议法第十八条规定转送行政复议申请的，以法制工作部门签收或者接收的日期为收到行政复议申请的日期。

第十条 行政复议申请符合行政复议法实施条例第二十八条规定的，法制工作部门应当受理并告知申请人。

第十一条 有下列情形之一，法制工作部门不予受理并书面告知申请人：

（一）申请人与具体行政行为没有利害关系的；

（二）没有正当理由，行政复议申请未在法定申请期限内提出的；

（三）申请人不服电力监管机构作出的电力争议调解决定的；

（四）申请人在向电监会申请行政复议前，已经向有关行政机关申请行政复议或者已经向人民法院提起行政诉讼，有关行政机关或者人民法院已经依法受理的；

（五）法律、行政法规规定的其他不予受理的情形。

第十二条 行政复议申请材料不齐全或者表述不清楚的，法制工作部门应当按照行政复议法实施条例第二十九条规定通知申请人补正。

有下列情形之一，法制工作部门可以认定为行政复议申请材料不齐全或者表述不清楚：

（一）未依照行政复议法实施条例第十九条第（一）项规定提供申请人基本情况的；

（二）没有申请人身份证明文件的；

（三）没有明确的被申请人的；

（四）行政复议请求不具体、不明确的；

（五）委托代理人参加行政复议的法律文书不齐全或者委托权限不明确的；

（六）未依照行政复议法实施条例第二十一条的规定提供证明材料或者证明材料明显不充分的；

（七）国家有关规定规定的其他情形。

第十三条 法制工作部门应当自受理行政复议申请之日起 7 日内，制作行政复议答复通知书，并将行政复议答复通知书、行政复议申请书副本或者行政复议申请笔录复印件以及申请人提交的有关证据、材料的副本发送被申请人；其中，电监会作为被申请人的，法制工作部门应当将行政复议答复通知书、行政复议申请书副本或者行政复议申请笔录复印件以及申请人提交的有关证据、材料的副本送交电监会原承办具体行政行为的部门或者机构。

被申请人应当自收到行政复议答复通知书、行政复议申请书副本或者行政复议申请笔录复印件以及申请人提交的有关证据、材料的副本之日起 10 日内，向法制工作部门提交行政复议答复意见书；其中，电监会作为被申请人的，由电监会原承办具体行政行为的部门或者机构负责提交行政复议答复意见书。

第十四条 行政复议答复意见书应当载明下列事项：

（一）被申请人当初作出具体行政行为的主要事实、证据、依据和其他有关材料；

（二）对申请人行政复议申请中陈述的事实和理由进行答辩；

（三）对申请人的请求提出意见、建议；

（四）答复单位盖章或者负责人签名；

（五）答复的日期。

第十五条 法制工作部门收到行政复议答复意见书后，应当依照行政复议法、行政复议法实施条例的有关规定，对被申请人当初作出具体行政行为的主要事实、证据、依据、程序等进行全面审理，提出审理意见。

第十六条 对于重大、复杂的行政复议案件或者社会影响较大的行政复议案件，法制工作部门应当提请电监会负责人集体讨论。

电监会负责人集体讨论行政复议案件时，法制工作部门应当介绍案件基本情况，提交审理意见。

第十七条 审理意见经电监会负责人同意或者集体讨论通过后，法制工作部门应当根据审理意见制作行政复议决定书。

第十八条 行政复议决定应当自行政复议申请受理之日起 60 日内作出。

根据行政复议法第三十一条规定，有下列情形之一的，经电监会负责人批准，可以适当延长行政复议期限；但是延长期限最多不超过 30 日：

（一）根据行政复议法实施条例第三十三条规定采取听证方式审理的；

（二）申请人、第三人提出新的事实、证据需要进行调查核实的；

（三）申请人与被申请人依照行政复议法实施条例第四十条规定和解，或者法制工作部门依照行政复议法实施条例第五十条规定进行调解的；

（四）情况复杂，不能在规定期限内作出行政复议决定的其他情况。

延长行政复议期限，应当制作行政复议延期通知书，告知申请人和被申请人。

第十九条 涉及行政复议的其他事项，本办法未作规定的，适用行政复议法、行政复议法实施条例和国家有关行政复议的其他规定。

第二十条 本办法自2010年9月1日起施行。

关于印发《水电站大坝除险加固管理办法》的通知

（电监安全［2010］30号）

各派出机构，大坝中心，国家电网公司，南方电网公司，华能、大唐、华电、国电、中电投集团公司，各有关电力企业：

为了加强水电站大坝安全监督管理，规范大坝除险与加固工作，根据《水库大坝安全管理条例》和《水电站大坝运行安全管理规定》（电监会3号令），我会组织制定了《水电站大坝除险加固管理办法》，现印发你们，请依照执行。

附件：水电站大坝除险加固管理办法（略）

国家电监会印发《关于开展新能源发电并网接入情况调查工作的通知》

（办输电函［2010］268号）

各派出机构：

为促进新能源持续健康发展，全面掌握风电、光伏发电等新能源发电并网接入情况，做好有关监管报告和监管通报的编制发布工作，根据《可再生能源法》和《电网企业全额收购可再生能源电量监管办法》（电监会25号令），电监会决定开展新能源发电并网接入情况调查工作，具体事项如下：

一、调查内容

（一）全国风电、光伏发电工程项目建设总体情况

风电、光伏发电装机容量（已并网、已建成未并网及在建规模，时间截至：2009年底和2010年6月底）；上网电量、未收购电量（已并网发电设施受电网因素影响而未能上网的电量，时间范围：2009年1～12月和2010年1～6月）、上网电价；发电项目投资主体及规模情况等（时间截至：2009年底和2010年6月底）。

（二）风电、光伏发电接入系统工程建设情况

已建成风电、光伏发电接入系统工程线路长度、投资额度及投资主体（时间范围：2006年1月1日～2010年6月底）。

（三）风电、光伏发电并网接入措施保障情况

风电、光伏发电并网安全性评价执行情况、电网企业接网服务情况、并网调度协议和购售电合同签订情况等。

（四）风电、光伏发电并网接入存在的问题

接入系统工程与新能源发电项目建设进度的衔接、并网接入的安全性评价、接入系统工程运行与维护、并网调度协议和购售电合同签订以及电量未能全额上网等方面问题。

（五）风电、光伏发电并网接入相关政策建议

规范风电、光伏发电并网接入工作、促进新能源健康可持续发展的相关政策建议等。

二、工作安排

（一）收集资料阶段（2010年7～8月）

请各派出机构组织收集所辖地域的风电、光伏发电项目资料，按照本通知规定向相关电力企业印发调查通知和调查表格（可在本通知表格基础上进行细化），要求电力企业按期完成书面报告材料，盖章后报项目所在地的电力监管机构，同时提供电子文档（文字为word格式，表格为excel格式）。

（二）实地调查阶段（2010年9月）

请各派出机构收集、汇总、整理电力企业报告材料，印送输电监管部，并根据调查材料情况，邀请有关专家组成调查组开展实地调查工作，输电监管部可派员参加。

（三）总结阶段（2010年10月）

各电监办根据调查材料和实地调查情况，按照上述调查内容和附表的格式要求，编制本省风电、光伏发电并网接入情况报告，于10月15日前报所在区域电监局和输电监管部。各区域电监局根据电监办报告和自身调查情况，汇总编制区域风电、光伏发电并网接入情况报告，于10月底前报输电监管部。

三、工作方式

实地调查工作主要采取召开有政府有关部门、相关发电企业、电网企业及调度机构参加的座谈会的方式。根据需要，调查组可赴有关现场进行实地察看或查阅相关文件资料。

请各派出机构确定1名负责此项工作的联系人，并于8月6日前报输电监管部。

输电监管部联系人：周波

联系电话：010-66597749，010-66021913（传真）
电子邮件：bo-zhou@serc.gov.cn

附件：调查数据汇总表格样式（略）

国家电力监管委员会
2010 年 7 月 26 日

国家电监会等 4 部门联合发布《2009 年电力企业节能减排情况通报》

按照国务院节能减排工作的要求和部署，2009 年电力企业继续积极开展节能减排工作，推进“上大压小”政策，不断优化电源结构，加强电网建设，加大二氧化硫治理力度，节能减排工作取得明显成效。2009 年，关停小火电机组 2617 万 kW，超额完成全年关停 1500 万 kW 小火电机组的任务，“十一五”前四年，全国累计关停小火电机组 6006 万 kW，提前并超额完成“十一五”关停小火电机组 5000 万 kW 的任务；全国 6000kW 及以上火电厂供电标准煤耗为 340g/kWh，比上年降低 5g/kWh；全国电网线损率为 6.72%，比上年减少 0.07 个百分点；全国电力二氧化硫排放总量约为 939.3 万 t，提前实现“十一五”末电力二氧化硫排放 951.7 万 t 的目标。

国家电监会、国家发展改革委、国家能源局、环保部将 2009 年全国电力企业节能减排的有关情况予以通报。请各单位按照国务院的要求，继续做好电力企业节能减排有关工作。

附件：

2009 年电力企业节能减排情况通报

概述

根据《国务院办公厅关于印发 2009 年节能减排工作安排的通知》（国办发［2009］48 号）、《国家发展改革委关于印发 2009 年推动落实节能减排工作安排部门分工的通知》（发改环资［2009］2073 号）要求，国家电力监管委员会、国家发展和改革委员会、国家能源局、环境保护部负责组织编制并发布《2009 年电力企业节能减排情况通报》（以下简称“通报”）。

2009 年，国家电力监管委员会、国家发展和改革委员会、国家能源局、环境保护部等政府相关部门通过继续强化节能减排目标责任考核、加大淘汰落后产能力度、完善市场机制、积极推广节能技术、加强节能减排监管、按年度向社会发布电力企业节能减排情况通报等措施，有力地促进了电力企业节能减排工作。为贯彻落实国务院关于加大工作力度确保实现“十一五”节能减排目标的决策部署，进一步推动电力行业节能减排工作，掌握电力企业节能减排的第一手数据，促进电力行业节能减排统计工作，加强电力节能减排的针对性，进一步完善、充实《通报》内容，在对全国电力企业节能减排基本情况进行统计分析的基础上，国家电力监管委员会还对河北、辽宁、上海、浙江、安徽、山东、湖北、四川、贵州、陕西 10 省（市）的 26 家电网企业和投运 1 年以上且全厂总装机容量在百万千瓦及以上的 80 家燃煤电厂（共计 302 台、12 748 万 kW 燃煤机组）的节能减排情况进行了专项督查（简称专项督查），对专项督查中发现的问题，向有关电力企业下发了整改意见。

2009 年，电力行业提前完成“十一五”节能减排规划目标，为全国节能减排目标的实现作出了重要贡献。当年关停小火电机组 2617 万 kW，超额完成全年关停 1500 万 kW 小火电机组的目标，累计关停小火电机组 6006 万 kW，提前并超额完成“十一五”关停小火电机组 5000 万 kW 的目标；全国 6000kW 及以上火电厂供电标准煤耗继续下降至 340g/kWh，同比降低 5g/kWh；6000kW 及以上电厂厂用电率为 5.76%，同比降低 0.14 个百分点，其中，火电厂用电率 6.62%，同比降低 0.17 个百分点；全国电网线路损失率为 6.72%，同比降低 0.07 个百分点；全年新增燃煤脱硫机组 1.02 亿 kW，超额完成全年新增 5000 万 kW 的任务；截至 2009 年底，全国燃煤电厂烟气脱硫机组装机容量达到 4.7 亿 kW，占煤电机组总容量的 76%，比上年提高 12 个百分点；电力二氧化硫排放约 939.3 万 t，比 2005 年下降了 29.3%，提前一年完成“十一五”末电力二氧化硫排放 951.7 万 t 的目标。

为深入贯彻落实国务院节能减排的方针政策，进一步做好电力企业的节能减排工作，电力企业要进一步加大工作力度，深入挖掘电力节能减排潜力，提高节能减排管理水平，建立健全以市场为导向的节能减排新机制，提高脱硫装置运行水平和监管有效性，高度重视脱硫石膏综合利用，巩固并进一步深化节能减排成果。

本报告在全面总结电力行业节能减排现状的基础上，结合专项督查结果进行编制。客观反映了 2009 年电力行业及企业节能减排成效，总结了政府有关部门和电力企业节能减排的主要措施，梳理了电力企业节能减排存在的问题，研究提出了相应的处理意见和建议，以进一步促进电力企业节能减排工作有效开展。

第一部分 基本情况

一、电力企业基本情况

（一）发电企业

1. 全国发电企业情况

2009年底，全国全口径发电设备容量8.74亿kW，比2008年增长10.26%，增速与上年基本持平。其中，水电1.96亿kW，比2008年增长13.72%，约占总容量的22.46%；火电6.51亿kW，比2008年增长8.00%，约占总容量的74.49%；核电908万kW，约占总容量的1.04%；并网风电容量1760万kW，约占总容量的2.01%，连续四年实现翻倍增长，电源结构调整明显加快。2009年底全国发电装机构成见图1。

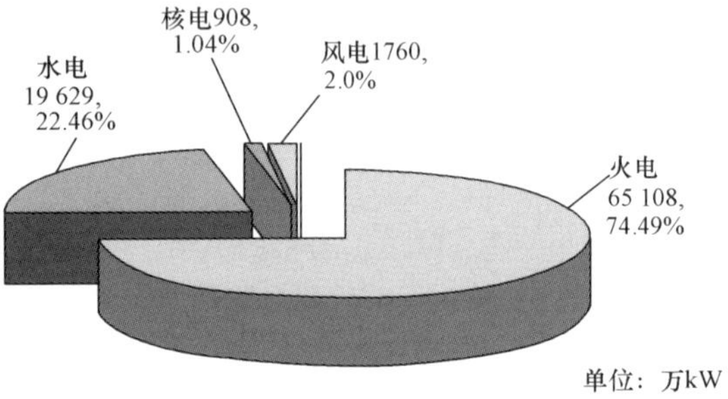

图1 2009年底全国发电设备结构情况

2. 专项督查企业情况

专项督查了80家燃煤发电企业、302台机组，装机容量共计12 748万kW，占全国火电总装机容量的19.58%。

专项督查电厂装机容量地区分布见图2。

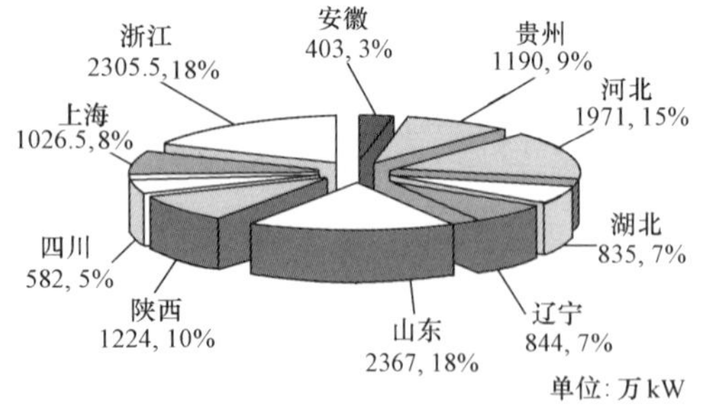

图2 专项督查电力企业装机容量地区分布

专项督查的发电企业中，单机容量10万kW级机组共计19台、254.5万kW，占专项督查总装机容量的2.00%、占全国同等级机组容量的3.82%；20万kW级机组22台、468万kW，占专项督查总装机容量的3.67%，占全国同等级机组容量的8.81%；30万kW级机组39台、4609.5万kW，占专项督查总装机容量的36.16%，占全国同等级机组容量的20.38%；60万kW级机组103台、6416万kW，占专项督查总装机容量的50.33%，占全国同等级机组容量的32.07%；100万kW级机组10台、1000万kW，占专项督查总装机容量的7.84%，占全国同等级机组容量的52.36%。

专项督查的发电企业装机容量等级分布见图3。

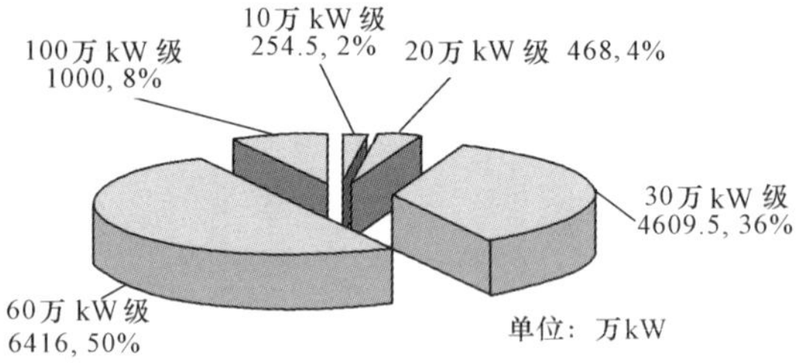

图3 专项督查发电企业装机容量等级分布

（二）电网企业

1. 全国电网企业情况

2009年，跨区域电网及全国联网继续推进，取得明显进展。目前，全国已经形成华北、东北、华东、华中、西北和南方六大区域电网，随着电压等级的不断升高、电网规模的不断扩大和资源大范围优化配置需求的不断增加，跨区域电网规模也不断扩大，电力生产和供应结构已经从原来的省内平衡、区域内平衡逐步扩大到跨大区综合平衡，大范围资源优化配置能力得以加强。海南、西藏、新疆联网工程有序推进，全国联网取得重大突破。

2. 专项督查电网企业情况

对全国26家电网企业进行了专项督查。其中，区域电网公司4家，省级电网公司10家及其地区供电公司12家。专项督查电网企业见表1。

表1 专项督查电网企业一览表

序号	省份	类 型	名 称
1	辽宁	区域电网公司	东北电网公司
2	上海	区域电网公司	华东电网公司
3	湖北	区域电网公司	华中电网公司
4	陕西	区域电网公司	西北电网公司
5	河北	省级电网公司	河北省电力公司
6	辽宁	省级电网公司	辽宁省电力公司
7	上海	省级电网公司	上海市电力公司
8	浙江	省级电网公司	浙江省电力公司
9	安徽	省级电网公司	安徽省电力公司
10	山东	省级电网公司	山东省电力公司
11	湖北	省级电网公司	湖北省电力公司
12	四川	省级电网公司	四川省电力公司
13	贵州	省级电网公司	贵州电网公司
14	陕西	省级电网公司	陕西省电力公司
15	河北	电网企业	石家庄供电公司

续表

序号	省份	类　型	名　称
16	辽宁	电网企业	沈阳供电公司
17	辽宁	电网企业	大连供电公司
18	浙江	电网企业	宁波电业局
19	浙江	电网企业	萧山供电局
20	山东	电网企业	莱芜供电公司
21	湖北	电网企业	孝感供电公司
22	湖北	电网企业	襄樊供电公司
23	湖北	电网企业	随州供电公司
24	四川	电网企业	绵阳供电局
25	陕西	电网企业	西安供电局
26	陕西	电网企业	铜川供电局

二、节能情况

（一）供电标准煤耗

1. 全国标准煤耗情况

2009 年，全国 6000kW 及以上火电机组供电标准煤耗 340g/kWh，比上年降低 5g/kWh，相当于节约标准煤约 1400 万 t，相应减排二氧化硫约 30 万 t❶。1978～2009 年我国火电机组平均供电标准煤耗变化情况见图 4。

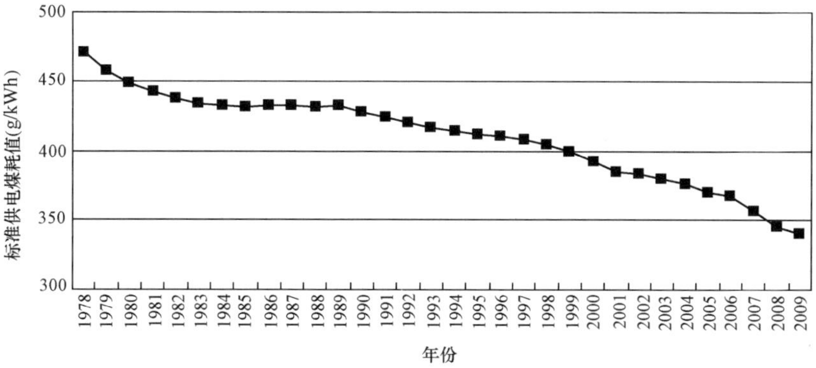

图 4　1978～2009 年火电机组平均供电标准煤耗变化情况

专栏 1-1　2009 年主要大型发电集团公司供电煤耗

序号	发电公司名称	火电装机容量（万kW）	火电发电量（亿kWh）	供电煤耗（g/kWh）
1	中国华能集团公司	9309	3924	327.7
2	中国大唐集团公司	8222	3397	328.41
3	中国国电集团公司	7025	3307	331.8
4	中国华电集团公司	6239	2733	331.68
5	中国电力投资集团公司	4331	2074	343.23
6	神华国华电力有限公司	2591	1186	321
7	华润电力控股有限公司	1890	948	334
8	浙江省能源集团有限公司	1775	879	328.5
9	广东粤电集团有限公司	1755	947	338.18
10	国投电力公司	1196	484	332.37

注　1. 按 2009 年发电公司火电装机容量排序；
　　2. 数据资料来源于发电集团公司报送。

2. 专项督查企业标准煤耗情况

专项督查的 302 台机组，2009 年平均供电煤耗为 328g/kWh，比全国平均值低 12g/kWh。其中，209 台、10 221.5 万 kW 容量机组供电煤耗值低于全国平均值；93 台、2526.5 万 kW 机组供电煤耗值高于全国平均煤耗值。专项督查机组 2009 年供电煤耗总体情况见图 5。

专项督查机组 2009 年分省平均煤耗情况见表 2。

表 2　2009 年专项督查机组分省平均供电煤耗情况一览表　g/kWh

省份	专项督查机组平均供电煤耗	各省（区）平均值	与各省（区）平均水平比较
河北	330	345	−15
辽宁	334	347	−13
上海	316	323	−7
浙江	318	324	−6
安徽	320	326	−6
山东	330	350	−20
湖北	327	339	−12
四川	338	367	−29
贵州	340	346	−6
陕西	336	344	−8
平均	328	340（全国平均）	−12

❶ 中电联测算。

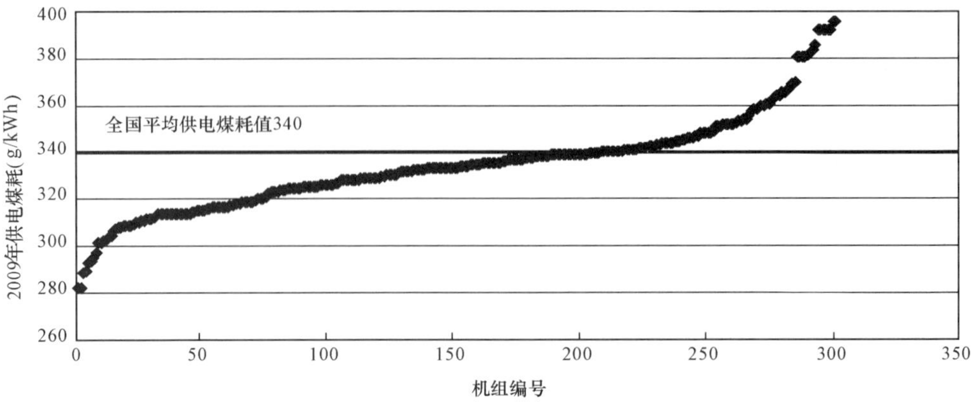

图5 专项督查机组2009年供电煤耗总体情况

专项督查机组中，单机容量10万kW等级机组平均供电煤耗371g/kWh，20万kW等级机组平均供电煤耗365g/kWh，30万kW等级机组平均供电煤耗335g/kWh，60万kW等级机组平均供电煤耗321 g/kWh，100万kW等级机组平均供电煤耗287g/kWh。专项督查机组分容量等级供电煤耗情况见图6，按2009年供电煤耗由低到高排序，各容量等级前5名专项督查机组见表3～表7，各容量等级后5名专项督查机组见表8～表11。

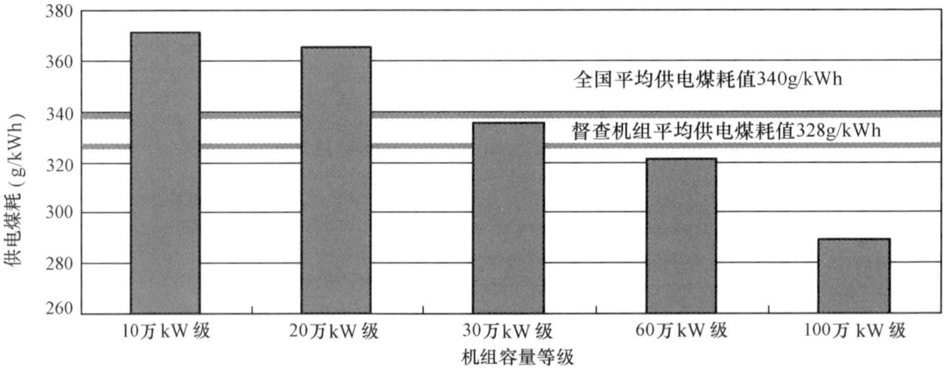

图6 专项督查机组不同容量等级供电煤耗情况

表3 10万kW级机组按2009年供电煤耗由低到高排序前5名专项督查机组一览表

序号	省 份	电厂名称	机组编号	机组容量（万kW）	2009年供电煤耗（g/kWh）
1	上海	宝钢电厂	0	15	335.2
2	浙江	台州发电厂	1	13.5	351.2
3	浙江	台州发电厂	6	13.5	354.0
4	浙江	杭州华电半山发电有限公司	4	13.5	359.8
5	浙江	萧山发电厂	1、2	2×13	360.7

表4 20万kW级机组按2009年供电煤耗由低到高排序前5名专项督查机组一览表

序号	省 份	电厂名称	机组编号	机组容量（万kW）	2009年供电煤耗（g/kWh）
1	河北	秦皇岛发电有限责任公司	2	21.5	329.0
2	河北	秦皇岛发电有限责任公司	1	21.5	339.0
3	河北	大唐国际陡河发电厂	3	25	340.2
4	河北	大唐国际陡河发电厂	4	25	346.3
5	河北	大唐国际陡河发电厂	8	20	351.8

表 5　30 万 kW 级机组按 2009 年供电煤耗由低到高排序前 5 名专项督查机组一览表

序号	省 份	电厂名称	机组编号	机组容量（万 kW）	2009 年供电煤耗（g/kWh）
1	辽宁	华能大连电厂	4	35	306.9
2	湖北	湖北华电襄樊发电有限公司	5	30	312.6
3	湖北	湖北华电襄樊发电有限公司	6	30	315.4
4	陕西	陕西宝鸡第二发电有限责任公司	4	30	316.1
5	河北	秦皇岛发电有限责任公司	4	32	317.0

表 6　60 万 kW 级机组按 2009 年供电煤耗由低到高排序前 5 名专项督查机组一览表

序号	省 份	电厂名称	机组编号	机组容量（万 kW）	2009 年供电煤耗（g/kWh）
1	上海	上海外高桥第二发电有限责任公司	6	90	301.8
2	上海	华能上海石洞口第二发电厂	2	60	301.9
3	山东	大唐黄岛发电责任公司	6	67	302.5
4	山东	华电潍坊发电有限公司	4	67	302.9
5	上海	上海外高桥第二发电有限责任公司	5	90	303.8

表 7　100 万 kW 级机组按 2009 年供电煤耗由低到高排序前 5 名专项督查机组一览表

序号	省 份	电厂名称	机组编号	机组容量（万 kW）	2009 年供电煤耗（g/kWh）
1	上海	上海外高桥第三发电有限责任公司	8	100	281.9
2	上海	上海外高桥第三发电有限责任公司	7	100	282.5
3	浙江	华能玉环电厂	2	100	288.4
4	浙江	国电北仑电厂	6	100	289.2
5	浙江	华能玉环电厂	1	100	293.0

表 8　10 万 kW 级机组按 2009 年供电煤耗由低到高排序后 5 名专项督查机组一览表

序号	省 份	电厂名称	机组编号	机组容量（万 kW）	2009 年供电煤耗（g/kWh）
1	山东	山东菏泽发电厂	1	12.5	385.5
2	山东	山东菏泽发电厂	2	12.5	383.3
3	贵州	黔北发电总厂	金沙 1	12.5	380.3
			金沙 2		
			金沙 3		
			金沙 4		
4	山东	华能济宁运河发电有限公司	4	14.5	370.0
5	山东	华能济宁运河发电有限公司	3	14.5	369.0

表 9　20 万 kW 级机组按 2009 年供电煤耗由低到高排序后 5 名专项督查机组一览表

序号	省 份	电厂名称	机组编号	机组容量（万 kW）	2009 年供电煤耗（g/kWh）
1	四川	华电四川发电有限公司内江发电厂	21、22	2×21	395.6
2	辽宁	华润电力（锦州）有限公司	1～6	6×20	392.1
3	山东	大唐黄岛发电责任公司	3	22.5	366.1
4	湖北	荆门电厂	4	22	364.0
			5	22	364.0
5	山东	大唐黄岛发电责任公司	4	22.5	363.5

表 10　30 万 kW 级机组按 2009 年供电煤耗由低到高排序后 5 名专项督查机组一览表

序号	省 份	电厂名称	机组编号	机组容量（万 kW）	2009 年供电煤耗（g/kWh）
1	陕西	陕西华电蒲城发电有限责任公司	1	33	365.8
2	陕西	渭河发电有限公司	4	30	360.0
3	陕西	渭河发电有限公司	3	30	358.0
4	贵州	纳雍发电总厂（一厂）	1	30	353.6
5	贵州	贵州鸭溪发电有限公司	2	30	351.5

表 11　60 万 kW 级机组按 2009 年供电煤耗由低到高排序后 5 名专项督查机组一览表

序号	省 份	电厂名称	机组编号	机组容量（万 kW）	2009 年供电煤耗（g/kWh）	备注
1	陕西	陕西华电蒲城发电公司	5	66	343.7	空冷
2	陕西	陕西华电蒲城发电公司	6	66	341.2	空冷
3	陕西	府谷电厂	1	60	341.0	空冷
			2			
4	河北	国电河北龙山发电公司	1	60	340.3	空冷
5	陕西	大唐韩城第二发电公司	4	60	340.1	空冷

（二）发电厂用电率

1. 全国发电厂用电率情况

2009年，全国发电厂用电率5.76%，比2008年下降0.14个百分点。其中，水电0.4%，比2008年上升0.04个百分点；火电6.62%，比2008年下降0.17个百分点。

1978～2009年全国厂用电率变化情况见图7。

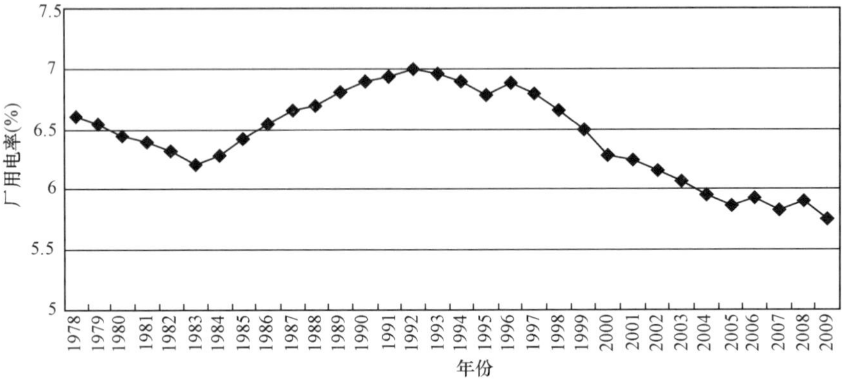

图7 1978～2009年发电厂厂用电率变化情况

2. 专项督查企业厂用电率情况

专项督查的302台机组，2009年平均厂用电率5.72%，比2009年全国火电厂用电率低0.9个百分点（2009年全国火电厂用电率为6.62%）。其中，74台2158.5万kW容量机组厂用电率高于全国平均值；227台10 554.5万kW容量机组厂用电率低于全国平均值；1台35万kW容量机组等于全国平均值。专项督查机组2009年火电厂用电率总体情况见图8。

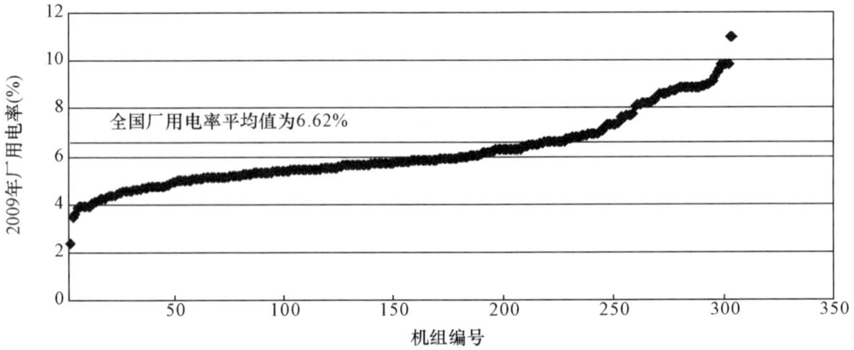

图8 专项督查机组2009年火电厂用电率总体情况

按2009年厂用电率由低到高排序，前10名专项督查机组见表12，后10名专项督查机组见表13。

表12 按2009年厂用电率由低到高排序前10名专项督查机组一览表

序号	省份	电厂名称	机组编号	机组容量（万kW）	2009年厂用电率（%）
1	上海	宝钢电厂	0	15	2.36
2	上海	宝钢电厂	4	35	3.45
3	上海	华能上海石洞口第二发电厂	2	60	3.59
4	辽宁	华能大连电厂	2	35	3.87
5	河北	邯峰发电厂	1	66	3.89
	河北	邯峰发电厂	2	66	3.89
6	辽宁	华能大连电厂	4	35	3.91
7	辽宁	华能大连电厂	1	35	3.92
	上海	华能上海石洞口第二发电厂	1	60	3.92
8	上海	上海外高桥第二发电有限责任公司	6	90	3.93
9	浙江	国电北仑电厂	7	100	4.03
10	浙江	国电北仑电厂	6	100	4.08

表 13　按 2009 年厂用电率由低到高排序后 10 名专项督查机组一览表

序号	省份	电厂名称	机组编号	机组容量（万 kW）	2009 年厂用电率（%）
1	四川	华电四川发电有限公司内江发电厂	21、22	2×21	10.95
2	贵州	黔北发电总厂	金沙 1	12.5	9.83
			金沙 2	12.5	9.83
			金沙 3	12.5	9.83
			金沙 4	12.5	9.83
3	陕西	蒲电电厂	3	33	9.49
4	河北	国华定洲发电厂	3	66	9.32
5	陕西	蒲电电厂	4	33	9.13
6	陕西	蒲电电厂	6	66	9.04
7	山东	华能济宁运河发电有限公司	3	14.5	8.99
8	山东	山东菏泽发电厂	1	12.5	8.97
9	山东	华能济宁运河发电有限公司	4	14.5	8.94
10	山东	华能济宁运河发电有限公司	2	14.5	8.87

专项督查机组 2009 年分省平均火电厂用电率情况见表 14 和图 9。

表 14　2009 年专项督查机组分省平均火电厂用电率情况一览表

省份	专项督查机组平均厂用电率（%）	各省（区）平均值（%）	与各省（区）平均水平比较（百分点）
河北	5.87	6.92	−1.05
辽宁	5.58	6.94	−1.36
上海	4.74	5.22	−0.48
浙江	5.17	5.66	−0.49
安徽	5.31	5.59	−0.28
山东	5.76	7.43	−1.67
湖北	5.53	6.21	−0.68
四川	6.30	7.92	−1.62
贵州	6.45	6.68	−0.23
陕西	6.80	7.24	−0.44
平均	5.72	6.62（全国平均）	−0.90

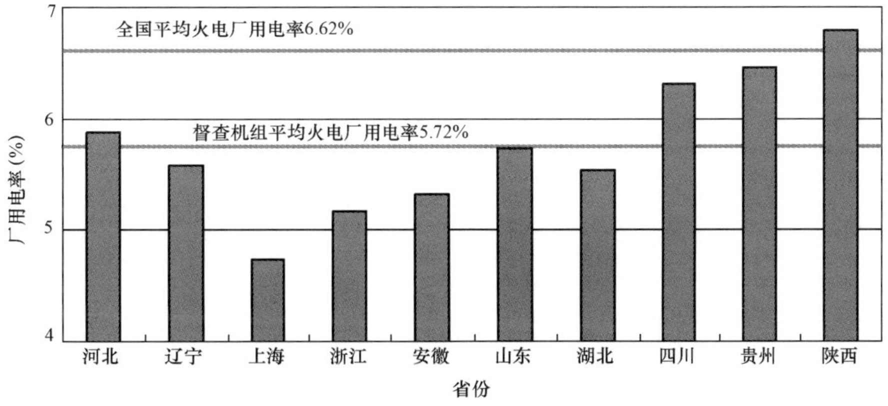

图 9　专项督查机组分省平均火电厂用电率情况

（三）线损率

1. 全国线损率情况

2009 年，全国电网线路损失率为 6.72%，比 2008 年下降 0.07 个百分点。

1978～2009 年全国电网线路损失率变化情况见图 10。

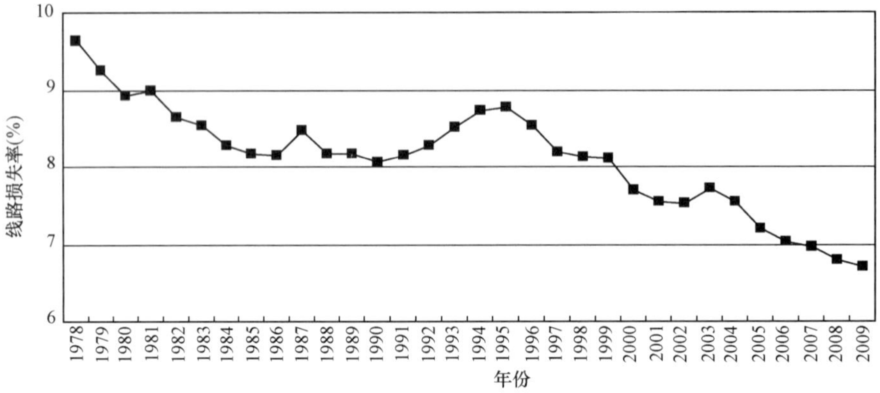

图 10　1978～2009 年电网线路损失率变化情况

2. 专项督查企业线损率情况

2009 年，华中电网公司综合线损率 6.44%，同比下降 0.14 个百分点，比全国平均水平（6.72%）低 0.28 个百分点；东北电网公司综合线损率 7.38%，同比上升 0.72 个百分点，比全国平均水平高 0.66 个百分点；西北电网公司综合线损率 5.99%，同比增加 0.11 个百分点，比全国平均水平低 0.45 个百分点；华东电网公司综合线损率 4.96%，同比下降 0.13 个百分点，比全国平均水平低 1.76 个百分点。受售电结构、网架结构、负荷分布的影响，各地区综合线损率客观上存在一定差异。

专项督查电网企业 2009 年综合线损率见表 15。

表 15　专项督查电网企业 2009 年综合线损率一览表

类别	公司名称	2009 年综合线损率（%）	同比变化（百分点）	与全国平均水平相比（百分点）
区域电网企业	华中电网公司	6.44	−0.14	−0.28
	东北电网公司	7.38	+0.72	+0.66
	西北电网公司	5.99	+0.11	−0.45
	华东电网公司	4.96	−0.13	−1.76
省级电网企业	湖北省电力公司	6.25	−0.08	−0.47
	辽宁省电力公司	7.4	+1.57	+0.68
	山东省电力集团	5.08	+0.1	−1.64
	安徽省电网公司	5.99	−0.05	−0.73
	陕西省电力公司	6.9	+0.55	+0.18
	河北省电力公司	5.6	+0.11	−1.12
	贵州电网公司	5.7	−0.2	−1.02
	四川省电力公司	7.9	−0.1	+1.18
	浙江省电力公司	2.55	−0.04	−4.17
	上海市电力公司	6.05	0	−0.67
地区供电公司	孝感市供电公司	6.79	+0.25	+0.07
	襄樊市供电公司	7.24	+0.51	+0.52
	随州供电公司	8.4	−0.12	+1.68
	沈阳供电公司	8.12	+0.69	+1.93
	大连供电公司	6.96	−0.49	−0.45
	莱芜供电公司	2.93	+0.1	−3.79
	西安供电局	6.83	+0.8	+0.11
	铜川供电局	2.64	−0.17	−4.08
	石家庄供电公司	6.4	+0.39	−0.32
	绵阳供电局	6.64	−1.18	+0.2
	宁波电业局	1.50	−0.05	−5.22
	萧山供电局	4.01	−0.48	−2.71

三、二氧化硫排放及减排情况

（一）全国情况

2009年，电力行业进一步加大现役火电机组的脱硫改造力度，新建燃煤机组全部配套建设脱硫装置，同时通过充分发挥工程减排、结构减排、管理减排的综合减排作用，电力二氧化硫排放量继续下降。2009年全国电力二氧化硫排放量约939.3万t，比2005年下降了29.3%，提前一年达到“十一五”末电力二氧化硫排放951.7万t的目标；全国电力二氧化硫排放量占全国二氧化硫排放量的比例由2005年的51.0%下降到42.4%，减少8.6个百分点；火电二氧化硫排放绩效值由2005年的6.4g/kWh下降到3.1g/kWh，减少3.3g/kWh。2006～2009年，电力二氧化硫排放量共下降388.7万t，为全国二氧化硫总量减排作出了重要贡献。

截至2009年底，全国燃煤电厂烟气脱硫机组容量4.7亿kW，比2008年增长29.5%；烟气脱硫机组占煤电机组的比例约为76%，比2008年增加12个百分点。2005～2009年全国燃煤电厂烟气脱硫机组发展情况见图11。

2009年，全国31个省（区、市）和新疆生产建设兵团都较好地完成了减排计划确定的工作任务，二氧化硫排放量实现了2009年减排目标；华能、大唐、华电、国电、中电投五大电力集团公司和国家电网公司均提前一年完成了“十一五”减排目标。

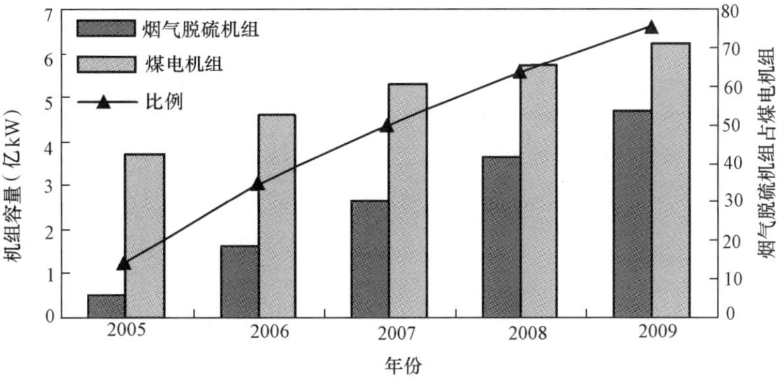

图11　2005～2009年全国燃煤电厂烟气脱硫机组发展情况

专栏1-2　2009年主要大型发电集团公司二氧化硫排放一览表

序号	发电公司名称	火电装机容量（万kW）	火电发电量（亿kWh）	二氧化硫排放量（万t）
1	中国华能集团公司	9309	3924	91.5
2	中国大唐集团公司	8222	3397	92.2
3	中国国电集团公司	7025	3307	98.0
4	中国华电集团公司	6239	2733	89.0
5	中国电力投资集团公司	4331	2074	76.9

注　1. 按2009年发电公司火电装机容量排序；
2. 五大电力集团公司数据来源于环境保护部公告。

（二）专项督查情况

1. 二氧化硫达标排放情况

专项督查机组2009年二氧化硫平均排放达标率超过98%。其中，219台机组二氧化硫排放达标率100%，28台机组二氧化硫排放达标率在99%～100%，43台机组二氧化硫排放达标率在90%～99%，14台机组二氧化硫排放达标率低于90%。

2. 脱硫装置运行率情况

专项督查机组2009年脱硫装置运行率基本都在90%以上。其中，229台机组脱硫装置运行率达到95%及以上，占被专项督查机组总数的75%。

3. 脱硫设施建设情况

专项督查机组中，在建或投运烟气脱硫装置的机组占98%以上，其中，98%采用石灰石－石膏湿法脱硫工艺技术。

4. 脱硫副产品综合利用情况

完整填报2009年脱硫石膏综合利用表的电厂共计67家，脱硫机组容量11 256万kW，占专项督查电厂总装机容量的88.12%，脱硫石膏平均综合利用率为69%，比全国平均水平高13个百分点（2009年全国烟气脱硫石膏综合利用率为56%）。部分专项督查电厂按集团公司划分脱硫石膏综合利用率情况见表16，专项督查电厂按省（区）划分脱硫石膏综合利用情况见图12。

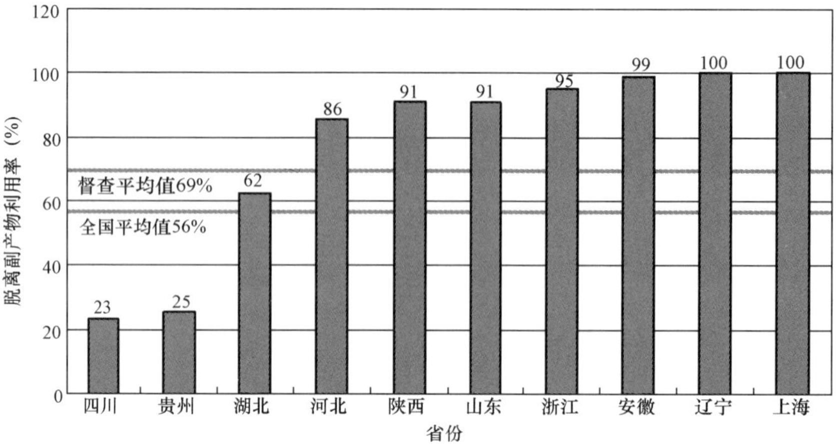

图12 专项督查电厂分省（区）脱硫石膏综合利用率情况

表16 部分专项督查电厂脱硫石膏综合利用率一览表（按集团公司列出）

集团名称	综合利用率（%）	专项督查电厂所在省区
华能集团	97	山东、河北、上海、湖北、浙江、陕西、辽宁
大唐集团	71	河北、山东、陕西、贵州
华电集团	60	四川、山东、贵州、陕西、湖北、辽宁、浙江
国电集团	69	山东、贵州、四川、湖北、浙江、河北、陕西、辽宁
中电投集团	20	贵州、湖北
神华集团	92	河北、陕西、辽宁
粤电集团	13	贵州
浙能集团	100	浙江

第二部分 电力节能减排的主要措施

一、政府推动，政策引导

（一）继续强化节能减排目标责任考核

国务院有关部门对省级政府2009年度节能减排目标完成情况和措施落实情况进行了评价考核，并向社会公布了2009年度各省（区、市）和五大电力集团主要污染物总量减排考核结果，对6家电厂责令限期整改，并进行处罚。按照国务院要求，各地区节能减排考核结果将作为地方党政领导班子和领导干部综合评价考核的重要依据。

（二）加大淘汰小火电机组工作力度

2009年，全国全年关停小火电机组2617万kW，超额完成全年关停1500万kW小火电机组的目标。“十一五”前四年，全国累计关停小火电机组6006万kW，提前并超额完成“十一五”关停小火电机组5000万kW的目标。小火电机组关停工作取得可喜的成绩，主要因为：一是国务院高度重视。2007年，政府工作报告明确提出“十一五”小火电机组关停目标。在此后的几年中，国务院领导一直高度重视电力行业淘汰落后产能工作，多次就有关问题作出重要批示，为关停工作指明了方向。二是政策切实可行。国务院《关于加快关停小火电机组若干意见的通知》（国发［2007］2号）以及相关配套政策，对淘汰小火电工作的主要原则、职责分工、激励办法、保障措施等作出了明确的规定。这些政策既体现市场原则，又发挥行政作用，将经济效益与社会效益、当前利益与长远利益、淘汰落后与优化发展有机结合，符合电力行业实际，具有较强的操作性，为关停工作顺利进行奠定了良好的政策基础。三是目标责任明确。按照国务院的要求，2007年国家发改委与30个省（区、市）政府和主要电力企业签订责任书，将“十一五”关停任务进行具体分解。同时，明确了国务院有关部门、地方政府和企业的责任以及相关工作程序，为有效解决关停中遇到的各种矛盾和问题发挥了重要作用。四是监督检查到位。国家能源局累计派出400多人·次，对关停小机组逐台进行现场核验、拍照和摄像，并与相关方签署了关停确认书。同时，还及时通过各类媒体发布关停机组名单、相关政策和工作动态，接受社会监督，有力地促进了小机组关停。

专栏2-1 我国火电装机结构得到进一步优化

截至2009年底，全国火电平均单机容量10.31万kW，30万kW及以上机组已成为我国火力发电的主力型机组，占火电总装机总容量的69%。其中，60万kW及以上火电机组共344台、21 916万kW，占火电总装机容量的34%；30万kW级机组共计706台、22 614万kW，占火电总装机容量的35%。中国百万千瓦超超临界机组达到21台，另有14台在建，已投入运行及在建百万千瓦超超临界机组台数均为世界首位。

2009年，全年新增火电机组6586万kW。新投产单机容量30万kW及以上火电机组126台、5968万kW，约占全部新投产火电机组容量的91%，其中，新投产单机容量60万kW及以上火电机组50台、3550万kW，占新投产火电机组容量的54%。

（三）积极开展发电权交易，促进清洁能源发电

目前，在国家有关政策的指导下，全国大部分省（区、市）都开展了发电权交易，首次实现发电权跨省交易。2009年，全国累计完成发电权交易电量约1450亿kWh，实现节约标煤约1250万t，减少二氧化硫排放30余万t。针对水电比重较大的区域或省份，探索利用市场机制发挥水火互济作用，充分利用水能资源，优化资源配置。

专栏2-2　利用市场手段，建立水电减弃增发交易机制

针对华中区域汛期水电多，来水集中，变化快等特点，2009年5月华中电监局制定了《华中区域水电减弃增发应急交易暂行办法》，目的在于，处于水电主汛期或非汛期但面临弃水时，区域内一个或几个省的水电无法全部在本省内消化，需将富余水电纳入区域内其他省份消纳时，启动水电应急交易机制。该办法实施后，湖南、重庆没有发生弃水电量，四川的水电也一直按照最大外送通道能力进行发电。2009年依据该办法消纳湖南富余水电2.71亿kWh；消纳重庆富余水电1.95亿kWh；消纳四川外送富余水电20.93亿kWh。相当于节约标准煤87万t，减少二氧化硫排放4.87万t，实现多方共赢和良好的社会效益。

（四）推进节能发电调度的开展

为贯彻落实国家节能发电调度政策，维护电力系统安全稳定运行，促进节能发电调度试点工作，国家电监会、国家发展改革委、国家能源局联合印发了《关于节能发电调度试点经济补偿有关问题的通知》（电监价财［2009］47号），推动节能发电调度经济补偿办法的出台。并在贵州、河南、广东、四川、江苏五省启动试点工作。两年来，节能发电调度试点工作进展顺利。按照全国节能发电调度试点工作领导小组的统一部署，五省政府均把开展节能发电调度作为完成本地区节能减排任务的重要举措。各省均成立了由政府主管领导担任组长的试点工作领导小组，并下设办公室，负责统筹协调试点工作有关事宜，为试点工作顺利进行提供了组织保障。

2009年，全国各试点省份累计节约标煤量413.8万t，累计减少二氧化硫排放9.01万t，节能减排成效明显。

（五）完善相关经济政策

（1）因地制宜，调整电价水平，促进节能减排。2009年11月，为疏导电价矛盾，完善电价结构，促进可再生能源发展，国家对包括脱硫电价、可再生能源电价在内的电价水平进行了适当调整。在原脱硫加价标准上，根据煤炭含硫率不同，黑龙江、吉林、内蒙古东部脱硫加价标准每千瓦时下调0.002元；重庆和贵州脱硫加价标准每千瓦时分别上调0.005元和0.002元。将可再生能源电价附加标准提高至0.004元/kWh，以促进可再生能源发展，弥补可再生能源电价补贴资金缺口。

（2）积极推进可再生能源发电。国家电监会配合国家发展改革委制定可再生能源电价附加与配额交易方案，与国家发展改革委共同制定并发布了2008年7～12月和2009年1～6月可再生能源电价附加补贴和配额交易方案。除此之外，国家电监会积极落实可再生能源全额收购和电价政策，协调解决可再生能源上网中存在的其他问题。

（六）加大重点节能技术推广力度

为贯彻落实《中华人民共和国节约能源法》、《国务院关于加强节能工作的决定》和《国务院关于印发节能减排综合性工作方案的通知》，国家发展和改革委员会组织编制并公布了《国家重点节能技术推广目录》（第二批），以加快重点节能技术的推广普及，引导用能单位采用先进的节能新工艺、新技术和新设备，提高能源利用效率。

（七）加强节能减排监管

（1）充分发挥厂网联席会议作用，降低电力生产能耗。厂网分开后，为构建和谐厂网关系，维护电力系统安全、优质、经济运行，电力监管机构建立了网厂联系会议制度。近年来，为应对国际金融危机对电力行业的影响，应对全球气候变化，电力监管机构会同有关部门，通过厂网联系会议充分反映电力企业节能减排诉求，提高电力调度运行水平，促进电力资源优化配置与利用。

专栏2-3　提高火电机组负荷率，促进电力资源优化配置

2009年第一次浙江电力厂网联席会议上，经杭州电监办协调，厂网达成一致意见，决定开展燃煤机

组有序调停工作。会后，杭州电监办以会议纪要文件形式第一次正式确定浙江省建立燃煤机组有序调停制度，并要求浙江省电力调度通信中心制定有序调停计划。根据厂网联席会议纪要要求，2009 年 3 月浙江省电力调度通信中心制定了《浙江电网有序调停燃煤机组实施办法（试行）》。2009 年 2 月 1 日～6 月 30 日，全省 18 家统调电厂共有序调停机组 82 台・次，日均调停容量 283.2 万 kW；全省 10 万 kW 以上统调公用燃煤机组发电负荷率提高了 8.6%，单位发电煤耗降低约 6g/kWh。全年合计节约标煤约 43 万 t（不含发电计划转移节能），折合二氧化硫减排 0.96 万 t（计脱硫后减排 0.14 万 t），直接经济收益逾两亿元，取得了良好的经济和社会效益。

2009 年西北电监局与西北区域各省（区）地方政府积极协调，通过西北区域网厂联系会议，听取电力企业有关节能减排的意见和建议，了解发电机组负荷率水平，电网通道情况和问题，布置有关节能减排工作，制定有关方案，鼓励扩大火电机组发电权交易，鼓励高效、低能耗、低排放大机组代替高能耗、高排放小机组发电，鼓励水火互济，确保水电机组大发满发，避免非正常弃水，最大限度消纳黄河上游来水，实现西北区域内资源优化配置以及向华中区域送电。

（2）加强二氧化硫治理后续监管。根据国务院对节能减排工作的总体要求，国家电监会加强电力业务许可管理，对持有发电类电力业务许可证的电厂加强了二氧化硫治理后续监管。在发电类电力业务许可证标注治理时限以及持有《限期临时运营证明》的 277 家发电企业中，193 家已经完成二氧化硫治理，28 家相关机组已经关停，对 25 家尚未到达治理时限的企业督促其加快治理进度，对 31 家已经到达治理时限但尚未完成治理的企业提出处理建议，责令整改。

（3）加强燃煤机组脱硫设施监管。国家电监会、国家发展改革委、国家能源局、环保部加强对燃煤机组脱硫设施投运情况的监督检查，继续开展燃煤机组脱硫设施监管，推动燃煤发电机组污染物排放实时在线监测系统建设，加大扣减脱硫电价处罚力度，督促火电企业提高脱硫设施运行维护水平，脱硫设施的投运率和脱硫效率进一步提高。

专栏 2-4 燃煤机组脱硫设施监管成效明显

贵阳电监办会同贵州省有关部门下发《贵州省〈燃煤发电机组脱硫电价及脱硫设施运行管理办法〉实施细则》等文件，督促贵州全网建成脱硫设施火电机组接入中调主站 56 台（17 家厂），装机容量 15 940MW，脱硫设施监测完成率 100%。2009 年贵州全网监测的脱硫机组共产生二氧化硫 122 万 t，脱除二氧化硫 115.7 万 t，全网平均脱硫率达 94.84%。

南京电监办加强对发电企业脱硫监控系统运行状况的监督检查。江苏省发电机组脱硫总体呈现“三高一低”的特点，即覆盖面高、投运率高、脱硫效率高、排放浓度低。全省脱硫在线监控燃煤统调机组容量达到 110 台、3904.4 万 kW，比 2007 年分别增加 22 台机组和 1088 万 kW。

（4）积极发布节能减排监管信息。根据国务院节能减排工作要求，在总结电力企业节能减排工作开展情况及取得成效和存在问题的基础上，国家电监会、国家发展改革委、国家能源局、环保部连续两年联合向社会发布了电力企业节能减排情况通报，有效促进了电力企业节能减排工作。

二、企业行动，成效显著

（一）积极开展技术改造，实现节能减排

一是发电企业开展通流系统改造，机组热耗大幅降低，煤耗水平下降明显。如，张家口电厂近两年相继完成 2、4 号机组汽轮机通流部分改造，供电煤耗可降低 15g/kWh 以上。二是开展锅炉改造，提高锅炉效率。如，王滩发电厂利用机组小修，完成了 1、2 号锅炉邻炉底部蒸汽加热改造，缩短了机组启动时间，实现了冷态启动无油点火。三是开展高压电机变频改造。浙能嘉华电厂、国电北仑电厂、华能玉环电厂、浙能兰溪电厂、浙能乐清电厂、大唐乌沙山电厂、台州发电厂等均开展了凝泵改变频工作，大大降低了凝结水泵的运行电流。仅此一项，华能玉环电厂每年即可降低厂用电率 0.1%。四是开展微油点火改造，节油成效明显。五是开展机组冷却塔改造，降低水耗。六是针对燃煤变化和脱硫系统运行中存在的问题，开展脱硫技术改造，提高脱硫系统对煤种的适应性，提高脱硫系统的运行稳定性和可靠性。七是电网公司积极开展技术改造，提高电网输送能力。

（二）加强管理，提高节能水平和环保设施运行可靠性

多数电厂能够做到建立健全节能减排领导机构和三级监督网络，完善管理制度和技术规程，通过加强节能管理和运行管理，开展同业对标，狠抓设备治理，进一步提高了机组的经济性和可靠性。采取的主要措施包括：建立节能减排组织体系，完善相关管理制度，落实节能减排责任；开展定期分析，加强节能减排工作的精细化管理；加强运行管理，提升机组经济运行水平；努力挖掘设备潜力，提高设备能效等。如，德州电厂近年来大力开展节能减排宣传教育，定期开展节能减排合理化建议活动、缺陷消除专项治理

活动等，以节能监督日汇报及节能减排周通报等形式，强化节能减排计划措施的落实并开展相关考核，增强企业员工节能减排意识，提高节能减排措施执行力。2009年，德州电厂组织运行、检修、策划部门有关专工，深入开展节能诊断分析工作，针对发现的问题提出整改措施，取得阶段性成果。

（三）优化运行方式，降低生产能耗

主要是通过优化机组启停、循环水泵、脱硫设备、制粉系统、除灰系统的运行方式来降低能耗。如，华能玉环电厂和大唐乌沙山电厂实现了机组全过程启停不使用电泵，机组启动采用单侧风机运行，节电效果明显；华能玉环电厂、大唐乌沙山电厂、浙能兰溪电厂均根据不同季节、不同环境和温度优化循环水泵运行方式，有效降低了厂用电率；华能玉环电厂优化脱硫设备运行方式，使脱硫厂用电率下降0.08%；浙能兰溪电厂优化磨煤机低负荷运行方式，年节电1008万kWh；大唐乌沙山电厂优化除灰系统运行方式，使输灰单耗降低0.3kWh/t。

（四）引入市场机制，创新减排工程管理模式

火电厂烟气脱硫引入特许经营模式，对于提高脱硫工程质量和设施投运率，加快烟气脱硫技术进步，实现烟气脱硫产业又好又快发展有着重要意义。截至2009年底，火电厂烟气脱硫特许经营试点项目共有20个（53台机组，2328.5万kW），其中9个项目（30台机组，1386.5万kW）已按特许经营方式运行。

专栏2-5 专业化与市场化相结合，有效促进二氧化硫减排

本次专项督查的湖北省五家发电企业都不同程度地加大了资金投入，加大技术研发力度，努力寻求更经济、更有效地减排方法。大别山电厂采取了BOOM运作模式，其脱硫设施全部由专业环保公司投资、建设、拥有、运营、维护并承担相应的环保责任，脱硫电价收益由专业环保公司获取。这种运行模式下，电厂转换了角色，成为厂内监督方，对脱硫设施的运营方及运营效果进行监督和考核，督促运营方不断加强脱硫设施的管理，以有效促进二氧化硫减排。

（五）优化调度，提高能源利用效率

电网企业有序开展节能发电调度试点工作，建立起以政府为主导，监管部门、电网企业、发电企业共同参与的节能发电调度协作体系，做好水火电联合优化调度，确保最大限度利用水能资源，减少燃煤消耗，降低污染物排放。2009年，国家电网公司统调水电厂节水增发电量约120亿kWh，南方电网公司统调水电厂节水增发电量约28亿kWh，相当于节约标准煤约500万t❶。

专栏2-6 加强并网，积极促进可再生能源发电

国家电网公司克服风电间歇性和反调峰特性给电网带来的困难，在确保电网安全运行的条件下，2009年，国家电网公司经营范围内风电并网运行装机容量已达1243.8万kW，增长近90%，并网电量约195亿kWh，增长近93%。

（六）进一步加强需求侧管理，推进节能服务

电网企业充分发挥电力需求侧管理系统作用，针对负荷实行动态管理，推动差别电价，实现错峰调节作用，保证重要客户、重点地区的电力有序供应。

专栏2-7 积极探索建设需求侧管理机制，促进社会节能

2009年，国家电网公司不断完善有序用电工作的常态化机制，编制了《国家电网公司有序用电方案》，落实可压限工业用电负荷6973万kW，为保证电网安全、高效运行、保证重要用户与居民生活用电奠定了基础；大力开展热泵等节能技术和蓄能等移峰填谷技术的推广，建设热泵项目771个，新增供热（冷）面积1961万m^2；推广电蓄热（冷）空调项目501个，新增电力蓄能容量326万kW；实施电采暖、农业电力灌溉、陶瓷窑炉电加热和金属电热处理等能源替代技术项目6872个，新增容量215万kW；推广绿色照明、高效电动机、无功补偿设备、节能变压器等节能环保技术项目累计节电31.3亿kWh，累计节约标煤107万t。

专栏2-8 节能服务“绿色行动”

2009年，南方电网公司进一步做实“绿色行动”，积极推广合同能源管理方式，稳步推进节能服务工作。其中，广东电网公司初步建成合同能源管理项目115个，云南电网公司积极向省政府争取电力需求侧管理专项资金，并滚动使用投资回报，持续推动节能服务工作；南方电网公司系统大力开展节电示范项目建设工作，截至2009年底，已建成地方政府认可的示范项目67个。南方电网公司开展绿色行动以来，已累计开展节能诊断2.6万次，提供合理化建议11万条，建成地方政府认可的示范项目67个，节约电量约24亿kWh，客户节能工作机制和方法不断成熟。

❶ 按照当年全国平均供电煤耗水平计算。

第三部分 评 述

一、取得的成绩

2009年是实现“十一五”节能减排目标具有决定性意义的一年，党中央、国务院及政府各有关部门继续将节能减排作为调整经济结构、转变发展方式的重要抓手，进一步加大节能减排工作力度，全面落实各项节能减排政策措施，有力地促进了电力企业节能减排工作；电力企业克服金融危机的影响，按照国家统一要求与部署，继续积极推进“上大压小”政策，不断优化电源结构，加强电网建设，加大二氧化硫治理力度，节能减排工作取得显著成效。供电煤耗及单位火电量二氧化硫排放量已接近世界先进水平，提前完成“十一五”节能减排规划目标，为全国节能减排目标的实现作出了重要贡献。

关停小火电机组任务提前完成。2009年，关停小火电机组2617万kW，超额完成全年关停1500万kW小火电机组的目标。“十一五”前四年，全国累计关停小火电机组6006万kW，超额完成国务院确定的“十一五”关停5000万kW目标。据测算，关停6000万kW小火电机组，每年可节约原煤6900万t，减少二氧化硫排放约120万t。2010年，电力行业继续加大淘汰落后产能力度，1月1日～7月15日，共关停小火电机组468台、1071万kW，提前实现2010年三季度前关停1000万kW小火电机组的目标。2006年1月～2010年7月，电力行业已累计关停小火电机组7077万kW，节能减排成效显著。

燃煤机组供电煤耗进入世界先进行列。在2008年提前两年实现“十一五”末供电煤耗目标的基础上，2009年全国6000kW及以上火电厂供电标准煤耗继续下降至340g/kWh，比2008年下降了5g/kWh。“十一五”前四年，供电煤耗累计下降30g/kWh，节能降耗成效显著。

厂用电率和输电线损率逐年下降。电力企业高度重视节能减排工作，通过加强运行管理水平，积极开展技术改造，厂用电率逐年下降。2009年，6000kW及以上电厂厂用电率为5.76%，同比降低0.14个百分点，其中，火电厂用电率6.62%，同比降低0.17个百分点。电网工程建设投资首次超过电源工程建设投资，电网建设规模不断扩大。跨区跨省输电、省级电网主网架和城乡配电网建设统筹推进，资源配置能力明显提升。2009年，全国电网线路损失率继续下降至6.72%。“十一五”前四年，输电线损率累计下降0.32个百分点，节能降耗成效明显。

二氧化硫减排成效显著。全年燃煤电厂新增脱硫机组1.02亿kW，超额完成全年新增5000万kW的任务。截至2009年底，全国燃煤电厂烟气脱硫机组装机容量达到4.7亿kW，占煤电机组总容量的76%，比2009年提高12个百分点。通过充分发挥结构减排、技术减排、管理减排的综合减排作用，2009年电力二氧化硫排放约939.3万t，比2005年下降了29.3%，提前一年完成“十一五”末电力二氧化硫排放951.7万t的目标。2006～2009年，电力行业二氧化硫排放总量共下降388.7万t，为全国二氧化硫总量减排作出了重要贡献。

二、存在的问题

电力行业节能减排工作取得重大进展，但节能减排空间逐渐减小，节能减排形势依然严峻。结合专项督查情况，电力行业节能减排存在的主要问题包括：

（一）节能减排潜力有待进一步挖掘

一是大部分发电企业实际煤耗高于设计值。专项督查机组中实际供电煤耗高于设计值的占70%，最多超出近30g/kWh。主要原因一方面是机组偏离经济工况运行，影响煤耗水平；另一方面是实际燃煤煤质偏离设计煤种，超过设计值1倍甚至数倍的现象时有发生，严重影响发电效率和污染物控制效果。二是部分输电线路输送功率有待进一步提高。三是部分电网公司的线损率比2008年有所增长，节能压力增大。四是关停小火电机组工作任重道远。尽管淘汰小火电机组取得了巨大成绩，但能耗高、污染重的火电装机依然较多。随着关停工作的不断深入，人员安置任务更加繁重、债务处理难度更大，资产关系更加复杂，关停小火电工作仍然任重道远。

（二）电力企业节能减排管理水平有待进一步提高

一是节能减排统计系统有待进一步完善。部分电厂脱硫系统台账不完整，历史记录不完整，物料不平衡。少数电网企业线损统计分析管理信息系统尚未建立，部分电网企业线损率统计不规范。二是节能减排运行管理人员素质参差不齐，经验水平有待加强。三是电力企业节能减排考核和评估机制有待进一步完善。

（三）运用经济手段推动节能减排的作用有待进一步发挥

一是需求侧管理机制有待完善。目前需求侧管理缺乏财政、税务、物价等相关的配套激励政策。二是部分机组脱硫成本超出脱硫电价补偿。由于近年来电厂燃煤质量变化波动大，硫分和灰分增加，再加上煤炭、石灰石等原材料的涨价，电价、水价的上涨，机组利用小时数的下降，对企业脱硫成本影响较大。

（四）脱硫设施运行管理水平仍有待提高

“十一五”前四年，燃煤电厂烟气脱硫装置大规模快速建设，平均年投运容量约1亿kW，开创了世界的先河。在烟气脱硫装置快速建设的同时，也暴露出部分工程设计参数选取不合理，工程质量、设备质量问题突出，运行管理水平不高，脱硫装置建成投运不久即面临技术改造等问题，导致部分发电企业脱硫设施运行不正常，投运率不高，二氧化硫超标排放，在一定程度上影响了二氧化硫控制水平。如，山西忻州广宇煤电有限公司、广西方元电力股份有限公司来宾电厂、广西来宾法资发电有限公司、广西柳州发电有限责任公司、四川嘉陵电力有限公司、宜宾天原集团股份有限公司等6家电厂存在脱硫设施运行不正常或烟气在线监测数据作假问题。专项督查中发现部分企业自备电厂未同步安装脱硫装置或脱硫装置尚未验收，但其发电利用小时数却明显高于公用电厂利用小时数。

（五）烟气排放连续监测系统作用有待进一步发挥

从烟气排放连续监测系统（CEMS）建设情况看，全国燃煤电厂基本均安装了CEMS，江苏、贵州、山东、京津冀等地区已实现了对脱硫机组的在线监测，其他地区的联网工作正在逐步推进中。但CEMS的使用效果不尽如人意。由于CEMS招投标不规范，前期质量把关不严，部分项目售后服务不完善，造成CEMS由于本身质量问题不能正常运行，且由于在维护过程中受到时间、技术等条件限制，造成部分仪表出现数据漂移、损坏、腐蚀等问题，对有效实施脱硫设施的运行管理和准确监管脱硫电价造成一定影响。

（六）脱硫石膏综合利用存在地区差异

从全国平均水平来看，2009年脱硫石膏综合利用率约56%，但受地域和经济发展水平等诸多因素影响，各地脱硫石膏综合利用情况不平衡。如，专项督查的河北省11家采用石灰石－石膏湿法脱硫的电厂中，有10家电厂脱硫石膏全部实现利用，而四川省、贵州省脱硫石膏平均综合利用率不到30%，部分电厂出现了脱硫石膏无处消纳的问题。石膏堆放和抛弃不仅占用大量土地，增加灰场的投资，而且处理不好可能会对周围环境造成二次污染。脱硫石膏产量逐年提高，脱硫石膏综合利用问题不容忽视。

三、工作建议

2010年是“十一五”规划实施最后一年，各电力企业要进一步统一思想，充分认识节能减排工作的重要性和艰巨性，增强紧迫感和责任感，进一步加大工作力度，务求取得更大成效，巩固并进一步深化节能减排成果。

（一）进一步挖掘电力节能减排潜力

（1）积极推进电源结构调整。加强电力规划，加快电源结构由过度依赖煤电向提高非化石能源比重转变。优先开发水电、优化发展煤电、大力发展核电、积极推进风电、太阳能等新能源发电，不断提高清洁能源比重。

（2）积极建设大型高效环保煤电机组。进一步发展超临界、超超临界、热电联产等高效火电机组，不断提高高参数、高效率、低消耗的火电机组比重和能源利用效率。

（3）继续做好小火电机组关停工作。电力工业要把保增长与调结构紧密结合起来，要通过发展逐步解决结构的问题，要在发展中突出结构调整，要把淘汰小火电作为电力工业结构调整的一项重要任务，持之以恒地开展下去，总结经验，完善政策，不断优化火电结构，确保电力工业长期、稳定和可持续发展。

（4）注重电网结构优化和运行优化。一是加强城乡电网规划与建设，优化电网结构，解决电网运行中瓶颈问题和利用效率偏低的问题，提高负荷中心的电源支撑能力，提高城乡电网吸纳小水电等清洁能源能力。二是优先安排节能、环保、高效机组发电，限制高耗能、高污染机组发电，提高电力工业整体效率和效益。三是在保证电网安全的基础上，实现电力系统的经济运行，提高发电机组的负荷率，避免机组长时间在低负荷下运行，发挥高参数、大容量的超（超）临界机组节能减排的潜力。

（5）继续推行节能发电调度，降低煤炭消耗。目前，我国多数地区仍普遍实行平均分配发电利用小时数的调度方式，这导致大容量高参数机组节能优势难以发挥。为改变这种状况，我国已在河南、四川、江苏、广东和贵州五省进行了节能发电调度试点，并取得了一定的成绩。建议根据试点情况完善有关配套政策，继续推行节能发电调度。

（二）进一步提高节能减排管理水平

（1）加强电煤管理。一是加强对煤炭的调控力度，努力稳定煤炭价格、保证煤炭供应，提高煤炭质量，控制国家明令限采的煤炭进入市场。二是加强煤炭在生产流通领域、检测市场等环节的质量监管，规范煤炭市场秩序，避免掺杂使假现象。三是推进区域性大型配煤中心建设，提高煤炭洗选比例，重点区域内未配备脱硫设施的企业，禁止直接燃用含硫量超过0.5%的煤炭。

（2）继续改进和完善企业内部节能降耗管理工作。发电企业要进一步强化内部节能降耗管理工作，通过加强用煤管理，加强机组设备的运行监测及故障诊断，建立企业内部节煤、节电企业管理制度等措施，不断提高生产管理和运行水平，促进煤耗的进一步降低。

(3) 强化煤耗计量、统计工作的监督和检查。建立发电企业供电煤耗统计制度，加强统计工作，定期公布发电企业煤耗水平；建立发电企业供电煤耗评价考核机制，包括建立供电煤耗指标体系、评估体系、核查制度等，定期组织开展发电企业供电煤耗监督和检查，公布检查结果，确保节能降耗工作各项目标的落实。

(4) 加强火电厂烟气脱硫工程后评估，将后评估结果作为脱硫电价调整、脱硫装置运行效果考核等的主要依据之一。

(5) 组织开展现役机组火电厂节能技术评估，分析生产各环节的节能状况和潜力。通过节能减排评估，掌握现役机组节能减排可挖潜的空间，提出改进措施，推广采用成熟可靠的新技术、新工艺，最大限度地提高现役机组节能减排的能力。

（三）充分利用市场手段，建立健全以市场为导向的节能减排新机制

(1) 推广实施已取得实践经验的发电权交易机制，扩大发电权交易范围及交易主体，积极稳妥地推进以水代火、以核代火、以风代火、以大代小、以高效代低效、以先进代落后等手段促进节能发电调度工作。

(2) 通过电价引导，通过峰谷/差别电价促进用户开展节能减排，鼓励用户改善用电特性，削峰填谷。

(3) 大力推进节能服务产业的发展，培育节能服务体系，逐步推广合同能源管理。

(4) 加快节能新技术、新产品、新设备的推广应用。

(5) 运用价格机制，严格差别电价政策，提高需求侧管理水平。

(6) 继续完善脱硫电价补偿机制。对供热电厂的供热部分、老电厂、硫分高的电厂以及由于客观条件导致脱硫成本高的特殊电厂（如煤质很差的坑口电厂）继续合理补偿脱硫成本。

（四）加大减排力度，提高脱硫装置运行水平，提高监管有效性

一是加大减排力度，鼓励发电企业加快建设脱硫设施，采取有效手段减少温室气体排放；二是规范招投标行为，防止以牺牲质量的低价中标；三是开展脱硫装置可靠性研究，加强设备的可靠性管理；四是加强脱硫装置的运行管理，强化脱硫系统的优化调整；五是加强脱硫装置技术改造力度，提高对劣质煤炭的适应能力；六是全面评估 CEMS 的建设、运行和维护情况以及数据的使用情况等，使监测数据能够真实反映污染物排放情况。

（五）高度重视脱硫石膏综合利用，防止二次污染

从政策上加大对脱硫石膏综合利用的支持力度。一是要进一步研究出台支持利用脱硫石膏的财税、金融、价格等相关经济政策，如，适时出台对开采天然石膏增加资源税的政策。同时，要出台、完善相关政策推动二氧化硫治理技术（如，氨法脱硫、镁法脱硫等）发展。二是电力企业要加强对脱硫装置的运行管理，提高脱硫石膏品质，同时加强与建材企业合作，为综合利用脱硫石膏创造条件。三是加大脱硫石膏综合利用技术研发力度与经验交流，针对我国脱硫石膏的实际品质，开发脱硫石膏大规模资源化利用技术，提升脱硫石膏在应用过程中的品质，努力开拓大宗脱硫石膏综合利用的新领域。四是建立区域脱硫石膏综合利用示范工程。

国家电力监管委员会
国家发展和改革委员会
国家能源局
环境保护部
2010 年 9 月

关于规范电力用户与发电企业直接交易试点方案报送工作有关问题的通知

电监会各派出机构，各省、自治区、直辖市发展改革委、物价局、经信委（经委、工信委）：

为推进和规范电力用户与发电企业直接交易试点工作，加快报送和批复进度，现就有关问题通知如下：

一、报送内容

申请试点的地区应按照《关于完善电力用户与发电企业直接交易试点工作有关问题的通知》（电监市场［2009］20 号）报送具体实施方案。实施方案应包括以下内容：

（一）省级政府价格主管部门测算并经国家发展改革委审批的输配电价标准；

（二）首批试点的发电企业和电力用户名单，是否符合市场准入资质；

（三）达成交易意向的电力用户与发电企业、电网企业按电监会制定的范本签订的合同；

（四）发电企业直接向大用户供电的发电容量在安排计划上网电量时的剔除情况；

（五）试点时间；

（六）其他电监市场［2009］20号文件规定的相关内容。

二、审批形式

国家电监会、国家发展改革委、国家能源局按分工对实施方案的有关内容进行审核，经批准后组织实施。

三、有关要求

未经国家批准，任何单位不得擅自进行试点。大用户直接交易试点要坚持企业自主协商的原则，禁止以大用户直接交易名义强制推行对特定企业的优惠电价政策。不得以政府名义指定交易价格，不得组织供需双方强行交易，违反上述规定的，将严肃查处。

电监会办公厅
发展改革委办公厅
能源局综合司
2010年3月15日

关于印发《新建发电机组进入商业运营调试差额资金分配专项治理情况通报》的通知

为规范新建发电机组进入商业运营管理，维护电力企业的合法权益，国家电监会于2010年4月至9月在全国范围内开展了新建发电机组调试差额资金分配的专项治理工作。通过专项治理，确定2007年7月至2009年9月全国新建机组调试差额资金总计44.42亿元，电网企业为新建机组提供辅助服务的发电企业分配差额资金10.02亿元，比专项治理前增加分配差额资金8.46亿元，专项治理取得明显成效。现将专项治理有关情况予以通报，请各单位按照《新建发电机组进入商业运营管理办法（试行）》（办市场［2007］40号）继续做好新建机组调试差额资金分配工作，切实维护好电力市场秩序。

附件：《新建发电机组进入商业运营调试差额资金分配专项治理情况通报》（略）

统 计 资 料

电力行业统计资料

2010年电力统计基本数据一览表

统计口径	单位	2010年	2009年	比2009年增长(%)
一、发电装机容量	**万kW**	**96 641.30**	**87 409.72**	**10.56**
水电	万kW	21 605.72	19 629.02	10.07
火电	万kW	70 967.21	65 107.63	9.00
核电	万kW	1082.40	907.82	19.23
风电	万kW	2957.55	1759.94	68.05
地热、潮汐	万kW	2.81	2.81	
太阳能	万kW	25.62	2.50	925.14
6000千瓦及以上火电厂设备容量	**万kW**	**70 391.13**	**64 522.91**	**9.09**
其中：燃煤	万kW	64 660.64	59 215.17	9.20
燃油	万kW	877.99	823.00	6.68
燃气	万kW	2642.40	2402.96	9.96
煤矸石	万kW	836.80	674.00	24.15
生物质	万kW	170.45	108.80	56.66
垃圾	万kW	170.94	130.29	31.20
余温、余压、余气等	万kW	1007.13	1168.70	−13.82
二、关停小火电机组容量	**万kW**	**1305.24**	**1812.79**	**−28.00**
三、新增发电设备能力	**万kW**	**9124.00**	**9667.35**	**−5.62**
水电	万kW	1642.85	2105.70	−21.98
火电	万kW	5830.56	6585.76	−11.47
其中：燃煤	万kW	5425.84	6186.71	−12.30
燃气	万kW	123.50	127.34	−3.02
煤矸石	万kW	130.14	155.00	−16.04
生物质	万kW	43.11	23.20	85.82
垃圾	万kW	14.03	11.34	23.72
余温、余压、余气等	万kW	81.77	68.25	19.81
核电	万kW	173.69		
风电	万kW	1457.31	973.00	49.77
太阳能及地热	万kW	19.59	2.79	602.15
四、年底电源在建规模	**万kW**	**18 338.94**	**18 355.56**	**−0.09**
水电	万kW	6551.05	6724.80	−2.58

续表

统计口径	单 位	2010年	2009年	比2009年增长(%)
火 电	万kW	7400.13	7749.10	-4.50
核 电	万kW	3395.42	3140.00	8.13
风 电	万kW	966.54	720.75	34.10
五、基建新增110kV及以上输电线路长度	**km**	**76 574**	**69 217**	**10.63**
其中：1000kV	km		640	-100.00
±800kV	km	1907	1375	38.69
750kV	km	4491	2021	122.24
±660kV	km	1335		
500kV	km	10 793	12 959	-16.71
其中：±500kV	km	3189	574	455.61
330kV	km	1699	1766	-3.78
220kV	km	24 499	22 697	7.94
110kV	km	31 850	27 760	14.73
六、基建新增110kV及以上变电设备容量	**万kVA**	**35 335**	**36 155**	**-2.27**
其中：1000kV	万kVA		600	-100.00
750kV	万kVA	1920	1080	77.78
500kV	万kVA	9495	11 545	-17.76
330kV	万kVA	960	780	23.08
220kV	万kVA	13 438	12 801	4.98
110kV	万kVA	9522	9349	1.85
七、单机6000kW及以上机组平均单机容量				
水电：单机容量	万kW/台	5.61	5.51	0.10
机组台数	台	3097	2860	237
机组容量	万kW	17 386.83	15 768.11	1619
火电：单机容量	万kW/台	10.88	10.31	0.57
机组台数	台	6373	6221	152
机组容量	万kW	69 349.28	64 133.47	5216
八、35kV及以上输电线路长度	**km**	**1 336 772**	**1 231 883**	**8.51**
其中：1000kV	km	1006	640	57.25
±800kV	km	3334	1375	142.45
750kV	km	6685	2640	153.22
±660kV	km	1095		
500kV	km	135 180	124 559	8.53
其中：±500kV	km	8081	6901	17.10
330kV	km	20 338	19 156	6.17
220kV	km	277 988	253 573	9.63
110kV	km	458 477	422 863	8.42
35kV	km	432 668	407 077	6.29
九、35kV及以上变电设备容量(交流)	**万kVA**	**361 742**	**319 542**	**13.21**
其中：1000kV	万kVA	600	600	
750kV	万kVA	3870	1740	122.41

续表

统计口径	单位	2010年	2009年	比2009年增长(%)
500kV	万kVA	69 843	60 114	16.18
330kV	万kVA	6457	5523	16.91
220kV	万kVA	118 247	103 040	14.76
110kV	万kVA	125 224	112 958	10.86
35kV	万kVA	37 501	35 567	5.44
十、电力投资当年完成	**亿元**	**7417.47**	**7701.61**	**−3.69**
1. 电源投资	**亿元**	**3969.36**	**3803.31**	**4.37**
其中：水　电	亿元	819.18	867.19	−5.54
火　电	亿元	1426.14	1543.56	−7.61
核　电	亿元	647.57	584.01	10.88
风　电	亿元	1037.55	781.78	32.72
2. 电网投资	**亿元**	**3448.10**	**3898.30**	**−11.55**
送变电	亿元	3338.45	3776.91	−11.61
其中：直流	亿元	283.54	276.76	2.45
±800kV	亿元	116.05	189.44	−38.74
±660kV	亿元	71.40	9.08	686.41
±500kV	亿元	81.46	78.24	4.11
±400kV	亿元	14.62		
其中：交流	亿元	3054.92	3099.79	−1.45
1000kV	亿元	1.97	4.88	−59.65
750kV	亿元	173.85	125.46	38.57
500kV	亿元	444.13	699.74	−36.53
330kV	亿元	37.25	56.93	−34.57
220kV	亿元	1083.16	891.28	21.53
110kV及以下	亿元	1314.55	1321.50	−0.53
其他(含小型基建)	亿元	109.65	121.39	−9.67
十一、发电量	**亿kWh**	**42 277.71**	**36 811.86**	**14.85**
水　电	亿kWh	6867.36	5716.82	20.13
火　电	亿kWh	34 166.28	30 116.87	13.45
核　电	亿kWh	747.42	700.50	6.70
风　电	亿kWh	494.00	276.15	78.89
地热、潮汐、太阳能等	亿kWh	2.65	1.52	73.71
6000kW及以上火电厂发电量	**亿kWh**	**34 086.11**	**30 050.07**	**13.43**
其中：燃　煤	亿kWh	32 162.69	28 347.71	13.46
燃　油	亿kWh	161.89	170.76	−5.20
燃　气	亿kWh	776.27	565.59	37.25
煤矸石	亿kWh	361.00	317.76	13.61
生物质	亿kWh	74.25	52.17	42.33
垃　圾	亿kWh	86.84	67.48	28.70
余温、余压、余气等	亿kWh	455.99	528.60	−13.74

续表

统计口径	单 位	2010年	2009年	比2009年增长(%)
十二、6000kW及以上电厂供热量	**万GJ**	**280 759.99**	**258 198.07**	**8.74**
十三、6000kW及以上电厂供电煤耗	**g/kWh**	**333**	**340**	**−7**
十四、6000kW及以上电厂发电煤耗	**g/kWh**	**312**	**320**	**−8**
十五、6000kW及以上电厂厂用电率	**%**	**5.43**	**5.76**	**−0.32**
水 电	%	0.33	0.40	−0.07
火 电	%	6.33	6.62	−0.29
十六、6000kW及以上电厂利用小时数	**h**	**4650**	**4546**	**104**
水 电	h	3404	3328	76
火 电	h	5031	4865	166
核 电	h	7840	7716	124
风 电	h	2047	2077	−30
十七、供、售电量及线损				
供电量	亿kWh	38 041.72	32 613.74	6.52
售电量	亿kWh	35 556.32	30 423.09	16.87
线损电量	亿kWh	2485.39	2190.65	13.45
线路损失率	%	6.53	6.72	−0.19
十八、全社会用电量	**亿kWh**	**41 998.82**	**36 598.42**	**14.76**
A. 全行业用电合计	**亿kWh**	**36 904.87**	**32 023.23**	**15.24**
第一产业	亿kWh	976.49	939.90	3.89
第二产业	亿kWh	31 450.01	27 139.60	15.88
其中：工业	亿kWh	30 966.77	26 757.69	15.73
1. 轻工业	亿kWh	5336.23	4635.56	15.12
2. 重工业	亿kWh	25 630.53	22 122.13	15.86
第三产业	亿kWh	4478.36	3943.73	13.56
B. 城乡居民生活用电合计	**亿kWh**	**5093.96**	**4575.19**	**11.34**
其中：城镇居民	亿kWh	2959.87	2670.03	10.86
乡村居民	亿kWh	2134.09	1905.16	12.02
十九、6000kW及以上电厂燃料消耗				
发电消耗标准煤量	万t	102 006.24	91 478.17	11.51
发电消耗原煤量	万t	158 970.92	139 669.62	13.82
供热消耗标准煤量	万t	11 171.65	10 199.06	9.54
供热消耗原煤量	万t	16 769.41	14 959.97	12.10
二十、6000kW及以上电厂热效率				
电厂热效率	%	39.42	38.44	0.99
电厂供热效率	%	85.75	86.38	−0.63
能源转换总效率	%	44.00	43.25	0.75
二十一、发用电设备比				
发电设备容量：用电设备容量		1∶3.18	1∶3.16	
二十二、电力弹性系数				
电力生产弹性系数		1.44	0.72	0.72
电力消费弹性系数		1.43	0.70	0.73

2010 年电网企业生产经营数据

指标名称		单位	国家电网公司		中国南方电网有限责任公司	
			2009 年	2010 年	2009 年	2010 年
总资产		亿元	18 419	21 192	4404	4925
主营业务收入		亿元	12 472	15 285	3108	3678
电网建设投资总额		亿元	3014	2644	915	831
主营业务利润总额		亿元	46	451	26	88
公司合并净利润		亿元	—17	351	19	68
上缴税金		亿元	729	891	265	270
所有者权益		亿元	6435	7952	1502	1605
资产负债率		%	65.07	62.48	65.88	67.4
资本保值增值率		%	106.53	104.42	104.7	105.4
全员劳动生产率		万元/(人·年)	29.63	40.26	22.45	20.12
控股发电装机容量		万 kW	2937	3439	582	462
其中	水电装机容量	万 kW	2362	2474	582	462
	其中：抽水蓄能装机	万 kW	1038	1098	390	270
	火电装机容量	万 kW	558	922		
	风电装机容量	万 kW	14.9	40.8		
	光伏发电装机容量	万 kW		0.025		
控股发电装机发电量		亿 kWh	594	970	72	82
年售电量		亿 kWh	22 748	26 891	5117	6027
综合电压合格率	城市	%	99.447	99.498	99.30	99.32
	农村	%	97.250	97.477	96.17	96.42
供电线损		%	6.12	5.98	5.81	6.28
供电可靠率(RS-1)	城市	%	99.903	99.906	99.872	99.924
	农村	%	99.615	99.636	99.74	99.81

注 根据各电网企业提供的资料汇总。

2010年全国分地区发电设备容量

万kW

地区	合计			水电			火电			核电			风电			其他
	2010年	2009年	同比(%)	2010年	2009年	同比(%)	2010年	2009年	同比(%)	2010年	2009年	同比(%)	2010年	2009年	同比(%)	2010年
全国总计	**96 641**	**87 410**	**10.6**	**21 606**	**19 629**	**10.1**	**70 967**	**65 108**	**9.0**	**1082**	**908**	**19.2**	**2958**	**1760**	**68.0**	**28.4**
北京	631	622	1.5	105	105		514	512	0.5				11	5		
天津	1094	1004	9.0	1	1		1091	1003	8.8				3			
河北	4215	3829	10.1	179	179	0.0	3664	3514	4.3				372	136	174.3	
山西	4429	4088	8.3	182	161	13.4	4210	3915	7.5				37	12		
内蒙古	6460	5556	16.3	85	83	2.7	5402	4830	11.8				973	642	51.5	
辽宁	3228	2577	25.3	147	146	0.3	2772	2256	22.9				308	174	77.3	
吉林	2035	1593	27.7	427	390	9.6	1387	1056	31.3				221	148	49.5	
黑龙江	1965	1886	4.2	94	94		1679	1672	0.5				191	120	59.4	
上海	1858	1658	12.1				1843	1654	11.5				14	4	258.9	1.4
江苏	6470	5662	14.3	114	114		5998	5242	14.4	212	212		137	95	45.3	9.0
浙江	5721	5610	2.0	969	956	1.3	4360	4330	0.7	367	301	21.9	25	23	9.7	0.7
安徽	2933	2841	3.2	169	162	4.3	2763	2679	3.2							
福建	3473	3036	14.4	1111	1098	1.1	2307	1892	22.0				55	46	20.7	
江西	1706	1533	11.3	404	377	7.2	1294	1150	12.5				8	6	33.3	0.2
山东	6248	6079	2.8	107	106	0.8	6002	5886	2.0				138	86	59.6	1.9
河南	5057	4680	8.1	365	365	−0.2	4687	4310	8.8				5	5		
湖北	4906	4569	7.4	3085	3001	2.8	1815	1567	15.9				6	1	320.6	0.3
湖南	2912	2736	6.4	1299	1146	13.4	1609	1590	1.2				3.8	0.2	2200.0	
广东	7113	6407	11.0	1260	1126	11.9	5287	4830	9.5	503	395	27.5	62	56	11.5	
广西	2533	2552	−0.8	1494	1475	1.3	1039	1077	−3.5							
海南	392	385	1.9	75	70	6.7	297	309	−3.9				21	6	252.6	
重庆	1167	1134	2.9	488	453	7.8	674	680	−0.8				5	1		
四川	4327	3808	13.6	3070	2581	18.9	1258	1227	2.5							
贵州	3409	3091	10.3	1655	1361	21.7	1753	1731	1.3							
云南	3605	3169	13.7	2435	2090	16.5	1133	1071	5.8				34	8	332.4	2.0
西藏	78	57	37.7	44	44	−0.9	31	10	202.4							3.6
陕西	2358	2181	8.1	221	192	15.4	2137	1990	7.4							
甘肃	2075	1767	17.4	611	594	2.9	1324	1099	20.5				139	75	86.5	0.1
青海	1262	1067	18.2	1068	874	22.3	193	193								
宁夏	1374	952	44.4	43	43	−0.6	1271	882	44.1				51	25	104.8	9.0
新疆	1607	1280	25.5	299	243	23.2	1172	952	23.1				136	86	57.8	0.1

2010 年全国分地区发电量

亿 kWh

地区	合计			水电			火电			核电			风电			其他
	2010年	2009年	同比(%)	2010年	2009年	同比(%)	2010年	2009年	同比(%)	2010年	2009年	同比(%)	2010年	2009年	同比(%)	2009年
全国总计	**42 278**	**36 812**	**14.8**	**6867**	**5717**	**20.1**	**34 166**	**30 117**	**13.4**	**747**	**701**	**6.7**	**494.0**	**276.1**	**78.9**	**2.6**
北京	270	247	9.4	4	4	−2.3	263	241	9.0				3.1	1.4		
天津	556	413	34.7	0.1	0.1		556	413	34.7				0.1			
河北	2063	1764	16.9	8	7	12.7	1998	1733	15.3				57.1	23.8	140.2	
山西	2151	1873	14.8	37	22	69.1	2108	1850	14.0				5.5	2.1		
内蒙古	2600	2250	15.6	20	18	11.9	2407	2135	12.7				173.6	97.4	78.2	
辽宁	1340	1194	12.2	57	32	76.9	1236	1135	8.9				47.0	26.8	75.2	
吉林	658	547	20.4	103	52	99.3	522	473	10.2				33.2	21.7	52.9	
黑龙江	791	732	8.1	22	18	23.4	736	694	6.0				33.1	19.9	66.0	
上海	944	783	20.6				942	782	20.4				2.2	0.7	189.2	0.1
江苏	3499	2984	17.3	14	3	412.7	3305	2825	17.0	157	142	10.7	23.0	14.5	59.1	0.26
浙江	2568	2251	14.1	224	152	47.0	2082	1855	12.3	257	240	6.9	4.7	3.5	32.2	0.1
安徽	1463	1329	10.1	37	29	27.1	1426	1299	9.7							
福建	1356	1171	15.9	454	276	64.4	891	886	0.5				12.0	8.8	37.0	
江西	639	524	21.9	101	78	28.5	537	445	20.8				1.4	1.1		0.004
山东	3091	2871	7.7	1	1	−18.6	3064	2858	7.2				26.7	12.0	121.7	0.04
河南	2284	2068	10.4	85	82	3.6	2198	1985	10.7				1.1	1.0		
湖北	2017	1798	12.2	1246	1167	6.7	771	630	22.2				0.7	0.2	174.9	0.01
湖南	1100	952	15.5	375	319	17.6	725	634	14.4				0.4	0.02	2209.3	
广东	3146	2666	18.0	268	197	35.8	2535	2143	18.3	334	318	4.8	10.2	7.7	33.2	
广西	1032	905	14.0	475	477	−0.4	557	428	30.1							
海南	162	135	19.5	20	21	−2.9	139	114	22.4				2.4	0.9	180.2	
重庆	475	430	10.3	143	125	14.9	331	306	8.2				0.5	0.1		
四川	1704	1449	17.6	1139	945	20.6	565	504	12.1							
贵州	1340	1345	−0.3	384	367	4.8	956	978	−2.3							
云南	1365	1174	16.3	814	624	30.6	546	548	−0.3				3.9	2.1	87.7	0.1
西藏	20	18	15.3	15	15	1.6	3.82	1.3								1.4
陕西	1032	840	22.9	75	65	14.1	958	774	23.7							
甘肃	875	704	24.3	263	251	4.8	591	441	34.0				20.8	11.9	75.2	0.01
青海	472	380	24.3	363	273	33.1	109	107	1.9							
宁夏	599	468	27.9	18	17	3.1	572	447	27.9				8.3	3.9	111.7	0.59
新疆	665	548	21.4	103	81	27.1	539	452	19.2				23.1	14.7	56.4	0.02

2010年全国新增发电机组设备能力

万kW

地区	总计	水电合计	其中抽水蓄能	火电合计	其中								核电	风电	太阳能及地热
					燃煤	燃气	燃油	煤矸石发电	余温、余压等发电	垃圾发电	秸秆发电	沼气发电			
全国	**9124**	**1642.85**	**240**	**5830.56**	**5425.84**	**123.5**	**2.98**	**130.14**	**81.77**	**14.03**	**43.11**	**0.19**	**173.69**	**1457.31**	**19.59**
北京	8.55													8.55	
天津	97.55			90.00	90.00									7.55	
河北	373.51			164.80	154.00				3.00	1.80	6.00			208.71	
山西	214.4	22.00		155.50	153.00				1.90		0.60			36.90	
内蒙古	1008.42	1.35		575.80	514.00			60.00			1.80			431.27	
辽宁	602.98			486.25	452.40			30.00	3.85					116.73	
吉林	449.48	9.44		359.74	349.70				6.05	3.10	0.89			80.30	
黑龙江	120.73			52.50	36.10			5.00	2.40		9.00			68.23	
上海	272.61			263.00	260.00									9.30	0.31
江苏	932.21			865.08	835.70			0.14	20.04	6.20				60.05	7.08
浙江	231	2.40		162.00	162.00								65.00	1.60	
安徽	98.8			79.00	66.90				8.50		3.60			19.80	
福建	348.4	3.00		332.00	227.00	105.00								13.40	
江西	132			132.00	132.00										
山东	271.84	0.01		183.06	166.06				15.80	0.30	0.90			86.97	1.80

续表

地 区	总计	水电合计	其中抽水蓄能	火电合计	其中								核电	风电	太阳能及地热
					燃煤	燃气	燃油	煤矸石发电	余温、余压等发电	垃圾发电	秸秆发电	沼气发电			
河南	356.03			353.00	353.00									3.03	
湖北	304.25	72.75	60.00	224.14	194.60	18.50			6.05	2.40	2.40	0.19		7.36	
湖南	95.56	77.03	60.00	14.90					10.00	0.10	4.80			3.63	
广东	581.17	120.00	120.00	337.00	337.00								108.69	15.48	
广西	38.73	21.53		17.20					1.08		13.12				
海南	14.73	0.60		0.48			0.48							13.65	
重庆	16.9	13.50												3.40	
四川	396.66	396.66													
贵州	297.95	232.95		65.00	60.00			5.00							
云南	445.03	363.00		60.00	60.00									21.23	0.80
西藏	22.48			20.88	20.88										1.60
陕西	196.58	22.50		169.13	139.00			30.00		0.13				4.95	
甘肃	409.95	25.90		213.00	213.00									170.05	1.00
青海	204.7	203.50													1.20
宁夏	408.35			370.00	370.00									32.55	5.80
新疆	172.45	54.73		85.10	79.50		2.50		3.10					32.62	

2010年全社会用电量情况

亿 kWh

地　区	2010年	同比(±%)
全国总计	**41 999**	**14.76**
北京	810	9.57
天津	646	17.37
河北	2692	14.82
山西	1460	15.19
内蒙古	1537	19.33
辽宁	1715	15.26
吉林	577	11.98
黑龙江	748	8.59
上海	1296	12.35
江苏	3864	16.61
浙江	2821	14.14
安徽	1078	13.19
福建	1315	15.87
江西	701	14.98
山东	3298	12.15
河南	2354	13.10
湖北	1330	17.21
湖南	1172	15.97
广东	4060	12.48
广西	993	15.99
海南	159	16.33
重庆	626	17.36
四川	1549	16.94
贵州	835	11.34
云南	1004	12.67
西藏	20	15.30
陕西	859	16.09
甘肃	804	14.02
青海	465	37.94
宁夏	547	18.10
新疆	662	20.82

2010年全国百万千瓦电厂情况

电厂名称	省份	机组构成	期末设备容量（万kW）	发电量（亿kWh）	利用小时数（h）
合计			50 100	23 726	4959
水电			8813	2780	3424
火电			40 236	20 222	5211
核电			1051	724	7861
一、水力发电厂					
三峡水电厂	湖北	26×70　2×5	1830	844	4611
龙滩水电开发有限公司	广西	7×70	490	115	2342
华能澜沧江水电有限公司小湾电站	云南	6×70	420	144	4447
汉源瀑布沟水电站	四川	6×60	360	99	6634
拉西瓦水电厂	青海	5×70	350	97	3924
二滩水电厂	四川	6×55	330	158	4784
构皮滩发电厂	贵州	5×60	300	56	1861
葛洲坝水电厂	湖北	2×17　19×12.5	272	161	5935
小浪底水电厂	河南	6×30　4×3.5	194	57	2936
水布垭水电站	湖北	4×46	184	34	1859
大唐彭水电站	重庆	5×35	175	49	2782
华能澜沧江水电有限公司景洪电站	云南	5×35	175	62	3529
白山水电站总厂	吉林	5×30　4×5	170	35	2047
华能漫湾发电厂	云南	5×25　1×30　1×12	167	67	3990
李家峡水电厂	青海	4×40	160	67	4174
公伯峡水电站	青海	5×30	150	59	3937
水口水力发电厂（控）	福建	7×20	140	70	4988
国投云南大朝山水电有限公司	云南	6×22.5	135	62	4611
刘家峡水电厂	甘肃	2×25.5　2×26　1×32	135	61	4500
天生桥第二发电有限公司	贵州	6×22	132	49	3691
龙羊峡水电厂	青海	4×32	128	69	5403
乌江渡发电厂	贵州	5×25	125	26	2052
隔河岩水电厂	湖北	2×30.6　2×30	121	25	2054
大唐岩滩水力发电厂	广西	4×30.25	121	60	4990
中电投五强溪电厂	湖南	5×24	120	55	4614
天生桥第一发电有限公司	贵州	4×30	120	30	2495
万家寨水电厂	山西、内蒙古	6×18	108	29	2653

续表

电 厂 名 称	省份	机组构成	期末设备容量（万 kW）	发电量（亿 kWh）	利用小时数（h）
思林发电厂	贵州	4×26.25	105	25	2386
光照水电站	贵州	4×26	104	19	1839
积石峡电站	青海	3×34	102	3	1763
三板溪水电厂	贵州	4×25	100	13	1301
一、抽水蓄能电厂					
广州抽水蓄能电站	广东	8×30	240	38	1577
惠州抽水蓄能电站	广东	7×30	210		
天荒坪抽水蓄能电站	浙江	6×30	180	18	973
华东桐柏抽水蓄能发电有限公司	浙江	4×30	120	12	1022
白莲河抽水蓄能	湖北	4×30	120	1	129
黑麋峰抽水蓄能电厂	湖南	4×30	120	1	170
泰山抽水蓄能电厂	山东	4×25	100		
宜兴抽水蓄能有限公司	江苏	4×25	100	11	1093
张河湾蓄能发电有限责任公司	河北	4×25	100	3	272
二、火力发电厂					
大唐托克托发电公司	内蒙古	8×60	480	266	5544
浙江国华浙能发电有限公司	浙江	2×100 4×60	440	256	5824
华阳后石电厂	福建	7×60	420	183	4362
华能玉环电厂	浙江	4×100	400	234	5860
绥中发电有限责任公司	辽宁	2×100 2×80	360	156	4848
大唐国际潮州发电公司	广东	2×60 2×100	320	119	5769
达拉特发电公司	内蒙古	6×33 2×60	318	151	4750
国华粤电台山电厂	广东	5×60	300	196	6535
华能伊敏煤电有限责任公司	内蒙古	2×50 3×60	280	129	5678
华能福州电厂	福建	4×35 2×66	272	95	5227
华能德州电厂	山东	2×70 1×33 2×31 1×30	265	161	6092
华能重庆珞璜电厂	重庆	4×36 2×60	264	125	4748
邹县电厂	山东	2×60 4×33.5	254	138	5446

续表

电厂名称	省份	机组构成	期末设备容量（万 kW）	发电量（亿 kWh）	利用小时数（h）
国电电力大同发电有限公司	山西	2×60　2×66	252	134	5306
扬州第二发电厂	江苏	2×63　1×60　1×66	252	164	6516
大唐宁德发电厂	福建	2×60　2×66	252	106	4200
浙江浙能乐清发电有限责任公司	浙江	2×60　2×66	252	120	5869
华能上安电厂	河北	2×30　2×35　2×60	250	141	5639
甘肃华能平凉发电有限责任公司	甘肃	1×30　3×32.5　2×60	248	94	4200
浙江嘉华发电有限公司	浙江	4×60	240	140	5835
浙江大唐乌沙山发电厂	浙江	4×60	240	142	5897
浙能兰溪发电有限公司	浙江	4×60	240	142	5906
滇东能源有限公司滇东电厂	云南	4×60	240	110	4567
广安发电厂	四川	4×30　2×60	240	118	4926
国华锦界能源有限责任公司	陕西	4×60	240	144	5982
岱海发电公司	内蒙古	4×60	240	73	3047
正蓝旗上都上发电公司	内蒙古	4×60	240	133	5530
沁北电厂	河南	4×60	240	140	5817
张家口发电厂	河北	8×30	240	129	5390
国华定洲发电有限公司	河北	4×60	240	131	5445
河北国华沧东发电有限责任公司	河北	4×60	240	131	5476
盘南发电厂	贵州	4×60	240	116	4831
纳雍发电总厂	贵州	8×30	240	116	4815
可门电厂	福建	4×60	240	107	4444
发耳发电厂	贵州	4×60	240	96	4859
铁岭发电厂	辽宁	4×30　2×60	240	64	4196
大唐国际吕四港发电有限公司	江苏	4×60	240	126	6759
华电宁夏灵武发电有限公司	宁夏	2×60　1×100	220	77	5953
阳城国际发电有限责任公司	山西	6×35	210	113	5402
元宝山发电有限责任公司	内蒙古	1×30　3×60	210	89	4247
上海华电电力发展有限公司	江苏	1×31　1×33　1×66　2×39	208	108	5070

续表

电厂名称	省份	机组构成	期末设备容量（万 kW）	发电量（亿 kWh）	利用小时数（h）
日照发电厂	山东	2×35 2×68	206	124	6003
双鸭山发电厂	黑龙江	3×21 1×20 2×60	203	73	3615
国电浙江北仑第三发电有限公司	浙江	2×100	200	112	5578
天津国投津能发电有限公司	天津	2×100	200	104	5200
外高桥第三发电有限公司	上海	2×100	200	109	5429
潍坊发电厂	山东	2×33 2×67	200	100	5017
华电邹县发电有限公司	山东	2×100	200	132	6584
国电泰州发电有限公司	江苏	2×100	200	128	6417
华能海门电厂	广东	2×100	200	120	6006
上海上电漕泾发电有限公司	上海	2×100	200	96	5226
铜山华润电力有限公司	江苏	2×100	200	59	5305
鲁阳电厂	河南	2×100	200	10	2703
谏壁发电厂	江苏	6×33	198	116	5836
沙角 C 电厂	广东	3×66	198	123	6226
华润电力(常熟)有限公司	江苏	3×65	195	122	6241
石横电厂	山东	4×31.5 2×33	192	103	5358
井冈山华能发电有限责任公司	江西	2×30 2×66	192	83	4298
华豫电厂	河南	2×30 2×66	192	90	4981
华能太仓发电厂	江苏	2×32 2×63	190	116	6118
七台河第一发电厂	黑龙江	2×60 2×35	190	73	3824
淮南洛河发电厂	安徽	2×32 2×63	190	105	5512
湖南益阳发电有限公司	湖南	2×60 2×33	186	71	3793
华能营口发电厂	辽宁	2×60 2×32	184	98	5338
妈湾发电厂	广东	4×30 2×32	184	113	6133
华阳电厂	河南	1×30 1×32 2×60	182	96	5290
北仑发电有限公司	浙江	3×60	180	102	5658
国电宣威发电有限责任公司	云南	6×30	180	62	3471
外高桥第二发电有限公司	上海	2×90	180	98	5436

续表

电厂名称	省份	机组构成	期末设备容量（万 kW）	发电量（亿 kWh）	利用小时数（h）
山西漳山发电公司	山西	2×30　2×60	180	97	5393
兆光发电有限责任公司	山西	2×30　2×60	180	87	4830
大唐金竹山新厂	湖南	3×60	180	69	3840
大唐湘潭电厂	湖南	2×30　2×60	180	68	3769
鄂州电厂	湖北	2×30　2×60	180	79	4364
黄岛发电厂	山东	2×22.5　2×66	177	108	6076
秦皇岛电厂	河北	3×30　1×32　2×21.5	165	91	5512
浙江浙能镇海发电有限公司	浙江	2×39.461　4×21.5	165	68	4118
荆门电厂	湖北	2×22　2×60	164	81	4917
哈尔滨第三发电厂	黑龙江	2×60　2×20	160	72	4490
太仓港环保发电有限公司	江苏	2×32　2×13.5　2×33	157	96	6108
宝钢电厂	上海	4×35　1×14.97	155	98	6325
前云 LNG 电厂	福建	4×38.6	154	39	2936
江苏镇江发电有限公司	江苏	2×63　2×14	154	101	6361
华能淮阴发电厂	江苏	1×22　4×33	154	80	5226
石圳 LNG 电厂	福建	4×38.2	153	37	3488
菏泽发电厂	山东	2×12.5　2×30　2×33	151	88	5803
利港发电厂	江苏	2×35　2×37	144	83	5783
杭州华电半山发电有限公司	浙江	3×39　1×13.5　1×13	144	51	3575
华能南通发电厂	江苏	2×35.2　2×35	140	86	6156
华能大连电厂	辽宁	4×35	140	79	5637
江西丰城二期发电有限公司	江西	2×70	140	55	3961
华电蒲城发电有限责任公司	陕西	2×33　2×36	138	58	4370
丰城发电有限责任公司	江西	4×34	136	59	4343
西塞山发电有限公司	湖北	1×68　2×33	134	40	5630
华能岳阳发电有限责任公司	湖南	2×30　2×36.25	133	58	4367
广西来宾电厂	广西	2×36　2×30	132	72	5432
华电陕西蒲城电厂三期	陕西	2×66	132	57	4339

续表

电 厂 名 称	省份	机组构成	期末设备容量（万 kW）	发电量（亿 kWh）	利用小时数（h）
石嘴山发电有限公司	宁夏	4×33	132	88	6660
国华准格尔发电有限责任公司	内蒙古	4×33	132	72	5436
希望铝业集团希望电厂	内蒙古	2×35　4×15.5	132	52	3973
华能九台发电厂	吉林	2×66	132	49	3747
新乡宝山电厂	河南	2×66	132	73	5515
许昌禹龙电厂	河南	2×66	132	66	5008
邯峰发电厂	河北	2×66	132	73	5533
珠海电厂	广东	2×66	132	80	6078
华电芜湖发电有限公司	安徽	2×66	132	69	5225
鄂尔多斯电力有限公司	内蒙古	4×33	132	55	5918
马鞍山当涂发电有限公司	安徽	2×66	132	67	5044
中电投常熟发电公司	江苏	4×33	132	79	6081
中电投新昌发电有限公司	江西	2×66	132	62	4937
大唐景泰电厂	甘肃	2×66	132	49	3803
天津大港发电厂	天津	4×32.85	131	76	5820
国电费县	山东	2×65	130	74	5655
国电聊城发电有限公司	山东	2×65	130	72	5549
国电黄金埠发电厂	江西	2×65	130	55	4228
大唐徐塘发电有限公司	江苏	2×32　2×33	130	73	5587
华润电力湖南有限公司	湖南	2×65	130	75	5736
三河发电有限责任公司	河北	2×35　2×30	130	75	5761
陡河发电厂	河北	2×25　4×20	130	85	5739
石洞口发电公司	上海	4×32.5	130	76	5820
徐州华润电力有限公司	江苏	4×32	128	73	5669
大别山电厂	湖北	2×64	128	54	4247
淮南平圩第二发电公司	安徽	2×64	128	73	5691
阜阳华润发电公司	安徽	2×64	128	71	5567
威海发电厂	山东	1×68　2×30	128	45	6404

续表

电厂名称	省份	机组构成	期末设备容量（万 kW）	发电量（亿 kWh）	利用小时数（h）
国电铜陵发电有限公司	安徽	2×63.5	127	67	5303
台州发电厂	浙江	2×30　2×33	126	90	6295
大坝发电有限责任公司	宁夏	2×63	126	80	6387
江阴利港发电股份公司	江苏	2×63	126	109	6121
国电常州发电有限公司	江苏	2×63	126	78	6226
国华苏州太仓发电厂	江苏	2×63	126	78	6215
张家港沙洲电力有限公司	江苏	2×63	126	80	6340
国投钦州发电有限公司	广西	2×63	126	64	5107
华电贵港发电有限公司	广西	2×63	126	73	5806
广西防城港电力有限公司	广西	2×63	126	71	5599
淮沪煤电有限公司田集发电厂	安徽	2×63	126	72	5686
汉川电厂	湖北	2×30　2×33	126	56	4486
大唐彬长发电有限公司	陕西	2×63	126	52	4148
华电宿州发电有限公司	安徽	2×63	126	69	5499
淮南凤台电厂	安徽	2×63	126	71	5600
国电蚌埠发电有限公司	安徽	2×63	126	68	5368
外高桥发电有限公司	上海	2×30　2×32	124	61	4924
运河电厂	山东	4×14.5　2×33	124	72	5814
靖远第二发电有限责任公司	甘肃	2×30　2×32	124	58	4672
新疆玛纳斯电厂	新疆	3×11　3×10　2×30	123	65	5252
沙角 A 电厂	广东	2×30　3×21	123	81	6591
安徽淮南平圩发电公司	安徽	1×60　1×63	123	68	5529
太原第一热电厂	山西	4×30　1×2.5	123	62	5062
长春热电二厂	吉林	5×20　1×22	122	48	3827
国电江阴苏龙发电有限公司	江苏	2×13.75　2×14　2×33	122	72	5937
平顶山姚孟发电有限责任公司	河南	3×30　1×31	121	62	5089
浙江浙能长兴发电有限公司	浙江	4×30	120	73	6073
北仑第一发电有限公司	浙江	2×60	120	62	5163

续表

电 厂 名 称	省份	机组构成	期末设备容量（万 kW）	发电量（亿 kWh）	利用小时数（h）
国投曲靖发电有限公司	云南	2×30 6×10	120	62	5169
华能杨柳清热电有限责任公司	天津	4×30	120	64	5366
大唐盘山发电有限责任公司	天津	2×60	120	66	5459
国电金堂电厂	四川	2×60	120	71	5878
泸州川南发电有限公司	四川	2×60	120	47	3935
华能上海燃机电厂	上海	3×40	120	17	1375
吴泾第二发电有限责任公司	上海	2×60	120	61	5102
石洞口二厂	上海	2×60	120	65	5425
渭河发电有限公司	陕西	4×30	120	62	5138
陕西宝鸡第二发电有限责任公司	陕西	4×30	120	54	4507
华能国际电力开发公司铜川电厂	陕西	2×60	120	59	4951
韩城第二发电有限责任公司二期	陕西	2×60	120	44	3683
韩城第二发电厂有限责任公司	陕西	2×60	120	60	5021
陕西府谷电厂	陕西	2×60	120	71	5896
大同第二发电厂	山西	6×20	120	66	5344
阳光发电厂	山西	4×30	120	74	6192
鲁能河曲发电厂	山西	2×60	120	73	6050
武乡和信电厂	山西	2×60	120	63	5288
王曲电厂	山西	2×60	120	70	5834
大唐运城发电有限公司	山西	2×60	120	67	5610
山西华光发电公司	山西	2×60	120	55	4558
大唐阳城发电公司	山西	2×60	120	64	5370
同煤大唐塔山发电公司	山西	2×60	120	71	5940
太原第二热电厂	山西	2×30 3×20	120	74	6184
青岛发电厂	山东	4×30	120	62	5127
莱城发电厂	山东	4×30	120	67	5559
聊城发电厂	山东	2×60	120	67	5554
大唐国际大坝发电有限公司	宁夏	4×30	120	77	6449

续表

电厂名称	省份	机组构成	期末设备容量（万 kW）	发电量（亿 kWh）	利用小时数（h）
华电包头发电公司	内蒙古	2×60	120	67	5568
霍林河坑口发电有限责任公司	内蒙古	2×60	120	63	5276
京隆发电有限责任公司	内蒙古	2×60	120	64	5343
国电电力大连庄河发电公司	辽宁	2×60	120	63	5225
国电康平发电有限公司	辽宁	2×60	120	52	4343
江阴电厂	福建	2×60	120	61	5076
双辽发电厂	吉林	4×30	120	55	4614
石门电厂	湖南	4×30	120	47	3943
华电长沙发电有限公司	湖南	2×60	120	54	4501
阳逻电厂	湖北	4×30	120	47	3941
襄樊电厂	湖北	4×30	120	46	3831
阳逻三期	湖北	2×60	120	58	4857
襄樊二期	湖北	2×60	120	51	4286
富拉尔基总厂	黑龙江	6×20	120	54	4511
鹤岗发电厂	黑龙江	2×30　1×60	120	47	3909
华润首阳山电厂	河南	2×60	120	79	6555
丰鹤电厂	河南	2×60	120	69	5709
姚孟二电厂	河南	2×60	120	68	5703
鸭河口天益公司	河南	2×60	120	81	6729
梨园电厂	河南	2×60	120	62	5178
开封电厂	河南	2×60	120	57	4759
河北西柏坡发电有限责任公司	河北	4×30	120	67	5598
衡水电厂	河北	4×30	120	69	5763
大唐国际王滩发电有限责任公司	河北	2×60	120	64	5341
西柏坡第二发电有限责任公司	河北	2×60	120	71	5928
国电河北龙山发电有限责任公司	河北	2×60	120	70	5794
鸭溪发电厂	贵州	4×30	120	57	4745
大方发电厂	贵州	4×30	120	81	6724

续表

电 厂 名 称	省份	机组构成	期末设备容量（万 kW）	发电量（亿 kWh）	利用小时数（h）
黔北发电厂	贵州	4×30	120	72	5970
黔西发电厂	贵州	4×30	120	80	6674
安顺发电厂	贵州	4×30	120	70	5821
湛江电厂	广东	4×30	120	70	5810
湛江奥里油电厂	广东	4×30	120		
珠江发电厂	广东	4×30	120	71	5898
广东粤电靖海发电公司	广东	2×60	120	73	6066
珠海金湾发电有限公司	广东	2×60	120	77	6405
红海湾电厂	广东	2×60	120	72	5965
深能合和电力(河源)有限公司	广东	2×60	120	64	5345
阳西海滨电力发展有限公司	广东	2×60	120	79	6597
华能汕头电厂	广东	2×30　1×60	120	70	5864
嵩屿电厂	福建	4×30	120	62	5144
马鞍山第二发电厂	安徽	4×30	120	54	4498
华能巢湖发电有限责任公司	安徽	2×60	120	65	5441
云南滇东雨旺能源有限公司	云南	2×60	120	62	5350
国华呼伦贝尔发电有限公司	内蒙古	2×60	120	7	625
华电金山白音华电厂	内蒙古	2×60	120		
江苏阚山发电有限公司	江苏	2×60	120	67	5600
大唐南京发电厂	江苏	2×60	120	16	4570
白城发电公司	吉林	2×60	120	9	1818
荥阳电厂	河南	2×60	120	7	2673
深圳广前电力公司(LNG)	广东	3×39	117	38	3231
广东惠州天然气发电公司	广东	3×39	117	38	3219
深圳能源集团东部电厂	广东	3×39	117	37	3142
义安电力有限公司	河南	4×13.5　2×30	114	44	7185
九江发电厂	江西	1×22　1×20　2×35	112	58	5181
阜新发电有限责任公司	辽宁	2×20　2×35	110	61	5531

续表

电厂名称	省份	机组构成	期末设备容量（万 kW）	发电量（亿 kWh）	利用小时数（h）
海口电厂	海南	3×13.8　2×33	107	54	5033
东海热电厂	山东	2×15　2×22　1×33	107	55	5527
萧山发电厂	浙江	2×40.245 5　2×13	106	27	2547
海渤湾电厂	内蒙古	2×33　2×20	106	52	4937
包头一电厂	内蒙古	2×10　2×12.5　2×30	105	48	4561
大唐云岗热电公司	山西	2×22　2×30	104	62	5965
胜利电厂	山东	2×22　2×30	104	62	5988
洛阳首阳山电厂	河南	2×22　2×30	104	55	5260
邢台电厂	河北	2×22　2×30	104	63	6012
中山嘉明电力有限公司	广东	2×12.5　2×39	103	49	4780
大唐耒阳电厂	湖南	2×21　2×30	102	51	4973
浑江发电厂	吉林	2×30　1×20　1×21.5	102	45	4440
国电阳宗海发电有限公司	云南	2×20　2×30	100	53	5318
天津国华盘山发电有限责任公司	天津	2×50	100	62	6033
大唐神二电厂	山西	2×50	100	54	5410
神头第二发电厂	山西	2×50	100	63	6266
滕州新源热电公司	山东	2×15　2×35	100	56	5559
包头二电厂	内蒙古	2×20　2×30	100	51	5116
华能金陵煤机	江苏	1×100	100	67	6457
郑州热电厂	河南	5×20	100	60	5958
辽宁清河发电责任有限公司	辽宁	1×60　2×20	100	47	5092
广东惠州平海发电厂有限公司	广东	1×100	100	5	2249
三、核能电厂					
江苏核电有限公司	江苏	2×106	212	157	7851
岭澳核电站	广东	2×99.03	198	159	8035
大亚湾核电站	广东	2×98.38	197	157	7980
核电秦山联营有限公司	浙江	2×65　1×66	196	119	8016
秦山第三核电有限公司	浙江	2×70	140	114	7838
岭澳核电 B 站	广东	1×108.6	109	17	5495

2010 年全国 6000kW 及以上电厂供热生产情况

地 区	供热容量（万 kW）	供热量（GJ）	供热厂用电		供热消耗标煤量（万 t）	供热标准煤耗（kg/GJ）	供热消耗燃料原煤（万 t）
			厂用电量（万 kWh）	厂用电率（$\times 10^2$kWh/GJ）			
全国总计	**16 655**	**2 807 599 929**	**2 139 134**	**7.6**	**11 172**	**39.8**	**16 769**
北京	376	83 280 854	70 389	8.5	317	38.0	278
天津	652	80 675 391	64 487	8.0	319	39.5	426
河北	1332	174 284 775	155 613	8.9	702	40.3	1099
山西	1097	42 426 744	42 652	10.1	170	40.0	243
内蒙古	1553	134 419 104	148 636	11.1	542	40.3	1110
辽宁	1255	246 774 449	222 545	9.0	1015	41.1	1601
吉林	978	153 406 082	151 414	9.9	592	38.6	1147
黑龙江	745	172 342 891	152 228	8.8	677	39.3	1206
上海	413	60 621 257	44 735	7.4	234	38.6	269
江苏	1852	506 634 008	335 441	6.4	2003	39.5	2911
浙江	540	343 902 215	172 823	5.0	1289	37.5	1783
安徽	283	42 757 115	25 460	6.1	175	41.6	272
福建	118	23 612 007	18 608	7.9	98	41.5	139
江西							
山东	2800	465 749 116	311 132	6.7	1836	39.4	2682
河南	909	59 833 368	59 286	9.9	260	43.4	415
湖北	251	4 481 458	3920	8.8	19	42.9	31
湖南	62	44 965 473	28 715	6.4	212	47.2	207
广东		48 224 896	26 493	5.5	185	38.5	208
广西							
海南							
重庆	14						
四川	17	31 918 458	27 126	8.5	183	57.5	234
贵州							
云南							
西藏							
陕西	247	17 447 233	13 965	8.0	78	44.9	119
甘肃	410	49 905 039	47 445	9.5	179	35.8	262
青海							
宁夏	147						
新疆	604	19 937 997	16 022	8.0	86	43.4	125

2010年6000kW及以上电厂发电技术经济指标

地区	发电设备利用小时数(h)					发电厂用电率(%)			发电消耗标准煤量(万t)	发电煤耗(g/kWh)	供电煤耗(g/kWh)	发电消耗原煤量(万t)
	合计	水电	火电	核电	风电	合计	水电	火电				
全国总计	**4650**	**3404**	**5031**	**7840**	**2047**	**5.43**	**0.33**	**6.33**	**102 006**	**312**	**333**	**158 971**
北京	4261	413	5055		2672	6.05	1.16	6.20	680	264	282	681
天津	5237		5260		1993	6.62		6.63	1667	303	327	2486
河北	5091	382	5462		2540	6.70	1.66	6.73	6207	317	339	9608
山西	5060	2120	5211		1544	7.90	0.38	8.03	6319	318	346	10 299
内蒙古	4157	2334	4562		1936	7.26	0.35	7.74	7588	318	345	14 930
辽宁	4639	3990	4916		2034	6.58	1.49	6.99	3798	313	336	6768
吉林	3776	2466	4514		1941	6.35	0.46	7.82	1566	309	335	3309
黑龙江	4086	2232	4385		2031	6.73	1.05	7.13	2365	328	353	4390
上海	4735		4751		1805	4.98		4.98	2608	300	316	3171
江苏	5573	1160	5647	7851	2103	5.31	1.42	5.27	10 179	305	322	13 643
浙江	4894	2120	5203	7861	2010	5.13	0.43	5.34	6059	295	312	7971
安徽	5085	1935	5235			5.30	0.72	5.37	4247	306	323	6646
福建	4224	4118	4300		2577	4.37	0.19	5.17	2429	299	316	3120
江西	4129	2756	4392		1726	5.47	0.85	6.00	1632	311	331	2634
山东	5041		5178		2364	6.98		6.98	9289	320	343	13 802
河南	4856	2287	5071		2214	6.05	0.82	6.23	6495	307	326	10 437
湖北	4289	4167	4507		1485	2.40	0.11	6.30	2096	311	332	3361
湖南	4036	3209	4527		1429	4.59	0.57	6.27	2250	317	338	3491
广东	4869	2146	5051	7820	1768	5.45	0.53	5.97	7727	305	325	9805
广西	4064	3210	5175			3.59	0.44	6.55	1403	308	329	2097
海南	4253	2773	4670		1173	6.82	0.29	7.57	408	299	326	443
重庆	4222	3066	4903		1999							1542
四川	4337	4252	4506			2.99	0.32	7.52	1673	331	355	3121
贵州	4032	2306	5560			5.49	0.20	6.85	2962	317	342	4644
云南	4116	3731	4876		2191	3.14	0.25	6.93	1590	319	342	3330
西藏	3917	4018	3258			3.66	2.14	4.79	12	316	332	
陕西	4583	3317	4700			6.87	0.46	7.23	2933	314	338	4554
甘肃	4410	4376	4665		1816	4.86	0.96	6.73	1845	316	339	2787
青海	4501	4244	5615			1.99	0.59	6.58	364	335	362	519
宁夏	5919	4227	6168		2169				1607	312	335	2791
新疆	4910	4012	5427		2207	7.34	0.72	8.70	2006	373	409	2590

2010年6000kW及以上风电生产情况

风电厂名称	装机容量 (kW)	发电量 (万kWh)	利用小时数 (h)
全　国	**29 563 918**	**4 938 405**	**2047**
北京市	**114 000**	**30 567**	**2672**
官厅风电厂	114 000	30 567	2672
天津市	**26 000**	**1307**	**1993**
大神堂风电厂	26 000	1307	1993
河北省	**3 724 700**	**571 050**	**2540**
龙源张家口发电有限公司(麒麟山)	150 000	34 785	3455
河北围场龙源建投风力发电有限公司	99 000	27 745	2803
龙源建投(承德)风力发电有限公司	99 000	17 688	2854
龙源建投(承德围场)风力发电有限公司	49 500	15 902	3213
河北华电沽源风电有限公司	100 500	23 558	3492
红松风电(网调)	198 000	36 176	2369
中节能港建风力发电(张北)有限公司	200 000	35 784	2143
坝头风电场	99 000	12 051	2415
河北建投东辛营风能分公司	199 500	19 376	2317
牧场风电场	100 500	7956	2368
华润电力(风能)开发有限公司	97 500	14 001	4866
河北龙源风力发电有限公司	49 500	4663	3737
察北风电场	100 500	9179	3624
宏达风电场	100 500	9363	3696
屯垦风电场	100 500	9241	
佳鑫风电场	199 500	11 323	3396
河北华能承德风力发电有限公司	49 500	9	21
国电红花梁风电场		1702	
大唐张北乌登山风电场	49 500	61	145
大唐崇礼西桥梁风电场	49 500	99	235
尚义韩家庄风电场	69 000	2320	
国华赤城风电场	49 500	142	338
国华沽源黄花梁风电场	48 750	24	58
河北建投中兴风能有限公司	49 500	9476	1914
河北建投蔚州风能有限公司	99 000	20 656	2086
国华爱依斯(黄骅)风电有限责任公司	99 000	16 931	1949
国华尚义满井风电场	183 000	37 978	2075
红松风电	101 400	26 333	2584

续表

风电厂名称	装机容量（kW）	发电量（万kWh）	利用小时数（h）
沽源五花坪风电场	80 100	19 922	2487
乐亭风力发电有限公司	49 500	9559	1931
崇礼清三营风电场	98 600	23 770	2411
博德玉龙风电场	73 500	11 579	2184
德和张北风电场	124 500	11 384	2741
长城风电有限责任公司	9850	2437	2474
张北国投风力发电厂	193 500	44 601	2305
康保卧龙山风电场	79 500	16 786	2111
龙源风力发电有限公司	75 000	21 902	2920
河北建投新能源有限公司	150 000	4588	3601
山西省	**370 500**	**55 411**	**1544**
大唐左云风力发电厂	49 500	11 767	2377
福光平鲁风电场	33 750	6680	2163
福光右玉风电场	41 250	5993	1453
国电右玉老千山风电场	49 500	4797	2312
大唐左云风电站二期	49 500	8606	1738
云光风电小窑山风电场	49 500	10 357	1143
云光风电霸业梁风电场二期	49 500	1693	587
云光风电霸业梁风电场一期	48 000	5520	628
内蒙古自治区	**9 726 040**	**1 735 191**	**1936**
华能武川李汉梁风力发电厂	198 000	24 291	1615
红山风力发电厂	49 500	8506	1718
国电龙源达茂风场	201 000	50 947	2535
宏腾能源风电公司达茂风场	50 000	2232	446
漳泽风电公司达茂风场	49 500	13 645	2757
包头鲁能白云鄂博风电有限公司	45 000	14 048	3122
大唐风电	49 500	2717	549
中航凯红风电	49 400	1134	230
华能包头风力发电有限公司	49 500	11 169	2460
达茂天润风电有限公司（金凤风电）	99 000	16 442	1964
国电赤峰新胜风电发电公司	150 000	28 855	1924
国电龙源赤峰风电	148 000	30 783	2080
大唐赤峰新能源有限公司（风场）	705 600	156 549	2219
亿合公风电	49 500	12 040	2432
茂霖风电	50 160	11 139	2221
国华代力吉风电场	99 000	21 216	2143
国华科左中旗风电场	148 500	20 888	1407
华能宝龙山风电场	148 500	29 352	1977
京能霍林河三湖风电厂	49 500	13 299	2687

续表

风电厂名称	装机容量(kW)	发电量(万 kWh)	利用小时数(h)
华能科左中旗乌力吉吐风电厂	246 000	38 210	1553
大唐(通辽)霍林河新能源有限公司	246 550	56 765	2302
中国风电扎旗阿日昆都愣风场	49 500	11 202	2263
华能右中高力板风电场	99 000	18 659	1885
华电内蒙古开鲁北清河风场	201 000	26 912	1339
华电内蒙古开鲁义和塔拉风场	99 000	20 197	2203
科区莫力庙风电场	49 500	395	80
龙源代力吉敖日木风电场	49 500	4387	886
龙源奈曼哈日塘风电场	49 500	1693	2046
蒙电华能乌力吉木仁风电场(北方公司)	49 500	10	
深能义和风电场	150 000	1090	856
国华呼伦贝尔风场	99 000	18 832	1902
华能呼伦贝尔风力发电有限公司(华能小良风电场)	99 000	10 401	1051
乌套海南风电场	99 000	29 332	2963
国电龙源巴盟风场	345 900	68 765	1988
乌拉特中旗鲁能风电有限责任公司	94 500	16 835	1781
大唐(巴盟)新能源有限责任公司	99 000	22 101	2232
漳泽风电巴盟风场	49 500	11 846	2393
乌拉特中旗国华川井发电厂	148 500	24 712	2395
乌拉特中旗乌兰伊力更风力发电厂	300 000	66 360	2212
乌拉特中旗乌力吉风力发电厂	99 000	23 850	2409
乌拉特后旗中广核宝日布风电场	50 000	14 878	2976
乌拉特后旗龙源赛乌素风电场	99 000	24 020	2426
乌拉特后旗大唐别里奇风电场	99 500	11 520	1158
乌拉特后旗大漠海里素风电场	49 750	6117	1230
北方龙源风电公司(北方公司)	168 500	27 276	1619
京能投辉腾锡勒风场	100 500	22 475	2236
京能国际察右中旗风电场	99 500	29 976	3013
华电辉腾锡勒风场	121 500	27 095	2230
华电库仑风场	201 000	44 445	2211
中广核风场(四子王)	49 500	11 226	2268
中广核宏基风电场	296 500	45 197	2198
大唐国际卓资风电场Ⅰ、Ⅱ期	88 000	17 887	2033
国电龙源乌盟辉腾锡勒风场(四子王)	49 500	12 875	2601
汇德风场Ⅰ、Ⅱ期	99 000	25 232	2549
北京京能新能源有限公司商都吉庆梁风电场	49 500	14 700	2970
国水投资集团化德长顺风电场	198 000	12 550	2021
中海油新能源化德风电有限责任公司	49 500	12 427	2511
化德县大地泰泓风能利用有限责任公司	49 500	12 955	2617

续表

风电厂名称	装机容量（kW）	发电量（万 kWh）	利用小时数（h）
大唐（乌蒙）霍林河航天风电场	49 500	6120	1481
华润电力风能内蒙古巴音锡勒有限公司（瑞风风电场）	49 500	7174	1449
港建新能源四子王旗风电能有限公司	49 500	4396	888
内蒙古大唐国际红牧风电有限责任公司	97 500	4697	482
商都天润合兴公风电场	49 500	3609	729
卓资大唐三期风电场	96 750	3618	374
华电玫瑰营风电场	49 300	1228	249
内蒙古国电能源风电投资公司风电分公司	49 500	11 439	2417
大唐兴安盟新能源有限公司兴牧风电场	49 300	76	182
北方龙源风电公司（北方公司）	283 780	40 368	1423
大唐（锡盟）新能源有限责任公司	110 100	26 036	2365
锡盟太旗申华协合风电公司	49 500	11 102	2243
二连协合风场	21 000	5750	2738
锡林郭勒吉相华亚风力发电公司	99 000	16 558	1673
中国水电新能源锡盟风电场	49 500	9162	1851
国华（锡林郭勒）新能源有限公司	99 500	15 722	1580
中广核宝力格灰腾梁风电	300 000	41 378	1839
京能赛汉风电	97 500	23 681	
京能锡盟哲里根图风电	98 250	21 489	2187
中广核苏尼特风电场	100 000	16 038	1604
国泰灰腾梁风电场	49 500	8767	1771
中广核响泉风电场	50 000	10 059	2012
大唐锡盟灰腾梁风电	198 000	29 326	1481
贺兰山风场	172 800	34 347	1988
天净神州风力发电公司	30 900	6381	2065
天净风力发电场	19 500	3550	1821
天净左旗风力发电场	30 000	4398	1466
内蒙古宁夏阿拉善银星风力发电有限公司	49 500	10 482	2118
内蒙古新锦风力风电有限公司	148 500	23 042	2045
龙源（兴安盟）风力发电有限公司	99 000	20 541	1621
辽宁省	**3 080 710**	**469 481**	**2034**
华能阜新阜北风力发电厂	300 000	77 561	2585
沈阳龙源康平张强风力发电场	49 500	9997	2020
沈阳龙源康平东升风力发电场	49 500	7061	1426
沈阳龙源慈恩寺风力发电场	49 300	10 770	2185
国电凌海风力发电有限公司	49 500	9602	1940
国电凌海胜利风力发电厂	42 000	8840	2105
国电凌海青松风力发电厂	48 000	9331	1944
阜新联合风力发电有限公司	49 500	9584	1936

续表

风电厂名称	装机容量（kW）	发电量（万 kWh）	利用小时数（h）
阜新申华协合风力发电有限公司	49 500	10 459	2113
阜新华顺风力发电有限公司	49 500	8381	2082
阜新巨龙湖风力发电有限公司	49 500	9621	1944
阜新千佛山风力发电有限公司	49 500	5161	1482
阜新聚合彰武东方红风电厂	49 500	7077	1935
中电投大连驼山风力发电厂	49 500	12 044	2659
华能阜新彰北风力发电厂	100 500	15 833	2105
沈阳龙源法库马鞍山风力发电场	49 500	5606	1503
沈阳龙源法库马鞍山北风力发电场	49 500	6681	1873
沈阳龙源康平敖力营子风电场	49 500	8532	3419
阜新聚缘平安地风力发电厂	49 500	1449	1538
华能阜新彰北阿尔乡风力发电有限公司	100 500	2	
华能阜新彰北东南部风力发电有限公司	49 500		
国电优能凌海西八千风电	49 500	2	
沈阳龙源康平张家窑风力发电场	49 500	3	
沈阳法库东方风电厂	9600	1067	1111
丹东海洋红风电厂	21 000	2675	1274
锦州国电和风芳山风电	49 500	11 769	2400
			215
锦州国电和风杨屯风电	49 500	11 159	2275
大唐法库十间房风力发电场	49 500	9930	2006
华能阜新高山子风力发电场	100 500	24 378	2426
中电投北票北塔子风电厂	49 500	11 917	2426
铁岭国电和风调兵山风电厂	49 500	10 567	2170
铁岭开原辽能业民风电厂	49 500	8806	1779
辽宁铁岭昌图太阳山风电厂	49 500	8500	1717
铁岭大唐昌图新能源风电厂	49 500	11 203	2263
沈阳龙源望海寺风力发电场	20 400	4129	2024
沈阳龙源望海寺东风力发电场	22 100	5459	2470
沈阳龙源和平风力发电场	49 300	11 699	2373
沈阳龙源柏家沟风力发电场	49 500	10 330	2087
航天龙源(本溪)风力发电有限公司	24 650	5545	2249
国电兴城海滨风力发电厂	49 500	9331	1885
国电兴城刘台子风力发电场	31 500	4463	1417
铁岭龙源风力发电有限公司	49 300	8533	1731
铁岭龙源昌图石虎风电厂	49 300	8557	1736
沈阳龙源雄亚富饶山风力发电场	49 500	9326	1884
大唐(朝阳)喀左中三家风电厂	30 000	4476	1691
国水投资调兵山风电厂	49 500	8273	1671

续表

风电厂名称	装机容量（kW）	发电量（万 kWh）	利用小时数（h）
营口风力发电厂	32 660	2340	716
大连土城子风电公司	30 000	5705	1902
昌图辽能协鑫风力发电公司	50 250	7344	1461
沈阳东方风力发电有限公司（东岗风电厂）	22 450	1645	733
大连长海风电厂	10 200	1719	1685
横山风场	7400	869	1174
阜新彰武风电厂	24 650	3838	1557
阜新康平风电厂	26 150	4227	1656
华电铁岭镇西堡风电场	50 000	4488	2341
华能盘锦风力发电有限公司	49 500	1295	1736
华能瓦房店风力发电有限公司	48 000		
国电北票北四家子风力发电厂	49 500		
国电和风北镇风电	49 500	2	
大唐法库冯贝堡风力发电场	48 000	2	
大唐阜新石金皋风力发电有限公司	49 500	1	
三峡能源调兵山泉眼沟风电场	49 500	317	1546
吉林省	**2 208 810**	**331 747**	**1941**
吉林风力发电股份有限公司	30 060	6491	2161
吉林华能洮北风电场	49 300	8655	1756
白城富裕风电场	49 500	9619	1943
吉林风力发电股份有限公司长岭风电场	9350	1875	2006
吉林洮南风电场	49 300	9278	1882
大唐吉林瑞丰新能源发电有限公司	49 300	8889	1803
白城查干浩特风电场	45 000	7849	1790
吉林龙源同发风电场	100 300	17 822	1777
吉林华能同发风电场	100 500	18 656	1856
长岭王子风电场	49 500	9468	1913
大岗风电场	240 000	46 718	2331
大通风电场	49 500	9856	1991
龙二通榆同发风电场	100 300	16 385	1634
里程协合镇赉风电场	49 500	10 819	2186
大唐吉林瑞丰新能源发电有限公司二期	49 500	10 357	2092
长岭王二风电场	49 500	9120	1923
华能洮北风电场二期	49 600	7514	1515
马力风电场	49 500	10 287	2078
华能同发二期风电场	100 500	20 735	2063
吉林龙源通榆三期	49 300	11 839	2401
龙源长岭双龙风电场	49 500	11 741	3148
黑鱼泡风电场	49 500	11 744	2373

续表

风电厂名称	装机容量（kW）	发电量（万 kWh）	利用小时数（h）
吉林大唐向阳风电场	150 000	20 936	1497
长岭三十号风电场	49 500	7422	1863
长岭腰井子风电场	49 500	6649	1747
前郭王府站风电场	49 500	6986	2122
吉林省风电公司长岭风电场	48 000	4268	889
华能四平风电厂	196 500	4994	1343
乾安才字风电场	49 500	3453	2768
龙源长岭双龙风电场二期	49 500	852	1030
里程协合镇赉风电场二期	49 500	86	181
黑鱼泡风电场二期	49 500	384	745
吉林洮北宝山风电场一期	49 500		
黑龙江省	**1 914 700**	**330 589**	**2031**
依兰龙源风力发电有限公司(马鞍山)	98 600	21 270	2157
桦南龙源风力发电有限公司(横岱山)	139 600	24 572	1815
伊春龙源风力发电有限公司小城山风电厂	49 300	10 164	2062
国华风电	49 500	10 260	2073
大唐桦南风力发电有限公司	99 000	22 509	2274
黑龙江华富风力发电穆棱公司(十文字)	77 200	9895	1497
依兰华富风力发电有限公司(鸡冠山)	49 500	12 290	2483
大庆龙江风电有限任公司	49 000	7521	1535
黑龙江省华富风力发电富锦公司(别拉音)	90 300	20 566	2278
黑龙江富龙风力发电公司(乌尔古力)	60 000	17 578	2930
华富绥阳风电厂	49 500	9329	1909
少白山风电	99 000	24 042	2239
大唐依兰风力发电有限公司	49 500	12 445	2341
望云峰风电场	49 300	8624	1749
国电和风风电(猴石)	31 500	6911	1710
依兰龙源汇能风力发电公司(云岭云雾山)	98 600	15 496	2206
大唐依兰风力发电有限公司晨光风电场	49 500	12 348	2726
桦南龙源雄亚风力公司(长寿山、黄团岭)	49 500	3407	561
龙源风力发电有限公司(蝙蝠山)	49 500	12 952	2617
大唐海林风力发电有限公司(虎峰岭)	4500	738	423
华能同江风力发电有限公司(街津山)	99 000	17 150	1939
小白山风电场	98 600	8566	2073
华电虎林风力发电有限公司	45 000	2596	2289
海林中电红旗风力发电有限公司	15 000		
大唐桦川风力发电有限公司(苏家甸)	49 500	89	1094
国电和风风电开发公司桦川分公司(宝山)	73 500		
国电和风风电开发公司桦川分公司(青龙)	16 500		

续表

风电厂名称	装机容量 (kW)	发电量 (万 kWh)	利用小时数 (h)
新美风力发电厂(美林)	30 000		
木兰风电厂	12 000	2181	1818
大箐山风电厂(含耳朵眼)	44 200	10 118	2289
伊春兴安岭风力发电有限公司石帽顶子风电厂	30 600	6413	2096
亚洲风力发电牡丹江有限公司(代马沟)	59 500	7279	1223
抚远龙源风力发电有限公司(大峰山)	28 500	7729	2712
海林龙源风电厂	20 400	5551	2721
上海市	**138 000**	**21 063**	**1805**
上海风力发电有限公司	36 000	6826	1896
上海新能源环保工程有限公司		1347	
上海东海大桥风电场	102 000	12 196	1758
申能临港风电场		694	
江苏省	**1 373 250**	**229 955**	**2103**
国华东台风电厂	201 000	36 445	1813
中电大丰风电厂	200 250	37 655	1880
江苏国信东凌风力发电有限公司	70 500	12 992	1850
华能启东风电	91 500	21 958	2400
江苏龙源风力发电有限公司	150 000	35 892	2393
江苏联能风力发电有限公司	100 000	15 417	1542
龙源(如东)风力发电有限公司	100 500	31 640	3148
启东龙源风电	100 500	24 267	2403
响水长江风力发电有限公司	201 000	11 295	1800
江苏华电灌云风力发电有限公司	100 000	2394	1481
国华江苏风电有限公司(东台二期)	58 000		
浙江省	**247 610**	**46 517**	**2010**
临海风力发电厂	21 300	2882	1353
苍南风力发电厂	17 050	3047	1787
岱山大衢风电场	40 800	10 908	2673
慈溪长江风力发电	49 500	10 391	2099
温岭东海塘风电公司	40 000	6921	1730
浙能洞头风电	13 500	1531	1134
浙江上电天台山风电有限公司	10 920	1574	1441
浙江星星风力发电有限公司	25 500	6473	2538
格林苍南风电	14 040	2790	2643
东白山风电有限公司	15 000		
福建省	**551 750**	**120 176**	**2577**
平潭长江奥风电场	6000	1266	2110
东山澳仔山风电场	6000	951	1584
福煤(莆田)风力发电有限公司	40 000	14 316	3579

续表

风电厂名称	装机容量 (kW)	发电量 (万 kWh)	利用小时数 (h)
福煤石井风力发电有限公司	54 000	11 375	2762
南日岛后山仔风电有限公司	16 150	5412	3351
大唐漳浦六鳌风电(115)	30 600	4861	1589
漳浦大唐六鳌风力发电站(二期)	45 000	7148	1588
漳浦大唐六鳌风力发电站(三期)	26 000	4144	1594
东山乌礁风电(165)	30 000	5947	1982
平潭龙源(Ⅱ期)风电厂	100 000	30 301	3030
福清嘉儒风电	54 000	13 079	2696
福清玉山风电	38 000	7750	3601
东山大帽山风发站(181)	49 500	13 626	2753
福煤石城二期风力发电有限公司	14 000		
南日岛三期风电有限公司	42 500		
江西省	**84 000**	**14 495**	**1726**
矶山湖风电	30 000	4704	1568
长岭风电—九江	34 500	6385	1851
大岭风电	19 500	3406	1747
山东省	**1 380 200**	**266 563**	**2364**
东楮岛风力发电场	15 000	3524	2349
青岛华威风电	16 350	2161	1321
长岛风电	22 950	4471	1948
华能长岛风电	27 200	6055	2226
华能中电威海风力发电有限公司	69 000	16 577	2402
长岛联凯风电场	12 000	2311	1926
栖霞风电场	38 500	7418	1927
国华瑞丰荣成风力发电有限公司	147 750	15 926	2439
烟台海阳东源风电发展有限公司	15 000	1947	1298
莱州鲁能风力发电有限公司	51 250	10 021	1955
大唐山东莱州风电	85 500	17 378	2135
华电莱州风电	40 500	8711	2151
华能寿光风力发电有限公司	49 500	11 427	2308
山东大唐东营风电公司	34 500	9171	2658
蓬莱平顶山风电场	94 600	25 511	3335
东源集团莱州风电有限公司	48 500	11 028	2274
华能昌邑风力发电有限公司	49 500	13 481	2723
国华瑞丰东营河口风电公司	50 000	12 217	2443
烟台开发区东源风电	25 500	4021	1723
国华瑞丰利津风电公司	50 000	14 803	2961
国华瑞丰(沾化)风力发电有限公司	50 000	13 879	2776
华能东营新能源风电公司	48 000	12 638	2633

续表

风电厂名称	装机容量 (kW)	发电量 (万 kWh)	利用小时数 (h)
华能东营河口风电公司	99 000	17 779	2531
华能潍坊滨海风力发电有限公司	49 500	7667	1676
临沂沂安中广风电	49 300	8208	2210
大唐文登风电	49 500	2916	1005
华能乳山风电	42 000	2536	3613
华润威海风电	49 800	2781	
河南省	**48 750**	**10 794**	**2214**
大唐华阳风力发电厂	25 500	5531	2169
方城风力发电厂	23 250	5263	2264
湖北省	**57 200**	**6594**	**1485**
九宫山风电场	13 600	2467	1814
中电投湖北仙居顶风力发电有限责任公司	30 000	4094	1365
齐岳山风电	13 600	33	414
湖南省	**36 300**	**3814**	**1429**
华电郴州风力发电有限公司	36 300	3814	1429
广东省	**621 798**	**102 087**	**1768**
集华风能电厂	16 500	2214	1342
陆丰集华风能电厂	20 400	2756	1351
宝丽华风能电厂	48 000	7213	1503
粤电石碑山风电场	100 200	15 337	1531
珠海横琴风电场	15 750	3392	2154
徐闻洋前风电场	49 500	11 974	2419
南澳风力发电厂	123 380	48 660	3944
中广核台山川岛风力发电有限公司	85 000	7248	2549
其他	163 068	3293	
海南省	**205 200**	**24 073**	**1173**
海南东方风力发电厂	8700	1292	1485
文昌风电厂	49 500	10 311	2083
峨蔓风电场	49 500	4829	975
感城风电场	49 500	5912	1195
中海油四更风电厂	48 000	1729	360
重庆市	**46 750**	**5373**	**1999**
重庆大唐国际武隆兴顺风电有限责任公司	46 750	5373	1999
云南省	**340 500**	**39 234**	**2191**
大理聚能投资有限公司者磨山风电场	45 750	9194	2986
华能港灯大理风力发电有限公司大风坝电场	48 000	11 911	2481
大唐洱源风电有限责任公司罗平山风电场	48 750	511	
华能洱源风力发电有限公司洱源马鞍山风电场	99 000	3863	1673
云南龙源风力发电公司陆良杨梅山风电场	99 000	13 754	1767

续表

风电厂名称	装机容量 (kW)	发电量 (万 kWh)	利用小时数 (h)
甘肃省	**1 393 600**	**208 446**	**1816**
甘肃洁源风电公司	208 800	41 362	1981
甘肃新安风力发电公司	99 000	16 733	1690
龙源(酒泉)风力发电有限公司	49 500	4711	1715
甘肃龙源风力发电有限公司	250 000	9481	1883
中电酒泉风力发电有限公司	150 000	22 599	1507
中广核大梁风电场	99 000	17 828	1801
瓜州天润风电有限公司	49 500	6474	1308
国投酒泉第一风电有限公司	99 000	11 482	1527
国投白银风电有限公司(景泰捡财塘)	45 000	8647	1921
大唐玉门风电有限责任公司	98 800	19 333	1957
甘肃大唐景泰风电有限公司	45 000	10 589	2353
中节能港建昌马风电场	200 000	39 208	1960
宁夏自治区	**513 000**	**83 222**	**2169**
宁夏银仪长山头风电厂	49 500	8050	1626
宁夏银仪红寺堡风电厂	49 500	10 225	2066
华电宁夏宁东风电有限公司	102 000	22 871	2286
太阳山风力发电厂	94 500	18 460	1953
宁夏银星能源红寺堡风电厂	49 500	6810	2050
天净孛井滩(小柳木)风电场	19 500	3438	3497
麻黄山风电场一期	49 500	3542	2141
麻黄山风电场宁发电二期	49 500		
宁东试验风电厂	49 500	9826	3386
新疆自治区	**1 360 550**	**230 656**	**2207**
华电小草湖风电厂	99 000	21 126	2134
华能吐鲁番风力发电有限公司	99 000	19 996	2020
新疆风能公司电厂	40 260	9215	2289
塔城天润风力发电有限公司	49 500	12 309	2487
新疆天风公司达坂城风电厂	25 500	8634	3386
布尔津县风电厂	1050	233	2223
新疆华电布尔津风电有限公司	49 500	11 378	3051
华能新疆三塘湖风力发电有限公司	99 000	10 045	3445
龙源阿拉山口风力发电有限公司	99 000		
新疆风能有限公司苜蓿台风电场	49 250	812	1942
新疆国投风力发电厂	100 500	26 932	2680
国电风力发电厂	64 800	17 540	2707
托里天风风电	159 000	53 241	3348
布尔津天润风力发电有限公司	49 500	12 737	2573
国电新疆阿拉山口风电开发公司	99 000	16 026	2984
新疆华电草湖风电有限公司	49 500	10 132	2047
其他	227 190	300	

截至2010年底35kV及以上输电线路回路长度

km

地区	合计	1000kV	±800kV	750kV	±660kV	500kV	其中：±500kV	330kV	220kV	110kV（含66kV）	35kV	电缆
全国总计	**1 336 772**	**1006**	**3334**	**6685**	**1095**	**135 180**	**8081**	**20 338**	**277 988**	**458 477**	**432 668**	**29 750**
北京市	9745					1419			2566	3489	2271	1341
天津市	8948					769			2130	2799	3250	3840
河北省	75 201				202	9199			15 026	24 149	26 625	534
山西省	50 265	471				7881			10 451	13 929	17 533	284
内蒙古	56 867					6453	306		16 772	23 580	10 062	81
辽宁省	46 873					6099	193		13 365	27 359	50	664
吉林省	28 054					2455			8797	16 758	44	193
黑龙江	43 862					4067			10 947	17 852	10 996	478
上海市	8550		106			993	80		2956	703	3792	7847
江苏省	74 242		22			8639	147		20 156	22 892	22 533	5442
浙江省	51 262		156			6362	295		13 054	16 609	15 081	
安徽省	49 016		385			5115	1180		10 511	12 538	20 467	352
福建省	37 358					2840			8816	12 774	12 928	458
江西省	35 673					2726			7964	10 028	14 955	247
山东省	75 571				415	5463			16 559	21 504	31 630	2445
河南省	61 518	355				6512		140	13 654	19 207	21 650	323
湖北省	57 519	180	482			9592	1401		10 680	17 983	18 602	475
湖南省	64 778		255			4897	857		11 958	21 718	25 950	562
广东省	65 662					7084			18 709	29 899	9970	2110
广西区	52 872					1222			10 942	15 205	25 503	171
海南省	7472								1968	3009	2495	
重庆市	22 945		287			2670			4873	6835	8280	185
四川省	65 947		265			8016	265		13 449	20 410	23 807	741
贵州省	37 712					4641			7944	11 573	13 554	111
云南省	67 728					6529			11 612	20 934	28 653	176
西藏区	6507								338	2424	3745	
陕西省	38 029			803	308	565	294	7816		17 756	107 81	445
甘肃省	45 243			3518				6884	1101	15 376	18 364	27
青海省	16 660			854				3814		7341	4651	134
宁夏区	11 068			351	170			1684	1925	4329	2609	
新疆区	49 076			1159					8565	17 515	21 837	53
跨区	14 547		1375			12 972	3063		200			31

截至2010年底35kV及以上普通公用变压器情况

地区	合计			1000kV			750kV			500kV			330kV			220kV			110kV（含66kV）			35kV		
	座数（座）	组数（组）	铭牌容量（万kVA）	座数（座）	组数（组）	铭牌容量（万kVA）	座数（座）	组数（组）	铭牌容量（万kVA）	座数（座）	组数（组）	铭牌容量（万kVA）	座数（座）	组数（组）	铭牌容量（万kVA）	座数（座）	组数（组）	铭牌容量（万kVA）	座数（座）	组数（组）	铭牌容量（万kVA）	座数（座）	组数（组）	铭牌容量（万kVA）
全国总计	**39 552**	**71 308**	**315 899**	**2**	**2**	**600**	**18**	**21**	**3870**	**436**	**881**	**69 832**	**116**	**251**	**6120**	**3457**	**6734**	**109 355**	**15 836**	**28 655**	**102 867**	**19 687**	**34 764**	**23 255**
北京	427	1003	8574							9	26	2521				59	147	2787	265	651	3075	94	179	191
天津	417	892	5319							6	14	1245				58	131	2173	105	211	1003	248	536	898
河北	2622	5201	19 628							24	52	4225				202	433	7017	750	1444	6022	1646	3272	2364
山西	1109	2077	9688	1	1	300				14	28	2250				122	243	3617	392	750	2794	580	1055	727
内蒙古	1032	1668	7778							19	34	2550				133	222	2950	597	964	2027	283	448	251
辽宁	1484	2719	12 794							17	35	3077				154	314	5062	1309	2364	4651	4	6	4
吉林	870	1397	4365							9	36	1305				70	121	1481	788	1237	1579	3	3	
黑龙江	1084	1665	4727							10	12	992				98	166	2074	604	1002	1462	372	485	199
上海	829	1773	10 446							9	29	2625				91	218	4144	99	215	941	630	1311	2736
江苏	3202	6524	29 394							32	67	5625				362	666	11 280	1260	2193	10 506	1548	3598	1983
浙江	1895	3483	23 688							31	77	6425				230	483	8394	958	1708	7485	676	1215	1384
安徽	1433	2551	8752							16	23	1760				132	227	3366	374	646	2712	911	1655	914
福建	1103	1843	9294							14	22	1955				117	216	3486	482	873	3385	490	732	468
江西	1185	1988	5846							12	19	1450				87	143	2031	323	543	1720	763	1283	645

续表

地区	合计			1000kV			750kV			500kV			330kV			220kV			110kV（含66kV）			35kV		
	座数（座）	组数（组）	铭牌容量（万kVA）	座数（座）	组数（组）	铭牌容量（万kVA）	座数（座）	组数（组）	铭牌容量（万kVA）	座数（座）	组数（组）	铭牌容量（万kVA）	座数（座）	组数（组）	铭牌容量（万kVA）	座数（座）	组数（组）	铭牌容量（万kVA）	座数（座）	组数（组）	铭牌容量（万kVA）	座数（座）	组数（组）	铭牌容量（万kVA）
山东	2764	5302	21 747							28	55	4025				257	492	8049	911	1683	6931	1568	3072	2742
河南	2127	3782	15 238							25	46	3845				181	335	5490	689	1211	4605	1232	2190	1298
湖北	1548	2641	9910	1	1	300				21	29	2407				119	210	3238	582	1019	3382	825	1382	583
湖南	1774	2971	8842							17	25	2000				114	196	2815	641	1089	3324	1002	1661	703
广东	2234	4584	36 899							37	85	7825				309	724	14 001	1557	3262	14 816	331	513	257
广西	1490	2394	6524							7	10	750				104	178	2667	352	607	2371	1027	1599	736
海南	228	359	887													15	25	357	75	130	420	138	204	110
重庆	624	1131	6260							10	22	1800				60	124	2058	217	442	2048	337	543	354
四川	1810	2875	11 935							25	45	3575				139	248	3681	596	1006	3768	1050	1576	911
贵州	999	1485	5855							12	19	1400				67	116	1950	317	539	2104	603	811	401
云南	1608	2581	8045							15	43	2050				91	192	2880	369	657	2392	1133	1689	723
西藏	27	44	122																26	43	107	1	1	15
陕西	1005	1789	6756				3	5	1050				45	98	2421				469	862	2866	488	824	419
甘肃	1049	1978	5428				6	6	1140				40	85	2000	11	25	321	238	441	1453	754	1421	514
青海	215	374	2437				3	4	660				18	43	1065				90	174	661	104	153	51
宁夏	263	467	3076				3	3	570				13	25	634	25	54	837	107	218	957	115	167	78
新疆	1078	1739	3495				3	3	450							50	85	1149	294	471	1300	731	1180	596
跨区	17	28	2150							17	28	2150												

截至2010年底35kV及以上换流站情况

地区	合计			±800kV			±660kV			500kV			330kV			220kV			110kV（含66kV）			35kV		
	换流站（座）	换流变压器组数（组）	换流变压器容量（万kVA）	换流站（座）	换流变压器组数（组）	换流变压器容量（万kVA）	换流站（座）	换流变压器组数（组）	换流变压器容量（万kVA）	换流站（座）	换流变压器组数（组）	换流变压器容量（万kVA）	换流站（座）	换流变压器组数（组）	换流变压器容量（万kVA）	换流站（座）	换流变压器组数（组）	换流变压器容量（万kVA）	换流站（座）	换流变压器组数（组）	换流变压器容量（万kVA）	换流站（座）	换流变压器组数（组）	换流变压器容量（万kVA）
全国总计	**27**	**143**	**8233**	**4**	**64**	**2669**	**2**		**79**	**17**	**62**	**4880**	**2**	**6**	**133**		**7**	**458**	**1**	**2**	**7**	**1**	**2**	**7**
北京																								
天津																								
河北																								
山西																								
内蒙古	1	1	300							1	1	300												
辽宁	2	6	701							2	6	701												
吉林																								
黑龙江																								
上海	4	32	1211	1	24	713				2	6	491							1	2	7			
江苏	1	12	340							1	12	340												
浙江	1	2	7																			1	2	7
安徽																								
福建																								
江西																								

续表

地区	合计			±800kV			±660kV			500kV			330kV			220kV			110kV（含66kV）			35kV		
	换流站（座）	换流变压器组数（组）	换流变压器容量（万kVA）	换流站（座）	换流变压器组数（组）	换流变压器容量（万kVA）	换流站（座）	换流变压器组数（组）	换流变压器容量（万kVA）	换流站（座）	换流变压器组数（组）	换流变压器容量（万kVA）	换流站（座）	换流变压器组数（组）	换流变压器容量（万kVA）	换流站（座）	换流变压器组数（组）	换流变压器容量（万kVA）	换流站（座）	换流变压器组数（组）	换流变压器容量（万kVA）	换流站（座）	换流变压器组数（组）	换流变压器容量（万kVA）
山东	1		39				1		39															
河南	2	12	266								3	90	2	6	133		3	43						
湖北	4	14	1217							4	14	1217												
湖南																								
广东																								
广西																								
海南																								
重庆																								
四川	2	36	1127	1	24	770				1	12	357												
贵州																								
云南																								
西藏																								
陕西																								
甘肃																								
青海																								
宁夏	1		40				1		40															
新疆																								
跨区	8	28	2985	2	16	1186				6	8	1384					4	415						

2010年电力板块上市公司基本情况

证券代码	证券简称	总股本（亿股）	总市值（亿元）	A股流通市值(不含限售股)（亿元）	类　型
000027.SZ	深圳能源	22.02	222.23	60.40	火电
000037.SZ	深南电A	6.03	30.80	17.32	火电
000426.SZ	富龙热电	3.81	65.86	36.13	火电
000531.SZ	穗恒运A	2.67	32.97	32.97	火电
000534.SZ	万泽股份	2.55	15.89	12.92	火电
000539.SZ	粤电力A	27.97	164.49	116.93	火电
000543.SZ	皖能电力	7.73	52.72	52.72	火电
000600.SZ	建投能源	9.14	49.70	49.70	火电
000601.SZ	韶能股份	9.26	48.13	43.63	水电
000690.SZ	宝新能源	17.27	95.48	93.93	火电
000692.SZ	惠天热电	2.66	21.55	21.55	火电
000695.SZ	滨海能源	2.22	36.41	36.34	火电
000720.SZ	ST能山	8.63	40.84	40.84	火电
000767.SZ	漳泽电力	13.24	52.68	52.68	火电
000875.SZ	吉电股份	8.39	37.26	29.30	火电
000883.SZ	湖北能源	20.68	187.55	25.73	水电
000899.SZ	赣能股份	6.47	38.35	16.65	火电
000958.SZ	*ST东热	2.99	15.15	9.95	火电
000966.SZ	长源电力	5.54	31.75	31.75	火电
000993.SZ	闽东电力	3.73	43.16	43.16	水电
001896.SZ	豫能控股	6.23	31.23	21.54	火电
002039.SZ	黔源电力	2.04	42.94	26.02	水电
600011.SH	华能国际	140.55	809.59	165.79	火电
600021.SH	上海电力	21.40	85.16	85.16	火电
600027.SH	华电国际	67.71	220.74	169.20	火电
600098.SH	广州控股	20.59	172.15	172.15	火电
600101.SH	明星电力	3.24	43.12	43.12	电网
600116.SH	三峡水利	2.68	33.39	22.07	电网
600131.SH	岷江水电	5.04	39.88	28.72	电网

续表

证券代码	证券简称	总股本（亿股）	总市值（亿元）	A股流通市值(不含限售股)（亿元）	类　型
600167.SH	联美控股	2.11	20.32	20.32	火电
600236.SH	桂冠电力	22.80	100.34	49.62	水电
600310.SH	桂东电力	1.84	60.02	51.15	电网
600396.SH	金山股份	3.41	31.30	31.30	火电
600452.SH	涪陵电力	1.60	23.50	11.37	电网
600505.SH	西昌电力	3.65	34.31	34.31	电网
600509.SH	天富热电	6.56	72.06	72.06	火电
600578.SH	京能热电	6.56	71.70	62.67	火电
600642.SH	申能股份	31.53	240.54	240.54	火电
600644.SH	乐山电力	3.26	45.25	45.25	电网
600674.SH	川投能源	9.33	137.51	80.69	水电
600719.SH	大连热电	2.02	23.73	23.73	火电
600726.SH	华电能源	19.67	65.69	24.07	火电
600744.SH	华银电力	7.12	33.73	22.49	火电
600758.SH	红阳能源	2.08	20.91	11.51	火电
600780.SH	通宝能源	8.73	48.88	48.88	火电
600795.SH	国电电力	153.95	471.07	427.00	火电
600863.SH	内蒙华电	19.81	187.82	54.31	火电
600864.SH	哈投股份	5.46	46.93	46.93	火电
600868.SH	ST梅雁	18.98	59.41	59.41	水电
600886.SH	国投电力	19.95	143.05	75.62	火电
600900.SH	长江电力	165.00	1249.05	557.46	水电
600969.SH	郴电国际	2.10	33.73	14.82	电网
600979.SH	广安爱众	2.96	31.72	25.45	电网
600982.SH	宁波热电	1.68	17.93	17.93	火电
600995.SH	文山电力	4.79	55.80	39.29	电网
601991.SH	大唐发电	123.10	749.68	515.48	火电
	板块合计		6837.16	4222.02	
	市场合计		303 130.47	190 933.45	
	板块占比		2.26%	2.21%	

资料来源：Wind资讯、中信证券研究部。

“十一五”期间各年电力主要指标统计

指标名称		单 位	指 标 数 值					
			2006年	2007年	2008年	2009年	2010年	“十一五”年均增长（±、%、百分点）
发电装机容量		万kW	62 370	71 822	79 273	87 410	96 641	13.32
其中	水电	万kW	13 029	14 823	17 260	19 629	21 606	12.98
	火电	万kW	48 382	55 607	60 286	65 108	70 967	12.64
	核电	万kW	685	885	885	908	1082	9.59
	风电	万kW	207	420	839	1760	2958	94.75
发电量		亿kWh	28 499	32 644	34 510	36 812	42 278	11.10
其中	水电	亿kWh	4148	4714	5655	5717	6867	11.62
	火电	亿kWh	23 741	27 207	28 030	30 117	34 166	10.82
	核电	亿kWh	548	629	692	701	747	7.08
	风电	亿kWh				276	494	97.54
发电厂用电率		%	5.93	5.83	5.90	5.76	5.43	−0.09
发电设备利用小时数		h	5198	5020	4648	4546	4650	−155
线路损失率		%	7.04	6.97	6.79	6.72	6.53	−0.14
供电标准煤耗		g/kWh	367	356	345	340	333	−7.4
220kV及以上输电线路回路长度		km	286 387	328 367	358 898	401 943	445 626	11.93
220kV及以上变电设备容量		万kVA	100 506	122 983	147 598	171 017	199 017	18.73
全社会用电量		亿kWh	28 368	32 565	34 380	36 598	41 999	11.13
人均装机容量		kW/人	0.474 5	0.543 6	0.596 9	0.645 9	0.721 4	12.77
人均发电量		kWh/人	2168.0	2470.6	2598.6	2758.0	3155.7	10.56
人均生活用电量		kWh/人	247.0	273.1	307.0	342.78	380.23	11.97
电力消费弹性系数			1.28	1.24	0.57	0.74		
电能在终端能源消费中的比重		%	20.31	21.81	21.70			

世界部分主要国家电力行业有关数据(2008年)

国家	发电设备容量(万 kW)				发电量(亿 kWh)				人均发电量(kWh/人)	人均用电量(kWh/人)	设备利用率(%)	热效率(%)	线路损失率(%)
	合计	水电	火电	核电	合计	水电	火电	核电					
中国	79 273	17 260	60 286	885	34 510	5655	28 030	692	2599	2589	53.1	35.6	6.8
* 印度	16 805	3597	12 795.8	412	8133	1206	6758	170	717		77.2		
* 巴西	10 045	7687	2133	201	4446	3740	582	124					
加拿大	12 561	7443	3545	1335	6183	3735	1504	906	18 562	16 673	55.4	30.8	6.2
美国	111 226	9847	88 123	10 576	41 103	2418	30 094	8062	13 518		45.2		6.8
韩国	7765	551	5443	1772	4467	56	2902	1510	9190	8423	67.7	40.8	4.0
法国	11 763	2536	2467	6326	5492	680	532	4183	8818	7402	53.1		6.8
* 德国	11 532	1013	8387	2132	5760	248	4107	1405	7002	6576	57.0	40.6	5.8
意大利	9863	2128	7339	0	3191	472	2688	0	5334	5332	36.8	44.5	6.0
俄罗斯	22 550	4710	15 510	2330	10 400	1670	7100	1630	7326	6436	51.7	36.6	10.7
西班牙	9621	3880	4968	773	3174	615	1969	590	6961	5872	37.6		7.7
瑞典	3460	1649	834	884	1497	691	147	639	16 231	14 484	49.4		7.3
英国	8354	428	6522	1098	3896	93	3082	525	6348	5710	50.9	36.0	8.0
日本	27 751	4795	17 932	4794	11 463	835	7989	2581	8976	7006		41.3	5.1

注 1. 数据摘自日本海外电力调查会《2010年海外电气事业统计》;
2. 前标 * 为2007年数据。

2011 中国电力年鉴

企 业 风 采

宁波天安集团股份有限公司

公司简介

宁波天安（集团）股份有限公司是中国电力装备制造著名领先企业，始建于1969年，系国家大型企业、重点高新技术企业、行业重点骨干企业和省行业龙头企业。现辖1家省级研发机构，10大专业公司，70个销售分公司，总资产29亿元，员工2500人，产值规模30亿元，集团竞争力居中国500强第225位。

天安为国内输配电行业中“规模最大、品种最多、规格最全、档次最高”的生产和科研企业之一。天安产品包括110kV六氟化硫断路器、GIS组合电器和110kV、220kV电力变压器、220kV以下户外高压隔离开关、互感器。35kV及以下箱式变电站、环网开关柜、中置式开关柜、固定式开关柜、充气式开关柜、低压开关柜、变频开关柜、高压负荷开关、高低压断路器、电缆(环网)分接箱、熔断器、互感器、智能化电器设备、干式和油浸式变压器等各类电气设备。并取得“中国驰名商标”、“中国名牌产品”和“国家免检产品”称号，ISO9001质量保证体系、ISO14001环境管理体系和OHSAS18001职业健康安全管理体系以及“CCC”、“PCCC”率先通过认证。天安产品遍布全国城乡，在水电、火电、核电、风电、化工、铁路、地铁、机场以及国防、北京奥运等国家重点工程和大型建设项目中广泛应用，产品还远销世界五大洲几十个国家和地区，深得用户赞誉和信赖。尤其是产品助飞“神五”、“神六”、“神七”载人飞船以及护航青藏铁路，实践证明天安产品具有能经受任何恶劣环境考验的卓越性能。

天安近年来先后获得了全国五一劳动奖状、国家级创新型试点企业、国家级管理示范企业、全国机械工业文明单位、浙江省五个一批重点企业、省质量管理奖、省知名商号等多项荣誉。董事局主席蒋保民系全国部级劳动模范和优秀企业家，总经理蒋善定为浙江省十大杰出青年和优秀发明企业家。

联系方式

地址：浙江象山天安路1118号　　邮编：315709
总机：86-574-65728118　　传真：86-574-65700217
网址：http：//www.tianan.com　　E_mail：gsb@tianan.com

湖北省电力公司京山县供电公司

湖北省电力公司京山县供电公司成立于1976年5月，为国家中型全民所有制企业，国家一流县级供电企业。公司下辖15个供电营业所，供电区域内拥有220kV变电站1座，110kV变电站11座（其中：系统内变电站7座，用户变电站4座），主变压器18台，总容量415.6MVA；35kV变电站16座（其中：系统内变电站14座，用户变电站2座），主变压器27台，总容量116.75MVA；10kV配电变压器3911台，总容量376.14MVA。拥有220kV送电线路3条，总长126.878km；110kV线路14条，总长292.32km；35kV线路26条，总长314.34km，10kV线路2496条，总长3504.88km；低压线路6025条，总长7303.45km。担负着京山县14个镇、1个开发区、屈家岭管理区（县级）、太子山林场（县级）和钟祥市、天门市13个村以及沙洋监狱局所属4个监狱农场，1个省劳教所的供电任务，供区面积3743平方公里，有营业管理户数20.92万户，2010年全社会用电量12.27亿kWh。

京山县供电公司始终坚持落实科学发展观，始终坚持深化“两个转变”，始终坚持加强“三个建设”，实施“电网优化、队伍建设、管理先进、品牌提升、文化培育”五大工程，企业保持良好发展势头。2004年被国网公司命名为“一流县级供电企业”；自2005年起，公司连续三届被湖北省委、省政府授予“最佳文明单位”称号；2006年被国家电网公司授予“先进集体”、“户户通电先进集体”、“创一流同业对标综合管理和优质服务标杆单位”等荣誉称号；2007年被中共湖北电力公司党组授予“精神文明建设创新奖”，公司“红马甲服务品牌”商标首例在国家工商总局注册，“电力红马甲”服务典型事例被选入中央文明办“精神文明创建工作新方法100例”；2008年“培养农村用电明白人”活动入选国网公司典型经验库，“红马甲爱心驿站”建设在荆门市全面推广；2009年被省政府授予“新农村电气化县”荣誉称号；2010年公司获“全国电力系统企业文化建设先进单位”称号和“全国电力系统最具社会责任感企业”称号。

总经理金亚男

党委书记朱荣华

坚强的电网为京山县工农业生产提供了优质可靠的电能

台区精细化管理竞标

“红马甲”建设爱心驿站，让电文化广泛传播

户户通电

户户通电

跋山涉水服务农户

奔走在乡村的红马甲

师带徒

培养用电明白人

利用农闲时节向用电明白人宣讲用电常识

国网新源丰满培训中心

东北电力技师学院

预备役工兵团到培训中心慰问
参加抗洪抢险救灾的预备役官兵

情系玉树，心手相连——
丰满培训中心员工向灾区捐款

李一凡董事长为国家电网公司
高技能人才水电培训基地揭牌

公司先进典型事迹首场报告会

为包保户送去阳光般的温暖

1. 丰满培训中心通过国家电网公司高技能人才培训基地评估

2010年8月10日，国家电网公司下发《关于公布“国家电网公司高技能人才培训基地”名单的通知》（国家电网人资[2010]1055号），丰满培训中心被评为国网公司六个高技能人才培训基地之一，也是唯一一个水电专业高技能人才培训基地。

2. 圆满完成公司首次生产员工安全基本技能考评工作任务

2010年8月25日，丰满培训中心完成公司生产单位变电检修、送电线路、变电运行和水轮发电机组值班员等27个专业（工种）、2585人的全员安全行为测试工作。

3. 承办东北网省（区）电力公司、发电公司职工羽毛球比赛

2010年9月14日，东北网省（区）电力公司、发电公司职工羽毛球比赛在丰满培训中心举行。东北电网有限公司和黑龙江、辽宁、吉林、蒙东电力有限公司以及国电东北电力有限公司6支代表队参加比赛。同日，还承办了东北电网党建思想政治工作论坛成立大会暨第一届年会，东北电网三省一区电力公司的党组书记、工会主席、思政部主任等领导出席了会议。

4. 深入开展“大讨论”活动，编制完成《丰满培训中心（东北电力技师学院）“十二五”发展规划》

《丰满培训中心（东北电力技师学院）“十二五”发展规划》预审会确定了“立足东北电网公司、服务大东北区域、面向全国水电企业、开拓国际水电培训项目”的总体发展思路，明确重点加强“六个基地”建设具体措施。

5. 丰满培训中心研制开发的“一机多模水电厂运行仿真机”获得全国电力职工技术成果二等奖

2010年9月28日，在由全国总工会发起、中国能源化学工会全国委员会和中国电力企业联合会共同组织的第二届全国电力职工技术成果奖颁奖大会上，丰满培训中心研制开发的“一机多模水电厂运行仿真机”获得全国电力职工技术成果二等奖。同年，丰满培训中心研制开发的“混流式机组水电厂运行仿真机”获得“吉林省科技进步二等奖”。

6. 东北电力技师学院扩大招生

2010年12月9日，东北电力技师学院举行2010级学员开学典礼。这是学院按照公司快出人才要求，创新教学模式，编制分段式技师培养方案后的首批学员。

地址：吉林省吉林市丰满区丰满街东环路2号　　邮编：132108　　联系电话：0432-64603411

中国国电
CHINA GUODIAN

北京龙源冷却技术有限公司
Beijing Longyuan Cooling Technology Co.,Ltd.

公司简介

北京龙源冷却技术有限公司成立于2006年6月，是中国国电集团所属国电科技环保集团有限公司的控股子公司，公司以发电厂空冷系统设计、空冷系统核心设备制造、成套设备供货、施工安装服务为主营业务，具有大型机组空冷系统总承包能力的专业化企业。

公司现有员工600余人，其中电站空冷系统的设计人员和生产技术管理人员约200人，大学以上学历占95%以上，拥有由国内知名空冷专家为首的一批具有博士、硕士和高级职称的专业技术队伍。公司的空冷系统核心设备－空冷散热器生产基地占地52亩，生产基地拥有一批经验丰富、技术过硬的管理人员和操作人员。引进了国际先进水平的生产线，其中核心生产设备可控气氛钎焊炉和翅片加工机均从德国原装进口，设备性能稳定，生产效率高，工艺先进，在国内同行制造业中处于领先水平，拥有的直接、间接空冷散热器生产线，年产可满足12台600MW直接空冷机组空冷散热器的设备供应。

公司于2007年7月取得了ISO9001：2000质量、ISO14001：2004环境和GB/T28001－2001职业健康安全“三标一体化”管理体系认证证书及英国UKS国际质量体系认证证书；2009年1月，取得散热器产品认证证书；同年，散热器产品又获欧盟CE认证。

公司以“以人为本，建优秀团队；求真务实，铸精品工程；机制领先，创最优效益；科技创新，树国际品牌”为企业精神，致力于空冷技术的完全国产化和不断创新，以精心设计、精细施工、精品工程、顾客满意为追求，按照做实、做新、做大、做强的发展方针，以占领国内市场，冲出国门，开拓国际市场为发展宗旨，努力打造成为国内一流、国际知名的空冷专业公司，为实现空冷技术国产化，振兴民族工业做出积极的努力。

公司产品

直冷散热器

间冷散热器

公司完成的工程

怀安直冷工程

间冷散热器完工

酸刺沟直冷工程

东胜直冷工程

地址：北京经济技术开发区同济南路11号
邮编：100176
电话：010－87859777
传真：010－87859911
网址：http://www.bjlylq.com.cn
邮箱：bjlylq@bjlylq.com.cn

承 诺

- 继续发扬新华集团**“随叫随到”**的优良传统，对新华的所有新老 DCS、DEH、MEH 等产品提供免费服务。
- 所有新华集团产品质保期为投运后三年。
- 对 XDPS-400 系列老产品的升级、改造项目，新华集团对系统的安全可靠运行全面负责，改造后整个系统实行三年质保。
- 为新老客户提供最安全可靠的备件优惠供应。

国 家 重 点 新 产 品

证 书

项目名称：新华数码控制系统XDC800　　项目编号：2010GRC00032

承担单位：上海新华控制技术（集团）有限公司　　发证时间：二〇一〇年五月

有 效 期：三年

批准机关：科学技术部

产 品

- **分散控制系统 DCS；**
- **汽轮机数字式电液控制系统 DEH（含 EH 系统）、MEH；**
- **辅助系统（脱硫、脱硝、化水、输煤、除灰）控制系统；**
- **厂级监控信息系统 SIS、MIS；**
- **厂用电监控管理系统及升压站计算机监控系统。**

构建数字化电厂硬件平台
—— 新华XDC800控制系统

- 新华集团在总结原 DCS 产品 XDPS-400 大量应用经验后研发的一套融计算机、网络、数据库和自动控制技术为一体，融合工业以太网和现场总线并充分利用 Internet 的全分布的网络化综合自动化控制系统。
- 获得国家四部局颁发的《国家重点新产品证书》。
- 知识产权取得国家有关部门核准登记（软著登字第0158759号）。
- 通过 CE/EMC、FCC 和 TÜV 认证。
- 正在进行 SIL3 安全认证。
- 已经有近 500 套投运业绩，在电厂有 200 余套投运业绩。
- 可实现 SIS、MIS、DCS、BOP-DCS 全厂控制系统一体化，是数字化电厂的硬件平台。某些性能甚至优于进口 DCS 系统（如 SOE精度达到 0.5 毫秒），得到了专家们的好评。

新华集团　紫竹科学园区制造中心的总装车间

新华电子SMT流水线车间

新华液压控制系统供油装置

新华集团　圣爱大厦　总部及销售中心

传真：86 21 54252999 邮编：200030 电子邮件：xhg@xinhuagroup.com 网页：www.xinhuagroup.com

金坛市塑料厂

金坛华东电力环境工程有限公司

资 质

行政大楼

公司简介 COMPANY INTRO

金坛华东电力环境工程有限公司(金坛市塑料厂)始建于1956年，是专业生产全套冷却塔塔芯部件和环境治理系列产品的国家定点企业。公司位于江苏省金坛经济开发区，北临沪宁铁路，沪宁、扬溧高速公路，南依宁杭、沿江高速公路。公司占地面积80000平方米，建筑面积35000平方米，拥有固定资产8000多万元。公司产品在国内外市场享有较高的声誉，产品畅销全国。并远销国外多个国家和地区。

公司技术力量雄厚，拥有各类专业技术人员80余人。在吸收国内科研院校及国外先进技术的基础上，不断创新，开发了多系列高新技术产品，取得二十多项国家专利。

公司具有PVC淋水填料、UPVC给排水管、除水器、喷溅装置及其它注塑制品、淋水填料托架、电缆桥架、拉挤FRP异型材、导风筒、导流圈、空冷风筒、冷却塔玻璃钢自动配水装置、冷却塔落水降噪防冻装置、煤场挡风抑尘墙、脱硫除雾器、蜂窝斜直管、厌氧反应器填料等多系列产品的设计制造能力。

本公司在国内行业中，生产技术精湛、工艺独特、设备精良、产品质量稳定可靠，得到了德国基伊埃(GEA)公司青睐，2005年与其建立了战略合作伙伴关系，成为德国基伊埃(GEA)公司冷却塔设备亚洲生产基地。公司已通过了ISO9001：2008质量管理体系和SO14001：2004环境管理体系的认证。

空冷风筒

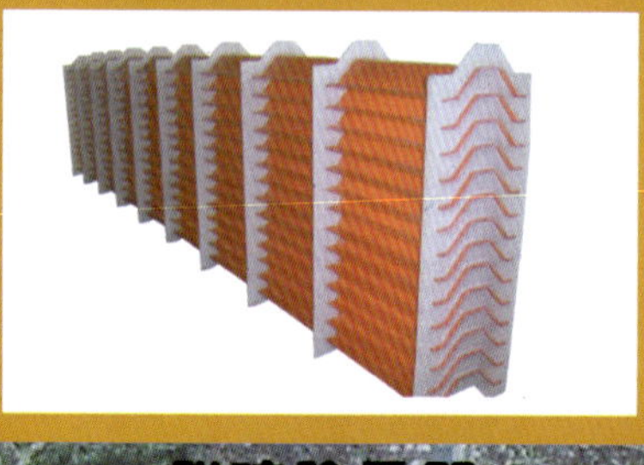

脱硫除雾器

厌氧反应器填料

玻璃钢托架

除水器

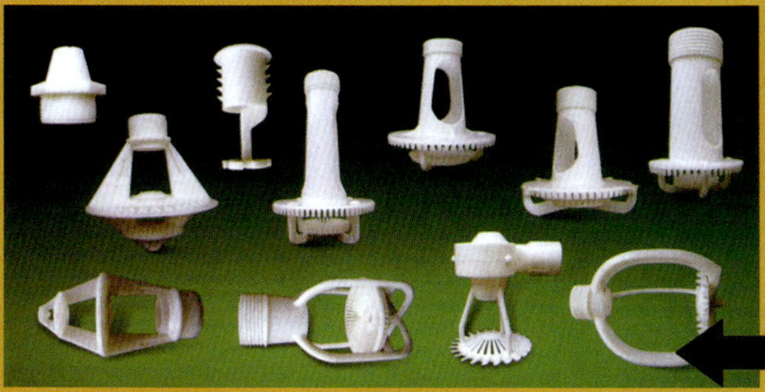

喷溅装置

配水管

淋水填料

自动启闭式挡风板防冻装置

隔声屏障

挡风抑尘墙（网）

冷却塔落水降噪装置

申能股份有限公司
SHENERGY COMPANY LIMITED

公司简介

申能股份有限公司（下称“公司”）前身为申能电力开发公司，1993年改制成为全国电力能源行业首家上市公司。经过二十多年开拓运作，公司形成了电力、油气双主业，煤炭采购、航运等能源产业链及相关业务适度发展的产业格局，逐步树立了主业突出、资产优质、业绩优良、运作规范的市场形象，为上海能源保障和结构调整作出了积极贡献。

截至2010年底，公司总资产约360亿元，净资产约180亿元。公司拥有全资、控股和参股企业超过30家；建成煤电、核电、燃机发电和水电项目15个，在建2个，形成了多元化的电源结构，目前建成权益装机容量达到622万千瓦；控股装机发电量占上海总发电量近三分之一。公司担负着东海平湖油气田和上海天然气主干管网的投资建设和经营管理的重要任务。东海平湖油气田是上海天然气气源之一，在“十一五”末期获得油气勘探的重大突破；上海天然气主干管网已建成600公里，为上海天然气多气源供应奠定了基础。

“十一五”期间，公司组建了燃料公司和航运公司，并受让集团内蒙古煤炭项目，探索拓展上游煤炭资源，进一步延伸能源产业链。公司参股新能源投资公司，积极开发风电、太阳能等新能源业务，其中上海世博园区中国馆和主题馆太阳能光伏发电项目是亚洲单体建筑最大的光伏建筑一体化电站。

东海平湖油气田钻井平台

2010上海世博会光伏发电项目

上海外高桥第三发电有限公司

上海外高桥第三发电有限责任公司：

你单位建设的上海外高桥电厂三期扩建工程 经国家工程建设质量奖审定委员会审定，荣获二00九年度国家优质工程金质奖。特发此证，以资鼓励。

国家工程建设质量奖审定委员会

二00九年十二月七日

上海外三获2009年度国家优质工程金质奖

公司在“十一五”期间科技创新和节能降耗成果显著，共获得十七项国家专利，公司东海边际气田水下生产系统关键技术研究项目被科技部批准列入国家863计划。公司控股电厂供电煤耗从“十五”末316克/千瓦时（不含脱硫）下降到“十一五”末的300克/千瓦时（含脱硫），远低于全国和上海平均水平。其中上海外高桥三发电供电煤耗达到279克/千瓦时，达到全国和世界领先水平，并成功注册为国内首个超超临界CDM项目。

公司作为一家上市企业，历年来主业突出，业绩优良，对股东回报持续稳定，在资本市场各项排名和评比中屡获殊荣。“十一五”前四年，公司向股东现金分红占净利润比例达到50%。2010年，公司成功实施A股增发，参与的机构家数创下年内公开增发的新高，增发中签率创年内主板公开增发中签率的新低。

“十二五”期间，公司将坚持科学发展、构建和谐两大主题，以优化结构、节能减排为重点，立足上海本地市场，实现能源产业区域布局突破；优化常规能源结构，加大新兴产业发展力度，增加一次能源比重；加强对外合作，积极探索资本经营创新；发挥科技创新优势，加强科技成果转化，努力打造成为有较强竞争力的电气兼营的综合性能源企业。

2010公司A股增发路演

我国首座商用重水堆核电站（秦山三期）

华东天荒坪抽水蓄能电站

在建中的上海临港燃气发电项目一期工程余热锅炉全景

上海天然气管网白鹤首站

上海杨行铜材有限公司

上海杨行铜材有限公司成立于1991年，是一家专业制造变压器、电抗器用电磁线的企业，公司生产作业区域按照生产工序一体化、全封闭、超洁净、恒温恒湿、高效物流的标准设计并建设完成，实现了产品制造过程100%全监控与可追溯性。公司现具备年产20000t电磁线的生产能力，其中自主研发制造、科技含量高、电气和机械性能俱佳的自黏性换位导线，是行业内唯一获得国家部级鉴定的主导产品。

近三年来，公司在特高压变压器/电抗器用电磁线领域进行了国内外的首家研制工作，累计制造销售了9000余t，产品主要应用于“晋东南—南阳—荆门1000kV特高压交流输电示范项目”，“云广±800kV特高压直流项目”，“贵广二回高压直流项目”等国家示范项目中。

近年来公司连续获“上海市高新技术企业”、“上海市著名商标”、“中国电器工业最具影响力品牌”、“中国AAA级重质量守信用企业”等荣誉称号，并通过ISO9000、ISO14000、OHSAS三大体系认证。企业以一流的设备、一流的技术、一流的产品、一流的信誉为国内外变压器行业及输变电行业的发展提供优质的服务。

公司秉承“以品牌赢得市场、以管理取得效益、以质量求得生存、以科技夺得发展”的经营宗旨，为促进国家电力建设的发展与电力主设备的国产化作出应有的贡献！

前进中的上海电力学院

中共上海市委副书记殷一璀（左二）亲切慰问学校世博志愿者

校园文化生机盎然

智能电网技术研究院揭牌仪式

学术会议盛况

党委书记周光耀（左三）、校长李和兴（左二）在兼职教授聘任仪式上

教授在实验平台指导学生

上海电力学院创建于1951年，历经了上海电业学校、上海动力学校、上海电力学校、上海电力专科学校的发展演变。1985年1月，经教育部和水利电力部批准，更名为上海电力学院，开始了本科层次的办学历程。李鹏同志为学校题写了校名。60年来，学校为国家培养了大量建设人才,许多毕业生已成长为我国电力工业和其他主干行业、大型集团公司、国家重点企业的技术骨干或领导干部。学校目前已经发展成为以工科为主,兼有理、文、管、经等学科，主干学科电力特色明显的高等学校。在以本科教育为主体的基础上，还开展研究生教育和留学生教育。

学校设有能源与环境工程、电力与自动化工程、计算机与信息工程、经济与管理、数理、外语、国际交流、高等职业技术、成人教育（含华东电力继续教育中心）共9个二级学院，以及社会科学、体育共2个直属部。现有教职工1000余人，专任教师700多人，具有硕士及其以上学位教师的比例超过80%，其中博士比例超过30%，专任教师中具有高级专业技术职务的比例为40%，师资中有90余人具有博士或硕士生导师资格。已形成以教授为核心，以具有博士学位中青年教师为骨干的学科学术梯队。学校入选市级以上人才计划人数位居上海市同类高校前列。学校还聘请了包括数名中国工程院院士在内的数十名国内外知名学者、专家作为名誉教授或兼职教授。

近年来，学校承担和参与了国家高新技术研究发展计划“863”重大课题和国家自然科学基金、上海市重点基础研究课题、上海市重点科技攻关项目、上海市启明星计划、曙光计划等一批纵向课题，以及国际合作项目和许多由企业委托研究的横向课题。其成果在实际应用中取得较为显著的经济效益和社会效益，多项科研成果获奖，并拥有不少已授权的发明和实用新型专利，被权威检索机构SCI、EI和CPCI-S收录的科技论文数量持续攀升。学校设有多学科综合性研究平台——智能电网技术研究院，拥有国家级大学科技园。

学校与英国、法国、美国、加拿大、俄罗斯、日本、德国、澳大利亚等国家的多所院校建立友好、互惠的交流关系，签署了校际交流、合作办学等合作协议，共同培养具有适应我国电力发展需要的复合型、国际化高级工程技术人才。

上海电力学院将紧紧抓住高等教育、电力行业和上海市创新发展的机遇，朝着我国电力领域人才培养和科技研发重要基地、有一定国际影响、高水平有特色的电力大学目标砥砺奋进。

国家电网
STATE GRID

杭州萧山供电局
HANGZHOU XIAOSHAN ELECTRIC POWER BUREAU

腾飞中的萧山电力

萧山，杭州的南大门，地处钱塘江南岸，飘逸的钱塘风韵和独特的历史文脉，造就了“奔竞不息、勇立潮头”的萧山精神。改革开放以来，萧山经济和社会取得长足发展，国内生产总值以年均超过15%的速度增长，多次荣获“全国农村综合实力百强县（市）”、“全国明星县（市）”、“全国十大财神县（市）”等称号，近几年，全区国内生产总值、工业总产值等主要经济指标实绩居浙江省县（市、区）级首位。

一湖碧水映神奇。萧山供电局始建于1963年，负责杭州市萧山区范围的供电任务，目前，全局下设9个职能部室[办公室、思想政治工作部（含工会办公室）、人力资源部、监察审计部、财务资产部、发展基建部、生产技术部、安全监察部、营销部]，16个主业二级机构（变电运行工区、变电检修工区、送电工区、调度所、电费账务中心、客户服务中心、计量中心、稽查中心、后勤服务中心、物流服务中心、品牌管理中心、大楼筹建办和城厢、市北、临浦、瓜沥4家供电所），106个班组（含22家供电营业所）。主业现有各种用工形式的在编职工1646人（其中全民编制644人）。截至“十一五”期末，萧山境内共有变电所77座（含涌潮、闻堰），变电总容量1114.45万kVA。拥有配电变压器15866台，容量552.885万kVA；110kV架空线路58条，共420.926km；110kV电缆线路41段，共65.545km；35kV架空线路49条，共398.667km；35kV电缆84段，共69.746km；10kV线路840条，共5168.400km；全局省属资产总额达19.05亿元；2010年全年售电量152.85亿kWh，供电量157.92亿kWh，最高网供用电负荷 236.89万kW，全社会最大负荷252.52万kW，企业综合实力在全国同级供电企业中处领先地位。

一江大潮显风流。钱江涌潮，奔竞不息，一日千里。敢为人先，与时俱进的萧电人融入了潮的精髓。锐意进取，勇争第一，多年的艰苦创业使萧山电力事业总体呈现良性发展态势，物质文明和精神文明获得双丰收，电网日趋坚强，基础日益扎实，管理再上台阶，企业地位不断提高，“一强三优”逐步凸现，先后被评为杭州市文明单位、杭州市劳动模范集体、杭州市创建和谐劳动关系先进单位、浙江省文明单位等，成功入围全国电力供应企业50强，连续六年蝉联“全国用户满意企业”。2002年通过国家一流县级供电企业考评验收，获国家一流县级供电企业称号，2003年通过标准化管理三级验收，2009年顺利通过“三标一体”管理体系第三方确认和标准化AAA良好行为确认。2006年通过了浙江省首批“全国新农村电气化县”的考评验收，被国网公司命名为首批“新农村电气化建设示范区”。“十一五”期间，科技和信息化支撑不断增强，累计获得全国电力企业管理创新成果一等奖1项，省公司级创新成果一等奖1项、二等奖8项，浙江省企业管理现代化创新成果二等奖1项。QC成果获得国家级奖项9项，参加国际发布2次。多次获评全国质量管理小组活动优秀企业。

潮起钱塘，腾飞萧电。面对新的历史际遇，萧电人正与时俱进地丰富发展萧山精神，奋发开展融入大杭州、建设新萧山、引领新发展的生动实践，正围绕中心服务大局，为推进建设富裕和谐现代化萧山努力实现新的作为。

鄞州供电局

宁波市鄞州供电局是一家地方国有县级供电企业，担负着鄞州区和东钱湖旅游度假区的供电、运行和检修任务。局下设9个职能部室、工会办公室、19个二级机构和19个供电营业所。全局共有职工1295人。2010年，实现供电量63.5亿kWh，售电量61.33亿kWh，最高负荷119.58万kW。

近年来，该局坚持以科学发展观为指导，紧紧围绕建设“一强三优”现代供电企业的战略目标，主动服务鄞州经济社会发展大局，走出了一条发展快、管理精、效益佳、风气正的创新发展之路，各项工作取得了显著成绩。该局荣获了“国家电网公司一流县供电企业”、“全国模范职工之家”、“全国‘安康杯’竞赛优胜企业”、浙江省文明单位、宁波市文明单位、“国家电网公司供电可靠性管理标杆单位”、浙江省电力公司先进基层党组织等荣誉称号。

坚强智能电网建设取得丰硕成果。2010年，实现了村村电气化目标。2011年，完成了国家电网公司农网智能化综合试点项目建设。至2011年6月，鄞州区内共有500kV变电所1座、主变压器3台、变电容量225万kVA；220kV变电所8座、变电容量330万kVA；110kV

营业大厅

企业文化展厅

鄞州供电局调度中心

变电所27座、变电容量204.2万kVA；35kV公用变压器10座、变电容量20.75万kVA。初步形成了以500kV变电所为龙头，220kV变电所为骨干，110kV变电所为支撑，配置合理、装备先进、安全可靠的现代化供电网络。

展望未来，鄞州供电局将深入贯彻落实科学发展观，坚持“两个转变”不动摇，坚持“三个建设”不放松，以创新引领企业和电网科学发展，全面建设坚强智能电网，加快构建“三集五大”体系，为率先基本建成“一强三优”现代供电企业而努力奋斗。

中国南方电网有限责任公司调峰调频发电公司

调峰调频发电公司全称为中国南方电网有限责任公司调峰调频发电公司，按照南方电网公司授权，统一运营、统一管理、统一建设南方电网区域调峰调频电厂。

调峰调频发电公司管理电厂分为两个部分：一是南方电网公司所有的全资电厂包括鲁布革水力发电厂、在建的广东清远抽水蓄能电站和深圳抽水蓄能电站。二是南方电网公司控股的天生桥二级水力发电有限公司（所属电厂为天生桥水力发电总厂）、广东蓄能发电有限公司（所属电厂为广州蓄能水电厂）和惠州蓄能发电有限公司（所属电厂为惠州蓄能水电厂）。以上电厂分别分布在贵州、云南、广东省境内。至2010年底已投运电厂装机容量642万kW，在建电厂装机容量278万kW（含深蓄电站120万kW）。

截至2010年末，调峰调频发电公司共有员工1389人，其中硕士研究生及以上学历147人，大学本科685人，大学专科292人，大专及以上人员占公司员工总人数的80.92%。公司员工中，拥有高级职称105人，中级职称310人，初级职称407人。

2010年，公司全面开展安全生产一体化建设，安全生产责任制在南方电网公司组织的考评中获得95.5分的佳绩。电厂运行正常，2010年发电量125亿kWh，完成上网电量71.53亿kWh。

工程建设方面，公司配合南网公司相继开展了广东省和海南省中长期调峰规划研究和抽水蓄能电站选定规划工作。

公司重视依靠科技进步提高安全生产水平和管理水平，加大科技投入，不断提高公司科技含量，推动企业科学发展。

2010年公司发展十件大事

1月31日~2月2日，公司在清远召开2010年工作会议暨一届三次职代会。总结工作，部署任务，表彰先进，与所属单位签订目标责任书。

3月30日，公司在番禺举行生产办公基地落户番禺东升签约仪式。公司与番禺区委、区政府签订了《调峰调频发电公司落户番禺东升总部基地合作意向书》。

5月6日，公司举行清远抽水蓄能电站4×320MW蓄能机组采购项目合同签订仪式。

5月28日，公司阳江抽水蓄能电站项目部在广东阳春市八甲镇正式挂牌成立。

6月28日，公司检修试验中心在番禺揭牌成立。

6月30日，公司梅州抽水蓄能电站项目部在梅州市五华县龙村镇正式挂牌成立。

7月19日，公司2010年度重点科技项目、南方电网公司10MW级电池储能站试点研究项目通过了深圳市发展和改革委员会的项目核准。

7月30日，南方电网公司下发《关于深圳抽水蓄能电站工程项目核准工作有关问题的批复》，同意公司与深圳市水务局签署铜锣径水库合作建管协议，同意深圳市发改委关于成立项目公司的会签意见。

10月13~15日，受国家发展和改革委员会委托，中国国际工程咨询公司在深圳组织召开了深圳抽水蓄能电站项目申请报告核准评估会议。南方电网公司相关领导参加会议。

11月27日，国家发改委以发改能源[2010]2956号文给海南省发改委和南方电网公司复函，同意海南抽水蓄能电站开展前期工作。

公司在清远召开2010年工作会议暨一届三次职代会

清远抽水蓄能电站4×320MW蓄能机组采购项目合同签字仪式

清远抽水蓄能电站上水库进出水口施工现场

清远抽水蓄能电站地下厂房I层施工现场

深圳抽水蓄能电站主体工程监理及上下库连接公路合同签字仪式

深圳抽水蓄能电站项目申请报告核准评估会议，专家在现场查看钻孔岩芯

广州蓄能水电厂7号机大修，转子起吊

电池储能电站关键设备和高级应用控制技术专家评审会

天生桥水力发电总厂亚运保供电工作顺利开展，运行人员由远控值班转为现场值班

鲁布革水力发电厂成功进行年内首次泄洪

惠州抽水蓄能电站举行A厂基建移交生产仪式，A厂正式由惠蓄建管局移交惠蓄电厂管理

中电力咨询
sinopower

衡阳宇恒高新科技有限公司

衡阳宇恒高新科技有限公司是拥有多项自主知识产权高科技产品的民营企业，占地面积100000m²，配备有电子产品试验室和激光高精度液体清洁度检测仪等进口精密检测设备，制造装备精良、检测手段完善。

公司现有员工66人，拥有由16个专业、26人组成的中、高级专业技术研发队伍，技术力量雄厚。

公司主要侧重于光机电一体化、电子式互感器、新型霍尔（交）直流传感器、液压电气滑环、航天器中、低轨道地磁动态模拟控制器、冶金矿山机械、精密合金材料、电磁物理与测量等领域的高新技术产品的研发和制造，被湖南省科技咨询协会授予“甲级科技咨询单位资格”称号，2009年12月经国家审批为高新技术企业。

光电互感器挂网运行现场

200kV光电互感器

公司系列高新技术产品：

（1）电子式电流（电压）互感器（简称光电互感器）在2005年12月通过国家电力工业电气设备质量检验测试中心检测，取得了检测合格证书。光电互感器为国家火炬计划项目，可在电力互感器领域替代输变电行业110~750kV及以上的老式电磁式互感器，并具有安全、环保、低能耗、节省贵金属、免维护、精度高、运行稳定等特点，是智能电网建设的关键器件。

（2）液压—电气滑环广泛应用于有旋转工作状态的大型机械产品的供油、供水、供气、供电。如石油钻井平台、大型旋臂吊、钢厂回转平台以及军工旋转器件。

（3）人造卫星中、低轨道地磁动态模拟器应用于军工、通信、商业卫星在太空中运行姿态控制的地面动态模拟装置。

（4）霍尔直测式（交）直流传感器应用于冶金、化工、矿山、通信、军工的（交）直流电流检测，它解决了老式霍尔传感器的四大难题，是传统霍尔（交）直流传感器节能型更新换代产品。

地址：湖南省衡南县泉溪镇高岭1号
联系人：向渝
电话/传真：0734-8754472
邮编：421171
E-mail：hyyhgk@163.com
网址：www.hyyhgk.com

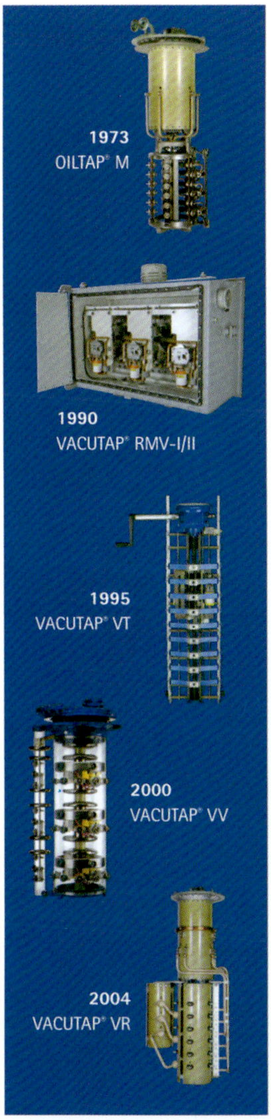

本哈特.杨森博士

技术无国界，但分境界

MR 不断创新，缔造变压器分接开关新世界

从 1926 年本哈特.杨森博士 (Dr. Bernhard Jansen) 发明电阻式快速有载分接开关时起，MR 为实现在负载下无间断改变变压器的变比研制出许多经典的分接开关，如 OILTAP® 系列油浸式有载分接开关，VACUTAP® 系列真空有载分接开关等。80 多年来，MR 始终引领着这一领域的技术革新，已在全世界销售超过 15 万台 "MR 制造" 的各类分接开关。

www.reinhausen.com

MR China Ltd.

开德贸易 (上海) 有限公司
中国上海浦东新区浦东南路 360 号
新上海国际大厦 4 楼 E 座
邮编：200120
电话：+86 21 6163 4588
传真：+86 21 6163 4582
邮件：mr-sales@cn.reinhausen.com

附　　录

2010年发布的电力国家标准

序号	标准编号	标准名称	实施日期	代替标准
1	GB 50061—2010	66kV及以下架空电力线路设计规范	2010年7月1日	GB 50061—1997
2	GB 50545—2010	110kV～750kV架空输电线路设计规范	2010年7月1日	
3	GB/T 50571—2010	海上风力发电工程施工规范	2010年12月1日	
4	GB 50573—2010	双曲线冷却塔施工与质量验收规范	2010年12月1日	
5	GB/T 50572—2010	核电厂工程地震调查与评价规范	2010年12月1日	
6	GB 50148—2010	电气装置安装工程 电力变压器、油浸电抗器、互感器施工及验收规范	2010年12月1日	GBJ 148—1990
7	GB 50147—2010	电气装置安装工程 高压电器施工及验收规范	2010年12月1日	GBJ 147—1990
8	GB 50548—2010	330kV～750kV架空输电线路勘测规范	2010年12月1日	
9	GB/T 50549—2010	电厂标识系统编码标准	2010年12月1日	

2010年发布的电力行业标准

序号	标准编号	标准名称	实施日期	代替标准
1	DL/T 356—2010	局部放电测量仪校准规范	2010年10月1日	
2	DL/T 357—2010	输电线路行波故障测距装置技术条件	2010年10月1日	
3	DL/T 359—2010	电蓄冷(热)和热泵系统现场测试规范	2010年10月1日	
4	DL/T 360—2010	7.2kV～12kV预装式户外开关站运行及维护规程	2010年10月1日	
5	DL/T 361—2010	气体绝缘金属封闭输电线路使用导则	2010年10月1日	
6	DL/T 362—2010	燃煤电厂环保设施运行状况评价技术规范	2010年10月1日	
7	DL/T 363—2010	超、特高压电力变压器(电抗器)设备监造技术导则	2010年10月1日	
8	DL/T 364—2010	光纤通道传输保护信息通用技术条件	2010年10月1日	
9	DL/T 365—2010	串联电容器补偿装置控制保护系统现场检验规程	2010年10月1日	
10	DL/T 366—2010	串联电容器补偿装置一次设备预防性试验规程	2010年10月1日	
11	DL/T 367—2010	火力发电厂大型风机的检测与控制技术条件	2010年10月1日	
12	DL/T 368—2010	输电线路用绝缘子污秽外绝缘的高海拔修正	2010年10月1日	
13	DL/T 369—2010	电站锅炉管内压蠕变试验方法	2010年10月1日	
14	DL/T 370—2010	承压设备焊接接头金属磁记忆检测	2010年10月1日	
15	DL/T 371—2010	架空输电线路放线滑车	2010年10月1日	
16	DL/T 372—2010	输电线路张力架线用牵引机通用技术条件	2010年10月1日	

续表

序号	标准编号	标准名称	实施日期	代替标准
17	DL/T 373—2010	电力复合脂技术条件	2010年10月1日	
18	DL/T 374—2010	电力系统污区分布图绘制方法	2010年10月1日	
19	DL/T 376—2010	复合绝缘子用硅橡胶绝缘材料通用技术条件	2010年10月1日	
20	DL/T 377—2010	高压直流设备验收试验	2010年10月1日	
21	DL/T 378—2010	变压器出线端子用绝缘防护罩通用技术条件	2010年10月1日	
22	DL/T 379—2010	低压晶闸管投切滤波装置技术规范	2010年10月1日	
23	DL/T 380—2010	接地降阻材料技术条件	2010年10月1日	
24	DL/T 381—2010	电子设备防雷技术导则	2010年10月1日	
25	DL/T 382—2010	火电厂环境监测管理规定	2010年10月1日	
26	DL/T 384—2010	9FA燃气—蒸汽联合循环机组运行规程	2010年10月1日	
27	DL/T 385—2010	变压器油带电倾向性检测方法	2010年10月1日	
28	DL/T 386—2010	二阶微分火焰光谱痕量钠分析仪检验规程	2010年10月1日	
29	DL/T 387—2010	火力发电厂烟气袋式除尘器选型导则	2010年10月1日	
30	DL/T 392—2010	1000kV交流输电线路带电作业技术导则	2010年10月1日	
31	DL/T 393—2010	输变电设备状态检修试验规程	2010年10月1日	
32	DL/T 394—2010	电力数字调度交换机测试方法	2010年10月1日	
33	DL/T 395—2010	低压电力线通信宽带接入系统技术要求	2010年10月1日	
34	DL/T 396—2010	电压等级代码	2010年10月1日	
35	DL/T 397—2010	电力地理信息系统图形符号分类与代码	2010年10月1日	
36	DL/Z 398—2010	电力行业信息化标准体系	2010年10月1日	
37	DL/T 399—2010	±800kV及以下直流输电工程主要设备监理导则	2010年10月1日	
38	DL/T 510—2010	全国电网名称代码	2010年10月1日	DL/T 510—1993
39	DL/T 572—2010	电力变压器运行规程	2010年10月1日	DL/T 572—1995
40	DL/T 573—2010	电力变压器检修导则	2010年10月1日	DL/T 573—1995
41	DL/T 574—2010	变压器分接开关运行维修导则	2010年10月1日	DL/T 574—1995
42	DL/T 589—2010	火力发电厂燃煤锅炉的检测与控制技术条件	2010年10月1日	DL/T 589—1996
43	DL/T 590—2010	火力发电厂凝汽式汽轮机的检测与控制技术条件	2010年10月1日	DL/T 590—1996
44	DL/T 591—2010	火力发电厂汽轮发电机的检测与控制技术条件	2010年10月1日	DL/T 591—1996
45	DL/T 592—2010	火力发电厂锅炉给水泵的检测与控制技术条件	2010年10月1日	DL/T 592—1996
46	DL/T 617—2010	气体绝缘金属封闭开关设备技术条件	2010年10月1日	DL/T 617—1997
47	DL/T 634.56—2010	远动设备及系统　第5-6部分：IEC 60870-5配套标准一致性测试导则	2010年10月1日	DL/Z 634.56—2004
48	DL/T 698.2—2010	电能信息采集与管理系统　第2部分：主站技术规范	2010年10月1日	DL/T 698—1999

续表

序号	标准编号	标准名称	实施日期	代替标准
49	DL/T 698.31—2010	电能信息采集与管理系统　第 3-1 部分：电能信息采集终端技术规范 通用要求	2010 年 10 月 1 日	DL/T 698—1999
50	DL/T 698.32—2010	电能信息采集与管理系统　第 3-2 部分：电能信息采集终端技术规范 厂站采集终端特殊要求	2010 年 10 月 1 日	DL/T 698—1999
51	DL/T 698.33—2010	电能信息采集与管理系统　第 3-3 部分：电能信息采集终端技术规范 专变采集终端特殊要求	2010 年 10 月 1 日	DL/T 698—1999
52	DL/T 698.34—2010	电能信息采集与管理系统　第 3-4 部分：电能信息采集终端技术规范 公变采集终端特殊要求	2010 年 10 月 1 日	DL/T 698—1999
53	DL/T 698.35—2010	电能信息采集与管理系统　第 3-5 部分：电能信息采集终端技术规范 低压集中抄表终端特殊要求	2010 年 10 月 1 日	DL/T 698—1999
54	DL/T 698.41—2010	电能信息采集与管理系统　第 4-1 部分：通信协议－主站与电能信息采集终端通信	2010 年 10 月 1 日	DL/T 698—1999
55	DL/T 741—2010	架空输电线路运行规程	2010 年 10 月 1 日	DL/T 741—2001
56	DL/T 752—2010	火力发电厂异种钢焊接技术规程	2010 年 10 月 1 日	DL/T 752—2001
57	DL/T 790.6—2010	采用配电线载波的配电自动化　第 6 部分：A-XDR 编码规则	2010 年 10 月 1 日	
58	DL/T 790.461—2010	采用配电线载波的配电自动化　第 4-61 部分：数据通信协议 网络层 无连接协议	2010 年 10 月 1 日	
59	DL/Z 890.2—2010	能量管理系统应用程序接口(EMS-API)第 2 部分：术语	2010 年 10 月 1 日	
60	DL/T 890.407—2010	能量管理系统应用程序接口(EMS-API)第 407 部分：时间序列数据访问(TSDA)	2010 年 10 月 1 日	
61	DL/T 1080.3—2010	电力企业应用集成　配电管理的系统接口 第 3 部分：电网运行接口	2010 年 10 月 1 日	
62	DL/T 1080.4—2010	电力企业应用集成　配电管理的系统接口 第 4 部分：台账与资产管理接口	2010 年 10 月 1 日	
63	DL/T 1105.2—2010	电站锅炉集箱小口径接管座角焊缝无损检测技术导则　第 2 部分：超声检测	2010 年 10 月 1 日	
64	DL/T 1105.3—2010	电站锅炉集箱小口径接管座角焊缝无损检测技术导则　第 3 部分：涡流检测	2010 年 10 月 1 日	
65	DL/T 1105.4—2010	电站锅炉集箱小口径接管座角焊缝无损检测技术导则　第 4 部分：磁记忆检测	2010 年 10 月 1 日	

续表

序号	标准编号	标准名称	实施日期	代替标准
66	DL/T 1127—2010	等离子体点火系统设计与运行导则	2010年10月1日	
67	DL/T 1149—2010	火电厂石灰石/石灰—石膏湿法　烟气脱硫系统运行导则	2010年10月1日	
68	DL/T 5210.7—2010	电力建设施工质量验收及评定规程　第7部分：焊接	2010年10月1日	
69	DL/T 5231—2010	±800kV及以下直流输电接地极施工及验收规程	2010年10月1日	
70	DL/T 5232—2010	±800kV及以下直流换流站电气装置安装工程施工及验收规程	2010年10月1日	
71	DL/T 5233—2010	±800kV及以下直流换流站电气装置施工质量检验及评定规程	2010年10月1日	
72	DL/T 5234—2010	±800kV及以下直流输电工程启动及竣工验收规程	2010年10月1日	
73	DL/T 5235—2010	±800kV及以下直流架空输电线路工程施工及验收规程	2010年10月1日	
74	DL/T 5236—2010	±800kV及以下直流架空输电线路工程施工质量检验及评定规程	2010年10月1日	
75	DL/T 5237—2010	灌浆记录仪技术导则	2010年10月1日	
76	DL/T 5238—2010	土坝灌浆技术规范	2010年10月1日	SD 266—1988
77	DL/T 5240—2010	火力发电厂燃烧系统设计计算技术规程	2010年10月1日	
78	DL/T 5241—2010	水工混凝土耐久性技术规范	2010年10月1日	
79	DL/T 5242—2010	35kV～220kV变电站无功补偿装置设计技术规定	2010年10月1日	
80	DL/T 5243—2010	水电水利工程场内施工道路技术规范	2010年10月1日	
81	DL/T 5244—2010	水电水利工程常规水工模型试验规程	2010年10月1日	
82	DL/T 5245—2010	水电水利工程掺气减蚀模型试验规程	2010年10月1日	
83	DL/T 5246—2010	水电水利工程滑坡涌浪模拟技术规程	2010年10月1日	
84	DL/T 5247—2010	水电站有压输水系统水工模型试验规程	2010年10月1日	
85	DL/T 5248—2010	履带起重机安全操作规程	2010年10月1日	
86	DL/T 5249—2010	门座起重机安全操作规程	2010年10月1日	
87	DL/T 5250—2010	汽车起重机安全操作规程	2010年10月1日	
88	DL/T 5251—2010	水工混凝土建筑物缺陷检测和评估技术规程	2010年10月1日	
89	DL/T 5252—2010	火力发电厂环境影响评价气象测试技术规定	2010年10月1日	
90	DL/T 5406—2010	水工建筑物化学灌浆施工规范	2010年10月1日	
91	DL/T 5409.1—2009	核电厂工程勘测技术规程　第1部分：地震地质	2010年10月1日	
92	DL/T 5409.2—2010	核电厂工程勘测技术规程　第2部分：岩土工程	2010年10月1日	

续表

序号	标准编号	标准名称	实施日期	代替标准
93	DL/T 5409.3—2010	核电厂工程勘测技术规程　第3部分：水文气象	2010年10月1日	
94	DL/T 5409.4—2010	核电厂工程勘测技术规程　第4部分：测量	2010年10月1日	
95	NB/T 31001—2010	风电机组筒形塔制造技术条件	2010年10月1日	
96	NB/T 31002—2010	风力发电场监控系统通信—原则与模式	2010年10月1日	
97	NB/T 33001—2010	电动汽车非车载传导式充电机技术条件	2010年10月1日	
98	NB/T 33002—2010	电动汽车交流充电桩技术条件	2010年10月1日	
99	NB/T 33003—2010	电动汽车非车载充电机监控单元与电池管理系统通信协议	2010年10月1日	

索　　引

内 容 索 引

说 明

本索引是全书条目和条目内容的主题分析索引。索引主题按先数字大小，再字母顺序，最后汉语拼音字母的顺序，并辅以汉字笔画、起笔笔形顺序排列。同音时，按汉字笔画由少到多的顺序排列，笔画数相同的按起笔笔形一（横）、丨（竖）、丿（撇）、丶（点）、㇕（折，包括㇆ ㇄ ㇂等）的顺序排列。第一字相同时，同原则按第二字排列，余类推。

A

B

C

D

E

F

G

H

J

K

S

T

W

X

Y

Z

企业风采专栏特约编委

《中国电力年鉴》编辑出版人员

责任编辑　肖　兰　胡顺增　穆智勇

于小然

图片编辑　李雅婧

封面设计　杨晓东

版式设计　张秋雁

责任校对　黄　蓓　罗凤贤

出版印制　蔺义舟